西洋人物レファレンス事典

美術篇

日外アソシエーツ

BIOGRAPHY INDEX

11,679 Occidental Artists,
Appearing in 359 Volumes of
151 Biographical Dictionaries and Encyclopedias

Compiled by
Nichigai Associates, Inc.

©2012 by Nichigai Associates, Inc.

Printed in Japan

本書はディジタルデータでご利用いただくことができます。詳細はお問い合わせください。

●編集スタッフ●城谷 浩／木村 月子／山下 浩
装 丁：赤田 麻衣子

刊行にあたって

　本書は、西洋美術分野の人物が、どの事典にどの名前で掲載されているかが一覧できる総索引である。
　人物について調べようとするとき、さまざまな事典類が調査の基本資料となる。総合的な人名事典や百科事典から、分野・地域・時代別などテーマごとの人名事典・専門事典まで、数多くの事典類が刊行され、調査の目的に沿って使われている。その一方、特定の人物がどの事典のどこに掲載されているかを把握することは容易ではない。そうした人物調査に役立つ事典類の総索引ツールとして、小社では、日本人を対象とした「人物レファレンス事典」シリーズ、外国人を対象とした「外国人物レファレンス事典」シリーズを刊行してきた。「外国人物レファレンス事典」では索引対象の事典が多く、収録人名も膨大な数に上ることから、これまでに「古代－19世紀」「古代－19世紀　第Ⅱ期（1999-2009）」「20世紀」「20世紀第Ⅱ期（2002-2010）」の4種を刊行した。それぞれ、アルファベットから引く「欧文名」、漢字から引く「漢字名」、五十音順で引く「索引」の3種で構成する。人物の時代や地域に応じてご活用いただいているが、特定分野の人物を広範に調べるためには、4　種すべてを検索する必要があった。
　各分野の外国人を調べるための事典総索引として、本書では、西洋美術に関わる人物を収録対象とした。絵画・彫刻・建築などの美術家のほか、ギリシア・ローマ神話や聖書にあらわれ美術の題材となった人物、美術と関わりの深い国王・作家など美術事典で取り上げられた人物までを幅広く収録対象とした。収録人物の時代は、紀元前のエジプト・ギリシア・ローマの古代美術から21世紀の現代美術まで、地域は、ヨーロッパ・アメリカを中心に中南米、ペルシア、インドなど、日本・東アジア・東南アジアを除く世界各国まで、分野は、絵画、彫刻、建築から、デザイン、写真、絵本作家、ビデオアートまで多岐にわたる。人名見出しには、人物同定に必

要な情報として、活動時期を世紀で示し、地域、職業、代表作などを簡潔に示した。同じ地域に同じ名前の一族が何人かあるような場合には、続柄、代表作などをできるだけ示した。収録人数は11,679人におよび、西洋美術分野の人物を網羅的に収録した簡略な人名事典ともなっている。

　美術分野の人物には、中世・ルネッサンス期、イタリア、スペイン、オランダ、ロシアなど、人名のカタカナ表記が、事典によって何種類もに分かれている人物が多い。編集にあたっては、誤りのないよう努めたが、人物確認や記述に不十分な点もあるかと思われる。お気づきの点はご教示いただければ幸いである。なお、日本の美術分野の人物については「人物レファレンス事典　美術篇」（2011年刊）を併せてご利用いただきたい。

　本書が、西洋美術に関する人物調査の基本ツールとして、図書館・研究機関等で広く利用されることを期待したい。

　　2012年4月

　　　　　　　　　　　　　　　　　　　　　　　　日外アソシエーツ

凡　例

1．本書の内容

　本書は、国内で刊行された人物事典、美術事典、百科事典、歴史事典に掲載されている、西洋美術分野の人物の総索引である。アルファベットで表記された見出し人名のほか、その人物の活動年代（世紀）、地域・国名、職業・肩書、業績など、人物の特定に最低限必要なプロフィールを記載し、その人物が掲載されている事典、その事典での見出し表記、生没年を示した。

2．収録範囲と人数

（1）151種359冊の事典に掲載されている、古代から現代までの西洋美術史上の人物を収録した。絵画・彫刻・建築・工芸・造園・デザイン・舞台美術・写真・絵本・挿絵など各分野の美術家のほか、絵画の題材となった神話・宗教上の人物、美術と関わりの深い国王・作家など美術事典に掲載されている人物も収録した。

（2）収録対象事典の詳細は「収録事典一覧」に示した。

（3）収録人数は11,679人、事典項目数はのべ41,265項目である。

3．記載事項

　（1）人名見出し（欧文名）

　　　ラテン・アルファベットによる欧文表記を見出しとし、同一人物は一項目にまとめた。欧文表記は、多くの事典に掲載されている一般的な綴りを採用した。

　（2）人物説明

　　1）活動年代　　活動年代が判明している人物は、人名見出しの末尾に〈　〉内にその年代を世紀で示した。

        2) プロフィール　　人物が活動した地域・国名、職業・肩書、業
           績、代表作などを簡潔に記載した。
   (3) 掲載事典
        1) その人物が掲載されている事典を ⇒ の後に略号で示した。
        2) 略号の後に、各事典における人名見出しおよび生没年を（　）内
           に示した。見出しは各事典における日本語表記（カタカナ）を示し
           た。欧文表記を見出しに採用している事典は、欧文表記とそのカナ
           表記を示した。また、見出し形は各事典に記載された通りとした
           が、姓名倒置の形式は「姓，名」に統一した。
        3) 生没年に複数の説がある場合は、／（スラッシュ）で区切って示し
           た。
        4) 紀元前は生没年の先頭に「前」で示した。紀元後を示す「後」
           は、紀元前に生まれ紀元後に没した人物の没年のみに示した。
        5) 事典に生没年の記載がなく、活動年代、在位年などが記載されて
           いる場合は、年の前に（活動）（在位）のように示した。

4．排　列

 (1) 人名見出しの姓のABC順、名のABC順に排列した。
 (2) 冒頭の al-、as-、at-、il- 等の冠詞、Sir、Dame、Lord、Dr. 等の称
     号は排列上無視し、斜体で示した。またアクサンテギュなどのアクセン
     ト記号も無視した。
 (3) Mc は Mac とみなして排列した。
 (4) 排列順位が同一の人物は、おおむね活動年代順とした。

5．収録事典一覧

 (1) 本書で索引対象にした事典の一覧を(8)～(12)ページの「収録事典一覧」
     に示した。本文で使用した掲載事典の略号の後に、書名、出版社、刊行
     年月を記載した。
 (2) 掲載順は略号の五十音順とした。

6．カタカナ表記索引
（1） 各事典の人名見出しに使われているすべてのカナ表記を見出しとし、人物の活動年代を（ ）内に補記した。
（2） 排列は五十音順とした。人名の先頭に冠する"聖""聖母"は、排列上無視した。
（3） 本文の見出し（欧文表記）とその掲載ページを → に続けて示した。

収録事典一覧

略号	書　名	出版社	刊行年月
ア事	アフリカ系アメリカ人ハンディ事典	南雲堂フェニックス	2006.12
ア人	現代アメリカ人物カタログ	冬樹社	1982.9
アフ新	アフリカを知る事典 新版	平凡社	2010.11
ア文	アメリカ文学作家作品事典	本の友社	1991.12
アメ	アメリカを知る事典 新訂増補	平凡社	2000.1
逸話	世界人物逸話大事典	角川書店	1996.6
イ哲	イギリス哲学・思想事典	研究社	2007.11
イ文	イギリス文学辞典	研究社	2004.1
岩ケ	岩波=ケンブリッジ世界人名辞典	岩波書店	1997.12
岩哲	岩波哲学・思想事典	岩波書店	1998.3
イン	インド仏教人名辞典	法蔵館	1987.3
英児	英米児童文学辞典	研究社	2001.4
英文	英語文学事典	ミネルヴァ書房	2007.4
英米	英米史辞典	研究社	2000.1
演劇	世界演劇事典	開文社出版	1999.4
演奏	演奏家大事典（1～2）	(財)音楽鑑賞教育振興会	1982.7
旺世	旺文社 世界史事典 3訂版	旺文社	2000.10
オセ	オセアニアを知る事典 新訂増補版	平凡社	2000.3
オセ新	オセアニアを知る事典 新版	平凡社	2010.5
オ世	オックスフォード世界英語文学大事典	DHC	2000.9
オ西	オックスフォード西洋美術事典	講談社	1989.6
オペ	オックスフォードオペラ大事典	平凡社	1996.3
音楽	新音楽辞典 人名	音楽之友社	1982.10
音大	音楽大事典（1～5）	平凡社	1981.10～1983.12
外国	外国人名事典	平凡社	1954.12
海作4	最新海外作家事典 新訂第4版	日外アソシエーツ	2009.7
外女	外国映画人名事典 女優篇	キネマ旬報社	1995.6
外男	外国映画人名事典 男優篇	キネマ旬報社	1997.6
海ミ	海外ミステリー作家事典	光文社	2000.4
科学	科学・技術人名事典	北樹出版	1986.3
科技	科学技術人名事典	共立出版	1971.4

略号	書名	出版社	刊行年月
科史	科学史技術史事典	弘文堂	1983.3
科人	科学者人名事典	丸善	1997.3
華人	華僑・華人事典	弘文堂	2002.6
科大	科学大辞典	丸善	1985.3
科大2	科学大辞典 第2版	丸善	2005.2
角世	角川世界史辞典	角川書店	2001.10
看護	看護人名辞典	医学書院	1968.12
監督	世界映画人名事典 監督(外国)編	キネマ旬報社	1975.12
教育	教育人名辞典	理想社	1962.2
教皇	ローマ教皇事典	三交社	2000.8
キリ	キリスト教人名辞典	日本基督教団出版局	1986.2
ギリ	古代ギリシア人名事典	原書房	1994.11
ギロ	古代ギリシア・ローマ人物地名事典	彩流社	2008.11
クラ	クラシック音楽事典	平凡社	2001.7
経済	経済思想史辞典	丸善	2000.6
芸術	世界芸術家辞典	順天出版	2006.7
現ア	現代アメリカ人物カルチャー事典	丸善	2001.11
現人	現代人物事典	朝日新聞社	1977.3
幻想	世界幻想作家事典	国書刊行会	1979.9
建築	建築家人名事典 西洋歴史建築篇	三交社	1997.6
幻文	幻想文学大事典	国書刊行会	1999.2
広辞4	広辞苑 第4版	岩波書店	1991.11
広辞5	広辞苑 第5版	岩波書店	1998.11
広辞6	広辞苑 第6版	岩波書店	2008.1
皇帝	世界皇帝人名辞典	東京堂出版	1977.9
黒作	黒人作家事典	鷹書房弓プレス	1996.12
国史	国史大辞典（1～15）	吉川弘文館	1979.3～1997.4
国小	ブリタニカ国際大百科事典 小項目事典（1～6）	TBSブリタニカ	1972.9～1974.12
国百	ブリタニカ国際大百科事典（1～20）	TBSブリタニカ	1972.5～1975.8
子本	子どもの本の事典	第一法規出版	1969.12
コン2	コンサイス外国人名事典 改訂版	三省堂	1990.4
コン3	コンサイス外国人名事典 第3版	三省堂	1999.4
最世	最新ニュースがわかる世界人名事典	学習研究社	2003.2
作曲	クラシック作曲家事典	学習研究社	2007.11
児イ	児童文学者人名事典 外国人イラストレーター編	出版文化研究会	1998.2

略号	書　名	出版社	刊行年月
児作	児童文学者人名事典 外国人作家編	出版文化研究会	2000.3
思想	20世紀思想家事典	誠信書房	2001.10
実ク	実用・音楽人名事典 クラシック/洋楽編	ドレミ楽譜出版社	2009.5
児童	児童文学辞典	東京堂出版	1970.3
児文	児童文学事典	東京書籍	1988.4
ジヤ	世界ジャズ人名辞典 1981年版	スイングジャーナル社	1981.5
集世	集英社世界文学事典	集英社	2002.2
集文	集英社世界文学大事典 （1～4）	集英社	1996.10～1998.1
女作	アメリカ女性作家小事典	雄松堂出版	1993.8
新美	新潮世界美術辞典	新潮社	1985.2
人物	世界人物事典	旺文社	1967.11
数学	世界数学者人名事典	大竹出版	1996.11
数学増	世界数学者人名事典 増補版	大竹出版	2004.4
スパ	スーパーレディ1009 （上,下）	工作舎	1977.11～1978.1
ス文	スペイン文化事典	丸善	2011.1
スペ	スペイン・ポルトガルを知る事典 新訂増補版	平凡社	2001.10
西騎	西洋騎士道事典 新版	原書房	2002.9
聖書	聖書人名事典 新装版	教文館	2005.7
聖人	聖人事典	三交社	1998.6
西洋	岩波西洋人名辞典・増補版	岩波書店	1981.12
世映	世界映画大事典	日本図書センター	2008.6
世科	世界科学者事典 （1～6）	原書房	1985.12～1987.12
世芸	世界芸術家辞典 2010年改訂版	エム・エフ・ジー	2010.5
世児	オックスフォード世界児童文学百科	原書房	1999.2
世宗	世界宗教用語大事典 コンパクト版2007 （上,下）	新人物往来社	2007.9
世女	世界女性人名大辞典 マクミラン版	国書刊行会	2005.1
世女日	世界女性人名事典—歴史の中の女性たち	日外アソシエーツ	2004.10
世人	世界史のための人名辞典 増補版	山川出版社	2006.4
世ス	世界スポーツ人名事典	日外アソシエーツ	2004.12
世政	世界政治家人名事典 20世紀以降	日外アソシエーツ	2006.4
世西	世界人名辞典 西洋編 新版〈増補版〉	東京堂出版	1993.9
世東	世界人名辞典 東洋編 新版〈増補版〉	東京堂出版	1994.7
世俳	世界映画人名辞典・俳優篇 （1～6）	科学書院	2007.2
世美	世界美術大事典 （1～6）	小学館	1988.12～1990.3
世百	世界大百科事典 （1～23）	平凡社	1964.7～1967.11

略号	書名	出版社	刊行年月
世百新	世界大百科事典 改訂新版 (1～30)	平凡社	2007.9
世文	新潮世界文学辞典 増補改訂	新潮社	1990.4
全書	日本大百科全書 (1～24)	小学館	1984.11～1988.11
体育	体育人名辞典	逍遥書院	1970.3
対外	対外関係史辞典	吉川弘文館	2009.2
大辞	大辞林	三省堂	1988.11
大辞2	大辞林 第2版	三省堂	1995.11
大辞3	大辞林 第3版	三省堂	2006.10
大百	大日本百科事典 (1～23)	小学館	1967.11～1971.9
探検1	世界探検家事典 1 古代～18世紀	日外アソシエーツ	1997.11
探検2	世界探検家事典 2 19・20世紀	日外アソシエーツ	1997.11
中国	中国史人名辞典	新人物往来社	1984.5
中史	中国歴史文化事典	新潮社	1998.2
中東	中東人名事典	中東調査会	1979.3
中ユ	中央ユーラシアを知る事典	平凡社	2005.4
デス	大事典desk	講談社	1983.5
伝世	世界伝記大事典 世界編 (1～12)	ほるぷ出版	1980.12～1981.6
天文	天文学人名辞典	恒星社厚生閣	1983.3
東欧	東欧を知る事典 新訂増補版	平凡社	2001.3
統治	世界歴代統治者名辞典 紀元前3000～現代	東洋書林	2001.10
東仏	東洋仏教人名事典	新人物往来社	1989.2
ナチ	ナチス時代ドイツ人名事典	東洋書林	2002.10
ナビ	大事典NAVIX	講談社	1997.11
南ア	南アジアを知る事典 新訂増補版	平凡社	2002.4
二十	20世紀西洋人名辞典 (上,下)	日外アソシエーツ	1995.2
二十英	20世紀英語文学辞典	研究社	2005.11
日研	ジャパンスタディ「日本研究」人物事典	日外アソシエーツ	2008.3
日人	講談社日本人名大辞典	講談社	2001.12
ノベ	ノーベル賞受賞者業績事典 新訂版	日外アソシエーツ	2003.7
俳優	世界映画人名事典 男女優編	キネマ旬報社	1974.12
バレ	オックスフォードバレエダンス事典	平凡社	2010.5
東ア	東南アジアを知る事典 新版	平凡社	2008.6
美術	現代美術家事典	美術出版社	1970
ヒ人	ヒップホップ人名事典	音楽之友社	2003.12
百科	大百科事典 (1～15)	平凡社	1984.11～1985.6

略号	書名	出版社	刊行年月
標音	標準音楽人名事典 クラシック/洋楽編	ドレミ楽譜出版社	2001.11
評世	世界史事典 新版	評論社	2001.2
ミ本	世界ミステリ作家事典 本格派篇	国書刊行会	1998.1
名詩	世界名詩鑑賞辞典	東京堂出版	1969.12
名著	世界名著大事典 8 著者編	平凡社	1962.4
山世	山川世界史小辞典 改訂新版	山川出版社	2004.1
ユ人	ユダヤ人名事典	東京堂出版	2010.12
洋ヒ	洋楽ヒットチャート大事典 チャート・歴史・人名辞典	小学館	2009.2
来日	来日西洋人名事典 増補改訂普及版	日外アソシエーツ	1995.1
ラテ	ラテン・アメリカを知る事典 新訂増補版	平凡社	1999.12
ラル	ラルース世界音楽人名事典	福武書店	1989.11
歴学	歴史学事典 5 歴史家とその作品	弘文堂	1997.10
歴史	世界歴史大事典 スタンダード版（1〜20）	教育出版センター	1995.9
ロシ	ロシアを知る事典 新版	平凡社	2004.1
ロマ	古代ローマ人名事典	原書房	1994.7

西洋人物レファレンス事典

美術篇

【 A 】

Aachen, Hans von 〈16・17世紀〉
ドイツの画家。
⇒世美 (アーヘン, ハンス・フォン 1552-1615)

Aalto, Aino 〈19・20世紀〉
フィンランドの建築家。
⇒世女日 (アールト, アイノ ?-1949)

Aalto, Hugo Alvar Henrik 〈20世紀〉
フィンランドの建築家、デザイナー、都市設計家。パイミオの結核療養所の建築、ヘルシンキの文化の家 (1955〜58) が代表作品。
⇒岩ケ (アールト, (フーゴ・ヘンリック・) アルヴァル 1898-1976)
　才西 (アアルト, アルヴァ 1898-1976)
　現人 (アールト 1898.2.3-1976.5.11)
　国小 (アールト 1898-1976.5.11)
　国百 (アールト, アルバー 1898.2.3-1976)
　新美 (アールト, アルヴァー 1898.2.3-1976.5.11)
　人物 (アールト 1898.2.3-1949)
　西洋 (アールト― 1898.2.3-1976)
　世美 (アールト, フーゴー・アルヴァー・ヘンリック 1898-1976)
　世百 (アールト 1898-)
　世百新 (アールト― 1898-1976)
　全書 (アールト 1898-1976)
　大辞2 (アールト 1898-1976)
　大辞3 (アールト 1898-1976)
　大百 (アールト 1898-1976)
　伝世 (アアルト 1898.2.3-1976.5.11)
　ナビ (アールト 1898-1976)
　二十 (アールト, アルヴァー 1898.2.3-1976.5.11)
　百科 (アールト― 1898-1976)

Aaltonen, Väinö 〈20世紀〉
フィンランドの彫刻家。
⇒岩ケ (アールトネン, ヴァイネ (・ヴァルデマル) 1894-1966)
　新美 (アールトーネン, ヴァイネ 1894.3.8-1966.5.30)
　西洋 (アールトネン 1894.3.8-1966.5.29)
　二十 (アールトーネン, ヴァイネ 1894.3.8-1966.5.30)

Abadie, Jean 〈20世紀〉
フランスの画家。
⇒世芸 (アバディ, ジェーン 1918-)

Abadie, Paul 〈19世紀〉
フランスの建築家。
⇒新美 (アバディ, ポール 1812.11.9-1884.8.3)
　世美 (アバディ, ポール 1812-1884)

Abaev, Khasen Seikhanovich 〈20世紀〉
ロシアのイラストレーター。
⇒児イ (Abaev, Khasen Seikhanovich アバーエフ, K.S. 1942-)

Abakanowicz, Magdalena 〈20世紀〉
ポーランドの織物造形作家。
⇒岩ケ (アバカノヴィチ, マグダレーナ 1930-)
　世女 (アバカノヴィッチ, マグダレーナ 1930-)
　大辞2 (アバカノビッチ 1930-)
　大辞3 (アバカノビッチ 1930-)
　東欧 (アバカノビチ 1930-)

Abanīndranāth Ṭhākur 〈19・20世紀〉
インド、ベンガルの画家。エッセイ『ジョラシャンコ界隈』など。
⇒集世 (オボニンドロナト・タクル 1871.8.7-1951.12.5)
　集文 (オボニンドロナト・タクル 1871.8.7-1951.12.5)

Aba Novák Vilmos 〈20世紀〉
ハンガリーの画家、版画家。
⇒世美 (アバ・ノヴァーク, ヴィルモシュ 1894-1941)

'Abbās I 〈16・17世紀〉
ペルシアのサファビー朝第5代王 (在位1587〜1629)。サファビー朝の最盛期を生む。
⇒岩ケ (アッバース1世 1571-1629)
　旺世 (アッバース (1世) 1571-1629)
　外国 (シャー・アッバース ?-1629)
　角世 (アッバース1世 1571-1629)
　皇帝 (アッバース1世 1557-1628)
　国小 (アッバース1世 1571.1.27-1629.1.19)
　国百 (アッバース一世 1571-1629)
　コン2 (シャー・アッバース 1571-1629)
　コン3 (シャー・アッバース 1571-1629)
　新美 (シャー・アッバース一世 1571-1629)
　人物 (アッバース一世 1557頃-1629.1.27)
　西洋 (アッバース一世 (大王) 1557-1628.1.27)
　世人 (アッバース1世 (大王) 1571-1629)
　世西 (アッバース一世 1557頃-1629.1.27)
　世東 (シャー・アッバース1世)
　世百 (アッバース1世 1571-1629)
　全書 (アッバース一世 1571-1629)
　大百 (アッバス一世 1571-1629)
　デス (アッバース1世 1571-1629)
　伝世 (アッバース1世 1571.1.27-1629.1.21)
　統治 (アッバース一世, 大王 (在位) 1587-1629)
　百科 (シャー・アッバース1世 1571-1629)
　評世 (アッバス1世 ?-1629)
　山世 (アッバース1世 1571-1629)
　歴史 (シャー=アッバース1世 1571-1629)

Abbate, Niccolo dell' 〈16世紀〉
イタリアの画家。マニエリスモの画家。フォンテンブロー派をつくる。
⇒岩ケ (アッバーテ, ニッコロ・デル 1512頃-1571)
　芸術 (アバーテ, ニッコロ・デル 1509頃-1571)
　国小 (アバーテ 1509/12-1571)
　新美 (アッパーテ, ニッコロ・デル 1509頃-1571)

百科（アバーテ　1509/12-1571）

Abbati, Giuseppe〈19世紀〉
イタリアの画家。
⇒新美（アッバーティ, ジュゼッペ　1836-1868.2.20）
世美（アッバーティ, ジュゼッペ　1836-1868）

Abbey, Edwin Austin〈19・20世紀〉
アメリカの画家。『ハーパーズ・マガジン』の挿絵画家。ボストン公立図書館の壁画の作者。
⇒岩ケ（アビー, エドウィン・オースティン　1852-1911）
国小（アビー　1852-1911）
西洋（アッビ　1852.4.1-1911.8.1）

Abbiati, Filippo〈17・18世紀〉
イタリアの画家。
⇒世美（アッビアーティ, フィリッポ　1640-1715）

Abbott, Berenice〈20世紀〉
アメリカの写真家。
⇒世芸（アボット, ベレニス　1898-1967）
世女（アボット, ベレニス　1898-1991）
世女日（アボット, ベレニス　1898-1991）

'Abd Allāh ibn al-Fadhl〈13世紀〉
ペルシアの画家。
⇒外国（アブダラー）

'Abd al-Samad〈16世紀〉
ペルシアの書家, 写本装飾画家。
⇒世美（アブド・アル＝サマド　16世紀）

Abel
アダムの第2子。牧畜を業とした（旧約）。
⇒岩ケ（アベル）
キリ（アベル）
新美（アベル）
西洋（アベル）
世百（アベル）
全書（アベル）
大辞（アベル）
大百（アベル）

Abel, Adolf〈19・20世紀〉
ドイツの建築家。
⇒西洋（アーベル　1882.11.27-1968.11.3）

Abel de Pujol, Alexandre-Denis〈18・19世紀〉
フランスの画家。
⇒世美（アベル・ド・ピュジョル, アレクサンドル＝ドニ　1787-1861）

Aber, Richard〈20世紀〉
アメリカ生れの彫刻家。
⇒世芸（アーバー, リチャード　1948-）

Abercrombie, *Sir* **Leslie Patrick**〈19・20世紀〉
イギリスの建築家, 都市計画家。
⇒岩ケ（アバクロンビー, サー・(レズリー・)パトリック　1879-1957）
オ西（アーバークロンビー, パトリック　1879-1957）
西洋（アバクロンビ　1879-1957.3.23）
世美（アバークロンビー, パトリック　1879-1957）

Aberli, Johann Ludwig〈18世紀〉
スイスの画家, 版画家。
⇒世美（アベルリ, ヨハン・ルートヴィヒ　1723-1786）

Abilgaard, Nicolai Abraham〈18・19世紀〉
デンマークの歴史画家。コペンハーゲン・アカデミーの校長（1789〜）。
⇒新美（アビルゴール, ニコライ・アブラハム　1743.9-1809.6.4）
西洋（アビルゴール　1743.9.11-1809.6.4）
世美（アビルゴー, ニコライ・アブラハム　1743-1809）
百科（アビルゴール　1743-1809）

Abondio, Alessandro〈16・17世紀〉
オーストリアのメダル制作家, 蠟型制作家。
⇒世美（アボンディオ, アレッサンドロ　1570頃-1648）

Abondio, Antonio〈16世紀〉
イタリアのメダル制作家。
⇒世美（アボンディオ, アントーニオ　1538-1595頃）

Abraham〈前20世紀〉
イスラエル人の祖（創世記）。
⇒岩ケ（アブラハム　前2000以後）
旺世（アブラハム）
外国（アブラハム）
キリ（アブラハム）
広辞4（アブラハム）
広辞6（アブラハム）
国小（アブラハム）
コン2（アブラハム）
コン3（アブラハム）
人物（アブラハム　生没年不詳）
聖書（アブラハム）
西洋（アブラハム）
世西（アブラハム）
世美（アブラハム）
世百（アブラハム）
全書（アブラハム）
大辞（アブラハム）
大辞3（アブラハム）
大百（アブラハム）
評世（アブラハム　生没年不詳）
山世（アブラハム）

Abrahams, Hilary Ruth〈20世紀〉
イギリスのイラストレーター。
⇒児イ（Abrahams, Hilary Ruth　エイブラハムズ, H.R.）

Abramovitz, Max〈20世紀〉
アメリカの建築家。

⇒世美（アブラーモヴィッツ，マックス 1908-）

Abrams, Lester〈20世紀〉
アメリカのイラストレーター。
⇒児イ（Abrams, Lester エイブラムズ, L.）

Abū'l Hasan〈17世紀〉
インドのミニアチュール画家（17世紀初期）。ムガル帝国ジャハーンギール帝の寵愛を受けた。主要作品『牛図』。
⇒国小（アブル・ハサン 生没年不詳）

Accardi, Carla〈20世紀〉
イタリアの女性画家。
⇒世美（アッカルディ，カルラ 1924-）

Accetto〈11世紀〉
イタリアの彫刻家。
⇒世美（アッチェット （活動）11世紀）

Acconci, Vito〈20世紀〉
アメリカのアーティスト。
⇒世芸（アコンチ，ヴィト 1940-）

Ache, Jean〈20世紀〉
フランスのイラストレーター。
⇒児イ（Ache, Jean アッシュ, J. 1923-）

Achenbach, Andreas〈19・20世紀〉
ドイツの画家。デュッセルドルフ派の指導者。ドイツの近代風景画，海洋画の創始者の一人。
⇒岩ケ（アッヘンバッハ，アンドレアス 1815-1910）
　西洋（アッヘンバハ 1815.9.29-1910.4.1）

Achenbach, Oswald〈19・20世紀〉
ドイツの画家。Andreasの弟。兄の写実的描写と異り，詩的，観念的な作風をもつ。
⇒西洋（アッヘンバハ 1827.2.2-1905.2.1）

Achilles
ギリシア神話の英雄。ペレウスと女神テティスの子。ホメロスの叙事詩『イリアス』の主要人物。トロイ戦争におけるギリシア軍の勇将。
⇒新美（アキレウス）
　全書（アキレウス）
　大辞（アキレス）
　歴史（アキレウス）

Acier, Michel Victor〈18世紀〉
フランスの彫刻家。
⇒世美（アシエ，ミシェル・ヴィクトール 1736-1799）

Ackerman, James Sloss〈20世紀〉
アメリカの美術史家。
⇒世美（アッカーマン，ジェイムズ・スロス 1919-）

Ackermann, Rudolph〈18・19世紀〉
ドイツの美術出版業者。

⇒岩ケ（アッカーマン，ルドルフ 1764-1834）

Acquisti, Luigi〈18・19世紀〉
イタリアの彫刻家。
⇒世美（アックイスティ，ルイージ 1745-1823）

Acton, *Sir* Harold（Mario Mitchell）〈20世紀〉
イギリスの美術史家，詩人で耽美主義者。
⇒オ世（アクトン，ハロルド（・マリオ・ミッチェル）1904-1994）
　二十英（Acton, Sir Harold（Mario Mitchell）1904-1994）

Adabash'yan, Aleksandr〈20世紀〉
モスクワ（ロシア）生れの映画美術監督，映画脚本家，男優。
⇒世映（アダバシャン，アレクサンドル 1945-）
　世俳（アダバシャン，アレクサンドル 1945.8.10-）

Adam
神にかたどって創造された人類の始祖（創世記）。
⇒岩ケ（アダムとエバ）
　キリ（アダム）
　広辞4（アダム）
　国小（アダム）
　コン2（アダム）
　人物（アダム）
　西洋（アダム）
　世西（アダム）
　世美（アダム）
　世百（アダム）
　全書（アダム）
　大辞（アダム）
　大百（アダム）
　百科（アダム）

Adam, Albrecht〈18・19世紀〉
ドイツの画家。主作品『アーベンスベルクの戦』（1826）。戦争画，馬の絵を得意とした。
⇒西洋（アダム 1786.4.16-1862.8.28）

Adam, François-Gaspard-Balthazar〈18世紀〉
フランスの彫刻家。
⇒世美（アダン，フランソワ＝ガスパール＝バルタザール 1710-1761）

Adam, Henri-Georges〈20世紀〉
フランスの彫刻家。『ル・アーヴル港のモニュメント』（1955）など記念碑的大作を得意とした。
⇒西洋（アダン 1904.1.18-1967.8.27）
　世美（アダン，アンリ＝ジョルジュ 1904-1967）

Adam, Jacob-Sigisbert〈17・18世紀〉
フランスの彫刻家。
⇒世美（アダン，ジャコブ＝シジスベール 1670-1747）

Adam, James John〈18世紀〉
イギリスの建築家，室内装飾家。兄ロバートの

協力者として活躍。
⇒国小（アダム，ジェームズ　1730-1794）
新美（アダム，ジェームズ　1734-1794.10.20）
世美（アダム，ジェイムズ　1732-1794）
伝世（アダム，ジェームズ　1730.7.21-1794.10.20）
百科（アダム，ジェームス　1732-1794）

Adam, John〈18世紀〉
イギリスの建築家。
⇒新美（アダム，ジョン）
世美（アダム，ジョン　1721-1792）

Adam, Ken〈20世紀〉
ドイツ・ベルリン生れの映画美術監督。
⇒世映（アダム，ケン　1921-）

Adam, Lambert-Sigisbert〈18世紀〉
フランスの彫刻家。
⇒新美（アダム，ランベール＝シジスベール　1700.10.10-1759.5.13）
世美（アダン，ランベール＝シジスベール　1700-1759）

Adam, Nicolas-Sébastien〈18世紀〉
フランスの彫刻家。
⇒世美（アダン，ニコラ＝セバスティアン　1705-1778）

Adam, Robert John〈18世紀〉
イギリスの建築家，室内装飾家。新古典主義様式の復活を導いた。
⇒イ文（Adam, Robert　1728-1792）
岩ケ（アダム，ロバート　1728-1792）
英米（Adam, Robert　アダム　1728-1792）
外国（アダム　1728-1792）
建築（アダム，ロバート　1728-1792）
国小（アダム，ロバート　1728-1792）
国百（アダム，ロバート　1728.7.3-1792.3.3）
コン2（アダム　1728-1792）
コン3（アダム　1728-1792）
新美（アダム，ロバート　1728.7.3-1792.3.3）
西洋（アダム　1728-1792.3.3）
世美（アダム，ロバート　1728-1792）
世百（アダム，ロバート　1728-1792）
全書（アダム　1728-1792）
伝世（アダム，ロバート　1728.7.3-1792.3.3）
百科（アダム，ロバート　1728-1792）

Adam, William〈17・18世紀〉
イギリスの建築家。アダム兄弟の父。
⇒世美（アダム，ウィリアム　1689-1748）

Adam, William〈18世紀〉
イギリスの建築家。アダム兄弟の末弟。兄弟の設計事務所の管理業務を担った。
⇒新美（アダム，ウィリアム）
世美（アダム，ウィリアム）

Adami, Valerio〈20世紀〉
イタリア生れの画家，ポップ・アーティスト。
⇒新美（アダミ，ヴァレーリオ　1935.3.17-）
世芸（アダミ，ヴァレリオ　1935-）

世美（アダーミ，ヴァレーリオ　1935-）
二十（アダミ，ヴァレーリオ　1935.3.17-）
美術（アダミ，ヴァレーリオ　1935-）

Adamo di Arogno〈13世紀〉
イタリアの建築家。
⇒世美（アダーモ・ディ・アローニョ　（活動）13世紀前半）

Adams, Adrienne〈20世紀〉
アメリカの児童文学者。
⇒児イ（Adams, Adrienne　アダムズ，A.　1906-）
児作（Adams, Adrienne　アダムズ，エイドリアン　1906-）

Adams, Ansel〈20世紀〉
アメリカの写真家。風景写真の第一人者。ストレート写真による近代写真の成立に尽した。
⇒アメ（アダムズ　1902-1984）
岩ケ（アダムズ，アンセル（・イーストン）　1902-1984）
現ア（Adams, Ansel　アダムズ，アンセル　1902-1984）
コン3（アダムズ　1902-1984）
新美（アダムズ，アンセル　1902.2.20-1984.4.22）
西洋（アダムズ　1902.2.20-）
世芸（アダムズ，アンセル　1902-1984）
世美（アダムズ　1902.2.20-1984.4.22）
世百新（アダムズ　1902-1984）
全書（アダムズ　1902-1984）
大辞3（アダムズ　1902-1984）
ナビ（アダムズ　1902-1984）
二十（アダムズ，アンセル　1902.2.20-1984.4.22）
百科（アダムズ　1902-1984）

Adams, Pauline Batchelder〈20世紀〉
アメリカのイラストレーター。
⇒児イ（Adams, Pauline Batchelder　アダムズ，P.B.）

Adams, Robert〈20世紀〉
イギリスの彫刻家。
⇒世美（アダムズ，ロバート　1917-1984）

Adams, Truda〈19・20世紀〉
イギリスの陶芸家。
⇒世女日（アダムス，トルダ　1890-1958）

Adamson, George Worsley〈20世紀〉
アメリカのイラストレーター。
⇒児イ（Adamson, George Worsley　アダムソン，G.W.）

Addams, Charles Samuel〈20世紀〉
アメリカの漫画家。
⇒岩ケ（アダムズ，チャールズ・サミュエル　1912-1988）
世美（アダムス，チャールズ・サミュエル　1912-1988）

Addari 〈20世紀〉
フランス生れの芸術家。
⇒世芸（アダリ　1936-）

Ademollo, Carlo 〈19・20世紀〉
イタリアの画家。
⇒世美（アデモッロ, カルロ　1825-1911）

Ademollo, Luigi 〈18・19世紀〉
イタリアの画家, 版画家。
⇒世美（アデモッロ, ルイージ　1764-1849）

Adhémar, Jean 〈20世紀〉
フランスの美術史家。長くパリ国立図書館版画部長を務めた。
⇒西洋（アデマール　1908.3.18-）

Adler, Dankmar 〈19世紀〉
アメリカの建築家。ドイツに生れ1854年渡米。シカゴの音楽堂(1887~89)が主作品。
⇒国小（アドラー　1844-1900）
　西洋（アードラー　1844-1900）
　世美（アドラー, ダンクマー　1844-1900）

Adler, Friedrich 〈19・20世紀〉
ドイツの建築家, 考古学者。ベルリンのトマス教会その他を設計。クルティウスらと共にオリュンピアを発掘(1975~81)。
⇒コン2（アードラー　1827-1908）
　コン3（アードラー　1827-1908）
　西洋（アードラー　1827.10.15-1908.9.15）

Adler, Salomon 〈17・18世紀〉
アルプス以北出身の画家。
⇒世美（アドラー, ザロモン　17世紀-18世紀）

Adorno, Theodor Wiesengrund 〈20世紀〉
ドイツの哲学者, 美学者, 社会学者。ナチスに追われ, アメリカに亡命, ファシズム研究を主題とした『権威主義的人間』(1950)を著わし, 49年帰国, ホルクハイマーとともに社会調査研究所を開設。
⇒アメ（アドルノ　1903-1969）
　岩ケ（アドルノ, テオドール(・ヴィーゼングルント)　1903-1969）
　岩哲（アドルノ　1903-1969）
　オペ（アドルノ, テオドール・ヴィーゼングルント　1903.9.11-1969.8.6）
　音楽（アドルノ, テーオドル　1903.9.11-1969.8.6）
　音大（アドルノ　1903.9.11-1969.8.6）
　現人（アドルノ　1903.9.11-）
　広辞5（アドルノ　1903-1969）
　広辞6（アドルノ　1903-1969）
　国小（アドルノ　1903.9.11-1969.8.6）
　コン3（アドルノ　1903-1969）
　最世（アドルノ, テオドール　1903-1969）
　思想（アドルノ, テオドール W（ヴィーゼングルント）1903-1969）
　集世（アドルノ, テーオドア　1903.9.11-1969.8.6）
　集文（アドルノ, テオドール　1903.9.11-1969.8.6）
　西洋（アドルノ　1903.9.11-1968.8.6）
　世西（アドルノ　1903.9.11-）
　世百新（アドルノ　1903-1969）
　世文（アドルノ, テオドール・ヴィーゼングル　1903-1969）
　全書（アドルノ　1904-1969）
　大辞2（アドルノ　1903-1969）
　大辞3（アドルノ　1903-1969）
　ナビ（アドルノ　1903-1969）
　二十（アドルノ, テーオドール　1903.9.11-1969.8.6）
　二十英（Adorno, Theodor Wiesengrund　1903-1969）
　百科（アドルノ　1903-1969）
　ユ人（アドルノ, テオドル・ヴィーゼングルント　1903-1969）
　ラル（アドルノ, テーオドール・ヴィーゼングルント　1903-1969）
　歴史（アドルノ　1903-1969）

Adrian 〈20世紀〉
アメリカ生れの映画衣裳デザイナー。
⇒世映（エイドリアン　1903-1959）

AE. 〈19・20世紀〉
アイルランドの詩人, 画家, ジャーナリスト。
⇒二十（エイ・イー　1867-1935）

Aelst, Willem van 〈17世紀〉
オランダの静物画家。特に花を題材としフランスやフィレンツェで制作。57年以後アムステルダムに定住。
⇒国小（アールスト　1625/6-1683以後）
　世美（ファン・アールスト, ウィレム　1625/26-1683頃）

Aeltsen, Pieter 〈16世紀〉
オランダの歴史画, 風俗画家。主作品『ヤン・ファン・デル・ビーストのキリスト降架の祭壇画』(1546)。宗教画に風俗的情景を盛りこみ, また静物画の開拓者でもあった。
⇒岩ケ（アールツェン, ピーテル　1508/9-1579）
　国小（アールトセン　1508/9頃-1575.6.3）
　新美（アールツセン, ピーテル　1508/09-1575）
　世美（アールツェン, ピーテル　1508/09-1575）
　百科（アールツェン　1507/09-1575）

Aershorn, Shel 〈20世紀〉
アメリカの木工テーブル作家。
⇒世芸（エールション, シェル）

Aeschbacher, Hans 〈20世紀〉
スイスの彫刻家。
⇒世美（エッシュバッハー, ハンス　1906-）

Aetion 〈前4世紀〉
ギリシアの画家。
⇒ギロ（アエティオン　前4世紀）
　世美（アエティオン　前4世紀後半）

Affanni, Ignazio 〈19世紀〉
イタリアの画家。
⇒世美（アッファンニ, イニャーツィオ　1828-

A

1889）

Afonso, Jorge 〈16世紀〉
ポルトガルの画家。
⇒世美（アフォンソ，ジョルジ （活動）1504-1539頃）

Afro 〈20世紀〉
イタリアの画家。
⇒世美（アフロ 1912-1976）

Agabiti, Pietro Paolo 〈15・16世紀〉
イタリアの画家。
⇒世美（アガービティ，ピエトロ・パーオロ 1470頃-1540頃）

Agam, Yaacov Gipstein 〈20世紀〉
イスラエルの画家，彫刻家。
⇒新美（アガム，ヤーコブ 1928-）
　世芸（アガム，ヤコブ 1928-）
　二十（アガム，ヤーコブ 1928-）
　美術（アガム，ヤーコヴ・ギプシュタイン 1928-）

Agamemnōn
ギリシア神話の伝説上のミュケナイ王。トロイ戦争の総指揮官。オレステス・エレクトラの父。
⇒コン2（アガメムノン）
　新美（アガメムノーン）
　全書（アガメムノン）
　大辞（アガメムノン）

Aga Mirak 〈16世紀〉
ペルシアのイスラーム時代の画家。
⇒新美（アーガー・ミーラク）

Agar, Eileen 〈20世紀〉
イギリスの彫刻家。
⇒世女日（エイガー，アイリーン 1899-1991）

Aga Riza 〈16・17世紀〉
ペルシアのイスラーム時代の画家。
⇒新美（アーガー・リザー）

Agasias 〈前1世紀頃〉
ギリシアの彫刻家。
⇒芸術（アガシアス 前1世紀）
　西洋（アガシアス 前100世紀）
　世美（アガシアス 前1世紀）

Agasse, Jacques-Laurent 〈18・19世紀〉
スイスの画家。
⇒芸術（アガス，ジャック・ロラン 1767-1848）
　世美（アガッス，ジャック＝ロラン 1767-1849）

Agatha 〈3～6世紀〉
シチリア島の聖女。
⇒岩ケ（聖アガタ 3世紀）
　キリ（アガタ 3-6世紀）
　国小（アガタ）
　コン2（アガタ 3世紀頃）
　新美（アガタ（聖））

西洋（アガタ）
百科（アガタ 3世紀）

Agatharchos 〈前5世紀〉
ギリシアの画家。アイスキュロスの悲劇の舞台装置をも制作。
⇒ギリ（アガタルコス （活動）前440頃-410）
　芸術（アガタルコス 前5世紀）
　国小（アガタルコス）
　コン2（アガタルコス 前5世紀）
　コン3（アガタルコス 前5世紀）
　西洋（アガタルコス 前5世紀）
　世美（アガタルコス 前5世紀）

Agazzi, Ermenegildo 〈19・20世紀〉
イタリアの画家。
⇒世美（アガッツィ，エルメネジルド 1866-1943）

Agee, Jon 〈20世紀〉
アメリカの絵本作家。
⇒児イ（Agee, Jon エイジー，J.）
　児作（Agee, Jon エイジー，ジョン）

Ageladas 〈前6・5世紀〉
ギリシアの彫刻家。
⇒世美（アゲラダス （活動）前529-前450）

Agesandros, (H) 〈前1世紀〉
ギリシャの彫刻家。
⇒芸術（アゲサンドロス 前1世紀）

Āgha Riḍā 〈16世紀〉
ペルシアのサファヴィー朝のタハマースプ1世末期の細密画家。ビフザードを模倣した作風をもつ。
⇒西洋（アーガー・リザー ?-1573）

Agincourt, Jean-Baptiste-Louis-Georges 〈18・19世紀〉
フランスの芸術史家。中世初期の美術を初めて方法的に研究。
⇒西洋（アジャンクール 1730.4.5-1814.9.24）
　世美（アジャンクール，ジャン＝バティスト＝ルイ＝ジョルジュ 1730-1814）
　名著（セルー・ダジャンクール 1730-1814）

Aglio, Agostino 〈18・19世紀〉
イタリアの画家，版画家。
⇒世美（アーリオ，アゴスティーノ 1777-1857）

Agnes 〈3・4世紀〉
ローマの殉教者，聖女。4世紀にローマに聖アグネスの聖堂が建てられた。
⇒岩ケ（聖アグネス 4世紀）
　キリ（アグネス 3-4世紀初頭）
　ギロ（アグネス ?-304）
　国小（アグネス 3世紀頃）
　新美（アグネス（聖））
　聖人（アグネス ?-304頃(?)）
　西洋（アグネス）
　世女日（アグネス 292頃-304頃）
　百科（アグネス）

Agnolo di Ventura〈14世紀〉
イタリアの彫刻家、建築家。
⇒世美（アーニョロ・ディ・ヴェントゥーラ ?-1348）

Agorakritos〈前5世紀〉
古代ギリシアの彫刻家。『ラムヌースのネメシス像』の作者。
⇒ギリ（アゴラクリトス （活動)前440頃-400）
国小（アゴラクリトス 生没年不詳）
新美（アゴラクリトス）
西洋（アゴラクリトス 前450頃）
世美（アゴラクリトス 前5世紀）

Agostinelli, M.E.〈20世紀〉
イタリアのイラストレーター。
⇒児イ（Agostinelli, M.E. アゴスティネルリ, M.E.）

Agostini, Tony〈20世紀〉
フランスの画家。
⇒世芸（アゴステニ, トニー 1916-）

Agostino da Rimini〈14世紀〉
イタリアの画家。
⇒世美（アゴスティーノ・ダ・リーミニ 14世紀後半）

Agostino di Giovanni〈14世紀〉
イタリアの彫刻家、建築家。
⇒建築（アゴスティーノ・ディ・ジョヴァンニ （活動)1310-1350）
国小（アゴスティーノ・ディ・ジョバンニ ?-1350）
世美（アゴスティーノ・ディ・ジョヴァンニ 14世紀）

Agostino Veneziano〈15・16世紀〉
イタリアの版画家。
⇒世美（アゴスティーノ・ヴェネツィアーノ 1490頃-1536以降）

Agrest, Diana〈20世紀〉
アメリカの建築家。アグレスト&ガンデルソナス事務所代表。主な作品にはラ・ヴィレット再開発計画、ルーズベルト島ハウジング計画などがある。
⇒二十（アグレスト, ダイアナ）

Agresti, Livio〈16世紀〉
イタリアの画家。
⇒世美（アグレスティ, リーヴィオ 1508頃-1580）

Agricola, Filippo〈18・19世紀〉
イタリアの画家。
⇒世美（アグリーコラ, フィリッポ 1776-1857）

Aguado, Tyrone〈20世紀〉
フランスの画家。
⇒世芸（アギュード, タイロン 1949-）

Agucchi, Giovanni Battista〈16・17世紀〉
イタリアの美術著述家。
⇒世美（アグッキ, ジョヴァンニ・バッティスタ 1570-1632）

Aha
古代エジプト第1王朝初期の王。
⇒新美（アハ）

Ahlberg, Allan〈20世紀〉
イギリスの絵本作家。
⇒英児（Ahlberg, Janet and Allan 1938-）
児イ（Ahlberg, Alan アルバーグ, A. 1938-）
児作（Ahlberg, Allan アルバーグ, アラン 1938-）
世児（アールバーグ, ジャネット&アラン 1944-94&1938-）
二十英（Ahlberg, Allan 1938-）

Ahlberg, Janet〈20世紀〉
イギリスの児童文学作家、挿絵画家。
⇒英児（Ahlberg, Janet and Allan 1944-1994）
児イ（Ahlberg, Janet アルバーグ, J. 1944-）
児作（Ahlberg, Janet アルバーグ, ジャネット）
世児（アールバーグ, ジャネット&アラン 1944-1994&1938-）
世女日（アールバーグ, ジャネット 1944-1994）

Aḥmad ibn Umar al-Dhaki〈13世紀〉
イスラームの金工家。
⇒新美（アフマド・イブン・ウマル・アル=ダーキー）

Ahmad Musa〈14世紀〉
ペルシアのイスラーム時代の画家。
⇒新美（アフマド・ムーサ）

Ahrehold, Novie Moffat〈20世紀〉
アメリカのイラストレーター。
⇒児イ（Ahrehold, Novie Moffat）

Aichel, Johann Santin〈17・18世紀〉
ドイツの建築家、画家。作品にはゼードレッツ、ザール、クラッタリ、ゼーラウ等の修道院附属聖堂がある。
⇒キリ（アイヒェル, ヨーハン・ザンティーン 1667-1723.12.7）
西洋（アイヘル 1667-1723.12.7）

Aichinger, Helga〈20世紀〉
オーストリアのイラストレーター。
⇒児イ（Aichinger, Helga アイヒンガー, H.）

Aikman, William〈17・18世紀〉
スコットランドの肖像画家。メディナの弟子。
⇒国小（エイクマン 1682-1731）

Ailnoth（Alnoth, Alnodus）〈12世紀〉
イギリスの建築長。
⇒建築（アイルノース(アルノース, アルノードゥス） （活動)12世紀）

Ainmiller, Max Emanuel 〈19世紀〉
ドイツのガラス絵画家。ミュンヘンのガラス絵をヨーロッパの標準にまで高めた。
⇒キリ(アインミラー, マックス・エマーヌエル 1807.2.14-1870.12.8)
　西洋(アインミラー 1807.2.14-1870.12.8)

Airy, Anna 〈19・20世紀〉
イギリスの画家。
⇒世女日(エアリー, アンナ 1882-1964)

Aivasovskii, Ivan Konstantinovich 〈19世紀〉
ロシアの海洋画家。
⇒芸術(アイヴァゾフスキー, イワン・コンスタンティノーヴィッチ 1817-1900)
　コン2(アイヴァゾーフスキィ 1817-1900)
　コン3(アイヴァゾーフスキィ 1817-1900)
　新美(アイヴァゾフスキー, イワン 1817.7.17/29-1900.4.19/5.2)
　人物(アイバゾフスキー 1817.7.7-1900.4.19)
　西洋(アイヴァソフスキー 1817.7.17-1900.5.19)
　世美(アイヴァゾーフスキー, イヴァン・コンスタンティノヴィチ 1817-1900)
　ロシ(アイヴァゾフスキー 1817-1900)

Aizpiri, Paul 〈20世紀〉
フランスの画家。1951年プリ・ナショナル賞受賞, 71年ジュマイ賞受賞。主な作品に, リトグラフ『小さな鳥の花瓶』などがある。
⇒世芸(アイズピリ, ポール 1919-)
　二十(アイズピリ, ポール 1919-)

Ajmone, Giuseppe 〈20世紀〉
イタリアの画家。
⇒世美(アイモーネ, ジュゼッペ 1923-)

Ajtbaef, Salikhitdin Abdwjsadwjkovich 〈20世紀〉
ロシアのイラストレーター。
⇒児イ(Ajtbaef, Salikhitdin Abdwjsadwjkovich アイトバーエフ, S.A. 1938-)

Akbar, Jalāl ud-Dīn Muhammad 〈16・17世紀〉
インド, ムガル帝国第3代皇帝(在位1556~1605)。
⇒岩ケ(アクバル 1542-1605)
　旺世(アクバル 1542-1605)
　外国(アクバル 1542-1605)
　角世(アクバル 1542.11.23-1605.10.17)
　キリ(アクバル 1542-1605)
　広辞4(アクバル 1542-1605)
　広辞6(アクバル 1542-1605)
　皇帝(アクバル 1542-1605.10.16)
　国小(アクバル 1542-1605.10.16)
　国百(アクバル, ジャラール・ウッディーン・ムハンマト 1542.10/1-1605.10.16)
　コン2(アクバル 1542-1605)
　コン3(アクバル 1542-1605)
　新美(アクバル帝 1542-1605)
　人物(アクバル 1542.11.23-1605.10.17)
　西洋(アクバル 1542.11.23-1605.10.17)
　世人(アクバル(大帝) 1542-1605)
　世西(アクバル 1542.11.23-1605.10.13)
　世百(アクバル 1542-1605)
　全書(アクバル 1542-1605)
　大辞(アクバル 1542-1605)
　大辞3(アクバル 1542-1605)
　大百(アクバル 1542-1605)
　中国(アクバル 1542-1605)
　デス(アクバル 1542-1605)
　伝世(アクバル 1542.11.23-1605.10.17)
　統治(アクバル一世, 大帝 (在位)1556-1605)
　南ア(アクバル 1542-1605)
　百科(アクバル 1542-1605)
　評世(アクバル 1542-1605)
　山世(アクバル 1542-1605)
　歴史(アクバル 1542-1605)

Akimov, Nikolai Pavlovich 〈20世紀〉
ソ連の舞台装置家, 演出家。装置家としては『装甲列車』(1927), 『恐怖』(1931)が代表作, 演出では『ハムレット』(1932)で有名。
⇒演劇(アキモフ, ニコライ 1901-1968)
　国小(アキーモフ 1901.4.3/16-)
　世百(アキーモフ 1901-)
　世百新(アキーモフ 1901-1968)
　全書(アキーモフ 1901-1968)
　大百(アキーモフ 1901-)
　二十(アキーモフ, ニコライ 1901-1968)
　百科(アキーモフ 1901-1968)

Aktaiōn
ギリシア神話の狩人。
⇒コン2(アクタイオン)
　新美(アクタイオーン)
　全書(アクタイオン)

Alaia, Azzedine 〈20世紀〉
チュニジアの服飾デザイナー。
⇒岩ケ(アライア, アズディーン)

Alajalov, Constantin 〈20世紀〉
ロシアのイラストレーター。
⇒児イ(Alajalov, Constantin アラヤーロフ, C.)

Alava, Juan de 〈16世紀〉
スペインの建築家。
⇒建築(アラバ, ファン・デ ?-1537)
　新美(アラバ, ホアン・デ ?-1537)

Albanese, Giambattista 〈16・17世紀〉
イタリアの彫刻家, 建築家。
⇒世美(アルバネーゼ, ジャンバッティスタ 1573-1630)

Albani, Francesco 〈16・17世紀〉
イタリアの画家, ボローニャ派。1600年頃にローマでアンニバーレ・カラッチの助手としてファルネーゼ邸の装飾に従事した。
⇒岩ケ(アルバーニ, フランチェスコ 1578-1660)
　キリ(アルバーニ, フランチェスコ 1578.3.17-1660.10.4)
　芸術(アルバニ, フランチェスコ 1578-1660)
　国小(アルバーニ 1578.3.17-1660.10.4)
　新美(アルバーニ, フランチェスコ 1578.3.17-

1660.10.4)
　西洋（アルバーニ　1578.3.17-1660.10.4)
　世美（アルバーニ, フランチェスコ　1578-1660)

Alberegno, Iacobello 〈14世紀〉
イタリアの画家。
⇒世美（アルベレーニョ, ヤコペッロ　14世紀後半）

Alberghetti, Alberghetto 〈15・16世紀〉
イタリアの鋳造家。
⇒世美（アルベルゲッティ, アルベルゲット　15-16世紀）

Alberghetti, Alfonso 〈15・16世紀〉
イタリアの鋳造家。
⇒世美（アルベルゲッティ, アルフォンソ　15-16世紀）

Alberghetti, Giovanni di Giulio 〈15・16世紀〉
イタリアの鋳造家。
⇒世美（アルベルゲッティ, ジョヴァンニ・ディ・ジューリオ　15-16世紀）

Albers, Anni 〈20世紀〉
ドイツのグラフィック美術家。
⇒世女日（アルバース, アンニ　1899-1994)

Albers, Josef 〈19・20世紀〉
ドイツ生れのアメリカの画家, 版画家, デザイナー。ガラス, 家具のアトリエを主宰, 大量生産と材料の機能に応じた近代家具のデザインを行う。
⇒岩ケ（アルバース, ジョゼフ　1888-1976)
　才西（アルバース, ヨーゼフ(ジョゼフ)　1888-1976)
　現人（アルバース　1888.3.19-1976.3.25)
　国小（アルバース　1888.3.19-1976.3.25)
　コン3（アルバース　1888-1976)
　新美（アルバース, ジョーゼフ　1888.3.19-1976.3.24)
　西洋（アルバーズ　1888.3.19-1976.3.24)
　世芸（アルバース, ジョゼフ　1888-1976)
　世美（アルバース, ジョーゼフ　1888-1976)
　世百新（アルバース　1888-1976)
　全書（アルバース　1888-1976)
　大百（アルバース　1888-1976)
　二十（アルバース, ジョーゼフ　1888.3.19-1976.3.24)
　百科（アルバース　1888-1976)

Alberti, Antonio 〈15世紀〉
イタリアの画家。
⇒世美（アルベルティ, アントーニオ　?-1449)

Alberti, Cherubino 〈16・17世紀〉
イタリアの画家, 銅版画家。
⇒世美（アルベルティ, ケルビーノ　1553-1615)

Alberti, Giuseppe 〈17・18世紀〉
イタリアの画家。
⇒世美（アルベルティ, ジュゼッペ　1640-1716)

Alberti, Leon Battista 〈15世紀〉
イタリアの建築家, 芸術理論家, 人文主義者。
⇒岩ケ（アルベルティ, レオン・バッティスタ　1404-1472)
　岩哲（アルベルティ　1404-1472)
　外国（アルベルティ　1404-1472)
　科学（アルベルチ　1404.2.18-1472.4.25)
　科技（アルベルチ　1404.2.18-1472.4.25)
　科史（アルベルティ　1404-1472)
　角世（アルベルティ　1404-1472)
　教皇（アルベルティ, レオン・バッティスタ　1404-1472)
　キリ（アルベルティ, レオーネ・バッティスタ　1404.2.14-1472.4.25)
　建築（アルベルティ, レオン・バッティスタ　1404-1472)
　広辞4（アルベルティ　1404-1472)
　広辞6（アルベルティ　1404-1472)
　国小（アルベルティ　1404.2.14-1472.4.25)
　国百（アルベルティ, レオン・バティスタ　1404.2.14-1472.4.25)
　コン2（アルベルティ　1404-1472)
　コン3（アルベルティ　1404-1472)
　集世（アルベルティ, レオン・バッティスタ　1404.2.14-1472)
　集文（アルベルティ, レオン・バッティスタ　1404.2.14-1472)
　新美（アルベルティ, レオン・バッティスタ　1404.2.14-1472.4.25)
　人物（アルベルティ　1404.2.14-1472.4.25)
　数学（アルベルティ　1404.2.18-1472.4.25)
　数学増（アルベルティ　1404.2.18-1472.4.25)
　西洋（アルベルティ　1404.2.14-1472.4.25)
　世西（アルベルティ　1404.2.14-1472.4.25)
　世美（アルベルティ, レオン・バッティスタ　1404-1472)
　世百（アルベルティ　1404-1472)
　世文（アルベルティ, レオン・バッティスタ　1404-1472)
　全書（アルベルティ　1404-1472)
　大辞（アルベルティ　1404-1472)
　大辞3（アルベルティ　1404-1472)
　大百（アルベルティ　1404-1472)
　デス（アルベルティ　1404-1472)
　伝世（アルベルティ　1404.2.14-1472.4?)
　百科（アルベルティ　1404-1472)
　名著（アルベルティ　1404-1472)
　山世（アルベルティ　1404-1472)

Alberti, Romano 〈16世紀〉
イタリアの文筆家, 画家。
⇒世美（アルベルティ, ロマーノ　16世紀後半）

Albertinelli, Mariotto 〈15・16世紀〉
イタリアのフィレンツェ派の画家。
⇒キリ（アルベルティネリ, マリオット　1474.10.13-1515.11.5)
　芸術（アルベルティネリ, マリオット　1474-1514)
　国小（アルベルティネリ　1474.10.13-1515.11.5)
　コン2（アルベルティネリ　1474-1515)
　コン3（アルベルティネリ　1474-1515)
　新美（アルベルティネリ, マリオット　1474.10.13-1515.11.5)
　西洋（アルベルティネリ　1474.12.13-1515.11.5)
　世西（アルベルティネリ　1474-1515)
　世美（アルベルティネッリ, マリオット　1474-

1515)
百科（アルベルティネリ 1474-1515）

Albertolli, Ferdinando 〈18・19世紀〉
イタリアの装飾家、版画家、建築家。
⇒世美（アルベルトッリ、フェルディナンド 1781-1844）

Albertolli, Giocondo 〈18・19世紀〉
イタリアの装飾家、建築家。
⇒建築（アルベルトッリ、ジョコンド 1742-1839）
世美（アルベルトッリ、ジョコンド 1742-1839）

Albertolli, Raffaele 〈18・19世紀〉
イタリアの版画家、美術意匠家。
⇒世美（アルベルトッリ、ラッファエーレ 1770-1812）

Albin, Eleazar 〈18世紀〉
イギリスの博物学者、水彩画家。
⇒岩ケ（アルビン、エリエイザー ?-1759）

Albini, Franco 〈20世紀〉
イタリアの建築家。
⇒世美（アルビーニ、フランコ 1905-1977）

Albion, Lee Smith 〈20世紀〉
アメリカのイラストレーター。
⇒児イ（Albion, Lee Smith アルビオン、L.S.）

Albrecht V 〈16世紀〉
バイエルン公（1550~79）。ミュンヘンに国立図書館と美術館を設けたが、莫大な負債を残した。
⇒キリ（アルブレヒト5世 1528.2.29-1579.10.24）
西洋（アルブレヒト五世 1528.3.1-1579.10.24）
統治（アルブレヒト五世 （在位）1550-1579）

Albrecht von Mainz 〈15・16世紀〉
マインツの大司教。フッガー家からの借金で地位につき、返済にあてるため、免罪符を販売。宗教改革運動の開始を招いた。
⇒外国（アルブレヒト（マインツの） 1490-1545）
キリ（アルブレヒト（マインツの） 1490.6.28-1545.9.24）
国小（アルブレヒト（マインツの） 1490.6.28-1545.9.24）
新美（アルブレヒト二世（ブランデンブルク、またはマインツの） 1490.6.28-1545.9.24）
西洋（アルブレヒト二世 1490.6.28-1545.9.24）
世西（アルブレヒト（マインツの） 1490.6.28-1545.9.24）

Albright, Ivan Le Lorraine 〈20世紀〉
アメリカの画家。
⇒岩ケ（オールブライト、アイヴァン（・ル・ロレイン） 1897-1983）
才西（オールブライト、アイヴァン 1897-1983）
コン3（オールブライト 1897-1983）
世美（オールブライト、アイヴァン 1897-）
全書（オールブライト 1897-）
二十（オールブライト、I.L. 1897-?）

Albright, William Foxwell 〈20世紀〉
アメリカの考古学者、聖書研究者。1921年エルサレムのアメリカ・オリエント研究学院院長となり、パレスチナの発掘に従事。主著に『石器時代からキリスト教まで』(1940)など。
⇒岩ケ（オールブライト、W（ウィリアム）・F（フォックスウェル） 1891-1971）
キリ（オールブライト、ウィリアム・フォックスウェル 1891.5.24-1971.9.19）
現人（オールブライト 1891.5.24-1971.9.19）
国小（オールブライト 1891.5.24-1971.9.19）
新美（オールブライト、ウィリアム 1891.5.24-1971.9.19）
西洋（オールブライト 1891.5.24-1971.9.19）
世百（オルブライト 1891-）
二十（オールブライト、ウィリアム・フォックスウェル 1891.5.24-1971.9.19）
名著（オールブライト 1891-）

Alciati, Ambrogio Antonio 〈19・20世紀〉
イタリアの画家。
⇒世美（アルチャーティ、アンブロージョ・アントーニオ 1878-1929）

Alcorn, John 〈20世紀〉
アメリカのイラストレーター。
⇒児イ（Alcorn, John オールコーン、J. 1935-）

Aldegrever, Heinrich 〈16世紀〉
ドイツの画家、銅版画家。
⇒芸術（アルデグレファー、ハインリヒ 1502-1555以前）
新美（アルデグレーファー、ハインリヒ 1502頃-1555以後）
西洋（アルデグレーヴァー 1502-1555以後）
世美（アルデグレーファー、ハインリヒ 1502頃-1555頃）
百科（アルデグレーファー 1502-1555?）

Aldrich, Henry 〈17・18世紀〉
英国教会の聖職、作曲家、建築家、神学者。
⇒音大（オールドリッチ 1648.1.22（洗礼、英国国教会暦1647）-1710.12.14）
キリ（オールドリチ、ヘンリ 1647-1710.12.14）

Aleandri, Ireneo 〈18・19世紀〉
イタリアの建築家。
⇒世美（アレアンドリ、イレーネオ 1795-1885）

Alechinsky, Pierre 〈20世紀〉
ベルギーの画家、版画家。1948年ベルギー現代美術賞受賞。49~51年「コブラ」グループの代表的な画家として活躍。
⇒新美（アレシンスキー、ピエール 1927.10.19-）
世芸（アレシンスキー、ピエール 1927-）
世美（アレシンスキー、ピエール 1927-）
全書（アルシンスキー 1927-）
二十（アレシンスキー、ピエール 1927.10.19-）

Aleijadinho, Antonio Francisco Lisboa 〈18・19世紀〉
植民地時代ブラジルの彫刻家、建築家。

⇒建築(アレイジャディーニョ, アントニオ・フランシスコ・リスボア(オ・アレイジャディーニョ(通称)) 1738–1814)
百科 (アレイジャディーニョ 1738–1814)
ラテ (アレイジャディーニョ 1738–1814)

Alemán, Juan 〈15世紀〉
スペインの彫刻家。
⇒世美 (アレマン, フアン 15世紀)

Alemán, Rodrigo 〈15世紀〉
スペインの彫刻家。
⇒世美 (アレマン, ロドリーゴ 15世紀)

Aleni, Tommaso 〈15・16世紀〉
イタリアの画家。
⇒世美 (アレーニ, トンマーゾ 15世紀–16世紀)

Aleotti, Antonio 〈15・16世紀〉
イタリアの画家。
⇒世美 (アレオッティ, アントーニオ 15–16世紀)

Aleotti, Giovanni Battista 〈16・17世紀〉
イタリアの建築家。主作品『フェララの教会鐘楼の上層および大学』『パルマのファルネーゼ劇場』。
⇒建築 (アレオッティ, ジョバンニ・バッティスタ 1546–1636)
西洋 (アレオッティ 1546–1636.12.9)
世美 (アレオッティ, ジョヴァンニ・バッティスタ 1546–1636)

Aleš, Milokáš 〈19・20世紀〉
チェコの画家。チェコ民族の神話と歴史を題材とする。
⇒東欧 (アレシュ 1852–1913)
二十 (アレシュ, M. 1852–1913)
百科 (アレシュ 1852–1913)

Alessi, Andrea 〈15・16世紀〉
イタリアの建築家, 彫刻家。
⇒世美 (アレッシ, アンドレーア 1425頃–1504頃)

Alessi, Galeazzo 〈16世紀〉
イタリアの建築家。バロック初期の名匠。
⇒岩ケ (アレッシ, ガレアッツォ 1512–1572)
建築 (アレッシ, ガレアッツォ 1512頃–1572)
新美 (アレッシ, ガレアッツォ 1512?–1572.12.30)
西洋 (アレッシ 1512–1572.12.30)
世美 (アレッシ, ガレアッツォ 1512–1572)

Alexander 〈13世紀〉
イギリスの建築長。
⇒建築 (アレクサンダー ?–1270以前)

Alexander, Christopher 〈20世紀〉
アメリカの建築家。『都市は木でない』(1965) を発表, ル・コルビュジエやイギリスのニュータウン運動を批判。
⇒現人 (アレクサンダー 1936.10.4–)

日人 (アレグザンダー 1936–)

Alexander, Francesca 〈19・20世紀〉
アメリカの挿絵画家。
⇒世女日 (アレクサンダー, フランセスカ 1837–1917)

Alexander, John White 〈19・20世紀〉
アメリカの画家。
⇒世美 (アレグザンダー, ジョン・ホワイト 1856–1915)

Alexander, Martha 〈20世紀〉
アメリカのイラストレーター。
⇒児イ (Alexander, Martha アレクサンダー, M.)

Alexander, William 〈18・19世紀〉
イギリスの素描家, 水彩画家。
⇒世美 (アレグザンダー, ウィリアム 1767–1816)

Alexandros 〈前2・1世紀〉
ギリシアの彫刻家。
⇒世美 (アレクサンドロス(アンティオキア出身の) 前2–前1世紀)

Alexandros 〈前1世紀〉
ギリシアの画家。
⇒世美 (アレクサンドロス(アテナイ出身の) 前1世紀)

Alexandros III 〈前4世紀〉
マケドニア王(在位前336～323)。ギリシア, ペルシア, インドに及ぶ大帝国の創建者。
⇒逸話 (アレクサンダー 前356–前323)
岩ケ (アレクサンドロス大王 前356–前323)
旺世 (アレクサンドロス(大王) 前356–前323)
外国 (アレクサンドロス3世(大王) 前356–323)
角世 (アレクサンドロス〔大王〕 前356–前323)
教育 (アレクサンドロス(アレクサンダー大王) 前356–323)
キリ (アレクサンドロス1世(大王) 前356–前323)
ギリ (アレクサンドロス3世(大王) 前356–323)
ギロ (アレクサンドロス3世 前356–前323)
広辞4 (アレクサンドロス三世 前356–前323)
広辞6 (アレクサンドロス三世 前356–前323)
皇帝 (アレクサンドロス3世 前356–323)
国小 (アレクサンドロス大王 前356–323)
国百 (アレクサンドロス大王 前356–323.6.13)
コン2 (アレクサンドロス3世)
コン3 (アレクサンドロス3世)
新美 (アレクサンドロス大王 前356–323)
人物 (アレクサンダー大王 前356–323)
西洋 (アレクサンドロス三世(大王) 前356–323)
世人 (アレクサンドロス3世(大王) 前356–323)
世西 (アレクサンドロス(大王) 前356.10.?–323.6.13頃)
世東 (アレクサンドロス 前356.10–323.6.13)
世百 (アレクサンドロス大王 356–323)
全書 (アレクサンドロス(大王) 前356–323)
大辞 (アレクサンドロス 前356–前323)
大辞3 (アレクサンドロス 前356–前323)

大百（アレクサンダー（大王） 前356-323）
探検1（アレクサンドロス大帝 前356-323）
中国（アレクサンドロスだいおう 前356-323）
中ユ（アレクサンドロス(大王) 前356-323）
デス（アレクサンドロス(大王) 前356-323）
伝世（アレクサンドロス3世 前356-323.6）
統治（アレクサンドロス三世, 大王 （在位）前336-323）
百科（アレクサンドロス大王 前356-前323）
評世（アレクサンドロス 前356-前323）
山世（アレクサンドロス大王 前356-前323）
歴史（アレクサンドロス大王 前356-前323）

Alexjev, Fëdor Iakovlevich〈18・19世紀〉
ロシアの画家。
- ⇒芸術（アレクセーエフ, フョードル・ヤコヴレヴィッチ 1753-1824）
- 国小（アレクセーエフ 1753-1824）
- 新美（アレクセーエフ, フョードル 1753/-5頃-1824.11.11/23）
- 世美（アレクセーエフ, フョードル・ヤコヴレヴィチ 1753-1824）

Alfani, Domenico〈15・16世紀〉
イタリアの画家。
- ⇒世美（アルファーニ, ドメーニコ 1480頃-1553頃）

Alfarano, Tiberio〈16世紀〉
イタリアの芸術理論家。
- ⇒世美（アルファラーノ, ティベーリオ ?-1596）

Alfeevskij, Valerij Sergeevich〈20世紀〉
ロシアのイラストレーター。
- ⇒児イ（Alfeevskij, Valerij Sergeevich アルフェーエフスキー, V.S. 1906-）

Alfieri, Benedetto〈18世紀〉
イタリアの建築家。
- ⇒建築（アルフィエリ, ベネデット 1700-1767）
- 世美（アルフィエーリ, ベネデット 1700-1767）

Alford, Marianne〈19世紀〉
イギリスの画家。
- ⇒世女日（オルフォード, マリアンヌ 1817-1888）

Al-Futaih, Fuad〈20世紀〉
イエメンのイラストレーター。
- ⇒児イ（Al-Futaih, Fuad アルファティーフ, F. 1946-）

Algardi, Alessandro〈16・17世紀〉
イタリアの彫刻家, 建築家。
- ⇒岩ケ（アルガルディ, アレッサンドロ 1598-1654）
- 芸術（アルガルディ, アレッサンドロ 1595-1654）
- 国小（アルガルディ 1595-1654.6.10）
- 新美（アルガルディ, アレッサンドロ 1595/1602-1654.6.10）
- 西洋（アルガルディ 1602-1654.6.10）
- 世西（アルガルディ 1595-1654.6.10）
- 世美（アルガルディ, アレッサンドロ 1595-1654）

Algarotti, Francesco〈18世紀〉
イタリアの思想家, 小説家。諸芸, 諸学に通じた教養人。
- ⇒音楽（アルガロッティ, フランチェスコ 1712.12.11-1764.5.3）
- 音大（アルガロッティ 1712.12.11-1764.5.3）
- 国小（アルガロッティ 1712.12.1-1764.5.3）
- 集世（アルガロッティ, フランチェスコ 1712.12.11-1764.5.3）
- 集文（アルガロッティ, フランチェスコ 1712.12.11-1764.5.3）
- 西洋（アルガロッティ 1712.12.11-1764.5.3）
- 世美（アルガロッティ, フランチェスコ 1712-1764）
- 世文（アルガロッティ, フランチェスコ 1712-1764）

Alghisi, Galasso〈16世紀〉
イタリアの建築家。
- ⇒世美（アルギージ, ガラッソ 1523頃-1573）

Aliberti, Carlo Filippo〈18世紀〉
イタリアの画家。
- ⇒世美（アリベルティ, カルロ・フィリッポ ?-1770）

Aliberti, Giovanni Carlo〈17・18世紀〉
イタリアの画家, 建築家。
- ⇒世美（アリベルティ, ジョヴァンニ・カルロ 1662-1740頃）

Aliberti, Giuseppe Amedeo〈18世紀〉
イタリアの画家。
- ⇒世美（アリベルティ, ジュゼッペ・アメーデオ 1710-1772）

Alibrandi, Girolamo〈15・16世紀〉
イタリアの画家。
- ⇒世美（アリブランディ, ジローラモ 1470-1523頃）

Aliense〈16・17世紀〉
イタリアの画家。
- ⇒世美（アリエンセ 1556-1629）

Aligny, Théodore〈18・19世紀〉
フランスの画家。
- ⇒世美（アリニー, テオドール 1798-1872）

Ali ibn Hammud〈13世紀〉
イスラームの金工家。
- ⇒新美（アリー・イブン・ハムード）

Ali ibn Husayn〈13世紀〉
イスラームの金工家。
- ⇒新美（アリー・イブン・フサイン）

Alimov, Boris Aleksandrovich〈20世紀〉
ロシアのイラストレーター。

⇒児イ（Alimov, Boris Aleksandrovich　アリーモフ, B.A.　1932-）

Alinari, Leopoldo〈19世紀〉
イタリアの写真家，美術書出版者。
⇒世美（アリナーリ，レオポルド　1832-1865）

Alix, Pierre-Michel〈18・19世紀〉
フランスの版画家。
⇒世美（アリックス，ピエール=ミシェル　1762-1817）

Alkamenes〈前5世紀〉
ギリシアの彫刻家。前5世紀後半にアテネで制作。
⇒岩ケ（アルカメネス　前5世紀）
　ギリ（アルカメネス　（活動）前440頃-400）
　芸術（アルカメネス　前5世紀）
　国小（アルカメネス）
　新美（アルカメネース）
　西洋（アルカメネス　前5世紀）
　世西（アルカメネス　前5世紀頃）
　世美（アルカメネス　前5世紀後半）

Alken, Henry〈18・19世紀〉
イギリスの画家，版画家。
⇒世美（オールケン，ヘンリー　1785-1851）

Allamand, Pascale〈20世紀〉
スイスのイラストレーター。
⇒児イ（Allamand, Pascale　アラモン, P.　1942-）

Allan, David〈18世紀〉
イギリスの画家。
⇒岩ケ（アラン，デイヴィド　1744-1796）

Allan, Sir William〈18・19世紀〉
イギリスの画家。
⇒岩ケ（アラン，サー・ウィリアム　1782-1850）

Allbright, Viv〈20世紀〉
イギリスのイラストレーター。
⇒児イ（Allbright, Viv　オールブライト, V.　1947-）

Allegrain, Christophe-Gabriel〈18世紀〉
フランスの彫刻家。
⇒芸術（アルグラン，クリストフ　1710-1785）
　世美（アルグラン，クリストフ=ガブリエル　1710-1795）

Allegri, Pomponio〈16世紀〉
イタリアの画家。
⇒世美（アッレーグリ，ポンポーニオ　1522-1593）

Allen, Frances〈19・20世紀〉
アメリカの写真家。
⇒世女日（アレン，フランセス　1854-1941）

Allen, Pamela〈20世紀〉
ニュージーランド生れの絵本作家。
⇒英児（Allen, Pamela　アレン，パメラ　1934-）
　オセ新（アレン　1934-）
　児イ（Allen, Pamela　アレン, P.）

Allen, Richard〈20世紀〉
イギリス生れの芸術家。
⇒世芸（アレン，リチャード　1933-）

Allington, Edward〈20世紀〉
イギリス生れの彫刻家。
⇒世芸（アリントン，エドワード　1951-）

Allio, Donato Felice〈17・18世紀〉
イタリアの建築家。
⇒世美（アッリオ，ドナート・フェリーチェ　1667-1761）

Allori, Alessandro〈16・17世紀〉
イタリアの画家。
⇒岩ケ（アローリ，アレッサンドロ　1535-1607）
　コン2（アローリ　1535-1607）
　コン3（アローリ　1535-1607）
　世美（アッローリ，アレッサンドロ　1535-1607）

Allori, Christofano〈16・17世紀〉
イタリアの画家。代表作『ホロフェルネスの首を持つユディト』。
⇒国小（アローリ　1577.10.17-1621）
　世美（アッローリ，クリストーファノ　1577-1621）

Allston, Washington〈18・19世紀〉
アメリカの画家，作家。
⇒岩ケ（オールストン，ワシントン　1779-1843）
　芸術（オールストン，ワシントン　1779-1843）
　コン3（オールストン　1779-1843）
　新美（オールストン，ワシントン　1779.11.5-1843.7.9）
　西洋（オールストン　1779.11.5-1843.7.9）
　世美（オールストン，ワシントン　1779-1843）

Alma-Tadema, Sir Laurence〈19・20世紀〉
イギリス（オランダ生れ）の画家。風俗画の作がある。
⇒岩ケ（アルマ=タデマ，サー・ローレンス　1836-1912）
　オ西（アルマ=タデマ，ローレンス　1836-1912）
　芸術（アルマ・タデマ，ローレンス　1836-1912）
　新美（アルマ=タデマ，ローレンス　1836.1.8-1912.6.25）
　人物（アルマ・タデマ　1836.1.8-1912.6.25）
　西洋（アルマ・タデマ　1836.1.8-1912.6.25）
　世芸（アルマ・タデマ，ローレンス　1836-1912）
　世西（アルマ・タデマ　1836.1.8-1912.6.25）
　世美（アルマ・タデマ，ローレンス　1836-1912）
　二十（アルマ・タデマ，ローレンス　1836-1912）
　百科（アルマ・タデマ　1836-1912）

Almquist, Don〈20世紀〉
アメリカのイラストレーター。

⇒児イ（Almquist, Don　アルムクィスト，D. 1929-）

Almquist, Osvald〈19・20世紀〉
スウェーデンの建築家。
⇒世美（アルムクヴィスト，オスヴァルド　1884-1950）

Almqvist, Bertil〈20世紀〉
画家，イラストレーター。
⇒児イ（Almqvist, Bertil　アルムクビスト，B. 1902-1972）

Aloise, Frank〈20世紀〉
アメリカのイラストレーター。
⇒児イ（Aloise, Frank）

Aloisi Galanini, Baldassarre〈16・17世紀〉
イタリアの画家，銅板画家。
⇒世美（アロイージ・ガラニーニ，バルダッサッレ　1577-1638）

Aloisio Nuovo〈15・16世紀〉
イタリアの建築家。
⇒建築（アロイジオ・ヌオヴォ（ノヴィ，アルヴィシオ）（活動）1499-1531）
世美（アロイージオ・ヌオーヴォ　（活動）16世紀前半）

Alpatov, Mikhail Vladimirovich〈20世紀〉
ソ連邦の美術史家。モスクワ大学教授（1943～），モスクワ芸術アカデミー会員（54来）。
⇒キリ（アルパートフ，ミハイール・ヴラジーミロヴィチ　1902.12.10-）
西洋（アルパートフ　1902.12.10-）
世美（アルパートフ，ミハイル・ヴラディミロヴィチ　1902-）

Alsloot, Denis van〈16・17世紀〉
フランドルの画家。
⇒新美（アルスロート，デニス・ヴァン　1570-1628頃）
世美（ファン・アルスロート，デネイス　1570-1628）

Alt, Franz〈19・20世紀〉
オーストリアの画家。Rudolf vonの弟。建築物および風景の水彩画を描き，主作品に『ヴィーン今昔』がある。
⇒西洋（アルト　1821.8.16-1914.2.13）

Alt, Jacob〈18・19世紀〉
オーストリアの画家，版画家。
⇒世美（アルト，ヤーコブ　1789-1872）

Alt, Rudolf von〈19・20世紀〉
オーストリアの画家。多くの都市風景を水彩で描き，建築物および風景の特性を綿密に描出している。
⇒西洋（アルト　1812.8.28-1905.3.12）

世美（アルト，ルドルフ　1812-1905）

Altamura, Francesco Saverio〈19世紀〉
イタリアの画家。
⇒世美（アルタムーラ，フランチェスコ・サヴェーリオ　1826-1897）

Altdorfer, Albrecht〈15・16世紀〉
ドイツの画家，版画家。1505年以後，レーゲンスブルク市政府のために制作。
⇒岩ケ（アルトドルファー，アルブレヒト　1480頃-1538）
キリ（アルトドルファー，アルブレヒト　1480頃-1538.2.12）
芸術（アルトドルファー，アルブレヒト　1480頃-1538）
広辞4（アルトドルファー　1480頃-1538）
広辞6（アルトドルファー　1480頃-1538）
国小（アルトドルファー　1480頃-1538.2.12）
国百（アルトドルファー，アルブレヒト　1480頃-1538.2.12）
コン2（アルトドルファー　1480頃-1538頃）
コン3（アルトドルファー　1480頃-1538）
新美（アルトドルファー，アルブレヒト　1480頃-1538.2.12）
人物（アルトドルファー　1480頃-1538.2.12）
西洋（アルトドルファー　1480頃-1538.2.12）
世西（アルトドルファー　1480頃-1538）
世美（アルトドルファー，アルブレヒト　1480頃-1538）
世百（アルトドルファー　1480頃-1538）
全書（アルトドルファー　1480頃-1558）
大辞（アルトドルファー　1480頃-1538）
大辞3（アルトドルファー　1480頃-1538）
大百（アルトドルファー　1480-1538）
デス（アルトドルファー　1480頃-1538）
伝世（アルトドルファー　1480頃-1538.2.14）
百科（アルトドルファー　1480頃-1538）

Altdorfer, Erhard〈15・16世紀〉
ドイツの画家，建築家，版画家。祭壇画並びに風景画に優れた。
⇒西洋（アルトドルファー　1485/-90-1562）

Altenbourg, Gerhard〈20世紀〉
ドイツ生れの素描家，グラフィック・アーティスト。
⇒世芸（アルテンボルク，ゲラード　1926-）

Alter, Shlomo〈20世紀〉
ルーマニア生れの画家。
⇒世芸（アルター，ショロモ　1936-）

Althea〈20世紀〉
イギリスの作家，挿絵画家。出版社経営者であるアルシーア・ブレイスウェイトの筆名。
⇒世児（アルシーア　1940-）

Altherr, Heinrich〈19・20世紀〉
スイスの画家。作品には人間と運命との精神的対決をテーマにした壁画が多い。
⇒西洋（アルトヘル　1878.4.11-1947.4.27）

Altichiero da Zevio 〈14世紀〉
イタリアの画家。ヴェローナ派の創始者。
⇒岩ケ（アルティキエーロ 1330頃-1395頃）
　芸術（アルティキエロ・ダ・ゼヴィオ 1320頃-1385頃）
　新美（アルティキエーロ・ダ・ゼヴィオ 1330?-1385）
　世美（アルティキエーロ・ダ・ゼーヴィオ 14世紀）

Altman, Benjamin 〈19・20世紀〉
アメリカの実業家，美術収集家。
⇒岩ケ（アルトマン，ベンジャミン 1840-1913）
　コン3（アルトマン 1840-1913）

Altomonte, Bartolomeo 〈17・18世紀〉
イタリアの画家。
⇒世美（アルトモンテ，バルトロメーオ 1693-1783）

Altomonte, Martin 〈17・18世紀〉
オーストリアの画家。教会画家として，多くの祭壇画，壁画，天井画等を描いた。
⇒キリ（アルトモンテ，マルティーン 1657.5.8-1745.9.14）
　西洋（アルトモンテ 1654.5.8-1745.9.14）
　世美（アルトモンテ，マルティーノ 1657-1745）

Alvaliotis, Sharon 〈20世紀〉
西インド諸島生れの銅版画家。
⇒世芸（アルバリオティス，シャロン 1951-）

Alvar, Francisco 〈20世紀〉
スペインの画家。1955年バルセロナ青年絵画展の第1席に入賞。63年頃からエンボッシングや網目等の技法を併用したリトグラフを製作。
⇒世芸（アルバー，フランシスコ 1935-）
　二十（アルバー，フランシスコ 1935-）

Alvares, Alfonso 〈16世紀〉
ポルトガルの建築家。
⇒建築（アルヴァレス，アルフォンソ （活動）1550-1575）

Alvarez, Manuel 〈18世紀〉
スペインの彫刻家。
⇒新美（アルバレス，マヌエル 1727-1797）

Álvarez de Pereira y Cubero, José 〈18・19世紀〉
スペインの彫刻家。主作品『ガニメドの像』『マリア・ルイサの胸像』。
⇒岩ケ（アルバレス，ホセ 1768-1827）
　西洋（アルバレス 1768.4.23-1827.11.26）
　世美（アルバレス・デ・ペレイラ・イ・クベーロ，ホセ 1768-1827）

Álvarez y Catala, Luis 〈19・20世紀〉
スペインの画風。風俗画及び肖像画を描き，美しい色彩と華麗な衣裳とで注目される。
⇒西洋（アルバレス 1836.1.22-1901.10.1）

Alviani, Getulio 〈20世紀〉
イタリアの造形作家。
⇒美術（アルヴィアーニ，ジェトゥリオ 1939-）

Alvino, Enrico 〈19世紀〉
イタリアの建築家。
⇒世美（アルヴィーノ，エンリーコ 1809-1872）

Alxenor 〈前6世紀〉
ギリシアの彫刻家。
⇒世美（アルクセノル 前6世紀末）

Amadeo, Giovanni Antonio 〈15・16世紀〉
イタリア・ルネサンスの建築家，彫刻家。
⇒キリ（アマデーオ，ジョヴァンニ・アントーニオ 1447-1522.8.27）
　建築（アマデオ，ジョヴァンニ・アントニオ 1447頃-1522）
　国小（アマデオ 1447-1522）
　コン2（アマデーオ 1447-1522）
　コン3（アマデーオ 1447-1522）
　新美（アマデーオ，ジョヴァンニ・アントーニオ 1447-1522）
　西洋（アマデーオ 1447-1522.8.27）
　世美（アマデーオ，ジョヴァンニ・アントーニオ 1447-1522）

Amalteo, Pomponio 〈16世紀〉
イタリアの画家。
⇒世美（アマルテーオ，ポンポーニオ 1505-1588）

Aman, Theodor 〈19世紀〉
ルーマニアの画家。ブカレスト美術学校を創設。
⇒コン2（アマン 1831-1891）
　コン3（アマン 1831-1891）
　新美（アマン，テオドール 1831.3.20-1891.8.19）

Aman-Jean, Edmond François 〈19・20世紀〉
フランスの画家，版画家。サロン・デ・チュイルリーの創設者の一人。
⇒芸術（アマン・ジャン，エドモン・フランソア 1860-1936）
　国小（アマン・ジャン 1860-1935）
　コン2（アマン・ジャン 1860頃-1936）
　コン3（アマン・ジャン 1860頃-1936）
　新美（アマン＝ジャン，エドモン・フランソワ 1860-1936.1.25）
　人物（アマン・ジャン 1860-1936.1.25）
　西洋（アマン・ジャン 1860-1936）
　世芸（アマン・ジャン，エドモン・フランソア 1860-1936）
　世西（アマン・ジャン 1860-1936.1.25）
　世百（アマンジャン 1856-1936）
　全書（アマン・ジャン 1859-1936）
　大百（アマン・ジャン 1860-1936）
　二十（アマン，ジャン 1859-1936.1.25）

Amar, Joseph 〈20世紀〉
カナダの画家。

⇒世芸（アマー，ジョセフ　1954-）

Amarante, Carlos Luiz Ferreira da Cruz 〈18・19世紀〉
ポルトガルの建築家。
⇒建築（アマランテ，カルロス・ルイス・フェレイラ・ダ・クルス　1748-1815）

Amarnat, Hosein 〈20世紀〉
イランの建築家。アルクデザイン・インターナショナルのカナダ事務所長。作品は，西サモアのバハイ礼拝堂，テヘラン工芸大学など。
⇒二十（アマーナト，ホセイン　1942-）

Amasis Painter 〈前6世紀〉
古代ギリシアの陶工家。
⇒ギリ（アマシス　（活動）前560頃-530）
　世美（アマシスの画家　前6世紀後半）

Amati, Carlo 〈18・19世紀〉
イタリアの建築家。
⇒世美（アマーティ，カルロ　1776-1852）

Amato, Giacomo 〈17・18世紀〉
イタリアの建築家。
⇒世美（アマート，ジャーコモ　1643-1732）

Amaury-Duval, Eugène-Emmanuel 〈19世紀〉
フランスの画家。
⇒世美（アモーリ=デュヴァル，ウージェーヌ=エマニュエル　1808-1885）

Ambase, Emilio 〈20世紀〉
アルゼンチン生れの建築家，デザイナー。ニューヨーク近代美術館(MOMA)建築・デザイン部門キュレーター。
⇒二十（アンバース，エミリオ　1943-）

Amberger, Christoph 〈16世紀〉
ドイツの画家。主作品『カルル5世像』。
⇒芸術（アムベルガー，クリストフ　1500頃-1561/62）
　新美（アンベルガー，クリストフ　1500頃-1561/62）
　西洋（アンベルガー　1500/-10-1561/2）
　世美（アンベルガー，クリストフ　1505頃-1561頃）

Ambler, Christopher Gifford 〈19・20世紀〉
イギリスのイラストレーター。
⇒児イ（Ambler, Christopher Gifford　アンブラー，C.G.　1886-）

Ambrogio da Milano 〈15・16世紀〉
イタリアの彫刻家。
⇒世美（アンブロージョ・ダ・ミラーノ　（記録）1470-1516）

Ambrogio di Baldese 〈14・15世紀〉
イタリアの画家。
⇒世美（アンブロージョ・ディ・バルデーゼ　1352-1429）

Ambrose, Kay 〈20世紀〉
イギリスの画家，作家。
⇒バレ（アンブロウズ，ケイ　1914-1971.12.1）

Ambrosi, Gustinus 〈20世紀〉
オーストリアの彫刻家。
⇒西洋（アンブロージ　1893.2.24-1975.7.1）

Ambrosius, Aurelius 〈4世紀〉
イタリアの聖職者，教会博士。聖人。古代西教会の四大教会博士の一人。アリウス派と抗争した雄弁な説教家。
⇒岩ケ（聖アンブロシウス　339頃-397）
　岩哲（アンブロシウス　339頃-397）
　旺世（アンブロシウス　340頃-397）
　音楽（アンブロシウス，アウレリウス　340頃-397）
　音大（アンブロシウス　333/339頃-397.4.4）
　外国（アンブロシウス　333頃-397頃）
　角世（アンブロシウス　339?-397）
　教育（アンブロシウス　339?-397）
　キリ（アンブロシウス　334-397.4.4）
　ギロ（アンブロシウス(聖)　339-397）
　広辞4（アンブロシウス　339頃-397）
　広辞6（アンブロシウス　339頃-397）
　国小（アンブロシウス　339頃-397）
　コン2（アンブロシウス　340頃-397）
　コン3（アンブロシウス　340頃-397）
　集世（アンブロシウス　334-397）
　集文（アンブロシウス　334-397）
　新美（アンブロシウス(聖)　339頃-397.4.4）
　人物（アンブロシウス　340頃-397.4.4）
　聖人（アンブロシウス　334/340頃-397.4.4）
　西洋（アンブロシウス　333頃-397.4.4）
　世人（アンブロシウス　339頃-397）
　世西（アンブロシウス　340頃-397.4.4）
　世美（アンブロシウス(聖)　339頃-397）
　世百（アンブロシウス　333/40頃-397）
　世文（アンブロシウス　339以前-397）
　全書（アンブロシウス　339頃-397）
　大辞（アンブロシウス　339頃-397）
　大辞3（アンブロシウス　339頃-397）
　大百（アンブロシウス　340?-397）
　デス（アンブロシウス　339頃-397）
　伝世（アンブロシウス　339-397）
　百科（アンブロシウス　339頃-397）
　評世（アンブロシウス　339頃-397）
　山世（アンブロシウス　339?-397）
　ラル（アンブロシウス　333/340-397）
　ロマ（アンブロシウス　(在任)374-397）

Ambrus, Victor Gyozo 〈20世紀〉
ハンガリー生れのイギリスの絵本作家，挿絵画家。
⇒英児（Ambrus, Victor Gyozo　アンブラス，ヴィクター・ジョゾ　1935-）
　児イ（Ambrus, Victor G.　アンブラス，V.G.）
　世児（アンブラス，ヴィクター・G（ジョゾ）（・ラズロ）　1935-）

Amelung, Walter〈19・20世紀〉
ドイツの考古学者。
⇒世美(アメルング, ヴァルター 1865-1927)

Amendola, Giovanni Battista〈19世紀〉
イタリアの彫刻家。
⇒世美(アメンドラ, ジョヴァンニ・バッティスタ 1848-1887)

Amenemhet I〈前20世紀〉
エジプト第12王朝の初代ファラオ(在位前1991頃～62頃)。
⇒外国(アメネムヘット1世　前20世紀)
皇帝(アメンエムハト1世　?-前1962)
国小(アメンエムヘト1世)
コン2(アメン・エム・ヘト1世)
コン3(アメン・エム・ヘト1世　?-前1962)
新美(アメンエムハト一世)
西洋(アメン・エム・ヘト一世)
伝世(アメンエムハト1世　?-前1962頃)

Amenemhet III〈前19・18世紀〉
エジプト中王国の王(在位前1842頃～1797頃)。
⇒外国(アメネムヘット3世)
皇帝(アメンエムハト3世　?-前1797)
国小(アメンエムヘト3世)
コン2(アメン・エム・ヘト3世)
コン3(アメン・エム・ヘト3世)
新美(アメンエムハト三世)
西洋(アメン・エム・ヘト三世)

Amenhotep (Amenothes)〈前15・14世紀〉
エジプトのアメンホテプ3世下の兵籍登録秘書官。「王子」(エルパ)という特別な称号を受けた。
⇒建築(アメンホテップ(アメノーテス)　前1450頃-前1370)

Amenhotep II〈前15世紀〉
エジプト第18王朝の王(在位前1448～22)。
⇒岩ケ(アメンヘテプ2世　前15世紀)
外国(アメンホテップ2世　前15世紀)
皇帝(アメンヘテプ2世　?-前1412頃)
国小(アメンホテプ2世)
コン2(アメン・ホテップ2世)
コン3(アメン・ホテップ2世)
新美(アメンホテプ二世)
西洋(アメン・ヘテプ二世)
世西(アメンホテプ二世)

Amenhotep III〈前15・14世紀〉
エジプト第18王朝の王(在位前1413～1377)。エジプト最盛期の最後の時代を治めた。
⇒岩ケ(アメンヘテプ3世　前1411頃-前1379)
旺世(アメンホテプ(3世)　生没年不詳)
外国(アメンホテップ3世　前15/4世紀)
角世(アメンヘテプ3世　(在位)前1417-1379)
皇帝(アメンヘテプ3世　?-前1364頃)
国小(アメンホテプ3世)
コン2(アメン・ホテップ3世)
コン3(アメン・ホテプ3世)
新美(アメンホテプ三世)

人物(アメン・ヘテプ三世　生没年不詳)
西洋(アメン・ヘテプ三世)
世西(アメンホテプ三世)
全書(アメンヘテプ三世　生没年不詳)
大百(アメンヘテプ三世　?-前1379)
デス(アメンホテプ3世)
伝世(アメンヘテプ3世　前1434頃-1379頃)
評世(アメンヘテプ3世)
山世(アメンヘテプ3世　生没年不詳)
歴史(アメンホテップ3世　?-前1364頃)

Amerbach, Bonifatius〈15・16世紀〉
バーゼル(スイス)の法学者, 美術品蒐集家。エラスムスの友人, 相続人。
⇒キリ(アマバハ, ボニファーティウス 1495.10.11-1562.4.24)
西洋(アーメルバハ 1495-1562.4.24)

Amerling, Friedrich von〈19世紀〉
オーストリアの画家。
⇒世美(アメルリング, フリードリヒ・フォン 1803-1887)

Ames, Van Meter〈20世紀〉
アメリカの哲学者, 美学者。E.S.エームズの息子。
⇒国小(エームズ 1898.7.9-)

Amici, Luigi〈19世紀〉
イタリアの彫刻家。
⇒世美(アミーチ, ルイージ 1817-1897)

Amidano, Giulio Cesare〈16・17世紀〉
イタリアの画家。
⇒世美(アミダーノ, ジューリオ・チェーザレ 1566頃-1630)

Amiet, Cuno〈19・20世紀〉
スイスの画家, グラフィック画家, 彫刻家。
⇒世美(アミエト, クーノ 1868-1961)

Amigetti, Francisco〈20世紀〉
コスタリカの大学教授, 版画家, 詩人。コスタリカ国立大学教授, コスタリカ国立美術館名誉館長。主な作品『老人たち』『蜂鳥を殺す人々』など。
⇒世芸(アミゲッティ, フランシスコ 1907-)
二十(アミゲッティ, フランシスコ 1907-)

Amigoni, Jacopo〈17・18世紀〉
イタリアの画家。ドイツの城や教会のために, ロココ風の天井画や祭壇画を描いた。
⇒芸術(アミゴーニ, ジャコポ 1685-1752)
新美(アミゴーニ, ヤーコボ 1682-1752)
西洋(アミゴーニ 1675/82-1752)
世美(アミゴーニ, ヤーコボ 1682-1752)

Amisani, Giuseppe〈19・20世紀〉
イタリアの画家。
⇒世美(アミザーニ, ジュゼッペ 1881-1941)

Amman, Jost 〈16世紀〉
ドイツの画家。
⇒芸術（アムマン, ヨスト 1539-1591）

Ammanati, Bartolommeo 〈16世紀〉
イタリアの建築家, 彫刻家。代表作にフィレンツェのポンテ・サンタ・トリニタ（1567～70）など。
⇒岩ケ（アンマナーティ, バルトロメーオ 1511-1592）
芸術（アムマナティ, バルトロメオ 1511-1592）
建築（アンマナーティ, バルトロメオ 1511-1592）
国小（アンマナティ 1511-1592.4.22）
新美（アンマナーティ, バルトロメーオ 1511.6.18-1592.4.22）
西美（アムマナーティ 1511.6.18-1592.4.22）
世美（アンマンナーティ, バルトロメーオ 1511-1592）

Ammann, Jost 〈16世紀〉
スイスの木版画家, 銅版画家。ドイツで活動。聖書他に多くの木版挿絵を制作。
⇒キリ（アマン, ヨースト 1539.6.13-1591.5.17）
西洋（アンマン 1539.6.13-1591.5.17）
世美（アマン, ヨースト 1539-1591）
百科（アマン 1539-1591）

Ammann, Othmar Hermann 〈19・20世紀〉
スイスの建築技師。世界最大の懸吊橋ゴールデン・ゲート・ブリッジ（サンフランシスコ）を築造。
⇒岩ケ（アンマン, オトマー・ハーマン 1879-1965）
科学（アムマン 1879.3.29-1965.9.22）
西洋（アンマン 1879.3.26-1965.9.22）
二十（アムマン, O.H. 1879.3.29-1965.9.22）

Amorosi, Antonio 〈17・18世紀〉
イタリアの画家。
⇒世美（アモロージ, アントーニオ 1660頃-1736以降）

Amorsolo, Fernando 〈20世紀〉
フィリピンの画家。
⇒二十（アモルソロ, フェルナンド 1892-1972）
百科（アモルソロ 1892-1972）

Amphitrite
ギリシア神話のネーレウスとドーリス, あるいはオーケアノスとテーテュースの娘。トリートンの娘。
⇒新美（アンフィトリーテー）

Amsler, Marcelle 〈20世紀〉
フランス生れの銅版画家。
⇒世芸（アムスレール, マーセル 1928-）

Amundsen, Richard E. 〈20世紀〉
アメリカのイラストレーター。
⇒児イ（Amundsen, Richard E. アームンドソン, R.E.）

Anand, Mulk Raj 〈20世紀〉
インドの小説家, 短篇作家, 美術評論家。
⇒英文（アーナンド, ムルク・ラージ 1905-2004）
才世（アーナンド, ムルク・ラージ 1905-）
集世（アーナンド, M.R. 1905.12.12-）
二十英（Anand, Mulk Raj 1905-2003）

Anaxagoras of Clazomenae 〈前5世紀頃〉
ギリシアの哲学者。万物の生成変化を否定。著作『自然について』。
⇒岩ケ（アナクサゴラス 前500頃-前428）
岩哲（アナクサゴラス 前500頃-前428頃）
旺世（アナクサゴラス 前500頃-前428頃）
外国（アナクサゴラス 前500頃-428頃）
科学（アナクサゴラス 前500頃-前428頃）
科技（アナクサゴラス 前500頃-428頃）
科史（アナクサゴラス 前500頃-428頃）
科人（アナクサゴラス, クラゾメナイの 前500?-前426?）
角他（アナクサゴラス 前500?-前428?）
教育（アナクサゴラス 前500?-428?）
ギリ（アナクサゴラス 前500頃-428）
ギロ（アナクサゴラス 前500頃-前428頃）
広辞4（アナクサゴラス 前500頃-前428頃）
広辞6（アナクサゴラス 前500頃-前428頃）
国小（アナクサゴラス 前500頃-428頃）
国百（アナクサゴラス 前500頃-428頃）
コン2（アナクサゴラス 前500頃-428/7）
コン3（アナクサゴラス 前500頃-428/7）
集世（アナクサゴラス 前500頃-前428頃）
集文（アナクサゴラス 前500頃-前428頃）
人物（アナクサゴラス 前500-428）
数学（アナクサゴラス（小アジアのクラゾメナイ生まれの） 前500-428頃）
数学増（アナクサゴラス（小アジアのクラゾメナイ生まれの） 前500-前428頃）
西洋（アナクサゴラス 前500頃-428頃）
世人（アナクサゴラス 前500頃-前428頃）
世西（アナクサゴラス 前500頃-430頃）
世美（アナクサゴラス 前5世紀前半）
世百（アナクサゴラス 前500/499-428/7）
世文（アナクサゴラース 前500頃-428頃）
全書（アナクサゴラス 前500頃-428頃）
大辞（アナクサゴラス 前500頃-前428頃）
大辞3（アナクサゴラス 前500頃-前428頃）
大百（アナクサゴラス 前500?-428）
デス（アナクサゴラス 前5世紀）
伝世（アナクサゴラス 前500頃-428頃）
天文（アナクサゴラス 前500頃-428頃）
百科（アナクサゴラス 前500頃-428頃）
評世（アナクサゴラス 前500頃-前428頃）
山世（アナクサゴラス 前500頃-前428頃）

Anderloni, Faustino 〈18・19世紀〉
イタリアの版画家。
⇒世美（アンデルローニ, ファウスティーノ 1766-1847）

Anderson, Alexander 〈18・19世紀〉
アメリカの木版彫刻師。
⇒世児（アンダースン, アリグザンダー 1775-1870）

Anderson, Bob 〈20世紀〉
アメリカの美術家。ファンク・アートの名称で一括される作家の一人。
⇒美術（アンダースン，ボブ　1935-）

Anderson, Clarence William 〈20世紀〉
アメリカの絵本作家，著述家。
⇒英児（Anderson, Clarence William　アンダーソン，クラレンス・ウィリアム　1891-1971）

Anderson, Gunnar 〈20世紀〉
アメリカのイラストレーター。
⇒児イ（Anderson, Gunnar　アンダスン，G.）

Anderson, Lena 〈20世紀〉
スウェーデンのイラストレーター。
⇒児イ（Anderson, Lena　アンデション，L.　1939-）

Anderson, William Edwin 〈19世紀〉
イギリスの医師。来日し，海軍病院医師となる。美術研究の著に『日本絵画史』（英文）。
⇒日人（アンダーソン　1842-1900）
　来日（アンダーソン　1842.12.18-1900.10.27）

Andersson, Jan-Aake 〈20世紀〉
スウェーデンの陶芸家。
⇒世芸（アンデルソン，ヤナオカ　1949-）

Andersson, Johan Gunnar 〈19・20世紀〉
スウェーデンの考古学者，地質学者。1914～25年中国に滞在し，周口店の北京原人などを発見。著書『黄土地帯』(1934)。
⇒岩ケ（アンデルソン，ヨハン・グンナル　1874-1960）
　外国（アンダーソン　1874-）
　科学（アンデルソン　1875.7.3-1960.10.29）
　広辞5（アンダーソン　1874-1960）
　国小（アンダーソン　1874-1960）
　コン3（アンデルソン　1874-1960）
　新美（アンデルソン，ユーハン・グナール　1874-1960.10.29）
　人物（アンデルソン　1874.7.3-1960）
　西洋（アンデルソン　1874-1960.10.29）
　世西（アンダーソン　1875.7.3-?）
　世百（アンダーソン　1874-1960）
　全書（アンダーソン　1874-1960）
　大辞2（アンデルソン　1874-1960）
　ナビ（アンダーソン　1874-1960）
　二十（アンダーソン，ジョーン　1874-1960.10.29）
　百科（アンダーソン　1874-1960）
　名著（アンデルソン　1874-1960）

Andokides Painter 〈前6世紀〉
ギリシアの陶画家。
⇒コン2（アンドキデス　　前6世紀末頃）
　コン3（アンドキデス　　前6世紀末頃）
　西洋（アンドキデス）
　世美（アンドキデスの画家　（活動）前6世紀後半）

Andrade, Domingo Antonio de 〈17・18世紀〉
スペインの建築家，建築理論家。
⇒世美（アンドラーデ，ドミンゴ・アントニオ・デ　1639-1712）

Andrae, Ernst Walter 〈19・20世紀〉
ドイツの考古学者，アッシュリア学者。バビロンやファーラの発掘に参加（1899～1903），ついでアッシュールの発掘に従事した（1903～13）ほかハトラをも発掘した。
⇒新美（アンドレ，ヴァルター　1875.2.18-1956.7.26）
　西洋（アンドレー　1875.2.18-1956.7.26）
　二十（アンドレ，ヴァルター　1875.2.18-1956.7.26）

André, Albert 〈19・20世紀〉
フランスの画家。風景や静物を得意とし，明るく装飾的である。代表作『南フランス風景』など。
⇒新美（アンドレ，アルベール　1869.5.24-1954.7.11）
　二十（アンドレ，アルベール　1869.5.24-1954.7.11）

André, Carl 〈20世紀〉
アメリカの美術家。
⇒岩ケ（アンドレ，カール　1935-）
　オ西（アンドレ，カール　1935-）
　最世（アンドレ，カール　1935-）
　新美（アンドレ，カール　1935.9.16-）
　世芸（アンドレ，カール　1935-）
　大辞2（アンドレ　1935-）
　大辞3（アンドレ　1935-）
　二十（アンドレ，カール　1935.9.16-）
　美術（アンドレ，カール　1935-）

Andrea Pannonio 〈15世紀〉
ハンガリーの人文主義者，写本装飾画家。
⇒世美（アンドレーア・パンノーニオ　15世紀）

Andrea da Bologna 〈14世紀〉
イタリアの画家。
⇒世美（アンドレーア・ダ・ボローニャ　（活動）14世紀後半）

Andrea da Firenza 〈14世紀〉
イタリアのフィレンツェの画家。
⇒岩ケ（アンドレア・ダ・フィレンツァ　（活躍）1343頃-1377）

Andrea da Firenze 〈14・15世紀〉
イタリアの彫刻家。
⇒新美（アンドレーア・ダ・フィレンツェ）
　世美（アンドレーア・ダ・フィレンツェ　1388-1459以前）

Andrea da Murano 〈15・16世紀〉
イタリアの画家。
⇒世美（アンドレーア・ダ・ムラーノ　（記録）1462-1507）

Andrea de'Bartoli〈14世紀〉
イタリアの画家。
⇒世美（アンドレーア・デ・バルトリ　14世紀後半）

Andrea dell'Aquila〈15世紀〉
イタリアの彫刻家，画家。
⇒世美（アンドレーア・デッラークイラ　（活動）15世紀後半）

Andrea di Bartolo〈14・15世紀〉
イタリアの画家。
⇒世美（アンドレーア・ディ・バルトロ　（活動）1389–1428）

Andrea di Buonaiuto〈14世紀〉
イタリアの画家。
⇒世美（アンドレーア・ディ・ブオナイウート　（活動）14世紀後半）

Andrea di Giovanni〈14・15世紀〉
イタリアの画家，モザイク制作家。
⇒世美（アンドレーア・ディ・ジョヴァンニ　（記録）1378–1424）

Andrea di Giusto Manzini〈15世紀〉
イタリアの画家。
⇒世美（アンドレーア・ディ・ジュスト・マンツィーニ　15世紀）

Andrea di Lione〈16・17世紀〉
イタリアの画家。
⇒世美（アンドレーア・ディ・リオーネ　1596–1675）

Andrea di Niccolò〈15・16世紀〉
イタリアの画家。
⇒世美（アンドレーア・ディ・ニッコロ　1440–1512頃）

Andreani, Aldo〈19・20世紀〉
イタリアの建築家，彫刻家。
⇒世美（アンドレアーニ，アルド　1887–1971）

Andreani, Andrea〈16・17世紀〉
イタリアの版画家。
⇒世美（アンドレアーニ，アンドレーア　16世紀末–17世紀初頭）

Andreas〈前1・1世紀〉
イエスの12使徒の一人。聖ペテロの兄弟。
⇒岩ケ（聖アンドレアス　?–60頃）
　キリ（アンデレ）
　国小（アンドレアス）
　コン2（アンドレアス　前1–後1世紀）
　新美（アンデレ）
　西洋（アンデレ（アンデレア））
　世百（アンドレアス）

Andreasi, Ippolito〈16・17世紀〉
イタリアの画家，銅板画家。
⇒世美（アンドレアージ，イッポーリト　1548頃–1608）

Andrea Vicentino〈16・17世紀〉
イタリアの画家。
⇒世美（アンドレーア・ヴィチェンティーノ　1539頃–1617頃）

Andreescu, Ion〈19世紀〉
ルーマニアの画家。
⇒世美（アンドレエスク，ヨーン　1850–1882）

Andreev, Nikolai Andreevich〈19・20世紀〉
ソ連の彫刻家。1913年にはモスクワ芸術座の舞台装置でも活躍する。代表作『ゴーゴリ像』『指導者レーニン』など。
⇒新美（アンドレーエフ，ニコライ　1873.10.14（26）–1932.12.24）
　二十（アンドレーエフ，ニコライ　1873.10.14–1932.12.24）

Andreev, Vyatcheslav Andreevich〈19・20世紀〉
ソ連の彫刻家。主作品，1939年ニューヨーク万国博ソ連館記念碑。
⇒国小（アンドレーエフ　1890–1945）
　新美（アンドレーエフ，ヴィヤチェスラフ　1890–1945）
　世芸（アンドレーエフ，ヴィヤチェスラフ・アンドレエヴィッチ　1890–1945）
　二十（アンドレーエフ，ヴィヤチェスラフ　1890–1945）

Andreoli, Giorgio〈15・16世紀〉
イタリアの陶工。
⇒芸術（アンドレオーリ，ジョルジオ）
　新美（アンドレオーリ，ジョルジョ　1465/–70–1552/–4）
　世美（アンドレオーリ，ジョルジュ　1465/70–1553頃）

Andreotti, Libero〈19・20世紀〉
イタリアの彫刻家。
⇒世美（アンドレオッティ，リーベロ　1875–1933）

Andresen, Carl〈20世紀〉
ドイツの教会史家，教父学者，キリスト教美術史家。
⇒キリ（アンドレーゼン，カール　1909.7.28–）

Andrews, Benny〈20世紀〉
アメリカのイラストレーター。
⇒児イ（Andrews, Benny　アンドルーズ，B.）

Andriesse, Emmy〈20世紀〉
オランダの写真家。
⇒世女日（アンドリーセ，エミー　1914–1953）

Androkydes〈前5・4世紀〉
ギリシアの画家。
⇒世美（アンドロキュデス　前5世紀末–前4世紀初頭）

Andromache
ギリシア神話の女性。ヘクトルの妻。
⇒コン2（アンドロマケ）
　新美（アンドロマケー）

Andromeda
ギリシア神話のエチオピア王女。ペルセウスの妻。海神のおくった怪物の犠牲として岩壁につながれた。
⇒広辞4（アンドロメダ）
　コン2（アンドロメダ）
　新美（アンドロメダー）
　全書（アンドロメダ）
　大辞（アンドロメダ）

Andronicus of Kyrrhos 〈前1世紀〉
古代ギリシアの建築家。
⇒岩ケ（アンドロニコス　前1世紀）
　建築（アンドロニクス・オブ・キロス　前1世紀）
　世美（アンドロニコス（キュロス出身の）　前1世紀）

Andronikos Flavius 〈2世紀〉
ギリシアの彫刻家。
⇒世美（アンドロニコス・フラウィウス　2世紀）

Anesi, Paolo 〈17・18世紀〉
イタリアの画家，版画家。
⇒世美（アネージ，パーオロ　1690頃-1766）

Angas, George French 〈19世紀〉
イギリス出身の画家。
⇒オセ（アンガス　1822-1886）

Angel, Marie 〈20世紀〉
イギリスのイラストレーター。
⇒児イ（Angel, Marie　エンジェル, M.）

Angeli, Franco 〈20世紀〉
イタリアの画家。
⇒世美（アンジェリ，フランコ　1935-）

Angeli, Giuseppe 〈18世紀〉
イタリアの画家。
⇒世美（アンジェリ，ジュゼッペ　1710頃-1798）

Angelini, Costanzo 〈18・19世紀〉
イタリアの画家。
⇒世美（アンジェリーニ，コスタンツォ　1760-1853）

Angelini, Tito 〈19世紀〉
イタリアの彫刻家。
⇒世美（アンジェリーニ，ティート　1806-1878）

Angelo, Valenti 〈20世紀〉
イタリア生れのアメリカの作家，挿絵画家。
⇒英児（Angelo, Valenti　アンジェロー，ヴァレンティ　1897-1982）

Angelo da Orvieto 〈14世紀〉
イタリアの建築家。
⇒世美（アンジェロ・ダ・オルヴィエート　（活動)14世紀前半）

Angelo di Lorentino 〈16世紀〉
イタリアの画家。
⇒世美（アンジェロ・ディ・ロレンティーノ　16世紀前半）

Anger, Kenneth 〈20世紀〉
アメリカ生れの映像作家。
⇒世映（アンガー，ケネス　1930-）
　世俳（アンガー，ケネス　1927.2.3-）

Anglada Camarasa, Hermen 〈19・20世紀〉
スペインの画家。
⇒世美（アングラーダ・カマラーサ，エルメン　1872-1959）

Anglund, Joan Walsh 〈20世紀〉
アメリカのイラストレーター。
⇒児イ（Anglund, Joan Walsh　アングルンド, J.W.　1926-）
　世児（アングランド，ジョーン・ウォルシュ　1926-）

Angrand, Charles 〈19・20世紀〉
フランスの画家。新印象主義の画家。代表作『行列』など。
⇒新美（アングラン，シャルル　1854.4.29-1926.4.1）
　世美（アングラン，シャルル　1854-1926）
　二十（アングラン，シャルル　1854.4.29-1926.4.1）

Anguier, François 〈17世紀〉
フランスの彫刻家。
⇒世美（アンギエ，フランソワ　1604-1669）

Anguier, Michel 〈17世紀〉
フランスの彫刻家。
⇒世美（アンギエ，ミシェル　1612-1686）

Anguissola, Sofonisba 〈16・17世紀〉
イタリアの女性画家。
⇒芸術（アンギッソラ，ソフォニスバ　1532頃-1625）
　世美（アングイッソーラ，ソフォニスバ　1532頃-1625）
　世女日（アングイッソーラ，ソフォニスバ　1532-1625）
　世美（アングイッソーラ，ソフォニズバ　1532頃-1626）

Angulo Íñiguez, Diego 〈20世紀〉
スペインの美術史学者。大著『ムリーリョ, 3巻』(1980)は、偏見の対象となってきた17世紀のスペイン画家を再評価するもの。
⇒西洋（アングーロ・イニゲス　1901.7.18-）
　世西（アングーロ・イニゲス　1901.7.18-）

Anholt, Catherine 〈20世紀〉
イギリスのイラストレーター。
⇒児イ（Anholt, Catherine　アンホルト, C.）

Anker, Albert 〈19・20世紀〉
スイスの画家, 挿絵画家。ゴットヘルフの農民物語の挿絵は有名である。
⇒西洋（アンケル　1831.4.1–1910.7.16）

Annenkov, Yurii 〈19・20世紀〉
ロシア生れの画家。ロシア革命期に, 前衛芸術運動に参加。ブロークの叙事詩『12』(1918)の挿絵は傑作とされる。1924年亡命。
⇒国小（アンネンコフ　1889.7.23–）
　集文（アンネンコフ, ユーリー・パヴロヴィチ　1889.7.11–1974.7.12）
　世美（アンネンコフ, ユーリー・パヴロヴィチ　1889–1974）

Annesley, David 〈20世紀〉
イギリスの彫刻家。
⇒美術（アンズリー, ディヴィッド　1936–）

Annigoni, Pietro 〈20世紀〉
イタリアの画家。
⇒岩ケ（アンニゴーニ, ピエトロ　1910–1988）
　世美（アンニゴーニ, ピエトロ　1910–）

Annoni, Ambrogio 〈19・20世紀〉
イタリアの建築家。
⇒世美（アンノーニ, アンブロージョ　1882–1954）

Anovelo da Imbonate 〈14世紀〉
イタリアの写本装飾画家。
⇒世美（アノヴェーロ・ダ・インボナーテ　(活躍)14世紀末）

Anquetin, Louis Franz 〈19・20世紀〉
フランスの画家。
⇒新美（アンクタン, ルイ　1861.1.26–1932）
　世美（アンクタン, ルイ　1861–1932）
　二十（アンクタン, ルイ・F.　1861.1.26–1932）

Ansaldo, Giovanni Andrea 〈16・17世紀〉
イタリアの画家。
⇒世美（アンサルド, ジョヴァンニ・アンドレーア　1584–1638）

Anschütz, Ottomar 〈19・20世紀〉
ユーゴスラビアの写真家。
⇒岩ケ（アンシュッツ, オットマール　1846–1907）

Anselmi, Alessandro 〈20世紀〉
イタリアの建築家。1964年ローマで結成されたGRAU（都市計画建築家ローマ・グループ）の中心的メンバーの一人。
⇒二十（アンセルミ, アレッサンドロ　1934–）

Anselmi, Giorgio 〈18世紀〉
イタリアの画家, 装飾意匠家。

⇒世美（アンセルミ, ジョルジュ　1723–1797）

Anselmi, Michelangelo 〈15・16世紀〉
イタリアの画家。
⇒世美（アンセルミ, ミケランジェロ　1491頃–1555頃）

Anselmo da Campione 〈12世紀〉
イタリアの彫刻家。
⇒世美（アンセルモ・ダ・カンピオーネ　12世紀後半）

Ansorge, Bettina 〈20世紀〉
ドイツのイラストレーター。
⇒児イ（Ansorge, Bettina　アンゾルゲ, B.　1947–）

Ansuino da Forlì 〈15世紀〉
イタリアの画家。
⇒世美（アンスイーノ・ダ・フォルリ　15世紀前半）

Antal, Frederick 〈19・20世紀〉
ハンガリー出身のイギリスの美術史家。
⇒世美（アンタル, フレデリック　1887–1954）

Antelami, Benedetto 〈12・13世紀〉
イタリア・ロマネスクの彫刻家, 建築家。代表作パルマ大聖堂の浮彫り『キリスト降架』(1178)。
⇒キリ（アンテーラミ, ベネデット　1150頃–1230頃）
　建築（アンテーラミ, ベネデット　(活動)1177–1233）
　広辞4（アンテラミ　1150頃–1230）
　広辞6（アンテラミ　1150頃–1230）
　国小（アンテラミ　1150頃–1225頃）
　コン2（アンテラミ　1150頃–1233）
　コン3（アンテラミ　1150頃–1233）
　新美（アンテーラミ, ベネデット　1150頃–1230頃）
　西洋（アンテラミ　12世紀）
　世美（アンテーラミ, ベネデット　12世紀末–13世紀初頭）
　全書（アンテーラミ　1150頃–1230頃）

Antenor 〈前6世紀〉
ギリシアの彫刻家（前6世紀末から前5世紀初めに活躍）。
⇒岩ケ（アンテノル　前6世紀）
　ギリ（アンテノル　(活動)前530頃–500）
　国小（アンテノール）
　新美（アンテーノール）
　西洋（アンテノル）
　世美（アンテノル　前6世紀後半）

Antes, Horst 〈20世紀〉
西ドイツの画家。1959年パリ青年ビエンナーレで受賞。
⇒新美（アンテス, ホルスト　1936.10.28–）
　世芸（アンテス, ホースト　1936–）
　世美（アンテス, ホルスト　1936–）
　二十（アンテス, ホルスト　1936–）
　美術（アンテス, ホルスト　1936–）

Anthemius of Tralles　〈6世紀〉
ギリシアの建築家。イシドロスとともにハギア・ソフィアを造営。
⇒外国（アンテミオス　6世紀頃）
　建築（アンテミウス・オブ・トラーレス（活動）6世紀）
　国小（アンテミウス　生没年不詳）
　新美（アンテミオス（トラレイスの）　?-534頃）
　西洋（アンテミオス（トラレスの）　?-534頃）
　世美（アンテミオス　6世紀前半）

Anthenor　〈前3世紀〉
ギリシャの彫刻家。
⇒芸術（アンテノル　前3世紀）

Anthonisz, Cornelis　〈16世紀〉
オランダの画家，版画家，地図制作者。
⇒世美（アントニス，コルネリス　1500頃-1554頃）

Anthony, William　〈20世紀〉
アメリカ生れの画家。
⇒世芸（アンソニー，ウイリアム　1934-）

Antico　〈15・16世紀〉
イタリアの金銀細工師，彫刻家，メダル制作家。
⇒世美（アンティーコ　1460頃-1528）

Antigonos　〈前3・2世紀〉
ギリシアの彫刻家，著述家。
⇒ギリ（アンティゴノス（カリュストスの）　前3世紀後期）
　西洋（アンティゴノス（カリュストスの）　前3世紀）
　世美（アンティゴノス（カリュストス出身の）　前3-前2世紀）

Antinori, Giovanni　〈18世紀〉
イタリアの建築家。
⇒世美（アンティノーリ，ジョヴァンニ　1734-1792）

Antiochos I Soter　〈前4・3世紀〉
セレウコス朝シリアの王。セレウコス1世の子。
⇒岩ケ（アンティオコス1世　前324-前261）
　外国（アンティオコス1世　前324-262/1）
　角世（アンティオコス1世〔救済者〕　前324/323-前261）
　キリ（アンティオコス1世・ソーテール　前324-前261）
　ギリ（アンティオコス1世ソテル　（在位）前281-261）
　ギロ（アンティオコス1世　前324-前261）
　皇帝（アンティオコス1世　前324頃-261）
　国小（アンチオコス1世　前324-262/1）
　コン2（アンティオコス1世（救済者）　前324-261）
　コン3（アンティオコス1世（救済者）　前324-前261）
　新美（アンティオコス一世）
　人物（アンティオコス一世　前323-261）
　西洋（アンティオコス一世（救済者）　前323-261）
　世百（アンティオコス1世　前324-前261）
　全書（アンティオコス一世　前324-前261）

デス（アンティオコス1世　?-前261）
統治（アンティオコス一世，ソテル　（在位）前281-261）
百科（アンティオコス1世　前324/323-前261）
山世（アンティオコス1世（救済者）　前324-前261）
歴史（アンティオコス1世）

Antiochos IV Epiphanes　〈前3・2世紀〉
セレウコス朝シリアの王（在位頃175～163）。通称エピファネス（現神王）。
⇒岩ケ（アンティオコス4世　前215頃-前163）
　外国（アンティオコス4世　前215頃-163）
　角世（アンティオコス4世〔顕現神〕　前212?-前164）
　キリ（アンティオコス4世・エピファネース　前215頃-前163）
　ギリ（アンティオコス4世エピファネス　（在位）前175-165/4）
　ギロ（アンティオコス4世　前215頃-前164）
　皇帝（アンティオコス4世　前212頃-164頃）
　国小（アンチオコス4世　前215頃-163）
　コン2（アンティオコス4世（現神王）　前215頃-163）
　コン3（アンティオコス4世（現神王）　前215頃-前163）
　新美（アンティオコス四世）
　西洋（アンティオコス四世（現神王）　前215頃-163）
　世百（アンティオコス4世　?-前163）
　全書（アンティオコス四世　前215頃-163）
　伝世（アンティオコス4世　前215頃-163頃）
　統治（アンティオコス四世，エピファネス　（在位）前175-164）
　百科（アンティオコス4世　前212?-前164/163）
　山世（アンティオコス4世（顕現神）　前215頃-前164）
　ロマ（アンティオコス4世エピファネス　（在位）前175-164/3）

Antiope
ギリシア神話でテーバイのニュクテウスの娘。
⇒新美（アンティオペー）

Antiphilos　〈前4世紀〉
ギリシアの画家。
⇒世美（アンティフィロス　前4世紀）

Antoine, Jacques Denis　〈18・19世紀〉
フランスの建築家。ガブリエルに次ぐ18世紀最大の建築家で，新古典主義をとった。パリ造幣局を設計建築（1771～75）。
⇒建築（アントワーヌ，ジャック＝ドニ　1733-1801）
　西洋（アントアーヌ　1733-1801）

Antokol'sky, Mark Matveevich　〈19・20世紀〉
ロシアの彫刻家。
⇒芸術（アントコリスキー，マルク・マトヴェーヴィッチ　1843-1902）
　世美（アントコーリスキー，マルク・マトヴェエヴィチ　1843-1902）

Antolinez, José 〈17世紀〉
スペインの画家。
⇒新美（アントリーネス, ホセー　1635-1675.5.30）
　世美（アントリーネス, ホセ　1635-1675）

Antolini, Giovanni Antonio 〈18・19世紀〉
イタリアの建築家, 理論家。
⇒世美（アントリーニ, ジョヴァンニ・アントーニオ　1754-1842）

Antonakos, Stephen 〈20世紀〉
アメリカの美術家。
⇒美術（アントナコス, ステファン　1926-）

Antonelli, Alessandro 〈18・19世紀〉
イタリアの建築家。
⇒建築（アントネッリ, アレッサンドロ　1798-1888）
　世美（アントネッリ, アレッサンドロ　1798-1888）

Antonello da Messina 〈15世紀〉
イタリアの画家。作品『聖セバスチアヌス』など。
⇒岩ケ（アントネロ・ダ・メッシナ　1430頃-1479）
　キリ（アントネルロ・ダ・メッシーナ　1430頃-1479.2.14）
　芸術（アントネロ・ダ・メッシーナ　1430頃-1479）
　国小（アントネロ・ダ・メッシナ　1430?-1479.2.14/25）
　国百（アントネロ・ダ・メッシナ　1430頃-1479.2.14/-25）
　コン2（アントネロ・ダ・メシーナ　1430頃-1479）
　コン3（アントネロ・ダ・メッシナ　1430頃-1479）
　新美（アントネルロ・ダ・メッシーナ　1430?-1479）
　人物（アントネロ・ダ・メッシナ　1430頃-1479.2.14）
　西洋（アントネロ・ダ・メッシナ　1430頃-1479.2.14/5）
　世西（アントネルロ・ダ・メッシーナ　1430頃-1479）
　世ともえ（アントネッロ・ダ・メッシーナ　1430頃-1479頃）
　世百（アントネロダメッシナ　1430-1476）
　全書（アントネロ・ダ・メッシーナ　1430頃-1479）
　大百（アントネロ・ダ・メッシーナ　1430頃-1479）
　デス（アントネルロ・ダ・メッシナ　1430頃-1479）
　伝世（アントネロ・ダ・メッシーナ　1430頃-1479.2.25以前）
　百科（アントネロ・ダ・メッシナ　1430頃-1479）

Antonello da Saliba 〈15・16世紀〉
イタリアの画家。
⇒世美（アントネッロ・ダ・サリーバ　1466/67-1535）

Antonia 〈15世紀〉
イタリアの画家。
⇒世女日（アントニア　1456-1491）

Antonianos 〈2世紀〉
ギリシアの彫刻家。
⇒世美（アントニアノス　2世紀）

Antoniazzo Romano 〈15・16世紀〉
イタリアの画家。
⇒新美（アントニアッツォ・ロマーノ　1435頃-1526?）
　世美（アントニアッツォ・ロマーノ　（活動）1460-1508）

Antonini, Annapia 〈20世紀〉
スイスの女性画家, 銅版画家。1963年ゴーギャン賞受賞。世界各地で個展を開き, 国際版画展においてもたびたび受賞。
⇒世芸（アントニーニ, アンナピア　1942-）
　二十（アントニーニ, A.　1942-）

Antoninus Pius, Titus Aurelius Fulvus Boionius Arrius 〈1・2世紀〉
ローマ皇帝（在位137～161）, 5賢帝の一人。キリスト教迫害を禁止。
⇒岩ケ（アントニヌス・ピウス　86-161）
　旺世（アントニヌス＝ピウス　86-161）
　外国（アントニヌス・ピウス　86-161）
　角世（アントニヌス・ピウス　86-161）
　看護（アントニヌス・ピウス　86-131）
　教育（アントニヌス・ピウス　86-161）
　キリ（アントーニーヌス・ピウス, ティトゥス（・アエリウス・ハドリアーヌス）　86.9.19-161.3.7）
　ギロ（アントニヌス・ピウス　86-161）
　皇帝（アントニヌス・ピウス　86-161）
　国百（アントニヌス・ピウス　86-161.3.7）
　コン2（アントニヌス・ピウス　86-161）
　コン3（アントニヌス・ピウス　86-161）
　新美（アントーニーヌス・ピウス　86-161.3.7）
　人物（アントニヌス・ピウス　86-161.3.17）
　西洋（アントニヌス・ピウス　86-161.3.7）
　世人（アントニヌス＝ピウス　86-161）
　世西（アントニヌス（ピウス）　86-161）
　世百（アントニヌスピウス　86-161）
　全書（アントニヌス・ピウス　86-161）
　大百（アントニヌス・ピウス　86-161）
　デス（アントニヌス・ピウス　86-161）
　伝世（アントニヌス・ピウス　86-161）
　統治（アントニヌス・ピウス（T.アウレリウス・フルウス・ボイオニウス・アリウス・アントニヌス）　（在位）138-161）
　百科（アントニヌス・ピウス　86-161）
　評世（アントニヌス＝ピウス　86-161）
　山世（アントヌス・ピウス　86-161）
　歴史（アントニヌス＝ピウス　86-161）
　ロマ（アントニヌス・ピウス　（在位）138-161）

Antonio da Brescia 〈15・16世紀〉
イタリアのメダル制作家。
⇒世美（アントーニオ・ダ・ブレーシャ　15-16世紀）

Antonio da Fabriano 〈15世紀〉
イタリアの画家。
⇒世美（アントーニオ・ダ・ファブリアーノ　15世紀後半）

Antonio da Monza 〈15・16世紀〉
イタリアの写本装飾画家。
⇒世美（アントーニオ・ダ・モンツァ　15世紀末-16世紀初頭）

Antonio da Negroponte 〈15世紀〉
イタリアの画家。
⇒世美（アントーニオ・ダ・ネグロポンテ　15世紀後半）

Antonio da Pavia 〈16世紀〉
イタリアの画家。
⇒世美（アントーニオ・ダ・パヴィーア　（活動)16世紀初頭）

Antonio da Trento 〈16世紀〉
イタリアの版画家。
⇒世美（アントーニオ・ダ・トレント　1510頃-1550以降）

Antonio del Massaro 〈15・16世紀〉
イタリアの画家。
⇒世美（アントーニオ・デル・マッサーロ　1450頃-1516頃）

Antonio de Macedo 〈20世紀〉
ポルトガルの画家。
⇒世芸（アントニオ・デ・マセド　1955-）

Antonio di Vincenzo 〈14・15世紀〉
イタリアの建築家。
⇒世美（アントーニオ・ディ・ヴィンチェンツォ　1350頃-1401頃）

Antonio Veneziano 〈14世紀〉
イタリアの画家。
⇒世美（アントーニオ・ヴェネツィアーノ　1340以前-1387以降）

Antonius de Padua, St 〈12・13世紀〉
聖人。教会博士。フランシスコ会士としてイタリアに布教。
⇒岩ケ（聖アントニウス（パドヴァの）　1195-1231）
　キリ（アントーニウス（パードヴァの）　1195-1231.6.13）
　国小（アントニウス（パドバの）　1195-1231.6.13）
　西洋（アントニウス（パドヴァの）　1195-1231.6.13）
　世美（アントニウス（パードヴァの、聖）　1195頃-1231）
　世百（アントニウス（パドヴァの）　1195-1231）
　全書（アントニウス　1195-1231）
　大百（アントニウス　1195-1231）
　百科（アントニウス（パドヴァの）　1195-1231）

Antonius Eremitus 〈3・4世紀〉
聖人。305年頃隠修士院の制度を設け、観想的共同生活に入る。
⇒岩ケ（聖アントニウス　251-356）
　キリ（アントーニオス　251頃-356）
　国小（アントニウス（エジプトの）　251頃-356頃）
　コン2（アントニウス　250頃-350頃）
　新美（アントニウス（聖）　251頃-356頃）
　人物（アントニウス　251頃-356頃）
　西洋（アントニウス（隠修士）　251頃-356頃）
　世西（アントニウス　251頃-356）
　世美（アントニウス（聖）　250頃-356頃）
　世百（アントニウス　250頃-356/7）
　大辞（アントニウス　251頃-356）
　伝世（アントニウス　250頃-356）
　百科（アントニウス　251頃-356）
　ロマ（アントニオス　251頃-356）

Antunes, João 〈17・18世紀〉
ポルトガルの建築家。
⇒建築（アントゥネス、ジョアン　1683-1734）

Anûpchatar 〈17世紀〉
インド・ミニアチュールの画家(17世紀初頭頃)。ムガル帝国ジャハーンギール帝に仕えた。
⇒国小（アヌープチアタル　生没年不詳）

Anuszkiewicz, Richard 〈20世紀〉
アメリカの画家。
⇒世芸（アヌスキェウィッツ、リチャード　1930-）
　二十（アヌスキェウィッツ、R.　1930-）
　美術（アヌスキウィッツ、リチャード　1930-）

Aparicio, José 〈18・19世紀〉
スペインの画家。
⇒世美（アパリシオ、ホセ　1773-1838）

Apellēs 〈前4世紀〉
古代ギリシアの画家。
⇒逸話（アペルレス　前4世紀頃）
　岩ケ（アペレス　前4世紀）
　ギリ（アペレス　（活動)前340頃-300）
　ギロ（アペレス）
　芸術（アペレス）
　国小（アペレス　生没年不詳）
　コン2（アペレス　前4世紀）
　コン3（アペレス　前4世紀）
　新美（アペレース）
　人物（アペレス　生没年不詳）
　西洋（アペレス　前325頃）
　世西（アペレス　前370頃-?）
　世美（アペレス　前4世紀）
　世百（アペレス）
　デス（アペレス　前4世紀）
　伝世（アペレス　前4世紀）
　百科（アペレス）

Apelman, Jan Amel 〈15世紀〉
イタリアの建築家。
⇒建築（アッペルマン、ヤン・アメル　（活動)15世紀）

Apilado, Tony 〈20世紀〉
アメリカのイラストレーター。
⇒児イ（Apilado, Tony）

Apollinaire, Guillaume de Kostrowitsky 〈19・20世紀〉
フランスの詩人。ダダイスム，シュールレアリスムなど新しい詩，芸術の創造に影響を与えた。ピカソとともにキュビスム理論の確立に努力。主著，詩集『アルコール』(1913)，評論『キュビスムの画家たち』(1913)。
⇒逸話（アポリネール 1880–1918）
岩ケ（アポリネール，ギョーム 1880–1918）
オ西（アポリネール，ギョーム 1880–1918）
外国（アポリネール 1880–1918）
幻想（アポリネール，ギョーム 1880–1918）
広辞4（アポリネール 1880–1918）
広辞5（アポリネール 1880–1918）
広辞6（アポリネール 1880–1918）
国小（アポリネール 1880.8.26–1918.11.9）
国百（アポリネール，ギョーム 1880.8.26–1918.11.9）
コン2（アポリネール 1880–1918）
コン3（アポリネール 1880–1918）
集世（アポリネール，ギョーム 1880.8.26–1918.11.9）
集文（アポリネール，ギョーム 1880.8.26–1918.11.9）
新美（アポリネール，ギョーム 1880.8.26–1918.11.9）
人物（アポリネール 1880.8.26–1918.11.9）
西洋（アポリネール 1880.8.26–1918.11.9）
世人（アポリネール 1880–1918）
世西（アポリネール 1880.8.26–1918.11.9）
世美（アポリネール，ギョーム 1880–1918）
世伝（アポリネール 1880–1918）
世文（アポリネール，ギョーム 1880–1918）
全書（アポリネール 1880–1918）
大辞（アポリネール 1880–1918）
大辞2（アポリネール 1880–1918）
大辞3（アポリネール 1880–1918）
大百（アポリネール 1880–1918）
デス（アポリネール 1880–1918）
伝世（アポリネール 1880.8.26–1918）
ナビ（アポリネール 1880–1918）
二十（アポリネール，ギョーム 1880.8.26–1918.11.9）
百科（アポリネール 1880–1918）
名詩（アポリネール，ギョーム 1880–1918）
名著（アポリネール 1880–1918）

Apollodōros 〈前5・4世紀〉
古代ギリシアの画家。色彩の混合による陰影描法を展開。
⇒岩ケ（アポロドロス 前5世紀）
ギリ（アポロドロス （活動）前420頃–390）
ギロ（アポロドロス 前5世紀）
国小（アポロドロス 生没年不詳）
コン2（アポロドロス 前5世紀）
コン3（アポロドロス 前5世紀）
新美（アポロドーロス）
世西（アポロドロス 前5世紀頃）
世美（アポロドロス(アテナイ出身の) 前5世紀）

Apollodōros of Damascus 〈1・2世紀〉
古代ギリシアの建築家。トラヤヌス帝（在位97～117）時代にローマで活躍。ドナウ川橋，アンコナの凱旋門，ローマ円形劇場，浴場，音楽堂など多くの公共建築を建てた。ローマのトラヤヌスのフォーラムの建設(107～113)が著名。
⇒岩ケ（アポロドロス 2世紀）
建築（アポロドルス・オブ・ダマスカス （活動）2世紀初め）
国小（アポロドロス(ダマスカスの) 生没年不詳）
西洋（アポロドロス(ダマスコスの) 2世紀頃）
世西（アポロドロス(ダマスコスの) 100頃）
世美（アポロドロス(ダマスクス出身の) 2世紀前半）
百科（アポロドロス(ダマスクスの) 60頃–130頃）

Apollodorus 〈2世紀〉
ギリシアの彫刻家。
⇒ギロ（アポロドロス 2世紀）

Apollonio di Giovanni 〈15世紀〉
イタリアの画家，写本装飾画家。
⇒世美（アッポローニオ・ディ・ジョヴァンニ 1417–1465）

Apollōnios 〈前1世紀〉
ギリシアの彫刻家。
⇒世美（アポロニオス(アテナイ出身の) 前1世紀）

Apollonios of Tralles 〈前1世紀〉
ギリシアの彫刻家。『ファルネーゼの牡牛』群像の共同制作者の一人。
⇒国小（アポロニオス(トラレスの) 生没年不詳）
西洋（アポロニオス(トラレスの) 前1世紀）
世美（アポロニオス(トラレイス出身の) 前1世紀）

Appel, Karel 〈20世紀〉
オランダの抽象画家。CoBrAグループの創設者の一人。主作品はパリのユネスコ館の壁画。
⇒岩ケ（アベル，カレル・クリスティアン 1921–）
現人（アベル 1921.4.25–）
国小（アベル 1921–）
コン3（アベル 1921–）
新美（アベル，カレル 1921.4.15–）
世芸（アベル，カレル 1921–）
世美（アッペル，カーレル 1921–）
全書（アベル 1921–）
二十（アベル，カレル 1921.4.25–）

Appelmann, Karl H. 〈20世紀〉
ドイツのイラストレーター。
⇒児イ（Appelmann, Karl H. アッペルマン，K.H.）

Appia, Adolphe 〈19・20世紀〉
スイスの舞台装置家。立体的，彫塑的な舞台空間を創造，現代舞台美術の先駆者。主著『ワグナー劇の演出について』(1895)，『音楽と演出』(1899)。
⇒岩ケ（アッピア，アドルフ 1862–1928）
演劇（アッピア，アドルフ 1862–1928）
オペ（アッピア，アドルフ 1862.9.1–1928.2.29）
外国（アッピア 1862–1928）

国小（アッピア　1862.9.1-1928.2.29）
コン2（アッピア　1862-1928）
コン3（アッピア　1862-1928）
集文（アッピア，アードルフ　1862.9.1-
　　1928.2.29）
西洋（アッピア　1862.9.1-1928.2.29）
世美（アッピア，アドルフ　1862-1928）
世百（アピア　1862-1928）
全書（アッピア　1862-1928）
大百（アッピア　1862-1928）
名著（アッピア　1862-1928）
ラル（アッピア，アドルフ　1862-1928）

Appiani, Andrea 〈18・19世紀〉
イタリアの画家。教皇ピオ6世とナポレオン1世の知遇を得た。
⇒キリ（アッピアーニ，アンドレーア　1754.5.23-1817.11.8）
芸術（アッピアニ，アンドレア　1754-1817）
国小（アッピアーニ　1754-1817.11.8）
西洋（アッピアーニ　1754.5.23-1817.11.8）
世美（アッピアーニ，アンドレーア　1754-1817）

Appiani, Giuseppe 〈18世紀〉
イタリアの画家。
⇒世美（アッピアーニ，ジュゼッペ　1701頃-1785）

Apple, Billy 〈20世紀〉
ニュージーランドの美術家。
⇒美術（アップル，ビリー　1935-）

Appleyard, Dev. 〈20世紀〉
アメリカのイラストレーター。
⇒児イ（Appleyard, Dev.　アップリヤード, D.）

Aprile, Anton Maria 〈16世紀〉
イタリアの彫刻家。
⇒世美（アプリーレ，アントン・マリーア　16世紀前半）

Aprile, Francesco 〈17世紀〉
イタリアの彫刻家。
⇒世美（アプリーレ，フランチェスコ　（活動)17世紀後半）

Aprile, Pietro 〈16世紀〉
イタリアの彫刻家。
⇒世美（アプリーレ，ピエトロ　16世紀前半）

Apt der Ältere, Ulrich 〈15・16世紀〉
ドイツの画家。
⇒新美（アプト，ウルリヒ一世　1455/60-1532）

Aquila, Pietro 〈17世紀〉
イタリアの画家，版画家。
⇒世美（アークイラ，ピエトロ　?-1692）

Aquino, Albert 〈20世紀〉
アメリカのイラストレーター。
⇒児イ（Aquino, Albert　アキノ, A.）

Arachnē
ギリシア神話の機織女。
⇒新美（アラクネー）
全書（アラクネ）

Aragon, Louis 〈20世紀〉
フランスの詩人，小説家，評論家。ダダイスム，シュールレアリスムの主唱者の一人。詩集『永久運動』(1926)，小説『パリの百姓』(1926)などを発表後1927年共産党に入党。
⇒岩ケ（アラゴン，ルイ　1897-1982）
外国（アラゴン　1897-）
現人（アラゴン　1897.10.3-）
広辞5（アラゴン　1897-1982）
国小（アラゴン　1897.10.3-）
コン3（アラゴン　1897-1982）
集文（アラゴン，ルイ　1897.10.3-1982.12.24）
新美（アラゴン，ルイ　1897.10.3-1982.12.24）
人物（アラゴン　1897.10.3-）
西洋（アラゴン　1897.10.3-）
世西（アラゴン　1897.10.3-）
世百（アラゴン　1897-）
世文（アラゴン，ルイ　1897-1982）
全書（アラゴン　1897-1982）
大辞2（アラゴン　1897-1982）
大百（アラゴン　1897-）
伝世（アラゴン　1897.10.3-）
ナビ（アラゴン　1897-1982）
二十（アラゴン，ルイ　1897.10.3-1982.12.24）
百科（アラゴン　1897-1982）
名詩（アラゴン，ルイ　1897-）
名著（アラゴン　1897-）
歴史（アラゴン　1897-1928）

Araldi, Alessandro 〈15・16世紀〉
イタリアの画家。
⇒世美（アラルディ，アレッサンドロ　1460頃-1528）

Arbo, Peter Nicolai 〈19世紀〉
ノルウェイの画家。
⇒新美（アルボ，ペーター・ニコライ　1831.6.18-1892.10.14）

Arbus, Diane 〈20世紀〉
アメリカの写真家。
⇒アメ（アーバス　1923-1971）
岩ケ（アーバス，ダイアン　1923-1971）
コン3（アーバス　1923-1971）
スパ（アーバス，ダイアン　1923-1971）
世女（アーバス，ダイアン（ネメロフ）　1923-1971）
世女日（アーバス，ダイアン　1923-1971）
世百新（アーバス　1923-1971）
大辞2（アーバス　1923-1971）
大辞3（アーバス　1923-1971）
二十（アーバス，ダイアン　1923-1971.7）
百科（アーバス　1923-1971）

Arcangelo di Cola da Camerino 〈15世紀〉
イタリアの画家。
⇒世美（アルカンジェロ・ディ・コーラ・ダ・カメリーノ　15世紀前半）

Archelaos 〈前3・2世紀〉
ギリシアの彫刻家。
⇒世美（アルケラオス　前3-前2世紀）

Archelaos 〈前2世紀〉
ギリシアの彫刻家。
⇒西洋（アルケラオス　前100頃）

Archer, Frederick Scott 〈19世紀〉
イギリスの彫刻家、写真研究家。写真の湿板感光膜にコロディオンを使用する方法を発明した（1850）。
⇒西洋（アーチャー　1813-1857）
　全書（アーチャー　1813-1857）
　大百（アーチャー　1813-1857）

Archer, Kenneth 〈20世紀〉
イギリスのデザイナー、バレエ美術の復元家。
⇒バレ（アーチャー、ケネス　1943.2.7-）

Archer, Thomas 〈17・18世紀〉
イギリスの建築家。主作品はウェストミンスターのセント・ジョン聖堂。
⇒岩ケ（アーチャー、トマス　1668-1743）
　キリ（アーチャー、トマス　1668頃-1743.5.23）
　建築（アーチャー、トーマス　1668-1743）
　国小（アーチャー　1668/9-1743）
　新美（アーチャー、トーマス　1668頃-1743.5.23）
　西洋（アーチャー　?-1743）
　世美（アーチャー、トマス　1668-1743）

Archermus 〈前6世紀〉
ギリシアの彫刻家。キオス島の彫刻家ミキアデスの子。デロス島出土の『飛翔するニケー像』の作者。
⇒国小（アルケルモス　前6世紀）
　新美（アルケルモス（キオスの））
　世美（アルケルモス　前6世紀中頃）

Archilochos
ギリシアの建築家。
⇒西洋（アルキロコス）

Archipenko, Alexander 〈19・20世紀〉
ロシア生れの彫刻家。1923年渡米、ニューヨークで学校を開き、28年アメリカに帰化。
⇒岩ケ（アーキペンコ、アレグザンダー・ポルフィリエヴィチ　1887-1964）
　オ西（アーキペンコ、アレグザンダー　1887-1964）
　外国（アルヒペンコ　1887-）
　現人（アーキペンコ　1887.5.30-1964.2.25）
　広辞5（アーキペンコ　1887-1964）
　広辞6（アーキペンコ　1887-1964）
　国小（アーキペンコ　1887-1964）
　コン3（アルキペンコ　1887-1964）
　新美（アーチペンコ、アレクサンダー　1887.5.30（6.11）-1964.2.26）
　人物（アルキペンコ　1887.5.30-）
　西洋（アーキペンコ　1887.5.30-1964.2.25）
　世芸（アーキペンコ、アレグザンダー　1887-1964）
　世西（アルキペンコ　1887.5.30-1964）
　世美（アルキペンコ、アレクサンドル　1887-1964）
　世百（アルキペンコ　1887-）
　世百新（アルキペンコ　1887-1964）
　全書（アルキペンコ　1887-1964）
　大辞2（アルキペンコ　1887-1964）
　大辞3（アルキペンコ　1887-1964）
　大百（アルキペンコ　1887-1964）
　伝世（アーキペンコ　1887-1964.2.2）
　二十（アルキペンコ、アレキサンダー　1887.5.30-1964.2.25）
　百科（アルキペンコ　1887-1964）

Arcilesi, Vincent 〈20世紀〉
アメリカ生れの芸術家。
⇒世芸（アルシレシ、ヴィンセント　1932-）

Arcimboldo, Giuseppe 〈16世紀〉
イタリアの画家。62年から87年までルドルフ2世の宮廷画家として仕え伯爵に叙せられた。
⇒岩ケ（アルチンボルド、ジュゼッペ　1530頃-1593）
　芸術（アルチンボルド、ジュゼッペ　1527-1593）
　広辞6（アルチンボルド　1527-1593）
　国小（アルチンボルド　1527-1593.7.11）
　新美（アルチンボルド、ジュゼッペ　1527頃-1593.7.11）
　世美（アルチンボルド、ジュゼッペ　1527-1593）
　全書（アルチンボルド　1527頃-1593）
　百科（アルチンボルド　1527/30-1593）

Arcuccio, Angiolillo 〈15世紀〉
イタリアの画家。
⇒世美（アルクッチョ、アンジョリッロ　15世紀）

Ardashīr I Pābhaghān 〈3世紀〉
ペルシア、ササン朝の初代王（在位226～241）。パルチアのアルサケス王朝を討ちササン朝を創設。
⇒岩ケ（アルデシール1世　?-242）
　旺世（アルデシール(1世)　生没年不詳）
　外国（アルダシール1世）
　角世（アルダシール1世　?-242?）
　皇帝（アルダシール1世　生没年不詳）
　国小（アルダシール1世）
　コン2（アルデシール1世）
　コン3（アルデシール1世）
　新美（アルダシール一世）
　人物（アルダシール一世　生没年不詳）
　西洋（アルデシール一世）
　世人（アルダシール1世　生没年不詳）
　世百（アルデシール一世）
　世東（アルダシルー1世）
　中国（アルダシールいっせい　（在位）226-241）
　伝世（アルデシール1世　?-240）
　統治（アルダシール一世　（在位）224-241）
　百科（アルダシール1世　（在位）224-240）
　評世（アルダシール1世）
　山世（アルダシール1世　?-241頃）

Ardemáns, Teodoro 〈17・18世紀〉
ドイツの建築家。
⇒建築（アルデマンス、テオドロ　1664-1726）

Ardenti, Alessandro 〈16世紀〉
イタリアの画家。
⇒世美（アルデンティ, アレッサンドロ ?-1595）

Arditi, Andrea 〈14世紀〉
イタリアの金銀細工師, エマイユ制作家。
⇒世美（アルディーティ, アンドレーア 14世紀）

Ardizzone, Edward 〈20世紀〉
イギリスの画家, 絵本作家。『チムとゆうかんな船長』(1936)。57年の『ひとりぼっちのチム』はケイト・グリーンナウェイ・メダルを獲得。
⇒英児（Ardizzone, Edward アーディゾーニ, エドワード 1900-1979）
英文（アーディゾーニ, エドワード (・ジェフリー・アーヴィング) 1900-1979）
子本（アーディゾーニ, エドワード 1900-）
児イ（Ardizzone, Edward アーディゾーニ, E. 1900-）
児童（アーディゾーニ, エドワード 1900-）
児文（アーディゾーニ, エドワード 1900-1979）
世児（アーディゾーニ, エドワード 1900-1979）
全書（アーディゾーニ 1900-1980）
二十（アーディゾニー, エドワード 1900-1980）
二十英（Ardizzone, Edward 1900-1979）

Ardon, Mordechai 〈20世紀〉
イスラエルの画家。
⇒ユ人（アルドン, モルデハイ 1896-1992）

Areco, Amelie 〈20世紀〉
ベネズエラのイラストレーター。
⇒児イ（Areco, Amelie）

Arellano, Juan de 〈17世紀〉
スペインの画家。
⇒世美（アレリャーノ, フアン・デ 1614-1676）

Arenas, Braulio 〈20世紀〉
チリの詩人, 小説家, 画家。
⇒集世（アレナス, ブラウリオ 1913-）
集文（アレナス, ブラウリオ 1913-）

Arentsz., Arent 〈16・17世紀〉
オランダの画家。
⇒世美（アーレンツゾーン, アーレント 1585/86-1631）

Aretino, Pietro 〈15・16世紀〉
イタリアの詩人, 劇作家。ジュリオ・デ・メディチらの寵を受け, 政治詩や諷刺詩を発表。
⇒岩ケ（アレティーノ, ピエトロ 1492-1556）
演劇（アレティーノ, ピエトロ 1492-1556）
外国（アレティーノ 1492-1556）
キリ（アレティーノ, ピエートロ 1492.4.20-1556.10.21）
広辞6（アレティーノ 1492-1556）
国小（アレティーノ 1492.4.19-1556.10.21）
コン2（アレティーノ 1492-1556）
コン3（アレティーノ 1492-1556）
集世（アレティーノ, ピエートロ 1492.4.20-1556.10.21）
集文（アレティーノ, ピエートロ 1492.4.20-1556.10.21）
新美（アレティーノ, ピエトロ 1492.4.19/20-1556.10.21）
西洋（アレティーノ 1492.4.20-1556.10.21）
世美（アレティーノ 1492.4.20-1556.10.21）
世文（アレティーノ, ピエトロ 1492-1556）
全書（アレティーノ 1492-1556）
大百（アレティーノ 1492-1556）
デス（アレティーノ 1492-1556）
百科（アレティーノ 1492-1556）
名著（アレティーノ 1492-1556）

Arévalo, Luis de 〈18世紀〉
スペインの建築家。
⇒建築（アレバロ, ルイス・デ （活動）18世紀）

Arfe, Antonio 〈16世紀〉
スペインの金工家。
⇒世美（アルフェ, アントニオ 1510-1578）

Arfe, Enrique 〈16世紀〉
スペインの金工家。
⇒世美（アルフェ, エンリーケ ?-1545以降）

Arfe y Villafañe, Juan de 〈16・17世紀〉
スペインの鋳金家。スペインのルネサンス盛時の古典的様式の代表者。作品にエスコリアル宮の銅像, バリャドリのレルマ公の墓碑等がある。
⇒西洋（アルフェ・イ・ビリャファニェ 1535-1603.4.1）
世美（アルフェ, フアン 1535-1603）

Argan, Giulio Carlo 〈20世紀〉
イタリアの美術批評家, 美術史家。
⇒世美（アルガン, ジューリオ・カルロ 1909-）

Argenti, Antonio 〈19・20世紀〉
イタリアの彫刻家。
⇒世美（アルジェンティ, アントーニオ 1845-1916）

Argenville, Antoine-Joseph Dezallier d' 〈17・18世紀〉
フランスの芸術家, 博物学者。『画人伝』(1745～52)を書いた。
⇒科史（アルジャンヴィーユ 1680-1765）

Argimon, Daniel 〈20世紀〉
スペイン生れの代表的な抽象画家。
⇒世芸（アルジモン, ダニエル 1929-）

Argunov, Ivan Petrovich 〈18・19世紀〉
ロシアの画家。
⇒世美（アルグノーフ, イヴァン・ペトロヴィチ 1729-1802）

Arhipov, Abram Efimovich 〈19・20世紀〉
ソ連の画家, 人民芸術家。移動派展の一員。門下にゲラシーモフ, ヨーガンソンら。
⇒国小（アルヒーポフ 1862-1930）

Ariadnē
ギリシア神話のクレタ王ミノスの娘。怪物退治のテセウスに糸を与えて、ラビュリントス（迷宮）から脱出する道を教えた。
⇒広辞4（アリアドネ）
　コン2（アリアドネ）
　新美（アリアドネー）
　全書（アリアドネ）
　大辞（アリアドネ）

Arias, Paolo Enrico 〈20世紀〉
イタリアの考古学者。
⇒世美（アーリアス, パーオロ・エンリーコ　1907-）

Arias Fernández, Antonio 〈17世紀〉
スペインの画家。
⇒世美（アリアス・フェルナンデス, アントニオ　1614頃-1684）

Arienti, Carlo 〈19世紀〉
イタリアの画家。
⇒世美（アリエンティ, カルロ　1801-1873）

Ariscola, Silvestro 〈15・16世紀〉
イタリアの彫刻家。
⇒世美（アリスコラ, シルヴェストロ　（活動）1471-1504）

Aristeās 〈前2世紀〉
ギリシアの彫刻家。
⇒世美（アリステアス（メガロポリス出身の）　前2世紀）

Aristeās 〈2世紀〉
ギリシアの彫刻家。
⇒世美（アリステアス（アフロディシアス出身の）（活動）2世紀）

Aristeidēs 〈前5・4世紀〉
ギリシアの画家。
⇒世美（アリステイデス（大）　前5世紀末-前4世紀前半）

Aristeidēs 〈前4世紀頃〉
ギリシアの建築家。
⇒世美（アリステイデス　前4世紀頃）

Aristeidēs 〈前4世紀〉
古代ギリシアの画家。3代にわたるテーベ・アッチカ派の画家の2代目。『都市の陥落』を描いた。
⇒国小（アリステイデス　生没年不詳）
　新美（アリステイデース）
　世美（アリステイデス（小）　前4世紀末）

Aristeidēs 〈前4世紀〉
古代ギリシアの画家。3代にわたるテーベ・アッチカ派の画家一家の3代目。エウクセニダスの弟子でアテネに画塾を開いた。
⇒国小（アリステイデス　生没年不詳）

Aristiōn 〈前6世紀〉
古代ギリシアの彫刻家。
⇒ギリ（アリスティオン　（活躍）前550頃-520）

Aristoklēs 〈前6世紀〉
古代ギリシア, アチッカ派の彫刻家。『戦士アリステイオンの墓碑』の浮彫りを制作。
⇒国小（アリストクレス　前6世紀）
　西洋（アリストクレス）

Aristonothos 〈前7世紀〉
ギリシアの陶工, 陶画家。
⇒世美（アリストノトス　前7世紀後半）

Aristophanēs 〈前5世紀〉
ギリシアの陶画家。
⇒世美（アリストファネス　前5世紀末）

Arkesilaos 〈前1世紀〉
ギリシアの彫刻家。
⇒新美（アルケシラーオス　（活躍）前1世紀中頃）
　世美（アルケシラオス　前1世紀）

Arman 〈20世紀〉
フランスの美術家。ヌーボー・レアリスムあるいは同種の世界的動向の中でも, 最も典型的な作家。
⇒オ西（アルマン　1928-）
　現人（アルマン　1928-）
　コン3（アルマン　1928-）
　新美（アルマン, フェルナンデス　1928.11.27-）
　世芸（アルマン, フェルナンデス　1928-）
　世美（アルマン　1928-）
　大辞2（アルマン　1928-）
　大辞3（アルマン　1928-2005）
　二十（アルマン, フェルナンデス　1928.11.28-）
　美術（アルマン　1928-）

Armando 〈20世紀〉
オランダの美術家, 詩人。
⇒集文（アルマンド　1929.9.18-）

Armani, Giorgio 〈20世紀〉
イタリアのファッション・デザイナー。
⇒岩ケ（アルマーニ, ジョルジョ　1935-）
　広辞6（アルマーニ　1934-）
　最世（アルマーニ, ジョルジョ　1935-）
　ナビ（アルマーニ　1935-）

Armanni, Osvaldo 〈19・20世紀〉
イタリアの建築家。
⇒世美（アルマンニ, オズヴァルド　1855-1929）

Armellini, Mariano 〈19世紀〉
ローマのキリスト教考古学者。
⇒キリ（アルメルリーニ, マリアーノ　1852.2.17-1896.2.24）
　世美（アルメッリーニ, マリアーノ　1852-1896）

Armenini, Giovanni Battista 〈16・17世紀〉
イタリアの画家, 美術理論家。

⇒世美（アルメニーニ, ジョヴァンニ・バッティスタ　1530-1609）

Armer, Laura Adams〈19・20世紀〉
アメリカの児童文学作家, 画家。1931年発表の『水のない山』で, ニューベリー賞受賞。
⇒英児（アーマー, ローラ・アダムズ　1874-1963）
　児作（Armer, Laura Adams　ローラ・アダムズ・アーマー　1874-?）
　児童（アーマー, ローラ・アダムズ　1874-）

Armitage, Edward〈19世紀〉
イギリスの画家。
⇒岩ケ（アーミテジ, エドワード　1817-1896）

Armitage, Kenneth〈20世紀〉
イギリス戦後彫刻界の代表的作家。
⇒岩ケ（アーミテジ, ケネス　1916-）
　オ西（アーミティジ, ケネス　1916-）
　広辞5（アーミテージ　1916-）
　広辞6（アーミテージ　1916-2002）
　国小（アーミテージ　1916-）
　コン3（アーミテジ　1916-）
　新美（アーミテジ, ケネス　1916.7.18-）
　西洋（アーミテージ　1916.7.18-）
　世芸（アーミテジ, ケネス　1916-）
　世美（アーミテジ, ケネス　1916-）
　伝世（アーミティジ　1916-）
　二十（アーミテジ, ケネス　1916.7.18-）

Armitage, Merle〈20世紀〉
アメリカの著述家, デザイナー, 興行主。
⇒バレ（アーミテイジ, マール　1893.2.12-1975.3.25）

Armitage, Ronda〈20世紀〉
ニュージーランドの女性絵本作家。
⇒英児（Armitage, Ronda　アーミティジ, ロンダ　1943-）
　世児（アーミティジ, ロンダ　1943-）

Armour, Elizabeth Isabel〈19・20世紀〉
イギリス・スコットランドの陶芸家。
⇒世女日（アーマー, エリザベス・イサベル　1885-1945）

Armstead, Henry Hugh〈19・20世紀〉
イギリスの彫刻家。
⇒岩ケ（アームステッド, ヘンリー・ヒュー　1828-1905）

Armstrong, Helen〈19・20世紀〉
アメリカの画家。
⇒世女日（アームストロング, ヘレン　1869-1948）

Armstrong, Tom〈20世紀〉
イラストレーター。
⇒児イ（Armstrong, Tom　アームストロング, T.）

Armstrong Jones, Antony〈20世紀〉
イギリスの写真家。マーガレット王女の元夫君で王室および社交界の花形写真家として活躍。
⇒世西（アームストロング・ジョーンズ　1930-）
　二十（アームストロング・ジョーンズ, アントニー・チャールズ・ロバート　1930-）

Arndt, Ursula〈20世紀〉
ドイツのイラストレーター。
⇒児イ（Arndt, Ursula　アーント, U.）

Arnheim, Rudolf〈20世紀〉
ドイツの芸術心理学者。主著『美術と視覚』（1954）。
⇒岩ケ（アルンハイム, ルドルフ　1904-）
　国小（アルンハイム　1904-）
　思想（アルンハイム, ルドルフ　1904-）
　集中（アーンハイム, ルドルフ　1904.7.15-）
　世映（アルンハイム, ルードルフ　1904-2007）
　世美（アルンハイム, ルドルフ　1904-）
　二十（アルンハイム, ルドルフ　1904-）
　名著（アルンハイム　1904-）
　歴史（アルンハイム　1904-）

Arno, Enrico〈20世紀〉
ドイツのイラストレーター。
⇒児イ（Arno, Enrico　アルノ, E.　1913-）

Arno, Peter〈20世紀〉
アメリカの漫画家。
⇒岩ケ（アーノ, ピーター　1904-1968）

Arnold, Eve〈20世紀〉
アメリカの写真家, 写真ジャーナリスト。
⇒世女（アーノルド, イヴ　1913-）

Arnoldi, Alberto〈14世紀〉
イタリアの彫刻家。
⇒世美（アルノルディ, アルベルト　14世紀後半）

Arnold von Westfalen（Westphalia）〈15世紀〉
ドイツの建築家。
⇒建築（アルノルト・フォン・ヴェストファーレン（アルノルト・フォン・ヴェストファーリア）　?-1480）

Arnolfina〈20世紀〉
イタリアのイラストレーター。
⇒児イ（Arnolfina　アルノルフィーナ　1954-）

Arnolfo di Cambio〈13・14世紀〉
イタリアの建築家, 彫刻家。
⇒岩ケ（アルノルフォ・ディ・カンビオ　1245頃-1302）
　キリ（アルノルフォ・ディ・カンビオ　1245頃-1302頃）
　建築（アルノルフォ・ディ・カンビオ　1232頃-1302）
　国小（アルノルフォ・ディ・カンビオ　1250?-1320?）
　コン2（アルノルフォ・ディ・カンビオ　1245頃-1310以前）
　コン3（アルノルフォ・ディ・カンビオ　1245頃-1310以前）

新美（アルノルフォ・ディ・カンビオ　1245頃-1310以前）
西洋（アルノルフォ・ディ・カンビオ　1245頃-1302）
世美（アルノルフォ・ディ・カンビオ　1245頃-1302）
世百（アルノルフォディカンビオ　1232頃-1300/11）
全書（アルノルフォ　1245頃-1301/02）
伝世（アルノルフォ・ディ・カンビオ　1245?-1302.3.8）

Arntzenius, Pieter Florentius Nicolas Jacobus 〈19・20世紀〉
オランダの画家，銅版画家。
⇒オ西（アルントゼニウス，ピーター・フロレンティウス・ニコラス・ヤコーブス　1864-1925）

Aronson, Boris 〈20世紀〉
アメリカの舞台装置家。ソ連で美術を学び，1922年ベルリンに亡命，23年渡米。
⇒演劇（アロンソン，ボリス　1900-1980）
国小（アロンソン　1900-）
二十（アランスン，ボリス　1900.10.15-1980.11.25）

Arosenius, Ivar Axel Henrik 〈19・20世紀〉
スウェーデンの画家。
⇒芸術（アロセニウス，イヴァル　1878-1909）
児他（Arosenius, Ivar　イーヴァル・アロセニウス　1878-1909）
新美（アロセニウス，イーヴァル　1878-1909.1.1）
世芸（アロセニウス，イヴァル　1878-1909）
二十（アロセニウス，イーヴァル・アクセル・ヘンリック　1878-1909.1.1）

Arp, Hans (Jean) 〈19・20世紀〉
フランスの画家，彫刻家。ダダイスムを創めた。
⇒岩ケ（アルプ，ジャン　1887-1966）
オ西（アルプ，ジャン　1887-1966）
外国（アルプ　1887-）
現人（アルプ　1887.9.16-1966.6.7）
広辞5（アルプ　1887-1966）
広辞6（アルプ　1887-1966）
国小（アルプ　1887.9.16-1966.6.7）
コン3（アルプ　1887-1966）
集世（アルプ，ハンス（ジャン）　1886.9.16-1966.6.7）
集文（アルプ，ハンス〔ジャン〕　1886.9.16-1966.6.7）
新美（アルプ，ジャン　1887.9.16-1966.6.7）
人物（アルプ　1887.9.16-1966.6.7）
西洋（アルプ　1887.9.16-1966.6.7）
世芸（アルプ，ハンス　1887-1966）
世西（アルプ　1887-1966.6.7）
世百（アルプ　1887-）
世百新（アルプ　1887-1966）
世文（アルプ，ジャン（ハンス）　1887-1966）
全書（アルプ　1887-1966）
大辞2（アルプ　1887-1966）
大辞3（アルプ　1887-1966）
大百（アルプ　1887-1966）
伝世（アルプ　1887-1966）
二十（アルプ，ハンス　1887.9.16-1966.6.7）

百科（アルプ　1887-1966）

Arp, Sophie Tauber 〈19・20世紀〉
スイスのダダイスト，抽象画家。
⇒スパ（アルプ，ゾフィー・タウベル　1889-1943）

Arrieta, Pedro de 〈18世紀〉
メキシコで活躍の建築家。
⇒建築（アリエータ，ペドロ・デ　?-1738）

Arrol, Sir William 〈19・20世紀〉
スコットランドの橋梁建築家。
⇒岩ケ（アロル，サー・ウィリアム　1839-1913）
西洋（アロル　1839.2.13-1913.2.20）

Arruda, Diego de 〈16世紀〉
ポルトガルの建築家。
⇒建築（アルーダ，ディエゴ・デ　?-1527）

Arsakes I 〈前3世紀〉
イラン系遊牧民パルニ族の族長。アルサケス朝パルティア国を創始（在位前250〜247頃）。
⇒外国（アルサケス1世　前3世紀）
角世（アルサケス　生没年不詳）
ギリ（アルサケス1世　前239頃?-209以前）
皇帝（アルサケース1世　?-前215頃）
国小（アルサケス　生没年不詳）
新美（アルサケース）
世西（アルサケース一世）
世東（アルサケス）
中国（アルサケス　（在位）前250-248）
伝世（アルサケス1世　?-前211頃）
統治（アルサケス一世　（在位）前247-211）
評世（アルサケス　前3世紀）
山世（アルサケス　生没年不詳）

Artaxerxes I 〈前5世紀〉
ペルシアのアケメネス朝の王（在位前465〜424）。キプロス島沖でのアテネ海軍に敗戦。
⇒岩ケ（アルタクセルクセス1世　前5世紀）
旺世（アルタクセルクセス（1世）　生没年不詳）
外国（アルタクセルクセス1世　?-前424）
角世（アルタクセルクセス1世　?-前424）
キリ（アルタクセルクセス1世　（位）前465-前424）
ギリ（アルタクセルクセス1世マクロケイル　（在位）前464-424）
ギロ（アルタクセルクセス1世　?-前425）
皇帝（アルタクセルクセス1世　生没年不詳）
国小（アルタクセルクセス1世）
コン2（アルタクセルクセス1世）
コン3（アルタクセルクセス1世）
新美（アルタクセース一世）
人物（アルタクセルクセス一世　?-前424）
西洋（アルタクセルクセス一世）
世西（アルタクセルクセス一世）
世東（アルタクセルクセス　（在位）前465-424）
世百（アルタクセルクセス1世）
全書（アルタクセルクセス一世　前483?-424）
大百（アルタクセルクセス一世）
統治（アルタクセルクセス一世，長手王ロンギマヌス　（在位）前464-424）
百科（アルタクセルクセス1世）
評世（アルタクセルクセス1世）
山世（アルタクセルクセス1世　生没年不詳）

歴史（アルタクセルクセス1世 ?-前424）

Artaxerxes II 〈前5・4世紀〉
ペルシアのアケメネス朝の王（在位前404～358）。ダレイオス2世の子。
⇒旺世（アルタクセルクセス（2世） 前436頃-前358）
外国（アルタクセルクセス2世 ?-前359）
角世（アルタクセルクセス2世 ?-前359/358）
ギリ（アルタクセルクセス2世ムネモン （在位）前405-359）
ギロ（アルタクセルクセス2世 ?-前359/358）
皇帝（アルタクセルクセス2世 生没年不詳）
国小（アルタクセルクセス2世）
コン2（アルタクセルクセス2世）
コン3（アルタクセルクセス2世）
新美（アルタクセルクセース二世）
人物（アルタクセルクセス二世 ?-前359）
西洋（アルタクセルクセス）
世西（アルタクセルクセス二世）
世百（アルタクセルクセス2世）
全書（アルタクセルクセス二世 ?-前359/358）
大百（アルタクセルクセス二世 ?-前358）
統治（アルタクセルクセス二世, 記憶王ムネモン（在位）前404-359）
百科（アルタクセルクセス2世）
評世（アルタクセルクセス2世 ?-前358）
山世（アルタクセルクセス2世 生没年不詳）
歴史（アルタクセルクセス2世 前436頃-前358）

Artot, Paul 〈19・20世紀〉
ベルギーの画家、版画家。
⇒世美（アルトー, ポール 1875-1963）

Artschibatscheff, Boris 〈20世紀〉
ロシアの画家。
⇒世芸（アルツィバチェフ, ボリス 1899-1968）

Artschwager, Richard 〈20世紀〉
アメリカの美術家。
⇒美術（アーチウェイジャー, リチャード 1924-）

Arturo Di Stefano 〈20世紀〉
イギリス生れの画家。
⇒世芸（アタロ・デ・ステファノ 1955-）

Artz, David Adolphe Constant 〈19世紀〉
オランダの画家。
⇒世美（アルツ, ダヴィッド・アドルフ・コンスタン 1837-1890）

Aruego, Ariane 〈20世紀〉
アメリカのイラストレーター。
⇒児イ（Aruego, Ariane アルエゴ, E.）

Aruego, Jose 〈20世紀〉
アメリカのイラストレーター。
⇒児イ（Aruego, Jose アルエゴ, J. 1932-）

Arundel, Thomas Howard, Earl of 〈16・17世紀〉
イギリスの芸術品蒐集家。古代およびルネサンスの芸術品を多く集め、のちこれらの蒐集品は大英博物館に蔵された。
⇒西洋（アランデル 1586.7.7-1646.10.4）
世美（アランデル伯トマス・ハワード 1586-1646）

Asam, Cosmas Damian 〈17・18世紀〉
ドイツ、ババリアの建築家、彫刻家。
⇒岩ケ（アザム, コスマス・ダミアン 1686-1739）
キリ（アーザム, コスマス・ダミアーン 1686.9.28-1739.5.10）
芸術（アサム兄弟 1686-1739）
建築（アザム, コスマス・ダミアン 1686-1739）
国小（アザム 1686.9.21-1739）
新美（アザム, コスマス・ダミアン 1686.9.27/28-1739.5.10）
世美（アザム, コスマス・ダミアン 1686-1739）
世百（アザム, コスマス・ダミアン 1686-1739）
全書（アサム 1686-1739）
大百（アサム 1686-1739）
伝世（アーザム, コスマス・ダーミアン 1686.9.28-1739.5.11）
百科（アザム, コスマス・ダミアン 1686-1739）

Asam, Egid Quirin 〈17・18世紀〉
ドイツ、ババリアの建築家、彫刻家。
⇒岩ケ（アザム, エーギット・クヴィリン 1692-1750）
キリ（アーザム, エギート・クヴィリーン 1692.9.1-1750.4.29）
芸術（アサム兄弟 1692-1750）
国小（アザム 1692.9.1-1750.4.29）
新美（アザム, エーギット・クヴィリン 1692.9.1-1750.4.29）
西洋（アサム 1692.9.1-1750.4.29）
世美（アザム, エーギット・クヴィリン 1692-1750）
世百（アザム, エーギット・クヴィリン 1692-1750）
全書（アサム 1692-1750）
大百（アサム 1692-1750）
伝世（アーザム, エギート・クヴィリーン 1692.9.1-1750.4.29）
百科（アザム, エギト・クウィリレ 1692-1750）

Asare, Meschack 〈20世紀〉
ガーナの絵本作家、教育者、画家、彫刻家。絵本『タウィア海へ行く』で、ユネスコやガーナの最良図書賞を受賞。
⇒英児（Asare, Meshack アサール, メシャック 1945-）
児文（アサレ, メシャック 1945-）
集文（アサレ, メシャック 1945.9-）
二十（アサレ, メシャック 1945-）

Asch, Frank 〈20世紀〉
アメリカの作家、詩人。
⇒英児（Asch, Frank アッシュ, フランク 1946-）
児イ（Asch, Frank アッシュ, F.）

Aschieri, Pietro 〈19・20世紀〉
イタリアの建築家、舞台美術家。
⇒世美（アスキエーリ, ピエトロ 1889-1952）

A

Ascione, Aniello 〈17・18世紀〉
イタリアの画家。
⇒世美（アショーネ, アニエッロ （記録）1680–1708）

Ashbee, Charles Robert 〈19・20世紀〉
イギリスのデザイナー, 建築家, 作家。
⇒岩ケ（アシュビー, チャールズ・ロバート 1863–1942）
才西（アシュビー, チャールズ・ロバート 1863–1942）
新美（アシュビー, チャールズ・ロバート 1863.5.17–1942.5.23）
世美（アシュビー, チャールズ・ロバート 1863–1942）
二十（アシュビー, チャールズ・ロバート 1863.5.17–1942.5.23）
百科（アシュビー 1863–1942）

Ashley, Laura 〈20世紀〉
イギリスのファッション・デザイナー。
⇒岩ケ（アシュリー, ローラ 1925–1985）
世女（アシュレイ, ローラ 1925–1985）
世女日（アシュレイ, ローラ 1925–1985）

Ashton, Julian (Rossi) 〈19・20世紀〉
オーストラリアの画家, 教師。
⇒岩ケ（アシュトン, ジュリアン(・ロッシ) 1851–1942）

Ashton, Will 〈19・20世紀〉
イギリスの画家。風景画家。
⇒岩ケ（アシュトン, サー・ジョン・ウィリアム 1881–1963）
西洋（アシュトン 1881–1963.9.1）

Asmussen, Des. 〈20世紀〉
デンマークのイラストレーター。
⇒児イ（Asmussen, Des.　アースムッセン, D.）

Aśoka 〈前3世紀〉
インド, マウリヤ朝第3代の王(在位前268頃～232頃)。インド全土の大部分を統一した最初の王。
⇒逸話（アショーカ　生没年不詳）
岩ケ（アショーカ　前3世紀）
岩哲（アショーカ王　生没年不詳）
イン（アショーカ）
旺世（アショーカ王　生没年不詳）
外国（アショカ王　?–前237頃）
角世（アショーカ　(在位)前268–前232?）
看護（アショーカ　前3世紀）
ギリ（アショーカ　(在位)前269–232）
広辞4（アショーカ王）
広辞6（アショーカ王　(在位)前268–前232）
皇帝（アショーカ　生没年不詳）
国小（アショーカ王　生没年不詳）
国百（アショーカ　生没年不詳）
コン2（アショーカ）
コン3（アショーカ）
新美（アショーカ王）
人物（アショカ王　生没年不詳）
西洋（アショーカ）
世人（アショーカ　?–前232頃）
世西（アショカ王〔阿育王〕）
世東（アショーカ〔阿育, 阿輪迦〕　前3世紀）
世百（アショーカ）
全書（アショカ(王)　生没年不詳）
大辞（アショーカ王　生没年不詳）
大辞3（アショーカ王　前3世紀頃）
大百（アショカ王　生没年不詳）
中国（アショカおう）
中ユ（アショーカ王　(在位)前268–232頃）
デス（アショーカ　生没年不詳）
伝世（アショーカ　前3世紀頃）
統治（アショーカ　(在位)前268–232）
東仏（アショーカ王　前268/270(即位)–232）
南ア（アショーカ　生没年不詳）
百科（アショーカ）
評世（アショカ王　前3世紀）
山世（アショーカ　生没年不詳）
歴史（アショーカ　前274/2/3–前236/0/2）

Asp, Anna 〈20世紀〉
スウェーデン生れの映画美術監督。
⇒世映（アスプ, アンナ　1946–）

Aspari, Domenico 〈18・19世紀〉
イタリアの画家, 版画家。
⇒世美（アスパーリ, ドメーニコ　1745–1831）

Aspasios
古代ローマのアウグストゥス帝時代の彫玉作家。
⇒新美（アスパシオス）

Aspdin, Joseph 〈18・19世紀〉
イギリスのレンガ積み職人, 発明家。
⇒岩ケ（アスプディン, ジョゼフ　1779–1855）
建築（アスプディン, ヨセフ　1779–1855）
コン2（アスプディン　1779–1855）
コン3（アスプディン　1779–1855）
西洋（アスプディン　1779–1855.3.20）
世百（アスプディン　1779–1855）
全書（アスプディン　1779–1885）
大百（アスプディン　1779–1885）

Aspertini, Amico 〈15・16世紀〉
イタリアの画家, 彫刻家。
⇒世美（アスペルティーニ, アミーコ　1474頃–1552）

Aspetti, Tiziano 〈16・17世紀〉
イタリアの彫刻家。
⇒世美（アスペッティ, ティツィアーノ　1565頃–1607）

Asplund, Erik Gunnar 〈19・20世紀〉
スウェーデンの建築家。スカンジナビアの近代建築を推進, 1930年ストックホルム展をデザイン。
⇒岩ケ（アスプルンド, エリック・グンナル　1885–1940）
才西（アスプルンド, エリク・グンナール　1885–1940）
国小（アスプルンド　1885–1940）
新美（アスプルンド, エリク・グンナール　1885.9.22–1940.10.20）

西洋（アスプルンド　1885.9.22-1940.10.20）
世美（アスプルンド，エリク・グンナール
　　1885-1940）
世百（アスプルント　1885-1940）
世百新（アスプルンド　1885-1940）
全書（アスプルンド　1885-1940）
大百（アスプルント　1885-1940）
伝世（アスプルンド　1885-1945）
ナビ（アスプルンド　1885-1940）
二十（アスプルンド，エリク　1885.9.22-
　　1940.10.20）
百科（アスプルンド　1885-1940）

Asprucci, Antonio 〈18・19世紀〉
イタリアの建築家。
⇒世美（アスプルッチ, アントーニオ　1723-1808）

Asselijn, Jan 〈17世紀〉
オランダの画家。
⇒岩ケ（アセリン, ヤン　1610-1652）
　新美（アセレイン, ヤン　1610頃-1652）
　世美（アッセレイン, ヤン　1615-1652）

Asselin, Maurice 〈19・20世紀〉
フランスの画家。
⇒外国（アッスラン　1882-1947）
　国小（アスラン　1882-1947）
　コン3（アスラン　1882-1947）
　西洋（アスラン　1882.6.24-1947.10.30）
　世芸（アッスラン, モーリス　1882-1947）
　世百（アスラン　1882-1947）
　二十（アスラン, M.　1882.6.24-1947.10.30）

Assereto, Gioacchino 〈17世紀〉
イタリアの画家。
⇒世美（アッセレート, ジョアッキーノ　1600-1649）

Assteas 〈前4世紀〉
マグナ・グラエキア（南イタリアの古代ギリシア植民市）の陶画家。
⇒世美（アッステアス　前4世紀）

Assurbanipal 〈前7世紀〉
アッシリア王（在位前669〜626）。
⇒岩ケ（アッシュルバニバル　前7世紀）
　旺世（アッシュール＝バニバル　?-前626）
　外国（アシュール・バニ・バル　前7世紀）
　角世（アッシュール・バニバル　(在位)前669-627）
　キリ（アッシュールバニバル）
　皇帝（アッシュールバニバル　?-前626）
　国小（アッシュール・バニバル　前7世紀頃）
　コン2（アッシュール・バニバル）
　コン3（アッシュール・バニバル）
　新美（アッシュールバニバル）
　人物（アッシュールバニバル王　生没年不詳）
　西洋（アッシュール・バーン・アプリ）
　世人（アッシュール＝バニバル　生没年不詳）
　世西（アッシュルバニバル（大王））
　世百（アッシュールバニバル）
　全書（アッシュール・バニバル　生没年不詳）
　大百（アッシュルバニバル　生没年不詳）
　デス（アッシュールバニバル）
　伝世（アッシュール・バニバル　?-前630頃）
　統治（アシュールバニバル〔アッシュール＝バー

ン＝アプリ〕　(在位)前668-627）
　統治（アッシリア王のアシュールバニバル　(在位)前668）
　百科（アッシュールバニバル）
　評世（アッシュールバニバル　前669-前626）
　山世（アッシュル・バニバル　生没年不詳）

Aššur-nāsir-pal II 〈前9世紀〉
アッシリア王（在位前884〜59）。
⇒外国（アシュール・ナシル・パル2世　前9世紀）
　皇帝（アッシュールナシルパル2世　?-前858）
　コン2（アッシュール・ナシルパル2世）
　コン3（アッシュール・ナシルパル2世）
　新美（アッシュールナシルパル二世）
　西洋（アッシュール・ナーシル・アプリ二世）
　統治（アッシュールナシルパル二世　(在位)前883-859）

Astaix, Claire 〈20世紀〉
フランス生れの女性画家。
⇒世芸（アステックス, クレール　1953-）

Astbury, John 〈17・18世紀〉
イギリスの陶工。
⇒岩ケ（アストベリー, ジョン　1688-1743）

Astengo, Giovanni 〈20世紀〉
イタリアの建築家, 都市計画家。
⇒世美（アステンゴ, ジョヴァンニ　1915-）

Astrop, John 〈20世紀〉
イギリスのイラストレーター。
⇒児イ（Astrop, John　アストロップ, J.　1929-1964）

Atalantē
ギリシア神話の女性の英雄。
⇒新美（アタランテー）
　全書（アタランテ）

Atamanov, Lev 〈20世紀〉
ソ連の漫画映画作家。
⇒監督（アタマノフ, レフ　1905-）

Atget, Jean Eugène Auguste 〈19・20世紀〉
フランスの写真家。パリの風物, 歴史的建造物, 市民の商売, 生活等を撮影記録。
⇒芸術（アッジェ, ウージェーヌ　1856-1927）
　コン3（アジェ　1857-1927）
　新美（アッジェ, ウジェーヌ　1856.2.12-1927.8.4）
　西洋（アッジェ　1857.2.12-1927.8.4）
　世芸（アッジェ, ウージェーヌ　1856-1927）
　世美（アッジェ, ウージェーヌ　1856-1927）
　全書（アッジェ　1857-1927）
　大辞2（アジェ　1857-1927）
　大辞3（アジェ　1857-1927）
　大百（アッジェ　1856-1927）
　デス（アジェ　1857-1927）
　ナビ（アッジェ　1857-1927）
　二十（アッジェ, ウジェーヌ　1856.2.12-1927.8.4）
　百科（アッジェ　1857-1927）

Athenis 〈前6世紀〉
ギリシアの彫刻家。
⇒世美（アテニス　前6世紀）

Athēnodōros 〈前1世紀〉
ギリシア（ロゾス島出身）の彫刻家。ラオコーン群像の制作者の一人。
⇒芸術（アタノドロス　前5世紀末）
国小（アタノドロス　生没年不詳）
コン2（アテノドロス　前1世紀頃）
コン3（アテノドロス　前1世紀頃）
新美（アターノドーロス）
西洋（アテノドロス　前1世紀頃）
世美（アタノドロス（アテノドロス）　前1世紀）

Atkins, Anna 〈18・19世紀〉
イギリスの写真家。
⇒世女日（アトキンス、アンナ　1797-1871）

Atkins, William H. 〈20世紀〉
アメリカ、ミシシッピ生れの風景画家。
⇒世芸（アトキンス、ウイリアム・H　?-）

Atkinson, Allen 〈20世紀〉
アメリカのイラストレーター。
⇒児イ（Atkinson, Allen　アトキンスン, A）

Atkinson, Conrad 〈20世紀〉
イギリス生れの芸術家。
⇒世芸（アトキンソン、コンラッド　1940-）

Atkinson, Thomas Witlam 〈18・19世紀〉
イギリスの建築家、旅行家。マンチェスター、リヴァプールの教会建築に携わった。アジア・ロシアに注目し、シベリア、ウラル、アルタイ、蒙古を探検(1848～1853)。
⇒岩ケ（アトキンソン、トマス（・ウイトラム）　1799-1861）
キリ（アトキンスン、トマス・ウィットラム　1799.3.6-1861.8.13）
西洋（アトキンソン　1799.3.6-1861.8.13）
世美（アトキンソン、トマス・ウィットラム　1799-1861）

Atlan, Jean 〈20世紀〉
フランスの画家。「サロン・ド・メ」「サロン・デ・シュランデパンダン」に参加。代表作『ラ・カエナ』など。
⇒新美（アトラン、ジャン　1913.1.23-1960.2.12）
二十（アトラン、ジャン　1913.1.23-1960.2.12）

Atlas, Charles 〈20世紀〉
アメリカの映画製作者、デザイナー、照明家。
⇒バレ（アトラス、チャールズ　1949.3.25-）

Attardi, Ugo 〈20世紀〉
イタリアの画家、著述家。
⇒世美（アッタルディ、ウーゴ　1923-）

Attavanti, Attavante degli 〈15・16世紀〉
イタリアの写本装飾画家。
⇒世美（アッタヴァンティ、アッタヴァンテ・デッリ　1452-1517以降）

Atticus, Herodes 〈2世紀〉
ギリシアの建築家。
⇒建築（アッティコス、ヘロデス　（活動）2世紀）

Attiret, Jean Denis 〈18世紀〉
フランスのイエズス会士、画家。中国で清の乾隆時代に活躍。
⇒キリ（アティレー、ジャン-ドニー　1702-1768）
国小（アッティレ　1702-1768.10.8）
世美（アティレ、ジャン=ドニ　1702-1768）
評世（アッチレ　1702-1768）

Attius Priscus
古代ローマの画家。
⇒新美（アッティウス・プリスクス）

Attwell, Mabel Luce 〈19・20世紀〉
イギリスの挿絵画家。『ふしぎの国のアリス』『ピーターパンとウェンディ』などで有名。
⇒岩ケ（アトウェル、メイベル・ルーシー　1879-1964）
英児（アトウェル、メイベル・ルーシー　1879-1964）
児イ（Attwell, Mabel Lucie　1879.6.4-1964.11.13）
児文（アトウエル、メイベル・L.　1879-1964）
世児（アトウェル、メイベル・ルーシー　1879-1964）
世女（アトウェル、メイベル・ルーシー　1879-1964）
世女日（アトウェル、メイベル・ルシー　1879-1964）
二十（アトウエル、メイベル　1879-1964）

Atwood, Charles Bowler 〈19世紀〉
アメリカの建築家。
⇒世美（アトウッド、チャールズ・ボーラー　1849-1895）

Aubeaux, Pierre 〈15・16世紀〉
フランスの彫刻家。
⇒世美（オーボー、ピエール　15-16世紀）

Aubeaux, Raymond 〈15・16世紀〉
フランスの彫刻家。
⇒世美（オーボー、レイモン　15-16世紀）

Auberjonois, René 〈19・20世紀〉
スイスの画家。
⇒世美（オーベルジョノワ、ルネ　1872-1957）

Aubert, Jean 〈18世紀〉
フランスの建築家。多くの邸宅を建築し、またシャーリの修道院の再建工事に与った。
⇒建築（オベール、ジャン　?-1741）
西洋（オーベール　?-1741）

Aubert, Jean-Jacques-Augustin-

Raymond 〈18・19世紀〉
フランスの画家。
⇒世美（オーベール，ジャン=ジャック=オーギュスタン=レイモン 1781-1857）

Aubertin, François 〈19・20世紀〉
フランスの画家。
⇒世美（オーベルタン，フランソワ 1866-1930）

Auboyer, Jeannine 〈20世紀〉
フランスの女流インドおよび東洋美術研究家。1948年よりルーヴル学校教授。
⇒西洋（オーボアイエ 1912.9.6-）

Aubrière, Jeanne 〈20世紀〉
フランスの画家。
⇒世芸（オーブリエール，ジェーン 1915-）

Aubriot Hugues 〈14世紀〉
フランスの建築家。
⇒建築（オーブリオ・ユーグ ?-1383）

Aubry-Lecomte, Jean Baptiste 〈18・19世紀〉
フランスの石版画家。自作石版画のほか，ラファエロ等の絵画を複写。
⇒西洋（オーブリ・ルコント 1787.10.31-1858.5.2）

Audran, Benoît I 〈17・18世紀〉
フランスの画家，版画家。
⇒世美（オードラン，ブノワ1世 1661-1721）

Audran, Benoît II 〈17・18世紀〉
フランスの画家，版画家。
⇒世美（オードラン，ブノワ2世 1698-1772）

Audran, Charles 〈16・17世紀〉
フランスの銅版画家。ティツィアーノ等の作を銅版画にした。
⇒西洋（オードラン 1594-1674）
　世美（オードラン，シャルル 1594-1674）

Audran, Claude I 〈16・17世紀〉
フランスの銅版画家。リヨンで肖像画，書物のタイトル画を描く。
⇒西洋（オードラン 1597-1677.11.18）

Audran, Claude II 〈17世紀〉
フランスの銅版画家。宮廷画家。多くの歴史画を残した。
⇒西洋（オードラン 1639.3.27-1684.1.4）
　世美（オードラン，クロード2世 1639-1684）

Audran, Claude III 〈17・18世紀〉
フランスの銅版画家。ヴァトーも彼の所で働いた（1708頃）。
⇒西洋（オードラン 1658.8.25-1734.5.27）
　世美（オードラン，クロード3世 1658-1734）

Audran, Gérard I 〈17・18世紀〉
フランスの銅版画家。ルイ14世の宮廷銅版画家。
⇒西洋（オードラン 1640.8.2-1703.7.26）
　世美（オードラン，ジェラール1世 1640-1703）

Audran, Jean 〈17・18世紀〉
フランスの銅版画家。宮廷銅版画家(1706～)。
⇒西洋（オードラン 1667.2.28-1756.5.17）
　世美（オードラン，ジャン 1667-1756）

Audubon, John James Laforest 〈18・19世紀〉
アメリカの動物画家。『アメリカの鳥類』(1827～38)を刊行。
⇒アメ（オーデュボン 1780/85-1851）
　岩ケ（オーデュボン，ジョン・ジェイムズ 1785-1851）
　科学（オージュボン 1785.4.26-1851.1.27）
　科技（オーズボン 1785.4.26-1851.1.27）
　科史（オードゥボン 1785-1851）
　科人（オーデュボン，ジョン・ジェイムズ 1785.4.26-1851.1.27）
　芸術（オーデュボン，ジョン・ジェームズ 1785-1851）
　国小（オーデュボン 1785.4.26-1851.1.27）
　コン2（オーデュボン 1785-1851）
　コン3（オーデュボン 1785-1851）
　新美（オーデュボン，ジョン・ジェームス 1785.4.26-1851.1.27）
　人物（オーダボン 1785.5.4-1851.1.27）
　西洋（オードゥボン 1785.5.4-1851.1.27）
　世科（オードゥボン 1785-1851）
　世西（オーデュボン 1785-1851）
　世美（オーデュボン，ジャン=ジャック 1785-1851）
　世百（オーデュボン 1785-1851）
　全書（オーデュボン 1785-1851）
　大百（オーデュボン 1785-1851）
　百科（オーデュボン 1780/85-1851）

Auerbach, Frank 〈20世紀〉
ドイツの画家。
⇒岩ケ（アウアーバッハ，フランク 1931-）
　世芸（アウアバッハ，フランク 1931-）

August, Bille 〈20世紀〉
デンマークの映画監督，写真家。
⇒岩ケ（アウグスト，ビレ 1948-）

Auguste, Henri 〈18・19世紀〉
フランスの金工家，ブロンズ制作家。
⇒世美（オーギュスト，アンリ 1759-1816）

Auguste, Jules Robert 〈18・19世紀〉
フランスの画家。
⇒新美（オーギュスト，ジュール・ロベール 1789-1850.4.15）

Auguste, Robert-Joseph 〈18・19世紀〉
フランスの金工家，ブロンズ制作家。
⇒世美（オーギュスト，ロベール=ジョゼフ 1723-1805）

Augustin, Jean-Baptiste 〈18・19世紀〉
フランスの細密画家。
⇒世美（オーギュスタン，ジャン＝バティスト 1759-1832）

Augustinus, Aurelius 〈4・5世紀〉
初期西方キリスト教会最大の教父。ヒッポの司教。主著に『告白』『神の国』など。
⇒岩ケ（聖アウグスティヌス　354-430）
　岩哲（アウグスティヌス　354-430）
　旺世（アウグスティヌス　354-430）
　音楽（アウグスティヌス，アウレリウス　354.11.13-438.8.28）
　音大（アウグスティヌス　354.11.13-430.8.28）
　外国（アウグスティヌス　354-430）
　科史（アウグスティヌス　354-430）
　角世（アウグスティヌス　354-430）
　教育（アウグスティヌス　354-430）
　キリ（アウグスティーヌス（アウレーリウス）　354.11.13-430.8.28）
　ギロ（アウグスティヌス（聖）　345-430）
　広辞4（アウグスティヌス　354-430）
　広辞6（アウグスティヌス　354-430）
　国小（アウグスチヌス　354.11.13-430.8.28）
　国百（アウグスチヌス，アウレリウス　354.11.13-430.8.28）
　コン2（アウグスティヌス　354-430）
　コン3（アウグスティヌス　354-430）
　集世（アウグスティヌス，アウレリウス　354.11.13-430.8.28）
　集文（アウグスティヌス，アウレリウス　354.11.13-430.8.28）
　新美（アウグスティヌス（聖）（ヒッポーの）　354.11.13-430.8.28）
　人物（アウグスチヌス　354.11.13-430.8.28）
　聖人（アウグスティヌス　354-430）
　西洋（アウグスティヌス　354.11.13-430.8.28）
　世人（アウグスティヌス（アウレリウス）　354-430）
　世西（アウグスティヌス　354.11.13-430.3.28）
　世美（アウグスティヌス（聖）　354-430）
　世百（アウグスティヌス　354-430）
　世文（アウグスティーヌス，アウレーリウス　354-430）
　全書（アウグスティヌス　354-430）
　大辞（アウグスティヌス　354-430）
　大辞3（アウグスティヌス　354-430）
　大百（アウグスチヌス　354-430）
　デス（アウグスティヌス　354-430）
　伝世（アウグスティヌス　354.11.13-430.8.28）
　百科（アウグスチヌス　354-430）
　評世（アウグスチヌス　354-430）
　名著（アウグスティヌス　354-430）
　山世（アウグスティヌス　354-430）
　ラル（アウグスティヌス　354-430）
　歴学（アウグスティヌス　354-430）
　歴史（アウグスティヌス　354-430）
　ロマ（アウグスティヌス　354-430）

Augustus, Gaius Octavius 〈前1世紀〉
ローマ帝国初代皇帝（在位前27〜後14）。
⇒逸話（アウグストゥス　前63-後14）
　岩ケ（アウグストゥス，（ガイユス・ユリウス・カエサル・オクタウィアヌス）　前63-後14）
　旺世（オクタヴィアヌス　前63-後14）
　外国（アウグストゥス　前63-後14）
　角世（アウグストゥス　前63-後14）
　教育（アウグストゥス　前63-後14）
　キリ（アウグストゥス　前63.9.23-後14.8.19）
　ギロ（アウグストゥス　前63-後14）
　広辞4（オクタウィアヌス　前63-後14）
　広辞6（オクタウィアヌス　前63-後14）
　皇帝（アウグストゥス　前63-後14）
　国小（アウグスツス　前63.9.23-後14.8.19）
　国百（アウグスツス　前63.9.23-後14.8.19）
　コン2（アウグストゥス　前63-後14）
　コン3（アウグストゥス　前63-後14）
　集世（アウグストゥス，ガイユス・ユリウス・カエサル・オクタウィアヌス　前63.9.23-後14.8.19）
　集文（アウグストゥス，ガイユス・ユリウス・カエサル・オクタウィアヌス　前63.9.23-後14.8.19）
　新美（アウグストゥス　前63-後14）
　人物（オクタビアヌス　前63.9.23-後14.8.19）
　西洋（アウグストゥス　前63.9.23-後14.8.19）
　世人（アウグストゥス（オクタヴィアヌス）　前63-後14）
　世西（オクタヴィアヌス　前63.9.23-後14.8.19）
　世百（アウグストゥス　前63-後14）
　全書（アウグストゥス　前63-後14）
　大辞（オクタビアヌス　前63-後14）
　大辞3（オクタビアヌス　前63-後14）
　大百（アウグストゥス　前63-後14）
　デス（アウグストゥス　前63-後14）
　伝世（アウグストゥス　前63.9.23-後14.8.19）
　統世（アウグストゥス（C.ユリウス・カエサル・オクタウィアヌス）（在位）前27-後14）
　百科（アウグストゥス　前63-後14）
　評世（オクタビアヌス　前63-後14）
　名著（アウグストゥス　前63-後14）
　山世（アウグストゥス，オクタウィアヌス　前63-後14）
　歴史（オクタヴィアヌス　前63-後14）
　ロマ（アウグストゥス（オクタウィアヌス）　前63-後14）

Aujame, Jean 〈20世紀〉
フランスの画家。
⇒国小（オージャム　1905-1965.7.6）
　西洋（オージャム　1905.5.12-1965）
　世芸（オージャム，ジャン　1905-1965）
　世西（オージャム　1905.5.12-）

Aulagnier, Daniel 〈20世紀〉
フランス生れの画家。
⇒世芸（オラニエ，ダニエル　1943-）

Aulenti, Gae(tana) 〈20世紀〉
イタリアの建築家。
⇒世女（アウレンティ，ガエ（タナ）　1927-）

Auliček, Dominik 〈18・19世紀〉
ボヘミアの彫刻家。
⇒世美（アウリチェク，ドミニク　1734-1804）

Auriti, Giacinto 〈19・20世紀〉
イタリアの外交官。駐日イタリア特命全権大使（1933）日本文化（美術・古典・文学研究）。
⇒西洋（アウリティ　1883-1969.12.22）
　二十（アウリティ，G.　1883-1969.12.22）
　来日（アウリティ　1883-1969）

Austen, Winifred〈19・20世紀〉
イギリスの野生生物画家。
⇒岩ケ（オースティン、ウィニフレッド 1876–1964）
世女日（オーステン、ウィニフレッド 1876–1964）

Austin, Phil〈20世紀〉
アメリカのイラストレーター。
⇒児イ（Austin, Phil オースティン, P.）

Austin, Robert Sargent〈20世紀〉
イギリスの版画家。
⇒岩ケ（オースティン、ロバート・サージェント 1895–1973）

Auxtabours, Jean〈14世紀〉
マントの司教区内で国王の建築長。
⇒建築（オクスタブール、ジャン（活動）14世紀）

Auzou, Pauline〈18・19世紀〉
フランスの画家。
⇒世女日（オーゾ、ポーリーヌ 1775–1835）

Avanzi, Iacopo〈14世紀〉
イタリアの画家。
⇒世美（アヴァンツィ、ヤーコポ 14世紀後半）

Avanzini, Bartolomeo〈17世紀〉
イタリアの建築家。
⇒世美（アヴァンツィーニ、バルトロメーオ 1600頃–1658）

Avanzini, Pier Antonio〈17・18世紀〉
イタリアの画家。
⇒世美（アヴァンツィーニ、ピエル・アントーニオ 1656–1733）

Avati, Mario〈20世紀〉
フランスの芸術家。緻密なカラーメゾチント作家。1968年フィレンツェ国際版画展金賞、72年ライオンズクラブ賞を受賞。
⇒世芸（アバティ、マリオ 1921–）
二十（アバティ、M. 1921–）

Aved, Jacques-André-Joseph〈18世紀〉
フランスの画家。
⇒新美（アヴェ、ジャック 1702.1.12–1766.3.4）
世美（アヴェド、ジャック=アンドレ=ジョゼフ 1702–1766）

Avedon, Richard〈20世紀〉
アメリカの写真家。1958年『フォトグラフィ』誌が選出した世界十大写真家の1人に最年少で選ばれた。
⇒アメ（アベドン 1923–）
岩ケ（アヴェドン、リチャード 1923–）
現イ（Avedon, Richard アヴェドン、リチャード 1923–）
現人（アベドン 1923.5.15–）
コン3（アヴェドン 1923–）
新美（アヴェドン、リチャード 1923.5.15–）
西洋（アヴェドン 1923.5.15–）
世百新（アベドン 1923–2004）
全書（アベドン 1923–）
大辞2（アベドン 1923–）
大辞3（アベドン 1923–2004）
ナビ（アベドン 1923–）
二十（アベドン、リチャード 1923.5.15–）
百科（アベドン 1923–）

Aveline, Claude〈20世紀〉
フランスの小説家、随筆家、美術評論家。代表作は3部作『フィリップ・ドニの生涯』（1930～55）。
⇒国小（アブリーヌ 1901–）
児童（アヴリーヌ、クロード 1901–）
集世（アヴリーヌ、クロード 1901.7.19–1992.11.4）
集文（アヴリーヌ、クロード 1901.7.19–1992.11.4）
二十（アヴリーヌ、クロード 1901–1992.11.4）

Avenel, Marie France〈20世紀〉
フランスの工芸家。
⇒世芸（アヴァネル、マリエフランス 1947–）

Avercamp, Hendrik Berentsz.〈16・17世紀〉
オランダの風景画家。主作品『城の近くでスケートをする人たち』。
⇒芸術（アーフェルカンプ、ヘンドリック 1585–1634）
国小（アベルカンプ 1538–1634）
新美（アーフェルカンプ、ヘンドリック 1585.1–1634.5）
西洋（アーヴェルカンプ 1585.1.25–1636頃）
世美（アーフェルカンプ、ヘンドリック 1585–1634）
百科（アーフェルカンプ 1585–1634）

Averill, Esther〈20世紀〉
アメリカの児童文学作家、挿絵画家。
⇒英児（Averill, Esther アヴェリル、エスター 1902–1992）
児作（Averill, Esther アベリル、エスター 1902–）
世女日（アヴェリル、エスター 1902–1992）

Avery, Milton〈20世紀〉
アメリカの画家。
⇒岩ケ（エイヴリ、ミルトン（・クラーク） 1893–1965）
新美（エイヴリー、ミルトン 1893.3.7–1965.1.3）
二十（エイヴリー、ミルトン 1893.3.7–1965.1.3）

Avery, Tex（Fred）〈20世紀〉
アメリカの漫画映画作家。
⇒岩ケ（エイヴリ、テックス 1908–1980）
監督（アヴェリー、テックス（フレッド） 1907–）

Avison, George 〈19・20世紀〉
アメリカのイラストレーター。
⇒児イ（Avison, George　エーヴィソン, G. 1885-）

Avondo, Vittorio 〈19・20世紀〉
イタリアの画家, 版画家。
⇒世美（アヴォンド, ヴィットーリオ　1836-1910）

Axeman, Lois 〈20世紀〉
アメリカのイラストレーター。
⇒児イ（Axeman, Lois　アクスマン, L.）

Axentowicz, Theodor 〈19・20世紀〉
ポーランドの画家。
⇒世美（アクセントヴィツ, テオドル　1859-1938）

Aycock, Alice 〈20世紀〉
アメリカ生れの女性彫刻家。
⇒世芸（エイコック, アリス　1946-）

Ayer, Jacqueline Brandford 〈20世紀〉
アメリカのイラストレーター。
⇒児イ（Ayer, Jacqueline Brandford　エア, J.B. 1930-）

Ayer, Margaret 〈20世紀〉
アメリカのイラストレーター。
⇒児イ（Ayer, Margaret　エア, M.）

Aymonino, Carlo 〈20世紀〉
イタリアの建築家。ローマ大学建築学部長。
⇒二十（アイモニーノ, カルロ　1926-）

Ayrton, Michael 〈20世紀〉
イギリスの画家, 小説家。挿絵画家として重きをなす。
⇒岩ケ（エアトン, マイケル　1921-1975）
　幻想（エイアトン, マイクル　1921-）
　集文（エアトン, マイケル　1921.2.20-1975.11.17）

Azeglio, Massimo Taparelli, marchese d' 〈18・19世紀〉
イタリアの政治家, 画家, 作家。
⇒岩ケ（アゼーリオ, マッシモ・タパレリ, 侯爵　1798-1866）

Azgur, Zail Isakovitch 〈20世紀〉
ロシアの彫刻家。
⇒世芸（アズグル, ザイル・イサコーヴィッチ　1908-1978）

Azoulay, Guillaume 〈20世紀〉
モロッコ生れの画家。
⇒世芸（アズーレ, ギュイラーム　1949-）

Azzurri, Francesco 〈19・20世紀〉
イタリアの建築家, 彫刻家。
⇒世美（アッズッリ, フランチェスコ　1831-1901）

【 B 】

Baargeld, Johannes Theodor 〈20世紀〉
ドイツの画家。
⇒世美（バールゲルト, ヨハネス・テオドル　1891-1927）

Babbitt, Natalie 〈20世紀〉
アメリカの女性作家, 詩人, 挿絵画家。
⇒英児（Babbitt, Natalie　バビット, ナタリー　1932-）
　児作（Babbit, Natalie　バビット, ナタリー　1932-）
　世児（バビット, ナタリ　1932-）

Babelon, Ernest 〈19・20世紀〉
フランスの古銭学者, 考古学者。
⇒世美（バブロン, エルネスト　1854-1924）

Baboccio, Antonio 〈14・15世紀〉
イタリアの彫刻家。
⇒世美（バボッチョ, アントーニオ　1351-1435）

Baburen, Dirck Van 〈16・17世紀〉
オランダの画家。歴史画, 風俗画を描いた。主作品『ポリュクレス』など。
⇒国小（バビューレン　1590頃-1624頃）
　新美（バブレン, ディルク・ファン　1590頃-1624）
　世美（ファン・バビューレン, ディルク　1594/95頃-1624）

Baca-Flor, Carlos 〈19・20世紀〉
ペルーの画家。
⇒世美（バカ=フロール, カルロス　1867-1941）

Baccani, Gaetano 〈18・19世紀〉
イタリアの建築家。
⇒世美（バッカーニ, ガエターノ　1792-1867）

Baccarini, Domenico 〈19・20世紀〉
イタリアの画家, 彫刻家。
⇒世美（バッカリーニ, ドメーニコ　1883-1907）

Bacchiacca 〈15・16世紀〉
イタリアの画家。
⇒世美（バッキアッカ　1494-1557）

Bacci, Edmondo 〈20世紀〉
イタリアの画家。
⇒世美（バッチ, エドモンド　1913-）

Bacciarelli, Marcello 〈18・19世紀〉
イタリアの画家。

⇒世美（バッチャレッリ，マルチェッロ　1731–1818）

Baccio d'Agnolo　〈15・16世紀〉
イタリアの建築家，彫刻家。
⇒建築（バッチョ・ダーニョロ（バルトロメオ・ダーニョロ（通称））　1462–1543）
新美（バッチオ・ダーニョロ（・バリオーニ）　1462–1543）
世美（バッチョ・ダーニョロ　1462–1543）

Baccio da Montelupo　〈15・16世紀〉
イタリアの彫刻家，建築家。
⇒世美（バッチョ・ダ・モンテルーポ　1469–1535）

Bach, Aino　〈20世紀〉
エストニアの画家。
⇒世女日（バハ，アイノ　1901–1980）

Bach, Elvira　〈20世紀〉
ドイツ生れの画家。
⇒世芸（バッハ，エルビラ　1951–）

Bachelier, Nicolas　〈15・16世紀〉
フランスの建築家，彫刻家。
⇒世美（バシュリエ，ニコラ　1485頃–1556）

Bachhofer, Ludwig　〈20世紀〉
現代ドイツの東洋美術史家。カリフォルニア大学教授(1941)。
⇒西洋（バハホーファー　1894.6.30–）

Baciccio, Giovanni Battista　〈17・18世紀〉
イタリアの画家。ナボナ広場のサンタ・アグネーゼ聖堂のフレスコ画(1668～71)が代表作。
⇒岩ケ（バチッチャ　1639–1709）
国小（バチッチオ　1639.5.8–1709.4.2）
新美（バチッチア，イル　1639.5.8–1709.4.2）
世美（バチッチャ　1639–1709）
百科（バチッチア　1639–1709）

Back, Frederic　〈20世紀〉
ドイツ生れのアニメーション作家。
⇒児イ（Back, Fridric　バック, F.　1924–）
児作（Back, Frederic　バック，フレデリック　1924–）
世映（バック，フレデリック　1924–）

Backer, Harriet　〈19・20世紀〉
ノルウェイの女流画家。
⇒新美（バッケル，ハリエット　1845.1.21–1932.3.25）
世女日（バッカー，ハリエット　1845–1932）
二十（バッケル，ハリエット　1845.1.21–1932.3.25）

Backer, Jacop Adriaensz.　〈17世紀〉
オランダの画家。
⇒世美（バッケル，ヤーコプ・アドリアーンスゾーン　1608–1651）

Backhuysen, Ludolf　〈17・18世紀〉
オランダの海洋画家，版画家。静かな或は荒れ狂う海を好んで描いた。
⇒岩ケ（バックホイセン，ルドルフ　1631–1708）
西洋（バックホイセン　1631.12.18–1708.11.17）
世美（バックハイゼン，ルドルフ　1631–1708）

Backoffen, Hans　〈15・16世紀〉
ドイツの彫刻家。墓碑や磔群像などを制作。後期ゴシックのバロック様式の代表者。
⇒芸術（バックオーフェン，ハンス　?–1519）
国小（バックオーフェン　1470頃–1519）
新美（バックオッフェン，ハンス　1460頃–1519.9.21）
世美（バックオッフェン，ハンス　1450頃–1519）

Backström, Sven　〈20世紀〉
スウェーデンの建築家，都市計画家。
⇒世美（バックストレーム，スヴェン　1903–）

Backx, Patsy　〈20世紀〉
オランダのイラストレーター。
⇒児イ（Backx, Patsy　バックス, P.　1944–）
児作（Backs, Patsy　バックス，ペッツィー　1944–）

Baço, Jaime　〈15世紀〉
スペインの画家。
⇒新美（バーソ，ハイメ　1410頃–1461.7.16）
世美（バーソ，ジャウメ　1413頃–1461）

Bacon, Francis　〈20世紀〉
イギリスの画家。写真や複製をもとにして描くという独特な方法で注目される。代表作『法王インノセント10世』。
⇒岩ケ（ベーコン，フランシス　1909–1992）
才西（ベイコン，フランシス　1909–）
キリ（ベイコン，フラーンシス　1909.10.28–）
現人（ベーコン　1909.10.28–）
広辞6（ベーコン　1909–1992）
コン3（ベーコン　1909–1992）
集文（ベイコン，フランシス　1909.10.28–1992.4.28）
新美（ベーコン，フランシス　1909.10.28–）
西洋（ベーコン　1909.10.28–）
世芸（ベーコン，フランシス　1909–1992）
世美（ベイコン，フランシス　1909–）
世百新（ベーコン　1909–1992）
全書（ベーコン　1909–）
大辞3（ベーコン　1909–1992）
大百（ベーコン　1923–）
伝世（ベイコン, F.　1909.10.28–）
ナビ（ベーコン　1909–1992）
二十（ベーコン，フランシス　1909.10.28–1992.4.28）
百科（ベーコン　1909–）

Bacon, Henry　〈19・20世紀〉
アメリカの建築家。リンカーン記念館(23年開館)を設計して名声を得，多くの公共建築，記念建造物を手がけた。
⇒岩ケ（ベーコン，ヘンリー　1866–1924）
国小（ベーコン　1866.11.28–1924.2.16）
コン3（ベーコン　1866–1924）

B

Bacon, John 〈18世紀〉
イギリスの彫刻家。主作品はチャタム伯ピット記念碑(1779～1783)。同名の息子(1777～1859)も彫刻家。
⇒岩ケ（ベーコン, ジョン　1740-1799）
国小（ベーコン　1740.11.24-1799.8.4）
新美（ベーコン, ジョン　1740.11.24-1799.8.4）

Bacon, Peggy 〈20世紀〉
アメリカの児童文学作家, 挿絵画家。
⇒児イ（Bacon, Peggy　ベイコン, P.）
世女日（ベイコン, ペギー　1895-1987）

Bacon, Ronald Leonard 〈20世紀〉
オーストラリア生れのニュージーランドの作家, 絵本作家。
⇒英児（Bacon, Ronald Leonard　ベーコン, ロナルド・レナード　1924-）
世児（ベイコン, R(ロナルド)・L(レナード)　1924-）

Badajoz, Juan de 〈15世紀〉
スペインの建築家。
⇒建築（バダホス, ファン・デ　1495頃-?）

Badalocchio, Sisto 〈16・17世紀〉
イタリアの画家, 版画家。
⇒世美（バダロッキオ, シスト　1585-1647）

Badile, Giovanni 〈14・15世紀〉
イタリアの画家。
⇒世美（バディーレ, ジョヴァンニ　1379頃-1451以前）

Badile, Giovanni Antonio 〈16世紀〉
イタリアの画家。
⇒世美（バディーレ, ジョヴァンニ・アントーニオ　1518頃-1580）

Baegert, Derick 〈15・16世紀〉
ドイツの画家。
⇒世美（ベーゲルト, デリック　1440頃-1515）

Baeten, Lieve 〈20世紀〉
ベルギーのイラストレーター。
⇒児イ（Baeten, Lieve　バータ, L.　1954-）

Bagatti Valsecchi, Pietro 〈19世紀〉
イタリアの画家, ステンドグラス画家, エマイユ画家。
⇒世美（バガッティ・ヴァルセッキ, ピエトロ　1802-1864）

Baggett, William 〈20世紀〉
アメリカ生れの画家。
⇒世芸（バゲット, ウイリアム　1946-）

Baglione, Giovanni 〈16・17世紀〉
イタリアの画家, 著述家。
⇒世美（バリオーネ, ジョヴァンニ　1573頃-1644）

Baglioni, Giuliano 〈15・16世紀〉
イタリアの建築家, インターリオ(装飾彫り)作家。
⇒世美（バリオーニ, ジュリアーノ　1491-1555）

Bagnacavallo 〈15・16世紀〉
イタリアの画家。主作品はボローニャにある『聖母子像』。
⇒国小（バニャカバロ　1484-1542）
西洋（バニャカヴァラ　1484-1542.8）
世美（バニャカヴァッロ　1484-1542）

Bagnara, Francesco 〈18・19世紀〉
イタリアの舞台美術家。
⇒世美（バニャーラ, フランチェスコ　1784-1866）

Bähr, Georg 〈17・18世紀〉
ドイツの建築家。ドレスデンで, 聖マリア教会を建築。
⇒キリ（ベール(ベーア), ゲオルク　1666.3.15-1738.3.16）
建築（ベール, ゲオルク　1666-1738）
西洋（ベール　1666.3.15-1738.3.18）

Bahram I 〈3世紀〉
ササン朝ペルシャの王(在位273～276)。マニ教の教祖を虐殺したことで有名。
⇒国小（バフラム1世　3世紀）
新美（バフラーム一世）

Bahram II 〈3世紀〉
ササン朝ペルシャの王。バフラム1世の子(在位276～293)。
⇒国小（バフラム2世　3世紀）
新美（バフラーム二世）

Bahram V 〈5世紀〉
ササン朝ペルシャの王(在位420～438)。蛮勇さで知られる。
⇒外国（バフラーム・グール）
皇帝（バフラーム5世　?-438頃）
国小（バフラム5世　5世紀）
コン2（バハラーム5世）
新美（バフラーム五世）
西洋（バハラーム五世）
世東（バフラーム5世　?-438）

Bahti, Tom 〈20世紀〉
アメリカのイラストレーター。
⇒児イ（Bahti, Tom）

Bahunek, Pranko 〈20世紀〉
ユーゴスラビアのイラストレーター。
⇒児イ（Bahunek, Pranko　ボーネック, P.）

Baikov, Nikolai Apollonovich 〈19・20世紀〉
ロシアの小説家, 画家。以前から自然調査にたずさわっていた中国東北に亡命, 中国東北の原始林を題材に, ユニークな動物小説を書いた。
⇒コン3（バイコフ　1872-1958）
児作（Baikov, Nikolai Apollonovich　バイコフ,

ニコライ・アポロノビッチ 1872-1958)
児童 (バイコフ, ニコライ・アポロモヴィチ
    1872-1958)
児文 (バイコフ, ニコライ・A 1872-1958)
集世 (バイコフ, ニコライ・アポロノヴィチ
    1872.11.29-1958.3.6)
集文 (バイコフ, ニコライ・アポロノヴィチ
    1872.11.29-1958.3.6)
世文 (バイコフ, ニコライ・アポロノヴィチ
    1872-1958)
全書 (バイコフ 1872-1958)
大辞 (バイコフ 1872-1958)
大辞2 (バイコフ 1872-1958)
大辞3 (バイコフ 1872-1958)
大百 (バイコフ 1872-1958)
二十 (バイコフ, ニコライ 1872-1958)

Bailey, David (Royston) 〈20世紀〉
イギリスの写真家。
⇒岩ケ (ベイリー, デイヴィド (・ロイストン)
    1938-)

Bailey-Jones, Beryl 〈20世紀〉
アメリカのイラストレーター。
⇒児イ (Bailey-Jones, Beryl ベイリー=ジョンズ,
    B. 1912-)

Baillie, Allan 〈20世紀〉
イギリス生れのオーストラリアの作家, 絵本作家, ジャーナリスト。
⇒英児 (Baillie, Allan ベイリー, アラン
    1943-)
児作 (Baillie, Allan ベイリー, アラン
    1943-)

Baillie, Bruce 〈20世紀〉
アメリカ生れの映像作家。
⇒世映 (ベイリー, ブルース 1931-)

Baily, Edward Hodges 〈18・19世紀〉
イギリスの彫刻家。
⇒岩ケ (ベイリー, エドワード・ホッジズ 1788-
    1867)
芸術 (ベーリー, エドワード 1788-1867)
世美 (ベイリー, エドワード・ホッジズ 1788-
    1867)

Bairnsfather, (Charles) Bruce 〈19・
20世紀〉
イギリスの漫画家。
⇒岩ケ (ベアンズファーザー, (チャールズ・) ブ
    ルース 1888-1959)

Baj, Enrico 〈20世紀〉
イタリアの画家。
⇒新美 (バイ, エンリコ 1924.10.31-)
世美 (バイ, エンリーコ 1924-)
二十 (バイ, エンリコ 1924.10.31-)
美術 (バイ, エンリコ 1924-)

Bajenov, Vasilij Ivanovich 〈18世紀〉
ロシアの建築家。
⇒建築 (バジェノフ, ヴァシーリー・イヴァノヴィッ
    チ 1737-1799)

世美 (バジェーノフ, ヴァシリー・イヴァノヴィ
    チ 1737/8-1799)

Bakacs George 〈20世紀〉
ハンガリーのイラストレーター。
⇒児イ (Bakacs, George ボコチ, G.)

Bakema, Jacob Berend 〈20世紀〉
オランダの建築家。『大阪万国博オランダ館』
(1970) の設計にも参加。
⇒現人 (バケマ 1914.3.8-)
世美 (バーケマ, ヤーコプ 1914-)

Baker, Alan 〈20世紀〉
イギリスのイラストレーター。
⇒児イ (Baker, Alan ベーカー, A. 1951-)

Baker, George 〈20世紀〉
アメリカの漫画家。
⇒二十英 (Baker, George 1915-1975)

Baker, Sir Herbert 〈19・20世紀〉
イギリスの建築家。
⇒岩ケ (ベイカー, サー・ハーバート 1862-1946)
世美 (ベイカー, ハーバート 1862-1946)

Baker, Jeannie 〈20世紀〉
オーストラリア在住のイギリスの女性絵本
作家。
⇒英児 (Baker, Jeannie ベイカー, ジーニー
    1950-)
児イ (Baker, Jeannie ベイカー, J.)

Baker, Rick 〈20世紀〉
アメリカ生れの特殊メイキャップ・アーティスト。
⇒世映 (ベイカー, リック 1950-)
世俳 (ベイカー, リチャード・A 1950.12.8-)
世俳 (ベイカー, リック 1950.12.8-)

Baksieev, Vasili Nikolaevitch 〈19・20
世紀〉
ロシアの画家。
⇒芸術 (バクシェーエフ, ワシーリ・ニコラエーヴィッチ 1876-1945)
国小 (バクシェーエフ 1862-1958)
世芸 (バクシェーエフ, ワシーリ・ニコラエーヴィッチ 1876-1945)

Bakst, Léon Nikolaevich 〈19・20世紀〉
ロシアの舞台装置家。大胆な構図と鮮明な色彩によるバレエの装置や衣装を創造。
⇒岩ケ (バクスト, レオン 1866-1924)
オ西 (バクスト, レオン 1866-1924)
外国 (バクスト 1866-1924)
国小 (バクスト 1866.5.10-1924.12.28)
新美 (バクスト, レオン 1866.1.27(2.8)-
    1924.12.27)
西洋 (バクスト 1868/7-1924.12.17)
世西 (バクスト 1866-1924)
世美 (バクスト, レオン 1866-1924)
世百 (バクスト 1866-1924)
全書 (バクスト 1866-1924)

大百（バクスト　1866-1924）
二十（バクスト，レオン　1866.1.27(2.8)-1924.12.27）
バレ（バクスト，レオン　1866.5.10-1924.12.27）
百科（バクスト　1866-1924）
ユ人（バクスト，レオン（レヴ・サムイロヴィチ・ローゼンベルク）1867-1924）
ロシ（バクスト　1866-1924）

Balat, Alphonse 〈19世紀〉
ベルギーの建築家。
⇒建築（バラ，アルフォンス　1819-1895）

Balcar, Jiří 〈20世紀〉
チェコの画家，版画家，イラストレーター。1965年，サン・マリノ・ビエンナーレで版画部門受賞。
⇒美術（バルツァル，イジー　1929-1968.8.28）

Baldassarre d'Este 〈15・16世紀〉
イタリアの画家，メダル作家。
⇒世美（バルダッサッレ・デステ　1443頃-1504頃）

Baldessari, Luciano 〈20世紀〉
イタリアの建築家，舞台美術家，画家。
⇒世美（バルデッサーリ，ルチャーノ　1896-1982）

Baldessari, Roberto Iras 〈20世紀〉
イタリアの画家。
⇒世美（バルデッサーリ，ロベルト・イラス　1894-1965）

Baldi, Lazzaro 〈17・18世紀〉
イタリアの画家。
⇒世美（バルディ，ラッザーロ　1624頃-1703）

Baldini, Baccio 〈15世紀〉
イタリアの版画家。
⇒新美（バルディーニ，バッチオ）

Baldinucci, Filippo 〈17世紀〉
イタリアの美術研究家。フィレンツェのメディチ家に仕えた。
⇒岩ケ（バルディヌッチ，フィリッポ　1624-1696）
国小（バルディヌッチー　1624頃-1696）
集世（バルディヌッチ，フィリッポ　1624.1.1-1696.6.3）
集文（バルディヌッチ，フィリッポ　1624.1.1-1696.6.3）
新美（バルディヌッチ，フィリッポ　1624-1696.1.1）
西洋（バルディヌッチ　1625-1696）
世美（バルディヌッチ，フィリッポ　1624-1696）

Baldovinetti, Alesso 〈15世紀〉
イタリアの画家。『受胎告知』(1457)が有名。
⇒岩ケ（バルドヴィネッティ，アレッソ　1425頃-1499）
キリ（バルドヴィネッティ，アレッソ（アレッシオ）　1425.10.14-1499.8.29）
芸術（バルドヴィネッティ，アレッソ　1425頃-1499）
国小（バルドビネッティ　1425.10.14-1499.8.29）
コン2（バルドヴィネッティ　1425頃-1499）
コン3（バルドヴィネッティ　1425頃-1499）
新美（バルドヴィネッティ，アレッソ　1425-1499.8.29）
人物（バルドビネッティ　1427.10.14-1499.8.29）
西洋（バルドヴィネッティ　1427.10.14-1499.8.29）
世西（バルドヴィネッティ　1425頃-1499）
世美（バルドヴィネッティ，アレッシオ　1425?-1499）
世百（バルドヴィネッティ　1425-1499）
全書（バルドヴィネッティ　1425-1499）
大百（バルドヴィネッティ　1425-1499）
百科（バルドヴィネッティ　1425-1499）

Baldridge, Cyrus Le Roy 〈19・20世紀〉
アメリカのイラストレーター。
⇒児イ（Baldridge, Cyrus Le Roy ボールドリッヂ，C.L.R.　1889-）

Balducci, Giovanni 〈14世紀〉
イタリアの彫刻家，画家。
⇒西洋（バルドゥッチ　?-1347）

Baldung Grien, Hans 〈15・16世紀〉
ドイツの画家。作品にフライブルク大聖堂の祭壇画(1512〜16)など。
⇒岩ケ（バルドゥング，ハンス　1476頃-1545）
キリ（バルドゥング，ハンス　1484末/85初-1545.9）
芸術（バルドゥング・グリーン，ハンス　1484/85-1545）
国小（バルドゥング　1484頃-1545）
コン2（バルドゥング　1484/5-1545）
コン3（バルドゥング　1484/5-1545）
新美（バルドゥング・グリーン，ハンス　1484/85-1545）
西洋（バルドゥング　1476頃-1545）
世西（バルドゥンク　1480頃-1545）
世美（バルドゥング，ハンス　1484/85頃-1545）
世百（バルドゥング　1484/5-1545）
全書（バルドゥング　1480-1545）
伝世（バルドゥング　1484/5-1545）
百科（バルドゥング　1484/5-1545）

Baldwin-Ford, Pamela 〈20世紀〉
アメリカのイラストレーター。
⇒児イ（Baldwin-Ford, Pamela ボールドウィン=フォード，P.）

Balen, Hendrick van 〈16・17世紀〉
フランドルの画家。代表作は祭壇画『説教する聖ヨハネ』。
⇒国小（バーレン　1575-1632.7.17）
世美（ファン・バーレン，ヘンドリック　1575-1632）

Balenciaga, Cristóbal 〈20世紀〉
フランスの服飾デザイナー。1940〜50年代にはモード界の第一人者の一人とされた。
⇒岩ケ（バレンシアーガ，クリストバル　1895-1972）
現人（バレンシアガ　1895.1.21-1972.3.23）
国小（バレンシアガ　1895.1.21-1972.3.23）

世百新（バレンシアガ　1895-1972）
全書（バレンシャガ　1895-1972）
大辞2（バレンシアガ　1895-1972）
大辞3（バレンシアガ　1895-1972）
大百（バレンシャガ　1895-1972）
ナビ（バレンシアガ　1895-1972）
百科（バレンシアガ　1895-1972）

Bales, Peter 〈16・17世紀〉
イギリスの書家。『短書法の技術』（1590）を発表。
⇒国小（ベールズ　1547-1610頃）

Balestra, Antonio 〈17・18世紀〉
イタリアの画家、版画家。
⇒世美（バレストラ、アントーニオ　1666-1740）

Balet, Jan 〈20世紀〉
ドイツ生れの画家。
⇒世芸（バレー、ジャン　1913-）

Balian, Lorna 〈20世紀〉
アメリカのイラストレーター。
⇒児イ（Balian, Lorna　バリアン, L.）

Ball, Murray Hone 〈20世紀〉
ニュージーランドの漫画家。
⇒岩ケ（ボール、マリー・ホーン　1939-）

Ball, Robert 〈20世紀〉
アメリカのイラストレーター。
⇒児イ（Ball, Robert　ボール, R.）

Ball, Thomas 〈19・20世紀〉
アメリカの彫刻家。主要作品『ジョージ・ワシントン騎馬像』（1869）。
⇒国小（ボール　1819.6.3-1911.12.11）

Balla, Giacomo 〈19・20世紀〉
イタリアの画家。未来派運動の創立者の一人。
⇒岩ケ（バラ、ジャコモ　1871-1958）
　才西（バッラ、ジャコモ　1871-1958）
　外国（バラ　1871-）
　芸術（バッラ、ジャコモ　1871-1958）
　国小（バッラ　1871-1958）
　新美（バルラ、ジャーコモ　1871.8.18-1958.3.1）
　西洋（バッラ　1871.7.24-1958.3.1）
　世芸（バッラ、ジャコモ　1871-1958）
　世西（バッラ　1871-）
　世美（バッラ、ジャーコモ　1871-1954）
　全書（バッラ　1871-1958）
　大辞3（バルラ　1871-1958）
　伝世（バッラ　1871.7.24-1958.3.6）
　二十（バラ, G.　1871-1958）

Ballardini, Gaetano 〈19・20世紀〉
イタリアの陶芸史家。
⇒世美（バッラルディーニ、ガエターノ　1878-1953）

Ballu, Théodore 〈19世紀〉
フランスの建築家。
⇒世美（バリュ、テオドール　1817-1885）

Ballve, Gloria Carasusan 〈20世紀〉
スペインのイラストレーター。
⇒児イ（Ballve, Gloria Carasusan　バイベ, G.C.　1945-）

Balmain, Pierre 〈20世紀〉
フランスの服飾デザイナー。バレエや映画の衣装をも手がけている。
⇒岩ケ（バルマン、ピエール（・アレクサンドル・クロディウス）　1914-1982）
　大百（バルマン　1914-）
　ナビ（バルマン　1914-1982）

Baltard, Louis-Pierre 〈18・19世紀〉
フランスの建築家、画家、版画家。
⇒世美（バルタール、ルイ＝ピエール　1764-1846）

Baltard, Victor 〈19世紀〉
フランスの建築家。中央市場（1852〜59）（鉄構造）、サン・トーギュスタン教会堂等を建築。
⇒建築（バルタール、ヴィクトール　1805-1874）
　西洋（バルタール　1805.6.10-1874.1.8）
　世美（バルタール、ヴィクトール　1805-1874）

Balthus 〈20世紀〉
フランスの画家。作家クロソフスキーの弟。白昼夢のような官能的少女像や室内画、独特なイメージの風景画で知られる。作品に『アリス』『通り』『山』など。
⇒岩ケ（バルテュス　1908-）
　才西（バルテュス　1908-）
　広辞6（バルテュス　1908-2001）
　コン3（バルテュス　1908-）
　新美（バルテュス　1908.2.29-）
　世芸（バルテュス　1908-2001）
　世美（バルテュス　1908-）
　世百新（バルチュス　1908-2001）
　大辞2（バルテュス　1908-）
　大辞3（バルテュス　1908-2001）
　百科（バルチュス　1908-）

Baltrusaitis, Jurgis 〈20世紀〉
リトアニア生れの中世美術史家。
⇒幻想（バルトルシャイティス、ユルジス　?-）
　世美（バルトルシャイティス、ユルギス　1903-）
　世百新（バルトルシャイティス　?-1988）
　百科（バルトルシャイティス　?-）

Baltzer, Hans 〈20世紀〉
ドイツのイラストレーター。
⇒児イ（Baltzer, Hans　バルツァー, H.　1900-）

Balzac, Edmé Pierre 〈18世紀〉
フランスの金銀細工師。金銀細工におけるろくろの技法を発明し、また溶接を使わず細工する方法を編み出した。
⇒国小（バルザック　生没年不詳）
　新美（バルザック、エドメ＝ピエール　生没年不詳）

Balzaretto, Giuseppe 〈19世紀〉
イタリアの折衷主義の建築家。
⇒建築（バルツァレット、ジュゼッペ　1801-1874）

Balzico, Alfonso 〈19・20世紀〉
イタリアの彫刻家。
⇒世美（バルツィコ, アルフォンソ　1825-1901）

Balzola, Asun 〈20世紀〉
スペインのイラストレーター。
⇒児イ（Balzola, Asun　バルゾーラ, A.　1942-）

Bambaia 〈15・16世紀〉
イタリアの彫刻家。
⇒世美（バンバイア　1483-1548）

Bambini, Niccolò 〈17・18世紀〉
イタリアの画家。
⇒世美（バンビーニ, ニッコロ　1651-1736）

Bambino Vispo Maestro, del 〈14・15世紀〉
スペインの画家。
⇒世美（バンビーノ・ヴィスボの画家　14世紀後半-15世紀前半）

Banbery, Fred 〈20世紀〉
イギリスの画家。
⇒二十（バンベリー, フレッド　?-）

Bandel, Ernst von 〈19世紀〉
ドイツの彫刻家。
⇒世美（バンデル, エルンスト・フォン　1800-1876）

Bandinelli, Baccio 〈15・16世紀〉
イタリアの彫刻家, 画家。
⇒岩ケ（バンディネリ, バッチョ　1493頃-1560）
　新美（バンディネルリ, バッチョ　1488/93-1560.2.7）
　世美（バンディネッリ, バッチョ　1488頃-1560）

Bandmann, Günter 〈20世紀〉
ドイツの美術史家。
⇒キリ（バントマン, ギュンター　1917.9.10-1975.2.24）

Banerjee, Satyendranath 〈20世紀〉
インドの画家。
⇒岩ケ（バネルジー, サティエンドラナート　1897-）

Bangalorewala, Yasuf 〈20世紀〉
インドのイラストレーター。
⇒児イ（Bangalorewala, Yasuf　バンガロレワラ, Y.　1949-）

Banner, Angela 〈20世紀〉
インド生れのイギリスの女性作家, 挿絵画家。
⇒英児（Banner, Angela　バナー, アンジェラ　1923-）

Bannerman, Helen Brodie 〈19・20世紀〉
イギリスの絵本作家。
⇒岩ケ（バナーマン, ヘレン・ブロディー　1826-1946）
英児（バナーマン, ヘレン　1862-1946）
幻想（バンナーマン, ヘレン　1860-1946）
子本（バンナーマン, ヘレン　ワトソン　1863-1946）
児イ（Bannerman, Helen Brodie Cowan　1863-1946.10.13）
児童（バンナーマン, ヘレン　1860-1946）
児文（バンナーマン, ヘレン　1863-1946）
世児（バナーマン, ヘレン（・ブローディ・カウアン）（旧姓ワトスン）　1862-1946）
世女日（バンナーマン, ヘレン・ブロディー　1862-1946）
二十（バンナーマン, ヘレン　1863-1946）

Bannister, Edward (Mitchell) 〈19・20世紀〉
カナダの画家。
⇒岩ケ（バニスター, エドワード（・ミッチェル）　1828-1901）

Banti, Cristiano 〈19・20世紀〉
イタリアの画家。
⇒世美（バンティ, クリスティアーノ　1824-1904）

Banyai Istvan 〈20世紀〉
ハンガリーのイラストレーター。
⇒児イ（Banyai, Istvan　バンニャイ, I.　1949-）

Barabino, Angelo 〈19・20世紀〉
イタリアの画家。
⇒世美（バラビーノ, アンジェロ　1883-1950）

Barabino, Niccolò 〈19世紀〉
イタリアの画家。
⇒世美（バラビーノ, ニッコロ　1832-1891）

Baradino, Carlo 〈18・19世紀〉
イタリアの建築家。
⇒建築（バラディーノ, カルロ　1768-1835）
　世美（バラビーノ, カルロ　1768-1835）

Baratta, Antonio 〈18世紀〉
イタリアの版画家。
⇒世美（バラッタ, アントーニオ　1724-1787）

Baratta, Francesco 〈16・17世紀〉
イタリアの彫刻家。
⇒世美（バラッタ, フランチェスコ　1590頃-1656）

Baratta, Giovanni 〈17・18世紀〉
イタリアの彫刻家。
⇒世美（バラッタ, ジョヴァンニ　1670-1747）

Baratta, Pietro 〈17・18世紀〉
イタリアの彫刻家。
⇒世美（バラッタ, ピエトロ　（活動）17世紀後半-18世紀前半）

Barbagelata, Giovanni 〈15・16世紀〉
イタリアの画家。

⇒世美（バルバジェラータ，ジョヴァンニ　15-16世紀）

Barbaglia, Giuseppe〈19・20世紀〉
イタリアの画家。
⇒世美（バルバーリア，ジュゼッペ　1841-1910）

Barbara〈3・4世紀〉
初代キリスト教会における殉教者，聖女。生涯は『黄金伝説』に描かれた。
⇒岩ケ　（聖バルバラ　?-200頃）
キリ　（バルバラ　238頃-306頃）
国小　（バルバラ）
新美　（バルバラ（聖））
聖人　（バルバラ　生没年不詳）
西洋　（バルバラ　?-240/306）
百科　（バルバラ　238頃-306頃）

Barbari, Jacopo de'〈15・16世紀〉
イタリアの画家，版画家。代表作『聖母と聖人のいる風景』。
⇒岩ケ　（バルバーリ，ヤコポ・デ　1475頃-1516頃）
芸術　（バルバリ，ヤコポ・デ　1445頃-1516）
国小　（バルバリ　1450/70頃-1516以前）
コン2　（デ・バルバーリ　1440-1516頃）
コン3　（デ・バルバーリ　1440-1516頃）
新美　（バルバリ，ヤーコポ・デ　1440頃-1516頃）
西洋　（バルバリ　1440/50-1516頃）
世美　（デ・バルバリ，ヤーコボ　1440頃-1516頃）

Barbaro, Daniele〈16世紀〉
イタリアの政治家，アクィレーイアの大司教，科学者。
⇒キリ　（バルバロ，ダニエーレ　1513.2.8-1570.4.12）
世美　（バルバロ，ダニエーレ　1513-1570）

Barbieri, Paolo Antonio〈17世紀〉
イタリアの画家。
⇒世美（バルビエーリ，パーオロ・アントーニオ　1603-1649）

Barclay, Stephen〈20世紀〉
イギリス生れの画家。
⇒世芸（バークレー，ステファン　1961-）

Bardelli, Ademaro〈20世紀〉
イタリアの画家。
⇒世芸（バルデルリ，アデマロ　1934-）

Bardellino, Pietro〈18・19世紀〉
イタリアの画家。
⇒世美（バルデッリーノ，ピエトロ　1731-1806）

Bardini, Stefano〈19・20世紀〉
イタリアの古代研究家。
⇒世芸（バルディーニ，ステーファノ　1836-1922）

Bardone, Guy〈20世紀〉
フランスの画家。
⇒世芸（バルドン，ギ　1927-）

Bare, Arnold Edwin〈20世紀〉
アメリカのイラストレーター。
⇒児イ（Bare, Arnold Edwin　ベアー，A.E.　1920-）

Barelli, Agostino〈17世紀〉
イタリアの建築家。
⇒世美（バレッリ，アゴスティーノ　1627-1687頃）

Barendsz, Dirck〈16世紀〉
オランダの画家。
⇒世美（バーレンツ，ディルク　1534-1592）

Barigioni, Filippo〈17・18世紀〉
イタリアの建築家。
⇒世美（バリジョーニ，フィリッポ　1690-1753）

Barili, Antonio di Neri〈15・16世紀〉
イタリアの建築家，木彫家，インターリオ（装飾彫り）作家。
⇒世美（バリーリ，アントーニオ・ディ・ネーリ　1453-1517）

Barisano da Trani〈12世紀〉
イタリアの彫刻家。
⇒新美　（バリサヌス・ダ・トラニ）
世美　（バリザーノ・ダ・トラーニ　12世紀後半）

Barker, Carol Minturn〈20世紀〉
イギリスのイラストレーター。
⇒児イ（Barker, Carol Minturn　バーカー，C.M.　1938-）

Barker, Cicely Mary〈20世紀〉
イギリスの児童文学作家，挿絵画家。
⇒英児　（Barker, Cicely Mary　バーカー，シスリー・メアリ　1895-1973）
児イ　（Barker, Cisely Mary　バーカー，C.M.　1895-1973）
世児　（バーカー，シシリ・メアリ　1895-1973）
世女日（バーカー，シシリー・メアリー　1895-1973）

Barker, Clive〈20世紀〉
イギリス生れの彫刻家。
⇒世芸（バーカー，クリーベ　1940-）

Barker, Thomas〈18・19世紀〉
イギリスの画家。風景画をよくした。代表作は『森の住人』および『老トム』。
⇒西洋（バーカー　1769-1847）

Barker, Thomas Jones〈19世紀〉
イギリスの画家。肖像画家として知られ，また普仏戦争（1870～71）に従軍して戦争画を描いた。
⇒西洋（バーカー　1815-1882）

Barklem, Jill〈20世紀〉
イギリスの児童文学者。
⇒児イ（Barklem, Jill　バークレム，J.　1951-）

児作（Barklem, Jill　バークレム，ジル　1951–）

Barkley, James 〈20世紀〉
アメリカのイラストレーター。
⇒児イ（Barkley, James　バークレー，J.）

Barlach, Ernst 〈19・20世紀〉
ドイツの彫刻家、版画家、著作家。木彫やブロンズで表現主義の作品を制作。
⇒岩ケ（バルラッハ，エルンスト　1870–1938）
オ西（バルラッハ，エルンスト　1870–1938）
キリ（バルラハ，エルンスト　1870.1.2–1938.10.24）
芸術（バルラッハ，エルンスト　1870–1938）
広辞4（バルラッハ　1870–1938）
広辞5（バルラッハ　1870–1938）
広辞6（バルラッハ　1870–1938）
国小（バルラハ　1870.1.2–1938.10.24）
コン2（バルラハ　1870–1938）
コン3（バルラハ　1870–1938）
集世（バルラッハ，エルンスト　1870.1.2–1938.10.24）
集文（バルラッハ，エルンスト　1870.1.2–1938.10.24）
新美（バルラッハ，エルンスト　1870.1.2–1938.10.24）
人物（バルラッハ　1870.1.2–1938.10.24）
西洋（バールラハ　1870.1.2–1938.10.24）
世芸（バルラッハ，エルンスト　1870–1938）
世西（バルラッハ　1870–1938）
世美（バルラッハ，エルンスト　1870–1938）
世百（バルラハ　1870–1938）
世文（バールラッハ，エルンスト　1870–1938）
全書（バールラハ　1870–1938）
大百（バールラッハ　1870–1938）
デス（バールラハ　1870–1938）
伝科（バルラハ　1870–1938）
百科（バルラハ　1870–1938）

Barnaba da Modena 〈14世紀〉
イタリアの画家。
⇒世美（バルナバ・ダ・モーデナ　1325/30–1383）

Barnabei, Felice 〈19・20世紀〉
イタリアの考古学者。
⇒世美（バルナベイ，フェリーチェ　1842–1922）

Barna da Siena 〈14世紀〉
イタリアの画家。
⇒新美（バルナ）
世美（バルナ・ダ・シエーナ　14世紀前半）

Barnard, Edward Emerson 〈19・20世紀〉
アメリカの天文学者。天体写真家。16の彗星と木星の第5衛星などを発見。
⇒岩ケ（バーナード，エドワード（・エマーソン）　1857–1923）
外国（バーナード　1857–1923）
科学（バーナード　1857.12.16–1923.2.6）
科技（バーナード　1857.12.16–1923.2.6）
科人（バーナード，エドワード・エマーソン　1857.12.16–1923.2.6）
国小（バーナード　1857.12.16–1923.2.6）
コン2（バーナード　1857–1923）
コン3（バーナード　1857–1923）
西洋（バーナード　1857.12.16–1923.2.6）
世科（バーナード　1857–1923）
世西（バーナード　1857.12.16–1923.2.7）
世百（バーナード　1857–1923）
全書（バーナード　1857–1923）
大百（バーナード　1857–1923）
デス（バーナード　1857–1923）
天文（バーナード　1857–1923）
ナビ（バーナード　1857–1923）
二十（バーナード，エドワード・E.　1857.12.16–1923.2.6）
百科（バーナード　1857–1923）

Barnard, George Grey 〈19・20世紀〉
アメリカの彫刻家。作品に『人間の本性』『リンカーン大統領立像』など。
⇒オ西（バーナード，ジョージ・グレイ　1863–1938）
国小（バーナード　1863.5.24–1938.4.24）

Barnes, Catherine J. 〈20世紀〉
アメリカのイラストレーター。
⇒児イ（Barnes, Catherine J.　バーンズ，C.J.　1918–）

Barnes, Djuna 〈20世紀〉
アメリカの小説家、詩人、イラストレーター。
⇒岩ケ（バーンズ，ジューナ　1892–1982）
英文（バーンズ，ジュナ（・チャペル）　1892–1982）
オ世（バーンズ，デューナ　1892–1982）
集世（バーンズ，ジューナ　1892.6.12–1982.6.18）
集文（バーンズ，ジューナ　1892.6.12–1982.6.18）
女作（Barnes, Djuna　バーンズ，デュナ　1892.6.12–1982.6.18）
世女（バーンズ，デューナ　1892–1982）
世女日（バーンズ，ジュナ　1892–1982）
二十英（Barnes, Djuna（Chappell）　1892–1982）

Barnes, Jhane 〈20世紀〉
アメリカのファッション・デザイナー。紳士服を手がけ、最年少でコティ賞を受賞。
⇒ア人（バーンズ，ジェーン　1954–）

Barnes, Roger Lewis 〈20世紀〉
アメリカの工芸家。
⇒世芸（バーンズ，ロガー・ルイス　1950–）

Barnet, Will 〈20世紀〉
アメリカの画家、版画家。ペンシルバニア・アカデミー教授。
⇒二十（バーネット，ウィル　1911–）

Barnett, Moneta 〈20世紀〉
アメリカのイラストレーター。
⇒児イ（Barnett, Moneta　バーネット，M.）

Barney, Alice Pike 〈19・20世紀〉
アメリカの画家。
⇒世女日（バーニー，アリス・パイク　1857–1931）

Barney, Nora 〈19・20世紀〉
イギリス生れの建築家。
⇒世女日（バーニー, ノラ 1883-1971）

Barnhart, Nancy 〈19・20世紀〉
アメリカのイラストレーター。
⇒児イ（Barnhart, Nancy バーンハート, N. 1889-）

Barns, Cornelia Baxter 〈19・20世紀〉
アメリカの漫画家。
⇒世女日（バーンズ, コーネリア・バクスター 1888-1941）

Barocci, Federigo 〈16・17世紀〉
イタリアの画家。バロック絵画の先駆者とされる。代表作『エジプト避難途上の休息』(1573)。
⇒岩ケ（バロッチ, フェデリーゴ 1528頃-1612）
　キリ（バロッチ(バロッチョ), フェデリーゴ 1535頃-1612.9.30）
　芸術（バロッチ, フェデリゴ 1528/35-1612）
　国小（バロッチ 1526頃-1612）
　新美（バロッチ, フェデリーゴ 1528/35-1612.9.30）
　西洋（バロッチョ 1526/8-1612）
　世西（バロッチ 1526頃-1612）
　世美（バロッチ 1535-1612）
　世百（バロッチ 1526/37-1612）
　全書（バロッチ 1528/35-1612）
　百科（バロッチ 1535頃-1612）

Baron 〈20世紀〉
イギリスのバレエ写真家。
⇒バレ（バロン 1906-1956.9）

Baroncelli, Niccolò 〈15世紀〉
イタリアの彫刻家。
⇒世美（バロンチェッリ, ニッコロ ?-1453）

Baroni, Eugenio 〈19・20世紀〉
イタリアの彫刻家。
⇒世美（バローニ, エウジェーニオ 1888-1935）

Baronzio, Giovanni 〈14世紀〉
イタリアの画家。
⇒新美（バロンツィオ, ジョヴァンニ）
　世美（バロンツィオ, ジョヴァンニ 14世紀）

Barovier, Angelo 〈15世紀〉
イタリアのガラス職人。エンコレの息子。
⇒世美（バロヴィエル, アンジェロ）

Barovier, Angelo 〈15世紀〉
イタリアのガラス職人。バルトロメーオの孫。
⇒世美（バロヴィエル, アンジェロ 1400頃-1460）

Barovier, Bartolomeo 〈14・15世紀〉
イタリアのガラス職人。一族の始祖。
⇒世美（バロヴィエル, バルトロメーオ ?-1405以前）

Barovier, Ercole 〈19・20世紀〉
イタリア, ベネチアのガラス工芸家。
⇒国小（バロビエ 1889-）
　世美（バロヴィエル, エルコレ）

Barovier, Marietta 〈15世紀〉
イタリアのガラス職人。アンジェロの息子。
⇒世美（バロヴィエル, マリエッタ）

Barr, Alfred H 〈20世紀〉
アメリカの美術館長。
⇒岩ケ（バー, アルフレッド・H 1902-1981）

Barr, Margaret 〈20世紀〉
イタリア生れの美術史学者。
⇒世女日（バー, マーガレット 1901-1987）

Barracco, Giovanni 〈19・20世紀〉
イタリアの美術収集家。
⇒世美（バッラッコ, ジョヴァンニ 1829-1914）

Barragán, Luis 〈20世紀〉
メキシコの建築家。
⇒ラテ（バラガン 1902-1988）

Barré, Raoul 〈19・20世紀〉
カナダ生れのアニメーション作家, 画家, 漫画家。
⇒世映（バレー, ラオル 1874-1932）

Barresi, L.M. 〈20世紀〉
イタリア生れの画家。
⇒世芸（バルレスィ, L・M 1932-）

Barrett, Alan 〈20世紀〉
イギリスのイラストレーター。
⇒児イ（Barrett, Alan バレット, A.）

Barrett, Angela 〈20世紀〉
イギリスのイラストレーター。
⇒児イ（Barrett, Angela バレット, A.）
　児作（Barrett, Angela バレット, アンジェラ）

Barrett, Judi 〈20世紀〉
アメリカのデザイナー。
⇒児作（Barrett, Judi バレット, ジュディ）

Barrett, Ron 〈20世紀〉
アメリカのイラストレーター。
⇒児イ（Barrett, Ron バレット, R.）

Barrios, David 〈20世紀〉
アメリカのイラストレーター。
⇒児イ（Barrios, David バーリョス, D.）

Barry, *Sir* Charles 〈18・19世紀〉
イギリスの建築家。1826年にブライトンのピーター聖堂の設計コンクールに当選。
⇒岩ケ（バリー, サー・チャールズ 1795-1860）
　外国（バリー 1795-1860）

建築（バーリー，サー・チャールズ　1795-1860）
国小（バリー　1795.5.23-1860.5.12）
コン2（バリー　1795-1860）
コン3（バリー　1795-1860）
新美（バリー，チャールズ　1795.5.23-1860.5.12）
西洋（バリ　1795.5.23-1860.5.12）
世西（バリ　1795-1860）
世美（バリー，チャールズ　1795-1860）
全書（バリー　1795-1860）
大百（バリー　1795-1860）
百科（バリー　1795-1860）

Barry, James 〈18・19世紀〉
イギリスの画家。作品に『ウルフ将軍の死』(1776)，『人類文化の発展』(1777～83) など。
⇒岩ケ（バリー，ジェイムズ　1741-1806）
国小（バリー　1741.10.11-1806.2.22）
新美（バリー，ジェイムズ　1741.10.11-1806.2.22）
世美（バリー，ジェイムズ　1741-1806）

Barry, James E. 〈20世紀〉
アメリカのイラストレーター。
⇒児イ（Barry, James E.　バリー，J.E.）

Barry, Robert 〈20世紀〉
アメリカのイラストレーター。
⇒児イ（Barry, Robert　バリー，R.　1931-）

Barsacq, André 〈20世紀〉
フランスの演出家，舞台装置家。
⇒世百新（バルサック　1909-1973）
百科（バルサック　1909-1973）

Barsacq, Léon 〈20世紀〉
ウクライナ生れの映画美術監督。
⇒世映（バルサック，レオン　1906-1969）

Barss, William 〈20世紀〉
アメリカのイラストレーター。
⇒児イ（Barss, William　バース，W.　1916-）

Bartels, Hans 〈19・20世紀〉
ドイツの画家。
⇒世美（バルテルス，ハンス　1856-1913）

Bartewe, Thomas 〈16世紀〉
イギリスの建築家。
⇒世美（バーテュー，トマス　16世紀）

Barthélemy, Anatole de 〈19・20世紀〉
フランスの古銭学者，歴史家。
⇒世美（バルテルミー，アナトール・ド　1821-1904）

Barthelemy, Gerard 〈20世紀〉
フランス生れの画家。
⇒世美（バーテルミー，ゲラード　1927-）

Barthélemy, Jean-Jacques 〈18世紀〉
フランスの古銭学者，考古学者，作家。

⇒集世（バルテルミー，ジャン＝ジャック　1716.1.20-1795.1.30）
集文（バルテルミー，ジャン＝ジャック　1716.1.20-1795.1.30）
世美（バルテルミー，ジャン＝ジャック　1716-1795）

Bartholdi, Frédéric Auguste 〈19・20世紀〉
フランスの彫刻家。『自由の女神』像の設計者として有名。
⇒岩ケ（バルトルディ，(フレデリック・) オーギュスト　1834-1904）
国小（バルトルディ　1834-1904）
新美（バルトルディ，フレデリック・オーギュスト　1834.4.2-1904.10.4）
西洋（バルトルディ　1834.4.2-1904.10.4）
世美（バルトルディ，フレデリック＝オーギュスト　1834-1904）

Bartholomaios 〈1世紀〉
イエス・キリストの十二使徒の一人（新約）。
⇒キリ（バルトロマイ）
新美（バルトロマイ）
聖書（(カナの) ナタナエル）
聖書（バルトロマイ）
聖人（バルトロマイ　1世紀）
西洋（バルトロマイ）

Bartholomé, Paul Albert 〈19・20世紀〉
フランスの画家，彫刻家。『死者の記念碑，1895』はパリ市に買われ，のちペール・ラシェーズに建てられた。
⇒岩ケ（バルトロメ，ポール・アルベール　1848-1928）
外国（バルトロメ　1848-1919）
芸術（バルトロメ，アルベール　1848-1928）
新美（バルトロメ，アルベール　1848.8.29-1928）
西洋（バルトロメ　1848.8.29-1928.11.2）
世芸（バルトロメ，アルベール　1848-1928）
世美（バルトロメ，アルベール　1848-1928）

Bartlett, Jennifer 〈20世紀〉
アメリカ生れの女性作家。
⇒世芸（バートレット，ジェニファー　1941-）

Bartlett, Paul Wayland 〈19・20世紀〉
アメリカの彫刻家。死の直前にレジオン・ド・ヌールを叙勲。主作品『歴史，哲学，物語，宗教，詩，劇』(1905)。
⇒国小（バートレット　1865.1.24-1925.9.20）

Bartmann, Alain 〈20世紀〉
フランスのイラストレーター。
⇒児イ（Bartmann, Alain　バルトマン，A.　1955-）

Bartning, Otto 〈19・20世紀〉
ドイツの建築家。ヴァイマルの国立建築大学学長（1926～30）。教会建築に秀でた。
⇒キリ（バルトニング，オットー　1883.4.12-1959.2.20）

西洋（バルトニング 1883.4.12-1959.2.20）
世美（バルトニング, オットー 1883-1959）

Bartolena, Giovanni 〈19・20世紀〉
イタリアの画家。
⇒世美（バルトレーナ, ジョヴァンニ 1869-1942）

Bartoli, Amerigo 〈19・20世紀〉
ドイツの画家。
⇒世美（バルトリ, アメリーゴ 1890-1971）

Bartolini, Lorenzo 〈18・19世紀〉
イタリアの彫刻家。
⇒新美（バルトリーニ, ロレンツォ 1777-1850.1.20）
　世美（バルトリーニ, ロレンツォ 1777-1850）

Bartolini, Luigi 〈20世紀〉
イタリアの小説家, 詩人, 画家。主著に小説『自転車泥棒』(1946)がある。
⇒国小（バルトリーニ 1892.2.8-1963）
　世美（バルトリーニ, ルイージ 1892-1963）

Bartolino da Novara 〈14・15世紀〉
イタリアの建築家。
⇒世美（バルトリーノ・ダ・ノヴァーラ 14-15世紀）

Bartolo di Fredi 〈14・15世紀〉
イタリアの画家。
⇒新美（バルトロ・ディ・フレディ 1330?-1410）
　世美（バルトロ・ディ・フレーディ 1330頃-1410）

Bartolomeo da Camogli 〈14世紀〉
イタリアの画家。
⇒世美（バルトロメーオ・ダ・カモーリ （活動）14世紀後半）

Bartolomeo di Giovanni 〈15・16世紀〉
イタリアの画家。
⇒世美（バルトロメーオ・ディ・ジョヴァンニ （活動）15世紀末-16世紀初頭）

Bartolomeo di Tomaso 〈15世紀〉
イタリアの画家。
⇒世美（バルトロメーオ・ディ・トマーゾ 15世紀）

Bartolomeo Veneto 〈16世紀〉
イタリアの画家。
⇒世美（バルトロメーオ・ヴェーネト （活動）16世紀前）

Bartolomeu Dos Santos 〈20世紀〉
ポルトガルの版画家。
⇒世芸（バルトロメ・ドス・サントス 1931-）

Bartolommeo, Fra 〈15・16世紀〉
イタリアの画家。主作品『最後の審判』。
⇒岩ケ（バルトロメオ, フラ 1472-1517）
　外国（バルトロメオ 1475-1517）
　外国（フラ・バルトロメオ 1475-1517）
　キリ（バルトロメーオ, フラ 1472.3.28-1517.10.31）
　芸術（バルトロメオ, フラ 1472-1517）
　芸術（フラ・バルトロメオ 1472-1517）
　国小（バルトロメオ 1472/5-1517.10.6）
　コン2（バルトロメオ 1475-1517）
　コン3（バルトロメオ 1475-1517）
　新美（フラ・バルトロメーオ 1472.3.28-1517.10.6）
　人物（バルトロメオ 1472.3.28-1517.10.31）
　西洋（バルトロメーオ 1472.3.28-1517.10.31）
　世西（バルトロメオ 1472.3.28-1517.10.31）
　世美（バルトロメーオ・フラ 1472-1517）
　世曲（フラバルトロメオ 1475-1517）
　全書（バルトロメオ 1472-1517）
　大百（バルトロメオ 1472-1517）
　デス（バルトロメオ 1475-1517）
　百科（バルトロメオ 1475頃-1517）

Bartolommeo dalla Gatta 〈15・16世紀〉
イタリアの画家, 建築家。代表作『聖母子祭壇画』(1486),『アヌンティアータ聖堂』。
⇒国小（バルトロメオ・デッラ・ガッタ 1448-1502）
　新美（バルトロメーオ・デルラ・ガッタ 1448-1502）
　世美（デッラ・ガッタ, バルトロメーオ 1448-1502）

Bartolommeo Veneto 〈16世紀〉
中世イタリアの画家。
⇒新美（バルトロメーオ・ヴェネト）
　西洋（バルトロメーオ・ヴェネト）

Bartolozzi, Francesco 〈18・19世紀〉
イタリアの彫板師。ポルトガル国立アカデミー会長。
⇒岩ケ（バルトロッツィ, フランチェスコ 1727-1815）
　国小（バルトロッチ 1727.9.21-1815.3.7）
　新美（バルトロッツィ, フランチェスコ 1727頃-1815.3.7）
　西洋（バルトロッツィ 1727.9.21-1815.3.7）
　世美（バルトロッツィ, フランチェスコ 1728-1815）
　百科（バルトロッツィ 1727-1815）

Barton, Byron 〈20世紀〉
アメリカのイラストレーター。
⇒児イ（Barton, Byron バートン, B.）

Bartsch, Jochen 〈20世紀〉
ドイツのイラストレーター。
⇒児イ（Bartsch, Jochen バーチ, J. 1906-）

Bartsch, Johann Adam Bernhard, Ritter von 〈18・19世紀〉
オーストリアの銅版画家。作品集"Le Peintre-Graveur"（21巻,1803～21）は, 銅版画の労作。
⇒新美（バルチュ, アーダム・フォン 1757.8.17-1821.8.21）
　西洋（バルチュ 1757.8.17-1821.8.21）
　世美（バルチュ, アダム・ベルナルト・フォン 1757-1821）

Barye, Antoine Louis 〈18・19世紀〉
フランスの彫刻家。ロマン派彫刻の代表。『蛇と闘う獅子』(1833) など。
⇒芸術 (バリー, アントアーヌ・ルイ　1795-1875)
　広辞4 (バリー　1796-1875)
　広辞6 (バリー　1795-1875)
　国小 (バリー　1796.9.24-1875.6.25)
　新美 (バリー, アントワーヌ・ルイ　1796.9.24-1875.6.25)
　人物 (バリー　1796.9.24-1875.6.25)
　西洋 (バリー　1796.9.24-1875.6.25)
　世西 (バリ　1795.9.24-1875.6.24)
　世美 (バリー, アントワーヌ=ルイ　1796-1875)
　世百 (バリー　1796-1875)
　全書 (バリー　1796-1875)
　デス (バリー　1796-1875)
　百科 (バリー　1796-1875)

Barzaghi, Francesco 〈19世紀〉
イタリアの彫刻家。
⇒世美 (バルツァーギ, フランチェスコ　1839-1892)

Basaiti, Marco 〈15・16世紀〉
イタリアの画家。
⇒新美 (バサイーティ, マルコ　1470頃-1530以後)
　世美 (バザイティ, マルコ　1470頃-1530以降)

Basaldella, Mirko 〈20世紀〉
イタリアの彫刻家, 画家。
⇒岩ケ (バザルデラ, ミルコ　1910-1969)

Basāwan 〈16・17世紀〉
インドの画家。ムガル王朝第3代アクバルの宮廷画家。肖像画を得意とした。
⇒外国 (バサーワン)
　西洋 (バサーワン　16世紀-17世紀)
　世美 (バサーワン　16世紀)

Basch, Victor Guillaume 〈19・20世紀〉
フランスの美学者。人民戦線の反ファシスト運動の代表者であったがのちに転向, 主著『カント美学の批判的試論』(1896)。
⇒国小 (バシュ　1865.8.18-1944.1)
　西洋 (バシュ　1865.8.18-1944.1)
　全書 (バッシュ　1863-1944)
　二十 (バッシュ, ビクトル　1863-1944)
　名著 (バッシュ　1865-1944)

Baschenis, Cristoforo, il Giovane 〈16・17世紀〉
イタリアの画家。
⇒世美 (バスケーニス, クリストーフォロ　1560-1626)

Baschenis, Evaristo 〈17世紀〉
イタリアの画家。
⇒世美 (バスケーニス, エヴァリスト　1617-1677)

Baschenis, Simone II 〈16世紀〉
イタリアの画家。
⇒世美 (バスケーニス, シモーネ2世　1519-1547)

Baselitz, Georg 〈20世紀〉
ドイツの前衛芸術家, 画家。
⇒岩ケ (バーゼリッツ, ゲオルク　1938-)
　世芸 (バゼリッツ, ゲオルク　1938-)

Basevi, George 〈18・19世紀〉
イギリスの建築家。
⇒岩ケ (バーセイヴィ, ジョージ　1794-1845)

Basevi, James 〈19・20世紀〉
イギリス生れの映画美術監督。
⇒世映 (バセヴィ, ジェイムズ　1890-1962)

Bashkirtseva, Mariia Konstantinovna 〈19世紀〉
ロシアの女流画家, 音楽家, 作家。パステル画をサロンに出品して名声を博したが, 若くしてパリに没。
⇒集世 (バシキールツェワ, マリヤ・コンスタンチノヴナ　1860.11.11-1884.10.31)
　集文 (バシキールツェワ, マリヤ・コンスタンチノヴナ　1860.11.11-1884.10.31)
　西洋 (バシュキルツェフ　1860.11.11-1884.10.31)
　世女 (バシキールツェヴァ, マリア・コンスタンチノヴナ　1858-1884)
　世女日 (バシキールツェヴァ, マリヤ　1860-1886)
　世美 (バシキルツェヴァ, マリヤ・コンスタンティノヴナ　1860-1884)
　全書 (バシュキルツェフ　1860-1884)
　百科 (バシュキルツェフ　1860-1884)
　ロシ (バシュキルツェフ　1860-1884)

Basile, Ernesto 〈19・20世紀〉
イタリアの建築家。
⇒世美 (バジーレ, エルネスト　1857-1932)

Basile, Giovanni Battista Filippo 〈19世紀〉
イタリアの建築家。
⇒世美 (バジーレ, ジョヴァンニ・バッティスタ・フィリッポ　1825-1891)

Basiletti, Luigi 〈18・19世紀〉
イタリアの考古学者, 画家。
⇒世美 (バジレッティ, ルイージ　1780-1859)

Basilevsky, Helen 〈20世紀〉
ベルギーのイラストレーター。
⇒児イ (Basilevsky, Helen　1939-)

Baskin, Leonard 〈20世紀〉
アメリカの彫刻家, 版画家。元・スミスカレッジ教授。
⇒岩ケ (バスキン, レナード　1922-)
　コン3 (バスキン　1922-)
　世芸 (バスキン, レオナルド　1922-)
　全書 (バスキン　1922-)
　二十 (バスキン, レオナルド　1922-)

Basmanova, Nataliya Georgievna

〈20世紀〉
ロシアのイラストレーター。
⇒児イ（Basmanova, Nataliya Georgievna　バスマーノヴァ, N.G. 1906–）

Basoli, Antonio 〈18・19世紀〉
イタリアの画家、舞台美術家。
⇒世美（バーゾリ、アントーニオ　1774–1848）

Basquiat, Jean-Michel 〈20世紀〉
アメリカの画家。
⇒世芸（バスキア、ジャン・ミシェル　1960–1988）

Bass, Saul 〈20世紀〉
アメリカのグラフィック・デザイナー、映画監督。1957年にはアメリカ・アート・ディレクターズ協会から「1957年度のアート・ディレクター」に指名された。
⇒監督（バス、ソール　1920.5.8–）
　現人（バス　1920.5.8–）
　新美（バス、ソウル　1921.5.8–）
　世映（バス、ソール　1920–1996）
　大百（バス　1921–）
　二十（バス、ソウル　1921.5.8–）

Bassa, Ferrer 〈13・14世紀〉
スペインの画家。アラゴンの宮廷画家として活躍。
⇒芸術（バッサ、フェレール　1290頃–1348）
　国人（バッサ　1290頃–1348）
　新美（バッサ、フェレール　1285/90頃–1348）
　スペ（フェレール・バッサ　1285/90頃–1348）
　世美（バッサ、フェレール　1300頃–1348）
　百科（フェレール・バッサ　1285/90頃–1348）

Bassano, Francesco, il Giovane 〈16世紀〉
イタリアの画家。イアコポの子。風俗画を得意とした。
⇒国小（バッサーノ、小フランチェスコ　1549–1592）
　世美（バッサーノ、フランチェスコ（年少）1549–1592）
　伝世（バッサーノ（フランチェスコ(II)・イル・ジョーヴァネ）1549–1592）

Bassano, Francesco, il Vecchio 〈15・16世紀〉
イタリアの画家。バッサーノで活動。
⇒世美（バッサーノ、フランチェスコ（年長）1470/75–1540）
　伝世（バッサーノ（フランチェスコ・ダ・ポンテ・イル・ヴェッキオ）1470/5?–1541?）

Bassano, Gerolamo 〈16・17世紀〉
イタリアの画家。
⇒世美（バッサーノ、ジェローラモ　1556–1621）

Bassano, Giovambattista 〈16・17世紀〉
イタリアの画家。
⇒世美（バッサーノ、ジョヴァンバッティスタ　1533–1613）

Bassano, Jacopo da 〈16世紀〉
イタリアの画家。ベネチアに工房を開き、風俗画を一つのジャンルにまで高めた。
⇒岩ケ（バッサーノ、ヤコポ・ダ　1510頃–1592）
　国小（バッサーノ、イアコポ　1517頃–1592.2.13）
　国百（バッサーノ、イアコポ・ダ　1517頃–1592.2.13）
　新美（バッサーノ、ヤーコポ　1517/18–1592.2.13）
　西洋（バッサーノ　1510頃–1592.2）
　世美（バッサーノ、ヤーコポ　1517–1592）
　伝世（バッサーノ、ヤコポ　1517/8–1592）
　百科（バッサーノ　1515頃–1592）

Bassano, Leandro 〈16・17世紀〉
イタリアの画家。イアコポの子。風俗画の他に肖像画を得意とした。
⇒国小（バッサーノ、レアンドロ　1557–1622）
　新美（バッサーノ、レアンドロ　1557.6–1622）
　世美（バッサーノ、レアンドロ　1557–1622）
　伝世（バッサーノ、レアンドロ　1557–1622）

Bassetti, Marcantonio 〈16・17世紀〉
イタリアの画家。
⇒世美（バッセッティ、マルカントーニオ　1588–1630）

Bassi, Martino 〈16世紀〉
イタリアの建築家。
⇒世美（バッシ、マルティーノ　1542–1591）

Bastiani, Lazzaro 〈15・16世紀〉
イタリアの画家。
⇒新美（バスティアーニ、ラッザーロ　1430頃–1512）
　世美（バスティアーニ、ラッザーロ　1430頃–1512）

Bastien, Edmond Auguste 〈19世紀〉
フランスの建築家。横須賀製鉄所、富岡製糸所を設計。
⇒日人（バスチャン　1839–1888）
　来日（バスチャン　1839.6.27–1888.9.9）

Bastien-Lepage, Jules 〈19世紀〉
フランスの画家。作品に『春の歌』(1874)、『干し草』(1878) など。
⇒岩ケ（バスティアン＝ルパージュ、ジュール　1848–1884）
　芸術（バスティアン・ルパージュ、ジュール　1848–1884）
　国小（バスティアン・ルパージュ　1848.11.1–1884.12.10）
　新美（バスティアン＝ルパージュ、ジュール　1848.11.1–1884.12.10）
　人物（バスチアン・ルパージュ　1848.11.1–1884.12.10）
　西洋（バスティアン・ルパージュ　1848.11.1–1884.12.10）
　全書（バスチャン・ルパージュ　1848–1884）
　大百（バスチャン・ルパージュ　1848–1884）

Bastin, Marjolein 〈20世紀〉
オランダのイラストレーター。
⇒児イ（Bastin, Marjolein　バスティン, M. 1943-）

Bataille, Nicolas 〈14・15世紀〉
フランスのタピスリー作家。
⇒新美（バタユー, ニコラ）
　西洋（バタイユ　?-1405頃）
　世美（バタイユ, ニコラ　1330/40-1405頃）
　大百（バタイユ　1330/40-1405頃）
　百科（バダイユ　14世紀）

Bateman, H(enry) M(ayo) 〈19・20世紀〉
イギリスの風刺漫画家。
⇒岩ケ（ベイトマン, H(ヘンリー)・M(メイヨー) 1887-1970）

Batey, A. 〈20世紀〉
アメリカの建築家。
⇒二十（ベイティ, アンドリュー　1944-）

Bathsheba 〈前10世紀〉
ヘブル王国の将軍ウリヤの妻。夫の死後、ダビデの妻となる。ソロモンの母（旧約）。
⇒キリ（バテシバ（バト＝シェバ））
　国小（バテシバ　前10世紀）
　新美（バテシバ）
　聖書（バト・シェバ）
　世女日（バスシェバ　前1010頃-975）
　大辞（バテシバ）
　大辞3（バテシバ）

Bathykles 〈前7・6世紀〉
ギリシアの彫刻家。
⇒世美（バテュクレス　前7-前6世紀）

Batoni, Pompeo Girolamo 〈18世紀〉
イタリアの画家。新古典主義者。主作品『凱旋するベネチア』(1737) など。
⇒岩ケ（バトーニ, ポンペオ・ジロラモ　1708-1787）
　芸術（バトーニ, ポンペオ　1708-1787）
　国小（バトーニ　1708.1.25-1787.2.4）
　新美（バトーニ, ポンペオ　1708.1.25-1787.2.4）
　西洋（バトーニ　1708.1.25-1787.2.4）
　世美（バトーニ, ポンペーオ・ジローラモ　1708-1787）
　世百（バトーニ　1708-1787）

Battagio, Giovanni 〈15世紀〉
イタリアの建築家。
⇒世美（バッタージョ, ジョヴァンニ　1445-?）

Battaglia, Antonio 〈18世紀〉
イタリアの建築家。
⇒世美（バッタリア, アントーニオ　18世紀）

Battaglia, Aurelius 〈20世紀〉
アメリカのイラストレーター。
⇒児イ（Battaglia, Aurelius　バターリャ, A.）

Battaglia, Carmelo 〈18世紀〉
イタリアの建築家。
⇒世美（バッタリア, カルメロ　?-1799）

Battaglia, Francesco 〈18世紀〉
イタリアの建築家。
⇒世美（バッタリア, フランチェスコ　18世紀）

Batteux, Charles 〈18世紀〉
フランスの美学者。著作に『芸術論』(1746)。美しい自然の模倣を諸芸術通有の原理とした。
⇒国小（バトゥー　1713.5.6-1780）
　集文（バトゥー, シャルル　1713.3.7-1780.7.14）
　西洋（バトゥー　1713.5.6-1780.6.14）
　名著（バトゥー　1713-1780）

Bat-Yosef, Myriam 〈20世紀〉
ドイツ生れの画家。
⇒世芸（バット・ヨセフ, ミリアム　1931-）

Bauch, Kurt 〈20世紀〉
ドイツの美術史家。オランダの美術を専攻、また形式および様式の研究や都市誌の著がある。
⇒新美（バウホ, クルト　1897.11.25-1975.3.1）
　西洋（バウホ　1897.11.25-1975.3.1）
　二十（バウホ, クルト　1897.11.25-1975.3.1）

Bauchant, André 〈19・20世紀〉
フランスの画家、舞台装置家。1921年サロン・ドートンヌに入選。主作品『天地創造の日』。
⇒芸術（ボーシャン, アンドレ　1873-1942）
　国小（ボーシャン　1873.4.24-1958.8.12）
　コン2（ボーシャン　1873-1958）
　コン3（ボーシャン　1873-1958）
　新美（ボーシャン, アンドレ　1873.4.24-1958.8.12）
　人物（ボーシャン　1873-）
　西洋（ボーシャン　1873.4.24-1958.8.12）
　世芸（ボーシャン, アンドレ　1873-1942）
　世美（ボーシャン, アンドレ　1873-1958）
　全書（ボーシャン　1873-1958）
　大百（ボーシャン　1873-1958）
　デス（ボーシャン　1873-1958）
　二十（ボーシャン, アンドレ　1873.4.24-1958.8.12）

Baudelaire, Charles Pierre 〈19世紀〉
フランスの詩人、評論家。詩集『悪の華』(1857) でフランス近代詩を確立。
⇒逸話（ボードレール　1821-1867）
　イ文（Baudelaire, Charles　1821-1867）
　岩ケ（ボードレール, シャルル(・ピエール) 1821-1867）
　旺世（ボードレール　1821-1867）
　音楽（ボードレール, シャルル　1821.4.9-1867.8.31）
　音大（ボードレール　1821.4.9-1867.8.31）
　外国（ボードレール　1821-1867）
　角世（ボードレール　1821-1867）
　キリ（ボードレール, シャルル　1821.4.9-1867.8.31）
　幻想（ボードレール, シャルル・ピエール　1821-1867）
　幻文（ボードレール, シャルル　1821-1867）

広辞4（ボードレール　1821-1867）
広辞6（ボードレール　1821-1867）
国小（ボードレール　1821.4.9-1867.8.31）
国百（ボードレール，シャルル・ピエール　1821.4.9-1867.8.31）
コン2（ボードレール　1821-1867）
コン3（ボードレール　1821-1867）
集世（ボードレール，シャルル　1821.4.9-1867.8.31）
集文（ボードレール，シャルル　1821.4.9-1867.8.31）
新美（ボードレール，シャルル　1821.4.9-1867.8.31）
人物（ボードレール　1821.4.9-1867.8.31）
西洋（ボードレール　1821.4.9-1867.8.31）
世人（ボードレール　1821-1867）
世西（ボードレール　1821.4.9-1867.8.31）
世百（ボードレール　1821-1867）
世文（ボードレール，シャルル　1821-1867）
全書（ボードレール　1821-1867）
大辞（ボードレール　1821-1867）
大辞3（ボードレール　1821-1867）
大百（ボードレール　1821-1867）
デス（ボードレール　1821-1867）
伝世（ボードレール　1821.4.9-1867.8.31）
百科（ボードレール　1821-1867）
評世（ボードレール　1821-1867）
名詩（ボードレール，シャルル　1821-1867）
名著（ボードレール　1821-1867）
山世（ボードレール　1821-1867）
ラル（ボードレール，シャルル　1821-1867）
歴史（ボードレール　1821-1867）

Baudo, Luca ⟨15・16世紀⟩
イタリアの画家。
⇒世美（バウド，ルーカ　1460頃-1509頃）

Baudoin, Pierre-Antoine ⟨18世紀⟩
フランスの画家。
⇒世美（ボードワン，ピエール=アントワーヌ　1723-1769）

Baudoin du Bailleul ⟨15世紀⟩
フランスの画家。
⇒世美（ボードワン・デュ・バイユール　15世紀）

Baudot, Anatole de ⟨19・20世紀⟩
フランスの建築家。パリ，モンマルトルのサン・ジャン教会堂を建築。
⇒キリ（ボドー，アナトール・ド　1834.10.14-1915.2.28）
新美（ボードー，アナトール・ド　1834.10.14-1915）
西洋（ボードー　1834-1915）
世美（ボードー，アナトール・ド　1834-1915）
二十（ボードー，アナトール・デ　1834.10.14-1915.2.28）

Baudry, Paul Jacques Aimé ⟨19世紀⟩
フランスの画家。1850年ローマ賞を獲得し，ローマでラファエロを研究。
⇒岩ケ（ボドリー，ポール・ジャック・エメ　1828-1886）
芸術（ボードリー，ポール・ジャック・エーメ　1828-1886）
国小（ボドリー　1828.11.7-1886.1.17）
新美（ボードリー，ポール　1828.11.7-1886.1.17）
西洋（ボードリー　1828.11.7-1886.1.17）
世美（ボードリー，ポール　1828-1886）

Bauer, Catherinr ⟨20世紀⟩
アメリカの建築家。
⇒世女日（バウアー，カサリン　1905-1964）

Bauermeister, Mary ⟨20世紀⟩
西ドイツの画家。
⇒美術（バウエルマイスター，マリー　1934-）

Bauernschmidt, Marjorie ⟨20世紀⟩
アメリカのイラストレーター。
⇒児イ（Bauernschmidt, Marjorie　バウアンシュミット，M.　1926-）

Baugin, Lubin ⟨17世紀⟩
フランスの画家。1651年に王立アカデミー会員。現存作品『五官とウェファーのデザート』など3点。
⇒国小（ボージャン　1610-1663）
新美（ボージャン，リュバン　1610-1663.7.11）
世美（ボージャン，リュバン　1612頃-1663）
百科（ボージャン　1610頃-1663）

Baum, Julius ⟨19・20世紀⟩
ドイツの美術史家。
⇒世美（バウム，ユリウス　1882-1959）

Baumeister, Willi ⟨19・20世紀⟩
ドイツの画家。ドイツの抽象絵画の先導を果す。主作品は『壁画』(1922)，『石の庭I』(1939)『幸福な日々』(1947)など。
⇒岩ケ（バウマイスター，ヴィリー　1889-1955）
才西（バウマイスター，ヴィリ　1889-1955）
現人（バウマイスター　1889.1.22-1955.8.31）
国小（バウマイスター　1889.1.22-1955）
コン3（バウマイスター　1889-1955）
新美（バウマイスター，ヴィリー　1889.1.22-1955.8.31）
人物（バウマイスター　1889.1.22-1955.8.31）
西洋（バウマイスター　1889.1.22-1955.8.31）
世芸（バウマイスター，ヴィリ　1889-1955）
世美（バウマイスター，ヴィリ　1889-1955）
世百（バウマイスター　1889-1955）
全書（バウマイスター　1889-1955）
大百（バウマイスター　1889-1955）
二十（バウマイスター，ヴィリー　1889.1.22-1955.8.31）

Baumgardt, David ⟨19・20世紀⟩
ドイツの道徳哲学者，美学者。実質的倫理学を主張。
⇒国小（バウムガルト　1890-1963）

Baumgart, Klaus ⟨20世紀⟩
ドイツのグラフィック・デザイナー。
⇒児イ（Baumgart, Klaus　バウムガルト，K.　1951-）

Baumgarten, Alexander Gottlieb

〈18世紀〉
ドイツの哲学者、美学者。美学という名称の創唱者。
⇒岩ケ（バウムガルテン、アレクサンダー・ゴットリープ　1714-1762）
　岩哲（バウムガルテン　1714-1762）
　外国（バウムガルデン　1714-1762）
　広辞4（バウムガルテン　1714-1762）
　広辞6（バウムガルテン　1714-1762）
　国小（バウムガルテン　1714.7.17-1762.5.26）
　コン2（バウムガルテン　1714-1762）
　コン3（バウムガルテン　1714-1762）
　集世（バウムガルテン、アレクサンダー・ゴットリープ　1714.7.17-1762.5.26）
　集文（バウムガルテン、アレクサンダー・ゴットリープ　1714.7.17-1762.5.26）
　人物（バウムガルテン　1714.7.17-1762.5.26）
　西洋（バウムガルテン　1714.7.17-1762.5.26）
　世西（バウムガルテン　1714.7.17-1762.5.26）
　世百（バウムガルテン　1714-1762）
　全書（バウムガルテン　1714-1762）
　大辞（バウムガルテン　1714-1762）
　大辞3（バウムガルテン　1714-1762）
　大百（バウムガルテン　1714-1762）
　デス（バウムガルテン　1714-1762）
　百科（バウムガルテン　1714-1762）
　名著（バウムガルテン　1714-1762）

Baumgartner, Johann Wolfgang 〈18世紀〉
ドイツの画家、銅版画家。
⇒世美（バウムガルトナー、ヨハン・ヴォルフガング　1712-1761）

Baumgartner, Ulrich 〈16・17世紀〉
ドイツの家具制作家。
⇒世美（バウムガルトナー、ウルリヒ　1580-1652頃）

Baumhauer, Hans 〈20世紀〉
ドイツのイラストレーター。
⇒児イ（Baumhauer, Hans　1913-）

Bautista, Fray Francisco 〈16・17世紀〉
スペインの建築家。17世紀にスペインのバロック建築を推進。主作品はトレドの『サン・ファン・バウティスタ聖堂』。
⇒建築（バウティスタ、フランシスコ　1594-1679）
　国小（バウティスタ　生没年不詳）

Baxendale, Leo 〈20世紀〉
イギリスのアニメ画家、漫画家。
⇒岩ケ（バクセンデイル、リーオ　1930-）
　世児（バクセンデイル　リオ　1930-）

Baxter, Denis Charles 〈20世紀〉
イギリス生れの画家。
⇒世芸（バクスター、デニス・チャールズ　1926-）

Baxter, George 〈19世紀〉
イギリスの彫刻家、版画家。
⇒岩ケ（バクスター、ジョージ　1804-1867）

Baxter, Lucy 〈19・20世紀〉
イギリスの美術評論家。
⇒世女日（バクスター、ルーシー　1837-1902）

Bay, Didier 〈20世紀〉
フランス生れのメディア・アーティスト。
⇒世芸（ベイ、ディディエール　1944-）

Bayer, Herbert 〈20世紀〉
アメリカのグラフィック・デザイナー。ベルリンで印刷術と地図学を学び、1938年アメリカに移住。
⇒現人（バイヤー　1900.4.5-）
　国小（バイヤー　1900-）
　新美（バイヤー、ハーバート　1900.4.5-）
　西洋（バイアー　1900.4.5-）
　世百新（バイヤー　1900-1985）
　大百（バイヤー　1900-）
　ナビ（バイヤー　1900-1985）
　二十（バイヤー、ハーバート　1900.4.5-）
　百科（バイヤー　1900-）

Bayer, Raymond 〈20世紀〉
フランスの美学者、哲学者。『美学雑誌』を創刊。主著『優美の美学』（1934）。
⇒国小（バイエ　1898.9.2-1959.7.15）
　西洋（バイエ　1898.9.12-1959.7.15）
　全書（バイエ　1898-1959）
　二十（バイエ、R.　1898-1959）
　名著（バイエ　1898-）

Bayeu y Subías, Francisco 〈18世紀〉
スペインの画家。
⇒新美（バイユー、フランシスコ　1734.3-1795.8.4）
　世美（バイェウ・イ・スビアス、フランシスコ　1734-1795）

Bayley, Nicola 〈20世紀〉
イギリスの女性絵本作家。
⇒英児（Bayley, Nicola　ベイリー、ニコラ　1949-）
　児イ（Bayley, Nicola　ベイリー、N.　1949-）
　世児（ベイリ、ニコラ　1949-）

Baylis, Nadine 〈20世紀〉
イギリスのデザイナー。
⇒バレ（ベイリス、ナディン　1940.6.15-）

Baynes, Pauline Diana 〈20世紀〉
イギリスの女性挿絵画家。
⇒英児（Baynes, Pauline Diana　ベインズ、ポーリン・ダイアナ　1922-）
　児イ（Baynes, Pauline Diana　ベインズ、P.D.　1932-）
　世児（ベインズ、ポーリーン（・ダイアナ）（フリッツ・ガッシュ夫人）　1922-）

Bayrle, Thomas 〈20世紀〉
ドイツの版画家。フランクフルト市シュテーゲル美術学校講師。
⇒世芸（バイルレ、トーマス　1937-）
　二十（バイルレ、T.　1937-）

Bazaine, Jean 〈20世紀〉
フランスの画家。ユネスコ本部のモザイク壁画などを制作。
⇒岩ケ（バゼーヌ, ジャン・ルネ 1904-1975）
　才西（バゼーヌ, ジャン 1904-1975）
　国小（バゼーヌ 1904-）
　新美（バゼーヌ, ジャン 1904.12.21-）
　世芸（バゼーヌ, ジーン・ルネ 1904-）
　世美（バゼーヌ, ジャン=ルネ 1904-）
　全書（バゼーヌ 1904-）
　大百（バゼーヌ 1904-）
　二十（バゼーヌ, ジャン 1904.12.21-）

Bazanka, Kacper 〈17・18世紀〉
ポーランドの建築家。
⇒建築（バサンカ, カクペル 1680-1726）

Bazille, Jean-Frédéric 〈19世紀〉
フランスの画家。印象主義に属する。代表作に『家族の集り』(1867)。
⇒芸術（バジール, フレデリック 1841-1870）
　国小（バジーユ 1841.12.6-1870.11.28）
　新美（バジール, フレデリック 1841.12.6-1870.11.28）
　人物（バジール 1841.12.6-1870.11.28）
　西洋（バジーユ 1841.12.6-1870.11.28）
　世美（バジール, ジャン=フレデリック 1841-1870）

Baziotes, William 〈20世紀〉
アメリカの画家。
⇒岩ケ（バジオーティズ, ウィリアム 1912-1963）
　新美（バジオーテス, ウィリアム 1912.6.11-1963.6.4）
　世美（バジーオーテス, ウィリアム 1912-1963）
　二十（バジオーテス, ウィリアム 1912.6.11-1963.6.4）

Bazzani, Giuseppe 〈17・18世紀〉
イタリアの画家。
⇒世美（バッツァーニ, ジュゼッペ 1690-1769）

Bazzaro, Ernesto 〈19・20世紀〉
イタリアの彫刻家。
⇒世美（バッザロ, エルネスト 1859-1937）

Bazzaro, Leonardo 〈19・20世紀〉
イタリアの画家。
⇒世美（バッザロ, レオナルド 1853-1937）

B.B. 〈20世紀〉
イギリスの児童文学作家, 挿絵画家。
⇒児作（B.B. ビー・ビー 1905-1990）
　世児（B・B 1905-1990）
　二十英（B.B. 1905-1990）

Beadsley, Aubrey Vincent 〈19世紀〉
イギリスの画家。主作品は『サロメ』の挿絵(1894)など。
⇒イ文（Beardsley, Aubrey Vincent 1872-1898）
　岩ケ（ビアズリー, オーブリー(・ヴィンセント) 1872-1898）
　英文（ビアズリー, オーブリ・ヴィンセント 1872-1898）
　外国（ビアーズリー 1872-1898）
　芸術（ビアズリー, オーブリー 1872-1898）
　幻想（ビアズリ, オーブリ・ヴィンセント 1872-1898）
　幻文（ビアズリー, オーブリー 1872-1896）
　広辞4（ビアズリー 1872-1898）
　広辞6（ビアズリー 1872-1898）
　国小（ビアズリー 1872.8.21-1898.3.16）
　コン2（ビアズリー 1872-1898）
　コン3（ビアズリー 1872-1898）
　集世（ビアズリー, オーブリー 1872.8.21-1898.3.16）
　集文（ビアズリー, オーブリー 1872.8.21-1898.3.16）
　新美（ビアズリー, オーブリー 1872.8.21-1898.3.16）
　人物（ビアズリ 1872.8.21-1898.3.16）
　西洋（ビアズリ 1872.8.21-1898.3.16）
　世西（ビアズリー 1872.8.21-1898.3.16）
　世美（ビアズリー, オーブリー・ヴィンセント 1872-1898）
　世文（ビアズリー 1872-1898）
　世文（ビアズリー, オーブリー 1872-1898）
　全書（ビアズリー 1872-1898）
　大辞（ビアズリー 1872-1898）
　大辞3（ビアズリー 1872-1898）
　大百（ビアズリー 1872-1898）
　デス（ビアズリー 1872-1898）
　伝世（ビアズリー 1872.8.21-1898.3.16）
　百科（ビアズリー 1872-1898）

Beak, Ian 〈20世紀〉
イギリスのイラストレーター。
⇒児作（Beak, Ian ベック, イアン 1947-）

Beale, Mary 〈17世紀〉
イギリスの画家。
⇒岩ケ（ビール, メアリ 1632-1699）
　世女（ビール, メアリ 1633-1699）
　世女日（ビール, メアリー 1632-1699）

Beals, Jessie Tarbox 〈19・20世紀〉
アメリカの写真家。
⇒世女日（ビールス, ジェシー・ターボクス 1870-1942）

Beaman, Sydney George Hulme 〈19・20世紀〉
イギリスの作家, 挿絵画家, 俳優。
⇒英児（Beaman, Sydney George Hulme ビーマン, シドニー・ジョージ・ヒューム 1886-1932）

Beardsley, Monroe Curtis 〈20世紀〉
アメリカの哲学者, 美学者。分析美学の代表者の一人。
⇒思想（ビアズリー, モンロー C（カーティス）1915-）
　集文（ビアズリー, モンロー・カーティス 1915.12.10-1985.9.18）
　西洋（ビアズリ 1915.12.10-）
　全書（ビアズリー 1915-1985）
　二十（ビアズリー, M.C. 1915-1985）

Beato, Felice〈19・20世紀〉
イタリアに生れ，イギリスに帰化した写真家。1863年ころ来日。
⇒芸術（ベアト，フェリックス 1825-1907）
広辞5（ベアト 1825-1903）
広辞6（ベアト 1825-1903）
日研（ベアト，フェリーチェ 1825-1904）
日人（ベアト 1834-?）
来日（ベアト 1825-1904?）

Beaton, Cecil〈20世紀〉
イギリスの舞台美術家。代表作品は『マイ・フェア・レディ』（舞台56，映画64）など。
⇒岩ケ（ビートン，サー・セシル（・ウォルター・ハーディ） 1904-1980）
演劇（ビートン，サー・セシル 1904-1980）
国小（ビートン 1904.1.14-）
集文（ビートン，セシル 1904.1.14-1980.1.18）
世芸（ビートン，セシル 1906-）
世百新（ビートン 1904-1980）
ナビ（ビートン 1904-1980）
二十（ビートン，セシル 1904-1980.1.18）
バレ（ビートン，セシル 1904.1.14-1980.1.18）
百科（ビートン 1904-1980）

Beaubrun, Henri de〈17世紀〉
フランスの画家。
⇒世美（ボーブラン，アンリ・ド 1603-1677）

Beaudin, André〈20世紀〉
フランスの画家。
⇒新美（ボーダン，アンドレ 1895.2.3-）
二十（ボーダン，アンドレ 1895.2.3-?）

Beaudouin, Eugène〈20世紀〉
フランスの建築家。国立美術学校教授，ジュネーブ大学建築学科主任教授を歴任。
⇒国小（ボードアン 1898-）
世美（ボードゥアン，ウージェーヌ 1898-）

Beaufils, Marcel〈20世紀〉
フランスの評論家，美学者。
⇒ラル（ボーフィス，マルセル 1899-）

Beaumont, Claudio Francesco〈17・18世紀〉
イタリアの画家。
⇒世美（ボーモン，クラウディオ・フランチェスコ 1694-1766）

Beaumont, Comte Étienne de〈19・20世紀〉
フランスの舞台美術家。
⇒バレ（ボーモン伯爵，エチエンヌ・ド 1883.3.8-1956）

Beauneveu, André〈14・15世紀〉
フランスの画家，彫刻家。『ベリー公詩篇書』の挿絵画家。
⇒芸術（ボーヌヴー，アンドレ 1361-1402）
国小（ボーヌブー 1330頃-1410頃）
コン2（ボーヌヴ 1360頃-1403/13）
コン3（ボーヌヴ 1360頃-1403/13）
新美（ボーヌヴー，アンドレ 1335頃-1402以後）
西洋（ボーヌヴ 1360頃-1413/03）
世美（ボーヌヴー，アンドレ 1330頃-1401/02）

Beaux, Cecilia〈19・20世紀〉
アメリカの女流画家。子供の肖像画に定評がある。主要作品は『白い服の少女』。
⇒国小（ボー 1863-1942.9.17）
世女日（ボー，セシリア 1855-1942）

Beazley, Sir John Davidson〈19・20世紀〉
イギリスの考古学者，オクスフォード大学教授（1925）。古代ギリシアおよびエトルリアの瓶画を研究した。
⇒外国（ビーズリー 1885-）
西洋（ビーズリ 1885.9.13-1970.5.6）
世美（ビーズリ，ジョン・デイヴィッドソン 1885-1970）

Becatti, Giovanni〈20世紀〉
イタリアの考古学者。
⇒世美（ベカッティ，ジョヴァンニ 1912-1973）

Beccafumi, Domenico〈15・16世紀〉
イタリアの画家，彫刻家。マニエリスムの主要画家。作品にシエナ政庁の天井画（1529～35）など。
⇒岩ケ（ベッカフーミ，ドメニコ 1486頃-1551）
芸術（ベッカフーミ 1485/86-1551）
国小（ベッカフーミ 1486頃-1551.5）
新美（ベッカフーミ 1485/86-1551）
世美（ベッカフーミ 1486頃-1551）
百科（ベッカフーミ 1486頃-1551）

Becerra, Alejandro Perez〈20世紀〉
アルゼンチン生れの画家，彫刻家。
⇒世芸（ベセーラ，アルジェンドロ・ペレス 1944-）

Becerra, Francisco de〈16・17世紀〉
スペインの建築家。
⇒建築（ベセーラ，フランシスコ・デ ?-1605）
世美（ベセーラ，フランシスコ 1540頃-1605）
百科（ベセラ 1545頃-1605）

Becerra, Gaspar〈16世紀〉
スペインの画家，彫刻家。
⇒世美（ベセーラ，ガスパール 1520-1570）

Beck, Ian〈20世紀〉
イギリスのイラストレーター。
⇒児イ（Beck, Ian ベック, I.）

Becker, Oskar〈19・20世紀〉
ドイツの哲学者，美学者。数理哲学に解釈学的現象学の方法を導入。主著『数学的実存』（1927）。
⇒岩哲（ベッカー 1889-1964）
外国（ベッカー 1889-）
現人（ベッカー 1889.9.5-1964.11.13）

国小（ベッカー　1889.9.5-1964.11.13）
西洋（ベッカー　1889.9.5-1964.11.13）
世西（ベッカー　1889.9.5-）
世百新（ベッカー　1889-1964）
全書（ベッカー　1889-1964）
二十（ベッカー，オスカー　1889.9.5-1964.11.13）
百科（ベッカー　1889-1964）

Beckles, Ken 〈20世紀〉
アメリカ生れの画家。
⇒世芸（ベクレス，ケン　1947-）

Beckman, Kaj 〈20世紀〉
スウェーデンのイラストレーター。
⇒児イ（Beckman, Kaj&Per　ベックマン，K.&P.）

Beckman, Per 〈20世紀〉
スウェーデンのイラストレーター。
⇒児イ（Beckman, Kaj&Per　ベックマン，K.&P.）

Beckmann, Ludwig 〈19・20世紀〉
ドイツの動物画家。動物の生態を研究し、狩猟画を描いた。
⇒西洋（ベックマン　1822.2.21-1902.8.1）

Beckmann, Max 〈19・20世紀〉
ドイツの画家。1947年渡米。ドイツ印象派から表現主義に移行。
⇒岩ケ（ベックマン，マックス　1884-1950）
　オ西（ベックマン，マックス　1884-1950）
　キリ（ベックマン，マックス　1884.2.12-1950.12.27）
　広辞5（ベックマン　1884-1950）
　広辞6（ベックマン　1884-1950）
　国小（ベックマン　1884.12.12-1950.12.17）
　コン3（ベックマン　1884-1950）
　新美（ベックマン，マックス　1884.2.12-1950.12.27）
　人物（ベックマン　1884.2.12-1950.12.27）
　西洋（ベックマン　1884.2.12-1950.12.27）
　世芸（ベックマン，マックス　1884-1950）
　世西（ベックマン　1884-1950）
　世美（ベックマン，マックス　1884-1950）
　世百（ベックマン　1884-1950）
　全書（ベックマン　1884-1950）
　大百（ベックマン　1884-1950）
　伝世（ベックマン　1884-1950）
　二十（ベックマン，マックス　1884.2.12-1950.12.27）

Beddows, Eric 〈20世紀〉
カナダ生れのイラストレーター。
⇒児イ（Beddows, Eric　ベドウズ，E.）

Bedford, Francis Donkin 〈19・20世紀〉
イギリスの挿絵画家。
⇒児イ（Bedford, Francis Donkin　1864.5.21-1950頃）
　世児（ベドフォード，F（フランシス）・D（ドンキン）1864-?）

Beeby, Thomas Hall 〈20世紀〉
アメリカの建築家。
⇒二十（ビービー，トマス・H.）

Beechey, Sir William 〈18・19世紀〉
イギリスの肖像画家。
⇒新美（ビーチ，ウィリアム　1753.12.12-1839.1.28）

Beene, Geoffrey 〈20世紀〉
アメリカの服飾デザイナー。
⇒岩ケ（ビーン，ジェフリー　1927-）
　広辞6（ビーン　1927-2004）
　二十（ビーン，G.　1927-）

Beenken, Hermann 〈20世紀〉
ドイツの美術史家。
⇒キリ（ベーンケン，ヘルマン　1896.2.2-1952.4.6）

Beer, Georg 〈15世紀〉
ドイツ・ルネサンスの建築家。
⇒建築（ベール，ゲオルク　?-1600）

Beer, Georg 〈17・18世紀〉
ドイツの建築家。ドレスデンで活躍。主作品はフラウエンキルヘ聖堂（1726～43）。
⇒国小（ベーア　1666-1738）
　新美（ベーア，ゲオルク　1663.3.15-1738.3.16）
　世美（ベーア，ゲオルク　1666-1738）

Beer, Hans de 〈20世紀〉
オランダのイラストレーター。
⇒児イ（Beer, Hans de　ビア，H.　1957-）

Beer, Johann Michael 〈17・18世紀〉
スイスの建築家。
⇒キリ（ベーア，ヨーハン・ミヒャエール　1696頃-1780）

Beer, Richard 〈20世紀〉
イギリスのイラストレーター。
⇒児イ（Beer, Richard　ビア，R.）

Beerbohm, Sir Max 〈19・20世紀〉
イギリスの文学者。諷刺小説『ズレイカ・ドブソン』(1911)で有名。
⇒イ文（Beerbohm, Sir (Henry) Max (imilian) 1872-1956）
　岩ケ（ビアボーム，サー・(ヘンリー・)マックス（マクシミリアン）　1872-1956）
　英文（ビアボーム（ヘンリー・），マックス（マクシミリアン）　1872-1956）
　オ世（ビアボーム，(ヘンリー・)マックス（マクシミリアン）　1872-1956）
　オ西（ビアボーム，マックス　1872-1956）
　芸術（ビアボーム，マックス　1872-1956）
　幻想（ビアボウム，マックス　1872-1956）
　国小（ビアボーム　1872.8.24-1956.5.20）
　集世（ビアボウム，マックス　1872.8.24-1956.5.20）
　集文（ビアボウム，マックス　1872.8.24-

1956.5.20）
新美（ビアボム，マックス　1872.8.24-1956.5.20）
西洋（ビアボーム　1872.8.24-1956.5.20）
世芸（ビアボーム，マックス　1872-1956）
世西（ビアボーム　1872.8.24-1956）
世文（ビアボーム，サー・マックス　1872-1956）
全書（ビアボーム　1872-1956）
二十（ビアボーム，マックス　1872.8.24-1956.5.20）
二十英（Beerbohm, Sir（Henry）Max（imilian）1872-1956）
百科（ビアボーム　1872-1956）

Bega, Cornelis 〈17世紀〉
オランダの画家，版画家。
⇒世美（ベーハ，コルネリス　1631/32-1664）

Begarelli, Antonio 〈15・16世紀〉
イタリアの彫刻家。
⇒世美（ベガレッリ，アントーニオ　1499-1565）

Begas, Adalbert 〈19世紀〉
ドイツの画家。K.ベーガスの子。
⇒西洋（ベーガス　1836.3.5-1888.1.21）

Begas, Karl 〈18・19世紀〉
ドイツの画家。ベルリンで宮廷画家となった。
⇒西洋（ベーガス　1794.9.30-1854.11.24）
世美（ベガス，カール（父）1794-1854）

Begas, Oskar 〈19世紀〉
ドイツの画家。K.ベーガスの子。
⇒西洋（ベーガス　1828.7.31-1883.11.10）

Begas, Reinhold 〈19・20世紀〉
ドイツの彫刻家。主作品は『海神の泉』（1886～91），『シラー記念碑』（1871），『ビスマルク記念碑』（1891）。
⇒芸術（ベガス，ラインホルト　1831-1911）
国小（ベーガス　1831.7.15-1911.8.3）
西洋（ベーガス　1831.7.15-1911.8.3）
世芸（ベガス，ラインホルト　1831-1911）

Begay, Harrison 〈20世紀〉
アメリカのイラストレーター。
⇒児イ（Begay, Harrison）

Bégouën, Henri 〈19・20世紀〉
フランスの考古学者。洞窟美術研究の始祖とされる。
⇒西洋（ベグエン　1863.11.20-1956.11.4）

Begue, S.M. 〈20世紀〉
スペイン生れの画家。
⇒世芸（ベギュエ，S・M　1959-）

Behagle, Philippe 〈17・18世紀〉
フランスのタピスリー制作家。
⇒世美（ベアグル，フィリップ　?-1705）

Beham, Barthel 〈16世紀〉
ドイツの画家，版画家。H.S.ベーハムの弟。
⇒キリ（ベーハム，バルテル　1502-1540）
新美（ベーハム，バルテル　1502-1540）
西洋（ベーハム　1502-1540）
百科（ベーハム，バルテル　1502-1540）

Beham, Hans Sebald 〈16世紀〉
ドイツの画家。木版画挿絵を多く残した。主作品は『農夫の祭り』（1537）。
⇒岩ケ（ベーハム，ハンス・ゼーバルト　1500-1550）
キリ（ベーハム，ハンス・ゼーバルト　1500-1550.11.22）
国小（ベーハム　1500-1550）
新美（ベーハム，ゼーバルト　1500-1550）
西洋（ベーハム　1500-1550.11.22）
百科（ベーハム，ハンス・ゼバルト　1500-1550）

Behn, Fritz 〈19・20世紀〉
ドイツの彫刻家。動物を彫刻。
⇒西洋（ベーン　1878.6.16-1970.1.26）

Behnke, Leigh 〈20世紀〉
アメリカの画家。
⇒世芸（ベンケ，レイ　1947-）

Behrendt, Walter Curt 〈19・20世紀〉
ドイツの建築家。近代建築に関する実証的な芸術論を書いた。
⇒西洋（ベーレント　1884-）

Behrens, Peter 〈19・20世紀〉
ドイツの建築家，工業デザイナー。ウィーンの美術アカデミー教授。主作品，ペテルブルクのドイツ大使館（1913）など。
⇒岩ケ（ベーレンス，ペーター　1868-1940）
オ西（ベーレンス，ペーター　1868-1940）
外国（ベーレンス　1868-）
国大（ベーレンス　1868.4.14-1940.2.27）
コン2（ベーレンス　1868-1940）
コン3（ベーレンス　1868-1940）
新美（ベーレンス，ペーター　1868.4.14-1940.2.27）
人物（ベーレンス　1868.4.14-1940.2.27）
西洋（ベーレンス　1868.4.14-1940.2.27）
世芸（ベーレンス　1868-1940）
世美（ベーレンス，ペーター　1868-1940）
世百（ベーレンス　1868-1940）
全書（ベーレンス　1868-1940）
大辞2（ベーレンス　1868-1940）
大辞3（ベーレンス　1868-1940）
大百（ベーレンス　1868-1940）
伝世（ベーレンス　1868.4.14-1940.2.27）
ナビ（ベーレンス　1868-1940）
二十（ベーレンス，ペーター　1868.4.14-1940.2.27）
百科（ベーレンス　1868-1940）

Behzād, Ostād Kamāl al-Dīn 〈15・16世紀〉
回教ペルシアの画家。
⇒岩ケ（ベフザード，オスタード・カマール・アッ＝ディーン　1440頃-?）

外国（ベーザド　1450頃-1530頃）
角世（ベフザード　1450?-1536）

Bejsembinov, Arsen Sarsenovich
〈20世紀〉
ロシアのイラストレーター。
⇒児イ（Bejsembinov, Arsen Sarsenovich　ベイセムビーノフ, A.S.　1940-）

Beketov, Aleksei Nikolaevich〈19・20世紀〉
ソ連の建築家。『商業銀行』(1899)，ドンバスの住宅・学校・公園など多数設計。
⇒コン2（ベケートフ　1862-1941）
　コン3（ベケートフ　1862-1941）

Bel, Mario〈20世紀〉
フランス生れの画家。
⇒世芸（ベル，マリオ　1924-）

Béland, Héléne〈20世紀〉
カナダの画家。
⇒世芸（ベランド，ヘレン　1949-）

Bélanger, François-Joseph〈18・19世紀〉
フランスの建築家。
⇒建築（ベランジェ，フランソワ＝ジョゼフ　1744-1818）
　世美（ベランジェ，フランソワ＝ジョゼフ　1744-1818）

Belasco, Danièle〈20世紀〉
フランス生れの画家。
⇒世芸（ベラスコ，ダニエル　?-）

Belaunde Terry, Fernando〈20世紀〉
ペルーの建築家，政治家。1956年人民行動党を創設し党首となる。63～68大統領。
⇒現人（ベラウンデ・テリー　1912.10.7-）
　国小（ベラウンデ・テリー　1912.10.7-）
　コン3（ベラウンデ・テリ　1912-）
　世政（ベラウンデ・テリー，フェルナンド　1912.10.7-2002.6.4）
　世百新（ベラウンデ・テリー　1912-2002）
　全書（ベラウンデ　1912-）
　二十（ベラウンデ・テリー，フェルナンド　1912.10.7-）
　百科（ベラウンデ・テリー　1912-）
　ラテ（ベラウンデ・テリー　1912-2002）

Belbello da Pavia〈15世紀〉
イタリアの写本装飾画家。
⇒世美（ベルベッロ・ダ・パヴィーア　（記録)1434-1462）

Belgioioso, Ludovico Barbiano di
〈20世紀〉
イタリアの建築家。
⇒世美（ベルジョイオーゾ，ルドヴィーコ・バルビアーノ・ディ　1909-）

Belin, Nicolas〈15・16世紀〉
イタリア出身のフランスの画家，装飾家。
⇒世美（ブラン，ニコラ　1490頃-1569）

Bell, Arthur Clive Howard〈19・20世紀〉
イギリスの美術評論家。近代美術評論の形式を確立。
⇒オ世（ベル，(アーサー・)クライヴ(・ハワード)　1881-1964）
　オ西（ベル，クライヴ　1881-1964）
　外国（ベル　1881-）
　国小（ベル　1881-1964）
　思想（ベル，(アーサー)クライヴ(ヒュワード)　1881-1964）
　集世（ベル，クライヴ　1881.9.16-1964.9.17）
　集文（ベル，クライヴ　1881.9.16-1964.9.17）
　西洋（ベル　1881-1964.9.18）
　世美（ベル，クライヴ　1881-1964）
　二十英（Bell, (Arthur) Clive (Howard)　1881-1964）

Bell, Corydon〈20世紀〉
アメリカのイラストレーター。
⇒児イ（Bell, Corydon　ベル，C.　1894-）

Bell, Gertrude Margaret Lowthian
〈19・20世紀〉
イギリスの女流考古学者，旅行家。メソポタミアの戦後統治にも貢献。
⇒岩ケ（ベル，ガートルード(・マーガレット・ロージアン)　1868-1926）
　人物（ベル　1868-1926.7.11）
　西洋（ベル　1868-1926.7.11）
　世女（ベル，ガートルード(マーガレット・ロージアン)　1868-1926）
　世女日（ベル，ガートルード　1868-1926）
　世美（ベル，ガートルード・マーガレット・ロージアン　1868-1926）
　探検2（ベル　1868-1926）

Bell, John〈19世紀〉
イギリスの彫刻家。
⇒岩ケ（ベル，ジョン　1811-1895）

Bell, Larry〈20世紀〉
アメリカの美術家，コラージュ画家。
⇒世芸（ベル，ラリー　1939-）
　美術（ベル，ラリー　1938-）

Bell, Lawrence Dale〈20世紀〉
アメリカの航空機デザイナー，航空機製造者。
⇒岩ケ（ベル，ローレンス(・デイル)　1894-1956）
　コン3（ベル）

Bell, Maria〈19世紀〉
イギリスの画家。
⇒世女日（ベル，マリア　?-1825）

Bell, Quentin〈20世紀〉
イギリスの文芸・美術批評家。
⇒二十英（Bell, Quentin　1910-1996）

Bell, Robert Anning 〈19・20世紀〉
イギリスの画家, 工芸デザイナー, 挿絵画家, 室内装飾家。
⇒岩ケ（ベル, ロバート・アニング 1863-1933）

Bell, Vanessa 〈19・20世紀〉
イギリスの画家, 装飾デザイナー。
⇒岩ケ（ベル, ヴァネッサ 1879-1961）
世女（ベル, ヴァネッサ 1879-1961）
世女日（ベル, ヴァネッサ 1879-1961）

Bella, Stefano della 〈17世紀〉
イタリアの銅版画家。主要作品『パリのポン・ヌフ風景』(1646)。
⇒岩ケ（ベラ, ステファノ・デラ 1610-1664）
国小（ベラ 1610.5.18-1664.7.12）
新美（ベラ, ステファノ・デルラ 1610.5.18-1664.7.22）
西洋（ベラ 1610.5.18-1664.7.12）
世美（デッラ・ベッラ, ステファノ 1610-1664）
百科（デラ・ベラ 1610-1664）

Bellange, Jacques de 〈17世紀〉
フランスの画家, エッチング版画家。
⇒新美（ベランジュ, ジャック 1575-1617）
世美（ベランジュ, ジャック（活動)1602-1617）
百科（ベランジュ 17世紀）

Bellano, Bartolomeo 〈15世紀〉
イタリアの彫刻家。
⇒世美（ベッラーノ, バルトロメーオ 1434頃-1497頃）

Bellany, John 〈20世紀〉
イギリスの画家, 銅版画家。
⇒岩ケ（ベラニー, ジョン 1942-）

Bellechose, Henri 〈14・15世紀〉
フランドルの画家。
⇒新美（ベルショーズ, アンリ 1380頃-1440/44）
世美（ベルショーズ, アンリ ?-1440頃）

Bellegambe, Jean 〈15・16世紀〉
フランドルの画家。
⇒新美（ベレガンブ, ジャン 1480?-1535）
世美（ベルガンブ, ジャン 1480頃-1534頃）

Bellegambe le Jeune, Jean 〈16・17世紀〉
フランスの画家。
⇒世美（ベルガンブ, ジャン 16世紀末-1626以降）

Belli, Alessandro 〈16世紀〉
イタリアのインターリオ(装飾彫り)作家。ベッリ・ジョヴァンニの息子。
⇒世美（ベッリ, アレッサンドロ 16世紀）

Belli, Giovanni 〈16世紀〉
イタリアの彫刻家, 画家の一族。
⇒世美（ベッリ, ジョヴァンニ ?-1530）

Belli, Giuseppe 〈16世紀〉
画家ロレンツォ・ロットの助手。ベッリ・ジョヴァンニの息子。
⇒世美（ベッリ, ジュゼッペ 16世紀）

Belli, Valerio 〈15・16世紀〉
イタリアの宝石細工師, メダル制作家。
⇒世美（ベッリ, ヴァレーリオ 1460-1546）

Belling, Rudolf 〈19・20世紀〉
ドイツの彫刻家。ドイツにおける抽象彫刻の確立者。
⇒国小（ベリング 1886-1972.6.9）
西洋（ベリング 1886.8.28-1972.6.9）
世芸（ベリング, ルドルフ 1886-1955）

Bellini, Gentile 〈15・16世紀〉
イタリアの画家。J.ベリーニの長男。ベネチア派の基礎を築いた。
⇒岩ケ（ベリーニ, ジェンティーレ 1429頃-1507）
外国（ベリーニ 1429頃-1507）
キリ（ベルリーニ, ジェンティーレ 1429-1507.2.20）
芸術（ベリーニ, ジェンティーレ 1429頃-1507）
広辞6（ベッリーニ 1429-1507）
国百（ベリーニ, ジェンティーレ 1429頃-1507）
国百（ベリーニ, ジェンティーレ 1429-1507.2.23埋葬）
コン2（ベリーニ 1429-1507）
コン3（ベリーニ 1429-1507）
新美（ベルリーニ, ジェンティーレ 1429-1507.2.23/3.7）
人物（ベリーニ 1429-1507.2.20）
西洋（ベリーニ 1429-1507.2.20）
世西（ベルリーニ 1429頃-1507）
世東（ベリーニ 1429頃-1507）
世美（ベッリーニ, ジェンティーレ 1429頃-1507）
世百（ベリーニ, ジェンティーレ 1429頃-1507）
全書（ベリーニ 1429頃-1507）
大百（ベリーニ 1429頃-1507）
デス（ベリーニ, ジェンティーレ 1429-1507）

Bellini, Giovanni 〈15・16世紀〉
イタリアの画家。J.ベリーニの2男。主作品はフラリ聖堂の『聖母子』(1488)。
⇒岩ケ（ベリーニ, ジョヴァンニ 1430頃-1516）
外国（ベリーニ 1430頃-1516）
キリ（ベルリーニ, ジョヴァンニ 1430頃-1516.11.29）
芸術（ベリーニ, ジョヴァンニ 1430頃-1516）
広辞6（ベッリーニ 1430頃-1516）
国小（ベリーニ, ジョバンニ 1430頃-1516）
国百（ベリーニ, ジョヴァンニ 1430頃-1516.11.20）
コン2（ベリーニ 1430-1516）
コン3（ベリーニ 1430-1516）
新美（ベルリーニ, ジョヴァンニ 1430頃-1516.11.29）
人物（ベリーニ 1430-1516.11.29）
西洋（ベリーニ 1430頃-1516.11.29）
世西（ベルリーニ 1430頃-1516）
世美（ベッリーニ, ジョヴァンニ 1426/30-1516）

世百 （ベリーニ, ジョヴァンニ 1435-1516）
全書 （ベッリーニ 1430頃-1516）
大辞 （ベリーニ 1430-1516）
大辞3 （ベリーニ 1430-1516）
大百 （ベリーニ 1430-1516）
デス （ベリーニ, ジョバンニ 1430頃-1516）
伝世 （ベルリーニ 1435頃-1516.11.29）

Bellini, Jacopo 〈14・15世紀〉
イタリアの画家。ウンブリア派。主作品『キリスト磔刑』。
⇒岩ケ （ベリーニ, ヤコボ 1400頃-1470）
キリ （ベッリーニ, ヤーコポ 1400頃-1470/71）
芸術 （ベリーニ, ヤコポ 1400頃-1470/71）
広辞6 （ベッリーニ 1400頃-1470頃）
国小 （ベリーニ, ヤコポ 1400頃-1470頃）
国百 （ベリーニ, ヤコポ 1400頃-1470頃）
コン2 （ベリーニ 1400頃-1470頃）
コン3 （ベリーニ 1400頃-1470頃）
新美 （ベルリーニ, ヤーコボ 1400頃-1470/-1）
人物 （ベリーニ 1400頃-1470頃）
西洋 （ベリーニ 1400頃-1470頃）
世西 （ベルリーニ 1400頃-1470頃）
世美 （ベリーニ, ヤーコポ 1396頃-1470頃）
世百 （ベリーニ, ヤコポ 1400頃-1470/1）
全書 （ベッリーニ 1400頃-1470頃）
大百 （ベリーニ 1400頃-1470）
デス （ベリーニ, ヤコポ 1400頃-1470頃）

Bellininano 〈15・16世紀〉
イタリアの画家。ジョバンニ・ベッリーニの弟子。呼称は師の名にちなんだもの。
⇒世美 （ベッリニアーノ 1490頃-1529）

Bellmer, Hans 〈20世紀〉
フランスの美術家。
⇒オ西 （ベルメール, ハンス 1902-1975）
新美 （ベルメール, ハンス 1902.3.13-1975.2.24）
世芸 （ベルメール, ハンス 1902-1975）
世美 （ベルメール, ハンス 1902-1975）
全書 （ベルメール 1902-1975）
ナビ （ベルメール 1902-1975）
二十 （ベルメール, ハンス 1902.3.13-1975.2.24）
美術 （ベルメール, ハンス 1902-）

Bellori, Giovanni Pietro 〈17世紀〉
イタリアの美術史家, 考古学者。
⇒国小 （ベローリ 1615頃-1696）
新美 （ベルローリ, ジョヴァンニ・ピエトロ 1615頃-1696）
西洋 （ベルローリ 1613.1-1696）
世美 （ベッローリ, ジョヴァンニ・ピエトロ 1615頃-1696）
百科 （ベローリ 1613頃-1696）

Bellotto, Bernardo 〈18世紀〉
イタリアの画家。宮廷画家として『ドレスデンの風景』（1757）『ワルシャワの風景』（1768）を描いた。
⇒岩ケ （ベロット, ベルナルド 1720-1780）
芸術 （ベロット, ベルナルド 1721-1780）
国小 （ベロット 1720.1.30-1780.10.17）
世美 （ベッロット, ベルナルド 1721頃-1780）
世百 （ベロット 1720-1780）

全書 （ベロット 1720-1780）

Bellows, Albert Fitch 〈19世紀〉
アメリカの画家。水彩で主として風景画を描いた。ベルギー王立水彩画家協会名誉会員。
⇒国小 （ベローズ 1829.11.29-1883.11.24）

Bellows, George Wesley 〈19・20世紀〉
アメリカの画家。ニューヨークの市街や市民生活の情景を描いた作品が多い。
⇒岩ケ （ベローズ, ジョージ（・ウェズリー） 1882-1925）
オ西 （ベロウズ, ジョージ・ウェズリー 1882-1925）
国小 （ベローズ 1882.8.12-1925.1.8）
新美 （ベローズ, ジョージ・ウェスリー 1882.8.12-1925.1.8）
世芸 （ベローズ, ジョージ 1882-1925）
世美 （ベローズ, ジョージ・ウェズリー 1882-1925）
二十 （ベローズ, ジョージ・ウェスリー 1882.8.12-1925.1.8）

Belluzzi, Giovanni Battista 〈16世紀〉
イタリアの軍事技術者。
⇒世美 （ベッルッツィ, ジョヴァンニ・バッティスタ 1506-1554）

Bellver y Ramón, Ricardo 〈19・20世紀〉
スペインの彫刻家。
⇒新美 （ベリュベール・イ・ラモーン, リカルド 1845-1924）
二十 （ベリュベール・イ・ラモーン, リカルド 1845-1924）

Belokur, Ekaterina Vasil'evna 〈20世紀〉
ウクライナの画家。
⇒世女日 （ベロクール, エカテリーナ 1900-1961）

Belomlinskij, Mikhail Samuilovich 〈20世紀〉
ロシアのイラストレーター。
⇒児イ （Belomlinskij, Mikhail Samuilovich ベラムリーンスキー, M.S. 1934-）

Beltrame, Achille 〈19・20世紀〉
イタリアの画家, 挿絵画家。
⇒世美 （ベルトラーメ, アキッレ 1871-1945）

Beltrami, Luca 〈19・20世紀〉
イタリアの建築家。
⇒世美 （ベルトラーミ, ルーカ 1854-1933）

Beltran, Alberto 〈20世紀〉
メキシコのイラストレーター。
⇒児イ （Beltran, Alberto ベルトラーン, A. 1923-）

Beltrand, Jacques 〈19・20世紀〉
フランスの木版画家。トニー・ベルトランの

息子。
⇒世美（ベルトラン（父子）（ベルトラン，ジャック））

Beltrand, Tony〈19・20世紀〉
フランスの木版画の父子。
⇒世美（ベルトラン（父子）（ベルトラン，トニー））

B **Belvedere, Andrea**〈17・18世紀〉
イタリアの画家。
⇒世美（ベルヴェデーレ，アンドレーア 1652頃-1732）

Belzomi, Giovanni Battista〈18・19世紀〉
イタリアの探検家，発掘家。
⇒岩ケ（ベルツォーニ，ジョヴァンニ・バッティスタ 1778-1823）
　新美（ベルツォーニ，ジョヴァンニ 1778.11.15-1823.12.3）

Bembo, Benedetto〈15世紀〉
イタリアの画家。
⇒世美（ベンボ，ベネデット 1462-1489）

Bembo, Bonifacio〈15世紀〉
イタリアの画家，写本装飾画家。
⇒世美（ベンボ，ボニファーチョ 1420頃-1482以前）

Bembo, Gianfrancesco〈16世紀〉
イタリアの画家。
⇒世美（ベンボ，ジャンフランチェスコ ?-1526）

Bemelmans, Ludwig〈20世紀〉
アメリカの小説家，挿絵画家。代表作，『大戦に参加して』(1937)。
⇒岩ケ（ベメルマンズ，ルートヴィヒ 1898-1962）
　英児（Bemelmans, Ludwig ベーメルマンス，ルートヴィッヒ 1898-1962）
　英イ（ベーメルマンス，ルードヴィッヒ 1898-1962）
　国小（ビーメルマンズ 1898-1962）
　児イ（Bemelmans, Ludwig ベーメルマンス，L. 1898-1962）
　児童（ベーメルマンス，ルードウイッヒ 1898-1962）
　児文（ベーメルマンス，ルートヴィッヒ 1898-1962）
　二十（ベーメルマンス，ルートヴィッヒ 1898-1962）

Benaglio, Francesco〈15世紀〉
イタリアの画家。
⇒世美（ベナッリオ，フランチェスコ 1432頃-1492以降）

Benchley, Nathaniel Goddard〈20世紀〉
アメリカの作家，絵本作家。
⇒英児（Benchley, Nathaniel Goddard ベンチリー，ナサニエル・ゴダード 1915-1981）

児作（Benchley, Nathaniel ベンチリー，ナサニエル 1915-）

Benci di Cione, Dami〈14世紀〉
イタリアの建築家。
⇒世美（ベンチ・ディ・チョーネ，ダーミ （活動）14世紀）

Bencovich, Federico〈17・18世紀〉
イタリアの画家。ダルマチア地方出身。
⇒世美（ベンコヴィッチ，フェデリーコ 1677-1753）

Bendazzoli, Giovanni Battista〈18・19世紀〉
イタリアの彫刻家。
⇒世美（ベンダッツォーリ，ジョヴァンニ・バッティスタ 1739-1812）

Benedetti, Michele〈18・19世紀〉
イタリアの画家。
⇒世美（ベネデッティ，ミケーレ 1745-1810）

Benedetti, Tommaso〈18・19世紀〉
イタリアの版画家。
⇒世美（ベネデッティ，トンマーゾ 1796-1863）

Benedetto da Milano〈16世紀〉
イタリアのタピスリー制作家。
⇒世美（ベネデット・ダ・ミラーノ 16世紀前半）

Benedetto da Rovezzano〈15・16世紀〉
イタリアの建築家，彫刻家。
⇒世美（ベネデット・ダ・ロヴェッツァーノ 1474-1552以降）

Benedictus a Nursia, St〈5・6世紀〉
キリスト教の聖人。ベネディクト会の始祖。1964年全ヨーロッパの守護聖人とされた。
⇒岩ケ（聖ベネディクトゥス（ヌルシアの） 480頃-547頃）
　外国（ベネディクトゥス（ヌルシアの） 480頃-543）
　看護（ベネディクトゥス（聖） 480頃-543）
　教育（ベネディクトゥス 480?-543）
　キリ（ベネディクトゥス（ヌルシアの） 480頃-547/550）
　広辞4（ベネディクトゥス 480頃-547頃）
　国小（ベネディクト（ヌルシアの） 480頃-547頃）
　国百（ベネディクト（ヌルシアの） 480頃-547頃）
　コン2（ベネディクトゥス（ヌルシアの） 480頃-543）
　集文（ベネディクトゥス（ヌルシアの） 480頃-543）
　新美（ベネディクトゥス（聖）（ヌルシアの） 480-547以前）
　人物（ベネディクトゥス 480-543.3.21）
　西洋（ベネディクトゥス（ヌルシアの） 480頃-543.3.21）
　世西（ベネディクトゥス 480頃-543.3.21）
　世美（ベネディクトゥス 480頃-547頃）
　世百（ベネディクトゥス（ヌルシアの） 480頃-

550頃）
全書（ベネディクトゥス（ヌルシアの） 480頃-547頃）
体育（ベネディクトゥス 480-543）
大辞（ベネディクトゥス 480頃-543頃）
大百（ベネディクトゥス 480頃-547頃）
デス（ベネディクトゥス 480頃-547頃）
伝世（ベネディクトゥス 480頃-547.3.21）
百科（ベネディクトゥス（ヌルシアの） 480頃-550頃）
名著（ベネディクトゥス 480頃-550頃）
歴史（ベネディクトゥス 480頃-550頃）

Benedikt, Ried von Piesting 〈15・16世紀〉
ボヘミアでの後期ゴシックを代表する建築家。
⇒建築（ベネディクト, リート・フォン・ピエスティング 1454-1535）

Benefial, Marco 〈17・18世紀〉
イタリアの画家。
⇒世美（ベネフィアル, マルコ 1684-1764）

Benesch, Otto 〈20世紀〉
オーストリアの美術史家。師M.ドヴォルザークの学統を継ぎ，〈精神史としての美術史〉の立場を守った。
⇒キリ（ベネシュ, オットー 1896.6.29-1964.11.17）
新美（ベネシュ, オットー 1896.6.29-1964.11.16）
西洋（ベネシュ 1896.6.29-1964.11.16）
世美（ベネシュ, オットー 1896.6-1964）
二十（ベネシュ, オットー 1896.6.29-1964.11.16(17)）

Benetton, Giuliana 〈20世紀〉
イタリアのデザイナー，実業家。
⇒世女（ベネトン, ジュリアーナ 1938?-）

Benevolo, Leonardo 〈20世紀〉
イタリアの建築家，建築史家。
⇒世美（ベネーヴォロ, レオナルド 1923-）

Benfatto, Luigi 〈16・17世紀〉
イタリアの画家。
⇒世美（ベンファット, ルイージ 1569-1609）

Benglis, Lynda 〈20世紀〉
アメリカ生れの女性現代美術作家。
⇒世芸（ベングリス, リンダ 1941-）

Bening, Alexandre 〈15・16世紀〉
フランドルの写本装飾画家。
⇒世美（ベニング, アレクサンドル ?-1519）

Bening, Simon 〈15・16世紀〉
フランドルの写本装飾画家。
⇒世美（ベニング, シモン 1483頃-1561）
百科（ベニング 1483/84-1561）

Benjamin, Walter 〈20世紀〉
ドイツの評論家。1935年フランクフルト社会科学研究所所員。代表作『ドイツ悲劇の起源』(1928）など。
⇒岩哲（ベンヤミン 1892-1940）
キリ（ベンヤミン, ヴァルター 1892.7.15-1940.9.27）
広辞5（ベンヤミン 1892-1940）
広辞6（ベンヤミン 1892-1940）
国小（ベンヤミン 1892.7.15-1940.9.26）
コン3（ベンヤミン 1892-1940）
思想（ベンヤミン, ヴァルター 1892-1940）
集世（ベンヤミン, ヴァルター 1892.7.15-1940.9.27/26）
集文（ベンヤミン, ヴァルター 1892.7.15-1940.9.27(26)）
西洋（ベンヤミン 1892.7.15-1940.9.27）
世西（ベンヤミン 1892.7.15-1940.9.26, 27）
世美（ベンヤミン, ヴァルター 1892-1940）
世百新（ベンヤミン 1892-1940）
世文（ベンヤミン, ヴァルター 1892-1940）
全書（ベンヤミン 1892-1940）
大辞2（ベンヤミン 1892-1940）
大辞3（ベンヤミン 1892-1940）
大百（ベンヤミン 1892-1940）
ナビ（ベンヤミン 1892-1940）
二十（ベンヤミン, ヴァルター 1892.7.15-1940.9.27）
二十英（Benjamin, Walter 1892-1940）
百科（ベンヤミン 1892-1940）
歴学（ベンヤミン 1892-1940）

Benndorf, Otto 〈19・20世紀〉
ドイツの考古学者。
⇒世美（ベンドルフ, オットー 1838-1907）

Bennett, Gwendolyn B. 〈20世紀〉
アメリカのアフリカ系女性詩人，美術家。
⇒二十英（Bennett, Gwendolyn B. 1902-1981）

Bennett, Rainey 〈20世紀〉
アメリカのイラストレーター。
⇒児イ（Bennett, Rainey ベネット, R. 1907-）

Bennett, Richard 〈20世紀〉
アイルランドのイラストレーター。
⇒児イ（Bennett, Richard ベネット, R. 1899-）

Bennett, Susan 〈20世紀〉
アメリカのイラストレーター。
⇒児イ（Bennett, Susan ベネット, S.）

Bennett, Wendell Clark 〈20世紀〉
アメリカの考古学者，人類学者。
⇒世美（ベネット, ウェンデル・クラーク 1905-1953）

Benois, Alexandre 〈19・20世紀〉
ロシア生れの舞台装置家。代表作『レ・シルフィード』など。
⇒オ西（ブノワ, アレクサンドル 1870-1960）
オペ（ブノア, アレクサンドル 1870.5.15-1960.2.9）
外園（ブノア 1870-1928）
国小（ブノア 1870.5.3-1960.2.9）

西洋（ブノア　1870-1928）
世百（ブノア　1870-1960）
バレ（ブノワ，アレクサンドル　1870.5.4-1960.2.9）

Benois, Nadia〈20世紀〉
ロシアの画家。
⇒世女日（ベヌア，ナージャ　1896-1975）

Benois, Nicola〈20世紀〉
ロシアの舞台装置家。
⇒オペ（ブノア，ニコラ　1901.5.2-1988.3.30）

Benoist, Marie（Guillemine），Comtesse〈18・19世紀〉
フランスの画家。
⇒世女（ブノア，マリー（ギレルミーヌ）　1768-1826）
世女日（ベノイスト，マリー　1768-1826）

Benoit, Charles〈20世紀〉
アメリカの作家，漫画家。
⇒海作4（ベノー，チャールズ）

Benoni, Giuseppe〈17世紀〉
イタリアの土木技術者，建築家。
⇒世美（ベノーニ，ジュゼッペ　1618-1684）

Bense, Max〈20世紀〉
ドイツの哲学者，美学者。科学美学の一傾向を代表。
⇒外国（ベンゼ　1910-）
キリ（ベンゼ，マックス　1910.2.7-）
国小（ベンゼ　1910.2.7-）
西洋（ベンゼ　1910.2.7-）

Benson, Ambrosius〈15・16世紀〉
イタリア出身のフランドルの画家。
⇒世美（ベンソン，アンブロシウス　1495頃-1550）

Benson, Frank（Weston）〈19・20世紀〉
アメリカの画家。
⇒岩ケ（ベンソン，フランク（・ウェストン）　1862-1951）

Benson, Patrick〈20世紀〉
イギリスの挿絵画家。
⇒児作（Benson, Patrick　ベンソン，パトリック　1956-）

Bentley, John Francis〈19・20世紀〉
イギリスの建築家。主作品はウェストミンスターのローマ・カトリック大聖堂（1895〜1903）。
⇒国小（ベントリー　1839-1902）

Benton, Thomas Hart〈19・20世紀〉
アメリカの風俗画家，壁画家。アメリカ独自の絵画芸術の唱導者。
⇒外国（ベントン　1889-）

国小（ベントン　1889.4.15-1975.1.19）
コン3（ベントン　1889-1975）
新美（ベントン，トーマス・ハート　1889.4.15-1975.1.19）
世芸（ベントン，トーマス・ハート　1889-1958）
世美（ベントン，トマス・ハート　1889-1975）
世百（ベントン　1889-）
世百新（ベントン　1889-1975）
全書（ベントン　1889-1975）
大百（ベントン　1889-1975）
伝世（ベントン　1889-1975）
二十（ベントン，トーマス・ハート　1889.4.15-1975.1.19）
百科（ベントン　1889-1975）

Benua, Aleksandr Nikolaevich〈19・20世紀〉
ロシアの画家，美術評論家。雑誌『芸術世界』の理論的指導者。
⇒コン2（ベヌアー　1870-1960）
コン3（ベヌアー　1870-1960）
集文（ベヌアー，アレクサンドル・ニコラエヴィチ　1870.4.21-1960.2.9）
全書（ベヌア　1870-1960）
二十（ベヌア，アレクサンドル　1870-1960）
百科（ベヌア　1870-1960）
ロシ（ベヌア　1870-1960）

Benvenuti, Benvenuto〈19・20世紀〉
イタリアの画家。
⇒世美（ベンヴェヌーティ，ベンヴェヌート　1881-1959）

Benvenuti, Pietro〈18・19世紀〉
イタリアの画家。
⇒世美（ベンヴェヌーティ，ピエトロ　1769-1844）

Benvenuto da Bologna〈14世紀〉
イタリアの建築家。
⇒世美（ベンヴェヌート・ダ・ボローニャ（活動）14世紀）

Benvenuto di Giovanni〈15・16世紀〉
イタリアの画家，写本装飾画家。
⇒世美（ベンヴェヌート・ディ・ジョヴァンニ　1436-1518）

Beöthy Zsolt〈19・20世紀〉
ハンガリーの美学者，文学史家。主著『ハンガリー国民文学史』(1896)。
⇒西洋（ベーティ　1848.9.4-1922.4.18）

Bérain, Jean Louis〈17・18世紀〉
フランスの装飾図案家。ルイ14世に仕えた。同名の息子（1678〜1726）は彫版師。
⇒岩ケ（ベラン，ジャン　1637頃-1711）
芸術（ベラン，ジャン　1637-1711）
建築（ベラン，ジャン・ルイ　1637-1711）
国小（ベラン　1637.10.28-1711.1.24）
新美（ベラン，ジャン　1637/39/40.10.28-1711.1.25）
世美（ベラン，ジャン　1640-1711）
百科（ベラン　1637-1711）
ラル（ベラン，ジャン　1640-1711）

Bérard, Christian〈20世紀〉
フランスの画家、舞台美術家。コクトー映画『美女と野獣』(1945)、『双頭の鷲』(1947)などのセットを手がけた。
⇒岩ケ（ベラール、クリスティアン 1902-1949）
演劇（ベラール、クリスチャン 1902-1949）
外国（ベラール 1902-1949）
国小（ベラール 1902-1949）
新美（ベラール、クリスチャン 1902.8.20-1949.2.11）
世芸（ベラール、クリスティアン 1902-1949）
世百（ベラール 1902-1949）
世百新（ベラール 1902-1949）
二十（ベラール、クリスティアン 1902.8.20-1949.2.11）
バレ（ベラール、クリスチャン 1902.8.20-1949.2.13）
百科（ベラール 1902-1949）

Berashova, Ekaterina Fedorovna〈20世紀〉
ロシアの彫刻家。
⇒世女日（ベラショーヴァ、エカテリーナ 1906-1973）

Berchem, Claes Pietersz〈17世紀〉
オランダの画家。オランダの後期バロック美術の画家。
⇒岩ケ（ベルヘム、クラース・ピーテルスゾーン）1620-1683）
国小（ベルヘム 1620.10.1-1683.2.18）
新美（ベルヘム、クラース 1620.9-1683.2.18）
西洋（ベルヘム 1620.10.1-1683.2.18）
世美（ベルヘム、ニコラース・ピーテルスゾーン 1620-1683）

Berckheyde, Gerrit Adriaensz〈17世紀〉
オランダの画家。ハイデルベルク、ボンなどの眺望を描いた。
⇒国小（ベルクハイデ 1638-1698）
新美（ベルクヘイデ、ヘリット 1638.6.6-1698.6.10）

Berckheyde, Job Adriaensz〈17世紀〉
オランダの画家。
⇒新美（ベルクヘイデ、ヨブ 1630.1.27-1693.11.23）
世美（ベルクヘイデ、ヨブ 1630-1693）

Berefelt, Gunnar〈20世紀〉
スウェーデンのイラストレーター。
⇒児イ（Berefelt, Gunnar ベーレフェルト、G. 1933-）

Berelson, Howard〈20世紀〉
アメリカのイラストレーター。
⇒児イ（Berelson, Howard ビアルソン、H.）

Berenson, Bernard〈19・20世紀〉
アメリカの美術史家。イタリア絵画の様式、技法についての分析に活躍。
⇒岩ケ（ベレンソン、バーナード 1865-1959）
才世（ベレンソン、バーナード 1865-1959）
才西（ベレンスン、バーナード 1865-1959）
キリ（ベレンソン、バーナード 1865.6.26-1959.10.6）
広辞4（ベレンソン 1865-1959）
広辞5（ベレンソン 1865-1959）
広辞6（ベレンソン 1865-1959）
国小（ベレンソン 1865.6.26-1959.10.6）
コン2（ベレンソン 1865-1959）
コン3（ベレンソン 1865-1959）
思想（ベレンソン、バーナード 1865-1959）
集文（ベレンソン、バーナード 1865.6.26-1959.10.6）
新美（ベレンソン、バーナード 1865.6.26-1959.10.6）
西洋（ベレンソン 1865-1959.10.6）
世美（ベレンソン 1865.6.26-1959.10.6）
世美（ベレンソン、バーナード 1865-1959）
世百（ベレンソン 1865-1959）
全書（ベレンソン 1865-1959）
大百（ベレンソン 1865-1959）
二十（ベレソン、バーナード 1865.6.26-1959.10.6）
二十英（Berenson, Bernard 1865-1959）
百科（ベレンソン 1865-1959）
名著（ベレンソン 1865-1959）
ユ人（ベレンソン(ヴァルブロエンスキ)、バーナード 1865-1959）

Berenson, Mary〈19・20世紀〉
アメリカの美術史家。
⇒世女日（ベレンソン、メアリー 1864-1944）

Berestain, Jan〈20世紀〉
アメリカのイラストレーター。
⇒児イ（Berestain, Stan&Jan ベレスティン、J.）
世児（ベレンスタイン、スタン&ジャン）

Berestain, Stan〈20世紀〉
アメリカのイラストレーター。
⇒児イ（Berestain, Stan&Jan ベレスティン、S.）
世児（ベレンスタイン、スタン&ジャン）

Beretta, Lodovico〈16世紀〉
イタリアの建築家。
⇒世美（ベレッタ、ロドヴィーコ 1518-1572）

Berg, Björn〈20世紀〉
ドイツのイラストレーター。
⇒児イ（Berg, Björn ベルイ、B. 1923-）

Berg, Claus〈15・16世紀〉
ドイツの彫刻家。
⇒西洋（ベルク 1475頃-1535頃）

Berg, Max〈19・20世紀〉
ドイツの建築家。ブレスラウ市に『世紀館』(1913)を建てた。
⇒西洋（ベルク 1870.4.17-1947.1.24）
世美（ベルク、マックス 1870-1947）

Bergen, Candice〈20世紀〉
アメリカの女優。出演作に『風とライオン』(1975)『ベストフレンズ』(1981)など。カメラ

マンとしても知られる。
⇒スパ（バーゲン，キャンディス　1946–)
二十（バーゲン，キャンディス　1946.5.9–)
俳優（バーゲン，キャンディス　1946.5.9–)

Berger, Jacques〈17・18世紀〉
フランドルの彫刻家。
⇒世美（ベルジェ，ジャック　1693–1756)

B　Berger, John（Peter）〈20世紀〉
イギリスの小説家，美術批評家，領域横断的芸術家。
⇒イ文（Berger, John（Peter）1926–)
　英文（バージャー，ジョン（・ピーター）1926–)
　オ世（バージャー，ジョン・ピーター）1926–)
　集世（バージャー，ジョン　1926.11.5–)
　二十英（Berger, John（Peter）1926–)

Berger, Marian〈20世紀〉
アメリカ生れの画家。
⇒世芸（ベルガー，マリアン　1955–)

Bergh, Johan Edvard〈19世紀〉
スウェーデンの画家。
⇒西洋（ベリ　1828.3.29–1880.9.23)

Bergh, Sven Richard〈19・20世紀〉
スウェーデンの画家。J.E.ベリの子。
⇒新美（ベルグ，リッカルド　1858.12.28–1919.1.29)
　西洋（ベリ　1858.12.28–1919.10.13)
　二十（ベルグ，S.リッカルド　1858.12.28–1919.1.29)

Berghe, L.Vanden〈20世紀〉
ベルギーの考古学者。
⇒新美（ベルヘ，ヴァンデン　1910–)
　二十（ベルヘ，ヴァンデン・L.　1910–)

Bergman, Thomas〈20世紀〉
スウェーデンのイラストレーター。
⇒児イ（Bergman, Thomas　ベリイマン，T.　1947–)

Bergognone, Il〈15・16世紀〉
イタリアの画家。ボルゴニョーネともいう。
⇒新美（ベルゴニョーネ，イル）
　世美（ベルゴニョーネ（記録)1481–1522)

Bergonzoni, Giovanni Battista〈17世紀〉
イタリアの建築家。
⇒世美（ベルゴンツォーニ，ジョヴァンニ・バッティスタ　1628頃–1692)

Bergsma, Jody〈20世紀〉
アメリカ生れの画家。
⇒世芸（バーグスマ，ジョディ　1953–)

Bergström, Gunilla〈20世紀〉
スウェーデンのイラストレーター。

⇒児イ（Bergström, Gunilla　ベリィストロム，G.　1942–)

Berlage, Hendrik Peterus〈19・20世紀〉
オランダの建築家。代表的作品アムステルダム株式取引所（1898～1903）。02～15年の南アムステルダム都市計画を立てた。
⇒岩ケ（ベルラーへ，ヘンドリック・ペトルス　1856–1934)
　オ西（ベルラーへ，ヘンドリック・ペトルス　1856–1934)
　外国（ベルラーへ　1856–1934)
　国小（ベルラーへ　1856.2.21–1934.8.12)
　コン2（ベルラーへ　1858–1934)
　コン3（ベルラーへ　1856–1934)
　新美（ベルラーへ，ヘンドリック・ペトリス　1856.2.21–1934.8.12)
　人物（ベルラーへ　1856.2.21–1934.8.12)
　西洋（ベルラーへ　1856.2.21–1934.8.12)
　世西（ベルラーへ　1856–1934)
　世美（ベルラーへ，ヘンドリック・ペトルス　1856–1934)
　世百（ベルラーへ　1856–1934)
　全書（ベルラーへ　1856–1934)
　大百（ベルラーへ　1856–1934)
　二十（ベルラーへ，ヘンドリック・ペトルス　1856.2.21–1934.8.12)
　百科（ベルラーへ　1856–1934)

Berlinghieri, Berlinghiero〈12・13世紀〉
イタリアの画家。
⇒新美（ベルリンギエーロ）
　西洋（ベルリンギエーロ　1190頃–1243以前)
　世美（ベルリンギエーリ，ベルリンギエーロ　?–1243)
　百科（ベルリンギエリ　1190頃–1243頃)

Berlinghieri, Bonaventura〈13世紀〉
イタリアの画家。
⇒世美（ベルリンギエーリ，ボナヴェントゥーラ　1210頃–?)

Berman, Eugene〈20世紀〉
ロシア生れのアメリカの画家，舞台美術家。演劇やバレエの装置に活躍した。
⇒外国（ベルマン　1899–)
　国小（バーマン　1899–1972.2.24)
　西洋（ベルマン　1899.11.4–1972.12.14)
　バレ（バーマン，ユージン　1899.11.4–1972.12.14)

Bermejo, Bartolomé〈15世紀〉
スペインの画家。油絵の技法をスペインに紹介。作品は『シロスの聖ドミニコ』（1474）など。
⇒芸術（ベルメーホ，エル　?–1498?)
　国小（ベルメホ　生没年不詳)
　新美（ベルメーホ，バルトロメー）
　スペ（ベルメホ　1425/30頃–98以後)
　世美（ベルメーホ，バルトロメ（活躍)1474–1499)
　百科（ベルメホ　1425/30頃–1498以後)

Bernabei, Domenico 〈15・16世紀〉
イタリアの建築家。
⇒世美（ベルナベイ，ドメーニコ　1470-1545）

Bernard, Emile 〈19・20世紀〉
フランスの画家，著述家。季刊紙『美の革新』を発行。
⇒岩ケ（ベルナール，エミール　1868-1941）
オ西（ベルナール，エミール　1868-1941）
外国（ベルナール　1868-1931）
芸術（ベルナール，エミール　1868-1931）
国小（ベルナール　1868-1941）
コン2（ベルナール　1868-1941）
コン3（ベルナール　1868-1941）
新美（ベルナール，エミール　1868.4.28-1941.4.16）
人物（ベルナール　1868.4.28-1947.12.6）
西洋（ベルナール　1868-1947）
世芸（ベルナール，エミール　1868-1931）
世西（ベルナール　1868-1931.12.6）
世美（ベルナール，エミール　1868-1941）
世百（ベルナール　1868-1941）
全書（ベルナール　1868-1941）
大百（ベルナール　1868-1941）
二十（ベルナール，エミール　1868.4.28-1941.4.16）
名著（ベルナール　1868-1931）

Bernard, Joseph 〈19・20世紀〉
フランスの彫刻家。主作品は『瓶を持つ少女』（1910）。
⇒外国（ベルナール　1866-1931）
芸術（ベルナール，ジョゼフ　1866-1931）
国小（ベルナール　1866-1931）
人物（ベルナール　1866.1.17-1931）
西洋（ベルナール　1866.1.17-1931）
世芸（ベルナール，ジョゼフ　1866-1931）
世百（ベルナール　1866-1931）
全書（ベルナール　1866-1931）
大百（ベルナール　1866-1931）
二十（ベルナール，ヨゼフ・A.　1866-1931）

Bernard de Soissons 〈13世紀〉
フランスの建築家。
⇒世美（ベルナール・ド・ソワッソン　13世紀）

Bernardi, Giuseppe 〈17・18世紀〉
イタリアの彫刻家。
⇒世美（ベルナルディ，ジュゼッペ　1694-1774）

Bernardino da Modena 〈13・14世紀〉
イタリアの写本装飾画家。
⇒世美（ベルナルディーノ・ダ・モーデナ　13-14世紀）

Bernardino di Mariotto 〈15・16世紀〉
イタリアの画家。
⇒世美（ベルナルディーノ・ディ・マリオット　1478頃-1566）

Bernardinus (Siena), St. 〈14・15世紀〉
イタリアのフランシスコ会神学者，聖人。
⇒岩ケ（聖ベルナルディーノ（シエナの）　1380-1444）
キリ（ベルナルディーヌス（シエーナの）　1380.9.8-1444.5.20）
国小（ベルナルディヌス　1380.9.8-1444.5.20）
集世（ベルナルディーノ・ダ・シエーナ　1380.9.8-1444.5.20）
新美（ベルナルディーノ（聖）（シエナの）　1380-1444）
聖人（ベルナルディノ〔シエナの〕　1380-1444）
世美（ベルナルディーノ（シエナの，聖　1380-1444）

Bernardo da Venezia 〈14・15世紀〉
イタリアの建築家，彫刻家。
⇒世美（ベルナルド・ダ・ヴェネーツィア　（活動）14世紀末-15世紀初頭）

Bernardus Claravallensis 〈11・12世紀〉
フランスの神秘家，修道院改革者，聖人。第2十字軍を興した。
⇒岩ケ（聖ベルナール（クレルヴォーの）　1090-1153）
岩哲（ベルナール（クレルヴォー）　1090頃-1153）
音大（ベルナール・ド・クレルヴォー　1090-1153.8.20）
外国（ベルナルドゥス（クレルヴォーの）　1091-1153）
角世（ベルナール（クレルヴォーの）　1090-1153）
キリ（ベルナルドゥス（クレルヴォーの）　1090頃-1153.8.30）
広辞4（ベルナール　1090-1153）
広辞6（ベルナール　1090頃-1153）
国小（ベルナルドゥス（クレルボーの）　1090-1153.8.20）
コン2（ベルナール（クレルヴォーの）　1090-1153）
コン3（ベルナール（クレルヴォーの）　1090-1153）
集世（ベルナール・ド・クレルヴォー　1090.春-1153.8.20）
集文（ベルナール・ド・クレルヴォー　1090春-1153.8.20）
新美（ベルナルドゥス（聖）　1090-1153）
人物（ベルナルドゥス　1090-1153.8.20）
西騎（聖ベルナール　1090-1153）
聖人（ベルナルドゥス　1090-1153）
西洋（ベルナルドゥス　1090-1153.8.20）
世西（ベルナルドゥス（ベルナール）　1091-1153.1.20）
世美（ベルナルドゥス（クレルヴォーの，聖）　1090頃-1153）
世百（ベルナール（クレルヴォーの）　1090/1-1153）
世文（ベルナルドゥス（クレルヴォーの）　1090-1153）
全書（ベルナルドゥス　1091-1153）
大辞（ベルナール　1090-1153）
大辞3（ベルナール　1090-1153）
大百（ベルナルドゥス　1091-1153）
デス（ベルナルドゥス　1090頃-1153）
伝世（ベルナルドゥス　1090-1153）
百科（ベルナール（クレルボーの）　1090/1-1153）
評世（ベルナルドゥス　1090-1153）
名著（ベルナルドゥス　1091-1153）
山世（ベルナール（クレルヴォーの）　1090頃-

1153）
  ラル（ベルナール 1090頃-1153）
  歴史（ベルナール 1090/91-1153）

Bernasconi, Ugo 〈19・20世紀〉
イタリアの画家、著述家。
⇒世美（ベルナスコーニ、ウーゴ 1874-1960）

Berndtson, Gunnar Frederik 〈19世紀〉
フィンランドの画家。
⇒世美（ベルントソン、グンナール・フレデリク 1854-1895）

Bernero, Giovanni Battiata 〈18世紀〉
イタリアの彫刻家。
⇒世美（ベルネーロ、ジョヴァンニ・バッティスタ 1736-1796）

Berners, Lord 〈19・20世紀〉
イギリスの作曲家、美術家。サドラーズウェルズ・バレエと最も緊密な関係を築く。
⇒岩ケ（バーナーズ、ジェラルド・ヒュー・ティリット＝ウィルソン、14代男爵 1883-1950）
  音楽（バーナーズ、ロード 1883.9.18-1950.4.19）
  音大（バーナーズ 1883.9.18-1950.4.19）
  二十英（Berners, Lord 1883-1950）
  バレ（バーナーズ卿 1883.9.18-1950.4.19）

Berneval, Alexandre 〈15世紀〉
フランスの建築長。
⇒建築（ベルヌヴァル、アレクサンドル ?-1440）

Bernini, Giovanni Lorenzo 〈16・17世紀〉
イタリアの彫刻家、建築家。バチカン宮殿の建築や彫刻に従事。
⇒岩ケ（ベルニーニ、ジャン・ロレンツォ 1598-1680）
  旺世（ベルニーニ 1598-1680）
  外国（ベルニーニ 1598-1680）
  角世（ベルニーニ 1598-1680）
  教皇（ベルニーニ、ジャン・ロレンツォ 1598-1680）
  キリ（ベルニーニ、ジョヴァンニ・ロレンツォ 1598.12.7-1680.11.28）
  芸術（ベルニニ、ジョヴァンニ 1598-1680）
  建築（ベルニーニ、ジョヴァンニ・ロレンツォ 1598-1680）
  広辞4（ベルニーニ 1598-1680）
  広辞6（ベルニーニ 1598-1680）
  国小（ベルニーニ 1598.12.7-1680）
  国百（ベルニーニ、ジョバンニ・（ジャン）・ロレンツォ 1598.12.7-1680.11.28）
  コン2（ベルニーニ 1598-1680）
  コン3（ベルニーニ 1598-1680）
  新美（ベルニーニ、ジャン（ジョヴァンニ）・ロレンツォ 1598.12.7-1680.11.28）
  人物（ベルニーニ 1598.12.7-1680.11.28）
  西洋（ベルニーニ 1598.12.7-1680.11.28）
  世伝（ベルニーニ 1598.12.7-1680.11.28）
  世美（ベルニーニ、ジャン・ロレンツォ 1598-1680）
  世百（ベルニーニ 1598-1680）
  全書（ベルニーニ 1598-1680）
  大辞（ベルニーニ 1598-1680）
  大辞3（ベルニーニ 1598-1680）
  大百（ベルニーニ 1598-1680）
  デス（ベルニーニ 1598-1680）
  伝世（ベルニーニ 1598.12.7-1680.11.28）
  百科（ベルニーニ 1598-1680）
  評世（ベルニーニ 1598-1680）
  歴史（ベルニーニ 1598-1680）

Bernini, Pietro 〈16・17世紀〉
イタリアの彫刻家。ジョバンニ・ロレンツォの父。
⇒芸術（ベルニニ、ピエトロ 1562-1629）
  国小（ベルニーニ 1562-1629）
  新美（ベルニーニ、ピエトロ 1562.5.5-1629.8.29）
  世美（ベルニーニ、ピエトロ 1562-1629）

Bernshtam, Aleksander Natanovich 〈20世紀〉
ソ連の考古学者。古代遊牧民の考古学的調査、発掘を行った。
⇒国小（ベルンシュタム 1910-1957）
  新美（ベルンシュタム、アレクサンドル 1910.9.18(10.1)-1956.12.10）
  西洋（ベルンシュタム 1910.10.1-1956.12.10）
  二十（ベルンシュタム、アレクサンドル 1910.9.18(10.1)-1956.12.10）

Bernstein, Aline 〈19・20世紀〉
アメリカの舞台装置家。
⇒世女日（バーンスタイン、アリーヌ 1880-1955）

Bernstein, Zena 〈20世紀〉
イラストレーター。
⇒児イ（Bernstein, Zena バーンスタイン, Z）

Bernward 〈10・11世紀〉
中世ドイツの画家、建築家、工芸家。ヒンデスハイムに聖堂と修道院を建造。
⇒キリ（ベルンヴァルト（ヒルデスハイムの） 960頃-1022.11.20）
  国小（ベルンワルト 960頃-1022）
  新美（ベルンヴァルト （在位）993-1022）
  聖人（ベルンヴァルト 960頃-1022）
  西洋（ベルンヴァルト 960頃-1022.11.20）

Berruguete, Alonso 〈15・16世紀〉
スペインの彫刻家、画家、建築家。カルロス5世の宮廷画家を務めた。
⇒岩ケ（ベルゲテ、アロンソ 1489-1561）
  キリ（ベルゲーテ、アロンソ 1489-1561.9）
  芸術（ベルゲーテ、アロンソ 1486頃-1561）
  国小（ベルゲテ 1486頃-1561.9）
  新美（ベルゲーテ、アロンソ 1489-1561.9）
  スペ（ベルゲーテ 1486頃-1561）
  西洋（ベルゲーテ 1486頃-1561.9）
  世美（ベルゲーテ、アロンソ 1490頃-1561）
  百科（ベルゲーテ 1486頃-1561）

Berruguete, Pedro 〈15・16世紀〉
スペインの画家。主作品『聖ドミニクスとアルビ教』。

美術篇　　　　　　　　　　73　　　　　　　　　　beruc

⇒岩ケ（ベルゲテ，ペドロ　1450頃-1504）
国小（ベルゲテ　1450頃-1503/4）
新美（ベルゲーテ，ペドロ　1450/-5頃-1504.1.6以前）
世美（ベルゲーテ，ペドロ　1450頃-1504）

Berry, Jean, duc de〈14・15世紀〉
フランスの貴族。フランス全土の約3分の1を支配。
⇒外国（ベリー，ジャン・ド・フランス　1340-1416）
国小（ベリー公　1340.11.30-1416.6.15）
新美（ベリー公ジャン　1340.11.30-1416.6.15）

Berson, Harold〈20世紀〉
アメリカのイラストレーター。
⇒児イ（Berson, Harold　バースン, H.　1926-）

Bertani, Giovanni Battista〈16世紀〉
イタリアの建築家，画家。
⇒世美（ベルターニ，ジョヴァンニ・バッティスタ　1516-1576）

Bertaux, Émile〈19・20世紀〉
フランスの美術史家。
⇒世美（ベルトー，エミール　1870-1917）

Bertelli, Luigi〈19・20世紀〉
イタリアの画家。
⇒世美（ベルテッリ，ルイージ　1832/33-1916）

Berthelot, Guillaume〈16・17世紀〉
フランスの彫刻家。
⇒世美（ベルトロ，ギヨーム　1575-1648）

Berthier, François〈20世紀〉
フランスの彫刻研究者。
⇒二十（ベルチエ，F.）

Berthois-Rigal〈20世紀〉
フランス生れの画家。
⇒世芸（ベルトワ・リガール　1927-）

Bertholle, Jean〈20世紀〉
フランスの画家。
⇒世芸（ベルトール，ジャン　1909-1978）

Bertini, Aldo〈20世紀〉
イタリアの美術史家。
⇒世美（ベルティーニ，アルド　1906-）

Bertini, Gianni〈20世紀〉
イタリアの画家。
⇒世美（ベルティーニ，ジャンニ　1922-）

Bertini, Giuseppe〈19世紀〉
イタリアの画家。ジョヴァンニ・バッティスタの息子。
⇒世美（ベルティーニ，ジュゼッペ　1825-1898）

Bertini, Pompeo〈19世紀〉
イタリアの画家。ジョヴァンニ・バッティスタの息子。
⇒世美（ベルティーニ，ポンペーオ　1828-1899）

Berto di Giovanni〈16世紀〉
イタリアの画家。
⇒世美（ベルト・ディ・ジョヴァンニ　?-1529）

Bertoia〈16世紀〉
イタリアの画家。
⇒世美（ベルトイア　1544-1574）

Bertoia, Harry〈20世紀〉
アメリカの彫刻家，工芸デザイナー。
⇒岩ケ（ベルトイア，ハリー　1915-1978）

Bertola, Antonio〈17・18世紀〉
イタリアの建築家，軍事技術者。
⇒世美（ベルトーラ，アントーニオ　1647-1719）

Bertoldo di Giovanni〈15世紀〉
イタリアの彫刻家。
⇒新美（ベルトルド・ディ・ジョヴァンニ　1420?-1491）
西洋（ベルトルド・ディ・ジョヴァンニ　1420頃-1491.12.28）
世美（ベルトルド・ディ・ジョヴァンニ　1420頃-1491）

Bertotti-Scamozzi, Ottavio〈18世紀〉
イタリアの建築家，建築理論家。
⇒新美（スカモッツィ，オッターヴィオ・ベルトッティ　1719.4.5-1790.10.25）
世美（ベルトッティ＝スカモッツィ，オッターヴィオ　1719-1790）

Bertram（Meister Bertram）〈14・15世紀〉
ドイツの画家。フランドル的表現の先駆者。
⇒キリ（ベルトラム（マイスター・ベルトラム）　1340頃-1414/15）
芸術（ベルトラム　1335頃-1410/15頃）
国小（ベルトラム　1367頃-1415頃）
新美（マイスター・ベルトラム・フォン・ミンデン　1340頃-1414/15）
西洋（ベルトラム　1345頃-1415）
世美（マイスター・ベルトラム　1345頃-1415）

Bertrand, Jean-Pierre〈20世紀〉
フランス生れの画家。
⇒世芸（ベルトラン，ジェーン・ピエール　1937-）

Bertucci, Giovanni Battista〈15・16世紀〉
イタリアの画家。
⇒世美（ベルトゥッチ，ジョヴァンニ・バッティスタ　1465頃-1516）

Berucci, Bartolomeo〈16世紀〉
イタリアの建築家。
⇒建築（ベルッチ，バルトロメオ　?-1537）

B

Beruete y Moret, Aureliano de 〈19・20世紀〉
スペインの画家。
⇒新美（ベルエーテ・イ・モレート、アウレリアーノ・デ 1845.9.27-1912.1.5）
二十（ベルエーテ・イ・モレート、アウレリアーノ 1845.9.27-1912.1.5）

Bervic, Charles Clément 〈18・19世紀〉
フランスの版画家。『ルイ15世像』などを制作。
⇒国小（ベルビック 1756.5.23-1822.3.23）

Besacier, Laurence 〈20世紀〉
フランス生れの画家。
⇒世芸（ブザシェ、ローレンス ?-）

Bēsantīnos
『パラティン詞華集』所収の図形詩の作者として写本にのみ伝えられている人物。
⇒集文（ベサンティノス 生没年不詳）

Beskaravajny, Vladimir Mitrofanovich 〈20世紀〉
ロシアのイラストレーター。
⇒児イ（Beskaravajny, Vladimir Mitrofanovich ベスカラヴァイヌイ、V.M. 1930-）

Beskow, Elsa 〈19・20世紀〉
スウェーデンの画家、童話作家。『こけものの森のブッテちゃん』(1901)、『ペレの新しい服』(1912)などが代表作。
⇒児イ（Beskow, Elsa 1874-?）
児童（ベスコウ、エルサ 1874-1953）
児文（ベスコフ、エルサ 1874-1952）
集世（ベスコヴ、エルサ 1874.2.11-1953.6.30）
集文（ベスコヴ、エルサ 1874.2.11-1953.6.30）
世児（ベスコーヴ、エルサー 1874-1953）
世女日（ベスコフ、エルサ 1874-1953）
世文（ベスコヴ、エルサ 1874-1952）
大辞3（ベスコウ 1874-1953）
二十（ベスコフ、エルザ 1874-1952）

Besnard, Paul Albert 〈19・20世紀〉
フランスの画家。1874年ローマ大賞受賞。1913年フランス・アカデミー総裁。
⇒芸術（ベナール、ポール・アルベール 1849-1922）
国小（ベナール 1849.6.2-1934.12.4）
新美（ベナール、アルベール 1849.6.2-1934.12.4）
人物（ベナール 1849.6.2-1934.12.4）
西洋（ベナール 1849.6.2-1934.12.4）
西洋（ベルナール 1849.6.2-1934.12.4）
世芸（ベナール、ポール・アルベール 1849-1922）
世美（ベナール、アルベール 1849-1934）
二十（ベナール、アルベール 1849.6.2-1934.12.4）

Besser, Roy 〈20世紀〉
イギリスのイラストレーター。
⇒世芸（ベッサー、ロイ 1923-）

Bestall, Alfred 〈20世紀〉
イギリスの漫画家、挿絵画家。
⇒英児（Bestall, Alfred ベストール、アルフレッド 1892-1986）
世児（ベストール、アルフレッド 1892-1986）

Bethune, Louise 〈19・20世紀〉
アメリカの建築家。
⇒世女（ベチューン、ルイーズ（ブランチャード）1856-1913）
世女日（ベスーン、ルイーズ 1856-1913）

Bettera, Bartolomeo 〈17世紀〉
イタリアの画家。
⇒世美（ベッテーラ、バルトロメーオ 1639-?）

Bettina 〈20世紀〉
ウィーン生れの挿絵画家。ベッティーナ・エールリヒの筆名。
⇒英児（Bettina ベティーナ 1903-1985）
世児（ベッティーナ 1903-1985）

Bettini, Sergio 〈20世紀〉
イタリアの美術史家。
⇒世美（ベッティーニ、セルジョ 1905-）

Bettoli, Nicola 〈18・19世紀〉
イタリアの建築家。
⇒世美（ベットーリ、ニコーラ 1780-1854）

Beuckelaer, Joachim 〈16世紀〉
フランドルの画家。
⇒新美（ブッケラール、ヨキアム 1530頃-1573?）
世美（ベーケラール、ヨアヒム 1530頃-1573頃）

Beulé, Charles-Ernest 〈19世紀〉
フランスの考古学者。
⇒世美（ブーレ、シャルル＝エルネスト 1826-1874）

Beurdeley, Louis-Auguste-Alfred 〈19世紀〉
フランスの家具制作家、家具商。
⇒世美（ブールドレー、ルイ＝オーギュスト＝アルフレッド 1808-1882）

Beuys, Joseph 〈20世紀〉
西ドイツの彫刻家。1952年金属彫刻で「鋼鉄と義足」賞受賞。61年国立デュッセルドルフ美術アカデミーの彫刻科教授。
⇒岩ケ（ボイス、ヨーゼフ 1921-1986）
オ西（ボイス、ヨーゼフ 1921-1986）
現人（ボイス 1921.5.12-）
広辞6（ボイス 1921-1986）
新美（ボイス、ヨゼフ 1921.5.12-）
世百新（ボイス 1921-1986）
大辞2（ボイス 1921-1986）
大辞3（ボイス 1921-1986）
ナビ（ボイス 1921-1986）
二十（ボイス、ヨゼフ 1921.5.12-1986.1.24）
美術（ボイス、ヨーゼフ 1921-）
百科（ボイス 1921-）

Bevan, Tony〈20世紀〉
イギリス生れの画家。
⇒世芸（ベーバン, トニー　1951-）

Bevignate, Fra〈13・14世紀〉
イタリアの建築家, 彫刻家。
⇒世美（ベヴィニャーテ, フラ　（記録)1277-1305）

Bevi-lacqua, Giovanni Ambrogio〈15・16世紀〉
イタリアの画家。
⇒世美（ベヴィラックア, ジョヴァンニ・アンブロージョ　（記録)1481-1502）

Bewick, Thomas〈18・19世紀〉
イギリスの版画家。近代木版画の父と呼ばれた。
⇒岩ケ（ビューイック, トマス　1753-1828）
　国小（ビュイック　1753.8.12-1828.11.8）
　児イ（Bewick, Thomas　1753-1828）
　児文（ビュウィック, トマス　1753-1828）
　新美（ビューイック, トマス　1755-1828.11.8）
　西洋（ビュイック　1753.8.12-1828.11.8）
　世児（ビューイック, トマス　1753-1828）
　世西（ビウィック　1753-1828）
　世美（ビューイック, トマス　1753-1828）
　全書（ビューイック　1755-1828）
　百科（ビウィック　1753-1828）

Beyaert, Henri-Joseph-François〈19世紀〉
ベルギーの建築家。
⇒世美（ベイヤール, アンリ=ジョゼフ=フランソワ　1823-1894）

Beyer, Wilhelm〈18・19世紀〉
ドイツの彫刻家, 陶器原型製作者。シェーンブルンの庭園彫刻は, 彼の指導下にでき上った（1773〜80）。
⇒西洋（バイアー　1725.12.27-1806.3.23）
　世美（バイヤー, ヴィルヘルム　1725-1806）

Bezold, Gustav von〈19・20世紀〉
ドイツの美術史家。ゲルマン美術館長（1892〜1900）。
⇒西洋（ベーツォルト　1848.7.17-1934.4.22）

Bezzi, Bartolomeo〈19・20世紀〉
イタリアの画家。
⇒世美（ベッツィ, バルトロメーオ　1851-1923）

Bezzuoli, Giuseppe〈18・19世紀〉
イタリアの画家。
⇒世美（ベッツオーリ, ジュゼッペ　1784-1855）

Bhattacharyya, Benoytosh〈20世紀〉
インドのサンスクリット学者。
⇒新美（バッターチャーリヤ, ベーノーイトーシュ　1897-1962）
　二十（バッターチャーリヤ, ベーノーイトーシュ　1897-1962）

Bhoja〈11世紀〉
インド古典期の文人。マーラヴァ地方のパラマーラ朝ダーラーの王。詩学, 文法学, 哲学, 建築学, 天文学, 馬学など多様な分野にわたる著作を残す。詩論書『サラスヴァティー・カンターバラナ』などが主著。
⇒集文（ボージャ　11世紀前半）

Biagio, d'Antonio〈15世紀〉
イタリアの画家。
⇒世美（ビアージョ・ダントーニオ　15世紀）

Bialostocki, Jan〈20世紀〉
ポーランドの美術史家。西洋近世美術史を専攻し, 同時に美術理論や美術史学方法論の分野の業績においても知られる。
⇒西洋（ビアウォストツキ　1921.8.14-）

Bianchi, Andrea〈16・17世紀〉
イタリアの画家。
⇒世美（ビアンキ, アンドレーア　1591-1630頃）

Bianchi, Federico〈17世紀〉
イタリアの画家。
⇒世美（ビアンキ, フェデリーコ　（活動)17世紀末）

Bianchi, Isidoro〈16・17世紀〉
イタリアの画家。
⇒世美（ビアンキ, イジドーロ　1590以前-1662）

Bianchi, Mosè di Giosuè〈19・20世紀〉
イタリアの画家。
⇒新美（ビアンキ, モーゼ　1840-1904）
　世美（ビアンキ, モゼ　1840-1904）
　二十（ビアンキ, モーゼ　1840-1904）

Bianchi, Padre Andrés〈18世紀〉
ジェスイット会の僧で建築家。
⇒建築（ビアンキ, パドレ・アンドレス　（活動)18世紀）

Bianchi, Pietro〈17・18世紀〉
イタリアの画家。
⇒世美（ビアンキ, ピエトロ　1694-1740）

Bianchi Bandinelli, Ranuccio〈20世紀〉
イタリアの考古学者, 古代美術史家。ギリシア・ローマ美術を社会構造主義的立場から論じ, イタリアにおける古典考古学の隆昌の礎を築いた。
⇒新美（ビアンキ=バンディネルリ, ラヌッチオ　1900.2.19-1975.1.17）
　西洋（ビアンキ・バンディネッリ　1900.2.19-1975.1.17）
　世美（ビアンキ=バンディネッリ, ラヌッチョ　1900-1975）
　二十（ビアンキ・バンディネルリ, ラヌッチオ　1900.2.19-1975.1.17）

Bianchi-Ferrari, Francesco〈15・16世

紀〉
　イタリアの画家。
　⇒新美（ビアンキ＝フェルラーリ，フランチェスコ
　　　　　1457/60-1510.2.8）
　　　世美（ビアンキ・フェッラーリ，フランチェスコ
　　　　　1460頃-1510）

Bianco, Bartolomeo〈16・17世紀〉
　イタリアの建築家。ジェノバの大宮殿パラッツォ・ドゥラッツォなどを設計。
　⇒国小（ビアンコ　1590-1657）
　　　世美（ビアンコ，バルトロメーオ　?-1651頃）

Biaussat, Raymond〈20世紀〉
　フランス生れの画家。
　⇒世芸（ビオーサ，レイモンド　1932-）

Bibiena, Alessandro Galli da〈17・18世紀〉
　イタリアの建築家，プファルツ選挙侯の主席建築家（1719）。
　⇒芸術（ビビエナ一族　?-1760）
　　　西洋（ビビエーナ　1687-1769以前）
　　　世美（ビビエーナ，アレッサンドロ　1686-1748）

Bibiena, Antonio〈17・18世紀〉
　フィレンツェの建築家。ボローニャのテアトロ・コミュナーレの設計者。
　⇒演劇（ビビエナ一家）
　　　芸術（ビビエナ一族　1700-1774）
　　　国小（ビビエナ，アントニオ　1700-1774）
　　　世美（ビビエーナ，アントーニオ　1697-1774）

Bibiena, Carlo〈18世紀〉
　フィレンツェの建築家。舞台装置家として有名。
　⇒芸術（ビビエナ一族　1725-1787）
　　　国小（ビビエナ，カルロ　1728-1787）
　　　世美（ビビエーナ，カルロ　1721-1787）

Bibiena, Ferdinando〈17・18世紀〉
　フェレンツェの建築家。アレオッティのテアトロ・ファルネーゼの建設に協力。
　⇒芸術（ビビエナ一族　1658-1743）
　　　国小（ビビエナ，フェルディナンド　1657-1743）
　　　西洋（ビビエーナ　1657.8.18-1743.1.3）
　　　世美（ビビエーナ，フェルディナンド　1657-1743）
　　　デス（ビビエナ，フェルディナンド　1657-1743）

Bibiena, Francesco〈17・18世紀〉
　フィレンツェの建築家。宮廷の催しの演出や装置を担当。
　⇒芸術（ビビエナ一族　1659-1739）
　　　国小（ビビエナ，フランチェスコ　1659-1739）
　　　世美（ビビエーナ，フランチェスコ　1659-1739）

Bibiena, Giovanni Carlo Sicinio〈18世紀〉
　イタリアの建築家，舞台美術家。
　⇒世美（ビビエーナ，ジョヴァンニ・カルロ・シチーニオ　1713-1760）

Bibiena, Giovanni Maria〈17世紀〉
　イタリアの建築家，舞台美術家。
　⇒芸術（ビビエナ一族　1619-1665）
　　　世美（ビビエーナ，ジョヴァンニ・マリーア　1625-1665）

Bibiena, Giuseppe〈17・18世紀〉
　フィレンツェの建築家。バイロイト宮廷劇場の設計者。
　⇒芸術（ビビエナ一族　1696-1756）
　　　国小（ビビエナ，ジュゼッペ　1696-1757）
　　　西洋（ビビエーナ　1696.1.5-1756）
　　　世美（ビビエーナ，ジュゼッペ　1695-1757）
　　　デス（ビビエナ，ジュゼッペ　1696-1756）

Bible, Charles〈20世紀〉
　アメリカのイラストレーター。
　⇒児イ（Bible, Charles　バイブル，C.　1937-）

Bicci di Lorenzo〈14・15世紀〉
　イタリアの画家。
　⇒世美（ビッチ・ディ・ロレンツォ　1373-1452）

Bice, Clare〈20世紀〉
　カナダの作家，挿絵画家。
　⇒英児（Bice, Clare　バイス，クレア　1908-1976）

Bidassoa〈20世紀〉
　アルゼンチン生れの画家。
　⇒世芸（ビダソア　1919-）

Bido, Candido〈20世紀〉
　ドミニカ共和国のイラストレーター。
　⇒児イ（Bido, Candido　ビド，C.　1936-）

Biduino〈12世紀〉
　イタリアの彫刻家。
　⇒世美（ビドゥイーノ　（活動）12世紀末頃）

Biefve, Edouard de〈19世紀〉
　ベルギーの画家。
　⇒芸術（ビエーフ，エドゥアール・ド　1809-1882）

Biel, Barbara〈20世紀〉
　アメリカ生れの女性作家。
　⇒世芸（ビュール，バーバラ　1957-）

Biemel, Walter〈20世紀〉
　ドイツの美学者，哲学者。
　⇒国小（ビーメル　1918-）

Biermann, Aenne〈20世紀〉
　ドイツの写真家。
　⇒世女日（ビアマン，アエンヌ　1898-1933）

Bierstadt, Albert〈19・20世紀〉
　アメリカの画家。ドイツ生れ。アメリカ西部の風景を描いた。
　⇒岩ケ（ビーアスタット，アルバート　1830-1902）
　　　英米（Bierstadt, Albert　ビアスタット　1830-

1902）
芸術（バイアスタット, アルバート 1830–1902）
国小（ビールシュタット 1830.1.7–1902.2.18）
西洋（ビールスタット 1830.1.7–1902.2.18）

Biesty, Stephen〈20世紀〉
イギリスのイラストレーター。
⇒児作（Biesty, Stephen ビースティー, スティーヴン 1961–）

Biffi, Andrea〈17世紀〉
イタリアの建築家。
⇒世美（ビッフィ, アンドレーア 1645–1686）

Biffi, Gian Andrea〈16・17世紀〉
イタリアの彫刻家。
⇒世美（ビッフィ, ジャン・アンドレーア（活動）1593–1631）

Biffin, Sarah〈18・19世紀〉
イギリスのミニアチュール画家。
⇒世女日（ビフィン, サラ 1784–1850）

Bigari, Vittorio Maria〈17・18世紀〉
イタリアの画家。
⇒世美（ビガーリ, ヴィットーリオ・マリーア 1692–1776）

Bigbee, Brett〈20世紀〉
アメリカの画家。
⇒世芸（ビグビー, ブレット 1954–）

Bigelow, William Sturgis〈19・20世紀〉
アメリカの医師, 日本美術研究家。来日し, 日本美術, 仏教研究を行う。
⇒日人（ビゲロー 1850–1926）
来日（ビゲロー 1850–1926）

Bignens, Max〈20世紀〉
スイスの舞台装置家。
⇒オペ（ビグネンス, マックス 1912.6.9–）

Bigot, Georges Ferdinand〈19・20世紀〉
フランスの画家。日本美術を愛好し, その研究のため来日。
⇒芸術（ビゴー, ジョルジュ 1860–1927）
広辞4（ビゴー 1860–1927）
広辞5（ビゴー 1860–1927）
広辞6（ビゴー 1860–1927）
国史（ビゴー 1860–1927）
コン2（ビゴ 1860–1927）
コン3（ビゴー 1860–1927）
新美（ビゴー, ジョルジュ 1860.4.7–1927）
西洋（ビゴー 1860.4.6–1927）
世芸（ビゴー, ジョルジュ 1860–1927）
全書（ビゴー 1860–1927）
大辞（ビゴー 1860–1927）
大辞2（ビゴー 1860–1927）
大辞3（ビゴー 1860–1927）
デス（ビゴ 1860–1927）
ナビ（ビゴー 1860–1927）
二十（ビゴー, G.F. 1860–1927）
日研（ビゴー, ジョルジュ 1860.4.7–1927.10.10）
日人（ビゴー 1860–1927）
百科（ビゴー 1860–1927）
来日（ビゴー 1860–1927）

Bihzād, Kamāl al-Dīn, Ustād〈15・16世紀〉
ペルシアの細密画家。生年は1450～60年の間と推定。
⇒国小（ビフザード 生没年不詳）
コン2（ビフザード 1450頃–1534）
コン3（ビフザード 1450頃–1534）
新美（ビヒザード）
西洋（ビフザード 1450頃–1534）
世東（ビフザード 1450頃–1534）
中ユ（ビフザード 1450年代頃–1536/37）
伝世（ビフザード ?–1530頃）
百科（ビヒザード 1450頃–1536/37）

Bijlert, Jan van〈17世紀〉
オランダの画家。
⇒新美（ベイレルト, ヤン・ファン 1603–1671.11.13）

Bileck, Marvin〈20世紀〉
アメリカのイラストレーター。
⇒児イ（Bileck, Marvin 1920–）

Bilibin, Ivan Jakovlevich〈19・20世紀〉
ロシアの挿絵画家。
⇒児イ（Bilibin, Ivan Jakovlevich 1876–1942）

Bilivert, Giovanni〈16・17世紀〉
イタリアの画家。
⇒世美（ビリヴェルト, ジョヴァンニ 1576–1644）

Bill, Max〈20世紀〉
スイスの建築家, 彫刻家, デザイナー。1944年世界最初の「コンクレーテ・クンスト（具体芸術）」国際展を組織し, その運動の主導者となる。
⇒岩ケ（ビル, マックス 1908–1994）
オ西（ビル, マックス 1908–）
現人（ビル 1908.12.22–）
広辞5（ビル 1908–1994）
広辞6（ビル 1908–1994）
国小（ビル 1908–）
新美（ビル, マックス 1908.12.22–）
西洋（ビル 1908.12.22–）
世芸（ビル, マックス 1908–）
世西（ビル 1908.12.22–）
世美（ビル, マックス 1908–）
全書（ビル 1908–）
大辞3（ビル 1908–1994）
大百（ビル 1908–）
二十（ビル, マックス 1908.12.22–）

Bille, Jean〈20世紀〉
イタリア生れの画家。
⇒世芸（ビィエ, ジェーン 1925–）

Billings, Hammatt 〈19世紀〉
アメリカ人画家。
⇒世児（ビリングズ, ハマット　1818-1874）

Bilsen, Rita van 〈20世紀〉
ベルギーのイラストレーター。
⇒児イ（Bilsen, Rita van　ビルセン, R.van　1949-）

Binago, Lorenzo 〈16・17世紀〉
イタリアの建築家。
⇒世美（ビナーゴ, ロレンツォ　1556-1629）

Bindesbøll, Thorwald 〈19・20世紀〉
デンマークの建築家, 装飾家。
⇒世美（ビーネスボル, トーヴァル　1846-1908）

Binello 〈12・13世紀〉
イタリアの彫刻家。
⇒世美（ビネッロ　12-13世紀）

Binet, René 〈19・20世紀〉
フランスの建築家, 画家。
⇒世美（ビネ, ルネ　1866-1911）

Bing, Ilse 〈20世紀〉
ドイツの写真家。
⇒世女日（ビング, イルゼ　1899-1998）

Bing, Samuel 〈19・20世紀〉
ドイツの画商, 日本美術研究家。のちフランスに帰化。
⇒新美（ビング, サミュエル　1838-1905）
　世美（ビング, サミュエル　1838-1905）
　二十（ビング, サミュエル　1838-1905）
　日研（ビング, サムエル　1838.2.26-1905）
　来日（ビング　1838-1905）

Bingham, Caleb George 〈19世紀〉
アメリカの画家。
⇒芸術（ビンガム, ジョージ・ケイラブ　1811-1879）
　新美（ビンガム, ジョージ・ケーレブ　1811.3.20-1879.1.1）
　世美（ビンガム, ケイレヴ・ジョージ　1811-1879）

Bingham, Margaret 〈19世紀〉
イギリスの画家。
⇒世女日（ビンガム, マーガレット　?-1814）

Binn, Mark 〈20世紀〉
アメリカのイラストレーター。
⇒児イ（Binn, Mark）

Binyon, Laurence 〈19・20世紀〉
イギリスの美術研究家, 詩人, 劇作家。東洋美術の研究で知られる。
⇒イ文（Binyon, (Robert) Laurence　1869-1943）
　岩ケ（ビニヨン, (ロバート・)ローレンス　1869-1943）
　才世（ビニヨン, (ロバート・)ローレンス　1869-1943）
　外国（ビニオン　1869-1943）
　国小（ビニヨン　1869.8.10-1943.3.10）
　コン2（ビニヨン　1869-1943）
　コン3（ビニヨン　1869-1943）
　集世（ビニヨン, ロレンス　1869.8.10-1943.3.11）
　集文（ビニヨン, ロレンス　1869.8.10-1943.3.11）
　西洋（ビニヨン　1869.8.10-1943.3.10）
　世アン（ビニアン　1869.8.10-1943.3.10）
　世美（ビニヨン, ローレンス　1869-1943）
　世百（ビンヨン　1869-1943）
　世文（ビニヨン, ロレンス　1869-1943）
　全書（ビニヨン　1869-1943）
　大百（ビニヨン　1869-1943）
　二十（ビニヨン, ロバート・ロレンス　1869-1943）
　二十英（Binyon, (Robert) Laurence　1869-1943）
　日人（ビニヨン　1869-1943）
　百科（ビニヨン　1869-1943）
　来日（ビニヨン　1869-1943）

Birago, Giovan Pietro 〈15・16世紀〉
イタリアの版画家, 写本装飾画家。
⇒世美（ビラーゴ, ジョヴァン・ピエトロ　(記録)1472-1513）

Birch, Reginald 〈19・20世紀〉
アメリカの画家。
⇒英児（バーチ, レジナルド　1856-1943）
　世児（バーチ, レジナルド　1856-1943）

Bird, Alice 〈20世紀〉
画家, イラストレーター。
⇒児イ（Bird, Alice　バード, A.）

Biribin, Ivan Yakovlevich 〈19・20世紀〉
ソ連(ロシア)の絵本画家。
⇒児文（ビリービン, イワン・Я.　1876-1942）
　二十（ビリービン, イワン　1876-1942）
　ロシ（ビリービン　1876-1942）

Birkner Bindesøll, Michael Gottlieb 〈19世紀〉
デンマークの建築家。
⇒建築（ビルクナー・ビンデソル, ミッカエル・ゴットリーブ　1800-1856）

Biro, Val 〈20世紀〉
ハンガリー生れのイギリスの絵本作家, 挿絵画家。
⇒英児（Biro, Val　バイロー, ヴァル　1921-）
　児イ（Biro, Val　ビーロウ, V.　1921-）
　世児（ビロー, ヴァル(・バーリント・スティーヴン)　1921-）

Birolli, Renato 〈20世紀〉
イタリアの画家。
⇒世美（ビロッリ, レナート　1906-1959）

Biscaino, Bartolomeo 〈17世紀〉
イタリアの画家。
⇒世美（ビスカイーノ, バルトロメーオ 1632頃-1657）

Bischof, Werner 〈20世紀〉
スイスの写真家。
⇒ナビ（ビショフ 1916-1954）
二十（ビショフ, W. 1916-1954）

Biset, Charles-Emmanuel 〈17世紀〉
フランドルの画家。
⇒世美（ビゼ, シャルル＝エマニュエル 1633-1691頃）

Bishan Dās 〈17世紀〉
インドの宮廷画家(17世紀)。ムガル帝国のジャハーンギール王(在位1605～27)に仕えた肖像画家。
⇒国小（ビシャン・ダース 生没年不詳）

Bishop, Gavin 〈20世紀〉
ニュージーランドの絵本作家, 絵本画家。
⇒オセ新（ビショップ 1946- ）
児作（Bishop, Gavin ビショップ, ガビン 1946- ）

Bisi, Giuseppe 〈18・19世紀〉
イタリアの画家。
⇒世美（ビージ, ジュゼッペ 1787-1869）

Bisi, Luigi 〈19世紀〉
イタリアの画家, 建築家。
⇒世美（ビージ, ルイージ 1814-1886）

Bisi, Michele 〈18・19世紀〉
イタリアの画家, 版画家。
⇒世美（ビージ, ミケーレ 1788-1874）

Bison, Giuseppe Bernardino 〈18・19世紀〉
イタリアの画家。
⇒世美（ビゾン, ジュゼッペ・ベルナルディーノ 1762-1844）

Bisset, Donald 〈20世紀〉
イギリスの俳優, 児童文学作家, 挿絵画家。
⇒児文（ビセット, ドナルド 1910- ）
二十（ビセット, ドナルド 1910- ）

Bissier, Julius Heinrich 〈20世紀〉
ドイツの画家。
⇒世美（ビシーア, ユリウス・ハインリヒ 1893-1965）

Bissière, Roger 〈19・20世紀〉
フランスの画家。キュビスムの運動に参加。
⇒オ西（ビシエール, ロジェ 1888-1964）
国小（ビシエール 1888-1964）
コン美（ビシエール 1888-1964）
新美（ビシエール, ロジェ 1888.9.22-1964.12.2）
西洋（ビシエール 1888.9.22-1964.12.2）
世美（ビシエール, ロジェ 1888-1964）
世百（ビシエール 1888-1964）
二十（ビシエール, ロジェ 1888.9.22-1964.1.22）

Bissing, Friedrich Wilhelm von 〈19・20世紀〉
ドイツのエジプト学者。エジプトおよび西南アジア全域の古代学を研究。
⇒西洋（ビッシング 1873.4.22-1956.1.12）
世美（ビッシング, フリードリヒ・ヴィルヘルム・フォン 1873-1956）
名著（ビッシング 1873-1956）

Bissolo, Francesco 〈15・16世紀〉
イタリアの画家。
⇒世美（ビッソーロ, フランチェスコ 1470頃-1554）

Bistolfi, Leonardo 〈19・20世紀〉
イタリアの彫刻家。
⇒世美（ビストルフィ, レオナルド 1859-1933）

Bittino da Faenza 〈15世紀〉
イタリアの画家。
⇒世美（ビッティーノ・ダ・ファエンツァ ?-1427）

Bizette-Lindet, André 〈20世紀〉
フランスの彫刻家。
⇒世芸（ビゼット・リンデ, アンドレ ?- ）

Bjorklund, Lorence F. 〈20世紀〉
アメリカのイラストレーター。
⇒児イ（Bjorklund, Lorence F.）

Bjornson, Maria 〈20世紀〉
ノルウェーとルーマニア系のイギリスの舞台装置家。
⇒岩ケ（ビョーンソン, マリア 1949- ）
オペ（ビョーンソン, マリア 1949- ）

Bjurklid, Haakon 〈20世紀〉
ノルウェーのイラストレーター。
⇒児イ（Bjurklid, Haakon ビョルクリット, H.）

Black, Misha 〈20世紀〉
イギリスのデザイナー, 工芸家。各種の国際的な博覧会の展示を担当。
⇒岩ケ（ブラック, サー・ミーシャ 1910-1977）
国小（ブラック 1910-1977）
世芸（ブラック, ミッシャ 1910-1979）

Blackburn, Jemima 〈19・20世紀〉
スコットランドの画家。
⇒世女日（ブラックバーン, ジェミマ 1823-1909）

Blackburn, Joseph 〈18世紀〉
イギリス生れのアメリカの画家。主要作品『マーガレット・シルヴェスター・チーズバラ夫人』(1754)。

⇒国小（ブラックバーン　1700頃-1774）

Blacket, Edmund Thomas　〈19世紀〉
オーストラリアの建築家。
⇒岩ケ（ブラケット，エドマンド・トマス　1817-1883）

Blackton, James Stuart　〈19・20世紀〉
イギリス生れの漫画家，映画製作者，監督，脚本家，男優，アニメーション作家。
⇒世映（ブラックトン，ジェイムズ・ステュアート　1875-1941）

Blackwell, Mr. (Richard)　〈20世紀〉
アメリカのデザイナー，ファッション評論家。
⇒現ア（Blackwell, Mr. (Richard)　ブラックウェル，リチャード　1925-）

Bladen, Ronald　〈20世紀〉
カナダの彫刻家。
⇒美術（ブレーデン，ロナルド　1918-）

Blades, Ann　〈20世紀〉
カナダの女性作家，挿絵画家。
⇒英児（Blades, Ann　ブレイズ，アン　1947-）

Blaine, Mahlon　〈20世紀〉
アメリカの画家。
⇒幻文（ブレイン，マーロン　1894-1970）

Blair, Catherine　〈19・20世紀〉
イギリス・スコットランドの陶芸家。
⇒世女日（ブレア，キャサリン　1872-1946）

Blair, Helen　〈20世紀〉
アメリカのイラストレーター。
⇒児イ（Blair, Helen　ブレア，H.　1910-）

Blaisdell, Elinor　〈20世紀〉
アメリカの作家，アンソロジスト。
⇒幻想（ブレイスデル，エリナー　1904-）
児イ（Blaisdell, Elinore　ブレイズデル，E.　1904-）

Blake, John C.　〈20世紀〉
アメリカ生れの画家。
⇒世芸（ブレイク，ジョン・C　1945-）

Blake, Peter　〈20世紀〉
イギリスの画家。第2期のポップ・アーティスト。
⇒岩ケ（ブレイク，ピーター　1932-）
世芸（ブレイク，ピーター　1932-）
美術（ブレイク，ピーター　1931-）

Blake, Quentine　〈20世紀〉
イギリスの挿絵画家。
⇒英児（Blake, Quentin Saxby　ブレイク，クウェンティン・サクスビー　1932-）
児イ（Blake, Quentin　ブレイク，Q.　1932-）
児文（ブレイク，クエンティン　1932-）

世児（ブレイク，クウェンティン（・サクスビー）　1932-）
二十（ブレイク，クエンティン　1932-）

Blake, William　〈18・19世紀〉
イギリスの詩人，画家，神秘思想家。予言思想家としても知られた。
⇒逸話（ブレイク　1757-1827）
イ哲（ブレイク，W.　1757-1827）
イ文（Blake, William　1757-1827）
岩ケ（ブレイク，ウィリアム　1757-1827）
英文（ブレイク，ウィリアム　1757-1827）
英米（Blake, William　ブレーク〔ウィリアム〕　1757-1827）
外国（ブレーク　1757-1827）
角世（ブレーク　1757-1827）
キリ（ブレーク，ウィリアム　1757.11.28-1827.8.12）
芸術（ブレーク，ウィリアム　1757-1827）
幻想（ブレーク，ウィリアム　1757-1827）
幻文（ブレーク，ウィリアム　1757-1827）
広辞4（ブレーク　1757-1827）
広辞6（ブレーク　1757-1827）
国小（ブレーク　1757.11.28-1827.8.12）
国百（ブレーク，ウィリアム　1757.11.28-1827.8.12）
コン2（ブレーク　1757-1827）
コン3（ブレーク　1757-1827）
児童（ブレイク，ウイリアム　1757-1827）
児文（ブレイク，ウィリアム　1757-1827）
集世（ブレイク，ウィリアム　1757.11.28-1827.8.12）
集文（ブレイク，ウィリアム　1757.11.28-1827.8.12）
新美（ブレーク，ウィリアム　1757.11.28-1827.8.12）
人物（ブレーク　1757.11.28-1827.8.12）
西洋（ブレーク　1757.11.28-1827.8.12）
世児（ブレイク，ウィリアム　1757-1827）
世西（ブレーク　1757.12.11-1827.8.2）
世美（ブレーク，ウィリアム　1757-1827）
世百（ブレーク　1757-1827）
世文（ブレイク，ウィリアム　1757-1827）
全書（ブレーク　1757-1827）
大辞（ブレーク　1757-1827）
大辞3（ブレーク　1757-1827）
大百（ブレーク　1757-1827）
デス（ブレーク　1757-1827）
伝世（ブレーク　1757.11.28-1827.8.12）
百科（ブレーク　1757-1827）
評世（ブレーク　1757-1827）
名詩（ブレイク，ウィリアム　1757-1827）
名著（ブレーク　1757-1827）

Blakelock, Ralph Albert　〈19・20世紀〉
アメリカの画家。アメリカ西部を旅行して，インディアンの生活や風物を描いた。主作品に『月光下の小川』（1916）。
⇒国百（ブレークロック　1847.10.15-1919.8.9）

Blampied, Edmund　〈19・20世紀〉
イギリスのアーティスト。
⇒岩ケ（ブランピエ，エドマンド　1886-1966）

Blanc, Auguste Alexandre Philippe

Charles 〈19世紀〉
フランスの美術史家, 批評家。美術評論誌 "Gazette des Beaux Arts"を創刊。
⇒西洋（ブラン　1813.11.5-1882.1.17）
　世美（ブラン, シャルル　1813-1882）

Blanc, Martine 〈20世紀〉
フランスのイラストレーター。
⇒児イ（Blanc, Martine　ブラン, M.　1944-）

Blanchard, Jacques 〈17世紀〉
フランスの画家。
⇒新美（ブランシャール, ジャック　1600.10.1-1638.11）
　世美（ブランシャール, ジャック　1600-1638）

Blanche, Jacques Emile 〈19・20世紀〉
フランスの画家, グラフィック・デザイナー, 批評家。装飾的な画風の静物画やインテリア・デザインで知られた。
⇒芸術（ブランシュ, ジャック・エミール　1861-1942）
　国小（ブランシュ　1861.2.1-1942.10.30）
　新美（ブランシュ, ジャック=エミール　1861.2.1-1942.10.30）
　世芸（ブランシュ, ジャック・エミール　1861-1942）
　世美（ブランシュ, ジャック=エミール　1861-1942）
　二十（ブランシュ, ジャック・エミール　1861.2.1-1942.10.31）

Blanco, Enrique Martinez 〈20世紀〉
キューバのイラストレーター。
⇒児イ（Blanco, Enrique Martinez　ブランコ, E.M.　1947-）

Blankenburg, Christian Friedrich von 〈18世紀〉
ドイツの文学・美学研究者。プロイセンの貴族で士官, 啓蒙主義者の一人。
⇒集世（ブランケンブルク, クリスティアン・フリードリヒ・フォン　1744.1.24-1796.5.4）
　集文（ブランケンブルク, クリスティアン・フリードリヒ・フォン　1744.1.24-1796.5.4）
　全書（ブランケンブルク　1744-1796）

Blashfield, Edwin Howland 〈19・20世紀〉
アメリカの画家。ワシントンの国会図書館の天井画などを描いた。
⇒国小（ブラシュフィールド　1848.12.15-1936.10.12）

Blasor, Lorraine 〈20世紀〉
アメリカ生れの画家。
⇒世芸（ブレーザー, ロレイヌ　1951-）

Blass, Bill 〈20世紀〉
アメリカのファッション・デザイナー。
⇒岩ケ（ブラス, ビル　1922-）
　現ア（Blass, Bill　ブラス, ビル　1922-）

Blatt, Anny 〈20世紀〉
女性編物デザイナー。パリに店をもつほか, イギリスでは毛織物の研究をし, コレクションの発表もした。
⇒大百（ブラット　?-）

Blechen, Karl Eduard Ferdinand 〈18・19世紀〉
ドイツの画家。1831年ベルリン・アカデミーの風景画教授。
⇒芸術（ブレッヒェン, カルル　1798-1840）
　国小（ブレッヘン　1798-1840）
　新美（ブレッヒェン, カール　1798.7.29-1840.7.23）
　西洋（ブレッヘン　1798.7.29-1840.7.23）
　世美（ブレッヒェン, カール　1798-1840）

Blecher, Wilfried 〈20世紀〉
ドイツのイラストレーター。
⇒児イ（Blecher, Wilfried　ブレヒャー, W.　1930-）

Bleckner, Ross 〈20世紀〉
アメリカ生れの画家。
⇒世芸（ブレックナー, ロス　1949-）

Bledowski, Christopher 〈20世紀〉
イギリス生れの画家。
⇒世芸（ブレドゥスキー, クリストファー　1957-）

Blegen, Carl William 〈19・20世紀〉
アメリカの考古学者。トロイ遺跡の精密な再調査を行った。
⇒外国（ブレーゲン　1887-）
　国小（ブレーゲン　1887.1.27-1971.8.24）
　新美（ブレーゲン, カール・ウィリアム　1887.1.27-1971.8.24）
　西洋（ブレーゲン　1887.1.27-1971.8.24）
　世美（ブレーゲン, カール・ウィリアム　1887-1971）
　二十（ブレーゲン, カール・ウィリアム　1887.1.27-1971.8.24）

Blegvad, Erik 〈20世紀〉
デンマーク・コペンハーゲン生れのイギリスの絵本作家, 挿絵画家。
⇒英児（Blegvad, Erik　ブレグヴァド, イーリク　1923-）
　児イ（Blegvad, Erik　ブレグバード, E.　1923-）
　世児（ブレグヴァド, イーリク　1923-）

Bleibtreu, Georg 〈19世紀〉
ドイツの画家。対デンマーク戦争, 続いて普墺戦争, 普仏戦争の戦争画を描いた。
⇒西洋（ブライプトロイ　1828.3.27-1892.10.16）

Bliss, Lizzie Plummer 〈19・20世紀〉
アメリカの美術収集家。
⇒世女日（ブリス, リジー・プラマー　1864-1931）

Bliss, Mildred Barnes 〈19・20世紀〉
アメリカの美術収集家。
⇒世女日（ブリス，ミルドレッド・バーンズ 1879–1969）

Bloch, Lucienne 〈20世紀〉
スイスのイラストレーター。
⇒児イ（Bloch, Lucienne ブロック, L. 1909–）

Bloch, Martin 〈19・20世紀〉
ドイツの画家。
⇒岩ケ（ブロッホ，マルティン 1883–1954）

Bloch, Vitale 〈20世紀〉
フランスの美術批評家，収集家。
⇒世美（ブロック，ヴィタール 1900–1975）

Blocklandt van Montfoort, Anthonie 〈16世紀〉
北ネーデルラントの画家。
⇒世美（ブロックラント・ファン・モントフォールト，アントニー 1532–1583）

Bloemaert, Abraham 〈16・17世紀〉
オランダの画家，版画家。ユトレヒト派の形成に影響。
⇒キリ（ブルーマールト，アーブラーハム（アーブラム） 1564.12.25?–1651.1.27）
芸術（ブロエマェルト，アブラハム 1564–1651）
国小（ブルーマール 1564–1651）
新美（ブルーマールト，アブラハム 1564.12.25–1651.1.27）
西洋（ブルーマールト 1564–1651.1.27）
世美（ブルーマールト，アブラハム 1564–1651）

Bloemaert, Cornelis Abrahamsz 〈17世紀〉
オランダの版画家。
⇒世美（ブルーマールト，コルネリス・アブラハムスゾーン 1603頃–1684頃）

Bloemen, Jan Frans van 〈17・18世紀〉
フランドルの画家。主にイタリアで活躍。
⇒国小（ブルーメン 1662–1748頃）
世美（ファン・ブルーメン，ヤン・フランス 1662–1749）

Blondeel, Lanceloot 〈15・16世紀〉
フランスの画家，版画家，建築家。
⇒世美（ブロンデール，ランセロート 1498–1561）

Blondel, Jacques François 〈18世紀〉
フランスの建築家，建築史学者。建築史学を確立。
⇒建築（ブロンデル，ジャック＝フランソワ 1705–1774）
国小（ブロンデル 1705.9.8–1774.1.9）
コン2（ブロンデル 1705–1774）
コン3（ブロンデル 1705–1774）
新美（ブロンデル，ジャック＝フランソワ 1705.1.8–1774.1.9）
西洋（ブロンデル 1705.9.8–1774.1.9）
世西（ブロンデル 1705–1774）
世美（ブロンデル，ジャック＝フランソワ 1705–1774）
大百（ブロンデル 1705–1774）
百科（ブロンデル 1705–1774）
名著（ブロンデル 1705–1774）

Blondel, Nicolas-François 〈17世紀〉
フランスの建築家，建築理論家。主作品にサン・ドニ門（1671，パリ），主著『建築教科書』（1675）がある。
⇒建築（ブロンデル，ニコラ＝フランソワ 1617–1686）
国小（ブロンデル 1617–1668）
新美（ブロンデル，フランソワ 1618–1686.1.21）
西洋（ブロンデル 1617–1686.1.21）
世西（ブロンデク 1618–1686）
世美（ブロンデル，ニコラ＝フランソワ 1618–1686）
世百（ブロンデル 1617–1686）
大百（ブロンデル 1618–1686）
百科（ブロンデル 1617–1686）

Bloom, Mary 〈20世紀〉
アメリカ・ニューヨーク在住の動物写真家。
⇒児作（Bloom, Mary ブルーム，メアリー）

Blum, Naomi 〈20世紀〉
アメリカ生れの画家。
⇒世芸（ブルム，ナオミ 1937–）

Blume, Peter 〈20世紀〉
ロシア生れのアメリカの画家。
⇒岩ケ（ブルーム，ピーター 1906–）
世芸（ブルーム，ピーター 1906–1975）

Blumenfeld, Erwin 〈20世紀〉
アメリカの写真家。ドイツ生れ。雑誌『ヴォーグ』『コスモポリタン』などファッション写真，広告写真の分野で活躍。
⇒ナビ（ブルーメンフェルド 1897–1969）

Blumenschein, Mary 〈19・20世紀〉
アメリカの挿絵画家。
⇒世女日（ブルーメンシャイン，メアリー 1869–1957）

Blumenthal, Hermann 〈20世紀〉
ドイツの彫刻家。
⇒西洋（ブルーメンタール 1905.12.31–1942.8.17）

Blümner, Hugo 〈19・20世紀〉
ドイツの考古学者，文献学者。
⇒世美（ブリュムナー，フーゴー 1844–1919）

Blunt, Anthony Frederic 〈20世紀〉
イギリスの美術史家。ルネサンスから近代にかけてのイタリアおよびフランス美術史の権威。
⇒岩ケ（ブラント，アントニー（・フレデリック） 1907–1983）
西洋（ブラント 1907.9.26–）
世美（ブラント，アンソニー・フレデリック

1907-1981)

Blust, Earl R. 〈20世紀〉
アメリカのイラストレーター。
⇒児イ（Blust, Earl R.）

Bo, Lars 〈20世紀〉
デンマークのイラストレーター。
⇒児イ（Bo, Lars ボー, L. 1924-）

Boberg, Ferdinand 〈19・20世紀〉
スウェーデンの建築家。百貨店, 公共建築物を建築。
⇒西洋（ボーベリ 1860.4.11-1946）

Böblinger, Hans der Ältere 〈15世紀〉
ドイツの建築家。
⇒国小（ベーブリンガー, ハンス ?-1482）
　西洋（ベーブリンガー ?-1482.1.4）

Böblinger, Lucas 〈15・16世紀〉
ドイツの建築家。
⇒国小（ベーブリンガー, ルーカス ?-1502）

Böblinger, Matthäus 〈15・16世紀〉
ドイツの建築家。
⇒国小（ベーブリンガー, マットイス ?-1505）
　新美（ベーブリンガー, マテーウス ?-1505）
　西洋（ベーブリンガー ?-1505）

Bobritsky, Vladimir 〈20世紀〉
ロシアのイラストレーター。
⇒児イ（Bobritsky, Vladimir ボブリツキー, V. 1898-）

Boccaccino, Boccaccio 〈15・16世紀〉
イタリアの歴史画家。
⇒西洋（ボッカッチーノ 1467頃-1524/5）
　世美（ボッカッチーノ, ボッカッチョ 1465頃-1525頃）

Boccaccino, Camillo 〈16世紀〉
イタリアの画家。
⇒世美（ボッカッチーノ, カミッロ 1504-1546）

Boccadoro, Domenico Bernabei (Domenico da Cortona) 〈16世紀〉
イタリアの建築家, インテリア・デザイナー。
⇒建築（ボッカドーロ, ドメニコ・ベルナベイ（ドメニコ・ダ・コルトーナ（通称）） ?-1549頃）
　新美（ドメーニコ・ダ・コルトーナ 1470頃-1549）

Boccardi, Francesco 〈16世紀〉
イタリアの写本装飾画家。
⇒世美（ボッカルディ, フランチェスコ ?-1547）

Boccardi, Giovanni 〈15・16世紀〉
イタリアの写本装飾画家。
⇒世美（ボッカルディ, ジョヴァンニ 1460-1529）

Boccati 〈15世紀〉
イタリアの画家。
⇒世美（ボッカーティ 1420頃-?）

Bocchi, Amedeo 〈19・20世紀〉
イタリアの画家。
⇒世美（ボッキ, アメデーオ 1883-1977）

Boccioni, Umberto 〈19・20世紀〉
イタリアの画家, 彫刻家。1910年「未来派宣言」に参加。主作品『弾性』(1912)。
⇒岩ケ（ボッチョーニ, ウンベルト 1882-1916）
　才西（ボッチョーニ, ウンベルト 1882-1916）
　外国（ボッチョーニ 1882-1916）
　広辞5（ボッチョーニ 1882-1916）
　広辞6（ボッチョーニ 1882-1916）
　国小（ボッチョーニ 1882.10.19-1916.8.16）
　コン3（ボッチョーニ 1882-1916）
　新美（ボッチョーニ, ウンベルト 1882.10.19-1916.8.17）
　人物（ボッチョーニ 1882.10.19-1916.8.17）
　西洋（ボッチョーニ 1882.10.19-1916.8.17）
　世芸（ボッチョーニ, ウンベルト 1882-1916）
　世西（ボッチォーニ 1882-1916）
　世美（ボッチョーニ, ウンベルト 1882-1916）
　世百（ボッチョーニ 1882-1916）
　世百新（ボッチョーニ 1882-1916）
　全書（ボッチョーニ 1882-1916）
　大辞3（ボッチョーニ 1882-1916）
　伝世（ボッチォーニ 1882.10.19-1916）
　ナビ（ボッチョーニ 1882-1916）
　二十（ボッチョーニ, ウンベルト 1882.10.19-1916.8.17）
　百科（ボッチョーニ 1882-1916）

Böcher, Otto 〈20世紀〉
ドイツの聖書神学者, キリスト教美術史家。
⇒キリ（ベッヒャー, オットー 1935.3.12-）

Bock, Vera 〈20世紀〉
ロシアのイラストレーター。
⇒児イ（Bock, Vera ボック, V.）

Bock, William Sauts 〈20世紀〉
アメリカのイラストレーター。
⇒児イ（Bock, William Sauts ボック, W.S.）

Böcklin, Arnold 〈19・20世紀〉
スイスの画家。象徴主義的な独特の画風でドイツのミュンヘン派に影響。作品『死者の島』など。
⇒岩ケ（ベックリン, アルノルト 1827-1901）
　外国（ベックリン 1827-1901）
　キリ（ベックリーン, アルノルト 1827.10.16-1901.1.16）
　芸術（ベックリーン, アルノルト 1827-1901）
　幻想（ベックリン, アーノルト 1827-1901）
　幻文（ベックリン, アルノルト 1827-1901）
　広辞4（ベックリーン 1827-1901）
　広辞5（ベックリーン 1827-1901）
　広辞6（ベックリーン 1827-1901）
　国小（ベックリン 1827.10.16-1901.1.16）
　コン2（ベックリン 1827-1901）
　コン3（ベックリン 1827-1901）

新美（ベックリーン, アルノルト　1827.10.16–1901.1.16)
人物（ベックリン　1827.10.16–1901.1.16)
西洋（ベックリン　1827.10.16–1901.1.16)
世代（ベックリン　1827.10.16–1901.1.16)
世美（ベックリン, アルノルト　1827–1901)
世百（ベックリン　1827–1901)
全書（ベックリン　1827–1901)
大辞3（ベックリーン　1827–1901)
大百（ベックリン　1827–1901)
デス（ベックリン　1827–1901)
伝世（ベックリーン　1827.10.6–1901.1.16)
ナビ（ベックリン　1827–1901)
百科（ベックリン　1827–1901)

Böckmann, Wilhelm 〈19・20世紀〉
ドイツ建築家。1886年に来日し、国会議事堂の設計に参与した。
⇒国史（ベックマン　1832–1902)
　コン2（ベックマン　1832–1902)
　コン3（ベックマン　1832–1902)
　西洋（ベックマン　1832.1.29–1902.10.22)
　全書（ベックマン　1832–1902)
　日人（ベックマン　1832–1902)
　来日（ベックマン　1832–1902)

Bode, Wilhelm von 〈19・20世紀〉
ドイツの美術史家。1906〜20年にプロシアすべての王立美術館の総監督を務めた。
⇒外国（ボーデ　1845–1929)
　キリ（ボーデ, ヴィルヘルム・フォン　1845.12.10–1929.3.1)
　国小（ボーデ　1845.12.10–1929.3.1)
　新美（ボーデ, ヴィルヘルム・フォン　1845.12.10–1929.3.1)
　西洋（ボーデ　1845.12.10–1929.3.1)
　世美（ボーデ, ヴィルヘルム・フォン　1845–1929)
　二十（ボーデ, ウィルヘルム・フォン　1845.12.10–1929.3.1)
　名著（ボーデ　1845–1929)

Bodecker, Niels Mogens 〈20世紀〉
デンマーク・コペンハーゲン生れの作家, 詩人, 挿絵画家。
⇒英児（Bodecker, Niels Mogens　ボウデカー, ニールス・モーゲンス　1922–1988)
　児イ（Bodecker, Nils Mogens　ボーデッガー, N.M.　1922–)

Bodini, Floriano 〈20世紀〉
イタリア生れの彫刻家。
⇒世芸（ボディーニ, フロリアーノ　1933–)
　世美（ボディーニ, フロリアーノ　1933–)

Bodley, George Frederick 〈19・20世紀〉
イギリスの建築家。ゴシック様式の教会堂を建築。
⇒キリ（ボドリ, ジョージ・フレデリク　1827–1907.10.21)
　西洋（ボドリ　1827–1907.10.21)

Bodoni, Giambattista 〈18・19世紀〉
イタリアの印刷者, 活字彫刻者。

⇒岩ケ（ボドーニ, ジャンバッティスタ　1740–1813)
　集文（ボドーニ, ジャンバッティスタ　1740.2.26–1813.11.30)
　西洋（ボドーニ　1740.2.16–1813.11.29)
　世美（ボドーニ, ジャンバッティスタ　1740–1813)

Bodt, Jean de 〈17・18世紀〉
フランスの建築家。
⇒建築（ボッド, ジャン・ド　1670–1745)

Boeckl, Herbert 〈20世紀〉
現代オーストリアの代表的画家。
⇒キリ（ベークル, ヘルベルト　1894.6.3–1966.1.20)

Boeghem, Louis van (Bodeghem, Louis van) 〈15・16世紀〉
フランドルの建築家。
⇒建築（ブーゲン, ルイ・ヴァン（ボデゲン, ルイ・ヴァン）　1470頃–1540)
　世美（ファン・ボーデヘム, ルイ　1470頃–1540)

Boehm, Sir Joseph Edgar 〈19世紀〉
オーストリアの彫刻家。
⇒芸術（ベーム, エドガー　1834–1890)

Boehmer, Louis 〈19世紀〉
アメリカの園芸家。日本政府に招かれて来日, 開拓使園芸作物主任。
⇒日人（ベーマー　1841–1892)
　来日（ベーマー　1843.5.30–1895頃)

Boehn, Max von 〈19・20世紀〉
ドイツの美術および文化史家。特に18世紀の芸術および文化を研究。
⇒西洋（ベーン　1860.2.5–1932.5.19)
　名著（ベーン　1860–1932)

Boëthius, Axel 〈19・20世紀〉
スウェーデンの考古学者, 美術史家。
⇒世美（ボエティウス, アクセル　1889–1969)

Boēthos 〈前2世紀〉
ギリシアの彫刻家。
⇒コン2（ボエトス　前2世紀頃)
　コン3（ボエトス　生没年不詳)
　西洋（ボエトス　前2世紀頃)
　世西（ボエトス　前2世紀)
　世美（ボエトス　前2世紀前半)

Boetto, Giovènale 〈17世紀〉
イタリアの建築家。
⇒世美（ボエット, ジョヴェナーレ　1603頃–1678)

Boffrand, Gabriel-Germain 〈17・18世紀〉
フランスの建築家。ロココ様式の創始者の一人。
⇒建築（ボフラン, ガブリエル＝ジェルマン　1667–1754)

	国小（ボッフラン　1667.5.7-1754.3.18）
	新美（ボフラン，ガブリエル＝ジェルマン　1667.5.7-1754.3.18）
	西洋（ボフラン　1667-1754）
	世美（ボフラン，ガブリエル＝ジェルマン　1667-1754）
	全書（ボフラン　1667-1754）
	伝世（ボフラン　1667-1754）
	百科（ボフラン　1667-1754）

Bofill, Guillen 〈15世紀〉

スペインの建築長。
	⇒建築（ボフィール，ギジェン　（活動）1400頃）

Bofill, Ricardo 〈20世紀〉

建築家。ジュネーブ建築大学で学び，パリなどを中心に活動する。代表作品に『バリオ・ガウディ』『マルヌ＝ラ＝ヴァレの集合住宅』等がある。
	⇒二十（ボフィル，リカルド　1939-）

Bogacki, Tomek 〈20世紀〉

ポーランドの児童文学者。
	⇒児イ（Bogacki, Tomek　ボガツキー，T.　1950-）
	児作（Bogacki, Tomek　ボガツキー，トメク　1950-）

Bogardus, James 〈19世紀〉

アメリカの発明家。ビルディングの支柱，床および窓枠などに鋳鉄材を導入し，ニューヨークに最初の鋳鉄製ビルディングを建てた。
	⇒科学（ボガーダス　1800.3.14-1874.4.13）
	建築（ボガーダス，ジェームズ　1800-1874）
	世西（ボガーダス　1800.3.14-1874.4.13）
	世美（ボガーダス，ジェイムズ　1808-1874）

Bogatylyov, Yurii 〈20世紀〉

旧ソ連の俳優，画家。
	⇒外男（ボガトゥイリョフ，ユーリ　1947.3.2-）
	世俳（ボガティリョヴ，ウーリー　1947.3.2-1989.2.2）

Bogdesko, Iljya Trofimovich 〈20世紀〉

ロシアのイラストレーター。
	⇒児イ（Bogdesko, Iljya Trofimovich　バグディェスコ，I.T.　1923-）

Bognetti, Gian Piero 〈20世紀〉

イタリアの歴史家，美術史家。
	⇒世美（ボニェッティ，ジャン・ピエーロ　1902-1963）

Bogorodsky, Fiodor Seminovich 〈20世紀〉

ソ連の画家，サーカスの芸人，詩人。海軍飛行士を経て画家に転向し，スターリン賞受賞。
	⇒国小（ボゴロドスキー　1895-1959）
	世芸（ボゴロドスキー，フョードル・セミョノーヴィッチ　1895-1964）

Bohdal, Susi 〈20世紀〉

オーストリアのイラストレーター。
	⇒児イ（Bohdal, Susi　ボーダル，S.　1951-）

Bohigas, Oriol 〈20世紀〉

スペインの建築家。
	⇒二十（ボイーガス，オリオール　1925-）

Böhm, Dominikus 〈19・20世紀〉

ドイツの建築家。カトリック教会建築に現代的構造を用いた。
	⇒キリ（ベーム，ドミーニクス　1880.10.23-1955.8.6）
	西洋（ベーム　1880.10.23-1955.8.6）
	世美（ベーム，ドミニクス　1880-1955）

Böhm, Gottfried 〈20世紀〉

ドイツの建築家。アーヘン工科大学教授。
	⇒二十（ベーム，ゴットフリート　1920-）

Böhme, Lothar 〈20世紀〉

ドイツ生れの画家。
	⇒世芸（ベーメ，ロサ　1938-）

Bohmeier, Bernd 〈20世紀〉

ドイツの画家，作家。
	⇒世芸（ボーマイアー，ベルンド　1943-）

Boileau, Louis-Auguste 〈19世紀〉

フランスの建築家。
	⇒世美（ボワロー，ルイ＝オーギュスト　1812-1896）

Boilly, Louis-Léopold 〈18・19世紀〉

フランスの画家，版画家。
	⇒新美（ボワリー，ルイ＝レオポルド　1761.7.5-1845.1.4）
	世美（ボワイー，ルイ＝レオポルド　1761-1845）

Boinville, C.de 〈19・20世紀〉

フランスの建築家。来日し（1872），公共建築物の設計計画にあたった。
	⇒国史（ボアンビル　1849-?）
	新美（ボアンヴィル　1849-?）
	西洋（ボアンヴィル　1849-?）
	二十（ボアンヴィル，C.d.　1849-?）
	日人（ボワンビル　1849-?）

Boissard, Jean-Jacques 〈16・17世紀〉

フランスの考古学者。
	⇒世美（ボワサール，ジャン＝ジャック　1528-1602）

Boisserée, Johann Sulpiz Melchior Dominikus 〈18・19世紀〉

ドイツの美術学者。弟と共にドイツの中世美術を研究。
	⇒集世（ボワスレー，ズルピッツ　1783.8.2-1854.5.2）
	集乎（ボワスレー，ズルピッツ　1783.8.2-1854.5.2）

西洋（ボアスレ　1783.8.2-1854.5.2）
Boisserée, Melchior　〈18・19世紀〉
ドイツの美術学者。S.ボアスレの弟。
⇒西洋（ボアスレ　1786.4.23-1851.5.14）

Boito, Camillo　〈19・20世紀〉
イタリアの建築家、著述家。
⇒集世（ボーイト，カミッロ　1836.10.30-1914.6.28）
　集文（ボーイト，カミッロ　1836.10.30-1914.6.28）
　世美（ボイト，カミッロ　1836-1914）
　世文（ボーイト，カミッロ　1836-1914）

Bok, Hannes　〈20世紀〉
アメリカの幻想的な挿絵画家、小説家。
⇒英児（Bok, Hannes　ボック，ハネス　1914-1964）
　幻想（ボク，ハネス　1914-1964）
　幻文（ボク，ハネス　1914-1964）
　二十（ボク，ハネス　1914-1964）

Boker, Irving　〈20世紀〉
アメリカのイラストレーター。
⇒児イ（Boker, Irving　ボウカー，I.）

Bol, Ferdinand　〈17世紀〉
オランダの画家。作品は『エジプトへの逃避』(1644)『ナシを持つ婦人』(1651)など。
⇒岩ケ（ボル，フェルディナンド　1616頃-1680）
　キリ（ボル，フェルディナント　1616.6.24-1680.7.24）
　国小（ボル　1616.6.24-1680.7.24）
　新美（ボル，フェルディナント　1616.6-1680.7）
　西洋（ボル　1616.6.24-1680.7.24）
　世美（ボル，フェルディナント　1616-1680）

Bolden, Joseph　〈20世紀〉
アメリカのイラストレーター。
⇒児イ（Bolden, Joseph　ボールデン，J.）

Boldini, Giovanni　〈19・20世紀〉
イタリアの画家。多くの肖像画を描き、1872年以来パリに住み、シャンゼリゼ展に出品。
⇒芸術（ボルディーニ，ジョヴァンニ　1842-1931）
　国小（ボルディーニ　1845.12.31-1931.1.11）
　世芸（ボルディーニ，ジョヴァンニ　1842-1931）
　世美（ボルディーニ，ジョヴァンニ　1842-1931）

Boldrini, Niccolò　〈16世紀〉
イタリアの版画家。
⇒世美（ボルドリーニ，ニッコロ　16世紀）

Boldù, Giovanni　〈15世紀〉
イタリアのメダル制作家、画家。
⇒世美（ボルドゥー，ジョヴァンニ　15世紀）

Bolgi, Andrea　〈17世紀〉
イタリアの彫刻家。
⇒世美（ボルジ，アンドレーア　1606-1656）

Bolian, Polly　〈20世紀〉
アメリカのイラストレーター。
⇒児イ（Bolian, Polly）

Bollen, Roger　〈20世紀〉
アメリカのイラストレーター。
⇒児イ（Bollen, Roger　ボレン，R.）

Bolliger-Savelli, Antonella　〈20世紀〉
イタリアのイラストレーター。
⇒児イ（Bolliger-Savelli, Antonella　ボリゲル＝サベルリ，A.）

Bologna, Ferdinando　〈20世紀〉
イタリアの美術批評家、美術史家。
⇒世美（ボローニャ，フェルディナンド　1925-）

Bologna, Giovanni da　〈14世紀〉
イタリアの画家。
⇒世美（ジョヴァンニ・ダ・ボローニャ　（記録）1377-1389）

Bologna, Giovanni da　〈16・17世紀〉
イタリア（フランドル系）の彫刻家。フィレンツェに赴き、メディチ家の宮廷画家となる。
⇒岩ケ（ボローニャ，ジョヴァンニ・ダ　1529-1608）
　キリ（ジョヴァンニ・ダ・ボローニャ　1529-1608.8.13）
　芸術（ジャンボローニャ　1529-1608）
　国小（ジョヴァンニ・ダ・ボローニャ　1529-1603.8.13）
　コン2（ジョヴァンニ・ダ・ボローニャ　1529-1608）
　コン3（ジョヴァンニ・ダ・ボローニャ　1529-1608）
　新美（ジョヴァンニ・ダ・ボローニャ　1529-1608.8.13）
　人物（ボローニャ　1529-1608.8.13）
　西洋（ボローニャ　1529-1608.8.13）
　世西（ボローニャ　1524頃-1608.8.13）
　世美（ジャンボローニャ　1529-1608）
　世百（ジョヴァンニダボローニャ　1524頃-1608）
　伝世（ジョヴァンニ・ダ・ボローニャ　1529-1608.8.13）
　百科（ジョバンニ・ダ・ボローニャ　1529-1608）

Bolognese, Donald Alan　〈20世紀〉
アメリカのイラストレーター。
⇒児イ（Bolognese, Donald Alan　ボウロニーズ，D.A.　1934-）

Bolswert, Boëtius van　〈16・17世紀〉
オランダの銅版画家。ルーベンスの作を銅版にした。
⇒西洋（ボルスヴェルト　1580-1633）

Bolswert, Schelte van　〈16・17世紀〉
オランダの銅版画家。B.ボルスヴェルトの弟。
⇒西洋（ボルスヴェルト　1581頃-1659.12.12）

Boltanski, Christian　〈20世紀〉
フランス・パリ生れの映像作家、美術家。

⇒世映（ボルタンスキ，クリスティアン　1944-）
世芸（ボルタルスキー，クリスチャン　1944-）

Boltraffio, Giovanni Antonio 〈15・16世紀〉
イタリアの画家。主作品『コシモ家のマドンナ』『マドンナ』など。
⇒キリ（ボルトラッフィオ，ジョヴァンニ・アントーニオ　1467-1516.6.15）
　芸術（ボルトラッフィオ，ジョヴァンニ・アントニオ　1467-1516）
　国小（ボルトラッフィオ　1467-1516.6.15）
　新美（ボルトラッフィオ，ジョヴァンニ・アントーニオ　1466/67-1516）
　西洋（ボルトラッフョ　1467-1516.6.15）
　世美（ボルトラッフィオ，ジョヴァンニ・アントーニオ　1467頃-1516）

Bolus, Michael 〈20世紀〉
南アフリカの彫刻家。
⇒美術（ボラス，マイケル　1934-）

Bomberg, David 〈19・20世紀〉
イギリスの画家。
⇒岩ケ（ボンバーグ，デイヴィド　1890-1957）
　世芸（ボンバーグ，デイヴィッド　1890-1957）

Bombois, Camille 〈19・20世紀〉
フランスの画家。20世紀の素朴派を代表する画家の一人。
⇒岩ケ（ボンボワ，カミーユ　1883-1970）
　国小（ボンボア　1883-）
　新美（ボンボワ，カミーユ　1883.2.3-1970）
　世芸（ボムボア，カミーユ　1883-?）
　世美（ボンボワ，カミーユ　1883-1970）
　全書（ボンボア　1883-1970）
　大百（ボンボア　1883-）
　二十（ボンボア，カミーユ　1883.2.3-1970）

Bomdelli, Seba-stiano 〈17・18世紀〉
イタリアの画家。
⇒世美（ボンベッリ，セバスティアーノ　1635-1717）

Bon, Giovanni 〈14・15世紀〉
イタリアの彫刻家。
⇒世美（ボン，ジョヴァンニ　1360頃-1442）

Bonalumi, Agostino 〈20世紀〉
イタリアの前衛美術家。
⇒世美（ボナルーミ，アゴスティーノ　1935-）

Bonamico 〈13世紀〉
イタリアの画家。
⇒世美（ボナミーコ　13世紀）

Bonamy, Philippe 〈20世紀〉
フランス生れの画家。
⇒世芸（ボナミ，フィリップ　1926-）

Bonanno Pisano 〈12世紀〉
イタリアの建築家，彫刻家。

⇒新美（ボナンノ）
　世美（ボナンノ・ピサーノ　（活動）12世紀）

Bonas, Jordi 〈20世紀〉
スペイン生れの画家。
⇒世芸（ボナス，ジョディ　1937-）

Bonascia, Bartolomeo 〈15・16世紀〉
イタリアの画家，寄木細工師，建築家。
⇒世美（ボナーシャ，バルトロメーオ　1450頃-1527）

Bonasone, Giulio 〈16世紀〉
イタリアの版画家。
⇒世美（ボナゾーネ，ジューリオ　16世紀）

Bonatz, Paul 〈19・20世紀〉
ドイツの建築家。1911年F.ショラーと共同事務所を開く。
⇒オ西（ボナッツ，パウル　1877-1951）
　国小（ボーナッツ　1877-1951）
　西洋（ボーナッツ　1877.12.6-1956.12.20）
　世美（ボナッツ，パウル　1877-1951）

Bonaventura, St 〈13世紀〉
イタリアの神学者。1273年アルバノ枢機卿，司教。フランシスコ会の哲学の基礎を確立。
⇒岩ケ（聖ボナヴェントゥーラ　1221頃-1274）
　外国（ボナヴェントゥラ　1221-1274）
　科史（ボナヴェントゥラ　1221頃-1274）
　教育（ボナヴェントゥラ　1221-1274）
　キリ（ボナヴェントゥーラ　1217-1274.7.15）
　広辞4（ボナヴェントゥラ　1221-1274）
　国小（ボナベントゥラ　1221-1274.7.14/5）
　国百（ボナヴェントゥラ　1221-1274.7.14）
　コン2（ボナヴェントゥラ　1221-1274）
　集文（ボナヴェントゥーラ　1221-1274.7.15）
　新美（ボナヴェントゥラ（聖）　1217-1274.7.15）
　人物（ボナヴェントゥラ　1221-1274.7.15）
　西洋（ボナヴェントゥラ　1221-1274.7.15）
　世西（ボナヴェントゥラ　1221-1274.7.14）
　世百（ボナヴェントゥラ　1221-1274）
　世文（ボナヴェントゥーラ　1217頃-1274）
　全書（ボナベントゥラ　1221-1274）
　大辞（ボナヴェンツラ　1221-1274）
　大百（ボナベントゥラ　1217/21-1274）
　デス（ボナヴェントゥラ　1221-1274）
　伝世（ボナヴェントゥーラ　1217-1274.7.15）
　百科（ボナベントゥラ　1217頃-1274）
　名著（ボナヴェントゥーラ　1221-1274）
　歴史（ボナヴェントゥーラ　1221-1274）

Bonavia, Giacomo 〈18世紀〉
イタリアの画家，建築家。
⇒建築（ボナビア，サンティアゴ　?-1759）
　世美（ボナヴィーア，ジャーコモ　?-1759）

Bonazza, Antonio 〈17・18世紀〉
イタリアの彫刻家。ジョヴァンニ・ボナッツァの息子。
⇒世美（ボナッツァ，アントーニオ　1698-1736）

Bonazza, Francesco 〈17・18世紀〉
イタリアの画家，カメオ彫刻家。ジョヴァン

ニ・ボナッツァの息子。
⇒世美（ボナッツァ，フランチェスコ　1695-1770）

Bonazza, Giovanni　〈17・18世紀〉
イタリアの彫刻家の一族。
⇒世美（ボナッツァ，ジョヴァンニ　1654-1736）

Boncinelli, Evaristo　〈19・20世紀〉
イタリアの彫刻家。
⇒世美（ボンチネッリ，エヴァリスト　1883-1940）

Boncompain, Pierre　〈20世紀〉
フランス生れの画家。
⇒世芸（ボンコンパン，ピエール　1938-）

Bond, Felicia　〈20世紀〉
アメリカのイラストレーター。
⇒児イ（Bond, Felicia　ボンド，F.　1954-）

Bondol, Jean de　〈14世紀〉
フランドルの写本装飾画家。
⇒世美（ボンドル，ジャン・ド　（活動）14世紀）

Bondy, Walter　〈19・20世紀〉
ボヘミア出身のドイツの画家。
⇒世美（ボンディ，ヴァルター　1880-1940）

Bone, Henry　〈18・19世紀〉
イギリスのエナメル画家。
⇒岩ケ（ボーン，ヘンリー　1755-1834）

Bone, Sir Muirhead　〈19・20世紀〉
イギリスの建築デザイナー，銅版画家。1937年ナイト爵を受けた。主作品 "The Great Gantry"（1906）。
⇒岩ケ（ボーン，サー・ミュアヘッド　1876-1953）
　国小（ボーン　1876.3.23-1953.10.21）

Bone, Phyllis Mary　〈20世紀〉
イギリス・スコットランドの彫刻家。
⇒世女日（ボーン，フィリス・メアリー　1896-1972）

Bone, Stephen　〈20世紀〉
イギリスのイラストレーター。
⇒児イ（Bone, Stephen　ボウン，S.　1904-）

Bonfanti, Arturo　〈20世紀〉
イタリアの画家。
⇒世美（ボンファンティ，アルトゥーロ　1905-1978）

Bonfantini, Sergio　〈20世紀〉
イタリアの画家。
⇒世美（ボンファンティーニ，セルジョ　1910-）

Bonfigli, Benedetto　〈15世紀〉
イタリアの画家。
⇒新美（ボンフィーリ，ベネデット　1420頃-1496.7.8）

世美（ボンフィーリ，ベネデット　1420頃-1496）

Bonheur, Rosa　〈19世紀〉
フランスの女流画家，彫刻家。1894年女性最初のレジオン・ド・ヌールの最高勲章を受章。
⇒芸術（ボヌール，ロザ　1822-1899）
　国小（ボヌール　1822.3.16-1899.5.25）
　新美（ボヌール，ローザ　1822.3.16-1899.5.25）
　世女（ボヌール，ローザ（マリー・ロザリー）　1822-1899）
　世女日（ボヌール，ローズ　1822-1899）
　世美（ボヌール，ローザ　1822-1899）

Bonhomme, Léon　〈19・20世紀〉
フランスの画家。
⇒世美（ボノーム，レオン　1870-1924）

Boni, Giacomo　〈19・20世紀〉
イタリアの建築家，考古学者。古代ローマのフォールムを発掘（1898～1904）。
⇒西洋（ボーニ　1859-1925.7.10）
　世美（ボーニ，ジャーコモ　1859-1925）

Bonifacio Veneziano　〈16世紀〉
イタリアの画家。主作品『聖者』（1562, ヴェネツィア）。
⇒西洋（ボニファーチョ　?-1579頃）

Bonifacio Veronese　〈15・16世紀〉
イタリアの画家。主作品はパラッツォ・カメルレンギの一連の装飾画。
⇒国小（ボニファツィオ　1487-1553.10.19）
　西洋（ボニファーチョ（小）　1487-1553.10.19）
　世美（ボニファーチョ・ヴェロネーゼ　1487頃-1553）

Bonifacio Veronese　〈16世紀〉
イタリアの画家。主作品『ヤコブとラエル』（ドレスデン）など。
⇒西洋（ボニファーチョ（大）　?-1540）

Bonington, Richard Parkes　〈19世紀〉
イギリスの画家。
⇒岩ケ（ボニントン，リチャード・パークス　1802-1829）
　外国（ボニントン　1801-1828）
　芸術（ボニントン，リチャード・パークス　1802-1828）
　国小（ボニントン　1802.10.25-1828.9.23）
　コン2（ボニントン　1801-1828）
　コン3（ボニントン　1802-1828）
　新美（ボニントン，リチャード・パークス　1802.10.25-1828.9.23）
　人物（ボニントン　1801.10.25-1828.9.23）
　西洋（ボニントン　1801.10.25-1828.9.23）
　世美（ボニントン　1802-1828）
　世美（ボニントン，リチャード・パークス　1802-1828）
　世百（ボニントン　1801-1828）
　全書（ボニントン　1802-1828）
　大百（ボニントン　1802-1828）
　伝世（ボニントン　1802.12.25-1828.9.28）
　百科（ボニントン　1802-1828）

Bonino da Campione 〈14世紀〉
イタリアの彫刻家。
⇒世美（ボニーノ・ダ・カンピオーネ ?-1397）

Bonito, Giuseppe 〈18世紀〉
イタリアの画家。
⇒世美（ボニート、ジュゼッペ 1707-1789）

Bonnand, Michel 〈20世紀〉
フランスの画家。
⇒世芸（ボナン、ミッシェル 1935-）

Bonnard, Pierre 〈19・20世紀〉
フランスの画家。1893年から『ラ・ルビュ・ブランシュ』紙の挿絵を描き、主作品は『浴槽の裸婦』(1935)など。
⇒逸話（ボナール 1867-1947）
　岩ケ（ボナール、ピエール 1867-1947）
　才西（ボナール、ピエール 1867-1947）
　外国（ボナール 1867-1947）
　芸術（ボナール、ピエール 1867-1947）
　広辞4（ボナール 1867-1947）
　広辞5（ボナール 1867-1947）
　広辞6（ボナール 1867-1947）
　国小（ボナール 1867.10.3-1947.1.23）
　国百（ボナール、ピエール 1867.10.3-1947.1.23）
　コン2（ボナール 1867-1947）
　コン3（ボナール 1867-1947）
　新美（ボナール、ピエール 1867.10.3-1947.1.23）
　人物（ボナール 1867.10.30-1947.1.23）
　西洋（ボナール 1867.10.30-1947.1.23）
　世芸（ボナール、ピエール 1867-1947）
　世西（ボナール 1867.10.30-1947.1.23）
　世百（ボナール 1867-1947）
　全書（ボナール 1867-1947）
　大辞（ボナール 1867-1947）
　大辞2（ボナール 1867-1947）
　大辞3（ボナール 1867-1947）
　大百（ボナール 1867-1947）
　デス（ボナール 1867-1947）
　伝世（ボナール 1867.10.13-1947.1.23）
　ナビ（ボナール 1867-1947）
　二十（ボナール、ピエール 1867.10.3(30)-1947.1.23）
　百科（ボナール 1867-1947）

Bonnat, Léon Joseph Florentin 〈19・20世紀〉
フランスの画家。1888年エコール・デ・ボザールの教授、のち学長。
⇒芸術（ボンナ、レオン 1833-1922）
　広辞6（ボナ 1833-1922）
　国小（ボンナ 1833.6.20-1922.9.8）
　新美（ボナ、レオン 1833.6.20-1922.9.8）
　西洋（ボナ 1833.6.20-1922.9.8）
　世芸（ボンナン、レオン 1833-1922）
　世美（ボナ、レオン＝ジョゼフ＝フロランタン 1833-1922）
　二十（ボナ、レオン・J.F. 1833.6.20-1922.9.8）

Bonnefoit, Alain 〈20世紀〉
フランスの画家。

⇒世芸（ボンヌフォア、アラン 1937-）

Bonners, Susan 〈20世紀〉
アメリカのイラストレーター。
⇒児イ（Bonners, Susan ボナーズ, S.）

Bonnet, Louis Marie 〈18世紀〉
フランスの画家。
⇒芸術（ボネ、ルイ 1743-?）

Bonnet, Louis Martin 〈18世紀〉
フランスの版画家。女性の顔、ビーナスなどを主題に、柔和な調子を銅版で仕上げる技法を発見。
⇒国小（ボンネ 1767-1793）

Bonneuil, Étienne de 〈13世紀〉
フランスの建築家。
⇒建築（エティエンヌ・ド・ボヌイユ （活動）13世紀）
　世美（ボンヌイユ、エティエンヌ・ド 13世紀）

Bonnin, Maurice 〈20世紀〉
イタリアの画家。
⇒世芸（ボナン、モーリス 1911-）

Bono da Ferrara 〈15世紀〉
イタリアの画家。
⇒世美（ボーノ・ダ・フェッラーラ （記録）1441-1461）

Bonomi, Joseph 〈18・19世紀〉
イタリア出身のイギリスの建築家。
⇒世美（ボノーミ、ジョーゼフ 1739-1808）

Bonomini, Paolo Vincenzo 〈18・19世紀〉
イタリアの画家。
⇒世美（ボノミーニ、パーオロ・ヴィンチェンツォ 1757-1839）

Bononi, Carlo 〈16・17世紀〉
イタリアの画家。
⇒世美（ボノーニ、カルロ 1569-1632）

Bonsall, Crosby 〈20世紀〉
アメリカの女性作家、挿絵画家。
⇒英児（Bonsall, Crosby ボンサル、クロスビー 1921-1995）
　児イ（Bonsall, Crosby Barbara ボンソル, C.B. 1921-）
　児作（Bonsall, Crosby ボンサル、クロスビー）

Bonsi, Pietro Paolo 〈16・17世紀〉
イタリアの画家。
⇒世美（ボンシ、ピエトロ・パーオロ 1576頃-1636）

Bonsignore, Ferdinando 〈18・19世紀〉
イタリアの建築家。
⇒世美（ボンシニョーリ、フェルディナンド

1760-1843)

Bonsignori, Francesco 〈15・16世紀〉
イタリアの画家。
⇒世美（ボンシニョーレ, フランチェスコ　1455頃
-1519）

Bontemps, Pierre 〈16世紀〉
フランスの彫刻家。
⇒世美（ボンタン, ピエール　1520年代初頭-1562
以降）

Bonull, Pedro de 〈14世紀〉
スペインの彫刻家。
⇒世美（ボヌル, ペドロ・デ　14世紀）

Bonvin, François 〈19世紀〉
フランスの画家。
⇒新美（ボンヴァン, フランソワ　1817.11.22-
1887.12.19）
　世美（ボンヴァン, フランソワ　1817-1887）

Bony, Jean 〈20世紀〉
アメリカの建築史家。
⇒岩ケ（ボニー, ジーン　1908-）

Bonzagni, Aroldo 〈19・20世紀〉
イタリアの画家。
⇒世美（ボンツァーニ, アロルド　1887-1918）

Bonzanigo, Giuseppe Maria 〈18・19
世紀〉
イタリアのインテーリオ（装飾彫り）作家。
⇒世美（ボンツァニーゴ, ジュゼッペ・マリーア
1744-1820）

Booth, Graham 〈20世紀〉
イギリスのイラストレーター。
⇒児イ（Booth, Graham　ブース, G.）

Bor, Paulus 〈17世紀〉
オランダの画家。
⇒新美（ボル, パウルス　?-1669.8.10）
　世美（ボル, パウルス　1600-1669）

Boratynski, Antoni 〈20世紀〉
ポーランドのイラストレーター。
⇒児イ（Boratynski, Antoni　ボラティンスキー,
A.　1930-）

Borch, Gera(e)rd ter 〈17世紀〉
オランダの肖像画家, 風俗画家。
⇒芸術（ボルフ・ヘラルト・テル　1617頃-1681）
　新美（ボルフ, ヘラルト・テル　1617頃-
1681.12.8）

Borchardt, Ludwig 〈19・20世紀〉
ドイツのエジプト学者。
⇒新美（ボルヒャルト, ルートヴィヒ　1863.10.5-
1938.8.12）
　二十（ボルヒャルト, ルートヴィヒ　1863.10.5-

1938.8.12）

Borchgrevink 〈20世紀〉
ノルウェー生れの画家。
⇒世芸（ボルクゲルウィンク　1951-）

Bordallo-Pinheiro, Columbano 〈19・
20世紀〉
ポルトガルの画家。国立現代美術館の創設者。
⇒世美（ボルダーリョ＝ピネイロ, コルンバノ
1857-1929）

Bordallo-Pinheiro, Manoel Maris
〈19世紀〉
ポルトガルの芸術家の一族。
⇒世美（ボルダーリョ＝ピネイロ, マノエル・マリ
ス　1815-1880）

Bordallo-Pinheiro, Maria Augusta
〈19・20世紀〉
ポルトガルの女性画家。
⇒世美（ボルダーリョ＝ピネイロ, マリア・アウグ
スタ　1842-1914）

Bordallo-Pinheiro, Raphael 〈19・20
世紀〉
ポルトガルのカリカチュア画家, 陶芸家。
⇒世美（ボルダーリョ＝ピネイロ, ラファエル
1846-1904）

Bordone, Paris 〈16世紀〉
イタリアの画家。主作品『キリストと三博士』
『ビーナスとフローラ』など。
⇒岩ケ（ボルドーネ, パリス　1500-1571）
　芸術（ボルドーネ, パリス　1500-1571）
　国小（ボルドーネ　1500.7.5-1571.1.19）
　新美（ボルドーネ, パリス　1500-1571.1.29）
　西洋（ボルドーネ　1500.7.5-1571.1.19）
　世美（ボルドーネ, パーリス　1500-1571）
　世百（ボルドーネ　1500-1571）

Borella, Carlo 〈17・18世紀〉
イタリアの建築家。
⇒世美（ボレッラ, カルロ　17-18世紀）

Borés, Francisco 〈20世紀〉
スペインの画家。
⇒世美（ボレス, フランシスコ　1898-1972）

Borghese, Franz 〈20世紀〉
イタリアの画家。
⇒世芸（ボーゲス, フランツ　1941-）

Borghini, Raffaello 〈16世紀〉
イタリアの文筆家。
⇒世美（ボルギーニ, ラッファエッロ　1541-1588）

Borgia, Lucrezia 〈15・16世紀〉
イタリアの貴族。ロドリーゴ・ボルジア（教皇
アレクサンデル6世）の娘。フェララ公妃として
多くの芸術家から敬愛された。

⇒岩ケ（ボルジア，ルクレツィア　1480-1519）
外国（ボルジア　1480-1519）
キリ（ボルジャ，ルクレーツィア　1480.4-1519.6.24）
広辞4（ボルジア　1480-1519）
広辞6（ボルジア　1480-1519）
国小（ボルジア　1480.4.18-1519.6.24）
西洋（ボルジア　1480.4.18-1519.6.24）
世女（ボルジア，ルクレツィア　1480-1519）
世女日（ボルジア，ルクレツィア　1480-1519）

Borgianni, Orazio 〈16・17世紀〉
イタリアの画家。
⇒世美（ボルジャンニ，オラーツィオ　1578頃-1616）

Borglum, John Gutzon de la Mothe 〈19・20世紀〉
アメリカの彫刻家。ジョージア山にたつ北部連合軍のための記念のワシントン，ジェファーソン，リンカーン，T.ルーズベルトの頭像は有名。
⇒岩ケ（ボーグラム，（ジョン・）ガツン（・デ・ラ・モート）　1867-1941）
国小（ボーグラム　1867.3.25-1941.3.6）

Borgognone, Ambrogio 〈15・16世紀〉
イタリアの画家。ミラノ派の画家。聖シンプリチアノ聖堂などの玄関にフレスコ画を描いた。
⇒芸術（ボルゴニョーネ，アムブロジオ　1445頃，異説：1473頃-1523/24）
国小（ボルゴニョーネ　1473頃-1524頃）

Borisov-Musatov, Viktor El'pidiforovich 〈19・20世紀〉
ソ連の画家。
⇒新美（ボリソフ＝ムサトフ，ヴィクトル　1870.4.2(14)-1905.10.26(11.8)）
全書（ボリソフ・ムサートフ　1870-1905）
二十（ボリソフ・ムサートフ，ヴィクトル　1870.4.2(14)-1905.10.26(11.8)））

Borja, Corinne 〈20世紀〉
アメリカのイラストレーター。
⇒児イ（Borja, Corinne&Robert　ボーハー, C.）

Borja, Robert 〈20世紀〉
アメリカのイラストレーター。
⇒児イ（Borja, Corinne&Robert　ボーハー, R.）

Borlone, Giacomo 〈15世紀〉
イタリアの画家。
⇒世美（ボルローネ，ジャーコモ　?-1487以前）

Borman, Jan 〈15・16世紀〉
フランドルの木彫師。
⇒世美（ボルマン，ヤン　15-16世紀）

Born, Adolf 〈20世紀〉
チェコスロバキアのイラストレーター，グラフィック・アーティスト。
⇒児文（ボルン，アドルフ　1920-）
二十（ボルン，アドルフ　1920-）

Bornschlegel, Ruth 〈20世紀〉
アメリカのイラストレーター。
⇒児イ（Bornschlegel, Ruth）

Bornstein, Ruth 〈20世紀〉
アメリカのイラストレーター。
⇒児イ（Bornstein, Ruth　ボーンスタイン, R.）

Borofsky, Jonathan 〈20世紀〉
アメリカの美術家。
⇒世芸（ボロフスキー，ジョナサン　1942-）
大辞3（ボロフスキー　1942-）

Borovikovsky, Vladimir Lukitch 〈18・19世紀〉
ロシアの画家。主作品『エカテリーナ2世』。
⇒芸術（ボロヴィコフスキー，ウラディミール・ルーキッチ　1757-1825）
国小（ボロビコフスキー　1757-1825）
新美（ボロヴィコフスキー，ウラジミール　1757.7.24/8.4-1825.4.6/18）

Borovsky, Paul 〈20世紀〉
チェコスロバキアの児童文学者。
⇒児イ（Borovsky, Paul　ボロフスキー, P.）
児作（Borovsky, Paul　ボロフスキー, ポール）

Borra, Giambattista 〈18世紀〉
イタリアの建築家。
⇒世美（ボラ，ジャンバッティスタ　1747-1786）

Borrani, Odoardo 〈19・20世紀〉
イタリアの画家。
⇒世美（ボッラーニ，オドアルド　1833-1905）

Borrassá, Lluis 〈14・15世紀〉
スペインの画家。
⇒新美（ボラサー，ルイス　1380-1424頃）
世美（ボラサ，ルイス　1360頃-1426）

Borrell, Alfons 〈20世紀〉
スペイン生れの画家。
⇒世芸（ボイル，アルフォンス　1931-）

Borromini, Francesco 〈16・17世紀〉
イタリアの建築家，彫刻家。作品にローマのサン・カルロ・アレ・クァトロ・フォンターネ聖堂など。
⇒岩ケ（ボロミーニ，フランチェスコ　1599-1667）
キリ（ボロミーニ，フランチェスコ　1599.9.25-1667.8.2）
建築（ボッロミーニ，フランチェスコ・カステッリ　1599-1667）
国小（ボロミーニ　1599.9.25-1667.8.2）
国百（ボロミーニ，フランチェスコ　1599.9.25-1667.8.2）
コン2（ボロミーニ　1599-1667）
コン3（ボロミーニ　1599-1667）
新美（ボロミーニ，フランチェスコ　1599.9.25-1667.8.2）
人物（ボロミーニ　1599-1667.8.2）
西洋（ボロミーニ　1599.9.25-1667.8.2）

世西（ボロミーニ　1599-1667）
世美（ボッロミーニ，フランチェスコ　1599-1667）
世百（ボロミニ　1599-1667）
全書（ボロミーニ　1599-1667）
大辞3（ボロミーニ　1599-1667）
大百（ボロミーニ　1599-1667）
伝世（ボロミーニ　1599.9.25-1667.8.3）
百科（ボロミーニ　1599-1667）

B Bosch, Cornelis〈16世紀〉
ネーデルラントの画家，銅版画家。
⇒国小（ボッシュ　1510頃-?）
　新美（ボス，コルネリス　1506頃-?）

Bosch (Bos), Cornelis〈16世紀〉
ニーデルランドの画家，版画家。
⇒芸術（ボス，コルネリス　1510頃-?）

Bosch, Frederik David Kan〈19・20世紀〉
オランダのインドネシア考古学者。
⇒新美（ボス，フレデリク　1887.6.17-1967.7.20）
　二十（ボス，フレデリク・D.K.　1887.6.17-1967.7.20）

Bosch, Hieronymus〈15・16世紀〉
オランダの画家。代表作『七つの大罪』『馬鹿の治療』など。
⇒岩ケ（ボッシュ，ヒエロニュムス　1450頃-1516）
　外国（ボッシュ　1450/60-1516）
　キリ（ボス，ヒエロニムス　1450/60-1516.8.9以前）
　芸術（ボス，ヒエロニムス　1450頃-1516）
　広辞4（ボス　1450頃-1516）
　広辞6（ボス　1450頃-1516）
　国小（ボッシュ　1450頃-1516頃）
　国百（ボス，ヒーロニムス　1450頃-1516.8）
　コン2（ボッシュ　1462頃-1516）
　コン3（ボッシュ　1462頃-1516）
　新美（ボス，ヒエロニムス　1450頃-1516.8.9）
　人物（ボッシュ　1450頃-1516）
　西洋（ボス　1450頃-1516頃）
　世界（ボッス　1462頃-1518）
　世美（ボス，ヒエロニムス　1450頃-1516）
　世百（ボス　1450頃-1516）
　全書（ボス　1450頃-1516）
　大辞（ボッシュ　1460頃-1516）
　大辞3（ボッシュ　1460頃-1516）
　大百（ボス　1460頃-1516）
　デス（ボス　1450頃-1516）
　伝世（ボス　1453-1516）
　百科（ボス　1450頃-1516）

Bosch-Gimpera, Pedro〈20世紀〉
スペイン，のちメキシコの考古学者。フランコ政権の圧迫をうけて渡英，1942年メキシコに移住した。
⇒西洋（ボシュ・ジンベーラ　1891.3.22-1974.10.9）
　世美（ボッシュ＝ヒンペラ，ペドロ　1891-1974）

Boschini, Marco〈17・18世紀〉
イタリアの美術著述家，画家，版画家。
⇒世美（ボスキーニ，マルコ　1613-1704頃）

Boscoli, Andrea〈16・17世紀〉
イタリアの画家。
⇒世美（ボスコリ，アンドレーア　1560頃-1607頃）

Boshier, Derek〈20世紀〉
イギリス第3期のポップ・アーティスト。
⇒美術（ボシャー，デレク　1937-）

Bosio, François Joseph〈18・19世紀〉
モナコの彫刻家。
⇒世美（ボジオ，フランソワ・ジョゼフ　1768-1845）

Bosman, Richard〈20世紀〉
インド生れの画家。
⇒世芸（ボスマン，リチャード　1944-）

Bosman, Wim〈20世紀〉
南アフリカのイラストレーター。
⇒児イ（Bosman, Wim　ボスマン, W.　1936-）

Bosschaert, Ambrosius〈16・17世紀〉
フランドルの画家。
⇒世美（ボスハールト，アンブロシウス　1573-1621）

Bosse, Abraham〈17世紀〉
フランスの版画家。
⇒世美（ボス，アブラアム　1602-1676）
　百科（ボス　1602-1676）

Bossi, Giuseppe〈18・19世紀〉
イタリアの画家，美術理論家。
⇒世美（ボッシ，ジュゼッペ　1777-1815）

Bossoli, Carlo〈19世紀〉
イタリアの画家。
⇒世美（ボッソリ，カルロ　1815-1884）

Botero, Fernando〈20世紀〉
コロンビア生れの画家。
⇒オ西（ボテロ，フェルナンド　1932-）
　新美（ボテロ，フェルナンド　1932.4.19-）
　世芸（ボテロ，フェルナンド　1932-）
　二十（ボテロ，フェルナンド　1932.4.19-）

Both, Andries〈17世紀〉
オランダの風俗画家，銅版画家。1633年頃～41年ローマで活躍。
⇒岩ケ（ボート，アンドリース　1612頃-1641）
　国小（ボト　1612-1641）
　新美（ボト，アンドリース　1612/13-1641）
　世美（ボト，アンドリース　1612/13-1641）

Both, Jan〈17世紀〉
オランダの画家。イタリア風の風景画を描いた。
⇒岩ケ（ボート，ヤン　1618頃-1652）
　国小（ボト　1618頃-1652.8.9埋葬）
　新美（ボト，ヤン　1615頃-1652）
　世美（ボト，ヤン　1615頃-1652）

Botta, Mario 〈20世紀〉
スイスの建築家。ローザンヌ連邦大学教授、アメリカ建築家協会名誉会員。
⇒二十（ボッタ，マリオ　1943-）

Botta, Paul Emile 〈19世紀〉
フランス（イタリア生れ）の考古学者。
⇒コン2（ボッタ　1802-1870）
　コン3（ボッタ　1802-1870）
　新美（ボッタ，ポール・エミール　1802.12.6-1870.4.18）
　西洋（ボッタ　1802.12.6-1870.3.29）
　世美（ボッタ，ポール＝エミール　1802-1870）

Bottari, Giovanni Gaetano 〈17・18世紀〉
イタリアの文献学者，美術批評家。
⇒世美（ボッターリ，ジョヴァンニ・ガエターノ　1689-1775）

Bottari, Stefano 〈20世紀〉
イタリアの美術史家。
⇒世美（ボッターリ，ステーファノ　1907-1967）

Böttger, Johann Friedrich 〈17・18世紀〉
ドイツの錬金術師、陶芸家。1707年ヨーロッパで初めて磁器の製造に成功。
⇒芸術（ボットゥガー，ヨハン・フリードリヒ　1682-1719）
　国小（ベットガー　1682-1719）
　コン2（ベットガー　1682-1719）
　コン3（ベットガー　1682-1719）
　新美（ベットガー，ヨーハン・フリードリヒ　1682.2.4-1719.3.13）
　西洋（ベトガー　1682.2.4-1719.3.13）
　世百（ベットガー　1682-1719）
　全書（ベットガー　1682-1719）
　大百（ベートガー　1682-1719）
　百科（ベットガー　1682-1719）

Botti, Italo 〈20世紀〉
アメリカ生れの画家。
⇒世芸（ボッティ，イタロ　1923-）

Botticelli, Sandro 〈15・16世紀〉
イタリアの画家。フィレンツェ派初期ルネサンスに活躍。作品に『ヴィーナスの誕生』『春』など。
⇒逸話（ボッティチェッリ　1445-1510）
　岩ケ（ボッティチェリ，サンドロ　1445-1510）
　旺世（ボッティチェリ　1444頃-1510）
　外国（ボッティチェリ　1444頃-1510）
　角世（ボッティチェリ　1445-1510）
　キリ（ボッティチェリ，サンドロ　1445/46-1510.5.17）
　芸術（ボッティチェリ，サンドロ　1444/45-1510）
　広辞4（ボッティチェリ　1444/45-1510）
　広辞6（ボッティチェリ　1444/1445-1510）
　国小（ボッティチェリ　1444/5-1510.5.17）
　国百（ボッティチェリ，サンドロ　1444/5-1510.5.17）
　コン2（ボッティチェリ　1445-1510）
　コン3（ボッティチェリ　1445-1510）
　新美（ボッティチェルリ，サンドロ　1444/45-1510.5.17）
　人物（ボッチチェリ　1444/46.3.1-1510.5.17）
　西洋（ボッティチェリ　1444/5.3.1-1510.5.17）
　世人（ボッティチェリ　1444/45-1510）
　世外（ボッティチェリ　1444/45-1510.5.17）
　世美（ボッティチェッリ　1445-1510）
　世百（ボッティチェリ　1444/5-1510）
　全書（ボッティチェッリ　1444/45-1510）
　大辞（ボッティチェリ　1444頃-1510）
　大辞3（ボッティチェリ　1444頃-1510）
　大百（ボッティチェリ　1444/45-1510）
　デス（ボッティチェリ　1444頃-1510）
　伝世（ボッティチェリ　1444-1510）
　百科（ボッティチェリ　1445-1510）
　評世（ボッティチェリ　1444頃-1510）
　山世（ボッティチェリ　1444/45-1510）
　歴史（ボッティチェルリ　1444/5-1510）

Bötticher, Karl 〈19世紀〉
ドイツの考古学者。ベルリンの高等建築学校教授（1831～）。主書 "Tektonik der Hellenen"（1845～52）でギリシア神殿の形式の包括的、体系的に解明。
⇒西洋（ベッティハー　1806.5.29-1889.6.21）

Botticini, Francesco di Giovanni 〈15世紀〉
イタリアの画家。主作品『キリスト磔刑と聖者たち』(1475)。
⇒キリ（ボッティチーニ，フランチェスコ・ディ・ジョヴァンニ　1446-1497）
　芸術（ボッティチーニ，フランチェスコ　1446/47-1497）
　国小（ボッティチーニ　1446-1497）
　新美（ボッティチーニ，フランチェスコ　1446-1497）
　世美（ボッティチーニ，フランチェスコ・ディ・ジョヴァンニ　1446-1497）

Bouchardon, Edme 〈17・18世紀〉
フランスの彫刻家。新古典主義様式を確立。代表作はパリのグレネル街にある噴水(1740)。
⇒芸術（ブーシャルドン，エドム　1698-1762）
　国小（ブーシャルドン　1698.5.29-1762.7.27）
　コン2（ブーシャルドン　1698-1762）
　コン3（ブーシャルドン　1698-1762）
　新美（ブーシャルドン，エドム　1698.5.29-1762.7.27）
　人物（ブーシャルドン　1698.5.29-1762.7.27）
　西洋（ブーシャルドン　1698.5.29-1762.7.27）
　世美（ブーシャルドン，エドム　1698-1762）
　全書（ブーシャルドン　1698-1762）
　大百（ブーシャルドン　1698-1762）

Boucher, François 〈18世紀〉
フランスの画家。ルイ15世の宮廷首席画家も勤めたロココ期の作家。
⇒岩ケ（ブーシェ，フランソワ　1703-1770）
　外国（ブーシェ　1703-1770）
　芸術（ブーシェ，フランソワ　1703-1770）
　広辞4（ブーシェ　1703-1770）
　広辞6（ブーシェ　1703-1770）
　国小（ブーシェ　1703.9.29-1770.5.30）
　国百（ブーシェ，フランソア　1703.9.29-

1770.5.30）
コン2（ブーシェ　1703-1770）
コン3（ブーシェ　1703-1770）
新美（ブーシェ, フランソワ　1703.9.29-1770.5.30）
人物（ブーシェ　1703.9.29-1770.5.30）
西洋（ブーシェ　1703.9.29-1770.5.30）
世西（ブーシェ　1703.9.29-1770.5.30）
世美（ブーシェ, フランソワ　1703-1770）
全書（ブーシェ　1703-1770）
大辞（ブーシェ　1703-1770）
大辞3（ブーシェ　1703-1770）
大百（ブーシェ　1703-1770）
デス（ブーシェ　1703-1770）
伝世（ブーシェ　1703.9.29-1770）
百科（ブーシェ　1703-1770）

Boucher, Guillaume 〈13世紀〉
金銀細工師。
⇒世東（ブーシェ　生没年不詳）

Bouchery, Michel 〈20世紀〉
フランス生れの画家。
⇒世芸（ブッショリー, ミッシェル　1929-）

Boudin, Eugène Louis 〈19世紀〉
フランスの画家。印象派の先駆者。1896年レジオン・ドヌール勲章を受章。
⇒岩ケ（ブーダン, （ルイ・）ユージェーヌ　1824-1898）
　芸術（ブーダン, ウジェーヌ　1824-1898）
　国小（ブダン　1824.7.12-1898.8.8）
　コン2（ブーダン　1824-1898）
　コン3（ブーダン　1824-1898）
　新美（ブーダン, ウジェーヌ　1824.7.13-1898.8.8）
　人物（ブーダン　1824.7.12-1898.8.8）
　西洋（ブーダン　1824.7.12-1898.8.8）
　世美（ブーダン, ウージェーヌ　1824-1898）
　世百（ブーダン　1824-1898）
　全書（ブーダン　1824-1898）
　百科（ブーダン　1824-1898）

Boudin, Léonard 〈18・19世紀〉
フランスの家具制作家。
⇒世美（ブーダン, レオナール　1735-1804）

Boughton, George Henry 〈19・20世紀〉
イギリス生れのアメリカの画家。『リップ・バン・ウィンクル』(1893)などの子供向けの本の挿絵でも有名。
⇒国小（バウトン　1833.12.4-1905.1.19）

Bouguereau, Adolphe William 〈19・20世紀〉
フランスの画家。1850年ローマ賞を受賞。
⇒芸術（ブーグロー, ウィリアム　1825-1905）
　国小（ブグロー　1825-1905）
　新美（ブーグロー, ウィリアム　1825.11.30-1905.8.18）
　西洋（ブグロー　1825.11.30-1905.8.19）

Boujon, Claude 〈20世紀〉
フランスのイラストレーター。
⇒児イ（Boujon, Claude　ブージョン, C.　1930-）

Boulanger, Louis 〈19世紀〉
フランスの画家, 石版画家。
⇒世美（ブーランジェ, ルイ　1806-1867）

Boulenger, Hippolyte-Emmanuel 〈19世紀〉
ベルギーの画家。
⇒芸術（ブーランジェ, イポリート　1837-1874）
　新美（ブーランジェ, イポリート　1837-1874）
　世美（ブーランジェ, イポリート=エマニュエル　1837-1874）

Boulle, André Charles 〈17・18世紀〉
フランスの家具製作者。王族の宮廷用の家具を作った。
⇒岩ケ（ブール, アンドレ・シャルル　1642-1732）
　国小（ブール　1642.11.11-1732.2.29）
　新美（ブール, アンドレ・シャルル　1642-1732）
　西洋（ブール　1642.11.11-1732.2.28）
　世美（ブール, アンドレ=シャルル　1642-1732）
　百科（ブール　1642-1732）

Boullée, Étienne Louis 〈18世紀〉
フランスの建築家。建築アカデミー会員。ベルサイユ宮殿の改築計画などに活躍。
⇒岩ケ（ブレー, エティエンヌ=ルイ　1728-1799）
　建築（ブーレー, エティエンヌ=ルイ　1728-1799）
　国小（ブーレ　1728.2.12-1799.2.16）
　新美（ブレー, エティエンヌ=ルイ　1728.2.12-1799.2.6）
　西洋（ブレー　1728-1799）
　世美（ブーレー, エティエンヌ=ルイ　1728-1799）
　百科（ブレー　1728-1799）

Boullier, Jean 〈17世紀〉
フランスの建築家。
⇒世美（ブーリエ, ジャン　17世紀）

Boulogne, Bon 〈17・18世紀〉
フランスの画家。
⇒世美（ブーローニュ, ボン　1649-1717）

Bourdelle, Émile Antoine 〈19・20世紀〉
フランスの彫刻家, 画家。代表作は『アルベアル将軍の記念碑』(1923)など。
⇒岩ケ（ブールデル, (エミール・)アントワーヌ　1861-1929）
　旺世（ブールデル　1861-1929）
　オ西（ブールデル, エミール=アントワーヌ　1861-1929）
　外国（ブールデル　1861-1929）
　芸術（ブールデル, アントワーヌ　1861-1929）
　広辞4（ブールデル　1861-1929）
　広辞5（ブールデル　1861-1929）

広辞6（ブールデル　1861-1929）
国小（ブールデル　1861.10.30-1929.10.1）
国百（ブールデル, エミール・アントアーヌ
　　1861.10.30-1929.10.1）
コン2（ブールデル　1861-1929）
コン3（ブールデル　1861-1929）
新美（ブールデル, アントワーヌ　1861.10.30-
　　1929.10.1）
人物（ブールデル　1861.10.30-1929.10.1）
西洋（ブールデル　1861.10.30-1929.10.1）
世芸（ブールデル, アントワーヌ　1861-1929）
世西（ブールデル　1861.10.30-1929.10.1）
世美（ブールデル, エミール=アントワーヌ
　　1861-1929）
世百（ブールデル　1861-1929）
全書（ブールデル　1861-1929）
大辞（ブールデル　1861-1929）
大辞2（ブールデル　1861-1929）
大辞3（ブールデル　1861-1929）
大百（ブールデル　1861-1929）
デス（ブールデル　1861-1929）
伝世（ブールデル　1861.10.30-1929.10.1）
ナビ（ブールデル　1861-1929）
二十（ブールデル, エミール・アントアーヌ
　　1861-1929）
百科（ブールデル　1861-1929）
評世（ブールデル　1861-1929）
歴史（ブルーデル　1861-1929）

Bourdichon, Jean 〈15・16世紀〉
フランスの画家。
⇒キリ（ブルディション, ジャン　1457頃-
　　1521.7.29）
　新美（ブルディション, ジャン　1457頃-1521）
　西洋（ブルデイション　1457頃-1521.7.29）
　世美（ブールディション, ジャン　1457頃-1521）

Bourdon, Sébastien 〈17世紀〉
フランスの画家。
⇒新美（ブルドン, セバスティアン　1616.2.2-
　　1671.5.8）
　世美（ブルドン, セバスティアン　1616-1671）

Bourgeois, Louise 〈20世紀〉
アメリカの彫刻家。
⇒広辞6（ブルジョア　1911-）

Bourgeois, Victor 〈20世紀〉
ベルギーの建築家。主作品『ヴァイセンホーフ
集合住宅』(1927)。
⇒西洋（ブルジョア　1897-）
　世美（ブルジョワ, ヴィクトール　1897-1962）

Bourke-White, Margaret 〈20世紀〉
アメリカの女流写真家。各国の産業の実状を的
確にとらえた報道写真を撮影。
⇒アメ（バーク・ホワイト　1906-1971）
　岩ケ（バーク=ホワイト, マーガレット　1906-
　　1971）
　外国（バーク・ホワイト　1904-）
　国小（バーク・ホワイト　1906-1971）
　コン3（バークホワイト　1906-1971）
　新美（バーク=ホワイト, マーガレット
　　1906.6.14-1971.8.27）
　スパ（バークホワイト, マーガレット　1904-
　　1971）
　西洋（バーク・ホワイト　1906.6.14-1971.8.27）
　世芸（バークホワイト, マーガレット　1906-
　　1975）
　世女（バーク=ホワイト, マーガレット　1904-
　　1971）
　世女日（ブルク=ホワイト, マーガレット　1904-
　　1971）
　世百（バークホワイト　1906-）
　世百新（バーク・ホワイト　1906-1971）
　全書（バーク・ホワイト　1906-1971）
　大辞3（バーク ホワイト　1906-1971）
　大百（バークホワイト　1904-1971）
　ナビ（バーク=ホワイト　1906-1971）
　二十（バーク・ホワイト, マーガレット
　　1906.6.14-1971.8.27）
　百科（バーク・ホワイト　1906-1971）

Bourne, Mel 〈20世紀〉
アメリカ生れの映画美術監督。
⇒世映（ボーン, メル　1923-2003）
　世俳（ブールン, メル　1923.11.22-2003.1.14）

Bourrie, André 〈20世紀〉
フランス生れの画家。
⇒世芸（ブーリエ, アンドレ　1938-）

Boursse, Esaias 〈17世紀〉
オランダの画家。代表作『糸を紡ぐ女』。
⇒国小（ブルセ　1631.3.3-1672.11.16）
　世美（ブルス, エサイアス　1631-1672）

Bouterwek, Friedrich 〈18・19世紀〉
ドイツの哲学者, 美学者。絶体的潜勢力説の創
始者として知られる。
⇒国小（ブーテルヴェク　1766.4.15-1828.8.9）
　西洋（ブーテルヴェク　1766.4.15-1828.8.9）

Bouts, Albert 〈15・16世紀〉
フランドルの画家。
⇒世美（パウツ, アルベルト　1452頃/60-1549）

Bouts, Dierick 〈15世紀〉
ネーデルラントの画家。主作品に『最後の晩
餐』など。
⇒岩ケ（バウツ, ディーリック　1415頃-1475）
　外国（ブーツ　1400/10-1475）
　キリ（ボウツ, ディルク　1410/20-1475.5.6）
　芸術（パウツ, ディーリック　?-1475）
　芸術（ボウツ, ディルク　1400/10-1475）
　国小（ボウツ　1400頃-1475.5.6）
　コン2（ブーツ　1410頃-1475）
　コン3（ブーツ　1410頃-1475）
　新美（ボウツ, ディルク（ディーリック, ティー
　　リ）　1415頃-1475）
　西洋（ブーツ　1410/20頃-1475.5.6）
　世西（ボウツ　1415頃-1475）
　世美（パウツ, ディルク　1420頃-1475）
　全書（ブーツ　1410/20-1475）
　デス（ブーツ　1400/10-1475）
　伝世（バウツ　1415頃-1475）
　百科（バウツ　1420頃-1475）

Bouvier, Nicolas 〈20世紀〉
スイスの作家, 写真家。

⇒海作4（ブーヴィエ, ニコラ　1929-1998）

Bowie, Henri P. 〈19・20世紀〉
アメリカ出身の日本美術蒐集家。
⇒日研（ブイ, ヘンリー　1848.4.1-1920.12.24）
　来日（ブイ　1848-1920）

Bowler, Ray 〈20世紀〉
イギリスのイラストレーター。
⇒児イ（Bowler, Ray　ボーラー, R.　1948-）

Box, John 〈20世紀〉
イギリス・ロンドン生れの映画美術監督。
⇒世映（ボックス, ジョン　1920-2005）

Boyd, Arthur Merric 〈19・20世紀〉
ニュージーランドの画家。
⇒岩ケ（ボイド, アーサー・メリック　1862-1940）

Boyd, Arthur Merric Bloomfield 〈20世紀〉
オーストラリアの画家, 彫刻家, 陶芸家。
⇒岩ケ（ボイド, アーサー・メリック・ブルームフィールド　1920-）
　世芸（ボイド, アーサー　1920-）

Boyd, Guy Martin（à Beckett） 〈20世紀〉
オーストラリアの彫刻家。
⇒岩ケ（ボイド, ガイ・マーティン（・ア・ベケット）　1923-）

Boyd, Robin Gerard Penleigh 〈20世紀〉
オーストラリアの建築家, 批評家, 作家。
⇒岩ケ（ボイド, ロビン・ジェラード・ペンリー　1919-1971）

Boyd,（William）Merric 〈19・20世紀〉
オーストラリアの陶芸家。
⇒岩ケ（ボイド,（ウィリアム・）メリック　1888-1959）

Boydell, John 〈18・19世紀〉
イギリスの版画家, 印刷, 出版業者。シェークスピアの戯曲のシリーズの銅版印刷で知られる。
⇒国小（ボイデル　1719.1.19-1804.12.19）

Boyer, Bernard 〈20世紀〉
アルジェリア生れの画家。
⇒世芸（ボワイエ, ベルナード　1951-）

Boyle, Eleanor Vele 〈19・20世紀〉
イギリスの女流挿絵画家。19世紀における妖精画の大家。10冊の挿絵童話集があり, "A Book of Heavenly Birthday"（1894）などが知られる。
⇒幻想（ボイル, エリナー・ヴェレ　1825-1916）

Boyle, Richard Vicars 〈19・20世紀〉
イギリスの鉄道技師。1872年来日し, 工部省鉄道局建築師長となる（1872~76）。
⇒西洋（ボイル　1822-1908.1.3）
　日人（ボイル　1822-1908）
　来日（ボイル　1822-1908）

Boyle, Robert F. 〈20世紀〉
アメリカ生れの映画美術監督。
⇒世映（ボイル, ロバート・F　1909-）

Boymans, Frans Jacog Otto 〈18・19世紀〉
オランダの美術収集家。
⇒世美（ボイマンス, フランス・ヤーコブ・オット　1767-1847）

Boytac 〈16世紀〉
フランスの建築家。
⇒建築（ボイタック　（活動）1500頃）

Boze, Calvin 〈20世紀〉
アメリカのイラストレーター。
⇒児イ（Boze, Calvin）

Bozzetti, Francesco 〈19・20世紀〉
イタリアの画家, 版画家。
⇒世美（ボッツェッティ, フランチェスコ　1876-1949）

Bozzo, Frank 〈20世紀〉
アメリカのイラストレーター。
⇒児イ（Bozzo, Frank）

Brabazon, Hercules Brabazon 〈19・20世紀〉
イギリスの水彩画家。
⇒国小（ブラバゾン　1821.11.27-1906.5.15）

Braccesco, Carlo 〈15・16世紀〉
イタリアの画家。
⇒世美（ブラッチェスコ, カルロ　（活動）1478-1501）

Bracci, Pietro 〈18世紀〉
イタリアの彫刻家。
⇒芸術（ブラッチ, ピエトロ　1700-1773）
　世美（ブラッチ, ピエトロ　1700-1773）

Bracci, Sebastiano 〈16・17世紀〉
イタリアの建築家。
⇒世美（ブラッチ, セバスティアーノ　16-17世紀）

Bracelli, Giovanni Battista 〈17世紀〉
イタリアの画家, 素描家。
⇒世美（ブラチェッリ, ジョヴァンニ・バッティスタ　17世紀）

Brach, Paul 〈20世紀〉
アメリカ生れの画家。

⇒世芸（ブラッハ，ポール　1924-）

Brachvogel, Albert Emil〈19世紀〉
ドイツの作家。初め彫刻家，30歳から文学に転じた。
⇒西洋（ブラッハフォーゲル　1824.4.29-1878.11.27）

Bracquemond, Félix Henri Félix Joseph Auguste〈19・20世紀〉
フランスの画家，版画家。鳥獣を好んで描いた。印象派の若い画家たちに版画を教えた。
⇒国小（ブラクモン　1833.5.22-1914.10.29）
　新美（ブラックモン，フェリクス　1833.5.22-1914.10.29）
　西洋（ブラクモン　1833.5.22-1914.10.29）
　世美（ブラックモン，フェリックス　1833-1914）
　二十（ブラックモン，F.　1833.5.22-1914.10.29）
　百科（ブラックモン　1833-1914）

Bracquemond, Marie〈19・20世紀〉
フランスの画家。
⇒世女日（ブラックモン，マリー　1840-1916）

Bradford, William〈19世紀〉
アメリカの海洋画家。代表作は『メルビル湾のパンサー号』(1875)。
⇒国小（ブラッドフォード　1827-1892.4.25）

Bradshaw, George〈19世紀〉
イギリスの印刷家，版画家。
⇒岩ケ（ブラッドショー，ジョージ　1801-1853）
　国小（ブラッドショー　1801-1853）

Brady, Mathew B.〈19世紀〉
アメリカの写真家。南北戦争に際し多数の戦争写真を撮った。
⇒アメ（ブラデイ　1823-1896）
　岩ケ（ブレイディ，マシュー　1823-1896）
　芸術（ブラディ，マシュー　1823-1896）
　国小（ブレイディ　1823頃-1896.1.15）
　コン3（ブラディ　1823-1896）
　新美（ブレディ，マシュー　1823頃-1896.1.15）
　世百（ブラディー　1823頃-1896）
　全書（ブラディ　1823-1896）
　大百（ブラディ　1823-1896）
　百科（ブラディ　1823-1896）

Braederlam, Melchior〈14世紀〉
フランドルの画家。
⇒芸術（ブレーダラム，メルヒオール　?-1400頃）

Bragaglia, Anton Giulio〈19・20世紀〉
イタリアの演出家，随筆家。
⇒世美（ブラガーリア，アントン・ジューリオ　1890-1960）

Bragg, Charles〈20世紀〉
アメリカのイラストレーター。
⇒児イ（Bragg, Charles　ブラッグ, C.）

Braidwood, Robert John〈20世紀〉
アメリカの考古学者。南西アジアの先史，原史時代を研究。
⇒国小（ブレードウッド　1907.7.29-）
　新美（ブレイドウッド，ロバート　1907.7.29-）
　二十（ブレイドウッド，ロバート・J.　1907.7.29-）

Braithwaite, Althea〈20世紀〉
イギリスの女性作家，挿絵画家。
⇒英児（Braithwaite, Althea　ブレイスウェイト，アルシーア　1940-）

Brakhage, Stan〈20世紀〉
アメリカ生れの映像作家。
⇒世映（ブラッケイジ，スタン　1933-2003）

Bramante, Donato d'Angelo〈15・16世紀〉
イタリアの建築家，画家。ローマのサン・ピエトロ・イン・モントリオ修道院の小聖堂などを建築。
⇒岩ケ（ブラマンテ，ドナート　1444-1514）
　旺世（ブラマンテ　1444-1514）
　外国（ブラマンテ　1444-1514）
　角世（ブラマンテ　1444-1514）
　教皇（ブラマンテ，ドナート　1444-1514）
　キリ（ブラマンテ，ドナート・ダンジェロ　1444-1514.3.14）
　芸術（ブラマンテ，ドナト　1444頃-1514）
　建築（ブラマンテ，ドナト・ダンジェロ（通称）（ドナート・ディ・パスクイッチョ・ディ・アントニオ）1444-1514）
　広辞4（ブラマンテ　1444-1514）
　広辞6（ブラマンテ　1444-1514）
　国小（ブラマンテ　1444-1514.4.11）
　国百（ブラマンテ，ドナト　1444-1514.4.11）
　コン2（ブラマンテ　1444-1514）
　コン3（ブラマンテ　1444-1514）
　新美（ブラマンテ，ドナート　1444-1514.3.14）
　人物（ブラマンテ　1444-1514.3.11）
　西洋（ブラマンテ　1444-1514.3.11）
　世人（ブラマンテ　1444-1514）
　世西（ブラマンテ　1444-1514.3.11）
　世美（ブラマンテ，ドナート　1444-1514）
　世百（ブラマンテ　1444頃-1514）
　全書（ブラマンテ　1444頃-1514）
　大辞（ブラマンテ　1444-1514）
　大辞3（ブラマンテ　1444-1514）
　大百（ブラマンテ　1444頃-1514）
　デス（ブラマンテ　1444-1514）
　伝世（ブラマンテ　1444-1514.3.11）
　百科（ブラマンテ　1444頃-1514）
　評世（ブラマンテ　1444-1514）
　山世（ブラマンテ　1444-1514）
　歴史（ブラマンテ　1444-1514）

Bramantino〈15・16世紀〉
イタリアの画家，建築家。ミラノのサン・ナザロ聖堂のトリブルツィオ礼拝堂(1511)などを建築。
⇒キリ（ブラマンティーノ　1465頃-1530頃）
　芸術（ブラマンティーノ　1465/66頃-1530）
　建築（ブラマンティーノ（通称）（バルトロメオ・スアルディ）1465-1536頃）

国小（ブラマンティーノ 1450/66頃-1530/66）
新美（ブラマンティーノ 1465/66頃-1530）
西洋（ブラマンティーノ 1455頃-1530頃）
世美（ブラマンティーノ 1465頃-1536頃）

Bramer, Leonard 〈16・17世紀〉
オランダの画家。
⇒世美（ブラーメル, レオナルト 1596-1674）

Branca, Giovanni 〈16・17世紀〉
イタリアの建築家, 機械技師。1629年『建築概論』『機械概論』を発表。
⇒国小（ブランカ 1571-1645）
世百（ブランカ ?-1629）
百科（ブランカ 1571-1645頃）

Branch, Winston 〈20世紀〉
西インド諸島, セントルシア島生れの画家。
⇒世芸（ブランチ, ウィンストン 1947-）

Brancusi, Constantin 〈19・20世紀〉
ルーマニアの彫刻家。原始美術やモダンアート運動に興味を示した。
⇒岩ケ（ブランクーシ, コンスタンティン 1876-1957）
オ西（ブランクーシ, コンスタンティン 1876-1957）
外国（ブランクーシ 1876-）
芸術（ブランクーシ, コンスタンティン 1876-1957）
現人（ブランクーシ 1876.2.19-1957.3.16）
広辞4（ブランクーシ 1876-1957）
広辞5（ブランクーシ 1876-1957）
広辞6（ブランクーシ 1876-1957）
国小（ブランクーシ 1876.2.19-1957.3.16）
国百（ブランクーシ, コンスタンタン 1876.2.19-1957.3.16）
コン2（ブランクーシ 1876-1957）
コン3（ブランクーシ 1876-1957）
新美（ブランクーシ, コンスタンティン 1876.2.21-1957.3.16）
人物（ブランクーシ 1876.2.21-1957）
西洋（ブランクーシ 1876.2.21-1957.3.16）
世芸（ブランクーシ, コンスタンティン 1876-1957）
世美（ブランクーシ, コンスタンチン 1876-1957）
世百（ブランクージ 1876-1957）
全書（ブランクーシ 1876-1957）
大辞（ブランクーシ 1876-1957）
大辞2（ブランクーシ 1876-1957）
大辞3（ブランクーシ 1876-1957）
大百（ブランクージ 1876-1957）
デス（ブランクーシ 1876-1957）
伝世（ブランクーシ 1876.2.21-1957.3.16）
東欧（ブランクーシ 1876-1957）
ナビ（ブランクーシ 1876-1957）
二十（ブランクーシ, コンスタンティン 1876.2.19-1957.3.16）
百科（ブランクーシ 1876-1957）

Brandani, Federico 〈16世紀〉
イタリアの彫刻家, 装飾家。
⇒世美（ブランダーニ, フェデリーコ 1522頃-1575）

Brande, Marlie 〈20世紀〉
デンマークの絵本画家。
⇒児イ（Brande, Marlie ブランド, M. 1911-1979）

Brandenberg, Aliki 〈20世紀〉
アメリカのイラストレーター。
⇒児イ（Brandenberg, Aliki ブランデンバーグ, A. 1929-）

Brandi, Cesare 〈20世紀〉
イタリアの美術批評家, 美術史家。
⇒世美（ブランディ, チェーザレ 1906-）

Brandi, Giacinto 〈17世紀〉
イタリアの画家。
⇒世美（ブランディ, ジャチント 1623-1691）

Brandt, Bill 〈20世紀〉
イギリスの写真家。第二次大戦中イギリス政府の委嘱で空爆下の市民生活を記録撮影した。
⇒岩ケ（ブラント, ビル 1904-1983）
新美（ブラント, ビル 1905-）
西洋（ブラント 1904-）
世百新（ブラント 1905-1983）
大辞2（ブラント 1904-1983）
大辞3（ブラント 1904-1983）
ナビ（ブラント 1905-1983）
二十（ブラント, ビル 1906(05)-）
百科（ブラント 1905-）

Brandt, Katrin 〈20世紀〉
ドイツのイラストレーター。
⇒児イ（Brandt, Katrin ブラント, K. 1942-）

Brandt, Warren 〈20世紀〉
アメリカの画家。
⇒世芸（ブランド, ワーレン 1918-）

Brangoccio, Michael 〈20世紀〉
アメリカ生れの画家。
⇒世芸（ブランゴチオ, マイケル 1954-）

Brangwyn, *Sir* Frank 〈19・20世紀〉
イギリスの画家。ロンドンのスキンナーズ・ホールの大壁面画（1904～09）を制作。
⇒岩ケ（ブラングヴィン, サー・フランク 1867-1956）
外国（ブラングウィン 1867-）
国小（ブランギン 1867.5.13-1956.6.11）
新美（ブラングイン, フランク 1867.5.13-1956.6.11）
人物（ブラングイン 1867.5.13-1943）
西洋（ブラングイン 1867.5.13-1943）
世百（ブラングイン 1867-1956）
全書（ブラングイン 1867-1956）
大百（ブラングイン 1867-1956）
二十（ブラングイン, フランク 1867.5.13-1956.6.11）
百科（ブラングイン 1867-1956）

Bransom, Paul 〈19・20世紀〉
アメリカのイラストレーター。

⇒児イ（Bransom, Paul　ブランソン, P.　1885-）

Branson, David〈20世紀〉
イギリスのピアノ奏者, 作曲家, 画家。
⇒演奏（ブランソン, デーヴィッド　1909.7.13-）

Braque, Georges〈19・20世紀〉
フランスの画家。ピカソとともにキュビスムを代表する2大画家。
⇒岩ケ（ブラック, ジョルジュ　1882-1963）
旺世（ブラック　1882-1963）
才西（ブラック, ジョルジュ　1882-1963）
外国（ブラック　1882-）
角世（ブラック　1882-1963）
キリ（ブラック, ジョルジュ　1882.5.13-1963.8.31）
現人（ブラック　1882.5.13-1963.8.31）
広辞5（ブラック　1882-1963）
広辞6（ブラック　1882-1963）
国小（ブラック　1882.5.13-1963.8.31）
国百（ブラック, ジョルジュ　1882.5.13-1963.8.31）
コン3（ブラック　1882-1963）
新美（ブラック, ジョルジュ　1882.5.13-1963.8.31）
人物（ブラック　1882.5.13-1963.8.31）
西洋（ブラック　1882.5.13-1963.8.31）
世芸（ブラック, ジョルジュ　1882-1963）
世人（ブラック　1882-1963）
世西（ブラック　1882.3.13-）
世美（ブラック, ジョルジュ　1882-1963）
世百（ブラック　1882-1963）
世百新（ブラック　1882-1963）
全書（ブラック　1882-1963）
大辞2（ブラック　1882-1963）
大辞3（ブラック　1882-1963）
大百（ブラック　1882-1963）
伝世（ブラック　1882-1967）
ナビ（ブラック　1882-1963）
二十（ブラック, ジョルジュ　1882.5.13-1963.8.31）
バレ（ブラック, ジョルジュ　1882.5.13-1963.8.31）
百科（ブラック　1882-1963）
評世（ブラック　1882-1963）

Brasch, Kurt〈20世紀〉
ドイツの日本文学研究家, 仏経美術研究家。
⇒二十（ブラッシュ, クルト　1907-1974.1.6）

Brasilier, Andre〈20世紀〉
フランスの版画家。
⇒世芸（ブラジリエ, アンドレ　1929-）
二十（ブラジリエ, A.　1929-）

Brass, Italico〈19・20世紀〉
イタリアの画家。
⇒世美（ブラス, イターリコ　1870-1943）

Brassaï, Pierre〈20世紀〉
ルーマニア生れのフランスの写真家。1933年写真集『夜のパリ』を発表。
⇒岩ケ（ブラッサイ　1899-1984）
国小（ブラッサイ　1899-）
コン3（ブラッサイ　1899-1984）

新美（ブラッサイ　1899-1984.7.8）
西洋（ブラッサイ　1899-）
世芸（ブラッサイ　1899-）
世百新（ブラッサイ　1899-1984）
全書（ブラッサイ　1899-1984）
大辞2（ブラッサイ　1899-1984）
大辞3（ブラッサイ　1899-1984）
ナビ（ブラッサイ　1899-1984）
二十（ブラッサイ　1899-1984.8.8）
百科（ブラッサイ　1899-1984）

Bratby, John〈20世紀〉
イギリスの画家, 作家。
⇒岩ケ（ブラットビー, ジョン　1928-1992）

Brauer, Erich〈20世紀〉
オーストリアのウィーン幻想派の画家。
⇒新美（ブラウアー, エーリヒ　1929.1.4-）
世芸（ブラウアー, エリッヒ　1929-）
二十（ブラウアー, エーリッヒ　1929.1.4-）

Brauner, Victor〈20世紀〉
ルーマニア出身のフランスの画家。蠟画によるシュールレアリスムの作品を発表。
⇒国小（ブラウネル　1903.6.15-1966.3.12）
新美（ブラウネル, ヴィクトール　1903.6.15-1966.3.12）
世芸（ブラウネル, ヴィクトール　1903-1973）
世芸（ブローネル, ヴィクトール　1903-1966）
世美（ブラウネル, ヴィクトール　1903-1966）
二十（ブラウネル, ヴィクトール　1903.6.15-1966.3.12）

Braun-Vogelstein, Julie〈19・20世紀〉
ドイツの美術史家。
⇒世女日（ブラウン=フォーゲルシタイン, ユリー　1883-1971）

Brayer, Yves〈20世紀〉
フランスの画家。田園風景を得意とする。
⇒国小（ブレイエ　1907-）
世芸（ブレイエ, イーヴ　1907-1976）

Brea, Antonio〈16世紀〉
イタリアの画家。
⇒世美（ブレーア, アントーニオ　16世紀前半）

Brea, Lodovico〈15・16世紀〉
イタリアの画家。
⇒新美（ブレア, ロドヴィーコ　1450頃-1522/-5）
世美（ブレーア, ルドヴィーコ　1450頃-1523頃）

Breasted, James Henry〈19・20世紀〉
アメリカの歴史家, 近東学者。エジプトのルクソルおよびパレスティナ附近の古都マジッドーの発掘をおこなった(1919～20, 25)。
⇒岩ケ（ブレステッド, ジェイムズ・ヘンリー　1865-1935）
外国（ブレステッド　1865-1935）
キリ（ブレステッド（ブレスティッド）, ジェイムズ・ヘンリ　1865.8.27-1935.12.2）
コン3（ブレステッド　1865-1935）
新美（ブレステッド, ジェームズ　1865.8.27-1935.12.2）

西洋（ブレステド　1865.8.27-1935.12.2）
世宗（ブレステッド　1865-1936）
伝世（ブレステッド　1865.8.27-1935.12.2）
二十（ブレステッド，ジェイムズ・ヘンリ
　　1865.8.27-1935.12.2）
百科（ブレステッド　1865-1935）
名著（ブレステッド　1865-1935）
歴学（ブレステッド　1865-1935）

Breathed, Berkeley 〈20世紀〉
アメリカのイラストレーター，漫画家。
⇒児作（Breathed, Berkeley　ブレスエット，バークリ）

Breccia, Annibale Evaristo 〈19・20世紀〉
イタリアの考古学者，歴史学者。
⇒世美（ブレッチャ，アンニーバレ・エヴァリスト　1876-1967）

Brechbühl, Beat 〈20世紀〉
スイスの詩人，作家，画家。
⇒海作4（ブレヒビュール，ベアト　1939-）

Brecht, George 〈20世紀〉
アメリカの美術家。
⇒美術（ブレクト，ジョージ　1925-）

Bredero, Gerbrand Adriaenszoon 〈16・17世紀〉
オランダの詩人，画家。
⇒演劇（ブレデロ，ゲルブランド　1585-1618）
国小（ブレデロ　1585.3.16-1618.8.23）
集世（ブレーデロー，ヘルブラント・アドリアーンスゾーン　1585.3.16-1618.8.23）
集文（ブレーデロー，ヘルブラント・アドリアーンスゾーン　1585.3.16-1618.8.23）
全書（ブレーデロ　1585-1618）
百科（ブレーデロー　1585-1618）

Bredius, Abraham 〈19・20世紀〉
オランダのレンブラント研究家，鑑識家。レンブラントを中心に，オランダ絵画の研究に幾多の功績を残す。
⇒世美（ブレディウス，アブラハム　1855-1946）
名著（ブレディウス　1855-1946）

Breenberch, Bartolomeus 〈16・17世紀〉
オランダの画家。
⇒世美（ブレーンベルフ，バルトロメウス　1599/1600-1657）

Breer, Robert 〈20世紀〉
アメリカ生れの映像作家，アニメーション作家。
⇒世映（ブリア，ロバート　1926-）

Bregno, Andrea 〈15・16世紀〉
イタリアの建築家，彫刻家。
⇒世美（ブレーニョ，アンドレーア　1418頃-1503）

Bregno, Antonio 〈15世紀〉
イタリアの彫刻家。
⇒世美（ブレーニョ，アントーニオ　15世紀）

Bregno, Giovanni Battista 〈15・16世紀〉
イタリアの彫刻家，建築家。ロレンツォの兄弟。
⇒世美（ブレーニョ，ジョヴァンニ・バッティスタ　15-16世紀）

Bregno, Lorenzo 〈15・16世紀〉
イタリアの彫刻家，建築家。バッティスタの兄弟。
⇒世美（ブレーニョ，ロレンツォ　15-16世紀）

Bréhier, Louis 〈19・20世紀〉
フランスの歴史家，美術史家。ビザンティンおよびロマネスク美術に関する著書がある。
⇒西洋（ブレイエ　1868.8.5-1951.10.13）
世伝（ブレイエ，ルイ　1868-1951）
名著（ブレイエ　1868-1951）

Breitinger, Johann Jakob 〈18世紀〉
スイスの神学者，哲学者，教育者，美学者。
⇒外国（ブライティンガー　1701-1776）
キリ（ブライティンガー，ヨーハン・ヤーコプ　1701.3.1-1776.12.13）
国小（ブライティンガー　1701-1776）
集世（ブライティンガー，ヨハン・ヤーコプ　1701.3.1/15-1776.12.13/14）
集文（ブライティンガー，ヨハン・ヤーコプ　1701.3.1/15-1776.12.13/14）
西洋（ブライティンガー　1701.3.1-1776.12.15）
世文（ブライティンガー，ヨハン・ヤーコプ　1701-1776）
全書（ブライティンガー　1701-1776）
大百（ブライティンガー　1701-1776）
百科（ブライティンガー　1701-1776）

Breitner, George Hendrik 〈19・20世紀〉
オランダの画家。
⇒オ西（ブライトナー，ジョルジュ・ヘンドリック　1857-1923）
新美（ブレイトナー，ジョルジュ　1857.9.12-1914.6.5）
二十（ブレイトナー，ジョルジュ・H.　1857.9.12-1914（23）.6.5）
百科（ブレイトネル　1857-1923）

Breker, Arno 〈20世紀〉
ドイツの彫刻家。
⇒世俳（ブレーカー，アルノ　1900.7.19-1991.2.13）
ナチ（ブレカー，アルノ　1900-1991）

Brenner, Fred 〈20世紀〉
アメリカのイラストレーター。
⇒児イ（Brenner, Fred　ブレナー，F.）

Brescianino 〈16世紀〉
イタリアの画家。
⇒世美（ブレシャニーノ　（記録）1506-1525）

Bresdin, Rodolphe 〈19世紀〉
フランスの版画家。
⇒新美（ブレダン, ロドルフ 1825.3.17-1885.1.14）
世美（ブレスダン, ロドルフ 1825-1885）
百科（ブレズダン 1822-1885）

Bret, François 〈20世紀〉
フランスの画家。
⇒世芸（ブレ, フランソワ 1918-2004）

Breton, André 〈20世紀〉
フランスの詩人。1924年、『シュールレアリスム宣言』を発表、その理論的指導者となった。
⇒イ文（Breton, André 1896-1966）
岩ケ（ブルトン, アンドレ 1896-1966）
岩哲（ブルトン 1896-1966）
オ西（ブルトン, アンドレ 1896-1966）
外国（ブルトン 1896-）
角世（ブルトン 1896-1966）
現人（ブルトン 1896.2.18-1966.9.28）
幻想（ブルトン, アンドレ 1896-1967）
広辞5（ブルトン 1896-1966）
広辞6（ブルトン 1896-1966）
国小（ブルトン 1896.2.19-1966.9.28）
コン3（ブルトン 1896-1966）
集世（ブルトン, アンドレ 1896.2.18-1966.9.28）
集文（ブルトン, アンドレ 1896.2.18-1966.9.28）
新美（ブルトン, アンドレ 1896.2.18-1966.9.29）
人物（ブルトン 1896.2.18-1966.9.28）
西洋（ブルトン 1896.2.18-1966.9.28）
世人（ブルトン 1896-1966）
世西（ブルトン 1896-1966.9.28）
世百（ブルトン 1896-1966）
世百新（ブルトン 1896-1966）
世文（ブルトン, アンドレ 1896-1966）
全書（ブルトン 1896-1966）
大辞2（ブルトン 1896-1966）
大辞3（ブルトン 1896-1966）
大百（ブルトン 1896-1966）
伝世（ブルトン 1896-1966）
ナビ（ブルトン 1896-1966）
二十（ブルトン, アンドレ 1892.2.18-1966.9.28）
百科（ブルトン 1896-1966）
名詩（ブルトン, アンドレ 1896-1966）
名著（ブルトン 1896-）
ラテ（ブルトン 1896-1966）

Breton, Jules-Adolphe-Aimé-Louis 〈19・20世紀〉
フランスの画家。
⇒世美（ブルトン, ジュール=アドルフ=エメ=ルイ 1827-1906）

Brett, John 〈19・20世紀〉
イギリスの画家。
⇒世美（ブレット, ジョン 1831-1902）

Breu, Jörg 〈15・16世紀〉
ドイツの画家。
⇒芸術（ブロイ, ヨエルク 1475頃-1537）

新美（ブロイ, イエルク 1475頃-1537）
世美（ブロイ, イエルク 1480頃-1537）

Breuer, Marcel Lajos 〈20世紀〉
ハンガリー生まれのアメリカの建築家。1937年渡米。バウハウス運動を推進。主作品は、ドルダータール・アパート（1934～36）、ニュー・ホイットニー美術館（1966）など。
⇒岩ケ（ブロイアー, マルセル（・ラヨシュ） 1902-1981）
オ西（ブロイアー, マルセル 1902-1981）
現人（ブロイヤー 1902.5.22-）
国小（ブロイアー 1902.5.21-）
コン3（ブロイヤー 1902-1981）
新美（ブロイヤー, マルセル 1902.5.21-1981.7.1）
人物（ブロイヤー 1902.5.21-）
西洋（ブロイアー 1902.5.21-1981.7.1）
世芸（ブロイア, マルセル 1902-）
世美（ブロイヤー, マルセル 1902-1981）
世百（ブロイヤー 1902-）
世百新（ブロイヤー 1902-1981）
全書（ブロイヤー 1902-1981）
大辞2（ブロイアー 1902-1981）
大辞3（ブロイヤー 1902-1981）
大百（ブロイヤー 1902-）
伝世（ブロイアー 1902.5.21-）
二十（ブロイヤー, マルセル・L. 1902.5.22(21)-1981.7.1）
百科（ブロイヤー 1902-1981）

Breuil, Henri Edouard Prosper 〈19・20世紀〉
フランスの考古学者。先史時代の美術分野のパイオニア的存在。
⇒岩ケ（ブルイユ, アンリ・エドゥアール・プロスペル 1877-1961）
キリ（ブレイユ, アンリ 1877.2.28-1961.8.14）
国小（ブルイユ 1877.2.28-1961.8.14）
コン2（ブルイユ 1877-1961）
コン3（ブルイユ 1877-1961）
新美（ブルイユ, アンリ 1877.2.28-1961.8.14）
西洋（ブルイユ 1877.2.28-1961.8.14）
世百（ブルイユ 1877-1961）
全書（ブルイユ 1877-1961）
伝世（ブルイユ 1877.2.28-1961.8.14）
二十（ブルイユ, アンリ・E.P. 1877.2.28-1961.8.14）
百科（ブルイユ 1877-1961）
名著（ブルイユ 1877-）

Brevannes, Maurice 〈20世紀〉
フランスのイラストレーター。
⇒児イ（Brevannes, Maurice 1904-）

Breveglieri, Cesare 〈20世紀〉
イタリアの画家。
⇒世美（ブレヴェリエーリ, チェーザレ 1902-1948）

Brey, Charles 〈20世紀〉
アメリカのイラストレーター。
⇒児イ（Brey, Charles ブレイ, C.）

Breytenbach, Breyten 〈20世紀〉
南アフリカの画家, 詩人, エッセイスト。
⇒岩ケ（ブレイテンバック, ブレイテン　1939-）
　才世（ブライテンバッハ, ブライテン　1939-）
　集世（ブライテンバッハ, ブライテン　1939.9.16-）
　集文（ブライテンバッハ, ブライテン　1939.9.16-）
　全書（ブレイテンバッハ　1939-）
　二十（ブレイテンバッハ, ブレイテン　1939-）
　二十英（Breytenbach, Breyten　1939-）

Brianchon, Maurice 〈20世紀〉
フランスの画家。政府の注文で妻マルグリット・ルブと共にコンセルヴァトアールに装飾画を描いた（1942）。
⇒外国（ブリアンション　1899-）
　国小（ブリアンション　1899-）
　新美（ブリアンション, モーリス　1899.1.11-）
　人物（ブリアンション　1899.1.3-）
　西洋（ブリアンション　1899.1.3-1979.3.5）
　世美（ブリアンション, モーリス　1899-1979）
　二十（ブリアンション, モーリス　1899.1.11-?）

Briati, Giuseppe 〈17・18世紀〉
イタリアのガラス職人。
⇒世芸（ブリアンション, モーリス　1899-1968）
　世美（ブリアーティ, ジュゼッペ　1686-1772）

Brickhouse, Farrell 〈20世紀〉
アメリカ生れの画家。
⇒世芸（ブリックハウス, ファレル　1949-）

Bridgens, R.P. 〈19世紀〉
アメリカの建築家。明治初年に来日し, 民間建築師として東京, 横浜で働いた。新橋駅, 横浜駅（1872）を設計。, た。
⇒西洋（ブリジンス）
　日人（ブリジェンス　1819-1891）
　来日（ブリジェンス　1819.4.19-1891.6.9）

Bridges, Fidelia 〈19・20世紀〉
アメリカの画家。
⇒世女日（ブリッジズ, フィデリア　1834-1923）

Bridgman, Frederic Arthur 〈19・20世紀〉
アメリカの画家。代表作は『勤勉』。
⇒国小（ブリッジマン　1847.11.10-1928.1.13）

Brierley, Louise 〈20世紀〉
イギリスのイラストレーター。
⇒児イ（Brierley, Louise　ブリアリー, L.）

Briganti, Giuliano 〈20世紀〉
イタリアの美術史家。
⇒世美（ブリガンティ, ジュリアーノ　1918-）

Briggs, Preter 〈20世紀〉
イギリス生れの造形家。
⇒世芸（ブリッグス, プレター　1950-）

Briggs, Raymond Redvers 〈20世紀〉
イギリスの絵本作家, 挿絵画家。
⇒岩ケ（ブリッグズ, レイモンド（・レッドヴァーズ）　1934-）
　英児（Briggs, Raymond Redvers　ブリッグズ, レイモンド・レッドヴァーズ　1934-）
　英文（ブリッグズ, レイモンド（・レッドヴァス）　1934-）
　児イ（Briggs, Raymond　ブリッグズ, R.　1934-）
　児文（ブリッグズ, レイモンド　1934-）
　世児（ブリッグズ, レイモンド（・レッドヴァース）　1934-）
　二十（ブリッグズ, レイモンド　1934-）
　二十英（Briggs, Raymond　1934-）

Brigham, Grace 〈20世紀〉
アメリカのイラストレーター。
⇒児イ（Brigham, Grace　ブリガム, G.）

Bright, Robert 〈20世紀〉
アメリカの絵本作家, 詩人。
⇒英児（Bright, Robert　ブライト, ロバート　1902-1988）
　児イ（Bright, Robert　ブライト, R.　1902-）
　児作（Bright, Robert　ブライト, ロバート　1902-）

Brightwell, Cecilia 〈19世紀〉
イギリスの銅版画家。
⇒世女日（ブライトウェル, セシリア　1811-1875）

Brigitta Suecica 〈14世紀〉
スウェーデン東部ウップランド出身の修道女。
⇒新美（ビルイッタ（スウェーデンの）　1303-1370）

Bril, Mattheus 〈16世紀〉
フランドルの画家。パウル・ブリルの兄。風景画家として知られる。
⇒世西（ブリル　1550-1583.6.8）
　世美（ブリル, マテイス（子）　1550-1583）

Bril, Paul 〈16・17世紀〉
フランドルの風景画家。イタリアで活躍。
⇒芸術（ブリル, パウル　1554-1626）
　国小（ブリル　1554-1626.10.7）
　西洋（ブリル　1554-1626.10.7）
　世西（ブリル　1554-1626.10.7）
　世美（ブリル, パウル　1554-1626）
　百科（ブリル　1554-1626）

Brinckloe, Julie 〈20世紀〉
アメリカのイラストレーター。
⇒児イ（Brinckloe, Julie）

Brinckmann, Albert Erich 〈19・20世紀〉
ドイツの美術史家。主著 "Platz und Monument"（1908）。
⇒キリ（ブリンクマン, アルベルト・エーリヒ　1881.9.4-1958.8.10）
　西洋（ブリンクマン　1881.9.4-1958.8.10）

世美(ブリンクマン, アルベルト・エーリヒ 1881-1958)
名著(ブリンクマン 1881-)

Brinckmann, Justus 〈19・20世紀〉
ドイツの美術史家。ハンブルクの美術工芸博物館の設立に尽しその館長となる(1877)。
⇒西洋(ブリンクマン 1843.5.23-1915.2.8)

Brindisi, Remo 〈20世紀〉
イタリアの画家。
⇒世美(ブリンディジ, レーモ 1918-)

Brinkman, Johannes Andreas 〈20世紀〉
オランダの建築家。ロッテルダムの『ファン・ネレたばこ工場』(1928～30)は20年代の近代建築の代表的な作例となった。
⇒西洋(ブリンクマン 1902.3.22-1949.5.6)
世美(ブリンクマン, ヨハネス・アンドレアス 1902-1949)

Brion, Louis 〈20世紀〉
フランス生れの画家。
⇒世芸(ブリヨン, ルイ 1912-)

Brion, Marcel 〈20世紀〉
フランスの評論家, 小説家。イタリア・ルネサンス, ドイツ・ロマン主義の専門家で美術史家。
⇒幻想(ブリヨン, マルセル ?-)
国小(ブリオン 1895.11.21-)
名著(ブリオン 1895-)

Briosco, Andrea 〈15・16世紀〉
イタリアの彫刻家, 建築家。
⇒世美(ブリオスコ, アンドレーア 1470-1532)

Briosco, Benedetto da 〈15・16世紀〉
イタリアの彫刻家。
⇒世美(ブリオスコ, ベネデット・ダ (記録)1483-1506)

Briot, Alain 〈20世紀〉
フランスのイラストレーター。
⇒児イ(Briot, Alain ブリオ, A. 1944-)

Brisley, Joyce Lankester 〈20世紀〉
イギリスの女性作家, 詩人, 画家。
⇒英児(Brisley, Joyce Lankester ブリズリー, ジョイス・ランケスター 1896-1978)
児作(Brisley, Joyce L. ブリスリー, ジョイス・L 1896-1978)

Briss, Sami 〈20世紀〉
イスラエル生れの画家。
⇒世芸(ブリス, サミー 1930-)

Brisson, Pierre-Marie 〈20世紀〉
フランス生れの画家。
⇒世芸(ブリッソン, ピエール・マリエ 1955-)

Britton, John 〈18・19世紀〉
イギリスの古物, 地誌研究家。著書に『イギリスの建築美』(1805～14)など。
⇒国小(ブリトン 1771-1857)

Brix, Joseph 〈19・20世紀〉
ドイツの土木工学者, 都市計画家。
⇒世美(ブリックス, ヨーゼフ 1859-1943)

Brizio, Anna Maria 〈20世紀〉
イタリアの美術史家。
⇒世美(ブリーツィオ, アンナ・マリーア 1902-1982)

Brizzi, Francesco 〈16・17世紀〉
イタリアの画家, 版画家。
⇒世美(ブリッツィ, フランチェスコ 1574頃-1623)

Brock, Charles Edward 〈19・20世紀〉
イギリスの挿絵画家。
⇒児イ(Brock, Charles Edmond & Henry Matthew 1870.2.5-1938.2.28)
世児(ブロック, C(チャールズ)・E(エドワード)&H(ヘンリ)・M(マシュー) 1870-1938)

Brock, Henry Matthew 〈19・20世紀〉
イギリスの挿絵画家。
⇒児イ(Brock, Charles Edmond & Henry Matthew 1875.7.11-1960.7.21)
世児(ブロック, C(チャールズ)・E(エドワード)&H(ヘンリ)・M(マシュー) 1875-1960)

Brock, Sir Thomas 〈19・20世紀〉
イギリスの彫刻家。作品は『ロングフェロー像』(1884), 『グラッドストン像』(1902), 『ブラック・プリンス像』などのほか, ビクトリア女王像を7回製作。
⇒芸術(ブロック, トーマス 1847-1922)
国小(ブロック 1847.3.1-1922.8.22)
世芸(ブロック, トーマス 1847-1922)

Brockhaus, Heinrich 〈19・20世紀〉
ドイツの美術史家。フィレンツェ美術史研究所長(1897～1912)。
⇒西洋(ブロックハウス 1858.3.3-1941.10.24)

Brockhurst, Gerald Leslie 〈20世紀〉
イギリスの画家, エッチング画家。
⇒岩ケ(ブロックハースト, ジェラルド・レズリー 1891-1979)

Brodskii, Isaak Izrailevich 〈19・20世紀〉
ソ連の画家。
⇒コン3(ブロッキー 1883-1939)

Broederlam, Melchior 〈14・15世紀〉
フランドルの画家。活動期1387年頃～1409年頃。
⇒キリ(ブルーデルラム, メルキヨール (活

躍）1381-1409頃）
芸術（ブルーデルラム, メルキオール （活動）1381-1409）
国小（ブレーデルラム 生没年不詳）
新美（ブルーデルラム, メルキオール ?-1409以後）
世美（ブルーデルラム, メルキオール （活動）1381-1409）

Broeucq, Jacques 〈16世紀〉
フランドルの彫刻家, 建築家。
⇒世美（ブルック, ジャック 1500/10-1584）

Broggi, Luigi 〈19・20世紀〉
イタリアの建築家。
⇒世美（ブロッジ, ルイージ 1851-1926）

Broggini, Luigi 〈20世紀〉
イタリアの彫刻家。
⇒世美（ブロッジーニ, ルイージ 1908-1983）

Broglio, Mario 〈20世紀〉
イタリアの画家, 美術批評家, 編集者。
⇒世美（ブローリオ, マーリオ 1891-1948）

Brokoff, Ferdinand Maximilian 〈17・18世紀〉
ボヘミアの彫刻家。
⇒世美（ブロコフ, フェルディナント・マクシミリアン 1688-1731）

Brokoff, Jan 〈17・18世紀〉
チェコスロヴァキアの彫刻家。
⇒世美（ブロコフ, ヤン 1652-1718）

Bromhall, Winifred 〈20世紀〉
イギリスのイラストレーター。
⇒児イ（Bromhall, Winifred）

Brongniart, Alexandre 〈18・19世紀〉
フランスの地質学者, 鉱物学者。陶磁器製造所を経営し(1800来), ガラスに彩色する方法を復活させ, 陶磁器化学を発展させた。
⇒岩ケ（ブロンニャール, アレクサンドル 1770-1847）
科学（ブロンニャール 1770.2.5-1847.10.7）
科人（ブロンニアール, アレキサンドル 1770.2.5-1847.10.7）
人物（ブロンニアール 1770.2.5-1847.10.7）
西洋（ブロニャール 1770.2.5-1847.10.7）
世西（ブロニャール 1770.2.5-1847.10.7）
全書（ブロニャール 1770-1847）
大百（ブロニャール 1770-1847）

Brongniart, Alexandre Théodore 〈18・19世紀〉
フランスの建築家。古代復帰主義者。パリでフランシスコ会修道院を制作(1783)。
⇒建築（ブロンニアール, アレクサンドル=テオドール 1739-1813）
新美（ブロンニャール, アレクサンドル・テオドール 1739.2.15-1813.6.6）

西洋（ブロニャール 1739-1813）
世美（ブロンニアール, アレクサンドル=テオドール 1739-1813）

Bronisch, Paul 〈20世紀〉
ドイツの彫刻家。
⇒世芸（ブローニッシュ, パウル 1904-1973）

Bronzino, Angiolo 〈16世紀〉
イタリアの画家, 詩人。トスカナ大公コシモ1世の宮廷画家としてフィレンツェで活動。
⇒岩ケ（ブロンツィーノ, イル 1503-1572）
キリ（ブロンツィーノ, アンジョロ（アニョロ） 1503.11.17-1572.11.23）
芸術（ブロンツィーノ, アーニョロ 1503-1572）
国小（ブロンツィーノ 1503.11.17-1572.11.23）
コン2（ブロンツィーノ 1503-1572）
コン3（ブロンツィーノ 1503-1572）
新美（ブロンツィーノ, アーニョロ 1503.11.17-1572.11.28）
西洋（ブロンツィーノ 1503.11.17-1572.11.23）
世西（ブロンツィーノ 1503-1572）
世美（ブロンジーノ 1503-1573）
世百（ブロンツィーノ 1503-1572）
全書（ブロンツィーノ 1503-1572）
大百（ブロンツィーノ 1503-1572）
デス（ブロンツィーノ 1503-1572）
伝世（ブロンジーノ 1503.11.17-1572.11.23）
百科（ブロンツィーノ 1503-1572/73）

Broodthaers, Marcel 〈20世紀〉
ベルギーの彫刻家。
⇒世芸（ブロータース, マルセル 1924-1976）

Brook, Julie 〈20世紀〉
ドイツ生れの女性画家。
⇒世芸（ブルック, ジュリー 1961-）

Brooke, L.Leslie 〈19・20世紀〉
イギリスの絵本作家, 挿絵画家, 画家。
⇒児イ（Brooke, Leonard Leslie 1862.9.24-1940.5.1）
児文（ブルック, L.レズリー 1862-1940）
世児（ブルック, L（レナード）・レズリー 1862-1940）
二十（ブルック, L.レズリー 1862-1940）

Brooking, Charles 〈18世紀〉
イギリスの画家。
⇒世美（ブルッキング, チャールズ 1723-1759）

Brookner, Anita 〈20世紀〉
イギリスの小説家, 美術史家。
⇒イ文（Brookner, Anita 1928-）
岩ケ（ブルックナー, アニタ 1928-）
英文（ブルックナー, アニタ 1928-）
才世（ブルックナー, アニータ 1928-）
海伝4（ブルックナー, アニータ 1928-）
集世（ブルックナー, アニタ 1938.7.16-）
集二（ブルックナー, アニタ 1938.7.16-）
二十英（Brookner, Anita 1928-）

Brooks, James 〈20世紀〉
アメリカの画家。

⇒新美（ブルックス, ジェームス　1906.10.18-）
二十（ブルックス, ジェームズ　1906.10.18-）

Brooks, Jill〈20世紀〉
イギリスのイラストレーター。
⇒児イ（Brooks, Jill　ブルックス, J.）

Brooks, Romaine〈19・20世紀〉
イギリスの画家。
⇒世女（ブルックス, ロメイン（ゴダード）　1874-1970）
世女日（ブルックス, ロメーヌ　1874-1970）

Brooks, Ron〈20世紀〉
オーストラリアのイラストレーター。
⇒児イ（Brooks, Ron　ブルックス, R.　1948-）

Brooks, Walter Rollin〈19・20世紀〉
アメリカの作家, 絵本作家。
⇒英児（Brooks, Walter Rollin　ブルックス, ウォルター・ローリン　1886-1958）
児作（Brooks, Walter R.　ブルックス, ウォルター　1886-1958）

Broomfield, Robert〈20世紀〉
イギリスのイラストレーター。
⇒児イ（Broomfield, Robert　ブルームフィールド, R.　1930-）

Brosnatch, Andrew〈20世紀〉
アメリカの挿絵画家。
⇒幻文（ブロスナッチ, アンドリュー　1896-?）

Brosse, Salomon de〈16・17世紀〉
フランスの建築家。1615年頃からルクセンブルク宮殿建築の着工。
⇒岩ケ（ブロス, サロモン・ド　1565-1626）
建築（ブロス, サロモン・ド　1565頃-1626）
国小（ブロス　1571-1626）
コン2（ブロス　1565頃-1627）
コン3（ブロス　1565頃-1627）
新美（ブロッス, サロモン・ド　1562-1626.12.9）
西洋（ブロス　1562/5/71頃-1626）
世美（ブロス, サロモン・ド　1570頃-1626）
百科（ブロス　1565/71-1626）

Brouwer, Adriaen〈17世紀〉
フランドルの画家。主作品は『酒盛りする百姓たち』。
⇒岩ケ（ブローウェル, アドリアーン　1605頃-1638）
外国（ブラウウェル　1605/-8-1638/-40）
芸術（ブローウァー, アドリアエン　1605頃-1638）
国小（ブローウェル　1605頃-1638.2.1）
コン2（ブローウェル　1608-1640）
コン3（ブローウェル　1608-1640）
新美（ブラウエル, アドリアーン　1605/06-1638.1）
人物（ブルーエル　1605/06-1638.1）
西洋（ブローエル　1606頃-1638.1）
世西（ブルウェル（ブローエル）　1605/06-1638.1）
世美（ブラウエル, アドリアーン　1605頃-1638）

世百（ブロウエル　1605-1638）
全書（ブロウエル　1605/06-1638）
大百（ブロウエル　1605-1638）
伝世（ブラウエル, A.　1605/6-1638）
百科（ブラウエル　1605/06-1638）

Brown, Alice van〈19・20世紀〉
アメリカの美術史学者。
⇒世女日（ブラウン, アリス・ヴァン　1862-1949）

Brown, Barbara〈20世紀〉
イギリスのイラストレーター。
⇒児イ（Brown, Barbara　ブラウン, B.　1942-）

Brown, Ford Madox〈19世紀〉
イギリスの画家。歴史画, 宗教画を描き, ステンド・グラスも制作。
⇒岩ケ（ブラウン, フォード・マドックス　1821-1893）
芸術（ブラウン, フォード・マドックス　1821-1893）
国小（ブラウン　1821.4.16-1893.10.6）
新美（ブラウン, フォード・マドックス　1821.4.16-1893.10.11）
西洋（ブラウン　1821.4.16-1893.10.11）
世美（ブラウン, フォード・マドックス　1821-1893）
百科（ブラウン　1821-1893）

Brown, Harold Chapman〈19・20世紀〉
アメリカの哲学者。デューイのプラグマティズムに近い立場を取り, 数理哲学, 科学哲学, 美学の研究がある。
⇒名著（ブラウン　1879-）

Brown, Henri Kirke〈19世紀〉
アメリカの彫刻家。ワシントン騎馬像など多くの騎馬像を制作。
⇒国小（ブラウン　1814.2.24-1886.7.10）

Brown, John〈18世紀〉
イギリスの素描家。
⇒世美（ブラウン, ジョン　1752-1787）

Brown, Lancelot〈18世紀〉
イギリスの造園家。自然の風景を取り入れた新しい庭園様式を確立。
⇒イ文（Brown, Lancelot 1715-1783）
岩ケ（ブラウン, ランスロット　1715-1783）
英米（Brown, Lancelot　ブラウン〔ランスロット〕　1715-1783）
建築（ブラウン, ランスロット（ケイパビリティー・ブラウン（通称））　1716-1783）
国小（ブラウン　1716-1783.2.6）
新美（ブラウン, ランスロット　1716-1783.2.6）
世美（ブラウン, ランスロット　1716-1783）
百科（ブラウン　1716-1783）

Brown, Marc〈20世紀〉
アメリカの絵本作家, 挿絵画家。
⇒英児（Brown, Marc　ブラウン, マーク　1946-）
児イ（Brown, Marc　ブラウン, M.）

児作（Brown, Marc　ブラウン, マーク　1946-）

Brown, Marcia 〈20世紀〉
アメリカの女流画家、児童文学者。1955年、絵本『シンデレラ』で、そして62年には彼女の創作 "Once a Mouse" でふたたびコールデコット賞を受賞。
⇒英児（Brown, Marcia　ブラウン, マーシャ　1918-）
　児イ（Brown, Marcia Joan　ブラウン, M.J.　1918-）
　児童（ブラウン, マーシャ　1918-）
　児文（ブラウン, マーシャ　1918-）
　世児（ブラウン, マーシャ　1918-）
　二十（ブラウン, マーシャ・ジョーン　1918-）

Brown, Palmer 〈20世紀〉
アメリカのイラストレーター。
⇒児イ（Brown, Palmer　ブラウン, P.　1919-）

Brown, Ruth 〈20世紀〉
イギリスのイラストレーター。
⇒児イ（Brown, Ruth　ブラウン, R.　1941-）

Brown, William Norman 〈20世紀〉
アメリカのインド学者。サンスクリット文学のモティーフ、民話、中期・近世インドに及ぶ歴史、文化、美術に独自の学風をひらいた。
⇒西洋（ブラウン　1892.6.24-1975.4.22）

Browne, Anthony 〈20世紀〉
イギリスの絵本作家、挿絵画家。
⇒英児（Browne, Anthony　ブラウン, アンソニー　1946-）
　児イ（Browne, Anthony　ブラウン, A.　1946-）

Browne, Gordon 〈19・20世紀〉
イギリスのイラストレーター。
⇒英児（ブラウン, ゴードン・フレデリック　1858-1932）
　児イ（Browne, Gordon　1858-1932）
　児文（ブラウン, ゴードン　1858-1932）
　世児（ブラウン, ゴードン（・フレデリック）　1858-1932）
　二十（ブラウン, ゴードン　1858-1932）

Browne, Hablot Knight 〈19世紀〉
イギリスの挿絵画家。
⇒岩ケ（ブラウン, ハブロット・ナイト　1815-1882）
　集児（ブラウン, ハブロット・ナイト　1815.6.11-1882.6.8）

Browne, Henriette 〈19世紀〉
フランスの画家。
⇒世女日（ブラウン, アンリエット　1829-1901）

Browne, Tom 〈19・20世紀〉
イギリスの漫画家、挿絵画家、画家。
⇒岩ケ（ブラウン, トム　1870-1910）
　児イ（Browne, Tom　1872-1910）

Brownscombe, Jennie Augusta 〈19・20世紀〉
アメリカの画家。
⇒世女日（ブラウンスコム, ジェニー・オーガスタ　1850-1936）

Bruant, Léibral 〈17世紀〉
フランスの建築家。パリの廃兵院を設計し、その初期の工事を指導。
⇒建築（ブリュアン, リベラル　1637-1697）
　新美（ブリュアン, リベラル　1637頃-1697.11.22）
　西洋（ブリュアン　1635頃-1697）
　世美（ブリュアン, リベラル　1637-1697）

Bruce, Thomas, 7th Earl of Elgin and 11th Earl of Kincardine 〈18・19世紀〉
イギリスの外交官、美術蒐集家。駐トルコ公使としてアテネのパルテノンを学者、技術家に研究させた。
⇒西洋（ブルース　1766.7.20-1841.11.14）
　世美（エルギン卿　1766-1841）
　全書（エルギン　1766-1841）
　大百（エルギン　1766-1841）

Bruegel, Pieter, the Elder 〈16世紀〉
フランドルの画家。風俗画、風景画などを残した。
⇒岩ケ（ブリューゲル, ピーテル　1520頃-1569）
　旺世（ブリューゲル　1525頃-1569）
　外国（ブリューゲル　1525頃-1569）
　角世（ブリューゲル　1525/30-1569）
　キリ（ブリューゲル（ブリューヘル）, ピーテル（父）　1522/30頃-1569.9.9）
　芸術（ブリューゲル, ピーテル（父）　1525/30-1569）
　広辞4（ブリューゲル　1525頃-1569）
　広辞6（ブリューゲル　1525頃-1569）
　国小（ブリューゲル　1525頃-1569.9.5/9）
　国百（ブリューゲル, ピーテル　1530以前-1569）
　コン2（ブリューゲル（大）　1530頃-1569）
　コン3（ブリューゲル（大）　1528頃-1569）
　新美（ブリューゲル, ピーテル（父）　1525/30-1569.9.9）
　人物（ブリューゲル　1520-1569.9.5）
　西洋（ブリューゲル（父）　1520頃-1569.9.5）
　世人（ブリューゲル　1520/28/30頃-1569）
　世西（ブリューゲル（百姓の）　1525頃-1569.9.5）
　世美（ブリューゲル, ピーテル一世　1525/30-1569）
　世百（ブリューゲル, ピーター（父）　1528頃-1569）
　全書（ブリューゲル, ペーテル一世　1528頃-1569）
　大辞（ブリューゲル　1528頃-1569）
　大辞3（ブリューゲル　1528頃-1569）
　大百（ブリューゲル, ピーター一世　1528頃-1569）
　デス（ブリューゲル, ピーター　1525/30-1569）
　伝世（ブリューゲル　1525/30-1569）
　百科（ブリューゲル　?-1569）
　評世（ブリューゲル　1528頃-1569）
　山世（ブリューゲル　1525頃-1569）
　歴史（ブリューゲル　1528頃-1569）

Brueghel, Jan 〈16・17世紀〉
フランドルの画家。「ビロードのブリューゲル」または「天国のブリューゲル」と呼ばれる。
⇒キリ（ブリューゲル（ブリューヘル），ヤン 1568-1625）
芸術（ブリューゲル，ヤン（子） 1568-1625）
コン2（ブリューゲル 1568-1625）
コン3（ブリューゲル 1568-1625）
新美（ブリューゲル，ヤン（父） 1568-1625.1.13）
西洋（ブリューゲル（父） 1568-1625.1.13）
世西（ブリューゲル（天国の）（弟） 1568-1625.1.13）
世美（ブリューゲル，ヤン一世 1568-1625）
世百（ブリューゲル，ヤン 1568-1625）
全書（ブリューゲル，ヤン 1568-1625）
大百（ブリューゲル，ヤン 1568-1625）
デス（ブリューゲル，ヤン 1568-1625）

Brueghel, Jan 〈17世紀〉
フランドルの画家。父Janの様式を継ぎ，風景画や花を描いた。
⇒西洋（ブリューゲル（子） 1601-1678）

Brueghel, Pieter, the Younger 〈16・17世紀〉
フランドルの画家。
⇒コン2（ブリューゲル（小） 1565-1637）
コン3（ブリューゲル（小） 1565-1637）
新美（ブリューゲル，ピーテル（子） 1564-1638）
人物（ブリューゲル 1564頃-1638頃）
西洋（ブリューゲル（子） 1564頃-1638頃）
世西（ブリューゲル（地獄の）（兄） 1564頃-1638頃）
世美（ブリューゲル，ピーテル二世 1564-1638）
世百（ブリューゲル，小ピーター 1564-1638）
全書（ブリューゲル，ペーテル二世 1564-1638）
大百（ブリューゲル，ピーター二世 1564-1638）
デス（ブリューゲル，ピーター2世 1564-1638頃）

Brüggemann, Hans 〈15・16世紀〉
ドイツの木彫家。
⇒キリ（ブリュッゲマン，ハンス 1480頃-1540頃）
芸術（ブリュッゲマン，ハンス 1480頃-1540頃）
西洋（ブリュッゲマン 1480頃-1540頃）
世美（ブリュッゲマン，ハンス 1480頃-1540頃）

Brugos 〈前5世紀〉
古代ギリシアの陶工。
⇒ギリ（ブリュゴス （活動）前490頃-470）

Brumpton, Keith 〈20世紀〉
イギリスのイラストレーター。
⇒児イ（Brumpton, Keith ブランプトン，K.）

Brun, Donald 〈20世紀〉
スイスのデザイナー。ポスター，ディスプレーに活躍。
⇒国小（ブルン 1900-）

Bruna, Dick 〈20世紀〉
オランダの絵本作家，グラフィック・デザイナー。
⇒岩ケ（ブルーナ，ディック 1937-）
英児（Bruna, Dick ブルーナ，ディック 1927-）
児イ（Bruna, Dick ブルーナ，D. 1927-）
児文（ブルーナ，ディック 1927-）
世児（ブルーナ，ディック 1927-）
二十（ブルーナ，ディック 1927-）

Brun-Cosme, Nadine 〈20世紀〉
アルジェリアの作家，絵本作家。
⇒児作（Brun=Cosme, Nadine ブルン＝コスム，ナディーヌ 1960-）

Brundage, Margaret 〈20世紀〉
アメリカの画家。世界最初の怪奇小説専門誌"Weird Tales"（1923～54）の挿絵を32年から45年にわたって担当。
⇒幻想（ブランデージ，マーガレット 生没年不詳）
幻文（ブランデージ，マーガレット 1900-1976）

Brunelleschi, Filippo 〈14・15世紀〉
イタリアの建築家，発明家。フィレンツェのサンタ・マリア・デル・フィオーレ大聖堂のドームを完成。
⇒岩ケ（ブルネレスキ，フィリッポ 1377-1446）
旺世（ブルネレスキ 1377-1446）
外国（ブルネレスキ 1377-1446）
科史（ブルネッレスキ 1377-1446）
角世（ブルネッレスキ 1377-1446）
キリ（ブルネレスキ（ブルネレスコ），フィリッポ 1377-1446.4.15/16）
建築（ブルネッレスキ，フィリッポ 1377-1446）
広辞4（ブルネレスキ 1377-1446）
広辞6（ブルネレスキ 1377-1446）
国小（ブルネレスキ 1377-1446.4.16）
国百（ブルネレスキ，フィリッポ 1377-1446.4.16）
コン2（ブルネレスキ 1377頃-1446）
コン3（ブルネレスキ 1377頃-1446）
新美（ブルネルレスキ，フィリッポ 1377-1446.4.15/16）
人物（ブルネレスキ 1377-1446.4.15）
数学（ブルネレスキ 1377-1446.4.16）
数学増（ブルネレスキ 1377-1446.4.16）
西洋（ブルネレスキ 1377-1446.4.15）
世人（ブルネレスキ 1377頃-1446）
世西（ブルネレスコ（ブルネレスキ） 1377-1446.4.15）
世美（ブルネッレスキ，フィリッポ 1377-1446）
世百（ブルネレスキ 1377-1446）
全書（ブルネレスキ 1377-1446）
大辞（ブルネレスキ 1377-1446）
大辞3（ブルネレスキ 1377-1446）
大百（ブルネレスキ 1377-1446）
デス（ブルネレスキ 1377-1446）
伝世（ブルネレスキ 1377-1446.4.15）
百科（ブルネレスキ 1377-1446）
評世（ブルネレスキ 1377-1446）
山世（ブルネレスキ 1377-1446）
歴世（ブルネレスキ 1377-1446）

Brunhoff, Jean de 〈20世紀〉
フランスの童画家。絵物語『ぞうのババール』(1931)，『ババールの旅行』(1932)，『王様ババール』(1933)，『さるのゼフィールの休暇』

（1936年）を出版した。
⇒英児（de Brunhoff, Jean ド=ブリュノフ, ジャン 1899-1937）
幻想（ブリュノフ, ジャン・ド 1899-1937）
子本（ブリュノフ, ジャンド 1899-1937）
児イ（Brunhoff, Jean de ブリューノフ, J.de 1899-1937）
児童（ブリューノフ, ジャン・ド 1899-1937）
児文（ブリュノフ, ジャン・ド 1899-1937）
全書（ブリュノフ 1899-1937）
ナビ（ブリュノフ 1899-1937）
二十（ブリュノフ, ジャン・ド 1899-1937）

Brunhoff, Laurent de 〈20世紀〉
フランスの絵本作家, イラストレーター。
⇒児イ（Brunhoff, Laurent de ブリューノフ, L.de 1925-）
児文（ブリュノフ, ローラン・ド 1925-）
二十（ブリュノフ, ローラン・ド 1925-）

Bruni, Bruno 〈20世紀〉
イタリア生れの造形作家, 画家。
⇒世芸（ブルーニ, ブルーノ 1935-）

Bruni, Fëdor Antonovich 〈18・19世紀〉
ロシアの画家。
⇒全書（ブルーニ 1799-1875）

Bruni, Ivan Ljvovich 〈20世紀〉
ロシアのイラストレーター。
⇒児イ（Bruni, Ivan Ljvovich ブルーニ, I.L. 1920-）

Brüning, Peter 〈20世紀〉
西ドイツの美術家。ドイツにおけるアンフォルメルの第一人者。
⇒新美（ブリューニング, ペーター 1929.11.21-1970）
二十（ブリューニング, ペーター 1929.11.21-1970）
美術（ブリューニング, ペーター 1929-）

Brunn, Heinrich von 〈19世紀〉
ドイツの考古学者。考古学研究に美術史の様式論を導入した最初の学者。その方法論を用いて, スコパスの作品を初めて明らかにした。
⇒外国（ブルン 1822-1894）
西洋（ブルン 1822.1.23-1894.7.23）
世美（ブルン, ハインリヒ・フォン 1822-1894）
名著（ブルン 1822-1894）

Brunner, Max 〈20世紀〉
スイスのアーティスト。
⇒児作（Brunner, Max ブルナー, マックス 1910-）

Brunoff, Jean de 〈20世紀〉
フランスのイラストレーター, 絵本シリーズの主人公であるぞうのババールの生みの親。
⇒岩ケ（ブリュノフ父子）

Brunoff, Laurent de 〈20世紀〉
フランスのイラストレーター, 絵本シリーズの主人公であるぞうのババールの生みの親。
⇒岩ケ（ブリュノフ父子）

Brunori, Enzo 〈20世紀〉
イタリアの画家。
⇒世美（ブルノーリ, エンツォ 1924-）

Brunovský, Albín 〈20世紀〉
チェコの版画家, イラストレーター。1964年ルガノ, 1966年クラカウ, 1967年パリの各国際ビエンナーレで版画部門受賞。
⇒児イ（Brunovsky, Albin ブルノフスキー, A. 1935-）
美術（ブルノフスキー, アルビーン 1935-）

Brunton, Richard Henry 〈19・20世紀〉
イギリスの技術者。1868年来日。観音崎灯台その他を設計, 建築した。
⇒西洋（ブラントン）
全書（ブラントン 1841-1901）
来日（ブラントン 1841-1901）

Brunus 〈12世紀〉
フランスの彫刻家。
⇒世美（ブルヌス 12世紀）

Brusasorci, Domenico 〈16世紀〉
イタリアの画家。
⇒新美（ブルザソルチ, ドメーニコ 1516頃-1567.3.30）
世美（ブルザゾルチ, ドメーニコ 1516-1567）

Brusasorci, Felice 〈16・17世紀〉
イタリアの画家。
⇒世美（ブルザゾルチ, フェリーチェ 1539-1605）

Brush, George de Forest 〈19・20世紀〉
アメリカの画家。アメリカ・インディアンや母子の肖像画を描いた。
⇒国小（ブラッシュ 1855.9.28-1941.4.24）

Brussel-Smith, Bernard 〈20世紀〉
アメリカのイラストレーター。
⇒児イ（Brussel-Smith, Bernard ブラッセル=スミス, B. 1914-）

Brustlein, Daniel 〈20世紀〉
フランスのイラストレーター。
⇒児イ（Brustlein, Daniel）

Brustolon, Andrea 〈17・18世紀〉
イタリアの彫刻家。バロック調の家具などを製作した。
⇒国小（ブルストロン 1662.7.20-1732.10.25）
世美（ブルストロン, アンドレーア 1660-1732）

Bruvel, Gil 〈20世紀〉
フランスの画家。
⇒世芸（ブルベール, ジル 1959-）

Bruyn, Bartholomäus 〈15・16世紀〉
ドイツの画家。肖像画を得意とした。
⇒芸術（ブルイン、バルテル 1493-1555）
国小（ブルイン 1493頃-1555）
新美（ブロイン、バルトロメーウス 1493頃-1555）
世美（ブロイン、バルテル 1493-1555）

Bruyn, Guillaume de 〈17・18世紀〉
フランドルの建築家。
⇒建築（ブリュアン、ギョーム・ド ?-1719）

Bry, Théodore de 〈16世紀〉
ドイツの版画家、出版業者。旅行案内書の出版で有名。
⇒国小（ブリ 1528-1598.3.28）

Bryaxis 〈前4世紀〉
ギリシアの彫刻家。アテナイの人。
⇒国小（ブリュアクシス 生没年不詳）
新美（ブリュアクシス）
西洋（ブリュアクシス 前4世紀）

Bryen, Camille 〈20世紀〉
フランスの画家。
⇒世美（ブリヤン、カミーユ 1907-1977）

Bryggman, Erik 〈20世紀〉
フィンランドの建築家。ヴィールメキの体育学校（1936）、オーボの図書館等の公共建築物を建築。
⇒西洋（ブリッグマン 1891-1955.12.21）
世美（ブリュグマン、エリク 1891-1956）

Brygos 〈前5世紀〉
ギリシアの陶画家、陶工。
⇒西洋（ブリュゴス 前5世紀）

Brymner, William 〈19・20世紀〉
カナダの画家。パリのサロンやロンドンの王立アカデミーに出品。
⇒国小（ブリムナー 1855.12.14-1925.6.18）

Brynisifsson, Sigururorn 〈20世紀〉
アイスランドのイラストレーター。
⇒児イ（Brynisifsson, Sigururorn ブリニヨウルフソン, S. 1947-）

Bryson, Bernarda 〈20世紀〉
アメリカのイラストレーター。
⇒児イ（Bryson, Bernarda ブライソン, B. 1903-）

Bryullov, Aleksandr Pavlovich 〈18・19世紀〉
ロシアの建築家、画家。代表作『プルコフ天文台』。
⇒コン2（ブリュローフ 1798-1877）
コン3（ブリュロフ 1798-1877）
世美（ブリュローフ、アレクサンドル・パヴロヴィチ 1798-1877）

Bryullov, Karl Pavlovich 〈18・19世紀〉
ロシアの画家。ロマン主義の画風をロシアに広めた。
⇒芸術（ブリューロフ、カルル・パヴロヴィッチ 1799-1852）
国小（ブリューロフ 1799-1852）
コン2（ブリュローフ 1799-1852）
コン3（ブリュロフ 1799-1852）
新美（ブリュローフ、カルル 1799.12.12/23-1852.6.11/23）
人物（ブリューロフ 1799-1852）
世美（ブリュローフ、カルル・パヴロヴィチ 1799-1852）
世百（ブリューロフ 1799-1852）
全書（ブリューロフ 1799-1852）

Buba, Joy Flinsch 〈20世紀〉
アメリカのイラストレーター。
⇒児イ（Buba, Joy Flinsch）

Bubnova, Varvard D. 〈19・20世紀〉
ロシアの教育者、美術家。
⇒児文（ブブノーワ、ワルワーラ・Д. 1886-1983）
新美（ブブノワ、ワルワーラ 1886.5.5(17)-1983.3.28）
世女日（ブブノヴァ、ヴァルヴァーラ 1886-?）
二十（ブブノーワ、ワルワーラ 1886(87).5.5(17)-1983.3.28）
日人（ブブノワ 1886-1983）
来日（ブブノワ 1886-1983）
ロシ（ブブノワ 1886-1983）

Bubunov, Aleksandr Pavlovich 〈20世紀〉
ソヴェトの画家。1947年に完成した歴史画の大作『クリコーヴォの野の朝』などが代表作。
⇒外国（ブブノフ 1908-）
新美（ブブノフ、アレクサンドル 1908.2.20(3.4)-1964.6.30）
世芸（ブブノフ、アレクサンドル・パヴロヴィッチ 1908-1977）
二十（ブブノフ、アレクサンドル 1908.2.20(3.4)-1964.6.30）

Bucci, Anselmo 〈19・20世紀〉
イタリアの画家、版画家、著述家。
⇒世美（ブッチ、アンセルモ 1887-1955）

Buchanan, Colin 〈20世紀〉
イギリスの都市計画家。1963年にイギリス政府が発表した報告書『Traffic in Towns』の調査委員長。「ブキャナン-レポート」として世界的に知られる。
⇒ナビ（ブキャナン 1907-）

Buckels, Jim 〈20世紀〉
アメリカ生れの画家。
⇒世芸（バックルス、ジム 1948-）

Buckland, Wilfred 〈19・20世紀〉
アメリカの映画美術監督。
⇒世映（バックランド、ウィルフレッド 1866-1946）

Buczkowski, Leopold 〈20世紀〉
ポーランドの作家, 版画家。
⇒集世（ブチコフスキ, レオポルド　1905.11.15-1989.4.27）
　集文（ブチコフスキ, レオポルド　1905.11.15-1989.4.27）

Buff, Mary 〈19・20世紀〉
アメリカの児童文学作家, 挿絵画家。
⇒世女日（バフ, メアリー　1890-1970）

Buffalmacco, Buonamico 〈14世紀〉
イタリアの画家。
⇒世美（ブッファルマッコ, ブオナミーコ　(活動)14世紀前半）

Buffet, Bernard 〈20世紀〉
フランスの画家, 版画家。現代フランスの具象派の代表者。
⇒岩ケ（ビュッフェ, ベルナール　1928-）
　才西（ビュッフェ, ベルナール　1928-）
　外国（ビュッフェー　1928-）
　現人（ビュッフェ　1928.7.10-）
　広辞5（ビュッフェ　1928-）
　広辞6（ビュッフェ　1928-1999）
　国小（ビュッフェ　1928.7.10-）
　コン3（ビュッフェ　1928-）
　新美（ビュッフェ, ベルナール　1928.7.10-）
　人物（ビュッフェ　1928-）
　西洋（ビュッフェ　1928.7.10-）
　世芸（ビュッフェ, ベルナール　1928-）
　世西（ビュッフェ　1928-）
　世美（ビュッフェ, ベルナール　1928-）
　世百（ビュッフェ　1928-）
　世百新（ビュッフェ　1928-1999）
　全書（ビュッフェ　1928-）
　大辞2（ビュッフェ　1928-）
　大辞3（ビュッフェ　1928-1999）
　大百（ビュッフェ　1928-）
　ナビ（ビュッフェ　1928-）
　二十（ビュッフェ, バーナード　1928.7.10-）
　百科（ビュッフェ　1928-）

Bugatti, Carlo 〈19・20世紀〉
イタリアの家具制作家。
⇒世美（ブガッティ, カルロ　1855-1940）

Bugatto, Zanetto 〈15世紀〉
イタリアの画家。
⇒世美（ブガット, ザネット　(記録)1460-1475）

Bugiardini, Giuliano 〈15・16世紀〉
イタリアの画家。
⇒世美（ブジャルディーニ, ジュリアーノ　1475-1554）

Buglioni, Benedetto 〈15・16世紀〉
イタリアの彫刻家。
⇒世美（ブリオーニ, ベネデット　1461-1521）

Buglioni, Santi 〈15・16世紀〉
イタリアの彫刻家。
⇒世美（ブリオーニ, サンティ　1494-1576）

Buhot, Jean 〈19・20世紀〉
現代フランスの日本および中国美術研究家。ルーヴル学院教授。
⇒西洋（ビュオー　1885-）
　二十（ビュオー, ジーン　1885-1952）

Bukovac, Vlaho 〈19・20世紀〉
ユーゴスラヴィアの画家。
⇒新美（ブコヴァツ, ヴラホ　1855.8.4-1922.4.24）
　東欧（ブコバツ　1855-1922）
　二十（ブコバツ, V.　1855-1922）
　百科（ブコバツ　1855-1922）

Bulatov, Erik Vladimirovich 〈20世紀〉
ロシアのイラストレーター。
⇒児イ（Bulatov, Erik Vladimirovich　ブラートフ, E.V.　1933-）

Bulfinch, Charles 〈18・19世紀〉
アメリカの建築家。主作品はマサチューセッツ州会議事堂(1787)など。
⇒岩ケ（ブルフィンチ, チャールズ　1763-1844）
　建築（ブルフィンチ, チャールズ　1763-1844）
　国小（ブルフィンチ　1763.8.8-1844.4.4）
　コン3（ブルフィンチ　1763-1844）
　新美（ブルフィンチ, チャールズ　1763.8.8-1844.4.4）
　西洋（ブルフィンチ　1763.8.8-1844.4.15）
　大辞3（ブルフィンチ　1763-1844）

Bullant, Jean 〈16世紀〉
フランスの建築家, 著述家。マニエリスモの作家。
⇒建築（ビュラン, ジャン　1510頃-1578）
　国小（ビュラン　1515-1578）
　コン2（ビュラン　1515頃-1578）
　コン3（ビュラン　1515頃-1578）
　新美（ビュラン, ジャン　1520頃-1578.10.13）
　西洋（ビュラン　1515頃-1578.10.13/10）
　世美（ビュラン, ジャン　1510頃-1578）

Bullet, Pierre 〈17・18世紀〉
フランスの建築家。主作品に, サン・マルタン門(1674), エヴルー邸(現代のエリゼ宮)。
⇒建築（ビュレ, ピエール　1639-1716）
　西洋（ビュレ　1639頃-1716）
　世美（ビュレ, ピエール　1639-1716）

Bullet de Chamblain, Jean-Baptiste 〈17・18世紀〉
フランスの建築家, インテリア・デザイナー。
⇒建築（ビュレ・ド・シャンブラン, ジャン=バティスト　1667-1737）

Bullough, Edward 〈19・20世紀〉
イギリスの美学者。主著『心理的距離』(1912)。
⇒国小（バルー　1880-）

Bumstead, Henry 〈20世紀〉
アメリカ生れの映画美術監督。
⇒世映（バムステッド, ヘンリー　1915-2006）

Bunk, Holger〈20世紀〉
ドイツ生れの画家。
⇒世芸（ブンク，ホーガー　1954-）

Bunny, Rupert（Charles Wulsten）
〈19・20世紀〉
オーストラリアの画家。
⇒岩ケ（バニー，ルパート（・チャールズ・ウルステン）　1864-1947）

Buñuel, Juan Luis〈20世紀〉
フランスの映画監督，彫刻家。スペイン生れの巨匠ルイス・ブニュエルの子。
⇒監督（ブニュエル，フーワン・ルイス　1934.11.9-）
　世俳（ブニュエル，フワン・ルイス）

Buon, Bartolomeo〈14・15世紀〉
イタリアの建築家。
⇒建築（ブオン，バルトロメオ（ボン，バルトロメオ）　1374頃-1464頃）
　新美（ブオン，バルトロメーオ　1374?-1469?）
　西洋（ブオン　?-1467以後）
　世美（ボン，バルトロメーオ（年長）　14世紀末-1464/67頃）

Buonamici, Giovan Francesco〈17・18世紀〉
イタリアの建築家，画家。
⇒世美（ブオナミーチ，ジョヴァン・フランチェスコ　1692-1759）

Buonconsiglio, Giovanni〈15・16世紀〉
イタリアの画家。
⇒世美（ブオンコンシーリオ，ジョヴァンニ　1465頃-1536/37）

Buontalenti, Bernardo〈16・17世紀〉
イタリアの建築家。トスカナ大公の保護を受けフィレンツェで活躍。
⇒建築（ブォンタレンティ，ベルナルド　1536-1608）
　国小（ブオンタレンティ　1536-1608）
　新美（ブオンタレンティ，ベルナルド　1536-1608.6.6）
　西洋（ブオンタレンティ　1536-1608.6.6）
　世美（ブオンタレンティ，ベルナルド　1536-1608）

Buonvicino, Ambrogio〈16・17世紀〉
イタリアの彫刻家，ストゥッコ装飾家。
⇒世美（ブオンヴィチーノ，アンブロージョ　1552頃-1622）

Burchfield, Charles〈20世紀〉
アメリカの画家。
⇒岩ケ（バーチフィールド，チャールズ（・イーフレイム）　1893-1967）
　新美（バーチフィールド，チャールズ・イーフレイム　1893.4.9-1967.1.10）
　世芸（バーチフィールド，チャールズ　1893-）
　世美（バーチフィールド，チャールズ　1893-

1967）
　二十（バーチフィールド，チャールズ・イーフレイム　1893.4.9-1967.1.10）

Burckhardt, Jacob Christopher〈19世紀〉
スイスの歴史家，美術研究家。主著『世界史的諸考察』（1905）。
⇒岩ケ（ブルクハルト，ヤーコプ（・クリストファー）　1818-1897）
　岩哲（ブルクハルト　1818-1897）
　旺世（ブルクハルト　1818-1897）
　外国（ブルクハルト　1818-1897）
　角世（ブルクハルト　1818-1897）
　教育（ブルクハルト　1818-1897）
　キリ（ブルクハルト，ヤーコプ・クリストフ　1818.5.25-1897.8.8）
　広辞4（ブルクハルト　1818-1897）
　広辞6（ブルクハルト　1818-1897）
　国小（ブルクハルト　1818.5.25-1897.8.8）
　国百（ブルクハルト，ヤーコプ・クリストフ　1818.5.25-1897.8.8）
　コン2（ブルクハルト　1818-1897）
　コン3（ブルクハルト　1818-1897）
　集世（ブルクハルト，ヤーコブ　1818.5.25-1897.8.8）
　集文（ブルクハルト，ヤーコブ　1818.5.25-1897.8.8）
　新美（ブルクハルト，ヤーコブ　1818.5.25-1897.8.8）
　人物（ブルクハルト　1818.5.25-1897.8.8）
　西洋（ブルクハルト　1818.5.25-1897.8.8）
　世人（ブルクハルト　1818-1897）
　世西（ブルックハルト　1818.5.25-1897.8.8）
　世百（ブルクハルト　1818-1897）
　世文（ブルクハルト，ヤーコブ　1818-1897）
　全書（ブルクハルト　1818-1897）
　大辞（ブルクハルト　1818-1897）
　大辞3（ブルクハルト　1818-1897）
　大百（ブルクハルト　1818-1897）
　デス（ブルクハルト　1818-1897）
　伝世（ブルクハルト，J.C.　1818.5.25-1897.8.8）
　百科（ブルクハルト　1818-1897）
　評世（ブルクハルト　1818-1897）
　名著（ブルクハルト　1818-1897）
　山世（ブルクハルト　1818-1897）
　歴学（ブルクハルト　1818-1897）
　歴史（ブルクハルト　1818-1897）

Burckmyer, Elizabeth〈20世紀〉
アメリカのイラストレーター。
⇒児イ（Burckmyer, Elizabeth）

Buren, Daniel〈20世紀〉
フランス生れの造形作家。
⇒世芸（ビュラン，ダニエル　1938-）

Burges, William〈19世紀〉
イギリスの建築家。聖堂や学校の建築設計に活躍。
⇒岩ケ（バージェズ，ウィリアム　1827-1881）
　建築（バージェス，ウィリアム　1827-1881）
　国小（バージェズ　1827-1881）
　新美（バージェス，ウィリアム　1827.10.2-1881.4.20）
　世美（バージェス，ウィリアム　1827-1881）

Burgess, Gregory 〈20世紀〉
オーストラリアの建築家。
⇒二十（バージェス，グレゴリー　1945-）

Burgess, James 〈19・20世紀〉
イギリスの考古学者，インド学者。全インド考古学調査会総裁(1886)，ジュネーヴ世界東洋学会議インド代表(1894)等を歴任。『インド刻銘集』(1889～94)を創刊。
⇒科学（バージェス　1832.8.14-1917.10.3）
　新美（バージェス，ジェームズ　1832.8.14-1917.10.3）
　人物（バージェス　1832.8.14-1917.10.3）
　西洋（バージェス　1832.8.14-1917.10.3）
　世宗（バージェス　1832-1917）
　世西（バージェス　1832.9.14-1916.10.3）
　世東（バージェス　1832.9.14-1916.10.3）
　二十（バージェス，ジェイムス　1832.8.14-1917.10.3）

Burgkmair, Hans 〈15・16世紀〉
ドイツの画家，木版画家。ベネチア派の様式をドイツに伝えた。
⇒キリ（ブルクマイアー，ハンス　1473-1531）
　芸術（ブルクマイル，ハンス　1473-1531）
　国小（ブルクマイヤー　1473-1531頃）
　コン2（ブルクマイアー　1473-1531）
　コン3（ブルクマイアー　1473-1531）
　新美（ブルクマイア，ハンス　1473-1531）
　西洋（ブルクマイル　1473頃-1531頃）
　世美（ブルクマイル，ハンス　1473-1531）
　世百（ブルクマイル　1473頃-1531）
　全書（ブルクマイル　1473-1513）
　百科（ブルクマイア　1473-1531）

Buri, Max Alfred 〈19・20世紀〉
スイスの画家。
⇒世美（ブーリ，マックス・アルフレート　1868-1915）

Burke, Edmund 〈18世紀〉
イギリスの政治家，著述家，美学者。30年間，ホイッグ党の一派を指導。
⇒イ哲（バーク，E.　1729/30-1797）
　イ文（Burke, Edmund　1729-1797）
　岩ケ（バーク，エドマンド　1729-1797）
　岩哲（バーク，E.　1729-1797）
　英米（バーク，エドマンド　1729-1797）
　英米（Burke, Edmund　バーク　1729-1797）
　旺世（バーク　1729-1797）
　外国（バーク　1728/9-1797）
　角世（バーク　1729-1797）
　キリ（バーク，エドマンド　1729.1.12-1797.7.8）
　幻想（バーク，エドマンド　1729-1797）
　広辞4（バーク　1729-1797）
　広辞6（バーク　1729-1797）
　国小（バーク　1729.1.12頃-1797.7.9）
　国百（バーク，エドマンド　1729.1.12-1797.7.9）
　コン2（バーク　1729-1797）
　コン3（バーク　1729-1797）
　集文（バーク，エドマンド　1729.1.12-1797.7.9）
　集文（バーク，エドマンド　1729.1.12-1797.7.9）
　人物（バーク　1729.1.12-1797.7.8）
　西洋（バーク　1729.1.12-1797.7.8）
　世人（バーク　1729-1797）
　世西（バーク　1729.1.12-1797.7.8）
　世百（バーク　1729-1797）
　世文（バーク，エドマンド　1729-1797）
　全書（バーク　1729-1797）
　大辞（バーク　1729-1797）
　大辞3（バーク　1729-1797）
　大百（バーク　1729-1797）
　伝世（バーク　1729.1.2-1797.7.9）
　百科（バーク　1729-1797）
　評世（バーク　1729-1797）
　名著（バーク　1729-1797）
　山世（バーク　1729-1797）
　歴史（バーク　1729-1797）

Burke, Selma 〈20世紀〉
アメリカの彫刻家。
⇒世女日（バーク，セルマ　1900-1995）

Burkert, Nancy Ekholm 〈20世紀〉
アメリカのイラストレーター。
⇒児イ（Burkert, Nancy Ekholm　バーカート，N.E.　1933-）
　児文（バーカート，ナンシー・E.　1933-）
　二十（バーカート，ナンシー・E.　1933-）

Burle-marx, Roberto 〈20世紀〉
ブラジルのランドスケープ・デザイナー，造園家。
⇒オ西（ブールレ＝マルクス，ロベルト　1909-）

Burlington, Richard Boyle, 3rd Earl of 〈17・18世紀〉
イギリスの建築家。代表作にチズウィック・ハウス(1729)がある。
⇒岩ケ（バーリントン，リチャード・ボイル，3代伯爵　1694-1753）
　建築（バーリントン卿，リチャード・ボイル　1694-1753）
　新美（バーリントン伯リチャード・ボイル　1695.4.25-1753.12.4）
　西洋（バーリントン　1695.4.25-1753.12.4）
　世美（バーリントン伯リチャード・ボイル　1694-1753）
　百科（バーリントン伯　1694-1753）

Burlyuk, David Davidovich 〈19・20世紀〉
ロシア生れの前衛画家，詩人。
⇒オ西（ブルリューク，ダヴィード・ダヴィドヴィッチ　1882-1967）
　コン3（ブルリューク　1882-1967）
　集文（ブルリューク，ダヴィド・ダヴィドヴィチ　1882.7.9-1967.1.15）
　新美（ブルリューク，ダヴィッド　1882.7.22-1967）
　世美（ブルリューク，ダヴィド・ダヴィドヴィチ　1882-1967）
　全書（ブルリューク　1882-1967）
　日人（ブルリューク　1882-1967）

Burlyuk, Vladimir Davidovich 〈19・20世紀〉
ロシアの画家。
⇒世美（ブルリューク，ヴラディーミル・ダヴィド

ヴィチ　1886-1917）

Burman, Ben Lucien 〈20世紀〉
アメリカの作家，絵本作家。
⇒英児（Burman, Ben Lucien　バーマン，ベン・ルシアン　1896-1984）
　児作（Burman, Ben Licien　バーマン，ベン・ルーシャン　1895-）

Burn, William 〈18・19世紀〉
スコットランドの建築家。
⇒建築（バーン，ウィリアム　1789-1870）

Burnacini, Lodovico Ottavio 〈17・18世紀〉
イタリアの建築家，舞台美術家。
⇒世美（ブルナチーニ，ロドヴィーコ・オッターヴィオ　1636-1707）

Burne-Jones, Sir Edward Coley 〈19世紀〉
イギリスの画家，デザイナー。中世の騎士物語などのロマン的題材を描いた。
⇒岩ケ（バーン=ジョーンズ，サー・エドワード・コーリー　1833-1898）
　芸術（バーン・ジョーンズ，エドワード・コーリ　1833-1898）
　幻想（バーン・ジョーンズ，エドワード　1833-1898）
　広辞4（バーン・ジョーンズ　1833-1898）
　広辞6（バーン・ジョーンズ　1833-1898）
　国小（バーン・ジョーンズ　1833.8.28-1898.6.17）
　コン2（バーン・ジョーンズ　1833-1898）
　コン3（バーン・ジョーンズ　1833-1898）
　集文（バーン=ジョーンズ，エドワード　1833.6.6-1898.6.17）
　新美（バーン=ジョーンズ，エドワード・コーリィ　1833.8.28-1898.6.17）
　人物（バーン・ジョンズ　1833.8.28-1898.6.17）
　西洋（バーン・ジョーンズ　1833.8.28-1898.6.17）
　世西（バーン・ジョーンズ　1833-1898）
　世美（バーン=ジョーンズ，エドワード・コーリー　1833-1898）
　世百（バーンジョーンズ　1833-1898）
　全書（バーン・ジョーンズ　1833-1898）
　大辞（バーン・ジョーンズ　1833-1898）
　大辞3（バーン・ジョーンズ　1833-1898）
　大百（バーン・ジョーンズ　1833-1898）
　デス（バーンジョーンズ　1833-1898）
　伝世（バーン・ジョーンズ　1833.8.28-1898.6.16）
　百科（バーン・ジョーンズ　1833-1898）

Burness, Pete 〈20世紀〉
アメリカの漫画映画作家。
⇒監督（バーネス，ピート　1910-）

Burnham, Daniel Hudson 〈19・20世紀〉
アメリカの建築家。『リライアンス・ビル』（1890〜95）などを建設。初期高層建築の代表的作例となった。

⇒岩ケ（バーナム，ダニエル・H（ハドソン）　1846-1912）
　国小（バーナム　1846.9.4-1912.6.1）
　コン3（バーナム　1846-1912）
　新美（バーナム，ダニエル・ハドソン　1846.9.4-1912.6.1）
　西洋（バーナム　1846.9.4-1912.6.1）
　世美（バーナム，ダニエル・ハドソン　1846-1912）
　世百（バーナム　1846-1912）
　二十（バーナム，ダニエル・ハドソン　1846.9.4-1912.6.1）
　百科（バーナム　1846-1912）

Burningham, John 〈20世紀〉
イギリスの絵本作家。
⇒英児（Burningham, John　バーニンガム，ジョン　1936-）
　児イ（Burningham, John　バーニンガム，J.　1935-）
　児文（バーニンガム，ジョン　1936-）
　世児（バーニンガム，ジョン（・マッキントッシュ）　1936-）
　二十（バーニンガム，ジョン　1936-）
　二十英（Burningham, John (Mackintosh)　1936-）

Burns, Irene 〈20世紀〉
アメリカのイラストレーター。
⇒児イ（Burns, Irene　バーンズ，I.）

Buron, Romain 〈16世紀〉
フランスのステンドグラス画家。
⇒世美（ビュロン，ロマン　（活動）1535-1550）

Burra, Edward 〈20世紀〉
イギリスの画家。
⇒岩ケ（バラ，エドワード　1905-1976）
　世芸（バラ，エドワード　1905-1976）
　バレ（バラ，エドワード　1905.3.29-1976.10.22）

Burrell, Sir William 〈19・20世紀〉
イギリスの船舶所有者，美術収集家。
⇒岩ケ（バレル，サー・ウィリアム　1861-1958）

Burri, Alberto 〈20世紀〉
イタリアの画家。現代イタリアの抽象美術の先駆とされる。
⇒オ西（ブッリ，アルベルト　1915-）
　国小（ブッリ　1915-）
　新美（ブーリ，アルベルト　1915-）
　世芸（ブッリ，アルベルト　1915-1995）
　世美（ブッリ，アルベルト　1915-）
　全書（ブーリ　1915-）
　二十（ブーリ，アルバート　1915-）

Burrini, Giovanni Antonio 〈17・18世紀〉
イタリアの画家。
⇒世美（ブッリーニ，ジョヴァンニ・アントーニオ　1656-1727）

Burris, Burmah 〈20世紀〉
アメリカのイラストレーター。

⇒児イ（Burris, Burmah　バリス, B.）

Bursian, Konrad〈19世紀〉
ドイツの古典学者。主著 "Geographie von Griechenlande"（1862～72）。
⇒外国（ブルジアン　1830-1883）
　西洋（ブルジアン　1830.11.14-1883.9.21）
　世美（ブルジアン, コンラート　1830-1883）

Burton, Decimus〈19世紀〉
イギリスの建築家。主作品ロンドンの『チャーリング・クロス病院』(1831)がある。
⇒岩ケ（バートン, デシマス　1800-1881）
　建築（バートン, デシムス　1800-1881）
　国小（バートン　1800-1881）
　世美（バートン, デシマス　1800-1881）

Burton, Virginia Lee〈20世紀〉
アメリカの絵本作家。
⇒英児（Burton, Virginia Lee　バートン, ヴァージニア・リー　1909-1968）
　英文（バートン, ヴァージニア・リー　1909-1968）
　子本（バートン, ヴァージニア リー　1909-1968）
　児イ（Burton, Virginia Lee　バートン, V.L.　1909-）
　児童（バートン, ヴァージニア・リー　1909-1968）
　児文（バートン, ヴァージニア・リー　1909-1968）
　スパ（バートン, バージニア・リー　1909-）
　世児（バートン, ヴァジニア・リー　1909-1968）
　世女日（バートン, ヴァージニア・リー　1909-1968）
　全書（バートン　1909-1968）
　二十（バートン, バージニア・リー　1909-1968）

Burty, Philippe〈19世紀〉
フランスの美術評論家。ゴンクールの友人で、彼およびゴンズと共に日本美術の紹介につとめた。
⇒西洋（ビュルティ　1830-1890）

Bury, John〈20世紀〉
イギリスの舞台装置家。
⇒演劇（ベリー, ジョン　1925-）
　オペ（ベリー, ジョン　1925.1.27-）

Bury, Pol〈20世紀〉
ベルギー生れのフランスの美術家, 彫刻家。
⇒新美（ビュリ, ポル　1922.4.26-）
　世芸（ビュリ, ポル　1922-）
　世美（ビュリ, ポル　1922-）
　二十（ビュリ, ポル　1922.4.26-）
　美術（ビュリー, ポル　1922-）

Busca, Antonio〈17世紀〉
イタリアの画家。
⇒世美（ブスカ, アントーニオ　1625頃-1686）

Busch, Valentin〈16世紀〉
ステンドグラスの制作者。

⇒世美（ブッシュ, ヴァランタン　?-1541）

Busch, Wilhelm〈19・20世紀〉
ドイツの詩人, 諷刺画家。漫画の先駆者。
⇒岩ケ（ブッシュ, ヴィルヘルム　1832-1908）
　外国（ブッシュ　1832-1908）
　芸術（ブッシュ, ヴィルヘルム　1832-1908）
　幻想（ブッシュ, ヴィルヘルム　1832-1908）
　国小（ブッシュ　1832.4.15-1908.1.9）
　児イ（Busch, Wilhelm　1832-1908）
　児文（ブッシュ, ヴィルヘルム　1831-1906）
　集世（ブッシュ, ヴィルヘルム　1832.4.15-1908.1.9）
　集文（ブッシュ, ヴィルヘルム　1832.4.15-1908.1.9）
　新美（ブッシュ, ヴィルヘルム　1832.4.15-1908.1.9）
　西洋（ブッシュ　1832.4.15-1908.1.9）
　世芸（ブッシュ, ヴィルヘルム　1832-1908）
　世西（ブッシュ　1832.4.15-1908.1.9）
　世美（ブッシュ, ヴィルヘルム　1832-1908）
　世百（ブッシュ　1832-1908）
　世文（ブッシュ, ヴィルヘルム　1832-1908）
　全書（ブッシュ　1832-1908）
　大百（ブッシュ　1832-1908）
　デス（ブッシュ　1832-1908）
　百科（ブッシュ　1832-1908）

Buscheto〈11・12世紀〉
イタリアの建築家。
⇒建築（ブシェート（ブシェット）?-1080頃）
　世美（ブスケート　(活動)11世紀末-12世紀初頭）

Buschor, Ernst〈19・20世紀〉
ドイツの考古学者。ミュンヘン大学教授(1929来)。サモスの発掘を行い, ヘライオン（女神ヘラの神殿）を発見。
⇒外国（ブショー　1886-）
　西洋（ブーショル　1886.6.2-1961.12.11）
　世美（ブーショル, エルンスト　1886-1961）

Bushnell, John〈17・18世紀〉
イギリスの彫刻家。
⇒世美（ブッシュネル, ジョン　1630頃-1701）

Busi, Santino〈17・18世紀〉
スイスの画家, ストゥッコ装飾家。
⇒世美（ブージ, サンティーノ　1663-1736）

Busiri-Vici, Andorea〈19・20世紀〉
イタリアの建築家の一族。
⇒世美（ブジーリ＝ヴィーチ, アンドレア　1817-1911）

Busiri-Vici, Carlo〈19・20世紀〉
イタリアの建築家。
⇒世美（ブジーリ＝ヴィーチ, カルロ　1856-1925）

Bustamante, Bartolomé de〈15・16世紀〉
スペインの建築家。
⇒世美（ブスタマンテ, バルトロメ・デ　1492頃-1570）

Bustelli, Franz Anton 〈18世紀〉
スイスの陶器原型作者。『キューピット』などの像を制作。
⇒国小（ブステリ　1723-1763）
　新美（ブステリ，フランツ・アントン　1723.4.12-1763.4.18）
　西洋（ブステリ　1723.4.12-1763.4.18）
　世美（ブステッリ，フランツ・アントン　1723-1763）
　百科（ブステリ　1723-1763）

Busti, Agostino 〈15・16世紀〉
イタリアの彫刻家。
⇒新美（ブスティ，アゴスティーノ　1483-1548）

Butel, Lucile 〈20世紀〉
フランスのイラストレーター。
⇒児イ（Butel, Lucile　ビュテ, L.　1929-）

Butenko, Bohdan 〈20世紀〉
ポーランドのグラフィック・アーティスト。
⇒児文（ブテンコ，ボフダン　1931-）
　二十（ブテンコ，ボフダン　1931-）

Butinone, Bernardino 〈15・16世紀〉
イタリアの画家。
⇒世美（ブティノーネ，ベルナルディーノ　（活動）1484-1507）

Butler, Elizabeth 〈19・20世紀〉
イギリスの画家。
⇒世女（バトラー，エリザベス（サザーデン）1846-1933）
　世女日（バトラー，エリザベス　1846-1933）

Butler, Reg 〈20世紀〉
イギリスの彫刻家。1953年〈無名政治囚の記念碑〉のための国際競作で一等賞を受賞。
⇒岩ケ（バトラー，レジ（レジナルド・コトレル）1913-1981）
　オ西（バトラー，レグ　1913-1981）
　新美（バトラー，レッグ　1913-）
　西芸（バトラー　1913.4.28-）
　世芸（バトラー，レグ　1913-）
　世美（バトラー，レッグ　1913-1981）
　全書（バトラー　1913-1981）
　伝世（バトラー，R.　1913-）
　二十（バトラー，レッグ　1913-1981）

Butler, Samuel 〈19・20世紀〉
イギリスの小説家，画家，音楽家。作品にユートピア小説『エレホン』(1872)など。
⇒イ哲（バトラー，S.　1835-1902）
　イ文（Butler, Samuel　1835-1902）
　岩ケ（バトラー，サミュエル　1835-1902）
　英文（バトラー，サミュエル　1835-1902）
　英米（Butler, Samuel　バトラー〔サミュエル〕1835-1902）
　外国（バトラー　1835-1902）
　幻想（バトラー，サミュエル　1835-1902）
　広辞4（バトラー　1835-1902）
　広辞6（バトラー　1835-1902）
　国小（バトラー　1835.12.4-1902.6.18）
　コン2（バトラー　1835-1902）
　コン3（バトラー　1835-1902）
　最世（バトラー，サミュエル　1835-1902）
　集世（バトラー，サミュエル　1835.12.4-1902.6.18）
　集文（バトラー，サミュエル　1835.12.4-1902.6.18）
　人物（バトラー　1835.12.4-1902.6.18）
　西洋（バトラー　1835.12.4-1902.6.18）
　世西（バトラー　1835.12.4-1902.6.8）
　世百（バトラー　1835-1902）
　世文（バトラー，サミュエル　1835-1902）
　全書（バトラー　1835-1902）
　大辞（バトラー　1835-1902）
　大辞3（バトラー　1835-1902）
　大百（バトラー　1835-1902）
　デス（バトラー　1835-1902）
　二十（バトラー，サミュエル　1835-1902.6）
　百科（バトラー　1835-1902）
　名著（バトラー　1835-1902）

Butterfield, William 〈19世紀〉
イギリスの建築家。ゴシック・リバイバルの指導者の一人。主作品『オール・セインツ』(1850)など。
⇒岩ケ（バタフィールド，ウィリアム　1814-1900）
　キリ（バタフィールド，ウィリアム　1814.9.7-1900.2.23）
　国小（バターフィールド　1814.9.7-1900.2.23）
　新美（バターフィールド，ウィリアム　1814.9.7-1900.2.23）
　百科（バターフィールド　1814-1900）

Butteri, Giovanni Maria 〈16・17世紀〉
イタリアの画家。
⇒世美（ブッテリ，ジョヴァンニ・マリーア　1540頃-1606）

Butterworth, Nick 〈20世紀〉
イギリスのイラストレーター。
⇒児イ（Butterworth, Nick　バターワース, N.　1946-）
　児作（Butterworth, Nick　バトワース，ニック）

Butti, Enrico 〈19・20世紀〉
イタリアの彫刻家，画家。
⇒世美（ブッティ，エンリーコ　1847-1932）

Buys, Cornelis I 〈16世紀〉
オランダの画家。
⇒新美（バイス，コルネリス一世　?-1524）

Buyster, Philippe de 〈16・17世紀〉
フランドルの彫刻家。
⇒世美（バイステル，フィリップ・ド　1595-1688）

Buytewech, Willem 〈16・17世紀〉
オランダの画家，版画家。
⇒世美（バイテウェフ，ウィレム　1591/92-1624）

Buzzi, Ippolito 〈17世紀〉
イタリアの彫刻家。
⇒世美（ブッツィ，イッポーリト　?-1634）

Byfield, Barbara Ninde 〈20世紀〉
アメリカのイラストレーター。
⇒児イ（Byfield, Barbara Ninde）

Byrd, Grady 〈20世紀〉
アメリカのイラストレーター。
⇒児イ（Byrd, Grady バード, G.）

Byrne, Anne 〈18・19世紀〉
イギリスの画家。
⇒世女日（バーン, アン 1775-1837）

Byrne, John 〈20世紀〉
イギリスの劇作家, 画家, 舞台デザイナー。
⇒岩ケ（バーン, ジョン 1940-）
二十英（Byrne, John 1940-）

Byrne, Letitia 〈18・19世紀〉
イギリスの版画家。
⇒世女日（バーン, レティシア 1779-1849）

Byron, Galvez 〈20世紀〉
メキシコ生れの画家。
⇒世芸（バイロン, ガルベス 1941-）

Byron, Robert 〈20世紀〉
イギリスの旅行作家, ビザンチン学者, 美学者。
⇒岩ケ（バイロン, ロバート 1905-1941）
才世（バイロン, ロバート 1905-1941）
二十英（Byron, Robert 1905-1941）

Byström, Johan Niklas 〈18・19世紀〉
スウェーデンの彫刻家。
⇒世美（ビュストレーム, ユーハン・ニクラス 1783-1848）

【 C 】

Cabanel, Alexandre 〈19世紀〉
フランスの画家。歴史画, 寓意画, 肖像画を多く制作。代表作『ビーナスの誕生』(1863)。
⇒芸術（カバネル, アレキサンドル 1823-1889）
国小（カバネル 1823.9.28-1889.1.23）
新美（カバネル, アレクサンドル 1823.9.28-1889.1.23）
西洋（カバネル 1823.9.28-1889.1.23）
世美（カバネル, アレクサンドル 1823-1889）
全書（カバネル 1823-1889）
大百（カバネル 1823-1889）
百科（カバネル 1823-1889）

Cabanes, Max 〈20世紀〉
フランスの漫画家, イラストレーター。
⇒児イ（Gabanes, Max ギャバン, M. 1947-）

Cabianca, Francesco Penso 〈17・18世紀〉
イタリアの彫刻家。
⇒世美（カビアンカ, フランチェスコ・ペンソ 1665頃-1737）

Cabianca, Vincenzo 〈19・20世紀〉
イタリアの画家。
⇒世美（カビアンカ, ヴィンチェンツォ 1827-1902）

Cabot, Meg 〈20世紀〉
アメリカのロマンス作家, イラストレーター。
⇒海作4（キャボット, メグ）

Cabrera, Jaime 〈14・15世紀〉
スペインの画家。
⇒世美（カブレーラ, ハイメ 14-15世紀）

Caccavello, Annibale 〈16世紀〉
イタリアの彫刻家。
⇒世美（カッカヴェッロ, アンニーバレ 1515頃-1570頃）

Cacciatori, Benedetto 〈18・19世紀〉
イタリアの彫刻家。
⇒世美（カッチャトーリ, ベネデット 1794-1871）

Caccini, Giovanni Battista 〈16・17世紀〉
イタリアの彫刻家, 建築家。
⇒世美（カッチーニ, ジョヴァンニ・バッティスタ 1556-1612/13）

Cacheux, Francois 〈20世紀〉
フランス生れの彫刻家。
⇒世芸（カシュー, フランコ 1923-）

Cacialli, Giuseppe 〈18・19世紀〉
イタリアの建築家。
⇒世美（カチャッリ, ジュゼッペ 1770-1828）

Cacstile, Rand 〈20世紀〉
アメリカ生れの芸術家。日本美術館長。
⇒二十（キャスティール, ランド 1938-）

Cadell, Francis（Campbell Boileau）〈19・20世紀〉
イギリスの画家。
⇒岩ケ（カデル, フランシス（・キャンベル・ボワロ）1883-1937）

Cades, Giuseppe 〈18世紀〉
イタリアの画家。
⇒世美（カーデス, ジュゼッペ 1750-1799）

Cadmus, Paul 〈20世紀〉
アメリカの画家。
⇒岩ケ（キャドマス, ポール 1904-）

Cadorin, Ettore 〈19・20世紀〉
ヴェネーツィアの美術家。
⇒世美（カドリン，エットレ　1876-1953）

Cadorin, Vincenzo 〈19・20世紀〉
ヴェネーツィアの美術家。
⇒世美（カドリン，ヴィンチェンツォ　1854-1925）

Cady, Harrison 〈19・20世紀〉
アメリカの挿絵画家。
⇒世児（キャディ，ハリスン　1877-1970）

Caecilia 〈2・3世紀〉
伝説的なローマ教会の殉教者，聖人。
⇒キリ（カエキリア　2-3世紀）
　新美（チェチリア(聖)）
　世美（チェチリア(聖)　3世紀）
　百科（カエキリア）

Caesar, Gaius Julius 〈前2・1世紀〉
ローマ共和政末期最大の軍人，政治家。ローマのガリア支配を確立。
⇒逸話（カエサル　前100-前44）
　イ文（Caesar, (Gaius) Julius　前102?-前44）
　岩ケ（カエサル，（ガイウス・）ユリウス　前101頃-前44）
　英米（Caesar, Julius　カエサル，シーザー　前102-前44）
　旺世（カエサル　前102/100-前44）
　外国（カイサル　前102/-100-44）
　角世（カエサル　前100-前44）
　ギロ（カエサル　前100-前44）
　広辞4（カエサル　前100頃-前44）
　広辞6（カエサル　前100頃-前44）
　国小（カエサル　前100.7-44.3.15）
　国百（カエサル，ガイウス・ユリウス　前100-44）
　コン2（カエサル　前102／100-44）
　コン3（カエサル　前100頃-44）
　集世（カエサル，ガイユス・ユリウス　前100-前44.3.15）
　集文（カエサル，ガイユス・ユリウス　前100-前44.3.15）
　新美（カエサル　前102/100.7.13-前44.3.15）
　人物（カエサル(シーザー)　前102.7.12-44.3.15）
　西洋（カエサル　前102-44.3.15）
　世人（カエサル(シーザー)　前102頃-前44）
　世西（カエサル　前100.7.12-44.3.4）
　世百（カエサル　前102/100-44）
　世文（カエサル，ガーユス・ユーリウス　前100-44）
　全書（カエサル　前100-44）
　大辞（カエサル　前100-前44）
　大辞3（カエサル　前100-前44）
　大百（カエサル　前100-44）
　デス（カエサル　前100-44）
　伝世（カエサル　前100.7.13-44.3.15）
　百科（カエサル　前100-前44）
　評世（カエサル　前100-前44）
　名著（カエサル　前102-44）
　山世（カエサル　前100-前44）
　歴世（カエサル　前100-前44）
　歴史（カエサル　前100-前44）
　ロマ（カエサル　前100-44）

Caffa, Melchiorre 〈17世紀〉
マルタの彫刻家。
⇒世美（カッファ，メルキオッレ　1635-1667）

Caffi, Ippolito 〈19世紀〉
イタリアの画家。
⇒世美（カッフィ，イッポーリト　1809-1866）

Caffi, Margherita 〈17・18世紀〉
イタリアの女性画家。
⇒世美（カッフィ，マルゲリータ　1651頃-1700頃）

Caffieri, Daniele 〈17世紀〉
イタリアの家具制作家。
⇒世美（カッフィエーリ，ダニエーレ　1603-1639）

Caffieri, Filippo 〈17・18世紀〉
イタリアの家具制作家。
⇒世美（カッフィエーリ，フィリッポ　1634-1716）

Caffieri, Giacomo 〈17・18世紀〉
イタリアの家具制作家。
⇒世美（カッフィエーリ，ジャーコモ　1673-1755）

Caffiéri, Jacques 〈17・18世紀〉
フランスの彫刻家，鋳金家，彫金家。彫刻作品『ブザンバル男爵像』のほか，装飾デザインにすぐれた。
⇒芸術（キャフィエリ，ジャック　1678-1755）
　国小（キャフィエリ　1678.8.25-1755）
　コン2（カフィエリ　1678-1755）
　コン3（カフィエリ　1678-1755）
　新美（カフィエリ，ジャック　1678-1755）
　百科（カフィエリ　1678-1755）

Caffiéri, Jean Jacques 〈18世紀〉
フランスの彫刻家，鋳金家，彫金家。J.キャフィエリの息子。
⇒芸術（キャフィエリ，ジャン・ジャック　1725-1792）
　国小（キャフィエリ　1725.4.29-1792.6.21）
　新美（カフィエリ，ジャン=ジャック　1725.4.30-1792.6.21）
　西洋（カフィエリ　1725.4.30-1792.5.21）
　世美（カッフィエーリ，ジャン・ジャーコモ　1725-1792）

Cagli, Corrado 〈20世紀〉
イタリアの画家。
⇒世美（カーリ，コッラード　1910-1976）

Cagnacci, Guido 〈17世紀〉
イタリアの画家。
⇒世美（カニャッチ，グイード　1601-1663）

Cagnola, Luigi 〈18・19世紀〉
イタリアの建築家。バロック風の建築をし，ミラノの凱旋門は彼の傑作とされている。
⇒西洋（カニョーラ　1762.6.9-1833.8.14）
　世美（カニョーラ，ルイージ　1762-1833）

Cahill, James Francis 〈20世紀〉
アメリカの東洋美術史学者。概説書 "Chinese painting" (1961)を著わした。
⇒西洋（ケーヒル 1926.8.13-）

Caiger-Smith, Alan 〈20世紀〉
イギリスの陶芸家。
⇒岩ケ（ケイガー＝スミス，アラン 1930-）

Cailina, Paolo il Giovane 〈15・16世紀〉
イタリアの画家。
⇒世美（カイリーナ，パーオロ（年少） 1485頃-1545）

Cailina, Paolo il Vecchio 〈15世紀〉
イタリアの画家。
⇒世美（カイリーナ，パーオロ（年長）（記録）1451-1490）

Caillard, Christian Hugues 〈20世紀〉
フランスの画家。応用美術方面にも活躍。
⇒西洋（カイヤール 1899-）
　世芸（カイヤール，クリスティアン 1899-1968）

Caillebotte, Gustave 〈19世紀〉
フランスの画家，印象派絵画の蒐集家。代表作『アルジャントゥーユのセーヌ川風景』。
⇒芸術（カイユボット，ギュスターヴ 1848-1894）
　国小（カイユボット 1848.8.19-1894.2.21）
　新美（カイユボット，ギュスターヴ 1848.8.19-1894.2.21）
　西洋（カイユボット 1848.8.19-1894.2.21）
　世西（カイユボット 1848-1894）
　世美（カイユボット，ギュスターヴ 1848-1894）

Caimi, Antonio 〈19世紀〉
イタリアの画家，美術史家。
⇒世美（カイミ，アントーニオ 1814-1878）

Cain
アダムとイブの子。弟アベルを殺害（創世記）。
⇒岩ケ（カイン）
　広辞4（カイン）
　国小（カイン）
　コン2（カイン）
　新美（カイン）
　西洋（カイン）
　世西（カイン）
　全書（カイン）
　大辞（カイン）
　大百（カイン）
　デス（カイン）

Cain, Auguste Nicolas 〈19世紀〉
フランスの彫刻家。動物の彫刻で知られている。
⇒西洋（カン 1822.11.4-1894.8.6）

Cain, Errol le 〈20世紀〉
イギリスのイラストレーター。
⇒児イ（Cain, Errol le カイン，E.le 1941-1989）

Cairo, Francesco del 〈17世紀〉
イタリアの画家。
⇒世美（カイロ，フランチェスコ・デル 1607-1665）

Caironi, Agostino 〈19・20世紀〉
イタリアの画家。
⇒世美（カイローニ，アゴスティーノ 1820-1907）

Calamatta, Luigi 〈19世紀〉
イタリアの版画家。
⇒世美（カラマッタ，ルイージ 1801-1869）

Calame, Alexandre 〈19世紀〉
スイスの画家，彫刻家。好んでスイスの山岳や風景を描いた。
⇒西洋（カラム 1810.5.28-1864.3.17）
　世美（カラーム，アレクサンドル 1810-1864）

Calamecca, Andrea 〈16世紀〉
イタリアの建築家，彫刻家。
⇒世美（カラメッカ，アンドレーア 1524-1589）

Calandra, Davide 〈19・20世紀〉
イタリアの彫刻家。
⇒世美（カランドラ，ダーヴィデ 1856-1915）

Calarnou, Yves 〈20世紀〉
フランスのイラストレーター。
⇒児イ（Calarnou, Yves カラルヌ，Y.）

Calcagni, Antonio 〈16世紀〉
イタリアの彫刻家。
⇒世美（カルカーニ，アントーニオ 1536-1593）

Calcagni, Tiberio 〈16世紀〉
イタリアの彫刻家，建築家。
⇒世美（カルカーニ，ティベーリオ 1532-1565）

Calcar, Jan Stephan van 〈15・16世紀〉
オランダの画家。ヴェサリウスの解剖図の木版を彫った。
⇒西洋（カルカル 1499頃-1545以後）
　世美（ファン・カルカル，ヤン・ステーフェン 1499-1546/50）

Caldecott, Randolph 〈19世紀〉
イギリスの挿絵画家。『ロンドン・ソサイエティ』などの雑誌に挿絵を寄稿。
⇒岩ケ（コルディコット，ランドルフ 1846-1886）
　国小（コールデコート 1846.3.22-1886.2.12）
　児イ（Caldecott, Radolph 1846.3.22-1886.2.12）
　児童（コールデコット，ランドルフ 1846-1886）
　児文（コールデコット，ランドルフ 1846-1886）
　西洋（コールデコット 1846.3.22-1886.1.12）
　世児（コールデコット，ランドルフ 1846-1886）
　世美（コールデコット，ランドルフ 1846-1886）
　世百（コールドコット 1846-1886）

Calder, Alexander 〈20世紀〉
アメリカの彫刻家。モビールの創始者。代表作『エビと魚の尾』(1939)，『鯨』(1937) など。
⇒オ西（コールダー, アレグザンダー 1898–1976)
現ア（Calder, Alexander コールダー, アレキサンダー 1898–1976)
現人（コールダー 1898.7.22–1976.11.11)
広辞5（コールダー 1898–1976)
広辞6（コールダー 1898–1976)
国小（コルダー 1898.7.22–1976.11.11)
コン3（カルダー 1898–1976)
新美（コールダー, アレクサンダー 1898.7.22–1976.11.11)
西洋（コールダー 1898.7.22–1976.11.11)
世芸（コルダー, アレキサンダー 1898–1976)
世西（コルダー 1898–)
世百（コールダー, アレグザンダー 1898–1976)
世百（コールダー 1898–)
世百新（コールダー 1898–1976)
全書（コルダー 1899–1976)
大辞2（カルダー 1898–1976)
大辞3（カルダー 1898–1976)
大百（コルダー 1898–1976)
伝世（コールダー 1898–1976.11.11)
ナビ（コールダー 1898–1976)
二十（コールダー, アレクサンダー 1898.7.22–1976.11.11)
百科（コールダー 1898–1976)

Calderara, Antonio 〈20世紀〉
イタリアの画家。
⇒世美（カルデラーラ, アントーニオ 1903–1978)

Calderini, Guglielmo 〈19・20世紀〉
イタリアの建築家。
⇒世美（カルデリーニ, グリエルモ 1837–1916)

Calderini, Marco 〈19・20世紀〉
イタリアの画家, 美術批評家。
⇒世美（カルデリーニ, マルコ 1850–1941)

Caldwell, Ben 〈20世紀〉
アメリカの劇作家, エッセイ作家, グラフィック・アーティスト。
⇒黒作（コールドウェル, ベン 1937–)

Calegari, Alessandro 〈18世紀〉
イタリアの彫刻家。
⇒世美（カレガーリ, アレッサンドロ)

Calegari, Antonio 〈17・18世紀〉
イタリアの彫刻家。
⇒世美（カレガーリ, アントーニオ 1698–1777)

Calegari, Giuseppe 〈18世紀〉
イタリアの彫刻家。
⇒世美（カレガーリ, ジュゼッペ)

Calegari, Luca 〈18世紀〉
イタリアの彫刻家。
⇒世美（カレガーリ, ルーカ)

Calegari, Santo, il Giovane 〈18世紀〉
イタリアの彫刻家。
⇒世美（カレガーリ, サント (年少) 1722–1780)

Calegari, Santo, il Vecchio 〈17・18世紀〉
イタリアの彫刻家。
⇒世美（カレガーリ, サント (年長) 1662–1717)

Calendario, Filippo 〈14世紀〉
イタリアの建築家, 彫刻家。
⇒世美（カレンダーリオ, フィリッポ 1315以前–1355)

Caletti, Giuseppe 〈17世紀〉
イタリアの画家, 版画家。
⇒世美（カレッティ, ジュゼッペ 1600頃–1660頃)

Caliari, Benedetto 〈16世紀〉
イタリアの画家。
⇒世美（カリアーリ, ベネデット 1538–1598)

Caliari, Carlo 〈16世紀〉
イタリアの画家。
⇒世美（カリアーリ, カルロ 1570–1596)

Callahan, Harry 〈20世紀〉
アメリカの写真家。ロードアイランド美術大学教授。
⇒新美（キャラハン, ハリー 1912–)
二十（キャラハン, ハリー 1912–)

Callani, Gaetano 〈18・19世紀〉
イタリアの画家, 彫刻家。
⇒世美（カッラーニ, ガエターノ 1736–1809)

Callcott, Sir Augustus Wall 〈18・19世紀〉
イギリスの肖像画家, 風景画家。
⇒新美（コールコット, オーガスタス・ウォール 1779.2.20–1844.11.25)

Calliyannis, Manolis 〈20世紀〉
ギリシアの画家。
⇒国小（カリヤニス 1923–)

Callot, Jacques 〈16・17世紀〉
フランスの版画家。エッチングの技巧の研磨に専心し, 独自の技法をあみだす。
⇒岩ケ（カロ, ジャック 1592頃–1635)
キリ（カロー, ジャック 1592–1635.3.24)
芸術（カロ, ジャック 1592/93–1635)
広辞6（カロ 1592頃–1635)
国小（カロ 1592–1635.3.24)
コン2（カロ 1592–1635)
コン3（カロ 1592–1635)
新美（カロ, ジャック 1592/93–1635.3.24)
西洋（カロ 1592–1635.3.24)
世西（カロ 1592–1635.3.24)
世美（カロ, ジャック 1592–1635)
世百（カロ 1592/3–1635)

全書（カロ　1592?-1635）
大百（カロ　1592-1635）
デス（カロ　1592-1635）
百科（カロ　1592/3-1635）

Calman, Mel〈20世紀〉
イギリスの漫画家，作家。
⇒岩ケ（コールマン，メル　1931-1994）

Calmels, Célestin-Anatole〈19・20世紀〉
フランスの彫刻家。
⇒世美（カルメル，セレスタン=アナトール　1822-1906）

Calmette, André〈19・20世紀〉
フランスの映画監督。1908年から13年までフィルム・ダール社の監督兼美術監督。
⇒監督（カルメット，アンドレ　1861.8.18-）

Calò, Aldo〈20世紀〉
イタリアの彫刻家。
⇒世美（カロ，アルド　1910-）

Cals, Adolphe-Félix〈19世紀〉
フランスの画家。
⇒世美（カルス，アドルフ=フェリックス　1810-1880）

Calvaert, Denis〈16・17世紀〉
フランドルの画家。ボローニャでアカデミーを設立。
⇒キリ（カルヴァールト，デニス　1540/45-1619.4.16）
国小（カルバールト　1540-1619.3.17）
西洋（カルヴァルト　1540-1619.3.17）
世美（カルファート，デネイス　1540-1619）

Calvé, Louise〈20世紀〉
カナダ生れの画家。
⇒世芸（カルベ，ルイス　1937-）

Calvert, Edward〈18・19世紀〉
イギリスの画家，版画家。
⇒世美（カルヴァート，エドワード　1799-1883）
百科（カルバート　1799-1883）

Calvi, Gian〈20世紀〉
イタリアのイラストレーター。
⇒児イ（Calvi, Gian　カルビ, G.　1935-）

Calvi, Iacopo Alessandro〈18・19世紀〉
イタリアの画家。
⇒世美（カルヴィ，ヤーコポ・アレッサンドロ　1740-1815）

Calvi, Lazzaro〈16・17世紀〉
イタリアの画家。
⇒世美（カルヴィ，ラッザーロ　1502-1607）

Calvi, Pompeo〈19世紀〉
イタリアの画家。
⇒世美（カルヴィ，ポンペーオ　1806-1884）

Calza, Guido〈19・20世紀〉
イタリアの考古学者。
⇒世美（カルツァ，グイード　1888-1946）

Camaro, Alexander〈20世紀〉
ドイツの画家。
⇒国小（カマロ　1901-）

Camassei, Andrea〈17世紀〉
イタリアの画家，版画家。
⇒世美（カマッセイ，アンドレーア　1602-1649）

Cambell, Virginia〈20世紀〉
アメリカのイラストレーター。
⇒児イ（Cambell, Virginia　キャンベル, V.）

Cambellotti, Duilio〈19・20世紀〉
イタリアの画家，彫刻家，舞台美術家，建築家。
⇒世美（カンベッロッティ，ドゥイリーオ　1876-1960）

Camberlin, Jean-Paul〈20世紀〉
フランス生れの画家。
⇒世芸（カンベラン，ジェーン・ポール　1950-）

Cambi, Andrea〈16世紀〉
イタリアの美術家，メダル制作家。
⇒世美（カンビ，アンドレーア　(活動)1560-1575）

Cambi, Giovanni Battista〈16世紀〉
イタリアの美術家，彫刻家，ストゥッコ装飾家。
⇒世美（カンビ，ジョヴァンニ・バッティスタ　?-1582）

Cambiaso, Luca〈16世紀〉
イタリアの画家。フレスコ画を描く。人体素描でも有名。代表作『蠟燭の聖母』。キュビスティックな人体素描でも有名。
⇒国小（カンビアーソ　1527.10.18-1585.9.6）
新美（カンビアーソ，ルーカ　1527.10.18-1585.9.6）
世美（カンビアーゾ，ルーカ　1527-1585）

Cambo, Damilevil〈20世紀〉
フランス生れの画家。
⇒世芸（カンボ，ダミレビ　1934-）

Camelio, Vittore〈15・16世紀〉
イタリアのメダル制作家，彫刻家，金銀細工師。
⇒世美（カメーリオ，ヴィットーレ　1455頃-1537）

Cameron, Charles〈18・19世紀〉
イギリスの建築家，版画家。
⇒建築（キャメロン，チャールズ　1740-1812）
世美（キャメロン，チャールズ　1740頃-1812）

Cameron, David Young〈19・20世紀〉
イギリスの画家，版画家。
⇒世美（キャメロン，デイヴィッド・ヤング　1865–1945）

Cameron, Julia Margaret〈19世紀〉
イギリスの女流写真家。作品にはビクトリア朝時代の名士の肖像写真が多い。
⇒岩ケ（キャメロン，ジュリア・マーガレット　1815–1879）
国小（カメロン　1815–1879）
西洋（カメロン　1815.6.11–1879.2.26）
世女（カメロン，ジュリア・マーガレット　1815–1879）
世女日（キャメロン，ジュリア・マーガレット　1815–1879）
世百（カメロン　1815–1879）
全書（カメロン　1815–1879）
デス（カメロン　1815–1879）
百科（カメロン　1815–1879）

Cameron, Kate〈19・20世紀〉
イギリス・スコットランドの画家。
⇒世女日（キャメロン，ケイト　1874–1965）

Camilliani, Camillo〈16・17世紀〉
イタリアの建築家，彫刻家。
⇒世美（カミッリアーニ，カミッロ　16–17世紀）

Camilliani, Francesco〈16世紀〉
イタリアの建築家，彫刻家。
⇒世美（カミッリアーニ，フランチェスコ　?–1586）

Cammarano, Michele〈19・20世紀〉
イタリアの画家。
⇒世美（カンマラーノ，ミケーレ　1835–1920）

Camoin, Charles〈19・20世紀〉
フランスの画家。
⇒国小（カモアン　1879–1965）
新美（カモワン，シャルル　1879–1965.5.29）
世西（カモアン　1879–）
世美（カモワン，シャルル　1879–1965）
二十（カモワン，シャルル　1879–1965.5.29）

Campagna, Gerolamo〈16・17世紀〉
イタリアの建築家，彫刻家。
⇒世美（カンパーニャ，ジェローラモ　1550頃–1626以降）

Campagnola, Domenico〈15・16世紀〉
イタリアの版画家，画家。最初の職業図案家。
⇒岩ケ（カンパニョーラ，ドメニコ　1490頃–1564頃）
国小（カンパニョーラ　1484頃–1563以後）
新美（カンパニョーラ，ドメーニコ　1500?–1581）
世美（カンパニョーラ，ドメーニコ　1500–1564）

Campagnola, Giulio〈15・16世紀〉
イタリアの版画家。画家，彫刻家，詩人。

⇒岩ケ（カンパニョーラ，ジュリオ　1482–1515頃）
国小（カンパニョーラ　1481/2頃–1515/8）
世美（カンパニョーラ，ジューリオ　1482–1515頃）

Campana, Giampietro〈19世紀〉
イタリアの美術収集家。
⇒世美（カンパーナ，ジャンピエトロ　1808–1880）

Campbell, Colen〈17・18世紀〉
イギリス，スコットランドの建築家。著書『ビトルビュース・ブリタニカス』がある。主要作『バーリントン・ハウス』(1717)，ケントの『ミアワース・キャッスル』(1723)など。
⇒建築（キャンベル，コリン（キャンベル，コレン）?–1729）
国小（キャンベル　?–1729）
世美（キャンベル，コレン　1676–1729）

Campendonk, Heinrich〈19・20世紀〉
ドイツの画家。ナチに追われ，アムステルダムに亡命した。
⇒岩ケ（カンペンドンク，ハインリヒ　1889–1957）
国小（カンペンドンク　1889–1957）
新美（カンペンドンク，ハインリヒ　1889.11.3–1957.5.9）
西洋（カンペンドンク　1889.11.3–1957.6.9）
世芸（カムペンドンク　1889–1958）
世美（カンペンドンク，ハインリヒ　1889–1957）
世百（カンペンドンク　1889–1957）
二十（カンペンドンク，ハインリヒ　1889.11.3–1957.5.9）

Campeny, Damián〈18・19世紀〉
スペインの彫刻家。
⇒新美（カンペニー，ダミアン　1771–1855.7.7）

Camphausen, Wilhelm〈19世紀〉
ドイツの画家。戦争画，特に会戦画を描いた。
⇒西洋（カンプハウゼン　1818.2.8–1885.6.16）

Camphuysen, Govert〈17世紀〉
オランダの画家。
⇒世美（カンプハイゼン，ホーフェルト　1623/24–1672）

Campi, Antonio〈16世紀〉
イタリアの画家，銅版画家。
⇒世美（カンピ，アントーニオ　1524–1587）

Campi, Bernardino〈16世紀〉
イタリアの画家。
⇒岩ケ（カンピ，ベルナルディーノ　1522–1592頃）
国小（カンピ　1522頃–1592）
世美（カンピ，ベルナルディーノ　1522–1591）

Campi, Galeazzo〈15・16世紀〉
イタリアの画家。
⇒世美（カンピ，ガレアッツォ　1477–1536頃）

Campi, Giulio〈16世紀〉
イタリアの画家，建築家。クレモナ派を成立。

折衷的で優雅な作風のクレモナ派を成立させた。
⇒岩ケ（カンビ, ジュリオ 1502–1572）
国小（カンビ 1502–1572）
新美（カンビ, ジューリオ 1502頃–1572）
世美（カンビ, ジューリオ 1505頃–1572）

Campi, Mario〈20世紀〉
スイスの建築家。
⇒二十（カンビ, マリオ 1936–）

Campi, Vincenzo〈16世紀〉
イタリアの画家。
⇒世美（カンビ, ヴィンチェンツォ （記録）1563–1591）

Campigli, Massimo〈20世紀〉
イタリアの具象画家。作品は非個性的, 呪術的な正面観女性像が多く, エトルスクや古代ローマの絵を思わせる。
⇒国小（カンピーリ 1895.7.4–1971.5.31）
コン3（カンピーリ 1895–1971）
新美（カンピーリ, マッシモ 1895.7.4–1971.5.31）
人物（カンピーリ 1895.7.4–）
西洋（カンピーリ 1895.7.4–1971.6.3）
世芸（カムピーリ, マッシモ 1895–1964）
世西（カンピーリ 1895–）
世美（カンピーリ, マッシモ 1895–1971）
世百（カンピーリ 1895–）
全書（カンピーリ 1895–1971）
大百（カンピーリ 1895–1971）
二十（カンピーリ, マッシモ 1895.7.4–1971.6.3）

Campin, Robert〈14・15世紀〉
フランドルの画家。
⇒岩ケ（カンパン, ロベール 1375頃–1444）
キリ（カンピーン, ローベルト 1375/79頃–1444.4.26）
芸術（カンピン, ロベルト 1380以前–1444）
国小（カンピン 1378頃–1444.4.26）
新美（カンピン, ロベルト 1380以前–1444.4.26）
世美（カンパン, ロベール 1375頃–1444）
全書（カンピン 1378/79–1444）
伝世（カンパン 1375/80頃–1444）

Camporese, Giuseppe〈18・19世紀〉
イタリアの建築家。
⇒世美（カンポレーゼ, ジュゼッペ 1763–1822）

Camporesi, Francesco〈18・19世紀〉
イタリアの建築家。
⇒世美（カンポレージ, フランチェスコ 1747–1831）

Camuccini, Vincenzo〈18・19世紀〉
イタリアの画家。
⇒世美（カムッチーニ, ヴィンチェンツォ 1771–1844）

Canal, Giambattista〈18・19世紀〉
イタリアの画家。

⇒世美（カナル, ジャンバッティスタ 1745–1825）

Canaletto, Antonio〈17・18世紀〉
イタリアの画家, 銅版画家。主作品は『スコーラ・ディ・サン・ロッコ前の行列』『サン・マルコ広場』など。
⇒岩ケ（カナレット 1697–1768）
外国（カナレットー 1697–1768）
芸術（カナレット 1697–1768）
広辞4（カナレット 1697–1768）
広辞6（カナレット 1697–1768）
国小（カナレット 1697.10.18–1768.6.20）
国百（カナレット 1697.10.18–1768.6.20）
コン2（カナレット 1697–1768）
コン3（カナレット 1697–1768）
新美（カナレット 1697.10.18–1768.4.20）
西洋（カナレット 1697.10.8–1768.4.20）
世西（カナレット 1697–1768）
世美（カナレット 1697–1768）
世百（カナレット 1697–1768）
全書（カナレット 1697–1768）
大辞（カナレット 1697–1768）
大辞3（カナレット 1697–1768）
大百（カナレット 1697–1768）
デス（カナレット 1697–1768）
伝世（カナレット 1697.10.18–1768.4.20）
百科（カナレット 1697–1768）

Canaletto, Bernardo Bellotto〈18世紀〉
イタリアの画家, 銅版画家。
⇒芸術（カナレット, ベルナルド 1720–1780）
国小（カナレット 1720.1.30–1780.10/11.17）
新美（カナレット 1720.1.30–1780.11.17）
西洋（カナレット 1720.1.30–1780.10.17）
世西（カナレット 1720–1780）
大百（カナレット 1720–1780）
デス（カナレット 1720–1780）

Canavesio, Giovanni〈15世紀〉
イタリアの画家。
⇒世美（カナヴェージオ, ジョヴァンニ 1420/25頃–?）

Candela, Félix〈20世紀〉
メキシコの建築家。メキシコシティの聖母教会（1954）は彼の名を世界的にした代表作。
⇒岩ケ（カンデーラ,（オテリーニョ・）フェリックス 1910–）
新美（キャンデラ, フェリックス 1910.1.27–）
世美（カンデラ, フェリックス 1910–）
全書（カンデラ 1910–）
大百（カンデラ 1910–）
二十（キャンデラ, フェリックス 1910.1.27–）

Candid, Pieter〈16・17世紀〉
オランダの画家。ミュンヘンの宮廷画家（1568～）。祭壇画や壁画を描いた。
⇒キリ（カンディド, ピエートロ 1548頃–1628）
芸術（カンディド, ペーター 1548頃–1628）
西洋（カンデイド 1548頃–1628）
世美（カンディド, ピエトロ 1548–1628）

Candida, Giovenni〈15・16世紀〉
イタリアのメダル制作家, 政治家。

⇒世美（カンディダ, ジョヴァンニ 1450-1504頃）

Candilis, Georges 〈20世紀〉
ロシア出身のフランスの建築家, 都市計画家。
⇒世美（カンディリス, ジョルジュ 1913-）

Cane, Louis 〈20世紀〉
フランス生れの画家。
⇒世芸（カーン, ルイス 1921-）

Canella, Giuseppe 〈18・19世紀〉
イタリアの画家。
⇒世美（カネッラ, ジュゼッペ 1788-1847）

Canella, Guido 〈20世紀〉
ルーマニア生れの建築家。ミラノ工科大学教授。
⇒二十（カネッラ, グイド 1931-）

Canevari, Antonio 〈17・18世紀〉
イタリアの建築家。
⇒建築（カネヴァーリ, アントニオ 1681-1750頃）
　世美（カネヴァーリ, アントーニオ 1681-1750頃）

Caniana, Antonio 〈17・18世紀〉
イタリアの寄木細工師, 木彫師。
⇒世美（カニアーナ, アントーニオ）

Caniana, Caterina 〈17・18世紀〉
イタリアの寄木細工師, 木彫師。
⇒世美（カニアーナ, カテリーナ）

Caniana, Giacomo 〈18世紀〉
イタリアの寄木細工師, 木彫師。
⇒世美（カニアーナ, ジャーコモ 1750-1790頃）

Caniana, Gian Antonio 〈17・18世紀〉
イタリアの寄木細工師, 木彫師。
⇒世美（カニアーナ, ジャン・アントーニオ）

Caniana, Gian Battista 〈17・18世紀〉
イタリアの寄木細工師, 木彫師。
⇒世美（カニアーナ, ジャン・バッティスタ 1671-1754）

Caniana, Giuseppe 〈17・18世紀〉
イタリアの寄木細工師, 木彫師。
⇒世美（カニアーナ, ジュゼッペ）

Caniff, Milt (on Arthur) 〈20世紀〉
アメリカの漫画家。
⇒岩ケ（カニフ, ミルト（ミルトン・アーサー）1907-1988）

Canina, Luigi 〈18・19世紀〉
イタリアの建築家, 考古学者。ローマで建築家となり, またトゥスクルムの発掘を行った。
⇒西洋（カニーナ 1795.10.23-1856.10.17）
　世美（カニーナ, ルイージ 1795-1856）

Cannicci, Niccolò 〈19・20世紀〉
イタリアの画家。
⇒世美（カンニッチ, ニッコロ 1846-1906）

Cannon, Kevin 〈20世紀〉
アメリカの彫刻家。
⇒世芸（キャノン, ケビン 1948-）

Cannon, Robert 〈20世紀〉
アメリカの漫画映画作家。
⇒監督（キャノン, ロバート 1910.6.5-1964）

Cano, Alonso 〈17世紀〉
スペインの画家, 彫刻家, 建築家。
⇒岩ケ（カノ, アロンソ 1601-1667）
　キリ（カノ, アロンソ 1601.3.19-1667.9.3）
　芸術（カノ, アロンソ 1601-1667）
　建築（カーノ, アロンソ 1601-1667）
　国小（カノ 1601.3.19-1667.9.3）
　新美（カーノ, アロンソ 1601.3-1667.9.3）
　スペ（カーノ 1601-1667）
　西洋（カノ 1601.3.19-1667.9.3）
　世美（カーノ, アロンソ 1601-1667）
　百科（カーノ 1601-1667）

Canogar, Rafael Garcia 〈20世紀〉
スペインの画家。
⇒新美（カノガール, ラファエール 1935.5.17-）
　二十（カノガール, ラファエール・G. 1935.5.17-）

Canonica, Luigi 〈18・19世紀〉
スイスの建築家。専らイタリアで活動し, ミラノのアカデミア・ディ・ブレラの教授。
⇒建築（カノニカ, ルイジ 1762-1844）
　西洋（カノーニカ 1762-1844.2.7）
　世美（カノーニカ, ルイージ 1762-1844）

Canonica, Pietro 〈19・20世紀〉
イタリアの彫刻家。
⇒世美（カノーニカ, ピエトロ 1869-1959）

Canova, Antonio 〈18・19世紀〉
イタリアの彫刻家。
⇒岩ケ（カノーヴァ, アントニオ 1757-1822）
　外国（カノーヴァ 1757-1822）
　キリ（カノーヴァ, アントーニオ 1757.11.1-1822.10.13）
　芸術（カノーヴァ, アントニオ 1757-1822）
　広辞4（カノーヴァ 1757-1822）
　広辞6（カノーヴァ 1757-1822）
　国小（カノーバ 1757.11.1-1822.10.13）
　国百（カノーバ, アントニオ 1757.11.1-1822.10.13）
　コン2（カノーヴァ 1757-1822）
　コン3（カノーヴァ 1757-1822）
　新美（カノーヴァ, アントーニオ 1757.11.1-1822.10.13）
　人物（カノーバ 1757.11.1-1822.10.13）
　西洋（カノーヴァ 1757.11.1-1822.10.13）
　世美（カノーヴァ 1757.11.1-1822.10.13）
　世美（カノーヴァ, アントーニオ 1757-1822）
　世百（カノーヴァ 1757-1822）
　全書（カノーバ 1757-1822）

大辞（カノーバ　1757-1822）
大辞3（カノーバ　1757-1822）
大百（カノーバ　1757-1822）
デス（カノーバ　1757-1822）
伝世（カノーヴァ　1757.11.1-1822.10.13）
百科（カノーバ　1757-1822）

Canozi da Lendinara, Andrea 〈15世紀〉
イタリアの寄木細工師，版画家。
⇒世美（カノーツィ・ダ・レンディナーラ，アンドレーア　15世紀）

C Canozi da Lendinara, Cristoforo
〈15・16世紀〉
イタリアの寄木細工師，版画家。
⇒世美（カノーツィ・ダ・レンディナーラ，クリストーフォロ　15-16世紀）

Canozi da Lendinara, Lodovico
〈15・16世紀〉
イタリアの寄木細工師，版画家。
⇒世美（カノーツィ・ダ・レンディナーラ，ロドヴィーコ　15-16世紀）

Canozi da Lendinara, Lorenzo 〈15世紀〉
イタリアの寄木細工師，版画家。
⇒新美（レンディナラ，ロレンツォ・カノッツィ　1425-1477）
　世美（カノーツィ・ダ・レンディナーラ，ロレンツォ　1425-1477）

Cantagallina, Remigio 〈16・17世紀〉
イタリアの画家，版画家。
⇒世美（カンタガッリーナ，レミージョ　1582頃-1635以降）

Cantalupi, Giovanni Battista 〈18世紀〉
イタリアの画家。
⇒世美（カンタルービ，ジョヴァンニ・バッティスタ　1732-1780）

Cantarini, Simone 〈17世紀〉
イタリアの画家。
⇒世美（カンタリーニ，シモーネ　1612-1678）

Cantatore, Domenico 〈20世紀〉
イタリアの画家。
⇒世美（カンタトーレ，ドメニコ　1906-）

Cantone, Simone 〈18・19世紀〉
イタリアの建築家。
⇒世美（カントーネ，シモーネ　1736-1818）

Canuti, Domenico Maria 〈17世紀〉
イタリアの画家。
⇒世美（カヌーティ，ドメニコ・マリーア　1620-1684）

Capa, Robert 〈20世紀〉
報道写真家。ハンガリー生れのユダヤ人。写真集『イメージズ・オブ・ウォー』のほか，自伝『ちょっとピンぼけ』がある。
⇒岩ケ（キャパ，ロバート　1913-1954）
　角世（キャパ　1913-1954）
　現人（キャパ　1913.10.22-）
　広辞5（キャパ　1913-1954）
　広辞6（キャパ　1913-1954）
　国小（キャパ　1913-1954.5.25）
　コン3（キャパ　1913-1954）
　新美（キャパ，ロバート　1913.10.22-1954.5.25）
　人物（キャパ　1913-1954）
　西洋（キャパ　1913.10.22-1954.5.25）
　世芸（キャパ，ロバート　1913-1954）
　世西（キャパ　1913.10.22-1954.5.25）
　世美（キャパ，ロバート　1913-1954）
　世百（キャパ　1913-1954）
　世百新（キャパ　1913-1954）
　全書（キャパ　1913-1954）
　大辞2（キャパ　1913-1954）
　大辞3（キャパ　1913-1954）
　大百（キャパ　1913-1954）
　東欧（キャパ　1913-1954）
　ナビ（キャパ　1913-1954）
　二十（キャパ，ロバート　1913.10.22-1954.5.25）
　百科（キャパ　1913-1954）
　ユ人（キャパ，ロバート　1913-1954）

Capanna, Puccio 〈13・14世紀〉
イタリアの画家。
⇒世美（カパンナ，プッチョ　（活動）13世紀末-14世紀前半）

Capart, Jean 〈19・20世紀〉
ベルギーのエジプト学者。ブリュッセルの王室美術歴史博物館館長（1925～）。
⇒新美（カパール，ジャン　1877-1947.6.16）
　西洋（カパール　1877-1947.6.16）
　二十（カパール，ジャン　1877-1947.6.16）

Capdevila, Roser 〈20世紀〉
スペインのイラストレーター。
⇒児イ（Capdevila, Roser　カブデヴィラ, R.　1939-）

Čapek, Josef 〈19・20世紀〉
チェコスロヴァキアの画家，挿絵画家，美術評論家，作家。作家K.チャペックの兄。
⇒岩ケ（チャペック，ヨゼフ　1887-1945）
　児イ（Capek, Josef　チャペック, J.　1887-1945）
　児作（Capek, Josef　チャペック，ヨゼフ　1887-1945）
　児文（チャペック兄弟）
　集世（チャペック，ヨゼフ　1887.3.23-1945.4）
　集人（チャペック，ヨゼフ　1887.3.23-1945.4）
　西洋（チャペック　1887.3.23-1945.4）
　世人（チャペック〈兄 ヨゼフ〉　1887-1945）
　世西（チャペック　1887.3.23-1945.4）

Capella, Francesco 〈18世紀〉
イタリアの画家。
⇒世美（カペッラ，フランチェスコ　1711-1774）

Capitan, Louis 〈19・20世紀〉
フランスの先史学者。元・コレージュ・ド・フランス教授。
⇒新美（カピタン, ルイ　1854–1929）
　二十（カピタン, ルイ　1854–1929）

Capodiferro, Gianfrancesco 〈16世紀〉
イタリアの寄木細工師。
⇒世美（カポディフェッロ, ジャンフランチェスコ　?–1534）

Capogrossi, Giuseppe 〈20世紀〉
イタリアの抽象画家。1950年にローマでカリ, カバリらと「グルッポ・ロマーノ」を結成。
⇒オ西（カポグロッシ, ジュゼッペ　1900–1972）
　国小（カポグロッシ　1900–1972.10.9）
　コン3（カポグロッシ　1900–1972）
　新美（カポグロッシ, ジュゼッペ　1900.3.7–1972.10.9）
　世美（カポグロッシ, ジュゼッペ　1900–1972）
　全書（カポグロッシ　1900–1972）
　二十（カポグロッシ, ジュゼッペ　1900.3.7–1972.10.9）

Caporali, Bartolomeo 〈15・16世紀〉
イタリアの画家, 写本装飾画家。
⇒世美（カポラーリ, バルトロメーオ　1420頃–1505頃）

Caporali, Giovan Battista 〈15・16世紀〉
イタリアの建築家, 画家。
⇒世美（カポラーリ, ジョヴァン・バッティスタ　1476頃–1560頃）

Capp, Al 〈20世紀〉
アメリカの漫画家。
⇒岩ケ（キャップ, アル　1909–1979）
　世俳（キャップ, アル　1909.9.28–1979.11.5）

Cappell, Jan van de 〈17世紀〉
オランダの画家。美術品コレクターでもあった。
⇒国小（カペレ　1623/5頃–1679）
　新美（カペル, ヤン・ファン・デ　1624頃–1679.12）
　西洋（カペレ　1624頃–1679）
　世美（ファン・デ・カペレ, ヤン　1626–1679）

Cappelletti, Giovanni Vincenzo 〈19世紀〉
イタリアの建築家。1876年来日し, 工部大学校で建築を教授。
⇒国史（カッペレッティ　?–1887）
　新美（カッペレッティ, ジョヴァンニ・ヴィンチェンツォ　?–1887）
　西洋（カッペレッティ　?–1887）
　日人（カッペレッティ　?–1887）
　百科（カッペレッティ　生没年不詳）
　来日（カッペレッティ　?–1887?）

Cappello, Carmelo 〈20世紀〉
イタリアの彫刻家。
⇒世美（カッペッロ, カルメーロ　1912–）

Cappiello, Leonetto 〈19・20世紀〉
イタリアの画家, グラフィック・アーティスト。
⇒世美（カッピエッロ, レオネット　1875–1942）

Capponi, Luigi 〈15世紀〉
イタリアの彫刻家。
⇒世美（カッポーニ, ルイージ　（活動）1485–1496）

Capriani, Francesco 〈16・17世紀〉
イタリアの建築家。
⇒世美（カプリアーニ, フランチェスコ　（活動）1560–1601）

Capriolo, Domenico 〈15・16世紀〉
イタリアの画家。
⇒世美（カプリオーロ, ドメーニコ　1494頃–1528）

Carabelli, Antonio 〈17世紀〉
イタリアの美術家。
⇒世美（カラベッリ, アントーニオ　1648–1694）

Carabelli, Donato 〈18・19世紀〉
イタリアの美術家, 彫刻家。
⇒世美（カラベッリ, ドナート　1760–1839）

Carabelli, Francesco 〈18世紀〉
イタリアの美術家, 彫刻家。
⇒世美（カラベッリ, フランチェスコ　1737–1798）

Carabin, François-Rupert 〈19・20世紀〉
フランスの彫刻家, 家具制作家。
⇒世美（カラバン, フランソワ＝リュペール　1862–1932）

Caracalla, Marcus Aurelius Antoninus 〈2・3世紀〉
ローマ皇帝(在位198〜217)。ローマに大浴場を建設。
⇒岩ケ（カラカラ　188–217）
　旺世（カラカラ帝　188頃–217）
　外国（カラカラ　186–217）
　角世（カラカラ　188–217）
　キリ（カラカラ, マールクス・アウレーリウス・セウェールス・アントーニーヌス　188–217.8.4）
　ギロ（カラカラ　188–217）
　広辞4（カラカラ　188–217）
　広辞6（カラカラ　188–217）
　皇帝（カラカラ　188–217）
　国小（カラカラ　188?–217.4.6）
　コン2（カラカラ　188–217）
　コン3（カラカラ　188–217）
　新美（カラカラ　186.4.4–217.4.8）
　人物（カラカラ　188.4–217.4.6）
　西洋（カラカラ　188–217.4.6）
　世人（カラカラ　188–217）
　世百（カラカラ　186.4.4–217.4.6）
　世百（カラカラ　188–217）
　全書（カラカラ　188–217）
　大辞（カラカラ　188–217）

大辞3　(カラカラ　188-217)
大百　(カラカラ　186-217)
デス　(カラカラ　186-217)
伝世　(カラカッラ　188-217)
統治　(カラカラ(M.アウレリウス・アントニヌス)　(在位)211-217)
百科　(カラカラ　188-217)
評世　(カラカラ　188頃-217)
山世　(カラカラ　188-217)
歴史　(カラカラ　188-217)
ロマ　(カラカラ　(在位)211-217)

Caracciolo, Giovanni Battista 〈16・17世紀〉
イタリアの画家。
⇒新美　(カラッチオーロ, ジョヴァンニ・バッティスタ　1570/75-1637)
　世美　(カラッチョロ, ジョヴァンニ・バッティスタ　1570頃-1637)

Caradosso, Cristoforo Foppa 〈15・16世紀〉
イタリアの金工。教皇ユリウス2世, クレメンス7世らのため金銀宝石細工などを制作。
⇒国小　(カラドッソ　1425頃-1526/7)
　世美　(カラドッソ　1452頃-1526頃)

Caraglio, Gian Iacopo 〈16世紀〉
イタリアの版画家, メダル制作家。
⇒世美　(カラーリオ, ジャン・ヤーコポ　1500-1565)

Caramuel, Juan (Lobkowitz) 〈17世紀〉
スペイン出身の著述家, 建築家。シトー会修道士, 倫理神学者, 数学者。
⇒キリ　(カラムエル, ホアン(ロブコヴィツの)　1606.5.23-1682.9.8)
　世美　(カラムエル・ロブコヴィツ, ファン・デ　1606-1682)

Caran d'Ache 〈19・20世紀〉
フランスの諷刺画家, 挿絵画家。
⇒岩ケ　(カラン・ダッシュ　1858-1909)
　国小　(カラン・ダシュ　1858-1909.2.26)
　世美　(カラン・ダーシュ　1859-1909)

Caratti, Francesco 〈17世紀〉
イタリアの建築家。
⇒建築　(カラッティ, フランチェスコ　?-1675頃)

Caravaggio, Michelangelo Merisi da 〈16・17世紀〉
イタリアの画家。初期イタリア・バロック様式を確立。代表作は『キリストの埋葬』。
⇒岩ケ　(カラヴァッジョ　1573-1610)
　外国　(カラヴァッジョ　1569-1609)
　キリ　(カラヴァッジョ, ミケランジェロ　1573.9.28-1610.7.18)
　芸術　(カラヴァッジョ, ヴィットーレ　1573-1610)
　広辞4　(カラヴァッジオ　1571-1610)
　広辞6　(カラヴァッジオ　1573-1610)
　国小　(カラバッジオ　1573.9.28-1610.7)
　国百　(カラバッジオ, ミケランジェロ・ダ　1573.9.28-1610.7)
　コン2　(カラヴァッジョ　1573-1610)
　コン3　(カラヴァッジョ　1573-1610)
　新美　(カラヴァッジョ, ミケランジェロ・メリジ・ダ　1573.9.28-1610.7.18)
　人物　(カラバッジョ　1565頃-1609)
　西洋　(カラヴァッジョ　1573.9.28-1610.7.18)
　世西　(カラヴァッジオ　1573頃-1610)
　世美　(カラヴァッジョ　1570/71-1610)
　世百　(カラヴァッジョ　1573?-1610)
　全書　(カラバッジョ　1573-1610)
　大辞　(カラバッジョ　1573-1610)
　大辞3　(カラバッジョ　1573-1610)
　デス　(カラバッジョ　1573-1609)
　伝世　(カラヴァッジオ　1573.9.8-1610.7.18)
　百科　(カラバッジョ　1571-1610)

Caravaggio, Polidoro Caldara da 〈15・16世紀〉
イタリアの画家。作品に祭壇画『十字架をになうキリスト』など。
⇒岩ケ　(カラヴァッジョ, ポリドーロ・カルダーラ・ダ　1492頃-1543)
　国小　(カラバッジオ　1490-1543)
　新美　(ポリドーロ・ダ・カラヴァッジオ　1492-1543)
　世美　(ポリドーロ・カルダーラ・ダ・カラヴァッジョ　1500頃-1546)

Carbone, Giovanni Bernardo 〈17世紀〉
イタリアの画家。
⇒世美　(カルボーネ, ジョヴァンニ・ベルナルド　1614-1683)

Carbonel, Alonso 〈17世紀〉
スペインの建築家, 彫刻家。
⇒建築　(カルボネル, アルフォンソ　?-1660)
　世美　(カルボネル, アロンソ　?-1660)

Carboni, Luigi 〈20世紀〉
イタリア生れの画家, 彫刻家。
⇒世芸　(カルボニ, ルイギ　1957-)

Carcano, Filippo 〈19・20世紀〉
イタリアの画家。
⇒世美　(カルカノ, フィリッポ　1840-1914)

Carco, Francis 〈19・20世紀〉
フランスの詩人, 小説家, 美術評論家。『追いつめられた男』(1921)でアカデミー小説大賞受賞。
⇒外国　(カルコ　1886-)
　広辞5　(カルコ　1886-1958)
　広辞6　(カルコ　1886-1958)
　国小　(カルコ　1886.7.3-1958.5.26)
　コン3　(カルコ　1886-1958)
　集世　(カルコ, フランシス　1886.7.3-1958.5.26)
　集文　(カルコ, フランシス　1886.7.3-1958.5.26)
　西洋　(カルコ　1886.7.3-1958.5.26)
　世百　(カルコ　1886-1958)
　世百新　(カルコ　1886-1958)

世文（カルコ，フランシス　1886-1958）
全書（カルコ　1886-1958）
大百（カルコ　1886-1958）
二十（カルコ，フランシス　1886.7.30-1958.5.26）
百科（カルコ　1886-1958）

Cárdenas, Augustín 〈20世紀〉
キューバの彫刻家。
⇒世美（カルデナス，アウグスティン　1927-）

Cardew, Michael 〈20世紀〉
イギリスの陶芸家。
⇒岩ケ（カーデュー，マイケル　1901-1982）

Cardin, Pierre 〈20世紀〉
フランスの服飾デザイナー。現代パリ・モードの代表的なデザイナー。C.ディオールの店の裁断師を経て，1953年独立。62年以来，紳士，子供服も手がける。
⇒岩ケ（カルダン，ピエール　1922-）
現人（カルダン　1922.7.7-）
国小（カルダン　1922.7.7-）
コン3（カルダン　1922-）
最世（カルダン，ピエール　1922-）
人物（カルダン　1924-）
世西（カルダン　1922.7.2-）
世百新（カルダン　1922-）
全書（カルダン　1922-）
大百（カルダン　1924-）
ナビ（カルダン　1922-）
二十（カルダン，ピエール　1922.7.7-）
百科（カルダン　1922-）

Carducci, Bartolommeo 〈16・17世紀〉
スペインの画家，建築家。
⇒国小（カルドゥッチ　1560頃-1610）
西洋（カルドゥッチ　1560-1608）
世美（カルドゥーチョ，バルトロメ　1560-1610頃）

Carducho, Vicente 〈16・17世紀〉
イタリア出身のスペインの画家，芸術理論家。
⇒新美（カルドゥーチョ，ビセンテ　1560頃-1638）
世美（カルドゥーチョ，ビセンテ　1578-1638）

Carena, Felice 〈19・20世紀〉
イタリアの画家。
⇒世美（カレーナ，フェリーチェ　1880-1966）

Cargallo, Pablo 〈19・20世紀〉
スペインの彫刻家。
⇒世美（ガルガーリョ，パブロ　1881-1934）

Cariani, Giovanni 〈15・16世紀〉
イタリアの画家。
⇒世美（カリアーニ，ジョヴァンニ　1485頃-1547以降）

Carigiet, Alois 〈20世紀〉
スイスの絵本作家，挿絵画家。『フルリーナと山の鳥』『大雪』『山羊飼い』などがある。1965年，第1回のアンデルセン絵本大賞を受けた。

⇒児イ（Carigiet, Alois　カリジェ, A.　1902-1985）
児童（カリジエ，アロワ　1902-）
児文（カリジエ，アロワ　1902-）
二十（カリジェ，アロワ　1902-1985）

Carimini, Luca 〈19世紀〉
イタリアの建築家。
⇒世美（カリミーニ，ルーカ　1830-1890）

Carjat, Étienne 〈19・20世紀〉
フランスの素描家，写真家。
⇒世美（カルジャ，エティエンヌ　1828-1906）

Carle, Eric 〈20世紀〉
アメリカの絵本作家，挿絵画家。
⇒岩ケ（カール，エリック　1929-）
英児（Carle, Eric　カール，エリック　1929-）
児イ（Carle, Eric　カール，E.　1929-）
児文（カール，エリック　1929-）
世児（カール，エリック　1929-）
二十（カール，エリック　1929-）

Carlevaris, Luca 〈17・18世紀〉
イタリアの画家。
⇒芸術（カルレヴァリス，ルカ　1665-1731）
新美（カルレヴァーリス，ルーカ　1665-1731）
世美（カルレヴァーリス，ルーカ　1663-1729）

Carlin, Martin 〈18世紀〉
フランスの家具制作家。ドイツ出身。
⇒世美（カルラン，マルタン　1730-1785）

Carlone, Andrea 〈17世紀〉
イタリアの芸術家，装飾家，画家。
⇒世美（カルローネ，アンドレーア　1639-1697）

Carlone, Antonio di Battista 〈16世紀〉
イタリアの芸術家，装飾家，彫刻家，建築家。
⇒世美（カルローネ，アントーニオ・ディ・バッティスタ　16世紀初頭）

Carlone, Carlo Antonio 〈17・18世紀〉
イタリアの芸術家，装飾家，建築家。
⇒世美（カルローネ，カルロ・アントーニオ　?-1708）

Carlone, Carlo Innocenzo 〈17・18世紀〉
イタリアの芸術家，装飾家，画家。
⇒世美（カルローネ，カルロ・インノチェンツォ　1686-1775）

Carlone, Diego 〈17・18世紀〉
イタリアの芸術家，装飾家。
⇒世美（カルローネ，ディエーゴ　1674-1750）

Carlone, Giovanni 〈16世紀〉
イタリアの芸術家，装飾家。
⇒世美（カルローネ，ジョヴァンニ　16世紀）

Carlone, Giovanni Andrea 〈16・17世紀〉
イタリアの芸術家, 装飾家, 画家。
⇒世美（カルローネ, ジョヴァンニ・アンドレーア 1590-1630）

Carlone, Giovanni Battista 〈16・17世紀〉
イタリアの芸術家, 装飾家, 画家。
⇒世美（カルローネ, ジョヴァンニ・バッティスタ 1592-1677）

Carlone, Giovanni Battista 〈17・18世紀〉
イタリアの芸術家, 装飾家。
⇒世美（カルローネ, ジョヴァンニ・バッティスタ 17世紀中頃-18世紀初頭）

Carlone, Giuseppe 〈16・17世紀〉
イタリアの芸術家, 装飾家。
⇒世美（カルローネ, ジュゼッペ）

Carlone, Nicolò 〈17・18世紀〉
イタリアの芸術家, 装飾家, 画家。
⇒世美（カルローネ, ニコロ 1644-1714）

Carlone, Taddeo 〈16・17世紀〉
イタリアの芸術家, 装飾家, 建築家, 彫刻家。
⇒世美（カルローネ, タッデーオ 1543-1613）

Carlone, Tommaso 〈17・18世紀〉
イタリアの芸術家, 装飾家, 彫刻家。
⇒世美（カルローネ, トンマーゾ）

Carloni, Giancarlo 〈20世紀〉
イタリアのイラストレーター。
⇒児イ（Carloni, Giancarlo）

Carlos, Frey 〈16世紀〉
ポルトガルの画家。
⇒新美（カルロス, フレイ ?-1553以前）

Carlson, Al. 〈20世紀〉
アメリカのイラストレーター。
⇒児イ（Carlson, Al.　カールソン, Al.）

Carlu, Jean Georges Léon 〈20世紀〉
フランスのグラフィック・デザイナー。エール・フランスその他の多くの会社の顧問アート・ディレクターとして活躍。
⇒西洋（カルリュー 1900.5.3-）

Carmassi, Arturo 〈20世紀〉
イタリアの画家, 彫刻家。
⇒世美（カルマッシ, アルトゥーロ 1925-）

Carmi, Eugenio 〈20世紀〉
イタリアの画家, 彫刻家, インダストリアル・デザイナー。
⇒世美（カルミ, エウジェーニオ 1920-）

Carmo, Antonio 〈20世紀〉
ポルトガル生れの画家。
⇒世芸（カルモ, アントニオ 1949-）

Carmontelle, Louis 〈18・19世紀〉
フランスの作家, 画家。〈箴言劇〉を創始。
⇒集世（カルモンテル 1717.8.15-1806.12.26）
　集文（カルモンテル 1717.8.15-1806.12.26）
　西洋（カルモンテル 1717.8.15-1806.12.26）
　世美（カルモンテル 1717-1806）

Carmylyon, Alice 〈16世紀〉
イギリスの画家。
⇒世女日（カーミリヨン, アリス 16世紀）

Carnarvon, George Edward Stanhope Molyneux Herbert, 5th Earl of 〈19・20世紀〉
イギリスのエジプト学者。H.カーターとともにトゥトアンクアメンの墓を発見。
⇒岩ケ（カーナヴォン, ジョージ・エドワード・スタナップ・モリニュークス・ハーバート, 5代伯爵 1866-1923）
　国小（カーナーボン 1866-1923）
　西洋（カーナーヴォン 1866.6.20-1923.4.23）
　世美（カーナーヴォン卿 1866-1923）

Carnelivari, Matteo 〈15世紀〉
イタリアの建築家。
⇒世美（カルネリヴァーリ, マッテーオ 15世紀後半）

Carneo, Antonio 〈17世紀〉
イタリアの画家。
⇒世美（カルネオ, アントーニオ 1637-1692）

Caro, Anthony 〈20世紀〉
イギリスの彫刻家。
⇒岩ケ（カーロ, サー・アントニー 1924-）
　オ西（カロ, アンソニー 1924-）
　現人（カロ 1924.3.8-）
　新美（カロ, アンソニー 1924.3.8-）
　世芸（カロ, アンソニー 1924-）
　世美（カロ, アントニー 1924-）
　全書（カロ 1924-）
　大辞2（カロ 1924-）
　大辞3（カロ 1924-）
　二十（カロ, アンソニー 1924.3.8-）
　美術（カロ, アンソニー 1924-）

Caro Idrogo, Pedro 〈18世紀〉
スペインの建築家。
⇒建築（カーロ・イドロゴ, ペドロ ?-1732）

Carolus-Duran, Charles Auguste Emile 〈19・20世紀〉
フランスの画家。代表作『手袋をはめた婦人』(1867)。1904年アカデミー・デ・ボーザール会員。
⇒オ西（カロリュス=デュラン 1838-1917）

芸術（カロルス・デュラン　1837-1917）
広辞6（カロリュス・デュラン　1837-1917）
国小（カロリュス・デュラン　1837-1917）
新美（カロリュス＝デュラン，エミール＝オーギュスト　1838.7.4-1917.2.18）
世芸（カロルス・デュラン　1837-1917）
世美（カロリュス＝デュラン　1838-1917）
二十（カロリュス・デュラン，エミール・オーギュスト　1838.7.4-1917.2.18）

Caron, Antoine 〈16世紀〉
フランスの画家。
⇒新美（キャロン，アントワーヌ　1527?-1599）
　世美（カロン，アントワーヌ　1527頃-1599）

Caroselli, Angelo 〈16・17世紀〉
イタリアの画家。
⇒世美（カロゼッリ，アンジェロ　1585-1652）

Caroto, Giovanni 〈15・16世紀〉
イタリアの画家。
⇒世美（カロート，ジョヴァンニ　1488頃-1562頃）

Carpaccio, Vittore 〈15・16世紀〉
イタリアのベネチア派の画家。代表作は『聖女ウルスラ伝』(1490~95)，『2人の遊女』など。
⇒岩ケ（カルパッチョ，ヴィットーレ　1460頃-1525頃）
　外国（カルパッチョ　1460/-61-1522/-26）
　キリ（カルパッチョ，ヴィットーレ　1450/55-1525/26）
　芸術（カルパッチオ，ヴィットーレ　1455頃-1525頃）
　広辞4（カルパッチオ　1455頃-1525頃）
　広辞6（カルパッチオ　1455頃-1525頃）
　国小（カルパッチオ　1460頃-1525頃）
　国百（カルパッチオ，ビットーレ　1460頃-1525頃）
　コン2（カルパッチョ　1465頃-1525頃）
　コン3（カルパッチョ　1455頃-1525頃）
　新美（カルパッチオ，ヴィットーレ　1455頃-1525頃）
　人物（カルパッチョ　1472.9.21-1527.3.23）
　西洋（カルパッチョ　1472.9.21-1527.3.23/6.6）
　世西（カルパッチオ　1450頃-1523頃）
　世美（カルパッチオ，ヴィットーレ　1460/65頃-1526）
　世百（カルパッチョ）
　全書（カルパッチョ　1465頃-1525/26?）
　大辞（カルパッチョ　1455頃-1525頃）
　大辞3（カルパッチョ　1455頃-1525頃）
　大百（カルパッチョ　1465頃-1526?）
　デス（カルパッチョ　1455頃-1525頃）
　伝世（カルパッチオ　1465頃-1525/6）
　百科（カルパッチョ　1465頃-1525/26）

Carpeaux, Jean Baptiste 〈19世紀〉
フランスの彫刻家。1854年『ヘクトル』でローマ大賞受賞。
⇒外国（カルポー　1827-1875）
　芸術（カルポー，バティスト　1827-1875）
　広辞4（カルポー　1827-1875）
　広辞6（カルポー　1827-1875）
　国小（カルポー　1827.5.11-1875.10.12）
　コン2（カルポー　1827-1875）
　コン3（カルポー　1827-1875）
　新美（カルポー，ジャン＝バティスト　1827.5.11-1875.10.12）
　人物（カルポー　1827.5.11-1875.10.11）
　西洋（カルポー　1827.5.11-1875.10.11）
　世西（カルポー　1827.5.14-1875.10.12）
　世美（カルポー，ジャン＝バティスト　1827-1875）
　世百（カルポー　1827-1875）
　全書（カルポー　1827-1875）
　大辞（カルポー　1827-1875）
　大辞3（カルポー　1827-1875）
　大百（カルポー　1827-1875）
　デス（カルポー　1827-1875）
　伝世（カルポー　1827.5.11-1875.10.12）
　百科（カルポー　1827-1875）
　評世（カルポー　1827-1875）

Carpena, Cécile 〈20世紀〉
フランス生れの画家。
⇒世芸（カルペーニャ，セシル　1954-）

Carpenter, Margaret 〈18・19世紀〉
イギリスの肖像画家。
⇒世女日（カーペンター，マーガレット　1793-1872）

Carpi, Aldo 〈19・20世紀〉
イタリアの画家。
⇒世美（カルビ，アルド　1886-1973）

Carpioni, Giulio 〈17世紀〉
イタリアの画家。
⇒世美（カルビオーニ，ジューリオ　1613-1679）

Carr, Emily 〈19・20世紀〉
カナダの女流画家，作家。インディアンと森林を描くのを得意とした。
⇒岩ケ（カー，エミリー　1871-1945）
　才世（カー，エミリー　1871-1945）
　才西（カー，エミリー　1871-1945）
　集成（カー，エミリー　1871.12.13-1945.3.2）
　世女（カー，エミリー　1871-1945）
　世女日（カー，エミリー　1871-1945）
　伝世（カー　1871.12.13-1945.3.2）
　二十英（Carr, Emily　1871-1945）

Carr, John 〈18・19世紀〉
イギリスの建築家。
⇒建築（カー，ジョン　1723-1807）
　世美（カー，ジョン　1723-1807）

Carrà, Carlo 〈19・20世紀〉
イタリアの画家，美術評論家。著書に『戦争画論』(1915)，『ジョット』(1924)，『メモアール』(1945)など。
⇒岩ケ（カラ，カルロ　1881-1966）
　才西（カッラ，カルロ　1881-1966）
　外国（カラ　1881-）
　国小（カルラ　1881.2.11-1966.4.13）
　コン3（カラ　1881-1966）
　新美（カルラ，カルロ　1881.2.11-1966.4.13）
　人物（カルラ　1881.2.11-）
　西洋（カッラ　1881.2.11-1966.4.13）
　世芸（カルラ，カルロ　1881-1966）

C

世西（カルラ　1881-?）
世美（カラッチ、カルロ　1881-1966）
世百（カラ　1881-）
世百新（カラ　1881-1966）
全書（カラッチ　1881-1966）
大百（カラッチ　1881-1966）
伝世（カラ　1881.2.11-1966）
二十（カラ、カルロ　1881.2.11-1966.4.13）
二十（カルラ、カルロ　1881.2.11-1966.4.13）
百科（カラ　1881-1966）

Carracci, Agostino 〈16・17世紀〉
イタリアの画家。
⇒キリ（カルラッチ、アゴスティーノ　1557.8.15-1602.2.23）
芸術（カラッチ、アゴスティーノ　1557-1602）
広辞6（カラッチ　1557-1602）
国小（カラッチ　1557.8.15-1602.3.22）
国百（カラッチ、アゴスティーノ　1557-1602）
新美（カルラッチ、アゴスティーノ　1557.8-1602.2.23）
西洋（カラッチ　1557.8.15-1602.3.22）
世西（カラッチ、アゴスティノ　1557-1602）
世美（カッラッチ、アゴスティーノ　1557-1602）
世百（カラッチ、アゴスティノ　1557-1602）
全書（カラッチ　1557-1602）
大百（カラッチ　1557-1602）
デス（カラッチ、アゴスティノ　1557-1602）
伝世（カラッチ、アゴスティーノ　1557.8.16-1602.2.23）

Carracci, Annibale 〈16・17世紀〉
イタリアの画家。
⇒キリ（カルラッチ、アンニーバレ　1560.11.3-1609.7.15）
芸術（カラッチ、アンニーバレ　1560-1609）
広辞6（カラッチ　1560-1609）
国小（カラッチ、アンニバーレ　1560.11.3-1609.7.16）
国百（カラッチ、アンニーバレ　1560-1609）
新美（カルラッチ、アニーバレ　1560.11.3-1609.7.15）
西洋（カラッチ　1560.11.3洗礼-1609.7.15）
世西（カラッチ、アンニバル　1560-1609）
世美（カッラッチ、アンニーバレ　1560-1609）
世百（カラッチ、アンニーバーレ　1560-1609）
全書（カラッチ　1560-1609）
大辞（カラッチ　1560-1609）
大辞3（カラッチ　1560-1609）
大百（カラッチ　1560-1609）
デス（カラッチ、アンニバレ　1560-1609）
伝世（カラッチ、アニーバレ　1560.11.3-1609.7.15）

Carracci, Antonio 〈16・17世紀〉
イタリアの画家。
⇒世美（カッラッチ、アントーニオ　1583/89頃-1618）

Carracci, Lodovico 〈16・17世紀〉
イタリアの画家。
⇒外国（カラッチ　1555-1619）
キリ（カルラッチ、ロドヴィーコ　1555.4.21-1619.11.13）
芸術（カラッチ、ロドヴィコ　1555-1619）
広辞6（カラッチ　1555-1619）
国小（カラッチ　1555.4.21-1619.12.13）
国百（カラッチ、ロドビコ　1555-1619）
コン2（カラッチ　1555-1619）
コン3（カラッチ　1555-1619）
新美（カルラッチ、ロドヴィーコ　1555.4-1619.11.13）
西洋（カラッチ　1555.4.21洗礼-1619.11.13）
世西（カラッチ、ルドヴィコ　1555-1619）
世美（カッラッチ、ルドヴィーコ　1555-1619）
世百（カラッチ、ロドヴィコ　1555-1619）
全書（カラッチ　1555-1619）
大百（カラッチ　1555-1619）
デス（カラッチ、ロドビコ　1555-1619）
伝世（カラッチ、ルドヴィコ　1555.4.21-1619.11.3）

Carrand, Louis-Hilaire 〈19世紀〉
フランスの画家。
⇒世美（カラン、ルイ=イレール　1821-1899）

Carrari, Baldassarre 〈15・16世紀〉
イタリアの画家。
⇒世美（カッラーリ、バルダッサッレ　1460以降-1519以前）

Carré, Ben 〈19・20世紀〉
フランス・パリ生れの映画美術監督。
⇒世映（カレ、ベン　1883-1978）

Carreño de Miranda, Juan 〈17世紀〉
スペインの宮廷画家。トレド大聖堂をはじめマドリードの多くの聖堂に宗教画を描いている。
⇒岩ケ（カレーニョ・デ・ミランダ、フアン　1614-1685）
国小（カレーニョ・デ・ミランダ　1614.3.25-1685.10）
新美（カレーニョ・デ・ミランダ、ホアン　1614.3.25-1685.10.3）
世美（カレーニョ・デ・ミランダ、ファン　1614-1685）

Carrère, John Merven 〈19・20世紀〉
アメリカ（ブラジル生れ）の建築家。ヘースティングズと共に「カレール・ヘースティングズ」会社を設立した（1884）。
⇒西洋（カレール　1854-1911）

Carrick, Donald 〈20世紀〉
アメリカのイラストレーター。
⇒児イ（Carrick, Donald　カリック、D.）

Carriera, Rosalba Giovanna 〈17・18世紀〉
イタリアの女流画家。ルイ15世の肖像などを描く。
⇒岩ケ（カリエーラ、ロザルバ　1675-1757）
外国（カリエラ　1676-1758）
芸術（カリエラ、ロザルバ　1675-1757）
国小（カリエラ　1675-1757）
新美（カルリエーラ、ロザルバ　1675.10.7-1757.4.15）
西洋（カリエーラ　1675.10.7-1757.4.15）
世女（カリエーラ、ロザルバ　1675-1757）
世女日（カリエラ、ロザルバ　1675-1757）
世西（カリエラ　1675-1757）

世美（カッリエーラ, ロザルバ 1675-1757）
百科（カリエーラ 1675-1757）

Carrier-Belleuse, Albert-Ernest 〈19世紀〉
フランスの彫刻家。代表作は『ナポレオン3世』。
⇒国小（カリエ・ベルーズ 1824-1887）
新美（カリエ＝ベルーズ, アルベール＝エルネスト 1824.6.12-1887.6.3）

Carrière, Eugène 〈19・20世紀〉
フランスの画家, 彫刻家。作品に『若い母親』(1873)『母性愛』『接吻』『思想』など。
⇒岩ケ（カリエール, ユージェーヌ 1849-1906）
オ西（カリエール, ウジェーヌ 1849-1906）
外国（カリエール 1849-1906）
芸術（カリエール, ウージェーヌ 1849-1906）
広辞4（カリエール 1849-1906）
広辞5（カリエール 1849-1906）
広辞6（カリエール 1849-1906）
国小（カリエール 1849.1.17-1906.3.27）
コン2（カリエール 1849-1906）
コン3（カリエール 1849-1906）
新美（カリエール, ウジェーヌ 1849.1.17-1906.3.27）
人物（カリエール 1849.1.17-1906.3.27）
西洋（カリエール 1849.1.17-1906.3.27）
世芸（カリエール, ウージェーヌ 1849-1906）
世西（カリエール 1849.1.17-1906.3.27）
世美（カリエール, ウージェーヌ 1849-1906）
世百（カリエール 1849-1906）
全書（カリエール 1849-1906）
大百（カリエール 1849-1906）
二十（カリエール, E. 1849-1906）
百科（カリエール 1849-1906）

Carrière, Moritz 〈19世紀〉
ドイツの哲学者, 美学者。主著 "Ästhetik" (1859), "Gesammelte Schriften" (1886～93)。
⇒国小（カリエール 1817-1895）
西洋（カリエール 1817.3.5-1895.1.19）

Carrington, Dora 〈20世紀〉
イギリスの画家。
⇒世女日（キャリントン, ドーラ 1893-1932）

Carrington, Leonora 〈20世紀〉
イギリスのシュルレアリスム系詩人, 画家。
⇒オ世（キャリントン, レオノーラ 1917-）
海作4（キャリントン, レオノーラ 1917.4.6-）
幻想（カリントン, レオノーラ 1917-）
幻文（カリントン, レオノーラ 1917-）
スパ（カリントン, レオノーラ 1919-）
世美（キャリントン, リオノーラ 1917-）
二十英（Carrington, Leonora 1917-）

Carritt, Edgar Frederick 〈19・20世紀〉
イギリスの哲学者, 美学者。主著 "The Theory of Morals" (1920), "Philosophies of Beauty" (1931) など。
⇒国小（キャリット 1876-）

Carrol, John 〈20世紀〉
アメリカの画家。
⇒西洋（カロル 1892.8.14-1959.11.7）

Carrol, Robert 〈20世紀〉
アメリカの画家。
⇒世美（キャロル, ロバート 1934-）

Carroll, Lawrence 〈20世紀〉
オーストラリア生れの画家。
⇒世芸（キャロル, ローレンス 1954-）

Carroll, Ruth Robinson 〈20世紀〉
アメリカのイラストレーター。
⇒児イ（Carroll, Ruth Robinson キャロル, R.R. 1899-）

Carroto, Giovanni Francesco 〈15・16世紀〉
イタリアの画家。
⇒国小（カロート 1480頃-1555）
世美（カロート, ジョヴァン・フランチェスコ 1480頃-1555頃）

Carstairs, John Paddy 〈20世紀〉
イギリスの映画監督, 画家, 作家。
⇒岩ケ（カーステアズ, ジョン・パディ 1914-1970）
監督（カーステアズ, ジョン・パディ 1910-）

Carstens, Asmus Jakob 〈18世紀〉
ドイツの歴史家, 肖像画家。古典主義の指導者。
⇒岩ケ（カルステンス, アスムス・ヤーコプ 1754-1798）
芸術（カルステンス, ヤコプ 1754-1798）
国小（カールステンス 1754.5-1798.5.26）
新美（カルステンス, ヤーコプ・アスムス 1754.5.10-1798.5.25）
西洋（カルステンス 1754.5.10-1798.5.25）
世美（カーステンス, ヤーコプ・アスムス 1754-1798）
世百（カルステンス 1754-1798）
百科（カルステンス 1754-1798）

Cartailhac, Emile 〈19・20世紀〉
フランスの先史考古学者。アルタミラ洞窟壁画の研究で名高い。古生物学の進展にも貢献。
⇒国小（カルタイヤック 1845-1921）
新美（カルタイヤック, エミール 1845.2.15-1921.11.25）
西洋（カルテラック 1845.2.15-1921.11.25）
世百（カルタイヤック 1845-1921）
全書（カルテラック 1843-1921）
二十（カルタイヤック, エミール 1845.2.15-1921.11.25）
名著（カルテラック 1845-1921）

Cartellier, Pierre 〈18・19世紀〉
フランスの彫刻家。
⇒世美（カルテリエ, ピエール 1757-1831）

Carter, David 〈20世紀〉
アメリカの絵本画家。

⇒児作（Carter, David　カーター，デイビッド）

Carter, Ellen〈18・19世紀〉
イギリスの画家。
⇒世女日（カーター，エレン　1762-1815）

Carter, Howard〈19・20世紀〉
イギリスのエジプト考古学者。王家の谷でツタンカーメンの石室を発掘。
⇒岩ケ（カーター，ハワード　1874-1939）
　外国（カーター　1873-1939）
　国小（カーター　1873.5.9-1939.3.3）
　コン2（カーター　1873-1939）
　コン3（カーター　1873-1939）
　最世（カーター，ハワード　1874-1939）
　新美（カーター，ハワード　1873.5.9-1939.3.2）
　人物（カーター　1873.5.9-1939.3.2）
　西洋（カーター　1873.5.9-1939.3.2）
　世西（カーター　1873-1939）
　世美（カーター，ハワード　1873-1939）
　全書（カーター　1873-1939）
　デス（カーター　1873-1939）
　ナビ（カーター　1873-1939）
　二十（カーター，ハワード　1873.5.9-1939.3.2）

Cartier, Edd〈20世紀〉
アメリカの画家。エドワード・ダニエル・カーティエの仕事上の名前。
⇒幻文（カーティエ，エド　1914-）

Cartier-Bresson, Henri〈20世紀〉
フランスの写真家。35ミリカメラによる報道写真の開拓者。作品集『決定的瞬間』（1952），『ヨーロッパ人』（1955）など。
⇒岩ケ（カルティエ=ブレッソン，アンリ　1908-）
　現人（カルティエ・ブレッソン　1908.8.22-）
　広辞5（カルティエ・ブレッソン　1908-）
　広辞6（カルティエ-ブレッソン　1908-2004）
　国小（カルティエ・ブレッソン　1908-）
　コン3（カルティエ・ブレッソン　1908-）
　最世（カルティエ，アンリ　1908-）
　新美（カルティエ=ブレッソン，アンリ　1908.8.22-）
　人物（ブレッソン　1908-）
　西洋（カルティエ・ブレッソン　1908.8.22-）
　世西（カルティエ・ブレッソン　1908.8.22-）
　世美（カルティエ=ブレッソン，アンリ　1908-）
　世百（カルティエブレッソン　1908-）
　世百新（カルティエ・ブレッソン　1908-2004）
　全書（ブレッソン　1904-）
　大辞2（カルティエ・ブレッソン　1908-）
　大辞3（カルティエ ブレッソン　1908-2004）
　大百（ブレッソン　1908-）
　ナビ（カルティエ=ブレッソン　1908-）
　二十（カルティエ・ブレッソン，アンリ　1908.8.22-）
　二十（ブレッソン，アンリ　1904-）
　百科（カルティエ・ブレッソン　1908-）

Cartlidge, Michelle〈20世紀〉
イギリスのイラストレーター。
⇒児イ（Cartlidge, Michelle　カートリッジ, M. 1950-）

Carty, Leo〈20世紀〉
アメリカのイラストレーター。
⇒児イ（Carty, Leo　カーティー, L.）

Carus, Karl Gustav〈18・19世紀〉
ドイツの比較解剖学者，自然科学者，哲学者，画家。昆虫を含む無脊椎動物について研究。昆虫を含む無脊椎動物，特にその神経系について研究。
⇒外国（カールス　1789-1869）
　看護（カールス　1789-1869）
　キリ（カールス，カール・グスタフ　1789.1.3-1869.7.28）
　芸術（カルス，カルル・グスタフ　1789-1869）
　幻想（カールス，カール・グスタフ　1789-1869）
　新美（カールス，カール・グスタフ　1789.1.3-1869.7.28）
　西洋（カールス　1789.1.3-1869.7.28）
　百科（カールス　1789-1869）

Caruso, Bruno〈20世紀〉
イタリアの画家，挿絵画家，版画家。
⇒世美（カルーゾ，ブルーノ　1927-）

Carwardine, Penelope〈18世紀〉
イギリスのミニアチュール画家。
⇒世女日（カーウォーディン，ペネロープ　1730頃-1800頃）

Cary〈20世紀〉
アメリカのイラストレーター。
⇒児イ（Cary　ケアリー）

Cary, Elisabeth〈19・20世紀〉
アメリカの美術批評家。
⇒世女日（ケアリー，エリザベス　1867-1936）

Carzou, Jean〈20世紀〉
フランスの画家。絵画のほかに，オペラ『優雅なインドの国々』などの舞台装置も手がける。
⇒世芸（カルズー，ジェーン　1907-）
　全書（カルズー　1907-）
　二十（カルズー，ジーン　1907-）

Casado, Germinal〈20世紀〉
モロッコのダンサー，美術家，劇場監督。
⇒バレ（カサード，ジェルミナル　1934.8.6-）

Casanova, Francesco〈18・19世紀〉
イタリアの画家。戦争画を得意とし『ハンニバルのアルプス越え』は有名。
⇒西洋（カザノーヴァ　1727-1802.6.8）
　世美（カサノーヴァ，フランチェスコ・ジュゼッペ　1727-1802）

Casas, Ramón〈19・20世紀〉
スペインの画家，素描家。
⇒世美（カサス，ラモン　1866-1932）

Casas Y Carbó, Ramón〈19・20世紀〉
スペインの印象主義の画家。

⇒才西（カーサス・イ・カルボ, ラモン 1866-1932）

Casas y Novoa, Fernando 〈18世紀〉
スペインの建築家。
⇒建築（カサス・イ・ノボア, フェルナンド・デ ?-1749）
新美（カーサス・イ・ノボア, フェルナンド ?-1751）
世美（カサス・イ・ノボア, フェルナンド ?-1749頃）

Cascella, Andrea 〈20世紀〉
イタリアの彫刻家, 陶芸家。
⇒世美（カシェッラ, アンドレーア 1920-）

Cascella, Michele 〈20世紀〉
イタリアの画家。
⇒世美（カシェッラ, ミケーレ 1892-）

Cascella, Pietro 〈20世紀〉
イタリアの彫刻家, 陶芸家。
⇒世美（カシェッラ, ピエトロ 1921-）

Cascella, Tommaso 〈19・20世紀〉
イタリアの画家, 陶芸家。
⇒世美（カシェッラ, トンマーゾ 1890-）

Caseley, Judith 〈20世紀〉
アメリカのイラストレーター。
⇒児イ（Caseley, Judith ケイスリー, J.）

Casellas i Dou, Raimond 〈19・20世紀〉
スペインの著述家, 美術批評家。
⇒世美（カセーリャス・イ・ドウ, ライモンド 1855-1910）

Caselli, Cristoforo 〈15・16世紀〉
イタリアの画家。
⇒世美（カゼック, クリストーフォロ 1461-1521）

Casey, Edward Pearce 〈19・20世紀〉
アメリカの建築家。ワシントンの国会図書館その他の建築に従事。
⇒西洋（ケーシ 1864-1940）

Caslon, William 〈17・18世紀〉
イギリスの活字彫刻家。読易い活字の型を案出し, 欧米に広く行われた。
⇒岩ケ（カズロン, ウィリアム 1692-1766）
西洋（カズロン 1692-1766.1.23）

Casnedi, Raffaele 〈19世紀〉
イタリアの画家。
⇒世美（カズネーディ, ラッファエーレ 1822-1892）

Casorati, Felice 〈19・20世紀〉
イタリアの画家, 版画家。
⇒岩ケ（カゾラティ, フェリーチェ 1886-1963）
国小（カソラティ 1886.12.4-1963）
西洋（カゾラーティ 1883.12.4-1963.3.1）
世美（カゾラーティ, フェリーチェ 1886-1963）

Casorati, Francesco 〈20世紀〉
イタリアの画家。
⇒世美（カゾラーティ, フランチェスコ 1934-）

Caso y Andrade, Alfonso 〈20世紀〉
メキシコの考古学者, 人類学者。オワハカ州モンテ・アルバンで発掘調査を行なう（1931～43）古代サポテカおよびミステカ文化の理解に重要な貢献をした。
⇒新美（カソ, アルフォンソ 1896.2.1-1970.11.30）
西洋（カソ 1896.2.1-1970.12.30）
世百新（カソ 1896-1970）
伝世（カソ 1896-1970）
二十（カソ, アルフォンソ 1896.2.1-1970.12.30）
百科（カソ 1896-1970）
ラテ（カソ 1896-1970）

Caspar, Karl Josef 〈19・20世紀〉
ドイツの画家。主作品にバンベルクの聖堂の壁画がある。
⇒キリ（カスパル, カール・ヨーゼフ 1879.3.13-1956.9.22）
西洋（カスパル 1879.3.13-1956.9.22）

Cassandre, Adolphe Mouron 〈20世紀〉
フランスのポスター作家, 装飾芸術家。ポスター作品は『ピボロ』（1924）, 『デュボネ』（1932）舞台装置, 室内壁画も手がけた。
⇒外国（カッサンドル 1901-）
国小（カッサンドル 1901.1.24-1968.6.17）
新美（カッサンドル 1901.1.24-1968.6.17）
西洋（カサンドル 1901.1.24-1968.6.19）
世美（カッサンドル 1901-1968）
世百（カッサンドル 1901-）
全書（カッサンドル 1901-1969）
大百（カッサンドル 1901-1969）
ナビ（カッサンドル 1901-1968）
二十（カッサンドル, アドルフ・ムーロン 1901.1.24-1968.6.19）

Cassani, Nino 〈20世紀〉
イタリアの彫刻家。
⇒世美（カッサーニ, ニーノ 1930-）

Cassatt, Mary 〈19・20世紀〉
アメリカの女流画家, 版画家。母子像を主なテーマとする。
⇒アメ（カサット 1844-1926）
岩ケ（カサット, メアリ 1844-1926）
英見（Cassatt, Mary カサット 1844-1926）
才西（カサット 1845-1926）
芸術（カサット, メアリー 1845-1926）
国小（カサット 1844.5.22-1926.6.14）
新美（カサット, メアリ 1845.5.22-1926.6.14）
西洋（カサット 1845-1926.6.14）
世芸（カサット, メアリー 1845-1926）
世女（カサット, メアリ 1844-1926）
世女日（カサット, メアリー 1844-1926）

世美（カサット，メアリー　1845-1926）
世百（カサット　1845-1926）
全書（カサット　1844-1926）
大百（カサット　1845-1926）
二十（カサット，メアリ　1845.5.22-1926.6.14）
百科（カサット　1844-1926）

Cassigneul, Jean-Pierre 〈20世紀〉
フランスの画家，版画家。
⇒世芸（カシニョール，ジェーン・ピエール　1935-）
　二十（カシニョール，ジャン－ピエール　1935-）

Cassinari, Bruno 〈20世紀〉
イタリアの画家。1952年ベネチア・ビエンナーレ，55～56年ローマ・カドリエンナーレなどで受賞。
⇒国小（カッシナリ　1917-）
　新美（カッシナーリ，ブルーノ　1912.10.29-）
　世芸（カシナリ，ブルーノ　1912-1981）
　世美（カッシナーリ，ブルーノ　1912-）
　二十（カッシナーリ，ブルーノ　1912.10.29-）

Cassini, Oleg 〈20世紀〉
アメリカのファッション・デザイナー。
⇒岩ケ（カッシーニ，オレグ　1913-）
　最世（カッシーニ，オレグ　1913-）

Casson, Sir Hugh (Maxwell) 〈20世紀〉
イギリスの建築家。
⇒岩ケ（カッソン，サー・ヒュー（・マクスウェル）　1910-）

Cassou, Jean 〈20世紀〉
フランスの小説家，美術評論家。主著，小説『夢の鍵』(1929)，美術研究『グレコ論』(1931)など。
⇒外国（カスー　1897-）
　幻想（カス－，ジャン　1897-）
　国小（カス－　1897.7.9-）
　コン3（カス－　1897-1968）
　集世（カス－，ジャン　1897.7.9-1986.1.16）
　集文（カス－，ジャン　1897.7.9-1986.1.16）
　人物（カス－　1897.7.9-）
　西洋（カス－　1897.7.9-）
　世百（カス－　1897-）
　世文（カス－，ジャン　1897-1986）
　二十（カス－，ジャン　1897.7.9-1986）

Castagnary, Jules-Antoine 〈19世紀〉
フランスの美術批評家，ジャーナリスト。
⇒百科（カスタニャリ　1830-1888）

Castagno, Andrea del 〈14・15世紀〉
イタリアの画家。代表作，聖アポロニア聖堂の『最後の晩餐』。
⇒岩ケ（カスターニョ，アンドレア・デル　1421頃-1457）
　外国（カスターニョ　1423/08頃-1457）
　キリ（アンドレーア・デル・カスターニョ　1423頃-1457.8.19）
　芸術（カスターニョ，アンドレア・デル　1423-1457）

国小（カスターニョ　1421頃-1457.8）
コン2（カスターニョ　1423-1457）
コン3（カスターニョ　1423-1457）
新美（カスターニョ，アンドレア・デル　1423-1457.8.19）
人物（カスターニョ　1410-1457.8.19）
西洋（カスターニョ　1390頃-1457.8.19）
世西（カスターニョ　1410頃-1457.8.14）
世美（アンドレーア・デル・カスターニョ　1421頃-1457）
世百（カスターニョ　1423-1457）
全書（カスターニョ　1421/23-1457）
大百（カスターニョ　1423-1457）
デス（カスターニョ　1423-1457）
伝世（アンドレア・デル・カスターニョ　1421/3-1457.8.19）
百科（アンドレア・デル・カスターニョ　1423-1457）

Castel, Moshe 〈20世紀〉
イスラエルの画家。
⇒ユ人（カステル，モシェ　1909-1991）

Castelbajac, Jean-Charles de 〈20世紀〉
フランスの服飾デザイナー。モロッコ生れ。作風は機能性重視と天然素材を多く使うのが特徴。
⇒ナビ（カステルバジャック　1949-1991）

Castellamonte, Amedeo 〈17世紀〉
イタリアの建築家。
⇒世美（カステッラモンテ，アメデーオ　1610-1680）

Castellamonte, Carlo 〈16・17世紀〉
イタリアの建築家。
⇒世美（カステッラモンテ，カルロ　1560-1641）

Castellani, Enrico 〈20世紀〉
イタリアの画家。
⇒オ西（カステラーニ，エンリコ　1930-）
　新美（カステルラーニ，エンリコ　1930.8.4-）
　大辞2（カステラーニ　1930-）
　大辞3（カステラーニ　1930-）
　二十（カステラーニ，エンリコ　1930.8.4-）
　美術（カステラーニ，エンリコ　1930-）

Castelli, Leo 〈20世紀〉
アメリカの画商。1957年マンハッタンに最初の画廊を開き，60年代アメリカ美術を先導した。
⇒ア人（カステリ，レオ　?-）

Castelli, Luciano 〈20世紀〉
スイスの画家。
⇒世芸（カステリ，ルチアーノ　1951-）

Castello, Bernardo 〈16・17世紀〉
イタリアの画家。
⇒世美（カステッロ，ベルナルド　1557-1629）

Castello, Giambattista 〈16世紀〉
イタリアの建築家，画家。

⇒建築（カステッロ, ジャンバッティスタ（イル・ベルガマスコ（通称））1509頃–1569）
世美（カステッロ, ジャンバッティスタ　1509頃–1569）

Castello, Matteo da〈16・17世紀〉
イタリア・ルネサンスの建築家。主作品に〈サンタ・マリア教会, 1575〉(ローマ)がある。
⇒西洋（カステロ　1525頃–1600以後）

Castello, Valerio〈17世紀〉
イタリアの画家。
⇒世美（カステッロ, ヴァレーリオ　1624–1659）

Castiglione, Baldassare, conte di Novilara〈15・16世紀〉
イタリアの詩人, 外交官。主著田園詩『ティルシ』(1506), 『廷臣論』(1513〜18)。
⇒イ文（Castiglione, Baldassare 1478–1529）
岩ケ（カスティーリョーネ, バルダッサーレ, ノヴィラーラ伯爵　1478–1529）
外国（カスティリオーネ伯　1478–1529）
角世（カスティリオーネ（バルダサール）　1478–1529）
教育（カスティリョーネ　1478–1529）
キリ（カスティリオーネ, バルダッサーレ　1478.12.6–1529.2.2）
広辞4（カスティリョーネ　1478–1529）
広辞6（カスティリョーネ　1478–1529）
国小（カスティリオーネ　1478.12.6–1529.2.2）
コン2（カスティリオーネ　1478–1529）
コン3（カスティリオーネ　1478–1529）
集世（カスティリオーネ, バルダッサーレ　1478.12.6–1529.1.17）
集文（カスティリオーネ, バルダッサーレ　1478.12.6–1529.1.17）
新美（カスティリオーネ, バルダッサーレ　1478.12.6–1529.2.7）
西洋（カスティリョーネ　1478.12.6–1529.2.7）
世大（カスティリオーネ, バルダッサーレ　1478–1529）
全書（カスティリオーネ　1478–1529）
大辞3（カスティリオーネ　1478–1529）
デス（カスティリオーネ　1478–1529）
伝世（カスティリオーネ　1478.12.6–1529.2.2）
百科（カスティリオーネ　1478–1529）
名著（カスティリオーネ　1478–1529）

Castiglione, Giovanni Benedetto〈17世紀〉
イタリアの画家。通称イル・グレケット。モノタイプを発案。
⇒芸術（カスティリオーネ, ジョヴァンニ・ベネデット　1616–1670）
国小（カスティリオーネ　1600頃–1665頃）
新美（カスティリオーネ, ジョヴァンニ・ベネデット　1611頃–1663/65）
西洋（カスティリョーネ　1616–1670）
世美（カスティリオーネ, ジョヴァンニ・ベネデット　1611頃–1665）
百科（カスティリオーネ　1616–1670）

Castiglione, Giuseppe〈17・18世紀〉
イタリアのイエズス会士, 画家。中国で活動。作品に『円明園全図』(1737)など。
⇒旺世（カスティリオーネ　1688–1766）
角世（カスティリオーネ（ジュゼッペ）　1688–1766）
キリ（カスティリョーネ, ジュゼッペ　1688.7.19–1766.7.16）
芸術（カスティリオーネ, ジゥゼッペ　1688–1766頃）
広辞4（カスティリョーネ　1688–1766）
広辞6（カスティリョーネ　1688–1766）
国小（カスティリオーネ　1688–1766）
コン2（カスティリオーネ　1688–1766頃）
コン3（カスティリオーネ　1688–1766）
新美（カスティリオーネ, ジュゼッペ　1688–1766.7.16（乾隆31））
人物（カスチリョーネ　1688–1766）
西洋（カスティリョーネ　1688.7.19–1766.7.16）
世人（カスティリオーネ　1688–1766）
世西（カスチリョーネ　1688.7.19–1766.7.16）
世東（カスティリオーネ　1688–1764）
全書（カスティリオーネ　1688–1766）
大辞（カスティリオーネ　1688–1766）
大辞3（カスティリオーネ　1688–1766）
大百（カスティリオーネ　1688–1766）
中国（カスティリオーネ　1688–1766）
百科（カスティリオーネ　1688–1766）
評世（カスティリオーネ　1688–1766）
山世（カスティリョーネ　1688–1766）
歴史（カスティリョーネ　1688（康熙27）–1766（乾隆31））

Castiglioni, Enrico〈20世紀〉
イタリアの建築家, 都市計画家。
⇒世美（カスティリオーニ, エンリーコ　1914–）

Castilho, João de〈16世紀〉
ポルトガルの建築家。
⇒建築（カスティーリョ, ジョアン・デ（活動)1515–1552）
世美（カスティリョ, ジョアン・デ　?–1553）

Castillo, Antonio Canovas del〈20世紀〉
スペイン生れの服飾デザイナー。ジャンヌ=ランバンが自分の店のデザイナーとして迎え入れた。1964年独立。
⇒大百（カスティヨ）

Castillo y Saavedra, Antonio del〈17世紀〉
スペインの画家。
⇒世美（カスティーリョ・イ・サーベドラ, アントニオ・デル　1616–1668）

Castro, Felipe de〈18世紀〉
スペインの彫刻家。
⇒世美（カストロ, フェリーペ・デ　1711–1775）

Casty, Gian〈20世紀〉
スイスのイラストレーター。
⇒児イ（Casty, Gian　カスティ, G.）

Catalano, Eduard Fernando〈20世紀〉
アメリカの建築家。
⇒国小（カタラーノ　1917–）

Catarina da Siena 〈14世紀〉
イタリアの聖ドミニコ懺悔修女会の修道女で，中世末期の神秘的霊性を代表する一人。
⇒新美（カタリナ(聖)(シエナの) 1347.3.25-1378?）

Catel, Franz Ludwig 〈18・19世紀〉
ドイツの画家。
⇒世美（カテル，フランツ・ルートヴィヒ 1778-1856）

Catena, Vincenzo di Biagio 〈15・16世紀〉
イタリアの画家。主作品は，ベネチアのサンタ・マリア・マテル・ドミニ聖堂の祭壇画，『聖家族』など。
⇒芸術（カテーナ，ヴィンチェンツォ 1480-1531）
国小（カテーナ 1480頃-1531）
コン2（カテーナ 1470頃-1531）
コン3（カテーナ 1470頃-1531）
新美（カテナ，ヴィンチェンツォ 1470頃-1531）
西洋（カテーナ 1470頃-1531.9）
世美（カテーナ，ヴィンチェンツォ 1470頃-1531）

Caterino, Veneziano 〈14世紀〉
イタリアの画家。
⇒世美（カテリーノ，ヴェネツィアーノ （活動)14世紀後半）

Catharina Alexandrina 〈3・4世紀〉
迫害時代の伝説的殉教者。十四救難聖人の一人。
⇒岩ケ（聖カタリナ ?-307）
看護（カタリナ ?-307頃）
キリ（カタリーナ ?-309頃）
国小（カタリナ(アレクサンドリアの) ?-307頃）
新美（カタリナ(聖)(アレクサンドリアの)）
西洋（カタリナ(アレンサンドレイアの) ?-307頃）
世美（カタリナ(アレクサンドリアの, 聖) 3-4世紀）
全書（カタリナ(アレクサンドリアの) 4世紀頃）
大辞（カタリナ(アレクサンドリアの) 4世紀初）
大百（カタリナ(アレクサンドリアの) 4世紀頃）
百科（カタリナ(アレクサンドリアの) 4世紀初め）

Catharina de Siena 〈14世紀〉
イタリアのドミニコ会修道女，聖女。
⇒岩ケ（聖カテリーナ・ダ・シエナ 1347-1380）
岩哲（カタリナ(シエナの) 1347-1380）
外国（カタリナ(シエナの) 1347-1380）
看護（カタリナ 1347-1380）
キリ（カタリーナ(シエーナの) 1347.3.25-1380.4.29）
広辞6（カタリナ(シエナの) 1347-1380）
国小（カタリナ(シエナの) 1347-1380）
コン2（カテリーナ・ダ・シエナ 1347-1380）
コン3（カテリーナ・ダ・シエナ 1347-1380）
集世（カテリーナ・ダ・シエーナ 1347.3.25-1380.4.29）
集文（カテリーナ・ダ・シエーナ 1347.3.25-1380.4.29）
人物（カタリナ 1347.3.25-1380.4.29）
聖人（カタリナ〔シエナの〕 1347?-1380）
西洋（カタリナ(シエナの) 1347.3.25-1380.4.29）
世女（カテリーナ(シエナの), （ベニンカーサ，カテリーナ） 1347-1380）
世女日（カタリナ 1347-1380）
世西（カタリナ 1347-1380.4.30）
世美（カタリナ(シエーナの, 聖) 1347-1380）
世百（カタリナ(シエナの) 1347-1380）
大辞（カタリナ(シエナの) 1347-1380）
大辞3（カタリナ(シエナの) 1347-1378）
伝世（カテリーナ・ダ・シェーナ 1347-1380.4.29）
百科（カタリナ(シエナの) 1347-1378）

Cathelin, Bernard 〈20世紀〉
フランスの画家。
⇒世芸（カトラン，ベルナード 1919-）
二十（カトラン，ベルナール 1919.5.20-）

Cather, Carolyn 〈20世紀〉
アメリカのイラストレーター。
⇒児イ（Cather, Carolyn キャザー, C.）

Catherwood, Frederik 〈18・19世紀〉
イギリスの素描家。
⇒世美（キャサウッド，フレデリック 1799-1854）

Cati, Pasquale 〈16・17世紀〉
イタリアの画家。
⇒世美（カーティ，パスクアーレ 1550-1620）

Catlin, George 〈18・19世紀〉
アメリカの画家，旅行家，作家。アメリカ・インディアンの研究に専念(1829～)。
⇒岩ケ（キャトリン，ジョージ 1796-1872）
英米（Catlin, George カトリン 1796-1872）
芸術（カトリン，ジョージ 1796-1872）
西洋（カトリン 1796.6.26-1872.12.23）

Catling, Brian 〈20世紀〉
イギリスの彫刻家，詩人。
⇒二十英（Catling, Brian 1948-）

Cattaneo, Danese di Michele 〈16世紀〉
イタリアの彫刻家。
⇒国小（カタネオ 1509頃-1573）
世美（カッターネオ，ダネーゼ 1509頃-1573）

Cattaneo, Raffaele 〈19世紀〉
イタリアの建築家，建築史家。
⇒世美（カッターネオ，ラッファエーレ 1861-1889）

Cattermole, George 〈19世紀〉
イギリスの水彩画家，挿絵画家。
⇒岩ケ（カターモール，ジョージ 1800-1868）
世美（キャタモール，ジョージ 1800-1868）

Cauer, Emil 〈19世紀〉
ドイツの彫刻家。宗教改革時代の人物の彫像を

制作。
⇒西洋（カウアー　1800.11.29-1867.8.4）

Caulfield, Patrick 〈20世紀〉
イギリスの画家。
⇒世美（コールフィールド，パトリック　1936-）
全書（コールフィールド　1936-）
二十（コールフィールド，パトリック　1936-）

Caus, Salomon de 〈16・17世紀〉
フランスの王室建築家，同技師，物理学者。ドイツのハイデルベルク城庭園を作った。
⇒科史（コー　1576頃-1626）
コン2（コー　1576頃-1626）
コン3（コー　1576頃-1626）
西洋（コー　1576頃-1626）
世西（ド・コー　1576-1626）

Cavaglieri, Mario 〈19・20世紀〉
イタリアの画家。
⇒世美（カヴァリエーリ，マーリオ　1887-1969）

Cavagna, Giovanni Paolo 〈16・17世紀〉
イタリアの画家。
⇒世美（カヴァーニャ，ジョヴァンニ・パーオロ　1556-1627）

Cavalcanti, Andrea di Lazzaro 〈15世紀〉
イタリアの彫刻家，建築家。
⇒世美（カヴァルカンティ，アンドレーア・ディ・ラッザーロ　1412-1462）

Cavalcanti, Emiliano di 〈20世紀〉
ブラジルの画家。
⇒世百新（カバルカンティ　1897-1976）
二十（カバルカンティ，E.di　1897-1976）
百科（カバルカンティ　1897-1976）
ラテ（カバルカンティ　1897-1976）

Cavalcaselle, Giovanni Battista 〈19世紀〉
イタリアの美術史学者。イタリア絵画史研究の基礎を確立。主著 "A New History of Italian Painting,6v."（1864～70）など。
⇒国小（カバルカセレ　1820.1.22-1897.10.31）
新美（カヴァルカセルレ，ジョヴァンニ・バッティスタ　1820.1.22-1897.10.31）
西洋（カヴァルカゼレ　1820.1.22-1897.10.31）
世美（カヴァルカセッレ，ジョヴァンニ・バッティスタ　1819-1897）
名著（カヴァルカセレ　1820-1897）

Cavaliere, Alik 〈20世紀〉
イタリアの彫刻家。
⇒世美（カヴァリエーレ，アリク　1926-）

Cavaliere d'Arpino, Il 〈16・17世紀〉
イタリアの画家。
⇒新美（カヴァリエーレ・ダルピーノ，イル　1568?-1640.7.3）
世美（カヴァリエーレ・ダルピーノ　1568-1640）

Cavallini, Pietro 〈13・14世紀〉
イタリアの画家。
⇒岩ケ（カヴァリーニ，ピエトロ　1250頃-1330）
キリ（カヴァッリーニ，ピエートロ　1250頃-1334頃）
芸術（カヴァリーニ，ピエトロ　1250頃-1334）
国小（カバリーニ　1250頃-1330頃）
コン2（カヴァリーニ　1250頃-1330頃）
コン3（カヴァリーニ　1250頃-1330頃）
新美（カヴァルリーニ，ピエトロ　1250頃-1334?）
西洋（カヴァリーニ　1250頃-1338頃）
世西（カヴァリーニ　1250頃-1330）
世美（カヴァッリーニ，ピエトロ　（記録）1273-1308）
世百（カヴァリーニ　1250頃-1316以後）
全書（カバリーニ　1240頃-1334）
伝世（カヴァリーニ　1240頃-1330）
百科（カバリーニ　生没年不詳）

Cavallini Francesco 〈17世紀〉
イタリアの彫刻家。
⇒世美（カヴァッリーニ，フランチェスコ　（活動）17世紀後半）

Cavallino Bernardo 〈17世紀〉
イタリアの画家。
⇒世美（カヴァッリーノ，ベルナルド　1616-1654）

Cavalori, Mirabello 〈16世紀〉
イタリアの画家。
⇒世美（ガヴァローリ，ミラベッロ　1510頃-1572以降）

Cavaro, Antonio 〈15世紀〉
イタリアの画家。
⇒世美（カヴァーロ，アントーニオ　（記録）15世紀中頃）

Cavaro, Pietro 〈16世紀〉
イタリアの画家。
⇒世美（カヴァーロ，ピエトロ　?-1537頃）

Cavarozzi, Bartolomeo 〈16・17世紀〉
イタリアの画家。
⇒世美（カヴァロッツィ，バルトロメーオ　1590頃-1625頃）

Cavedone, Giacomo 〈16・17世紀〉
イタリアの画家。特に色彩に優れていた。
⇒西洋（カヴェドーネ　1577-1660）
世美（カヴェドーニ，ジャーコモ　1577-1660）

Caylus, Anne Claude Philippe de Tubières, Comte de 〈17・18世紀〉
フランスの考古学者。小アジアを調査。
⇒国小（ケリュス　1692.10.31-1765.9.5）
集世（ケリュス，アンヌ=クロード=フィリップ・ド・チュビエール・ド　1692.10.31-1765.9.5）
集文（ケリュス，アンヌ=クロード=フィリップ・ド・チュビエール・ド　1692.10.31-1765.9.5）

新美（ケイリュス伯　1692.10.31-1765.9.5）
西洋（ケリュス　1692.10.31-1765.9.5）
世美（ケイリュス伯　1692-1765）

Cazin, Jean Charles〈19・20世紀〉
フランスの画家，銅版画家，陶芸家。
⇒国小（カザン　1841-1901）
西洋（カザン　1841.5.25-1901.3.27）

Cazzaniga, Francesco〈15・16世紀〉
イタリアの彫刻家。
⇒世美（カッツァニーガ，フランチェスコ（活動）15-16世紀）

Cazzaniga, Tommaso〈15・16世紀〉
イタリアの彫刻家。
⇒世美（カッツァニーガ，トンマーゾ（活動）15-16世紀）

Ceán-Bermúdez, Juan Augustín〈18・19世紀〉
スペインの美術史家，画家。
⇒西洋（セアン・ベルムデス　1749.9.17-1829.12.3）

Cecchino da Verona〈15世紀〉
イタリアの画家。
⇒世美（チェッキーノ・ダ・ヴェローナ　15世紀後半）

Cecchi Pieraccini, Leonetta〈20世紀〉
イタリアの女性画家。
⇒世美（チェッキ・ピエラッチーニ，レオネッタ　1892-1977）

Cecco Bravo〈17世紀〉
イタリアの画家。
⇒世美（チェッコ・ブラーヴォ　1607-1661）

Cecco del Caravaggio〈17世紀〉
イタリアの画家。
⇒世美（チェッコ・デル・カラヴァッジョ（活動）17世紀前半）

Cecco di Pietro〈14・15世紀〉
イタリアの画家。
⇒世美（チェッコ・ディ・ピエトロ（活動）1370-1402）

Cecconi, Eugenio〈19・20世紀〉
イタリアの画家。
⇒世美（チェッコーニ，エウジェーニオ　1842-1903）

Cecioni, Adriano〈19世紀〉
イタリアの彫刻家。
⇒世美（チェチョーニ，アドリアーノ　1836-1886）

Ceehelli, Carlo〈20世紀〉
イタリアの考古学者。
⇒世美（チェッケッリ，カルロ　1893-1960）

Céelle〈20世紀〉
フランス生れの画家。
⇒世芸（セエル　1929-）

Celebrano, Francesco〈18・19世紀〉
イタリアの画家，彫刻家。
⇒世美（チェレブラーノ，フランチェスコ　1729-1814）

Celer〈1世紀〉
古代ローマの建築家。
⇒建築（チェレール（活動）1世紀）

Celesti, Andrea〈17・18世紀〉
イタリアの画家。
⇒世美（チェレスティ，アンドレーア　1637-1712）

Celis, Perez〈20世紀〉
アルゼンチン生れの画家。
⇒世芸（セリス，ペレス　1939-）

Cellini, Benvenuto〈16世紀〉
イタリア・ルネサンス期の彫刻家，金工家，作家。作品に『金製の塩入れ』『コシモ1世の胸像』など。
⇒岩ケ（チェリーニ，ベンヴェヌート　1500-1571）
旺世（チェリーニ　1500-1571）
外国（チェリニ　1500-1571）
角世（チェッリーニ　1500-1571）
教皇（チェリーニ，ベンヴェヌート　1500-1571）
キリ（チェルリーニ，ベンヴェヌート　1500.11.2-1571.2.13）
芸術（チェルリーニ，ベンベヌト　1500-1571）
広辞4（チェッリーニ　1500-1571）
広辞6（チェッリーニ　1500-1571）
国小（チェリーニ　1500.11.3-1571.2.13）
国百（チェリーニ，ベンベヌート　1500.11.3-1571.2.13）
コン2（チェリーニ　1500-1571）
コン3（チェリーニ　1500-1571）
集世（チェリーニ，ベンヴェヌート　1500.11.3-1571.2.13）
集文（チェッリーニ，ベンヴェヌート　1500.11.3-1571.2.13）
新美（チェルリーニ，ベンヴェヌート　1500.11.1-1571.21.4）
人物（チェリーニ　1500.11.2-1571.2.13）
西洋（チェリーニ　1500.11.2-1571.2.13）
世西（チェルリーニ　1500.11.13-1571.2.3）
世美（チェリーニ，ベンヴェヌート　1500-1571）
世百（チェリーニ　1500-1571）
世文（チェッリーニ，ベンヴェヌート　1500-1571）
大辞3（チェッリーニ　1500-1571）
大百（チェリーニ　1500-1571）
デス（チェリーニ　1500-1571）
伝世（チェッリーニ　1500-1571.2.13）
百科（チェリーニ　1500-1571）
評世（チェリーニ　1500-1571）
名著（チェリーニ　1500-1571）

Cellini Eva〈20世紀〉
ハンガリーのイラストレーター。

⇒児イ（Cellini, Eva　セリーニ, E.）
Cellini Joseph〈20世紀〉
ハンガリーのイラストレーター。
⇒児イ（Cellini, Joseph　セリーニ, J.）

Cencetti, Adalberto〈19・20世紀〉
イタリアの彫刻家。
⇒世美（チェンチェッティ, アダルベルト　1847-1907）

Cenni di Francesco〈14・15世紀〉
イタリアの画家。
⇒世美（チェンニ・ディ・フランチェスコ（記録）1395-1415）

Cennini, Bernardo〈15世紀〉
イタリアの金工家, 印刷業者。
⇒世美（チェンニーニ, ベルナルド　1415-1498頃）

Cennini, Cennino di Drea〈14・15世紀〉
イタリアの画家。『絵画論』(37頃)を著す。
⇒科史（チェンニーニ　1360頃-1440頃）
芸術（チェンニーニ, チェンニーノ　1390頃-1440頃）
国小（チェンニーニ　1370頃-1440頃）
コン2（チェンニーニ　1370頃-1440頃）
コン3（チェンニーニ　1370頃-1440頃）
新美（チェンニーニ, チェンニーノ　1360頃-1440頃）
世西（チェンニーニ　1370頃-1435頃）
世美（チェンニーニ, チェンニーノ　14世紀後半-15世紀初頭）
世百（チェンニーニ　1370頃-1440頃）
全書（チェンニーニ　生没年不詳）
大百（チェンニーニ　1370頃-1440頃）
百科（チェンニーニ）
名著（チェンニーニ　1370頃-1435）

Ceppi, Carlo〈19・20世紀〉
イタリアの建築家。
⇒世美（チェッピ, カルロ　1829-1921）

Ceracchi, Giuseppe〈18・19世紀〉
イタリアの彫刻家。
⇒世美（チェラッキ, ジュゼッペ　1751-1802）

Ceracchini, Gisberto〈20世紀〉
イタリアの画家。
⇒世美（チェラッキーニ, ジスベルト　1899-）

Cerano〈16・17世紀〉
イタリアの画家, 建築家。
⇒世美（チェラーノ　1575頃-1632）
百科（チェラノ　1575頃-1632）

Cerdà i Sunyer, Ildefonso〈19世紀〉
スペインのエンジニア, 都市計画プランナー。
⇒建築（セルダ・イ・スニェール, イルデフォンソ　1816-1876）

Cerdo〈前1世紀〉
古代イタリアの陶画家。
⇒世美（ケルド　前1世紀）

Ceresa, Carlo〈17世紀〉
イタリアの画家。
⇒世美（チェレーザ, カルロ　1609-1679）

Ceretti, Mino〈20世紀〉
イタリアの画家。
⇒世美（チェレッティ, ミーノ　1930-）

Cerezo, Mateo〈17世紀〉
スペインの画家。マドリード, ブルゴス, マラガ等で多くの宗教画を描いた。
⇒西美（セレソ　1635/26頃-1685/66）
世美（セレーソ, マテオ　1626-1666）

Cernuschi, Enrico〈19世紀〉
イタリアの政治家, 経済学者, 美術蒐集家。死後〈チェルヌースキ美術館〉が創立された(1898)。
⇒人物（チェルヌスキ　1821-1896.5.12）
西洋（チェルヌースキ　1821-1896.5.12）
世東（チェルヌスキ　1821-1896）

Ceroli, Mario〈20世紀〉
イタリアの彫刻家。1966年のヴェネチア・ビエンナーレで受賞。
⇒新美（チェローリ, マーリオ　1938.5.17-）
世芸（チェローリ, マリオ　1938-）
二十（チェローリ, マーリオ　1938.5.17-）
美術（チェローリ, マリオ　1938-）

Cerquozzi, Michelangelo〈17世紀〉
イタリアの画家。会戦画や風俗画を描いた。
⇒西洋（チェルクウォッツィ　1602.2.18-1660.4.6）
世美（チェルクオッツィ, ミケランジェロ　1602-1660）

Cerrini, Giovanni Domenico〈17世紀〉
イタリアの画家。
⇒世美（チェッリーニ, ジョヴァンニ・ドメーニコ　1609-1681）

Cerruti, Nino〈20世紀〉
イタリアのファッション・デザイナー。
⇒二十（チェルッティ, ニノ　1930-）

Cersifrón of Croisos〈前6世紀〉
クレタ島の建築家。
⇒建築（セルシフロン・オブ・クロイソス　(活動)前6世紀）

Ceruti, Giacomo〈18世紀〉
イタリアの画家。
⇒世美（チェルーティ, ジャーコモ　18世紀前半）

Cesar, Jerome〈20世紀〉
フランスの画家。

⇒世芸（セザール，ジェローム 1920–）

César（Bardaccini）〈20世紀〉
フランスの彫刻家。ゴンザレスやピカソ以来の金属彫刻に，ネオ・ダダ的な新生面を開いた。
⇒オ西　（セザール　1921–）
　現人　（セザール　1921.1.1–）
　新美　（セザール　1921.1.1–）
　西洋　（セザール　1921.1.1–）
　世芸　（セザール，ベルデチーニ　1921–）
　美術　（セザール（バルデッティーニ）　1921–）

Cesare da Sesto〈15・16世紀〉
イタリアの画家。
⇒芸術　（セスト，チェザーレ・ダ　1477–1523）
　新美　（チェーザレ・ダ・セスト　1477–1523.7.27）
　西洋　（セスト　1470頃–1524頃）
　世美　（チェーザレ・ダ・セスト　1477–1523）

Cesari, Giuseppe〈16・17世紀〉
イタリアの画家。17世紀マニエリスモの最後の画家。作品は，サン・ピエトロ大聖堂のドームのモザイクなど。
⇒岩ケ　（チェザーリ，ジュゼッペ　1568頃–1640頃）
　国小　（チェザーリ　1568頃–1640.7.3）

Cesariano, Cesare〈15・16世紀〉
イタリアの建築家，建築理論家。
⇒世美　（チェザリアーノ，チェーザレ　1483–1543）

Cesetti, Giuseppe〈20世紀〉
イタリアの画家。
⇒世芸　（チェゼッティ，ジョセフ　1902–）

Cesi, Bartolomeo〈16・17世紀〉
イタリアの画家。
⇒世美　（チェージ，バルトロメーオ　1556–1629）

Cesio（Cesi）, Carlo〈17世紀〉
イタリアの画家，版画家。
⇒世美　（チェージオ（チェージ），カルロ　1626–1686）

Céspedes, Pablo de〈16・17世紀〉
スペインの画家，彫刻家。コルドバの大聖堂に『最後の晩餐』や，セビリア大聖堂の円天井に装飾画を制作。古代および当代の絵画と彫刻に関する著作（1604）や遠近法に関する論文（現存せず）なども著した。
⇒岩ケ　（セスペデス，パブロ・デ　1538–1608）
　国小　（セスペデス　1538–1608）
　西洋　（セスペデス　1538–1608.7.26）
　世美　（セスペデス，パブロ・デ　1538–1608）

Cézanne, Paul〈19・20世紀〉
フランスの画家。後期印象派の代表者。20世紀の絵画に多大な影響を与えた。代表作『カルタ遊びをする人々』（1885～90），『大水浴図』（1898～1905）。
⇒逸話　（セザンヌ　1839–1906）
　岩ケ　（セザンヌ，ポール　1839–1906）
　旺世　（セザンヌ　1839–1906）
　オ西　（セザンヌ，ポール　1839–1906）
　外国　（セザンヌ　1839–1906）
　角世　（セザンヌ　1839–1906）
　キリ　（セザンヌ，ポール　1839.1.19–1906.10.22）
　芸術　（セザンヌ，ポール　1839–1906）
　広辞4　（セザンヌ　1839–1906）
　広辞5　（セザンヌ　1839–1906）
　広辞6　（セザンヌ　1839–1906）
　国小　（セザンヌ　1839.1.19–1906.10.22）
　国百　（セザンヌ，ポール　1839.1.19–1906.10.22）
　コン2　（セザンヌ　1839–1906）
　コン3　（セザンヌ　1839–1906）
　新美　（セザンヌ，ポール　1839.1.19–1906.10.22）
　人物　（セザンヌ　1839.1.19–1906.10.22）
　西洋　（セザンヌ　1839.1.19–1906.10.22）
　世芸　（セザンヌ，ポール　1839–1906）
　世人　（セザンヌ　1839–1906）
　世西　（セザンヌ　1839.1.19–1906.10.22）
　世美　（セザンヌ，ポール　1839–1906）
　世百　（セザンヌ　1839–1906）
　全書　（セザンヌ　1839–1906）
　大辞　（セザンヌ　1839–1906）
　大辞2　（セザンヌ　1839–1906）
　大辞3　（セザンヌ　1839–1906）
　大百　（セザンヌ　1839–1906）
　デス　（セザンヌ　1839–1906）
　伝世　（セザンヌ　1839.1.19–1906.10.22）
　ナビ　（セザンヌ　1839–1906）
　百科　（セザンヌ　1839–1906）
　評世　（セザンヌ　1839–1906）
　山世　（セザンヌ　1839–1906）
　歴史　（セザンヌ　1839–1906）

Chabas, Paul Émile Joseph〈19・20世紀〉
フランスの画家。1889年に国家賞，1900年に金賞を獲得。代表作『ロベール・ミシェル氏像』（1894）など。
⇒芸術　（シャバ，ポール　1869–1937）
　国小　（シャバ　1869–1937）
　世芸　（シャバ，ポール　1869–1937）

Chabaud, Auguste-Élisée〈19・20世紀〉
フランスの画家。
⇒世美　（シャボー，オーギュスト＝エリゼ　1882–1955）

Chadwick, Helen〈20世紀〉
イギリスの写真家。
⇒世女日　（チャドウィック，ヘレン　1953–1996）

Chadwick, Lynn〈20世紀〉
現代イギリスの彫刻家。抽象彫刻をてがける。1956年ベネチア・ビエンナーレ入賞。作品『内なる眼』（1952）など。
⇒岩ケ　（チャドウィック，リン（・ラッセル）　1914–）
　広辞5　（チャドウィック　1914–）
　広辞6　（チャドウィック　1914–2003）
　国小　（チャドウィック　1914.11.24–）
　最世　（チャドウィック，リン　1914–）
　新美　（チャドウィック，リン　1914.11.24–）
　西洋　（チャドウィック　1914.11.24–）
　世芸　（チャドウィック，リン　1914–）

世美（チャドウィック，リン　1914-）
全書（チャドウィック　1914-）
大百（チャドウィック　1914-）
伝世（チャドウィック，L.　1914-）
二十（チャドウィック，リン　1914.11.24-）

Chagall, Marc 〈19・20世紀〉
ロシア出身のフランスの画家，版画家。フランス表現主義を代表するエコール・ド・パリ最大の画家。1948年ベネチア・ビエンナーレ展で版画賞受賞。
⇒逸話（シャガール　1887-1985）
　岩ケ（シャガール，マルク　1887-1985）
　才西（シャガール，マルク　1889-1985）
　外国（シャガール　1887-）
　角世（シャガール　1887-1985）
　キリ（シャガール，マルク　1887.7.7-1985.3.28）
　現人（シャガール　1887.7.7-）
　広辞5（シャガール　1887-1985）
　広辞6（シャガール　1887-1985）
　国小（シャガール　1887.7.7-）
　国百（シャガール，マルク　1887.7.7-）
　コン3（シャガール　1887-1985）
　最世（シャガール，マルク　1887-1985）
　新美（シャガール，マルク　1887.7.7-）
　人物（シャガール　1887.7.7-）
　西洋（シャガール　1887.7.7-）
　世芸（シャガール，マルク　1887-1985）
　世人（シャガール　1887-1985）
　世西（シャガール　1887.7.7-）
　世美（シャガール，マルク　1887-1985）
　世百（シャガール　1887-）
　世百新（シャガール　1887-1985）
　全書（シャガール　1887-1985）
　大辞2（シャガール　1887-1985）
　大辞3（シャガール　1887-1985）
　大百（シャガール　1887-）
　伝世（シャガール　1887.7.7-）
　ナビ（シャガール　1887.7.7-）
　二十（シャガール，マルク　1887.7.7-1985.3.28）
　バレ（シャガール，マルク　1887.7.7-1985.3.28）
　百科（シャガール　1887-）
　ユ人（シャガール，マルク　1887-1985）
　歴史（シャガール　1887-1985）
　ロシ（シャガール　1887-1985）

Chahine, Edgar 〈19・20世紀〉
フランスの画家，版画家。
⇒世美（シャイーヌ，エドガー　1874-1947）

Chairestratos
古代ギリシアの彫刻家。
⇒新美（カイレストラトス）

Chaissac, Gaston 〈20世紀〉
フランスの画家。
⇒世美（シェサック，ガストン　1910-1964）

Chaix, Yves 〈20世紀〉
フランス生れの画家。
⇒世芸（シェクス，イブ　1936-）

Chalgrin, Jean-François Thérèse 〈18・19世紀〉
フランスの古典主義の建築家。アカデミー会員。エトワール広場の凱旋門の設計者。
⇒建築（シャルグラン，ジャン＝フランソワ・テレーズ　1739-1811）
　国小（シャルグラン　1739-1811）
　コン2（シャルグラン　1739-1811）
　コン3（シャルグラン　1739-1811）
　人物（シャルグラン　1739-1811.1.20）
　西洋（シャルグラン　1739-1811.1.20）
　世美（シャルグラン，ジャン＝フランソワ　1739-1811）
　世百（シャルグラン　1739-1811）
　全書（シャルグラン　1739-1811）
　大百（シャルグラン　1739-1811）

Challes, Charles-Michel-Ange 〈18世紀〉
フランスの画家。
⇒世美（シャル，シャルル＝ミケランジュ　1718-1778）

Chalmers, Mary Eileen 〈20世紀〉
アメリカの女性絵本作家，挿画家。
⇒英児（Chalmers, Mary Eileen　チャーマーズ，メアリ・アイリーン　1927-）
　児イ（Chalmers, Mary　チャルマーズ, M.　1927-）

Chaloner, John 〈20世紀〉
ドイツのイラストレーター。
⇒児イ（Chaloner, John　シャロナー, J.　1924-）

Chamate, Olga Lopez 〈20世紀〉
ベネズエラの芸術家。
⇒世芸（シャメイト，オルガ・ロペス　?-）

Chamberlain, Brenda 〈20世紀〉
イギリス・ウェールズの女性詩人，画家。
⇒二十英（Chamberlain, Brenda　1912-1971）

Chamberlain, John 〈20世紀〉
アメリカの彫刻家。典型的なアッセンブリッジの作家。
⇒新美（チェンバレン，ジョン　1927.4.16-）
　世美（チェンバレン，ジョン　1927-）
　世美（チェンバレン，ジョン　1927-）
　二十（チェンバレン，ジョン　1927.4.16-）
　美б（チェンバレン，ジョン　1927-）

Chambers, John 〈20世紀〉
アメリカ生れの映画メイキャップ・アーティスト。
⇒世映（チェンバース，ジョン　1923-2001）
　世俳（チャンバース，ジョン　1923.9.12-2001.8.25）

Chambers, Sir William 〈18世紀〉
イギリスの建築家。1761年王室建築家となる。作品『サマセット・ハウス』（1775）など。
⇒岩ケ（チェンバーズ，サー・ウィリアム　1726-1796）
　建築（チェンバーズ，サー・ウィリアム　1723-1796）
　国小（チェンバーズ　1723-1796.3.8）

コン2　（チェンバーズ　1726-1796）
コン3　（チェンバーズ　1726-1796）
新美　（チェンバーズ，ウィリアム　1723.2.23-1796.3.8）
西洋　（チェーンバーズ　1726-1796.3.8）
世美　（チェンバーズ，ウィリアム　1723-1796）
全書　（チェンバーズ　1723-1796）
大百　（チェンバーズ　1726-1796）
デス　（チェンバーズ　1726-1796）

Chambiges, Léger 〈16世紀〉
フランスの建築家。
⇒世美（シャンビージュ，レジェ）

Chambiges, Louis 〈16・17世紀〉
フランスの建築家。
⇒世美（シャンビージュ，ルイ　?-1619）

Chambiges, Martin 〈15・16世紀〉
フランスの建築家。サンス，トロアなどの諸寺院工事に参加。
⇒キリ（シャンビージュ，マルタン　15世紀末-1532.8.29）
新美（シャンビージュ，マルタン）
西洋（シャンビージュ　?-1532.8.29）
世美（シャンビージュ，マルタン　?-1532）

Chambiges, Pierre I 〈16世紀〉
フランスの建築家。パリ市庁舎建築工事を監督。
⇒新美（シャンビージュ，ピエール一世　?-1544.1.19）
西洋（シャンビージュ　?-1544）
世美（シャンビージュ，ピエール一世　?-1544）

Chambiges, Pierre II 〈16・17世紀〉
フランスの建築家。ルーヴル宮回廊の工事に当った（1560/4頃）。
⇒新美（シャンビージュ，ピエール二世　?-1616頃）
西洋（シャンビージュ）
世美（シャンビージュ，ピエール二世　1544-1615）

Chambrette, Jacques 〈18世紀〉
フランスの陶芸家。
⇒世美（シャンブレット，ジャック　1705-1758）

Champaigne, Philippe de 〈17世紀〉
フランスの画家。ルイ13世の宮廷画家。最初の絵画アカデミー会員。代表作『死せるキリスト』など。
⇒岩ケ（シャンペーニュ，フィリップ・ド　1602-1674）
外国（シャンパーニュ　1602-1674）
キリ（シャンパーニュ（シャンペーニュ），フィリップ・ド　1602.5.26-1674.8.12）
芸術（シャンパーニュ，フィリップ・ド　1602-1674）
国小（シャンパーニュ　1602.5.26-1674.8.12）
コン2（シャンパーニュ　1602-1674）
コン3（シャンパーニュ　1602-1674）
新美（シャンパーニュ，フィリップ・ド　1602.5.26-1674.8.12）
西洋（シャンペーニュ　1602.5.26-1674.8.12）
世西（シャンペーニュ　1602.5.26-1674.8.12）
世美（シャンペーニュ（シャンパーニュ），フィリップ・ド　1602-1674）
全書（シャンパーニュ　1602-1674）
大百（シャンパーニュ　1602-1674）
百科（シャンペーニュ　1602-1674）

Champfleury 〈19世紀〉
フランスの大衆小説家。代表作は『モランシャールの市民たち』（1855）など。
⇒国小（シャンフルーリ　1821.9.10-1889.12.5）
集世（シャンフルーリ　1821.9.10-1889.12.6）
集文（シャンフルーリ　1821.9.10-1889.12.6）
新美（シャンフルーリ　1821.9.10-1889.12.6）
西洋（シャンフルーリ　1821.9.10-1889.12.6）
世文（シャンフルリー　1821-1889）
全書（シャンフルリー　1821-1889）
百科（シャンフルーリ　1821-1889）

Champion, Theo 〈19・20世紀〉
ドイツの画家。
⇒西洋（シャンピオン　1887.2.5-1952.9.20）

Champollion, Jean François 〈18・19世紀〉
フランスの考古学者。エジプト学の創始者。
⇒岩ケ（シャンポリオン，ジャン・フランソワ　1790-1832）
旺世（シャンポリオン　1790-1832）
外国（シャンポリオン（弟）　1790-1830）
角世（シャンポリオン　1790?-1832）
キリ（シャンポリオン，ジャン・フランソワ　1790.12.23-1832.3.4）
広辞4（シャンポリオン　1790-1832）
広辞6（シャンポリオン　1790-1832）
国小（シャンポリオン　1790-1832）
コン2（シャンポリオン　1790-1832）
コン3（シャンポリオン　1790-1832）
集世（シャンポリヨン，ジャン=フランソワ　1790.12.23-1832.3.4）
集文（シャンポリヨン，ジャン=フランソワ　1790.12.23-1832.3.4）
新美（シャンポリオン，ジャン・フランソワ　1790.12.23-1832.3.4）
人物（シャンポリオン　1790.12.23-1832.3.4）
西洋（シャンポリオン　1790.12.23-1832.3.4）
世人（シャンポリオン　1790-1832）
世西（シャンポリオン　1790.10.23-1832.3.24）
全書（シャンポリオン　1790-1832）
大辞（シャンポリオン　1790-1832）
大辞3（シャンポリオン　1790-1832）
大百（シャンポリオン　1790-1832）
デス（シャンポリオン　1790-1832）
伝世（シャンポリヨン　1790.12.23-1832.3.4）
百科（シャンポリオン　1790-1832）
評世（シャンポリオン　1790-1832）
名著（シャンポリオン　1790-1832）
山世（シャンポリオン　1790-1832）
歴世（シャンポリオン　1790-1832）
歴史（シャンポリオン　1790-1832）

Chandralekha 〈20世紀〉
インドのダンサー，振付家，デザイナー，作家。
⇒バレ（チャンドラレカー　1929.12.6-2006.12.26）

Chanel, Gabrielle〈19・20世紀〉
パリの女性デザイナー。通称ココ・シャネル。活動的なスタイルを発表し、従来の服飾の伝統を破った。また香水、シャネル5番も有名。
⇒岩ケ（シャネル、ココ　1883頃–1971）
　現人（シャネル　1883.8.19–1971.1.10）
　広辞5（シャネル　1883–1971）
　広辞6（シャネル　1883–1971）
　国小（シャネル　1883.8.19–1971.1.10）
　コン3（シャネル　1883–1971）
　人物（シャネル　1883.8.19–）
　スパ（シャネル、ガブリエル　1883–1971）
　世女（シャネル、ココ　1883頃–1971）
　世女日（シャネル、ココ　1883?–1971）
　世百新（シャネル　1883–1971）
　全書（シャネル　1883–1971）
　大辞2（シャネル　1883–1971）
　大辞3（シャネル　1883–1971）
　大百（シャネル　1884–1971）
　ナビ（シャネル　1883–1971）
　二十（シャネル、ココ　1883.8.19–1971.1.10）
　百科（シャネル　1883–1971）

Chang, Diana〈20世紀〉
アメリカの中国系女性小説家、詩人、画家。
⇒二十英（Chang, Diana　1934–）

Chang Yeon-Tok〈20世紀〉
韓国生れの造形家。
⇒世芸（チャンイオン・トク　1939–）

Chantrey, *Sir* Francis Legatt〈18・19世紀〉
イギリスの彫刻家。主要作品『ウィリアム・ピット像』『ロビンソンの子供たち』など。
⇒国小（チャントレー　1781.4.7–1841.11.25）
　新美（チャントリー、フランシス・レガット　1781.4.7–1841.11.25）
　西洋（チャントリ　1781.4.7–1841.11.25）
　世美（チャントリー、フランシス・レガット　1781–1841）

Chapelain-Midi, Roger〈20世紀〉
フランスの画家。シャイヨー宮劇場などの壁画を描く。代表作『夏のシンフォニー』(1936)。
⇒国小（シャプラン・ミディ　1904–）
　世芸（シャプラン・ミディ、ロジャー　1904–）

Chaplain, Jules-Clément〈19・20世紀〉
フランスのメダル制作家。
⇒世美（シャプラン、ジュール＝クレマン　1839–1909）

Chaplet, Ernest〈19・20世紀〉
フランスの陶芸家。
⇒世美（シャプレ、エルネスト　1835–1909）

Chaplin, Charles Josuah〈19世紀〉
フランスの画家、版画家。主作品、テュイルリ宮花の間の天井壁画(1861)など。
⇒西洋（シャプラン　1825.6.8–1891.1.20）

Chapman, Charles Henry〈19・20世紀〉
イギリスの挿絵画家。
⇒児イ（Chapman, Charles Henry　1879.4.1–?）

Chapman, Peggy〈20世紀〉
イギリスのイラストレーター。
⇒児イ（Chapman, Peggy　チャップマン、P.）

Chapoval, Youla〈20世紀〉
ソヴィエトの画家。
⇒世美（シャポヴァル、ユーラ　1919–1951）

Chappell, Warren〈20世紀〉
アメリカのイラストレーター。
⇒児イ（Chappell, Warren　チャペル、W.　1904–）

Chappell, William〈20世紀〉
イギリスのダンサー、美術家。
⇒バレ（チャペル、ウィリアム　1908.9.27–1994.1.1）

Chapu, Henri Michel Antoine〈19世紀〉
フランスの彫刻家。1855年ローマ賞受賞。代表作は『ジャンヌ・ダルク』(1870)ほか。
⇒芸術（シャプュ、アンリ　1833–1891）
　国小（シャピュ　1833.9.29–1891.4.21）
　新美（シャビュー、アンリ　1833.9.29–1891）
　西洋（シャピュ　1833–1880）

Chapus, Jean〈15世紀〉
フランスの画家。
⇒世美（シャピュ、ジャン　15世紀）

Charchoune, Serge〈19・20世紀〉
ロシアの画家。
⇒世美（シャルシューヌ、セルジュ　1888–1975）

Chardin, Jean Baptiste Siméon〈17・18世紀〉
フランスの画家。アカデミー会員。作品に『洗濯女』『手紙の封をする婦人』など。
⇒岩ケ（シャルダン、ジャン・バティスト・シメオン　1699–1779）
　外国（シャルダン　1699–1779）
　芸術（シャルダン、ジャン・バティスト・シメオン　1699–1779）
　広辞5（シャルダン　1699–1779）
　広辞6（シャルダン　1699–1779）
　国小（シャルダン　1699.11.2–1779.12.6）
　国百（シャルダン、ジャン・バティスト・シメオン　1699.11.2–1779.12.6）
　コン2（シャルダン　1699–1779）
　コン3（シャルダン　1699–1779）
　新美（シャルダン、ジャン・バティスト・シメオン　1699.11.2–1779.12.6）
　人物（シャルダン　1699.11.2–1779.12.6）
　西洋（シャルダン　1699.11.2–1779.12.6）
　世西（シャルダン　1699.11.2–1779.12.6）
　世美（シャルダン、ジャン＝バティスト＝シメオン　1699–1779）
　世百（シャルダン　1699–1779）

全書（シャルダン　1699-1779）
大辞（シャルダン　1699-1779）
大辞3（シャルダン　1699-1779）
大百（シャルダン　1699-1779）
デス（シャルダン　1699-1779）
伝世（シャルダン　1699.11.2-1779.12.6）
百科（シャルダン　1699-1779）
歴史（シャルダン　1699-1779）

Chares 〈前4・3世紀〉
ギリシアの彫刻家。
⇒世美（カレス（リンドス出身の）　前4-前3世紀）

Charles, Donald 〈20世紀〉
アメリカのイラストレーター。
⇒児イ（Charles, Donald　チャールズ, D.）

Charlet, Frantz 〈19・20世紀〉
ベルギーの画家。
⇒世美（シャルレ, フランツ　1862-1928）

Charlet, Nicolas Toussaint 〈18・19世紀〉
フランスの画家、石版画家。
⇒西洋（シャルレ　1792.12.20-1845.12.30）
世美（シャルレ, ニコラ＝トゥサン　1792-1845）

Charlip, Remy 〈20世紀〉
アメリカの絵本作家、挿絵画家、舞台俳優、舞台監督、舞踏家。
⇒児文（シャーリップ, レミ　1929-）
二十（シャーリップ, レミ　1929-）
バレ（チャーリップ, レミー　1929.1.10-）

Charlot, Jean 〈20世紀〉
アメリカの画家。
⇒児イ（Charlot, Jean　シャロー, J.　1898-1980）
児文（シャロー, ジャン　1898-）
二十（シャロー, ジャン　1898-?）

Charlton, Michael 〈20世紀〉
イギリスのイラストレーター。
⇒児イ（Charlton, Michael　チャールトン, M.）

Charmoy, Cozette De 〈20世紀〉
イギリスの芸術家。
⇒世芸（シャルモイ, コゼット・デ　1939-）

Charney, Noah 〈20世紀〉
アメリカ生れの美術犯罪専門家、作家。
⇒海作4（チャーニイ, ノア　1979-）

Charon, Guy 〈20世紀〉
フランスの画家。
⇒世芸（シャロン, ギ　1927-）

Charpentier, Alexandre-Louis-Marie 〈19・20世紀〉
フランスの出版業者。印象派の愛好者、パトロン。
⇒国小（シャルパンティエ　生没年不詳）
新美（シャルパンティエ, アレクサンドル　1856.6.10-1909.3.3）
二十（シャルパンティエ, アレクサンドレ　1856-1909）
百科（シャルパンティエ　1856-1909）

Charpentier, Constance 〈18・19世紀〉
フランスの画家。
⇒世女（シャルパンティエ, コンスタンス（マリー）　1767-1849）
世女日（シャルパンティエ, コンスタンス　1767-1841）

Charpentier, Georges 〈19・20世紀〉
フランスの出版業者。印象派の愛好者、パトロン。彼のサロンにはルノアールなど当代一流の文化人が集った。
⇒国小（シャルパンティエ　生没年不詳）
新美（シャルパンティエ, ジョルジュ　1846-1905.11.15）
二十（シャルパンティエ, ジョルジュ　1846-1905.11.15）

Charretie, Anna 〈19世紀〉
イギリスの画家。
⇒世女日（チャレティ, アンナ　1819-1875）

Charushin, Evgenij Ivanovich 〈20世紀〉
ロシアのイラストレーター。
⇒児イ（Charushin, Evgenij Ivanovich　チャルーシン, E.I.　1901-1965）

Charushin, Nikita Evgenjevich 〈20世紀〉
ロシアのイラストレーター。
⇒児イ（Charushin, Nikita Evgenjevich　チャルーシン, N.E.　1934-）

Chase, Louisa 〈20世紀〉
パナマの画家。
⇒世芸（チェイス, ルイーザ　1951-）

Chase, Marian Emma 〈19・20世紀〉
イギリスの画家。
⇒世女日（チェイス, マリアン・エマ　1844-1905）

Chase, William Merritt 〈19・20世紀〉
アメリカの画家。1878年ニューヨーク西10番街にアトリエを開く。後年はアメリカ美術家協会会長。主要作品『画家の肖像』(1906)。
⇒岩ケ（チェイス, ウィリアム・メリット　1849-1916）
芸術（チェイス, ウィリアム・メリット　1849-1916）
国小（チェース　1849.11.1-1916.10.25）
コン3（チェース　1849-1916）
世芸（チェイス, ウィリアム・メリット　1849-1916）

Chase-Riboud, Barbara 〈20世紀〉
アメリカの女性小説家、詩人、彫刻家。

⇒海作4（チェイス=リボウ, バーバラ）
黒作（チェイス=リブー, バーバラ 1939-）

Chassa, Luigi 〈20世紀〉
イタリアの画家, 舞台美術家。
⇒世美（ケッサ, ルイージ 1898-1935）

Chassériau, Théodore 〈19世紀〉
フランスの画家。主作品『水浴のスザンナ』(1839)ほか, サン・メリ聖堂壁画など。
⇒外国（シャッセリオー 1819-1856）
芸術（シャセリオー, テオドール 1819-1856）
広辞4（シャセリオー 1819-1856）
広辞6（シャセリオー 1819-1856）
国小（シャセリオー 1819.9.20-1856.10.8）
コン2（シャセリオ 1819-1856）
コン3（シャセリオ 1819-1856）
新美（シャセリオー, テオドール 1819.9.20-1856.10.8）
西洋（シャセリオー 1819.9.20-1856.10.8）
世西（シャセリオー 1819.9.20-1856.10.8）
世美（シャセリオー, テオドール 1819-1856）
世百（シャセリオー 1819-1856）
全書（シャセリオ 1819-1856）
大辞3（シャッセリオ 1819-1856）
大百（シャセリオー 1819-1856）
百科（シャセリオー 1819-1856）

Chastel, André 〈20世紀〉
フランスの美術史学者。国際美術史委員会の副委員長。個々の社会, 工房, 芸術家に固有な傾向の葛藤を明らかにしようとした。
⇒現人（シャステル 1912.11.15-）
西洋（シャステル 1912.11.15-）
二十（シャステル, アンドレ 1912.11.15-1990.7.18）

Chastillon, Claude 〈16・17世紀〉
フランスの建築家, 版画家。
⇒世美（シャスティヨン, クロード 1560-1616）

Chattopadhyay, Kamaldevi 〈20世紀〉
インドの社会改良家, 工芸運動指導者。
⇒世女（チャットーバーディヤーヤ, カマルデーヴィー 1903-）
世女日（チャトパドヤヤ, カマラデヴィ 1903-1988）

Chaudet, Antoine-Denis 〈18・19世紀〉
フランスの彫刻家, 画家。
⇒世美（ショーデ, アントワーヌ=ドニ 1763-1810）

Chauvin, Jean-Louis 〈19・20世紀〉
フランスの彫刻家。
⇒世美（ショーヴァン, ジャン=ルイ 1889-1976）

Chavannes, Emanuel Edouard 〈19・20世紀〉
フランスの中国学者。ヨーロッパの代表的東洋学者。著書に『司馬遷史記』(1905)など。
⇒外国（シャヴァンヌ 1865-1918）
広辞4（シャヴァンヌ 1865-1918）
広辞5（シャヴァンヌ 1865-1918）
広辞6（シャヴァンヌ 1865-1918）
国小（シャバンヌ 1865.10.5-1918.1.29）
コン2（シャヴァンヌ 1865-1918）
コン3（シャヴァンヌ 1865-1918）
新美（シャヴァンヌ, エドワール 1865.10.5-1918.1.29）
人物（シャバンヌ 1865.10.5-1918.1.29）
西洋（シャヴァンヌ 1865.10.5-1918.1.29）
世西（シャヴァンヌ 1865.10.5-1918.1.29）
世百（シャヴァンヌ 1865-1918）
全書（シャバンヌ 1865-1918）
大辞（シャヴァンヌ 1865-1918）
大辞2（シャバンヌ 1865-1918）
大辞3（シャバンヌ 1865-1918）
中国（シャヴァンヌ 1865-1918）
デス（シャヴァンヌ 1865-1918）
二十（シャヴァンヌ, エマニュエル・エドワール 1865.10.5-1918.1.29）
百科（シャバンヌ 1865-1918）
評世（シャバンヌ 1865-1918）
名著（シャヴァンヌ 1865-1918）
山世（シャヴァンヌ 1865-1918）
歴学（シャヴァンヌ 1865-1918）

Chaveau, Jacky 〈20世紀〉
フランスの画家。
⇒世芸（クラヴォー, ジャッキー 1933-）

Chelichev, Pavel 〈20世紀〉
フランスの画家, 舞台美術家。ディアギレフのために描いた舞踊『オード』(1928)の意匠は有名。
⇒外国（チェリチェフ 1898-）

Chelis 〈前6・5世紀〉
ギリシアの陶工。
⇒世美（ケリス 前6-前5世紀）

Chemetov, Paul 〈20世紀〉
フランスの建築家。国立土木工学校建築教授。
⇒二十（シュメトフ, ポール 1928-）

Chemiakine, Michail 〈20世紀〉
ソ連の画家。
⇒世芸（シュミアキン, ミハイル 1943-）
二十（シュミアキン, M. 1943-）

Chen, Olivia 〈20世紀〉
女優, 陶芸家。
⇒外女（チェン, オリヴィア 1960.2.14-）

Chen, Tony 〈20世紀〉
アメリカのイラストレーター。
⇒児イ（Chen, Tony チェン, T.）

Chenavard, Paul-Marc-Josephe 〈19世紀〉
フランスの画家。
⇒新美（シュナヴァール, ポール=マルク=ジョゼフ 1807.12.9-1895.4.7）

Cheney, Sheldon Warren 〈19・20世

紀〉
アメリカの演劇, 美術評論家。『シアター・アーツ・マガジン』編集者。
⇒外国（チェニー 1886-）

Chéret, Jules 〈19・20世紀〉
フランスの画家, 版画家。カラー・リトグラフによるポスター印刷に才能を発揮する。
⇒新美（シェレ, ジュール 1836.5.31-1932）
世美（シェレ, ジュール 1836-1932）
全書（シェレ 1836-1932）
二十（シェレ, ジュール 1836.5.31-1932）

Chermayeff, Serge 〈20世紀〉
アメリカの建築家。ロシアに生れ, イギリスに渡り, デ・ラ・ワール・パビリオン（1934～35）を制作。40年アメリカに渡る。
⇒岩ケ（チェルマイエフ, サージ 1900-1996）
国小（シェルメイエフ 1900-）
西洋（チェルマイエフ 1900.10.8-）
世美（チャマーイエフ, サージ・アイヴァン 1900-）

Chéron, Charles-Jean-François 〈17世紀〉
フランスのメダル制作家。
⇒世美（シェロン, シャルル=ジャン=フランソワ 1635-1698）

Cheron, Elisabeth Sophie 〈17・18世紀〉
フランスの画家。
⇒世女（シェロン,（エリザベート）ソフィー 1648-1711）
世女日（シェロン, エリサベート・ソフィー 1648-1711）

Cherry, Lynne 〈20世紀〉
アメリカのイラストレーター。
⇒児イ（Cherry, Lynne チェリー, L. 1952-）
児作（Cherry, Lynne チェリー, リン 1954-）

Chersiphron 〈前6世紀〉
ギリシアの建築家。
⇒世美（ケルシフロン 前6世紀前半）

Cheval, Joseph Ferdinand 〈19・20世紀〉
フランスの素人建築家。死後ブルトンらによって発見された。"郵便配達夫シュバル"と呼ばれる。
⇒二十（シュバル, ジョセフ・フェルデナンド 1836-1924）
百科（シュバル 1836-1924）

Chevalier, Peter 〈20世紀〉
ドイツ生れの画家。
⇒世芸（シュバリエ, ピーター 1953-）

Chevotet, Jean-Michel 〈17・18世紀〉
フランスの建築家。
⇒建築（シュヴォテ, ジャン=ミシェル 1698-1772）

Chevreul, Michel Eugène 〈18・19世紀〉
フランスの化学者。コレジュ・ド・フランス教授（1830～79）。
⇒岩ケ（シュヴルール, ミシェル・ユージェーヌ 1786-1889）
科学（シュヴルール 1786.8.31-1889.4.9）
科技（シュブルール 1786.8.31-1889.4.9）
科人（シュヴルール, ミシェル・ウジェーヌ 1786.8.31-1889.4.8）
コン2（シュヴルール 1786-1889）
コン3（シュヴルール 1786-1889）
新美（シュヴルール, ミシェル=ウジェーヌ 1786.8.31-1889.4.9）
西洋（シュヴルール 1786.8.31-1889.4.9）
世科（シュヴルール 1786-1889）
世百（シュヴルール 1786-1889）
全書（シュブルール 1786-1889）
大百（シェブルール 1786-1889）
百科（シュブルール 1786-1889）

Chia, Sandro 〈20世紀〉
イタリア生れの画家, 版画家。
⇒世芸（キア, サンドロ 1946-）
二十（キア, サンドロ 1946-）

Chiaradia, Enrico 〈19・20世紀〉
イタリアの彫刻家。
⇒世美（キアラディーア, エンリーコ 1851-1901）

Chiari, Giuseppe Bartolomeo 〈17・18世紀〉
イタリアの画家。
⇒世美（キアーリ, ジュゼッペ・バルトロメーオ 1654-1727）

Chiari, Mario 〈20世紀〉
イタリア生れの映画美術監督。
⇒世映（キアーリ, マリオ 1909-1989）

Chiattone, Mario 〈20世紀〉
イタリアの建築家。ミラノで「新都市」のための諸建築のスケッチを展示し（1914）, 未来派建築の発展に寄与した。
⇒西洋（キアットーネ 1891-1957）
世美（キアットーネ, マーリオ 1891-1957）

Chiaveri, Gaetano 〈17・18世紀〉
イタリアの建築家。ドレスデンでバロック風のカトリック宮廷聖堂を建築（1735～55）。
⇒建築（キアヴェリ, ガェターノ 1689-1770）
西洋（キャヴェーリ 1689-1770.3.5）
世美（キアヴェーリ, ガエターノ 1689-1770）

Chiavistelli, Iacopo 〈17世紀〉
イタリアの画家。
⇒世美（キアヴィステッリ, ヤーコポ 1621-1698）

Chicago, Judy 〈20世紀〉
アメリカの芸術家。

⇒世女（シカゴ，ジュディ　1939－）

Chichester-Clark, Emma〈20世紀〉
イギリスのイラストレーター。
⇒児イ（Chichester-Clark, Emma　チチェスター・クラーク, E.）
児作（Chichester Clark, Emma　チチェスター・クラーク, エンマ）

Chiera, Edward〈19・20世紀〉
アメリカの考古学者。
⇒新美（キエラ，エドワード　1885-1933）
二十（キエラ，エドワード　1885-1933）

Chiggio, Ennio〈20世紀〉
イタリアのデザイナー。
⇒世美（キッジョ，エンニオ　1938-）

Chighine, Alfredo〈20世紀〉
イタリアの画家，彫刻家。
⇒世美（キギーネ，アルフレード　1914-1974）

Chihaková, Vlasta〈20世紀〉
チェコスロバキアの美術評論家。元・日本工学院専門学校芸術学部講師。
⇒二十（チハコーヴァ，ブラスタ　1944-）

Chillida, Eduardo〈20世紀〉
スペインの彫刻家で，版画家。
⇒新美（チリィーダ，エドゥワルド　1924.1.10-）
ス文（チリーダ，エドゥアルド　1924-2002）
スペ（チリダ　1924-2002）
世芸（チリーダ，エドアルド　1924-）
世美（チリーダ，エドアルド　1924-）
二十（チリィーダ，エドゥワルド　1924.1.10-）

Chillida, Pedro〈20世紀〉
スペイン生れの画家。
⇒世芸（チリーダ，ペドロ　1952-）

Chimenti, Jacopo〈16・17世紀〉
イタリアの画家。代表作『無原罪の御宿り』(1591)。
⇒国小（キメンティ　1554-1640）

Chimes, Thomas〈20世紀〉
アメリカの画家。
⇒世芸（チャイムス，トーマス　1921-）

Chinard, Joseph〈18・19世紀〉
フランスの彫刻家。
⇒新美（シナール，ジョゼフ　1756.2.12-1813.6.20）
世美（シナール，ジョゼフ　1756-1813）

Chini, Galileo〈19・20世紀〉
イタリアの画家，舞台美術家。
⇒世美（キーニ，ガリレオ　1873-1956）

Chiodarolo, Giovanni Maria〈16世紀〉
イタリアの画家。
⇒世美（キオダローロ，ジョヴァンニ・マリーア（活動)16世紀初頭）

Chiossone, Edoardo〈19世紀〉
イタリアの銅版彫刻家。1875年来日。紙幣や切手のデザインや制作，銅版彫刻の技術指導に従事。
⇒外国（キヨソネ　1833-1898）
芸術（キヨソーネ，エドアルド　1832-1898）
広辞4（キヨソーネ　1832-1898）
広辞6（キヨソーネ　1832-1898）
国史（キオソーネ　1832-1898）
国小（キヨソーネ　1833-1892）
コン2（キオソーネ　1832-1898）
コン3（キヨソネ　1832-1898）
新美（キヨソーネ，エドアルド　1832.1.21-1898.4.11）
人物（キオソーネ　1832.1.21-1898.4.11）
西洋（キオソーネ（キヨソネ）　1832.1.21-1898.4.11）
世美（キオッソーネ，エドアルド　1832-1898）
世百（キヨソーネ　1831/2-1898）
全書（キヨソーネ　1832-1898）
大辞（キオソーネ　1832-1898）
大辞3（キヨソネ　1832-1898）
大百（キヨソーネ　1832-1898）
日人（キオソーネ　1832-1898）
百科（キヨソーネ　1832-1898）
来日（キヨソネ　1832.1.21-1898.4.11）
歴史（キオソーネ　1832-1898）

Ch'i Pai-shih〈19・20世紀〉
アメリカの芸術家。
⇒岩ケ（チー・パイ＝シー　1863-1957）
コン3（チー・パイ・シー　1863-1957）

Chipiez, Charles〈19・20世紀〉
フランスの建築家。アルマンティエールの国立学校を建築。
⇒西洋（シピエ　1835-1901）
世美（シピエ，シャルル　1835-1901）

Chippendale, Thomas〈18世紀〉
イギリスの家具意匠家。チペンデール様式の創始者。1754年家具図集『家具総鑑』を出版。
⇒岩ケ（チッペンデイル　1718-1779）
英米（Chippendale, Thomas　チッペンデール　1718頃-1779）
芸術（チッペンデール，トーマス　1718-1779）
建築（チッペンデール，トーマス　1718-1779）
国小（チペンデール　1718.6.5-1779.9.11）
コン2（チッペンデール　1718-1779）
コン3（チッペンデール　1718-1779）
新美（チペンデール，トーマス　1718頃-1779）
世美（チッペンデイル，トーマス　1718-1779）
世百（チッペンデール　1718-1779）
全書（チッペンデール　1718頃-1779）
大百（チッペンデール　1718?-1779）
デス（チッペンデール　1718-1779）
伝世（チッペンデイル　1718.6.5-1779.11）
百科（チッペンデール　1718-1779）

Chirico, Giorgio de 〈19・20世紀〉
イタリアの画家。「形而上学的絵画」と自他ともに認める詩的神秘の作品世界を顕現した。
⇒岩ケ（キリコ, ジョルジョ・デ　1888-1978）
　旺世（キリコ　1888-1978）
　才西（デ・キリコ, ジョルジオ　1888-1978）
　外国（キリコ　1888-）
　現人（キリコ　1888.7.10-）
　広辞5（キリコ　1888-1978）
　広辞6（キリコ　1888-1978）
　国小（キリコ　1888.7.10-）
　国百（キリコ, ジョルジョ・デ　1888.7.10-）
　コン3（キリコ　1888-1978）
　集世（デ・キーリコ, ジョルジョ　1888.7.10-1978.11.20）
　集百（デ・キーリコ, ジョルジョ　1888.7.10-1978.11.20）
　新美（キリコ, ジョルジオ・デ　1888.7.10-1978.11.20）
　人物（キリコ　1888.7.10-）
　西洋（キリコ　1888.7.10-1978.11.21）
　世芸（デ・キリコ, ジョルジオ　1888-1978）
　世西（キリコ　1888-）
　世美（デ・キーリコ, ジョルジョ　1888-1978）
　世百（キリコ　1888-）
　世百新（キリコ　1888-1978）
　全書（デ・キリコ　1888-1978）
　大辞2（キリコ　1888-1978）
　大辞3（キリコ　1888-1978）
　大百（キリコ　1888-1978）
　伝世（デ・キリコ　1888.7.10-1978）
　ナビ（キリコ　1888-1978）
　二十（キリコ, ジョルジオ・デ　1888.7.10-1978.11.21）
　二十（デ・キリコ, G.　1888.7.10-1978）
　バレ（キリコ, ジョルジョ・デ　1888.7.10-1978.11.20）
　百科（キリコ　1888-1978）
　評世（キリコ　1888-1978）
　山世（キリコ　1888-1978）
　歴史（キリコ　1888-1978）

Chizhikov, Viktor Aleksandrovich 〈20世紀〉
ロシアのイラストレーター。
⇒児イ（Chizhikov, Viktor Aleksandrovich　チジコフ, V.A.　1935-）

Chodowiecki, Daniel Nicolas 〈18・19世紀〉
ドイツの画家、イラストレーター。ゲーテ、シラー、レッシングらの著作の挿絵をはじめ約2000点の銅版画が残る。『イエス・キリストの生涯史』が有名。
⇒芸術（コドヴィッキ, ダニエル　1726-1801）
　国小（コドウィエツキー　1726.10.18-1801.2.7）
　新美（ホドヴィエツキ, ダニエル　1726.10.16-1801.2.7）
　西洋（ホドヴィエツキー　1726.10.16-1801.2.7）
　世美（ホドヴィエツキ, ダニエル　1726-1801）

Chohol, Josef 〈19・20世紀〉
チェコスロヴァキアの建築家。
⇒世美（ホホル, ヨセフ　1880-1956）

Choisy, François Auguste 〈19・20世紀〉
フランスの考古学者、技師。土木橋梁学校建築学教授。
⇒西洋（ショアジ　1841-1909）
　二十（ショアジー, A.　1841-1909）
　百科（ショアジー　1841-1909）
　名著（ショワジー　1841-1909）

Chorao, Kay 〈20世紀〉
アメリカのイラストレーター。
⇒児イ（Chorao, Kay　コラオ, K.　1939-）

Christ, Jesus 〈前1・1世紀〉
キリスト教の最高のメシア、イエス。救いである神に選ばれ、塗油を受けた者を意味するヘブライ語メシアのギリシア語訳。
⇒岩ケ（イエス・キリスト　前6/前5頃-前630/33頃）
　外国（イエス・キリスト　前4/-6頃-後29頃）
　教育（キリスト）
　キリ（イエス）
　広辞4（イエス　前4頃-後28）
　国小（キリスト）
　国百（キリスト）
　コン2（イエス（イエスス）　前4頃-後30頃）
　新美（キリスト）
　人物（キリスト　前4-後30）
　西洋（イエス・キリスト　生没年不詳）
　西洋（キリスト）
　世西（イエス・キリスト　前4/7-後26/30）
　世東（イエス・キリスト）
　世百（イエスキリスト）
　全書（イエス・キリスト　前7頃?-後30?）
　大辞（イエス）
　大辞（イエス・キリスト）
　大辞（キリスト）
　大百（イエス・キリスト）
　デス（キリスト）
　伝世（イエス　前4頃-後29/30）
　百科（イエスキリスト）
　歴史（イエス　前4?-後30?）
　ロマ（イエス・キリスト）

Christ, Johann Friedrich 〈18世紀〉
ドイツの美術史家。銅版画、絵画、宝石に関する研究がある。
⇒西洋（クリスト　1700.4-1756.9.3）

Christensen, Arthur 〈19・20世紀〉
デンマークの言語学者。
⇒新美（クリステンセン, アルトゥール　1875-1940）
　世東（クリステンセン　1875-1945）
　二十（クリステンセン, アルトゥール　1875-1940）

Christian, Joseph 〈18世紀〉
ドイツの彫刻家。
⇒世美（クリスティアン, ヨーゼフ　1706-1777）

Christiansen, Broder 〈19・20世紀〉
ドイツの哲学者、美学者。カント哲学および新カント学派を批判しつつ、一種の形而上学的人

間学に到達。
⇒外国（クリスティアンゼン　1869-）
　名著（クリスティアンゼン　1869-1958）

Christina 〈17世紀〉
スウェーデン女王（1644～54）。グスタフ2世の娘。
⇒逸話（クリスティナ女王　1626-1689）
　岩ケ（クリスティナ　1626-1689）
　外国（クリスティーナ　1626-1689）
　角世（クリスティーナ　1626-1689）
　教皇（クリスティナ女王　1626-1689）
　キリ（クリスティーナ　1626.12.8-1689.4.19）
　広辞4（クリスティーナ　1626-1689）
　広辞6（クリスティーナ　1626-1689）
　国小（クリスティナ　1626.12.8-1689.4.19）
　コン2（クリスティナ　1626-1689）
　コン3（クリスティナ　1626-1689）
　新美（クリスティナ女王　1626.12.8-1689.4.19）
　人物（クリスチナ　1626.12.17-1689.4.19）
　西洋（クリスティーナ　1626.12.8/18-1689.4.19）
　世女日（クリスティーナ　1626-1689）
　世人（クリスティナ　1626-1689）
　世西（クリスティナ　1626.12.17-1689.4.19）
　世百（クリスティナ　1626-1689）
　全書（クリスティーナ（女王）　1626-1689）
　大百（クリスチナ（女王）　1626-1689）
　統治（クリスティーナ　（在位）1632-1654）
　百科（クリスティーナ　1626-1689）
　山世（クリスティーナ　1626-1689）
　歴史（クリスティナ女王　1626-1689）

Christo 〈20世紀〉
ブルガリア出身のアメリカの美術家。「物体の梱包」というユニークな発想で注目される存在となった。
⇒岩ケ（クリスト　1935-）
　才西（クリスト　1935-）
　現人（クリスト　1935.6.13-）
　コン3（クリスト　1935-）
　新美（クリスト　1935.6.13-）
　世芸（クリスト，ジャバチェフ　1935-）
　世美（クリスト　1935-）
　世百新（クリスト　1935-）
　全書（クリスト　1935-）
　大辞2（クリスト　1935-）
　大辞3（クリスト　1935-）
　ナビ（クリスト　1935-）
　二十（クリスト，ジョバチェフ　1935.6.13-）
　美術（クリスト　1935-）
　百科（クリスト　1935-）

Christophorus, St 〈3世紀〉
デキウス帝のときの殉教者。14救難聖人の一人で旅人の保護聖人。
⇒岩ケ（聖クリストフォルス　3世紀）
　キリ（クリストフォルス　3世紀頃?）
　国小（クリストフォルス　3世紀頃）
　コン2（クリストフォルス　3世紀頃）
　新美（クリストフォルス（聖））
　西洋（クリストフォルス　3世紀頃）
　世西（クリストフォルス　?-250頃）
　世美（クリストフォルス）
　全書（クリストフォルス　生没年不詳）
　大百（クリストフォルス　?-250?）
　百科（クリストフォルス　3世紀頃）

Christus, Petrus 〈15世紀〉
初期フランドルの画家。主要作品『聖エリギウス』（1449），『最後の審判』（1452）など。
⇒岩ケ（クリストゥス，ペトルス　1420頃-1473頃）
　キリ（クリステュス，ペトリュス　1410/15-1473頃）
　芸術（クリストゥス，ペトルス　1410-1472/73）
　国小（クリストゥス　1420頃-1472/73）
　コン2（クリストゥス（活躍）1422頃-1473頃）
　コン3（クリストゥス　1410/15-1473）
　新美（クリストゥス，ペトルス　1410/15-1473）
　西洋（クリストゥス　1420頃-1473）
　世美（クリストゥス　1400頃-1472）
　世美（クリストゥス，ペトルス　1410頃-1472/73）
　世百（クリストゥス　1420頃-1472/3）
　全書（クリストゥス　1410-1472/73）
　伝世（クリストゥス　1410頃-1472/3）
　百科（クリストゥス　1410頃-1473）

Christy, Howard Chandler 〈19・20世紀〉
アメリカの画家，イラストレーター。1900年パリでの国際展，91年バッファロー全米美術展で受賞。
⇒国小（クリスティ　1873.1.10-1952）
　西洋（クリスティ　1873.1.10-1952.3.4）

Chrysostomos, Jōhannēs 〈4・5世紀〉
コンスタンチノープルの大司教，説教家，聖書注釈家，聖人，教会博士。
⇒岩ケ（クリュソストモス，聖ヨアンネス　347頃-407）
　岩哲（ヨアンネス・クリュソストモス　344頃-407）
　外国（ヨハンネス・クリュソストモス　385頃-407）
　角世（ヨハネス・クリュソストモス　340/350-407）
　教育（クリュソストモス　347-407）
　キリ（クリュソストモス，ヨーアンネース　347頃-407.9.14）
　ギロ（クリュソストム（聖）　347頃-407）
　広辞6（ヨアンネス・クリュソストモス　347頃-407）
　国小（クリュソストモス　347-407.9.14）
　国百（クリュソストモス，ヨアンネス　347頃-407）
　コン2（クリュソストムス　347-407）
　コン3（クリュソストムス　347-407）
　集世（ヨアンネス・クリュソストモス　350頃-407）
　集世（ヨアンネス・クリュソストモス　350頃-407）
　新美（ヨアンネス・クリュソストモス（聖）　344/354-407）
　聖人（ヨハネス・クリュソストモス　347頃-407）
　西洋（クリュソストモス　354頃-407.9.14）
　世西（クリュソストム　347-407）
　世百（クリュソストモス　354頃-407）
　全書（ヨハネス・クリュソストモス　344/354-407）
　大辞（クリュソストモス　347-407）
　大辞3（クリュソストモス　347-407）
　大百（ヨハネス・クリュソストムス　349-407）
　伝世（クリュソストモス　354頃-407.9）
　名著（ヨアンネス　344/54-407）

ロマ（ヨアンネス・クリュソストモス（在任）398-404）

Chryssa〈20世紀〉
ギリシャ生れの美術家。
⇒新美（クリッサ、ヴァルダ　1933.12.30-）
　スパ（クリッサ　1933-）
　二十（クリッサ、ヴァルダ　1933.12.30-）
　美術（クリッサ　1933-）

Church, Frederick Edwin〈19世紀〉
アメリカの風景画家。主作品『ナイヤガラ瀑布』(1857)。
⇒岩ケ（チャーチ、フレデリック(・エドウィン)　1826-1900）
　芸術（チャーチ、フレデリック　1826-1900）
　コン3（チャーチ　1826-1900）
　新美（チャーチ、フレデリック=エドウィン　1826.5.4-1900.4.7）
　西洋（チャーチ　1826.5.4-1900.4.7）
　全書（チャーチ　1826-1900）

Church, Frederick Stuart〈19・20世紀〉
アメリカの挿絵画家。
⇒世児（チャーチ、フレデリック・スチュワート　1842-1924）

Churriguera, Alberto〈17・18世紀〉
スペインの建築家、彫刻家。
⇒コン2（チュリゲーラ・アルベルト　1676頃-1750）
　コン3（チュリゲーラ・アルベルト　1676頃-1750）

Churriguera, Joaquín〈17・18世紀〉
スペインの建築家、彫刻家。
⇒コン2（チュリゲーラ・ホアキン　1674-1720）
　コン3（チュリゲーラ・ホアキン　1674-1720）

Churriguerra, José Benito de〈17・18世紀〉
スペインの建築家、画家。「チュリゲリスム」と呼ばれる新様式を発展させた。
⇒岩ケ（チュリゲーラ、ドン・ホセ　1650-1725）
　国小（チュリゲラ　1665.3.21-1725.3.2）
　コン2（チュリゲーラ・ホセ　1665-1725）
　コン3（チュリゲーラ・ホセ　1665-1725）
　西洋（チュリゲラ　1650-1723）
　伝世（チュリゲラ　1665-1725）

Chute, John〈18世紀〉
イギリスの建築家。
⇒世美（チュート、ジョン　1701-1776）

Chwast, Jacqueline〈20世紀〉
アメリカのイラストレーター。
⇒児イ（Chwast, Jacqueline　クワスト, J. 1932-）

Chwast, Seymour〈20世紀〉
アメリカのイラストレーター。
⇒児イ（Chwast, Seymour　クワスト, S. 1931-）

Chwistek, Leon〈19・20世紀〉
ポーランドの哲学者、画家。主著 "The theory of constructive types"（1924～25）。
⇒コン3（フヴィステク　1884-1944）
　新美（フヴィステク、レオン　1884.1.31-1944.8.20）
　数学（クヴィステク　1884.7.13-1944.8）
　数学増（クヴィステク　1884.7.13-1944.8）
　西洋（クヴィステク　1884.7.13-1944.8）
　二十（フヴィステク、レオン　1884.1.31-1944.8.20）

Ciacelli, Arturo〈19・20世紀〉
イタリアの画家。
⇒世美（チャチェッリ、アルトゥーロ　1883-1966）

Ciardi, Guglielmo〈19・20世紀〉
イタリアの画家。
⇒世美（チャルディ、グリエルモ　1842-1917）

Ciardo, Vincenzo〈20世紀〉
イタリアの画家。
⇒世美（チャルド、ヴィンチェンツォ　1894-）

Cibber, Caius Gabriel〈17世紀〉
デンマークの彫刻家。代表作『荒れる狂気』(1677)など。
⇒国小（シバー　1630-1700）
　世美（シバー、カイ・ガブリエル　1630-1700）

Cicognara, Antonio〈15・16世紀〉
イタリアの画家、写本装飾画家。
⇒世美（チコニャーラ、アントーニオ　(記録)1480-1500）

Cicognara, Leopoldo〈18・19世紀〉
イタリアの美術史家。
⇒世美（チコニャーラ、レオポルド　1767-1834）

Cifariello, Filippo〈19・20世紀〉
イタリアの彫刻家。
⇒世美（チファリエッロ、フィリッポ　1864-1936）

Cifrondi, Antonio〈17・18世紀〉
イタリアの画家。
⇒世美（チフロンディ、アントーニオ　1657-1730）

Cignani, Carlo〈17・18世紀〉
イタリアの画家。ボローニャ派の最後の大家。代表作は『マリアの被昇天』。
⇒国小（チニャーニ　1628.5.15-1719.9.6）
　西洋（チニャーニ　1628.5.15-1719.9.6）
　世美（チニャーニ、カルロ　1628-1719）

Cignaroli, Giambettino〈18世紀〉
イタリアの画家。
⇒世美（チニャローリ、ジャンベッティーノ　1706-1770）

Cignaroli, Giandomenico〈18世紀〉
イタリアの画家。

⇒世美（チニャローリ，ジャンドメーニコ　1722-1793）

Cignaroli, Giuseppe〈18世紀〉
イタリアの画家。
⇒世美（チニャローリ，ジュゼッペ　1726-1796）

Cignaroli, Martino〈17・18世紀〉
イタリアの画家。
⇒世美（チニャローリ，マルティーノ　1649-1726）

Cignaroli, Scipione〈18世紀〉
イタリアの画家。
⇒世美（チニャローリ，シピオーネ　1715頃-1766）

Cignaroli, Vittorio Amedeo〈18世紀〉
イタリアの画家。
⇒世美（チニャローリ，ヴィットーリオ・アメデーオ　1730-1800）

Cigoli, Lodovico Cardi da〈16・17世紀〉
イタリアの画家，建築家。フィレンツェ絵画におけるバロック様式の創始者の一人。作品は『ノリ・メ・タンゲーレ（われにさわるな）』（1585）など。
⇒国小（チーゴリ　1559.9.21-1613.6.8）
　新美（チーゴリ，ロドヴィーコ・カルディ・ダ　1559.9.12-1613.6.8）
　西洋（チゴーリ　1559.9.12-1613.6.8）
　世美（チーゴリ　1559-1613）

Cimabue, Giovanni〈13・14世紀〉
イタリア・ルネサンス最初の画家。ジョットの師ともいわれる。作品はピサ大聖堂の祭室の大モザイクなど。
⇒岩ケ（チマブエ　1240頃-1302頃）
　旺世（チマブーエ　1240頃-1302頃）
　外国（チマブエ　1240頃-1300頃）
　角世（チマブーエ　1240?-1302）
　キリ（チマブーエ，ジョヴァンニ　1240/50-1302?）
　芸術（チマブエ，ジョヴァンニ　1240頃-1302頃）
　広辞4（チマブーエ　1240以後-1302）
　広辞6（チマブーエ　1240以後-1302）
　国小（チマブーエ　1240頃-1302以後）
　国百（チマブーエ，ジョバンニ　1240頃-1302以後）
　コン2（チマブエ　1240頃-1302頃）
　コン3（チマブエ　1240頃-1302頃）
　新美（チマブーエ，ジョヴァンニ　1240/50-1302/03）
　人物（チマブエ　1240頃-1302頃）
　西洋（チマブーエ　1240以後-1302以後）
　世西（チマブエ　1240-1302.7.4）
　世美（チマブーエ　（記録）1272-1302）
　世百（チマブーエ　1240頃-1302頃）
　全書（チマブーエ　1240/45-1302?）
　大辞（チマブーエ　1240頃-1302頃）
　大辞3（チマブーエ　1240頃-1302頃）
　デス（チマブエ　1240頃-1302頃）
　伝世（チマブエ　1250以前-?）
　百科（チマブエ　?-1302）
　評世（チマブエ　1240頃-1302頃）
　山世（チマブーエ　1240/50-1302/03）

Cimaroli, Giovanni Battista〈18世紀〉
イタリアの画家。
⇒世美（チマローリ，ジョヴァンニ・バッティスタ　?-1753以降）

Cingoli, Giulio〈20世紀〉
イタリアのイラストレーター。
⇒児イ（Cingoli, Giulio　チーンゴウリー, G.）

Cino, Giuseppe〈17・18世紀〉
イタリアの建築家。
⇒世美（チーノ，ジュゼッペ　1644-1722）

Cioli, Valerio〈16世紀〉
イタリアの彫刻家。
⇒世美（チョーリ，ヴァレーリオ　1529頃-1599）

Cipper, Giacomo Francesco〈18世紀〉
ドイツ系のイタリアの画家。
⇒世美（チッペル，ジャーコモ・フランチェスコ　18世紀前半）

Cipriani, Giovanni Battista〈18世紀〉
イタリアの画家，銅版画家。1756年渡英。68年ロンドンの王立アカデミー創立会員。
⇒岩ケ（チプリアーニ，ジャンバッティスタ　1727-1785）
　国小（チプリアーニ　1727-1785.12.14）
　西洋（チプリアーニ　1727-1785.12.14）
　世美（チプリアーニ，ジョヴァンニ・バッティスタ　1727-1785）

Cipriani, Sebastiano〈17・18世紀〉
イタリアの建築家。
⇒世美（チプリアーニ，セバスティアーノ　17-18世紀）

Ciriaco d'Ancona〈14・15世紀〉
イタリアの旅行家，人文主義者。
⇒世美（チリーアコ・ダンコーナ　1391-1452）

Ciriani, Henri〈20世紀〉
ペルー生れのフランスの建築家。
⇒二十（シリアニ，アンリ　1936-）

Ciseri, Antonio〈19世紀〉
イタリアの画家。
⇒世美（チーゼリ，アントーニオ　1821-1891）

Cittadini, Pier Francesco〈17世紀〉
イタリアの画家。
⇒世美（チッタディーニ，ピエル・フランチェスコ　1616-1681）

Ciuffagni, Bernardo〈14・15世紀〉
イタリアの彫刻家。
⇒世美（チュッファーニ，ベルナルド　1381-1457）

Čiurlionis, Mikalojus Konstantinas〈19・20世紀〉
リトアニアの画家，作曲家。

⇒音大（チュルリョーニス　1875.9.22-1911.4.10）
　角世（チュルリョーニス　1875-1911）
　広辞6（チュルリョーニス　1875-1911）
　集文（チュルリョーニス，ミカローユス・コンスタンティナス　1875.9.10-1911.3.28）
　世美（チュルリョーニス，ミカロユス・コンスタンチナス　1875-1911）
　二十（チュルリョーニス，M.K.　1875.9.22-1911.4.10）
　百科（チュルリョーニス　1875-1911）
　ロシ（チュルリョーニス　1875-1911）

Civerchio, Vincenzo 〈15・16世紀〉
イタリアの画家，建築家。
⇒世美（チヴェルキオ，ヴィンチェンツォ　1470頃-1544）

Civitali, Matteo 〈15・16世紀〉
イタリアの建築家，彫刻家。
⇒岩ケ（チヴィターリ，マッテーオ　1435-1510）
　新美（チヴィターリ・マッテオ　1436.6.5-1501.10.12）
　世美（チヴィターリ，マッテーオ　1436-1501）

Civitali, Nicolao 〈15・16世紀〉
イタリアの彫刻家，建築家。
⇒世美（チヴィターリ，ニコラーオ　1482-1560）

Claesson, Stig Johan 〈20世紀〉
スウェーデンの小説家，挿絵画家。
⇒集世（クラーソン，スティーグ　1928.6.2-）
　集文（クラーソン，スティーグ　1928.6.2-）

Claesz., Pieter 〈16・17世紀〉
ドイツ出身のオランダの画家。
⇒芸術（クラース，ピーテル　1590-1661）
　新美（クラースゾーン，ピーテル　1600頃-1660.12/61.1）
　世美（クラースゾーン，ピーテル　1597頃-1661）

Clara Assisiensis 〈12・13世紀〉
イタリアの修道女。アッシジのフランシスコの最初の女弟子。
⇒岩ケ（聖クララ（アッシジの）　1194-1253）
　看護（クララ　1194-1253）
　キリ（クラーラ（アッシージの）　1194-1253.8.11）
　広辞6（クララ　1193頃-1253）
　国小（クララ（アッシジの）　1194.7.16-1253.8.11）
　コン3（クララ　1194-1253）
　新美（クララ（聖）　1194.7.16-1253.8.11）
　人物（クララ　1194.7.16-1253.8.11）
　聖人（クララ〔アッシジの〕　1194頃-1253）
　西洋（クララ（アッシジの）　1194.7.16-1253.8.11）
　世女（クレール　1194-1253）
　世女日（クララ（アッシジの）　1194頃-1253）
　世美（クララ（アッシージの，聖）　1194-1253）
　世百（クララ　1194-1253）
　全書（クララ　1194-1253）
　大辞（クララ　1194-1253）
　大辞3（クララ　1194-1253）
　大百（クララ　1194-1253）
　百科（クララ　1194-1253）

Clark, Brenda 〈20世紀〉
カナダの女性挿絵画家。
⇒英児（Clark, Brenda　クラーク，ブレンダ　1955-）

Clark, Francine Clary 〈19・20世紀〉
アメリカの美術品収集家。
⇒岩ケ（クラーク夫妻（クラーク，フランシーン・クレアリー））
　世女日（クラーク，フランシーヌ　1876-1960）

Clark, John Willis 〈19・20世紀〉
イギリスの科学者，考古学者。ケンブリジ大学建築史の完成を委嘱されてから終始ケンブリジに尽くした。
⇒名著（クラーク　1833-1910）

Clark, Kenneth Mackenzie 〈20世紀〉
イギリスの美術史家，評論家。著書『風景画論』。
⇒イ文（Clark, Kenneth (Mackenzie), Baron　1903-1983）
　岩ケ（クラーク，ケネス・(マッケンジー・)クラーク，男爵　1903-1983）
　才世（クラーク，ケネス(・マッケンジー)　1903-1983）
　才西（クラーク，ケネス　1903-1983）
　現人（クラーク　1903.7.13-）
　広辞5（クラーク　1903-1983）
　広辞6（クラーク　1903-1983）
　国小（クラーク　1903-）
　コン3（クラーク　1903-1983）
　思想（クラーク，ケネス(マッケンジー)　1903-1983）
　集文（クラーク，ケネス　1903.7.13-1983.5.21）
　新美（クラーク，ケネス　1903.7.13-1983.5.21）
　西洋（クラーク　1903.7.13-）
　世美（クラーク，ケネス・マッケンジー　1903-1983）
　世百新（クラーク　1903-1983）
　世文（クラーク，ケネス　1903-1983）
　全書（クラーク　1903-1983）
　大辞2（クラーク　1903-1983）
　大辞3（クラーク　1903-1983）
　ナビ（クラーク　1903-1983）
　二十（クラーク，ケネス・M.　1903.7.13-1983.5.21）
　二十英（Clark, Kenneth (Mackenzie), Baron　1903-1983）
　百科（クラーク　1903-1983）

Clark, Robert Sterling 〈19・20世紀〉
アメリカの美術品収集家。
⇒岩ケ（クラーク夫妻（クラーク，ロバート・スターリング））

Clarke, Harriet 〈19世紀〉
イギリスの版画家。
⇒世女日（クラーク，ハリエット　?-1866）

Clarke, Harry 〈19・20世紀〉
イギリス，アイルランドの挿絵画家。
⇒幻想（クラーク，ハリー　1889-1930）
　幻文（クラーク，ハリー　1889-1931）

Clarke, Thomas Shields〈19・20世紀〉
アメリカの彫刻家、画家。1902年ナショナル・アカデミー会員。
⇒国小（クラーク　1860–1920）

Claudel, Camille〈19・20世紀〉
フランスの彫刻家。
⇒岩ケ（クローデル, カミーユ　1864–1943）
　世女（クローデル, カミーユ　1864–1943）
　世女日（クローデル, カミーユ　1864–1943）

Claudel, Paul Louis Charles Marie
〈19・20世紀〉
フランスの詩人、劇作家、外交官（駐日大使）。代表作は、『真昼に分つ』『五つの大オード』(1910)、『マリアへのお告げ』(1911)、『繻子の靴』(1925) など。
⇒岩ケ（クローデル, ポール　1868–1955）
　演劇（クローデル, ポール　1868–1955）
　音楽（クローデル, ポール　1868.8.6–1955.2.23）
　外国（クローデル　1868–）
　キリ（クローデル, ポール・ルイ・シャルル・マリー　1868.5.6–1955.2.23）
　現人（クローデル　1868.8.6–1955.2.23）
　広辞4（クローデル　1868–1955）
　広辞5（クローデル　1868–1955）
　広辞6（クローデル　1868–1955）
　国小（クローデル　1868.8.6–1955.2.23）
　国百（クローデル, ポール・ルイ・シャルル・マリー　1868.8.6–1955.2.23）
　コン2（クローデル　1868–1955）
　コン3（クローデル　1868–1955）
　集世（クローデル, ポール　1868.8.6–1955.2.23）
　集文（クローデル, ポール　1868.8.6–1955.2.23）
　新美（クローデル, ポール　1868.8.6–1955.2.23）
　人物（クローデル　1868.8.6–1955.2.23）
　西洋（クローデル　1868.8.6–1955.2.23）
　世宗（クローデル　1868–1955）
　世西（クローデル　1868.8.6–1955.2.23）
　世百（クローデル　1868–1955）
　世文（クローデル, ポール　1868–1955）
　全書（クローデル　1868–1955）
　大辞（クローデル　1868–1955）
　大辞2（クローデル　1868–1955）
　大辞3（クローデル　1868–1955）
　大百（クローデル　1868–1955）
　デス（クローデル　1868–1955）
　伝世（クローデル　1868.8.6–1955.2.23）
　ナビ（クローデル　1868–1955）
　二十（クローデル, ポール　1868.8.6–1955.2.23）
　日研（クローデル, ポール　1868.8.6–1955.2.23）
　日人（クローデル　1868–1955）
　百科（クローデル　1868–1955）
　名詩（クローデル, ポール　1868–1955）
　名著（クローデル　1868–1955）
　来日（クローデル　1868–1955）
　ラル（クローデル, ポール　1868–1955）

Claudion, Claude Michel〈18・19世紀〉
フランスの彫刻家。テラコッタの小像、大理石像を制作。主作品は『ニンフとサテュロス』。
⇒岩ケ（クロディオン　1738–1814）
　芸術（クロディオン, クロード　1738–1814）
　国小（クローディオン　1738–1814）

新美（クローディオン　1738.12.20–1814.3.28）
西洋（クロディヨン　1738.12.19–1814.3.28）
世美（クローディオン　1738–1814）
伝世（クロディヨン　1738.12.20–1814.3.28）
百科（クローディオン　1738–1814）

Claus, Carlfriedrich〈20世紀〉
ドイツ生れの画家。
⇒世芸（クラウス, カールフレドリッチ　1930–）

Claus, Emile〈19・20世紀〉
ベルギーの画家。印象派の影響を受け、外光派絵画を描いた。
⇒西洋（クラウス　1849.9.27–1924）

Clausen, George〈19・20世紀〉
イギリスの画家。代表作は『戸口に立つ少女』(1889)。
⇒芸術（クローゼン, ジョージ　1852–1944）
　国小（クローゼン　1852.4.18–1944.11.22）
　新美（クローゼン, ジョージ　1852.4.18–1944.11.23）
　西洋（クラウセン　1852–1944.11.22）
　世芸（クローゼン, ジョージ　1852–1944）
　世西（クローゼン　1852–1944）
　世美（クローゼン, ジョージ　1852–1944）
　二十（クローゼン, ジョージ　1852.4.18–1944.11.23）

Clavé, Antoni〈20世紀〉
スペインの画家。1954年ベネチアのビエンナーレ展でユネスコ賞を受けた。
⇒オ西（クラーヴェ, アントニ　1913–）
　新美（クラヴェー, アントニ　1913.4.5–）
　人物（クラーベ　1913.4.5–）
　スペ（クラベ　1913–2005）
　世芸（クラヴェ, アントニ　1913–1982）
　全書（クラベ　1913–）
　大百（クラベ　1913–）
　二十（クラベ, アントニ　1913.4.5–）

Claveloux, Nicole〈20世紀〉
アメリカのイラストレーター。
⇒児イ（Claveloux, Nicole）

Clays, Paul Jean〈19世紀〉
ベルギーの海洋画家。
⇒国小（クレー　1819.11.27–1900.2.9）

Clemen, Paul〈19・20世紀〉
ドイツの芸術史家。ライン地方の中世壁画の研究に貢献。
⇒西洋（クレーメン　1866.10.31–1947.7.8）

Clemente, Francesco〈20世紀〉
イタリアの画家。
⇒世芸（クレメンテ, フランチェスコ　1952–）
　大辞2（クレメンテ　1952–）
　大辞3（クレメンテ　1952–）
　二十（クレメンテ, フランチェスコ　1952–）

Clemente, Stefano〈18世紀〉
イタリアの彫刻家。

⇒世美（クレメンテ, ステーファノ 1719-1794）

Clerici, Fabrizio 〈20世紀〉
イタリアの画家, 挿絵画家, 舞台美術家。
⇒世美（クレーリチ, ファブリーツッオ 1913-）

Clerici, Felice 〈18世紀〉
イタリアの陶芸家。
⇒世美（クレーリチ, フェリーチェ 1719-1774）

Clérisseau, Charles Louis 〈18・19世紀〉
フランスの画家, 建築家。エカテリーナ2世に招かれ, ペテルブルグ博物館を建築。
⇒建築（クレリソー, シャルル＝ルイ 1722-1820）
新美（クレリッソー, シャルル＝ルイ 1721-1820.1.20）
西洋（クレリソー 1722-1820）
世美（クレリソー, シャルル＝ルイ 1722-1820）

Clésinger, Jean Baptiste 〈19世紀〉
フランスの彫刻家。サンドやショパンの胸像を作った。
⇒西洋（クレザンジェ 1814-1883）

Cleve, Cornelis 〈16世紀〉
ベルギーの画家。
⇒岩ケ（クレーヴェ, コルネリス 1520-1567）

Cleve, Joos van der Beke 〈15・16世紀〉
オランダの画家。代表作『マリアの臨終』『キリストへの嘆き』。
⇒岩ケ（クレーヴェ, ヨース・ファン・デル・ベーケ 1480頃-1540）
キリ（クレーヴェ, ヨース・ヴァン 1485頃-1540/41）
芸術（クレーフ, ヨース・ヴァン（父） ?-1540頃）
国小（クレーフ 1485頃-1540/1）
新美（クレーヴ, ヨース・ヴァン 1485頃-1540/41）
西洋（クレーフェ 1485頃-1540/1）
世美（ヨース・ヴァン・クレーフ 1480頃-1540）
世美（ファン・クレーフェ, ヨース 1485頃-1540）
百科（ファン・クレーフェ 1485頃-1540/41）

Cleyn, Franz 〈16・17世紀〉
ドイツの画家, 素描家。
⇒世美（クライン, フランツ 1582-1658）

Cliff, Clarice 〈20世紀〉
イギリスの陶芸家。
⇒岩ケ（クリフ, クラリス 1899-1972）
世女（クリフ, クラリス 1899-1972）
世女日（クリフ, クラリス 1899-1972）

Close, Chuck 〈20世紀〉
アメリカ生れの画家。
⇒最世（クロース, チャック 1940-）
世芸（クロース, チャック 1940-）

Clouet, François 〈16世紀〉
フランスの画家。J.クルーエの息子。
⇒岩ケ（クルエ, フランソワ 1516頃-1572）
キリ（クルエ, フランソワ 1505/10/15/16-1572.9.22）
芸術（クルーエ, フランソア 1510頃-1572）
国小（クルーエ 1505/10頃-1572.9.22）
コン2（クルーエ 1510頃-1572頃）
コン3（クルエ 1510頃-1572頃）
新美（クルーエ, フランソワ 1520以前-1572.9.22）
西洋（クルーエ 1516頃-1572.9.22）
世西（クルーエ 1516頃-1572.9.22）
世美（クルーエ, フランソワ 1510頃-1572）
世百（クルーエ, フランソワ 1516頃-1572）
全書（クルーエ 1505/10頃-1572）
大辞（クルーエ 1505頃-1572）
大辞3（クルーエ 1505頃-1572）
大百（クルーエ 1510頃-1572）
デス（クルーエ, フランソワ 1510頃-1572）
伝世（クルーエ, ジャン 1516頃-1572頃）
百科（クルーエ 1505/10-1572）

Clouet, Jean 〈15・16世紀〉
フランスの画家。F.クルーエの父。
⇒岩ケ（クルエ, ジャン 1485頃-1540/41）
外国（クルーエー 1485頃-1541）
キリ（クルエ, ジャン（ジャネー） 1485頃-1540頃）
芸術（クルーエ, ジャン 1485頃-1541/45）
国小（クルーエ 1485頃-1540/1）
コン2（クルエ 1485頃-1541）
コン3（クルエ 1485頃-1541）
新美（クルーエ, ジャン 1480/-5頃-1540/41）
西洋（クルーエ 1485頃-1541頃）
世西（クルーエ 1485頃-1540頃）
世美（クルーエ, ジャン 1475/80-1541）
世百（クルーエ, ジャン ?-1540/1）
全書（クルーエ 1485頃-1541頃）
大百（クルーエ 1485頃-1540頃）
デス（クルーエ, ジャン 1485頃-1545）
伝世（クルーエ, ジャン 1485頃-1541頃）

Clovio, Giorgio Giulio 〈15・16世紀〉
イタリア・ルネサンス期の画家, ミニアチュリスト。クロアチア生れの。主作品『詩篇』『ファルネーゼの時禱書』など。
⇒国小（クロビオ 1498-1578.10.3）
新美（クローヴィオ, ジューリオ 1498-1578.1.3/4）
西洋（クローヴィオ 1498-1578.1.4/3）

Coalson, Glo. 〈20世紀〉
アメリカのイラストレーター。
⇒児イ（Coalson, Glo.）

Coates, Wells 〈20世紀〉
イギリスの都市計画家, デザイナー。
⇒岩ケ（コーツ, ウェルズ・ウィントミュート 1895-1958）
国小（ウェルズ・コーツ 1895-）
世美（コーツ, ウェルズ 1895-1958）

Cobb, Henry Ives 〈19・20世紀〉
アメリカの建築家。シカゴのニューベリー図書

館，大学の諸建築物などを建築。
⇒西洋（コッブ　1859.8.19-1931.3.27）

Cobb, John 〈18世紀〉
イギリスの指物師，家具製作者。
⇒国小（コブ　?-1778）

Cober, Alan E. 〈20世紀〉
アメリカのイラストレーター。
⇒児イ（Cober, Alan E.　1935-）

Cobergher, Wenceslas 〈16・17世紀〉
フランドルの画家，建築家。
⇒国小（コベルゲール　1561頃-1634.11.24）

Coburn, John 〈20世紀〉
オーストラリアの芸術家，タペストリー・デザイナー。
⇒岩ケ（コバーン，ジョン　1925-）

Coccapani, Sigismondo 〈16・17世紀〉
イタリアの画家。
⇒世美（コッカパーニ，シジスモンド　1583-1642）

Cocceius Auctus, Lucius 〈前1世紀〉
古代ローマの建築家。
⇒世美（コッケイウス・アウクトゥス，ルキウス　前1世紀-後1世紀）

Cochin, Charles Nicolas, le Jeune 〈18世紀〉
フランスの銅版画家，評論家。古典主義を擁護してロココ様式を批判。
⇒新美（コシャン，シャルル＝ニコラ　1715.2.22-1790.4.29）
　西洋（コシャン　1715.2.22-1790.4.29）
　世美（コシャン，シャルル＝ニコラ（子）　1715-1790）

Cochin, Charles-Nicolas, le Père 〈17・18世紀〉
フランスの版画家。
⇒世美（コシャン，シャルル＝ニコラ（父）　1688-1754）

Cochin, Nicolas 〈17世紀〉
フランスの版画家。
⇒世美（コシャン，ニコラ　1610-1686）

Cock, Hieronymus 〈16世紀〉
フランドルの版画家，版画出版者，美術商。
⇒世美（コック，ヒエロニムス　1510頃-1570）
　百科（コック　1510-1570）

Cockerell, Charles Robert 〈18・19世紀〉
イギリスの建築家，考古学者。サミュエル・ピープス・コカレルの息子。ケンブリジ大学図書館（1830）など多くの公共建築物を作った。
⇒岩ケ（コカレル，チャールズ・ロバート　1788-1863）

建築（コッカレル，チャールズ・ロバート　1788-1863）
国小（コカラル　1788.4.28-1863.9.17）
新美（コッカレル，チャールズ・ロバート　1788.4.28-1863.9.17）
西洋（コッカレル　1788.4.28-1863.9.17）
世美（コッカレル，チャールズ・ロバート　1788-1863）
百科（コッカレル　1788-1863）

Cockerell, Samuel Pepys 〈18・19世紀〉
イギリスの建築家。
⇒岩ケ（コカレル，サミュエル・ピープス　1754-1827）
　世美（コカレル，サミュエル・ピープス　1754-1827）

CoConis, Ted. 〈20世紀〉
アメリカのイラストレーター。
⇒児イ（CoConis, Ted.）

Cocteau, Jean 〈19・20世紀〉
フランスの小説家，詩人。代表作は詩集『喜望峰』（1919），『平調楽』（1923），戯曲『人間の声』（1930），『オルフェ』（1927出版，1950映画化），『エディプス王』（1928），小説『山師トマ』（1923），映画『詩人の血』（1932）など。
⇒逸話　1889-1963）
　岩ケ（コクトー，ジャン　1889-1963）
　演劇（コクトー，ジャン　1889-1963）
　オペ（コクトー，ジャン　1889.7.5-1963.10.12）
　音楽（コクトー，ジャン　1889.7.5-1963.10.11）
　音大（コクトー　1889.7.5-1963.10.11）
　外国（コクトー　1889-）
　角世（コクトー　1889-1963）
　監督（コクトー，ジャン　1889.7.5-1963.11.11）
　キリ（コクトー，ジャン　1889.7.5-1963.10.11）
　現人（コクトー　1889.7.5-1963.10.11）
　幻想（コクトー，ジャン　1889-1963）
　広辞5（コクトー　1889-1963）
　広辞6（コクトー　1889-1963）
　国小（コクトー　1889.7.5-1963.10.11）
　国百（コクトー，ジャン　1889.7.5-1963.10.11）
　コン3（コクトー　1889-1963）
　最世（コクトー，ジャン　1889-1963）
　集世（コクトー，ジャン　1889.7.5-1963.10.11）
　集文（コクトー，ジャン　1889.7.5-1963.10.11）
　人物（コクトー　1889.7.5-1963.10.11）
　西洋（コクトー　1889.7.5-1963.10.11）
　世映（コクトー，ジャン　1889-1963）
　世芸（コクトー，ジャン　1889-1963）
　世人（コクトー　1889-1963）
　世西（コクトー　1889.7.5-1963.10.11）
　世俳（コクトー，ジャン　1889.7.5-1963.11.11）
　世百（コクトー　1889-1963）
　世百新（コクトー　1889-1963）
　世文（コクトー，ジャン　1889-1963）
　全書（コクトー　1889-1963）
　大辞2（コクトー　1889-1963）
　大辞3（コクトー　1889-1963）
　大百（コクトー　1889-1963）
　伝世（コクトー　1889-1963）
　ナビ（コクトー　1889-1963）
　二十（コクトー，ジャン　1889.7.5-1963.10.11）
　バレ（コクトー，ジャン　1889.7.5-1963.10.11）
　百科（コクトー　1889-1963）
　名詩（コクトー，ジャン　1889-1963）

名著（コクトー　1892-)
山世（コクトー　1889-1963）
ラル（コクトー，ジャン　1899-1963)

Codazzi, Viviano 〈17世紀〉
イタリアの画家。
⇒世美（コダッツィ，ヴィヴィアーノ　1603-1672)

Codde, Pieter 〈16・17世紀〉
オランダの画家。
⇒世美（コッデ，ピーテル　1599/1600-1678)

Coducci, Mauro 〈15・16世紀〉
イタリアの建築家。
⇒建築（コドゥッチ，マウロ（コドゥッシ，マウロ)
1440頃-1504)
新美（コドゥッチ，マウロ　1440頃-1504.4)
世美（コドゥッチ，マウロ　1440-1504)

Coecke van Aelst, Pieter 〈16世紀〉
フランドルの画家，建築家。装飾的な彫刻やオランダ・ルネサンス様式の建築を作った。
⇒西洋（クック・ファン・アールスト　1502.8.14-1550.12.6)
世美（ファン・アールスト，ピーテル　?-1532頃)
百科（クック　1502-1550)

Coehoorn, Menno van 〈17・18世紀〉
オランダの軍人，軍事技術者。築城技術の改革につとめた。
⇒コン2（クーホルン　1641-1704)
コン3（クーホルン　1641-1704)
人物（クーホルン　1641-1704.3.17)
西洋（クーホルン　1641-1704.3.17)
世美（クーホールン，メンノー　1641-1704)

Coello, Claudio 〈17世紀〉
スペイン，マドリード派最後の画家。代表作『聖体をあがめるカルロ2世』(1685〜90)。
⇒キリ（コエリョ，クラウディオ　1642.3-1693.4.20)
芸術（コエッリョ，クラウディオ　1630-1693)
国小（コエリョ　1635頃-1693.4.20)
新美（コエーリョ，クラウディオ　1642.3-1693.4.20)
西洋（コエリョ　1642/21頃-1693.4.20)
世美（コエーリョ，クラウディオ　1642-1693)

Coghetti, Francesco 〈19世紀〉
イタリアの画家。
⇒世美（コゲッティ，フランチェスコ　1804-1875)

Cohen, Henri 〈19世紀〉
フランスの古銭学者。ローマ時代やビザンティン時代の古銭に精通。
⇒世美（コアン，アンリ　1806-1880)
名著（コーエン　1808-1880)

Cohl, Émile 〈19・20世紀〉
フランス・パリ生れのアニメーション作家，漫画家。

⇒世映（コール，エミール　1857-1938)

Cohn, Jonas 〈19・20世紀〉
ドイツの哲学者，美学者。新ヘーゲル学派の立場に立ち，「批判的弁証法」を主張した。美学の分野では美的価値領域の境界設定を試みた。
⇒外国（コーン　1869-1947)
教育（コーン　1869-1947)
国小（コーン　1869.12.2-1947.1.12)
コン2（コーン　1869-1947)
コン3（コーン　1869-1947)
西洋（コーン　1869.12.2-1947.1.12)
世百（コーン　1869-1947)
全書（コーン　1869-1947)
二十（コーン，ジョナス　1869.12.2-1947.1.12)
百科（コーン　1869-1947)
名著（コーン　1869-1947)

Cohn-Wiener, Ernst 〈19・20世紀〉
ドイツの美術史家。主著は『造形芸術における様式発展史』。
⇒名著（コーン・ヴィーナー　1882-)

Coignard, James 〈20世紀〉
フランスの画家。
⇒世芸（コワニャール，ジェームズ　1928-)

Coke, Humphrey (Cooke, Humphrey) 〈15世紀〉
ゴシック期のイギリスの大工。
⇒建築（コック，ハンフリー（コーク，ハンフリー）
（活動）1496以降-1531)

Colabella, Vincent 〈20世紀〉
アメリカのイラストレーター。
⇒児イ（Colabella, Vincent)

Cola da Caprarola 〈15・16世紀〉
イタリアの建築家。
⇒新美（コーラ・ダ・カプラローラ)
世美（コーラ・ダ・カプラローラ　15世紀末-16世紀初頭)

Cola dell'Amatrice 〈15・16世紀〉
イタリアの建築家，画家。
⇒世美（コーラ・デッラマトリーチェ　1489-1559頃)

Colantonio 〈15世紀〉
イタリアの画家。
⇒新美（コラントーニオ)
世美（コラントーニオ　（活動）1440-1470頃)

Coldstream, Sir William 〈20世紀〉
イギリスの画家，芸術教師。
⇒岩ケ（コールドストリーム，サー・ウィリアム　1908-1987)

Cole, Babette 〈20世紀〉
イギリスの女性絵本作家。
⇒英児（Cole, Babette　コール，バベット　1949-)

児イ（Cole, Babette　コール，B.　1949– ）
児作（Cole, Babette　コール，バベット）

Cole, *Sir* Henry 〈19世紀〉
イギリスの公官史，産業美術運動の推進者。
⇒岩ケ（コール，サー・ヘンリー　1808–1882）
　芸術（コール，ヘンリー　1808–1882）
　国小（コール　1808.7.15–1882.4.18）
　世児（コール，ヘンリ　1808–1882）
　世百（コール　1808–1882）

Cole, Thomas 〈19世紀〉
アメリカの風景画家。ハドソン・リバー派の創設者。
⇒岩ケ（コール，トマス　1801–1848）
　芸術（コール，トマス　1801–1848）
　国小（コール　1801.2.1–1848.2.11）
　コン3（コール　1801–1848）
　新美（コール，トーマス　1801.2.1–1848.2.11）
　西洋（コール　1801.2–1848）
　世美（コール，トマス　1801–1848）
　全書（コール　1801–1848）
　大百（コール　1801–1848）
　百科（コール　1801–1848）

Cole, Timothy 〈19・20世紀〉
アメリカの版画家。ヨーロッパで制作した古画を写した木版画をシリーズとして出版。
⇒国小（コール　1852.4.6–1931.5.17）

Coleman, Enrico 〈19・20世紀〉
イタリアの画家。
⇒世美（コールマン，エンリーコ　1846–1911）

Coletti, Luigi 〈19・20世紀〉
イタリアの美術史家。
⇒世美（コレッティ，ルイージ　1886–1961）

Colin, Alexander 〈16・17世紀〉
フランドルの彫刻家。
⇒世美（コリン，アレクサンデル　1527/29–1612）

Colin, Alexandre Marie 〈18・19世紀〉
フランスの画家，石版画家。ロマン派に属す。
⇒西洋（コラン　1798.12.5–1875.11.23）

Colin, Paul 〈20世紀〉
フランスの画家，ポスター作家。
⇒新美（コラン，ポール　1892– ）
　世美（コラン，ポール　1892– ）
　二十（コラン，ポール　1892–?）

Colin, Paul Émile 〈19・20世紀〉
フランスの版画家。ルナールの『博物誌』，ゾラの『ジェルミナール』のための挿絵などが名高い。
⇒国小（コラン　1877–1947頃）

Colin, Raphaël 〈19・20世紀〉
フランスの画家。外光描写を取入れた甘美で落着いた画風を特色とする。
⇒芸術（コラン，ラファエル　1850–1916）

広辞4（コラン　1850–1916）
広辞5（コラン　1850–1916）
広辞6（コラン　1850–1916）
国小（コラン　1850–1917）
新美（コラン，ラファエル　1850.6.17–1916.10.20）
人物（コラン　1850–1916）
世芸（コラン，ラファエル　1850–1916）
世西（コラン　1850–1917）
世百（コラン，ラファエル　1850–1916）
世百（コラン　1850–1916）
全書（コラン　1850–1917）
大百（コラン　1850–1917）
デス（コラン　1850–1916）
ナビ（コラン　1850–1916）
二十（コラン，ラファエル　1850.6.17–1916.10.20）
百科（コラン　1850–1916）

Colla, Ettore 〈20世紀〉
イタリアの彫刻家。
⇒世美（コッラ，エットレ　1896–1968）

Collantes, Francisco 〈16・17世紀〉
スペインの画家。
⇒世美（コリャンテス，フランシスコ　1599頃–1656）

Collard, Derek 〈20世紀〉
イギリスのイラストレーター。
⇒児イ（Collard, Derek　コラード, D.）

Colle, Raffaello dal 〈15・16世紀〉
イタリアの画家。ラファエロの工房で助手として活動。
⇒国小（コルレ　1495頃–1566.11.17）

Collier, John 〈19・20世紀〉
イギリスの画家。キップリング像（1891），ハクスリ教授像（1891）等の作がある。
⇒西洋（コリアー　1850–1934）

Collignon, Léon Maxime 〈19・20世紀〉
フランスの考古学者。古典考古学に関する研究がある。
⇒外国（コリニョン　1849–1917）
　西洋（コリニョン　1849–1917）
　世美（コリニョン，レオン＝マクシム　1849–1917）
　名著（コリニョン　1849–1917）

Collington, Peter 〈20世紀〉
イギリスのイラストレーター。
⇒児イ（Collington, Peter　コリントン, P.）

Collingwood, William (Gershom) 〈19・20世紀〉
イギリスの芸術家，考古学者。
⇒岩ケ（コリンウッド，ウィリアム（・ガーショム）　1854–1932）

Collino, Ignazio Secondo 〈18世紀〉
イタリアの彫刻家。

⇒世美（コッリーノ, イニャーツィオ・セコンド 1724-1793）

Collins, Peter 〈20世紀〉
イギリス生れの画家。
⇒世芸（コリンズ, ピーター 1923-）

Collins, William 〈18・19世紀〉
イギリスの画家。
⇒世美（コリンズ, ウィリアム 1788-1847）

Collomb, Paul 〈20世紀〉
フランス生れの画家。
⇒世芸（コロン, ポール 1921-）

Collot, Marie-Anne 〈18・19世紀〉
フランスの女性彫刻家。
⇒世美（コロ, マリー＝アンヌ 1748-1821）

Colman, Samuel 〈19・20世紀〉
アメリカの風景画家。代表作は『ウェスタン・プレインズの船』『コロラド山景』など。
⇒国小（コールマン 1832.3.4-1920.3.27）

Colmar, Fon der Goltz 〈20世紀〉
ドイツの写真家。
⇒世芸（コルマー, フォン・デール・ゴルツ 1944-）

Colombe, Jean 〈15世紀〉
フランスの写本装飾画家。
⇒新美（コロンブ, ジャン 1430/35-1493）
　世美（コロンブ, ジャン 15世紀前半-1493?）
　百科（コロンブ 1430/35頃-1493）

Colombe, Michael 〈15・16世紀〉
フランスの彫刻家。作品は『聖ジョルジョ』の浮彫り（1508）がある。
⇒広辞4（コロンブ 1430頃-1512頃）
　広辞6（コロンブ 1430頃-1512頃）
　国小（コロンブ 1430-1512）
　新美（コロンブ, ミシェル 1430頃-1512/14）
　西洋（コロンブ 1430頃-1512）
　世西（コロンブ 1430-1512）
　世美（コロンブ, ミシェル 1430頃-1512）

Colombo, Gianni 〈20世紀〉
イタリアの美術家。
⇒美術（コロンボ, ジャンニ 1937-）

Colombo, Joe 〈20世紀〉
イタリアの建築家, デザイナー。
⇒岩ケ（コロンボ, ジョー・チェーザレ 1931-1971）
　世美（コロンボ, ジョー 1930-1971）

Colonna, Angelo Michele 〈17世紀〉
イタリアの画家。
⇒世美（コロンナ, アンジェロ・ミケーレ 1600頃-1687）

Colonna, Francesco 〈15・16世紀〉
イタリアの文筆家。
⇒新美（コロンナ, フランチェスコ 1433-1527）
　西洋（コロンナ 1433/49-1529）

Colquhoun, Ithell 〈20世紀〉
イギリスの画家。
⇒世女日（コフーン, イセル 1906-1988）

Colquhoun, Robert 〈20世紀〉
イギリスの画家。
⇒岩ケ（カフーン, ロバート 1914-1962）
　世美（カフーン, ロバート 1914-1962）

Coltellini, Michele di Luca dei 〈15・16世紀〉
イタリアの画家。
⇒世美（コルテッリーニ, ミケーレ・ディ・ルーカ・デイ 1480頃-1542頃）

Colter, Mary Elizabeth 〈19・20世紀〉
アメリカの建築家。
⇒世女日（コルター, メアリー・エリザベス 1869-1949）

Colville, Alexander 〈20世紀〉
カナダの画家。
⇒岩ケ（コルヴィル, アレグザンダー 1920-）

Colvin, Sir Sidney 〈19・20世紀〉
イギリスの文学, 美術批評家。1884～1912年大英博物館の絵画部長。
⇒国小（コルビン 1845.6.18-1927.5.11）
　集文（コルヴィン, シドニー 1845.6.18-1927.5.11）
　西洋（コルヴィン 1845.7.18-1927）

Comans, Marc 〈16・17世紀〉
フランスのタピスリー制作家。
⇒世美（コマンス, マルク 1563-1643頃）

Combi, Enrico 〈19・20世紀〉
イタリアの建築家。
⇒世美（コンビ, エンリーコ 1832-1906）

Commodus, Lucius Aelius Aurelius 〈2世紀〉
ローマ皇帝（在位180～192）。晩年は逸楽にふけり, 愛人マリキアらの陰謀で絞殺された。
⇒岩ケ（コンモドゥス, ルキウス・アウレリウス 161-192）
　外国（コンモドゥス 161-192）
　キリ（コンモドゥス, ルーキウス・アエリウス・アウレーリウス 161-192.12.31）
　ギロ（コンモドゥス 161-192）
　皇帝（コンモドゥス 161-192）
　国小（コンモドゥス 161-192）
　コン2（コンモドゥス 161-192）
　コン3（コンモドゥス 161-192）
　新美（コンモドゥス帝 161.8.31-192.12.31）
　人物（コンモドゥス 161.8.31-192.12.31）
　西洋（コンモドゥス 161.8.31-192.12.31）

世西（コンモドゥス　161.8.31-192.12.31）
世百（コンモドゥス　161-192）
全書（コンモドゥス　161-192）
大百（コンモドゥス　161-192）
統治（コンモドゥス(M.アウレリウス・コンモドゥス・アントニヌス）（在位）180-192）
百科（コンモドゥス　161-192）

Comolli, Giovan Battista〈18・19世紀〉
イタリアの彫刻家。
⇒世美（コモッリ，ジョヴァン・バッティスタ　1775-1830）

Comper, Sir John Ninian〈19・20世紀〉
イギリスの教会建築家。
⇒オ西（コンパー，ジョン・ニニアン　1864-1960）

Compere, Janet〈20世紀〉
アメリカのイラストレーター。
⇒児イ（Compere, Janet　コンペール, J.）

Conant, Kenneth John〈20世紀〉
アメリカの考古学者，建築史家。クリュニー修道院遺構の発掘調査にあたり（1927～），三期にわたる建築や浮彫装飾の復原に努めた。
⇒西洋（コナント　1894.6.28-）

Conca, Sebastiano〈17・18世紀〉
イタリアの画家。鮮かな色彩による壮大な構図の絵を描いた。
⇒国小（コンカ　1676/80-1764）
西洋（コンカ　1676頃-1761）
世美（コンカ，セバスティアーノ　1680-1764）

Conconi, Luigi〈19・20世紀〉
イタリアの画家，建築家。
⇒世美（コンコーニ，ルイージ　1852-1917）

Conconi, Mauro〈19世紀〉
イタリアの画家。
⇒世美（コンコーニ，マウロ　1815-1860）

Conder, Charles〈19・20世紀〉
イギリスの画家。ワトーおよび東洋美術の影響を受け，真珠色を主調とする繊細で優美な装飾的様式を発展させた。
⇒岩ケ（コンダー，チャールズ・エドワード　1868-1909）
国小（コンダー　1868.10.24-1909.2.9）
西洋（コンダー　1868.10.24-1909.2.9）
世美（コンダー，チャールズ　1868-1909）

Conder, Josiah〈19・20世紀〉
イギリスの建築家。1876年来日。日本の近代建築の発展に多大の貢献をなした。主要作品『旧帝室博物館』（1878～82），『鹿鳴館』（81～83）など。
⇒科学（コンドル　1852.9.28-1920.6.21）
科史（コンドル　1852-1920）
広辞4（コンドル　1852-1920）

広辞5（コンドル　1852-1920）
広辞6（コンドル　1852-1920）
国史（コンドル　1852-1920）
国小（コンダー　1852.9.28-1920.6.21）
コン2（コンドル　1852-1920）
コン3（コンドル　1852-1920）
新美（コンドル，ジョサイア　1852.9.28-1920.6.21）
人物（コンドル　1852.9.28-1920.6.21）
西洋（コンドル　1852.9.28-1920.6.21）
世西（コンドル　1852.9.28-1920.6.15）
世百（コンダー　1852-1920）
全書（コンドル　1852-1920）
大辞（コンドル　1852-1920）
大辞2（コンドル　1852-1920）
大辞3（コンドル　1852-1920）
大百（コンドル　1852-1920）
デス（コンドル　1852-1920）
ナビ（コンドル　1852-1920）
二十（コンドル，ジョサイア　1852.9.28-1920.6.21）
日研（コンドル，ジョサイア　1852.9.28-1920.6.21）
日人（コンドル　1852-1920）
百科（コンドル　1852-1920）
来日（コンドル　1852-1920）

Condivi, Ascanio〈16世紀〉
イタリアの画家，彫刻家。ミケランジェロの伝記（1553）の著者。
⇒新美（コンディーヴィ，アスカーニオ　1525頃-1574.12.10）
西洋（コンディーヴィ　1525頃-1574.12.10）
世美（コンディーヴィ，アスカーニオ　1525頃-1574）
名著（コンディヴィ　1525頃-1574）

Cone, Claribel〈19・20世紀〉
アメリカの美術収集家。
⇒岩ケ（コーン姉妹（コーン，クラリベル））
世女日（コーン姉妹　1864-1929）

Cone, Etta〈19・20世紀〉
アメリカの美術収集家。
⇒岩ケ（コーン姉妹（コーン，エッタ））
世女日（コーン姉妹　1870-1949）

Conegliano, Giovanni Battista da〈15・16世紀〉
イタリアの歴史画家。
⇒キリ（チーマ・ダ・コネリアーノ　1459頃-1517/18.9.3）
芸術（コネリアノ，ダ　1459/60-1517/18）
国小（チマ　1459頃-1517?）
新美（チーマ・ダ・コカネリアーノ　1459頃-1517/18）
西洋（コネリヤーノ　15世紀頃-1517以後）
西洋（チーマ　1459頃-1517/8.9.3）
世西（コネリアーノ　1459-1517）
世美（チーマ・ダ・コネリアーノ　1459頃-1517頃）

Conestabile della Staffa, Gian Carlo〈19世紀〉
イタリアの考古学者。
⇒世美（コネスタービレ・デッラ・スタッファ，

ジャン・カルロ 1824–1877）

Conforto, Gian Giacomo 〈17世紀〉
イタリアの建築家。
⇒世美（コンフォルト, ジャン・ジャーコモ ?–1631）

Coninxloo, Gillis van 〈16・17世紀〉
フランドルの風景画家。
⇒国小（コニンクスロー 1544.1.24–1607.1.4）
新美（コニンクスロー, ヒリス・ヴァン 1544.1.24–1607.1.4）
世美（ファン・コーニンクスロー, ヒリス 1544頃–1607）
百科（ファン・コニンクスロー 1544–1607）

Connel, Amyas Douglas 〈20世紀〉
イギリスの建築家。
⇒世美（コネル, エイミアス・ダグラス 1901–1980）

Conner, Bruce 〈20世紀〉
アメリカ生れの映像作家, 立体作家。
⇒世映（コナー, ブルース 1933–）
美術（コナー, ブルース 1933–）

Connolly, Jerome Patrick 〈20世紀〉
アメリカのイラストレーター。
⇒児イ（Connolly, Jerome Patrick コナリー, J.P.）

Conover, Chris 〈20世紀〉
アメリカのイラストレーター。
⇒児イ（Conover, Chris コノーヴァー, C. 1950–）

Conrad, Tony 〈20世紀〉
アメリカ生れの映像作家, 映画音楽作曲家。
⇒世映（コンラッド, トニー 1940–）

Conran, Jasper 〈20世紀〉
イギリスのファッション・デザイナー。
⇒岩ケ（コンラン, ジャスパー 1959–）

Conran, Shirley 〈20世紀〉
イギリスの作家, 編集者, デザイナー。
⇒海作4（コンラン, シャーリー 1932.9.21–）
世女（コンラン, シャーリー(アイダ) 1932–）
二十英（Conran, Shirley 1932–）

Conran, Sir Terence (Orby) 〈20世紀〉
イギリスのデザイナー, 実業家。
⇒岩ケ（コンラン, サー・テレンス(・オービー) 1931–）

Cons, Emma 〈19・20世紀〉
イギリスの工芸家, 住宅改善運動家。オールド・ヴィック劇場の創設者。
⇒世女（コンズ, エマ 1838–1912）

Consagra, Pietro 〈20世紀〉
イタリアの彫刻家。第二次大戦後のイタリア彫刻を代表する一人。
⇒新美（コンサグラ, ピエトロ 1920–）
西洋（コンサグラ 1920.10.4–）
世芸（コンサグラ, ピエトロ 1920–）
世美（コンサグラ, ピエトロ 1920–）
二十（コンサグラ, ピエトロ 1920–）

Consolo 〈13世紀〉
イタリアの画家。
⇒世美（コンソロ （活動）13世紀後半）

Constable, John 〈18・19世紀〉
イギリスの風景画家。ドラクロアやのちの印象派の画家達に多大の影響を与えた。
⇒イ文（Constable, John 1776–1837）
岩ケ（コンスタブル, ジョン 1776–1837）
英米（Constable, John コンスタブル 1776–1837）
旺世（コンスタブル 1776–1837）
外国（コンステーブル 1776–1837）
角世（コンスタブル 1776–1837）
芸術（カンスタブル, ジョン 1776–1837）
広辞4（コンスタブル 1776–1837）
広辞6（コンスタブル 1776–1837）
国小（コンスタブル 1776.6.11–1837.3.31）
国百（コンスタブル, ジョン 1776.6.11–1837.3.31）
コン2（コンスタブル 1776–1837）
コン3（コンスタブル 1776–1837）
集文（コンスタブル, ジョン 1776.6.11–1837.5.30）
新美（カンスタブル, ジョン 1776.6.11–1837.5.30）
人物（コンスタブル 1776.6.11–1837.5.30）
西洋（コンスタブル 1776.6.11–1837.5.30）
世西（コンスタブル 1776.6.11–1837.5.30）
世美（コンスタブル, ジョン 1776–1837）
世百（コンスタブル 1776–1837）
全書（コンスタブル 1776–1837）
大辞（コンスタブル 1776–1837）
大辞3（コンスタブル 1776–1837）
大百（コンスタブル 1776–1837）
デス（コンスタブル 1776–1837）
伝世（コンスタブル 1776.6.11–1837.3.31）
百科（コンスタブル 1776–1837）
評世（コンスタブル 1776–1837）

Constant, Benjamin-Jean-Joseph 〈19・20世紀〉
フランスの画家。ソルボンヌ, パリ市庁舎, オペラ・コミック座の壁画の作者。
⇒国小（コンスタン 1845.6.10–1902.5.26）

Constantinus I, Flavius Valerius 〈3・4世紀〉
ローマ皇帝（在位306〜337）。帝国の再建者。
⇒逸話（コンスタンティヌス1世 274–337）
岩ケ（コンスタンティヌス1世 274頃–337）
旺世（コンスタンティヌス(1世) 274頃–337）
外国（コンスタンティヌス大帝 274頃–337）
角世（コンスタンティヌス1世 272/273–337）
教育（コンスタンティヌス 274?–337）
キリ（コンスタンティーヌス1世・フラーウィウ

ス・ウァレリウス・アウレーリウス　280頃-
　　337）
　　ギロ（コンスタンティヌス1世　280頃-337）
　　広辞4（コンスタンティヌス一世　280頃-337）
　　広辞6（コンスタンティヌス一世　280頃-337）
　　皇帝（コンスタンティヌス1世　280/8頃-337）
　　国小（コンスタンチヌス大帝（1世）　272.2.17?-
　　337）
　　国百（コンスタンチヌス大帝　272.2.17頃-
　　337.5.22）
　　コン2（コンスタンティヌス1世　280頃-337）
　　コン3（コンスタンティヌス1世　280頃-337）
　　新美（コーンスタンティーヌス大帝（一世）　280
　　頃-337.5.22）
　　人物（コンスタンチヌス一世（大帝）　274頃-
　　337.5.22）
　　西洋（コンスタンティヌス一世（大帝）　274頃-
　　337.5.22）
　　世人（コンスタンティヌス1世（大帝）　280頃-
　　337）
　　世西（コンスタンティヌス一世（大帝）
　　288.2.27-337.5.22）
　　世百（コンスタンティヌス1世　274頃-337）
　　全書（コンスタンティヌス一世　274?-337）
　　大辞（コンスタンティヌス一世　280頃-337）
　　大辞3（コンスタンチヌス一世　280頃-337）
　　大百（コンスタンティヌス一世　274?-337）
　　デス（コンスタンティヌス1世　274頃-337）
　　伝世（コンスタンティヌス1世　274頃-337）
　　統治（コンスタンティヌス一世，大帝（Fl.ウォレ
　　リウス・コンスタンティヌス）（在位）307-
　　337）
　　百科（コンスタンティヌス1世　280頃-337）
　　評世（コンスタンチヌス大帝（1世）　274頃-337）
　　山世（コンスタンティヌス大帝（1世）　274?-
　　337）
　　歴史（コンスタンティヌス1世　274-337）
　　ロマ（コンスタンティヌス1世（大帝）（在
　　位）306-337）

Contamin, Victor〈19世紀〉
フランスの土木技術者。
⇒建築（コンタマン，ヴィクトール　1840-1893）
　世美（コンタマン，ヴィクトール　1840-1893）

Contant d'Ivry, Pierre〈17・18世紀〉
フランスの建築家。パリのパンテモン修道院
（1747～56）などを建築。
⇒建築（コンタン・ディヴリー（ピエール・コンタ
　　ン（通称））　1698-1777）
　西洋（コンタン・ディヴリ　1698-1777）
　世美（コンタン・ディヴリー　1698-1777）

Contarini, Giovanni〈16・17世紀〉
イタリアの画家。
⇒世美（コンタリーニ，ジョヴァンニ　1549-1604
　頃）

Contenau, Georges〈19・20世紀〉
フランスの考古学者。ルーヴル博物館古代オリ
エント部長（1937）。
⇒キリ（コントノー，ジョルジュ　1877-1964）
　新美（コントノー，ジョルジュ　1877.4.9-
　1964.3.22）
　西洋（コントノー　1877-1964）
　二十（コントノー，ジョルジュ　1877.4.9-
　1964.3.22）
　名著（コントノー　1877-）

Conti, Angelo〈19・20世紀〉
イタリアの著述家，美術批評家。
⇒世美（コンティ，アンジェロ　1860-1930）

Conti, Bernardino de'〈15・16世紀〉
イタリアの画家。
⇒世美（コンティ，ベルナルディーノ・デ　1450-
　1525頃）

Conti, Giovanni Maria〈17世紀〉
イタリアの画家。
⇒世美（コンティ，ジョヴァンニ・マリーア　1614-
　1670）

Conti, Primo〈20世紀〉
イタリアの画家。
⇒世美（コンティ，プリーモ　1900-）

Contini, Gianbattista〈17・18世紀〉
イタリアの建築家。
⇒世美（コンティーニ，ジャンバッティスタ
　1641-1723）

Contino, Antonio〈16世紀〉
イタリアの建築家。
⇒世美（コンティーノ，アントーニオ　16世紀後半）

Contreras, Jerry〈20世紀〉
アメリカのイラストレーター。
⇒児イ（Contreras, Jerry　コントレイラース，J.）

Conway of Allington, Sir William Martin〈19・20世紀〉
イギリスの美術史家。登山家。ヨーロッパ各地
を歴訪し，10万枚に及ぶ美術品の写真と複製を
収集。
⇒外国（コンウェー卿　1856-1937）
　国小（コンウェー　1856.4.12-1937.4.19）
　コン2（コンウェー　1856-1937）
　コン3（コンウェー　1856-1937）
　西洋（コンウェー・オヴ・アリントン　1856-
　1937）
　全書（コンウェー　1856-1937）
　二十（コンウェイ，ウイリアム・マーティン
　1856-1937）
　名著（コンウェイ　1856-1937）

Conze, Alexander〈19・20世紀〉
ドイツの考古学者。サモトラケ，ペルガモンを
発掘し，ドイツ考古学研究所総書記長（1887～
1905）。
⇒外国（コンツェ　1831-1914）
　コン2（コンツェ　1831-1914）
　コン3（コンツェ　1831-1914）
　西洋（コンツェ　1831.12.10-1914.7.19）
　世美（コンツェ，アレクサンダー　1831-1914）

Conze, Werner〈20世紀〉
西ドイツの歴史家。『歴史家としてのライプ

ニッツ』(1951)などのほか, 多数の論文, 編著がある。
⇒現人（コンツェ　1910.12.31-）
　世美（コンツェ, アレクサンダー　1831-1914）

Cook, Beryl〈20世紀〉
イギリス生れの画家。
⇒世芸（クック, ベリル　1926-）

Cook, Peter〈20世紀〉
イギリスの建築家。
⇒二十（クック, ピーター　1936-）

Cooke, Anna Charlotte〈19・20世紀〉
アメリカの美術館創設者。
⇒世女日（クック, アンナ・シャーロット　1853-1934）

Cookworthy, William〈18世紀〉
イギリスの磁器製造業者。
⇒岩ケ（クックワージー, ウィリアム　1705-1780）

Cooley, Lydia〈20世紀〉
アメリカのイラストレーター。
⇒児イ（Cooley, Lydia　クーリー, L.）

Coolidge, Charles Allerton〈19・20世紀〉
アメリカの建築家。
⇒世美（クーリッジ, チャールズ・アラートン　1858-1936）

Coomaraswamy, Ananda Kentish〈19・20世紀〉
セイロン出身のインド芸術の評論家, 美術史家, 宗教学者, 神話学者。主著『中世シンハリ美術』など。
⇒コン3（クマーラスワーミー　1877-1947）
　集文（クーマーラスワーミィ, アーナンダ・K.　1877.8.22-1947.9.9）
　新美（クマーラスワーミー, アーナンダ　1877-1947）
　世宗（クーマラスワミー　1877-1947）
　二十（クーマラスワミー, A.K.　1877-1947）
　二十英（Coomaraswamy, Ananda K.　1877-1947）

Coombs, Patricia〈20世紀〉
アメリカのイラストレーター。
⇒児イ（Coombs, Patricia　クームス, P.　1926-）

Cooney, Barbara〈20世紀〉
アメリカの絵本作家, 児童書挿絵画家。
⇒英児（Cooney, Barbara　クーニー, バーバラ　1917-2000）
　児イ（Cooney, Barbara　クーニー, B.　1917-）
　児文（クーニー, バーバラ　1917-）
　世女日（クーニー, バーバラ　1917-2000）
　二十（クーニー, バーバラ　1917-）

Cooper, Alexander〈17世紀〉
イギリスの画家。S.クーパーの兄。
⇒国小（クーパー　1609以前-1660）

Cooper, Douglas〈20世紀〉
イギリスの美術批評家, 美術史家。
⇒世美（クーパー, ダグラス　1911-）

Cooper, Kyle〈20世紀〉
アメリカ生れの映画タイトル・デザイナー。
⇒世映（クーパー, カイル　1963-）

Cooper, Samuel〈17世紀〉
イギリスの肖像画家。A.クーパーの弟。
⇒国小（クーパー　1609-1672.5.5）
　新美（クーパー, サミュエル　1609-1672.5.5）
　世西（クーパー　1609-1672）
　世美（クーパー, サミュエル　1609-1672）

Cooper, Susie〈20世紀〉
イギリスの陶磁器デザイナー, 陶磁器製造業者。
⇒岩ケ（クーパー, スージー　1902-1995）
　世女（クーパー, スージー　1902-1995）
　世女日（クーパー, スージー　1902-1995）

Coornhert, Dirck Volckertszoon〈16世紀〉
オランダの詩人, 散文家, 政治家, 彫刻家, 神学者, 哲学者。多くの神学雑誌に論文を書き, またホメロス, キケロ, ボッカチオの作品を翻訳。
⇒キリ（コールンヘルト, ディルク・ヴォルケルツゾーン(ディリク・ヴォルカーツ)　1522-1590.10.29）
　国小（コールンヘルト　1522-1590.10.29）
　西洋（コールンヘルト　1522-1590.10.29）

Coorte, Adriaen〈17世紀〉
オランダの画家。
⇒世美（コールテ, アドリアーン　(活動)17世紀末）

Cope, Sir Arthur Stockdale〈19・20世紀〉
イギリスの画家。主として肖像画を描いた。
⇒西洋（コープ　1857-1940）

Cope, Charles West〈19世紀〉
イギリスの画家。
⇒世美（コープ, チャールズ・ウェスト　1811-1890）

Coper, Hans〈20世紀〉
ドイツの陶芸家。
⇒岩ケ（コーパー, ハンス　1920-1981）

Copley, John Singleton〈18・19世紀〉
アメリカの画家。代表作『ピアンソン少佐の死』(1783)など。
⇒岩ケ（コプリー, ジョン・シングルトン　1738-1815）
　英米（Copley, John Singleton　コプリー　1738-1815）
　芸術（コプリー, ジョン・シングルトン　1738-1815）

国小（コプリー　1738.7.3-1815.9.9）
コン2（コプレー　1738-1815）
コン3（コプレー　1738-1815）
新美（コープリィ，ジョン・シングルトン　1738.7.3-1815.9.9）
西洋（コプリ　1737.7.3-1815.9.9）
世美（コープリー，ジョン・シングルトン　1738-1815）
全書（コープリー　1738-1815）
大百（コープリー　1738-1815）

Coppedè, Gino 〈19・20世紀〉
イタリアの建築家，彫刻家。
⇒世美（コッペデ，ジーノ　1866-1927）

Coppo di Marcovaldo 〈13世紀〉
イタリアの画家。
⇒新美（コッポ・ディ・マルコヴァルド　1225/30-1280頃）
世美（コッポ・ディ・マルコヴァルド　1225/30-1280頃）

Coques, Gonzales 〈17世紀〉
オランダ（フランドル）の画家。家族群像や肖像を描いた。
⇒西洋（コクス　1614.12.8-1684.4.18）
世美（コック，ゴンザレス　1618-1684）

Corbaux, Fanny 〈19世紀〉
イギリスの画家。
⇒世女日（コルボー，ファニー　1812-1883）

Corbet, Charles-Louis 〈18・19世紀〉
フランスの彫刻家。
⇒世美（コルベ，シャルル=ルイ　1758-1808）

Corbett, Harvey Wiley 〈19・20世紀〉
アメリカの建築家。
⇒世美（コーベット，ハーヴィ・ウィリー　1873-1954）

Corbineau, Étienne 〈17世紀〉
フランスの建築家。
⇒世美（コルビノー，エティエンヌ　17世紀）

Corbineau, Jacques 〈17世紀〉
フランスの建築家。
⇒世美（コルビノー，ジャック　?-1634以前）

Corbineau, Pierre 〈17世紀〉
フランスの建築家。
⇒世美（コルビノー，ピエール　1600-1678）

Corcos, Vittorio Matteo 〈19・20世紀〉
イタリアの画家。
⇒世美（コルコス，ヴィットーリオ・マッテーオ　1859-1933）

Cordier, Nicolas 〈16・17世紀〉
フランスの彫刻家。
⇒世美（コルディエ，ニコラ　1567-1612）

Corenzio, Belisario 〈16・17世紀〉
ギリシア出身のイタリアの画家。
⇒世美（コレンツィオ，ベリザーリオ　1558頃-1640頃）

Corey, Robert 〈20世紀〉
アメリカのイラストレーター。
⇒児イ（Corey, Robert　コウリー, R.）

Corinth, Lovis 〈19・20世紀〉
ドイツの画家。ドイツ印象派の代表的存在。
⇒岩ケ（コリント，ルイス　1858-1925）
オ西（コリント，ロヴィス　1858-1925）
キリ（コリント，ローヴィス　1858.7.21-1925.7.17）
芸術（コリント，ロヴィス　1858-1925）
国小（コリント　1858.7.21-1925.7.17）
コン2（コリント　1858-1925）
コン3（コリント　1858-1925）
新美（コリント，ロヴィス　1858.7.21-1925.7.17）
人物（コリント　1858.7.21-1925.7.17）
西洋（コリント　1858.7.21-1925.7.17）
世芸（コリント，ロヴィス　1858-1925）
世西（コリント　1858-1925）
世美（コリント，ロヴィス　1858-1925）
世百（コリント　1858-1925）
全書（コリント　1858-1925）
大百（コリント　1858-1925）
二十（コリント，ロヴィス　1858.7.21-1925.7.17）
百科（コリント　1858-1925）

Cormont, Fernand-Anne-Piestre 〈19・20世紀〉
フランスの画家。歴史画，肖像画を描いた。ゴッホ，ロートレックなどが彼の教育を受けた。
⇒国小（コルモン　1845-1924.3.20）

Cormont, Thomas de 〈13世紀〉
フランスの建築家。1228年頃ノートルダム大聖堂の建築に従事。
⇒国小（コルモン　生没年不詳）

Cornacchini, Agostino 〈17・18世紀〉
イタリアの彫刻家。
⇒世美（コルナッキーニ，アゴスティーノ　1685-1740以降）

Corneille, Guillaume 〈20世紀〉
オランダの画家。
⇒岩ケ（コルネーユ，ギヨーム　1922-）
世美（コルネイユ，ギヨーム　1922-）

Corneille de Lyon 〈16世紀〉
フランスの画家。アンリ2世およびシャルル9世の御用画家で，主として小肖像画を制作。
⇒国小（コルネイユ・ド・リヨン　1500頃-1574頃）
コン2（コルネーユ・ド・リヨン　1505頃-1574頃）
コン3（コルネーユ・ド・リヨン　1505頃-1574頃）
新美（コルネイユ・ド・リヨン　1510頃-1574頃）

西洋（コルネイユ・ド・リヨン ?-1574頃）
世美（コルネイユ・ド・リヨン 1505頃-1574頃）

Cornel, Joseph 〈20世紀〉
アメリカの造形作家、彫刻家。1936年の『幻想芸術―ダダ・シュルレアリスム』展で注目を集める。
⇒岩ケ（コーネル, ジョゼフ 1903-1972）
広辞6（コーネル 1903-1972）
コン3（コーネル 1903-1972）
新美（コーネル, ジェゼフ 1903.12.24-1972.12.29）
世芸（コーネル, ジョゼフ 1903-1972）
世美（コーネル, ジョーゼフ 1903-1972）
全書（コーネル 1903-）
二十（コーネル, ジョセフ 1903.12.24-1972.12.29）

Cornelisz, Jacob 〈15・16世紀〉
オランダの画家, 木版画家。オランダの木版画をミニアチュールの伝統から解放して固有の表現力を与えた。
⇒芸術（コルネリッス, ヤコブ 1470/80-1533以後）
国小（コルネーリス 1470頃-1532頃）
新美（コルネリスゾーン, ヤコブ 1477以前-1533以後）

Cornelisz van Haarlem 〈16・17世紀〉
オランダの画家, 版画家。オランダ・マニエリスムを代表する一人。代表作は『嬰児虐殺』(1591)。
⇒芸術（コルネリッス, コルネリス 1562-1638）
国小（コルネーリス 1562-1638）
新美（コルネリス・ファン・ハールレム 1562-1638.11.11）
西洋（コルネーリス 1562-1638.11.11）
世美（コルネリス・ファン・ハールレム 1562-1638）

Cornelius, Peter von 〈18・19世紀〉
ドイツの画家。ルードビヒ聖堂に『最後の晩餐』ほかの大壁画を制作。
⇒岩ケ（コルネリウス, ペーター・フォン 1783-1867）
外国（コルネリウス 1784-1867）
キリ（コルネーリウス, ペーター・フォン 1783.9.23-1867.3.6）
芸術（コルネリウス, ペーテル・フォン 1783-1867）
国小（コルネリウス 1783.9.23-1867.3.6）
コン2（コルネリウス 1783-1867）
コン3（コルネリウス 1783-1867）
新美（コルネーリウス, ペーター・フォン 1783.9.23-1867.3.6）
人物（コルネリウス 1783.9.23-1867.3.6）
西洋（コルネリウス 1783.9.23-1867.3.6）
世西（コルネリウス 1783.9.23-1867.3.6）
世美（コルネリウス, ペーター 1783-1867）
世百（コルネリウス 1783-1867）

Cornelius, Publius 〈前1世紀〉
古代ローマの陶工。
⇒世美（コルネリウス, ププリウス 前42-後37）

Cornienti, Cherubino 〈19世紀〉
イタリアの画家。
⇒世美（コルニエンティ, ケルビーノ 1816-1860）

Cornnel, Pierre 〈20世紀〉
フランスのイラストレーター。
⇒児イ（Cornnel, Pierre コルニュエル, P. 1952-）

Corona, Giovanni Antonio 〈15・16世紀〉
イタリアの画家。
⇒世美（コローナ, ジョヴァンニ・アントーニオ 1481以前-1528）

Corona, Leonardo 〈16・17世紀〉
イタリアの画家。
⇒世美（コローナ, レオナルド 1561-1605）

Corot, Jean-Baptiste Camille 〈18・19世紀〉
フランスの画家。印象主義の先駆的役割を果した。
⇒逸話（コロー 1796-1875）
岩ケ（コロー, (ジャン・バティスト・)カミーユ 1796-1875）
旺世（コロー 1796-1875）
外国（コロー 1796-1875）
角世（コロー 1796-1875）
芸術（コロー, カミーユ 1796-1875）
広辞4（コロー 1796-1875）
広辞6（コロー 1796-1875）
国小（コロー 1796.7.16-1875.2.22）
国百（コロー, ジャン・バティスト・カミーユ 1796.7.16-1875.2.22）
コン2（コロー 1796-1875）
コン3（コロー 1796-1875）
新美（コロー, ジャン=バティスト=カミーユ 1796.7.16-1875.2.22）
人物（コロー 1796.7.17-1875.2.22）
西洋（コロー 1796.7.17-1875.2.22）
世人（コロー 1796-1875）
世美（コロー 1796.7.16-1875.2.22）
世美（コロー, ジャン=バティスト=カミーユ 1796-1875）
世百（コロー 1796-1875）
全書（コロー 1796-1875）
大辞（コロー 1796-1875）
大辞3（コロー 1796-1875）
大百（コロー 1796-1875）
デス（コロー 1796-1875）
伝世（コロー 1796.7.16-1875.2.22）
百科（コロー 1796-1875）
評世（コロー 1796-1875）
山世（コロー 1796-1875）
歴史（コロー 1796-1875）

Corpora, Antonio 〈20世紀〉
イタリアの画家。前衛的な抽象画家。非形象の抒情的な絵を描く。
⇒国小（コルポラ 1909-）
新美（コルポラ, アントーニオ 1909.8.15-）
世芸（コルポラ, アントニオ 1909-1978）
世美（コルポーラ, アントーニオ 1909-）

二十（コルボラ, アントーニオ 1909.8.15-）

Corradini, Antonio 〈17・18世紀〉
イタリアの彫刻家。
⇒世美（コッラディーニ, アントーニオ 1668-1752）

Correa, Charles M. 〈20世紀〉
インドの建築家。
⇒二十（コリア, チャールズ 1930-）

Correa, Diego 〈16世紀〉
スペインの画家。
⇒世美（コレア, ディエゴ 16世紀）

Correale, Alfredo 〈19・20世紀〉
イタリアの美術収集家。
⇒世美（コッレアーレ, アルフレード 1823-1902）

Correggio, Antonio Allegri 〈15・16世紀〉
イタリアの画家。バロック絵画の先駆者。
岩ケ（コレッジョ 1494頃-1534）
旺世（コレッジョ 1489頃-1534）
外国（コレッジョ 1494頃-1534）
キリ（コレッジョ, アントーニオ 1494/89頃-1534.3.5）
芸術（コレッジオ 1489頃-1534）
広辞4（コレッジョ 1489頃-1534）
広辞6（コレッジョ 1489頃-1534）
国小（コレッジオ 1494頃-1534.3.5）
国百（コレッジオ 1494.8.30頃-1534.3.5）
コン2（コレッジョ 1494-1534）
コン3（コレッジョ 1494-1534）
人物（コレッジョ 1494-1534.3.5）
西洋（コレッジョ 1494/89-1534.3.5）
世西（コレッジオ 1494-1534.3.5）
世美（コッレッジョ 1489頃-1534）
世百（コレッジョ 1494?-1534）
全書（コレッジョ 1489頃-1534）
大辞（コレッジョ 1489頃-1534）
大辞3（コレッジョ 1489頃-1534）
大百（コレッジョ 1489-1534）
デス（コレッジョ 1494頃-1534）
伝世（コレッジオ 1494頃-1534）
百科（コレッジョ 1489頃-1534）
評世（コレッジオ 1494-1534）
歴史（コルレッジョ 1494頃-1534）

Corrodi, Arnold 〈19世紀〉
スイスの画家。S.コローディの子。
⇒西洋（コローディ 1846.1.12-1874.5.7）

Corrodi, Hermann 〈19・20世紀〉
スイスの画家。S.コローディの子。
⇒西洋（コローディ 1844.7.23-1905.1.30）

Corrodi, Salomon 〈19世紀〉
スイスの風景画家。
⇒西洋（コローディ 1810.4.19-1892.7.4）

Corsi, Carlo 〈19・20世紀〉
イタリアの画家。

⇒世美（コルシ, カルロ 1879-1966）

Corsini, Neri 〈17・18世紀〉
イタリアの聖職者, 収集家。
⇒世美（コルシーニ, ネーリ 1685-1770）

Cort, Cornelis 〈16世紀〉
オランダの版画家。
⇒世美（コルト, コルネリス 1533-1578）

Corte, Niccolò da 〈16世紀〉
イタリアの彫刻家, 画家。
⇒世美（コルテ, ニッコロ・ダ 1507-1552）

Cortellari, Jacques 〈20世紀〉
フランスの画家。
⇒世芸（コルトラリ, ジャック 1942-）

Cortona, Pietro da 〈16・17世紀〉
イタリアの画家, 建築家。バロック様式の装飾画を描き, ローマの聖マルティナ聖堂を設計。
⇒岩ケ（コルトーナ, ピエトロ・(ベレッティーニ・)ダ 1596-1669）
キリ（ピエートロ・ダ・コルトーナ 1596.11.1-1669.5.16）
芸術（コルトナ, ピエトロ・ダ 1596-1669）
芸術（ピエトロ・ダ・コルトーナ 1596-1669）
建築（ピエトロ・ダ・コルトーナ(通称)(ピエトロ・ベレッティーニ) 1596-1669）
コン2（コルトーナ 1596-1669）
コン3（コルトーナ 1596-1669）
新美（ピエトロ・ダ・コルトーナ 1596.11.1-1669.5.16）
人物（ピエトロ・ダ・コルトナ 1596.11.1-1669.5.16）
西洋（コルトーナ 1596.11.1-1669.5.16）
世西（コルトーナ 1596-1669）
世美（ピエトロ・ダ・コルトーナ 1596-1669）
世百（コルトナ 1596-1669）
全書（ピエトロ・ダ・コルトーナ 1596-1669）
大百（ピエトロ・ダ・コルトナ 1596-1669）
デス（コルトナ 1596-1669）
伝世（ピエトロ・ダ・コルトーナ 1596.11.1-1669.5.16）
百科（コルトナー 1596-1669）
百科（ピエトロ・ダ・コルトナ 1596-1669）

Corvi, Domenico 〈18・19世紀〉
イタリアの画家。
⇒世美（コルヴィ, ドメーニコ 1721-1803）

Cosgrave, John O'Hara, II 〈20世紀〉
アメリカのイラストレーター。
⇒児イ（Cosgrave, John O'Hara, II コズグレイヴ, J.O. 1908-）

Cosini, Silvio 〈15・16世紀〉
イタリアの彫刻家。
⇒世美（コジーニ, シルヴィオ 1495頃-1549頃）

Cossa, Francesco del 〈15世紀〉
イタリアの画家。代表作『ピエタ』(1456), 『聖ヨハネ』『月々のアレゴリー』など。

⇒キリ（コッサ, フランチェスコ・デル　1435頃-1478頃）
　芸術（コッサ, フランチェスコ・デル　1436頃-1478）
　芸術（デル・コッサ, フランチェスコ　1435頃-1478頃）
　国小（コッサ　1436-1477/8）
　コン2（コッサ　1436-1478）
　コン3（コッサ　1436-1478）
　新美（コッサ, フランチェスコ・デル　1436頃-1477/78）
　西洋（コッサ　1435頃-1477）
　世西（コッサ　1435頃-1477頃）
　世美（デル・コッサ, フランチェスコ　1436頃-1478）
　世百（フランチェスコデルコッサ　1435頃-1477）
　全書（コッサ　1436-1478）
　伝世（コッサ　1436頃-1478）
　百科（コッサ　1436頃-1478）

Cossington-Smith, Grace 〈20世紀〉
オーストラリアの画家。
⇒岩ケ（コッシントン=スミス, グレイス　1892-1984）
　最世（コッシントン=スミス, グレイス　1892-1984）
　世女日（コシングトン=スミス, グレイス　1892-1984）

Cossutius 〈前2世紀〉
古代ローマの建築家。
⇒新美（コッスティウス）
　世美（コッスティウス　前2世紀）

Costa, Giovanni 〈19・20世紀〉
イタリアの画家。
⇒新美（コスタ, ニーノ　1826.10-1903.1.31）
　世美（コスタ, ジョヴァンニ　1826-1903）

Costa, Ippolito 〈16世紀〉
イタリアの画家。
⇒世美（コスタ, イッポーリト　1506頃-1561）

Costa, Lorenzo 〈15・16世紀〉
イタリアの画家。マントバ公の宮廷画家。
⇒キリ（コスタ, ロレンツォ　1460-1535.5.3）
　芸術（コスタ, ロレンツォ　1460-1535）
　国小（コスタ　1460頃-1535.3.5）
　新美（コスタ, ロレンツォ　1460頃-1535）
　西洋（コスタ　1460頃-1535.5.3）
　世西（コスタ　1460頃-1535）
　世美（コスタ, ロレンツォ　1460-1535）

Costa, Lúcio 〈20世紀〉
ブラジルの建築家, 都市計画者。
⇒岩ケ（コスタ, ルシオ　1902-）
　オ西（コスタ, ルシオ　1902-1963）
　新美（コスタ, ルシオ　1902.2.27-）
　世百新（コスタ　1902-1998）
　二十（コスタ, L.　1902.2.27-）
　百科（コスタ　1902-）
　ラテ（コスタ　1902-1998）

Costa, Nino 〈19・20世紀〉
イタリアの画家。

⇒新美（コスタ, ニーノ　1826.10-1903.1.31）

Costello, Louisa 〈18・19世紀〉
イギリスのミニアチュール画家。
⇒世女日（コステロ, ルイザ　1799-1870）

Cosway, Maria Cecilia 〈19世紀〉
イタリア生れの画家。
⇒世女日（コスウェイ, マリア・セシリア　?-1833頃）

Cosway, Richard 〈18・19世紀〉
イギリスの細密画家。1771年王立アカデミー会員。
⇒岩ケ（コズウェイ, リチャード　1742-1821）
　国小（コズウェー　1742.11-1821.7.24）
　西洋（コズウェー　1742.11-1821.6.4）

Cotes, Francis 〈18世紀〉
イギリスの肖像画家。王立アカデミーの創設メンバー。
⇒国小（コーツ　1725-1770）

Cotman, John Sell 〈18・19世紀〉
イギリスの風景画家。ノーリッジ派の画家。
⇒岩ケ（コットマン, ジョン・セル　1782-1842）
　国小（コットマン　1782.5.16-1842.7.24）
　新美（コットマン, ジョン・セル　1782.5.16-1842.7.24）
　西洋（コトマン　1782.5.16-1842.7.24）
　世美（コットマン, ジョン・セル　1782-1842）
　世百（コットマン　1782-1842）
　百科（コットマン　1782-1842）

Cottard, Pierre (Cottart, Pierre) 〈17世紀〉
フランスの王室建築家。
⇒建築（コタール, ピエール　(活動)17世紀）

Cottavoz, André 〈20世紀〉
フランス生れの画家。
⇒世芸（コタボ, アンドレ　1922-）

Cotte, Robert de 〈17・18世紀〉
フランスの建築家。1708年王室付き主席建築家。
⇒建築（コット, ロベール・ド　1656-1735）
　国小（ド・コット　1656-1735.7.15）
　新美（コット, ロベール・ド　1656-1735.7.15）
　西洋（コット　1656-1735.7.15）
　世美（コット, ロベール・ド　1656-1735）

Cottet, Charles 〈19・20世紀〉
フランスの画家。代表作は3部作『海の地方にて』(1898)。
⇒芸術（コッテ, シャルル　1863-1925）
　国小（コッテ　1863.7.12-1925）
　コン2（コッテ　1863-1925）
　コン3（コッテ　1863-1925）
　新美（コッテ, シャルル　1863.7.12-1925.9）
　人物（コッテ　1863.7.12-1925.9.25）
　西洋（コッテ　1863.7.12-1925.9.25）
　世芸（コッテ, シャルル　1863-1925）

世西（コッテ　1863.7.12–1924.9.25）
世百（コッテ　1863–1925）
全書（コッテ　1863–1925）
大百（コッテ　1863–1925）
二十（コッテ, シャルル　1863–1925）

Coubine, Othon〈19・20世紀〉
フランスの画家, 版画家, 彫刻家。チェコスロヴァキアの出身。
⇒西洋（クビーヌ　1883.10.22–）

Coudert, Amalia〈19・20世紀〉
アメリカの画家。
⇒世女日（クーダート, アマリア　1876–1932）

Coupland, Douglas〈20世紀〉
カナダの彫刻家, 小説家。
⇒海作4（クープランド, ダグラス　1961.12.30–）
二十英（Coupland, Douglas　1961–）

Courajod, Louis〈19世紀〉
フランスの美術史家。ルーヴル美術館彫刻部主任。
⇒西洋（クラジョ　1841–1896）

Courbet, Gustave〈19世紀〉
フランスの画家。写実主義。主作品『石割り』『オルナンの埋葬』(1849)。
⇒逸話（クールベ　1819–1877）
岩ケ（クールベ, ギュスターヴ　1819–1877）
旺世（クールベ　1819–1877）
外国（クールベー　1819–1877）
角世（クールベ　1819–1877）
キリ（クルベー, ギュスターヴ　1819.6.10–1877.12.31）
芸術（クルーベ, ギュスタヴ　1819–1877）
広辞4（クールベ　1819–1877）
広辞6（クールベ　1819–1877）
国小（クールベ　1819.6.15–1877.12.31）
国百（クールベ, ギュスターブ　1819.6.10–1877.12.31）
コン2（クールベ　1819–1877）
コン3（クールベ　1819–1877）
新美（クールベ, ギュスターヴ　1819.6.10–1877.12.31）
人物（クールベ　1819.6.10–1877.12.31）
西洋（クールベ　1819.6.10–1877.12.31）
世人（クールベ　1819–1877）
世西（クールベ　1819.6.10–1877.12.31）
世美（クールベ, ギュスターヴ　1819–1877）
世百（クールベ　1819–1877）
全書（クールベ　1819–1877）
大辞（クールベ　1819–1877）
大辞3（クールベ　1819–1877）
大百（クールベ　1819–1877）
デス（クールベ　1819–1877）
伝世（クールベ　1819.6.10–1877.12.31）
百科（クールベ　1819–1877）
評伝（クールベ　1819–1877）
山世（クールベ　1819–1877）
歴史（クールベ　1819–1877）

Courrèges, André〈20世紀〉
フランスの服飾デザイナー。1965年にミニスカートを発表して脚光を浴びた。

⇒岩ケ（クレージュ, アンドレ　1923–）
現人（クレージュ　1923.3.9–）
ナビ（クレージュ　1923–）
二十（クレージュ, A.　1923.3.9–）

Courtauld, Samuel〈19・20世紀〉
イギリスの蒐集家。
⇒オ西（コートールド, サミュエル　1876–1947）

Courtois, Jacques〈17世紀〉
フランスの画家。代表作『戦闘』。
⇒国小（クールトア　1621.2.12–1676.11.14）
西洋（クールトア　1621.2.12–1676.11.4）
世美（クルトワ, ジャック　1621–1676）

Courtonne, Jean〈17・18世紀〉
フランスの建築家。
⇒建築（クールトンヌ, ジャン　1671–1739）
新美（クルトンヌ, ジャン　1671–1739.1.17）

Cousin, Jean le Jeune〈16世紀〉
フランスのルネサンスの画家。ガラス絵師, 彫刻師として知られる。
⇒外国（クーザン　1522頃–1590）
芸術（クーザン, ジャン　1501頃–1589）
コン2（クーザン　1522頃–1592頃）
コン3（クーザン　1522頃–1592頃）
新美（クーザン, ジャン（子）　1522頃–1594頃）
西洋（クーザン（小）　1522頃–1594頃）
世西（クーザン　1501頃–1590頃）
世美（クーザン, ジャン（子）　1522–1594頃）
世百（クーザン　1520頃–1590頃）

Cousin, Jean le Vieux〈15・16世紀〉
フランスの画家, 彫刻家, 版画家。フランス歴史画の祖。
⇒岩ケ（クーザン, ジャン　1490頃–1560頃）
芸術（クーザン, ジャン（父）　1490頃–1560頃）
広辞4（クーザン　1490頃–1560）
広辞6（クーザン　1490頃–1560）
国小（クーザン　1490–1560）
コン2（クーザン　1490頃–1561）
コン3（クーザン　1490頃–1561）
新美（クーザン, ジャン（父）　1490頃–1560頃）
西洋（クーザン（大）　1490頃–1560頃）
世美（クーザン, ジャン（父）　1490頃–1560）
全書（クーザン　1490頃–1560頃）
大百（クーザン　1490頃–1561頃）
百科（クーザン　1490頃–1560頃）

Cousins, Lucy〈20世紀〉
イギリスのイラストレーター。
⇒児イ（Cousins, Lucy　カズンズ, L.）

Cousins, Samuel〈19世紀〉
イギリスの銅版画家。同時代の大家の油絵作品を写した。
⇒国西（クーザン　1801.5.9–1887.5.7）

Coustou, Guillaume I〈17・18世紀〉
フランスの彫刻家。代表作『マルリーの馬』(1740)。
⇒国小（クストゥー　1677.4.25–1746.2.20）
新美（クストゥー, ギヨーム　1677.4.25–

1746.2.20）
西洋（クストゥ 1677.4.25-1746.2.20）
世美（クストゥー, ギヨーム（父） 1677-1746）

Coustou, Guillaume le Jeune 〈18世紀〉
フランスの彫刻家。G.クストゥ1世の子。サン・スーシ宮などに作品がある。
⇒西洋（クストゥ 1716.3.19-1777.7.13）
世美（クストゥー, ギヨーム（子） 1716-1777）

Coustou, Nicolas 〈17・18世紀〉
フランスの彫刻家。ルイ15世の大理石像などを制作。
⇒新美（クストゥー, ニコラ 1658.1.8-1733.5.1）
西洋（クストゥ 1658.1.8-1733.5.1）
世美（クストゥー, ニコラ 1658-1733）

Cousturier, Lucie 〈19・20世紀〉
フランスの女流画家。1901年サロン・デ・ザンデパンダンに出品。
⇒芸術（クーテュリエ, ルシイ 1876-1925）
国小（クーチュリエ 1876-1925）
新美（クーチュリエ, リュシー 1876.12.19-1925.6.16）
世芸（クーテュリエ, ルシイ 1876-1925）

Coutaud, Lucien 〈20世紀〉
フランスのシュールレアリスムの代表的画家。タペストリーの下絵, 建築, 舞台装飾などデザインの方面にも活躍。
⇒外国（クートー 1904-）
国小（クートー 1904.12.13-1977.6.21）
新美（クートー, リュシアン 1904.12.13-）
人物（クトー 1904.12.13-）
西洋（クトー 1904.12.13-1977.6.21）
世芸（クートー, ルシアン 1904-1973）
世西（クートー 1904-）
世百（クートー 1904-）
全書（クートー 1904-）
大百（クートー 1904-）
二十（クートー, リュシアン 1904.12.13-1977.6.21）

Couthures, Daniel 〈20世紀〉
フランスの画家。
⇒世芸（クチュール, ダニエル 1930-）

Couture, Thomas 〈19世紀〉
フランスの歴史, 風俗画家。代表作『退廃のローマ人』(1847), 『ローマの祭』。
⇒国小（クーチュール 1815.12.21-1879.3.30）
コン2（クーチュール 1815-1879）
コン3（クーチュール 1815-1879）
新美（クーチュール, トマ 1815.12.21-1879.3.30）
西洋（クテュール 1815.12.21-1879.3.30）
世百（クーチュール 1815-1879）

Couturier, Pierre Marie Alain 〈20世紀〉
フランスの教会芸術家, 建築家。
⇒キリ（クテュリエ, ピエール・マリー・アラン

1897.11.15-1954.2.8）

Covarrubias, Alonso de 〈15・16世紀〉
スペインの建築家。
⇒建築（コバルビアス, アロンソ・デ 1488-1570）
新美（コバルビアス, アロンソ・デ 1488頃-1564/70）
世美（コバルビアス, アロンソ・デ 1488-1564）

Covarrubias, Miguel 〈20世紀〉
メキシコの画家。
⇒新美（コバルビアス, ミゲル 1904-1957.2.4）
二十（コハルビアス, ミゲル 1904-1957.2.4）

Cox, David 〈18・19世紀〉
イギリスの風景画家。水彩画で知られる。技法書も多数残した。『風景画の描き方および水彩の効果』(1814)など。
⇒岩ケ（コックス, デイヴィド 1783-1859）
国小（コックス 1783.4.29-1859.6.15）
新美（コックス, デイヴィッド 1783.4.29-1859.6.15）
西洋（コックス 1783.4.29-1859.6.7）
世美（コックス, デイヴィッド 1783-1859）

Cox, Kenyon 〈19・20世紀〉
アメリカの画家。美術評論家。
⇒国小（コックス 1856-1919）

Cox, Louise 〈19・20世紀〉
アメリカの画家。
⇒世女日（コックス, ルイーズ 1865-1945）

Cox, Palmer 〈19・20世紀〉
アメリカの作家, 挿絵画家。
⇒世児（コックス, パーマー 1840-1924）

Cox, Paul 〈20世紀〉
フランスのイラストレーター。
⇒児イ（Cox, Paul コックス, P. 1959-）

Cox, Phillip, Sutton 〈20世紀〉
オーストラリアの建築家。
⇒岩ケ（コックス, フィリップ・サットン 1939-）

Coxie, Michiel 〈15・16世紀〉
オランダの画家。
⇒岩ケ（コクシー, ミヒール 1499-1592）
世美（ファン・コクシー, ミヒール 1499-1592）

Coye, Lee Brown 〈20世紀〉
アメリカの挿絵画家。怪奇小説畑の挿絵画家としてはフィンレイ, ボクに次ぐ実力派である。
⇒幻想（コイ, リー・ブラウン 1907-）
幻文（コイ, リー・ブラウン 1907-1981）

Coypel, Antoine 〈17・18世紀〉
フランスの画家。20歳でアカデミー会員, 1714年アカデミー会頭, 翌年首席画家。主要作品『ディドの死』(1700), 『エロスとプシュケ』, ベルサイユ宮殿の礼拝堂天井画(1708), 『アエネ

アス物語』(1715),『絵画十論』(1721)など。
⇒国小（コアペル　1661.4.11-1722.1.7)
新美（コワペル, アントワーヌ　1661.4.11-1722.1.7)
西洋（コアペル　1661.4.11-1722.1.7)
世美（コワペル, アントワーヌ　1661-1722)

Coypel, Charles Antoine 〈17・18世紀〉
フランスの宮廷画家。歴史画, 風俗画, 肖像画を描いた。
⇒芸術（コアペル, シャルル・アントアーヌ　1694-1752)
新美（コワペル, シャルル=アントワーヌ　1694.7.11-1752.6.14)
西洋（コアペル　1694.7.11-1752.6.14)
世美（コワペル, シャルル=アントワーヌ　1694-1752)

Coypel, Noël 〈17・18世紀〉
フランスの画家一族コアペル家の祖。ローマのフランス・アカデミーの会長。
⇒新美（コワペル, ノエル　1628.12.25-1707.12.24)
西洋（コアペル　1628.12.25-1707.12.24)
世美（コワペル, ノエル　1628-1707)
百科（コアペル　1628-1707)

Coysevox, Antoine 〈17・18世紀〉
フランスの彫刻家。代表作『うずくまるビーナス』(1686),『貝をもつニンフ』(1688)など。
⇒岩ケ（コワズヴォックス, アントワーヌ　1640-1720)
芸術（コアズヴォ, アントアーヌ　1640-1720)
国小（コアズポ　1640.9.29-1720.10.10)
コン2（コワズボックス　1640-1720)
コン3（コワズボックス　1640-1720)
新美（コワズヴォ, アントワーヌ　1640.9.29-1720.10.10)
西洋（コアズヴォ　1640.9.29-1720.10.10)
世西（コアズヴォ　1640-1720)
世美（コワズヴォ, アントワーヌ　1640-1720)
世百（コワズヴォクス　1640-1720)
全書（コアズポ　1640-1720)
大百（コアズポ　1640-1720)
伝世（コワズヴォ　1640.9.29-1720.10.10)

Cozens, Alexander 〈18世紀〉
イギリスの風景画家, 文筆家。ロシア生れ。
⇒岩ケ（カズンズ, アレグザンダー　?-1786)
外国（カズンズ　1700-1786)
国小（カズンズ　1717頃-1786.4.23)
新美（カズンズ, アレグザンダー　1717-1786.4.23)
西洋（カズンズ　?-1786)
世美（カズンズ, アレグザンダー　1717頃-1786)
百科（カズンズ　1717頃-1786)

Cozens, John Robert 〈18世紀〉
イギリスの水彩風景画家。
⇒岩ケ（カズンズ, ジョン・ロバート　1752-1797頃)
国小（カズンズ　1752-1797.12)
新美（カズンズ, ジョン・ロバート　1752-1797.12)
西洋（カズンズ　1752頃-1797)
世西（カズンズ　1752-1797)
世美（カズンズ, ジョン・ロバート　1752-1797)
百科（カズンズ　1752-1799)

Cozette, Pierre 〈18・19世紀〉
フランスのタピスリー制作家, 肖像画家。
⇒世美（コゼット, ピエール　1714-1801)

Cozzarelli, Giacomo 〈15・16世紀〉
イタリアの彫刻家。
⇒建築（コッツァレッリ, ジャコモ　1453-1515)
新美（コッザレルリ, ジャーコモ　1453.11.20-1515.3.23)
世美（コッツァレッリ, ジャーコモ　1453-1515)

Cozzarelli, Guidoccio 〈15・16世紀〉
イタリアの画家, 写本装飾画家。
⇒世美（コッツァレッリ, グイドッチョ　1450-1517)

Crabeth, Adriaen Pietersz 〈16世紀〉
北フランス出身のガラス絵画家。
⇒世美（クラベト, アドリアーン・ピーテルス　?-1553頃/81)

Crabeth, Dirk Pietersz 〈16世紀〉
北フランス出身のガラス絵画家。
⇒世美（クラベト, ディルク・ピーテルス　1520頃-1574)

Crabeth, Wouter Pietersz I 〈16世紀〉
北フランス出身のガラス絵画家。
⇒世美（クラベト, ワウテル・ピーテルス1世　1525頃-1589?)

Crabeth, Wouter Pietersz II 〈16・17世紀〉
北フランス出身のガラス絵画家。
⇒世美（クラベト, ワウテル・ピーテルス二世　1593頃-1644)

Cragg, Tony 〈20世紀〉
イギリスの彫刻家。廃棄されたプラスチック製品の断片を配置して人物や飛行機をかたちづくったインスタレーションで有名。
⇒世芸（クラッグ, トニー　1949-)
大辞2（クラッグ　1949-)
大辞3（クラッグ　1949-)

Craig, Edward Henry Gordon 〈19・20世紀〉
イギリスの俳優, 演出家, 舞台装置家, 演劇理論家。著書に『演劇芸術論』(1911),『前進する演劇』(アメリカ版19, イギリス版21)など。
⇒イ文（Craig, (Edward Henry) Gordon　1872-1966)
岩ケ（クレイグ, エドワード・(ヘンリー・)ゴードン　1872-1966)
演劇（クレイグ, エドワード・ゴードン　1872-1966)
オペ（クレーグ, エドワード・ゴードン　1872.1.16-1966.7.29)
外国（クレーグ　1872-)

広辞6（クレイグ　1872-1966）
国小（クレイグ　1872.1.16-1966.7.29）
国百（クレイグ, エドワード・ゴードン　1872.1.16-1966.7.29）
コン2（クレーグ　1872-1966）
コン3（クレーグ　1872-1966）
集世（クレイグ, ゴードン　1872.1.16-1966.7.29）
集文（クレイグ, ゴードン　1872.1.16-1966.7.29）
新美（クレイグ, エドワード・ゴードン　1872-1966）
人物（クレイグ　1872-）
西洋（クレーグ　1872.1.16-1966.7.29）
世西（クレーグ　1872.1.16-）
世百（クレーグ　1872-）
全書（クレイグ　1872-1966）
大百（クレイグ　1872-1966）
デス（クレイグ　1872-1967）
二十（クレイグ, エドワード・ヘンリー・G.　1872.1.16-1966.7.29）
二十英（Craig, Sir（Edward Henry）Gordon　1872-1966）
百科（クレーグ　1872-1966）
名著（クレイグ　1872-）

Craig, H. 〈20世紀〉
イギリスのイラストレーター。
⇒児イ（Craig, H.　クレイグ, H.）

Craig, Heln 〈20世紀〉
イギリスの写真家。
⇒児作（Craig, Heln　クレイグ, ヘレン）

Craig, Karl Jerry 〈20世紀〉
ジャマイカ生れの画家。
⇒世芸（クレイグ, カール・ジェリー　1936-）

Crali, Tulio 〈20世紀〉
イタリアの画家, 彫刻家, 舞台美術家。
⇒世美（クラーリ, トゥッリオ　1910-）

Cram, Ralph Adams 〈19・20世紀〉
アメリカの建築家。代表作はプリンストン大学大学院（1913）と礼拝堂（1929）。
⇒幻想（クラム, ラルフ・アダムズ　1863-1942）
幻文（クラム, ラルフ・アダムズ　1863-1942）
国小（クラム　1863.12.16-1942.9.22）

Cramoysan, Marcel 〈20世紀〉
フランス生れの画家。
⇒世芸（クラモアザン, マルセル　1915-）

Cranach, Hans 〈16世紀〉
ドイツの画家。
⇒世美（クラーナハ, ハンス　1510-1537）

Cranach, Lucas der Ältere 〈15・16世紀〉
ドイツの画家。ザクセン選帝侯の宮廷画家（1505〜50）。代表作『キリスト磔刑』（1500頃）など。
⇒岩ケ（クラーナハ, ルーカス　1472-1553）

外国（クラナハ　1472-1553）
角世（クラナハ　1472-1553）
キリ（クラーナハ, ルーカス　1472.10.15以前-1553.10.16）
芸術（クラナハ, ルーカス（父）　1472-1553）
広辞4（クラナッハ　1472-1553）
広辞6（クラナッハ　1472-1553）
国小　1472.10.4-1553.10.16）
国百（クラナハ, ルーカス　1472.10.4-1553.10.16）
コン2（クラナーハ　1472-1553）
コン3（クラナーハ　1472-1553）
新美（クラーナハ, ルーカス（父）　1472.10-1553.10.16）
人物（クラナハ　1472.10.4-1553.10.16）
西洋（クラナハ　1472.10.4-1553.10.16）
世西（クラナハ　1472.10.4-1553.10.16）
世美（クラーナハ, ルーカス（父）　1472-1553）
世百（クラナハ　1472-1553）
全書（クラナハ　1472-1553）
大辞（クラナッハ　1472-1553）
大辞3（クラナッハ　1472-1553）
大百（クラナハ　1472-1553）
デス（クラナハ　1472-1553）
伝世（クラーナハ　1472-1553）
百科（クラナハ　1472-1553）
山世（クラナハ　1472-1553）

Cranach, Lucas der jüngere 〈16世紀〉
ドイツの画家。
⇒キリ（クラーナハ, ルーカス　1515.10.4-1586.1.25）
新美（クラーナハ, ルーカス（子）　1515.10.4-1586.1.25）
世美（クラーナハ, ルーカス（子）　1515-1586）

Cranch, Christopher Pearse 〈19世紀〉
アメリカの詩人, 画家。
⇒世児（クランチ, クリストファー・ピアス　1813-1892）

Crane, Lucy 〈19世紀〉
イギリスの画家。
⇒世女日（クレイン, ルーシー　1842-1882）

Crane, Walter 〈19・20世紀〉
イギリスの画家, 図案家, 著述家。著書に『ある芸術家の回想』（1907）がある。
⇒岩ケ（クレイン, ウォルター　1845-1915）
英児（クレイン, ウォルター　1845-1915）
英文（クレイン, ウォルター　1845-1915）
才西（クレイン, ウォルター　1845-1915）
幻想（クレーン, ウォルター　1845-1915）
国小（クレーン　1845.8.15-1915.3.14）
児イ（Crane, Walter　1845-1915）
児文（クレイン, ウォルター　1845-1915）
新美（クレイン, ウォルター　1845.8.15-1915.3.14）
西洋（クレーン　1845.8.15-1915.3.15）
世児（クレイン, ウォルター　1845-1915）
世美（クレイン, ウォルター　1845-1915）
世百（クレーン　1845-1915）
二十（クレーン, ウォルター　1845.8.15-1915.3.14）
百科（クレーン　1845-1915）

Craponne, Adam de 〈16世紀〉
フランスの土木技術者。
⇒世紀（クラポンヌ、アダン・ド　1526-1576）

Crawford, Thomas 〈19世紀〉
アメリカの彫刻家。『自由の女神』の巨像、『ジョージ・ワシントン騎馬像』が主作品。
⇒岩ケ（クローフォド、トマス　1814-1857）
　国小（クローフォード　1813.3.22-1857.10.10）
　西洋（クローフォード　1813.3.22-1857.10.10）

Creber, Frank 〈20世紀〉
イギリスの画家。
⇒世芸（クレバー、フランク　1959-）

Credi, Lorenzo di 〈15・16世紀〉
イタリアの画家。
⇒外国（ロレンツォ・ディ・クレディ　1459-1537）
　キリ（クレーディ、ロレンツォ・ディ　1456/59-1536/37）
　芸術（クレーディ・ロレンツォ・ディ　1459頃-1537）
　国小（クレーディ　1458頃-1537.1.12）
　新美（クレーディ、ロレンツォ・ディ　1459頃-1537）
　西洋（クレディ　1459頃-1537.1.12）
　世西（クレーディ　1459頃-1537.1.12）
　世美（ロレンツォ・ディ・クレーディ　1456-1537）
　百科（ロレンツォ・ディ・クレディ　1456頃-1537）

Cremona, Italo 〈20世紀〉
イタリアの画家、デザイナー、実業家。
⇒世美（クレモーナ、イターロ　1905-1979）

Cremona, Tranquillo 〈19世紀〉
イタリアの画家。
⇒世美（クレモーナ、トランクイッロ　1837-1878）

Cremonini, Leonardo 〈20世紀〉
イタリアの画家。
⇒世美（クレモニーニ、レオナルド　1925-）

Crescenzi, Giovanni Battista 〈16・17世紀〉
イタリアの建築家、画家。
⇒世美（クレシェンツィ、ジョヴァンニ・バッティスタ　1577-1660）

Crespi, Daniele 〈16・17世紀〉
イタリアの画家。代表作は『聖カルロ・ボロメオ七旬節の食事』(1628頃)。
⇒国小（クレスピ　1590/92-1630）
　新美（クレスピ、ダニエーレ　1598/1600-1630）
　西洋（クレスピ　1590-1630）
　世美（クレスピ、ダニエーレ　1597-1630）

Crespi, Giovanni Battista 〈16・17世紀〉
イタリアの画家、彫刻家。通称イル・チェラーノ。代表作は『聖カルロ・ボロメオ伝』(1602~10)。
⇒国小（クレスピ　1557頃-1632.10.23?）
　新美（クレスピ、ジョヴァンニ・バッティスタ　1557頃-1632/33）
　西洋（クレスピ　1557頃-1663）

Crespi, Giuseppe Maria 〈17・18世紀〉
イタリアの風俗画家。通称ロ・スパニョーロ。代表作は連作『七秘跡』(1712~15頃)。
⇒キリ（クレスピ、ジュゼッペ・マリーア　1665.3.16-1747.7.16）
　芸術（クレスピ、ジュゼッペ・マリーア　1665-1747）
　国小（クレスピ　1665.3.16-1747.7.16）
　新美（クレスピ、ジュゼッペ・マリーア　1665.3.16-1747.7.16）
　西洋（クレスピ　1665.3.16-1747.7.16）
　世美（クレスピ、ジュゼッペ・マリーア　1665-1749）
　百科（クレスピ　1665-1747）

Cress, Fred 〈20世紀〉
インドの画家。
⇒世芸（クレス、フレッド　1938-）

Cressent, Charles 〈17・18世紀〉
フランスの家具職人、彫刻家、金工。
⇒芸術（クレッサン、シャル　1685-1766）
　国小（クレッサン　1685.12.16-1768.1.10）
　コン2（クレッサン　1685-1768）
　コン3（クレッサン　1685-1768）
　新美（クレッサン、シャル　1685.12.16-1768.1.10）
　世美（クレサン、シャル　1685-1768）
　百科（クレサン　1685-1768）

Creswell, Archibald 〈19・20世紀〉
イギリスのイスラム建築史学者。
⇒新美（クレスウェル、アーチボルド　1879.9.13-1974.4.8）
　二十（クレスウェル、アーチボルド　1879.9.13-1974.4.8）
　百科（クレスウェル　1879-1974）

Creti, Donato 〈17・18世紀〉
イタリアの画家。
⇒世美（クレーティ、ドナート　1671-1749）

Crews, Donald 〈20世紀〉
アメリカの絵本作家、挿絵画家。
⇒英児（Crews, Donald　クルーズ、ドナルド　1938-）
　児イ（Crews, Donald　クリューズ、D.　1938-）

Crichlow, Ernest T. 〈20世紀〉
アメリカのイラストレーター。
⇒児イ（Crichlow, Ernest T.　1914-）

Crickmay, Anthony 〈20世紀〉
イギリスのバレエ及び舞台写真家。
⇒バレ（クリックメイ、アンソニー　1937.5.20-）

Crippa, Luca 〈20世紀〉
イタリアの画家。
⇒世美（クリッパ, ルーカ 1924-）

Crippa, Roberto 〈20世紀〉
イタリアの画家, 彫刻家。
⇒世美（クリッパ, ロベルト 1921-1972）

Crisara, Fabio 〈20世紀〉
イタリアの彫刻家。
⇒世芸（クリサラ, ファヴィオ 1946-）

Criscuolo, Giovanni Filippo 〈16世紀〉
イタリアの画家。
⇒世美（クリスクオーロ, ジョヴァンニ・フィリッポ 1500頃-1584）

Cristoforo da Bologna 〈14・15世紀〉
イタリアの画家。
⇒世美（クリストーフォロ・ダ・ボローニャ 14-15世紀）

Cristoforo di Beltramo da Conigo 〈14・15世紀〉
イタリアの建築家。
⇒世美（クリストーフォロ・ディ・ベルトラーモ・ダ・コニーゴ （活動）14-15世紀）

Cristoforo di Geremia 〈15世紀〉
イタリアの金銀細工師。
⇒世美（クリストーフォロ・ディ・ジェレミーア 1430頃-1476頃）

Critius 〈前5世紀〉
ギリシアの彫刻家。前477年ネシオテスと『僭主殺害者ハルモディオスとアリストゲイトン』の群像を制作。
⇒芸術（クリティオス 前5世紀）
　国小（クリチウス 前5世紀頃）
　新美（クリティオス）
　西洋（クリティオス 前5世紀）
　世美（クリティオス 前5世紀）

Crivelli, Angelo Maria 〈18世紀〉
イタリアの画家。
⇒世美（クリヴェッリ, アンジェロ・マリーア ?-1760）

Crivelli, Carlo 〈15世紀〉
イタリアの画家。代表作『聖母子』。
⇒岩ケ（クリヴェリ, カルロ 1430頃-1495頃）
　キリ（クリヴェルリ, カルロ 1430/35-1493/95）
　芸術（クリヴェッリ, カルロ 1430/35-1493/1500）
　国小（クリベリ 1430/35-1493/95）
　コン2（クリヴェリ 1430頃-1494）
　コン3（クリヴェリ 1430頃-1494）
　新美（クリヴェルリ, カルロ 1430/35-1493/1500）
　西美（クリヴェッリ 1435頃-1494頃）
　世西（クリヴェルリ 1430-1495）
　世美（クリヴェッリ, カルロ 1430/35-1495/1500）
　世百（クリヴェリ 1430/5-1495頃）
　全書（クリベッリ 1430/35-1495）
　大百（クリベリ 1430/35-1495頃）
　伝世（クリヴェッリ 1430/5-1495頃）
　百科（クリベリ 1430頃-1495頃）

Crivelli, Taddeo 〈15世紀〉
イタリアの画家, 写本装飾画家。
⇒世美（クリヴェッリ, タッデーオ 1425頃-1478頃）

Crivelli, Vittore 〈15・16世紀〉
イタリアの画家。
⇒世美（クリヴェッリ, ヴィットーレ 1440頃-1502頃）

Croce, Baldassarre 〈16・17世紀〉
イタリアの画家。
⇒世美（クローチェ, バルダッサッレ 1558頃-1628）

Croce, Francesco 〈17・18世紀〉
イタリアの建築家。
⇒世美（クローチェ, フランチェスコ 1696-1773）

Crocetti, Venanzo 〈20世紀〉
イタリア生れの彫刻家。
⇒世芸（クロチェッティ, ベナンゾ 1913-）

Croissant, Doris 〈20世紀〉
ドイツの美術研究者。ヨーロッパ日本学会会員。
⇒二十（クロイサント, ドリス 1935-）

Crome, John 〈18・19世紀〉
イギリスのノリッジ風景画派の画家。
⇒岩ケ（クローム, ジョン 1768-1821）
　芸術（クローム, ジョーン 1768-1821）
　国小（クローム 1768.12.22-1821.4.22）
　新美（クローム, ジョン 1768.12.22-1821.4.22）
　西美（クローム 1768.12.22-1821.4.21）
　世西（クローム 1768-1821）
　世美（クローム, ジョン 1768-1821）
　世百（クローム 1768-1821）
　全書（クローム 1768-1821）
　大百（クローム 1769-1822）
　百科（クローム 1768-1821）

Cromer, Giovanni Battista 〈17・18世紀〉
イタリアの画家。
⇒世美（クローメル, ジョヴァンニ・バッティスタ 1665-1745）

Crommelynck, Landa 〈20世紀〉
フランスのイラストレーター。
⇒児イ（Crommelynck, Landa クローマランク, L.）

Cronaca, Il 〈15・16世紀〉
イタリア, ルネサンス期の建築家。代表作にサンミニアト近傍の聖堂（現サンフランチェスコ・アル・モンテ, 1504年頃）。

⇒キリ（クローナカ　1457.10.30-1508.9.27）
建築（クロナカ（通称）（シモーネ・デル・ポライオーロ）　1457-1508）
国小（クロナーカ　1457.10.30-1508.9.21）
新美（クローナカ　1457.10.30-1508.9.27）
西洋（クローナカ　1457.10.20-1508.9）
世美（クローナカ　1457-1509）
世百（クロナカ　1457-1508）
全書（クロナカ　1457-1504）

Cropsey, Jasper (Francis) 〈19世紀〉
アメリカの画家。
⇒岩ケ（クロプシー，ジャスパー（・フランシス）　1823-1900）

Cros, Cézar Isidore Henri 〈19・20世紀〉
フランスの彫刻家，画家，詩人。蠟，磁器，色ガラスなどによる新しい彫刻の技法を研究。
⇒西洋（クロ　1840.11.16-1907.2.4）
世美（クロ，セザール＝イジドール＝アンリ　1840-1907）

Crosato, Giambattista 〈17・18世紀〉
イタリアの画家，舞台美術家。
⇒世美（クロザート，ジャンバッティスタ　1685頃-1758）

Crosby, John 〈20世紀〉
カナダのイラストレーター。
⇒児イ（Crosby, John クロースビー，J.）

Crosby, Theo 〈20世紀〉
イギリスの都市計画家，随筆家。
⇒世美（クロズビー，シオー　1925-）

Cross, Henri Edmond 〈19・20世紀〉
フランスの画家。点描主義絵画を制作。
⇒芸術（クロッス，アンリ・エドマン　1856-1910）
国小（クロス　1856.5.20-1910.5.16）
新美（クロッス，アンリ＝エドモン　1856-1910）
西洋（クロス　1856.5.20-1910.5.16）
世芸（クロッス，アンリ・エドマン　1856-1910）
世美（クロス，アンリ＝エドモン　1856-1910）

Cross, Peter 〈20世紀〉
イギリスのイラストレーター。
⇒児イ（Cross, Peter クロス，P.　1951-）

Crotti, Jean 〈19・20世紀〉
フランスの画家。ステンドグラスも手がけ，「ジェモー」と名づける特殊な手法を創案。
⇒国小（クロッティ　1878.4.24-1958.1.30）
世美（クロッティ，ジャン　1878-1958）

Crousaz, Jean Pierre de 〈17・18世紀〉
スイスの哲学者，数学者。フランス語による初の美学書『美論』(1714)の著者。
⇒国小（クルーザ　1663-1750）
全書（クルーザ　1663-1750）

Crowe, Eyre 〈19・20世紀〉
イギリスの画家。風俗画を主とした。
⇒西洋（クロー　1824.10.3-1910.12.12）

Crowe, Sir Joseph Archer 〈19世紀〉
イギリスの美術史家，ジャーナリスト。1847年からG.カバルカセレと美術史を共同研究。
⇒国小（クロウ　1825.10.20-1896.9.6）
世美（クロー，ジョーゼフ・アーチャー　1825-1896）
名著（クロー　1825-1896）

Crowell, Pers 〈20世紀〉
アメリカのイラストレーター。
⇒児イ（Crowell, Pers クロウェル，P.　1910-）

Crozat, Pierre 〈17・18世紀〉
フランスの美術収集家。
⇒新美（クロザ，ピエール　1665-1740）
世美（クロザ，ピエール　1665-1740）

Crucy, Mathurin 〈18・19世紀〉
フランスの建築家。
⇒建築（クリュシー，マチュラン　1749-1826）

Crüger, Christiana 〈20世紀〉
ドイツ生れの画家。
⇒世芸（クリューガー，クリスティーナ　1955-）

Cruikshank, George 〈18・19世紀〉
イギリスの諷刺画家，挿絵画家。雑誌『笞』に諷刺画を掲載。
⇒イ文（Cruikshank, George　1792-1878）
岩ケ（クルックシャンク，ジョージ　1792-1878）
芸術（クルックシャンク，ジョージ　1792-1878）
幻想（クルックシャンク，ジョージ　1792-1878）
国小（クルクシャンク　1792.9.27-1878.2.1）
児イ（Cruikshank, George　1792-1878）
児文（クルックシャンク，ジョージ　1792-1878）
集文（クルックシャンク，ジョージ　1792.9.27-1878.2.1）
新美（クルークシャンク，ジョージ　1792.8.27-1878.2.1）
西洋（クルクシャンク　1792.9.27-1878.2.1）
世児（クルックシャンク，ジョージ　1792-1878）
世美（クルックシャンク，ジョージ　1792-1878）
世百（クルークシャンク　1792-1878）
百科（クルックシャンク　1792-1878）

Cruz, Ray 〈20世紀〉
アメリカのイラストレーター。
⇒児イ（Cruz, Ray クルツ，R.）

Csáky, Joseph 〈19・20世紀〉
ハンガリー生れの彫刻家。のちフランスに帰化。
⇒世美（チャーキ，ジョゼフ　1888-）

Csontváry Kosztka Tivadar 〈19・20世紀〉
19～20世紀の転換期に活躍したハンガリーの画家。

⇒新美（チョントヴァーリ・コストカ・ティヴァダ
　ル　1853.7.5-1919.6.20）
　東欧（チョントバーリ　1853-1919）
　二十（チョントヴァーリ，コストカ・ティヴァダ
　ル　1853.7.5-1919.6.20）

Cubitt, Thomas〈18・19世紀〉
イギリスの建築業者。
⇒岩ケ（キュービット，トマス　1788-1855）

Cucchi, Enzo〈20世紀〉
イタリアの画家。
⇒世芸（クッキ，エンゾ　1950-）

Cuevas, Jose Luis〈20世紀〉
メキシコ生れの画家。
⇒世芸（クーヴァス，ホセ・ルイス　1933-）

Cuffari, Richard〈20世紀〉
アメリカのイラストレーター。
⇒児イ（Cuffari, Richard）

Cullen, Maurice Galbraith〈19・20世紀〉
カナダの画家。カナダにおける印象派の先駆者で，とりわけ冬の風景画は有名。
⇒オ西（クーレン，モーリス　1866-1934）
　伝世（カレン　1866-1934）

Cummings, Edward Estlin〈20世紀〉
アメリカの詩人，小説家，画家。著書に『巨大な部屋』(1922)，『チューリップと煙突』(1923)，『1×1』(1944) など。
⇒岩ケ（カミングス，イー・イー　1894-1962）
　英文（カミングス，E.E.(エドワード・エストリン)　1894-1962）
　オ世（カミングス，E.E.(エドワード・エストリン)　1894-1962）
　外国（カミングス　1894-）
　キリ（カミングス，エドワード・エストリン　1894.10.14-1962.9.3）
　広辞5（カミングス　1894-1962）
　広辞6（カミングス　1894-1962）
　国小（カミングス　1894.10.14-1962.9.3）
　コン3（カミングス　1894-1962）
　集世（カミングス, e.e.　1894.10.14-1962.9.3）
　集文（カミングス　1894.10.14-1962.9.3）
　人物（カミングス　1894.10.14-）
　西洋（カミングス　1894.10.14-1962.9.2）
　世百（カミングス　1894-1962）
　世百新（カミングス　1894-1962）
　世文（カミングス, E.E.　1894-1962）
　全書（カミングス　1894-1962）
　大辞2（カミングズ　1894-1962）
　大辞3（カミングズ　1894-1962）
　大百（カミングス　1894-1962）
　伝世（カミングス　1894.10.14-1962.9.3）
　ナビ（カミングス　1894-1962）
　二十（カミングス，エドワード・エストリン　1894.10.14-1962.9.2）
　二十英（Cummings, E(dward) E(stlin)　1894-1962）
　百科（カミングス　1894-1962）
　名詩（カミングズ，エドワード・エストリン　1894-）

Cummings, Pat〈20世紀〉
アメリカの絵本作家，挿絵画家。
⇒英児（Cummings, Pat　カミングズ，パット　1950-）

Cumont, Franz Valéry Marie〈19・20世紀〉
ベルギーの考古学者，宗教史家。ブリュッセルの王立博物館館長(1899～1912)。ミトラ教を研究。
⇒外国（キュモン　1868-1947）
　キリ（キュモン，フラーンス　1868.1.3-1947.8.19）
　西洋（キュモン　1868.1.3-1947.8.25）
　世美（キュモン，フランツ=ヴァレリー=マリー　1868-1947）

Cunningham, Sir Alexander〈19世紀〉
イギリスの軍人，インド史研究家。軍退役後，インド各地の遺跡，遺物の調査発掘を行った。
⇒外国（カニンガム　1814-1893）
　国小（カニンガム　1814.1.23-1893.11.28）
　コン2（カニンガム　1814-1893）
　コン3（カニンガム　1814-1893）
　新美（カニンガム，アレグザンダー　1814.1.23-1893.11.28）
　人物（カニンガム　1814.1.23-1893.11.28）
　西洋（カニンガム　1814.1.23-1893.11.28）
　世東（カニンガム　1816-1893）
　世百（カニンガム　1814-1893）
　全書（カニンガム　1814-1893）
　大百（カニンガム　1814-1893）
　南ア（カニンガム　1814-1893）
　百科（カニンガム　1814-1893）

Cunningham, Imogen〈19・20世紀〉
アメリカの写真家。
⇒岩ケ（カニンガム，イモジェン　1883-1976）
　世女（カニンハム，イモーゲン　1883-1976）
　世女日（カニンガム，イモジェン　1883-1976）

Cupp, David〈20世紀〉
アメリカのライター兼フォトグラファー。
⇒児作（Cupp, David　カップ，デービッド）

Currie, Ken〈20世紀〉
イギリス生れの画家。
⇒世芸（カリー，ケン　1960-）

Currier, Nathaniel〈19世紀〉
アメリカの石版工。石版印刷会社"カリアー・アンド・アイヴス商会"の共同経営者。
⇒伝世（カリアー　1813-1888）

Curry, John Steuart〈20世紀〉
アメリカの画家。1930年代を中心におこった地方主義の3巨頭の1人。
⇒岩ケ（カリー，ジョン(・スチュアート)　1897-1946）
　世芸（カリー，ジョン・ステュアート　1897-1946）
　世百（カリー　1897-1946）

Curti, Girolamo〈16・17世紀〉
イタリアの画家。
⇒世美（クルティ, ジローラモ　1575–1632）

Curtis, Edward（Sheriff）〈19・20世紀〉
アメリカの写真家, 作家。
⇒岩ケ（カーティス, エドワード（・シェリフ）1868–1952）

Curtius, Ernst〈19世紀〉
ドイツの考古学者, 歴史家。オリュンピア発掘に従事。
⇒岩ケ（クルティウス, エルンスト　1814–1896）
　外国（クルティウス　1814–1896）
　コン2（クルティウス　1814–1896）
　コン3（クルティウス　1814–1896）
　新美（クルツィウス, エルンスト　1814.9.2–1896.7.11）
　西洋（クルツィウス　1814.9.2–1896.7.11）
　世美（クルツィウス, エルンスト　1814–1896）
　体育（グルティウス　1814–1896）
　百科（クルティウス　1814–1896）
　名著（クルティウス　1814–1896）

Curtius, Ludwig〈19・20世紀〉
ドイツの考古学者。ローマのドイツ考古学研究所長（1928～37）。
⇒西洋（クルティウス　1874.12.13–1954.4.10）
　世美（クルツィウス, ルートヴィヒ　1874–1954）
　名著（クルティウス　1874–1954）

Cuvilliés, Jean François de〈17・18世紀〉
ドイツの建築家, 室内装飾家。ニンフェンブルグ宮内のアマリエンブルク狩猟用別邸（1734～39）, ミュンヘンの宮廷劇場（1751～53）の建築, ミュンヘン宮殿の室内装飾などを手がけた。
⇒建築（キュヴィエ, ジャン=フランソワ・ド　1695–1768）
　国小（キュビエ　1695–1768）
　新美（キュヴィイエ, フランソワ　1695.10.23–1768.4.14）
　西洋（キュヴィーエ　1695.10.23–1768.4.14）
　世美（キュヴィイエ, フランソワ・ド　1695–1768）
　世百（キュヴィエ　1695–1768）
　伝世（キュヴィエ　1695.10.23–1768.4.14）
　百科（キュビエ　1695–1768）
　歴史（キュヴィエ　1695–1768）

Cuyp, Albert Jacobsz〈17世紀〉
オランダの画家。父ヤコプ・ヘリッツ（1594–1651）も画家。
⇒岩ケ（コイプ, アルベルト　1620–1691）
　芸術（カイプ, アールベルト　1620–1691）
　芸術（クイプ, アールベルト　1620–1691）
　国小（コイプ　1620.10.20–1691.11.15）
　コン2（コイプ　1620–1691）
　コン3（コイプ　1620–1691）
　新美（カイプ, アルベルト　1620.10–1691.11）
　西洋（コイプ　1620.10.20–1691.11.15）
　世西（コイプ　1620–1691）
　世美（カイプ, アールベルト　1620–1691）
　伝世（カイプ　1620–1691）
　百科（カイプ　1620–1691）

Cuyp, Benjamin Gerritsz.〈17世紀〉
オランダの画家。
⇒世美（カイプ, ベンヤミン・ヘリッツゾーン　1612–1652）

Cuyp, Jacob-Gerritsz.〈16・17世紀〉
オランダの画家。
⇒新美（カイプ, ヤコブ=ヘリットゾーン　1594.12–1651頃）
　世美（カイプ, ヤーコブ・ヘリッツゾーン　1594–1651）

Cuypers, Petrus Josephus Hubertus〈19・20世紀〉
オランダの建築家。アムステルダムの国立美術館や中央駅が代表作。
⇒キリ（コイペルス, ペトリュス・ヨセフス・フベルテュス　1827.5.16–1921.3.3）
　国小（コイペルス　1827.5.16–1921.3.3）
　新美（カイペルス, ペートルス・ヨセフス・ヒュベルタス　1827.5.16–1921.3.3）
　西洋（コイペルス　1827.5.16–1921.3.3）
　世美（カイペルス, ペトルス・ヨゼフス・ヒュベルトゥス　1827–1921）
　二十（カイペルス, ペートルス・ヨゼフス・ヒュベルタス　1827.5.16–1921.3.3）
　百科（カイペルス　1827–1921）

Cyriacus Ciriacus Anconitanus〈14・15世紀〉
イタリアの商人。古代遺跡の発掘者。ギリシア, エジプト, 近東に旅し, 碑文や彫刻を収集。
⇒国小（シリアクス（アンコーナの）　1391–1452）
　西洋（キリアクス（アンコーナの）　1391–1449頃以後）

Czajkowska, Hanna〈20世紀〉
ポーランドのイラストレーター。
⇒児イ（Czajkowska, Hanna　チャイコフスカ, H.　1930–）

Czapski, Józef〈20世紀〉
ポーランド人作家, 画家。
⇒集文（チャプスキ, ユゼフ　1896.4.13–1993.1.13）

Czernecki, Stefan〈20世紀〉
ドイツ生れのカナダの絵本作家, 挿絵画家。
⇒英児（Czernecki, Stefan　ザーネッキ, ステファン　1946–）

Czóbel Bèla〈19・20世紀〉
ハンガリーの画家。
⇒世芸（ツォベル, ベラ　1883–1952）

Czyżewski, Tytus〈19・20世紀〉
ポーランドの画家。
⇒世美（チジェフスキ, ティトゥス　1885–1945）

【 D 】

Dabydeen, David 〈20世紀〉
ガイアナの詩人, 小説家, 美術史家。
⇒オ世（ダビディーン, ディヴィッド 1956-）
二十英（Dabydeen, David 1956-）

Dadd, Richard 〈19世紀〉
イギリスの画家。
⇒岩ケ（ダッド, リチャード　1819-1887）
芸術（ダッド, リチャード　1819-1886）
幻想（ダッド, リチャード　1819-1887）
幻文（ダッド, リチャード　1817-1886）
世美（ダッド, リチャード　1819-1886）

Daddi, Bernardo 〈13・14世紀〉
イタリアの画家。B.ジョットの後継者。サンタ・クローチェ聖堂のフレスコの壁画が有名。
⇒キリ（ダッディ, ベルナルド　1280/90頃-1348/55）
芸術（ダッディ, ベルナルド　1290頃-1355頃）
国小（ダッディ　1290頃-1348頃）
新美（ダッディ, ベルナルド）
西洋（ダッディ　1317-1355）
世西（ダッディ　1290頃-1348）
世美（ダッディ, ベルナルド　13世紀末-14世紀前半）
百科（ダッディ　1290頃-1348）

Dado 〈20世紀〉
ユーゴスラビアスラヴィアの画家。
⇒新美（ダド　1933.10.4-）
二十（ダド　1933.10.4-）

Daffinger, Moritz Michael 〈18・19世紀〉
オーストリアの画家。細密画等を描いた。
⇒西洋（ダッフィンガー　1790.1.25-1849.8.22）

Dagnan-Bouveret, Pascal Adolphe Jean 〈19・20世紀〉
フランスの画家。作品は『オルフェとバッカスの女達』(1879)など。1879年ローマ賞受賞。
⇒国小（ダニャン・ブーベレ　1852.1.7-1929.6.3）

D'Agostino, Albert S. 〈20世紀〉
アメリカ・ニューヨーク生れの映画美術監督。
⇒世映（ダゴスティーノ, アルバート・S　1892-1970）

D'Agrate, Antonio Ferreri 〈15・16世紀〉
イタリアの彫刻家。
⇒世美（ダグラーテ, アントーニオ・フェッレーリ　1493-1514）

D'Agrate, Gian Francesco Ferreri 〈15・16世紀〉
イタリアの建築家, 彫刻家。
⇒世美（ダグラーテ, ジャン・フランチェスコ・フェッレーリ　1489-1547以降）

D'Agrate, Marco Ferreri 〈16世紀〉
イタリアの彫刻家。
⇒世美（ダグラーテ, マルコ・フェッレーリ　?-1571頃）

Daguerre, Louis Jacques Mandé 〈18・19世紀〉
フランスの画家。1839年銀板写真をタゲレオタイプの名で発表。
⇒岩ケ（タゲール, ルイ・ジャック・マンデ　1789-1851）
旺世（ダゲール　1789-1851）
外国（ダゲール　1789-1851）
科学（ダゲール　1787.11.18-1851.7.10）
科技（ダゲール　1789.11.18-1851.7.10）
科人（ダゲール, ルイ・ジャック-マンデ　1789.11.18-1851.7.10）
芸術（ダゲール, ルイ・ジャック・マンデ　1787-1851）
広辞4（ダゲール　1787-1851）
広辞6（ダゲール　1787-1851）
国小（ダゲール　1789.11.18-1851.7.12）
コン2（ダゲール　1787-1851）
コン3（ダゲール　1787-1851）
新美（ダゲール, ルイ=ジャック=マンデ　1789.11.18-1851.7.12）
西洋（ダゲール　1787.11.18-1851.7.10）
世西（ダゲール　1789.11.18-1851.7.12）
世美（ダゲール, ルイ=ジャック=マンデ　1787-1851）
世伝（ダゲール　1789-1851）
全書（ダゲール　1787-1851）
大辞（ダゲール　1787-1851）
大辞3（ダゲール　1787-1851）
大百（ダゲール　1787-1851）
デス（ダゲール　1787-1851）
伝世（ダゲール　1787.11.18-1851.7.10）
百科（ダゲール　1789-1851）
評世（ダゲール　1787-1851）

Dahan, Andre 〈20世紀〉
フランスのイラストレーター。
⇒児イ（Dahan, Andre　ダーハン, A.　1935-）

Dahl, Johan Christian Clausen 〈18・19世紀〉
ノルウェーの画家。風景を写実的に描いた。
⇒芸術（ダール, ヨハン・クリスティアン　1788-1857）
新美（ダール, ヨハン・クリスティアン　1788.2.24-1857.10.14）
西洋（ダール　1788.2.24-1857.10.14）
世美（ダール, ユーハン・クリスティアン・クラウセン　1788-1857）
百科（ダール　1788-1857）

Dahl, Michael 〈17・18世紀〉
スウェーデンの画家。

⇒新美 (ダール, ミカエル 1656-1743.10.20)
　世美 (ダール, ミッシェール 1659-1743)

Dahlberg, Erik 〈17・18世紀〉
スウェーデンの軍事エンジニア，建築家。
⇒建築 (ダールベルク, エリック 1625-1703)

Dahl-Wolfe, Louise 〈20世紀〉
アメリカの写真家。
⇒世女日 (ダール=ウォルフ, ルイーズ 1895-1989)

Daidalos 〈前4世紀〉
ギリシア神話中の人物。工芸の名人。
⇒ギリ (ダイダロス)
　ギロ (ダイダロス)
　コン2 (ダイダロス)
　コン3 (ダイダロス)
　新美 (ダイダロス)
　世美 (ダイダロス 前4世紀)
　大辞 (ダイダロス)
　大辞3 (ダイダロス)

Daingerfield, Elliott 〈19・20世紀〉
アメリカの画家。1902年ナショナル・アカデミー・オブ・デザインからクラーク賞を受ける。
⇒国小 (デインジャーフィールド 1859-1932)

D'Albisola, Tullio 〈20世紀〉
イタリアの陶芸家，彫刻家。
⇒世美 (ダルビソーラ, トゥッリオ 1899-)

Dalbono, Edoardo 〈19・20世紀〉
イタリアの画家。
⇒世美 (ダルボーノ, エドアルド 1841-1915)

Dali, Salvador 〈20世紀〉
スペイン生れのアメリカの画家。シュールレアリスムの代表的画家。
⇒岩ケ (ダリ, サルバドール(・フェリペ・ハシント) 1904-1989)
　旺世 (ダリ 1904-1989)
　オ西 (ダリ, サルバドール 1904-1989)
　外国 (ダリ 1904-)
　角世 (ダリ 1904-1989)
　キリ (ダリ, サルバドール 1904.5.11-)
　現人 (ダリ 1904.5.11-)
　広辞5 (ダリ 1904-1989)
　広辞6 (ダリ 1904-1989)
　国小 (ダリ 1904.5.11-)
　国百 (ダリ, サルバドール 1904.5.11-)
　コン3 (ダリ 1904-1989)
　最世 (ダリ, サルバドール 1904-1989)
　新美 (ダリ, サルバドール 1904.5.11-)
　人物 (ダリ 1904.5.11-)
　ス文 (ダリ, サルバドール 1904.5.11-1989.1.23)
　スペ (ダリ 1904-1989)
　西洋 (ダリ 1904.5.11-)
　世芸 (ダリ, サルバドール 1904-1989)
　世人 (ダリ 1904-1989)
　世西 (ダリ 1904.5.11-)
　世俳 (ダリ, サルヴァドール)
　世美 (ダリ, サルバドール 1904-1989)

世百 (ダリ 1904-)
世百新 (ダリ 1904-1989)
全書 (ダリ 1904-)
大辞2 (ダリ 1904-1989)
大辞3 (ダリ 1904-1989)
大百 (ダリ 1904-)
伝世 (ダリ 1904-)
ナビ (ダリ 1904-1989)
二十 (ダリ, サルバドール 1904.5.11-1989.1.23)
バレ (ダリ, サルバドール 1904.3.11-1989.1.23)
百科 (ダリ 1904-)
評世 (ダリ 1904-1989)
山世 (ダリ 1904-1989)

Dalle Masegne, Iacobello 〈14・15世紀〉
イタリアの彫刻家。
⇒建築 (ダッレ・マゼーニェ, ジャコベッロおよびピエール・パオロ (活動)14-15世紀)
　世美 (ダッレ・マゼーニェ, ヤコベッロ (記録)1383-1409)

Dalle Masegne, Pier Paolo 〈14・15世紀〉
イタリアの彫刻家，建築家。
⇒建築 (ダッレ・マゼーニェ, ジャコベッロおよびピエール・パオロ (活動)14-15世紀)
　世美 (ダッレ・マゼーニェ, ピエル・パーオロ (記録)1383-1403)

D'Allio, Donato Felice 〈17・18世紀〉
イタリアの建築家。
⇒建築 (ダッリオ, ドナート・フェリーチェ 1690-1718)

Dall'Oca Bianca, Angelo 〈19・20世紀〉
イタリアの画家。
⇒世美 (ダッローカ・ビアンカ, アンジェロ 1858-1942)

Dalmau, Antonio 〈15世紀〉
スペインの画家。
⇒世美 (ダルマウ, アントニオ 15世紀)

Dalmau, Luis 〈15世紀〉
スペインの画家。初期カタロニア派の巨匠。作品，『聖母子の戴冠』(1443～45)。
⇒キリ (ダルマウ, ルイス 1428以降-1481)
　芸術 (ダルマウ, ルイス 1428-1481)
　国小 (ダルマウ 1428-1460)
　新美 (ダルマウ, ルイス)
　世美 (ダルマウ, ルイス 15世紀)

Dalou, Aimé-Jules 〈19・20世紀〉
フランスの彫刻家。ロダンの師。代表作はパリの『共和制の勝利』。
⇒岩ケ (ダルー, (エメ・)ジュール 1838-1902)
　外国 (ダルー 1838-1902)
　芸術 (ダルー, ジュール 1838-1902)
　広辞4 (ダルー 1838-1902)
　広辞5 (ダルー 1838-1902)
　広辞6 (ダルー 1838-1902)

国小（ダルー　1838.12.31-1902.4.15）
新美（ダルー, ジュール　1838.12.31-1902.4.15）
西洋（ダルー　1838.12.31-1902.4.15）
世美（ダルー, ジュール　1838-1902）
二十（ダルー, ジュール　1838.12.31-1902.4.15）

Dal Ré, Vincenzo 〈18世紀〉
イタリアの舞台美術家, 装飾美術家。
⇒世美（ダル・レ, ヴィンチェンツォ　?-1762）

Dalton, Anne 〈20世紀〉
イギリスの画家, イラストレーター。
⇒児イ（Dalton, Anne　ダルトン, A.　1948-）

Dalton, Ormonde Maddock 〈19・20世紀〉
イギリスの美術史家。中世, とくにビザンティン美術を研究。
⇒新美（ドールトン, マドック　1866-1945）
　二十（ドールトン, O.マドック　1866-1945）
　名著（ドールトン　1866-1945）

Dalwood, Hubert 〈20世紀〉
イギリスの彫刻家。
⇒世美（ダルウッド, ヒューバート　1924-）

Daly, Niki 〈20世紀〉
南アフリカの絵本作家, 挿絵画家。
⇒英児（Daly, Niki　デイリー, ニキ　1946-）
　児作（Daly, Niki　ダリー, ニキ　1949-）

Dal Zotto, Antonio 〈19・20世紀〉
イタリアの彫刻家。
⇒世美（ダル・ゾット, アントーニオ　1841-1918）

Damer, Anne Seymour 〈18・19世紀〉
イギリスの彫刻家。
⇒世女（デイマー, アン=シーモア　1748-1828）
　世女日（デイマー, アン・セイモア　1749-1828）

Damiani, Luciano 〈20世紀〉
イタリアの舞台美術家。
⇒世百新（ダミアーニ　1923-）
　二十（ダミアーニ, ルシアーノ　1923-）
　百科（ダミアーニ　1923-）

Damini, Pietro 〈16・17世紀〉
イタリアの画家。
⇒世美（ダミーニ, ピエトロ　1592-1631）

Damophōn 〈前3・2世紀〉
ギリシアの彫刻家。
⇒ギリ（ダモフォン　（活動）前200頃-150）
　西洋（ダモフォン　前2世紀）
　世美（ダモフォン（メッセネ出身の）　前2世紀）

Dampmartin, Drouet 〈14・15世紀〉
フランスの建築家。
⇒世美（ダンマルタン, ドルーエ　?-1415）

Dampmartin, Guy 〈14世紀〉
フランスの建築家。
⇒世美（ダンマルタン, ギー　?-1398頃）

Dampmartin, Jean 〈15世紀〉
フランスの建築家。
⇒世美（ダンマルタン, ジャン　?-1454）

Dampt, Jean-Auguste 〈19・20世紀〉
フランスの彫刻家。
⇒世美（ダン, ジャン=オーギュスト　1854-1946）

Danae
ギリシア神話で, アルゴス王アクリシオスの娘。父に幽閉された彼女のもとに, 黄金の雨と変じたゼウスが通い, ペルセウスが生れた。
⇒新美（ダナエー）
　世美（ダナエ）
　大辞（ダナエ）

Danby, Francis 〈18・19世紀〉
イギリスの画家。
⇒世美（ダンビー, フランシス　1793-1861）

Dance, George 〈17・18世紀〉
イギリスの建築家。
⇒岩ケ（ダンス, ジョージ　1695-1768）
　世美（ダンス, ジョージ（父）　1700-1768）

Dance, George, the Younger 〈18・19世紀〉
イギリスの建築家。代表作『オール・ハローズ聖堂』(1765～67),『ニューゲート刑務所』(1769～84) など。
⇒建築（ダンス・ザ・ヤンガー, ジョージ　1741-1825）
　国小（ダンス　1741.3.20-1825.1.14）
　新美（ダンス, ジョージ　1741.3.20-1825.1.14）
　世美（ダンス, ジョージ（子）　1741-1825）

Dance, Nathaniel 〈18・19世紀〉
イギリスの画家。
⇒世美（ダンス, ナザニエル　1735-1811）

Dancer, Rex 〈20世紀〉
アメリカの新聞記者, コラムニスト, カメラマン, 作家。
⇒海作4（ダンサー, レックス　1939-）

D'Ancona, Paolo 〈19・20世紀〉
イタリアの美術史家。
⇒世美（ダンコーナ, パーオロ　1878-1964）

D'Ancona, Vito 〈19世紀〉
イタリアの画家。
⇒世美（ダンコーナ, ヴィート　1825-1884）

D'Andrade, Alfredo 〈19・20世紀〉
イタリアの建築家, 画家。ポルトガル出身。
⇒世美（ダンドラーデ, アルフレード　1839-1915）

Daneri, Luigi Carlo 〈20世紀〉
イタリアの建築家。
⇒世美（ダネーリ, ルイージ・カルロ　1900-1972）

Dangelo, Sergio 〈20世紀〉
イタリアの画家。
⇒世美（ダンジェロ, セルジョ　1932-）

Danhauser, Joseph 〈19世紀〉
オーストリアの画家。歴史画, 肖像画, 風俗画を描いた。
⇒芸術（ダンハウザー, ヨゼフ　1805-1845）
　国小（ダンハウザー　1805.8.19-1845.5.4）
　世美（ダンハウザー, ヨーゼフ　1805-1845）

Dāni'el 〈前7・6世紀〉
ユダヤの預言者。ダニエル書の主人公。
⇒旺世（ダニエル　生没年不詳）
　外国（ダニエル）
　キリ（ダニエル）
　コン2（ダニエル　前7-6世紀）
　コン3（ダニエル　前7-前6世紀）
　新美（ダニエル）
　人物（ダニエル　生没年不詳）
　聖書（ダニエル）
　西洋（ダニエル　前6世紀）
　世美（ダニエル）
　大辞（ダニエル）
　大辞3（ダニエル）
　百科（ダニエル）
　山世（ダニエル）

Daniel, Thomas 〈18・19世紀〉
イギリスの建築家。
⇒建築（ダニエル, トーマス　1749-1810）

Daniele da Volterra 〈16世紀〉
イタリアの画家。
⇒キリ（ダニエーレ・ダ・ヴォルテッラ　1509頃-1566）
　国小（ボルテッラ　1509-1566.4.4）
　新美（ダニエーレ・ダ・ヴォルテッラ　1509頃-1566.4.4）
　世美（ダニエーレ・ダ・ヴォルテッラ　1509頃-1566）

Dan'ko, Nataliia Shioevna 〈19・20世紀〉
ロシアの陶芸家。
⇒世女日（ダニコ, ナターリヤ　1882-1958）

D'Anna, Vito 〈18世紀〉
イタリアの画家。
⇒世美（ダンナ, ヴィート　1720頃-1769）

Dannecker, Johann Heinrich von 〈18・19世紀〉
ドイツ新古典主義の彫刻家。代表作『豹に乗るアリアドネ』(1803～14)。
⇒芸術（ダンネッカー, ヨハン・ハインリヒ・フォン　1758-1841）
　国小（ダンネッカー　1758.10.15-1841.12.8）
　新美（ダンネッカー, ヨーハン・ハインリヒ, フォン　1758.10.15-1841.12.8）
　人物（ダンネッカー　1758.10.15-1841.12.8）
　西洋（ダンネッカー　1758.10.15-1841.12.8）
　世美（ダンネッカー　1758-1841）
　世美（ダンネッカー, ヨハン・ハインリヒ・フォン　1758-1841）
　全書（ダンネッカー　1758-1841）
　大百（ダンネッカー　1758-1841）

Danska, Herbert 〈20世紀〉
アメリカのイラストレーター。
⇒児イ（Danska, Herbert）

Dantan, Jean-Pierre 〈19世紀〉
フランスの彫刻家。
⇒世美（ダンタン, ジャン＝ピエール　1800-1869）

Danti, Giulio 〈16世紀〉
イタリアの建築家, 金工家。
⇒世美（ダンティ, ジューリオ　1500-1575）

Danti, Vincenzo 〈16世紀〉
イタリアの彫刻家。
⇒建築（ダンティ, ヴィンチェンツォ　1530-1576）
　新美（ダンティ, ヴィンチェンツォ　1530-1576.5.26）
　世美（ダンティ, ヴィンチェンツォ　1530-1576）

D'anty, Henry 〈20世紀〉
フランス生れの画家。
⇒世芸（ダンティ, ヘンリー　1918-）

Danziger, Itzhak 〈20世紀〉
イスラエルの彫刻家。
⇒ユ人（ダンチガー(ダンチゲル), イツハク　1916-1978）

Da Ponte, Antonio 〈16世紀〉
イタリアの建築家。
⇒世美（ダ・ポンテ, アントーニオ　1512頃-1579）

Dapra, Regine 〈20世紀〉
オーストリアのイラストレーター。
⇒児イ（Dapra, Regine　ダプラ, R.　1929-）

D'Arcangelo, Allan 〈20世紀〉
アメリカのポップ・アーティスト。
⇒新美（ダーカンジェロ, アラン　1930.6.16-）
　世芸（ダーカンジェロ, アレン　1930-）
　世美（ダーカンジェロ, アラン　1930-）
　二十（ダーカンジェロ, アラン　1930.6.16-）
　美術（ダーカンジェロ, アラン　1930-）

Dareios I 〈前6・5世紀〉
アケメネス朝ペルシアの王(在位前522～486)。州総督(サトラップ)による中央集権機構を確立。
⇒岩ケ（ダレイオス1世　前548-前486）
　旺世（ダレイオス(1世)　前558頃-前486）
　外国（ダレイオス1世(大王)　前558頃-486）
　角世（ダレイオス1世　?-前486）
　ギリ（ダレイオス1世　(在位)前521-486）
　ギロ（ダレイオス1世　前550-前486）

広辞4 （ダレイオス一世）
広辞6 （ダレイオス一世　（在位）前522-前486）
皇帝 （ダリウス1世　前558頃-486）
国小 （ダレイオス1世　前558頃-486）
国百 （ダレイオス一世　?-前486）
コン2 （ダリウス1世　前558頃-486）
コン3 （ダレイオス1世　前558頃-前486）
新美 （ダーレイオス1世）
人物 （ダレイオス一世　前558頃-486）
西洋 （ダレイオス一世　前558頃-486）
世人 （ダレイオス（ダリウス）1世（大王）　前558頃-前486）
世西 （ダリウス一世（大王）（ヒュスタスペス）前558頃-486）
世百 （ダレイオス1世　前558頃-486）
大辞 （ダレイオス一世　前558頃-486）
大辞3 （ダレイオス一世　前558頃-前486）
大百 （ダレイオス一世　前558頃-486）
中国 （ダレイオスいっせい　前558頃-486）
デス （ダレイオス1世）
伝世 （ダリウス1世　?-前486）
統治 （ダレイオス一世、大王　（在位）前521-486）
百科 （ダレイオス1世）
山世 （ダレイオス1世　生没年不詳）
歴史 （ダレイオス1世　前558頃-前486）

Dareios III 〈前4世紀〉

ペルシア帝国最後の王（在位前336/335〜330）。アレクサンドロス大王の遠征軍に敗れた。
⇒旺世 （ダレイオス(3世)　前389頃-前330）
外国 （ダレイオス3世　?-前330）
角世 （ダレイオス3世　?-前330）
ギリ （ダレイオス3世　（在位）前336-330）
ギロ （ダレイオス3世　?-前330）
皇帝 （ダリウス3世　?-前330）
国小 （ダレイオス3世　前380頃-330頃）
コン2 （ダリウス3世）
コン3 （ダリウス3世　生没年不詳（在位）前336-330）
新美 （ダーレイオス3世）
人物 （ダレイオス三世　前389頃-330）
西洋 （ダレイオス三世　前4世紀頃-）
世人 （ダレイオス（ダリウス）3世　?-前330）
世西 （ダリウス三世（コドマヌス））
世東 （ダリウス3世　（在位）前336-330）
全書 （ダリウス三世　前381?-前330）
大百 （ダレイオス三世　?-前330）
デス （ダレイオス3世）
伝世 （ダリウス3世　前381-330）
統治 （ダレイオス三世（コドマンヌス）（在位）前335-330）
百科 （ダレイオス3世　（在位）前336-前330）
評世 （ダリウス3世　前389頃-前330）
山世 （ダレイオス3世　生没年不詳）
歴史 （ダレイオス3世　前380頃-前330）

Daret, Jacques 〈15世紀〉

フランドルの画家。
⇒新美 （ダレー、ジャック　1400/03-1441以降）
世美 （ダレー、ジャック　1404頃-1470頃）

D'Aria, Michele 〈15・16世紀〉

イタリアの彫刻家。
⇒世美 （ダーリア、ミケーレ　（記録）1460-1510）

Dario da Treviso 〈15世紀〉

イタリアの画家。
⇒世美 （ダーリオ・ダ・トレヴィーゾ　1420頃-1474以降）

Darley, Felix Octavius Carr 〈19世紀〉

アメリカの挿絵画家。
⇒世児 （ダーリ、F（フィーリクス）・O（オクタヴィアス）・C（カー）　1822-1888）

Darling, Jay Norwood 〈19・20世紀〉

アメリカの風刺漫画家。
⇒岩ケ （ダーリング、ジェイ・ノーウッド　1876-1962）
最世 （ダーリング、ノーウッド　1876-1962）

D'Aronco, Raimondo 〈19・20世紀〉

イタリアの建築家。
⇒世美 （ダロンコ、ライモンド　1857-1932）

Darracq, Marianne 〈20世紀〉

ブルガリアの造形美術作家。
⇒世芸 （ダラック、マリアンヌ　?-）

Darsane, N. 〈20世紀〉

バリ島の画家。
⇒児イ （Darsane, N.　ダルサネ、N.）

D'Arthois, Jacques 〈17世紀〉

フランドルの画家。
⇒世美 （ダルトワ、ジャック　1613-1686頃）

Darwin, Beatrice 〈20世紀〉

アメリカのイラストレーター。
⇒児イ （Darwin, Beatrice　ダーウィン、B.）

Darwin, Leonard 〈20世紀〉

アメリカのイラストレーター。
⇒児イ （Darwin, Leonard　ダーウィン、L.）

Dary, Robert 〈15世紀〉

フランドルのタピスリー制作家。
⇒世美 （ダリー、ロベルト　（活動）15世紀）

Dashe, Lilly 〈20世紀〉

フランス生れの服飾デザイナー。
⇒世女日 （ダッシェ、リリー　1892-1988）

Dashkevich, Victoriya T. 〈20世紀〉

ソ連の美術研究者。国立エルミタージュ博物館学術研究員。
⇒二十 （ダシケーヴィチ、ビクトリヤ・T.　1932-）

Dass, Dean 〈20世紀〉

アメリカ生れの画家。
⇒世芸 （ダス、ディーン　1955-）

Dasto, Dany 〈20世紀〉

フランスの画家。
⇒世芸 （ダスト、ダニー　1940-）

Daswanth 〈16世紀〉
インドのムガル帝国のアクバル大帝の宮廷画家。
⇒岩ケ（ダスワント　16世紀）
　世美（ダスワント　16世紀）

Dattaro, Francesco 〈16世紀〉
イタリアの建築家。
⇒世美（ダッタロ，フランチェスコ　16世紀）

D'Attilio, Anthony 〈20世紀〉
アメリカのイラストレーター。
⇒児イ（D'Attilio, Anthony）

Daubigny, Charles François 〈19世紀〉
フランスの画家，版画家。バルビゾン派の一人。作品『セーヌ風景』など。
⇒岩ケ（ドービニー，シャルル・フランソワ　1817-1878）
　芸術（ドービニー，シャルル・フランソワ　1817-1878）
　国小（ドービニー　1817.2.15-1878.2.19）
　コン2（ドービニー　1817-1878）
　コン3（ドービニー　1817-1878）
　新美（ドービニー，シャルル＝フランソワ　1817.2.15-1878.2.21）
　人物（ドービニ　1817.2.15-1878.2.21）
　西洋（ドービニー　1817.2.15-1878.2.21）
　世西（ドービニ　1817.2.15-1878.2.19）
　世美（ドービニー，シャルル＝フランソワ　1817-1878）
　世百（ドービニー　1817-1878）
　全書（ドービニー　1817-1878）
　大百（ドービニー　1817-1878）
　伝世（ドビニー　1817.2.15-1878.2.21）
　百科（ドービニー　1817-1878）

Däubler, Theodor 〈19・20世紀〉
ドイツの詩人。代表作に神秘的叙事詩『極光』(1910)。
⇒国小（ドイブラー　1876.8.17-1934.6.13）
　コン2（ドイブラー　1876-1934）
　コン3（ドイブラー　1876-1934）
　集世（ドイブラー，テーオドア　1876.8.17-1934.6.13）
　集文（ドイブラー，テーオドア　1876.8.17-1934.6.13）
　西洋（ドイブラー　1876.8.17-1934.6.13）
　世美（ドイブラー，テオドル　1876-1934）
　世百（ドイブラー　1876-1934）
　世文（ドイブラー，テーオドール　1876-1934）
　全書（ドイブラー　1876-1934）
　二十（ドイブラー，テーオドール　1876-1934）

Daucher, Adolf 〈15・16世紀〉
ドイツの彫刻家。アンナベルクのアレナ聖堂の大理石の祭壇(1521)の作者。
⇒キリ（ダウハー，アードルフ　1460/65頃-1523/4頃）
　芸術（ダウヒャー，アドルフ　1460/65-1523/4）
　国小（ダウハー　1460/5-1523/4）
　新美（ダウハー，アードルフ　1460-1523/24）
　西洋（ダウハー　1460/5-1523/4）
　世美（ダウハー，アドルフ　1460頃-1524頃）

Daucher, Hans 〈15・16世紀〉
ドイツの彫刻家。A.ダウハーの子。ドイツ・ルネサンス様式の作家。
⇒芸術（ダウヒャー，ハンス　1485頃-1538）
　国小（ダウハー　1485頃-1538頃）
　新美（ダウハー，ハンス　1485頃-1538）

Dauchez, André 〈19・20世紀〉
フランスの画家，銅版画家。ブルターニュ地方の風景を描いた。
⇒西洋（ドーシェ　1870.5.17-1947）

Daufresne, Michell 〈20世紀〉
フランスのイラストレーター。
⇒児イ（Daufresne, Michell　ドーフレンス, M. 1928-）

Daugherty, James (Henry) 〈19・20世紀〉
アメリカの挿絵画家，作家。
⇒英児（Daugherty, James Henry　ドーアティ，ジェイムズ・ヘンリー　1889-1974）
　児イ（Daugherty, James　ドーハーティ, J. 1889-）
　児童（ドーリィティー，ジェームズ　1889-）
　児文（ドーハティ，ジェームズ　1889-1974）
　世児（ドーハティ，ジェイムズ（・ヘンリ）1889-1974）
　二十（ドーハティ，ジェームズ　1889-1974）

D'Aulaire, Edgar Parin 〈20世紀〉
スイス生れの画家，児童文学作家。妻のイングリと共同で絵本『魔法のじゅうたん』を発表。伝記絵本『エブラハム・リンカーン』(1940)でコールデコット賞を受賞。
⇒英児（d'Aulaire, Edgar and Ingri Parin　1898-1986）
　児イ（D'Aulaire, Ingri Mortenson&Edgar Parin　ドオレーア, E.P. 1898-）
　児童（ドォレアー，エドガー　1898-）
　児文（ドーレア夫妻）
　世児（ドーレア，エドガー・パリン＆イングリ　1898-1986）
　二十（ドーレア，エドガー・P. 1898-?）

D'Aulaire, Ingri 〈20世紀〉
ノルウェー生れの画家，児童文学作家。夫のエドガーと共同で絵本を発表。
⇒英児（d'Aulaire, Edgar and Ingri Parin　1904-1980）
　児イ（D'Aulaire, Ingri Mortenson&Edgar Parin　ドオレーア, I.M. 1904-）
　児童（ドォレアー，イングリ）
　児文（ドーレア夫妻）
　世児（ドーレア，エドガー・パリン＆イングリ　1904-1980）
　世女百（ドーレア，イングリ　1904-1980）
　二十（ドーレア，イングリ　1904-1980）

Daum, Antoine 〈19・20世紀〉
フランスの装飾家，ガラス工芸家。
⇒新美（ドーム兄弟　（ドーム，アントナン））
　世美（ドーム(兄弟)（ドーム，アントワーヌ））

Daum, Auguste 〈19・20世紀〉
フランスの装飾家, ガラス工芸家。
⇒新美（ドーム兄弟　（ドーム, オーギュスト））
　世美（ドーム（兄弟）（ドーム, オーギュスト））

Daumier, Honoré Victorin 〈19世紀〉
フランスの画家, 版画家。諷刺的政治漫画, 風俗漫画を多数描いた。代表作『三等車』(油彩)など。
⇒逸話（ドーミエ　1808-1879）
　岩ケ（ドーミエ, オノレ(・ヴィクトラン)　1808-1879）
　旺世（ドーミエ　1808-1879）
　外国（ドーミエ　1808-1879）
　角世（ドーミエ　1808-1879）
　芸術（ドーミエ, オノレ　1808-1879）
　広辞4（ドーミエ　1808-1879）
　広辞6（ドーミエ　1808-1879）
　国小（ドーミエ　1808.2.20/6-1879.2.10/11）
　国百（ドーミエ, オノレ　1808.2.20-1879.2.10）
　コン2（ドーミエ　1808-1879）
　コン3（ドーミエ　1808-1879）
　新美（ドーミエ, オノレ　1808.2.26-1879.2.11）
　人物（ドーミエ　1808.2.26-1897.2.10）
　西洋（ドーミエ　1808.2.26-1879.2.10）
　世人（ドーミエ　1808-1879）
　世西（ドーミエ　1808.2.26-1897.2.10）
　世美（ドーミエ, オノレ　1808-1879）
　世百（ドーミエ　1808-1879）
　全書（ドーミエ　1808-1879）
　大辞（ドーミエ　1808-1879）
　大辞3（ドーミエ　1808-1879）
　大百（ドーミエ　1808-1879）
　デス（ドーミエ　1808-1879）
　伝世（ドーミエ　1808.2.26-1879.2.11）
　百科（ドーミエ　1808-1879）
　評世（ドーミエ　1808-1879）
　山世（ドミエ　1808-1879）
　歴史（ドーミエ　1808-1879）

D'Auria, Gerolamo 〈16・17世紀〉
イタリアの彫刻家。
⇒世美（ダウリア, ジェローラモ）

D'Auria, Gian Domenico 〈16世紀〉
イタリアの彫刻家。
⇒世美（ダウリア, ジャン・ドメーニコ　16世紀）

D'Auria, Giovan Francesco 〈16・17世紀〉
イタリアの彫刻家。
⇒世美（ダウリア, ジョヴァン・フランチェスコ）

D'Auria, Giovan Tommaso 〈16・17世紀〉
イタリアの彫刻家。
⇒世美（ダウリア, ジョヴァン・トンマーゾ）

Dauriac, Jacqueline 〈20世紀〉
フランス生れの女性作家。
⇒世芸（ドリアック, ジャクライン　1945-）

Davenport, Millia 〈20世紀〉
アメリカの服飾研究家。舞台美術・衣装家として活躍。そののち10年を費やして, 膨大な写真によるユニークな服飾史の労作『服装の書』を完成した。
⇒名著（ダヴェンポート　?-）

David 〈前11・10世紀〉
イスラエル王国第2代目の王。エルサレムに都を移し, 広大な領土を誇った。
⇒逸話（ダビデ　前1004-前968頃）
　岩ケ（ダビデ　?-前962頃）
　旺世（ダヴィデ　生没年不詳）
　音楽（ダビデ）
　音大（ダビデ）
　外国（ダビデ　前1043頃-973頃）
　角世（ダビデ　(在位)前1000?-961?）
　キリ（ダビデ）
　広辞4（ダヴィデ）
　広辞6（ダビデ　(在位)前1010-970頃）
　皇帝（ダヴィデ　?-前960頃）
　国小（ダビデ）
　コン2（ダビデ(ダビド)　前1011頃-972頃）
　コン3（ダビデ(ダビド)　前1011頃-前972頃）
　新美（ダビデ）
　人物（ダビデ　生没年不詳）
　聖書（ダビデ）
　西洋（ダビデ　前10世紀）
　世人（ダヴィデ(ダビデ)　?-前972頃/前960頃）
　世西（ダビデ　前1090頃-1015頃）
　世美（ダヴィデ）
　世百（ダビデ　生没年不詳）
　全書（ダビデ　生没年不詳）
　大辞（ダビデ　前10世紀頃）
　大辞3（ダビデ　前10世紀頃）
　大百（ダビデ　?-前961）
　伝世（ダビデ　?-前970頃）
　統治（ダビデ　(在位)前1010-970）
　百科（ダビデ　生没年不詳）
　評世（ダビデ　?-前971頃）
　山世（ダヴィデ　生没年不詳）
　歴史（ダヴィデ）

David, Gerard 〈15・16世紀〉
フランドルの画家。ブリュージュ派最後の巨匠。作品は『キリストの洗礼』(1508)など。
⇒岩ケ（ダーフィト, ヘラルド　1460頃-1523）
　外国（ダヴィト　1460頃-1523）
　キリ（ダーヴィト, ヘーラルト　1460頃-1523.8.13）
　芸術（ダヴィト, ヘラルト　1450/60頃-1523）
　国小（ダビッド　1450-1523.8.13）
　コン2（ダヴィト　1460頃-1523）
　コン3（ダヴィト　1460頃-1523）
　新美（ダヴィット, ヘラルト　1460頃-1523.8.13）
　西洋（ダヴィト　1450/-60-1523.8.13）
　世西（ダヴィット　1460頃-1523）
　世美（ダーフィト, ヘラルト　1460頃-1523）
　デス（ダビッド　1460頃-1523）
　百科（ダーフィト　1460頃-1523）

David, Jacques Louis 〈18・19世紀〉
フランスの画家。新古典主義の創始者, 指導者。大作『ホラティウス兄弟の誓い』(1785)など。
⇒岩ケ（ダヴィッド, ジャック・ルイ　1748-1825）
　旺世（ダヴィッド　1748-1825）

外国（ダヴィド 1748–1825）
角世（ダヴィド 1748–1825）
キリ（ダヴィド，ジャーク・ルイ 1748.4.30–1825.12.29）
芸術（ダヴィド，ジャック・ルイ 1748–1825）
広辞4（ダヴィッド 1748–1825）
広辞6（ダヴィッド 1748–1825）
国小（ダヴィド 1748.8.30–1825.12.29）
国百（ダビッド，ジャック・ルイ 1748.8.30–1825.12.29）
コン2（ダヴィド 1748–1825）
コン3（ダヴィド 1748–1825）
新美（ダヴィッド，ジャック・ルイ 1748.8.30–1825.12.29）
人物（ダビッド 1748.8.30–1825.12.29）
西洋（ダヴィッド 1748.8.30–1825.12.29）
世人（ダヴィド 1748–1825）
世西（ダヴィッド 1748.8.30–1825.12.29）
世美（ダヴィド，ジャック=ルイ 1748–1825）
世百（ダビド 1748–1825）
全書（ダビッド 1748–1825）
大辞（ダビド 1748–1825）
大辞3（ダビッド 1748–1825）
大百（ダビッド 1748–1825）
デス（ダビッド 1748–1825）
伝世（ダヴィド 1748.8.30–1825.12.29）
百科（ダビド 1748–1825）
評世（ダビッド 1748–1825）
山世（ダヴィド 1748–1825）

David, Sir Percival Victor 〈20世紀〉
イギリスの実業家，東洋美術愛好家，研究者。中国美術，とくに歴代の陶磁器を収集，研究。デーヴィド財団を設立し，一般に公開。
⇒西洋（デーヴィド 1892.6.21–1964.10.9）

David, Pierre Jean 〈18・19世紀〉
フランスの彫刻家。別称David d'Angers。ロマン主義彫刻を主唱した代表的彫刻家。1811年ローマ賞を受賞。多くの肖像彫刻，メダルを制作。
⇒岩ケ（ダヴィド，ピエール・ジャン 1789–1856）
　国小（ダビッド 1788.3.12–1856.1.6）
　新美（ダヴィッド・ダンジェ 1788.3.12–1856.1.5）
　西洋（ダヴィッド・ダンジェ 1788.3.12–1856.1.5）
　世美（ダヴィッド・ダンジェ 1788–1856）

Davidson, Jo （Joseph） 〈19・20世紀〉
アメリカの彫刻家。20世紀の著名な人物の肖像を300以上制作。
⇒岩ケ（デイヴィドソン，ジョー 1883–1952）
　国小（デービッドソン 1883.3.30–1952.1.2）
　ユ人（デビッドソン，ジョー 1883–1952）

Davie, Alan 〈20世紀〉
イギリスの画家。
⇒岩ケ（ディヴィー，アラン 1920–）
　世美（ディヴィー，アラン 1920–）

Davies, Arthur Bowen 〈19・20世紀〉
アメリカの画家。アメリカ独自の様式の創造をめざした8人のグループ，ジ・エイトの一員。
⇒オ西（デイヴィズ，アーサー・ボーエン 1862–1928）
　国中（デービス 1862.9.26–1928.10.24）
　新美（デイヴィス，アーサー・ボーエン 1862.9.26–1928）
　二十（デービス，アーサー・ボーエン 1862.9.26–1928）

Davies, John Gordon 〈20世紀〉
イギリスの神学者，教会史家，典礼学者，教会建築学者。
⇒キリ（デイヴィス，ジョン・ゴードン 1919.4.20–）

Davies, Leslie Purnell 〈20世紀〉
イギリスの作家，画家。
⇒二十（デービス，レスリー・パーネル 1914–）

Davies, Norman de Garis 〈19・20世紀〉
イギリスのエジプト学者。
⇒新美（デイヴィス，ノーマン・ド 1865.9.14–1941.11.5）
　二十（デービス，ノーマン・ド・G. 1865.9.14–1941.11.5）

Daviller, Charles Augustin 〈17世紀〉
フランスの建築家。南フランスの各地で制作。
⇒建築（ダヴィレ，シャルル=オーギュスタン 1653–1700）
　西洋（ダヴィレ 1653–1700）
　世美（ダヴィレール，シャルル・オーギュスタン 1653–1700）

Davioud, Gabriel Jean Antoine 〈19世紀〉
フランスの建築家。パリの諸公園の設計に当った。
⇒西洋（ダヴィウ 1823.10.30–1881.4.6）

Davis, Alexander Jackson 〈19世紀〉
アメリカの建築家。19世紀アメリカ建築の復古主義的風潮の生みの親。
⇒建築（デイヴィス，アレクサンダー・ジャクソン 1803–1892）
　国小（デービス 1803.7.24–1892）

Davis, Annalee 〈20世紀〉
バルバドスの画家。
⇒世芸（デーヴィス，アンナーリー ?–）

Davis, Bette 〈20世紀〉
アメリカのイラストレーター。
⇒児イ（Davis, Bette デーヴィス，B.）

Davis, Charles Harold 〈19・20世紀〉
アメリカの風景画家。パリ万国博覧会で1889年銀賞を受賞。
⇒国小（デービス 1857.2.2–1933.8.5）

Davis, Robert Hobart 〈19・20世紀〉
アメリカの雑誌編集者。パルプ雑誌"All・Story Magazine", "The Cavalier"などを編集，アマ

チュア写真家として著名人の肖像を多数撮映。
⇒幻想（デーヴィス, ロバート・ホバート 1869-1942）

Davis, Stuart 〈20世紀〉
アメリカの代表的抽象画家。1933年WPA（公共事業促進局）の壁画を描く。
⇒岩ケ（デイヴィス, スチェアート 1894-1964）
オ西（デイヴィス, ステュアート 1894-1964）
国小（デービス 1894.12.7）
コン3（デーヴィス 1894-1964）
最世（デイヴィス, スチュアート 1894-1964）
新美（デイヴィス, スチュアート 1894.12.7-1964.6.24）
西洋（デーヴィス 1894.12.7-1964.6.24）
世芸（デーヴィス, スチュアート 1894-1963）
世芸（デイヴィス, ステュアート 1894-1964）
世美（デイヴィス, スチュアート 1894-1964）
世百新（デービス 1894-1964）
全書（デービス 1894-1964）
大百（デービス 1894-1964）
二十（デービス, スチュアート 1894.12.7-1964.6.24）
百科（デービス 1894-1964）

Davringhausen, Heinrich 〈20世紀〉
ドイツの画家, 石版画家。
⇒世美（ダフリングハウゼン, ハインリヒ 1894-）

Davut, Aga 〈16世紀〉
トルコの建築家。
⇒建築（ダヴット, アガ ?-1599）

Davydova, Natariia Iakovlevna 〈19・20世紀〉
ロシアの画家。
⇒世女日（ダヴィドヴァ, ナターリヤ 1873-1926）

Dawber, Edward Guy 〈19・20世紀〉
イギリスの建築家。
⇒世美（ドーバー, エドワード・ガイ 1861-1938）

Dawson, Fielding 〈20世紀〉
アメリカの小説家, 短編小説作家, 画家。
⇒才世（ドースン, フィールディング 1930-）
二十英（Dawson, Fielding 1930-）

Day, Richard 〈20世紀〉
カナダ生れの映画美術監督。
⇒映画（デイ, リチャード 1896-1972）

Day, Robin 〈20世紀〉
イギリスの工芸家, デザイナー。1948年ニューヨーク近代美術館主催の家具デザイン国際コンクールで1等に当選。
⇒国小（デー 1915-）
世芸（デイ, ロビン 1915-1984）

Day, Shirley 〈20世紀〉
カナダのイラストレーター。
⇒児イ（Day, Shirley デイ, S.）

Daydé, Bernard 〈20世紀〉
フランスのデザイナー。
⇒バレ（ダイデ, ベルナール 1921.2.3-1986）

Dayes, Edward 〈18・19世紀〉
イギリスの水彩画家, メゾティント版画家。
⇒国小（デーズ 1763-1804）

Daykin, John 〈20世紀〉
イギリス生れの画家。
⇒世芸（デイキン, ジョン 1947-）

Dazzi, Arturo 〈19・20世紀〉
イタリアの彫刻家。
⇒世美（ダッツィ, アルトゥーロ 1881-1966）

Deacon, Richard 〈20世紀〉
イギリスの彫刻家。
⇒世芸（ディーコン, リチャード 1949-）

De Albertis, Sebastiano 〈19世紀〉
イタリアの画家。
⇒世美（デ・アルベルティス, セバスティアーノ 1828-1897）

De Amdrea, John 〈20世紀〉
アメリカの彫刻家。
⇒世美（デ・アンドレア, ジョン 1941-）

Dean, Kevin 〈20世紀〉
イギリスの画家, デザイナー。
⇒児イ（Dean, Kevin ディーン, K.）

De Angeli, Marguerite 〈19・20世紀〉
アメリカの女性絵本作家, 挿絵画家。
⇒英児（de Angeli, Marguerite デ＝アンジェリ, マーガリート 1889-1987）
世児（デ・アンジェリ, マーガリート（・ロフト）1889-1987）

D'Eaubonne, Jean 〈20世紀〉
フランス生れの映画美術監督。
⇒世映（ドーボン, ジャン 1903-1971）

De'Bardi, Donato 〈15世紀〉
イタリアの画家。
⇒世美（デ・バルディ, ドナート （記録）1426-1451）

Debliquy, Daniel 〈20世紀〉
ベルギーのアーティスト。
⇒児作（Debliquy, Daniel ドゥブリッキ, ダニエル 1952-）

De Braekeleer, Henri 〈19世紀〉
ベルギーの画家。
⇒世美（デ・ブラーケレール, アンリ 1840-1888）

De Braij, Jan 〈17世紀〉
オランダの画家。

⇒世美（デ・ブラーイ，ヤン　1627頃-1697）

De Braij, Salomon〈16・17世紀〉
オランダの画家。
⇒世美（デ・ブラーイ，サロモン　1597-1664）

Debschitz, Wilhelm von〈19・20世紀〉
ドイツの画家，室内装飾家。
⇒世美（デプシッツ，ヴィルヘルム・フォン　1871-1948）

Debucourt, Philibert Louis〈18・19世紀〉
フランスの風俗画家，版画家。代表作『散策』。
⇒芸術（ドビュクール，ルイ・フィリップ　1755-1832）
　国小（ドビュクール　1755.2.13-1832.9.22）
　西洋（ドビュクール　1755.2.13-1832.9.22）
　世美（ドビュクール，フィリベール=ルイ　1755-1832）

Decaisne, Henri〈18・19世紀〉
ベルギー出身のパリで活躍した画家。
⇒芸術（ドゥケーヌ，アンリ　1799-1852）
　国小（ドゥケーヌ　1799-1852）

Decamps, Alexandre Gabriel〈19世紀〉
フランスの画家。作品『スミルナの夜警』など。
⇒岩ケ（ドカン，アレクサンドル・ガブリエル　1803-1860）
　芸術（ドカン，アレキサンドル・ガブリエル　1803-1860）
　国小（ドカン　1803.3.3-1860.8.22）
　新美（ドカン，アレクサンドル　1803.3.3-1860.8.22）
　西洋（ドカン　1803.3.3-1860.8.22）
　世美（ドカン，アレクサンドル・ガブリエル　1803-1860）
　百科（ドカン　1803-1860）

De Capitani d'Arzago, Alberto〈20世紀〉
イタリアの考古学者，美術史家。
⇒世美（デ・カピターニ・ダルザーゴ，アルベルト　1909-1948）

De Carlo, Giancarlo〈20世紀〉
イタリアの建築家，都市計画家，著述家。
⇒世美（デ・カルロ，ジャンカルロ　1919-）

De Carolis, Adolfo〈19・20世紀〉
イタリアの画家，版画家。
⇒世美（デ・カーロリス，アドルフォ　1874-1928）

Déchelette, Joseph〈19・20世紀〉
フランスの考古学者。ケルト考古学，ゴール考古学を研究。
⇒西洋（デシュレット　1862-1914.10.3）
　世美（デシュレット，ジョゼフ　1862-1914）
　全書（デシュレット　1862-1914）
　二十（デシュレット，ヨセフ　1862-1914）

Decker, Paul〈17・18世紀〉
ドイツの建築家，版画家。ベルリン城の建設に参加。
⇒芸術（デッカー，パウル　1677-1713）
　国小（デッカー　1677-1713）
　新美（デッカー，パウル　1677.12.27-1713.11.18以前）

Decœur, Émile〈19・20世紀〉
フランスの陶芸家。
⇒世美（ドクール，エミール　1876-1953）

De Corte, Josse〈17世紀〉
フランドルの彫刻家。
⇒世美（デ・コルテ，ヨセ　1627-1679）

De Crayer, Caspar〈16・17世紀〉
フランドルの画家。
⇒世美（デ・クライエル，カスパール　1584-1669）

Dedeyan, Claire〈20世紀〉
フランスの作家，デザイナー，スタイリスト。
⇒海作4（デデヤン，クレール　1959-）

De Dominici, Bernardo〈17・18世紀〉
イタリアの画家，著述家。
⇒世美（デ・ドミーニチ，ベルナルド　1648-1750）

De Dominicis, Carlo〈17・18世紀〉
イタリアの建築家。
⇒世美（デ・ドミーニチス，カルロ　1696-1758）

De Donati, Luigi〈16世紀〉
イタリアの画家，彫刻家。
⇒世美（デ・ドナーティ，ルイージ　?-1534頃）

Defaux, Bernard〈20世紀〉
フランスの画家。
⇒世芸（デュホー，ベルナルド　1939-）

De Ferrari, Giovanni, Andrea〈16・17世紀〉
イタリアの画家。
⇒世美（デ・フェッラーリ，ジョヴァンニ・アンドレア　1598頃-1669）

De Ferrari, Gregorio〈17・18世紀〉
イタリアの画家。
⇒世美（デ・フェッラーリ，グレゴーリオ　1647-1726）

De Ferrari, Lorenzo〈17・18世紀〉
イタリアの画家。
⇒世美（デ・フェッラーリ，ロレンツォ　1680-1744）

De Finetti, Giuseppe〈20世紀〉
イタリアの建築家。
⇒世美（デ・フィネッティ，ジュゼッペ　1892-1951）

D

De Fiori, Ernesto 〈19・20世紀〉
イタリアの画家, 彫刻家。
⇒世美 (デ・フィオーリ, エルネスト 1881-1945)

De Flandes, Juan 〈15・16世紀〉
フランドルの画家。
⇒世美 (デ・フランデス, ファン 15-16世紀)

Defossez, Alfred 〈20世紀〉
フランス生れの画家。
⇒世芸 (デフォッセ, アルフレッド 1932-)

Defregger, Franz von 〈19・20世紀〉
オーストリアの画家。歴史画および風俗画が多い。
⇒国小 (デフレッガー 1835.4.30-1921.1.2)
西洋 (デフレッガー 1835.4.30-1921.1.2)

Degas, Hilaire Germain Edgar 〈19・20世紀〉
フランスの画家。近代的レアリスムの完成者の一人。代表作『アプサン』(1876)。
⇒逸話 (ドガ 1834-1917)
岩ケ (ドガ, (イレール・ジェルマン・)エドガール 1834-1917)
旺世 (ドガ 1834-1917)
才西 (ドガ, イレール=ジェルマン=エドガー 1834-1917)
外国 (ドガ 1834-1917)
角世 (ドガ 1834-1917)
芸術 (ドガ, エドガー 1834-1917)
広辞4 (ドガ 1834-1917)
広辞5 (ドガ 1834-1917)
広辞6 (ドガ 1834-1917)
国小 (ドガ 1834.7.19-1917.9.26)
国百 (ドガ, イレール・ジェルマン・エドガール 1834.7.19-1917.9.26)
コン2 (ドガ 1834-1917)
コン3 (ドガ 1834-1917)
新美 (ドガ, エドガー 1834.7.19-1917.9.26)
人物 (ドガ 1834.7.19-1917.9.26)
西洋 (ドガ 1834.7.19-1917.9.26)
世芸 (ドガ, エドガー 1834-1917)
世人 (ドガ 1834-1917)
世西 (ドガ 1834.6.19-1917.9.26)
世美 (ドガ, エドガー 1834-1917)
世百 (ドガ 1834-1917)
全書 (ドガ 1834-1917)
大辞 (ドガ 1834-1917)
大辞2 (ドガ 1834-1917)
大辞3 (ドガ 1834-1917)
大百 (ドガ 1834-1917)
デス (ドガ 1834-1917)
伝世 (ドガ 1834.7.19-1917.9.27)
ナビ (ドガ 1834-1917)
二十 (ドガ, エドガー 1834.7.19-1917.9.26)
バレ (ドガ, エドガール・イレール・ジェルマン 1834.7.19-1917.9.26)
百科 (ドガ 1834-1917)
評世 (ドガ 1834-1917)
山世 (ドガ 1834-1917)

De Geest, Wybrand Simonsz. 〈16・17世紀〉
オランダの画家。
⇒世美 (デ・ヘースト, ウェイブラント・シモンスゾーン 1592-1660以降)

De Gelder, Aert 〈17・18世紀〉
オランダの画家。
⇒世美 (デ・ヘルデル, アールト 1645-1727)

Degenhart, Bernhard 〈20世紀〉
ドイツの美術史家。
⇒世美 (デーゲンハルト, ベルンハルト 1907-)

De Gheyn, Jacob II 〈16・17世紀〉
フランドルの画家, 版画家。
⇒世美 (デ・ヘイン, ヤーコプ2世 1565-1629)

Degler, Hans 〈16・17世紀〉
ドイツの彫刻家。
⇒世美 (デグラー, ハンス 1565頃-1637頃)

Degli Erri, Agnolo 〈15世紀〉
イタリアの画家。
⇒世美 (デッリ・エッリ, アーニョロ (記録)1448-1482)

Degli Erri, Bartolomeo 〈15世紀〉
イタリアの画家。
⇒世美 (デッリ・エッリ, バルトロメーオ (活躍)15世紀後半)

De Grada, Raffaele 〈19・20世紀〉
イタリアの画家。
⇒世美 (デ・グラーダ, ラッファエーレ 1885-1957)

De'Grassi, Giovannino 〈14世紀〉
イタリアの画家, 写本装飾画家, 建築家, 彫刻家。
⇒世美 (デ・グラッシ, ジョヴァンニーノ (活動)14世紀末)

De'Grassi, Salomone 〈14・15世紀〉
イタリアの写本装飾画家。
⇒世美 (デ・グラッシ, サロモーネ 14世紀末-15世紀初頭)

De Grebber, Pieter Fransz. 〈17世紀〉
オランダの画家。
⇒世美 (デ・グレッベル, ピーテル・フランスゾーン 1600頃-1652/53)

De Gregorio, Marco 〈19世紀〉
イタリアの画家。
⇒世美 (デ・グレゴーリオ, マルコ 1829-1875)

De Groff, Willem 〈17・18世紀〉
フランドルの彫刻家, ストゥッコ装飾家, 家具制作家。
⇒世美 (デ・グロフ, ウィレム 1680-1742)

De Heem, Jan Davidsz. 〈17世紀〉
オランダの画家。

⇒芸術（デ・ヘーム，ヤン・ダーフィッツ　1606–1683/84）
世美（デ・ヘーム，ヤン・ダーフィッツゾーン　1606–1684）

De Heere, Lucas 〈16世紀〉
フランドルの画家，詩人，人文主義者。
⇒世美（デ・ヘーレ，リューカス　1534–1584）

Dehio, Georg 〈19・20世紀〉
ドイツの美術史学者。主著『ドイツ美術史』(1919〜24)。
⇒キリ（デヒーオ，ゲオルク　1850.11.22–1932.3.19）
国小（デヒオ　1850.11.22–1932.3.19）
新美（デヒオ，ゲオルク　1850.11.22–1932.3.19）
西洋（デヒーオ　1850.11.22–1932.3.19）
世美（デヒオ，ゲオルク　1850–1932）
二十（デヒオ，ゲオルグ　1850.11.22–1932.3.19）
名著（デヒーオ　1850–1932）

Deineka, Alexandre 〈20世紀〉
ソ連の画家。代表作『ペトログラードの防衛』(1928)。
⇒国小（デイネーカ　1899.5.20–1969）
新美（デイネカ，アレクサンドル　1899.5.8(20)–1969.6.12）
世芸（デイネカ，アレクサンドル　1899–1963）
世美（デイネーカ，アレクサンドル・アレクサンドロヴィチ　1899–1969）
二十（デイネカ，アレクサンドル　1899.5.8(20)–1969.6.12）

Deinokratēs 〈前4世紀〉
ギリシア時代の建築家。アレクサンドロス大王の宮廷建築家として活躍。
⇒ギロ（ディノクラテス　前4世紀）
建築（ディノクラテス　?–前278頃）
国小（ディノクラテス　生没年不詳）
コン2（ディノクラテス　前4世紀）
コン3（ディノクラテス　生没年不詳）
新美（デイノクラテース）
西洋（ディノクラテス）
世美（デイノクラテス）
百科（デイノクラテス　生没年不詳）

Dejean, Louis 〈19・20世紀〉
フランスの彫刻家。作品『座せる女』『休息するボクサー』など。
⇒芸術（ドジャン，ルイ　1872–1941）
国小（ドジャン　1872.6.9–1953）
世芸（ドジャン，ルイ　1872–1941）

De Jongh, Ludolf 〈17世紀〉
オランダの画家。
⇒世美（デ・ヨング，ルドルフ　1616–1679）

De Keyser, Hendrick 〈16・17世紀〉
オランダの建築家，彫刻家。
⇒世美（デ・ケイセル，ヘンドリック　1565–1621）

De Keyser, Thomas 〈16・17世紀〉
オランダの画家。
⇒世美（デ・ケイセル，トマス　1596–1667）

Dekhterev, Boris Aleksandrovich 〈20世紀〉
ロシアのイラストレーター。
⇒児イ（Dekhterev, Boris Aleksandrovich　ヂェーハチェリョフ, B.A.　1908–）

De Klerk, Michel 〈19・20世紀〉
オランダの建築家。
⇒世美（デ・クレルク，ミヒェル　1884–1923）

De Kooning, Willem 〈20世紀〉
アメリカの画家。アクション・ペインティングの第一人者。
⇒アメ（デ・クーニング　1904–1997）
岩ケ（デ・クーニング，ヴィレム　1904–1997）
オ西（デ・クーニング，ウィレム　1904–）
現人（デ・クーニング　1904.4.24–）
広辞5（デ・クーニング　1904–1997）
広辞6（デ・クーニング　1904–1997）
国小（デ・クーニング　1904.4.24–）
コン3（デ・クーニング　1904–1997）
最世（デ・クーニング，ヴィレム　1904–1997）
新美（デ・クーニング，ヴィレム　1904.4.24–）
人物（デ・クーニング　1904.3.20–）
西洋（デ・コーニング　1904.4.24–）
世芸（デ・クーニング，ウィレム　1904–1997）
世美（デ・クーニング，ウィレム　1904–）
世百（デクーニング　1904–）
世百新（デ・クーニング　1904–1997）
全書（デ・クーニング　1904–）
大辞2（デ・クーニング　1904–）
大辞3（デ・クーニング　1904–1997）
大百（デ・クーニング　1904–）
伝世（デ・クーニング　1904.4.24–）
ナビ（デ＝クーニング　1904–1997）
二十（デ・クーニング，ヴィレム　1904.4.24–）
百科（デ・クーニング　1904–）

Delaborde, Henri, Vicomte de 〈19世紀〉
フランスの画家。絵画理論家として著名。
⇒西洋（ドラボルド　1811.5.2–1899.5.18）

Delacroix, Ferdinand Victor Eugène 〈18・19世紀〉
フランス，ロマン派の画家。補色並置による独自な彩色技法を確立。作品『キオス島の虐殺』など。
⇒岩ケ（ドラクロワ，（フェルディナン・ヴィクトール・）ユージェーヌ　1798–1863）
旺世（ドラクロワ　1798–1863）
外国（ドラクロア　1798–1863）
角世（ドラクロア　1798–1863）
キリ（ドラクロワ，（フェルディナン・ヴィクトール・）ユジェーヌ　1798.4.26–1863.8.13）
芸術（ドラクロワ，ウジェーヌ　1798–1863）
広辞4（ドラクロア　1798–1863）
広辞6（ドラクロア　1798–1863）
国小（ドラクロア　1798.4.26–1863.8.13）
国百（ドラクロア，フェルディナン・ビクトール・ウジェーヌ　1798.4.26–1863.8.13）
コン2（ドラクロワ　1798–1863）
コン3（ドラクロア　1798–1863）
新美（ドラクロワ，ウジェーヌ　1798.4.26–1863.8.13）

人物（ドラクロア　1798.4.26–1863.8.13）
西洋（ドラクロア　1798.4.26–1863.8.13）
世人（ドラクロワ　1798–1863）
世西（ドラクロア　1798.4.26–1863.8.13）
世美（ドラクロワ, ウージェーヌ　1798–1863）
世百（ドラクロワ　1798–1863）
全書（ドラクロワ　1798–1863）
大辞（ドラクロワ　1798–1863）
大辞3（ドラクロア　1798–1863）
大百（ドラクロワ　1798–1863）
デス（ドラクロワ　1798–1863）
伝世（ドラクロア　1798.4.28–1863.8.13）
百科（ドラクロア　1798–1863）
評世（ドラクロア　1798–1863）
名著（ドラクロワ　1798–1863）
山世（ドラクロワ　1798–1863）
歴世（ドラクロア　1798–1863）

D **Delacroix, Michel**〈20世紀〉
フランス生れの画家。
⇒世芸（ドラクロワ, ミッシェル　1933–）

De Lairesse, Gerard〈17・18世紀〉
フランドルの画家, 版画家, 美術理論家。
⇒世美（デ・ライレッセ, ヘラルト　1640–1711）

Delamair, Pierre-Alexis〈17・18世紀〉
フランスの建築家。
⇒建築（ドラメル, ピエール＝アレクシス　1676–1745）

De la Planche, François〈16・17世紀〉
フランドル出身のタピスリー制作家。
⇒世美（ド・ラ・プランシュ・フランソワ　1573–1627）

Delaporte, Louis〈19・20世紀〉
フランスの建築史家, 軍人。主著『カンボジア紀行』(1880)。
⇒コン2（ドラポルト　1842–1925）
　コン3（ドラポルト　1842–1925）

De la Renta, Oscar〈20世紀〉
アメリカのファッション・デザイナー。
⇒岩ケ（デ・ラ・レンタ, オスカー　1932–）
　最世（デ・ラ・レンタ, オスカー　1932–）
　ナビ（デ＝ラ＝レンタ　1934–）

Delaroche, Paul〈18・19世紀〉
フランスの歴史画家。ロマン派の一人。
⇒岩ケ（ドラロシュ,（イポリット・）ポール　1797–1856）
　芸術（ドラロシュ, ポール　1797–1856）
　国小（ドラロシュ　1797.7.17–1856.11.4）
　コン2（ドラロシュ　1797–1856）
　コン3（ドラロシュ　1797–1856）
　新美（ドラロシュ, ポール　1797.7.17–1856.11.4）
　人物（ドラロシュ　1797.7.17–1856.11.4）
　西洋（ドラロシュ　1797.7.17–1856.11.4）
　世西（ドラロシュ　1797.7.17–1856.11.4）
　世美（ドラロシュ, ポール　1797–1856）
　世百（ドラローシュ　1797–1856）
　全書（ドラローシュ　1797–1856）
　大百（ドラローシュ　1797–1856）
　百科（ドラローシュ　1797–1856）

Delaulne, Étienne〈16世紀〉
フランスの金銀細工師, 版画家。
⇒世美（ドローヌ, エティエンヌ　1518頃–1595）

Delaunay, Jules Elie〈19世紀〉
フランスの画家。おもに歴史画を描く。1856年ローマ賞受賞。
⇒国小（ドローネー　1828.6.12–1891.9.5）
　新美（ドローネー, ジュール＝エリー　1828.6.12–1891.9.5）
　西洋（ドローネー　1828.6.12–1891.9.5）

Delaunay, Robert〈19・20世紀〉
フランスの画家。オルフィスムの創始者で, 抽象主義の先駆者の一人。
⇒岩ケ（ドローネー, ロベール　1885–1941）
　オ西（ドローネー, ロベール　1885–1941）
　広辞5（ドローネー　1885–1941）
　広辞6（ドローネー　1885–1941）
　国小（ドローネー　1885.4.12–1941.10.25）
　コン3（ドローネー　1885–1941）
　新美（ドローネー, ロベール　1885.4.12–1941.10.25）
　人物（ドローネー　1885.4.12–1941.10.25）
　西洋（ドローネー　1885.4.12–1941.10.25）
　世芸（ドローネー, ロベール　1885–1941）
　世西（ドローネ　1885–）
　世美（ドローネー, ロベール　1885–1941）
　世百（ドローネー　1885–1941）
　世百新（ドローネー　1885–1941）
　全書（ドローネー　1885–1941）
　大百（ドローネー　1885–1941）
　ナビ（ドローネー　1885–1941）
　二十（ドローネ, ロベール　1885–1941）
　百科（ドローネー　1885–1941）

Delaunay, Sonia〈19・20世紀〉
ロシア生れの画家。R.ドロネーと結婚, 彼とともに〈同時的対比〉の理論による制作を進めた。
⇒岩ケ（ドローネー, ソニア（・テルク）　1885–1979）
　オ西（ドローネー, ソニア　1885–1979）
　新美（ドローネー, ソニア　1885–1979.12.5）
　スパ（ドローネー, ソニア　1885–）
　西洋（ドローネー　1885.11.14–1979.12.5）
　世女（ドローネー, ソニア（ソフィア・テルク）　1885–1979）
　世女日（デローネイ, ソニア・テルク　1885–1979）
　世美（ドローネー, ソニア　1885–1979）
　二十（ドローネ, ソニア　1885–1979.12.5）

De la Vallée, Jean〈17世紀〉
スウェーデンの建築家。1671年ストックホルム市長。主要建築物はボンデス宮(1667)。
⇒建築（ド・ヴァレー, ジャン＝ド　1620–1696）
　西洋（デ・ラ・バレ　1620–1693.3.9）

De la Villegle, Jacques〈20世紀〉
フランスの美術家。
⇒美術（ド・ラ・ヴィルグレ, ジャック　1926–）

Del Barbiere, Domenico 〈16世紀〉
イタリアの画家, 彫刻家, 銅版画家.
⇒世美（デル・バルビエーレ, ドメーニコ 1506頃-1565以降）

Delbrück, Richard 〈19・20世紀〉
ドイツの考古学者.
⇒世美（デルブリュック, リヒャルト 1874-1957）

Del Chierico, Francesco d'Antonio 〈15世紀〉
イタリアの写本装飾画家.
⇒世美（デル・キエーリコ, フランチェスコ・ダントーニオ ?-1484）

Delcour, Jean 〈17・18世紀〉
フランドルの彫刻家.
⇒世美（デルクール, ジャン 1631-1707）

Delcour, Jean-Gilles 〈17世紀〉
フランドルの画家.
⇒世美（デルクール, ジャン＝ジル 1632-1695）

Del Debbio, Enrico 〈20世紀〉
イタリアの建築家.
⇒世美（デル・デッビオ, エンリーコ 1891-）

Del Duca, Jacopo 〈16・17世紀〉
イタリアの建築家, 彫刻家.
⇒世美（デル・ドゥーカ, ヤーコポ 1520-1604頃）

Delécluze, Étienne-Jean 〈18・19世紀〉
フランスの文筆家, 画家.
⇒集世（ドレクリューズ, エチエンヌ＝ジャン 1781.2.26-1863.7.12）
集文（ドレクリューズ, エチエンヌ＝ジャン 1781.2.26-1863.7.12）
新美（ドレクリューズ, エティエンヌ 1781.1.20-1863.7.12）
世美（ドレクリューズ, エティエンヌ＝ジャン 1781-1863）
百科（ドレクリューズ 1781-1863）

Delessert, Etienne 〈20世紀〉
スイスのイラストレーター.
⇒児イ（Delessert, Etienne ドレセール, E. 1941-）

Del Grande, Antonio 〈17世紀〉
イタリアの建築家.
⇒世美（デル・グランデ, アントーニオ 1625-1672）

Delilah
ナジル人サムソンの愛人（旧約聖書）.
⇒国小（デリラ）
新美（サムソンとデリラ）
世百（デリラ）
全書（デリラ）
大百（デリラ）

Delitio, Andrea 〈15世紀〉
イタリアの画家.
⇒世美（デリーティオ, アンドレーア 15世紀）

Dell'Abate, Nicolò 〈16世紀〉
イタリアの画家.
⇒世美（デッラバーテ, ニコロ 1509-1571）

Della Cerva, Giovanni, Battista 〈16世紀〉
イタリアの画家.
⇒世美（デッラ・チェルヴァ, ジョヴァンニ・バッティスタ （記録)1543-1548）

Della Chiesa, Pompeo 〈16世紀〉
イタリアの武具制作家.
⇒世美（デッラ・キエーザ, ポンペーオ 16世紀）

Della Greca, Felice 〈17世紀〉
イタリアの建築家.
⇒世美（デッラ・グレーカ, フェリーチェ 1626-1677）

Della Greca, Vincenzo 〈17世紀〉
イタリアの建築家.
⇒世美（デッラ・グレーカ, ヴィンチェンツォ 17世紀）

Della Porta, Antonio 〈15・16世紀〉
イタリアの彫刻家.
⇒世美（デッラ・ポルタ, アントーニオ 15世紀末-16世紀初頭）

Della Porta, Giovanni, Giacomo 〈15・16世紀〉
イタリアの建築家, 彫刻家.
⇒世美（デッラ・ポルタ, ジョヴァンニ・ジャーコモ 1485頃-1555）

Della Porta, Guglielmo 〈16世紀〉
イタリアの彫刻家.
⇒世美（デッラ・ポルタ, グリエルモ 1500頃-1577）

Della Seta, Alessandro 〈19・20世紀〉
イタリアの考古学者.
⇒世美（デッラ・セータ, アレッサンドロ 1879-1944）

Della Valle, Filippo 〈17・18世紀〉
イタリアの彫刻家.
⇒世美（デッラ・ヴァッレ, フィリッポ 1697-1768）

Della Valle, Guglielmo 〈18世紀〉
イタリアの美術研究家.
⇒世美（デッラ・ヴァッレ, グリエルモ 18世紀後半）

Della Vecchia 〈17世紀〉
イタリアの画家.

⇒世美（デッラ・ヴェッキア　1603-1678）

Delleani, Lorenzo 〈19・20世紀〉
イタリアの画家。
⇒世美（デッレアーニ, ロレンツォ　1840-1908）

Delli, Dello 〈15世紀〉
イタリアの画家, 彫刻家。
⇒世美（デッリ, デッロ　1404頃-1471頃）

Del Marle, Félix 〈19・20世紀〉
フランスの画家。
⇒世美（デル・マルル, フェリックス　1889-1952）

Delorme, Philibert 〈16世紀〉
フランス・ルネサンスの建築家, 建築理論家。サン・モール城などを建設。
⇒岩ケ（ドロルム, フィリベール　1510頃-1570）
建築（ドロルム, フィリベール（ド・ロルム, フィリベール, ド・ロルム, フィリベール）　1510頃-1570）
国小（ドロルム　1510/5-1570.1.8）
コン2（ドロルム　1512頃-1570）
コン3（ドロルム　1512頃-1570）
新美（ドロルム, フィリベール　1512頃-1570.1.8）
西洋（ドロルム　1515頃-1570）
世西（ドゥロルム　1510頃-1570）
世美（ドロルム, フィリベール　1510頃-1570）
世百（ドロルム　1512頃-1570）
全書（ドロルム　1515頃-1570）
伝世（ド・ロルム　1510/5-1570）
百科（ドロルム　1510頃-1570）

Del Pacchia, Girolamo 〈15・16世紀〉
イタリアの画家。
⇒世美（デル・パッキア, ジローラモ　1477-1535頃）

Del Pezzo, Lucio 〈20世紀〉
イタリアの美術家。
⇒美術（デル・ペッツォ, ルチオ　1933-）

Del Ponte, Giovanni 〈14・15世紀〉
イタリアの画家。
⇒世美（デル・ポンテ, ジョヴァンニ　1385-1437頃）

Del Tasso, Clemente 〈15・16世紀〉
イタリアのインターリォ（装飾彫り）作家。
⇒世美（デル・タッソ, クレメンテ　1430-1516）

Del Tasso, Domenico 〈15・16世紀〉
イタリアのインターリォ（装飾彫り）作家。
⇒世美（デル・タッソ, ドメーニコ　1440-1508）

Del Tasso, Giovan Battista 〈16世紀〉
イタリアのインターリォ（装飾彫り）作家。
⇒世美（デル・タッソ, ジョヴァン・バッティスタ　1500-1555）

Del Tasso, Leonardo 〈15・16世紀〉
イタリアの彫刻家。
⇒世美（デル・タッソ, レオナルド）

Delteil, Maite 〈20世紀〉
フランスの画家。
⇒世芸（デルティル, メイテ　1933-）

Delvaux, Laurent 〈17・18世紀〉
フランドルの彫刻家。
⇒世美（デルヴォー, ローラン　1696-1778）

Delvaux, Paul 〈20世紀〉
ベルギーの画家。シュールレアリスト。代表作『不安な街』（1941）。
⇒岩ケ（デルヴォー, ポール　1897-1994）
オ西（デルヴォー, ポール　1897-）
国小（デルボー　1897.9.23-）
コン3（デルヴォー　1897-1994）
新美（デルヴォー, ポール　1897.9.23-）
西洋（デルヴォー　1897.9.23-）
世芸（デルヴォー, ポール　1897-）
世美（デルヴォー, ポール　1897-）
世百新（デルボー　1897-1994）
全書（デルボー　1897-）
大辞2（デルボー　1897-1994）
大辞3（デルボー　1897-1994）
大百（デルボー　1897-）
ナビ（デルボー　1897-1994）
二十（デルヴォー, ポール　1897.9.23-1994.7.20）
百科（デルボー　1897-）

Delville, Jean 〈19・20世紀〉
ベルギーの画家。ブリュッセル美術アカデミー教授。
⇒新美（デルヴィル, ジャン　1867-1953）
世美（デルヴィル, ジャン　1867-1953）
二十（デルヴィル, ジャン　1867-1953）

De Man, Cornelis 〈17・18世紀〉
オランダの画家。
⇒世美（デ・マン, コルネリス　1621-1706）

De Marchi, Francesco 〈16世紀〉
イタリアの軍事建築家。
⇒世美（デ・マルキ, フランチェスコ　1504-1576）

Demarco, Richard 〈20世紀〉
イギリスの芸術家, キャスター, 教師。
⇒岩ケ（デマーコ, リチャード　1930-）

De Maria, Mario 〈19・20世紀〉
イタリアの画家。
⇒世美（デ・マリーア, マーリオ　1852-1924）

De Maria, Walter 〈20世紀〉
アメリカのアース・ワーク作家。
⇒世芸（デ・マリア, ウォルター　1935-）
美術（デ・マリア, ウォルター　1935-）

Demarne, Jean Francois 〈20世紀〉
フランス生れの画家。
⇒世芸（ドマーヌ, ジェーン・フランコ　1954-）

Demartini, Hugo 〈20世紀〉
チェコの彫刻家。新構成主義の一人。
⇒美術（デマルティニ, フゴ　1931-）

De Matteis, Paolo 〈17・18世紀〉
イタリアの画家。
⇒世美（デ・マッティス, パーオロ　1662-1728）

Dēmētrios 〈前4世紀〉
ギリシアの彫刻家。
⇒建築（デメトリオ・オブ・エフェソス　（活躍）前4世紀）
国小（デメトリオス　生没年不詳）

Demetrius
エフェソの銀細工師（使徒言行録）。
⇒聖書（デメトリオ）

Demio Fratino, Giovanni 〈16世紀〉
イタリアの画家, モザイク制作家。
⇒世美（デミーオ・フラティーノ, ジョヴァンニ（活躍）1537-1563）

De Momper, Frans 〈17世紀〉
フランドルの画家。
⇒世美（デ・モンペル, フランス　1603-1660）

De Momper, Joos 〈16・17世紀〉
フランドルの画家。
⇒世美（デ・モンペル, ヨース　1564-1635）
百科（デ・モンペル　1564-1635）

De Morgan, William Frend 〈19・20世紀〉
イギリスの陶芸家, 小説家。小説『不名誉な出来事』(1910)など。
⇒岩ケ（ド・モーガン, ウィリアム（・フレンド）1839-1917）
オ世（ド・モーガン, ウィリアム（・フレンド）1839-1917）
国小（ドゥ・モルガン　1839.11.16-1917.1.15）
新美（ド・モーガン, ウィリアム　1832-1917.1.15）
二十（ド・モーガン, ウィリアム・フレンド　1839-1917）
二十英（De Morgan, William (Frend)　1839-1917）
百科（ド・モーガン　1839-1917）

De Mottis, Cristoforo 〈15世紀〉
イタリアの画家。
⇒世美（デ・モッティス, クリストーフォロ　?-1493）

De Moucheron, Frederick 〈17世紀〉
オランダの風景画家。
⇒世美（デ・ムーシュロン, フレデリック　1633-1686）

De Mura, Francesco 〈17・18世紀〉
イタリアの画家。
⇒世美（デ・ムーラ, フランチェスコ　1696-1784）

Demus, Otto 〈20世紀〉
オーストリアの美術史家。ビザンツ中期のモザイクによる教会堂装飾の様式史的研究の基礎を固めた。
⇒西洋（デームス　1902.11.4-）
世美（デームス, オットー　1902-）

Demuth, Charles 〈19・20世紀〉
アメリカの水彩画家。
⇒岩ケ（デムース, チャールズ　1883-1935）
オ西（デムス, チャールズ　1883-1935）
国小（ディムース　1883-1935.10.23）
新美（デムス, チャールズ・ヘンリー　1883.11.8-1935.10.23）
西洋（デムース　1883.11.8-1935.10.23）
世芸（ディムース, チャールズ　1883-1935）
世美（デムース, チャールズ　1883-1935）
伝世（デムース　1883.11.8-1935.10.25）
二十（デムス, チャールズ・ヘンリー　1883.11.8-1935.10.23）

Denis, Maurice 〈19・20世紀〉
フランスの画家。1919年パリに「アトリエ・ダール・サクレ」を創設, 宗教芸術復興運動を起す。
⇒岩ケ（ドニー, モーリス　1870-1943）
オ西（ドニー, モーリス　1870-1943）
外国（ドニ　1870-1943）
キリ（ドニー, モーリス　1870.11.25-1943.11.13）
芸術（ドニ, モーリス　1870-1943）
広辞4（ドニ　1870-1943）
広辞5（ドニ　1870-1943）
広辞6（ドニ　1870-1943）
国小（ドニ　1870.11.25-1943.11.25）
コン2（ドニ　1870-1943）
コン3（ドニ　1870-1943）
新美（ドニ, モーリス　1870.11.25-1943.11.13）
人物（ドニ　1870.11.25-1943.11.3）
西洋（ドニ　1870.11.25-1943.11.3）
世芸（ドニー, モーリス　1870-1943）
世西（ドニ　1870.7.25-1943.11.13）
世美（ドニ, モーリス　1870-1943）
世百（ドニ　1870-1943）
全書（ドニ　1870-1943）
大辞（ドニ　1870-1943）
大辞2（ドニ　1870-1943）
大辞3（ドニ　1870-1943）
大百（ドニ　1870-1943）
二十（ドニ, モリース　1870.11.25-1943.11.23）
百科（ドニ　1870-1943）

Denis, St. 〈3世紀頃〉
パリの初代司教, フランスの保護聖人。
⇒岩ケ（聖ドニ　3世紀）
国小（ドゥニ　生没年不詳）
新美（ドニ（聖）（パリの））
百科（ドニ　3世紀半ば頃）

Denisova, Nina Mikhajlovna 〈20世

紀〉
ロシアのイラストレーター。
⇒児イ（Denisova, Nina Mikhajlovna　ヂェニーソヴァ, N.M.　1942-）

De Nittis, Giuseppe 〈19世紀〉
イタリアの画家。
⇒新美（デ・ニッティス, ジュゼッペ　1846.2.22-1884.8.24）
世美（デ・ニッティス, ジュゼッペ　1846-1884）
百科（デ・ニッティス　1846-1884）

Denner, Barthasar 〈17・18世紀〉
ドイツの画家, 細密画家。ヨーロッパ各地の宮廷で肖像を制作。
⇒芸術（デンナー, バルタザル　1685-1749）
国小（デンナー　1685.12.15-1749.4.14）
新美（デンナー, バルタザール　1685.11.15-1749.4.14）

Dennis, George 〈19世紀〉
イギリスの考古学者。
⇒世美（デニス, ジョージ　1814-1898）

Denon, Dominique Vivant de 〈18・19世紀〉
フランスの画家, 版画家, 考古学者, 外交官。石版画技術をフランスに紹介。
⇒国小（デノン　1747.1.4-1825.4.27）
西洋（ドラン　1747.1.4-1825.4.25）
世美（ドノン, ドミニック・ヴィヴァン・ド　1747-1825）

Denou, Violeta 〈20世紀〉
スペインのイラストレーター。
⇒児イ（Denou, Violeta　デノウ, V.）

Denslow, William Wallace 〈19・20世紀〉
アメリカの挿絵画家。
⇒児イ（Denslow, William Wallace　1856-1915）

Dente, Marco 〈15・16世紀〉
イタリアの銅版画家。
⇒世美（デンテ, マルコ　1493-1527）

Denzinger, Franz Joseph 〈19世紀〉
ドイツの建築家。レーゲンスブルクの聖堂を完成（1859～72）。
⇒キリ（デンツィンガー, フランツ・ヨーゼフ　1821.2.26-1894.2.14）
西洋（デンツィンガー　1821.2.26-1894.2.14）

Deonna, Waldemar 〈19・20世紀〉
スイスの考古学者。
⇒世美（デオンナ, ヴァルデマル　1880-1959）

DePaola, Tomie 〈20世紀〉
アメリカの絵本作家, 挿絵画家, 作家。
⇒英児（dePaola, Tomie　デ パーオラ, トミー　1934-）
児イ（Paola, Tomie de　パオラ, T.de　1934-）
児文（デ・パオラ, トミー　1932-）
世児（デ・パオーラ, トミー（トマス・アンソニー）　1932-）
二十（デ・パオラ, トミー　1932-）

De Pisis, Filippo 〈20世紀〉
イタリアの画家, 詩人, 小説家。
⇒集世（デ・ピージス, フィリッポ　1896.5.11-1956.4.2）
集世（デ・ピージス, フィリッポ　1896.5.11-1956.4.2）

De Predis, Cristoforo 〈15世紀〉
イタリアの写本装飾画家。
⇒世美（デ・プレーディス, クリストーフォロ　?-1486）

De Predis, Giovanni Ambrogio 〈15・16世紀〉
イタリアの画家, 写本装飾画家。
⇒世美（デ・プレーディス, ジョヴァンニ・アンブロージョ　1455頃-1520）

Derain, André 〈19・20世紀〉
フランスの画家。フォービスムの代表的画家。大作『アルルカンとピエロ』(1924)など。
⇒岩ケ（ドラン, アンドレ　1880-1954）
才西（ドラン, アンドレ　1880-1954）
外国（ドラン　1880-1954）
芸術（ドラン, アンドレ　1880-1954）
広辞4（ドラン　1880-1954）
広辞5（ドラン　1880-1954）
広辞6（ドラン　1880-1954）
国小（ドラン　1880.6.10-1954.9.8）
コン2（ドラン　1880-1954）
コン3（ドラン　1880-1954）
新美（ドラン, アンドレ　1880.6.10-1954.9.2）
人物（ドラン　1880.6.10-1954.9.8）
西洋（ドラン　1880.6.10-1954.9.8）
世芸（ドラン, アンドレ　1880-1954）
世西（ドラン　1880.1.17-1954.9.8）
世美（ドラン, アンドレ　1880-1954）
世百（ドラン　1880-1954）
全書（ドラン　1880-1954）
大辞（ドラン　1880-1954）
大辞2（ドラン　1880-1954）
大辞3（ドラン　1880-1954）
大百（ドラン　1880-1954）
デス（ドラン　1880-1954）
伝世（ドラン　1880.6.10-1954.9.2）
ナビ（ドラン　1880-1954）
二十（ドラン, アンドレ　1880.6.10-1954.9.2 (8)）
百科（ドラン　1880-1954）
山世（ドラン　1880-1954）

De Renzi, Mario 〈20世紀〉
イタリアの建築家。
⇒世美（デ・レンツィ, マーリオ　1897-1967）

Deri, Max 〈19・20世紀〉
ドイツの美術史家, 芸術心理学者。E.マッハの系統を継ぐ近代的相対主義の立場にたって, 芸術現象を説明しようとする。

⇒名著（デリ 1878-）

Der Kinderen, Antonius Johannes〈19・20世紀〉
オランダの画家。ステンドグラス窓のデザイナーおよび版画出版者。
⇒オ西（デル・キンデレン，アントニウス・ヨハネス 1859-1925）

De Rocchi, Francesco〈20世紀〉
イタリアの画家。
⇒世美（デ・ロッキ，フランチェスコ 1902-）

De Rossi, Giovanni, Antonio〈17世紀〉
イタリアの建築家。
⇒世美（デ・ロッシ，ジョヴァンニ・アントーニオ 1616-1695）

De Rossi, Giovanni Battista〈19世紀〉
イタリアの考古学者。
⇒世美（デ・ロッシ，ジョヴァンニ・バッティスタ 1822-1894）

De Rossi, Vincenzo〈16世紀〉
イタリアの彫刻家。
⇒世美（デ・ロッシ，ヴィンチェンツォ 1525-1587）

Deruet, Claude〈16・17世紀〉
フランスの画家。
⇒世美（ドリュエ，クロード 1588頃-1660）

De Sanctis, Francesco〈17・18世紀〉
イタリアの建築家。
⇒世美（デ・サンクティス，フランチェスコ 1693-1740）

De Santi, Andriolo〈14世紀〉
イタリアの彫刻家。
⇒世美（デ・サンティ，アンドリオーロ ?-1375）

Desboutin, Marcellin-Gilbert〈19・20世紀〉
フランスの画家，版画家。
⇒世美（デブータン，マルスラン＝ジルベール 1823-1902）

Descamps, Jean Baptiste〈18世紀〉
フランスの画家。ルイ15世の肖像，戴冠式の情景等を描いた。
⇒西洋（デカン 1706.8.28-1791.7.30）

Deschamps, Jean〈13世紀〉
フランスの建築長。
⇒建築（デシャン，ジャン 1218-1295）

Desiderio, Vincent〈20世紀〉
アメリカ生れの現代美術家。
⇒世芸（デシデリオ，ヴィンセント 1955-）

Desiderio da Settignano〈15世紀〉
イタリアの彫刻家。初期ルネサンスのな彫刻家の一人。
⇒岩ケ（デジデリーオ・ダ・セッティニャーノ 1428頃-1461）
キリ（デジデリーオ・ダ・セッティニャーノ 1430-1464.1.16）
芸術（セッティニャーノ，デジデリオ・ダ 1428-1464）
国小（セッティニャーノ 1428頃-1464.1.16）
コン2（デジデリーオ・ダ・セッチニャーノ 1428頃-1464）
コン3（デジデリーオ・ダ・セッチニャーノ 1428頃-1464）
新美（デジデリーオ・ダ・セッティニャーノ 1430?-1464.1.16）
西洋（デシデーリョ・ダ・セッティニャーノ 1428/31-1464.1.16）
世西（デジデリーオ・ダ・セッティニャーノ 1430頃-1464頃）
世美（デジデリーオ・ダ・セッティニャーノ 1430頃-1464）
伝世（デジデリオ・ダ・セッティニャーノ 1428/31-1464）
百科（デジデリオ・ダ・セッティニャーノ 1428-1468）

Desjardins, Martin〈17世紀〉
オランダ生れのフランスの彫刻家。ベルサイユ宮殿，庭園の装飾に従事，『狩猟の女神ディアナ』などを制作。
⇒芸術（デジャルダン，マルタン 1640-1694）
国小（デジャルダン 1640-1694.5.4）
世美（ファン・デン・ボハールト，マルティン 1640-1694）

De Smet, Gustaaf〈19・20世紀〉
ベルギーの画家。
⇒世美（デ・スメット，ギュスターフ 1877-1943）

Desnoyer, François〈20世紀〉
フランスの画家。現代人の色彩及び形態の探究と過去の人々の偉大な想像力を結合させようとした。
⇒国小（デノアイエ 1894.9.30-1972.7.21）
新美（デノワイエ，フランソワ 1894.9.30-1972）
西洋（デノアイエ 1894.9.30-1972）
世芸（デノワイエ，フランソア 1894-1972）
世美（デノワイエ，フランソア 1894-1972）
二十（デノワイエ，フランソワ 1894.9.30-1972）

Desnoyers, Auguste Gaspard Louis Boucher〈18・19世紀〉
フランスの版画家。通称Boucher-Desnoyers。
⇒国小（デノアイエ 1779.12.19-1857.2.16）

D'Espagnat, Georges〈19・20世紀〉
フランスの画家。1905年サロン・ドートンヌの設立に参加。
⇒芸術（デスパニャ，ジョルジュ 1870-1950）
国小（デスパニャ 1870.8.14-1950）
新美（デスパニャ，ジョルジュ 1870.8.14-1950）

世芸（デスパニャ, ジョルジュ　1870-1950）

Despiau, Charles 〈19・20世紀〉
フランスの彫刻家。ロダンの助手として働く。代表作に『ドラン夫人』(1923～26)の連作など。
⇒岩ケ（デスピオ, シャルル　1874-1946）
　オ西（デスピオー, シャルル　1874-1946）
　外国（デスピオ　1874-1946）
　芸術（デスピオ, シャルル　1874-1946）
　広辞4（デスピオ　1874-1946）
　広辞5（デスピオ　1874-1946）
　広辞6（デスピオ　1874-1946）
　国小（デスピオ　1874.11.4-1946.10.30）
　コン2（デスピオ　1874-1946）
　コン3（デスピオ　1874-1946）
　新美（デスピオ, シャルル　1874.11.4-1946.10.28）
　人物（デスピオ　1874.11.4-1946.10.28）
　西洋（デスピオー　1874.11.4-1946.10.28）
　世芸（デスピオ, シャルル　1874-1946）
　世西（デスピオ　1874-1946）
　世美（デスピオ, シャルル　1874-1946）
　世百（デスピオ　1874-1946）
　全書（デスピオ　1874-1946）
　大百（デスピオ　1874-1946）
　二十（デスピオ, チャールズ　1874.11.4-1946.10.28）

Despièrre, Jacques 〈20世紀〉
フランスの画家。1938年ポール・ギヨーム賞受賞。
⇒国小（デピエール　1912.3.7-）
　世芸（デピエール, ジャック　1912-1981）

Desportes, Alexandre François 〈17・18世紀〉
フランスの画家。ルイ14世、ルイ15世の宮廷画家として動物画や静物画を描いた。
⇒芸術（デポルト, フランソワ　1661-1743）
　国小（デポルト　1661.2.24-1743.4.20）
　新美（デポルト, アレクサンドル=フランソワ　1661.2.24-1743.4.20）
　世美（デポルト, アレクサンドル=フランソワ　1661-1743）

Desprez, Jean-Louis 〈18・19世紀〉
フランスの建築家、画家、舞台美術家。
⇒世美（デプレ, ジャン=ルイ　1743-1804）

Dessoir, Max 〈19・20世紀〉
ドイツの美学者。一般芸術学の提唱者。主著『美学と一般芸術学』(1906)。
⇒音大（デッソワール　1867.2.8-1947.7.19）
　外国（デッソアール　1867-1947）
　国小（デッソワール　1867.2.8-1947.7.19）
　コン2（デソアール　1867-1947）
　コン3（デソアール　1867-1947）
　西洋（デソアル　1867.2.8-1947.7.19）
　世百（デソワール　1867-1947）
　全書（デソワール　1867-1947）
　二十（デッソワール, マックス　1867.2.8-1947.7.19）
　名著（デッソワール　1867-1947）

Desvallières, Georges 〈19・20世紀〉
フランスの画家。1919年M.ドニとアトリエ・ダール・サクレを創設、宗教美術復興運動をおこす。
⇒キリ（デヴァリエール, ジョルジュ　1861.3.14-1950.10.4）
　芸術（デヴァリエール, ジョルジュ　1861-1950）
　国小（デバリエール　1861.3.14-1950）
　新美（デヴァリエール, ジョルジュ　1861.3.14-1950）
　西洋（デヴァリエール　1861.3.14-1950以後）
　世芸（デヴァリエール, ジョルジュ　1861-1950）
　二十（デヴァリエール, ジョルジュ　1861.3.14-1950.10.4）

Detaille, Jean-Baptiste-Édouard 〈19・20世紀〉
フランスの画家。戦争画と歴史画を描く。『シャンピニの防衛』(1879)など。
⇒芸術（デタイユ, エドゥアール　1848-1912）
　国小（デタイユ　1848.10.5-1912.12.23）
　世芸（デタイユ, エドゥアール　1848-1912）
　世美（ドタイユ, ジャン=バティスト=エドゥアール　1848-1912）

De Tivoli, Serafino 〈19世紀〉
イタリアの画家。
⇒世美（デ・ティーヴォリ, セラフィーノ　1826-1892）

De Troy, Jean-François 〈17・18世紀〉
フランスの画家。
⇒芸術（ド・トロワ, ジャン・フランソワ　1679-1752）

Deu, Jordi de 〈14・15世紀〉
ギリシア出身のスペインの彫刻家。
⇒世美（デウ, ジョルディ・デ　14世紀後半-15世紀初頭）

Deutinger, Martin von 〈19世紀〉
ドイツの哲学者。カトリック神学者、美学者。カトリックの教義と哲学との統合を試みた。
⇒キリ（ドイティンガー, マルティーン　1815.3.24-1864.9.9）
　国小（ドイティンガー　1815.3.24-1864.9.9）
　西洋（ドイティンガー　1815.3.24-1864.9.9）

Devalle, Beppe 〈20世紀〉
イタリアの画家。
⇒世美（デヴァッレ, ベッペ　1940-）

Deverell, Walter Howell 〈19世紀〉
アメリカ出身のイギリスの画家。
⇒世美（デヴェレル, ウォルター・ハウエル　1827-1854）

Deveria, Achille Jacques Jean Marie 〈19世紀〉
フランスの画家。素描、水彩画、特に石版画を得意とした。
⇒キリ（ドヴェリア, アシル・ジャーク・ジャン・

マリー 1800.2.6-1857.12.23）
新美（ドヴェリア，アシル 1800.2.6-1857.12.23）
西洋（ドヴェリア 1800.2.6-1857.12.23）
世美（ドヴェリア，ジャック＝ジャン＝マリー＝アシル 1800-1857）

Deveria, Eugène François Marie Joseph 〈19世紀〉
フランスの画家。主作品『アンリ4世の誕生』（1827）。
⇒新美（ドヴェリア 1805.4.22-1865.2.3）
世美（ドヴェリア，ウージェーヌ＝フランソワ＝マリー＝ジョゼフ 1805-1865）

De Veris, Filippolo 〈14・15世紀〉
イタリアの画家。
⇒世美（デ・ヴェーリス，フィリッポロ （活動）14世紀末-15世紀初頭）

De Veris, Franco 〈14・15世紀〉
イタリアの画家。
⇒世美（デ・ヴェーリス，フランコ （活動）14世紀末-15世紀初頭）

Devis, Arthur 〈18世紀〉
イギリスの画家。
⇒世美（デーヴィス，アーサー 1711-1787）

De Vlieger, Simon 〈17世紀〉
オランダの画家。
⇒新美（フリーヘル，シモン・デ 1600頃-1653.3）
世美（デ・フリーヘル，シモン 1601頃-1653）

Devlin, Harry 〈20世紀〉
アメリカのイラストレーター。
⇒児イ（Devlin, Wende&Harry デヴリン，H.）

Devlin, Wende 〈20世紀〉
アメリカのイラストレーター。
⇒児イ（Devlin, Wende&Harry デヴリン，W.）

Devonish, Courtney 〈20世紀〉
西インド諸島，バルバドス生れの彫刻家。
⇒世芸（デボニシュ，コートネー ?-）

De Vos, Maarten 〈16・17世紀〉
フランドルの画家。
⇒世美（デ・フォス，マールテン 1532頃-1603）

De Vries, Adriaan 〈16・17世紀〉
オランダの彫刻家。
⇒世美（デ・フリース，アドリアーン 1545-1626）

Dewasne, Jean 〈20世紀〉
フランスの画家。
⇒世芸（ドゥアズネ，ジャン 1921-1990）
世美（ドゥヴァーヌ，ジャン 1921-）

DeWeese, Raymond W. 〈20世紀〉
アメリカの芸術家。元・オレゴン日米協会会長，オレゴン庭園協会会長。
⇒二十（ドゥイーズ，R.W. 1910-）

Dewey, Ariane 〈20世紀〉
アメリカのイラストレーター。
⇒児イ（Dewey, Ariane デューイ，A.）

Dewez, Laurent-Benoît 〈18・19世紀〉
フランドルの建築家。
⇒建築（ドヴェ，ローラン＝ブノワ 1731-1812）

Dewing, Thomas Wilmer 〈19・20世紀〉
アメリカの画家。「ザ・テン」と呼ばれるアメリカの画家グループの中心的存在。
⇒国小（デューイング 1851.5.4-1938.11.5）

De Witte, Emanuel 〈17世紀〉
オランダの画家。
⇒世美（デ・ウィッテ，エマニュエル 1617頃-1692）

De Wolfe, Elsie 〈19・20世紀〉
アメリカの室内装飾デザイナー。
⇒岩ケ（デ・ウルフ，エルジー 1865-1950）
世女日（デ＝ウォルフ，エルジー 1865-1950）

Dexel, Walter 〈19・20世紀〉
ドイツの画家，批評家。
⇒世美（デクセル，ヴァルター 1890-1973）

Deyrolle, Jean Jacques 〈20世紀〉
フランスの画家。1947年カンディンスキー賞受賞。
⇒国小（デイロル 1911.8.21-1967.8.30）
世美（デイロル，ジャン）
世美（デイロール，ジャン 1911-1967）

Dezeuze, Daniel 〈20世紀〉
フランス生れの画家。
⇒世芸（ドゥズーズ，ダニエル 1942-）

Dezo, Lien 〈20世紀〉
ベトナム生れの画家。
⇒世美（デゾ，リエン 1954-）

Dhaniya
インドの比丘。もと王舎城の陶工。ブッダがブックサティを教えてさとりを得させたのを見て比丘となる。『テーラガーター』228～230偈を説く。
⇒イン（ダニヤ）

Dharker, Imtiaz 〈20世紀〉
インド在住の女性詩人，視覚芸術家，映画製作者。
⇒二十英（Dharker, Imtiaz 1954-）

D'Hondecoeter, Melchior 〈17世紀〉
オランダの画家。

⇒新美（ドンデクーテル, メルキオール 1636-1695.4.3）
世美（ドンデクーテル, メルヒオール 1636-1695）

D'Honnecourt, Villard 〈13世紀〉
フランスの建築家。
⇒コン2（ドンクール （活躍）1225頃-1250頃）
コン3（ドンクール （活躍）1225頃-1250頃）

Diaghilev, Sergei Pavlovich 〈19・20世紀〉
ロシアのバレエのプロデューサー, 舞台美術家。1909年バレエ団「バレエ・リュッス」をパリで結成。
⇒岩ケ（ディアギレフ, セルゲイ（・パーヴロヴィチ） 1872-1929）
オ西（ディアギレフ, セルゲイ・パウロヴィッチ 1872-1929）
オペ（ディアギレフ, セルゲイ 1872.3.31-1929.8.19）
音楽（ディアギレフ, セルゲイ・パヴロヴィチ 1872.3.31-1929.8.19）
外国（ディアギレフ 1872-1929）
広辞4（ディアギレフ 1872-1929）
広辞5（ディアギレフ 1872-1929）
広辞6（ディアギレフ 1872-1929）
国小（ディアギレフ 1872.3.19-1929.8.19）
国百（ディアギレフ, セルゲイ・パブロビッチ 1872.3.19-1929.8.19）
コン2（ディアギレフ 1872-1929）
コン3（ディアギレフ 1872-1929）
集世（ジャーギレフ, セルゲイ・パーヴロヴィチ 1872.3.19-1929.8.19）
集文（ジャーギレフ, セルゲイ・パーヴロヴィチ 1872.3.19-1929.8.19）
新美（ディアーギレフ, セルゲイ 1872.3.19(31)-1929.8.19）
人物（ディアギレフ 1872.3.19-1929.8.19）
西洋（ジアーギレフ 1872.3.19-1929.8.19）
世西（ジアギレフ 1872.3.10-1929.8.29）
世百（ディアギレフ 1872-1929）
全書（ディアギレフ 1872-1929）
大辞（ディアギレフ 1872-1929）
大辞2（ディアギレフ 1872-1929）
大辞3（ディアギレフ 1872-1929）
大百（ディアギレフ 1872-1929）
デス（ディアギレフ 1872-1929）
ナビ（ディアギレフ 1872-1929）
二十（ディアギレフ 1872.3.19(31)-1929.8.19）
バレ（ディアギレフ, セルゲイ 1872.3.31-1929.8.19）
百科（ディアギレフ 1872-1929）
ラル（ディアギレフ, セルゲイ・パーヴロヴィチ 1872-1929）
ロシ（ディアギレフ 1872-1929）

Diamante, Fra 〈15世紀〉
イタリアの画家。
⇒世美（ディアマンテ, フラ 1430頃-1498頃）

Diana 〈15・16世紀〉
イタリアの画家。
⇒世美（ディアーナ 1460頃-1525頃）

Dias, Antonio 〈20世紀〉
ブラジルの画家。1965年パリ青年ビエンナーレで国際絵画賞受賞。
⇒美術（ディアス, アントニオ 1944-）

Diaz de la Peña, Narcisse Virgile 〈19世紀〉
フランスの画家。バルビゾン派に属する。
⇒外国（ディアズ・デ・ラ・ペーニャ 1807-1876）
芸術（ディアズ・ド・ラ・ペナ 1807/08-1876）
国小（ディアズ・ド・ラ・ペーニャ 1807.8.20-1876.11.18）
コン2（ディアズ・ド・ラ・ペーニャ 1807/8-1876）
コン3（ディアズ・ド・ラ・ペーニャ 1807/8-1876）
新美（ディアズ・ド・ラ・ペーニャ, ナルシッス＝ヴィルジール 1807/08-1876.11.18）
西洋（ディアズ・ド・ラ・ペーニャ 1807.8.20-1876.11.18）
世美（ディアズ・ド・ラ・ペーニャ, ナルシス・ヴィルジル 1807-1876）

Dibbets, Jan 〈20世紀〉
オランダのアースワーカー。
⇒美術（ディベッツ, ヤン 1941-）

Dickson, Jane 〈20世紀〉
アメリカ生れの画家。
⇒世芸（ディクソン, ジェーン 1952-）

Dickson, William Kennedy Laurie 〈19・20世紀〉
アメリカの映画監督。87年からエジソンのもとで, 映画の発明開発にあたる。1893年, 初の撮影所ブラック・マリアで多数の断片を撮影。アメリカ最初の監督でありカメラマンといわれる。
⇒監督（ディクスン, ウイリアム・ケネディ・ローリー 1860-1937）

Diday, François 〈19世紀〉
スイスの画家。
⇒世美（ディデー, フランソワ 1802-1877）

Diderot, Denis 〈18世紀〉
フランスの哲学者, 文学者。『百科全書』の編集者。芸術論にも業績を残す。
⇒岩ケ（ディドロ, ドニ 1713-1784）
岩哲（ディドロ 1713-1784）
演劇（ディドロ, ドニ 1713-1784）
旺世（ディドロ 1713-1784）
音楽（ディドロ, ドニ 1713.10.5-1784.7.31）
音大（ディドロ 1713.10.5-1784.7.30）
外国（ディドロー 1713-1784）
科学（ディドロ 1713.10.5-1784.7.31）
科技（ディドロ 1713.10.5-1784.7.31）
科史（ディドロ 1713-1784）
角世（ディドロ 1713-1784）
教育（ディドロ 1713-1784）
キリ（ディドロー, ドニー 1713.10.5-1784.7.31）
幻想（ディドロ, ドニ 1713-1784）

広辞4（ディドロ　1713–1784）
広辞6（ディドロ　1713–1784）
国小（ディドロ　1713.10.5–1784.7.30）
国百（ディドロ, ドゥニ　1713.10.5–1784.7.30）
コン2（ディドロー　1713–1784）
コン3（ディドロ　1713–1784）
集世（ディドロ, ドニ　1713.10.5–1784.7.31）
集文（ディドロ, ドニ　1713.10.5–1784.7.31）
新美（ディドロ, ドニ　1713.10.5–1784.7.30）
人物（ディドロ　1713.10.5–1784.7.31）
西洋（ディドロ　1713.10.5–1784.7.31）
世人（ディドロ　1713–1784）
世西（ディドロ　1713.10.5–1784.7.31）
世百（ディドロ　1713–1784）
世文（ディドロ, ドニ　1713–1784）
全書（ディドロ　1713–1784）
大辞（ディドロ　1713–1784）
大辞3（ディドロ　1713–1784）
大百（ディドロ　1713–1784）
デス（ディドロ　1713–1784）
伝世（ディドロ　1713.10.15–1784.7.31）
百科（ディドロ　1713–1784）
評世（ディドロ　1713–1784）
名著（ディドロ　1713–1784）
山世（ディドロ　1713–1784）
ラル（ディドロ, ドゥニ　1713–1784）

Diebenkorn, Richard〈20世紀〉
アメリカの画家。
⇒岩ケ（ディーベンコーン, リチャード　1922–1993）
世芸（ディーベンコーン, リチャード　1922–1993）

Diehl, Michel Charles〈19・20世紀〉
フランスの美術史家。ビザンティン美術の解明に貢献。
⇒外国（ディール　1859–1944）
キリ（ディール, シャルル　1859.7.4–1944.11.1）
西洋（ディール　1859.7.4–1944）
名著（ディール　1859–1944）

Dientzenhofer, Christoph〈17・18世紀〉
ドイツの建築家。
⇒国小（ディーンツェンホーファー, クリストフ　1655–1722）
西洋（ディーンツェンホーファー　1655–1722.6.20）
世美（ディーンツェンホーファー, クリストフ　1655–1722）

Dientzenhofer, Georg〈17世紀〉
ドイツの建築家。
⇒世美（ディーンツェンホーファー, ゲオルク　1643–1689）

Dientzenhofer, Johann〈17・18世紀〉
ドイツの建築家。クリストフの弟。
⇒キリ（ディーンツェンホーファー, ヨーハン　1663–1726.6.20）
国小（ディーンツェンホーファー, ヨハン　1665–1726）
西洋（ディーンツェンホーファー　?–1726.6.20）
世美（ディーンツェンホーファー, ヨハン　1663–1726）

Dientzenhofer, Johann Leonhard〈17・18世紀〉
ドイツの建築家。
⇒世美（ディーンツェンホーファー, ヨハン・レオンハルト　1660–1707）

Dientzenhofer, Kilian Ignaz〈17・18世紀〉
ドイツの建築家。クリストフの息子。プラハで活躍。
⇒国小（ディーンツェンホーファー, キリアン・イグナーツ　1689–1751）
西洋（ディーンツェンホーファー　1689/90–1751.12.18）
世美（ディーンツェンホーファー, キリアーン・イグナーツ　1689–1751）

Diepenbeeck, Abraham van〈16・17世紀〉
ベルギー（フランドル）の歴史画家。作品は『ポセイドンとアンフィトリオン』等。
⇒西洋（ディーペンベーク　1596頃–1675）

Dies, Albert Christoph〈18・19世紀〉
ドイツの画家, 作家。
⇒ラル（ディース, アルベルト・クリストフ　1755–1822）

Dietl, Erhard〈20世紀〉
ドイツの児童文学者。
⇒児イ（Dietl, Erhard　ディートル, E.　1953–）
児作（Dietl, Erhard　ディートル, エアハルト　1953–）

Dietrich, Christian Wilhelm Ernst〈18世紀〉
ドイツの画家, 銅版画家。
⇒国小（ディートリヒ　1712–1774）

Dietrich, Joachim〈18世紀〉
ドイツの彫刻家。
⇒新美（ディートリヒ, ヨーアヒム　?–1753.6.4）

Dietterlin, Wendel〈16世紀〉
ドイツの画家, 建築家, 版画家。『建築論』(1593～94)でバロック建築の展開に影響を及ぼす。
⇒国小（ディターリーン　1550頃–1599）
世美（ディッターリン, ヴェンデル　1550頃–1599）

Dietz, Ferdinand〈18世紀〉
ドイツの彫刻家。庭園用立像を制作。
⇒西洋（ディーツ　1709–1777.6.17）

Dietzsch-Capelle, Erika〈20世紀〉
ドイツのイラストレーター。
⇒児イ（Dietzsch-Capelle, Erika　ディーチュ＝カペレ, E.　1927–）

Dieulafoy, Marcel Auguste〈19・20世

紀〉
フランスの考古学者。
⇒外国（デュラフォア　1844–1920）
国小（デュラフォア　1844–1920）
コン2（デュラフォア　1844–1920）
コン3（デュラフォア　1844–1920）
新美（デューラフォア，マルセル　1844.8.3–1920.2.24）
西洋（デューラフォア　1844.8.3–1920.2.24）
二十（デュラフォア，マルセル・A.　1844.8.3–1920.2.24）

Diez, Ernst 〈19・20世紀〉
オーストリアの美術史家。アジアの美術を研究。
⇒西洋（ディーツ　1878.7.27–1961.7.8）

Diez, Wilhelm von 〈19・20世紀〉
ドイツの風俗画家，挿絵画家。主作品『ケーニヒスベルクの森の祝祭』。
⇒西洋（ディーツ　1839.1.17–1907.2.25）
世西（ディーツ　1839.1.17–1907.2.25）

Digby, Desmond 〈20世紀〉
ニュージーランドのイラストレーター。
⇒児イ（Digby, Desmond　ディグビー, D.　1933–）

Dillenius, Johann Jacob 〈17・18世紀〉
ドイツの植物学者，植物画家。
⇒岩ケ（ディレニウス，ヨハン・ヤーコブ　1687–1747）

Dillon, Carmen 〈20世紀〉
イギリス・ロンドン生れの映画美術監督。
⇒世映（ディロン，カーメン　1908–2000）

Dillon, Corinne Boyd 〈20世紀〉
アメリカのイラストレーター。
⇒児イ（Dillon, Corinne Boyd　ディロン, C.B.）

Dillon, Diane 〈20世紀〉
アメリカのイラストレーター。
⇒児イ（Dillon, Diane&Leo　ディロン, D.　1933–）

Dillon, Leo 〈20世紀〉
アメリカのイラストレーター。
⇒児イ（Dillon, Diane&Leo　ディロン, L.　1933–）

Dimitrijević, Braco 〈20世紀〉
ユーゴスラビア生れの彫刻家，画家。
⇒世芸（ディミトリーエヴィッチ，ブラコ　1948–）

Dine, Jim 〈20世紀〉
アメリカのポップ・アートの先駆者。
⇒岩ケ（ダイン，ジム　1935–）
新美（ダイン，ジム　1935.6.16–）
世芸（ダイン，ジム　1935–）
世美（ダイン，ジム　1935–）
二十（ダイン，ジム　1935.6.16–）

美術（ダイン，ジム　1935–）

Dinglinger, Johann Melchior 〈17・18世紀〉
ドイツの工芸家。バロック様式の宮廷装飾品を多く制作。
⇒芸術（ディングリンガー，ヨハン　1664–1731）
新美（ディングリンガー，ヨーハン・メルヒオール　1664.12.26–1731.3.6）
西洋（ディングリンガー　1664.12.26–1731.3.6）
百科（ディングリンガー　1664–1731）

Dinov, Todor 〈20世紀〉
ブルガリアの漫画映画作家。
⇒監督（ディノフ，トドル　1919–）

Dinsmoor, William Bell 〈19・20世紀〉
アメリカの考古学者。銘文の解読と遺跡の実測を基にした研究でギリシア建築史の分野に新しい道をひらく。
⇒西洋（ディンズモーア　1886.7.29–1973）
世美（ディンズムア，ウィリアム・ベル　1886–1973）

Dionisii 〈15・16世紀〉
ロシアのイコン画家。
⇒新美（ディオニーシィ・グルシッキージ　1430頃–1502）
全書（ディオニーシー　1440頃–1502/03?）
百科（ディオニシー　1440頃–1502頃）

Dionysios ho Areopagites 〈1世紀〉
使徒パウロの弟子（使徒行伝）。5世紀頃その名をかたって『偽ディオニシウス文書』が書かれた。
⇒岩ケ（ディオニュシオス・アレオパギテス　1世紀）
岩哲（ディオニュシオス・アレオパギテース（擬）6世紀?）
キリ（ディオニューシオス・ホ・アレオパギーテース　500頃）
広辞4（ディオニシウス・アレオパギタ）
広辞6（ディオニュシオス・アレオパギテース）
国小（ディオニュシオス・ホ・アレオパギテス　生没不詳）
集世（ディオニュシウス・アレオパギタ　500頃）
集文（ディオニュシウス・アレオパギタ　500頃）
新美（ディオニュシオス・アレオパギテス（聖）1世紀頃）
人物（ディオニュシウス　?–95頃）
西洋（ディオニュシウス・アレオパギタ　1世紀頃）
世西（ディオニュシオス　?–95頃）
世百（ディオニュシオス（アレオパゴスの）　生没年不詳）
世文（ディオニューシオス・ホ・アレオパギテース　1世紀）
全書（ディオニシウス・アレオパギタ）
大辞（ディオニシウス・アレオパギタ）
大辞3（ディオニシウス・アレオパギタ）

Dionysius Cartusianus 〈15世紀〉
ドイツの神秘主義に属する神学者，哲学者。主著『観想について』ほか美学，宗教教育論の書など。
⇒キリ（ディオニューシウス（カルトゥジオ会の）

1402–1471.3.12）
国小（ディオニシウス・カルトゥシアヌス
　1402/3–1471.3.12）
西洋（ディオニシウス・カルトゥシアヌス
　1402/3–1471.3.12）

Dior, Christian Ernest 〈20世紀〉
フランス・パリのオートクチュール・デザイナー。チューリップライン，Hラインなどのスタイルを創作し，ライン時代を築く。1956年レジョン・ドヌール勲章を受章。
⇒岩ケ（ディオール，クリスチャン　1905–1957）
　外国（ディオール　1905–）
　現人（ディオール　1905.1.21–1957.10.24）
　広辞5（ディオール　1905–1957）
　広辞6（ディオール　1905–1957）
　国小（ディオール　1905.1.21–1957.10.24）
　国百（ディオール，クリスチャン　1905–1957）
　コン3（ディオール　1905–1957）
　最世（ディオール，クリスチャン　1905–1957）
　人物（ディオール　1905–1957）
　世百（ディオール　1905–1957）
　世百新（ディオール　1905–1957）
　全書（ディオール　1905–1957）
　大辞2（ディオール　1905–1957）
　大辞3（ディオール　1905–1957）
　大百（ディオール　1905–1957）
　ナビ（ディオール　1905–1957）
　二十（ディオール，クリスチャン　1905.1.21–1957.10.24）
　百科（ディオール　1905–1957）

Dioskoridēs, Pedanios 〈1世紀〉
ギリシアの軍医，植物学者。著書『薬物集』は16世紀まで薬物学の権威書とされた。
⇒岩ケ（ディオスコリデス，ペダニオス　（活躍）1世紀）
　科学（ディオスコリデス　（活躍）60頃）
　科技（ディオスコリデス）
　科史（ディオスコリデス）
　科人（ディオスコリテス，ペダニウス　40?–?）
　看護（ディオスコリデス　1世紀）
　国小（ディオスコリデス　生没年不詳）
　集世（ディオスコリデス・ペダニウス　1世紀）
　集文（ディオスコリデス・ペダニウス　1世紀）
　新美（ディオスコリデース）
　西洋（ディオスコリデス　1世紀）
　全書（ディオスコリデス　生没年不詳）
　大百（ディオスコリデス　生没年不詳）
　名著（ディオスコリデス　生没年不詳）
　ロマ（ディオスコリデス　1世紀中頃）

Diotisalvi 〈12世紀〉
イタリアの建築家。
⇒世美（ディオティサルヴィ　12世紀中頃）

Diotti, Giuseppe 〈18・19世紀〉
イタリアの画家。
⇒世美（ディオッティ，ジュゼッペ　1779–1846）

Dipoenus 〈前7・6世紀〉
ギリシアの彫刻家。最初の大理石彫刻家といわれ，ヘラクレス，ミネルバの像をスキュリスと共同制作。
⇒国小（ディポイノス）

世西（ディポイノス　前7/6世紀）

Dipre, Nicolas 〈15・16世紀〉
フランスの画家。
⇒世美（ディプル，ニコラ　15–16世紀）

Dirks, Rudolph 〈19・20世紀〉
アメリカの漫画家。
⇒岩ケ（ダークス，ルドルフ　1877–1968）

Disertori, Benvenuto 〈19・20世紀〉
イタリアの画家，版画家，音楽学者。
⇒世美（ディゼルトーリ，ベンヴェヌート　1887–1969）

Disney, Walt (Walter Elias) 〈20世紀〉
アメリカの漫画家，アニメーション作家・製作者，大衆文化事業家。1928年最初の有声の漫画映画に成功。ミッキーマウスやドナルドダックの作者。
⇒アメ（ディズニー　1901–1966）
　逸話（ディズニー　1901–1966）
　岩ケ（ディズニー，ウォルト（ウォルター・イライアス）1901–1966）
　英児（Disney, Walt　ディズニー，ウォルト　1901–1966）
　英米（Disney, Walter Elias　ディズニー　1901–1966）
　外国（ディズニー　1901–）
　監督（ディズニー，ウォルト　1901.12.5–1966.12.15）
　現ア（Disney, Walt　ディズニー，ウォルト　1901–1966）
　現人（ディズニー　1901.12.5–1966.12.15）
　広辞5（ディズニー　1901–1966）
　広辞6（ディズニー　1901–1966）
　国小（ディズニー　1901.12.5–1966.12.15）
　国百（ディズニー，ウォルト　1901.12.5–1966.12.15）
　コン3（ディズニー　1901–1966）
　最世（ディズニー，ウォルト　1901–1966）
　児イ（Disney, Walt　ディズニー，W.　1901–1966）
　児童（ディズニー，ウォルト　1901–1966）
　児文（ディズニー，ウォルト　1901–1966）
　人物（ディズニー　1901–1966.12.15）
　西洋（ディズニー　1901.12.5–1966.12.15）
　世映（ディズニー，ウォルト　1901–1966）
　世児（ディズニー，ウォルト（ウォルター・イライアス）1901–1966）
　世人（ディズニー　1901–1966）
　世西（ディズニー　1901.12.5–1966.12.15）
　世伝（ディズニー，ウォルト　1901.12.5–1966.12.15）
　世百（ディズニー　1901–）
　世百新（ディズニー　1901–1966）
　全書（ディズニー　1901–1966）
　大辞2（ディズニー　1901–1966）
　大辞3（ディズニー　1901–1966）
　大百（ディズニー　1901–1966）
　伝世（ディズニー　1901.12.5–1966.12.15）
　ナビ（ディズニー　1901–1966）
　二十（ディズニー，ウォルト　1901.12.5–1966.12.15）
　二十英（Disney, Walt(er)(Elias)　1901–1966）

百科（ディズニー　1901-1966）
山世（ディズニー　1901-1966）

Dissanayake, Sumana　〈20世紀〉
スリランカのイラストレーター。
⇒児イ（Dissanayake, Sumana　ディサーナーヤカ, S.）

Di Suvero, Mark　〈20世紀〉
アメリカ（イタリア系）の彫刻家。
⇒全書（ディ・スベロ　1933-）
　二十（ディ・スベロ, M.　1933-）

Dittrich, Edith　〈20世紀〉
ドイツの考古学者。ボン大学東アジア美術博物館勤務。
⇒二十（ディトリッヒ, E.　1923-）

Diulgheroff, Nicolay　〈20世紀〉
ブルガリアの画家。
⇒世美（ディウルゲロフ, ニコライ　1901-）

Dix, Otto　〈20世紀〉
ドイツの画家、版画家。1919年ドレスデン分離派に参加。のちダダイスムに転じ、ノイエ・ザハリヒカイトを指導。
⇒岩ケ（ディクス, オットー　1891-1969）
　オ西（ディックス, オットー　1891-1969）
　広辞6（ディックス　1891-1969）
　国小（ディクス　1891.12.2-1969.7.25）
　コン3（ディックス　1891-1969）
　新美（ディクス, オットー　1891.12.2-1969.7.25）
　西洋（ディクス　1891.12.2-1969.7.25）
　世芸（ディックス, オットー　1891-1969）
　世百（ディックス　1891-）
　世百新（ディックス　1891-1969）
　ナチ（ディックス, オットー　1891-1969）
　二十（ディックス, オットー　1891.12.2-1969.7.25）
　百科（ディックス　1891-1969）

D'Ixnard, Michel　〈18世紀〉
フランスの建築家。
⇒世美（ディクスナール, ミシェル　1723-1795）

Dixon, Willard　〈20世紀〉
アメリカの画家。
⇒世芸（ディクソン, ウィラード　1942-）

Diziani, Gaspare　〈17・18世紀〉
イタリアの画家。
⇒世美（ディツィアーニ, ガスパレ　1689-1767）

Djoser　〈前27世紀〉
古代エジプト第3王朝の2代目の王（在位前2650頃）。
⇒新美（ジェセル）
　全書（ジョセル　生没年不詳）

Djurovich, Karlo　〈20世紀〉
ユーゴスラビアの画家。

⇒世芸（ジュロビッチ, カルロ　1945-）

D'Izarny, François　〈20世紀〉
フランスの画家。
⇒世芸（ディザルニ, フランコ　1952-）

Dobell, William　〈20世紀〉
オーストラリアの画家。多くの賞を獲得した現代一流の肖像画家。
⇒岩ケ（ドーベル, サー・ウィリアム　1899-1970）
　伝世（ドーベル　1899-1970）

Dobeš, Milan　〈20世紀〉
チェコの美術家。
⇒美術（ドベシュ, ミラン　1929-）

Dobson, Frank　〈19・20世紀〉
イギリスの彫刻家。多種多様な素材を用いて肖像や裸婦などを制作。
⇒岩ケ（ドブソン, フランク　1888-1963）
　国小（ドブソン　1888.11.18-1963.7.22）
　世芸（ドブスン, フランク　1889-1958）

Dobson, William　〈17世紀〉
イギリスの画家。チャールズ1世の宮廷画家として多数の肖像を制作。
⇒芸術（ドブソン, ウィリアム　1610-1646）
　国小（ドブソン　1610-1646.10.28）
　世美（ドブソン, ウィリアム　1610/11-1646）

Docherty, Peter　〈20世紀〉
イギリスのデザイナー。
⇒バレ（ドカティ, ピーター　1944.6.21-）

Döcker, Richard　〈20世紀〉
現代ドイツの建築家。シュトゥットガルト工業大学教授（1940来）。
⇒西洋（デッカー　1894.6.13-）

Dodd, Lynley Stuart　〈20世紀〉
ニュージーランドの女性絵本作家、挿絵画家。
⇒英児（Dodd, Lynley Stuart　ドッド, リンレー・スチュアート　1941-）
　オセ新（ドッド　1941-）

Doddson, Betty　〈20世紀〉
アメリカの画家。
⇒スパ（ドッドソン, ベティー　?-）

Dodge, Mabel　〈20世紀〉
アメリカの富豪。ニューヨークで芸術家・革命家等のサロンに自宅を開放し、今日のヴィレッジの生みの親となった。
⇒スパ（ドッジ, メイベル　?-）

Dodgson, Frances　〈19・20世紀〉
イギリスの画家。
⇒世女日（ダジソン, フランセス　1883-1954）

Dodwell, Edward　〈18・19世紀〉
イギリスの考古学者。

⇒世美（ドッドウェル, エドワード　1767-1832）

Doeker, Richard 〈20世紀〉
ドイツの建築家, 随筆家。
⇒世美（デカー, リヒャルト　1894-）

Doell, Friedrich Wilhelm Eugen 〈18・19世紀〉
ドイツの彫刻家。
⇒世美（デル, フリードリヒ・ヴィルヘルム・オイゲン　1750-1816）

Doesburg, Theo van 〈19・20世紀〉
オランダの画家, 美術理論家, 建築家。「要素主義（エレメンタリズム）」を提唱し, 作風は純粋抽象主義。
⇒岩ケ（ドゥースブルフ, テオ・ファン　1883-1931）
　才西（ファン・ドゥースブルフ, テオ　1883-1931）
　外国（ドゥエスブルグ　1883-1931）
　国小（ドースブルフ　1883-1931.3.7）
　コン3（デースブルク　1883-1931）
　新美（ドゥースブルフ, テオ・ファン　1883.8.30-1931.3.7）
　人物（バン・ドースブルク　1883-1931）
　西洋（デースブルフ　1833-1931）
　世芸（ドースブルク, テオ・ヴァン　1883-1931）
　世芸（ファン・ドゥースブルフ, テオ　1883-1931）
　世西（ドースブルグ　1883-1931）
　世美（ファン・ドゥースブルフ, テオ　1883-1931）
　世百（ドースブルフ　1883-1931）
　世百新（ファン・ドゥースブルフ　1883-1931）
　全書（ドゥースブルフ　1883-1931）
　大辞2（ドースブルフ　1883-1931）
　大辞3（ドースブルフ　1883-1931）
　大百（ドースブルフ　1883-1931）
　伝世（ドゥースブルフ　1883.8.30-1931.5.7）
　二十（ドースブルフ, T.フォン　1883.8.30-1931.3.7）
　二十（ファン・ドゥースブルフ, T.　1883-1931）
　百科（ファン・ドゥースブルフ　1883-1931）

Doidalsas 〈前3世紀〉
ギリシアの彫刻家（前250年頃活躍）。
⇒国小（ドイダルサス　生没年不詳）
　新美（ドイダルセース）
　世美（ドイダルサス　前3世紀後半）

Doisneau, Robert 〈20世紀〉
フランスの写真家。現代フランス写真界の重鎮の一人。作品集『パリのスナップ』(1955)など。
⇒国小（ドアノー　1912.4.4-）
　新美（ドワノー, ロベール　1912-）
　世芸（ドアノー, ロベール　1912-）
　二十（ドワーノ, ロベール　1912-）

Dolby, Reginald 〈20世紀〉
『機関車トーマス』シリーズのイラストレーターのひとり。
⇒児イ（Dolby, Reginald　ドルビイ, R.）

Dolce, Ludovico 〈16世紀〉
イタリアの劇作家, 評論家, 注釈学者。主著『悲劇』(1566)。
⇒国小（ドルチェ　1508-1568）
　西洋（ドルチェ　1508-1568）
　世美（ドルチェ, ルドヴィーコ　1508-1568）

Dolcebuono, Gian Giacomo 〈15・16世紀〉
イタリアの建築家, 彫刻家。
⇒世美（ドルチェブオーノ, ジャン・ジャーコモ　1440頃-1506）

Dolci, Carlo 〈17世紀〉
イタリアの画家。生涯フィレンツェで制作。
⇒芸術（ドルチ, カルロ）
　国小（ドルチ　1616.5.25-1686.1.17）
　コン2（ドルチ　1616-1686）
　コン3（ドルチ　1616-1686）
　新美（ドルチ, カルロ　1616.5.25-1686.1.17）
　西洋（ドルチ　1616.5.25-1686.1.17）
　世美（ドルチ, カルロ　1616-1686）
　世百（ドルチ　1616-1686）
　大百（ドルチ　1616-1686）

Dolci, Giovanni di Pietro de' 〈15世紀〉
イタリアの建築家, 彫刻家。
⇒キリ（ドルチ, ジョヴァンニ・デイ・ピエートロ・デ　?-1486.2.26）
　西洋（ドルチ　?-1486.2.26）

Dolezal, Carrol 〈20世紀〉
アメリカのイラストレーター。
⇒児イ（Dolezal, Carrol）

Domanska, Janina 〈20世紀〉
ポーランドの児童文学作家, 挿絵画家。
⇒児イ（Domanska, Janina　ドマンスカ, J.）
　世女日（ドマンスカ, ジャニナ　1913?-1995）

Domela, César 〈20世紀〉
オランダの画家。
⇒新美（ドメラ, セザール　1900.1.15-）
　二十（ドメラ, セザール　1900.1.15-）

Doménech y Montaner, Lluis 〈19・20世紀〉
スペインの建築家。
⇒スペ（ドメネク・イ・モンタネール　1850-1923）
　世美（ドメネック・イ・モンタネル, ルイス　1850-1924）

Domenichino 〈16・17世紀〉
イタリアの画家。ボローニャ派の画家。連作壁画『聖チェチリア』など。
⇒岩ケ（ドメニキーノ　1581-1641）
　キリ（ドメニキーノ　1581.10.21-1641.4.6）
　芸術（ドメニキーノ　1581-1641）
　国小（ドメニキーノ　1581.10.21-1641.4.6）
　新美（ドメニキーノ　1581.10-1641.4.6）
　人物（ドメニキーノ　1581.10.21-1641.4.9）

西洋（ドメニキーノ　1581.10.21-1641.4.15）
世西（ドメニキーノ　1581.10.21-1641.4.6）
世美（ドメニキーノ　1581-1641）
世百（ドメニキーノ　1581-1641）
全書（ドメニキーノ　1581-1641）
デス（ドメニキーノ　1581-1641）
百科（ドメニキーノ　1581-1641）

Domenico da Tolmezzo 〈15・16世紀〉
イタリアの画家、彫刻家。
⇒世美（ドメーニコ・ダ・トルメッツォ　1448頃-1507頃）

Domenico di Bartolo Ghezzi 〈15世紀〉
イタリアの画家。シエナ派の重要な画家の一人。作品『聖母子』(1437)など。
⇒国小（ドメニコ・ディ・バルトロ・ゲッツィ　1400頃-1447以後）
新美（ドメーニコ・ディ・バルトロ　1400頃-1447以前）
世美（ドメーニコ・ディ・バルトロ　1400頃-1445頃）

Domenico di Michelino 〈15世紀〉
イタリアの画家。
⇒国小（ドメニコ・ディ・ミケリーノ　1417-1491）
世美（ドメーニコ・ディ・ミケリーノ　1417-1491）

Domenico di Niccolò de'Cori 〈14・15世紀〉
イタリアの木彫家。
⇒世美（ドメーニコ・ディ・ニッコロ・デ・コーリ　1363-1453以前）

Domenico di Paris 〈15世紀〉
イタリアの彫刻家。
⇒世美（ドメーニコ・ディ・パーリス　15世紀）

Domingues, Afonso 〈14世紀〉
ポルトガルの建築家。
⇒建築（ドミンゲス、アフォンソ　（活動)14世紀）

Dominguez, Oscar 〈20世紀〉
スペイン生れのフランスの画家。パリで活躍したシュールレアリスト。
⇒オ西（ドミンゲス、オスカル　1906-1958）
外国（ドミンゲス　1906-）
国小（ドミンゲス　1906.1.7-1958.1.1）
新美（ドミンゲス、オスカル　1906-1957.12.31）
世芸（ドミンゲス、オスカー　1906-1975）
世美（ドミンゲス、オスカル　1906-1957）
二十（ドミンゲス、オスカル　1906-1957.12.31）

Dominicus, St 〈12・13世紀〉
ドミニコ会創立者、聖人。スペインの貴族の生れ。1216年修道会（ドミニコ会)としての教皇公認を得た。
⇒岩ケ（聖ドミニクス　1170-1221頃）
外国（ドミニクス(聖)　1170-1221）
看護（ドミニクス　1170-1221）
キリ（ドミニクス　1170以降-1221.8.6）
広辞1（ドミニクス　1170頃-1221）
国小（ドミニコ　1170頃-1221.8.6）
国百（ドミニコ　1170頃-1221.8.6）
コン2（ドミニクス　1170頃-1221）
新美（ドミニクス(聖)）
西洋（ドミニクス　1170頃-1221.8.6）
世西（ドミニクス　1170-1221.8.6）
世美（ドミニクス　1170-1221）
世百（ドミニクス　1170頃-1221）
全書（ドミニクス　1170-1221）
大辞（ドミニクス　1170?-1221）
大百（ドミニクス　1170頃-1221）
伝世（ドミニクス　1170頃-1221）
百科（ドミニクス　1170頃-1221）
歴史（ドミニクス　1170頃-1221）

Domitianus, Titus Flavius 〈1世紀〉
ローマ皇帝（在位81～96）。ティツス帝の弟。陰謀を恐れて恐怖政治を行い、暗殺された。
⇒岩ケ（ドミティアヌス　51-96）
旺世（ドミティアヌス　51-96）
外国（ドミティアヌス　51-96）
角世（ドミティアヌス　51-96）
キリ（ドミティアーヌス、ティートゥス・フラーウィウス　51.10.24-96.9.18）
ギロ（ドミティアヌス　51-96）
皇帝（ドミティアヌス　51-96）
国小（ドミティアヌス　51.10.24-96.9.18）
コン2（ドミティアヌス　51-96）
コン3（ドミティアヌス　51-96）
新美（ドミティアーヌス帝　51.10.25-96.9.18）
人物（ドミチアヌス　51.10.25-96.9.18）
西洋（ドミティアヌス　51.10.25-96.9.18）
世西（ドミティアヌス　51-96）
世百（ドミティアヌス　51-96）
全書（ドミティアヌス　51-96）
大百（ドミティアヌス　51-96）
デス（ドミティアヌス　51-96）
伝世（ドミティアヌス　51.10.24-96.9.18）
統治（ドミティアヌス（T.フラウィウス・ドミティアヌス）　（在位)81-96）
百科（ドミティアヌス　51-96）
評世（ドミチアヌス　51-96）
山世（ドミティアヌス　51-96）
歴史（ドミティアヌス　51-96）
ロマ（ドミティアヌス　（在位)81-96）

Donatello 〈14・15世紀〉
イタリアの彫刻家。初期のルネサンス彫刻の確立者。作品『ガッタメラータ騎馬像』など。
⇒岩ケ（ドナテロ　1386-1466頃）
旺世（ドナテロ　1386頃-1466）
外国（ドナテロ　1386年-1466）
角世（ドナテッロ　1386-1466）
キリ（ドナテロ　1386-1466.12.13）
芸術（ドナテロ　1386-1466頃）
広辞4（ドナテロ　1386頃-1466）
広辞6（ドナテロ　1386頃-1466）
国小（ドナテロ　1386-1466.12.13）
国百（ドナテロ　1386-1466.12.13）
コン2（ドナテーロ　1386-1466）
コン3（ドナテロ　1386-1466）
新美（ドナテルロ　1382/83/86-1466.12.13）
人物（ドナテロ　1386-1466.12.13）
西洋（ドナテーロ　1386-1466.12.13）
世人（ドナテルロ　1386-1466.12.13）
世西（ドナテロ　1386-1466.12.13）
世美（ドナテッロ　1386-1466）
世百（ドナテロ　1386頃-1466）

全書（ドナテッロ 1386頃-1466）
大辞（ドナテロ 1386頃-1466）
大辞3（ドナテロ 1386頃-1466）
大百（ドナテロ 1386-1466）
デス（ドナテロ 1386-1466）
伝世（ドナテッロ 1386-1466.12.13）
百科（ドナテロ 1386-1466）
評世（ドナテロ（ドナテルロ） 1386頃-1466）
山世（ドナテッロ 1386頃-1466）
歴史（ドナテロ 1386頃-1466）

Donati, Danilo 〈20世紀〉
イタリア生れの映画衣裳デザイナー，映画美術監督。
⇒芸術（ドナーティ，ダニーロ 1926-2001）
世俳（ドナティ，ダニーロ 1926-2001.12.1）

Donato 〈14世紀〉
イタリアの画家。
⇒世美（ドナート （活動）1344-1382頃）

Done, Ken 〈20世紀〉
オーストラリアの画家。
⇒オセ新（ドーン 1940-）

Dongen, Kees van 〈19・20世紀〉
フランスに帰化したオランダの画家。パリの花形肖像画家となる。
⇒オ西（ヴァン・ドンゲン，キース 1877-1968）
外国（ヴァン・ドンゲン 1877-）
芸術（ヴァン・ドンゲン，キース 1877-1968）
国小（ドンゲン 1877.1.26-1968）
コン2（ドンゲン 1877-1968）
コン3（ドンゲン 1877-1968）
新美（ヴァン・ドンゲン，キース 1877.1.26-1968.5.28）
人物（ドンゲン 1877.1.26-）
人物（バン・ドンゲン 1877.1.26-）
西洋（ドンゲン 1877.1.26-1968.5.28）
世芸（ヴァン・ドンゲン，キース 1877-1968）
世西（ドンゲン 1877.1.26-）
世美（ヴァン・ドンゲン，キース 1877-1968）
世児（ドンゲン 1877-）
全書（ドンゲン 1877-1968）
大辞2（ドンゲン 1877-1968）
大辞3（ドンゲン 1877-1968）
大百（ドンゲン 1877-1968）
二十（ドンゲン，K.フォン 1877.1.26-1968.5.28）
二十（ヴァン・ドンゲン，キース 1877.1.26-1968.5.28）

Donghi, Antonio 〈20世紀〉
イタリアの画家。
⇒世美（ドンギ，アントーニオ 1897-1963）

Donner, Georg Raphael 〈17・18世紀〉
オーストリアの彫刻家。代表作『聖マルティンの群像』（プレスブルク大聖堂）。
⇒キリ（ドナー，ゲオルク・ラーファエル 1693.5.24-1741.2.15）
芸術（ドンナー，ゲオルク・ラファエル 1693-1741）
国小（ドンナー 1693.5.24-1741.2.15）
新美（ドンナー，ゲオルク・ラファエル 1693.5.24-1741.2.15）
西洋（ドンナー 1693.5.24-1741.2.15）
世美（ドンナー，ゲオルク・ラファエル 1693-1741）
世百（ドンナー 1693-1741）
全書（ドンナー 1693-1741）
大百（ドンナー 1693-1741）
伝世（ドナー 1693.5.24-1741.2.15）
百科（ドンナー 1693-1741）

Donoso, José Ximenez 〈17世紀〉
スペインの画家，建築家。
⇒芸術（ドノソ，ホセ・ジメネス 1628-1690）
建築（ヒメネス・ドノーソ，ホセ 1628-1690）
国小（ドノソ 1628-1690）
新美（ヒメーネス・ドノーソ，ホセ 1628-1690.9.14）

Doolittle, Amos 〈18・19世紀〉
アメリカの版画家。おもにアメリカ独立戦争に取材した版画を制作。
⇒国小（ドゥーリトル 1754-1832）

Doomer, Lambert 〈17世紀〉
オランダの画家，素描家。
⇒世美（ドーメル，ランベルト 1622/23-1700）

Dorazio, Piero 〈20世紀〉
イタリアの画家。
⇒新美（ドラツィオ，ピエロ 1927.6.29-）
世美（ドラーツィオ，ピエーロ 1927-）
二十（ドラツィオ，ピエロ 1927.6.29-）

Dorbay, François 〈17世紀〉
フランスの建築家，彫刻家。ヴェルサイユ，ルーブル宮などの諸工事に参加。
⇒建築（ドルベ，フランソワ 1634-1697）
西洋（ドルベー 1634-1697）

Doré, Paul Gustave 〈19世紀〉
フランスの版画家，画家。1854年ラブレーの『ガルガンチュア物語』の木版の挿絵で名声を博す。
⇒岩ケ（ドレ，（ポール・）ギュスターヴ 1832-1883）
芸術（ドレ，ギュスターヴ 1832-1883）
幻想（ドレ，ポール・ギュスターヴ 1832-1883）
幻文（ドレ，ギュスターヴ 1833-1883）
国小（ドレ 1832.1.6-1883.1.23）
コン2（ドレ 1832-1883）
コン3（ドレ 1832-1883）
児イ（Dore, (Paul) Gustave ドーア，P.G.）
児文（ドレ，ギュスターヴ 1832-1883）
新美（ドレ，ギュスターヴ 1832.1.6-1883.1.23）
西洋（ドレ 1832.1.6-1883.1.23）
世児（ドレ，（ポール・）ギュスターヴ 1832-1883）
世美（ドレ，ギュスターヴ 1832-1883）
世百（ドレ 1832-1883）
全書（ドレ 1832-1883）
大百（ドレ 1832-1883）
百科（ドレ 1832-1883）

Doremus, Robert 〈20世紀〉
アメリカのイラストレーター。
⇒児イ（Doremus, Robert　ドリーマス, R.）

Dorfles, Gillo 〈20世紀〉
イタリアの美学者，美術批評家。
⇒世美（ドルフレス, ジッロ　1910-）

Dorgan, Thomas Aloysius 〈19・20世紀〉
アメリカのジャーナリスト，漫画家。筆名Tad。1902年から『ニューヨーク・ジャーナル』の政治漫画を担当。
⇒国小（ドルガン　1877.4.29-1929.5.2）

Dorigny, Louis 〈17・18世紀〉
フランスの画家。
⇒世美（ドリニー, ルイ　1654-1742）

Dorigny, Michel 〈17世紀〉
フランスの画家，版画家。
⇒世美（ドリニー, ミシェル　1617-1665）

Dorn, Marion 〈20世紀〉
イギリスの織物デザイナー。
⇒世女日（ドーン, マリオン　1900-1964）

Dorothea 〈4世紀〉
聖女。ディオクレティアヌス帝の迫害で殉教。
⇒キリ（ドーロテア(ドロテーア)　?-313）
　国小（ドロテア　?-313）
　新美（ドロテア(聖)）
　世女日（ドロテア　?-311頃）

Dörpfeld, Wilhelm 〈19・20世紀〉
ドイツの建築家，考古学者。シュリーマンの跡を継いでトロイを発掘。
⇒岩ケ（デルプフェルト, ヴィルヘルム　1853-1940）
　外国（デルプフェルト　1853-1940）
　国小（デルプフェルト　1853-1940）
　新美（デルプフェルト, ヴィルヘルム　1853.12.26-1940.4.25）
　人物（デルプフェルト　1853.12.26-1940.4.25）
　西洋（デルプフェルト　1853.12.26-1940.4.25）
　世美（デルプフェルト　1853.12.26-1940.4.26）
　世美（デルプフェルト, ヴィルヘルム　1853-1940）
　世百（デルプフェルト　1853-1940）
　全書（デルプフェルト　1853-1940）
　デス（デルプフェルト　1853-1940）
　二十（デルプフェルト, ヴィリヘルム　1853.12.26-1940.4.25）
　百科（デルプフェルト　1853-1940）
　名著（デルプフェルト　1853-1940）

Dorros, Arthur 〈20世紀〉
アメリカ在住のイラストレーター。
⇒児イ（Dorros, Arthur　ドロス, A.）

D'Ors, Eugenio 〈19・20世紀〉
スペインの哲学者，美術評論家。
⇒コン3（ドルス　1882-1954）
　新美（ドールス, エウヘニオ　1882-1954）
　スペ（オルス　1882-1954）
　世百新（オルス　1882-1954）
　世文（ドルス, エウヘニオ　1882-1954）
　大辞2（ドルス　1882-1954）
　大辞3（ドルス　1882-1954）
　二十（オルス, E.　1882-1954）
　二十（ドールス, エウヘニオ　1882-1954）
　百科（オルス　1882-1954）

D'Orsi, Achille 〈19・20世紀〉
イタリアの彫刻家。
⇒世美（ドルシ, アキッレ　1845-1929）

Doshi, Balkrishna Vithaldas 〈20世紀〉
インドの建築家。
⇒岩ケ（ドシー, バルクリシュナ・ヴィタルダス　1927-）

Dosio, Giovanni, Antonio 〈16・17世紀〉
イタリアの建築家，彫刻家。
⇒建築（ドシオ, ジョバンニ・アントニオ　1533-1609頃）
　世美（ドージオ, ジョヴァンニ・アントーニオ　1533-1609）

Dossena, Alceo 〈19・20世紀〉
イタリアの彫刻家。
⇒世美（ドッセーナ, アルチェーオ　1878-1937）

Dossi, Battista 〈15・16世紀〉
イタリアの画家。
⇒世美（ドッシ, バッティスタ　1474頃-1548）

Dosso Dossi, Giovanni 〈15・16世紀〉
イタリアの画家。フェララ派の代表者。
⇒岩ケ（ドッソ, ドッシ　1479頃-1542）
　芸術（ドッソ, ドッシ　1479頃-1542）
　国小（ドッソ・ドッシ　1479/90頃-1542）
　新美（ドッソ, ドッシ　1479頃-1542）
　西洋（ドッシ　1480頃-1542.8.27頃）
　世美（ドッシ, ドッソ　1490頃-1542）
　世百（ドッソドッシ　1479頃-1542）
　全書（ドッソ・ドッシ　1479頃-1542）
　大百（ドッソ・ドッシ　1479頃-1542）
　百科（ドッソ・ドッシ　1490頃-1542）

Dotti, Carlo Francesco 〈17・18世紀〉
イタリアの建築家。
⇒建築（ドッティ, カルロ・フランチェスコ　1670頃-1759頃）
　世美（ドッティ, カルロ・フランチェスコ　1670-1759）

Dottori, Gerardo 〈19・20世紀〉
イタリアの画家。
⇒世美（ドットーリ, ジェラルド　1888-1977）

Doty, Roy 〈20世紀〉
アメリカのイラストレーター。

⇒児イ（Doty, Roy　ドゥティ, R.）

Dotzenko, Grisha 〈20世紀〉
ロシアのイラストレーター。
⇒児イ（Dotzenko, Grisha　ダツェンコ, G.）

Dou, Gerard 〈17世紀〉
オランダの画家。ガラス絵の画家ドウ・ヤンスの子。
⇒岩ケ（ダウ, ヘラルド　1613–1675）
　芸術（ダウ, ヘラルト　1613–1675）
　国小（ドウ　1613.4.7–1675.2.9）
　新美（ダウ, ヘラルト（ヘリット）　1613.4.7–1675.2.9）
　西洋（ダウ　1613.4.7–1675.2.9）
　世美（ダウ, ヘリット　1613–1675）
　百科（ダウ　1613–1675）

Doudelet, Charles 〈19・20世紀〉
ベルギーの版画家, 画家。
⇒世美（ドゥドレ, シャルル　1861–1938）

Douffet, Gérard 〈16・17世紀〉
フランドルの画家。
⇒世美（ドゥッフェ, ジェラール　1594–1660頃）

Dougherty, Paul 〈19・20世紀〉
アメリカの海洋画家。作品『太陽と嵐』など。
⇒国小（ドウアティ　1877–1947）

Doughty, Thomas 〈18・19世紀〉
アメリカの風景画家。代表作『すばらしい自然』(1835) など。
⇒国小（ダウティ　1793.7.19–1856.7.22）
　西洋（ダウティ　1793–1856）

Douris 〈前6・5世紀〉
アッチカの赤像式素画家（前500年頃から470年頃に活躍）。
⇒芸術（ドゥーリス　前6世紀末）
　国小（ドゥーリス　生没年不詳）
　コン2（ドゥリス　前500頃–450頃）
　コン3（ドゥリス　前500頃–前450頃）
　西洋（ドゥリス　前510–465頃）
　世美（ドゥリス　前6世紀末–前5世紀前半）

Douvermann, Heinrich 〈16世紀〉
ドイツの彫刻家。
⇒世美（ドウファーマン, ハインリヒ　（記録）1510–1544）

Douy, Max 〈20世紀〉
フランス生れの映画美術監督。
⇒映（ドゥイ, マックス　1914–2007）

Dova, Gianni 〈20世紀〉
イタリアの画家。
⇒世美（ドーヴァ, ジャンニ　1925–）

Dove, Arthur Garfield 〈19・20世紀〉
アメリカの画家。抽象画コラージュを制作。
⇒岩ケ（ダヴ, アーサー（・ガーフィールド）

1880–1946）
　オ西（ダヴ, アーサー　1880–1946）
　芸術（ダヴ, アーサー　1880–1946）
　国小（ドーブ　1880.8.2–1946.11.23）
　コン3（ダヴ　1880–1946）
　世芸（ダヴ, アーサー　1880–1946）
　世美（ダヴ, アーサー・ガーフィールド　1880–1946）

Dovniković-Bordo, Borivoj 〈20世紀〉
クロアチア生れのアニメーション作家, 漫画家。
⇒世映（ドヴニコヴィチ＝ボルト, ボリヴォイ　1930–）

Dowd, J(ames) H. 〈20世紀〉
イギリスの画家。
⇒世児（ダウド, J(ジェイムズ)・H）

Dowd, Victor 〈20世紀〉
フランスのイラストレーター。
⇒児イ（Dowd, Victor　ダウド, V.）

Dowling, Stephen 〈20世紀〉
イギリスの連載漫画家。
⇒岩ケ（ダウリング, スティーヴン　1904–1986）

Dowling, Victor J. 〈20世紀〉
アメリカのイラストレーター。
⇒児イ（Dowling, Victor J.　ダウリング, V.J.）

Downing, Andrew Jackson 〈19世紀〉
アメリカの庭園設計家, 建築批評家。『造園論』(1841) は造園学の名著。
⇒建築（ダウニング, アンドリュー・ジャクソン　1815–1852）
　国小（ダウニング　1815–1852）
　新美（ダウニング, アンドルー・ジャクソン　1815–1852）
　西洋（ダウニング　1815–1852）

Downing, Thomas 〈20世紀〉
アメリカの抽象画家。
⇒美術（ダウニング, トーマス　1928–）

Doxiadis, Konstantinos Apostolos 〈20世紀〉
ギリシャの都市計画家。世界中に進行する都市化現象に対応する人間の生活圏の科学「エキスティクス」を提唱。
⇒現人（ドクシアディス　1913.5.14–1975.6.28）
　新美（ドクシアディス, コンスタンティノス　1913–1975）
　世百新（ドクシアディス　1913–1975）
　大辞2（ドクシアディス　1913–1975）
　大辞3（ドクシアディス　1913–1975）
　ナビ（ドクシアデス　1913–1975）
　二十（ドクシアディス, コンスタンチノス・A.　1913.5.14–1975.6.28）
　百科（ドクシアディス　1913–1975）

Doyle, John 〈18・19世紀〉
イギリスの挿絵画家。政治漫画で人気を博す。

⇒国小（ドイル　1797-1868.1.2）

Doyle, Richard　〈19世紀〉
イギリスの挿絵画家。J.ドイルの子。1843～50年『パンチ』誌の表紙デザインや政治漫画を担当。
⇒岩ケ（ドイル, リチャード　1824-1883）
　幻想（ドイル, リチャード　1824-1883）
　国小（ドイル　1824.9.1-1883.11.11）
　児イ（Doyle, Richard　1824-1883）
　世児（ドイル, リチャード　1824-1883）

Dragutescu, Titu　〈20世紀〉
ルーマニアの画家。
⇒世芸（ドラグテスク, テイト　1949-）

Drake, Alexander Wilson　〈19・20世紀〉
アメリカの好古家, 小説家, 美術家。"The Curious Vehicle", "The Yellow Globe"などのファンタジーを書いた。
⇒幻想（ドレイク, アリグザンダー・ウィルスン　?-1913）

Drake, Friedrich Johann Heinrich　〈19世紀〉
ドイツの彫刻家。主作品『勝利記念碑のヴィクトリア』。
⇒西洋（ドラーケ　1805.6.23-1882.4.6）

Drakulich, Merrilee Levine　〈20世紀〉
アメリカ生れの女性画家。
⇒世芸（ドラクリッチ, メリリー・レヴィン　?-）

Draper, Henry　〈19世紀〉
アメリカの天体写真家。
⇒岩ケ（ドレイパー, ヘンリー　1837-1882）
　科学（ドレーパー　1837.3.7-1882.11.20）
　科人（ドレイパー, ヘンリー　1837.3.7-1882.11.20）
　コン3（ドレーバー　1837-1882）
　世科（ドレーパー　1837-1882）
　全書（ドレーパー　1837-1882）
　天文（ドレーパー　1837-1882）
　百科（ドレーパー　1837-1882）

Dreier, Hans　〈19・20世紀〉
ドイツ生れの映画美術監督。
⇒世映（ドライアー, ハンス　1885-1966）
　世俳（ドライアー, ハンス　1885.8.21-1966.10.24）

Dreier, Katherine　〈19・20世紀〉
アメリカの美術パトロン。
⇒世女日（ドライアー, カサリン　1877-1952）

Dresser, Christopher　〈19・20世紀〉
イギリスのデザイナー。最初の職業的工業デザイナーの一人。著書『日本の建築・芸術・工芸』(1882)など。
⇒岩ケ（ドレッサー, クリストファー　1834-1904）
　国小（ドレッサー　1834.7.4-1904.11.24）
　百科（ドレッサー　1834-1904）

Dresser, Lawrence　〈20世紀〉
アメリカのイラストレーター。
⇒児イ（Dresser, Lawrence　ドレッサー, L.）

Drew, Jane Beverley　〈20世紀〉
イギリスの建築家。
⇒世女（ドリュー, ジェイン（ビヴァリー）　1911-1996）
　世女日（ドリュー, ジェーン・ビヴァリー　1911-1996）
　世美（ドルー, ジェイン　1911-）

Dreyer, Benedikt　〈15・16世紀〉
ドイツの彫刻家。木彫を制作。
⇒芸術（ドライアー, ベネディクト　?-1555以後）
　西洋（ドライアー　1485頃-1555以後）

Dreyfuss, Henry　〈20世紀〉
アメリカの工業デザイナー。家庭用品から航空機まで, 広範囲にわたる活動を通じて工業デザインの開拓者となる。
⇒岩ケ（ドレフュス, ヘンリー　1904-1972）
　西洋（ドレフュス　1904.3.2-）
　大百（ドレフュス　1904-）
　二十（ドレフェス, ヘンリー　1904.3.2-1972.10.5）

Drivier, Léon-Ernest　〈19・20世紀〉
フランスの彫刻家。
⇒芸術（ドゥリヴィエ, レオン　1878-1947）
　世芸（ドゥリヴィエ, レオン　1878-1947）

Drost, Willem　〈17世紀〉
オランダの画家。
⇒世美（ドロスト, ウィレム　1630頃-1680以降）

Drouais, François Hubert　〈18世紀〉
フランスの肖像画家。1756年宮廷画家, 58年アカデミー会員。
⇒国小（ドルーエ　1727.12.14-1775.10.21）
　新美（ドルーエ, フランソワ＝ユベール　1727.12.14-1775.10.21）

Drouais, Jean-Germain　〈18世紀〉
フランスの画家。
⇒世美（ドールエ, ジャン＝ジェルマン　1763-1788）

Drovetti, Bernardino　〈18・19世紀〉
イタリアの考古学者, 政治家。
⇒世美（ドロヴェッティ, ベルナルディーノ　1776-1852）

Dr. Seuss　〈20世紀〉
アメリカの絵本作家, 画家。絵本『マルベリー通りのふしぎなできごと』(1937),『帽子の中の猫』『ぞうのホートンたまごをかえす』など。
⇒岩ケ（スース博士　1904-1991）
　英児（Dr.Seuss　ドクター・スース　1904-1991）
　現ア（Dr.Seuss　ドクター・スース　1904-1991）

最世（スース博士　1904-1991）
児イ（Dr.Seuss D.スース　1904-）
児童（スース　1904-）
児文（スース，ドクター　1904-）
世児（ドクター・スース　1904-1991）
世西（ガイセル　1904.3.2-1991.9.24）
二十（スース，ドクター　1904-）

Drummond, Violet Hilda 〈20世紀〉
イギリスの女性絵本作家，挿絵画家。
⇒英児（Drummond, Violet Hilda　ドラモンド，ヴァイオレット・ヒルダ　1911-）
児イ（Drummond, Violet Hilda　ドラモンド，V.H.　1911-）
世児（ドラモンド，V（ヴァイオレット）・H（ヒルダ）　1911-）

Drury, Alfred 〈19・20世紀〉
イギリスの彫刻家。
⇒岩ケ（ドルリー，アルフレッド　1857-1944）
芸術（ドゥルーリー，アルフレッド　1857-1944）
国小（ドゥルーリー　1859.11.11-1944）
世芸（ドゥルーリー，アルフレッド　1857-1944）

Drysdale, George Russell 〈20世紀〉
オーストラリアの画家。オーストラリア絵画の指導者の一人。
⇒岩ケ（ドライズデイル，ラッセル　1912-1981）
オセ新（ドライズデール　1912-1981）
最世（ドライズデール，ラッセル　1912-1981）
世百新（ドライズデール　1912-1981）
伝世（ドライズデイル　1912-）
二十（ドライズデール，ラッセル　1912-1981）
百科（ドライズデール　1912-1981）

Duart, Angel 〈20世紀〉
スペインの前衛美術家。
⇒世美（ドゥアルト，アンヘル　1930-）

Duban, Félix Louis Jacques 〈18・19世紀〉
フランスの建築家。ルーヴル宮建築家。
⇒西洋（デュバン　1797.10.14-1870.10.8）

Dubbels, Hendrick Jacobsz. 〈17世紀〉
オランダの画家。
⇒世美（ドゥッベルス，ヘンドリック・ヤーコブスゾーン　1620/21-1676）

Dubinskij, David Aleksandrovich 〈20世紀〉
ロシアのイラストレーター。
⇒児イ（Dubinskij, David Aleksandrovich　ドゥビンスキー，D.A.　1920-1960）

Dubois, Ambroise 〈16・17世紀〉
フランドル出身のフランスの画家。
⇒世美（デュボワ，アンブロワーズ　1543-1614）

Du Bois, Guy Péne 〈19・20世紀〉
アメリカの画家。
⇒岩ケ（デュ・ボワ，ギー・ペーン　1884-1958）
コン3（デュ・ボワ　1884-1958）

Dubois, Jacques 〈17・18世紀〉
フランスの家具制作家。
⇒世美（デュボワ，ジャック　1693頃-1763）

Dubois, Louis 〈19世紀〉
ベルギーの歴史画家，肖像画家。代表作『こうのとり』。
⇒芸術（デュボア，ルイ　1830-1880）
国小（デュボア　1830-1880）
新美（デュボワ，ルイ　1830-1880.4.27）
世美（デュボワ，ルイ　1830-1880）

Du Bois, William Pene 〈20世紀〉
アメリカの児童文学者。
⇒英児（du Bois, William Pène　デュ＝ボワ，ウィリアム・ペン　1916-1993）
児イ（Du Bois, William Pene　デュボア，W.P.　1916-）
児作（du Bois, William Pene　デュボア，ウィリアム・ペン　1916-）
世児（デュ・ボア，ウィリアム・ペーン　1916-1993）

Dubois-Pigalle, Paul 〈19・20世紀〉
フランスの彫刻家，画家。代表作，ナントの聖堂の『ラモリシエール将軍の墓』（1876〜78）。
⇒芸術（デュボア・ビガル，ポール　1829-1905）
国小（デュボア・ビガル　1829.7.18-1905.5.25）
新美（デュボワ＝ピガル，ポール　1829.7.18-1905.5.22）
西洋（デュボア　1829.7.18-1905.5.22）
世美（デュボワ，ポール　1829-1905）

Dubois-Pillet, Albert 〈19世紀〉
フランスの画家。
⇒新美（デュボワ＝ピエ，アルベール　1845.10.28-1890）

Dubos, Jean-Baptiste 〈17・18世紀〉
フランスの史家，美学者，外交官。主著『詩と絵画についての批判的省察』（1719）。
⇒国小（デュボス　1670.12-1742.3.23）
集文（デュボス，ジャン＝バチスト　1670.12-1742.3.23）
西洋（デュボス　1670.12-1742.3.23）
世美（デュ・ボス，ジャン＝バティスト　1670-1742）
世百（デュボス　1670-1742）
百科（デュボス　1670-1742）
名著（デュ・ボス　1670-1742）

Dubreuil, Toussaint 〈16・17世紀〉
フランスの画家。
⇒新美（デュブルイユ，トゥッサン　1561-1602）
世美（デュブルイユ，トーサン　1561頃-1602）

Dubuffet, Jean 〈20世紀〉
フランスの画家。アンフォルメル美術の先駆者の一人。
⇒岩ケ（デュビュフェ，ジャン　1901-1985）
オ西（デュビュフェ，ジャン　1901-1985）
現人（デュビュッフェ　1901.7.31-）
広辞6（デュビュッフェ　1901-1985）

国小（デュビュッフェ　1901.7.3-）
コン3（デュビュッフェ　1901-1985）
新美（デュビュッフェ，ジャン　1901.7.31-）
西洋（デュビュフェ　1901.7.31-）
世芸（デュビュッフェ，ジャン　1901-1986）
世美（デュビュッフェ，ジャン　1901-）
世百（デュビュッフェ　1901-）
世百新（デュビュッフェ　1901-1985）
大辞2（デュビュッフェ　1901-1986）
大辞3（デュビュッフェ　1901-1986）
伝世（デュビュッフェ　1901.7.31-）
ナビ（デュビュッフェ　1901-1985）
二十（デュビュッフェ，ジャン　1901.7.31-1985.5.15）
百科（デュビュッフェ　1901-）

Duby-Blom, Gertrude 〈20世紀〉
スイス生れの写真家。
⇒世女日（デュビー＝ブロム，ゲルトルート　1901-1993）

Duc, Antoine 〈20世紀〉
フランス生れの画家。
⇒世芸（デュック，アンソニー　1932-）

Ducasse, Curt John 〈19・20世紀〉
アメリカ（フランス生れ）の哲学者，美学者。ブラウン大学名誉教授。
⇒外国（デュカッス　1881-）
西洋（デュカス　1881.7.7-1969.9.3）

Ducaté, Marie 〈20世紀〉
フランス生れの画家。
⇒世芸（デュカテ，マリエ　1954-）

Ducati, Pericle 〈19・20世紀〉
イタリアの考古学者。
⇒世美（ドゥカーティ，ペリクレ　1880-1944）

Duccio, Agostino di 〈15世紀〉
イタリアの彫刻家，建築家。フィレンツェ派の主要な大理石彫刻家の一人。
⇒岩ケ（アゴスティーノ（・ディ・ドゥッチョ）　1418-1481）
キリ（アゴスティーノ・ディ・ドゥッチョ　1418-1481）
芸術（ドゥッチオ，アゴスティーノ　1418-1481以後）
建築（アゴスティーノ・ディ・ドゥッチオ　1418頃-1481）
国小（ドゥッチオ　1418-1481頃）
コン2（ドゥッチョ　1418-1481）
コン3（ドゥッチョ　1418-1481）
新美（アゴスティーノ・ディ・ドゥッチオ　1418-1481以後）
世美（アゴスティーノ・ディ・ドゥッチオ　1418-1481頃）
伝世（アゴスティーノ・ディ・ドゥッチオ　1418-1481?）
百科（アゴスティーノ・ディ・ドゥッチオ　1418-1481）

Duccio di Buoninsegna 〈13・14世紀〉
イタリアの画家。ビザンチン様式からゴシック様式への移行を果したシエナ派最初の大画家。
⇒岩ケ（ドゥッチョ・ディ・ブオニンセーニャ　1260頃-1320頃）
外国（ドゥッチョ　1255/-60-1319）
キリ（ドゥッチョ・ディ・ブォニンセーニャ　1255頃-1318頃）
芸術（ドゥッチオ・ディ・ブオニンセーニャ　1255頃-1319）
広辞4（ドゥッチオ　1255頃-1319頃）
広辞6（ドゥッチオ　1255頃-1319頃）
国小（ドゥッチオ・ディ・ブオニンセーニャ　1255頃-1319頃）
国百（ドゥッチオ・ディ・ブオニンセーニャ　1255頃-1318頃）
コン2（ドゥッチョ　13世紀-1319頃）
コン3（ドゥッチョ　13世紀-1319頃）
新美（ドゥッチオ・ディ・ブオニンセーニャ　1255頃-1319頃）
人物（ドゥッチオ　1255頃-1319頃）
西洋（ドゥッチオ・ディ・ブオニンセーニャ　1255頃-1319頃）
世西（ドゥッチオ・ディ・ブオニンセーニャ　1260頃-1319頃）
世美（ドゥッチオ・ディ・ブオニンセーニャ　1278-1318/19）
世百（ドゥッチオ　1255/60-1318/9）
全書（ドゥッチオ　1255頃-1318/19）
大辞（ドゥッチオ　13世紀中頃-14世紀初）
大辞3（ドゥッチオ　13世紀中頃-14世紀初）
大百（ドゥッチオ　1255/60-1318/9）
デス（ドゥッチオ　1255-1319頃）
伝世（ドゥッチオ・ディ・ブオニンセーニャ　1255/60-1318/9）
百科（ドゥッチオ・ディ・ブオニンセーニャ）

Du Cerceau, Baptiste Androuet 〈16・17世紀〉
フランスの建築家。J.デュ・セルソーの子。ポン・ヌフを建造。
⇒西洋（デュ・セルソー　1560頃-1602以前）
世芸（デュ・セルソー，バティスト・アンドルーエ　1545頃-1590）
世百（デュセルソー，バプティスト・アンドルーエ　1560頃-1602）

Du Cerceau, Jacques Androuet 〈16世紀〉
フランスの建築家。著書『フランスの最も優れた建築』（2巻，76～79）。
⇒国小（デュ・セルソー　1510頃-1585頃）
西洋（デュ・セルソー　1515頃-1584頃）
世芸（デュ・セルソー，ジャック・アンドルーエ1世　1510頃-1585頃）
世百（デュセルソー，ジャック・アンドルーエ　1515頃-1584頃）
百科（デュ・セルソー　1510頃-1585）

Du Cerceau, Jacques Androuet 〈16・17世紀〉
フランスの建築家。B.デュ・セルソーの弟。王宮の建築主任。
⇒西洋（デュ・セルソー　?-1614）
世百（デュセルソー，ジャック2世　1576-1614）

Du Cerceau, Jean Androuet 〈16・17世紀〉
フランスの建築家。B.デュ・セルソーの子。ル

イ13世の建築家として知られる。
⇒西洋（デュ・セルソー　?-1649以後）
　世美（デュ・セルソー，ジャン・アンドルーエ　1585頃-1649頃）
　世百（デュセルソー，ジャン　?-1649頃）

Duchamp, Marcel 〈19・20世紀〉
フランスの画家，彫刻家。1912年絵画『階段を降りる裸体』で反響を呼ぶ。
⇒アメ（デュシャン　1887-1968）
　岩ケ（デュシャン，マルセル　1887-1968）
　岩哲（デュシャン　1887-1968）
　オ西（デュシャン，マルセル　1887-1968）
　外国（デュシャン　1887-）
　現人（デュシャン　1887.7.28-1968.10.2）
　広辞5（デュシャン　1887-1968）
　広辞6（デュシャン　1887-1968）
　国小（デュシャン　1887.7.28-1968.10.2）
　国百（デュシャン，マルセル　1887.7.28-1968.10.2）
　コン3（デュシャン　1887-1968）
　最世（デュシャン，マルセル　1887-1968）
　新美（デュシャン，マルセル　1887.7.28-1968.10.2）
　人物（デュシャン　1887-）
　西洋（デュシャン　1887.7.28-1968.10.2）
　世芸（デュシャン，マルセル　1887-1968）
　世西（デュシャン　1887-）
　世美（デュシャン，マルセル　1887-1968）
　世百（デュシャン　1887-）
　世百新（デュシャン　1887-1968）
　全書（デュシャン　1887-1968）
　大辞2（デュシャン　1887-1968）
　大辞3（デュシャン　1887-1968）
　大百（デュシャン　1887-1968）
　伝世（デュシャン　1887.7.28-1968）
　ナビ（デュシャン　1887-1968）
　二十（デュシャン，マルセル　1887.7.28-1968.10.2）
　百科（デュシャン　1887-1968）

Duchamp-Villon, Raymond 〈19・20世紀〉
フランスの彫刻家。キュビスムの分派，セクション・ドールの中心的存在として活躍。
⇒岩ケ（デュシャン=ヴィヨン，レモン　1876-1918）
　オ西（デュシャン=ヴィヨン，レイモン　1876-1918）
　外国（デュシャン・ヴィヨン　1876-1918）
　芸術（デュシャン・ヴィヨン　1876-1918）
　国小（デュシャン・ビヨン　1876.11.5-1918.10.7）
　コン2（デュシャン・ヴィヨン　1876-1918）
　コン3（デュシャン・ヴィヨン　1876-1918）
　新美（デュシャン=ヴィヨン，レーモン　1876.11.5-1918.10.7）
　西洋（デュシャン・ヴィヨン　1876.11.5-1918.10.7）
　世芸（デュシャン・ヴィヨン　1876-1918）
　世西（デュシャン=ヴィヨン　1876.11.5-1918.10.7）
　世美（デュシャン=ヴィヨン，レイモン　1876-1918）
　全書（デュシャン・ビヨン　1876-1918）
　大辞3（デュシャン・ビヨン　1876-1918）
　伝世（デュシャン・ヴィヨン　1876.11.5-1918.10.7）
　二十（デュシャン・ビヨン，レーモン　1876.11.5-1918.10.7）

Duchange, Gaspard 〈17・18世紀〉
フランスの版画家。
⇒芸術（デュシャンジュ，ガスパール　1662-1757）
　国小（デュシャンジュ　1662-1757.1.6）

Ducis, Jean-Louis 〈18・19世紀〉
フランスの画家。
⇒世美（デュシ，ジャン=ルイ　1773-1847）

Dudley, William (Stuart) 〈20世紀〉
イギリスの舞台美術家。
⇒岩ケ（ダドリー，ウィリアム（・スチュアート）　1947-）

Dudok, Willem Marinus 〈19・20世紀〉
オランダの建築家。代表作はヒルベルシュム市の市庁舎。
⇒岩ケ（ドゥドック，ヴィレム・マリヌス　1884-1974）
　オ西（デュドック，ウィレム・マリヌス　1884-1974）
　国小（デュードク　1884.7.6-）
　新美（ドゥドック，ウィレム　1884.7.6-1974.4.6）
　西洋（デュドック　1884-1923）
　世美（ドゥドック，ウィレム・マリヌス　1884-1974）
　世百（ドゥドック　1884-）
　二十（デュドク，ウィレム・M.　1884.7.6-1974.4.6）

Dudovich, Marcello 〈19・20世紀〉
イタリアの画家，ポスター制作家。
⇒世美（ドゥドヴィチ，マルチェッロ　1878-1962）

Dudreville, Leonardo 〈19・20世紀〉
イタリアの画家。
⇒世美（ドゥドレヴィッレ，レオナルド　1885-1975）

Duff-Gordon, Lucy 〈19・20世紀〉
イギリスのファッション・デザイナー。
⇒世女日（ダフ=ゴードン，ルーシー　1862-1935）

Dufour, Chantal 〈20世紀〉
フランス生れの画家。
⇒世芸（デュフール，シャンタル　1946-）

Dufraine, Charles 〈19世紀〉
フランスの彫刻家。
⇒キリ（デュフレーヌ，シャルル　1827.10.25-1900.2.2）
　西洋（デュフレヌ　1827.10.25-1900.2.2）

Dufrêne, François 〈20世紀〉
フランスの美術家。
⇒美術（デュフレーヌ，フランソワ　1930-）

Dufrenne, Mikel 〈20世紀〉
フランスの美学者。主著『美的体験の現象学』(1953)は現象学的美学の代表作。
⇒現人 (デュフレンヌ　1910.2.9–)
　国小 (デュフレンヌ　1910.2.9–)
　西洋 (デュフレンヌ　1910.2.9–)
　全書 (デュフレンヌ　1910–)
　二十 (デュフレンヌ, M.　1910–)

Dufrénoy, Georges Léon 〈19・20世紀〉
フランスの画家。プロバンス地方やパリ、ウィーンなどの風景を描く。
⇒芸術 (デュフレノア, ジョルジュ　1870–1943)
　国小 (デュフレノア　1870.6.20–1942)
　世芸 (デュフレノア, ジョルジュ　1870–1943)
　世美 (デュフレノワ, ジョルジュ　1870–1943)

Dufresne, Charles 〈19・20世紀〉
フランスの画家。1923年サロン・デ・チュイリー創設のメンバー。
⇒外国 (デュフレーヌ　1876–1938)
　芸術 (デュフレーヌ, シャルル　1876–1938)
　国小 (デュフレーヌ　1876.11.23–1938.8.8)
　コン2 (デュフレーヌ　1876–1938)
　コン3 (デュフレーヌ　1876–1938)
　新美 (デュフレーヌ, シャルル　1876.11.23–1938.8.8)
　世芸 (デュフレーヌ, シャルル　1876–1938)
　世美 (デュフレーヌ, シャルル　1876–1938)
　世百 (デュフレーヌ　1876–1938)
　二十 (デュフレーヌ, シャルル　1876.11.23–1938.8.8)

Dufrésnoy, Charles Alphonse 〈17世紀〉
フランスの歴史画家、美術理論家。その詩 "De arte graphica" は、アカデミー的古典主義の理論書。
⇒国小 (デュフレノア　1611–1668.1.16)
　世美 (デュフレノワ, シャルル＝アルフォンス　1611–1668)

Dufy, Raoul 〈19・20世紀〉
フランスの画家、デザイナー。
⇒岩ケ (デュフィ, ラウル　1877–1953)
　オ西 (デュフィ, ラウール　1877–1953)
　外国 (デュフィ　1880–1953)
　芸術 (デュフィ, ラウール　1877–1953)
　広辞4 (デュフィ　1877–1953)
　広辞5 (デュフィ　1877–1953)
　広辞6 (デュフィ　1877–1953)
　国小 (デュフィ　1877.6.3–1953.3.23)
　コン2 (デュフィ　1877–1953)
　コン3 (デュフィ　1877–1953)
　新美 (デュフィ, ラウル　1877.6.3–1953.3.23)
　人物 (デュフィ　1877.6.3–1953.3.23)
　西洋 (デュフィ　1877.6.3–1953.3.23)
　世芸 (デュフィ, ラウール　1877–1953)
　世西 (デュフィ　1877.6.3–1953.3.23)
　世美 (デュフィ, ラウール　1877–1953)
　世百 (デュフィ　1877–1953)
　全書 (デュフィ　1877–1953)
　大辞 (デュフィ　1877–1953)
　大辞2 (デュフィ　1877–1953)
　大辞3 (デュフィ　1877–1953)

大百 (デュフィ　1877–1953)
デス (デュフィ　1877–1953)
ナビ (デュフィ　1877–1953)
二十 (デュフィ, ラウル　1877.6.3–1953.3.23)
百科 (デュフィ　1877–1953)

Dughet, Gaspard 〈17世紀〉
フランスの画家。主として風景画を描いた。
⇒岩ケ (デュゲ, ガスパール　1615–1675)
　西洋 (デュゲ　1615–1675.5.25)
　世西 (デュゲ　1615–1675)
　世美 (デュゲ, ガスパール　1615–1675)

Duheme, Jacqueline 〈20世紀〉
フランスのイラストレーター。
⇒児イ (Duheme, Jacqueline　デュエム, J.　1927–)

Duiker, Johannes 〈19・20世紀〉
オランダの建築家。
⇒世美 (ダイケル, ヨハネス　1890–1935)

Dujardin, Karel 〈17世紀〉
オランダの画家。農民や羊飼いなどを主題とした作品で有名。
⇒国小 (デュジャルダン　1622–1678.11.20)
　新美 (デュヤルディン, カレン　1622/23–1678.11.20)
　世美 (デュジャルダン, カーレル　1622頃–1678)

Dulac, Edmund 〈19・20世紀〉
イギリスの挿絵画家。スティーブンソンの『宝島』(1927)などの挿絵を製作。
⇒英児 (Dulac, Edmund　デュラク, エドマンド　1882–1953)
　幻想 (デュラック, エドマンド　1882–1957)
　国小 (デュラク　1882.10.22–1953.5.25)
　児イ (Dulac, Edmund　デュラック, E.　1882–1953)
　児文 (デュラック, エドマンド　1882–1953)
　世児 (デュラック, エドマンド　1882–1953)
　世美 (デュラック, エドモン　1882–1953)
　世百新 (デュラック　1882–1953)
　二十 (デュラック, エドマンド　1882–1953)
　二十英 (Dulac, Edmund　1882–1953)
　百科 (デュラック　1882–1953)

Dülfer, Martin 〈19・20世紀〉
ドイツの建築家。主作品、リューベクの劇場(1908)など。
⇒西洋 (デュルファー　1859.1.1–1942.12.12)

Dumas, Nora 〈20世紀〉
フランスの写真家。
⇒世芸 (デューマ, ノラ　1895–)

Dumas, Philippe 〈20世紀〉
フランスのイラストレーター。
⇒児イ (Dumas, Philippe　デュマ, P.)
　児イ (Dumas, Philippe　デュマ, フィリップ　1940–)
　児文 (デュマ, フィリップ　1940–)
　二十 (デュマ, フィリップ　1940–)

Du Maurier, George Louis Palmella Busson 〈19世紀〉
イギリスの画家, 小説家。
⇒岩ケ（デュ・モーリア, ジョージ（・ルイ・パルメラ・ビュッソン） 1834-1896）
幻想（デュ・モーリエイ, ジョージ 1834-1896）
国小（デュ・モーリエ 1834-1896）
集文（デュ・モーリエ, ジョージ 1834.3.6-1896.10.6）
西洋（デュ・モーリアー 1834.3.6-1896.10.8）
世美（デュ・モーリア, ジョージ 1834-1896）

Dumont, François 〈18・19世紀〉
フランスのミニアチュール画家。
⇒国小（デュモン 1751.1.7-1831.8.27）

Dunand, Jean 〈19・20世紀〉
スイスの彫刻家, 金銀細工師。
⇒芸術（デュナン, ジャン 1877-1942）
国小（デュナン 1877-1942）
世芸（デュナン, ジャン 1877-1942）

Dunlap, William 〈18・19世紀〉
アメリカの画家, 劇作家, 歴史家。
⇒ア文（ダンラップ, ウィリアム 1766.2.19-1839.9.28）
演劇（ダンラップ, ウィリアム 1766-1839）
国小（ダンラップ 1766.2.19-1839.9.28）
集世（ダンラップ, ウィリアム 1766.2.11/19-1839.9.28）
集文（ダンラップ, ウィリアム 1766.2.11/19-1839.9.28）
新美（ダンラップ, ウィリアム 1766.2.19-1839.9.28）

Dunlop, Ronald (Ossary) 〈20世紀〉
イギリスの画家。
⇒岩ケ（ダンロップ, ロナルド（・オサリー） 1894-1973）

Dunn, Alf 〈20世紀〉
イギリス生れの画家。
⇒世芸（ダン, アルフ 1937-）

Dunnett, Dorothy 〈20世紀〉
イギリス・スコットランドの女性肖像画家。
⇒オ世（ダネット, ドロシー 1923-）
二十英（Dunnett, Dorothy 1923-2001）

Dunnington, Tom 〈20世紀〉
アメリカのイラストレーター。
⇒児イ（Dunnington, Tom ダニングトン, T.）

Du Paquier, Claudius Innocentius 〈18世紀〉
ドイツの磁器工場主。
⇒世美（デュ・パキエ, クラウディウス・インノケンティウス ?-1751）

Dupérac, Etienne 〈16・17世紀〉
フランスの建築家, 画家。
⇒西洋（デュペラク 1525頃-1604）
世美（デュペラック, エティエンヌ 1525-1604）

Duplessi-Bertaux, Jean 〈18・19世紀〉
フランスの版画家, 画家。数百もの小版画は貴重な歴史的資料。
⇒国小（デュプレシ・ベルトー 1747-1819）

Duplessis, Joseph-Siffred 〈18・19世紀〉
フランスの肖像画家。
⇒芸術（デュプレシス, ジョゼフ・シルフレード 1725-1802）
国小（デュプレシ 1725.9.22-1802.4.1）
新美（デュプレッシス, ジョゼフ・シフレッド 1725.9.22-1802.4.1）
世美（デュプレシス, ジョゼフ・シフレッド 1725-1802）

Dupont, Pierre 〈16・17世紀〉
フランスの画家, 絨緞制作家。
⇒世美（デュポン, ピエール 1560頃-1640）

Dupre, Giovanni 〈19世紀〉
イタリアの彫刻家。作品『アベル』(1842),『サッフォー』(1857)など。
⇒国小（ドゥプレ 1817.3.1-1882.1.10）
西洋（デュプレ 1817.3.1-1882.1.10）
世美（ドゥプレ, ジョヴァンニ 1817-1882）

Dupré, Jules 〈19世紀〉
フランスの風景画家。バルビゾン派に属す。代表作『嵐のあとで沈む太陽』(1851)。
⇒岩ケ（デュプレ, ジュール 1811-1889）
外国（デュプレ 1811-1889）
芸術（デュプレ, ジュール 1812-1889）
国小（デュプレ 1811.4.5-1889.10.6）
新美（デュプレ, ジュール 1811.4.5-1889.10.6）
西洋（デュプレ 1811.4.5-1889.10.6）
世西（デュプレ 1812-1889）
世美（デュプレ, ジュール 1811-1889）
世百（デュプレ 1811-1889）
全書（デュプレ 1811-1889）
大百（デュプレ 1811-1889）

Duquesnoy, François 〈16・17世紀〉
フランドル出身の彫刻家。代表作『聖アンデレ』(サン・ピエトロ大聖堂)。
⇒国小（デュケノア 1594-1643.7.12）
新美（デュケノワ, フランソワ 1594-1643.7.12）
西洋（デュケノワ 1594-1643.7.12）
世美（デュケノワ, フランソワ 1597-1643）
百科（デュケノア 1597-1643）

Duquesnoy, Hieronymus I 〈16・17世紀〉
フランドルの彫刻家。
⇒世美（デュケノワ, ヒエロニムス1世 1570頃-1641/42）

Duquesnoy, Hieronymus II 〈17世紀〉
フランドルの彫刻家。
⇒新美（デュケノワ, ジェローム 1602-1654.9.28）
世美（デュケノワ, ヒエロニムス2世 1602-

1654）

Durand, Asher Brown 〈18・19世紀〉
アメリカの画家，版画家。ハドソン川派の中心的存在。ナショナル・アカデミー・オブ・デザイン創立者の一人。
⇒岩ケ（デュランド，アッシャー・B（ブラウン）1796-1886）
　国小（デュランド　1796.8.21-1886.9.17）
　新美（デュランド，アッシャー・ブラウン　1796.8.21-1886.9.17）

Durand, Jean Nicolas Louis 〈18・19世紀〉
フランスの建築家，理論家，教育者。
⇒岩ケ（デュラン，J（ジャン）・N（ニコラ）・L（ルイ）1760-1834）
　建築（デュラン，ジャン・ニコラ・ルイ・ダヴィッド　1760-1834）
　新美（デュラン，ジャン・ニコラ・ルイ　1760.9.18-1834.12.31）
　世美（デュラン，ジャン＝ニコラ＝ルイ　1760-1834）

Durand-Ruel, Paul 〈19・20世紀〉
フランスの画商。印象主義の画家の擁護者として有名。
⇒国小（デュラン・リュエル　1831-1922）
　世美（デュラン＝リュエル，ポール　1831-1922）

Duranty, Louis Emile Edmond 〈19世紀〉
フランスの小説家，美術評論家。
⇒国小（デュランチ　1833.6.5-1880.4.10）
　集世（デュランチー，ルイ＝エドモン　1833.6.5-1880.4.10）
　集文（デュランチー，ルイ＝エドモン　1833.6.5-1880.4.10）
　世美（デュランティ，ルイ＝エドモン　1833-1880）
　世文（デュランティ，エドモン　1833-1880）
　全書（デュランチ　1833-1880）
　百科（デュランティ　1833-1880）

Dürer, Albrecht 〈15・16世紀〉
ドイツの画家，版画家，美術理論家。ドイツ・ルネサンス絵画の完成者。
⇒逸話（デューラー　1471-1528）
　岩ケ（デューラー，アルブレヒト　1471-1528）
　旺世（デューラー　1471-1528）
　外国（デューラー　1471-1528）
　科史（デューラー　1471-1528）
　角世（デューラー　1471-1528）
　キリ（デューラー，アルブレヒト　1471.5.21-1528.4.6）
　芸術（デューラー，アルブレヒト　1471-1528）
　広辞4（デューラー　1471-1528）
　広辞6（デューラー　1471-1528）
　国小（デューラー　1471.5.21-1528.4.6）
　国百（デューラー，アルブレヒト　1471.5.21-1528.4.6）
　コン2（デューラー　1471-1528）
　コン3（デューラー　1471-1528）
　新美（デューラー，アルブレヒト　1471.5.21-1528.4.6）
　人物（デューラー　1471.5.21-1528.4.6）
　数学（デューラー　1471.5.21-1528.4.6）
　数学増（デューラー　1471.5.21-1528.4.6）
　西洋（デューラー　1471.5.21-1528.4.6）
　世人（デューラー　1471-1528）
　世西（デューラー　1471.5.21-1528.4.6）
　世美（デューラー，アルブレヒト　1471-1528）
　世百（デューラー　1471-1528）
　全書（デューラー　1471-1528）
　大辞（デューラー　1471-1528）
　大辞3（デューラー　1471-1528）
　大百（デューラー　1471-1528）
　デス（デューラー　1471-1528）
　伝世（デューラー　1471.5.21-1528.4.6）
　百科（デューラー　1471-1528）
　評世（デューラー　1471-1528）
　名著（デューラー　1471-1528）
　山世（デューラー　1471-1528）
　歴史（デューラー　1471-1528）

Dürer, Hans 〈15・16世紀〉
ドイツの画家，版画家。A.デューラーの弟。
⇒西洋（デューラー　1490.2.21-1538頃）

Duret, Théodore 〈19・20世紀〉
フランスの美術評論家。主著『印象派の画家達』（1885）。
⇒新美（デュレ，テオドール　1838-1927）
　西洋（デュレ　1838-1927）
　世美（デュレ，テオドール　1838-1927）
　二十（デュレ，テオドーア　1838-1927）
　百科（デュレ　1838-1927）
　名著（デュレ　1838-1927）

Duris 〈前4・3世紀〉
古代ギリシアの歴史家，文芸批評家。エーゲ海東部のサモス島の僭主。テオプラトスの弟子。主著『歴史』『アガトクレス伝』があるほか，ホメロスなどの批評や絵画論，彫刻論も執筆した。
⇒集文（ドゥリス　前340頃-前260頃）
　新美（ドゥーリス）

Duroussy, Nathalie 〈20世紀〉
ブルキナファソ生れのイラストレーター。
⇒児イ（Duroussy, Nathalie　ドロシー，N.　1962-）

Dusart, Cornelis 〈17・18世紀〉
オランダの画家。
⇒世美（デュサルト，コルネリス　1660-1704）

Duseigneur, Jean Bernard 〈19世紀〉
フランスの彫刻家。
⇒新美（デュセニュール，ジャン・ベルナール　1808.6.23-1866.3.6）

Dusenbery, Walter 〈20世紀〉
アメリカ生れの彫刻家。
⇒世芸（ドゥセンベリー，ウオルター　1939-）

Du Sommerard, Alexandre 〈18・19世紀〉
フランスの美術研究家，蒐集家。

⇒西洋（デュ・ソムラール 1779-1842.8.19）

Dust Muhammad〈16世紀〉
ペルシアのイスラーム時代の画家，書家，美術評論家。
⇒新美（ドゥースト・ムハンマド）

Dutert, Ferdinand Charles Louis
〈19・20世紀〉
フランスの建築家。1869年ローマ賞受賞。89年鉄骨建築の傑作，パリ万国博覧会の機械館を設計。
⇒国小（デュテール 1845-1906）
　世美（デュテール，シャルル＝ルイ＝フェルディナン 1845-1906）

Dutuit, Eugène〈19世紀〉
フランスの美術収集家，美術批評家。
⇒世美（デュテュイ，ウージェーヌ 1807-1886）

Duveen, Joseph Duveen, Baron
〈19・20世紀〉
イギリスの美術収集家，美術商。
⇒岩ケ（デュヴィーン（ミルバンクの），ジョゼフ・デュヴィーン，男爵 1869-1939）
　新美（デュヴィーン，ジョーゼフ 1869.10.14-1939.3.25）
　世美（デュヴィーン，ジョーゼフ 1869-1939）
　二十（デュビーン，ジョーゼフ 1869.10.14-1939.3.25）
　ユ人（デュベーン，ジョセフ卿 1869-1939）

Duveneck, Frank〈19・20世紀〉
アメリカの画家，彫刻家，美術教育者。アメリカにヨーロッパの自然主義を移入。
⇒国小（ドゥフェネク 1848.10.9-1919.1.3）

Duvet, Jean〈15・16世紀〉
フランスの金銀細工師，版画家。
⇒新美（デュヴェ，ジャン 1485-1570頃）
　世美（デュヴェ，ジャン 1485-1561以降）
　百科（デュベ 1485-1576）

Duvidov, Viktor Aronovich〈20世紀〉
ロシアのイラストレーター。
⇒児イ（Duvidov, Viktor Aronovich ドゥヴィードフ, V.A. 1932-）

Duvoisin, Roger〈20世紀〉
アメリカの画家，児童文学者。おもな著書『幸福な詩人』『海へでた』。1948年，『白い雪，明るい雪』に挿絵を描いて，コールデコット賞を受賞。
⇒英児（Duvoisin, Roger デュボワザン, ロジャー 1904-1980）
　児イ（Duvoisin, Roger デュボワザン, R. 1904-1980）
　児童（デュブアーザン，ロジャー 1904-）
　児文（デュボアザン，ロジャー 1904-1980）
　世児（デュヴォアザン，ロジャー（・アントワーヌ） 1904-1980）
　二十（デュボアザン，ロジャー 1904-1980）

Duyster, Willem Cornelisz.〈16・17世紀〉
オランダの画家。
⇒世美（ダイステル，ウィレム・コルネリスゾーン 1598/99-1635）

Dvořák, Max〈19・20世紀〉
オーストリアの美術史学者。いわゆるウィーン学派に属し，美術史を精神史として探究。主著『ルネサンス期のイタリア美術史』（1927～28）。
⇒才西（ドゥヴォルジャーク，マックス 1874-1921）
　外国（ドヴォルジャク 1874-1921）
　キリ（ドヴォルジャーク，マックス 1874.6.14-1921.2.8）
　広辞4（ドヴォルジャーク 1874-1921）
　広辞5（ドヴォルジャーク 1874-1921）
　広辞6（ドヴォルジャーク 1874-1921）
　国小（ドボルザーク 1874.6.24-1921.2.6）
　コン2（ドヴォルザーク 1874-1921）
　コン3（ドヴォルザーク 1874-1921）
　新美（ドゥヴォルジャーク，マックス 1874.6.14-1921.2.8）
　西洋（ドヴォルザーク 1874.6.14-1921.2.8）
　世美（ドヴォルジャーク，マックス 1874-1921）
　世百（ドヴォルジャーク 1874-1921）
　全書（ドボルザーク 1874-1921）
　二十（ドボルザーク，マックス 1874.6.14-1921.2.8）
　百科（ドボルジャーク 1874-1921）
　名著（ドヴォルジャーク 1874-1921）

Dvortcsak, Michael〈20世紀〉
アメリカ生れの画家。
⇒世芸（ドボールツザーク，マイケル 1938-）

Dwight, John〈17・18世紀〉
イギリスの陶芸家。フラム磁器を制作。
⇒岩ケ（ドワイト，ジョン 1637頃-1703）
　国小（ドワイト 1637頃-1703）
　世美（ドワイト，ジョン 1635頃-1703）

Dwight, Mabel〈19・20世紀〉
アメリカの石版画家。
⇒世女日（ドワイト，メイベル 1876-?）

Dwoskin, Stephen〈20世紀〉
アメリカ・ニューヨーク生れの映像作家。
⇒世映（ドウォスキン，スティーヴン 1939-）

Dyce, William〈19世紀〉
イギリスの画家，美術教育家。40年サマセットハウスの美術学校長。
⇒岩ケ（ダイス，ウィリアム 1806-1864）
　国小（ダイス 1806.9.19-1864.2.14）
　新美（ダイス，ウィリアム 1806.9.19-1864.2.15）
　世美（ダイス，ウィリアム 1806-1864）

Dyke, John〈20世紀〉
イギリスのイラストレーター。
⇒児イ（Dyke, John ダイク, J. 1935-）

Dzhumabaev, Belek 〈20世紀〉
ロシアのイラストレーター。
⇒児イ（Dzhumabaev, Belek　ドゥジュマバーエフ, B.　1939-）

Dzierzawska, Malgorzata 〈20世紀〉
ポーランドのイラストレーター。
⇒児イ（Dzierzawska, Malgorzata　ジェルジャフスカ, M.　1955-）

【 E 】

Eakins, Thomas 〈19・20世紀〉
アメリカの画家。厳格な写実的方法で自然や人物を描いた。代表作『スカルに乗る人』(1871)。
⇒岩ケ（イーキンズ, トマス　1844-1916）
　オ西（エイキンズ, トマス　1844-1916）
　芸術（イーキンズ, トーマス　1844-1916）
　芸術（エイキンズ, トマス　1844-1916）
　国小（イーキンズ　1844.7.25-1916.6.25）
　コン2（イーキンズ　1844-1916）
　コン3（イーキンズ　1844-1916）
　新美（イーキンズ, トーマス　1844.7.25-1916.6.25）
　西洋（エーキンズ　1844.7.25-1916.6.25）
　世芸（イーキンズ, トーマス　1844-1916）
　世芸（エイキンズ, トマス　1844-1916）
　世美（エイキンズ, トマス　1844-1916）
　世百（エーキンズ　1844-1916）
　全書（イイキンズ　1844-1916）
　大百（イーキンズ　1844-1916）
　伝世（イーキンズ　1844-1916.6.25）
　二十（エーキンズ, トーマス　1844-1916）
　百科（エーキンズ　1844-1916）

Eames, Charles 〈20世紀〉
アメリカの工業デザイナー。1961年カウフマン国際デザイン大賞を受賞。
⇒岩ケ（イームズ, チャールズ　1907-1978）
　現人（イームズ　1907.6.17-）
　コン3（イームズ　1907-1978）
　新美（イームズ, チャールズ　1907.6.17-1978.8.21）
　人物（イームズ　1907-）
　西洋（イームズ　1907.6.17-1978.8.21）
　世美（イームズ, チャールズ・オーマンド　1907-1978）
　世百（イームズ　1907-）
　世百新（イームズ　1907-1978）
　大辞2（イームズ　1907-1978）
　大辞3（イームズ　1907-1978）
　大百（イームズ　1907-1978）
　伝世（イームズ　1907-1978.8.21）
　ナビ（イームズ　1907-1978）
　二十（イームズ, チャールズ　1907.6.17-1978.8.21）
　百科（イームズ　1907-1978）

Eannatum 〈前25世紀〉
シュメール王朝時代初期のラガシュ市（バビロニア）の主(patesi)。
⇒コン2（エアンナトゥム　前2450頃）
　コン3（エアンナトゥム　前2450頃）
　新美（エアンナトゥム）
　西洋（エアンナトゥム）
　統治（エアンナトゥム〔エアナトゥム〕（在位）前2454-2425）

Eardley, Joan 〈20世紀〉
イギリスの画家。
⇒岩ケ（アードリー, ジョーン　1921-1963）
　世女日（イアドレイ, ジョーン　1921-1963）

Earl, Ralph 〈18・19世紀〉
アメリカの肖像, 風景画家。当時のコネティカットの代表。
⇒国小（アール　1751-1801）

Earle, Augustus 〈18・19世紀〉
ロンドン生れの放浪画家。31年にはダーウィンらとビーグル号で航海。
⇒オセ（アール　1793-1838）
　百科（アール　1793-1838）

Earle, Eyvind 〈20世紀〉
アメリカ生れの画家。
⇒世芸（アール, アイベン　1916-）

Earle, Olive Lydia 〈19・20世紀〉
イギリスのイラストレーター。
⇒児イ（Earle, Olive Lydia　アール, O.L.　1888-）

Earlom, Richard 〈18・19世紀〉
イギリスの銅版彫刻家。レンブラントらの作品を銅版画にした。
⇒西洋（アーロム　1743/2-1822.10.9）

Early, Margaret 〈20世紀〉
オーストラリアのアーティスト。
⇒児作（Early, Margaret　アーリー, マーガレット）

East, Sir Alfred 〈19・20世紀〉
イギリスの画家, 版画家。
⇒岩ケ（イースト, サー・アルフレッド　1849-1913）

Eastlake, Charles Lock 〈19・20世紀〉
イギリスの建築家, 家具のデザイナー, 作家。
⇒岩ケ（イーストレイク, チャールズ・ロック　1836-1906）

Eastlake, Sir Charles Lock 〈18・19世紀〉
イギリスの画家。歴史画, 宗教画などを描いた。
⇒岩ケ（イーストレイク, サー・チャールズ・ロック　1793-1865）
　西洋（イーストレーク　1793.11.17-1865.12.24）
　世美（イーストレイク, チャールズ・ロック　1793-1865）

Eastman, Philip D. 〈20世紀〉
アメリカのイラストレーター，児童文学者，映画脚本家。
⇒児イ（Eastman, Philip D. イーストマン，P.D.）

Eaton, John 〈20世紀〉
カナダのイラストレーター。
⇒児イ（Eaton, John イートン，J. 1942-）

Eaton, Tom 〈20世紀〉
アメリカのイラストレーター。
⇒児イ（Eaton, Tom イートン，T.）

Eberle, Mary Abastenia 〈19・20世紀〉
アメリカの彫刻家。
⇒世女日（エバール，メアリー・アバステニア 1878-1942）

Ebersbach, Hartwig 〈20世紀〉
ドイツ生れの画家，グラフィック・アーティスト。
⇒世芸（エーバースバッハ，ハートウィグ 1940-）

Eberz, Joseph 〈19・20世紀〉
ドイツの画家。教会芸術の革新者。主作品『ガブリエル教会』。
⇒キリ（エーベルツ，ヨーゼフ 1880.6.3-1942.8.27）
　芸術（エーベルツ，ヨゼフ 1880-1942）
　西洋（エーベルツ，1880.6.3-1942.8.27）
　世芸（エーベルツ，ヨゼフ 1880-1942）

Ebhardt, Bodo 〈19・20世紀〉
ドイツの建築家。諸方の城の修復に従事した。
⇒西洋（エーブハルト 1865.1.5-1945.2.13）

Eckersberg, Kristoffer Vilhelm 〈18・19世紀〉
デンマークの画家。デンマーク画派を樹立。
⇒芸術（エッケルスベルグ 1783-1853）
　新美（エッケルスベール，クリストファー・ヴィルヘルム 1783.1.2-1853.7.22）
　西洋（エッケルスベルク 1783.1.2-1853.7.22）
　世美（エッカースベア，クリストファー・ヴィルヘルム 1783-1853）

Eckhel, Joseph Hilarius 〈18世紀〉
オーストリアの古銭学者。ヴィーン大学教授，宮廷造幣局古銭部長（1774）となり，科学者な近代古銭学を確立。
⇒西洋（エックヘル 1737.1.13-1798.5.16）
　世美（エックヘル，ヨーゼフ・ヒラリウス 1737-1798）

Eckmann, Otto 〈19・20世紀〉
ドイツの画家，工芸家。ドイツ青年派様式の首唱者で，装飾的意匠を創作（1897），エックマン活字体を創案。
⇒西洋（エックマン 1865.11.19-1902.6.11）
　世美（エックマン，オットー 1865-1902）

Edelfelt, Albert Gustav 〈19・20世紀〉
フィンランドの画家。パリに赴き（1874），フランス自然主義の影響をうけ，肖像画などを描いた。
⇒オ西（エーデルフェルト，アルベルト 1854-1905）
　新美（エーデルフェルト，アルベルト 1854.7.21-1905.8.18）
　西洋（エーデルフェルト 1854.7.21-1905.8.18）
　二十（エーデルフェルト，アルベルト 1854.7.21-1905.8.18）

Edelinck, Gérard 〈17・18世紀〉
フランドル出身のフランスの複製画家。
⇒新美（エドランク，ジェラール 1640.10.20-1707.4.2）

Edelson, Mary Beth 〈20世紀〉
アメリカ生れの女性画家，写真家。
⇒世芸（エデルソン，マリー・ベス ?-）

Eder, Karl 〈19・20世紀〉
オーストリアの歴史家（教会史，美術史）。
⇒キリ（エーダー，カール 1889.9.10-）

Edgar, Knoop 〈20世紀〉
ドイツ生れの画家。
⇒世芸（エドガー，クノープ 1936-）

Edgell, George Harold 〈19・20世紀〉
アメリカの建築学者，美術史家。キンボールと『建築史』を書き，後進に寄与。
⇒名著（エッジェル 1887-）

Edouart, Augustin-Amant-Constant-Fidèle 〈18・19世紀〉
フランスの画家，素描家。
⇒世美（エドゥアール，オーギュスタン=アマン=コンスタン=フィデル 1789-1861）

Edwards, John 〈20世紀〉
イギリス生れの画家。
⇒世芸（エドワーズ，ジョン 1938-）

Edwards, Peter 〈20世紀〉
イギリスのイラストレーター。
⇒児イ（Edwards, Peter エドワード，P.）

Edwards, Richard 〈20世紀〉
アメリカの東洋美術史学者。日本の水墨画，パキスタンの仏教美術等のほか，主に中国絵画，なかでも明清の文人画を研究。
⇒西洋（エドワーズ 1916.12.30-）

Edwards, Sylvia 〈20世紀〉
アメリカ生れの女性画家。
⇒世芸（エドワーズ，シルヴィア ?-）

Eeckhout, Gerbrand van den 〈17世

紀〉
オランダの画家。レンブラントの弟子で親友。
⇒国小（エークハウト　1621.8.19-1674.9.29）
世美（ファン・デン・エークハウト，ヘルブラント　1621-1674）

Effenberger, Theodor〈19・20世紀〉
ドイツの建築家。主作品、ベーベルヴィッツ集合住宅。
⇒西洋（エッフェンベルガー　1882.8.21-1968.3.6）

Effner, Joseph〈17・18世紀〉
ドイツの建築家。バイエルンの宮廷建築家を勤めた。
⇒建築（エフナー、ヨーゼフ　1687-1745）
国小（エフナー　1687.2.4-1745.2.23）
新美（エフナー、ヨーゼフ　1687.2.4-1745.2.23）
西洋（エッフナー　1687.2.4-1745.2.23）
世美（エッフナー、ヨーゼフ　1687-1745）

Egas, Enrique〈15・16世紀〉
スペインの建築家。
⇒建築（エガス、エンリッケ・デ　1455頃-1534頃）
新美（エガス、エンリーケ　1455頃-1534頃）
世美（エガス、エンリーケ　1455頃-1534頃）

Egas, Hanequin〈15世紀〉
フランドル出身のスペインの建築家、彫刻家。
⇒世美（エガス、アネキン　?-1494頃）

Egedius, Halfdan Johnsen〈19世紀〉
ノルウェイの画家。
⇒新美（エゲディウス、ハルフダン　1877.3.5-1899.2.2）

Egell, Paul〈17・18世紀〉
ドイツの彫刻家。主要作品はマンハイム宮殿の装飾など。
⇒芸術（エゲル、パウル　1691-1752）
国小（エゲル　1691.4.9-1752.1.10）
新美（エーグル、パウル　1691.4.9-1752.1.10）
世美（エーゲル、パウル　1691-1752）

Eggeling, Viking〈19・20世紀〉
スウェーデン生れの映画監督、画家。
⇒世映（エッゲリング、ヴィキング　1880-1925）
世美（エッゲリング、ヴィーキング　1880-1925）

Eggenhofer, Nicholas〈20世紀〉
ドイツのイラストレーター。
⇒児イ（Eggenhofer, Nicholas　エッゲンホッファー, N.）

Egger-Lienz, Albin〈19・20世紀〉
オーストリアの画家。主作品『十字架』。
⇒キリ（エッガー・リーエンツ、アルビーン　1868.1.29-1926.11.4）
西洋（エッゲル・リーンツ　1868.1.29-1926.11.4）

Eggers, Bartholomeus〈17世紀〉
オランダの彫刻家。

⇒世美（エッヘルス、バルトロメウス　1630頃-1692）

Egielski, Richard〈20世紀〉
アメリカのイラストレーター。
⇒児イ（Egielski, Richard　エギエルスキー, R.）

Egner, Thorbrørw〈20世紀〉
ノルウェーの画家、児童文学者。著書に童話『ハッケバッケ森のりす・その他の動物』(1952)、『カルデモンム町の泥棒たち』(1955)など。
⇒児イ（Egner, Thorbjorn　エグネール, T.　1912-）
児作（Egner, Thorbjorn　エグネール、トールビョールン　1912-）
児童（エグナー　1912-）
児文（エグネール、トールビョルン　1921-）
集文（エグネル、トルビョルン　1912.12.12-1990.12.24）
世児（エグネール、トールビョルン　1912-1990）
全書（エグナー　1912-）
二十（エグナー, T.　1912-）

Egorov, Aleksei Egorovich〈18・19世紀〉
ロシアの画家、素描家。
⇒世美（エゴーロフ、アレクセイ・エゴロヴィチ　1776-1851）

Ehre, Júrgen〈20世紀〉
ドイツ生れの画家。
⇒世芸（エーレ、ジョーガン　1941-）

Ehrenstrahl, David Klöcker von〈17世紀〉
スウェーデンの画家。同国の絵画の父と呼ばれる。
⇒芸術（エーレンシュトラール　1629-1698）
国小（エーレンシュトラール　1628.4.25-1698.10.23）
新美（エーレンシュトラール、ダヴィト・フォン　1629.9.23-1698.10.23）
世美（エーレンシュトラール、ダーヴィト・クレッカー・フォン　1629-1698）

Ehrlich, Bettina〈20世紀〉
オーストリアのイラストレーター。
⇒児イ（Ehrlich, Bettina　エールリッヒ, B.　1903-）

Ehrlich, Walter〈20世紀〉
ドイツの哲学者、美学者。
⇒国小（エールリヒ　1896.5.16-）
西洋（エールリヒ　1896.5.16-1968.12.26）

Eichenberg, Fritz〈20世紀〉
ドイツのイラストレーター。
⇒児イ（Eichenberg, Fritz　アイケンバーグ, F.　1901-）

Eicke, Edna〈20世紀〉
アメリカのイラストレーター。

⇒児イ（Eicke, Edna）

Eidrigevicius, Stasys〈20世紀〉
リトアニアの画家。
⇒児イ（Eidrigevicius, Stasys　エイドリゲビチュス, S.　1949–）
　世芸（アイドリゲヴィチウス　1949–）

Eiermann, Egon〈20世紀〉
ドイツの建築家。ベルリンの『ヴィルヘルム皇帝記念教会』（1959〜62）は、戦災による廃墟と新建築を共存させることによって劇的効果をもたらしたものとして有名。
⇒新美（アイアマン、エーゴン　1904.9.29–1970.7.19）
　西洋（アイエルマン　1904.9.29–1970.7.19）
　世美（アイエルマン、エゴン　1904–1970）
　二十（アイアマン、エーゴン　1904.9.29–1970.7.19）

Eiffel, Alexandre Gustave〈19・20世紀〉
フランスの建築家。『エッフェル塔』やパナマ運河の水門を設計。
⇒岩ケ（エッフェル、（アレクサンドル・）ギュスターヴ　1832–1923）
　オ西（エッフェル、ギュスターヴ　1832–1923）
　外国（エッフェル　1832–1923）
　科学（エッフェル　1832.12.15–1923.12.28）
　国小（エッフェル　1832.12.15–1923.12.28）
　コン2（エッフェル　1832–1923）
　コン3（エッフェル　1832–1923）
　新美（エッフェル、ギュスターヴ　1832.12.15–1923.12.23）
　人物（エッフェル　1832.12.15–1923.12.28）
　西洋（エッフェル　1832.12.15–1923.12.28）
　世紀（エッフェル　1832.12.15–1923.12.28）
　世西（エッフェル　1832.12.15–1923.12.28）
　世美（エッフェル、アレクサンドル＝ギュスターヴ　1832–1923）
　世百（エッフェル　1832–1923）
　全書（エッフェル　1832–1923）
　大辞（エッフェル　1832–1923）
　大辞2（エッフェル　1832–1923）
　大辞3（エッフェル　1832–1923）
　大百（エッフェル　1832–1923）
　デス（エッフェル　1832–1923）
　伝世（エッフェル　1832–1923）
　ナビ（エッフェル　1832–1923）
　二十（エッフェル、アレクサンドル・ギュスターブ　1832.12.15–1923.12.28）
　百科（エッフェル　1832–1923）
　評世（エッフェル　1832–1923）

Eigtved, Nicolai〈18世紀〉
デンマークの建築家。宮廷建築師（1735以後）。主作品『レベツァウ宮殿』（1744）。
⇒建築（エイトヴェド、ニルス　1701–1754）
　西洋（エイグトヴェト　1701.6.12–1754.6.7）
　世美（アイトヴェズ、ニコライ　1701–1754）

Eilbertus aus Köln〈12世紀〉
ドイツの金工家。ロマネスク工芸の発達に重要な役割を果す。ベルリン美術館の祭壇を制作。
⇒国小（アイルベルトゥス　生没年不詳）

世美（エイルベルトゥス　12世紀前半）

Eimers, Gustav〈19・20世紀〉
ドイツの銅版画家。ベルリン創作エッティング協会の設立者（1885）。
⇒西洋（アイメルス　1834.7.28–1911.1.24）

Einem, Herbert von〈20世紀〉
ドイツの美術史家。
⇒キリ（アイネム、ヘルベルト・フォン　1905.2.16–）

Einstein, Carl〈19・20世紀〉
ドイツの小説家、美術史家、批評家。
⇒集世（アインシュタイン、カール　1885.4.26–1940.7.5）
　集文（アインシュタイン、カール　1885.4.26–1940.7.5）

Eisen, Charles-Dominique-Joseph〈18世紀〉
フランスの画家、挿絵画家。ラ・フォンテーヌの"Contes et nouvelles"（1762）に挿絵を描いた。
⇒新美（エザン、シャルル＝ドミニック＝ジョゼフ　1720.8.17–1778.1.4）
　西洋（エイサン　1720.8.17–1778.1.4）
　世美（エザン、シャルル　1720–1778）

Eisenman, Peter〈20世紀〉
アメリカ生れの批評家。ニューヨークのIAUS（建築・都市研究所）主宰者。『オポジション』誌の編集者。
⇒二十（アイゼンマン、ピーター　1932–）

Eisenstaedt, Alfred〈20世紀〉
ドイツ生れのアメリカの写真家。1936年『ライフ』誌の報道カメラマン。
⇒岩ケ（アイゼンシュタット、アルフレート　1898–1995）
　国小（アイゼンシュテット　1898–）
　最世（アイゼンシュタット、アルフレート　1898–1995）
　新美（アイゼンスタット、アルフレッド　1898–）
　世芸（アイゼンステット、アルフレッド　1899–1969）
　世美（アイゼンスタット、アルフレッド　1898–）
　ナビ（アイゼンシュタット　1898–1995）
　二十（アイゼンスタット、アルフレッド　1898–?）

Eisner, Will〈20世紀〉
アメリカの漫画作家。
⇒岩ケ（エイスナー、ウィル　1917–）

Eitan, Ora〈20世紀〉
イスラエルのイラストレーター。
⇒児イ（Eitan, Ora　アイタン, O.）

Eitzen, Allan〈20世紀〉
アメリカのイラストレーター。
⇒児イ（Eitzen, Allan　アイツェン, A.）

Ekaterina II, Alekseevna
Romanova 〈18世紀〉
ロシアの女帝(在位1762～96)。農奴制を強化、「貴族帝国」を完成させて「大帝」の称号を得た。
⇒逸話（エカテリーナ2世　1730-1796）
　岩ケ（エカテリーナ2世　1729-1796）
　旺世（エカチェリーナ(2世)　1729-1796）
　外国（エカチェリーナ2世　1729-1796）
　角世（エカテリーナ2世　1729-1796）
　教育（カザリン二世　1729-1796）
　キリ（エカテリーナ2世・アレクセーエヴナ(大帝)　1729.5.2-1796.11.7）
　広辞4（エカテリーナ二世　1729-1796）
　広辞6（エカテリーナ二世　1729-1796）
　皇帝（エカテリーナ2世　1729-1796）
　国小（エカテリーナ二世　1729.5.2-1796.11.7）
　国百（エカテリーナ二世　1729.5.2-1796.11.7）
　コン2（エカテリーナ2世(大帝)　1729-1796）
　コン3（エカテリーナ2世　1726-1796）
　新美（エカテリーナ二世、アレクセヴナ　1729.4.21/5.2-1796.11.6/17）
　人物（エカテリナ二世　1729.5.2-1796.11.17）
　西洋（エカテリーナ二世　1729.5.2-1796.11.17）
　世女（エカテリーナ2世(エカテリーナ大帝)　1729-1796）
　世女日（エカテリーナ二世　1729-1796）
　世人（エカチェリーナ(カザリン)2世　1729-1796）
　世西（エカテリーナ二世　1729.5.2-1796.11.17）
　世百（エカチェリナ2世　1729-1796）
　全書（エカチェテリーナ二世　1729-1796）
　大辞（エカテリーナ二世　1729-1796）
　大辞3（エカテリーナ二世　1729-1796）
　大百（エカテリナ二世　1729-1796）
　中ユ（エカチェリーナ(2世)　1729-1796）
　デス（エカチェリーナ2世　1729-1796）
　伝当（エカチェリーナ2世　1729.5.2-1796.11.6露）
　統治（エカテリーナ二世、大女帝(アンハルト公家のゾフィーア)　(在位)1762-1796）
　評世（エカテリーナ2世　1729-1796）
　山世（エカチェリーナ2世　1729-1796）
　歴史（エカチェリーナ2世　1729-1796）
　ロシ（エカチェリナ(2世)　1729-1796）

Ekholm, Per 〈20世紀〉
スウェーデンのイラストレーター。
⇒児イ（Ekholm, Per　エークホルム、P.　1926-）

Eklundh, Claes 〈20世紀〉
スウェーデン生れの画家。
⇒世芸（エクルンド、クラエス　1944-）

Ekman, Fam 〈20世紀〉
スウェーデンのイラストレーター。
⇒児イ（Ekman, Fam　エクマン、F.　1946-）

Ekoomiak, Normee 〈20世紀〉
カナダのイラストレーター。
⇒児イ（Ekoomiak, Normee　エコーミャク、N.　1948-）

Elgin, Kathleen 〈20世紀〉
アメリカのイラストレーター。
⇒児イ（Elgin, Kathleen　エルジン、K.　1923-）

Elgin, Thomas Bruce, 7th Earl of Elgin and 11th Earl of Kincardine 〈18・19世紀〉
イギリス外交官、美術鑑定家。
⇒岩ケ（エルギン、トマス・ブルース、7代エルギン伯爵兼11代キンカーディン伯爵　1766-1841）

Elias, Nicolaes 〈16・17世紀〉
オランダの画家。
⇒新美（エリアス、ニコラース　1590/91-1646/56）
　世美（エリアスゾーン、ニコラース　1590頃-1653/56）

Eligius 〈6・7世紀〉
北フランスのノアイヨンの司教、金工家。鍛冶、金工師の保護聖人。
⇒キリ（エリギウス(ノワヨンの)　588頃-660.12.1）
　芸術（エリギウス　588?-659）
　国小（エリギウス　588/590-659/660）
　新美（エリギウス(聖)）
　人物（エリギウス　590-660.12.1）
　聖人（エリギウスまたはエロワ　588頃-660）
　西洋（エリギウス　590頃-660.12.1）
　世西（エリギウス　590-660）
　百科（エリギウス　588頃-660頃）

Elijah 〈前9世紀〉
ヘブライの預言者。ヤハウェ信仰を再確立。
⇒岩ケ（エリヤ　前9世紀）
　外国（エリヤ　前9世紀）
　キリ（エリヤ）
　広辞4（エリヤ）
　広辞6（エリヤ　前9世紀）
　国小（エリヤ　前9世紀）
　コン2（エリヤ(エリア)）
　コン3（エリヤ(エリア)）
　新美（エリヤ）
　人物（エリヤ　生没年不詳）
　聖書（エリヤ　前9世紀）
　聖人（エリヤとエリシャ　前9世紀）
　西洋（エリヤ　前9世紀）
　世西（エリヤ　生没年不詳）
　全書（エリヤ　前9世紀）
　大辞（エリヤ　前9世紀中頃）
　大辞3（エリヤ　前9世紀中頃）
　大百（エリア）
　デス（エリヤ　前9世紀）
　百科（エリヤ　前9世紀半ば）

Elisabet
祭司ザカリアの妻、洗礼者ヨハネの母(ルカ1)。
⇒キリ（エリサベツ(エリサベト)）
　西洋（エリザベツ）
　世美（エリサベツ(聖)）

Eliseev, Anatolij Mikhajlovich 〈20世紀〉
ロシアのイラストレーター。
⇒児イ（Eliseev, Anatolij Mikhajlovich　エリセーエフ、A.M.　1930-）

Elisseeff, Vadime 〈20世紀〉
フランスの日本研究家。日本考古学専攻。日本美術のフランスへの紹介に貢献している。
⇒西洋（エリセーエフ　1918.5.4-）
　二十（エリセーエフ, V.　1918-）

Elliott, Dennis 〈20世紀〉
イギリス生れの彫刻家。
⇒世芸（エリオット, デニス　1950-）

Elmslie, George Grant 〈19・20世紀〉
イギリス出身のアメリカの建築家。
⇒世美（エルムズリー, ジョージ・グラント　1871-1952）

Elsässer, Martin 〈19・20世紀〉
ドイツの建築家。主作品、フランクフルト大市場（1927～28）。
⇒キリ（エルゼッサー, マルティーン　1884.5.28-1957.8.5）
　西洋（エルゼッサー　1884.5.28-1957.8.5）

Elser, Johann Georg 〈20世紀〉
ヒトラー暗殺に失敗した大工、箪笥職人。
⇒ナチ（エルザー, ヨハン・ゲオルク　1903-1945）

Elsheimer, Adam 〈16・17世紀〉
ドイツの画家。主要作品は『人物のいる風景』など。
⇒岩ケ（エルスハイマー, アダム　1578-1610）
　キリ（エルスハイマー, アーダム　1578.3.18（受洗）-1610.12.11（埋葬））
　芸術（エルスハイマー, アダム　1578-1610）
　国小（エルスハイマー　1578.3.18-1610.12.11）
　コン2（エルスハイマー　1578-1610）
　コン3（エルスハイマー　1578-1610）
　新美（エルスハイマー, アーダム　1578-1610）
　西洋（エルスハイマー　1578.3.18-1610.12.11）
　世美（エルスハイマー, アダム　1578-1610）
　世百（エルスハイマー　1578-1610）
　全書（エルスハイマー　1578-1610）
　大百（エルスハイマー　1578-1610）
　百科（エルスハイマー　1578-1610）

Elsken, Ed Van der 〈20世紀〉
オランダの写真家。写真集『サンジェルマン・デ・プレの恋』で有名。
⇒広辞5（エルスケン　1925-1990）
　広辞6（エルスケン　1925-1990）

Elson, Dian 〈20世紀〉
イギリスのイラストレーター。
⇒児イ（Elson, Dian　エルスン, D.）

El Wakil, Abdel Wahed 〈20世紀〉
エジプトの建築家。
⇒二十（エル・ワキル, アブドゥル・ワヘッド　1943-）

Ely, Reginald 〈15世紀〉
イギリスの建築家。
⇒建築（イーリー, レジナルド（イーリー, レイノル）　1438-1471）
　世美（イーリー, レジナルド　15世紀）

Elzbieta 〈20世紀〉
ポーランドのイラストレーター。
⇒児イ（Elzbieta　エルズビエタ）

Emberley, Ed 〈20世紀〉
アメリカの絵本作家、児童文学作家、挿絵画家。
⇒英児（Emberley, Ed　エンバリー, エド　1931-）
　児イ（Emberley, Edward Randolf　エンバリー, E.R.　1931-）
　児作（Emberley, Edward R.　エンバリー, エド　1931-）
　児文（エンバリー, エド　1931-）
　二十（エンバリー, エド　1931-）

Embriaci, Baldassarre 〈14・15世紀〉
イタリアのインテリオー（装飾彫り）作家。
⇒世美（エンブリアーチ, バルダッサッレ　14世紀末-15世紀初頭）

Emerson, Peter Henry 〈19・20世紀〉
キューバ出身のイギリスの写真家。自然光のもとで写真を撮ることを主張。
⇒芸術（エマースン, ピーター・ヘンリー　1856-1936）
　国小（エマソン　1856-1936）
　世芸（エマースン, ピーター・ヘンリー　1856-1936）

Emery, Walter Bryan 〈20世紀〉
イギリスのエジプト古代学者。テル・エル・アマルナの発掘は有名。
⇒国小（エメリー　1903.7.2-1971.3.10）
　新美（エマリー, ウォールター・ブライアン　1903-1971）
　二十（エマリー, ウォールター・ブライアン　1903-1971）

Emett, Rowland 〈20世紀〉
イギリスの漫画家、奇妙な機械仕掛けの展示品のデザイナー。
⇒岩ケ（エメット, ローランド　1906-1990）
　最世（エメット, ローランド　1906-1990）

Emmet, Lydia 〈19・20世紀〉
アメリカの画家。
⇒世女日（エメット, リディア　1866-1952）

Emshwiller, Ed 〈20世紀〉
アメリカ生れの映像作家、アニメーション作家。
⇒世映（エムシュウィラー, エド　1925-1990）

Enckell, Knut Magnus 〈19・20世紀〉
フィンランドの画家。作品『目覚め』（1894）。
⇒西洋（エンケル　1870.11.9-1925.11.9）

Ende, Edgar 〈20世紀〉
ドイツの画家。シュールレアリスムの先駆者の一人。

⇒広辞5（エンデ　1901-1965）
広辞6（エンデ　1901-1965）

Ende, Hermann〈19・20世紀〉
ドイツの建築家。来日(1886〜91)、議事堂、司法省、裁判所等の建築設計に従事し、日本の現代建築に大きな影響を与えた。
⇒外国（エンデ　1829-1907）
国史（エンデ　1829-1907）
新美（エンデ、ヘルマン　1829.3.4-1907.8.10）
西洋（エンデ　1829.3.4-1907.8.10）
全書（エンデ　1829-1907）
ナビ（エンデ　1829-1907）
二十（エンデ、ヘルマン　1829.3.4-1907.8.10）
日人（エンデ　1829-1907）
来日（エンデ　1829-1907）

Endel, Auguste〈19・20世紀〉
ドイツの建築家、工芸家、デザイナー。
⇒オ西（エンデル、アウグスト　1871-1925）
新美（エンデル、アウグスト　1871.4.12-1925.6）
世美（エンデル、アウグスト　1871-1925）
二十（エンデル、アウグスト　1871.4.12-1925.6）
百科（エンデル　1871-1925）

Ender, Johann〈18・19世紀〉
オーストリアの画家。
⇒世美（エンダー、ヨハン　1793-1854）

Endoes, Richard〈20世紀〉
オーストリアのイラストレーター。
⇒児イ（Endoes, Richard　エアダーシュ, R.　1912-）

Endoios〈前6世紀〉
古代ギリシアの彫刻家。
⇒ギリ（エンドイオス　(活動)前530頃-500）
世美（エンドイオス　前6世紀後半）

Engebrechtsz, Cornelis〈15・16世紀〉
オランダの画家。
⇒新美（エンヘブレヒツ、コルネリス　1468-1533）
世美（エンゲブレヒツ、コルネリス　1468頃-1533）

Engel, Johann Carl Ludwig〈18・19世紀〉
フィンランドの建築家。ヘルシンキの都市計画の創案者。
⇒建築（エンゲル、カール・ルートヴィヒ　1778-1840）
西洋（エンゲル　1778.7.3-1840.5.14）

Engel, Nissan〈20世紀〉
イスラエルの画家、彫刻家。
⇒世芸（エンゲル、ニッサン　1931-）

Engelmann, Godfroy〈18・19世紀〉
フランス初期の石版刷師。
⇒新美（エンゲルマン、ゴッドフロワ　1788-1839）

Engström, Albert Laurentius Johannes〈19・20世紀〉
スウェーデンの画家、素描家、作家。
⇒集世（エングストレム、アルバート　1869.5.12-1940.11.16）
集文（エングストレム、アルバート　1869.5.12-1940.11.16）
世美（エングストレーム、アルベルト　1869-1940）

Enlart, Camille〈19・20世紀〉
フランスの考古学者。ゴチックからルネサンスにかけての建築に関する著書が多い。
⇒名著（アンラール　1862-1927）

Enright, Elizabeth〈20世紀〉
アメリカの女流児童文学作家、挿絵画家。『指ぬきの夏』(1938)でニューベリー賞を受賞。ほかに『遠ざかる湖』『土曜日』『タシンダ』など。
⇒英児（Enright, Elizabeth　エンライト、エリザベス　1909-1968）
英文（エンライト、エリザベス　1909-1968）
児作（Enright, Elizabeth　エンライト、エリザベス　1909-1968）
児童（エンライト、エリザベス　1909-）
児文（エンライト、エリザベス　1909-1968）
世児（エンライト、エリザベス　1909-1968）
二十（エンライト、エリザベス　1909-1968）

Enrique, Maestro〈13世紀〉
フランス出身の建築長。
⇒建築（エンリッケ、マエストロ　?-1277）

Ensingen, Ulrich von〈14・15世紀〉
ドイツのゴシック建築家。
⇒キリ（エンジンゲン、ウルリヒ・フォン　1350頃-1419.2.10）
建築（ウルリヒ・フォン・エンジンガー　1350頃-1419頃）
新美（エンジンゲン、ウルリヒ・フォン　1359頃-1419.2.10）
西洋（エンジンガー　1359頃-1419.2.10）
世美（エンジンゲン、ウルリヒ・フォン　1350頃-1419）
世百（エンジンゲン　1350?-1419）

Ensor, James〈19・20世紀〉
ベルギーの画家。表現主義絵画の先駆者。主作品『キリストのブリュッセル入城』。
⇒岩ケ（アンソール、ジェイムズ・(シドニー・)アンソール、男爵　1860-1949）
オ西（アンソール、ジェイムズ　1860-1949）
外国（エンソール　1860-1949）
キリ（アンソール(エンソル)、ジャム　1860.4.13-1949.11.19）
芸術（アンソール、ジェームズ　1860-1949）
広辞4（エンソール　1860-1949）
広辞5（エンソール　1860-1949）
広辞6（エンソール　1860-1949）
国小（アンソール　1860.4.13-1949.11.19）
コン2（エンソール　1860-1949）
コン3（エンソール　1860-1949）
新美（アンソール、ジェームス　1860.4.13-1949.11.19）
人物（アンソール　1860.4.13-1949.11.19）
西洋（エンソル　1860.4.13-1949.12.18）

世芸（アンソール, ジェームズ　1860-1949）
世西（アンソール　1860.4.13-1949.11.19）
世美（アンソール, ジェイムズ　1860-1949）
世百（エンソル　1860-1949）
全書（アンソール　1860-1949）
大辞（アンソール　1860-1949）
大辞2（アンソール　1860-1949）
大辞3（アンソール　1860-1949）
大百（アンソール　1860-1949）
デス（アンソール　1860-1949）
伝世（アンソール　1860.4.13-1949.11.19）
ナビ（アンソール　1860-1949）
二十（アンソール, ジャム　1860.4.13-1949.11.19）
百科（アンソール　1860-1949）

Entemena 〈前24世紀〉
シュメール王朝初期のラガシュ市（バビロニア）の主。
⇒コン2（エンテメナ　前2400頃）
　コン3（エンテメナ　前2400頃）
　新美（エンテメナ）
　西洋（エンテメナ）
　統治（エンテメナ　（在位）前2404-2375）

Enzola, Gianfrancesco 〈15世紀〉
イタリアの金銀細工師, メダル制作家。
⇒世美（エンツォーラ, ジャンフランチェスコ　15世紀後半）

Eosander, Johann Friedrich von 〈17・18世紀〉
ドイツの建築家。ベルリンの宮廷附建築師としてベルリン宮殿の増築に従事した（1707〜13）。
⇒建築（エオザンダー, ヨハン・フリードリヒ（ゲーテ男爵）　1670-1729）
　新美（エオザンダー, ヨーハン・フリードリヒ・フォン　1670頃-1729）
　西洋（エオザンデル　1670頃-1729）

Epicles 〈前6世紀〉
シラクーザ丘のアポロンの神殿の階段の最上部蹴上げに名が刻まれている石工長。
⇒建築（エピクレス　（活動）前6世紀）

Epigonos
古代ギリシアの彫刻家。
⇒新美（エピゴノス）

Epiktētos 〈前6世紀〉
古代ギリシアの陶工兼陶画家。
⇒新美（エピクテートス）
　世美（エピクテトス　（活動）前525-前500）

Epimachos 〈前4世紀〉
ギリシアの軍事建築家。
⇒世美（エピマコス　前4世紀）

Epimenes 〈前5世紀〉
ギリシアの彫玉家。
⇒世美（エピメネス　前5世紀）

Epstein, Sir Jacob 〈19・20世紀〉
イギリスの彫刻家。人物像制作を主要なテーマとする。
⇒岩ケ（エプスタイン, サー・ジェイコブ　1880-1959）
　オ西（エプスタイン, ジェイコブ　1880-1959）
　外国（エプステーン　1880-）
　キリ（エプスタイン, ジェイコブ　1880.11.10-1959.8.19）
　芸術（エプスタイン, ジャコブ　1880-1959）
　広辞4（エプスタイン　1880-1959）
　広辞5（エプスタイン　1880-1959）
　広辞6（エプスタイン　1880-1959）
　国小（エプスタイン　1880.11.10-1959.8.19）
　コン2（エプスタイン　1880-1959）
　コン3（エプスタイン　1880-1959）
　新美（エプスタイン, ジェイコブ　1880.11.10-1959.8.19）
　西洋（エプスタイン　1880.11.10-1959）
　世芸（エプスタイン, ジャコブ　1880-1959）
　世西（エプスタイン　1880-1959）
　世美（エプスタイン, ジェイコブ　1880-1959）
　世百（エプスタイン　1880-1959）
　全書（エプスタイン　1880-1959）
　大辞2（エプスタイン　1880-1959）
　大辞3（エプスタイン　1880-1959）
　デス（エプスタイン　1880-1959）
　伝世（エプスタイン　1880-1959）
　百科（エプスタイン　1880-1959）
　ユ人（エプシュタイン, サー・ジェイコブ　1880-1959）

Erard, Charles 〈16・17世紀〉
フランスの建築家, インテリア・デザイナー, 画家。
⇒建築（エラール, シャルル（老エラール（通称））　1570頃-1635）

Erdélyi János 〈19世紀〉
ハンガリーの詩人, 批評家, 民話採集者。3巻の『民謡と伝承』を編著。ヘーゲル弁証法の美学論者。
⇒集世（エルデーイ・ヤーノシュ　1814.4.1-1868.1.23）
　集文（エルデーイ・ヤーノシュ　1814.4.1-1868.1.23）

Erdmann, Kurt 〈20世紀〉
ドイツの考古学者。元・イスタンブール大学教授。
⇒新美（エーアトマン, クルト　1901.9.9-1964.9.30）
　二十（エーアトマン, クルト　1901.9.9-1964.9.30）

Erdmannsdorff, Friedrich Wilhelm von 〈18世紀〉
ドイツの建築家。ドイツ初期古典主義様式の代表。
⇒建築（エールトマンスドルフ, フリードリヒ・ヴィルヘルム・フォン　1736-1800）
　国小（エルトマンスドルフ　1736.5.18-1800.3.9）
　新美（エーアトマンスドルフ, フリードリヒ・ヴィルヘルム　1736.5.18-1800.3.9）
　西洋（エルトマンスドルフ　1736.5.18-1800.3.9）

世美（エルトマンスドルフ，フリードリヒ・ヴィルヘルム・フォン　1736-1800）

Erechtheus
ギリシア神話の伝説上のアテナイ王。
⇒コン2（エレクテウス）
新美（エレクテウス）

Erfurth, Hugo 〈19・20世紀〉
ドイツの写真家。
⇒芸術（エルフルト，フーゴー　1874-1948）
世芸（エルフルト，フーゴー　1874-1948）

Ergotimos 〈前6世紀〉
ギリシアの陶工。
⇒国小（エルゴティモス　前6世紀）
新美（エルゴティーモス）
世美（エルゴティモス　前6世紀前半）

Erhart, Gregor 〈15・16世紀〉
ドイツの彫刻家。主作品『ブラウボイエルン聖堂の祭壇』。
⇒芸術（エルハルト，グレゴール　?-1540頃）
国小（エアハルト　?-1540頃）
新美（エーアハルト，グレーゴル　1460頃-1540?）
西洋（エルハルト　?-1540/1）

Erichsen, Thorvald 〈19・20世紀〉
ノルウェーの画家。
⇒世美（エリクセン，トルヴァル　1868-1939）

Erichthonios
ギリシア神話のアテーナイの王。
⇒新美（エリクトニオス）

Erickson, Arthur Charles 〈20世紀〉
カナダの建築家。
⇒岩ケ（エリックソン，アーサー・チャールズ　1924-）
最世（エリックソン，チャールズ　1924-）

Erikson, Mel 〈20世紀〉
アメリカのイラストレーター。
⇒児イ（Erikson, Mel　エリクソン，M.）

Eriksson, Eva 〈20世紀〉
スウェーデンのイラストレーター。
⇒児イ（Eriksson, Eva　エリクソン，E.　1949-）

Erixson, Sven 〈20世紀〉
スウェーデンの芸術家。愛称エクセット（X-et）。
⇒岩ケ（エリクソン，スヴェン　1899-1970）

Erlbruch, Wolf 〈20世紀〉
ドイツの児童文学者。
⇒児イ（Erlbruch, Wolf　エァルブルッフ，W.　1948-）
児作（Erlbruch, Wolf　エァルブルッフ，ヴォルフ　1948-）

Ermolaev, Andrian Mikhajlovich
〈20世紀〉
ロシアのイラストレーター。
⇒児イ（Ermolaev, Andrian Mikhajlovich　エルマラーエフ，A.M.　1900-）

Erni, Hans 〈20世紀〉
スイスの画家，印刷美術家。1939年チューリヒの博覧会で壁画『スイス・憩いの国』を制作。
⇒国小（エルニ　1909.2.21-）
新美（エルニ，ハンス　1909.2.21-）
世芸（エルニ，ハンス　1909-1978）
世美（エルニ，ハンス　1909-）
世印（エルニ　1909-）
全書（エルニ　1901-）
大百（エルニ　1909-）
二十（エルニ，ハンス　1909.2.21-）

Ernst, Jimmy 〈20世紀〉
ドイツ出身のアメリカの画家。マックス・エルンストの子。
⇒国小（エルンスト　1920-）

Ernst, Max 〈20世紀〉
フランスの画家。「コラージュ」の技法，「フロッタージュ」の技法の開発など多彩で独創的な活動を展開した。
⇒岩ケ（エルンスト，マックス（マクシミリアン）　1891-1976）
才西（エルンスト，マックス　1891-1976）
外国（エルンスト　1891-）
キリ（エルンスト，マックス　1891.4.2-1976.4.1）
現人（エルンスト　1891.4.2-1976.4.1）
幻想（エルンスト，マックス　1891-1975）
広辞5（エルンスト　1891-1976）
広辞6（エルンスト　1891-1976）
国小（エルンスト　1891.4.2-）
コン3（エルンスト　1891-1976）
新美（エルンスト，マックス　1891.4.2-1976.4.1）
人物（エルンスト　1891.4.2-）
西洋（エルンスト　1891.4.2-1976.4.1）
世芸（エルンスト，マックス　1891-1976）
世人（エルンスト　1891-1976）
世西（エルンスト　1891-）
世美（エルンスト，マックス　1891-1976）
世百（エルンスト　1891-）
世百新（エルンスト　1891-1976）
全書（エルンスト　1891-1976）
大辞2（エルンスト　1891-1976）
大辞3（エルンスト　1891-1976）
大百（エルンスト　1891-1976）
伝世（エルンスト　1891.4.2-1976.4.1）
ナビ（エルンスト　1891-1976）
二十（エルンスト，マックス　1891.4.2-1976.4.1）
百科（エルンスト　1891-1976）

Erró, Gudmundur Gudmundsson 〈20世紀〉
アイスランドの画家。
⇒新美（エロ，グドムンドゥル　1932.7.19-）
世芸（エロ，ガドマンダール・ガドマンゾ　1932-）
大辞3（エロ　1932-）

二十（エロ，グドムンドゥル・G. 1932.7.19–）

Erskine, Ralph 〈20世紀〉
イギリス生れの建築家。ニューキャッスルの再開発計画で賞賛を得る。
⇒二十（アースキン，ラルフ 1914–）

Erté 〈20世紀〉
ソ連の画家，舞台衣装デザイナー。
⇒世美（エルテ 1892–）
二十（エルテ 1892–?）

Erwin von Steinbach 〈13・14世紀〉
ドイツの建築家。
⇒建築（エルヴィン・フォン・シュタインバッハ ?–1318）
西洋（エルヴィン 1244頃–1318）
世美（エルヴィン・フォン・シュタインバッハ 1244頃–1318）

Esaias 〈前8世紀〉
旧約三大預言者の一人（旧約）。王ウジヤの死んだ年（前742）にエルサレム神殿で預言者として召命を受けた。
⇒キリ（イザヤ）
新美（イザヤ）

Escalante, Juan Antonio de Frias y 〈17世紀〉
スペインの画家。
⇒新美（エスカランテ，ホアン・アントニオ・デ・フリアス・イ 1630–1670）
世美（エスカランテ，フアン・アントニオ・デ・フリアス・イ 1633–1670）

Escher, Mauris Cornelis 〈20世紀〉
オランダのグラフィック・アーティスト。
⇒オ西（エッシャー，マウリッツ・コルネリス 1898–1972）
広辞5（エッシャー 1898–1972）
広辞6（エッシャー 1898–1972）
新美（エッシャー，モーリス 1898.6.17–1972.3.27）
全書（エッシャー 1898–1972）
大辞2（エッシャー 1898–1972）
大辞3（エッシャー 1898–1972）
二十（エッシャー，モーリス・C. 1898.6.17–1972.3.27）

Escobar, Marisol 〈20世紀〉
アメリカで活躍するベネズエラの女流彫刻家。『アセンブリッジの芸術』展に出品し，木を素材とした立体作品で知られるようになる。
⇒全書（エスコバル 1930–）
二十（エスコバル，M. 1930–）

Esdaile, Katharine 〈19・20世紀〉
イギリスの美術史家。
⇒世女日（エズデイル，カサリン 1881–1950）

Eseler, Niclaus 〈15世紀〉
石工，建築家。
⇒建築（エッセラー，ニクラウス（老エッセラー（通称）） ?–1482）

Esquivel, Adolfo Pérez 〈20世紀〉
アルゼンチンの平和運動家，彫刻家。1980年ノーベル平和賞。
⇒キリ（エスキベル，アドルフォ・ペレス 1931.11.26–）
最世（エスキベル，A.ペレス 1931–）
二十（エスキベル，アドルフォ・ペレス 1931–）
ノベ（エスキベル，A.P. 1931.11.26–）

Esquivel, Antonio María y Suárez de Urbina 〈19世紀〉
スペインの画家。
⇒新美（エスキベール，アントニオ・マリーア 1806.3.8–1857.4.9）

Esser, Max 〈19・20世紀〉
ドイツの彫刻家。マイセンの陶器工場のために雛型を作った。
⇒西洋（エッサー 1885.5.16–1945.12.23）

Estēr 〈前5世紀〉
ユダヤの女。ペルシア王アハシュエロスの妃（旧約）。
⇒岩ケ（エステル 前5世紀）
コン2（エステル）
コン3（エステル）
新美（エステル）
聖書（エステル）
西洋（エステル）
世女日（エステル）
世美（エステル）
百科（エステル）

Estes, Richard 〈20世紀〉
アメリカの画家。「ハイパー・リアリズム」を代表する作家。
⇒岩ケ（エスティーズ，リチャード 1932–）
最世（エスティーズ，リチャード 1932–）
世芸（エステス，リチャード 1932–）
全書（エステス 1936–）
二十（エステス，リチャード 1936–）

Estève, Maurice 〈20世紀〉
フランスの抽象画家。パリ万国博覧会の航空館と鉄道館の装飾を手がけた。
⇒オ西（エステーヴ，モーリス 1904–）
国小（エステーブ 1904–）
新美（エステーヴ，モーリス 1904.5.2–）
人物（エステーブ 1904–）
二十（エステーヴ，モーリス 1904.5.2–）

Esteve-Coll, *Dame Elizabeth* 〈20世紀〉
イギリスの大学副学長，美術館長。
⇒世女（エスティヴ＝コル，エリザベス 1938–）

Esteve y Marqués, Agustín 〈18・19世紀〉
スペインの画家。
⇒新美（エステーベ・イ・マルケース，アグスティン 1753.5.12–1820）

Estrada, Adolfo 〈20世紀〉
アメリカ生れの画家。
⇒世芸（エストラーダ, アドルフ　1927-）

Etex, Antoine 〈19世紀〉
フランスの彫刻家, 画家, 建築家。作品中にナポレオン1世の墓, 革命（1848）記念碑などがある。
⇒西洋（エテクス　1808.3.20-1888.7.14）

Etienne-Martin 〈20世紀〉
フランスの彫刻家。神秘感にみちた作風。
⇒西洋（エティエンヌ・マルタン　1913.2.4-）

Ets, Marie Hall 〈20世紀〉
アメリカの絵本作家, 挿絵画家。
⇒英児（Ets, Marie Hall　エッツ, マリー・ホール　1893-1984）
　児イ（Ets, Marie Hall　エッツ, M.H.　1895-）
　児文（エッツ, マリー・ホール　1895-1984）
　スパ（エッツ, マリー・ホール　1895-）
　世児（エッツ, マリー・ホール　1893-1984）
　世女日（エッツ, マリー・ホール　1903-1984）
　全書（エッツ　1895-）
　二十（エッツ, マリー・ホール　1895-1984）

Ettinger, Bracha 〈20世紀〉
イスラエル生れの画家。
⇒世芸（エティンガー, ブラチャ　?-）

Ettinghausen, Richard 〈20世紀〉
ドイツ生れのイスラム美術史学者。
⇒世百新（エッティングハウゼン　1906-1979）
　二十（エッティングハウゼン, リチャード　1906-1979）
　百科（エッティングハウゼン　1906-1979）

Ettlinger, Max 〈19・20世紀〉
ドイツの心理学者, 美学者。主著"Untersuchungen uber die Bedeutung der Deszendenztheorie für die Psychologie"（1903）。
⇒西洋（エットリンガー　1877.1.30-1929.10.12）

Etty, William 〈18・19世紀〉
イギリスの画家。裸体画家として有名。
⇒岩ケ（エティー, ウィリアム　1787-1849）
　芸術（エッティ, ウィリアム　1787-1849）
　国小（エッティ　1787.3.10-1849.11.13）
　新美（エッティ, ウィリアム　1787.3.10-1849.11.13）
　西洋（エッティ　1787.3.10-1849.11.13）
　世西（エッティ　1787.3.10-1849.11.13）
　世美（エッティ, ウィリアム　1787-1849）
　大百（エティ　1787-1849）

Euainetos 〈前5世紀〉
ギリシアの貨幣彫刻家。
⇒世美（エウアイネトス　（活動）前5世紀末）

Euboulides 〈前2世紀〉
古代ギリシアの彫刻家。
⇒ギリ（エウブリデス（小）（活動）前140頃-120）

Eudes de Metz 〈9世紀〉
カロリング朝時代の建築家。アーヘンにあるシャルルマーニュの宮廷礼拝堂の建設をした。
⇒建築（オド・ド・メッツ　（活動）800頃）

Eudes de Montreuil 〈13世紀〉
フランスの建築家, 彫刻家。
⇒キリ（ユード・ド・モントルイユ　1220頃-1289）
　国小（モントロー　?-1289）
　西洋（ユード・ド・モントルイユ　1220頃-1289）
　世美（ウード・ド・モントルイユ　1220頃-1289）

Eugen, Printz 〈19・20世紀〉
スウェーデンの画家。
⇒新美（ユーシェン, プリンス　1865.8.1-1947.8.17）
　二十（ユージェン, プリンス　1865.8.1-1947.8.17）

Eukleidas 〈前5世紀〉
ギリシアの貨幣彫刻家。
⇒世美（エウクレイダス　前5世紀）

Eukleidēs 〈前4・3世紀頃〉
ギリシアの彫刻家。
⇒西洋（エウクレイデス　前4世紀）
　世美（エウクレイデス　前3世紀）

Eupalinos 〈前6世紀〉
ギリシアの建築家。
⇒科学（エウパリヌス　（活躍）前6世紀頃）
　科技（エウパリヌス）
　建築（エウパリヌス　（活動）前6世紀）
　世美（エウパリノス　前6世紀後半）
　全書（エウパリノス（メガラの）　生没年不詳）
　大百（エウパリノス（メガラの）　?-前522）

Euphranōr 〈前4世紀〉
ギリシアの画家, 彫刻家, 美術理論家。
⇒岩ケ（エウフラノル　前4世紀）
　ギリ（エウフラノル　（活動）前360頃-330）
　芸術（エウフラノル）
　国小（エウフラノル　生没年不詳）
　新美（エウフラーノール）
　西洋（エウフラノル　前4世紀頃）
　世美（エウフラノル　前4世紀）

Euphronios 〈前6・5世紀〉
ギリシアの陶工, 陶画家。作品『ヘラクレスとアンタイオス』。
⇒岩ケ（エウフロニオス　前520頃-前470）
　ギリ（エウフロニオス　（活動）前520頃-500）
　芸術（エウフロニオス　前510-前470）
　国小（エウフロニオス　生没年不詳）
　新美（エウフロニオス）
　西洋（エウフロニオス　前6/5世紀）
　世美（エウフロニオス　（活動）前510-前470頃）
　百科（エウフロニオス　（活躍）前6世紀頃）

Eupolemos 〈前5世紀〉
ギリシアの建築家。
⇒世美（エウポレモス　前5世紀末）

Eurōpē
ギリシア神話の女性。テュロス王の娘。のちクレタ王妃。白い牡牛に姿をかえたゼウスにさらわれ、ミノス・ラダマンテス・サルペドンを生む。
⇒新美（エウローペー）
　全書（エウロペ）
　大辞（エウロペ）

Eusebio da San Giorgio 〈15・16世紀〉
イタリアの画家。
⇒世美（エウゼービオ・ダ・サン・ジョルジョ　1465頃-1540以降）

Eusebios of Caesarea 〈3・4世紀〉
神学者。キリスト教界最初の教会史の父と呼ばれる。主著『年代記』『教会史』『コンスタンチヌス伝』。
⇒岩ケ（エウセビオス（カエサレアの）　264頃-340）
　岩哲（エウセビオス（カイサレアの）　260/65-339/40）
　旺世（エウセビオス　260頃-339）
　外国（エウセビオス（カイサレアの）　260頃-340頃）
　角世（エウセビオス　260/265-339）
　教育（エウセビオス　265-340?）
　キリ（エウセビオス（カイサリアの）　260-339/340.5.30）
　国小（エウセビオス（カイザリアの）　260/5-339.5.30）
　コン2（エウセビオス（カエサレアの）　260頃-339頃）
　コン3（エウセビオス（カエサレアの）　260頃-339頃）
　集世（エウセビオス（カイサレアの）　260頃-340頃）
　集文（エウセビオス（カイサレアの）　260頃-340頃）
　新美（エウセビオス（カイサレアの）　263頃-339）
　人物（エウセビオス　263頃-339.5.30）
　西洋（エウセビオス（カエサレアの）　263頃-339.5.30）
　世人（エウセビオス　260頃-339頃）
　世西（エウセビオス　266頃-340）
　世百（エウセビオス　260頃-340頃）
　世文（エウゼビオス　263-339）
　全書（エウセビオス　263-339）
　大辞（エウセビオス　260頃-339頃）
　大辞3（エウセビオス　260頃-339頃）
　大百（エウセビウス　263-339）
　デス（エウセビオス（カイザリアの）　260頃-339頃）
　百科（エウセビオス（カエサレアの）　260頃-339頃）
　評世（エウセビオス　260頃-339頃）
　名著（エウセビオス　263/5-339/40）
　山世（エウセビオス　260?-339）
　歴学（エウセビオス（カイサリアの）　260-339/40）
　ロマ（エウセビオス（カイサレアの）　260-340頃）

Eustachius 〈1・2世紀〉
トラヤヌス帝時代のローマの将軍。十四救難聖人の一人。
⇒キリ（エウスターキウス）
　国小（エウスタキウス）
　新美（エウスタキウス（聖））
　聖人（エウスタキウス　生没年不詳）
　西洋（エウスタキウス　?-118）
　百科（エウスタキウス　生没年不詳）

Euthychios
ギリシア人画家。マケドニアとセルビアの両地方を中心に活躍した。
⇒新美（エウテュキオス）

Euthykrates 〈前3世紀〉
ギリシアの彫刻家。
⇒世美（エウテュクラテス　（活動）前3世紀初頭）

Euthymides 〈前6・5世紀〉
ギリシアの壺絵画家。
⇒岩ケ（エウテュミデス　前6世紀-前5世紀）
　新美（エウテューミデース）
　世美（エウテュミデス　（活動）前6世紀末）
　百科（エウテュミデス　（活躍）前6世紀末-前5世紀初）

Eutychidēs 〈前4・3世紀〉
ギリシアの彫刻家（前300年頃）。代表作『テューケー像』。
⇒芸術（エウティキデス）
　国小（エウテュキデス　生没年不詳）
　コン2（エウテュキデス　前3世紀）
　西洋（エウテュキデス　前3世紀）
　世美（エウテュキデス　（活動）前4世紀末-前3世紀初頭）

Evangelista di Pian di Meleto 〈15・16世紀〉
イタリアの画家。
⇒世美（エヴァンジェリスタ・ディ・ピアン・ディ・メレート　1458-1549）

Evans, Anne 〈19・20世紀〉
アメリカの美術家。
⇒世女日（エヴァンス，アン　1871-1941）

Evans, Sir Arthur John 〈19・20世紀〉
イギリスの考古学者。クレタ文明の解明に貢献。
⇒岩ケ（エヴァンズ，サー・アーサー（・ジョン）　1851-1941）
　旺世（エヴァンズ　1851-1941）
　外国（エヴァンズ　1851-1940）
　科学（エヴァンズ　1851.7.8-1941.7.11）
　広辞4（エヴァンズ　1851-1941）
　広辞5（エヴァンズ　1851-1941）
　広辞6（エヴァンズ　1851-1941）
　国小（エバンズ　1851.7.8-1941.7.11）
　コン2（エヴァンズ　1851-1941）
　コン3（エヴァンズ　1851-1941）
　新美（エヴァンズ，アーサー　1851.7.8-1941.7.11）
　人物（エバンズ　1851.7.8-1941.7.11）
　西洋（エヴァンズ　1851.7.8-1941.7.11）
　世人（エヴァンズ　1851-1941）

世西（エヴァンス 1851.7.5-1941.7.11）
世美（エヴァンズ, アーサー・ジョン 1851–1941）
世百（エバンズ 1851–1941）
全書（エバンズ 1851–1941）
大辞（エバンズ 1851–1941）
大辞2（エバンズ 1851–1941）
大辞3（エバンズ 1851–1941）
大百（エバンズ 1851–1941）
デス（エバンズ 1851–1941）
伝世（エヴァンズ 1851.7.8–1941）
ナビ（エバンズ 1851–1941）
二十（エバンズ, アーサー・ジョン 1851.7.8–1941.7.11）
百科（エバンズ 1851–1941）
評世（エヴァンズ 1851–1941）
名著（エヴァンズ 1851–1941）
山世（エヴァンズ 1851–1941）
歴学（エヴァンズ 1851–1941）
歴史（エヴァンズ 1851–1941）

Evans, Edmund〈19・20世紀〉
イギリスの彫刻家, 出版企画・印刷家。
⇒児文（エバンズ, エドマンド 1826–1905）
世児（エヴァンズ, エドマンド 1826–1905）
二十（エバンズ, エドマンド 1826–1905）

Evans, Frederick Henry〈19・20世紀〉
イギリスの写真家。
⇒岩ケ（エヴァンズ, フレデリック・ヘンリー 1853–1943）

Evans, Merlyn〈20世紀〉
イギリスの画家。
⇒岩ケ（エヴァンズ, マーリン 1910–1973）

Evans, Tony〈20世紀〉
アメリカ生れの画家。
⇒世芸（エバンス, トニー 1938–）

Evans, Walker〈20世紀〉
アメリカの写真家。事物を直視したその表現は今日でも高く評価されている。
⇒アメ（エバンズ 1903–1975）
岩ケ（エヴァンズ, ウォーカー 1903–1975）
現人（エバンズ 1903.11.3–1975.4.10）
コン3（エヴァンズ 1903–1975）
新美（エヴァンズ, ウォーカー 1903.11.3–）
人物（エバンスウォーカー 1903–）
世百新（エバンズ 1903–1975）
全書（エバンズ 1903–1975）
大辞2（エバンズ 1903–1975）
大辞3（エバンズ 1903–1975）
百科（エバンズ 1903–1975）

Eve
人類の始祖アダムの妻。カイン, アベル, セトの母（創世記）。
⇒キリ（エバ）
広辞4（イヴ）
国小（イブ）
コン2（エヴァ）
人物（イブ）
西洋（エバ）
世西（イヴ（エヴァ））
世美（エヴァ）
全書（イブ）
大辞（イブ）
大辞（エバ）
大百（イブ）

Evein, Bernard〈20世紀〉
フランス生れの映画美術監督。
⇒世映（エヴァン, ベルナール 1929–）
世俳（ウーヴェン, ベルナール 1929.1.5–2006.8.8）

Evelyn, John〈17・18世紀〉
イギリスの芸術愛好家。『彫刻論』(1662),『林学研究』(1664)などを著す。
⇒イ哲（イヴリン, J. 1620–1706）
イ文（Evelyn, John 1620–1706）
岩ケ（イーヴリン, ジョン 1620–1706）
英米（Evelyn, John イーヴリン 1620–1706）
教育（イーヴリン 1620–1706）
キリ（イーヴリン, ジョン 1620.10.31–1706.2.27）
国小（イーブリン 1620.10.31–1706.2.21）
集世（イーヴリン, ジョン 1620.10.31–1706.2.27）
集文（イーヴリン, ジョン 1620.10.31–1706.2.27）
西洋（イーヴリン 1620.10.31–1706.2.27）
世文（イーヴリン, ジョン 1620–1706）
全書（イーブリン 1620–1706）
大百（イーブリン 1620–1706）
百科（イーブリン 1620–1706）

Evenepoel, Henri-Jacques-Édouard〈19世紀〉
ベルギーの画家。
⇒世美（エヴァンプール, アンリ＝ジャック＝エドゥアール 1872–1899）

Everdingen, Allart van〈17世紀〉
オランダの風景画家, エッチング師。
⇒岩ケ（エフェルディンヘン, アラルト・ファン 1621–1675）
芸術（エヴルディンゲン, アラルト・ヴァン 1621–1675）
国小（エフェルディンゲン 1621–1675）
新美（エーフェルディンヘン, アラールト・ファン 1621.6–1675.11）
西洋（エフェルディンゲン 1621.6.18–1675.11.8）

Évrard d'Orléans〈13・14世紀〉
フランスの画家, 彫刻家, 建築家。
⇒世美（エヴラール・ドルレアン 1270頃–1357頃）

Ewonwu, Benedict Chuka〈20世紀〉
ナイジェリアの彫刻家, 画家。ナイジェリアの芸術家として, はじめて国際的な評価を得た。
⇒伝世（エウォンウ 1921–）

Eworth, Hans〈16世紀〉
フランドル出身のイギリスの肖像画家。
⇒岩ケ（エヴォルト, ハンス 1520頃–1573以後）
国小（エワース 1515頃–1573以後）

世美（イワース, ハンス　16世紀）

Exekias〈前6世紀〉
ギリシアの陶工，陶画家。主作品『将棋をさすアキレウスとアイアス』。
⇒岩ケ（エクセキアス　前550頃-前525）
　ギリ（エクセキアス　（活動）前550頃-530）
　国小（エクセキアース　生没年不詳）
　新美（エクセーキアース）
　西洋（エクセキアス　前6世紀）
　世美（エクセキアス　（活動）前550-前525）

Exner, Christian Friedrich〈18世紀〉
ドイツの建築家。
⇒世美（エクスナー, クリスティアン・フリードリヒ　1718-1798）

Exter, Aleksandra〈19・20世紀〉
ロシアの女性画家，舞台美術家，衣装デザイナー。
⇒世美（エクステル, アレクサンドラ　1882-1949）

Eysen, Louis〈19世紀〉
ドイツの画家，木版画家。ティロルの風景を描き頗る情趣に富んでいる。
⇒西洋（アイゼン　1843.11.23-1899.7.21）
　世女（エクステル, アレクサンドラ・アレクサンドロヴナ　1882-1949）
　世女日（エクスター, アレクサンドラ　1882-1949）
　ロシ（エクステル　1882-1949）

Ezekiel〈前6世紀〉
バビロン捕囚時代の預言者。
⇒岩ケ（エゼキエル　前6世紀初め）
　旺世（エゼキエル　生没年不詳）
　外国（エゼキエル　前6世紀）
　角世（エゼキエル　前6世紀）
　国小（エゼキエル）
　コン2（エゼキエル　前6世紀）
　コン3（エゼキエル　前6世紀）
　新美（エゼキエル）
　人物（エゼキエル　生没年不詳）
　聖書（エゼキエル）
　西洋（エゼキエル　前6世紀）
　世西（エゼキエル　?-前578）
　世美（エゼキエル）
　世百（エゼキエル）
　全書（エゼキエル）
　大辞（エゼキエル　前6世紀前半）
　大辞3（エゼキエル　前6世紀前半）
　大百（エゼキエル）
　伝世（エゼキエル　前6世紀頃）
　百科（エゼキエル）
　山世（エゼキエル）

Ezekiel, Moses Jacob〈19・20世紀〉
アメリカの彫刻家。聖書および古代神話に取材した作品および胸像を制作。
⇒キリ（エゼキエル, モージス・ジェイコブ　1844.10.28-1917.3.27）
　西洋（エゼキエル　1844.10.28-1917.3.27）

【 F 】

Fabbri, Agenore〈20世紀〉
イタリア生れの彫刻家。
⇒世芸（ファッブリ, アゲノレ　1911-）

Fabergé, Peter Carl〈19・20世紀〉
ロシアの金工家。金細工による精巧な動物，人物，草花などを制作。
⇒岩ケ（ファベルジェ, ピーター・カール　1846-1920）
　国小（ファベルジェ　1846-1920）

Fab Five Freddy〈20世紀〉
アメリカのグラフィティ・アーティスト，ラップ歌手。
⇒ア事（ファブ・ファイブ・フレディ　1959-）
　世俳（フレディ, ファブ・ファイヴ　1959-）
　ヒ人（ファブ・ファイヴ・フレディ　1959-）

Fabiani, Max〈19・20世紀〉
イタリアの建築家，都市計画家。
⇒世美（ファビアーニ, マックス　1865-1962）

Fabius, Pictor〈前3世紀〉
ローマの画家。
⇒芸術（ファビウス, ピクトル　前300頃-前）

Fabius Pictor, Quintus〈前3世紀〉
ローマ共和政盛期の政治家。ローマ最古の歴史家としてとくに有名。
⇒外国（ファビウス・ピクトル　前3世紀）
　国小（ファビウス・ピクトル, クインツス　前3世紀）
　新美（ファビウス・ピクトル）
　世美（ファビウス・ピクトル, カイウス　前4世紀-前3世紀）
　百科（ファビウス・ピクトル　（活躍）前3世紀-前2世紀）

Fabre, François-Xavier-Pascal〈18・19世紀〉
フランスの画家。
⇒世美（ファーブル, フランソワ＝グザヴィエ＝パスカル　1766-1837）

Fabres, Oscar〈20世紀〉
チリのイラストレーター。
⇒児イ（Fabres, Oscar　ファーバース, O.　1900-）

Fabretti, Raffaele〈17世紀〉
イタリアの考古学者，古代研究家。
⇒世美（ファブレッティ, ラッファエーレ　1618-1700）

Fabris, Giuseppe 〈18・19世紀〉
イタリアの彫刻家。
⇒世美（ファブリス, ジュゼッペ 1790-1860）

Fabritius, Barend 〈17世紀〉
オランダの画家。
⇒新美（ファブリティウス, バレント 1624-1673）
世美（ファブリツィウス, バーレント 1624-1673）

Fabritius, Carel 〈17世紀〉
オランダの画家。代表作『ひわ』(1654)。
⇒岩ケ（ファブリティウス, カレル 1624頃-1654）
芸術（ファブリティウス, カレル 1620頃-1654）
国小（ファブリティウス 1622.2.27-1654.10.12）
新美（ファブリティウス, カレル 1620頃-1654.10.12）
西洋（ファブリティウス 1620/4-1654.10.12）
世美（ファブリツィウス, カーレル 1622-1654）
百科（ファブリティウス 1622-1654）

Fabro, Luciano 〈20世紀〉
イタリアの前衛美術家。
⇒世美（ファブロ, ルチャーノ 1938-）

Fabullus 〈1世紀〉
古代ローマの画家。
⇒新美（ファブルス）
世美（ファブルス 1世紀）

Facchini, Pietro 〈16・17世紀〉
イタリアの画家。
⇒世美（ファッチーニ, ピエトロ 1562頃-1602）

Fagan, Robert 〈18・19世紀〉
イギリスの画家, 考古学者。
⇒世美（フェイガン, ロバート 1761-1816）

Fahlström, Oyvind 〈20世紀〉
スウェーデンの画家。
⇒新美（ファールシュトレーム, オイヴィント 1928.10.23-1976.11）
二十（ファールシュトレーム, オイヴィント 1928.10.23-1976.11）
美術（ファールシュトレーム, オイヴィンド 1928-）

Fahrenkamp, Emil 〈19・20世紀〉
ドイツの建築家。デュッセルドルフ工芸学校教授, 同地美術学校研究科教授（1945）。
⇒西洋（ファーレンカンプ 1885.11.8-1966.5.24）
世美（ファーレンカンプ, エーミル 1885-1966）

Faidherbe, Lucas 〈17世紀〉
フランドルの彫刻家, 建築家。バロック風のはなやかな作風をもつ。
⇒芸術（ファイデルベ, ルカス 1617-1697）
国小（フェイデルプ 1617-1697）

Fair, Sylvia 〈20世紀〉
イギリスのイラストレーター。
⇒児イ（Fair, Sylvia フェア, S. 1933-）

Fairbairn, Sir William 〈18・19世紀〉
イギリスの技術家。錬鉄, 鋳鉄を造船, 橋梁建築に応用。
⇒岩ケ（フェアベアン, サー・ウィリアム 1789-1874）
国小（フェアベアン 1789.2.19-1874.8.18）
コン2（フェアベアン 1789-1874）
コン3（フェアベアン 1789-1874）
西美（フェアベアン 1789.2.19-1874.8.18）
世科（フェアベアン 1789-1874）
世百（フェアベアン 1789-1874）
百科（フェアベアン 1789-1874）

Fairholt, Frederick William 〈19世紀〉
イギリスの木版画家, 好古研究家。幼にして画才を発揮し, 20代より版画に転向して, 挿絵に名声を博した。
⇒名著（フェアホルト 1814-1866）

Fairweather, Ian 〈20世紀〉
イギリスの画家。
⇒岩ケ（フェアウェザー, イアン 1891-1974）

Faistauer, Anton 〈19・20世紀〉
オーストリアの画家。
⇒世美（ファイスタウアー, アントン 1887-1930）

Faistenberger, Andreas 〈17・18世紀〉
ドイツの彫刻家。
⇒世美（ファイステンベルガー, アンドレアス 1647-1735）

Faistenberger, Anton 〈17・18世紀〉
ドイツの画家。
⇒世美（ファイステンベルガー, アントン 1663-1708）

Faistenberger, Joseph 〈17・18世紀〉
ドイツの画家。
⇒世美（ファイステンベルガー, ヨーゼフ 1675-1724）

Faistenberger, Simon Benedikt 〈17・18世紀〉
ドイツの画家。
⇒世美（ファイステンベルガー, ジーモン・ベネディクト 1695-1759）

Faithorne, William 〈17世紀〉
イギリスの素描家。
⇒世美（フェイソーン, ウィリアム 1616頃-1691）

Falco, Joaquim 〈20世紀〉
スペイン生れの画家。
⇒世芸（ファルコ, ホーキン 1958-）

Falcone, Aniello 〈17世紀〉
イタリアの画家。ナポリ聖堂の『エジプトへの逃避』(1641)などを制作。
⇒国小（ファルコーネ 1600-1665）
世美（ファルコーネ, アニエッロ 1600-1656）

Falcone, Bernardo 〈17世紀〉
イタリアの彫刻家。
⇒世美（ファルコーネ，ベルナルド　17世紀）

Falcone, Silvio 〈15・16世紀〉
イタリアの建築家，インターリオ（装飾彫り）作家。
⇒世美（ファルコーネ，シルヴィオ　1468-1535）

Falconet, Étienne-Maurice 〈18世紀〉
フランスの彫刻家。セーブル王立陶器製作所監督として，繊細で優雅な作風を確立。
⇒岩ケ（ファルコネ，エティエンヌ・モーリス　1716-1791）
　芸術（ファルコネ，エティエンヌ・モーリス　1716-1791）
　国小（ファルコネ　1716.12.1-1791.1.24）
　コン2（ファルコネ　1716-1791）
　コン3（ファルコネ　1716-1791）
　新美（ファルコネ，エティエンヌ　1716.12.1-1791.1.24）
　人物（ファルコネ　1716.12.1-1791.1.24）
　西洋（ファルコネ　1716.12.1-1791.1.24）
　世美（ファルコネ，エティエンヌ＝モーリス　1716-1791）
　世百（ファルコネ　1716-1791）
　全書（ファルコネ　1716-1791）
　大百（ファルコネ　1716-1791）
　伝世（ファルコネ　1716.12.1-1791.1.24）
　百科（ファルコネ　1716-1791）

Falconetto, Giovanni Maria 〈15・16世紀〉
イタリアの画家，建築家。
⇒建築（ファルコネット，ジョヴァンニ・マリア　1468-1534）
　世美（ファルコネット，ジョヴァンニ・マリーア　1468-1534/35）

Falda, Giovanni Battista 〈17世紀〉
イタリアの版画家。
⇒世美（ファルダ，ジョヴァンニ・バッティスタ　1648頃-1678）

Falguière, Jean Alexandre Joseph 〈19世紀〉
フランスの彫刻家。ローマ大賞を受賞。主作品はパリの凱旋門の『共和国の勝利』（1881～86）。
⇒岩ケ（ファルギエール，ジャン・アレクサンドル・ジョゼフ　1831-1900）
　芸術（ファルギエル，ジャン・アレキサンドル　1831-1900）
　国小（ファルギエル　1831.9.7-1900.4.19）
　新美（ファルギエール，アレクサンドル　1831.9.7-1900.4.20）
　西洋（ファルギエール　1831.9.7-1900.4.20）
　世美（ファルギエール，ジャン＝アレクサンドル＝ジョゼフ　1831-1900）

Falik, Robert Rafailovich 〈19・20世紀〉
ソヴィエトの画家。
⇒世美（ファリク，ロベルト・ラファイロヴィチ　1886-1958）

Falke, Otto Ritter von 〈19・20世紀〉
ドイツの美術史家。専門は絹織物芸術の歴史。
⇒新美（ファルケ，オットー・フォン　1862.4.29-1942.8.15）
　二十（ファルケ，オットー・フォン　1862.4.29-1942.8.15）

Falkenstein, Claire 〈20世紀〉
アメリカの女性彫刻家。
⇒世美（ファンケンスタイン，クレア　1909-）

Fancelli, Cosimo 〈17世紀〉
イタリアの彫刻家。
⇒世美（ファンチェッリ，コージモ　1620-1688）

Fancelli, Domenico 〈15・16世紀〉
イタリアの彫刻家。
⇒世美（ファンチェッリ，ドメーニコ　1469-1519）

Fancelli, Giacomo Antonio 〈17世紀〉
イタリアの彫刻家。
⇒世美（ファンチェッリ，ジャーコモ・アントーニオ　1619-1671）

Fancelli, Luca 〈15世紀〉
イタリア初期ルネサンスの建築家，彫刻家，技術家。
⇒キリ（ファンチェルリ，ルーカ　1430-1495）
　西洋（ファンチェリ　1430-1495）
　世美（ファンチェッリ，ルーカ　1430-1495）

Fansaga, Cosimo 〈16・17世紀〉
イタリアの建築家，彫刻家。ナポリで制作した（1615～）。主作品サン・フェルディナンド聖堂（1628～）。
⇒キリ（ファンサーガ，コージモ　1591-1678.2.13）
　建築（ファンツァーゴ，コジモ（ファンサーゴ，コジモ）　1591-1678）
　西洋（ファンサーガ（ファンサーゴ）　1591-1678.2.13埋葬）
　世美（ファンツァーゴ，コージモ　1593-1678）

Fanti, Gaetano 〈17・18世紀〉
イタリアの画家。ウィーンに来り，バロック風の壁画を描いた。
⇒西洋（ファンティ　1687-1759）

Fantin-Latour, Ignace Henri Joseph Théodore 〈19・20世紀〉
フランスの肖像，静物画家。音楽から想を得た幻想的な作品を制作。
⇒岩ケ（ファンタン＝ラトゥール，（イニャス・）アンリ（・ジャン・テオドール）　1836-1904）
　外国（ファンタン・ラトゥール　1836-1904）
　芸術（ファンタン・ラトゥール，アンリ　1836-1904）
　国小（ファンタン・ラトゥール　1836.1.14-1904.8.25）
　コン3（ファンタン・ラトゥール　1836-1904）
　新美（ファンタン＝ラトゥール，アンリ

fanto

1836.1.14-1904.8.25）
人物（ファンタン・ラトゥール　1836.1.14-
　1904.8.25）
西洋（ファンタン・ラトゥール　1836.1.14-
　1904.8.25）
世美（ファンタン＝ラトゥール，アンリ　1836-
　1904）
世百（ファンタンラトゥール　1836-1904）
全書（ファンタン・ラトゥール　1836-1904）
大百（ファンタン・ラトゥール　1836-1904）
デス（ファンタン・ラトゥール　1836-1904）
二十（ファンタン・ラトゥール，アンリ
　1836.1.14-1904.8.25）
百科（ファンタン・ラトゥール　1836-1904）

Fantoni, Andrea〈17・18世紀〉
イタリアの彫刻家，インターリオ（装飾彫り）作家。
⇒世美（ファントーニ，アンドレーア　1659-1734）

Fantoni, Donato〈15・16世紀〉
イタリアの彫刻家，インターリオ（装飾彫り）作家。
⇒世美（ファントーニ，ドナート　（活躍）15世紀末
　-16世紀初頭）

Fantoni, Donato〈17・18世紀〉
イタリアの彫刻家，インターリオ（装飾彫り）作家。
⇒世美（ファントーニ，ドナート　1662-1724）

Fantoni, Donato Andrea〈18・19世紀〉
イタリアの彫刻家，インターリオ（装飾彫り）作家。
⇒世美（ファントーニ，ドナート・アンドレーア
　1746-1817）

Fantoni, Francesco Donato〈18世紀〉
イタリアの彫刻家，インターリオ（装飾彫り）作家。
⇒世美（ファントーニ，フランチェスコ，ドナート）

Fantoni, Giovan Bettino〈17・18世紀〉
イタリアの彫刻家，インターリオ（装飾彫り）作家。
⇒世美（ファントーニ，ジョヴァン・ベッティーノ
　1672-1750）

Fantoni, Giovanni〈17・18世紀〉
イタリアの彫刻家，インターリオ（装飾彫り）作家。
⇒世美（ファントーニ，ジョヴァンニ　1674-1745）

Fantoni, Giuseppe〈18世紀〉
イタリアの彫刻家，インターリオ（装飾彫り）作家。
⇒世美（ファントーニ，ジュゼッペ）

Fantoni, Grazioso, il Giovane〈18世紀〉
イタリアの彫刻家，インターリオ（装飾彫り）作家。

⇒世美（ファントーニ，グラツィオーソ（年少）
　1713-1798）

Fantoni, Grazioso, il Vecchio〈17世紀〉
イタリアの彫刻家，インターリオ（装飾彫り）作家。
⇒世美（ファントーニ，グラツィオーソ（年長）
　1630-1693）

Fantoni, Luigi〈18世紀〉
イタリアの彫刻家，インターリオ（装飾彫り）作家。
⇒世美（ファントーニ，ルイージ　1759-1788）

Fantuzzi, Antonio〈16世紀〉
イタリアの画家，銅版画家。
⇒世美（ファントゥッツィ，アントーニオ　?-1550頃）

Farina, Battista〈20世紀〉
イタリアの自動車デザイナー。
⇒岩ケ（ファリーナ，バッティスタ　1893-1966）

Farina, Giulio〈19・20世紀〉
イタリアのエジプト学者。
⇒世美（ファリーナ，ジューリオ　1889-1947）

Farinati, Paolo〈16・17世紀〉
イタリアの画家，彫刻家，建築家。マントバ大聖堂の聖壇の制作に従事。
⇒国小（ファリナッチ　1524頃-1606頃）
　世美（ファリナーティ，パーオロ　1524頃-1606）

Farington, Joseph〈18・19世紀〉
イギリスの風景画家。
⇒国小（ファリントン　1747-1821）
　新美（ファーリントン，ジョゼフ　1747.11.21-
　1821.12.30）

Farjas, Jean-Claude〈20世紀〉
フランス生れの画家。
⇒世芸（ファジャース，ジェーン・クロード
　1924-）

Farmakovskii, Boris Vladimirovich
〈19・20世紀〉
ソ連の考古学者。レニングラード大学教授。
⇒新美（ファルマコフスキイ，ボリス　1870.1.31
　(2.12)-1928.7.29）
　二十（ファルマコフスキイ，ボリス　1870.1.31
　(2.12)-1928.7.29）

Farmer, Emily〈19・20世紀〉
イギリスの画家。
⇒世女日（ファーマー，エミリー　1826-1905）

Farmer, Peter〈20世紀〉
イギリスのデザイナー。
⇒バレ（ファーマー，ピーター　1941.11.3-）

Farrand, Beatrix Jones 〈19・20世紀〉
アメリカの庭園設計家。
⇒世女日（ファランド，ビアトリクス・ジョーンズ 1872-1959）

Farrell, Terry 〈20世紀〉
イギリスの建築家。
⇒二十（ファレル，テリー 1938-）

Farrokhzad, Forugh 〈20世紀〉
イランの作家，映像作家。
⇒集世（ファッロフザード，フォルーグ 1935.1.5-1967.2.14）
世女（ファロックザード，フォルーグ 1935-1967）
世女日（ファルフザド，フルク 1935-1967）

Faruffini, Federico 〈19世紀〉
イタリアの画家。
⇒世美（ファルッフィーニ，フェデリーコ 1831-1869）

Fasolo, Giovanni Antonio 〈16世紀〉
イタリアの画家。
⇒世美（ファゾーロ，ジョヴァンニ・アントーニオ 1530-1572）

Fassbender, Joseph 〈20世紀〉
ドイツの画家，グラフィック画家。
⇒世美（ファスベンダー，ヨーゼフ 1903-）

Fath, Jacques 〈20世紀〉
フランスの服飾デザイナー。アメリカ映画界で人気を得た。
⇒国小（ファト 1912-1954）
世俳（ファート，ジャーク 1912.9-1954）
世俳（ファット，ジャーク 1912.9.12-1954.11.14）
世百（ファット 1912-1954）
全書（ファット 1912-1954）
大百（ジャック・ファット 1912-1954）
ナビ（ファット 1912-1954）
二十（ファット，ジャック 1912-1954）

Fatio, Louise 〈20世紀〉
スイス生れのアメリカの女性絵本作家。
⇒英児（Fatio, Louise ファティオ，ルーズ 1904-）
児作（Fatio, Loise ファティオ，ルイーズ 1904-）

Fattoretto, Giovan Battista 〈17・18世紀〉
イタリアの建築家。
⇒世美（ファットレット，ジョヴァン・バッティスタ（活動）17世紀末-18世紀初頭）

Fattori, Giovanni 〈19・20世紀〉
イタリアの画家。主作品『騎兵』（1859）。
⇒芸術（ファットーリ，ジョヴァンニ 1825-1908）
国小（ファットーリ 1825.9.6-1908.8.30）
新美（ファットーリ，ジョヴァンニ 1825.10.25-1908.8.30）
世美（ファットーリ，ジョヴァンニ 1825-1908）
二十（ファットーリ，ジョヴァンニ 1825-1908）
百科（ファットーリ 1825-1908）

Faucher, Lida 〈20世紀〉
フランスの絵本作家。
⇒児文（フォシェ，リダ 1899-1955）
二十（フォシェ，リダ 1899-1955）

Fauchier, Laurent 〈17世紀〉
フランスの画家。
⇒世美（フォシエ，ロラン 1643-1672）

Fauconnet, Guy-Pierre 〈19・20世紀〉
フランスの画家。
⇒世美（フォーコネ，ギー=ピエール 1882-1920）

Fauconnier, Jacques-Henri 〈18・19世紀〉
フランスの金銀細工師。
⇒世美（フォーコニエ，ジャック=アンリ 1776-1839）

Faulkner, John 〈20世紀〉
アメリカのイラストレーター。
⇒児イ（Faulkner, John フォークナー，J.）

Faure, Elie 〈19・20世紀〉
フランスの美術史家，批評家。
⇒国小（フォール 1873-1937）
集世（フォール，エリ 1873.4.4-1937.10.29）
集文（フォール，エル 1873.4.4-1937.10.29）
新美（フォール，エリー 1873.4.4-1937）
西洋（フォール 1873.4.4-1937）
全書（フォール 1873-1937）
二十（フォール，エリー 1873-1937）
百科（フォール 1873-1937）
名著（フォール 1873-1937）

Fautrier, Jean 〈20世紀〉
フランスの画家。アンフォルメル美術の確立者の一人。
⇒オ西（フォートリエ，ジャン 1898-1964）
現人（フォートリエ 1898.5.16-1964.7.21）
広辞5（フォートリエ 1898-1964）
広辞6（フォートリエ 1898-1964）
国小（フォートリエ 1898.5.16-1964.7.21）
コン3（フォートリエ 1898-1964）
新美（フォートリエ，ジャン 1898.5.16-1964.7.21）
人物（フォートリエ 1898.5.16-1964.7.22）
西洋（フォートリエ 1898.5.16-1964.7.21）
世芸（フォートリエ，ジャン 1898-1964）
世美（フォートリエ，ジャン 1898-1964）
世百（フォートリエ 1898-1964）
世百新（フォートリエ 1898-1964）
全書（フォートリエ 1898-1964）
大辞3（フォートリエ 1898-1964）
大百（フォートリエ 1898-1964）
ナビ（フォートリエ 1898-1964）
二十（フォートリエ，ジャン 1898.5.16-1964.7.21）
百科（フォートリエ 1898-1964）

Favier, Philippe 〈20世紀〉
フランスの現代美術家。
⇒世芸（ファビエ, フィリップ 1957-）

Favorskij, Vladimir Andreevich 〈19・20世紀〉
ロシアのイラストレーター。
⇒児イ（Favorskij, Vladimir Andreevich ファヴォールスキー, V.A. 1886-1964）

Favory, André 〈19・20世紀〉
フランスの画家。
⇒国小（ファボリ 1889-1937）
世芸（ファヴォリ, アンドレ 1889-1937）
世美（ファヴォリー, アンドレ 1888-1937）

Favretto, Giacomo 〈19世紀〉
イタリアの画家。
⇒新美（ファヴレット, ジャーコモ 1849.8.4-1887.6.12）
世美（ファヴレット, ジャーコモ 1849-1887）

Faydherbe, Lucas 〈17世紀〉
フランドルの彫刻家, 建築家。
⇒建築（ファイトヘルブ, ルック 1617-1697）
世美（フェデルブ, リューカス 1617-1697）

Fayolle, Roger 〈20世紀〉
フランス生れの画家。
⇒世芸（ファイヨール, ロガー 1936-）

Fazzini, Pericle 〈20世紀〉
イタリアの彫刻家。主作品『シビール』(1947)。
⇒国小（ファッツィーニ 1913-）
新美（ファッツィーニ, ペリクレ 1913-）
世美（ファッツィーニ, ペリクレ 1913-1987）
大百（ファッチーニ 1913-）
二十（ファッツィーニ, ペリクレ 1913-1987.12.4）

Fazzino, Charles 〈20世紀〉
アメリカの3Dアート作家。
⇒世芸（ファジーノ, チャールス 1955-）

Fe, Sonya 〈20世紀〉
アメリカの画家。
⇒世芸（フィ, ソニア 1952-）

Fea, Carlo 〈18・19世紀〉
イタリアの考古学者。
⇒世美（フェーア, カルロ 1753-1836）

Fearnley, Thomas 〈19世紀〉
ノルウェイの画家。
⇒新美（ファーンリ, トマス 1802.12.27-1842.1.16）

Feaser, Daniel David 〈20世紀〉
アメリカのイラストレーター。
⇒児イ（Feaser, Daniel David 1920-）

Federighi, Antonio 〈15世紀〉
イタリアの彫刻家, 建築家。
⇒建築（フェデリーギ, アントニオ 1420頃-1490）
世美（フェデリーギ, アントーニオ 1439-1490）

Fedi, Pio 〈19世紀〉
イタリアの彫刻家。代表作に『ポリクセナの掠奪』(1865)。
⇒芸術（フェディ, ピオ 1815-1892）
国小（フェディ 1816.5.31-1892.6.1）

Fedorovitch, Sophie 〈20世紀〉
ロシア, イギリスの舞台デザイナー。
⇒バレ（フョードロヴィッチ, ソフィ 1893.12.15-1953.1.25）

Fedotov, Pavel Andreevich 〈19世紀〉
ロシアの画家。ロシア諷刺画の創始者。
⇒芸術（フェドートフ, パーヴェル・アンドレーヴィチ 1816-1852）
国小（フェドートフ 1815.7.22-1852.11.14）
新美（フェドートフ, パーヴェル 1815.6.22/7.4-1852.11.14/26）
人物（フェドートフ 1816-1852）
世美（フェドートフ, パーヴェル・アンドレエヴィチ 1815-1852）

Feelings, Tom 〈20世紀〉
アメリカのイラストレーター。
⇒児イ（Feelings, Tom フィーリングス, T.）

Feely, Paul 〈20世紀〉
アメリカの抽象画家。
⇒美術（フィーリー, ポール 1910-1966）

Fegiz, Rita Fava 〈20世紀〉
イタリアのイラストレーター。
⇒児イ（Fegiz, Rita Fava 1932-）

Fehling, Herman 〈20世紀〉
ドイツの建築家。ベルリン工科大学名誉教授。
⇒二十（フェーリング, ヘルマン 1909-）

Fehn, Sverre 〈20世紀〉
ノルウェーの建築家。
⇒最世（フェーン, スベーレ 1924-）

Fei, Alessandro 〈16世紀〉
イタリアの画家。
⇒世美（フェイ, アレッサンドロ 1543-1592）

Fei, Paolo di Giovanni 〈14・15世紀〉
イタリアの画家。
⇒世美（フェイ, パーオロ・ディ・ジョヴァンニ（活動)1372頃-1411）

Feininger, Andreas Bernhard Lyonel 〈20世紀〉
アメリカの写真家。『ライフ』誌の写真スタッフとして活躍。
⇒国小（ファイニンガー 1906.12.27-）

世芸（ファイニンガー，アンドレアス 1906-1975）

Feininger, Lyonel〈19・20世紀〉
アメリカの画家。39年ニューヨーク万国博覧会の壁画を制作。
⇒岩ケ（ファイニンガー，ライオネル（・チャールズ・エイドリアン）1871-1956）
才西（ファイニンガー，ライオネル 1871-1956）
キリ（ファイニンガー，ライオネル 1871.7.17-1956.1.13）
芸術（ファイニンガー，ライオネル 1871-1956）
国小（ファイニンガー 1871.7.17-1956.1.13）
コン2（ファイニンガー 1871-1956）
コン3（ファイニンガー 1871-1956）
新美（ファイニンガー，ライオネル 1871.7.17-1956.1.13）
人物（ファイニンガー 1871.7.17-1956）
西洋（ファイニンガー 1871.7.17-1956.1.13）
世芸（ファイニンガー，ライオネル 1871-1956）
世美（ファイニンガー，ライオネル 1871-1956）
世百（ファイニンガー 1871-1956）
全書（ファイニンガー 1871-1956）
大百（ファイニンガー 1871-1956）
デス（ファイニンガー 1871-1956）
二十（ファイニンガー，ライオネル 1871.7.17-1956.1.13）

Feitelson, Lorser〈20世紀〉
アメリカの抽象画家。
⇒美術（フェイテルスン，ローサ 1898-）

Féito, Luis〈20世紀〉
スペインの画家。
⇒新美（フェイト，ルイス 1929.10.31-）
世美（フェイト，ルイス 1929-）
二十（フェイト，ルイス 1929.10.31-）

Feke, Robert〈18世紀〉
アメリカの肖像画家。主作品は『ある婦人の肖像』(1748)。
⇒国小（フェケ 1705頃-1750頃）

Feld, Eliot〈20世紀〉
アメリカの舞踊家，振付師，美術監督。
⇒岩ケ（フェルド，エリオット 1942-）

Félibien, André〈17世紀〉
フランスの美術批評家。建築アカデミーの書記官。
⇒世美（フェリビアン，アンドレ 1619-1695）
百科（フェリビアン 1619-1695）

Felipe II el Prudente〈16世紀〉
スペイン王(1556〜98)。イングランド女王メアリー・チューダーと結婚。
⇒岩ケ（フェリペ2世 1527-1598）
英米（Philip II フェリペ2世 1527-1598）
旺世（フェリペ(2世) 1527-1598）
外国（フェリペ2世 1527-1598）
角世（フェリペ2世 1527-1598）
キリ（フェリーペ2世（フィーリプ）1527.5.21-1598.9.13）
広辞4（フェリーペ二世 1527-1598）
広辞6（フェリーペ二世 1527-1598）
皇帝（フェリーペ2世 1527-1598）
国小（フェリペ2世 1527.5.21-1598.9.13）
国百（フェリペ二世 1527.5.21-1598.9.13）
コン2（フェリペ2世 1527-1598）
コン3（フェリペ2世 1527-1598）
新美（フェリーペ二世 1527.5.21-1598.9.13）
人物（フェリペ二世 1527.5.21-1598.9.13）
スペ（フェリペ(2世) 1527-1598）
西洋（フェリペ二世 1527.5.21-1598.9.13）
世人（フェリペ2世 1527-1598）
世西（フェリーペ二世 1527.5.21-1598.9.13）
世百（フェリペ2世 1527-1598）
全書（フェリペ二世 1527-1598）
大辞（フェリペ二世 1527-1598）
大辞3（フェリペ二世 1527-1598）
大百（フェリペ二世 1527-1598）
デス（フェリペ2世 1527-1598）
伝世（フェリペ2世 1527.5.21-1598.9.13）
統治（フェリペ二世 （在位)1556-1598）
百科（フェリペ2世 1527-1598）
評世（フェリペ2世 1527-1598）
山世（フェリペ2世 1527-1598）
歴史（フェリペ2世 1527-1598）

Felix, Monique〈20世紀〉
スイスのイラストレーター。
⇒児イ（Felix, Monique フェリックス, M. 1950-）

Fellner, Ferdinand〈19・20世紀〉
ドイツの建築家。ハンブルクのドイツ劇場(1900)など多くの劇場を建築。
⇒西洋（フェルナー 1847.4.19-1916.3.22）

Fénéon, Félix〈19・20世紀〉
フランスの文学評論家，美術批評家。
⇒集世（フェネオン，フェリックス 1861.6.29-1944.2.29）
集文（フェネオン，フェリックス 1861.6.29-1944.2.29）
世美（フェネオン，フェリックス 1861-1944）

Fenollosa, Ernest Francisco〈19・20世紀〉
アメリカの哲学者，日本美術研究家。日本古美術の研究や，伝統的な日本画の復興に努力。
⇒アメ（フェノロサ 1853-1908）
イ文（Fenollosa, Ernest (Francisco) 1853頃-1908）
才世（フェノロサ，アーネスト（・フランシスコ) 1853-1908）
外国（フェノロサ 1853-1908）
角世（フェノロサ 1853-1908）
教育（フェノローサ 1853-1908）
経済（フェノロサ 1853-1908）
広辞4（フェノロサ 1853-1908）
広辞5（フェノロサ 1853-1908）
広辞6（フェノロサ 1853-1908）
国史（フェノロサ 1853-1908）
国小（フェノロサ 1853.2.18-1908.9.21）
国百（フェノロサ，アーネスト・フランシスコ 1853.2.18-1908.9.21）
コン2（フェノロサ 1853-1908）
コン3（フェノロサ 1853-1908）
集世（フェノロサ，アーネスト 1853.2.18-

集文（フェノロサ，アーネスト　1853.2.18–1908.9.21）
新美（フェノロサ，アーネスト　1853.2.16–1908.9.21）
人物（フェノロサ　1853.2.18–1908.9.21）
西洋（フェノローサ　1853–1908.9.21）
世宗（フェノロサ　1853–1908）
世西（フェノロサ　1853.2.18–1908.9.21）
世百（フェノロサ　1853–1908）
世文（フェノロサ，アーネスト・F.　1853–1908）
全書（フェノロサ　1853–1908）
大辞（フェノロサ　1853–1908）
大辞2（フェノロサ　1853–1908）
大辞3（フェノロサ　1853–1908）
大百（フェノロサ　1853–1908）
デス（フェノロサ　1853–1908）
ナビ（フェノロサ　1853–1908）
二十（フェノロサ，アーネスト・F.　1853.2.16–1908.9.21）
日研（フェノロサ，アーネスト・フランシスコ　1853.2.18–1908.9.21）
日人（フェノロサ　1853–1908）
百科（フェノロサ　1853–1908）
名著（フェノロサ　1853–1908）
来日（フェノロサ　1853–1908）
歴史（フェノロサ　1853–1908）

Fenton, Roger 〈19世紀〉
イギリスの写真家。
⇒岩ケ（フェントン，ロジャー　1819–1869）
世美（フェントン，ロジャー　1819–1869）

Fenzoni, Ferraú 〈16・17世紀〉
イタリアの画家。
⇒世美（フェンツォーニ，フェッラウ　1562–1645）

Feofan Grek 〈14・15世紀〉
ギリシア人の聖画像画家。ビザンティンからロシアへ移住した。
⇒キリ（フェオファーン・グレーク　1330頃–1415）
新美（フェオファン・グリェク　1340?–1410?）
世美（フェオファン・グレク　14–15世紀）
全書（フェオファン・グレッグ　1340?–1405?）
百科（フェオファン・グレク　1330頃–1410頃）
ロシ（フェオファン・グレク　1335頃–1410頃）

Férat, Serge 〈19・20世紀〉
ロシア出身のフランスの画家。
⇒世美（フェラ，セルジュ　1881–1958）

Féraud, Louis 〈20世紀〉
フランスの服飾デザイナー。伝統的・形式的な束縛を打ち破り，解放的で若々しく魅力的。
⇒人物（フェロー　1920–）
大百（ルイ・フェロー　1920–）

Ferber, Herbert 〈20世紀〉
アメリカの彫刻家。
⇒世美（ファーバー，ハーバート　1906–）

Féré, Pierre 〈14・15世紀〉
フランスのタピスリー制作家。
⇒世美（フェレ，ピエール　14–15世紀）

Ferenczy István 〈18・19世紀〉
ハンガリーの彫刻家。
⇒世美（フェレンツィ・イシュトヴァーン　1792–1856）

Ferenczy Károly 〈19・20世紀〉
ハンガリーの画家。
⇒世美（フェレンツィ・カーロイ　1862–1917）

Ferenczy Noémi 〈19・20世紀〉
ハンガリーの女流画家，装飾美術家。
⇒新美（フェレンツィ・ノエーミ　1890.6.18–1957.12.20）

Ferguson, Walter 〈20世紀〉
アメリカ生れの画家。
⇒児イ（Ferguson, Walter W.　ファーグソン，W.W.　1930–）
世芸（ファーガソン，ウォルター　1930–）

Ferguson, William Gouw 〈17世紀〉
イギリスの静物画家。
⇒新美（ファーガスン，ウィリアム・ゴウ　1632/33–1695以後）

Fergusson, James 〈19世紀〉
スコットランドの建築史家。インドで商業に従事する（1829～）傍ら，古代インドの建築を踏査し，建築史を比較研究。
⇒新美（ファーガスン，ジェームズ　1808.1.22–1886.1.9）
人物（ファーガソン　1808.1.22–1886.1.9）
西洋（ファーガソン　1808.1.22–1886.1.9）
世東（ファガーソン　1808.1.2–1886.1.9）
世百（ファーガソン　1808–1886）
全書（ファーガソン　1808–1886）

Fergusson, John Duncan 〈19・20世紀〉
イギリスの画家。
⇒岩ケ（ファーガソン，ジョン・ダンカン　1874–1961）

Fernandes, Mateus 〈15・16世紀〉
ポルトガルの建築家。
⇒建築（フェルナンデス，マテウス　?–1515）

Fernandes, Vasco 〈15・16世紀〉
ポルトガルの画家。
⇒世美（フェルナンデス，ヴァスコ　1475頃–1542頃）

Fernández, Alejo 〈15・16世紀〉
スペインの画家。
⇒新美（フェルナンデス，アレーホ　1470頃–1545）
世美（フェルナンデス，アレーホ　1475頃–1546）

Fernández, Jorge 〈15・16世紀〉
スペインの彫刻家。
⇒世美（フェルナンデス，ホルヘ　1470頃–1533以降）

Fernández, Pedro〈15・16世紀〉
スペインの画家。
⇒世美（フェルナンデス，ペドロ 15-16世紀）

Fernkorn, Anton Dominik von〈19世紀〉
ドイツの彫刻家。
⇒世美（フェルンコルン，アントン・ドミニク・フォン 1813-1878）

Fernow, Karl Ludwig〈18・19世紀〉
ドイツの美学者。ヴァイマル公妃アマーリアの司書となり（1804），ゲーテと交った。
⇒西洋（フェルノー 1763.11.19-1808.12.4）

Ferrabosco, Girolamo〈17世紀〉
イタリアの画家。
⇒世美（フェッラボスコ，ジローラモ 1604頃-1679）

Ferragamo, Fiamma〈20世紀〉
イタリアのデザイナー。
⇒世女日（フェラガモ，フィアンマ 1941-1998）

Ferragamo, Salvatole〈20世紀〉
イタリアの靴デザイナー。
⇒ナビ（フェラガモ 1898-1960）
二十（フェラガモ, S. 1898-1960）

Ferramola, Floriano〈15・16世紀〉
イタリアの画家。
⇒世美（フェッラモーラ，フロリアーノ 1480頃-1528）

Ferrando, Niccolò〈15・16世紀〉
イタリアの彫刻家。
⇒世美（フェッランド，ニッコロ 15-16世紀）

Ferrari, Defendente〈16世紀〉
イタリアの画家。
⇒世美（フェッラーリ，デフェンデンテ 16世紀）

Ferrari, Ettore〈19・20世紀〉
イタリアの彫刻家。
⇒世美（フェッラーリ，エットレ 1845-1929）

Ferrari, Gaudenzio〈15・16世紀〉
イタリアの画家，彫刻家。ノバーラの聖ガウデンツィオ聖堂の祭壇画（1514）が有名。
⇒外国（フェラリ 1481/4-1546）
キリ（フェッラーリ，ガウデンツィオ 1475頃-1546.1.31）
国小（フェラリ 1470/80-1546.1.31）
新美（フェッラーリ，ガウデンツィオ 1471/80-1546.1.31）
西洋（フェラーリ 1484頃-1546.1.31）
世美（フェッラーリ，ガウデンツィオ 1475頃-1546）

Ferrari, Luca〈17世紀〉
イタリアの画家。

⇒世美（フェッラーリ，ルーカ 1605-1654）

Ferrario, Carlo〈19・20世紀〉
イタリアの舞台装置家。
⇒オペ（フェッラリオ，カルロ 1833.9.8-1907.5.12）

Ferrata, Ercole〈17世紀〉
イタリアの彫刻家。
⇒世美（フェッラータ，エルコレ 1610-1686）

Ferrazzi, Ferruccio〈20世紀〉
イタリアの画家。
⇒世美（フェッラッツィ，フェッルッチョ 1891-）

Ferretti, Dante〈20世紀〉
イタリア生れの映画美術監督。
⇒世映（フェレッティ，ダンテ 1943-）
世俳（フェッレッティ，ダンテ 1943.2.26-）

Ferri, Ciro〈17世紀〉
イタリアの画家。ローマにおけるフィレンツェ派の指導者として活躍。
⇒国小（フェリ 1634-1689.9.13）
世美（フェッリ，チーロ 1634-1689）

Ferro, Cesare〈19・20世紀〉
イタリアの画家。
⇒世美（フェッロ，チェーザレ 1880-1934）

Ferró, Gudmndr Gudmundson〈20世紀〉
アイスランドの美術家。
⇒美術（フェロー，グドムンドゥル・グドムンドソン 1932-）

Ferroni, Egisto〈19・20世紀〉
イタリアの画家。
⇒世美（フェッローニ，エジスト 1835-1912）

Ferroni, Gianfranco〈20世紀〉
イタリアの画家。
⇒世美（フェッローニ，ジャンフランコ 1927-）

Ferrucci, Andrea〈15・16世紀〉
イタリアの画家。
⇒世美（フェッルッチ，アンドレーア 1465-1526）

Ferrucci, Francesco del Tadda〈15・16世紀〉
イタリアの彫刻家。
⇒世美（フェッルッチ，フランチェスコ・デル・タッダ 1497-1585）

Ferrucci, Francesco di Simone〈15世紀〉
イタリアの彫刻家。
⇒世美（フェッルッチ，フランチェスコ・ディ・シモーネ 1437-1493）

Ferstel, Heinrich von 〈19世紀〉
オーストラリアの建築家。
⇒新美（フェルステル, ハインリヒ・フォン 1828.7.7-1883.7.14）
世美（フェルステル, ハインリヒ・フォン 1828-1883）

Festa, Tano 〈20世紀〉
イタリアの前衛美術家。
⇒世美（フェスタ, ターノ 1938-）

Fetti, Domenico 〈16・17世紀〉
イタリアの画家。マントバの宮廷画家であった。
⇒キリ（フェッティ(フェティ), ドメーニコ 1589頃-1624.4.16）
芸術（フェティ, ドメニコ 1589頃-1624）
国小（フェティ 1588/9-1624）
新美（フェティ, ドメーニコ 1589-1624）
西洋（フェッティ 1589頃-1624.4.16）
世美（フェッティ, ドメーニコ 1589-1623）

Fetti, Giovanni di Francesco 〈14・15世紀〉
イタリアの彫刻家。
⇒世美（フェッティ, ジョヴァンニ・ディ・フランチェスコ 14-15世紀）

Fetting, Rainer 〈20世紀〉
ドイツ生れの画家。
⇒世芸（フェチング, レイナー 1949-）

Fetz, Ingrid 〈20世紀〉
アメリカのイラストレーター。
⇒児イ（Fetz, Ingrid フェッツ, I. 1915-）

Feuchtmayer, Johann Michael 〈18世紀〉
ドイツの彫刻家。各地の教会のスタッコ天井に彫刻を施した。
⇒西洋（フォイヒトマイアー 1709/10-1772）
世美（フォイヒトマイヤー, ヨハン・ミヒャエル 1709頃-1772）

Feuchtmayer, Joseph Anton 〈17・18世紀〉
南ドイツのロココ彫刻家。
⇒キリ（フォイヒトマイアー, ヨーゼフ・アントーン 1696-1770.1.2）
世美（フォイヒトマイヤー, ヨーゼフ・アントン 1696-1770）

Feuerabend, Sigismund 〈16世紀〉
ドイツの木版画家。木版画の制作のほか, 印刷業者に協力して書物の装飾や装幀にたずさわった。
⇒西洋（フォイエルアーベント 1528-1590）

Feuerbach, Anselm Friedrich 〈19世紀〉
ドイツの画家。ドイツ後期古典主義の代表。
⇒キリ（フォイアバハ, アンゼルム 1829.9.12-1880.1.4）
広辞4（フォイエルバッハ 1829-1880）
広辞6（フォイエルバッハ 1829-1880）
国美（フォイエルバハ 1829.9.12-1880.1.4）
新美（フォイアバハ, アンゼルム 1829.9.12-1880.1.14）
人物（フォイエルバッハ 1829.9.12-1880.1.4）
西洋（フォイエルバッハ 1829.9.12-1880.1.4）
世西（フォイエルバッハ 1829.9.12-1880.1.4）
世美（フォイエルバッハ, アンゼルム・フォン 1829-1880）
世百（フォイエルバッハ 1829-1880）
大百（フォイエルバッハ 1829-1880）
百科（フォイエルバッハ 1829-1880）

Fhertes, Louis Agassiz 〈19・20世紀〉
アメリカの画家, 博物学者。鳥類専門の画家。
⇒国小（フェアティス 1874.2.7-1927.8.22）

Fialetti, Odoardo 〈16・17世紀〉
イタリアの画家。
⇒世美（フィアレッティ, オドアルド 1573-1638）

Fiammenghi, Gioia 〈20世紀〉
アメリカのイラストレーター。
⇒児イ（Fiammenghi, Gioia フィアメンギ, G. 1929-）

Fiammenghini, Giovanni Battista 〈16・17世紀〉
イタリアの画家。
⇒世美（フィアンメンギーニ, ジョヴァンニ・バッティスタ 1561頃-1627頃）

Fiammenghini, Giovanni Mauro 〈16・17世紀〉
イタリアの画家。
⇒世美（フィアンメンギーニ, ジョヴァンニ・マウロ 1575頃-1640）

Fiasella, Domenico 〈16・17世紀〉
イタリアの画家。
⇒世美（フィアゼッラ, ドメーニコ 1589-1669）

Fichtner, Fritz 〈19・20世紀〉
ドイツの美術史家, キリスト教考古学者。
⇒キリ（フィヒトナー, フリッツ 1890.6.16-）

Ficino, Marsilio 〈15世紀〉
イタリアのプラトン主義哲学者。フィレンツェ・アカデミーの中心人物。
⇒岩ケ（フィチーノ, マルシリオ 1433-1499）
岩哲（フィチーノ 1433-1499）
外国（フィチーノ 1433-1499）
角世（フィチーノ 1433-1499）
キリ（フィチーノ, マルシーリオ 1433.10.19-1499.10.1）
広辞6（フィチーノ 1433-1499）
国小（フィチーノ 1433.10.19-1499.10.1）
国百（フィチーノ, マルシリオ 1433.10.19-1499.10.1）
コン2（フィチーノ 1433-1499）
コン3（フィチーノ 1433-1499）

集世（フィチーノ, マルシーリオ　1433.10.19–
　　1499.10.1）
集文（フィチーノ, マルシーリオ　1433.10.19–
　　1499.10.1）
新美（フィチーノ, マルシーリオ　1433.10.19–
　　1499.10.1）
西洋（フィチーノ　1433.10.19–1499.10.1）
世百（フィチノ　1433–1499）
世文（フィチーノ, マルシーリオ　1433–1499）
全書（フィチーノ　1433–1499）
大辞（フィチーノ　1433–1499）
大辞3（フィチーノ　1433–1499）
伝世（フィチーノ　1433.10.19–1499.10.1）
百科（フィチーノ　1433–1499）
山世（フィチーノ　1433–1499）

Ficoroni, Francesco, de' 〈17・18世紀〉
イタリアの美術収集家。
⇒世美（フィコローニ, フランチェスコ・デ　1664–1747）

Fidani, Orazio 〈17世紀〉
イタリアの画家。
⇒世美（フィダーニ, オラーツィオ　1610頃–1656以降）

Fiedler, Konrad Adolf 〈19世紀〉
ドイツの芸術学者。主著『芸術的活動の起源について』(1887)。
⇒外国（フィードラー　1841–1895）
　広辞6（フィードラー　1841–1895）
　国小（フィードラー　1841.9.23–1895.6.3）
　コン2（フィードラー　1841–1895）
　コン3（フィードラー　1841–1895）
　新美（フィードラー, コンラート　1841.9.23–1895.6.3）
　西洋（フィードラー　1841.9.23–1895.6.3）
　世美（フィードラー, コンラート　1841–1895）
　世百（フィードラー　1841–1895）
　デス（フィードラー　1841–1895）
　百科（フィードラー　1841–1895）
　名著（フィードラー　1841–1895）

Fielding, Anthony Vandyke Copley 〈18・19世紀〉
イギリスの水彩画家。特に海景画に長じ, 空間表現の効果に功みであった。
⇒西洋（フィールディング　1787–1855.3.3）
　世美（フィールディング, コープリー　1782–1855）

Fieschi, Giannetto 〈20世紀〉
イタリアの画家。
⇒世美（フィエスキ, ジャンネット　1921–）

Figari, Pedro 〈19・20世紀〉
ウルグアイの画家。
⇒二十（フィガリ, P.　1861–1938）
　百科（フィガリ　1861–1938）

Figges, John 〈20世紀〉
イギリスの実業家, 東洋美術研究家。
⇒二十（フィゲス, ジョン　1910–）

Figini, Luigi 〈20世紀〉
イタリアの建築家。
⇒世美（フィジーニ, ルイージ　1903–1984）

Figino, Ambrogio 〈16・17世紀〉
イタリアの画家。
⇒世美（フィジーノ, アンブロージョ　1548–1608）

Figueiredo, Christovão de 〈16世紀〉
ポルトガルの画家。
⇒新美（フィゲレイド, クリシュトーヴァン・デ）
　世美（フィゲイレード, クリストヴァン・デ　（活動）1515–1540）

Figueroa, Leonardo de 〈17・18世紀〉
スペインの建築家。
⇒岩ケ（フィゲロア, レオナルド・デ　1650頃–1730）

Filarete, Antonio 〈15世紀〉
イタリアのルネサンスの彫刻家, 建築家。ローマの聖ペテロ聖堂の青銅扉の浮彫りを製作。
⇒岩ケ（フィラレテ, アントニオ　1400頃–1469頃）
　芸術（フィラレテ　1400頃–1469）
　建築（フィラレーテ（通称）（アントニオ・デ・ピエトロ・アヴェルリーノ）　1400頃–1469/70）
　国小（フィラレーテ　1400頃–1469）
　新美（フィラレーテ, アントーニオ　1400頃–1469頃）
　西洋（フィラレテ　1400頃–1469頃）
　世美（フィラレーテ, アントーニオ　1400頃–1469頃）
　百科（フィラレーテ　1400頃–1469）

Filippi, Gian Maria 〈16・17世紀〉
イタリアの建築家。
⇒世美（フィリッピ, ジャン・マリーア　16–17世紀）

Filippo da Campello 〈13世紀〉
イタリアの建築家。
⇒世美（フィリッポ・ダ・カンペッロ　（活動）13世紀）

Filko, Stanislav 〈20世紀〉
チェコの画家, 版画家, 彫刻家。
⇒美術（フィルコ, スタニスラヴ　1937–）

Filla, Emil 〈19・20世紀〉
チェコスロヴァキアの画家, 彫刻家。
⇒世美（フィラ, エミル　1882–1953）

Fillia 〈20世紀〉
イタリアの画家, 著述家。
⇒世美（フィリリア　1904–1936）

Filocles 〈前5世紀〉
ギリシアの建築家。
⇒建築（フィロクレス　（活動）前400頃）

Filon of Eleusis 〈前4世紀〉
古代の建築家。

⇒建築（フィロン・オブ・エレウシス　（活動）前4世紀）

Filónov, Pável Nikoláevich〈19・20世紀〉
ロシア（ソ連）の画家。
⇒集文（フィローノフ，パーヴェル・ニコラエヴィチ　1883.1.8-1941.12.3）
　ロシ（フィローノフ　1883-1941）

Finch, Robert（Duer Claydon）〈20世紀〉
カナダの抒情詩人，画家。
⇒二十英（Finch, Robert（Duer Claydon）1900-1995）

Finch, Willy（Alfred William）〈19・20世紀〉
イギリス系のベルギーの画家。
⇒世美（フィンチ，ウィリー（またはアルフレッド・ウィリアム）　1854-1930）

Finelli, Giuliano〈17世紀〉
イタリアの彫刻家。
⇒世美（フィネッリ，ジュリアーノ　1601-1657）

Fini, Léonore〈20世紀〉
アルゼンチン人との混血のイタリアの女流画家。代表作『世界の終末』(1948)。
⇒才西（フィニ，レオノール　1908-）
　国小（フィニ　1908.8.3-）
　新美（フィニー，レオノール　1918.8.30-）
　スパ（フィニ，レオノーラ　1908-）
　世芸（フィニ，レオノレ　1908-1977）
　世女（フィニ，レオノール　1908-1996）
　世女日（フィニ，レオノール　1918-1996）
　世俳（フィーニ，レオノール　1908.8.30-1996.1.18）
　世美（フィニ，レオノール　1908-）
　二十（フィニ，レオノール　1918.8.30-）

Finiguerra, Maso〈15世紀〉
イタリアの金工家，版画家。象嵌細工の下絵で知られる。
⇒国小（フィニグエラ　1426.3?-1464.8?）
　新美（フィニグエルラ，マーソ（トマーソ）1418/26頃-1460/-4）
　世美（フィニグエッラ，マーゾ　1426-1464）
　百科（フィニグエラ　1426頃-1464頃）

Fink, Albert〈19世紀〉
アメリカの建築技師。
⇒岩ケ（フィンク，アルバート　1827-1897）

Fink, Josef〈20世紀〉
ドイツのカトリック古代美術史家。
⇒キリ（フィンク，ヨーゼフ　1912.3.1-）

Finkelstein, Sidney〈20世紀〉
アメリカの芸術評論家。1930年以降，労働運動にたずさわりながら音楽，絵画理論も研究。
⇒名著（フィンケルシュタイン　1914?-）

Finlay, Ian Hamilton〈20世紀〉
イギリスの詩人，芸術家。
⇒岩ケ（フィンリー，イアン・ハミルトン　1925-）
　集文（フィンリー，イアン・ハミルトン　1925.10.28-）

Finlay, Virgil Warden〈20世紀〉
アメリカのファンタジー挿絵画家。1953年最優秀挿絵画家としてヒューゴー賞を受賞。
⇒幻想（フィンレイ，ヴァージル・ウォーデン　1914-1971）
　幻文（フィンレイ，ヴァージル（・ウォーデン）1914-1971）

Finn〈20世紀〉
フィンランド生れの版画家。
⇒世芸（フィン　1948-）

Finotti, Novello〈20世紀〉
イタリア生れの彫刻家。
⇒世芸（フィノッティ，ノベロ　1939-）

Finson, Louis〈16・17世紀〉
フランドルの画家。歴史画，肖像画を残した。
⇒国小（フィンソン　1580頃-1617）
　世美（フィンソン，ルイ　1580頃-1617頃）

Finsterlin, Hermann〈19・20世紀〉
ドイツの画家，文筆家。B.タウトによって始められた『ユートピア通信』のグループ「ガラスの鎖」にも参加。
⇒西洋（フィンステルリン　1887.8.18-1973.9.16）
　世美（フィンステルリン，ヘルマン・ヴィルヘルム・ルートヴィヒ　1887-1973）

Fiocco, Giuseppe〈19・20世紀〉
イタリアの美術史家。
⇒世美（フィオッコ，ジュゼッペ　1884-1971）

Fioravanti, Aristoteli〈15世紀〉
イタリアの建築家，土木技術家。
⇒建築（フィオラヴァンティ，アリストティレ（アリストティレ・ダ・ボローニャ（通称））　1415-1485）
　コン2（フィオラヴァーンティ　1415/20-1486頃）
　コン3（フィオラヴァーンティ　1415/20-1486頃）
　世美（フィオラヴァンティ，アリストーティレ　1415頃-1486頃）

Fiorelli, Giuseppe〈19世紀〉
イタリアの考古学者。
⇒岩ケ（フィオレリ，ジュゼッペ　1823-1896）
　世美（フィオレッリ，ジュゼッペ　1823-1896）

Fiorentino, Jacobo（Indaco）〈16世紀〉
フィレンツェの建築家，彫刻家，画家。
⇒建築（フィオレンティーノ，ジャコボ（インダコ（通称））　?-1526）

Fiorentino, Mario〈20世紀〉
イタリアの建築家,都市計画家。
⇒世美(フィオレンティーノ,マーリオ 1918-)

Fiorenzo di Lorenzo〈15・16世紀〉
イタリアの画家。
⇒新美(フィオレンツォ・ディ・ロレンツォ 1440頃-1525頃)
世美(フィオレンツォ・ディ・ロレンツォ 1440頃-1522頃)

Fiori, Ernesto de〈19・20世紀〉
ドイツで活躍したイタリアの彫刻家。
⇒国小(フィオリ 1884-1945)

Fiori, Lawrence di〈20世紀〉
アメリカのイラストレーター。
⇒児イ(Fiori, Lawrence di フィオリ, L.di)

Fiorillo, Johann Dominik〈18・19世紀〉
ドイツの画家,芸術史家。主著"Geschichte der zeichnenden Künste"(1795～1808)。
⇒新美(フィオリロ,ヨーハン・ドーミニク 1748.10.13-1821.9.10)
西洋(フィオリロ 1748.10.13-1821.9.10)

Fioroni, Giosetta〈20世紀〉
イタリアの女性画家。
⇒世美(フィオローニ,ジョゼッタ 1933-)

Firdausī, Abū al-Qāsim〈10・11世紀〉
ペルシアの民族叙事詩人。6万句の大民族叙事詩『王書』を書いた。
⇒岩ケ(フィルダウシー 940-1020頃)
旺世(フィルドゥシー 940頃-1025頃)
外国(フィルドーシー 932頃-1020頃)
角国(フィルダウシー 934?-1025?)
広辞4(フィルダウシー 934頃-1025頃)
広辞6(フィルダウシー 934-1025)
国小(フィルダウシー 935頃-1020頃/5)
国百(フィルダウシー 935頃-1020頃)
コン2(フェルドゥスィー 940頃-1025)
コン3(フェルドゥスィー 940頃-1025)
児童(フィルダウシー 940頃-1025頃)
新美(フィルドゥシー 935頃-1025)
人物(フィルダウシー 920頃-1020頃)
西洋(フィルダウスィー 920頃-1020頃)
世人(フィルドゥシー 940頃-1020/25)
世однако(フィルドゥースィー 940?-1020?)
世百(フィルダウシー 935/6?-1025/6?)
世文(フィルダウスィー 934-1025)
全書(フィルドウスィー 934-1025)
大辞(フィルダウシー 940頃-1025頃)
大辞3(フィルダウシー 940頃-1025頃)
大百(フィルドゥシー 940頃-1025頃)
デス(フィルダウシー 940頃-1020頃)
伝世(フィルドウスィー 934-1020頃)
百科(フィルダウシー 934-1025)
評世(フィルダウシー(フィルドゥシー) 920頃-1025/26)
名著(フィルダウシー 941/2頃-1025/6頃)
山世(フィルドゥシー 934-1025)
歴史(フィルドゥーシー 934-1025)

Firmin, Peter〈20世紀〉
イギリスの絵本作家,人形・漫画映画製作者。
⇒二十(ファーミン,ピーター 1928-)

Fischer, Adolf〈19・20世紀〉
オーストリアの美術史家,民俗研究家。ケルン市東洋美術館館長。
⇒日研(フィッシャー,アドルフ 1856-1914)

Fischer, Alfred〈19・20世紀〉
ドイツの建築家。エッセンの工芸学校校長(1911来)。工場建築の設計者として知られる。
⇒西洋(フィッシャー 1881.8.29-1950.4.10)

Fischer, Ann A.〈20世紀〉
アメリカのイラストレーター。
⇒児イ(Fischer, Ann A. フィッシャー, A.A.)

Fischer, Frieda〈19・20世紀〉
ドイツの美術史家。ケルン東洋美術館第2代館長。
⇒日研(フィッシャー,フリーダ 1874-1945)

Fischer, Hans Erich〈20世紀〉
スイスの挿絵画家,絵本画家。絵本『ブレーメンの音楽師』(1944)。また『誕生日』『ピッチ』などの創作絵本を作った。
⇒児イ(Fischer, Hans Erich フィッシャー, H.E. 1909-1958)
児童(フィッシャー,ハンス・エーリッヒ 1909-1958)
児文(フィッシャー,ハンス・エーリヒ 1909-1958)
二十(フィッシャー,ハンス・エーリッヒ 1909-1958)

Fischer, Johann Martin〈18・19世紀〉
ドイツの彫刻家。
⇒世美(フィッシャー,ヨハン・マルティン 1741-1820)

Fischer, Johann Michael〈17・18世紀〉
ドイツのバロック建築家。教会建築家として(1724～66),32の教会堂,23の修道院を建立。
⇒キリ(フィッシャー,ヨーハン・ミヒャエル 1691-1766.5.6)
建築(フィッシャー,ヨハン・ミヒャエル 1692-1766)
新美(フィッシャー,ヨーハン・ミヒャエル 1691頃-1766.5.6)
西洋(フィッシャー 1691頃-1766.5.6)
世美(フィッシャー,ヨハン・ミヒャエル 1692-1766)
全書(フィッシャー 1692-1766)

Fischer, Otto〈19・20世紀〉
ドイツの美術史家。バーゼル大学教授兼美術館長(1927)。中国の絵画に関する著述に力作がある。
⇒西洋(フィッシャー 1886.5.22-)

Fischer, Reinhard 〈18・19世紀〉
ドイツの建築家。
⇒世美（フィッシャー, ラインハルト　1746-1813）

Fischer, Theodor 〈19・20世紀〉
ドイツの建築家。旧来の様式に近代的要素を加味した建築をし、またその門下から多くのすぐれた建築家を出した。
⇒外国（フィッシャー　1862-1938）
　キリ（フィッシャー, テーオドーア　1862.5.28-1938.12.25）
　コン2（フィッシャー　1862-1938）
　コン3（フィッシャー　1862-1938）
　西洋（フィッシャー　1862.5.28-1938.12.25）
　世美（フィッシャー, テオドル　1862-1938）
　大百（フィッシャー　1862-1938）

Fischer von Erlach, Johann Bernhard 〈17・18世紀〉
オーストリアの建築家。ウィーンの貴族や皇帝などのために制作。
⇒岩ケ（フィッシャー, フォン・エルラッハ, ヨハン・ベルナルト　1656-1723）
　キリ（フィッシャー・フォン・エルラハ, ヨーハン・ベルンハルト　1656.7.20-1723.4.5）
　建築（フィッシャー・フォン・エルラハ, ヨハン・ベルンハルト　1656-1723）
　国小（フィッシャー・フォン・エルラハ　1656.7.20-1723.4.5）
　コン2（フィッシャー・フォン・エルラハ　1656-1723）
　コン3（フィッシャー・フォン・エルラハ　1656-1723）
　新美（フィッシャー・フォン・エルラハ, ヨーハン・ベルンハルト　1656.7.20-1723.4.5）
　西洋（フィッシャー・フォン・エルラハ　1656.7.20-1723.4.5）
　世美（フィッシャー・フォン・エルラッハ, ヨハン・ベルンハルト　1656-1723）
　世百（フィッシャーフォンエルラハ　1656-1723）
　全書（フィッシャー・フォン・エルラハ　1656-1723）
　伝世（フィッシャー・フォン・エルラハ　1656.7.18-1723.4.5）
　百科（フィッシャー・フォン・エルラハ　1656-1723）

Fischer von Erlach, Joseph Emanuel 〈17・18世紀〉
オーストリアの建築家。広くヨーロッパを旅行し、父の死後、仕事を引継いだ。
⇒建築（フィッシャー・フォン・エルラッハ, ヨーゼフ・エマヌエル　1693-1742）
　コン2（フィッシャー・フォン・エルラハ　1693-1742）
　コン3（フィッシャー・フォン・エルラハ　1693-1742）
　西洋（フィッシャー・フォン・エルラハ　1693.9.13-1742.6.29）
　世美（フィッシャー・フォン・エルラッハ, ヨーゼフ・エマヌエーレ　1693-1742）

Fischl, Eric 〈20世紀〉
アメリカ生れの画家。
⇒世芸（フィッシェル, エリック　1948-）

Fisher, Bud 〈19・20世紀〉
アメリカの漫画家。
⇒岩ケ（フィッシャー, バド　1885-1954）
　コン3（フィッシャー　1885-1954）

Fisk, Nicholas 〈20世紀〉
イギリスの児童書の作家。
⇒英児（Fisk, Nicholas　フィスク, ニコラス　1923-）
　児イ（Fisk, Nicholas　フィスク, N.　1923-）
　世児（フィスク, ニコラス　1923-）

Fisker, Kay 〈20世紀〉
デンマークの建築家。
⇒国小（フィスカ　1893-）
　伝世（フィスカー　1893-1965）

Fitch, James Marston 〈20世紀〉
アメリカの建築保存家、歴史学者。
⇒岩ケ（フィッチ, ジェイムズ・マーストン　1909-）

Fiume, Salvatore 〈20世紀〉
イタリアの画家、舞台美術家。
⇒世美（フィウーメ, サルヴァトーレ　1915-）

Fix, Philippe 〈20世紀〉
フランスのイラストレーター。
⇒児イ（Fix, Philippe　フィックス, P.）

Fjæstad, Gustav 〈19・20世紀〉
スウェーデンの画家。
⇒新美（フィエスタッド, ギュスターヴ　1868.12.22-1948）
　二十（フィエスタッド, ギュスターヴ　1868.12.22-1948）

Flack, Marjorie 〈20世紀〉
アメリカの絵本作家。『アンガスとアヒル』（1930）は、ごく幼い子どものための絵本の先駆となった。
⇒英児（Flack, Marjorie　フラック, マージョリー　1897-1958）
　子本（フラック, マージョリー　1897-1958）
　児イ（Flack, Marjorie　フラック, M.　1897-1958）
　児文（フラック, マージョリー　1897-1958）
　世児（フラック, マージョリ　1897-1958）
　世女百（フラック, マージョリー　1897-1958）
　二十（フラック, マージョリー　1897-1958）

Flagg, Ernest 〈19・20世紀〉
アメリカの建築家。
⇒世美（フラッグ, アーネスト　1857-1947）

Flagg, James Montgomery 〈19・20世紀〉
アメリカの画家, 版画家。ペン画の商業用の作品で有名。
⇒岩ケ（フラッグ, ジェイムズ・モンゴメリー　1877-1960）
　国小（フラッグ　1877.6.18-1960.5.27）

Flanagan, Barry 〈20世紀〉
イギリス生れの彫刻家, 美術家。
⇒岩ケ（フラナガン, バリー 1941- ）
世芸（フラナガン, バリー 1941- ）
全書（フラナガン 1941- ）
二十（フラナガン, B. 1941- ）
美術（フラナガン, バリイ 1941- ）

Flandes, Juan de 〈15・16世紀〉
フランドル出身のスペインの画家。
⇒新美（フランデス, ホアン・デ 1465頃?-1519.12.16）

Flandrin, Auguste 〈19世紀〉
フランスの画家。作風は大体ロマン派に属した。
⇒西洋（フランドラン 1804-1843）

Flandrin, Hippolyte 〈19世紀〉
フランスの画家。アカデミーの教授を勤め, 各聖堂の壁画を制作。
⇒外国（フランドラン 1809-1864）
芸術（フランドラン, イポリット 1809-1864）
国小（フランドラン 1809.3.23-1864.3.21）
コン2（フランドラン 1809-1864）
コン3（フランドラン 1809-1864）
新美（フランドラン, イポリット 1809.3.23-1864.3.21）
人物（フランドラン 1809.3.23-1864.3.21）
西洋（フランドラン 1809.3.23-1864.3.21）
世美（フランドラン, イポリット 1809-1864）
全書（フランドラン 1809-1864）
大百（フランドラン 1809-1864）

Flandrin, Jean Paul 〈19・20世紀〉
フランスの風景画家。アングルの弟子。
⇒西洋（フランドラン 1811-1902）

Flandrin, Paul Hippolyte 〈19・20世紀〉
フランスの画家。主として宗教画を制作。
⇒コン2（フランドラン 1856-1921）
コン3（フランドラン 1856-1921）
西洋（フランドラン 1856-1921）

Flannagan, John Bernard 〈20世紀〉
アメリカの彫刻家。動物や小鳥を好んで取上げた。
⇒国小（フラナガン 1895.4.7-1942.1.6）
伝世（フラナガン 1895-1942）

Flantz, Nitza 〈20世紀〉
イスラエル生れの女性美術作家。
⇒世芸（フランツ, ニッツア 1943- ）

Flatman, Thomas 〈17世紀〉
イギリスの詩人, 細密画家。作品は『自画像』など。
⇒国小（フラットマン 1637-1688.12.8）

Flavin, Dan 〈20世紀〉
アメリカの美術家。光を用いたミニマル・アーティスト。
⇒岩ケ（フレイヴィン, ダン 1933- ）
才西（フレイヴィン, ダン 1933- ）
新美（フレヴィン, ダン 1933.4.1- ）
世芸（フレヴィン, ダン 1933-1997）
世美（フレヴィン, ダン 1933- ）
全書（フレービン 1933- ）
大辞3（フレイビン 1933- ）
二十（フレビン, ダン 1933.4.1- ）
美術（フレイヴィン, ダン 1933- ）

Flaxman, John 〈18・19世紀〉
イギリスの彫刻家。イギリス古典主義彫刻の代表者の一人。
⇒岩ケ（フラクスマン, ジョン 1755-1826）
芸術（フラクスマン, ジョン 1755-1826）
国小（フラックスマン 1755.7.6-1826.12.7）
新美（フラックスマン, ジョン 1755.7.6-1826.12.7）
西洋（フラックスマン 1755.7.6-1826.12.7）
世美（フラックスマン, ジョン 1755-1826）
世百（フラックスマン 1755-1826）
全書（フラックスマン 1755-1826）
百科（フラックスマン 1755-1826）

Fleetwood, Hugh（Nigel） 〈20世紀〉
イギリスのスリラー作家, 画家。
⇒二十英（Fleetwood, Hugh（Nigel） 1944- ）

Flegel, Georg 〈16・17世紀〉
ドイツの画家。
⇒世美（フレーゲル, ゲオルク 1563-1638）

Fleischer, Dave 〈20世紀〉
アメリカの漫画映画作家。兄マックスとコンビを組み『ポパイ・ザ・セーラー』シリーズなど多くの作品を作った。
⇒監督（フライシャー, ディヴ 1894.6.14-?）
コン3（フライシャー 1894-1979）
二十（フライシャー, デイブ 1894.6.14-1979）
百科（フライシャー兄弟）

Fleischer, Max 〈19・20世紀〉
アメリカの漫画映画作家。映画監督リチャード・フライシャーの父。
⇒監督（フライシャー, マックス 1889.7.17-1972.9.11）
二十（フライシャー, マックス 1889.7.17-1972.9.11）

Fleischmann, Adolf Richard 〈20世紀〉
ドイツの画家。
⇒世美（フライシュマン, アドルフ・リヒャルト 1892-1968）

Fleishman, Seymour 〈20世紀〉
アメリカのイラストレーター。
⇒児イ（Fleishman, Seymour フライシュマン, S. 1918- ）

Flémal, Bertholet 〈17世紀〉
フランドルの歴史画家。
⇒キリ（フレマール, ベルトレー 1614.5.23–1675.7.10）
国小（フレマール 1614.5.23–1675.7.10）
コン2（フレマル 1614–1675）
コン3（フレマル 1614–1675）
西洋（フレマル 1614.5.23–1675.7.10/8）

Fletcher, Sir Banister 〈19世紀〉
イギリスの建築家, 積算士。比較分析法による『比較建築史』を書いた。
⇒名著（フレッチャー 1833–1899）

Fletcher, Sir Banister Flight 〈19・20世紀〉
イギリスの建築家, 建築史家。父バニスターとの共著『比較的方法に基づく建築史』(1890)を出版。
⇒国小（フレッチャー 1866–1953）
世美（フレッチャー, バニスター・フライト 1866–1953）

F Fleur, Anne 〈20世紀〉
アメリカのイラストレーター。
⇒児イ（Fleur, Anne フラー, A.）

Flinck, Govaert 〈17世紀〉
オランダの画家。レンブラント作品のきわめて精巧な模倣者として知られた。
⇒国小（フリンク 1615.1.25–1660.2.2）
新美（フリンク, ホフェルト 1615.1.25–1660.2.2）
世美（フリンク, ホーフェルト 1615–1660）

Flitcroft, Henry 〈17・18世紀〉
イギリスの建築家。
⇒世美（フリットクロフト, ヘンリー 1697–1769）

Flocon, Albert 〈20世紀〉
フランスの画家。
⇒世芸（フロコン, アルベール 1909–1978）

Flöge, Emilie 〈19・20世紀〉
オーストリアのファッション・デザイナー。
⇒世女日（フレーゲ, エミリー 1874–1952）

Flora, James 〈20世紀〉
アメリカの絵本作家, 挿絵画家。
⇒英児（Flora, James フローラ, ジェイムズ 1914–）
児イ（Flora, James フローラ, J.）

Florent, Louis Felix 〈19世紀〉
フランスの土木・建築技術者。横須賀製鉄所建築課長として来日。
⇒日人（フロラン 1830–1900）
来日（フローラン 1830.4.21–1900.8.24）

Florent, Vincent Clément 〈19・20世紀〉
フランスの建築技術者。兄の後任で横須賀製鉄所（造船所）建築課長として来日。
⇒日人（フロラン 1833–1908）
来日（フローラン 1833.11.22–1908.1.2）

Florenzuoli, Pier Francesco 〈16世紀〉
イタリアの軍事技術者, 築城技師。
⇒世美（フロレンツオーリ, ピエル・フランチェスコ 16世紀）

Florigerio, Sebastiano 〈16世紀〉
イタリアの画家。
⇒世美（フロリジェーリオ, セバスティアーノ 1500頃–1543以降）

Floris de Vriendt, Cornelis 〈16世紀〉
フランドルの建築家, 彫刻家。グロテスク装飾をフランドルにもたらした。
⇒岩ケ（フローリス 1514頃–1575）
芸術（フロリス, コルネリス 1514–1575）
建築（フロリス(通称)(コルネリス・ド・ヴリーント) 1514–1575）
国小（フローリス 1514–1575.10.20）
新美（フロリス, コルネリス 1514–1575.10.20）
西洋（フローリス 1514–1575.10.20）
世美（フローリス, コルネリス二世 1514–1575）
百科（フローリス 1514頃–1575）

Floris de Vriendt, Frans 〈16世紀〉
フランドルの画家。代表作『最後の審判』(1565)。
⇒芸術（フロリス, フランス 1516頃–1570）
国小（フローリス 1516頃–1570.10.1）
コン2（フローリス 1518頃–1570）
コン3（フローリス 1518頃–1570）
新美（フロリス, フランス 1516頃–1570.10.1）
西洋（フローリス 1516–1570.10.1）
世美（フローリス, フランス 1516–1570）
世百（フロリス 1516–1570）
全書（フロリス 1516頃–1570）
百科（フローリス 1516–1570）

Flötner, Peter 〈15・16世紀〉
ドイツの彫刻家, 工芸家, 建築家。
⇒芸術（フロエトナー, ペーター 1490/95–1546）
建築（フレトナー, ペーター 1485頃–1546）
国小（フロットナー 1495頃–1546）
新美（フレートナー, ペーター 1490頃–1546.10.23）
西洋（フレートナー 1485頃–1546.10.23）
世美（フレトナー, ペーター 1485頃–1546）
世百（フレートナー 1490/5–1546）
全書（フレートナー 1490頃–1546）

Floyd, Gareth 〈20世紀〉
イギリスのイラストレーター。
⇒児イ（Floyd, Gareth フロイド, G.）

Focillon, Henri Joseph 〈19・20世紀〉
フランスの美術史家。中世芸術を大系化した。
⇒オ西（フォシヨン, アンリ 1881–1943）
広辞5（フォシヨン 1881–1943）
広辞6（フォシヨン 1881–1943）

国小（フォシヨン　1881.9.7-1943.3.3）
コン3（フォシヨン　1881-1943）
新美（フォシヨン，アンリ　1881.9.7-1943.3.3）
西洋（フォシヨン　1881.9.7-1943.3.3）
世美（フォシヨン，アンリ　1881-1943）
世百（フォシヨン　1881-1943）
世百新（フォシヨン　1881-1943）
全書（フォシヨン　1881-1943）
大百（フォシヨン　1881-1943）
二十（フォシヨン，アンリ　1881.9.7-1943.3.3）
百科（フォシヨン　1881-1943）
名著（フォシヨン　1881-1943）

Foggini, Giovanni Battista〈17・18世紀〉
イタリアの彫刻家，建築家。
⇒世美（フォッジーニ，ジョヴァンニ・バッティスタ　1652-1725）

Foggini, Giulio〈17・18世紀〉
イタリアの建築家。
⇒世美（フォッジーニ，ジューリオ　17-18世紀）

Foggini, Vincenzo〈17・18世紀〉
イタリアの彫刻家。
⇒世美（フォッジーニ，ヴィンチェンツォ　17-18世紀）

Fogolino, Marcello〈15・16世紀〉
イタリアの画家。
⇒世美（フォゴリーノ，マルチェッロ　1480頃-1548以降）

Fohr, Carl Philipp〈18・19世紀〉
ドイツの画家。風景画家としてすぐれ，当時の古典的風景画に清新で自由な表現を与えた。
⇒芸術（フォール，カルル・フィリップ　1795-1818）
　新美（フォール，カール・フィリップ　1795.11.26-1818.6.29）
　西洋（フォール　1795.11.26-1818.6.29）

Földes, Peter〈20世紀〉
ハンガリー生れのアニメーション作家，画家。
⇒世映（フォルデス，ピーター　1923/24-1977）

Foley, John Henry〈19世紀〉
イギリスの彫刻家。
⇒岩ケ（フォリー，ジョン・ヘンリー　1818-1874）

Folkard, Charles James〈19・20世紀〉
イギリスの挿絵画家。
⇒児イ（Folkard, Charles James　1878-1963）

Follini, Carlo〈19・20世紀〉
イタリアの画家。
⇒世美（フォッリーニ，カルロ　1848-1938）

Folon, Jean Michel〈20世紀〉
ベルギーの画家。
⇒世芸（フォロン，ジェーン・ミッシェル　1934-）
　世俳（フォロン，ジャン-ミシェル　1934.3.1-2005.10.20）
　世美（フォロン，ジャン=ミシェル　1934-）
　二十（フォロン，J.M.　1934-）

Fomez, Antonio〈20世紀〉
イタリアの画家，彫刻家。
⇒世美（フォメズ，アントーニオ　1937-）

Fomin, Ivan Aleksandrovich〈19・20世紀〉
ソ連の建築家，建築史家。作品にモスクワ地下鉄の『クラスヌィエ・ヴォロタ駅』。
⇒コン2（フォミーン　1872-1936）
　コン3（フォミーン　1872-1936）

Fonduti, Agostino〈15・16世紀〉
イタリアの彫刻家，建築家。
⇒世美（フォンドゥーティ，アゴスティーノ　15-16世紀）

Fong, Wen〈20世紀〉
アメリカの中国美術史学者。中国生れ。中国美術史学の水準を画期的に向上させた。
⇒西洋（フォン　1930.9.9-）

Fonoll, Rainard (Fonoyll, Rainardus)〈14世紀〉
イギリス出身の建築長，石碑作家。スペイン・カタルーニャで活躍。
⇒建築（フォノル，ライナード（フォノイル，ライナルドゥス）（活動）14世紀後半）

Fontaine, Pierre François Léonard〈18・19世紀〉
フランスの建築家。ナポレオン・ルイ18世らに仕えた。カルーセル凱旋門（1806）などを製作。
⇒建築（フォンテーヌ，ピエール=フランソワ=レオナール　1762-1853）
　国小（フォンテーヌ　1762.9.20-1853.10.10）
　コン2（フォンテーヌ　1762-1853）
　コン3（フォンテーヌ　1762-1853）
　新美（フォンテーヌ，フランソワ　1762.9.20-1853.10.10）
　西洋（フォンテーヌ　1762.9.20-1853.10.10）
　世美（フォンテーヌ，ピエール=フランソワ=レオナール　1762-1853）
　全書（フォンテーヌ　1762-1853）
　デス（フォンテーヌ　1762-1853）
　百科（フォンテーヌ　1762-1853）

Fontana, Annibale〈16世紀〉
イタリアの彫刻家。
⇒世美（フォンターナ，アンニーバレ　1540-1587）

Fontana, Carlo〈17・18世紀〉
イタリアの建築家。後期バロックのローマ派建築の指導者。
⇒岩ケ（フォンターナ，カルロ　1634/38-1714）
　キリ（フォンターナ，カルロ　1634-1714.2.5）
　建築（フォンターナ，カルロ　1634-1714）
　国小（フォンタナ　1638-1714.2.5）
　新美（フォンターナ，カルロ　1634-1714.2.5）
　西洋（フォンターナ　1634/8-1714.2.5）

Fontana, Domenico 〈16・17世紀〉
イタリアの建築家。
⇒岩ケ（フォンターナ，ドメニコ　1543-1607）
教皇（フォンターナ，ドメニコ　?-1607）
キリ（フォンターナ，ドメーニコ　1543-1607）
建築（フォンターナ，ドメニコ　1543-1607）
国小（フォンタナ　1543-1607）
コン2（フォンターナ　1543-1607）
コン3（フォンターナ　1543-1607）
新美（フォンターナ，ドメーニコ　1543-1607）
西洋（フォンターナ　1543-1607）
世美（フォンターナ，ドメーニコ　1543-1607）
全書（フォンタナ　1543-1607）
百科（フォンタナ　1543-1607）

Fontana, Lavinia 〈16・17世紀〉
イタリアの女性画家。
⇒世女（フォンタナ，ラヴィーニア　1552-1614）
世女日（フォンターナ，ラヴィニア　1552-1614）
世美（フォンターナ，ラヴィーニア　1552-1614）

Fontana, Lucio 〈20世紀〉
イタリアの画家，彫刻家。アルゼンチン生れ。抽象美術を制作した。
⇒岩ケ（フォンターナ，ルーチョ　1899-1968）
オ西（フォンターナ，ルーチョ　1899-1968）
現人（フォンタナ　1899.2.19-1968.9.7）
広辞6（フォンタナ　1899-1968）
国小（フォンターナ　1899-1968）
コン3（フォンターナ　1899-1968）
新美（フォンターナ，ルーチョ　1899.2.19-1968.9.7）
人物（フォンタナ　1899.2.19-）
西洋（フォンターナ　1899.2.19-1968.9.7）
世芸（フォンターナ，ルーチョ　1899-1968）
世美（フォンターナ，ルーチョ　1899-1968）
世百新（フォンタナ　1899-1968）
全書（フォンタナ　1899-1968）
大辞3（フォンタナ　1899-1968）
大百（フォンタナ　1899-1968）
ナビ（フォンタナ　1899-1968）
二十（フォンタナ，ルーチョ　1899.2.19-1966.9.7）
美術（フォンタナ，ルーチョ　1889-1968）
百科（フォンタナ　1899-1968）

Fontana, Prospero 〈16世紀〉
イタリアの画家。マニエリスムの作風を踏襲し，代表作は『聖アレスシオ』(1576)。
⇒国小（フォンタナ　1512-1597）
世美（フォンターナ，プロスペロ　1512-1597）

Fontanesi, Antonio 〈19世紀〉
イタリアの風景画家。1876年日本政府の招きで来日し，日本最初の西洋画教授となった。
⇒外国（フォンタネージ　1818-1882）
芸術（フォンタネージ，アントニオ　1818-1882）
広辞4（フォンタネージ　1818-1882）
広辞6（フォンタネージ　1818-1882）
国史（フォンタネージ　1818-1882）
国小（フォンタネージ　1818.2.23-1882.4.17）
コン2（フォンタネージ　1818-1882）
コン3（フォンタネージ　1818-1882）
新美（フォンタネージ，アントーニオ　1818.2.23-1882.4.17）
人物（フォンタネージ　1818.2.23-1882.4.17）
西洋（フォンタネージ　1818.2.23-1882.4.17）
世西（フォンタネージ　1818.2.23-1882.4.18）
世美（フォンタネージ，アントーニオ　1818-1882）
世百（フォンタネージ　1818-1882）
全書（フォンタネージ　1818-1882）
大辞（フォンタネージ　1818-1882）
大辞3（フォンタネージ　1818-1882）
大百（フォンタネージ　1818-1882）
デス（フォンタネージ　1818-1882）
伝世（フォンタネージ　1818.2.23-1882.4.17）
日人（フォンタネージ　1818-1882）
百科（フォンタネージ　1818-1882）
来日（フォンタネージ　1818.2.23-1882.4.17）

Fontanesi, Francesco 〈18・19世紀〉
イタリアの画家，舞台美術家。
⇒世美（フォンタネージ，フランチェスコ　1751-1831）

Fontebasso, Francesco 〈18世紀〉
イタリアの画家。
⇒世美（フォンテバッソ，フランチェスコ　1709-1769）

Foote, Mary Anna 〈19・20世紀〉
アメリカの児童文学作家，挿絵画家。
⇒世女日（フート，メアリー・アナ　1847-1938）

Foppa, Ambrogio 〈15・16世紀〉
イタリアの彫刻家。
⇒芸術（フォッパ，アムブロジオ　1446-1530）

Foppa, Vincenzo 〈15・16世紀〉
イタリアの画家。1456～90年ミラノ公の宮廷画家。
⇒芸術（フォッパ，ヴィンチェンツォ　1430頃-1515頃）
国小（フォッパ　1430頃-1515/6）
新美（フォッパ，ヴィンチェンツォ　1430頃-1515頃）
西洋（フォッパ　1428/30-1515/6）
世美（フォッパ，ヴィンチェンツォ　1427-1516）

Forain, Jean Louis 〈19・20世紀〉
フランスの画家。強烈な批評精神による諷刺画を描いた。
⇒オ西（フォラン，ジャン=ルイ　1852-1931）
芸術（フォラン，ジャン・ルイ　1853-1931）
国小（フォラン　1852.10.23-1931.7.11）
新美（フォラン，ジャン=ルイ　1852.10.23-1931.7.11）
西洋（フォラン　1852.10.23-1931.7.11）
世芸（フォラン，ジャン・ルイ　1853-1931）
世美（フォラン，ジャン=ルイ　1852-1931）
二十（フォラン，ジャン・ルイ　1852.10.23-1931.7.11）

Forbes, Elizabeth 〈19・20世紀〉
カナダ生れの画家。
⇒世女日（フォーブス，エリザベス　1859-1912）

Forbes, John A. 〈20世紀〉
カナダの美術史家。アルバータ大学美術・デザイン学科教授。
⇒二十（フォーブス，ジョン・A.）

Forbes, Leslie 〈20世紀〉
イギリスのデザイナー，イラストレーター，料理研究家。
⇒海作4（フォーブス，レスリー）

Force, Juliana Rieser 〈19・20世紀〉
アメリカの美術館経営者。
⇒世女日（フォース，ジュリアナ・リーサー 1876–1948）

Forchhammer, Peter Wilhelm 〈19世紀〉
ドイツの考古学者。
⇒世美（フォルヒハンマー，ペーター・ヴィルヘルム 1801–1894）

Ford, Edward Onslow 〈19・20世紀〉
イギリスの彫刻家。肖像彫刻家として有名。
⇒国小（フォード 1852.7.27–1901.12.23）

Ford, Henry Justice 〈19・20世紀〉
イギリスの挿絵画家。
⇒児イ（Ford, Henry Justice 1860–1941）
世児（フォード，H（ヘンリ）・J（ジャスティス） 1860–1941）

Foreman, Michael 〈20世紀〉
イギリスの絵本作家，挿絵画家。
⇒英児（Foreman, Michael フォアマン，マイケル 1938–）
児イ（Foreman, Michael フォアマン，M. 1938–）
世児（フォアマン，マイケル 1938–）

Forest, Fred 〈20世紀〉
フランスのニューメディア作家。
⇒世芸（フォーリスト，フレッド ?–）

Forment, Damián 〈15・16世紀〉
スペインの彫刻家。
⇒世美（フォルメント，ダミアン 1480頃–1541頃）

Fornara, Carlo 〈19・20世紀〉
イタリアの画家。
⇒世美（フォルナーラ，カルロ 1871–1968）

Fornovo, Giovanni Battista 〈16世紀〉
イタリアの建築家。
⇒世美（フォルノーヴォ，ジョヴァンニ・バッティスタ 1521–1573）

Forslind, Ann 〈20世紀〉
スウェーデンの絵本作家，イラストレーター。
⇒児作（Forslind, Ann フォッシュリンド，アン 1953–）

Förster, Ludwig von 〈18・19世紀〉
ドイツの建築家。イタリア・ルネサンス風の建築で知られている。
⇒建築（フェルスター，ルートヴィヒ・フォン 1797–1863）
西洋（フェルスター 1797.10.8–1863.6.8）

Forsyth, Gordon Mitchell 〈19・20世紀〉
イギリスの陶芸デザイナー，教師。
⇒岩ケ（フォーサイス，ゴードン・ミッチェル 1879–1953）

Forte, Luca 〈17世紀〉
イタリアの画家。
⇒世美（フォルテ，ルーカ 17世紀）

Fortesque-Brickdale, Mary 〈19・20世紀〉
イギリスの画家。
⇒世女日（フォーテスク＝ブリックデイル，メアリー 1872–1945）

Fortnum, Peggy 〈20世紀〉
イギリスのイラストレーター。
⇒児イ（Fortnum, Peggy フォートナム，P. 1919–）

Fortuny, Mariano 〈19世紀〉
スペインの画家。
⇒芸術（フォルテュニー，マリアノ 1838–1874）

Fortuny y Carbó, Mariano 〈19世紀〉
スペインの画家。主として歴史画を描いた。
⇒国小（フォルトゥニー 1838.6.11–1874）
新美（フォルトゥニイ，マリアーノ 1838.6.1–1874.11.12）
スペ（フォルトゥニ 1838–1874）
世美（フォルトゥニー・イ・マルサル，マリアーノ 1838–1874）
百科（フォルトゥニー 1838–1874）

Fortuny y Madrazo, Mariano 〈19・20世紀〉
スペインの画家，舞台美術家。
⇒世美（フォルトゥニー・イ・マドラーソ，マリアーノ 1871–1949）

Fossati, Domenico 〈18世紀〉
イタリアの画家，舞台美術家。
⇒世美（フォッサーティ，ドメーニコ 1743–1784）

Fossoux, Claude 〈20世紀〉
フランス生れの画家。
⇒世芸（フソー，クロード 1946–）

Foster, Gus 〈20世紀〉
アメリカの写真家。
⇒世芸（フォスター，ガス 1941–）

Foster, Myles Birket〈19世紀〉
イギリスの挿絵画家，木版画家。ロングフェロー作 "Evangeline" の挿絵(1850)，ワーズワース等の作品の挿絵を描いた。
⇒西洋（フォスター　1825.2.4-1899.3.27）

Foster, *Sir* **Norman（Robert）**〈20世紀〉
イギリスの建築家。
⇒岩ケ（フォスター，サー・ノーマン(・ロバート)　1935-）
　二十（フォスター，ノーマン　1935-）

Foucher, Alfred〈19・20世紀〉
フランスの東洋学者。インド美術をギリシア美術と関係づけた。
⇒外国（フーシェ　1880頃-）
　国小（フーシェ　1865.11.21-1952）
　新美（フーシェ，アルフレッド　1865.11.21-1952）
　人物（フーシェ　1865.11.21-）
　西洋（フーシェ　1865.11.21-1952）
　世宗（フーシェ　1865-1952）
　世西（フーシェ　1865-）
　世東（フーシェ　1865-1952）
　全書（フーシェ　1865-1952）
　二十（フーシェ，アルフレッド　1865.11.21-1952）
　百科（フーシェ　1865-1952）
　名著（フーシェ　1865-1952）

Fougeron, André〈20世紀〉
フランスの画家。フランス社会主義的リアリズムの先駆者。46年国家賞受賞。
⇒外国（フージュロン　1913-）
　国小（フージュロン　1913.10.1-）
　コン3（フージュロン　1913-）
　人物（フージュロン　1913.10.1-）
　西洋（フージュロン　1912.10.1-）
　世芸（フージュロン，アンドレ　1913-）
　世美（フージュロン，アンドレ　1913-）
　世百（フージュロン　1913-）
　全書（フージュロン　1912-）
　大百（フージュロン　1913-）
　二十（フージュロン，A.　1913(12)-）

Fougstedt, Arvid〈19・20世紀〉
スウェーデンの画家。
⇒世美（フォウグステット，アルヴィド　1888-1949）

Fouquet, Jean〈15世紀〉
フランスの画家。1475年ルイ11世から「王室画家」の称号を受けた。
⇒岩ケ（フーケ，ジャン　1420頃-1480頃）
　外国（フーケー　1416頃-1480）
　角世（フーケ　1420?-80?）
　キリ（フケー，ジャン　1425頃-1477/81）
　芸術（フーケ，ジャン　1425-1481?）
　広辞4（フーケ　1420頃-1480頃）
　広辞6（フーケ　1420頃-1480頃）
　国小（フーケ　1420頃-1480頃）
　国百（フーケ，ジャン　1420頃-1480頃）
　コン3（フーケ　1415/20-1480頃）
　新美（フーケ，ジャン　1420頃-1477/-81）
　人物（フーケ　1415頃-1481）
　西洋（フーケ　1415/20-1477/81）
　世西（フーケ　1415/20-1481）
　世美（フーケ，ジャン　1420-1480頃）
　世百（フーケ　1415/20-1477/81）
　全書（フーケ　1420頃-1477/81）
　大百（フーケ　1420-1481）
　伝世（フーケ　1420頃-1480頃）
　百科（フーケ　1420頃-1480）
　評世（フーケ　1416頃-1480）

Fowke, Francis〈19世紀〉
イギリスのエンジニア，建築家。
⇒岩ケ（フォーク，フランシス　1823-1865）

Fowler, Charles〈18・19世紀〉
イギリスの建築家。商業建築にすぐれた設計を残した。
⇒国小（ファウラー　1792.5.17-1867.9.26）

Fox, Matt〈20世紀〉
アメリカの画家。
⇒幻文（フォックス，マット　1906-?）

Fox, Mem〈20世紀〉
オーストラリアの女性絵本作家，著述家。
⇒英児（Fox, Mem　フォックス，メム　1946-）

Fra Angelico〈14・15世紀〉
イタリアの画家。1420年代フィレンツェの新絵画運動を取り入れ，新宗教画様式を確立。
⇒逸話（フラ=アンジェリコ　1387頃-1455）
　岩ケ（アンジェリコ，フラ　1400頃-1455）
　旺世（アンジェリコ，フラ　1400頃-1455）
　外国（フラ・アンジェリコ　1387-1455）
　角世（アンジェリコ　1400?-1455）
　教皇（アンジェリコ，フラ　1400頃-1455）
　キリ（アンジェーリコ，フラ　1387-1455.2.18）
　芸術（アンジェリコ，ベアト　1387-1455）
　芸術（アンジェリコ　1387/1400-1455）
　広辞4（フラ・アンジェリコ　1387-1455）
　広辞6（フラ・アンジェリコ　1387-1455）
　国小（アンジェリコ　1400頃-1455.3.18）
　国百（アンジェリコ，フラ　1400頃-1455.3.18）
　コン2（フラ・アンジェリコ　1387-1455）
　コン3（フラ・アンジェリコ　1387-1455）
　新美（アンジェリコ，フラ　1387/1400-1455.2.18）
　人物（フラ・アンジェリコ　1387-1455.3.18）
　西洋（アンジェリコ　1387/8-1455.3.18/10）
　世人（フラ=アンジェリコ　1387/88-1455）
　世西（アンジェリコ　1387-1455.3.18）
　世美（アンジェーリコ，フラ　1400頃-1455）
　全書（フラアンジェリコ　1387-1455）
　大辞（フラ・アンジェリコ　1387/1400-1455）
　大辞3（フラ・アンジェリコ　1387/1400-1455）
　大百（フラ・アンジェリコ　1387-1455）
　デス（フラ・アンジェリコ　1387-1455）
　伝世（フラ・アンジェリコ　1387/1400-1455）
　百科（アンジェリコ　1400頃-1455）
　評世（アンジェリコ　1387/88-1455）
　山世（アンジェリコ　1400?-1455）

歴史（フラ＝アンジェリコ　1387-1455）

Fracanzano, Francesco〈17世紀〉
イタリアの画家。
⇒世美（フラカンツァーノ, フランチェスコ
　1612-1657）

Fracassini, Cesare〈19世紀〉
イタリアの画家。
⇒世美（フラカッシーニ, チェーザレ　1838-1868）

Frace, Charles〈20世紀〉
アメリカのイラストレーター。
⇒児イ（Frace, Charles）

Fraenger, Wilhelm〈19・20世紀〉
ドイツの美術史家。
⇒キリ（フレンガー, ヴィルヘルム　1890.6.5-
　1964.11.19）

Fragiacomo, Pietro〈19・20世紀〉
イタリアの画家。
⇒世美（フラジャーコモ, ピエトロ　1856-1922）

Fragonard, Alexandre-Evariste〈18・
19世紀〉
フランスの画家, 版画家。
⇒新美（フラゴナール, アレッサンドル＝エヴァリ
　スト　1780.10-1850.11.10）

Fragonard, Jean-Honoré〈18・19世紀〉
フランスの画家。ルイ王朝末期の享楽的な宮廷
風俗を描いた。主要作品は『音楽のレッスン』
など。
⇒岩ケ（フラゴナール, ジャン・オノレ　1732-
　1806）
　旺世（フラゴナール　1732-1806）
　外国（フラゴナール　1732-1806）
　角世（フラゴナール　1732-1806）
　芸術（フラゴナール, ジャン・オノレ　1732-
　1806）
　広辞4（フラゴナール　1732-1806）
　広辞6（フラゴナール　1732-1806）
　国小（フラゴナール　1732.4.5-1806.8.22）
　国百（フラゴナール, ジャン・オノレ　1732.4.5-
　1806.8.22）
　コン2（フラゴナール　1732-1806）
　コン3（フラゴナール　1732-1806）
　新美（フラゴナール, ジャン・オノレ　1732.4.5-
　1806.8.22）
　人物（フラゴナール　1732.4.17-1806.8.22）
　西洋（フラゴナール　1732.4.17-1806.8.22）
　世人（フラゴナール　1732-1806）
　世西（フラゴナール　1732.4.5-1806.8.22）
　世美（フラゴナール, ジャン＝オノレ　1732-
　1806）
　世百（フラゴナール　1732-1806）
　全書（フラゴナール　1732-1806）
　大辞（フラゴナール　1732-1806）
　大辞3（フラゴナール　1732-1806）
　大百（フラゴナール　1732-1806）
　デス（フラゴナール　1732-1806）
　伝世（フラゴナール　1732.4.5-1806.8.22）
　百科（フラゴナール　1732-1806）

評世（フラゴナール　1732-1806）

Frame, Paul〈20世紀〉
アメリカのイラストレーター。
⇒児イ（Frame, Paul　フレイム, P.　1913-）

Frampton, *Sir* George James〈19・20
世紀〉
イギリスの彫刻家, 工芸家。主作品は『ビクト
リア女王の像』。
⇒岩ケ（フランプトン, サー・ジョージ・ジェイム
　ズ　1860-1928）
　芸術（フラムプトン, ジョージ　1860-1928）
　国小（フランプトン　1860.6.16-1928.5.21）
　世芸（フラムプトン, ジョージ　1860-1928）

Frampton, Hollis〈20世紀〉
アメリカ生れの映像作家, 写真家。
⇒世映（フランプトン, ホリス　1936-1984）

Frampton, Kenneth〈20世紀〉
イギリス生れの建築家。コロンビア大学教授。
⇒二十（フランプトン, ケネス　1930-）

Francart, Jacques〈16・17世紀〉
ベルギーの建築家。イタリアのバロック様式を
フランドルに伝えた。
⇒建築（フランカル, ジャック　1583頃-1651）
　国小（フランカール　1577?-1651）
　新美（フランカール, ジャック　1582/83-1651）
　人物（フランカール　1577-1651）
　世美（フランカール, ジャック　1582頃-1651）

Francastel, Pierre〈20世紀〉
フランスの美学(芸術学)者。1948年からパリ
の高等学術研究院の第4部門の研究主任。
⇒岩哲（フランカステル　1900-1970）
　現人（フランカステル　1900-1970）
　世美（フランカステル, ピエール　1900-1970）
　世百新（フランカステル　1900-1970）
　二十（フランカステル, ピエール　1900-1970）
　百科（フランカステル　1900-1970）

Francavilla, Pietro〈16・17世紀〉
フランスの彫刻家。
⇒世美（フランカヴィッラ, ピエトロ　1553頃-
　1615頃）

Frances, Gerard〈20世紀〉
フランス生れの画家。
⇒世芸（フランシス, ジェラード　1955-）

Franceschini, Baldassare〈17世紀〉
イタリアの画家。フィレンツェのニコリニ礼拝
堂の装飾などに従事。
⇒国小（フランチェスキーニ　1611-1689.1.9）

Franceschini, Marcantonio〈17・18世
紀〉
イタリアの画家。美しい色彩の装飾的なフレス
コ画と油絵を多数描いた。
⇒国小（フランチェスキーニ　1648.4.5-

1729.12.24)
世美(フランチェスキーニ, マルカントーニオ 1648-1729)

Francesco dai Libri 〈15・16世紀〉
イタリアの写本装飾画家。
⇒世美(フランチェスコ・ダイ・リブリ 1452-1502/14)

Francesco da Rimini 〈14世紀〉
イタリアの画家。
⇒世美(フランチェスコ・ダ・リーミニ (活動)14世紀前半)

Francesco d'Assisi, St 〈12・13世紀〉
フランシスコ修道会の創立者。イタリアの守護聖人。
⇒岩ケ(聖フランチェスコ(アッシジの) 1181頃-1226)
　外国(フランチェスコ(アッシジの) 1181/2-1226)
　看護(フランチェスコ(聖) 1182-1226)
　教育(フランチェスコ(アッシジの) 1182?-1226)
　キリ(フランチェスコ(アッシージの) 1181-1226.10.3)
　広辞4(フランチェスコ 1182?-1226)
　国小(フランシスコ(アッシジの) 1181.2-1226.10.3)
　国百(フランシスコ, ジョバンニ 1181/2-1226.10.3)
　コン2(フランチェスコ・ダッシージ(アッシジの) 1181/2-1226)
　集文(フランチェスコ・ダッシージ 1181/82-1226.10.4/3)
　新美(フランチェスコ(聖)(アッシージの) 1181-1226.10.3)
　人物(フランチェスコ 1181-1226.10.3)
　西洋(フランチェスコ(アッシジの) 1181/2-1226.10.3)
　世美(フランチェスコ 1182-1226.10.3)
　世百(フランチェスコ(アッシージの, 聖) 1181-1226)
　世文(フランチェスコ 1181/2-1226)
　全書(フランチェスコ(アッシジの) 1181/82-1226)
　大辞(フランチェスコ 1181-1226)
　大百(フランシスコ(アッシジの) 1182-1226)
　デス(フランチェスコ(アッシジの) 1182頃-1226)
　伝世(フランチェスコ 1182-1226)
　百科(フランチェスコ(アッシジの) 1181/2-1226)
　名著(フランチェスコ 1182-1226)
　歴史(フランチェスコ 1181/82-1226)

Francesco de'Franceschi 〈15世紀〉
イタリアの画家。
⇒世美(フランチェスコ・デ・フランチェスキ (活動)1443-1468)

Francesco di Gentile 〈15世紀〉
イタリアの画家。
⇒世美(フランチェスコ・ディ・ジェンティーレ 15世紀後半)

Francesco di Giorgio Martini 〈15・16世紀〉
イタリアの画家, 彫刻家, 建築家。建築学書や啓蒙書も著した。
⇒岩ケ(フランチェスコ・ディ・ジョルジョ 1439-1502)
　建築(フランチェスコ・ディ・ジョルジョ・マルティーニ 1439-1502)
　国小(フランチェスコ・ディ・ジョルジョ 1439.9.23-1502.11.29)
　新美(フランチェスコ・ディ・ジョルジオ・マルティーニ 1439.9.23-1501.11)
　西洋(フランチェスコ・ディ・ジョルジョ 1439.9.23-1502.11.29)
　世美(フランチェスコ・ディ・ジョルジョ・マルティーニ 1439-1501)
　百科(フランチェスコ・ディ・ジョルジョ・マルティーニ 1439-1501)

Francesco di Valdambrino 〈15世紀〉
イタリアの彫刻家。
⇒世美(フランチェスコ・ディ・ヴァルダンブリーノ (記録)1401-1435)

Francese, Franco 〈20世紀〉
イタリアの画家。
⇒世美(フランチェーゼ, フランコ 1920-)

Francheville, Pierre 〈16・17世紀〉
フランスの彫刻家, 画家。ルイ13世の宮廷彫刻家となり,『アンリ4世像』(ルーヴル)等を制作。
⇒岩ケ(フランシュヴィル, ピエール 1548-1616)
　コン2(フランシュヴィル 1553-1615)
　コン3(フランシュヴィル 1553-1615)
　西洋(フランシュヴィル 1548頃-1615.8.25)

Franchi, Giuseppe 〈18・19世紀〉
イタリアの彫刻家。
⇒世美(フランキ, ジュゼッペ 1731-1806)

Franchi, Rossello di Iacopo 〈14・15世紀〉
イタリアの画家。
⇒世美(フランキ, ロッセッロ・ディ・ヤーコポ 1376頃-1457)

Franchina, Nino 〈20世紀〉
イタリアの彫刻家。
⇒世美(フランキーナ, ニーノ 1912-1987)

Francia, Francesco 〈15・16世紀〉
イタリアの画家, 金工家。作品には『フェリチニの聖母子』(1494)など。
⇒岩ケ(フランチャ 1450-1517)
　芸術(フランチャ 1450頃-1517頃)
　国小(フランチア 1450頃-1517.1.5)
　新美(フランチア 1450頃-1517.1.5)
　人物(フランチア 1450頃-1517頃)
　西洋(フランチャ 1450頃-1517.1.5)
　世美(フランチャ 1460頃-1517)

世百（フランチア　1450-1517）
全書（フランチア　1450頃-1517）

Franciabigio 〈15・16世紀〉
イタリアの画家。フィレンツェ派の画家として，メディチ宮の装飾壁画（1519）などに従事。
⇒岩ケ（フランチャビージョ　1482-1525）
　キリ（フランチャビージョ　1482頃-1525.1.24）
　芸術（フランチアビジオ　1482-1525）
　国小（フランチアビジオ　1482-1522）
　新美（フランチアビジオ　1482/83-1525.1）
　西洋（フランシャビージョ　1483頃-1525.1.24）
　世美（フランチャビージョ　1482/83-1525）
　全書（フランチアビジオ　1482頃-1525）

Francione 〈15世紀〉
イタリアの建築家，インターリオ（装飾彫り）作家。
⇒世美（フランチョーネ　1428-1495）

Francis, Sam 〈20世紀〉
アメリカの画家。アンフォルメルを代表する抽象画家。
⇒岩ケ（フランシス, サム　1923-）
　オ西（フランシス, サム　1923-）
　国小（フランシス　1923-）
　コン3（フランシス　1923-）
　新美（フランシス, サム　1923.6.25-）
　世芸（フランシス, サム　1923-1994）
　世美（フランシス, サム　1923-）
　全書（フランシス　1923-）
　大辞3（フランシス　1923-1994）
　大百（フランシス　1923-）
　ナビ（フランシス　1923-1994）
　二十（フランシス, サム　1923.6.25-）

Francisco, Esteban 〈20世紀〉
スペインの画家。超現実主義絵画を制作。
⇒外国（フランセス　1914-）
　国小（フランシスコ　1914-）
　世芸（フランシスコ, エステバン　1914-1983）

Franck, Kaj 〈20世紀〉
フィンランドの指導的プロダクト・デザイナー。スカンディナヴィア・デザインの旗手で，グッド・デザイン運動の契機を開いた。
⇒新美（フランク, カイ　1911-）
　伝世（フランク, K.　1911-）
　二十（フランク, カイ　1911-）

Franck, Pawels 〈16世紀〉
フランドルの画家。
⇒世美（フランク, パウエルス　1540-1596）

Francke, Paul 〈16・17世紀〉
ドイツの建築家。
⇒建築（フランケ, パウル　1537-1615）

Francke (Meister Francke) 〈15世紀〉
ドイツの画家。
⇒キリ（フランケ(マイスター・フランケ)（活躍）15世紀初頭-1424頃）
　芸術（フランケ　15世紀）
　国小（フランケ　生没年不詳）

新美（マイスター・フランケ　1380頃-1430以後）
西洋（マイスター・フランケ　15世紀）
世美（マイスター・フランケ　14-15世紀）
百科（マイスター・フランケ　1380頃-1430頃）

Francken, Ambrosius I 〈16・17世紀〉
フランドルの画家。フランケン・ニコラースの息子。
⇒世美（フランケン, アンブロシウス一世　1544-1618）

Francken, Frans I 〈16・17世紀〉
フランドルの画家。フランケン・ニコラースの息子。
⇒世美（フランケン, フランス一世　1542-1616）

Francken, Frans II 〈16・17世紀〉
フランドルの画家。
⇒世美（フランケン, フランス二世　1581-1642）

Francken, Hieronymus I 〈16・17世紀〉
フランドルの画家。
⇒世美（フランケン, ヒエロニムス一世　1540-1610）

Francken, Nicolaes 〈16世紀〉
フランドルの画家の一族。
⇒世美（フランケン, ニコラース　16世紀）

Francken, Ruth 〈20世紀〉
チェコスロバキア生れの画家，写真家，彫刻家。
⇒世芸（フランケン, ルス　1924-）

Franclin, Francoise 〈20世紀〉
フランス生れの画家。
⇒世芸（フランクラン, フランソワーズ　1939-）

Franco, Battista 〈16世紀〉
イタリアの画家，版画家。
⇒世美（フランコ, バッティスタ　1510頃-1561）

Franco Bolognese 〈14世紀〉
イタリアの写本装飾画家。
⇒世美（フランコ・ボロニェーゼ　（活動）14世紀初頭）

François, Alessandro 〈18・19世紀〉
イタリアの考古学者。
⇒世美（フランソワ, アレッサンドロ　1796-1857）

François, André 〈20世紀〉
フランスの漫画家。作品集『入れ墨した水夫』などのほかディドロの『運命論者ジャック』の挿絵も担当。
⇒現人（フランソワ　1915.11.9-）

François, Guy 〈16・17世紀〉
フランスの画家。
⇒世美（フランソワ, ギー　1580以前-1650）

François, Jean Charles 〈18世紀〉
フランスの銅版画家。クレヨン・デッサンの表現効果を銅版画で行うテクニックの発見で著名。
⇒国小（フランソア　1717-1769）

François I 〈15・16世紀〉
フランス王(在位1515～47)。神聖ローマ皇帝と2度抗争。
⇒岩ケ（フランソワ1世　1494-1547）
　旺世（フランソワ(1世)　1494-1547）
　外国（フランソア1世　1494-1547）
　角世（フランソワ1世　1497-1547）
　キリ（フランソワ1世　1494.9.12-1547.3.31）
　広辞4（フランソワー世　1494-1547）
　広辞6（フランソワー世　1494-1547）
　皇帝（フランソワ1世　1494-1547）
　国小（フランソア1世　1494.9.12-1547.3.31）
　コン2（フランソワ1世　1494-1547）
　コン3（フランソワ1世　1494-1547）
　新美（フランソワー世　1494.9.12-1547.3.31）
　人物（フランソアー世　1494.9.12-1547.3.31）
　西洋（フランソアー世　1494.9.12-1547.3.31）
　世人（フランソワ1世　1494-1547）
　世西（フランソアー世　1494.9.12-1547.3.31）
　世百（フランソワ1世　1494-1547）
　全書（フランソワー世　1494-1547）
　大辞（フランソワー世　1494-1547）
　大辞3（フランソワー世　1494-1547）
　大百（フランソアー世　1494-1547）
　デス（フランソワ1世　1494-1547）
　伝世（フランソワ1世　1494.9.12-1547）
　統治（フランソワー世　(在位)1515-1547）
　百科（フランソア1世　1494-1547）
　評世（フランソワ1世　1494-1547）
　山世（フランソワ1世　1494-1547）
　歴史（フランソワ1世　1494-1547）

François Crahay, Jules 〈20世紀〉
フランスの服飾デザイナー。1964年ランバン店の専属デザイナーとなり著名となった。
⇒大百（フランソア・クラエー　1917-）

Françoise 〈20世紀〉
フランスの絵本作家。著作に『マリーちゃんとひつじ』(1955)，『マリーちゃんのはる』(1958)など。
⇒子本（フランソワーズ　1897-1961）
　児文（フランソワーズ　1897-1961）
　世女R（フランソワーズ　1897-1961）
　二十（フランソワーズ　1897(1900)-1961）

Frank, Josef 〈19・20世紀〉
オーストリアの建築家。
⇒世美（フランク，ヨーゼフ　1885-1967）

Frank, Mary 〈20世紀〉
イギリス生れの女性彫刻家。
⇒世芸（フランク，マリー　1933-）

Frank, Robert 〈20世紀〉
スイス生れの写真家。写真集『アメリカ人』(1958)。
⇒ア人（フランク，ロバート　1924-）
　岩ケ（フランク，ロベルト　1924-）
　現人（フランク　1924.11.9-）
　コン3（フランク　1924-）
　世映（フランク，ロバート　1924-）
　世百新（フランク　1924-）
　全書（フランク　1924-）
　大辞3（フランク　1924-）
　二十（フランク，ロバート　1924.11.9-）
　百科（フランク　1924-）

Franke, Herbert 〈20世紀〉
ドイツのシナ学者。ミュンヘン大学シナ学教授(1952来)。中国美術史および中国と周辺諸民族との交渉史等を専攻。
⇒西洋（フランケ　1914.9.27-）

Franke, Wolfgang 〈20世紀〉
ドイツのシナ学者。中国美術史を専攻。
⇒華人（フランケ，ウォルフガンク　1912-）
　西洋（フランケ　1912.7.24-）

Frankenberg, Robert Clinton 〈20世紀〉
アメリカのイラストレーター。
⇒児イ（Frankenberg, Robert Clinton　フランケンバーグ，R.C.　1911-）

Frankenthaler, Helen 〈20世紀〉
アメリカの画家。
⇒岩ケ（フランケンサーラー，ヘレン　1928-1996）
　才西（フランケンサーラー，ヘレン　1928-）
　コン3（フランケンサーラー　1928-1996）
　新美（フランケンサーラー，ヘレン　1928.12.12-）
　スパ（フランケンツァラー，ヘレン　1928-）
　世芸（フランケンサーラー，ヘレン　1928-）
　世女（フランケンサーラー，ヘレン　1928-）
　世美（フランケンサーラー，ヘレン　1928-）
　全書（フランケンサーラー　1928-）
　二十（フランケンサーラー，ヘレン　1928.12.12-）

Franketienne 〈20世紀〉
ハイチの作家，画家，俳優。
⇒広辞6（フランケチエンヌ　1936-）

Frankfort, Henri 〈20世紀〉
オランダの考古学者。オリエント考古学専攻。イラクの諸遺跡を発掘。
⇒国小（フランクフォート　1897.2.24-1954.7.16）
　新美（フランクフォート，ヘンリ　1897.2.24-1954.7.16）
　西洋（フランクフォート　1897.2.24-1954.7.16）
　世美（フランクフォルト，ヘンリ　1897-1954）
　世百新（フランクフォート　1897-1954）
　二十（フランクフォート，ヘンリ　1897.2.24-1954.7.16）
　百科（フランクフォート　1897-1954）
　名著（フランクフォート　1897-1954）

Frankl, Paul 〈19・20世紀〉
ドイツの建築史家，美術批評家。ヴェルフリンの思想をついで形式主義的立場をとり，近代建築の発展における概念体系の具体化を証示

した。
　⇒外国（フランクル　1878-）
　　キリ（フランクル，パウル　1878.4.22-
　　　1962.1.30）
　　西洋（フランクル　1878.4.22-1962.1.30）
　　全書（フランクル　1878-1962）
　　二十（フランクル，パウル　1878.4.22-
　　　1962.1.30）
　　名著（フランクル　1878-）

Franklin-Adams, John 〈19・20世紀〉
イギリスのアマチュア天体写真家。
　⇒天文（フランクリン＝アダムズ　1843-1912）
　　二十（フランクリン・アダムズ，ジョン　1843-
　　　1912）

Franscino, Edward 〈20世紀〉
アメリカのイラストレーター。
　⇒児イ（Franscino, Edward）

Fransois, Andre 〈20世紀〉
ルーマニアのイラストレーター。
　⇒児イ（Fransois, Andre　フランソワ, A.
　　　1915-）

Franta, Karel 〈20世紀〉
チェコスロバキアのイラストレーター。
　⇒児イ（Franta, Karel　フランタ, K.）

Frascà, Nato 〈20世紀〉
イタリアの前衛美術家。
　⇒世美（フラスカ，ナート　1931-）

Frase, H.Michael 〈20世紀〉
アメリカのカメラマン，作家。
　⇒海作4（フレイズ，マイケル）

Fraser, Betty M. 〈20世紀〉
アメリカのイラストレーター。
　⇒児イ（Fraser, Betty M.　フレイザー, B.M.
　　　1928-）

Fraser, Claude Lovat 〈19・20世紀〉
イギリスの画家，舞台美術家。ドラマ，バレエ，オペラの各分野で活躍。
　⇒国小（フレーザー　1890.5.15-1921.6.18）

Fraser, James Earle 〈19・20世紀〉
アメリカの彫刻家。主作品は『テオドール・ルーズベルトの胸像』5セント硬貨のデザインでも知られる。
　⇒国小（フレーザー　1876.11.4-1953.10.11）

Fraser, Laura Gardin 〈19・20世紀〉
アメリカの彫刻家。
　⇒世女日（フレイザー，ローラ　1889-?）

Frazetta, Frank 〈20世紀〉
アメリカの画家。
　⇒幻文（フラゼッタ，フランク　1928-）

Fréart de Chambrai, Roland 〈17世紀〉
フランスの建築家，著述家。
　⇒世美（フレアール・ド・シャンブレー，ロラン
　　　?-1676）

Freas, Lenwood 〈20世紀〉
アメリカのイラストレーター。
　⇒児イ（Freas, Lenwood　フリース, L.）

Frédéric, Léon 〈19・20世紀〉
ベルギーの画家。
　⇒外国（フレデリック　1856-）
　　芸術（フレデリック，レオン　1856-1911）
　　国小（フレデリック　1856-1940）
　　西洋（フレデリック　1856.8.26-1940.1.27）
　　世芸（フレデリック，レオン　1856-1911）
　　世美（フレデリック，レオン　1856-1940）

Freeburg, Victor 〈20世紀〉
映画における絵画的運動についての理論書『スクリーン上の絵画美』(1923)の著者。
　⇒世映（フリーバーグ，ヴィクター　1882-1953）
　　名著（フリーバーグ　生没年不詳）

Freedman, Barnet 〈20世紀〉
イギリスの画家，リトグラフ作家。
　⇒岩ケ（フリードマン，バーネット　1901-1958）

Freeland, Bill 〈20世紀〉
アメリカ生れの彫刻家。
　⇒世芸（フリーランド，ビル　1929-）

Freeman, Barbara Constance 〈20世紀〉
イギリスの女性絵本作家，挿絵画家。
　⇒英児（Freeman, Barbara Constance　フリーマン，バーバラ・コンスタンス　1906-）

Freeman, Don 〈20世紀〉
アメリカのイラストレーター。
　⇒英児（Freeman, Don　フリーマン，ドン　1908-
　　　1978）
　　児イ（Freeman, Don　フリーマン, D.　1908-
　　　1978）
　　児文（フリーマン，ドン　1908-1978）
　　二十（フリーマン，ドン　1908-1978）

Freeman, Edward Augustus 〈19世紀〉
イギリスの歴史学者。主著『建築史』(1849)，『シシリー島史』(1891～94)など。
　⇒外国（フリーマン　1823-1892）
　　国小（フリーマン　1823.8.2-1892.3.16）
　　コン2（フリーマン　1823-1892）
　　コン3（フリーマン　1823-1892）
　　人物（フリーマン　1823.8.2-1892.3.16）
　　西洋（フリーマン　1823.8.2-1892.3.16）
　　世西（フリーマン　1823.8.2-1892.3.17）

Freer, Charles Lang 〈19・20世紀〉
アメリカの美術品収集家，ビジネスマン。
　⇒岩ケ（フリーア，チャールズ・ラング　1856-

1919）
コン3（フリーア 1856-1919）
来日（フリーア 1856-1919）

Freer, Ulli〈20世紀〉
西ドイツ出身の詩人, アーティスト。
⇒二十英（Freer, Ulli 1946-）

Freleng, Friz (Isadore)〈20世紀〉
アメリカの漫画映画作家。
⇒岩ケ（フレレング, フリッツ（・イザドア）1906-1995）
監督（フリーレング, フリッツ ?-）

Frémiet, Emmanuel〈19・20世紀〉
フランスの彫刻家。初め『傷つける猟犬』(1850)(リュクサンブール)などの動物彫刻家として名声を得, ついで人像も彫刻(50頃来)。
⇒芸術（フレミエ, エマニュエル 1824-1901）
西洋（フレミエ 1824.12.6-1910.9.10）
世美（フレミエ, エマニュエル 1824-1910）

Fréminet, Martin〈16・17世紀〉
フランスの画家。
⇒世美（フレミネ, マルタン 1567-1619）

Fremura, Alberto〈20世紀〉
イタリア生れの画家。
⇒世芸（フレムラ, アルベルト 1936-）

French, Annie〈19・20世紀〉
イギリス・スコットランドの画家。
⇒世女日（フレンチ, アニー 1872-1965）

French, Daniel (Chester)〈19・20世紀〉
アメリカの彫刻家。
⇒岩ケ（フレンチ, ダニエル(・チェスター) 1850-1931）

French, Fiona Mary〈20世紀〉
イギリスの女性絵本作家, 挿絵画家。
⇒英児（French, Fiona Mary フレンチ, フィオーナ・メアリ 1944-）
児イ（French, Fiona フレンチ, F.）

Freri, Antonello〈15・16世紀〉
イタリアの彫刻家。
⇒世美（フレーリ, アントネッロ （記録)1479-1513）

Freud, Lucien〈20世紀〉
イギリスの芸術家。ジークムント・フロイトの孫。
⇒岩ケ（フロイト, ルツィアン 1922-）
世芸（フロイド, ルシアン 1922-）
ユ人（フロイト, ルシアン 1922-）

Freund, Rudolf〈20世紀〉
アメリカのイラストレーター。
⇒児イ（Freund, Rudolf フロインド, R.）

1915-）

Freundlich, Otto〈19・20世紀〉
ドイツの画家, 彫刻家。
⇒世美（フロイントリヒ, オットー 1878-1943）

Frey, Dagobert〈19・20世紀〉
オーストリアの美術史家。比較芸術学の基礎づけに貢献。
⇒キリ（フライ, ダーゴベルト 1883.4.23-1962.5.13）
国小（フライ 1883.4.23-1962.5.13）
西洋（フライ 1883.4.23-1962.5.13）
世美（フライ, ダゴベルト 1883-1962）
二十（フライ, D. 1883.4.23-1962.5.13）
名著（フライ 1883-）

Freyssinet, Eugène〈19・20世紀〉
フランスの建築技師。オルリーの飛行船格納庫の制作者として有名。
⇒岩ケ（フレシネ, マリー・ユージェーヌ・レオン 1879-1962）
国小（フリッシネ 1879.7.13-1962.6.8）
新美（フレッシネ, ウジェーヌ 1879.7.13-1962.6.8）
西洋（フレシネ 1879.7.13-1962）
世美（フレッシネ, ウージェーヌ 1879-1962）
世百（フレッシネ 1879-1962）
全書（フレシネ 1879-1962）
大百（フレシネ 1879-1962）
二十（フレッシネ, ウジューヌ 1879.7.13-1962.6.8）

Friboulet, Jef〈20世紀〉
フランス生れの画家。
⇒世芸（フリブーレ, ジェフ 1919-）

Friederichs, Karl〈19世紀〉
ドイツの考古学者。
⇒世美（フリーデリヒス, カール 1831-1871）

Friedlander, Johnny〈20世紀〉
フランスの画家。
⇒世芸（フリードレンデル, ジョニー 1912-1981）
二十（フリードランデル, J. 1912-）

Friedlander, Lee〈20世紀〉
アメリカの写真家。アーバスらとともに, 新しいドキュメンタリー写真の手法を確立。無秩序な世界を解釈抜きで提示する風景写真や肖像写真で認められる。
⇒大辞2（フリードランダー 1934-）
大辞3（フリードランダー 1934-）

Friedländer, Max Jakob〈19・20世紀〉
ドイツの美術史家。1896年からベルリン国立美術館で研究を続け, 1929年館長に就任。
⇒オ西（フリートレンダー, マックス・J. 1867-1958）
キリ（フリートレンダー, マックス・ヤーコプ 1867.6.5-1958.10.11）
国小（フリードレンダー 1867.6.5-1958.10.11）
新美（フリートレンダー, マックス 1867.6.5-

1958.10.11)
西洋（フリートレンダー 1867.6.5-1958.10.11）
世美（フリートレンダー，マックス 1867-1958）
世百（フリートレンダー 1867-1958）
全書（フリートレンダー 1867-1958）
二十（フリートレンダー，マックス・ヤーコブ 1867.6.5-1958.10.11）
百科（フリートレンダー 1867-1958）
名著（フリートレンダー 1867-1958）

Friedländer, Walter 〈19・20世紀〉
ドイツの美術史家。ナチス政権下のドイツを去り（1933），ニューヨーク大学の美術史学教授を務めた（1935来）。
⇒西洋（フリートレンダー 1873.3.10-1966.9.8）

Friedman Yona 〈20世紀〉
ハンガリーの建築家，都市計画家。
⇒世美（フリードマン，ヨナ 1923-）

Friedrich, Caspar David 〈18・19世紀〉
ドイツの画家。代表作『海辺の修道士』（1808〜09）など。
⇒岩ケ（フリードリヒ，カスパー・ダーフィト 1774-1840）
キリ（フリードリヒ，カスパル・ダーフィト 1774.9.5-1840.5.7）
芸術（フリードリヒ，カスパル・ダーヴィト 1774-1840）
幻想（フリードリヒ，カスパール・ダヴィッド 1774-1810）
広辞4（フリードリヒ 1774-1840）
広辞6（フリードリヒ 1774-1840）
国小（フリードリヒ 1774.9.5-1840.5.7）
国百（フリードリヒ，カスパール・ダビッド 1774.9.5-1840.5.7）
コン2（フリードリヒ 1774-1840）
コン3（フリードリヒ 1774-1840）
新美（フリードリヒ，カスパル・ダーヴィト 1774.9.5-1840.5.7）
西洋（フリードリヒ 1774.9.5-1840.5.7）
世美（フリードリヒ，カスパル・ダーヴィト 1774-1840）
世百（フリードリヒ 1774-1840）
全書（フリードリヒ 1774-1840）
デス（フリードリヒ 1774-1840）
伝世（フリードリヒ，C. 1774.9.5-1840.5.7）
百科（フリードリヒ 1774-1840）

Friedrich August I 〈17・18世紀〉
ザクセン選帝侯（在位1694〜1733）。ポーランド分割を企てた。
⇒岩ケ（アウグスト2世 1670-1733）
外国（フリードリッヒ・アウグスト1世 1670-1733）
キリ（アウグスト2世（強公，ザクセンの） 1670.5.12-1733.2.1）
皇帝（アウグスト2世，フリデリク 1670-1733）
国小（フリードリヒ・アウグスト1世 1670.5.12-1733.2.1）
コン2（フリードリヒ・アウグスト1世（強健王） 1670-1733）
コン3（フリードリヒ・アウグスト1世（強健王） 1670-1733）
新美（アウグスト二世（強公） 1670.5.12-1733.2.1）
人物（フリードリヒ・アウグスト1世 1670.5.12-1733.2.1）
西洋（フリードリヒ・アウグスト一世 1670.5.12-1733.2.1）
世西（フリードリッヒ・アウグスト一世 1670.5.12-1733.2.1）
全書（アウグスト二世 1670-1733）
伝世（アウグスト2世 1670.5.12-1733.2.1）
東欧（アウグスト（2世） 1670-1733）
統治（アウグスト二世，強健王 （在位）1697-1704, 1709-1733（復位））
統治（フリードリヒ・アウグストゥス一世，強健公 （在位）1694-1733）
百科（アウグスト2世 1670-1733）
歴史（フリードリヒ＝アウグスト1世 1670-1733）

Friedrich der Weise 〈15・16世紀〉
ザクセン選定侯。
⇒外国（フリードリッヒ3世（賢公） 1463-1523）
角世（フリードリヒ3世〔ザクセン公〕 1463-1525）
キリ（フリードリヒ（賢公） 1463.1.17-1525.5.5）
広辞6（フリードリヒ三世 1463-1525）
国小（フリードリヒ3世（賢公） 1463.1.17-1525.5.5）
コン2（フリードリヒ3世（賢明侯） 1463-1525）
コン3（フリードリヒ3世（賢明侯） 1463-1525）
新美（フリードリヒ三世（賢明公） 1463.1.17-1525.5.5）
人物（フリードリヒ（賢公） 1463.1.17-1525.5.5）
西洋（フリードリヒ（賢明侯） 1463.1.17-1525.5.5）
世人（フリードリヒ3世（賢明侯） 1463-1525）
世西（フリートリッヒ三世（賢王） 1463.1.17-1525.5.5）
世百（フリードリヒ賢公 1463-1525）
全書（フリードリヒ三世 1463-1525）
大百（フリードリヒ(賢侯) 1463-1525）
デス（フリードリヒ賢公 1463-1525）
統治（フリードリヒ三世，賢明公 （在位）1486-1525）
百科（フリードリヒ3世 1463-1525）
山世（フリードリヒ賢公(3世) 1463-1525）
歴史（ザクセン公フリードリヒ 1463-1525）

Fries, Ernst 〈19世紀〉
ドイツの風景画家。
⇒西洋（フリース 1801.6.22-1833.10.19）

Fries, Hans 〈15・16世紀〉
スイスの画家。
⇒新美（フリース，ハンス 1460頃-1520頃）
世美（フリース，ハンス 1465頃-1518頃）

Fries, Willy 〈20世紀〉
スイスの画家。
⇒キリ（フリース，ヴィリ 1907.5.26-）

Friese-Greene, William 〈19・20世紀〉
イギリス生れの写真家，発明家。
⇒世映（フリーズ＝グリーン，ウィリアム 1855-1921）

Friesz, Emile Othon 〈19・20世紀〉
フランスの画家。主作品は『春』(1909),『水浴』(1948)。
⇒岩ケ（フリース,（エミール・)オトン　1879-1949）
　外国（フリエス　1879-1949）
　芸術（フリエス,エミール・オトン　1879-1949）
　国小（フリエス　1879.2.6-1949）
　新美（フリエス,オットン　1897.2.6-1949.1.10）
　人物（フリエス　1879.2.6-1949.1.11）
　西洋（フリエス　1879.2.6-1949）
　世芸（フリエス,エミール・オトン　1879-1949）
　世美（フリエス,エミール＝オトン　1879-1949）
　世百（フリエス　1879-1949）
　全書（フリエス　1879-1949）
　大百（フリエス　1879-1949）
　二十（フリエス,エミール・オットン　1879.2.6-1949.1.10）

Frigimelica, Gerolamo 〈17・18世紀〉
イタリアの建築家。
⇒世美（フリジメーリカ,ジェローラモ　1653-1732）

F　Frink, *Dame* Elisabeth 〈20世紀〉
イギリスの彫刻家。
⇒世芸（フリンク,エリザベス　1930-1993）
　世女（フリンク,エリザベス　1930-1993）
　世女日（フリンク,エリザベス　1930-1993）

Frisoni, Donato Giuseppe 〈17・18世紀〉
イタリアの建築家,ストゥッコ装飾家。
⇒建築（フリゾーニ,ドナート・ジュゼッペ　1683-1735）
　世美（フリゾーニ,ドナート・ジュゼッペ　1683-1735）

Frith, Francis 〈19世紀〉
イギリスの写真家。
⇒岩ケ（フリス,フランシス　1822-1898）

Frith, Michael 〈20世紀〉
アメリカのイラストレーター。
⇒児イ（Frith, Michael　フリス, M.）

Frith, William Powell 〈19・20世紀〉
イギリスの画家。当時の風俗やニュース性のある主題を写実的に表現。
⇒岩ケ（フリス,ウィリアム・パウエル　1819-1909）
　国小（フリス　1819.1.9-1909.11.2）

Fritsch, Elizabeth 〈20世紀〉
イギリスの陶工。
⇒岩ケ（フリッチュ,エリザベス　1940-）

Fröhlich, Katharina 〈19世紀〉
ドイツの婦人。グリルパルツァーの包括相続人に指定され,ヴィーンに「フレーリヒ基金」を設け,文学者や芸術家を支援。
⇒西洋（フレーリヒ　1800.6.10-1879.3.3）

Froment, Nicolas 〈15世紀〉
フランスの画家。主作品は『燃える茨』。
⇒岩ケ（フロマン,ニコラ　(活躍)1450-1490）
　外国（フロマン　1450頃-1490頃）
　キリ（フロマン,ニコラ　1435頃-1484頃）
　芸術（フロマン,ニコラ　1430頃-1485頃）
　国小（フロマン　1435頃-1484頃）
　新美（フロマン,ニコラ　1430頃-1483/-4頃）
　西洋（フロマン　1435頃-1484）
　世美（フロマン,ニコラ　1430頃-1483頃）

Fromentin, Eugène 〈19世紀〉
フランスの画家,小説家,美術批評家。
⇒外国（フロマンタン　1820-1876）
　芸術（フロマンタン,ウージェーヌ　1820-1876）
　広辞4（フロマンタン　1820-1876）
　広辞6（フロマンタン　1820-1876）
　国小（フロマンタン　1820.10.24-1876.8.27）
　コン2（フロマンタン　1820-1876）
　コン3（フロマンタン　1820-1876）
　集世（フロマンタン,ウージェーヌ　1820.10.24-1876.8.27）
　集文（フロマンタン,ウージェーヌ　1820.10.24-1876.8.27）
　新美（フロマンタン,ウジェーヌ　1820.10.24-1876.8.27）
　人物（フロマンタン　1820.10.24-1876.8.27）
　西洋（フロマンタン　1820.10.24-1876.8.27）
　世西（フロマンタン　1820.10.24-1876.8.27）
　世美（フロマンタン,ウージェーヌ　1820-1876）
　世百（フロマンタン　1820-1876）
　世文（フロマンタン,ウージェーヌ　1820-1876）
　全書（フロマンタン　1820-1876）
　大辞（フロマンタン　1820-1876）
　大辞3（フロマンタン　1820-1876）
　デス（フロマンタン　1820-1876）
　百科（フロマンタン　1820-1876）
　名著（フロマンタン　1820-1876）

Froment-Meurice, François-Désiré 〈19世紀〉
フランスの金工家。
⇒世美（フロマン＝ムーリス,フランソワ＝デジレ　1802-1855）

Fromm, Lilo 〈20世紀〉
ドイツの画家,イラストレーター。
⇒児イ（Fromm, Lilo　フロム, L.　1928-）
　児文（フロム,リロ　1928-）
　二十（フロム,リロ　1928-）

Frost, Arthur Burdett 〈19・20世紀〉
アメリカの挿絵画家。
⇒児イ（Frost, Arthur Burdett　1851-1928）
　世児（フロスト, A（アーサー)・B（バーデット）　1851-1928）

Frost, Terry 〈20世紀〉
イギリスの画家。
⇒岩ケ（フロスト,テリー　1915-）

Frueauf, Rueland der Ältere 〈15・16世紀〉
ドイツの画家。代表作は『受難図』。

⇒国小（フリューアウフ　1440頃-1507）
新美（フリューアウフ，リューラント一世（父）　1440頃-1507）
西洋（フリューアウフ（父）　1445頃-1507）
世美（フリューアウフ，リューラント（父）　1440頃-1507）

Frueauf, Rueland der Jünger〈15・16世紀〉
ドイツの画家。代表作『聖レオポルド伝説』。
⇒国小（フリューアウフ　1470頃-1545頃）
新美（フリューアウフ，リューラント二世（子）　1470頃-1545以降）
西洋（フリューアウフ（子）　1470頃-1545以後）
世美（フリューアウフ，リューラント（子）　1470頃-1545以後）

Fry, Edwin Maxwell〈20世紀〉
イギリスの建築家。ナイジェリア，ガーナの多くの学校建築を設計。
⇒オ西（フライ，エドウィン・マックスウェル　1899-1987）
国小（フライ　1899-）
西洋（フライ　1899.8.2-）
世美（フライ，エドウィン・マックスウェル　1899-）

Fry, Laura Ann〈19・20世紀〉
アメリカの陶芸家。
⇒世女日（フライ，ローラ・アン　1857-1943）

Fry, Roger Eliot〈19・20世紀〉
イギリスの画家，美術評論家。後期印象派のイギリスの紹介に努めた。
⇒イ文（Fry, Roger (Eliot)　1866-1934）
岩ケ（フライ，ロジャー（・エリオット）　1866-1934）
オ世（フライ，ロジャー（・エリオット）　1866-1934）
オ西（フライ，ロジャー　1866-1934）
外国（フライ　1866-1934）
芸術（フライ，ロジャー・エリオット　1866-1934）
広辞6（フライ　1866-1934）
国小（フライ　1866.12.14-1934.9.9）
思想（フライ，ロジャー（エリオット）　1866-1934）
集世（フライ，ロジャー　1866.12.14-1934.9.9）
集美（フライ，ロジャー　1866.12.14-1934.9.9）
新美（フライ，ロジャー　1866-1934.9.9）
西洋（フライ　1866-1934.9.9）
世芸（フライ，ロジャー・エリオット　1866-1934）
世美（フライ，ロジャー・エリオット　1866-1934）
世百（フライ　1866-1934）
全書（フライ　1866-1934）
二十（フライ，ロジャー（エリオット）　1866-1934）
二十英（Fry, Roger (Eliot)　1866-1934）

Fry, Rosalie Kingsmill〈20世紀〉
カナダ生れのイギリスの女性絵本作家，挿絵画家。
⇒英児（Fry, Rosalie Kingsmill　フライ，ロザ

リー・キングズミル　1911-）

Fuchs, Alois〈19・20世紀〉
ドイツのカトリック神学者，キリスト教美術史家。
⇒キリ（フックス，アーロイス　1877.6.19-1971.7.25）

Fuchs, Eduard〈19・20世紀〉
ドイツの著述家。社会主義的美術および風俗史研究家として知られている。
⇒二十（フックス，エードゥアルト　1870-1940）
百科（フックス　1870-?）
名著（フックス　1870-?）

Fuchs, Erich〈20世紀〉
ドイツのイラストレーター。
⇒児作（Fuchs, Erich　フクス，エーリッヒ　1916-）

Fuchs, Ernst〈20世紀〉
オーストリアの画家。「ウィーン幻想派」の代表的画家。
⇒キリ（フックス，エルンスト　1930.2.13-）
現人（フックス　1930.2.13-）
新美（フックス，エルンスト　1930.2.13-）
世芸（フックス，エルンスト　1930-）
二十（フックス，エルンスト　1930.2.13-）

Fuchs, Johann Gregor〈17・18世紀〉
ドイツの建築家。
⇒世美（フックス，ヨハン・グレゴル　1650-1715）

Fuchshuber, Annegert〈20世紀〉
ドイツのイラストレーター。
⇒児イ（Fuchshuber, Annegert　フックスフーバー, A.　1940-）

Füetrer, Ulrich〈15世紀〉
ドイツの詩人，画家。テーゲルンゼー修道院の為に『キリスト磔刑図』(1457)を描き，またバイエルン年代記を書いた(1478～81)。
⇒西洋（フュエトラー　?-1492）

Fuga, Ferdinando〈17・18世紀〉
イタリアの建築家。代表作『サンタ・マリア・マジョーレ聖堂玄関』(1741～43)（ローマ）は，彼の古典主義を示している。
⇒建築（フーガ，フェルディナンド　1699-1782）
新美（フーガ，フェルディナンド　1699-1781）
西洋（フーガ　1699-1781）
世美（フーガ，フェルディナンド　1699-1781）

Füger, Heinrich Friedrich〈18・19世紀〉
ドイツの画家。ウィーンの宮廷画家としてイギリス風の細密画を描いた。
⇒芸術（フューガー，ハインリヒ・フリードリヒ　1751-1818）
国小（フューガー　1751-1818）
世美（フューガー，ハインリヒ　1751-1818）

Fuhr, Xaver 〈20世紀〉
ドイツの画家。
⇒世芸（フール，ザヴェル 1898-1967）

Führich, Josef von 〈19世紀〉
オーストリアの画家，版画家。主作品は『十字架の道行』(1844～46)。
⇒キリ（フューリヒ，ヨーゼフ・フォン 1800.2.9-1876.3.13）
国小（フューリヒ 1800-1876）
西洋（フューリヒ 1800.2.9-1876.3.13）
世美（フューリヒ，ヨーゼフ・フォン 1800-1876）

Fujii, Emi 〈20世紀〉
スウェーデンの陶芸家。
⇒世芸（フジイ，エミ）

Fujikawa, Gyo 〈20世紀〉
アメリカの児童文学作家，挿絵画家。
⇒英児（Fujikawa, Gyo フジカワ，ギョウ 1908-1998）
児イ（Fujikawa, Gyo フジカワ，G.）
世女日（フジカワ，ギョウ 1908-1998）

Fulbert de Chartres 〈10・11世紀〉
フランスの聖職者。シャルトル学派の開祖，聖人。
⇒外国（フュルベール（シャルトルの） 960頃-1028）
教育（フュルベール（シャルトルの） 960?-1028?）
キリ（フルベルトゥス（シャルトルの） 960頃-1028.4.10）
建築（フュルベール （活動）11世紀）
国小（フュルベルツス（シャルトルの） 960頃-1028.4.10）
コン2（フュルベール（シャルトルの） 950/-60-1028）
コン3（フュルベール（シャルトルの） 950/60-1028）
集世（フルベルトゥス（シャルトルの） 960頃-1028.4.10）
集文（フルベルトゥス（シャルトルの） 960頃-1028.4.10）
西洋（フュルベール（シャルトルの） 960頃-1028）
百科（フュルベール 960頃-1028）

Fuller, George 〈19世紀〉
アメリカの画家。代表作は『ウィニフレッド・ダイサットの肖像』(81頁)。
⇒国小（フラー 1822.1.17-1884.3.21）

Fuller, Isaac 〈17世紀〉
イギリスの画家。主作品は『自画像』(1670)。
⇒国小（フラー 1606頃-1672）
世美（フラー，アイザック 1606-1672）

Fuller, Lucia 〈19・20世紀〉
アメリカのミニアチュール画家。
⇒世女日（フラー，ルシア 1870-1924）

Fuller, Martin 〈20世紀〉
イギリス生れの画家。
⇒世芸（フラー，マーティン 1943-）

Fuller, Meta 〈19・20世紀〉
アメリカの彫刻家。
⇒世女日（フラー，メタ 1877-1968）

Fuller, Peter 〈20世紀〉
イギリスの美術評論家，キャスター。
⇒オ世（フラー，ピーター 1947-1990）

Fuller, Richard Buckminster 〈20世紀〉
アメリカの技術者，建築家。1953年『ジオデシック・ドーム』を発表。
⇒アメ（フラー 1895-1983）
岩ケ（フラー，（リチャード・）バックミンスター 1895-1983）
オ西（フラー，リチャード・バックミンスター 1895-1983）
現人（フラー 1895.7.12-）
コン3（フラー 1895-1983）
思想（フラー，R（リチャード）バックミンスター 1895-1983）
集世（フラー，バックミンスター 1895.7.12-1983.7.1）
集文（フラー，バックミンスター 1895.7.12-1983.7.1）
新美（フラー，リチャード・バックミンスター 1895.7.12-1983.7.1）
西洋（フラー 1895.7.12-）
世百新（フラー 1895-1983）
全書（フラー 1895-1983）
大辞2（フラー 1895-1983）
大辞3（フラー 1895-1983）
大百（フラー 1895-）
伝世（フラー，R.B. 1895-）
ナビ（フラー 1895-1983）
二十（フラー，リチャード・バックミンスター 1895.7.12-1983.7.1）
百科（フラー 1895-1983）

Fulton, Hamish 〈20世紀〉
イギリスの現代美術作家。世界各地を旅して，歩行を通じて自然と融合した心境を表現する作品を制作。
⇒全書（フルトン 1946-）
二十（フルトン，H. 1946-）

Fulvio, Andrea 〈15・16世紀〉
イタリアの考古学者，文学者。
⇒世美（フルヴィオ，アンドレーア 15-16世紀）

Fumiani, Giovanni Antonio 〈17・18世紀〉
イタリアの画家。
⇒世美（フミアーニ，ジョヴァンニ・アントーニオ 1643-1710）

Funai, Mamoru 〈20世紀〉
アメリカのイラストレーター。
⇒児イ（Funai, Mamoru フナイ，M. 1932-）

Fungai, Bernardino 〈15・16世紀〉
イタリアの画家。
⇒世美（フンガイ, ベルナルディーノ 1460-1516）

Funhof, Heinrich 〈15世紀〉
ドイツの画家。
⇒世美（フンホーフ, ハインリヒ ?-1485）

Funi, Achille 〈19・20世紀〉
イタリアの画家。
⇒世美（フーニ, アキッレ 1890-1972）

Funk, Tom 〈20世紀〉
アメリカのイラストレーター。
⇒児イ（Funk, Tom ファンク, T.）

Funke, Cornelia Caroline 〈20世紀〉
ドイツの児童文学作家, イラストレーター。
⇒海作4（フンケ, コルネーリア 1958-）

Furini, Francesco 〈17世紀〉
イタリアの画家。
⇒世美（フリーニ, フランチェスコ 1600頃-1646）

Furness, Frank 〈19・20世紀〉
アメリカの建築家。
⇒岩ケ（ファーネス, フランク 1839-1912）
　コン3（ファーネス 1839-1912）

Furniss, Harry 〈19・20世紀〉
イギリスの諷刺画家, イラストレーター。
『ディッケンズ全集』(1910)などの挿絵を描いた。
⇒英児（ファーニス, ハリー 1854-1925）
　国小（ファーニス 1854.3.26-1925.1.14）
　児イ（Furniss, Harry 1854.5.26-1925）
　世児（ファーニス, ハリー 1854-1925）

Furrer, Jarg 〈20世紀〉
スイスのイラストレーター。
⇒児イ（Furrer, Jarg フラー, J. 1939-）

Furse, Charles Wellington 〈19・20世紀〉
イギリスの画家。主作品『高地に立つダイアナ』など。
⇒国小（ファース 1868.1.13-1904.10.16）

Furse, Margaret 〈20世紀〉
イギリスの衣装デザイナー。
⇒世女日（ファース, マーガレット 1911-1974）

Furtenagel(Fortenagel), Lukas (Laux) 〈16世紀〉
ドイツの画家, 銅版彫刻師。
⇒キリ（フルテナーゲル（フォルテナーゲル), ルーカス 1505-1546以降）

Furttenbach, Joseph 〈16・17世紀〉
ドイツの建築家, 建築理論家。作品は殆ど残っていないが, 建築百科全書と言うべき著作を残した。
⇒キリ（フルテンバハ, ヨーゼフ 1591.12.30-1667.1.12/17）
　西洋（フルテンバハ 1591.12.30-1667.1.17）
　世百（フルテンバハ 1591-1667）

Furtwängler, Adolf 〈19・20世紀〉
ドイツの考古学者。ベリルン博物館長, ミュンヘン大学考古学教授など勤めた。
⇒外国（フルトヴェングラー 1853-1907）
　国小（フルトベングラー 1853.6.30-1907.10.11）
　新美（フルトヴェングラー, アードルフ 1853.6.30-1907.10.11）
　人物（フルトヴェングラー 1853.6.30-1907.10.11）
　西洋（フルトヴェングラー 1853.6.30-1907.10.11）
　世美（フルトヴェングラー, アドルフ 1853-1907）
　全書（フルトベングラー 1853-1907）
　二十（フルトベングラー, アドルフ 1853.6.30-1907.10.11）
　名著（フルトヴェングラー 1853-1907）

Fusaro, Jean 〈20世紀〉
フランス生れの画家。
⇒世芸（フサロ, ジェーン 1925-）

Fusina, Andrea 〈16世紀〉
イタリアの彫刻家, 建築家。
⇒世美（フジーナ, アンドレーア ?-1526）

Füssli, Johann Heinrich 〈18・19世紀〉
スイスの画家。文学的主題の作品を制作。
⇒岩ケ（フーズリ, ヘンリー 1741-1825）
　芸術（フースリ, ヨハン・ハインリヒ 1741-1825）
　幻想（フュスリ, ヨハン・ハインリヒ 1741-1825）
　幻文（フッスリ, ヨーハン・ハインリッヒ 1741-1825）
　国小（フースリ 1741.2.7-1825.4.16）
　コン2（フューズリ 1741-1825）
　コン3（フーズリ 1741-1825）
　集世（フューゼリ, ヘンリー 1741.2.7-1825.4.16）
　集文（フューゼリ, ヘンリー 1741.2.7-1825.4.16）
　新美（フースリ, ヨーハン・ハインリヒ 1741.2.6-1825.4.16）
　西洋（フースリ 1741.2.6-1825.4.16）
　世美（フースリ, ヨハン・ハインリヒ 1741-1825）
　世百（フッスリ 1741-1825）
　全書（フューズリ 1741-1825）
　大百（フュースリ 1741-1825）
　伝世（フースリ 1741.2.6-1825.4.16）

Füst Milán 〈19・20世紀〉
ハンガリーの詩人, 作家, 美学者。
⇒集世（フュシュト・ミラーン 1888.7.17-1967.7.26）
　集文（フュシュト・ミラーン 1888.7.17-1967.7.26）

Fux, Herbet 〈20世紀〉
オーストリアの美術史家。
⇒二十（フックス，H. 1925-）

Fyt, Jan 〈17世紀〉
フランドルの画家。死んだ獣や果実を配した静物画を製作。
⇒国小（フェイト　1611.3.15洗礼-1661.9.11）
　新美（フェイト，ヤン　1611.3-1661.9.11）
　世美（フェイト，ヤン　1611-1661）

【 G 】

Gabain, Ethel Leontine 〈19・20世紀〉
イギリスの画家。
⇒世女日（ギャバン，エセル・レオンティーヌ　1883-1950）

Gabbiani, Anton Domenico 〈17・18世紀〉
イタリアの画家。
⇒世美（ガッビアーニ，アントン・ドメーニコ　1652-1726）

Gabetti, Roberto 〈20世紀〉
イタリアの建築家。
⇒世美（ガベッティ，ロベルト　1925-）

Gabo, Naum 〈19・20世紀〉
ロシア出身の抽象彫刻家。代表作 "Column"（1923），"Spiral Theme"（1941）など。
⇒岩ケ（ガボ，ナウム　1890-1977）
　オ西（ガボ，ナウム　1890-1977）
　現人（ガボ　1890.8.5-）
　広辞5（ガボ　1890-1977）
　広辞6（ガボ　1890-1977）
　国小（ガボ　1890.8.5-1977.8.23）
　コン3（ガボ　1890-1977）
　新美（ガボ，ナウム　1890.8.5-1977.8.24）
　人物（ガボ　1889-）
　西洋（ガボ　1890.8.5-）
　世芸（ガボ，ナウム　1890-1977）
　世西（ガボ　1890-）
　世美（ガボ，ナウム　1890-1977）
　世百（ガボ　1890-）
　世百新（ガボ　1890-1977）
　全書（ガボ　1890-1977）
　大辞2（ガボ　1890-1977）
　大辞3（ガボ　1890-1977）
　大百（ガボ　1890-）
　伝世（ガボ　1890.8.5-1977.8.24）
　二十（ガボ，ナウム　1890.8.5-1977.8.24）
　百科（ガボ　1890-1977）
　ロシ（ガボ　1890-1977）

Gabriel, Jacques I 〈17世紀〉
フランスの建築家。
⇒世美（ガブリエル，ジャック1世　?-1628頃）

Gabriel, Jacques IV 〈17世紀〉
フランスの建築家。
⇒世美（ガブリエル，ジャック4世　1636頃-1686）

Gabriel, Jacques V 〈17・18世紀〉
フランスの建築家。
⇒世美（ガブリエル，ジャック5世　1667-1742）

Gabriel, Jacques Ange 〈17・18世紀〉
フランスの建築家。
⇒岩ケ（ガブリエル，ジャック・アンジュ　1698-1782）
　建築（ガブリエル　（活動）17-18世紀）
　国小（ガブリエル　1698.10.23-1782.1.4）
　コン2（ガブリエル　1698-1782）
　コン3（ガブリエル　1698-1782）
　新美（ガブリエル，アンジュ＝ジャック　1698.10.23-1782.1.4）
　西洋（ガブリエル　1698.10.23-1782.1.4）
　世美（ガブリエル，アンジュ＝ジャック　1698-1782）
　伝世（ガブリエル　1698-1782）
　百科（ガブリエル　1698-1782）

Gachard, Louis Prosper 〈19世紀〉
ベルギーの歴史家，建築家。ベルギー史の史料を出版。
⇒西洋（ガシャール　1800.3.12-1885.12.24）

Gachet, Paul 〈19・20世紀〉
フランスの医師，美術愛好家。印象派の画家として，またセザンヌやゴッホらとの交友でも知られている。
⇒世百（ガッシェ　1828-1909）

Gadamer, Hans Georg 〈20世紀〉
ドイツの哲学者。古代から現代にいたる広範囲な哲学史的研究，美学，歴史哲学関係の数多くの論文を書いている。
⇒岩ケ（ガダマー，ハンス＝ゲオルク　1900-）
　キリ（ガーダマー，ハンス・ゲオルク　1900.2.11-）
　現人（ガダマー　1900.2.11-）
　広辞5（ガーダマー　1900-）
　国小（ガダマー　1900-）
　コン3（ガダマー　1900-）
　集文（ガダマー，ハンス＝ゲオルク　1900.2.11-）
　西洋（ガーダマー　1900.2.11-）
　全書（ガダマー　1900-）
　大辞2（ガダマー　1900-）
　ナビ（ガダマー　1900-）
　二十（ガダマー，ハンス・ゲオルク　1900.2.11-）
　百科（ガダマー　1900-）

Gaddi, Agnolo di Taddeo 〈14世紀〉
イタリアの画家。T.ガッディの息子。主作品はサンタ・クローチェ聖堂の連作壁画。
⇒岩ケ（ガッディ，アニョロ　1350頃-1396）
　キリ（ガッディ，アニョロ・ディ・タッデーオ　1340頃-1396.10.16）
　国小（ガッディ　1350頃-1396）
　新美（ガッディ，アーニョロ　1333?-1396.10）
　西洋（ガッディ　1333頃-1396.10.16）

世西（ガッディ 1333頃-1396）
世美（ガッディ，アーニョロ ?-1396）

Gaddi, Gaddo di Zenobi 〈13・14世紀〉
イタリアの画家，モザイク制作者。
⇒岩ケ（ガッティ，ガッド 1260頃-1332）
新美（ガッティ，ガッド）
世美（ガッディ，ガッド・ディ・ゼノービ ?-1327/30以降）

Gaddi, Taddeo di Gaddo 〈13・14世紀〉
イタリアの画家。
⇒岩ケ（ガッディ，タッデオ 1300頃-1366）
キリ（ガッディ，タッデーオ 1300頃-1366頃）
芸術（ガッディ，タッデオ 1300頃-1366）
国小（ガッディ 1300頃-1366）
コン2（ガッディ 1300頃-1366）
コン3（ガッディ 1300頃-1366）
新美（ガッディ，タッデオ 1300頃-1366）
西洋（ガッディ 1300頃-1366）
世西（ガッディ 1300頃-1366）
世美（ガッディ，タッデーオ 1290頃-1366）
百科（ガッディ ?-1366）

Gadier, Pierre 〈16世紀〉
フランスの建築家。ツールで活動。
⇒国小（ガディエ ?-1531）

Gadio, Bartolomeo 〈15世紀〉
イタリアの建築家，軍事技術者。
⇒世美（ガーディオ，バルトロメーオ 1414-1484）

Gaemperle, Daniel 〈20世紀〉
スイスの画家。
⇒世芸（ガエムペルレ，ダニエル 1954-）

Gafgen, Wolfgang 〈20世紀〉
ドイツの版画家。
⇒世芸（ゲフゲン，ウォレフガング 1936-）
二十（ゲフゲン，ヴォルフガング）

Gág, Wanda 〈20世紀〉
アメリカの絵本作家。『百まんびきのねこ』(1928)はアメリカではじめての本格的な絵本といわれるもの。
⇒英児（Gág, Wanda Hazel ガーグ，ワンダ・ヘイズル 1893-1946）
英文（ガアグ，ワンダ・ヘイズル 1893-1946）
子本（ガアグ，ワンダ 1893-1946）
児イ（Gag, Wanda ガアグ，W. 1893-1946）
児童（ガーグ，ワンダ 1893-1946）
児文（ガアグ，ワンダ 1893-1946）
世児（ガーグ，ワンダ（・ヘイズル） 1893-1946）
世女日（ガーグ，ワンダ 1893-1946）
全書（ガーグ 1893-1946）
二十（ガーグ，ワンダー 1893-1946）

Gagini, Antonello 〈15・16世紀〉
イタリアの彫刻家。
⇒世美（ガジーニ，アントネッロ 1478-1536）

Gagini, Bernardino 〈16世紀〉
イタリアの彫刻家，建築家。

⇒世美（ガジーニ，ベルナルディーノ（活動）1513-1544）

Gagini, Domenico 〈15世紀〉
イタリアの彫刻家，建築家。
⇒世美（ガジーニ，ドメーニコ 1420頃-1492）

Gagini, Elia 〈15・16世紀〉
イタリアの彫刻家，建築家。
⇒世美（ガジーニ，エーリア ?-1511以前）

Gagini, Giovanni 〈15・16世紀〉
イタリアの彫刻家，建築家。
⇒世美（ガジーニ，ジョヴァンニ ?-1517）

Gagini, Pace 〈15・16世紀〉
イタリアの彫刻家，建築家。
⇒世美（ガジーニ，パーチェ （記録)1470-1522）

Gagini, Vincenzo 〈16世紀〉
イタリアの彫刻家。
⇒世美（ガジーニ，ヴィンチェンツォ 1527-1595）

Gagneraux, Bénigne 〈18世紀〉
フランスの画家。
⇒世美（ガニュロー，ベニーニュ 1756-1795）

Gagneux, Marie Christine 〈20世紀〉
フランスの建築家，改革の闘士。ボザール第8分校教授。
⇒二十（ガニュー，マリー・クリスチーヌ 1947-）

Gagnon, Charles 〈20世紀〉
カナダ生れの画家。
⇒世芸（ガニョン，チャールス 1934-）

Gagnon, Pauline 〈20世紀〉
カナダ生れの画家。
⇒世芸（ガニョン，ポーリネ 1955-）

Gaillard, Ferdinand 〈19世紀〉
フランスの画家。
⇒芸術（ゲイヤール，フェルディナン 1834-1887）

Gainsborough, Thomas 〈18世紀〉
イギリスの画家。
⇒イ文（Gainsborough, Thomas 1727-1788）
岩ケ（ゲインズバラ，トマス 1727-1788）
英米（Gainsborough, Thomas ゲーンズバラ 1727-1788）
外国（ゲーンズボロー 1727-1788）
角世（ゲインズバラ 1727-1788）
芸術（ゲーンズボロ，トマス 1727-1788）
広辞4（ゲーンズバラ 1727-1788）
広辞6（ゲインズバラ 1727-1788）
国百（ゲインズバラ 1727.5.14-1788.8.2）
国百（ゲインズバラ，トマス 1727.5.14-1788.8.2）
コン2（ゲーンズバラ 1727-1788）
コン3（ゲーンズボラ 1727-1788）
新美（ゲーンズバラ，トマス 1727.5.14-1788.8.2）

人物（ゲインズボロー 1727.5.14-1788.8.2）
西洋（ゲーンズバロ 1727.5.14-1788.8.2）
世西（ゲーンズボロ 1727.5.14-1788.8.2）
世美（ゲインズバラ，トマス 1727-1788）
世百（ゲーンズボロ 1727-1788）
全書（ゲーンズバラ 1727-1788）
大辞（ゲーンズボロ 1727-1788）
大辞3（ゲーンズボロ 1727-1788）
大百（ゲーンズボロ 1727-1788）
デス（ゲーンズボロ 1727-1788）
伝世（ゲインズボロ 1727.5.14-1788.8.2）
百科（ゲーンズバラ 1727-1788）

Gainza, Martín de ⟨16世紀⟩
スペインの建築家。
⇒世美（ガインサ，マルティン・デ 1500頃-1555頃）

Gal Laszlo ⟨20世紀⟩
ハンガリーのイラストレーター。
⇒児イ（Gal, Laszlo ガル, L. 1930-）

Gala ⟨20世紀⟩
サルバドール・ダリ（画家）の夫人。
⇒スパ（ガラ ?-）

Galan, Jacques ⟨20世紀⟩
フランスのイラストレーター。
⇒児イ（Galan, Jacques ガラン, J. 1926-）

Galanis, Démétrus-Emmanuel ⟨19・20世紀⟩
フランスの画家。
⇒世芸（ガラニス，デメトルス・エマニュエル 1882-1951）

Galantara, Gabriele ⟨19・20世紀⟩
イタリアの画家，風刺画家。
⇒世美（ガランターラ，ガブリエーレ 1865-1937）

Galante, Nicola ⟨19・20世紀⟩
イタリアの画家，版画家。
⇒世美（ガランテ，ニコーラ 1883-1969）

Galassi, Galasso ⟨15世紀⟩
イタリアの画家。
⇒新美（ガラッシ，ガラッソ 1423?-1473）

Galasso di Matteo Piva ⟨15世紀⟩
イタリアの画家。
⇒世美（ガラッソ・ディ・マッテーオ・ピーヴァ（活動）15世紀後半）

Galdone, Paul ⟨20世紀⟩
アメリカの絵本作家，挿絵画家。
⇒英児（Galdone, Paul ガルドーン，ポール 1914-1986）
児イ（Galdone, Paul ガルドン, P. 1914-）
児文（ガルドン，ポール 1914-1986）
世児（ガルドン，ポール 1914-1986）
二十（ガルドン，ポール 1914-1986）

Galeotti, Sebastiano ⟨17・18世紀⟩
イタリアの画家。
⇒世美（ガレオッティ，セバスティアーノ 1676-1746頃）

Galgario, Fra ⟨17・18世紀⟩
イタリアの画家。
⇒世美（ガルガーリオ，フラ 1655-1743）

Galilei, Alessandro ⟨17・18世紀⟩
イタリアの建築家。
⇒建築（ガリレイ，アレッサンドロ 1691-1736）
世美（ガリレイ，アレッサンドロ 1691-1736）

Galizia, Fede ⟨16・17世紀⟩
イタリアの女性画家。
⇒世美（ガリーツィア，フェーデ 1578-1630）

Galjdjaev, Vladimir Ivanovich ⟨20世紀⟩
ロシアのイラストレーター。
⇒児イ（Galjdjaev, Vladimir Ivanovich ガリヂャーエフ, V.I. 1938-）

Gallait, Louis ⟨19世紀⟩
ベルギーの画家。初め聖書に取材した絵画を，のち歴史画を描いた。
⇒キリ（ガレー，ルイ 1810.3.10-1887.11.20）
西洋（ガレ 1810.3.10-1887.11.20）

Gallardo, Gervasio ⟨20世紀⟩
スペイン生れのイラストレーター。
⇒世芸（ガジャールド，ゲルバシオ 1934-）

Gallé, Emile ⟨19・20世紀⟩
フランスの工芸家。アール・ヌーボーの代表的作家。著書に "Écrits pour l'art 1844-89"（1908）。
⇒岩ケ（ガレ，エミール 1846-1904）
芸術（ガレ，エミール 1846-1904）
広辞6（ガレ 1846-1904）
国小（ガレー 1846.5.8-1904.9.23）
新美（ガレ，エミール 1846.5.4-1904.9.23）
西洋（ガレ 1846.5.4-1904.9.23）
世美（ガレ，エミール 1846-1904）
世百（ガレ 1846-1904）
全書（ガレ 1846-1904）
大辞3（ガレ 1846-1904）
ナビ（ガレ 1846-1904）
二十（ガレ，エミール 1846.5.4-1904.9.23）
百科（ガレ 1846-1904）

Gallego, Fernando ⟨15・16世紀⟩
スペインの画家。
⇒新美（ガリェーゴ，フェルナンド 1440頃-1507）
スペ（ガリェーゴ 1440頃-1507以後）
世美（ガリェーゴ，フェルナンド 1440頃-1506以降）
百科（ガリェーゴ 1440頃-1507以後）

Gallen-Kallela, Akseli Valdemar

〈19・20世紀〉
フィンランドの画家。民族詩『カレワラ』を絵画化した最初の画家。
⇒オ西（ガレン＝カレラ　1865-1931）
　コン3（ガレン・カッレラ　1865-1931）
　新美（ガレン＝カレラ，アクセリ　1865.4.26-1931.3.7）
　西洋（ガレン・カレラ　1865.4.26-1931.3.7）
　世美（ガッレン＝カッレラ，アクセリ　1865-1931）
　大辞2（ガッレン・カッレラ　1865-1931）
　大辞3（ガッレン・カッレラ　1865-1931）
　伝世（ガッレソ・カッレラ　1865.4.26-1931.3.7）
　二十（ガレン・カレラ，アクセリ　1865.4.26-1931.3.7）
　百科（ガレン・カレラ　1865-1931）

Galler, Helga 〈20世紀〉
オーストリアのイラストレーター。
⇒児イ（Galler, Helga　ガルラー, H.　1939-）

Galli, Aldo 〈20世紀〉
イタリアの画家，彫刻家。
⇒世美（ガッリ，アルド　1906-1981）

Galli, Luigi 〈19世紀〉
イタリアの画家。
⇒世美（ガッリ，ルイージ　1820-1900）

Galliari, Bernardino 〈18世紀〉
イタリアの画家，舞台美術家。
⇒世美（ガッリアーリ，ベルナルディーノ　1707-1794）

Galliari, Fabrizio 〈18世紀〉
イタリアの画家，舞台美術家。
⇒世美（ガッリアーリ，ファブリーツィオ　1709-1790）

Galliari, Gaspare 〈18・19世紀〉
イタリアの舞台美術家，画家。
⇒世美（ガッリアーリ，ガスパレ　1760-1818）

Galliari, Giovanni 〈17・18世紀〉
イタリアの画家，舞台美術家。
⇒世美（ガッリアーリ，ジョヴァンニ　1672頃-1722）

Galliari, Giovanni Antonio 〈18世紀〉
イタリアの画家，舞台美術家。
⇒世美（ガッリアーリ，ジョヴァンニ・アントーニオ　1714-1783）

Galliari, Giovannino 〈18・19世紀〉
イタリアの画家，舞台芸術家。
⇒世美（ガッリアーリ，ジョヴァンニーノ　1746-1818）

Galliari, Giuseppe 〈18・19世紀〉
イタリアの画家，舞台芸術家。
⇒世美（ガッリアーリ，ジュゼッペ　1752-1817）

Gallina, Gallo 〈18・19世紀〉
ストア哲学者セネカの兄，ギリシアのアカヤの総督（新約）。
⇒キリ（ガリオ（ガリオン））
　世美（ガッリーナ，ガッロ　1796-1874）

Gallo, Francesco 〈17・18世紀〉
イタリアの建築家。
⇒世美（ガッロ，フランチェスコ　1672-1750）

Gallo, Frank 〈20世紀〉
アメリカの彫刻家。
⇒新美（ガロ，フランク　1933.1.13-）
　世美（ガロ，フランク　1933-）
　二十（ガロ，フランク　1933.1.13-）
　美術（ガロ，フランク　1933-）

Galloni, Adelchi 〈20世紀〉
イタリアのイラストレーター。
⇒児イ（Galloni, Adelchi　ガッローニ, A.　1936-）

Galster, Robert 〈20世紀〉
アメリカのイラストレーター。
⇒児イ（Galster, Robert　ガルスター, R.）

Gamba, Enrico 〈19世紀〉
イタリアの画家。
⇒世美（ガンバ，エンリーコ　1831-1883）

Gambara, Lattanzio 〈16世紀〉
イタリアの画家。
⇒世美（ガンバラ，ラッタンツィオ　1530頃-1574頃）

Games, Abram 〈20世紀〉
イギリスのグラフィック・デザイナー。
⇒国小（ゲームズ　1914.7.29-）
　大百（ゲームズ　1914-）

Gammell, Stephen 〈20世紀〉
アメリカのイラストレーター。
⇒児イ（Gammell, Stephen　ガメル, S.　1943-）

Gamos, Alberto E. 〈20世紀〉
フィリピンのイラストレーター。
⇒児イ（Gamos, Alberto E.　ガモス, A.E.　1951-）

Gamurrini, Gian Francesco 〈19・20世紀〉
イタリアの考古学者。
⇒世美（ガムッリーニ，ジャン・フランチェスコ　1835-1923）

Ganatta, Yaw Boakye 〈20世紀〉
ガーナのイラストレーター。
⇒児イ（Ganatta, Yaw Boakye　ガナッタ, Y.B.　1927-）

Gandini, Giorgio 〈15・16世紀〉
イタリアの画家。
⇒世美（ガンディーニ, ジョルジュ　1480頃-1538）

Gandolfi, Gaetano 〈18・19世紀〉
イタリアの画家, 版画家。
⇒世美（ガンドルフィ, ガエターノ　1734-1802）

Gandolfi, Mauro 〈18・19世紀〉
イタリアの画家, 版画家。
⇒世美（ガンドルフィ, マウロ　1764-1834）

Gandolfi, Ubaldo 〈18世紀〉
イタリアの画家, 版画家, 彫刻家。
⇒世美（ガンドルフィ, ウバルド　1728-1781）

Gandolfino d'Asti 〈15・16世紀〉
イタリアの画家。
⇒世美（ガンドルフィーノ・ダスティ　（活動）1493-1510）

Gandon, James 〈18・19世紀〉
イギリスの建築家。
⇒世美（ガンドン, ジェイムズ　1743-1823）

Gandy, Joseph Michall 〈18・19世紀〉
イギリスの画家, 建築家。王立アカデミー会員。
⇒国小（ガンディー　1771-1843）
　世美（ガンディ, ジョーゼフ・マイケル　1771-1843）

Gandy, Michael 〈18・19世紀〉
イギリスの建築家。
⇒世美（ガンディ, マイケル　1778-1862）

Gandy, Peter 〈18・19世紀〉
イギリスの建築家。
⇒世美（ガンディ, ピーター　1787-1850）

Gannett, Ruth 〈20世紀〉
アメリカの挿絵画家。
⇒児イ（Gannett, Ruth Crisman　ガネット, R.C.）
　児作（Gannett, Ruth　ガネット, ルース　1896-1979）
　世女日（ガネット, ルース　1896-1979）

Gano da Siena 〈14世紀〉
イタリアの彫刻家。
⇒世美（ガーノ・ダ・シエーナ　（活動）14世紀前半）

Gantner, Joseph 〈20世紀〉
スイスの美術史家。「視覚形式」と「表象形式」の学説を発展させ、「プレフィグラツィオン」（先形象）の理論を展開する。
⇒オ西（ガントナー, ヨーゼフ　1896-1988）
　キリ（ガントナー, ヨーゼフ　1896.9.11-）
　現人（ガントナー　1896.9.11-）
　新美（ガントナー, ヨーゼフ　1896.9.11-）
　西洋（ガントナー　1896.9.11-）
　全書（ガントナー　1896-）
　二十（ガントナー, ヨーゼフ　1896.9.11-1988.4.7）
　名著（ガントナー　1896-）

Gantschev, Ivan 〈20世紀〉
ブルガリアの児童文学者。
⇒児イ（Gantschev, Ivan　ガンチェフ, I.　1925-）
　児作（Gantschev, Ivan　ガンチェフ, イワン　1925-）

Ganymēdēs
ギリシア神話中の美少年。トロイ王トロスの子。地上より連れ去られたゼウスの侍童とされた。
⇒新美（ガニュメーデース）
　全書（ガニメデス）
　大辞（ガニュメデス）

Gaponenko, Taras Grievitch 〈20世紀〉
ロシアの画家。
⇒世芸（ガポネンコ, タラス・グリエーヴィッチ　1906-1975）

Garamond, Claude 〈16世紀〉
フランスの活字彫刻者。従来のゴシック活字の代りにローマン・タイプを流通させた。
⇒西洋（ガラモン　?-1561）

Garavani, Valentino 〈20世紀〉
イタリアの服飾デザイナー。
⇒岩ケ（ガラヴァーニ, ヴァレンティノ　1933-）
　最世（ガラヴァーニ, ヴァレンティノ　1933-）
　ナビ（ガラバーニ　1932-）

García de Quiñones, Andrés 〈18世紀〉
スペインの建築家。
⇒建築（ガルシア・デ・キニョーネス, アンドレス　（活動）18世紀）

Garcia Fons, Pierre 〈20世紀〉
スペイン生れの画家。
⇒世芸（ガルシア・フォン, ピエール　1928-）
　世芸（フォン, ピエール・ガルシア　1928-）

Garcia Rossi, Horacio 〈20世紀〉
アルゼンチンの造形作家。
⇒美術（ガルシア・ロッシ, ホラチオ　1929-）

Garcin, Jenny-Laure 〈20世紀〉
フランスの画家。
⇒世芸（ガルサン, ジェニー・ラウル　1896-1965）

Gardella, Ignazio 〈20世紀〉
イタリアの建築家。
⇒新美（ガルデルラ, イグナツィオ　1905.3.30-）
　世美（ガルデッラ, イニャーツィオ　1905-）
　二十（ガルディラ, イグナツィオ　1905.3.30-）

Gardiner, James MacDonald 〈19・20世紀〉
アメリカの聖公会宣教師、建築家。立教大学校校長。東京築地立教大学校、日光真光教会他を設計。
⇒日人（ガーディナー　1857–1925）
　来日（ガーディナー　1857–1925）

Gardner, Alexander 〈19世紀〉
アメリカの写真家。
⇒全書（ガードナー　1821–1882）

Gardner, Helen 〈19・20世紀〉
アメリカの美術史家。
⇒世女日（ガードナー、ヘレン　1878–1946）

Gardner, Isabella Stewart 〈19・20世紀〉
アメリカの美術収集家。
⇒世女（ガードナー、イザベラ・ステュワート　1840–1924）
　世女日（ガードナー、イサベラ・スチュアート　1840–1924）

Gargallo, Pablo 〈19・20世紀〉
スペインの彫刻家。
⇒オ西（ガルガリョ、パブロ　1881–1934）

Gargiulo, Domenico 〈17世紀〉
イタリアの画家。
⇒世美（ガルジューロ、ドメーニコ　1610頃–1675）

Garnett, Eve 〈20世紀〉
イギリスの女流児童文学作家、画家。1937年処女作『ふくろ小路の一家』でカーネギー賞受賞。
⇒英児（Garnett, Eve　ガーネット、イーヴ　1900–1991）
　子本（Garnette, Eve　ガーネット、イーヴ）
　児童（ガーネット、イーヴ）
　児文（ガーネット、イーヴ　?–）
　世児（ガーネット、イーヴ　1900–1991）
　世女日（ガーネット、イーヴ　1900–1991）
　全書（ガーネット　生没年不詳）
　二十（ガーネット、イーブ　?–）

Garnier, Jean Louis Charles 〈19世紀〉
フランスの建築家。パリのオペラ座（1861～75）の設計者。
⇒外国（ガルニエ　1825–1898）
　建築（ガルニエ、シャルル　1825–1898）
　国小（ガルニエ　1825.11.6–1898.8.3）
　コン2（ガルニエ　1825–1898）
　コン3（ガルニエ　1825–1898）
　新美（ガルニエ、シャルル　1825.11.6–1898.8.2）
　人物（ガルニエ　1825–1898）
　西洋（ガルニエ　1825.11.6–1898.8.3）
　世美（ガルニエ、シャルル　1825–1898）
　世百（ガルニエ　1825–1898）
　全書（ガルニエ　1825–1898）
　大辞3（ガルニエ　1825–1898）
　大百（ガルニエ　1825–1898）
　伝世（ガルニエ、J.L.C.　1825.11.6–1898.8.3）
　百科（ガルニエ　1825–1898）

Garnier, Pierre 〈18世紀〉
フランスの家具制作家。
⇒世美（ガルニエ、ピエール　1720–1800）

Garnier, Tony 〈19・20世紀〉
フランスの建築家。20世紀フランス近代建築の先駆者。「工業都市」計画案で、1899年ローマ大賞受賞。リヨン市建設に貢献。
⇒岩ケ（ガルニエ、トニー　1869–1948）
　オ西（ガルニエ、トニー　1869–1948）
　国小（ガルニエ　1869.8.13–1948）
　新美（ガルニエ、トニー　1869.8.13–1948.1.19）
　西洋（ガルニエ　1869.8.13–1948）
　世美（ガルニエ、トニ　1869–1948）
　世百（ガルニエ　1868–1948）
　全書（ガルニエ　1869–1948）
　大百（ガルニエ　1869–1948）
　デス（ガルニエ　1869–1948）
　ナビ（ガルニエ　1869–1948）
　二十（ガルニエ、トニー　1869.8.13–1948）
　百科（ガルニエ　1869–1948）
　歴史（ガルニエ　1869–1949）

Garofalo, Benvenuto da 〈15・16世紀〉
イタリアの画家。
⇒岩ケ（ガロファロ、ベンヴェヌート・ダ　1481–1559）
　国小（ガロファロ　1481–1559）
　新美（ガローファロ　1481–1559.9.6）
　西洋（ガロファロ　1481頃–1559.9.6）
　世美（ガローファロ　1481–1559）

Garove, Michelangelo 〈17・18世紀〉
イタリアの建築家。
⇒世美（ガローヴェ、ミケランジェロ　1650–1713）

Garrard, George 〈18・19世紀〉
イギリスの画家、彫刻家。
⇒世美（ガラード、ジョージ　1760–1826）

Garrick, Fiona 〈20世紀〉
カナダのイラストレーター、装丁家。
⇒児作（Garrick, Fiona　ギャリック、フィオナ　1948–）

Gärtner, Eduard 〈19世紀〉
ドイツの画家。
⇒世美（ゲルトナー、エドゥアルト　1801–1877）

Gärtner, Friedrich von 〈18・19世紀〉
ドイツの建築家。1820年ミュンヘン美術学校建築科教授、42年同校長。作品はルードビヒ聖堂（1829～40）、国立図書館など。
⇒建築（ゲルトナー、フリードリヒ・フォン　1792–1847）
　国小（ゲルトナー　1792.12.10–1847.4.21）
　西洋（ゲルトナー　1792.12.10–1847.4.21）
　世美（ゲルトナー、フリードリヒ・フォン　1792–1847）
　全書（ゲルトナー　1792–1847）
　大百（ゲルトナー　1792–1847）

Garucci, Raffaele 〈19世紀〉
イタリアのカトリック神学者, キリスト教美術史家。
⇒キリ (ガルッチ, ラッファエーレ 1812.1.23-1885.5.5)

Gaspari, Antonio 〈17・18世紀〉
イタリアの建築家, 画家。
⇒世美 (ガスパリ, アントーニオ 1670頃-1738頃)

Gaspari, Giovanni Paolo 〈18世紀〉
イタリアの舞台美術家。
⇒世美 (ガスパリ, ジョヴァンニ・パーオロ 1714-1775)

Gaspari, Pietro 〈18世紀〉
イタリアの舞台美術家。
⇒世美 (ガスパリ, ピエトロ 1720頃-1785頃)

Gasse, Étienne 〈18・19世紀〉
イタリアの建築家。
⇒世美 (ガッセ, エティエンヌ 1778-1840)

Gassner, Dennis 〈20世紀〉
カナダ生れの映画美術監督。
⇒世映 (ガスナー, デニス 1948-)

Gastaldi, Andrea 〈19世紀〉
イタリアの画家。
⇒世美 (ガスタルディ, アンドレーア 1826-1889)

Gates, Roman 〈20世紀〉
アメリカの画家。
⇒世芸 (ゲイツ, ロマン ?-)

Gattapone 〈14世紀〉
イタリアの建築家。
⇒世美 (ガッタポーネ (活動)14世紀)

Gatti, Bernardino 〈15・16世紀〉
イタリアの画家。
⇒世美 (ガッティ, ベルナルディーノ 1495頃-1575)

Gau, Franz Christian 〈18・19世紀〉
フランスの建築家, 考古学者。代表建築『聖クロティルド教会堂』(1846〜57)。
⇒キリ (ゴー, フラーンス・クリスチャン 1790.6.15-1853.12.31)
建築 (ガウ, フランツ・クリスティアン 1790-1853)
西洋 (ゴー 1790.6.15-1853.12.31)

Gaucher de Reims 〈13世紀〉
フランスの建築家。
⇒建築 (ゴシェ・ド・ランス (活動)13世紀)

Gaudí y Cornet, Antonio 〈19・20世紀〉
スペインの建築家。代表作はグエル公園(1900~02), カサ・ミラ(1905〜10)など。
⇒逸話 (ガウディ 1852-1926)
岩ケ (ガウディ(・イ・コルネット), アントニ 1852-1926)
旺世 (ガウディ 1852-1926)
オ西 (ガウディ・イ・コルネ, アントニオ 1852-1926)
角世 (ガウディ 1852-1926)
キリ (ガウディ・イ・コルネット, アントニオ 1852.6.25(26)-1926.6.10)
広辞4 (ガウディ 1852-1926)
広辞5 (ガウディ 1852-1926)
広辞6 (ガウディ 1852-1926)
国伝 (ガウディ 1852.6.26-1926.6.7)
国百 (ガウディ・イ・コルネット, アントニオ 1852.6.26-1926.6.7)
コン2 (ガウディ 1852-1926)
コン3 (ガウディ 1852-1926)
新美 (ガウディ, アントニ(オ) 1852.6.26-1926.6.10)
人物 (ガウディ 1852-1926.6.10)
ス文 (ガウディ・イ・コルネット, アントニ 1852-1926)
スペ (ガウディ 1852-1926)
西洋 (ガウディ 1852.6.25-1926.6.10)
世人 (ガウディ 1852-1926)
世西 (ガウディ 1852.6.26-1926.6.10)
世美 (ガウディ・イ・コルネ, アントニ 1852-1926)
世百 (ガウディ 1852-1926)
全書 (ガウディ 1852-1926)
大辞 (ガウディ 1852-1926)
大辞2 (ガウディ 1852-1926)
大辞3 (ガウディ 1852-1926)
大百 (ガウディ 1852-1926)
デス (ガウディ 1852-1926)
伝世 (カウディ 1852.6.25-1926.6.10)
ナビ (ガウディ 1852-1926)
二十 (ガウディ・イ・コルネット, アントニオ 1852.6.26-1926.6.10)
百科 (ガウディ 1852-1926)
山世 (ガウディ 1852-1926)

Gaudreau (Gaudreaux), Antoine Robert 〈17・18世紀〉
フランスの家具制作家。
⇒新美 (ゴードゥロー, アントワーヌ・ロベール 1680頃-1751)
世美 (ゴードロー, アントワーヌ=ロベール 1680-1751)

Gauffier, Louis 〈18・19世紀〉
フランスの画家。
⇒世美 (ゴーフィエ, ルイ 1762-1801)

Gauguin, Eugène Henri Paul 〈19・20世紀〉
フランスの画家。1888年V.ゴッホと共同生活。ヨーロッパ文明を拒否し, タヒチ, マルケサス諸島で制作活動。主作品『黄色いキリスト』(1889), 『マナオ・トパパウ(死者の霊は眠らない)』(1893), 『われわれはどこから来たか, われわれは何か, われわれはどこへゆくのか』(1897〜98)。主著『ノア・ノア』(1897)。
⇒逸話 (ゴーギャン 1848-1903)
岩ケ (ゴーギャン, (ユージェーヌ・アンリ・)

ポール 1848-1903)
旺世（ゴーガン 1848-1903）
オセ（ゴーギャン 1848-1903）
外国（ゴーガン 1848-1903）
角世（ゴーガン 1848-1903）
キリ（ゴガン, ユジェーヌ・アンリ・ポル 1848.6.7(8)-1903.5.8）
芸術（ゴーガン, ポール 1848-1903）
広辞4（ゴーガン 1848-1903）
広辞5（ゴーガン 1848-1903）
広辞6（ゴーガン 1848-1903）
国小（ゴーガン 1848.6.7-1903.5.8）
国百（ゴーガン, ウジェーヌ・アンリ・ポール 1848.6.7-1903.5.8）
コン2（ゴーガン 1848-1903）
コン3（ゴーガン 1848-1903）
新美（ゴーガン, ポール 1848.6.8-1903.5.9）
人物（ゴーガン 1848.6.7-1903.5.8）
西洋（ゴーガン 1848.6.7-1903.5.8）
世人（ゴーガン 1848-1903）
世西（ゴーガン 1848.6.17-1903.5.6）
世美（ゴーガン, ポール 1848-1903）
世百（ゴーガン 1848-1903）
全書（ゴーギャン 1848-1903）
大辞（ゴーガン 1848-1903）
大辞2（ゴーガン 1848-1903）
大辞3（ゴーガン 1848-1903）
伝世（ゴーガン 1848.6.7-1903.5.8）
ナビ（ゴーギャン 1848-1903）
百科（ゴーギャン 1848-1903）
評世（ゴーガン 1848-1903）
名著（ゴーガン 1848-1903）
山世（ゴーガン 1848-1903）
歴史（ゴーガン 1848-1903）

Gaul, August 〈19・20世紀〉
ドイツの彫刻家。動物の彫刻に秀れ，『牡獅子と牝獅子』等の作がある。
⇒芸術（ガウル, アウグスト 1869-1921）
西洋（ガウル 1869.10.22-1921.10.18）
世芸（ガウル, アウグスト 1869-1921）
世百（ガウル 1869-1921）

Gaul, William Gilbert 〈19・20世紀〉
アメリカの画家。南北戦争の戦闘場面を描く。
⇒国小（ゴール 1855-1919）

Gaultier, Jean-Paul 〈20世紀〉
フランスの服飾デザイナー。
⇒ナビ（ゴルティエ 1952-）

Gaumont, Marcel 〈19・20世紀〉
フランスの彫刻家。1908年ローマ賞，37年パリ国際美術展受賞。多くの記念碑彫刻を制作。
⇒国小（ゴーモン 1880.1.27-1962.11.21）

Gaunt, William 〈20世紀〉
イギリスの画家，美術批評家。
⇒二十英（Gaunt, William 1900-1980）

Gauricus, Pomponius 〈15・16世紀〉
イタリア，フィレンツェの彫刻家。
⇒新美（ガウリクス, ポンポーニウス 15世紀後半-16世紀前半）

Gautier-Brzeska, Henri 〈20世紀〉
フランスの彫刻家，素描家。
⇒岩ケ（ゴディエ=ブルゼスカ, アンリ 1891-1915）
オ西（ゴーディエ=ブルゼスカ, アンリ 1891-1915）
集文（ゴーディエ=ブルゼスカ, アンリ 1891.10.4-1915.6.5）
新美（ゴーディエ=ブルゼスカ, アンリ 1891-1915.6）
世芸（ゴーディエ・ブルゼスカ, アンリ 1891-1915）
世西（ゴーディエ・ブルゼスカ 1891-1915）
世美（ゴーディエ=ブルゼスカ, アンリ 1891-1915）
二十（ゴーディエ・ブルゼスカ, アンリ 1891-1915.6）

Gavarni, Paul 〈19世紀〉
フランスの版画家，水彩画家。『レ・ロレット』(1841~43)『仮面と表情』などの作品がある。
⇒芸術（カヴァルニ, パウル 1804-1866）
国小（ガバルニ 1804.1.13-1864.11.24）
新美（ガヴァルニ, ポール 1804.1.13-1866.11.24）
西洋（ガヴァルニ 1804.1.13-1866.11.24）
世西（ガヴァルニ 1804-1866）
世美（ガヴァルニ, ポール 1804-1866）
百科（ガバルニ 1804-1866）

Gavashvili, Gigo 〈19・20世紀〉
ソ連の画家。作品『寺院の祭日』(1899)。
⇒コン2（ガバシヴィーリ 1862-1936）
コン3（ガヴァシヴィーリ 1862-1936）

Gavathas, Martinos 〈20世紀〉
ギリシャ生れの版画家。
⇒世芸（ガヴァサス, マルティネス 1943-）

Gay, Michel 〈20世紀〉
フランスのイラストレーター，絵本作家。
⇒児イ（Gay, Michel ゲイ, M. 1947-）
児作（Gay, Michel ゲイ, ミシェル 1947-）
児文（ゲイ, ミシェル 1947-）
二十（ゲイ, ミシェル 1947-）

Gaya-Nuño, Juan Antonio 〈20世紀〉
スペインの美術史家，美術批評家。
⇒西洋（ガーヤ・ヌーニョ 1913.1.29-1976.7.6）

Ge, Nikolai Nikolaevich 〈19世紀〉
ロシア移動派の画家，肖像彫刻家。
⇒キリ（ゲー, ニコラーイ, ニコラーエヴィチ 1831-1894）
芸術（ゲー, ニコライ・ニコラエーヴィチ 1831-1894）
国小（ゲー 1831.2.27-1894.6.14）
新美（ゲー, ニコライ 1831.2.15/27-1894.6.1/13）

Geary, Clifford N. 〈20世紀〉
アメリカのイラストレーター。
⇒児イ（Geary, Clifford N. ギアリー, C.N. 1916-）

Gebhardt, Eduard von 〈19・20世紀〉
エストニア生れのドイツの画家。
⇒西洋（ゲープハルト　1838.6.13-1925.2.3）

Geddes, Norman Bel 〈20世紀〉
アメリカの舞台装置家。主要作品『奇跡』(1923)，『ハムレット』(1931)，『デッド・エンド』(1935) など。
⇒岩ケ（ベル・ゲディス，ノーマン　1893-1958）
演劇（ベル・ゲデス，ノーマン　1893-1958）
外国（ゲデス　1893-）
国小（ゲッディズ　1893.4.21-1958.5.8）
国小（ベル・ゲデス　1893.4.27-1958.5.8）
コン3（ゲデス　1893-1958）
コン3（ベル・ゲディス　1893-1958）
西洋（ゲデス　1893.4.27-1958.5.8）
世芸（ベル・ゲデス，ノルマン　1893-1962）
世百（ゲデス　1893-1958）
二十（ゲデス，ノーマン・ベル　1893.4.27-1958.5.8）

Geddes, Sir Patrick 〈19・20世紀〉
イギリスの植物学者，社会学者。都市・地域計画の先駆者。
⇒岩ケ（ゲディス，サー・パトリック　1854-1932）
才西（ゲデス，パトリック　1854-1932）
外国（ゲディス　1854-1932）
科学（ゲデイス　1854.10.20-1932.4.17）
看護（ゲデス　1854-1932）
新美（ゲッデス，パトリック　1854.10.2-1932.4.17）
西洋（ゲデス　1854.10.20-1932.4.17）
世芸（ゲデス　1854.10.20-1932.4.12）
伝世（ゲデス　1854.10.2-1932.4.17）
ナビ（ゲデス　1854-1932）
二十（ゲッデス，パトリック　1854-1932）
百科（ゲッデス　1854-1932）

Geelen, Harrie 〈20世紀〉
オランダの映画監督，グラフィック・デザイナー，作曲家。
⇒児イ（Geelen, Harrie　ゲーレン, H.　1936-）
児作（Geelen, Harrie　ゲーレン, ハリー）

Geer, Charles 〈20世紀〉
アメリカのイラストレーター。
⇒児イ（Geer, Charles　ギア, C.　1922-）

Geertgen tot sint Jans 〈15世紀〉
オランダの画家。ハルレムの聖ヨハネ修道院の祭壇画の制作で有名。
⇒岩ケ（ヘールトヘン・トット・シント・ヤンス　1460頃-1490頃）
外国（シント・ヤンス　1460-1488）
芸術（ゲールトヒェン・ヤンス　1465頃-1493）
芸術（ヘールトヘン・トット・シント・ヤンス　1460頃-1485/95）
国小（ヘールトヘン　1465頃-1495頃）
コン2（ヘールトヘン　（活躍）1460頃-1490/95）
コン3（ヘールトヘン　（活躍）1460頃-1490/95）
新美（ヘールトヘン・トット・シント・ヤンス　1460頃-1485/95）
世美（ヘールトヘン・トート・シント・ヤンス　1460頃-1490頃）
全書（ゲールトヒェン　1460/65-1495以前）

大百（ゲールトゲン　1465頃-1495頃）
伝世（ヘールチェン・トート・シント・ヤンス　1460/5頃-1490/5）

Geffroy, Gustave 〈19・20世紀〉
フランスのジャーナリスト，美術評論家，小説家。主著『一新聞記者のノート』(1887)，『芸術的生活』(1892～1903)，小説『閉された者』(1893) など。
⇒西洋（ジェフロア　1855-1926）
世美（ジェフロワ，ギュスターヴ　1855-1926）

Gehry, Frank O. 〈20世紀〉
アメリカの建築家。
⇒二十（ゲーリー，フランク　1929-）

Geiger, Moritz 〈19・20世紀〉
ドイツの哲学者，美学者。
⇒岩哲（ガイガー　1880-1937）
外国（ガイガー　1880-）
国小（ガイガー　1880.6.26-1938.9.9）
西洋（ガイガー　1880.6.26-1937.9.9）
名著（ガイガー　1880-1937）

Geiger, Rupprecht 〈20世紀〉
ドイツの画家。「ゼン・49」グループ創立者の1人。
⇒国小（ガイガー　1908.1.26-）

Geiger, Willi 〈19・20世紀〉
ドイツの画家，版画家。トルストイ等の作品の挿絵のほか，スペイン等で風景や肖像を描いている。
⇒西洋（ガイガー　1878.8.27-1971.2.1）

Geisert, Arthur 〈20世紀〉
アメリカの版画家。
⇒児イ（Geisert, Arthur　ガイサート, G.）
児作（Geisert, Bonnie&Arthur）

Gekiere, Madeleine 〈20世紀〉
スイスのイラストレーター。
⇒児イ（Gekiere, Madeleine　1919-）

Gelder, Aert de 〈17・18世紀〉
オランダの画家。旧約聖書を扱った連作(15頃)を発表。
⇒国小（ヘルダー　1645.10.10-1727.8?）
新美（ヘルデル，アールト・デ　1645.10.26-1727.8.28）
西洋（ヘルデル　1645.10.26-1727.8）

Gellner, František 〈19・20世紀〉
チェコの詩人，作家，ジャーナリスト，漫画家。
⇒集中（ゲルネル，フランチシェク　1881.6.19-1914.9頃）

Gemito, Vincenzo 〈19・20世紀〉
イタリアの彫刻家。
⇒世美（ジェーミト，ヴィンチェンツォ　1852-1929）

Geneau, Alain 〈20世紀〉
フランスの画家。
⇒世芸（ゲノー, アレン 1935–）

Genelli, Giovanni Bonaventura 〈18・19世紀〉
ドイツの画家, 素描家, 版画家。
⇒芸術（ゲネルリ, ボナヴェントゥラ 1798–1868）
国小（ジェネリ 1798–1868）
新美（ジェネリ, ボナヴェントゥーラ 1798.9.27–1868.11.13）

Generalić, Ivan 〈20世紀〉
クロアチアを代表するナイーブ画家。
⇒世美（ゲネラリッチ, イヴァン 1914–）
東欧（ゲネラリッチ 1914–1992）

Genga, Girolamo 〈15・16世紀〉
イタリアの画家, 建築家。代表作はペザロのビラ・インペリアーレおよびその内部装飾画。
⇒国小（ジェンガ 1476頃–1551）
世美（ジェンガ, ジローラモ 1476–1551）

Gennari, Benedetto 〈17・18世紀〉
イタリアの画家。
⇒世美（ジェンナーリ, ベネデット 1633–1715）

Genovés, Juan 〈20世紀〉
スペインの画家。
⇒新美（ヘノベス, ホアン 1930–）
世芸（ヘノベス, ジョアン 1930–）
世美（ヘノベス, フアン 1930–）
二十（ヘノベス, ホアン 1930–）
美術（ヘノヴェス, ホアン 1930–）

Genovese, Gaetano 〈18・19世紀〉
イタリアの建築家。
⇒世美（ジェノヴェーゼ, ガエターノ 1795–1860）

Gentile, Bernardino, il Giovane 〈18・19世紀〉
イタリアの陶工。
⇒世美（ジェンティーレ, ベルナルディーノ（年少）1727–1813）

Gentile, Bernardino I 〈16世紀〉
イタリアの陶工。
⇒世美（ジェンティーレ, ベルナルディーノ一世 16世紀）

Gentile, Bernardino II 〈17世紀〉
イタリアの陶工。
⇒世美（ジェンティーレ, ベルナルディーノ二世 ?–1683）

Gentile, Carmine 〈17・18世紀〉
イタリアの陶工。
⇒世美（ジェンティーレ, カルミネ 1678–1763）

Gentile, Giacomo I 〈17・18世紀〉
イタリアの陶工。
⇒世美（ジェンティーレ, ジャーコモ一世 1668–1713）

Gentile, Giacomo II 〈18世紀〉
イタリアの陶工。
⇒世美（ジェンティーレ, ジャーコモ二世 1717–1765）

Gentile da Fabriano 〈14・15世紀〉
イタリアの画家。国際ゴシック様式の代表的画家。代表作は『東方三博士の礼拝』『キリストの誕生』など。
⇒岩ケ（ファブリアーノ, ジェンティーレ・ダ 1370頃–1427頃）
外国（ジェンティーレ・ダ・ファブリアーノ 1360/-70–1427/8）
キリ（ジェンティーレ・ダ・ファブリアーノ 1370頃–1427）
芸術（ファブリアーノ 1360/70–1427）
芸術（ファブリアーノ, ジェンティーレ・ダ 1370以前–1427）
国小（ジェンティーレ・ダ・ファブリアーノ 1370頃–1427）
コン2（ジェンティーレ・ダ・ファブリアーノ 1370以前–1427）
コン3（ジェンティーレ・ダ・ファブリアーノ 1370以前–1427）
新美（ジェンティーレ・ダ・ファブリアーノ 1360/70–1427）
人物（ファブリアーノ 1370頃–1427）
西洋（ジェンティーレ・ダ・ファブリアーノ 1370以前–1427）
世美（ジェンティーレ・ダ・ファブリアーノ 1370頃–1427）
世百（ジェンティーレダファブリアーノ ?–1427）
全書（ファブリアーノ 1370頃–1427）
大百（ファブリアーノ 1360–1427）
伝世（ジェンティーレ・ダ・ファブリアーノ 1370頃–1427）
百科（ジェンティーレ・ダ・ファブリアーノ 1370頃–1427）

Gentileschi, Artemisia 〈16・17世紀〉
イタリアの女流画家。主作品は『聖カルロ・ボロメオの奇跡』『洗礼者ヨハネの誕生』など。
⇒岩ケ（ジェンティレスキ, アルテミジア 1597–1651頃）
芸術（ジェンティレスキ父娘 1597–1623以後）
国小（ジェンティレスキ 1597–1651以後）
世女（ジェンティレスキ, アルテミシア 1593–1653頃）
世女日（ジャンティレスキ, アルテミシア 1593–1653頃）
世美（ジェンティレスキ, アルテミージア 1597–1651頃）

Gentileschi, Orazio 〈16・17世紀〉
イタリアの画家。主作品は『聖チェチリアと天使』(06頃),『エジプト逃避行途上の休息』(26頃)。
⇒岩ケ（ジェンティレスキ, オラツィオ 1562–1647）
芸術（ジェンティレスキ父娘 1563–1638）
国小（ジェンティレスキ 1563頃–1647頃）

新美（ジェンティレスキ，オラツィオ　1563-1638.2.7）
世美（ジェンティレスキ，オラーツィオ　1563-1639）
百科（ジェンティレスキ　1563-1638頃）

Gentilini, Franco 〈20世紀〉
イタリアの画家。
⇒世美（ジェンティリーニ，フランコ　1909-1981）

Gentils, Vic 〈20世紀〉
イギリスの画家，彫刻家。
⇒世美（ジェンティルズ，ヴィック　1919-）

Gentleman, David 〈20世紀〉
イギリスのイラストレーター。
⇒児イ（Gentleman, David　ジェントルマン，D.）

Gentz, Heinrich 〈18・19世紀〉
ドイツの建築家。ベルリンの造幣局（1798～1800），ルイゼ王妃霊廟（1810）などの建築がある。
⇒建築（ゲンツ，ハインリヒ　1766-1811）
国小（ゲンツ　1766.2.5-1811.10.3）

Georgiadis, Nicholas 〈20世紀〉
ギリシャの舞台美術家。
⇒バレ（ジョージアディス，ニコラス　1923.9.14-2001.3.10）

Georgius, St 〈3・4世紀〉
ローマの軍人，14救難聖人の一人。ディオクレティアヌス帝の迫害で殉教。イギリスの守護聖人。
⇒岩ケ（聖ジョージ　3世紀）
キリ（ゲオルギウス　?-303頃）
広辞4（ゲオルギウス　270頃-303頃）
国小（ゲオルギウス　270頃-303頃）
新美（ゲオルギオス（聖））
西洋（ゲオルギウス　270頃-303頃）
世西（ゲオルギウス　?-303.4.23）
世美（ゲオルギウス（聖））
全書（ゲオルギウス　270?-303?）
大辞（ゲオルギウス　270頃-303頃）
大百（ゲオルギウス　生没年不詳）

Gerard, Alexander 〈18世紀〉
イギリス（スコットランド）の哲学者，美学者。
⇒イ哲（ジェラード，A.　1728-1795）
国小（ジェラード　1728.2.22-1795.2.22）
西洋（ジェラード　1728-1795）
全書（ジェラード　1728-1795）

Gérard, François Pascal Simon, Baron 〈18・19世紀〉
フランスの画家。ブルボン家の宮廷画家。代表作『プシケとキューピット』（1797）など。
⇒岩ケ（ジェラール，フランソワ（・パスカル・シモン），男爵　1770-1837）
芸術（ジェラール，フランソア・パスカ　1770-1837）
国小（ジェラール　1770.5.4-1837.1.11）
コン2（ジェラール　1770-1837）

コン3（ジェラール　1770-1837）
新美（ジェラール，フランソワ　1770.5.4-1837.1.11）
西洋（ジェラール　1770.3.11-1837.1.11）
世美（ジェラール，フランソワ　1770-1837）
世百（ジェラール　1770-1837）
百科（ジェラール　1770-1837）

Gérard, Marguerite 〈18・19世紀〉
フランスの画家。
⇒世女日（ジェラール，マルグリット　1761-1837）

Gerardus (Gerhard) 〈13世紀〉
ケルンのカテドラルの初代の建築家。
⇒建築（ジェラルドゥス（ゲルハルト）（活動）13世紀）

Gerasimov, Aleksandr Mikhailovich 〈19・20世紀〉
ソ連邦の画家。ことに肖像画で知られる。
⇒外国（ゲラーシモフ　1881-）
新美（ゲラーシモフ，アレクサンドル　1881.7.31（8.12）-1963.7.23）
西洋（ゲラーシモフ　1881-1963.7.23）
世芸（ゲラーシモフ，アレクサンドル・ミハイロヴィッチ　1881-1963）
世美（ゲラーシモフ，アレクサンドル・ミハイロヴィチ　1881-1963）
世百（ゲラーシモフ　1881-）
全書（ゲラシモフ　1881-1963）
大百（ゲラシモフ　1881-1963）
二十（ゲラーシモフ，アレキサンドロ　1881.7.31.(8.12)-1963.7.23）

Gerbier, Balthasar 〈16・17世紀〉
フランドル出身のイギリスの建築家。
⇒世美（ガービア，バルサザー　1592-1667）

Gergely Tibor 〈20世紀〉
ハンガリーのイラストレーター。
⇒児イ（Gergely, Tibor　ゲアゲリー，T.　1900-）

Gerhaert van Leyden, Nicolaus 〈15世紀〉
ドイツのゴシック彫刻家。代表作『コンラート・フォン・ブサンクの墓碑』（1464），『磔刑』（1467），『フリードリヒ3世』（1469～1513）。
⇒国小（ゲルハエルト　1430頃?-1473）
コン2（レイデン　1430頃-1473）
コン3（レイデン　1430頃-1473）
新美（ゲルハルト・フォン・ライデン，ニコラウス　1430頃-1473.11.22/23）
西洋（ヘルヘルト（ライデンの）　15世紀）
世美（ゲルハールト，ニコラウス　1430-1473）

Gerhard, Eduard 〈18・19世紀〉
ドイツの考古学者。ローマの考古学研究所やベルリン博物館の設立に関与。
⇒西洋（ゲルハルト　1795.11.29-1867.5.12）
世美（ゲルハルト，エドゥアルト　1795-1867）
全書（ゲルハルト　1795-1867）

Gerhard, Hubert 〈16・17世紀〉
オランダの彫刻家。

⇒芸術（ゲルハルト，フーベルト 1550頃-1620）
国小（ゲルハルト 1540/50-1620）
西洋（ゲルハルト 1550以前-1620）
世美（ヘラルト，ヒューベルト 1545頃-1622/23）
全書（ゲルハルト 1550頃-1620）

Géricault, Jean Louis André Théodore 〈18・19世紀〉
フランスの画家。ロマン主義絵画の創始者。代表作『メデューズ号の筏』。
⇒岩ケ（ジェリコー，(ジャン・ルイ・アンドレ・)テオドール 1791-1824）
旺世（ジェリコー 1791-1824）
外国（ジェリコー 1791-1824）
角世（ジェリコー 1791-1824）
芸術（ジェリコー，テオドール 1791-1824）
広辞4（ジェリコー 1791-1824）
広辞6（ジェリコー 1791-1824）
国小（ジェリコー 1791.9.26-1824.1.26）
国百（ジェリコー，ジャン・ルイ・アンドレ・テオドール 1791.9.26-1824.1.26）
コン2（ジェリコー 1791-1824）
コン3（ジェリコー 1791-1824）
新美（ジェリコー，テオドール 1791.9.21-1824.1.26）
人物（ジェリコー 1791.9.26-1824.1.18）
西洋（ジェリコー 1791.9.26-1824.1.18）
世人（ジェリコー 1791-1824）
世西（ジェリコー 1791.9.26-1824.1.26）
世美（ジェリコー，テオドール 1791-1824）
世百（ジェリコー 1791-1824）
全書（ジェリコー 1791-1824）
大辞（ジェリコー 1791-1824）
大辞3（ジェリコー 1791-1824）
大百（ジェリコー 1791-1824）
デス（ジェリコー 1791-1824）
伝世（ジェリコー 1791.9.26-1824.1.26）
百科（ジェリコー 1791-1824）

Gerini, Niccolò di Pietro 〈14・15世紀〉
イタリアの画家。
⇒世美（ジェリーニ，ニッコロ・ディ・ピエトロ（記録）1368-1415）

Gerkan, Armin von 〈19・20世紀〉
ドイツの建築学者，地形学者。ミレトス発掘の報告書 "Milet, Ergebnis der Ausgrabungen" に執筆。
⇒西洋（ゲルカン 1884.11.30-1969.12.22）

Gerlach, Christopher 〈20世紀〉
アメリカの画家。
⇒世芸（ゲルラッハ，クリストファー 1940-）

Gerlach, Philipp 〈17・18世紀〉
ドイツの建築家。代表作はポツダムの守備隊教会（1730-35）。
⇒西洋（ゲルラハ 1679-1748）

Germain, Thomas 〈17・18世紀〉
フランスの金工家。
⇒世美（ジェルマン，トマ 1673-1748）

Gerola, Donald 〈20世紀〉
アメリカ生れの画家。
⇒世芸（ジェローラ，ドナルド 1949-）

Gérome, Jean Léon 〈19・20世紀〉
フランスの画家，彫刻家。代表作は絵画『闘鶏』(1847)，彫刻『ベローヌ』など。
⇒岩ケ（ジェローム，ジャン・レオン 1824-1904）
芸術（ジェローム，ジャン・レオン 1824-1904）
国小（ジェローム 1824.5.11-1904.1.10）
新美（ジェローム，ジャン・レオン 1824.5.11-1904.1.10）
人物（ジェローム 1824.5.11-1904.1.10）
西東（ジェローム 1824.5.11-1904.1.10）
世西（ジェローム 1824.5.11-1904.1.10）
世美（ジェローム，ジャン=レオン 1824-1904）
百科（ジェローム 1824-1904）

Gerstenberg, Kurt 〈19・20世紀〉
ドイツの美術史家，芸術学者。現代美術史学に1問題を投げた芸術地理学的考察によって知られる。
⇒名著（ゲルステンベルク 1886-）

Gerstl, Richard 〈19・20世紀〉
オーストリアの画家。
⇒世美（ゲルストル，リヒャルト 1883-1908）

Gerstner, Karl 〈20世紀〉
スイスの画家，グラフィック・アーティスト。
⇒世美（ゲルストナー，カール 1930-）
美術（ゲルストナー，カール 1930-）

Gertenbach, Lynn 〈20世紀〉
アメリカの女性画家。
⇒世芸（ゲルテンバック，リン 1940-）

Gertler, Mark 〈20世紀〉
イギリスの画家。
⇒世芸（ガートラー，マーク 1891-1939）
世美（ガートラー，マーク 1891-1938）
ユ人（ガートラー，マーク 1891-1939）

Gerz, Jocwen 〈20世紀〉
ドイツ生れの映像作家，サウンド・アーチスト。
⇒世芸（ゲルツ，ジョクウエン 1940-）

Gesellius, Herman 〈19・20世紀〉
フィンランドの建築家。
⇒世美（ゲセッリウス，ヘルマン 1874-1916）

Gessi, Giovanni Francesco 〈16・17世紀〉
イタリアの画家。
⇒世美（ジェッシ，ジョヴァンニ・フランチェスコ 1588-1649）

Gessner, Salomon 〈18世紀〉
スイスの詩人，風景画家。牧歌 "Daphnis" (1754), "Idyllen" (1756) などがある。
⇒岩ケ（ゲスナー，サロモン 1730-1788）

芸術（ゲッスナー, ザロモン　1730-1788）
国小（ゲスナー　1730.4.1-1788.3.2）
集世（ゲスナー, ザーロモン　1730.4.1-1788.3.2）
集文（ゲスナー, ザーロモン　1730.4.1-1788.3.2）
新美（ゲスナー, ザーロモン　1730.4.1-1788.3.2）
西洋（ゲスナー　1730.4.1-1788.3.2）

Geubels, Frans 〈16世紀〉
フランドルのタピスリー制作家。
⇒世美（ゲーベルス, フランス　16世紀）

Geuis, Rene 〈20世紀〉
ベトナム生れの画家。
⇒世芸（ジュニー, ルネ　1922-）

Geymüller, Heinrich, Freiherr von 〈19・20世紀〉
オーストリアの建築史家。イタリアおよびフランスのルネサンスを専攻。
⇒西洋（ガイミュラー　1839.5.12-1909.12.19）
世美（ガイミュラー, ハインリヒ・フォン　1839-1909）

Gherardi, Antonio 〈17・18世紀〉
イタリアの建築家, 画家。
⇒世美（ゲラルディ, アントーニオ　1644-1702）

Gherardi, Filippo 〈17・18世紀〉
イタリアの画家。
⇒世美（ゲラルディ, フィリッポ　1643-1704）

Gherardi, Piero 〈20世紀〉
イタリア生れの映画美術監督, 衣裳デザイナー。
⇒世映（ゲラルディ, ピエロ　1909-1971）

Gherardini, Alessandro 〈17・18世紀〉
イタリアの画家。
⇒世美（ゲラルディーニ, アレッサンドロ　1655-1723）

Gherardini, Melchiorre 〈17世紀〉
イタリアの画家, 版画家。
⇒世美（ゲラルディーニ, メルキオッレ　1607頃-1675）

Gherardo di Giovanni del Fora 〈15世紀〉
イタリアの写本装飾画家。
⇒世美（ゲラルド・ディ・ジョヴァンニ・デル・フォーラ　1444頃-1497）

Ghermandi, Quinto 〈20世紀〉
イタリアの彫刻家。
⇒世美（ゲルマンディ, クイント　1916-）

Ghezzi, Pier Leone 〈17・18世紀〉
イタリアの画家。
⇒世美（ゲッツィ, ピエル・レオーネ　1674-1755）

Ghiberti, Lorenzo 〈14・15世紀〉
イタリアの彫刻家, 画家, 建築家, 文筆家。
⇒岩ケ（ギベルティ, ロレンツォ　1378-1455）
旺世（ギベルティ　1378-1455）
外国（ギベルティ　1378-1455）
角世（ギベルティ　1378?-1455）
キリ（ギベルティ, ロレンツォ　1378-1455.12.1）
芸術（ギベルティ, ロレンツォ　1378-1455）
広辞4（ギベルティ　1378-1455）
広辞6（ギベルティ　1378-1455）
国小（ギベルティ　1378-1455.12.1）
国百（ギベルティ, ロレンツォ　1378-1455.12.1）
コン2（ギベルティ　1378-1455）
コン3（ギベルティ　1378-1455）
新美（ギベルティ, ロレンツォ　1378/81頃-1455.12.1）
人物（ギベルチ　1378-1455.12.1）
西洋（ギベルティ　1378-1455.12.1）
世人（ギベルティ　1378-1455）
世西（ギベルティ　1378-1455.12.1）
世美（ギベルティ, ロレンツォ　1378-1455）
世百（ギベルティ　1378-1455）
全書（ギベルティ　1378-1455）
大辞（ギベルティ　1378-1455）
大辞3（ギベルティ　1378-1455）
大百（ギベルティ　1378-1455）
デス（ギベルティ　1378-1455）
伝世（ギベルチ　1378-1455.12.1）
百科（ギベルティ　1378-1455）
評世（ギベルティ　1378-1455）
歴史（ギベルティ　1378-1455）

Ghiberti, Vittorio 〈15世紀〉
イタリアの彫刻家。
⇒世美（ギベルティ, ヴィットーリオ　1416-1496）

Ghiglia, Oscar 〈19・20世紀〉
イタリアの画家。
⇒世美（ギーリア, オスカル　1876-1945）

Ghirlandaio, Michele di Ridolfo 〈16世紀〉
イタリアの画家。
⇒世美（ギルランダイオ, ミケーレ・ディ・リドルフォ　1503-1577）

Ghirlandajo, Benedetto di Tommaso 〈15世紀〉
イタリアの画家。ドメニコおよびダビデ・ギルランダイオの弟。板絵『キリストの生誕』(1492)がある。
⇒国小（ギルランダイオ　1458-1497.7.17）

Ghirlandajo, Davide 〈15・16世紀〉
イタリアの画家。ドメニコ・ギルランダイオの弟。フィレンツェの聖アポロニア聖堂のフレスコなどの作品がある。
⇒国小（ギルランダイオ　1452.3.14-1525.4.14）
世美（ギルランダイオ, ダーヴィド　1452-1525）

Ghirlandajo, Domenico di Jommaso Bigordi 〈15世紀〉
イタリアのフィレンツェ派画家。

⇒岩ケ（ギルランダイオ，ドメニコ 1449-1494）
外国（ギルランダヨ 1449-1494）
キリ（ギルランダーヨ，ドメーニコ 1449-1494.1.11）
芸術（ギルランダイヨ，ドメニコ 1449-1494）
広辞4（ギルランダイオ 1449-1494）
広辞6（ギルランダイオ 1449-1494）
国小（ギルランダイオ 1449-1494.1.11）
国百（ギルランダイオ 1449-1494.1.11）
コン2（ギルランダイオ 1449-1494）
コン3（ギルランダイオ 1449-1494）
新美（ギルランダーイオ，ドメーニコ 1449-1494.1.11）
人物（ギルランダーヨ 1449-1494.1.11）
西洋（ギルランダーヨ 1449-1494.1.11）
世birth（ギルランダイヨ 1449-1494.1.11）
世美（ギルランダイオ，ドメーニコ 1449-1494）
世百（ギルランダイヨ 1449-1494）
全書（ギルランダイヨ 1449-1494）
大辞（ギルランダイヨ 1449-1494）
大辞3（ギルランダイヨ 1449-1494）
大百（ギルランダイヨ 1449-1494）
デス（ギルランダイヨ 1449-1494）
伝世（ギルランダイオ 1449-1494.1.11）
百科（ギルランダイオ 1449-1494）

Ghirlandajo, Ridolfo〈15・16世紀〉
イタリアの画家。ドメニコ・ギルランダイオの息子。
⇒国小（ギルランダイオ 1483.1.4-1561.1.6）
新美（ギルランダーイオ，リドルフォ 1483.1.4-1561.1.6）
世美（ギルランダイオ，リドルフォ 1483-1561）

Ghirshman, Roman〈20世紀〉
フランスの考古学者。1949年にはイランのバクチアリ山の洞窟で，イランで初めての新石器時代住居跡を発見。
⇒現人（ギルシュマン 1895.10.3-）
新美（ギルシュマン，ロマン 1895.10.3-）
西洋（ギルシュマン 1895.10.3-）
世百新（ギルシュマン 1895-1979）
二十（ギルシュマン，ロマン 1895.10.3-1979）
百科（ギルシュマン 1895-1979）
名著（ギルシュマン 1895-）
歴学（ギルシュマン 1895-1979）

Ghisi, Giorgio〈16世紀〉
イタリアの銅版画家。
⇒世美（ギージ，ジョルジョ 1520-1582）
百科（ギーシ 1520/21-1582）

Ghislandi, Giuseppe, Fra Vittore del Galgario〈17・18世紀〉
イタリアの肖像画家。
⇒芸術（ギスラーンディ，ヴィットーレ 1655-1743）
国小（ギスランディ 1655-1743）
新美（ギスランディ，ジュゼッペ 1655-1743）
西洋（ギスランディ 1655.3.4-1743.12.3）

Ghissi, Francescuccio di Cecco〈14世紀〉
イタリアの画家。
⇒世美（ギッシ，フランチェスクッチョ・ディ・

チェッコ （活動）14世紀後半）

Ghose, Sudhindra Nath〈20世紀〉
インドの英語小説家，美術評論家。
⇒集世（ゴウス，スディンドラ・ナート 1899.7.30-1965）
集文（ゴウス，スディンドラ・ナート 1899.7.30-1965）
二十英（Ghose, Sudhindra Nath 1899-1965）

Giacometti, Alberto〈20世紀〉
スイスの彫刻家，画家。1930年代初頭にシュールレアリスムの彫刻家として活躍。作品に『横たわる女』(1929)，『街の広場』(1948)など。
⇒岩ケ（ジャコメッティ，アルベルト 1901-1966）
才西（ジャコメッティ，アルベルト 1901-1966）
外国（ジャコメッティ 1901-）
現人（ジャコメッティ 1901.10.10-1966.1.11）
広辞5（ジャコメッティ 1901-1966）
広辞6（ジャコメッティ 1901-1966）
国小（ジャコメッティ 1901.10.10-1966.1.11）
国百（ジャコメッティ，アルベルト 1901.10.10-1966.1.11）
コン3（ジャコメッティ 1901-1966）
最世（ジャコメッティ，アルベルト 1901-1966）
新美（ジャコメッティ，アルベルト 1901.10.10-1966.1.11）
人物（ジャコメッティ 1901.10.10-1966.1.12）
西洋（ジャコメッティ 1901.10.10-1966.1.11）
世芸（ジャコメッティ，アルベルト 1901-1966）
世西（ジャコメッティ 1901-1966.1.12）
世美（ジャコメッティ，アルベルト 1901-1966）
世百（ジャコメッティ 1901-）
世百新（ジャコメッティ 1901-1966）
全書（ジャコメッティ 1901-1966）
大辞2（ジャコメッティ 1901-1966）
大辞3（ジャコメッティ 1901-1966）
大百（ジャコメッティ 1901-1966）
伝世（ジャコメッティ 1901.10.10-1966.1.12）
ナビ（ジャコメッティ 1901-1966）
二十（ジャコメッティ，アルベルト 1901.10.10-1966.1.11）
百科（ジャコメッティ 1901-1966）

Giacometti, Augusto〈19・20世紀〉
スイスの画家。
⇒西洋（ジャコメッティ 1877.8.16-1947.6.9）
世美（ジャコメッティ，アントーニオ・アウグスト 1877-1947）

Giacometti, Giovanni〈19・20世紀〉
スイスの画家。新印象派。
⇒西洋（ジャコメッティ 1868.3.7-1933.6.25）
世美（ジャコメッティ，ジョヴァンニ 1868-1933）

Giambono, Michele〈15世紀〉
イタリアの画家。国際ゴシック様式の最後の画家の一人。主作品に『王座のミカエル』など。
⇒国小（ジャンボーノ 生没年不詳）
新美（ジャンボーノ，ミケーレ）
世美（ジャンボーノ，ミケーレ ?-1462）

Giampietrino〈16世紀〉
イタリアの画家。

⇒世美（ジャンピエトリーノ　16世紀前半）

Giancristoforo Romano 〈15・16世紀〉
イタリアの彫刻家，金銀細工師，建築家。
⇒世美（ジャンクリストーフォロ・ロマーノ　1470頃-1512）

Gianfrancesco da Tolmezzo 〈15・16世紀〉
イタリアの画家。
⇒世美（ジャンフランチェスコ・ダ・トルメッゾ　1450頃-1510頃）

Giani, Felice 〈18・19世紀〉
イタリアの画家。
⇒世美（ジャーニ，フェリーチェ　1758-1823）

Giannicola di Paolo 〈15・16世紀〉
イタリアの画家。
⇒世美（ジャンニコーラ・ディ・パーオロ　1460頃-1544）

Giannini, Giovanni 〈20世紀〉
イタリアの画家。
⇒世芸（ギアニーニ，ギオバニ　1930-）

Giaquinto, Corrado 〈18世紀〉
イタリアの画家。
⇒世美（ジャクイント，コッラード　1703-1765）

Gibavichius, Rimtautas-Vintsentas 〈20世紀〉
ロシアのイラストレーター。
⇒児イ（Gibavichius, Rimtautas-Vintsentas ギバヴィチュウス，R.　1935-）

Gibberd, Sir Frederick 〈20世紀〉
イギリスの建築家。代表作にロンドンのアパート『プルマン・コート』(1934・35)，『ロンドン空港のターミナル・ビル』(1950) など。
⇒西洋（ギッバード　1908.1.7-）

Gibbons, Cedric 〈20世紀〉
アイルランド生れの映画美術監督。
⇒世映（ギボンズ，セドリック　1893-1960）

Gibbons, Grinling 〈17・18世紀〉
イギリスの彫刻家。
⇒岩ケ（ギボンズ，グリンリング　1648-1721）
英米（Gibbons, Grinling　ギボンズ〔グリンリン〕　1648-1721）
芸術（ギボンス，グリンリング　1648-1721）
国小（ギボンズ　1648.4.4-1721.8.3）
新美（ギボンズ，グリンリング　1648.4.4-1721.8.3）
西洋（ギボンズ　1648.4.4-1721.8.3）

Gibbs, James 〈17・18世紀〉
イギリスの建築家。代表的建築は『セント・マーチン・イン・ザ・フィールズ聖堂』(1721～26)，『ラドクリフ図書館』(1739～49)。主著『建築の書』(1728)。

⇒岩ケ（ギブズ，ジェイムズ　1682-1754）
キリ（ギップス，ジェイムズ　1682.12.23-1754.8.5）
建築（ギブズ，ジェームズ　1682-1754）
国小（ギブズ　1682.12.23-1754.8.5）
新美（ギブズ，ジェームズ　1682.12.23-1754.8.5）
西洋（ギップズ　1682.12.23-1754.8.5）
世美（ギップズ，ジェイムズ　1682-1754）
全書（ギップズ　1682-1754）
百科（ギップズ　1682-1754）

Gibbs, William Francis 〈19・20世紀〉
アメリカの海軍建築技師，造船家。
⇒岩ケ（ギブズ，ウィリアム・フランシス　1886-1967）
科学（ギップズ　1886.8.24-1967.9.6）
科人（ギブズ，ウィリアム・フランシス　1886.8.24-1967.9.7）
二十（ギブズ，ウィリアム・フランシス　1886.8.24-1967.9.6）

Gibson, Charles Dana 〈19・20世紀〉
アメリカの挿絵画家。『ライフ』誌の挿絵で知られる。
⇒岩ケ（ギブソン，チャールズ（・デイナ）　1867-1944）
国小（ギブソン　1867-1944）
コン3（ギブソン　1867-1944）

Gibson, John 〈18・19世紀〉
イギリスの彫刻家。主要作『ゼフュロスとプシケ』(1816)，『マルスとキューピット』(1819)，『彩色ビーナス』(1851～55)。
⇒岩ケ（ギブソン，ジョン　1790-1866）
国小（ギブソン　1790.6.19-1866.1.27）
新美（ギブスン，ジョン　1790.6.19-1866.1.27）
西洋（ギブソン　1790.5.19-1866.1.27）

Gibson, Richard 〈17世紀〉
イギリスの細密画家。
⇒岩ケ（ギブソン，リチャード　1615-1690）
西洋（ギブソン　1615-1690）

Gibson, Ronald 〈20世紀〉
アメリカの美術収集家，経済学者。元・ワシントン・カレッジ大学教授。
⇒二十（ギブソン，ロナルド　1902-）

Gibson, William Hamilton 〈19世紀〉
アメリカの挿絵画家，文筆家。正確な写実による花や昆虫の絵で知られる。
⇒国小（ギブソン　1850-1896）

Gidal, Peter 〈20世紀〉
イギリス・ロンドン生れの映像作家。
⇒世映（ジダル，ピーター　1946-）

Gide'ōn
イスラエルの士師のマナセ族の出。ミデアン人の大軍を破ってイスラエルの危急を救った（士師記）。
⇒岩ケ（ギデオン）

国小（ギデオン）
　　新美（ギデオン）
　　西洋（ギデオン）
　　百科（ギデオン）

Giebe, Hubertus 〈20世紀〉
ドイツ生れの画家。
⇒世芸（ギーベ，フベタス　1953–）

Giedion, Sigfried 〈20世紀〉
スイスの建築史家。主著『空間，時間，建築』
(1941)，『永遠の現在』(1962, 64)。
⇒現人（ギーディオン　1893.4.14–1968.7.9）
　国小（ギーディオン　1893.4.14–1968.4.10）
　新美（ギーディオン，ジークフリート
　　1893.4.14–1968.4.14）
　人物（ギーディオン　1894–）
　西洋（ギーディオン　1888–1968.4.9）
　世美（ギーディオン，ジークフリート　1888–
　　1968）
　世百新（ギーディオン　1888–1968）
　全書（ギーディオン　1888–1968）
　大百（ギーディオン　1893–）
　ナビ（ギーディオン　1888–1968）
　二十（キーディオン，S.　1893(88).4.14–
　　1968.7.9）
　百科（ギーディオン　1888–1968）

Gierymski, Aleksander 〈19・20世紀〉
ポーランドの画家。
⇒新美（ギェルイムスキ，アレクサンデル
　　1850.1.30–1901.3.8）

Gierymski, Maksymilian (Maks)
〈19世紀〉
ポーランドの画家。
⇒新美（ギェルイムスキ，マクシミリアン（マクス）
　　1846.10.9–1874.9.16）

Gies, Ludwig 〈19・20世紀〉
ドイツの彫刻家。
⇒キリ（ギース，ルートヴィヒ　1887.9.3–
　　1966.1.27）
　西洋（ギース　1887.9.3–1966.1.27）

Gifford, Robert Swain 〈19・20世紀〉
アメリカの画家，版画家。アカデミー会員。
クーパー・ユニオン婦人美術学校教師。
⇒国小（ギフォード　1840–1905）

Gigante, Giacinto 〈19世紀〉
イタリアの画家。
⇒世美（ジガンテ，ジャチント　1806–1876）

Giglioli, Giulio Quirino 〈19・20世紀〉
イタリアの考古学者。
⇒西洋（ジリョーリ　1886.3.25–1958）
　世美（ジリオーリ，ジューリオ・クイリノ
　　1886–1957）

Gignous, Eugenio 〈19・20世紀〉
イタリアの画家。
⇒世美（ジニュー，エウジェーニオ　1850–1906）

Gigola, Giovanni Battista 〈18・19世紀〉
イタリアの細密画家，エマイユ画家。
⇒世美（ジーゴラ，ジョヴァンニ・バッティスタ
　　1769–1841）

Gigoux, Jean-François 〈19世紀〉
フランスの画家，挿絵画家，石版画家。
⇒新美（ジグー，ジャン＝フランソワ　1806.1.8–
　　1894.12.12）
　世美（ジグー，ジャン＝フランソワ　1806–1894）

Gilabertus 〈12世紀〉
フランスの彫刻家。
⇒世美（ギラベルトゥス　（活動)12世紀）

Gilardi, Domenico 〈18・19世紀〉
スイスの建築家。
⇒世美（ジラルディ，ドメーニコ　1788–1845）

Gilardi, Piero 〈20世紀〉
イタリアの美術家。
⇒美術（ジラルディ，ピエロ　1942–）

Gilbert, *Sir* Alfred 〈19・20世紀〉
イギリスの彫刻家。代表作はシャフツベリー公
記念『エロスの噴水』(1893)など。王立ロイヤ
ル・アカデミー会員。
⇒岩ケ（ギルバート，サー・アルフレッド　1854–
　　1934）
　オ西（ギルバート，アルフレッド　1854–1934）
　国小（ギルバート　1854.8.12–1934.11.4）
　新美（ギルバート，アルフレッド　1854.8.12–
　　1934.10.30）
　人物（ギルバート　1854–1934）
　世美（ギルバート，アルフレッド　1854–1934）
　二十（ギルバート，アルフレッド　1854.8.12–
　　1934.10.30）

Gilbert, Cass 〈19・20世紀〉
アメリカの建築家。主要建築にミネソタ州会議
事堂(1896～1903)，ウールウォース・タワー
(1911～13)，ワシントン最高裁判所など。
⇒岩ケ（ギルバート，キャス　1859–1934）
　国小（ギルバート　1859.11.24–1934.5.17）
　コン3（ギルバート　1858(59)–1934）
　世美（ギルバート，キャス　1859–1934）

Gilbert, *Sir* John 〈19世紀〉
イギリスの歴史画家。1876年王立ロイヤル・ア
カデミー会員。
⇒岩ケ（ギルバート，サー・ジョン　1817–1897）
　国小（ギルバート　1817.7.21–1897.10.5）

Gilbert, Katharine Everett 〈19・20世
紀〉
アメリカの美学者。H.クーンとの共著による
『美学史』は，平易で簡潔な入門書として知ら
れている。
⇒名著（ギルバート　1886–1952）

Gil de Hontañon, Juan 〈15・16世紀〉
スペインの建築家。
⇒建築（ヒル・デ・オンタニョン，ファン 1480頃－1526）
新美（ヒル・デ・オンタニョーン，ホアン ?－1526）
世美（ヒル・デ・オンタニョーン，フアン 1480頃－1531）

Gil de Hontañon, Rodrigo 〈15・16世紀〉
スペインの建築家。
⇒新美（ヒル・デ・オンタニョーン，ロドリーゴ 15世紀末－1577）
世美（ヒル・デ・オンタニョーン，ロドリーゴ 1500－1577）

Gilduin, Bernard 〈11世紀〉
フランスの彫刻家。
⇒世美（ジルデュアン，ベルナール 11世紀）

Giles, Carl 〈20世紀〉
イギリスの漫画家。
⇒岩ケ（ジャイルズ，カール 1916－1995）

Gilio, Giovanni Andrea 〈16世紀〉
イタリアの美術著述家。
⇒世美（ジーリオ，ジョヴァンニ・アンドレーア 16世紀）

Gill, Arthur Eric Rowton 〈19・20世紀〉
イギリスの彫刻家，美術評論家。主著『芸術と愛』(1927)，『キリスト教と芸術』(1928)。
⇒イ文（Gill, (Arthur) Eric (Rowton) 1882－1940）
岩ケ（ギル，(アーサー・)エリック(・ラウトン) 1882－1940）
才世（ギル，(アーサー・)エリック(・ロートン) 1882－1940）
外国（ギル 1882－1940）
キリ（ギル，エリク 1882.2.22－1940.11.7）
国小（ギル 1882.2.22－1940.11.17）
コン3（ギル 1882－1940）
集У（ギル，エリック 1882.2.22－1940.11.17）
西洋（ギル 1882.2.22－1940.12.17）
世美（ギル，エリック 1882－1940）
世百（ギル 1882－1940）
世百新（ギル 1882－1940）
世文（ギル，エリック 1882－1940）
全書（ギル 1882－1940）
大辞2（ギル 1882－1940）
大辞3（ギル 1882－1940）
二十（ギル，エリック 1882.2.22－1940.11.7）
二十英（Gill, (Arthur) Eric (Rowton) 1882－1940）
百科（ギル 1882－1940）

Gill, Irving John 〈19・20世紀〉
アメリカの建築家。
⇒世美（ギル，アーヴィング・ジョン 1870－1936）

Gill, Margery Jean 〈20世紀〉
イギリス・スコットランドのイラストレーター。
⇒児イ（Gill, Margery Jean ギル, M.J. 1925－）

Gill, Robert 〈19世紀〉
イギリスのインド考古学者。アジャンタ壁画の模写に従事(1844)。
⇒西洋（ギル ?－1875）

Gilles, Werner 〈20世紀〉
ドイツの画家。
⇒世美（ギレス，ヴェルナー 1894－1961）

Gillett, Louis 〈19・20世紀〉
フランスの美術史家。
⇒世美（ジレ，ルイ 1876－1943）

Gilli, Marcel 〈20世紀〉
フランスの彫刻家。サロン・ド・メの創立に参加，テラコッタや木彫による建築的なモニュメンタルな作品を制作。
⇒国小（ジリ 1914.2.12－）
世芸（ジリ，マルセル 1914－1983）

Gillies, Margaret 〈19世紀〉
スコットランドの画家。
⇒世女日（ギリース，マーガレット 1803－1887）

Gillies, Sir William George 〈20世紀〉
イギリスの画家。
⇒岩ケ（ギリーズ，サー・ウィリアム・ジョージ 1898－1973）

Gillot, Claude 〈17・18世紀〉
フランスの画家，装飾美術家。アカデミー会員。ロココ時代の代表的画家の一人。代表作『二輪車』。
⇒芸術（ジロー，クロード 1673－1722）
国小（ジロ 1673.4.27－1722.5.4）
新美（ジロー，クロード 1673.4.27－1722.5.4）
人物（ジロー 1673.4.27－1722.5.4）
西洋（ジロー 1673.4.27－1722.5.4）
世美（ジロー，クロード 1673－1722）
全書（ジロー 1673－1722）
大百（ジロー 1673－1722）

Gillray, James 〈18・19世紀〉
イギリスの諷刺漫画家。代表作『百姓のジョージとその女房』。
⇒岩ケ（ギルレイ，ジェイムズ 1757－1815）
国小（ギルレイ 1757－1815.6.1）
西洋（ギルレー 1757－1815.6.1）
世美（ギルレイ，ジェイムズ 1757－1815）
百科（ギルレー 1757－1815）

Gilly, David 〈18・19世紀〉
ドイツの建築家。ベルリンに高等建築学校を創設。主作品，パレッツ離宮(1796～1800)，フィーヴェーク邸(1801～04)。
⇒建築（ジリー，ダヴィト 1748－1808）
西洋（ギリ 1748.1.7－1808.5.5）
世美（ジリー，ダーヴィト 1748－1808）

Gilly, Friedrich 〈18世紀〉
ドイツの建築家。1800年プロシア国立劇場をベルリンに建造。
⇒国小（ギリー　1772-1800）
　新美（ギリ，フリードリヒ　1772.2.16-1800.8.7）
　西洋（ギリ　1772.2.16-1800.8.3）
　世美（ジリー，フリードリヒ　1772-1800）

Gilman, Harold 〈19・20世紀〉
イギリスの画家。
⇒岩ケ（ギルマン，ハロルド　1878-1919）
　オ西（ギルマン，ハロルド　1876-1919）
　芸術（ギルマン，ハロルド　1878-1919）
　世芸（ギルマン，ハロルド　1878-1919）

Gilpin, Laura 〈20世紀〉
アメリカの写真家。
⇒世女日（ギルピン，ローラ　1891-1979）

Gilpin, Sawrey 〈18・19世紀〉
イギリスの動物画家，版画家。
⇒新美（ギルピン，ソウレイ　1733.10.30-1807.3.8）

Gilpin, William 〈18・19世紀〉
イギリスの聖職家，作家，画家。
⇒岩ケ（ギルピン，ウィリアム　1724-1804）
　英文（ギルピン，ウィリアム　1724-1804）
　集世（ギルピン，ウィリアム　1724.6.4-1804.4.5）
　集文（ギルピン，ウィリアム　1724.6.4-1804.4.5）

Gimond, Marcel-Antoine 〈20世紀〉
フランスの彫刻家。
⇒世芸（ジモン，マルセル・アントアーヌ　1894-1963）

Ginés, José 〈18・19世紀〉
スペインの彫刻家。
⇒新美（ヒネース，ホセー　1768-1823.2.14）

Ginesta, Montse 〈20世紀〉
スペインのイラストレーター。
⇒児イ（Ginesta, Montse　ヒネスタ, M.　1952-）

Ginner, Isaac Charles 〈19・20世紀〉
イギリスの画家。ロンドン美術家協会員。第2次世界大戦中はイギリス政府の御用画家となった。
⇒国小（ジンナー　1878.3.4-1952.1.6）

Ginzburg, Moisei 〈20世紀〉
ソ連邦の建築家。現代建築協会を創立。
⇒外国（ギンズブルグ　1892-）
　西洋（ギンズブルグ　1892-1946.1.7）
　二十（ギンズブルグ, M.　1892-1946.1.7）

Giocondo, Fra Giovanni 〈15・16世紀〉
イタリアの建築家，古典学者。
⇒建築（ジョコンド，フラ・ジョバンニ　1433頃-1515）
　国小（ジョコンド　1433頃-1515.7.1）
　コン2（ジョコンド　1433頃-1515）
　コン3（ジョコンド　1433頃-1515）
　新美（ジョコンド，フラ　1433頃-1515.7.1）
　西洋（ジョコンド　1433頃-1515.7.1）

Gioffredo, Mario 〈18世紀〉
イタリアの建築家，著述家。
⇒世美（ジョッフレード，マーリオ　1718-1785）

Giolfino, Niccolò 〈15・16世紀〉
イタリアの画家。
⇒世美（ジョルフィーノ，ニッコロ　1476/77-1555）

Gioli, Francesco 〈19・20世紀〉
イタリアの画家。
⇒世美（ジョーリ，フランチェスコ　1846-1922）

Giolli, Raffaello 〈19・20世紀〉
イタリアの美術批評家，美術史家。
⇒世美（ジョッリ，ラッファエッロ　1889-1945）

Giordani, Gian Luigi 〈20世紀〉
イタリアの建築家。ミラノ空港の設計者。
⇒国小（ジョルダーニ　1909-）

Giordano, Luca 〈17・18世紀〉
イタリアの画家。
⇒岩ケ（ジョルダーノ，ルカ　1634-1705）
　芸術（ジョルダーノ，ルカ　1632-1705）
　国小（ジョルダーノ　1632-1705.1.3）
　新美（ジョルダーノ，ルーカ　1634-1705.1.12）
　西洋（ジョルダーノ　1632-1705.1.12）
　世美（ジョルダーノ，ルーカ　1634-1705）
　百科（ジョルダーノ　1632/34-1705）

Giorgione da Castelfranco 〈15・16世紀〉
イタリアの画家。ベネチアにおける盛期ルネサンス様式の創始者。
⇒岩ケ（ジョルジョーネ　1478頃-1510）
　旺世（ジョルジョーネ　1478-1510）
　外国（ジョルジォーネ　1476/8-1510/1）
　角世（ジョルジョーネ　1476?-1510）
　キリ（ジョルジョーネ　1477/78-1510.10）
　芸術（ジョルジョーネ　1478頃-1510）
　芸術（ジョルジョーネ　1476/78頃-1510）
　広辞4（ジョルジョーネ　1478頃-1510）
　広辞6（ジョルジョーネ　1478頃-1510）
　国小（ジョルジョーネ　1477/8-1510）
　国百（ジョルジョーネ　1477頃-1510.9/10）
　コン2（ジョルジョーネ　1477/78-1510）
　コン3（ジョルジョーネ　1476/78-1510）
　新美（ジョルジョーネ　1476/78頃-1510）
　人物（ジョルジョーネ　1478-1510.11.8）
　西洋（ジョルジョーネ　1478-1510.10）
　世西（ジョルジョーネ　1478-1510）
　世美（ジョルジョーネ　1477/78-1510）
　世百（ジョルジョーネ　1478頃-1510）
　全書（ジョルジョーネ　1477/78-1510）
　大辞（ジョルジョーネ　1478頃-1510）
　大辞3（ジョルジョーネ　1478頃-1510）
　大百（ジョルジョーネ　1477頃-1510）

デス（ジョルジョーネ　1477頃-1510）
　　　伝世（ジョルジオーネ　1477-1510）
　　　百科（ジョルジョーネ　1477頃-1510）
　　　評世（ジョルジオーネ　1478-1510）
　　　山世（ジォルジォーネ　1476/78頃-1510）
　　　歴史（ジョルジョーネ　1478頃-1510）

Giorgio Tedesco 〈15世紀〉
イタリアの写本装飾画家。
　⇒世美（ジョルジョ・テデスコ　15世紀）

Giottino 〈14世紀〉
イタリアの画家。1368年フィレンツェの画家組合に登録されているジョット・ディ・マエストロ・ステファーノと同一人物とみられる。『キリストの降架』の作者とされる。
　⇒国小（ジョッティーノ　生没年不詳）
　　世美（ジョッティーノ　（記録）1324-1369）

Giotto di Bondone 〈13・14世紀〉
イタリアの画家, 美術史上重要な巨匠。
　⇒岩ケ（ジョット（・ディ・ボンドネ）　1266頃-1337）
　　旺世（ジョット　1266/67-1337）
　　外国（ジォットー　1266/-76-1336/7）
　　角世（ジョット　1266?-1337）
　　キリ（ジョット　1266/7/76/77-1337.1.8）
　　芸術（ジオット・ディ・ボンドーネ　1266頃-1337）
　　建築（ジョット・ディ・ボンドーネ　1266頃-1337）
　　広辞4（ジョット　1266頃-1337）
　　広辞6（ジョット　1266頃-1337）
　　国小（ジョット　1266/7-1337）
　　国百（ジョット・ディ・ボンドーネ　1266/7-1337）
　　コン2（ジョット　1266頃-1337）
　　コン3（ジョット　1266頃-1337）
　　新美（ジオット・ディ・ボンドーネ　1266頃-1337）
　　人物（ジョットー　1266/76頃-1337.1.8）
　　西洋（ジョット　1266/76頃-1337.1.8）
　　世人（ジョットー（ジオット）　1266-1337）
　　世西（ジョットー（ディ・ボンドーネ）　1266-1337.1.8）
　　世美（ジョット・ディ・ボンドーネ　1267頃-1337）
　　世百（ジョット　1266/7-1337）
　　全書（ジョット　1266頃-1337）
　　大辞（ジョット　1266頃-1337頃）
　　大辞3（ジョット　1266頃-1337頃）
　　大百（ジョット　1266-1337）
　　デス（ジョット　1266頃-1337）
　　伝世（ジョット　1266-1337.1.8）
　　百科（ジョット　1267頃-1337）
　　評世（ジオット　1266頃-1337頃）
　　評世（ジョット　1266頃-1337）
　　山世（ジョット　1267頃-1337）
　　歴史（ジオネット　1266-1337）

Giovannetti, Matteo 〈14世紀〉
イタリアの画家。
　⇒世美（ジョヴァンネッティ, マッテーオ　1300頃-1370頃）

Giovanni Agostino da Lodi 〈16世紀〉
イタリアの画家。
　⇒世美（ジョヴァンニ・アゴスティーノ・ダ・ローディ　16世紀前半）

Giovanni Battista 〈1世紀〉
紀元28年前後にヨルダン川流域で活動した預言者。
　⇒世美（ヨハネ（洗礼者, 聖）　（活動）28前後）

Giovanni da Bologna 〈16・17世紀〉
オランダの彫刻家。
　⇒芸術（ジォヴァンニ・ダ・ボローニア　1529-1608）

Giovanni da Campione 〈14世紀〉
イタリアの建築家, 彫刻家。
　⇒世美（ジョヴァンニ・ダ・カンピオーネ　（活動）14世紀）

Giovanni da Gaeta 〈15世紀〉
イタリアの画家。
　⇒世美（ジョヴァンニ・ダ・ガエータ　15世紀）

Giovanni d'Agostino 〈14世紀〉
イタリアの彫刻家, 建築家。
　⇒世美（ジョヴァンニ・ダゴスティーノ　1311頃-1348）

Giovanni da Gubbio 〈12世紀〉
イタリアの建築家。
　⇒世美（ジョヴァンニ・ダ・グッビオ　（活動）12世紀）

Giovanni D'Alemagna 〈15世紀〉
イタリアの画家。代表作は『聖母子』。
　⇒国小（ジョバンニ・ダレマーニャ　?-1450）
　　新美（ジョヴァンニ・ダレマーニャ　?-1450）
　　世美（ジョヴァンニ・ダレマーニャ　?-1450）

Giovanni Dalmata 〈15・16世紀〉
イタリアの彫刻家。パウロ2世の墓を制作。
　⇒芸術（ジォヴァンニ・ダルマタ　1440頃-1509以後）
　　国小（ジョバンニ・ダルマータ　1440頃-1509以後）
　　新美（ジョヴァンニ・ダルマータ　1440頃-1509）
　　世美（ジョヴァンニ・ダルマタ　1440頃-1509）

Giovanni d'Ambrogio 〈14世紀〉
イタリアの彫刻家, 建築家。
　⇒世美（ジョヴァンニ・ダンブロージョ　14世紀）

Giovanni da Milano 〈14世紀〉
イタリアの画家。1346〜69年にフィレンツェで活動。
　⇒キリ（ジョヴァンニ・ダ・ミラーノ　（活躍）1346-1369頃）
　　芸術（ジォヴァンニ・ダ・ミラーノ）
　　芸術（ジョヴァンニ・ダ・ミラノ　（活動）1346-1369頃）
　　国小（ジョバンニ・ダ・ミラノ　生没年不詳）

新美（ジョヴァンニ・ダ・ミラノ）
世美（ジョヴァンニ・ダ・ミラーノ （記録)1346-1369）

Giovanni da Modena 〈14・15世紀〉
イタリアの画家。
⇒新美（ジョヴァンニ・ダ・モデナ）
世美（ジョヴァンニ・ダ・モーデナ　14-15世紀）

Giovanni da Nola 〈15・16世紀〉
イタリアの彫刻家，インターリオ（装飾彫り）作家。
⇒世美（ジョヴァンニ・ダ・ノーラ　1488頃-1558）

Giovanni da Rimini 〈14世紀〉
イタリアの画家。
⇒世美（ジョヴァンニ・ダ・リーミニ　（活動)14世紀前半）

Giovanni da San Giovanni 〈16・17世紀〉
イタリアの画家。
⇒世美（ジョヴァンニ・ダ・サン・ジョヴァンニ　1592-1636）

Giovanni da Vaprio 〈15世紀〉
イタリアの画家，写本装飾画家。
⇒世美（ジョヴァンニ・ダ・ヴァプリオ　（活動)15世紀前半）

Giovanni da Verona 〈15・16世紀〉
イタリアの彫刻家，寄木工芸家，木彫家。
⇒世美（ジョヴァンニ・ダ・ヴェローナ　1457頃-1525）

Giovanni degli Eremitani 〈13・14世紀〉
イタリアの建築家。
⇒世美（ジョヴァンニ・デッリ・エレミターニ　（活動)13-14世紀）

Giovanni del Biondò 〈14世紀〉
イタリアの画家。
⇒世美（ジョヴァンニ・デル・ビオンド　14世紀）

Giovanni dell'Opera 〈16世紀〉
イタリアの彫刻家。
⇒世美（ジョヴァンニ・デッローペラ　1540-1598）

Giovanni di Balduccio 〈14世紀〉
イタリアの彫刻家，建築家。
⇒世美（ジョヴァンニ・ディ・バルドゥッチョ　（記録)1317-1349）

Giovanni di Benedetto da Como 〈14世紀〉
イタリアの写本装飾画家。
⇒世美（ジョヴァンニ・ディ・ベネデット・ダ・コーモ　14世紀）

Giovanni di Bonino 〈14世紀〉
イタリアのステンドグラス職人。
⇒世美（ジョヴァンニ・ディ・ボニーノ　（活動)14世紀）

Giovanni di Fernach 〈14世紀〉
ドイツの彫刻家。
⇒世美（ジョヴァンニ・ディ・フェルナック　14世紀）

Giovanni di Francesco del Cervelliera 〈15世紀〉
イタリアの画家，細密画家。
⇒世美（ジョヴァンニ・ディ・フランチェスコ・デル・チェルヴェッリエーラ　（記録)1448-1459）

Giovanni di Paolo 〈15世紀〉
イタリアの画家。主作品は『磔刑図』(1440)，『最後の審判』など。
⇒岩ケ（ジョヴァンニ・ディ・パオロ　1403頃-1483頃）
キリ（ジョヴァンニ・ディ・パーオロ　1400頃-1482頃）
芸美（ジョヴァンニ・ディ・パオロ・ディ・グラツィア　1403頃-1482頃）
芸術（ジョヴァンニ・ディ・パオロ　1403?-1483?）
国小（ジョバンニ・ディ・パオロ　1403?-1482）
コン2（ジョヴァンニ・ディ・パオロ　1403頃-1483頃）
コン3（ジョヴァンニ・ディ・パオロ　1403頃-1483頃）
新美（ジョヴァンニ・ディ・パオロ　1403?-1483?）
世美（ジョヴァンニ・ディ・パーオロ　1403頃-1482）
百科（ジョバンニ・ディ・パオロ　1403頃-1482）

Giovanni di Pietro 〈14・15世紀〉
イタリアの画家。
⇒世美（ジョヴァンニ・ディ・ピエトロ　14-15世紀）

Giovanni di Turino 〈14・15世紀〉
イタリアの彫刻家。
⇒世美（ジョヴァンニ・ディ・トゥリーノ　1384-1455）

Giovanni di Ugolino 〈15世紀〉
イタリアの写本装飾画家。
⇒世美（ジョヴァンニ・ディ・ウゴリーノ　15世紀）

Giovanni Francesco da Rimini 〈15世紀〉
イタリアの画家。
⇒世美（ジョヴァンニ・フランチェスコ・ダ・リーミニ　1420頃-1470頃）

Giovanni Pietro da Cemmo 〈15・16世紀〉
イタリアの画家。
⇒世美（ジョヴァンニ・ピエトロ・ダ・チェンモ　（活動)15世紀末-16世紀初頭）

Giovannoni, Gustavo 〈19・20世紀〉
イタリアの建築家，美術著述家。

⇒世美（ジョヴァンノーニ，グスターヴォ　1873-1947）

Giovanopoulos, Paul〈20世紀〉
アメリカのイラストレーター。
⇒児イ（Giovanopoulos, Paul）

Giovenone, Girolamo〈15・16世紀〉
イタリアの画家。
⇒世美（ジョヴェノーネ，ジローラモ　1486頃-1555）

Giovio, Paolo〈15・16世紀〉
イタリアの歴史家，人文主義者。シャルル8世のイタリア侵入から1547年までの歴史を扱った『わが時代』（1450～52）を書残した。
⇒国小（ジョビオ　1483.4.19-1552.12.10）
　世美（ジョーヴィオ，パーオロ　1483-1552）

Giraldi Magri, Guglielmo〈15世紀〉
イタリアの写本装飾画家。
⇒世美（ジラルディ・マグリ，グリエルモ　（活動）1445-1489）

Girard, Michel〈20世紀〉
フランス生れの画家。
⇒世芸（ジラール，ミッシェル　1939-）

Girardin, Henri-Gilles〈20世紀〉
フランスの画家。
⇒世芸（ジラルデン，ヘンリー・ジル　1923-）

Girardon, François〈17・18世紀〉
フランスの彫刻家。ベルサイユなどの宮殿の装飾に従事した。主要作品『ニンフの水浴』など。
⇒岩ケ（ジラルドン，フランソワ　1630-1715）
　芸術（ジラルドン，フランソア　1628-1715）
　国小（ジラルドン　1628.3.17-1715.9.1）
　新美（ジラルドン，フランソワ　1628.3.17-1715.9.1）
　西洋（ジラルドン　1628-1715.9.1）
　世西（ジラルドン　1628.3.12-1715.9.1）
　世美（ジラルドン，フランソワ　1628-1715）
　全書（ジラルドン　1628-1715）
　大百（ジラルドン　1628-1715）
　伝世（ジラルドン　1628.3.17-1715.9.1）
　百科（ジラルドン　1628-1715）

Girkon, Paul〈19・20世紀〉
ドイツの牧師，教会建築家。
⇒キリ（ギルコン，パウル　1889.3.10-）

Girodet de Roucy-Trioson, Anne Louis〈18・19世紀〉
フランスの画家。1789年ローマ賞受賞。
⇒芸術（ジロデ，アンヌ・ルイ・ド・ルウシイ・トリオゾン　1767-1824）
　国小（ジロデ・トリオゾン　1767.1.29-1824.12.9）
　新美（ジロデ＝トリオゾン　1767.1.29-1824.12.9）
　世美（ジロデ＝トリオゾン　1767-1824）
　世百（ジロデトリオゾン　1767-1824）
　全書（ジロデ　1767-1824）
　大百（ジロデ　1767-1824）
　百科（ジロデ・トリオゾン　1767-1824）

Girolamo da Carpi〈16世紀〉
イタリアの画家，建築家。
⇒世美（ジローラモ・ダ・カルピ　1501-1556）

Girolamo da Cremona〈15世紀〉
イタリアの写本装飾画家，画家。
⇒新美（ジローラモ・ダ・クレモーナ）
　世美（ジローラモ・ダ・クレモーナ　15世紀）

Girolamo dai Libri〈15・16世紀〉
イタリアの画家，写本装飾画家。
⇒新美（ジローラモ・ダイ・リブリ　1474-1555.7.2）
　世美（ジローラモ・ダイ・リブリ　1474-1555）

Girolamo da Treviso, il Giovane〈15・16世紀〉
イタリアの画家。
⇒世美（ジローラモ・ダ・トレヴィーゾ（年少）　1497-1544）

Girolamo da Treviso, il Vecchio〈15世紀〉
イタリアの画家。
⇒世美（ジローラモ・ダ・トレヴィーゾ（年長）　1455頃-1497）

Girolamo del Santo〈15・16世紀〉
イタリアの画家。
⇒世美（ジローラモ・デル・サント　1480-1550）

Girolamo di Benvenuto〈15・16世紀〉
イタリアの画家。
⇒世美（ジローラモ・ディ・ベンヴェヌート　1470-1542）

Girolamo di Giovanni da Camerino〈15世紀〉
イタリアの画家。
⇒世美（ジローラモ・ディ・ジョヴァンニ・ダ・カメリーノ　（活動）1449-1473）

Giroldo di Iacopo da Como〈13世紀〉
イタリアの彫刻家，建築家。
⇒世美（ジロルド・ディ・ヤーコポ・ダ・コーモ　13世紀）

Girometti, Giuseppe〈18・19世紀〉
イタリアのメダル彫刻家。
⇒世美（ジロメッティ，ジュゼッペ　1779-1851）

Gironella, Alberto〈20世紀〉
メキシコの画家。
⇒世美（ヒロネーラ，アルベルト　1929-）

Girtin, Thomas〈18・19世紀〉
イギリスの水彩風景画家。抒情性に富む作風を

展開。
⇒岩ケ（ガーティン，トマス　1775-1802）
国小（ガーティン　1775.2.18-1802.11.9）
新美（ガーティン，トマス　1775.2.18-1802.11.9）
世西（ガーティン　1775-1802）
世美（ガーティン，トマス　1775-1802）
全書（ガーティン　1775-1802）
百科（ガーティン　1775-1802）

Gischia, Léon〈20世紀〉
フランスの画家。舞台美術，本の挿絵も手がける。著書『ロダン以後のフランス彫刻』，『原始芸術』。
⇒国小（ギスキア　1903.6.8-）
新美（ジスキア，レオン　1903.6.8-）
世芸（ギスキア，レオン　1904-?）
世芸（ジスシア，レオン　1903-）
世美（ジスシア，レオン　1903-）
二十（ジスシア，レオン　1903.6.8-）

Gislebertus〈12世紀〉
フランスの彫刻家。
⇒世美（ギスレベルトゥス　12世紀）

Gisors〈18・19世紀〉
フランスの建築家。パリで国の建築物，公共記念碑の制作に従事。
⇒国小（ジゾール，アレクサンドル・ジャン・バティスト　1762-1835）

Gisors〈18・19世紀〉
フランスの建築家。パリで国の建築物，公共記念碑の制作に従事。
⇒国小（ジゾール，アンリ・アルフォンス　1796-1866）

Gisors〈18・19世紀〉
フランスの建築家。パリで国の建築物，公共記念碑の制作に従事。
⇒国小（ジゾール，ジャック・ピエール　1755-1828）

Gitiadas〈前6世紀〉
ギリシアの建築家，彫刻家，詩人。
⇒世美（ギティアダス　前6世紀）

Gittard, Daniel〈17世紀〉
フランスの宮廷建築家。
⇒キリ（ジタール，ダニエル　1625-1686）
建築（ジタール，ダニエル　1625-1686）
西洋（ジタール　1625-1686）
世美（ジタール，ダニエル　1625-1686）

Giugiaro, Giorgio〈20世紀〉
イタリアの自動車デザイナー，工業デザイナー。
⇒岩ケ（ジュジャーロ，ジョルジョ　1938-）

Giuliani, Giovanni〈17・18世紀〉
イタリアの彫刻家。
⇒世美（ジュリアーニ，ジョヴァンニ　1663-1744）

Giuliano da Maiano〈15世紀〉
イタリアの建築家，インターリオ（装飾彫り）作家。
⇒建築（ジュリアーノ・ダ・マイアーノ　1432頃-1490頃）
新美（マイヤーノ，ジュリアーノ・ダ　1432-1490.10.17）
世美（ジュリアーノ・ダ・マイアーノ　1432-1490）

Giuliano da Rimini〈14世紀〉
イタリアの画家。
⇒世美（ジュリアーノ・ダ・リーミニ　?-1346）

Giunti, Domenico〈16世紀〉
イタリアの画家，建築家。
⇒世美（ジュンティ，ドメーニコ　1505-1560）

Giusto d'Alemagna〈15世紀〉
ドイツの画家，写本装飾画家。
⇒世美（ジュスト・ダレマーニャ　15世紀）

Giusto de'Menabuoi〈14世紀〉
イタリアの画家。
⇒世美（ジュスト・デ・メナブオイ　1320/30-1387/91）

Givenchy, Hubert De〈20世紀〉
フランスの服飾デザイナー。「モード界の聖者」と呼ばれる。
⇒岩ケ（ジヴァンシー，ユーベル・ジェイムズ・マルセル・タファン・ド　1927-）
現人（ジバンシー　1927.2.21-）
最世（ジヴァンシー　1927-）
大百（ジバンシー　1927-）
ナビ（ジバンシー　1927-）
二十（ジバンシー，ユベール　1927.2.21-）

Glackens, William James〈19・20世紀〉
アメリカの画家。『ニューヨーク・ワールド』，『ニューヨーク・ヘラルド』などのイラストレイター。「エイト」のメンバー。
⇒岩ケ（グラッケンズ，ウィリアム（・ジェイムズ）　1870-1938）
オ西（グラッケンズ，ウィリアム・ジェイムズ　1870-1938）
国小（グラッケンズ　1870.3.13-1938.5.22）
新美（グラッケンズ，ウィリアム　1870.3.13-1938.5.22）
二十（グラッケンズ，ウィリアム・ジェイムズ　1870.3.13-1938.5.22）

Glanzman, Louis S.〈20世紀〉
アメリカのイラストレーター。
⇒児イ（Glanzman, Louis S.　1922-）

Glaser, Curt〈19・20世紀〉
ドイツの美術史家。国立美術図書館長（1924）。
⇒西洋（グラーザー　1879.5.29-）

Glaser, Milton 〈20世紀〉
アメリカのグラフィック・デザイナー、イラストレーター。
⇒岩ケ（グレイザー、ミルトン　1929-）
児イ（Glaser, Milton　グレイサー, M.　1929-）

Glattauer, Ned 〈20世紀〉
アメリカのイラストレーター。
⇒児イ（Glattauer, Ned）

Glaukias 〈前5世紀〉
ギリシアの彫刻家。
⇒世美（グラウキアス　前5世紀初頭）

Gleeson, Libby 〈20世紀〉
オーストラリアの女性作家、絵本作家。
⇒英児（Gleeson, Libby　グリーソン、リビー　1950-）

Gleichen, Feodora 〈19・20世紀〉
イギリスの彫刻家。
⇒世女日（グライヒェン、フェオドラ　1861-1922）

Gleizes, Albert 〈19・20世紀〉
フランスの画家。1912年J.メツァンジェとの共著『キュビスム論』を出版、立体派の代表的作家となる。1917年宗教画に転じ、壁画を制作。主作品は『動物を伴う婦人』(1914)、『コンポジション』(1937～38)など。
⇒オ西（グレーズ、アルベール　1881-1953）
外国（グレーズ　1881-）
国小（グレーズ　1881.12.8-1953.6.24）
コン3（グレーズ　1881-1953）
新美（グレーズ、アルベール　1881.12.8-1953.6.24）
人物（グレーズ　1881-1953.6.25）
西洋（グレーズ、アルベール　1881.12.8-1953.6.24）
世芸（グレーズ、アルベール・レオン　1881-1950）
世美（グレーズ　1881-1953.6.25）
世美（グレーズ、アルベール・レオン　1881-1953）
世百（グレーズ　1881-1953）
二十（グレーズ、アルベール　1881.12.8-1953.6.24）

Gleyre, Charles Gabriel 〈19世紀〉
フランスの歴史画家。のちエジプト、エチオピアなどの風景及び風俗画を描いた。
⇒岩ケ（グレール、シャルル　1806-1874）
新美（グレール、シャルル　1808-1874.5.5）
西洋（グレール　1805.5.2-1874.5.5）

Gliese, Rochus 〈20世紀〉
ドイツ・ベルリン生れの映画美術監督、映画監督。
⇒監督（グリーゼ、ロフス　1891-）
世映（グリーゼ、ロフス　1891-1978）
世俳（グリーゼ、ローフス　1891.1.6-1978.12.22）

Gloria, Giovanni 〈17・18世紀〉
イタリアの建築家。
⇒世美（グローリア、ジョヴァンニ　1684頃-1753）

Glykon 〈前1世紀〉
ギリシアの彫刻家。
⇒世美（グリュコン　前1世紀）

Gnudi, Ceasare 〈20世紀〉
イタリアの美術史家。
⇒世美（ニューディ、チェーザレ　1910-1981）

Gobbato, Imero 〈20世紀〉
イタリアのイラストレーター。
⇒児イ（Gobbato, Imero　1923-）

Gobelin 〈15世紀〉
フランスの染色業者。
⇒コン2（ゴブラン　15世紀）
コン3（ゴブラン　15世紀）
西洋（ゴブラン　15世紀）

Goble, Paul 〈20世紀〉
イギリスのイラストレーター。
⇒児イ（Goble, Paul　ゴーブル, P.）

Gočár, Josef 〈19・20世紀〉
チェコスロヴァキアの建築家。
⇒世美（ゴチャール、ヨセフ　1880-1945）

Godard, André 〈19・20世紀〉
フランスの建築家、オリエント考古学者。イラン考古局長、テヘラン考古博物館長。
⇒コン3（ゴダール　1881-1965）
新美（ゴダール、アンドレ　1881-1965）
二十（ゴダール、アンドレ　1881-1965）

Godecharle, Gille-Lambert 〈18・19世紀〉
ベルギーの彫刻家。
⇒世美（ゴドシャルル、ジル＝ランベール　1750-1835）

Godefroid de Huy 〈12世紀〉
フランドルの金銀細工師。
⇒世女日（グリュック　1895-1978）
世美（ゴトフロワ・ド・ユイ　1135-1173）

Godefroy, François 〈18・19世紀〉
フランスの銅版画家。多くの本の挿絵、版刻画などを制作。
⇒西洋（ゴドフロア　1743/8-1819.4.28）

Godefroy, Jean 〈18・19世紀〉
フランスの銅版画家。F.ゴドフロアの子。
⇒西洋（ゴドフロア　1771.7.21-1839.9.5）

Godefroy de Huy de Claire 〈12世紀〉
東ベルギーの金工師。
⇒コン2（ゴドフロア・ド・ユイ　12世紀）
コン3（ゴドフロア・ド・ユイ　生没年不詳）

Godescalc 〈8世紀〉
カロリング朝の写本装飾画家，写字家。
⇒世美（ゴデスカルク　8世紀後半）

Godfroy de Huy 〈12世紀〉
ベルギー出身の貴金属工芸家。
⇒新美（ゴッドフロワ・ド・ユイ　?–1174）

Godwin, Edward William 〈19世紀〉
イギリスの建築家。ノーサンプトンの市庁舎（1861），『ホワイト・ハウス』(1878)などを設計。
⇒岩ケ（ゴドウィン，エドワード・ウィリアム　1833–1886）
　国小（ゴドウィン　1833.5.26–1886.10.6）
　百科（ゴドウィン　1833–1886）

Godwin, Fay Simmonds 〈20世紀〉
イギリスの写真家。
⇒岩ケ（ゴドウィン，フェイ・シモンズ　1931–）

Goennel, Heidi 〈20世紀〉
アメリカのイラストレーター。
⇒児イ（Goennel, Heidi　ゴーネル, H.）

Goerg, Edouard-Joseph 〈20世紀〉
フランスの画家，版画家。『ホフマン物語』，『悪の華』などの挿絵の版画を手がけた。
⇒外国（ゴエルグ　1893–）
　国小（ゴエルグ　1893.6.9–1969.4.13）
　コン3（ゴエルグ　1893–1969）
　新美（ゴエルグ，エドゥワール　1893.6.9–1969）
　人物（ゴエルグ　1893–）
　世芸（ゴエルグ，エドゥアール・ジョセフ　1893–1962）
　二十（ゴエルグ，エドゥワール　1893.6.9–1969）

Goeritz, Mathias 〈20世紀〉
ドイツ生れのメキシコの建築家。
⇒オ西（ゲリッツ，マティアス　1915–）

Goethe, Johann Wolfgang von 〈18・19世紀〉
ドイツ最大の詩人。ドイツ古典主義文学を確立。
⇒逸話（ゲーテ　1749–1832）
　イ文（Goethe, Johann Wolfgang von　1749–1832）
　岩ケ（ゲーテ，ヨハン・ヴォルフガング・フォン　1749–1832）
　岩哲（ゲーテ　1749–1832）
　演劇（ゲーテ，ヨハン・ヴォルフガング・フォン　1749–1832）
　旺世（ゲーテ　1749–1832）
　音楽（ゲーテ，ヨハン・ヴォルフガング　1749.8.28–1832.3.22）
　音大（ゲーテ　1749.8.28–1832.3.22）
　外国（ゲーテ　1749–1832）
　科技（ゲーテ　1749.8.28–1832.3.22）
　科史（ゲーテ　1749–1832）
　科人（ゲーテ，ヨハン・ヴォルフガング・フォン　1749.8.27–1832.3.22）
　科大（ゲーテ　1749–1832）
　角世（ゲーテ　1749–1832）
　看護（ゲーテ　1749–1832）
　教育（ゲーテ　1749–1832）
　キリ（ゲーテ，ヨーハン・ヴォルフガング・フォン　1749.8.28–1832.3.22）
　幻想（ゲーテ，ヨハン・ヴォルフガング・フォン　1749–1832）
　広辞4（ゲーテ　1749–1832）
　広辞6（ゲーテ　1749–1832）
　国小（ゲーテ　1749.8.28–1832.3.22）
　国百（ゲーテ，ヨハン・ウォルフガング・フォン　1749.8.28–1832）
　コン2（ゲーテ　1749–1832）
　コン3（ゲーテ　1749–1832）
　児作（Goethe　ゲーテ　1749–1832）
　児童（ゲーテ，ヨハン・ヴォルフガング・フォン　1749–1832）
　児文（ゲーテ，ヨハン・ヴォルフガング・フォン　1749–1832）
　集文（ゲーテ，ヨーハン・ヴォルフガング　1749.8.28–1832.3.22）
　新美（ゲーテ，ヨーハン・ヴォルフガング・フォン　1749.8.28–1832.3.22）
　人物（ゲーテ　1749.8.28–1832.3.22）
　西洋（ゲーテ　1749.8.28–1832.3.22）
　世人（ゲーテ　1749–1832）
　世西（ゲーテ　1749.8.28–1832.3.22）
　世百（ゲーテ　1749–1832）
　世文（ゲーテ，ヨハン・ヴォルフガング・フォン　1749–1832）
　全書（ゲーテ　1749–1832）
　大辞（ゲーテ　1749–1832）
　大辞3（ゲーテ　1749–1832）
　大百（ゲーテ　1749–1832）
　デス（ゲーテ　1749–1832）
　伝世（ゲーテ　1749.8.28–1832.3.22）
　百科（ゲーテ　1749–1832）
　評世（ゲーテ　1749–1832）
　名詩（ゲーテ，ヨーハン・ヴォルフガング・フォン　1749–1832）
　名著（ゲーテ　1749–1832）
　山世（ゲーテ　1749–1832）
　ラル（ゲーテ，ヨーハン・ヴォルフガング　1749–1832）
　歴史（ゲーテ　1749–1832）

Goff, Bruce 〈20世紀〉
アメリカの建築家。オクラホマ大学教授。
⇒新美（ガフ，ブルース　1904.6.8–）
　二十（ガフ，ブルース　1904.6.8–）

Goffin, Josse 〈20世紀〉
ベルギーの児童文学者。
⇒児イ（Goffin, Josse　ゴーフィン, J.）
　児作（Goffin, Josse　ゴーフィン, ジョセ）

Goffstein, M.B. 〈20世紀〉
アメリカのイラストレーター。
⇒児イ（Goffstein, M.B.　ゴフスタイン, M.B.　1940–）

Gogel, Daniel 〈20世紀〉
ドイツの建築家。ベルリン工科大学客員教授。
⇒二十（ゴーゲル，ダニエル　1927–）

Gogh, Theodor van 〈19世紀〉
オランダの画商。画家V.ゴッホの弟。
⇒国小（ゴッホ　1857.5.1–1891.1.25）

Gogh, Vincent Willem van 〈19世紀〉
オランダの画家。
⇒逸話（ゴッホ　1853–1890）
　岩ケ（ファン・ゴッホ，フィンセント（・ヴィレム）　1853–1890）
　旺世（ゴッホ　1853–1890）
　外国（ゴッホ　1853–1890）
　角世（ゴッホ　1853–1890）
　キリ（ゴッホ(ホッホ)，ヴィンセント・ヴァン　1853.5.30–1890.7.29）
　芸術（ゴッホ，ヴィンセント・ファン　1853–1890）
　広辞4（ゴッホ　1853–1890）
　広辞6（ゴッホ　1853–1890）
　国小（ゴッホ　1853.3.30–1890.7.29）
　国百（ゴッホ，フィンセント・ウィレム・ファン　1853.3.30–1890.7.29）
　コン2（ゴッホ　1853–1890）
　コン3（ゴッホ　1853–1890）
　新美（ゴッホ，フィンセント・ファン　1853.3.30–1890.7.29）
　人物（ゴッホ　1853.3.30–1890.7.29）
　西洋（ゴッホ　1853.3.30–1890.7.29）
　世人（ゴッホ　1853–1890）
　世西（ファン・ホッホ(ゴッホ)　1853.3.30–1890.7.29）
　世美（ゴッホ，フィンセント・ファン　1853–1890）
　世百（ゴッホ　1853–1890）
　全書（ゴッホ　1853–1890）
　大辞（ゴッホ　1853–1890）
　大辞3（ゴッホ　1853–1890）
　大百（ゴッホ　1853–1890）
　デス（ゴッホ　1853–1890）
　伝世（ゴッホ　1853.3.30–1890.7.29）
　日研（ゴッホ，フィンセント・ウィレム・ファン　1853.3.30–1890.7.29）
　百科（ゴッホ　1853–1890）
　評世（ゴッホ　1853–1890）
　名著（ゴッホ　1853–1890）
　山世（ゴッホ　1853–1890）
　歴史（ゴッホ　1853–1890）

Gois, Étienne-Pierre-Adrien 〈18・19世紀〉
フランスの彫刻家。
⇒世美（ゴワ，エティエンヌ＝ピエール＝アドリアン　1731–1823）

Gola, Emilio 〈19・20世紀〉
イタリアの画家。
⇒世美（ゴーラ，エミーリオ　1851–1923）

Goldberg, Rube 〈19・20世紀〉
アメリカの風刺漫画家。
⇒現ア（Goldberg, Rube　ゴールドバーグ，ルーブ　1883–1970）
　ユ人（ゴールドバーグ，ルーブ　1883–1970）

Golden, Eunice 〈20世紀〉
アメリカの画家。『ランドスケープ』シリーズのような人体地形を描きつづける。
⇒スパ（ゴールデン，ユーニス　?–）

Golden, Rolland 〈20世紀〉
アメリカの画家。
⇒世芸（ゴールデン，ローランド　1931–）

Goldschmidt, Adolph 〈19・20世紀〉
ドイツの美術史学者。1939年スイスへ移住。中世美術史の権威として知られる。
⇒キリ（ゴルトシュミット，アードルフ　1863.1.15–1944.1.5）
　国小（ゴルトシュミット　1863.1.15–1944.1.5）
　新美（ゴルトシュミット，アードルフ　1863.1.15–1944.1.5）
　西洋（ゴルトシュミット　1863.1.15–1944.1.5）
　世美（ゴルトシュミット，アドルフ　1863–1944）
　二十（ゴルトシュミット，アードルフ　1863.1.15–1944.1.5）

Goldstein, Nathan 〈20世紀〉
アメリカのイラストレーター。
⇒児イ（Goldstein, Nathan　ゴールドスタイン，N.）

Goldswaite, Anne Wilson 〈19・20世紀〉
アメリカの画家。
⇒世女日（ゴールドスウェイト，アン・ウィルソン　1869–1944）

Golestaneh, S.J. 〈20世紀〉
アメリカ生れの画家。
⇒世芸（ゴレスターネ，S・J　1958–）

Goljts, Nika Georgievna 〈20世紀〉
ロシアのイラストレーター。
⇒児イ（Goljts, Nika Georgievna　ゴーリツ，N.G.　1925–）

Golosov, Ilya Aleksandrovich 〈19・20世紀〉
ソ連邦の建築家。幾何学的形態を採用した『モスクワ市従業員クラブ』(1928～29)の建築は，構成主義的傾向を示す代表作。
⇒西洋（ゴロソフ　1883.7.31–1945.1.29）
　世美（ゴロソフ，イリヤ・アレクサンドロヴィチ　1883–1945）

Golovin, Aleksandr Yakovlevich 〈19・20世紀〉
ロシアの画家，素描家，舞台美術家。ロシア舞台美術の巨匠。《芸術世界》派の一人。
⇒世美（ゴロヴィーン，アレクサンドル・ヤコヴレヴィチ　1863–1930）
　二十（ゴロビン，A.　1863–1930）
　バレ（ゴロヴィン，アレクサンドル　1863.3.1–1930.4.17）
　百科（ゴロビン　1863–1930）

Golozubov, Vladimir Vasiljevich

〈20世紀〉
ロシアのイラストレーター。
⇒児イ（Golozubov, Vladimir Vasiljevich　ガラズボフ, V.V.　1925-）

Goltzius, Hendrik 〈16・17世紀〉
オランダの画家, 彫刻家, 銅版画家。彫刻学校を設立（1582）。
⇒芸術（ゴルツィウス, ヘンドリク　1558-1617）
　新美（ホルツィウス, ヘンドリック　1558-1617.1.1）
　西洋（ゴルツィウス　1558-1617.1.1）
　世西（ゴルツィウス　1558-1617）
　世美（ホルツィウス, ヘンドリック　1558-1617）
　百科（ホルツィウス　1558-1618）

Goltzius, Hubert 〈16世紀〉
フランドルの画家, 版画家, メダル鋳造家。
⇒世美（ホルツィウス, ヒューベルト　1526-1583）

Goltzsche, Dieter 〈20世紀〉
ドイツ生れの画家。
⇒世芸（ゴルチェ, ディエター　1934-）

Golubkina, Anna Semenovna 〈19・20世紀〉
ロシアの彫刻家。
⇒世女日（ゴルブキナ, アンナ　1864-1927）

Gombrich, Ernst Hans Josef 〈20世紀〉
イギリスの美術史学者。ナチスによりオーストリアを追われ, イギリスに移住。現代の知覚心理学や情報理論を大いに援用してユニークな方法論をうち立てた。
⇒岩ケ（ゴンブリック, サー・エルンスト・ハンス・ヨーゼフ　1909-）
　才世（ゴンブリッチ, E.H.（エルンスト・ハンス）(・ジョーゼフ）　1909-）
　キリ（ゴンブリッチ（ゴンブリク）, エルンスト・ハンス・ヨーゼフ　1909.3.30-）
　現人（ゴンブリッチ　1909.3.30-）
　思想（ゴンブリッチ, E（エルンスト）H（ハンス）（ヨーゼフ）　1909-2001）
　西洋（ゴンブリッチ　1909.3.30-）
　世西（ゴンブリッチ　1909.3.30-）
　世美（ゴンブリッチ, アーネスト　1909-）
　世百新（ゴンブリッチ　1909-2001）
　全書（ゴンブリッチ　1909-）
　ナビ（ゴンブリッチ　1909-）
　二十（ゴンブリッチ, エルンスト・ハンス・ヨーゼフ　1909.3.30-）
　二十英（Gombrich, Sir E(rnst) H(ans) (Josef)　1909-2001）
　百科（ゴンブリッチ　1909-）

Gómez de Mora, Juan 〈16・17世紀〉
スペインの建築家。
⇒建築（ゴメス・デ・モーラ, ファン　1586-1648）
　世美（ゴメス・デ・モーラ, ファン　1580-1647/48）

Gómez Moreno, Manuel 〈19・20世紀〉
スペインの美術史学者。スペイン中世美術研究の基礎を築いた。
⇒西洋（ゴメス・モレーノ　1870.2.21-1970.6.7）
　世美（ゴメス・モレーノ, マヌエル　1870-1970）

Gonçálves, Nuno 〈15世紀〉
ポルトガルの画家。活躍期は1450～72年頃。
⇒岩ケ（ゴンサルヴェス, ヌーノ　（活躍）1450-1472）
　角世（ゴンサルヴェス　生没年不詳）
　芸術（ゴンサルヴェス, ヌーノー）
　国小（ゴンサルベス　生没年不詳）
　コン2（ゴンサルヴェス　15世紀頃）
　コン3（ゴンサルヴェス　生没年不詳）
　新美（ゴンサルヴェス, ヌーノ）
　スペ（ゴンサルベス　15世紀）
　西洋（ゴンサルヴェス　15世紀）
　世美（ゴンサルヴェス, ヌーノ　（記録）1450-1471）
　世百（ヌノゴンサルヴェス　生没年不詳）
　百科（ゴンサルベス　15世紀）

Goncharova, Natalia Sergeevna 〈19・20世紀〉
ロシアの女流画家, 舞台美術家。パリーに出て, ジアーギレフのバレエ団の舞台装置や衣裳のデザインを数多く手がけ, 舞台美術ならびにロシア・モダン・アート運動の発展に尽した。
⇒岩ケ（ゴンチャロヴァ, ナタリヤ・セルゲエヴナ　1881-1962）
　才西（ゴンチャロヴァ, ナターリア・セルゲーヴナ　1881-1962）
　外国（ゴンチャロヴァ　1881-）
　国小（ゴンチャロバ　1883.6.4-1962.10）
　コン3（ゴンチャロヴァ　1881-1962）
　新美（ゴンチャロヴァ, ナタリヤ　1881.6.4-1962.10.17）
　スパ（ゴンチャロワ, ナタリア　1881-1962）
　西洋（ゴンチャロヴァ　1881.6.4-1962.10.17）
　世芸（ゴンチャロヴァ, ナターリア　1881-1962）
　世女（ゴンチャローヴァ, ナタリア・セルゲーヴナ　1881-1962）
　世女日（ゴンチャローヴァ, ナタリヤ　1881-1962）
　世美（ゴンチャローヴァ, ナタリヤ・ゼルゲエヴナ　1881-1962）
　世百新（ゴンチャロワ　1881-1962）
　二十（ゴンチャロヴァ, ナタリヤ　1881.6.4-1962.10.17）
　バレ（ゴンチャロワ, ナタリヤ　1881.6.4-1962.10.17）
　百科（ゴンチャロワ　1881-1962）
　ロシ（ゴンチャロワ　1881-1962）

Goncourt, Edmond Louis Antoine Huot de 〈19世紀〉
フランスの作家。弟との協力のもとに多くの自然主義的小説を著した。
⇒逸話（ゴンクール兄弟　1822-1896）
　岩ケ（ゴンクール, エドモン・ド　1822-1896）
　旺世（ゴンクール兄弟　1822-1896）
　外国（ゴンクール, エドモン　1822-1896）
　角世（ゴンクール兄弟　1822-1896）
　広辞4（ゴンクール　1822-1896）

広辞6（ゴンクール　1822-1896）
国小（ゴンクール，エドモン　1822.5.26-
　1896.7.16）
コン2（ゴンクール　1822-1896）
コン3（ゴンクール　1822-1896）
集世（ゴンクール兄弟　1822.5.26-1896.7.16）
集文（ゴンクール，エドモン　1822.5.26-
　1896.7.16）
新美（ゴンクール，エドモン　1822.5.26-
　1896.7.16）
人物（ゴンクール　1822.3.26-1896.7.16）
西洋（ゴンクール　1822.5.26-1896.7.16）
世人（ゴンクール兄弟　1822-1896）
世西（ゴンクール　1822.5.26-1896.7.16）
世百（ゴンクール，エドモン　1822-1896）
世文（ゴンクール，エドモン・ド　1822-1896）
全書（ゴンクール，エドモン　1822-1896）
大辞（ゴンクール　1822-1896）
大辞3（ゴンクール　1822-1896）
大百（ゴンクール，エドモン　1822-1896）
デス（ゴンクール，エドモン　1822-1896）
伝世（ゴンクール，エドモン・ド　1822.5.26-
　1897.7.16）
百科（ゴンクール，エドモン　1822-1896）
評世（ゴンクール兄弟　1822-1896）
名著（ゴンクール　1822-1896）
山世（ゴンクール兄弟　1822-1896）
歴史（ゴンクール　1822-1896）

G Goncourt, Jules Alfred Huot de 〈19世紀〉
フランスの作家。
⇒逸話（ゴンクール兄弟　1830-1870）
岩ケ（ゴンクール，ジュール・ド　1830-1870）
旺世（ゴンクール兄弟　1830-1870）
外国（ゴンクール，ジュール　1830-1870）
角世（ゴンクール兄弟　1830-1870）
広辞4（ゴンクール　1830-1870）
広辞6（ゴンクール　1830-1870）
国小（ゴンクール　1830.12.17-1870.6.20）
コン2（ゴンクール　1830-1870）
コン3（ゴンクール　1830-1870）
集世（ゴンクール兄弟　1830.12.17-1870.6.20）
集文（ゴンクール，ジュール　1830.12.17-
　1870.6.20）
新美（ゴンクール，ジュール　1830.12.17-
　1870.6.20）
人物（ゴンクール　1830.12.27-1870.6.20）
西洋（ゴンクール　1830.12.27-1870.6.20）
世人（ゴンクール兄弟　1830-1870）
世西（ゴンクール　1830.12.17-1870.6.20）
世百（ゴンクール，ジュール　1830-1870）
世文（ゴンクール，ジュール・ド　1830-1870）
全書（ゴンクール，ジュール　1830-1870）
大辞（ゴンクール　1830-1870）
大辞3（ゴンクール　1830-1870）
大百（ゴンクール，ジュール　1830-1870）
デス（ゴンクール，ジュール　1830-1870）
伝世（ゴンクール，ジュール・ド　1830.12.17-
　1870）
百科（ゴンクール，ジュール　1830-1870）
評世（ゴンクール兄弟　1830-1870）
名著（ゴンクール　1830-1870）
山世（ゴンクール兄弟　1830-1870）
歴史（ゴンクール　1830-1870）

Gondoin, Jacques 〈18・19世紀〉
ネオ・クラシック時代のフランスの建築家。
⇒建築（ゴンドゥアン，ジャック　1737-1818）

Gonin, Francesco 〈19世紀〉
イタリアの画家，石版画家。
⇒世美（ゴナン，フランチェスコ　1808-1889）

Gontard, Karl Philipp Christian von 〈18世紀〉
ドイツの建築家。フリードリヒ2世に仕えた。
⇒建築（ゴンタルト，カール・フォン　1731-1791）
新美（ゴンタルト，カール・フォン　1731.1.13-
　1791.9.23）
西洋（ゴンタール　1731.1.13-1791.9.23）
世美（ゴンタルト，カール・フォン　1731-1791）

Gonzaga, Pietro 〈18・19世紀〉
イタリアの舞台美術家，建築家，画家。
⇒世美（ゴンザーガ，ピエトロ　1751-1831）

Gonzalès, Eva 〈19世紀〉
フランスの女流画家。
⇒芸術（ゴンザレス，エヴァ　1832-1883）
新美（ゴンザレス，エヴァ　1849.4.19-1883.5.5）

González, Julio 〈19・20世紀〉
スペインの彫刻家。キュビスム的彫刻の一形式を生んだ。代表作『立像』（1932），『櫛けずる女』（1936）など。
⇒岩ケ（ゴンサレス，フリオ　1876-1942）
才西（ゴンサレス，ジュリオ　1876-1942）
芸術（ゴンザレス，ジュリオ　1876-1942）
広辞4（ゴンサレス　1876-1942）
広辞5（ゴンサレス　1876-1942）
広辞6（ゴンサレス　1876-1942）
国小（ゴンサレス　1876-1942.3.17）
コン2（ゴンサレス　1876-1942）
コン3（ゴンサレス　1876-1942）
新美（ゴンサレス，フリオ　1876.9.21-
　1943.3.27）
西洋（ゴンサレス　1876.9.21-1942.3.27）
世芸（ゴンザレス，ジュリオ　1876-1942）
世西（ゴンサレス　1876.9.21-1942.3.27）
世美（ゴンサーレス，フリオ　1876-1942）
大辞3（ゴンサレス　1876-1942）
二十（ゴンサレス，フリオ　1876.9.21-
　1943.3.27）

Gonzalez, Xavier 〈20世紀〉
スペインのイラストレーター。
⇒児イ（Gonzalez, Xavier　ゴンザーレス，X.）

Gonzalez-Fernandez, Robert 〈20世紀〉
スペイン生れの画家。
⇒世芸（ゴンザレス・フェルナンデス，ロバート　1948-）

González Velázquez, Isidro 〈18・19世紀〉
スペインの建築家。
⇒建築（ゴンサーレス・ベラスケス，イシドロ　1765-1829）

Goodall, John S. 〈20世紀〉
イギリスのイラストレーター。
⇒児イ（Goodall, John S. グッドール, J.S. 1908-）

Goodenow, Girard 〈20世紀〉
アメリカのイラストレーター。
⇒児イ（Goodenow, Girard 1912-）

Goodhart-Rendel, Harry Stuart 〈19・20世紀〉
イギリスの建築家。主要建築にブリンクナッシュ修道院，エトン少年会館。主著 "English Architecture since the Regency"（1953）。
⇒国小（グッドハート・レンデル 1887.5.29-1959.6.21）

Goodhue, Bertram Grosvenor 〈19・20世紀〉
アメリカの建築家。主要建築，ネブラスカのリンカーンのカピトル，ロサンゼルスの図書館，ワシントン国立科学アカデミーなど。
⇒国小（グッドヒュー 1869.4.28-1924.4.24）

Goodman, Julia 〈19・20世紀〉
イギリスの画家。
⇒世女日（グッドマン，ジュリア 1812-1906）

Goodridge, Sarah 〈18・19世紀〉
アメリカの画家。
⇒世女日（グッドリッジ，サラ 1788-1853）

Goodwin, Guy 〈20世紀〉
アメリカ生れの画家。
⇒世芸（グッドイン，ギ 1940-）

Goodwin, Harold 〈20世紀〉
アメリカのイラストレーター。
⇒児イ（Goodwin, Harold グッドウィン, H.）

Goosson, Stephen 〈19・20世紀〉
アメリカ生れの映画美術監督。
⇒世映（グーソン，ステファン 1889-1973）

Gopper, Roger 〈20世紀〉
ドイツの美術史家。クルン大学美術史教授。
⇒二十（ゲッパー, R. 1925-）

Gordigiani, Michele 〈19・20世紀〉
イタリアの画家。
⇒世美（ゴルディジャーニ，ミケーレ 1835-1909）

Gordon, Sir John Watson 〈18・19世紀〉
イギリスの画家。主要作品に『サー・ウォーター・スコット』（1820），『トーマス・ド・クィンシー』（1845）など。
⇒国小（ゴードン 1788-1864）

Gordon, Margaret Anna 〈20世紀〉
イギリスのイラストレーター。
⇒児イ（Gordon, Margaret Anna ゴードン, M.A. 1939-）

Gore, Spencer Frederick 〈19・20世紀〉
イギリスの画家。
⇒岩ケ（ゴア，スペンサー・フレデリック 1878-1914）
オ西（ゴー，スペンサー・フレデリック 1878-1914）
新美（ゴーア，フレデリック＝スペンサー 1878.5.26-1914）
二十（ゴーア，フレデリック・スペンサー 1878.5.26-1914）

Gorey, Edward St.John 〈20世紀〉
アメリカの作家，イラストレーター。
⇒海作4（ゴーリー，エドワード 1925.2.25-2000.4.15）
幻文（ゴーリー，エドワード（・セイント・ジョン） 1925-）
児イ（Gorey, Edward St.John 1925-）

Gori, Anton Francesco 〈17・18世紀〉
イタリアの考古学者。
⇒世美（ゴーリ，アントン・フランチェスコ 1691-1757）

Gorin, Jean 〈19・20世紀〉
フランスの画家，彫刻家。
⇒世美（ゴラン，ジャン 1889-1981）

Gorjaev, Vitalij Nikolaevich 〈20世紀〉
ロシアのイラストレーター。
⇒児イ（Gorjaev, Vitalij Nikolaevich ガリャーエフ, V.N. 1910-）

Gorky, Arshile 〈20世紀〉
アルメニア生れのアメリカの画家。主作品『肝臓は鶏のとさか』（1944）。
⇒岩ケ（ゴーキー，アーシル 1905-1948）
オ西（ゴーキー，アーシル 1904-1948）
外国（ゴルキー 1904-1948）
広辞5（ゴーキー 1904-1948）
広辞6（ゴーキー 1904-1948）
国小（ゴーキー 1904.10.25-1948.7.3）
コン3（ゴーキー 1904-1948）
新美（ゴーキー，アーシル 1904.4.15-1948.7.21）
人物（ゴーキー 1904-1948）
西洋（ゴーキ 1904.4.15-1948.7.21）
世芸（ゴーキー，アーシル 1904-1948）
世芸（ゴルキー，アルシール 1904-1948）
世美（ゴーキー，アーシル 1904-1948）
世百新（ゴーキー 1904-1948）
全書（ゴーキー 1904-1948）
大辞2（ゴーキー 1904-1948）
大辞3（ゴーキー 1904-1948）
大百（ゴーキー 1905-1948）
伝世（ゴーキー 1905-1948.7.21）
二十（ゴーキー，アーシル 1904.4.15-1948.7.21）

百科（ゴーキー　1904-1948）

Gormley, Antony〈20世紀〉
イギリス生れの彫刻家。
⇒世芸（ゴームリー，アントニー　1950-）

Gorny, Anthony〈20世紀〉
アメリカ生れの版画家。
⇒世芸（ゴーニィ，アンソニー　1950-）

Goro di Gregorio〈14世紀〉
イタリアの彫刻家。
⇒世美（ゴーロ・ディ・グレゴーリオ　14世紀前半）

Gorodtsov, Vasilii Alekseevich〈19・20世紀〉
ソ連邦の考古学者。モスクワの考古学専門学校始原考古学教授(1907)。
⇒新美（ゴロツォフ，ヴァシリイ　1860.3.11(23)-1945.2.3）
　西洋（ゴロッツォーフ　1860.3.13-1945）
　二十（ゴロツォフ，ヴァシリイ　1860.3.11(23)-1945.2.3）

Gorriti, Gilles〈20世紀〉
フランス生れの画家。
⇒世芸（ゴリチ，ギレス　1939-）

Gorsline, Douglas Warner〈20世紀〉
アメリカのイラストレーター。
⇒児イ（Gorsline, Douglas Warner　ゴーズリン，D.W.　1913-）

Gortzius, Gerdorp〈16・17世紀〉
ネーデルラントの画家。
⇒世美（ホルツィウス，ヘルドルプ　1553-1618）

Gossaert, Jan〈15・16世紀〉
フランドルの画家。
⇒世美（ホッサールト，ヤン　1478頃-1536）
　百科（ホッサールト　1478頃-1532頃）

Gosse, Sylvia〈19・20世紀〉
イギリスの画家。
⇒世女日（ゴス，シルヴィア　1881-1968）

Gotarzes II〈1世紀〉
パルティア王朝の王。
⇒新美（ゴータルゼース二世）

Gottlieb, Adolf〈20世紀〉
アメリカの画家。代表作は『旅行者の帰省』(1946)，『凍結した音』(1951)など。
⇒岩ケ（ゴットリーブ，アドルフ　1903-1974）
　才西（ゴッドリーブ，アドルフ　1903-1974）
　外国（ゴットリーブ　1902-）
　国小（ゴットリーブ　1903-）
　新美（ゴットリーブ，アドルフ　1903.3.14-1974.3.14）
　世芸（ゴットリーブ，アドルフ　1902-）
　二十（ゴットリーブ，アドルフ　1903.3.14-1974.3.14）

Götz, Karl Otto〈20世紀〉
ドイツ生れの画家。
⇒世芸（ゲッツ，カール・オットー　1914-）

Goudt, Hendrick〈16・17世紀〉
オランダの版画家。
⇒新美（ホウト，ヘンドリック　1585-1648）

Goudy, Frederic William〈19・20世紀〉
アメリカの活字デザイナー，印刷業者。
⇒岩ケ（ガウディー，フレデリック・ウィリアム　1865-1947）
　コン3（ガウディー　1865-1947）

Goujon, Jean〈16世紀〉
フランスの彫刻家，建築家。
⇒岩ケ（グージョン，ジャン　1510頃-1568頃）
　外国（グージョン　1520頃-1566頃）
　国小（グージョン　1510頃-1564/8）
　コン2（グージョン　1510/-4-1566/-8）
　コン3（グージョン　1510頃-1566/68）
　新美（グージョン，ジャン　1510頃-1564/69）
　西洋（グージョン　1510頃-1564/8）
　世西（グージョン　1510頃-1566頃）
　世美（グージョン，ジャン　1510頃-1565頃）
　世百（グージョン　1510-1564）
　全書（グージョン　1510頃-1568頃）
　大辞（グージョン　1510頃-1564頃）
　大辞3（グージョン　1510頃-1566頃）
　大百（グージョン　1510頃-1566頃）
　デス（グージョン　1510頃-1568頃）
　伝世（グージョン　1510頃-1568頃）
　百科（グージョン）

Gould, Chester〈20世紀〉
アメリカの漫画家。
⇒岩ケ（グールド，チェスター　1900-1985）
　最世（グールド，チェスター　1900-1985）

Goulet, Michel〈20世紀〉
カナダ生れの彫刻家。
⇒世芸（ゴーレット，ミッシェル　1944-）

Goulinat, Jean Gabriel〈19・20世紀〉
フランスの画家，批評家。主著『絵画の技法』(1922)。
⇒国小（グーリナ　1883.2.9-）
　世芸（グーリナ，ジャン・ガブリエル　1883-1952）

Gouthière, Pierre〈18・19世紀〉
フランスの装飾美術家，彫刻家。代表作はベルサイユ，小トリアノン宮の装飾。
⇒国小（グーティエール　1732.1.19-1813/4）
　世芸（グーティエール，ピエール=ジョゼフ=デジレ　1732頃-1813/14）
　百科（グーティエール　1732-1813）

Govaerts, Abraham〈16・17世紀〉
フランドルの画家。
⇒世美（ホファールツ，アブラハム　1589-1629）

Govardhan
インドのムガール王朝の画家。ジャハーンギール帝の宮廷に多くの画家が供奉したうち,ことに名高い。
⇒外国(ゴヴァルダン)

Gowing, Sir Lawrence Burnett 〈20世紀〉
イギリスの画家,美術著述家。
⇒岩ケ(ガウイング,サー・ローレンス・バーネット 1918–1991)

Gowland, William 〈19・20世紀〉
イギリスの工芸技師。大阪造幣局技師として来日,古墳の研究を行い「日本考古学の父」と呼ばれる。
⇒科学(ゴーランド 1842–1922.6.9)
コン2(ガウランド 1842–1922)
コン3(ガウランド 1842–1922)
二十(ガウランド,ウイリアム 1842–1922)
日研(ガウランド,ウィリアム 1842–1922.6.10)
日人(ガウランド 1842–1922)
来日(ガウランド 1842–1922.6.10)

Goya y Lucientes, Francisco José de 〈18・19世紀〉
スペインの画家,版画家。
⇒岩ケ(ゴヤ(・イ・ルシエンテス),フランシスコ・(ホセ・)デ 1746–1828)
旺世(ゴヤ 1746–1828)
外国(ゴヤ 1746–1828)
角世(ゴヤ 1746–1828)
キリ(ゴヤ・イ・ルシエンテス,フランシスコ・ホセ・デ 1746.3.30–1828.4.16)
芸術(ゴヤ,フランシスコ・デ 1746–1828)
幻文(ゴヤ・イ・ルシエンテス,フランシスコ・ホセ・ド 1746–1828)
広辞4(ゴヤ 1746–1828)
広辞6(ゴヤ 1746–1828)
国小(ゴヤ 1746.3.30–1828.4.16)
国百(ゴヤ・イ・ルシエンテス,フランシスコ・ホセ・デ 1746.3.30–1828.4.16)
コン2(ゴヤ 1746–1828)
コン3(ゴヤ 1746–1828)
新美(ゴヤ・イ・ルシエンテス,フランシスコ・デ 1746.3.30–1828.4.16)
人物(ゴヤ 1746.3.30–1828.4.16)
スペ(ゴヤ 1746–1828)
西洋(ゴヤ 1746.3.30–1828.4.16)
世人(ゴヤ 1746–1828)
世西(ゴヤ(イ・ルシェンテス) 1746.3.30–1828.4.16)
世美(ゴヤ・イ・ルシエンテス,フランシスコ・ホセ・デ 1746–1828)
世百(ゴヤ 1746–1828)
全書(ゴヤ 1746–1828)
大辞(ゴヤ 1746–1828)
大辞3(ゴヤ 1746–1828)
大百(ゴヤ 1746–1828)
デス(ゴヤ 1746–1828)
伝世(ゴヤ 1746.3.30–1828.4.15)
百科(ゴヤ 1746–1828)
評世(ゴヤ 1746–1828)
山世(ゴヤ 1746–1828)
歴史(ゴヤ 1746–1828)

Goyen, Jan Josephszoon van 〈16・17世紀〉
オランダの画家。主作品は『ハーグの風景』(1651)ほか1,000点以上の風景画。
⇒岩ケ(ファン・ゴイエン,ヤン 1596–1656)
外国(ファン・ホイエン 1596–1656)
芸術(ホイエン,ヤン・ファン 1596–1656)
国小(ホイエン 1596.1.13–1656.4.27)
コン2(ゴイエン 1596–1656)
コン3(ゴイエン 1596–1656)
新美(ホイエン,ヤン・ファン 1596.1.13–1656.4)
人物(ホーイイエン 1596.1.13–1656.4.30)
西洋(ホーイイエン 1596.1.13–1656.4.30)
世西(ゴイエン 1596–1656)
世美(ファン・ホーイエン,ヤン 1596–1656)
世百(ゴイエン 1596–1657)
全書(ホーイイエン 1596–1656)
大百(ホーイイエン 1596–1656)
デス(ゴイエン 1596–1656)
伝世(ファン・ホーイェン 1596.1.13–1656.4.27)
百科(ファン・ホイエン 1596–1656)

Gozzadini, Giovanni 〈19世紀〉
イタリアの考古学者,歴史学者。
⇒世美(ゴッツァディーニ,ジョヴァンニ 1810–1887)

Gozzi, Marco 〈18・19世紀〉
イタリアの画家。
⇒世美(ゴッツィ,マルコ 1759–1839)

Gozzoli, Benozzo 〈15世紀〉
イタリア画家。フィレンツェのメディチ宮内の礼拝堂壁画で知られる。他に『聖母被昇天』(1450)など。
⇒岩ケ(ゴッツォリ,ベノッツォ 1420–1497)
外国(ゴッツオリ 1420–1497/8)
キリ(ゴッツオリ,ベノッツォ 1420–1497.10.4)
芸術(ゴッツォリ,ベノッツォ 1421頃–1497)
国小(ゴッツオリ 1420頃–1497.10.4)
コン2(ゴッツオリ 1420–1497)
コン3(ゴッツオリ 1420–1497)
新美(ゴッツオリ,ベノッツォ 1421頃–1497)
人物(ゴッツォーリ 1420–1497.10.4)
西洋(ゴッツオリ 1420–1497.10.4)
世西(ゴッツォーリ 1421頃–1497.10.4)
世美(ゴッツオリ,ベノッツォ 1420–1497)
世百(ゴッツォーリ 1420–1498)
全書(ゴッツオリ 1420–1497)
大辞(ゴッツオリ 1420–1497)
大辞3(ゴッツオリ 1420–1497)
大百(ゴッツオリ 1420–1498)
デス(ゴッツオリ 1420–1498)
伝世(ゴッツオリ 1420–1497.10.4)
百科(ゴッツオリ 1420–1498)

Grabar, André 〈20世紀〉
フランスの美術史家。皇帝崇拝,殉教者崇拝,聖像論争等のビザンツ精神史の重要な諸理念に裏づけられた美術の機能を解明した。
⇒西洋(グラバール 1896.6.26–)
世美(グラバール,アンドレ 1896–)

Grabar, Igor Emmanuilovich 〈19・20世紀〉
ソ連邦の画家, 芸術史家。『九月の雪』『白い冬』などを制作。
⇒西洋（グラバーリ　1871-1960）
　世西（グラバール　1872-）

Grabianski, Janusz 〈20世紀〉
ポーランドの画家, 挿絵画家。児童書としては『アンデルセン童話集』や『アラビアン・ナイト童話集』などがある。
⇒児イ（Grabianski, Janusz　グラビアンスキー, J.　1929-）
　児童（グラビアンスキー, ヤヌス　1929-）
　児文（グラビャンスキ, ヤーヌシュ　1929-1976）
　二十（グラビアンスキー, ヤーヌシ　1929-1976）

Graboff, Abner 〈20世紀〉
アメリカのイラストレーター。
⇒児イ（Graboff, Abner　1919-）

Grabowski 〈20世紀〉
ポーランドの版画家。
⇒世芸（グラボフスキ　1933-）

Grace, Mary 〈18世紀〉
イギリスの画家。
⇒世女日（グレイス, メアリー　?-1789頃）

Graf, Urs 〈15・16世紀〉
スイスの画家, 版画家, 金工家。『戦争』(1515)は油彩画の傑作。
⇒国小（グラーフ　1485頃-1527）
　新美（グラーフ, ウルス　1485頃-1527）
　西洋（グラーフ　1485頃-1527頃）
　世美（グラーフ, ウルス　1485頃-1527/28）
　百科（グラーフ　1485頃-1527/28）

Graff, Anton 〈18・19世紀〉
ドイツの肖像画家。G.レッシング, F.シラーらの肖像画を描いた。
⇒芸術（グラッフ, アントン　1736-1813）
　国小（グラフ　1736.11.18-1813.6.22）
　新美（グラフ, アントン　1736.11.18-1813.6.22）
　西洋（グラフ　1736.11.18-1813.6.22）
　世西（グラフ　1736-1813）
　世美（グラッフ, アントン　1736-1813）

Graham, Bob 〈20世紀〉
オーストラリアの絵本作家, 挿絵画家。
⇒英児（Graham, Bob　グレアム, ボブ　1942-）

Graham, Henry 〈20世紀〉
イギリスの詩人, 画家。
⇒二十英（Graham, Henry　1930-）

Graham, John 〈19・20世紀〉
アメリカの画家。
⇒新美（グレーアム, ジョン　1881-1961）
　二十（グレアム, ジョン　1881-1961）

Graham, Margaret Bloy 〈20世紀〉
カナダのイラストレーター。
⇒児イ（Graham, Margaret Bloy　グレアム, M.B.　1920-）

Graham, Robert 〈20世紀〉
メキシコ出身のアメリカの彫刻家。
⇒世美（グレアム, ロバート　1938-）

Gramatky, Hardie 〈20世紀〉
アメリカの画家, 絵本作家。著書に『ちびっこタグボート』(1939)、『いたずらでんしゃ』(1952)、『ホーマーとサーカスれっしゃ』(1957)など。
⇒英児（Gramatky, Hardie　グラマトキー, ハーディ　1907-1979）
　児イ（Gramatky, Hardie　グラマトキー, H.　1907-）
　児童（グラマトキー, ハーディー　1907-）
　児文（グラマトキー, ハーディー　1907-1984）
　世児（グラマトキー, ハーディ　1907-1979）
　二十（グラマトキー, ハーディー　1907-1984）

Grammatica, Antiveduto 〈16・17世紀〉
イタリアの画家。
⇒世美（グランマーティカ, アンティヴェドゥート　1571頃-1626）

Grammorseo, Pietro 〈16世紀〉
フランドルの画家。
⇒世美（グランモルセーオ, ピエトロ　(記録)1521-1527）

Gran, Daniel 〈17・18世紀〉
オーストリアの画家。
⇒世美（グラン, ダニエル　1694頃-1757）

Granacci, Francesco 〈15・16世紀〉
イタリアの画家。
⇒新美（グラナッチ, フランチェスコ　1469.7.23-1543.11.30）
　西洋（グラナッチ　1477.7.23-1543.11.30）
　世美（グラナッチ, フランチェスコ　1469-1543）

Granda, Julio 〈20世紀〉
アメリカのイラストレーター。
⇒児イ（Granda, Julio　グランダ, J.）

Grandi, Giuseppe Domenico 〈19世紀〉
イタリアの彫刻家。
⇒世美（グランディ, ジュゼッペ・ドメーニコ　1843-1894）

Grandville 〈19世紀〉
フランスの版画家。
⇒芸術（グランヴィル　1803-1847）
　幻想（グランヴィル, J.J.　1803-1846）
　国小（グランビル　1803.9.15-1847.3.17）
　児文（グランヴィル　1803-1847）
　新美（グランヴィル　1803.9.15-1847.3.17）

西洋（グランヴィル　1803.9.3-1847.3.17）
世児（グランヴィル，J=J　1803-1846）
世西（グランヴィル　1803-1847）
世美（グランヴィル　1803-1847）

Granet, François Marius 〈18・19世紀〉
フランスの画家。印象主義の先駆者。代表作『バルベリーニの広場のカプシン僧の合唱』（1802），『クリプタでの聖餐』。
⇒国小（グラネ　1775.12.17-1849.11.21）
新美（グラネ，フランソワ・マリウス　1775.12.17-1849.11.21）
世美（グラネ，フランソワ=マリユス　1775-1849）

Grange, Kenneth Henry 〈20世紀〉
イギリスの工業デザイナー。
⇒岩ケ（グレインジ，ケネス・ヘンリー　1929-）

Granstrom, Brita 〈20世紀〉
スウェーデンのイラストレーター。
⇒児作（Granstrom, Brita　グランストローム，ブリタ）

Grant, Duncan James Corrowr 〈19・20世紀〉
イギリスの画家。
⇒岩ケ（グラント，ダンカン（・ジェイムズ・コロー）　1885-1978）
国小（グラント　1885-）

Grant, Sir Francis 〈19世紀〉
イギリスの画家。1866年王立ロイヤル・アカデミー会長。
⇒国小（グラント　1810-1878）

Grant, John 〈20世紀〉
イギリスの作家，画家，放送タレント。
⇒児作（Grant, John　グラント，ジョン）

Grant, Leigh 〈20世紀〉
アメリカのイラストレーター。
⇒児イ（Grant, Leigh　グラント，L.）

Grass, Günter Wilhelm 〈20世紀〉
ドイツの作家。1999年ノーベル文学賞。
⇒演劇（グラス，ギュンター　1927-）
海作4（グラス，ギュンター　1927.10.16-）
広辞6（グラス　1927-）
最世（グラス，ギュンター　1927-）
集世（グラス，ギュンター　1927.10.16-）
世芸（グラス，グンター　1927-）
世百新（グラス　1927-）
大辞3（グラス　1927-）
ノベ（グラス，G.W.　1927.10.16-）

Grässel, Hans 〈19・20世紀〉
ドイツの建築家。墓地および墓碑の現代的改革を試みた。
⇒西洋（グレッセル　1860.8.18-1939.3.11）

Grasser, Erasmus 〈15・16世紀〉
ドイツの彫刻家。
⇒国小（グラッサー　1450頃-1526頃）
西洋（グラッサー　1450頃-1518）

Grasset, Eugène 〈19・20世紀〉
スイスの画家，版画家，装飾家。
⇒世美（グラッセ，ウージェーヌ　1841-1917）

Grassi, Giovanni Battista 〈16世紀〉
イタリアの画家。
⇒世美（グラッシ，ジョヴァンニ・バッティスタ　?-1578）

Grassi, Nicola 〈17・18世紀〉
イタリアの画家。
⇒世美（グラッシ，ニコーラ　1682-1748）

Grassi, Orazio 〈16・17世紀〉
イタリアの建築家，数学者。
⇒世美（グラッシ，オラーツィオ　1583-1654）

Gravelot 〈17・18世紀〉
フランスの画家，版画家。
⇒世美（グラヴロ　1699-1773）

Graves, Michael 〈20世紀〉
アメリカの建築家。作品に四角いビルを凱旋（がいせん）門をかたどって装飾したポートランド-センターなど。
⇒ナビ（グレイブス　1934-）
二十（グレーブス，マイケル　1934-）

Graves, Morris 〈20世紀〉
アメリカの画家。東洋哲学の研究家。主作品は『月光に歌う鳥』，『盲の鳥』，『千鳥の飛翔』（1955）など。
⇒国小（グレーブズ　1910.8.28-）
新美（グレーヴス，モリス　1910.8.28-）
世芸（グレーヴズ，モリス　1910-1979）
世美（グレイヴズ，モリス　1910-）
全書（グレイブス　1910-）
二十（グレーブス，モリス　1910.8.28-）

Graves, Nancy 〈20世紀〉
アメリカ生れの女性作家，彫刻家。
⇒世芸（グレイヴス，ナンシー　1940-）
世女日（グレイヴス，ナンシー　1940-1995）

Gray, Alasdair (James) 〈20世紀〉
イギリス・スコットランドの小説家，画家，劇作家。
⇒イ文（Gray, Alasdair (James)　1934-）
才世（グレイ，アラスター（・ジェイムズ）　1934-）
海作4（グレイ，アラスター　1934-）
広辞6（グレー　1934-）
集世（グレイ，アリスター　1934.12.28-）
二十英（Gray, Alasdair (James)　1934-）

Gray, Basil 〈20世紀〉
イギリスの美術史家。主にオリエントの細密画に係わる研究に成果をあげ、主著 "Persian painting" (1930)は労作。
⇒西洋（グレー　1904.7.21-）

Gray, Eileen 〈19・20世紀〉
アイルランド生れのイギリスの建築家、家具デザイナー、工芸家。作品にロタ通りの家、E-1027など。
⇒世女（グレイ、アイリーン　1879-1976）
　世女日（グレイ、アイリーン　1878-1976）
　ナビ（グレイ　1879-1976）

Gray, Harold（Lincoln） 〈20世紀〉
アメリカの漫画家。
⇒岩ケ（グレイ、ハロルド（・リンカーン）　1894-1968）

Gray, Milner Connorton 〈20世紀〉
イギリスのグラフィック・デザイナー。
⇒岩ケ（グレイ、ミルナー・コナトン　1899-）

Gray, Nicolete 〈20世紀〉
イギリスの美術史家。
⇒世女日（グレイ、ニコレート　1911-1997）

Grazia, Thomas di. 〈20世紀〉
アメリカのイラストレーター。
⇒児イ（Grazia, Thomas di.　グラッツィア、T.）

Greatorex, Eliza Pratt 〈19・20世紀〉
アメリカの画家。
⇒世女日（グレイトレックス、イライザ・プラット　1819-1907）

Grebenshchikov, Boris Borisovich 〈20世紀〉
ロシアの作曲家、詩人、歌手、ギタリスト、画家。
⇒ロシ（グレベンシチコフ　1953-）

Greco, El 〈16・17世紀〉
スペインの画家。
⇒逸話（エル＝グレコ　1541-1614）
　岩ケ（グレコ、エル　1541-1614）
　旺世（エル＝グレコ　1541頃-1614）
　外国（グレコ　1541/-8-1614）
　角世（エル・グレコ　1541-1614）
　キリ（エル・グレコ　1541-1614.4.7）
　芸術（エル・グレコ　1541-1614）
　広辞4（グレコ　1541-1614）
　広辞6（グレコ　1541-1614）
　国小（グレコ　1541-1614.4.6/7）
　国百（グレコ、エル　1541-1614）
　コン2（グレコ　1541-1614）
　コン3（グレコ　1541-1614）
　新美（グレコ、エル　1541-1614.4.7）
　人物（エル・グレコ　1541-1613.4.7）
　スペ（グレコ　1541-1614）
　西洋（グレコ　1541頃-1614.4.7）
　世人（エル＝グレコ　1541頃-1614）
　世西（グレコ　1541頃-1613.8.7）
　世美（グレコ、エル　1541-1614）
　世百（グレコ　1541-1614）
　全書（グレコ　1541頃-1614）
　大辞（グレコ　1541頃-1614）
　大辞3（グレコ　1541頃-1614）
　大百（グレコ　1541頃-1614）
　デス（グレコ　1541-1614）
　伝世（グレコ　1541-1614.4.6/7）
　百科（グレコ　1541-1614）
　評世（グレコ　1541頃-1614）
　山世（グレコ　1541-1614）
　歴史（エル＝グレコ　1541-1614）

Greco, Emilio 〈20世紀〉
イタリアの彫刻家。代表作『水浴する女』(1958)。
⇒オ西（グレコ、エミリオ　1913-）
　国小（グレコ　1913.10.11-）
　新美（グレコ、エミーリオ　1913.10.11-）
　人物（グレコ　1913-）
　西洋（グレコ　1913.10.11-）
　世芸（グレコ、エミリオ　1913-）
　世美（グレーコ、エミーリオ　1913-）
　世百（グレコ　1913-）
　全書（グレコ　1913-）
　大辞2（グレコ　1913-1995）
　大辞3（グレコ　1913-1995）
　大百（グレコ　1913-）
　二十（グレコ、エミリオ　1913.10.11-）

Green, Alan 〈20世紀〉
イギリス生れの画家。
⇒世芸（グリーン、アラン　1932-）

Green, Anthony 〈20世紀〉
イギリス生れの画家。
⇒世芸（グリーン、アンソニー　1939-）

Green, Valentine 〈18・19世紀〉
イギリスの版画家。
⇒国小（グリーン　1739-1813）

Greenaway, Kate 〈19・20世紀〉
イギリスの女流画家、絵本作家。代表作は『窓の下』(1879)。
⇒岩ケ（グリーナウェイ、ケイト　1846-1901）
　英文（グリーナウェイ、ケイト　1846-1901）
　国小（グリーンナウェー　1846-1901）
　児イ（Greenaway, Kate　1846.3.17-1901.9.6）
　児童（グリーンナウェイ、ケイト　1846-1901）
　児文（グリーンナウェー、ケイト　1846-1901）
　西洋（グリーナウェー　1846.3.17-1901.11.6）
　世児（グリーナウェイ、ケイト　1846-1901）
　世女日（グリーナウェイ、ケイト　1846-1901）
　ナビ（グリーナウェイ　1846-1901）
　百科（グリーナウェー　1846-1901）

Greenaway, Peter 〈20世紀〉
イギリス生れの映画監督、画家。
⇒岩ケ（グリーナウェイ、ピーター　1942-）
　世映（グリーナウェイ、ピーター　1942-）

Greenberg, Clement 〈20世紀〉
アメリカの美術評論家。自己批判の歴史として

のモダニズムの理論を追求，芸術に固有の内在的・形式的な批評を確立した。
⇒現人（グリンバーグ　1909.1.16-）
　新美（グリーンバーグ，クレメント　1909.1.16-）
　全書（グリーンバーグ　1909-）
　二十（グリーンバーグ，クレメント　1909.1.16-1994.5.7）

Greenfield, Eloise 〈20世紀〉
アメリカの女性作家，絵本作家。
⇒英児（Greenfield, Eloise　グリーンフィールド，エロイーズ　1929-）

Greenhill, John 〈17世紀〉
イギリスの画家。
⇒世美（グリーンヒル，ジョン　1640頃-1676）

Greenough, Horatio 〈19世紀〉
アメリカの彫刻家。代表作『ラファイエットの胸像』(1831)。
⇒岩ケ（グリーノー，ホレイシオ　1805-1852）
　国小（グリーノウ　1805-1852）
　コン3（グリーノー　1805-1852）
　新美（グリーノー，ホレイショー　1805.9.6-1852.9.28）
　世美（グリーノー，ホレイショー　1805-1852）
　百科（グリノー　1805-1852）

Greenwald, Sheila 〈20世紀〉
アメリカのイラストレーター，作家。
⇒児イ（Greenwald, Sheila　グリーンウォルド，S. 1934-）
　児作（Greenwald, Sheila　グリーンウォルド，シーラ　1934-）

Greenway, Francis Howard 〈18・19世紀〉
イギリスの建築家。
⇒岩ケ（グリーンウェイ，フランシス・ハワード　1777-1837）

Greenwood, Marion 〈20世紀〉
アメリカ生れの壁画家。
⇒世女日（グリーンウッド，マリオン　1909-1980）

Greenwood, Ted (Edward Alister) 〈20世紀〉
オーストラリアの挿絵画家，作家。
⇒英児（Greenwood, Ted　グリーンウッド，テッド　1930-）
　世児（グリーンウッド，テッド（・エドワード・アリスター）　1930-）

Gregorini, Domenico 〈18世紀〉
イタリアの建築家。
⇒世美（グレゴリーニ，ドメニコ　1700-1777）

Gregorio di Cecco di Luca 〈14・15世紀〉
イタリアの画家。
⇒世美（グレゴーリオ・ディ・チェッコ・ディ・ルーカ　14-15世紀）

Gregorius I, St 〈6・7世紀〉
教皇（在位590～604）。西方四大教父の一人で教会博士。著作『ヨブ記解説』『司牧規則』，イタリア聖人伝『対話』などがある。
⇒岩ケ（聖グレゴリウス1世　540頃-604）
　音楽（グレゴリウス1世　540頃-604.3.12）
　音大（グレゴリウス1世　540頃-604.3.12）
　外国（グレゴリウス1世（大教皇）　540頃-604）
　教育（グレゴリウス一世　540?-604）
　キリ（グレゴリウス1世　540頃-604.3.12）
　広辞4（グレゴリウス一世）
　国小（グレゴリウス1世　540頃-604.3.12）
　国百（グレゴリウス一世プリムス・マグヌス　540頃-604.3.12）
　コン2（グレゴリウス1世　540頃-604）
　集文（グレゴリウス1世　540頃-604.3.12）
　新美（グレゴリウス一世(聖)　540頃-604.3.13）
　人物（グレゴリウス一世　540頃-604.3.13）
　西洋（グレゴリウス一世　540頃-604.3.13）
　世西（グレゴリウス一世　540頃-604.3.12）
　世美（グレゴリウス(聖)　540頃-604）
　世百（グレゴリウス1世　540頃-604）
　世文（グレゴリウス1世　540頃-604）
　全書（グレゴリウス1世　540頃-604）
　大辞（グレゴリウス一世　540頃-604）
　大百（グレゴリウス一世　540頃-604）
　デス（グレゴリウス1世　540頃-604）
　伝世（グレゴリウス1世　540頃-604.3.12）
　百科（グレゴリウス1世　540頃-604）
　ラル（グレゴリウス1世　540頃-604）
　歴史（グレゴリウス1世　540頃-604）

Gregotti, Vittorio 〈20世紀〉
イタリアの建築家。ミラノ工科大学教授，パレルモ大学教授，ヴェネツィア大学教授。
⇒世美（グレゴッティ，ヴィットーリオ　1927-）
　二十（グレゴッティ，ヴィットリオ　1928-）

Greig, James 〈20世紀〉
戦後ニュージーランドの代表的な陶芸家。
⇒オセ新（グリーグ　1936-1986）

Greiner, Otto 〈19・20世紀〉
ドイツの画家，石版画家，銅版画家。
⇒世美（グライナー，オットー　1869-1916）

Grejniec, Michael 〈20世紀〉
ポーランドのイラストレーター。
⇒児作（Grejniec, Michael　グレイニエツ，マイケル　1955-）

Grekov, Mitrofan Borisovitch 〈19・20世紀〉
ロシアの画家。
⇒世芸（グレコフ，ミトロファン・ボリソヴィッチ　1882-1934）

Grenander, Alfred Frederik Elias 〈19・20世紀〉
スウェーデンの建築家。
⇒世美（グレナンデル，アルフレッド・フレデリック・エリアス　1863-1931）

Grenier, Albert〈19・20世紀〉
フランスの考古学者。ガリア考古学の権威。
⇒西洋（グルニエ　1878.4.3-1961.6.23）
　世西（グルニエ　1878.4.3-1961.6.23）
　世美（グルニエ，アルベール　1878-1961）

Grenier, Jean〈20世紀〉
フランスの小説家，哲学者。主著は小説『砂礫の渚』(1955)のほか，随筆集『島』(1933)，評論『人間について』(1955)，『存在の不幸』(1957)，『現代絵画論』(1959)。
⇒国小（グルニエ　1898.2.6-1971.3）
　集文（グルニエ，ジャン　1898.2.6-1971.3.4）
　西洋（グルニエ　1898.2.6-1971.3.5）
　世文（グルニエ，ジャン　1898-1971）
　全書（グルニエ　1898-1971）
　二十（グルニエ，ジャン　1898.2.6-1971.3.5）

Grenier, Pasquier〈15世紀〉
フランドルのタピスリー制作家。
⇒世美（グルニエ，パスキエ　?-1493）

Grès, Alix〈20世紀〉
フランスのファッション・デザイナー。
⇒世女日（グレス，アリックス　1910-1993）
　ナビ（グレ　1899-1993）

Gretsch, Hermann〈20世紀〉
ドイツの工芸家。
⇒世芸（グレッチュ，ヘルマン　1895-1950）

Gretz, Susanna〈20世紀〉
アメリカのイラストレーター。
⇒児イ（Gretz, Susanna　グレッツ，S.）

Gretzer, John〈20世紀〉
アメリカのイラストレーター。
⇒児イ（Gretzer, John）

Greuze, Jean Baptiste〈18・19世紀〉
フランスの画家。
⇒岩ケ（グルーズ，ジャン・バティスト　1725-1805）
　外国（グリューズ　1725-1805）
　キリ（グルーズ，ジャン・バティスト　1725.8.21-1805.3.21）
　芸術（グルーズ，ジャン・バティスト　1725-1805）
　広辞4（グルーズ　1725-1805）
　広辞6（グルーズ　1725-1805）
　国小（グルーズ　1725.8.21-1805.3.21）
　コン2（グルーズ　1725-1805）
　コン3（グルーズ　1725-1805）
　新美（グルーズ，ジャン＝バティスト　1725.8.21-1805.3.21）
　人物（グルーズ　1725.8.21-1805.3.21）
　西洋（グルーズ　1725.8.21-1805.3.21）
　世囲（グルーズ　1725-1805）
　世美（グルーズ，ジャン＝バティスト　1725-1805）
　全書（グルーズ　1725-1805）
　大百（グルーズ　1725-1805）
　伝世（グルーズ　1725.8.21-1805.3.21）
　百科（グルーズ　1725-1805）

Grévin, Alfred〈19世紀〉
フランスの素描家。
⇒世美（グレヴァン，アルフレッド　1827-1892）

Grgić, Zlatko〈20世紀〉
ユーゴスラヴィアの漫画映画作家。
⇒監督（グルジチ，ズラトコ　1931-）

Grier, Eldon (Brockwill)〈20世紀〉
カナダの詩人，画家。
⇒二十英（Grier, Eldon (Brockwill)　1917-）

Grifalconi, Ann〈20世紀〉
アメリカのイラストレーター。
⇒児イ（Grifalconi, Ann　1929-）

Griffe, Jacques〈20世紀〉
フランスの服飾デザイナー。1949年，パリ＝モード界の大御所，モリヌーに才能を評価され，翌年同店の後継者となった。
⇒大百（ジャック・グリフ　1915-）

Griffier, Jan〈17・18世紀〉
オランダの画家。
⇒世美（グリッフィエル，ヤン　1645/56-1718）

Griffin, Marion〈19・20世紀〉
アメリカの建築家。
⇒世女日（グリフィン，マリオン　1871-1961）

Griffin, Walter Burley〈19・20世紀〉
アメリカの建築家，都市計画者。
⇒岩ケ（グリフィン，ウォルター・バーリー　1876-1937）
　才西（グリフィン，ウォルター・バーリー　1876-1937）
　コン3（グリフィン　1876-1937）
　世美（グリフィン，ウォルター・バーリー　1876-1937）

Griffini, Enrico〈19・20世紀〉
イタリアの建築家。
⇒世美（グリッフィーニ，エンリーコ　1887-1952）

Griffith, Helen Virginia〈20世紀〉
アメリカの女性作家，絵本作家。
⇒英児（Griffith, Helen Virginia　グリフィス，ヘレン・ヴァージニア　1934-）
　児作（Griffith, Helen V.　グリフィス，ヘレン・V　1934-）

Griffiths, John〈18世紀〉
イギリスの画家（18世紀中頃活躍）。
⇒国小（グリフィス　生没年不詳）
　名著（グリフィス　生没年不詳）

Griffon, Robert〈20世紀〉
フランスの画家。
⇒世芸（グリフォーン，ロバート　1924-）

Grigoletti, Michelangelo 〈19世紀〉
イタリアの画家。
⇒世美（グリゴレッティ，ミケランジェロ 1801-1870）

Grigorescu, Nicolaie 〈19・20世紀〉
ルーマニアの画家。主として農村を描いた詩情あふれる風景画や，力強い筆致の戦争画等により画壇の第一人者となる。
⇒コン2（グリゴレスク 1838-1907）
コン3（グリゴレスク 1838-1907）
新美（グリゴレスク，ニコラエ 1838.5.15-1907.7.21）
世美（グリゴレスク，ニコラエ・ヨーン 1838-1907）
東欧（グリゴレスク 1838-1907）
百科（グリゴレスク 1838-1907）

Grigoriev, Afanasy Grigorievich 〈18・19世紀〉
ロシアの建築家。
⇒世美（グリゴーリエフ，アファナシー・グリゴリエヴィチ 1782-1868）

Grimaldi, Fabrizio 〈16・17世紀〉
イタリアのバロック建築家。
⇒新美（グリマルディ，ファブリツィオ 1543-1613頃）

Grimaldi, Francesco 〈16・17世紀〉
イタリアの建築家。
⇒建築（グリマルディ，フランチェスコ 1543-1630頃）
世美（グリマルディ，フランチェスコ 1545-1630頃）

Grimaldi, Giovanni Francesco 〈17世紀〉
イタリアの画家，建築家，彫刻家。
⇒建築（グリマルディ，ジョヴァンニ・フランチェスコ（イル・ボロニェーゼ（通称）） 1606-1680）
国小（グリマルディ 1606-1680）
西洋（グリマルディ 1606-1680.11.28）
世美（グリマルディ，ジョヴァンニ・フランチェスコ 1606-1680）

Grimes, Frances 〈19・20世紀〉
アメリカの彫刻家。
⇒世女日（グライムズ，フランセス 1869-1952）

Grimm, Herman 〈19・20世紀〉
ドイツの美術史・文学史家。
⇒外国（グリム 1828-1901）
国小（グリム 1828-1901）
コン2（グリム 1828-1901）
コン3（グリム 1828-1901）
西洋（グリム 1828.1.6-1901.6.16）
全書（グリム 1828-1901）
名著（グリム 1828-1901）

Grimmer, Abel 〈16・17世紀〉
フランドルの画家。
⇒世美（グリンメル，アーベル 1570頃-1619頃）

Grimmer, Jacob 〈16世紀〉
フランドルの画家。
⇒世美（グリンメル，ヤーコブ 1526頃-1590頃）

Grimou, Alexis 〈17・18世紀〉
フランスの画家。
⇒世美（グリムー，アレクシス 1678-1733）

Grimshaw, Atkinson 〈19世紀〉
イギリスの風景画家。
⇒芸術（グリムショー，アトキンソン 1836-1893）

Grimthorpe, Edmund Beckett Denison Grimthorpe, Baron 〈19・20世紀〉
イギリスの弁護士，建築と時計学の権威。
⇒岩ケ（グリムソープ，エドマンド・ベケット・デニソン・グリムソープ，男爵 1816-1905）

Gris, Juan 〈19・20世紀〉
スペインの画家。『ピカソ礼讃』などキュビスムの主要作品を次々に発表。
⇒岩ケ（グリス，フアン 1887-1927）
オ西（グリス，フアン 1887-1927）
外国（グリ 1887-1927）
国小（グリス 1887.3.23-1927.5.11）
コン3（グリス 1887-1927）
新美（グリス，ホアン 1887.3.23-1927.5.11）
人物（グリス 1887.3.13-1927.5.11）
スペ（グリス 1887-1927）
西洋（グリ 1887.3.23-1927.5.11）
世芸（グリス，ファン 1887-1927）
世西（グリス 1887.3.13-1927.5.11）
世美（グリス，フアン 1887-1927）
世百（グリス 1887-1927）
世百新（グリス 1887-1927）
全書（グリス 1887-1927）
大百（グリス 1887-1927）
伝世（グリス 1887.3.23-1927.5.11）
二十（グリス，ホアン 1887.3.23-1927.5.11）
百科（グリス 1887-1927）

Groat, Diane de 〈20世紀〉
アメリカのイラストレーター。
⇒児イ（Groat, Diane de グロート, D.de）

Grodecki, Louis 〈20世紀〉
フランスの美術史家。サン・ドニのステンド・グラスに関する長年の研究 "Les vitraux de St.Denis I"（1976）は，画期的な業績である。
⇒西洋（グロデッキ 1910.7.18-）
世美（グロデッキ，ルイ 1910-1982）

Grohmann, Nikolaus 〈16世紀〉
ドイツの建築家。
⇒世美（グローマン，ニコラウス 16世紀）

Grohmann, Will 〈19・20世紀〉
ドイツの美術史家，批評家。
⇒新美（グローマン，ヴィル 1887.12.4-1968.5.6）
世美（グローマン，ヴィル 1887-1968）
世百新（グローマン 1887-1968）

二十（グローマン，ヴィル　1887.12.4-1968.5.6）
百科（グローマン　1887-1968）

Grollé, Nicole Rousseau 〈20世紀〉
フランス生れの画家。
⇒世芸（グロレ，ニコル・ロセ　1930-）

Gromaire, Marcel 〈20世紀〉
フランスの画家。1952年カーネギー賞，56年グッゲンハイム賞，59年フランス国家大賞などを受賞。代表作『戦争』(1925)。
⇒オ西（グロメール，マルセル　1892-1971）
外国（グロメール　1892-）
国小（グロメール　1892.7.24-1971.4.11）
コン3（グロメール　1892-1971）
新美（グロメール，マルセル　1892.7.24-1971.4.11）
人物（グロメール　1892.7.24-）
西洋（グロメール　1892.7.24-1971.4.11）
世芸（グロメール，マルセル　1892-1971）
世西（グロメール　1892-）
世美（グロメール，マルセル　1892-1971）
世百（グロメール　1892-）
全書（グロメール　1892-1971）
大百（グロメール　1892-1971）
二十（グロメール，マーセル　1892.7.24-1971.4.11）

G Gröninger, Gerhard 〈16・17世紀〉
ドイツの彫刻家。
⇒世美（グレニンガー，ゲルハルト　1582-1652）

Gröninger, Heinrich 〈17世紀〉
ドイツの彫刻家。
⇒世美（グレニンガー，ハインリヒ　?-1631）

Gröninger, Johann Mauritz 〈17・18世紀〉
ドイツの彫刻家。
⇒世美（グレニンガー，ヨハン・マウリッツ　?-1707）

Gröninger, Johann Wilhelm 〈17世紀〉
ドイツの彫刻家。
⇒世美（グレニンガー，ヨハン・ヴィルヘルム　1676-?）

Grooms, Red 〈20世紀〉
アメリカの彫刻家，画家，パフォーマンス芸術家。
⇒岩ケ（グルームズ，レッド　1937-）
美術（クルームズ，レッド　1932-）

Groos, Karl 〈19・20世紀〉
ドイツの美学者，哲学者。主著 "Einleitung in die Ästhetik"(1892), "Beiträge zur Ästhetik"(1924)など。
⇒外国（グロース　1861-）
教育（グロース　1861-1946）
国小（グロース　1861.12.10-1946.5.27）
コン2（グロース　1861-1946）
コン3（グロース　1861-1946）
西洋（グロース　1861.12.10-1946.4.3）
世百（グロース　1861-1946）
体育（グロース　1861-）
二十（グロース，カール　1861.12.10-1946.4.3）
百科（グロース　1861-1946）
名著（グロース　1861-1946）

Gropius, Walter 〈19・20世紀〉
ドイツ生れのアメリカの建築家。1919年バウハウスを創立。34～37年イギリスに亡命，37年よりハーバード大学教授，38～52年同大学院建築学部長。主な作品に『バウハウス校舎』『ハーバード大学院センター』など。
⇒アメ（グロビウス　1883-1969）
岩ケ（グロピウス，ヴァルター（・アドルフ）　1883-1969）
オ西（グロピウス，ヴァルター　1883-1969）
外国（グロピウス　1883-）
科学（グロピウス　1883.5.18-1969.7.5）
科史（グロピウス　1883-1969）
角世（グロピウス　1883-1969）
現人（グロピウス　1883.5.18-1969.7.5）
広辞5（グロピウス　1883-1969）
広辞6（グロピウス　1883-1969）
国小（グロピウス　1883.5.18-1969.7.5）
国百（グロピウス，ワルター　1883.5.18-1969.7.5）
コン3（グロピウス　1883-1969）
思想（グロピウス，ワルター　1883-1969）
新美（グロービウス，ヴァルター　1883.5.18-1969.7.5）
人物（グロピウス　1883.5.18-）
西洋（グロピウス　1883.5.18-1969.7.5）
世人（グロピウス　1883-1969）
世西（グロピウス　1883-）
世美（グロピウス，ヴァルター　1883-1969）
世百（グロピウス　1883-）
世百新（グロピウス　1883-1969）
全書（グロピウス　1883-1969）
大辞2（グロピウス　1883-1969）
大辞3（グロピウス　1883-1969）
大百（グロピウス　1883-1969）
伝世（グロピウス　1883.5.18-1969）
ナビ（グロピウス　1883-1969）
二十（グロピウス，ヴォルター　1883.5.18-1969.7.5）
百科（グロピウス　1883-1969）
名著（グロピウス　1883-）

Gropper, William 〈20世紀〉
アメリカの画家，版画家，諷刺画家。
⇒国小（グロッパー　1897-1977）
西洋（グロッパー　1897.12.3-）
世芸（グロッパー，ウィリアム　1897-1966）
世美（グロッパー，ウィリアム　1897-1977）
世百（グロッパー　1897-）
二十（グロッパー，ウィリアム　1897.12.3-1977）

Gros, Antoine Jean, Baron 〈18・19世紀〉
フランスの画家。ナポレオンの従軍画家として『アルコラ橋のナポレオン』(1796)などを制作。
⇒岩ケ（グロ，アントワーヌ・ジャン，男爵　1771-1835）
外国（グロ　1771-1835）
芸術（グロ，アントアーヌ・ジャン　1771-1835）

広辞6 （グロ　1771-1835）
国小 （グロ　1771.3.16-1835.6.26）
コン2 （グロ　1771-1835）
コン3 （グロ　1771-1835）
新美 （グロ, アントワーヌ＝ジャン　1771.3.16-
　　 1835.6.26）
人物 （グロ　1771.3.16-1835.6.26）
西洋 （グロ　1771.3.16-1835.6.26）
世西 （グロ　1771.3.16-1835.6.25）
世美 （グロ, アントワーヌ＝ジャン　1771-1835）
世百 （グロ　1771-1835）
全書 （グロ　1771-1835）
大百 （グロ　1771-1835）
デス （グロ　1771-1835）
伝世 （グロ　1771.3.16-1835.6.26）
百科 （グロ　1771-1835）
評世 （グロ　1771-1835）

Grosch, Christian Heinrik 〈19世紀〉
北欧で活躍した建築家。
⇒建築 （グロッシュ, クリスティアン・ヘンリック
　　 1801-1865）

Gross, Chaim 〈20世紀〉
アメリカの彫刻家, 教師。
⇒岩ケ （グロース, ハイム　1904-1991）
　ユ人 （グロス, ハイム　1904-1991）

Grossberg, Carl 〈20世紀〉
ドイツの画家。
⇒世美 （グロースベルク, カール　1894-1940）

Grossman, Nancy S. 〈20世紀〉
アメリカのイラストレーター。
⇒児イ （Grossman, Nancy S.　グロースマン,
　　 N.S.　1940-）

Grossman, Robert 〈20世紀〉
アメリカのイラストレーター。
⇒児イ （Grossman, Robert　グロースマン, R.
　　 1940-）

Grosso, Giacomo 〈19・20世紀〉
イタリアの画家。
⇒世美 （グロッソ, ジャーコモ　1860-1938）

Grosso, Niccolò Il Caparra 〈15・16世紀〉
イタリアの鋳金師。1500年頃活躍。フィレンツェのストロッツィ宮殿の鋳鉄細工を制作。
⇒国小 （グロッソ　生没年不詳）

Grosvener, Robert 〈20世紀〉
アメリカの彫刻家。
⇒美術 （グロスヴナー, ロバート　1937-）

Grosz, George 〈20世紀〉
ドイツ生れのアメリカの画家, 版画家。代表作に『この人をみよ』の連作版画がある。1932年からニューヨーク在住。カーネギー国際賞次席を獲得 (1945)。
⇒岩ケ （グロス, ゲオルゲ　1893-1959）
　才西 （グロス, ゲオルゲ　1893-1959）

外国 （グロッス　1893-）
広辞6 （グロッス　1893-1959）
国小 （グロッス　1893.7.26-1959.7.5）
コン3 （グロッス　1893-1959）
新美 （グロス, ゲオルゲ　1893.7.26-1959.7.6）
人物 （グロッス　1893.7.26-1959）
西洋 （グロース　1893.7.26-1959.7.6）
世芸 （グロス, ジョージ　1893-1959）
世芸 （グロッス, ゲオルゲ　1893-1959）
世西 （グロッス　1893-1959）
世美 （グロッス, ゲオルゲ　1893-1959）
世百 （グロッス　1893-1959）
世百新 （グロッス　1893-1959）
全書 （グロッス　1893-1959）
大辞2 （グロッス　1893-1959）
大辞3 （グロッス　1893-1959）
大百 （グロッス　1893-1959）
伝世 （グロス　1893.7.26-1959.7.6）
二十 （グロッス, ゲオルゲ　1893.7.26-1959.7.6）
百科 （グロッス　1893-1959）

Grot, Anton 〈19・20世紀〉
ポーランド生れの映画美術監督。
⇒世映 （グロット, アントン　1884-1974）

Grotell, Maija 〈20世紀〉
フィンランド生れの陶芸家。
⇒世女日 （グローテル, マヤ　1899-1973）

Groth, John August 〈20世紀〉
アメリカのイラストレーター。
⇒児イ （Groth, John August　グロス, J.A.
　　 1908-）

Grottger, Artur 〈19世紀〉
ポーランド, ロマン派の代表的な画家。
⇒新美 （グロトゲル, アルトゥル　1837.11.11-
　　 1867.12.13）
　東欧 （グロドゲル　1837-1867）
　百科 （グロットガー　1837-1867）

Groux, Charles de 〈19世紀〉
ベルギーの画家。
⇒世美 （グルー, シャルル・ド　1825-1870）

Gruamonte 〈12世紀〉
イタリアの彫刻家, 建築家。
⇒世美 （グルアモンテ　12世紀）

Gruau, Rene 〈20世紀〉
イタリア生れの画家。
⇒世芸 （グロウ, ルネ　1910-2004）

Gruber, Francis 〈20世紀〉
フランスの画家。1947年国家賞受賞。『ル・ノートル頌』(1936) などの作品がある。
⇒外国 （グリューベ　1912-1948）
　国小 （グリューベル　1912.3.15-1948.12.1）
　新美 （グリューベル, フランシス　1912.3.15-
　　 1948.12.1）
　世芸 （グリューベル, フランシス　1912-1948）
　世美 （グリュベール, フランシス　1912-1948）
　世百 （グリューベール　1912-1948）
　二十 （グリューベル, フランシス　1912.3.15-

1948.12.1)

Gruber, Johann Gottfried 〈18・19世紀〉
ドイツの美学者,文学史家。ヴィーラントの全集出版に尽力し,これにヴィーラント伝を添えた。
⇒西洋（グルーバー　1774.11.29-1851.8.7）
　世西（グルーバー　1774.11.29-1851.8.7）

Grubicy de Dragon, Vittore 〈19・20世紀〉
イタリアの画家,美術批評家。
⇒世美（グルビチー・デ・ドラゴン,ヴィットーレ　1851-1920）

Grue, Carlantonio 〈17・18世紀〉
イタリアの陶芸家。
⇒世美（グルーエ,カルラントーニオ　1655-1723）

Grue, Francesco Antonio 〈16・17世紀〉
イタリアの陶芸家。
⇒世美（グルーエ,フランチェスコ・アントーニオ　1595頃-1673）

Grue, Francesco Antonio Saverio 〈17・18世紀〉
イタリアの陶芸家。
⇒世美（グルーエ,フランチェスコ・アントーニオ・サヴェーリオ　1686-1746）

Grue, Liborio 〈18世紀〉
イタリアの陶芸家。
⇒世美（グルーエ,リボーリオ　1702-1776）

Grue, Saverio 〈18・19世紀〉
イタリアの陶芸家。
⇒世美（グルーエ,サヴェーリオ　1731-1806）

Gruelle, Johnny 〈19・20世紀〉
アメリカの絵本作家,漫画家,挿絵画家。
⇒英児（グルーエル,ジョニー　1880-1938）

Grumbach, Antoine 〈20世紀〉
フランスの建築家。UP6教授,文化省環境委員会メンバー。
⇒二十（グランバック,アントワーヌ　1942-）

Grund, Norbert 〈18世紀〉
ボヘミアの画家。
⇒世美（グルント,ノルベルト　1717-1767）

Grundig, Hans 〈20世紀〉
ドイツの画家。
⇒世美（グルンディヒ,ハンス　1901-1958）

Grundig, Lea 〈20世紀〉
ドイツのグラフィック・デザイナー。
⇒世女日（グルンディヒ,レア　1906-1977）

Gruner, Elioth 〈19・20世紀〉
ニュージーランドの画家。
⇒岩ケ（グルーナー,イライオス　1882-1939）

Grünewald, Matthias 〈15・16世紀〉
ドイツの画家。代表作『イーゼンハイムの祭壇画』(1512～15)。
⇒岩ケ（グリューネヴァルト,マティアス　1470?-1528）
　外国（グリューネヴァルト　1455/-75頃-1528/-30頃）
　角世（グリューネヴァルト　1480?-1528?）
　キリ（グリューネヴァルト,マテーウス（マティアス）　1475/80頃-1528.8.31）
　芸術（グリューネヴァルト,マティアス　1470/75-1528）
　広辞4（グリューネヴァルト　1470頃-1528）
　広辞6（グリューネヴァルト　1470頃-1528）
　国小（グリューネワルト　1460頃-1528.8.29）
　国百（グリューネワルト,マティアス　1460頃-1528.8.31）
　コン2（グリューネヴァルト　1470/83-1528）
　コン3（グリューネヴァルト　1470/83-1528）
　新美（グリューネヴァルト,マティーアス　1470/-5頃-1528.8.31）
　人物（グリューネヴァルト　1455-1528.8.27）
　西洋（グリューネヴァルト　1455/60-1528.8.27/31）
　世西（グリューネヴァルト　1460頃-1528）
　世美（グリューネヴァルト,マティアス　1480頃-1528）
　世百（グリューネワルト　1455頃-1528）
　全書（グリューネワルト　1475頃-1528）
　大辞（グリューネワルト　1470頃-1528）
　大辞3（グリューネワルト　1470頃-1528）
　大百（グリューネワルト　1460/70-1528）
　デス（グリューネワルト　1460頃-1528頃）
　伝世（グリューネヴァルト　1475頃-1528.8）
　百科（グリューネワルト　1472-1528）

Grünwedel, Albert 〈19・20世紀〉
ドイツの人類学者。中央アジアの探検家としても著名。『シナ・トルキスタン地方における古代仏教祠堂』(1912),『古庫車』などの調査報告を発表。著書"Buddhistische Kunst in Indien"(1920)など。
⇒外国（グリュンヴェーデル　1856-1935）
　角世（グリュンヴェーデル　1856-1935）
　国小（グリューンウェーデル　1856.7.31-1935.10.28）
　新美（グリュンヴェーデル,アルバート　1856.7.31-1935.10.28）
　人物（グリュンベーデル　1856.7.31-1935.10.28）
　西洋（グリュンヴェーデル　1856.7.31-1935.10.28）
　世宗（グリュンウェーデル　1856-1938）
　世西（グリュンヴェーデル　1856-1935.5.11）
　世東（グリュンヴェーデル　1856-?）
　デス（グリュンウェーデル　1856-1935）
　二十（グリュンウェーデル,アルバート　1856-1938）
　評世（グリュンウェーデル　1856-1935）
　名著（グリュンヴェーデル　1856-1935）

Grupello, Gabriel 〈17・18世紀〉
フランドルの彫刻家。

⇒世美（グルペッロ，ガブリエル 1644–1730）

Grützner, Eduard〈19・20世紀〉
ドイツの画家。ユーモラスな風俗画を多く描く。
⇒西洋（グリュッツナー 1846.5.26–1925.4.3）

Guala, Pier Francesco〈17・18世紀〉
イタリアの画家。
⇒世美（グアーラ，ピエル・フランチェスコ 1698–1757）

Gualtieri di Giovanni da Pisa〈14・15世紀〉
イタリアの画家。
⇒世美（グアルティエーリ・ディ・ジョヴァンニ・ダ・ピーサ （記録）1389–1445）

Gualtiero d'Alemagna〈14・15世紀〉
ドイツの彫刻家。
⇒世美（グアルティエーロ・ダレマーニャ 14–15世紀）

Guamán Poma y Ayala, Felipe〈16世紀〉
ペルーのインディオ出身の著述家。
⇒新美（グァマン・ポーマ，フェリペ 1534頃–?）

Guarana, Iacopo〈18・19世紀〉
イタリアの画家。
⇒世美（グアラーナ，ヤーコポ 1720–1808）

Guardi, Andrea〈15世紀〉
イタリアの彫刻家。
⇒世美（グアルディ，アンドレーア （記録）1451–1470）

Guardi, Francesco〈18世紀〉
イタリアの風景画家。
⇒岩ケ（グアルディ，フランチェスコ 1712–1793）
キリ（グアルディ，フランチェスコ 1712.5.10–1793.1.1）
芸術（グアルディ，フランチェスコ 1712–1793）
広辞4（グアルディ 1712–1793）
広辞6（グアルディ 1712–1793）
国小（グアルディ 1712–1793）
国百（グアルディ，フランチェスコ 1712–1793）
コン2（グアルディ 1712–1793）
コン3（グアルディ 1712–1793）
新美（グアルディ，フランチェスコ 1712.10.3–1793.1.1）
西洋（グアルディ 1712.10.5–1793.1.1）
世西（グアルディ 1712–1793）
世美（グアルディ，フランチェスコ 1712–1793）
世百（グアルディ 1712–1793）
全書（グアルディ 1712–1793）
大辞（グアルディ 1712–1793）
大辞3（グアルディ 1712–1793）
大百（グアルディ 1712–1793）
デス（グアルディ 1712–1793）
伝世（グアルディ 1712.10.5–1793.1.1）
百科（グアルディ 1712–1793）

Guardi, Giovanni Antonio〈17・18世紀〉
イタリアの画家。F.グァルディの兄。
⇒国小（グァルディ 1699.5–1760）
世美（グアルディ，ジョヴァンニ・アントーニオ 1699–1760）

Guariento, Ridolfo〈14世紀〉
イタリアの画家。
⇒国小（グァリエント 生没年不詳）
新美（グァリエント）
世美（グアリエント・ディ・アルポ 1310頃–1370）

Guarini, Guarino〈17世紀〉
イタリア・バロックの代表的建築家。数学者，神学者，テアト教団神父。
⇒岩ケ（グアリーニ，グアリーノ 1642–1683）
建築（グアリーニ，グアリーノ 1624–1683）
国小（グアリーニ 1624.1.17–1683.3.6）
コン2（グアリーニ 1624–1683）
コン3（グアリーニ 1624–1683）
新美（グァリーニ，グァリーノ 1624.1.17–1683.3.6）
西洋（グアリーニ 1624.1.17–1683.3.6）
世美（グアリーニ，グアリーノ 1624–1683）
世百（グアリニ 1624–1683）
全書（グアリーニ 1624–1683）
大百（グアリーニ 1624–1683）
デス（グアリーニ 1624–1683）
伝世（グアリーニ 1624.1.17–1683.5.6）
百科（グアリーニ 1624–1683）

Guarnacci, Mario〈18世紀〉
イタリアの文人聖職者，考古学者。
⇒世美（グアルナッチ，マーリオ 1701–1785）

Guas, Juan〈15世紀〉
スペインの建築家。
⇒建築（グアス，ファン 1420–1496）
新美（グアス，ホアン ?–1498）
世美（グアス，フアン ?–1496）

Guattani, Giuseppe Antonio〈18・19世紀〉
イタリアの考古学者。
⇒世美（グアッターニ，ジュゼッペ・アントーニオ 1748–1830）

Gucci, Santi〈16・17世紀〉
イタリアの彫刻家，建築家。
⇒世美（グッチ，サンティ 1550頃–1600頃）

Guccio di Mannaia〈13世紀〉
イタリアの金銀細工師。
⇒世美（グッチョ・ディ・マンナイア （活動）13世紀）

Gude, Hans Frederik〈19・20世紀〉
ノルウェーの画家。風景画家として優れていた。
⇒新美（グーデ，ハンス 1825.3.31–1903.8.17）
西洋（グーデ 1825.3.13–1903.8.17）
二十（グーデ，ハンス フレドリク 1825.3.31–1903.8.17）

Gude, Nils 〈19・20世紀〉
ノルウェーの画家。H.F.グーデの子。
⇒西洋（グーデ　1859.4.4-1908.12.24）

Guercino, Il 〈16・17世紀〉
イタリアの画家。
⇒岩ケ（ゲルチーノ，イル　1591-1666）
　キリ（ゲルチーノ　1591.2.8-1666.12.22）
　芸術（ゲルチーノ　1591-1666）
　国小（ゲルチーノ　1591.2.8-1666.12.22）
　コン2（ゲルチーノ　1591-1666）
　コン3（ゲルチーノ　1591-1666）
　新美（ゲルチーノ　1591.2-1666.12.22）
　西洋（ゲルチーノ　1591.2.8-1666.12.22）
　世西（ゲルチーノ　1591.2.8-1666.12.22）
　世美（ゲルチーノ　1591-1666）
　世百（ゲルチーノ　1591-1666）
　全書（ゲルチーノ　1591-1666）
　大百（ゲルチーノ　1591-1666）
　百科（ゲルチーノ　1591-1666）

Guérin, Charles François Prosper 〈19・20世紀〉
フランスの画家。
⇒外国（ゲラン　1875-1935）
　芸術（ゲラン，シャルル　1875-1939）
　国小（ゲラン　1875.2.21-1939.3.19）
　人物（ゲラン　1875-1939.3.19）
　世芸（ゲラン，シャルル　1875-1939）

Guérin, Pierre Narcisse, Baron 〈18・19世紀〉
フランスの画家。
⇒岩ケ（ゲラン，ピエール・ナルシス，男爵　1774-1833）
　外国（ゲラン　1774-1833）
　芸術（ゲラン，ピエル・ナルシッス　1774-1833）
　国小（ゲラン　1774-1833）
　コン2（ゲラン　1774-1833）
　コン3（ゲラン　1774-1833）
　新美（ゲラン，ピエール=ナルシス　1774.3.13-1833.7.16）
　人物（ゲラン　1774.3.13-1833.7.16）
　西洋（ゲラン　1774.3.13-1833.7.16）
　世西（ゲラン　1774.3.13-1833.7.16）
　世美（ゲラン，ピエール=ナルシス　1774-1833）

Guerra, Giovanni 〈16・17世紀〉
イタリアの画家，建築家。
⇒世美（グエッラ，ジョヴァンニ　1540頃-1618）

Guerrero, Xavier 〈20世紀〉
メキシコの画家。
⇒世美（ゲレーロ，ハビエル　1898-）

Guerreschi, Giuseppe 〈20世紀〉
イタリアの画家，版画家。
⇒世美（グエッレスキ，ジュゼッペ　1929-）

Guerrini, Lorenzo 〈20世紀〉
イタリアの彫刻家。
⇒世美（グエッリーニ，ロレンツォ　1914-）

Guest, Charlotte 〈19世紀〉
ウェールズ出身の美術収集家。
⇒世女（ゲスト，シャーロット（エリザベス）　1812-1895）
　世女日（ゲスト，シャーロット　1812-1895）

Guffroy, Pierre 〈20世紀〉
フランス・パリ生れの映画美術監督。
⇒世映（ギュフロワ，ピエール　1926-）

Guggenbichler, Johann Meinrad 〈17・18世紀〉
ドイツの彫刻家。祭壇を多数制作。
⇒西洋（グッゲンビヒラー　1649-1723）
　世美（グッゲンビヒラー，ヨハン・マインラート　1649-1723）

Guggenheim, Peggy 〈20世紀〉
アメリカの美術収集家，後援者。
⇒岩ケ（グッゲンハイム，マーガリート　1898-1979）
　最世（グッゲンハイム，マーガリート　1898-1979）
　新美（グッゲンハイム，ペギー　1898.8.26-1979.12.23）
　世女（グッゲンハイム，ペギー　1898-1979）
　世女日（グッゲンハイム，ペギー　1898-1979）
　世美（グッゲンハイム（一族））
　二十（グッゲンハイム，ペギー　1898.8.26-1979.12.23）

Guggenheim, Solomon Robert 〈19・20世紀〉
アメリカの実業家，美術収集家。スイス出身。
⇒岩ケ（グッゲンハイム，ソロモン・R（ロバート）　1861-1949）
　集文（グッゲンハイム，ソロモン・R.　1861.2.2-1949.11.3）
　世美（グッゲンハイム（一族））

Guglielmi, Gregorio 〈18世紀〉
イタリアの画家。
⇒世美（グリエルミ，グレゴーリオ　1714-1773）

Guglielmo 〈12世紀〉
イタリアの彫刻家。
⇒世美（グリエルモ　12世紀）

Guglielmo 〈12世紀〉
イタリアの彫刻家。
⇒世美（グリエルモ　12世紀）

Guglielmo, Fra 〈13・14世紀〉
イタリアの彫刻家，建築家。
⇒新美（グリエルモ，フラ　1235頃-1310/11）
　世美（グリエルモ，フラ　1235頃-1310頃）

Guidetti, Guidetto 〈16世紀〉
イタリアの建築家。
⇒世美（グイデッティ，グイデット　?-1564）

Guidetto〈12・13世紀〉
イタリアの彫刻家,建築家。
⇒世美(グイデット (活動)12-13世紀)

Guidi, Domenico〈17・18世紀〉
イタリアの彫刻家。
⇒世美(グイーディ,ドネーニコ 1625-1701)

Guidi, Giacomo〈19・20世紀〉
イタリアの考古学者。
⇒世美(グイーディ,ジャーコモ 1884-1936)

Guidi, Vigilio〈20世紀〉
イタリアの画家。
⇒世美(グイーディ,ヴィルジーリオ 1891-1984)

Guidobono, Bartolomeo〈17・18世紀〉
イタリアの画家,陶芸家。
⇒世美(グイドボーノ,バルトロメーオ 1654-1709)

Guidobono, Domenico〈17・18世紀〉
イタリアの陶芸家。
⇒世美(グイドボーノ,ドメーニコ 1670-1746)

Guidobono, Giovanni Antonio〈17世紀〉
イタリアの陶芸家。
⇒世美(グイドボーノ,ジョヴァンニ・アントーニオ 1605頃-1685)

Guidobono, Niccolò〈17・18世紀〉
イタリアの陶芸家。
⇒世美(グイドボーノ,ニッコロ 生没年不詳)

Guido da Como〈13世紀〉
イタリアの彫刻家。
⇒新美(グィード・ダ・コモ)
世美(グイード・ダ・コーモ 13世紀)

Guido Da Siena〈13世紀〉
イタリアの画家。シエナ派の創始者。1250～70年頃活動。
⇒キリ(グイード・ダ・シエーナ (活躍)13世紀)
国小(グイード・ダ・シエナ 生没年不詳)
新美(グィード・ダ・シエナ)
世美(グイード・ダ・シエーナ 13世紀)

Guignes, Joseph de〈18世紀〉
フランスの中国学者,東洋学者。ルーヴル古美術品管理官。
⇒外国(ド・ギーニュ 1721-1800)
人物(ギーニュ 1721-1800)
西洋(ギーニュ 1721-1800)
世東(ド・ギーニュ 1721-1800)

Guigou, Paul-Camille〈19世紀〉
フランスの風景画家。
⇒新美(ギグー,ポール 1834.2.15-1871.12.21)

Guilherm De Faria〈20世紀〉
ブラジル生れの画家。
⇒世芸(ギルファム・デ・ファリア 1942-)

Guillain, Simon〈16・17世紀〉
フランスの彫刻家。
⇒世美(ギヤン,シモン 1581頃-1658)

Guillaume, Jean Baptiste Claude Eugène〈19・20世紀〉
フランスの彫刻家。ローマ彫刻を範とした肖像、人物像を制作。
⇒国小(ギヨーム 1822-1905)

Guillaume de Sens〈12世紀〉
フランス中世の工匠,建築家。12世紀後半活躍。フランスのサン・テティエンヌ大聖堂の身廊部およびコワイヤ、またイギリスのカンタベリー大聖堂の建築家として著名。
⇒キリ(ギヨーム(サーンスの) ?-1180)
建築(ギヨーム・ド・サンス (活動)12世紀)
国小(ウィリアム(サンスの) 生没年不詳)
新美(ギヨーム・ド・サンス)
西洋(ギヨーム・ド・サンス 12世紀)
世美(ギヨーム・ド・サンス 12世紀)

Guillaumin, Jean Baptiste Armand〈19・20世紀〉
フランスの印象派画家。絵画の新しい理念や表現方法をすばやく理解し自己の絵画に取入れる。
⇒外国(ギヨーマン 1841-1927)
芸術(ギヨーマン,アルマン 1841-1927)
国小(ギヨーマン 1841.2.16-1927.6.26)
新美(ギヨーマン,アルマン 1841.2.15-1927.6.26)
西洋(ギヨーマン 1841.2.16-1927)
世芸(ギヨーマン,アルマン 1841-1927)
世西(ギヨーマン 1841.2.6-1927.6.26)
世美(ギヨーマン,アルマン 1841-1927)
世百(ギヨーマン 1841-1927)
全書(ギヨーマン 1841-1927)
大百(ギヨーマン 1841-1927)
デス(ギヨーマン 1841-1927)
二十(ギヨーマン,A. 1841-1927)

Guimaraes, Josede〈20世紀〉
ポルトガルのイラストレーター。
⇒児イ(Guimaraes, Josede ギマラエシュ, J.de 1939-)

Guimard, Hector〈19・20世紀〉
フランスの建築家,デザイナー。代表作はアール・ヌーボー様式の『カステル・ベランジェ』(1897-98)、パリの地下鉄の入口(1899～1904)。
⇒岩ケ(ギマール,エクトール・ジェルマン 1867-1942)
才西(ギマール,エクトール 1867-1942)
国小(ギマール 1867-1942)
コン5(ギマール 1867-1942)
新美(ギマール,エクトール 1867.3.10-1942.6)
世美(ギマール,エクトール 1867-1942)

全書（ギマール　1867-1942）
大辞2（ギマール　1867-1942）
大辞3（ギマール　1867-1942）
大百（ギマール　1867-1942）
ナビ（ギマール　1867-1942）
二十（ギマール, H.　1867-1942）
百科（ギマール　1867-1942）

Guimet, Emile Etienne 〈19・20世紀〉
フランスの実業家、美術工芸品収集家。ギメ博物館を創立（1884）。特に日本・中国・近東方面の蒐集で有名。
⇒外国（ギーメ　1836-1918）
　コン2（ギメ　1836-1918）
　コン3（ギメ　1836-1918）
　西洋（ギメ　1836-1918）
　世美（ギメ, エミール　1836-1918）
　日研（ギメ, エミール　1836.6.2-1918.10.12）
　来日（ギメ　1836-1918）

Guinovart Bertrán, José 〈20世紀〉
スペインの画家。
⇒新美（ギノバルト・ベルトラーン, ホセー　1927.3.20-）
　世芸（ギノバルト・ベルトラーン, ホセ　1927-）
　二十（ギノバルト・ベルトラーン, ホセー　1927.3.20-）

G　Guiramand, Paul 〈20世紀〉
フランス生れの画家。
⇒世芸（ギヤマン, ポール　1926-）

Gulbransson, Olaf 〈19・20世紀〉
ノルウェーの素描家。
⇒世美（ギュルブランソン, ウーラフ　1873-1958）

Gundersheimer, Karen 〈20世紀〉
アメリカのイラストレーター。
⇒児イ（Gundersheimer, Karen　ガンダーシーマー, K.　1936-）

Günther, Franz Ignaz 〈18世紀〉
ドイツ、ババリアの彫刻家。代表作はロット・アム・イン聖堂の祭壇（1760～62）。
⇒キリ（ギュンター, イグナーツ　1725.11.22-1775.6.28）
　芸術（ギュンター, イグナス　1725-1775）
　国小（ギュンター　1725.11.22-1775.6.28）
　新美（ギュンター, イグナーツ　1725.11.22-1775.6.28）
　西洋（ギュンター　1725.11.22-1775.6.28）
　世美（ギュンター, イグナーツ　1725-1775）
　伝世（ギュンター　1725.11.2-1775.6.28）
　百科（ギュンター　1725-1775）

Günther, Matthäus 〈18世紀〉
ドイツの画家。代表作はウィルテン修道院付属教会堂の壁画（1754）。
⇒国小（ギュンター　1705-1788）
　世美（ギュンター, マトイス　1705-1788）

Günther, Rudolf 〈19・20世紀〉
ドイツのキリスト教美術史家。
⇒キリ（ギュンター, ルードルフ　1859.10.6-1936.7.17）

Gurlitt, Cornelius 〈19・20世紀〉
ドイツの建築史家。バロック様式の意義を認めたことは重要。
⇒西洋（グルリット　1850.1.1-1938.3.26）
　世美（グルリット, コルネリウス　1850-1938）

Gurney, Eric 〈20世紀〉
カナダのイラストレーター。
⇒児イ（Gurney, Eric　ガーニー, E.　1910-）

Gustavsson, Ulf 〈20世紀〉
スウェーデンの画家。
⇒児作（Gustavsson, Ulf　グスタフソン, ウルフ）

Guston, Philip 〈20世紀〉
アメリカの抽象表現主義の画家。1945年カーネギー賞受賞。
⇒岩ケ（ガストン, フィリップ　1913-1980）
　才西（ガストン, フィリップ　1913-1980）
　国小（ガストン　1913-）
　世芸（ガストン, フィリップ　1913-1980）
　世美（ガストン, フィリップ　1913-1980）

Gütersloh, Albert Paris 〈19・20世紀〉
オーストリアの小説家、詩人、画家。代表作長篇小説『太陽と月』（1962）。
⇒国小（ギュータースロー　1887.2.5-1973.5.16）
　全書（ギュータースロー　1887-1973）
　二十（ギュータースロー, アルベルト　1887-1973）

Gutfreund, Otto 〈19・20世紀〉
チェコの彫刻家。
⇒世美（グートフロイント, オットー　1889-1927）

Gutiérrez, Francisco 〈18世紀〉
スペインの彫刻家。
⇒世美（グティエレス, フランシスコ　1727-1782）

Gutiérrez de San Martin, Pedro Luis 〈18世紀〉
スペインの建築家。
⇒建築（グティエレス・デ・サン・マルティン, ペドロ・ルイス　1705-1792）

Gutkind, Erwin Anton 〈20世紀〉
ドイツ出身のアメリカの建築家、都市計画家。
⇒世美（ガトキント, アーウィン・アントン　1896-1968）

Gutnov, Alexei 〈20世紀〉
ソ連の建築家。
⇒二十（グトノフ, アレクセイ）

Guttuso, Renato 〈20世紀〉
イタリアの画家。ネオリアリスティック・アート運動の主唱者。
⇒岩ケ（グットゥーゾ, レナート　1912-1987）
　国小（グットゥーゾ　1912-）

新美（グットゥーゾ, レナート 1912.1.2-）
人物（グトゥーソ 1912.1.2-）
西洋（グットゥーゾ 1912.1.2-）
世芸（グットゥーゾ, レナート 1912-1981）
世西（グットゥーゾ 1912-）
世美（グットゥーゾ, レナート 1912-1987）
二十（グットゥーゾ, レナート 1912.1.2-）

Guys, Ernest Adolphe Hyacinthe Constantin 〈19世紀〉

フランスの画家。第二帝政時代の社交界の流行や風俗を描いた。
⇒芸術（ギース, コンスタンタン 1805-1892）
国小（ギュイ 1805.12.3-1892.3.13）
新美（ギース, コンスタンタン 1802-1892.3.13）
西洋（ギュイ（ギュイス） 1805.12.3-1892.3.13）
世西（ギース 1802-1892）
世美（ギース, コンスタンタン 1802-1892）
世百（ギース 1802-1892）
全書（ギース 1802-1892）
百科（ギース 1802-1892）

Gwynne, Fred 〈20世紀〉

アメリカのイラストレーター。
⇒児イ（Gwynne, Fred グウィン, F.）

Gyllensvärd, Bo Vilhelm 〈20世紀〉

スウェーデンの歴史家。東洋博物館館長やストックホルム大学美術史教授を経て, ストックホルム日瑞協会評議員を歴任。
⇒二十（イレンスヴァー, B.V. 1916-）

【 H 】

Haacke, Hans 〈20世紀〉

ドイツ出身の美術家。社会的矛盾を鋭く衝く作品を発表。
⇒現人（ハーケ 1936-）
世芸（ハーケ, ハンス 1936-）
大辞3（ハーケ 1936-）
美術（ハーケ, ハンス 1936-）

Haacken, Frans 〈20世紀〉

ドイツのイラストレーター。
⇒児イ（Haacken, Frans ハーケン, F. 1911-1979）

Haas, Ernst 〈20世紀〉

アメリカの写真家。
⇒二十（ハース, E. 1921-1986.9.13）

Haas, Irene 〈20世紀〉

アメリカのイラストレーター。
⇒児イ（Haas, Irene ハース, I. 1929-）

Ḥabaqqūg 〈前6世紀〉

小預言者の一人。前600年頃に活動したらしい（旧約）。
⇒キリ（ハバクク）
コン2（ハバクク）
コン3（ハバクク）
新美（ハバクク）
聖書（ハバクク）
西洋（ハバクク）

Hackaert, Jan 〈17世紀〉

オランダの風景画家。作品にはすぐれた大気遠近法が示され, また森林風景が多い。
⇒西洋（ハッケルト 1629-1699）
世美（ハッカールト, ヤン 1628/29-1685）

Hackert, Jakob Phillip 〈18・19世紀〉

ドイツの画家。ナポリの宮廷画家となり（1786）, 古典主義的なイタリア風景を描いた。
⇒西洋（ハッケルト 1737.9.15-1807.4.28）
世美（ハッケルト, ヤーコブ・フィリップ 1737-1807）

Hackin, Joseph 〈19・20世紀〉

フランスの古代学者。ハッダ, バーミヤーン, ベグラム等の遺跡を精査し, ヘレニズムの東漸によって育成された初期仏教美術の様相を明らかにした。
⇒コン3（アカン 1886-1941）
新美（アッカン, ジョゼフ 1886-1941.2.24）
人物（アッカン 1886-1941）
西洋（アカン 1886-1941.2.24）
二十（アッカン, ジョゼフ 1886-1941.2.24）

Haddelsey, Vincent 〈20世紀〉

イギリスのイラストレーター。
⇒児イ（Haddelsey, Vincent ハッドゥルセイ, V. 1934-）

Haddon, Mark 〈20世紀〉

イギリスの作家, 脚本家, イラストレーター。
⇒海作4（ハッドン, マーク 1962-）

Haden, Sir Francis Saymour 〈19・20世紀〉

イギリスの版画家, 医師。
⇒新美（ヘイドン, フランシス・セイモア 1818-1910）

Hader, Berta 〈20世紀〉

アメリカの絵本作家, 挿絵画家。
⇒英児（Hader, Berta and Elmer 1891-1976）
児イ（Hader, Berta (Hoerner) & Elmer Hader）
世児（ヘイダー, バータ(・ハーナー)&エルマー(・スタンリ) 1890-1976&1889-1973）

Hader, Elmer 〈19・20世紀〉

アメリカの絵本作家, 挿絵画家。
⇒英児（Hader, Berta and Elmer 1889-1973）
児イ（Hader, Berta (Hoerner) & Elmer Hader）
世児（ヘイダー, バータ(・ハーナー)&エルマー(・スタンリ) 1890-1976&1889-1973）

Hadid, Zaha 〈20世紀〉
レバノンの建築家。AAスクール講師。
⇒二十（ハーディド, ザハ　1950代-）

Hadrianus, Publius Aelius 〈1・2世紀〉
ローマ皇帝（在位117〜138）。五賢帝の一人。すぐれた政治的手腕をもち、死後神格化された。
⇒逸話　（ハドリアヌス　76-138）
　岩ケ　（ハドリアヌス　76-138）
　旺世　（ハドリアヌス　76-138）
　外国　（ハドリアヌス　76-138）
　角世　（ハドリアヌス　76-138）
　教育　（ハドリアヌス　76-138）
　キリ　（ハドリアーヌス, プーブリウス・アエリウス　76.1.24-138.7.10）
　ギロ　（ハドリアヌス　76-138）
　皇帝　（ハドリアヌス　76-138）
　国小　（ハドリアヌス　76.1.24-138.7.10）
　コン2　（ハドリアヌス　76-138）
　コン3　（ハドリアヌス　76-138）
　集文　（ハドリアヌス, プブリウス・アエリウス　76.1.24-138.7.10）
　新美　（ハドリアーヌス帝　76.1.24-138.7.10）
　人物　（ハドリアヌス　76.1.24-138.7.10）
　スペ　（ハドリアヌス　76-138）
　西洋　（ハドリアヌス　76.1.24-138.7.10）
　世人　（ハドリアヌス　76-138）
　世西　（ハドリアヌス　76.1.24-138.7.10）
　世百　（ハドリアヌス　76-138）
　全書　（ハドリアヌス　76-138）
　大辞　（ハドリアヌス　76-138）
　大辞3　（ハドリアヌス　76-138）
　大百　（ハドリアヌス　76-138）
　デス　（ハドリアヌス　76-138）
　伝世　（ハドリアヌス　76.1.24-138.7.10）
　統治　（ハドリアヌス（P.アエリウス・ハドリアヌス）　（在位）117-138）
　百科　（ハドリアヌス　76-138）
　評世　（ハドリアヌス）
　山世　（ハドリアヌス　76-138）
　歴史　（ハドリアヌス　76-138）
　ロマ　（ハドリアヌス　（在位）117-138）

Haenraets, Willem 〈20世紀〉
オランダの画家。
⇒世芸（ヘインレイツ, ウイリアム　1940-）

Haese, Günter 〈20世紀〉
ドイツの彫刻家。
⇒新美　（ヘーゼ, ギュンター　1924.2.18-）
　世芸　（ヘーゼ, グンター　1924-）
　世美　（ヘーゼ, ギュンター　1924-）
　二十　（ヘーゼ, ギュンター　1924.2.18-）

Haesler, Otto 〈19・20世紀〉
ドイツの建築家。ツェレ、ラーテノーで活動。
⇒西洋　（ヘースラー　1880.6.13-1962.4.2）
　世美　（ヘスラー, オットー　1880-1962）

Haffner, Anton Maria 〈17・18世紀〉
イタリアの画家。
⇒世美　（アッフネル, アントン・マリーア　1654-1732）

Haffner, Enrico 〈17・18世紀〉
イタリアの画家。
⇒世美（アッフネル, エンリーコ　1640-1702）

Ḥāfiẓ, Shams al-Dīn Muḥammad 〈14世紀〉
ペルシアの抒情詩人。抒情詩を主体とした『ハーフィズ詩集』を残した。
⇒岩ケ　（ハーフェズ　1326頃-1390頃）
　外国　（ハーフィズ　1320頃-1389）
　角世　（ハーフィズ　1326?-1389）
　広辞4　（ハーフィズ　1326頃-1390）
　広辞6　（ハーフィズ　1326頃-1390頃）
　国小　（ハーフィズ　1325頃-1389/90）
　国百　（ハーフィズ　1325頃-1390頃）
　コン2　（ハーフェズ　1326-1389）
　コン3　（ハーフィズ　1326頃-1389頃）
　集世　（ハーフェズ, シャムソッディーン・モハマド　1317/20/26頃-1389/90）
　集文　（ハーフェズ, シャムソッディーン・モハマド　1317/20/26頃-1389/90）
　新美　（ハーフィズ　1326頃-1389）
　西洋　（ハーフィズ・シーラーズィー　1320頃-1389）
　世東　（ハーフィズ　1320頃-1390）
　世百　（ハーフィズ　1327頃-1389/90）
　世文　（ハーフィズ　1326頃-1389）
　全書　（ハーフィズ　1326頃-1390）
　大辞　（ハーフィズ　1326頃-1390）
　大辞3　（ハーフィズ　1326頃-1390）
　大百　（ハーフィズ　1320頃-1389）
　デス　（ハーフィズ　1325頃-1389）
　伝世　（ハーフィズ　1326頃-1390）
　百科　（ハーフィズ　1326-1390）
　名詩　（ハフィーズ・シーラーズィー　1320-1389）
　名著　（ハーフィズ　1320頃-1389/90）
　山世　（ハーフィズ　1326-1390）
　歴史　（ハーフィズ　1326-1390）

Hafiz Osman 〈17世紀〉
オスマン朝の書家。
⇒角世（ハーフズ・オスマン　1642-1698）

Hafner, Marilyn 〈20世紀〉
アメリカのイラストレーター。
⇒児イ（Hafner, Marilyn　ハフナー, M.）

Häfner, Thomas 〈20世紀〉
ドイツの画家。幻想的な絵画を得意とする代表的な作家。
⇒美術（ハフナー, トマス　1928-）

Haftmann, Werner 〈20世紀〉
ドイツの美術史家, 美術評論家。研究、評論、展覧会委員として活躍。最も名声を高めたのは『20世紀の絵画』（2巻, 1954〜55）。
⇒名著（ハフトマン　1912-）

Hagelaidas 〈前6・5世紀〉
ギリシアの彫刻家。前6世紀末から5世紀初めにかけて活躍。
⇒国小　（ハゲライダス　生没年不詳）
　新美　（ハゲラーダース）

Hagenauer, Friedrich〈16世紀〉
ドイツの木彫家, メダル制作家.
⇒世美（ハーゲナウアー, フリードリヒ　16世紀前半）

Hagenauer, Wolfgang〈18・19世紀〉
ドイツの建築家.
⇒世美（ハーゲナウアー, ヴォルフガング　1726-1801）

Hagēsandros〈前1世紀〉
ギリシアの彫刻家. 前42〜21年に地中海のロードス島で活躍.
⇒国小（ハゲサンドロス　生没年不詳）
　コン2（ハゲサンドロス　前1世紀頃）
　コン3（ハゲサンドロス　生没年不詳）
　新美（ハーゲーサンドロス）
　西洋（ハゲサンドロス）
　世美（ハゲサンドロス　（活動）前2-前1世紀）

Hagin, Nancy〈20世紀〉
アメリカ生れの画家.
⇒世芸（ヘイガン, ナンシー　1940-）

Hahn, Hermann〈19・20世紀〉
ドイツの彫刻家.
⇒世美（ハーン, ヘルマン　1868-1945）

Hahnloser, Hans〈20世紀〉
スイスの美術史家, 美術収集家.
⇒世美（ハーンローザー, ハンス　1899-1974）

Hahn Woo-Shik〈20世紀〉
韓国生れの画家.
⇒世美（ハン・ウーシック　1922-）

Haider, Karl〈19・20世紀〉
ドイツの画家. 風景画には精確な描写と詩的内容, またのちにはやや憂鬱な気分との結合が見られる.
⇒芸術（ハイダー, カルル　1846-1912）
　西洋（ハイダー　1846.2.6-1912.10.29）
　世芸（ハイダー, カルル　1846-1912）

Hains, Raymond〈20世紀〉
フランスの美術家.「アフィシスト」の先駆者.
⇒世美（アンス, レイモン　1926-）
　美術（アンス, レイモン　1926-）

Hajdu, Etienne〈20世紀〉
フランスの彫刻家. 大理石の丸彫, 銅板やアルミ板の打ち出し浮彫などを制作.
⇒西洋（アイドゥー　1907.8.12-）
　世美（アイデュ, エティエンヌ　1907-）

Hajek, Otto Herbert〈20世紀〉
ドイツ国立美術アカデミー教授.
⇒世芸（ハジェック, オットー・アルベルト　1927-）

Hald, Fibben〈20世紀〉
スウェーデンのイラストレーター.
⇒児イ（Hald, Fibben　ハルト, F.　1933-）

Hale, Kathleen〈20世紀〉
イギリスの女性絵本作家, 挿絵画家.
⇒英児（Hale, Kathleen　ヘイル, キャスリーン　1898-2000）
　児イ（Hale, Kathleen　ヘイル, K.　1898-）
　児文（ヘイル, キャサリン　1898-）
　世児（ヘイル, キャスリーン　1898-）
　二十（ヘイル, キャサリン　1898-?）

Haley, Gail E.〈20世紀〉
アメリカのイラストレーター.
⇒児イ（Haley, Gail E.　ヘイリー, G.E.）

Halfpenny, William〈18世紀〉
イギリスの建築家. 著述家. 別名Michael Hoare. 主著『中国趣味の田舎建築』（1750〜52）,『適切な装飾を施された中国およびゴシックの建築』（1752）など.
⇒建築（ハーフペニー, ウィリアム　?-1755）
　国小（ヘープニー　生没年不詳）
　新美（ヘイブニイ, ウィリアム　?-1755）

Hall, Anne〈18・19世紀〉
アメリカの画家.
⇒世女日（ホール, アン　1792-1863）

Hall, Harry Reginald Holland〈19・20世紀〉
イギリスの考古学者. 1924年大英博物館エジプト・アッシリア部の部長.
⇒国小（ホール　1873-1930）
　コン2（ホール　1873-1930）
　コン3（ホール　1873-1930）
　新美（ホール, ハリー　1873.9.30-1930.10.13）
　西洋（ホール　1873.9.30-1930.10.13）
　世百（ホール　1873-1930）
　全書（ホール　1873-1930）
　二十（ホール, ハリー・R.H.　1873.9.30-1930.10.13）

Haller, Daniel〈20世紀〉
アメリカの映画監督. 美術も担当.
⇒監督（ヘラー, ダニエル　1926-）

Haller, Hermann〈19・20世紀〉
スイスの彫刻家. 女性像を主要なテーマとした.
⇒国小（ハラー　1880.12.24-1950.11.23）
　西洋（ハラー　1880.12.24-1950.11.23）
　世美（ハラー, ヘルマン　1880-1951）

Halm, Peter〈19・20世紀〉
ドイツの画家, 銅版画家. 印象派的な風景を多く銅版画にした.
⇒西洋（ハルム　1854.12.14-1923.1.25）

Halonen, Pekka〈19・20世紀〉
フィンランドの画家.

⇒世美（ハロネン, ペッカ　1864-1933）

Halpert, Edith Gregor〈20世紀〉
アメリカの美術商。
⇒世女日（ハルパート, イーディス・グレゴール　1900?-1970）

Hals, Dirck (Thiery)〈16・17世紀〉
オランダの画家。
⇒新美（ハルス, ディルク（ティエリ）　1591.3-1656.5）

Hals, Frans〈16・17世紀〉
オランダの画家。肖像, 群像を得意とした。
⇒岩ケ　（ハルス, フランス　1580頃-1666）
　外国　（ハルス　1584頃-1666）
　芸術　（ハルス, フランス　1581/85-1666）
　広辞4（ハルス　1581/-5-1666）
　広辞6（ハルス　1582頃-1666）
　国小　（ハルス　1580頃-1666.8.29）
　国百　（ハルス, フランス　1580頃-1666.9.1）
　コン2（ハルス　1580頃-1666）
　コン3（ハルス　1580頃-1666）
　新美　（ハルス, フランス　1581/-5-1666.8.29）
　人物　（ハルス　1580/81-1666.8.24）
　西洋　（ハルス　1580頃-1666.8.24）
　世西　（ハルス　1580-1666.8.26）
　世美　（ハルス, フランス　1581/85頃-1666）
　世百　（ハルス　1580頃-1666）
　全書　（ハルス　1581/85-1666）
　大辞　（ハルス　1580頃-1666）
　大辞3（ハルス　1580頃-1666）
　大百　（ハルス　1580/5-1666）
　デス　（ハルス　1580頃-1666）
　伝世　（ハルス　1581/5-1666）
　百科　（ハルス　1585頃-1666）
　評世　（ハルス　1584-1666）

Halsman, Philippe〈20世紀〉
ドイツ生れのアメリカの写真家。
⇒世芸（ハルスマン, フィリップ　1906-）
　世美（ハルスマン, フィリップ　1906-）

Halter, Marek〈20世紀〉
ポーランド生れの作家, 画家, 映像作家。
⇒海作4（アルテ, マレク　1936-）
　ユ人（ハルター, マレク　1932-）

Hamann, Richard〈19・20世紀〉
ドイツの美学者, 美術史学者。マルブルク大学教授（1913～）。現象学的立場によって純粋記述学としての美学の建設を試み, 個々の作品と総体的様式の連関を掘り下げた。
⇒外国（ハーマン　1879-）
　西洋（ハーマン　1879.5.29-1961.1.9）
　名著（ハーマン　1879-）

Hamberger, John F.〈20世紀〉
アメリカのイラストレーター。
⇒児イ（Hamberger, John F.　ハンバーガー, J.F.　1934-）

Hambleton, Mary〈20世紀〉
アメリカ生れの女性画家。

⇒世芸（ハンブルトン, マリー　1952-）

Hamby, William〈20世紀〉
アメリカの建築家。
⇒世美（ハンビー, ウィリアム　1902-）

Hamdi Bey, 'Othman〈19・20世紀〉
トルコの画家, 考古学者。シドンの発掘を指導した（1887～88）。
⇒コン2（ハムディ・ベイ　1842-1910）
　コン3（ハムディ・ベイ　1842-1910）
　西洋（ハムディ・ベイ　1842.12.31-1910.2.24）

Hameel, Alart du〈15・16世紀〉
ベルギーの建築家。
⇒建築（ハメール, アラート・ドゥ　1449頃-1509）

Hamilton, Gavin〈18世紀〉
イギリスの画家, 考古学者。
⇒新美（ハミルトン, ゲーヴィン　1723-1798）
　世美（ハミルトン, ゲイヴィン　1723-1798）
　全書（ハミルトン　1723-1798）

Hamilton, Richard〈20世紀〉
イギリスの画家。1952年インデペンデント・グループICAの創立会員となり, 前衛運動を推進。
⇒岩ケ　（ハミルトン, リチャード　1922-）
　オ西　（ハミルトン, リチャード　1922-）
　現人　（ハミルトン　1922.2.24-）
　新美　（ハミルトン, リチャード　1922.2.24-）
　世芸　（ハミルトン, リチャード　1922-）
　世美　（ハミルトン, リチャード　1922-）
　二十　（ハミルトン, リチャード　1922.2.24-）
　美術　（ハミルトン, リチャード　1922-）

Hamilton, Thomas〈18・19世紀〉
イギリス（スコットランド）の建築家。イギリス古典主義建築の代表者の一人で, エディンバラの都市改造計画にも参加している（1827～）。
⇒岩ケ（ハミルトン, トマス　1784-1858）
　西洋（ハミルトン　1784-1858）

Hammershøi, Vilhelm〈19・20世紀〉
デンマークの画家。主作品『妹の肖像』, 『アルミテス』。
⇒オ西（ハンマーショイ, ヴィルヘルム　1864-1916）
　芸術（ハンマーショイ, ヴィルヘルム　1864-1916）
　国小（ハンマースェイ　1864-1916）
　新美（ハンマースホイ, ヴィルヘルム　1864.5.15-1916.2.13）
　世芸（ハンマーショイ, ヴィルヘルム　1864-1916）
　二十（ハンマースホイ, ヴィルヘルム　1864.5.15-1916.2.13）

Hammurabi〈前18世紀〉
バビロン第1王朝6代の王（在位前18世紀頃）。ハンムラビ法典で有名。
⇒岩ケ（ハンムラビ　前18世紀）
　旺世（ハンムラビ　生没年不詳）
　外国（ハンムラビ　前18世紀）

角世　（ハンムラビ　（在位）前1792?-1750?）
看護　（ハンムラビ）
教育　（ハンムラビ　生没年不詳）
広辞4　（ハムラビ）
広辞6　（ハムラビ　（在位）前1729/前1792-前1686/前1750）
皇帝　（ハンムラビ　?-前1750頃）
国小　（ハンムラビ　生没年不詳）
国百　（ハンムラビ　生没年不詳）
コン2　（ハンムラビ）
コン3　（ハンムラビ　生没年不詳）
新美　（ハンムラビ）
人物　（ハンムラビ　生没年不詳）
西洋　（ハンムラビ）
世人　（ハンムラビ　?-前1686）
世古　（ハムラビ（ハムラビ））
世東　（ハンムラビ　（在位）前1728-1686）
世百　（ハンムラビ　生没年不詳）
全書　（ハムラビ　生没年不詳）
大辞　（ハムラビ　生没年不詳）
大辞3　（ハンムラビ　生没年不詳）
大百　（ハンムラビ　生没年不詳）
中国　（ハムラビおう　生没年不詳）
デス　（ハンムラビ）
伝世　（ハンムラビ　?-前1750?）
統治　（ハンムラビ　（在位）前1792-1750）
百科　（ハンムラビ　生没年不詳）
評世　（ハムラビ　?-前1686）
山世　（ハンムラビ　生没年不詳）

Hamnett, Katharine 〈20世紀〉
イギリスのファッション・デザイナー。
⇒岩ケ（ハムネット，キャサリン　1948-）
　世女（ハムネット，キャサリン　1952-）

Hamnett, Nina 〈19・20世紀〉
イギリスの画家。
⇒世女日（ハムネット，ニーナ　1890-1956）

Hampshire, Michael Allen 〈20世紀〉
イギリスのイラストレーター。
⇒児イ（Hampshire, Michael Allen　ハンプシャー，M.A.）

Hampson, Frank 〈20世紀〉
イギリスの新聞の連載漫画家。
⇒岩ケ（ハンプソン，フランク　1918-1985）

Hanak, Anton 〈19・20世紀〉
オーストリアの彫刻家。
⇒世美（ハナーク，アントン　1875-1934）

Hanak, Mirko 〈20世紀〉
チェコスロバキアのイラストレーター。
⇒児イ（Hanak, Mirko　ハナーク，M.　1921-1971）

Hancock, Joseph 〈18世紀〉
イギリスの銀細工師。
⇒世美（ハンコック，ジョーゼフ　18世紀後半）

Handford, Martin 〈20世紀〉
イギリスのイラストレーター。
⇒児イ（Handford, Martin　ハンドフォード，M.

1956-）

Handforth, Thomas Schofield 〈20世紀〉
アメリカのイラストレーター。
⇒児イ（Handforth, Thomas Schofield　ハンドフォース，T.S.　1897-1948）

Hankar, Paul 〈19・20世紀〉
ベルギーの建築家，装飾家。
⇒新美（アンカール，ポール　1859.12.11-1901.1.19）
　世美（ハンカル，パウル　1859-1901）

Hannnong, Paul-Anton 〈18世紀〉
ドイツの陶工。
⇒世美（ハンノング，パウル＝アントン　1700-1760）

Hanrahan, Barbara 〈20世紀〉
オーストラリアの女性作家，画家。
⇒オ世（ハンラハン，バーバラ　1939-1991）
　二十英（Hanrahan, Barbara　1939-1991）

Hansen, Al 〈20世紀〉
アメリカのハプニング作家。
⇒美術（ハンセン，アル　1930-）

Hansen, Christian Frederik 〈18・19世紀〉
デンマークの建築家。古典主義様式の建築をした。
⇒建築（ハンセン，クリスティアン・フレデリック　1756-1845）
　西洋（ハンセン　1756.2.29-1845.7.10）
　世美（ハンセン，クリスティアン・フレゼリク　1756-1845）

Hansen, Constantin 〈19世紀〉
デンマークの画家。
⇒新美（ハンセン，コンスタンティン　1804.11.3-1888.3.29）

Hansen, Hans Christian 〈19世紀〉
デンマークの建築家。コペンハーゲンの美術学校教授（1857〜）。主作品，自然科学博物館（1863〜69）（コペンハーゲン）。
⇒西洋（ハンセン　1803.4.20-1883.5.2）

Hansen, James 〈20世紀〉
アメリカの画家。
⇒世芸（ハンセン，ジェームス　1952-）

Hansen, Theophilus Edvard 〈19世紀〉
デンマークの建築家。初期の作品は，イタリア・ビザンツ式であるが，後期のものは厳格な古典様式である。主作品，造形美術大学（1872〜76），国会議事堂（1873〜83）（以上ヴィーン）。
⇒建築（ハンゼン，テオフィル・フォン　1813-1891）
　西洋（ハンセン　1813.7.13-1891.2.17）

Hansen, Vilhelm 〈20世紀〉
デンマークのイラストレーター。
⇒児イ（Hansen, Vilhelm　ハンセン, V.）

Hansom, Joseph Aloysius 〈19世紀〉
イギリスの発明家, 建築家。
⇒岩ケ（ハンサム, ジョゼフ・アロイシアス　1803-1882）

Hanson, Duane 〈20世紀〉
アメリカの彫刻家。
⇒岩ケ（ハンソン, ドゥエイン　1925-1996）
コン3（ハンソン　1925-1996）
世芸（ハンソン, デュアン　1925-）
世美（ハンソン, ドゥエイン　1925-）
全書（ハンソン　1925-）

Hansson, Gunilla 〈20世紀〉
スウェーデンのイラストレーター。
⇒児イ（Hansson, Gunilla　ハンスン, G.　1939-）

Hans von Tübingen 〈15世紀〉
オーストリアの画家。
⇒芸術（ハンス・フォン・テュービンゲン　1400/50頃-1462）
新美（ハンス・フォン・テュービンゲン　?-1462）

Hantaï, Simon 〈20世紀〉
ハンガリー生れの画家。
⇒世芸（アンタイ, シモン　1922-）

Harding, Lee John 〈20世紀〉
オーストラリアの作家, 脚本家, 写真家。
⇒英児（Harding, Lee John　ハーディング, リー・ジョン　1937-）

Hardwick, Philip 〈18・19世紀〉
イギリスの建築家。
⇒岩ケ（ハードウィック, フィリップ　1792-1870）
建築（ハードウィック, フィリップ　1792-1870）

Hardy, Anna Eliza 〈19・20世紀〉
アメリカの画家。
⇒世女日（ハーデイ, アンナ・イライザ　1839-1934）

Hare, David 〈20世紀〉
アメリカの彫刻家。
⇒世美（ヘア, デイヴィッド　1917-）

Hargis, Barbara Louise 〈20世紀〉
アメリカ生れの画家。
⇒世芸（ハーギス, バーバラ・ルイス　1930-）

Hargreaves, Roger 〈20世紀〉
イギリスの作家, 挿絵画家。
⇒英児（Hargreaves, Roger　ハーグリーヴズ, ロジャー　1935-1988）
世児（ハーグリーヴズ, ロジャー　1935-1988）

Häring, Hugo 〈19・20世紀〉
ドイツの建築家。自ら〈新建築〉と称する〈有機的建築〉の理念を発展させた。
⇒西洋（ヘーリング　1882.5.22-1958.5.17）
世美（ヘーリング, フーゴー　1882-1958）
大百（ヘーリング　1882-1958）

Haring, Keith 〈20世紀〉
アメリカの芸術家。
⇒大辞3（ヘリング　1958-1990）

Hariri 〈11・12世紀〉
アラビアの文学者。アラビア文学の一形式（マカーマート）の作家。
⇒外国（ハリーリー　1054-1122）
角世（ハリーリー　1054-1122）
国小（ハリーリー　1054-1122.11.9）
コン2（ハリーリー　1054-1122）
コン3（ハリーリー　1054-1122）
集世（（アル・)ハリーリー　1054-1122）
集文（（アル・)ハリーリー　1054-1122）
新美（ハリーリー　1054-1122）
西洋（アル・ハリーリー　1054-1122.11.9）
世東（ハリーリー　1054-1122）
世百（ハリーリー　1054-1122）
世文（アル・ハリーリー　1054-1122）
全書（ハリーリー　1054-1122）
大百（ハリーリー　1054-1122）
百科（ハリーリー　1054-1122）

Harispe, Patrice 〈20世紀〉
フランスの挿絵画家。
⇒児作（Harispe, Patrice　アリスプ, パトリス）

Harloff, Guy 〈20世紀〉
フランスの画家。
⇒世美（アルロフ, ギー　1933-）

Harmhab 〈前14世紀〉
古代エジプトの王（在位前1350～15）。新王朝を開く。
⇒外国（ハルムハブ　?-前1315）
コン2（ハルムハブ）
コン3（ハルムハブ　生没年不詳）
新美（ホルエムヘブ）
西洋（ハル・エム・ヘブ）

Harnett, Cynthia 〈20世紀〉
イギリスの児童歴史小説家, 挿絵画家。
⇒英児（Harnett, Cynthia Mary　ハーネット, シンシア・メアリ　1893-1981）
児文（ハーネット, シンシア　1893-1981）
世児（ハーネット, シンシア（・メアリ）　1893-1981）
二十（ハーネット, シンシア　1893-1981）
二十英（Harnett, Cynthia (Mary)　1893-1981）

Harnett, William Michael 〈19世紀〉
アイルランド生れのアメリカの画家。主に静物画を描いた。
⇒国小（ハーネット　1848.8.10-1892.10.29）
新美（ハーネット, ウィリアム・マイケル　1848.8.10-1892.10.29）

世美（ハーネット，ウィリアム・マイケル　1848–1892）

Harpignies, Henri Joseph〈19・20世紀〉
フランスの風景画家。コローの作品の影響を受ける。
⇒国小（アルピニー　1819.7.28–1916.8.28）
　新美（アルピニー，アンリ　1819.7.28–1916.8.28）
　西洋（アルピニ　1819.7.28–1916.8.28）
　二十（アルピニー，アンリ　1819.7.28–1916.8.28）

Harrison, Mark〈20世紀〉
イギリスのイラストレーター。
⇒児イ（Harrison, Mark　ハリスン, M.　1951–）

Harrison, Mary〈18・19世紀〉
イギリスの画家。
⇒世女日（ハリソン, メアリー　1788–1875）

Harrison, Peter〈18世紀〉
イギリスの建築家。
⇒建築（ハリソン，ピーター　1716–1775）
　世美（ハリソン，ピーター　1716–1775）

Harrison, Thomas〈18・19世紀〉
イギリスの建築家。
⇒建築（ハリソン，トーマス　1744–1829）

Harrison, Thomas Alexander〈19・20世紀〉
アメリカの画家。1882年に『エスパーニュの城』で名声を博した。
⇒国小（ハリソン　1853.1.17–1930.10.13）

Harrison, Wallace Kirkman〈20世紀〉
アメリカの建築家。主作品はニューヨークの『国連本館』（1947〜52）。
⇒国小（ハリソン　1895–）
　コン3（ハリソン　1895–1981）
　西洋（ハリソン　1895.9.28–）
　世美（ハリソン，ウォーレス・カークマン　1895–1981）
　世百（ハリソン　1895–）

Harth, Philipp〈19・20世紀〉
ドイツの彫刻家。専ら動物の彫刻を作った。
⇒西洋（ハルト　1887.7.9–1968.12.25）
　世芸（ハルト, フィリップ　1887–1956）

Hartig, Michael〈19・20世紀〉
ドイツのカトリック教会美術史家。
⇒キリ（ハルティヒ, ミヒャエル　1878.9.28–1960.4.12）

Hartigan, Grace〈20世紀〉
アメリカの画家。
⇒新美（ハーティガン，グレース　1922.3.28–）
　二十（ハーティガン，グレース　1922.3.28–）

Hartley, Marsden〈19・20世紀〉
アメリカの画家，作家。アメリカ現代美術の先駆者の一人。
⇒岩ケ（ハートリー，マーズデン　1877–1943）
　世美（ハートリー，マースデン　1877–1943）

Hartmann, Carl Sadakichi〈19・20世紀〉
アメリカの芸術家。
⇒アメ（ハルトマン　1867–1944）
　日人（ハルトマン　1867–1944）
　百科（ハルトマン　1867–1944）

Hartmann, Nicolai〈19・20世紀〉
ドイツの哲学者。主著『認識の形而上学』，『美学』。
⇒岩哲（ハルトマン, N.　1882–1950）
　音大（ハルトマン　1882.2.20–1950.10.9）
　外国（ハルトマン　1882–1950）
　教育（ハルトマン　1882–1950）
　キリ（ハルトマン, ニコライ　1882.2.20–1950.10.9）
　現人（ハルトマン　1882.2.20–1950.10.9）
　広辞5（ハルトマン　1882–1950）
　広辞6（ハルトマン　1882–1950）
　国小（ハルトマン　1882.2.20–1950.10.9）
　コン3（ハルトマン　1882–1950）
　人物（ハルトマン　1882.2.20–1950.10.9）
　西洋（ハルトマン　1882.2.20–1950.10.9）
　世宗（ハルトマン　1882–1950）
　世西（ハルトマン　1882.7.20–1950.10.9）
　世百（ハルトマン　1882–1950）
　世百新（ハルトマン　1882–1950）
　全書（ハルトマン　1882–1950）
　大辞2（ハルトマン　1882–1950）
　大辞3（ハルトマン　1882–1950）
　大百（ハルトマン　1882–1950）
　百科（ハルトマン　1882–1950）
　名著（ハルトマン　1882–1950）

Hartmann, Sven〈20世紀〉
ドイツのイラストレーター。
⇒児イ（Hartmann, Sven　ハルトマン, S.　1943–）

Hartnell, *Sir* Norman〈20世紀〉
イギリスの服飾デザイナー，王室のドレス・メーカー。
⇒岩ケ（ハートネル，サー・ノーマン　1901–1978）

Hartung, Adolf〈19・20世紀〉
ドイツの建築家。エンデ・ベックマンの指導下に東京裁判所およびブリュンのドイツ館の設計計画に参与。
⇒西洋（ハルトゥング　1850.5.29–1910.3.30）

Hartung, Hans〈20世紀〉
ドイツ生れのフランスの抽象画家。日本の書の影響を受けた太い描線による抽象画が特色。
⇒岩ケ（アルトゥング，ハンス　1904–1989）
　才西（アルトゥング，ハンス　1904–）
　外国（アルタン　1904–）
　現人（アルトゥング　1904.9.21–）
　国小（アルトゥング　1904–）

コン3（アルトゥング　1904-1989）
新美（アルトゥング, アンス　1904.9.21-）
人物（アルトング　1904.9.21-）
西洋（ハルトゥング　1904.9.21-）
世美（アルトゥング, ハンス　1904-1992）
世西（ハルトゥンク　1904-）
世美（アルトゥング, アンス　1904-）
世百（アルトゥング　1904-）
全書（アルトゥング　1904-1967）
大辞2（アルトゥング　1904-1989）
大辞3（アルトゥング　1904-1989）
二十（アルトゥング, アンス　1904.9.21-1967）

Hartung, Karl 〈20世紀〉
ドイツの彫刻家。ベルリンの造形美術大学教授 (1950来)。
⇒西洋（ハルトゥング　1908.5.2-1967.7.19）
　世美（ハルトゥング, カール　1908-1967）

Hārūn al-Rashīd 〈8・9世紀〉
アッバース朝第5代のカリフ（在位786～809）。『千夜一夜物語』の主人公。
⇒岩ケ（ハールーン・アッ=ラシード　766-809）
　旺世（ハールーン=アッラシード　763頃-809）
　外国（ハールーン・アッ・ラシード　763/6-809）
　科史（ハールーン・アッ・ラシード　?-809）
　角世（ハールーン・アッラシード　766-809）
　教育（ハールーヌル・ラシード　763/6-809）
　広辞4（ハールーン・アッラシード　766/763-809）
　広辞6（ハールーン・アッラシード　766/763-809）
　皇帝（ハールーン・アッラシード　763頃-809）
　国小（ハールーン・アッラシード　763/6/8-809）
　コン2（ハールーン・アッラシード　764/-6-809）
　コン3（ハールーン・アッラシード　764/6-809）
　新美（ハールーン・アッ=ラシード　764-809）
　人物（ハルン・アル・ラシッド　763-809）
　西洋（ハールーヌル・ラシード　763.3/(6.2)-809.3.24）
　世人（ハールーン=アッラシード　763/766-809）
　世西（ハルーン・アル・ラシッド　763-809）
　世東（ハールーン・アッラシード　763頃-809.3.24）
　世百（ハルンアッラシード　763-809）
　全書（ハールーン・アッラシード　766/763-809）
　大辞（ハルン・アッラシード　766?-809）
　大辞3（ハルン・アッラシード　766?-809）
　中国（ハールン・アッラシード　763-809）
　デス（ハールーン・アル・ラシード　763頃-809）
　伝世（ハールーン・アッ・ラシード　764/6-809）
　統治（ハールーン・アッラシード　（在位）786-809）
　百科（ハールーン・アッラシード　766-809）
　評世（ハルン=アル=ラシッド　763-809）
　山世（ハールーン・アッラシード　763/766-809）
　歴史（ハールーン=アッラシード　763-809）

Harvey, Amanda 〈20世紀〉
イギリスの児童文学者。
⇒児イ（Harvey, Amanda　ハーヴェイ, A.）
　児作（Harvey, Amanda　ハーヴェイ, アマンダ）

Háry János 〈19世紀〉
伝説的人物とされている陶工。
⇒東欧（ハーリ・ヤーノシュ）

Hasen, Burt 〈20世紀〉
アメリカ生れの画家。
⇒世芸（ヘイセン, バート　1922-）

Hasior, Władysław 〈20世紀〉
ポーランドの彫刻家。
⇒新美（ハショル, ヴワディスワフ　1928-）
　二十（ハショル, ウワディスワフ　1928-）

Hassal, Joan 〈20世紀〉
イギリスの版画家。
⇒世女日（ハッサル, ジョーン　1906-1988）

Hassall, John 〈19・20世紀〉
イギリスの画家, 漫画家。
⇒岩ケ（ハッサル, ジョン　1868-1948）

Hassam, Frederick Childe 〈19・20世紀〉
アメリカの画家。印象主義画家グループ「ザ・テン」の一員。主作品は,『夏の日光』(1892) など。
⇒芸術（ハッサム, チャイルド　1859-1935）
　国小（ハサム　1859.10.17-1935.8.27）
　世芸（ハッサム, チャイルド　1859-1935）
　二十（ハッサム, C.　1859-1935）
　百科（ハッサム　1859-1935）

Hasselriis, Louis 〈19・20世紀〉
デンマークの彫刻家。主としてローマで制作 (1869～)。主作品, ハイネの墓碑(1901)（パリ）。
⇒西洋（ハッセルリース　1844.1.12-1912.5.20）

Hastings, Thomas 〈19・20世紀〉
アメリカの建築家。主作品, アメリカ大使館（ロンドン）, カーネギー研究所(1906) など。
⇒岩ケ（ヘイスティングズ, トマス　1860-1929）
　コン3（ヘースティングズ　1860-1929）
　西洋（ヘースティングズ　1860.3.11-1929.10.22）

Hatch, Sarah A. 〈20世紀〉
アメリカ生れの画家。
⇒世芸（ハッチ, サラ・A　1954-）

Hathorn, Libby 〈20世紀〉
オーストラリアの女性作家, 舞台演出家, 詩人, 絵本作家。
⇒英児（Hathorn, Libby　ハソーン, リビー　1943-）

Hatshepsut 〈前16・15世紀〉
エジプト第18王朝の女王（在位前1503頃～1482頃）。紅海を下ってプントとの交易を開いた。
⇒岩ケ（ハトシェプスト　前1540頃-前1481頃）
　外国（ハトシェプスト）
　皇帝（ハトシェプスト　?-前1468頃）
　国小（ハトシェプスト　生没年不詳）
　コン2（ハトシェプスト）
　コン3（ハトシェプスト　生没年不詳）
　新美（ハトシェプスト）
　人物（ハトシェプスト）

西洋（ハトシェプスト）
世女（ハトシェプスト　前1503-前1482）
世女日（ハトシェプスト　前1540頃-1481頃）
全書（ハトシェプスト　生没年不詳）
大百（ハトシェプスト　生没年不詳）
伝世（ハトシェプスト　?-前1482頃）
百科（ハトシェプスト　（在位)前1490頃-前1468頃）

Haupt, Albrecht 〈19・20世紀〉
ドイツの建築家，美術家。ハノーヴァーの工業大学教授。
⇒西洋（ハウプト　1852.3.18-1932.10.27）

Hausenstein, Wilhelm 〈19・20世紀〉
ドイツの美術史家，外交官。主著『ジォット』(1923)，『レンブラント』(1926)など。
⇒外国（ハウゼンシュタイン　1882-）
　国小（ハウゼンシュタイン　1882.6.17-1957.6.3）
　集世（ハウゼンシュタイン，ヴィルヘルム　1882.6.17-1957.6.3）
　集文（ハウゼンシュタイン，ヴィルヘルム　1882.6.17-1957.6.3）
　西洋（ハウゼンシュタイン　1882.6.17-1957.6.3）
　世百（ハウゼンシュタイン　1882-1957）
　二十（ハウゼンシュタイン，ヴィルヘルム　1882.6.17-1957.6.3）
　名著（ハウゼンシュタイン　1882-）

Hauser, Arnold 〈20世紀〉
ハンガリー生れのイギリスの芸術社会学者，芸術史学者。主著『美術と文芸における社会史』(1951)など。
⇒国小（ハウザー　1892.5.8-）
　世美（ハウザー，アーノルド　1892-1978）
　世百新（ハウザー　1892-1978）
　東欧（ハウザー　1892-1978）
　二十（ハウザー，A.　1892-?）
　百科（ハウザー　1892-）
　歴学（ハウザー　1892-1978）

Hausmann, Karl Friedrich 〈19世紀〉
ドイツの画家。フランクフルト（マイン河畔の）で制作し（1855～），のちハナウ絵画学校校長（1864～）。肖像画，イタリア風俗画等の作がある。
⇒西洋（ハウスマン　1825-1886.3.11）

Hausmann, Raoul 〈19・20世紀〉
オーストリア出身の画家，写真家。
⇒オ西（ハウスマン，ラウール　1886-1971）
　世芸（ハウスマン，ラウール　1886-1971）
　世美（ハウスマン，ラウール　1886-1971）
　世百新（ハウスマン　1886-1971）
　二十（ハウスマン，R.　1886-1971）
　百科（ハウスマン　1886-1971）

Hausner, Rudolf 〈20世紀〉
オーストリアの画家。ウィーン美術学校教授。
⇒新美（ハウスナー，ルドルフ　1914.12.4-）
　世芸（ハウズナー，ロドルフ　1914-）
　二十（ハウスナー，ルドルフ　1914.12.4-）

Haussmann, Georges Eugéne 〈19世

紀〉
フランスの政治家。セーヌ県知事（1853～70）。
⇒岩ケ（オスマン，ジョルジュ・ユージェーヌ，男爵　1809-1891）
　外国（オースマン　1809-1891）
　建ニ（オースマン，バロン・ジョルジュ＝ウジェーヌ　1809-1891）
　国小（オスマン　1809.3.27-1891.1.11）
　コン2（オスマン　1809-1891）
　コン3（オスマン　1809-1891）
　新美（オスマン，ジョルジュ＝ウジェーヌ　1809.3.27-1891.1.11）
　人物（オスマン　1809.3.27-1891.1.12）
　西洋（オスマン　1809.3.27-1891.1.12）
　世美（オースマン，ジョルジュ＝ウージェーヌ　1809-1891）
　全書（オスマン　1809-1891）
　大辞3（オースマン　1809-1891）
　デス（オスマン　1809-1891）
　伝世（オスマン　1809-1891）
　百科（オスマン　1809-1891）
　山世（オスマン　1809-1891）

Havard, James 〈20世紀〉
アメリカの画家。
⇒世芸（ハーバード，ジェームス　1937-）

Havell, Ernest B. 〈19・20世紀〉
イギリスのインド美術批評家。インド思想によりインド美術を理解しようとした。
⇒名著（ハヴェル　1861-1934）

Havell, William 〈18・19世紀〉
イギリスの画家。
⇒世美（ハヴェル，ウィリアム　1782-1857）

Havemeyer, Louisine 〈19・20世紀〉
アメリカの美術収集家。
⇒世女日（ハヴメイヤー，ルイジーヌ　1855-1929）

Haven, Lambert van 〈17世紀〉
ノルウェーの建築家，画家。
⇒世美（ハーヴェン，ランベルト・ヴァン　1630-1695）

Havlíček, Josef 〈20世紀〉
チェコスロヴァキアの建築家。
⇒世美（ハヴリーチェク，ヨセフ　1899-1961）

Hawes, Elizabeth 〈20世紀〉
アメリカのファッション・デザイナー。
⇒世女日（ホウズ，エリザベス　1903-1971）

Hawkins, Arthur 〈20世紀〉
アメリカのイラストレーター。
⇒児イ（Hawkins, Arthur　ホーキンズ，A.）

Hawkins, Colin 〈20世紀〉
イギリスのイラストレーター。
⇒児イ（Hawkins, Colin　ホーキンズ，C.）
　児作（Hawkins, Colin　ホーキンズ，コリン）

Hawkins, Jacqui 〈20世紀〉
イギリスのイラストレーター。
⇒児イ（Hawkins, Jacqui　ホーキンス, J.）

Hawksley, Gerald 〈20世紀〉
イギリスのイラストレーター。
⇒児作（Hawksley, Gerald　ホークリー, ジェラルド　1956-）

Hawksmoor, Nicholas 〈17・18世紀〉
イギリスの建築家。代表作はスピタルフィールズのクライスト聖堂（1723～29）。
⇒岩ケ（ホークスムア, ニコラス　1661-1736）
英米（Hawksmoor, Nicholas　ホークスムア　1661-1736）
建築（ホークスムア, ニコラス　1661-1736）
国小（ホークスムア　1661頃-1736）
新美（ホークスモア, ニコラス　1661-1736.3.25）
世美（ホークスムア, ニコラス　1661-1736）
百科（ホークスムア　1661-1736）

Hawthorne, Sophia Amelia 〈19世紀〉
アメリカの画家。
⇒世女日（ホーソーン, ソフィア・アメリア　1809-1871）

Hay, Alex 〈20世紀〉
アメリカの画家, EATのメンバー。
⇒美術（ヘイ, アレックス）

Hayden, Benjamin Robert 〈18・19世紀〉
イギリスの画家。主作品は『ラザロの復活』（1823）。著書『自伝』（1847）。
⇒国小（ヘードン　1786.1.25-1846.6.22）
世美（ヘイドン, ベンジャミン・ロバート　1786-1846）

Hayden, Henri 〈19・20世紀〉
フランスの画家。
⇒新美（エダン, アンリ　1883.12.24-1970.5.14）
世美（エダン, アンリ　1883-1970）
二十（エダン, アンリ　1883.12.24-1970.5.14）

Hayden, Sophia Gregoria 〈19・20世紀〉
アメリカの建築家。
⇒世女日（ヘイドン, ソフィア・グレゴリア　1868-1953）

Haydon, Benjamin Robert 〈18・19世紀〉
イギリスの歴史画家。
⇒イ文（Haydon, Benjamin Robert　1786-1846）

Hayes, Geoffrey 〈20世紀〉
アメリカのイラストレーター。
⇒児イ（Hayes, Geoffrey　ヘイズ, G.　1947-）

Hayez, Francesco 〈18・19世紀〉
イタリアの画家。
⇒芸術（アイエツ, フランチェスコ　1791-1882）
世美（アイエツ, フランチェスコ　1791-1882）

Hayles, Brian 〈20世紀〉
イギリスの彫刻家, 美術家, SF作家, シナリオ・ライター。
⇒幻想（ヘイルズ, ブライアン　1931-）

Hayman, Francis 〈18世紀〉
イギリスの画家。ロココ風の装飾画, グループ肖像画を制作。イギリス・アカデミーを創立。主作品『ガスコイン一家』。
⇒国小（ヘーマン　1708-1776）

Haynes, Robert 〈20世紀〉
アメリカのイラストレーター。
⇒児イ（Haynes, Robert　ヘインズ, R.）

Hays, David 〈20世紀〉
アメリカのデザイナー。
⇒バレ（ヘイズ, デイヴィッド　1930-）

Hayter, Stanley William 〈20世紀〉
イギリスの画家, 版画家。銅版画における新技法を開拓。
⇒岩ケ（ヘイター, スタンリー・ウィリアム　1901-1988）
オ西（ヘイター, スタンリー・ウィリアム　1901-1988）
外国（ヘーター　1901-）
国小（ヘーター　1901-）
新美（ヘイター, スタンリー・ウィリアム　1901.12.27-）
人物（ヘイター　1901.12.24-）
世芸（ヘイター, スタンリー・ウイリアムス　1901-1988）
二十（ヘイター, スタンリー・ウィリアム　1901.12.27-）

Head, Edith 〈20世紀〉
アメリカ生れの映画衣裳デザイナー。
⇒スパ（ヘッド, エディス　1907-）
世映（ヘッド, イーディス　1897-1981）
世女（ヘッド, イーディス　1907-1981）
世女日（ヘッド, イーディス　1907-1981）
世俳（ヘッド, エディス　1897.10.28-1981.10.24）
大百（ヘッド　?-）

Heal, Sir Ambrose 〈19・20世紀〉
イギリスの家具デザイナー。
⇒岩ケ（ヒール, サー・アンブローズ　1872-1959）

Healy, John 〈20世紀〉
イギリスの美術家。
⇒美術（ヒーリー, ジョン　1894-）

Heap, Sue 〈20世紀〉
イギリスのイラストレーター。
⇒児作（Heap, Sue　ヒープ, スー　1954-）

Heard, Peter 〈20世紀〉
イギリス生れの画家。
⇒世芸（ハード, ピーター　1939–）

Heartfield, John 〈20世紀〉
東ドイツの画家。1958年東ドイツ政府より「反ファシズムの闘い」の功績によってメダルを受賞。
⇒岩ケ（ハートフィールド, ジョン　1891–1968）
　現人（ハートフィールド　1891.6.19–1968.4.26）
　世美（ハートフィールド, ジョン　1891–1968）
　世百新（ハートフィールド　1891–1968）
　二十（ハートフィールド, J.　1891.6.19–1968.4.26）
　百科（ハートフィールド　1891–1968）

Heaton, Augustus Goodyear 〈19・20世紀〉
アメリカの画家。歴史画, 肖像画の作がある。なお愛国歌 "The banner of freedom" を作曲した。
⇒西洋（ヒートン　1844–1930）

Heaton, Mary 〈19世紀〉
イギリスの美術批評家。
⇒世女日（ヒートン, メアリー　1836–1883）

Hechelmann, Friedrich 〈20世紀〉
ドイツのイラストレーター。
⇒児イ（Hechelmann, Friedrich　ヘッヘルマン, F.　1948–）

Heckel, Erich 〈19・20世紀〉
ドイツの画家。表現主義運動「ブリュッケ（橋派）」に参加。
⇒岩ケ（ヘッケル, エーリヒ　1883–1970）
　外国（ヘッケル　1883–）
　キリ（ヘッケル, エーリヒ　1883.7.31–1970.1.27）
　国小（ヘッケル　1883.7.31–1970.1.27）
　コン3（ヘッケル　1883–1970）
　新美（ヘッケル, エーリッヒ　1883.7.31–1970.1.27）
　西洋（ヘッケル　1883.7.31–1970.1.27）
　世芸（ヘッケル, エーリッヒ　1883–1970）
　世西（ヘッケル　1883–）
　世美（ヘッケル, エーリヒ　1883–1970）
　世百（ヘッケル　1883–）
　全書（ヘッケル　1883–1970）
　大百（ヘッケル　1883–1970）
　二十（ヘッケル, E.　1883.7.31–1970.1.27）

Heckroth, Hein 〈20世紀〉
ドイツ生れの映画美術監督, 衣裳デザイナー。
⇒世映（ヘックロース, ハイン　1901–1970）

Heda, Willem Claesz 〈16・17世紀〉
オランダの画家。主作品は『虚飾の静物と頭蓋骨』(1621), 『静物』(1637)。
⇒国小（ヘーダー　1594–1680/2）
　新美（ヘダ, ウィレム・クラースゾーン　1594頃–1680/82）
　世美（ヘーダ, ウィレム・クラースゾーン

1593/94–1680/82）

Hedderwick, Mairi 〈20世紀〉
イギリスの女性絵本作家, 挿絵画家, 著述家。
⇒英児（Hedderwick, Mairi　ヘダーウィック, マイリィ　1939–）
　児イ（Hedderwick, Mairi　ヘダーウィック, M.　1939–）

Hedin, Sven Anders von 〈19・20世紀〉
スウェーデンの地理学者, 探検家。1893～97年アジア大陸を横断, 古代都市楼蘭の遺跡を発見。
⇒逸話（ヘディン　1865–1952）
　岩ケ（ヘディン, スヴェン・アンデシュ　1865–1952）
　旺世（ヘディン　1865–1952）
　外国（ヘディン　1865–1952）
　科学（ヘディン　1865.2.19–1952.11.26）
　科史（ヘディン　1865–1952）
　角世（ヘディン　1865–1952）
　広辞4（ヘディン　1865–1952）
　広辞5（ヘディン　1865–1952）
　広辞6（ヘディン　1865–1952）
　国小（ヘディン　1865.2.19–1952.11.26）
　コン2（ヘディン　1865–1952）
　コン3（ヘディン　1865–1952）
　児作（Hedin, Sven　ヘディン, スヴェン・アンデルス　1865–1952）
　新美（ヘディン, スヴェン　1865.2.19–1952.11.26）
　人物（ヘディン　1865.2.19–1952.11.26）
　西洋（ヘディン　1865.2.19–1952.11.26）
　世宗（ヘディン　1865–1952）
　世人（ヘディン　1865–1952）
　世ス（ヘディン, スヴェン・アンデシュ　1865.2.19–1952.11.26）
　世西（ヘディン　1865.2.19–1952.11.26）
　世東（ヘディン　1856–1952）
　世百（ヘディン　1865–1952）
　全書（ヘディン　1865–1952）
　大辞（ヘディン　1865–1952）
　大辞2（ヘディン　1865–1952）
　大辞3（ヘディン　1865–1952）
　大百（ヘディン　1865–1952）
　探検2（ヘディン　1865–1952）
　中ユ（ヘディン　1865–1952）
　デス（ヘディン　1865–1952）
　伝世（ヘディン　1865.2.19–1952.11.26）
　ナビ（ヘディン　1865–1952）
　二十（ヘディン, スヴェン・A.　1865.2.19–1952.11.26）
　百科（ヘディン　1865–1952）
　評世（ヘディン　1865–1952）
　名著（ヘディン　1865–1952）
　山世（ヘディン　1865–1952）
　歴学（ヘディン　1865–1952）

Heely, Desmond 〈20世紀〉
イギリスのデザイナー。
⇒バレ（ヒーリー, デズモンド　1932–）

Heem, Cornelis de 〈17世紀〉
オランダの静物画家。
⇒国小（ヘーム, コルネリス　1631–1695）
　世美（デ・ヘーム, コルネリス　1631–1695）

Heem, David I de〈16・17世紀〉
オランダの静物画家。
⇒国小（ヘーム，ダビット1世　1570頃-1632頃）

Heem, David II Davidsz de〈20世紀〉
オランダの静物画家。
⇒国小（ヘーム，ダビット II）

Heem, Jan Davidsz de〈17世紀〉
オランダの静物画家。
⇒国小（ヘーム，ヤン・ダビッツ　1606-1683/4）
　新美（ヘーム，ヤン・デ　1606-1683/84）
　西洋（ヘーム　1606-1683/4）
　世西（ヘーム　1606-1683.8.4）

Heemskerck, Marten van〈15・16世紀〉
オランダの画家。主作品『聖母を描く聖ルカ』（1532）。
⇒岩ケ（ヘームスケルク，マールテン・ファン　1498-1574）
　キリ（ヘームスケルク，マルテンス・ヤーコブス・ヴァン　1498-1574.10.1）
　国小（ヘームスケルク　1498-1574）
　コン2（ヘームスケルク　1498-1574）
　コン3（ヘームスケルク　1498-1574）
　新美（ヘームスケルク，マルテン・ファン　1498-1574.10.1）
　西洋（ヘームスケルク　1498-1574.10.1）
　世美（ファン・ヘームスケルク，マールテン　1498-1574）
　百科（ファン・ヘームスケルク　1498-1574）

Hegias〈前5世紀〉
ギリシアの彫刻家。
⇒新美（ヘーギアース）
　世美（ヘギアス　前5世紀）

Heim, Jacques〈20世紀〉
フランスの服飾デザイナー。ビキニの発案者。
⇒大百（ジャック・エイム　1899-1967）

Hein, Birgit〈20世紀〉
ドイツ・ベルリン生れの映像作家。
⇒世映（ハイン，ビルギット　1942-）

Heindel, Robert〈20世紀〉
アメリカの画家。
⇒世芸（ハインデル，ロバート　1938-2005）

Heine, Ernst W.〈20世紀〉
ドイツ生れの建築家，小説家。
⇒海作4（ハイネ，E.W.）

Heine, Helme〈20世紀〉
ドイツの絵本作家，イラストレーター。
⇒児イ（Heine, Helme　ハイネ, H.　1941-）
　児作（Heine, Helme　ハイネ, ヘルメ　1941-）
　児文（ハイネ，ヘルメ　1941-）
　二十（ハイネ，ヘルメ　1941-）

Heine, Thomas Theodor〈19・20世紀〉
ドイツの画家，挿絵画家。諷刺雑誌"Simplizissimus"を創刊し（1896），諷刺画家として活動した（1933迄）。
⇒西洋（ハイネ　1867.2.28-1948.1.26）
　世美（ハイネ，トーマス・テオドール　1867-1948）

Heine, Wilhelm Peter Bernhard〈19世紀〉
ペリー艦隊の乗り組み画家。ドイツ出身。
⇒日研（ハイネ，ヴィルヘルム　1827.1.30-1885.10.5）
　来日（ハイネ　1827.1.30-1885.10.5）

Heinly, John〈20世紀〉
アメリカのイラストレーター。
⇒児イ（Heinly, John）

Heintz, Joseph der Ältere〈16・17世紀〉
スイスの画家，建築家。
⇒世美（ハインツ，ヨーゼフ（父）　1564-1609）

Heinzove, Vera〈20世紀〉
チェコスロバキアのイラストレーター。
⇒児イ（Heinzove, Vera　ヘインゾバー, V.　1929-）

Heise, Wilhelm〈20世紀〉
ドイツの画家。
⇒世美（ハイゼ，ヴィルヘルム　1892-1965）

Heisig, Johannes〈20世紀〉
ドイツ生れの画家。
⇒世芸（ハイジッヒ，ジュアンヌ　1953-）

Heizer, Michael〈20世紀〉
アメリカ生れの彫刻家。
⇒世芸（ハイザー，ミッシェル　1944-）
　美術（ハイザー，マイケル　1944-）

Hektor
ギリシア神話の英雄。トロヤ戦争で活躍した。
⇒コン2（ヘクトル）
　新美（ヘクトール）
　全書（ヘクトル）

Helbig, Walter〈19・20世紀〉
ドイツの画家，版画家。
⇒世美（ヘルビヒ，ヴァルター　1878-?）

Helbig, Wolfgang〈19・20世紀〉
ドイツの考古学者。
⇒世美（ヘルビヒ，ヴォルフガング　1839-1915）

Held, Al〈20世紀〉
アメリカの抽象画家。
⇒岩ケ（ヘルド，アル　1928-）
　美術（ヘルド，アル　1928-）

Helena, Flavia Julia 〈3・4世紀〉
コンスタンチウス・クロルスの妃，聖女。
⇒岩ケ（聖ヘレナ　255頃-330頃）
外国（ヘレーナ　?-330頃）
キリ（ヘレナ，フラーウィア・ユーリア　255頃-330頃）
国小（ヘレナ　248頃-328頃）
新美（ヘレナ　255頃-330頃）
聖人（ヘレナ　255頃-330頃）
西洋（ヘレナ　250頃-330頃）
世女日（ヘレナ　255頃-330）
ロマ（ヘレナ　325頃-330頃）

Helene
ギリシア神話の絶世の美女。ゼウスとレダとの娘。スパルタ王妃。トロイの王子パリスが恋して略奪したことからトロイ戦争が起こった。
⇒コン2（ヘレネ）
新美（ヘレネー）
全書（ヘレネ）
大辞（ヘレネ）
歴史（ヘレネ）

Helen Rose 〈20世紀〉
アメリカの服飾デザイナー。映画衣装のデザイナーとして有名。
⇒大百（ヘレン・ローズ　?-）

Helibertus 〈12世紀〉
ケルンのザンクト・パンタレオンの金工。エマーユ工房の指導者。
⇒新美（ヘリベルトゥス　12世紀）

Hēliodōros 〈前2世紀〉
シリア王セレウコス4世（在位前187〜75）の高官。
⇒キリ（ヘーリオドーロス　前2世紀）
新美（ヘーリオドーロス）
西洋（ヘリオドロス）

Helion, Jean 〈20世紀〉
フランスの画家。
⇒国小（エリオン　1904-）
新美（エリオン，ジャン　1904.4.21-）
世美（エリオン，ジャン　1904-）
二十（エリオン，ジャン　1904.4.21-1987.10.28）

Helle, Andre 〈19・20世紀〉
フランスの挿絵画家。
⇒児イ（Helle, Andre　1871-?）

Helleu, Paul César 〈19・20世紀〉
フランスの画家，版画家。
⇒二十（エリュー，P.C.　1859-1927）
百科（エルー　1859-1927）

Helmer, Jean Cassels 〈20世紀〉
アメリカのイラストレーター。
⇒児イ（Helmer, Jean Cassels　ヘルマー，J.C.）

Helmont, Johann Franz 〈18世紀〉
オランダの彫刻家。
⇒世美（ヘルモント，ヨハン・フランツ　（活動）18世紀前半）

Helps, Racey 〈20世紀〉
イギリスのイラストレーター。
⇒児イ（Helps, Racey　ヘルプス，H.　1913-1970）

Helst, Bartholomeus van der 〈17世紀〉
オランダの画家。主作品『平和条約締結を祝うアムステルダム自警市民』(1648)。
⇒岩ケ（ヘルスト，バルトロマーウス・ファン・デル　1613-1670）
外国（ヘルスト　1612-1670）
国小（ヘルスト　1613-1670）
新美（ヘルスト，バルトロメウス・ファン・デル　1612頃-1670.12）
西洋（ヘルスト　1613-1670.12.16）
世美（ファン・デル・ヘルスト，バルトロメウス　1613-1670）

Hemessen, Caterina van 〈16世紀〉
フランドルの画家。
⇒世女（ヘーメセン，カテリーナ・ファン　1528-1587）
世女日（ヘメッセン，カタリーナ　1528頃-1587頃）

Hemessen, Jan Sanders van 〈16世紀〉
オランダの画家。17世紀のオランダ絵画の先駆をなした。
⇒西洋（ヘメッセン　1500頃-1566以前）
世美（ファン・ヘメッセン，ヤン・サンデルス　1500頃-1563以降）

Hemmerdinger, William 〈20世紀〉
アメリカ生れの画家，彫刻家。
⇒世芸（ヘメルディンガー，ウイリアム　1951-）

Hendrick, Joe 〈20世紀〉
アメリカのイラストレーター。
⇒児イ（Hendrick, Joe　ヘンドリック，J.）

Hendricks, Edward Lee 〈20世紀〉
アメリカ生れの彫刻家。
⇒世芸（ヘンドリックス，エドワード・リー　1952-）

Hendricks, Geoff 〈20世紀〉
アメリカの画家。空と雲の画家として知られる。
⇒美術（ヘンドリックス，ジョフ　1931-）

Henkes, Kevin 〈20世紀〉
アメリカのイラストレーター。
⇒児イ（Henkes, Kevin　ヘンクス，K.　1960-）
児作（Henkes, Kevin　ヘンクス，ケビン）

Henneberger, Robert G. 〈20世紀〉
アメリカのイラストレーター。
⇒児イ（Henneberger, Robert G.　ヘネベルガー，R.G.　1921-）

Hennebique, François 〈19・20世紀〉
フランスの建築家。
- ⇒岩ケ（エヌビク，フランソワ　1842–1921）
- 国小（エンヌビック　1842–1921）
- 西洋（アンヌビク　1842.4.25–1921.3.20）

Henner, Jean Jacques 〈19・20世紀〉
フランスの画家。
- ⇒芸術（エンネル，ジャン・ジャック　1829–1905）
- 国小（エンネル　1829.3.5–1905.7.23）
- 新美（エンネル，ジャン＝ジャック　1829.3.5–1905.7.23）
- 人物（エンネル　1829.5.3–1905.7.23）
- 西洋（アンネル　1829.5.3–1905.7.23）
- 世美（エンネル，ジャン＝ジャック　1829–1905）
- 全書（エンネル　1829–1905）
- 大百（エンネル　1829–1905）

Henri, Adrian Maurice 〈20世紀〉
イギリスの詩人，画家，シンガーソングライター。
- ⇒イ文（Henri, Adrian (Maurice)　1932–2000）
- 才世（ヘンリー，エイドリアン（・モーリス）　1932–）
- 集世（ヘンリー，エイドリアン・モーリス　1932.4.10–2000.12.20）
- 集文（ヘンリー，エイドリアン・モーリス　1932.4.10–）
- 二十英（Henri, Adrian (Maurice)　1932–2000）

Henri, Florence 〈20世紀〉
アメリカの写真家。
- ⇒世女日（アンリ，フローレンス　1895–1982）

Henri, Robert 〈19・20世紀〉
アメリカの画家。無審査，無賞の独立美術家展開催に尽力（1910）。
- ⇒岩ケ（ヘンリー，ロバート　1865–1929）
- 才西（ヘンリ，ロバート　1865–1929）
- コン3（ヘンライ　1865–1929）
- 新美（ヘンリ，ロバート　1865.6.25–1929.7.12）
- 西洋（ヘンライ　1856.6.24–1929.7.12）
- 世美（ヘンリ，ロバート　1865–1929）
- 全書（ヘンライ　1865–1929）
- 二十（ヘンリ，ロバート　1865.6.25–1929.7.12）
- 百科（ヘンライ　1865–1929）

Henry, Marie H. 〈20世紀〉
フランスのイラストレーター。
- ⇒児イ（Henry, Marie H.　アンリ, M.H.）

Henry, Michel 〈20世紀〉
フランスの画家。
- ⇒世芸（アンリ，ミッシェル　1928–）

Henry, Thomas 〈19・20世紀〉
イギリスの挿絵画家。
- ⇒児イ（Henry, Thomas　1879–1962.10.15）

Henry of Reyns 〈13世紀〉
イギリスで活躍した建築長。
- ⇒建築（ヘンリー・オブ・レインズ　?–1253）

Hensel, Wilhelm 〈18・19世紀〉
ドイツの画家。歴史画や肖像画を描いた。
- ⇒西洋（ヘンゼル　1794.7.6–1861.11.26）

Henson, Jim 〈20世紀〉
アメリカの人形師。
- ⇒岩ケ（ヘンソン，ジム　1936–1990）
- 最世（ヘンソン，ジム　1936–1990）
- 世映（ヘンスン，ジム　1936–1990）

Henstra, Friso 〈20世紀〉
オランダのイラストレーター。
- ⇒児イ（Henstra, Friso　ヘンストラ, F.）

Hepplewhite, George 〈18世紀〉
イギリスの家具デザイナー。家具デザイン集『家具製造家と室内装飾家のための手引』（1788）がある。
- ⇒岩ケ（ヘップルワイト，ジョージ　?–1786）
- 芸術（ヘップルホワイト，ジョージ　?–1786）
- 建築（ヘップルホワイト，ジョージ　?–1786）
- 国小（ヘップルホワイト　?–1786）
- 新美（ヘプルホワイト，ジョージ　?–1786）
- 世美（ヘップルホワイト，ジョージ　?–1786）
- 世匠（ヘップルホワイト　?–1786）
- 全書（ヘップルホワイト　?–1786）
- 大百（ヘップルホワイト　?–1786）
- 伝世（ヘップルホワイト　?–1786）
- 百科（ヘプルホワイト　?–1786）

Hepworth, Dame Barbara 〈20世紀〉
イギリスの女性彫刻家。1959年第5回サンパウロ・ビエンナーレでグランプリ，63年第7回東京ビエンナーレで外相賞獲得。
- ⇒岩ケ（ヘップワース，デイム・（ジョスリン・）バーバラ　1903–1975）
- 才西（ヘップワース，バーバラ　1903–1975）
- 現人（ヘプワース　1903.1.10–1975.5.20）
- 広辞6（ヘップワース　1903–1975）
- 国小（ヘップワース　1903.1.10–1975.5.20）
- コン3（ヘップワース　1903–1975）
- 新美（ヘップワース，バーバラ　1903.1.10–1975.5.20）
- 人物（ヘップワース　1903–）
- スパ（ヘップワース，バーバラ　1903–）
- 西洋（ヘプワース　1903.1.10–1975.5.20）
- 世芸（ヘップワース，バーバラ　1903–1975）
- 世女（ヘップワース，バーバラ　1903–1975）
- 世女日（ヘップワース，バーバラ　1903–1975）
- 世西（ヘップワース　1903–）
- 世美（ヘップワース，バーバラ　1903–1975）
- 全書（ヘップワース　1903–1975）
- 大百（ヘップワース　1903–1975）
- 伝世（ヘップワース　1903.1.10–1975.5.20）
- 二十（ヘップワース，バーバラ　1903–1975）

Heraclius 〈8～10世紀頃〉
イタリアの著述家，美術愛好家。
- ⇒世美（ヘラクリウス　8/10世紀?）

Herakles
ギリシャ神話中の英雄。ゼウスとアルクメネとの子。ハーキュリーズ。ヘルクレス。冥界の番犬の捕獲，黄金の林檎の獲得などの一二の功業

をはじめ多くの武勇伝をもつ。
⇒コン2 (ヘラクレス)
　新美 (ヘーラクレース)
　世美 (ヘラクレス)
　世美 (ヘルクレス)
　全書 (ヘラクレス)
　大辞 (ヘラクレス)
　歴史 (ヘラクレス)

Herbig, Reinhard 〈20世紀〉
ドイツの古典美術考古学者。言語学者グスタフ・ヘルビヒの子。主著は『考古学提要』(共編)。
⇒名著 (ヘルビヒ　1898–)

Herbin, Auguste 〈19・20世紀〉
フランスの画家。抽象派の代表的存在。
⇒オ西 (エルバン, オーギュスト　1882–1960)
　国小 (エルバン　1882.4.29–1960.2.1)
　新美 (エルバン, オーギュスト　1882.4.29–1960.2.1)
　世芸 (エルバン, オーギュスト　1882–1951)
　世美 (エルバン　1882–1960)
　世美 (エルバン, オーギュスト　1882–1960)
　世百 (エルバン　1882–1960)
　全書 (エルバン　1882–1960)
　大百 (エルバン　1882–1960)
　二十 (エルバン, オーギュスト　1882.4.29–1960.2.1)

Herder, Johann Gottfried von 〈18・19世紀〉
ドイツの哲学者, 美学者, 批評家, 言語学者。近代キリスト教的ヒューマニズムの立場を確立。
⇒岩ケ (ヘルダー, ヨハン・ゴットフリート・フォン　1744–1803)
　岩哲 (ヘルダー　1744–1803)
　旺世 (ヘルダー　1744–1803)
　音楽 (ヘルダー, ヨハン・ゴットフリート　1744.8.25–1803.12.18)
　音大 (ヘルダー　1744.8.25–1803.12.18)
　外国 (ヘルダー　1744–1803)
　科史 (ヘルダー　1744–1803)
　角世 (ヘルダー　1744–1803)
　教育 (ヘルダー　1744–1803)
　キリ (ヘルダー, ヨハン・ゴットフリート　1744.8.25–1803.12.18)
　広辞4 (ヘルダー　1744–1803)
　広辞6 (ヘルダー　1744–1803)
　国小 (ヘルダー　1744.8.25–1803.12.18)
　国百 (ヘルダー, ヨハン・ゴットフリート・フォン　1744.8.25–1803.12.18)
　コン2 (ヘルダー　1744–1803)
　コン3 (ヘルダー　1744–1803)
　集世 (ヘルダー　1744.8.25–1803.12.18)
　集文 (ヘルダー, ヨハン・ゴットフリート　1744.8.25–1803.12.18)
　人物 (ヘルダー　1744.8.25–1803.12.18)
　西洋 (ヘルダー　1744.8.25–1803.12.18)
　世美 (ヘルダー　1744.8.25–1803.12.18)
　世百 (ヘルダー　1744–1803)
　世文 (ヘルダー, ヨハン・ゴットフリート　1744–1803)
　全書 (ヘルダー　1744–1803)
　大辞 (ヘルダー　1744–1803)
　大辞3 (ヘルダー　1744–1803)
　大百 (ヘルダー　1744–1803)
　デス (ヘルダー　1744–1803)
　伝世 (ヘルダー　1744.8.25–1803.12.18)
　東欧 (ヘルダー　1744–1803)
　百科 (ヘルダー　1744–1803)
　評世 (ヘルダー　1744–1803)
　名詩 (ヘルダー, ヨハン・ゴットフリート　1744–1803)
　名著 (ヘルダー　1744–1803)
　山世 (ヘルダー　1744–1803)
　ラル (ヘルダー, ヨハン・ゴットフリート　1744–1803)
　歴学 (ヘルダー　1744–1803)
　歴史 (ヘルダー　1744–1803)

Héré de Corny, Emmanuel 〈18世紀〉
フランスの建築家。スタニスラフ1世の建築長(1740), ナンシー市の美化・整理をした。
⇒建築 (エレ・ド・コルニ, エマニュエル　1705–1763)
　西洋 (エレ　1705–1763)
　世美 (エレ・ド・コルニー, エマニュエル　1705–1763)

Hergé 〈20世紀〉
ベルギーの漫画家。
⇒岩ケ (エルジェ　1907–1983)
　児文 (エルジェ　1907–1983)
　二十 (エルジェ　1907–1983)

Hering, Loy 〈15・16世紀〉
ドイツの彫刻家。小彫像やレリーフが多い。
⇒芸術 (ヘリング, ロイ　1484/85–1554以降)
　国小 (ヘーリング　1485頃–1554頃)
　新美 (ヘーリング, ロイ　1484/85–1554頃)
　世美 (ヘーリング, ロイ　1484頃–1554以降)

Herkomer, Sir Hubert von 〈19・20世紀〉
ドイツ生れのイギリスの画家。1890年ロイヤル・アカデミー会員。主作品は『最後の招集』(1875)。
⇒岩ケ (ヘルコマー, サー・ヒューバート・フォン　1849–1914)
　オ西 (ハーカマー, ヒューバート・フォン　1849–1914)
　芸術 (ハーコマー, フーベルト　1849–1914)
　国小 (ハーコマー　1849.5.26–1914.3.31)
　世芸 (ハーコマー, フーベルト　1849–1914)

Herland, Hugh (Herlonde, Hugh) 〈14・15世紀〉
イギリスの最高の大工。
⇒建築 (ハーランド, ヒュー (ハーロンド, ヒュー)　1360–1405)

Herlin, Friedrich 〈15世紀〉
ドイツの画家。フランドルの画風をもつ。
⇒国小 (ヘルリン　1435–1491.10.12)
　新美 (ヘルリン, フリードリヒ　?–1500)
　西洋 (ヘルリン　1430頃–1500)
　世美 (ヘルリン, フリードリヒ　1435頃–1500頃)

Herlth, Robert 〈20世紀〉
ドイツ生れの映画美術監督。
⇒世映（ヘルルト，ローベルト　1893-1962）

Hermanin de Reichenfeld, Federico
〈19・20世紀〉
イタリアの美術史家。
⇒世美（エルマニン・デ・ライヒェンフェルト，フェデリーコ　1868-1953）

Hermann, Albert 〈20世紀〉
ドイツ生れの画家。
⇒世芸（ハーマン，アルバート　1937-）

Hermel, Michel 〈20世紀〉
フランス生れの画家。
⇒世芸（エルメール，ミッシェル　1934-）

Hermes, Gertrude 〈20世紀〉
イギリスの版画家。
⇒世女日（ヘルメス，ガートルード　1901-1983）

Hermodoros 〈前2世紀〉
ギリシアの建築家。
⇒新美（ヘルモドーロス）
　世美（ヘルモドロス（サラミス出身の）　前2世紀）

Hermogenes 〈前3・2世紀〉
ギリシアの建築家。
⇒ギリ（ヘルモゲネス　前2世紀）
　建築（ヘルモゲネス　（活動)前2世紀）
　国小（ヘルモゲネス　生没年不詳）
　新美（ヘルモゲネース）
　西洋（ヘルモゲネス　前200頃）
　世美（ヘルモゲネス　前3世紀後半-前2世紀前半）
　百科（ヘルモゲネス）

Hernandez, Gregorio 〈16・17世紀〉
スペインの彫刻家。バロック的自然主義の最初の彫刻家とされる。
⇒国小（ヘルナンデス　1576-1636.1.22）
　新美（フェルナンデス，グレゴリオ　1576頃-1636.1.22）
　スペ（フェルナンデス　1576頃-1636）
　世美（フェルナンデス，グレゴリオ　1576頃-1636）
　百科（フェルナンデス　1576頃-1636）

Herodes 〈前1世紀〉
ユダヤ王（在位前37～4）。イエス誕生時のユダヤ支配者。
⇒岩ケ（ヘロデス　前73頃-前4）
　旺世（ヘロデ王　前73頃-後4頃）
　外国（ヘロデ大王　前73頃-4）
　角世（ヘロデ〔大王〕　（在位)前34-前4）
　キリ（ヘロデ（ヘロデス）(大王）前37頃-前4）
　ギロ（ヘロデ1世　前73-前4）
　広辞4（ヘロデ　前73頃-前4）
　広辞6（ヘロデ　前73頃-前4）
　皇帝（ヘロデ　前73頃-4）
　国小（ヘロデ大王　前73-4.3/4）
　コン2（ヘロデス　前73-4）
　コン3（ヘロデス　前73-前4）
　新美（ヘロデ）
　聖書（ヘロデ大王）
　西洋（ヘロデス　前74頃-4）
　世人（ヘロデス（ヘロデ）　前73/74-前4）
　世西（ヘロデス(大王)　前74頃/62-4）
　世東（ヘロデ　前74頃-4）
　世百（ヘロデ王　前73頃-4）
　全書（ヘロデ(大王)　前73頃-4）
　大辞（ヘロデ　前73頃-前4）
　大辞3（ヘロデ　前73頃-前4）
　大百（ヘロデ(大王)　前73頃-4）
　伝世（ヘロデス　前73-4）
　統治（ヘロデ大王　（在位)前37-4）
　百科（ヘロデ　前73頃-後4）
　評世（ヘロデ　前74頃-前4）
　山世（ヘロデ　前74?-前4）
　ロマ（ヘロデス(大王)　（在位)前37-4）

Herodes Atticus 〈2世紀〉
古代ギリシアの弁論家。代表的な復古主義者。元老院議員。コンスルも勤めた。
⇒角世（ヘロデス・アッティコス　101?-177）
　ギロ（ヘロデス・アッティクス　101頃-177）
　国小（ヘロデス・アッチクス　101頃-177）
　コン2（ヘロデス・アッティクス　101頃-177）
　コン3（ヘロデス・アッティクス　101頃-177）
　集文（ヘロデス・アッティクス　101-177）
　新美（ヘーローデース・アッティクス　101/102-177/178）
　西洋（ヘロデス・アッティクス　101-177）
　世文（ヘーローデース・アッティクス，クラウディウス　101-177）
　ロマ（ヘロデス・アッティクス　（在任)143）

Herodotos 〈前5世紀〉
ギリシアの歴史家。『歴史』(9巻)の著者として有名。
⇒逸話（ヘロドトス　前484頃-前424頃）
　岩ケ（ヘロドトス　前485頃-前425）
　旺世（ヘロドトス　前484頃-前425頃）
　外国（ヘロドトス　前484頃-425頃）
　角世（ヘロドトス　前484?-前425?）
　教育（ヘロドトス　前484?-425）
　ギリ（ヘロドトス　前484-420）
　ギロ（ヘロドトス　前5世紀）
　広辞4（ヘロドトス）
　広辞6（ヘロドトス　前5世紀）
　国小（ヘロドトス　生没年不詳）
　国百（ヘロドトス　生没年不詳）
　コン2（ヘロドトス　前494-430/29）
　コン3（ヘロドトス　前484-?）
　集世（ヘロドトス　前485頃-前425頃）
　集文（ヘロドトス　前485頃-前425頃）
　新美（ヘーロドトス　前484頃-前428頃）
　人物（ヘロドトス　前484頃-425頃）
　西洋（ヘロドトス　前484頃-425頃）
　世人（ヘロドトス　前485/484-前425頃）
　世百（ヘロドトス　前484頃-424）
　世百（ヘロドトス　生没年不詳）
　世文（ヘロドトス　前484頃-428頃）
　全書（ヘロドトス　前484頃-420以後）
　大辞（ヘロドトス　前484頃-?）
　大辞3（ヘロドトス　前484頃-?）
　大百（ヘロドトス　生没年不詳）
　探検1（ヘロドトス　前485?-425?）
　デス（ヘロドトス　前485頃-425頃）
　伝世（ヘロドトス　前484頃-425頃）
　百科（ヘロドトス　生没年不詳）

評世（ヘロドトス　前484頃-前425頃）
名著（ヘロドトス　生没年不詳）
山世（ヘロドトス　前484頃-前425頃）
歴学（ヘロドトス　前5世紀）
歴史（ヘロドトス　前484頃-前430以後）

Heron, Patrick 〈20世紀〉
イギリスの画家，作家，織物デザイナー，染織家。
⇒岩ケ（ヘロン，パトリック　1920-）
　世芸（ヘラン，パトリック　1920-1999）

Herrera, Francisco de el Joven 〈17世紀〉
スペインの画家。多年ローマに住み，特に魚の絵を描いた。
⇒岩ケ（エレーラ，フランシスコ　1622-1685）
　建築（エレーラ，フランシスコ（エル・モソ（通称））　1622-1685）
　新美（エレーラ，フランシスコ・デ（子）　1622-1685.8.25）
　西洋（エレラ（小）　1622-1685.8.25）
　世美（エレーラ，フランシスコ・デ（子）　1622-1685）

Herrera, Francisco de el Viejo 〈16・17世紀〉
スペインの画家。スペインのバロック様式初期の画家で，スペイン画壇で初めて裸体を描いた。
⇒岩ケ（エレーラ，フランシスコ　1576-1656）
　外国（エレラ　1576-1656）
　新美（エレーラ，フランシスコ・デ（父）　1576頃-1656）
　西洋（エレラ（大）　1576-1656）
　世美（エレーラ，フランシスコ・デ（父）　1585頃-1657以降）

Herrera, Juan de 〈16世紀〉
スペイン・ルネサンスの建築家。フェリペ2世に仕えた。
⇒角世（エレーラ　1530-1597）
　キリ（エレーラ，ホアン・バウティスタ・デ　1530-1597.1.15）
　建築（エレーラ・イ・グティエレス・デ・ラ・ベーガ，ファン・デ　1530-1597）
　国小（エレラ　1530頃-1597）
　コン2（エレーラ　1530頃-1597）
　コン3（エレーラ　1530頃-1597）
　新美（エレーラ，ホアン・デ　1530頃-1597.1.15）
　西洋（エレーラ　1530頃-1597.1.15）
　世美（エレーラ，フアン・デ　1530頃-1577）
　伝世（エレーラ　1530頃-1597.1.15）

Herriman, George 〈19・20世紀〉
アメリカの漫画家。
⇒岩ケ（ヘリマン，ジョージ　1881-1944）

Herring, John Frederick 〈18・19世紀〉
イギリスの動物画家。競走馬を主題とした。
⇒国小（ヘリング　1795-1865）

Herrmann, Hute 〈20世紀〉
ドイツ生れの洋画家。
⇒世芸（エルマン，ウット　1969-）

Hertzberger, Herman 〈20世紀〉
オランダの建築家。デルフト工科大学教授。
⇒二十（ヘルツベルハー，ヘルマン　1932-）

Herve, Juliane 〈20世紀〉
フランスの画家。
⇒世芸（エルベ，ジュリアン　1921-）

Herzfeld, Ernst 〈19・20世紀〉
ドイツの考古学者。ペルセポリス，ヴァーンの発掘に参加。
⇒外国（ヘルツフェルト　1879-1948）
　新美（ヘルツフェルト，エルンスト　1879.7.23-1948.1.22）
　西洋（ヘルツフェルト　1879.7.23-1948.1.22）
　世美（ヘルツフェルト，エルンスト　1879-1948）
　二十（ヘルツフェルト，E.　1879.7.23-1948.1.22）
　百科（ヘルツフェルト　1879-1948）

Hesius, Willem 〈17世紀〉
ベルギーの建築家。
⇒建築（ヘジウス，ウィレム　1601-1690）

Hesse, Eva 〈20世紀〉
ドイツのエクスプレッショニスト・アーティスト。
⇒岩ケ（ヘス，イーヴァ　1936-1970）
　スパ（ヘス，エヴァ　1936-1970）
　世女（ヘス，イーヴァ　1936-1970）
　世女日（ヘッセ，エヴァ　1936-1970）

Hetepheres 〈前27世紀〉
古代エジプト第4王朝初代のスネフル王の妃。
⇒新美（ヘテプヘレス　前2600頃）

Hetsch, Gustav Friedrich 〈18・19世紀〉
ドイツの建築家。
⇒世美（ヘッチュ，グスタフ・フリードリヒ　1788-1864）

Hetsch, Philipp Friedrich 〈18・19世紀〉
ドイツの画家。
⇒世美（ヘッチュ，フィリップ・フリードリヒ　1758-1838）

Hettner, Hermann 〈19世紀〉
ドイツの文学史家，美術史家。美学的歴史的文学研究の代表者。
⇒集文（ヘットナー，ヘルマン　1821.3.12-1882.5.29）
　西洋（ヘットナー　1821.3.12-1882.5.29）

Hettner, Otto 〈19・20世紀〉
ドイツの画家。文学史家H.ヘットナーの子。
⇒西洋（ヘットナー　1875.1.27-1931.4.19）

Heuck, Sigrid 〈20世紀〉
ドイツのイラストレーター。

⇒児イ（Heuck, Sigrid　ホイック, S.　1932-）
　児作（Heuck, Sigrid　ホイク, ジークリット　1932-）

Heuzey, Léon Alexandre〈19・20世紀〉
フランスの考古学者。ギリシア考古学につくした功績により，記録および美術翰林院会員となった。
⇒名著（ウーゼー　1831-1922）

Heward, Constance〈19・20世紀〉
イギリスの女性絵本作家，作家。
⇒英児（Heward, Constance　ヒュアード, コンスタンス　1884-1968）

Hewetson, Christopher〈18世紀〉
イギリスの彫刻家。
⇒世美（ヒューエットソン, クリストファー　1739-1798）

Hewett, Anita〈20世紀〉
イギリスの女性絵本作家，作家。
⇒英児（Hewett, Anita　ヒューエット, アニタ　1918-1989）
　児作（Hewett, Anita　ヒューエット, アニタ　1918-）

Heyde, Henning von der〈15・16世紀〉
ドイツの彫刻家。主作品はリュベック聖堂の『キリスト聖体祭壇』(1496)。
⇒芸術（ハイデ, ヘンニング・フォン）
　国小（ハイデ　生没年不詳）
　新美（ハイデ, ヘンニング・フォン・デア）

Heyden, Jan van der〈17・18世紀〉
オランダの画家。都市景観を描く画家の先駆者。
⇒岩ケ（ヘイデン, ヤン・ファン・デル　1637-1712）
　国小（ハイデン　1637-1712.3.28）
　新美（ハイデン, ヤン・ファン・デル　1637-1712.9.28）
　西洋（ハイデン　1637-1719.3.28）
　世美（ファン・デル・ヘイデン, ヤン　1637-1712）
　百科（ファン・デル・ヘイデン　1637-1712）

Heyerdahl, Hans〈19・20世紀〉
ノルウェイの画家。
⇒芸術（ヘイエルダール, ハンス　1857-1913）
　新美（ヘイエルダール, ハンス　1857.7.8-1913.10.10）
　世芸（ヘイエルダール, ハンス　1857-1913）
　二十（ヘイエルダール, ハンス　1857.7.8-1913.10.10）

Heysen, *Sir*（Wilhelm Ernst）Hans（Franz）〈19・20世紀〉
オーストラリアの風景画家。
⇒岩ケ（ハイセン, サー・（ヴィルヘルム・エルンスト・）ハンス（・フランツ）　1877-1968）

Hicks, Edward〈18・19世紀〉
アメリカの大衆画家。イザヤ書に基づいて多くの作品を描いた。
⇒芸術（ヒックス, エドワード　1780-1849）
　国小（ヒックス　1780-1849）
　新美（ヒックス, エドワード　1780-1849）
　世美（ヒックス, エドワード　1780-1849）

Hierōn〈前5世紀〉
ギリシアの陶工(前5世紀前半頃)。
⇒新美（ヒエローン）
　西洋（ヒエロン）

Hieronymus, Eusebius Sofronius〈4・5世紀〉
アンチオキアの司教。初代ラテン教父。聖書のラテン語訳を完成。
⇒岩ケ（聖ヒエロニムス　342頃-420）
　岩哲（ヒエロニュムス　340頃-420）
　旺世（ヒエロニムス　340頃-419頃）
　外国（ヒエロニムス　340頃-420）
　角世（ヒエロニムス　347?-419/420）
　教育（ヒエロニムス　340?-420）
　キリ（ヒエローニュムス, ソフロニウス・エウセビウス　347-419/20）
　ギロ（ヒエロニムス(聖)　347頃-419頃）
　広辞6（ヒエロニムス　340頃-420頃）
　国小（ヒエロニムス　347頃-420頃）
　国百（ヒエロニムス　347頃-420）
　コン2（ヒエロニムス　348-420）
　コン3（ヒエロニムス　342頃-420）
　集世（ヒエロニムス, エウセビウス　348頃-420）
　集文（ヒエロニュムス, エウセビウス　348頃-420）
　新美（ヒエロニムス(聖)　347頃-420）
　人物（ヒエロニムス　340頃-419）
　聖人（ヒエロニムス　342頃-420）
　西洋（ヒエロニムス　340/50-419/20.9.30）
　世人（ヒエロニムス　340/348/350-419/420）
　世西（ヒエロニムス　340頃-420.9.30）
　世百（ヒエロニムス　347頃-419/20）
　世文（ヒエローニュムス　347頃-420頃）
　全書（ヒエロニムス　345頃-419/420）
　大辞（ヒエロニムス　342頃-420）
　大辞3（ヒエロニムス　342頃-420）
　大百（ヒエロニムス　345頃-420）
　デス（ヒエロニムス　349頃-419/20）
　伝世（ヒエロニムス　345頃-420）
　百科（ヒエロニムス　342頃-420）
　評世（ヒエロニムス　340頃-420）
　名著（ヒエロニムス　342頃-420）
　山世（ヒエロニュムス　347/350-419/420）
　ロマ（ヒエロニュムス　345頃-420）

Hierro, José〈20世紀〉
スペインの詩人，美術評論家。詩集『歓』(1947)でアドネ賞受賞。
⇒国小（イエロ　1922-）
　集世（イエロ, ホセ　1922-）
　集文（イエロ, ホセ　1922-）

Highmore, Joseph〈17・18世紀〉
イギリスの画家。ロココ風な装飾的画風の，肖像画家。リチャードソンの小説『パミラ』の挿

絵シリーズが有名。
⇒国小（ハイモア　1692.6.13-1780.3）
　新美（ハイモア，ジョセフ　1692.6.13-1780）
　世美（ハイモア，ジョーゼフ　1692-1780）

Higueras, Fernando 〈20世紀〉
スペイン生れの建築家。代表的作品として1965年『サントンハの家』，1983年『トルレス邸』などがある。
⇒二十（イーゲラス，フェルナンド　1930-）

Hilaire, Claude 〈20世紀〉
フランス生れの画家。
⇒世芸（イレール，クロード　1916-）

Hilberseimer, Ludwig 〈19・20世紀〉
ドイツの建築家，都市設計家。農業と工業を結ぶ地域的研究で有名。
⇒外国（ヒルベルスアイマー　1885-）
　国小（ヒルバーザイマー　1885.9.14-1967.5.6）
　西洋（ヒルベルスアイマー　1885.9.14-1967.5.6）
　世美（ヒルベルスアイマー，ルートヴィヒ　1885-1967）

Hildebrand, Adolf von 〈19・20世紀〉
ドイツの彫刻家。経済学者B.ヒルデブラントの子。
⇒岩ケ（ヒルデブラント，アドルフ　1847-1921）
　外国（ヒルデブラント　1847-1921）
　キリ（ヒルデブラント，アードルフ・フォン　1847.10.6-1921.1.18）
　芸術（ヒルデブラント，アドルフ・フォン　1847-1921）
　国小（ヒルデブラント　1847.10.6-1921.1.18）
　コン2（ヒルデブラント　1847-1921）
　コン3（ヒルデブラント　1847-1921）
　新美（ヒルデブラント，アードルフ・フォン　1847.10.6-1921.1.18）
　人物（ヒルデブラント　1847.10.6-1921.1.18）
　西洋（ヒルデブラント　1847.10.6-1921.1.18）
　世芸（ヒルデブラント，アドルフ・フォン　1847-1921）
　世西（ヒルデブラント　1847.10.6-1921.1.18）
　世美（ヒルデブラント，アドルフ・フォン　1847-1921）
　世百（ヒルデブラント　1847-1921）
　全書（ヒルデブラント　1847-1921）
　大百（ヒルデブラント　1847-1921）
　二十（ヒルデブラント，アードルフ・フォン　1847.10.6-1921.1.18）
　百科（ヒルデブラント　1847-1921）
　名著（ヒルデブラント　1847-1921）

Hildebrand, Ferdinand Theodor 〈19世紀〉
ドイツの画家。デュッセルドルフに住み（1826〜），同地の美術学校教授（1836〜54）。歴史画，肖像画，風俗画を多く描いた。
⇒西洋（ヒルデブラント　1804.7.2-1874.9.29）

Hildebrandt, Johann Lucas von 〈17・18世紀〉
オーストリアの建築家。宮廷建築家として聖堂，小礼拝堂などを建築。

⇒岩ケ（ヒルデブラント，ヨハン・ルーカス・フォン　1668-1745）
　キリ（ヒルデガルト（ビンゲンの）　1098-1179.9.17）
　建築（ヒルデブラント，ヨハン・ルーカス・フォン　1668-1745）
　国小（ヒルデブラント　1668.11.16-1745.11.16）
　新美（ヒルデブラント，ヨーハン・ルーカス・フォン　1668.11.14-1745.11.16）
　西洋（ヒルデブラント　1668.11.14-1745.11.16）
　世美（ヒルデブラント，ヨハン・ルーカス・フォン　1668-1745）
　世百（ヒルデブラント　1668-1745）
　全書（ヒルデブラント　1668-1745）
　大百（ヒルデブラント　1668-1745）
　デス（ヒルデブラント　1668-1745）
　伝世（ヒルデブラント　1663.11.14-1745.11.16）
　百科（ヒルデブラント　1668-1745）

Hilder, Rowland 〈20世紀〉
アメリカのイラストレーター。
⇒児イ（Hilder, Rowland　1905-）

Hill, Carl Fredrik 〈19・20世紀〉
スウェーデンの風景画家。
⇒オ西（ヒル，カール・フレイドリク　1849-1911）
　芸術（ヒル，カール　1849-1911）
　新美（ヒル，カール　1849.5.31-1911.2.22）
　世芸（ヒル，カール　1849-1911）
　二十（ヒル，カール・フレドリック　1849.5.31-1911.2.22）
　百科（ヒル　1849-1911）

Hill, David Octavius 〈19世紀〉
イギリスの風景画家，写真家。多くの肖像写真を撮影。
⇒岩ケ（ヒル，デイヴィド・オクテイヴィアス　1802-1870）
　外国（ヒル　1802-1870）
　芸術（ヒル，デーヴィッド・オクタヴィアス　1802-1870）
　国小（ヒル　1802-1870.5.17）
　西洋（ヒル　1802-1870）
　世百（ヒル　1802-1870）
　全書（ヒル　1802-1870）
　百科（ヒル　1802-1870）

Hiller, Susan 〈20世紀〉
アメリカの芸術家。
⇒世女（ヒラー，スーザン　1942-）

Hilliard, Lawrence 〈16・17世紀〉
イギリスの肖像画家。N.ヒリアードの子。父の死後宮廷肖像画家の地位を受継いだ。
⇒国小（ヒリアード　1582頃-1640）

Hilliard, Nicholas 〈16・17世紀〉
イギリスの細密肖像画家。エリザベス1世の宮廷で肖像画を描いた。
⇒岩ケ（ヒリアード，ニコラス　1547-1619）
　英米（Hilliard, Nicholas　ヒリアード　1537/47-1619）
　芸術（ヒリヤード，ニコラス　1547頃-1619）
　国小（ヒリアード　1547-1619.1.7）
　コン2（ヒリヤード　1547/35頃-1619）

コン3 （ヒリヤード 1547/35頃-1619）
新美 （ヒリヤード, ニコラス 1547頃-1619.1.7）
世美 （ヒリアード, ニコラス 1547-1619）
世百 （ヒリアード 1537頃-1619）
全書 （ヒリヤード 1547-1619）
百科 （ヒリアード 1547-1619）

Hillier, Tristram Paul 〈20世紀〉
イギリスの画家。
⇒岩ケ （ヒリアー, トリストラム・ポール 1905-）

Hilton, Roger 〈20世紀〉
イギリスの画家。
⇒岩ケ （ヒルトン, ロジャー 1911-1975）

Him, George 〈20世紀〉
ポーランド生れの画家。
⇒世児 （リューウィット, ジャン/ヒム, ジョージ 1900-1982）

Himler, Ronald 〈20世紀〉
アメリカのイラストレーター。
⇒児イ （Himler, Ronald ハイムラー, R.）

Himmelman, John 〈20世紀〉
アメリカのイラストレーター。
⇒児イ （Himmelman, John ヒメルマン, J.）

Hind, Arthur Mayger 〈19・20世紀〉
イギリスの美術史家。とくに西洋版画家として著名。大英博物館に入り（1903）, 版画素描部長（1933～45）を務めた。
⇒西洋 （ハインド 1880.8.26-1957.5.22）

Hine, Lewis Wickes 〈19・20世紀〉
アメリカの写真家。
⇒アメ （ハイン 1874-1940）
岩ケ （ハイン, ルイス（・ウィックス） 1874-1940）
コン3 （ハイン 1874-1940）
新美 （ハイン, ルイス 1874.9.26-1940.11.3）
大辞2 （ハイン 1874-1940）
大辞3 （ハイン 1874-1940）
二十 （ハイン, ルイス・W. 1874.9.26-1940.11.3）
百科 （ハイン 1874-1940）

Hines, Bob 〈20世紀〉
アメリカのイラストレーター。
⇒児イ （Hines, Bob ハインズ, B.）

Hinman, Charles 〈20世紀〉
アメリカの抽象画家。
⇒美術 （ヒンマン, チャールズ 1932-）

Hippodamos of Miletus 〈前5世紀〉
ギリシアの哲学者, 建築家。
⇒外国 （ヒッポダモス 5世紀）
角世 （ヒッポダモス 前5世紀）
ギリ （ヒッポダモス 前5世紀）
ギロ （ヒッポダモス 前5世紀）
建築 （ヒッポダモス （活動）前5世紀）
国小 （ヒッポダモス（ミレトスの） 生没年不詳）
コン2 （ヒッポダモス 前5世紀）
コン3 （ヒッポダモス 前5世紀）
新美 （ヒッポダモス）
西洋 （ヒッポダモス 前5世紀）
世美 （ヒッポダモス 前5世紀）

Hiram 〈前10世紀〉
フェニキアの建築家, 彫刻家。
⇒世美 （ヒーラーム （活動）前10世紀）

Hirn, Yrjö 〈19・20世紀〉
フィンランドの美学者。主著『芸術の起原』（1900）で, 社会, 民族および宗教に関連して芸術の発生を説いた。
⇒外国 （ヒルン 1870-）
西洋 （ヒルン 1870.12.7-1952）
名著 （ヒルン 1870-1952）

Hirsch, Karl-Georg 〈20世紀〉
ドイツの木版画家。
⇒世芸 （ヒルシュ, カールジョージ 1938-）

Hirschvogel, Augustin 〈16世紀〉
ドイツのガラス絵画家, 銅版画家, メダル彫刻家。
⇒芸術 （ヒルシュフォーゲル, アウグスティン 1503-1553）
新美 （ヒルシュフォーゲル, アウグスティン 1503-1553.2）
西洋 （ヒルシュフォーゲル 1503-1553）

Hirsh, Marilyn 〈20世紀〉
アメリカのイラストレーター。
⇒児イ （Hirsh, Marilyn ハーシュ, M.）

Hirshhorn, Joseph H(erman) 〈20世紀〉
アメリカの財政家, 美術収集家。
⇒岩ケ （ハーシュホーン, ジョゼフ・H（ハーマン） 1899-1981）

Hirth, Friedrich 〈19・20世紀〉
ドイツの東洋史学者。中国の文献により東西交渉史, 絵画, 陶器などを研究。
⇒外国 （ヒルト 1845-1927）
角世 （ヒルト 1845-1927）
広辞4 （ヒルト 1845-1927）
広辞5 （ヒルト 1845-1927）
広辞6 （ヒルト 1845-1927）
国小 （ヒルト 1845.4.16-1927.1.11）
コン2 （ヒルト 1845-1927）
コン3 （ヒルト 1845-1927）
人物 （ヒルト 1845.4.16-1927.1.11）
西洋 （ヒルト 1845.4.16-1927.1.11）
世西 （ヒルト 1845-1927.1.8）
世東 （ヒルト 1845.4.16-1927.1.8）
世百 （ヒルト 1845-1927）
全書 （ヒルト 1845-1927）
大辞 （ヒルト 1845-1927）
大辞2 （ヒルト 1845-1927）
大辞3 （ヒルト 1845-1927）
二十 （ヒルト, フリードリヒ 1845-1927）
評世 （ヒルト 1845-1927）

名著（ヒルト　1845-1927）
山世（ヒルト　1845-1927）

Hissey, Jane〈20世紀〉
イギリスのイラストレーター。
⇒児イ（Hissey, Jane　ヒッセイ, J.）
　児作（Hissey, Jane　ヒッセイ, ジェイン）

Hitchcock, Henry Russell〈20世紀〉
アメリカの近代建築史家，建築評論家。スミス・カレッジ教授(1948来)，スミス・カレッジ美術館長(49来)。
⇒西洋（ヒッチコック　1903.6.3-）
　世美（ヒッチコック，ヘンリー・ラッセル　1903-1987）
　二十（ヒッチコック，ヘンリー・R.　1903.6.3-）

Hitchcock, Lambert〈18・19世紀〉
アメリカの家具デザイナー。
⇒岩ケ（ヒッチコック，ランバート　1795-1852）

Hitchens, Ivon〈20世紀〉
イギリスの画家。
⇒岩ケ（ヒッチンズ, アイヴァン　1893-1979）
　世美（ヒッチンズ, アイヴォン　1893-1979）

Hittorff, Jacques Ignace〈18・19世紀〉
フランスの建築家，考古学者。パリのコンコルド広場と噴水(1833～40)などを設計。
⇒建築（ヒットルフ，ヤーコブ・イグナーツ　1792-1867）
　国小（ヒットルフ　1792.8.20-1867.3.25）
　西洋（イットルフ　1792.8.20-1867.3.25）
　世美（イットルフ，ジャック・イニャース　1792-1867）

Hitzig, Georg Heinrich Friedrich
〈19世紀〉
ドイツの建築家。ベルリンの〈新取引所〉(1859～64)は，ルネサンス様式を示している。ベルリンの芸術アカデミー会長(1875～81)となる。
⇒西洋（ヒッツィヒ　1811.4.8-1881.10.31）

Hlaváček, Karel〈19世紀〉
チェコの詩人，美術評論家，画家。チェコのデカダンスの代表的詩人。詩集『遅い朝』『復讐に燃えるカンティレーナ』など。
⇒集文（フラヴァーチェク，カレル　1874.8.24-1898.6.15）

Hlavec, Josef〈20世紀〉
チェコスロバキアのイラストレーター。
⇒児イ（Hlavec, Josef　フラバチ, J.　1922-）

Hnizdovski, Jacques〈20世紀〉
ロシアのイラストレーター。
⇒児イ（Hnizdovski, Jacques　フニズドーフスキー, J.）

Ho, Wai-kam〈20世紀〉
アメリカの東洋美術史家。中国生れ。クリーヴランド美術館東洋部長となり，特別展『元代：

モンゴル支配下の中国美術』(1968)などを組織。
⇒西洋（ホー　1925.3.26-）

Hoban, James〈18・19世紀〉
アイルランド生れのアメリカの建築家。ホワイト・ハウスの設計者，建築家。
⇒建築（ホーバン，ジェームズ　1758-1831）
　国小（ホーバン　1762頃-1831.12.8）

Hoban, Lillian〈20世紀〉
アメリカのイラストレーター。
⇒児イ（Hoban, Lillian　ホーバン, L.）
　児文（ホーバン，リリアン　1925-）
　二十（ホーバン，リリアン　1925-）

Hobbema, Meindert〈17・18世紀〉
オランダの画家。イギリスの風景画に影響を与えた。主作品『ミッデルハルニスの並木道』(1689)。
⇒岩ケ（ホッベマ，メインデルト　1638-1709）
　外国（ホッベマ　1638-1709）
　芸術（ホッベマ，マインデルト　1638-1709）
　広辞4（ホッベマ　1638-1709）
　広辞6（ホッベマ　1638-1709）
　国小（ホッベマ　1638.10.31-1709.12.7）
　コン2（ホッベマ　1638-1709）
　コン3（ホッベマ　1638-1709）
　新美（ホッベマ，マインデルト　1638.10-1709.12.7）
　人物（ホッベマ　1638.10.31-1709.12.7）
　西洋（ホッベマ　1638.10.31-1709.12.7）
　世西（ホッベマ　1638.10.31-1709.12.7）
　世美（ホッベマ，メインデルト　1638-1709）
　世百（ホッベマ　1638-1709）
　全書（ホッベマ　1638-1709）
　大辞（ホッベマ　1638-1709）
　大辞3（ホッベマ　1638-1709）
　大百（ホッベマ　1638-1709）
　デス（ホッベマ　1638-1709）
　百科（ホッベマ　1638-1709）

Hobhouse, Janet〈20世紀〉
イギリスの女性小説家，美術評論家。
⇒二十英（Hobhouse, Janet　1948-1991）

Hobson, Robert Lockhart〈19・20世紀〉
イギリスの考古学者。中国の陶磁器を研究。
⇒西洋（ホブソン　1872.7.26-1941.6.5）
　世東（ホブソン　1872-1941）
　名著（ホブソン　1872-1941）

Höch, Hannah〈19・20世紀〉
ドイツの芸術家。コラージュ作品『水の反映』『猫のニン』などがある。
⇒スパ（ヘッヒ，ハンナ　1889-）
　世美（ヘッヒ，ハンナ　1889-1978）

Hocke, Gustav René〈20世紀〉
ドイツの美術史家。主著『迷宮としての世界』(1957)。
⇒幻想（ホッケ，グスタフ・ルネ　1908-）

集世（ホッケ，グスタフ・ルネ　1908.3.1-1985.7.14）
集文（ホッケ，グスタフ・ルネ　1908.3.1-1985.7.14）
世百新（ホッケ　1908-1987）
全書（ホッケ　1908-）
二十（ホッケ，G.R.　1908-1985.7.14）
百科（ホッケ　1908-）

Höckert, Johan Fredrik 〈19世紀〉
スウェーデンの画家。
⇒新美（ヘッケルト，ヨハン・フレドリク　1826.8.26-1866.9.16）

Hockney, David 〈20世紀〉
イギリス第3期のポップ・アーティスト。ポップ・アートの代表的芸術家。
⇒岩ケ（ホックニー，デイヴィド　1937-）
オ西（ホックニー，デイヴィッド　1937-）
オペ（ホックニー，デーヴィッド　1937.7.9-）
現ア（Hockney, David　ホックニー，デイヴィッド　1937-）
新美（ホクニー，デヴィッド　1937.7.9-）
世芸（ホックニー，デイヴィド　1937-）
全書（ホックニー　1937-）
大辞3（ホックニー　1937-）
ナビ（ホックニー　1937-）
二十（ホクニー，デヴィッド　1937.7.9-）
美術（ホックネイ，ダヴィッド　1937-）

Hodges, Cyril Walter 〈20世紀〉
イギリスの作家，絵本作家，挿絵画家，著述家。
⇒英児（Hodges, Cyril Walter　ホッジズ，シリル・ウォルター　1909-）
児イ（Hodges, Cyril Walter　ホッヂース，C.W.　1909-）
児作（Hodges, Walter　ホッジス，ウォルター　1909-）
児童（ホッジス，ウォルター　1909-）
児文（ホッジス，ウォルター　1909-）
世児（ホッジズ，C(シリル)・ウォルター　1909-）
二十（ホッジス，ウォルター　1909-）
二十英（Hodges, C(yril) Walter　1909-2004）

Hodges, David 〈20世紀〉
アメリカのイラストレーター。
⇒児イ（Hodges, David　ホッヂース，D.）

Hodges, William 〈18世紀〉
イギリスの画家。
⇒世美（ホッジズ，ウィリアム　1744-1797）

Hodgkin, Howard 〈20世紀〉
イギリスの画家。
⇒岩ケ（ホジキン，ハワード　1932-）
世芸（ホジキン，ハワード　1932-）

Hodgkins, Frances Mary 〈19・20世紀〉
ニュージーランドの画家。
⇒岩ケ（ホジキンズ，フランシス・メアリ　1869-1947）
世女（ホジキンズ，フランシス　1869-1947）
世女日（ホジキンス，フランセス　1869-1947）

Hodgkinson, Frank 〈20世紀〉
オーストラリア生れの画家。
⇒世芸（ホジキンソン，フランク　1919-）

Hodler, Ferdinand 〈19・20世紀〉
スイスの画家。表現主義の先駆者の一人。主作品『マドリードの風景』(1879)。
⇒オ西（ホードラー，フェルディナント　1853-1918）
外国（ホドラー　1853-1918）
キリ（ホードラー，フェルディナント　1853.3.14-1918.5.19(20)）
芸術（ホドラー，フェルディナント　1853-1918）
広辞4（ホドラー　1853-1918）
広辞5（ホドラー　1853-1918）
広辞6（ホドラー　1853-1918）
国小（ホドラー　1853.3.14-1918.5.20）
コン2（ホードラー　1853-1918）
コン3（ホードラー　1853-1918）
新美（ホードラー，フェルディナント　1853.3.14-1918.5.20）
人物（ホドラー　1853.3.14-1918.5.20）
西洋（ホドラー　1853.3.14-1918.5.20）
世芸（ホドラー，フェルディナント　1853-1918）
世西（ホードラー　1853.3.14-1918.5.19）
世美（ホドラー，フェルディナント　1853-1918）
世百（ホドラー　1853-1918）
全書（ホドラー　1853-1918）
大辞（ホドラー　1853-1918）
大辞2（ホドラー　1853-1918）
大辞3（ホドラー　1853-1918）
大西（ホドラー　1853-1918）
デス（ホードラー　1853-1918）
伝世（ホードラー　1853.3.14-1918.5.19）
ナビ（ホドラー　1853-1918）
二十（ホドラー，フェルディナント　1853.3.14-1918.5.20(19)）
百科（ホドラー　1853-1918）

Hoefnagel, Georg (Joris) 〈16世紀〉
フランドルの写本画家，版画家。
⇒新美（ホーフナーゲル，ゲオルク(ヨリス)　1542-1600）

Hoehme, Gerhard 〈20世紀〉
ドイツの画家。
⇒世美（ヘーメ，ゲルハルト　1920-）

Hoetger, Bernhard 〈19・20世紀〉
ドイツの彫刻家，建築家。プロイセンの〈芸術家コロニー〉派に属した(1919来)。
⇒西洋（ヘトガー　1874.5.4-1949.7.18）

Hoeydonck, Paul van 〈20世紀〉
ベルギーの映像作家。
⇒美術（ヘイドンク，ポール　1925-）

Hofer, Karl 〈19・20世紀〉
ドイツの画家。1845年ベルリン高等造形美術学校校長。単純な形態と色彩による表現主義的画風が特徴。
⇒芸術（ホーファー，カルル　1878-1955）
国小（ホーファー　1878.10.11-1955.4.3）
コン2（ホーファー　1878-1955）

コン3（ホーファー　1878-1955）
新美（ホーファー，カール　1878.10.11-
　1955.4.3）
人物（ホーファー　1878.10.1-1955）
西洋（ホーファー　1878.10.11-1955.4.3）
世芸（ホーファー，カルル　1878-1955）
世美（ホーファー，カール　1878-1955）
世百（ホーファー　1878-1955）
二十（ホーファー，カール・クリスチャン・L.
　1878.10.11-1955.4.3）

Hoff, Sydney 〈20世紀〉
アメリカの絵本作家，作家，挿絵画家，脚本家。
⇒英児（Hoff, Sydney　ホフ，シドニー　1912-）
　児イ（Hoff, Syd　ホフ, S.　1912-）

Hoffman, Heinrich 〈19・20世紀〉
ヒトラー付の公認写真家。
⇒ナチ（ホフマン，ハインリヒ　1885-1957）

Hoffman, Malvina 〈19・20世紀〉
アメリカの女流彫刻家。1919年と21年にナショナル・デザイン・アカデミー展に入賞。
⇒国小（ホフマン　1887.6.15-1966.7.10）
　世女（ホフマン，マルヴィーナ　1887-1966）
　世女日（ホフマン，マルヴィナ　1885-1966）

Hoffmann, Christine 〈20世紀〉
ドイツのイラストレーター。
⇒児イ（Hoffmann, Christine　ホフマン, C.）

Hoffmann, Ernst Theodor Amadeus 〈18・19世紀〉
ドイツの小説家，作曲家，音楽評論家，画家，法律家。
⇒逸話（ホフマン　1776-1822）
　岩ケ（ホフマン，E（エルンスト）・T（テオドール）・W（ヴィルヘルム）　1776-1822）
　旺世（ホフマン　1776-1822）
　音楽（ホフマン，エルンスト・テオドル・アマデーウス　1776.1.24-1822.6.25）
　音大（ホフマン　1776.1.24-1822.6.25）
　外国（ホフマン　1776-1822）
　角世（ホフマン　1776-1822）
　キリ（ホフマン，エルンスト・テオドーア・アマデーウス　1776-1822）
　クラ（ホフマン，エルンスト・テオドル・アマデウス　1776-1822）
　幻想（ホフマン，エルンスト・テオドール・アマデウス　1776-1822）
　幻文（ホフマン，E（エルンスト）・T（テーオドール）・A（アマデーウス）　1776-1822）
　広辞4（ホフマン　1776-1822）
　広辞6（ホフマン　1776-1822）
　国小（ホフマン　1776.1.24-1822.6.25）
　国百（ホフマン，エルンスト・テオドール・ウィルヘルム　1776.1.24-1822.6.25）
　コン2（ホフマン　1776-1822）
　コン3（ホフマン　1776-1822）
　作曲（ホフマン，エルンスト・テオドール・アマデーウス　1776-1822）
　児作（Hoffmann, E.T.A.　エルンスト・テオドール・アマデウス・ホフマン　1776-1822）
　児童（ホフマン，エルンスト・テオドール・アマデーウス　1776-1822）
　児文（ホフマン，エルンスト・テオドール・アマデウス　1776-1822）
　集世（ホフマン，エルンスト・テーオドア・アマデーウス　1776.1.24-1822.6.25）
　集文（ホフマン，エルンスト・テオドア・アマデーウス　1776.1.24-1822.6.25）
　人物（ホフマン　1776.1.24-1822.6.25）
　西洋（ホフマン　1776.1.24-1822.6.25）
　世児（ホフマン，E（エルンスト）・T（シオドア）・A（アマデウス）　1776-1822）
　世西（ホフマン　1776.1.24-1822.6.25）
　世百（ホフマン　1776-1822）
　世文（ホフマン，エルンスト・テオドール・アマデウス　1776-1822）
　全書（ホフマン　1776-1822）
　大辞（ホフマン　1776-1822）
　大辞3（ホフマン　1776-1822）
　大百（ホフマン　1776-1822）
　伝世（ホフマン　1776.1.24-1822.6.25）
　百科（ホフマン　1776-1822）
　評世（ホフマン　1776-1822）
　名著（ホフマン　1776-1822）
　山世（ホフマン　1776-1822）
　ラル（ホフマン，エルンスト・テオドール・アマデウス　1776-1822）
　歴史（ホフマン　1776-1822）

Hoffmann, Felix 〈20世紀〉
スイスの画家，絵本作家。1957年からグリムの話を材料にした絵本を作り，『狼と七ひきの子山羊』や『森の眠り姫』などの傑作を生んだ。
⇒児イ（Hoffmann, Felix　ホフマン, F.　1911-1975）
　児童（ホフマン，フェリックス　1911-）
　児文（ホフマン，フェリックス　1911-1975）
　二十（ホフマン，フェリックス　1911-1975）

Hoffmann, Hans Ruprecht 〈16・17世紀〉
ドイツの彫刻家。
⇒世ев（ホフマン，ハンス・ルーブレヒト　1540-1616）

Hoffmann, Heinrich 〈19世紀〉
ドイツの挿絵画家。
⇒児イ（Hoffmann, Heinrich　1809.6-1894）

Hoffmann, Hilde 〈20世紀〉
ドイツのイラストレーター。
⇒児イ（Hoffmann, Hilde　ホフマン, H.）

Hoffmann, Josef Franz Maria 〈19・20世紀〉
オーストリアの建築家。1903年ウィーン工房の建築運動を起した。
⇒岩ケ（ホフマン，ヨーゼフ　1870-1956）
　才西（ホフマン，ヨーゼフ　1870-1956）
　芸術（ホフマン，ヨゼフ　1870-1956）
　国小（ホフマン　1870-1956）
　コン3（ホフマン　1870-1956）
　新美（ホーゼフ　1870.2.19-1956.5.8）
　人物（ホフマン　1870.12.15-1956）
　西洋（ホフマン　1870.12.15-1956.5.7）
　世芸（ホフマン，ヨゼフ　1870-1956）
　世西（ホフマン　1870-1956）

世美（ホフマン，ヨーゼフ　1870-1956）
世百（ホフマン　1870-1956）
全書（ホフマン　1870-1956）
大辞2（ホフマン　1870-1956）
大辞3（ホフマン　1870-1956）
大百（ホフマン　1870-1956）
デス（ホフマン　1870-1956）
ナビ（ホフマン　1870-1956）
二十（ホフマン，ヨーゼフ・フランツ・マリア　1870.12.15-1956.5.7）
百科（ホフマン　1870-1956）

Hoffmann, Ludwig 〈19・20世紀〉
ドイツの建築家。主作品，ドイツ大審院（1886～95，ライプチヒ）。
⇒西洋（ホフマン　1852.7.30-1932.11.11）

Hoffmeister, Adolf 〈20世紀〉
チェコスロバキアの画家，小説家。カリカチュアとコラージュの作品で知られる。
⇒現人（ホフマイステル　1902.8.15-1973.7.25）
世美（ホフマイスター，アドルフ　1902-1973）

Hoffnung, Gerard 〈20世紀〉
イギリスの漫画家，音楽家。
⇒岩ケ（ホフナング，ジェラード　1925-1959）

Hoflehner, Rudolf 〈20世紀〉
オーストリアの彫刻家。
⇒世美（ホーフレーナー，ルドルフ　1916-）

Hofmann, Hans 〈19・20世紀〉
ドイツ生れのアメリカの画家。アメリカの抽象絵画の指導者。
⇒岩ケ（ホフマン，ハンス　1880-1966）
才西（ホフマン，ハンス　1880-1966）
芸術（ホフマン，ハンス　1880-1966）
国小（ホーフマン　1880-1966）
新美（ホフマン，ハンス　1880.3.21-1966.2.17）
世芸（ホフマン，ハンス　1880-1966）
世美（ホフマン，ハンス　1880-1966）
全書（ホフマン　1880-1966）
ナビ（ホフマン　1880-1966）
二十（ホフマン，ハンス　1880.3.21-1966.2.17）

Hofmann, Ludwig von 〈19・20世紀〉
ドイツの画家。主作品，ウィーン美術館の壁画，イェナ大学の壁画。
⇒西洋（ホーフマン　1861.8.17-1945.8.23）

Hofstätter, Hans H. 〈20世紀〉
ドイツの美術史家。『世紀末芸術と象徴主義』（1965）。
⇒幻想（ホーフシュテッター，ハンス・H.　1928-）

Hofstede de Groot, Cornelis 〈19・20世紀〉
オランダの美術史家。特に17世紀オランダ絵画について研究。
⇒西洋（ホフステーデ・デ・フロート　1863.11.9-1930.4.14）
二十（ホフステーデ・デ・フロート，C.　1863-1930）
百科（ホフステーデ・デ・フロート　1863-1930）

Hogarth, Burne 〈20世紀〉
アメリカの挿絵画家，グラフィック・デザイナー。
⇒英児（Hogarth, Burne　ホガース，バーン　1911-1996）

Hogarth, William 〈17・18世紀〉
イギリスの画家，著作者。1746年，イギリス最初の公共の展覧会を開催。
⇒イ哲（ホガース，W.　1697-1764）
イ文（Hogarth, William　1697-1764）
英米（Hogarth, William　ホーガース　1697-1764）
外国（ホガース　1697-1764）
キリ（ホウガース，ウィリアム　1697.11.10-1764.10.26）
芸術（ホーガース，ウィリアム　1697-1764）
広辞4（ホガース　1697-1764）
広辞6（ホガース　1697-1764）
国小（ホガース　1697.11.10-1764.10.26）
国百（ホガース，ウィリアム　1697.11.10-1764.10.26）
コン2（ホガース　1697-1764）
コン3（ホガース　1697-1764）
集世（ホーガース，ウィリアム　1697.11.10-1764.10.26）
集文（ホーガース，ウィリアム　1697.11.10-1764.10.26）
新美（ホーガース，ウィリアム　1697.11.10-1764.10.25）
人物（ホガース　1697.11.10-1764.10.25）
西洋（ホーガース　1697.11.10-1764.10.25）
世西（ホガース　1697.11.10-1764.10.25）
世美（ホガース，ウィリアム　1697-1764）
世百（ホガース　1697-1764）
世文（ホーガース，ウィリアム　1697-1764）
全書（ホガース　1697-1764）
大辞（ホガース　1697-1764）
大辞3（ホガース　1697-1764）
大百（ホガース　1697-1764）
デス（ホガース　1697-1764）
伝世（ホーガース　1697.11.10-1764.10.25）
百科（ホガース　1697-1764）

Höger, Fritz 〈19・20世紀〉
ドイツの建築家。チリー館（1922，ハンブルク），市庁舎（1929，リュストリンゲン），教会（ベルリン，ハンブルク等）などを制作。
⇒新美（ヘーガー，フリッツ　1877.6.12-1949.6.21）
西洋（ヘーガー　1877.6.12-1949.6.21）
世美（ヘーガー，フリッツ　1877-1949）
二十（ヘーガー，フリッツ　1877.6.12-1949.6.21）

Höglund, Anna 〈20世紀〉
スウェーデンのイラストレーター。
⇒児イ（Höglund, Anna　ヘグルンド，A.　1958-）
児作（Hoglund, Anna　ヘグルンド，アンナ　1958-）

Hogrogian, Nonny 〈20世紀〉
アメリカの女性絵本作家，挿絵画家。

⇒英児（Hogrogian, Nonny ホグローギアン, ノニー 1932-）
児イ（Hogrogian, Nonny ホグロギアン, N.）
児文（ホグロギアン, ナニー 1932-）
世児（ホグローギアン, ノニー 1932-）
二十（ホグロギアン, ナニー 1932-）

Hohenstein, Adolfo 〈19・20世紀〉
ロシア出身のイタリアの画家，ポスター画家，舞台美術家。
⇒世美（ホーヘンステイン, アドルフォ 1854-?）

Holabird, William 〈19・20世紀〉
アメリカの建築家。『タコマ・ビルディング』を建てた（1888）。
⇒西洋（ホラバード 1854-1923）
世美（ホラバード, ウィリアム 1854-1923）

Holanda, Francisco de 〈16世紀〉
ポルトガルの著述家，画家，建築家。
⇒世美（オランダ, フランシスコ・デ 1517頃-1584頃）

Holbein, Ambrosius 〈15・16世紀〉
ドイツの画家。肖像画のほか，木版画にユニークな作品を残した。
⇒芸術（ホルバイン, アムブロジウス 1494?-1519以後）
国小（ホルバイン, アンブロジウス 1494頃-1519頃）
新美（ホルバイン, アンブロージウス 1494頃-1519頃）
西洋（ホルバイン 1494頃-1519/20）
世西（ホルバイン 1494?-1519）
世美（ホルバイン, アンブロジウス 1494-1520）
世百（ホルバイン, アンブロシウス 1494頃-1519/20）

Holbein, Hans der Ältere 〈15・16世紀〉
ドイツの画家。
⇒外国（ホルバイン(父) 1460-1524）
角世（ホルバイン(父) 1465?-1524）
キリ（ホルバイン, ハンス 1465頃-1524）
国小（ホルバイン, ハンス 1465頃-1524）
コン2（ホルバイン(父) 1465頃-1524）
コン3（ホルバイン(父) 1465頃-1524）
新美（ホルバイン, ハンス(父) 1465頃-1524）
西洋（ホルバイン(父) 1465頃-1524）
世西（ホルバイン(父) 1465頃-1524）
世美（ホルバイン, ハンス(父) 1460/65-1524）
世百（ホルバイン, ハンス(父) 1465頃-1524）
大百（ホルバイン(父) 1465頃-1524）

Holbein, Hans der Jüngere 〈15・16世紀〉
ドイツの画家。ヘンリー8世の宮廷画家。
⇒イ文（Holbein, Hans 1497-1543）
岩世（ホルバイン, ハンス 1497-1543）
旺世（ホルバイン 1497-1543）
外国（ホルバイン(子) 1497-1543）
角世（ホルバイン(子) 1497-1543）
キリ（ホルバイン, ハンス 1497頃-1543.10.7/11.29）
芸術（ホルバイン, (子)ハンス 1497/98-1543）
広辞4（ホルバイン 1497/98-1543）
広辞6（ホルバイン 1497/1498-1543）
国小（ホルバイン, ハンス 1497頃-1543）
国百（ホルバイン, ハンス 1497頃-1543）
コン2（ホルバイン(子) 1497/8-1543）
コン3（ホルバイン(子) 1497/8-1543）
新美（ホルバイン, ハンス(子) 1497/98-1543）
人物（ホルバイン 1497-1543）
西洋（ホルバイン(子) 1497-1543）
世人（ホルバイン(子) 1497/98-1543）
世西（ホルバイン(子) 1497.10.7-1543.11.29）
世美（ホルバイン, ハンス(子) 1497-1543）
世百（ホルバイン, ハンス(子) 1497-1543）
大辞（ホルバイン 1497-1543）
大辞3（ホルバイン 1497-1543）
大百（ホルバイン(子) 1497-1543）
デス（ホルバイン 1497-1543）
伝世（ホルバイン 1497/8-1543.10.7/-11.29）
百科（ホルバイン 1497/98-1543）
評世（ホルバイン 1497-1543）
山世（ホルバイン 1497-1543）

Holden, Charles 〈19・20世紀〉
イギリスの建築家。
⇒オ西（ホールデン, チャールズ 1875-1960）

Holden, Edith 〈19・20世紀〉
イギリスの挿絵画家。
⇒児イ（Holden, Edith 1871-1920.3.16）
世女日（ホールデン, イーディス 1871-1920）

Holder, Heidi 〈20世紀〉
アメリカのイラストレーター。
⇒児イ（Holder, Heidi ホルダー, H.）

Holdsworth, William Curtis 〈20世紀〉
アメリカのイラストレーター。
⇒児イ（Holdsworth, William Curtis ホウルズワース, W.C.）

Holford, William 〈20世紀〉
イギリスの建築家，都市計画家。
⇒世美（ホールフォード, ウィリアム 1907-）

Holiday, Henry 〈19・20世紀〉
ヴィクトリア時代の壁画家。
⇒世児（ホリデイ, ヘンリ 1839-1927）

Holl, Elias 〈16・17世紀〉
ドイツの建築家。1602年以来多数の公共建築を建てた。代表作アウクスブルク市役所（1615〜20）。
⇒建築（ホル, エリアス 1573-1646）
国小（ホル 1573.2.28-1646.1.8）
新美（ホル, エリアス 1573.2.28-1646.1.6）
西洋（ホル 1573.2.28-1646.1.8）
世美（ホル, エリアス 1573-1646）
百科（ホル 1573-1646）

Holl, Steven 〈20世紀〉
アメリカの建築家。

⇒二十（ホール，スティーブン 1947-）

Holland, Henry〈18・19世紀〉
イギリスの建築家。代表作はヘリファドシャーのバーリントン・ホール(1778)。
⇒岩ケ（ホランド，ヘンリー 1746-1806）
建築（ホランド，ヘンリー 1745-1806）
国小（ホランド 1745.7.20-1806.6.17）
新美（ホランド，ヘンリー 1745.7.20-1806.6.17）
世美（ホランド，ヘンリー 1745-1806）

Holland, Janice〈20世紀〉
アメリカのイラストレーター。
⇒児イ（Holland, Janice ホランド，J. 1913-1962）

Hollander, Karen〈20世紀〉
オーストリアの挿絵画家。
⇒児作（Hollander, Karen ホレンダー，カレン）

Hollar, Wenzel〈17世紀〉
ボヘミアの銅版画家。主作品『ロンドン風景』。
⇒岩ケ（ホラー，ヴェンツェル 1607-1677）
国小（ホラー 1607.7.13-1677.3.28）
新美（ホラー，ヴェンツェル 1607.6.13-1677.3.28）
西美（ホラル 1607.6.13-1677.3.28）
世美（ホラー，ヴァーツラフ 1607-1677）

Hollein, Hans〈20世紀〉
オーストリアの建築家。作品に『レッティろうそく店』(俗称鍵穴の店)など。
⇒現人（ホライン 1934.3.30-）
新美（ホライン，ハンス 1934.3.30-）
ナビ（ホライン 1934-）
二十（ホライン，ハンス 1934.3.30-）

Holling, Holling Clancy〈20世紀〉
アメリカの絵本作家，詩人，挿絵画家。
⇒英児（Holling, Holling Clancy ホリング，ホリング・クランシー 1900-1973）
児イ（Holling, Clancy ホリング，C. 1900-）

Holling, Lucille（Webster）〈20世紀〉
アメリカのイラストレーター。
⇒児イ（Holling, Lucille（Webster） ホリング，L. 1900-）

Hollingsworth, Alvin〈20世紀〉
アメリカのイラストレーター。
⇒児イ（Hollingsworth, Alvin ホリングズワース，A.）

Holmes, William Henry〈19・20世紀〉
アメリカの人類学者，考古学者。1920～32年国立美術館長。主著『古代アメリカ入門』。
⇒岩ケ（ホームズ，ウィリアム・ヘンリー 1846-1933）
国小（ホームズ 1846.12.1-1933.4.20）
西洋（ホームズ 1846.12.1-1933.4.20）

Holroyd, Sir Charles〈19・20世紀〉
イギリスの銅版画家。1906年から10年間ナショナル・ギャラリーの館長。
⇒国小（ホルロイド 1861.4.9-1917.11.17）

Holzauber, Wilhelm〈20世紀〉
オーストリアの建築家。ウィーン国立工芸美術アカデミー教授。
⇒二十（ホルツバウアー，ヴィルヘルム 1930-）

Hölzel, Adolf〈19・20世紀〉
ドイツの画家。抽象画派(新ダッハウ派)の開拓者。
⇒新美（ヘルツェル，アードルフ 1853.5.13-1934.10.17）
西洋（ヘルツェル 1853.5.13-1934.5.17）
世美（ヘルツェル，アドルフ 1853-1934）
二十（ヘルツェル，アードルフ 1853.5.13-1934.10.17）

Holzing, Herbert〈20世紀〉
ドイツのイラストレーター。
⇒児イ（Holzing, Herbert ホルツィング，H. 1939-）

Holzmann, Johann Philipp〈19世紀〉
ドイツの建築業者。ドイツ最大の建築会社をつくりあげた。
⇒西洋（ホルツマン 1805-1870）

Holzmeister, Clemens〈19・20世紀〉
ドイツの建築家。デュッセルドルフ美術学校教授(1924～33)。
⇒西洋（ホルツマイスター 1886.3.27-）
世美（ホルツマイスター，クレメンス 1886-1983）

Home, Henry, Lord Kames〈17・18世紀〉
スコットランドの美学者，文芸批評家。主著『批評の要義』(1762～5)。
⇒イ哲（ケイムズ卿 1696-1782）
国小（ホーム 1696-1782）
西洋（ホーム 1696-1782.12.27）
全書（ヒューム 1696-1782）
名著（ホーム 1696-1782）

Home, Robert〈18・19世紀〉
イギリスの画家。
⇒世美（ホーム，ロバート 1752-1834）

Homer, Winslow〈19・20世紀〉
アメリカの画家。主作品『狩人たちと犬』(1891)。
⇒アメ（ホーマー 1836-1910）
岩ケ（ホーマー，ウィンズロー 1836-1910）
英米（Homer, Winslow ホーマー 1836-1910）
オ西（ホーマー，ウィンズロウ 1836-1910）
芸術（ホーマー，ウィンズロウ 1836-1920）
国小（ホーマー 1836.2.24-1910.9.29）
コン3（ホーマー 1836-1910）

新美（ホーマー，ウインスロー　1836.2.24-1910.9.29）
西洋（ホーマー　1836.2.24-1910.9.29）
世芸（ホーマー，ウインズロウ　1836-1920）
世児（ホーマー，ウインスロー　1836-1910）
世美（ホーマー，ウインスロー　1836-1910）
世百（ホーマー　1836-1910）
全書（ホーマー　1836-1910）
大百（ホーマー　1836-1910）
伝世（ホーマー　1836.2.24-1910.9.29）
二十（ホーマー，ウインスロー　1836.2.24-1910.9.29）
百科（ホーマー　1836-1910）

Homēros 〈前9・8世紀〉
ギリシアの詩人。ヨーロッパ最古の詩人で『イリアス』『オデュッセイア』の作者。
⇒逸話（ホメロス　前8世紀頃の人）
　岩ケ（ホメロス　前9世紀頃）
　岩哲（ホメロス）
　旺世（ホメロス　生没年不詳）
　外国（ホメロス　前9世紀）
　角世（ホメロス　生没年不詳）
　教育（ホメロス　前8世紀頃）
　ギリ（ホメロス　前700頃?）
　ギロ（ホメロス　前8世紀頃の人）
　広辞4（ホメロス）
　広辞6（ホメロス　前8世紀頃）
　国小（ホメロス　生没年不詳）
　国百（ホメロス　生没年不詳）
　コン2（ホメロス）
　コン3（ホメロス　前8世紀頃）
　児作（Homeros　ホメロス　前9世紀）
　児童（ホメロス）
　集世（ホメロス　前750頃-前700頃）
　集文（ホメロス　前750頃-前700頃）
　新美（ホメーロス）
　人物（ホメロス　生没年不詳）
　西洋（ホメロス）
　世人（ホメロス　生没年不詳）
　世西（ホメロス（ホーマー））
　世百（ホメロス　前800頃-750）
　世文（ホメーロス　前800頃）
　全書（ホメロス　生没年不詳）
　体育（ホメロス）
　大辞（ホメロス　生没年不詳）
　大辞3（ホメロス　前8世紀後半頃）
　大百（ホメロス　生没年不詳）
　デス（ホメロス　生没年不詳）
　伝世（ホメロス　生没年不詳）
　百科（ホメロス）
　評世（ホメロス　前9-前8世紀頃）
　名詩（ホメーロス　前9世紀頃）
　名著（ホメロス　生没年不詳）
　山世（ホメロス）
　歴史（ホメロス）

Homolle, Théophile 〈19・20世紀〉
フランスの考古学者。デルフォイの神域の発掘に着手（1893来），遺跡の大体の様相を明らかにした（1897）。
⇒西洋（オモル　1848.12.19-1925.6.13）
　世美（オモル，テオフィル　1848-1925）

Hondius, Abraham 〈17世紀〉
オランダの画家。
⇒世美（ホンディウス，アブラハム　1625/30-1695

以降）

Hone, Evie 〈20世紀〉
アイルランドの画家。
⇒世女日（ホーン，エヴィー　1894-1955）

Hone, Nathaniel 〈18世紀〉
アイルランドの肖像画家。
⇒新美（ホーン，ナサニーエル　1718.4.24-1784.8.14）

Honey, William Bowyer 〈19・20世紀〉
イギリスの陶芸家，陶芸研究家。著書『中国および極東諸国の陶芸』（1945）など。
⇒国小（ハニー　1886.4.13-1956.9.13）

Honor, Hugh 〈20世紀〉
イギリスの美術史家。西洋における支那趣味の系譜を論じた画期的著述 "Chinoisery" を出版。
⇒幻想（オーナー，ヒュー　1927-）

Honoré 〈13世紀〉
フランス，ゴシック期の写本装飾画家。
⇒新美（オノレ）

Honthorst, Gerard van 〈16・17世紀〉
オランダの画家。作風は「夜のヘラルト」と呼ばれ，大胆な写実と明暗の対比が特長。
⇒岩ケ（ホントホルスト，ヘリット・ファン　1590-1656）
　芸術（ホントホルスト，ヘリット・ファン　1590-1656）
　国小（ホントホルスト　1590.11.4-1656.4.27）
　新美（ホントホルスト，ヘリット・ファン　1590.11.4-1656.4.27）
　西洋（ホントルスト　1590.11.4-1656.4.27）
　世美（ファン・ホントホルスト，ヘリット　1590-1656）
　百科（ファン・ホントルスト　1590-1656）

Hooch, Pieter de 〈17世紀〉
オランダの画家。居酒屋の兵士やカード遊びなどを主題にした作品を描いた。
⇒岩ケ（ホーホ，ピーテル・デ　1629頃-1684頃）
　外国（ホーホ　1629-1677頃）
　芸術（デ・ホーホ，ピーテル　1629-1677）
　芸術（ホーホ，ピーター・ド　1629-1683/84）
　国小（ホーホ　1632頃-1684頃）
　コン2（ホーホ　1629-1677）
　コン3（ホーホ　1629-1677）
　新美（ホーホ，ピーテル・デ　1629.12-1677/83/84以後）
　人物（ホーホ　1629.12.20-1683）
　西洋（ホーホ　1629.12.20-1683以後）
　世西（ホーホ　1629-1684以後）
　世美（デ・ホーホ，ピーテル　1629-1684）
　世百（ホーホ　1629-1683頃）
　全書（ホーホ　1629-1684以後）
　大百（ホーホ　1629-1684以後）
　デス（ホーホ　1629-1683頃）
　伝世（ホーホ　1629-1684以後）
　百科（デ・ホーホ　1629-1684）

Hood, George Percy Jacomb 〈19世

紀〉
イギリスの挿絵画家。
⇒児イ（Hood, George Percy Jacomb 1857-1874）

Hood, Raymond Mathewson 〈19・20世紀〉
アメリカの建築家。
⇒岩ケ（フッド，レイモンド・M（マシューソン）1881-1934）
コン3（フッド 1881-1934）

Hoogstraeten, Samuel van 〈17世紀〉
オランダの画家。著書『絵画芸術の主要流派の手引』（1678）はレンブラントの制作記録がある。
⇒国小（ホーホストラーテン 1627.8.2-1678.10.19）
新美（ホーフストラーテン，サミュエル・ファン 1627.8.2-1678.10.19）
世美（ファン・ホーホストラーテン，サミュエル 1627-1678）

Hope, Alexander James Beresdorf 〈19世紀〉
イギリスの建築家，随筆家。
⇒世美（ホープ，アレグザンダー・ジェイムズ・ベレスドーフ 1820-1887）

Hope, Thomas 〈18・19世紀〉
イギリスの美術鑑識家。考古的な装飾や家具復興の指導者。
⇒岩ケ（ホープ，トマス 1769-1831）
国小（ホープ 1770-1831）
百科（ホープ 1769-1831）

Hopf(f)er, Daniel 〈15・16世紀〉
ドイツの武具装飾家，銅版画家。
⇒新美（ホップファー，ダニエル 1470頃-1536）

Hopper, Edward 〈19・20世紀〉
アメリカの画家。『夜のレストラン』（1942）など，市街や建物などを好んで描いた。
⇒岩ケ（ホッパー，エドワード 1882-1967）
才西（ホッパー，エドワード 1882-1967）
現ア（Hopper, Edward ホッパー，エドワード 1890-1966）
国小（ホッパー 1882.7.22-1967.5.15）
コン3（ホッパー 1882-1967）
新美（ホッパー，エドワード 1882.7.22-1967.5.15）
西洋（ホッパー 1882.7.22-1967.5.15）
世芸（ホッパー，エドワード 1882-1967）
世美（ホッパー，エドワード 1882-1967）
世百（ホッパー 1882-）
世百新（ホッパー 1882-1967）
全書（ホッパー 1882-1967）
ナビ（ホッパー 1882-1967）
二十（ホッパー，エドワード 1882.7.22-1967.5.15）
百科（ホッパー 1882-1967）

Hoppin, Augustus 〈19世紀〉
アメリカの挿絵画家。ユーモラスで諷示的な挿絵にすぐれた。
⇒西洋（ホッピン 1828-1896）

Hoppner, John 〈18・19世紀〉
イギリスの肖像画家。1778年リヤ王を描き，アカデミー最優秀賞を受賞。
⇒芸術（ホップナー，ジョーン 1758-1810）
国小（ホップナー 1758.4.4?-1810.1.23）
新美（ホップナー，ジョン 1758.4.4-1810.1.23）
西洋（ホップナー 1758.4.4-1810.1.23）
世美（ホップナー，ジョン 1758-1810）

Horeau, Hector 〈19世紀〉
フランスの建築家。鉄骨建築の主唱者。
⇒建築（オロー，ヴィクトール 1801-1872）
西洋（オロー 1801-1872）
世美（オロー，エクトール 1801-1872）

Horenbout, Gerard 〈15・16世紀〉
フランドルの画家，写本装飾画家。
⇒世美（ホーレンバウト，ヘラルト 1465頃-1540頃）

Hormzd II 〈4世紀〉
ササン朝第8代の王（在位302～09）。ナルセーの子。
⇒新美（ホルムズド二世）

Horn, Rebecca 〈20世紀〉
ドイツ生れの映画監督，美術家。
⇒世映（ホルン，レベッカ 1944-）

Horner, Harry 〈20世紀〉
スロヴァキア生れの映画美術監督。
⇒世映（ホーナー，ハリー 1910-1994）

Horny, Franz 〈18・19世紀〉
ドイツの画家。コルネリウスの描いた壁画の縁に植物の装飾画を加えた。
⇒西洋（ホルニー 1798.11.23-1824.6.23）

Höroldt, Johann Gregor 〈17・18世紀〉
ドイツの陶画家。マイセンで陶画を指導（1720～65）。
⇒西洋（ヘロルト 1696.8.6-1775.1.26）
世美（ヘロルト，ヨハン・グレゴール 1696-1775）
百科（ヘロルト 1696-1776）

Horrabin, James Francis 〈19・20世紀〉
イギリスのイラストレーター。
⇒児イ（Horrabin, James Francis ホラビン，J.F. 1884-1962）

Horta, Victor Pierre 〈19・20世紀〉
ベルギーの建築家。アール・ヌーボーの先駆者。
⇒岩ケ（オルタ，ヴィクトル，男爵 1861-1947）
才西（オルタ，ヴィクトール 1861-1947）
国小（オルタ 1861.1.6-1947.9.11）
コン3（オルタ 1861-1947）

新美（オルタ，ヴィクトル　1861.1.6-1947.9.11）
西洋（オルタ　1861.1.6-1947.9.8）
世美（オルタ，ヴィクトール　1861-1947）
世百（オルタ　1861-1947）
全書（オルタ　1861-1947）
大辞2（オルタ　1861-1947）
大辞3（オルタ　1861-1947）
大百（オルタ　1861-1947）
ナビ（オルタ　1861-1947）
二十（オルタ，ヴィクトル　1861.1.6-1947.9.8）
百科（オルタ　1861-1947）

Hosemann, Theodor 〈19世紀〉
ドイツの画家。主作品は『ホフマン全集』(1844)の挿絵。
⇒芸術（ホーゼマン，テオドール　1807-1875）
国小（ホーゼマン　1807-1875）

Hosiasson, Philippe 〈20世紀〉
エコール・ド・パリの画家。舞台装置家。
⇒国小（オジアッソン　1898.2.15-）
世美（オジアッソン，フィリップ　1898-1978）

Hoskins, John 〈16・17世紀〉
イギリスの細密肖像画家。1640年チャールズ1世付の画家となる。
⇒国小（ホスキンズ　1595頃-1664/5頃）

Hosmer, Harriet Goodhue 〈19・20世紀〉
アメリカの女流彫刻家。イギリスの彫刻家J.ギブソンに師事し、主要作品は『ベアトリス・センシ』(1857)。
⇒国小（ホズマー　1830.10.9-1908.2.21）
世女（ホーズマー，ハリエット　1830-1908）
世女日（ホスマー，ハリエット　1830-1908）

Hosotte, Georges 〈20世紀〉
フランス生れの画家。
⇒世芸（オソット，ジョージ　1936-）

Hospers, John 〈20世紀〉
アメリカの哲学者、美学者。その立場は、アメリカ哲学界の主流であるデューイらのプラグマティズムにそったもの。
⇒名著（ホスパース　1918-）

Hotho, Heinrich Gustav 〈19世紀〉
ドイツの美術史家。主としてドイツ、オランダの絵画を研究。
⇒西洋（ホート　1802.5.22-1873.12.24）

Hottenroth, Friedrich 〈19・20世紀〉
ドイツの石版画家。主著『西洋風俗図鑑』(1893〜96)。
⇒名著（ホッテンロート　1840-?）

Houbraken, Arnold 〈17・18世紀〉
オランダの画家。著書『ネーデルラント画家大鑑』(1721)がある。
⇒キリ（ホウブラーケン，アルノルド　1660.3.28-1719.10.14）
国小（フーブラーケン　1660.5.28-1719.10.18）
西洋（フーブラーケン　1660.5.28-1719.10.18）
世美（ハウブラーケン，アルノルト　1660-1719）
名著（ホウブラーケン　1660-1719）

Houbraken, Jakob 〈17・18世紀〉
オランダの画家、銅版画家。肖像画、特に肉体と毛髪の表現に優れている。
⇒西洋（フーブラケン　1698.12.25-1780.11.14）

Houbre, Gilbert 〈20世紀〉
フランスの挿絵画家。
⇒児作（Houbre, Gilbert　ウーブレ，ジルベール）

Houdon, Jean Antoine 〈18・19世紀〉
フランスの彫刻家。主要作品は、コメディ・フランセーズの『ボルテール座像』など。
⇒岩ケ（ウドン，ジャン・アントワーヌ　1741-1828）
外国（ウードン　1741-1828）
芸術（ウードン，ジャン・アントワーヌ　1741-1828）
広辞6（ウードン　1741-1828）
国小（ウードン　1741.3.20-1828.7.15）
国百（ウードン，ジャン・アントワーヌ　1741.3.20-1828.7.15）
コン2（ウドン　1741-1828）
コン3（ウードン　1741-1828）
新美（ウードン，ジャン=アントワーヌ　1741.3.20-1828.7.15）
西洋（ウードン　1741.3.20-1828.7.15）
世西（ウードン　1741.3.20-1828.7.15）
世美（ウードン，ジャン・アントワーヌ　1741-1828）
世百（ウードン　1741-1828）
全書（ウードン　1741-1828）
大辞3（ウードン　1741-1828）
大百（ウードン　1741-1828）
デス（ウードン　1741-1828）
伝世（ウードン　1741.3.20-1828.7.15）
百科（ウードン　1741-1828）

Hough, Charlotte 〈20世紀〉
イギリスの女性絵本作家、挿絵画家、作家。
⇒英児（Hough, Charlotte　ハフ，シャーロット　1924-）
世児（ハフ，シャーロット　1924-）

Houptman, Emanuel 〈20世紀〉
イギリスの技師。
⇒新美（ホープトマン，エマニュエル　生没年不詳）
二十（ホープトマン，エマニュエル　?-）

Hourticq, Louis-Edmond 〈19・20世紀〉
フランスの美術史家。国立美術学校教授。
⇒国小（ウールティック　1875-1944）

Houser, Allan 〈20世紀〉
アメリカの彫刻家。
⇒世芸（ハウザー，アラン　?-）

Houser, Allan C. 〈20世紀〉
アメリカのイラストレーター。
⇒児イ（Houser, Allan C.　ハウザー, A.C. 1914-）

Housman, Clemence 〈19・20世紀〉
イギリスの作家, 挿絵画家。
⇒幻文（ハウスマン, クレメンス　1861-1955）

Housman, Laurence 〈19・20世紀〉
イギリスの作家, 挿絵画家。『あるイギリス婦人の恋文』(1900)その他の戯曲や諷刺小説を多作した。
⇒岩ケ（ハウスマン, ローレンス　1865-1959）
英児（ハウスマン, ローレンス　1865-1959）
演劇（ハウスマン, ローレンス　1865-1959）
才世（ハウスマン, ローレンス　1865-1959）
外国（ハウスマン　1865-）
幻想（ハウスマン, ロレンス　1865-1959）
国小（ハウスマン　1865.7.18-1959.2.20）
集世（ハウスマン, ロレンス　1865.7.18-1959.2.20）
集文（ハウスマン, ロレンス　1865.7.18-1959.2.20）
西洋（ハウスマン　1865.7.18-1959.2.20）
世児（ハウスマン, ローレンス　1865-1959）
二十英（Housman, Laurence　1865-1959）

Houston, James Archibald 〈20世紀〉
カナダの作家, 挿絵画家。
⇒英児（Houston, James Archibald　ヒュースト ン, ジェイムズ・アーチボルド　1921-）
児作（Houston, James　ハウストン, ジェームズ　1921-）
児文（ヒューストン, ジェイムズ　1921-）
世児（ヒューストン, ジェイムズ・A（アーチボルド）1921-）
二十（ヒューストン, ジェイムズ　1921-）

Howard, Alan 〈20世紀〉
イギリスのイラストレーター。
⇒児イ（Howard, Alan　ハワード, A.　1922-）

Howard, *Sir* Ebenezer 〈19・20世紀〉
イギリスの田園都市運動の創始者。1920年ウェルウィンガーデンシティを創立。
⇒岩ケ（ハワード, サー・エビニーザー　1850-1928）
英米（Howard, Sir Ebenezer　ハワード（エベニーザー）1850-1928）
国小（ハワード　1850.1.29-1928.5.1）
コン2（ハワード　1850-1928）
コン3（ハワード　1850-1928）
新美（ハウアード, エビニーザー　1850.1.29-1928.5.1）
西洋（ハワード　1850.1.29-1928.5.1）
世美（ハワード, エベニーザー　1850-1928）
世百（ハワード　1850-1928）
全書（ハワード　1850-1928）
大辞（ハワード　1850-1928）
大辞2（ハワード　1850-1928）
大辞3（ハワード　1850-1928）
ナビ（ハワード　1850-1928）
二十（ハウアード, エビニーザー　1850.1.29-1928.5.1）

百科（ハワード　1850-1928）

Howard, Rob. 〈20世紀〉
イギリスのイラストレーター。
⇒児イ（Howard, Rob.　ハワード, R.）

Howe, George 〈19・20世紀〉
アメリカの建築家。
⇒世美（ハウ, ジョージ　1886-1955）

Howitt, John Newton 〈19・20世紀〉
アメリカの風景画家, 肖像画家, 挿絵画家。
⇒幻文（ハウイット, ジョン・ニュートン　1885-1958）

Hoyland, John 〈20世紀〉
イギリスの画家。
⇒岩ケ（ホイランド, ジョン　1934-）

Hsu, Ching-yi 〈20世紀〉
中国系アメリカ人画家。
⇒華人（シュー, チンイ　1934-）

Hubacher, Hermann 〈19・20世紀〉
スイスの彫刻家。
⇒世美（フーバッハー, ヘルマン　1885-1976）

Hubbuch, Karl 〈20世紀〉
ドイツの画家。
⇒世美（フーブフ, カール　1891-1979）

Huber, Joerg 〈20世紀〉
ドイツの現代美術家。
⇒世芸（ユーベル, ジョージ　1953-）

Huber, Wolf 〈15・16世紀〉
ドイツの画家。ドナウ派を形成。
⇒芸術（フーバー, ヴォルフ　1485頃-1553）
国小（フーバー　1490-1553）
新美（フーバー, ヴォルフ　1480/-5-1553.6.3）
世美（フーバー, ヴォルフ　1480以降-1553）

Hubertus 〈7・8世紀〉
マーストリヒトおよびリエージュの司教, 聖人。
⇒岩ケ（聖ユベール　656-727）
キリ（フーベルトゥス（マーストリヒトの）655頃-727.5.30）
国小（フベルツス　?-727）
コン2（フベルトゥス　656頃-728/30）
コン3（フベルトゥス　656頃-728/30）
新美（フベルトゥス（聖）　665頃-727）
聖人（フベルト　?-727.5.30）
西洋（フベルトゥス　?-727.5.30）
百科（フベルトゥス　655頃-727）

Hübner, Karl Wilhelm 〈19世紀〉
ドイツの風俗画家。画面に劇的な処理を施し, また階級闘争を描き入れた。
⇒西洋（ヒューブナー　1814.6.17-1879.12.5）

Hübner, Rudolf Julius Benno 〈19世

紀〉
ドイツの画家。ドレスデンの美術学校教授（1841），ドレスデン画廊の主管（1871～82）。主に歴史画，宗教画，肖像画を描いた。
⇒西洋（ヒューブナー　1806.1.27-1882.11.7）

Hübner, Ulrich〈19・20世紀〉
ドイツの画家。ベルリン美術学校教授（1914）。印象派風の港湾および海岸風景を描いた。
⇒西洋（ヒューブナー　1872.6.17-1932.4.30）

Hudson, Robert〈20世紀〉
アメリカの美術家。ファンク・アートと呼ばれる傾向に属する。
⇒美術（ハドスン，ロバート　1926-）

Hudson, Thomas〈18世紀〉
イギリスの画家。
⇒世美（ハドソン，トマス　1701-1779）

Huebner, Friedrich Markus〈19・20世紀〉
ドイツの作家，美術史家。神秘的傾向をもつ抒情詩人，作家として知られる。
⇒西洋（ヒューブナー　1886.4.12-1964.5.24）

Huerta, Jean de la〈15世紀〉
アラゴン出身のブルゴーニュ派の彫刻家（中世末期）。
⇒新美（ユエルタ，ジャン・ド・ラ）

Huet, Paul〈19世紀〉
フランスの画家。ロマン主義的な風景画を描いて印象主義の先駆の存在となった。
⇒芸術（ユエ，ポール　1803-1869）
　国小（ユエ　1803-1869）
　新美（ユエ，ポール　1803.10.3-1869.1.9）
　西洋（ユエ　1803.10.3-1869.1.9）
　世美（ユエ，ポール　1803-1869）
　百科（ユエ　1803-1869）

Hughes, Arthur〈19・20世紀〉
イギリスの画家。幻想作家ジョージ・マクドナルドのファンタジーに付した挿絵が知られている。
⇒岩ケ（ヒューズ，アーサー　1830-1915）
　英児（ヒューザー，アーサー　1832-1915）
　才西（ヒューズ，アーサー　1830-1915）
　幻想（ヒューズ，アーサー　1832-1915）
　児イ（Hughes, Arthur　1832-1915）
　世児（ヒューズ，アーサー　1823-1915）
　世美（ヒューズ，アーサー　1832-1915）

Hughes, Jan〈20世紀〉
イギリス生れの画家。
⇒世芸（ヒューズ，ジャン　1958-）

Hughes, Robert (Studley Forrest)
〈20世紀〉
オーストラリアの美術評論家，作家。
⇒岩ケ（ヒューズ，ロバート（・スタドリー・フォレスト）　1938-）
　才世（ヒューズ，ロバート　1938-）
　最世（ヒューズ，ロバート　1938-）
　二十英（Hughes, Robert　1938-）

Hughes, Shirley〈20世紀〉
イギリスの女性絵本作家，挿絵画家。
⇒英児（Hughes, Shirley　ヒューズ，シャーリー　1929-）
　児作（Hughes, Shirley　ヒューズ，シャーリー　1929-）
　世児（ヒューズ，シャーリー　1929-）

Hugo, Valentine〈20世紀〉
フランスの女流画家。O.P.エリュアールの詩『人間と動物』の挿絵などで知られる。
⇒国小（ユゴー　1897-）
　世芸（ユーゴ，ヴァランティヌ　1897-1968）

Hugo, Victor-Marie〈19世紀〉
フランスの詩人，小説家，劇作家。ロマン派の総帥，国民的大詩人として，フランス文学史上不朽の足跡を残した。
⇒逸話（ユゴー　1802-1885）
　岩文（ユゴー，ヴィクトール（・マリー）　1802-1885）
　演劇（ユゴー，ヴィクトール　1802-1885）
　旺世（ユゴー　1802-1885）
　音楽（ユゴー，ヴィクトル　1802.2.26-1885.5.22）
　外国（ユーゴー　1802-1885）
　角世（ユーゴー　1802-1885）
　キリ（ユゴー，ヴィクトール・マリー　1802.2.26-1885.5.22）
　幻想（ユゴーヴィクトル　1802-1885）
　広辞4（ユゴー　1802-1885）
　広辞6（ユゴー　1802-1885）
　国小（ユゴー　1802.2.26-1885.5.22）
　国百（ユゴー，ビクトル・マリー　1802.2.26-1885.5.22）
　子本（ユーゴー，ヴィクトル　1802-1885）
　コン2（ユゴー　1802-1885）
　コン3（ユゴー　1802-1885）
　児作（Hugo, Victor　ビクトル・ユーゴー　1802-?）
　児童（ユゴー，ヴィクトル　1802-1885）
　児文（ユゴー，ヴィクトール　1802-1885）
　集世（ユーゴー，ヴィクトール　1802.2.26-1885.5.22）
　集文（ユーゴー，ヴィクトール　1802.2.26-1885.5.22）
　新美（ユーゴー，ヴィクトール　1802.2.26-1885.5.22）
　人物（ユゴー　1802.2.26-1885.5.22）
　西洋（ユゴー　1802.2.26-1885.5.22）
　世人（ユゴー　1802-1885）
　世西（ユーゴー（ユゴー）　1802.2.26-1885.5.26）
　世百（ユゴー　1802-1885）
　世文（ユゴー，ヴィクトール　1802-1885）
　全書（ユゴー　1802-1885）
　大辞（ユゴー　1802-1885）
　大辞3（ユゴー　1802-1885）
　大百（ユゴー　1802-1885）
　デス（ユゴー　1802-1885）
　伝世（ユゴー　1802-1885.5.22）
　百科（ユゴー　1802-1885）
　評世（ユーゴ　1802-1885）

名詩（ユゴー，ヴィクトール　1802-1885）
名著（ユゴー　1802-1885）
山世（ユゴー　1802-1885）
歴史（ユーゴー　1802-1885）

Hugo Cluniensis, St. 〈11・12世紀〉
クリュニー大修道院第6代院長。1120年列聖。
⇒キリ（フーゴ(クリュニーの)　1024-1109.4.28/29）
　国小（フゴ(クリュニーの)　1024-1109.4.28/9）
　新美（ユーグ(聖)(クリュニーの)　1024-1109）

Hugo d'Oignie 〈前13世紀〉
1230年頃活躍していたモザンの金工作家。
⇒新美（ユゴー・ドニー）

Huguet, Jaime 〈15世紀〉
スペインの画家。主作品『聖アウグスチヌスの生涯』。
⇒国小（ユゲー　1415頃-1492）
　新美（ウゲット，ハイメ　1415?-1495）
　スペ（ウゲット　1415頃-1492）
　世美（ウゲット，ハイメ　1415頃-1492）
　百科（ウゲット　1415頃-1492）

Hültz, Johann 〈15世紀〉
ドイツの建築家。
⇒建築（ヒュルツ，ヨハン　?-1449）
　世美（ヒュルツ，ヨハン　?-1449）

Humair, Daniel 〈20世紀〉
フランスのジャズ・ドラマー。画家としても有名。ドラマーとしてフィル・ウッズのグループなどで活躍。
⇒ジャ（ユメール，ダニエル　1938.5.23-）
　二十（ユメール，ダニエル　1938.5.23-）

Humann, Carl 〈19世紀〉
ドイツの考古学者。鉄道工事を監督しつつ考古学を研究し，ペルガモンの大祭壇を発見。
⇒西洋（フーマン　1839.1.4-1896.4.12）
　世美（フーマン，カール　1839-1896）

Humblot, Robert 〈20世紀〉
フランスの画家。
⇒世芸（アンブロー，ロベール　1907-1976）

Hummel, Berta 〈20世紀〉
ドイツの挿絵画家。
⇒世女日（フメル，ベルタ　1909-1946）

Hundertwasser 〈20世紀〉
オーストリア生れの画家。
⇒オ西（フンデルトヴァッサー　1928-）
　新美（フンデルトヴァッサー　1928.12.25-）
　世芸（フンデルトヴァッサー　1928-）
　世美（フンデルトヴァッサー，フリッツ(またはフリーデンスライヒ)　1928-）
　二十（フンデルトヴァッサー　1928.12.25-）

Huneker, James Gibbons 〈19・20世紀〉
アメリカの評論家。主著『ショパン―人と音楽』(1900)『偶像破壊者たち』(1905)など。
⇒ア文（ハネカー，ジェイムズ(・ギボンズ)　1860.1.31-1921.2.9）
　オ西（ハニカー，ジェイムズ・ギボンズ　1857-1921）
　音大（ハネカー　1860.1.31-1921.2.9）
　外国（ヒューネカー　1860-1921）
　国小（ハネカー　1860.1.31-1921.2.9）
　西洋（ハネカー　1860.1.31-1921.2.9）
　全書（ハネカー　1860-1921）
　大百（ハネカー　1860-1921）
　二十（ハネカー，ジェイムズ・ギボンズ　1860.1.31-1921.2.9）

Hunt, Nan 〈20世紀〉
オーストラリアの女性作家，絵本作家。
⇒英児（Hunt, Nan　ハント，ナン　1918-）

Hunt, Richard Morris 〈19世紀〉
アメリカの建築家。最初の高層建築を建てた。
⇒岩ケ（ハント，リチャード・モリス　1827-1895）
　建築（ハント，リチャード・モリス　1827-1895）
　国小（ハント　1828.10.31-1895.7.31）
　新美（ハント，リチャード・モリス　1827.10.31-1895.7.31）

Hunt, William Henry 〈18・19世紀〉
イギリスの水彩画家。ユーモラスな風物や静物画を描いた。
⇒岩ケ（ハント，ウィリアム・ヘンリー　1790-1864）
　西洋（ハント　1790-1864）

Hunt, William Holman 〈19・20世紀〉
イギリスの画家。宗教的題材を好んで取上げた。主作品は『働く羊飼い』(1851)。
⇒岩ケ（ハント，ウィリアム・ホールマン　1827-1910）
　キリ（ハント，ウィリアム・ホウルマン　1827.4.2-1910.9.7）
　芸術（ハント，ウィリアム・ホールマン　1827-1910）
　国小（ハント　1827.4.2-1910.9.7）
　コン2（ハント　1827-1910）
　コン3（ハント　1827-1910）
　集文（ハント，ホルマン　1827.4.2-1910.9.7）
　新美（ハント，ウィリアム・ホールマン　1827.4.2-1910.9.7）
　人物（ハント　1827.4.2-1910.9.7）
　西洋（ハント　1827.4.2-1910.9.7）
　世西（ハント　1827.4.2-1910）
　世美（ハント，ウィリアム・ホールマン　1827-1910）
　世百（ハント　1827-1910）
　全書（ハント　1827-1910）
　デス（ハント　1827-1910）
　伝世（ハント　1827-1910.9.7）
　二十（ハント，ウィリアム・ホルマン　1827.4.2-1910.9.7）
　百科（ハント　1827-1910）

Hunt, William Morris 〈19世紀〉
アメリカの画家。代表作『首席判事L.ショーの肖像』(1860)。
⇒国小（ハント　1824.3.31-1879.9.8）

Hunte, Otto〈19・20世紀〉
ドイツ生れの映画美術監督。
⇒世映（フンテ, オットー　1881-1960）

Huntington, Anna〈19・20世紀〉
アメリカの彫刻家。
⇒世女日（ハンティントン, アンナ　1876-1973）

Hurd, Clement G.〈20世紀〉
アメリカのイラストレーター。
⇒児イ（Hurd, Clement G.　ハード, C.G.）

Hurd, Thacher〈20世紀〉
アメリカのイラストレーター。
⇒児イ（Hurd, Thacher　ハード, T.　1949-）
　児作（Hurd, Thacher　ハード, サッチャー）

Hurk, Nicolle van〈20世紀〉
オランダのイラストレーター。
⇒児イ（Hurk, Nicolle van　ハルク, N.van 1959-）

Hürlimann, Bettina〈20世紀〉
スイスの絵本作家, 編集者。
⇒児作（Hurlimann, Bettina　ヒューリマン, ベッティーナ　1909-）
　児文（ヒューリマン, ベッティーナ　1909-1983）
　世女日（ヒューリマン, ベッティーナ　1909-1983）
　二十（ヒューリマン, ベッティーナ　1909-1983）

Hurlimann, Ruth〈20世紀〉
スイスのイラストレーター。
⇒児イ（Hurlimann, Ruth　ヒューリマン, R. 1939-）

Hurry, Leslie〈20世紀〉
イギリスの舞台装置家。
⇒演劇（ハリー, レズリー　1909-1978）

Hurtado, Francisco〈17・18世紀〉
スペインの建築家。
⇒建築（ウルタード, フランシスコ　1669-1725）
　新美（ウルタード, フランシスコ　1669-1725）
　世美（ウルタード, フランシスコ　1669-1725）

Huszár Vilmos〈19・20世紀〉
ハンガリーの画家。
⇒世美（フサール・ヴィルモシュ　1884-1960）

Hutchins, Pat〈20世紀〉
イギリスの絵本作家, 挿絵画家。
⇒英児（Hutchins, Pat　ハッチンス, パット 1942-）
　児イ（Hutchins, Pat　ハッチンス, P.　1942-）
　児文（ハッチンス, パット　1942-）
　世児（ハッチンズ, パット　1942-）
　二十（ハッチンス, パット　1942-）

Hutchinson, Paul A.〈20世紀〉
アメリカのイラストレーター。
⇒児イ（Hutchinson, Paul A.　ハッチンソン, P.A.　1905-）

Hutchinson, William M.〈20世紀〉
アメリカのイラストレーター。
⇒児イ（Hutchinson, William M.　ハッチンソン, W.M.　1916-）

Hutchison, *Sir* William Oliphant
〈19・20世紀〉
イギリスの画家。
⇒岩ケ（ハチソン, サー・ウィリアム・オリファント　1889-1970）

Hutton, Warwick〈20世紀〉
イギリスのイラストレーター。
⇒児イ（Hutton, Warwick　ハットン, W. 1939-）

Huxley, Juliette〈20世紀〉
スイス生れの彫刻家。
⇒世女日（ハクスレイ, ジュリエット　1896-1994）

Huyghe, René〈20世紀〉
フランスの美術史家, 美術評論家。主著は『現代美術史, 絵画』(1935),『見えるものとの対話』(1955) など。
⇒国小（ユイグ　1906.5.5-）
　新美（ユイグ, ルネ　1906.5.3-）
　西洋（ユイグ　1906.5.3-）
　世百（ユイグ　1906-）
　全書（ユイグ　1906-）
　二十（ユイグ, ルネ　1906.5.3-）

Huynh Cong Ut〈20世紀〉
ベトナム出身, アメリカ在住の写真家。
⇒東ア（フイン・コン・ウット　1951-）

Huysmans, Cornelius〈17・18世紀〉
オランダの画家。マリネスで製作。
⇒国小（ホイスマンス, コルネリウス　1648-1727）
　西洋（ホイスマンス　1648.4.1-1727.6.1）
　世美（ハイスマンス, コルネリス　1648-1727）

Huysmans, Jacob〈17世紀〉
オランダの画家。ロンドンで肖像画家として活躍。
⇒国小（ホイスマンス, ヤコブ　1633?-1696）
　世美（ハイスマンス, ヤーコブ　1633-1696）

Huysmans, Jan Baptist〈17・18世紀〉
オランダの画家。C.ホイスマンスの弟。アンベルスで風景画を描いた。
⇒国小（ホイスマンス, ヤン・バプティスト　1654-1716）

Huyssens, Piter〈16・17世紀〉
ジェスイット会の僧で建築家。
⇒建築（フューセンス, ピーテル　1577-1637）

Huysum, Jacobus van〈17世紀〉
オランダの画家。長兄ヤンの模作を行った。

⇒国小（ホイスム，ヤコブス　1686-?）

Huysum, Jan van〈17・18世紀〉
オランダの画家。写実的な花の絵で知られた。
⇒岩ケ（ホイスム，ヤン・ファン　1682-1749）
　国小（ホイスム，ヤン　1682-1749）
　世美（ファン・ハイスム，ヤン　1682-1749）

Huysum, Justus van〈17・18世紀〉
オランダの画家。戦争画を得意とした。
⇒国小（ホイスム，ユストゥス　1685-1707）

Huysum, Justus van〈17・18世紀〉
オランダの画家。静物画を描いた。ヤン，ユストゥス，ヤコブスの3人の息子も画家。
⇒国小（ホイスム，ユストゥス　1654-1716）

Hwang Kyu-Baik〈20世紀〉
韓国生れの画家。
⇒世芸（ホワン・キューバイク　1932-）

Hyman, Trina Schart〈20世紀〉
アメリカのイラストレーター。
⇒児イ（Hyman, Trina Schart　ハイマン，T.S.　1939-）

Hymas, Johnny〈20世紀〉
イギリス生れのカメラマン，小説家。
⇒海作4（ハイマス，ジョニー）

Hyung Jin-Sik〈20世紀〉
韓国生れの画家。
⇒世芸（ヒヨン，ジンシク　1950-）

【 I 】

Iacobello del Fiore〈14・15世紀〉
イタリアの画家。
⇒新美（ヤコベルロ・デル・フィオーレ　?-1439）
　世美（ヤコベッコ・デル・フィオーレ　1370頃-1439）

Iacobello di Antonello da Messina〈15世紀〉
イタリアの画家。
⇒世美（ヤコベッロ・ディ・アントネッロ・ダ・メッシーナ　1478-1490）

Iacobello di Bonomo〈14世紀〉
イタリアの画家。
⇒世美（ヤコベッロ・ディ・ボノーモ　14世紀後半）

Iacopino da Reggio〈13世紀〉
イタリアの写本装飾画家。
⇒世美（ヤコビーノ・ダ・レッジョ　13世紀末）

Iacopino del Conte〈16世紀〉
イタリアの画家。
⇒世美（ヤコピーノ・デル・コンテ　1510-1598）

Iacopo, Fra〈13世紀〉
イタリアのモザイク制作家。
⇒世美（ヤーコポ，フラ　13世紀）

Iacopo da Camerino〈13・14世紀〉
イタリアのモザイク画家。
⇒世美（ヤーコポ・ダ・カメリーノ　13-14世紀）

Iacopo da Montagnana〈15世紀〉
イタリアの画家。
⇒世美（ヤーコポ・ダ・モンタニャーナ　1443頃-1499頃）

Iacopo da Pietrasanta〈15世紀〉
イタリアの建築家，彫刻家。
⇒世美（ヤーコポ・ダ・ピエトラサンタ　?-1495頃）

Iacopo da Tradate〈15世紀〉
イタリアの彫刻家。
⇒世美（ヤーコポ・ダ・トラダーテ　1401-1440）

Iacopo da Valenza〈15・16世紀〉
イタリアの画家。
⇒世美（ヤーコポ・ダ・ヴァレンツァ　1485-1509）

Iacopo da Verona〈14・15世紀〉
イタリアの画家。
⇒世美（ヤーコポ・ダ・ヴェローナ　1355-1442）

Iacopo dei Bavosi〈14世紀〉
イタリアの画家。
⇒世美（ヤーコポ・デイ・バヴォージ　（記録）1360-1383）

Iacopo del Casentino〈13・14世紀〉
イタリアの画家。
⇒世美（ヤーコポ・デル・カゼンティーノ　1297-1350頃）

Iacopo del Sellaio〈15世紀〉
イタリアの画家。
⇒新美（ヤーコポ・デル・セルライオ　1442-1493）
　世美（ヤーコポ・デル・セッライオ　1442-1493）

Iacopo di Lorenzo〈12・13世紀〉
イタリアの彫刻家。
⇒世美（ヤーコポ・ディ・ロレンツォ　12-13世紀）

Iacopo di Paolo〈14・15世紀〉
イタリアの画家。
⇒世美（ヤーコポ・ディ・パーオロ　1384-1426）

Iacopo di Pietro Guide〈14・15世紀〉
イタリアの彫刻家。
⇒世美（ヤーコポ・ディ・ピエトロ・グイーディ　14-15世紀）

Iacopo Filippo d'Argenta 〈15・16世紀〉
イタリアの写本装飾画家。
⇒世美（ヤーコポ・フィリッポ・ダルジェンタ　15-16世紀）

Iacopo Tedesco 〈13世紀〉
イタリアの建築家。
⇒世美（ヤーコポ・テデスコ　（活動）13世紀）

Iaia 〈前2世紀〉
古代ギリシアの画家。
⇒世女日（イアイア　前2世紀）

Iakōb 〈1世紀〉
イエス・キリストの十二使徒の1人。特に側近3人の1人（新約）。
⇒岩ケ　（ヤコブ（イエスの "兄弟"）　1世紀）
　岩ケ　（ヤコブ（ゼベダイの子）　1世紀）
　外国　（ヤコブ（使徒）　?-44）
　キリ　（ヤコブ）
　キリ　（ヤコブ）
　広辞4（ヤコブ）
　広辞4（ヤコブ　?-62）
　広辞6（ヤコブ）
　広辞6（ヤコブ　?-62頃）
　コン2（ヤコブ）
　コン2（ヤコブ（大））
　コン3（ヤコブ　生没年不詳）
　コン3（ヤコブ　生没年不詳）
　新美　（ヤコブ（使徒））
　新美　（ヤコブ（主の兄弟））
　人物　（ヤコブ　生没年不詳）
　スペ　（ヤコブ）
　聖書　（ヤコブ）
　聖人　（ヤコブ〔小〕　?-62?）
　聖人　（ヤコブ〔大〕　?-44）
　西洋　（ヤコブ(大)）
　世西　（ヤコブ　?-44頃）
　世西　（ヤコブ　?-62頃）
　全書　（ヤコブ（大））
　大辞　（ヤコブ）
　大辞　（ヤコブ）
　大辞3（ヤコブ）
　大辞3（ヤコブ）
　大百　（ヤコブ(大)）
　デス　（ヤコブ）
　デス　（ヤコブ）
　百科　（ヤコブ）
　百科　（ヤコブ）

Iaroshenko, Nikolai Alexandrovich 〈19世紀〉
ロシアの画家。当時のロシアの労働者の日常生活や、革命家の肖像などを力強い写実的な筆致で描いた。
⇒芸術（ヤロシェンコ、ニコライ・アレクサンドロヴィッチ　1846-1898）
　国小（ヤロシェンコ　1846-1898）
　コン2（ヤロシェーンコ　1846-1898）
　コン3（ヤロシェンコ　1846-1898）
　新美（ヤロシェンコ、ニコライ　1846.12.14/26-1898.6.25/7.7）

Iavlenskii, Alexej Georgievich 〈19・20世紀〉
ロシアの画家。マティスを知り、その色彩、構図の影響を受けた。
⇒岩ケ（ヤウレンスキー、アレクセイ・フォン　1864-1941）
　オ西（ヤウレンスキー、アレクセイ・フォン　1864-1941）
　キリ（ヤヴレーンスキイ、アレクセーイ・ゲオールギエヴィチ　1864.3.25-1941.3.15）
　芸術（ヤウレンスキー、アレクセイ・フォン　1864-1941）
　新美（ヤウレンスキー、アレクセイ・フォン　1864.3.13-1941.3.15）
　人物（ヤウレンスキー　1864.3.26-1941.3.15）
　西洋（ヤウレンスキー　1864.3.26-1941.3.15）
　世芸（ヤウレンスキー、アレクセイ・フォン　1864-1941）
　世美（ヤウレンスキー　1864-1941）
　世美（ヤウレンスキー、アレクセイ・フォン　1864-1941）
　全書（ヤウレンスキー　1864-1941）
　二十（ヤウレンスキー、アレクセイ・フォン　1864.3.25(13)-1941.3.15）
　百科（ヤウレンスキー　1864-1941）

Ibn al-Bawwāb, 'Alī 〈11世紀〉
アラブの書道家。
⇒コン2（イブン・アルバッワーブ　?-1032）
　コン3（イブン・アルバッワーブ　?-1032）
　新美（イブン・アル=バワーブ　?-1022/32）
　西洋（イブヌル・バッワーブ　?-1022/32）

Ibn Zuhr, Abū al-'Alā' 〈12世紀〉
アラビア出身のスペインの医師。伝承学者、能書家、行政官としても活躍。
⇒国小（イブン・ズフル、アブル・アラー　?-1130）

Ignacio De Iturria 〈20世紀〉
ウルグアイの画家。
⇒世芸（イグナシオ・デ・イトゥリア　1949-）

Ignatov, Nikolaj Juljevich 〈20世紀〉
ロシアのイラストレーター。
⇒児イ（Ignatov, Nikolaj Juljevich　イグナート、N.Ju. 1937-）

Ihne, Ernst von 〈19・20世紀〉
ドイツの建築家。主作品、カイザー・フリードリヒ博物館（1904）。
⇒西洋（イーネ　1848.5.23-1917.4.21）

Ikaros
ギリシア神話中の人物。ダイダロスの子。父ダイダロスの作った翼をつけて飛んだとき、戒めを忘れて高く飛びすぎ、翼を固めていた蠟が太陽の熱で溶けて海に墜死する。
⇒コン2（イカロス）
　新美（イーカロス）
　全書（イカロス）
　大辞（イカロス）
　歴史（イカロス）

Iktinos 〈前5世紀〉
ギリシアの建築家。ペリクレス時代にアテネで

活躍，パルテノンの設計者。
⇒岩ケ（イクティノス　前5世紀）
　外国（イクティノス　前5世紀頃）
　角世（イクティノス　前5世紀）
　ギリ　（活躍）前450頃-420）
　ギロ（イクティヌス　前5世紀）
　建築（イクティノス（イクティヌス）（活動）前5世紀）
　広辞4（イクティノス）
　広辞6（イクティノス　前5世紀）
　国小（イクティノス　前5世紀）
　コン3（イクティノス　前5世紀頃）
　新美（イクティーノス）
　人物（イクチノス　生没年不詳）
　西洋（イクティノス　前5世紀）
　世西（イクティノス　前5世紀頃）
　世美（イクティノス　前5世紀）
　世百（イクティノス）
　全書（イクティノス　生没年不詳）
　大辞3（イクティノス　前5世紀頃）
　大百（イクティノス　生没年不詳）
　伝世（イクティノス　前5世紀）
　百科（イクティノス）
　山世（イクティノス　前5世紀）

Il Cavazzola〈15・16世紀〉
イタリアの画家。ヴェロナ派に属し，明快な描写と色彩とを特色とする。
⇒西洋（カヴァッツォーラ　1486-1522）
　世美（カヴァッツォーラ　1486-1522）

Ilijna, Lidija Aleksandrovna〈20世紀〉
ロシアのイラストレーター。
⇒児イ（Ilijna, Lidija Aleksandrovna　イリィーナ, L.A.　1915-）

Iljinskij, Igorj Aleksandrovich〈20世紀〉
ロシアのイラストレーター。
⇒児イ（Iljinskij, Igorj Aleksandrovich　イリインスキー, I.A.　1925-）

Il Romanino〈15・16世紀〉
イタリアの画家。主作品『聖フランチェスコ聖堂の祭壇画』(1511頃)。
⇒キリ（ロマニーノ　1484頃-1559以降）
　西洋（ロマニーノ　1485頃-1566）
　世美（ロマニーノ　1485-1560頃）

Il Rosso Fiorentino〈15・16世紀〉
イタリアの画家。フォンテンブロー派の指導者的存在。主作品はフレスコ『昇天』(1517)。
⇒岩ケ（ロッソ, フィオレンティーノ　1495-1540）
　キリ（ロッソ　1494.3.8-1540.11.14）
　芸術（ロッソ・フィオレンティーノ　1494-1540）
　国小（ロッソ　1494.3.8-1540.11.14）
　コン2（ロッソ　1494-1540）
　コン3（ロッソ　1494-1540）
　新美（ロッソ・フィオレンティーノ, イル　1494.3.8-1540.11.14）
　西洋（ロッソ　1494.3.8-1540.11.14）
　世美（ロッソ・フィオレンティーノ　1495-1540）
　全書（ロッソ・フィオレンティーノ　1495-1540）
　大百（ロッソ・フィオレンティーノ　1495-1540）
　伝世（ロッソ・フィオレンティーノ　1494-1540）
　百科（ロッソ・フィオレンティーノ　1495頃-1540）

Il Sassoferrato〈17世紀〉
イタリアの画家。17世紀ローマ派の代表的作家。主作品『ロザリオのマドンナ』。
⇒西洋（サッソフェラート　1605.7.11-1685.4.8）

Ilsley, Velma Elizabeth〈20世紀〉
カナダのイラストレーター。
⇒児イ（Ilsley, Velma Elizabeth　イルズリー, V.E.　1918-）

Imhetep
エジプト第3王朝のジュセル王に仕えた大臣，建築家。ヘリオポリスの神官。切石造りの建築を造った最初の建築家で，名前の知られる最古の建築家。死後も，半神として尊崇される。
⇒百科（イムヘテプ）

Imhoff, Peter Joseph〈18・19世紀〉
ドイツの彫刻家。
⇒世美（イムホフ, ペーター・ヨーゼフ　1768-1844）

Imhotep〈前27世紀〉
エジプト第3王朝期の書記，医者の守護者，建築家。
⇒岩ケ（イムヘテプ　（活躍）前27世紀）
　科学（イムホテプ　（活躍）前2980-2950）
　科技（イムホテプ）
　建築（イムホテプ　（活動）前2650頃）
　国小（インホテプ）
　コン2（イムホテプ　前2650頃）
　コン3（イム・ホテプ　前2650前後）
　西洋（イムホテプ　前2650頃）
　世美（イムヘテプ　前2650-前2600頃）

Imparato, Girolamo〈16・17世紀〉
イタリアの画家。
⇒世美（インパラート, ジローラモ　1550頃-1620頃）

India, Bernardino〈16世紀〉
イタリアの画家。
⇒世美（インディア, ベルナルディーノ　1528-1590）

Indiana, Robert〈20世紀〉
アメリカのポップ・アーティスト。
⇒岩ケ（インディアナ, ロバート　1928-）
　最世（インディアナ, ロバート　1928-）
　新美（インディアナ, ロバート　1928.9.13-）
　世芸（インディアナ, ロバート　1928-）
　世美（インディアナ, ロバート　1928-）
　二十（インディアナ, ロバート　1928.9.13-）
　美術（インディアナ, ロバート　1928-）

Induno, Domenico〈19世紀〉
イタリアの画家。
⇒世美（インドゥーノ, ドメーニコ　1815-1878）

Induno, Girolamo 〈19世紀〉
イタリアの画家。
⇒世美（インドゥーノ，ジローラモ　1827-1890）

Inganni, Angelo 〈19世紀〉
イタリアの画家。
⇒世美（インガンニ，アンジェロ　1807-1880）

Ingarden, Roman 〈20世紀〉
ポーランドの文芸学者，美学者，哲学者。フッサールの現象学的方法を文芸学の領域に適用。
⇒音大（インガルデン　1893.2.5-1970.6.18）
　国小（インガルデン　1894-1970）
　集文（インガルデン，ロマン　1893.2.5-1970.6.14）
　西洋（インガルデン　1893.2.5-1970.6.18）
　全書（インガルデン　1893-1970）
　二十（インガルデン，R.　1893.2.5-1970.6.18）

Inghirami, Francesco 〈18・19世紀〉
イタリアのエトルリア学者，古代研究家。
⇒世美（インギラーミ，フランチェスコ　1772-1846）

Inglés, Jorge 〈15世紀〉
スペインの画家，写本装飾画家。
⇒世美（イングレス，ホルヘ　15世紀）

Ingpen, Robert 〈20世紀〉
オーストラリアの画家，絵本作家。1986年国際アンデルセン画家賞受賞。代表作『ぼくはなまけぐま』『オーストラリアの小人たち』など。
⇒英児（Ingpen, Robert　イングペン，ロバート　1936-）
　児文（イングペン，ロバート　1936-）
　二十（イングペン，ロバート　1936-）

Ingres, Jean Auguste Dominique〈18・19世紀〉
フランスの画家。ロマン主義に対抗した古典派の指導者。作品『オダリスク』(1814)など。
⇒岩ケ（アングル，ジャン・オーギュスト・ドミニク　1780-1867）
　旺世（アングル　1780-1867）
　外国（アングル　1780-1867）
　角世（アングル　1780-1867）
　芸術（アングル，ドミニック　1780-1867）
　広辞4（アングル　1780-1867）
　広辞6（アングル　1780-1867）
　国小（アングル　1780.8.27-1867.1.14）
　国百（アングル，ジャン・オーギュスト・ドミニク　1780.8.29-1867.1.14）
　コン2（アングル　1780-1867）
　コン3（アングル　1780-1867）
　新美（アングル，ドミニック　1780.8.29-1867.1.14）
　人物（アングル　1780.8.29-1867.1.14）
　西洋（アングル　1780.8.29-1867.1.14）
　世人（アングル　1780-1867）
　世西（アングル　1780.8.29-1867.1.14）
　世美（アングル，ジャン=オーギュスト=ドミニック　1780-1867）
　世百（アングル　1780-1867）
　全書（アングル　1780-1867）
　大辞（アングル　1780-1867）
　大辞3（アングル　1780-1867）
　大百（アングル　1780-1867）
　デス（アングル　1780-1867）
　伝世（アングル　1780.8.29-1867.1.14）
　百科（アングル　1780-1867）
　評世（アングル　1780-1867）
　山世（アングル　1780-1867）
　歴史（アングル　1780-1867）

Inkpen, Mick 〈20世紀〉
イギリスのイラストレーター。
⇒児イ（Inkpen, Mick　インクペン，M.　1952-）

Inness, George 〈19世紀〉
アメリカの風景画家。
⇒岩ケ（イネス，ジョージ　1825-1894）
　英米（Inness, George　イネス　1825-1894）
　国美（イネス　1825-1894）
　コン3（インネス　1825-1894）
　新美（イネス，ジョージ　1825.5.1-1894.8.3）
　世美（イネス，ジョージ　1825-1894）
　世百（インネス　1825-1894）
　全書（イネス　1825-1894）
　伝世（インネス　1825.5.1-1894.8.3）

Innocenti, Camillo 〈19・20世紀〉
イタリアの画家。
⇒世美（インノチェンティ，カミッロ　1871-1961）

Innocenzo da Imola 〈15・16世紀〉
イタリアの画家。
⇒世美（インノチェンツォ・ダ・イーモラ　1489-1545頃）

Insolera, Italo 〈20世紀〉
イタリアの建築家，著述家。
⇒世美（インソレーラ，イターロ　1929-）

Inukpuk, Jonny 〈20世紀〉
カナダ，ポート・ハリソン生れの彫刻家。
⇒世芸（イヌクブック，ジョニー　1911-）

Inwood, Henry William 〈18・19世紀〉
イギリスの建築家。
⇒建築（インウッド，ヘンリー・ウィリアム　1794-1843）

Iōannēs, St. 〈前1・1世紀〉
十二使徒の一人，聖人。使徒ヨハネともいう（マタイ福音書，ガラテア書）。
⇒岩ケ（聖ヨハネ　1世紀）
　外国（ヨハネ　前1世紀）
　キリ（ヨハネ）
　広辞4（ヨハネ）
　国小（ヨハネ）
　コン2（ヨハネ　前1-後1世紀）
　新美（ヨハネ(福音書記者)）
　人物（ヨハネ(使徒)　生没年不詳）
　西洋（ヨハネ）
　世西（ヨハネ(使徒)）
　世美（ヨハネ(福音書記者，聖)）
　世百（ヨハネ）
　全書（ヨハネ）

大辞　（ヨハネ）
大百　（ヨハネ）
デス　（ヨハネ）
伝世　（ヨハネ　10/-5-?）
百科　（ヨハネ）
歴史　（ヨハネ　?-1世紀後半?）

Iofan, Boris Mikhailovich 〈20世紀〉
ソ連邦の建築家。パリ万国博覧会のソヴェート館などを設計した。
⇒西洋（ヨファン　1891.4.28-）
世美（ヨファン, ボリス・ミハイロヴィチ　1891-）

Ioganson, Boris Vladimirovich 〈20世紀〉
ソ連の画家。1958年ソ連邦芸術アカデミー総裁就任。47年ソ連邦芸術アカデミー正会員。41年, 51年ソ連邦国家賞受賞。
⇒二十（イオガンソーン, ボリス　1893.7.25-1973.2.25）

Ionas
ヤラベアム時代に活躍した預言者。アミッタイの子（旧約）。
⇒キリ（ヨナ）
新美（ヨナ）

Ionesco, Irina 〈20世紀〉
フランスの写真家。
⇒スパ（イヨネスコ, イリーナ　1935-）

Ipcar, Dahlov 〈20世紀〉
アメリカのイラストレーター。
⇒児イ（Ipcar, Dahlov　イプカー, D.　1917-）

Ipellie, Alootook 〈20世紀〉
カナダの作家, 画家。
⇒二十英（Ipellie, Alootook　1951-）

Īphigeneia
ギリシア神話中のアガメムノンの娘。
⇒コン2（イフィゲネイア）
新美（イーフィゲネイア）
全書（イフィゲネイア）

Ipoustéguy, Jean Robert 〈20世紀〉
フランスの彫刻家。代表作『神父の死』など。
⇒新美（イプステギィ, ジャン　1920.1.6-）
世芸（イプステギィ, ジーン・ロバート　1920-）
世美（イプーステギー, ジャン　1920-）
二十（イプステギィ, ジャン　1920.1.6-）

Irolli, Vincenzo 〈19・20世紀〉
イタリアの画家。
⇒世美（イロッリ, ヴィンチェンツォ　1860-1940）

Irving, James G. 〈20世紀〉
アメリカのイラストレーター。
⇒児イ（Irving, James G.　アービング, J.G.　1913-）

Irving, Laurence Henry Forster 〈20世紀〉
イギリスの画家, 舞台装置家。ロイヤル・シェークスピア劇場理事。英国演劇博物館協会の初代会長。
⇒国小（アービング, ロレンス・ヘンリー・フォースター　1897-）

Irwin, Robert 〈20世紀〉
アメリカの美術家。
⇒美術（アーウィン, ロバート　1928-）

Isaak 〈5世紀頃〉
シリアのキリスト教徒。大部の説教集の著者。
⇒キリ（イサーク（アンティオキアの）　?-460頃）
国小（イサク　5世紀頃）
新美（イサク）

Isabella d'Este 〈15・16世紀〉
マントバ公フランチェスコ・ゴンツァガ夫人。多くの芸術家を保護し, ルネサンス文化に貢献。
⇒国小（イザベラ（エステ家の）　1474-1539）
新美（イサベルラ・デステ　1474-1539）

Isabello, Pietro 〈15・16世紀〉
イタリアの建築家。
⇒世美（イザベッロ, ピエトロ　1480頃-1555頃）

Isabey, Eugène 〈19世紀〉
フランスの画家, 石版画家。
⇒芸術（イザベイ, ウージェーヌ　1804-1886）
新美（イザベイ, ウジェーヌ　1803.7.22-1886.4.25）
西洋（イザベ　1803.7.22-1886.4.25）
世美（イザベイ　1804-1886）
世美（イザベイ, ウージェーヌ　1803-1886）

Isabey, Jean Baptiste 〈18・19世紀〉
フランスの画家, 細密画家, 石版画家。ナポレオン1世の皇后ジョゼフィーヌ附きの第一画家（1805）。
⇒岩ケ（イザベイ, ジャン・バティスト　1767-1855）
西洋（イザベ　1767.4.11-1855.4.18）
世西（イザベー　1767.4.11-1855.4.18）
世美（イザベイ, ジャン＝バティスト　1767-1855）

Isadora, Rachel Mariorano 〈20世紀〉
アメリカのイラストレーター。
⇒児イ（Isadora, Rachel Mariorano　イサドラ, R.M.）

Isakson, Karl Oskar 〈19・20世紀〉
スウェーデンの画家。セザンヌの精神をもとにして宗教画を復活させようとした独創的な色彩画家。
⇒芸術（イサクソン, カール　1878-1922）
新美（イサクソン, カール　1878.1.16-1922.2.19）
世芸（イサクソン, カール　1878-1922）
二十（イサクソン, カール　1878.1.16-

1922.2.19)

Isbak, Poul 〈20世紀〉
デンマーク, エスビャルグ生れの彫刻家。
⇒世芸（イスバック, ポール 1943-）

Isenbrandt, Adriaen 〈16世紀〉
フランドルの画家。主作品は『マリアの七つの悲しみ』。
⇒国小（イーゼンブラント ?-1551)
新美（イーゼンブラント, アドリアーン ?-1551.7)
世美（イーゼンブラント, アドリアーン ?-1551)

Isenmann, Caspar 〈15世紀〉
ドイツの画家。
⇒新美（イーゼンマン, カスパル ?-1472.1.18)

Isidōros of Miletus 〈6世紀頃〉
ギリシアの建築家。聖ソフィア教会をコンスタンチノーブルに築造。
⇒外国（イシドロス(ミレトスの) 6世紀頃）
科史（イシドロス(ミレトスの)）
国小（イシドロス(ミレトスの) 生没年不詳）
コン2（イシドロス 532頃）
コン3（イシドロス 532頃）
新美（イシドーロス(ミーレートスの)）
数学（イシドロス(ミレトスの) 6世紀）
数学増（イシドロス(ミレトスの) 6世紀）
西洋（イシドロス(ミレトスの)）
世美（イシドロス(ミレトス出身の) 6世紀）

Israels, Isaäc 〈19・20世紀〉
オランダの美術家。
⇒オ西（イスラエルス父子 1865-1934)

Israels, Jozef 〈19・20世紀〉
オランダの画家。パリ万国博覧会(1855)では, 古い歴史画の形式に反対し, 民族的な漁夫の生活等を主題とした。
⇒岩ケ（イスラエルス, ヨーゼフ 1824-1911)
芸術（イスラエル, ヨセフ 1824-1911)
コン2（イスラエルス 1824-1911)
コン3（イスラエルス 1824-1911)
新美（イスラエルス, ヨセフ 1824.1.27-1911.8.12)
人物（イスラエルス 1824.1.27-1911.8.12)
西洋（イズラエルス 1824.1.27-1911.8.12)
世西（イスラエルス 1824-1911)
世美（イスラエルス, ヨーゼフ 1824-1911)
世百（イズラエルス 1824-1911)
全書（イスラエルス 1824-1911)
大百（イスラエルス 1824-1911)
デス（イスラエルス 1824-1911)
二十（イスラエルス, ヨセフ 1824.1.27-1911.8.12)

Italus, Franciscus 〈15・16世紀〉
ポーランドの建築家。
⇒建築（イタルス, フランシスクス ?-1516)

Itkin, Anatolij Zinovjevich 〈20世紀〉
ロシアのイラストレーター。
⇒児イ（Itkin, Anatolij Zinovjevich イートキン, A.Z. 1931-)

Itten, Johannes 〈19・20世紀〉
スイスの画家, 美術教育家。チューリヒ工芸博物館長(1938～53), リートベルク美術館長(1952～55)などを歴任。
⇒岩ケ（イッテン, ヨハネス 1888-1967)
オ西（イッテン, ヨハネス 1888-1967)
新美（イッテン, ヨハネス 1888.11.11-1967.3.25)
西洋（イッテン 1888.11.11-1967.3.25)
世芸（イッテン, ヨハネス 1888-1967)
世美（イッテン, ヨハネス 1888-1967)
世百（イッテン 1888-)
世百新（イッテン 1888-1967)
大辞2（イッテン 1888-1967)
大辞3（イッテン 1888-1967)
大百（イッテン 1888-)
二十（イッテン, ヨハネス 1888.11.11-1967.3.25)
百科（イッテン 1888-1967)

Iuvara, Eutichio 〈17・18世紀〉
イタリアの金工家。
⇒世美（ユヴァーラ, エウティーキオ 17-18世紀)

Iuvara, Francesco 〈17・18世紀〉
イタリアの金工家。
⇒世美（ユヴァーラ, フランチェスコ 17-18世紀)

Iuvara, Francesco Natale 〈17・18世紀〉
イタリアの金工家。
⇒世美（ユヴァーラ, フランチェスコ・ナターレ 17-18世紀)

Iuvara, Pietro 〈17・18世紀〉
イタリアの金工家。
⇒世美（ユヴァーラ, ピエトロ 17-18世紀)

Iuvara, Sebastiano 〈17・18世紀〉
イタリアの金工家。
⇒世美（ユヴァーラ, セバスティアーノ 17-18世紀)

Ivan, Konstantinovich Aivazovskiy 〈19世紀〉
ロシアの画家。
⇒全書（アイワゾスキー 1817-1900)

Ivanov, Aleksandr Andreevich 〈19世紀〉
ロシアの画家。神話, 宗教に取材した絵が多い。
⇒キリ（イヴァーノフ, アレクサーンドル・アンドレーエヴィチ 1806.7.16-1858.7.3)
芸術（イヴァーノフ, アレクサンドル 1806-1858)
コン2（イワーノフ 1806-1858)
コン3（イワノフ 1806-1858)
新美（イワノフ, アレクサンドル 1806.7.28/8.9-1858.15/27)
西洋（イヴァーノフ 1806.7.16-1858.7.3)
世美（イヴァーノフ, アレクサンドル・アンドレ

エヴィチ 1806-1858)
世百（イヴァーノフ 1806-1858)
全書（イワーノフ 1806-1858)
大百（イワーノフ 1806-1858)
百科（イワーノフ 1806-1858)
ロシ（イワーノフ 1806-1858)

Ivanov, Sergei Vasilievich 〈19・20世紀〉
ロシアの画家。
⇒世美（イヴァーノフ, セルゲイ・ヴァシリエヴィチ 1864-1910)

Ivanov-Vano, Ivan 〈20世紀〉
ソ連の漫画映画作家。
⇒監督（イヴァノフ・ヴァーノ, イヴァン 1900.1.27-)

Ives, Frederick (Eugene) 〈19・20世紀〉
アメリカの写真家、発明家。
⇒岩ケ（アイヴズ, フレデリック（・ユージン) 1856-1937)
コン3（アイヴズ 1856-1937)

Ives, James Merritt 〈19世紀〉
アメリカの石版工。石版印刷会社"カリアー・アンド・アイヴズ商会"の共同経営者。
⇒伝世（アイヴズ 1824-1895)

Ixnard, Pierre-Michel d' 〈18世紀〉
フランス生れの建築家。ドイツで活躍。ネオクラシズムの代表的建築家。
⇒建築（ディクスナール, ピエール＝ミシェル 1726-1795)

Izsó Miklós 〈19世紀〉
ハンガリーの彫刻家。
⇒新美（イジョー・ミクローシュ 1831.9.9-1875.5.29)

【 J 】

Jabach, Everhard 〈17世紀〉
フランスの美術収集家。ドイツ出身。
⇒世美（ヤーバッハ, エーヴェルハルト 1610頃-1695)

Jablonskaja, Elena Nilovna 〈20世紀〉
ロシアのイラストレーター。
⇒児イ（Jablonskaja, Elena Nilovna ヤブローンスカヤ, E.N. 1918-)

Jablonsky, Carol 〈20世紀〉
アメリカ生れの女性画家。
⇒世芸（ジャブロンスキ, キャロル 1939-)

Jabrān Khalīl Jabrān 〈19・20世紀〉
アラブの文学者、画家。作風は哲学的で詩情に富み、アラブ近代文学への貢献が大きい。
⇒国小（ジャブラーン・ハリール・ジャブラーン 1883-1931)

Jackson, Alexander Young 〈19・20世紀〉
カナダの画家。1917〜19年公式の戦争記録画家として活動。
⇒国小（ジャクソン 1882.10.3-1974.4.5)

Jackson, Sir Thomas Graham 〈19・20世紀〉
イギリスの建築家。
⇒岩ケ（ジャクソン, サー・トマス・グレアム 1835-1924)

Jacob 〈前14世紀〉
イスラエル民族の祖。イサクとラバンの妹リベカの子（創世記）。
⇒岩ケ（ヤコブ）
外国（ヤコブ 前14世紀)
キリ（ヤコブ）
広辞4（ヤコブ）
広辞6（ヤコブ）
国小（ヤコブ）
コン2（ヤコブ）
コン3（ヤコブ 生没年不詳）
新美（ヤコブ）
人物（ヤコブ 生没年不詳）
聖書（ヤコブ）
西洋（ヤコブ）
世百（ヤコブ）
全書（ヤコブ）
大辞（ヤコブ）
大辞3（ヤコブ）
大百（ヤコブ）
百科（ヤコブ）

Jacob, Georges 〈18・19世紀〉
フランスの家具製造業者。
⇒西洋（ジャコブ 1739.7.6-1814.7.5)
世美（ジャコブ, ジョルジュ 1739-1814)
百科（ジャコブ 1739-1814)

Jacob, Max 〈19・20世紀〉
ユダヤ系フランスの詩人、画家。ピカソらとともにキュビスム運動に参加する一方、詩、小説、評論、戯曲を数多く残す。主著、神秘劇『聖マトレル』(1936)など。
⇒外国（ジャコブ 1876-1944)
国小（ジャコブ 1876.7.12-1944.3.5)
コン2（ジャコブ 1876-1944)
コン3（ジャコブ 1876-1944)
集世（ジャコブ, マックス 1876.7.11-1944.3.5)
集文（ジャコブ, マックス 1876.7.11-1944.3.5)
新美（ジャコブ, マックス 1876.7.12-1944.3.5)
西洋（ジャコブ 1876.7.12-1944.3.5)
世百（ジャコブ 1876-1944)
世文（ジャコブ, マックス 1876-1944)
全書（ジャコブ 1876-1944)
大辞（ジャコブ 1876-1944)

大辞2（ジャコブ　1876-1944）
大辞3（ジャコブ　1876-1944）
大百（ジャコブ　1876-1944）
デス（ジャコブ　1876-1944）
二十（ジャコブ，マックス　1876.7.12-1944.3.5）
百科（ジャコブ　1876-1944）
名詩（ジャコブ，マックス　1876-1944）
名著（ジャコブ　1876-1944）

Jacobi, Lotte〈20世紀〉
ドイツ生れの写真家。
⇒世女日（ジャコビ，ロッテ　1896-1990）

Jacobs, Ken〈20世紀〉
アメリカ・ニューヨーク生れの映像作家。
⇒世映（ジェイコブス，ケン　1933-）

Jacobsen, Arne〈20世紀〉
デンマークの建築家，家具デザイナー。鋭い方形やガラスの壁面に特徴づけられた機能的建築を設計し，主作品はベラ・ビスタ共同住宅（1933），スカンジナビア航空ビル（1959）。
⇒岩ケ（ヤコブセン，アーネ　1902-1971）
現人（ヤコブセン　1902.2.11-1971.3.24）
国小（ヤコブセン　1902-1971）
新美（ヤコブセン，アルネ　1902.2.11-1971.3.24）
西洋（ヤコブセン　1902.2.11-1971.3.24）
世美（ヤコブセン，アーネ　1902-1971）
全書（ヤコブセン　1902-1971）
大百（ヤコブセン　1902-1971）
二十（ヤコブセン，アルネ　1902.2.11-1971.3.24）

Jacobsen, Egill〈20世紀〉
デンマークの画家。
⇒世美（ヤコブセン，エーギル　1910-）

Jacobsen, Robert〈20世紀〉
デンマークの彫刻家。
⇒世芸（ヤコブセン，ロバート　1912-）
世美（ヤコブセン，ロベアト　1912-1971）

Jacometti, Pietro Paolo〈16・17世紀〉
イタリアの彫刻家，画家。
⇒世美（ヤコメッティ，ピエトロ・パーオロ　1580-1655）

Jacopo Bassano〈16世紀〉
イタリアの画家。
⇒芸術（バッサーノ，ヤコポ　1517/1518-1592）

Jacopo di Cione
イタリア，フィレンツェの画家。
⇒新美（ヤーコポ・ディ・チオーネ）

Jacque, Charles〈19世紀〉
フランスの画家，エッチング彫版家。
⇒岩ケ（ジャック，シャルル・エミール　1813-1894）
新美（ジャック，シャルル　1813.5.23-1894.5.7）
世美（ジャック，シャルル　1813-1894）

Jacquemart de Hesdin〈14・15世紀〉
フランスの写本装飾画家。
⇒新美（ジャックマール・ド・エダン）
世美（ジャックマール・ド・エダン　（活動）14世紀末-15世紀初頭）

Jacques, Faith〈20世紀〉
イギリスのイラストレーター。
⇒児イ（Jacques, Faith　ジェイキーズ, F.）

Jacques, Robin〈20世紀〉
イギリスのイラストレーター。
⇒児イ（Jacques, Robin　ジェイキーズ, R. 1920-）
世児（ジェイクィーズ，ロビン　1920-）

Jacquet, Alain〈20世紀〉
フランスの画家。
⇒新美（ジャケ，アラン　1939.2.22-）
世芸（ジャケ，アレン　1939-）
二十（ジャケ，アラン　1939.2.22-）

Jacquette, Yvonne〈20世紀〉
アメリカ生れの女性画家。
⇒世芸（ジャケット，イボン　1934-）

Jaeckel, Willy〈19・20世紀〉
ドイツの画家。
⇒キリ（イェケル，ヴィリ　1888.2.10-1944.1.30）
世芸（ジェッケル，ウィリー　1888-1957）

Jaenisch, Hans〈20世紀〉
ドイツの画家。特にテンペラ画を多く描く。
⇒国小（イェーニッシュ　1907.5.19-）

Ja'far Mawlānā〈15世紀〉
イランの書家。古典の筆写を指導。
⇒国小（ジャーファル　15世紀頃）
コン2（ジャアファル　15世紀）
コン3（ジャアファル　生没年不詳）
世東（ジャーファル）

Jagemann, Christian Josef〈18・19世紀〉
ドイツの学者。イタリアの美術および学芸の研究がある。主著"Italienisches Wörterbuch"4巻（1805）。
⇒キリ（ヤーゲマン，クリスティアン・ヨーゼフ　1735-1804.2.4/5）
西洋（ヤーゲマン　1735-1804.2.5）

Jagger, Sargeant〈19・20世紀〉
イギリスの彫刻家。
⇒世芸（ジャッガー，サージェント　1885-1934）

Jahn, Helmut〈20世紀〉
ドイツの建築家。マーフィーアソシエイツ副社長。
⇒最世（ヤーン，ヘルムート　1940-）
二十（ヤーン，ヘルムート　1940-）

Jahn, Otto 〈19世紀〉
ドイツの考古学，古典学者。美術考古学と古典文献学を総合，調和する方法により，古典および古代研究に貢献。
⇒音楽（ヤーン，オットー　1813.6.16-1869.9.9）
　音大（ヤーン　1813.6.16-1869.9.9）
　外国（ヤーン　1813-1869）
　人物（ヤーン　1813.6.16-1869.9.9）
　西洋（ヤーン　1813.6.16-1869.9.9）
　世西（ヤーン　1813.6.16-1869.9.9）
　世美（ヤーン，オットー　1813-1869）
　ラル（ヤーン，オットー　1813-1869）

Jakobson, Aleksandra Nikolaevna 〈20世紀〉
ロシアのイラストレーター。
⇒児イ（Jakobson, Aleksandra Nikolaevna　ヤコブソン, A.N.　1903-1966）

Jakubowski, Charles 〈20世紀〉
アメリカのイラストレーター。
⇒児イ（Jakubowski, Charles　ヤクボウスキー, C.）

Jakutovich, Georgij Vjacheslavovich 〈20世紀〉
ロシアのイラストレーター。
⇒児イ（Jakutovich, Georgij Vjacheslavovich　ヤクトーヴィッチ, G.V.　1930-）

Jallier, Noël 〈16世紀〉
フランスの画家。
⇒世美（ジャリエ，ノエル　16世紀）

James, Harold 〈20世紀〉
アメリカのイラストレーター。
⇒児イ（James, Harold　ジェイムズ, H.）

James, John 〈17・18世紀〉
イギリスの建築家。
⇒世美（ジェイムズ，ジョン　1672頃-1746）

James, Simon 〈20世紀〉
イギリスのイラストレーター。
⇒児イ（James, Simon　ジェイムズ, S.　1961-）

James, Will 〈20世紀〉
アメリカの作家，画家。『名馬スモーキー』(1926)は，ニューベリー賞を受けた。ほかに『私の最初の馬』『カウボーイ物語』など。
⇒英児（James, Will　ジェイムズ，ウィル　1892-1942）
　児童（ジェームズ，ウィル　1892-1942）
　二十（ジェームズ，ウイリアム　1892-1942）

James of St.George, Master 〈13・14世紀〉
エドワード1世(在位1272-1307年)時代の城塞建築家。
⇒西騎（ジェームズ・オブ・セント・ジョージ（マスター）　エドワード1世時代(1272-1307頃)）

Jamesone, George 〈16・17世紀〉
イギリスの画家。騎士肖像画で，チャールズ1世の賞讃を得た。
⇒西洋（ジェームソン　1586-1644.2.8）

Jamnitzer, Albrecht 〈16世紀〉
ドイツの金工家。
⇒新美（ヤムニッツァー，アルブレヒト　?-1555）

Jamnitzer, Christoph 〈16・17世紀〉
ドイツ皇帝のお抱え細工師。
⇒コン2（ヤムニッツァー，クリストフ　1563-1618）
　コン3（ヤムニッツァー，クリストフ　1563-1618）

Jamnitzer, Wenzel 〈16世紀〉
オーストリアの金工。ルネサンス時代を代表する鋳金家の一人，ウィーンで制作した。
⇒コン2（ヤムニッツァー，ヴェンツェル　1508-1585）
　コン3（ヤムニッツァー，ヴェンツェル　1508-1585）
　新美（ヤムニッツァー，ヴェンツェル　1508-1585.12.19）
　西洋（ヤムニッツァー　1508-1585.12.19）
　世美（ヤムニッツァー，ヴェンツェル　1508-1585）
　百科（ヤムニッツァー　1508-1585）

Janák, Pavel 〈19・20世紀〉
チェコスロヴァキアの建築家。
⇒世美（ヤナーク，パヴェル　1882-1956）

Janco, Marcel 〈20世紀〉
イスラエルの画家。
⇒ユ人（ヤンコ，マルセル　1895-1984）

Jane, Frederick Thomas 〈19・20世紀〉
イギリスの作家，ジャーナリスト，画家。
⇒岩ケ（ジェイン，フレデリック・トマス　1865-1916）

Janeček, Ota 〈20世紀〉
チェコスロバキアの画家，イラストレーター。
⇒児イ（Janecek, Ota　ヤネチェック, O.　1919-）
　児文（ヤネチェク，オタ　1919-）
　二十（ヤネチェク，オタ　1919-）

Janniot, Alfred 〈19・20世紀〉
フランスの彫刻家。
⇒世芸（ジャニオ，アルフレ　1889-1958）

Janosch 〈20世紀〉
ポーランドのイラストレーター。
⇒児イ（Janosch　ヤーノシュ　1931-）
　児文（ヤーノシュ　1931-）
　二十（ヤーノシュ　1931-）

Janoušek, František 〈19・20世紀〉
チェコスロヴァキアの画家。
⇒世美（ヤノウシェク，フランティシェク　1890-

1943)

Jans, Jean I 〈17世紀〉
フランスのタピスリー制作家。フランドル出身。
⇒世美(ヤンス, ジャン1世 1618-1668)

Jansen, Jean 〈20世紀〉
フランスの画家。
⇒世芸(ジャンセン, ジャン 1920-)
二十(ジャンセン, ジェーン 1920-)

Janssen, Horst 〈20世紀〉
西ドイツの画家。1968年ヴェネツィア・ビエンナーレで版画大賞を受賞。名作の模写で知られる。
⇒新美(ヤンセン, ホルスト 1929.11.14-)
世芸(ヤンセン, ホルスト 1929-)
世美(ヤンセン, ホルスト 1929-)
二十(ヤンセン, ホルスト 1929.11.14-)
美術(ヤンセン, ホルスト 1929-)

Janssen, Peter Johann Theodor 〈19・20世紀〉
ドイツの画家。風景画, 歴史画, 肖像画のほか, 公共建物の壁画や室内装飾も担当した。
⇒芸術(ヤンセン, ペーター 1844-1908)
国小(ヤンセン 1844-1908)
西洋(ヤンセン 1844.12.12-1908.2.19)
世芸(ヤンセン, ペーター 1844-1908)

Janssens, Abraham 〈16・17世紀〉
フランドルの画家。カラバッジョ風の歴史画を描いた。
⇒国小(ヤンセンス 1575頃-1632)
西洋(ヤンセンス 1575頃-1632.1.25)
世美(ヤンセンス, アブラハム 1575頃-1632)

Janssens, Jan 〈16・17世紀〉
フランドルの画家。
⇒世美(ヤンセンス, ヤン 1590頃-1650頃)

Janssens Elinga, Pieter 〈17世紀〉
オランダの画家。フランドル出身。
⇒世美(ヤンセンス・エリンガ, ピーテル 1623-1682以後)

Janssen van Ceulen, Cornelius 〈16・17世紀〉
オランダの画家。暗い背景に浮き出すような細密な筆致の作品を残した。主作品は『チャールズ1世像』。
⇒岩ケ(ヤンセン, コルネリス 1593-1661)
国小(ヤンセン 1593-1664頃)
西洋(ヤンセンス 1593.10.14-1661/2)

Jansson, Eugène Fredrik 〈19・20世紀〉
スウェーデンの画家。幻想的な風景画を得意としてストックホルムで活躍。
⇒芸術(ヤンソン, ウージェーヌ 1862-1915)
国小(ヤンソン 1862-1915)
新美(ヤンソン, ユージェヌ 1862.3.18-1915.6.15)
世芸(ヤンソン, ウージェーヌ 1862-1915)
二十(ヤンソン, ユージェヌ 1862.3.18-1915.6.15)

Jansson, Tove Marika 〈20世紀〉
フィンランドの女流童話作家, 画家。『ムーミン』シリーズは全7巻をかぞえ, 1966年には国際アンデルセン大賞を受賞。
⇒岩ケ(ヤンソン, トーヴェ(・マリカ) 1914-)
英児(Jansson, Tove Marika ヤンソン, トーヴェ・マリカ 1914-)
海作4(ヤンソン, トーベ 1914.8.9-2001.6.27)
幻想(ヤンソン, トーベ 1914-)
広辞6(ヤンソン 1914-2001)
子本(ヤンソン, トーベ 1914-)
児イ(Jansson, Tove ヤンソン, T. 1914-)
児童(ヤンソン, トーベ 1914-)
児文(ヤンソン, トゥーヴェ 1914-)
集世(ヤンソン, トゥーヴェ 1914.8.9-2001.6.27)
集文(ヤンソン, トゥーヴェ 1914.8.9-)
スパ(ヤンソン, トーベ 1914-)
西洋(ヤンソン 1914.8.9-)
世女日(ヤンソン, トーベ 1914-2001)
世百新(ヤンソン 1914-2001)
全書(ヤンソン 1914-)
大辞3(ヤンソン 1914-2001)
大百(ヤンソン 1914-)
ナビ(ヤンソン 1914-)
二十(ヤンソン, トーベ・M. 1914.8.9-)
百科(ヤンソン 1914-)

Jantzen, Hans 〈19・20世紀〉
ドイツの美術史家。ゴシック美術におけるゲルマン的特性を主張した。
⇒キリ(ヤンツェン, ハンス 1881.4.24-1967.2.15)
西洋(ヤンツェン 1881.4.24-1967.2.15)

Jan van Roome 〈15・16世紀〉
フランドルの画家。
⇒世美(ヤン・ファン・ルーメ 1498-1521)

Janvier, Catharine 〈19・20世紀〉
アメリカの画家。
⇒世女日(ジャンヴィール, カサリン 1841-1922)

Japelli, Giuseppe 〈18・19世紀〉
イタリアの建築家。
⇒建築(ヤッペッリ, ジュゼッペ 1783-1852)
世美(ヤッペリ, ジュゼッペ 1783-1852)

Jaquerio, Giacomo 〈14・15世紀〉
イタリアの画家。
⇒世美(ヤクエーリオ, ジャーコモ 1375頃-1453)

Jaques, Faith 〈20世紀〉
イギリスの児童書挿絵画家。
⇒英児(Jaques, Faith Heather ジェイクス, フェイス・ヘザー 1923-1997)
児イ(Jaques, Faith ジェイクス, F. 1923-)
世児(ジェイクス, フェイス・ヘザー 1923-1997)
世女日(ジェイクス, フェイス 1923-1997)

Jardiel, José〈20世紀〉
スペインの画家。
⇒世美（ハルディエル，ホセ　1928-）

Jardin, Nicolas〈18世紀〉
フランスの建築家。コペンハーゲンおよびヘルシンキ附近に教会や宮殿の作品がある。
⇒建築（ジャルダン，ニコラ＝アンリ　1720-1799）
　西洋（ジャルダン　1720.3.22/23-1799.8.31）
　世美（ジャルダン，ニコラ＝アンリ　1720-1799）

Järnefelt, Eero Nikolai〈19・20世紀〉
フィンランドの画家。
⇒西洋（イェルネフェルト　1863.8.11-1937.11.24）

Jarrett, Clare〈20世紀〉
イギリスの画家，版画家。
⇒児作（Jarrett, Clare　ジャレット，クレア　1952-）

Jarrie, Martin〈20世紀〉
フランスのイラストレーター。
⇒児作（Jarrie, Martin　ジャリ，マルタン　1953-）

Jarvis, John Wesley〈18・19世紀〉
アメリカの肖像画家。代表作『ダニエル・トンプサーズの肖像』。
⇒国小（ジャービス　1780-1840）

Jáuregui y Aguilar, Juan de〈16・17世紀〉
スペインの画家，詩人。イタリアで詩を学び『抒情詩』を発表。
⇒集文（ハウレギ，フアン・デ　1583-1641）

J　Jayavarman VII〈12・13世紀〉
アンコール王朝最盛時代を形成した王（在位1181～1220年）。熱心な大乗仏教徒。
⇒外国（ジャヤヴァルマン7世　1125-1220頃）
　角世（ジャヤヴァルマン7世　生没年不詳）
　皇帝（ジャヤヴァルマン7世　1125頃-1218頃）
　国小（ジャヤバルマン7世　1125頃-1220頃）
　コン2（ジャヤヴァルマン7世　1125-1225/18）
　コン3（ジャヤヴァルマン7世　1125-1225/18）
　新美（ジャヤヴァルマン七世）
　世東（ジャヤヴァルマン7世　1125頃-1220頃）
　全書（ジャヤバルマン7世　生没年不詳）
　大百（ジャヤバルマン7世　1125頃-1218頃）
　統治（ジャヤヴァルマン七世　（在位)1181-1218）
　東ア（ジャヤヴァルマン(7世)　1125頃-1218頃）
　百科（ジャヤバルマン7世　1125頃-1218頃）

Jean d'Andely〈13世紀〉
フランスの建築家。
⇒建築（ジャン・ダンドリィ　（活動)13世紀）

Jean d'Arbois〈14世紀〉
フランスの画家。
⇒新美（ジャン・ダルボワ）
　世美（ジャン・ダルボワ　14世紀）

Jean de Bayeux〈14世紀〉
フランス，ルーアンの建築長。
⇒建築（ジャン・ド・バユー　?-1398）

Jean de Bruges〈14世紀〉
フランドル出身の画家。
⇒新美（ジャン・ド・ブリュージュ）

Jean de Cambrai〈15世紀〉
フランスの彫刻家。
⇒世美（ジャン・ド・カンブレー　?-1438）

Jean de Chartres〈15・16世紀〉
フランスの彫刻家。
⇒世美（ジャン・ド・シャルトル　15-16世紀）

Jean de Chelles〈13世紀〉
フランスの建築家。
⇒建築（ジャン・ド・シェル　（活動)13世紀）
　新美（ジャン・ド・シェル　?-1270頃）
　世美（ジャン・ド・シェル　13世紀）

Jean de Liège〈14世紀〉
リエージュ生れの彫刻家。
⇒新美（ジャン・ド・リエージュ）

Jean de Loubière〈14世紀〉
フランスの建築家。
⇒建築（ジャン・ド・ルビエル　（活動)14世紀）
　世美（ジャン・ド・ルービエール　14世紀前半）

Jean de Rouen〈16世紀〉
フランス・ルネサンス期の彫刻家。
⇒西洋（ジャン・ド・ルーアン　?-1580頃）

Jean Deschamps〈13世紀〉
フランスの建築家。
⇒西洋（ジャン・デシャン　13世紀頃）
　世美（ジャン・デ・シャン　13世紀）

Jean d'Oisy〈14世紀〉
フランドルの建築家。
⇒世美（ジャン・ドワジー　14世紀）

Jean d'Orbais〈13世紀〉
フランスの建築家。
⇒建築（ジャン・ドルベ　?-1231）
　世美（ジャン・ドルベー　13世紀）

Jeanmart, Claude〈20世紀〉
フランスの画家。
⇒世芸（ジャンマール，クロード　1937-）

Jeanneret, Pierre〈20世紀〉
スイスの建築家。
⇒世美（ジャンヌレ，ピエール　1896-1968）

Jeanron, Philippe-Auguste〈19世紀〉
フランスの画家。
⇒世美（ジャンロン，フィリップ＝オーギュスト　1809-1877）

Jeaurat, Étienne 〈17・18世紀〉
フランスの画家。
⇒世美（ジョーラ，エティエンヌ 1699-1789）

Jeffers, Susan 〈20世紀〉
アメリカのイラストレーター。
⇒児イ（Jeffers, Susan ジェファーズ, S.）

Jefferson, Robert Louis 〈20世紀〉
アメリカのイラストレーター。
⇒児イ（Jefferson, Robert Louis ジェファーソン, R.L. 1929-）

Jefferson, Thomas 〈18・19世紀〉
アメリカの政治家。第3代大統領（1801～09）。
⇒ア文（ジェファーソン，トマス 1743.4.13-1826.7.4）
アメ（ジェファソン 1743-1826）
逸話（ジェファーソン 1743-1826）
岩ケ（ジェファーソン，トマス 1743-1826）
岩哲（ジェファーソン 1743-1826）
英文（ジェファソン，トマス 1743-1826）
英米（Jefferson, Thomas ジェファソン 1743-1826）
旺世（ジェファソン 1743-1826）
外国（ジェファソン 1743-1826）
科学（ジェファーソン 1743.4.13-1826.7.4）
角世（ジェファーソン 1743-1826）
教育（ジェファーソン 1743-1826）
キリ（ジェファスン，トマス 1743.4.13/2-1826.7.4）
建築（ジェファーソン，トーマス 1743-1826）
広辞4（ジェファソン 1743-1826）
広辞6（ジェファソン 1743-1826）
国小（ジェファーソン 1743.4.13-1826.7.4）
国百（ジェファーソン，トマス 1743.4.13-1826.7.4）
コン2（ジェファソン 1743-1826）
コン3（ジェファソン 1743-1826）
集文（ジェファソン，トマス 1743.4.2-1826.7.4）
新美（ジェファソン，トーマス 1743.4.13-1826.7.4）
人物（ジェファソン 1743.4.2-1826.7.4）
西洋（ジェファソン 1743.4.2-1826.7.4）
世人（ジェファソン 1743-1826）
世西（ジェファソン 1743.4.2-1826.7.4）
世美（ジェファーソン，トマス 1743-1826）
全書（ジェファソン 1743-1826）
体育（ジェファソン 1743-1826）
大辞（ジェファソン 1743-1826）
大辞3（ジェファソン 1743-1826）
大百（ジェファソン 1743-1826）
デス（ジェファソン 1743-1826）
伝世（ジェファソン 1743.4.13-1826.7.4）
百科（ジェファソン 1743-1826）
評伝（ジェファソン 1743-1826）
山世（ジェファソン 1743-1826）
歴史（ジェファソン 1743-1826）

Jehōsū'a 〈前13世紀〉
エフライムの部族、ヌンの子。モーセの死後にイスラエルの指導者（ヨシュア記）。
⇒岩ケ（ヨシュア）
国小（ヨシュア）

コン2（ヨシュア 前13世紀）
コン3（ヨシュア 前13世紀）
新美（ヨシュア）
聖書（ヨシュア）
西洋（ヨシュア）
全書（ヨシュア）
大百（ヨシュア）
百科（ヨシュア）
山世（ヨシュア）

Jehūdīt
経外書ユディト書の女主人公（旧約）。
⇒岩ケ（ユディト）
キリ（ユディト）
コン2（ユディト）
新美（ユーディット）
西洋（ユディト）

Jekyll, Gertrude 〈19・20世紀〉
イギリスの園芸家，造園家。
⇒岩ケ（ジーキル，ガートルード 1843-1932）
世女（ジーキル，ガートルード 1843-1932）
世女日（ジェキル，ガートルード 1843-1932）

Jelgerhuis, Johannes 〈18・19世紀〉
オランダの画家。
⇒世美（イェルハーハイス，ヨハネス 1770-1836）

Jenkins, George 〈20世紀〉
アメリカ生れの映画美術監督。
⇒世映（ジェンキンズ，ジョージ 1911-2007）

Jenkins, Paul 〈20世紀〉
アメリカの画家。
⇒世美（ジェンキンズ，ポール 1923-）

Jenkyns, Chris 〈20世紀〉
アメリカのイラストレーター。
⇒児イ（Jenkyns, Chris ジェンキンズ, C. 1924-）

Jennewein, Carl Paul 〈19・20世紀〉
ドイツ生れのアメリカの建築家。ナショナル・アカデミー会員。
⇒国小（ジェヌワイン 1890-）

Jennewein, Paul 〈19・20世紀〉
アメリカの彫刻家。
⇒世芸（ジェヌワイン，ポール 1890-1959）

Jenney, William Le Baron 〈19・20世紀〉
アメリカの建築家。鉄骨とガラスを用いて斬新なオフィス・ビルディングの様式を創造。
⇒国小（ジェニー 1832.9.25-1907.6.14）
コン2（ジェニー 1832-1907）
コン3（ジェニー 1832-1907）
新美（ジェンニイ，ウィリアム・レ・バロン 1832.9.25-1907.6.15）
西洋（ジェニ 1832-1907）
世美（ジェニー，ウィリアム・ル・バロン 1832-1907）
世百（ジェニー 1832-1907）

Jensen, Georg 〈19・20世紀〉
デンマークの金工家, 彫刻家, 銀細工師。
⇒岩ケ (イェンセン, ゲオア 1866-1935)
世美 (イェンセン, ゲオウ 1866-1935)

Jensen, Kristian Albert 〈18・19世紀〉
デンマークの画家。
⇒新美 (イェンセン, クリスティアン・アルベール 1792.6.26-1870.7.13)

Jensen-Klint, Peder Vilhelm 〈19・20世紀〉
デンマークの建築家。
⇒世美 (イェンセン=クリント, ペザー・ウィルヘルム 1853-1930)

Jenson, Nicolaus 〈15世紀〉
フランスの印刷者, 活字彫刻者。
⇒コン2 (ジャンソン 1420頃-1480)
コン3 (ジャンソン 1420頃-1480)
西洋 (ジャンソン 1420頃-1480)

Jerace, Francesco 〈19・20世紀〉
イタリアの彫刻家。
⇒世美 (イェラーチェ, フランチェスコ 1854-1937)

Jeremiah 〈前7・6世紀頃〉
旧約聖書中の大預言者。
⇒岩ケ (エレミヤ 前7世紀)
旺世 (エレミア 生没年不詳)
外国 (エレミア 前650頃-585頃)
教育 (エレミア 前629-586?)
広辞4 (エレミア 前626-前586)
広辞6 (エレミヤ)
国小 (エレミヤ)
コン2 (エレミヤ 前7世紀頃-6世紀)
コン3 (エレミヤ 前7世紀頃-前6世紀)
新美 (エレミヤ)
人物 (エレミヤ 前7-6世紀頃)
西洋 (エレミヤ 前7世紀)
世人 (エレミア 生没年不詳)
世西 (エレミア 前460頃-580頃)
世美 (エレミヤ)
世百 (エレミヤ)
全書 (エレミヤ)
大辞 (エレミヤ 前7世紀後半-6世紀初)
大辞3 (エレミヤ 前7世紀後半-6世紀初)
大百 (エレミヤ)
伝世 (エレミヤ 前7/6世紀)
百科 (エレミヤ)
評世 (エレミア 前7世紀頃)
歴史 (エレミア)

Jervas, Charles 〈17・18世紀〉
イギリスの肖像画家。宮廷画家。
⇒国小 (ジャーバス 1675頃-1739)

Jespers, Floris 〈19・20世紀〉
ベルギーの画家, 版画家, チェロ奏者。
⇒世美 (イェスペルス, フローリス 1889-1965)

Jespers, Oscar 〈19・20世紀〉
ベルギーの彫刻家。
⇒世美 (イェスペルス, オスカル 1887-1970)

Jetelová, Magdalena 〈20世紀〉
チェコスロバキア生れの木彫作家。
⇒世芸 (ヘテロア, マグダレーナ ?-)

Jiang Tiefang 〈20世紀〉
中国生れの画家。
⇒世芸 (ジャン・ティエファン 1938-)

Jibrān Kalīl Jibrān 〈19・20世紀〉
アメリカに帰化したレバノンの作家, 画家。シリア人移住者のペンクラブ会長としてマハジャル (移民) 文学を代表。瞑想詩『預言者』が有名。
⇒コン3 (ジブラーン 1883-1931)
全書 (ジブラーン・ハリール・ジブラーン 1883-1931)
二十 (ジブラーン, ハリール・ジブラーン 1883-1931)

Joan, Capella 〈20世紀〉
スペインの芸術家。
⇒世芸 (ジョアン, カペラ 1927-)

Joannes Baptista 〈前1・1世紀〉
ユダのヘブロンの人, 聖人。イエス・キリストの先駆者とされる (マルコ福音書)。
⇒岩ケ (ヨハネ (バプテスマの) 1世紀)
外国 (ヨハネ (バプテスマの))
キリ (ヨハネ)
広辞4 (バプテスマのヨハネ)
国小 (ヨハネ (バプテスマの))
国百 (ヨハネ (バプテスマの) 前4頃-?)
コン2 (ヨハネ (バプテスマの) 前8/4頃-後1世紀)
新美 (ヨハネ (洗礼者))
人物 (ヨハネ (洗礼者) 生没年不詳)
世西 (ヨハネ (洗者))
世百 (ヨハネ (バプテスマの))
全書 (ヨハネ (バプテスマの))
大辞 (ヨハネ)
大百 (ヨハネ (バプテスマの))
デス (ヨハネ (バプテスマの))
伝世 (ヨハネ (バプテスマの) 前4頃-後30頃)
百科 (ヨハネ (バプテスマの))

Job
ヨブ記の主人公 (旧約)。
⇒外国 (ヨブ)
コン2 (ヨブ)
新美 (ヨブ)
西洋 (ヨブ)
世西 (ヨブ)
全書 (ヨブ)
大辞 (ヨブ)
大百 (ヨブ)
伝世 (ヨブ)
百科 (ヨブ)

Job, Enrico 〈20世紀〉
イタリアの舞台美術家, 舞台衣装家, 彫刻家。

⇒世美（ヨブ，エンリーコ　1934-）

Joe, James B.〈20世紀〉
アメリカ生れの画家。
⇒世芸（ジョー，ジェームス・B　1915-）

Joerns, Cousuelo〈20世紀〉
アメリカのイラストレーター。
⇒児イ（Joerns, Cousuelo）

Joest, Jan〈15・16世紀〉
オランダの画家。主作品『ニコライ聖堂祭壇画』。
⇒西洋（ヨースト　1480以前-1519）

Joffrin, Guily〈20世紀〉
フランスの女性画家。
⇒世芸（ジョフラン，ギュリー　1909-）

Johannesson, Hringur〈20世紀〉
アイスランドのイラストレーター。
⇒児イ（Johannesson, Hringur　ヨウハンネスソン，H. 1932-）

Johannot, Tony〈19世紀〉
ドイツ出身のフランスの画家，版画家。
⇒世美（ジョアノ，トニー　1803-1852）

Johansen, John Maclane〈20世紀〉
アメリカの建築家。
⇒世美（ヨハンセン，ジョン・マクレイン　1916-）

Johansen, Viggo〈19・20世紀〉
デンマークの画家。
⇒新美（ヨハンセン，ヴィッゴ　1851.1.3-1935）

Johanson, Patricia〈20世紀〉
アメリカの画家。
⇒美術（ヨハンソン，パトリシア　1940-）

John, Augustus Edwin〈19・20世紀〉
イギリスの画家。肖像画に秀作が多い。代表作は『ほほえむ婦人』(1910)。
⇒岩ケ（ジョン，オーガスタス（・エドウィン）　1878-1961）
　芸術（ジョーン，オーガスタス　1879-1961）
　国小（ジョン　1878-1961）
　新美（ジョーン，オーガスタス　1878.1.4-1961.10.31）
　人物（ジョン　1879-1961）
　世芸（ジョーン，オーガスタス　1879-1961）
　世西（ジョン　1879-1961）
　二十（ジョン，オーガスタス・エドウィン　1878.1.4-1961.10.31）

John, Gwen〈19・20世紀〉
イギリス・ウェールズの女流画家。カトリックに改宗したとき，自らの手でその作品の多くを灰にしたと言う。
⇒岩ケ（ジョン，グウェン　1876-1939）
　芸術（ジョーン，グウェン　1876-1939）
　スパ（ジョン，グエン　1876-1939）

世芸（ジョン，グウェン　1876-1939）
世女（ジョン，グウェン（グウェンドレン）1876-1939）
世女日（ジョン，グエン　1876-1939）

John, Jaromír〈19・20世紀〉
チェコのジャーナリスト，美術評論家，作家。
⇒集世（ヨーン，ヤロミール　1882.4.16-1952.4.24）
　集文（ヨーン，ヤロミール　1882.4.16-1952.4.24）

John, Sir William Goscombe〈19・20世紀〉
イギリスの彫刻家。
⇒芸術（ジョーン，ガスコム　1860-1953）
　世芸（ジョーン，ガスコム　1860-1953）

Johnes, Howard〈20世紀〉
アメリカの美術家。
⇒二十（ジョーンズ，ハワード　1956-）
　美術（ジョーンズ，ハワード　1922-）

John of Gloucester〈13世紀〉
イギリスの建築家。ジョン・オブ・メースンの名でも知られている。
⇒建築（ジョン・オブ・グローチェスター　1245-1260）

Johns, Jasper〈20世紀〉
アメリカの画家。トロンプ・ルイユ（だまし絵）によって事実と虚構を主題とする作品を発表するなど，視覚的なものをめぐる観念的な芸術を追求している。
⇒ア人（ジョーンズ，ジャスパー　1930-）
　アメ（ジョーンズ　1930-）
　岩ケ（ジョーンズ，ジャスパー　1930-）
　オ西（ジョーンズ，ジャスパー　1930-）
　現ア（Johns, Jasper　ジョーンズ，ジャスパー　1930-）
　現人（ジョーンズ　1930.5.15-）
　広辞6（ジョーンズ　1930-）
　コン3（ジョーンズ　1930-）
　新美（ジョーンズ，ジャスパー　1930.5.15-）
　西芸（ジョンズ　1930.5.15-）
　世芸（ジョーンズ，ジャスパー　1930-）
　世美（ジョーンズ，ジャスパー　1930-）
　世百新（ジョーンズ　1930-）
　全書（ジョーンズ　1930-）
　大辞2（ジョーンズ　1930-）
　大辞3（ジョーンズ　1930-）
　伝世（ジョンズ　1930-）
　ナビ（ジョーンズ　1930-）
　二十（ジョーンズ，ジャスパー　1930.5.15-）
　バレ（ジョーンズ，ジャスパー　1930.5.15-）
　美術（ジョーンズ，ジャスパー　1930-）
　百科（ジョーンズ　1930-）

Johnson, Adelaide〈19・20世紀〉
アメリカの彫刻家。
⇒世女日（ジョンソン，アデレイド　1859-1955）

Johnson, Angela〈20世紀〉
アメリカの女性作家，絵本作家。

⇒英児（Johnson, Angela ジョンソン, アンジェラ 1961-）

Johnson, Charles 〈20世紀〉
アメリカの小説家, 漫画家, 批評家, 脚本家。
⇒ア事（ジョンソン, チャールズ 1948-）
　才世（ジョンソン, チャールズ・R.（リチャード） 1948-）
　黒作（ジョンソン, チャールズ 1948-）
　二十英（Johnson, Charles R. 1948-）

Johnson, Cornelius 〈16・17世紀〉
イギリスの画家。
⇒世美（ジョンソン, コーネリアス 1593-1661）

Johnson, Crockett 〈20世紀〉
アメリカの絵本作家, 挿絵画家, 漫画家。デイヴィド・ジョンスン・ライスクの筆名。
⇒英児（Johnson, Crockett ジョンソン, クロケット 1906-1975）
　児イ（Johnson, Crockett ジョンソン, C. 1906-1975）
　世児（ジョンスン, クロケット 1906-1975）

Johnson, Eastman 〈19・20世紀〉
アメリカの画家。19世紀アメリカの風俗画を代表する一人。代表作として『オールド・ケンタッキー・ホーム』(1859)。
⇒全書（ジョンソン 1824-1906）

Johnson, Eugene Harper 〈20世紀〉
アメリカのイラストレーター。
⇒児イ（Johnson, Eugene Harper ジョンソン, E.H.）

Johnson, Glenys 〈20世紀〉
イギリスの画家。
⇒世芸（ジョンソン, グレニス 1952-）

Johnson, John E. 〈20世紀〉
アメリカのイラストレーター。
⇒児イ（Johnson, John E. ジョンソン, J.E. 1929-）

Johnson, Lisa Miranda 〈20世紀〉
アメリカ生れの女性画家。
⇒世芸（ジョンソン, リサ・ミランダ 1954-）

Johnson, Philip Cortelyou 〈20世紀〉
アメリカの建築家。代表作は『シーグラム・ビルディング』(1958)。著書『国際様式』(1932)は建築批評の先駆的な作品として有名。
⇒岩ケ（ジョンソン, フィリップ・C（コートリュー） 1906-）
　才西（ジョンスン, フィリップ 1906-）
　現人（ジョンソン 1906.7.8-）
　国小（ジョンソン 1906-）
　コン3（ジョンソン 1906-）
　新美（ジョンソン, フィリップ 1906.7.8-）
　西洋（ジョンソン 1906.7.8-）
　世美（ジョンソン, フィリップ 1906-）
　世百新（ジョンソン 1906-）
　全書（ジョンソン 1906-）

大辞2（ジョンソン 1906-）
大辞3（ジョンソン 1906-2005）
大百（ジョンソン 1906-）
ナビ（ジョンソン 1906-）
二十（ジョンソン, フィリップ・C 1906.7.8-）
百科（ジョンソン 1906-）

Johnson, Ray 〈20世紀〉
アメリカの美術家。
⇒美術（ジョンスン, レイ 1927-）

Johnson, William H 〈20世紀〉
アメリカの画家。
⇒岩ケ（ジョンソン, ウィリアム・H 1901-1970）

Johnston, Edward 〈19・20世紀〉
イギリスの書家。
⇒岩ケ（ジョンストン, エドワード 1872-1944）

Johnston, Frances 〈19・20世紀〉
アメリカの写真家。
⇒世女日（ジョンストン, フランセス 1864-1952）

Johnston, Henrietta 〈17・18世紀〉
アイルランド生れの画家。
⇒世女日（ジョンストン, ヘンリエッタ 1670-1728頃）

Johnstone, Anna Hill 〈20世紀〉
アメリカの衣装デザイナー。
⇒世女日（ジョンストン, アンナ・ヒル 1913-1992）

Johnstone, Anne Grahame 〈20世紀〉
イギリスのイラストレーター。
⇒児イ（Johnstone, Anne&Janet Grahame ジョンストン, A.&J.G.）

Johnstone, Janet Grahame 〈20世紀〉
イギリスのイラストレーター。
⇒児イ（Johnstone, Anne&Janet Grahame ジョンストン, A.&J.G.）

Johnstone, William 〈20世紀〉
イギリスの画家。
⇒岩ケ（ジョンストン, ウィリアム 1897-1981）

Joli, Antonio 〈18世紀〉
イタリアの画家, 舞台美術家。
⇒世美（ヨーリ, アントーニオ 1700頃-1777）

Jōnā 〈前8世紀〉
ヨナ記の主人公, 小予言者の一人（旧約）。
⇒外国（ヨナ）
　コン2（ヨナ　前8世紀）
　コン3（ヨナ　前8世紀）
　西洋（ヨナ）
　世美（ヨナ）
　全書（ヨナ）
　大辞（ヨナ）
　大辞3（ヨナ）
　大百（ヨナ）

百科（ヨナ）

Jonas, Ann〈20世紀〉
アメリカの女性絵本作家。
⇒英児（Jonas, Ann　ジョーナス, アン　1932-）
　児イ（Jonas, Ann　ジョナス, A.　1932-）
　児作（Jonas, Ann　ジョナス, アン　1932-）

Jones, Allen〈20世紀〉
イギリスの版画家。1963年のパリ青年ビエンナーレで受賞。
⇒岩ケ（ジョーンズ, アレン　1937-）
　オ西（ジョーンズ, アレン　1937-）
　新美（ジョーンズ, アレン　1937.9.1-）
　世芸（ジョーンズ, アレン　1937-）
　世美（ジョーンズ, アレン　1937-）
　全書（ジョーンズ　1937-）
　二十（ジョーンズ, アレン　1937.9.1-）
　美術（ジョーンズ, アレン　1937-）

Jones, Charlotte〈18・19世紀〉
イギリスの肖像画家。
⇒世女日（ジョーンズ, シャーロット　1768-1847）

Jones, Chuck（Charls M.）〈20世紀〉
アメリカの漫画映画作家。
⇒岩ケ（ジョーンズ, チャック　1912-）
　監督（ジョーンズ, チャック　1912-）

Jones, Cordelia〈20世紀〉
イギリスの作家, 木版画家。
⇒児作（Jones, Cordelia　ジョーンズ, コーディリア）

Jones, David Michael〈20世紀〉
イギリスの詩人, 画家。散文をまじえた叙事詩『括弧に入れて』(1937)は代表作。
⇒イ文（Jones, David (Michael)　1895-1974）
　岩ケ（ジョーンズ, デイヴィド・マイケル　1895-1974）
　英文（ジョーンズ,（ウォルター・）デイヴィッド（・マイケル）　1895-1974）
　オ西（ジョーンズ,（ウォルター・）デイヴィッド（・マイケル）　1895-1974）
　集世（ジョーンズ, デイヴィッド　1895.11.1-1974.10.28）
　集文（ジョーンズ, デイヴィッド　1895.11.1-1974.10.28）
　西文（ジョーンズ　1895.11.1-1974.10.28）
　世文（ジョーンズ, デイヴィッド　1895-1974）
　全書（ジョーンズ　1895-1974）
　二十（ジョーンズ, ディビッド　1895-1974）
　二十英（Jones,（Walter）David（Michael）　1895-1974）

Jones, Elizabeth Orton〈20世紀〉
アメリカのイラストレーター。
⇒児イ（Jones, Elizabeth Orton　ジョーンズ, E.O.　1910-）

Jones, Harold〈20世紀〉
イギリスのイラストレーター。
⇒児イ（Jones, Harold　ジョーンズ, H.　1904-）

Jones, Inigo〈16・17世紀〉
イギリスの建築家, 舞台美術家。
⇒イ文（Jones, Inigo　1573-1652）
　岩ケ（ジョーンズ, イニゴー　1573-1652）
　英米（Jones, Inigo　ジョーンズ〔イニゴー〕　1573-1652）
　演劇（ジョウンズ, イニゴ　1573-1652）
　外国（ジョーンズ　1573-1652）
　キリ（ジョウンズ, イニゴウ　1573.7.15-1652.6.21）
　建築（ジョーンズ, イニゴ　1573-1652）
　国小（ジョーンズ　1573.7.15-1652.6.21）
　国百（ジョーンズ, イニゴ　1573.7.19-1652.6.21）
　集世（ジョーンズ, イニゴー　1573.7.15頃-1652.6.21）
　集文（ジョーンズ, イニゴー　1573.7.15頃-1652.6.21）
　新美（ジョーンズ, イニゴー　1573.7.15-1652.6.21）
　西洋（ジョーンズ　1573.7.15-1652.6.21）
　世西（ジョーンズ　1573-1652）
　世美（ジョーンズ, イニゴー　1573-1652）
　世百（ジョーンズ　1573-1652）
　全書（ジョーンズ　1573-1652）
　大百（ジョーンズ　1573-1652）
　伝世（ジョーンズ　1573.7.15-1652.6.21）
　百科（ジョーンズ　1573-1652）

Jones, Nikki〈20世紀〉
ナイジェリアのイラストレーター。
⇒児イ（Jones, Nikki　ジョーンズ, N.）

Jones, Owen〈19世紀〉
イギリスのデザイナー, 建築家。主著は『装飾の根本原理』(1856)。
⇒岩ケ（ジョーンズ, オーウェン　1809-1874）
　建築（ジョーンズ, オーエン　1807-1874）
　国小（ジョーンズ　1809-1874）

Jones, Robert Edmond〈19・20世紀〉
アメリカの舞台装置家, 演出家。シアター・ギルドの設立者の一人。著書に『劇的想像力』(1941)など。
⇒岩ケ（ジョーンズ, ロバート・エドモンド　1887-1954）
　演劇（ジョウンズ, ロバート・エドマンド　1887-1954）
　外国（ジョーンズ　1887-）
　国小（ジョーンズ　1887.12.12-1954.11.26）
　コン3（ジョーンズ　1887-1954）
　西洋（ジョーンズ　1887.12.12-1954.11.26）
　世百（ジョーンズ　1887-1954）
　大百（ジョーンズ　1887-1954）
　二十（ジョーンズ, ロバート・エドモント　1887.12.12-1954.11.26）

Jones, Ron〈20世紀〉
アメリカのイラストレーター。
⇒児イ（Jones, Ron　ジョーンズ, R.）

Jones, Thomas〈18・19世紀〉
イギリスの画家。
⇒世美（ジョーンズ, トマス　1742-1803）

Jongkind, Johan Barthold 〈19世紀〉
オランダの画家, 銅板画家。
⇒岩ケ（ヨンキント, ヨハン・バルトルト 1819–1891）
外国（ヨンキンド 1819–1891）
芸術（ヨンキンド, ヨーハン 1819–1891）
国小（ヨンキント 1819.6.3–1891.2.9）
コン2（ヨングキント 1819–1891）
コン3（ヨンキント 1819–1891）
新美（ヨンキント, ヨーハン・バルトルト 1819.6.3–1891.2.9）
人物（ヨンキント 1819–1891）
西洋（ヨングキント 1819.6.3–1891.2.9）
世西（ヨンキント 1819.6.3–1891.2.9）
世美（ヨンキント, ヨーハン・バルトルト 1819–1891）
世百（ヨンキント 1819–1891）
全書（ヨンキント 1819–1891）
大百（ヨンキント 1819–1891）
百科（ヨンキント 1819–1891）

Jonquières, Eduardo 〈20世紀〉
アルゼンチン生れの画家。
⇒世芸（エドゥアルド, ジャンクレイス 1918–）
世芸（ジョンキエール, エデュルド 1918–）

Jónsson, Asgrímur 〈19・20世紀〉
アイスランドの風景画家。
⇒岩ケ（ヨウンソン, アウスグリーミュル 1876–1958）

Jónsson, Einar 〈19・20世紀〉
アイスランドの彫刻家。アイスランドの歴史や伝承に取材した寓意的彫刻を作った。
⇒岩ケ（ヨウンソン, エイナル 1874–1954）
西洋（ヨンソン 1874.5.11–1954.10.18）

Joos, Louis 〈20世紀〉
ベルギーのイラストレーター。
⇒児イ（Joos, Louis ジョス, J. 1940–）

Joose van Cleve (Cleef) d. J. 〈16世紀〉
フランドルの画家。
⇒芸術（クレーフ, ヨース・ヴァン（子） 1520頃–1554頃）

Joos van Gent 〈15世紀頃〉
フランドルの画家。作品『最後の晩餐』『東方三博士の礼拝』。
⇒岩ケ（ユストゥス・ファン・ヘント 1435頃–1480頃）
国小（ヨース・ファン・ヘント 1440頃–1480/5頃）
新美（ヨース・ヴァン・ゲント）
世美（ユストゥス・ファン・ヘント（記録）1460–1475）
百科（ファン・ヘント 15世紀頃）

Jordaens, Jacob 〈16・17世紀〉
フランドルの画家。ローマ・カトリック教会の祭壇画を多く制作。
⇒岩ケ（ヨルダーンス, ヤーコブ 1593–1678）
外国（ヨルダンス 1593–1678）
芸術（ヨルダーンス, ヤコブ 1593–1678）
国小（ヨルダーンス 1593.5.15–1678.10.18）
コン2（ヨルダンス 1593–1678）
コン3（ヨルダンス 1593–1678）
新美（ヨルダーンス, ヤコブ 1593.5.19–1678.10.18）
人物（ヨルダンス 1593–1678）
西洋（ヨルダンス 1593.5.19–1678.10.18）
世西（ヨルダーンス 1593.5.19–1678.10.18）
世美（ヨルダーンス, ヤーコブ 1593–1678）
世百（ヨルダーンス 1593–1678）
全書（ヨルダーンス 1593–1678）
大百（ヨルダンス 1593–1678）
デス（ヨルダーンス 1593–1678）
伝世（ヨルダンス 1593–1678）
百科（ヨルダーンス 1593–1678）

Jordan, Sherryl 〈20世紀〉
ニュージーランドの女性作家, 絵本作家, 挿絵画家。
⇒英児（Jordan, Sherryl ジョーダン, シェリル 1949–）
児イ（Jordan, Sherryl ジョーダン, S.）

Joris, Pio 〈19・20世紀〉
イタリアの画家。
⇒世美（ヨーリス, ピーオ 1843–1921）

Jorn, Asger 〈20世紀〉
デンマークの画家。
⇒岩ケ（ヨーン, アスガー・オルフ 1914–1973）
新美（ヨルン, アスガー 1914.3.3–1973.5.1）
世美（ヨーン, アスガー 1914–1973）
二十（ヨルン, アスガー 1914.3.3–1973.5.1）

Joseph 〈前17～13世紀頃〉
ヤコブの第11子。8年後の大飢饉を予告, エジプト全国の司となった（創世記）。
⇒岩ケ（ヨセフ）
外国（ヨセフ 前13世紀）
キリ（ヨセフ）
広辞4（ヨセフ）
国小（ヨセフ）
コン2（ヨセフ 前17–16世紀）
新美（ヨセフ）
世美（ヨセフ）
全書（ヨセフ）
大辞（ヨセフ）
大百（ヨセフ）
伝世（ヨセフ）
百科（ヨセフ）

Joseph 〈前1・1世紀〉
聖人。マリアの夫。イエス・キリストの養夫。ナザレの大工, 木工職人（マタイ福音書, ルカ福音書）。
⇒岩ケ（聖ヨセフ 前1世紀）
外国（ヨセフ 前1世紀）
キリ（ヨセフ）
広辞4（ヨセフ）
広辞6（ヨセフ）
国小（ヨセフ）
コン2（ヨセフ）
コン3（ヨセフ）
新美（ヨセフ（キリストの養父））

人物（ヨセフ　1世紀）
聖書（ヨセフ）
聖人（ヨセフ）
西洋（ヨセフ）
世美（ヨセフ（聖）　前1-後1世紀）
世百（ヨセフ）
全書（ヨセフ）
大辞（ヨセフ）
大辞3（ヨセフ）
大百（ヨセフ）
百科（ヨセフ）

Josephson, Ernst Abraham 〈19・20世紀〉
スウェーデンの画家，詩人。詩集『黒いばら』(1888)，『黄色いばら』(1896)を残した。
⇒西（ヨーセフソン，エルンスト　1851-1906）
　国小（ヨーセフソン　1851.4.16-1906.11.22）
　新美（ヨーセフソン，エルンスト　1851.4.16-1906.11.22）
　西洋（ユーセフソン　1852.4.16-1906.11.22）
　世美（ヨセフソン，エルンスト・アブラハム　1851-1906）

Jouenne, Michel 〈20世紀〉
フランス生れの画家。
⇒世芸（ジュエンヌ，ミッシェル　1933-）

Jouffroy, Théodore Simon 〈18・19世紀〉
フランスの哲学者。トマス・リードの仏訳全集(1828～36)をはじめスコットランド哲学を紹介。
⇒国小（ジュフロワ　1796.7.7-1842.3.1）
　集文（ジュフロワ，テオドール　1796.7.7-1842.3.1）
　西洋（ジュフロア　1796.7.7-1842.3.1）

Jourdain, Frantz 〈19・20世紀〉
フランスの建築家，随筆家。ベルギー出身。
⇒新美（ジュールダン，フランツ　1847.10.30-1935）
　世美（ジュールダン，フランツ　1847-1935）
　二十（ジュールダン，フランツ　1847.10.30-1935）

Journod, Monique 〈20世紀〉
フランスの女性画家。
⇒世芸（ジュルノー，モニーク　1935-）

Jouvenet, Jean-Baptiste 〈17・18世紀〉
フランスの画家。1672年ローマ賞を獲得。
⇒キリ（ジュヴネー，ジャン　1644-1717）
　芸術（ジューヴネ，ジャン　1644-1717）
　国小（ジュブネ　1644-1717）
　世美（ジューヴネ，ジャン＝バティスト　1644-1717）

Jovanović, Paja 〈19・20世紀〉
ユーゴスラヴィアの画家。
⇒新美（ヨヴァノヴィチ，パイヤ　1859.6.16-1957.11.30）

Joyce, William 〈20世紀〉
アメリカのイラストレーター。
⇒児イ（Joyce, William　ジョイス, W.）

Joyner, Jerry 〈20世紀〉
アメリカのイラストレーター。
⇒児イ（Joyner, Jerry　ジョイナー, J.）

Juan de Borgoña 〈15・16世紀〉
スペインの画家。
⇒新美（ボルゴーニャ，ホアン・デ　1470頃-1535頃）
　世美（フアン・デ・ボルゴーニャ　15-16世紀）

Juanes, Juan de 〈16世紀〉
スペインの画家。
⇒新美（ホアーネス，ホアン・デ　1523?-1579.12.21）
　スペ（フアーネス　1523頃-1579）
　百科（フアーネス　1523頃-1579）

Juba II 〈前1世紀〉
ヌミディア王（在位前29～5），マウレタニア王（在位前25～4）。1世の子。
⇒外国（ユバ2世　前50頃-後19頃）
　国小（ユバ2世　前50頃-後24）
　コン2（ユバ2世　前50頃-後23頃）
　コン3（ユバ2世　前50頃-後23頃）
　集文（ユバ2世　前50頃-後23）
　新美（ユバ二世　前51頃-後23/19?）
　西洋（ユバ二世　前50頃-後23頃）
　統治（ユバ二世　（在位）前25-後23）
　百科（ユバ2世　（在位）前25-後23頃）
　ロマ（ユバ2世　（在位）前25-後23頃）

Jucker, Sita 〈20世紀〉
スイスのイラストレーター。
⇒児イ（Jucker, Sita　ユッカー, S.　1921-）

Judah, Aaron 〈20世紀〉
インド生れのイギリスの絵本作家，作家。
⇒英児（Judah, Aaron　ジューダ，アーロン　1923-）

Judas, Iscariotes 〈1世紀〉
イエス・キリストの十二使徒の一人（新約）。
⇒岩ケ（ユダ（イスカリオテの）　1世紀）
　旺世（ユダ（イスカリオテ））
　外国（ユダ（イスカリオテの）　1世紀）
　角世（ユダ（イスカリオテの））
　キリ（ユダ）
　広辞4（ユダ）
　広辞6（ユダ）
　国小（ユダ（イスカリオテの））
　コン2（ユダ（イスカリオテの））
　コン3（ユダ（イスカリオテの）　生没年不詳）
　新美（ユダ（イスカリオテの））
　人物（ユダ　生没年不詳）
　聖書（イスカリオテのユダ）
　西洋（ユダ（イスカリオテの））
　世人（ユダ，イスカリオテの　生没年不詳）
　世西（ユダ（イスカリオテの））
　世百（ユダ）
　全書（ユダ（イスカリオテの））

大辞　（ユダ）
大辞3　（ユダ）
大百　（ユダ（イスカリオテの））
デス　（ユダ（イスカリオテの））
百科　（ユダ（イスカリオテの））
評世　（ユダ）
山世　（ユダ（イスカリオテの））

Judas Makkabaios 〈前2世紀〉
ユダヤの英雄（反乱指導者）。旧約聖書外典『マカベア第2書』に記されている。
⇒外国　（ユーダス・マッカバイオス　?-前160）
キリ　（ユダ・マカベア（ユダス・マッカバイオス）　?-前160.4.13/5.11）
ギリ　（ユダス・マッカバイオス　（活動）前166-160）
皇帝　（ユダ・マカビ　?-前161頃）
国小　（ユダス・マカバイオス　?-前161頃）
コン2　（ユダス・マッカバイオス　?-前161）
コン3　（ユダス・マッカバイオス　?-前161）
新美　（ユーダース・マッカバエウス）
人物　（ユダス・マッカバイオス　?-前160頃）
聖書　（ユダ・マカバイ）
西洋　（ユダス・マッカバイオス　?-前160頃）
世東　（ユダス・マッカバイオス　?-前1603頃）
世百　（ユダスマッカバイオス　?-前161）
全書　（ユダス・マッカバイオス　?-前160）
伝世　（ユダス・マッカバイオス　?-前160）
統治　（ユダ・マカベア〔ユダス・マッカバイオス〕（在位）前166-160）
評世　（ユダス=マカベオス　?-前160頃）

Judd, Donald 〈20世紀〉
アメリカの美術家。すぐれて反芸術的なミニマル・アートの代表者となるとともに、コンセプチュアル・アートの起点をつくった。
⇒岩ケ　（ジャッド、ドナルド　1928-）
オ西　（ジャッド、ドナルド　1928-）
現人　（ジャッド　1928.6.3-）
コン3　（ジャッド　1928-）
新美　（ジャッド、ドナルド　1928.6.3-）
世芸　（ジャッド、ドナルド　1928-1994）
世美　（ジャッド、ドナルド　1928-）
大辞2　（ジャッド　1928-）
大辞3　（ジャッド　1928-1994）
二十　（ジャド、ドナルド　1928.6.3-1994.2.12）
美術　（ジャッド、ドナルド　1928-）

Juel, Jens 〈18・19世紀〉
デンマークの画家。1765年頃宮廷画家として活躍。
⇒芸術　（ユエル、イェンス　1745-1802）
国小　（ユエル　1745-1802）
新美　（ユール、イェンス　1745.5.12-1802.12.27）
世美　（ユエル、イェンス　1745-1802）

Juhl, Finn 〈20世紀〉
デンマークの建築家、デザイナー。デンマーク・モダン・スタイルの創始者。
⇒国小　（ジュール　1912-）
世美　（ユール、フィン　1912-）

Jukes, Mavis 〈20世紀〉
アメリカの女性絵本作家。
⇒英児　（Jukes, Mavis　ジュークス、メイヴィス　1947-）

Jules de Goede 〈20世紀〉
オランダ生れの画家。
⇒世芸　（ジュレス・デ・ゲーテ　?-）

Julien, Pierre 〈18・19世紀〉
フランスの彫刻家。
⇒芸術　（ジュリアン、ピエル　1731-1804）
世美　（ジュリアン、ピエール　1731-1804）

Julius, Lacer 〈2世紀〉
古代ローマの建築家。トラヤヌス帝のもとで働いた。
⇒建築　（ジュリウス・ラチェル　（活動）100頃）

Julius II, Giuliano Della Rovere 〈15・16世紀〉
教皇（在位1503〜13）。フランシスコ会士。教皇領再建に尽力。ミケランジェロらを登用。
⇒岩ケ　（ユリウス2世　1443-1513）
旺世　（ユリウス(2世)　1443-1513）
外国　（ユリウス2世　1443-1513）
角世　（ユリウス2世　1443-1513）
教皇　（ユリウス2世　（在位）1503-1513）
キリ　（ユーリウス2世　1443-1513.2.20/1）
国小　（ユリウス2世　1445-1513.2.20/21）
コン2　（ユリウス2世　1443-1513）
コン3　（ユリウス2世　1443-1513）
新美　（ユリウス二世　1445-1513.2.21）
人物　（ユリウス二世　1443-1513.2.21）
西洋　（ユリウス二世　1443-1513.2.21）
世人　（ユリウス2世　1443-1513）
世東　（ユリウス二世　1443?-1513.2.21）
世百　（ユリウス2世　1443-1513）
全書　（ユリウス二世　1443-1513）
大百　（ユリウス2世　1443-1513）
伝世　（ユリウス2世　1443.12-1513.2.21）
百科　（ユリウス2世　1443-1513）
評世　（ユリウス二世　1443-1513）
山世　（ユリウス2世　1443-1513）
歴史　（ユリウス2世　1443-1513）

Junayd 〈14世紀〉
ペルシアのイスラーム時代の画家。
⇒新美　（ジュナイド）

Junge, Alfred 〈19・20世紀〉
ドイツ生れの映画美術監督。
⇒世映　（ユウゲ、アルフレッド　1886-1964）

Juní, Juan de 〈16世紀〉
スペインの彫刻家。フランス出身。
⇒新美　（フニー、ホアン・デ　1507-1577.4）
スペ　（フーニ　1507頃-1577）
世美　（フーニ、フアン・デ　1507頃-1577）
百科　（フーニ　1507頃-1577）

Juste, André 〈15・16世紀〉
イタリアの彫刻家。フランスでルイ12世の墳墓彫刻などを兄弟で制作。のちのフランス・ルネサンス彫刻の原型となる。
⇒国小　（ジュスト、アンドレア　1482.7-1536以後）

Juste, Antoine 〈14世紀〉
イタリヤの彫刻家。フランスでルイ12世の墳墓彫刻などを兄弟で制作。のちのフランス・ルネサンス彫刻の原型となる。
⇒国小（ジュスト, アントニオ 1340頃-1393）

Juste, Jean 〈15・16世紀〉
イタリヤの彫刻家。フランスでルイ12世の墳墓彫刻などを兄弟で制作。のちのフランス・ルネサンス彫刻の原型となる。
⇒国小（ジュスト, ジョバンニ 1485-1549）

Juster, Norton 〈20世紀〉
アメリカの建築家。
⇒児作（Juster, Norton ジャスター, ノートン 1929-）

Justi, Carl 〈19・20世紀〉
ドイツの美術史家。美術史の文化史的記述を行い、また時代背景を明示しつつ芸術家の伝記を書いた。
⇒キリ（ユスティ, カール 1832.8.2-1912.12.9）
　西洋（ユスティ 1832.8.2-1912.12.9）
　世美（ユスティ, カール 1832-1912）
　名著（ユスティ 1832-1912）

Justi, Ludwig 〈19・20世紀〉
ドイツの美術史家。ベルリン国立美術館長（1909～33）、ベルリン博物館長（1946）。
⇒西洋（ユスティ 1876.3.14-1957.10.19）

Justinianus I, Flavius Anicius 〈5・6世紀〉
ビザンチン皇帝（在位527～65）。532年恒久的和約を結ぶ。
⇒岩ケ（ユスティニアヌス1世 482頃-565）
　旺世（ユスティニアヌス（1世） 483-565）
　外国（ユスティニアヌス1世 482-565）
　角世（ユスティニアヌス1世［大帝］ 482-565）
　看護（ユスティニアヌス 483-565）
　キリ（ユスティニアーヌス1世・フラーウイウス・ペトルス・サバティウス 482.5.11-565.11.14）
　広辞4（ユスティニアヌス一世 482頃-565）
　広辞6（ユスティニアヌス一世 483頃-565）
　皇帝（ユスティニアヌス1世 483頃-565）
　国小（ユスチニアヌス1世 483-565.11.14）
　国百（ユスチニアヌス一世, フラウイウス・ペトルス・サバチウス 483-565.11.14）
　コン2（ユスティニアヌス1世 483-565）
　コン3（ユスティニアヌス1世 483頃-565）
　集文（ユスティニアヌス 482-565）
　新美（ユースティーニアーヌス大帝 483.5-565.11.14）
　人物（ユスチニアヌス一世 483.5.11-565.11.14）
　西洋（ユスティニアヌス一世 483.5.11-565.11.14）
　世人（ユスティニアヌス1世（大帝） 483-565）
　世西（ユスティニアヌス一世 483頃-565）
　世書（ユスティニアヌス1世 482-565）
　全書（ユスティニアヌス一世 482/483-565）
　大辞（ユスティニアヌス一世 483頃-565）
　大辞3（ユスティニアヌス一世 483頃-565）
　大百（ユスティニアヌス一世 482-565）
　デス（ユスティニアヌス1世 483-565）
　伝世（ユスティニアヌス1世 482頃-565.11.14）
　統治（ユスティニアヌス一世, 大帝 （在位）527-565）
　百科（ユスティニアヌス1世 483-565）
　評世（ユスチニアヌス1世 483-565）
　山世（ユスティニアヌス1世 482頃-565）
　歴史（ユスティニアヌス1世（大帝） 485-565）

Juvarra, Filippo 〈17・18世紀〉
イタリアの建築家、舞台装置家。主作品『パラッツォ・マダマ』(1718)、チュリンの『カルミネ聖堂』(1732)。
⇒岩ケ（ユヴァーラ, フィリッポ 1678-1736）
　建築（ユヴァーラ, フィリッポ 1678-1736）
　国小（ユバラ 1678.3.7-1736.1.31）
　新美（ユヴァーラ, フィリッポ 1676.6.16-1736.1.31）
　西洋（ユヴァーラ 1676.6.16-1736.1.31）
　世美（ユヴァーラ, フィリッポ 1676-1736）
　伝世（ユヴァーラ 1678.3.27-1736.1.31/(2.1)）
　百科（ユバラ 1678-1736）

【 K 】

Kabakov, Iljja Iosifovich 〈20世紀〉
ロシアのイラストレーター。
⇒児イ（Kabakov, Iljja Iosifovich カバコフ, I.I. 1933-）
　ロシ（カバコフ 1933-）

Kafka, Bohumil 〈19・20世紀〉
ボヘミアの彫刻家。
⇒世美（カフカ, ボフミル 1879-1942）

Kahl, Virginia 〈20世紀〉
アメリカの女性作家、詩人、挿絵画家。
⇒英児（Kahl, Virginia カール, ヴァージニア 1919-）

Kahlen, Wolf 〈20世紀〉
西ドイツの環境彫刻家。
⇒美術（カーレン, ヴォルフ 1940-）

Kahlo, Frida 〈20世紀〉
メキシコの画家。
⇒岩ケ（カーロ, フリーダ 1907-1954）
　広辞6（カーロ 1907-1954）
　スパ（カーロ, フリダ 1910-1954）
　世芸（カーロ, フリーダ 1907-1954）
　世女（カーロ, フリーダ 1907-1954）
　世女日（カーロ, フリーダ 1907-1954）

Kahn, Albert 〈19・20世紀〉
ドイツ生れのアメリカの建築家。鉄筋コンクリート建築を研究して工場建築に応用。
⇒国小（カーン 1869.3.21-1942.12.8）
　コン2（カーン 1869-1942）
　コン3（カーン 1869-1942）

西洋（カーン　1869.3.21-1942.12.8）
世美（カーン, アルバート　1869-1942）
世百（カーン　1869-1942）
デス（カーン　1869-1942）
歴史（カーン　1869-1942）

Kahn, Louis Isadore 〈20世紀〉

アメリカの建築家。1963年バングラデシュ（当時パキスタン）の第2首都ダッカ計画を委託される。
⇒岩ケ（カーン, ルイス・I（イザドア）　1901-1974）
オ西（カーン, ルイス　1901-1974）
現人（カーン　1901.2.20-1974.3.17）
コン3（カーン　1901-1974）
新美（カーン, ルイス　1901.2.20-1974.3.17）
西洋（カーン　1901.2.20-1974.3.17）
世美（カーン, ルイス・イザドア　1901-1974）
世百新（カーン　1901-1974）
大辞2（カーン　1901-1974）
大辞3（カーン　1901-1974）
大百（カーン　1901-）
伝世（カーン　1901.2.20-1974.3.17）
ナビ（カーン　1901-1974）
二十（カーン, ルイス・I.　1901.2.20-1974.3.17）
百科（カーン　1901-1974）
ユ人（カーン, ルイス　1901-1974）

Kahnweiler, Daniel Henry 〈19・20世紀〉

パリの画商、美術評論家。ドイツ生れ。1907年パリ・ヴィニョン街に画廊を開き、前衛美術の有力な支持者となった。
⇒オ西（カーンワイラー, ダニエル＝アンリ　1884-1976）
新美（カーンウェイレル, ダニエル＝アンリ　1884.6.25-1979.1.11）
世美（カーンヴァイラー, ダニエル・ヘンリー　1884-1979）
世百（カーンヴァイラー　1884-）
世百新（カーンワイラー　1884-1979）
全書（カーンバイラー　1884-1979）
二十（カーンワイラー, D.H.　1884.6.25-1979.1.11）
百科（カーンワイラー　1884-1979）

Kaila, Kaarina 〈20世紀〉

フィンランドのイラストレーター。
⇒児イ（Kaila, Kaarina　カイラ, K.　1941-）
児作（Kaila, Kaarina　カイラ, カーリナ　1941-）

Kainz, Friedrich 〈20世紀〉

オーストリアの哲学者、美学者。
⇒国小（カインツ　1897.7.4-）
西洋（カインツ　1897.7.4-1977.7.1）

Kalachov, Spartak Vladimirovich 〈20世紀〉

ロシアのイラストレーター。
⇒児イ（Kalachov, Spartak Vladimirovich　カラチョフ, S.V.　1930-）

Kalamis 〈前5世紀〉

ギリシアの彫刻家。
⇒ギリ（カラミス　（活動）前470頃-430）
国小（カラミス　生没年不詳）
新美（カラミス）
西洋（カラミス　前480頃-450頃）
世美（カラミス　（活動）前480-前450）

Kalaushin, Boris Matveevich 〈20世紀〉

ロシアのイラストレーター。
⇒児イ（Kalaushin, Boris Matveevich　カラウーシン, B.M.　1929-）

Kalckreuth, Leopold, Graf von 〈19・20世紀〉

ドイツの画家。印象主義の影響をうけ、特にドイツの農民や漁民を題材としたものが優れている。
⇒西洋（カルクロイト　1855.5.15-1928.12.9）

Kalckreuth, Stanislaus, Graf von 〈19世紀〉

ドイツの画家。デュッセルドルフ画派に属し、山岳画家として知られている。
⇒西洋（カルクロイト　1820.12.25-1894.11.25）

Kalf, Willem 〈17世紀〉

オランダの画家。
⇒芸術（カルフ, ウィレム　1622-1693）
国小（カルフ　1619/22-1693.7.31）
新美（カルフ, ウィレム　1619/22-1693.7.30）
西洋（カルフ　1622-1693.7.31）
世美（カルフ, ウィレム　1619-1693）
世百（カルフ　1621/2-1693）
全書（カルフ　1619-1693）
大百（カルフ　1619-1693）
百科（カルフ　1619-1693）

Kalīl Jibrān, Jibrān 〈19・20世紀〉

レバノンの作家、詩人、思想家で、絵画にも秀でていた。
⇒広辞6（ジュブラーン-ハリール-ジュブラーン　1883-1931）
集世（ハリール・ジブラーン, ジブラーン　1883-1931）
集文（ハリール・ジブラーン, ジブラーン　1883-1931）
世文（ジュブラーン・ハリール・ジュブラーン　1883-1931）

Kalinycheva, Klara Ivanovna 〈20世紀〉

ロシアのイラストレーター。
⇒児イ（Kalinycheva, Klara Ivanovna　カリーヌイチェヴァ, K.I.　1933-）

Kallay, Dusan 〈20世紀〉

チェコスロバキアのイラストレーター。
⇒児イ（Kallay, Dusan　カーライ, D.　1948-）

Kallen, Horace Myer 〈19・20世紀〉

アメリカの哲学者。哲学、文学、美学にひろく興味をもち、博学多識で多くの著作がある。
⇒キリ（カレン, ホリス・マイアー　1882.8.11-

1974.2.16)
名著（カレン　1882–)

Kallikratēs〈前6世紀〉
ギリシアの彫金家。
⇒世美（カリクラテス（スパルタ出身の）　前6世紀）

Kallikratēs〈前5世紀〉
ギリシアの建築家。パルテノン神殿やアテナ・ニケ神殿（前425頃）の造営にあたった。
⇒外国（カリクラテス　前5世紀頃）
　ギロ（カリクラテス　前5世紀）
　建築（カリクラテス　（活動）前5世紀）
　国小（カリクラテス　生没年不詳）
　コン2（カリクラテス　前5世紀）
　コン3（カリクラテス　前5世紀）
　新美（カリクラテース）
　人物（カリクラテス　生没年不詳）
　西洋（カリクラテス　前5世紀）
　世西（カリクラテス　前5世紀頃）
　世美（カリクラテス　前5世紀）
　世百（カリクラテス）
　全書（カリクラテス　生没年不詳）
　大百（カリクラテス　生没年不詳）
　デス（カリクラテス　前5世紀）
　百科（カリクラテス）

Kallimachos ho Athenaios〈前5・4世紀〉
ギリシアの彫刻家。
⇒岩ケ（カリマコス　前5世紀）
　外国（カリマコス（アテナイ?の）　前5世紀）
　芸術（カリマコス）
　コン2（カリマコス　前5世紀）
　コン3（カリマコス　生没年不詳）
　新美（カリマコス）
　人物（カリマコス　生没年不詳）
　西洋（カリマコス　前5世紀頃）
　世西（カリマコス　?–前396）
　世美（カリマコス（アテナイ出身の）　前5世紀後半）

Kallon〈前5世紀〉
ギリシアの彫刻家。
⇒世美（カロン（アイギナ出身の）　前5世紀）

Kallon〈前5世紀〉
ギリシアの彫刻家。
⇒世美（カロン（エリス出身の）　前5世紀）

Kalmar, Felix〈20世紀〉
オーストリア生れの画家。
⇒世芸（カルマー，フェリックス　1936–)

Kalmenoff, Matthew〈20世紀〉
アメリカのイラストレーター。
⇒児イ（Kalmenoff, Matthew）

Kalow, Gisela〈20世紀〉
ドイツのイラストレーター。
⇒児イ（Kalow, Gisela　カーロウ, G.　1946–)

Kalvak, Helen〈20世紀〉
カナダのイヌイットの芸術家。
⇒世女（カルヴァック，ヘレン　1901–1984）
　世女日（カルヴァク，ヘレン　1901–1984）

Kamāl〈16世紀〉
ペルシアのティムール朝派の画家。一説にアラベスク芸術の創造者。
⇒西洋（カマール　16世紀）

Kamen, Gloria〈20世紀〉
アメリカのイラストレーター。
⇒児イ（Kamen, Gloria　カーメン, G.）

Kampen, Jakob van〈16・17世紀〉
オランダの建築家，画家。アムステルダムの旧市庁舎(1655)，ハーグのマウリッツホイスを設計。
⇒岩ケ（カンペン，ヤーコプ・ファン　1595–1657）
　建築（ファン・カンペン，ヤコブ　1595–1657）
　国小（カンペン　1595/8–1657）
　新美（カンペン，ヤコブ・ファン　1595.7.16–1657.9.13）
　西洋（カンペン　1595.2.2–1657.9.13）
　世美（ファン・カンペン，ヤーコブ　1595–1657）
　世百（カンペン　1595?–1657）
　百科（カンペン　1595–1657）

Kampen, Owen〈20世紀〉
アメリカのイラストレーター。
⇒児イ（Kampen, Owen　カンペン, O.）

Kampf, Arthur von〈19・20世紀〉
ドイツの風俗，肖像画家。美術アカデミー会長。
⇒国小（カンプ　1864–1950）

Kampfmann, Utz〈20世紀〉
西ドイツの彫刻家。
⇒美術（カンプマン，ウツ　1936–)

Kanachos〈前5世紀〉
ギリシアの彫刻家。前5世紀初め頃活動。代表作はミレトスで作ったアポロンの青銅巨像。
⇒国小（カナコス　生没年不詳）
　新美（カナコス）

Kandinsky, Wassily〈19・20世紀〉
ロシア出身の画家。抽象絵画の創始者。主著『芸術における精神的なもの』(1912)。
⇒岩ケ（カンディンスキー，ヴァシリー　1866–1944）
　旺世（カンディンスキー　1866–1944）
　才西（カンディンスキー，ヴァシリー　1866–1944）
　外国（カンディンスキー　1866–1944）
　角世（カンディンスキー　1866–1944）
　キリ（カンジーンスキイ，ヴァシーリイ・ヴァシーリエヴィチ　1866.12.5–1944.12.13）
　芸術（カンディンスキー，ヴァシリィ　1866–1944）
　広辞4（カンディンスキー　1866–1944）
　広辞5（カンディンスキー　1866–1944）
　広辞6（カンディンスキー　1866–1944）
　国小（カンディンスキー　1866.12.4–1944.12.13）
　国百（カンディンスキー，ワシリー　1866.12.4–1944.12.13）

コン2（カンディーンスキィ 1866-1944）
コン3（カンディンスキー 1866-1944）
思想（カンディンスキー, ワシーリー 1866-1944）
集文（カンディンスキー, ワシーリー・ワシリエヴィチ 1866.12.4-1944.12.13）
新美（カンディンスキー, ヴァシリィ 1866.12.5-1944.12.13）
人物（カンジンスキー 1866.12.4-1944.12.13）
西洋（カンジンスキー 1866.12.4-1944.12.13）
世芸（カンディンスキー, ヴァシリィ 1866-1944）
世人（カンディンスキー 1866-1944）
世西（カンディンスキー 1866.12.4-1944.12.13）
世美（カンディンスキー, ヴァシリー・ヴァシリエヴィチ 1866-1944）
世百（カンディンスキー 1866-1944）
全書（カンディンスキー 1866-1944）
大辞（カンディンスキー 1866-1944）
大辞2（カンディンスキー 1866-1944）
大辞3（カンディンスキー 1866-1944）
大百（カンディンスキー 1866-1944）
デス（カンディンスキー 1866-1944）
伝世（カンジンスキー 1866.12.4-1944.12.13）
ナビ（カンディンスキー 1866-1944）
二十（カンディンスキー, ヴァシリィ 1866.12.5-1944.12.13）
百科（カンディンスキー 1866-1944）
評世（カンディンスキー 1866-1944）
名著（カンジンスキー 1866-1944）
山世（カンディンスキー 1866-1944）
歴史（カンディンスキー 1866-1944）
ロシ（カンディンスキー 1866-1944）

Ändler, Johann Joachim 〈18世紀〉
ドイツの工芸家。1733年マイセン王位磁器工場の磁器彫刻の首席原型作者, 40年美術総監。
⇒芸術（ケンドラー, ヨハン・ヨアヒム 1706-1775）
国小（ケンドラー 1706-1775.5.18）
新美（ケンドラー, ヨーハン・ヨ（ー）アヒム 1706-1775.5.18）
西洋（ケンドラー 1706頃-1775.5.18）
世美（ケンドラー, ヨハン・ヨアヒム 1706-1775）
世百（ケンドラー 1706-1775）
全書（ケンドラー 1706-1775）
百科（ケンドラー 1706-1775）

Kane, Bob 〈20世紀〉
アメリカの漫画家, アニメーション作家,『バットマン』の生みの親。
⇒岩ケ（ケイン, ボブ 1916-）
最世（ケイン, ボブ 1916-1998）

Kane, John 〈19・20世紀〉
アメリカの画家。
⇒芸術（ケイン, ジョン 1859-1934）
国小（ケイン 1860-1934）
世芸（ケイン, ジョン 1859-1934）
世美（ケイン, ジョン 1860-1934）

Kane, Paul 〈19世紀〉
カナダの画家。19世紀半ばのカナダ西部にいたインディアンの風俗, 習慣を描いた。
⇒伝世（ケイン 1810.9.3-1871.2.20）

Kanevskij, Aminadav Moiseevich 〈20世紀〉
ロシアのイラストレーター。
⇒児イ（Kanevskij, Aminadav Moiseevich カネーフスキー, A.M. 1898-1976）

Kanoldt, Alexander 〈19・20世紀〉
ドイツの画家。カンジンスキー等と「新芸術家同盟」を組織(1909)。
⇒西洋（カーノルト 1881.9.29-1939.1.24）
世美（カーノルト, アレクサンダー 1881-1939）

Kantor, Tadeusz 〈20世紀〉
ポーランド生れの画家, 版画家, 舞台装置家, 演出家。
⇒広辞6（カントール 1915-1990）
コン3（カントール 1915-1990）
集世（カントル, タデウシュ 1915.4.6-1990.12.8）
集文（カントール, タデウシュ 1915.4.6-1990.12.8）
新美（カントル, タデウシ 1915.4.16-）
世芸（カントル, タディウス 1915-）
世百新（カントル 1915-1990）
全書（カントル 1915-）
東欧（カントル 1915-1990）
ナビ（カントール 1915-1990）
二十（カントル, タデウシ 1915.4.6-1990.12.8）
百科（カントル 1915-）

Kaplan, Boche 〈20世紀〉
アメリカのイラストレーター。
⇒児イ（Kaplan, Boche キャプラン, B.）

Kapoor, Anish 〈20世紀〉
インドの彫刻家。
⇒世芸（カプア, アニッシュ 1954-）

Kaprow, Allan 〈20世紀〉
アメリカの美術家。ハプニングの創始者として有名。
⇒岩ケ（カプロー, アレン 1927-）
才西（カプロー, アラン 1927-）
現人（カプロー 1927.8.23-）
コン3（カプロー 1927-）
新美（カプロー, アラン 1927.8.23-）
世芸（カプロー, アラン 1927-）
世美（カプロー, アラン 1927-）
世百新（カプロー 1927-2006）
全書（カプロー 1928-）
大辞2（カプロー 1927-）
大辞3（アラン 1927-）
大辞3（カプロー 1927-2006）
二十（カプロー, アラン 1927(28).8.23-）
美術（カプロー, アラン 1928-）
百科（カプロー 1927-）

Karan, Donna 〈20世紀〉
アメリカのファッション・デザイナー。
⇒現ア（Karan, Donna キャラン, ダナ 1948-）

Karas, Brian 〈20世紀〉
アメリカのイラストレーター。

⇒児イ (Karas, Brian　カラス, B.)

Karasz Ilonka 〈20世紀〉
ハンガリーのイラストレーター。
⇒児イ (Karasz, Ilonka　カーラース, I.)

Karcher, Jan 〈16世紀〉
フランドル出身のタピスリー制作家。
⇒世美 (カルケール, ヤン　?-1559)

Karcher, Louis 〈16世紀〉
フランドル出身のタピスリー制作家。
⇒世美 (カルケール, ルイ　?-1580)

Karcher, Niklaus 〈16世紀〉
フランドル出身のタピスリー制作家。
⇒世美 (カルケール, ニクラウス　16世紀)

Karfiol, Bernard 〈19・20世紀〉
アメリカの画家。
⇒世芸 (カーフィオール, バーナード　1886-1955)

Karinska, Barbara 〈19・20世紀〉
ロシアの衣装デザイナー。
⇒世女 (カリンスカ, バーバラ　1886-1983)
　世女日 (カリンスカ, バルバーラ　1886-1983)
　バレ (カリンスカ, バルバーラ・カリンスカヤ, ワルワーラ)　1886.10.3-1983.10.18)

Karl I der Grosse 〈8・9世紀〉
フランク王(在位768〜814)、神聖ローマ皇帝(在位800〜814)。
⇒岩ケ (カール大帝　742-814)
　旺世 (カール(1世)　742-814)
　外国 (カール大帝　742-814)
　角世 (カール[大帝]　747-814)
　教育 (カール大帝　742-814)
　キリ (カール1世(大帝)　742.4.2-814.1.28)
　広辞4 (シャルルマーニュ　742-814)
　広辞6 (シャルルマーニュ　742-814)
　皇帝 (カール1世　742-814)
　国小 (カルル大帝　742/3-814.1.28)
　国百 (カルル大帝　742/3-814.1.28)
　コン2 (カール1世(大帝)　742-814)
　コン3 (カール1世(大帝)　742-814)
　新美 (カロルス大帝　742.4.2-814.1.28)
　人物 (カール一世　742.4.2-814.1.28)
　西騎 (シャルルマーニュ　742-814)
　西洋 (カルル一世(大帝)　742.4.2-814.1.28)
　世人 (カール1世(大帝, シャルルマーニュ)　742/743-814)
　世西 (カール一世(大帝)　742.4.2-814.1.28)
　世百 (カール大帝　742-814)
　全書 (カール(大帝)　742-814)
　大辞 (カール(大帝)　742-814)
　大辞3 (カール(大帝)　742-814)
　大百 (カール(大帝)　742-814)
　デス (カール(大帝)　742-814)
　統治 (カール一世, 大帝(シャルルマーニュ)　(在位)800-814)
　統治 (シャルル大帝[大帝](シャルルマーニュ)　(在位)768-814)
　百科 (カール(大帝)　742-814)
　評世 (カール1世(大帝)　742-814)
　山世 (カール大帝(1世)　742-814)

　歴史 (カール大帝　742-814)

Karl V 〈16世紀〉
神聖ローマ皇帝(在位1519〜56)、スペイン国王カルロス1世(在位16〜56)。
⇒岩ケ (カール5世　1500-1558)
　旺世 (カール(5世)　1500-1558)
　外国 (カール5世　1500-1558)
　角世 (カール5世　1500-1558)
　キリ (カール5世　1500.2.24-1558.9.21)
　広辞4 (カール五世　1500-1558)
　広辞6 (カール五世　1500-1558)
　皇帝 (カール5世　1500-1558)
　国小 (カルル5世(神聖ローマ皇帝の)　1500.2.24-1558.9.21)
　国百 (カルル五世　1500.2.24-1558.9.21)
　コン2 (カール5世　1500-1558)
　コン3 (カール5世　1500-1558)
　新美 (カール五世　1500.2.24-1558.9.21)
　人物 (カール五世　1500.2.24-1558.9.21)
　スペ (カルロス(1世)　1500-1558)
　西洋 (カルル五世　1500.2.24-1558.9.21)
　世人 (カール5世(カルロス1世)　1500-1558)
　世西 (カール五世　1500.2.24-1558.9.21)
　世百 (カール5世　1500-1558)
　全書 (カール五世　1500-1558)
　大辞 (カール五世　1500-1558)
　大辞3 (カール五世　1500-1558)
　大百 (カール五世　1500-1558)
　デス (カール5世　1500-1558)
　伝世 (カール5世　1500.2.24-1558.9.21)
　統治 (カール五世　(在位)1519-1558)
　統治 (カルロス一世　(在位)1516-1556(神聖ローマ皇帝カール五世1519-58、ネーデルラント諸邦の統治者シャルル1506-55))
　統治 (シャルル[カール]　(在位)1506-1555)
　百科 (カール5世　1500-1558)
　評世 (カール5世　1500-1558)
　山世 (カール5世　1500-1558)
　歴史 (カール5世　1500-1556)

Karlin, Eugene 〈20世紀〉
アメリカのイラストレーター。
⇒児イ (Karlin, Eugene　カーリン, E.　1918-)

Karousos, Christos 〈20世紀〉
ギリシアの考古学者。墓碑彫刻の研究に優れた業績を遺す。
⇒西洋 (カルーゾス　1900.3.14-1967.3.31)

Karsh, Yousuf 〈20世紀〉
カナダの写真家。アルメニア生れ。20世紀の著名人の肖像写真を手がける。作品『運命の顔』など。
⇒岩ケ (カーシュ, ユースフ　1908-)
　新美 (カーシュ, ユーセフ　1908.12.23-)
　ナビ (カーシュ　1908-)
　二十 (カーシュ, ユーセフ　1908.12.23-)

Kasatkin, Nikolai Alekseevich 〈19・20世紀〉
ソヴェトの画家。ロシアのプロレタリアの生活と革命闘争を初めて正しく描きだした1人。
⇒芸術 (カサートキン, ニコライ・アレキセエヴィッチ　1859-1930)

新美（カサートキン, ニコライ　1859.12.25
　（1860.1.6)-1930.12.7）
世芸（カサートキン, ニコライ・アレキセエヴィッ
　チ　1859-1930）
世百（カサートキン　1859-1930）
二十（カサートキン, ニコライ　1859.12.25-
　1930.12.7）

Kaschauer, Jakob〈15世紀〉
オーストリアの彫刻家。
⇒世美（カッシャウアー, ヤーコプ　?-1463以前）

Kaschnitz-Weinberg, Guido von
〈19・20世紀〉
ドイツの考古学者。地中海沿岸地方の考古学的研究をした。
⇒西洋（カシュニッツ・ヴァインベルク
　1890.6.28-1958.9.1）
世美（カシュニッツ＝ヴァインベルク, グイド・
　フォン　1890-1958）

Käsebier, Gertrude〈19・20世紀〉
アメリカの写真家。
⇒世女日（ケイゼビアー, ガートルード　1852-
　1934）

Kashiwagi, Isami〈20世紀〉
アメリカのイラストレーター。
⇒児イ（Kashiwagi, Isami　カシワギ, I.　1925-）

Kate, Dorothy〈19・20世紀〉
ニュージーランドの画家。
⇒オ西（ケイト, ドロシー　1861-1935）

Kathy〈20世紀〉
アメリカの陶芸家。
⇒芸術（キャッシー）

Katz, Alex〈20世紀〉
アメリカ生れの画家。
⇒岩ケ（カッツ, アレックス　1927-）
　世芸（カッツ, アレックス　1927-）
　二十（カッツ, アレックス　1927-）
　美術（カッツ, アレックス　1927-）

Katz, Shlomo〈20世紀〉
イスラエルの画家。
⇒世芸（カッツ, ショロモ　1938-）

Kauffer, Mcknight〈19・20世紀〉
アメリカの商業デザイナー。1915年、ロンドンではじめて地下鉄のポスターを制作。
⇒岩ケ（マクナイト・カウファー, エドワード
　1890-1954）
　国小（コーファー　1890-）
　コン3（マクナイト・カウファー　1890-1954）
　西洋（コーファー　1891-1954.10.22）
　世百（コーファー　1890-1954）
　二十（コーファー, エドワード・M.　1891-
　1954.10.22）

Kauffmann, Angelika〈18・19世紀〉
スイスの女流画家。主作品『ミランダとフェルディナント』。
⇒岩ケ（カウフマン,（マリア・アンナ・カタリーナ・）アンゲリカ　1741-1807）
　外国（カウフマン　1741-1807）
　芸術（カウフマン, アンジェリカ　1741-1807）
　国小（カウフマン　1741.10.30-1807.11.5）
　新美（カウフマン, アンゲーリカ　1741.10.30-
　1807.11.5）
　西洋（カウフマン　1741.10.30-1807.11.5）
　世女（カウフマン, アンゲリカ　1741-1807）
　世女日（カウフマン, アンゲリカ　1741-1807）
　世西（カウフマン　1741-1807）
　世美（カウフマン, アンゲリカ　1741-1807）
　世百（カウフマン　1741-1807）
　百科（カウフマン　1741-1807）

Kauffmann, Hans〈20世紀〉
ドイツの美術史家。
⇒西洋（カウフマン　1896.3.30-）

Kaufman, John A.〈20世紀〉
アメリカ生れのホログラフィー作家。
⇒世芸（カウフマン, ジョン・A　1946-）

Kaufmann, Angelika〈20世紀〉
オーストリアのイラストレーター。
⇒児イ（Kaufmann, Angelika　カウフマン, A.
　1935-）

Kaufmann, Emil〈20世紀〉
オーストリアの批評家、歴史家。
⇒世美（カウフマン, エミール　1891-1953）

Kaufmann, Eugen〈20世紀〉
ドイツの建築家。E.マイの許でフランクフルト（マイン河畔の）の新住居区計画を指導。
⇒西洋（カウフマン　1892-）

Kaufmann, John〈20世紀〉
アメリカのイラストレーター。
⇒児イ（Kaufmann, John　カウフマン, J.
　1931-）

Kaufmann, Oskar〈19・20世紀〉
ドイツの建築家。劇場建築設計の権威。
⇒西洋（カウフマン　1873.2.2-1956.9.8）
　世百（カウフマン　1873-1942）

Kaufmann, Willy〈20世紀〉
スイス出身の宗教画家。
⇒キリ（カウフマン, ヴィリ　1920.7.11-）

Kaulbach, Wilhelm von〈19世紀〉
ドイツの画家。ルートビヒ1世の宮廷画家を勤めた。
⇒芸術（カウルバッハ, ヴィルヘルム・フォン
　1805-1874）
　国小（カウルバハ　1805.10.15-1874.4.7）
　新美（カウルバハ, ヴィルヘルム・フォン
　1805.10.15-1874.4.7）
　西洋（カウルバッハ　1805.10.15-1874.4.7）
　世西（カウルバッハ　1805-1874.4.7）
　世美（カウルバッハ, ヴィルヘルム・フォン

1805-1874）
世百（カウルバハ　1805-1874）

Kay, Barry 〈20世紀〉
オーストラリアのデザイナー。
⇒バレ（ケイ，バリー　1932-1985.4.16）

Kazakov, Matvei Fëdorovich 〈18・19世紀〉
ロシアの建築家。教会および宮殿を建築。
⇒建築（カザコフ，マトヴェイ・フェオドロヴィッチ　1733-1812）
　コン2（カザコフ　1738-1812）
　コン3（カザコフ　1738-1812）
　西洋（カザコーフ　1733-1812/3）

Keating, Tom 〈20世紀〉
イギリスの絵画修復専門家，贋作作家。
⇒岩ケ（キーティング，トム　1918-1984）
　最世（キーティング，トム　1918-1984）

Keats, Ezra Jack 〈20世紀〉
アメリカの絵本作家。
⇒岩ケ（キーツ，エズラ・ジャック　1916-）
　英児（Keats, Ezra Jack　キーツ，エズラ・ジャック　1916-1983）
　英文（キーツ，エズラ・ジャック　1916-1983）
　児イ（Keats, Ezra Jack　キーツ，E.J.）
　児文（キーツ，エズラ・ジャック　1916-1983）
　世児（キーツ，エズラ・ジャック　1916-1983）
　二十（キーツ，エズラ・ジャック　1916-1983）

Keene, Charles Samuel 〈19世紀〉
イギリスの画家，イラストレーター，版画家，カリカチュアリスト。『ロビンソン・クルーソー』の挿絵を制作。1851年から『パンチ』誌にカリカチュアを発表。
⇒国小（キーン　1823.8.10-1891.1.4）

Keeping, Charles 〈20世紀〉
イギリスの画家，絵本作家，挿絵画家。
⇒英児（Keeping, Charles　キーピング，チャールズ　1924-1988）
　英文（キーピング，チャールズ（・ウィリアム・ジェイムズ）　1924-1988）
　児イ（Keeping, Chrles　キーピング，C.　1924-）
　児文（キーピング，チャールズ　1924-）
　世児（キーピング，チャールズ（・ウィリアム・ジェイムズ）　1924-1988）
　二十（キーピング，チャールズ　1924-）

Keil, Alfredo 〈19・20世紀〉
ポルトガルの作曲家，画家，詩人。
⇒音大（ケイル　1850.7.3-1907.10.4）

Keirinckx, Alexander 〈17世紀〉
フランドルの画家。
⇒世美（ケイリンクス，アレクサンデル　1600-1657）

Keirstead, James Lorimer 〈20世紀〉
カナダ生れの画家。

⇒世芸（ケヤステッド，ジェームス・ロリマー　1932-）

Keirstead, Janice Dawn 〈20世紀〉
カナダ，オンタリオ州生れの女性画家。
⇒世芸（ケヤステッド，ジャニス・ダウン　1960-）

Keita, Seydou 〈20世紀〉
マリの写真家。
⇒最世（ケイタ，セイドゥ　1923-）

Keith, Eros 〈20世紀〉
アメリカのイラストレーター。
⇒児イ（Keith, Eros　キース，E.）

Keith, William 〈19・20世紀〉
アメリカの風景画家，版画家。
⇒国小（キース　1838.11.21-1911.4.13）

Kekrops
ギリシアの伝説上の初代アテーナイ王。
⇒新美（ケクロプス）

Kekule von Stradonitz, Reinhardt 〈19・20世紀〉
ドイツの考古学者。
⇒世美（ケークレ・フォン・シュトラドニッツ，ラインハルト　1839-1911）

Keldermans, Andries 〈15世紀〉
フランドルの建築家，彫刻家。
⇒世美（ケルデルマンス，アンドリース　?-1481）

Keldermans, Antoon 〈15・16世紀〉
フランドルの建築家，彫刻家。
⇒世美（ケルデルマンス，アントーン　1450頃-1512）

Keldermans, Antoon II 〈14・15世紀〉
フランドルの建築家，彫刻家。
⇒世美（ケルデルマンス，アントーン二世）

Keldermans, Jan 〈15世紀〉
フランドルの建築家，彫刻家。
⇒世美（ケルデルマンス，ヤン　?-1425頃）

Keldermans, Jan II 〈15世紀〉
フランドルの建築家，彫刻家。
⇒世美（ケルデルマンス，ヤン二世　（記録）1445）

Keldermans, Rombout II 〈16世紀〉
フランドルの建築家，彫刻家。
⇒世美（ケルデルマンス，ロンバウト二世　?-1531）

Keller, Heinrich 〈18・19世紀〉
スイスの彫刻家。
⇒世美（ケラー，ハインリヒ　1771-1832）

Keller, Holly 〈20世紀〉
アメリカのイラストレーター。
⇒児イ（Keller, Holly　ケラー, H.）
　児作（Keller, Holly　ケラー, ホリー）

Kello, Esther 〈16・17世紀〉
フランス生れの画家。
⇒世女日（ケロ, エスター　1571-1624）

Kellogg, Steven 〈20世紀〉
アメリカの絵本作家, 挿絵画家。
⇒英児（Kellogg, Steven　ケログ, スティーヴン　1941-）
　児イ（Kellogg, Steven　ケログ, S.　1941-）
　児文（ケロッグ, スティーブン　1946-）
　二十（ケログ, スティーブン　1946-）

Kelly, Ellsworth 〈20世紀〉
アメリカの抽象画家。
⇒岩ケ（ケリー, エルズワース　1923-）
　才西（ケリー, エルズワース　1923-）
　コン3（ケリー　1923-）
　新美（ケリー, エルズワース　1923.5.31-）
　世芸（ケリー, エルズワース　1923-）
　世美（ケリー, エルズワース　1923-）
　全書（ケリー　1922-）
　二十（ケリー, エルズワース　1923.5.31-）
　美術（ケリー, エルズワース　1923-）

Kelly, Walt(er Crawford) 〈20世紀〉
アメリカのアニメ作家, 漫画家。
⇒岩ケ（ケリー, ウォルト（ウォルター・クローフォド）　1913-1973）
　最世（ケリー, ウォルト　1913-1973）
　児イ（Kelly, Walt　ケリー, W.　1913-1973）

Kemble, Edward Windsor 〈20世紀〉
アメリカの挿絵画家。
⇒児イ（Kemble, Edward Windsor）

Kemény, Zoltán 〈20世紀〉
ハンガリー出身のスイスの彫刻家, 画家, 建築家。1964年ベネチア・ビエンナーレの彫刻部門でグランプリを獲得。
⇒国小（ケメーニュ　1908.3.21-1965.6.23）
　新美（ケメニー, ゾルタン　1907.3.21-1965.6.14）
　世美（ケメーニ, ゾルタン　1907-1965）
　二十（ケメニー, ゾルタン　1907.3.21-1965.6.14）

Kempener, Peter de 〈16世紀〉
フランドルの画家。代表作は『十字下降』『マギの礼讃』。
⇒国小（ケンペネル　1503-1580）
　西洋（ケンペネル　1503-1580）
　世美（デ・ケンペネル, ピーテル　1503-1580）

Kemp-Welch, Elizabeth 〈19・20世紀〉
イギリスの画家。
⇒世女日（ケンプ＝ウェルチ, エリザベス　1869-?）

Kenan, Ken 〈20世紀〉
アメリカ生れの画家。
⇒世芸（ケナン, ケン　1961-）

Kendrick, Emma 〈18・19世紀〉
イギリスの画家。
⇒世女日（ケンドリック, エマ　1788-1871）

Kenelski, Maurice 〈20世紀〉
スイスのイラストレーター。
⇒児イ（Kenelski, Maurice　ケネルスキー, M.）

Kennedy, Richard 〈20世紀〉
イギリスのイラストレーター。
⇒児イ（Kennedy, Richard　ケネディ, R.　1910-）

Kennet, Kathleen 〈19・20世紀〉
イギリスの彫刻家。
⇒世女日（ケネット, カスリーン　1878-1947）

Kennington, Erie Henri 〈19・20世紀〉
イギリスの画家, 彫刻家。
⇒岩ケ（ケニントン, エリック・ヘンリ　1888-1960）

Kenny, Michael 〈20世紀〉
イギリス生れの彫刻家。
⇒世芸（ケニー, ミッシェル　1941-）

Kenny, Sean 〈20世紀〉
アイルランドの舞台装置家。
⇒演劇（ケニー, ショーン　1932-1973）

Kensett, John (Frederick) 〈19世紀〉
アメリカの画家。
⇒岩ケ（ケンセット, ジョン（・フレデリック）　1816-1872）

Kent, Jack 〈20世紀〉
アメリカのイラストレーター。
⇒児イ（Kent, Jack　ケント, J.）

Kent, Rockwell 〈19・20世紀〉
アメリカの画家, イラストレーター。『野生の国アラスカ』(1920)など紀行画集を発表。
⇒岩ケ（ケント, ロックウェル　1882-1971）
　国小（ケント　1882.6.21-1971.3.13）
　最世（ケント, ロックウェル　1882-1971）
　児イ（Kent, Rockwell　ケント, R.　1882-）
　世児（ケント, ロックウェル　1882-1971）
　二十（ケント, ロックウェル　1882-1971）

Kent, William 〈17・18世紀〉
イギリスの画家, 建築家, 室内装飾家。1735年王室付工匠頭。
⇒岩ケ（ケント, ウィリアム　1685-1748）
　英米（Kent, William　ケント　1684-1748）
　建築（ケント, ウィリアム　1686-1748）
　国小（ケント　1686-1748.4.12）
　コン2（ケント　1684-1748）

コン3（ケント　1684–1748）
新美（ケント，ウィリアム　1685–1748.4.12）
西洋（ケント　1684–1748.4.12）
世美（ケント，ウィリアム　1685–1748）

Kenyon, *Dame* Kathleen Mary〈20世紀〉
イギリスの女性考古学者。アフリカ，メソポタミアなどを調査。
⇒岩ケ（ケニヨン，デイム・キャスリーン（・メアリ）　1906–1978）
国小（ケニヨン　1906–）
新美（ケニヨン，キャスリーン　1906.1.5–1978.8.23）
二十（ケニヨン，キャスリーン・M.　1906.1.5–1978.8.23）

Kepes Gyorgy〈20世紀〉
ハンガリー出身の意匠家，造型理論家。主著『視覚言語』（1944）。
⇒外国（ケペッシュ　1906–）
新美（キーブス，ジョージー　1906.10.4–）
世美（ケペシュ，ジェルジ　1906–）
全書（ケペシュ　1906–）
大百（ケペシュ　1906–）
二十（キーブス，ジョージー　1906.10.4–）
二十（ケペシュ，ジョージ　1906–）
名著（ケペシュ　1906–）

Kepes, Juliet〈20世紀〉
イギリスのイラストレーター。
⇒児イ（Kepes, Juliet　キーブス，J.　1919–）

Kephisodotos〈前5・4世紀〉
ギリシアの彫刻家。前4世紀初めにアテネで活躍。代表作は，『幼児プルートス（富）を抱く女神エイレネ（平和）』。
⇒国小（ケフィソドトス　生没年不詳）
新美（ケーフィーソドトス）
西洋（ケフィソドトス　前4世紀）
世美（ケフィソドトス（大）　前5–前4世紀）

Kephisodotos〈前4・3世紀〉
ギリシアの彫刻家。アテネの人。前300年頃活躍。
⇒芸術（ケフィソドトス2世　前296頃活動）
国小（ケフィソドトス　生没年不詳）
世美（ケフィソドトス（小）　前4–前3世紀）

Kern, Anton〈18世紀〉
ドイツの画家。
⇒世美（ケルン，アントン　1710–1747）

Kerr, Judith〈20世紀〉
ドイツ生れのイギリスの女性絵本作家。
⇒英児（Kerr, Judith　カー，ジュディス　1923–）
児イ（Kerr, Judith　ケル, J.）

Kersting, Georg Friedrich〈18・19世紀〉
ドイツの画家。
⇒世美（ケルスティング，ゲオルク・フリードリヒ　1785–1847）

Kertanagara〈13世紀〉
ジャワ，シンガサリ王朝第6代（最後）の王（在位1268～92）。
⇒外国（クルタナガラ　?–1292）
国小（クルタナガラ　?–1292）
コン2（クルタナガラ　?–1292）
コン3（クルタナガラ　?–1292）
新美（クリタナガラ王　?–1292）
世百（クルタナガラ　?–1292）
東ア（クルタナガラ　?–1292）
百科（クルタナガラ　?–1292）
評世（クルタナガラ　?–1292）
歴史（クルタナガラ　1268–1292）

Kertész, André〈20世紀〉
ハンガリー出身の写真家。
⇒岩ケ（ケルテス，アンドレ　1894–1985）
音大（ケルテース　1929.8.28–1973.4.16）
新美（ケルテッシュ，アンドレ　1894.7.2–）
全書（ケルテス　1929–1973）
大辞2（ケルテス　1894–1985）
大辞3（ケルテス　1894–1985）
二十（ケルテッシュ，アンドレ　1894.7.2–?）

Kertesz, Joseph〈20世紀〉
ハンガリー生れの画家。
⇒世芸（ケルテス，ジョセフ　1932–）

Kessels, Matthieu〈18・19世紀〉
ベルギーの彫刻家。代表作『円盤投げする人』。
⇒西洋（ケッセルス　1784.5.20–1836.3.3）

Ketel, Cornelis〈16・17世紀〉
オランダの肖像，歴史画家。代表作は，『ローゼンクランツ大尉とパウル中尉の中隊』（1588），『ヤコブス・コルネリス・ファン・ネック提督の肖像』（1605）。
⇒国小（ケーテル　1548.3.18–1616.8.8）
新美（ケテル，コルネリス　1548.3.18–1616.8）
世美（ケテル，コルネリス　1548–1616）

Kettle, Tilly〈18世紀〉
イギリスの肖像画家。
⇒国小（ケットル　1735–1786）
世美（ケトル，ティリー　1735–1786）

Key, Adriaan Thomasz.〈16世紀〉
フランドルの画家。
⇒世美（ケイ，アドリアーン・トーマスゾーン　1544–1590頃）

Key, Lieven de〈16・17世紀〉
オランダの建築家。ハーレムのブーシェール市場を建築。
⇒建築（ケイ，リーヴェン・デ　1560頃–1627）
国小（ケイ　1560–1627）
新美（ケイ，リーフェン・デ　1560頃–1627.7.17）

Key, Ted〈20世紀〉
アメリカの漫画家。
⇒児作（Key, Ted　キー，テッド）

Key, Willem 〈16世紀〉
フランドルの画家。
⇒芸術（ケイ, ウイレム 1519頃-1568）
　世美（ケイ, ウィレム 1520頃-1568）

Keyser, Hendrik de 〈16・17世紀〉
オランダの建築家，彫刻家。
⇒岩ケ（ケイゼル, ヘンドリック・デ 1565-1621）
　建築（ケイゼル, ヘンドリック・ド 1565-1621）
　国小（カイザー 1565.5.15-1621.5.15）
　新美（ケイセル, ヘンドリック・デ 1565.5.15-1621.5.15）
　西洋（カイセル 1565.5.15-1621.5.15）
　百科（ケイセル 1565-1621）

Keyser, Robert 〈20世紀〉
アメリカ生れの画家。
⇒世芸（キーサー, ロバート 1924-）

Keyser, Thomas de 〈16・17世紀〉
オランダの画家，建築家。建築家，彫刻家の父ヘンドリク（1565～1621）に学ぶ。『セバスティアン・エグベルスの講義』（1619），『アラルト・クレック大尉とルカス・ヤコブス中尉の隊』（1632）など，多くの肖像画を残し，建築にアムステルダム市庁舎の塔などがある。
⇒国小（ケイゼル 1596頃-1667.7.7）
　新美（ケイセル, トーマス・デ 1596/97-1667.6）
　西洋（カイセル 1596-1667.6.7）

Khafra 〈前25世紀〉
エジプト第4王朝第4代の王（在位前2540～14頃）。クフの子で，ギゼー第2のピラミッドを建設。
⇒外国（カフラ）
　皇帝（カフラー（ケフレン） ?-前2495頃）
　国小（カフレ）
　コン2（カフラ）
　新美（カフラー）
　西洋（カフラ）
　歴史（カフレ ?-前2495）

Khajkin, David Solomonovich 〈20世紀〉
ロシアのイラストレーター。
⇒児イ（Khajkin, David Solomonovich ハイキン, D.S. 1927-）

Khalīl, Maulana 〈14・15世紀〉
イランのティームール朝期の画家。
⇒西洋（ハリール 14/5世紀）

Khalsa, Dayal Kaur 〈20世紀〉
アメリカのイラストレーター。
⇒児イ（Khalsa, Dayal Kaur カルサ, D.K. 1943-1983）

Khan, Abul Hashem 〈20世紀〉
バングラデシュのイラストレーター。
⇒児イ（Khan, Abul Hashem カーン, A.H.）

Kharēs 〈前4世紀〉
古代ギリシアの彫刻家。
⇒ギリ（カレス（リンドスの） 前300頃）

Khemurau, Filimon Alekseevich 〈20世紀〉
ロシアのイラストレーター。
⇒児イ（Khemurau, Filimon Alekseevich ヘムラウ, F.A. 1932-）

Khnopff, Fernand 〈19・20世紀〉
ベルギーの画家，彫刻家，版画家。
⇒芸術（クノップフ, フェルナン 1858-1921）
　新美（クノップフ, フェルナン 1858.9.12-1921.11.12）
　世芸（クノップフ, フェルナン 1858-1921）
　世美（クノップフ, フェルナン 1858-1921）
　ナビ（クノップフ 1858-1921）
　二十（クノップフ, フェルナンド 1858-1921）
　百科（クノップフ 1858-1921）

Khufu 〈前26世紀〉
古代エジプトの第4王朝第2代の王（在位前2590頃～67頃）。ギリシア名ケオプス。
⇒旺世（クフ王 生没年不詳）
　外国（クフ 前27世紀）
　皇帝（クフ（ケオプス） ?-前2530頃）
　国小（クフ）
　コン2（クフ）
　コン3（クフ 生没年不詳）
　新美（クフ）
　人物（クフ 生没年不詳）
　西洋（クフ）
　世人（クフ 生没年不詳）
　世西（クフ 前31世紀）
　全書（クフ 生没年不詳）
　大辞（クフ 前26世紀頃）
　大辞3（クフ 前26世紀頃）
　大百（クフ 生没年不詳）
　デス（クフ）
　伝世（クフ ?-2568頃）
　統治（クフ（ケオプス）（在位）前2638頃-2613頃）
　百科（クフ（在位）前2553頃-前2530頃）
　評世（クフ王 前2600頃）
　山世（クフ王 生没年不詳）
　歴史（クフ 前2500頃）

Khusrō I 〈6世紀〉
サ サン朝ペルシアの王（在位531～79）。
⇒旺世（ホスロー(1世) ?-579）
　外国（ホスロー1世 6世紀頃）
　科史（ホスローI世 ?-579）
　角世（ホスロー1世 ?-579）
　広辞4（ホスロー一世）
　広辞6（ホスロー一世 （在位）531-579）
　皇帝（ホスロー1世 ?-579）
　国小（ホスロー1世 ?-579）
　コン2（ホスロー1世）
　コン3（ホスロー1世 ?-579）
　新美（ホスロー一世 （在位）531-579）
　人物（ホスロー一世 生没年不詳）
　西洋（ホスロー一世 ?-579）
　世人（ホスロー1世 ?-579）
　世東（ホスロー1世 ?-579）
　世百（ホスロー1世 ?-579）

全書（ホスロー一世　?-579）
大辞（ホスロー一世　?-579）
大辞3（ホスロー一世　?-579）
中国（コスロー一世　(在位)531-579）
デス（ホスロ1世　?-579）
伝世（ホスロウ1世　?-579）
統治（ホスロー一世，アヌーシールヴァーン〔不死の魂をもつ者〕（在位)531-579）
百科（ホスロー1世）
評世（コスロー1世　生没年不詳）
山世（フスラウ1世　?-579）
歴史（ホスロー1世　?-579）

Khusrō II 〈6・7世紀〉
ササン朝ペルシアの王(在位590, 1～628)。パルビズ(勝利者)と号し, 華美を好んだ。
⇒角世（ホスロー2世　?-628）
  皇帝（ホスロー2世　?-628）
  国小（ホスロー2世　?-628）
  コン2（ホスロー2世）
  コン3（ホスロー2世　生没年不詳　(在位)590-628）
  新美（ホスロー二世　(在位)590-628）
  西洋（ホスロー二世　?-628）
  世東（ホスロー2世　?-628）
  伝世（ホスロウ2世　?-628）
  統治（ホスロー二世，ポルビーズ　(在位)590-628）
  百科（ホスロー2世　(在位)590-628）
  山世（フスラウ2世　?-628）

Khwāja Ghiyāthu'd-Dīn 〈15世紀〉
ティムール朝期の人。絵画に巧みで〈油絵画家〉と呼ばれた。
⇒西洋（フワージャ・ギヤースッ・ディーン　15世紀）

Kiblik, Evgenij Adoljfovich 〈20世紀〉
ロシアのイラストレーター。
⇒児I（Kiblik, Evgenij Adoljfovich　キーブリク, E.A.　1906-）

Kiddell-Monroe, Joan 〈20世紀〉
イギリスのイラストレーター。
⇒児イ（Kiddell=Monroe, Joan　キドル=モンロー, J.　1908-）

Kidner, Michael 〈20世紀〉
イギリス生れの画家, 彫刻家。
⇒世芸（キッドナー, ミッシェル　1917-）

Kidwell, Carl 〈20世紀〉
アメリカのイラストレーター。
⇒児イ（Kidwell, Carl）

Kiefer, Anselm 〈20世紀〉
ドイツの画家。藁や土を素材として取り入れることで, 強制収容所を想起させナチズムを告発する作品を製作。
⇒岩ケ（キーファー, アンセルム　1945-）
  広辞6（キーファー　1945-）
  世芸（キーファー, アンゼルム　1945-）
  大辞2（キーファー　1945-）
  大辞3（キーファー　1945-）

Kienholz, Edward 〈20世紀〉
アメリカの美術家。ベッド, 机などの既成品を利用しながら, 状況的な作品を作り出す。
⇒岩ケ（キーンホルツ, エドワード　1927-1994）
  現人（キーンホルツ　1927.10.23-）
  新美（キーンホルツ, エドワード　1927.10.23-）
  世芸（キーンホルツ, エドワード　1927-）
  大辞3（キーンホルツ　1927-1994）
  二十（キーンホルツ, エドワード　1927.10.23-1994.6.10）
  美術（キーンホルツ, エドワード　1927-）

Kiesler, Frederick John 〈20世紀〉
アメリカの建築家。1925年のパリ万国装飾博覧会オーストリア館に『空中都市』『エンドレス劇場』案を発表。
⇒オ西（キースラー, フレデリック　1896-1965）
  現人（キースラー　1896.9.22-1965.12.27）
  新美（キースラー, フレデリック・ジョン　1890.9.22-1965.12.27）
  世美（キースラー, フレデリック・ジョン　1896-1965）
  世百新（キースラー　1890-1965）
  全書（キースラー　1890-1965）
  大百（キースラー　1896-1965）
  ナビ（キースラー　1890-1965）
  二十（キースラー, フレデリック・ジョン　1890.9.22-1965.12.27）
  百科（キースラー　1890-1965）

Kiki 〈20世紀〉
フランスの女性。1920年代のモンパルナスで画家たちの創作意欲をかきたてたモデル。
⇒スパ（キキ　1901-1953）
  世俳（キキ　1901.10.2-1953.4.29）

Kilian, Lukas 〈16・17世紀〉
ドイツの銅版画家。
⇒新美（キリアン, ルーカス　1579-1637）

Kilikyan, Andranik Ervandovich 〈20世紀〉
レバノンのイラストレーター。
⇒児イ（Kilikyan, Andranik Ervandovich　キリキャン, A.E.　1939-）

Kimball, Fiske 〈19・20世紀〉
アメリカの建築家, 建築史家。ジェファソンの家, リー将軍の家など, アメリカの歴史建築物の復元修理などを手がけた。
⇒名著（キンボール　1888-）

Kimōn 〈前6・5世紀〉
古代アテネの将軍, 政治家。
⇒岩ケ（キモン　?-前449）
  外国（キモン　前512頃-449）
  角世（キモン　前6・5世紀）
  ギリ（キモン　?-前450頃）
  ギロ（キモン　前510頃-前451頃）
  広辞4（キモン　前510頃-前450頃）
  広辞6（キモン　前512頃-前449頃）
  国小（キモン　前505頃-450）
  コン2（キモン　前512頃-449）
  コン3（キモン　前512頃-前449）

新美（キモーン　前510頃-前449）
人物（キモン　前512頃-449）
西洋（キモン　前512頃-449）
世西（キモン　前507頃-449）
世百（キモン　前510頃-449）
全書（キモン　前510頃-449）
大百（キモン　前510頃-449）
デス（キモン　前512頃-449）
百科（キモン　生没年不詳）
評伝（キモン　前507頃-前449）
山世（キモン　前510頃-前450頃）

Kim Tae Jung 〈20世紀〉
韓国生れの画家。
⇒世芸（キム　タエジャン　1937-）

Kim Wonsook 〈20世紀〉
韓国生れ，アメリカ在住の画家。
⇒世芸（キム　ウンスク　?-）

King, Jessie Marion 〈19・20世紀〉
イギリスのデザイナー，イラストレーター。
⇒岩ケ（キング，ジェシー・マリオン　1875-1945）
世女日（キング，ジェシー・マリオン　1875-1949）

King, Philip 〈20世紀〉
チュニジア生れのイギリスの彫刻家。
⇒新美（キング，フィリップ　1934.5.1-）
世芸（キング，フィリップ　1934-）
全書（キング　1934-）
二十（キング，フィリップ　1934.5.1-）
美術（キング，フィリップ　1934-）

Kingman, Lee 〈20世紀〉
チュニジア生れのアメリカの女性作家，絵本作家。
⇒英児（Kingman, Lee　キングマン，リー　1919-）
児作（Kingman, Lee　キングマン，リー　1919-）

Kingsley Porter, Arthur 〈19・20世紀〉
アメリカの建築史家。
⇒西洋（ポーター　1883.6.2-1933.7.8）
世美（キングズリー・ポーター，アーサー　1883-1933）

Kinney, Belle 〈19・20世紀〉
アメリカの彫刻家。
⇒世女日（キニー，ベル　1887-?）

Kipniss, Robert 〈20世紀〉
アメリカ生れの画家。
⇒児イ（Kipniss, Robert　キープニス，R.）
世芸（キプニス，ロバート　1931-）

Kipp, Lyman 〈20世紀〉
アメリカの彫刻家。
⇒美術（キップ，ライマン　1929-）

Kiprensky, Orest Adamovich 〈18・19世紀〉
ロシアの画家。代表作『隊長ダビドフ像』(1809)，『プーシキン像』(1827)。
⇒芸術（キプレンスキー，オレスト・アダモヴィッチ　1783-1836）
国小（キプレンスキー　1782.3.13-1836.10.17）
コン2（キプレーンスキィ　1782-1836）
コン3（キプレンスキー　1782-1836）
新美（キプレンスキー，オレスト　1782.3.13/24-1836.10.17）
世西（キプレンスキー　1783-1836）
世美（キプレンスキー，オレスト・アダモヴィチ　1782-1836）
全書（キプレンスキー　1782-1836）

Kirby, Rollin 〈19・20世紀〉
アメリカの漫画家。1921年"On the Road to Moscow"でピュリッツアー賞受賞。
⇒国小（カービー　1875-1952）

Kirchner, Ernst Ludwig 〈19・20世紀〉
ドイツ表現主義の画家。『街路の5人の婦人』，『街』(1913)などの作品がある。
⇒岩ケ（キルヒナー，エルンスト・ルートヴィヒ　1880-1938）
オ西（キルヒナー，エルンスト・ルートヴィヒ　1880-1938）
外国（キルヒナー　1880-1938）
キリ（キルヒナー，エルンスト・ルートヴィヒ　1880.5.6-1938.6.15）
芸術（キルヒナー，エルンスト・ルートヴィヒ　1880-1938）
広辞4（キルヒナー　1880-1938）
広辞5（キルヒナー　1880-1938）
広辞6（キルヒナー　1880-1938）
国小（キルヒナー　1880.5.6-1938.6.15）
コン2（キルヒナー　1880-1938）
コン3（キルヒナー　1880-1938）
新美（キルヒナー，エルンスト・ルートヴィヒ　1880.5.6-1938.6.15）
西洋（キルヒナー　1880.5.6-1938.6.15）
世芸（キルヒナー，エルンスト・ルートヴィヒ　1880-1938）
世西（キルヒナー　1880-1938）
世美（キルヒナー，エルンスト・ルートヴィヒ　1880-1938）
世百（キルヒナー　1880-1938）
全書（キルヒナー　1880-1938）
大辞（キルヒナー　1880-1938）
大辞2（キルヒナー　1880-1938）
大辞3（キルヒナー　1880-1938）
大百（キルヒナー　1880-1938）
デス（キルヒナー　1880-1938）
伝世（キルヒナー　1880.5.6-1938.7.15）
ナビ（キルヒナー　1880-1938）
二十（キルヒナー，エルンスト・ルートヴィヒ　1880.5.6-1938.6.15）
百科（キルヒナー　1880-1938）

Kirchner, Johann Gottlob 〈18世紀〉
ドイツの彫刻家，陶芸家。
⇒芸術（キルヒナー，ヨハン・ゴットロープ　1706頃-1768以前）
新美（キルヒナー，ヨーハン・ゴットロープ　1706頃-?）

Kirkeby, Per〈20世紀〉
デンマークの画家。
⇒岩ケ（キールケビー, ペア　1939-）

Kirkegaard, Ole Lund〈20世紀〉
デンマークの児童文学者。
⇒児イ（Kirkegaard, Ole Lund　キアケゴー, O.L. 1940-）
　児作（Kirkegaard, Ole Lund　キアケゴー, オーレ・ロン　1940-）

Kirmse, Marguerite〈20世紀〉
イギリスのイラストレーター。
⇒児イ（Kirmse, Marguerite）

Kirton, Lisa Keiko〈20世紀〉
イギリスの陶芸家, 彫刻家。
⇒世芸（キルトン, リサ・ケイコ　1947-）

Kiselyov, Sergei Vladimirovich〈20世紀〉
ソ連邦の考古学者。古代のシベリア, 蒙古の研究家。
⇒外国（キセリョーフ　1905-）
　新美（キセリョフ, セルゲイ　1905.7.4(17)-1962.11.8）
　西洋（キセリョーフ　1905-1962.11.8）
　二十（キセリョフ, セルゲイ　1905.7.4(17)-1962.11.8）
　名著（キセリョフ　1905-）

Kisling, Moïse〈20世紀〉
フランスの画家。ポーランド生れのユダヤ人で, エコール・ド・パリの代表的画家。
⇒オ西（キスリング, モイーズ　1891-1953）
　外国（キスリング　1891-1953）
　広辞5（キスリング　1891-1953）
　広辞6（キスリング　1891-1953）
　国小（キスリング　1891.1.22-1953.4.29）
　コン3（キスリング　1891-1953）
　新美（キスリング, モイーズ　1891.1.22-1953.4.29）
　人物（キスリング　1891.1.22-1953.4.30）
　西洋（キスリング　1891-1953.4.30）
　世芸（キスリング, モイズ　1891-1953）
　世西（キスリング　1891-1953.4.30）
　世美（キスリング, モイーズ　1891-1953）
　世百（キスリング　1891-1953）
　全書（キスリング　1891-1953）
　大辞2（キスリング　1891-1953）
　大辞3（キスリング　1891-1953）
　大百（キスリング　1891-1953）
　ナビ（キスリング　1891-1953）
　二十（キスリング, モイーズ　1891.1.22-1953.4.29）

Kissling, Richard〈19・20世紀〉
スイスの彫刻家。記念碑を多く制作。
⇒西洋（キスリング　1848.4.15-1919.7.19）

Kitaj, Ronald Brooks〈20世紀〉
イギリス第2期ポップ・アートの代表的作家の一人。
⇒岩ケ（キタージ, R(ロナルド)・B(ブルックス) 1932-）
　最世（キタージ, R・B　1932-）
　新美（キタイ, ロナルド　1932.10.29-）
　世芸（キタイ　1932-）
　世美（キタイ, ロナルド　1932-）
　二十（キタイ, ロナルド・B.　1932.10.29-）
　美術（キタイ, ロナルド・B.　1932-）
　ユ人（カイタージュ, R.B　1932-2007）

Kitson, Theo Alice〈19・20世紀〉
アメリカの彫刻家。
⇒世女日（キトソン, テオ・アリス　1876-1932）

Kiyooka, Roy〈20世紀〉
日系カナダ詩人, 視覚芸術家。
⇒二十英（Kiyooka, Roy　1926-1994）

Kjaerholm, Poul〈20世紀〉
デンマークのプロダクト・デザイナー。
⇒新美（ケヤホルム, パウル　1929-1980）
　二十（ケヤホルム, パウル　1929-1980）

Kjarval, Jóhannes (Sveinssoon)〈19・20世紀〉
アイスランドの画家。
⇒岩ケ（キャルヴァル, ヨウハンネス(・スヴェインソン)　1885-1972）

Klages, Simone〈20世紀〉
ドイツのイラストレーター。
⇒児イ（Klages, Simone　クラーゲス, S.　1956-）

Klapheck, Konrad〈20世紀〉
西ドイツの画家。
⇒美術（クラフェック, コンラド　1935-）

Klasen, Peter〈20世紀〉
ドイツの前衛美術家。
⇒世美（クラーゼン, ペーター　1935-）

Klauber, Hans Hugo〈16世紀〉
スイスの画家。
⇒世美（クラウバー, ハンス・フーゴー　1536頃-1578）

Klauer, Martin Gottlieb〈18・19世紀〉
ドイツの彫刻家, 版画家。
⇒世美（クラウアー, マルティン・ゴットリープ　1742-1801）

Klee, Paul〈19・20世紀〉
スイスの画家。代表作『鳥の島』, 『港』など。著書『造形思考』(1956), 『日記』(1957)。
⇒岩ケ（クレー, パウル　1879-1940）
　オ西（クレー, パウル　1879-1940）
　外国（クレー　1879-1940）
　キリ（クレー, パウル　1879.12.18-1940.6.29）
　芸術（クレー, パウル　1879-1940）
　広辞4（クレー　1879-1940）
　広辞5（クレー　1879-1940）
　広辞6（クレー　1879-1940）

国小（クレー　1879.12.18–1940.6.29）
国百（クレー，パウル　1879.12.18–1940.6.29）
コン2（クレー　1879–1940）
コン3（クレー　1879–1940）
集文（クレー，パウル　1879.12.18–1940.6.29）
新美（クレー，パウル　1879.12.18–1940.6.29）
人物（クレー　1879.12.18–1940.6.29）
西洋（クレー　1879.12.18–1940.6.29）
世芸（クレー，パウル　1879–1940）
世西（クレー　1879.12.18–1940.6.29）
世美（クレー，パウル　1879–1940）
世百（クレー　1879–1940）
全書（クレー　1879–1940）
大辞（クレー　1879–1940）
大辞2（クレー　1879–1940）
大辞3（クレー　1879–1940）
大百（クレー　1879–1940）
デス（クレー　1879–1940）
伝世（クレー　1879.12.18–1940.6.29）
ナビ（クレー　1879–1940）
二十（クレー，パウル　1879.12.18–1940.6.29）
百科（クレー　1879–1940）

Kleemann, Thomas 〈20世紀〉
ドイツの画家。
⇒世芸（クレーマン，トーマス　1954–）

Klein, Anne（Hannah）〈20世紀〉
アメリカのファッション・デザイナー。
⇒岩ケ（クライン，アン（・ハナ）　1921?–1974）
最世（クライン，アン　1921–1974）
世女日（クライン，アン・ハナ　1923–1974）

Klein, Calvin 〈20世紀〉
アメリカのファッション・デザイナー。ニューヨーク・ファッション界の大物の一人。
⇒ア人（クライン，カルバン　1943–）
岩ケ（クライン，カルヴァン（・リチャード）1942–）
現ア（Klein, Calvin　クライン，カルヴァン　1942–）
最世（クライン，カルヴァン　1942–）
ナビ（クライン　1943–）
二十（クライン，カルバン　1943–）

Klein, Georges-André 〈20世紀〉
フランスの画家。エコール・ド・パリーの一人。
⇒国小（クラン　1901.12.28–）
世芸（クラン，ジョルジュ・アンドレ　1901–1970）

Klein, Wilhelm 〈19・20世紀〉
ドイツの考古学者。プラーハ大学考古学教授。
⇒西洋（クライン　1850–1924）
世美（クライン，ヴィルヘルム　1850–1924）

Klein, William 〈20世紀〉
フランスを中心に活躍するアメリカの写真家。反写真的ともいえる写真集『ニューヨーク』を発表し、衝撃的な映像による文明批評として一躍国際的にも有名になった。1959年フランスのナダール賞受賞。
⇒監督（クライン，ウイリアム　1929–）
現人（クライン　1926–）
世映（クライン，ウイリアム　1928–）
世俳（クライン，ウィリアム　1928.4.19–）
世百新（クライン　1928–）
大辞3（クライン　1928–）
二十（クライン，ウィリアム　1928–）
百科（クライン　1928–）

Klein, Yves 〈20世紀〉
フランスの美術家。1960年前後のパリを中心とするヌーボー・レアリスム運動で中核をなす。
⇒オ西（クライン，イヴ　1928–1962）
現人（クライン　1928.4.28–）
広辞5（クライン　1928–1962）
広辞6（クライン　1928–1962）
新美（クライン，イヴ　1928.4.28–1962.6.6）
西洋（クライン　1928.4.28–1962.6.6）
世芸（クライン，イヴ　1928–1962）
世美（クライン，イーヴ　1928–1962）
世百新（クライン　1928–1962）
全書（クライン　1928–1962）
大辞2（クライン　1928–1962）
大辞3（クライン　1928–1962）
ナビ（クライン　1928–1962）
二十（クライン，イブ　1928.4.28–1962.6.6）
美術（クライン，イヴ　1928–1962）
百科（クライン　1928–1962）

Kleitias 〈前6世紀〉
ギリシアの陶画家。
⇒ギリ（クレイティアス　前575頃–前550）
国小（クレイチアス　生没年不詳）
新美（クレイティアース）
世美（クレイティアス　（活動）前6世紀前半）

Klemke, Werner 〈20世紀〉
ドイツのイラストレーター。
⇒児イ（Klemke, Werner　クレムケ，W.　1917–）

Klenze, Leo von 〈18・19世紀〉
ドイツの建築家，考古学者。アテネの古代遺品を研究してドイツの考古学を創始。代表作はペテルブルクのエルミタージュ美術館（1839～49），ミュンヘンのグリュプトテーク（1816～31），ピナコテーク（1826～36），プロピュレーオン（1846～60）など。
⇒建築（クレンツェ，レオ・フォン（クレンツェ，レオポルト・フォン）　1784–1864）
国小（クレンツェ　1784.2.29–1864.1.27）
新美（クレンツェ，レーオ・フォン　1784.2.29–1864.1.27）
西洋（クレンツェ　1784.2.29–1864.1.27）
世美（クレンツェ，レオ・フォン　1784–1864）
デス（クレンツェ　1784–1864）
百科（クレンツェ　1784–1864）

Kleōn 〈前5世紀〉
アテナイの煽動政治家。
⇒岩ケ（クレオン　?–前422）
外国（クレオン　?–前422）
角世（クレオン　?–前422）
ギリ（クレオン　?–前422）
ギロ（クレオン　?–前422）
コン2（クレオン　前5世紀）
コン3（クレオン　生没年不詳）
西洋（クレオン　?–前422）
世美（クレオン　（活動）前4世紀前半）
世百（クレオン　?–前422）

全書　（クレオン　？-前422）
大百　（クレオン　？-前422）
デス　（クレオン　？-前422）
伝世　（クレオン　前475頃-422）
百科　（クレオン　？-前422）
評世　（クレオン　？-前422）
山世　（クレオン　？-前422）
歴史　（クレオン　？-前422）

Kleopatra VII 〈前1世紀〉
プトレマイオス朝エジプトの最後の女王（在位前51～30）。
⇒逸話　（クレオパトラ7世　前69-前30）
　岩ケ　（クレオパトラ7世　前69-前30）
　旺世　（クレオパトラ(7世)　前69-前30）
　外国　（クレオパトラ7世　前69-30）
　角世　（クレオパトラ）
　キリ　（プトレマイオス7世・フィロパトール（クレオパトラ）　前69-前30.8.12）
　ギリ　（クレオパトラ7世　（在位）前51-30）
　ギロ　（クレオパトラ7世　前69-前30）
　広辞4　（クレオパトラ　前69-前30）
　広辞6　（クレオパトラ　前69-前30）
　皇帝　（クレオパトラ7世　前70/69-30）
　国小　（クレオパトラ7世　前69-30.8）
　国百　（クレオパトラ7世　前69-30）
　コン2　（クレオパトラ7世　前69-前30）
　コン3　（クレオパトラ7世　前69-前30）
　新美　（クレオパトラ女王七世　前69-前30）
　人物　（クレオパトラ七世　前69-30）
　西洋　（クレオパトラ七世　前69-30）
　世女　（クレオパトラ7世　前69-前30）
　世女日　（クレオパトラ7世　前69-30）
　世人　（クレオパトラ7世　前69-前30）
　世西　（クレオパトラ　前69-30）
　世田　（クレオパトラ　前69-30）
　全書　（クレオパトラ七世　前69-前30）
　大辞　（クレオパトラ七世　前69-前30）
　大辞3　（クレオパトラ七世　前69-前30）
　大百　（クレオパトラ七世　前69-30）
　デス　（クレオパトラ7世　前69-30）
　伝世　（クレオパトラ　前69-30）
　統治　（クレオパトラ・愛父女王　（在位）前51-30）
　百科　（クレオパトラ　前69-前30）
　評世　（クレオパトラ7世　前69-前30）
　山世　（クレオパトラ7世　前69-前30）
　歴史　（クレオパトラ7世　前69-前30）
　ロマ　（クレオパトラ　（在位）前51-30）

Klerk, Michaël de 〈19・20世紀〉
オランダの建築家。代表作にアムステルダムの集合住宅（1917）。
⇒国小　（デ・クレルク　1884-1923）
　西洋　（クラーク　1884.11.24-1923.11.24）
　全書　（クラーク　1884-1923）
　大百　（クラーク　1884-1923）
　二十　（クラーク，ミッチェル・デ　1884-1923）

Kleven, Elisa 〈20世紀〉
アメリカの児童文学者。
⇒児イ　（Kleven, Elisa　クレヴェン，E.　1958-）
　児作　（Kleven, Elisa　クレヴェン，エリサ　1958-）

Kley, Heinrich 〈19・20世紀〉
ドイツの画家。

⇒幻文　（クレイ，ハインリッヒ　1863-1945）

Klimt, Gustav 〈19・20世紀〉
オーストリアの画家。代表作はウィーン大学の天井画（1900～03），『フリッツェ・リートラー婦人』（1906），『接吻』（1908）など。
⇒岩ケ　（クリムト，グスタフ　1862-1918）
　オ西　（クリムト，グスタフ　1862-1918）
　キリ　（クリムト，グスタフ　1862.7.14-1918.2.6）
　芸術　（クリムト，グスタフ　1862-1918）
　広辞4　（クリムト　1862-1918）
　広辞5　（クリムト　1862-1918）
　広辞6　（クリムト　1862-1918）
　国小　（クリムト　1862.7.14-1918.2.6）
　コン2　（クリムト　1862-1918）
　コン3　（クリムト　1862-1918）
　新美　（クリムト，グスタフ　1862.7.14-1918.2.6）
　人物　（クリムト　1862.7.14-1914.2.6）
　西洋　（クリント　1862.7.14-1918.2.6）
　世芸　（クリムト，グスタフ　1862-1918）
　世美　（クリムト，グスタフ　1862-1918）
　全書　（クリムト　1862-1918）
　大辞　（クリムト　1862-1918）
　大辞2　（クリムト　1862-1918）
　大辞3　（クリムト　1862-1918）
　大百　（クリムト　1862-1918）
　伝世　（クリムト　1862.7.14-1918.2.6）
　ナビ　（クリムト　1862-1918）
　二十　（クリムト，グスタフ　1862.7.14-1918.2.6）
　百科　（クリムト　1862-1918）

Kline, Franz 〈20世紀〉
アメリカの画家。抽象表現主義の画家として注目された。
⇒岩ケ　（クライン，フランツ（・ジョゼフ）　1910-1962）
　オ西　（クライン，フランツ　1910-1962）
　新美　（クライン，フランツ　1910.5.23-1962.5.13）
　西洋　（クライン　1910.5.23-1962.5.13）
　世芸　（クライン，フランツ　1910-1962）
　世美　（クライン，フランツ　1910-1962）
　全書　（クライン　1910-1962）
　大百　（クライン　1910-1962）
　伝世　（クライン　1910-1962.3.13）
　二十　（クライン，フランツ　1910.5.23-1962.5.13）

Klinger, Max 〈19・20世紀〉
ドイツの版画家，画家，彫刻家。1878年『手袋』連作がその怪異性ゆえに物議をかもした。彫刻の大作『ベートーベン坐像』（1902）が有名。著書『彩画と素描』（1891）。
⇒岩ケ　（クリンガー，マックス　1857-1920）
　オ西　（クリンガー，マックス　1857-1920）
　外国　（クリンガー　1857-1920）
　キリ　（クリンガー，マックス　1857.2.18-1920.7.5）
　芸術　（クリンガー，マックス　1857-1920）
　広辞4　（クリンガー　1857-1920）
　広辞5　（クリンガー　1857-1920）
　広辞6　（クリンガー　1857-1920）
　国小　（クリンガー　1857.2.18-1920.7.5）
　コン2　（クリンガー　1857-1920）
　コン3　（クリンガー　1857-1920）
　新美　（クリンガー，マックス　1857.2.18-1920.7.5）

人物（クリンガー　1857.2.18-1920.7.4）
西洋（クリンガー　1857.2.18-1920.7.4）
世芸（クリンガー，マックス　1857-1920）
世西（クリンガー　1857.2.18-1920.7.4）
世美（クリンガー，マックス　1857-1920）
世百（クリンガー　1857-1920）
全書（クリンガー　1857-1920）
大辞2（クリンガー　1857-1920）
大辞3（クリンガー　1857-1920）
大百（クリンガー　1857-1920）
二十（クリンガー，マックス　1857.2.18-1920.7.5）
百科（クリンガー　1857-1920）

Klingsor, Tristan　〈19・20世紀〉
フランスの詩人, 作曲家, 画家。詩集『シェエラザード』など。
⇒集世（クリングソール，トリスタン　1874.8.8-1966.8.3）
　集文（クリングソール，トリスタン　1874.8.8-1966.8.3）
　二十（クリングソール，T.　1874-1966）

Klint, Kaare　〈19・20世紀〉
デンマークの建築家。代表作はコペンハーゲンのグルンドビグ聖堂（1926）。
⇒岩ケ（クリント，コーレ　1888-1954）
　国小（クリント　1888-1954）
　新美（クリント，カーレ　1888-1954）
　世美（クリント，コーレ　1888-1954）
　二十（クリント，カーレ　1888-1954）

Klippel, Robert Edward　〈20世紀〉
オーストラリアの彫刻家。
⇒岩ケ（クリッペル，ロバート・エドワード　1920-）
　最世（クリッペル，エドワード　1920-2001）

Klisch, Peter　〈20世紀〉
オーストリアの画家。
⇒新美（クリーチ，ペーター　1934.5.2-）
　二十（クリーチ，ペーター　1934.5.2-）

Klitias　〈前5世紀〉
ギリシアの画家。
⇒西洋（クリティアス　前5世紀）

Klodt, Peter Kanlovich　〈19世紀〉
ロシアの彫刻家。写実主義的作風で馬を多く制作。
⇒芸術（クロット，ピョートル・カルロヴィッチ　1805-1867）
　国小（クロット　1805-1867）
　新美（クロット，ピョートル　1805.5.24/6.5-1867.11.8/20）

Kluge, Kurt　〈19・20世紀〉
ドイツの小説家, 彫刻家。絵画, 鋳金, 音楽にも長じた。
⇒西洋（クルーゲ　1886.4.29-1940.7.26）

Knackfuss, Hermann　〈19・20世紀〉
ドイツの画家, 美術史家。
⇒西洋（クナックフース　1848.8.11-1915.5.17）

Knapper, Gerd　〈20世紀〉
ドイツ生れの陶芸家, 造形家。
⇒世芸（クナッパー，ゲルト　1943-）

Knapton, George　〈17・18世紀〉
イギリスの画家, 版画家。
⇒世美（ナップトン，ジョージ　1698-1778）

Knaus, Ludwig　〈19・20世紀〉
ドイツの肖像, 風俗画家。1865年ベルリン・アカデミーの教授。
⇒芸術（クナウス，ルドヴィヒ　1829-1910）
　国小（クナウス　1829.10.5-1910.12.7）
　西洋（クナウス　1829.10.5-1910.12.7）

Kneller, Sir Godfrey　〈17・18世紀〉
ドイツ生れのイギリスの肖像画家。1711年にネラー・アカデミーを創設。
⇒岩ケ（クネラー，サー・ゴドフリー　1646-1723）
　英米（Kneller, Sir Godfrey　ネラー　1646頃-1723）
　芸術（ネラー，ゴッドフリー　1646-1723）
　国小（ネラー　1646/9-1723.11.7）
　新美（ネラー，ゴッドフリ　1646/49-1723.10）
　西洋（クネラー　1646.8.8-1723.10.19）
　世西（ネラー（クネラー）　1646.8.8-1723.10.19）
　世美（ネラー，ゴドフリー　1646/49-1723）

Kngwarreye, Emily　〈20世紀〉
オーストラリアのアボリジニー画家。
⇒岩ケ（ナワレイ，エミリー・ケイム　1910頃-1996）
　世日（ヌーワレイ，エミリー　1910?-1996）

Kniffke, Sophie　〈20世紀〉
フランスのイラストレーター。
⇒児イ（Kniffke, Sophie　クニフケ, S.　1955-）

Knight, Hilary　〈20世紀〉
アメリカのイラストレーター。
⇒児イ（Knight, Hilary　ナイト, H.　1926-）

Knight, Dame Laura　〈19・20世紀〉
イギリスの画家。
⇒岩ケ（ナイト，デイム・ローラ　1877-1970）
　世日（ナイト，ローラ　1877-1970）
　世日女（ナイト，ローラ　1877-1970）

Knížák, Milan　〈20世紀〉
チェコの美術家。
⇒美術（クニージャーク，ミラン　1940-）

Knobelsdorf, Georg Wenzeslaus von　〈17・18世紀〉
ドイツの画家, 建築家。ベルリンのオペラ座, サンスシー宮の広間などを設計ののち, 1730年画家に転向。
⇒建築（クノーベルスドルフ，ゲオルク・ヴェンツェスラウス・フォン　1699-1753）
　国小（クノーベルスドルフ　1699.2.17-1753.9.16）
　新美（クノーベルスドルフ，ヴェンツェスラウス・

フォン 1699.2.17-1753.9.16）
西洋（クノーベルスドルフ 1697.2.17-
1753.9.16）
世界（クノーベルスドルフ, ゲオルク・ヴェン
ツェスラウス・フォン 1699-1753）
百科（クノーベルスドルフ 1699-1753）

Knoller, Martin 〈18・19世紀〉
オーストリアの画家。
⇒世美（クノラー, マルティン 1725-1804）

Knotts, Howard 〈20世紀〉
アメリカのイラストレーター。
⇒児イ（Knotts, Howard ノッツ, H.）

Knowles, Alison 〈20世紀〉
アメリカの画家。
⇒美術（ノウルズ, アリスン 1933-）

Knowles, Beyonce 〈20世紀〉
アメリカのミュージシャン, レコード・プロ
デューサー, 俳優, ファッション・デザイナー。
⇒ア事（ノウルズ, ビヨンセ 1981-）

Knowles, Elizabeth 〈19・20世紀〉
カナダの画家。
⇒世女日（ノウルズ, エリザベス 1866-1928）

Knox, Archibald 〈19・20世紀〉
イギリスの宝飾デザイナー。
⇒岩ケ（ノックス, アーチボルド 1864-1933）

Kobell, Ferdinand 〈18世紀〉
ドイツの画家。1793年ミュンヘン美術館長。
⇒芸術（コベル, フェルディナント 1740-1799）
国小（コベル 1740-1799）
新美（コーブル, フェルディナント 1740.6.7-1799.2.1）
西洋（コベル 1740.6.7-1799.2.1）

Kobell, Franz, Ritter von 〈18・19世紀〉
ドイツの画家, 銅版画家。F.コベルの弟。
⇒西洋（コベル 1749.11.23-1822.1.14）

Kobell, Wilhelm Alexander Wolfgang von 〈18・19世紀〉
ドイツの画家。1808年ミュンヘン美術アカデ
ミー教授。風景画, 戦争画のほか銅版画で知ら
れる。
⇒芸術（コベル, ヴィルヘルム・フォン 1766-1853）
国小（コベル 1766.4.6-1855.7.15）
新美（コーブル, ヴィルヘルム・フォン 1766.4.6-1853.7.15）
西洋（コベル 1766.4.6-1855.7.15）

Købke, Christen Schellerup 〈19世紀〉
デンマークの画家。
⇒新美（クブケ, クリステン 1810.5.26-1848.2.7）
世美（ケブケ, クリステン・シェラールプ 1810-1848）

Kobro, Katarzyna 〈20世紀〉
ポーランドの彫刻家。
⇒オ西（コブロ, カタルジーナ 1898-1950）
東欧（コブロ 1898-1951）
二十（コブロ, カタジナ 1898-1950）

Koch, Gaetano 〈19・20世紀〉
イタリアの建築家。
⇒世美（コッホ, ガエターノ 1849-1910）

Koch, Joseph Anton 〈18・19世紀〉
ドイツ浪漫派の風景画家。
⇒芸術（コッホ, ヨーゼフ・アントン 1768-1839）
新美（コッホ, ヨーゼフ・アントン 1768.7.27-1839.1.12）
世西（コッホ 1768-1839）
世美（コッホ, ヨーゼフ・アントン 1768-1839）
百科（コッホ 1768-1839）

Koch, Rudolf 〈19・20世紀〉
ドイツの文字意匠家。
⇒キリ（コッホ, ルードルフ 1876.11.20-1934.4.9）

Koci, Marta 〈20世紀〉
チェコスロバキアのイラストレーター。
⇒児イ（Koci, Marta コチ, M. 1945-）

Kocsis, James C. 〈20世紀〉
アメリカのイラストレーター。
⇒児イ（Kocsis, James C. コチシュ, J. 1936-）

Koehler, Florence 〈19・20世紀〉
アメリカの宝石細工師。
⇒世女日（ケーラー, フローレンス 1861-1944）

Koenen, Mathias 〈19・20世紀〉
ドイツの建築家。鉄筋コンクリート構造の設計
理論を実験研究。
⇒西洋（ケーネン 1849.3.3-1924.12.26）

Koering, Ursula 〈20世紀〉
アメリカのイラストレーター。
⇒児イ（Koering, Ursula 1921-）

Köhler, Carl 〈19世紀〉
ドイツの画家。すぐれたドイツ服装に関する著
作をのこした。
⇒名著（ケーラー 1825-1876）

Kokorin, Anatolij Vladimirovich 〈20世紀〉
ロシアのイラストレーター。
⇒児イ（Kokorin, Anatolij Vladimirovich カコーリン, A.V. 1908-）

Kokoschka, Oskar 〈19・20世紀〉
オーストリア出身のイギリスの画家, 詩人, 舞
台美術家, 劇作家。戯曲『人殺し, 女たちの希
望』(1907), 詩集"Die träumenden Knaben"
(1908), 戯曲"Hiob"(1917), "Orpheus und

K

Eurydike"(1923)がある。
⇒岩ケ（ココシュカ, オスカー　1886-1980）
オ西（ココシュカ, オスカー　1886-1980）
外国（ココーシュカ　1886-）
キリ（ココシュカ, オスカー　1886.3.1-1980.2.22）
広辞5（ココシュカ　1886-1980）
広辞6（ココシュカ　1886-1980）
国小（ココシュカ　1886.3.1-）
国百（ココシュカ, オスカー　1886.3.1-）
コン3（ココシュカ　1886-1980）
集世（ココシュカ, オスカル　1886.3.1-1980.2.22）
集文（ココシュカ, オスカル　1886.3.1-1980.2.22）
新美（ココシュカ, オスカー　1886.3.1-1980.2.22）
人物（ココシュカ　1886.3.1-）
西洋（ココシュカ　1886.3.1-1980.2.22）
世芸（ココシュカ, オスカー　1886-1980）
世西（ココシュカ　1886.3.1-）
世美（ココシュカ, オスカー　1886-1980）
世百（ココシュカ　1886-）
世百新（ココシュカ　1886-1980）
世文（ココシュカ, オスカー　1886-1980）
全書（ココシュカ　1886-1980）
大辞2（ココシュカ　1886-1980）
大辞3（ココシュカ　1886-1980）
大百（ココシュカ　1886-1980）
伝世（ココシュカ　1886.3.1-1980.2.22）
ナビ（ココシュカ　1886-1980）
二十（ココシュカ, オスカー　1886.3.1-1980.2.22）
百科（ココシュカ　1886-1980）

Kolář, Jiří 〈20世紀〉
チェコスロヴァキアの前衛芸術家。プラハ言語学派とシュールレアリスムの影響下に詩と造形・映像を結合した詩人。
⇒現人（コラーシ　1914.9.24-）
美術（コラージ, イジー　1914-）

Kolbe, Georg 〈19・20世紀〉
ドイツの彫刻家。主要作品は公共記念碑、『バッハ胸像』(1903)、『悲嘆』(1921)『アスンタ』(1921)など。
⇒オ西（コルベ, ゲオルク　1877-1947）
外国（コルベ　1877-）
芸術（コルベ, ゲオルク　1877-1947）
広辞4（コルベ　1877-1947）
広辞5（コルベ　1877-1947）
広辞6（コルベ　1877-1947）
国小（コルベ　1877.4.13-1945.11.15）
新美（コルベ, ゲオルク　1877.4.13-1947.11.15）
西洋（コルベ　1877.4.15-1947.11.20）
世芸（コルベ, ゲオルク　1877-1947）
世西（コルベ　1877-1947）
世美（コルベ, ゲオルク　1877-1947）
世百（コルベ　1877-1947）
ナチ（コルベ, ゲオルク　1877-1947）
二十（コルベ, ゲオルク　1877.4.15-1947.11.20）

Koldewey, Robert Johann 〈19・20世紀〉
ドイツの古代学者。バビロニア, ヒッタイトなどで発掘。

⇒新美（コルデヴァイ, ローベルト　1855.10.9-1925.2.4）
西洋（コルデヴァイ　1855.9.10-1925.2.4）
世東（コルデヴァイ　1855-1925）
世百（コルデヴァイ　1855-1925）
二十（コルデヴァイ, ローベルト・J.　1855.10.9-1925.2.4）

Koljusheva, Tatjjana Vasiljevna 〈20世紀〉
ロシアのイラストレーター。
⇒児イ（Koljusheva, Tatjjana Vasiljevna　コーリュシェヴァ, T.V.　1937-）

Kollwitz, Käthe 〈19・20世紀〉
ドイツの女流画家、版画家、彫刻家。20世紀ドイツの代表的な版画家。作風は表現主義的。
⇒岩ケ（コルヴィッツ, ケーテ　1867-1945）
オ西（コルヴィッツ, ケーテ　1867-1945）
外国（コルヴィッツ　1867-1945）
キリ（コルヴィッツ, ケーテ　1867.7.8-1945.4.22）
芸術（コルヴィッツ, ケーテ　1867-1945）
広辞6（コルヴィッツ　1867-1945）
国小（コルビッツ　1867.7.8-1945.4.22）
コン2（コルヴィッツ　1867-1945）
コン3（コルヴィッツ　1867-1945）
新美（コルヴィッツ, ケーテ　1867.7.8-1945.4.22）
人物（コルウィッツ　1867.8.8-1945.4.22）
スパ（コルビッツ, ケエテ　1876-1945）
西洋（コルヴィツ　1867.8.8-1945.4.22）
世芸（コルヴィッツ, ケーテ　1867-1945）
世女（コルヴィッツ, ケーテ　1847-1945）
世女日（コールヴィッツ, ケーテ　1867-1945）
世西（コルヴィッツ　1867.7.8-1945.4.22）
世美（コルヴィッツ, ケーテ　1867-1945）
世百（コルヴィッツ　1867-1945）
全書（コルウィッツ　1867-1945）
大百（コルウィッツ　1867-1945）
伝世（コルウィッツ　1867.7.8-1945）
ナチ（コルヴィッツ, カーテ　1867-1945）
二十（コルビッツ, K.　1867.8(7).8-1945.4.22）
百科（コルビッツ　1867-1945）

Kolotes
ギリシアの彫刻家。
⇒世美（コロテス（パロス出身の））

Kolotes 〈前5世紀頃〉
ギリシアの彫刻家。
⇒新美（コーローテース）
世美（コロテス（ヘラクレイア出身の）　（活動）前5世紀中頃以降）

Kolotes 〈前4世紀〉
ギリシアの画家。
⇒世美（コロテス（テオス出身の）　前4世紀初頭）

Konashevich, Vladimir Mikhajlovich 〈19・20世紀〉
ロシアのイラストレーター。
⇒児イ（Konashevich, Vladimir Mikhajlovich　カナシェーヴィッチ, V.M.　1888-1963）

Konchalovskiy, Pyotr Petrovich

〈19・20世紀〉
ソ連, ロシア共和国の人民画家。後期印象派の形式とロシア・リアリズムを融合し, ロシア絵画の近代化に尽した。1942年スターリン賞を受賞。
⇒外国（コンチャロフスキー　1876–）
　芸術（コンチャロフスキー, ピョートル・ペトローヴィッチ　1876–1956）
　国小（コンチャロフスキー　1876–1956.2.2）
　コン2（コンチャローフスキィ　1876–1956）
　コン3（コンチャロフスキー　1876–1956）
　新美（コンチャロフスキー, ピョートル　1876.2.9(21)–1956.2.2）
　人物（コンチャロフスキー　1876–1956.2.2）
　西洋（コンチャロフスキー　1876–1956.2.2）
　世芸（コンチャロフスキー, ピョートル・ペトローヴィッチ　1876–1956）
　世バ（コンチャローフスキー　1876–）
　全書（コンチャロフスキー　1876–1956）
　大百（コンチャロフスキー　1876–1956）
　二十（コンチャロフスキー, ピョートル　1876.2.9–1956.2.2）

Kondakov, Nikodim Pavlovich〈19・20世紀〉
ロシアの美術史学者。ビザンティン美術, キリスト教考古学の権威。
⇒西洋（コンダコーフ　1844.11.8–1925.2.17）

Kondor Béla〈20世紀〉
ハンガリーの画家。
⇒東欧（コンドル　1931–1972）

Konenkov, Sergei Timofeevich〈19・20世紀〉
ロシアの彫刻家。代表作『パガニーニの胸像』,『ステパン・ラージン』など。
⇒芸術（コネンコフ, セルゲイ・ティモフェーヴィッチ　1874–1943）
　国小（コネンコフ　1874–1971.10.9）
　コン2（コニョーンコフ　1874–1971）
　コン3（コニョンコフ　1874–1971）
　新美（コネンコフ, セルゲイ　1874.6.28(7.10)–1971.10.9）
　世芸（コネンコフ, セルゲイ・ティモフェーヴィッチ　1874–1943）
　全書（コニョンコフ　1874–1971）
　二十（コニョンコフ, セルゲイ　1874–1971）
　二十（コネンコフ, セルゲイ　1874.6.28–1971.10.9）

König, Franz Niklaus〈18・19世紀〉
スイスの画家。
⇒世美（ケーニヒ, フランツ・ニクラウス　1765–1832）

König, Leo von〈19・20世紀〉
ドイツの画家。
⇒西洋（ケーニヒ　1871.2.28–1944）

Koninck, Philips de〈17世紀〉
オランダの画家。
⇒岩ケ（コーニンク, フィリップス・デ　1619–1688）
　国小（コニンク　1619.11.5–1688.10.4）
　新美（コニンク, フィリップス　1619.11.5–1688.10.4）
　世美（コーニンク, フィリップス　1619–1688）

Koninck, Salomon〈17世紀〉
オランダの画家。
⇒新美（コニンク, サロモン　1609–1656.8.8）
　世美（コーニンク, サロモン　1609–1656）

Konrad von Soest〈14・15世紀〉
ドイツの画家。代表作はニーダー・ビルドゥンゲン聖堂ならびにドルトムントの聖マリア聖堂の祭壇画。
⇒キリ（コンラート（ゾーストの）　(活躍)1394頃–1422頃）
　芸術（コンラッド・フォン・ゾエスト）
　国小（コンラート（ゼーストの）　生没年不詳）
　新美（ゾースト, コンラート・フォン　1370頃–1422以後）
　世美（ゾースト, コンラート・フォン　1370頃–1422以降）

Konsumkunst, Wulle〈20世紀〉
ドイツ生れの画家。
⇒世芸（コンズームクンスト, ワレ　1937–）

Koöhler, Florian〈20世紀〉
ドイツの画家。
⇒世芸（ケーラー, フロリアン　1935–）

Koolhaas, Rem〈20世紀〉
オランダの建築家。
⇒二十（クールハース, レム　1944–）

Koons, Jeff〈20世紀〉
アメリカの彫刻家。
⇒世芸（クーンズ, ジェフ　1955–）

Kopejko, Jurij Vasiljevich〈20世紀〉
ロシアのイラストレーター。
⇒児イ（Kopejko, Jurij Vasiljevich　カペイカ, Ju.V.　1933–）

Kopisch, August〈18・19世紀〉
ドイツの画家, 詩人。主著"Gedichte"(1836)。
⇒国小（コーピッシュ　1799–1853）
　児作（Kopisch, August　アウグスト・コーピッシュ　1799–1853）
　西洋（コーピッシュ　1799.5.26–1853.2.3）

Korab, Karl〈20世紀〉
オーストリアの画家。
⇒新美（コーラップ, カール　1937–）
　世芸（コーラップ, カール　1937–）
　二十（コーラップ, カール　1937–）

Korda, Vincent〈20世紀〉
ハンガリー生れの映画美術監督。
⇒世映（コルダ, ヴィンセント　1897–1979）

Korompay, Giovanni 〈20世紀〉
イタリアの画家, 彫刻家。
⇒世美（コロンパイ, ジョヴァンニ　1904-）

Korovin, Juvenalij Dmitrievich 〈20世紀〉
ロシアのイラストレーター。
⇒児イ（Korovin, Juvenalij Dmitrievich　カローヴィン, J.D.　1913-）

Korovin, Konstantin Alekseevich 〈19・20世紀〉
ロシアの画家, 舞台美術家。芸術のための芸術を主張した19～20世紀にかけての巨匠。
⇒芸術（コローヴィン, コンスタンティン・アレクセエヴィッチ　1861-1939）
　国小（コロービン　1861.11.23-1939）
　世芸（コローヴィン, コンスタンティン・アレクセエヴィッチ　1861-1939）
　全書（コロービン　1861-1939）
　二十（コロービン, コンスタンティン　1861-1939）

Körte, Gustav 〈19・20世紀〉
ドイツの考古学者。
⇒世美（ケルテ, グスタフ　1852-1917）

Kosice, Gyula 〈20世紀〉
アルゼンチンの美術家。
⇒美術（コシス, ギラ　1924-）

Kosleck, Martin 〈20世紀〉
ドイツの俳優, 画家。
⇒幻文（コズレク, マーティン　1909-1994）
　世俳（コスレック, マーティン）

Kossoff, Leon 〈20世紀〉
イギリスの画家。
⇒岩ケ（コソフ, リーオン　1926-）
　世芸（コソッフ, レオン　1926-）

Kossoutios Kerdon, Markos 〈1世紀〉
ギリシアの彫刻家。
⇒世美（コッスティオス・ケルドン, マルコス　1世紀）

Kossoutios Menelaos, Markos 〈1世紀〉
ギリシアの彫刻家。
⇒世美（コッスティオス・メネラオス, マルコス　1世紀）

Köstlin, Karl Reinhold 〈19世紀〉
ドイツの哲学者, 美学者。チュービンゲン大学教授。主著 "Ästhetik"（1863）, "Prolegomena zur Ästhetik"（1889）。
⇒外国（ケストリン　1819-1894）
　国小（ケストリン　1819-1894）
　名著（ケストリン　1819-1894）

Kosuth, Joseph 〈20世紀〉
アメリカの美術家。「概念芸術」すなわち芸術の概念そのものを探査し, 定義しようとする芸術活動の草分けかつ第一人者。
⇒オ西（コスース, ジョゼフ　1945-）
　現人　1945.1.31-）
　美術（コズス, ジョゼフ　1938-）

Kotěra, Jan 〈19・20世紀〉
チェコスロヴァキアの建築家。
⇒世美（コチェラ, ヤン　1871-1923）
　東欧（コチェラ　1871-1923）

Kotík, Jan 〈20世紀〉
チェコの抽象画家。
⇒美術（コティーク, ヤン　1916-）

Kotler, Martin J. 〈20世紀〉
アメリカ生れの画家。
⇒世芸（コトラー, マーティン・J　1953-）

Kounellis, Janis 〈20世紀〉
ギリシャ生れのイタリアの芸術家。アルテ-ポーベラを代表する一人。本物の馬や裸婦を画廊内にもちこんだ「生きた芸術」が有名。
⇒世芸（クネリス, ジャニス　1936-）
　世美（クネリッス, ヤンニス　1936-）
　大辞2（クネリス　1936-）
　大辞3（クネリス　1936-）

Kowalski, Piotr 〈20世紀〉
フランスの美術家。
⇒美術（コワルスキー, ピョートル　1927-）

Kozik, Gregor-Torsten 〈20世紀〉
ドイツ生れの画家。
⇒世芸（コツィック, グレーガー・トスティン　1948-）

Kozlov, Pyotr Kuzimich 〈19・20世紀〉
ソ連の軍人, 探検家。匈奴の文化の解明に貢献。
⇒旺世（カズロフ　1863-1935）
　外国（コズロフ　1863-1935）
　広辞4（コズロフ　1863-1935）
　広辞5（コズロフ　1863-1935）
　広辞6（コズロフ　1863-1935）
　国小（カズローフ　1863.10.3-1935.9.26）
　コン3（コズロフ　1863-1935）
　新美（コズロフ, ピョートル　1863.10.3/15-1935.9.26）
　人物（コズロフ　1863.10.16-1935）
　数学（コズロフ　1914.6.28-）
　西洋（コズローフ　1863.10.16-1935）
　世人（コズロフ　1863-1935）
　世西（コズローフ　1863.10.16-1935）
　世東（カズローフ　1863-1935）
　世百（コズロフ　1863-1935）
　全書（コズロフ　1863-1935）
　大辞（コズロフ　1863-1935）
　大辞2（コズロフ　1863-1935）
　大辞3（コズロフ　1863-1935）
　大百（コズロフ　1863-1935）
　中国（カズロフ　1863-1935）

二十（コズロフ，ピョートル　1863-1935）
百科（コズロフ　1863-1935）
名著（コズロフ　1863-1935）
山世（コズロフ　1863-1935）
歴史（カズロフ　1863-1935）

Kozlovsky, M.Mikhail Ivanovich 〈18・19世紀〉

ロシアの彫刻家。代表作は『スーボルフ元帥記念碑』『ヘラクレスと馬』。
⇒芸術（コズロフスキー　1753-1802）
国小（コズロフスキー　1753.11.6-1802.9.30）
世美（コズローフスキー，ミハイル・イヴァノヴィチ　1753-1802）

Krafft, Hugues 〈19・20世紀〉

フランスの写真家。
⇒日研（クラフト，ウーグ　1853-1935）

Kraft, Adam 〈15・16世紀〉

ドイツの彫刻家。ニュルンベルク派の創立者。
⇒キリ（クラフト，アーダム　1460頃-1509頃）
芸術（クラフト，アダム　1455-1508/09）
国小（クラフト　1455頃-1509）
コン2（クラフト　1460頃-1508/9）
コン3（クラフト　1460頃-1508/9）
新美（クラフト，アーダム　1460頃-1508/09）
人物（クラフト　1450/60-1508.12.13/09.1）
西洋（クラフト　1460頃-1508/9）
世究（クラフト　1450頃-1509.1.10）
世美（クラフト，アダム　1460頃-1509頃）
世百（クラフト　1460?-1508/9）
全書（クラフト　1445/60-1508/09）
大百（クラフト　1455頃-1509頃）
百科（クラフト　1460頃-1508/09）

Krahe, Peter Joseph 〈18・19世紀〉

ドイツの建築家。
⇒世美（クラーエ，ペーター・ヨーゼフ　1758-1840）

Krahn, Fernand 〈20世紀〉

チリのイラストレーター。
⇒児イ（Krahn, Fernand　クラーン，K.）

Kramer, Harry 〈20世紀〉

ドイツの彫刻家。
⇒美術（クラメール，ハリー　1925-）

Kramer, Lotte (Karoline) 〈20世紀〉

イギリスの女性詩人，画家。
⇒二十英（Kramer, Lotte (Karoline)　1923-）

Kramer, Pieter Lodewijk 〈19・20世紀〉

オランダの建築家。
⇒世美（クラーメル，ピーテル・ローデウェイク　1881-1961）

Kramer, Samuel Noa 〈20世紀〉

アメリカのオリエント学者。スメール文書研究の第一人者。
⇒現人（クレーマー　1897.9.28-）

新美（クレイマー，サミュエル・ノア　1897.9.28-）
二十（クレーマー，サミュエル・ノア　1897.9.28-?）

Kramskoi, Ivan Nikolaevich 〈19世紀〉

ロシアの画家。移動派を結成し，絵画におけるレアリスムを主張。
⇒角世（クラムスコイ　1837-1887）
キリ（クラムスコーイ，イヴァーン・ニコラーエヴィチ　1837-1887）
芸術（クラムスコイ，イヴァン・ニコラエヴィッチ　1837-1887）
国小（クラムスコイ　1837-1887）
コン2（クラムスコイ　1837-1887）
コン3（クラムスコイ　1837-1887）
新美（クラムスコイ，イワン　1837.5.27/6.8-1887.3.24/4.5）
世西（クラムスコイ　1837-1887）
世美（クラムスコーイ，イヴァン・ニコラエヴィチ　1837-1887）
世百（クラムスコイ　1837-1887）
全書（クラムスコイ　1837-1887）
百科（クラムスコイ　1837-1887）
ロシ（クラムスコイ　1837-1887）

Krasilovsky, Phyllis 〈20世紀〉

アメリカの女性作家，絵本作家。
⇒英児（Krasilovsky, Phyllis　クラシロフスキー，フィリス　1926-）
世児（クラシロフスキー，フィリス　1926-）

Krasner, Lee 〈20世紀〉

アメリカの画家。
⇒世女（クラズナー，リー　1908-1984）
世女日（クラスナー，リー　1908-1984）

Kraus, Franz Xaver 〈19・20世紀〉

ドイツのカトリック教会史家，芸術史家，考古学者。教会政策上では自由主義者。
⇒外国（クラウス　1840-1901）
キリ（クラウス，フランツ・クサーヴァー　1840.9.18-1901.12.28）
西洋（クラウス　1840.9.18-1901.12.28）
世美（クラウス，フランツ・クサファー　1840-1901）
百科（クラウス　1840-1901）

Kraus, Robert 〈20世紀〉

アメリカの作家。
⇒英児（Kraus, Robert　クラウス，ロバート　1925-）
児イ（Kraus, Robert　クラウス，R.　1925-）
児作（Kraus, Robert　クラウス，ロバート）

Krause, Ute 〈20世紀〉

ドイツのイラストレーター。
⇒児イ（Krause, Ute　クラウゼ，U.　1961-）

Krauss, Oscar 〈20世紀〉

アメリカのイラストレーター。
⇒児イ（Krauss, Oscar　クラウス，O.）

Krauss, Ruth〈20世紀〉
アメリカの詩人，絵本作家。
⇒児文（クラウス，ルース　1911-）
　二十（クラウス，ルース　1911-）

Krautheimer, Richard〈20世紀〉
ドイツの建築史学者。
⇒岩ケ（クラウトハイマー，リヒャルト　1897-）

Kredel, Fritz〈20世紀〉
ドイツのイラストレーター。
⇒児イ（Kredel, Fritz　1900-）

Kreidolf, Ernst〈19・20世紀〉
スイスの画家，絵本作家。
⇒児イ（Kreidolf, Ernst　1863-1956）
　児文（クライドルフ，エルンスト　1863-1956）
　世児（クライドルフ，エルンスト　1863-1956）
　二十（クライドルフ，エルンスト　1863-1956）

Kreis, Friedrich〈20世紀〉
ドイツの新カント派の哲学者，美学者。主著 "Phänomenologie und Kritizismus"（1930）。
⇒国小（クライス　1893-）
　名著（クライス　1893-）

Kreis, Wilhelm〈19・20世紀〉
ドイツの建築家。主作品『ヴィルヘルム・マルクス館』（1924）（デュッセルドルフ）。
⇒西洋（クライス　1873.3.17-1955.8.13）

Kremlička, Rudolf〈19・20世紀〉
チェコスロヴァキアの画家。
⇒世美（クレムリチュカ，ルドルフ　1886-1932）

Krenina, Katya〈20世紀〉
ウクライナの挿絵画家。
⇒児作（Krenina, Katya　クレニナ，キャティヤ）

Kresilas〈前5世紀〉
古代ギリシアの彫刻家。前450～425年頃アテネで制作。
⇒ギリ（クレシラス　（活動）前450頃-420）
　芸術（クレシラス　前5世紀末）
　国小（クレシラス　生没年不詳）
　新美（クレーシラース）
　西洋（クレシラス　前5世紀）
　世美（クレシラス　前5世紀）
　全書（クレシラス　生没年不詳）
　大百（クレシラス　生没年不詳）

Kress, Samuel〈19・20世紀〉
アメリカの美術収集家。
⇒世美（クレス，サミュエル　1863-1955）

Kricke, Norbert〈20世紀〉
ドイツの彫刻家。
⇒新美（クリッケ，ノルベルト　1922-）
　世美（クリッケ，ノルベルト　1922-）
　二十（クリッケ，ノルベルト　1922-）

Krief, Lucien〈20世紀〉
イスラエル生れの画家。
⇒世芸（クリフ，ルシアン　?-）

Krieghoff, Cornelius〈19世紀〉
オランダ生れのカナダの画家。19世紀中ごろのケベック市およびその周辺の人々の生活を描いた。
⇒伝世（クリーゴフ　1815-1872）

Krier, Rob〈20世紀〉
ベルギーの建築家。ウィーン工科大学建築学部教授。
⇒二十（クリエ，ロブ　1938-）

Kriwet, Ferdinand〈20世紀〉
西ドイツの美術家。著書に『ロトール』『みるテキスト』『文字と絵画』などがある。
⇒美術（クリーヴェット，フェルディナント　1942-）

Krohg, Christian〈19・20世紀〉
ノルウェーの画家。
⇒芸術（クローグ，クリスティアン　1852-1925）
　国小（クローグ　1852-1925）
　集文（クローグ，クリスチアン　1852.8.13-1925.10.16）
　新美（クローグ，クリスティアン　1852.8.13-1925.10.16）
　西洋（クローグ　1852.8.13-1925.10.16）
　世芸（クローグ，クリスティアン　1852-1925）
　世百（クローグ　1852-1925）
　二十（クローグ，クリスティアン　1852.8.13-1925.10.16）

Krohg, Per〈19・20世紀〉
ノルウェーの画家。代表作はオスロ市庁舎壁画および国連安全保障理事会会議場壁画。
⇒オ西（クローグ父子　1889-1965）
　国小（クローグ　1889.6.18-1965）
　世美（クルーグ，ペール・ラーション　1889-1965）

Krohne, Gottfried Heinrich〈18世紀〉
ドイツの建築家。
⇒建築（クローネ，ゴットフリート・ハインリヒ　1700-1756）

Kroll, Lucien〈20世紀〉
ベルギーの建築家。
⇒二十（クロール，リュシアン　1927-）

Krollis, Gunar Eduardovich〈20世紀〉
ロシアのイラストレーター。
⇒児イ（Krollis, Gunar Eduardovich　クローリス, G.E.　1932-）

Krom, Nicolaas Johannes〈19・20世紀〉
オランダ人東洋学者。インドネシア研究のための考古学研究所の設立に努力し，その初代所長となる。

⇒新美（クロム，ニコラース・ヨハネス　1883.9.3-1945.3.8）
二十（クロム，ニコラース・ヨハネス　1883.9.3-1945.3.8）
名著（クローム　1883-1945）
歴学（クロム　1883-1945）

Kromhout, Willem〈19・20世紀〉
オランダの建築家。
⇒世美（クロムハウト，ウィレム　1864-1940）

Krönig, Wolfgang〈20世紀〉
ドイツの美術史家。
⇒キリ（クレーニヒ，ヴォルフガング　1904.8.18-）

Kroøyer, Peder Severin〈19・20世紀〉
デンマークの画家，彫刻家。
⇒世美（クロイヤー，ペザー・セヴェリン　1851-1909）

Kroyer, Paul Severin〈19・20世紀〉
ノルウェー出身のデンマークの画家。
⇒オ西（クルイエル，パウル・セヴェリン　1851-1909）
国小（クロイヤー　1851-1909）
世美（クロイヤー，ペザー・セヴェリン　1851-1909）
世百（クレイエル　1851-1909）

Krstić, Đorđe〈19・20世紀〉
ユーゴスラビアの画家。
⇒東欧（クルスティッチ　1851-1907）
二十（クルスティチ，D.　1851-1907）
百科（クルスティチ　1851-1907）

Kruger, Barbara〈20世紀〉
アメリカ生れの画家。
⇒世芸（クルーガー，バーバラ　1945-）

Krüger, Franz〈18・19世紀〉
ドイツの画家。代表作は『オーベルン広場のパレード』(1829)。
⇒芸術（クリューガー，フランツ　1797-1857）
国小（クリューガー　1797.9.10-1857.1.21）
新美（クリューガー，フランツ　1797.9.10-1857.1.21）
西洋（クリューガー　1797.9.10-1857.1.21）

Krumper, Hans〈16・17世紀〉
ドイツの彫刻家，建築家。青銅彫刻を制作。代表作『パトローナ・バパリアエ』(1616)。
⇒芸術（クルムパー，ハンス　1570頃-1634）
国小（クルンパー　1570頃-1634）
新美（クルンパー，ハンス　1570頃-1634.5）
世美（クルンパー，ハンス　1570-1634）

Krush, Beth〈20世紀〉
アメリカのイラストレーター。
⇒児イ（Krush, Beth　クラッシュ, B.　1918-）

Krush, Joe〈20世紀〉
アメリカのイラストレーター。
⇒児イ（Krush, Joe　クラッシュ, J.　1918-）

Krushenick, Nicholas〈20世紀〉
アメリカの抽象画家。
⇒美術（クルシェニック，ニコラス　1929-）

Krylov, P.N.〈20世紀〉
ソ連の画家。
⇒二十（クルイロフ, P.N.　1902-）

Kryøer, Peder Severin〈19・20世紀〉
デンマークの画家。
⇒芸術（クルイエル，ペーテル・セヴェリン　1851-1900）
新美（クルイエル，ペーデル　1851.6.23-1909.11.21）
二十（クルイエル，ペーデル　1851.6.23-1909.11.21）

Ku, Chiu-Ping〈20世紀〉
イラストレーター。
⇒児イ（Ku, Chiu-Ping　クー, C.　1948-）

Kubelka, Peter〈20世紀〉
オーストリア生れの映像作家。
⇒世映（クーベルカ，ペーター　1934-）

Kubin, Alfred〈19・20世紀〉
オーストリアの画家。小説『対極』(1908)，自叙伝『わが生涯より』，画帳『ザンザラ』がある。
⇒キリ（クビーン，アルフレート　1877.4.10-1959.8.20）
幻想（クービン，アルフレート　1877-1959）
国小（クービン　1877.4.10-1959.8.20）
集世（クービン，アルフレート　1877.4.10-1959.8.20）
集文（クービン，アルフレート　1877.4.10-1959.8.20）
新美（クビーン，アルフレート　1877.4.10-1959.8.20）
西洋（クビーン　1877.4.10-1959.8.20）
世西（クビン　1877-1959）
世美（クビーン，アルフレート　1877-1959）
世文（クビーン，アルフレート　1877-1959）
全書（クービン　1877-1959）
伝世（クービーン　1877.4.10-1959）
二十（クビーン，アルフレート　1877.4.10-1959.8.20）
百科（クビーン　1877-1959）

Kubinyi, Laszlo〈20世紀〉
アメリカのイラストレーター。
⇒児イ（Kubinyi, Laszlo）

Kubišta, Bohumil〈19・20世紀〉
チェコスロヴァキアの画家，版画家。
⇒世美（クビシュタ，ボフミル　1884-1918）

Kučerová, Alena〈20世紀〉
チェコの版画家。
⇒美術（クチェロヴァー，アレナ　1935-）

Kudlacek, Jan〈20世紀〉
チェコスロバキアのイラストレーター。

⇒児イ（Kudlacek, Jan　クドゥラーチュク, J. 1928-）

Kudryashov, Oleg 〈20世紀〉
ロシア生れの版画家。
⇒世芸（クドリヤショフ，オレグ　1932-）

Kügelgen, Gerhard von 〈18・19世紀〉
ドイツの古典派画家。神話に取材した作品や宗教画のほか、ゲーテ等の肖像を描いた。
⇒キリ（キューゲルゲン，ゲーアハルト・フォン　1772.2.6-1820.3.27）
　新美（キューゲルゲン，ゲーアハルト・フォン　1772.2.6-1820.3.27）
　西洋（キューゲルゲン　1772.2.6-1820.3.27）

Kügelgen, Wilhelm von 〈19世紀〉
ドイツの後期ロマン派画家。宗教画およびゲーテ等の肖像を描いた。
⇒キリ（キューゲルゲン，ヴィルヘルム・フォン　1802.11.20-1867.5.25）
　西洋（キューゲルゲン　1802.11.20-1867.5.25）
　世美（キューゲルゲン，ヴィルヘルム・フォン　1802-1867）

Kugler, Franz Theodor 〈19世紀〉
ドイツの美術史家，詩人。科学的基礎に立つ美術研究を行った。
⇒集文（クーグラー，フランツ・テーオドア　1808.1.19-1858.3.18）
　西洋（クーグラー　1808.1.19-1858.3.18）
　名著（クーグラー　1808-1858）

Kuhn, Helmut 〈20世紀〉
ドイツの哲学者，美学者。主著 "Die Kulturfunktion der Kunst"（2巻, 1931），"Traktat über die Methode der Philosophie"（1966）。
⇒国小（クーン　1899-）
　西洋（クーン　1899.3.22-）
　全書（クーン　1889-）
　二十（クーン，ヘルムート　1889-?）
　名著（クーン　1899-）

Kühn, Herbert 〈20世紀〉
ドイツの美術史家。
⇒コン3（キューン　1895-1980）
　西洋（キューン　1895.4.29-1980.6.25）

Kühn, Lenore 〈19・20世紀〉
ドイツの女流美学者。
⇒外国（キューン　1878-）
　国小（キューン　1878-?）

Kuhn, Walter Francis 〈19・20世紀〉
アメリカの画家。
⇒岩ケ（クーン，ウォルト（ウォルター・フランシス）　1877-1949）
　コン3（クーン　1877-1949）

Kühne, Max Hans 〈19・20世紀〉
ドイツの建築家。義父ロッソーと共にライプチヒの中央停車場（1905〜16）、およびドレスデンの劇場（1913〜14）を建築した。
⇒西洋（キューネ　1874.6.3-1942.7.29）

Kühnel, Ernst 〈19・20世紀〉
ドイツのイスラム美術史学者。元・フンボルト大学教授。
⇒世百新（キューネル　1882-1964）
　二十（キューネル，エルンスト　1882-1964）
　百科（キューネル　1882-1964）

Kulmbach, Hans Süß von 〈15・16世紀〉
ドイツの画家。
⇒キリ（クルムバハ，ハンス・ズュース・フォン　1480頃-1522）
　芸術（クルムバッハ，ハンス・フォン　1480頃-1522）
　国小（クルムバハ　1480頃-1522.11.29/12.3）
　新美（クルムバッハ，ハンス・ジュース・フォン　1480頃-1522）
　西洋（クルムバハ　1475頃-1522）
　世美（クルムバッハ，ハンス・ジュース・フォン　1480頃-1522）

Külpe, Oswald 〈19・20世紀〉
ドイツの心理学者，哲学者。ビュルツブルク学派の創始者。哲学的立場は批判的実在論，実験美学を提唱。
⇒外国（キュルペ　1862-1915）
　教育（キュルペ　1862-1915）
　国小（キュルペ　1862.8.3-1915.12.30）
　コン2（キュルペ　1862-1915）
　コン3（キュルペ　1862-1915）
　西洋（キュルペ　1862.8.3-1915.12.30）
　世百（キュルペ　1862-1915）
　全書（キュルペ　1862-1915）
　二十（キュルペ，オスワルド　1862-1915）
　百科（キュルペ　1862-1915）
　名著（キュルペ　1862-1915）

Kümmel, Otto 〈19・20世紀〉
ドイツの東洋美術研究家。第二次大戦後にイギリスに渡り、ロンドンでイギリスの学者と協力し、季刊誌 "Oriental Art" を刊行。
⇒外国（キュンメル　1874-）
　人物（キュンメル　1874.8.22-1952.2.8）
　西洋（キュンメル　1874.8.22-1952.2.8）
　世東（キュンメル　1874-?）
　来日（キュンメル　1874-1952）

Kung, Barid S. 〈20世紀〉
アメリカの美術史家。
⇒二十（クン, B.S.　1930-）

Kuniyoshi, Yasuo 〈19・20世紀〉
日本生れのアメリカ画家。
⇒オ西（クニヨシ，ヤスオ　1889-1953）

Kunnas, Mauri 〈20世紀〉
フィンランドの絵本作家。
⇒児イ（Kunnas, Mauri　クンナス, M.　1950-）
　児文（クンナス，マウリ　1950-）
　二十（クンナス，マウリ　1950-）

Kupezky, Johann 〈17・18世紀〉
ドイツの画家。
⇒世美（クペッキ，ヨハン　1667-1740）

Kupfer, Harry 〈20世紀〉
ドイツの演出家，舞台装置家。
⇒オペ（クプファー，ハリー　1935.8.12-）
　クラ（クプファー，ハリー　1935-）

Kupka, František 〈19・20世紀〉
チェコの画家。1911年『赤と青のフーガ』，13年『褐色調のソロ』と『垂直の面』を発表，幾何学的抽象絵画の先駆者の一人となる。
⇒岩ケ（クプカ，フランチシェク　1871-1957）
　オ西（クプカ，フランティシェク　1871-1957）
　芸術（クプカ，フランティシェク　1871-1957）
　広辞6（クプカ　1871-1957）
　国小（クプカ　1871.9.23-1957.6.24）
　新美（クプカ，フランソワ　1871.9.23-1957.6.21）
　西洋（クプカ　1871.9.22-1957.6.21）
　世芸（クプカ，フランティシェク　1871-1957）
　世美（クプカ，フランティシェク　1871-1957）
　世百（クプカ　1871-1957）
　二十（クプカ，フランソワ　1871.9.22-1957.6.21）

Kupriyanov, M.V. 〈20世紀〉
ソ連の画家。
⇒二十（クプリヤノフ，M.V.　1903-）

Kurdov, Valentin Ivanovich 〈20世紀〉
ロシアのイラストレーター。
⇒児イ（Kurdov, Valentin Ivanovich　クルドーフ，V.I.　1905-）

Kurelek, William 〈20世紀〉
カナダの作家，画家。
⇒英児（Kurelek, William　カーレック，ウィリアム　1927-1977）

Kurth, Julius 〈20世紀〉
ドイツの東洋美術研究家。浮世絵研究で知られる。主著『写楽』，"Utamaro"(1907)。
⇒名著（クルト　生没年不詳）

Kurtzman, Harvey 〈20世紀〉
アメリカの連載漫画家，脚本家。
⇒岩ケ（カーツマン，ハーヴィー　1924-1993）

Kuskin, Karla 〈20世紀〉
アメリカの女性絵本作家，詩人，挿絵画家。
⇒英児（Kuskin, Karla　カスキン，カーラ　1932-）
　児イ（Kuskin, Karla　カスキン，K.　1932-）
　児文（カスキン，カーラ　1932-）
　二十（カスキン，カーラ　1932-）

Kustodiev, Boris Mikhailovich 〈19・20世紀〉
ロシアの画家。
⇒新美（クストージエフ，ボリス　1878.2.23(3.7)-1927.5.26）
　二十（クストージエフ，ボリス　1878.2.23-1927.5.26）

Kuznetsov, Pavel Varfolomeevich 〈19・20世紀〉
ロシアの画家。革命後革命ロシア芸術家協会その他の展覧会にしばしば力作を出品，近代ロシアの代表的画家の1人。
⇒世西（クズネツォーフ　1878-）
　ロシ（クズネツォフ　1878-1968）

Kykruiniksui 〈20世紀〉
ロシアの画家。
⇒世芸（クルルイニクシイ　1924-1993）

Kyros II 〈前6世紀〉
古代アケメネス朝ペルシアの王（在位前559～530）。有史以来最大の帝国を築いた。
⇒岩ケ（キュロス2世　?-前529）
　旺世（キュロス(2世)　前600頃-前529）
　外国（キュロス2世(大王)　前600頃-529）
　角世（キュロス2世　?-前530）
　広辞4（キュロス二世　?-前530）
　広辞6（キュロス二世　?-前529）
　皇帝（キュロス　前600頃-530）
　国小（キュロス2世　前600頃-529）
　コン2（キュロス2世(大王)）
　コン3（キュロス2世　生没年不詳）
　新美（キューロス二世）
　人物（キュロス二世　前600-529）
　聖書（キュロス大王）
　西洋（キュロス二世(大王)　前600頃-529）
　世西（キュロス二世　前600頃-529）
　世西（キルス　?-前529）
　世百（キュロス2世　?-前530）
　全書（キロス二世　?-前529）
　大辞（キュロス二世　前600頃-前529）
　大辞3（キュロス二世　前600頃-529）
　大百（キロス二世　前630頃-529）
　デス（キュロス2世　?-前530）
　伝世（キュロス2世　?-前530）
　統治（キュロス大王　(在位)前559-530）
　百科（キュロス2世）
　評世（キロス2世(大王)　前600頃-前529）
　山世（キュロス2世　生没年不詳）
　歴史（キュロス2世　前600?-前529）

Kyshtymov, Boris Pavlovich 〈20世紀〉
ロシアのイラストレーター。
⇒児イ（Kyshtymov, Boris Pavlovich　クゥイシュトゥイーモフ，B.P.　1927-）

【 L 】

Laag, Heinrich 〈20世紀〉
ドイツの牧師，教会史家，キリスト教美術史家。
⇒キリ（ラーク，ハインリヒ　1892.4.12-）

Labacco, Antonio 〈15・16世紀〉
イタリアの建築家。
⇒世美（ラバッコ，アントーニオ　1495-1558以降）

Labenwolf, Pankraz 〈15・16世紀〉
ドイツの彫刻家，鋳金家。
⇒芸術（ラーベンヴォルフ，パンクラーツ　1492-1563）
国小（ラーベンボルフ　1492-1563）

Labille-Guiard, Adelaide 〈18・19世紀〉
フランスの画家。
⇒世女（ラビーユ＝ギヤール，アデライド　1749-1803）
世女日（ラビーユ＝ギアール，アデレイド　1749-1803）

Labisse, Félix 〈20世紀〉
フランスの画家，舞台装飾家。本の挿絵や舞台装飾にも活躍。
⇒外国（ラビス　1905-）
国小（ラビス　1905.3.9-）
新美（ラビス，フェリックス　1905.3.9-）
世芸（ラビス，フェリックス　1903-1972）
世美（ラビス，フェリックス　1905-1982）
二十（ラビス，フェリックス　1905.3.9-）

Labò, Mario 〈19・20世紀〉
イタリアの建築家。
⇒世美（ラボ，マーリオ　1884-1961）

Laborde, Alexandre-Louis-Joseph 〈18・19世紀〉
フランスの考古学者，政治家，伯爵。
⇒世美（ラボルド，アレクサンドル＝ルイ＝ジョゼフ　1774-1842）

Laboureur, Francesco Massimiliano 〈18・19世紀〉
イタリアの彫刻家。
⇒世美（ラブルール，フランチェスコ・マッシミリアーノ　1767-1831）

Laboureur, Jean-Émile 〈19・20世紀〉
フランスの画家，版画家，挿絵画家。
⇒新美（ラブルール，ジャン＝エミール　1877-1943）
二十（ラブルール，ジャン・エミール　1877-1943）
百科（ラブルール　1877-1943）

Labrouste, François Marie Théodore 〈18・19世紀〉
フランスの建築家。ローマ賞獲得。
⇒コン2（ラブルスト　1799-1885）
コン3（ラブルスト　1799-1885）

Labrouste, Pierre François Henri 〈19世紀〉
フランスの建築家。主作品はパリのセント・ジュヌビエーブ図書館（1843～50）。

⇒建築（ラブルースト，アンリ　1801-1875）
国小（ラブルスト　1801-1875）
新美（ラブルスト，アンリ　1801.5.11-1875.6.24）
西洋（ラブルスト　1801.5.11-1875.6.24）
世美（ラブルースト，アンリ＝ピエール＝フランソワ　1801-1875）
世百（ラブルスト　1801-1875）
全書（ラブルスト　1801-1875）
大百（ラブルスト　1801-1875）
伝世（ラブルースト　1801.5.11-1875.6.24）
百科（ラブルースト　1801-1875）

Labuda, Ben 〈20世紀〉
ドイツ生まれの工芸家，版画家。
⇒世芸（ラブダ，ベン　1938-）

Lacer, Caius Iulius 〈1・2世紀〉
古代ローマの建築家。
⇒世美（ラケル，カイウス・ユリウス　1-2世紀）

Lachaise, Gaston 〈19・20世紀〉
アメリカの彫刻家，画家。主作品は『浮んでいる女』（1927）。
⇒岩ケ（ラシェーズ，ガストン　1882-1935）
国小（ラッシェーズ　1882.3.19-1935.10.18）
新美（ラシェーズ，ガストン　1882.3.19-1935.10.7）
西洋（ラシェーズ　1882.3.19-1935.10.18）
世芸（ラッシェーズ，ガストン　1882-1935）
世美（ラシェーズ，ガストン　1882-1935）
全書（ラシェーズ　1882-1935）
大百（ラッシェーズ　1882-1935）
二十（ラシェーズ，ガストン　1882.3.19-1935.10.7）

Lachnit, Wilhelm 〈20世紀〉
ドイツの画家。
⇒世美（ラッハニット，ヴィルヘルム　1899-1962）

Lacombe, Georges 〈19・20世紀〉
フランスの画家，彫刻家。
⇒世美（ラコンブ，ジョルジュ　1868-1916）

Lacroix, Christian 〈20世紀〉
フランスの婦人服デザイナー。
⇒岩ケ（ラクロワ，クリスティアン　1951-）

Lada, Josef 〈19・20世紀〉
チェコスロバキアの画家，童話作家。挿絵の代表作はハシェクの『兵士シュベイクの冒険』。
⇒児イ（Lada, Josef　ラダ, J.　1887-1957）
児文（ラダ，ヨゼフ　1887-1957）
集文（ラダ，ヨゼフ　1887.12.17-1957.12.14）
全書（ラダ　1887-1957）
大百（ラダ　1887-1957）
二十（ラダ，ヨゼフ　1887-1957）

Ladatte, François 〈18世紀〉
イタリア出身のフランスの彫刻家，彫金家。
⇒世美（ラダット，フランソワ　1706-1787）

Ladd, Anna〈19・20世紀〉
アメリカの彫刻家。
⇒世女日（ラッド，アンナ　1878-1939）

Ladigajte, Marija〈20世紀〉
ロシアのイラストレーター。
⇒児イ（Ladigajte, Marija　ラジガイチェ, M. 1931-）

Laer, Pieter van〈17世紀〉
オランダの画家。
⇒岩ケ（ラール，ピーテル・ファン　1590頃-1658頃）
　新美（ラール，ピーテル・ファン　1600以前-1650頃）

Laermans, Eugène〈19・20世紀〉
ベルギーの画家。農民および細民の生活に取材した絵を，重苦しい形と強い色とで描いた。
⇒外国（ラルマンス　1864-）
　西洋（ラールマンス　1864.10.21-1940.2.22）
　世美（ラールマンス，ウージェーヌ　1864-1940）

La Farge, Christopher〈20世紀〉
アメリカの小説家，詩人，画家，建築家。
⇒二十（ラ・ファージ，クリストファー　1897-1956）

La Farge, John〈19・20世紀〉
アメリカの画家。ニューヨークの昇天聖堂の壁画を制作。
⇒岩ケ（ラ・ファージュ，ジョン　1835-1910）
　キリ（ラ・ファージ，ジョン　1835.3.31-1910.11.14）
　国小（ラ・ファージ　1835.3.31-1910.11.14）
　コン3（ラ・ファージュ　1835-1910）
　集文（ラ・ファージュ，ジョン　1835.3.31-1910.11.14）
　西洋（ラ・ファージ　1835.3.31-1910.11.14）
　世児（ラ・ファージ，ジョン　1835-1910）
　全書（ラファージ　1835-1910）
　伝世（ラ・ファージュ　1835.3.31-1910.11.14）
　二十（ラ・ファージ，ジョン　1835.3.31-1910.11.14）
　日人（ラ＝ファージ　1835-1910）
　百科（ラ・ファージ　1835-1910）
　来日（ラ・ファージ　1835-1910）

Lafosse, Charles de〈17・18世紀〉
フランスの画家。宮廷画家美術アカデミーの総裁を務めた。
⇒芸術（ラ・フォッス，シャルル・ド　1636-1716）
　国小（ラフォース　1636.6.15-1716.12.13）
　新美（ラ・フォッス，シャルル・ド　1636.6.15-1716.12.13）
　西洋（ラフォース　1636.6.15-1716.12.13）
　世美（ラ・フォッス，シャルル・ド　1636-1716）

La Fosse, Louis-Rémy de〈18世紀〉
ドイツの建築家。
⇒世美（ラ・フォッス，ルイ＝レミー・ド　?-1726）

Lafrance, Jean-Pierre〈20世紀〉
カナダ生れの画家。
⇒世芸（ラフランス，ジェーン・ピエール　1943-）

Lafrensen, Niklas〈18・19世紀〉
スウェーデンの画家。
⇒西洋（ラフレンセン　1737.10.30-1807.12.6）
　世美（ラフレンセン，ニクラス　1737-1807）

Lafrèri, Antonio〈16世紀〉
フランスの印刷業者，版画家。
⇒世美（ラフレーリ，アントーニオ　1512-1577）

La Fresnaye, Roger de〈19・20世紀〉
フランスの画家。明るい色彩でロマン的な水彩画，素描，版画などを制作。
⇒オ西（ラ・フレネー，ロジェド・ド　1885-1925）
　国小（ラ・フレネ　1885.7.11-1925.11.27）
　新美（ラ・フレネー，ロジェ・ド　1885.7.11-1925.11.27）
　西洋（ラ・フレネ　1885.7.11-1925.11.27）
　世芸（フレネ，ロージェ・ド・ラ　1885-1925）
　世レネー　1885-1925）
　世美（ラ・フレネー，ロジェ・ド　1885-1925）
　世百（ラフレネー　1885-1925）
　二十（ラ・フレネー，ロジェ・ド　1885.7.11-1925.11.27）

Lafuente Ferrari, Enrique〈20世紀〉
スペインの美術史家，美術批評家。『スペイン芸術』編集主幹，国有美術財管理長等を歴任。
⇒西洋（ラフェンテ・フェラーリ　1898.2.23-）

Lagerfeld, Karl〈20世紀〉
ドイツのファッション・デザイナー。
⇒二十（ラガーフェルド，カール　1938-）

Laglenne, Jean-Francis〈20世紀〉
フランスの画家，装飾家。1924年新ヒューマニスト第1回展に参加。『日傘をもつ女』などを多く描いた。
⇒国小（ラグラン　1899.7.23-）
　世芸（ラグラン，ジャン・フランシス　1899-1968）

Lagrenée, Louis-Jean-François〈18・19世紀〉
フランスの画家。
⇒世美（ラグルネ，ルイ＝ジャン＝フランソワ　1724-1805）

Laguerre, Louis〈17・18世紀〉
フランスの画家。1711年ロンドン美術アカデミー総裁に就任。
⇒国小（ラゲール　1663-1721.4.20）
　世美（ラゲール，ルイ　1663-1721）

La Hire, Laurent de〈17世紀〉
フランスの画家。1648年に絵画彫刻の王立アカデミーの設立者の一人となった。主要作品『聖フランソアの墓のニコラ5世』(1630)。

Laib, Konrad 〈15世紀〉
オーストリアの画家。
⇒世美（ライブ，コンラート　15世紀）

Laimgruber, Monika 〈20世紀〉
オーストリアのイラストレーター。
⇒児イ（Laimgruber, Monika　レイムグルーバー，M.　1946-）

Laite, Gordon 〈20世紀〉
アメリカのイラストレーター。
⇒児イ（Laite, Gordon　1925-）

Lakner László 〈20世紀〉
ハンガリーの画家。
⇒世芸（ラクナー，ラスロー　1936-）

Lalande, Georg de 〈19・20世紀〉
ドイツの建築家。
⇒日人（ラランド　1872-1914）

Lalanne, Maxine 〈19世紀〉
フランスのエッチング制作者，石版工。
⇒岩ケ（ラランヌ，マキシーヌ　1827-1886）

Lalique, René 〈19・20世紀〉
フランスの工芸家。金，銀，エマイユ，宝石などの材料を使って装飾品や工芸品を制作。
⇒岩ケ（ラリック，ルネ　1860-1945）
　芸術（ラリック，ルネ　1860-1945）
　国小（ラリック　1860.4.6-1945.5.5）
　新美（ラリック，ルネ　1860.4.6-1945.5.5）
　世芸（ラリック，ルネ　1860-1945）
　世美（ラリック，ルネ　1860-1945）
　二十（ラリック，ルネ　1860.4.6-1945.5.5）
　百科（ラリック　1860-1945）

Lalo, Charles 〈19・20世紀〉
フランスの美学者。芸術の社会学的考察に力を注いだ。
⇒音大（ラロ　1877.2.24-1953.4.1）
　外国（ラロ　1877-1953）
　国小（ラロ　1877.2.24-1953.4.1）
　西洋（ラロー　1877.2.24-1953.4.1）
　世百（ラロ　1877-1953）
　全書（ラロ　1877-1953）
　二十（ラロ，チャールズ　1877.2.24-1953.4.1）
　名著（ラロ　1877-1953）

Lalonde, Richard de 〈18世紀〉
フランスの家具制作家。
⇒世美（ラロンド，リシャール・ド　1780-1797）

L'Alunno 〈15・16世紀〉
イタリアの画家。
⇒世美（アルンノ（ラルンノ）　1430頃-1502）

Lam, Wilfredo 〈20世紀〉
キューバの画家。熱帯的な風景をテーマとした作品が多い。
⇒岩ケ（ラム，ウィフレド　1902-1982）
　才西（ラム，ウィフレド　1902-1982）
　国小（ラム　1902-）
　コン3（ラム　1902-1982）
　新美（ラム，ヴィフレド　1902.12.8-）
　人物（ラム　1902-）
　西洋（ラム　1902.12.8-）
　世芸（ラム，ウィフレド　1902-1982）
　世美（ラム，ヴィフレド　1902-1982）
　全書（ラム　1902-）
　大百（ラム　1902-）
　二十（ラム，ヴィフレド　1902.12.8-1982）

Lama, Giulia 〈18世紀〉
イタリアの女性画家。
⇒世美（ラーマ，ジューリア　（活動）1720以降）

Lamb, Henry 〈19・20世紀〉
オーストラリアの画家。
⇒岩ケ（ラム，ヘンリー　1883-1960）

Lamb, Lynton 〈20世紀〉
イギリスのイラストレーター。
⇒児イ（Lamb, Lynton　ラム，L.　1907-）

Lambeaux, Joseph Maria Thomas 〈19・20世紀〉
ベルギーの彫刻家。主作品は『牧神とニンフ』（リエージュ美術館蔵）など。
⇒芸術（ラムボー，ジェフ　1852-1908）
　国小（ランボー　1852.7.13-1908.6.6）
　西洋（ランボー　1852.1.14-1908.6.5）
　世芸（ラムボー，ジェフ　1852-1908）

Lambert, George 〈18世紀〉
イギリスの画家。
⇒世美（ランバート，ジョージ　1700/01-1765）

Lambert, George Washington Thomas 〈19・20世紀〉
オーストラリアの画家，彫刻家。
⇒岩ケ（ランバート，ジョージ・ワシントン・トマス　1873-1930）

Lambert, Saul 〈20世紀〉
アメリカのイラストレーター。
⇒児イ（Lambert, Saul　ラムバート，S.）

Lambert, Stephen 〈20世紀〉
イギリスのイラストレーター。
⇒児作（Lambert, Stephen　ランバート，スティーブン）

Lamberti, Niccolò 〈14・15世紀〉
イタリアの建築家，彫刻家。
⇒世美（ランベルティ，ニッコロ　1370-1451）

Lamberti, Pietro〈14・15世紀〉
イタリアの彫刻家。
⇒世美（ランベルティ, ピエトロ 1393頃-1434）

Lambo, Don〈20世紀〉
アメリカのイラストレーター。
⇒児イ（Lambo, Don）

Lami, Eugène Louis〈19世紀〉
フランスの画家。
⇒新美（ラミ, ウジェーヌ 1800.1.12-1890.12.19）
　世美（ラミ, ウージェーヌ＝ルイ 1800-1890）

Lamorinière, François〈19・20世紀〉
ベルギーの画家。
⇒西洋（ラモリニエール 1828.4.28-1911.1.3）

Lamour, Jean〈17・18世紀〉
フランスの鍛鉄細工師。
⇒世美（ラムール, ジャン 1698-1771）

Lampi, Giovanni Battista〈18・19世紀〉
イタリアの画家。
⇒世美（ランピ, ジョヴァンニ・バッティスタ 1751-1838）

Lampi, Johann Baptist〈18・19世紀〉
オーストリアの画家。オーストリアおよびロシアの宮廷人の肖像を多く描いた。
⇒西洋（ランピ 1751.12.31-1830.2.11）

Lan, Anne〈20世紀〉
フランス生れの女性画家。
⇒世芸（ラン, アン 1943-）

Lanauve, Jean Cluseau〈20世紀〉
フランス生れの画家。
⇒世芸（ラノーブ, ジェーン・クルソー 1914-）

Lancaster, *Sir* Osbert〈20世紀〉
イギリスの漫画家, 作家, 劇場設計者。
⇒岩ケ（ランカスター, サー・オズバート 1908-1986）
　オ世（ランカスター, オズバート 1908-1986）
　オペ（ランカスター, オズバート 1908.8.4-1986.7.27）
　二十英（Lancaster, Sir Osbert 1908-1986）
　バレ（ランカスター, オズバード 1908-1986.7.27）

Lanci, Baldassarre〈16世紀〉
イタリアの建築家。
⇒世美（ランチ, バルダッサッレ 1510頃-1571）

Lanciani, Rodolfo〈19・20世紀〉
イタリアの考古学者。
⇒世美（ランチャーニ, ロドルフォ 1847-1929）

Lancman, Eli〈20世紀〉
イスラエルの美術史家。

⇒二十（ランクマン, E.）

Lancret, Nicolas〈17・18世紀〉
フランスの画家。雅宴画家としてアカデミー会員となる。
⇒外国（ランクレー 1690-1743/5）
　芸術（ランクレ, ニコラ 1690-1743）
　国小（ランクレ 1690.1.22-1743.9.14）
　新美（ランクレ, ニコラ 1690.1.22-1743.9.14）
　西洋（ランクレ 1690.1.22-1745.9.14）
　世西（ランクレ 1690-1743）
　世美（ランクレ, ニコラ 1690-1743）
　世百（ランクレ 1690-1745）
　全書（ランクレ 1690-1743）
　大百（ランクレ 1690-1743）
　百科（ランクレ 1690-1743）

Landa, Diego de〈16世紀〉
スペイン出身のフランシスコ会宣教師, 司教。
⇒角世（ランダ 1524?-1579）
　キリ（ランダ, ディエゴ・デ ?-1579.4.29）
　新美（ランダ, ディエゴ・デ 1524頃-1579）
　ラテ（ランダ 1524か25-1579）

Landau, Jacob〈20世紀〉
アメリカのイラストレーター。
⇒児イ（Landau, Jacob ランドー, J. 1917-）

Landelles, Ebenezer〈19世紀〉
イギリスの木版画家。
⇒岩ケ（ランデルズ, エビニーザー 1808-1860）

Landi, Gaspare〈18・19世紀〉
イタリアの画家。
⇒世美（ランディ, ガスパレ 1756-1830）

Landi, Neroccio di Bartolomeo di Benedetto de'〈15世紀〉
イタリアの画家, 彫刻家。
⇒新美（ランディ, ネロッチオ・ディ・バルトロメーオ・デ 1447-1500）
　世美（ネロッチョ・デ・ランディ 1447-1500）

Landini, Taddeo〈16世紀〉
イタリアの彫刻家。
⇒世美（ランディーニ, タッデーオ 1550頃-1596）

Landor, Arnold Henry Savage〈19・20世紀〉
イギリスの画家, 旅行家。ロシアからカルカッタに至り(1902), アフリカ(1906), 南アメリカを横断した(1910～12)。
⇒西洋（ランドア（ランダー） 1865-1924.12.28）
　日研（ランドー, アーノルド・ヘンリー・サービジ 1865-1924.12.28）

Landriani, Paolo〈18・19世紀〉
イタリアの舞台美術家, 建築家。
⇒世美（ランドリアーニ, パーオロ 1755-1839）

Landriani, Paolo Cammillo〈16・17世

紀〉
イタリアの画家。
⇒世美（ランドリアーニ, パーオロ・カンミッロ 1560-1618頃）

Landseer, Charles 〈18・19世紀〉
イギリスの歴史画家, 風俗画家。ランドシーア奨学金制度を開いた。
⇒国小（ランドシーア 1799-1879）
西洋（ランドシーア 1799.8.12-1879.7.22）

Landseer, Sir Edwin Henry 〈19世紀〉
イギリスの動物画家。
⇒岩ケ（ランシア, サー・エドウィン（・ヘンリー） 1802-1873）
芸術（ランシア, エドウィン 1802-1873）
国小（ランシア 1802.3.7-1873.10.1）
新美（ランシーア, エドウィン 1802.3.7-1873.10.1）
西洋（ランドシーア 1802.3.7-1873.10.1）
世美（ランドシア, エドウィン・ヘンリー 1802-1873）

Landseer, Jessica 〈19世紀〉
イギリスの風景画家。
⇒世女日（ランドシーア, ジェシカ 1810-1880）

Landseer, John 〈18・19世紀〉
イギリスの版画家, 著作家。動物画家エドウィンの父。
⇒国小（ランドシーア 1761/9-1852）

Landseer, Thomas 〈18・19世紀〉
イギリスの版画家。コレリッジの著作の挿絵の版画などを制作。
⇒国小（ランドシーア 1795-1880）

Landsman, Stanley 〈20世紀〉
アメリカの美術家。
⇒美術（ランドマン, スタンレイ 1930-）

Lane, Richard James 〈19世紀〉
イギリスの彫刻家。
⇒岩ケ（レイン, リチャード・ジェイムズ 1800-1882）

Lanfranco 〈11・12世紀〉
イタリアの建築家。
⇒建築（ランフランコ （活動）11-12世紀）
世美（ランフランコ （活動）11-12世紀）

Lanfranco, Giovanni 〈16・17世紀〉
イタリアの画家。『聖母マリアの昇天』（1621～25）など。
⇒岩ケ（ランフランコ, ジョヴァンニ 1582-1647）
キリ（ランフランコ, ジョヴァンニ 1582.1.26-1647.11.30）
国小（ランフランコ 1582.1.26-1647.11.30）
コン2（ランフランコ 1582-1647）
コン3（ランフランコ 1582-1647）
新美（ランフランコ, ジョヴァンニ 1582.1.26-1647.11.30）
西洋（ランフランコ 1582.1.26-1647.11.30）

世美（ランフランコ, ジョヴァンニ 1582-1647）
百科（ランフランコ 1582-1647）

Langdon, David 〈20世紀〉
イギリスの風刺漫画家。
⇒ユ人（ラングドン, ディビッド 1914-）

Lange, Dorothea 〈20世紀〉
アメリカの写真家。夫のポール・S・テイラーと共著の『出アメリカ記』などで知られるドキュメンタリスト。
⇒アメ（ラング 1895-1965）
岩ケ（ラング, ドロシア 1895-1965）
コン3（ラング 1895-1965）
スパ（ラング, ドロシア 1895-）
世芸（ラング, ドロシア 1895-1974）
世女（ラング, ドロシア 1895-1965）
世女日（ラング, ドロテア 1895-1965）
世美（ラング, ドロシー 1895-1965）
世my写新（ラング 1895-1965）
全書（ラング 1895-1965）
大百（ラング 1895-1965）
二十（ラング, D. 1895-1965）
百科（ラング 1895-1965）

Lange, Julius 〈19世紀〉
ドイツの画家。
⇒国小（ランゲ 1817.8.17-1878.6.25）

Lange, Konrad von 〈19・20世紀〉
ドイツの美学者。独自の幻想説を提出。
⇒外国（ランゲ 1855-1933）
国小（ランゲ 1855.3.15-1921.7.30）
西洋（ランゲ 1855.3.15-1921.7.30）
世映（ランゲ, コンラート 1855-1921）
全書（ランゲ 1855-1921）
二十（ランゲ, K. 1855-1921）
名著（ランゲ 1855-1921）

Lange, Ludwig 〈19世紀〉
ドイツの建築家, 画家。主作品ライプチヒ美術館, ミュンヘン議場堂の設計。
⇒西洋（ランゲ 1808.3.22-1868.3.31）

Langenfass, Hansjörg 〈20世紀〉
イラストレーター。
⇒児イ（Langenfass, Hansjörg ランゲンファス, H.）

Langetti, Giambattista 〈17世紀〉
イタリアの画家。
⇒世美（ランジェッティ, ジャンバッティスタ 1625-1676）

Langhans, Carl Ferdinand 〈18・19世紀〉
ドイツの建築家。ブレスラウ及びベルリンで, 特に劇場建築家として活動。
⇒西洋（ラングハンス 1782.1.14-1869.11.22）

Langhans, Carl Gotthard 〈18・19世紀〉
ドイツの建築家。ベルリンのブランデンブルク

門（1789～94）を設計。
⇒建築（ラングハンス, カール・ゴットハート 1732-1808）
国小（ランクハンス 1732-1808）
新美（ラングハンス, カール・ゴットハルト 1732.12.15-1808.10.1）
人物（ラングハンス 1732.12.15-1808.10.1）
西洋（ラングハンス 1732.12.15-1808.10.1）
世西（ラングハンス 1732-1808）
世美（ラングハンス, カール・ゴットハルト 1732-1808）
全書（ラングハンス 1732-1808）
大百（ラングハンス 1732-1808）

Langley, Jonathan 〈20世紀〉
イギリスのイラストレーター。
⇒児作（Langley, Jonathan ラングレイ, ジョナサン 1952-）

Langlois, Jean Charles 〈18・19世紀〉
フランスの画家。従軍中に『エーローの戦い』などを描いた。
⇒国小（ラングロア 1789.7.22-1870.3.24）

Langlois, Pierre 〈18世紀〉
フランスの家具制作家。
⇒世美（ラングロワ, ピエール （記録)1759以降）

Langlois, Pierre-G 〈20世紀〉
フランスの画家。
⇒世芸（ラングロア, ピエール・G 1940-）

Langner, Nola 〈20世紀〉
アメリカのイラストレーター。
⇒児イ（Langner, Nola ラングナー, N. 1930-）

Lanino, Bernardino 〈16世紀〉
イタリアの画家。
⇒世美（ラニーノ, ベルナルディーノ 1511-1582頃）

Lanskoy, André 〈20世紀〉
フランスの画家。
⇒新美（ランスコイ, アンドレ 1902.3.31-1976）
世美（ランスコイ, アンドレ 1902-1976）
二十（ランスコイ, アンドレ 1902.3.31-1976）

Lantana, Giovanni Battista 〈16・17世紀〉
イタリアの建築家。
⇒世美（ランターナ, ジョヴァンニ・バッティスタ 1581-1627）

Lantz, Walter 〈20世紀〉
アメリカの漫画映画プロデューサー。
⇒岩ケ（ランツ, ウォルター 1900-1994）
監督（ランツ, ウオルター 1900.4.27-）

Lanvin, Jeanne 〈19・20世紀〉
フランスの女性服飾デザイナー。ホステス・ドレスやイブニング・ドレスに非凡の力量をみせ、舞台衣装のデザインも手がけた。26年レジオ

ン・ドヌール賞受賞。
⇒世女日（ランヴァン, ジャンヌ 1867-1946）
大百（ランバン ?-1946）
ナビ（ランバン 1867-1946）

Lanyon, Peter 〈20世紀〉
イギリスの画家。
⇒世芸（ラニヨン, ピーター 1918-1964）

Lanzani, Andrea 〈17・18世紀〉
イタリアの画家。
⇒世美（ランツァーニ, アンドレーア 1639-1712）

Lanzani, Bernardino 〈15・16世紀〉
イタリアの画家。
⇒世美（ランツァーニ, ベルナルディーノ 15-16世紀）

Lanzi, Luigi 〈18・19世紀〉
イタリアの美術史家、考古学者。
⇒世美（ランツィ, ルイージ 1732-1810）

Laokoōn
ギリシア神話のトロイの祭司。トロイ戦争の際、木馬を市内に引き入れることに反対したためにアテナの怒りを買い、二子とともに大蛇に締め殺されたという。
⇒コン2（ラオコオン）
世美（ラオコオン）
大辞（ラオコーン）

Lapicque, Charles 〈20世紀〉
フランスの画家。
⇒新美（ラピック, シャルル 1898.10.6-）
世美（ラピック, シャルル 1898-1988）
二十（ラピック, シャルル 1898.10.6-1988.7.15）

Lapidus, Ted 〈20世紀〉
フランスの服飾デザイナー。
⇒ナビ（ラピドス 1929-）

Lapo 〈13世紀〉
イタリアの彫刻家。
⇒世美（ラーポ （活動)13世紀）

Laponder, Ulco 〈20世紀〉
オランダの児童文学者。
⇒児イ（Laponder, Ulco ラポンデール, U. 1958-）
児作（Laponder, Ulco ラポンデール, ウルコ 1958-）

Laprade, Pierre 〈19・20世紀〉
フランスの画家、版画家。室内風景、静物、裸体画を描いた。
⇒外国（ラプラード 1875-1932）
芸術（ラプラード, ピエル 1875-1931）
国小（ラプラード 1875-1932）
コン2（ラプラード 1875-1931）
コン3（ラプラード 1875-1931）
新美（ラプラード, ピエール 1875.7.19-

1931.12.23）
人物（ラブラード　1875-1931）
西洋（ラブラード　1875-1931）
世芸（ラブラード，ピエル　1875-1931）
世西（ラブラード　1875-1931）
世美（ラブラード，ピエール　1875-1931）
世百（ラブラード　1875-1931）
全書（ラブラード　1875-1931）
大百（ラブラード　1875-1931）
二十（ラブラード，ピエール　1875.7.19-1931.12.23）

Lárco Hoyle, Rafael 〈20世紀〉
ペルーの考古学者。
⇒新美（ラルコ・オイレ, ラファエル　1901-?）
　二十（ラルコ・オイレ, ラファエル　1901-）

Lardera, Berto 〈20世紀〉
フランスの彫刻家。鉄板の構成による抽象的，ダイナミックな彫刻を発表。
⇒西洋（ラルデラ　1911.12.18-）
　世美（ラルデーラ, ベルト　1911-）

L'Argenta 〈16世紀〉
イタリアの画家。
⇒世美（アルジェンタ（ラルジェンタ）　1510頃-1573）

Largilliére, Nicolas de 〈17・18世紀〉
フランスの画家。肖像画家として知られる。1743年アカデミー総裁。
⇒芸術（ラルジリエール, ニコラ・ド　1656-1746）
　国小（ラルジリエール　1656.10.10-1746.3.20）
　コン2（ラルジリエール　1656-1746）
　コン3（ラルジリエール　1656-1746）
　新美（ラルジリエール, ニコラ・ド　1656.10.10-1746.3.20）
　西洋（ラルジリエール　1656.10.10-1746.3.20）
　世西（ラルジリエール　1656-1746）
　世美（ラルジリエール, ニコラ・ド　1656-1746）
　世百（ラルジリエール　1656-1746）
　全書（ラルジリエール　1656-1746）
　大百（ラルジリエール　1656-1746）
　デス（ラルジリエール　1656-1746）
　百科（ラルジリエール　1656-1746）

Lari, Anton Maria 〈16世紀〉
イタリアの建築家。
⇒世美（ラーリ, アントン・マリーア　16世紀）

Larionov, Michael Fedorovich 〈19・20世紀〉
ソ連の画家，舞台美術家。パリのロシア・バレエ団のために新しい舞台美術を展開。
⇒岩ケ（ラリオノフ, ミハイル・フョードロヴィチ　1881-1964）
　才西（ラリオーノフ, ミハイル・フェードロヴィッチ　1882-1964）
　外国（ラリオーノフ　1881-）
　国小（ラリオノフ　1881.5.22-1964.5.11）
　新美（ラリオノフ, ミハイル　1881.5.22(6.3)-1964.5.10）
　西洋（ラリオノフ　1881.6.3-1964.5.10）
　世芸（ラリオノフ, ミハイル・フェドローヴィッチ　1881-1964）
　世西（ラリオノフ　1881-1964）
　世美（ラリオーノフ, ミハイル・フョードロヴィチ　1881-1964）
　世百新（ラリオノフ　1881-1964）
　全書（ラリオノフ　1881-1964）
　二十（ラリオーノフ, ミハイル　1881.6.3（5.22）-1964.5.10）
　バレ（ラリオノフ, ミハイル　1881.5.22-1964.5.10）
　百科（ラリオーノフ　1881-1964）
　ロシ（ラリオーノフ　1881-1964）

Laroche, Guy 〈20世紀〉
フランスのファッション・デザイナー。
⇒岩ケ（ラロシュ, ギー　1923-1989）

Laroon, Marcellus 〈17・18世紀〉
イギリスの画家。
⇒新美（ラルーン, マーセラス　1679.4.2-1774.6.1）
　世美（ラルーン, マーセラス　1679-1772）

Larrecq, John M. 〈20世紀〉
アメリカのイラストレーター。
⇒児イ（Larrecq, John M.　ラレック, J.M.）

Larrieu, Jean-Francois 〈20世紀〉
フランスの画家。
⇒世芸（ラリュー, ジャン・フランソワ　1960-）

Larsen, Henning 〈20世紀〉
デンマークの建築家。
⇒岩ケ（ラーセン, ヘニング　1925-）

Larsson, Carl Olof 〈19・20世紀〉
スウェーデンの画家。主として水彩で日常生活の情景を描いた。
⇒岩ケ（ラールソン, カール　1853-1919）
　才西（ラールソン, カール　1853-1919）
　角世（ラールソン　1853-1919）
　芸術（ラルソン, カール　1853-1919）
　国小（ラルソン　1853.3.28-1919.1.22）
　児文（ラールソン, カール　1853-1919）
　新美（ラルソン, カール　1853.5.28-1919.1.22）
　西洋（ラルソン　1853.5.28-1919.1.22）
　世芸（ラルソン, カール　1853-1919）
　世児（ラーション, カール　1853-1919）
　世美（ラーション, カール・ウールフ　1853-1919）
　大辞3（ラーション　1853-1919）
　二十（ラールソン, カール　1853-1919）

Lartet, Édouard Armand Isidore Hippolyte 〈19世紀〉
フランスの地質学者，考古学者。67年パリの万国博で初めて先史時代の遺物を展示。
⇒科人（ラルテ, エドゥアール・アルマン・イジドール・イッポリート　1801.3.15-1871.1.26）
　国小（ラルテ　1801.4-1871.1）
　新美（ラルテ, エドワール　1801-1871）
　西洋（ラルテ　1801-1871）
　全書（ラルテ　1801-1871）
　大百（ラルテ　1801-1871）
　デス（ラルテ　1801-1871）

百科（ラルテ　1801-1871）

Lartigue, Dany 〈20世紀〉
フランス生れの画家。
⇒世芸（ラルティーグ，ダニー　1921-）

Lartigue, Jacques-Henri 〈20世紀〉
フランスの写真家。
⇒岩ケ（ラルティーグ，ジャック・アンリ（・シャルル・オーギュスト）　1894-1986）
広辞5（ラルティーグ　1894-1986）
広辞6（ラルティーグ　1894-1986）
新美（ラルティーグ，ジャック＝アンリ　1896-）
世百新（ラルティーグ　1894-1986）
二十（ラルティーグ，ジャック・アンリ　1894(96)-1986.9.11）
百科（ラルティーグ　1894-）

Larus, Eliane 〈20世紀〉
フランス生れの工芸作家。
⇒世芸（ラリュス，エリアンヌ　1944-）

Lasdun, *Sir* Denys (Louis) 〈20世紀〉
イギリスの建築家。
⇒岩ケ（ラズダン，サー・デニス（・ルイス）　1914-）

Lasenby, Jack 〈20世紀〉
ニュージーランドの作家，絵本作家。
⇒英児（Lasenby, Jack　ラゼンビー，ジャック　1931-）

La Sizeranne, Robert de 〈19・20世紀〉
フランスの著述家。
⇒世美（ラ・シズランヌ，ロベール・ド　1866-1932）

Lasker, Joseph Leon 〈20世紀〉
アメリカのイラストレーター。
⇒児イ（Lasker, Joseph Leon　ラースカー，J.L.　1919-）

Lassaw, Ibram 〈20世紀〉
アメリカの彫刻家。
⇒世美（ラッソー，イブラム　1913-）

Lassen, Christian Riese 〈20世紀〉
アメリカの画家。
⇒世芸（ラッセン，クリスティアン・リーゼ　1956-）

Lassos, Bernard 〈20世紀〉
フランスの美術家。
⇒美術（ラスス，ベルナール　1929-）

Lassus, Jean Baptiste Antoine 〈19世紀〉
フランスの建築家，考古学者。シャルトル聖堂の鐘楼，ノートルダム聖堂の修理を行った。
⇒キリ（ラシュス，ジャン・バティスト・アントワーヌ　1807-1857）
西洋（ラシュス　1807-1857）

世美（ラシュー，ジャン＝バティスト＝アントワーヌ　1807-1857）

Lastman, Pieter 〈16・17世紀〉
オランダの画家。聖書および神話に取材した絵や肖像画を描いた。
⇒新美（ラストマン，ピーテル　1583-1633.4）
西洋（ラストマン　1583-1633.4.4）
世芸（ラストマン，ピーテル　1583頃-1633）
百科（ラストマン　1583-1633）

László de Lombos, Philip Alexius 〈19・20世紀〉
ハンガリー生れの画家。1899年と1900年パリのサロンで金賞を獲得。肖像画家として知られる。
⇒国小（ラースロ・デ・ロンボシュ　1869.1.6-1937.11.22）
西洋（ラースロー　1869.4.30-1937）

Lataster, Ger 〈20世紀〉
オランダの画家。
⇒世美（ラタステル，ヘル　1920-）

Lathrop, Dorothy 〈20世紀〉
アメリカの児童文学作家，挿絵画家。
⇒児イ（Lathrop, Dorothy Pulis　レイスロップ，D.P.　1891-）
世女日（ラスロップ，ドロシー　1891-1980）

Latouche, Gaston 〈19・20世紀〉
フランスの画家。
⇒芸術（ラトゥーシュ，ガストン　1854-1913）
世芸（ラトゥーシュ，ガストン　1854-1913）

La Tour, Georges de 〈16・17世紀〉
フランスの画家。主作品『天使と聖ヨゼフ』『聖ペテロの否認』。
⇒岩ケ（ラ・トゥール，ジョルジュ・ド　1593-1652）
キリ（ラ・トゥール，ジョルジュ（・デュメニール）・ド　1593.3.19-1652.1.30）
芸術（ラ・トゥール，ジョルジュ・ド　1593-1652）
広辞4（ラ・トゥール　1593-1652）
広辞6（ラ・トゥール　1593-1652）
国小（ラ・トゥール　1593.3.19-1652.1.30）
国百（ラ・トゥール，ジョルジュ・ド　1593.3.19-1652.1.30）
コン2（ラ・トゥール　1593頃-1652）
コン3（ラ・トゥール　1593頃-1652）
新美（ラ・トゥール，ジョルジュ・ド　1593-1652.1.30）
人物（ラ・トゥール　1593-1652.1.30）
西洋（ラ・トゥール　1593-1652.1.30）
世美（ラ・トゥール，ジョルジュ・ド　1593-1652）
世百（ラトゥール　1593頃-1652）
全書（ラ・トゥール　1593-1652）
大百（ラ・トゥール　1593-1652）
デス（ラ・トゥール　1593頃-1652）
伝世（ラ・トゥール　1593-1652）
百科（ラ・トゥール　1593-1652）

La Tour, Maurice Quentin de 〈18世

フランスの画家。主作品は『マダム・ポンパドゥール』(1756)ほか。
⇒岩ケ（ラ・トゥール, モーリス・カンタン・ド 1704-1788）
芸術（ラ・テゥール, モーリス・カンタン・ド 1704-1788）
国小（ラ・トゥール 1704.9.5-1788.2.17）
コン2（ラ・トゥール 1704-1788）
コン3（ラ・トゥール 1704-1788）
新美（ラ・トゥール, モーリス・カンタン・ド 1704.9.5-1788.2.17）
西洋（ラ・トゥール 1704.9.5-1788.2.17）
世西（ラ・トゥール 1704.9.5-1788.2.17）
世百（ラ・トゥール, モーリス・カンタン・ド 1704-1788）
世百（ラトゥール 1704-1788）
全書（ラ・トゥール 1704-1788）
大百（ラ・トゥール 1704-1788）

Latrobe, Benjamin Henry 〈18・19世紀〉
イギリス生まれのアメリカの建築家, エンジニア。
⇒岩ケ（ラトローブ, ベンジャミン(・ヘンリー) 1764-1820）
英米（Latrobe, Benjamin Henry ラトローブ 1764-1820）
建築（ラトローブ, ベンジャミン・ヘンリー 1764-1820）
国小（ラトローブ 1764.5.1-1820.9.3）
コン3（ラトローブ 1764-1820）
新美（ラトローブ, ベンジャミン・ヘンリー 1764.5.1-1820.9.3）
西洋（ラトローブ 1764.5.1-1820.9.3）
世美（ラトローブ, ジョン・ベンジャミン・ヘンリー 1764-1820）
百科（ラトローブ 1764-1820）

Lattanzio da Rimini 〈15・16世紀〉
イタリアの画家。
⇒世美（ラッタンツィオ・ダ・リーミニ 1485-1527）

Laubiès, René 〈20世紀〉
フランスの画家。
⇒世美（ロービエス, ルネ 1924-）

Laufer, Berthold 〈19・20世紀〉
ドイツ生まれのアメリカの東洋学者。数回にわたって中国, チベットを調査探検, 陶磁器, 明器, 中国と西方文化との交流の研究者。
⇒外国（ラウファー 1874-1934）
広辞4（ラウファー 1874-1934）
広辞5（ラウファー 1874-1934）
広辞6（ラウファー 1874-1934）
国小（ラウファー 1874-1934）
コン2（ラウファー 1874-1934）
コン3（ラウファー 1874-1934）
新美（ラウファー, ベルトルト 1874.10.11-1934.9.13）
人物（ラウファー 1874.10.11-1934.9.13）
西洋（ラウファー（ローファー）1874.10.11-1934.9.13）
世東（ラウファー 1874-1934.9.13）
世百（ラウファー 1874-1934）

大辞（ラウファー 1874-1934）
大辞2（ラウファー 1874-1934）
大辞3（ラウファー 1874-1934）
二十（ラウファー, ベルトルト 1874.10.11-1934.9.13）
日研（ラウファー, ベルトルト 1874.10.11-1934.9.13）
百科（ラウファー 1874-1934）
名著（ラウファー 1874-1934）
山世（ラウファー 1874-1934）

Läuger, Max 〈19・20世紀〉
ドイツの画家, 建築家, 陶工。カルルスルーエの工芸学校および工業大学で指導。
⇒西洋（ロイガー 1864.9.30-1952.12.12）

Laugier, Marc Antoine 〈18世紀〉
フランスの人文主義者, 建築理論家。
⇒キリ（ロジエ, マルク・アントワーヌ 1713.1.22-1769.5.5）
建築（ロージエ, マルク・アントワーヌ 1713-1769）
世美（ロージエ, マルカントワーヌ 1713-1769）

Laurana, Francesco da 〈15世紀〉
イタリアの彫刻家, メダユ作家, 建築家。主作品『バッティスタ・フフォルツァ夫人像』。
⇒芸術（ラウラナ, フランチェスコ 1420-1503）
国小（ラウラーナ 1420頃-1500）
新美（ラウラーナ, フランチェスコ 1425?-1502?）
西洋（ラウラーナ 1420/5頃-1502）
世美（ラウラーナ, フランチェスコ 1430頃-1502）

Laurana, Luciano da 〈15世紀〉
イタリアの建築家。カステルヌオーボの凱旋門(1451～55)は彼の作。
⇒岩ケ（ラウラナ, ルチャーノ 1420頃-1479）
建築（ラウラーナ, ルチャーノ 1420頃-1479）
国小（ラウラーナ 1425頃-1479）
コン2（ラウラナ 1420頃-1479）
コン3（ラウラナ 1420頃-1479）
新美（ラウラーナ, ルチアーノ ?-1479）
西洋（ラウラーナ 1420頃-1479）
世美（ラウラーナ, ルチャーノ 1420頃-1479）
百科（ラウラーナ ?-1479）

Lauren, Ralph 〈20世紀〉
アメリカのファッション・デザイナー。1968年紳士服, 71年婦人服を手がけ「ポロ」ブランドを確立。
⇒ア人（ローレン, ラルフ 1940-）
岩ケ（ローレン, ラルフ 1939-）
現ア（Lauren, Ralph ローレン, ラルフ 1939-）
ナビ（ローレン 1940-）

Laurence 〈20世紀〉
フランスのイラストレーター。
⇒児イ（Laurence ローレンス）

Laurencin, Marie 〈19・20世紀〉
フランスの女流画家。エコール・ド・パリの一人。淡い紅色, 青, 緑を主色とし, 感傷的な乙

女を好んで描いた。
⇒逸話（ローランサン 1883-1956）
岩ケ（ローランサン, マリー 1883-1956）
旺世（ローランサン 1885-1956）
才西（ローランサン, マリー 1885-1956）
外国（ローランサン 1885-）
角世（ローランサン 1885-1956）
広辞5（ローランサン 1883-1956）
広辞6（ローランサン 1883-1956）
国小（ローランサン 1885.10.31-1956.6.8）
コン3（ローランサン 1885-1956）
最世（ローランサン, マリー 1883-1956）
新美（ローランサン, マリー 1885.10.31/11.2-1956.6.8）
人物（ローランサン 1885.10.31-1956.6.8）
スパ（ローランサン, マリー 1885-1956）
西洋（ローランサン 1885.10.31-1956.6.8）
世芸（ローランサン, マリー 1883-1956）
世女（ローランサン, マリー 1883-1956）
世女日（ローランサン, マリー 1885-1957）
世人（ローランサン 1885-1956）
世西（ローランサン 1885.10.31-1956.6.8）
世美（ローランサン, マリー 1883-1956）
世百（ローランサン 1885-1956）
世百新（ローランサン 1885-1956）
全書（ローランサン 1883-1956）
大辞2（ローランサン 1885-1956）
大辞3（ローランサン 1885-1956）
大百（ローランサン 1885-1956）
ナビ（ローランサン 1885-1956）
二十（ローランサン, マリー 1885.10.31-1956.6.8）
百科（ローランサン 1885-1956）
評世（ローランサン 1885-1956）
山世（ローランサン 1885-1956）

Laurens, Henri 〈19・20世紀〉
フランスの彫刻家。ピカソ, ブラックたちと交わり, キュビスムの彫刻を発展させた。
⇒岩ケ（ローランス, アンリ 1885-1954）
才西（ローランス, アンリ 1885-1954）
広辞5（ローランス 1885-1954）
広辞6（ローランス 1885-1954）
国小（ローランス 1885.2.18-1954.5）
新美（ローランス, アンリ 1885.2.18-1954.5.5）
西洋（ローランス 1885.2.18-1954.5.5）
世芸（ローランス, アンリ 1885-1954）
世美（ローランス, アンリ 1885-1954）
世百（ローランス 1885-1954）
全書（ローランス 1885-1954）
大百（ローランス 1885-1954）
二十（ローランス, アンリ 1885.2.18-1954.5.5）

Laurens, Jean Paul 〈19・20世紀〉
フランスの歴史画家。主作品はパリのパンテオンの壁画『聖ジュヌビエーブの死』。
⇒キリ（ロラーンス, ジャン・ポル 1838.3.28-1921.3.23）
芸術（ローランス, ジャン=ポール 1838-1921）
国小（ローランス 1838.3.30-1921.3.23）
コン2（ローランス 1838-1921）
コン3（ローランス 1838-1921）
新美（ローランス, ジャン=ポール 1838.3.30-1921.3.23）
人物（ローランス 1838.3.28-1921.3.23）
西洋（ローランス 1838.3.28-1921.3.23）
世芸（ローランス, ジャン=ポール 1838-1921）

世美（ローランス, ジャン=ポール 1838-1921）
世百（ローランス 1838-1921）
全書（ローランス 1838-1921）
二十（ローランス, ジャン・ポール 1838.3.28(30)-1921.3.23）
百科（ローランス 1838-1921）

Laurent, Robert 〈19・20世紀〉
フランス生れのアメリカの彫刻家。木彫を専門とする。
⇒国小（ローレント 1890.6.29-）

Laurentius, St. 〈3世紀〉
ローマの聖人, 殉教者, 火に関係のある職業に従事する人々の守護聖人。
⇒岩ケ（聖ラウレンティウス ?-258）
キリ（ラウレンティウス ?-258）
国小（ラウレンチウス ?-258）
新美（ラウレンティウス(聖)）
聖人（ラウレンティウス ?-258）
西洋（ラウレンティウス ?-258）
世美（ラウレンティウス(聖) 210頃-258）
百科（ラウレンティウス ?-258）

Laureti, Tommaso 〈16・17世紀〉
イタリアの画家。
⇒世美（ラウレーティ, トンマーゾ 1530頃-1602）

Lauterer, Arch 〈20世紀〉
アメリカの装置・照明デザイナー。
⇒バレ（ローテラー, アーチ 1904-1957）

Lavedan, Pierre 〈19・20世紀〉
フランスの都市史研究家。
⇒世美（ラヴダン, ピエール 1885-）

Lavenson, Alma Ruth 〈20世紀〉
アメリカの写真家。
⇒世女日（レイヴェンソン, アルマ・ルース 1897-1989）

Laver, James 〈20世紀〉
イギリスの作家, 美術評論家。
⇒岩ケ（レイヴァー, ジェイムズ 1899-1975）

Laverón, Elena 〈20世紀〉
スペイン生れの画家。
⇒世芸（ラベロン, エレナ 1938-）

Lavery, Sir John 〈19・20世紀〉
イギリスの画家。主作品は『リュクサンブールの庭園』。
⇒国小（レイバリー 1856-1941.1.10）
西洋（レーヴァリ 1856-1941.1.10）

Lavier, Bertrand 〈20世紀〉
フランスの現代美術家。
⇒世芸（ラヴィエ, ベルトラン 1949-）

Lavirotte, Jules-Aimé 〈19・20世紀〉
フランスの建築家。
⇒世美（ラヴィロット, ジュール=エメ 1864-

1924)

Law, David 〈20世紀〉
イギリスの画家。
⇒世芸（ロー, デヴィッド 1891-1963）

Lawrence 〈19・20世紀〉
アメリカの画家。
⇒幻文（ローレンス 1886-1960）

Lawrence, Jacob 〈20世紀〉
アメリカのイラストレーター, 画家。
⇒岩ケ（ローレンス, ジェイコブ 1917-）
　児イ（Lawrence, Jacob　ローレンス, J.）

Lawrence, John 〈20世紀〉
イギリスの挿絵画家, 木版画家。
⇒児作（Lawrence, John　ロレンス, ジョン）
　世児（ローレンス, ジョン　1933-）

Lawrence, Sir Thomas 〈18・19世紀〉
イギリスの肖像画家。1820年から王立アカデミー会長。主作品『ウェリントン公』（1815）。
⇒岩ケ（ローレンス, サー・トマス　1769-1830）
　国小（ロレンス　1769.5.4-1830.1.7）
　新美（ローレンス, トマス　1769.4.13-1830.1.7）
　西洋（ローレンス　1769.5.4-1830.1.7）
　世西（ローレンス　1769-1830）
　世美（ローレンス, トマス　1769-1830）
　世百（ローレンス　1769-1830）
　全書（ローレンス　1769-1830）
　大百（ローレンス　1769-1830）
　伝世（ローレンス, T.　1769.5.4-1830.1.7）
　百科（ロレンス　1769-1830）

Lawson, Ernest 〈19・20世紀〉
カナダ出身のアメリカの画家。
⇒新美（ローソン, アーネスト　1873.3.22-1939.12.18）
　二十（ローソン, アーネスト　1873.3.22-1939.12.18）

Lawson, Robert 〈20世紀〉
アメリカの絵本作家, 挿絵画家。1938年『ベンと私』を出版して, 好評を博した。
⇒英児（Lawson, Robert　ローソン, ロバート　1892-1957）
　子本（ローソン, ロバート　1892-1957）
　児イ（Lawson, Robert　ローソン, R.　1892-1957）
　児童（ローソン, ロバート　1892-1957）
　児文（ローソン, ロバート　1892-1957）
　世児（ローソン, ロバート　1892-1957）
　二十（ローソン, ロバート　1892-1957）

Laxman, R(asipuram) K(rishnaswamy) 〈20世紀〉
インドの諷刺漫画家, ジャーナリスト, 小説家。
⇒二十英（Laxman, R(asipuram) K(rishnaswamy)　1924-）

Layard, Sir Austen Henry 〈19世紀〉
イギリスの考古学者, 外交官。ニムルドの発掘を行いアッシリアの宮殿跡を発見。
⇒外国（レーヤード　1817-1894）
　国小（レイヤード　1817.3.5-1894.7.5）
　コン2（レヤード　1817-1894）
　コン3（レヤード　1817-1894）
　新美（レヤード, ヘンリー　1817.3.5-1894.7.5）
　西洋（レヤード　1817.3.5-1894.7.5）
　世西（レヤード　1817.3.5-1894.7.5）
　世東（レイヤード　1817-1894）
　世美（レヤード, オーステン・ヘンリー　1817-1894）
　全書（レヤード　1817-1894）
　百科（レヤード　1817-1894）
　歴学（レヤード　1817-1894）

Layens, Mathieu de 〈15世紀〉
フランドルの建築家。
⇒建築（レーアン, マティウ・ド　?-1483）

Lazare, Gerald John 〈20世紀〉
カナダのイラストレーター。
⇒児イ（Lazare, Gerald John　ラザール, G.J.　1927-）

Lazarev, Gennadii Zakharovich 〈20世紀〉
ソ連の建築史家。
⇒二十（ラザレフ, G.　1937-）

Lazarev, Viktor Nikitich 〈20世紀〉
ソ連邦の美術史家。主著 "Storia della pittura bizantina"（1967）はすぐれたビザンツ絵画史概説として知られる。
⇒西洋（ラザレフ　1897.9.3-1976.1.2）

Lazaridis, Stephanos 〈20世紀〉
ギリシャの舞台装置家。
⇒オペ（ラザリディス, ステファノス　1944-）

Lazaros 〈1世紀〉
イエスの親しい友。ベタニアのマルタとマリアの兄弟。イエスの力でよみがえった（ヨハネ福音書）。
⇒キリ（ラザロ）
　国小（ラザロ）
　コン2（ラザロ）
　コン3（ラザロ）
　新美（ラザロ）
　聖書（ラザロ）
　西洋（ラザロ）
　世百（ラザロ）
　全書（ラザロ）
　大辞（ラザロ）
　大辞3（ラザロ）
　大百（ラザロ）
　百科（ラザロ）

Lazzarini, Gregorio 〈17・18世紀〉
イタリアの画家。
⇒世美（ラッザリーニ, グレゴーリオ　1655頃-1730）

Leach, Bernard Howell 〈19・20世紀〉
イギリスの陶芸家。日本で製陶を学びイギリス

に帰り，窯を築く。著書に『陶工の本』として有名な "A Potter's Book" など。
⇒逸話（リーチ　1887-1979）
岩ケ（リーチ，バーナード（・ハウエル）　1887-1979）
外国（リーチ　1887-）
角世（リーチ　1887-1979）
現人（リーチ　1887.1.5-）
広辞5（リーチ　1887-1979）
広辞6（リーチ　1887-1979）
コン3（リーチ　1887-1979）
集文（リーチ，バーナード　1887.1.5-1979.5.6）
新美（リーチ，バーナード　1887.1.5-1979.5.6）
人物（リーチ　1887.1.5-）
西洋（リーチ　1887-1979.5.6）
世芸（リーチ，バーナード　1887-1979）
世百（リーチ　1887-）
世百新（リーチ　1887-1979）
全書（リーチ　1887-1979）
大辞2（リーチ　1887-1979）
大辞3（リーチ　1887-1979）
大百（リーチ　1887-1979）
ナビ（リーチ　1887-1979）
二十（リーチ，バーナード・H.　1887.1.5-1979.5.6）
日人（リーチ　1887-1979）
百科（リーチ　1887-1979）
来日（リーチ　1887-1979）

Leaf, Munro 〈20世紀〉
アメリカの絵本作家。ロバート・ローソンが絵を受け持った『はなのすきなうし』(1936)で絵本作家としての名を不動のものとした。
⇒英児（Leaf, Munro　リーフ，マンロー　1905-1976）
子本（リーフ，マンロー　1905-）
児作（Leaf, Munro, M.　1905-）
児作（Leaf, Munro　リーフ，マンロー　1905-）
児童（リーフ，マンロー　1905-）
児ラ（リーフ，マンロー　1905-1976）
世児（リーフ，マンロー　1905-1976）
全書（リーフ　1905-1976）
二十（リーフ，マンロー　1905-1976）

Lear, Edward 〈19世紀〉
イギリスの詩人，画家。『ナンセンスの本』(1846)などの軽文学で知られる。
⇒イ文（Lear, Edward　1812-1888）
岩ケ（リア，エドワード　1812-1888）
英文（リア，エドワード　1812-1888）
国小（リア　1812-1888）
コン3（リア　1812-1888）
児イ（Lear, Edward　1812.5.12-1888.1.29）
児童（リア，エドワード　1812-1888）
児文（リア，エドワード　1812-1888）
集世（リア，エドワード　1812.5.12-1888.1.29）
集ラ（リア，エドワード　1812.5.12-1888.1.29）
西洋（リア　1812.5.12-1888.1.18）
世児（リア，エドワード　1812-1888）
世美（リア，エドワード　1812-1888）
世百（リア　1812-1888）
世ラ（リア，エドワード　1812-1888）
全書（リア　1812-1888）
大辞3（リア　1812-1888）
デス（リア　1812-1888）
伝世（リア　1812.5.12-1888.1.29）
百科（リア　1812-1888）

名詩（リア，エドワード　1812-1888）

Lebadang 〈20世紀〉
フランスの画家。
⇒世芸（ルバダン　1921-）

Le Bas, Louis Hippolyte 〈18・19世紀〉
フランスの建築家。パリの四大墓地設計案を作ったほか，パリのノトル・ダム・ド・ロレット聖堂(1823~26)などを建てた。
⇒建築（ルバ，イポリート　1782-1867）
西洋（ル・バ　1782-1867）

Lebasque, Henri 〈19・20世紀〉
フランスの画家。主作品『ニンフの水浴』，『パラソル』。
⇒芸術（ルバスク，アンリ　1865-1937）
国小（ルバスク　1865.9.25-1937）
新美（ルバスク，アンリ　1865.9.25-1937）
人物（ルバスク　1865-1937）
世芸（ルバスク，アンリ　1865-1937）
二十（ルバスク，アンリ　1865.9.25-1937）

Lebedev, Vladimir Vasilievich 〈20世紀〉
ソ連の画家，線画家。作品は『ばかなこねずみ』(1925)など。ソ連の絵本作成分野での先駆者。
⇒児イ（Lebedev, Vladimir Vasiljevich　レーベデフ, V.V.　1891-1967）
児文（レーベデフ，ウラジミール・B.　1891-1967）
二十（レーベデフ，ウラジーミル　1891.5.27-1967.11.21）

Lebedeva, Sarra Dmitrievna 〈20世紀〉
ロシアの彫刻家。
⇒世女日（レーベジェヴァ，サラ　1892-1967）

Lebel, Iberia 〈20世紀〉
フランス生れの画家。
⇒世芸（ルベル，イベリア　1956-）

Lebel, Jean-Jacque 〈20世紀〉
フランスのハプニングの代表的作家，詩人，画家。
⇒美術（ルベル，ジャン・ジャック　1932-）

Le Blond, Alexandre Jean Baptiste 〈17・18世紀〉
フランスの造園家，建築家。ピョートル1世の主席建築家としてペテルブルクの離宮などを設計。著書『造園論』(1709)。
⇒建築（ル・ブロン，ジャン＝バティスト＝アレクサンドル　1679-1719）
国小（ル・ブロン　1679-1719）
西洋（ル・ブロン　1679-1719）
世美（ル・ブロン，ジャン・バティスト・アレクサンドル　1679-1719）

Le Blond, Jacques Christophe 〈17・

18世紀〉
ドイツの版画家。三原色の配合による色彩版画を考案。著書『色彩論』(1730)。
⇒国小　（ル・ブロン　1667.5.5-1741.5.16）
　西洋　（ル・ブロン　1667.5.21-1741.5.16）

Lebourg, Albert 〈19・20世紀〉
フランスの印象派の画家。代表作は『雪のノートル・ダーム』。
⇒新美　（ルブール，アルベール　1849.2.2-1928.1.6）
　世美　（ルブール，アルベール　1849-1928）
　二十　（ルブール，アルベール　1849.2.2-1928.1.6）

Le Bouteillier, Jean 〈14世紀〉
フランスの建築家。ジャン・ラヴィの甥。
⇒建築　（ル・ブテリエル，ジャン　（活動）14世紀）

Le Breton, Gilles 〈16世紀〉
フランスの建築家。
⇒建築　（ル・ブルトン，ジル　?-1553）
　世美　（ル・ブルトン，ジル　（記録）1526-1552）

Le Brun, Charles 〈17世紀〉
フランスの画家。フランス王立アカデミーの設立に尽力。
⇒岩ケ　（ル・ブラン，シャルル　1619-1690）
　外国　（ル・ブラン　1619-1690）
　芸術　（ル・ブラン，シャルル　1619-1690）
　広辞4　（ル・ブラン　1619-1690）
　広辞6　（ル・ブラン　1619-1690）
　国小　（ル・ブラン　1619.2.24-1690.2.22）
　コン2　（ルブラン　1619-1690）
　コン3　（ルブラン　1619-1690）
　新美　（ル・ブラン，シャルル　1619.2.24-1690.2.12）
　人物　（ル・ブラン　1619.2.24-1690.2.12）
　西洋　（ルブラン　1619.2.24-1690.2.12）
　世西　（ル・ブラン　1619.2.24-1690.2.12）
　世美　（ル・ブラン，シャルル　1619-1690）
　世百　（ルブラン　1619-1690）
　全書　（ルブラン　1619-1690）
　大辞　（ルブラン　1619-1690）
　大辞3　（ル・ブラン　1619-1690）
　大百　（ルブラン　1619-1690）
　伝世　（ルブラン　1619-1690）
　百科　（ル・ブラン　1619-1690）

Lebrun, Rico 〈20世紀〉
アメリカの画家。
⇒国小　（ルブラン　1900-1964）

Lechner Ödön 〈19・20世紀〉
ハンガリーの建築家。代表作はブダペストの工芸博物館(1893〜97)，地質研究所(1898〜99)など。
⇒新美　（レヒネル・エデン　1845.8.17-1914.6.10）
　東欧　（レヒネル　1845-1914）
　二十　（レヒネル，エデン　1845.8.17-1914.6.10）

Lechter, Melchior 〈19・20世紀〉
ドイツの画家。ケルン工芸博物館のパレンベルク広間の祭壇画，ガラス絵および壁面装飾(1899〜1902)。
⇒西洋　（レヒター　1865.10.2-1937.10.8）

Le Clerc, Jean 〈16・17世紀〉
フランスの画家。
⇒世美　（ル・クレール，ジャン　1587/88頃-1633）

Le Coq, Albert von 〈19・20世紀〉
ドイツの東洋学者。主著『高昌』(1913)，『中央アジア仏教的古代末期』(1922〜28)。
⇒外国　（ル・コック　1860-1930）
　広辞4　（ル・コック　1860-1930）
　広辞5　（ル・コック　1860-1930）
　広辞6　（ル・コック　1860-1930）
　国小　（ル・コック　1860.9.8-1930.4.21）
　コン2　（ル・コック　1860-1930）
　コン3　（ル・コック　1860-1930）
　新美　（ル・コック，アルバート・フォン　1860.9.8-1930.4.21）
　人物　（ル・コック　1860.9.8-1930.4.21）
　西洋　（ル・コック　1860.9.8-1930.4.21）
　世宗　（ル-コック　1860-1930）
　世東　（ルコック　1860-1930）
　世百　（ルコック　1860-1930）
　全書　（ル・コック　1860-1930）
　大辞　（ル・コック　1860-1930）
　大辞2　（ル・コック　1860-1930）
　大辞3　（ル・コック　1860-1930）
　大百　（ル・コック　1860-1930）
　二十　（ル・コック，アルバート・V.　1860-1930）
　百科　（ル・コック　1860-1930）
　評世　（ル＝コック　1860-1930）
　名著　（ル・コック　1860-1930）
　山世　（ル・コック　1860-1930）

Le Corbusier 〈19・20世紀〉
スイスの建築家，都市設計家。主作品はロンシャンの聖堂(1955)，上野西洋美術館(1956)など。
⇒岩ケ　（ル・コルビュジエ　1887-1965）
　オ西　（ル・コルビュジエ　1887-1965）
　外国　（ル・コルビュジエ　1887-）
　科史　（ル・コルビュジエ　1887-1966）
　角世　（ル・コルビュジエ　1887-1965）
　キリ　（ル・コルビュジエ　1887.10.6-1965.8.27）
　現人　（ル・コルビュジエ　1887.10.6-1965.9.25）
　広辞5　（ル・コルビュジエ　1887-1965）
　広辞6　（ル-コルビュジエ　1887-1965）
　国小　（ル・コルビュジエ　1887.10.6-1965.8.27）
　国百　（ル・コルビュジエ　1887.10.6-1965.8.27）
　コン3　（ル・コルビュジエ　1887-1965）
　思想　（ル・コルビュジエ　1887-1965）
　新美　（ル・コルビュジエ　1887.10.6-1965.8.27）
　人物　（ル・コルビュジエ　1887.10.6-1965.8.27）
　西洋　（ル・コルビュジエ　1887.10.6-1965.8.27）
　世人　（ル＝コルビュジエ　1887-1965）
　世西　（ル・コルビュジエ　1887.10.6-1965）
　世美　（ル・コルビュジエ　1887-1965）
　世百　（ルコルビュジエ　1887-1965）
　世百新　（ル・コルビュジエ　1887-1965）
　全書　（ル・コルビュジエ　1887-1965）
　大辞2　（ル・コルビュジエ　1887-1965）
　大辞3　（ル・コルビュジエ　1887-1965）
　大百　（ル・コルビュジエ　1887-1965）
　伝世　（ル・コルビュジエ　1887.10.6-1965.8.27）

ナビ　（ル＝コルビュジエ　1887-1965）
二十　（ル・コルビュジエ　1887.10.6-1965.9.25）
百科　（ル・コルビュジエ　1887-1965）
名著　（ル・コルビュジエ　1887-）
山世　（ル・コルビュジエ　1887-1965）
歴史　（ル＝コルビュジエ　1887-1965）

Leda
ギリシア神話中の女性。白鳥に姿をかえたゼウスに犯され、ポリュデウケスとヘレネを産んだ。
⇒新美　（レーダー）
　世美　（レダ）
　全書　（レダ）
　大辞　（レダ）
　歴史　（レダ）

Ledan, Fanch 〈20世紀〉
フランスの画家。
⇒世芸　（レダン, ファンシュ　1949-）

Lederer, Hugo 〈19・20世紀〉
オーストリアの彫刻家。主作品『ビスマルク像』(1901~06)。
⇒芸術　（レデラー, フーゴー　1871-1940）
　国小　（レデラー　1871.11.6-1940.8.1）
　西洋　（レデラー　1871.11.16-1940.8.1）
　世芸　（レデラー, フーゴー　1871-1940）

Lederer, Jorg 〈15・16世紀〉
ドイツの彫刻家。
⇒キリ　（レーデラー, ヨルク　1475頃-1550.12）
　西洋　（レーデラー　1470頃-1550.12）

Ledoux, Claude Nicolas 〈18・19世紀〉
フランスの建築家。
⇒岩ケ　（ルドゥー, クロード・ニコラ　1736-1806）
　建築　（ルドゥー, クロード＝ニコラ　1736-1806）
　広辞4　（ルドゥー　1736-1806）
　広辞6　（ルドゥー　1736-1806）
　国小　（ルド　1736.3.21-1806.11.19）
　コン3　（ルドゥー　1736-1806）
　新美　（ルドゥー, クロード＝ニコラ　1736-1806.11.19）
　西洋　（ルドゥー　1736-1806.11.19）
　世美　（ルドゥー, クロード＝ニコラ　1736-1806）
　全書　（ルドゥー　1736-1806）
　大辞　（ルドゥー　1736-1806）
　大辞3　（ルドゥー　1736-1806）
　大百　（ルドー　1736-1806）
　伝世　（ルドゥー　1736.3.21-1806.11.19）
　百科　（ルドゥー　1736-1806）

Lee, Dick 〈20世紀〉
シンガポールの音楽家, ファッション・デザイナー, 演出家。
⇒東ア　（リー, ディック　1956-）
　洋ヒ　（リー, ディック　1956-）

Lee, Manning De Villeneuve 〈20世紀〉
アメリカのイラストレーター。
⇒児イ　（Lee, Manning De Villeneuve　リー, M.De V.　1894-）

Lee, Ming Cho 〈20世紀〉
アメリカの舞台装置の設計家, 水彩画家。
⇒岩ケ　（リー, ミン・チョー　1930-）
　世俳　（リー, ミン・C）

Lee, Robert J. 〈20世紀〉
アメリカのイラストレーター。
⇒児イ　（Lee, Robert J.　リー, R.J.）

Leech, John 〈19世紀〉
イギリスの諷刺漫画家。主作品は『アイルランド小旅行』(1859)。
⇒岩ケ　（リーチ, ジョン　1817-1864）
　国小　（リーチ　1817.8.29-1864.10.29）
　西洋　（リーチ　1817.8.29-1864.10.14）

Le Fauconnier, Henri 〈19・20世紀〉
フランスの画家。主作品『ジューブの肖像』(1909)、『豊饒』(1911)。
⇒国小　（ル・フォーコニエ　1881.7-1946.1）
　新美　（ル・フォーコニエ, アンリ　1881.7-1946.1）
　西洋　（ル・フォーコニエ　1881.7-1946.1）
　世芸　（ル・フォーコニエ, アンリ　1881-1946）
　世美　（ル・フォーコニエ, アンリ＝ヴィクトール＝ガブリエル　1881-1946）
　二十　（ル・フォーコニエ, アンリ・V.G.　1881.7-1946.1）

Lefébure, Jules Joseph 〈19・20世紀〉
フランスの画家。
⇒芸術　（ルフェブール, ジュール・ジョセフ　1836-1912）
　世芸　（ルフェブール, ジュール・ジョセフ　1836-1912）

Lefebvre, Jean I 〈17世紀〉
フランスのタピスリー制作家。
⇒世美　（ルフェーヴル, ジャン1世　1662-1700）

Lefebvre, Jean II 〈18世紀〉
フランスのタピスリー制作家。
⇒世美　（ルフェーヴル, ジャン2世　1700-1736）

Lefebvre, Jules Joseph 〈19・20世紀〉
フランスの画家。1861年『プリアムの死』でローマ大賞受賞。主作品『横たわる裸婦』。
⇒国小　（ルフェビュール　1836.3.16-1912.2.23）
　西洋　（ルフェーヴル　1834.3.14-1911.6.14）

Lefebvre, Pierre 〈17世紀〉
フランスのタピスリー制作家。
⇒世美　（ルフェーヴル, ピエール　?-1669）

Lefuel, Hector Martin 〈19世紀〉
フランスの建築家。ルーヴルおよびテュイルリ宮の建築長。パリの万国博覧会の産業館を建築した(1855)。
⇒建築　（ルフュエル, エクトール・マルタン　1810-1881）
　新美　（ルフュエル, エクトル　1810.11.14-1880.12.31）

西洋（ルフュエル　1810-1881）

Léga, Silvestro〈19世紀〉
イタリアの画家。主作品『オーストリアの捕虜たちを連れていくベルサルエーリ』。
⇒芸術（レーガ, シルヴェストロ　1826-1895）
国小（レーガ　1826-1895.11.21）
新美（レーガ, シルヴェストロ　1826.12.8-1895.9.21）
世美（レーガ, シルヴェストロ　1826-1895）

Léger, Fernand〈19・20世紀〉
フランスの画家。主作品『室内の女たち』(1922)、『閑暇』(1948～49)。
⇒岩ケ（レジェ, フェルナン　1881-1955）
才西（レジェ, フェルナン　1881-1955）
外国（レジェ　1881-）
現人（レジェ　1881.2.4-1955.8.17）
広辞5（レジェ　1881-1955）
広辞6（レジェ　1881-1955）
国小（レジェ　1881.2.4-1955.8.17）
国百（レジェ, フェルナン　1881.2.4-1955.8.17）
コン3（レジェ　1881-1955）
新美（レジェ, フェルナン　1881.2.4-1955.8.17）
人物（レジェ　1881.2.4-1955.8.17）
西洋（レジェ　1881.2.4-1955.8.17）
世芸（レジェ, フェルナン　1881-1955）
世西（レジェ　1881.2.4-1955.8.17）
世美（レジェ, フェルナン　1881-1955）
世百（レジェ　1881-1955）
世百新（レジェ　1881-1955）
全書（レジェ　1881-1955）
大辞2（レジェ　1881-1955）
大辞3（レジェ　1881-1955）
大百（レジェ　1881-1955）
伝世（レジェ　1881.2.4-1955.8.17）
ナビ（レジェ　1881-1955）
二十（レジェ, フェルナン　1881.2.4-1955.8.17）
バレ（レジェ, フェルナン　1881.2.4-1955.8.17）
百科（レジェ　1881-1955）

Legkobyt, Vjacheslav Efimovich〈20世紀〉
ロシアのイラストレーター。
⇒児イ（Legkobyt, Vjacheslav Efimovich　レフコーブィット, V.E.　1941-）

Legnani, Stefano Maria〈17・18世紀〉
イタリアの画家。
⇒世美（レニャーニ, ステーファノ・マリーア　1660-1715頃）

Le Grice, Malcolm〈20世紀〉
イギリス生れの映像作家, 理論家。
⇒世映（ル・グライス, マルコム　1940-）

Legros, Alphonse〈19・20世紀〉
フランスの画家, 銅版画家。
⇒岩ケ（ルグロ, アルフォンス　1837-1911）
才西（ルグロ, アルフォンス　1837-1911）
国小（ルグロ　1837.5.8-1911.12.8）
新美（ルグロ, アルフォンス　1837.5.8-1911.12.8）
西洋（ルグロ　1837.5.8-1911.12.8）
世美（ルグロ, アルフォンス　1837-1911）
二十（ルグロ, アルフォンス　1837.5.8-1911.12.8）

Legros, Pierre〈17・18世紀〉
フランスの彫刻家。
⇒世美（ルグロ, ピエール　1666-1719）

Lehman, Adele Lewisohn〈19・20世紀〉
アメリカの慈善家, 美術品収集家, 画家。
⇒岩ケ（レーマン, アデル・ルイゾーン　1882-1965）
世女日（レーマン, アデール・ルイゾーン　1882-1965）

Lehman, Robert〈20世紀〉
アメリカの銀行家, 美術品収集家。
⇒岩ケ（レーマン, ロバート　1891-1969）

Lehmann, Kurt〈20世紀〉
ドイツの彫刻家。ハノーヴァーの工業大学教授(1948来)。
⇒西洋（レーマン　1905.8.31-）

Lehmbruck, Wilhelm〈19・20世紀〉
ドイツの彫刻家。主作品は『うつぶせる男』(1915～16)。
⇒才西（レームブルック, ヴィルヘルム　1881-1919）
外国（レーンブルック　1881-1919）
キリ（レームブルック, ヴィルヘルム　1881.1.4-1919.3.25）
広辞5（レンブルック　1881-1919）
広辞6（レーンブルック　1881-1919）
国小（レームブルック　1881.1.4-1919.3.25）
国百（レームブルック, ウィルヘルム　1881.1.4-1919.3.25）
コン3（レームブルック　1881-1919）
新美（レームブルック, ヴィルヘルム　1881.1.4-1919.3.25）
人物（レンブルック　1881.1.4-1919.3.25）
西洋（レームブルック　1881.1.4-1919.3.25）
世芸（レームブルック, ヴィルヘルム　1881-1919）
世西（レームブルック　1881-1919）
世美（レーンブルック, ヴィルヘルム　1881-1919）
世百（レームブルック　1881-1919）
大百（レーンブルック　1881-1919）
伝世（レームブルク　1881.1.4-1919.3.25）
二十（レームブルック, ヴィルヘルム　1881.1.4-1919.3.25）

Lehmden, Anton〈20世紀〉
オーストリアのウィーン幻想派の画家。代表作は『風景のなかの戦士』(1954)など。
⇒新美（レームデン, アントン　1929.1.2-）
二十（レームデン, アントン　1929.1.2-）

Lehoczky Gyorgy〈20世紀〉
ハンガリーのイラストレーター。
⇒児イ（Lehoczky, Gyorgy　レホツキー, G.　1901-）

Leibl, Wilhelm 〈19世紀〉
ドイツの画家。主作品『父の像』(1866),『村の政治家』(1876)。
⇒岩ケ (ライブル, ヴィルヘルム 1844-1900)
外国 (ライブル 1844-1900)
芸術 (ライブル, ヴィルヘルム 1844-1900)
国小 (ライブル 1844.10.13-1900.12.4)
新美 (ライブル, ヴィルヘルム 1844.10.23-1900.12.4)
人物 (ライブル 1844.10.23-1900.12.4)
西洋 (ライブル 1844.10.23-1900.12.4)
世西 (ライブル 1844.10.23-1900.12.4)
世美 (ライブル, ヴィルヘルム 1844-1900)
世百 (ライブル 1844-1900)
百科 (ライブル 1844-1900)

Leibovitz, Annie 〈20世紀〉
アメリカの写真家。
⇒現ア (Leibovitz, Annie ライボヴィッツ, アニー 1949-)
バレ (リーボヴィッツ, アニー 1949.10.2-)

Leibowitz, Mathew 〈20世紀〉
アメリカ生れのフランスの意匠家。抽象派をとり入れた傾向の広告意匠が多い。
⇒外国 (レーボウィッツ 1913-)

Leichman, Seymour 〈20世紀〉
アメリカのイラストレーター。
⇒児イ (Leichman, Seymour ライヒマン, S.)

Leight, Edward 〈20世紀〉
アメリカのイラストレーター。
⇒児イ (Leight, Edward)

Leighton, Clare 〈20世紀〉
イギリスの挿絵画家。
⇒児イ (Leighton, Clare Veronica Hope レイトン, C.V.H. 1901-)
世女日 (レイトン, クレア 1899-1962)

Leighton of Stretton, Frederic Leighton, Baron 〈19世紀〉
イギリスの画家, 彫刻家。主作品は絵画『プシケの入浴』(1890), 彫刻『ピトンと戦う競技者』(1877)。
⇒岩ケ (レイトン(ストレットンの), フレデリック・レイトン, 男爵 1830-1896)
芸術 (レイトン, フレデリック 1830-1896)
国小 (レイトン 1830.12.3-1896.1.25)
新美 (レイトン, フレデリック 1830.12.3-1896.1.25)
西洋 (レートン 1830.12.3-1896.1.25)
世西 (レイトン 1830-1896)
世美 (レイトン, フレデリック 1830-1896)
世百 (レートン 1830-1896)
全書 (レイトン 1830-1896)
百科 (レートン 1830-1896)

Leinberger, Hans 〈15・16世紀〉
ドイツの彫刻家。主作品『十字架磔刑』(1516)。
⇒キリ (ラインベルガー, ハンス 1470頃-1530頃)
芸術 (ラインベルガー, ハンス 1470-1530以後)

国小 (ラインベルガー 1470頃-1530頃)
新美 (ラインベルガー, ハンス 1470頃-1530頃)
西洋 (ラインベルガー 1480/-85頃-1531/-5)

Leip, Hans 〈20世紀〉
ドイツの詩人, 小説家, 劇作家, 画家。主著, 詩集『港のオルガン』(1948), 小説『ほら貝』(1940)。
⇒国小 (ライプ 1893.9.22-)
西洋 (ライプ 1893.9.22-)
二十 (ライプ, ハンス 1893.9.22-1983.6.6)

Leistikow, Hans 〈20世紀〉
ドイツの工芸家。カッセルの国立工芸専門学校教授。
⇒西洋 (ライスティコー 1892.5.4-1962.3.22)

Leistikow, Walter 〈19・20世紀〉
ドイツの画家。ベルリンのセセッション(分離)派の共同創始者。
⇒西洋 (ライスティコー 1865.10.25-1908.7.24)

Lejeune, Louis François, Baron 〈18・19世紀〉
フランスの軍人, 画家, 石版画家。主作品『マレンゴの戦い』『モスクワの戦い』。
⇒国小 (ルジュヌ 1775.2.3-1848.2.29)

Leleu, Jean-François 〈18・19世紀〉
フランスの家具制作家。
⇒世美 (ルルー, ジャン=フランソワ 1729-1807)

Leloire, Maurice 〈19・20世紀〉
フランスの画家, 服飾研究家。主著『服装の辞典』(1934～35)。
⇒名著 (ルロワール 1853-1940)

Lelong, Lucien 〈19・20世紀〉
フランスの服飾デザイナー。1937年にはフランス政府からレジオン=ドヌール賞を受けた。
⇒大百 (ルロン 1889-)

Le Lorrain, Louis-Joseph 〈18世紀〉
フランスの画家。
⇒世美 (ル・ロラン, ルイ=ジョゼフ 1715-1759)

Lely, Sir Peter 〈17世紀〉
オランダ生れのイギリスの画家。O.クロムウェルの革命時代に指導的肖像画家として活躍。
⇒岩ケ (リーリー, サー・ピーター 1618-1680)
芸術 (リーリー, ピーター 1618-1680)
国小 (リーリー 1618.9.14-1680.12.7)
新美 (レリー, ピーター 1618.9.14-1680.12)
西洋 (レーリ 1618.9.14-1680.12.7)
世西 (リーリー 1618-1680)
世美 (リリー, ピーター 1618-1680)
伝世 (リーリー 1618-1680.11.30)
百科 (レリ 1618-1680)

Leman, Martin 〈20世紀〉
イギリスのイラストレーター。
⇒児イ (Leman, Martin リーマン, M. 1934-)

Lemercier, Jacques 〈16・17世紀〉
フランスの建築家。18年宮廷建築家。
⇒外国 （ルメルシエ 1585頃-1654）
キリ （ルメルシエ, ジャーク 1585頃-1654.6.4）
建築 （ルメルシェ, ジャック 1585頃-1654）
国小 （ルメルシエ 1585頃-1654.6.4）
コン2 （ルメルシエ 1585頃-1654）
コン3 （ルメルシエ 1585頃-1654）
新美 （ルメルシエ, ジャック 1585頃-1654.6.4）
西洋 （ルメルシエ 1585頃-1654.6.4）
世美 （ルメルシエ, ジャック 1585頃-1654）
全書 （ルメルシエ 1585頃-1654）
百科 （ルメルシエ 1582-1654）

Lemerle, Paul 〈20世紀〉
フランスのビザンティン学者。フィリッピ（マケドニア）発掘調査ほかの美術史研究から歴史研究にすすむ。
⇒西洋 （ルメール 1903.4.22-）

Lemke, Horst 〈20世紀〉
ドイツのイラストレーター, 挿絵画家。ケストナー作品の挿絵を担当し, 作品に『わたしが子どもだったころ』(1957)などがある。
⇒児イ （Lemke, Horst レムケ, H. 1922-）
児文 （レムケ, ホルスト 1922-）
二十 （レムケ, ホルスト 1922-）

Lemkulj, Fedor Viktorovich 〈20世紀〉
ロシアのイラストレーター。
⇒児イ （Lemkulj, Fedor Viktorovich レムクリ, F.V. 1914-）

Le Moal, Jean 〈20世紀〉
フランスの画家。主作品『秋』(1958～60),『フロラ』(1958～59)。
⇒国小 （ル・モアル 1909.10.30-）
新美 （ル・モアル, ジャン 1909.10.30-）
世芸 （ル・モアル, ジャン 1909-1978）
世美 （ル・モアル, ジャン 1909-）
二十 （ル・モアル, ジャン 1909.10.30-）

Lemoine, George 〈20世紀〉
イラストレーター。
⇒児イ （Lemoine, George ルモワンヌ, G.）

Le Moiturier, Pierre Antoine 〈15世紀〉
フランスの彫刻家。
⇒新美 （ル・モワテュリエ, アントワーヌ 1425-1497）
世美 （ル・モワテュリエ, アントワーヌ 1425頃-1495以降）

Lemot, François-Frédéric 〈18・19世紀〉
フランスの彫刻家。
⇒世美 （ルモ, フランソワ＝フレデリック 1772-1827）

Lemoyne, François 〈17・18世紀〉
フランスの画家。ベルサイユ宮のヘラクレスの間の大装飾画を制作(1732～36)。
⇒芸術 （ルモアーヌ, フランソア 1688-1737）
国小 （ルモアーヌ 1688-1737.6.4）
新美 （ルモワーヌ, フランソワ 1688-1737.6.4）
人物 （ルモアーヌ 1688-1737.6.4）
西洋 （ルモアーヌ 1688-1737.6.4）
世西 （ルモアーヌ 1688-1737.6.4）
世美 （ルモワーヌ, フランソワ 1688-1737）

Lemoyne, Jean Baptiste 〈18世紀〉
フランスの彫刻家。主作品『バリエール侯』『ダシジェビーユ嬢』(1761)。
⇒国小 （ルモアーヌ 1704.2.15-1778.5.25）
新美 （ルモワーヌ, ジャン＝バティスト 1704.2.15-1778.5.25）
世美 （ルモワーヌ, ジャン＝バティスト 1704-1778）

Lempicka, Tamara 〈20世紀〉
ポーランド生れの画家。
⇒世女日 （レムピツカ, タマーラ 1898-1980）

L'Empoli 〈16・17世紀〉
イタリアの画家。
⇒世美 （エンポリ 1551頃-1640）

Le Muet, Pierre 〈16・17世紀〉
フランスの建築家。ヴァル・ド・グラス聖堂の正面部を作り, 円蓋を架した。
⇒建築 （ル・ミュエ, ピエール 1591-1669）
新美 （ル・ミュエ, ピエール 1591.10.7-1669.9.28）
西洋 （ル・ミュエ 1591-1669）
世美 （ル・ミュエ, ピエール 1591-1669）

Le Nain, Antoine 〈16・17世紀〉
フランスの画家。
⇒岩ケ （ル・ナン, アントワーヌ 1588頃-1648）
芸術 （ル・ナン兄弟 1588?-1648）
広辞6 （ル・ナン 1588頃-1648）
国小 （ル・ナン, アントアーヌ 1588頃-1648）
コン2 （ル・ナン, アントアーヌ 1588-1648）
コン3 （ル・ナン, アントアーヌ 1588-1648）
新美 （ル・ナン, アントアーヌ 1588?-1648.5.25）
人物 （ル・ナン 1588-1648）
西洋 （ル・ナン, アントアーヌ 1588頃-1648）
世美 （ル・ナン, アントワーヌ 1588-1648.5.25）
世美 （ル・ナン, アントワーヌ 1600/10-1648）
世百 （ルナン, アントワーヌ 1588頃-1648）
全書 （ル・ナン, アントワーヌ 1588頃-1648）
大辞 （ル・ナン 1588-1648）
大辞3 （ル・ナン 17世紀）
大百 （ル・ナン, アントアーヌ 1588-1648）
デス （ルナン, アントワーヌ 1588頃-1648）
伝世 （ル・ナン 1588-1648）
百科 （ルナン, アントワーヌ 1600頃-1648）

Le Nain, Louis 〈16・17世紀〉
フランスの画家。
⇒外国 （ル・ナン 1593-1648）
芸術 （ル・ナン兄弟 1593?-1648）
広辞6 （ル・ナン 1593頃-1648）
国小 （ル・ナン, ルイ 1593頃-1648）
コン2 （ル・ナン, ルイ 1593-1648）

コン3（ル・ナン, ルイ　1593-1648）
新美（ル・ナン, ルイ　1593?-1648.5.23）
人物（ル・ナン, ルイ　1593-1648）
西洋（ル・ナン, ルイ　1593頃-1648）
世西（ル・ナン, ルイ　1593-1648.5.23）
世美（ル・ナン, ルイ　1600/10-1648）
世百（ルナン, ルイ　1593-1648）
全書（ル・ナン, ルイ　1593頃-1648）
大辞（ル・ナン　1593-1648）
大辞3（ル・ナン　17世紀）
大百（ル・ナン, ルイ　1593-1648）
デス（ルナン, ルイ　1593頃-1648）
伝世（ル・ナン　1593-1648）
百科（ルナン, ルイ　1605頃-1648）

Le Nain, Mathieu 〈17世紀〉
フランスの画家。
⇒芸術（ル・ナン兄弟　1607-1677）
広辞6（ル・ナン　1607-1677）
国小（ル・ナン, マチウ　1607-1677）
コン2（ル・ナン, マチウ　1607-1677）
コン3（ル・ナン, マチウ　1607-1677）
新美（ル・ナン, マテュウ　1607-1677.4.20）
人物（ル・ナン　1607-1677）
西洋（ル・ナン, マテュー　1607-1677）
世西（ル・ナン, マテュー　1607-1677.4.20）
世美（ル・ナン, マテュー　1607頃-1677）
世百（ルナン, マティウ　1607頃-1677）
全書（ル・ナン, マテュー　1607-1677）
大辞（ル・ナン　1607-1677）
大辞3（ル・ナン　17世紀）
大百（ル・ナン, マテュー　1607-1677）
デス（ルナン, マティウ　1607頃-1677）
伝世（ル・ナン　1607-1677）
百科（ルナン, マテュー　1610-1677）

Lenbach, Franz Seraph von 〈19・20世紀〉
ドイツの画家。肖像画家として活躍。
⇒岩ケ（レーンバッハ, フランツ・フォン　1836-1904）
外国（レンバッハ　1836-1904）
芸術（レンバッハ, フランツ・フォン　1836-1904）
国小（レーンバハ　1836.12.13-1904.5.6）
コン2（レンバッハ　1836-1904）
コン3（レンバッハ　1836-1904）
新美（レンバッハ, フランツ・フォン　1836.12.13-1904.5.6）
人物（レンバッハ　1836.12.13-1904.5.6）
西洋（レーンバッハ　1836.12.13-1904.5.6）
世西（レーンバッハ　1836-1904）
世美（レンバッハ, フランツ・ゼラフ・フォン　1836-1904）
世百（レンバハ　1836-1904）
全書（レンバハ　1836-1904）
大百（レンバハ　1836-1904）

Lencker, Christoph 〈16・17世紀〉
ドイツの金工家。
⇒世美（レンカー, クリストフ　?-1613）

Lencker, Elias der Ältere 〈16世紀〉
ドイツの金工家。
⇒世美（レンカー, エリアス（年長）　?-1591）

Lencker, Hans der Ältere 〈16世紀〉
ドイツの金工家。
⇒世美（レンカー, ハンス（年長）　?-1585）

Lencker, Johannes 〈16・17世紀〉
ドイツの金工家。
⇒世美（レンカー, ヨハンネス　1573頃-1637）

Lendinara, Cristoforo da 〈15世紀〉
イタリアのインタールシオ（寄木細工）師。レンディナラ, ロレンツォ・カノッツィの兄。
⇒新美（レンディナラ, クリストーフォロ　1420?-1491）

Lenfant, Pierre 〈18世紀〉
フランスの画家。主作品『ルイ14世のモンの勝利』など。
⇒国小（ランファン　1704.8.26-1787.6.26）

L'Enfant, Pierre Charles 〈18・19世紀〉
フランス生れのアメリカの建築家, 工学者。連邦政府の首都ワシントンの設計にあたった。
⇒岩ケ（ランファン, ピエール・シャルル　1754-1825）
建築（ランファン, ピエール＝シャルル　1754-1825）
国小（ランファン　1754.8.2-1825.6.14）
コン3（ランファン　1754-1825）
世美（ランファン, ピエール＝シャルル　1754-1825）

Lenginour, Richard 〈13・14世紀〉
イギリスの建築家, エンジニア。
⇒建築（レンジノー, リチャード　1272-1313）

Lenica, Alfred 〈20世紀〉
ポーランドの画家。無定形でシュルレアリスム風の作風を樹立。
⇒新美（レニツァ, アルフレド　1899.8.4-）
二十（レニツァ, アルフレド　1899.8.4-?）

Lenica, Jan 〈20世紀〉
ポーランド, のち西ドイツのアニメイション作家, グラフィック・デザイナー。
⇒監督（レニツァ, ヤン　1928-）
新美（レニツァ, ヤン　1928.1.4-）
世映（レニツァ, ヤン　1928-2001）
二十（レニツァ, ヤン　1928.1.4-）

Lenk, Thomas 〈20世紀〉
西ドイツの彫刻家。
⇒美術（レンク, トーマス　1933-）

Lenormant, Charles 〈19世紀〉
フランスの考古学者, 古銭学者。
⇒外国（ルノルマン　1802-1859）
世美（ルノルマン, シャルル　1802-1859）

Lenormant, François 〈19世紀〉
フランスのアッシリア学者。アッカド語の解読で著名。

⇒外国（ルノルマン　1837-1883）
世美（ルノルマン，フランソワ　1837-1883）

Le Nôtre, André 〈17世紀〉
フランスの造園家。約30年を費やしてベルサイユ宮庭園を制作。
⇒岩ケ（ル・ノートル，アンドレ　1613-1700）
建築（ル・ノートル，アンドレ　1613-1700）
広辞4（ル・ノートル　1613-1700）
広辞6（ル・ノートル　1613-1700）
国小（ル・ノートル　1613.3.12-1700.9.15）
コン2（ル・ノートル　1613-1700）
コン3（ル・ノートル　1613-1700）
新美（ル・ノートル，アンドレ　1613.3.12-1700.9.15）
人物（ルノートル　1612.3.12-1700.9.15）
西洋（ルノートル　1613.3.12-1700.9.15）
世西（ル・ノートル　1613.3.12-1700.9.15）
世美（ル・ノートル，アンドレ　1613-1700）
世芸（ルノートル　1613-1700）
全書（ル・ノートル　1613-1700）
大辞（ル・ノートル　1613-1700）
大辞3（ル・ノートル　1613-1700）
大百（ル・ノートル　1613-1700）
デス（ル・ノートル　1613-1700）
伝世（ル・ノートル　1613.3.12-1700.9.15）
百科（ル・ノートル　1613-1700）

Lens, Andreas Cornelis 〈18・19世紀〉
ベルギーの歴史画家。
⇒新美（レンス，アンドレアス・コルネリス　1739.3.31-1822.3.30）

Lenski, Lois 〈20世紀〉
アメリカの女流画家，児童文学作家。『いちごつみの少女』(1945)でニューベリー賞を受けた。
⇒英児（Lenski, Lois Lenore　レンスキー，ロイス・レノー　1893-1974）
児イ（Lenski, Lois　レンスキー，L.　1893-）
児童（レンスキー，ロイス　1893-）
児文（レンスキー，ロイス　1893-1974）
世児（レンスキー，ロイス（・レノー）　1893-1974）
二十（レンスキー，ロイス　1893-1974）

Lenski, Willy 〈20世紀〉
アメリカ生れの画家。
⇒世芸（レンスキー，ウィリー　1953-）

Lent, Blair 〈20世紀〉
アメリカの絵本作家，イラストレーター。代表作は『なみ』(1964)。
⇒児イ（Lent, Blair　レント，B.　1930-）
児文（レント，ブレア　1930-）
二十（レント，ブレア　1930-）

Leo, Ludwich 〈20世紀〉
ドイツの建築家。作品はベルリン工科大学流体力学実験棟(1976)など。
⇒二十（レオ，ルートヴィヒ　1924-）

Leo, Veronica 〈20世紀〉
フィンランドのイラストレーター。
⇒児イ（Leo, Veronica　レオ，V.　1935-）

Leo X 〈15・16世紀〉
教皇(在位1513〜21)。教皇の政治権を確立し，文学や芸術の保護政策を推進。
⇒岩ケ（レオ10世　1475-1521）
旺世（レオ(10世)　1475-1521）
外国（レオ10世　1475-1521）
角世（レオ10世　1475-1521）
教皇（レオ10世　(在位)1513-1521）
キリ（レオ10世　1475.12.11-1521.1.21）
広辞6（レオ一〇世　(在位)1513-1521）
国小（レオ10世　1475.12.11-1521.12.1/2）
コン2（レオ10世　1475-1521）
コン3（レオ10世　1475-1521）
新美（レオ十世　1475.12.11-1521.12.1）
人物（レオ十世　1475.12.11-1521.12.1）
西洋（レオ十世　1475.12.11-1521.12.1）
世人（レオ10世　1475-1521）
世西（レオ10世　1475.12.11-1521.12.1）
世百（レオ10世　1475-1521）
全書（レオ一〇世　1475-1521）
大辞（レオ一〇世　1475-1521）
大辞3（レオ一〇世　1475-1521）
大百（レオ一〇世　1475-1521）
伝世（レオ10世　1475.12.11-1521.12.1）
百科（レオ10世　1475-1521）
評世（レオ10世　1475-1521）
山世（レオ10世　1475-1521）
歴史（レオ10世　1475-1521）

Leochares 〈前4世紀〉
古代ギリシアの彫刻家。アテネで活躍，作品『アレクサンドロス大王の獅子狩り』『ガニメード』。
⇒芸術（レオカレス　前4世紀）
国小（レオカレス　生没年不詳）
新美（レオーカレース）
西洋（レオカレス　前4世紀）
世美（レオカレス　前4世紀）

Leombruno, Lorenzo 〈15・16世紀〉
イタリアの画家。
⇒世美（レオンブルーノ，ロレンツォ　1489-1537以降）

Leonardi, Leoncillo 〈20世紀〉
イタリアの彫刻家。
⇒世美（レオナルディ，レオンチッロ　1915-1968）

Leonardo da Besozzo 〈15世紀〉
イタリアの画家，写本装飾画家。
⇒世美（レオナルド・ダ・ベゾッツォ　15世紀）

Leonardo da Vinci 〈15・16世紀〉
イタリアの画家，彫刻家，建築家，科学者。主作品『最後の晩餐』(1495〜98頃)，『モナ・リザ』(1504)。
⇒逸話（レオナルド＝ダ＝ヴィンチ　1452-1519）
岩ケ（レオナルド・ダ・ヴィンチ　1452-1519）
岩哲（レオナルド・ダ・ヴィンチ　1452-1519）
旺世（レオナルド・ダ・ヴィンチ　1452-1519）
外国（レオナルド・ダ・ヴィンチ　1452-1519）
科学（レオナルド・ダ・ヴィンチ　1452.4.15-1519.5.2）
科技（レオナルド・ダ・ビンチ　1452.4.15-1519.5.2）

科史（レオナルド・ダ・ヴィンチ　1452-1519）
科大（レオナルド・ダ・ヴィンチ　1452-1519）
角世（レオナルド・ダ・ヴィンチ　1452-1519）
教育（レオナルド・ダ・ヴィンチ　1452-1519）
キリ（レオナルド・ダ・ヴィンチ　1452.4.15-1519.5.2）
芸術（レオナルド・ダ・ヴィンチ　1452-1519）
建築（レオナルド・ダ・ヴィンチ　1452-1519）
広辞4（レオナルド・ダ・ヴィンチ　1452-1519）
広辞6（レオナルド・ダ・ヴィンチ　1452-1519）
国小（レオナルド・ダ・ビンチ　1452.4.15-1519.5.2）
国百（レオナルド・ダ・ビンチ　1452.4.15-1519.5.2）
コン2（レオナルド・ダ・ヴィンチ　1452-1519）
コン3（レオナルド・ダ・ヴィンチ　1452-1519）
集世（レオナルド・ダ・ヴィンチ　1452.4.15-1519.5.2）
集文（レオナルド・ダ・ヴィンチ　1452.4.15-1519.5.2）
新美（レオナルド・ダ・ヴィンチ　1452.4.15-1519.5.2）
人物（レオナルド・ダ・ビンチ　1452.4.15-1519.5.2）
数学（レオナルド・ダ・ヴィンチ　1452.4.5-1519.5.2）
数学増（レオナルド・ダ・ヴィンチ　1452.4.5-1519.5.2）
西洋（レオナルド・ダ・ヴィンチ　1452.4.15-1519.5.2）
世科（ダ・ヴィンチ　1452-1519）
世科（レオナルド・ダ・ヴィンチ　1452-1519）
世人（レオナルド＝ダ＝ヴィンチ　1452-1519）
世西（レオナルド・ダ・ヴィンチ　1452.4.15-1519.5.2）
世美（レオナルド・ダ・ヴィンチ　1452-1519）
世百（レオナルドダヴィンチ　1452-1519）
世文（レオナルド・ダ・ヴィンチ　1452-1519）
全書（レオナルド・ダ・ビンチ　1452-1519）
大辞（レオナルド・ダ・ビンチ　1452-1519）
大辞3（レオナルド・ダ・ビンチ　1452-1519）
大百（レオナルド・ダ・ビンチ　1452-1519）
デス（レオナルド・ダ・ビンチ　1452-1519）
伝世（レオナルド・ダ・ヴィンチ　1452.4.15-1519.5.2）
百科（レオナルド・ダ・ビンチ　1452-1519）
評世（レオナルド＝ダ＝ビンチ　1452-1519）
名著（レオナルド・ダ・ヴィンチ　1452-1519）
山世（レオナルド・ダ・ヴィンチ　1452-1519）
歴史（レオナルド＝ダ＝ヴィンチ　1452-1519）

Leoni, Giacomo 〈17・18世紀〉
イタリアの建築家。
⇒建築（レオーニ, ジャコモ　1686頃-1746）
　新美（レオーニ, ジャコモ　1686頃-1746.6.8）
　世美（レオーニ, ジャーコモ　1686頃-1746）

Leoni, Leone 〈16世紀〉
イタリアの彫刻家, 鋳金家。ローマの教皇庁 (1537〜40), ミラノの貨幣鋳造所 (1542〜45,50〜90) の彫刻師。
⇒岩ケ（レオーニ, レオーネ　1509-1590）
　西洋（レオーニ　1509-1590.7.22）
　世美（レオーニ, レオーネ　1509頃-1590）

Leoni, Pompeo 〈16・17世紀〉
イタリアの彫刻家。
⇒世美（レオーニ, ポンペーオ　1533頃-1608）

Leonidas 〈前4世紀〉
ギリシアの建築家。
⇒世美（レオニダス　前4世紀後半）

Léonide Berman 〈20世紀〉
フランス（ロシア生れ）の画家。E.ベルマンの兄。
⇒外国（レオニード　1896-）
　西洋（レオニード　1896.6.6-）

Leonidov, Ivan Iliich 〈20世紀〉
ソ連邦の建築家, 都市計画家。『文化の宮殿』(1930) その他多くの競技設計作品を通じて国際的に名声を博した。
⇒西洋（レオニードフ　1902.1.22-1959.11.6）
　世美（レオニードフ, イヴァン・イリイチ　1902-1959）
　ロシ（レオニードフ　1902-1959）

Leopardi, Alessandro 〈15・16世紀〉
イタリアの彫刻家, 建築家。『コレオーニ将軍騎馬像』の鋳造。1521/2年サンタ・ジュスティナ聖堂の建築。
⇒国小（レオパルディ　?-1522/3）
　西洋（レオパルディ　?-1522/3）
　世美（レオパルディ, アレッサンドロ　1465頃-1522/23）

Léopold-Lévy 〈19・20世紀〉
フランスの画家。『コンスタンチノーブルの港』などトルコの風景を多数制作。
⇒国小（レオポール・レビ　1882.9.5-）

Leowald, Georg 〈20世紀〉
ドイツの工芸家。
⇒世芸（レオワルト, ゲオルク　1908-1977）

Le Parc, Julio 〈20世紀〉
アルゼンチンの画家。1966年ヴェニス・ビエンナーレ絵画大賞受賞。
⇒岩ケ（ル・パルク, フリオ　1928-）
　世美（ル・パルク, フリオ　1928-）
　美術（ル・パルク, ジュリオ　1928-）

Lepautre, Antoine 〈17世紀〉
フランスの建築家。主作品『オテル・ド・ボーベ』(1652〜55)。
⇒建築（ル・ポトル, アントワーヌ　1621-1691）
　国小（ルポートル　1621-1691）
　新美（ル・ポートル, アントワーヌ　1621-1681）
　西洋（ルポートル　1621-1691）
　世美（ル・ポートル, アントワーヌ　1621-1691）

Lepautre, Jean 〈17世紀〉
フランスの金工家, 工芸意匠家, 銅版彫刻家。ルイ14世様式装飾意匠の創造者の一人。
⇒芸術（ルポートル, ジャン　1617-1682）
　国小（ルポートル　1618.6.28-1682.2.2）
　新美（ル・ポートル, ジャン　1618.5.28-1682.2.2）
　西洋（ルポートル　1618.6.28-1682.2.2）

世美（ル・ポートル, ジャン 1618-1682）

Lepautre, Pierre〈17・18世紀〉
彫刻家。彫刻大賞を得, 14年間ローマに滞在。作品にはテュイルリの庭園にある〈アイネイアスとアンキセス〉等がある。
⇒西洋（ルポートル 1660-1744）
　世美（ル・ポートル, ピエール 1660-1744）

Lepautre, Pierre〈17・18世紀〉
フランスの建築家, 装飾家。
⇒世美（ル・ポートル, ピエール 1648-1716）

Lepicié, Michel Nicolas Bernard〈18世紀〉
フランスの画家。主作品『農家の中庭』『読書の時間』。
⇒芸術（ルビシエ, ニコラ 1735-1784）
　国小（ルビシェ 1735.6.16-1784.9.14）

Lepine, Stanislas〈19世紀〉
フランスの画家。印象派展に第1回(1874)から参加。地味な作風であるが洗練された筆致でセーヌ河畔やパリの街並などの風景画を描いた。
⇒国小（ルピーヌ 1835.10.3-1892.7.28）
　新美（ルピーヌ, スタニスラス 1835.10.3-1892.7.28）

Le Prince, Jean Baptiste〈18世紀〉
フランスの画家。1765年アカデミー会員。主作品『ロシアのダンス』『旅行者』。
⇒国小（ル・プランス 1734.9.17-1781.9.30）
　西洋（ル・プランス 1734.9.17-1781.9.30）
　世美（ル・プランス, ジャン=バティスト 1734-1781）

Lepsius, Karl Richard〈19世紀〉
ドイツのエジプト学者, 近代考古学確立者の一人。主著『言語研究の手段としての古文書学』(1834)。
⇒岩ケ（レプシウス, カール・リヒャルト 1810-1844）
　外国（レプシウス 1810-1884）
　国小（レプシウス 1810.12.23-1884.7.10）
　コン2（レプシウス 1810-1884）
　コン3（レプシウス 1810-1884）
　西洋（レプシウス 1813.12.23-1884.7.10）
　世西（レプシウス 1810.12.23-1887.7.10）
　世美（レプシウス, カール・リヒャルト 1810-1884）
　全書（レプシウス 1810-1884）
　名著（レプシウス 1813-1884）
　歴学（レプシウス 1810-1884）

Lequeu, Jean-Jacques〈18・19世紀〉
フランスの建築家。
⇒建築（ルク, ジャン=ジャック 1757-1825）
　世美（ルクー, ジャン=ジャック 1757-1815以降）

Leroi-Gourhan, André〈20世紀〉
フランスの人類学者。民族学・先史学を研究。民族学研究者養成センターおよび先史学発掘調査学院の設立者。
⇒現人（ルロワ・グーラン 1911.8.25-）
　集世（ルロワ=グーラン, アンドレ 1911.8.25-1987）
　集文（ルロワ=グーラン, アンドレ 1911.8.25-1987）
　新美（ルロワ=グーラン, アンドレ 1911.8.25-）
　西洋（ルロワ・グーラン 1911.8.25-）
　世百新（ルロア・グーラン 1911-1986）
　大辞2（ルロワグーラン 1911-1986）
　大辞3（ルロワグーラン 1911-1986）
　二十（ルロワ・グーラン, アンドレ 1911.8.25-1986.2.19）
　百科（ルロア・グーラン 1911-）

Le Roux, Roland〈16世紀〉
フランスの建築家, 彫刻家。
⇒建築（ルルー, ローラン ?-1526/27）
　新美（ル・ルー, ロラン ?-1527）
　世美（ル・ルー, ロラン ?-1527）

Lescasse, Jules〈19世紀〉
フランスの建築家, 土木技術者。
⇒日人（レスカス 1841?-?）

Lescaze, William〈20世紀〉
スイス出身のアメリカの建築家。
⇒世美（レスカーズ, ウィリアム 1896-1969）

Lescornel, Joseph-Stanislas〈18・19世紀〉
フランスの彫刻家。主作品『バルベ・ド・マルモア侯爵胸像』『ディドロ像』など。
⇒国小（レスコルネル 1799.9.16-1872.4.18）

Lescot, Pierre〈16世紀〉
フランスの建築家。ルーブル宮の増築を担当し, 1551年南西翼を完成。
⇒岩ケ（レスコー, ピエール 1515頃-1578）
　キリ（レスコー, ピエール 1510頃-1578.9.10）
　建築（レスコー, ピエール 1510-1578）
　国小（レスコー 1515頃-1578）
　コン2（レスコー 1510頃-1578）
　コン3（レスコー 1510頃-1578）
　新美（レスコ, ピエール 1510頃-1578.9.10）
　西洋（レスコ 1510頃-1578.9.10）
　世西（レスコー 1515頃-1578）
　世美（レスコ, ピエール 1510/15-1578）
　世百（レスコー 1510頃-1578）
　全書（レスコー 1501/10-1578）
　伝世（レスコー 1510頃-1578）
　百科（レスコ 1510頃-1578）

Le Sidaner, Henri-Eugène-Augustin〈19・20世紀〉
フランスの画家。主作品は『庭のなかのテーブル』,『家のなかの太陽』。
⇒国小（ル・シダネ 1862.8.7-1939）
　新美（ル・シダネル, アンリ 1862.8.7-1939）
　世芸（ル・シダネル, アンリ 1882-1939）
　二十（ル・シダネル, アンリ・E.A. 1862.8.7-1939）

Lesieur, Pierre〈20世紀〉
フランス生れの画家。
⇒世芸（ルシュール，ピエール　1922-）

Leslie, Charles Robert〈18・19世紀〉
イギリスの画家。シェークスピア，ゴールドスミス等の作品に題材を求めた漫画風の風俗画を描いた。
⇒岩ケ（レズリー，チャールズ・ロバート　1794-1859）
　新美（レズリー，チャールズ・ロバート　1794.10.19-1859.5.5）
　西洋（レスリ（レズリ）　1794.10.19-1859.5.5）

Lessing, Gotthold Ephraim〈18世紀〉
ドイツの劇作家，評論家。
⇒逸話（レッシング　1729-1781）
　岩ケ（レッシング，ゴットホルト・エフライム　1729-1781）
　岩哲（レッシング　1729-1781）
　演劇（レッシング，ゴットホルト　1729-1781）
　旺世（レッシング　1729-1781）
　外国（レッシング　1729-1781）
　角世（レッシング　1729-1781）
　教育（レッシング　1729-1781）
　キリ（レッシング，ゴットホルト・エフライム　1729.1.22-1781.2.15）
　広辞4（レッシング　1729-1781）
　広辞6（レッシング　1729-1781）
　国小（レッシング　1729.1.22-1781.2.15）
　国百（レッシング，ゴットホルト・エフライム　1729.1.22-1781.2.15）
　コン2（レッシング　1729-1781）
　コン3（レッシング　1729-1781）
　児作（Lessing　レッシング　1729-1781）
　集世（レッシング，ゴットホルト・エーフライム　1729.1.22-1781.2.15）
　集文（レッシング，ゴットホルト・エーフライム　1729.1.22-1781.2.15）
　新美（レッシング，ゴットホルト・エーフライム　1729.1.22-1781.2.15）
　人物（レッシング　1729.1.22-1781.2.15）
　西洋（レッシング　1729.1.22-1781.2.15）
　世西（レッシング　1729.1.22-1781.2.15）
　世百（レッシング　1729-1781）
　世文（レッシング，ゴットホルト・エーフライム　1729-1781）
　全書（レッシング　1729-1781）
　大辞（レッシング　1729-1781）
　大辞3（レッシング　1729-1781）
　大百（レッシング　1729-1781）
　デス（レッシング　1729-1781）
　伝世（レッシング　1729.1.22-1781.2.15）
　百科（レッシング　1729-1781）
　評世（レッシング　1729-1781）
　名著（レッシング　1729-1781）
　山世（レッシング　1729-1781）
　歴史（レッシング　1729-1781）

Lessing, Karl Friedrich〈19世紀〉
ドイツの画家。カルルスルーエ絵画館長。ロマン派。特に歴史画と風景画に長じていた。
⇒西洋（レッシング　1808.2.15-1880.6.5）

Le Sueur, Eustache〈17世紀〉
フランスの画家。主作品はシャルトル大聖堂の『聖ブルーノの生涯』(1645〜48)。
⇒国小（ル・シュール　1616.11.19-1655.4.30）
　新美（ル・シュウール，ウスタッシュ　1617.11.18-1655.4.30）
　西洋（ル・シュウール　1617.11.18-1655.4.30）
　世美（ル・シュウール，ウスタッシュ　1616-1655）
　百科（ル・シュウール　1616-1655）

Le Sueur, Hubert〈16・17世紀〉
フランスの彫刻家。主作品『チャールズ1世騎馬像』(1633)。
⇒国小（ル・シュール　?-1670）
　世美（ル・シュウール，ユベール　1595頃-1670）

Letarouilly, Paul-Marie〈18・19世紀〉
フランスの建築家，建築史家。
⇒世美（ルタルイイ，ポール=マリー　1795-1855）

Le Tavernier, Jean〈15世紀〉
フランドルの画家。
⇒世美（ル・タヴェルニエ，ジャン　15世紀）

Letellier, Pierre〈20世紀〉
フランス生れの画家。
⇒世芸（ルトリエ，ピエール　1928-）

Lethaby, William Richard〈19・20世紀〉
イギリスの建築家，著述家，教育者。ロンドンの中央美術工芸学校初代校長。主作品，メルセッター家(1898)，主著『建築』(1912)。
⇒岩ケ（レサビー，ウィリアム・リチャード　1857-1931）
　オ西（レサビー，ウィリアム・リチャード　1857-1931）
　国小（レサビー　1857.1.18-1931.7.17）
　新美（リーサビイ，ウィリアム・リチャード　1857.1.18-1931.7.17）
　西洋（レサビ　1857-1931）
　世美（レサビー，ウィリアム・リチャード　1857-1931）
　二十（リーサビイ，ウィリアム・リチャード　1857.1.18-1931.7.17）

Leto, Antonino〈19・20世紀〉
イタリアの画家。
⇒世美（レート，アントニーノ　1844-1913）

Letzel, Jan〈19・20世紀〉
チェコスロヴァキアの建築家。広島県産業奨励館(現在の広島原爆ドーム)を設計。ナホト出身。
⇒東欧（レツル　1880-1925）
　日人（レツェル　1880-1925）
　来日（レッツェル　1880-1926）

Leu der Ältere, Hans〈15・16世紀〉
スイスの画家。
⇒世美（ロイ，ハンス(父)　1460頃-1507頃）

Leu der Jüngere, Hans 〈15・16世紀〉
スイスの画家, 版画家。
⇒新美（ロイ, ハンス（子） 1490頃-1531.10.24）
　世美（ロイ, ハンス（子） 1490頃-1531）

Leukippos 〈前6・5世紀〉
ギリシアの哲学者。デモクリトスの師。
⇒岩ケ（レウキッポス　前5世紀）
　外国（レウキッポス）
　科学（レウキッポス　（活躍）前5世紀）
　科技（レウキッポス）
　科史（レウキッポス）
　科人（レウキッポス　前500-450?）
　教育（レウスキッポス　前5世紀）
　ギリ（レウキッポス　前5世紀中・後期）
　ギロ（レウキッポス　前5世紀）
　広辞4（レウキッポス）
　広辞6（レウキッポス　前5世紀）
　コン2（レウキッポス　前480頃-?）
　コン3（レウキッポス　前480頃-?）
　集文（レウキッポス　（活躍）前440頃）
　新美（レウキッポス）
　人物（レウキッポス　前500頃-?）
　西洋（レウキッポス）
　世西（レウキッポス　前460頃-?）
　世百（レウキッポス　生没年不詳）
　全書（レウキッポス　前470頃-?）
　大辞（レウキッポス　生没年不詳）
　大辞3（レウキッポス　前5世紀頃）
　大百（レウキッポス　生没年不詳）
　デス（レウキッポス　前5世紀）
　百科（レウキッポス　生没年不詳）
　評世（レウキッポス　前5世紀頃）

Leupin, Herbert 〈20世紀〉
スイスの挿絵画家, 商業デザイナー。グリム童話の挿絵などで知られている。
⇒国小（ロイピン 1916-）

Leutze, Emmanuel Gottlieb 〈19世紀〉
ドイツ生れのアメリカの画家。『デラウェアを横断するワシントン』などの歴史画を描いた。
⇒岩ケ（ロイツェ, エマニュエル（・ゴットリーブ） 1816-1868）
　国小（ロイツェ 1816.5.24-1868.7.18）
　コン3（ロイツェ 1816-1868）
　西洋（ロイツェ 1816.5.24-1868.7.18）

Le Va, Barry 〈20世紀〉
アメリカの美術家。
⇒美術（ル・ヴァ, バリー 1941-）

Levasseur, André 〈20世紀〉
フランスの舞台美術家。
⇒バレ（ルヴァッスール, アンドレ 1927.8.18-）

Levati, Giuseppe 〈18・19世紀〉
イタリアの画家, 装飾家。
⇒世美（レヴァーティ, ジュゼッペ 1739-1828）

Le Vau, Louis 〈17世紀〉
フランスの建築家。ルーブル宮, チュイルリー宮の建築総監。ベルサイユ宮の拡張工事に従事。

⇒岩ケ（ル・ヴォー, ルイ 1612-1670）
　建築（ル・ヴォー, ルイ 1612-1670）
　国小（ル・ボー 1612頃-1670.10.11）
　コン2（ル・ヴォー 1612-1670）
　コン3（ル・ヴォー 1612-1670）
　新美（ル・ヴォー, ルイ 1612-1670.10.11）
　西洋（ル・ヴォー 1621頃-1670.10.11）
　世西（ルヴォ 1612-1670）
　世美（ル・ヴォー, ルイ 1612-1670）
　世百（ルヴォー 1612-1670）
　全書（ル・ボー 1612-1670）
　大百（ル・ボー 1612-1670）
　デス（ル・ボー 1612-1670）
　伝世（ル・ヴォー 1612-1670）
　百科（ル・ボー 1612-1670）

Leven, Boris 〈20世紀〉
モスクワ(ロシア)生れの映画美術監督。
⇒世映（レヴェン, ボリス 1908-1986）

Levental', Valerii Yakovlevich 〈20世紀〉
ロシアの舞台美術家。
⇒世百新（レベンターリ 1938-）
　百科（レベンターリ 1938-）

Lévêque, Jean-Charles 〈19世紀〉
フランスの美学者。道徳政治学アカデミー会員。絶対美を中核にプラトン的美学を展開。
⇒国小（レベック 1818-1900）

Levey, Sir Michael (Vincent) 〈20世紀〉
イギリスの美術研究者, 小説家。
⇒二十英（Levey, Sir Michael (Vincent) 1927-）

Levi, Carlo 〈20世紀〉
イタリアの小説家。代表作『キリストはエボリにとどまりぬ』(1945)。
⇒外国（レーヴィ 1902-）
　キリ（レーヴィ, カルロ 1902.11.29-1975.1.4）
　広辞5（レーヴィ 1902-1975）
　広辞6（レーヴィ 1902-1975）
　国小（レービ 1902.11.29-1975.1.4）
　集世（レーヴィ, カルロ 1902.11.29-1975.1.4）
　集文（レーヴィ, カルロ 1902.11.29-1975.1.4）
　西洋（レーヴィ 1902.11.29-1975.1.4）
　世美（レーヴィ, カルロ 1902-1975）
　世百（レヴィ 1902-）
　世文（レーヴィ, カルロ 1902-1975）
　全書（レービ 1902-1975）
　大辞2（レービ 1902-1975）
　大辞3（レービ 1902-1975）
　大百（レービ 1902-1975）
　二十（レービ, カルロ 1902.11.29-1975.1.4）
　名著（レヴィ 1902-）

Lèvi, Rino 〈20世紀〉
ブラジルの建築家, 都市計画家。
⇒世美（レーヴィ, リノ 1901-）

Levi Montalcini, Gino 〈20世紀〉
イタリアの建築家。
⇒世美（レーヴィ・モンタルチーニ, ジーノ）

1902-)

Levine, Jack 〈20世紀〉
アメリカの画家。
⇒外国（レヴィン　1915-）
　国小（リーバイン　1915-）
　世美（レヴィン，ジャック　1915-）

Levine, Les 〈20世紀〉
アイルランド出身のアメリカの前衛美術家。
⇒世美（レヴィン，レス　1936-）

Levitan, Isaak Iliich 〈19世紀〉
ロシアの風景画家。移動派に属する。
⇒芸術（レヴィタン，イサーク・イリイッチ　1861-1900）
　国小（レビタン　1860.8.30-1900.8.4）
　コン2（レヴィターン　1860-1900）
　コン3（レヴィターン　1860-1900）
　新美（レヴィタン，イサク　1860/61.8.18/30-1900.7.22/8.4）
　世百（レヴィタン　1860/1-1900）
　全書（レビタン　1860-1900）
　ロシ（レヴィタン　1860-1900）

Levitskii, Dmitrii Grigorievich 〈18・19世紀〉
ロシアの画家。
⇒芸術（レヴィツキー，ドミトリー・グリゴリエヴィッチ　1735-1822）
　国小（レビツキー　1735-1822.4.4）
　コン2（レヴィーツキィ　1735-1822）
　コン3（レヴィツキー　1735-1822）
　新美（レヴィツキー，ドミートリイ　1735頃-1822.4.4/16）
　人物（レビッキー　1735-1822.4.4）
　西洋（レヴィツキー　1735-1822.4.4）
　世西（レヴィツキー　1735-1822）
　世美（レヴィツキー，ドミトリー・グリゴリエヴィチ　1735頃-1822）
　百科（レビツキー　1735-1822）

Levni 〈18世紀〉
オスマン・トルコのアメフト3世（在位1703～30）の宮廷画家。
⇒角世（レヴニー　?-1732）
　新美（レヴニ）

Levy, Florence Nightingale 〈19・20世紀〉
アメリカの美術編集者。
⇒世女日（レヴィ，フローレンス・ナイティンゲール　1870-1947）

Levy, Marc 〈20世紀〉
フランスの作家，建築家。
⇒海作4（レヴィ，マルク　1961.10.16-）

Lewczuk, Margrit 〈20世紀〉
アメリカ生れの画家。
⇒世芸（ルーズック，マーグリット　1952-）

Lewerentz, Sigurd 〈19・20世紀〉
スウェーデンの建築家。
⇒世美（レーヴェレンツ，シーグルド　1885-1975）

Lewin, Ted 〈20世紀〉
アメリカのイラストレーター。
⇒児イ（Lewin, Ted　リューウィン, T.）

Lewis, Anne 〈20世紀〉
アメリカのイラストレーター。
⇒児イ（Lewis, Anne　ルイス, A.）

Lewis, David 〈20世紀〉
イギリスの画家。
⇒世芸（ルイス，デビット　?-）

Lewis, Edmonia 〈19・20世紀〉
アメリカの彫刻家。
⇒世女（ルイス，（メアリ）エドモーニア　1845-1911）
　世女日（ルイス，エドモニア　1845-1909頃）

Lewis, John Frederick 〈19世紀〉
イギリスの画家。
⇒世美（ルイス，ジョン・フレデリック　1805-1876）

Lewis, Percy Wyndham 〈19・20世紀〉
イギリスの画家，小説家，批評家。主著『ター』(1918)，『時間と西欧人』(1927)，『人間の時代』(1928～55)。
⇒イ文（Lewis, (Percy) Wyndham　1882-1957）
　岩ケ（ルイス，（パーシー・）ウインダム　1882-1957）
　英文（ルイス，（パーシー・）ウインダム　1882-1957）
　才世（ルイス，（パーシー・）ウインダム　1882-1957）
　才西（ルーイス，パーシー・ウィンダム　1882-1957）
　外国（ルイス　1884-）
　国小（ルイス　1884.11.18-1957.3.7）
　コン3（ルイス　1882-1957）
　集世（ルイス，ウィンダム　1882.11.18-1957.3.1）
　集文（ルイス，ウィンダム　1882.11.18-1957.3.1）
　新美（ルーイス，ウィンダム　1882.11.8-1957.3.7）
　西洋（ルーイス　1882.11.18-1957.3.7）
　世西（ルイス　1886-1957）
　世美（ルイス，パーシー・ウィンダム　1884-1957）
　世百（ルイス　1884-1957）
　世百新（ルイス　1884-1957）
　世文（ルイス，ウィンダム　1882-1957）
　大百（ルイス　1884-1957）
　二十（ルイス，パーシー・ウィンダム　1884(86, 1882.11.8)-1957.5.7(3.7)）
　二十英（Lewis, (Percy) Wyndham　1882-1957）
　百科（ルイス　1884-1957）
　名著（ルイス　1884-1957）

Lewis, Rob 〈20世紀〉
イギリスの児童文学者。
⇒児イ (Lewis, Rob ルイス, R. 1962-)
児作 (Lewis, Rob ルイス, ロブ 1962-)

Lewitt, Jan 〈20世紀〉
ポーランド生れの画家。
⇒世児 (リューウィット, ジャン/ヒム, ジョージ 1907-)

Lewitt, Sol 〈20世紀〉
アメリカの美術家, 彫刻家。1960年代後半のミニマル・アートの代表作家の一人。
⇒岩ケ (ルーイット, ソル 1928-)
オ西 (ルウィット, ソル 1928-)
世芸 (ルウィット, ソル 1928-)
世美 (ルウィット, ソル 1928-)
美術 (ルウィット, ソル 1928-)

Ley, Hans Christian Clausen 〈19世紀〉
デンマークの画家。主作品は『自画像』(1857)。
⇒国小 (レイ 1828.3.30-1875.12.19)

Leyniers, Anton 〈16世紀〉
フランドルのタピスリー制作家。
⇒世美 (レイニールス, アントン 1548-1571)

Leyniers, Everaert 〈17世紀〉
フランドルのタピスリー制作家。
⇒世美 (レイニールス, エフェラールト 17世紀)

Leyniers, Nicolas 〈16世紀〉
フランドルのタピスリー制作家。
⇒世美 (レイニールス, ニコラス 16世紀前半)

Leys, Hendrik 〈19世紀〉
ベルギーの画家。主作品は『アントアーヌ・ド・ブルゴーニュとフィリップ・ル・ボンの肖像』『スペイン軍占領下のアンベルス』。
⇒国小 (レイス 1815.2.18-1869.8.26)
西洋 (リース 1815.2.18-1869.8.26)
世美 (レイス, ヘンドリック 1815-1869)

Leyster, Judith 〈17世紀〉
オランダの女流画家。主作品は『陽気な酒飲み連』『愉快な人々』。
⇒国小 (レイステル 1609-1660)
新美 (レイステル, ユディト・モレナール 1609-1660)
世女 (レイステル, ユーディト 1609-1660)
世女日 (レイスター, ジュデイス 1609-1660)
世美 (レイステル, ユディット 1609-1660)

L'Hermitte, Léon Augustin 〈19・20世紀〉
フランスの画家, 版画家。
⇒芸術 (レルミット, レオン 1844-1925)
国小 (レルミット, レオン 1844.7.31-1925.7.27)
新美 (レルミット, レオン=オーギュスタン 1844.7.31-1925.7.27)
世芸 (レルミット, レオン 1844-1925)
二十 (レルミット, レオン−オーギュスタン 1844.7.31-1925.7.27)

Lhote, André 〈19・20世紀〉
フランスの画家, 美術批評家。モンパルナスに研究所を開設し, 若い画家の指導にもあたった。
⇒外国 (ロート 1885-)
国小 (ロート 1885.7.5-1962.1.24)
コン3 (ロート 1885-1962)
新美 (ロート, アンドレ 1885.7.5-1962.1.24)
人物 (ロート 1885.7.5-1962)
西洋 (ロート 1885.7.5-1962.1.21)
世芸 (ロート, アンドレ 1885-1962)
世西 (ロート 1885.7.5-1962)
世美 (ロート, アンドレ 1885-1962)
世百 (ロート 1885-1962)
全書 (ロート 1885-1962)
大百 (ロート 1885-1962)
二十 (ロート, アンドレ 1885.7.5-1962.1.21 (24))

Lhote, Henri 〈20世紀〉
フランスの民族学者, 考古学者。
⇒新美 (ロート, アンリ 1903-)
世百新 (ロート, アンリ 1903-1991)
二十 (ロート, アンリ 1903-)
百科 (ロート 1903-)

Libera, Adalberto 〈20世紀〉
イタリアの建築家, 都市計画家。
⇒世美 (リーベラ, アダルベルト 1903-1963)

Liberale da Verona 〈15・16世紀〉
イタリアの画家。板画の代表作『聖セバスチアン』『ピエタ』。
⇒国小 (リベラーレ・ダ・ベローナ 1445頃-1526/9)
新美 (リベラーレ・ダ・ヴェローナ 1445頃-1526/29)
世美 (リベラーレ・ダ・ヴェローナ 1445-1529頃)

Libergier, Hughues (Le Berger, Hughues) 〈13世紀〉
フランスの建築家。
⇒建築 (リベルジェ, ユーグ (レ・ベルジェ, ユーグ) ?-1263)

Liberi, Pietro 〈17世紀〉
イタリアの画家。
⇒世美 (リーベリ, ピエトロ 1614-1687)

Libeskind, Daniel 〈20世紀〉
ポーランドの建築家。
⇒二十 (リベスキン, ダニエル 1946-)

Libon 〈前5世紀〉
ギリシアの建築家。
⇒世美 (リボン 前5世紀)

Lichfield, (Thomas) Patrick (John Anson), 5th Earl of 〈20世紀〉
イギリスの写真家。

⇒岩ケ（リッチフィールド，（トマス・）パトリック（・ジョン・アンソン），5代伯爵　1939-）

Lichtenstein, Roy 〈20世紀〉
アメリカの画家。ポップ・アートの代表者。
⇒岩ケ（リヒテンスタイン，ロイ　1923-1997）
才西（リクテンスタイン，ロイ　1923-）
現ア（Lichtenstein, Roy　リキテンスタイン，ロイ　1923-1997）
現人（リキテンスタイン　1923.10.27-）
国小（リキテンシュタイン　1923.10.27-）
コン3（リキテンスタイン　1923.10.27-）
新美（リクテンスタイン，ロイ　1923.10.27-）
西洋（リキテンスタイン（リクテンスタイン）1923.10.27-）
世芸（リキテンスタイン，ロイ　1923-1997）
世メ（リクテンスタイン，ロイ　1923-）
世百新（リクテンスタイン　1923-1997）
全書（リクテンスタイン　1923-）
大辞3（リキテンスタイン　1923-1977）
ナビ（リキテンスタイン　1923-1997）
二十（リクテンスタイン, R.　1923.10.27-）
美術（リキテンスタイン，ロイ　1923-）
百科（リクテンスタイン　1923-）

Lichtwark, Alfred 〈19・20世紀〉
ドイツの美術史家で芸術教育運動の指導者。1886年新設のハンブルク美術館長に聘せられ，終生その職にあった。主著『芸術作品の観察における練習』(1897)。
⇒教育（リヒトヴァルク　1852-1914）

Licini, Osvaldo 〈20世紀〉
イタリアの画家。
⇒世美（リチーニ，オズヴァルド　1894-1958）

Licinio, Bernardino 〈15・16世紀〉
イタリアの画家。
⇒世美（リチーニオ，ベルナルディーノ　1490頃-1550頃）

Licsko, Frank 〈20世紀〉
ハンガリー生れの画家。
⇒世芸（リスコ，フランク　1946-）

Lidberg, Rolf 〈20世紀〉
スウェーデンのイラストレーター。
⇒児イ（Lidberg, Rolf　リドバーグ, R.）

Lido, Serge 〈20世紀〉
ロシア，フランスの写真家。
⇒バレ（リドー，セルジュ　1906.1.28-1984.3.6）

Lieber, Tom 〈20世紀〉
アメリカ生れの画家。
⇒世芸（リーバー，トム　1949-）

Liebermann, Max 〈19・20世紀〉
ドイツの画家，銅版画家。主作品は『鵞鳥の毛をむしる女達』(1872)。
⇒岩ケ（リーベルマン，マックス　1847-1935）
才西（リーバーマン，マックス　1847-1935）
外国（リーバーマン　1847-1935）
キリ（リーバマン，マックス　1847.7.20-1935.2.8）
芸術（リーベルマン，マックス　1847-1935）
国小（リーベルマン　1847.7.20-1935.2.8）
コン2（リーベルマン　1847-1935）
コン3（リーベルマン　1847-1935）
新美（リーバーマン，マックス　1847.7.20-1935.2.8）
人物（リーベルマン　1847.7.20-1935.2.8）
西洋（リーベルマン　1847.7.20-1935.2.8）
世芸（リーベルマン，マックス　1847-1935）
世西（リーベルマン　1847.7.20-1935.2.8）
世メ（リーベルマン，マックス　1847-1935）
世百（リーベルマン　1847-1935）
全書（リーベルマン　1847-1935）
大百（リーベルマン　1847-1935）
伝世（リーベルマン　1847.7.20-1935.2.8）
ナチ（リーバーマン，マックス　1847-1935）
二十（リーバーマン，マックス　1847.7.20-1935.2.8）
百科（リーベルマン　1847-1935）
ユ人（リーバーマン，マックス　1847-1935）

Liebes, Dorothy Wright 〈20世紀〉
アメリカの織物芸術家。
⇒世女日（リーブス，ドロシー・ライト　1897-1972）

Lieferinxe, Josse 〈15・16世紀〉
フランスの画家。
⇒世美（リーフランクス，ジョス　(記録)1493-1505/08）

Liegi, Ulvi 〈19・20世紀〉
イタリアの画家。
⇒世美（リエージ，ウルヴィ　1868-1939）

Lietzow, Godehard 〈20世紀〉
ドイツ生れの画家。
⇒世芸（リートゾウ，ゴデハード　1937-）

Lievens, Jan 〈17世紀〉
オランダの画家，銅版画家。
⇒国小（リーフェンス　1607.10.24-1674.6.8埋葬）
新美（リーフェンス，ヤン　1607.10.24-1674.6.4）
世美（リーフェンス，ヤン　1607-1674）

Ligabue, Antonio 〈20世紀〉
イタリアの画家。
⇒世美（リガブーエ，アントーニオ　1899-1965）

Ligari, Cesare 〈18世紀〉
イタリアの画家。
⇒世美（リガーリ，チェーザレ　1716-1770）

Ligari, Pietro 〈17・18世紀〉
イタリアの画家。
⇒世美（リガーリ，ピエトロ　1686-1752）

Lightburn, Ron 〈20世紀〉
カナダの挿絵画家。
⇒英児（Lightburn, Ron　ライトバーン, ロン

1954-）

Ligorio, Pirro 〈16世紀〉
イタリアの建築家。教皇庁附建築家。主作品：ピウス4世のカジノ（ヴァティカン）。
⇒建築　（リゴリオ, ピッロ　1510-1583）
　西洋　（リゴーリョ　1550頃-1583.10.13）
　世美　（リゴーリオ, ピッロ　1510頃-1583）
　百科　（リゴリオ　1513頃-1583）

Ligozzi, Iacopo 〈16・17世紀〉
イタリアの画家。
⇒世美　（リゴッツィ, ヤーコポ　1547-1626）

Lilio, Andrea 〈16・17世紀〉
イタリアの画家。
⇒世美　（リーリオ, アンドレーア　1555-1610）

Liljefors, Bruno 〈19・20世紀〉
スウェーデンの画家。主として動物画を描いた。
⇒芸術　（リリエフォルス, ブルーノ　1860-1939）
　国小　（リリエフォルス　1860-1939）
　新美　（リリエフォルス, ブルーノ　1860.5.14-1939.12）
　西洋　（リリエフォルス　1860.5.14-1939.12.18）
　世芸　（リリエフォルス, ブルーノ　1860-1939）
　二十　（リリエフォルス, ブルーノ　1860.5.14-1939.12）

Lilloni, Umberto 〈20世紀〉
イタリアの画家。
⇒世美　（リッローニ, ウンベルト　1898-1980）

Lilly, Charles 〈20世紀〉
アメリカのイラストレーター。
⇒児イ　（Lilly, Charles　リリー, C.）

Lim, Kim 〈20世紀〉
シンガポールの版画家。
⇒世芸　（リム, キム　1936-）

Lim, William 〈20世紀〉
シンガポールの建築家。
⇒二十　（リム, ウイリアム　1932-）

Limbourg, Herman de 〈14・15世紀〉
オランダの画家。15世紀初めにフランスで細密画家として活躍。3兄弟でベリー公の宮廷画家となった。
⇒岩ケ　（リンブルク, ヘルマン・デ　（活躍）15世紀初め）
　キリ　（ランブール, エルマン　（活躍）15世紀初頭）
　広辞4　（ランブール　?-1416）
　広辞6　（ランブール　?-1416）
　国小　（ランブール, ヘルマン　生没年不詳）
　コン2　（ランブール）
　コン3　（ランブール）
　新美　（ランブール, エルマン）
　世美　（ランブール, エルマン　15世紀）
　世百　（リンブルク, ヘルマン）
　全書　（ランブール　?-1416）
　大辞　（ランブール　14世紀末-15世紀初）
　大百　（ランブール　?-1416）
　デス　（ランブール, ヘルマン）
　伝世　（ランブール, ヘルマン　15世紀）

Limbourg, Jan de 〈14・15世紀〉
オランダの画家。15世紀初めにフランスで細密画家として活躍。3兄弟でベリー公の宮廷画家となった。
⇒岩ケ　（リンブルク, イェハネキン・デ　（活躍）15世紀初め）
　キリ　（ランブール, ジャヌカン　（活躍）15世紀初頭）
　芸術　（ランブール兄弟　?-1416）
　広辞4　（ランブール　?-1416）
　広辞6　（ランブール　?-1416）
　国小　（ランブール, イェハネキン　生没年不詳）
　コン2　（ランブール）
　コン3　（ランブール）
　新美　（ランブール, ジャヌカン）
　世美　（ランブール, ジャヌカン　15世紀）
　世百　（リンブルク, ヘンネクィン）
　全書　（ランブール　?-1416）
　大辞3　（ランブール　14・15世紀）
　大百　（ランブール　?-1416）
　デス　（ランブール, ジャン）
　伝世　（ランブール, イェハネクィン　15世紀）

Limbourg, Pol de 〈14・15世紀〉
オランダの画家。15世紀初めにフランスで細密画家として活躍。3兄弟でベリー公の宮廷画家となった。
⇒岩ケ　（リンブルク, ポル・デ　（活躍）15世紀初め）
　キリ　（ランブール, ポル　（活躍）15世紀初頭）
　芸術　（ランブール兄弟　?-1416）
　広辞4　（ランブール　?-1416）
　広辞6　（ランブール　?-1416）
　国小　（ランブール, ポール　生没年不詳）
　コン2　（ランブール）
　コン2　（リンブルク　15世紀）
　コン3　（ランブール）
　コン3　（リンブルク　15世紀）
　新美　（ランブール, ポール）
　西洋　（リンブルク　14/5世紀）
　世美　（ランブール, ポル　15世紀）
　世百　（リンブルク, ポル）
　全書　（ランブール　?-1416）
　大辞3　（ランブール　14・15世紀）
　大百　（ランブール　?-1416）
　デス　（ランブール, ポール）
　伝世　（ランブール, ポル　15世紀）

Limosin, Léonard I 〈16世紀〉
フランスの画家, エマイユ工芸家。主作品は『アンリ2世像』。
⇒岩ケ　（リムザン, レオナール　1505頃-1577頃）
　国小　（リモザン　1505頃-1577頃）
　西洋　（リモザン　1505頃-1577/5頃）
　世美　（リモザン, レオナール　1505-1575頃）
　百科　（リムーザン　1505頃-1577頃）

Lin, Maya 〈20世紀〉
アメリカ・オハイオ州生れの彫刻家, 建築家。
⇒華人　（リン, マヤ　1959-）

Linard, Jacques 〈17世紀〉
フランスの画家。
⇒世美(リナール, ジャック 1600頃-1645)

Lindegren, Yrjö 〈20世紀〉
フィンランドの建築家。
⇒世美(リンデグレン, ユリヨ 1900-1952)

Lindner, Richard 〈20世紀〉
ドイツ出身のアメリカの画家。代表作は『そして, イブ』(1970)。
⇒新美(リンドナー, リチャード 1901.11.11-1978.4.16)
　世美(リンドナー, リチャード 1901-1978)
　全書(リンドナー 1901-)
　二十(リンドナー, リチャード 1901.11.11-1978.4.16)

Lindsay, Norman Alfred William 〈19・20世紀〉
オーストラリアの画家, 著作家。『シドニー・ブレティン』紙の漫画家として知られる。
⇒英児(リンジー, ノーマン・アルフレッド・ウィリアム 1879-1969)
　才世(リンゼイ, ノーマン 1879-1969)
　国小(リンゼー 1879.2.23-1969.11.21)
　児作(Lindsay, Norman リンゼイ, ノーマン 1879-?)
　児文(リンゼイ, ノーマン 1879-1969)
　集世(リンジー, ノーマン 1879.2.22-1969.11.21)
　集文(リンジー, ノーマン 1879.2.22-1969.11.21)
　伝世(リンゼイ 1879.2.23-1969)
　二十(リンゼイ, ノーマン 1879-1969)
　二十英(Lindsay, Norman 1879-1969)

Lindtmayer, Daniel 〈16・17世紀〉
スイスの画家, 版画家, ステインド・グラスの下絵作家。
⇒新美(リントマイヤー, ダニエル 1552-1606頃)

Lingelbach, Johannes 〈17世紀〉
ネーデルラントの画家。1637年以来アムステルダムに住み, イタリア的な風俗画, 風景画を描いた。
⇒国小(リンヘルバハ 1622.10.10-1674.11)
　世美(リンゲルバッハ, ヨハネス 1622-1674)

Lingeri, Pietro 〈20世紀〉
イタリアの建築家。
⇒世美(リンジェーリ, ピエトロ 1894-)

Linnebach, Adolf 〈19・20世紀〉
ドイツの舞台装置家。ヴィーン, マンハイムなどの諸劇場の舞台装置に近代的技術を導入した。
⇒西洋(リンネバハ 1878.6.4-1963.1.13)

Linnell, John 〈18・19世紀〉
イギリスの画家。
⇒国小(リネル 1792.6.16-1882.1.20)

世美(リネル, ジョン 1792-1882)

Linton, William James 〈19世紀〉
イギリスの木版画家, 著述家, 社会改良家。主著『木彫の名匠たち』(1890)。
⇒国小(リントン 1812.12.7-1898.1.1)
　西洋(リントン 1812-1897)

Lionel 〈20世紀〉
フランス生れの画家。
⇒世芸(リオネル 1949-)

Lionelli, Niccolò 〈14・15世紀〉
イタリアの建築家, 金工家。
⇒世美(リオネッリ, ニッコロ 1390/1400-1462頃)

Lionne, Enrico 〈19・20世紀〉
イタリアの画家。
⇒世美(リオンネ, エンリーコ 1865-1921)

Lionni, Leo 〈20世紀〉
オランダ生れのグラフィック・デザイナー, 挿絵画家, 絵本作家。
⇒英児(Lionni, Leonard レオーニ, レナード 1910-1999)
　英文(レオーニ, レオ 1910-1999)
　子本(レオ・レオーニ 1910-)
　児イ(Lionni, Leo レオーニ, L. 1910-)
　児文(レオーニ, レオ 1910-)
　世児(リオンニ, レオ 1910-)
　二十(レオーニ, レオ 1910-)

Liotard, Jean Etienne 〈18世紀〉
スイスの画家。王侯, 貴族, 法王などの肖像画を制作。
⇒芸術(リオタール, ジャン・エティエンヌ 1702-1789)
　国小(リオタール 1702-1789)
　新美(リオタール, ジャン=エティエンヌ 1702.12.22-1789.6.12)
　西洋(リオタール 1702.12.22-1789.6.12)
　世美(リオタール, ジャン=エティエンヌ 1702-1789)
　全書(リオタール 1702-1789)
　大百(リオタール 1702-1789)

Lipchitz, Jacques 〈20世紀〉
フランス, アメリカで活躍したロシアの彫刻家。主作品は『人形のような形』(1926~30), 『母音の歌』(1931)。
⇒岩ケ(リプシッツ, ジャック 1891-1973)
　才西(リプシッツ, ジャック 1891-1973)
　外国(リプシッツ 1891-)
　広辞5(リプシッツ 1891-1973)
　広辞6(リプシッツ 1891-1973)
　国小(リプシッツ 1891.8.21-1973.5.26)
　コン3(リプシッツ 1891-1973)
　新美(リプシッツ, ジャック 1891.8.22-1973.5.28)
　人物(リプシッツ 1891.8.30-)
　西洋(リプシッツ 1891.8.30-1973.5.27)
　世芸(リプシッツ, ジャック 1891-1973)
　世西(リプシーツ 1891-)

世美（リプシッツ，ジャック　1891-1973）
世百（リプシッツ　1891-）
世百新（リプシッツ　1891-1973）
全書（リプシッツ　1891-1973）
大百（リプシッツ　1891-1973）
二十（リプシッツ，ジャック　1891.8.30(22)-1973.5.27(28)）
百科（リプシッツ　1891-1973）
ユ人（リプシッツ，ジャック　1891-1973）

Lipkind, William 〈20世紀〉
アメリカの作家，絵本作家。
⇒英児（Lipkind, William　リプキンド，ウィリアム　1904-1974）
児イ（Lipkind, William　リプキンド，W.）

Lippi, Filippino 〈15・16世紀〉
イタリアの画家。主作品『ヨアキムとアンナの出合い』(1497)。
⇒岩ケ（リッピ，フィリッピーノ　1458頃-1504）
キリ（リッピ，フィリッピーノ　1457頃-1504.4.18）
芸術（リッピ，フィリッピーノ　1457頃-1504）
広辞4（リッピ　1457頃-1504）
広辞6（リッピ　1457頃-1504）
国小（リッピ　1457頃-1504.4.18）
コン2（リッピ　1457頃-1504）
コン3（リッピ　1457頃-1504）
新美（リッピ，フィリッピーノ　1457頃-1504.4.18）
西洋（リッピ　1457/9-1504.4.18）
世美（リッピ，フィリッピーノ　1457頃-1504）
世百（リッピ（子），フィリッピーノ　1457-1504）
全書（リッピ　1457頃-1504）
大百（リッピ　1457-1504）
デス（リッピ　1457頃-1504）
百科（リッピ　1457頃-1504）

Lippi, Fra Filippo 〈15世紀〉
イタリアの画家。1442年サンクイリコ修道院長。主作品『聖母の戴冠』(1447)。
⇒岩ケ（リッピ，フラ・フィリッポ　1406頃-1469）
外国（リッピ　1406-1469）
キリ（リッピ，フィリッポ　1406頃-1469.10.9）
芸術（リッピ，フラ・フィリッポ　1406-1469）
広辞4（リッピ　1406-1469）
広辞6（リッピ　1406-1469）
国小（リッピ　1406-1469.10.8/10）
国百（リッピ，フラ・フィリッポ　1406-1469.10.8/10）
コン2（リッピ　1406頃-1469）
コン3（リッピ　1406頃-1469）
新美（リッピ，フラ・フィリッポ　1406-1469.10.9）
人物（リッピ　1406-1469.10.9）
西洋（リッピ　1406/9-1469.10.9）
世西（リッピ　1406頃-1469.10.9）
世美（リッピ，フィリッポ　1406頃-1469）
世百（リッピ（父），フラ・フィリッポ　1406-1469）
全書（リッピ　1406-1469）
大辞（リッピ　1406-1469）
大百3（リッピ　1406-1469）
大百（リッピ　1406-1469）
デス（リッピ　1406頃-1469）
伝世（リッピ　1406頃-1469）
百科（リッピ　1406頃-1469）

Lippi, Lorenzo 〈17世紀〉
イタリアの画家，詩人。
⇒世美（リッピ，ロレンツォ　1606-1665）

Lippman, Peter J. 〈20世紀〉
アメリカのイラストレーター。
⇒児イ（Lippman, Peter J.　リップマン，P.J.　1936-）

Lippo di Dalmasio Scannabecchi 〈14・15世紀〉
イタリアの画家。
⇒世美（リッポ・ディ・ダルマージオ・スカンナベッキ　1352-1421以前）

Lippold, Richard 〈20世紀〉
アメリカの彫刻家。主作品は『太陽』(1953~56)。
⇒岩ケ（リポルド，リチャード　1915-）
国小（リッポルド　1915-）
新美（リッポルド，リチャード　1915.5.3-）
世芸（リッポルド，リチャード　1915-）
世美（リッポルド，リチャード　1915-）
二十（リッポルド，リチャード　1915.5.3-）

Lips, Johann Heinrich 〈18・19世紀〉
スイスの画家，銅版画家。1500点の銅版画を作り，その中にはゲーテの肖像もある。
⇒西洋（リップス　1758.4.29-1817.5.5）

Lipton, Seymour Arthur 〈20世紀〉
アメリカの彫刻家。
⇒岩ケ（リプトン，シーモア　1903-1986）
国小（リプトン　1903-）
世美（リプトン，シーモア　1903-）

Li-Pu 〈20世紀〉
中国生れの版画家。
⇒世芸（リープ　1953-）

Lisbôa, António Francisco 〈18・19世紀〉
ブラジルの彫刻家，建築家。
⇒キリ（リズボア，アントニオ・フランシスコ　1738頃-1814.11.18）
新美（リスボア，アントーニオ・フランシスコ　1738頃-1814）
世美（リスボア，アントーニオ・フランシスコ　1730頃-1814）

Lisiewska, Anna (Dorothea) 〈18世紀〉
ドイツの画家。
⇒世女（リジエヴスカ，アンナ（ドロテア）　1721-1782）
世女日（リシエウスカ，アンナ　1721-1782）

Lisitskij, Lazar' Markovich 〈19・20世紀〉
ソ連の画家，デザイナー，建築家。El' Lisitskii

の名で知られる。
⇒岩ケ（リシツキー，エリ（ラザリ・マルコヴィチ）1890-1941）
オ西（リシツキー，エル 1890-1947）
国小（リシツキー 1890.11.10-1941）
新美（リシツキー，エル 1890.11.10(22)-1941.12.30）
西洋（リシツキー 1890.11.23-1941.12.30）
世美（リシツキー，ラーザリ・マルコヴィチ 1890-1941）
世百新（リシツキー 1890-1941）
全書（リシツキー 1890-1941）
大百（リシツキー 1890-1941）
ナビ（リシツキー 1890-1941）
二十（リシツキー，エル 1890.11.10-1941.12.30）
百科（リシツキー 1890-1941）
ロシ（リシツキー 1890-1941）

Lisowski, Gabriel 〈20世紀〉
商業画家，イラストレーター。
⇒児イ（Lisowski, Gabriel リソフスキー, G.）

Liss, Johann 〈16・17世紀〉
ドイツの画家。主作品は『聖ヒエロニムス』(1628)。
⇒国小（リス 1597頃-1629）
新美（リス，ヨーハン 1595/97頃-1629/30）
世美（リス，ヨハン 1595頃-1629）
百科（リス 1597頃-1629/30）

Lista, Stanislao 〈19・20世紀〉
イタリアの彫刻家，画家。
⇒世美（リスタ，スタニズラーオ 1824-1908）

Little, Mary E. 〈20世紀〉
アメリカの作家，画家。
⇒児作（Little, Mary E. リトル, メアリー 1912-）

Littmann, Max 〈19・20世紀〉
ドイツの建築家。ミュンヘン大学教授。劇場建築家。主作品『国立劇場（シュトゥットガルト）』。
⇒西洋（リットマン 1862.1.3-1931.9.20）

Livermore, Elaine L. 〈20世紀〉
アメリカのイラストレーター。
⇒児イ（Livermore, Elaine L. リバモア, E.L.）

Lívshits, Mikhaíl Aleksándrovich 〈20世紀〉
ロシア（ソ連）の美学者，批評家。
⇒集世（リーフシツ，ミハイル・アレクサンドロヴィチ 1905.7.23-1983.9.28）
集文（リーフシツ，ミハイル・アレクサンドロヴィチ 1905.7.23-1983.9.28）

Llanos, Fernando de los 〈16世紀〉
スペインの画家。
⇒世美（リャーノス，フェルナンド・デ・ロス（活動）16世紀前半）

Lobato, Arcadio 〈20世紀〉
スペインのイラストレーター。
⇒児作（Lobato, Arcadio ロバト, アルカディオ 1955-）

Lobban, John 〈20世紀〉
イギリスのアート・ディレクター。
⇒児作（Lobban, John ロバン, ジョン）

Lobel, Anita 〈20世紀〉
ポーランドの絵本作家，挿絵画家。
⇒英児（Lobel, Anita ローベル, アニタ 1934-）
児イ（Lobel, Anita ローベル, A. 1934-）
児文（ローベル, アニタ 1934-）
二十（ローベル, アニタ 1934-）

Lobel, Arnold 〈20世紀〉
アメリカの絵本作家，挿絵画家。
⇒英児（Lobel, Arnold ローベル, アーノルド 1933-1987）
児イ（Lobel, Arnold ローベル, A. 1933-）
児文（ローベル, アーノルド 1933-）
二十（ローベル, アーノルド 1933-1987）

Lobo, Bartasal 〈20世紀〉
スペイン生れのフランスの彫刻家。原始彫刻にみられるような力強さと単純化されたフォルムを特徴とする。
⇒国小（ロボ 1911-）
世芸（ロボ，バルタザール 1910-1979）

Locatelli, Andrea 〈18世紀〉
イタリアの画家。
⇒世美（ロカテッリ，アンドレーア 1695-1741頃）

Lochner, Stephan 〈15世紀〉
ドイツの画家。ケルン派の代表的画家。主作品はケルン大聖堂の祭壇画。
⇒岩ケ（ロヒナー，シュテファン 1400頃-1451）
キリ（ロヒナー，シュテファン 1405/15-1451）
芸術（ロッホーナ，シュテファン 1400頃-1451）
国小（ローナー 1400頃-1451）
コン2（ロヒナー 1405/15-1451）
コン3（ロヒナー 1410頃-1451）
新美（ロッホーナー，シュテファン 1400頃-1451）
西洋（ロヒナー 1405/15-1451）
世美（ロッホーナー 1410頃-1451）
世西（ロッホーナー，シュテファン 1410頃-1451）
世百（ロホナー 1410頃-1451）
全書（ロホナー 1400頃-1451）
デス（ロッホナー 1410-1451）
伝世（ロホナー 1410頃-1451）
百科（ロホナー 1410頃-1451）

Locke, Margo 〈20世紀〉
アメリカのイラストレーター。
⇒児イ（Locke, Margo ロック, M.）

Locke, Vance 〈20世紀〉
アメリカのイラストレーター。
⇒児イ（Locke, Vance ロック, V.）

Lodoli, Carlo 〈17・18世紀〉
イタリアの建築理論家。
⇒建築（ロードリ, カルロ　1690-1761）
　世美（ロードリ, カルロ　1690-1761）

Lods, Marcel 〈20世紀〉
フランスの建築家。主作品は1937年の国際博覧会の『光の祭典』など。
⇒国小（ロッツ　1891-）
　世美（ロッズ, マルセル　1891-）

Loehr, Max 〈20世紀〉
アメリカの中国美術史学者。ドイツのザクセン州生れ。中国の殷代青銅器の編年を『安陽期の青銅器様式』(1953)に発表。
⇒西洋（ラー　1903.12.4-）

Loewenstein, Bernice 〈20世紀〉
アメリカのイラストレーター。
⇒児イ（Loewenstein, Bernice　ローエンスタイン, B.）

Loewy, Raymond 〈20世紀〉
アメリカのインダストリアル・デザイナー。代表作に, たばこ『ラッキー・ストライク』(1942)など。
⇒岩ケ（ローウィ, レイモンド(・ファーナンド)　1893-1987）
　現人（ローウィ　1893.11.5-）
　新美（ローウィ, レイモンド　1893.11.5-）
　人物（ローイ　1893-）
　西洋（ローウィ　1893.11.5-）
　世芸（ローウィ, レイモンド　1893-1962）
　全書（ローイ　1893-1986）
　大百（ローイ　1893-）
　ナビ（ローウィ　1893-1986）
　二十（ローウィ, レイモンド・F.　1893.11.5-1986.7.14）

Löfgren, Ulf 〈20世紀〉
スウェーデンの画家, 絵本作家。作品は『アルビンのわくわくおてつだい』(1975)ほか多数。
⇒児イ（Löfgren, Ulf　レーフグレン, U.）
　児文（レフグレン, ウルフ　1931-）
　二十（レフグレン, ウルフ　1931-）

Lofthouse, Mary 〈19世紀〉
イギリスの画家。
⇒世女日（ロフトハウス, メアリー　1853-1885）

Loftus, Peter 〈20世紀〉
アメリカ生れの画家。
⇒世芸（ロフタス, ピーター　1948-）

Lohse, Richard Paul 〈20世紀〉
スイスの画家。
⇒世美（ローゼ, リヒャルト・パウル　1902-1971）

Loirand, Maurice 〈20世紀〉
フランス生れの画家。
⇒世芸（ロワラン, モーリス　1922-）

Lojacono, Francesco 〈19・20世紀〉
イタリアの画家。
⇒世美（ロヤーコノ, フランチェスコ　1841-1915）

Lolli, Antonio 〈16・17世紀〉
イタリアの陶工。
⇒世美（ロッリ, アントーニオ　1550頃-1619）

Lolua, Dzhemal Georgievich 〈20世紀〉
ロシアのイラストレーター。
⇒児イ（Lolua, Dzhemal Georgievich　ロルア, D.S.　1932-）

Lomazzo, Giovanni Paolo 〈16世紀〉
イタリアの画家, 著作家。ミラノの聖アゴスティーノ修道院の食堂の壁画を描いたが, 33歳で失明。
⇒芸術（ロマッツォ, ジョヴァンニ・パオロ　1538-1600）
　国小（ロマッツォ　1538.4.26-1600.2.13）
　新美（ロマッツォ, ジョヴァンニ・パオロ　1538.4.26-1600.2.13）
　西洋（ロマッツォ　1538.4.26-1600.2.13）
　世西（ロマッツォ　1538-1600）
　世美（ロマッツォ, ジョヴァンニ・パーオロ　1538-1600）
　百科（ロマッツォ　1538-1600）

Lombard, Lambert 〈16世紀〉
オランダ(フランドル)の画家, 建築家。フランドル画派の擬古的方向を確立。
⇒建築（ロンバール, ランベール　1505-1566）
　西洋（ロンバルト　1505/6-1566.8）
　世美（ロンバール, ランベール　1506-1566）
　百科（ロンバール　1505-1566）

Lombardi, Alfonso 〈15・16世紀〉
イタリアの彫刻家。
⇒世美（ロンバルディ, アルフォンソ　1497頃-1537）

Lombardo, Antonio 〈15・16世紀〉
イタリアの彫刻家, 建築家。主作品はカメリニ・アルバストロの神話などの浮彫り。
⇒国小（ロンバルド, アントニオ　1458頃-1516）
　世美（ロンバルド, アントーニオ　1458頃-1516頃）

Lombardo, Cristoforo 〈16世紀〉
イタリアの建築家, 彫刻家。
⇒世美（ロンバルド, クリストーフォロ　?-1555頃）

Lombardo, Pietro 〈15・16世紀〉
イタリアの彫刻家, 建築家。主作品はサンタ・マリア・ディ・ミラユーリ聖堂(1489)。
⇒岩ケ（ロンバルド, ピエトロ　1435頃-1515）
　建築（ロンバルド, ピエトロ　1435頃-1515）
　国小（ロンバルド, ピエトロ　1435頃-1515）
　コン2（ロンバルド　1435-1515）
　コン3（ロンバルド　1435-1515）
　新美（ロンバルド, ピエトロ　1435頃-1516.6）

西洋（ロンバルド　1435頃-1515）
世美（ロンバルド，ピエトロ　1435頃-1515）
世百（ロンバルド，ピエトロ　1435頃-1515）
全書（ロンバルド　1435-1515）

Lombardo, Tullio 〈15・16世紀〉
イタリアの彫刻家，建築家。主作品『G.ギダレリ像』(1525)。
⇒国小（ロンバルド，テュリオ　1455頃-1532）
西洋（ロンバルド　1455頃-1532）
世美（ロンバルド，トゥッリオ　1455-1532）
世百（ロンバルド，トゥリオ　1455頃-1532）

Lomi, Aurelio 〈16・17世紀〉
イタリアの画家。
⇒世美（ローミ，アウレーリオ　1556-1622）

Londonio, Francesco 〈18世紀〉
イタリアの画家，版画家。
⇒世美（ロンドーニオ，フランチェスコ　1723-1783）

Lonette, Reisie Dominee 〈20世紀〉
アメリカのイラストレーター。
⇒児イ（Lonette, Reisie Dominee　1924-1964）

Long, Richard 〈20世紀〉
イギリスのアースワーカー，彫刻家。
⇒岩ケ（ロング，リチャード　1945-）
世芸（ロング，リチャード　1945-）
全書（ロング　1945-）
二十（ロング，リチャード　1945-）
美術（ロング，リチャード　1945-）

Longanesi, Leo 〈20世紀〉
イタリアのジャーナリスト，画家。『ボルゲーゼ』など数種の雑誌を創刊。
⇒国小（ロンガネージ　1905-1957）

Longhena, Baldassare 〈16・17世紀〉
イタリアの建築家。ベネチアのバロック盛期に活躍。
⇒建築（ロンゲーナ，バルダッサーレ　1598-1682）
国小（ロンゲーナ　1598-1682.2.18）
新美（ロンゲーナ，バルダッサーレ　1598-1682.2.18）
西洋（ロンゲーナ　1598-1682.2.18）
世美（ロンゲーナ，バルダッサーレ　1598-1682）
全書（ロンゲーナ　1598-1682）
百科（ロンゲーナ　1596/99-1682）

Longhi, Alessandro 〈18・19世紀〉
イタリアの画家，銅版画家，伝記作者。風俗画家P.ロンギの子。役人，聖職者，芸術家などを描いた。
⇒国小（ロンギ　1733-1813）
新美（ロンギ，アレッサンドロ　1733-1813）
世美（ロンギ，アレッサンドロ　1733-1813）

Longhi, Giuseppe 〈18・19世紀〉
イタリアの画家，銅版画家。レオナルド・ダ・ヴィンチ等の名作の銅版複刻が多く，『ミケランジェロ伝』(1816)等の著述もある。

⇒西洋（ロンギ　1766.10.13-1831.1.2）
世美（ロンギ，ジュゼッペ　1766-1831）

Longhi, Luca 〈16世紀〉
イタリアの画家。
⇒世美（ロンギ，ルーカ　1507-1580）

Longhi, Pietro 〈18世紀〉
イタリアの風俗画家。
⇒岩ケ（ロンギ，ピエトロ　1702-1785）
芸術（ロンギ，ピエトロ　1702-1785）
国小（ロンギ　1702-1785.5.8）
コン2（ロンギ　1702-1785）
コン3（ロンギ　1702-1785）
新美（ロンギ，ピエトロ　1702-1785.5.8）
西洋（ロンギ　1702-1785.5.8）
世美（ロンギ，ピエトロ　1702-1785）
全書（ロンギ　1702-1785）
大百（ロンギ　1702-1785）
伝世（ロンギ　1702-1785.5.8）
百科（ロンギ　1702-1785）

Longhi, Roberto 〈19・20世紀〉
イタリアの美術評論家。『パラゴーネ』誌を創刊。
⇒国小（ロンギ　1890.12.28-1970.6.3）
新美（ロンギ，ロベルト　1890.12.28-1970.6.3）
西洋（ロンギ　1890.12.28-1970.6.3）
世美（ロンギ，ロベルト　1890-1970）
二十（ロンギ，ロベルト　1890.12.28-1970.6.3）

Longhi il Giovane, Martino 〈17世紀〉
イタリアの建築家。
⇒世美（ロンギ，マルティーノ（年少）　1602-1660）

Longhi il Vecchio, Martino 〈16世紀〉
イタリアの建築家。
⇒世美（ロンギ，マルティーノ（年長）　?-1591）

Longman, Everyn 〈19・20世紀〉
アメリカの彫刻家。
⇒世女日（ロングマン，イーヴリン　1874-1954）

Longo, Robert 〈20世紀〉
アメリカ生れの画家。
⇒世芸（ロンゴ，ロバート　1953-）

Longoni, Emilio 〈19・20世紀〉
イタリアの画家。
⇒世美（ロンゴーニ，エミーリオ　1859-1932）

Longuelune, Zacharias 〈17・18世紀〉
フランスの建築家。
⇒建築（ロングリュヌ，ザカリアス　1669-1748）
世美（ロングリュヌ，ザカリー　1669-1748）

Loos, Adolf 〈19・20世紀〉
オーストリアの建築家。主作品はハウス・シュタイナ(1910, ウィーン)。
⇒岩ケ（ロース，アドルフ　1870-1933）
オ西（ロース，アドルフ　1870-1933）

loote

国小（ロース　1870.12.10-1933.8.23）
コン3（ロース　1870-1933）
新美（ロース，アードルフ　1870.12.10-1933.8.22）
西洋（ロース　1870.12.10-1933.8.23）
世美（ロース，アドルフ　1870-1933）
大辞2（ロース　1870-1933）
大辞3（ロース　1870-1933）
二十（ロース，アードルフ　1870.12.10-1933.8.22）
百科（ロース　1870-1933）

Looten, Jan 〈17世紀〉
オランダの画家。
⇒世美（ローテン，ヤン　1618-1681頃）

Looy, Jacobus van 〈19・20世紀〉
オランダの小説家，画家。画家としてはアムステルダム画派に属した。
⇒集文（ローイ，ヤコブス・ファン　1855.9.12-1930.2.24）
西洋（ローイ　1855.9.12-1930.2.24）

López, Antonio 〈20世紀〉
スペインの画家。
⇒スペ（ロペス　1936-）

Lopez, Nivio Vigil 〈20世紀〉
キューバのイラストレーター。
⇒児イ（Lopez, Nivio Vigil　ロペス，N.V.　1957-）

López Aguado, Antonio 〈18・19世紀〉
スペインの建築家。
⇒建築（ロペス・アグアート，アントニオ　1764-1831）

López y Portaña, Vicente 〈18・19世紀〉
スペインの画家。カルロス3世の宮廷画家。
⇒新美（ロペス・ポルターニャ，ビセンテ　1772.9.19-1850.6.22）
西洋（ロペス・イ・ポルタニャ　1772.9.19-1850.6.22）
世美（ロペス・イ・ポルターニャ，ビセンテ　1772-1850）

Loquasto, Santo 〈20世紀〉
アメリカ生れの映画美術監督，衣裳デザイナー。
⇒世映（ロクァスト，サント　1944-）
バレ（ロカスト，サント　1944頃-）

Lorber, Stephen 〈20世紀〉
アメリカ生れの画家。
⇒世芸（ローバー，ステファン　1943-）

Lord, John Vernon 〈20世紀〉
イギリスのイラストレーター。
⇒児イ（Lord, John Vernon　ロード，J.V.　1939-）

Lorentowicz, Irena 〈20世紀〉
ポーランドのイラストレーター。

⇒児イ（Lorentowicz, Irena　1910-）

Lorentz, Brian Zichi 〈20世紀〉
イギリスの画家。
⇒世芸（ローレンツ，ブライアン・ジーチ　1952-）

Lorenzetti, Ambrogio 〈13・14世紀〉
イタリアの画家。ピエトロ・ロレンツェッティの弟。
⇒岩ケ（ロレンツェッティ，アンブロージョ　1280頃-1348頃）
芸術（ロレンツェッティ兄弟　1290?-1348?）
広辞4（ロレンツェッティ　1290頃-1348頃）
広辞6（ロレンツェッティ　1290頃-1348頃）
国小（ロレンツェッティ　1290頃-1348）
コン2（ロレンツェッティ　1300頃-1348頃）
コン3（ロレンツェッティ　1285頃-1348頃）
新美（ロレンツェッティ，アンブロージオ　1290頃?-1348?）
人物（ロレンツェッティ　1300-1348）
西洋（ロレンツェッティ　1300頃-1348頃）
世西（ロレンツェッティ　?-1348）
世美（ロレンツェッティ，アンブロージョ　1285頃-1348頃）
世百（ロレンツェッティ，アンブロジオ　?-1348?）
全書（ロレンツェッティ　1285頃-1348）
大辞（ロレンツェッティ　1290頃-1348頃）
大辞3（ロレンツェッティ　1290頃-1348頃）
大百（ロレンツェッティ　?-1348）
デス（ロレンツェッティ　?-1348頃）
伝world（ロレンツェッティ，アンブロージオ　1285頃-1348頃）
百科（ロレンツェッティ，アンブロージョ　?-1348頃）

Lorenzetti, Pietro 〈13・14世紀〉
イタリアの画家。弟のアンブロジオ・ロレンツェッティとともに1300年代のシエナ派の代表的画家。
⇒岩ケ（ロレンツェッティ，ピエトロ　1280頃-1348頃）
外国（ロレンツェッティ　1280頃-1348頃）
キリ（ロレンツェッティ，ピエートロ　1280頃-1348）
芸術（ロレンツェッティ兄弟　1280/85-1348?）
広辞4（ロレンツェッティ　1280頃-1348頃）
広辞6（ロレンツェッティ　1280頃-1348頃）
国小（ロレンツェッティ　1280頃?-1348）
コン2（ロレンツェッティ　1280頃-1348頃）
コン3（ロレンツェッティ　1280頃-1348頃）
新美（ロレンツェッティ，ピエトロ　1280/85-1348?）
人物（ロレンツェッティ　1280頃-1348）
西洋（ロレンツェッティ　1280頃-1348頃）
世西（ロレンツェッティ　1280頃-1348）
世美（ロレンツェッティ，ピエトロ　1280頃-1348）
世百（ロレンツェッティ，ピエトロ　1280?-1348?）
全書（ロレンツェッティ　1280/85-1348）
大百（ロレンツェッティ　1280頃-1348）
伝世（ロレンツェッティ，ピエトロ　1280頃-1348頃）
百科（ロレンツェッティ，ピエトロ　?-1348頃）

Lorenzi, Battista di Domenico 〈16世

紀〉
イタリアの彫刻家。
⇒世美（ロレンツィ，バッティスタ・ディ・ドメーニコ　1527頃-1594）

Lorenzi, Stoldo〈16世紀〉
イタリアの彫刻家。
⇒世美（ロレンツィ，ストルド　1534-1583）

Lorenzo, Fiorenzo di〈15・16世紀〉
イタリアの画家。ペルジーノの先駆者。『聖ペテロ・パウロならびに天使たちを従えた聖母』(1487)。
⇒国小　（ロレンツォ　1445頃-1525頃）
　コン2　（ロレンツォ　1445頃-1525頃）
　コン3　（ロレンツォ　1445頃-1525頃）
　西洋　（ロレンツォ　1445頃-1525）

Lorenzo da Bologna〈15世紀〉
イタリアの建築家。
⇒世美（ロレンツォ・ダ・ボローニャ　15世紀）

Lorenzo da Viterbo〈15世紀〉
イタリアの画家。
⇒世美（ロレンツォ・ダ・ヴィテルボ　1440頃-1476以降）

Lorenzo di Alessandro〈15・16世紀〉
イタリアの画家。
⇒世美（ロレンツォ・ディ・アレッサンドロ　?-1503以降）

Lorenzo Monaco〈14・15世紀〉
イタリアの画家。主作品『聖告』。
⇒岩ケ　（ロレンツォ　1370頃-1425頃）
　キリ　（ロレンツォ・モーナコ　1370頃-1422以降）
　芸術　（モナコ，ロレンツォ　1370-1425）
　国小　（ロレンツォ・モナコ　1370頃-1425頃）
　コン2　（ロレンツォ・モナコ　1370/1-1425）
　コン3　（ロレンツォ・モナコ　1370/1-1425）
　新美　（モーナコ，ロレンツォ　1370?-1422以後）
　西洋　（ロレンツォ・モナコ　1370頃-1425）
　世美　（ロレンツォ・モーナコ　1370/71-1422/26）
　世百　（モナコ　1370/1頃-1425?）
　百科　（モナコ　1370頃-1423頃）

Lorenzo Veneziano〈14世紀〉
イタリアの画家。
⇒世美（ロレンツォ・ヴェネツィアーノ　（記録）1356-1379）

Lorjou, Bernard〈20世紀〉
フランスの画家。大胆な線と色，壁画的構成でヒューマニスティックな庶民生活の描写を特徴とする。
⇒岩ケ　（ロルジュ，ベルナール　1908-）
　外国　（ロルジュー　1908-）
　国小　（ロルジュ　1908.9.9-）
　コン3　（ロルジュ　1908-1986）
　新美　（ロルジュ，ベルナール　1908.9.9-）
　人物　（ロルジュ　1908.9.9-）
　世芸　（ロルジウ，ベルナール　1908-1977）
　世西　（ロルジュ　1908.9.9-）
　大百　（ロルジュ　1908-）

二十　（ロルジュ，ベルナール　1908.9.9-1986.1.26）

Lorrain, Claude〈17世紀〉
フランスの画家。19世紀の外光派の先駆的存在。
⇒岩ケ　（クロード・ロラン　1600-1682）
　外国　（ローラン　1600-1682）
　芸術　（ロラン，クロード　1600-1682）
　広辞4　（ロラン　1600-1682）
　広辞6　（ロラン　1600-1682）
　国小　（ロラン　1600-1682.11.23）
　国百　（ロラン，クロード　1600-1682.11.23）
　コン2　（ロラン　1600-1682）
　コン3　（ロラン　1600-1682）
　新美　（ロラン，クロード　1600-1682.11.23）
　人物　（ロラン　1600-1682.11.23）
　西洋　（ロラン　1600-1682.11.23）
　世西　（クロード・ロラン　1600-1682）
　世西　（ローラン　1600-1682.11.23）
　世美　（ロラン，クロード　1600-1682）
　世百　（クロードロラン　1600-1682）
　全書　（ロラン　1600-1682）
　大辞　（ロラン　1600-1682）
　大辞3　（ロラン　1600-1682）
　大百　（ロラン　1600-1682）
　デス　（ロラン　1600-1682）
　伝世　（ロラン　1600-1682）
　百科　（ロラン　1600-1682）

Lorraine, Walter Henry〈20世紀〉
アメリカのイラストレーター。
⇒児イ（Lorraine, Walter Henry　ロレイン，W.H.　1929-）

Lo Savio, Francesco〈20世紀〉
イタリアの前衛美術家。
⇒世美（ロ・サーヴィオ，フランチェスコ　1935-1963）

Losch, Tilly〈20世紀〉
オーストリアのダンサー，振付家，女優，画家。
⇒世俳　（ロシュ，ティリー　1903.11.15-1975.12.24）
　バレ　（ロッシュ，ティリー　1904頃.11.15-1975.12.24）

Loscher, Sebastian〈16世紀〉
ドイツの彫刻家。
⇒世美（ロッシャー，ゼバスティアン　?-1548頃）

Losenko, Anton Pavlovich〈18世紀〉
ロシアの画家。歴史画，肖像画を描いた。
⇒芸術　（ロセンコ，アントン・パヴロヴィッチ　1737-1773）
　国小　（ロセンコ　1737-1773）
　新美　（ロセンコ，アントン・パヴロヴィッチ　1737.7.19/30-1777.11.23）

Losin, Veniamin Nikolaevich〈20世紀〉
ロシアのイラストレーター。
⇒児イ（Losin, Veniamin Nikolaevich　ローシン，V.N.　1931-）

Losj, Elena Georgievna 〈20世紀〉
ロシアのイラストレーター。
⇒児イ（Losj, Elena Georgievna ローシ, E.G. 1933–）

Lo Spagna 〈15・16世紀〉
イタリアの画家。
⇒西洋（スパーニャ 1450頃–1528）

Lot
アブラハムの弟ハランの子（創世記）。
⇒キリ（ロト）
　国小（ロト）
　コン2（ロト）
　新美（ロト）
　西洋（ロト）
　全書（ロト）
　大百（ロト）
　百科（ロト）

Loth, Johann Karl 〈17世紀〉
ドイツの画家。
⇒世美（ロート, ヨハン・カール 1632–1698）

Lotti, Lorenzo 〈15・16世紀〉
イタリアの彫刻家, 建築家。
⇒世美（ロッティ, ロレンツォ 1490–1541）

Lotto, Lorenzo 〈15・16世紀〉
イタリアの画家。主作品『聖母と聖者たち』(1516)。
⇒岩ケ（ロット, ロレンツォ 1480頃–1556）
　キリ（ロット, ロレンツォ 1480頃–1556.9.1）
　芸術（ロット, ロレンツォ 1480頃–1556）
　国小（ロット 1480頃–1556）
　コン2（ロット 1480–1556）
　コン3（ロット 1480–1556）
　新美（ロット, ロレンツォ 1480頃–1556）
　人物（ロット 1480頃–1556）
　西洋（ロット 1480頃–1556）
　世西（ロット 1480頃–1556）
　世美（ロット, ロレンツォ 1480頃–1556）
　世百（ロット 1480–1556）
　全書（ロット 1480頃–1556）
　大百（ロット 1480頃–1556）
　伝世（ロット 1480頃–1556）
　百科（ロット 1480–1556）

Loudon, Jane 〈19世紀〉
イギリスの園芸作家。
⇒世女日（ラウドン, ジェーン 1807–1858）

Loudon, John Claudius 〈18・19世紀〉
イギリスの園芸評論家, 建築家。
⇒岩ケ（ラウドン, ジョン・クローディアス 1783–1843）

Louhi, Kristina 〈20世紀〉
フィンランドのイラストレーター。
⇒児作（Louhi, Kristina ロウヒ, クリスティーナ 1950–）

Louis, Morris 〈20世紀〉
アメリカの画家。抽象表現主義を次の段階へ推し進めた作家。
⇒岩ケ（ルイス, モリス 1912–1962）
　才西（ルイス, モーリス 1912–1962）
　現人（ルイス 1912.11.28–1962.10.6）
　コン3（ルイス 1912–1962）
　新美（ルイス, モーリス 1912.11.28–1962.10.16）
　西洋（ルイス 1912.11.28–1962.9.7）
　世芸（ルイス, モーリス 1912–1962）
　世美（ルイス, モリス・バーンスタイン 1912–1962）
　全書（ルイス 1912–1962）
　二十（ルイス, モリス 1912.11.28–1962.10.16）
　美術（ルイス, モーリス 1912–1962）

Louis, Séraphine 〈19・20世紀〉
フランスの画家。1932年ベルネーム画廊の『現代のプリミティフ展』に出品。
⇒スパ（ルイ, セラフィーヌ 1864–1934）

Louis, Victor 〈18・19世紀〉
フランスの建築家。作品にブザンソンの総督官邸, ボルドーの劇場などがある。
⇒建築（ルイ, ヴィクトール 1731–1792）
　西洋（ルイ 1735–1807）

Louis XIV le Grand 〈17・18世紀〉
フランス国王(在位1643〜1715)。13世の子, 太陽王・大王。
⇒逸話（ルイ14世 1638–1715）
　岩ケ（ルイ14世 1638–1715）
　旺世（ルイ(14世) 1638–1715）
　音大（ルイ14世 1638.9.5–1715.9.1）
　外国（ルイ14世 1638–1715）
　角世（ルイ14世〔太陽王〕 1638–1715）
　キリ（ルイ14世(太陽王, 大王) 1638.9.16–1715.9.1）
　広辞4（ルイ―四世 1638–1715）
　広辞6（ルイ―四世 1638–1715）
　皇帝（ルイ14世 1638–1715）
　国小（ルイ14世 1638.9.5–1715.9.1）
　国百（ルイ14世 1638.9.5–1715.9.9）
　コン2（ルイ14世(大王, 太陽王) 1638–1715）
　コン3（ルイ14世(大王, 太陽王) 1638–1715）
　新美（ルイ十四世 1638.9.5–1715.9.1）
　人物（ルイ十四世 1638.9.5–1715.9.1）
　西洋（ルイ十四世(大王, 太陽王) 1638.9.5–1715.9.1）
　世人（ルイ14世(大王, 太陽王) 1638–1715）
　世西（ルイ十四世(大王, 太陽) 1638.9.5–1715.9.1）
　世百（ルイ14世 1638–1715）
　全書（ルイ―四世 1638–1715）
　大辞（ルイ14世 1638–1715）
　大辞3（ルイ―四世 1638–1715）
　大百（ルイ―四世 1638–1715）
　デス（ルイ14世 1638–1715）
　伝世（ルイ14世 1638.9.5–1715）
　統治（ルイ十四世,〔太陽王〕 (在位)1643–1715）
　百科（ルイ14世 1638–1715）
　評世（ルイ14世 1638–1715）
　山世（ルイ14世(太陽王) 1638–1715）
　歴史（ルイ14世 1638–1715）

Loukas 〈1世紀〉
聖人。新約聖書中ルカ福音書，使徒行伝の著者と目される人物。
⇒外国（ルカ　1世紀頃）
　キリ（ルカ）
　国小（ルカ）
　コン2（ルカ（ルカス））
　新美（ルカ）
　人物（ルカ　生没年不詳）
　西洋（ルカ）
　世西（ルカ）
　世美（ルカ（聖））
　全書（ルカ　生没年不詳）
　大辞（ルカ）
　大百（ルカ　生没年不詳）
　伝世（ルカ　1世紀頃）
　百科（ルカ　1世紀半ば）

Loup, Jean Jacques 〈20世紀〉
フランスのイラストレーター。
⇒児イ（Loup, Jean Jacques　ルー，J.J.　1936-）

Lourdet, Simon 〈17世紀〉
フランスの絨緞制作家。
⇒世美（ルールデ，シモン　?-1667）

Lourie, Eugene 〈20世紀〉
ロシア生れの映画美術監督。
⇒世映（ルリエ，ウジェーヌ　1903-1991）
　世俳（ルーリエ，ウージェーヌ　1903.4.8-1991.5.25）

Loutherbourg, Philippe Jacques de 〈18・19世紀〉
イタリアの画家。1771年ドゥルーリー・レーン劇場の舞台装置家として渡英，のちイギリスに帰化。
⇒岩ケ（ルーテルブール，フィリップ・ジェイムズ・ド　1740-1812）
　国小（ルーテルブール　1740.10.31-1812.3.11）
　新美（ラウザーバーグ，フィリップ・ジェームズ・ド　1740.11.1-1812.3.11）
　世美（ルーテルブール，ジャック＝フィリップ・ド　1740-1812）

Low, Sir David Alexander Cecil 〈20世紀〉
ニュージーランド生れのイギリスの漫画家。新聞に政治漫画や諷刺画を描いた。
⇒ロー（ロー，サー・デイヴィド（・アレグザンダー・セシル　1891-1963）
　現人（ロウ　1891.4.7-1963.9.19）
　国小（ロー　1891.4.7-1963.9.19）
　コン3（ロウ　1891-1963）
　西洋（ロー　1891.4.7-1963.9.19）
　大百（ロー　1892-1963）
　二十（ロウ，ダビッド・アレキサンダー・セシル　1891.4.7-1963.9.19）

Low, Peter 〈20世紀〉
イギリス生れの彫刻家。
⇒世芸（ロー，ピーター　1938-）

Lowe, Adam 〈20世紀〉
イギリス生れの画家。
⇒世芸（ロウ，アダム　1959-）

Lowe, Mauritius 〈18世紀〉
イギリスの画家，素描家。
⇒世美（ロー，モーリシアス　1746-1793）

Lowry, L(aurence) S(tephen) 〈19・20世紀〉
イギリスの画家。
⇒岩ケ（ラウリー，L(ローレンス)・S(スティーヴン)　1887-1976）
　世芸（ロウリー，L・S　1887-1976）

Löwy, Emmanuel 〈19・20世紀〉
オーストリアの考古学者。ギリシアの原始的および古典的彫刻を研究。
⇒西洋（レーヴィ　1857.9.1-1938.2.11）
　世美（レーヴィ，インマヌエル　1857-1938）

Loy, Mina 〈19・20世紀〉
アメリカの女性詩人，画家。
⇒オ世（ロイ，ミナ　1882-1966）
　集世（ロイ，ミナ　1882.3.27-1966.9.25）
　集文（ロイ，ミナ　1882.3.27-1966.9.25）
　女作（Loy, Mina　ロイ，ミナ　1882.12.27-1966.9.25）
　二十英（Loy, Mina (Gertrude)　1882-1966）

Lubetkin, Berthold 〈20世紀〉
イギリスの建築家。
⇒岩ケ（ルベトキン，バーソルド　1901-1990）
　世美（ルベトキン，バートールド　1901-）

Lübke, Wilhelm 〈19世紀〉
ドイツの美術史家。カルルスルーエ工業大学教授兼大公美術蒐集室管理官。
⇒西洋（リュブケ　1826.1.17-1893.4.5）

Luc, Ho 〈20世紀〉
フランス生れの画家。
⇒世芸（リュック，ホー　1960-）

Luca di Tommè 〈14世紀〉
イタリアの画家。
⇒世美（ルーカ・ディ・トンメ　（記録)1356-1389）

Lucas, Colin Anderson 〈20世紀〉
イギリスの建築家。
⇒岩ケ（ルーカス，コリン・アンダーソン　1906-）

Lucas Padilla, Eugenio 〈19世紀〉
スペインの画家。
⇒新美（ルーカス・パディーリャ，エウヘニオ　1824-1870.9.1）

Lucas van Leiden 〈15・16世紀〉
ネーデルラントの画家，版画家。主作品『最後の審判』(1526)，『東方三博士の礼拝』『盲人の治癒』。

⇒岩ケ（ルーカス，ファン・レイデン　1494-1533）
　芸術　（ルカス・ヴァン・レイデン　1494-1533）
　国小　（ルカス・ファン・ライデン　1489/94-1533）
　コン2　（ルカス・ファン・ライデン　1494-1533）
　コン3　（ルカス・ファン・ライデン　1494-1533）
　新美　（ルーカス・ファン・ライデン　1494-1533）
　西洋　（ルーカス・ファン・ライデン　1494-1533）
　世西　（ファン・レイデン　1494-1533）
　世西　（リューカス・ヴァン・ライデン　1494頃-1533）
　世美　（リューカス・ファン・レイデン　1494-1533）
　世百　（ルカスヴァンライデン　1494-1533）
　デス　（ルカス・ファン・ライデン　1494-1533）
　伝世　（リューカス　1494-1533）
　百科　（ファン・レイデン　1489/94-1533）

Luce, Maximilien 〈19・20世紀〉
フランスの画家。
⇒新美　（リュス，マクシミリアン　1858.3.13-1941.2.6）
　世美　（リュス，マクシミリアン　1858-1941）
　二十　（リュス，マクシミリアン　1858.3.13-1941.2.6）

Lucebert 〈20世紀〉
オランダの画家，詩人。
⇒世美　（リュスベール　1924-）

Lucia, St. 〈3・4世紀〉
シラクサのキリスト教殉教者，聖女。
⇒岩ケ　（聖ルキア　?-303）
　キリ　（ルチーア　?-304/3）
　国小　（ルチア　生没年不詳）
　新美　（ルチア（聖））
　聖人　（ルチア　?-304頃（?））
　世美　（ルチア（聖）　283頃-303頃）
　百科　（ルチア）

Lucie-Smith, John Edward Mackenzie 〈20世紀〉
イギリスの詩人，美術批評家。
⇒オ世　（ルーシー＝スミス，（ジョン・）エドワード（・マッケンジー）　1933-）
　集文　（ルーシー＝スミス，エドワード　1935.2.27-）
　二十英　（Lucie-Smith, (John) Edward (McKenzie)　1933-）

Lucius 〈1世紀〉
古代ローマの画家。
⇒世美　（ルキウス　（活動）1世紀）

Luckhard, Hans 〈19・20世紀〉
ドイツの建築家。主作品はベルリンのテルショー・ハウス，アレクサンドル広場（1929）。
⇒国小　（ルックハルト　1890.6.16-1954.10.12）
　西洋　（ルックハルト　1890.6.16-1954.10.12）
　世美　（ルックハルト（兄弟））

Luckhardt, Wassili 〈19・20世紀〉
ドイツの建築家。
⇒世美　（ルックハルト（兄弟））

Lucretia 〈前6世紀〉
王制期ローマの伝説的婦人。
⇒岩ケ　（ルクレティア　前6世紀）
　ギロ　（ルクレティア　?-前509頃）
　広辞6　（ルクレティア　前6世紀）
　国小　（ルクレチア）
　新美　（ルクレーティア）
　西洋　（ルクレティア　前6世紀）
　世日　（ルクレティア　?-前510）
　全書　（ルクレティア）
　百科　（ルクレティア　?-前510頃）
　ロマ　（ルクレティア）

Lüdi, Toni 〈20世紀〉
ドイツ生れの映画美術監督。
⇒世映　（リューディ，トーニ　1945-）

Ludius 〈前1世紀〉
古代ローマの画家。
⇒世美　（ルディウス　前1世紀-後1世紀）

Ludovisi, Ludovico 〈16・17世紀〉
イタリアの枢機卿で蒐集家。
⇒新美　（ルドヴィージ，ルドヴィーコ　1595頃-1632頃）

Ludwig, Heinrich 〈19世紀〉
ドイツの画家。レオナルド・ダ・ヴィンチ研究者。
⇒名著　（ルードヴィヒ　1829-1897）

Ludwig, Helen 〈20世紀〉
アメリカのイラストレーター。
⇒児イ　（Ludwig, Helen　ルードウィック, H.）

Ludwig, Johann Friedrich (Ludovice) 〈17・18世紀〉
ドイツ・バロックの建築家。
⇒建築　（ルートヴィヒ，ヨハン・フリードリヒ（ルードヴィセ（通称））　1670-1752）

Ludwig, Paula 〈20世紀〉
オーストリアの画家。
⇒世女日　（ルートヴィヒ，パウラ　1900-1974）

Lue Gim-Gong 〈19・20世紀〉
アメリカ華僑，園芸職人。
⇒華人　（ルー・ギムゴン　1858-1925）

Lufkin, Raymond H. 〈20世紀〉
アメリカのイラストレーター。
⇒児イ　（Lufkin, Raymond H.　ラフキン, R.H.　1897-）

Lugli, Giuseppe 〈19・20世紀〉
イタリアの古代ローマ地誌学者。遺構の建設年代を壁体構築法から推定する方法を確立。
⇒西洋　（ルリ　1890.7.18-1967.12.5）
　世美　（ルーリ，ジュゼッペ　1890-1967）

Lu Hong 〈20世紀〉
中国生れの現代美術家。
⇒世芸（ル・ホン 1959-）

Luini, Aurelio 〈16世紀〉
イタリアの画家。
⇒世美（ルイーニ, アウレーリオ 1530-1593）

Luini, Bernardino 〈15・16世紀〉
イタリアの画家。主作品は『バラの聖母』
(1512)。
⇒キリ（ルイーニ, ベルナルディーノ 1481頃-
  1532.7.1）
　芸術（ルイーニ, ベルナルディーノ 1481/82-
  1532）
　国小（ルイーニ 1480/5-1532）
　コン2（ルイーニ 1480/90-1532）
　コン3（ルイーニ 1480/90-1532）
　新美（ルイーニ, ベルナルディーノ 1481/-2-
  1532）
　人物（ルイーニ 1457頃-1532.7.1）
　西洋（ルイーニ 1475/85-1532.7.1）
　世西（ルイーニ 1475頃-1532）
　世美（ルイーニ, ベルナルディーノ 1480/85-
  1532）
　世百（ルイーニ 1480頃-1532）
　全書（ルイーニ 1481頃-1532）
　大百（ルイーニ 1481/2-1532）
　百科（ルイーニ 1481/82-1532頃）

Lukáts Kató 〈20世紀〉
ハンガリーの閨秀意匠家。室内装飾, 服飾, 工芸品, 化粧品などの広い分野に活躍。
⇒外国（ルカーツ 1900-）

Lukes, Rudolf 〈20世紀〉
ポーランドのイラストレーター。
⇒児イ（Lukes, Rudolf ルケシュ, R. 1923-）

Lukianos 〈2世紀〉
ギリシアの諷刺作家。旅行譚『本当の話』を著す。
⇒岩ケ（ルキアノス 117頃-180頃）
　外国（ルキアノス 120頃-200頃）
　キリ（ルキアノス（サモサタの） 120頃-180以後）
　広辞4（ルキアノス 120頃-180頃）
　国小（ルキアノス 125頃-180以後）
　国百（ルキアノス 125-180以後）
　コン2（ルキアノス 120頃-180頃）
　集文（ルキアノス 120頃-180以降）
　新美（ルーキアーノス 120頃-195頃）
　人物（ルキアノス 120頃-180頃）
　西洋（ルキアノス 120頃-180頃）
　世西（ルキアノス 125頃-180）
　世百（ルキアノス 120?-180?）
　世文（ルーキアーノス 120頃-180/195頃）
　全書（ルキアノス 120頃-180頃）
　大辞（ルキアノス 120頃-180頃）
　大百（ルキアノス 120頃-180頃）
　デス（ルキアノス 120頃-180頃）
　伝世（ルキアノス 120頃-180以後）
　百科（ルキアノス 120頃-180頃）
　名著（ルキアノス 120-180）

Luks, George Benjamin 〈19・20世紀〉
アメリカの画家。
⇒オ西（ラクス, ジョージ 1867-1933）
　新美（ラックス, ジョージ・ベンジャマン 1867.8.13-1933.10.29）
　二十（ラックス, ジョージ・ベンジャミン 1867.8.13-1933.10.29）

Luna, Juan 〈19世紀〉
フィリピンの画家。
⇒百科（ルナ 1857-1899）

Lundbye, Johan Thomas 〈19世紀〉
デンマークの画家。
⇒新美（ルンドビー, ヨハン・トマス 1818.9.1-1848.4.26）

Luongo, Aldo 〈20世紀〉
アルゼンチンの画家。
⇒世芸（ルオンゴ, アルド 1941-）

Lupton, Thomas Goff 〈18・19世紀〉
イギリスの版画家。鋼鉄版による新しい技術を試みた。
⇒国小（ラプトン 1791-1873）

Lurago, Anselmo Martino 〈18世紀〉
イタリアの建築家, 彫刻家。
⇒世美（ルラーゴ, アンセルモ・マルティーノ 1702頃-1765）

Lurago, Antonio 〈17世紀〉
イタリアの建築家, 彫刻家。
⇒世美（ルラーゴ, アントーニオ 17世紀）

Lurago, Carlo 〈17世紀〉
イタリアの建築家, 彫刻家。
⇒世美（ルラーゴ, カルロ 1618頃-1684）

Lurago, Rocco 〈16世紀〉
イタリアの建築家, 彫刻家。
⇒世美（ルラーゴ, ロッコ 1501頃-1590）

Lurçat, André 〈20世紀〉
フランスの建築家, 都市計画家。
⇒世美（リュルサ, アンドレ 1894-1970）

Lurçat, Jean 〈20世紀〉
フランスの画家。主作品は『自由』(1943)。
⇒外国（リュルサー 1892-）
　国小（リュルサ 1892.7.1-1966.1.6）
　新美（リュルサ, ジャン 1892.7.1-1966.1.6）
　人物（リュルサ 1892.7.1-）
　西洋（リュルサ 1892.7.1-1966.1.6）
　世芸（リュルサ, ジャン 1892-1966）
　世美（リュルサ, ジャン 1892-1966）
　世百（リュルサ 1892-）
　世百新（リュルサ 1892-1966）
　全書（リュルサ 1892-1966）
　大百（リュルサ 1892-1966）
　二十（リュルサ, ジャン 1892.7.1-1966.1.6）
　百科（リュルサ 1892-1966）

Lüthy, Urs 〈20世紀〉
スイスの画家。
⇒世芸（リュティ，ウルス　1947-）

Luti, Benedetto 〈17・18世紀〉
イタリアの画家，版画家。
⇒世美（ルーティ，ベネデット　1666-1724）

Lutyens, Sir Edwin Landseer 〈19・20世紀〉
イギリスの建築家，都市計画家。
⇒岩ケ（ラチェンズ，サー・エドウィン・ランシア　1869-1944）
　才西（ラッチェンス，エドウィン・ランシア　1869-1944）
　世美（ラッチェンズ，エドウィン・ランシア　1869-1944）
　二十（ラッチェンス，E.L.　1869-1944）
　百科（ラッチェンス　1869-1944）

Lützeler, Heinrich 〈20世紀〉
ドイツの美術史家，美学者。年間誌『美学および一般芸術学』を編集。主著『芸術認識の諸形式』(1924)。
⇒キリ（リュツェラー，ハインリヒ　1902.1.27-）
　国小（リュツェラー　1902.1.27-）
　西洋（リュツェラー　1902.1.27-）
　全書（リュツェラー　1902-）
　二十（リュツェラー，ハインリヒ　1902-）
　名著（リュツェラー　1902-）

Luzarches, Robert de 〈13世紀〉
フランスの工匠長。
⇒新美（リュザルシュ，ロベール・ド）

Luzzati, Emanuele 〈20世紀〉
イタリアの舞台装置家。
⇒オペ（ルッツァーティ，エマヌエーレ　1921.7.3-）
　児イ（Luzzati, Emanuele　ルザッティ，E.）

Lvov, Nikolai Aleksandrovich 〈18・19世紀〉
ロシアの詩人。建築・音楽・絵画・文学などの分野で創作活動と組織活動に才能を発揮し，近代ロシア文化の確立に貢献。
⇒集文（リヴォフ，ニコライ・アレクサンドロヴィチ　1751.3.4-1803.12.22（西暦1804.1.3））
　名詩（リヴォフ，ニコライ・アレクサンドロヴィチ　1751-1803）

Lyall, Dennis 〈20世紀〉
アメリカのイラストレーター。
⇒児イ（Lyall, Dennis　ライアル，D.）

Lydos 〈前6世紀〉
ギリシアの陶工，陶画家。
⇒新美（リュードス）
　世美（リュドス　前6世紀）

Lye, Len 〈20世紀〉
ニュージーランド生れの彫刻家，アニメイション作家。イギリス，アメリカなどで活躍。
⇒監督（ライ，レン　1901-）
　世映（ライ，レン　1901-1980）
　美術（ライ，レン　1901-）

Lykios 〈前5世紀〉
ギリシアの彫刻家。
⇒世美（リュキオス　（活動）前5世紀後半）

Lyminge, Robert 〈17世紀〉
イギリスの建築家。
⇒建築（リミンジ，ロバート　（活動）17世紀）

Lynch, Kevin 〈20世紀〉
アメリカの都市計画家，建築家。著書に『都市のイメージ』『敷地計画の技法』など。
⇒世美（リンチ，ケヴィン　1918-1984）
　ナビ（リンチ　1918-1984）

Lysippos 〈前4世紀〉
古代ギリシアの彫刻家。前4世紀後半にアルゴス・シキオニア派の代表的な作家として活躍。
⇒岩ケ（リュシッポス（シキュオンの）　前4世紀）
　外国（リュシッポス）
　角世（リュシッポス　前400/390-?）
　ギリ（リュシッポス　（活動）前360頃-315）
　ギロ（リュシッポス　前380頃-前318頃）
　芸術（リュシッポス　前4世紀）
　広辞4（リュシッポス）
　広辞6（リュシッポス　前4世紀）
　国小（リシッポス　生没年不詳）
　コン2（リュシッポス　前4世紀）
　コン3（リュシッポス　前4世紀）
　新美（リューシッポス）
　人物（リュシッポス　生没年不詳）
　西洋（リュシッポス　前4世紀）
　世西（リュシッポス　前4世紀）
　世美（リュシッポス　（活動）前4世紀後半）
　世百（リュシッポス　前4世紀）
　全書（リシッポス　生没年不詳）
　体育（リュシッポス）
　大辞（リュシッポス　前4世紀）
　大辞3（リュシッポス　前4世紀）
　大百（リュシッポス　生没年不詳）
　デス（リュシッポス　生没年不詳）
　百科（リュシッポス　前4世紀）
　評世（リシッポス　前380頃-前318頃）

Lysistratos 〈前4世紀〉
ギリシアの彫刻家。
⇒世美（リュシストラトス　前4世紀）

Lyssorgues, Guillaume de 〈16世紀〉
フランスの建築家。
⇒世美（リソルグ，ギヨーム・ド　16世紀）

【 M 】

Maas, Julie 〈20世紀〉
アメリカのイラストレーター。
⇒児イ（Maas, Julie モース, J.）

Mabusé, Jan 〈15・16世紀〉
フランドルの画家。主作品は『ネプチューンとアンフィトリテ』(1516)。
⇒岩ケ（マビューズ, ヤン　1478頃-1532頃）
　外国（マブーゼ　1470-1532）
　芸術（マビュース　1478頃-1533/36）
　芸術（マブゼ　1472-1533）
　国小（マブセ　1478頃-1532）
　コン2（マビューズ　1470頃-1532）
　コン3（マビューズ　1470頃-1532）
　新美（マビューズ　1478頃-1533/36頃）
　西洋（マビューズ　1470頃-1533/5）
　世芸（マビューズ　1478頃-1533頃）
　世百（マビューズ　1478頃-1533/4）
　全書（マビューズ　1470/80-1532）
　大百（マビューズ　1478頃-1536頃）

Macarthur-Onslow, Annette 〈20世紀〉
オーストラリアのイラストレーター。
⇒児イ（Macarthur-Onslow, Annette マッカーサー＝オンスロー, A.）

Macaulay, David 〈20世紀〉
アメリカの挿絵画家, デザイナー。
⇒児イ（Macaulay, David マコーレイ, D. 1946-）
　児文（マコーレー, デイビッド　1946-）
　二十（マコーレー, デイビッド　1946-）

Mac'avoy 〈20世紀〉
フランスの画家。
⇒世芸（マッカボイ　1909-）

McBean, Angus（Rowland） 〈20世紀〉
イギリスの舞台写真家。
⇒岩ケ（マクビーン, アンガス(・ローランド)　1904-1990）

McBey, James 〈19・20世紀〉
イギリスの画家, エッチング作家。
⇒岩ケ（マクベイ, ジェイムズ　1883-1959）

MacBryde, Robert 〈20世紀〉
イギリスの画家。
⇒岩ケ（マクブライド, ロバート　1913-1966）
　世芸（マックブライド, ロバート　1913-1982）

McCaffery, Janet 〈20世紀〉
アメリカのイラストレーター。
⇒児イ（McCaffery, Janet マッキャフェリー, J.）

McCallum, Stephen 〈20世紀〉
カナダのイラストレーター。
⇒児イ（McCallum, Stephen マッカラム, S.）

McCann, Gerald 〈20世紀〉
アメリカのイラストレーター。
⇒児イ（McCann, Gerald マキャン, G. 1916-）

McCardell, Claire 〈20世紀〉
アメリカのファッション・デザイナー。
⇒世女日（マッカーデル, クレア　1905-1958）

Maccari, Cesare 〈19・20世紀〉
イタリアの画家。
⇒世美（マッカーリ, チェーザレ　1840-1919）

Maccari, Mino 〈20世紀〉
イタリアの画家, デザイナー, 著述家。
⇒集文（マッカーリ, ミーノ　1898.11.24-1989.6.16）
　世芸（マッカーリ, ミーノ　1898-1967）
　世美（マッカーリ, ミーノ　1898-）

Maccarone, Grace 〈20世紀〉
絵本作家。
⇒児作（Maccarone, Grace マカローン, グレース）

McCartney, Linda 〈20世紀〉
イギリスの写真家。
⇒世女日（マッカートニー, リンダ　1942-1998）
　世俳（マッカートニー, リンダ　1941.9.24-1998.4.17）

Maccarucci, Bernardino 〈18世紀〉
イタリアの建築家。
⇒建築（マッカルッツィ, ベルナルディーノ　?-1798）
　世美（マッカルッチ, ベルナルディーノ　1728頃-1798）

McCay, Winsor（Zezic） 〈19・20世紀〉
アメリカの漫画家, 映画のアニメーション作家。
⇒岩ケ（マッケイ, ウィンザー(・ゼジック)　1867-1934）
　コン3（マッケイ　1867-1934）
　世映（マッケイ, ウィンザー　1869-1934）

Macchietti, Girolamo 〈16世紀〉
イタリアの画家。
⇒世美（マッキエッティ, ジローラモ　1535-1592）

MacClain, George 〈20世紀〉
アメリカのイラストレーター。
⇒児イ（MacClain, George マクレイン, G.）

McCloskey, John Robert 〈20世紀〉
アメリカの絵本作家。『かもさんおとおり』を出版し、アメリカの年間最優秀絵本賞カルデコット賞を受賞。
⇒英児（McCloskey, John Robert　マクロスキー, ジョン・ロバート　1914-）
英文（マクロスキー, ロバート　1914-2003）
子本（マックロスキー, ロバート　1914-）
児イ（McCloskey, Robert　マクロスキー, R. 1914-）
児童（マックロスキー, ロバート　1914-）
児文（マックロスキー, ロバート　1914-）
世児（マクロスキー, （ジョン・）ロバート　1914-）
全書（マックロスキー　1914-）
二十（マックロスキー, ロバート　1914-）

MacColl, Dugald Sutherland 〈19・20世紀〉
イギリスの画家, 美術史家。
⇒岩ケ（マッコール, ドゥーガルド・サザランド　1859-1948）

Mccollum, Allan 〈20世紀〉
アメリカ生れの画家, 彫刻家。
⇒世芸（マッコーラム, アラン　1944-）

McCombe, Leonard 〈20世紀〉
イギリスの写真家。
⇒世芸（マッコーム, レオナード　1924-1993）

McCone, John A. 〈20世紀〉
アメリカの建築技師, 実業家。カリフォルニア造船会社社長, 米国AEC委員長, 米国中央情報局長官。
⇒二十（マッコーン, ジョン・A. 1902-）

McCracken, John 〈20世紀〉
アメリカの美術家。
⇒美術（マックラケン, ジョン　1934-）

McCubbin, Frederick 〈19・20世紀〉
オーストラリアの風景画家。
⇒岩ケ（マッカビン, フレデリック　1855-1917）

McCullough, Kay 〈20世紀〉
カナダ生れの女性画家。
⇒世芸（マックロウ, ケイ　1926-）

McCully, Emily Arnold 〈20世紀〉
アメリカのイラストレーター。
⇒児イ（McCully, Emily Arnold　1939-）

Mccurdy, Robert 〈20世紀〉
アメリカ生れの画家, 彫刻家。
⇒世芸（マッカデイ, ロバート　1952-）

McDaniel, J.W. 〈20世紀〉
アメリカのイラストレーター。
⇒児イ（McDaniel, J.W.　マクダニエル, J.W.）

McDermott, Gerald 〈20世紀〉
アメリカの絵本作家, イラストレーター, 映画製作者。
⇒児イ（McDermott, Gerald　マクダーモット, G. 1941-）
児文（マクダーモット, ジェラルド　1941-）
二十（マクダーモット, ジェラルド　1941-）

MacDonald, Frances 〈19・20世紀〉
イギリス・スコットランドの画家。
⇒世女日（マクドナルド, フランセス　1873-1921）

MacDonald, James 〈20世紀〉
アメリカのイラストレーター。
⇒児イ（MacDonald, James　マクドナルド, J.）

MacDonald, Margaret 〈19・20世紀〉
イギリス・スコットランドの画家。
⇒世女日（マクドナルド, マーガレット　1865-1933）

McDonald, Ralph J. 〈20世紀〉
アメリカのイラストレーター。
⇒児イ（McDonald, Ralph J.　マクドナルド, R.J.）

MacDonald Wright, Stanton 〈19・20世紀〉
アメリカの画家。
⇒新美（マクドナルド＝ライト, スタントン　1890.7.8-1973.8.22）
世美（マクドナルド＝ライト, スタントン　1890-1973）
二十（マクドナルド・ライト, スタントン　1890.7.8-1973.8.22）

Mace, Ronald L. 〈20世紀〉
アメリカの建築家, デザイナー。
⇒大辞3（メース　1941-1998）

McEntee, Dorothy 〈20世紀〉
アメリカのイラストレーター。
⇒児イ（McEntee, Dorothy　マッケンティー, D. 1902-）

McEntee, Jervis 〈19世紀〉
アメリカの風景画家。
⇒西洋（マケンティー　1828-1891）

McGarrell, James 〈20世紀〉
アメリカの画家。
⇒世美（マガレル, ジェイムズ　1930-）

McGill, Donald 〈19・20世紀〉
イギリスの漫画つき葉書作家。
⇒岩ケ（マッギル, ドナルド　1875-1962）

MacGillivray, James Pittendrigh 〈19・20世紀〉
イギリスの彫刻家, 詩人。
⇒岩ケ（マッギリヴレイ, ジェイムズ・ピッテンド

リヒ 1856-1938）

McGuirk, Leslie 〈20世紀〉
アメリカのアーティスト。
⇒児作（McGuirk, Leslie マクガーク, レスリー 1960-）

Machado 〈20世紀〉
アルゼンチンの建築家。ロード・アイランド・スクール・オブ・デザイン建築学部長。
⇒二十（マカード, ルドルフォ 1942-）

Machado, Juarez 〈20世紀〉
アルゼンチンのイラストレーター。
⇒児イ（Machado, Juarez マチャード, J. 1941-）

Machetanz, Frederick 〈20世紀〉
アメリカのイラストレーター。
⇒児イ（Machetanz, Frederick 1908-）

Machiavelli, Zanobi 〈15世紀〉
イタリアの画家。
⇒世美（マキアヴェッリ, ザノービ 1418-1479）

Machuca, Pedro de 〈16世紀〉
スペインの建築家, 画家。16世紀イタリア美術の成果を最初にスペインに取入れた。
⇒芸術（マチューカ, ペードロ ?-1550）
　建築（マチューカ, ペドロ ?-1550）
　国小（マチューカ ?-1550）
　新美（マチューカ, ペドロ ?-1572）
　世美（マチューカ, ペドロ ?-1550）

McHugh, Christopher 〈20世紀〉
イギリスの画家, 作家, 美術史研究家。
⇒児作（McHugh, Christopher マクヒュー, クリストファー）

Maciachini, Carlo 〈19世紀〉
イタリアの建築家。
⇒世美（マチャキーニ, カルロ 1818-1899）

MacIlraith, William 〈20世紀〉
イギリス生れの画家。
⇒世芸（マッカイレイス, ウイリアム 1961-）

McIntire, Samuel 〈18・19世紀〉
アメリカの建築家, 工芸家。鷲や果物篭などを彫った家具は, シェラトン様式のアメリカの家具の代表例。
⇒国小（マキンタイヤー 1757.1-1811.2.6）
　伝世（マキンタイア 1757-1811.2）

MacIntyre, Elisabeth 〈20世紀〉
オーストラリアの作家, 挿絵画家。
⇒英児（Macintyre, Elisabeth マッキンタイア, エリザベス 1916-）
　児イ（MacIntyre, Elizabeth マッキンタイアー, E.）
　児作（MacIntyre, Elizabeth マッキンタイア, エリザベス）

世児（マッキンタイア, エリザベス 1916-）

McIntyre, Keith 〈20世紀〉
イギリス生れの画家。
⇒世芸（マッキンタイヤー, ケイス 1959-）

Macip, Juan Vicente 〈15・16世紀〉
スペインの画家。
⇒世美（マシップ, ファン・ビセンテ 1480頃-1550以前）

Macip, Vincente Juan 〈16世紀〉
スペインの画家。『最後の晩餐』『聖ステファノの生涯』のほか, 肖像画の作がある。
⇒キリ（マシプ, ビセンテ・ホアン 1523-1579）
　西洋（マシプ 1523頃-1579）

Mack, Heinz 〈20世紀〉
西ドイツの美術家。1965年イタリアのマルゾット賞展, 66年パリ・ビエンナーレで受賞。
⇒新美（マック, ハインツ 1931.3.8-）
　世芸（マック, ヘインツ 1931-）
　二十（マック, ハインツ 1931.3.8-）
　美術（マック, ハインツ 1931-）

Mack, M. 〈20世紀〉
オーストリアの建築家。
⇒二十（マック, マーク 1949-）

Mack, Otto Heinz 〈20世紀〉
ドイツの前衛美術家。
⇒世美（マック, オットー・ハインツ 1931-）

Mack, Stanley 〈20世紀〉
アメリカのイラストレーター。
⇒児イ（Mack, Stanley マック, S.）

MacKay, Donald 〈20世紀〉
アメリカのイラストレーター。
⇒児イ（MacKay, Donald マッケイ, D.）

Macke, August 〈19・20世紀〉
ドイツの画家。R.ドローネーとの交遊を通じオルフィスムをとり入れ, 透明な彩色による抒情的な画面を作った。
⇒岩ケ（マッケ, アウグスト 1887-1914）
　オ西（マッケ, アウグスト 1887-1914）
　キリ（マッケ, アウグスト 1887.1.3-1914.9.26）
　国小（マッケ 1887.1.3-1914.9.26）
　新美（マッケ, アウグスト 1887.1.3-1914.9.26）
　西洋（マッケ 1887.1.3-1914.9.26）
　世芸（マッケ, アウグスト 1887-1914）
　世美（マッケ, アウグスト 1887-1914）
　世百（マッケ 1887-1914）
　全書（マッケ 1887-1914）
　大百（マッケ 1887-1914）
　二十（マッケ, A. 1887.1.3-1914.9.26）

Macke, Helmut 〈20世紀〉
ドイツの画家。
⇒世美（マッケ, ヘルムート 1891-1936）

McKee, David John 〈20世紀〉
イギリスの絵本作家,挿絵画家,劇作家。
⇒英児（McKee, David John　マッキー, デイヴィッド・ジョン　1935-）
児イ（McKee, David　マッキー, D.　1935-）
児文（マッキー, デイビッド　1943-）
世児（マッキー, デイビッド(・ジョン)）
二十（マッキー, デイビッド　1935(43)-）

M Mackennal, Sir E. Bertram 〈19・20世紀〉
イギリスの彫刻家。
⇒芸術（マッケンノール, ベルトラム　1863-1931）
世芸（マッケンノール, ベルトラム　1863-1931）

MacKenzie, Garry 〈20世紀〉
アメリカのイラストレーター。
⇒児イ（MacKenzie, Garry　マッケンジー, G.　1921-）

MacKenzie, Robert Tait 〈19・20世紀〉
アメリカの体育学者。人体測定学・解剖学をもとに人体美を彫像に描写する芸術家でもあった。
⇒西洋（マケンジ　1867.5.26-1938.4.28）

McKim, Charles Follen 〈19・20世紀〉
アメリカの建築家。ローマのアメリカン・アカデミーの創立者。
⇒岩ケ（マッキム, チャールズ・フォレン　1847-1909）
国小（マッキム　1847.8.24-1909.9.14）
コン3（マッキム　1847-1909）
西洋（マキム　1847.8.24-1909.9.14）
世美（マッキム, チャールズ・フォレン　1847-1909）
伝世（マキム　1847.8.24-1909.9.14）

Mackintosh, Charles Rennie 〈19・20世紀〉
スコットランドの建築家,デザイナー,水彩画家。1904年ハネマン・ケッピー建築会社の共同経営者。主作品はグラスゴー美術学校校舎（1896〜1909）。
⇒岩ケ（マッキントッシュ, チャールズ・レニー　1868-1928）
才西（マッキントッシュ, チャールズ・レニー　1868-1928）
国小（マッキントッシュ　1868.6.7-1928.12.10）
コン2（マッキントッシュ　1868-1928）
コン3（マッキントッシュ　1868-1928）
新美（マッキントッシュ, チャールズ・レンニー　1868.1.7-1928.12.10）
人物（マッキントッシュ　1868.1.7-1928.12.10）
西洋（マキントッシュ　1868.1.7-1928.12.10）
世美（マッキントッシュ, チャールズ・レニー　1868-1928）
世百（マッキントッシュ　1868-1928）
全書（マッキントッシュ　1868-1928）
大辞（マッキントッシュ　1868-1928）
大辞2（マッキントッシュ　1868-1928）
大辞3（マッキントッシュ　1868-1928）
大百（マッキントッシュ　1868-1928）
デス（マッキントッシュ　1868-1928）
伝世（マキントッシュ　1868.6.7-1928.12.10）
ナビ（マッキントッシュ　1868-1928）
二十（マッキントッシュ, チャールズ・R.　1868.1.7-1928.12.10）
百科（マッキントッシュ　1868-1928）
歴史（マッキントッシュ　1868-1928）

Mackintosh, Margaret 〈19・20世紀〉
イギリス・スコットランドの建築家。
⇒世女日（マッキントッシュ, マーガレット　1865-1933）

Mackmurdo, Arthur Heygate 〈19・20世紀〉
イギリスの素描家,建築家。芸術家のための組織である「センチュリー・ギルド」を創立。
⇒岩ケ（マクマード, アーサー・ヘイゲイト　1851-1942）
才西（マクマード, アーサー・H.　1851-1942）
国小（マックマード　1851-1942）
新美（マックマード, アーサー　1851.12.12-1942.3.15）
世美（マックマード, アーサー・ヘイゲイト　1851-1942）
二十（マックマード, アーサー　1851.12.12-1942.3.15）

MacKnight, Ninon 〈20世紀〉
オーストラリアのイラストレーター。
⇒児イ（MacKnight, Ninon　マックナイト, N.　1908-）

Mcknight, Thomas 〈20世紀〉
アメリカ生れの画家。
⇒世芸（マックナイト, トーマス　1941-）

Mackowsky, Hans 〈19・20世紀〉
ドイツの美術史家。主著『ミケランジェロ』。
⇒名著（マコースキー　1871-1938）

Mclachlan, Edward 〈20世紀〉
デザイナー,漫画家。
⇒児イ（Mclachlan, Edward　マクラクラン, E.）

McLachlin, Steve 〈20世紀〉
アメリカのイラストレーター。
⇒児イ（McLachlin, Steve　マクラクラン, S.）

McLaughlin, Louise 〈19・20世紀〉
アメリカの陶芸家。
⇒世女日（マックローリン, ルイーズ　1847-1939）

Mclean, Bruce 〈20世紀〉
イギリス生れの画家。
⇒世芸（マックレーン, ブルース　1944-）

MacLeary, Bonnie 〈20世紀〉
アメリカの彫刻家。
⇒世女日（マクリアリー, ボニー　1892-?）

Maclise, Daniel 〈19世紀〉
アイルランドの画家,諷刺画家。諷刺画84点を

『フレーザーズ・マガジン』に発表して名声を得た。1840年王立アカデミー会員。
⇒岩ケ（マクリーズ, ダニエル　1806–1870）
　国小（マクリーズ　1806.1.25–1870.4.25）
　世美（マクライズ, ダニエル　1806–1870）

McIntyre, Kevin 〈20世紀〉
アメリカのイラストレーター。
⇒児イ（McIntyre, Kevin　マキンタイアー, K.）

McMein, Neysa 〈19・20世紀〉
アメリカの挿絵画家。
⇒世女日（マクメイン, ネイサ　1888–1949）

MacMonnies, Frederick William 〈19・20世紀〉
アメリカの彫刻家, 画家。主作品『共和国の船』,『シェークスピア立像』(1898)。
⇒オ西（マクモニーズ, フレデリック　1863–1937）
　国小（マクモニズ　1863.9.20–1937.3.27）

McMullan, James 〈20世紀〉
アメリカのイラストレーター。
⇒児イ（McMullan, James　マクマラン, J.　1934–）

McNaught, Harry 〈20世紀〉
アメリカのイラストレーター。
⇒児イ（McNaught, Harry　マクノート, H.）

McNaughton, Colin 〈20世紀〉
イギリスの絵本作家。
⇒児イ（McNaughton, Colin　マクノートン, C.）
　児作（McNaughton, Colin　マクノートン, コリン）

McPhail, David 〈20世紀〉
アメリカのイラストレーター。
⇒児イ（McPhail, David　マクフェイル, D.　1940–）

Macrino d'Alba 〈15・16世紀〉
イタリアの画家。
⇒世美（マクリーノ・ダルバ　1470頃–1510）

Madden, Don 〈20世紀〉
アメリカのイラストレーター。
⇒児イ（Madden, Don　マドン, D.）

Maddison, Kevin W. 〈20世紀〉
イギリスのイラストレーター。
⇒児イ（Maddison, Kevin W.　マディソン, K.W.）

Maderna, Carlo 〈16・17世紀〉
イタリアの建築家。1605年サン・ピエトロ大聖堂の身廊などを建造。
⇒岩ケ（マデルナ, カルロ　1556–1629）
　キリ（マデルナ(マデルノ), カルロ　1556–1629.1.30）
　建築（マデルナ, カルロ(マデルノ, カルロ　1556–1629）
　国小（マデルナ　1556–1629.1.30）
　コン2（マデルナ　1556–1629）
　コン3（マデルナ　1556–1629）
　新美（マデルナ(マデルノ), カルロ　1556–1629.1.30）
　西洋（マデルナ　1556–1629.1.30）
　世西（マデルナ　1556–1629）
　世美（マデルノ, カルロ　1556–1629）
　世百（マデルノ　1556–1629）
　全書（マデルナ　1556–1629）
　大百（マデルナ　1556–1629）
　伝世（マデルノ　1556–1629.1.30）
　百科（マデルノ　1556頃–1629）

Maderno, Stefano 〈16・17世紀〉
イタリアの彫刻家。
⇒世美（マデルノ, ステーファノ　1576–1636）

Madison, Steve 〈20世紀〉
アメリカのイラストレーター。
⇒児イ（Madison, Steve　マディソン, S.）

Madonia, Giuseppe 〈20世紀〉
イタリアの画家。
⇒世芸（マドニア, ギュセフ　1958–）

Madrazo y Agudo, José de 〈18・19世紀〉
スペインの画家。
⇒新美（マドラーソ, ホセー　1781.4.22–1859.5.8）
　世美（マドラーソ・イ・アグード, ホセ・デ　1781–1859）

Madrazo y Kuntz, Federico de 〈19世紀〉
スペインの画家。
⇒新美（マドラーソ, フェデリーコ　1815.2.19–1894.6.10）
　スペ（マドラーソ　1815–1894）
　百科（マドラーソ　1815–1894）

Maes, Nicolaes 〈17世紀〉
オランダの画家。主作品『祝福を与えるキリスト』(1654以前),『怠惰な召使』(1655)。
⇒岩ケ（マース, ニコラス　1634–1693）
　国小（マース　1634–1693）
　新美（マース, ニコラース　1632–1693.11.24）
　西洋（マース　1632.11–1693.11.24）
　世美（マース, ニコラース　1634–1693）

Maestri, Giovanni Battista 〈17世紀〉
イタリアの彫刻家, ストゥッコ装飾家。
⇒世美（マエストリ, ジョヴァンニ・バッティスタ　1660–1680）

Maestro, Giulio 〈20世紀〉
アメリカのイラストレーター。
⇒児イ（Maestro, Giulio　マエストロ, G.　1942–）

Maet, Marc 〈20世紀〉
ベルギーの画家。

Mafai, Mario 〈20世紀〉
イタリアの画家。
⇒世美（マファイ, マーリオ　1902-1965）

Maffei, Francesco 〈17世紀〉
イタリアの画家。
⇒世美（マッフェイ, フランチェスコ　1605頃-1660）

Magalashvili, Ketevina Konstantinovna 〈20世紀〉
グルジアの画家。
⇒世女日（マガラシヴィリ, ケテヴィナ　1894-1973）

Maganza, Alessandro 〈16・17世紀〉
イタリアの画家。
⇒世美（マガンツァ, アレッサンドロ　1556頃-1640）

Maganza, Giovan Battista 〈16世紀〉
イタリアの画家, 詩人。
⇒世美（マガンツァ, ジョヴァン・バッティスタ　1509-1589）

Magatti, Pier Antonio 〈17・18世紀〉
イタリアの画家。
⇒世美（マガッティ, ピエル・アントーニオ　1687-1768）

Magenta, Giovanni Ambrogio 〈16・17世紀〉
イタリアの建築家。
⇒世美（マジェンタ, ジョヴァンニ・アンブロージョ　1565-1635）

Maggi, Cesare 〈19・20世紀〉
イタリアの画家。
⇒世美（マッジ, チェーザレ　1881-1961）

Maggiolini, Giuseppe 〈18・19世紀〉
イタリアの家具制作家。
⇒建築（マッジョリーニ, ジュゼッペ　1738-1814）
　世美（マッジョリーニ, ジュゼッペ　1738-1814）

Maggiotto, Domenico 〈18世紀〉
イタリアの画家。
⇒世美（マッジョット, ドメーニコ　1713-1793）

Magini, Carlo 〈18・19世紀〉
イタリアの画家。
⇒世美（マジーニ, カルロ　1720-1806）

Magistretti, Vico (Ludovico) 〈20世紀〉
イタリアの建築家。
⇒世美（マジストレッティ, ヴィーコ（またはルドヴィーコ）　1920-）

Magius 〈10世紀〉
スペインの写本装飾画家（10世紀）。
⇒新美（マギウス）

Magnasco, Alessandro 〈17・18世紀〉
イタリアの画家。フィレンツェの宮廷に仕え, 1711～35年ミラノで活躍。
⇒芸術（マニャスコ, アレッサンドロ　1667-1749）
　国小（マニャスコ　1667-1749.3.12）
　コン2（マニャスコ　1667/77-1749）
　コン3（マニャスコ　1667/77-1749）
　新美（マニャスコ, アレッサンドロ　1667-1749.3.19）
　世美（マニャスコ, アレッサンドロ　1667-1749）
　世百（マニャスコ　1677頃-1749）
　全書（マニャスコ　1677-1749）
　大百（マニャスコ　1677-1749）
　伝世（マニャスコ　1667-1749.3.12）
　百科（マニャスコ　1667-1749）

Magnelli, Alberto 〈19・20世紀〉
イタリアの抽象画家。抽象絵画の第一人者。
⇒外国（マニェリ　1888-）
　国小（マニェリ　1888.7.1-1971.4.21）
　新美（マニェルリ, アルベルト　1888.7.1-1971.4.21）
　世美（マニェッリ, アルベルト　1888-1970）
　二十（マニェルリ, アルベルト　1888.7.1-1971.4.21）

Magni, Cesare 〈16世紀〉
イタリアの画家。
⇒世美（マーニ, チェーザレ　（活動）16世紀前半）

Magni, Pietro 〈19世紀〉
イタリアの彫刻家。
⇒世美（マーニ, ピエトロ　1816-1867）

Magnocavallo, Francesco Ottavio 〈18世紀〉
イタリアの建築家。
⇒世美（マニョカヴァッロ, フランチェスコ・オッターヴィオ　1707-1789）

Magritte, René 〈20世紀〉
ベルギーの画家。詩人P.エリュアールらと親交を結び, 新鮮な詩的イメージを創造した。主作品『眼』（1935頃）。
⇒岩ケ（マグリット, ルネ（・フランソワ・ギスラン）　1898-1967）
　才西（マグリット, ルネ　1898-1967）
　外国（マグリット　1898-）
　現人（マグリット　1898.11.21-1967.8.15）
　広辞5（マグリット　1898-1967）
　広辞6（マグリット　1898-1967）
　国大（マグリット　1898.11.21-1967.8.15）
　コン3（マグリット　1898-1967）
　新美（マグリット, ルネ　1898.11.28-1967.8.15）
　西洋（マグリット　1898.11.21-1967.8.15）
　世芸（マグリット, ルネ　1898-1967）
　世百新（マグリット　1898-1967）
　全書（マグリット　1898-1967）
　大辞2（マグリット　1898-1967）
　大辞3（マグリット　1898-1967）

大百（マグリット　1898-1967）
ナビ（マグリット　1898-1967）
二十（マグリット，ルネ　1898.11.21-1967.8.15）
百科（マグリット　1898-1967）

Magunuski, Bogdan 〈20世紀〉
ポーランドの画家。
⇒世芸（マグヌスキー，ボグダム　1952-）

Mahler, Yuval 〈20世紀〉
イスラエル生れの画家。
⇒世芸（マラー，コバル　1951-）

Mahlmeister, Susanne 〈20世紀〉
ドイツ生れの造形作家。
⇒世芸（マールマイスター，スザンナ　1952-）

Maḥmūd Mudhahhib 〈16世紀〉
ペルシアのイスラーム時代の画家。
⇒新美（マフムード，ムザッヒブ）
世東（マフムード・ムザッヒブ　生没年不詳）

Maiano, Benedetto de 〈15世紀〉
イタリアの彫刻家。兄は，建築家のジュリアーノ。
⇒芸術（マヤノ，ベネデット・ダ　1442-1497）
建築（ベネデット・ダ・マイアーノ（通称）（ベネデット・ディ・レオナルド）　1442-1497）
国小（マイアーノ　1442-1497.5.27）
新美（マイアーノ，ベネデット・ダ　1442-1497.5.24）
西洋（マヤーノ　1442-1497.5.27）
世芸（ベネデット・ダ・マヤーノ　1442-1497）
世美（ベネデット・ダ・マイアーノ　1442-1497）
全書（マヤーノ　1442-1497）
大百（マヤーノ　1442-1497）

Maillart, Robert 〈19・20世紀〉
スイスの建築技師。茸型円柱構造の創案は特に有名。主作品はタバナサ橋（1905）など。
⇒岩ケ（マヤール，ロベール　1872-1940）
才西（マイヤール，ロベール　1872-1940）
国小（マイヤール　1872.6.2-1940.5.4）
新美（マイヤール，ロベール　1872.2.6-1940.4.5）
西洋（マイヤール　1872.2.6-1940.4.5）
世美（マイヤール，ロベール　1872-1940）
世百（マイヤール　1872-1940）
全書（マイヤール　1872-1940）
大百（マイヤール　1872-1940）
ナビ（マイヤール　1872-1940）
二十（マイヤール，ロベール　1872.2.6-1940.4.5）
百科（マイヤール　1872-1940）

Maillol, Aristide 〈19・20世紀〉
フランスの彫刻家。主作品『欲望』（1905〜07）『イル・ド・フランス』（1925）。
⇒逸話（マイヨール　1861-1944）
岩ケ（マイヨール，アリスティド（・ジョゼフ・ボナヴァンテュール）　1861-1944）
旺世（マイヨール　1861-1944）
才西（マイヨール，アリスティード　1861-1944）
外国（マイヨール　1861-1944）

角世（マイヨール　1861-1944）
芸術（マイヨール，アリスティード　1861-1944）
広辞4（マイヨール　1861-1944）
広辞5（マイヨール　1861-1944）
広辞6（マイヨール　1861-1944）
国小（マイヨール　1861.12.8-1944.9.27）
国百（マイヨール，アリスティド　1861.12.8-1944.9.15）
コン2（マイヨール　1861-1944）
コン3（マイヨール　1861-1944）
新美（マイヨール，アリスティード　1861.12.8-1944.9.27）
人物（マイヨール　1861.12.25-1944.10.6）
西洋（マイヨール　1861.12.25-1944.10.6）
世芸（マイヨール，アリスティード　1861-1944）
世西（マイヨール　1861.12.25-1944.10）
世美（マイヨール，アリスティード　1861-1944）
世百（マイヨール　1861-1944）
全書（マイヨール　1861-1944）
大辞（マイヨール　1861-1944）
大辞2（マイヨール　1861-1944）
大辞3（マイヨール　1861-1944）
大百（マイヨール　1861-1944）
デス（マイヨール　1861-1944）
伝世（マイヨール　1861.12.8-1944.9.28）
ナビ（マイヨール　1861-1944）
二十（マイヨール，アリスティード　1861.12.8-1944.9.27）
百科（マイヨール　1861-1944）
評世（マイヨール　1861-1944）
山世（マイヨール　1861-1944）

Maillu, David 〈20世紀〉
ケニアの大衆小説家，出版者，画家。
⇒集世（マイルー，デイヴィッド　1939-）
集文（マイルー，デイヴィッド　1939-）
世文（マイルー，デイヴィッド　1939-）
二十英（Maillu, David　1939-）

Mainardi, Sebastiano 〈15・16世紀〉
イタリアの画家。
⇒新美（マイナルディ，セバスティアーノ　1450頃-1513.9）
西洋（マイナルディ　1460頃-1513.9）
世美（マイナルディ，セバスティアーノ　1460頃-1513）

Mainbocher 〈20世紀〉
アメリカのファッション・デザイナー。
⇒岩ケ（マンボシェ　1890頃-1976）

Maineri, Gian Francesco 〈15・16世紀〉
イタリアの画家。
⇒世美（マイネーリ，ジャン・フランチェスコ　?-1505頃）

Maini, Giovanni Battista 〈17・18世紀〉
イタリアの彫刻家。
⇒世美（マイニ，ジョヴァンニ・バッティスタ　1690-1752）

Mairet, Ethel 〈19・20世紀〉
イギリスの織物芸術家。
⇒世女日（マイレト，エセル　1872-1952）

Mair von Landshut〈15世紀〉
ドイツの画家，版画家。
⇒新美（マイアー・フォン・ランツフート）

Maitani, Lorenzo〈13・14世紀〉
イタリアの建築家，彫刻家。
⇒建築（マイターニ，ロレンツォ　1275頃-1330）
　新美（マイターニ，ロレンツォ　1275頃-1330.6）
　世美（マイターニ，ロレンツォ　1275頃-1330）

Maitland, Antony（Jasper）〈20世紀〉
イギリスの画家。
⇒児イ（Maitland, Anthony Jasper　メイトランド，A.J.）
　世児（メイトランド，アントニー（・ジャスパー）1935-）

Maître de Honoré〈13世紀〉
フランスの写本装飾画家。
⇒世美（オノレの画家　（活動）13世紀末）

Maiuri, Amedeo〈19・20世紀〉
イタリアの考古学者。イタリア古典文化協会総裁。ポンペイ，ヘルクラネウム調査の指導者。
⇒新美（マイウーリ，アメディオ　1886.1.7-1963.4.7）
　西美（マイウーリ　1886.1.7-1963.4.7）
　世美（マイウーリ，アメデーオ　1886-1963）
　二十（マイウーリ，アメディオ　1886.1.7-1963.4.7）
　名著（マイウーリ　1886-）

Majani, Augusto〈19・20世紀〉
イタリアの画家，版画家，カリカチュア画家。
⇒世美（マイアーニ，アウグスト　1867-1959）

Majofis, Mikhail Solomonovich〈20世紀〉
ロシアのイラストレーター。
⇒児イ（Majofis, Mikhail Solomonovich　マイオフィス，M.S.　1939-）

Majorelle, Louis〈19・20世紀〉
フランスの家具作家。アール・ヌーボー様式を代表する一人。
⇒新美（マジョレル，ルイ　1859-1926）
　二十（マジョレル，ルイ　1859-1926）
　百科（マジョレル　1859-1926）

Makart, Hans〈19世紀〉
オーストリアの画家。1870年ウィーン・アカデミーの教授。主作品『アリアドネの勝利』(1873)。
⇒芸術（マカルト，ハンス　1840-1884）
　国小（マカルト　1840.5.29-1884.10.3）
　新美（マカルト，ハンス　1840.5.29-1884.10.3）
　西美（マーカルト　1840.5.29-1888.10.3）
　世美（マカルト，ハンス　1840-1884）

Makaveeva, Galina Aleksandrovna〈20世紀〉
ロシアのイラストレーター。
⇒児イ（Makaveeva, Galina Aleksandrovna　マカヴェーエヴァ，G.A.　1936-）

Makk Americo〈20世紀〉
ハンガリーの現代美術家。
⇒世芸（マック，アメリコ　?-）

Makovecz Imre〈20世紀〉
ハンガリーの建築家。ハンガリー国立都市計画研究所設計課長。
⇒二十（マコヴェッツ，イムレ　1935-）

Makovskii, Konstantin Egorovich〈19・20世紀〉
ロシアの画家。庶民生活のほか，歴史画や肖像画をも描いた。
⇒西洋（マコーフスキー　1839.7.2-1915.9.30）

Makovskii, Sergei Konstantinovich〈19・20世紀〉
ロシアの詩人，美術評論家。評論『ロシアの芸術家のシルエット』や詩集『森で』などを著した。父は画家のコンスタンチン・マコフスキー。文芸美術雑誌『アポロン』を創刊。
⇒集世（マコフスキー，セルゲイ・コンスタンチノヴィチ　1877.8.15-1962.5.13）
　集文（マコフスキー，セルゲイ・コンスタンチノヴィチ　1877.8.15-1962.5.13）

Makovskii, Vladimir Egorovich〈19・20世紀〉
ロシアの画家。すぐれた風俗画家。その作品には機知とユーモアがある。
⇒芸術（マコフスキー，ウラディミール・エゴロヴィッチ　1846-1920）
　新美（マコフスキー，ウラジーミル　1846.1.26(2.7)-1920.2.21）
　西洋（マコーフスキー　1846-1920）
　世芸（マコフスキー，ウラディミール・エゴロヴィチ　1846-1920）
　世美（マコーフスキー，ヴラディーミル・エゴロヴィチ　1846-1920）
　二十（マコフスキー，ウラジーミル　1846.1.26(2.7)-1920.2.21）

Makron〈前5世紀〉
古代ギリシアの陶画家。
⇒新美（マクローン）

Makunajte, Aljbina Iono〈20世紀〉
ロシアのイラストレーター。
⇒児イ（Makunajte, Aljbina Iono　マクナイチェ，A.I.　1926-）

Malatesta, Adeodato〈19世紀〉
イタリアの画家，彫刻家。
⇒世美（マラテスタ，アデオダート　1806-1891）

Malbone, Edward Greene〈18・19世紀〉
アメリカのミニアチュール画家。17歳の時にプロビデンスで独立，ニューポートなどで活躍。

⇒国小（マルボーン 1777.8-1805.5.7）

Maldonado, Tomás 〈20世紀〉
アルゼンチンのデザイナー, 批評家。
⇒世美（マルドナード, トマス 1922-）

Mâle, Émile 〈19・20世紀〉
フランスの美術史家。1925年ローマ・アカデミー校長, 27年アカデミー会員。主著『中世末期の宗教美術』(1908)。
⇒オ西（マール, エミール 1862-1954）
　キリ（マール, エミール 1862.6.2-1954.10.6）
　広辞4（マール 1862-1954）
　広辞5（マール 1862-1954）
　広辞6（マール 1862-1954）
　国小（マール 1862.6.2-1954.10.6）
　コン2（マール 1862-1954）
　コン3（マール 1862-1954）
　新美（マール, エミール 1862.6.2-1954.10.6）
　西洋（マール 1862.6.2-1954.10.6）
　世宗（マール 1862-1954）
　世美（マール, エミール 1862-1954）
　二十（マール, エミール 1962.6.2-1954.10.6）
　百科（マール 1862-1954）
　名著（マール 1862-1954）

Malerba, Gian Emilio 〈19・20世紀〉
イタリアの画家。
⇒世美（マレルバ, ジャン・エミーリオ 1880-1926）

Malevich, Kazimir Severinovich 〈19・20世紀〉
ソ連の画家。1913年幾何学的抽象絵画運動シュプレマティズムを提唱。主作品『白い背景のなかの白い四角』。
⇒岩ケ（マレーヴィチ, カジミール（・セヴェリノヴィチ）1878-1935）
　オ西（マレーヴィチ, カジミール・セヴェリノヴィッチ 1878-1935）
　外国（マレーヴィッチ 1878-1935）
　キリ（マレーヴィチ, カジミール・セヴェリーノヴィチ 1878.2.11-1935.5.15）
　芸術（マレーヴィチ, カシミル 1878-1935）
　広辞4（マレーヴィチ 1878-1935）
　広辞5（マレーヴィチ 1878-1935）
　広辞6（マレーヴィチ 1878-1935）
　国小（マーレビッチ 1878.2.11-1935）
　コン2（マレーヴィチ 1878-1935）
　コン3（マレーヴィチ 1878-1935）
　集文（マレーヴィチ, カジミール・セヴェリノヴィチ 1878.2.11-1935.5.15）
　新美（マレーヴィチ, カシミル 1878.2.11(23)-1935.5.15）
　人物（マレービッチ 1878-1935）
　西洋（マレーヴィチ 1878-1935）
　世芸（マレーヴィチ, カシミル 1878-1935）
　世西（マーレヴィッチ 1878-1935）
　世美（マレーヴィチ, カジミル・セヴェリノヴィチ 1878-1935）
　世百（マレヴィチ 1878-1935）
　全書（マレーヴィチ 1878-1935）
　大辞（マレービッチ 1878-1935）
　大辞2（マレービッチ 1878-1935）
　大辞3（マレービッチ 1878-1935）
　大百（マーレビッチ 1878-1935）

デス（マーレビチ 1878-1935）
伝世（マレーヴィチ 1878.2.11-1935）
ナビ（マレービチ 1878-1935）
二十（マレーヴィチ, カジミール 1878.2.11-1935.5.15）
百科（マレービチ 1878-1935）
ロシ（マレーヴィチ 1878-1935）

Malfraye, Charles 〈19・20世紀〉
フランスの彫刻家。
⇒世芸（マルフレー, シャルル 1887-1940）

Malhoa, José 〈19・20世紀〉
ポルトガルの画家。
⇒スペ（マリョーア 1855-1933）

Malich, Karel 〈20世紀〉
チェコの彫刻家, 版画家。
⇒美術（マリッヒ, カレル 1924-）

Malig, Emma 〈20世紀〉
チリ生れの画家。
⇒世芸（マリグ, エマ 1960-）

Malina, Frank 〈20世紀〉
アメリカの美術家。
⇒世美（マリーナ, フランク 1912-）
　美術（マリナ, フランク 1912-）

Mallet, Jean-Baptiste 〈18・19世紀〉
フランスの画家, 版画家。
⇒世美（マレ, ジャン=バティスト 1759-1835）

Mallet-Stevens, Robert 〈19・20世紀〉
フランスの建築家。
⇒世美（マレ=ステヴァンス, ロベール 1886-1945）

Mallowan, Sir Max Edgar Lucien 〈20世紀〉
イギリスの考古学者。イラクの大英考古学院院長（1947～53）としてニムルッドの発掘に従事。
⇒岩ケ（マローアン, サー・マックス（・エドガー・リューシャン）1904-1978）
　新美（マロワン, マックス 1904-1978.8.19）
　西洋（マローアン 1904-1978.8.19）
　二十（マロワン, マックス・E.L. 1904-1978.8.19）

Malouel, Jean 〈14・15世紀〉
フランスの画家。
⇒世美（マルエル, ジャン ?-1415）

Malraux, André 〈20世紀〉
フランスの小説家, 政治家。中国革命運動の体験を『征服者』(1928), 『王道』(1930)に描いた。『人間の条件』でゴルクール賞受賞(1933)。
⇒逸話（マルロー 1901-1976）
　岩ケ（マルロー, アンドレ（・ジョルジュ）1901-1976）
　岩哲（マルロー 1901-1976）
　旺世（アンドレ=マルロー 1901-1976）

才西（マルロー，アンドレ 1901-1976）
外国（マルロー 1895-）
角世（マルロー 1901-1976）
監督（マルロー，アンドレ 1901.11.3-）
キリ（マルロー，アンドレー 1901.11.3-1976.11.23）
現人（マルロー 1901.11.3-1976.11.23）
広辞5（マルロー 1901-1976）
広辞6（マルロー 1901-1976）
国小（マルロー 1901.11.3-1976.11.23）
国百（マルロー，アンドレ 1901.11.3-1976.11.23）
コン3（マルロー 1901-1976）
最世（マルロー，アンドレ 1901-1976）
思想（マルロー，（ジョルジュ=）アンドレ 1901-1976）
集世（マルロー，アンドレ 1901.11.3-1976.11.23）
集文（マルロー，アンドレー 1901.11.3-1976.11.23）
新美（マルロー，アンドレ 1901.11.3-1976.11.23）
人物（マルロー 1901.11.3-）
西洋（マルロー 1901.11.3-1976.11.23）
世映（マルロー，アンドレ 1901-1976）
世人（マルロー 1901-1976）
世政（マルロー，アンドレ 1901.11.3-1976.11.23）
世西（マルロー 1901.11.3-）
世百（マルロー 1901-）
世百新（マルロー 1901-1976）
世文（マルロー，アンドレ 1901-1976）
全書（マルロー 1901-1976）
大辞2（マルロー 1901-1976）
大辞3（マルロー 1901-1976）
大百（マルロー 1901-1976）
伝世（マルロー 1901.11.3-1976）
ナビ（マルロー 1901-1976）
二十（マルロー，アンドレ 1901.11.3-1976.11.23）
百科（マルロー 1901-1976）
名著（マルロー 1901-）
山世（マルロー 1901-1976）
歴史（マルロー 1901-1976）

Malvasia, Carlo Cesare 〈17世紀〉
イタリアの美術史家。
⇒世美（マルヴァジーア，カルロ・チェーザレ 1616-1693）

Malvern, Corinne 〈20世紀〉
アメリカのイラストレーター。
⇒児イ（Malvern, Corinne モーヴァン, C.）

Malyavin, Filipp Andreevich 〈19・20世紀〉
ソ連(ロシア)の画家。
⇒全書（マリャービン 1869-1940）
二十（マリャービン，フィリップ 1869-1940）

Mambor, Renato 〈20世紀〉
イタリアの前衛美術家。
⇒世美（マンボル，レナート 1936-）

Mammen, Jeanne 〈19・20世紀〉
ドイツの画家。

⇒世女日（マメン，ジャンヌ 1890-1976）

Mancadan, Jacobus Sibrandi 〈17世紀〉
オランダの画家。
⇒世美（マンカダン，ヤコブス・シブランディ 1602頃-1680）

Mancini, Antonio 〈19・20世紀〉
イタリアの画家。
⇒新美（マンチーニ，アントーニオ 1852.11.14-1930.12.28）
世美（マンチーニ，アントーニオ 1852-1930）
二十（マンチーニ，アントーニオ 1852.11.14-1930.12.28）

Mancini, Domenico 〈16世紀〉
イタリアの画家。
⇒世美（マンチーニ，ドメーニコ （活動)16世紀前半）

Mancini, Francesco 〈17・18世紀〉
イタリアの画家。
⇒世美（マンチーニ，フランチェスコ 1694頃-1758）

Mancini, Giulio 〈16・17世紀〉
イタリアの美術史家。
⇒世美（マンチーニ，ジューリオ 1558-1630）

Mander, Karel van 〈16・17世紀〉
オランダの画家，詩人，美術史家。美術アカデミーを創立，著作に『画家評伝』(1604)。
⇒キリ（マンデル，カレル・ヴァン 1548-1606.9.2）
芸術（マンデル，カレル・ヴァン 1548-1606）
国小（マンデル 1548-1606.9.2）
コン2（マンデル 1548-1606）
コン3（マンデル 1548-1606）
新美（マンデル，カレル・ファン 1548-1606.9.2）
西洋（マンデル 1548.5-1606.9.2）
世西（マンデル 1548-1606）
世美（ファン・マンデル，カーレル 1548-1606）
百科（ファン・マンデル 1548-1606）

Mandiargues, Bona de 〈20世紀〉
イタリア生れの画家。
⇒スパ（マンディアルグ，ボナ・ド 1926-）

Mané-Katz 〈20世紀〉
ロシア出身のフランスの画家。
⇒世美（マネ=カッツ 1894-1962）
ユ人（マン・カッツ 1894-1962）

Mánes, Josef 〈19世紀〉
チェコの画家。
⇒コン2（マーネス 1820-1871）
コン3（マーネス 1820-1871）
西洋（マーネス 1820.5.12-1871.12.9）

Manessier, Alfred 〈20世紀〉
フランスの画家。宗教的雰囲気をもつ画風を確

立, 現代フランス抽象絵画の代表的画家.
⇒キリ（マネシエ, アルフレド　1911.12.5-）
国小（マネシエ　1911.12.5-）
コン3（マネシエ　1911-1993）
新美（マネシエ, アルフレッド　1911.12.5-）
世芸（マネシエ, アルフレッド　1911-）
世美（マネシエ, アルフレッド　1911-）
世百（マネシエ　1911-）
全書（マネシエ　1911-）
大百（マネシエ　1911-）
二十（マネシエ, アルフレッド　1911.12.5-1993.8.1）

Manet, Édouard 〈19世紀〉
フランスの画家. 主作品『草上の食事』(1862～63),『オランピア』(1863).
⇒逸話（マネ　1832-1883）
岩ケ（マネ, エドゥアール　1832-1883）
旺世（マネ　1832-1883）
外国（マネー　1832-1883）
角世（マネ　1832-1883）
芸術（マネ, エドゥアール　1832-1883）
広辞4（マネ　1832-1883）
広辞6（マネ　1832-1883）
国小（マネ　1832.1.23-1883.4.30）
国百（マネ, エドゥアール　1832.1.23-1883.4.30）
コン2（マネ　1832-1883）
コン3（マネ　1832-1883）
新美（マネ, エドゥワール　1832.1.23-1883.4.30）
人物（マネ　1832.1.23-1883.4.30）
西洋（マネ　1832.1.23-1883.4.30）
世人（マネ　1832-1883）
世西（マネ　1832.1.23-1883.4.30）
世美（マネ, エドゥアール　1832-1883）
世百（マネ　1832-1883）
全書（マネ　1832-1883）
大辞（マネ　1832-1883）
大辞3（マネ　1832-1883）
大百（マネ　1832-1883）
デス（マネ　1832-1883）
伝世（マネ　1832.1.23-1883.4.30）
百科（マネ　1832-1883）
評世（マネー　1832-1883）
山世（マネ　1832-1883）
歴史（マネ　1832-1883）

Manetho 〈前3世紀頃〉
古代エジプト, ヘリオポリスの神官, 歴史家. ギリシア語で『エジプト誌』を著す.
⇒岩ケ（マネトン　(活躍)前300頃）
旺世（マネトン　生没年不詳）
角世（マネト　生没年不詳）
キリ（マネト　前4世紀後半-前3世紀前半）
ギリ（マネトン　(活動)前280頃-260）
ギロ（マネト　前3世紀）
国小（マネトー）
コン2（マネトン　前3世紀）
コン3（マネトン　前3世紀）
集世（マネトー　前3世紀）
集文（マネトー　前3世紀）
新美（マネトー）
西洋（マネトン）
世百（マネトー　生没年不詳）
全書（マネトー　生没年不詳）
大百（マネトー　生没年不詳）

百科（マネトン　生没年不詳）
名著（マネトン　前3世紀）
山世（マネト　前3世紀）

Manetti, Antonio di Tuccio 〈15世紀〉
イタリアの建築家, 彫刻家.
⇒集文（マネッティ, アントーニオ・ディ・トゥッチョ　1423.7.6-1497.5.26）
世美（マネッティ, アントーニオ　1423-1497）

Manetti, Rutilio 〈16・17世紀〉
イタリアの画家.
⇒世美（マネッティ, ルティーリオ　1571-1639）

Manfredi, Bartolomeo 〈16・17世紀〉
イタリアの画家.
⇒新美（マンフレーディ, バルトロメーオ　1580頃-1620/21）
世美（マンフレーディ, バルトロメーオ　1586頃-1620頃）

Manfredino d'Alberto 〈13世紀〉
イタリアの画家.
⇒世美（マンフレディーノ・ダルベルト　13世紀）

Mangiarotti, Angelo 〈20世紀〉
イタリアの建築家.
⇒世美（マンジャロッティ, アンジェロ　1921-）

Mango, Robert 〈20世紀〉
アメリカの画家.
⇒世芸（マンゴ, ロバート　1951-）

Mangold, Robert Peter 〈20世紀〉
アメリカの画家.
⇒世芸（マンゴールド, ロバート　1937-）
二十（マンゴールド, ロバート・ピーター　1937-）

Mangone, Fabio 〈16・17世紀〉
イタリアの建築家.
⇒世美（マンゴーネ, ファービオ　1587-1629）

Manguin, Henri Charles 〈19・20世紀〉
フランスの画家. 主作品『傘をもつ女』(1906).
⇒芸術（マンギュアン, アンリ・シャルル　1874-1950）
国小（マンギャン　1874-1950）
新美（マンギャン, アンリ　1874.3.23-1943.12.25）
人物（マンギャン　1874.3.32-1943.12.25）
世芸（マンギュアン, アンリ・シャルル　1874-1950）
世西（マンギャン　1874-1950）
世美（マンギャン, アンリ　1874-1943）
全書（マンギャン　1874-1942）
大百（マンギャン　1874-1949）
二十（マンギャン, アンリ・チャールズ　1874.3.23-1943.12.25）

Maništusu 〈前23世紀〉
バビロニアのアッカド王朝の王（在位前2346～31）.

⇒皇帝（マンイシュトゥシュ ?-前2260頃）
コン2（マンイシュトゥス）
コン3（マンイシュトゥス 生没年不詳）
新美・（マニイシュトゥス）
西洋（マンイシュトゥス(マニシュトゥス)）
統治（マニシュトゥシュ〔マンイシュトゥス〕
（在位）前2269-2255）

Manizer, Matvei Genrihovitch 〈20世紀〉
ロシアの彫刻家。
⇒世芸（マニーゼル, マトヴェイ・ゲンリホーヴィッ
チ 1891-1960）
二十（マーニゼル, マトヴェイ 1881.3.16-
1966.12.20）

Mankowitz, (Cyril) Wolf 〈20世紀〉
イギリスの作家, 劇作家, 骨董品屋。
⇒岩ケ（マンコヴィツ, （シリル・）ウルフ 1924-）

Mann, Cathleen 〈20世紀〉
イギリスの画家。
⇒世女日（マン, カスリーン 1896-1959）

Manno, Antonio 〈18・19世紀〉
イタリアの画家。
⇒世美（マンノ, アントーニオ 1739-1831）

Mannucci, Edgardo 〈20世紀〉
イタリアの彫刻家, 金工家。
⇒世美（マンヌッチ, エドガルド 1904-）

Manōhar Dās 〈17世紀〉
イスラム＝インドの画家。ムガール王朝のジャハーンギール王に仕え, イスラム＝ペルシア様式の密画を多く描いた。
⇒外国（マノーハル・ダース）

Manolo 〈19・20世紀〉
スペインの彫刻家。
⇒世美（マノーロ 1872-1945）

Manoukian, Claude 〈20世紀〉
フランスの画家。
⇒世芸（マヌキアン, クロード 1936-）

Mansart, François 〈16・17世紀〉
フランスの建築家。主作品, メゾン・ラフィット（1642-51）。
⇒岩ケ（マンサール, フランソワ 1598-1666）
外国（マンサール 1598-1666）
建築（マンサール, フランソワ 1598-1666）
国小（マンサール 1598.1.13-1666.9）
国百（マンサール, フランソア 1598.1.13-1666.9）
コン2（マンサール 1598-1666）
コン3（マンサール 1598-1666）
新美（マンサール, フランソワ 1598.1.23-1666.9.23）
西洋（マンサール 1598.1.23-1666.9.23）
世西（マンサール 1598-1666）
世美（マンサール, フランソワ 1598-1666）
世百（マンサール 1598-1666）
全書（マンサール 1598-1666）
大辞（マンサール 1598-1666）
大辞3（マンサール 1598-1666）
大百（マンサール 1598-1666）
伝世（マンサール, F. 1598.1.13-1666.9.3）
百科（マンサール 1598-1666）

Mansart, Jules Hardouin 〈17・18世紀〉
フランスの建築家。1678年宮廷の首席建築家としてベルサイユ宮殿の拡大造営を指揮, 設計。
⇒岩ケ（マンサール, ジュール・アルドゥアン 1645-1708）
外国（マンサール 1646-1708）
角世（マンサール 1646-1708）
キリ（アルドワン-マンサール, ジュール 1646.4.16-1708.5.11）
建築（アルドアン=マンサール, ジュール 1646-1708）
国小（マンサール 1644.4.16頃-1708.5.11）
国百（マンサール, ジュール・アルドゥアン 1646.4.16頃-1708.5.11）
コン2（マンサール 1646-1708）
コン3（マンサール 1646-1708）
新美（アルドゥアン=マンサール, ジュール 1646.4.16-1708.5.11）
人物（マンサール 1646.4.16-1708.5.11）
西洋（マンサール 1646.4.16-1708.5.11）
世西（マンサール 1646.4.16-1708.5.11）
世美（アルドゥアン=マンサール, ジュール 1646-1708）
世百（マンサール 1646-1708）
全書（マンサール 1646-1708）
大百（マンサール 1646-1708）
デス（マンサール 1646-1708）
伝世（マンサール, J.H. 1646.4-1708.5.11）
百科（マンサール 1646-1708）
評世（マンサール 1646-1708）

Manser, Albert 〈20世紀〉
スイスのイラストレーター。
⇒児イ（Manser, Albert マンゼル, A. 1937-）

Manship, Paul 〈19・20世紀〉
アメリカの彫刻家。1948年以降アメリカン・アカデミー会長。主作品『プロメテウスの噴水』（1934）。
⇒岩ケ（マンシップ, ポール(・ハワード) 1885-1966）
国小（マンシップ 1885.12.25-1966.1.31）

Mansour, Kordbacheh 〈20世紀〉
イラン出身の洋画家。
⇒世芸（コルドバッチェ, マンスール 1964-）

Mansueti, Giovanni di Niccolò 〈15・16世紀〉
イタリアの画家。
⇒世美（マンスエーティ, ジョヴァンニ・ディ・ニッコロ （記録）1480頃-1527/28）

Mansur 〈17世紀〉
インド宮廷画家(17世紀)。ミニアチュール画家で, 主要作品『鷹』(19項)。

⇒国小（マンシュール　生没年不詳）
　新美（マンスール）

Mansurov, Pavel Andreevich 〈20世紀〉
ソヴィエトの画家。
⇒世美（マンスーロフ, パーヴェル・アンドレエヴィチ　1896–1983）

Mantegazza, Antonio 〈15世紀〉
イタリアの彫刻家。
⇒芸術（マンテガッツァ, アントニオ　?–1483）
　新美（マンテガッツァ, アントニーオ　?–1495）
　世美（マンテガッツァ, アントニーオ　?–1495）

Mantegazza, Cristoforo 〈15世紀〉
イタリアの彫刻家。
⇒世美（マンテガッツァ, クリストーフォロ　?–1482）

Mantegna, Andrea 〈15・16世紀〉
イタリアの画家。1495～6年『勝利の聖母』を制作。主作品『死せるキリスト』。
⇒岩ケ（マンテーニャ, アンドレア　1431頃–1506）
　外国（マンテーニャ　1431–1506）
　キリ（マンテーニャ, アンドレーア　1431–1506.9.13）
　芸術（マンテーニャ, アンドレア　1431–1506）
　広辞4（マンテーニャ　1431–1506）
　広辞6（マンテーニャ　1431–1506）
　国小（マンテーニャ　1431–1506.9.13）
　国百（マンテーニャ, アンドレア　1431–1506.9.13）
　コン2（マンテーニャ　1431–1506）
　コン3（マンテーニャ　1431–1506）
　新美（マンテーニャ, アンドレーア　1431–1506.9.13）
　人物（マンテーニャ　1431–1506.9.13）
　西洋（マンテーニャ　1431頃–1506.9.13）
　世美（マンテーニャ　1431–1506.9.13）
　世美（マンテーニャ, アンドレーア　1430/31–1506）
　世百（マンテーニャ　1431–1506）
　全書（マンテーニャ　1431–1506）
　大辞（マンテーニャ　1431–1506）
　大辞3（マンテーニャ　1431–1506）
　大百（マンテーニャ　1431–1506）
　デス（マンテーニャ　1431–1506）
　伝世（マンテーニャ　1431–1506.9.13）
　百科（マンテーニャ　1431–1506）

Manuel, Niklaus 〈15・16世紀〉
スイスの画家, 著述家, 政治家。『賢い娘と愚かな娘』(1518),『免罪符商人』(1526)などを著す。
⇒岩ケ（マヌエル, ニコラウス　1484–1530）
　キリ（マーヌエル, ニークラウス　1484頃–1530）
　芸術（マヌエル, ニクラウス　1484頃–1530）
　国小（マヌエル　1484–1530.4.28）
　新美（マーヌエル, ニコラウス　1484頃–1530.4）
　西洋（マヌエル　1484頃–1530.4.28）
　世美（マーヌエル, ニコラウス　1484頃–1530）
　百科（マヌエル　1484–1530）

Manuelli, Colombo 〈20世紀〉
イタリアの前衛美術家。
⇒世美（マヌエッリ, コロンボ　1931–）

Manzoni, Piero 〈20世紀〉
イタリアの美術家。短期間に, その後の現代美術の動向を先取りするかのような急進的な仕事を展開した。
⇒オ西（マンゾーニ, ピエロ　1933–1963）
　現人（マンツォーニ　1933.7.13–）
　新美（マンゾーニ, ピエロ　1933.7.13–1963.2.6）
　世美（マンゾーニ, ピエトロ　1933–1963）
　二十（マンゾーニ, ピエロ　1933.7.13–1963.2.6）
　美術（マンゾーニ, ピエロ　1934–1963）

Manzù, Giacomo 〈20世紀〉
イタリアの彫刻家。宗教に関係した作品が多く, ザルツブルクの大聖堂(1958), サン・ピエトロ寺院(1963)の扉のレリーフは有名。
⇒岩ケ（マンズー, ジャコモ　1908–1991）
　オ西（マンズー, ジャコモ　1908–）
　現人（マンズー　1908.12.22–）
　広辞5（マンズー　1908–1991）
　広辞6（マンズー　1908–1991）
　国小（マンズー　1908.12.22–）
　コン3（マンズ　1908–1991）
　新美（マンズー, ジャーコモ　1908.12.22–）
　人物（マンズー　1908–）
　西洋（マンズー　1908.12.22–）
　世芸（マンズー, ジャコモ　1908–）
　世美（マンズー　1908.12.22–1991.1.17）
　世美（マンズー, ジャーコモ　1908.1.17）
　全書（マンズー　1908–）
　大百（マンズー　1908–）
　伝世（マンズ　1908–）
　二十（マンズー, G.　1908.12.22–1991.1.17）

Mapilton, Thomas 〈15世紀〉
イギリスの建築家。
⇒建築（マビルトン, トーマス（マプトン, トーマス）（活動）1418–1438）
　世美（メイピルトン, トマス　（活動）1408–1438）

Mapplethorpe, Robert 〈20世紀〉
アメリカの写真家。黒人の裸体, 花などを厳密な構図で撮影した作品を発表。
⇒現ア（Mapplethorpe, Robert　メイプルソープ, ロバート　1946–1989）
　大辞2（メイプルソープ　1946–1989）
　大辞3（メイプルソープ　1946–1989）

Mara, Pol 〈20世紀〉
ベルギーの美術家。
⇒美術（マラ, ボル　1920–）

Marabitti, Ignazio 〈18世紀〉
イタリアの彫刻家。
⇒世美（マラビッティ, イニャーツィオ　1719–1797）

Maragliano, Anton Maria 〈17・18世

紀〉
イタリアの彫刻家，木彫家。
⇒世美（マラリアーノ，アントン・マリーア 1664-1741）

Marangoni, Matteo 〈19・20世紀〉
イタリアの美術批評家。
⇒世美（マランゴーニ，マッテーオ 1876-1958）

Marangoni, Tranquillo 〈20世紀〉
イタリアの版画家。
⇒世美（マランゴーニ，トランクイッロ 1912-）

Marasco, Antonio 〈20世紀〉
イタリアの画家。
⇒世美（マラスコ，アントーニオ 1896-）

Maratti, Carlo 〈17・18世紀〉
イタリアの画家。主作品『三王礼拝』(1650)，『聖誕』(1657)。
⇒岩ケ（マラッティ，カルロ 1625-1713）
　芸術（マラッティ（マラッタ）・カルロ 1625-1713）
　国小（マラッティ 1625.5.13-1713.12.15）
　新美（マラッタ，カルロ 1625.5.15-1713.12.15）
　西洋（マラッタ 1625.5.15-1713.12.15）
　世美（マラッタ，カルロ 1625-1713）
　全書（マラッティ 1625-1713）
　百科（マラッタ 1625-1713）

Marc, Franz 〈19・20世紀〉
ドイツの画家。主作品『青馬の塔』，『森のなかの鹿』。
⇒岩ケ（マルク，フランツ 1880-1916）
　オ西（マルク，フランツ 1880-1916）
　外国（マルク 1880-1916）
　キリ（マルク，フランツ 1880.2.8-1916.3.4）
　芸術（マルク，フランツ 1880-1916）
　国小（マルク 1880.2.8-1916.3.4）
　コン2（マルク 1880-1916）
　コン3（マルク 1880-1916）
　新美（マルク，フランツ 1880.2.8-1916.3.4）
　人物（マルク 1880.2.8-1916.3.4）
　西洋（マルク 1880.2.8-1916.3.4）
　世芸（マルク，フランツ 1880-1916）
　世美（マルク，フランツ 1880-1916）
　世百（マルク 1880-1916）
　全書（マルク 1880-1916）
　大百（マルク 1880-1916）
　デス（マルク 1880-1916）
　伝世（マルク 1880.2.4-1916.3.4）
　二十（マルク，フランツ 1880.2.8-1916.3.4）

Marçal de Sax, Andrés 〈14・15世紀〉
ドイツ出身のスペインの画家。
⇒世美（マルサル・デ・サックス，アンドレス （活動）1393-1410）

Marca-Relli, Conrad 〈20世紀〉
アメリカの画家。
⇒世美（マーカ＝レリ，コンラッド 1913-）

Marc Bohan 〈20世紀〉
フランスの服飾デザイナー。1958年クリスチャン・ディオールなきあと，ディオール店の専任デザイナーとなった。
⇒大百（マルク・ボアン 1926-）

Marcelli, Paolo (Mariscelli, Paolo) 〈16・17世紀〉
イタリアの建築家。
⇒建築（マルチェッリ，パオロ（マリスチェッリ，パオロ） 1594-1649）
　世美（マルチェッリ，パーオロ 1594-1649）

Marcestel 〈20世紀〉
フランス・パリ生れの洋画家。
⇒世芸（マークエステル 1943-）

March, Esteban 〈17世紀〉
スペインの画家。
⇒世美（マルチ，エステバン 1610-1668）

Marchand, André 〈20世紀〉
フランスの画家。1941年フランス伝統青年画家展の創立メンバー。
⇒外国（マルシャン 1907-）
　国小（マルシャン 1907-）
　コン3（マルシャン 1907-）
　新美（マルシャン，アンドレ 1907.2.10-）
　人物（マルシャン 1907.10.2-）
　西洋（マルシャン 1907.2.10-）
　世芸（マルシャン，アンドレ 1907-1976）
　世西（マルシャン 1907-）
　世美（マルシャン，アンドレ 1907-）
　全書（マルシャン 1907-）
　大百（マルシャン 1907-）
　二十（マルシャン，アンドレ 1907.2.10-）

Marchand, Jean Hippolyte 〈19・20世紀〉
フランスの画家。1908年サロン・デ・ザルチスト・ザンデパンダンに出品。
⇒国小（マルシャン 1883.11.22-1941.10.10）
　西洋（マルシャン 1883-1941）
　世美（マルシャン，ジャン 1883-1940）

Marchand, Nicolas Jean 〈17・18世紀〉
フランスの工芸家。
⇒芸術（マルシャン，ニコラ・ジャン 1697?-1760?）

Marchese, Giancarlo 〈20世紀〉
イタリアの彫刻家。
⇒世美（マルケーゼ，ジャンカルロ 1931-）

Marchesi, Andrea di Pietro 〈15・16世紀〉
イタリアの建築家，彫刻家，木彫家。
⇒世美（マルケージ，アンドレーア・ディ・ピエトロ 1480/90-1559）

Marchesi, Giorgio 〈15世紀〉
イタリアの建築家。

⇒世美（マルケージ，ジョルジョ （記録）1471-
1483）
Marchesi, Girolamo 〈15・16世紀〉
イタリアの画家。
⇒世美（マルケージ，ジローラモ 1472頃-1540頃）
Marchesi, Pompeo 〈18・19世紀〉
イタリアの彫刻家。
⇒世美（マルケージ，ポンペーオ 1789-1858）
Marchi, Virgilio 〈20世紀〉
イタリアの建築家，舞台美術家。
⇒世美（マルキ，ヴィルジーリオ 1895-1960）
Marchionni, Calro 〈18世紀〉
イタリアの建築家，彫刻家。
⇒建築（マルキオンニ，カルロ 1702-1786）
　世美（マルキオンニ，カルロ 1702-1786）
Marchiori, Giovanni 〈17・18世紀〉
イタリアの彫刻家，インターリオ（装飾彫り）
作家。
⇒世美（マルキオーリ，ジョヴァンニ 1696-1778）
Marcillat, Guillaume de 〈15・16世紀〉
フランスの画家，ステンドグラス画家。
⇒世美（マルシヤ，ギヨーム・ド 1470頃-1529）
Marcks, Gerhard 〈19・20世紀〉
ドイツの彫刻家。1920年代のドイツ・ワイマールに起こったドイツ総合造形運動（バウハウス運動）の草分けの一人。
⇒キリ（マルクス，ゲーアハルト 1889.2.18-）
　西洋（マルクス 1889.2.18-）
　世芸（マルクス，ゲルハルト 1889-1958）
　世美（マルクス，ゲルハルト 1889-1981）
Marco di Costanzo 〈15世紀〉
イタリアの画家。
⇒世美（マルコ・ディ・コスタンツォ 15世紀後半）
Marconi, Plinio 〈20世紀〉
イタリアの建築家，都市計画家。
⇒世美（マルコーニ，プリーニオ 1893-）
Marconi, Rocco 〈16世紀〉
イタリアの画家。
⇒世美（マルコーニ，ロッコ （活動）1504-1529）
Marcoussis, Louis Casimir Ladislas
〈19・20世紀〉
ポーランドの画家。
⇒新美（マルクーシ，ルイ 1883.11.14-
　　　1941.10.22）
　人物（マルクーシス 1883.11.14-1941）
　西洋（マルクシス 1883.11.14-1941）
　世美（マルクーシ 1883-1941）
　二十（マルクーシ，ルイ 1883.11.14-
　　　1941.10.22）

Marden, Brice 〈20世紀〉
アメリカの画家。
⇒岩ケ（マーデン，ブライス 1938-）
Marées, Hans von 〈19世紀〉
ドイツの画家。1873年ナポリの動物博物館の図書館の壁画を制作。
⇒外国（マレー 1837-1887）
　芸術（マレース，ハンス・フォン 1837-1887）
　国小（マレース 1837.12.24-1887.6.5）
　新美（マレース，ハンス・フォン 1837.12.24-
　　　1887.6.5）
　人物（マレー 1837.12.24-1887.6.5）
　西洋（マレー 1837.12.24-1887.6.5）
　世西（マレース 1837-1887）
　世美（マレース，ハンス・フォン 1837-1887）
　世百（マレース 1837-1887）
　全書（マレース 1837-1887）
　大百（マレース 1837-1887）
　百科（マレー 1837-1887）
Maresca, Francesco 〈18・19世紀〉
イタリアの建築家。
⇒世美（マレスカ，フランチェスコ 1757-1824）
Marescalco, Pietro 〈16世紀〉
イタリアの画家。
⇒世美（マレスカルコ，ピエトロ 1520頃-1589）
Margaritone d'Arezzo 〈13世紀〉
イタリアの画家。
⇒国小（マルガリトーネ 1216-1290）
　世美（マルガリトーネ・ダレッツォ 13世紀）
Margueray, Michel 〈20世紀〉
フランスの画家。
⇒世芸（マルグレイ，ミッシェル 1938-）
Mari, Enzo 〈20世紀〉
イタリアの美術家，イラストレーター。
⇒児イ（Mari, Enzo マリ, E. 1932-）
　世美（マーリ，エンツォ 1932-）
　美術（マーリ，エンツォ 1932-）
Mari, Iela 〈20世紀〉
イタリアのデザイナー，絵本作家，イラストレーター。
⇒児イ（Mari, Iela マリ, I. 1932-）
　児文（マリ，イエラ ?-）
　二十（マリ，イエラ 1932-）
Maria 〈前1・1世紀〉
イエス・キリストの母。「聖母マリア」と呼ばれる（マタイ福音書，ルカ福音書）。
⇒岩ケ（マリア ?-63頃）
　外国（マリア(聖母) 前1/後1世紀）
　キリ（マリヤ(マリア)）
　広辞4（マリア）
　国小（マリア）
　国百（マリア）
　コン2（マリア 紀元前後）
　人物（マリア 生没年不詳）
　西洋（マリア(聖母)）

世西　（マリア（聖母））
　　　世美　（聖母マリア）
　　　世百　（マリア）
　　　全書　（マリア）
　　　大辞　（マリア）
　　　大百　（マリア）
　　　デス　（マリア）
　　　伝世　（マリア　前22/0頃-?）
　　　百科　（マリア）

M **Maria Aegyptiaca** 〈4・5世紀〉
　　伝説的なエジプトの聖人。
　　⇒キリ　（マリア（エジプトの）　344頃-421）
　　　ギロ　（マリア）
　　　新美　（マリア（聖）（エジプトの））
　　　聖人　（マリア〔エジプトの〕　5世紀(?)）
　　　百科　（マリア（エジプトの）　5世紀）

Maria Magdalena 〈1世紀〉
　　聖書上の女性。イエス・キリストへの信仰と奉仕に献身したマグダラ出身の婦人（ルカ福音書）。
　　⇒岩ケ　（聖マリア（マグダラの）　1世紀）
　　　外国　（マリア（マグダラの）　1世紀）
　　　角世　（マリア（マグダラの））
　　　キリ　（マリヤ（マリア））
　　　広辞4　（マリア）
　　　広辞6　（マリア）
　　　国小　（マリア（マグダラの））
　　　コン2　（マリア）
　　　コン3　（マリア）
　　　新美　（マグダラのマリア）
　　　聖書　（マグダラのマリア）
　　　聖人　（マリア〔マグダラの〕　1世紀）
　　　西洋　（マリア（マグダラの））
　　　世女日　（マリア　前1世紀）
　　　世西　（マリア（マグダラの）　1世紀前半頃）
　　　世美　（マグダラのマリア（聖））
　　　世百　（マリア（マグダラの））
　　　全書　（マリア（マグダラの））
　　　大辞　（マリア）
　　　大辞3　（マリア）
　　　百科　（マリア（マグダラの））

Mariani, Camillo 〈16・17世紀〉
　　イタリアの彫刻家。
　　⇒世美　（マリアーニ, カミッロ　1567-1611）

Marieschi, Iacopo 〈18世紀〉
　　イタリアの画家。
　　⇒世美　（マリエスキ, ヤーコポ　1711-1794）

Marieschi, Michele 〈17・18世紀〉
　　イタリアの画家。主作品『ベネチア風景』。
　　⇒国小　（マリエスキ　1696-1743）
　　　世美　（マリエスキ, ミケーレ　1710-1794）

Mariette, August Édouard 〈19世紀〉
　　フランスのエジプト学者。1850年セラペイオン, テティの墳墓などを発掘。
　　⇒外国　（マリエット　1821-1881）
　　　国小　（マリエット　1821.2.11-1881.1.19）
　　　コン2　（マリエット　1821-1881）
　　　コン3　（マリエット　1821-1881）
　　　新美　（マリエット, オーギュスト　1821.2.11-1881.1.19）
　　　西洋　（マリエット　1821.2.11-1881.1.19）
　　　世美　（マリエット, オーギュスト　1821-1881）
　　　全書　（マリエット　1821-1881）

Mariette, Pierre-Jean 〈17・18世紀〉
　　フランスの美術収集家, 版画家, 著述家。
　　⇒世美　（マリエット, ピエール＝ジャン　1694-1774）

Marilhat, Prosper 〈19世紀〉
　　フランスの画家。
　　⇒芸術　（マリラ, プロスペル　1811-1847）
　　　国小　（マリヤ　1811-1847）

Marin, Jeseph-Charles 〈18・19世紀〉
　　フランスの彫刻家。
　　⇒世美　（マラン, ジョゼフ＝シャルル　1759-1834）

Marin, John 〈19・20世紀〉
　　アメリカの画家。1936年回顧展, 50年ベネチア・ビエンナーレ展に出品。
　　⇒岩ケ　（マリン, ジョン　1870-1953）
　　　才西　（マリン, ジョン　1870-1953）
　　　外国　（マリン　1870-）
　　　芸術　（マリン, ジョン　1870-1953）
　　　国小　（マリン　1870.12.23-1953.10.1）
　　　コン3　（マリン　1870-1953）
　　　新美　（マリン, ジョン　1870.12.3-1953.10.1）
　　　西洋　（マリン　1870.12.23-1953.10.1）
　　　世芸　（マリン, ジョン　1870-1953）
　　　世西　（マリン　1870-1953）
　　　世美　（マリン, ジョン　1870-1953）
　　　世百　（マリン　1870-1953）
　　　全書　（マリン　1870-1953）
　　　大百　（マリン　1870-1953）
　　　二十　（マリン, ジョン　1870.12.23-1953.10.1）

Marina, Mayer 〈20世紀〉
　　ベルギー生れの版画家。
　　⇒世芸　（マリーナ, メイヤー　1954-）

Marinali, Orazio 〈17・18世紀〉
　　イタリアの彫刻家。
　　⇒世美　（マリナーリ, オラーツィオ　1643-1720）

Marinátos, Spyridón 〈20世紀〉
　　ギリシアの考古学者。テラ島の発掘で世界的に有名となった。
　　⇒新美　（マリナトス, スピリドン　1901.11.4-1975.10.1）
　　　西洋　（マリナトス　1901.4.17-1974.10.1）
　　　全書　（マリナトス　1901-1974）
　　　二十　（マリナトス, スピリドン　1901.11.4-1975.10.1）

Marinetti, Filippo Tommaso 〈19・20世紀〉
　　イタリアの詩人。未来派の創始者。主著『未来派人マファルカ』(1910)。
　　⇒岩ケ　（マリネッティ, フィリッポ・(トマーゾ・)エミリオ　1876-1944）
　　　才西　（マリネッティ, フィリッポ・トンマーゾ　1876-1944）

外国（マリネッティ　1878-1944）
角世（マリネッティ　1876-1944）
広辞4（マリネッティ　1876-1944）
広辞5（マリネッティ　1876-1944）
広辞6（マリネッティ　1876-1944）
国小（マリネッテイ　1876.12.22-1944.12.2）
コン2（マリネッティ　1876-1944）
コン3（マリネッティ　1876-1944）
集世（マリネッティ，フィリッポ・トンマーゾ　1876.12.22-1944.12.2）
集文（マリネッティ，フィリッポ・トンマーゾ　1876.12.22-1944.12.2）
新美（マリネッティ，フィリッポ　1876.12.22-1944.12.2）
人物（マリネッティ　1878.12.22-1944.12.2）
西洋（マリネッティ　1878.12.22-1944.12.2）
世西（マリネッティ　1876.12.22-1944.12.2）
世百（マリネッティ　1876-1944）
世文（マリネッティ，フィリッポ・トンマーゾ　1876-1944）
全書（マリネッティ　1876-1944）
大辞（マリネッティ　1876-1944）
大辞2（マリネッティ　1876-1944）
大辞3（マリネッティ　1876-1944）
大百（マリネッティ　1876-1944）
デス（マリネッティ　1876-1944）
ナビ（マリネッティ　1876-1944）
二十（マリネッティ，フィリッポ・トンマーゾ　1876.12.22-1944.12.2）
百科（マリネッティ　1876-1944）
評世（マリネッチ　1878-1944）
名詩（マリネッティ，フィリッポ・トンマーゾ　1876-1944）
名著（マリネッティ　1876-1944）
山世（マリネッティ　1876-1944）
ラテ（マリネッティ　1876-1944）

Marini, Marino 〈20世紀〉
イタリアの彫刻家。主作品『イーゴル・ストラビンスキー像』(1950)。
⇒岩ケ（マリーニ，マリーノ　1901-1980）
　オ西（マリーニ，マリノ　1901-1980）
　外国（マリーニ　1901-）
　現人（マリーニ　1901.2.27-）
　広辞5（マリーニ　1901-1980）
　広辞6（マリーニ　1901-1980）
　国小（マリーニー　1901.2.27-）
　コン3（マリーニ　1901-1980）
　新美（マリーニ，マリノ　1901.2.27-1980.8.6）
　人物（マリーニ　1901.2.27-）
　西洋（マリーニ　1901.2.27-1980.8.6）
　世芸（マリーニ，マリノ　1901-1980）
　世西（マリーニ　1901-）
　世美（マリーニ，マリーノ　1901-1980）
　世百（マリーニ　1901-）
　世百新（マリーニ　1901-1980）
　全書（マリーニ　1901-1980）
　大辞2（マリーニ　1901-1980）
　大辞3（マリーニ　1901-1980）
　大百（マリーニ　1901-1980）
　伝世（マリーニ　1901-1980.8.6）
　二十（マリーニ，マリノ　1901.2.27-1980.8.6）
　百科（マリーニ　1901-1980）

Marino, Dorothy 〈20世紀〉
アメリカのイラストレーター。
⇒児イ（Marino, Dorothy　マリノ, D.　1921-）

Marinot, Maurice 〈19・20世紀〉
フランスの画家，ガラス工芸家。
⇒国小（マリノ　1882-1960）

Marinus van Reymerswaele 〈15・16世紀〉
オランダの画家。マニエリスム様式を展開。主作品は『聖ジェローム』。
⇒国小（マリヌス・ファン・ライメルスワーレ　1493頃-1567頃）
　世美（マリヌス・ファン・レイメルスワーレ　1493-1567頃以降）

Mario de' Fiori 〈17世紀〉
イタリアの画家。
⇒世美（マーリオ・デ・フィオーリ　1603-1673）

Mariotto di Nardo 〈14・15世紀〉
イタリアの画家。
⇒世美（マリオット・ディ・ナルド　(記録)1394頃-1424頃）

Maris, Jacob 〈19世紀〉
オランダの画家。風景画家マーリス3兄弟の長兄。主作品『ドルドレヒト付近の風景』『村の情景』。
⇒国小（マーリス　1837.8.25-1899.8.7）
　新美（マリス，ヤコブス　1837-1899）
　西洋（マリス　1837.8.25-1899）
　世美（マーリス，ヤーコブ・ヘンリクス　1837-1899）

Maris, Matthijs 〈19・20世紀〉
オランダの画家。風景画家マーリス3兄弟の次兄。
⇒国小（マーリス　1839.8.17-1917.8.17）
　新美（マリス兄弟（マリス，マテイス））
　西洋（マリス　1839.8.17-1917.8.17）
　世美（マーリス，マテイス　1839-1917）
　二十（マリス，マテイス　1839-1917）

Maris, Ron 〈20世紀〉
イギリスのイラストレーター。
⇒児イ（Maris, Ron　マリス, R.　1932-）

Maris, Willem 〈19・20世紀〉
オランダの画家。風景画家マーリス3兄弟の末弟。
⇒国小（マーリス　1844.2.18-1910）
　新美（マリス兄弟（マリス，ウィレム））
　西洋（マリス　1844.2.18-1910.10.10）
　二十（マリス，ウィレム　1844-1910）

Marisol 〈20世紀〉
ヴェネズエラの彫刻家。
⇒岩ケ（マリソール，(エスコバール)　1930-）
　オ西（マリソル　1930-）
　新美（マリソル，エスコバル　1930.5.22-）
　スパ（マリソル　1930-）
　世美（マリソル，エスコバル　1930-）
　二十（マリソル，エスコバル　1930.5.22-）
　美術（マリソール　1930-）

M

Maritz, Nicolaas 〈20世紀〉
南アフリカのイラストレーター。
⇒児イ（Maritz, Nicolaas マリッツ, N. 1959-）

Marjisse, Serge 〈20世紀〉
フランスの小説家, 画家。
⇒世芸（マルジス, サージ 1934-）

Markelius, Sven Gottfried 〈19・20世紀〉
スウェーデンの建築家, 新建築運動の指導者。主作品『国連経済社会理事会会議室』。
⇒オ西（マルケリウス, スヴェン 1889-1972）
国小（マルケリウス 1889.10.25-）
西洋（マルケリウス 1889.10.25-1972.2.24）
世美（マルケリウス, スヴェン・ゴットフリート 1889-1972）

Markevich, Boris Anisimovich 〈20世紀〉
ロシアのイラストレーター。
⇒児イ（Markevich, Boris Anisimovich マルケーヴィッチ, B.A. 1925-）

Markó Károly 〈18・19世紀〉
ハンガリーの画家。
⇒新美（マルコー, カーロイ 1791.9.25-1860.11.19）

Markos 〈1世紀〉
聖人。新約聖書のマルコ福音書の著者, 使徒ペテロの通訳者, 秘書（ペテロ1書5章13）。
⇒岩ケ（聖マルコ （活躍）1世紀）
外国（マルコ 1世紀）
キリ（マルコ）
キリ（ヨハネ）
広辞4（マルコ）
国小（マルコ 生没年不詳）
コン2（マルコ）
新美（マルコ）
人物（マルコ 生没年不詳）
西洋（マルコ）
世美（マルコ（聖））
世百（マルコ 生没年不詳）
全書（マルコ）
大辞（マルコ）
大百（マルコ）
伝世（マルコ 1世紀）
百科（マルコ 生没年不詳）

Marle, Raimond van 〈19・20世紀〉
オランダの美術史家。主著『イタリア絵画史』。
⇒名著（マーレ 1876-1937）

Marlow, William 〈18・19世紀〉
イギリスの画家。
⇒世美（マーロー, ウィリアム 1740-1813）

Marmion, Simon 〈15世紀〉
フランスの画家。サントメール聖堂の聖壇画『聖ベルタン』の作者。
⇒芸術（マルミオン, シモン 1425-1489）
国小（マルミオン 1425-1489）
新美（マルミオン, シモン 1420/25頃-1489）
世美（マルミオン, シモン （記録）1449-1489）

Marmitta, Francesco 〈15・16世紀〉
イタリアの写本装飾画家, 画家。
⇒世美（マルミッタ, フランチェスコ 1450頃-1505）

Marocchetti, Carlo 〈19世紀〉
イタリアの彫刻家。
⇒世美（マロッケッティ, カルロ 1805-1867）

Marokvia, Arthur 〈20世紀〉
ドイツのイラストレーター。
⇒児イ（Marokvia, Arthur 1909-）

Marot, Daniel 〈17・18世紀〉
フランスの建築家, 装飾図案家。建築家J.マロの子。オランダで活躍, ルイ14世様式をオランダで発展させた。
⇒芸術（マロー, ダニエル 1660-1718）
国小（マロ 1661-1752.6.4）
西洋（マロ 1663頃-1752.6.4）
世美（マロ, ダニエル 1663-1752）

Marot, Jean 〈17世紀〉
フランスの建築家, 建築図版画家。建築図版『ル・プティ・マロ』『ル・グラン・マロ』を描いた。
⇒国小（マロ 1619頃-1679.12.15）
世美（マロ, ジャン 1619-1679）

Marotta, Gino 〈20世紀〉
イタリアの環境芸術家。
⇒世美（マロッタ, ジーノ 1935-）
美術（マロッタ・ジノ 1935-）

Marquet, Albert 〈19・20世紀〉
フランスの画家。1905年にH.マチスらとフォービズム運動に参加。
⇒岩ケ（マルケ, （ピエール・）アルベール 1875-1947）
オ西（マルケ, アルベール 1875-1947）
外国（マルケー 1875-1947）
芸術（マルケ, アルベール 1875-1947）
広辞4（マルケ 1875-1947）
広辞5（マルケ 1875-1947）
広辞6（マルケ 1875-1947）
国小（マルケ 1875-1947）
コン2（マルケ 1875-1947）
コン3（マルケ 1875-1947）
新美（マルケ, アルベール 1875.3.27-1947.6.14）
人物（マルケ 1875.3.27-1947.6.14）
西洋（マルケ 1875.3.27-1947.6.14）
世芸（マルケ, アルベール 1875-1947）
世西（マルケ 1875-1947）
世美（マルケ, アルベール 1875-1947）
世百（マルケ 1875-1947）
全書（マルケ 1875-1947）
大辞（マルケ 1875-1947）
大辞2（マルケ 1875-1947）
大辞3（マルケ 1875-1947）

大百（マルケ　1875-1947）
デス（マルケ　1875-1947）
二十（マルケ, アルベール　1875.3.27-1947.6.14）
百科（マルケ　1875-1947）

Marr, Carl von 〈19・20世紀〉
ドイツの画家。
⇒芸術（マルル, カルル・フォン　1858-1936）
世芸（マルル, カルル・フォン　1858-1936）

Marrina 〈15・16世紀〉
イタリアの彫刻家。
⇒世美（マッリーナ　1476-1534）

Mars, Witold 〈20世紀〉
ポーランドのイラストレーター。
⇒児イ（Mars, Witold　マース, W.）

Marseus van Schrieck, Otto 〈17世紀〉
オランダの画家。
⇒世美（マルセウス・ファン・スリーク, オットー　1619/20-1678）

Marsh, Jonathan 〈20世紀〉
アメリカの建築家, 作家。
⇒海作4（マーシュ, ジョナサン）

Marsh, Reginald 〈20世紀〉
アメリカの画家。バロック的様式で都会の市民生活を描いた。
⇒岩ケ（マーシュ, レジナルド　1898-1954）
国小（マーシュ　1898-1954）
児イ（Marsh, Reginald　マーシュ, R.　1898-1954）
新美（マーシュ, リジナールド　1898.3.14-1954.7.3）
世芸（マーシ, レジナルド　1898-1954）
世美（マーシュ, レジナルド　1898-1954）
二十（マーシュ, リジナールド　1898.3.14-1954.7.3）

Marshall, Benjamin 〈18・19世紀〉
イギリスの画家。特にスポーツ画家として名声を得た。
⇒国小（マーシャル　1767-1835）

Marshall, Constance Kay 〈20世紀〉
アイルランドのイラストレーター。
⇒児イ（Marshall, Constance Kay　マーシャル, C.K.　1918-）

Marshall, Daniel 〈20世紀〉
イギリスのイラストレーター。
⇒児イ（Marshall, Daniel　マーシャル, D.）

Marshall, Henry Rutgers 〈19・20世紀〉
アメリカの心理学者, 美学者。主著『美的原理』。
⇒名著（マーシャル　1852-1927）

Marshall, James (Edward) 〈20世紀〉
アメリカの作家, 挿絵画家。
⇒英児（Marshall, James　マーシャル, ジェイムズ　1942-1992）
児イ（Marshall, James　マーシャル, J.）
児作（Marshall, James Edward　マーシャル, ジェイムズ　1942-1992）
世児（マーシャル, ジェイムズ（・エドワード）　1942-1992）

Marshall, Sir John Hubert 〈19・20世紀〉
イギリスの考古学者。モヘンジョ・ダロの大発掘やハラッパの調査を行った。
⇒岩ケ（マーシャル, サー・ジョン・ヒューバート　1876-1958）
新美（マーシャル, ジョン　1876.3.19-1960）
西洋（マーシャル　1876.3.19-1958.8.17）
世東（マーシャル　1876-1960）
ナビ（マーシャル　1876-1958）
南ア（マーシャル　1876-1958）
二十（マーシャル, ジョン・H.　1876.3.19-1958.8.17）
百科（マーシャル　1876-1958）
名著（マーシャル　1876-）

Marstrand, Vilhelm Nicolai 〈19世紀〉
デンマークの画家。
⇒新美（マールストラン, ヴィルヘルム・ニコライ　1810.12.24-1873.3.25）

Martellange 〈16・17世紀〉
フランスの建築家。
⇒建築（マルテランジュ, エティエンヌ＝アンジュ・マルテル　1569-1661）
世美（マルテランジュ　1564/69-1641）

Martelli, Diego 〈19世紀〉
イタリアの美術批評家。
⇒世美（マルテッリ, ディエーゴ　1838-1896）

Martens, Conrad 〈19世紀〉
イギリスの風景画家。
⇒岩ケ（マーテンズ, コンラッド　1801-1878）

Martin, Agnes 〈20世紀〉
アメリカの画家。
⇒岩ケ（マーティン, アグネス　1912-）

Martin, David Stone 〈20世紀〉
アメリカのイラストレーター。
⇒児イ（Martin, David Stone　マーティン, D.S.　1913-）

Martin, Étienne-Simon 〈18世紀〉
フランスの塗装工芸の専門職人。
⇒世美（マルタン, エティエンヌ＝シモン　?-1770）

Martin, Guillaume 〈18世紀〉
フランスの塗装工芸の専門職人。
⇒世美（マルタン, ギヨーム　?-1749）

Martin, Henri Jean Guillaume 〈19・20世紀〉
フランスの画家。1917年アカデミー会員。主作品『諸芸術』(1895)。
⇒国小（マルタン 1860-1943）
コン2（マルタン 1860-1943）
コン3（マルタン 1860-1943）
新美（マルタン, アンリ 1860.8.5-1943.11）
人物（マルタン 1860.8.5-1943.11）
西洋（マルタン 1860.8.5-1943）
世西（マルタン 1860-1943）
二十（マルタン, J.アンリ 1860.8.5-1943.11）

Martin, Homer Dodge 〈19世紀〉
アメリカの画家。1877年アメリカ芸術家協会の創立委員。
⇒国小（マーティン 1836.10.28-1897.2.2）

Martin, John 〈18・19世紀〉
イギリスの画家, 版画家。1829年フランスのシャルル10世から金メダルを受ける。
⇒芸術（マーティン, ジョン 1789-1854）
幻想（マーティン, ジョン 1789-1854）
国小（マーティン 1789.7.19-1854.2.9）
集文（マーティン, ジョン 1789.7.19-1854.2.17）
新美（マーティン, ジョン 1789.7.19-1854.2.17）
世美（マーティン, ジョン 1789-1854）
全書（マーチン 1789-1854）
百科（マーティン 1789-1854）

Martin, John Leslie 〈20世紀〉
イギリスの建築家。
⇒世美（マーティン, ジョン・レズリー 1908-）

Martin, John Rupert 〈20世紀〉
アメリカの美術史家。
⇒キリ（マーティン, ジョン・ラッパート 1916.9.27-）

Martin, Kenneth 〈20世紀〉
イギリスの画家, 彫刻家。抽象絵画、モビール、『偶然と秩序』のシリーズなどを制作している。
⇒世美（マーティン, ケネス 1905-）
全書（マーチン 1905-）
二十（マーティン, K. 1905-）

Martin, M.A. 〈20世紀〉
フランス生れの写真家。
⇒世芸（マルタン, M・A 1952-）

Martin, Maria 〈18・19世紀〉
アメリカの画家。
⇒世女日（マーティン, マリア 1796-1863）

Martin, Mary 〈20世紀〉
イギリスの彫刻家。
⇒世女日（マーティン, メアリー 1907-1969）

Martin, Paul 〈19・20世紀〉
イギリスの写真家。
⇒岩ケ（マーティン, ポール 1864-1942）

Martin, Raymond 〈20世紀〉
フランスの彫刻家。
⇒世芸（マルタン, レイモン 1910-1976）

Martin, Rene 〈20世紀〉
アメリカのイラストレーター。
⇒児イ（Martin, Rene マーティン, R.）

Martin, Stefan 〈20世紀〉
アメリカのイラストレーター。
⇒児イ（Martin, Stefan マーティン, S.）

Martinand, Gerald 〈20世紀〉
フランス生れの彫刻家。
⇒世芸（マルチナン, ジェラルド 1937-）

Martinelli, Domenico 〈17・18世紀〉
イタリアの建築家。
⇒建築（マルティネッリ, ドメニコ 1650-1718）

Martinez, John 〈20世紀〉
アメリカのイラストレーター。
⇒児イ（Martinez, John マーティーニズ, J.）

Martinez, Loppo 〈20世紀〉
フランス生れのアーティスト。
⇒世芸（マルチネス, ロッポ 1952-）
世芸（マルティネス, ロボ 1952-）

Martinez, Maria Montoya 〈19・20世紀〉
アメリカの陶芸家。
⇒世女日（マルティネス, マリア・モントヤ 1887-1980）

Martinez, Sergio 〈20世紀〉
アート・ディレクター, イラストレーター。
⇒児作（Martinez, Sergio マルティネス, セルジオ）

Martini, Alberto 〈19・20世紀〉
イタリアの画家, 挿絵画家。
⇒世美（マルティーニ, アルベルト 1876-1954）

Martini, Arturo 〈19・20世紀〉
イタリアの彫刻家, 画家。作風は古代ローマ, イタリア14世紀, バロックの様式、あるいは、抽象形態を次々に同化して変化した。
⇒才西（マルティーニ, アルトゥーロ 1889-1947）
西洋（マルティーニ 1889.8.11-1947.3.22）
世美（マルティーニ, アルトゥーロ 1889-1947）

Martini, Giovanni 〈16世紀〉
イタリアの画家, 寄木細工師。
⇒世美（マルティーニ, ジョヴァンニ ?-1535）

Martini, Simone di Martino 〈13・14

世紀〉
イタリアの画家。1333年シエナ大聖堂の聖アンサーノ礼拝堂に『聖告』を描いた。
⇒岩ケ（マルティーニ，シモーネ　1284頃-1344）
外国（マルティニ　1283/-85-1344）
角世（マルティーニ（シモーネ）　1284?-1344）
キリ（マルティーニ，シモーネ（・ディ・マルティーノ）　1284頃-1344.7）
芸術（マルティーニ，シモーネ　1284頃-1344）
広辞4（マルティーニ　1284-1344）
広辞6（マルティーニ　1284-1344）
国小（マルティーニ　1284頃-1344.7）
国百（マルティーニ，シモーネ　1284頃-1344）
コン2（マルティーニ　1284/5-1344）
コン3（マルティーニ　1284頃-1344）
新美（マルティーニ，シモーネ　1284頃-1344）
人物（マルチーニ　1285頃-1344.7）
西洋（マルティーニ　1285頃-1344.7）
世西（マルティーニ　1283-1344）
世美（マルティーニ，シモーネ　1284-1344）
世百（マルティーニ　1284?-1344）
全書（マルティーニ　1284頃-1344）
大辞（マルティーニ　1284頃-1344）
大辞3（マルティーニ　1284頃-1344）
大百（マルティーニ　1284頃-1344）
デス（マルティーニ　1284-1344）
伝世（マルティーニ　?-1344）
百科（マルティーニ　1285頃-1344）
山世（マルティーニ　1284頃-1344）

Martino di Bartolomeo 〈15世紀〉
イタリアの画家。
⇒世美（マルティーノ・ディ・バルトロメーオ　?-1434頃）

Martinus, St. 〈4世紀〉
フランス、ツールの司教、聖人。372年ツールの司教、マルムティエに修道院を建設。
⇒角世（マルティヌス　316-397）
キリ（マルティーヌス（トゥールの）　316/317-397.11.8）
国小（マルチヌス　330頃-397.11.8）
コン3（マルティヌス　316-397）
新美（マルティヌス（聖）　316/317-397）
聖人（マルティヌス〔トゥールの〕　315?-397）
全書（マルティヌス　315-397）
大辞（マルティヌス　316-397）
大辞3（マルティヌス　316-397）
百科（マルティヌス　315-397）
ロマ（マルティヌス（トゥールの）　（在任）371頃-397）

Martorell, Bernardo 〈15世紀〉
スペインの画家、写本装飾画家。
⇒新美（マルトレール，ベルナルド　1415?-1452）
世美（マルトレル，ベルナルド　（活動）15世紀前半）

Martos, Ivan Petrovich 〈18・19世紀〉
ロシアの彫刻家。
⇒芸術（マルトス，イワン・ペトローヴィッチ　1752-1835）
新美（マルトス，イワン　1754-1835.4.5/17）
世美（マールトス，イヴァン・ペトロヴィチ　1754-1835）

Marucchi, Orazio 〈19・20世紀〉
イタリアの考古学者。
⇒キリ（マルッキ，オラーツィオ　1852-1931）
世美（マルッキ，オラーツィオ　1852-1931）

Marussig, Pietro 〈19・20世紀〉
イタリアの画家。
⇒世美（マルッシグ，ピエトロ　1879-1937）

Marval, Madame Jacqueline 〈19・20世紀〉
フランスの画家。
⇒芸術（マルヴァル，ジャクリーヌ　1866-1932）
世芸（マルヴァル，ジャクリーヌ　1866-1932）

Marville, Jean de 〈14世紀〉
フランスの彫刻家。
⇒芸術（マルヴィユ，ジャン・ド　?-1389頃）

Marvuglia, Venanzio 〈18・19世紀〉
イタリアの建築家。
⇒建築（マルヴーリア，ベナンツィオ　1729-1824）
世美（マルヴーリア，ヴェナンツィオ・ジュゼッペ　1729-1814）

Marziale, Marco 〈15・16世紀〉
イタリアの画家。
⇒世美（マルツィアーレ，マルコ　（記録）1489-1507）

Mas, Benjamin 〈20世紀〉
スペイン生れの洋画家。
⇒世芸（マス，ベンジャミ　1966-）

Masaccio, Tomasso Guidi 〈15世紀〉
イタリアの画家。
⇒岩ケ（マサッチョ　1401-1428）
旺世（マサッチョ　1401頃-1428）
外国（マサッチョ　1401-1428）
角世（マサッチョ　1401-1428）
キリ（マザッチョ　1401.12.21-1428）
芸術（マサッチオ　1401-1428）
広辞4（マザッチオ　1401-1428/29）
広辞6（マザッチオ　1401-1428）
国小（マサッチオ　1401.12.21-1428）
国百（マサッチオ　1401.12.21-1428）
コン2（マサッチョ　1401-1428）
コン3（マサッチオ　1401頃-28頃）
新美（マザッチョ　1401.12.21-1428/29）
人物（マサッチョ　1401-1428）
西洋（マサッチョ　1401.12.21-1428）
世人（マサッチョ　1401-1428）
世西（マサッチョ　1401.12.21-1428）
世美（マザッチョ　1401-1428）
世百（マサッチョ　1401-1429頃）
全書（マサッチョ　1401-1428）
大辞（マサッチオ　1401-1428頃）
大辞3（マサッチオ　1401-1428頃）
大百（マサッチョ　1401-1428頃）
デス（マサッチョ　1401-1428頃）
伝世（マサッチョ　1401.12.21-1428）
百科（マサッチョ　1401-1428頃）
評世（マサッチョ　1401-1428）
山世（マザッチオ　1401-28/29）

歴史（マサッチオ　1401-1428）

Mascherini, Marcello 〈20世紀〉
イタリアの彫刻家。
⇒新美（マスケリーニ，マルチェルロ　1906-）
　世美（マスケリーニ，マルチェッロ　1906-1983）
　二十（マスケリーニ，マルチェルロ　1906-1983.2.19）

Mascherino, Ottaviano 〈16・17世紀〉
イタリアの建築家。
⇒建築（マスケリーノ，オッタヴィオ（マスケリーノ，オッタヴィアーノ）　1524-1606）
　世美（マスケリーノ，オッタヴィアーノ　1542-1606）

Masereel, Frans 〈19・20世紀〉
ベルギーの画家，木版画家。その作品は人間的な苦悩と憧憬を表現している。
⇒国б（マーセレール　1889.7.30-1972.1.3）
　西洋（マセリール　1889.7.31-1972.1.3）
　世芸（マゼレール，フランス　1889-1958）
　世美（マセレール，フランス　1889-1972）

Mashkov, Iliya Ivanovich 〈19・20世紀〉
ソ連邦の画家。十月革命（1917）後は「革命ロシア芸術家協会」に参加し，静物画家として活動した。
⇒新美（マシコフ，イリヤ　1881.7.17(29)-1944.3.20）
　人物（マシコーフ　1881-1944）
　西洋（マシコーフ　1881-1944）
　全書（マシコフ　1881-1944）
　二十（マシコフ，イリヤ　1881.7.17(29)-1944.3.20）

Maso di Banco 〈14世紀〉
イタリアの画家（1325～53年頃活躍）。主作品は連作壁画『聖シルベストロの伝説』。
⇒国小（マーゾ・ディ・バンコ　生没年不詳）
　世美（マーゾ・ディ・バンコ　（記録）1341-1353）

Masolino da Panicale 〈14・15世紀〉
イタリアの画家。『聖母』（1423），『謙遜の聖母』（1423頃）などを制作。
⇒岩ケ（マゾリーノ（・ダ・パニカーレ）　1383-1447頃）
　外国（マゾリーノ　1388/-6-1440）
　キリ（マゾリーノ，ダ・パニカーレ　1383頃-1447頃）
　芸術（マゾリーノ・ダ・パニカーレ　1383-1440/47頃）
　国小（マゾリーノ・ダ・パニカーレ　1383頃-1440/7）
　コン2（マゾリーノ・ダ・パニカーレ　1383-1447頃）
　コン3（マゾリーノ・ダ・パニカーレ　1383-1447頃）
　新美（マゾリーノ・ダ・パニカーレ　1383-1440/47頃）
　人物（マゾリーノ　1383頃-1447）
　西洋（マゾリーノ・ダ・パニカーレ　1383-1447頃）
　世西（マゾリーノ　1383-1444）
　世美（マゾリーノ・ダ・パニカーレ　1383/84-1440頃）
　世百（マゾリーノダパニカーレ　1383-1440/7）
　全書（マゾリーノ・ダ・パニカーレ　1383-1447頃）
　大百（マゾリーノ・ダ・パニカーレ　1383-1447頃）
　デス（マゾリーノ・ダ・パニカーレ　1383頃-1447頃）
　伝世（マゾリーノ・ダ・パニカーレ　1383頃-1440.10.18頃?）
　百科（マゾリーノ・ダ・パニカーレ　1383-1447）

Mason, Alice Trumbull 〈20世紀〉
アメリカの画家。
⇒世女日（メイソン，アリス・トランブル　1904-1971）

Maspero, Gaston Camille Charles 〈19・20世紀〉
フランスの考古学者。サッカラのピラミッドの調査，ピラミッド・テキストの発見で知られる。主著『古代オリエント史』（1875）。
⇒旺世（マスペロ　1846-1916）
　キリ（マスペロー，ガストン　1846.6.23-1916.6.30）
　国小（マスペロ　1846.6.23-1916.6.30）
　コン2（マスペロ　1846-1916）
　コン3（マスペロ　1846-1916）
　新美（マスペロ，ガストン　1846.6.23-1916.6.30）
　人物（マスペロ　1846.6.23-1916.6.30）
　西洋（マスペロ　1846.6.23-1916.6.30）
　世西（マスペロ　1846.6.23-1916.6.25）
　世美（マスペロ，ガストン　1846-1916）
　全書（マスペロ　1846-1916）
　大辞（マスペロ　1846-1916）
　大辞2（マスペロ　1846-1916）
　大辞3（マスペロ　1846-1916）
　デス（マスペロ　1846-1916）
　二十（マスペロ，ガストン　1846.6.23-1916.6.30）

Massani, Pompeo 〈19・20世紀〉
イタリアの画家。
⇒芸術（マッサニ，ポムペオ　1850-1920）
　世芸（マッサニ，ポムペオ　1850-1920）

Massari, Giorgio 〈17・18世紀〉
イタリアの建築家。
⇒世美（マッサーリ，ジョルジョ　1687-1766）

Massol, Joseph 〈18世紀〉
フランスの建築家。
⇒世美（マソル，ジョゼフ　1706頃-1771）

Masson, André 〈20世紀〉
フランスの画家。シュールレアリスム・グループの主要人物と目された。
⇒オ西（マッソン，アンドレ　1896-1987）
　外国（マッソン　1896-）
　現人（マッソン　1896.1.4-）
　広辞6（マッソン　1896-1987）
　国小（マッソン　1896-）
　コン3（マッソン　1896-1987）

新美（マッソン，アンドレ　1896.1.4-）
人物（マッソン　1896.1.14-）
西洋（マッソン　1896.1.4-）
世芸（マッソン，アンドレ　1896-1965）
世西（マッソン　1896-）
世美（マッソン，アンドレ　1896-1987）
世百（マッソン　1896-）
世百新（マッソン　1896-1987）
全書（マッソン　1896-1987）
大辞3（マッソン　1896-1987）
大百（マッソン　1896-）
ナビ（マッソン　1896-1987）
二十（マッソン，アンドレ　1896.1.4-1987）
百科（マッソン　1896-）

Masson, Antoine 〈17世紀〉
フランスの銅版画家。人物の個性把握にすぐれていた。
⇒西洋（マソン　1636-1700.5.30）

Masson, François 〈18・19世紀〉
フランスの彫刻家。
⇒世美（マッソン，フランソワ　1745-1807）

Masson, Marcel 〈20世紀〉
フランスの画家。
⇒世芸（マソン，マルセル　1911-）

Masson, Mikhail Evgenievich 〈20世紀〉
ソ連邦の考古学者，東洋史学者。多くの中央アジア諸共和国の考古学遺蹟調査に参加。
⇒新美（マッソン，ミハイル　1897.11.21(12.3)-）
西洋（マッソン　1897.11.21-）
世美（マッソン　1897.11.21-）
二十（マッソン，ミハイル　1897.11.21(12.3)-？）

Massone, Giovanni 〈15・16世紀〉
イタリアの画家。
⇒世美（マッソーネ，ジョヴァンニ　1433頃-1512頃）

Massys, Cornelis 〈16世紀〉
フランドルの画家，版画家。
⇒世美（マサイス，コルネリス　1511頃-1562頃）

Massys, Jan 〈16世紀〉
フランドルの画家。
⇒岩ケ（マツィス，ヤン　1509-1575）
世美（マサイス，ヤン　1509頃-1575）

Massys, Quentin 〈15・16世紀〉
フランドルの画家。アンベルス派を代表し，主作品『聖アンナの伝説』(1507～09)など。
⇒外国（マツィス　1466頃-1530）
キリ（マッセイス（メットセイス），クェンティン（クヴィンテン）　1465/6-1530）
芸術（マサイス，ファンタン　1466-1530）
芸術（マセイス，クエンティン　1465/66-1530）
国小（マサイス　1465/6-1530.7.13/9.16）
コン2（マーシス　1466-1530）
コン3（マーシス　1466-1530）
新美（マセイス，クエンティン　1465/66-1530）
西洋（マサイス　1466.9.10-1530）
世美（マッサイス　1465/6-1530）
世美（マサイス，クエンティン　1466-1530）
世百（マサイス　1466-1530）
全書（マセイス　1465/66-1530）
大百（マサイス　1465/66-1530）
伝世（マサイス　1465/6-1530）
百科（マセイス　1465/66-1530）

Mastelletta 〈16・17世紀〉
イタリアの画家。
⇒世美（マステッレッタ　1575-1655）

Masterman, Dodie 〈20世紀〉
イギリスのイラストレーター。
⇒児イ（Masterman, Dodie　マースタマン，D. 1918-）

Mastroianni, Umberto 〈20世紀〉
イタリアの彫刻家。
⇒世美（マストロヤンニ，ウンベルト　1910-）

Masucci, Lello 〈20世紀〉
イタリアの画家。
⇒世芸（マスーシ，レッロ　1948-）

Masurovsky, Gregory 〈20世紀〉
アメリカ生れの版画家。
⇒世芸（マスロフスキー，グレゴリー　1929-）

Mataré, Ewald 〈19・20世紀〉
ドイツの彫刻家，版画家。
⇒キリ（マタレー，エーヴァルト　1887.2.25-）
世美（マタレ，エヴァルト　1887-1965）

Matas, Niccolò 〈18・19世紀〉
イタリアの建築家。
⇒世美（マータス，ニッコロ　1798-1872）

Matejko, Jan 〈19世紀〉
ポーランドの画家。19世紀ポーランドの国民的芸術家。
⇒コン2（マテイコ　1838-1893）
コン3（マテイコ　1838-1893）
新美（マテイコ，ヤン　1838.6.24-1893.11.1）
西洋（マテイコ　1838.7.28-1893.11.1）
東欧（マテイコ　1838-1893）
百科（マテイコ　1838-1893）

Mateo, El maestro 〈12・13世紀〉
スペインの彫刻家。
⇒建築（マテオ，マエストロ　1161-1217）
新美（マテオ，エル・マエストロ）

Mateos, Francisco 〈20世紀〉
スペインの画家。
⇒世美（マテオス，フランシスコ　1896-）

Mathiesen, Egon 〈20世紀〉
デンマークの絵本作家。
⇒児イ（Mathiesen, Egon　マチーセン，E. 1907-1976）

児文（マチーセン, エゴン　1907-1976）
二十（マチーセン, エゴン　1907-1976）

Mathieu, Georges-A 〈20世紀〉
フランスの画家。1950年の初個展ではタシスム様式の確立を示し, 世界各地でアクロバティックな大作の即興制作を実演。
⇒岩ケ（マテュー, ジョルジュ　1921-）
　オ西（マテュー, ジョルジュ　1921-）
　現人（マテュー　1921.1.27-）
　コン3（マチュー　1921-）
　新美（マテュウ, ジョルジュ　1921.1.27-）
　世芸（マチュー, ジョージス・A　1921-）
　世美（マテュー, ジョルジュ　1921-）
　二十（マチュー, ジョルジュ　1921.1.27-）

Mathieu d'Arras 〈14世紀〉
フランスの建築家。
⇒建築（マテュー・ダラース　?-1352）
　世美（マテュー・ダラース　?-1352）

Matisse, Henri-Émile-Benoît 〈19・20世紀〉
フランスの画家。主作品は『大きな赤い室内』（1948）。
⇒逸話（マティス　1869-1954）
　岩ケ（マティス, アンリ（・エミール・ブノワ）　1869-1954）
　旺世（マティス　1869-1954）
　オ西（マティス, アンリ　1869-1954）
　外国（マティス　1869-1954）
　角世（マティス　1869-1954）
　キリ（マティス, アンリ　1869.12.31-1954.11.3）
　芸術（マティス, アンリ　1869-1954）
　現人（マティス　1869.12.31-1954.11.3）
　広辞4（マチス　1869-1954）
　広辞5（マチス　1869-1954）
　広辞6（マチス　1869-1954）
　国小（マチス　1869.12.31-1954.11.3）
　国百（マチス, アンリ・エミール・ブノア　1869.12.31-1954.11.3）
　コン2（マティス　1869-1954）
　コン3（マティス　1869-1954）
　新美（マティス, アンリ　1869.12.31-1954.11.3）
　人物（マチス　1869.12.31-1954.11.3）
　西洋（マティス　1869.12.31-1954.11.3）
　世芸（マティス, アンリ　1869-1954）
　世人（マティス　1869-1954）
　世美（マティス, アンリ　1869.12.31-1954.11.3）
　世百（マティス　1869-1954）
　全書（マチス　1869-1954）
　大辞（マチス　1869-1954）
　大辞2（マチス　1869-1954）
　大辞3（マチス　1869-1954）
　大百（マチス　1869-1954）
　デス（マティス　1869-1954）
　伝он（マティス　1869.12.31-1954.11.3）
　ナビ（マティス　1869-1954）
　二十（マティス, アンリ　1869.12.31-1954.11.3）
　バレ（マティス, アンリ　1869.12.31-1954.11.3）
　百科（マティス　1869-1954）
　評世（マチス　1869-1954）
　山世（マティス　1869-1954）
　歴世（マティス　1869-1954）

Matsys, Quentin 〈15・16世紀〉
ベルギーの画家。
⇒岩ケ（マツィス, クエンティン　1466頃-1531頃）

Matta, Roberto Sebastiano Echaurren 〈20世紀〉
チリ出身の画家。1938年『心理学的形態学』を描いて, シュールレアリスム第二世代の有力な新人として迎えられた。
⇒オ西（マッタ　1911-）
　外国（マッタ　1911-）
　現人（マッタ　1911.11.11-）
　国小（マッタ・エチャウッレン　1911-）
　コン3（マッタ　1912-）
　新美（マッタ, ロベルト　1912.11.11-）
　西洋（マッタ　1911.11.11-）
　世芸（マッタ, エチャウレン　1912-1981）
　世芸（マッタ, ロベルト・セバスティアン・エコーレン　1911-）
　世美（マッタ　1911-）
　世百新（マッタ　1912-2002）
　二十（マッタ・E, ロベルト・アントニオ・S.　1911(12).11.11-）
　百科（マッタ　1911-）
　ラテ（マッタ　1912-2002）

Mattarnovi, Georg Johann 〈17・18世紀〉
ドイツの建築家。
⇒世美（マッタルノヴィ, ゲオルク・ヨハン　?-1719）

Matteini, Teodoro 〈18・19世紀〉
イタリアの画家。
⇒世美（マッテイーニ, テオドーロ　1754-1831）

Matteo da Campione 〈14世紀〉
イタリアの建築家, 彫刻家。
⇒世美（マッテーオ・ダ・カンピオーネ　?-1396）

Matteo da Gualdo 〈15・16世紀〉
イタリアの画家。
⇒世美（マッテーオ・ダ・グアルド　1435頃-1507）

Matteo de' Pasti 〈15世紀〉
イタリアのメダル制作家, 建築家。
⇒世美（マッテーオ・デ・パスティ　1420頃-1467/68）

Matteo di Giovanni Bartolo 〈15世紀〉
イタリアの画家。主作品は『幼児の大虐殺』（1482）。
⇒国小（マテオ・ディ・ジョバンニ　1435頃-1495）
　新美（マッテーオ・ディ・ジョヴァンニ　1433頃-1495）
　世美（マッテーオ・ディ・ジョヴァンニ　1430頃-1495）

Matthaios 〈1世紀〉
キリストの12使徒の一人。伝統的にマタイ福音書の著者と信じられている。
⇒岩ケ（聖マタイ　1世紀）
　外国（マタイ　1世紀）

キリ（マタイ）
広辞4（マタイ）
広辞6（マタイ）
国小（マタイ）
コン2（マタイ（マタイオス） 1世紀）
コン3（マタイ 生没年不詳）
新美（マタイ）
人物（マタイ 生没年不詳）
聖書（マタイ）
聖人（マタイ 1世紀）
西洋（マタイ）
世西（マタイ）
世美（マタイ（聖））
世百（マタイ 生没年不詳）
全書（マタイ）
大辞（マタイ）
大辞3（マタイ）
大百（マタイ）
伝世（マタイ 1世紀）
百科（マタイ 生没年不詳）

Matthew, Robert Hogg 〈20世紀〉
イギリスの建築家。元・エディンバラ大学教授。
⇒新美（マシュー、ロバート・ホッグ 1906.12.12–1975）
二十（マシュー、ロバート・ホッグ 1906.12.12–1975）

Mattielli, Lorenzo 〈17・18世紀〉
イタリアの彫刻家。
⇒世美（マッティエッリ、ロレンツォ 1680頃–1748）

Matulay, Laszlo 〈20世紀〉
アメリカのイラストレーター。
⇒児イ（Matulay, Laszlo 1912–）

Matveev, Andrei Matveevich 〈18世紀〉
ロシアの画家。
⇒芸術（マトヴェーエフ、アンドレイ・マトヴェーヴィッチ 1701–1739）
新美（マトヴェーエフ、アンドレイ 1701–1739）

Mau, August 〈19・20世紀〉
ドイツの考古学者。ポンペイ遺跡の研究に一生を捧げ、多くの貴重な労作を残した。
⇒新美（マウ、アウグスト 1840.10.15–1909.3.6）
西洋（マウ 1840.10.15–1909.3.6）
世美（マウ、アウグスト 1840–1909）
二十（マウ、アウグスト 1840.10.15–1909.3.6）
名著（マウ 1840–1909）

Maudslay, Alfred Percival 〈19・20世紀〉
イギリスの考古学者。
⇒新美（モーズリー、アルフレッド 1850–1931）
二十（モーズリー、アルフレッド・P. 1850–1931）

Maufra, Maxime 〈19・20世紀〉
フランスの画家。
⇒世美（モーフラ、マクシム 1861–1918）

Maulānā Muẓaffar 'Alī 〈16世紀〉
イランの代表的細密画家。イスファハーンのチャヒル・ストゥーン宮殿の大部分の装飾画を描いたと伝えられる。
⇒西洋（マウラーナー・ムザッファル・アリー 16世紀）

Maulbertsch, Franz Anton 〈18世紀〉
オーストリアの画家。フレスコの歴史画や祭壇画を制作。
⇒キリ（マウルベルチュ、フランツ・アントーン 1724.6.7（受洗）–1796.8.8）
芸術（マウルベルチ、アントン・フランツ 1724–1796）
国小（マウルベルチュ 1724–1796）
新美（マウルベルチュ（マウルベルチュ）、フランツ・アントン 1724.6–1796.8.7）
西洋（マウルベルチュ 1724.6.8–1796.8.8）
世美（マウルベルチュ、フランツ・アントン 1724–1796）
伝世（マウルベルチュ 1724.6.8–1796.8.8）
百科（マウルベルチュ 1724–1796）

Maurer, Werner 〈20世紀〉
スイスのイラストレーター。
⇒児イ（Maurer, Werner マウラー、W.）

Mauri, Fabio 〈20世紀〉
イタリアの前衛美術家、喜劇作家。
⇒世美（マウリ、ファービオ 1926–）

Mauro, Alessandro 〈18世紀〉
イタリア出身の舞台美術家、劇場建築家の一族。
⇒世美（マウロ、アレッサンドロ （活動）1709–1748）

Mauro, Antonio 〈18世紀〉
イタリア出身の舞台美術家、劇場建築家の一族。
⇒世美（マウロ、アントーニオ （活動）1709–1736）

Mauro, Antonio 〈18世紀〉
イタリアの舞台美術家、劇場建築家。
⇒世美（マウロ、アントーニオ （活動）18世紀末）

Mauro, Domenico 〈17・18世紀〉
イタリア出身の舞台美術家、劇場建築家の一族。
⇒世美（マウロ、ドメーニコ （活動）1669–1707）

Mauro, Domenico 〈18世紀〉
イタリア出身の舞台美術家、劇場建築家の一族。
⇒世美（マウロ、ドメーニコ （活動）1750–1788）

Mauro, Francesco 〈17・18世紀〉
イタリア出身の舞台美術家、劇場建築家の一族。
⇒世美（マウロ、フランチェスコ 17世紀初頭–18世紀末）

Mauro, Gaspare 〈17・18世紀〉
イタリア出身の舞台美術家、劇場建築家の一族。
⇒世美（マウロ、ガスパレ （活動）1657–1719）

Mauro, Girolamo 〈18世紀〉
イタリア出身の舞台美術家，劇場建築家の一族。
⇒世美（マウロ，ジローラモ　1725-1766）

Mauro, Giuseppe 〈17・18世紀〉
イタリア出身の舞台美術家，劇場建築家の一族。
⇒世美（マウロ，ジュゼッペ　（活動)1699-1722）

Mauro, Pietro 〈17世紀〉
イタリア出身の舞台美術家，劇場建築家の一族。
⇒世美（マウロ，ピエトロ　（活動)1662-1697）

Mauro, Romualdo 〈17・18世紀〉
イタリア出身の舞台美術家，劇場建築家の一族。
⇒世美（マウロ，ロムアルド　（活動)1699-1756）

Mauve, Anton 〈19世紀〉
オランダの画家。漁村や農村に取材し，コロー風の灰色と青の調和を基調にした水彩画を得意とした。
⇒岩ケ（マウフェ，アントン　1838-1888）
　国小（モーブ　1838-1888）
　新美（マウヴェ，アントン　1838.9.18-1888.2.5）
　世美（マウフェ，アントン　1838-1888）

Mauzey, Merritt 〈20世紀〉
アメリカのイラストレーター。
⇒児イ（Mauzey, Merritt　モーセイ, M.　1898-）

Mavignier, Almir 〈20世紀〉
ブラジルの画家。
⇒美術（マヴィニエ，アルミール　1925-）

Mavrina, Tatjjana Alekseevna 〈20世紀〉
ロシアのイラストレーター。
⇒児イ（Mavrina, Tatjjana Alekseevna　マブリナ, T.A.　1902-）
　児文（マーヴリナ，タチヤーナ・A.　1902-）
　二十（マーヴリナ，タチヤーナ　1902-）

Max, Gabriel Cornelius von 〈19・20世紀〉
オーストリアの画家。ロマン派風の歴史画を描き，また病理学，人類学，心理学に対する興味はその作品にも現れている。
⇒芸術（マックス，ガブリエル　1840-1915）
　新美（マックス，ガブリエル　1840.8.23-1915.11.24）
　西洋（マックス　1840.8.23-1915.11.24）
　世芸（マックス，ガブリエル　1840-1915）
　二十（マックス，ガブリエル　1840.8.23-1915.11.24）

Max, Peter 〈20世紀〉
アメリカのイラストレーター。
⇒児イ（Max, Peter　マックス, P.）
　世芸（マックス，ピーター　1937-）

Maxey, Betty 〈20世紀〉
アメリカのイラストレーター。
⇒児イ（Maxey, Betty　マクシー, B.）

Maximilian I 〈15・16世紀〉
ドイツ王(在位1486～1519)，神聖ローマ皇帝(在位1493～1519)。
⇒岩ケ（マクシミリアン1世　1459-1519）
　旺世（マクシミリアン(1世)　1459-1519）
　外国（マクシミリアン1世　1459-1519）
　角世（マクシミリアン1世〔神聖ローマ〕　1459-1519）
　教育（マクシミリアン一世　1459-1519）
　キリ（マクシミーリアーン1世　1459.3.22-1519.1.12）
　広辞4（マクシミリアン一世　1459-1519）
　広辞6（マクシミリアン一世　1459-1519）
　皇帝（マクシミリアン1世　1459-1519）
　国小（マクシミリアン1世　1459.3.22-1519.1.12）
　国百（マクシミリアン一世　1459.3.22-1519.1.12）
　コン2（マクシミリアン1世　1459-1519）
　コン3（マクシミリアン1世　1459-1519）
　新美（マクシミリアン一世　1459.3.22-1519.1.12）
　人物（マクシミリアン一世　1459.3.22-1519.1.12）
　西洋（マクシミリアン一世　1459.3.22-1519.1.12）
　世人（マクシミリアン1世　1459-1519）
　世西（マクシミリアン一世　1459.3.22-1519.1.12）
　世百（マクシミリアン1世　1459-1519）
　全書（マクシミリアン一世　1459-1519）
　大辞（マクシミリアン一世　1459-1519）
　大辞3（マクシミリアン一世　1459-1519）
　大百（マクシミリアン一世　1459-1519）
　デス（マクシミリアン1世　1459-1519）
　伝世（マクシミーリアン1世　1459-1519）
　統治（マクシミリアン一世　(在位)1493-1519）
　百科（マクシミリアン1世　1459-1519）
　評世（マクシミリアン1世　1459-1519）
　山世（マクシミリアン1世　1459-1519）
　歴史（マクシミリアン1世　1459-1519）

Maxwell, Vera 〈20世紀〉
アメリカのファッション・デザイナー。
⇒世女日（マクスウェル，ヴェーラ　1901-1996）

May, Ernst 〈19・20世紀〉
ドイツの建築家，都市設計家。1927年建築誌『ノイエ・フランクフルト』を創刊，編集。30～34年ソ連都市計画を担当。
⇒国小（マイ　1886.6.27-1970.9.11）
　西洋（マイ　1886.7.27-1970.9.11）
　世美（マイ，エルンスト　1886-1970）

May, Phil 〈19・20世紀〉
イギリスの社会・政治漫画家。96年より『パンチ』紙の漫画家として活躍。簡潔な線と諷刺と情味のある作風で知られた。
⇒岩ケ（メイ，フィル(フィリップ・ウィリアム)　1864-1903）
　国小（メー　1864.4.22-1903.8.5）

Mayakovskii, Vladimir

Vladimirovich 〈20世紀〉
ソ連の詩人。ロシア未来派を創設。『ズボンをはいた雲』(1915),『風呂』(1930)など。
⇒岩ケ（マヤコフスキー，ウラジーミル（・ウラジーミロヴィチ） 1893-1930）
演劇（マヤコフスキー，ウラジーミル 1893-1930）
外国（マヤコーフスキー 1894-1930）
角世（マヤコフスキー 1893-1930）
幻想（マヤコーフスキイ，ヴラジーミル・ヴラジーミロヴィチ 1893-1930）
広辞5（マヤコフスキー 1893-1930）
広辞6（マヤコフスキー 1893-1930）
国小（マヤコフスキー 1893.7.19-1930.4.14）
国百（マヤコフスキー，ウラディミル・ウラディミロビッチ 1893.7.19-1930.4.14）
コン3（マヤコフスキー 1893-1930）
児文（マヤコフスキー，ウラジミール・B. 1893-1930）
集世（マヤコフスキー，ウラジーミル・ウラジーミロヴィチ 1893.7.7-1930.4.14）
集文（マヤコフスキー，ウラジーミル・ウラジーミロヴィチ 1893.7.7-1930.4.14）
新美（マヤコフスキー，ウラジーミル 1893.12.7(19)-1930.4.14）
人物（マヤコフスキー 1893.7.7-1933.4.14）
西洋（マヤコフスキー 1893.7.19-1930.4.14）
世映（マヤコフスキー，ヴラディーミル 1893-1930）
世西（マヤコーフスキー 1894-1930.4.14）
世百（マヤコフスキー 1893-1930）
世百新（マヤコーフスキー 1893-1930）
世文（マヤコフスキー，ヴラジーミル・ヴラジミロヴィチ 1893-1930）
全書（マヤコフスキー 1893-1930）
大辞2（マヤコフスキー 1893-1930）
大辞3（マヤコフスキー 1893-1930）
大百（マヤコフスキー 1894-1930）
伝世（マヤコフスキー 1893.7.19-1930.4.14）
ナビ（マヤコフスキー 1893-1930）
二十（マヤコフスキー，ウラジーミル 1893.7.19(12.7, 12.19)-1930.4.14）
百科（マヤコーフスキー 1893-1930）
評世（マヤコフスキー 1894-1930）
名詩（マヤコフスキー，ウラジーミロヴィチ 1893-1930）
名著（マヤコフスキー 1893-1930）
山世（マヤコフスキー 1893-1930）
歴史（マヤコフスキー 1893-1930）
ロシ（マヤコフスキー 1893-1930）

Maybeck, Bernard Ralph 〈19・20世紀〉
アメリカの建築家，カリフォルニア大学建築学部創立者。
⇒キリ（メイベック，バーナード 1862.2.7-1957.10.3）
世美（メイベック，バーナード・ラルフ 1862-1957）

Mayer, August L. 〈20世紀〉
ドイツの20世紀前半におけるスペイン絵画史研究家。『スペイン絵画史』(1913)の著者。
⇒名著（マイヤー ?-）

Mayer, Mercer 〈20世紀〉
アメリカの児童文学者。
⇒児イ（Mayer, Mercer メイヤー, M. 1943-）
児作（Mayer, Mercer メイヤー，マーサー 1943-）

Maymont, Paul 〈20世紀〉
フランスの建築家，都市計画家。
⇒世美（メイモン，ポール 1926-）

Mayno, Juan Bautista 〈16・17世紀〉
スペインの画家。
⇒世美（マイーノ，ファン・バウティスタ 1578-1641）

Mayo, Virginia 〈20世紀〉
イラストレーター。
⇒児イ（Mayo, Virginia マヨ, V.）

Mays, Lewis Victor 〈20世紀〉
アメリカのイラストレーター。
⇒児イ（Mays, Lewis Victor メイズ, L.V.）

Mazo, Juan Bautista Martinez del 〈17世紀〉
スペインの画家。主作品は『サラゴーサの眺望』(1647)。
⇒国小（マソ 1620-1687.2.10）
世美（マソ，ファン・バウティスタ・マルティネス・デル 1610頃-1667）

Mazza, Camillo 〈17世紀〉
イタリアの彫刻家。
⇒世美（マッツァ，カミッロ 1602-1672）

Mazza, Giuseppe 〈17・18世紀〉
イタリアの彫刻家，ストゥッコ装飾家。
⇒世美（マッツァ，ジュゼッペ 1653頃-1741）

Mazzacurati, Marino 〈20世紀〉
イタリアの彫刻家。
⇒世美（マッツァクラーティ，マリーノ 1908-1969）

Mazzola, Filippo 〈15・16世紀〉
イタリアの画家。
⇒世美（マッツォーラ，フィリッポ 1460頃-1505）

Mazzola-Bedoli, Girolamo 〈16世紀〉
イタリアの画家。
⇒世美（マッツォーラ＝ベドーリ，ジローラモ 1500頃-1569）

Mazzolino, Ludovico 〈15・16世紀〉
イタリアの画家。
⇒世美（マッツォリーノ，ルドヴィーコ 1480頃-1528）

Mazzon, Galliano 〈20世紀〉
イタリアの画家。

⇒世美（マッツォーン, ガッリアーノ　1896-1978）

Mazzoni, Giulio〈16・17世紀〉
イタリアの彫刻家, 画家。
⇒世美（マッツォーニ, ジューリオ　1525頃-1618頃）

Mazzoni, Guido〈15・16世紀〉
イタリアの彫刻家。
⇒世美（マッツォーニ, グイード　1450頃-1518）

Mazzoni, Sebastiano〈17世紀〉
イタリアの画家, 建築家, 詩人。
⇒世美（マッツォーニ, セバスティアーノ　1611頃-1678）

Mazzuccotelli, Alessandro〈19・20世紀〉
イタリアの金工家。
⇒世美（マッツッコテッリ, アレッサンドロ　1865-1938）

Mazzuoli, Giuseppe〈16世紀〉
イタリアの画家。
⇒世美（マッツオーリ, ジュゼッペ　1536頃-1589）

Mazzuoli, il Vecchio Giuseppe〈17・18世紀〉
イタリアの彫刻家。
⇒世美（マッツオーリ, ジュゼッペ（年長）　1644-1725）

Mda, Zakes〈20世紀〉
南アフリカ共和国の劇作家, 画家, 小説家。
⇒アフ新（ムダ　1948-）
　二十英（Mda, Zakes　1948-）

Mead, William Rutherford〈19・20世紀〉
アメリカの建築家。マキムおよびホワイトと共にニューヨークにマキム・ミード・アンド・ホワイト社を設立（1879）。
⇒西洋（ミード　1846.8.20-1928.6.30）

Meade, Holly〈20世紀〉
アメリカの教師, グラフィック・デザイナー。
⇒児作（Meade, Holly　ミード, ホリー）

Means, Elliott〈20世紀〉
アメリカのイラストレーター。
⇒児イ（Means, Elliott　ミーンズ, E.）

Measrs, Helen〈19・20世紀〉
アメリカの彫刻家。
⇒世女日（ミアーズ, ヘレン　1872-1916）

Mechlin, Leila〈19・20世紀〉
アメリカの美術評論家。
⇒世女日（メクリン, レイラ　1874-1949）

Meckauer, Walter〈19・20世紀〉
ドイツの美学者。現象学的美学の立場に立つ。
⇒国小（メッカウアー　1889-1966）

Meckel, Christoph〈20世紀〉
西ドイツの詩人, 版画家。主著, 詩集『夢遊病者用のホテル』(1958), 版画集『戦争』(1960)。
⇒国小（メッケル　1935.6.12-）

Meckenem, Israhel van〈15・16世紀〉
ドイツの銅版画家。『トランプ遊びをする人』や『輪舞』などの風俗画を残す。
⇒国小（メッケネム　1450頃-1503）
　コン2（メッケネム　1450以前-1503）
　コン3（メッケネム　1450以前-1503）
　新美（メッケネム, イスラエル・ファン　1450以前-1503.11.10）
　西洋（メッケネム　1450頃-1503.11.10）
　世美（メッケネム, イスラエル・ファン　1450以前-1503）
　百科（メッケネム　1445頃-1503）

Meckseper, Friedrich〈20世紀〉
ドイツの銅版画作家。
⇒世芸（メクセペル, フレドリッチ　1936-）
　二十（メクセペル, F.　1936-）

Meda, Giuseppe〈16世紀〉
イタリアの建築家, 土木技術者, 画家。
⇒世美（メーダ, ジュゼッペ　?-1599）

Medalla, David〈20世紀〉
フィリピンの芸術家。マニラ生れ。イギリスへ渡り, 泡や泥の機械を制作し, 認められる。
⇒美術（メダーラ, ディヴィッド　1942-）

Meddaugh, Susan〈20世紀〉
アメリカのイラストレーター。
⇒児イ（Meddaugh, Susan　メドー, S.）
　児作（Meddaugh, Susan　メドー, スーザン）

Medgyessy Ferenc〈19・20世紀〉
ハンガリーの彫刻家。
⇒新美（メッジェシ・フェレンツ　1881.1.10-1958.7.19）
　二十（メッジェシ, フェレンツ　1881.1.10-1958.7.19）

Medici, Lorenzo il Magnifico〈15世紀〉
イタリア, フィレンツェの政治家, 文人。C.メディチの孫。
⇒岩ケ（ロレンツォ・デ・メディチ　1449-1492）
　外国（メディチ, ロレンツォ　1448-1492）
　教育（メディチ　1449?-1492）
　キリ（メーディチ, ロレンツォ・デ　1449.1.1-1492.4.8）
　国小（メディチ　1449.1.1-1492.4.9）
　国百（メディチ, ロレンツォ・イル・マニフィコ　1449.1.1-1492.4.9）
　コン2（ロレンツォ・デ・メディチ　1449-1492）
　集文（メーディチ, ロレンツォ・デ　1449.1.1-

1492.4.8/9)
  新美（ロレンツォ・デ・メディチ　1449-1492）
  人物（ロレンツォ・デ・メジチ　1449-1492）
  西洋（メディチ, ロレンツォ一世　1449-1492）
  世西（メディチ, ロレンツォ・デ　1449.1.1-1492.4.8）
  世百（メディチ, ロレンツォ・イル・マニフィコ　1449-1492）
  世百（ロレンツォデメディチ　1449-1492）
  世文（ロレンツォ・デ・メディチ　1449-1492）
  全書（ロレンツォ・デ・メディチ　1449-1492）
  大百（ロレンツォ・デ・メディチ　1449-1492）
  デス（ロレンツォ・デ・メディチ　1449-1492）
  伝均（ロレンツォ・デ・メディチ　1449.1.1-1492.4.9）
  百科（メディチ　1449-1492）
  名著（ロレンツォ・デ・メディチ　1449-1492）
  歴史（ロレンツォ=デ=メディチ　1449-1492）

Medina, Sir John Baptiste ⟨17・18世紀⟩
フランドル生れのイギリスの画家。肖像画, ミルトン作『失楽園』の挿絵などを描いた。
⇒国小（メディナ　1655/60-1711）

Mee, Anne ⟨18・19世紀⟩
イギリスの画家。
⇒世女日（ミー, アン　1775頃-1851）

Mee, Margaret (Ursula) ⟨20世紀⟩
イギリスの植物画家, 旅行家。
⇒岩ケ（ミー, マーガレット（・アーシュラ）1909-1988）

Meech, Annette ⟨20世紀⟩
イギリスのガラス工芸家。
⇒世芸（ミーチ, アネッテ　?-）

Meeks, Arone Raymond ⟨20世紀⟩
オーストラリアのイラストレーター。
⇒児イ（Meeks, Arone Raymond　ミークス, A.R.）

Meerson, Lazare ⟨20世紀⟩
帝政ロシア生れの映画美術監督。
⇒世映（メールソン, ラザール　1900-1938）

Meidias ⟨前5・4世紀頃⟩
ギリシアの陶工。
⇒ギリ（メイディアス　（活動）前4世紀中期）
  西洋（メイディアス　前5世紀）

Meidner, Ludwig ⟨19・20世紀⟩
ドイツの画家。
⇒キリ（マイトナー, ルートヴィヒ　1884.4.18-1966.5.14）
  世美（マイトナー, ルートヴィヒ　1884-1966）

Meier, Richard ⟨20世紀⟩
アメリカの建築家。
⇒二十（マイヤー, リチャード　1934-）

Meier-Denninghoff, Brigitte ⟨20世紀⟩
ドイツの女性彫刻家。
⇒世美（マイヤー=デニングホフ, ブリギッテ　1923-）

Meier-Graefe, Julius ⟨19・20世紀⟩
ドイツの美術史家, 美術評論家。印象派, 後期印象派, 特にセザンヌらの研究。主著『印象主義』(1927)。
⇒外国（マイヤー・グレーフェ　1867-1935）
  国小（マイエル・グレフェ　1867-1935）
  コン2（マイアー・グレーフェ　1867-1935）
  コン3（マイアー・グレーフェ　1867-1935）
  新美（マイヤー・グレーフェ, ユーリウス　1867.6.10-1935.6.5）
  人物（マイヤー・グレフェ　1867.6.10-1935.6.5）
  西洋（マイヤー・グレーフェ　1867.6.10-1935.6.5）
  世百（マイアーグレフェ　1867-1935）
  全書（マイヤー・グレーフェ　1867-1935）
  二十（マイアー・グレーフェ, ユーリウス　1867.6.10-1935.6.5）
  名著（マイアー・グレーフェ　1867-1935）

Meikle, Andrew ⟨18・19世紀⟩
イギリスの水車大工, 発明家。1786年今日のものの原型である回転鼓胴を応用した実用的脱穀機を発明。
⇒岩ケ（ミークル, アンドリュー　1719-1811）
  外国（ミクル　1719-1811）

Meiss, Millard ⟨20世紀⟩
アメリカの美術史学者。国際美術史学会会長。イタリアの中世後期とルネッサンスの美術を研究。
⇒西洋（ミース　1904.3.25-1975.6.12）

Meissner, Friedrich ⟨20世紀⟩
ドイツの画家。
⇒世芸（マイスナー, フレンドリッチ　1926-）

Meissonier, Jean Louis Ernest ⟨19世紀⟩
フランスの画家。ナポレオン1世の戦役に取材した歴史画や, 風俗画を描いた。
⇒岩ケ（メソニエ,（ジャン・ルイ・）エルネスト　1815-1891）
  芸術（メッソニエ, ジャン・ルイ・エルネスト　1815-1891）
  国小（メッソニエ　1815.2.21-1891.1.31）
  新美（メッソニエ, エルネスト　1815.2.21-1891.1.31）
  人物（メソニエ　1815.2.21-1891.1.31）
  西洋（メソニエ　1815.2.21-1891.1.31）
  世美（メッソニエ, ジャン=ルイ=エルネスト　1815-1891）
  全書（メソニエ　1815-1891）
  大百（メソニエ　1815-1891）

Meissonier, Juste Aurèle ⟨17・18世紀⟩
フランスの建築家, 室内装飾家, 彫刻家, 画家, 金細工師。
⇒芸術（メッソニエ, オーレール　1693-1750）
  建築（メッソニエ, ジュスト=オレール　1695-

1750)
国小（メッソニエ　1693/5-1750.7.31）
コン2（メッソニエ　1695頃-1750）
コン3（メッソニエ　1695頃-1750）
新美（メッソニエ, ジュスト＝オレール　1695-1750.7.31）
西洋（メッソニエ　1693/5-1750.7.31）
世美（メッソニエ, ジュスト＝オーレル　1693-1750）
全書（メソニエ　1695-1750）
大百（メソニエ　1695-1750）
百科（メソニエ　1695-1750）

Meister des Todes Maria 〈15・16世紀頃〉
ドイツのケルン派の画家。
⇒西洋（マイスター・デス・トーデス・マリア　15/16世紀頃）

Meister E.S. 〈15世紀〉
ドイツの版画家。
⇒キリ（エー・エス（マイスター・エー・エス）（活躍）1450頃-1467）
世美（マイスターE.S　1400頃-1467頃）

Meit, Conrad 〈15・16世紀〉
ドイツの彫刻家, 木版画家。オーストリア, ハプスブルク家のために墓碑（1505〜26）を制作。
⇒芸術（マイト, コンラート　1480頃-1550/51）
国小（マイト　1475頃-1545頃）
新美（マイト, コンラート　1475頃-1550頃）
西洋（マイト　1470/80-1544以後）
世美（マイト, コンラート　1480頃-1550頃）
全書（マイト　1475頃-1550頃）
百科（マイト　1475頃-1550頃）

Mekas, Jonas 〈20世紀〉
リトアニア生れの映像作家, 詩人。
⇒世映（メカス, ジョナス　1922-）

Melanthios 〈前4世紀〉
ギリシアの画家。
⇒世美（メランティオス　前4世紀）

Melchers, Gari 〈19・20世紀〉
アメリカの画家。1893年シカゴ万国博覧会の装飾を手がけ, アカデミックな作風で, 風景, 肖像, 人物, 宗教画を描いた。主作品『マドンナ』（1906〜07）など。
⇒国小（メルチャーズ　1860.8.11-1932.11.30）

Melchior, Johann Peter 〈18・19世紀〉
ドイツの彫刻家, 陶器原型製作者。マインツの選挙侯のために彫刻を制作（1765）。
⇒西洋（メルヒオル　1742.10.12-1825.6.13）

Meleagros 〈前2・1世紀〉
ギリシアのエピグラム詩人, キニク派哲学者。ギリシア最初の詩選集『花冠』を編む。
⇒岩ケ（メレアグロス　（活躍）前80頃）
ギリ（メレアグロス　前95頃）
国小（メレアグロス　前140頃-70頃）
コン2（メレアグロス）
コン3（メレアグロス）
集世（メレアグロス　前140-前70頃）
集文（メレアグロス　前140-前70頃）
新美（メレアグロス）
西洋（メレアグロス　前140頃-70頃）
世文（メレアグロス　前140頃-70頃）
全書（メレアグロス　生没年不詳）

Meléndez, Luis 〈18世紀〉
スペインの画家。
⇒世美（メレンデス, ルイス　1716-1780）

Meliore di Iacopo 〈13世紀〉
イタリアの画家。
⇒世美（メリオーレ・ディ・ヤーコポ　13世紀）

Mellan, Claude 〈16・17世紀〉
フランスの素描家, 版画家, 画家。
⇒世美（メラン, クロード　1598-1688）

Mellery, Xavier 〈19・20世紀〉
ベルギーの画家。
⇒新美（メルリ, グザヴィエ　1845.8.9-1921.2.4）
世美（メルリ, グザヴィエ　1845-1921）

Melli, Roberto 〈19・20世紀〉
イタリアの画家, 彫刻家。
⇒世美（メッリ, ロベルト　1885-1958）

Mellon, Paul 〈20世紀〉
アメリカの美術収集家, 慈善家。
⇒岩ケ（メロン, ポール　1907-）

Melnikoff, Avraham 〈20世紀〉
イスラエルの彫刻家。
⇒ユ人（メルニコフ, アブラハム　1892-1960）

Melnikov, Konstantin Stepanovich 〈19・20世紀〉
ソ連邦の建築家。『パリ装飾美術博覧会のソヴェート館』（1925）は, 新しい空間構成によるソ連独自の近代建築を示すものとして高く評価された。
⇒西洋（メリニコフ　1890.8.3-1974）
世美（メリニコフ（またはメーリニコフ）, コンスタンチン・ステパノヴィチ　1890-1974）

Melone, Altobello 〈16世紀〉
イタリアの画家。
⇒世美（メローネ, アルトベッロ　（活動）1508-1535頃）

Meloni, Gino 〈20世紀〉
イタリアの画家。
⇒世美（メローニ, ジーノ　1905-）

Melotti, Fausto 〈20世紀〉
イタリアの彫刻家。
⇒世美（メロッティ, ファウスト　1901-1986）

Melozzo da Forli 〈15世紀〉
イタリアの画家。主作品は聖アポストリ聖堂の天井画『昇天』(1480)。
⇒芸術（メロッツォ・ダ・フォルリ　1438–1494）
　国小（メロッツォ・ダ・フォルリ　1438.6.6–1494.11.8）
　コン2（メロッツォ・ダ・フォルリ　1438–1494）
　コン3（メロッツォ・ダ・フォルリ　1438–1494）
　新美（メロッツォ・ダ・フォルリ　1438–1494.11.8）
　西洋（メロッツォ・ダ・フォルリ　1438.6.6–1494.11.8）
　世西（メロッツォ・ダ・フォルリ　1438–1494）
　世美（メロッツォ・ダ・フォルリ　1438–1494）
　世百（メロッツォダフォルリ　1438–1494）
　全書（メロッツォ・ダ・フォルリ　1438–1494）
　大百（メロッツォ・ダ・フォルリ　1438–1494）
　百科（メロッツォ・ダ・フォルリ　1438–1494）

Melzi, Francesco 〈15・16世紀〉
イタリアの画家。レオナルド・ダ・ビンチの弟子で，遺産相続人。
⇒芸術（メルツィ，フランチェスコ　1492/93–1566以後/1570頃）
　国小（メルツィ　1492/3–1570）
　新美（メルツィ，フランチェスコ　1493–1570）
　西洋（メルツィ　1493–1570）
　世美（メルツィ，フランチェスコ　1493–1570頃）

Memling, Hans 〈15世紀〉
フランドルの画家。主作品『ディプティコン』(1487)。
⇒岩ケ（メムリンク，ハンス　1435頃–1494）
　外国（メムリンク　1425/–35–1494）
　角世（メムリンク　1435?–1494）
　キリ（メムリンク，ハンス　1435頃–1494.8.11）
　芸術（メムリンク，ハンス　1430/40–1494）
　広辞4（メムリンク　1430/40頃–1494）
　広辞6（メムリンク　1430/40頃–1494）
　国小（メムリンク　1440頃–1494.8.11）
　国百（メムリンク，ハンス　1440頃–1494.8.11）
　コン2（メムリンク　1435頃–1494）
　コン3（メムリンク　1430/40–1494）
　新美（メムリンク，ハンス　1430/–40頃–1494.8.11）
　人物（メムリンク　1430頃–1494.8.11）
　西洋（メムリンク　1430頃–1494.8.11）
　世西（メムリング　1430頃–1494.8.11）
　世美（メムリンク，ハンス　1430/35–1494）
　世百（メムリンク　1430頃–1494?）
　全書（メムリンク　1433頃–1494）
　大辞（メムリンク　1430頃–1494）
　大辞3（メムリンク　1430頃–1494）
　大百（メムリンク　1435–1494）
　デス（メムリンク　1430頃–1494）
　伝世（メムリンク　1440頃–1494）
　百科（メムリンク　1440頃–1494）

Memmi, Lippo 〈14世紀〉
イタリアの画家。1333年『聖告』の制作に協力。
⇒芸術（メムミ，リッポ　?–1356頃）
　国小（メムミ　?–1356）
　新美（メンミ，リッポ）
　世美（メンミ，リッポ　14世紀前半）

Memmo di Filippuccio 〈13・14世紀〉
イタリアの画家。
⇒世（メンモ・ディ・フィリップッチョ　（活動）13世紀末–1325頃）

Mena, Pedro de 〈17世紀〉
スペインの彫刻家。
⇒国小（メナ　1628.8.20–1688.10.13）
　新美（メーナ，ペドロ・デ　1628.8–1688.10.13）
　スペ（メーナ　1628–1688）
　西洋（メナ　1628.8.20–1688.10.13）
　世美（メーナ・イ・メドラーノ，ペドロ・デ　1628–1688）
　百科（メーナ　1628–1688）

Ménard, Louis Nicolas 〈19・20世紀〉
フランスの化学者，詩人，画家。随筆『革命についての序言』(1849)や詩集『四季の花』(1877)，そのほか絵画論など幅広い活動をした。
⇒国小（メナール　1822.10.19–1901.2.9）
　集文（メナール，ルイ＝ニコラ　1822.10.19–1901.2.9）
　西洋（メナール　1822–1901.2）

Ménard, Marie-Auguste-Émile-René 〈19・20世紀〉
フランスの画家。古代風の風景や肖像画を描いた。主作品『羊の群』(1901)。
⇒芸術（メナール，ルネ・エミール　1862–1930）
　国小（メナール　1862.4.15–1930.1.13）
　新美（メナール，エミール＝ルネ　1862.4.15–1930.1.13）
　世芸（メナール，ルネ・エミール　1862–1930）
　二十（メナール，エミール・ルネ　1862.4.15–1930.1.13）

Mendelsohn, Erich 〈19・20世紀〉
アメリカで活躍したユダヤ系の建築家。ドイツ表現主義建築の代表作といわれるアインシュタイン塔(1920)などを設計。
⇒岩ケ（メンデルゾーン，エーリヒ　1887–1953）
　オ西（メンデルゾーン，エリヒ　1887–1953）
　外国（メンデルゾーン　1887–）
　キリ（メンデルゾーン，エーリヒ　1887.3.21–1953.9.15）
　国小（メンデルスゾーン　1887.5.21–1953.10.15）
　コン3（メンデルゾーン　1887–1953）
　新美（メンデルゾーン，エーリヒ（エリック）　1887.3.21–1953.9.16）
　人物（メンデルゾーン　1887.3.21–1953.9.15）
　西洋（メンデルゾーン　1887.3.21–1953.9.15）
　世美（メンデルゾーン，エーリヒ（またはエリック）　1887–1953）
　世百（メンデルゾーン　1887–1953）
　世百新（メンデルゾーン　1887–1953）
　全書（メンデルゾーン　1887–1953）
　大辞2（メンデルゾーン　1887–1953）
　大辞3（メンデルゾーン　1887–1953）
　大百（メンデルゾーン　1887–1953）
　伝世（メンデルゾーン　1887.3.21–1953.9.15）
　ナビ（メンデルゾーン　1887–1953）
　二十（メンデルゾーン，エーリヒ　1887.3.21–1953.9.15）
　百科（メンデルゾーン　1887–1953）

ユ人（メンデルゾーン，エリッヒ　1887-1953）

Menelaos
ギリシア神話のスパルタ王。
⇒コン2（メネラオス）
　新美（メネラーオス）
　世美（メネラオス）
　全書（メネラオス）

Menelaos Marcus Cossutius〈前2・1世紀〉
ギリシア出身の古代ローマ彫刻家（前1世紀末）。『エレクトラとオレステス』の作者。
⇒国小（メネラオス　生没年不詳）
　世美（メネクラテス　前2世紀）

Mēnēs〈前30世紀頃〉
エジプト第1王朝の祖（在位前2850頃）。
⇒皇帝（メネス　生没年不詳）
　コン2（メネス）
　コン3（メネス　生没年不詳（在位）前2925頃）
　新美（メーネース）
　人物（メネス　生没年不詳）
　西洋（メネス）
　世人（メネス　生没年不詳）
　世西（メネス）
　全書（メネス　生没年不詳）
　大百（メネス）
　伝世（メネス　前3000頃）
　百科（メネス　（在位）前2950/3100頃）
　評世（メネス王　前3200頃）
　歴史（メネス）

Mengoni, Giuseppe〈19世紀〉
イタリアの建築家。
⇒建築（メンゴーニ，ジュゼッペ　1829-1877）
　世美（メンゴーニ，ジュゼッペ　1829-1877）

Mengozzi Colonna, Gerolamo〈17・18世紀〉
イタリアの画家。
⇒世美（メンゴッツィ・コロンナ，ジェローラモ　1688頃-1772頃）

Mengs, Anton Raphael〈18世紀〉
ドイツの画家。古典主義的な作風で宗教画やパステルによる肖像画を得意とした。
⇒岩ケ（メングス，アントン・ラファエル　1728-1779）
　外国（メングス　1728-1779）
　芸術（メングス，アントン・ラファエル　1728-1779）
　国小（メングス　1728.5.22-1779.6.29）
　コン2（メングス　1728-1779）
　コン3（メングス　1728-1779）
　新美（メングス，アントン・ラファエル　1728.3.22-1779.6.29）
　スペ（メングス　1728-1779）
　西洋（メングス　1728.3.22-1779.6.29）
　世西（メングス　1728.3.22-1779.6.29）
　世美（メングス，アントン・ラファエル　1728-1779）
　世百（メングス　1728-1779）
　全書（メングス　1728-1779）
　伝世（メングス　1728.3.22-1779.6.29）
　百科（メングス　1728-1779）

Menguy, Frédérique〈20世紀〉
フランス生れの画家。
⇒世芸（マンギー，フレデリック　1927-）

Men-kau-Ra〈前26・25世紀〉
エジプト古王国時代，第4王朝の王。前2530年頃統治。
⇒外国（メンクーレ　前26世紀）
　皇帝（メンカウラー（ミケリーノス）　?-前2470頃）
　国小（メンカウラー　生没年不詳）
　コン2（メン・カウ・ラー）
　コン3（メン・カウ・ラー　生没年不詳（在位）前2530頃）
　新美（メンカウラー）
　西洋（メン・カウ・ラー）
　世人（メンカウラー　生没年不詳）
　統治（メンカウラー（ミュケリノス）（在位）前2578-2553頃）

Menn, Barthélemy〈19世紀〉
スイスの画家。
⇒世美（メン，バルテレミー　1815-1893）

Menni, Alfredo〈19・20世紀〉
イタリアの建築家。
⇒世美（メンニ，アルフレード　1870-1946）

Menodoros〈前1世紀〉
ギリシアの彫刻家。
⇒世美（メノドロス（マロス出身の）（活動）前1世紀初頭）

Menodoros〈1世紀〉
ギリシアの彫刻家。
⇒世美（メノドロス　（活動）1世紀）

Mense, Carl〈19・20世紀〉
ドイツの画家，グラフィック画家。
⇒世美（メンゼ，カール　1886-1965）

Mentessi, Giuseppe〈19・20世紀〉
イタリアの画家。
⇒世美（メンテッシ，ジュゼッペ　1857-1931）

Mentor, Blasco〈20世紀〉
スペイン生れの画家。
⇒世芸（メントール，ブラスコ　1919-）

Mentu-hotep II〈前21世紀〉
エジプト第11王朝の王（在位前2061～2011）。
⇒外国（メントゥホテップ2世　前21世紀）
　皇帝（メントゥヘテプ2世　?-前2010頃）
　コン2（メント・ホテップ2世）
　コン3（メント・ホテップ2世　生没年不詳（在位）前2061-2011）
　新美（メントゥホテブ二世）

Menzel, Adolf Friedrich Erdmann

von 〈19・20世紀〉
ドイツの画家，版画家。おもな作品は『フリードリヒ大王の軍隊』(1842～57)，『サンスーシ宮の円卓会議』(1852)。
⇒外国（メンツェル 1815-1905）
　キリ（メンツェル，アードルフ・フリードリヒ・エールトマン・フォン 1815.12.8-1905.2.9）
　芸術（メンツェル，アドルフ・フォン 1815-1905）
　広辞4（メンツェル 1815-1905）
　広辞5（メンツェル 1815-1905）
　広辞6（メンツェル 1815-1905）
　国小（メンツェル 1815.12.8-1905.2.9）
　コン3（メンツェル 1815-1905）
　新美（メンツェル，アードルフ 1815.12.8-1905.2.9）
　西洋（メンツェル 1815.12.8-1905.2.9）
　世西（メンツェル 1815-1905）
　世美（メンツェル，アドルフ・フォン 1815-1905）
　世百（メンツェル 1815-1905）
　大辞（メンツェル 1815-1905）
　大辞2（メンツェル 1815-1905）
　大辞3（メンツェル 1815-1905）
　大百（メンツェル 1815-1905）
　百科（メンツェル 1815-1905）

Menzio, Francesco 〈20世紀〉
イタリアの画家。
⇒世美（メンツィオ，フランチェスコ 1899-1979）

Meo da Siena 〈13・14世紀〉
イタリアの画家。
⇒世美（メーオ・ダ・シエーナ 13世紀末-14世紀初頭）

Mercati, Venturino 〈15世紀〉
イタリアの写本装飾画家。
⇒世美（メルカーティ，ヴェントゥリーノ 15世紀）

Mercié, Marius Jean Antonin 〈19・20世紀〉
フランスの彫刻家。23歳でローマ賞を得てローマに赴き，彼の代表作の一『ダヴィド』を制作，ついで『グロリア・ヴィクティス』(1875)を作り，近代彫刻界の佳作とされた。
⇒西洋（メルシエ 1845.10.30-1916.12.14）

Mercier, Philip 〈17・18世紀〉
フランス系のイギリスの画家。
⇒世美（メルシエ，フィリップ 1689-1760）

Merello, Rubaldo 〈19・20世紀〉
イタリアの画家，彫刻家。
⇒世美（メレッロ，ルバルド 1872-1922）

Merian, Maria Sibylla 〈17・18世紀〉
スイスの女流画家。昆虫の変態に関する動物学的著作もある。
⇒西洋（メーリアン 1647.4.2-1717.1.13）

Merian, Matthäus 〈16・17世紀〉
スイスの版画家，出版業者。聖書の挿絵やドイツの町の風景画などを制作出版。
⇒国小（メーリアン 1593-1650）
　西洋（メーリアン（父） 1593.9.25-1650.6.19）
　世美（メーリアン，マトイス 1593-1650）

Merian, Matthäus 〈17世紀〉
スイスの画家，銅版画家。教会の図や肖像画を描いた。
⇒西洋（メーリアン（子） 1621.3.25-1687.2.15）

Merida, Carlos 〈20世紀〉
メキシコのイラストレーター。
⇒児イ（Merida, Carlos メリダー, C.）

Mérimée, Prosper 〈19世紀〉
フランスの小説家。
⇒逸話（メリメ 1803-1870）
　岩ケ（メリメ，プロスペル 1803-1870）
　外国（メリメ 1803-1870）
　幻想（メリメ，プロスペル 1803-1870）
　幻文（メリメ，プロスペール 1803-1870）
　広辞4（メリメ 1803-1870）
　広辞6（メリメ 1803-1870）
　国小（メリメ 1803.9.28-1870.9.23）
　国百（メリメ，プロスペール 1803.9.28-1870.9.23）
　コン2（メリメ 1803-1870）
　コン3（メリメ 1803-1870）
　児童（メリメ，プロスペル 1803-1870）
　集世（メリメ，プロスペール 1803.9.28-1870.9.23）
　集文（メリメ，プロスペール 1803.9.28-1870.9.23）
　新美（メリメ，プロスペル 1803.9.28-1870.9.23）
　人物（メリメ 1803.9.28-1870.9.23）
　西洋（メリメ 1803.9.28-1870.9.23）
　世西（メリメ 1803.9.28-1870.9.23）
　世百（メリメ 1803-1870）
　世文（メリメ，プロスペル 1803-1870）
　全書（メリメ 1803-1870）
　大辞（メリメ 1803-1870）
　大辞3（メリメ 1803-1870）
　大百（メリメ 1803-1870）
　デス（メリメ 1803-1870）
　伝世（メリメ 1803-1870）
　名著（メリメ 1803-1870）

Merkling, Erica 〈20世紀〉
アメリカのイラストレーター。
⇒児イ（Merkling, Erica）

Merlo, Carlo Giuseppe 〈17・18世紀〉
イタリアの建築家。
⇒建築（メルロ，カルロ・ジュゼッペ 1690-1761）
　世美（メルロ，カルロ・ジュゼッペ 1690-1761）

Merritt, Anna Lea 〈19・20世紀〉
イギリスの画家。
⇒世女日（メリット，アンナ・リー 1844-1930）

Merwin, Decie 〈20世紀〉
アメリカのイラストレーター。
⇒児イ（Merwin, Decie マーウィン, D.）

Méryon, Charles 〈19世紀〉
フランスの版画家, 画家。
- ⇒芸術（メリヨン, シャルル　1821-1868）
- 幻想（メリヨン, シャルル　1821-1868）
- 国小（メリヨン　1821.11.23-1868.2.13）
- 新美（メリヨン, シャルル　1821.11.23-1868.2.14）
- 世美（メリヨン, シャルル　1821-1868）
- 百科（メリヨン　1821-1868）

Merz, Heinrich 〈19世紀〉
ドイツのルター派神学者, キリスト教美術研究者。
- ⇒キリ（メルツ, ハインリヒ　1816-1893）

Merz, Mario 〈20世紀〉
イタリアの美術家, 彫刻家。
- ⇒世芸（メルツ, マリオ　1925-）
- 世美（メルツ, マーリオ　1925-）
- 美術（メルツ, マリオ　1925-）

Mesa, Juan de 〈16・17世紀〉
スペインの彫刻家, 建築家。
- ⇒新美（メーサ, ホアン・デ　1583-1627.11.26）

Mesdag, Hendrik Willem 〈19・20世紀〉
オランダの海洋画家。ロマンチックな海洋画をパリのサロンに出品。
- ⇒オ西（メスダッハ, ヘンドリック・ウィレム　1831-1915）
- 芸術（メスデー, ヘンドリック・ウィレム　1831-1915）
- 国小（メスダグ　1831.2.23-1915.7.7）
- 西洋（メスダフ　1831.2.23-1915.7.10）
- 世芸（メスデー, ヘンドリック・ウィレム　1831-1915）
- 世美（メスダッハ, ヘンドリック・ウィレム　1831-1915）

Mesghali, Farshid 〈20世紀〉
フランスのイラストレーター。
- ⇒児イ（Mesghali, Farshid　メスガーリ, F.　1943-）

Mesnil, Jacques 〈19・20世紀〉
ベルギーの美術史家。
- ⇒世美（メニル, ジャック　1871-1940）

Messel, Alfred 〈19・20世紀〉
ドイツの建築家。主作品はベルリンのウェルトハイム百貨店（1896～1904）。
- ⇒オ西（メッセル, アルフレート　1853-1909）
- 外国（メッセル　1853-1909）
- 国小（メッセル　1853-1909）
- コン2（メッセル　1853-1909）
- コン3（メッセル　1853-1909）
- 西洋（メッセル　1853.7.22-1909.3.24）
- 大百（メッセル　1853-1909）

Messel, Oliver 〈20世紀〉
イギリスの画家, 舞台美術家。
- ⇒演劇（メセル, オリヴァー　1905-1978）
- オペ（メセル, オリヴァー　1904.1.13-1978.7.13）
- 国小（メッセル　1905.1.13-）
- バレ（メッセル, オリヴァー　1905.1.13-1978.7.13）

Messerschmidt, Franz Xaver 〈18世紀〉
オーストリアの彫刻家。
- ⇒芸術（メッサーシュミット, フランツ　1736-1783）
- 国小（メッサーシュミット　1736.2.6-1783.8.19）
- 新美（メッサーシュミット, フランツ・クサファー　1736.2.6-1783.8.19/21）
- 世美（メッサーシュミット, フランツ・クサファー　1736-1783）

Messina, Francesco 〈20世紀〉
イタリアの彫刻家。
- ⇒世芸（メッシーナ, フランシスコ　1900-）
- 世美（メッシーナ, フランチェスコ　1900-）

Messmer, Otto 〈20世紀〉
アメリカ生れのアニメーション作家, 漫画家, イラストレイター。
- ⇒世映（メスマー, オットー　1892-1983）

Meštrović, Ivan 〈19・20世紀〉
ユーゴスラビアの彫刻家。主作品は『トーマス・ビーチャム卿像』（1915）。
- ⇒岩ケ（メシュトロヴィチ, イヴァン　1883-1962）
- 国小（メシュトロヴィチ　1883.8.15-1962.1.16）
- コン3（メシュトロヴィチ　1883-1962）
- 新美（メシュトロヴィチ, イヴァン　1883.8.15-1962.1.16）
- 西洋（メシュトロヴィチ　1883.8.15-1962.1.16）
- 世芸（メシュトロヴィッチ, イヴァン　1883-1962）
- 世西（メシュトローヴィチ　1883-1961）
- 世美（メシュトロヴィチ, イヴァン　1883-1962）
- 世百（メシュトロヴィチ　1883-1962）
- 世百新（メシュトロビッチ　1883-1962）
- 全書（メシュトロビッチ　1883-1962）
- 大百（メシュトロビッチ　1883-1962）
- 伝世（メシュトロヴィッチ　1883.8.15-1962.1.16）
- 東欧（メシュトロビッチ　1883-1962）
- 二十（メシュトロビチ, イヴァン　1883.8.15-1962.1.16）
- 百科（メシュトロビチ　1883-1962）

Metagenes 〈前6世紀〉
ギリシアの建築家。
- ⇒世美（メタゲネス　前6世紀）

Met de Bles, Herri 〈16世紀〉
フランドルの画家。
- ⇒西洋（ブレス　1510頃-1550頃）
- 世美（メット・デ・ブレス, ヘリ　1500以降-1554）

Metelli, Orneore 〈19・20世紀〉
イタリアの画家。

⇒世美（メテッリ, オルネオーレ 1872-1938）

Metezeau, Clément 〈15・16世紀〉
フランスの建築家。
⇒西洋（メトゾー（大） 1479-1555）

Metezeau, Clément 〈16・17世紀〉
フランスの建築家。Thibautの子。ルイ13世の宮廷建築家（1615～）。
⇒西洋（メトゾー（小） 1581-1652）

Metezeau, Louis 〈16・17世紀〉
フランスの建築家。Thibautの子。アンリ4世, ルイ13世の宮廷建築家（1594～）。
⇒西洋（メトゾー 1559頃-1615）

Metezeau, Thibaut 〈16世紀〉
フランスの建築家。Clément（大）の子。宮廷建築家。パリのポン・ヌフの建築計画に参加。
⇒西洋（メトゾー 1533頃-1600）

Metlicovitz, Leopoldo 〈19・20世紀〉
イタリアのデザイナー, 石版画家。
⇒世美（メトリコヴィツ, レオポルド 1868-1944）

Metsu, Gabriel 〈17世紀〉
オランダの風俗画家。主作品は『アムステルダムの青物市場』。
⇒外国（メッツ 1630-1667）
　芸術（メッツ, ハブリエル 1629-1667）
　国小（メチュー 1630-1667.10.24埋葬）
　コン2（メッツー 1630頃-1667）
　コン3（メツー 1630頃-1667）
　新美（メツゥ, ハブリエル 1630頃-1667.10）
　西洋（メツー 1629.1-1667.10.24）
　世西（メッツ 1629-1667）
　世美（メツー, ハブリエル 1629-1667）
　世百（メッツ 1629-1667）
　全書（メッツ 1629-1667）
　大百（メッツ 1629-1667）

Metzinger, Jean 〈19・20世紀〉
フランスの画家。1908年にキュビスム運動に参加, この派の主要な画家となった。
⇒オ西（メツァンジェ, ジャン 1883-1956）
　国小（メッサンジェー 1883.6.24-1956.11.1）
　コン3（メツァンジェ 1883-1956）
　新美（メツァンジェ, ジャン 1883.6.24-1956.11.1）
　人物（メツァンジェ 1883-1956）
　西洋（メツァンジェ 1883-1956.11.1）
　世芸（メッサンジェー, ジャン 1883-1952）
　世美（メツァンジェ 1883-1956）
　世美（メツァンジェ, ジャン 1883-1956）
　世百（メツァンジェ 1883-1956）
　全書（メツァンジェ 1883-1956）
　大百（メッサンジェ 1883-1956）
　二十（メツァンジェ, ジャン 1883.6.24-1956.11.1）

Metzkes, Harald 〈20世紀〉
ドイツ生れの画家, 彫刻家。
⇒世芸（メッケス, ハロルド 1929-）

Metzner, Franz 〈19・20世紀〉
ボヘミア出身のドイツの彫刻家。
⇒世美（メッツナー, フランツ 1870-1919）

Meulen, Adam Frans van der 〈17世紀〉
フランドルの画家。14世の宮廷画家となり, 戦場の情景を描いた。
⇒国小（メーレン 1632-1690）
　世美（ファン・デル・メーレン, アダム・フランス 1632-1690）

Meunier, Constantin 〈19・20世紀〉
ベルギーの彫刻家, 画家。絵も彫刻も炭鉱風景やそこに働く労働者を主題としたものが多い。
⇒オ西（ムーニエ, コンスタンタン 1831-1904）
　外国（ムーニエ 1831-1905）
　角世（ムニエ 1831-1905）
　芸術（ムーニエ, コンスタンタン 1831-1905）
　広辞4（ムーニエ 1831-1905）
　広辞5（ムーニエ 1831-1905）
　広辞6（ムーニエ 1831-1905）
　国小（ムニエ 1831.4.12-1905.4.4）
　コン2（ムニエ 1831-1905）
　コン3（ムニエ 1831-1905）
　新美（ムーニエ, コンスタンタン 1831.4.12-1905.4.4）
　人物（ムニエ 1831.4.12-1905.4.4）
　西洋（ムニエ 1831.4.12-1905.4.4）
　世芸（ムーニエ, コンスタンタン 1831-1905）
　世西（ムニエ 1831.4.12-1905.4.4）
　世美（ムーニエ, コンスタンタン 1831-1905）
　世百（ムーニエ 1831-1905）
　全書（ムーニエ 1831-1905）
　大百（ムーニエ 1831-1905）
　二十（ムーニエ, コンスタンタン 1831.4.12-1905.4.4）
　百科（ムーニエ 1831-1905）

Meyer, Adolf 〈19・20世紀〉
ドイツの建築家, 家具デザイナー。主作品はイェナのツァイス工場プラネタリウム（1925～26）。
⇒国小（マイアー 1881-1929）
　西洋（マイアー 1881-1929）

Meyer, Erich 〈20世紀〉
ドイツの美術史家。1947年ハンブルクの美術工芸博物館長。主著『中世のブロンズ作品』（1960）。
⇒国小（マイアー 1897.10.29-1967.2.4）

Meyer, Hannes 〈19・20世紀〉
スイス生れのドイツの建築家。主作品はベルナウの労働組合学校校舎（1927）。
⇒国小（マイアー 1889-1954）
　新美（マイヤー, ハンネス 1889.11.18-1954.7.19）
　西洋（マイアー 1889-1954.7.19）
　世美（マイヤー, ハンネス 1889-1954）
　二十（マイヤー, ハンネス 1889.11.18-1954.7.19）

Meyer, Hans Heinrich〈18・19世紀〉
スイスの画家, 考古学者。
⇒芸術（マイヤー, ヨハン・ハインリヒ 1760-1832）
世美（マイヤー, ハンス・ハインリヒ 1760-1832）

Meyer, Johann Heinrich〈18・19世紀〉
スイスの画家。1807年ワイマール美術学校校長。
⇒国小（マイアー 1755-1829）

Meyer-Amden, Otto〈19・20世紀〉
スイスの画家。
⇒世美（マイヤー＝アムデン, オットー 1885-1933）

Meyers, Robert W.〈20世紀〉
アメリカのイラストレーター。
⇒児イ（Meyers, Robert W. マイアーズ, R.W. 1919-）

Meytens, Martin van〈17・18世紀〉
スウェーデン（オランダ系）の画家。肖像画家としてすぐれ, ルイ十五世, ピョートル一世（大帝）, マリア・テレジア等の肖像を描いた。
⇒西洋（メイテンス 1695.6.24-1770.3.23）
世美（メイテンス, マッティン・ファン 1695-1770）

Mezie, Suzette〈20世紀〉
フランス生れの画家。
⇒世芸（メジィー, スゼッティ 1928-）

Mezzastris, Pier Antonio〈15・16世紀〉
イタリアの画家。
⇒世美（メッザストリス, ピエル・アントーニオ 1430-1506）

Micha〈20世紀〉
フランスの画家。
⇒世芸（ミッシャ 1939-）

Michaelis, *Sir* Max〈19・20世紀〉
南アフリカの美術パトロン。
⇒ユ人（ミハエリス（ミカエリス）, サー・マックス 1860-1932）

Michallon, Achille-Etna〈18・19世紀〉
フランスの画家。
⇒世美（ミシャロン, アシル＝エトナ 1796-1822）

Michałowski, Piotr〈19世紀〉
ポーランドの画家。
⇒新美（ミハウォフスキ, ピョトル 1800.7.2-1855.6.9）

Michaud, Gilbert〈20世紀〉
フランス生れの画家。
⇒世芸（ミショー, ジルベール 1948-）

Michaux, Henri〈20世紀〉
フランスの詩人。ベルギー生れ。主著『試錬, 悪魔ばらい』(1945)。
⇒オ西（ミショー, アンリ 1899-1984）
外国（ミショー 1899-）
現人（ミショー 1899.5.24-）
幻想（ミショー, アンリ 1899-）
広辞5（ミショー 1899-1984）
広辞6（ミショー 1899-1984）
国小（ミショー 1899.5.24-）
コン3（ミショー 1899-1984）
集世（ミショー, アンリ 1899.5.24-1984.10.19）
集文（ミショー, アンリ 1899.5.24-1984.10.19）
新美（ミショー, アンリ 1899.5.24-1984.10.22）
西洋（ミショー 1899.5.24-）
世西（ミショー 1899-）
世美（ミショー, アンリ 1899-1984）
世百（ミショー 1899-）
世百新（ミショー 1899-1984）
世文（ミショー, アンリ 1899-1984）
全書（ミショー 1899-1984）
大辞2（ミショー 1899-1984）
大辞3（ミショー 1899-1984）
大百（ミショー 1899-）
二十（ミショー, アンリ 1899.5.24-1984.10.18 (22)）
百科（ミショー 1899-1984）
名詩（ミショー, アンリ 1899-）

Michel, André〈19・20世紀〉
フランスの美術史家。主著『美術の歴史』(1929)。
⇒国小（ミシェル 1853-1925）
西洋（ミシェル 1853.11.17-1925.10.12）
世美（ミシェル, アンドレ 1853-1925）
名著（ミシェル 1853-1925）

Michel, Georges〈18・19世紀〉
フランスの風景画家。「モンマルトルのロイスダール」と呼ばれた。主作品『風車』。
⇒芸術（ミシェル, ジョルジュ 1763-1843）
国小（ミシェル 1763.1.12-1843.6.7）
新美（ミシェル, ジョルジュ 1763.1.12-1843.6.7）
百科（ミシェル 1763-1843）

Michela, Costanzo〈17・18世紀〉
イタリアの建築家。
⇒世美（ミケーラ, コスタンツォ 1689-1754）

Michelangelo Buonarroti〈15・16世紀〉
イタリアの画家, 彫刻家, 建築家。1496〜1501年『ピエタ』, 01〜5年『ダビデ』制作。
⇒逸話（ミケランジェロ 1475-1564）
岩ケ（ミケランジェロ 1475-1564）
旺世（ミケランジェロ 1475-1564）
外国（ミケランジェロ 1475-1564）
角世（ミケランジェロ 1475-1564）
教皇（ミケランジェロ 1475-1564）
キリ（ミケランジェロ, ブォナルローティ 1475.3.6-1564.2.18）
芸術（ミケランジェロ・ブォナローティ 1475-1564）
建築（ミケランジェロ・ブォナロッティ 1475-1564）

広辞4（ミケランジェロ　1475-1564）
広辞6（ミケランジェロ　1475-1564）
国小（ミケランジェロ　1475.3.6-1564.2.18）
国大（ミケランジェロ　1475.3.6-1564.2.18）
コン2（ミケランジェロ　1475-1564）
コン3（ミケランジェロ　1475-1564）
集世（ブオナッローティ, ミケランジェロ　1475.3.6-1564.2.18）
集文（ブオナッローティ, ミケランジェロ　1475.3.6-1564.2.18）
新美（ミケランジェロ・ブオナルローティ　1475.3.6-1564.2.18）
人物（ミケランジェロ　1475.3.6-1564.2.18）
西洋（ミケランジェロ　1475.3.6-1564.2.18）
世人（ミケランジェロ　1475-1564）
世西（ミケランジェロ　1475.3.6-1564.2.18）
世百（ミケランジェロ・ブオナッローティ　1475-1564）
世百（ミケランジェロ　1475-1564）
世文（ミケランジェロ・ブオナッローティ　1475-1564）
全書（ミケランジェロ　1475-1564）
大辞（ミケランジェロ　1475-1564）
大辞3（ミケランジェロ　1475-1564）
大百（ミケランジェロ　1475-1564）
デス（ミケランジェロ　1475-1564）
伝世（ミケランジェロ　1475.3.6-1564.2.18）
百科（ミケランジェロ　1475-1564）
評世（ミケランジェロ　1475-1564）
山世（ミケランジェロ　1475-1564）
歴史（ミケランジェロ　1475-1564）

Michel de Gallard 〈20世紀〉
フランス生れの画家。
⇒世芸（ミッシェル・デ・ガラール　1921-）

Michele da Verona 〈15・16世紀〉
イタリアの画家。
⇒世美（ミケーレ・ダ・ヴェローナ　1470頃-1536以降）

Michele di Matteo 〈15世紀〉
イタリアの画家。
⇒世美（ミケーレ・ディ・マッテーオ　（活動）15世紀前半）

Michelin, Jean 〈17世紀〉
フランスの画家。
⇒世美（ミシュラン, ジャン　1616頃/23頃-1696/70頃）

Michelino da Besozzo 〈14・15世紀〉
イタリアの画家, 写本装飾画家。
⇒世美（ミケリーノ・ダ・ベゾッツォ　（活動）1388-1450頃）

Michelozzo di Bartolommeo 〈14・15世紀〉
イタリアの彫刻家, 建築家。1446年フィレンツェの大聖堂を完成。
⇒岩ケ（ミケロッツィ(・ディ・バルトロンメオ)　1396-1472）
キリ（ミケロッツィ(ミケロッツォ)・ディ・バルトロメーオ　1396-1472.10.7）
芸術（ミケロッツォ・ディ・バルトロメオ　1396-1472）
建築（ミケロッツォ・ディ・バルトロメオ　1396-1472）
国小（ミケロッツォ・ディ・バルトロメオ　1396-1472）
コン2（ミチェロッツォ　1396-1472）
コン3（ミケロッツォ　1396-1472）
新美（ミケロッツォ・ディ・バルトロメーオ　1396-1472）
人物（ミケロッツィ　1396-1472.10.7）
西洋（ミケロッツィ　1396-1472.10.7）
世美（ミケロッツォ・ディ・バルトロメーオ・ミケロッツィ　1396-1472）
世百（ミケロッツォディバルトロメオ　1396-1472）
全書（ミケロッツォ・ディ・バルトロメオ　1396-1472）
大百（ミケロッツォ・ディ・バルトロメオ　1396-1472）
伝世（ミケロッツォ・ディ・バルトロメオ　1396-1472.10.7）
百科（ミケロッツォ・ディ・バルトロメオ　1396-1472）

Michelucci, Giovanni 〈20世紀〉
イタリアの建築家。
⇒世美（ミケルッチ, ジョヴァンニ　1891-）

Michetti, Francesco Paolo 〈19・20世紀〉
イタリアの画家, 版画家。
⇒新美（ミケッティ, フランチェスコ・パーオロ　1851.10.4-1929.3.5）
世美（ミケッティ, フランチェスコ・パーオロ　1851-1929）
二十（ミケッティ, フランチェスコ・パーオロ　1851.10.4-1929.3.5）

Michiel, Marcantonio 〈15・16世紀〉
イタリアの収集家, 美術著述家。
⇒世美（ミキエル, マルカントーニオ　1484頃-1552）

Micoleau, Tyler 〈20世紀〉
アメリカのイラストレーター。
⇒児イ（Micoleau, Tyler）

Mida, Sara 〈20世紀〉
イギリスのイラストレーター。
⇒児作（Mida, Sara　ミッダ, サラ　1951-）

Middelthun, Julius Olavus 〈19世紀〉
ノルウェイの彫刻家。
⇒新美（ミッデルトゥーン, ユリウス　1820.6.3-1886.5.5）

Middendorf, Helmut 〈20世紀〉
ドイツ生れの画家。
⇒世芸（ミッデンドルフ, ヘルムト　1953-）

Miel, Jan 〈16・17世紀〉
フランドルの画家。
⇒世美（ミール, ヤン　1599頃-1663）

Mielziner, Jo 〈20世紀〉
アメリカの舞台装置家。代表作『ウィンターセット』(1935)、『ハムレット』(1936)。
⇒岩ケ（ミールジナー, ジョー 1901-1976）
演劇（ミールジナー, ジョー 1901-1976）
外国（ミールジナー 1901-）
国小（ミールツィーナー 1901.3.19-1976.3.15）
コン3（ミールジナー 1901-1976）
西洋（ミルジーナー 1901.3.19-1976.5.15）
二十（ミールツイナー, ジョー 1901.3.19-）

Mierevelt, Michiel Janszoon van 〈16・17世紀〉
オランダの肖像画家。弟子を使って2,000点以上の肖像画を制作。代表作は『王子フレデリック・ヘンリーの肖像画』(13頁)。
⇒国小（ミーレフェルト 1567.5.1-1641.6.27）
新美（ミーレフェルト, ミキール 1567.5.1-1641.6.27）
世美（ファン・ミーレフェルト, ミヒール 1567-1641）

Mieris, Frans van 〈17世紀〉
オランダの画家。代表作『かき料理の午餐会』(1659)。
⇒国小（ミーリス 1635.4.16-1681.3.12）
西洋（ミーリス 1635.4.16-1681.3.12）
世美（ファン・ミーリス, フランス（父） 1635-1681）

Mies van der Rohe, Ludwig 〈19・20世紀〉
ドイツの建築家。1929年バルセロナ万国博覧会のドイツ館の設計で国際的評価を得た。
⇒岩ケ（ミース, ヴァン・デル・ローエ, ルートヴィヒ 1886-1969）
オ西（ミース・ファン・デア・ローエ, ルートヴィヒ 1886-1969）
科史（ミース・ファン・デル・ローエ 1886-1969）
現人（ミース・ファン・デル・ローエ 1886.3.27-1969.8.17）
広辞5（ミース・ファン・デル・ローエ 1886-1969）
広辞6（ミース-ファン-デル-ローエ 1886-1969）
国小（ミース・ファン・デル・ローエ 1886.3.27-1969.8.18）
コン3（ミース・ヴァン・デル・ローエ 1886-1969）
新美（ミース・ファン・デル・ローエ, ルートヴィヒ 1886.3.27-1969.8.18）
西洋（ミース・ヴァン・デル・ローエ 1886.3.27-1969.8.17）
世美（ミース・ファン・デル・ローエ, ルートヴィヒ 1886-1969）
世百（ミースファンデルローエ 1886-）
世百新（ミース・ファン・デル・ローエ 1886-1969）
全書（ミース・ファン・デル・ローエ 1886-1969）
大辞2（ミース・ファン・デル・ローエ 1886-1969）
大辞3（ミース ファン デル ローエ 1886-1969）
大百（ミース・ファン・デル・ローエ 1886-1969）

伝世（ミース・ファン・デル・ロー 1886.3.27-1969.8.18）
ナビ（ミース＝ファン＝デル＝ローエ 1886-1969）
二十（ミース・ファン・デル・ローエ, ルートヴィヒ 1886.3.27-1969.8.17）
百科（ミース・ファン・デル・ローエ 1886-1969）

Mieville, China 〈20世紀〉
イギリスの作家、評論家、イラストレーター。
⇒海作4（ミーヴィル, チャイナ）

Migeon II, Pierre 〈18世紀〉
フランスの家具作家。
⇒新美（ミジョン二世, ピエール 1701-1758.9.4）

Migliara, Giovanni 〈18・19世紀〉
イタリアの画家、舞台美術家、細密画家。
⇒世美（ミリアーラ, ジョヴァンニ 1785-1837）

Mignard, Nicolas 〈17世紀〉
フランスの画家、銅版画家。
⇒世美（ミニャール, ニコラ 1606-1668）

Mignard, Paul 〈17世紀〉
フランスの画家、銅版画家。
⇒世美（ミニャール, ポール 1638/39/40-1691）

Mignard, Pierre 〈17世紀〉
フランスの画家。1690年アカデミー会長、王室付き首席画家。代表作『メントノン侯爵の肖像』。
⇒外国（ミニャール 1610-1695）
芸術（ミニャール, ピエル 1610-1695）
広辞4（ミニャール 1612-1695）
広辞6（ミニャール 1612-1695）
国小（ミニャール 1610/2.11-1695.5.30）
コン2（ミニャール 1610-1695）
コン3（ミニャール 1612-1695）
新美（ミニャール, ピエール 1612.11.17-1695.5.30）
西洋（ミニャール 1612.11.7-1695.5.30）
世美（ミニャール, ピエール 1612-1695）
大辞（ミニャール 1612-1695）
大辞3（ミニャール 1612-1695）
百科（ミニャール 1612-1695）

Migneco, Giuseppe 〈20世紀〉
イタリアの画家。
⇒世美（ミニェーコ, ジュゼッペ 1908-）

Migno, Jean-Francois 〈20世紀〉
フランス生れの画家。
⇒世芸（ミニョ, ジャン・フランコ 1955-）

Mignon, Abraham 〈17世紀〉
オランダの画家。1669年ユトレヒトの聖ルカ画家組合に登録。
⇒国小（ミニョン 1640.6.21-1697）
世美（ミニョン, アブラハム 1640-1679）

Mijtens (Mytens), Daniel

Martensz. 〈16・17世紀〉
オランダの肖像画家。
⇒新美（メイテンス, ダニエル　1590年代末-1660頃）

Mikhelis, Panayotis A. 〈20世紀〉
ギリシアの美学者, 建築家。創作論など一般美学の研究をも残した。
⇒西洋（ミヘリス　1903-1969.11.11）
　全書（ミヘリス　1903-1969）
　二十（ミヘリス, P.A.　1903-1969）

Mikolaycak, Charles 〈20世紀〉
アメリカのイラストレーター。
⇒児イ（Mikolaycak, Charles　ミコライカ, C.）

Mikon 〈前5世紀〉
ギリシアの画家。
⇒芸術（ミコン　前5世紀）
　新美（ミコーン）
　世美（ミコン　前5世紀）

Milanesi, Gaetano 〈19世紀〉
イタリアの美術史家。
⇒世美（ミラネージ, ガエターノ　1813-1895）

Milani, Umberto 〈20世紀〉
イタリアの彫刻家, 画家。
⇒世美（ミラーニ, ウンベルト　1912-1969）

Miler, Zdeněk 〈20世紀〉
チェコスロバキアのイラストレーター。
⇒児イ（Miler, Zdenek　ミレル, Z.　1921-）
　児文（ミレル, ズデニェック　1921-）
　二十（ミレル, ズデニェック　1921-）

Milesi, Alessandro 〈19・20世紀〉
イタリアの画家。
⇒世美（ミレージ, アレッサンドロ　1856-1946）

Milhous, Kathrine 〈20世紀〉
アメリカのイラストレーター。
⇒児イ（Milhous, Kathrine　ミルハウス, K.　1894-）

Mili, Gjon 〈20世紀〉
アメリカの写真家。
⇒新美（ミリ, ジョン　1904-）
　二十（ミリ, ジョン　1904-）

Milizia, Francesco 〈18世紀〉
イタリアの建築理論家。
⇒世美（ミリーツィア, フランチェスコ　1725-1798）

Mill, Eleanor 〈20世紀〉
アメリカのイラストレーター。
⇒児イ（Mill, Eleanor　ミル, E.）

Millais, *Sir* **John Everett** 〈19世紀〉
イギリスの画家。主作品は『大工の仕事場のキリスト』(1850)など。
⇒イ文（Millais, Sir John Everett　1829-1896）
　岩ケ（ミレイ, サー・ジョン・エヴァレット　1829-1896）
　外国（ミレース　1829-1896）
　芸術（ミレース, ジョーン　1829-1896）
　芸術（ミレイ, ジョン・エヴァレット　1829-1896）
　広辞4（ミレイ　1829-1896）
　広辞6（ミレイ　1829-1896）
　国小（ミレース　1829.6.8-1896.8.13）
　コン2（ミレー　1829-1896）
　コン3（ミレー　1829-1896）
　集文（ミレイ, ジョン・エヴァレット　1829.6.8-1896.8.13）
　新美（ミレイ, ジョン・エヴァレット　1829.6.8-1896.8.13）
　人物（ミレー　1829.6.8-1896.8.13）
　西洋（ミレー　1829.6.8-1896.8.13）
　世西（ミレー　1829-1896）
　世美（ミレイ, ジョン・エヴァレット　1829-1896）
　世百（ミレー　1829-1896）
　全書（ミレー　1829-1896）
　大辞（ミレー　1829-1896）
　大辞3（ミレー　1829-1896）
　大百（ミレー　1829-1896）
　伝世（ミレース　1829-1896）
　百科（ミレー　1829-1896）

Millan, Jean-Francois 〈20世紀〉
フランス生れの画家。
⇒世芸（ミラン, ジャン・フランコ　1939-）

Millar, Harold Robert 〈19・20世紀〉
スコットランドの挿絵画家。
⇒児イ（Millar, Harold Robert　1869-1939）
　世児（ミラー, H・R　1869-1939?）

Millares, Manuel 〈20世紀〉
スペインの画家。
⇒スペ（ミリャーレス　1926-1972）

Miller, Edna 〈20世紀〉
アメリカのイラストレーター。
⇒児イ（Miller, Edna　ミラー, E.）

Miller, Ferdinand von 〈19世紀〉
ドイツの鋳金家。大鋳像の鍍金法や新しい鋳型を発明。
⇒西洋（ミラー(父)　1813.10.18-1887.2.11）

Miller, Ferdinand von 〈19・20世紀〉
ドイツの彫刻家, 鋳金家。ミュンヘン美術学校長(1900~18)。
⇒西洋（ミラー(子)　1842.6.8-1929.12.18）

Miller, Grambs 〈20世紀〉
アメリカのイラストレーター。
⇒児イ（Miller, Grambs　ミラー, G.）

Miller, Harland 〈20世紀〉
イギリスのアーティスト, 作家。

⇒海作4（ミラー，ハーランド　1964-）

Miller, Kathy〈20世紀〉
アメリカ生れの画家。
⇒世芸（ミラー，ケスィー　1935-）

Miller, Lee〈20世紀〉
アメリカの写真家。
⇒世女日（ミラー，リー　1907-1977）

Miller, Mitchell〈20世紀〉
アメリカのイラストレーター。
⇒児イ（Miller, Mitchell　ミラー，M.）

Miller, Virginia〈20世紀〉
イギリスのイラストレーター。
⇒児イ（Miller, Virginia　ミラー，V.）

Milles, Carl〈19・20世紀〉
スウェーデンの彫刻家。1902年ステン・ストゥレ記念碑コンクールに入選。ギリシアのアルカイック彫刻やロマネスク風を取入れた独特の作風を展開。主作品は『移民と魚』(1940)など。
⇒岩ケ（ミルス，カール（・ヴィルヘルム・エミール）　1875-1955）
　才西（ミレス，カール　1875-1955）
　芸術（ミレス，カール　1875-1955）
　国小（ミレス　1875.6.23-1955.9.19）
　コン3（ミルズ　1875-1955）
　新美（ミレス，カール　1875.6.23-1955.9.19）
　西洋（ミレス　1875.6.23-1955.9.19）
　世芸（ミレス，カール　1875-1955）
　全書（ミレス　1875-1955）
　伝世（ミレス　1875-1955）
　二十（ミレス，カール　1875.6.23-1955.9.19）

Millet, Gabriel〈19・20世紀〉
フランスの美術史家。
⇒世美（ミレー，ガブリエル　1867-1953）

Millet, Jean François〈19世紀〉
フランスの画家。
⇒岩ケ（ミレー，ジャン・フランソワ　1814-1875）
　旺世（ミレー　1814-1875）
　外国（ミレー　1814-1875）
　角世（ミレー　1814-1875）
　キリ（ミレー，ジャン・フランソワ　1814.10.4-1875.1.20）
　芸術（ミレー，ジャン・フランソワ　1814-1875）
　広辞4（ミレー　1814-1875）
　広辞6（ミレー　1814-1875）
　国小（ミレー　1814.10.4-1875.1.20）
　国百（ミレー，ジャン・フランソア　1814.10.4-1875.1.20）
　コン2（ミレー　1814-1875）
　コン3（ミレー　1814-1875）
　新美（ミレー，ジャン=フランソワ　1814.10.4-1875.1.20）
　人物（ミレー　1814.10.4-1875.1.20）
　西洋（ミレー　1814.10.4-1875.1.20）
　世人（ミレー　1814-1875）
　世西（ミレ　1814.10.4-1875.1.20）
　世美（ミレー，ジャン=フランソワ　1814-1875）
　世百（ミレー　1814-1875）
　全書（ミレー　1814-1875）
　大辞（ミレー　1814-1875）
　大辞3（ミレー　1814-1875）
　大百（ミレー　1814-1875）
　デス（ミレー　1815-1875）
　伝世（ミレー　1814.10.4-1875.1.20）
　百科（ミレー　1814-1875）
　評世（ミレー　1814-1875）
　山世（ミレー　1814-1875）
　歴史（ミレー　1814-1875）

Millett, Katherine Murray (Kate)〈20世紀〉
アメリカの女性解放運動家，作家，彫刻家。『性の政治学』(1970)は，アメリカの女性解放運動に理論的支柱を与えた。
⇒英文（ミレット，ケイト　1934-）
　才世（ミレット，ケイト（・キャサリン・マリー）　1934-）
　現人（ミレット　1934.9.14-）
　コン3（ミレット　1934-）
　集世（ミレット，ケイト　1934.9.14-）
　集文（ミレット，ケイト　1934.9.14-）
　スパ（ミレット，ケイト　1934-）
　世女（ミレット，ケイト　1934-）
　大辞2（ミレット　1934-）
　二十（ミレット，K.M.　1934-）
　二十英（Millett, Kate　1934-）

Mills, Elaine〈20世紀〉
イギリスのイラストレーター。
⇒児イ（Mills, Elaine　ミルズ，E.　1941-）

Mills, Robert〈18・19世紀〉
アメリカの建築家。主作品は記念教会堂(1814)。
⇒建築（ミルズ，ロバート　1781-1855）
　国小（ミルズ　1781.8.12-1855.3.3）
　新美（ミルズ，ロバート　1781.8.12-1855.3.3）

Milyutin, Nikolay Aleksandrovich〈19・20世紀〉
ソヴィエトの建築家，都市計画家。
⇒世美（ミリューチン，ニコライ・アレクサンドロヴィチ　1889-1942）

Min, Willemien〈20世紀〉
オランダのイラストレーター。
⇒児イ（Min, Willemien　ミン，W.　1956-）
　児作（Min, Willemien　ミン，ウィレミーン　1956-）

Minaev, Vladimir Nikolaevich〈20世紀〉
ロシアのイラストレーター。
⇒児イ（Minaev, Vladimir Nikolaevich　ミナーエフ，V.N.　1912-）

Minale, Marcello〈20世紀〉
イギリスのイラストレーター。
⇒児イ（Minale, Marcello　1938-）

Minardi, Tommaso 〈18・19世紀〉
イタリアの画家。
⇒世美（ミナルディ，トンマーゾ　1787-1871）

Minassiam, Annie 〈20世紀〉
フランスの画家。
⇒世芸（ミナシアム，アン　1947-）

Minaux, André 〈20世紀〉
フランスの画家。ビュッフェらと「目撃者」なるグループを作っていた。
⇒外国（ミノー　1923-）
人物（ミノー　1923.9.5-）
世芸（ミノー，アンドレ　1923-1992）
大百（ミノー　1923-）
二十（ミノー，A.　1923-1986.10.4）

Miner, Dorothy Eugenia 〈20世紀〉
アメリカの美術館管理者。
⇒世女日（マイナー，ドロシー・ユージェニア　1904-1973）

Minerbi, Arrigo 〈19・20世紀〉
イタリアの彫刻家。
⇒世美（ミネルビ，アッリーゴ　1881-1960）

Minga, Andrea del 〈16世紀〉
イタリアの画家。
⇒世美（ミンガ，アンドレーア・デル　1540-1596）

Minguzzi, Luciano 〈20世紀〉
イタリアの彫刻家。
⇒世芸（ミングッツィ，ルチアーノ　1911-）
世美（ミングッツィ，ルチャーノ　1911-）

Minio, Tiziano 〈16世紀〉
イタリアの彫刻家。
⇒世美（ミーニオ，ティツィアーノ　1517-1552）

Minja, Park 〈20世紀〉
アメリカのイラストレーター。
⇒児イ（Minja, Park）

Minne, Georges 〈19・20世紀〉
ベルギーの彫刻家。青年派様式の指導的彫刻家。
⇒芸術（ミン，ジョルジュ　1866-1941）
広辞6（ミンヌ　1866-1941）
新美（ミンヌ，ジョルジュ　1866.8.30-1941）
西洋（ミンヌ　1866.8.30-1941.2.18）
世芸（ミン，ジョルジュ　1866-1941）
世美（ミンヌ，ヘオルヘ　1866-1941）
二十（ミンヌ，ジョルジュ　1866.8.30-1941）

Mino da Fiesole 〈15世紀〉
イタリアの彫刻家。主作品『ウーゴ伯の墓碑』(1469～81)。
⇒芸術（ミノ・ダ・フィエソーレ　1430/33-1484）
国小（ミノ・ダ・フィエゾーレ　1430頃-1484）
新美（ミーノ・ダ・フィエーゾレ　1429-1484）
西洋（フィエソーレ　1431-1484.7.11）
世美（ミーノ・ダ・フィエーゾレ　1430頃-1484）
全書（ミーノ・ダ・フィエーゾレ　1429-1484）
百科（ミーノ・ダ・フィエソレ　1429-1484）

Mino del Reame 〈15世紀〉
イタリアの彫刻家。
⇒世美（ミーノ・デル・レアーメ　15世紀後半）

Minton, (Francis) John 〈20世紀〉
イギリスのアーティスト。
⇒岩ケ（ミントン，（フランシス・）ジョン　1917-1957）

Minton, Thomas 〈18・19世紀〉
イギリスの陶芸家，ミントン社の創始者。
⇒岩ケ（ミントン，トマス　1765-1836）

Mique, Richard 〈18世紀〉
フランスの建築家。ルイ16世の王室建築長。ヴェルサイユ，フォンテヌブロー宮等の室内装飾を作った。
⇒建築（ミーク，リシャール　1728-1794）
西洋（ミック　1728-1794）
世美（ミック，リシャール　1728-1794）

Miradori, Luigi 〈17世紀〉
イタリアの画家。
⇒世美（ミラドーリ，ルイージ　（記録)1635-1655）

Mirailhet, Jean 〈14・15世紀〉
フランスの画家。
⇒世美（ミレイエ，ジャン　1394頃-1457）

Mīrak, Aghā 〈16世紀〉
イランのタブリーズ派細密画家。『マホメット昇天画』『男女相愛図』など。
⇒外国（ミーラク）
角世（ミーラク　?-1507）
国小（ミーラク　生没年不詳）
コン2（ミーラク　16世紀）
コン3（ミーラク　生没年不詳）
西洋（ミーラク　15/6世紀）
世東（ミーラク　生没年不詳）
評世（ミーラク　生没年不詳）

Mirak Naqqash 〈15・16世紀〉
ペルシアのヘルート派の画家。
⇒新美（ミーラク・ナカーシュ　?-1507）

Mirbeau, Octave Henri Marie 〈19・20世紀〉
フランスの小説家，劇作家，ジャーナリスト。劇評，美術批評，政治論を新聞，雑誌に寄稿，反響を呼んだ。1882年諷刺雑誌『猫かぶり』を創刊。
⇒外国（ミルボー　1850-1917）
幻想（ミルボー，オクターヴ　1848-1917）
国小（ミルボー　1850.2.16-1917.2.16）
コン2（ミルボー　1850-1917）
コン3（ミルボー　1848-1917）
集世（ミルボー，オクターヴ　1850.2.16-1917.2.16）
集文（ミルボー，オクターヴ　1850.2.16-

1917.2.16)
西洋（ミルボー　1850.2.16-1917.2.16）
世百（ミルボー　1850-1917）
世文（ミルボー，オクターヴ　1848-1917）
全書（ミルボー　1848-1917）
大辞（ミルボー　1848-1917）
大辞2（ミルボー　1848-1917）
大辞3（ミルボー　1848-1917）
大百（ミルボー　1850-1917）
二十（ミルボー，オクターヴ　1850(48)-1917）
百科（ミルボー　1850-1917）

Miripolsky, Andre 〈20世紀〉
フランス生れのアーティスト。
⇒世芸（ミリポルスキー，アンドレ　1951-）

Mirko 〈20世紀〉
イタリアの彫刻家。
⇒世美（ミルコ　1910-1969）

Miró, Joan 〈20世紀〉
スペインの画家。1919年にパリに行き，ピカソやキュビスムの画家らと交わり，20年代後半から超現実主義的幻想に装飾性を加味した独自の画風を展開。主作品『農場』(1921～22)，『オランダの室内』(1928)。
⇒岩ケ（ミロ，ジョアン　1893-1983）
旺世（ミロ　1893-1983）
才西（ミロ，ジョアン　1893-1983）
外国（ミロ　1893-）
角世（ミロ　1893-1983）
現人（ミロ　1893.4.20-）
広辞5（ミロ　1893-1983）
広辞6（ミロ　1893-1983）
国小（ミロ　1893.4.20-）
国百（ミロ，ジョアン　1893.4.20-）
コン3（ミロ　1893-1983）
新美（ミロ，ジョアン　1893.4.20-1983.12.25）
人物（ミロ　1893.4.20-）
ス文（ミロ，ジョアン　-1983）
スペ（ミロ　1893-1983）
西洋（ミロ　1893.4.20-）
世芸（ミロ，ジョアン　1893-1983）
世西（ミロ　1893-）
世美（ミロ，ジョアン　1893-1983）
世百（ミロ　1893-）
世百新（ミロ　1893-1983）
全書（ミロ　1893-1983）
大辞2（ミロ　1893-1983）
大辞3（ミロ　1893-1983）
大百（ミロ　1893-）
伝世（ミロ, J　1893.4.20-）
ナビ（ミロ　1893-1983）
二十（ミロ，ジョアン　1893.4.20-1983.12.25）
バレ（ミロ，フアン　1893.4.20-1984.12.25）
百科（ミロ　1893-1983）
評世（ミロ　1893-1983）
山世（ミロ　1893-1983）
歴史（ミロ　1893-1983）

Mīr Sayyid 'Alī 〈16世紀〉
イランのタブリーズ派細密画家(16世紀)。
⇒国小（ミール・サイイド・アリー　生没年不詳）
新美（ミール・サイイド・アリー）
世東（ミール・サイイド・アリー　生没年不詳）

Mīrzā' Alī 〈16世紀〉
ペルシアの細密画家。アラベスクの金細工装飾のデザインに優れた。
⇒西洋（ミールザー・アリー　16世紀）

Mirzashvili, Tengiz Revazovich 〈20世紀〉
ロシアのイラストレーター。
⇒児イ（Mirzashvili, Tengiz Revazovich　ミルザシュヴィーリ, T.R.　1934-）

Miseroni, Dionisio 〈17世紀〉
イタリアの宝石細工師。
⇒世美（ミゼローニ，ディオニージオ　1607-1661）

Miseroni, Ottavio 〈17世紀〉
イタリアの宝石細工師。
⇒世美（ミゼローニ，オッターヴィオ　?-1624）

Missoni, Tai Otavio 〈20世紀〉
イタリアのニットウェアのデザイナー。
⇒岩ケ（ミッソーニ，タイ・オタヴィオ　1921-）
ナビ（ミッソーニ　1921-）

Mistr, Vyšebrodský 〈14世紀〉
ボーミアの画家。
⇒世美（ヴィシー・ブロードの画家　14世紀）

Mitchell, Joan 〈20世紀〉
アメリカの画家。
⇒岩ケ（ミッチェル，ジョーン　1926-）

Mitelli, Agostino 〈17世紀〉
イタリアの画家，版画家，装飾家。
⇒建築（ミテッリ，アゴスティーノ　1609-1660）
世美（ミテッリ，アゴスティーノ　1609-1660）

Mitelli, Giuseppe Maria 〈17・18世紀〉
イタリアの画家，版画家。
⇒世美（ミテッリ，ジュゼッペ・マリーア　1634-1718）

Mithradates II 〈前2・1世紀〉
古代ペルシアのパルティア王。パルティア最大の王といわれた。
⇒外国（ミトリダテス2世）
国小（ミトラダテス2世　前124頃-87頃）
コン2（ミトリダテス2世）
コン3（ミトリダテス2世）
新美（ミトラダーテース二世）
統治（ミトリダテス二世，大王　(在位)前123-87）
百科（ミトリダテス2世　?-前88/87）

Miturich, Maj Petrovich 〈20世紀〉
ロシアのイラストレーター。
⇒児イ（Miturich, Maj Petrovich　ミトゥーリッチ, M.P.　1925-）

Miura, Tini 〈20世紀〉
ドイツ生れの製本装幀家。

Mladovsky, Jan 〈20世紀〉
チェコスロバキア生れの画家, 彫刻家.
⇒世芸（ムラドフスキー, ジャン 1946-）

Mlynárčik, Alex 〈20世紀〉
チェコの美術家.
⇒美術（ムリナールチク, アレクス 1934-）

Mnēsiklēs 〈前5世紀〉
ギリシアの建築家. プロピュロン（前437）の作者.
⇒建築（ムネシデ(ムネシクレ) (活動)前5世紀）
　国小（ムネシクレス 生没年不詳）
　新美（ムネーシクレース）
　西洋（ムネシクレス 前5世紀）
　世美（ムネシクレス 前5世紀）
　百科（ムネシクレス 生没年不詳）

Mocetto, Girolamo 〈15・16世紀〉
イタリアの画家, 版画家.
⇒世美（モチェット, ジローラモ 1458頃-1531）

Mochi, Francesco 〈16・17世紀〉
イタリアの彫刻家. 主作品はオルビエト大聖堂の『聖告』群像（1609）, サン・ピエトロ聖堂の『聖女ベロニカ』（1629～40）.
⇒国小（モキ 1580-1640）
　新美（モーキ, フランチェスコ 1580.7.29-1654.2.6）
　世美（モーキ, フランチェスコ 1580-1654）
　百科（モーキ 1580-1654）

Mocniak, George 〈20世紀〉
アメリカのイラストレーター.
⇒児イ（Mocniak, George）

Model, Lisette 〈20世紀〉
オーストリア生れの写真家.
⇒世女日（モデル, リセッテ 1901-1983）

Moderno 〈15・16世紀〉
イタリアの金工家.
⇒世美（モデルノ 15-16世紀）

Modersohn-Becker, Paula 〈19・20世紀〉
ドイツの女流画家. 1900～06年にパリでナビ派の影響を受け, 近代的な作風を展開.
⇒外国（モーダーゾーン＝ベッカー 1876-1907）
　芸術（モーダーゾーン＝ベッカー, パウラ 1876-1907）
　国小（モーダーゾーン＝ベッカー 1876.2.8-1907.11.20）
　新美（モーダーゾーン＝ベッカー, パウラ 1876.2.8-1907.11.30）
　西洋（モーデルゾーン＝ベッカー 1876.2.8-1907.11.20）
　世芸（モーダーゾーン＝ベッカー, パウラ 1876-1907）
　世女（モーダーゾーン＝ベッカー, パウラ 1876-1907）
　世女日（モダーゾーン＝ベッカー, パウラ 1876-1907）
　世美（モーダーゾーン＝ベッカー, パウラ 1876-1907）
　全書（モーダーゾーン・ベッカー 1876-1907）
　二十（モーダーゾーン・ベッカー, パウラ 1876.2.8-1907.11.30）

Modigliani, Amedeo 〈19・20世紀〉
イタリア生れでパリで活躍した画家. 簡潔で強い形態の独自な作風を確立. 卵型の顔で首の長い人物像を得意とした. 主作品は『横臥する裸婦』（1917）, 『ジャンヌ・エビュテルヌ像』（1919）.
⇒逸話（モジリアニ 1884-1920）
　岩ケ（モディリアーニ, アメデオ 1884-1920）
　旺世（モディリアーニ 1884-1920）
　才西（モディリアーニ, アメデオ 1884-1920）
　外国（モーディリャニ 1884-1920）
　角世（モディリアーニ 1884-1920）
　広辞5（モディリアーニ 1884-1920）
　広辞6（モディリアーニ 1884-1920）
　国小（モジリアニ 1884.7.12-1920.1.24）
　国百（モジリアニ, アメデオ 1884.7.12-1920.1.25）
　コン3（モディリアーニ 1884-1920）
　新美（モディリアーニ, アメデーオ 1884.7.12-1920.1.25）
　人物（モジリアニ 1884.7.12-1920.1.24）
　西洋（モディリアーニ 1884.7.12-1920.1.25）
　世芸（モディリアーニ, アメディオ 1884-1920）
　世西（モディリャーニ 1884.7.12-1920.1.25）
　世美（モディリアーニ, アメデーオ 1884-1920）
　世百（モディリアーニ 1884-1920）
　世百新（モディリアーニ 1884-1920）
　全書（モディリアーニ 1884-1920）
　大辞2（モジリアニ 1884-1920）
　大辞3（モジリアニ 1884-1920）
　大百（モディリアーニ 1884-1920）
　伝世（モディリアーニ 1884.7.12-1920.1.25）
　ナビ（モディリアーニ 1884-1920）
　二十（モディリアーニ, アメデーオ 1884.7.12-1920.1.25）
　百科（モディリアーニ 1884-1920）
　評世（モジリアニ 1884-1920）
　山世（モディリアーニ 1884-1920）
　ユ人（モディリアーニ, アメディオ 1884-1920）
　歴史（モディリアーニ 1884-1920）

Modorov, Fyodor Alexandrovich 〈19・20世紀〉
ロシアの画家.
⇒世芸（モドロフ, フョードル・アレクサンドロヴィッチ 1890-1959）

Modotti, Tina 〈20世紀〉
イタリア生れのメキシコ人写真家, 革命家.
⇒世女（モダティ, ティナ 1896-1942）
　世女日（モドッティ＝モンディーニ, ティナ 1896-1942）

Moe, Louis 〈19・20世紀〉
ノルウェーの挿絵画家.
⇒児イ（Moe, Louis 1857-1945）

Moeller van den Bruck, Arthur

〈19・20世紀〉
ドイツの美術史家, 政治評論家。著書にはドイツの社会思想に大きな影響を及ぼした『第三帝国』(1923)がある。
⇒外国（メラー 1876-1925)
　角世（メラー・ファン・デン・ブルック 1876-1925)
　コン2（メラー・ヴァン・デン・ブルック 1876-1925)
　コン3（メラー・ヴァン・デン・ブルック 1876-1925)
　西洋（メラー・ヴァン・デン・ブルック 1876.4.23-1925.5.30)
　全書（メラー・ファン・デン・ブルック 1876-1925)
　二十（メラー・ファン・デル・ブルック, アーサー 1876-1925)
　名著（メラー・ヴァン・デン・ブルック 1876-1925)
　山世（メラー・ファン・デン・ブルック 1876-1925)

Moeyaert, Claes 〈16・17世紀〉
オランダの画家。
⇒世美（ムーイアールト, クラース 1592頃-1655)

Moffat, Alexander 〈20世紀〉
イギリス生れの画家。
⇒世芸（モファト, アレキサンダー 1943-)

Moffatt, Tracey 〈20世紀〉
オーストラリアの映画監督, 写真家。
⇒オセ新（モファット 1960-)

Mofsie, Louis 〈20世紀〉
アメリカのイラストレーター。
⇒児イ（Mofsie, Louis）

Mogensen, Jan 〈20世紀〉
スウェーデンのイラストレーター。
⇒児イ（Mogensen, Jan モーエセン, J. 1945-)

Moglia, Domenico 〈18・19世紀〉
イタリアの建築家, 装飾家。
⇒世美（モーリア, ドメーニコ 1782-1867)

Mohlitz, Philippe 〈20世紀〉
フランスの版画家。
⇒世芸（モーリッツ, フィリップ 1941-)
　二十（モーリッツ, P. 1941-)

Mohn, Viktor Paul 〈19・20世紀〉
ドイツの画家。風景画, 風俗画を得意とし, 主作品『春の朝』。
⇒国小（モーン 1842-1911)

Moholy, Lucia 〈20世紀〉
チェコ生れの写真家。
⇒世女日（モホイ, ルチア 1894-1989)

Moholy-Nagy, László 〈20世紀〉
ハンガリー生れのアメリカの画家, 写真家, 美術教育家。
⇒岩ケ（モホイ=ナジ, ラースロー 1895-1946)
　外国（モホイ・ナジ 1895-1946)
　現人（モホリ・ナジ 1895.7.20-1946.11.24)
　広辞5（モホリ・ナジ 1895-1946)
　広辞6（モホリ-ナジ 1895-1946)
　国小（モホイ・ナギ 1895.7.20-1946.11.24)
　コン3（モホリ・ナジ 1895-1946)
　新美（モホリ=ナギ, ラースロ 1895.7.20-1946.11.24)
　人物（モホリ・ナギ 1895.7.20-1946.11.24)
　西洋（モホリ（モホイ）・ナジ 1895.7.20-1946.11.24)
　世映（モホリ=ナジ・ラースロー 1895-1946)
　世芸（モホリ・ナギ, ラースロー 1895-1946)
　世西（モホリ・ナギ 1895-1946)
　世美（モホリ=ナギ, ラースロー 1895-1946)
　世百（モホリナジ 1895-1946)
　世百新（モホリ・ナギ 1895-1946)
　全書（モホリ・ナギ 1895-1946)
　大辞2（モホリ・ナギ 1895-1946)
　大辞3（モホリ ナギ 1895-1946)
　大百（モホリ・ナギ 1895-1946)
　伝世（モホリ・ナジ 1895.7.20-1946.11.24)
　東欧（モホリ=ナギ 1895-1946)
　ナビ（モホリ・ナジ 1895-1946)
　二十（モホリ・ナギ, ラースロ 1895.7.20-1946.11.24)
　百科（モホリ・ナギ 1895-1946)
　名著（モホイ・ナジ 1895-1946)

Mohr, Arno 〈20世紀〉
ポーランド生れの版画家。
⇒世芸（モール, アルノ 1910-)

Moilliet, Louis-René 〈19・20世紀〉
スイスの画家。
⇒世美（モワイエ, ルイ=ルネ 1880-1962)

Moillon, Louise 〈17世紀〉
フランスの女性画家。
⇒世女（モワロン, ルイーズ 1610-1696)
　世女日（モワロン, ルイーズ 1615-1675)
　世美（モワロン, ルイーズ 1610頃-1696)

Moiseiwitsch, Tanya 〈20世紀〉
イギリスの舞台装置家。代表作は『深く青い海』(1952),『桜の園』(1955)。
⇒演劇（モイセイヴィッチ, タニヤ 1914-)
　国小（モイセイビッチ 1914.12.3-)

Moitte, Jean-Guillaume 〈18・19世紀〉
フランスの彫刻家。
⇒世美（モワット, ジャン=ギヨーム 1746-1810)

Moja, Federico 〈19世紀〉
イタリアの画家。
⇒世美（モイア, フェデリーコ 1802-1885)

Mola, Gaspare 〈16・17世紀〉
イタリアのメダル彫刻家, 調版師。
⇒世美（モーラ, ガスパレ 1580頃-1640)

Mola, Pier Francesco 〈17世紀〉
イタリアの画家。
⇒世美(モーラ, ピエル・フランチェスコ 1612-1666)

Molenaer, Jan Miense 〈17世紀〉
オランダの画家。主作品『テオルボとシテルンを弾く男女』。
⇒国小(モレナール 1606頃-1668)
新美(モレナール, ヤン・ミーンス 1605以後-1668.9.15)
世美(モレナール, ヤン・ミーンセ 1610頃-1668)

Moles, Abraham 〈20世紀〉
フランスの美学者, 社会心理学者。サイバネティックスや情報理論の立場から芸術を研究。
⇒西洋(モール 1920.8.19-)

Molijn, Pieter de 〈16・17世紀〉
イギリス出身のオランダの画家, 版画家。
⇒新美(モレイン, ピーテル・デ 1595.4-1661.3)
世美(モレイン, ピーテル 1595-1661)

Molineri, Giovanni Antonio 〈16・17世紀〉
イタリアの画家。
⇒世美(モリネーリ, ジョヴァンニ・アントーニオ 1577頃-1645頃)

Moll, Carl 〈19・20世紀〉
オーストリアの画家, 版画家。
⇒世美(モル, カール 1861-1945)

Moller, Georg 〈18・19世紀〉
ドイツの建築家。
⇒世美(モラー, ゲオルク 1784-1852)

Mollino, Carlo 〈20世紀〉
イタリアの建築家。
⇒世美(モッリーノ, カルロ 1905-1973)

Mollison, James 〈20世紀〉
オーストラリアの美術館の館長。
⇒岩外(モリソン, ジェイムズ 1931-)

Molokanov, Jurij Aleksandrovich 〈20世紀〉
ロシアのイラストレーター。
⇒児イ(Molokanov, Jurij Aleksandrovich マラカーノフ, J.A. 1926-)

Molteni, Giuseppe 〈19世紀〉
イタリアの画家, 修復家。
⇒世美(モルテーニ, ジュゼッペ 1800-1867)

Molyneux, Edward 〈20世紀〉
フランスの服飾デザイナー。第二次世界大戦勃発を機にロンドンに戻り, ロンドン店の収益をすべて国家防衛のため献金したことは有名。
⇒岩ケ(モリニュー, エドワード(・ヘンリー) 1891-1974)
大百(モリヌー 1894-1974)

Momaday, Navarre Scott 〈20世紀〉
アメリカの小説家, 詩人, 画家。
⇒英文(ママデイ, N.(ナバラ・)スコット 1934-)
オ世(ママデイ, N.(ナヴァー・)スコット 1934-)
集世(ママデイ, ナヴァー・スコット 1934.2.27-)
集英(ママデイ, ナヴァー・スコット 1934.2.27-)
二十英(Momaday, N(avarre) Scott 1934-)

Mommens, Norman 〈20世紀〉
イギリスのイラストレーター。
⇒児イ(Mommens, Norman 1922-)

Monari, Cristoforo 〈17・18世紀〉
イタリアの画家。
⇒世美(モナーリ, クリストーフォロ 1667-1720)

Moncalvo 〈16・17世紀〉
イタリアの画家。
⇒世美(モンカルヴォ 1568-1625)

Moncion, Francisco 〈20世紀〉
アメリカのダンサー, 振付家, 画家。
⇒バレ(モンシオン, フランシスコ 1918.7.6-1995.4.1)

Moncomble, Gerard 〈20世紀〉
フランスの小説家, 随筆家, シナリオ作家, 挿絵画家。
⇒児作(Moncomble, Gerard モンコンブル, ジェラール 1951-)

Mondino, Aldo 〈20世紀〉
イタリアの画家。
⇒世美(モンディーノ, アルド 1938-)

Mondriaan, Pieter Cornelis 〈19・20世紀〉
オランダの画家。黒・白・灰色を基調とする水平線と垂直線で構成。主作品は『赤, 黄, 青によるコンポジション』(1921)。
⇒岩美(モンドリアン, ピート 1872-1944)
オ西(モンドリアン, ピート 1872-1944)
外国(モンドリアーン 1872-1944)
芸術(モンドリアン, ピエト 1872-1944)
広辞4(モンドリアン 1872-1944)
広辞5(モンドリアン 1872-1944)
広辞6(モンドリアン 1872-1944)
国小(モンドリアン 1872.3.7-1944.2.1)
国百(モンドリアン, ピエト 1872.3.7-1944.2.1)
コン2(モンドリアン 1872-1944)
コン3(モンドリアン 1872-1944)
新美(モンドリアン, ピエト 1872.3.7-1944.2.1)
人物(モンドリアン 1872.3.7-1944.2.1)
西洋(モンドリアン 1872.3.7-1944.2.1)
世芸(モンドリアン, ピエト 1872-1944)

世西（モンドリアン　1872-1944）
世美（モンドリアン，ピート　1872-1944）
世百（モンドリアン　1872-1944）
全書（モンドリアン　1872-1944）
大辞（モンドリアン　1872-1944）
大辞2（モンドリアン　1872-1944）
大辞3（モンドリアン　1872-1944）
大百（モンドリアン　1872-1944）
デス（モンドリアン　1872-1944）
伝世（モンドリアン　1872.3.7-1944.2.1）
ナビ（モンドリアン　1872-1944）
二十（モンドリアン，ピエト　1872.3.7-1944.2.1）
百科（モンドリアン　1872-1944）
名著（モンドリアン　1872-1944）

Monet, Claude 〈19・20世紀〉

フランスの画家。水と光と明るい緑の世界を純粋で透明な色と色との響きあいのうちに表現した。主作品は連作『水蓮』（1905, 10頃）。
⇒逸話（モネ　1840-1926）
岩ケ（モネ，クロード　1840-1926）
旺世（モネ　1840-1926）
オ西（モネ，クロード　1840-1926）
外国（モネー　1840-1926）
角世（モネ　1840-1926）
芸術（モネ，クロード　1840-1926）
広辞4（モネ　1840-1926）
広辞5（モネ　1840-1926）
広辞6（モネ　1840-1926）
国小（モネ　1840.11.14-1927.12.5）
国百（モネ，クロード　1840.11.14-1926.12.5）
コン2（モネ　1840-1926）
コン3（モネ　1840-1926）
新美（モネ，クロード　1840.11.14-1926.12.5）
人物（モネ　1840.11.14-1926.12.5）
西洋（モネ　1840.11.14-1926.12.6）
世芸（モネ，クロード　1840-1926）
世人（モネ　1840-1926）
世西（モネ　1840.2.14-1926.12.6）
世美（モネ，クロード・オスカール　1840-1926）
世百（モネ　1840-1926）
全書（モネ　1840-1926）
大辞（モネ　1840-1926）
大辞2（モネ　1840-1926）
大辞3（モネ　1840-1926）
大百（モネ　1840-1926）
デス（モネ　1840-1926）
伝世（モネ　1840.11.14-1926.12.5）
ナビ（モネ　1840-1926）
二十（モネ, C.　1840.11.14-1926.12.5）
百科（モネ　1840-1926）
評世（モネ　1840-1926）
山世（モネ　1840-1926）
歴史（モネ　1840-1926）

Monfreid, Daniel de 〈19・20世紀〉

フランスの画家。
⇒世美（モンフレー，ダニエル・ド　1856-1929）

Monin, Evgenij Grigorievich 〈20世紀〉

ロシアのイラストレーター。
⇒児イ（Monin, Evgenij Grigorievich　モーニン, E.G.　1931-）

Monk, Marvin Randolph 〈20世紀〉

アメリカのイラストレーター。
⇒児イ（Monk, Marvin Randolph　モンク, M.R.）

Monneret de Villard, Ugo 〈19・20世紀〉

イタリアの考古学者, 美術史家。
⇒世美（モヌレ・ド・ヴィラール，ウーゴ　1881-1954）

Monnier, Henri Bonaventure 〈18・19世紀〉

フランスの漫画家, 劇作家。
⇒国小（モニエ　1799.6.6-1877.1.3）
集美（モニエ，アンリ　1799.6.6-1877.1.3）
集文（モニエ，アンリ　1799.6.6-1877.1.3）
西洋（モニエ　1805.6.6-1877.1.3）
世美（モニエ，アンリ＝ボナヴァンテュール　1805-1877）
世文（モニエ，アンリ　1799-1877）
全書（モニエ　1799-1877）

Monnot, Pierre Étienne 〈17・18世紀〉

フランスの彫刻家。
⇒世美（モノ，ピエール・エティエンヌ　1657-1733）

Monnoyer, Jean-Baptiste 〈17世紀〉

フランスの画家。
⇒世美（モノワイエ，ジャン＝バティスト　1636頃-1699）

Monory, Jacques 〈20世紀〉

フランス生れの画家。
⇒世芸（モノリー，ジャクキース　1934-）

Monro, Dr. Thomas 〈18・19世紀〉

イギリスの医師, 画家。
⇒国小（モンロー　1759-1833）
新美（マンロー，トマス　1759-1833.5.15）

Monsù Bernardo 〈17世紀〉

デンマーク出身のイタリアの画家。
⇒世美（モンスー・ベルナルド　1624-1687）

Monsu Desiderio 〈16・17世紀〉

フランスの画家。
⇒芸術（モンス・デジデリオ　1588-1644以後）
新美（モンス・デジデリオ　1588-1644以後）
世美（モンスー・デジデーリオ　17世紀）

Montagna, Bartolommeo 〈15・16世紀〉

イタリアの画家。主作品『玉座の聖母と4人の聖人』（1499）。
⇒岩ケ（モンターニャ，バルトロメオ　1450頃-1523）
国小（モンターニャ　1450頃-1523.10.11）
コン2（モンターニャ　1450頃-1523）
コン3（モンターニャ　1450頃-1523）
新美（モンターニャ，バルトロメーオ　1450頃-

1523.10.11）
西洋（モンターニャ　1450頃-1523.10.11）
世美（モンターニャ，バルトロメーオ　1450頃-1523）

Montagna, Benedetto〈15・16世紀〉
イタリアの画家，版画家。
⇒世美（モンターニャ，ベネデット　1481頃-1558頃）

Montalba, Clara〈19・20世紀〉
イギリスの画家。
⇒世女日（モンタルバ，クララ　1842-1929）

Montalba, Henrietta〈19世紀〉
イギリスの彫刻家。
⇒世女日（モンタルバ，ヘンリエッタ　1856-1893）

Montana, Claude〈20世紀〉
フランスの服飾デザイナー。
⇒ナビ（モンタナ　1949-）

Montañés, Juan Martínez〈16・17世紀〉
スペインの彫刻家。主作品はセビリア大聖堂の『磔刑のキリスト』『幼児キリスト』。
⇒国小（モンタニス　1568.3.16-1649.6.18）
新美（マルティネス・モンタニェース，ホアン　1568.3-1649.6.18）
スペ（マルティネス・モンタニェース　1568-1649）
世美（マルティネス・モンタニェース，ファン　1568-1649）
百科（マルティネス・モンタニェース　1568-1649）

Monte di Giovanni del Fora〈15・16世紀〉
イタリアの画家，写本装飾家，モザイク制作家。
⇒世美（モンテ・ディ・ジョヴァンニ・デル・フォーラ　1448-1532/33）

Montemezzano, Francesco〈16・17世紀〉
イタリアの画家。
⇒世美（モンテメッツァーノ，フランチェスコ　1540頃-1602頃）

Montenegro, Roberto〈19・20世紀〉
メキシコの画家。自国の民俗美術に根ざした力強い絵画活動を展開。主作品『マヤの夫人たち』(1926)。
⇒国小（モンテネグロ　1885.2.19-）

Montes, Fernando〈20世紀〉
チリ生れの建築家。
⇒二十（モンテス，フェルナンド）

Montesinos, Vicky〈20世紀〉
メキシコの版画家。
⇒世芸（モンテシノ，ビッキ　1944-）

Montet, Pierre〈19・20世紀〉
フランスのエジプト学者。ビュブロスのフェニキア式墳墓，最古のアルファベット碑文を発掘。
⇒外国（モンテー　1885-）
現人（モンテ　1885.6.27-1966.6.18）
国小（モンテ　1885.6.27-1966.6.19）
コン3（モンテ　1885-1966）
西洋（モンテ　1885.6.27-1966.6.18）
世美（モンテ，ピエール　1885-1966）

Monteverde, Giulio〈19・20世紀〉
イタリアの彫刻家。
⇒世美（モンテヴェルデ，ジューリオ　1837-1917）

Montezuma II〈15・16世紀〉
アステカ王国最後の王（在位1502~20）。メキシコの最高権力の地位を確立。
⇒岩ケ（モクテスマ2世　1466-1520）
旺世（モンテスマ(2世)　?-1520）
角世（モクテスマ2世　1466-1520）
皇帝（モクテスマ2世　1466-1520）
国小（モクテスマ2世　1466-1520.6.30）
コン2（モテクーソーマ2世　1480頃-1520）
コン3（モテクーソーマ2世　1466頃-1520）
新美（モクテスマ　1486頃-1520）
人物（モンテスマ二世　1480頃-1520.6.30）
西洋（モンテスマ二世　1480頃-1520.6.30）
世百（モクテスマ2世　1480?-1520）
全書（モンテスマ二世　1466-1520）
大百（モンテスマ二世　1479-1520）
伝世（モクテスマ2世　1466?-1520.7）
統治（モンテスマ二世, ソコヨツィン（在位）1502-1520）
百科（モクテスマ2世　1466-1520）
評世（モンテスマ2世　1480頃-1520）
ラテ（モクテスマ(2世)　1466-1520）

Monticelli, Adolphe Joseph Thomas〈19世紀〉
イタリア系のフランスの画家。主作品は『公園の集り』『白い酒壺』。
⇒外国（モンティセリ　1824-1886）
芸術（モンティセリ，アドルフ　1824-1886）
国小（モンティセリ　1824.10.14-1886.6.29）
コン2（モンティセリ　1824-1886）
コン3（モンティセリ　1824-1886）
新美（モンティセリ，アドルフ　1824.10.14-1886.6.29）
人物（モンチセリ　1824.10.14-1886.6.26）
西洋（モンティセリ　1824.10.14-1886.6.26）
世西（モンティセリ　1824-1886）
世美（モンティセリ，アドルフ　1824-1886）
世百（モンティセリ　1824-1886）
全書（モンティセリ　1824-1886）
大百（モンティセリ　1824-1886）
百科（モンティセリ　1824-1886）

Montorfano, Giovanni Donato da〈15・16世紀〉
イタリアの画家。
⇒芸術（モントルファノ，ドナト）
世美（モントルファノ，ジョヴァンニ・ドナート・ダ　1440頃-1504）

Montorsoli, Giovanni Angelo da〈16

世紀〉
　イタリアの彫刻家。
　⇒世美（モントルソーリ, ジョヴァンニ・アンジェロ・ダ　1507頃-1563）

Montresor, Beni〈20世紀〉
　アメリカのイラストレーター。
　⇒児イ（Montresor, Beni　モントレザー, B. 1926-）

Monvel, Maurice Boutet de〈19・20世紀〉
　フランスの挿絵画家。
　⇒児イ（Monvel, Louis Maurice Boutet de 1850-1913）
　　児文（モンヴェル, ブーテ・ド　1850-1913）
　　世児（ブーテ・ド・モンヴェル, モーリス　1850-1913）
　　二十（モンヴェル, M.ブーテ・ド　1850-1913）

Monvert, Charles Henri〈20世紀〉
　フランス生れの画家。
　⇒世芸（モンベール, チャールズ・ヘンリー　1948-）

Moodie, Fiona〈20世紀〉
　南アフリカのイラストレーター。
　⇒児イ（Moodie, Fiona　ムーディ, F. 1952-）

Moon, Sarah〈20世紀〉
　フランス生れのファッション写真家。
　⇒スパ（ムーン, サラ　?-）

Moorcroft, William〈19・20世紀〉
　イギリスの陶芸家。
　⇒岩ケ（ムーアクロフト, ウィリアム　1872-1945）

Moore, Albert Joseph〈19世紀〉
　イギリスの画家。主作品『クーンプ修道院の装飾』(1863)。
　⇒新美（ムア, ジョセフ・アルバート　1841.9.4-1893.9.25）
　　西洋（ムア　1841.9.4-1893.9.25）
　　百科（ムーア　1841-1893）

Moore, Bernard〈19・20世紀〉
　イギリスの陶芸家。
　⇒岩ケ（ムーア, バーナード　1850-1935）

Moore, Charles Willard〈20世紀〉
　アメリカの建築家。『シーランチ週末共同住宅群』(1965年着工)。『カリフォルニア大学職員クラブ』(1968)などが代表作。
　⇒現人（ムーア　1925.10.31-）
　　新美（ムア, チャールズ　1925.10.31-）
　　二十（ムーア, チャールズ　1925.10.31-1993.12.16）

Moore, Henry〈20世紀〉
　イギリスの彫刻家。第2次世界大戦後世界各地の国際展で多くの賞を獲得し名声を得た。主作品は『北風』(1928), 『聖母子』(43～44),

『もたれる人物像』(1957～58)。
　⇒岩ケ（ムーア, ヘンリー(・スペンサー)　1898-1986）
　　オ西（ムーア, ヘンリー　1898-1986）
　　外国（ムーア　1898-）
　　キリ（ムーア, ヘンリ　1898.7.30-）
　　現人（ムーア　1898.7.30-）
　　広辞5（ムーア　1898-1986）
　　広辞6（ムーア　1898-1986）
　　国小（ムーア　1898.7.30-）
　　国百（ムーア, ヘンリー　1898.7.30-）
　　コン3（ムーア　1898-1986）
　　最世（ムーア, ヘンリー　1898-1986）
　　集文（ムーア, ヘンリー　1898.7.30-1986.8.31）
　　新美（ムア, ヘンリー　1898.7.30-）
　　人物（ムーア　1898.7.30-）
　　西洋（ムーア　1898.7.30-）
　　世芸（ムーア, ヘンリー　1898-1986）
　　世西（ムーア　1898-）
　　世美（ムア, ヘンリー　1898-1986）
　　世百（ムーア　1898-）
　　世百新（ムーア　1898-1986）
　　全書（ムーア　1898-1986）
　　大辞2（ムーア　1898-1986）
　　大辞3（ムーア　1898-1986）
　　大百（ムーア　1898-1986）
　　伝世（ムーア, H.　1898.7.30-）
　　ナビ（ムーア　1898-1986）
　　二十（ムーア, ヘンリ　1898.7.30-1986.8.31）
　　百科（ムーア　1898-）

Moore, Janet Gaylord〈20世紀〉
　アメリカのイラストレーター。
　⇒児イ（Moore, Janet Gaylord　ムーア, J.G.）

Moore, Robert L.〈20世紀〉
　アメリカ生れの彫刻家。
　⇒世芸（ムーアー, ロバート・L　1936-）

Moosbrugger, Caspar〈17・18世紀〉
　オーストリアの建築家。
　⇒新美（モースブルッガー, カスパール　1656.5.15-1723.8.26）
　　世美（モースブルッガー, カスパル　1656-1723）

Mor, Antonis〈16世紀〉
　オランダの画家。
　⇒芸術（モール, アントニス　1519?-1578）

Mora, Francisco de〈16・17世紀〉
　スペインの建築家。
　⇒建築（モーラ, フランシスコ・デ　?-1610）

Mora, José de〈17・18世紀〉
　スペインの彫刻家。
　⇒新美（モーラ, ホセー・デ　1642-1724）

Morales, Luis de〈16世紀〉
　スペインの宗教画家。代表作『ピエタ』。
　⇒角世（モラレス　1509?-1586）
　　キリ（モラレス, ルイス・デ　1510頃-1586.5.9）
　　芸術（モーレス, ルイス・デ　1510-1586）
　　国小（モラレス　1509頃-1586.5.9）
　　新美（モラーレス, ルイス・デ　1510/-20-

1586/-1605）
人物（モラレス　1510頃-1586.5.9）
スペ（モラーレス　1509?-1586）
西洋（モラレス　1510頃-1586.5.9）
世美（モラーレス、ルイス・デ　1515/20頃-1586）
全書（モラレス　1515/20-1586）
大百（モラレス　1500-1586）
百科（モラーレス　1509?-1586）

Moran, Connie 〈20世紀〉
アメリカのイラストレーター。
⇒児イ（Moran, Connie　モーラン, C.）

Moran, Edward 〈19・20世紀〉
イギリス生れのアメリカの画家。アメリカ海洋史の挿絵は有名。
⇒国小（モラン　1829.8.19-1901.6.9）

Moran, Mary Nimmo 〈19世紀〉
アメリカの画家。
⇒世女日（モラン, メアリー・ニンモ　1842-1899）

Moran, Thomas 〈19・20世紀〉
アメリカの画家。アメリカ西部の大自然の景観を得意とした。
⇒国小（モラン　1837-1926）

Morandi, Antonio 〈16世紀〉
イタリアの建築家。
⇒世美（モランディ, アントーニオ　?-1568）

Morandi, Giorgio 〈19・20世紀〉
イタリアの画家、銅版画家。静かな風景や静物を描き、瞑想的な作風を確立した。
⇒岩ケ（モランディ, ジョルジョ　1890-1964）
オ西（モランディ, ジョルジオ　1890-1964）
外国（モランディ　1890-）
広辞6（モランディ　1890-1964）
国小（モランディ　1890.7.20-1964.6.18）
コン3（モランディ　1890-1964）
最世（モランディ, ジョルジョ　1890-1964）
新美（モランディ, ジョルジオ　1890.7.20-1964.6.18）
西洋（モランディ　1890.7.20-1964.6.18）
世芸（モランディ, ジョルジョ　1890-1964）
世西（モランディ　1890-1964）
世美（モランディ, ジョルジョ　1890-1964）
世百新（モランディ　1890-1964）
全書（モランディ　1890-1964）
二十（モランディ, ジョルジオ　1890.7.20-1964.6.18）
百科（モランディ　1890-1964）

Morandini, Francesco 〈16世紀〉
イタリアの画家。
⇒世美（モランディーニ, フランチェスコ　1544-1597）

Morath, Inge 〈20世紀〉
オーストリア生れの写真家。
⇒世女日（モラス, インゲ　1923-2002）

Morazzone 〈16・17世紀〉
イタリアの画家。
⇒新美（モラッツォーネ　1573.8.3-1626）
世美（モラッツォーネ　1573-1626）

Morbelli, Angelo 〈19・20世紀〉
イタリアの画家。
⇒世美（モルベッリ, アンジェロ　1853-1919）

Morbiducci, Publio 〈19・20世紀〉
イタリアの彫刻家。
⇒世美（モルビドゥッチ, プブリーオ　1888-1963）

Mordillo, Guillermo 〈20世紀〉
アルゼンチンのイラストレーター。
⇒児イ（Mordillo, Guillermo　モルディロ, G. 1932-）

Mordstein, Karl L. 〈20世紀〉
ドイツの画家。
⇒世芸（モルトシュタイン, カール・L　1937-）
二十（モルトシュタイン, K.L.　1937-）

Mordvinoff, Nicolas 〈20世紀〉
ロシアのイラストレーター。
⇒児イ（Mordvinoff, Nicolas　モードビノフ, N. 1911-）
世児（モードヴィノフ, ニコラス　1911-1973）

More, Sir Anthony 〈16世紀〉
オランダの肖像画家。主作品はスペインのフェリペ2世のために描いた『メリー女王像』（1554）。
⇒岩ケ（モア, サー・アントニー　1519頃-1575）
国小（モア　1512-1575）
新美（モル, アントニス　1517/21頃-1576/77）
西洋（モーロ　1519-1576/8）
世美（モル, アントニー　1519-1575）
世百（モル　1519-1576/7）
全書（モル　1520頃-1576/77）

More, Jacob 〈18世紀〉
イギリスの画家。
⇒世美（モア, ジェイコブ　1740-1793）

Moreau, Gustave 〈19世紀〉
フランスの画家。
⇒岩ケ（モロー, ギュスターヴ　1826-1898）
外国（モロー　1826-1898）
キリ（モロー, ギュスターヴ　1826.4.6-1898.4.18）
芸он（モロー, ギュスターヴ　1826-1898）
幻想（モロー, ギュスターヴ　1826-1898）
広辞4（モロー　1826-1898）
広辞6（モロー　1826-1898）
国小（モロー　1826.4.6-1898.4.18）
国百（モロー, ギュスターブ　1826.4.6-1898.4.18）
コン2（モロー　1826-1898）
コン3（モロー　1826-1898）
新美（モロー, ギュスターヴ　1826.4.6-1898.4.18）
人物（モロー　1826.4.6-1898.4.18）

西洋（モロー　1826.4.6-1898.4.18）
世西（モロー　1826.4.6-1898.4.18）
世美（モロー, ギェスターヴ　1826-1898）
世百（モロー　1826-1898）
全書（モロー　1826-1898）
大辞（モロー　1826-1898）
大辞3（モロー　1826-1898）
大百（モロー　1826-1898）
デス（モロー　1826-1898）
百科（モロー　1826-1898）

Moreau, Jean-Michel 〈18・19世紀〉
フランスの画家、版画家、素描家。
⇒芸術（モロー, ジャン・ミッシェル　1741-1814）
新美（モロー, ジャン=ミッシェル　1741.3.26-1814.11.30）
世美（モロー, ジャン=ミシェル　1741-1814）
百科（モロー　1741-1814）

Moreau, Louis Gabriel 〈18・19世紀〉
フランスの画家。バルビゾン派。
⇒芸術（モロー, ルイ・ガブリエル　1740-1806）
国小（モロー　1740-1806）
新美（モロー, ルイ=ガブリエル　1740-1806）
世美（モロー, ルイ=ガブリエル　1740-1806）

Moreau, Luc Albert 〈19・20世紀〉
フランスの画家、銅版画家、挿絵画家。
⇒新美（モロー, リュック・アルベール　1882.12.9-1948）
世芸（モロー, リュク・アルベール　1882-1948）
二十（モロー, リュック・アルベール　1882.12.9-1948）

Moreau-Nélaton, Étienne 〈19・20世紀〉
フランスの画家。主著『コローの生涯と作品』。
⇒名著（モロー・ネラートン　1859-1927）

Moreau-Vauthier, Charles 〈19・20世紀〉
フランスの画家、彫刻家。絵画技法に関する著作を残した。
⇒芸術（モロー・ヴォーティエ, シャルル　1857-1924）
国小（モロー・ボーティエ　1857-1924）
世芸（モロー・ヴォーティエ, シャルル　1857-1924）

Moreelse, Paulus 〈16・17世紀〉
オランダの画家。
⇒新美（モレールス, パウルス　1571-1638.3）
世美（モレールセ, パウルス　1571-1638）

Moreira, Jorge Machado 〈20世紀〉
ブラジルの建築家。
⇒オ西（モレイラ, ホルヘ・マシャード　1904-）

Morellet, Français 〈20世紀〉
フランスの美術家。1960年に結成されたパリの視覚芸術探究グループのメンバー。
⇒世芸（モルレ, フランコ　1926-）
世美（モルレ, フランソワ　1926-）

美術（モルレ, フランソワ　1926-）

Morelli, Cosimo 〈18・19世紀〉
イタリアの建築家。
⇒建築（モレッリ, コジモ　1732-1812）
世美（モレッリ, コージモ　1732-1812）

Morelli, Domenico 〈19・20世紀〉
イタリアの画家。詩的幻想の豊かな神秘的宗教画を描いた。
⇒芸術（モレルリ, ドメニコ　1826-1901）
国小（モレリ　1826-1901）
コン2（モレリ　1826-1901）
コン3（モレリ　1826-1901）
新美（モレルリ, ドメーニコ　1826.8.4-1901.8.13）
西洋（モレリ　1826.8.4-1901.8.13）
世美（モレッリ, ドメーニコ　1826-1901）

Morelli, Giovanni 〈19世紀〉
イタリアの政治家、美術評論家。1848年のロンバルジア革命で義勇団長。
⇒岩ケ（モレリ, ジョヴァンニ　1816-1891）
外国（モレリ　1816-1891）
国小（モレリ　1816.2.16-1891.2.28）
コン2（モレリ　1816-1891）
コン3（モレリ　1816-1891）
新美（モレルリ, ジョヴァンニ　1816.2.25-1891.2.28）
人物（モレリ　1816.2.25-1891.2.28）
西洋（モレリ　1816.2.25-1891.2.28）
世美（モレッリ, ジョヴァンニ　1816-1891）
世百（モレリ　1816-1891）
大百（モレリ　1816-1891）
百科（モレリ　1816-1891）
名著（モレリ　1816-1891）

Moreni, Mattia 〈20世紀〉
イタリアの画家。
⇒世美（モレーニ, マッティーア　1920-）

Moretti, Cristoforo 〈15世紀〉
イタリアの画家。
⇒新美（モレッティ, クリストーフォロ）
世美（モレッティ, クリストーフォロ　15世紀後半）

Moretti, Gaetano 〈19・20世紀〉
イタリアの建築家。
⇒世美（モレッティ, ガエターノ　1860-1938）

Moretto da Brescia 〈15・16世紀〉
イタリアの画家。イタリアにおいて全身像の肖像を独立の主題とした最初期の画家とされる。代表作『聖ジュスティーナ』。
⇒国小（モレット・ダ・ブレシア　1498頃-1554.12.22）
新美（モレット・ダ・ブレッシア　1498頃-1554）
西洋（モレット　1498/1554.12）
世美（モレット　1498-1554）

Morey, Charles Rufus 〈19・20世紀〉
アメリカの美術史家。
⇒キリ（モーリ, チャールズ・ルーフス　1877-

1955)

Morgan, Ava 〈20世紀〉
アメリカのイラストレーター。
⇒児イ（Morgan, Ava　モーガン, A.）

Morgan, Barbara Brooks 〈20世紀〉
アメリカの写真家。
⇒世女日（モーガン，バーバラ・ブルックス　1900-1992）

Morgan, Jacques Jean Marie de 〈19・20世紀〉
フランスの考古学者，オリエント先史考古学の先駆者。
⇒外国（ド・モルガン　1857-1924）
　国小（モルガン　1857-1924）
　コン2（モルガン　1857-1924）
　コン3（モルガン　1857-1924）
　新美（モルガン，ジャック・ド　1857.6.3-1924.6.12）
　西洋（モルガン　1857.6.3-1924.6.12）
　世東（モルガン　1857-1924）
　世百（モルガン　1857-1924）
　ナビ（モルガン　1857-1924）
　二十（モルガン，ジャック・J.M.ド　1857.6.3-1924.6.12）
　百科（モルガン　1857-1924）
　評世（モルガン　1857-1924）
　名著（モルガン　1857-1924）

Morgan, Julia 〈19・20世紀〉
アメリカの建築家。
⇒世女日（モーガン，ジュリア　1872-1957）

Morgan, Roy 〈20世紀〉
イギリスのイラストレーター。
⇒児イ（Morgan, Roy　モーガン, R.　1928-）

Morgan, Sally 〈20世紀〉
オーストラリアの女性作家，画家。
⇒二十英（Morgan, Sally　1951-）

Morghen, Raffaello 〈18・19世紀〉
イタリアの版画家。多くのフィレンツェ派の画家の絵画の版画を制作。
⇒国小（モルゲン　1758.6.19-1833.4.8）
　世美（モルゲン，ラッファエッロ　1758-1833）

Morgner, Michael 〈20世紀〉
ドイツ生れの版画家。
⇒世芸（モルクナー，ミッシェル　1942-）

Morice, Charles 〈19・20世紀〉
フランスの詩人，美術批評家。ゴーガンを中心とするポン・タヴァン派の友人，擁護者。
⇒集世（モリス，シャルル　1860.5.15-1919.3.18）
　集文（モリス，シャルル　1860.5.15-1919.3.18）
　二十（モリス，C.　1861-1919）
　名著（モリス　1861-1919）

Morichon, David 〈20世紀〉
フランスのアーティスト。
⇒児イ（Morichon, David　モリション, ダビッド　1974-）

Morigia, Camillo 〈18世紀〉
イタリアの建築家。
⇒世美（モリージャ，カミッロ　1743-1795）

Morin, Claude 〈20世紀〉
フランス生れの彫刻家。
⇒世芸（モーラン，クロード　1946-）

Morisot, Berthe 〈19世紀〉
フランスの女流画家。主作品は『ベランダ』(1882)。
⇒岩ケ（モリゾー，ベルト（・マリー・ポーリーヌ）1841-1895）
　外国（モリゾー　1841-1895）
　芸術（モリゾ, ベルト　1841-1895）
　国小（モリゾー　1841.1.4-1895.3.2）
　新美（モリゾ，ベルト　1841.1.14-1895.3.2）
　人物（モリゾ　1841.1.14-1895.3.2）
　西洋（モリゾー　1841.1.14-1895.3.2）
　世女（モリゾー，ベルト　1841-1895）
　世女日（モリソ，ベルテ　1841-1895）
　世西（モリゾー　1841-1895）
　世美（モリゾ，ベルト　1841-1895）
　全書（モリゾ　1841-1895）
　大百（モリゾ　1841-1895）
　百科（モリゾ　1841-1895）

Morlaiter, Giovanni Maria 〈17・18世紀〉
イタリアの彫刻家。
⇒世美（モルライテル，ジョヴァンニ・マリーア　1699-1781）

Morlaiter, Michelangelo 〈18・19世紀〉
イタリアの画家。
⇒世美（モルライテル，ミケランジェロ　1729-1806）

Morland, George 〈18・19世紀〉
イギリスの画家。フランドル派風の風俗画や動物画を描いた。
⇒芸術（モーランド，ジョージ　1763-1804）
　国小（モーランド　1763-1804）
　新美（モーランド，ジョージ　1763.6.26-1804.10.29）
　世美（モーランド，ジョージ　1763-1804）
　全書（モーランド　1763-1804）

Morley, Christopher 〈20世紀〉
イギリスの舞台装置家。
⇒演劇（モーリー，クリストファー）

Morley, Sylvanus Griswold 〈19・20世紀〉
アメリカの考古学者。古代マヤ文明の古都遺跡の発掘にあたった。
⇒コン3（モーリー　1883-1948）
　新美（モーリー，シルヴェイナス　1883.6.7-

1948.9.2)
世百新（モーリー　1883-1948）
二十（モーリー，シルビェイナス・W.
　1883.6.7-1948.9.2）
百科（モーリー　1883-1948）
ラテ（モーリー　1883-1948）

Morlotti, Ennio〈20世紀〉
イタリアの画家。第2次世界大戦後イタリアの前衛美術運動を指導した。
⇒国小（モルロッティ　1910-）
　世芸（モルロッティ，エンニオ　1910-1979）

Moro, César〈20世紀〉
ペルーの詩人，画家。
⇒集世（モロ，セサル　1904-1956）
　集文（モロ，セサル　1904-1956）

Moro, Giacomo Antonio〈16・17世紀〉
イタリアの彫刻家，メダル制作家，版画家。
⇒世美（モーロ，ジャーコモ・アントーニオ　1550頃-1624）

Morone, Domenico〈15・16世紀〉
イタリアの画家。主作品『マドンナ』(1483)。
⇒国小（モローネ　1442頃-1517頃）
　新美（モローネ，ドメーニコ　1442-1517以降）
　世美（モローネ，ドメーニコ　1442頃-1517頃）

Morone, Francesco〈15・16世紀〉
イタリアの画家。
⇒世美（モローネ，フランチェスコ　1471-1529）

Moroni, Andrea〈16世紀〉
イタリアの建築家。
⇒世美（モローニ，アンドレーア　1500頃-1560）

Moroni, Giovanni Battista〈16世紀〉
イタリアの画家。主作品『裁縫師』。
⇒岩ケ（モローニ，ジョヴァンニ・バッティスタ　1525-1578）
　芸術（モローニ，ジョヴァンニ・バッティスタ　1520/25-1578）
　国小（モローニ　1525頃-1578.2.5）
　新美（モローニ，ジョヴァンニ・バッティスタ　1525頃-1578.2.5）
　西洋（モローニ　1523-1578.2.5）
　世美（モローニ，ジョヴァンニ・バッティスタ　1520/24-1578）
　全書（モローニ　1520頃-1578）
　大百（モローニ　1523頃-1578）

Morozov, Ivan Aleksandrovich〈19・20世紀〉
ロシアの実業家，蒐集家。
⇒新美（モロゾフ，イワン　1871-1921）
　二十（モロゾフ，イワン　1871-1921）
　百科（モロゾフ　1871-1921）
　ロシ（モロゾフ　1871-1921）

Morrice, James Wilson〈19・20世紀〉
カナダの画家。風景画と肖像画を描いた。主作品は『ベネチアの赤い家』(1903)。
⇒オ西（モリス，ジェイムズ・ウィルソン　1865-1924）
　国小（モリス　1865-1924）
　伝世（モリス　1865.8.10-1924.1.23）

Morrill, Leslie〈20世紀〉
アメリカの画家，旅行家，教師。
⇒児イ（Morrill, Leslie　モリル, L.）

Morris, Desmond John〈20世紀〉
イギリスの動物学者。現代美術研究所所長。
⇒岩ケ（モリス，デズモンド（・ジョン）　1928-）
　世科（モリス　1928-）
　全書（モリス　1928-）
　二十（モリス, D.J.　1928.1.21-）
　百科（モリス　1928-）

Morris, Joseph〈19・20世紀〉
イギリスの通信技師。工部省電信寮建築技師。
⇒日人（モリス　1849-1911）
　来日（モリス　1849.7-1911.4）

Morris, Joshua〈18世紀〉
イギリスのタピスリー制作家。
⇒世美（モリス，ジョシュア　（活動)1720-1730）

Morris, May〈19・20世紀〉
イギリスの工芸家。
⇒世女日（モリス，メイ　1863-1938）

Morris, Robert〈20世紀〉
アメリカの彫刻家。「ミニマル・アート」の代表的作家。
⇒オ西（モリス，ロバート　1931-）
　現人（モリス　1931.2.9-）
　新美（モリス，ロバート　1931.2.9-）
　世芸（モリス，ロバート　1931-）
　世美（モリス，ロバート　1931-）
　二十（モリス，ロバート　1931.2.9-）
　美術（モリス，ロバート　1931-）

Morris, Robin〈20世紀〉
アメリカ生れの画家。
⇒世芸（モリス，ロビン　1953-）

Morris, William〈19世紀〉
イギリスの詩人，画家，社会主義者。『無可有郷だより』(1891)が代表作。
⇒逸話（モリス　1834-1896）
　イ哲（モリス, W.　1834-1896）
　イ文（Morris, William　1834-1896）
　岩ケ（モリス，ウィリアム　1834-1896）
　英文（モリス，ウィリアム　1834-1896）
　英米（Morris, William　モリス〔ウィリアム〕1834-1896）
　外国（モリス　1834-1896）
　角世（モリス　1834-1896）
　キリ（モリス，ウィリアム　1834.3.24-1896.10.3）
　芸術（モリス，ウィリアム　1834-1896）
　幻想（モリス，ウィリアム　1834-1896）
　建築（モリス，ウィリアム　1834-1896）
　広辞4（モリス　1834-1896）
　広辞6（モリス　1834-1896）

国小（モリス　1834.3.24-1896.10.3）
国百（モリス, ウィリアム　1834.3.24-
　1896.10.3）
コン2（モリス　1834-1896）
コン3（モリス　1834-1896）
集世（モリス, ウィリアム　1834.3.24-
　1896.10.3）
集文（モリス, ウィリアム　1834.3.24-
　1896.10.3）
新美（モリス, ウィリアム　1834.3.24-
　1896.10.3）
西洋（モリス　1834.3.24-1896.10.3）
世児（モリス, ウィリアム　1834-1896）
世西（モリス　1834.3.24-1896.10.3）
世美（モリス, ウィリアム　1834-1896）
世百（モリス　1834-1896）
世文（モリス, ウィリアム　1834-1896）
全書（モリス　1834-1896）
大辞（モリス　1834-1896）
大辞3（モリス　1834-1896）
大百（モリス　1834-1896）
デス（モリス　1834-1896）
伝世（モリス　1834.3.24-1896.10.3）
百科（モリス　1834-1896）
評世（モーリス　1834-1896）
名著（モリス　1834-1896）

Morrow, Barbara 〈20世紀〉
アメリカのイラストレーター。
⇒児イ（Morrow, Barbara　モロウ, B.）

Morse, Dorothy（Bayley）〈20世紀〉
アメリカのイラストレーター。
⇒児イ（Morse, Dorothy（Bayley）　モース, D.
　1906-）

Morse, Edward Sylvester 〈19・20世紀〉
アメリカの動物学者。専門領域を通じて人類
学, 先史学方面の研究にも貢献。また大森貝塚
の発見者としても知られる。
⇒アメ（モース　1838-1925）
逸話（モース　1838-1925）
外国（モース　1838-1925）
科学（モース　1838.6.18-1925.12.20）
科史（モース　1838-1925）
科大（モース　1837-1925）
科大2（モース　1837-1925）
角世（モース（エドワード）　1838-1925）
キリ（モース, エドワード・シルヴェスター
　1838.6.18-1925.12.20）
広辞4（モース　1838-1925）
広辞5（モース　1838-1925）
広辞6（モース　1838-1925）
国小（モース　1838.6.18-1925.12.20）
国百（モース, エドワード・シルベスター
　1838.6.18-1925）
コン2（モース　1838-1925）
コン3（モース　1838-1925）
集文（モース, エドワード　1838.6.18-
　1925.12.20）
新美（モース, エドワード・シルヴェスター
　1838.6.18-1925.12.20）
人物（モース　1838.6.18-1925.12.20）
西洋（モース（モールス）　1838.6.18-
　1925.12.20）
世西（モース　1838.6.18-1925.12.20）

世百（モース　1838-1925）
全書（モース　1838-1925）
大辞（モース　1838-1925）
大辞2（モース　1838-1925）
大辞3（モース　1838-1925）
大百（モース　1838-1925）
ナビ（モース　1838-1925）
二十（モース, エドワード・シルベスター
　1838.6.18-1925.12.20）
日研（モース, エドワード・シルベスター
　1838.6.18-1925.12.20）
日人（モース　1838-1925）
百科（モース　1838-1925）
名著（モース　1838-1920）
来日（モース　1838-1925）
歴学（モース　1838-1925）

Morse, Samuel Finley Breese 〈18・19世紀〉
アメリカの画家, 発明家。モールス符号を創案。
⇒アメ（モース　1791-1872）
岩ケ（モース, サミュエル・F（フィンリー）・B
　（ブリーズ）　1791-1872）
英米（Morse, Samuel Finley Breese　モース
　1791-1872）
旺世（モールス　1791-1872）
外国（モース　1791-1872）
科学（モース　1791.4.27-1872.4.2）
科技（モールス　1791.4.27-1872.4.2）
科人（モールス, サミュエル　1791.4.27-
　1872.4.2）
広辞4（モース　1791-1872）
広辞6（モース　1791-1872）
国小（モース（モールス）　1791.4.27-1872.4.2）
コン2（モース　1791-1872）
コン3（モース　1791-1872）
新美（モース, サミュエル・フィンリー・ブリー
　ズ　1791.4.27-1872.4.2）
人物（モールス　1791.4.27-1872.4.2）
西洋（モース（モールス）　1791.4.27-1872.4.2）
世科（モース　1791-1872）
世人（モールス　1791-1872）
世西（モース（モース）　1791.4.27-1872.4.2）
世百（モース　1791-1872）
全書（モース　1791-1872）
大辞（モース　1791-1872）
大辞3（モース　1791-1872）
大百（モース　1791-1872）
伝世（モース　1791.4.27-1872.4.2）
百科（モース　1791-1872）
評世（モース（モールス）　1791-1872）
山世（モース　1791-1872）
歴史（モールス　1791-1872）

Mortensen, Erik 〈20世紀〉
フランスのデンマーク人のファッション・デザ
イナー。
⇒岩ケ（モーテンセン, エリック　1926-）

Mortensen, Richard 〈20世紀〉
デンマークの画家。
⇒世美（モーテンセン, リカード　1910-）

Mortimer, Anne 〈20世紀〉
イギリスのイラストレーター。
⇒児イ（Mortimer, Anne　モーティマー, A.）

Mortimer, John Hamilton 〈18世紀〉
イギリスの画家, 版画家。
⇒世美(モーティマー, ジョン・ハミルトン 1741-1779)

Morto da Feltre 〈15・16世紀〉
イタリアの画家。
⇒世美(モルト・ダ・フェルトレ 1480頃-1527)

Morton, Marian 〈20世紀〉
アメリカのイラストレーター。
⇒児イ(Morton, Marian モートン, M.)

Morton-Sale, Isobel 〈20世紀〉
イギリスのイラストレーター。
⇒児イ(Morton=Sale, Isobel モートン=セール, I. 1904-)

Morton-Sale, John 〈20世紀〉
イギリスのイラストレーター。
⇒児イ(Morton=Sale, John モートン=セール, J. 1901-)

Mor van Dashorst, Anthonis 〈16世紀〉
オランダの肖像画家。
⇒スペ(モル・ファン・ダスホルスト 1517頃-1575頃)
百科(モル・ファン・ダスホルスト 1517頃-1575頃)

Mosca, Giovanni Maria 〈16世紀〉
イタリアの彫刻家, 建築家, メダル制作家。
⇒世美(モスカ, ジョヴァンニ・マリーア ?-1573頃)

Mosca, Simone 〈15・16世紀〉
イタリアの彫刻家, 建築家。
⇒世美(モスカ, シモーネ 1492-1553)

Moscati, Sabatino 〈20世紀〉
イタリアの考古学者, セム語学者。
⇒世美(モスカーティ, サバティーノ 1922-)

Moser, Erwin 〈20世紀〉
オーストリアの児童文学者。
⇒児イ(Moser, Erwin モーザー, E. 1954-)
児作(Moser, Erwin モーザー, エルビン 1954-)

Moser, Karl 〈19・20世紀〉
スイスの建築家。代表作アントニウス聖堂(1926)。
⇒キリ(モーザー, カール 1860.8.10-1936.2.28)
国小(モーザー 1860.8.10-1936.2.28)
西洋(モーザー 1860.8.10-1936.2.28)
世美(モーザー, カール 1860-1936)
世百(モーザー 1860-1936)
大百(モーザー 1860-1936)

Moser, Lukas 〈14・15世紀〉
ドイツの画家。
⇒キリ(モーザ, ルーカス (活躍)1431/32頃)
芸術(モーザー, ルカス 15世紀前半)
新美(モーザー, ルーカス 1390頃-1434以後)
西洋(モーザー 15世紀)
世美(モーザー, ルーカス 15世紀)

Moser, Mary 〈18・19世紀〉
イギリスの画家。
⇒世女日(モーザー, メアリー 1744-1819)

Moses 〈前14・13世紀頃〉
イスラエルの立法者, 預言者。
⇒岩ケ(モーセ) 前13世紀頃)
旺世(モーセ 生没年不詳)
外国(モーセ 前13世紀頃)
看護(モーセ 前13世紀)
キリ(モーセ)
広辞4(モーセ)
広辞6(モーセ 前14世紀)
国小(モーセ 前13世紀頃)
国百(モーセ 生没年不詳)
コン2(モーセ(モーシェ) 前1350頃-1250頃)
コン3(モーセ(モーシェ) 生没年不詳)
新美(モーセ)
人物(モーセ 生没年不詳)
聖書(モーセ)
西洋(モーセ)
世人(モーゼ 前13世紀半頃-前12世紀初頃)
世西(モーセ)
世東(モーセ 前1500頃/1300頃-?)
世女(モーゼ)
世百(モーゼ)
全書(モーゼ)
大辞(モーセ)
大辞3(モーセ 前13世紀頃)
大百(モーゼ)
デス(モーゼ)
伝世(モーセ 前13世紀頃)
百科(モーセ)
評世(モーゼ 前13世紀頃)
山世(モーセ 前13世紀頃)
歴史(モーゼ)

Moses, Anna Mary Robertson 〈19・20世紀〉
アメリカの女流画家。
⇒岩ケ(モーゼス, グランマ 1860-1961)
芸術(モーゼス, グランマ 1860-1929)
国小(モーゼ 1860.9.7-1961.12.13)
新美(モーゼス, アンナ・メリー・ロバートスン 1860.9.7-1961.12.13)
世女(モーゼス, アンナ(メアリ)((《グランマ・モーゼス)) 1860-1961)
世女日(モーゼス, アンナ・メアリー 1860-1961)
世美(モーゼス, アンナ・メアリー・ロバートソン 1861-1961)
伝世(モーゼズ 1860.9.7-1961.12.13)
二十(モーゼス, アンナ・メリー・ロバートスン 1860.9.7-1961.12.13)

Moses, Anna Mary Robertson 〈19・20世紀〉
アメリカの女流画家。1930年代に『独習の画家

展』に出品して注目されたモダン・プリミティブ画家の一人。
⇒岩ケ（モーゼズ，グランマ 1860-1961）
才西（モーゼス，アンナ・メアリ 1860-1961）
国小（モーゼス 1860.9.7-1961.12.13）
新美（モーゼス，アンナ・メリー・ロバートスン 1860.9.7-1961.12.13）
スパ（モーゼス，アンナ・マリー 1860-）
世芸（モーゼス，グランマ 1860-1929）
世女（モーゼス，アンナ（メアリ）（《グランマ・モーゼス》） 1860-1961）
世女日（モーゼス，アンナ・メアリー 1860-1961）
世美（モーゼス，アンナ・メアリー・ロバートソン 1861-1961）
伝世（モーゼズ 1860.9.7-1961.12.13）
二十（モーゼス，アンナ・メリー・ロバートスン 1860.9.7-1961.12.13）

Moss, Eric Owen〈20世紀〉
アメリカの建築家。
⇒二十（モス，エリック・O. 1943-）

Mostaert, Jan〈15・16世紀〉
オランダの画家。主作品『デポジション』。
⇒国小（モスタールト 1475-1555/6）
新美（モスタールト，ヤン 1475-1555/56）
西洋（モスタールト 1475頃-1556）
世美（モスタールト，ヤン 1475頃-1555頃）

Motherwell, Robert〈20世紀〉
アメリカの画家。アクション・ペインティングの先駆者の一人で抽象表現主義の主導者。主作品『パンチョ・ビラ，生と死』(1943)。
⇒岩ケ（マザウェル，ロバート（・バーンズ） 1915-1991）
才西（マザウェル，ロバート 1915-）
国小（マザーウェル 1915.1.24-）
新美（マザーウェル，ロバート 1915.1.24-）
世芸（マザウェル，ロバート 1915-1991）
世美（マザウェル，ロバート・バーンズ 1915-）
二十（マザウェル，ロバート 1915.1.24-1991.7.16）

Moti, Kaiko〈20世紀〉
インド生れの画家。
⇒世芸（モティ，カイコ 1921-）

Moulins, Maître de〈15・16世紀〉
フランスの画家。
⇒芸術（ムランの画家（ムラン） 1480-1510頃活動）

Mouloudji, Marcel〈20世紀〉
フランスの作家，画家，シャンソン歌手，俳優，装置家。
⇒大百（ムールージ 1922-）
俳優（ムールージ 1922.9.16-）

Mount, William Sidney〈19世紀〉
アメリカの画家。主として風俗画，肖像画，静物画を描いた。
⇒国小（マウント 1807.11.26-1868.11.19）
新美（マウント，ウィリアム・シドニー 1807.11.26-1868.11.19）

Mourad, Joumana〈20世紀〉
イギリス生れの画家。
⇒世芸（ムーラッド，ジョマナ 1954-）

Mouton, Antoine〈18世紀〉
フランスの彫刻家。
⇒世美（ムートン，アントワーヌ 1767-?）

Mowbray, Henry Siddons〈19・20世紀〉
アメリカの壁画家。モルガン図書館やニューヨークのユニバーシティ・クラブの壁画を制作した。
⇒国小（モウブレー 1858.8.5-1928.1.13）

Moy, Seong〈20世紀〉
アメリカのイラストレーター。
⇒児イ（Moy, Seong モイ, S. 1921-）

Moyers, William〈20世紀〉
アメリカのイラストレーター。
⇒児イ（Moyers, William 1916-）

Moynihan, Rodrigo〈20世紀〉
イギリスの画家。
⇒岩ケ（モイニハン，ロドリゴ 1910-）

Mrozkove, Daisy〈20世紀〉
チェコスロバキアのイラストレーター。
⇒児イ（Mrozkove, Daisy ムラースコバー, D. 1923-）

Mucchi, Gabriele〈20世紀〉
イタリアの画家，建築家。
⇒世美（ムッキ，ガブリエーレ 1899-）

Mucha, Alfons〈19・20世紀〉
チェコスロヴァキアの画家，挿絵画家，舞台美術家。
⇒芸術（ミュシャ，アルフォンス 1860-1939）
新美（ミュシャ，アルフォンス 1860.6.24-1939.7.14）
世芸（ミュシャ，アルフォンス 1860-1939）
世美（ミュシャ，アルフォンス 1860-1939）
全書（ミュシャ 1860-1939）
東欧（ミュシャ 1860-1939）
二十（ミュシャ, A. 1860-1939）
百科（ミュシャ 1860-1939）

Mucha, Willy〈20世紀〉
フランスの画家。
⇒世芸（ムーシャ，ウィリー 1906-）

Muche, Georg〈20世紀〉
ドイツの画家。
⇒世美（ムーヘ，ゲオルク 1895-）

Mudrak, Petr Mikhajlovich〈20世紀〉
ロシアのイラストレーター。

⇒児イ（Mudrak, Petr Mikhajlovich　ムドゥラック, P.M.　1933-）

Müelich, Hans〈16世紀〉
ドイツの画家，素描家，写本装飾画家。
⇒ミューリッヒ，ハンス　1516-1573.3.10）
世美（ミューリヒ，ハンス　1516-1573）

Mueller, Hans Alexander〈19・20世紀〉
アメリカのイラストレーター。
⇒児イ（Mueller, Hans Alexander　ミューラー, H.A.　1888-）

Mugler, Thierry〈20世紀〉
フランスの服飾デザイナー。写真家としても知られる。
⇒大辞2（ミュグレー　1945-）
　大辞3（ミュグレー　1945-）

Muguet, Georges〈20世紀〉
フランスの彫刻家。
⇒世芸（ムゲェ，ジョージ　1903-）

Muḥammad Beg〈16世紀〉
イランの画家。主作品『ムハンマッド・アリー・ムザッヒブの肖像』。
⇒西洋（ムハンマッド・ベク　16世紀）

Muḥammadī〈16世紀〉
イランの細密画家(16世紀)。タブリーズ派の最後をかざる作家。
⇒国小（ムハンマディー　生没年不詳）
　新美（ムハンマディー）
　世東（ムハンマディー　生没年不詳）

Muḥammad ibn al-Zayn〈13・14世紀〉
イスラームの金工家。
⇒新美（ムハンマド・イブン・アル=ザイン）

Muḥammad Zamān〈17世紀〉
イランの細密画家(17世紀)。
⇒広辞6（ムハンマド・ザマーン　17世紀）
　国小（ムハンマド・ザマーン　生没年不詳）
　新美（ムハンマド・ザマーン）
　世東（ムハンマド・ザマーン　生没年不詳）

Muhammed, Abul Kasemben Abdallah〈6・7世紀〉
イスラム教の創始者。622年をイスラム暦元年とし，宗教国家を形成。
⇒逸話（マホメット　570頃-632）
　岩ケ（ムハンマド　570頃-632頃）
　岩哲（ムハンマド　570頃-632）
　旺世（ムハンマド　570頃-632）
　外国（マホメット　570頃-632）
　角世（ムハンマド　570?-632）
　教育（マホメット（ムハンマド）　571?-632）
　キリ（ムハンマド　570頃-632.6.8）
　広辞4（マホメット　571-632）
　広辞6（ムハンマド　570頃-632）
　国小（マホメット　570頃-632.6.8）
　国百（マホメット　570頃-632.6.8）
　コン2（ムハンマド　570-632頃）
　コン3（ムハンマド　570-632頃）
　新美（マホメット　570頃-632）
　人物（マホメット　570?-632）
　西洋（マホメット　571頃-632.6.8）
　世人（ムハンマド（マホメット）　570頃-632）
　世西（マホメット　570頃-632.6.8）
　世東（マホメット　570/1.8.29-632.6.8）
　世百（マホメット　571?-632）
　全書（ムハンマド　570頃-632）
　大辞（マホメット　570頃-632）
　大辞3（ムハンマド　570頃-632）
　中国（マホメット　570頃-632）
　デス（マホメット　570頃-632）
　伝世（マホメット　570頃-632.6.8）
　百科（ムハンマド　570頃-632）
　評世（マホメット　570頃-632）
　山世（ムハンマド　570?-632）
　歴史（ムハンマド　570頃-632）

Mühl, Rogger〈20世紀〉
フランス生れの版画家。
⇒世芸（ミュール，ロジャー　1929-）

Muir, Jean（Elizabeth）〈20世紀〉
イギリスのファッション・デザイナー。
⇒岩ケ（ミューア，ジーン（・エリザベス）　1933-1995）
　世女（ミューア，ジーン（エリザベス）　1931?-1995）
　世女日（ミュア，ジーン　1928-1995）

Mujica Láinez, Manuel〈20世紀〉
アルゼンチンの小説家，美術評論家。
⇒集世（ムヒーカ=ライネス，マヌエル　1910.9.11-1984.4.21）
　集文（ムヒーカ=ライネス，マヌエル　1910.9.11-1984.4.21）
　世文（ムヒーカ・ライネス，マヌエル　1910-1984）
　大辞2（ムヒカ・ライネス　1910-1984）
　大辞3（ムヒカ ライネス　1910-1984）
　ナビ（ムヒカ=ライネス　1910-1984）
　ラテ（ムヒカ・ライネス　1910-1984）

Mukařovský, Jan〈20世紀〉
チェコの美学者，文芸理論家。おもな作品は『チェコ詩論』(1948)，「プラーグ言語学サークル」の創立メンバーの1人。
⇒岩哲（ムカジョフスキー　1891-1975）
　現人（ムカジョフスキー　1891.11.11-1975.2.8）
　コン3（ムカジョフスキー　1891-1975）
　集世（ムカジョフスキー，ヤン　1891.11.11-1975.2.8）
　集文（ムカジョフスキー，ヤン　1891.11.11-1975.2.8）
　西洋（ムカジョフスキー　1891.11.11-1975.2.8）
　全書（ムカジョフスキー　1891-1975）
　伝世（ムカジョフスキー　1891.11.11-1975）
　東欧（ムカジョフスキー　1891-1975）
　ナビ（ムカジョフスキー　1891-1975）
　二十（ムカジョフスキー，J.　1891.11.11-1975.2.8）

Mukhina, Vera Ignatievna〈19・20世

紀〉
ソ連の女流彫刻家。『労働者とコルホーズの農婦』(1937),『チャイコフスキィ』の像などの作品がある。
⇒コン3（ムーヒナ　1889-1953）
　人物（ムーヒナ　1889-1953）
　世芸（ムーヒナ, ヴェーラ・イグナーチェヴナ　1889-1953）
　世女日（ムーヒナ, ヴェーラ　1889-1953）
　世美（ムーヒナ, ヴェーラ・イグナチエヴナ　1889-1953）
　全書（ムーヒナ　1889-1953）

Mukhtār, Mahmūd〈20世紀〉
エジプトの彫刻家。現代エジプトの彫刻の父と称えられる。
⇒コン3（ムフタール　1891-1934）

Mulazzani, Simona〈20世紀〉
イタリアのイラストレーター。
⇒児作（Mulazzani, Simona　ムラッツァーニ, シモーナ）

Mulcken, Arnold van (Mulcken, Aert van)〈16世紀〉
ベルギーの建築家。
⇒建築（ムルケン, アールト・ヴァン（ムルケン, アーノルド・ヴァン）（活動)16世紀）

Mulier de Jonge, Pieter〈17・18世紀〉
オランダの画家。
⇒世美（ミュリール, ピーテル(子)　1637-1701）

Mulinaretto〈17・18世紀〉
イタリアの画家。
⇒世美（ムリナレット　1660-1745）

Müller, Andreas Johann Jakob Heinrich〈19世紀〉
ドイツの画家。レマーゲンのアポリナリス聖堂の聖アポリナリス伝を描いた壁画(1837～42)で知られる。
⇒西洋（ミュラー　1811.2.19-1890.3.29）

Muller, Armin〈20世紀〉
アメリカの画家。
⇒世芸（ミューラー, アミン　1932-）

Müller, Hans-Walter〈20世紀〉
ドイツの美術家。
⇒美術（ミューラー, ハンス・ワルター　1935-）

Muller, Jorg〈20世紀〉
スイスの児童文学者。
⇒児イ（Müller, Jörg　ミューラー, J.　1942-）
　児イ（Muller, Jorg　ミュラー, イエルク　1942-）

Müller, Otto〈19・20世紀〉
ドイツの画家, 版画家。
⇒キリ（ミュラー, オットー　1874.10.16-1930.9.24）
　芸術（ミュラー, オットー　1874-1930）
　国小（ミュラー　1874.10.16-1930.9.24）
　新美（ミュラー, オットー　1874.10.16-1930.9.24）
　人物（ミュラー　1874.10.16-1930.9.24）
　西洋（ミュラー　1874.10.16-1930.9.24）
　世芸（ミュラー, オットー　1874-1930）
　世美（ミュラー, オットー　1874-1930）
　全書（ミュラー　1874-1930）
　大百（ミュラー　1874-1930）
　二十（ミュラー, オットー　1874.10.16-1930.9.24）

Müller, Robert〈20世紀〉
スイスの彫刻家。
⇒世美（ミュラー, ローベルト　1920-）

Müller, William John〈19世紀〉
ドイツ生れのイギリスの風景画家。
⇒国小（ミュラー　1812.6.28-1845.9.8）

Müller-Lyer, Franz Carl〈19・20世紀〉
ドイツの社会学者, 心理学者。幾何学的錯視にかんする『ミュラー・リアーの図形』を発表(1889)。
⇒外国（ミュラー・リーア　1857-1916）
　コン2（ミュラー・リアー　1857-1916）
　コン3（ミュラー・リアー　1857-1916）
　人物（ミュラー・リアー　1857.2.5-1916.10.29）
　西洋（ミュラー・リアー　1857.2.5-1916.10.29）
　世西（ミュラー・リアー　1857-1916）
　世百（ミュラーリヤー　1857-1916）
　全書（ミュラー・リヤー　1857-1916）
　二十（ミュラー・リヤー, フランツ・カール　1857-1916）

Müller-Walde, Paul
ドイツの美術史家。レオナルド・ダ・ヴィンチの専門学者。
⇒名著（ミュラー・ヴァルデ　生没年不詳）

Mullins, Edward S.〈20世紀〉
アメリカのイラストレーター。
⇒児イ（Mullins, Edward S.　マリンズ, E.S.）

Mulready, William〈18・19世紀〉
イギリスの画家。1816年アカデミー会員。主作品『イギリス住宅のインテリア』(1828)。
⇒岩ケ（マルリーディ, ウィリアム　1786-1863）
　国小（マルレディ　1786.4.1-1863.7.7）
　世児（マルレディ, ウィリアム　1786-1863）
　世美（マルレディ, ウィリアム　1786-1863）

Multscher, Hans〈15世紀〉
ドイツの彫刻家, 画家。彫刻の主作品『受難のキリスト』(30頃)。
⇒キリ（ムルチャー, ハンス　1400頃-1467.3.13以前）
　芸術（ムルチャー・ハンス　1400頃-1467）
　国小（ムルチャー　1400頃-1467）
　新美（ムルチャー, ハンス　1400頃-1467）
　西洋（ムルチャー　1400頃-1467.3.13以前）
　世美（ムルチャー, ハンス　1400頃-1467）

Mumford, Lewis 〈20世紀〉
アメリカの建築評論家。『歴史の都市・明日の都市』(1961)などで都市計画における人間生活の復権を主張。
⇒岩ケ（マンフォード, ルイス　1895-1990）
　岩哲（マンフォード　1895-1990）
　オ世（マンフォード, ルイス　1895-1990）
　外国（マンフォード　1895-）
　科史（マンフォード　1895-）
　現人（マンフォード　1895.10.19-）
　広辞5（マンフォード　1895-1990）
　広辞6（マンフォード　1895-1990）
　国小（マンフォード　1895.10.19-）
　コン3（マンフォード　1895-1990）
　思想（マンフォード, ルイス　1895-1990）
　集文（マンフォード, ルイス　1895.10.19-1990.1.26）
　新美（マンフォード, ルイス　1895.10.19-）
　人物（マンフォード　1895.10.19-）
　西洋（マンフォード　1895.10.19-）
　世西（マンフォード　1895.10.19-）
　世美（マンフォード, ルイス　1895-）
　世百（マンフォード　1895-）
　世百新（マンフォード　1895-1990）
　世文（マンフォード, ルイス　1895-1990）
　全書（マンフォード　1895-）
　大辞2（マンフォード　1895-1990）
　大辞3（マンフォード　1895-1990）
　大百（マンフォード　1895-）
　伝世（マンフォード　1895.10.19-）
　ナビ（マンフォード　1895-1990）
　二十（マンフォード, ルイス　1895.10.19-1990.1.26）
　二十英（Mumford, Lewis　1895-1990）
　百科（マンフォード　1895-）
　名著（マンフォード　1895-）
　歴学（マンフォード　1895-1990）

Munari, Bruno 〈20世紀〉
イタリアの美術家, 絵本作家。
⇒広辞6（ムナーリ　1907-1998）
　児イ（Munari, Bruno　ムナーリー, B.　1907-）
　児童（ムナリ, ブルーノ　1907-）
　児文（ムナリ, ブルーノ　1907-）
　新美（ムナーリ, ブルーノ　1907-）
　世美（ムナーリ, ブルーノ　1907-）
　二十（ムナーリ, ブルーノ　1907-）
　美術（ムナリ, ブルノ　1917-）

Munch, Edvard 〈19・20世紀〉
ノルウェーの画家, 版画家。人間存在の心理的, 内的緊張を象徴的に表現する作風で現代絵画の展開に深い影響を与えた。主作品は『病める少女』(1885～86)。
⇒岩ケ（ムンク, エドヴァルト　1863-1944）
　オ西（ムンク, エドワルド　1863-1944）
　外国（ムンク　1863-1944）
　角世（ムンク　1863-1944）
　キリ（ムンク, エドヴァール　1863.12.12-1944.1.23）
　芸術（ムンク, エドヴァルド　1863-1944）
　幻文（ムンク, エドヴァルト　1863-1944）
　広辞4（ムンク　1863-1944）
　広辞5（ムンク　1863-1944）
　広辞6（ムンク　1863-1944）
　国小（ムンク　1863.12.12-1944.1.23）
　国百（ムンク, エドワルド　1863.12.12-1944.1.24）
　コン2（ムンク　1863-1944）
　コン3（ムンク　1863-1944）
　新美（ムンク, エドヴァルト　1863.12.12-1944.1.23）
　人物（ムンク　1863.12.12-1944.1.23）
　西洋（ムンク　1863.12.12-1944.1.23）
　世芸（ムンク, エドヴァルド　1863-1944）
　世西（ムンク　1863.12.12-1944.1.23）
　世美（ムンク, エドヴァール　1863-1944）
　世百（ムンク　1863-1944）
　全書（ムンク　1863-1944）
　大辞（ムンク　1863-1944）
　大辞2（ムンク　1863-1944）
　大辞3（ムンク　1863-1944）
　大百（ムンク　1863-1944）
　デス（ムンク　1863-1944）
　伝世（ムンク　1863.12.12-1944.1.23）
　ナビ（ムンク　1863-1944）
　百科（ムンク　1863-1944）
　山世（ムンク　1863-1944）
　歴史（ムンク　1863-1944）

Muniz, Vik 〈20世紀〉
ブラジル生れのアーティスト。
⇒世芸（ムニス, ヴィック　1961-）

Munkacsi, Martin 〈20世紀〉
アメリカのカメラマン。ルーマニア生れ。
⇒世芸（ムンカッチ, マーティン）
　大辞2（ムンカッチ　1896-1963）
　大辞3（ムンカッチ　1896-1963）
　ナビ（ムンカッチ　1896-1963）

Munkácsy Mihály 〈19世紀〉
ハンガリーの画家。主作品は『失楽園を口述する盲目のミルトン』(1878)など。
⇒キリ（ムンカーチ, ミハーイ　1844.2.20-1900.5.1）
　国小（ムンカーチ　1844.2.8-1900.4.30）
　コン2（ムンカーチ　1844-1900）
　コン3（ムンカーチ　1844-1900）
　新美（ムンカーチ・ミハーイ　1844.2.20-1900.5.1）
　西洋（ムンカーチ　1844.2.20-1900.5.1）
　世美（ムンカーチ・ミハーイ　1844-1900）
　東欧（ムンカーチ　1844-1900）
　百科（ムンカーチ　1844-1900）

Munkáczy Lieb 〈19世紀〉
ハンガリアの画家。
⇒芸術（ムンカッツィー, リーブ　1846-1900）

Munnings, Sir Alfred 〈19・20世紀〉
イギリスの画家。
⇒岩ケ（マニングズ, サー・アルフレッド　1878-1959）

Muñoz Degrain, Antonio 〈19・20世紀〉
スペインの画家。
⇒新美（ムニョス・デグライン, アントニオ　1843.11.18-1927.10.12）
　二十（ムニョス, デグライン・アントニオ

1843.11.18-1927.10.12）

Munro, Thomas 〈20世紀〉
アメリカの美学者。クリーブランド美術館勤務，美学誌 "Journal of Aesthetics and Art Criticism" の編集者。
⇒国小（マンロー　1897.2.15-1974.4.14）
　西洋（マンロー　1897.2.15-1974.4.14）
　全書（マンロー　1897-1974）
　二十（マンロー，トーマス　1897-1974）
　名著（マンロー　1897-）

Munsch, Robert 〈20世紀〉
アメリカ生れのカナダの絵本作家，作家。
⇒英児（Munsch, Robert　マンシュ，ロバート　1945-）
　児作（Munsch, Robert　マンチ，ロバート　1945-）

Munsell, Albert Henry 〈19・20世紀〉
アメリカの肖像画家，色彩研究家。マンセル色票系の創案者。
⇒デス（マンセル　1858-1918）

Munsinger, Lynn 〈20世紀〉
アメリカのイラストレーター。
⇒児作（Munsinger, Lynn　マンシンガー，リン）

Münsterberg, Oskar
ドイツの美術史学者。主著『中国美術史』。
⇒名著（ミュンステルベルク　生没年不詳）

Münstermann, Ludwig 〈16・17世紀〉
ドイツの彫刻家。
⇒芸術（ミュンスターマン，ルドヴィヒ　1575頃-1638/39）
　新美（ミュンスターマン，ルートヴィヒ　1570/80-1637/38）
　世美（ミュンスターマン，ルートヴィヒ　1570/80頃-1637/38）

Münter, Gabriele 〈19・20世紀〉
ドイツの女性画家。
⇒新美（ミュンター，ガブリエーレ　1877.2.19-1962.5.19）
　世女（ミュンター，ガブリエーレ　1877-1962）
　世女日（ミュンター，ガブリエレ　1877-1962）
　世美（ミュンター，ガブリエーレ　1877-1962）
　二十（ミュンター，ガブリエーレ　1877.2.19-1962.5.19）

Munthe, Gerhart Peter Frantz Vilhelm 〈19・20世紀〉
ノルウェイの画家。
⇒芸術（ムンテ，ゲルハルト　1849-1929）
　新美（ムンテ，ゲルハルト　1849.7.19-1929.1.15）
　世芸（ムンテ，ゲルハルト　1849-1929）

Müntz, Eugène 〈19・20世紀〉
フランスの美術史家。イタリア美術，特にルネサンス期研究の権威。
⇒西洋（ミュンツ　1845.6.11-1902.10.30）

　世美（ミュンツ，ウージェーヌ　1845-1902）

Münzner, Rolf 〈20世紀〉
ドイツ生れの画家。
⇒世芸（ミュンツナー，ロルフ　1942-）

Mur, Ramón de 〈15世紀〉
スペインの画家。
⇒新美（ムール，ラモーン・デ　?-1435以降）
　世美（ムール，ラモン・デ　?-1435頃）

Murdock, Louise Caldwell 〈19・20世紀〉
アメリカのインテリア・デザイナー。
⇒世女日（マードック，ルイーズ・コールドウェル　1858-1915）

Murillo, Bartolomé Esteban 〈17世紀〉
スペインの画家。
⇒岩ケ（ムリーリョ，バルトロメ・エステバン　1618-1682）
　旺世（ムリリョ　1617-1682）
　外国（ムリロ　1617-1682）
　角世（ムリーリョ　1617-1682）
　キリ（ムリリョ，バルトロメ・エステバン　1618.1.1（受洗）-1682.4.3）
　芸世（ムリーリョ，バルトロメー・エステバン　1618-1682）
　広辞4（ムリーリョ　1617-1682）
　広辞6（ムリーリョ　1617-1682）
　国小（ムリリョ　1618.1.1-1682.4.3）
　国百（ムリリョ，バルトロメ・エステバン　1617-1682.4.3）
　コン2（ムリーリョ　1617-1682）
　コン3（ムリーリョ　1617-1682）
　新美（ムリーリョ，バルトロメー　1618-1682.4.3）
　人物（ムリリョ　1618.1.1-1682.4.3）
　スペ（ムリーリョ　1617-1682）
　西洋（ムリリョ　1618/7.1/12.1-1682.4.3）
　世人（ムリリョ　1617/18-1682）
　世西（ムリーリョ　1618.1.1-1682.4.3）
　世美（ムリーリョ，バルトロメ・エステバン　1617/18-1682）
　世百（ムリーリョ　1617-1682）
　全書（ムリーリョ　1617-1682）
　大辞（ムリーリョ　1617-1682）
　大辞3（ムリーリョ　1617-1682）
　大百（ムリーリョ　1617-1682）
　デス（ムリリョ　1617-1682）
　伝世（ムリーリョ　1617(1618.1.1洗礼)-1682.4.3）
　百科（ムリーリョ　1617-1682）
　評世（ムリーリョ　1617-1682）
　山世（ムリーリョ　1617-1682）
　歴史（ムリーリョ　1617-1682）

Murōn 〈前5世紀〉
古代ギリシアの彫刻家。
⇒ギリ（ミュロン　（活動）前460頃-430）

Murphy, John Francis 〈19・20世紀〉
アメリカの風景画家。1887年ナショナル・アカデミー・オブ・デザイン展会員。

⇒国小（マーフィー 1853-1921）

Murray, Elizabeth〈20世紀〉
アメリカ生れの女性現代美術作家。
⇒世芸（マーレイ, エリザベス 1940-）

Murray, Keith（Bay Pearce）〈20世紀〉
イギリスの陶磁器デザイナー。
⇒岩ケ（マリー, キース（・ベイ・ピアース） 1892-1991）

Murray, William Staite〈19・20世紀〉
イギリスの陶芸家。
⇒岩ケ（マリー, ウィリアム・ステイト 1881-1962）

Musa〈前1・1世紀〉
初代ローマ皇帝アウグストゥスがパルティア王フラアーテース4世に贈った権謀術数に卓越した奴隷女。
⇒新美（ムーサ ?-後4）

Music, Antonio Zoran〈20世紀〉
イタリアの画家, 版画家。
⇒世美（ムジーク, アントーニオ・ゾラーン 1909-）

Musinger, Lynn〈20世紀〉
アメリカのイラストレーター。
⇒児イ（Musinger, Lynn マンシンガー, L.）

Mussini, Luigi〈19世紀〉
イタリアの画家。
⇒世美（ムッシーニ, ルイージ 1813-1888）

Mussino, Attilio〈19・20世紀〉
イタリアの挿絵画家。
⇒児イ（Mussino, Attilio 1878-1954）

Musso, Niccolò〈16・17世紀〉
イタリアの画家。
⇒世美（ムッソ, ニッコロ （記録)1595頃-1620）

Muther, Richard〈19・20世紀〉
ドイツの美術史家。主著, "Geschichte der Malerei im 19.Jahrhundert"（3巻, 1893～94）。
⇒西洋（ムーター 1860.2.25-1909.6.28）
名著（ムーター 1860-1909）

Muthesius, Hermann〈19・20世紀〉
ドイツの建築家。国会議事堂等の建築技師。
⇒新美（ムテージウス, ヘルマン 1861.4.20-1927.10.26）
西洋（ムテージウス 1861.4.20-1927.10.26）
世美（ムテジウス, ヘルマン 1861-1927）
全書（ムテジウス 1861-1927）
大百（ムテジウス 1861-1927）
二十（ムテージウス, ヘルマン 1861.4.20-1927.10.26）
日人（ムテジウス 1861-1927）
来日（ムテージウス 1861-1927）

Mutrie, Martha〈19世紀〉
イギリスの画家。
⇒世女日（マトリー, マーサ 1824-1885）

Muttoni, Francesco Antonio〈17・18世紀〉
イタリアの建築家。
⇒建築（ムットーニ, フランチェスコ 1668-1747）
世美（ムットーニ, フランチェスコ・アントーニオ 1668-1747）

Muybridge, Eadweard〈19・20世紀〉
イギリスの写真家。1872年以後のモーション・ピクチャー（活動写真）を開発して各地を講演。
⇒岩ケ（マイブリッジ, エドワード 1830-1904）
科人（マイブリッジ, エドウード・ジェイムズ 1830.4.9-1904.5.8）
国小（マイブリッジ 1830.4.9-1904.5.8）
コン3（マイブリッジ 1830-1904）
新美（マイブリッジ, エドワード 1830.4.9-1904.5.8）
世美（マイブリッジ, エドワード 1830-1904）
世百（マイブリッジ 1830-1904）
全書（マイブリッジ 1830-1904）
大辞2（マイブリッジ 1830-1904）
大辞3（マイブリッジ 1830-1904）
百科（マイブリッジ 1830-1904）

Muziano, Girolamo〈16世紀〉
イタリアの画家。
⇒世美（ムツィアーノ, ジローラモ 1528/32-1592）

Muzika, František〈20世紀〉
チェコスロヴァキアの画家, 版画家。
⇒世美（ムジカ, フランティシェク 1900-）

Muzio, Giovanni〈20世紀〉
イタリアの建築家, 都市計画家。
⇒世美（ムーツィオ, ジョヴァンニ 1893-1982）

Muzio, Virginio〈19・20世紀〉
イタリアの建築家。
⇒世美（ムーツィオ, ヴィルジーニオ 1864-1904）

Myasoedov, Grigory Grigorievich〈19・20世紀〉
ロシアの画家。1870年代移動派を形成。
⇒芸園（ミヤソエードフ, グリゴリ・グリゴリエヴィッチ 1835-1911）
国小（ミヤソエードフ 1835-1911）
新美（ミャソエードフ, グリゴーリイ 1834.4.7(19)-1911.12.18(31)）
世芸（ミヤソエードフ, グリゴリ・グリゴリエヴィッチ 1835-1911）
二十（ミヤソエードフ, グルゴーリイ 1834.4.7(19)-1911.12.18(31)）

Myers, Bernice〈20世紀〉
アメリカのイラストレーター。
⇒児イ（Myers, Bernice マイアーズ, B.）

Myers, Forrest 〈20世紀〉
アメリカの彫刻家。
⇒美術（マイヤーズ, フォーレスト　1941-）

Mylne, Robert 〈18・19世紀〉
スコットランド出身の建築家, エンジニア, 測量士。
⇒建築（メルン, ロバート　1733-1811）

Myres, John Linton 〈19・20世紀〉
イギリスの考古学者, 歴史家。
⇒世美（マイアーズ, ジョン・リントン　1869-1954）

Myron 〈前5世紀〉
ギリシアの彫刻家。『ディスコボロス（円盤投げ）』『アテナとマルシアス』など。
⇒岩ケ（ミュロン　（活躍）前480-前440頃）
　旺世（ミュロン　生没年不詳）
　外国（ミュロン　前480頃-445）
　角世（ミュロン　前5世紀）
　芸術（ミュロン）
　広辞4（ミュロン）
　広辞6（ミュロン　前5世紀）
　国小（ミュロン　生没年不詳）
　コン2（ミュロン　前5世紀）
　コン3（ミュロン　生没年不詳）
　新美（ミューローン）
　人物（ミュロン　生没年不詳）
　西洋（ミュロン　前5世紀）
　世西（ミュロン　前480頃-440）
　世美（ミュロン　（活動）前480-前440頃）
　世百（ミュロン　生没年不詳）
　全書（ミロン　生没年不詳）
　大辞（ミュロン　前5世紀）
　大辞3（ミュロン　前5世紀）
　大百（ミュロン　前5世紀）
　伝世（ミュロン　前5世紀）
　百科（ミュロン　生没年不詳）
　評世（ミュロン　前500頃-前440頃）

Mytaras, Dimitris 〈20世紀〉
ギリシャ生れの画家。
⇒世芸（ミタラス, デミトリス　1934-）

Mytens, Jan 〈17世紀〉
オランダの画家。
⇒世美（メイテンス, ヤン　1614頃-1670）

【 N 】

Nabb, Magdalen 〈20世紀〉
イタリアの作家, 劇作家, 陶芸家。
⇒児作（Nabb, Magdalen　ナブ, マグダレン　1947-）

Nabopolassar 〈前7世紀〉
新バビロニア王国初代の王（在位前626～605）。
バビロニア諸都市に王宮や神殿を建設。
⇒旺世（ナボポラッサル　生没年不詳）
　外国（ナボポラッサル　?-前605）
　角世（ナボポラッサル　（在位）前626-605）
　皇帝（ナボポラッサル　?-前605）
　国小（ナボポラサル　生没年不詳）
　コン2（ナボポラッサル）
　コン3（ナボポラッサル）
　新美（ナボポラッサル）
　西洋（ナボポラッサル）
　世百（ナボポラッサル　?-前604）
　全書（ナボポラサル　?-前605）
　大百（ナボポラサル　?-前605）
　デス（ナボポラッサル）
　統治（ナボポラッサル　（在位）前625-605）
　百科（ナボポラッサル）
　評世（ナボポラッサル　?-前605）
　山世（ナボポラッサル　生没年不詳）

Naccherino, Michelangelo 〈16・17世紀〉
イタリアの彫刻家。
⇒世美（ナッケリーノ, ミケランジェロ　1550-1622）

Nadar 〈19・20世紀〉
フランスの写真家, 漫画家, 文筆家。1854年パリで写真工房を開き, 有名人の肖像写真を発表。
⇒岩ケ（ナダール　1820-1910）
　外国（ナダール　1820-1910）
　芸術（ナダール　1820-1910）
　広辞5（ナダール　1820-1910）
　広辞6（ナダール　1820-1910）
　国小（ナダール　1820.4.5-1910.3）
　コン2（ナダール　1820-1910）
　コン3（ナダール　1820-1910）
　集世（ナダール　1820.4.6-1910.3.20）
　集文（ナダール　1820.4.6-1910.3.20）
　新美（ナダール　1820.4.5-1910.3.20）
　人物（ナダール　1820-1910）
　西洋（ナダール　1820.4.5-1910.3.20）
　世美（ナダール　1820-1910）
　世百（ナダール　1820-1910）
　全書（ナダール　1820-1910）
　大辞2（ナダール　1820-1910）
　大辞3（ナダール　1820-1910）
　大百（ナダール　1820-1910）
　ナビ（ナダール　1820-1910）
　二十（ナダール　1820.4.5-1910.3.20）
　百科（ナダール　1820-1910）

Nadelman, Elie 〈19・20世紀〉
ポーランド生れのアメリカの彫刻家。キュビスムの先駆といわれる革新的作風を確立。
⇒岩ケ（ネイデルマン, イーリー　1882-1946）
　オ西（ナーデルマン, エリー　1882-1946）
　国小（ナーデルマン　1885.10.6-1946.12.28）
　新美（ネーデルマン, エリー　1882.2.20-1946.12.28）
　二十（ネーデルマン, エリー　1882.2.20-1946.12.28）

Nadi, Giuseppe 〈18・19世紀〉
イタリアの建築家。
⇒建築（ナディ, ジュゼッペ　1780-1814）
　世美（ナーディ, ジュゼッペ　1780-1814）

Nadja 〈20世紀〉
フランスのイラストレーター。
⇒児イ（Nadja　ナジャ　1955-）

Nadler, Robert 〈20世紀〉
アメリカのイラストレーター。
⇒児イ（Nadler, Robert　ナードラー, R.）

Naguib, Ibrahim 〈20世紀〉
エジプトの建築家，政治家。ロンドンで建築家としての資格を得た後，1941年エジプト潅漑省を振り出しに建築の分野の官吏として歩む。50年代後半から60年代にかけて都市や農村問題に関係し，62～67年住宅・公益事業省次官を務めた。
⇒中東（ナギーブ　1911-）

Nagy, Al. 〈20世紀〉
アメリカのイラストレーター。
⇒児イ（Nagy, Al.　ノージ, Al.）

Nagy, Eva 〈20世紀〉
ルーマニア生れの画家。
⇒世芸（ナジー，エバ　1921-）

Nakashima, George 〈20世紀〉
アメリカのインテリア・デザイナー，建築家。
⇒新美（ナカシマ，ジョージ　1905-）
ナビ（ナカシマ　1905-1990）
二十（ナカシマ，ジョージ　1905.5.24-1990.6.15）
日人（ナカシマ＝ジョージ　1905-1990）

Naldini, Battista 〈16世紀〉
イタリアの画家。
⇒世美（ナルディーニ，バッティスタ　1537-1591）

Naldini, Paolo 〈17世紀〉
イタリアの彫刻家，ストラッコ装飾家。
⇒世美（ナルディーニ，パーオロ　1615頃-1691）

Namatjira, Albert 〈20世紀〉
オーストラリアの画家。
⇒岩ケ（ナマジラ，アルバート　1902-1959）
オセ新（ナマジラ　1902-1959）
世百新（ナマジラ　1902-1959）
二十（ナマジラ，アルバート　1902-1959）
百科（ナマジラ　1902-1959）

Nam Kwan 〈20世紀〉
韓国生れの画家。
⇒世芸（ナン・クワン　1911-）

Nankivel, Claudine 〈20世紀〉
アメリカのイラストレーター。
⇒児イ（Nankivel, Claudine　ナンキーヴェル, C.）

Nanni d'Antonio di Banco 〈14・15世紀〉
イタリアの彫刻家。父アントニオ・ディ・バンコとともにフィレンツェの大聖堂などの彫刻を制作。
⇒岩ケ（ナンニ・ディ・バンコ　1380頃-1421）
芸術（ナンニ・ディ・バンコ　1375頃-1421）
国小（ナンニ　1384/90頃-1421）
新美（ナンニ・ディ・バンコ　1390-1421）
西洋（バンコ　1374-1420頃）
世美（ナンニ・ディ・バンコ　1380/90-1421）

Nanni di Bartolo 〈15世紀〉
イタリアの彫刻家。
⇒世美（ナンニ・ディ・バルトロ　1419-1451）

Nanteuil, Célestin François 〈19世紀〉
フランスの画家，挿絵画家。テロールの著書"Voyages pittoresques et romantiques de l'ancienne France"（24巻，1820～63）の挿絵を石版画化（1833～38）した。
⇒西洋（ナントイユ　1813.7.11-1873.9.4）
世美（ナントゥイユ，セレスタン＝フランソワ　1813-1873）

Nanteuil, Robert 〈17世紀〉
フランスの版画家。独自の彫版技法を確立し，ルイ14世などの肖像を多数制作。
⇒芸術（ナンテゥイユ，ロベール　1623-1678）
国小（ナンテーユ　1623/30頃-1678.12.9）
新美（ナントゥイユ，ロベール　1623-1678.12.9）
西洋（ナントイユ　1618/23-1678.12.9）
世美（ナントゥイユ，ロベール　1623頃-1678）
百科（ナントゥイユ　1623-1678）

Napoléon I, Bonaparte 〈18・19世紀〉
フランス第一帝政の皇帝（在位1804～14）。
⇒逸話（ナポレオン1世　1769-1821）
岩ケ（ナポレオン・ボナパルト　1769-1821）
旺世（ナポレオン（1世）　1769-1821）
外国（ナポレオン1世　1769-1821）
角世（ナポレオン　1769-1821）
教育（ナポレオン一世　1769-1821）
キリ（ナポレオン1世　1769.8.13-1821.5.5）
広辞4（ナポレオン一世　1769-1821）
広辞6（ナポレオン一世　1769-1821）
皇帝（ナポレオン1世　1769-1821）
国小（ナポレオン1世　1769.8.15-1821.5.5）
国百（ナポレオン一世ボナパルト　1769.8.15-1821.5.5）
コン2（ナポレオン1世　1769-1821）
コン3（ナポレオン1世　1769-1821）
新美（ナポレオン　1769.8.15-1821.5.5）
人物（ナポレオン一世　1769.8.13-1821.5.5）
西洋（ナポレオン一世　1769.8.15-1821.5.5）
世人（ナポレオン1世（ナポレオン＝ボナパルト）　1769-1821）
世西（ナポレオン一世　1769.8.15-1821.5.5）
世百（ナポレオン1世　1769-1821）
全書（ナポレオン一世　1769-1821）
大辞（ナポレオン一世　1769-1821）
大辞3（ナポレオン一世　1769-1821）
大百（ナポレオン一世　1769-1821）
デス（ナポレオン1世　1769-1821）
伝世（ナポレオン1世　1769.8.15-1821.5.5）
統治（ナポレオン・ボナパルト，初代執政　（在位）1799-1804）
統治（ナポレオン一世　（在位）1804-1814, 1815）

百科　(ナポレオン1世　1769–1821)
評世　(ナポレオン1世　1769–1821)
山世　(ナポレオン1世　1769–1821)
歴史　(ナポレオン1世　1769–1821)

Narahashi, Keiko 〈20世紀〉
アメリカの作家，イラストレーター。
⇒児作　(Narahashi, Keiko　ナラハシ, ケイコ)

Naram-Sin 〈前23世紀〉
南メソポタミアのアッカド王朝第4代の王(在位前2331頃〜2294頃)。王朝の最盛期を現出。
⇒外国　(ナラム・シン　前23世紀)
　角世　(ナムラ・シン　(在位)前2254?–2218?)
　皇帝　(ナラムシン　?–前2223頃)
　国小　(ナラム・シン　生没年不詳)
　コン2　(ナラーム・スィン)
　コン3　(ナラーム・スィン　(在位)前2254–2218)
　新美　(ナラム・シン)
　西洋　(ナラーム・シン)
　世東　(ナラーム・シン　生没年不詳)
　全書　(ナラム・シン　?–前2218)
　大百　(ナラム・シン　生没年不詳)
　統治　(ナラム＝スエン〔ナラム＝シン〕　(在位)前2254–2218)
　百科　(ナラムシン　(在位)前2260頃–前2223頃)
　山世　(ナラム・シン　前23世紀)

Nardo di Cione 〈14世紀〉
イタリアの画家。
⇒新美　(ナルド・ディ・チオーネ　?–1366頃)
　世美　(ナルド・ディ・チョーネ　?–1366)

Narkissos
ギリシア神話に見える美少年。水に映る自分の姿に恋い焦がれて溺死し，水仙になったという。ナルシス。
⇒新美　(ナルキッソス)
　全書　(ナルキッソス)
　大辞　(ナルキッソス)

Narmer
エジプト最古のファラオの一人。上エジプトの王，デルタ地方をも征服。
⇒国小　(ナルメル)
　コン2　(ナル・メル)
　新美　(ナルメル)

Narseh 〈3・4世紀〉
ササン朝第7代の王(在位293〜302)。シャプール1世の子。
⇒新美　(ナルセー)
　統治　(ナルセー　(在位)293–302)

Nascimbene, Yan 〈20世紀〉
フランスのイラストレーター。
⇒児イ　(Nascimbene, Yan　ナッシンベンネ, Y.　1949–)

Nash, David 〈20世紀〉
イギリスの彫刻家。
⇒全書　(ナッシュ　1945–)
　二十　(ナッシュ, ディビッド　1945–)

Nash, John 〈18・19世紀〉
イギリスの建築家。リージェント公園，リージェント通りなどの設計，施工に従事。
⇒岩ケ　(ナッシュ, ジョン　1752–1835)
　英米　(Nash, John　ナッシュ〔ジョン〕　1752–1835)
　建築　(ナッシュ, ジョン　1752–1835)
　国小　(ナッシュ　1752–1835.5.13)
　新美　(ナッシュ, ジョン　1752–1835.5.13)
　人物　(ナッシュ　1752–1835)
　西洋　(ナッシュ　1752–1835.5.13)
　世美　(ナッシュ, ジョン　1752–1835)
　全書　(ナッシュ　1752–1835)
　大百　(ナッシュ　1752–1835)
　伝世　(ナッシュ　1752.9–1835.5.13)
　百科　(ナッシュ　1752–1835)

Nash, Paul 〈19・20世紀〉
イギリスの画家。風景画などを描き，後年はシュールレアリスムに近づく。代表作『巨石の風景』(1937)。
⇒岩ケ　(ナッシュ, ポール　1899–1946)
　オ西　(ナッシュ, ポール　1889–1946)
　外国　(ナッシュ　1889–1946)
　広辞5　(ナッシュ　1889–1946)
　広辞6　(ナッシュ　1889–1946)
　国小　(ナッシュ　1889.5.11–1946.7.11)
　コン3　(ナッシュ　1889–1946)
　新美　(ナッシュ, ポール　1889.5.11–1946.7.11)
　人物　(ナッシュ　1889–1946)
　西洋　(ナッシュ　1889.5.11–1946.7.11)
　世芸　(ナッシュ, ポール　1889–1946)
　世西　(ナッシュ　1889–1946)
　世百　(ナッシュ　1889–1946)
　世百新　(ナッシュ　1889–1946)
　全書　(ナッシュ　1889–1946)
　大辞2　(ナッシュ　1889–1946)
　大辞3　(ナッシュ　1889–1946)
　大百　(ナッシュ　1889–1946)
　二十　(ナッシュ, ポール　1889.5.11–1946.7.11)
　百科　(ナッシュ　1889–1946)

Nashāt 〈19世紀〉
イランの詩人，書家。アラビア語・トルコ語にも通じ，抒情詩に秀でた。主著『宝庫』。
⇒西洋　(ナシャート　?–1828頃)

Nasmyth, Alexander 〈18・19世紀〉
イギリスの画家。肖像画，風景画で有名。
⇒国小　(ネーズミス　1758.9.9–1840.4.10)

Nasmyth, Patrick 〈18・19世紀〉
イギリスの画家。
⇒世美　(ネイスミス, パトリック　1787–1831)

Nassoni, Niccolò 〈18世紀〉
北部ポルトガルで活躍したイタリアの建築家。
⇒建築　(ナッソーニ, ニッコロ　?–1773)

Nast, Thomas 〈19・20世紀〉
ドイツの漫画家。
⇒岩ケ　(ナスト, トマス　1840–1902)

Natalini, Adolfo 〈20世紀〉
イタリアの建築家。フィレンツェ大学建築学部教授。
⇒二十（ナタリーニ, アドルフォ 1941-）

Nathan, Arturo 〈20世紀〉
イタリアの画家。
⇒世美（ナターン, アルトゥーロ 1891-1944）

Nathan, Jacques 〈20世紀〉
フランスのデザイナー。アート・ディレクターとして活躍。
⇒国小（ナタン 1910.3.26-）

Nativi, Gualtiero 〈20世紀〉
イタリアの画家。
⇒世美（ナティーヴィ, グアルティエーロ 1921-）

Natoire, Charles Joseph 〈18世紀〉
フランスの画家。1721年ローマ賞受賞、51～74年ローマのフランス・アカデミー会長。
⇒芸術（ナトワール, シャルル・ジョゼフ 1700-1777）
国小（ナトアール 1700.3.3-1777.8.29）
新美（ナトワール, シャルル・ジョゼフ 1700.3.3-1777.8.29）
世美（ナトワール, シャルル＝ジョゼフ 1700-1777）
百科（ナトアール 1700-1777）

Natti, Susanna 〈20世紀〉
アメリカのイラストレーター。
⇒児イ（Natti, Susanna ナティ, S. 1948-）

Nattier, Jean Marc 〈17・18世紀〉
フランスの画家。作品『ポルタバの戦い』（1715～20）や、『ディアナに扮したアデライーデ婦人』など。
⇒岩ケ（ナティエ, ジャン・マルク 1685-1766）
芸術（ナティエ, ジャン・マルク 1685-1766）
国小（ナティエ 1685.3.17-1766.11.7）
新美（ナティエ, ジャン＝マルク 1685.3.17-1766.11.7）
西洋（ナティエ 1685.3.17-1766.11.7）
世美（ナティエ, ジャン＝マルク 1685-1766）
世百（ナッティエ 1685-1766）
全書（ナティエ 1685-1766）
百科（ナティエ 1685-1766）

Nauen, Heinrich 〈19・20世紀〉
ドイツの画家。独自の表現主義的作風を展開。肖像画、静物画、風景画、宗教画のほか石版画をも作った。
⇒キリ（ナウエン, ハインリヒ 1880.6.1-1940.11.26）
西洋（ナウエン 1880.6.1-1941.11.26）

Naukydes 〈前5・4世紀〉
ギリシアの彫刻家。
⇒新美（ナウキューデース）
世美（ナウキュデス 前5世紀末-前4世紀初頭）

Nauman, Bruce 〈20世紀〉
アメリカの現代美術家。
⇒岩ケ（ノーマン, ブルース 1941-）
世芸（ナウマン, ブルース 1941-）
世美（ノーマン, ブルース 1941-）
美術（ノーマン, ブルース 1941-）

Nausikaa
ギリシア神話のファイアーケス人の王アルキノオスの娘。
⇒新美（ナウシカアー）

Navarra, Toby 〈20世紀〉
アメリカのイラストレーター。
⇒児イ（Navarra, Toby ナーヴァーラー, T.）

Navarrete, Juan Fernández de 〈16世紀〉
スペインの画家。王室画家として、フィリップ2世が建設したエスコリアルの室内装飾を担当。
⇒国小（フェルナンデス・デ・ナバレテ 1526頃-1579.3.28）
新美（ナバレーテ, ホアン・フェルナンデス・デ 1526頃-1579）
西美（ナバレテ 1526頃-1579.3.28）
世美（ナバレーテ, フアン・フェルナンデス・デ 1526-1579）

Naves, François-Joseph 〈18・19世紀〉
ベルギーの画家。
⇒芸術（ナヴェ, フワンソア 1787-1869）
新美（ナヴェス, フランソワ＝ジョゼフ 1787.11.16-1869.10.12）

Nawā'ī, Mīr 'Alī-Shīr 〈15世紀〉
チムール帝国の政治家、学者、芸術家。ウズベク文学の創始者。
⇒角世（ナヴァーイー 1440/41-1501）
広辞4（ナヴァーイー 1440頃-1501）
広辞6（ナヴァーイー 1440頃-1501）
国小（ナバーイー 1441-1501）
国小（ネバーイー 1441-1501）
コン2（アリー・シール・ナワーイー 1440-1500）
コン2（ナヴォイー 1441-1501）
コン3（アリー・シール・ナワーイー 1440-1500）
コン3（ナヴォイ 1441-1501）
集世（ナヴァーイー, アリー・シール 1441-1501）
集文（ナヴァーイー, アリー・シール 1441-1501）
西洋（ナヴァーイー 1440頃-1501.1.3）
世文（アリーシール・ナヴァーイー 1441-1501）
世文（ナヴォイ, アリシェル 1441-1501）
全書（ネバーイー 1441-1501）
中ユ（ナヴァーイー 1441-1501）
伝世（ナヴァーイー・ナワーイー 1441-1501）
百科（アリー・シール・ナバーイー 1441-1501）
山世（アリー・シール・ナヴァーイー 1441-1501）

Nay, Ernst Wilhelm 〈20世紀〉
ドイツの画家。

⇒新美（ナイ,エルンスト・ヴィルヘルム
　1902.6.11-1968）
　世美（ナイ,エルンスト・ヴィルヘルム　1902-
　1968）
　二十（ナイ,エルンスト・ヴィルヘルム
　1902.6.11-1968）

Naylor, Penelope 〈20世紀〉
アメリカのイラストレーター。
⇒児イ（Naylor, Penelope　ネイラー, P.）

Neagu, Paul 〈20世紀〉
ルーマニア生れの彫刻家。
⇒世芸（ニアグ,ポール　1938-）

Nearchos 〈前6世紀〉
ギリシアの陶工家。
⇒世美（ネアルコス　前6世紀）

Nebbia, Cesare 〈16・17世紀〉
イタリアの画家。
⇒世美（ネッビア,チェーザレ　1536頃-1614頃）

Nebel, Gustave 〈20世紀〉
フランスのイラストレーター。
⇒児イ（Nebel, Gustave）

Nebuchadnezzar II 〈前7・6世紀〉
新バビロニア帝国の王（在位前605〜562）エジプト軍を撃破,シリア,エルサレムにも侵入。
⇒岩ケ（ネブカドネザル2世　前630頃-前562）
　旺世（ネブカドネザル（2世）　生没年不詳）
　外国（ネブカドネザル2世　?-前562）
　角世（ネブカドレツァル2世　（在位）前605-562）
　教育（ネブカドネザル二世）
　キリ（ネブカデネザル（ネブカドネツァル））
　広辞4（ネブカドネザル二世　?-前562）
　広辞6（ネブカドネザル二世　?-前562）
　皇帝（ネブカドネザル2世　?-前562）
　国小（ネブカドネザル2世　生没年不詳）
　コン2（ネブカドネザル2世）
　コン3（ネブカドネザル2世　生没年不詳（在位）
　　前604-562）
　新美（ネブカドネザル二世）
　人物（ネブカドネザル二世　?-前562?）
　聖書（ネブカドネツァル　（在位）前604年-562）
　西洋（ネブカドネザル二世）
　世人（ネブカドネザル2世　?-前562）
　世西（ネブカドネザル2世　?-前562）
　世東（ネブカドネザル2世　生没年不詳）
　世百（ネブカドネザル2世　?-前562）
　全書（ネブカドネザル2世　?-前562）
　大辞（ネブカドネザル二世　生没年不詳）
　大辞3（ネブカドネザル二世　前7-6世紀）
　大百（ネブカドネザル二世　生没年不詳）
　デス（ネブカドネザル2世　?-前562）
　伝世（ネブカドネザル2世　?-前562）
　統治（ネブチャドレッザル〔ネブカドネザル〕二
　　世　（在位）前604-562）
　百科（ネブカドネザル2世）
　評世（ネブカドネザル2世）
　山世（ネブカドネザル2世　生没年不詳）
　歴史（ネブカドネザル2世　?-前562）

Neefs, Pieter I 〈16・17世紀〉
フランドルの画家。
⇒世美（ネーフス,ピーテル1世　1578頃-1660頃）

Neer, Aert van der 〈17世紀〉
オランダの風景画家。
⇒岩ケ（ネール,アールナウト・ファン・デル
　1603/4-1677）
　国小（ネール　1603/4-1677.11.9）
　新美（ネール,アールト・ファン・デル　1603-
　1677.11.9）
　西洋（ネール　1603-1677.11.9）
　世美（ネール　1603/4-1677）
　世美（ファン・デル・ネール,アールト
　1603/04-1677）

Neer, Eglon Hendrik van der 〈17・18世紀〉
オランダの画家。デュッセルドルフで宮廷画家。主作品『ギターを弾く婦人』。
⇒西洋（ネール　1635頃-1703.5.3）
　世美（ネール　1635頃-1703）
　世美（ファン・デル・ネール,エグロン・ヘンドリック　1634-1703）

Nefertari
古代エジプト第19王朝ラメセス2世の王妃。
⇒新美（ネフェルタリ）

Nefertiti 〈前14世紀〉
エジプト第18王朝の王イクナートンの后。
⇒岩ケ（ネフェルティティ　前14世紀）
　国小（ネフェルティティ）
　コン2（ネフェルト・イティ　前14世紀）
　コン3（ネフェルト・イティ　生没年不詳）
　新美（ネフェルティティ）
　西洋（ネフェルト・イティ）
　世女（ネフェルトイティ　前14世紀頃）
　全書（ネフェルティティ　生没年不詳）
　大百（ネフェルティティ　生没年不詳）
　百科（ネフェルティティ　（在位）前1364頃-前
　　1347頃）

Negreiros, José Sobral de Almada 〈20世紀〉
ポルトガルの画家,詩人,劇作家。『神話,比喩,象徴』(1948)などの詩がある。
⇒国小（ネグレイロ　1893.7.4-）
　集世（アルマーダ＝ネグレイロス　1893.4.7-
　1970.6.14）
　集文（アルマーダ＝ネグレイロス　1893.4.7-
　1970.6.14）
　スペ（ネグレイロス　1893-1970）

Negri, Mario 〈20世紀〉
イタリアの彫刻家。
⇒世美（ネグリ,マーリオ　1916-）

Negri, Rocco 〈20世紀〉
イタリアのイラストレーター。
⇒児イ（Negri, Rocco　ネグリ, R.）

Negroli, Filippo di Iacopo 〈15・16世

紀〉
イタリアの武具制作家。
⇒世美（ネグローリ，フィリッポ・ディ・ヤーコボ（活動）15-16世紀）

Negroli, Gian Paolo〈15・16世紀〉
イタリアの武具制作家。
⇒世美（ネグローリ，ジャン・パーオロ（活動）15-16世紀）

Neher, Caspar〈20世紀〉
ドイツの舞台装置家，美術史家。
⇒オペ（ネーアー，カスパル 1897.4.11-1962.6.30）
世百新（ネーアー 1897-1962）
全書（ネーエル 1897-1962）
二十（ネーアー，カスパー 1897-1962）
百科（ネーアー 1897-1962）

Neiman, LeRoy〈20世紀〉
アメリカのイラストレーター。
⇒岩ケ（ニーマン，リーロイ 1927-）
世芸（ニーマン，リロイ 1927-）

Neizvestny, Ernst Iosipovich〈20世紀〉
ロシアの彫刻家。
⇒現人（ネイズベーストヌイ 1926-）
集文（ネイズヴェースヌイ，エルンスト 1925.4.9-）
ロシ（ニェイズヴェスヌイ 1926-）

Nekes, Werner〈20世紀〉
ドイツ生れの映像作家。
⇒世映（ネケス，ヴェルナー 1944-）
世俳（ネケス，ヴェルナー 1944.4.29-）

Nekht-neb-f I〈前4世紀〉
エジプト第30王朝初代の王（在位前378～360）。
⇒ギリ（ネクタネボン （在位）前381-363）
皇帝（ネクタネボス1世（ネクトネブフ） ?-前363）
コン2（ネクタネボ1世）
コン3（ネクタネボ1世 生没年不詳（在位）前378-360）
新美（ネクタネボ一世）
西洋（ネクト・ヘル・ヘブ・メリ・アメン）

Nelli, Ottaviano di Martino〈14・15世紀〉
イタリアの画家。代表作『聖人と聖母子』（1403）。
⇒芸術（ネルリ，オッタヴィアーノ 1375頃-1444）
国小（ネッリ 1370/5-1445/50）
新美（ネルリ，オッタヴィアーノ・ディ・マルティーノ 1375-1444/-50）
世美（ネッリ，オッタヴィアーノ・ディ・マルティーノ 1375頃-1445頃）

Nelson, George〈20世紀〉
アメリカの工業デザイナー。単純な構造による一連の家具を制作。
⇒岩ケ（ネルソン，ジョージ 1907-1986）

国小（ネルソン 1908-）
コン3（ネルソン 1907(08)-1986）
西洋（ネルソン 1908-）
世芸（ネルソン，ジョージ 1906-1975）
世百（ネルソン 1908-）
全書（ネルソン 1908-）
大百（ネルソン 1908-）
二十（ネルソン，ジョージ 1908-）

Neoptolemos
ギリシア神話の英雄。アキレウスとデーイダメイアの子。
⇒新美（ネオプトレモス）
全書（ネオプトレモス）

Nepveau, Pierre〈16世紀〉
フランスの建築家。
⇒建築（ネーブヴォー，ピエール ?-1538）

Neri, Antonio〈16・17世紀〉
イタリア，フィレンツェの僧。ヨーロッパのガラス芸術に大きな影響を与えた。
⇒新美（ネリ，アントニオ 1576-1614）
百科（ネリ 1576-1614）

Neri, Manuel〈20世紀〉
アメリカの美術家。ファンク・アートと呼ばれる傾向に属する。
⇒美術（ネーリ，マニュエル 1930-）

Neri da Rimini〈14世紀〉
イタリアの写本装飾画家。
⇒世美（ネーリ・ダ・リーミニ （活動）14世紀初頭）

Neri di Bicci〈15世紀〉
イタリアの画家。
⇒世美（ネーリ・ディ・ビッチ 1419-1491頃）

Nering, Johann Arnold〈17世紀〉
ドイツの建築家。
⇒世美（ネーリング，ヨハン・アルノルト 1659-1695）

Nero Claudius Caesar Augustus Germanicus〈1世紀〉
ローマ皇帝（在位54～68）。暴君として知られる。
⇒逸話（ネロ 37-68）
岩ケ（ネロ 37-68）
旺世（ネロ 37-68）
外国（ネロ 37-68）
角世（ネロ 37-68）
キリ（ネロ，クラウディウス・カエサル・アウグストゥス・ゲルマニクス 37.12.15-68.6.9）
ギロ（ネロ 37-68）
広辞4（ネロ 37-68）
広辞6（ネロ 37-68）
皇帝（ネロ 37-68）
国小（ネロ 37.12.15-68.6.9）
国百（ネロ・クラウディウス・カエサル 37-68.6.9）
コン2（ネロ 37-68）
コン3（ネロ 37-68）

集文（ネロ・クラウディウス・カエサル 37.12.15-68.6.9）
新美（ネロー　37.12.15-68.6.9）
人物（ネロ　37.12.15-68.6.9）
西洋（ネロ　37.12.15-68.6.9）
世人（ネロ　37-68）
世西（ネロ　37.12.15-68.6.11）
世百（ネロ　37-68）
全書（ネロ　37-68）
大辞（ネロ　37-68）
大辞3（ネロ　37-68）
大百（ネロ　37-68）
デス（ネロ　37-68）
伝世（ネロ　37-68）
統治（ネロ（ネロ・クラウディウス・カエサル）（在位）54-68）
百科（ネロ　37-68）
評世（ネロ帝　37-68）
山世（ネロ　37-68）
歴史（ネロ　37-86）
ロマ（ネロ　37-68）

Neroni, Bartolomeo〈16世紀〉
イタリアの建築家，画家，写本装飾画家。
⇒世美（ネローニ，バルトロメーオ　1500-1571）

Nervi, Pier Luigi〈20世紀〉
イタリアの建築家，エンジニア。代表作はフィレンツェのスタジアム（1930～32），トリノの展示場（1948～50），ローマのオリンピックの競技場（1956）など。
⇒岩ケ（ネルヴィ，ピエール・ルイジ　1891-1979）
オ西（ネルヴィ，ピエール・ルイジ　1891-1979）
現人（ネルビ　1891.6.21-）
広辞6（ネルヴィ　1891-1979）
国小（ネルビ　1891.6.21-）
新美（ネルヴィ，ピエル・ルイージ　1891.6.21-1979.1.9）
西洋（ネルヴィ　1891.6.21-1979.1.9）
世百新（ネルビ　1891-1979）
全書（ネルビ　1891-1979）
大百（ネルビ　1891-）
伝世（ネルヴィ　1891.6.21-1979）
二十（ネルヴィ，ピエル・ルイージ　1891.6.21-1979.1.9）
百科（ネルビ　1891-1979）

Nesfield, William Eden〈19世紀〉
イギリスの建築家。
⇒建築（ネスフィールド，ウィリアム・イーデン　1835-1888）

Nesiotes〈前5世紀〉
ギリシアの彫刻家（前5世紀）。
⇒芸術（ネシオテス　前5世紀-?）
新美（ネーシオーテース）
西洋（ネシオテス）

Nespolo, Ugo〈20世紀〉
イタリアの前衛美術家。
⇒世美（ネスポロ，ウーゴ　1941-）

Ness, Evaline〈20世紀〉
アメリカの児童文学作家，挿絵画家。
⇒英児（Ness, Evaline　ネス，エヴァリン　1911-1986）
児イ（Ness, Evaline　ネス，E.　1911-）
世児（ネス，エヴァリン　1911-1986）
世女日（ネス，エヴァリン　1911-1986）

Netscher, Caspar〈17世紀〉
オランダの画家。小型の肖像画で知られる。
⇒国小（ネッチェル　1639-1684.1.15）
新美（ネッツェル，カスパル　1639-1684.1.15）
西洋（ネッチェル　1639-1684.1.15）
世美（ネッチャー，カスパル　1639-1684）

Neumann, Erich〈20世紀〉
ドイツ生れのユダヤ人心理学者，美術評論家。
⇒幻想（ノイマン，エーリッヒ　1905-1960）
世宗（ノイマン　1905-1960）
世百新（ノイマン　1905-1960）
二十（ノイマン，E.　1905-1960）
百科（ノイマン　1905-1960）
名著（ノイマン　1905-）

Neumann, Johann Balthasar〈17・18世紀〉
ドイツの建築家。ヴュルツブルク宮殿はバロック様式の代表作。
⇒岩ケ（ノイマン，（ヨハン・）バルタザール　1687-1753）
キリ（ノイマン，バルタザル　1687.1.30-1753.7/8.18）
建築（ノイマン，ヨハン・バルタザール　1687-1753）
国小（ノイマン　1687.1.30-1753.7.18）
コン2（ノイマン　1687-1753）
コン3（ノイマン　1687-1753）
新美（ノイマン，バルタザル　1687.1.30-1753.8.18）
西洋（ノイマン　1687.1.30-1753.7.18）
世西（ノイマン　1687-1753）
世美（ノイマン，ヨハン・バルタザル　1687-1753）
世百（ノイマン　1687-1753）
全書（ノイマン　1687-1753）
伝世（ノイマン，J.B.　1687.1-1753.7.18）
百科（ノイマン　1687-1753）

Neumeier, John〈20世紀〉
アメリカのバレエ・ダンサー，振付師，美術監督。
⇒岩ケ（ノイマイヤー，ジョン　1942-）

Neureuther, Eugen Napoleon〈19世紀〉
ドイツの画家。ゲーテと親交を結び，詩篇の挿絵"Randzeichnungen zu Goethes Balladen und Romanzen"（5冊，1829～40）を描いた。
⇒西洋（ノイロイター　1808.1.13-1882.3.23）

Neuss, Wilhelm〈19・20世紀〉
ドイツのカトリック教会史家，美術史家。
⇒キリ（ノイス，ヴィルヘルム　1880.7.24-）

Neutra, Richard Josef〈20世紀〉
オーストリア出身のアメリカの建築家。1946年

パームスプリングの砂漠に傑作カウフマン邸を建設。
- ⇒才西（ノイトラ, リチャード 1892-1970）
- 外国（ノイトラ 1892-）
- 国小（ノイトラ 1892.4.8-1970.4.16）
- コン3（ノイトラ 1892-1970）
- 新美（ノイトラ, リチャード 1892.4.8-1970.4.16）
- 人物（ノイトラ 1892.4.8-）
- 西洋（ノイトラ 1892.4.8-1970.4.16）
- 世美（ノイトラ, リチャード・ジョーゼフ 1892-1970）
- 世百（ノイトラ 1892-）
- 世百新（ノイトラ 1892-1970）
- 全書（ノイトラ 1892-1970）
- 大百（ノイトラ 1892-1970）
- 二十（ノイトラ, リチャード 1892.4.8-1970.4.16）
- 百科（ノイトラ 1892-1970）

Neuville, Alphonse de 〈19世紀〉
フランスの画家。
- ⇒芸術（ヌーヴィーユ, アルフォンス・ド 1836-1885）

Nevelson, Louise 〈20世紀〉
ロシア生まれのアメリカの女流彫刻家。1950年代中ごろから木製の家具の断片や木片など「発見されたオブジェ」を合成するアッサンブラージュを制作。
- ⇒ア人（ニベルソン, ルイーズ 1899-）
- アメ（ネベルソン 1900-1988）
- 岩ケ（ネーヴェルソン, ルイーズ 1899-1988）
- 才西（ネヴェルスン, ルイーズ 1899-1988）
- 現人（ニーベルソン 1900-）
- 国小（ニーベルスン 1900-）
- コン3（ネーヴェルソン 1900-1988）
- 新美（ニーヴェルスン, ルイズ 1899.9.23(10.5)-）
- 世芸（ニーヴェルスン, ルイス 1900-1988）
- 世女（ネーヴェルソン, ルイーズ 1899-1988）
- 世女日（ネヴェルソン, ルイーズ 1900-1988）
- 世美（ネヴェルスン, ルイズ 1899-1988）
- 世百新（ネベルソン 1900-1988）
- 全書（ニーベルスン 1900-1988）
- 大辞3（ニーベルスン 1900-1988）
- 二十（ネベルソン, ルイズ 1900-1988）
- 美術（ニーヴェルスン, ルイーズ 1900-）
- 百科（ネベルソン 1900-）

Nevinson, Christopher Richard Wynne 〈19・20世紀〉
イギリスの画家, 版画家。
- ⇒岩ケ（ネヴィンソン, クリストファー(・リチャード・ウイン) 1889-1946）
- 世美（ネヴィンソン, クリストファー・リチャード・ウィン 1889-1946）

Newberry, Clare 〈20世紀〉
アメリカの児童文学作家, 挿絵画家。
- ⇒児イ（Newberry, Clare T. ニューベリー, C.T. 1903-1970）
- 世女日（ニューベリー, クレア 1903-1970）

Newell, Peter Sheaf 〈19・20世紀〉
アメリカの画家, 絵本作家。
- ⇒世児（ニューエル, ピーター・シーフ 1862-1924）

Newham, Annabel 〈20世紀〉
イギリスのガラス工芸家。
- ⇒世芸（ニューハム, アナベル ?-）

Newman, Barnett 〈20世紀〉
アメリカの画家, 彫刻家。精神的なものを秘めた抽象空間を創出した。
- ⇒岩ケ（ニューマン, バーネット 1905-1970）
- 才西（ニューマン, バーネット 1905-1970）
- 現人（ニューマン 1905.1.29-1970.7.4）
- 広辞6（ニューマン 1905-1970）
- コン3（ニューマン 1905-1970）
- 新美（ニューマン, バーネット 1905.1.29-1970.7.4）
- 世芸（ニューマン, バーネット 1905-1970）
- 世美（ニューマン, バーネット 1905-1970）
- 全書（ニューマン 1905-1970）
- 大辞2（ニューマン 1905-1970）
- 大辞3（ニューマン 1905-1970）
- 二十（ニューマン, バーネット 1905.1.29-1970.7.4）
- 美術（ニューマン, バーネット 1905-）

Newton, Ann 〈19世紀〉
イギリスの画家。
- ⇒世女日（ニュートン, アン 1832-1866）

Newton, Helmut 〈20世紀〉
オーストリアのカメラマン。
- ⇒ア人（ニュートン, ヘルムート 1920-）

Ney, Elisabet 〈19・20世紀〉
ドイツ生れの彫刻家。
- ⇒世女日（ネイ, エリーザベト 1833-1907）

Niccolini, Antonio 〈18・19世紀〉
イタリアの建築家, 舞台美術家。
- ⇒建築（ニッコリーニ, アントニオ 1772-1850）
- 世美（ニッコリーニ, アントーニオ 1772-1850）

Niccolò 〈12世紀〉
イタリアの彫刻家。
- ⇒新美（ニッコロ）
- 世美（ニッコロ 12世紀前半）

Niccolò da Bari 〈15世紀〉
イタリアの彫刻家。
- ⇒新美（ニッコロ・ダ・バーリ 1440-1494）

Niccolò da Voltri 〈14・15世紀〉
イタリアの画家。
- ⇒世美（ニッコロ・ダ・ヴォルトリ 1385-1417）

Niccolò dell'Arca 〈15世紀〉
イタリアの彫刻家。ボローニャのサン・ドメニコ・マジョーレ聖堂の柩のふたの彫刻を制作。
- ⇒国小（ニッコロ・デル・アルカ 1435-1494）

世美（ニッコロ・デッラルカ 1435頃-1494）

Niccolò di Buonaccorso 〈14世紀〉
イタリアの画家。
⇒世美（ニッコロ・ディ・ブオナッコルソ （記録）1348-1388）

Niccolò di Giacomo da Bologna 〈14世紀〉
イタリアの写本装飾画家。
⇒世美（ニッコロ・ディ・ジャーコモ・ダ・ボローニャ （活動）1351-1399）

Niccolò di Pietro 〈14・15世紀〉
イタリアの画家。
⇒新美（ニッコロ・ディ・ピエトロ）
世美（ニッコロ・ディ・ピエトロ （記録）1370頃-1430）

Niccolò di Tommaso 〈14世紀〉
イタリアの画家。
⇒世美（ニッコロ・ディ・トンマーゾ （活動）14世紀）

Nicholas de Verdun 〈12・13世紀〉
ドイツの金工家。ケルン大聖堂の三王礼拝の聖遺物箱などが代表作。
⇒キリ（ニコラ（ヴェルダンの） 1130/50-1205以降）
芸術（ニコラウス，フェルドゥン）
国小（ニコラ・ド・ベルダン 生没年不詳）
新美（ニコラ・ド・ヴェルダン）
西洋（ニコラウス（ヴェルダンの））
世美（ニコラ・ド・ヴェルダン （活躍）12-13世紀）
百科（ニコラ・ド・ベルダン 生没年不詳）

Nichols, Marie C. 〈20世紀〉
アメリカのイラストレーター。
⇒児イ（Nichols, Marie C. ニコルズ, M.C. 1905-）

Nichols, Minerva Parker 〈19・20世紀〉
アメリカの建築家。
⇒世女日（ニコルズ，ミネルヴァ・パーカー 1861-1949）

Nicholson, Ben 〈20世紀〉
イギリスの画家。「ユニット・ワン」などのグループに参加。イギリスの抽象絵画の指導的存在。
⇒岩ケ（ニコルソン，ベン 1894-1982）
オ西（ニコルソン，ベン 1894-1982）
外国（ニコルソン 1894-）
現人（ニコルソン 1894.4.10-）
広辞5（ニコルソン 1894-1982）
広辞6（ニコルソン 1894-1982）
国小（ニコルソン 1894.4.10-）
コン3（ニコルソン 1894-1982）
最世（ニコルソン，ベン 1894-1982）
新美（ニコルソン，ベン 1894.4.10-1982.2.6）
人物（ニコルソン 1894.4.10-）
西洋（ニコルソン 1894.4.10-）
世芸（ニコルソン，ベン 1894-1982）
世西（ニコルスン 1894-）
世美（ニコルソン，ベン 1894-1982）
世百（ニコルソン 1894-）
世百新（ニコルソン 1894-1982）
全書（ニコルソン 1894-1982）
大辞2（ニコルソン 1894-1982）
大辞3（ニコルソン 1894-1982）
大百（ニコルソン 1894-）
伝世（ニコルソン 1894.4.10-）
二十（ニコルソン，ベン 1894.4.10-1982.2.6）
百科（ニコルソン 1894-1982）

Nicholson, Francis 〈18・19世紀〉
イギリスの水彩画家。晩年には石版画に熱中。
⇒西洋（ニコルソン 1753.11.14-1844.3.6）

Nicholson, Michael 〈20世紀〉
イギリスの作家，ジャーナリスト，写真家。
⇒児作（Nicholson, Michael ニコルソン, マイケル）

Nicholson, William 〈18・19世紀〉
イギリスの肖像画家，銅版画家。〈ロイアル・スコティッシュ・アカデミー〉創立に尽力。
⇒西洋（ニコルソン 1781.12.25-1844.8.16）

Nicholson, Sir William Newzam Prior 〈19・20世紀〉
イギリスの画家。
⇒岩ケ（ニコルソン，サー・ウィリアム・ニューザム・プライアー 1872-1949）
英児（ニコルソン，ウィリアム 1872-1949）
児イ（Nicholson, William 1872-1949）
児文（ニコルソン，ウィリアム 1872-1949）
新美（ニコルソン，ウィリアム 1872.2.5-1949.5.16）
世児（ニコルスン，ウィリアム・（ニューザン・プライア） 1872-1949）
二十（ニコルソン，ウィリアム 1872.2.5-1949.5.16）

Nicholson, Winifred 〈20世紀〉
イギリスの画家。
⇒世女日（ニコルソン，ウィニフレッド 1893-1981）

Nicklaus, Carol 〈20世紀〉
アメリカのイラストレーター。
⇒児イ（Nicklaus, Carol ニクラウス, C.）

Nicola da Guardiagrele 〈15世紀〉
イタリアの金銀細工師，彫刻家。
⇒世美（ニコーラ・ダ・グアルディアグレーレ 1400頃-1462）

Nicola di Bartolomeo da Foggia 〈13世紀〉
イタリアの彫刻家。
⇒世美（ニコーラ・ディ・バルトロメーオ・ダ・フォッジャ 13世紀）

Nicolas de Chaumes 〈14世紀〉
フランスの建築家。

⇒建築（ニコラ・ド・ショーム （活躍）14世紀）

Nicoletto da Modena〈16世紀〉
イタリアのビュラン彫りの版画家，画家。
⇒新美（ニコレット・ダ・モーデナ）

Nicolò da Varallo〈15世紀〉
イタリアの画家ステンドグラスの下絵画家。
⇒世美（ニコロ・ダ・ヴァラッロ　1420頃-1489頃）

Nidzaradze, Zurab Archilovich〈20世紀〉
ロシアのイラストレーター。
⇒児イ（Nidzaradze, Zurab Archilovich　ニジャラージェ，Z.A.　1928-）

Nielsen, Erik Hjorth〈20世紀〉
デンマークのイラストレーター。
⇒児イ（Nielsen, Erik Hjorth　ニールセン，E.H.）

Nielsen, Kai〈19・20世紀〉
デンマークの彫刻家。代表作『イブの創造』。
⇒国小（ニールセン　1882-1924）
　新美（ニールセン，カイ　1882.11.26-1924.11.2）
　人物（ニールセン　1882.11.26-1925.11.2）
　世芸（ニールセン，カイ　1882-1925）
　世百（ニールセン　1882-1924）
　二十（ニールセン，カイ　1882.11.26-1924.11.2）

Nielsen, Kay〈19・20世紀〉
デンマークの挿絵画家。幻想味あふれる画風によって一世を風靡し，イギリス挿絵黄金期の巨匠のひとりとなった。
⇒幻想（ニールセン，カイ　1886-1957）
　児イ（Nielsen, Kay　ニールセン，K.　1886-1957）
　児文（ニールセン，カイ　1886-1957）
　二十（ニールセン，カイ　1886-1957）
　百科（ニールセン　1886-1957）

Niemeyer, Oscar Saores Filho〈20世紀〉
ブラジルの建築家。ブラジル近代建築の指導的人物。1950～60年ブラジリアの主要な公共建築の大部分を設計。
⇒岩ケ（ニーマイアー，オスカル　1907-）
　オ西（ニーマイアー，オスカー　1907-）
　外国（ニーマイヤー　1907-）
　現人（ニーマイヤー　1907.12.15-）
　国小（ニーマイヤー　1907.12.15-）
　コン3（ニーマイヤー　1907-）
　新美（ニーマイヤー，オスカル　1907.12.15-）
　人物（ニーマイヤー　1907.12.15-）
　西洋（ニーマイヤー　1907.12.15-）
　世芸（ニーマイヤー，オスカル　1907-）
　世百新（ニーマイヤー　1907-）
　全書（ニーマイヤー　1907-）
　大辞2（ニーマイヤー　1907-）
　大辞3（ニーマイヤー　1907-）
　大百（ニーマイヤー　1907-）
　伝世（ニーマイヤー　1907.12.15-）
　ナビ（ニーマイヤー　1907-）
　二十（ニーマイヤー，オスカー　1907.12.15-）

百科（ニーマイヤー　1907-）
ラテ（ニーマイヤー　1907-）

Niépce, Joseph-Nicéphore〈18・19世紀〉
フランスの写真発明家。最初の写真版画を制作。
⇒岩ケ（ニエプス，（ジョゼフ-）ニセフォール　1765-1833）
　科学（ニエープス　1765.3.7-1833.7.5）
　科人（ニエプス，ジョゼフ・ニセフォア　1765.3.7-1833.7.5）
　芸術（ニエプス，ジョゼフ・ニセフォール　1765-1833）
　広辞6（ニエプス　1765-1833）
　国小（ニエプス　1765.3.7-1833.7.3）
　コン2（ニエプス　1765-1833）
　コン3（ニエプス　1765-1833）
　西洋（ニエプス　1765.3.7-1833.7.5）
　世西（ニエープス　1765.3.7-1833.7.3）
　世百（ニエプス　1765-1833）
　全書（ニエプス　1765-1833）
　大辞（ニエプス　1765-1833）
　大辞3（ニエプス　1765-1833）
　大百（ニエプス　1765-1833）
　デス（ニエプス　1765-1833）
　百科（ニエプス　1765-1833）

Nigetti, Matteo〈16・17世紀〉
イタリアの建築家。
⇒世美（ニジェッティ，マッテーオ　1560-1649）

Nigro, Mario〈20世紀〉
イタリアの画家。
⇒世美（ニグロ，マーリオ　1917-）

Nikias〈前4世紀〉
ギリシアの画家。プラクシテレスの大理石像に彩色したと伝えられている。
⇒ギリ（ニキアス（ニコメデスの子の）　（活動）前360頃-340）
　新美（ニーキアース）
　世西（ニキアス　前4世紀後半）

Nikodamos〈前5・4世紀〉
ギリシアの彫刻家。
⇒世美（ニコダモス　前5世紀末-前4世紀初頭）

Nikolais, Alwin〈20世紀〉
アメリカのダンサー，振付家，作曲家，デザイナー，教師，演出家。
⇒世百新（ニコライ　1912-1993）
　バレ（ニコライ，アルヴァン　1910.11.26-1993.5.8）

Nikolaus von Hagenau〈15・16世紀〉
ドイツの彫刻家。
⇒芸術（ハゲナウのニコラウス　1445頃-1505以後）
　新美（ニコラウス・フォン・ハーゲナウ　1460頃-1538頃）
　西洋（ハーゲナウアー　1460頃-1538以前）
　世美（ハーゲナウ，ニコラウス・フォン　1445頃-?）

Nikoljskij, Georgij Evalampievich
〈20世紀〉
ロシアのイラストレーター。
⇒児イ（Nikoljskij, Georgij Evalampievich ニコーリスキー, G.E. 1906–1973）

Nikomachos 〈前4世紀頃〉
ギリシアの彫刻家。
⇒芸術（ニコマコス　前4世紀頃）
　世美（ニコマコス　前4世紀頃）

Nikomachos 〈前4世紀〉
ギリシアの画家。テーベで活躍し，作品『ペルセフォネの誘拐』など。
⇒国小（ニコマコス　生没年不詳）
　世美（ニコマコス　（活動)前4世紀前半）

Nikos 〈20世紀〉
ギリシャの美術家。
⇒美術（ニコス　1930–）

Nikosthenes
ギリシアの画家。
⇒世美（ニコステネス）

Nikosthenes 〈前6世紀〉
ギリシアの陶工。
⇒新美（ニーコステネース）
　世美（ニコステネス　前6世紀後半）

Niland, Deborah 〈20世紀〉
オーストラリアの挿絵画家。
⇒英児（Niland, Deborah and Kilmeny 1952–）
　世児（ナイランド，デボラ&キルムニ）

Niland, Kilmeny 〈20世紀〉
オーストラリアの挿絵画家。
⇒英児（Niland, Deborah and Kilmeny 1952–）
　世児（ナイランド，デボラ&キルムニ）

Nilsson, Lennart 〈20世紀〉
スウェーデンの写真家。
⇒岩ケ（ニルソン，レナート　1922–）

Nina Ricci 〈19・20世紀〉
イタリア生れの女性服飾デザイナー。立体裁断に独特の腕前を示した。
⇒大百（ニナ・リッチ　?–1970）
　ナビ（リッチ　1883–1973）

Niobe
ギリシア神話で，アルゴスのボロネウスの娘。ゼウスに愛された最初の人間の女。
⇒新美（ニオベー）
　全書（ニオベ）
　大辞（ニオベ）

Nisbet, Hume 〈19・20世紀〉
イギリスの作家，画家。
⇒幻文（ニズビット，ヒューム　1849–1923）

Nisenson, Samuel 〈20世紀〉
デザイナー，イラストレーター。
⇒児イ（Nisenson, Samuel）

Nivola, Claire 〈20世紀〉
アメリカのイラストレーター。
⇒児イ（Nivola, Claire）

Nivola, Costantino 〈20世紀〉
イタリアの彫刻家。
⇒世美（ニーヴォラ，コスタンティーノ　1911–）

Nizbesni, Ernst 〈20世紀〉
ソ連の彫刻家。
⇒美術（ニズヴェースニー，エルンスト　1924–）

Nizzoli, Marcello 〈19・20世紀〉
イタリアの建築家，インダストリアル・デザイナー，グラフィック・デザイナー。
⇒世美（ニッツォーリ，マルチェッロ　1887–1969）

No, Michel 〈20世紀〉
フランスの画家。
⇒世芸（ノー，ミッシェル　1939–）

Noack, Ferdinand 〈19・20世紀〉
ドイツの考古学者。
⇒世美（ノアック，フェルディナント　1865–1931）

Nōah
アダムの直系第10代の族長(旧約)。「ノアの洪水」の主人公。
⇒岩ケ（ノア）
　キリ（ノア）
　国小（ノア）
　コン2（ノア）
　新美（ノア）
　人物（ノア）
　西洋（ノア）
　世西（ノア）
　世東（ノア）
　世美（ノア）
　大辞（ノア）
　デス（ノア）
　歴史（ノア）

Nobile, Pietro 〈18・19世紀〉
スイスの建築家。
⇒世美（ノービレ，ピエトロ　1774–1854）

Nobili, Lila de 〈20世紀〉
イタリアの画家，デザイナー。
⇒バレ（ノビリ，リラ・デ　1916.9.3–2002.2.19）

Noci, Arturo 〈19・20世紀〉
イタリアの画家。
⇒世美（ノーチ，アルトゥーロ　1874–1953）

Noffsinger, James Philip 〈20世紀〉
アメリカの建築学者。元・神戸大学客員教授。
⇒二十（ノフシンガー，ジェイムズ・フィリップ

1925-)
Nogari, Giuseppe 〈17・18世紀〉
イタリアの画家。
⇒世美 （ノガーリ, ジュゼッペ　1699-1763）

Noguchi, Isamu 〈20世紀〉
日系アメリカ人の彫刻家。1946年、ニューヨーク近代美術館での『14人のアメリカ作家』展に選ばれた。
⇒岩ケ　（ノグチ, イサム　1904-1988）
英米　（Noguchi, Isamu　ノグチ　1904-1988）
オ西　（ノグチ, イサム　1904-1988）
角世　（ノグチ, イサム　1904-1988）
現人　（ノグチ　1904.11.17-）
広辞5　（イサム・ノグチ　1904-1988）
広辞6　（ノグチ, イサム　1904-1988）
国小　（ノグチイサム　1904.11.17-）
コン3　（ノグチ　1904-1988）
新美　（ノグチ, イサム　1904.11.17-）
人物　（イサム・ノグチ　1904.11.7-）
西洋　（ノグチ　1904.11.17-）
世芸　（ノグチ, イサム　1904-1988）
世人　（ノグチ=イサム　1904-1988）
世美　（ノグチ, イサム　1904-1988）
世百　（ノグチ　1904-）
全書　（イサム・ノグチ　1904-）
大辞2　（イサム・ノグチ　1904-1988）
大辞3　（ノグチ, イサム　1904-1988）
大百　（イサム・ノグチ　1904-）
伝世　（ノグチ　1904.11.17-）
ナビ　（ノグチ　1904-1988）
二十　（ノグチ, イサム　1904.11.17-）
日人　（イサム=ノグチ　1904-1988）
バレ　（ノグチ, イサム　1904.11.17-1988.12.30）
百科　（ノグチ　1904-）

Noguez, Dominique 〈20世紀〉
フランス生れの映画批評家, 映像作家。
⇒世映 （ノゲーズ, ドミニク　1942-）

Nohl, Hermann 〈19・20世紀〉
ドイツの哲学者, 美学者, 教育学者。主著『様式と世界観』(1920), 『美的現実性』(1935)。
⇒教育　（ノール　1879-）
キリ　（ノール, ヘルマン　1879.10.7-1960.9.27）
国小　（ノール　1879.10.7-1960.9.27）
コン2　（ノール　1879-1960）
コン3　（ノール　1879-1960）
人物　（ノール　1879.10.7-）
西洋　（ノール　1879.10.7-1960.9.27）
全書　（ノール　1879-1960）
名著　（ノール　1879-）

Noke, Charles John 〈19・20世紀〉
イギリスの製陶業者, 模型制作者, デザイナー。
⇒岩ケ （ノーク, チャールズ・ジョン　1858-1941）

Nolan, Sidney Robert 〈20世紀〉
オーストラリアの画家。表現派の画家として国際的な名声を得た。
⇒岩ケ　（ノーラン, サー・シドニー（・ロバート）　1917-1992）
オセ新　（ノーラン　1917-1992）
新美　（ノーラン, シドニー　1917.4.22-）
世芸　（ノーラン, シドニー　1917-1992）
世百新　（ノーラン　1917-1992）
伝世　（ノーラン　1917-）
二十　（ノーラン, シドニー　1917.4.22-1992.11）
百科　（ノーラン　1917-）

Noland, Kenneth 〈20世紀〉
アメリカの抽象画家。
⇒岩ケ　（ノーランド, ケネス　1924-）
オ西　（ノーランド, ケネス　1924-）
コン3　（ノランド　1924~）
新美　（ノーランド, ケネス　1924.4.10-）
世芸　（ノーランド, ケネス　1924-）
世美　（ノーランド, ケネス　1924-）
全書　（ノーランド　1934-）
二十　（ノーランド, ケネス　1934(24).4.10-）
美術　（ノーランド, ケネス　1924-）

Nolde, Emil 〈19・20世紀〉
ドイツの画家, 版画家。表現主義者として活動。作品『最後の晩餐』(1909)など。
⇒岩ケ　（ノルデ, エーミール　1867-1956）
オ西　（ノルデ, エミール　1867-1956）
外国　（ノルデ　1867-）
キリ　（ノルデ, エーミール　1867.8.7-1956.4.15）
芸術　（ノルデ, エミール　1867-1956）
広辞4　（ノルデ　1867-1956）
広辞5　（ノルデ　1867-1956）
広辞6　（ノルデ　1867-1956）
国小　（ノルデ　1867.8.7-1956）
コン2　（ノルデ　1867-1956）
コン3　（ノルデ　1867-1956）
新美　（ノルデ, エミール　1867.8.7-1956.4.13）
人物　（ノルデ　1867.8.7-1956）
西洋　（ノルデ　1867.8.7-1956.4.13）
世芸　（ノルデ, エミール　1867-1956）
世西　（ノルデ　1867.8.7-1956）
世美　（ノルデ, エミール　1867-1956）
世百　（ノルデ　1867-1956）
全書　（ノルデ　1867-1956）
大辞　（ノルデ　1867-1956）
大辞2　（ノルデ　1867-1956）
大辞3　（ノルデ　1867-1956）
大百　（ノルデ　1867-1956）
デス　（ノルデ　1867-1956）
伝世　（ノルデ　1867.8.7-1956.4.13）
ナチ　（ノルデ, エミール　1867-1956）
ナビ　（ノルデ　1867-1956）
二十　（ノルデ, エミール　1867.8.7-1956.4.13）
百科　（ノルデ　1867-1956）

Nollekens, Joseph 〈18・19世紀〉
イギリスの彫刻家。主作品『ハワード夫人』(1780), 『ピットの胸像』(1787)。
⇒岩ケ　（ノレケンズ, ジョゼフ　1737-1823）
国小　（ノリケンズ　1737.8.11-1823.4.23）
新美　（ノレケンス, ジョーゼフ　1737.8.11-1823.4.23）
世美　（ノルケンズ, ジョーゼフ　1737-1823）

Nomellini, Plinio 〈19・20世紀〉
イタリアの画家。
⇒世美 （ノメッリーニ, プリーニオ　1866-1943）

Nonell Y Monturiol, Isidro 〈19・20世

紀〉
スペインにおける近代絵画の草分け的画家の一人。
⇒オ西（ノーネル・イ・モントゥリオール, イシードロ　1873-1911）
世美（ノネル・イ・モントゥリオル, イシドロ　1873-1911）

Nonnast, Marie〈20世紀〉
アメリカのイラストレーター。
⇒児イ（Nonnast, Marie　1924-）

Nono, Luigi〈19・20世紀〉
イタリアの画家。
⇒世美（ノーノ, ルイージ　1850-1918）

Noonan, Julia〈20世紀〉
アメリカのイラストレーター。
⇒児イ（Noonan, Julia　ヌーナン, J.）

Nordberg, Harald〈20世紀〉
ノルウェーのイラストレーター。
⇒児イ（Nordberg, Harald　ノールベルグ, H.　1949-）

Nordberg, Terje〈20世紀〉
ノルウェーの漫画家。
⇒児作（Nordberg, Terje　ノールベルグ, テーリエ　1949-）

Nordenfalk, Carl〈20世紀〉
スウェーデンの美術評論家。名著『ゴッホ』を書いた。
⇒名著（ノルデンファルク　?-）

Nordström, Karl Fredrik〈19・20世紀〉
スウェーデンの画家。
⇒新美（ノルドストレーム, カール　1855.7.11-1923.8.16）
二十（ノルドストレーム, カール・F.　1855.7.11-1923.8.16）

Norell, Norman〈20世紀〉
アメリカのファッション・デザイナー。
⇒ユ人（ノレル, ノーマン　1900-1972）

Norman, Dorothy〈20世紀〉
アメリカの写真家。
⇒世女日（ノーマン, ドロシー　1905-1997）

Normand, Charles-Pierre-Joseph〈18・19世紀〉
フランスの建築家。
⇒世美（ノルマン, シャルル=ピエール=ジョゼフ　1765-1840）

North, Marianne〈19世紀〉
イギリスの草花画家。
⇒岩ケ（ノース, マリアン　1830-1890）
世女（ノース, メアリアン　1830-1890）
世女日（ノース, マリアンヌ　1830-1890）

Northcote, James〈18・19世紀〉
イギリスの画家。
⇒岩ケ（ノースコート, (トマス・)ジェイムズ　1746-1831）
世美（ノースコート, ジェイムズ　1746-1831）

Norton, Charles Bowyer Adderley, 1st Baron〈19・20世紀〉
イギリスの政治家, 音楽家, 美術評論家。植民地自治制によってイギリス帝国の結合を計った。著書が多い。
⇒西洋（ノートン　1814.8.2-1905.3.28）

Nosadella〈16世紀〉
イタリアの画家。
⇒世美（ノザデッラ　?-1571）

Notke, Bernt〈15・16世紀〉
ドイツの画家, 彫刻家。
⇒キリ（ノートケ, ベルント　1430/40-1509）
新美（ノートケ, ベルント　1435頃-1508/09）
西洋（ノトケ　1440頃-1509.5.12以前）
世美（ノートケ, ベルント　1440頃-1509）

Nottolini, Lorenzo〈18・19世紀〉
イタリアの建築家。
⇒世美（ノットリーニ, ロレンツォ　1787-1851）

Nourse, Elizabeth〈19・20世紀〉
アメリカの画家。
⇒世女日（ヌルス, エリザベス　1860-1938）

Nouveau, Henri〈20世紀〉
ハンガリー出身のフランスの画家。
⇒世美（ヌーヴォー, アンリ　1901-1959）

Nouvel, Jean〈20世紀〉
フランスの建築家。
⇒二十（ヌーヴェル, ジャン　1945-）

Novelli, Gastone〈20世紀〉
イタリアの画家。
⇒世美（ノヴェッリ, ガストーネ　1925-1968）

Novelli, Pietro〈17世紀〉
イタリアの画家。
⇒世美（ノヴェッリ, ピエトロ　1603-1647）

Novoa, Gustavo〈20世紀〉
チリ生れの画家。
⇒世芸（ノーボア, ギュスタボ　1941-）

Noyes, Eliot〈20世紀〉
アメリカの工業デザイナー, 建築家。
⇒岩ケ（ノイズ, エリオット　1910-1977）
最世（ノイズ, エリオット　1910-1977）

Nugent, Richard Bruce〈20世紀〉
アメリカの小説家, 挿絵画家。

⇒黒作（ヌージェント，リチャード・ブルース 1906-1985）

Nuñez Yanowsky, Manolo 〈20世紀〉
サマルカンド（ソ連）生れの建築家。
⇒二十（ニュネズ・ヤノヌスキイ，マノロ 1942-）

Nuttall, Jeff 〈20世紀〉
イギリスの詩人，画家，音楽家。
⇒オ世（ナトール，ジェフ 1933-）
二十英（Nuttall, Jeff 1933-2004）

Nuvolone, Carlo Francesco 〈17世紀〉
イタリアの画家。
⇒世美（ヌヴォローネ，カルロ・フランチェスコ 1609-1661）

Nuvolone, Panfilo 〈16・17世紀〉
イタリアの画家。
⇒世美（ヌヴォローネ，パンフィーロ 1581-1651）

Nuzi, Allegretto 〈14世紀〉
イタリアの画家。
⇒世美（ヌーツィ，アッレグレット 1320頃-1373）

Nyman, Ingrid Vang 〈20世紀〉
デンマークのイラストレーター。
⇒児イ（Nyman, Ingrid Vang ナイマン，I.V. 1916-）

Nyrop, Martin 〈19・20世紀〉
デンマークの建築家。主作品，コペンハーゲンの新議事堂（1892〜1903）。
⇒西洋（ニューロプ 1849.11.11-1921.5.15）

【 O 】

Oakley, Graham 〈20世紀〉
イギリスの絵本作家，挿絵画家。
⇒英児（Oakley, Graham オークリー，グレアム 1929-）
児イ（Oakley, Graham オークリー，G.）

Oakley, Violet 〈19・20世紀〉
アメリカの壁画家。
⇒世女日（オークリー，ヴァイオレット 1874-1961）

Oberkampf, Christof Philipp 〈18・19世紀〉
ドイツ出身のフランスの染色家。
⇒世美（オーベルカンプフ，クリストフ・フィリップ 1738-1815）

Oberländer, Adolf 〈19・20世紀〉
ドイツの画家。諷刺的な漫画で有名になった。
⇒西洋（オーベルレンダー 1845.10.1-1923.5.29）
世美（オーバーレンダー，アドルフ 1845-1923）

Oberländer, Gerhard 〈20世紀〉
ドイツのイラストレーター。
⇒児イ（Oberländer, Gerhard オーバーレンダー，G. 1907-）

Obrant, Susan 〈20世紀〉
アメリカのイラストレーター。
⇒児イ（Obrant, Susan）

O'Brien, Timothy 〈20世紀〉
イギリスの舞台装置家。
⇒オペ（オブライエン，ティモシー 1928.3.8-）

Obrist, Hermann 〈19・20世紀〉
ドイツの彫刻家，デザイナー。
⇒世美（オブリスト，ヘルマン 1863-1927）

Ochtervert, Jacob Lucasz. 〈17世紀〉
オランダの風俗画家。
⇒新美（オヒテルフェルト，ヤコブ 1635頃-1700以前）
世美（オフテルフェルト，ヤーコプ 1634-1682）

Ochtman, Dorothy 〈20世紀〉
アメリカの画家。
⇒世女日（オクトマン，ドロシー 1892-?）

Odazzi, Giovanni 〈17・18世紀〉
イタリアの画家。
⇒世美（オダッツィ，ジョヴァンニ 1663-1731）

Oddi, Muzio 〈16・17世紀〉
イタリアの建築家，数学者。
⇒世美（オッディ，ムーツィオ 1569-1639）

Odebrecht, Rudolf 〈19・20世紀〉
ドイツの美学者。美的価値体験の現象学的記述を試みた。
⇒外国（オーデブレヒト 1883-）
国小（オーデブレヒト 1883.3.9-）
西美（オーデブレヒト 1883.3.9-1945.5.31）
世百（オーデブレヒト 1883-1952）
名著（オーデブレヒト 1883-1952）

Oderisi, Roberto 〈14世紀〉
イタリアの画家。
⇒世美（オデリージ，ロベルト （活動）14世紀後半）

Oderisi da Gubbio 〈13世紀〉
イタリアの写本装飾画家。
⇒世美（オデリージ・ダ・グッビオ 13世紀）

Odiot, Jean-Baptiste-Claude 〈18・19世紀〉
フランスの金工家。
⇒世美（オディオ，ジャン＝バティスト＝クロード 1763-1850）

Odjig, Daphue 〈20世紀〉
カナダ生れの画家。
⇒世芸（オジグ, ダフェ　1919-）

Odobescu, Alexandru 〈19世紀〉
ルーマニアの考古学者, 著述家。
⇒世美（オドベスク, アレクサンドル　1834-1895）

Odysseus
ギリシア神話の英雄。イタカ王。ホメロス『オデュッセイア』の主人公。ユリシーズ。トロイ戦争で活躍したギリシア神話の英雄で, 有名なトロイの木馬の発案者。
⇒キリ（オデュッセウス）
　コン2（オデュッセウス）
　新美（オデュッセウス）
　全書（オデュッセウス）
　大辞（オデュッセウス）

Oeben, Jean François 〈18世紀〉
フランスの家具作家。ロココの家具構造と寄木細工技法の大成者。ルイ15世の依頼で製作したブロンズ彫刻付事務机が代表作。
⇒新美（エバン, ジャン・フランソア　1720頃-1763）
　世美（エバン, ジャン＝フランソワ　1710頃-1763）
　全書（エーバン　1720頃-1763）
　大百（エーバン　1715?-1763）
　百科（エバン　1721頃-1763）

Oechsli, Kelly 〈20世紀〉
アメリカのイラストレーター。
⇒児イ（Oechsli, Kelly　1918-）

Oelze, Richard 〈20世紀〉
ドイツの画家。ドイツの生んだ数少ないシュールレアリストの一人。
⇒美術（エルツェ, リヒアルト　1900-）

Oeser, Adam Friedrich 〈18世紀〉
オーストリアの画家, 彫刻家, 版画家。古典主義的な芸術教育に功績がある。
⇒新美（エーザー, アーダム・フリードリヒ　1717.2.17-1799.3.18）
　西洋（エーゼル　1717.2.17-1799.3.18）

Oggiono, Marco d' 〈15・16世紀〉
イタリアの画家。
⇒西洋（オッジョーノ　1475頃-1530頃）
　世美（マルコ・ドッジョーノ　1475頃-1530頃）

O'Gorman, Juan 〈20世紀〉
メキシコの画家, 建築家, 版画家。
⇒岩ケ（オゴルマン, フアン　1905-1982）
　才西（オゴルマン, フアン　1905-1982）
　世百新（オゴルマン　1905-1982）
　二十（オゴルマン, J.　1905-1982）
　百科（オゴルマン　1905-1982）

O'Hara, Frank 〈20世紀〉
アメリカの詩人, 美術評論家。
⇒岩ケ（オハラ, フランク　1926-1966）
　英文（オハラ, フランク（フランシス）(・ラッセル)　1926-1966）
　才世（オハラ, フランク　1926-1966）
　集世（オハーラ, フランク　1926.6.27-1966.7.25）
　集文（オハーラ, フランク　1926.6.27-1966.7.25）
　二十英（O'Hara, Frank　1926-1966）

O'Harris, Pixie 〈20世紀〉
イギリス生れのオーストラリアの女性作家, 挿絵画家。
⇒英児（O'Harris, Pixie　オハリス, ピクシー　1903-1991）

Ohlsson, Ib 〈20世紀〉
デンマークのイラストレーター。
⇒児イ（Ohlsson, Ib　オールソン, I.　1935-）

Oidipous
ギリシア神話のテーベ王。テーベ王ライオスとイオカステとの子。成長後, 父とは知らずにライオスを殺し, スフィンクスの謎を解いてテーベ王となり, 母イオカステを妻とする。
⇒コン2（オイディプス）
　新美（オイディプース）
　全書（オイディプス）
　大辞（オイディプス）

Oinomaos
ギリシア神話のエリスのピサの王。
⇒コン2（オイノマオス）
　新美（オイノマオス）

O'Keeffe, Georgia 〈19・20世紀〉
アメリカの女流画家。アメリカ抽象絵画の長老的存在。
⇒アメ（オキーフ　1887-1986）
　岩ケ（オキーフ, ジョージア　1887-1986）
　才西（オキーフ, ジョージア　1887-1986）
　外国（オキーフ　1887-）
　現ア（O'Keeffe, Georgia　オキーフ, ジョージア　1887-1986）
　広辞5（オキーフ　1887-1986）
　広辞6（オキーフ　1887-1986）
　国小（オキーフ　1887.11.15-）
　コン3（オキーフ　1887-1986）
　新美（オキーフ, ジョージア　1887.11.15-）
　人物（オキーフ　1889-）
　スパ（オキーフ, ジョージア　1887-）
　西洋（オキーフ　1887.11.15-）
　世芸（オキーフ, ジョージア　1887-1986）
　世女（オキーフ, ジョージア　1887-1986）
　世女日（オキーフ, ジョージア　1887-1986）
　世美（オキーフ, ジョージア　1887-1986）
　世百新（オキーフ　1887-1986）
　全書（オキーフ　1887-）
　大辞2（オキーフ　1887-1986）
　大辞3（オキーフ　1887-1986）
　二十（オキーフ, ジョージア　1887.11.15-1986.3.6）
　百科（オキーフ　1887-）

Okladnikov, Aleksei Pavrovich 〈20

世紀〉
ソ連の考古学者。旧石器時代遺跡を広く調査発掘。
⇒角世（オクラドニコフ　1908-1981）
　国小（オクラドニコフ　1908.10.3-）
　コン3（オクラドニコフ　1908-1981）
　新美（オクラドニコフ，アレクセイ　1908.9.20 (10.3)-）
　西洋（オクラードニコフ　1908.10.3-）
　世西（オクラードニコフ　1908.10.3-1981.11.18）
　世百新（オクラードニコフ　1908-1981）
　全書（オクラドニコフ　1908-1981）
　大辞2（オクラドニコフ　1908-1981）
　大辞3（オクラドニコフ　1908-1981）
　ナビ（オクラドニコフ　1908-1981）
　二十（オクラードニコフ，アレクセイ　1908.10.3-）
　日人（オクラドニコフ　1908-1981）
　百科（オクラドニコフ　1908-1981）
　ロシ（オクラドニコフ　1908-1981）

Okun, Jenny 〈20世紀〉
アメリカの写真家，彫刻家。
⇒世芸（オクン，ジェニー　1953-）

Olbrich, Joseph Maria 〈19・20世紀〉
オーストリアの建築家，デザイナー。
⇒オ西（オルブリヒ，ヨーゼフ・マリーア　1867-1908）
　国小（オルブリッヒ　1867.11.22-1908.8.8）
　コン2（オルブリヒ　1867-1908）
　コン3（オルブリヒ　1867-1908）
　新美（オルブリヒ，ヨーゼフ・マリーア　1867.12.22-1908.8.8）
　西洋（オルブリヒ　1867.11.22-1908.8.8）
　世西（オルブリヒ　1867-1908）
　世美（オルブリヒ，ヨーゼフ・マリーア　1867-1908）
　世百（オルブリヒ　1867-1908）
　全書（オルブリッヒ　1867-1908）
　大百（オルブリヒ　1867-1908）
　二十（オルブリヒ，ヨーゼフ・マーリア　1867.12.22-1908.8.8）
　百科（オルブリヒ　1867-1908）

Oldden, Richard 〈20世紀〉
アメリカのイラストレーター。
⇒児イ（Oldden, Richard　オルデン，R.）

Olden, Ingrid 〈20世紀〉
チェコスロヴァキアのイラストレーター。
⇒児イ（Olden, Ingrid　オルデン，I.　1940-）

Oldenburg, Claes Thure 〈20世紀〉
アメリカの美術家。代表作に石膏によって模造された巨大な『2つのハンバーグ』(1962)がある。
⇒オ西（オルデンバーグ，クレス　1929-）
　現人（オルデンバーグ　1929.1.28-）
　広辞6（オルデンバーグ　1929-）
　コン3（オルデンバーグ　1929-）
　新美（オルデンバーグ，クレス　1929.1.28-）
　世芸（オルデンバーグ，クレス　1929-）
　世美（オルデンバーグ，クレス　1929-）
　世百新（オルデンバーグ　1929-）
　全書（オルデンバーグ　1929-）
　大辞2（オルデンバーグ　1929-）
　大辞3（オルデンバーグ　1929-1997）
　二十（オルデンバーグ，クレス・T.　1929.1.28-）
　美術（オルデンバーグ，クレス　1929-）
　百科（オルデンバーグ　1929-）

Oldenburg, Sergei Fyodorovich 〈19・20世紀〉
ソ連の東洋学者，インド学者。1897年以来『仏教文庫』を刊行。
⇒国小（オルデンブルク　1863.9.26-1934.2.18）
　新美（オルデンブルグ，セルゲイ　1863.9.14 (26)-1934.2.28）
　西洋（オルデンブルク　1863.9.26-1934.2.18）
　世百（オルデンブルグ　1863-1934）
　全書（オルデンブルグ　1863-1934）
　二十（オルデンブルク，セルゲイ　1863.9.14 (26)-1934.2.28）
　百科（オルデンブルグ　1863-1934）
　歴史（オルデンブルク　1863-1934）

Oldfield, Bruce 〈20世紀〉
イギリスのファッション・デザイナー。
⇒岩ケ（オールドフィールド，ブルース　1950-）

Olfers, Sibylle von 〈19・20世紀〉
ドイツの画家，絵本作家，小学校教師。
⇒児イ（Olfers, Sibylle von　オルファース，S.von　1881-1916）
　児文（オルファース，ジビレ・フォン　1881-1916）
　二十（オルファース，ジビレ・フォン　1881-1916）

Olitski, Jules 〈20世紀〉
ロシア出身のアメリカの画家。
⇒世美（オリツキ，ジュールズ　1922-）

Oliver, Isaac 〈16・17世紀〉
イギリスのミニアチュール肖像画家。
⇒国小（オリバー　1568以前-1617）
　新美（オリヴァー，アイザック　1568以前-1617.10.2）
　世美（オリヴァー，アイザック　1560頃-1617）

Olivier, Ferdinand von 〈18・19世紀〉
ドイツの画家。彼の風景画は濃やかな気分をたたえ，アルトドルファーの趣がある。
⇒芸術（オリヴィアー，フェルディナント・フォン　1785-1841）
　新美（オリヴィエ，フェルディナント・フォン　1785.4.1-1841.2.11）
　西洋（オリヴィエ　1785.4.1-1841.2.11）
　世美（オリヴィエ，フェルディナント　1785-1841）

Olivier, Woldemar Friedrich 〈18・19世紀〉
ドイツの画家，彫刻家。
⇒世美（オリヴィエ，ヴォルデマル・フリードリヒ　1791-1859）

Olmsted, Frederick Law 〈19・20世紀〉
アメリカの農業実際家，庭園建築家。ニューヨーク市のセントラル・パーク(1857)を設計した。
⇒アメ（オルムステッド　1822-1903）
　岩ケ（オルムステッド，フレデリック(・ロー)　1822-1903）
　英米（Olmsted, Frederick Law　オルムステッド　1822-1903）
　コン3（オルムステッド　1822-1903）
　新美（オルムステッド，フレデリック・ロー　1822.4.26-1903.8.28）
　西洋（オルムステッド　1822.4.27-1903.8.28）
　大辞2（オルムステッド　1822-1903）
　大辞3（オルムステッド　1822-1903）
　大百（オルムステッド　1822-1903）
　伝世（オルムステッド　1822.4.26-1903.8.28）
　ナビ（オルムステッド　1822-1903）
　百科（オルムステッド　1822-1903）
　名著（オームステッド　1822-1903）

Olrik, Emil 〈19・20世紀〉
オーストリアの画家，石版画家。ベルリンの工芸学校教授。日本に渡来して木版術を学んだ。
⇒芸術（オルリック, エミール　1870-1934）
　新美（オルリック, エミール　1870.7.21-1932.8.8）
　西洋（オルリク　1876.7.21-1932.9.28）
　世芸（オルリック, エミール　1870-1934）
　二十（オルリック, エミール　1870.7.21-1932.8.8）

Olsen, Ib Spang 〈20世紀〉
デンマークの絵本作家，挿絵画家。
⇒児イ（Olsen, Ib Spang　オルセン, I.S.　1921-）
　児文（オルセン，イブ・スパング　1921-）
　世児（オルセン，イブ・スパング　1921-）
　二十（オルセン，イブ・スパング　1921-）

Oltos
古代ギリシアの陶画家。
⇒新美（オルトス）

Olugebefola, Ademola 〈20世紀〉
アメリカのイラストレーター。
⇒児イ（Olugebefola, Ademola）

Onatas 〈前5世紀頃〉
古代ギリシアの彫刻家。前490～460頃アテネなどで制作活動を行っていたと推定される。
⇒国小（オナタス　生没年不詳）
　新美（オナータース）
　西洋（オナタス　前5世紀頃）
　世美（オナタス　前5世紀）

O'Neill, Rose Cecil 〈19・20世紀〉
アメリカの挿絵画家。
⇒英児（オニール，ローズ・セシル　1874-1944）
　世女日（オニール，ローズ・セシル　1874-1944）

Onēsimos
ピレモンの奴隷。パウロの弟子となる(新約)。
⇒キリ（オネシモ）
　国小（オネシモ）

新美（オネーシモス）
西洋（オネシモ）

Ono Yoko 〈20世紀〉
アメリカの前衛芸術家。元ビートルズのジョン・レノン未亡人。
⇒現人（オノ・ヨーコ(小野洋子)　1933-）
　スパ（オノ・ヨーコ　1933-）
　二十（オノ，ヨーコ　1933.2.18-）

Oosterwyck, Maria 〈17世紀〉
オランダの画家。
⇒世女日（オースターウィック，マリア　1630-1693）

Opgenoorth, Winfried 〈20世紀〉
ドイツのイラストレーター。
⇒児イ（Opgenoorth, Winfried　オプゲノールト, W.　1939-）

Opicino de Canistris 〈13・14世紀〉
イタリアの写本装飾家，文字装飾家。
⇒世美（オピチーノ・デ・カニストリス　1296-1334以降）

Opie, John 〈18・19世紀〉
イギリスの画家。作品にボイデルのシェークスピア・ギャラリーの歴史画(1786)。
⇒岩ケ（オービー，ジョン　1761-1807）
　国小（オービー　1761.5-1807.4.9）
　新美（オービ，ジョン　1761.5-1807.4.9）
　西洋（オービ　1761.5-1807.4.9）
　世美（オービー，ジョン　1761-1807）

Oppenheim, Dennis 〈20世紀〉
アメリカのアースワーカー，彫刻家。
⇒世芸（オッペンハイム，デニス　1938-）
　世美（オッペンハイム，デニス　1938-）
　美術（オッペンハイム，デニス　1938-）

Oppenheim, Max, Freiherr von 〈19・20世紀〉
ドイツの古代学者。イラクのテル・ハラフ遺跡を発掘し(1911～13)，最古の農耕文化の遺物を発見した。
⇒新美（オッペンハイム, マックス・フォン　1860.7.15-1946.11.15）
　人物（オッペンハイム，マックス　1860.7.15-1946.11.17）
　西洋（オッペンハイム　1860.7.15-1946.11.17）
　二十（オッペンハイム，マックス・F.フォン　1860.7.15-1946.11.15）

Oppenheim, Meret 〈20世紀〉
ドイツ生れのスイスの女性画家。
⇒世女（オッペンハイム，メレット　1913-1985）
　世美（オッペンハイム，メレット　1913-）

Oppenordt, Gilles Marie 〈17・18世紀〉
フランスの建築装飾家，彫刻家。
⇒建築（オプノール，ジル＝マリー　1672-1742）
　国小（オプノール　1672-1742）
　新美（オプノール，ジル＝マリー　1672.7.27-1742.3.13）

西洋（オッペノール　1672-1742）
世美（オプノール, ジル＝マリー　1672-1742）

Oppermann-Dimow, Christina 〈20世紀〉
オーストリアのイラストレーター。
⇒児イ（Oppermann=Dimow, Christina　オッパーマン＝ディモウ, C.　1947-）

Oppi, Ubaldo 〈19・20世紀〉
イタリアの画家。
⇒世美（オッピ, ウバルド　1889-1946）

Oppo, Cipriano Efisio 〈20世紀〉
イタリアの画家。
⇒世美（オッポ, チプリアーノ・エフィージオ　1891-1962）

Orbaan, Albert F. 〈20世紀〉
アメリカのイラストレーター。
⇒児イ（Orbaan, Albert F.　オーバーン, A.F.　1913-）

Orbach, Ruth 〈20世紀〉
アメリカのイラストレーター。
⇒児イ（Orbach, Ruth　オーバック, R.　1941-）

Orcagna, Andrea 〈14世紀〉
イタリアの建築家, 彫刻家, 画家。フィレンツェ大聖堂造営などに従事。
⇒岩ケ（オルカーニャ　1308頃-1368頃）
キリ（オルカーニャ, アンドレーア　1308頃-1375頃）
芸術（オルカーニャ, アンドレア　1343/44-1368頃活動）
建築（オルカーニャ(アンドレア・ディ・チオーネ通称)　1310頃-1368）
国小（オルカーニャ　1308頃-1368.8.25）
コン2（オルカーニャ　1308頃-1368）
コン3（オルカーニャ　1308頃-1368）
新美（オルカーニャ, アンドレーア）
人物（オルカーニャ　1308頃-1368）
西洋（オルカーニャ　1308頃-1368）
世西（オルカーニャ　1308頃-1368）
世美（オルカーニャ　?-1368）
世百（オルカーニャ　?-1368?）
全書（オルカーニャ　生没年不詳）
大百（オルカーニャ　1308?-1368?）
伝世（オルカーニャ　1308?-1368?）
百科（オルカーニャ　?-1368?）

Orchardson, Sir William Quiller 〈19・20世紀〉
イギリスの画家。代表作『ベレロフォン船上のナポレオン』(1880)。
⇒岩ケ（オーチャードソン, サー・ウィリアム・クイラー　1832-1910）
芸術（オーチャードスン, ウィリアム　1835-1910）
国小（オーチャードソン　1832.3.27-1910.4.13）
新美（オーチャードスン, ウィリアム　1832.3.27-1910.4.13）
西洋（オーチャードソン　1835-1910.4.13）
世芸（オーチャードスン, ウィリアム　1835-1910）
世美（オーチャードスン　1832-1910）
二十（オーチャードスン, ウィリアム　1832.3.27-1910.4.13）

Orcutt, William Dana 〈19・20世紀〉
アメリカの著作家, 書籍デザイナー。主著『完全な書物の探求』など。
⇒名著（オーカット　1870-1953）

Ordini, Pietro degli 〈15世紀〉
イタリアの建築家。
⇒世美（オルディニ, ピエトロ・デッリ　?-1484）

Ordóñez, Bartolomé 〈16世紀〉
スペインの彫刻家。
⇒芸術（オルドニュス, バルトローメ　?-1520）
国小（オルドネス　?-1520）
新美（オルドーニェス, バルトロメー　?-1520）
世美（オルドーニェス, バルトロメ　?-1520）

Orensanz, Marie 〈20世紀〉
アルゼンチンの彫刻家。
⇒世芸（オレンサン, マリエ　1936-）

Organ, Bryan 〈20世紀〉
イギリスの画家。
⇒世芸（オーガン, ブライアン　1935-）

Ori, Luciano 〈20世紀〉
イタリアの画家。
⇒世芸（オリ, ルシアーノ　1928-）

Orlandi, Deodato 〈13・14世紀〉
イタリアの画家。
⇒世美（オルランディ, デオダート　(活動)13-14世紀）

Orlandi, Pellegrino Antonio 〈17・18世紀〉
イタリアの美術著述家。
⇒世美（オルランディ, ペッレグリーノ・アントーニオ　1660-1727）

Orley, Bernaert van 〈15・16世紀〉
フランドルの画家。代表作『ヨブの試練の祭壇画』。
⇒国小（オルレイ　1488頃-1541.1.16）
新美（オルレイ, ベルナールト（バレント）・ヴァン　1491/92-1541.1.6）
西洋（オルライ　1492頃-1542.1.6）
世美（ファン・オルレイ, バレント　1487頃-1541）
百科（ファン・オルレイ　1488頃-1541）

Ormerod, Jan 〈20世紀〉
オーストラリアのイラストレーター。
⇒児イ（Ormerod, Jan　オームロッド, J.）

Orozco, José Clemente 〈19・20世紀〉
メキシコの画家。歴史画『サン・ファン・デ・ウルア』(1913)で知られる。

⇒岩ケ（オロスコ，ホセ・クレメンテ 1883-1949）
オ西（オロスコ 1883-1949）
角世（オロスコ 1883-1949）
キリ（オロスコ，ホセ・クレメンテ 1883.11.23-1949.9.27）
広辞5（オロスコ 1883-1949）
広辞6（オロスコ 1883-1949）
国小（オロスコ 1883.11.23-1949.9.7）
国百（オロスコ，ホセ・クレメンテ 1883.11.23-1949.9.7）
コン3（オロスコ 1883-1949）
新美（オロスコ，ホセー・クレメンテ 1883.11.23-1949.9.27）
人物（オロスコ 1883-1949）
西洋（オロスコ 1883-1949）
世芸（オロスコ，ホセ・クレメンテ 1883-1949）
世西（オロスコ 1883-1949）
世俳（オロスコ，ホセ・クレメンテ 1883.11.23-1949.9.7）
世美（オロスコ，ホセ・クレメンテ 1883-1949）
世百（オロスコ 1883-1949）
世百新（オロスコ 1883-1949）
全書（オロスコ 1883-1949）
大辞2（オロスコ 1883-1949）
大辞3（オロスコ 1883-1949）
大百（オロスコ 1883-1949）
伝世（オロスコ 1883.11.23-1949.9.7）
二十（オロスコ，ホセ・クレメンテ 1883.11.23-1949.9.27）
百科（オロスコ 1883-1949）
ラテ（オロスコ 1883-1949）

Orpen, *Sir* William Newenham Montague 〈19・20世紀〉
イギリスの画家。作品に『私とビーナス』（1910）。
⇒芸術（オーペン，ウィリアム 1878-1931）
国小（オーペン 1878.11.27-1931.9.29）
新美（オーペン，ウィリアム 1878.11.27-1931.9.29）
西洋（オーペン 1878.11.27-1931.9.29）
世芸（オーペン，ウィリアム 1878-1931）
二十（オーペン，ウィリアム 1878.11.27-1931.9.29）

Orr, William A. 〈20世紀〉
アメリカのイラストレーター。
⇒児イ（Orr, William A. オー，W.A.）

Orrente, Pedro 〈16・17世紀〉
スペインの画家。
⇒新美（オレンテ，ペドロ 1580-1645.1.19）
世美（オレンテ，ペドロ 1580-1645）

Orry-Kelly 〈20世紀〉
オーストラリア生れの映画衣裳デザイナー。
⇒世映（オリー＝ケリー 1897-1964）

Orsel, Victor 〈18・19世紀〉
フランスの画家。
⇒芸術（オルセル，ヴィクトル 1795-1850）

Orsi, Lelio 〈16世紀〉
イタリアの画家。
⇒建築（オルシ，レリオ 1511-1587）

世美（オルシ，レーリオ 1511-1587）

Orsi, Paolo 〈19・20世紀〉
イタリアの考古学者。南イタリア，シチリアの新石器時代や青銅器時代を調査。
⇒西洋（オルシ 1859-1935）
世美（オルシ，パーオロ 1859-1935）

Orsini, Giorgio 〈15世紀〉
イタリアの建築家，彫刻家。
⇒西洋（オルシーニ ?-1475.11.10）
世美（オルシーニ，ジョルジョ ?-1475）

Ortega, José 〈20世紀〉
スペインの画家。
⇒世美（オルテガ，ホセ 1921-）

Ortelius, Abraham 〈16世紀〉
ベルギーの骨董品収集家，製図家，地理学者。
⇒岩ケ（オルテリウス 1527-1598）
外国（オルテリウス 1527-1598）
科人（オルテリウス，アブラハム 1527.4.14-1598.7.4）
国小（オルテリウス 1527.4.14-1598.7.4）
コン2（オルテリウス 1527-1598）
コン3（オルテリウス 1527-1598）
人物（オルテリウス 1527.4.4-1598.6.28）
西洋（オルテリウス 1527.4.4-1598.6.28）
世西（オルテリウス 1527.4.4-1598.6.28）
世百（オルテリウス 1527-1598）
全書（オルテリウス 1527-1598）
大辞（オルテリウス 1527-1598）
大辞3（オルテリウス 1527-1598）
大百（オルテリウス 1527-1598）
デス（オルテリウス 1527-1598）
伝世（オルテリウス 1527.4.14-1598.7.4）
天文（オルテリウス 1527-1598）
百科（オルテリウス 1527-1598）

Ortins, David 〈20世紀〉
アメリカ生れの画家。
⇒世芸（オーチンス，デヴィド 1956-）

Ortolano 〈15・16世紀〉
イタリアの画家。
⇒世美（オルトラーノ 1487-1527以降）

Osborn, Emily Mary 〈19世紀〉
イギリスの画家。
⇒世女日（オスボーン，エミリー・メアリー 1834-1885頃）

Osborn, Robert Chesley 〈20世紀〉
アメリカの漫画家。第2次大戦後頃から『フォーチュン』誌で活躍，現代の管理社会の弊害を風刺。海軍のパンフレットに作品を掲載，勲章を受章。
⇒コン3（オズボーン 1916-）
児イ（Osborn, Robert Chesley オズボーン，R.C. 1904-）
二十（オズボーン，ロバート 1916-）

Osborne, Harold 〈20世紀〉
イギリスの美学者。美学を批判哲学の一部門と見なし,その目的は美概念を含む判断が意味するところを理解するにありと言う。
⇒西洋（オズボーン　1905-）

Oscar De Mejo 〈20世紀〉
イタリア生れの画家。
⇒世芸（オスカー・デ・メヨ　1911-）

Osorkon II
古代エジプト第2王朝の王。
⇒新美（オソルコン二世）

Osouf, Jean 〈20世紀〉
フランスの彫刻家。
⇒国小（オズーフ　1898-）
世芸（オズーフ, ジャン　1898-1967）

Ostade, Adriaen van 〈17世紀〉
オランダの画家, 版画家。
⇒岩ケ（オスターデ, アドリアーン・ファン　1610-1685）
外国（オスターデ　1610-1685）
芸術（オスターデ, アドリアーン・ヴァン　1610-1685）
芸術（ファン・オスターデ, アドリアーン　1610-1685）
国小（オスターデ　1610.12.10-1685.5.2）
コン2（オスターデ　1610-1685）
コン3（オスターデ　1610-1685）
新美（オスターデ, アドリアーン・ファン　1610.12-1685.4/5）
人物（オスターデ　1610.12.10-1685.5.2）
西洋（オスターデ　1610.12.10-1685.5.2）
世芸（ファン・オスターデ　1610-1684）
世芸（ファン・オスターデ, アドリアーン　1610-1685）
世百（オスターデ　1610-1685）
全書（オスターデ　1610-1685）
大百（オスターデ　1610-1685）

Ostade, Isack van 〈17世紀〉
オランダの風景画家。ハールレムに定住し, 風景を描いた。
⇒新美（オスターデ, イサーク・ファン　1621.6-1649.10）
西洋（オスターデ　1621.6.2-1649.10.16）

Östberg, Ragnar 〈19・20世紀〉
スウェーデンの建築家。代表作『ストックホルム市庁舎』(1909〜23)。
⇒オ西（エストベリ, ラグナー　1866-1945）
国小（エストベリ　1866-1945）
新美（エストベリ, ラグナー　1866.7.14-1945.2.6）
西洋（エストベリ　1866.7.14-1945）
世美（エストベリ, ラングナール　1866-1945）
世百（エストベリー　1866-1945）
二十（エストベリ, ラグナー　1866.7.14-1945.2.6）
百科（エストベリ　1866-1945）

Ostendorf, Friedrich 〈19・20世紀〉
ドイツの建築家, 建築理論家。新古典主義の立場をとった。
⇒西洋（オステンドルフ　1871.7.14-1915.3.16）

Osthaus, Karl Ernst 〈19・20世紀〉
ドイツの芸術学者, 美術品蒐集家。「ドイツ工作連盟」の創設者の一人。
⇒西洋（オストハウス　1874.4.15-1921.3.27）

Ostroumova-Lebedeva, Anna Petrovna 〈19・20世紀〉
ロシアの画家。
⇒世女日（オストロウーモヴァ＝レベジェヴァ, アンナ　1871-1955）

Ostrov, Svetozar Aleksandrovich 〈20世紀〉
ロシアのイラストレーター。
⇒児イ（Ostrov, Svetozar Aleksandrovich　オストローフ, S.A.　1941-）

Ostrowski, Stanislaw 〈19・20世紀〉
ポーランドの彫刻家。ロダンと親しかった。
⇒西洋（オストロフスキー　1879.5.8-1947.5.14）

Oteiza, Jorge de 〈20世紀〉
スペインの彫刻家。
⇒ス文（オテイサ, ホルヘ　1908-2003）

Ottino, Pasquale 〈16・17世紀〉
イタリアの画家。
⇒世美（オッティーノ, パスクアーレ　1570頃-1630）

Ottley, William Young 〈18・19世紀〉
イギリスの画家, 著述家, 収集家。
⇒世美（オットリー, ウィリアム・ヤング　1771-1836）

Ottman, Henri 〈19・20世紀〉
フランスの画家。
⇒芸術（オットマン, アンリ　1875-1926）
世芸（オットマン, アンリ　1875-1926）

Otto, Frei 〈20世紀〉
ドイツの建築家。モントリオール万博西ドイツ館(1967年), ミュンヘン・オリンピック競技場(72年)で新しい建築世代の注目を集める。
⇒現人（オットー　1925.5.31-）
新美（オットー, フライ　1925.5.31-）
世美（オットー, フライ　1925-）
二十（オットー, フライ　1925.5.31-）

Otto, Svend S. 〈20世紀〉
デンマークのイラストレーター。
⇒児イ（Otto, Svend S.　オットー, S.S.　1916-）

Otto, Teo 〈20世紀〉
ドイツの舞台装置家。
⇒オペ（オットー, テオ　1904.2.4-1968.6.9）

世百新（オットー　1904-1968）
二十（オットー，テオ　1904-1968）
百科（オットー　1904-1968）

Oud, Jacobus Johannes Pieter 〈19・20世紀〉
オランダの建築家，デザイナー。主作品はロッテルダムの集合住宅。
⇒岩ケ（アウト，ヤコブス・ヨハネス・ピーテル　1890-1963）
　才西（アウト，ヤコーブス・ヨハネス・ピーター　1890-1963）
　国小（アウト　1890-1963）
　新美（アウト，ヤコブス・ヨハネス・ピーテル　1890.2.9-1963.4.5）
　西洋（アウト　1890.2.9-1963.4.5）
　世美（アウト，ヤコブス・ヨハネス・ピーテル　1890-1963）
　世百（アウト　1890-1963）
　世百新（アウト　1890-1963）
　全書（アウト　1890-1963）
　大百（アウト　1890-1963）
　伝世（アウト　1890-1963.4.5）
　二十（アウト，ヨハネス・ピーテル　1890.2.9-1963.4.5）
　百科（アウト　1890-1963）

Oudart, Philippe 〈16世紀〉
フランスの彫刻家。
⇒世美（ウーダール，フィリップ　（活動）16世紀前半）

Oudot, Roland 〈20世紀〉
フランスの画家。絵画制作のほか書籍の装幀など幅広く活動。
⇒国小（ウドー　1897.7.29-）
　コン3（ウド　1897-）
　人物（ウドー　1897-）
　世芸（ウドー，ローラン　1897-1966）
　世百（ウドー　1897-）

Oudry, Jean Baptiste 〈17・18世紀〉
フランスの画家。ルイ15世の宮廷画家。
⇒芸術（ウードリ，ジャン・バティスト　1686-1755）
　国小（ウードリ　1686.3.17-1755.4.30）
　新美（ウードリ，ジャン＝バティスト　1686.3.17-1755.4.30）
　世美（ウードリー，ジャン＝バティスト　1686-1755）

Ouguete 〈14・15世紀〉
ポルトガルの建築家。
⇒建築（オウゲテ　（活動）14-15世紀）

Outerbridge, Paul 〈20世紀〉
アメリカの写真家。広告写真の分野で活躍。おもに『ヴォーグ』誌に寄稿。
⇒ナビ（アウターブリッジ　1896-1958）

Outhwaite, Ida Rentoul 〈19・20世紀〉
オーストラリアの挿絵画家で作家。
⇒英児（Outhwaite, Ida Rentoul　ウースウェイト，アイダ・レントール　1888-1960）
　世児（ウースウェイト，アイダ・レントール　1888-1960）

Ouwater, Albert van 〈15世紀頃〉
ネーデルラントの画家。ハールレム派の創始者。作品『ラザロの復活』(1455頃)。
⇒国小（アウワテル　生没年不詳）
　新美（アウワーテル，アルベルト・ファン）

Ouwater, Isaak 〈18世紀〉
オランダの画家。
⇒世美（アウワーテル，イサーク　1750-1793）

Ovchinnikov, Kirill Vladimirovich 〈20世紀〉
ロシアのイラストレーター。
⇒児イ（Ovchinnikov, Kirill Vladimirovich　オフチーンニコフ，K.V.　1933-）

Ovens, Juriaen 〈17世紀〉
オランダの画家。ファン・ダイクおよびレンブラントの影響をうけ，肖像画などを描いている。
⇒西洋（オーフェンス　1623-1678.12.9）

Overbeck, Johannes Adolph 〈19世紀〉
ドイツの考古学者，美術史家。ライプチヒ大学教授(1853～)，兼ライプチヒ考古学博物館長。
⇒西洋（オーヴェルベック　1826.5.27-1895.11.8）
　世美（オーヴァーベック，ヨハンネス　1826-1895）

Overbeck, Johann Friedrich 〈18・19世紀〉
ドイツの画家。代表作『聖ヨゼフ画伝』(1816～17)。
⇒岩ケ（オーヴェルベック，ヨハン・フリードリヒ　1789-1869）
　キリ（オーヴァベク，ヨハン・フリードリヒ　1789.7.3-1869.11.12）
　芸術（オーヴァーベック，ヨハン・フリードリヒ　1789-1869）
　国小（オーバーベック　1789.7.3-1869.11.12）
　コン2（オーヴェルベック　1789-1869）
　コン3（オーヴェルベック　1789-1869）
　新美（オーヴァベック，ヨーハン・フリードリヒ　1789.7.3-1869.11.12）
　西洋（オーヴェルベック　1789.7.3-1869.11.12）
　世西（オーヴェルベック　1789-1869）
　世美（オーヴァーベック，フリードリヒ　1789-1869）
　世百（オヴァーベック　1789-1869）
　百科（オーバーベック　1789-1869）

Overbeek, Olau Cleofas Van 〈20世紀〉
オランダ生れの版画家。
⇒世芸（オヴェルベーク，オル・クレオファス・ファ　1946-）

Ovsyannikov, Mikhail Fedotovich 〈20世紀〉
ソ連邦の美学者。連邦科学アカデミー哲学研究

所美学主任。
⇒西洋（オヴシャーニコフ 1915-）

Oxenbury, Helen E. 〈20世紀〉
イギリスの絵本作家，挿絵画家。
⇒英児（Oxenbury, Helen　オクセンベリー，ヘレン 1938-）
児イ（Oxenbury, Hellen　オクセンバリー，H. 1938-）
児文（オクセンベリ，ヘレン　1938-）
世児（オクスンベリ，ヘレン　1938-）
二十（オクセンバリー，ヘレン　1938-）

Øyen, Wenche 〈20世紀〉
ノルウェーのイラストレーター。
⇒児イ（Øyen, Wenche　オイエン，W.　1946-）

Ozenfant, Amédée 〈19・20世紀〉
フランスのピュリスムの画家，美術評論家。単純で装飾的な抽象画を描く。
⇒岩ケ（オザンファン，アメデ　1886-1966）
　才西（オザンファン，アメデ　1886-1966）
　外国（オーザンファン　1886-）
　広辞5（オザンファン　1886-1966）
　広辞6（オザンファン　1886-1966）
　国小（オザンファン　1886.4.15-1966.5.4）
　コン3（オザンファン　1886-1966）
　新美（オザンファン，アメデ　1886.4.15-1966.5.4）
　人物（オザンファン　1886.4.15-）
　西洋（オザンファン　1886.4.15-1966.5.4）
　世芸（オザンファン，アメデエ　1886-1955）
　世西（オザンファン　1886.4.15-）
　世美（オザンファン，アメデ　1886-1966）
　世百（オザンファン　1886-）
　世百新（オザンファン　1886-1966）
　全書（オザンファン　1886-1966）
　大辞2（オザンファン　1886-1966）
　大辞3（オザンファン　1886-1966）
　大百（オザンファン　1886-1966）
　二十（オザンファン，アメデ　1886.4.15-1966.5.4）
　百科（オザンファン　1886-1966）
　名著（オザンファン　1886-）

Ozgur, Gunseli 〈20世紀〉
トルコのイラストレーター。
⇒児イ（Ozgur, Gunseli　オズギュル，G.　1956-）

【 P 】

Paalen, Wolfgang 〈20世紀〉
オーストリアの画家。
⇒世美（パーレン，ヴォルフガング　1905-1959）

Paccasi, Nikolaus von 〈18世紀〉
オーストリアで活躍した建築家。
⇒建築（パッカーシ，ニコラウス・フォン　1716-1790）

Pacchiarotti, Giacomo 〈15・16世紀〉
イタリアの画家。
⇒世美（パッキアロッティ，ジャーコモ　1474-1540頃）

Pace, Biagio 〈19・20世紀〉
イタリアの考古学者。
⇒世美（パーチェ，ビアージョ　1889-1955）

Pacetti, Camillo 〈18・19世紀〉
イタリアの彫刻家。
⇒世美（パチェッティ，カミッロ　1758-1826）

Pacheco, Francisco 〈16・17世紀〉
スペインの画家，著作家。スペイン・バロックを代表する画家の一人。
⇒キリ（パチェコ，フランシスコ　1564.11.3-1654）
　芸術（パチェコ，フランシスコ　1564-1654）
　国小（パチェコ　1564.11.3洗礼-1654）
　コン2（パチェコ　1564-1654）
　コン3（パチェコ　1564-1654）
　新美（パチェーコ，フランシスコ　1564.11-1654）
　スペ（パチェーコ　1564-1654）
　西洋（パチェコ　1564.11.3-1654）
　世美（パチェーコ・デル・リオ，フランシスコ　1564-1644）
　世百（パチェコ　1564-1654）
　百科（パチェーコ　1564-1654）

Pacher, Michael 〈15世紀〉
ドイツの木彫家，後期ゴシック様式の画家。
⇒岩ケ（パッハー，ミヒャエル　1435頃-1498）
　キリ（パッハー，ミヒャエル　1430/35頃-1498.7.7/8.24）
　芸術（パッハー，ミヒャエル　1435頃-1498）
　国小（パッヒャー　1435頃-1498.8）
　新美（パッハー，ミヒャエル　1435頃-1498）
　西洋（パッハー　1435頃-1498）
　世西（パッヒァー　1435頃-1498）
　世美（パッハー，ミヒャエル　1435-1498）
　世百（パハー　1435頃-1498）
　伝世（パッハー　1435頃-1498.8）
　百科（パッヒャー　1435頃-1498）

Pacino di Bonaguida 〈14世紀〉
イタリアの画家，写本装飾画家。
⇒世美（パチーノ・ディ・ボナグィーダ　14世紀前半）

Pacovska, Kveta 〈20世紀〉
チェコスロヴァキアの児童文学者。
⇒児イ（Pacovsko, Kveta　パツォウスカー，K.　1928-）
　児作（Pacovska, Kveta　パツォウスカー，クヴィエタ　1928-）

Pacuvius, Marcus 〈前3・2世紀〉
ローマの悲劇作家，画家。悲劇12篇とプラエテクスタ劇1篇の題名と断片が伝わる。
⇒外国（パクウィウス　前220-130頃）
　国小（パクウィウス　前220頃-130頃）

集世（パクウィウス, マルクス　前220-前130頃）
集文（パクウィウス, マルクス　前220-前130頃）
西洋（パクヴィウス　前220頃-130頃）
ロマ（パクウィウス　前220頃-130頃）

Padeloup, Antoine-Michel, le Jeune 〈17・18世紀〉
フランスの装丁家。
⇒世美（パドルー, アントワーヌ＝ミシェル（子）1685-1758）

Padovan, Mario 〈20世紀〉
イタリア生れの画家。
⇒世芸（パドヴァン, マリオ　1927-）

Padovanino 〈16・17世紀〉
イタリアの画家。
⇒世美（パドヴァニーノ　1588-1648）

Pagan, Gines Serran 〈20世紀〉
スペイン生れの画家。
⇒世芸（パガン, ギネス・セラン　1949-）

Pagani, Paolo 〈17・18世紀〉
イタリアの画家。
⇒世美（パガーニ, パーオロ　1661-1716）

Pagano, Giuseppe 〈20世紀〉
イタリアの建築家。1924年から新しい都市住宅計画を標榜。トリエンナーレ造形展を主唱。
⇒国小（パガーノ　1896-1945）

Pagano, Giuseppe 〈20世紀〉
イタリアの造形作家。
⇒世芸（パガーノ, ジュゼッペ　1896-1965）

Pagano Pogatschnig, Giuseppe 〈20世紀〉
イタリアの建築家, 都市計画家。
⇒世美（パガーノ・ポガシュニック, ジュゼッペ　1896-1945）

Page, P(atricia) K(athleen) 〈20世紀〉
カナダの女性詩人, 小説家, 画家。
⇒オ世（ペイジ, P.K.（パトリシア・キャスリーン）1916-）
二十英（Page, P(atricia) K(athleen)　1916-）

Page, William 〈19世紀〉
アメリカの画家。1871～73年ナショナル・アカデミー総裁。主作品はC.エリオット, J.アダムズの肖像画。
⇒国小（ページ　1811.11.3-1885.10.1）

Paget-Fredericks, Joseph Edward Paget Rous-Marten 〈20世紀〉
アメリカのイラストレーター。
⇒児イ（Paget-Fredericks, Joseph Edward Paget Rous-Marten　パジェット＝フレデリックス, J.E.P.R-M.　1908-）

Paggi, Giovanni Battista 〈16・17世紀〉
イタリアの画家。
⇒世美（パッジ, ジョヴァンニ・バッティスタ　1554-1627）

Pagliano, Eleuterio 〈19・20世紀〉
イタリアの画家。
⇒世美（パリアーノ, エレウテーリオ　1826-1903）

Pahlbod, Mehrdad 〈20世紀〉
イランの政治家。シャムス・パーラビ王女の夫君。1965～78年文化美術相。
⇒中東（パハルボッド　1921-）

Pahomov, Alexei Fedrovitch 〈20世紀〉
ロシアの画家。
⇒児イ（Pakhomov, Aleksej Fedorovich　パホーモフ, A.F.　1900-1973）
世芸（パホーモフ, アレクセイ・フェドローヴィッチ　1900-1969）

Paice, Margaret 〈20世紀〉
オーストラリアの女性作家, 挿絵画家, 著述家。
⇒英児（Paice, Margaret　ペイス, マーガレット　1920-）

Paik, Nam June 〈20世紀〉
韓国出身のアメリカのビデオ作家。漢字名は白南準。
⇒新美（パイク, ナム・ジュン　1932.7.20-）
世芸（南準白　ぱいく, なむじゅん　1932-2006）
大辞3（パイク〔白南準〕　1932-2006）
ナビ（パイク　1932-）

Paine, James 〈18世紀〉
イギリスの建築家。
⇒建築（ペーン, ジェームズ　1716頃-1789）

Paionios 〈前5世紀〉
ギリシアの彫刻家。オリンピアで発見された『ニケ』（勝利の女神）の作者。
⇒ギリ（パイオニオス　（活動）前430頃-410）
国小（パイオニオス　生没年不詳）
コン3（パイオニオス　生没年不詳）
新美（パイオニオス）
人物（パイオニオス　生没年不詳）
西洋（パイオニオス）
世西（パイオニオス　前5世紀後半）
世美（パイオニオス　前5世紀）
世百（パイオニオス　生没年不詳）
全書（パイオニオス　生没年不詳）
大辞（パイオニオス　前5世紀）
大辞3（パイオニオス　前5世紀）
大百（パイオニオス　生没年不詳）
百科（パイオニオス　生没年不詳）

Pajou, Augustin 〈18・19世紀〉
フランスの彫刻家。ルイ16世の王室付彫刻家として『デュ・バリー夫人の肖像』などを制作。
⇒国小（パジュー　1730.9.19-1809.5.8）
新美（パジュー, オーギュスタン　1730.9.19-1809.5.8）

西洋（パジュー　1730.9.19-1809.5.8）
世美（パジュー，オーギュスト　1730-1809）

Pakhomov, Aleksei Fyodorovich 〈20世紀〉

ソ連の画家。代表作は石版画『レニングラード封鎖の中の日々』。
⇒二十（パホーモフ，アレクセイ　1900-1973.4.14）

Paladino, Filippo 〈16・17世紀〉

イタリアの画家。
⇒世美（パラディーノ，フィリッポ　1544頃-1614）

Paladino, Mimmo 〈20世紀〉

イタリア生れの画家。
⇒世芸（パラディーノ，ミモ　1948-）

Palagi, Pelagio 〈18・19世紀〉

イタリアの画家，建築家。
⇒建築（パラージ，ペラージョ　1775-1860）
世美（パラージ，ペラージョ　1775-1860）

Palamedesz, Anthonie 〈17世紀〉

オランダの画家。肖像画のほか，華やかな集いを描いた美しい風俗画を残している。
⇒西洋（パラメデス　1601頃-1673.11.27）

Palearo, Francesco 〈16・17世紀〉

イタリアの軍事建築家。
⇒世美（パレアーロ，フランチェスコ　1568-1638）

Palearo, Giacomo 〈16世紀〉

イタリアの軍事建築家。
⇒世美（パレアーロ，ジャーコモ　?-1587）

Palearo, Giorgio 〈16世紀〉

イタリアの軍事建築家。
⇒世美（パレアーロ，ジョルジョ　?-1593）

Palecek, Josef 〈20世紀〉

チェコスロヴァキアのイラストレーター。
⇒児イ（Palecek, Josef　パレチェック，J.　1932-）

Palissy, Bernard 〈16世紀〉

フランスの陶工。フランス国王らのために製作。
⇒岩ケ（パリシー，ベルナール　1510頃-1590）
科学（パリーシ　1510-1589）
科史（パリッシ　1510頃-1589頃）
芸術（パリッシー，ベルナール　1510頃-1590）
国小（パリッシー　1510-1589）
集世（パリシー，ベルナール　1510頃-1590）
集文（パリシー，ベルナール　1510頃-1590）
新美（パリシー，ベルナール　1510頃-1590）
西洋（パリシー　1510-1589頃）
世界（パリッシー　1510-1590）
世美（パリッシー，ベルナール　1510-1590）
全書（パリッシー　1510頃-1590）
大百（パリッシー　1510頃-1589）
デス（パリシー　1510頃-1590）

Palizzi, Filippo 〈19世紀〉

イタリアの画家。
⇒世美（パリッツィ，フィリッポ　1818-1899）

Palizzi, Francesco Paolo 〈19世紀〉

イタリアの画家。
⇒世美（パリッツィ，フランチェスコ・パーオロ　1825-1871）

Palizzi, Giuseppe 〈19世紀〉

イタリアの画家。
⇒世美（パリッツィ，ジュゼッペ　1812-1888）

Palizzi, Nicola 〈19世紀〉

イタリアの画家。
⇒世美（パリッツィ，ニコーラ　1820-1870）

Palladio, Andrea 〈16世紀〉

イタリアの建築家。多くの宮殿形式の会堂，別邸，劇場を設計。
⇒岩ケ（パラーディオ，アンドレア　1508-1580）
外国（パラディオ　1518-1580）
科史（パラーディオ　1508-1580）
角世（パッラーディオ　1508-1580）
キリ（パルラーディオ，アンドレーア　1508.11.30-1580.8.19）
建築（パッラーディオ，アンドレア・ディ・ピエトロ・デッラ・ゴンドラ　1508-1580）
広辞4（パラディオ　1508-1580）
広辞6（パラディオ　1508-1580）
国小（パラディオ　1508.11.30-1580.8.19）
国百（パラディオ，アンドレア　1508.11.30-1580.8.19）
コン2（パラーディオ　1508-1580）
コン3（パラディオ　1508-1580）
新美（パルラーディオ，アンドレーア　1508.11.30-1580.8.19）
西洋（パラーディオ　1508.11.30-1580.8.19）
世西（パラディオ　1508.11.30-1580.8.19）
世美（パッラーディオ，アンドレーア　1508-1580）
世百（パラディオ　1508-1580）
全書（パッラディオ　1508-1580）
大辞（パラディオ　1508-1580）
大辞3（パラディオ　1508-1580）
大百（パラディオ　1508-1580）
伝世（パッラーディオ　1508.11.30-1580.8.19）
百科（パラディオ　1508-1580）

Pallandt, Nicolas van 〈20世紀〉

スイスのイラストレーター。
⇒児イ（Pallandt, Nicolas van　パランツ，N.van　1961-）

Palliser, Fanny 〈19世紀〉

イギリスの美術評論家。
⇒世女日（パリサー，ファニー　1805-1878）

Palma di Cesnola, Luigi 〈19・20世紀〉

イタリアの考古学者，外交官（のちアメリカに帰化）。
⇒世美（パルマ・ディ・チェスノーラ，ルイージ　1831-1904）

Palma Giovane 〈16・17世紀〉
イタリアの画家。ローマ,ウルビノ,ヴェネツィアで制作した。人体頭部の描写には非凡な才能を示している。
⇒新美（パルマ・イル・ジョヴァネ　1544-1628）
西洋（パルマ・ジョヴァーネ　1544-1628）
世美（パルマ・イル・ジョーヴァネ　1544-1628）

Palma Vecchio 〈15・16世紀〉
イタリアの画家。ヴェネツィア派の代表者。
⇒岩ケ（パルマ, ヤコポ　1480頃-1528）
外国（ヴェッキョ　1480頃-1528）
キリ（パルマ・イル・ヴェッキョ　1480頃-1528.7.30）
芸術（パルマ・イル・ヴェッキョ　1480頃-1528）
国小（パルマ　1480頃-1528.7.30）
コン2（パルマ・ヴェッキョ　1480-1528）
コン3（パルマ・ヴェッキョ　1480-1528）
新美（パルマ・イル・ヴェッキョ　1480頃-1528.7.30）
人物（パルマ・ベッキオ　1480頃-1528.7.30）
西洋（パルマ・ヴェッキョ　1480頃-1528.7.30）
世西（パルマ　1480頃-1528.7.30）
世美（パルマ・イル・ヴェッキョ　1480頃-1528）
世書（パルマヴェッキョ　1480頃-1528）
全書（パルマ・イル・ベッキオ　1480頃-1528）
大百（パルマ・ベッキオ　1480頃-1528）
伝世（パルマ・イル・ヴェッキョ　1480頃-1528.7.30）
百科（パルマ・ベッキオ　1480頃-1528）

Palmer, John 〈18・19世紀〉
イギリスの建築家。
⇒建築（パーマー, ジョン　1738-1817）

Palmer, Juliette 〈20世紀〉
イラストレーター。
⇒児イ（Palmer, Juliette　パーマー, J.）

Palmer, Samuel 〈19世紀〉
イギリスの画家,版画家。水彩による風景画が中心。主作品は『聖家族の休息』(1824～25)。
⇒岩ケ（パーマー, サミュエル　1805-1881）
芸術（パーマー, サミュエル　1805-1881）
幻想（パーマー, サミュエル　1805-1881）
国小（パーマー　1805.1.27-1881）
コン2（パーマー　1805-1881）
コン3（パーマー　1805-1881）
集文（パーマー, サミュエル　1805.1.27-1881.5.24）
新美（パーマー, サミュエル　1805.1.27-1881.5.24）
世美（パーマー, サミュエル　1805-1881）
全書（パーマー　1805-1881）
百科（パーマー　1805-1881）

Palmezzano, Marco 〈15・16世紀〉
イタリアの画家。
⇒世美（パルメッツァーノ, マルコ　1459頃-1539）

Palmstedt, Erik 〈18・19世紀〉
スウェーデンの建築家。
⇒建築（パルムシュテット, エリック　1741-1803）

Palomino de Castro y Velasco, Antonio Acisclo 〈17・18世紀〉
スペインの画家,著述家。
⇒世美（パロミーノ・デ・カストロ・イ・ベラスコ, アントニオ・アシスクロ　1655-1726）

Pamphilos 〈前4世紀〉
ギリシアの画家。
⇒世美（パンフィロス　前4世紀前半）

Panainos 〈前5世紀頃〉
ギリシアの画家。オリンピアのゼウス像の制作に協力したと伝えられる。
⇒芸術（パナイノス）
国小（パナイノス　生没年不詳）
新美（パナイノス）
西洋（パナイノス　前5世紀頃）
世美（パナイノス　前5世紀）

Panamarenko 〈20世紀〉
ベルギーの現代美術家。
⇒世芸（パナマレンコ　1940-）

Pank, Rachel 〈20世紀〉
イギリスのイラストレーター。
⇒児イ（Pank, Rachel　パンク, R.　1960-）

Pankhurst, (Estelle) Sylvia 〈19・20世紀〉
イギリスの婦人参政権運動家,社会改革家,画家。
⇒世女（パンクハースト,(エステル)シルヴィア　1882-1960）
世女日（パンクハースト, シルヴィア　1882-1960）
世百新（パンクハースト　1882-1960）
百科（パンクハースト　1882-1960）

Pankok, Bernhardt 〈19・20世紀〉
ドイツの画家,工芸家,建築家。ナチス政権下に,著書を焚かれ執筆を禁止された(1933)。のちデュッセルドルフ国立美術学校教授(1945)。
⇒西美（パンコーク　1872.6.6-1943.4.45）
世美（パンコック, ベルンハルト　1872-1943）

Pannemaker, Pieter 〈16世紀〉
フランドルのタピスリー制作家。
⇒世美（パンネマーケル, ピーテル　16世紀前半）

Pannemaker, Willem 〈16世紀〉
フランドルのタピスリー制作家。
⇒世美（パンネマーケル, ウィレム　16世紀）

Pannini, Giovanni Paolo 〈17・18世紀〉
イタリアの画家。代表作は『古代のローマ』(1757)。
⇒芸術（パンニーニ, ジョヴァンニ・パオロ　1692-1765）
国小（パニーニ　1691頃-1765.10.21）
新美（パニーニ, ジョヴァンニ・パオロ　1691/92-1765.10.21）
世美（パンニーニ, ジョヴァンニ・パーオロ

1691-1765）
世百　（パンニーニ　1691/2-1765）
全書　（パンニーニ　1691/92-1765）
百科　（パンニーニ　1691/2-1765）

Panofsky, Erwin 〈20世紀〉
ドイツ生れのアメリカの美術史学者。図像解釈学を提唱し，その方法論を確立した。
⇒岩ケ　（パノフスキー，エルヴィン　1892-1968）
　オ西　（パノフスキー，エルヴィン　1892-1968）
　外国　（パノフスキー　1892-）
　キリ　（パノフスキー，エルヴィーン　1892.3.30-1968.3.15）
　現人　（パノフスキー　1892.3.30-1968.3.14）
　広辞5　（パノフスキー　1892-1968）
　広辞6　（パノフスキー　1892-1968）
　国小　（パノフスキー　1892.3.30-1968.3.14）
　コン3　（パノフスキー　1892-1968）
　思想　（パノフスキー，エルウィン　1892-1968）
　集世　（パノフスキー，エルヴィン　1892.3.30-1968.3.15）
　集文　（パノフスキー，エルヴィン　1892.3.30-1968.3.15）
　新美　（パノフスキー，エルヴィン　1892.3.30-1968.3.14）
　西洋　（パノフスキー　1892.3.30-1968.3.14）
　世美　（パノフスキー，エルヴィン　1892-1968）
　世百　（パノフスキー　1892-）
　世百新　（パノフスキー　1892-1968）
　全書　（パノフスキー　1892-1968）
　大辞2　（パノフスキー　1892-1968）
　大辞3　（パノフスキー　1892-1968）
　ナビ　（パノフスキー　1892-1968）
　二十　（パノフスキー，エルヴィーン　1892.3.30-1968(60).3.14）
　二十英　（Panofsky, Erwin　1892-1968）
　百科　（パノフスキー　1892-1968）
　名著　（パノフスキー　1892-）
　歴学　（パノフスキー　1892-1968）

Pantoja de la Cruz, Juan 〈16・17世紀〉
スペインの画家。
⇒スペ　（パントーハ・デ・ラ・クルス　1553-1608）
　世美　（パントーハ・デ・ラ・クルス，フアン　1553頃-1608）
　百科　（パントーハ・デ・ラ・クルス　1553-1608）

Paolini, Giulio 〈20世紀〉
イタリアの造形作家。
⇒世美　（パオリーニ，ジューリオ　1940-）

Paolo 〈1世紀〉
初期キリスト教の大伝導者。
⇒世美　（パウロ（聖）　10頃-67）

Paolo Schiavo 〈14・15世紀〉
イタリアの画家。
⇒世美　（パーオロ・スキアーヴォ　1397-1478）

Paolo Veneziano 〈13・14世紀〉
イタリアの画家。
⇒新美　（パオロ・ヴェネツィアーノ　1290以前?-1358/-62）
　世美　（パーオロ・ヴェネツィアーノ　?-1358/62）

Paolozzi, Eduardo 〈20世紀〉
イギリスの彫刻家。現代の都市文化を情報のコレクションとしてとらえ，それを作品に反映させている点が特色。
⇒岩ケ　（パオロッツィ，エドゥアルド（・ルイジ）　1924-）
　オ西　（パオロッツィ，エドゥアルド　1924-）
　現人　（パオロッツィ　1924.3.7-）
　新美　（パオロッツィ，エデュアルド　1924.3.7-）
　西洋　（パオロッツィ　1924.3.7-）
　世芸　（パオロッツィ，エドゥアルト　1924-）
　全書　（パオロッツィ　1924-）
　伝世　（パオロッツィ　1924-）
　二十　（パオロッツィ，エデュアルド　1924.3.7-）
　美術　（パオロッツィ，エドゥアード　1924-）

Papanek, Victor 〈20世紀〉
オーストリアのデザイナー，教師，作家。
⇒岩ケ　（パパネック，ヴィクトール　1925-）

Papart, Max 〈20世紀〉
フランス生れの画家。
⇒世芸　（パパート，マックス　1911-1996）

Papas, William 〈20世紀〉
イギリスの漫画家，挿絵画家。
⇒児イ　（Papas, William　パパス，W.）
　児文　（パパス，ウィリアム　1927-）
　二十　（パパス，ウィリアム　1927-）

Pápe, Frank C. 〈19・20世紀〉
フランス生れの挿絵画家，国籍はイギリス。1920年代の幻想小説専門挿絵画家。
⇒幻想　（パベ，フランク・C　1879-?）

Papin, Joseph 〈20世紀〉
アメリカのイラストレーター。
⇒児イ　（Papin, Joseph　ペイピン，J.）

Papworth, John Buonarroti 〈18・19世紀〉
イギリスの建築家。
⇒建築　（パップワース，ジョン・ブオナロッティ　1775-1847）

Para, Marie 〈20世紀〉
フランスの画家。
⇒世芸　（パラ，マリエ　1954-）

Parain, Nathalie 〈20世紀〉
フランスの絵本画家。
⇒児イ　（Parain, Nathalie　パラン，N.　1897-1958）
　児文　（パレン，ナタリー　1897-1958）

Pardi, Gianfranco 〈20世紀〉
イタリアの画家，彫刻家。
⇒世美　（パルディ，ジャンフランコ　1933-）

Pareček, Josef 〈20世紀〉
チェコスロバキアの画家，イラストレーター。

⇒児文（パレチェク，ヨゼフ　1932-）

Pareja, Juan de 〈17世紀〉
スペインの画家。代表作『聖マタイ』(1661)。
⇒国小（パレハ　1605頃-1670頃）

Parenzano, Bernardo 〈15・16世紀〉
イタリアの画家。
⇒世美（パレンツァーノ，ベルナルド　1437-1531）

Parer, Damien 〈20世紀〉
オーストラリアのニュース写真家。
⇒岩ケ（パラー，デイミアン　1912-1944）

Paret, Rudi 〈20世紀〉
ドイツのセム語学者，イスラム美術研究家。
⇒キリ（パーレト，ルーディ　1901.4.3-）

Paret y Alcázar, Luis 〈18世紀〉
スペインの画家。
⇒新美（パレート・イ・アルカーサル，ルイス　1746.2.11-1799.2.14）

Pareyson, Luigi 〈20世紀〉
イタリアの哲学者，美学者。イタリアに実存主義を紹介。
⇒国小（パレイソン　1918.2.4-）
　西洋（パレイゾン　1918-）
　全書（パレイゾン　1918-）

Paribeni, Roberto 〈19・20世紀〉
イタリアの考古学者。ポンペイの発掘副主任(1902)，ローマの国立博物館長(1908)。
⇒西洋（パリベーニ　1876.5.19-1956）
　世美（パリベーニ，ロベルト　1876-1956）

Parigi, Alfonnso 〈17世紀〉
イタリアの建築家。
⇒世美（パリージ，アルフォンソ　1606-1656）

Parigi, Alfonso 〈16世紀〉
イタリアの建築家。
⇒世美（パリージ，アルフォンソ　?-1590）

Parigi, Giulio 〈16・17世紀〉
イタリアの建築家。
⇒世美（パリージ，ジューリオ　1571-1635）

Paris, Matthew 〈13世紀〉
イギリスの年代記作者。中世の修道士。『大年代記』を編集。
⇒英米（Paris, Matthew　パリス　1200頃-1259）
　外国（マッシュー・パリス　1200頃-1259）
　国小（パリス　?-1259）
　コン2（パリス　1200頃-1259）
　コン3（パリス　1200頃-1259）
　新美（パリス，マシュー　1200頃-1259）
　西騎（パリス，マシュー　?-1259）
　西洋（パリス　1200頃-1259）
　百科（パリス　?-1259）

Park, Ruth 〈20世紀〉
ニュージーランド生れのオーストラリアの女性作家，絵本作家。
⇒英児（Park, Ruth　パーク，ルース　1923-）
　児作（Park, Ruth　パーク，ルース）
　二十英（Park, Ruth　1922-）

Parker, Brant 〈20世紀〉
アメリカの漫画家。
⇒英児（Parker, Brant　パーカー，ブラント　1920-）

Parker, Eric R. 〈20世紀〉
イギリスのイラストレーター。
⇒児イ（Parker, Eric R.　パーカー，E.R.）

Parker, Nancy Winslow 〈20世紀〉
アメリカのイラストレーター。
⇒児イ（Parker, Nancy Winslow　パーカー，N.W.）

Parker, Robert Andrew 〈20世紀〉
アメリカのイラストレーター。
⇒児イ（Parker, Robert Andrew　パーカー，R.A.）

Parkinson, Norman 〈20世紀〉
イギリスの写真家。
⇒岩ケ（パーキンソン，ノーマン　1913-1990）

Parks, David 〈20世紀〉
アメリカの写真家。
⇒黒作（パークス，デーヴィッド　1944-）

Parks, Gordon 〈20世紀〉
アメリカの映画監督，カメラマン，作家。ハリウッドの黒人監督第一号。『黒いジャガー』シリーズのヒットで知られる。
⇒監督（パークス，ゴードン　1912.11.30-）
　黒作（パークス，ゴードン　1912-）
　新美（パークス，ゴードン　1912-）
　二十（パークス，ゴードン　1912-）

Parks, Gordon, Jr. 〈20世紀〉
アメリカのカメラマン，映画監督。ゴードン・パークスの息子。
⇒監督（パークス，ゴードン，ジュニア　1948-）

Parler, Heinrich 〈14・15世紀〉
ドイツの建築家。パルラー一家の初代。
⇒国小（パルラー，ハインリヒ　生没年不詳）

Parler, Peter 〈14世紀〉
ドイツの建築家，彫刻家。皇帝カルル4世に招かれ，プラハ大聖堂と祭壇を造った。
⇒キリ（パルラー，ペーター　1330-1399.7.13）
　国小（パルラー，ペーター　1330-1399.7.13）

Parmigianino 〈16世紀〉
イタリアの画家。イタリアのマニエリスムの代表的画家。

⇒岩ケ（パルミジャニーノ　1503-1540）
キリ（パルミジャニーノ　1503.1.11-1540.8.24）
芸術（パルミジャニーノ　1503-1540）
国小（パルミジャニーノ　1503.1.11-1540.8.24）
コン2（パルミジャニーノ　1503-1540）
コン3（パルミジャニーノ　1503-1540）
新美（パルミジャニーノ　1503.1.11-1540.8.28）
西洋（パルミジャニーノ　1503.1.11-1540.8.24）
世西（パルミジャニーノ　1503-1540）
世美（パルミジャニーノ　1503-1540）
全書（パルミジャニーノ　1503-1540）
大百（パルミジャニーノ　1503-1540）
デス（パルミジャニーノ　1503-1540）
伝世（パルミジャニーノ　1503.1.11-1540.8.24）
百科（パルミジャニーノ　1503-1540）

Parnall, Peter 〈20世紀〉
アメリカのイラストレーター。
⇒児イ（Parnall, Peter　パーナル, P.　1936-）

Parnis, Mollie 〈20世紀〉
アメリカのデザイナー。
⇒世女日（パーニス, モリー　1905-1992）

Parodi, Domenico 〈17・18世紀〉
イタリアの彫刻家, 画家。
⇒芸術（パロディ, ドメニコ　1668-1740）

Parodi, Giacomo Filippo 〈17・18世紀〉
イタリアの彫刻家, 木彫家。
⇒世美（パローディ, ジャーコモ・フィリッポ　1630-1702）

Parrasio, Angiolo 〈15世紀〉
イタリアの画家。
⇒世美（パッラージオ, アンジョロ　?-1456）

Parrhasios 〈前5・4世紀〉
ギリシアの画家。エフェソスの人。前420～390年頃活動。
⇒岩ケ（パラシオス　前5世紀頃）
キリ（パラシオス　（活動）前430頃-390）
芸術（パラシオス, エフェソス）
新美（パラシオス）
西洋（パルラシオス）
世西（パルラシオス　前5世紀後半）
世美（パラシオス　前5-前4世紀）

Parri di Spinello Spinelli 〈14・15世紀〉
イタリアの画家。
⇒世美（パッリ・ディ・スピネッロ・スピネッリ　1387頃-1453）

Parrish, Anne 〈19・20世紀〉
アメリカのイラストレーター。
⇒児イ（Parrish, Anne　パリッシュ, A.　1888-1957）

Parrish, (Frederick) Maxfield 〈19・20世紀〉
アメリカのイラストレーター, 画家。
⇒岩ケ（パリッシュ,（フレデリック・）マックスフィールド　1870-1966）
英児（パリッシュ, マックスフィールド　1870-1966）
児イ（Parrish, Maxfield　1870-1966）
世児（パリッシュ, マックスフィールド　1870-1966）

Parrocel, Charles 〈17・18世紀〉
フランスの画家。
⇒世美（パロセル, シャルル　1688-1752）

Parrocel, Étienne 〈17・18世紀〉
フランスの画家。
⇒世美（パロセル, エティエンヌ　1696-1776）

Parrocel, Joseph 〈17・18世紀〉
フランスの画家。
⇒新美（パロセル, ジョゼフ　1646.10.3-1704.3.1）
世美（パロセル, ジョセフ　1646-1704）

Parronchi, Alessandro 〈20世紀〉
イタリアの詩人, 美術評論家。主著『感じとれる日々』(1941), 評論『バン・ゴッホ』(1946) など。
⇒国小（パッロンキ　1914.12.26-）

Parrosel, Ignace-Jacques 〈17・18世紀〉
フランスの画家。
⇒世美（パロセル, イニシャス=ジャック　1667-1722）

Parrot, André 〈20世紀〉
フランスのオリエント考古学者。シリアのマリを21回にわたって発掘し, 紀元前18世紀の中近東の歴史の解明およびシュメール後期の編年に貢献した。
⇒キリ（パロー, アンドレー　1901.2.15-）
新美（パロ, アンドレ　1901.2.15-1980.8.24）
西洋（パロ　1901.2.15-1980.8.24）
世西（パロ　1901.2.15-1980.8.24）
世美（パロ, アンドレ　1901-1980）
名著（パロ　1901-）

Pars, William 〈18世紀〉
イギリスの画家。
⇒世美（パース, ウィリアム　1742-1782）

Parsons, Virginia 〈20世紀〉
アメリカのイラストレーター。
⇒児イ（Parsons, Virginia　パーソンズ.V.）

Partch, Virgil (Franklin) 〈20世紀〉
アメリカの漫画家。全米の新聞に『ビッグ・ジョージ』のロングランを続ける。
⇒現米（パーチ　1916.10.17-）

Parvin, Betty 〈20世紀〉
イギリスの女性詩人, 画家。
⇒二十英（Parvin, Betty　1916-）

Parzini, Luigi 〈20世紀〉
イタリアの画家。

⇒世美（パルツィーニ, ルイージ 1925-）

Pascali, Pino 〈20世紀〉
イタリアの環境芸術家。
⇒新美（パスカーリ, ピーノ 1935.10.19-1968.9.11）
世美（パスカーリ, ピーノ 1935-1968）
二十（パスカーリ, ピーノ 1935.10.19-1968.9.11）
美術（パスカリ, ピノ 1935-）

Pascarella, Cesare 〈19・20世紀〉
イタリアの詩人, 画家。『栄光館』(1936), 『アメリカ発見』(1894)などの詩を発表。
⇒国小（パスカレッラ 1858.4.27-1940.5.8）
集世（パスカレッラ, チェーザレ 1858.4.27-1940.5.8）
集文（パスカレッラ, チェーザレ 1858.4.27-1940.5.8）
世文（パスカレッラ, チェーザレ 1858-1940）

Pasch, Lorenz 〈18・19世紀〉
スウェーデンの画家。
⇒世美（パッシュ, ロレンス 1733-1805）

Pascin, Julius Pincas 〈19・20世紀〉
ブルガリア生れのアメリカの画家。聖書や神話を主題にした大作や肖像画を描いた。『バラのある帽子』(1909)など。
⇒オ西（パスキン, ジュールズ 1885-1930）
外国（パスキン 1885-1930）
国小（パスキン 1885.3.31-1930.6.5）
コン3（パスキン 1885-1930）
新美（パスキン, ジュール 1885.3.31-1930.6.20）
人物（パスキン 1885.3.31-1930.6.2）
西洋（パスキン 1885.3.31-1930.6.5）
世芸（パスキン, ジュル 1885-1930）
世西（パスキン 1885-1930.6.2）
世美（パスキン, ジュール 1885-1930）
世百（パスキン 1885-1930）
全書（パスキン 1885-1930）
大百（パスキン 1885-1930）
二十（パスキン, ジュール 1885.3.31-1930.6.20）
ユ人（パスキン, ジュール 1885-1930）

Pascoli, Lione 〈17・18世紀〉
イタリアの美術史家。
⇒世美（パスコリ, リオーネ 1674-1744）

Pasinelli, Lorenzo 〈17世紀〉
イタリアの画家。
⇒世美（パジネッリ, ロレンツォ 1629-1700）

Pasini, Alberto 〈19世紀〉
イタリアの画家, 版画家。
⇒世美（パジーニ, アルベルト 1826-1899）

Pasiteles 〈前1世紀〉
ギリシアの彫刻家。青銅彫刻を主にし, ローマで活躍。
⇒ギリ（パシテレス （活動）前90頃-50）
世西（パシテレス 前1世紀）

世美（パシテレス 前1世紀）

Pasmore, Victor 〈20世紀〉
イギリスの画家。
⇒岩ケ（パスモア,（エドウィン・ジョン）ヴィクター 1908-）
オ西（パスモア, ヴィクター 1908-）
コン3（パスモア 1908-）
新美（パスモア, ヴィクター 1908.12.3-）
世芸（パスモア, ビクター 1908-）
世美（パスモア, ヴィクター 1908-）
二十（パスモア, ヴィクター 1908.12.3-）

Passa, Mayen 〈20世紀〉
フランス生れの画家。
⇒世芸（パサ, メイヨ 1921-）

Passarotti, Bartolomeo 〈16世紀〉
イタリアの画家。
⇒世美（パッサロッティ, バルトロメーオ 1529-1592）

Passarotti, Tiburzio 〈16・17世紀〉
⇒世美（パッサロッティ, ティブルツィオ 1555頃-1612頃）

Passavant, Johann David 〈18・19世紀〉
ドイツの画家, 美術史家。フランクフルトのシュテーデル美術研究所の管理者。ナザレ派の系統をひき, ラファエロを研究。
⇒西洋（パサヴァン 1787.9.18-1861.8.12）

Passeri, Andrea 〈15・16世紀〉
イタリアの画家, 彫刻家。
⇒世美（パッセリ, アンドレーア 1488-1518）

Passeri, Giovanni, Battista 〈17・18世紀〉
イタリアの考古学者。
⇒世美（パッセリ, ジョヴァンニ・バッティスタ 1694-1780）

Passeron, René 〈20世紀〉
フランスの美学者, 画家。ヴァレリーの構想をうけつぎ, 芸術創作の学としての〈制作学(poïétique)〉を提唱。
⇒西洋（パスロン 1920.1.31-）

Passet, Gérard 〈20世紀〉
フランス生れの画家。
⇒世芸（パセ, ジェラルド 1936-）

Passignano 〈16・17世紀〉
イタリアの画家。
⇒世美（パッシニャーノ 1560頃-1636）

Passmore, George 〈20世紀〉
イギリスの前衛美術家。
⇒岩ケ（ギルバートとジョージ）

新美（ギルバートとジョージ）
世芸（ギルバート・アンド・ジョージ）
大辞2（ギルバート・アンド・ジョージ）
大辞3（ギルバート アンド ジョージ 1942-）
二十（ジョージ, パスモー 1942-）

Pastor, Perico〈20世紀〉
スペイン生れの画家。
⇒世芸（パスツール, ペリコ 1953-）

Patanazzi, Alfonso〈16・17世紀〉
イタリアの陶工。
⇒世美（パタナッツィ, アルフォンソ （活動)1580頃-1625）

Patanazzi, Antonio〈16・17世紀〉
イタリアの陶工。
⇒世美（パタナッツィ, アントーニオ （活動)1580頃-1625）

Patanazzi, Francesco〈16・17世紀〉
イタリアの陶工。
⇒世美（パタナッツィ, フランチェスコ （活動)1580頃-1625）

Patanazzi, Lodovico〈16・17世紀〉
イタリアの陶工。
⇒世美（パタナッツィ, ロドヴィーコ （活動)1580頃-1625）

Patanazzi, Vincenzo〈16・17世紀〉
イタリアの陶工。
⇒世美（パタナッツィ, ヴィンチェンツォ （活動)1580頃-1625）

Patch, Thomas〈18世紀〉
イギリスの画家, 版画家。
⇒世美（パッチ, トマス 1725-1782）

Patel, Pierre〈17世紀〉
フランスの画家。
⇒世美（パテル, ピエール 1605頃-1676）

Pater, Jean Baptiste Joseph〈17・18世紀〉
フランスの画家。ランクレ, ヴァトーと共にロココ時代の代表的芸術家。多くの風俗画を描いた。
⇒芸術（パテール, ジャン・バティスト 1695-1736）
　新美（パテル, ジャン＝バティスト 1695.12.29-1736.7.25）
　西洋（パテール 1695.12.29-1736.7.25）
　世西（パテール 1695-1736）
　世美（パテル, ジャン＝バティスト 1695-1736）
　全書（パテール 1696-1736）
　大百（パテール 1695-1736）

Pater, Walter Horatio〈19世紀〉
イギリスの批評家, 随筆家。代表作『ルネサンス』(1873)。
⇒イ哲（ベイター, W. 1839-1894）
　イ文（Pater, Walter（Horatio） 1839-1894）
　岩ケ（ペイター, ウォルター(・ホレイシオ) 1839-1894）
　英文（ペイター, ウォルター(・ホレイシオ) 1839-1894）
　外国（ペーター 1839-1894）
　角世（ペーター 1839-1894）
　広辞4（ペーター 1839-1894）
　広辞6（ペーター 1839-1894）
　国小（ペーター 1839.8.4-1894.7.30）
　コン2（ペーター 1839-1894）
　コン3（ペーター 1839-1894）
　児作（Peter, Walter ウォルター・ペーター 1839-1891）
　集世（ペイター, ウォルター 1839.8.4-1894.7.30）
　集文（ペイター, ウォルター 1839.8.4-1894.7.30）
　新美（ペイター, ウォルター 1839.8.4-1894.7.30）
　人物（ペーター 1839.8.4-1894.7.30）
　西洋（ペーター 1839.8.4-1894.7.30）
　世西（ペーター 1839.8.4-1894.7.30）
　世美（ペーター, ウォルター 1839-1894）
　世百（ペーター 1839-1894）
　世文（ペーター, ウォルター 1839-1894）
　全書（ペイター 1839-1894）
　大辞（ペーター 1839-1894）
　大辞3（ペーター 1839-1894）
　大百（ペーター 1839-1894）
　デス（ペーター 1839-1894）
　伝世（ペイター 1839.8.4-1894.7.30）
　百科（ペーター 1839-1894）
　評世（ペーター 1839-1894）
　名著（ペーター 1839-1894）

Paterson, Ann Ross〈20世紀〉
イギリス・スコットランドのイラストレーター。
⇒児イ（Paterson, Ann Ross パターソン, A.R.）

Paterson, Brian〈20世紀〉
イギリスのイラストレーター。
⇒児イ（Paterson, Cynthia & Brian パターソン, B.）

Paterson, Cynthia〈20世紀〉
イギリスのイラストレーター。
⇒児イ（Paterson, Cynthia & Brian パターソン, C.）

Patini, Teofilo〈19・20世紀〉
イタリアの画家。
⇒世美（パティーニ, テオーフィロ 1840-1906）

Patinir, Joachim de〈15・16世紀〉
フランドルの画家。風景のある宗教画を描いた。『キリストの洗礼』など。
⇒岩ケ（パテニール, ヨアヒム(・デ) 1485頃-1524）
　キリ（パテニール（パティニール）, ヨアヒム 1475/80頃-1524.10.5）
　芸術（パティニール, ヨアヒム 1480頃-1524）
　国小（パティニール 1475頃-1524.10.5）
　コン2（パティニール 1480頃-1524頃）
　コン3（パティニール 1480頃-1524頃）
　新美（パティニール, ヨアヒム 1480頃-

1524.10.5以前）
人物（パチニール　1495頃-1524.10.5）
西洋（パティニール　1495頃-1524.10.5）
世西（パティニール　1485頃-1524）
世美（パティニール，ヨアヒム　1480-1524）
世百（パティニール　1485頃-1524）
全書（パティニール　1485頃-1524）
大百（パティニール　1485頃-1524）
百科（パティニール　1475/85-1524）

Paton, Jane Elizabeth 〈20世紀〉
イギリスのイラストレーター。
⇒児イ（Paton, Jane Elizabeth　ペイトン，J.E.）

Patou, Jean 〈19・20世紀〉
フランスのファッション・デザイナー。
⇒岩ケ（パトゥー，ジャン　1880-1936）
全書（ジャン・パツー　?-1936）
大百（ジャン・パツー　?-1936）

Patroklos
ギリシア神話の英雄。
⇒新美（パトロクロス）
全書（パトロクロス）

Patte, Pierre 〈18・19世紀〉
フランスの建築家，理論家，版画家。フランスとドイツで活躍。
⇒建築（パット，ピエール　1723-1816）

Paul, Bruno 〈19・20世紀〉
ドイツの建築家。事務所や住宅を建築し，また折衷的な新古典主義と青年派様式とを結合した家具を作った。ベルリン美術学校校長（1907来）。
⇒西洋（パウル　1874.1.19-1968.8.17）
世美（パウル，ブルーノ　1874-1954）

Paulos 〈1世紀頃〉
キリスト教史上最大の使徒，聖人。
⇒岩ケ（聖パウロ　10?-65/7）
岩哲（パウロ　紀元後頃-60頃）
旺世（パウロ　生没年不詳）
外国（パウロ　?-前67頃）
角世（パウロ　?-65?）
キリ（パウロ）
ギリ（パウロ　?-64頃）
ギロ（パウロ（聖）ローマ名はパウロス　?-62/68）
広辞4（パウロ）
広辞6（パウロ）
国小（パウロ　1世紀初頭-67頃）
国百（パウロ　紀元前後頃-67頃）
コン2（パウロ　?-62/5）
コン3（パウロ　?-62/5）
新美（パウロ（使徒））
人物（パウロ　?-64頃）
聖書（パウロ）
聖人（パウロ　?-67頃）
西洋（パウロ）
世人（パウロ　?-64頃）
世西（パウロ）
世東（パウロ）
世百（パウロ　前2頃-後67）
全書（パウロ　?-64頃）

大辞（パウロ　生没年不詳）
大辞3（パウロ　?-60頃）
デス（パウロ　前1世紀）
伝世（パウロ　?-66/7）
百科（パウロ）
評世（パウロ　?-65頃）
山世（パウロ　?-60以降）
歴史（パウロ　1?-60?）
ロマ（パウロ　?-66頃）

Paulucci delle Roncole, Enrico 〈20世紀〉
イタリアの画家。
⇒世美（パウルッチ・デッレ・ロンコレ，エンリーコ　1901-）

Paulus III 〈15・16世紀〉
教皇（在位1534～49）。ミケランジェロに『最後の審判』，聖ペテロ大聖堂壁画を描かせた。
⇒旺世（パウルス(3世)　1468-1549）
外国（パウルス3世　1468-1549）
教皇（パウルス3世　（在位）1534-1549）
キリ（パウルス3世　1468-1549.11.10）
国小（パウルス3世　1468.2-1549.11.10）
コン2（パウルス3世　1468-1549）
コン3（パウルス3世　1468-1549）
人物（パウルス三世　1468.2.29-1549.11.10）
西洋（パウルス三世　1468-1549.11.10）
世人（パウルス3世　1468-1549）
世西（パウルス三世　1468.2.29-1549.11.10）
全書（パウルス三世　1468-1549）
大百（パウルス三世　1468-1549）
評世（パウルス3世　1468-1549）
山世（パウルス3世　1468-1549）

Pauly, August 〈18・19世紀〉
ドイツの古典文献学者。シュトゥットガルトの高等学校教授。
⇒外国（パウリ　1796-1845）
コン2（パウリ　1796-1845）
コン3（パウリ　1796-1845）
西洋（パウリ　1796.5.9-1845.5.2）
世美（パウリ，アウグスト　1796-1845）
名著（パウリー　1796-1845）

Pausanias 〈2世紀〉
ギリシアの旅行家。『ギリシア周遊記』の著者。
⇒岩ケ（パウサニアス　2世紀）
角世（パウサニアス　2世紀）
キリ（パウサニアス　110/115頃-?）
ギロ（パウサニアス　2世紀）
皇帝（パウサニアース　生没年不詳）
国小（パウサニアス　生没年不詳）
コン2（パウサニアス　2世紀）
コン3（パウサニアス　生没年不詳）
集世（パウサニアス　2世紀初頭-2世紀末?）
集文（パウサニアス　2世紀初頭-2世紀末?）
新美（パウサニアース）
西洋（パウサニアス（リュディアの）　2世紀）
世西（パウサニアス　2世紀頃）
世美（パウサニアス　生没年不詳）
世文（パウサーニアース　2世紀後半）
全書（パウサニアス　生没年不詳）
大東（パウサニアス　生没年不詳）
大辞3（パウサニアス　2世紀頃）
大百（パウサニアス　生没年不詳）

デス　（パウサニアス　生没年不詳）
百科　（パウサニアス　115頃-?）
名著　（パウサニアス　2世紀）
山世　（パウサニアス（リュディア）　2世紀）
ロマ　（パウサニアス　（活動）150頃）

Pausias 〈前4世紀〉
ギリシアの画家。
⇒新美　（パウシアース）
　世美　（パウシアス　前4世紀）

Pavlishin, Gennadij Dmitrievich 〈20世紀〉
ロシアのイラストレーター。
⇒児イ　（Pavlishin, Gennadij Dmitrievich　パヴリシン, G.D.　1938-）

Pavlov, Ivan Nikolaevich 〈19・20世紀〉
ソ連の版画家。木彫協会会長もつとめた。
⇒人物　（パブロフ　1872-）

Pavlovskaja, Aleksandra Georgievna 〈20世紀〉
ロシアのイラストレーター。
⇒児イ　（Pavlovskaja, Aleksandra Georgievna　パヴローフスカヤ, A.G.　1928-）

Paxton, Sir Joseph 〈19世紀〉
イギリスの造園家、建築家。1851年のロンドン万国博覧会用の会場建築である水晶宮を設計。
⇒岩ケ　（パクストン, サー・ジョゼフ　1801-1865）
　建築　（パクストン, サー・ジョセフ　1803-1865）
　国小　（パックストン　1801.8.3-1865.6.8）
　コン2　（パクストン　1801-1865）
　コン3　（パクストン　1801-1865）
　新美　（パクストン, ジョーゼフ　1801.8.3-1865.6.8）
　西洋　（パクストン　1801.8.3-1865.6.8）
　世美　（パクストン, ジョーゼフ　1803-1865）
　世百　（パクストン　1801-1865）
　全書　（パクストン　1803-1865）
　大百　（パクストン　1803-1865）
　百科　（パクストン　1803-1865）

Payne, Humfry 〈20世紀〉
イギリスの考古学者。ルーヴル美術館所蔵のいわゆる『ランパンの首』とアクロポリス美術館の胴体像とが一体であることを看取して合致させたことで有名。
⇒西洋　（ペイン　1902.2.19-1936.5.8）
　世美　（ペイン, ハンフリー　1902-1936）

Payne, Joan Balfour 〈20世紀〉
アメリカのイラストレーター。
⇒児イ　（Payne, Joan Balfour　ペイン, J.B.　1923-）

Payson, Dale 〈20世紀〉
アメリカのイラストレーター。
⇒児イ　（Payson, Dale　ペイソン, D.　1943-）

Payzant, Charles 〈20世紀〉
アメリカのイラストレーター。

⇒児イ　（Payzant, Charles）

Peake, Mervyn Laurence 〈20世紀〉
イギリスのファンタジー作家、詩人、挿絵画家。
⇒イ文　（Peake, Mervyn (Laurence)　1911-1968）
　岩ケ　（ピーク, マーヴィン (・ローレンス)　1911-1968）
　英児　（Peake, Mervyn Laurence　ピーク, マーヴィン・ローレンス　1911-1968）
　英文　（ピーク, マーヴィン (・ロレンス)　1911-1968）
　オ世　（ピーク, マーヴィン (・ローレンス)　1911-1968）
　幻想　（ピーク, マーヴィン・ロレンス　1911-1968）
　コン3　（ピーク　1911-1968）
　児イ　（Peake, Mervyr　ピーク, M.　1911-1968）
　集世　（ピーク, マーヴィン　1911.7.9-1968.11.17）
　集文　（ピーク, マーヴィン　1911.7.9-1968.11.17）
　世児　（ピーク, マーヴィン (・ローレンス)　1911-1968）
　二十　（ピーク, マーヴィン・ローレンス　1911-1968）
　二十英　（Peake, Mervyn (Laurence)　1911-1968）

Peale, Anna Claypoole 〈18・19世紀〉
アメリカの画家。
⇒世女日　（ピール, アンナ・クレイプール　1791-1878）

Peale, Charles Willson 〈18・19世紀〉
アメリカの画家。ワシントンなど多くの有名人の肖像画を描いた。
⇒岩ケ　（ピール, チャールズ・ウィルソン　1741-1827）
　英米　（Peale, Charles Willson　ピール　1741-1827）
　国小　（ピール, チャールズ・ウィルソン　1741-1827）
　コン3　（ピール　1741-1827）
　新美　（ピール, チャールズ・ウィルソン　1741.4.15-1827.2.22）
　全書　（ピール　1741-1827）
　伝世　（ピール　1741.4.15-1827.2.22）

Peale, James 〈18・19世紀〉
アメリカの画家。
⇒新美　（ピール, ジェームズ　1749-1831.5.24）

Peale, Margaretta Angelica 〈18・19世紀〉
アメリカの画家。
⇒世女日　（ピール, マーガレッタ・アンゲリカ　1795-1882）

Peale, Raphaelle 〈18・19世紀〉
アメリカの画家。C.W.ピールの子。静物画を得意とした。
⇒国小　（ピール, ラファエル　1774-1825）
　新美　（ピール, ラファエル　1774.2.17-

1825.3.25)

Peale, Rembrant 〈18・19世紀〉
アメリカの画家。C.W.ピールの子。ナポレオンの宮廷に仕え,のち帰米してピール美術館を創設。
⇒国小(ピール,レンブラント 1778-1860)
　新美(ピール,レンブラント 1778.2.22-1860.10.4)

Peale, Sarah Miriam 〈18・19世紀〉
アメリカの画家。
⇒世女日(ピール,サラ・ミリアム 1800-1885)

Pearlstein, Philip 〈20世紀〉
アメリカの画家。
⇒岩ケ(パールスタイン,フィリップ 1924-)
　コン3(パールスタイン 1924-)
　全書(パールスタイン 1924-)

Pearson, John Loughborough 〈19世紀〉
イギリスの建築家。作品にウェストミンスターのトリニティ教会堂(1850)。ゴシック復活期の教会建築家として活動した。
⇒キリ(ピアスン,ジョン・ラフバラ 1817-1897.12.11)
　建築(ピアソン,ジョン・ローボーロー 1817-1897)
　西洋(ピアソン 1817-1897.12.11/9)

Pechstein, Max 〈19・20世紀〉
ドイツの画家。新分離派の創始者。
⇒岩ケ(ペヒシュタイン,マックス 1881-1955)
　オ西(ペヒシュタイン,マックス 1881-1955)
　外国(ペッヒシュタイン 1881-)
　国小(ペヒシュタイン 1881-1955)
　コン3(ペヒシュタイン 1881-1955)
　新美(ペヒシュタイン,マックス 1881.12.31-1955.6.29)
　人物(ペヒシュタイン 1881.12.31-1955.6.29)
　西洋(ペヒシュタイン 1881.12.31-1955.6.29)
　世芸(ペヒシュタイン,マックス・ヘルマン 1881-1955)
　世百(ペヒシュタイン 1881-1955)
　世美(ペヒシュタイン,ヘルマン・マックス 1881-1955)
　世百(ペヒシュタイン 1881-1955)
　全書(ペヒシュタイン 1881-1955)
　大百(ペヒシュタイン 1881-1955)
　二十(ペヒシュタイン,マックス 1881.12.31-1955.6.29)

Pe-cori, Domenico 〈15・16世紀〉
イタリアの画家。
⇒世美(ペーコリ,ドメーニコ 1480頃-1527)

Pede, Henri van 〈16世紀〉
ブリュッセル生れの建築家。
⇒建築(ペーデ,ヘンリー・ヴァン (活動)16世紀)

Pedersen, Thomas Vilhelm 〈19世紀〉
デンマークの挿絵画家。

⇒児イ(Pedersen, Thomas Vilhelm 1820-1859)

Pedra, Victor 〈20世紀〉
スペイン生れの彫刻家。
⇒世芸(ペドラ,ビクター 1955-)

Peet, Bill 〈20世紀〉
アメリカの絵本作家,脚本家,詩人。
⇒英児(Peet, Bill ピート,ビル 1915-)
　児イ(Peet, Bll ピート, B. 1915-)
　児文(ピート,ビル 1915-)
　世児(ピート,ビル・(ウィリアム・バートレット) 1915-)
　二十(ピート,ビル 1915-)

Peeters, Clara 〈16・17世紀〉
オランダの画家。
⇒世女(ペーテルス,クララ 1589-1657以降)
　世女日(ペータース,クララ 1594-1657頃)

Pei, Ieoh Ming 〈20世紀〉
アメリカの建築家。
⇒岩ケ(ペイ, I(イオ)・M(ミン) 1917-)
　華人(ペイ,イオミン 1917-)
　世美(ペイ・ヨー・ミン 1917-)
　大辞2(ペイ 1917-)
　大辞3(ペイ 1917-)
　ナビ(ペイ 1917-)

Peichl, Gustav 〈20世紀〉
オーストリアの建築家。ウィーン美術アカデミー教授。
⇒二十(パイヒル,グスタフ 1928-)

Peisistratos 〈前7・6世紀〉
アテナイの僭主。
⇒岩ケ(ペイシストラトス 前600頃-前527)
　旺世(ペイシストラトス 前600頃-前527)
　外国(ペイシストラトス ?-前527)
　角世(ペイシストラトス 前600?-前527)
　教育(ペイシストラトス 前605?-527)
　ギリ(ペイシストラトス (在位)前560頃-527)
　ギロ(ペイシストラトス ?-前527頃)
　広辞4(ペイシストラトス 前600頃-前527)
　広辞6(ペイシストラトス 前600頃-前527)
　国小(ペイシストラトス 前605?-528/7)
　コン2(ペイシストラトス ?-前527)
　コン3(ペイシストラトス ?-前527)
　新美(ペイシストラトス 前605頃-前527)
　人物(ペイシストラトス 前600頃-527)
　西洋(ペイシストラトス 前600頃-527)
　世人(ペイシストラトス 前600頃-527)
　世西(ペイシストラトス 前612頃-527)
　世百(ペイシストラトス ?-前528)
　全書(ペイシストラトス 前600頃-527)
　大辞(ペイシストラトス ?-前527)
　大辞3(ペイシストラトス ?-前527)
　大百(ペイシストラトス 前600頃-527)
　デス(ペイシストラトス ?-前527)
　伝世(ペイシストラトス 前605/600-528/7)
　百科(ペイシストラトス 前600頃-前528/527)
　評世(ペイシストラトス ?-前527)
　山世(ペイシストラトス ?-前527)
　歴史(ペイシストラトス)

Pélerin le Viateur, Jean〈15・16世紀〉
フランスの美術理論家，司教座聖堂参事会員。
⇒世美（ペルラン・ル・ヴィアトゥール，ジャン 1445-1524）

Pellar, Hanns〈19・20世紀〉
オーストリアのイラストレーター。
⇒児イ（Pellar, Hanns ペラル, H. 1886-1971）

Pellegrini, Domenico〈18・19世紀〉
イタリアの画家。
⇒世美（ペッレグリーニ，ドメーニコ 1759-1840）

Pellegrini, Giovanni〈17・18世紀〉
イタリアの画家。
⇒世美（ペッレグリーニ，ジョヴァンニ・アントーニオ 1675-1741）

Pellegrino da Modena〈15・16世紀〉
イタリアの画家。
⇒世美（ペッレグリーノ・ダ・モーデナ 1464頃-1529頃）

Pellegrino da San Daniele〈15・16世紀〉
イタリアの画家。
⇒世美（ペッレグリーノ・ダ・サン・ダニエーレ 1467-1547）

Pelli, Cesar〈20世紀〉
アルゼンチン生れの建築家。イエール大学建築学部長。
⇒二十（ペリ，シーザー 1926-）

Pelliccioli, Donato Buono dei〈16世紀〉
イタリアの建築家。
⇒世美（ペッリッチョーリ，ドナート・ブオーノ・デイ 16世紀）

Pelliot, Paul〈19・20世紀〉
フランスの東洋学者。1906～09年中央アジアを考古探検。著書『敦煌石窟』(1920～24)。
⇒旺世（ペリオ 1878-1945）
外国（ペリオー 1878-1945）
角世（ペリオ 1878-1945）
広辞4（ペリオ 1878-1945）
広辞5（ペリオ 1878-1945）
広辞6（ペリオ 1878-1945）
国小（ペリオ 1878.5.28-1945.10）
コン2（ペリオ 1878-1945）
コン3（ペリオ 1878-1945）
集文（ペリオ，ポール 1878.5.28-1945.10.26）
新美（ペリオ，ポール 1878.5.28-1945.10.26）
人物（ペリオ 1878.5.28-1945.10.26）
西洋（ペリオ 1878.5.28-1945.10.26）
世人（ペリオ 1878-1945）
世西（ペリオ 1878.5.28-1945.10.29）
世東（ペリオ 1878-1945）
世百（ペリオ 1878-1945）
全書（ペリオ 1878-1945）
大辞（ペリオ 1878-1945）
大辞2（ペリオ 1878-1945）
大辞3（ペリオ 1878-1945）
大百（ペリオ 1878-1945）
中国（ペリオ 1878-1943）
中ユ（ペリオ 1878-1945）
デス（ペリオ 1878-1945）
二十（ペリオ，ポール 1878.5.28-1945.10.26）
百科（ペリオ 1878-1945）
評世（ペリオ 1878-1945）
名著（ペリオ 1878-1945）
山世（ペオ 1878-1945）
歴学（ペリオ 1878-1945）

Pellipario, Niccolò〈15・16世紀〉
イタリアの陶画家。
⇒世美（ペッリパーリオ，ニッコロ 1480頃-1540/47）

Pellizza, Giuseppe〈19・20世紀〉
イタリアの画家。
⇒世美（ペッリッツァ，ジュゼッペ 1868-1907）

Pencz, Georg〈16世紀〉
ドイツの画家，銅版画家。主作品『東方三博士の礼拝』。
⇒国小（ペンチュ 1500頃-1550）
新美（ペンツ，ゲーオルク 1500頃-1550）
西洋（ペンツ 1500頃-1550.10.11）
世美（ペンツ，ゲオルク 1500頃-1550）

Pénicaud, Jean I〈16世紀〉
フランスの七宝画師。1510～40年頃に活動。A.デューラーの版画を写した。代表作は『聖母子』(ルーヴル)。
⇒西洋（ペニコー）
世美（ペニコー，ジャン一世 (活動)1510-1540頃）

Pénicaud, Jean II〈16世紀〉
フランスの七宝画師。A.デューラーの絵による『笞刑』の作がある。
⇒西洋（ペニコー）
世美（ペニコー，ジャン二世 (活動)1530-1588頃）

Pénicaud, Jean III〈16世紀〉
フランスの七宝画師。作品には『お告げ』『ルター』等がある。
⇒西洋（ペニコー ?-1585頃）
世美（ペニコー，ジャン三世 ?-1585頃）

Pénicaud, Léonard〈15・16世紀〉
フランスの七宝画師。
⇒キリ（ペニコー，レオナール 1470頃-1542.5.3）
西洋（ペニコー 1470頃-1542.5）
世美（ペニコー，レオナール 1470頃-1542頃）

Pénicaud, Pierre〈16世紀〉
フランスの七宝画師。ガラス絵師でもあった。『墓場のキリスト』(ルーヴル)などの作がある。
⇒西洋（ペニコー 1515-1590以後）
世美（ペニコー，ピエール 1515頃-1590）

Penk, A.R. 〈20世紀〉
ドイツ, ドレスデン生まれの画家, 作家, 映画製作者。
⇒世芸（ペンク, A・R 1939-）

Penn, Irving 〈20世紀〉
アメリカの写真家。服飾誌『ヴォーグ』専属のファッション写真家。第2次世界大戦中は従軍写真家として活躍。
⇒国小（ペン 1917.1.16-）
　西洋（ペン 1917.6.16-）
　世芸（ペン, アーヴィング 1917-1986）
　世百新（ペン 1917-）
　大辞2（ペン 1917-）
　大辞3（ペン 1917-）
　ナビ（ペン 1917-）
　二十（ペン, I. 1917.6.16-）
　百科（ペン 1917-）

Pennacchi, Pier Maria 〈15・16世紀〉
イタリアの画家。
⇒世美（ペンナッキ, ピエル・マリーア 1464-1515頃）

Pennell, Elizabeth Robins 〈19・20世紀〉
アメリカの美術批評家。
⇒世女日（ペネル, エリザベス・ロビンス 1855-1936）

Pennell, Joseph 〈19・20世紀〉
アメリカの銅版, 石版画家。挿絵画の発展に貢献。著書に『描画と図案家』（1889）, 『挿絵画家の冒険』（1925）。
⇒国小（ペヌル 1857.7.4-1926.4.23）

Pennethorne, James 〈19世紀〉
イギリスの建築家, 都市計画家。
⇒世美（ペネソーン, ジェイムズ 1801-1871）

Penni, Giovanni Francesco 〈15・16世紀〉
イタリアの画家。
⇒世美（ペンニ, ジョヴァンニ・フランチェスコ 1488頃-1528）

Penni, Luca 〈16世紀〉
イタリアの画家, 版画家。
⇒新美（ペンニ, ルーカ 1500頃-1556）
　世美（ペンニ, ルーカ ?-1556）

Penny, Edward 〈18世紀〉
イギリスの画家。
⇒世美（ペニー, エドワード 1714-1791）

Penone, Giuseppe 〈20世紀〉
イタリアの造形作家。
⇒世美（ペノーネ, ジュゼッペ 1947-）

Penrose, Francis Cranmer 〈19・20世紀〉
イギリスの建築家, 考古学者, 天文学者。古代ギリシアの建築物を実測し, 他方また日食観測にも従事した。
⇒外国（ペンローズ 1817-1903）
　西洋（ペンローズ 1817.10.29-1903.2.15）

Penrose, Roland 〈20世紀〉
イギリスの画家, 美術批評家。
⇒岩ケ（ペンローズ, サー・ローランド（・アルジャーノン） 1900-1984）
　世美（ペンローズ, ローランド 1900-1984）

Penson, Maks Zakharovich 〈20世紀〉
20世紀前半ソ連時代初期の中央アジアを記録した写真家。
⇒中ユ（ペンソン 1893-1959）

Peonio of Efesos 〈前4世紀〉
ギリシアの建築家。
⇒建築（エフェソスのペオニオ （活動）前4世紀）

Pepi I 〈前23世紀〉
エジプト第6王朝3代目の王（在位前2335～15頃）。
⇒外国（ペピ1世）
　皇帝（ペピ1世 ?-前2254頃）
　国小（ペピ1世 生没年不詳）
　コン2（ペピ1世）
　コン3（ペピ1世 生没年不詳）
　新美（ペピ一世）
　西洋（ペピ一世）

Peploe, Samuel John 〈19・20世紀〉
イギリスの画家。
⇒岩ケ（ペプロー, サミュエル・ジョン 1871-1935）

Peppe, Rodney 〈20世紀〉
イギリスの児童文学者。
⇒児イ（Peppe, Rodney ペペ, R. 1934-）
　児作（Peppe, Rodney ペペ, ロドニー 1934-）

Perakis, Nikos 〈20世紀〉
エジプト生れの映画美術監督, 映画監督。
⇒世映（ペラキス, ニコス 1944-）

Peranda, Sante 〈16・17世紀〉
イタリアの画家。
⇒世美（ペランダ, サンテ 1566-1638）

Perceval, Don 〈20世紀〉
アメリカのイラストレーター。
⇒児イ（Perceval, Don パーシヴァル, D. 1908-）

Perceval, John de Burgh 〈20世紀〉
オーストラリアの陶芸家, 画家。
⇒岩ケ（パーシヴァル, ジョン・ド・バーグ 1923-）

Percier, Charles 〈18・19世紀〉
フランスの建築家、家具デザイナー。ナポレオンのためにテュイルリーなどの宮殿を改築、修理。
⇒建築（ペルシエ，シャルル 1764-1838）
国小（ペルシェ 1764.8.22-1838.9.5）
コン2（ペルシエ 1764-1838）
コン3（ペルシエ 1764-1838）
新美（ペルシェ，シャルル 1764.8.22-1838.9.5）
西洋 1764.8.22-1838.9.5）
世美（ペルシエ，シャルル 1764-1838）
百科（ペルシエ 1764-1838）

Percy, Alain 〈20世紀〉
フランス生れの画家。
⇒世芸（ペルシー，アラン 1945-）

Perdriat, Hélène 〈20世紀〉
フランスの挿絵画家。
⇒世女日（ペルドリア，ヘレーネ 1894-1966）

Pereda y Salgado, Antonio de 〈17世紀〉
スペインの画家。
⇒芸術（ペレダ，アントニオ 1608-1678）
新美（ペレーダ，アントニオ・デ 1608頃-1678.1.30）
スペ（ペレーダ 1608頃-1678）
世美（ペレーダ・イ・サルガード，アントニオ 1608頃-1668）
百科（ペレーダ 1608頃-1678）

Pereira, Irene Rice 〈20世紀〉
アメリカの女流画家。ガラスなどの新素材で抽象画を制作。
⇒国小（ペレイラ 1907-1971）
世芸（ペレイラ，アイリーン 1907-1976）
世女（ペレイラ，アイリーン（ライス） 1907-1971）
世女日（ペレイラ，アィリーン 1907-1971）

Perelman, V.N. 〈20世紀〉
ソ連の画家。サラフト美術学校長などを歴任し、革命ロシア芸術協会（アフル）執行委員会書記となった。
⇒人物（ペレルマン 1892-）

Perennius, Marcus 〈前1世紀〉
古代ローマの陶工。
⇒世美（ペレンニウス，マルクス 前1世紀-後1世紀）

Peressutti, Enrico 〈20世紀〉
イタリアの建築家。
⇒世美（ペレッスッティ，エンリーコ 1908-1976）

Père Tanguy, Le 〈19世紀〉
パリの雑貨商人。モンマルトルで絵具などを扱う店を開き、印象派の画家たちに親しまれた。
⇒国小（ペール・タンギー 1825-1894）
新美（ペール・タンギー 1825-1894）

Pereyns, Simón 〈16世紀〉
メキシコで活躍したフランドル出身の画家。
⇒新美（ペレインス，シモン 1530?-?）

Perez, Augusto 〈20世紀〉
イタリア生れの彫刻家。
⇒世芸（ペレッツ，オギュースト 1929-）

Pérez Ezquivel, Adolfo 〈20世紀〉
アルゼンチンのキリスト教平和運動指導者。彫刻家、建築家として活躍すると同時に、人権擁護活動にも献身。ノーベル平和賞受賞（1980）。
⇒西洋（ペレス 1931-）
二十（ペレス，アドルフ・E. 1931-）

Perikles 〈前5世紀〉
アテネの政治家。アテネ帝国を繁栄に導いた。
⇒逸話（ペリクレス 前495頃-前429）
岩ケ（ペリクレス 前495頃-前429）
旺世（ペリクレス 前495頃-前429）
外国（ペリクレス 前495頃-429）
角世（ペリクレス 前495?-前429）
教育（ペリクレス 前495?-429）
ギリ（ペリクレス ?-前429）
ギロ（ペリクレス 前495頃-前429）
広辞4（ペリクレス 前490頃-前429）
広辞6（ペリクレス 前490頃-前429）
国小（ペリクレス 前495頃-429）
国百（ペリクレス 前495頃-429）
コン2（ペリクレス 前495-429）
コン3（ペリクレス 前495頃-429）
新美（ペリクレース 前495頃-前429）
人物（ペリクレス 前495?-429）
西洋（ペリクレス 前495頃-前429）
世人（ペリクレス 前495頃-前429）
世西（ペリクレス 前498-429）
世百（ペリクレス 前495頃-429）
全書（ペリクレス 前495頃-429）
大辞（ペリクレス 前495-前429頃）
大辞3（ペリクレス 前495頃-前429）
大百（ペリクレス 前495頃-429）
デス（ペリクレス 前495頃-429）
百科（ペリクレス 前490頃-前429）
評世（ペリクレス 前495頃-前429）
山世（ペリクレス 前495頃-429）
歴史（ペリクレス 前495頃-前429頃）

Perilli, Achille 〈20世紀〉
イタリアの画家。
⇒世芸（ペリッリ，アキッレ 1927-）

Perl, Susan 〈20世紀〉
オーストリアのイラストレーター。
⇒児イ（Perl, Susan パール，S. 1922-）
世女日（パール，スーザン 1922-1983）

Permeke, Constant 〈19・20世紀〉
ベルギーの画家、彫刻家。
⇒岩ケ（ペルメケ，コンスタント 1886-1951）
オ西（ペルメーク，コンスタン 1886-1952）
国小（ペルメク 1886-1952）
新美（ペルメック，コンスタン 1886.7.31-1952.1.4）
世芸（ペルメック，コンスタン 1886-1952）

世美（ペルメーケ，コンスタント　1886-1952）
二十（ペルメック，コンスタン　1886.7.31-1952.1.4）

Permoser, Balthasar 〈17・18世紀〉
ドイツの彫刻家。ゲオルク3世に招かれてドレスデンで活躍。
⇒芸術（ペルモーザー，バルタザール　1651-1733）
　国小（ペルモーゼル　1651-1732）
　新美（ペルモーザー，バルタザル　1651-1732.2.20）
　世美（ペルモーザー，バルタザル　1651-1732）

Pernier, Luigi 〈19・20世紀〉
イタリアの考古学者。フィレンツェ大学教授。クレタ島のファイストスにおけるミノス時代の宮殿の発掘に従事（1900～34）。
⇒西洋（ペルニエル　1874.11.23-1938）
　世美（ペルニエル，ルイージ　1874-1937）

Perov, Vasili Grigorievich 〈19世紀〉
ロシアの画家。
⇒芸術（ペーロフ，ヴァシリー・グリゴリエヴィッチ　1832-1882）
　国小（ペーロフ　1833.12.21-1882.5.29）
　コン2（ペローフ　1834-1882）
　コン3（ペローフ　1834-1882）
　新美（ペローフ，ヴァシーリイ　1833.12.21/23/34.1.2/4-1882.5.29/6.10）
　人物（ペロフ　1833.12.13-1882.5.29）
　世西（ペーロフ　1832.12.13-1882.5.29）
　世美（ペーロフ，ヴァシーリー・グリゴリエヴィチ　1833-1882）
　全書（ペーロフ　1833-1882）
　大百（ペーロフ　1833-1882）
　百科（ペーロフ　1834-1882）

Pērōz 〈5世紀〉
ササン朝ペルシアの帝王（在位457/9～84）。
⇒皇帝（ペーローズ　?-484）
　新美（ペーローズ　（在位）457/459-484）
　世東（ペーローズ　（在位）457-484）

Perrault, Claude 〈17世紀〉
フランスの建築家，科学者。フランス宮廷の建築デザインに従事。
⇒科史（ペロー　1613-1688）
　科人（ペロー，クロード　1613.9.25-1688.11.11）
　建築（ペロー，クロード　1613-1688）
　国小（ペロー　1613.9.25-1688.10.9）
　新美（ペロー，クロード　1613.9.25-1688.10.9）
　人物（ペロー　1613.9.25-1688.10.9）
　数学（ペロー　1613.9.25-1688.10.9）
　数学増（ペロー　1613.9.25-1688.10.9）
　西洋（ペロー　1613.9.25-1688.10.9）
　世西（ペロー　1613頃-1688.10.9）
　世美（ペロー，クロード　1613-1688）
　世百（ペロー　1613-1688）
　伝世（ペロー，C.　1613.9.25-1688.10.9）
　百科（ペロー　1613-1688）

Perréal, Jean 〈15・16世紀〉
フランスの画家。
⇒新美（ペレアル，ジャン　1460頃-1530頃）

Perret, Auguste 〈19・20世紀〉
ブリュッセル生れのフランスの建築家。鉄筋コンクリート建築の発展に貢献。
⇒才西（ペレー，オーギュスト　1874-1954）
　外国（ペレー　1874-1954）
　キリ（ペレー，オギュスト　1874.2.12-1954.2.25）
　国小（ペレ　1874.2.12-1954.2.25）
　コン3（ペレー　1874-1954）
　新美（ペレ，オーギュスト　1874.2.12-1954.2.25）
　人物（ペレ　1874.2.12-1954）
　西洋（ペレ　1874.2.12-1954.3.4）
　世西（ペレ　1874-?）
　世美（ペレ，オーギュスト　1874-1955）
　世百（ペレ，オーギュスト　1874-1955）
　全書（ペレ　1874-1954）
　大辞2（ペレ　1874-1954）
　大百（ペレ　1874-1954）
　デス（ペレ　1874-1954）
　伝世（ペレ　1874.2.12-1954.2.25）
　ナビ（ペレ　1874-1954）
　二十（ペレ，オーギュスト　1874.2.12-1954.3.4（2.25））
　百科（ペレ　1874-1954）

Perret, Claude 〈19世紀〉
ブリュッセル生れのフランスの建築家。2人の兄と協力し，新しい建築材料の鉄筋コンクリートに取り組んだ。
⇒世百（ペレ，クロード　1880-）

Perret, Gustave 〈19・20世紀〉
ブリュッセル生れのフランスの建築家。兄オーギュストと協力し，新しい建築材料の鉄筋コンクリートに取り組んだ。
⇒世百（ペレ，ギュスタヴ　1876-1952）

Perriand, Charlotte 〈20世紀〉
フランスの女流デザイナー。機能的な家具を研究。
⇒国小（ペリアン　1902-）
　新美（ペリアン，シャルロット　1902-）
　人物（ペリアン　1903-）
　西洋（ペリアン　1903-）
　世芸（ペリアン，シャルロット　1902-1971）
　世女日（ペリアン，カルロット　1903-1999）
　ナビ（ペリアン　1902-）
　二十（ペリアン，シャルロット　1902-）

Perrier, François 〈16・17世紀〉
フランスの画家。
⇒世美（ペリエ，フランソワ　1590頃-1650）

Perroneau, Jean-Baptiste 〈18世紀〉
フランスの画家。19世紀後半に再評価された画家で，主作品『ソルカンビーユ夫人』（1749）。
⇒芸術（ペロノー，ジャン・バティスト　1715-1783）
　国小（ペロノー　1715-1783.11.19）
　新美（ペロノー，ジャン＝バティスト　1715-1783.11.19）
　世美（ペロノー，ジャン＝バティスト　1715-1783）

Perrot, Georges 〈19・20世紀〉
フランスの考古学者。パリ大学教授(1875)、エコル・ノルマ校長(1888~1902)。小アジアの科学調査に参加(1861)、アンキラの碑の解読に成功した。
⇒新美（ペロ, ジョルジュ　1832.11.12-1914.7.1）
　西洋（ペロー　1832.11.12-1914.7.1）
　世美（ペロ, ジョルジュ　1832-1914）
　二十（ペロ, ジョルジュ　1832.11.12-1914.7.1）

Perrott, Jennifer 〈20世紀〉
アメリカのイラストレーター。
⇒児イ（Perrott, Jennifer　ペロット, J.）

Perruchot, Henri 〈20世紀〉
フランスの作家、美術評論家。マルセーユとエークスで学び、1946年から作家としてデビュー。
⇒名著（ペリュショ　1917-）

Perry, Elaine 〈20世紀〉
アメリカの女性小説家、詩人、劇作家、写真家、コンピューター・グラフィックスを使った映像作家。
⇒黒作（ペリー, イレイン　1959-）

Perry, Richard A. 〈20世紀〉
カナダの美術史学者。トロント大助教授。
⇒二十（ペリー, リチャード・A.）

Perseus 〈前3・2世紀〉
マケドニア最後の王(在位前179~68)。
⇒外国（ペルセウス　?-前166）
　角世（ペルセウス　前212?-前165?）
　ギリ（ペルセウス　(在位)前179-168）
　ギロ（ペルセウス　前212頃-前165頃）
　皇帝（ペルセウス　前212頃-165）
　コン2（ペルセウス　前213/2頃-166頃）
　コン3（ペルセウス　前213/2頃-前166頃）
　新美（ペルセウス）
　西洋（ペルセウス　前213/2-158頃）
　全書（ペルセウス）
　統治（ペルセウス　(在位)前179-168）
　ロマ（ペルセウス　(在位)前179-168）

Persia, Alfred 〈20世紀〉
フランス生れの画家。
⇒世芸（ペルシア, アルフレッド　?-）

Persico, Edoardo 〈20世紀〉
イタリアの美術批評家。
⇒世美（ペルシコ, エドアルド　1900-1936）

Pertsov, Vladimir Valerievich 〈20世紀〉
ロシアのイラストレーター。
⇒児イ（Pertsov, Vladimir Valerievich　ペルツォーフ, V.V.　1933-）

Perugino, Pietro di Cristoforo Vanucci 〈15・16世紀〉
イタリアの画家。ラファエロの師。システィーナ礼拝堂の装飾を製作。
⇒岩ケ（ペルジーノ　1450頃-1523）
　外国（ペルジーノ　1446-1524）
　キリ（ペルジーノ　1448頃-1523）
　芸術（ペルジーノ　1446-1523/24）
　国小（ペルジーノ　1450-1523.2）
　コン2（ペルジーノ　1446-1523）
　コン3（ペルジーノ　1446-1523）
　新美（ペルジーノ, イル　1450頃-1523）
　人物（ペルジーノ　1446-1523）
　西洋（ペルジーノ　1446-1523）
　世西（ペルジーノ　1446-1523）
　世美（ペルジーノ　1450頃-1523）
　世百（ペルジーノ　1450頃-1523/4）
　全書（ペルジーノ　1445-1523）
　大百（ペルジーノ　1445-1523）
　デス（ペルジーノ　1446-1523/4）
　伝世（ペルジーノ　1450頃-1523.2/3）
　百科（ペルジーノ　1445頃-1523）

Peruzzi, Baldassare Tommaso 〈15・16世紀〉
イタリアの画家、建築家。サン・ピエトロ大聖堂の造営主任を務めた。
⇒岩ケ（ペルッツィ, バルダッサーレ(・トマーゾ)　1481-1536）
　キリ（ペルッツィ, バルダッサーレ　1481.3.7-1536.1.6）
　建築（ペルッツィ, バルダッサーレ　1481-1536）
　国小（ペルッツィ　1481.3.7-1536.1.6）
　コン2（ペルッツィ　1481-1536）
　コン3（ペルッツィ　1481-1536）
　新美（ペルッツィ, バルダッサーレ　1481-1536.1.6）
　人物（ペルツィ　1481.3.7-1536.1.6）
　西洋（ペルッツィ　1481.3.7-1536.1.6）
　世美（ペルッツィ, バルダッサーレ　1481-1536）
　世百（ペルッツィ　1481-1536）
　全書（ペルッツィ　1481-1536）
　大百（ペルッツィ　1481-1536）
　百科（ペルッツィ　1481-1536）

Pesellino, Francesco 〈15世紀〉
イタリアの画家。主作品は、多面祭壇画『三位一体と聖者たち』。
⇒国小（ペセリーノ　1422-1457.7.29）
　新美（ペセリーノ, フランチェスコ　1422-1457.7.29）
　西洋（ペセリーノ　1422頃-1457.7.29）
　世美（ペゼッリーノ　1422-1457）

Pesne, Antoine 〈17・18世紀〉
フランスの画家。多くの肖像画や歴史画を描いた。主作品『画家の肖像』『皇太子フリードリヒ』。
⇒芸術（ペーヌ, アントアーヌ　1683-1757）
　国小（ペーヌ　1683.5.23-1757.8.5）
　新美（ペーヌ, アントワーヌ　1683.5.23-1757.8.5）
　世美（ペーヌ, アントワーヌ　1683-1757）

Pestum, Jo 〈20世紀〉
ドイツの作家、画家。
⇒児作（Pestum, Jo　ペストゥム, ヨー　1936-）

Petel, Georg〈16・17世紀〉
ドイツの彫刻家。
⇒世美（ペーテル, ゲオルク 1591-1634）

Peters, David〈20世紀〉
アメリカの商業アーティスト。
⇒児作（Peters, David ピーターズ, デイビッド）

Petersen, Eugen von〈19・20世紀〉
ドイツの考古学者。
⇒世美（ペーターセン, オイゲン・フォン 1836-1919）

Petersham, Maud〈19・20世紀〉
アメリカの絵本作家, 挿絵画家。
⇒英児（Petersham, Maud and Miska 1889-1971）
児イ（Petersham, Maud (Fuller) & Miska ピーターシャム, M. 1890-1971）
世児（ピーターシャム, モード＆ミスカ 1889-1971）
世女日（ピーターシャム, モード 1890-1971）

Petersham, Miska〈19・20世紀〉
アメリカの絵本作家, 挿絵画家。
⇒英児（Petersham, Maud and Miska 1888-1960）
児イ（Petersham, Maud (Fuller) & Miska ピーターシャム, M. 1889-1960）
世児（ピーターシャム, モード＆ミスカ 1888-1960）

Peterssen, Eilif〈19・20世紀〉
ノルウェイの画家。
⇒芸術（ペーテルセン, エイリフ 1852-1928）
新美（ペーテルセン, エイリフ 1852.9.4-1928.12.29）
世芸（ペーテルセン, エイリフ 1852-1928）
二十（ペーテルセン, エイリフ 1852.9.4-1928.12.29）

Peter von Andlau〈15・16世紀〉
ドイツのステンドグラス画家。
⇒世美（ペーター・フォン・アンドラウ 1420/25-1505頃）

Peterzano, Simone〈16世紀〉
イタリアの画家。
⇒世美（ペテルツァーノ, シモーネ 1573-1595）

Petie, Haris〈20世紀〉
アメリカのイラストレーター。
⇒児イ（Petie, Haris ペティ, H.）

Petit, Jacques〈20世紀〉
フランス生れの画家。
⇒世芸（プティ, ジャック 1925-）

Petitot, Ennemond-Alexandre〈18・19世紀〉
フランスの建築家, 素描家。
⇒建築（プティト, アンヌモン＝アレクサンドル 1727-1801）
世美（プティト, エンヌモン＝アレクサンドル 1727-1801）

Petitot, Jean〈17世紀〉
スイスのミニアチュール肖像画家。王侯貴族や有名人のミニアチュール肖像を多数描いた。
⇒岩ケ（プティト, ジャン 1607-1691）
国小（プティトー 1607-1691）

Petlin, Irving〈20世紀〉
アメリカの画家。
⇒世美（ペトリン, アーヴィング 1934-）

Peto, John Frederick〈19・20世紀〉
アメリカの静物画家。
⇒オ西（ピート, ジョン・フレデリック 1854-1907）

Pëtr I Alekseevich〈17・18世紀〉
ロシアのツァーリ, 皇帝。中央集権化を推し進めた。
⇒逸話（ピョートル大帝1世 1672-1725）
岩ケ（ピョートル1世 1672-1725）
旺世（ピョートル1世〔大帝〕 1672-1725）
外国（ピョートル1世 1672-1725）
角世（ピョートル1世〔大帝〕 1672-1725）
キリ（ピョートル1世（大帝） 1672.5.30/6.9-1725.1.28/2.8）
広辞4（ピョートル大帝 1672-1725）
広辞6（ピョートル大帝（一世） 1672-1725）
皇帝（ピョートル1世 1672-1725）
国小（ピョートル1世 1672.6.9-1725.2.8）
国百（ピョートル一世 1672.6.9-1725.2.8）
コン2（ピョートル1世 1672-1725）
コン3（ピョートル1世 1672-1725）
新美（ピョートル大帝（一世） 1672.5.30/6.9-1725.1.28/2.8）
人物（ピョートル一世 1672.6.9-1725.2.8）
西洋（ピョートル一世（大帝） 1672.6.9-1725.2.8）
世人（ピョートル1世（大帝） 1672-1725）
世西（ピョートル一世（大帝） 1672.6.9-1725.3.8）
世百（ピョートル1世 1672-1725）
全書（ピョートル一世 1672-1725）
大辞（ピョートル一世 1672-1725）
大辞3（ピョートル一世 1672-1725）
大百（ピョートル一世 1672-1725）
中ユ（ピョートル（1世） 1672-1725）
デス（ピョートル1世 1672-1725）
伝世（ピョートル1世 1672.5.30-1725.1.28露）
統治（ピョートル一世, 大帝 (在位)1682-1725）
百科（ピョートル1世 1672-1725）
評世（ピョートル1世 1672-1725）
山世（ピョートル1世（大帝） 1672-1725）
歴史（ピョートル1世 1672-1725）
ロシ（ピョートル（1世） 1672-1725）

Petrie, *Sir* **William Matthew Flinders**〈19・20世紀〉
イギリスの考古学者。エジプト先史時代の土器を, 基礎的内容から50段階に分ける年代決定の規準をつくった。

⇒岩ケ（ピトリー, サー・（ウィリアム・マシュー・）フリンダーズ 1853-1942）
旺世（ペトリー 1853-1942）
外国（ペトリー 1853-1942）
キリ（ピートリ, ウィリアム・マシュー・フリンダーズ 1853.6.8-1942.7.28）
国小（ピートリー 1853.6.3-1942.7.28）
コン2（ピートリー 1853-1942）
コン3（ピートリー 1853-1942）
新美（ピートリ, フリンダーズ 1853.6.3-1942.7.28）
人物（ピートリー 1853.6.3-1942.7.28）
西洋（ピートリ 1853.6.3-1942.7.28）
世宗（ペトリ 1853-1942）
世美（ピートリ, ウィリアム・マシュー・フリンダーズ 1853-1942）
世百（ピートリー 1853-1942）
全書（ペトリー 1853-1942）
大辞（ペトリ 1853-1942）
大辞2（ペトリ 1853-1942）
大辞3（ペトリ 1853-1942）
大百（ペトリ 1853-1942）
伝世（ピートリー 1853.6.3-1942.7.23）
ナビ（ペトリー 1853-1942）
二十（ピートリ, ウィリアム・マシュー・フリンダーズ 1853.6.8-1942.7.28）
百科（ピートリー 1853-1942）
評世（ピートリー 1853-1942）
名著（ピトリー 1853-1942）
歴学（ピートリ 1853-1942）

Petrini, Antonio〈17・18世紀〉
イタリア出身の建築家。ドイツで仕事を残す。
⇒建築（ペトリーニ, アントニオ 1625-1701）

Petros〈1世紀〉
聖人。十二使徒の一人。
⇒岩ケ（聖ペテロ 1世紀）
外国（ペテロ 1世紀）
教育（ペテロ 67/4頃）
キリ（バルヨナ・シモン）
キリ（ペテロ（ペトロ））
広辞4（ピーター）
広辞4（ペテロ）
国小（ペテロ ?-64頃）
国百（ペテロ ?-後64頃）
コン2（ペテロ ?-64頃）
新美（ペテロ）
人物（ペテロ ?-64頃）
西洋（ペテロ ?-67/4頃）
世西（ペテロ ?-65頃）
世美（ペテロ 1世紀）
世百（ペテロ）
全書（ペテロ ?-60頃）
大辞（ペテロ）
大百（ペテロ）
デス（ペテロ）
伝世（ペテロ ?-64頃）
百科（ペテロ）
ロマ（ペテロ ?-64?）

Petrosjan, Martyn Virabovich〈20世紀〉
ロシアのイラストレーター。
⇒児イ（Petrosjan, Martyn Virabovich ペトロシャーン, M.V. 1936-）

Petrov-Vodkin, Kuz'ma Sergeevich〈19・20世紀〉
ロシアの画家。『1818年のペテルブルグ』(1920) などが代表作。
⇒岩ケ（ペトロフ=ヴォトキン, クジマ・セルゲエヴィチ 1878-1939）
新美（ペトロフ=ヴォトキン, クジマー 1878.10.24(11.5)-1939.2.15）
全書（ペトロフ・ウォトキン 1878-1939）
大百（ペトロフ・ウォトキン 1878-1939）
二十（ペトロフ・ウォトキン, クジマー 1878.10.24(11.5)-1939.2.15）

Petrowsky, Wolfgang〈20世紀〉
ドイツ生れの画家。
⇒世芸（ペトロフスキー, ワルフガング 1947-）

Pettenkofen, August Xaver von〈19世紀〉
オーストリアの画家, 石版画家。戦争画, 風俗画などで知られる。
⇒西洋（ペッテンコーフェン 1822.5.10-1889.3.21）

Pettoruti, Emilio〈20世紀〉
アルゼンチンの画家。最初, 風刺画家を目ざした。
⇒世美（ペトルティ, エミリオ 1892-1973）
世百新（ペトルチ 1892-）
二十（ペトルチ, E. 1892-?）
百科（ペトルチ 1892-）
ラテ（ペトルチ 1892-1971）

Peverelli, Cesare〈20世紀〉
イタリアの画家。
⇒世美（ペヴェレッリ, チェーザレ 1922-）

Pevsner, Antoine〈19・20世紀〉
ロシア構成主義の彫刻家。ロシア・バレエ団の舞台装置も手がけた。
⇒岩ケ（ペヴスナー, アントワーヌ 1886-1962）
オ西（ペヴスネル, アントワーヌ 1886-1962）
広辞5（ペヴスナー 1886-1962）
広辞6（ペヴスナー 1886-1962）
国小（ペブスネル 1886-1962）
コン3（ペヴスナー 1886-1962）
新美（ペヴスナー, アントワーヌ 1886.1.18-1962.4.12）
西洋（ペブスナー 1886-1962.4.12）
世美（ペヴスナー, アントワーヌ 1886-1962）
世百（ペブスネル 1886-1962）
世百新（ペブスナー 1886-1962）
全書（ペブスナー 1886-1962）
大辞2（ペブスナー 1886-1962）
大辞3（ペブスナー 1886-1962）
大百（ペブスナー 1886-1962）
伝世（ペブスネル 1886.1.18-1962.4.12）
ナビ（ペブスナー 1886-1962）
二十（ペヴスナー, アントワーヌ 1886.1.18-1962.4.14）
百科（ペブスナー 1886-1962）

Pevsner, Sir Nikolaus〈20世紀〉
ドイツ生れのイギリスの美術史家, 建築史家。

主著『ヨーロッパ建築概観』(1942),『現代デザインの先駆者たち』(1949)。
⇒岩ケ（ペヴスナー，サー・ニコラウス(・ベルンハルト・レオン) 1902-1983）
才世（ペヴスナー，ニコラウス(・ベルンハルト・レオン) 1902-1983）
キリ（ペヴスナー, ニコラウス 1902.1.30-）
現人（ペヴスナー 1902.1.30-）
幻想（ペヴズナー, ニコラス 1902-）
国小（ペヴスナー 1902.1.30-）
新美（ペヴスナー, ニコラ(ウ)ス 1902.1.30-）
人物（ペヴスナー 1902-）
西洋（ペヴスナー 1902.1.30-）
世美（ペヴスナー, ニコラウス 1902-1983）
大辞2（ペヴスナー 1902-1983）
大辞3（ペヴスナー 1902-1983）
二十（ペヴスナー, ニコラス 1902.1.30-1983.8.18）
二十英（Pevsner, Sir Nikolaus (Bernhad Leon) 1902-1983）

Pevzner, Antoine 〈19・20世紀〉
ロシアの彫刻家。
⇒ロシ（ペヴズネル 1886-1962）

Peynet, Raymond 〈20世紀〉
フランスの漫画家。1953年国際ユーモア賞受賞。
⇒現人（ペイネ 1908.11.16-）
人物（ペイネ 1908-）
全書（ペイネ 1908-）
大百（ペイネ 1908-）
ナビ（ペイネ 1908-）
二十（ペイネ, R. 1908.11.16-）

Peyo 〈20世紀〉
ベルギーのイラストレーター。
⇒児イ（Peyo ペヨ 1928-）

Peyre, Antoine François 〈18・19世紀〉
フランスの建築家。建築大賞を受賞(1762)。またコブレンツに選挙侯の壮大な宮館を作った。
⇒西洋（ペール 1739.4.5-1823.3.7）

Peyre, Antoine Marie 〈18・19世紀〉
フランスの建築家。Marie Josephの子。初めて鉄骨構造を作った。パリに記念碑を築造。
⇒西洋（ペール 1770-1843）

Peyre, Marie Joseph 〈18世紀〉
フランスの建築家。建築大賞を得た(1751)。ヴァイイと共に、フランス座(現在のオデオン座)を建築。
⇒建築（ペール, ジョゼフ 1730-1785）
西洋（ペール 1730-1785）

Peyrol, Erick 〈20世紀〉
フランスの画家。
⇒世芸（ペイロール, エリック 1948-）

Peyron, Jean-François-Pierre 〈18・19世紀〉
フランスの画家、版画家。

⇒世美（ペイロン, ジャン=フランソワ=ピエール 1744-1814）

Peyrony, Denis 〈19・20世紀〉
フランスの考古学者。
⇒新美（ペイロニ, ドゥニ 1869-1954）
二十（ペイロニ, ドゥニ 1869-1954）
百科（ペイロニ 1869-1954）

Pfeifer, Uwe 〈20世紀〉
ドイツ生れの画家。
⇒世芸（プファイファー, ウェ 1947-）

Pfister, Marcus 〈20世紀〉
スイスのグラフィック・デザイナー、イラストレーター。
⇒児イ（Fister, Marcus フィスター, M. 1960-）
児作（Pfister, Marcus フィスター, マーカス 1960-）

Pforr, Franz 〈18・19世紀〉
ドイツの画家。ローマに赴いてナザレ派となる。
⇒芸術（プフォル, フランツ 1788-1812）
新美（プフォル, フランツ 1788.4.5-1812.6.16）
西洋（プフォル 1788.4.5-1812.6）
世美（プフォル, フランツ 1788-1812）

Pfuhl, Ernst 〈19・20世紀〉
ドイツの考古学者。特にギリシアの陶器画、肖像彫刻、東方ギリシアの浮彫墓碑の研究に優れた業績を挙げた。
⇒西洋（プフール 1876.11.7-1940.8.7）
名著（プール 1876-1940）

Phaidimos
古代ギリシアの彫刻家。
⇒新美（ファイディモス）

Phaidra
ギリシア神話のミノスと妻パシパファエの娘。
⇒コン2（ファイドラ）
新美（ファイドラー）

Pheidias 〈前5世紀〉
ギリシアの彫刻家。パルテノン製作の監督。
⇒逸話（フェイディアス 前490頃-前432頃）
岩ケ（フェイディアス 前5世紀）
旺世（フェイディアス 前490頃-前430頃）
外国（フェイディアス 前490-432頃）
角世（フェイディアス 前465?-前425）
ギリ（フェイディアス (活動)前450頃-430）
ギロ（フィディアス 前490-前430）
芸術（フェイディアス）
広辞4（フェイディアス 前500頃-前432頃）
広辞6（フェイディアス 前500頃-前432頃）
国小（フェイディアス 生没年不詳）
コン2（フェイディアス 前490-415頃）
コン3（フェイディアス 前490-前415頃）
新美（フェイディアース）
人物（フェイディアス 前490頃-432頃）
西洋（フェイディアス 前490/85頃-430頃）
世人（フィディアス(フェイディアス) 前490/485頃-前430頃）

世西（フェイディアス　前490頃-438/2頃）
世美（フェイディアス　前490頃-前430頃）
世百（フェイディアス　前490頃-430頃）
全書（フェイディアス　生没年不詳）
体育（フィディアス　前490-430頃）
大辞（フェイディアス　前5世紀後半頃）
大辞3（フェイディアス　前5世紀後半頃）
大百（フェイディアス　生没年不詳）
デス（フェイディアス　前490頃-430頃）
伝世（ペイディアス　前490頃-425頃）
百科（フェイディアス）
評世（フィディアス（フェイディアス）　前490頃-前430頃）
山世（フェイディアス　前5世紀）
歴史（フィディアス）

Phelan, Joseph 〈20世紀〉
アメリカのイラストレーター。
⇒児イ（Phelan, Joseph）

Philipon, Charles 〈19世紀〉
フランスの銅版画家, ジャーナリスト。諷刺漫画で当時の社会を批判。
⇒国小（フィリポン　1806.4.19-1862.1.25）

Philipson, Sir Robin 〈20世紀〉
イギリスの画家。
⇒岩ケ（フィリップソン, サー・ロビン　1916-1992）

Philiskos 〈前2世紀〉
ギリシアの彫刻家。
⇒新美（フィリスコス）
世美（フィリスコス（ロドス出身の）　前2世紀）

Phillips, Peter 〈20世紀〉
イギリス第3期ポップ・アートの代表的な作家。
⇒美術（フィリップス, ピーター　1939-）

Phillips, Thomas 〈18・19世紀〉
イギリスの画家。
⇒世美（フィリップス, トマス　1770-1845）

Philoklēs 〈前5世紀〉
古代ギリシアの建築家。
⇒集文（ピロクレス　前5世紀）
世美（フィロクレス　前5世紀後半）

Philōn 〈前4世紀〉
ギリシアの建築家。
⇒世美（フィロン　前4世紀後半）

Philoxenos 〈前5・4世紀〉
ギリシアのディテュランボス（ディオニュソス讚歌）詩人。
⇒ギリ（フィロクセノス（キュテラの）　前435/4-380/79）
集文（ピロクセノス　前435頃-前380頃）
新美（フィロクセノス）
西洋（フィロクセノス　前435頃-380頃）

Philoxenos 〈前2世紀〉
ギリシアの建築家。
⇒世美（フィロクセノス　前2世紀前半）

Philoxenus 〈前4世紀〉
ギリシアの画家。エレトリアに生れ, 前4世紀末から前3世紀初頭に活躍。
⇒芸術（フィロクセネス　前4世紀末頃）
国小（フィロクセネス　生没年不詳）
世美（フィロクセノス　前4世紀）

Phintias
古代ギリシアの画家。
⇒新美（フィンティアース）

Phintias 〈前6世紀〉
ギリシアの陶工, 陶画家。
⇒世美（フィンティアス　前6世紀末）

Phradmon
古代ギリシアの彫刻家。
⇒新美（フラドモーン）

Phuromakhos 〈前3世紀〉
古代ギリシアの彫刻家。
⇒ギリ（フュロマコス　（活動）前250頃-220）

Phyfe, Duncan 〈18・19世紀〉
アメリカの家具作家。
⇒新美（ファイフ, ダンカン　1768-1854.8.16）
百科（ファイフ　1768-1854）

Phyromachos 〈前3世紀〉
ギリシアの彫刻家。
⇒世美（フュロマコス　前3世紀）

Piacentini, Marcello 〈19・20世紀〉
イタリアの建築家, 都市設計家。
⇒国小（ピアチェンティーニ　1881.12.8-1960）
世美（ピアチェンティーニ, マルチェッロ　1881-1960）

Pianca, Giuseppe Antonio 〈18世紀〉
イタリアの画家。
⇒世美（ピアンカ, ジュゼッペ・アントーニオ　1703-1755）

Piano, Renzo 〈20世紀〉
イタリアの建築家。
⇒ナビ（ピアノ　1937-）
二十（ピアノ, レンゾ　1937-）
日人（ピアノ　1937-）

Piatti, Celestino 〈20世紀〉
スイスのイラストレーター。
⇒児イ（Piatti, Celestino　ピアッティ, C.　1922-）

Piazza, Albertino 〈15・16世紀〉
イタリアの画家。
⇒世美（ピアッツァ, アルベルティーノ　1475頃-1529）

Piazza, Callisto 〈16世紀〉
イタリアの画家。
⇒世美（ピアッツァ, カッリスト　1500頃-1562）

Piazzetta, Giacomo 〈17・18世紀〉
イタリアの彫刻家。
⇒世美（ピアッツェッタ, ジャーコモ　1640頃-1705）

Piazzetta, Giovanni Battista 〈17・18世紀〉
イタリアの画家。代表作『女預言者』(1740)。
⇒キリ（ピアッツェッタ, ジャンバッティスタ（ジョヴァンニ・バッティスタ）　1682.2.13-1754.4.28）
　芸術（ピアッツェッタ, ジョヴァンニ・バッティスタ　1682-1754）
　国小（ピアッツェッタ　1682.2.13-1754.4.28）
　コン2（ピアッツェッタ　1682-1754）
　コン3（ピアッツェッタ　1682-1754）
　新美（ピアッツェッタ, ジョヴァンニ・バッティスタ　1682.2.13-1754.4.28）
　西洋（ピアゼッタ　1682.2.13-1754.4.28）
　世西（ピアッツェッタ　1682-1754）
　世美（ピアッツェッタ, ジョヴァンニ・バッティスタ　1683-1754）
　世百（ピアツェッタ　1682-1754）
　全書（ピアッツェッタ　1683-1754）
　大百（ピアッツェッタ　1682-1754）
　百科（ピアッツェッタ　1682/83-1754）

Picabia, Francis 〈19・20世紀〉
フランスの画家。ダダイスムの旗頭の一人。のちシュールレアリスム形成に参加。
⇒岩ケ（ピカビア, フランシス　1879-1953）
　オ西（ピカビア, フランシス　1879-1953）
　外国（ピカビア　1878-）
　芸術（ピカビア, フランシス　1879-1953）
　広辞6（ピカビア　1879-1953）
　国小（ピカビア　1879.1.22-1953.11.30）
　コン2（ピカビア　1879-1953）
　コン3（ピカビア　1879-1953）
　集世（ピカビア, フランシス　1879.1.22-1953.11.30）
　集文（ピカビア, フランシス　1879.1.22-1953.11.30）
　新美（ピカビア, フランシス　1879.1.22-1953.11.30）
　人物（ピカビア　1879.1.22-1953.12.3）
　西洋（ピカビア　1879.1.22-1953.12.3）
　世芸（ピカビア, フランシス　1879-1953）
　世西（ピカビア　1879-1953.11.30）
　世美（ピカビア, フランシス　1879-1953）
　世百（ピカビア　1879-1953）
　世文（ピカビヤ, フランシス　1879-1953）
　全書（ピカビア　1879-1953）
　大辞3（ピカビア　1879-1953）
　大百（ピカビア　1879-1953）
　デス（ピカビア　1879-1953）
　ナビ（ピカビア　1879-1953）
　二十（ピカビア, フランシス　1879.1.22-1953.12.3）
　百科（ピカビア　1879-1953）

Picart le Doux, Jean 〈20世紀〉
フランスのデザイナー。
⇒国小（ピカール・ル・ドゥ　1902-）

Picasso, Pablo Ruiz（y） 〈19・20世紀〉
スペインの画家, 彫刻家。20世紀ヨーロッパ美術の象徴的存在。作品は『アビニョンの娘たち』『ゲルニカ』など。
⇒逸話（ピカソ　1881-1973）
　岩ケ（ピカソ, パブロ　1881-1973）
　旺世（ピカソ　1881-1973）
　オ西（ピカソ, パブロ　1881-1973）
　外国（ピカソ　1881-）
　角世（ピカソ　1881-1973）
　キリ（ピカソ　1881.10.25-1973.4.8）
　現人（ピカソ　1881.10.25-）
　広辞5（ピカソ　1881-1973）
　広辞6（ピカソ　1881-1973）
　国小（ピカソ　1881.10.25-1973.4.8）
　国百（ピカソ, パブロ・ルイス・(イ)　1881.10.25-1973.4.8）
　コン3（ピカソ　1881-1973）
　最世（ピカソ, パブロ　1881-1973）
　新美（ピカソ, パブロ　1881.10.25-1973.4.8）
　人物（ピカソ　1881.10.25-）
　ス文（ピカソ, パブロ　1881.10.25-1973.4.8）
　スペ（ピカソ　1881-1973）
　西洋（ピカソ　1881.10.25-1973.4.8）
　世芸（ピカソ, パブロ　1881-1973）
　世人（ピカソ　1881-1973）
　世西（ピカソ　1881.10.23-1973.1.8）
　世俳（ピカソ, パブロ　1881.10.25-1973.4.8）
　世美（ピカソ, パブロ　1881-1973）
　世百（ピカソ　1881-）
　世百新（ピカソ　1881-1973）
　全書（ピカソ　1881-1973）
　大辞2（ピカソ　1881-1973）
　大辞3（ピカソ　1881-1973）
　大百（ピカソ　1881-1973）
　伝世（ピカソ　1881.10.25-1973.4.8）
　ナビ（ピカソ　1881-1973）
　二十（ピカソ, パブロ　1881.10.25-1973.4.8）
　バレ（ピカソ, パブロ　1881.10.25-1973.4.8）
　百科（ピカソ　1881-1973）
　評世（ピカソ　1881-1973）
　山世（ピカソ　1881-1973）
　歴史（ピカソ　1881-1973）

Piccinato, Luigi 〈20世紀〉
イタリアの建築家, 都市計画家。
⇒世美（ピッチナート, ルイージ　1899-）

Piccio 〈19世紀〉
イタリアの画家。
⇒世美（ピッチョ　1804-1873）

Piché, Roland 〈20世紀〉
イギリスの彫刻家。
⇒美術（ピシェ, ローランド　1938-）

Pick, Frank 〈19・20世紀〉
イギリスの会社経営者, デザイナーのパトロン。
⇒岩ケ（ピック, フランク　1878-1941）

Pickard, Charles 〈20世紀〉
イギリスのイラストレーター。
⇒児イ（Pickard, Charles　ピッカード, C.）

Pickering, Steve 〈20世紀〉
アメリカ生れの画家。
⇒世芸（ピッケリング，スティーブ 1962-）

Pickett, Joseph 〈19・20世紀〉
アメリカの画家。主作品『マンチェスター谷』(1914〜18頃)。
⇒芸術（ピッケット，ジョセフ 1848-1918）
国小（ピケット 1848-1918）
世芸（ピッケット，ジョセフ 1848-1918）

Pico della Mirandola, Giovanni 〈15世紀〉
イタリアの人文主義者。主著『ヘプタプレス』(1489),『存在と一』(1491)。
⇒イ文（Pico della Mirandola, Count Giovanni 1463-1494）
岩ケ（ピコ・デラ・ミランドラ，ジョヴァンニ 1463-1494）
岩哲（ピーコ・デッラ・ミランドラ, Gio. 1463-1494）
旺世（ピコ=デラ=ミランドラ 1463-1494）
外国（ピコ・デラ・ミランドラ 1463-1494）
角世（ピコ・デッラ・ミランドラ 1463-1494）
キリ（ピコ・デルラ・ミランドラ，ジョヴァンニ 1463.2.24-1494.11.17）
広辞4（ピコ・デラ・ミランドラ 1463-1494）
広辞6（ピコ・デラ・ミランドラ 1463-1494）
国小（ピコ・デラ・ミランドラ 1463.2.24-1494.11.17）
国百（ピコ・デラ・ミランドラ，ジョバンニ 1463.2.24-1494.11.17）
コン2（ピコ・デラ・ミランドラ 1463-1494）
コン3（ピコ・デラ・ミランドラ 1463-1494）
集世（ピーコ・デッラ・ミランドラ，ジョヴァンニ 1463.2.24-1494.11.17）
集文（ピーコ・デッラ・ミランドラ 1463.2.24-1494.11.17）
新美（ピーコ・デルラ・ミランドラ，ジョヴァンニ 1463.2.24-1494.11.17）
人物（ピコ・デラ・ミランドラ 1463.2.24-1494.11.17）
西洋（ピコ・デラ・ミランドラ 1463.2.24-1494.11.17）
世西（ピコ・デラ・ミランドラ 1463.2.24-1494.11.17）
世百（ピコデラミランドーラ 1463-1494）
世文（ピーコ・デッラ・ミランドラ，ジョヴァンニ 1463-1494）
全書（ピコ・デラ・ミランドラ 1463-1494）
大辞（ピコ・デラ・ミランドラ 1463-1494）
大辞3（ピコ・デラ・ミランドラ 1463-1494）
デス（ピコ・デラ・ミランドラ 1463-1494）
伝世（ピーコ・デラ・ミランドーラ 1463-1494.11.17）
百科（ピコ・デラ・ミランドラ 1463-1494）
名著（ピコ・デラ・ミランドラ 1463-1494）
山世（ピーコ・デラ・ミランドラ 1463-1494）

Pictor, Gaius Fabius 〈前4世紀〉
ローマで最も古い画家。
⇒ギロ（ファビウス 前4世紀後半の人）

Piene, Otto 〈20世紀〉
ドイツの美術家。
⇒新美（ピーネ，オットー 1928.4.18-）
世芸（ピーネ，オットー 1928-）
世美（ピーネ，オットー 1928-）
二十（ピーネ，オットー 1928.4.18-）
美術（ピーネ，オットー 1928-）

Pienkowski, Jan 〈20世紀〉
ポーランドのイラストレーター。
⇒英児（Pienkowski, Jan ピエンコフスキー，ヤン 1936-）
児イ（Pienkowski, Jan ピアンコフスキー, J. 1936-）
世児（ピアンコフスキ，ヤン（・ミチャウ）1936-）

Pierin del Vaga 〈16世紀〉
イタリアの画家。
⇒国小（バーガ 1501.6.28-1547.10.19）
世美（ピエリン・デル・ヴァーガ 1500/01-1547）

Pierino da Vinci 〈16世紀〉
イタリアの彫刻家。
⇒世美（ピエリーノ・ダ・ヴィンチ 1520頃-1553）

Piermarini, Giuseppe 〈18・19世紀〉
イタリアの建築家。
⇒建築（ピエルマリーニ，ジュゼッペ 1734-1808）
世美（ピエルマリーニ，ジュゼッペ 1734-1808）

Piero della Francesca 〈15世紀〉
イタリアの画家。主として宗教画を描いた。主作品は『キリストの洗礼』。
⇒岩ケ（ピエロ・デラ・フランチェスカ 1420頃-1492）
外国（ピエロ・デラ・フランチェスカ 1415/6-1492）
角世（ピエロ・デラ・フランチェスカ 1420?-1492）
キリ（ピエーロ・デルラ・フランチェスカ 1415頃-1492.10.12）
芸術（ピエロ・デラ・フランチェスカ 1410/20-1492）
芸術（フランチェスカ，ピエロ・デルラ 1410/20-1492）
広辞4（ピエロ・デラ・フランチェスカ 1420頃-1492）
広辞6（ピエロ・デラ・フランチェスカ 1420頃-1492）
国小（フランチェスカ 1420頃-1492.10.12）
国百（フランチェスカ，ピエロ・デラ 1420頃-1492.10.12）
コン2（ピエロ・デラ・フランチェスカ 1410/20頃-1492）
コン3（ピエロ・デラ・フランチェスカ 1415/20頃-1492）
新美（ピエロ・デルラ・フランチェスカ 1415/20-1492.10.12）
人物（フランチェスカ 1416-1492.10.12）
西洋（フランチェスカ 1416/20頃-1492.10.12）
世西（フランチェスキ 1416頃-1492.10.12）
世美（ピエーロ・デッラ・フランチェスカ 1415/20-1492）
世百（ピエロデラフランチェスカ 1410/20頃-1492）
全書（ピエロ・デッラ・フランチェスカ

　　　　1416/20-1492）
　　大辞（ピエロ・デラ・フランチェスカ　1415頃-
　　　　1492）
　　大辞3（ピエロ・デラ・フランチェスカ　1415頃-
　　　　1492）
　　大百（ピエロ・デラ・フランチェスカ　1416/20-
　　　　1492）
　　デス（ピエロ・デラ・フランチェスカ　1415/20-
　　　　1492）
　　デス（フランチェスカ　1410/20-1492）
　　伝世（ピエロ・デラ・フランチェスカ　1415/20-
　　　　1492）
　　百科（ピエロ・デラ・フランチェスカ　1420頃-
　　　　1492）
　　歴史（フランチェスカ　1410代-1492）

Piero di Cosimo 〈15・16世紀〉
イタリアの画家。代表作『プロクリスの死』。
⇒岩ケ（ピエロ・ディ・コジモ　1462頃-1521頃）
　外国（ピエロ・ディ・コシモ　1462-1521）
　キリ（ピエーロ・ディ・コージモ　1462-1521）
　芸術（ピエロ・ディ・コシモ　1462-1521）
　国小（ピエロ・ディ・コシモ　1462-1521）
　コン2（ピエロ・ディ・コシモ　1462-1521）
　コン3（ピエロ・ディ・コシモ　1462-1521）
　新美（ピエロ・ディ・コージモ　1462-1521頃）
　人物（コジモ　1462-1521頃）
　西洋（ピエロ・ディ・コシモ　1462-1521頃）
　世西（コジモ　1462-1521）
　世美（ピエーロ・ディ・コージモ　1461/62-
　　　　1521）
　伝世（ピエロ・ディ・コジモ　1462頃-1521）
　百科（ピエロ・ディ・コジモ　1462頃-1521頃）

Pierre d'Angicourt 〈13世紀〉
フランスの建築家。
⇒建築（ピエール・ダンジクール　（活動）13世紀）

Pierre de Cébazat 〈14世紀〉
フランスの建築長。
⇒建築（ピエール・ド・セバザ　（活動）14世紀）

Pierre de Montreau 〈13世紀〉
フランスの建築家。
⇒キリ（ピエール・ド・モントロー（モントルイユ）
　　　　1200-1266.3.17）
　建築（モントルイユ、ピエール・ド　1200頃-
　　　　1267）
　国小（モントロー　?-1267）
　新美（ピエール・ド・モントゥルイユ（モントゥ
　　　　ロー）　1200-1266）
　西洋（ピエール・ド・モントロー　?-1266.3.17）
　世美（ピエール・ド・モントルイユ　1200頃-
　　　　1266）
　伝世（ピエール・ド・モントルイユ　13世紀）

Pietersz.(Pieterszen), Aert 〈16・17世紀〉
オランダの画家。ピーテルの弟。
⇒新美（ピーテルスゾーン、アールト　1550頃-
　　　　1612.6）

Pietersz.(Pieterszen), Pieter 〈16・17世紀〉
オランダの画家。アールトの兄。
⇒新美（ピーテルズゾーン、ピーテル　1540/41-
　　　　1603）

Pietilä, Reima 〈20世紀〉
フィンランドの建築家。
⇒世美（ピエティラ、レイマ　1923-）

Pietro, Alamanno 〈15世紀〉
オーストリアの画家。
⇒世美（ピエトロ・アラマンノ　15世紀後半）

Pietro da Messina 〈15・16世紀〉
イタリアの画家。
⇒世美（ピエトロ・ダ・メッシーナ　15世紀末-16
　　　　世紀初頭）

Pietro da Rimini 〈14世紀〉
イタリアの画家。
⇒世美（ピエトロ・ダ・リーミニ　（活動）14世紀前
　　　　半）

Pietro da Salò 〈16世紀〉
イタリアの彫刻家。
⇒世美（ピエトロ・ダ・サロ　1500頃-1561頃）

Pietro degli Ingannati 〈16世紀〉
イタリアの画家。
⇒世美（ピエトロ・デッリ・インガンナーティ
　　　（記録）1529-1548）

Pietro di Giovanni d'Ambrogio 〈15世紀〉
イタリアの画家。
⇒新美（ピエトロ・ディ・ジョヴァンニ・ディ・アン
　　　　ブロージオ）
　世美（ピエトロ・ディ・ジョヴァンニ・ダンブ
　　　　ロージョ　1410-1449）

Pietro di Puccio 〈14世紀〉
イタリアの画家。
⇒世美（ピエトロ・ディ・プッチョ　14世紀後半）

Pietro d'Oderisio 〈13世紀〉
イタリアの彫刻家。
⇒世美（ピエトロ・ドデリージオ　13世紀後半）

Piette, Edouard 〈19・20世紀〉
フランスの考古学者。マドレーヌ期の美術に発展段階を認め、またアジール文化の存在を最初に発見した。
⇒西洋（ピエット　1827-1906）

Piffetti, Pietro 〈18世紀〉
イタリアの家具制作家。
⇒建築（ビフェッティ、ピエトロ　1700頃-1777）
　世美（ピッフェッティ、ピエトロ　1700頃-1777）

Pigage, Nicolas de 〈18世紀〉
フランスの建築家。
⇒建築（ピガージュ、ニコラ・ド　1723-1796）
　世美（ピガージュ、ニコラ・ド　1723-1796）

Pigalle, Jean Baptiste 〈18世紀〉
フランスの彫刻家。主作品は『サクス元帥の墓碑』など。
⇒岩ケ（ピガル, ジャン・バティスト　1714-1785）
　芸術（ピガル, ジャン・バティスト　1714-1785）
　国小（ピガール　1714.1.26-1785.8.21）
　コン2（ピガル　1714-1785）
　コン3（ピガル　1714-1785）
　新美（ピガル, ジャン=バティスト　1714.1.26-1785.1.26）
　西洋（ピガル　1714.1.26-1785.8.21）
　世美（ピガル, ジャン=バティスト　1714-1785）
　世百（ピガル　1714-1785）
　全書（ピガル　1714-1785）

Pignion, Edouard 〈20世紀〉
フランスの画家。戦争や闘争をテーマに制作。「サロン・ドーメー」の一員。
⇒外国（ピニョン　1905-）
　国小（ピニョン　1905-）
　コン3（ピニョン　1905-1993）
　新美（ピニョン, エドゥワール　1905.2.12-）
　人物（ピニョン　1905.2.12-）
　西洋（ピニョン　1905.2.12-）
　世芸（ピノン　1905-）
　世美（ピニョン, エドゥアール　1905-）
　二十（ピニョン, エドゥワール　1905.2.12-1993.5.14）

Pigoznis, Jazep Vladislavovich 〈20世紀〉
ロシアのイラストレーター。
⇒児イ（Pigoznis, Jazep Vladislavovich　ピゴーズニス, J.V.　1934-）

Pijnacker, Adam 〈17世紀〉
オランダの画家, 版画家。
⇒世美（ペイナッケル, アダム　1621-1673）

Pilacorte, Giovanni Antonio 〈15・16世紀〉
イタリアの彫刻家。
⇒世美（ピラコルテ, ジョヴァンニ・アントーニオ　15-16世紀）

Pilapil, Imelde 〈20世紀〉
フィリピン生れの彫刻家。
⇒世芸（フィラピル, イメルダ　1952-）

Piles, Roger de 〈17・18世紀〉
フランスの画家, 文筆家。プーサン派。
⇒国小（ピール　1635-1709.4.5）
　西洋（ロジェ・ド・ピール　1635頃-1709.4.5）
　世美（ピル, ロジェ・ド　1635-1709）

Pilgram, Anton II 〈15・16世紀〉
ドイツの建築家, 彫刻家。
⇒建築（ピルグラム, アンソニー　1460頃-1515頃）
　世美（ピルグラム, アントン2世　1450/60頃-1515頃）

Pilkington, Brian 〈20世紀〉
アイスランドのイラストレーター。
⇒児イ（Pilkington, Brian　ピルキングトン, B.）

Pillement, Jean 〈18・19世紀〉
フランス画家, 版画家。
⇒世美（ピルマン, ジャン　1728-1808）

Pilo, Carl Gustav 〈18世紀〉
スウェーデンの画家。
⇒世美（ピーロ, カール・グスタヴ　1712-1792）

Pilon, Germain 〈16世紀〉
フランスの彫刻家。ビラーク卿の膝下像が代表作。
⇒岩ケ（ピロン, ジェルマン　1537-1590）
　キリ（ピロン, ジェルマン　1537頃-1590.2.3）
　芸術（ピロン, ジェルマン　1535頃-1590）
　広辞4（ピロン　1525頃-1590）
　広辞6（ピロン　1525頃-1590）
　国小（ピロン　1535-1590.2.3）
　コン2（ピロン　1537頃-1590）
　コン3（ピロン　1537頃-1590）
　新美（ピロン, ジェルマン　1535頃-1590.2.3）
　人物（ピロン　1537頃-1590.2.3）
　西洋（ピロン　1537頃-1590.2.3）
　世美（ピロン, ジェルマン　1528頃-1590）
　世百（ピロン　1535頃-1590）
　全書（ピロン　1525頃-1590）
　大百（ピロン　1535頃-1590）
　伝世（ピロン　1535頃-1590）
　百科（ピロン　1525頃-1590）

Piloty, Ferdinand 〈19世紀〉
ドイツの画家。バイエルン国民美術館その他の大壁画を描いた。
⇒西洋（ピローティ　1828.10.9-1895.12.21）

Piloty, Karl Theodor von 〈19世紀〉
ドイツの画家。
⇒芸術（ピロティー, カルル・フォン　1826-1886）
　西洋（ピローティ　1826.10.9-1886.7.21）

Pinaigrier, Louis 〈17世紀〉
フランスのステンドグラス制作家。
⇒世美（ピネグリエ, ルイ　?-1627）

Pinaigrier, Nicolas I 〈16・17世紀〉
フランスのステンドグラス制作家。
⇒世美（ピネグリエ, ニコラ1世　?-1606）

Pinaigrier, Nicolas II 〈17世紀〉
フランスのステンドグラス制作家。
⇒世美（ピネグリエ, ニコラ2世　（活動）1618-1635）

Pinaigrier, Robert 〈15・16世紀〉
フランスのガラス絵師。主作品『ヨセフ物語』など。一族にはガラス絵師が多い。
⇒西洋（ピネグリエ　1490/1500-1550以前）
　世美（ピネグリエ, ロベール1世　1490頃-1570頃）

Pinazo Camarlench, Ignacio 〈19・20世紀〉
スペインの画家。
⇒新美（ピナーソ・カマルレンチ, イグナシオ 1849.1.11–1916.10.18）
二十（ピナーソ・カマルレンチ, イグナシオ 1849.1.11–1916.10.18）

Pinchuk, Veniamin Borisobich 〈20世紀〉
ソ連の彫刻家。
⇒二十（ピンチューク, ヴェニアミーン 1908.11.30–）

Pincus, Haarriet 〈20世紀〉
挿絵画家。
⇒児イ（Pincus, Haarriet　ピンカス, H.）

Pinder, Polly 〈20世紀〉
イギリスのイラストレーター。
⇒児イ（Pinder, Polly　ピンダー, P.　1948–）

Pinder, Wilhelm 〈19・20世紀〉
ドイツの美術史家。14世紀のドイツ彫刻などを研究。
⇒キリ（ピンダー, ヴィルヘルム　1878.6.20–1947.5.13）
国小（ピンダー　1878.6.25–1947.5.13）
新美（ピンダー, ヴィルヘルム　1878.6.25–1947.5.13）
西洋（ピンダー　1878.6.25–1947.5.13）
二十（ピンダー, ヴィルヘルム　1878.6.25–1947.5.13）

Pineau, Nicolas 〈17・18世紀〉
フランスの建築家, 彫刻家。ペテルブルクのペーターホーフ城の建立（1721完成）に従事。
⇒国小（ピノー　1684.10.8–1754.4.24）

Pinelli, Bartolomeo 〈18・19世紀〉
イタリアの素描家, 版画家。
⇒世美（ピネッリ, バルトロメーオ　1781–1835）

Pinkert, Kena 〈20世紀〉
イスラエル生れの画家。
⇒世芸（ピンカート, ケナ　1948–）

Pinkney, Jerry 〈20世紀〉
アメリカのイラストレーター。
⇒児イ（Pinkney, Jerry　ピンクニー, J.）

Pinkwater, Manus 〈20世紀〉
アメリカのイラストレーター。
⇒児イ（Pinkwater, Manus　ピンクウォーター, M.）

Pinney, Eunice Griswald 〈18・19世紀〉
アメリカの民衆画家。
⇒世女日（ピニー, ユーニス・グリスウォルド　1770–1849）

Pino, Marco dal 〈16世紀〉
イタリアの画家。
⇒世美（ピーノ, マルコ・ダル　1525頃–1587頃）

Pino, Paolo 〈16世紀〉
イタリアの版画家, 著述家。
⇒世美（ピーノ, パーオロ　1534–1564）

Pinto, Ralph 〈20世紀〉
アメリカのイラストレーター。
⇒児イ（Pinto, Ralph　ピント—, R.）

Pintori, Giovanni 〈20世紀〉
イタリアの画家, デザイナー。「オリベッティ」のアート・ディレクター。
⇒国小（ピントーリ　1912–）
新美（ピントーリ, ジョヴァンニ　1912.7.14–）
二十（ピントリー, ジョヴァンニ　1912.7.14–）

Pinturicchio 〈15・16世紀〉
イタリアの画家。ローマ, オリビエトで壁画を描いた。
⇒岩ケ（ピントリッキオ　1454–1513）
外国（ピントゥリッキョ　1454–1513）
キリ（ピントリッキオ　1454–1513.12.11）
芸術（ピントゥリッキオ　1454–1513）
国小（ピントリッキオ　1454–1513.12.11）
コン2（ピントリッキョ　1454–1513）
コン3（ピントリッキョ　1454–1513）
新美（ピントゥリッキオ　1454頃–1513）
人物（ピントーリッキオ　1454–1513.12.11）
西洋（ピントリッキョ　1454–1513.12.11）
世美（ピントゥリッキオ　1454頃–1513.12.11）
世美（ピントゥリッキオ　1454–1513）
世百（ピントゥリッキオ　1454頃–1513）
全書（ピントリッキョ　1454–1513）
大百（ピントリッキオ　1454–1517）
伝世（ピントリッキオ　1454頃–1513）
百科（ピントゥリッキョ　1454頃–1513）

Pio, Angelo Gabriello 〈17・18世紀〉
イタリアの彫刻家。
⇒世美（ピーオ, アンジェロ・ガブリエッロ　1690–1770）

Piola, Domenico 〈17・18世紀〉
イタリアの画家。
⇒世美（ピオーラ, ドメーニコ　1627–1703）

Piotrovskii, Boris Borisovich 〈20世紀〉
ソ連の考古学者。
⇒新美（ピオトロフスキイ, ボリス　1908.2.1(14)–）

Piper, John 〈20世紀〉
イギリスの画家, 装飾デザイナー。
⇒岩ケ（パイパー, ジョン　1903–1992）
オペ（パイパー, ジョン　1903.12.13–1992.6.28）
新美（パイパー, ジョン　1903–）
世芸（パイパー, ジョン　1903–1992）
世美（パイパー, ジョン　1903–）
二十（パイパー, ジョン　1903–1992.6.28）

バレ（パイパー，ジョン　1903.12.13-1992.6.27）

Pirandello, Fausto〈20世紀〉
イタリアの画家。
⇒世美（ピランデッロ，ファウスト　1899-1975）

Piranesi, Giambattista〈18世紀〉
イタリアの版画家。古代ローマの遺跡を銅版画に制作。
⇒岩ケ（ピラネージ，ジャンバッティスタ　1720-1778）
　芸術（ピラネージ，ジョヴァンニ・バティスタ　1720-1778）
　幻想（ピラネージ，ジョヴァンニ・バティスタ　1720-1778）
　建築（ピラネージ，ジョヴァンニ・バッティスタ　1720-1778）
　広辞4（ピラネージ　1720-1778）
　広辞6（ピラネージ　1720-1778）
　国小（ピラネージ　1720.10.4-1778.11.9）
　コン2（ピラネージ　1720-1778）
　コン3（ピラネージ　1720-1778）
　新美（ピラネージ，ジョヴァンニ・バッティスタ　1720.10.4-1778.11.9）
　西洋（ピラネージ　1720.10.4-1778.11.9）
　世西（ピラネージ　1720-1778）
　世美（ピラネージ，ジャンバッティスタ　1720-1778）
　大辞（ピラネージ　1720-1778）
　大辞3（ピラネージ　1720-1778）
　デス（ピラネジ　1720-1778）
　伝世（ピラネージ　1720.10.4-1778.11.9）
　百科（ピラネージ　1720-1778）

Pirosmanashvili, Niko〈19・20世紀〉
ロシアの画家。グルジア出身。ピロスマニと称される。
⇒広辞4（ピロスマナシビリ　1862?-1918）
　広辞5（ピロスマナシヴィリ　1862?-1918）
　広辞6（ピロスマナシヴィリ　1862?-1918）
　コン3（ピロスマナシヴィリ　1862頃-1918）
　大辞（ピロスマナシビリ　1862頃-1918）
　大辞2（ピロスマナシビリ　1862頃-1918）
　大辞3（ピロスマナシビリ　1862頃-1918）
　中ユ（ピロスマニ　1862-1918）
　二十（ピロスマナシビリ，ニコ　1862?-1918）
　百科（ピロスマナシビリ　1862?-1918）

Pirot, Andreas〈18世紀〉
ドイツのタピスリー制作者。
⇒世美（ピロト，アンドレアス　?-1763）

Pisanello, Antonio〈14・15世紀〉
イタリアの画家。作品には，フレスコ『聖告』（1422〜26）など。
⇒岩ケ（ピサネロ，アントニオ　1395頃-1455）
　外国（ピザネロ　1380頃-1456頃）
　キリ（ピサネルロ　1395?.11.12-1455.9）
　芸術（ピサネロ　1395-1455頃）
　広辞4（ピサネロ　1395頃-1455頃）
　広辞6（ピサネロ　1395頃-1455頃）
　国小（ピサネロ　1395頃-1455頃）
　国百（ピサネロ，アントニオ　1395頃-1455頃）
　コン2（ピサネロ　1395-1455頃）
　コン3（ピサネロ　1395-1455頃）
　新美（ピサネルロ　1395頃-1455頃）
　人物（ピサネロ　1395.11.12-1455.9）
　西洋（ピサーノ　1395.11.12-1455.9）
　世西（ピサネルロ　1395頃-1450）
　世美（ピサーノッロ　1395以前-1455頃?）
　世百（ピサネロ　1395頃-1450/5?）
　全書（ピサネロ　1395頃-1455）
　大百（ピサネロ　1395-1456）
　デス（ピサネロ　1395頃-1455頃）
　伝世（ピサーノッロ　1395以前-1455.10）
　百科（ピサネロ　?-1455頃）

Pisano, Andrea〈13・14世紀〉
イタリアの彫刻家，建築家。フィレンツェの大聖堂の建築を完成。
⇒岩ケ（ピサーノ，アンドレア　1270頃-1349）
　外国（ピサーノ　1273-1348）
　キリ（ピサーノ，アンドレーア　1290頃-1348頃）
　芸術（ピサーノ，アンドレア　1290頃-1348）
　建築（アンドレア・ピサーノ（アンドレア・ダ・ポンテデラ（通称））　1290頃-1348/49）
　広辞4（ピサーノ　1290頃-1348）
　広辞6（ピサーノ　1290頃-1348）
　国小（ピサーノ　1290頃-1348/9）
　国百（ピサーノ，アンドレーア　1290頃-1347頃）
　コン2（ピサーノ　1270頃-1348）
　コン3（ピサーノ　1270頃-1348）
　新美（ピサーノ，アンドレーア　1290頃-1348）
　西洋（ピサーノ　1290頃-1348頃）
　世西（ピサーノ　1290頃-1348頃）
　世美（アンドレーア・ピサーノ　1290頃-1349頃）
　世百（ピサーノ　1270頃/95-1348/9）
　全書（ピサーノ　1290頃-1348）
　大百（ピサーノ　1270頃-1348）
　伝世（アンドレア・ピサーノ　1290/5頃-1348.7.19以前）
　百科（ピサーノ　1290頃-1348）

Pisano, Giovanni〈13・14世紀〉
イタリアの彫刻家，建築家。N.ピサーノの子。父とともにペルジアの聖堂前広場の噴水などを製作。
⇒岩ケ（ピサーノ，ジョヴァンニ　1250頃-1320頃）
　外国（ピサーノ　1250頃-1328頃）
　キリ（ピサーノ，ジョヴァンニ　1250頃-1314以降）
　芸術（ピサーノ，ジョヴァンニ　1250頃-1314以後）
　建築（ジョバンニ・ピサーノ　1248頃-1315頃）
　広辞4（ピサーノ　1245頃-1314頃）
　広辞6（ピサーノ　1245頃-1314頃）
　国小（ピサーノ，ジョバンニ　1250頃-1314以後）
　国百（ピサーノ，ジョバンニ　1250頃-1314以後）
　コン2（ピサーノ　1250頃-1320頃）
　コン3（ピサーノ　1250頃-1314以後）
　新美（ピサーノ，ジョヴァンニ　1245/50-1314以後）
　人物（ピサーノ　1250頃-1314以後）
　西洋（ピサーノ　1250頃-1314以後）
　世西（ピサーノ　1252頃-1314頃）
　世美（ジョヴァンニ・ピサーノ　1248頃-1314以降）
　世百（ピサーノ　1245頃-1317頃）
　全書（ピサーノ　1248頃-1314以後）
　大辞（ピサーノ　1250?-1314頃）
　大辞3（ピサーノ　1250?-1314頃）
　大百（ピサーノ　1250頃-1314）
　デス（ピサーノ　1240頃-1314頃）
　伝世（ジョヴァンニ・ピサーノ　1250頃-1314/7）

百科（ピサーノ　1248頃-1319頃）

Pisano, Giunta 〈13世紀〉
イタリア，ピサ派画家。磔刑図の類型を創造。
⇒国小（ピサーノ　1202?-1258）
　新美（ジウンタ・ピサーノ）
　世美（ジュンタ・ピサーノ　（記録）1229-1254）

Pisano, Nicola 〈13世紀〉
イタリアの彫刻家，建築家。1259年ピサの洗礼堂を製作。
⇒岩ケ（ピサーノ，ニコロ　1225頃-1278/84）
　外国（ピサーノ　1215頃-1280頃）
　キリ（ピサーノ，ニッコロ（ニコーラ）　1225/20頃-1278/84頃）
　芸術（ピサーノ，ニッコロ　1220-1284）
　建築（ニコラ・ピサーノ　1210/15-1278/84）
　広辞4（ピサーノ　1220頃-1280頃）
　広辞6（ピサーノ　1220頃-1280頃）
　国小（ピサーノ，ニコラ　1220頃-1283）
　国百（ピサーノ，ニッコロ　1220頃-1279/-84）
　コン2（ピサーノ　1220頃-1280頃）
　コン3（ピサーノ　1220頃-1280頃）
　新美（ピサーノ，ニコラ　1220頃-1278/84）
　人物（ピサーノ　1225頃-1280頃）
　西洋（ピサーノ　1225頃-1280頃）
　世西（ピサーノ　1215頃-1277頃）
　世美（ニコーラ・ピサーノ　1220/30-1278/84）
　世百（ピサーノ　1220頃-1278/87）
　全書（ピサーノ　1210/15-1278/84）
　大百（ピサーノ　1220/5-1287）
　デス（ピサーノ　1220頃-1283頃）
　伝世（ニコラ・ピサーノ　1220/5頃-1278/84）
　百科（ピサーノ　1225頃-1278/84）

Pisano, Nino 〈14世紀〉
イタリアの彫刻家。
⇒コン2（ピサーノ　1315頃-1368頃）
　コン3（ピサーノ　1315頃-1368頃）
　世美（ニーノ・ピサーノ　14世紀初頭-1368）

Pisis, Filippo de 〈20世紀〉
イタリアの画家。輝かしい色彩，震える光と雰囲気を用いてヴェネツィアの風景，海岸，静物を抒情的に描いた。詩人，批評家としても活躍した。
⇒西洋（ピージス　1896.5.11-1956.4.2）

Pissarro, Camille 〈19・20世紀〉
フランスの画家。印象派の代表的画家から新印象主義，のち独自の様式へと転じた。
⇒岩ケ（ピサロ，カミーユ　1830-1903）
　外国（ピサロ　1830-1903）
　芸術（ピサロ，カミーユ　1830-1903）
　広辞4（ピサロ　1830-1903）
　広辞5（ピサロ　1830-1903）
　広辞6（ピサロ　1830-1903）
　国小（ピサロ　1830.7.10-1903.11.13）
　国百（ピサロ，カミーユ　1830.7.10-1903.11.13）
　コン2（ピサロ　1830-1903）
　コン3（ピサロ　1830-1903）
　新美（ピサロ，カミーユ　1830.7.10-1903.11.12）
　人物（ピサロ　1830.7.10-1903.11.13）
　西洋（ピサロ　1830.7.10-1903.11.13）
　世西（ピサロ　1831.7.10-1903.11.12）
　世美（ピサロ，カミーユ　1830-1903）
　世百（ピサロ　1830-1903）
　全書（ピサロ　1830-1903）
　大辞（ピサロ　1830-1903）
　大辞2（ピサロ　1830-1903）
　大辞3（ピサロ　1830-1903）
　大百（ピサロ　1831-1903）
　デス（ピサロ　1830-1903）
　伝世（ピサロ　1830.7.10-1903.11.12）
　ナビ（ピサロ　1830-1903）
　二十（ピサロ，カミーユ　1830.7.10-1903.11.12）
　百科（ピサロ　1830-1903）
　山世（ピサロ，カミーユ　1830-1903）

Pissarro, Lucien 〈19・20世紀〉
イギリスの画家，デザイナー，木版画家，印刷業者。
⇒岩ケ（ピサロ，リュシアン　1863-1944）
　新美（ピサロ，リュシアン　1863.2.20-1944）
　二十（ピサロ，リュシアン　1863.2.20-1944）

Pistocchi, Giuseppe 〈18・19世紀〉
イタリアの建築家。
⇒世美（ピストッキ，ジュゼッペ　1744-1814）

Pistoletto, Michelangelo 〈20世紀〉
イタリアのポップ・アーティスト。
⇒オ西（ピストレット，ミケランジェロ　1933-）
　新美（ピストレット，ミケランジェロ　1933.6.23-）
　世芸（ピストレット，ミケランジェロ　1923-）
　世美（ピストレット，ミケランジェロ　1933-）
　二十（ピストレット，ミケランジェロ　1933.6.23-）
　美術（ピストレット，ミケランジェロ　1933-）

Pistrucci, Benedetto 〈18・19世紀〉
イタリアの宝石細工師，メダル制作家。
⇒世美（ピストルッチ，ベネデット　1784-1855）

Pitloo, Anton Sminck 〈18・19世紀〉
オランダの画家。
⇒世美（ピットロー，アントン・スミンク　1790-1837）

Pittara, Carlo 〈19世紀〉
イタリアの画家。
⇒世美（ピッターラ，カルロ　1836-1890）

Pitteri, Marco Alvise 〈18世紀〉
イタリアの版画家。
⇒世美（ピッテーリ，マルコ・アルヴィーゼ　1702-1786）

Pittoni, Giovanni Battista 〈17・18世紀〉
イタリアの画家。
⇒世美（ピットーニ，ジョヴァンニ・バッティスタ　1687-1767）

Pitz, Henry Clarence 〈20世紀〉
アメリカのイラストレーター。
⇒児イ（Pitz, Henry Clarence　ピッツ, H.C.

1895-)
世児（ピッツ，ヘンリ・C（クラレンス） 1895-1976）

Piussi-Campbell, Judy 〈20世紀〉
アメリカのイラストレーター。
⇒児イ（Piussi-Campbell, Judy）

Pivovarov, Viktor (Vitalij) Dmitrievich 〈20世紀〉
ロシアのイラストレーター。
⇒児イ（Pivovarov, Viktor (Vitalij) Dmitrievich ピヴォヴァーロフ, V.D. 1937-）

Piza, Luiz 〈20世紀〉
ブラジルの銅版画家。
⇒世芸（ピザ, ルニス 1928-）
二十（ピザ, L. 1928-）

Pizzinato, Armando 〈20世紀〉
イタリアの画家。
⇒世美（ピッツィナート, アルマンド 1910-）

Pizzolo, Niccolò 〈15世紀〉
イタリアの画家，彫刻家。
⇒世美（ピッツォロ, ニッコロ 1421-1453）

Place, Francois 〈20世紀〉
フランスの児童書のイラストレーターおよびシナリオ作家。
⇒児イ（Place, Franeois プラス, F. 1957-）
児作（Place, Francois プラス, フランソワ 1957-）

Planché, James Robinson 〈18・19世紀〉
イギリスの劇作家，考古研究家。舞台美術，衣装，監督などをつとめた。
⇒集文（プランシェ, ジェイムズ 1796.2.27-1880.5.30）
世児（プランシェ, ジェイムズ・ロビンスン 1796-1880）
名著（プランシェ 1796-1880）

Planell 〈20世紀〉
スペイン生れの画家。
⇒世芸（プラネル 1927-）

Plantery, Gian Giacomo 〈17・18世紀〉
イタリアの建築家。
⇒建築（プランテリー（プランテリ, プランティエリ），ジャン・ジャコモ 1680-1756）
世美（プランテーリ, ジャン・ジャーコモ 1680-1756）

Plasencia, Peter P. 〈20世紀〉
アメリカのイラストレーター。
⇒児イ（Plasencia, Peter P.）

Plastov, Arkady Alexandrovitch 〈20世紀〉
ソ連の画家。ソ連芸術アカデミー会員。主作品『夏』(1960)。
⇒国小（プラストフ 1893-1972.5.12）
世芸（プラストフ, アルカディー・アレクサンドローヴィッチ 1893-1962）

Platt, Richard 〈20世紀〉
ライター，編集者，写真家。
⇒児作（Platt, Richard プラット, リチャード 1953-）

Platz, Gustav Adolf 〈19・20世紀〉
ドイツの建築家。マンハイム市の建築課長（1923来）。
⇒西洋（プラッツ 1881-）

Platzer, Ignác František 〈18世紀〉
ボヘミアの彫刻家。
⇒世美（プラッツァー, イグナツ・フランティシェク 1717-1787）

Platzer, Jozef 〈18・19世紀〉
ボヘミア出身のオーストリアの画家，舞台美術家。
⇒世美（プラッツァー, ヨゼフ 1751-1806）

Playfair, William Henry 〈18・19世紀〉
イギリスの建築家。
⇒岩ケ（プレイフェア, ウィリアム・ヘンリー 1789-1857）
世美（プレイフェア, ウィリアム・ヘンリー 1789-1857）

Plečnik, Josip (Jože) 〈19・20世紀〉
スロベニアの建築家。
⇒東欧（プレチニク 1872-1957）

Pleydell-Bouverie, Katherine 〈20世紀〉
イギリスの陶芸家。
⇒岩ケ（プレイデル＝ブーヴェリー, キャサリン 1895-1985）
世女日（プレイデル＝ブーヴェリー, カテリーン 1895-1985）

Pleydenwulff, Hans 〈15世紀〉
ドイツの画家。聖エリザベト聖堂の主祭壇画を制作（1462完成）。
⇒芸術（プライデンヴルフ, ハンス 1430-1472）
国小（プライデンブルフ 1420頃-1472）
新美（プライデンヴルフ, ハンス 1420頃-1472）
世美（プライデンヴルフ, ハンス ?-1472）

Plimer, Andrew 〈18・19世紀〉
イギリスの画家。ミニアチュール画を得意とした。
⇒国小（プリマー 1763.12.29頃-1837.1.29）

Plummer, W.Kirtman 〈20世紀〉
アメリカのイラストレーター。

⇒児イ（Plummer, W.Kirtman　プラマー, W.K.）

Plunkett, Walter〈20世紀〉
アメリカ生れの映画衣裳デザイナー。
⇒世映（プランケット, ウォルター　1902-1982）
　世俳（プランケット, ウォルター　1902.6.5-1982.3.8）

Poccetti〈16・17世紀〉
イタリアの画家。
⇒世美（ポッチェッティ　1548-1612）

Pocci, Franz von〈19世紀〉
ドイツの詩人, 音楽家, 画家。
⇒西洋（ポッツィ　1807.3.7-1876.5.7）

Poccianti, Pasquale〈18・19世紀〉
イタリアの建築家。
⇒建築（ポッチャンティ, パスクアーレ　1774-1858）
　世美（ポッチャンティ, パスクアーレ　1774-1858）

Pococke, Nicholas〈18・19世紀〉
イギリスの画家。
⇒世美（ポーコック, ニコラス　1740-1821）

Podesti, France-sco〈18・19世紀〉
イタリアの画家。
⇒世美（ポデスティ, フランチェスコ　1798/1800-1895）

Podrecca, Borris〈20世紀〉
ユーゴスラヴィア生れの建築家。
⇒二十（ポートレッカ, ボリス　1940-）

Poelaert, Joseph〈19世紀〉
ベルギーの建築家。代表作はブリュッセル裁判所。
⇒建築（プラルト, ヨセフ　1817-1879）
　国小（ポーレルト　1817.3.21-1879.11.3）
　新美（プラールト, ヨゼフ　1817.3.21-1879.11.3）
　西洋（プーラルト　1817.3.21-1879.11.3）

Poelenburgh, Cornelisz van〈16・17世紀〉
オランダの画家。ローマでエルスハイマーの影響をうけ, 肖像や風景や宗教画を描いた。
⇒西洋（プーレンブルフ　1586頃-1667.8.12）
　世美（ファン・プーレンブルフ, コルネリス　1586頃-1667）

Poelzig, Hans〈19・20世紀〉
ドイツの建築家。マックス・ラインハルト劇場（1919）の建築で知られる。
⇒岩ケ（ペルツィヒ, ハンス　1869-1936）
　オ西（ペルツィヒ, ハンス　1869-1936）
　国小（ペルツィヒ　1869.4.30-1936.6.14）
　新美（ペルツィッヒ, ハンス　1869.4.30-1936.6.14）
　西洋（ペルツィヒ　1869.4.30-1936.6.14）
　世美（ペルツィヒ, ハンス　1869-1936）
　世百（ペルチヒ　1869-1936）
　全書（ペルツィヒ　1869-1936）
　大百（ペルツィッヒ　1869-1936）
　二十（ペルツィヒ, ハンス　1869.4.30-1936.6.14）
　百科（ペルツィヒ　1869-1936）

Poête, Marcel〈19・20世紀〉
フランスの都市計画家。
⇒世美（ポエット, マルセル　1866-1949）

Pogany, Willy（William Andrew）〈19・20世紀〉
アメリカ（ハンガリー生れ）の画家。特に児童読物の挿絵, 多くの雑誌の表紙絵や壁画を描いた。
⇒英児（Pogány, Willy　ポガーニー, ウィリー　1882-1955）
　児イ（Pogany, William（Willy）Andrew　ポガニー, W.A.　1882-1955）
　西洋（ポガーニ　1882.8.24-1956.7.5）
　世児（ポーガーニ, ウィリー・（ヴィルモーシュ）1882-1956）

Poggi, Giuseppe〈19・20世紀〉
イタリアの建築家, 都市設計家。
⇒国小（ポッジ　1811-1901）
　世美（ポッジ, ジュゼッペ　1811-1901）

Pogliaghi, Ludovico〈19・20世紀〉
イタリアの彫刻家, 画家, 装飾家, 舞台美術家。
⇒世美（ポリアーギ, ルドヴィーコ　1857-1950）

Pointe, Arnoult de la〈15・16世紀〉
オランダのガラス画家。
⇒世美（ポワント, アルヌール・ド・ラ　1470頃-1540頃）

Poiret, Paul〈19・20世紀〉
フランスのファッション・デザイナー。
⇒岩ケ（ポワレ, ポール　1879-1944）
　広辞6（ポワレ　1879-1944）
　全書（ポワレ　1880-1944）
　ナビ（ポアレ　1879-1944）
　二十（ポワレ, ポール　1879-1944）
　百科（ポアレ　1879-1944）

Poisson, Pierre〈13世紀〉
フランスの建築家。
⇒建築（ポワソン, ピエール　1285頃-?）

Poisson, Pierre〈19・20世紀〉
フランスの彫刻家。記念碑, 胸像, レリーフを制作。
⇒芸術（ポアソン, ピエル　1876-1953）
　国小（ポアソン　1876-1953）
　世芸（ポアソン, ピエル　1876-1953）

Pokorny, Vaclar〈20世紀〉
チェコスロバキアのイラストレーター。
⇒児イ（Pokorny, Vaclar　ポコルニー, V.　1949-）

Polacco, Patricia 〈20世紀〉
アメリカの女性絵本作家。
⇒英児（Polacco, Patricia　ポラッコ, パトリシア　1944-）
　児作（Polacco, Patricia　ポラッコ, パトリシア）

Polansky, Lois 〈20世紀〉
アメリカ生れの工芸家, 画家。
⇒世芸（ポランスキー, ルイ　1939-）

Pol de Mont 〈19・20世紀〉
オランダの詩人, 評論家。アントワープ美術館長（1904～21）。
⇒国小（ド・モン　1857-1931）
　集文（モント, ポル・デ　1857.4.15-1931.6.29）
　西洋（ポル・デ・モント　1857.4.15-1931.6.30）
　名著（モント　1857-1931）

Poletti, Luigi 〈18・19世紀〉
イタリアの建築家。
⇒建築（ポレッティ, ルイジ　1792-1869）

Polglase, Van Nest 〈20世紀〉
アメリカ・ニューヨーク生れの映画美術監督。
⇒世映（ポルグラース, ヴァン・ネスト　1898-1968）

Polgreen, John 〈20世紀〉
アメリカのイラストレーター。
⇒児イ（Polgreen, John）

Poliakoff, Serge 〈20世紀〉
フランスの版画家。
⇒オ西（ポリアコフ, セルジュ　1906-1969）
　新美（ポリアコフ, セルジュ　1906.1.8-1969.10.12）
　西洋（ポリアコフ　1906.1.8-1969.10.12）
　世芸（ポリアコフ, セルジュ　1906-1969）
　世美（ポリアコフ, セルジュ　1906-1969）
　二十（ポリアコフ, セルジュ　1906.1.8-1969.10.12）

Polidoro da Lanciano 〈16世紀〉
イタリアの画家。
⇒世美（ポリドーロ・ダ・ランチャーノ　1514-1565）

Politi, Leo 〈20世紀〉
アメリカのイラストレーター。
⇒英児（Politi, Leo　ポーリティ, レオ　1908-1996）
　児イ（Politi, Leo　ポリティ, L.　1908-）
　世児（ポリッティ, レオ　1908-）

Politi, Odorico 〈18・19世紀〉
イタリアの画家。
⇒世美（ポリーティ, オドリーコ　1785-1846）

Poliziano, Angelo Ambrogini 〈15世紀〉
イタリアの詩人, 人文主義者, 古典学者。『騎馬試合の歌』(1475～78) が代表作。
⇒岩ケ（ポリツィアーノ　1454-1494）
　外国（ポリツィアーノ　1454-1494）
　キリ（ポリツィアーノ, アンジェロ（アンブロジーニ）　1454.7.14-1494.9.24）
　広辞4（ポリツィアーノ　1454-1494）
　広辞6（ポリツィアーノ　1454-1494）
　国小（ポリツィアーノ　1454.7.14-1494.9.28）
　国百（ポリツィアーノ　1454.7.14-1494.9.28）
　コン2（ポリツィアーノ　1454-1494）
　コン3（ポリツィアーノ　1454-1494）
　集世（ポリツィアーノ　1454.7.14-1494.9.29/28）
　集文（ポリツィアーノ　1454.7.14-1494.9.29/28）
　新美（ポリツィアーノ, アンジェロ　1454.7-1494.9）
　西洋（ポリツィアーノ　1454.7.14-1494.9.24）
　世西（ポリツィアーノ　1454.7.14-1494.9.2）
　世百（ポリティアヌス　1454-1494）
　世文（ポリツィアーノ　1454-1494）
　全書（ポリツィアーノ　1454-1494）
　大辞（ポリツィアーノ　1454-1494）
　大辞3（ポリツィアーノ　1454-1494）
　大百（ポリツィアーノ　1454-1494）
　デス（ポリツィアーノ　1454-1494）
　伝世（ポリツィアーノ　1454.7.14-1494.9.28/29）
　百科（ポリツィアーノ　1454-1494）
　名著（ポリツィアーノ　1454-1494）

Polke, Sigmar 〈20世紀〉
ドイツの画家。
⇒世芸（ポルケ, ジグマール　1941-）

Pollack, Agoston 〈19世紀〉
オーストリアの建築家の一族。
⇒世美（ポラック, アゴストン　1807-1872）

Pollack, Joseph 〈18・19世紀〉
オーストリアの建築家の一族。
⇒世美（ポラック, ヨーゼフ　1779-1857）

Pollack, Leopold 〈18・19世紀〉
オーストリアの建築家の一族。
⇒建築（ポラック, レオポルト　1751-1806）
　世美（ポラック, レオポルト　1751-1806）

Pollack, Michael Johann 〈18・19世紀〉
オーストリアの建築家の一族。
⇒世美（ポラック, ミヒャエル・ヨハン　1773-1855）

Pollaiuolo, Antonio 〈15世紀〉
イタリアの鋳金家, 彫刻家, 画家, 版画家。絵画『裸体の男たちの闘争』が主作品。
⇒岩ケ（ポライウオロ, アントニオ　1432頃-1498）
　キリ（ポルライウォーロ, アントニーオ　1431頃-1498.2.4）
　芸術（ポライウォーロ兄弟　1432-1498頃）
　国小（ポライウォロ　1431/2-1498.2.4）
　コン2（ポライウォロ　1429/33-1498）
　コン3（ポライウォロ　1432頃-1498）
　新美（ポルライウォーロ, アントーニオ　1432頃-1498.2.4）

人物（ポライウォーロ　1433.1.14-1498.2.4）
西洋（ポライウォーロ　1433.1.14/29頃-1498.2.4）
世西（ポライウォーロ　1426-1498.2.4）
世美（ポッライウオーロ，アントーニオ　1431頃-1498）
世百（ポライウォロ，アントニオ　1429頃-1498）
大百（ポライウオロ　1429-1498）
デス（ポライウォロ　1430頃-1498）
百科（ポライウォロ　1432頃-1498）

Pollaiuolo, Piero 〈15世紀〉
イタリアの画家。『聖母戴冠』(1483) など。
⇒外国（ポライウオロ　1443-1496）
　芸術（ポライウォーロ兄弟　1441-1496頃）
　国小（ポライウォロ　1443-1496）
　コン2（ポライウォロ　1443-1496）
　コン3（ポライウォロ　1443-1496）
　新美（ポルライウオーロ，ピエロ　1441頃-1496以前）
　西洋（ポライウォーロ　1443-1496）
　世美（ポッライウォーロ，ピエーロ　1441?-1496）
　世百（ポライウォロ，ピエロ　1443-1496）

Pollini, Gino 〈20世紀〉
イタリアの建築家。
⇒世美（ポッリーニ，ジーノ　1903-）

Pollock, Paul Jackson 〈20世紀〉
アメリカの画家。アメリカにおける抽象表現主義またはアクション・ペインティングの創始者。
⇒アメ（ポロック　1912-1956）
　岩ケ（ポロック,（ポール・）ジャクソン　1912-1956）
　オ西（ポロック，ジャクスン　1912-1956）
　外国（ポロック　1912-）
　現ア（Pollock, Jackson　ポロック，ジャクソン　1912-1956）
　現人（ポロック　1912.1.28-1956.8.11）
　広辞5（ポロック　1912-1956）
　広辞6（ポロック　1912-1956）
　国小（ポロック　1912.1.28-1956.8.11）
　コン3（ポロック　1912-1956）
　最世（ポロック，ジャクソン　1912-1956）
　新美（ポロック，ジャックスン　1912.1.28-1956.8.11）
　人物（ポロック　1912.1.28-1956.8.11）
　西洋（ポロック　1912.1.28-1956.8.11）
　世芸（ポロック，ジャクソン　1912-1956）
　世美（ポロック，ジャクソン　1912-1956）
　世百新（ポロック　1912-1956）
　全書（ポロック　1912-1956）
　大辞2（ポロック　1912-1956）
　大辞3（ポロック　1912-1956）
　大百（ポロック　1912-1956）
　伝世（ポロック　1912.1.28-1956.8.11）
　ナビ（ポロック　1912-1956）
　二十（ポロック，ジャックスン　1912.1.28-1956.8.11）
　百科（ポロック　1912-1956）

Polonceau, Jean Barthélemy Camille 〈19世紀〉
フランスの鉄道技師，建築家。オルレアンの鉄道局長(1848〜)。停車場ホールの広いスパン

に架ける新しいトラス〈ポロンソー梁〉を発明。
⇒西洋（ポロンソー　1813-1859）

Polseno, Jo 〈20世紀〉
イラストレーター。
⇒児イ（Polseno, Jo）

Polugnōtos 〈前5世紀〉
古代ギリシアの画家。
⇒ギリ（ポリュグノトス　（活動）前490頃-460）
　芸術（ポリュグノトス　前475-前447活動）

Poluklēs 〈前2世紀〉
古代ギリシアの彫刻家。
⇒ギリ（ポリュクレス　（活動）前160頃-120）
　芸術（ポリュクレス）

Polushkin, Maria 〈20世紀〉
ロシアのイラストレーター。
⇒児イ（Polushkin, Maria　ポリューシュキン, M.　1942-）

Polydoros 〈前1世紀〉
ヘレニズム時代の彫刻家。
⇒芸術（ポリュドロス　前1世紀半頃）
　新美（ポリュドーロス）

Polyeuktos 〈前4・3世紀〉
古代ギリシアの彫刻家。主作品は青銅の『デモステネス』の像。
⇒芸術（ポリュエウクトス　前3世紀活動）
　国小（ポリュエウクトス　生没年不詳）
　コン2（ポリュエウクトス　前4-3世紀）
　コン3（ポリュエウクトス　生没年不詳）
　西洋（ポリュエウクトス　前3世紀）

Polygnotos 〈前5世紀〉
古代ギリシアの画家。作品に『トロイ落城』の大壁画がある。
⇒岩ケ（ポリュグノトス　前5世紀）
　外国（ポリュグノトス）
　国小（ポリュグノトス　前500頃-440頃）
　コン2（ポリュグノトス　前5世紀）
　コン3（ポリュグノトス　生没年不詳）
　新美（ポリュグノートス）
　新美（ポリュグノートス）
　人物（ポリュグノトス　前475頃-447頃）
　西洋（ポリュグノトス）
　世西（ポリュグノトス　前500頃-447頃）
　世芸（ポリュグノトス　前5世紀）
　世美（ポリュグノトス　前5世紀）
　世百（ポリュグノトス　生没年不詳）
　百科（ポリュグノトス　生没年不詳）
　評世（ポリグノトス　前5世紀）

Polykleitos 〈前5世紀〉
ギリシアの彫刻家。作品に『円盤を持つ人』など。
⇒岩ケ（ポリュクレイスト　前5世紀）
　旺世（ポリクレイトス　生没年不詳）
　外国（ポリュクレイトス　前5世紀）
　角世（ポリュクレイトス　生没年不詳）
　ギリ（ポリュクレイトス　（活動）前450頃-420）
　ギロ（ポリュクレイトス　前5世紀）

芸術（ポリュクレイトス）
広辞4（ポリュクレイトス）
広辞6（ポリュクレイトス　前5世紀）
国小（ポリュクレイトス　生没年不詳）
国百（ポリュクレイトス　生没年不詳）
コン2（ポリュクレイトス　前5世紀）
コン3（ポリュクレイトス　生没年不詳）
新美（ポリュクレイトス）
人物（ポリュクレイトス　前452-405）
西洋（ポリュクレイトス）
世人（ポリュクレイトス　生没年不詳）
世西（ポリュクレイトス　前460/70-423頃）
世美（ポリュクレイトス（大）（活動）前5世紀後半）
世百（ポリュクレイトス　生没年不詳）
全書（ポリクレイトス　生没年不詳）
大辞（ポリュクレイトス　生没年不詳）
大辞3（ポリュクレイトス　前5世紀）
大百（ポリュクレイトス　生没年不詳）
デス（ポリュクレイトス　生没年不詳）
伝世（ポリュクレイトス　前5世紀）
百科（ポリュクレイトス　生没年不詳）
評世（ポリクレイトス　前5世紀後半）
山世（ポリュクレイトス　前5世紀）

Polykleitos 〈前5・4世紀〉
ギリシアの彫刻家。作品にアミュクライの『アフロディテ』像など。
⇒世美（ポリュクレイトス（小）　前5-前4世紀）

Polykleitos 〈前4世紀〉
古代ギリシアの彫刻家, 建築家。エピダウロスの劇場の建築とトロス（前360～30）の作家。
⇒国小（ポリュクレイトス　生没年不詳）
　世美（ポリュクレイトス　前4世紀）

Polymedes of Argos 〈前7・6世紀〉
古代ギリシアの彫刻家。『クレオビスとビトン兄弟の像』の作者。
⇒国小（ポリュメデス（アルゴスの）　生没年不詳）
　西洋（ポリュメデス　前6世紀）
　世美（ポリュメデス（アルゴス出身の）　前7-前6世紀）

Pomalaza, Fernando 〈20世紀〉
ペルー生れの画家。
⇒世芸（ポマラッサ, フェルナンド　1943-）

Pomarancio 〈16世紀〉
イタリアの画家。
⇒世美（ポマランチョ　1517-1596頃）

Pomarancio 〈16・17世紀〉
イタリアの画家。
⇒世美（ポマランチョ　1552-1626）

Pommaux, Yvan 〈20世紀〉
フランスの児童文学者。
⇒児イ（Pommaux, Yvan　ポモー, Y.　1946-）
　児作（Pommaux, Yvan　ポモー, イワン　1946-）

Pommier, Albert 〈19世紀〉
フランスの彫刻家。

⇒芸術（ポミエ, アルベール　1880-?）
　世芸（ポミエ, アルベール　1880-?）

Pomodoro, Arnaldo 〈20世紀〉
イタリアの彫刻家。
⇒新美（ポモドーロ, アルナルド　1926.6.23-）
　世美（ポモドーロ, アルナルド　1926-）
　二十（ポモドーロ, アルナルド　1926.6.23-）

Pomodoro, Gio 〈20世紀〉
イタリアの彫刻家。
⇒新美（ポモドーロ, ジオ　1930.11.17-）
　世美（ポモドーロ, ジオ　1930-）
　二十（ポモドーロ, ジオ　1930.11.17-）

Pompa, Gaetano 〈20世紀〉
イタリア生れの画家。
⇒世芸（ポンパ, ガエタノ　1933-）
　二十（ポンパ, G.　1933-）

Pompadour, Jeanne-Antoinette Poisson, Marquise de 〈18世紀〉
フランス国王ルイ15世の愛妾。1745年侯爵夫人の称号を受けてポンパドゥール夫人となった。
⇒岩ケ（ポンパドゥール, ジャンヌ・アントワネット・ポワソン, 侯爵夫人　1721-1764）
　旺世（ポンパドゥール夫人　1721-1764）
　外国（ポンパドゥール侯夫人　1721-1764）
　角世（ポンパドゥール　1721-1764）
　国小（ポンパドゥール　1721.12.29-1764.4.15）
　コン2（ポンパドゥール　1721-1764）
　コン3（ポンパドゥール　1721-1764）
　新美（ポンパドゥール夫人　1721.12.29-1764.4.15）
　人物（ポンパドゥール　1721.12.29-1764.4.15）
　西洋（ポンパドゥール　1721.12.29-1764.4.15）
　世女（ポンパドゥール夫人（ポワソン, ジャンヌ・アントワネット）ド　1721-1764）
　世女日（ポンパドゥール, ジャンヌ　1721-1764）
　世人（ポンパドゥール　1721-1764）
　世西（ポンパドゥール　1721.12.29-1764.4.15）
　世百（ポンパドゥール夫人　1721-1764）
　全書（ポンパドゥール夫人　1721-1764）
　大百（ポンパドゥール夫人　1721-1764）
　伝世（ポンパドゥール夫人　1721-1764）
　評世（ポンパドゥール夫人　1721-1764）
　歴史（ポンパドゥール夫人　1721-1764）

Pompei, Alessandro 〈18世紀〉
イタリアの建築家, 画家, 建築著述家。
⇒世美（ポンペイ, アレッサンドロ　1705-1772）

Pompon, François 〈19・20世紀〉
フランスの彫刻家。1908年ロダンに認められ, 22年サロン・ドートンヌに『白い熊』を出品して注目された。
⇒外国（ポンポン　1855-1933）
　芸術（ポンポン, フランソア　1855-1933）
　国小（ポンポン　1855.5.9-1933.5.6）
　コン2（ポンポン　1855-1933）
　コン3（ポンポン　1855-1933）
　新美（ポンポン, フランソワ　1855.5.9-1933.5.6）
　人物（ポンポン　1855-1933）
　西洋（ポンポン　1855-1933）

世芸（ポンポン, フランソア　1855-1933）
世百（ポンポン　1855-1933）
全書（ポンポン　1855-1933）
二十（ポンポン, フランソワ　1855.5.9-1933.5.6）
百科（ポンポン　1855-1933）

Pond, Clayton 〈20世紀〉
アメリカの画家。
⇒世芸（ポンド, クレイトン　1941-）
　二十（ポンド, C.　1941-）

Ponnelle, Jean-Pierre 〈20世紀〉
フランスのオペラ演出家、舞台装置家。『孤独通り』(1952)を手がけ、それ以後舞台装置で称賛を博す。
⇒オペ（ポネル, ジャン＝ピエール　1932.2.19-1988.8.11）
　音楽（ポネル, ジャン・ピエール　1932.2.19-）
　クラ（ポネル, ジャン＝ピエール　1932-1988）

Pons, Isabel 〈20世紀〉
スペイン生れのブラジルの女性画家。
⇒世芸（ポンス, イザベル　1912-）
　二十（ポンス, イザベル　1912-）

Pons, Joan 〈20世紀〉
スペインの版画家。
⇒二十（ポンス, ジョアン　1927-1984）

Pontelli, Baccio 〈15世紀〉
イタリアの寄木細工師、建築家。
⇒世美（ポンテッリ, バッチョ　1450頃-1492）

Ponti, Gio 〈20世紀〉
イタリアの建築家。1928年雑誌『ドムス』を創刊。ミラノ・トリエンナーレの推進者。
⇒国小（ポンティ　1891.11.18-）
　コン3（ポンティ　1891-1979）
　新美（ポンティ, ジオ　1891.11.18-1979.9.15）
　西洋（ポンティ　1891.11.18-1979.9.16）
　世美（ポンティ, ジオ　1891-1979）
　全書（ポンティ　1891-1979）
　大辞2（ポンティ　1891-1979）
　大辞3（ポンティ　1891-1979）
　二十（ポンティ, ジオ　1891.11.18-1979.9.15）

Pontifs, Guillaume 〈15世紀〉
ルーアンのカテドラルの建築長。
⇒建築（ポンティフ, ギョーム　?-1497頃）

Pontius, Paulus 〈17世紀〉
フランドルの銅版画家。
⇒世美（ポンティウス, パウルス　1603-1658）

Pontormo, Jacopo da 〈15・16世紀〉
イタリアの画家。『キリストの受難』(1523〜25)『キリストの降架』(1526〜28)を制作。
⇒岩ケ（ポントルモ, ヤコボ・ダ　1494-1557）
　キリ（ヤーコポ・ダ・ポントルモ　1494.5.24-1557.1.2）
　芸術（ポントルモ　1494-1556/57）
　国小（ポントルモ　1494.5.2-1557.1.2）

コン2（ポントルモ　1494-1556/7）
コン3（ポントルモ　1494-1556/57）
新美（ポントルモ　1494.5.24-1556.12/1557.1.1）
西洋（ポントルモ　1494.5-1557.1.2）
世西（ポントルモ　1494-1556/7）
世美（ポントルモ　1494-1557）
世百（ポントルモ　1494-1557）
全書（ポントルモ　1494-1556/57）
大百（ポントルモ　1494-1557）
デス（ポントルモ　1494-1556/7）
伝世（ポントルモ　1494-1556.12）
百科（ポントルモ　1494-1556頃）

Ponzello, Domenico 〈16世紀〉
イタリアの大理石彫刻家、建築家の一族。
⇒世美（ポンツェッロ, ドメーニコ　16世紀）

Ponzello, Giovanni 〈16世紀〉
イタリアの大理石彫刻家、建築家。
⇒世美（ポンツェッロ, ジョヴァンニ　16世紀）

Ponzio, Flaminio 〈16・17世紀〉
イタリアの建築家。
⇒建築（ポンツィオ, フラミニオ　1560頃-1613）
　世美（ポンツィオ, フラミーニオ　1559/60-1613）

Poons, Larry 〈20世紀〉
アメリカの抽象画家。
⇒美術（プーンズ, ラリー　1938-）

Pope, Arthur Upham 〈19・20世紀〉
アメリカのオリエント美術史学者、考古学者。イランのアケメネス朝時代からイスラム時代に至る美術品を集大成し、イラン美術考古学研究の基礎を打ち立てた。
⇒新美（ポープ, アーサー・ウブハム　1881.2.7-1969.9.3）
　西洋（ポープ　1881.2.7-1969.9.3）
　二十（ポープ, アーサー・ウブハム　1881.2.7-1969.9.3）

Pope, Clara 〈19世紀〉
イギリスの画家。
⇒世女日（ポープ, クララ　?-1838）

Pope-Hennessy, Sir John Wyndham 〈20世紀〉
イギリスの美術史家。イタリア・ルネッサンス美術を専門とする。
⇒岩ケ（ポープ＝ヘネシー, サー・ジョン　1913-）
　オ世（ポープ＝ヘネシー, ジョン（・ウィンダム）　1913-1994）
　西洋（ポープ・ヘネシー　1913.12.13-）
　二十英（Pope-Hennessy, Sir John（Wyndham）　1913-1994）

Poplavskaja, Natalija Nikolaevna 〈20世紀〉
ロシアのイラストレーター。
⇒児イ（Poplavskaja, Natalija Nikolaevna　ポプラーフスカヤ, N.N.　1931-）

Popov, Nikolaj Evgenjevich 〈20世紀〉
ロシアのイラストレーター。
⇒児イ（Popov, Nikolaj Evgenjevich　ポポフ, N.E.　1938-）
児文（ポポフ, ニコライ・E.　1938-）
二十（ポポフ, ニコライ　1938-）

Popova, Lyubov' Sergeevna 〈19・20世紀〉
ロシア・アヴァンギャルドの芸術家。
⇒岩ケ（ポポヴァ, リュボフィ・セルゲエヴナ　1889-1924）
才西（ポポーヴァ, リュボーフ・セルゲーヴナ　1889-1924）
世芸（ポポーヴァ, リュボーフ　1889-1924）
世女（ポポーワ, リュボーフィ・セルゲエヴナ　1889-1924）
世女日（ポポーヴァ, リュボーフィ　1889-1924）
ロシ（ポポワ　1889-1924）

P Pöppelmann, Matthäus Daniel 〈17・18世紀〉
ドイツの建築家。主作品はドレスデンのバロック風の内庭ツウィンガー（1711～22）。
⇒建築（ペッペルマン, マテウス・ダニエル　1662-1736）
国小（ペッペルマン　1662-1736）
コン2（ペッペルマン　1662-1736）
コン3（ペッペルマン　1662-1736）
新美（ペッペルマン, マテウス・ダニエル　1662.5-1736.1.17）
西洋（ペッペルマン　1662-1736.1.17）
世美（ペッペルマン, マテウス・ダニエル　1662頃-1736）
世百（ペッペルマン　1662-1736）
全書（ペッペルマン　1662-1736）

Porcel, Georges 〈20世紀〉
アルジェリア生れの画家。
⇒世芸（ポルセル, ジョージス　1921-）

Porcellis, Jan 〈16・17世紀〉
フランドル出身のオランダの画家。
⇒世美（ポルセリス, ヤン　1584頃-1632）

Pordenone, Giovanni Antonio da 〈15・16世紀〉
イタリアの画家。北イタリア各地の聖堂に壁画を描いた。特にティツィアーノの影響を受けた。
⇒キリ（ポルデノーネ　1484頃-1539.1.14）
国小（ポルデノーネ　1483頃-1539.1.14）
新美（ポルデノーネ　1483/84-1539.1）
西洋（ポルデノーネ　1483/4-1539.1.14）
世美（ポルデノーネ　1484頃-1539）

Porpora, Paolo 〈17世紀〉
イタリアの画家。
⇒世美（ポルポラ, パーオロ　1617-1673）

Porporati, Carlo Antonio 〈18・19世紀〉
イタリアの版画家。
⇒世美（ポルポラーティ, カルロ・アントーニオ　1741-1816）

Porta, Giacomo della 〈16・17世紀〉
イタリアの建築家。
⇒岩ケ（ポルタ, ジャコモ・デラ　1541頃-1604）
キリ（ポルタ, ジャーコモ・デルラ　1541/37-1604/02）
建築（デッラ・ポルタ, ジャコモ　1540頃-1602）
国小（ポルタ　1537頃-1602）
コン2（ポルタ　1537-1602）
コン3（ポルタ　1537-1602）
新美（ポルタ, ジャーコモ・デルラ　1540頃-1602）
西洋（ポルタ　1541-1604）
世美（デッラ・ポルタ, ジャーコモ　1540-1602）
世百（ポルタ　1540頃-1604）
全書（ポルタ　1541-1604）
大百（ポルタ　1540-1602）
百科（ポルタ　1532頃-1602）

Porta, Giuseppe 〈16世紀〉
イタリアの画家。
⇒世美（ポルタ, ジュゼッペ　1520頃-1575頃）

Porta, Patrizia la 〈20世紀〉
イタリアのイラストレーター。
⇒児作（Porta, Patrizia la　ポルタ, パトリツィア・ラ　1964-）

Portal, Colette 〈20世紀〉
イラストレーター。
⇒児イ（Portal, Colette　ポータル, C.）

Portela, Cesar 〈20世紀〉
スペインの建築家。
⇒二十（ポルテーラ, セサール　1937-）

Porter, Edwin Stratton 〈19・20世紀〉
アメリカの映画監督。1900年頃T.エジソンに弟子入りし, カメラマン, 監督となる。
⇒監督（ポーター, エドウイン・ストラトン　1869-1941.4.30）
国小（ポーター　1869頃-1941.4.30）
コン2（ポーター　1870-1941）
コン3（ポーター　1870-1941）
世映（ポーター, エドウイン・スタントン　1870-1941）
全書（ポーター　1869-1941）
二十（ポーター, エドウイン・S.　1869-1941）

Porter, George 〈20世紀〉
アメリカのイラストレーター。
⇒児イ（Porter, George　ポーター, G.）

Porter, Jean Macdonald 〈20世紀〉
アメリカのイラストレーター。
⇒児イ（Porter, Jean Macdonald　ポーター, J.M.　1906-）

Portinari, Candido 〈20世紀〉
ブラジルの画家。主作品はワシントンの国会図書館の壁画（1941）など。
⇒角世（ポルディナリ　1903-1962）

国小（ポルティナーリ　1903–1962）
コン3（ポルティナーリ　1903–1962）
新美（ポルティナーリ，カンディード　1903.12.29–1962.2.7）
世美（ポルティナーリ，カンディード　1903–1962）
世百新（ポルティナリ　1903–1962）
伝世（ポルティナーリ　1903–1962）
二十（ポルティナリ，C.T.　1903.12.29–1962.2.7）
百科（ポルティナリ　1903–1962）
ラテ（ポルティナリ　1903–1962）

Portoghesi, Paolo 〈20世紀〉
イタリアの建築家。元・ミラノ工業大学建築学部長。
⇒世美（ポルトゲージ，パーオロ　1931–）
二十（ポルトゲージ，パオロ　1931–）

Portzamparc, Christian de 〈20世紀〉
フランスの建築家。
⇒二十（ポルザンパルク，クリスチャン・ド　1944–）

Posada, José Guadalupe 〈19・20世紀〉
メキシコの銅版画家，挿絵画家。
⇒国小（ポザーダ　1851.2.2–1913.1.20）
新美（ポサーダ，ホセー＝グァダルーペ　1852–1913）
大辞（ポサダ　1852–1913）
大辞2（ポサダ　1852–1913）
大辞3（ポサダ　1852–1913）
二十（ポサダ，ホセー・グァダルーペ　1852–1913）
百科（ポサダ　1852–1913）
ラテ（ポサダ　1852–1931）

Post, Frans 〈17世紀〉
オランダの風景画家。
⇒新美（ポスト，フランス　1612頃–1680）
世美（ポスト，フランス　1612–1680）

Post, George Browne 〈19・20世紀〉
アメリカの建築家。ニューヨークにセント・ポール・ビルディングを初め，多くの事務所を建築。
⇒西洋（ポースト　1837–1913）

Post, Pieter Jansz 〈17世紀〉
オランダの画家，建築家。33年に建てたマウリッツホイスは代表作。
⇒建築（ポスト，ピーテル　1608–1669）
国小（ポスト　1608.5.1–1669）
新美（ポスト，ピーテル　1608頃–1669）

Postma, Lidia 〈20世紀〉
オランダのイラストレーター。
⇒児イ（Postma, Lidia　ポストマ, L.　1952–）

Pot, Hendrick Gerritsz 〈16・17世紀〉
オランダの画家。
⇒新美（ポット，ヘンドリック　1585頃–1657.10.16）
世美（ポット，ヘンドリック　1585頃–1657）

Potter, Beatrix 〈19・20世紀〉
イギリスの童話作家，挿絵画家。『ピーター・ラビットの物語』（1902）の作者として知られる。
⇒イ文（Potter, (Helen) Beatrix　1866–1943）
岩ケ（ポッター，（ヘレン・）ビアトリクス　1866–1943）
英児（ポター，ビアトリクス　1866–1943）
英文（ポター，（ヘレン・）ビアトリクス　1866–1943）
国小（ポッター　1866.7.6–1943.12.22）
子本（ポター，ビアトリクス　1866–1943）
コン3（ポッター　1866–1943）
児イ（Potter, Helen Beatrix　1866.7.6–1943.10.22）
児童（ポッター，ビアトリクス　1866–1943）
児世（ポター，ビアトリクス　1866–1943）
集世（ポター，ビアトリックス　1866.7.6–1943.12.22）
集世（ポッター，ビアトリクス　1866.7.6–1943.12.22）
スパ（ポッター，ビアトリックス　1866–1943）
世児（ポター，（ヘレン・）ビアトリクス（のちのヒーリス夫人）　1866–1943）
世女（ポッター，（ヘレン）ビアトリクス　1866–1943）
世女日（ポッター，ビアトリクス　1866–1943）
世文（ポター，ビアトリクス　1866–1943）
全書（ポター　1866–1943）
大辞（ポッター　1866–1943）
大辞2（ポッター　1866–1943）
大辞3（ポッター　1866–1943）
ナビ（ポター　1866–1943）
二十（ポター，ビアトリクス　1866–1943）
二十英（Potter, (Helen) Beatrix　1866–1943）
百科（ポッター　1866–1943）

Potter, Paulus 〈17世紀〉
オランダの画家，銅版画家。主作品『若い牡牛』（1647）。
⇒岩ケ（ポッター，パウル　1625–1654）
外国（ポッテル　1625–1654）
芸術（ポッター，パウルス　1625–1654）
国小（ポッター　1625.11.20–1654.1.15）
新美（ポッター，パウルス　1625.11–1654.1）
人物（ポッター　1625.11.20–1654.1.17）
西洋（ポッター　1625.11.20–1654.1.17）
世ббб（ポッター　1625–1654）
世美（ポッテル，パウルス　1625–1654）
世百（ポッター　1625–1654）
全書（ポッター　1625–1654）
大百（ポッター　1625–1654）
百科（ポッテル　1625–1654）

Pougny, Jean 〈20世紀〉
ロシア生れのフランスの画家。印象主義的な技法を用いて，室内や身辺の風景を親密な雰囲気で描く。
⇒オ西（プーニー，ジャン　1894–1956）
新美（プニー，ジャン　1892.2.22–1956.12.28）
西洋（プニー　1892.2.22–1956.12.28）
二十（プニー，ジャン　1892.2.22–1956.12.28）

Poulain, Pierre 〈20世紀〉
フランス生れの画家。
⇒世芸（プーラン，ピエール　1927–）

Poulet, Raymond 〈20世紀〉
フランス生れの画家。
⇒世芸（ポール，レイモンド　1934–）

Poulin, Stephane 〈20世紀〉
カナダのイラストレーター。
⇒児イ（Poulin, Stephane　ポーリン, S.　1961–）

Poupelet, Jane 〈19・20世紀〉
フランスの彫刻家。
⇒世女日（プーブレ，ジェーン　1878–1932）

Pourbus, Frans 〈16世紀〉
オランダの画家。温い色調で多くの肖像画を描いた。
⇒新美（プールブス，フランス一世　1545–1581.9.19）
　西洋（プールビュス（プールビュ，ポルビュス）1545–1581.9.19）
　世美（プールビュス，フランス一世　1545–1581）

Pourbus, Frans 〈16・17世紀〉
オランダの画家。アンリ4世の肖像（ルーヴル）がある。
⇒新美（プールブス，フランス二世　1569–1622.2）
　西洋（プールビュス（プールビュ，ポルビュス）1569–1622.2.19頃）
　世美（プールビュス，フランス二世　1569–1622）

Pourbus, Pieter 〈16世紀〉
オランダの画家。肖像画および歴史画家として活動。
⇒新美（プールブス，ピーテル　1523–1584.1.30）
　西洋（プールビュス（プールビュ，ポルビュス）1510頃–1584.1.30）
　世美（プールビュス，ピーテル　1523–1584）
　百科（プルビュス　1523–1584）

Poussin, Gaspard 〈17世紀〉
フランスの画家。N.プーサンの義弟。雄大な風景画を描いた。
⇒国ది（プーサン　1615–1675）
　新美（プーサン，ガスパール　1615.6.7–1675.5.25）

Poussin, Nicolas 〈16・17世紀〉
フランスの画家。フランス古典主義絵画の創始者。
⇒岩ケ（プーサン，ニコラ　1594–1665）
　旺世（プーサン　1594–1665）
　外国（プーサン　1594–1665）
　角世（プーサン　1594–1665）
　キリ（プサーン，ニコラ　1594.6.15–1665.11.19）
　芸術（プーサン，ニコラ　1594–1665）
　広辞4（プーサン　1594–1665）
　広辞6（プーサン　1594–1665）
　国小（プーサン　1593/4–1665.11.19）
　国百（プーサン，ニコラ　1594–1665.11.19）
　コン2（プーサン　1594–1665）
　コン3（プーサン　1594–1665）
　新美（プーサン，ニコラ　1594.6–1665.11.19）
　人物（プーサン　1593.6.15–1665.11.19）
　西洋（プーサン　1593.6.15–1665.11.19）
　世西（プサン　1594.6.15–1665.11.19）
　世美（プッサン，ニコラ　1594–1665）
　世百（プッサン　1594–1665）
　全書（プーサン　1594–1665）
　大辞（プーサン　1594–1665）
　大辞3（プーサン　1594–1665）
　大百（プーサン　1594–1665）
　デス（プーサン　1594–1665）
　伝世（プッサン　1594.6–1665.11.19）
　百科（プッサン　1594–1665）
　評世（プーサン　1594–1665）
　山世（プーサン　1594–1665）

Powers, Hiram 〈19世紀〉
アメリカの彫刻家。B.フランクリン, Th.ジェファソンそのほか多くの著名人物の胸像の作がある。
⇒芸術（パワーズ，ハイラム　1805–1873）
　西洋（パワーズ　1805.6.25–1873.6.27）

Powers, Richard M. 〈20世紀〉
アメリカの画家。
⇒幻文（パワーズ，リチャード・M　1921–）
　児イ（Powers, Richard　パワーズ, R.　1921–）

Poynter, Sir Edward John 〈19・20世紀〉
イギリスの画家。主として歴史画を描き，『エジプトにおけるイスラエル人』（1867）で名声を確立した。
⇒岩ケ（ポインター，サー・エドワード・ジョン　1836–1919）
　オ西（ポインター，エドワード・ジョン　1836–1919）
　西洋（ポインター　1836.3.20–1919.7.26）

Pozzo, Andrea dal 〈17・18世紀〉
イタリアの画家。主作品はローマの聖イグナチオ聖堂の天井画『イエズス会伝道の寓話』（1691～94）。
⇒芸術（ポッツォ，アンドレア　1642–1709）
　建築（ポッツォ，アンドレア　1642–1709）
　国小（ポッツォ　1642.11.30–1709.8.31）
　コン2（ポッツォ　1642–1709）
　コン3（ポッツォ　1642–1709）
　新美（ポッツォ，アンドレーア　1642.11.30–1709.8.31）
　西洋（ポッツォ　1642.11.30–1709.8.31）
　世美（ポッツォ，アンドレーア　1642–1709）
　百科（ポッツォ　1642–1709）

Pozzoserrato, Lodovico 〈16・17世紀〉
フランドルの画家。
⇒世美（ポッツォセッラート，ロドヴィーコ　1550頃–1605頃）

Pradier, Jean Jacques 〈18・19世紀〉
フランスの彫刻家。神話を主題とした。
⇒新美（プラディエ，ジャン・ジャック　1792.5.23–1852.6.4）
　西洋（プラディエ　1792.5.23–1852.6.5）
　世美（プラディエ，ジェイムズ　1792–1852）

Praeger, Rosamond 〈19・20世紀〉
アイルランドの女性絵本作家, 詩人, 彫刻家。
⇒英児（プレーガー, ロザモンド　1867-1954）

Praga, Emilio 〈19世紀〉
イタリアの詩人, 画家。主著『パレット』(1862), 『薄明』(1864)。
⇒国小（プラーガ　1839.12.26-1875.12.26）
集世（プラーガ, エミーリオ　1839.12.18-1875.12.26）
集文（プラーガ, エミーリオ　1839.12.18-1875.12.26）
世文（プラーガ, エミーリオ　1839-1875）
全書（プラーガ　1839-1875）
大百（プラーガ　1839-1875）
百科（プラーガ　1839-1875）

Prampolini, Enrico 〈20世紀〉
イタリアの画家。
⇒新美（プランポリーニ, エンリーコ　1894-1956）
世美（プランポリーニ, エンリーコ　1894-1956）
二十（プランポリーニ, エンリーコ　1894-1956）

Prandtauer, Jakob 〈17・18世紀〉
オーストリアの建築家。メルク等の修道院を建築。
⇒キリ（プランタウアー（プランダウアー）, ヤーコブ　1660.7.15/16頃-1726.9.16）
建築（プランタウアー, ヤーコプ　1658-1726）
新美（プランタウアー, ヤーコプ　1660.7.15/16-1726.9.16）
西洋（プランタウアー　1658頃-1726.9.18）
世美（プランタウアー, ヤーコプ　1660-1726）
伝世（プランタウアー　1660.7-1726.9.16）
百科（プランタウアー　1660-1726）

Prang, Mary Amelia 〈19・20世紀〉
アメリカの美術教育者。
⇒世女日（プラング, メアリー・アメリア　1836-1927）

Prassinos, Mario 〈20世紀〉
フランスの画家。幻覚的な作品を発表。サロン・ド・メに出品。
⇒国小（プラシノス　1916.7.30-）
世芸（プラシノス, マリオ　1916-1985）

Prather, Emily 〈20世紀〉
アメリカ生れの女性画家。
⇒世芸（プラサー, エミリー　1912-）

Pratt, Matthew 〈18・19世紀〉
アメリカの画家。
⇒新美（プラット, マッシュウ　1734.9.23-1805.1.9）

Pratt, *Sir* Roger 〈17世紀〉
イギリスの古典主義建築家。
⇒建築（プラット, ロジャー　1620-1684）
新美（プラット, ロージャー　1620頃-1685.2.20）

Praxiteles 〈前4世紀〉
ギリシアの彫刻家。アテネ人。裸体の女神像としては最初の『クニドスのアフロディテ』などを制作。
⇒岩ケ（プラクシテレス　前4世紀）
旺世（プラクシテレス　生没年不詳）
外国（プラクシテレス　前4世紀）
角世（プラクシテレス　前4世紀）
ギリ（プラクシテレス　（活動）前370頃-330）
ギロ（プラクシテス　前4世紀）
広辞4（プラクシテレス）
広辞6（プラクシテレス　前4世紀）
国小（プラクシテレス　生没年不詳）
国百（プラクシテレス　生没年不詳）
コン2（プラクシテレス　前4世紀）
コン3（プラクシテレス　生没年不詳）
新美（プラークシテレース）
人物（プラクシテレス　生没年不詳）
西洋（プラクシテレス　前4世紀頃）
世人（プラクシテレス　生没年不詳）
世西（プラクシテレス　前400頃-330頃）
世美（プラクシテレス　前4世紀）
世百（プラクシテレス　前390頃-?）
全書（プラクシテレス　生没年不詳）
大辞（プラクシテレス　前4世紀頃）
大辞3（プラクシテレス　前4世紀頃）
大百（プラクシテレス　生没年不詳）
デス（プラクシテレス　生没年不詳）
伝世（プラクシテレス　前4世紀）
百科（プラクシテレス）
評世（プラクシテレス　前4世紀）

Préault, Auguste 〈19世紀〉
フランスの彫刻家。
⇒新美（プレオー, オーギュスト　1809.10.6-1879.1.11）

Predis, Bernardino 〈15世紀〉
イタリア, ルネサンス期の画家。
⇒新美（プレディス, ベルナルディーノ）

Predis, Cristoforo 〈15世紀〉
イタリア, ルネサンス期の画家。
⇒新美（プレディス, クリストーフォロ）

Predis, Evangelista 〈15世紀〉
イタリア, ルネサンス期の画家。
⇒新美（プレディス, エヴァンゲリスタ）

Predis, Giovanni Ambrogio de 〈15・16世紀〉
イタリアの画家。1482年ミラノ公の宮廷画家となり, 肖像画, 織物, メダルを制作。レオナルド・ダ・ビンチの助手を務めた。
⇒国小（プレディス　1455頃-1508）
新美（プレディス, アンブロージオ　1450/-5-1505）
西洋（プレディス　1455頃-1508）

Preetorius, Emil 〈19・20世紀〉
ドイツの挿絵画家, 舞台装飾家。バイエルン美術学校長（1953来）。
⇒オペ（プレートリウス, エミル　1883.6.21-1973.1.27）
西洋（プレートリウス　1883.6.21-1973.1.27）

Preisler, Daniel 〈17世紀〉
ボヘミア出身のドイツの画家, 版画家の一族。
⇒世美（プライスラー, ダニエル　1627-1665）

Preisler, Georg Martin 〈18世紀〉
ボヘミア出身のドイツの版画家, 肖像画家, 素描家。
⇒世美（プライスラー, ゲオルク・マルティン　1700-1754）

Preisler, Jan 〈19・20世紀〉
チェコスロバキアの後期印象派の画家。
⇒新美（プライスレル, ヤン　1872.2.17-1918.4.26）
二十（プライスレル, ヤン　1872.2.17-1918.4.26）

Preisler, Johann Daniel 〈17・18世紀〉
ボヘミア出身のドイツの素描家, 画家。
⇒世美（プライスラー, ヨハン・ダニエル　1666-1737）

Preisler, Johann Justin 〈17・18世紀〉
ボヘミア出身のドイツの画家。イタリア風の宗教画を描いた。
⇒世美（プライスラー, ヨハン・ユスティン　1698-1771）

Preisler, Johann Martin 〈18世紀〉
ボヘミア出身のドイツの画家。パリとデンマークで歴史画と肖像画を描いた。
⇒世美（プライスラー, ヨハン・マルティン　1715-1794）

Preissig, Vojtéch 〈19・20世紀〉
チェコスロヴァキアの画家, 版画家, デザイナー。
⇒新美（プライシグ, ヴォイチェフ　1873.7.31-1944.6.11）
二十（プライシグ, ヴォイチェフ　1873.7.31-1944.6.11）

Preller, Friedrich 〈19世紀〉
ドイツの画家。
⇒芸術（プレラー, フリードリヒ（父）　1804-1878）
新美（プレラー, フリードリヒ　1804.4.25-1878.4.23）
西洋（プレラー　1804.4.25-1878.4.23）

Prendergast, Maurice Brazil 〈19・20世紀〉
アメリカの画家。風景画, 風俗画を得意とした。
⇒岩ケ（プレンダギャスト, モーリス（・ブラジル）　1859-1924）
芸術（プレンダーギャスト, モーリス　1859-1924）
国小（プランダガスト　1859-1924）
新美（プレンダギャスト, モーリス・ブレージル　1859.2.1-1924.2.1）
世芸（プレンダーギャスト, モーリス　1859-1924）
二十（プレンダギャスト, モーリス・ブレージル　1859.2.1-1924.2.1）

Press, Hans Jurgen 〈20世紀〉
ドイツの画家。
⇒児作（Press, Hans Jurgen　プレス, ハンス・ユルゲン　1926-）

Pressense, Domitille de 〈20世紀〉
フランスのイラストレーター。
⇒児イ（Pressense, Domitille de　プレサンセ, D.de　1952-）

Preston, Margaret Rose 〈19・20世紀〉
オーストラリアの美術家, 教師。
⇒岩ケ（プレストン, マーガレット・ローズ　1875-1963）
オセ新（プレストン　1883-1963）
世女日（プレストン, マーガレット・ローズ　1875-1963）

Preston, May Wilson 〈19・20世紀〉
アメリカの挿絵画家。
⇒世女日（プレストン, メイ・ウィルソン　1873-1949）

Preti, Francesco Maria 〈18世紀〉
イタリアの建築家。
⇒世美（プレーティ, フランチェスコ・マリーア　1701-1774）

Preti, Mattia 〈17世紀〉
イタリアの画家。
⇒世美（プレーティ, マッティーア　1613-1699）

Previati, Gaetano 〈19・20世紀〉
イタリアの画家。
⇒世美（プレヴィアーティ, ガエターノ　1852-1920）

Previtali, Andrea 〈15・16世紀〉
イタリアの画家。
⇒世美（プレヴィターリ, アンドレーア　1470頃-1528）

Prevot, Carl 〈20世紀〉
フランス生れの画家。
⇒世芸（プレヴォ, カール　1933-）

Priamos
ギリシア神話のトロヤ戦争のときのトロヤ王。
⇒コン2（プリアモス）
新美（プリアモス）
全書（プリアモス）

Price, Garrett 〈20世紀〉
アメリカのイラストレーター。
⇒児イ（Price, Garrett　プライス, G.　1896-）

Price, Harold 〈20世紀〉
アメリカのイラストレーター。
⇒児イ（Price, Harold　プライス, H.　1912-）

Price, Kenneth 〈20世紀〉
アメリカの美術家。ファンク・アートと呼ばれる傾向に属する。
⇒世芸（プライス，ケン　1935-）
　美術（プライス，ケネス　1935-）

Price, Norman Mills 〈19・20世紀〉
アメリカの挿絵画家。
⇒児イ（Price, Norman Mills　1877-1951）

Priceman, Marjorie 〈20世紀〉
アメリカのイラストレーター。
⇒児作（Priceman, Marjorie　プライスマン，マージョリー）

Priestley, Chris 〈20世紀〉
イギリスのイラストレーター，漫画家，作家。
⇒海作4（プリーストリー，クリス）

Prigov, Dmitrii Aleksandrovich 〈20世紀〉
ロシアの詩人，前衛芸術家。
⇒ロシ（プリゴフ　1940-）

Primachenko, Marija Avksentjevna 〈20世紀〉
ロシアのイラストレーター。
⇒広辞6（プリマコフ　1929-）
　児イ（Primachenko, Marija Avksentjevna　プリマチェンコ，M.A.　1908-）

Primaticcio, Francesco 〈16世紀〉
イタリアの画家，彫刻家，建築家，室内装飾家。第1次フォンテンブロー派の代表。
⇒キリ（プリマティッチョ，フランチェスコ　1505.4.30-1570）
　芸術（プリマティッチオ，フランチェスコ　1505-1570）
　建築（プリマティッチオ，フランチェスコ　1504-1570）
　国小（プリマティッチオ　1504.4.30-1570）
　コン2（プリマティッチョ　1504-1570）
　コン3（プリマティッチョ　1504-1570）
　新美（プリマティッチオ，フランチェスコ　1505.4.30-1570）
　西洋（プリマティッチョ　1504.4.30-1570.5.15/(9.14)）
　世美（プリマティッチョ，フランチェスコ　1504-1570）
　伝世（プリマティッチオ　1504.4.30-1570.5.15/-9.14）
　百科（プリマティッチョ　1504-1570）

Prince, Alison 〈20世紀〉
イギリスの女性作家，劇作家，挿絵画家。
⇒英児（Prince, Alison　プリンス，アリソン　1931-）

Prince, Canquil 〈20世紀〉
ベルギーのタピストリー作家。
⇒世芸（プランス，カンキュル　1939-）

Prince, Leonore E. 〈20世紀〉
アメリカのイラストレーター。
⇒児イ（Prince, Leonore E.　プリンス，L.E.）

Procaccini, Camillo 〈16・17世紀〉
イタリア，ボローニャ派の画家。
⇒国小（プロカッチーニ，カミリヨ　1546-1629?）
　世美（プロカッチーニ，カミッロ　1551頃-1629）

Procaccini, Carlo Antonio 〈16・17世紀〉
イタリア，ボローニャ派の画家。
⇒国小（プロカッチーニ，カルロ・アントニオ　1555-1605）

Procaccini, Ercole 〈16世紀〉
イタリアの画家。
⇒世美（プロカッチーニ，エルコレ　1515-1595）

Procaccini, Ercole the Elder 〈16世紀〉
イタリア，ボローニャ派の画家。ミラノでプロカッチーニ・アカデミーを創設。
⇒国小（プロカッチーニ，大エルコール　1520?-1591?）

Procaccini, Ercole the Younger 〈16・17世紀〉
イタリア，ボローニャ派の画家。
⇒国小（プロカッチーニ，小エルコール　1596-1676）

Procaccini, Giulio Cesare 〈16・17世紀〉
イタリア，ボローニャ派の画家，彫刻家。
⇒国小（プロカッチーニ，ジュリオ・チェザーレ　1548?-1626）
　新美（プロカッチーニ，ジューリオ・チェーザレ　1574-1625.11.14）
　世美（プロカッチーニ，ジューリオ・チェーザレ　1574頃-1625）

Procházka, Antonín 〈19・20世紀〉
チェコスロヴァキアの画家。
⇒世美（プロハースカ，アントニーン　1882-1945）

Procter, Dod 〈20世紀〉
イギリスの画家。
⇒世女日（プロクター，ドッド　1892-1972）

Prodofjeva, Sofjja Leonidovna 〈20世紀〉
ロシアのイラストレーター。
⇒児イ（Prodofjeva, Sofjja Leonidovna　プロコーフィエヴァ，S.L.　1928-）

Proesch, Gilbert 〈20世紀〉
イギリスの前衛美術家。
⇒岩ケ（ギルバートとジョージ）
　新美（ギルバートとジョージ）

世芸（ギルバート・アンド・ジョージ）
大辞2（ギルバート・アンド・ジョージ）
大辞3（ギルバート アンド ジョージ 1943-）
二十（ギルバート, プレシス 1943-）

Prokof'ev, Ivan Prokof'evich 〈18・19世紀〉
ロシアの彫刻家。
⇒芸術（プロコフィエフ, イワン・プロコフィエーヴィッチ 1758-1828）
新美（プロコフィエフ, イワン 1758.1.24/2.4-1828.2.10/22）

Promis, Carlo 〈19世紀〉
イタリアの建築家, 建築史家, 考古学者。
⇒建築（プロミス, カルロ 1808-1872）
世美（プローミス, カルロ 1808-1872）

Prophet, Elizabeth 〈19・20世紀〉
アメリカの彫刻家。
⇒世女日（プロフェット, エリザベス 1890-1960）

Protogenes 〈前4・3世紀〉
ギリシアの画家, 彫刻家（前4世紀後半に活躍）。作品に『サチュロス』『イアリュソス』など。
⇒国小（プロトゲネス 生没年不詳）
世美（プロトゲネス 前4-前3世紀）

Proust, Antonin 〈19・20世紀〉
フランスの政治家, 美術批評家。1881年ガンベッタ内閣の美術省大臣となった。
⇒名著（プルースト 1832-1905）

Prout, Margaret Millicent 〈19・20世紀〉
イギリスの画家。
⇒世女日（プロウト, マーガレット・ミリセント 1875-1963）

Prout, Samuel 〈18・19世紀〉
イギリスの画家。水彩画で知られる。
⇒岩ケ（プラウト, サミュエル 1783-1852）
国小（プラウト 1783.9.17-1852.2.10）

Prouvé, Jean 〈20世紀〉
フランスの建築家。自動車, 船舶, 飛行機と同じレベルで部材製作を試みはじめた最初の技術家。
⇒現人（プルーベ 1901.4.8-）
新美（プルーヴェ, ジャン 1901.4.8-）
西洋（プルーヴェ 1901.4.8-）
世美（プルーヴェ, ジャン 1901-1984）
二十（プルーヴェ, ジャン 1901.4.8-）

Provensen, Alice 〈20世紀〉
アメリカのイラストレーター。
⇒児イ（Provensen, Alice プロベンセン, A. 1918-）

Provensen, Martin 〈20世紀〉
アメリカのイラストレーター。
⇒児イ（Provensen, Martin プロベンセン, M.

1916-）

Provost, Jan 〈15・16世紀〉
フランドルの画家。
⇒世美（プロフォスト, ヤン 1465頃-1529）

Prud'hon, Pierre-Paul 〈18・19世紀〉
フランスの画家。ナポレオンの宮廷画家。代表作『皇妃ジョゼフィーヌの肖像』（1805）。
⇒岩ケ（プリュドン, ビエール・ポール 1758-1823）
外国（プリュードン 1758-1823）
芸術（プリュードン, ビエール・ポール 1758-1823）
国小（プリュードン 1758.4.4-1823.2.16）
コン2（プリュドン 1758-1823）
コン3（プリュドン 1758-1823）
新美（プリュードン, ビエール=ポール 1758.4.4-1823.2.16）
人物（プリュードン 1758.4.4-1823.2.16）
西洋（プリュードン 1758.4.4-1823.2.16）
世西（プリュードン 1758.4.4-1823.2.16）
世美（プリュードン, ビエール=ポール 1758-1823）
世百（プリュードン 1758-1823）
全書（プリュードン 1758-1823）
大百（プリュードン 1758-1823）
デス（プリュードン 1758-1823）
伝世（プリュードン 1758.4.4-1823.2.16）
百科（プリュードン 1758-1823）

Prunnar, Johann Michael 〈17・18世紀〉
オーストリアの建築家。
⇒建築（プルンナー, ヨハン・ミヒャエル 1669-1739）
世美（プルンナー, ヨハン・ミヒャエル 1669-1739）

Pryanishnikov, Illarion Mikhailovich 〈19世紀〉
ロシアの画家。作品『道化』など。
⇒人物（プリャニシニコフ 1840-1894）

Pryde, James Ferrier 〈19・20世紀〉
イギリスの画家, デザイナー。
⇒オ西（プライド, ジェイムズ・フェリアー 1866-1941）

Pryor, Ainslie 〈20世紀〉
アメリカのイラストレーター。
⇒児イ（Pryor, Ainslie プライヤー, A.）

Psusennes I 〈前11世紀〉
古代エジプト第21王朝の王（前1050頃）。
⇒新美（プスセンネス一世）

Pucci, Emilio, marchese de Barsento 〈20世紀〉
イタリアのファッション・デザイナー。
⇒岩ケ（プッチ, エミリオ, バルセント侯爵 1914-1992）

Puccinelli, Angelo〈14世紀〉
イタリアの画家。
⇒世美（プッチネッリ，アンジェロ　14世紀）

Puccinelli, Antonio〈19世紀〉
イタリアの画家。
⇒世美（プッチネッリ，アントーニオ　1822-1897）

Puce〈20世紀〉
フランス生れの画家。
⇒世芸（ピュース　1926-）

Pucelle, Jean〈14世紀〉
フランスの後期ゴシック写実画家。
⇒岩ケ（ピュセロ，ジョアン　1300頃-1355頃）
キリ（ピュセル，ジャン　1320頃-1360頃）
コン2（ピュッセール　14世紀）
コン3（ピュッセール　生没年不詳）
新美（ピュセル，ジャン　?-1334）
世美（ピュセル，ジャン（活動）14世紀前半）
百科（ピュセル　?-1334頃）

Puchsbaum, Hans〈14・15世紀〉
ドイツまたはオーストリアの建築家。
⇒建築（プーフスバウム，ハンス　1390頃-1454/55）

Pückler-Muskau, Fürst Hermann von〈18・19世紀〉
ドイツの著述家，造園家。多くの旅行記を書いた。
⇒西洋（ピュクラー・ムスカウ　1785.10.30-1871.2.4）

Puech, Denys Pierre〈19・20世紀〉
フランスの彫刻家。『ルコント・ド・リール』『エドワード七世』『ドゥメルグ』『ムッソリーニ』の銅像が知られている。
⇒西洋（ピュエシュ　1854-1942）

Puget, Pierre〈17世紀〉
フランスの彫刻家，画家，建築家。
⇒岩ケ（ピュジェ，ピエール　1620-1694）
外国（ピュジェー　1622-1694）
キリ（ピュジェー，ピエール　1620.10.16-1694.12.2）
芸術（ピュジェ，ピエル　1622-1694）
国小（ピュジェ　1620.10.16-1694.12.2）
コン2（ピュジェ　1622-1694）
コン3（ピュジェ　1622-1694）
新美（ピュジェ，ピエール　1620.10.16-1694.12.2）
人物（ピュジェ　1622.10.31-1694.12.2）
西洋（ピュジェ　1622.10.31-1694.12.2）
世美（ピュジェ　1622.10.16-1694.12.2）
世美（ピュジェ，ピエール　1620-1694）
世百（ピュジェ　1622-1694）
全書（ピュジェ　1620-1694）
大百（ピュジェ　1622-1694）
百科（ピュジェ　1620-1694）

Pugh, Clifton, Ernest〈20世紀〉
オーストラリアの画家。
⇒岩ケ（ピュー，クリフトン・アーネスト　1924-1990）
世芸（ピュー，クリフト　1924-）

Pugin, Augustus-Charles〈18・19世紀〉
フランスの建築家，画家。
⇒世美（ピュジャン，オーギュステュス＝シャルル　1762-1832）

Pugin, Augustus Welby Northmore〈19世紀〉
イギリスの建築家，著述家。英国におけるローマ・カトリックとゴシック建築の復興に貢献。
⇒岩ケ（ピュージン，オーガスタス（・ウェルビー・ノースモア）　1812-1852）
キリ（ピュージン，オーガスタス・ウェルビ・ノースモア　1812.3.1-1852.9.14）
建築（ピュージン，オーガスタス・ウェルビー・ノースモア　1812-1852）
国小（ピュージン　1812.3.1-1852.9.14）
国百（ピュージン，オーガスタス・ウェルビー・ノースモア　1812.3.1-1852.9.14）
新美（ピュージン，オーガスタス・ウェルビー・ノースモア　1812.3.1-1852.9.14）
西洋（ピュージン　1812.3.1-1852.9.14）
世美（ピュージン，オーガスタス・ウェルビー・ノースモア　1812-1852）
デス（ピュージン　1812-1852）
伝世（ピュージン　1812.5.1-1852.9.14）
百科（ピュージン　1812-1852）

Puig y Cadafalch, Josep〈19・20世紀〉
スペインの建築家，批評家，美術史家。
⇒スペ（プーチ・イ・カダフルク　1867-1957）
世美（プッチ・イ・カダファルク，ジュジップ　1867-1956）

Puligo, Domenico〈15・16世紀〉
イタリアの画家。
⇒世美（プリーゴ，ドメーニコ　1492-1527）

Pulzone, Scipione〈16世紀〉
イタリアの画家。
⇒世美（プルツォーネ，シピオーネ　1550頃-1598）

Purificato, Domenico〈20世紀〉
イタリアの画家。
⇒世美（プリフィカート，ドメーニコ　1915-1984）

Purini, Franco〈20世紀〉
イタリアの建築家。「テンデンツァ」運動の一翼を担う。ローマ大学建築学部教授。
⇒二十（プリーニ，フランコ　1941-）

Purrmann, Hans Marsilius〈19・20世紀〉
ドイツの画家。特に静物および風景の作品は，色彩の純化による全体的印象の効果を求めている。
⇒西洋（プルマン　1880.4.10-1966.4.17）

Pursell, Weimer〈20世紀〉
アメリカのイラストレーター。
⇒児イ（Pursell, Weimer）

Purser, Sarah〈19・20世紀〉
アイルランドの画家。
⇒世女日（パーサー, サラ　1848–1943）

Purvits, Vilhelms Karlis〈19・20世紀〉
ラトビアの風景画家。ラトビア独立美術アカデミーを組織。
⇒国小（ピュルビツ　1872.3.3–1945.1.18）

Pusterla, Attilio〈19・20世紀〉
イタリアの画家。
⇒世美（プステルラ, アッティーリオ　1862–1941）

Putman, Andrée〈20世紀〉
フランスのインテリア・デザイナー。
⇒最世（プットマン, アンドレ　1930–）

Putnam, Brenda〈19・20世紀〉
アメリカの彫刻家。
⇒世女日（パトナム, ブレンダ　1890–1965）

Puvis de Chavannes, Pierre Cécile
〈19世紀〉
フランスの画家。パリ、パンテオンの壁画『聖ジュヌビエーブ』（1874～78）を描く。
⇒岩ケ（ピュヴィ・ド・シャヴァンヌ, ピエール（・セシル）　1824–1898）
外国（ピュヴィ・ド・シャヴァンヌ　1824–1898）
キリ（ピュヴィス・ド・シャヴァンヌ, ピエール　1824.12.14–1898.10.24）
芸術（シャヴァンヌ, ピエル・セシル・ピュヴィ・ド　1824–1898）
芸術（ピュヴィス・ド・シャヴァンヌ, ピエール　1824–1898）
広辞4（ピュヴィス・ド・シャヴァンヌ　1824–1898）
広辞6（ピュヴィス・ド・シャヴァンヌ　1824–1898）
国小（ピュビス・ド・シャバンヌ　1824.12.14–1898.10.24）
コン2（ピュヴィ・ド・シャヴァンヌ　1824–1898）
コン3（ピュヴィ・ド・シャヴァンヌ　1824–1898）
新美（ピュヴィス・ド・シャヴァンヌ, ピエール　1824.12.14–1898.10.24）
人物（ピュビ・ド・シャバンヌ　1824.12.14–1898.10.24）
西洋（ピュヴィ・ド・シャヴァンヌ　1824.12.14–1898.10.24）
世西（ピュヴィ・ド・シャヴァンヌ　1824.12.14–1898.10.24）
世美（ピュヴィス・ド・シャヴァンヌ, ピエール　1824–1898）
世百（ピュヴィスドシャヴァンヌ　1824–1898）
全書（ピュビス・ド・シャバンヌ　1824–1898）
大辞（ピュビ・ド・シャバンヌ　1824–1898）
大辞3（ピュビ・ド・シャバンヌ　1824–1898）
大百（ピュビ・ド・シャバンヌ　1824–1898）
伝世（ピュヴィ・ド・シャヴァンヌ　1824.12.14–1898.10.10）
百科（ピュビス・ド・シャバンヌ　1824–1898）

Puy, Jean〈19・20世紀〉
フランスの画家。
⇒新美（ピュイ, ジャン　1876.11.8–1960.2）
世美（ピュイ, ジャン　1876–1960）
二十（ピュイ, ジャン　1876.11.8–1960.2）

Pye, William〈20世紀〉
イギリス, ロンドン生れの彫刻家。
⇒世芸（パイ, ウイリアム　1938–）

Pygmalion
ギリシア伝説のキプロス島の王。彫刻が巧みで、自作の象牙像に恋したので、アフロディテがこれに生命を与えて妻にさせた。
⇒全書（ピグマリオン）
大辞（ピグマリオン）

Pyk, Jan〈20世紀〉
スウェーデンのイラストレーター。
⇒児イ（Pyk, Jan）

Pyle, Howard〈19・20世紀〉
アメリカの画家, 著述家。イラストレーションや挿絵を描いた。
⇒英児（パイル, ハワード　1853–1911）
幻想（パイル, ハワード　1853–1911）
国小（パイル　1853.3.5–1911.11.9）
子本（パイル, ハワード　1853–1911）
児イ（Pyle, Howard　1853.3.5–1911.11.9）
児作（Pyle, Howard　パイル, ハワード　1853–1911）
児童（パイル, ハワード　1853–1911）
児文（パイル, ハワード　1853–1911）
世児（パイル, ハワード　1853–1911）
全書（パイル　1853–1911）
二十（パイル, ハワード　1853–1911）

Pynas, Jan〈16・17世紀〉
オランダの画家。
⇒世美（ピナス, ヤン　1583/84–1631）

Pythagoras〈前6・5世紀〉
古代ギリシアの哲学者。
⇒岩ケ（ピュタゴラス　前6世紀）
岩哲（ピュタゴラス　前570頃–?）
旺世（ピタゴラス　前570頃–前495頃）
音楽（ピュタゴラス　前571/0–497/6）
音大（ピュタゴラス（サモスの））
外国（ピタゴラス）
科学（ピタゴラス　前560–前480）
科技（ピタゴラス　前582頃–497頃）
科史（ピュタゴラス（サモスの）　前570頃–497頃）
科人（ピタゴラス　前580?–前500?）
科大（ピタゴラス　前572頃–492頃）
角世（ピタゴラス　前570?–前495?）
教育（ピタゴラス　前582?–493?）
キリ（ピュタゴーラス（ピュタゴラス）　（活躍）前530頃）
ギロ（ピュタゴラス　前580頃–前500頃）
広辞4（ピタゴラス　前570頃–?）
広辞6（ピタゴラス　前570頃–?）
国小（ピタゴラス　前569頃–470頃）
国百（ピタゴラス　生没年不詳）

コン2（ピュタゴラス　前590頃-510頃）
コン3（ピュタゴラス　前590頃-前480頃）
集世（ピュタゴラス　前6世紀）
集文（ピュタゴラス　前6世紀）
新美（ピュータゴラース）
人物（ピタゴラス　前582頃-497頃）
数学（ピタゴラス（サモスの）　前570-500頃）
数学増（ピタゴラス（サモスの）　前570-前500頃）
西洋（ピュタゴラス　前582頃-497/6）
世科（ピュタゴラス（ピタゴラス）（活躍）前530頃）
世人（ピュタゴラス　前590/582-前510/497）
世西（ピュタゴラス　前582頃-493頃）
世百（ピュタゴラス　生没年不詳）
全書（ピタゴラス　前570頃-496頃）
大辞（ピタゴラス　前560頃-前480頃）
大辞3（ピタゴラス　前560頃-前480頃）
大百（ピタゴラス　前532頃-497頃）
デス（ピュタゴラス　前6世紀頃）
伝世（ピュタゴラス　前575頃-495頃）
天文（ピタゴラス　前560頃-480）
百科（ピタゴラス　生没年不詳）
評世（ピュタゴラス　前582頃-前497頃）
山世（ピタゴラス　前6世紀）
ラル（ピュタゴラス　前582頃-前496）
歴史（ピタゴラス）

Pythagoras 〈前5世紀〉
ギリシアの彫刻家。サモス島の人。
⇒西洋（ピュタゴラス　前480-452頃）

Pytheos 〈前4世紀〉
ギリシアの建築家。
⇒建築（ピティオス　（活動）前4世紀）
国小（ピュテオス　生没年不詳）
新美（ピューテオス）
世美（ピュテオス　前4世紀中頃）

【 Q 】

Qāsim 'Alī 〈15世紀〉
イランの細密画家。
⇒国小（カーシム・アリー　生没年不詳）
コン2（カースィム・アリー　15世紀）
コン3（カースィム・アリー　15世紀末）

Qiwāmu'd-Dīn, Ustād 〈14・15世紀〉
イランの建築家。
⇒コン2（カワームッ・ディーン　15世紀頃）
コン3（カワームッ・ディーン　生没年不詳）
西洋（キワームッ・ディーン　14世紀-15世紀）
世東（キワーム・ウッディーン）
百科（カワーム・アッディーン　?-1440）

Quackenbush, Robert Mead 〈20世紀〉
アメリカのイラストレーター。
⇒児イ（Quackenbush, Robert Mead　クェッケンブッシュ, R.M.　1929-）

Quadrio, Antonio 〈18世紀〉
イタリアの建築職人，建築家。
⇒世美（クアドリオ, アントーニオ）

Quadrio, Giovanni Battista 〈16世紀〉
イタリアの建築職人，建築家。
⇒建築（クァドリオ, ジョヴァンニ・バッティスタ　?-1590頃）

Quadrio, Giovanni Battista 〈17・18世紀〉
イタリアの建築職人，建築家。
⇒世美（クアドリオ, ジョヴァンニ・バッティスタ　1659-1723）

Quadrio, Girolamo 〈17世紀〉
イタリアの建築職人，建築家。
⇒世美（クアドリオ, ジローラモ　?-1679）

Quadrone, Giovanni Battista 〈19世紀〉
イタリアの画家。
⇒世美（クアドローネ, ジョヴァンニ・バッティスタ　1844-1898）

Quaglio, Angelo I 〈18・19世紀〉
イタリア出身のドイツの舞台美術家，建築家，画家。
⇒世美（クアーリオ, アンジェロ一世　1784-1815）

Quaglio, Angelo II 〈19世紀〉
イタリア出身のドイツの舞台美術家，建築家，画家。
⇒世美（クアーリオ, アンジェロ二世　1829-1890）

Quaglio, Domenico 〈18・19世紀〉
イタリアの画家。石版画，銅版画を制作。
⇒西洋（クアーリョ　1787.1.1-1837.4.9）

Quaglio, Giovanni Maria I 〈18世紀〉
イタリア出身のドイツの舞台美術家，建築家，画家。
⇒世美（クアーリオ, ジョヴァンニ・マリーア一世　1700-1765）

Quaglio, Giulio I 〈17世紀〉
イタリア出身のドイツの舞台美術家，建築家，画家。
⇒世美（クアーリオ, ジューリオ一世　1601-1658）

Quaglio, Giulio II 〈17・18世紀〉
イタリア出身のドイツの舞台美術家，建築家，画家。
⇒世美（クアーリオ, ジューリオ二世　1668-1751）

Quaglio, Giuseppe 〈18・19世紀〉
イタリア出身のドイツの舞台美術家，建築家，画家。
⇒世美（クアーリオ, ジュゼッペ　1747-1828）

Quaglio, Lorenzo 〈18・19世紀〉
イタリアの画家。D.クアーリョの弟。
⇒西洋（クアーリョ 1793.12.19-1869.3.15）

Quaglio, Lorenzo I 〈18・19世紀〉
イタリア出身のドイツの舞台美術家、建築家、画家、劇場装飾家。
⇒世美（クアーリオ、ロレンツォ一世 1730-1804）

Quaglio, Simon 〈18・19世紀〉
イタリアの画家。D.クアーリョの弟。
⇒西洋（クアーリョ 1795.10.23-1878.3.8）
世美（クアーリオ、シモン 1795-1878）

Quant, Mary 〈20世紀〉
イギリスの女流ファッション・デザイナー。1964年ミニスカートを発表し、"ミニの女王"の名を得た。
⇒岩ケ（クオント、メアリ 1934- ）
現人（クアント 1934.2.11- ）
国小（クワント 1934.2.11- ）
スパ（クワント、マリー 1934- ）
世女（クワント、マリー 1934- ）
全書（クワント 1934- ）
大辞2（クワント 1934- ）
大辞3（クワント 1934- ）
大百（マリー・クワント ?- ）
ナビ（クワント 1934- ）
二十（クワント、メアリー 1934- ）

Quantin, Philippe 〈17世紀〉
フランスの画家。
⇒世美（カンタン、フィリップ 1600頃-1636）

Quarenghi, Giacomo Antonio Domenico 〈18・19世紀〉
イタリアの建築家。ロシアの建築界を指導。
⇒建築（クァレンギ、ジャコモ 1744-1817）
西洋（クアレンギ 1744.9.20-1817.2.18）
世美（クアレンギ、ジャーコモ・アントーニオ・ドメーニコ 1744-1817）

Quarini, Mario Ludovico 〈18世紀〉
イタリア出身の建築家。
⇒建築（クァリーニ、マリオ・ルドヴィコ 1736-1800頃）
世美（クアリーニ、マーリオ・ルドヴィーコ 1736-1800）

Quartararo, Riccardo 〈15・16世紀〉
イタリアの画家。
⇒世美（クアルタラーロ、リッカルド 15世紀末-16世紀初頭）

Quarton (Charonton), Enguerrand 〈15世紀〉
フランスの画家。代表作にビルヌーブ・レ・ザビニョンの修道院の『聖母の戴冠』がある。
⇒岩ケ（カルトン、アンゲラン 15世紀）
芸術（カルトン、アンゲラン 1415頃-1466以後）
国小（シャロントン 1410頃-?）
新美（カルトン、アンゲラン 1415頃-1466以後）
世美（カルトン（シャロントン）、アンゲラン（記録）1415頃-1466）
全書（クァールトン 1415頃-1466以後）

Quatremère de Quincy, Antoine Chrysostome 〈18・19世紀〉
フランスの考古学者、美術史家、政治家。主著『建築辞典』(1795～1825)、『理想について』。
⇒国小（カトルメール 1755.10.21-1849.12.28）
西洋（カトルメール 1755.10.21-1849.12.28）
世美（カトルメール・ド・カンシー、アントワーヌ＝クリゾストーム 1755-1849）

Queirolo, Francesco 〈18世紀〉
イタリアの彫刻家。
⇒世美（クエイローロ、フランチェスコ 1704-1762）

Quellinus, Artus I 〈17世紀〉
フランドルの彫刻家。1650年よりアムステルダム市庁舎（現王宮）の内外装飾を担当。
⇒芸術（クェリヌス、アウテス（父・子） 1609-1668）
国小（クエリヌス、アルテュス1世 1609-1700）
西洋（クエリヌス 1609.8.30頃-1668.8.23）
世美（クエリヌス、アルトゥス一世 1609-1668）

Quellinus, Artus II 〈17世紀〉
フランドルの芸術家、彫刻家。
⇒世美（クエリヌス、アルトゥス二世 1626-1700）

Quellinus, Erasmus I 〈16・17世紀〉
フランドルの芸術家、彫刻家。
⇒世美（クエリヌス、エラスムス一世 1584頃-1639/40）

Quellinus, Erasmus II 〈17世紀〉
フランドルの芸術家、画家。
⇒世美（クエリヌス、エラスムス二世 1607-1678）

Quellinus, Jan Erasmus 〈17・18世紀〉
フランドルの画家。宗教画、歴史画を多く描いている。
⇒国小（クェリヌス、ジャン・エラスムス 1634-1715）
世美（クエリヌス、ヤン・エラスムス 1634-1715）

Quercia, Jacopo della 〈14・15世紀〉
イタリアの彫刻家。
⇒岩ケ（クエルチャ、ヤコポ・デラ 1374頃-1438）
岩ケ（ヤコポ・デラ・クエルチャ 1374頃-1438）
外国（クエルチア 1378頃-1438）
キリ（クェルチャ、ヤーコポ・デルラ 1374/75-1438.10.20）
芸術（クエルチア、ヤコポ・デルラ 1364頃-1438）
芸術（デラ・クエルチア、ヤコポ 1374/75-1438）
広辞4（クェルチャ 1374頃-1438）
広辞6（ヤコポ・デラ・クエルチャ 1374頃-1438）
国小（クエルチア 1374頃-1438.10.20）
国百（クェルチア、ヤコポ・デラ 1374頃-

1438.10.20）
コン2（クエルチャ 1378頃-1438）
コン3（クエルチャ 1378頃-1438）
新美（クエルチア，ヤーコポ・デルラ 1371/74-1438.10.20）
西洋（クエルチャ 1364/75-1438.10.20）
世西（クエルチャ 1374-1438）
世美（ヤーコポ・デッラ・クエルチャ 1371頃-1438）
世百（クエルチア 1367?-1438）
全書（クエルチア 1374/75-1438）
大百（クエルチア 1371-1438）
伝世（デラ・クエルチア 1371/4-1438.10.20）
百科（クエルチア 1374頃-1438）

Querena, Lattanzio 〈18・19世紀〉
イタリアの画家。
⇒世美（クエレーナ，ラッタンツィオ 1768-1853）

Quesnel, François 〈16・17世紀〉
フランスの画家。
⇒新美（ケネル，フランソワ 1543-1619）
世美（ケネル，フランソワ 1545頃-1616）

Quesnel, Nicolas 〈17世紀〉
フランスの画家。
⇒世美（ケネル，ニコラ ?-1632）

Quesnel, Pierre 〈16世紀〉
フランスの画家。
⇒世美（ケネル，ピエール ?-1557以降）

Quevedo, Nuria 〈20世紀〉
スペイン生れの画家。
⇒世芸（クヴェヴェード，ヌリア 1938-）

Quidor, John 〈19世紀〉
アメリカの画家。
⇒国小（キドール 1800-1881）

Quiesse, Claude 〈20世紀〉
フランス生れの画家。
⇒世芸（クイース，クロード 1938-）

Quinquela Martín, Benito 〈19・20世紀〉
アルゼンチンの画家。
⇒ラテ（キンケーラ・マルティン 1890-1977）

Quintanilla, Luis 〈19・20世紀〉
アメリカのイラストレーター。
⇒児イ（Quintanilla, Luis キーンターニーリャ，L. 189?-）

Quintus Fabius Pictor 〈前3世紀〉
ローマの画家，歴史家。
⇒ギロ（ファビウス 前3世紀後半の人）

【 R 】

Raap, Kurt 〈20世紀〉
チェコ生れの男優，映画美術監督。
⇒世映（ラープ，クルト 1941-1988）

Rabanne, Paco 〈20世紀〉
フランスの服飾デザイナー。
⇒広辞6（ラバンヌ 1934-）

Rabascall, Joan 〈20世紀〉
スペイン生れの現代美術家。
⇒世芸（ラバスコール，ホワン 1935-）

Rabinowitz, Sandy 〈20世紀〉
アメリカのイラストレーター。
⇒児イ（Rabinowitz, Sandy ラビノビッツ, S.）

Rabirius 〈1世紀〉
ローマの建築家。フラビア宮殿は彼の作とされる。
⇒国小（ラビリウス 生没年不詳）
新美（ラビーリウス）

Raboff, Ernes 〈20世紀〉
アメリカのアーティスト，美術評論家，画商，美術品コレクター。
⇒児作（Raboff, Ernes ラボフ，アーネスト）

Rabuzin, Ivan 〈20世紀〉
ユーゴスラビアの画家。
⇒世芸（ラブジン，イワン 1921-）
二十（ラブジン，イワン 1921-）

Rachyov, Evgenii Mikhilovich 〈20世紀〉
ソ連の絵本画家。
⇒児イ（Rachov, Evgenij Mikhajlovich ラチョフ, E.M. 1906-）
児文（ラチョフ，エウゲーニー・M. 1906-）
二十（ラチョフ，エウゲーニー 1906-）

Racinet, Albert Charles Auguste 〈19世紀〉
フランスの石版画家。九服装図史としての最大の古典を完成した。
⇒名著（ラシネ 1825-1893）

Rackham, Arthur 〈19・20世紀〉
イギリスの挿絵画家。『不思議の国のアリス』（1907）などの挿絵本を出版して世界的に知られている。
⇒岩ケ（ラッカム，アーサー 1867-1939）
英児（ラッカム，アーサー 1867-1939）
幻想（ラッカム，アーサー 1867-1939）

幻文（ラッカム，アーサー　1867-1939）
児イ（Rackham, Arthur　1867.9.19-1939.9）
児文（ラッカム，アーサー　1867-1939）
集ケ（ラッカム，アーサー　1867.9.19-1939.9.6）
世児（ラッカム，アーサー　1867-1939）
二十（ラッカム，アーサー　1867-1939）
二十英（Rackham, Arthur　1867-1939）
百科（ラッカム　1867-1939）

Räderscheidt, Anton 〈20世紀〉
ドイツの画家。
⇒世美（レーダーシャイト，アントン　1892-1970）

Radi, Lorenzo 〈19世紀〉
イタリアのガラス職人。
⇒世美（ラーディ，ロレンツォ　1803-1874）

Radice, Mario 〈20世紀〉
イタリアの画家。
⇒世美（ラディーチェ，マーリオ　1900-）

Radl, Anton 〈18・19世紀〉
オーストリアの画家，版画家，舞台美術家。
⇒世美（ラートル，アントン　1774-1852）

Radunsky, Vladimir 〈20世紀〉
ロシアのイラストレーター。
⇒児イ（Radunsky, Vladimir　ラドゥンスキー，V. 1954-）

Raeburn, Sir Henry 〈18・19世紀〉
スコットランドの画家。肖像画家として活躍。
⇒岩ケ（レイバーン，サー・ヘンリ　1756-1823）
国小（レイバーン　1756.3.4-1823.7.8）
新美（レーバーン，ヘンリー　1756.3.4-1823.7.8）
西洋（レーバーン　1756.3.4-1823.7.8）
世西（レイバーン　1756-1823）
世美（レイバーン，ヘンリー　1756-1823）
世百（レーバーン　1756-1823）

Raemakers, Louis 〈19・20世紀〉
オランダの漫画家。第1次大戦時，非人道的なドイツを批判する漫画を数多く発表。
⇒岩ケ（ラーマーケルス，ルイス　1869-1956）
ナビ（レーメーカー　1869-1956）

Raes, Jean 〈16・17世紀〉
フランドルのタピスリー制作家。
⇒世美（ラース，ジャン　16-17世紀）

Raffaelli, Jean François 〈19・20世紀〉
フランスの画家，彫刻家，銅版画家。クレヨンを発明。
⇒芸術（ラファエリ，ジャン・フランソア　1850-1924）
国小（ラファエリ　1850-1924）
新美（ラファエリ，ジャン＝フランソワ　1850.4.20-1924.2.29）
人物（ラファエリ　1850.4.20-1924.2.29）
西洋（ラファエリ　1850.4.20-1924.2.29）
世芸（ラファエリ，ジャン・フランソア　1924）
世西（ラファエリ　1850-1924.2.11）
二十（ラファエリ，ジャン・フランソワ　1850.4.20-1924.2.29）

Raffaellino da Reggio 〈16世紀〉
イタリアの画家。
⇒世美（ラッファエッリーノ・ダ・レッジョ　1550-1578）

Raffaellino de' Carli 〈15・16世紀〉
イタリアの画家。
⇒世美（ラッファエッリーノ・デ・カルリ　15-16世紀）

Raffaellino del Colle 〈15・16世紀〉
イタリアの画家。
⇒世美（ラッファエッリーノ・デル・コッレ　15世紀末-1566）

Raffaellino del Garbo 〈15・16世紀〉
イタリアの画家。
⇒芸術（ガルボ，ラファエルリノ・デル　1466-1524）
世美（ラッファエッリーノ・デル・ガルボ　1466-1525頃）

Raffaello da Montelupo 〈16世紀〉
イタリアの彫刻家，建築家。
⇒世美（ラッファエッロ・ダ・モンテルーポ　1505頃-1566）

Raffaello Santi 〈15・16世紀〉
イタリアの画家。ルネサンスの古典的芸術を完成した三大芸術家の一人。主作品は『システィナの聖母子』
⇒逸話（ラファエッロ　1483-1520）
岩ケ（ラファエロ　1483-1520）
旺世（ラファエロ　1483-1520）
外国（ラファエロ　1483-1520）
角世（ラファエッロ　1483-1520）
教皇（ラファエロ　1483-1520）
キリ（ラファエルロ，サンティ（サンツィオ）　1483.4.8-1520.4.6）
芸術（ラファエロ・サンティ　1483-1520）
建築（ラッファエロ・サンツィオ　1483-1520）
広辞4（ラファエロ　1483-1520）
広辞6（ラファエロ　1483-1520）
国小（ラファエロ　1483.4.6-1520.4.6）
国百（ラファエロ・サンティ　1483.4.6-1520.4.6）
コン2（ラファエロ　1483-1520）
コン3（ラファエロ　1483-1520）
新美（ラファエルロ・サンティ　1483.4.6-1520.4.6）
人物（ラファエロ　1483.4.6-1520.4.6）
西洋（ラファエロ　1483.4.6/（3.28）-1520.4.6）
世人（ラファエロ　1483-1520）
世西（ラファエロ　1483.3.28(4.6)-1520.4.6）
世美（ラッファエッロ・サンツィオ　1483-1520）
世百（ラファエロ　1483-1520）
全書（ラファエッロ　1483-1520）
大辞（ラファエロ　1483-1520）
大辞3（ラファエロ　1483-1520）
大百（ラファエロ　1483-1520）
デス（ラファエロ　1483-1520）
伝世（ラファエロ　1483.4.6-1520）

百科（ラファエロ　1483-1520）
　　評世（ラファエロ　1483-1520）
　　山世（ラファエロ　1483-1520）
　　歴史（ラファエロ　1483-1520）

Ragghianti, Carlo Ludovico〈20世紀〉
イタリアの美術批評家，美術史家。
⇒世美（ラッギアンティ，カルロ・ルドヴィーコ　1910-1987）

Raggi, Antonio〈17世紀〉
イタリアの彫刻家。
⇒世美（ラッジ，アントーニオ　1624-1686）

Ragué, Beatrix〈20世紀〉
ドイツ（西ドイツ）の美術研究家。西ベルリン極東美術館長。
⇒二十（ラゲ，B.　1920-）

Ragusa, Vincenzo〈19・20世紀〉
イタリアの彫刻家。1872年ミラノの全イタリア美術展で最高賞を受賞。76年来日し，工部美術学校で日本で最初に西洋彫刻の技法を教授。
⇒外国（ラグーザ　1841-1928）
　芸術（ラグーザ，ヴィンチェンツォ　1841-1927）
　広辞4（ラグーザ　1841-1927）
　広辞5（ラグーザ　1841-1927）
　広辞6（ラグーザ　1841-1927）
　国史（ラグーザ　1841-1927）
　国小（ラグーザ　1841-1927）
　コン2（ラグーザ　1841-1927）
　コン3（ラグーザ　1841-1927）
　新美（ラグーザ，ヴィンチェンツォ　1841.7.8-1927.3.13）
　人物（ラグーザ　1841.7.8-1927.3.13）
　西洋（ラグーザ　1841.7.8-1927.3.13）
　世芸（ラグーザ，ヴィンチェンツォ　1841-1927）
　世百（ラグーザ　1841-1927）
　全書（ラグーザ　1841-1927）
　大辞（ラグーザ　1841-1927）
　大辞2（ラグーザ　1841-1927）
　大辞3（ラグーザ　1841-1927）
　大百（ラグーザ　1841-1927）
　ナビ（ラグーザ　1841-1927）
　二十（ラクーザ，V.　1841-1927）
　日人（ラグーザ　1841-1927）
　百科（ラグーザ　1841-1927）
　来日（ラグーザ　1841-1927）
　歴史（ラグーザ　1841-1928）

Raguzzini, Filippo〈17・18世紀〉
イタリアの建築家。
⇒建築（ラグッツィーニ，フィリッポ　1680頃-1771）
　世美（ラグッツィーニ，フィリッポ　1680頃-1771）

Rahl, Karl〈19世紀〉
オーストリアの画家。肖像画，歴史画を描いた。
⇒西洋（ラール　1812.8.13-1865.7.9）

Rahn, Johann Rudolf〈19・20世紀〉
スイスの美術史家。主著，"Geschichte der bildenden Künste in der Schweiz（bis Ende des Mittelaters）"（1876）。
⇒西洋（ラーン　1841.4.24-1912.4.28）

Rahon, Alice〈20世紀〉
フランスの詩人，画家。
⇒世女日（ラオン，アリス　1904-1987）

Raible, Alton Robert〈20世紀〉
アメリカのイラストレーター。
⇒児イ（Raible, Alton Robert　1918-）

Raimondi, Marcantonio〈15・16世紀〉
イタリアの銅版画家。デューラー，ミケランジェロなどの作品を銅版に模写。
⇒芸術（ライモンディ，マルカントニオ　1475頃-1534以前）
　国小（ライモンディ　1480頃-1534頃）
　コン2（ライモンディ　1475頃-1534頃）
　コン3（ライモンディ　1475頃-1534頃）
　新美（ライモンディ，マルカントーニオ　1475頃-1534頃）
　西洋（ライモンディ　1488/75頃-1534以前）
　世西（ライモンディ　1488頃-1534）
　世美（ライモンディ，マルカントーニオ　1480頃-1534頃）
　百科（ライモンディ　1480-1534）

Rainaldi, Carlo〈17世紀〉
イタリアの建築家。主作品はカピテリのサンタ・マリア聖堂（1663〜67）。
⇒建築（ライナルディ，カルロ　1611-1691）
　国小（ライナルディ　1611-1691）
　新美（ライナルディ，カルロ　1611.5.4-1691.2.8）
　世美（ライナルディ，カルロ　1611-1691）
　百科（ライナルディ　1611-1691）

Rainaldi, Girolamo〈16・17世紀〉
イタリアの建築家。
⇒建築（ライナルディ，ジローラモ　1570-1655）
　世美（ライナルディ，ジローラモ　1570-1655）

Rainaldo〈12世紀〉
イタリアの建築家。
⇒建築（ライナルド　（活動）12世紀）
　世美（ライナルド　（活動）12世紀）

Rainer, Arnulf〈20世紀〉
オーストリアの画家。
⇒世芸（レイナー，アルヌルフ　?-）

Raineri, Giorgio〈20世紀〉
イタリアの建築家。
⇒世美（ライネーリ，ジョルジョ　1927-）

Rājaśekhara〈9・10世紀〉
インドの詩人。美学論書『カービヤミーマーンサー』の作者。
⇒国小（ラージャシェーカラ）
　集世（ラージャシェーカラ　9世紀後半-10世紀前半）
　集百（ラージャシェーカラ　9世紀後半-10世紀前半）

西洋（ラージャシェーカラ　880-920頃）
世文（ラージャシェーカラ　9-10世紀）
南ア（ラージャシェーカラ　9・10世紀）
百科（ラージャシェーカラ　9-10世紀）

Rajneesh, Oshô〈20世紀〉
インド生れの画家。
⇒世芸（ラグニーン、オショー　1921-）

Ramarez, Heraclio〈20世紀〉
メキシコのイラストレーター。
⇒児イ（Ramarez, Heraclio　ラミーレス、H. 1949-）

Ramberg, Johann Heinrich〈18・19世紀〉
ドイツの画家。挿絵画家として知られた。
⇒西洋（ランベルク　1763.7.22-1840.7.6）
世美（ランベルク、ヨハン・ハインリヒ　1763-1840）

Ramboba, Natacha〈20世紀〉
アメリカの舞台装置家。
⇒世女日（ランボヴァ、ナターシャ　1897-1966）

Ramesses VI〈前13世紀〉
古代エジプト第19王朝の王（在位前1304頃～前1237頃）。
⇒新美（ラメセス六世）

Ramo di Paganello〈13・14世紀〉
イタリアの建築家、彫刻家。
⇒世美（ラーモ・ディ・パガネッロ　（記録）1281-1320）

Ramos, Mel〈20世紀〉
アメリカ生れの画家。
⇒世芸（ラモス、メル　1935-）

Ramous, Carlo〈20世紀〉
イタリアの彫刻家。
⇒世美（ラムー、カルロ　1926-）

Rams, Dieter〈20世紀〉
ドイツの工業デザイナー。
⇒岩ケ（ラムス、ディーター　1932-）

Ramsay, Allan〈18世紀〉
スコットランドの肖像画家。主作品は『ミード博士像』(1747)。
⇒岩ケ（ラムジー、アラン　1713-1784）
芸術（ラムジー、アラン　1713-1784）
国小（ラムジー　1713.10.13-1784.8.10）
新美（ラムジ、アラン　1713-1784.8.10）
世美（ラムジー、アラン　1713-1784）
百科（ラムゼー　1713-1784）

Ramsay, Ras Akem-I〈20世紀〉
西インド諸島、バルバドス生れの画家。
⇒世芸（ラムゼイ、ラス・アケム・I　1953-）

Ramses II〈前13世紀〉
エジプト王朝の王（在位前1304～1237）。大王と呼ばれ、多くの都市や宮殿、要塞を築いた。
⇒岩ケ（ラムセス2世　前13世紀）
旺世（ラメス（2世）　生没年不詳）
外国（ラメセス2世　?-前1234）
角世（ラメセス2世　（在位)前1304-1237）
皇帝（ラメセス2世　?-前1224頃）
国小（ラムセス2世）
コン2（ラ・メス2世）
コン3（ラ・メス2世　生没年不詳）
新美（ラメセス二世）
人物（ラ・メス二世　生没年不詳）
西洋（ラ・メス二世）
世人（ラメス（ラムセス）2世　生没年不詳）
世西（ラメス二世　?-前1233）
世東（ラムセス2世　生没年不詳）
世百（ラメス2世）
全書（ラムセス二世　生没年不詳）
大百（ラムセス二世　生没年不詳）
デス（ラメセス2世）
伝世（ラメセス2世　?-前1237）
百科（ラメセス2世）
評世（ラメセス2世　?-前1234）
山世（ラメセス2世　（在位)前1279頃-前1213頃）
歴史（ラメス2世）

Ramses III〈前12世紀〉
エジプト王朝の王（在位前1198～66）。
⇒外国（ラムセス3世　?-前1164）
角世（ラメセス3世　（在位)前1198-1166）
皇帝（ラメセス3世　?-前1153頃）
国小（ラムセス3世）
コン2（ラ・メス3世）
コン3（ラ・メス3世　生没年不詳）
新美（ラメセス三世）
人物（ラ・メス三世　生没年不詳）
西洋（ラ・メス三世）
世人（ラメス（ラムセス）3世　生没年不詳）
世西（ラメス三世　?-前1172）
世百（ラメス3世）

Rana, Carlo Amedeo〈18・19世紀〉
イタリアの建築家、軍事技術者、版画家。
⇒世美（ラーナ、カルロ・アメデーオ　1715-1804）

Rand, Ellen Gertrude〈19・20世紀〉
アメリカの画家。
⇒世女日（ランド、エレン・ガートルード　1875-1941）

Rand, Paul〈20世紀〉
アメリカのグラフィック＝デザイナー。著書に『デザイン思考』(1947)がある。
⇒児イ（Rand, Paul　ランド、P. 1914-）
大百（ランド　1914-）

Rand, Ted〈20世紀〉
イラストレーター。
⇒児イ（Rand, Ted　ランド、T.）

Randall, Christine〈20世紀〉
アメリカのイラストレーター。
⇒児イ（Randall, Christine　ランドル、C.）

Randi, Pompeo 〈19世紀〉
イタリアの画家。宗教画や歴史画を描いた。
⇒国小（ランディ　生没年不詳）

Ranke, Waltrant 〈20世紀〉
ドイツのイラストレーター。
⇒児イ（Ranke, Waltrant　ランケ, W. 1945-）

Rankin, Hugh 〈19・20世紀〉
アメリカの画家, 新聞記者。
⇒幻文（ランキン, ヒュー　1879-1957）

Ranson, Paul 〈19・20世紀〉
フランスの画家, 素描家。
⇒世美（ランソン, ポール　1864-1909）

Ranzoni, Daniele 〈19世紀〉
イタリアの画家。
⇒世美（ランツォーニ, ダニエーレ　1843-1889）

Raphael Mafai, Antonietta 〈20世紀〉
リトアニア出身のイタリアの女性画家, 彫刻家。
⇒世美（ラファエル・マファイ, アントニエッタ　1900-1975）

Rapisardi, Michele 〈19世紀〉
イタリアの画家。
⇒世美（ラピザルディ, ミケーレ　1822-1886）

Rascal 〈20世紀〉
ベルギーの作家, イラストレーター。
⇒児作（Rascal　ラスカル　1959-）

Raschka, Christopher 〈20世紀〉
アメリカの児童文学者。
⇒児イ（Raschka, Christopher　ラシュカ, C. 1959-）
　児作（Raschka, Christopher　ラシュカ, クリス　1959-）

Raskin, Ellen 〈20世紀〉
アメリカの児童文学作家, 挿絵画家。
⇒英児（Raskin, Ellen　ラスキン, エレン　1928-1984）
　児イ（Raskin, Ellen　ラスキン, E. 1928-）
　児作（Raskin, Ellen　ラスキン, エレン　1928-）
　世児（ラスキン, エレン　1928-1984）
　世女日（ラスキン, エレン　1928-1984）

Rastrelli, Caro Bartolomeo 〈17・18世紀〉
イタリアの建築家。ピョートル1世（大帝）によってロシアに招かれた（1715）。
⇒建築（ラストレッリ, バルトロメオ・カロ　1675頃-1744）
　コン2（ラストレールリ　1670/-5-1744）
　コン3（ラストレールリ　1670/5-1744）
　西洋（ラストレリ　?-1744）
　世美（ラストレッリ, バルトロメーオ・カルロ　1675-1744）

Rastrelli, Varfolomei Varfolomeevich 〈18世紀〉
ロシアの建築家。カルロ・バルトロメオの子。
⇒建築（ラストレッリ, バルトロメオ・フランチェスコ　1700頃-1771）
　コン2（ラストレールリ　1700-1771）
　コン3（ラストレールリ　1700-1771）
　新美（ラストレルリ, バルトロメーオ・フランチェスコ　1700頃-1771）
　世美（ラストレッリ, バルトロメーオ・フランチェスコ　1700頃-1771）
　百科（ラストレリ　1700頃-1771）
　ロシ（ラストレリ　1700頃-1771）

Ratgeb, Jörg 〈15・16世紀〉
ドイツの画家。ゴシックからルネサンスへの過渡期に属す。
⇒新美（ラートゲープ, イェルク　1485頃-1526）
　西洋（ラートゲープ　1480頃-1526）
　世美（ラートゲープ, イェルク　1480頃-1526）

Rathbone, Harold Stewart 〈19・20世紀〉
イギリスの画家, デザイナー, 詩人。
⇒岩ケ（ラスボーン, ハロルド・スチュワート　1858-1929）

Rathmann, Peggy 〈20世紀〉
アメリカのイラストレーター。
⇒児イ（Rathmann, Peggy　ラスマン, P.）

Ratia, Armi 〈20世紀〉
フィンランドのデザイナー, 実業家。
⇒世女（ラティア, アルミ　1912-1979）
　世女日（ラティア, アルミ　1912-1979）

Rauch, Christian Daniel 〈18・19世紀〉
ドイツの彫刻家。主作品は『ゲーテの胸像』（1821）。
⇒芸術（ラウフ, クリスティアン　1777-1857）
　国小（ラウフ　1777-1857）
　新美（ラウフ, クリスティアン　1777.1.2-1857.12.3）
　西洋（ラウフ　1777.1.2-1857.12.3）
　世西（ラウフ　1777-1857）
　世美（ラウホ, クリスティアン・ダニエル　1777-1857）

Rauchmiller, Matthias 〈17世紀〉
ドイツの彫刻家, 画家, 建築家。
⇒世美（ラウフミラー, マティアス　1645-1686）

Rauschenberg, Robert 〈20世紀〉
アメリカの画家。芸術と生活の区別をなくすという「コンバイン・ペインティング」を発表。
⇒岩ケ（ラウシェンバーグ, ロバート　1925-）
　オ西（ラウシェンバーグ, ロバート　1925-）
　現人（ローシェンバーグ　1925.10.22-）
　広辞6（ラウシェンバーグ　1925-2008）
　コン3（ラウシェンバーグ　1925-）
　新美（ラウシェンバーグ, ロバート　1925.10.22-）
　西洋（ラウシェンバーグ　1925.10.22-）

世芸（ラウシェンバーグ, ロバート 1925-）
世西（ラウシェンバーグ 1925.10.22-）
世美（ラウシェンバーク, ロバート 1925-）
世百新（ラウシェンバーグ 1925-）
全書（ラウシェンバーグ 1925-）
大辞3（ラウシェンバーグ 1925-）
大百（ローシェンバーグ 1925-）
伝世（ラウシェンバーグ 1925-）
ナビ（ラウシェンバーグ 1925-）
二十（ラウシェンバーグ, R. 1925.10.22-）
バレ（ラウシェンバーグ, ロバート 1925.10.22-）
美術（ラウシェンバーグ, ロバート 1925-）
百科（ラウシェンバーグ 1925-）

Ravenscroft, George 〈17世紀〉
イギリスのガラス製造家。
⇒新美（レイヴンズクロフト, ジョージ 1632-1683）

Raverat, Gwendolen Mary (Darwin) 〈19・20世紀〉
イギリスのイラストレーター。
⇒児イ（Raverat, Gwendolen Mary（Darwin） 1885-1957）
世女日（ラヴェラ, グウェンドーレン 1885-1957）

R Raverti, Matteo de 〈14・15世紀〉
イタリアの彫刻家。
⇒世美（ラヴェルティ, マッテーオ・デ 1389-1436）

Ravielli, Anthony 〈20世紀〉
アメリカの科学絵本作家。
⇒二十（ラビエリ, アンソニー 1916-）

Ravier, François-Auguste 〈19世紀〉
フランスの画家。
⇒世美（ラヴィエ, フランソワ＝オーギュスト 1814-1894）

Ravilious, Eric William 〈20世紀〉
イギリスの美術家, デザイナー, イラストレーター。
⇒岩ケ（ラヴィリアス, エリック・ウィリアム 1903-1942）

Ravy, Jean 〈14世紀〉
フランスの彫刻家, 建築家。
⇒建築（ラヴィ, ジャン （活動）1318-1320, 45）
世美（ラヴィ, ジャン 14世紀）

Ray, David 〈20世紀〉
アメリカのイラストレーター。
⇒児イ（Ray, David レイ, D.）

Ray, Deborah 〈20世紀〉
アメリカのイラストレーター。
⇒児イ（Ray, Deborah レイ, D.）

Ray, Jane 〈20世紀〉
イギリスのイラストレーター。
⇒児イ（Ray, Jane レイ, J. 1960-）

Ray, Man 〈19・20世紀〉
アメリカの画家, 彫刻家, 写真家, 映画作家。
⇒岩ケ（レイ, マン 1890-1976）
オ西（レイ, マン 1890-1976）
外国（レー 1890-）
監督（レイ, マン 1890-）
現ア（Ray, Man レイ, マン 1896-1976）
現人（マン・レイ 1890.8.27-1976.11.18）
広辞5（レイ 1890-1976）
広辞6（レイ 1890-1976）
国小（レイ 1890.8.27-1976.11.18）
コン3（レー 1890-1976）
新美（レイ, マン 1890.8.27-1976.11.18）
人物（レイ 1890-）
西洋（レイ 1890.8.27-1976.11.18）
世芸（レイ, マン 1890-1976）
世西（レイ 1890-）
世俳（レー, マン 1890.8.27-1976.11.18）
世美（レイ, マン 1890-1976）
世百（レー 1890-）
世百新（レイ 1890-1976）
全書（マン・レイ 1890-1976）
大辞3（レイ 1890-1976）
大百（レイ 1890-1976）
ナビ（レイ 1890-1976）
二十（レイ, マン 1890.8.27-1976.11.18）
百科（レイ 1890-1976）

Ray, Ralph 〈20世紀〉
アメリカのイラストレーター。
⇒児イ（Ray, Ralph レイ, R. 1920-1952）

al-Rayḥānī 〈9世紀〉
アッバース朝期の書家。
⇒コン2（ライハーニー ?-834）
コン3（ライハーニー ?-834）
西洋（アル・ライハーニー ?-834）

Raymond, Alexander Gillespie 〈20世紀〉
アメリカの漫画家。
⇒岩ケ（レイモンド, アレックス（アレグザンダー・ギレスピー） 1905-1956）
コン3（レーモンド 1905-1956）

Raymond, Antonin 〈19・20世紀〉
チェコスロバキア生れのアメリカの建築家。聖路加病院, フランス大使館, 東京女子大学などを設計。
⇒現人（レーモンド 1888.5.10-1976.10.25）
国小（レイモンド 1888.5.10-1976.10.25）
コン3（レーモンド 1888-1976）
新美（レイモンド, アントニン 1889.5.10-1976.10.25）
人物（レーモンド 1888.5.10-）
西洋（レーモンド 1888.5.10-）
世百（レーモンド 1889-）
世百新（レーモンド 1888-1976）
大辞2（レーモンド 1888-1976）
大辞3（レーモンド 1888-1976）
大百（レーモンド 1888-1976）
ナビ（レーモンド 1888-1976）
二十（レーモンド, アントニン 1888.5.10-

1976.10.25）
日人（レーモンド　1888-1976）
百科（レーモンド　1888-1976）
来日（レーモンド　1888-1976）

Raymond, John Howard 〈19世紀〉
アメリカの教育家。ブルックリン大学ならびに工芸講習所の初代の長（1855），ヴァッサー・カレッジ学長（1865～78）。
⇒教育（レイモンド　1814-1878）

Raymond, Marie 〈20世紀〉
フランスの女流画家。
⇒国小（レイモン　1908.5.4-）
　世芸（レーモン，マリー　1908-）

Raymond du Temple 〈14・15世紀〉
フランスの建築家。
⇒建築（レイモン・デュ・タンプル　?-1405頃）
　新美（タンプル，レーモン，デュ　14世紀後半）
　世美（タンプル，レイモン・デュ　?-1405頃）

Raynaud, Jean-Pierre 〈20世紀〉
フランス生れの工芸家。
⇒世芸（レイノー，ジャン・ピエール　1939-）

Rayner, Mary 〈20世紀〉
イギリスの女性絵本作家，挿絵画家。
⇒英児（Rayner, Mary　レイナー，メアリ　1933-）
　児イ（Rayner, Mary　レイナー，M.）

Raynes, John 〈20世紀〉
オーストラリアのイラストレーター。
⇒児イ（Raynes, John　レインズ，J.）

Rayski, Ferdinand von 〈19世紀〉
ドイツの画家。主作品は『トマス・ベケットの殺害』。
⇒芸術（ライスキ，フェルディナント　1806-1890）
　国小（ライスキ　1806-1890）

Raysse, Martial 〈20世紀〉
フランスの美術家。ヌーヴォー・レアリスト運動メンバーの一人。
⇒新美（レイス，マルシャル　1936.2.12-）
　世芸（レイス，マルティアル　1936-）
　世美（レイス，マルシャル　1936-）
　二十（レイス，マルシャル　1936.2.12-）
　美術（レイス，マルシャル　1936-）

Razumovsky, Andrey Kyrillovich 〈18・19世紀〉
ロシアの貴族，政治家，美術収集家，パトロン。ベートーヴェンの弦楽四重奏曲op.59は彼に献呈された。
⇒音楽（ラズモフスキー，アンドレイ・キリロヴィチ　1752.11.2-1836.9.23）
　音大（ラズモフスキー　1752.11.2-1836.9.23）

Read, Herbert Edward 〈20世紀〉
イギリスの芸術批評家，詩人。主著『裸の勇

士』（1916），『芸術の意味』（1931），『モダン・アートの哲学』（1951）。
⇒イ文（Read, Sir Herbert (Edward)　1893-1968）
　岩ケ（リード，サー・ハーバート　1893-1968）
　英ケ（リード，ハーバート（・エドワード）　1893-1968）
　オ世（リード，ハーバート（・エドワード）　1893-1968）
　オ西（リード，ハーバート　1893-1968）
　外国（リード　1893-）
　教育（リード　1893-）
　現人（リード　1893.12.4-1968.6.12）
　幻想（リード，ハーバート・エドワード　1893-1968）
　広辞5（リード　1893-1968）
　広辞6（リード　1893-1968）
　国文（リード　1893.12.4-1968.6.12）
　コン3（リード　1893-1968）
　思想（リード，ハーバート（エドワード）　1893-1968）
　集他（リード，ハーバート　1893.12.4-1968.6.12）
　集文（リード，ハーバート　1893.12.4-1968.6.12）
　新美（リード，ハーバード　1893.12.4-1968.6.12）
　人物（リード　1893.12.4-）
　西洋（リード　1893.12.4-1968.6.12）
　世西（リード　1893.12.4-）
　世百（リード　1893-）
　世百新（リード　1893-1968）
　世文（リード，サー・ハーバート　1893-1968）
　全書（リード　1893-1968）
　大辞2（リード　1893-1968）
　大辞3（リード　1893-1968）
　大百（リード　1893-1968）
　伝世（リード　1893.12.4-1968.6.12）
　二十（リード，ハーバート　1893.12.4-1968.6.12）
　二十英（Read, Sir Herbert (Edward)　1893-1968）
　百科（リード　1893-1968）
　名詩（リード，ハーバート　1893-1968）
　名著（リード　1893-）

Read, John B. 〈20世紀〉
イギリスの照明デザイナー。
⇒バレ（リード，ジョン・B.　?-）

Realfonzo, Tommaso 〈18世紀〉
イタリアの画家。
⇒世美（レアルフォンツォ，トンマーゾ　18世紀前半）

Ream, Vinnie 〈19・20世紀〉
アメリカの彫刻家。
⇒世女日（リーム，ヴィニー　1847-1914）

Réard, Louis 〈20世紀〉
フランスのファッション・デザイナー。
⇒岩ケ（レアール，ルイ　1897-1984）

Réau, Louis 〈19・20世紀〉
フランスの美術史家。該博な知識と正確な資料分析にもとづき，フランスにおける美術史研究の指導的役割を果たした。

⇒名著（レオー　1881-1961）

Rebay, Hilla〈19・20世紀〉
ドイツ生れの美術館管理者。
⇒世女日（レバイ，ハイラ　1890-1967）

Rebell, Joseph〈18・19世紀〉
オーストリアの画家。
⇒世美（レベル，ヨーゼフ　1787-1828）

Rebeyrolle, Paul〈20世紀〉
フランスの画家。
⇒世美（ルベロール，ポール　1926-）

Recalcati, Antonio〈20世紀〉
イタリアの画家。
⇒世美（レカルカーティ，アントーニオ　1938-）

Recco, Giacomo〈17世紀〉
イタリアの画家。
⇒世美（レッコ，ジャーコモ　1603-1653頃）

Recco, Giovan Battista〈17世紀〉
イタリアの画家。
⇒世美（レッコ，ジョヴァン・バッティスタ　1615?-1675頃）

Recco, Giuseppe〈17世紀〉
イタリアの画家。
⇒世美（レッコ，ジュゼッペ　1634-1695）

Redenti, Francesco〈19世紀〉
イタリアの版画家，カリカチュア画家。
⇒世美（レデンティ，フランチェスコ　1819-1876）

Redgrave, Richard〈19世紀〉
イギリスの風景画家，風俗画家。
⇒岩ケ（レッドグレイヴ，リチャード　1804-1888）

Redman, Henry〈16世紀〉
イギリスの建築家。
⇒建築（レッドマン，ヘンリー　?-1528）

Redon, Odilon〈19・20世紀〉
フランスの画家，版画家。主作品『夢の中で』（1879），『アネモネの花』（1908）。
⇒逸話（ルドン　1840-1916）
　岩ケ（ルドン，オディロン　1840-1916）
　オ西（ルドン，オディロン　1840-1916）
　外国（ルドン　1840-1916）
　キリ（ルドン，オディロン　1840.4.20-1916.7.6）
　芸術（ルドン，オディロン　1840-1916）
　広辞4（ルドン　1840-1916）
　広辞5（ルドン　1840-1916）
　広辞6（ルドン　1840-1916）
　国小（ルドン　1840.4.20?-1916.7.6）
　国百（ルドン，オディロン　1840.4.20頃-1916.7.6）
　コン2（ルドン　1840-1916）
　コン3（ルドン　1840-1916）
　新美（ルドン，オディロン　1840.4.20/22-1916.7.6）
　人物（ルドン　1840.4.20-1916.7.6）
　西洋（ルドン　1840.4.20-1916.7.6）
　世芸（ルドン，オディロン　1840-1916）
　世西（ルドン　1840.4.20-1916.7.6）
　世美（ルドン，オディロン　1840-1916）
　世百（ルドン　1840-1916）
　全書（ルドン　1840-1916）
　大辞（ルドン　1840-1916）
　大辞2（ルドン　1840-1916）
　大辞3（ルドン　1840-1916）
　大百（ルドン　1840-1916）
　デス（ルドン　1840-1916）
　伝世（ルドン　1840.4.20-1916.7.6）
　ナビ（ルドン　1840-1916）
　二十（ルドン，オディロン　1840.4.20-1916.7.6）
　百科（ルドン　1840-1916）

Redpath, Anne〈20世紀〉
イギリスの画家。
⇒岩ケ（レッドパース，アン　1895-1965）
　世女日（レッドパス，アン　1895-1965）

Reed, Philip G.〈20世紀〉
アメリカのイラストレーター。
⇒児イ（Reed, Philip G.　リード，P.G.　1908-）

Reek, Harrist van〈20世紀〉
オランダのイラストレーター。
⇒児イ（Reek, Harrist van　レーク，H.v.　1957-）

Rees, Lloyd Frederick〈20世紀〉
オーストラリアの画家。
⇒岩ケ（リース，ロイド・フレデリック　1895-1988）

Rees, Mary〈20世紀〉
イギリスのイラストレーター。
⇒児作（Rees, Mary　リース，メアリー　1960-）

Reeve, Philip〈20世紀〉
イギリスの作家，イラストレーター。
⇒海作4（リーヴ，フィリップ　1966-）

Régamey, Félix〈19・20世紀〉
フランスの画家。1876年E.ギメと共に旅行で来日，日本を紹介。
⇒日研（レガメ，フェリックス　1844.8.7-1907）
　来日（レガメー　1844.8.7-1907）

Regemorter, Petrus Johann van〈18・19世紀〉
ベルギーの画家。主作品は『トンネルの下の農民たち』。
⇒国小（レジェモルテル　1755.9.8-1830.11.17）

Reggiani, Mauro〈20世紀〉
イタリアの画家。
⇒世美（レッジャーニ，マウロ　1897-1980）

Regnault, Guillaume〈15・16世紀〉
フランスの彫刻家。

⇒世美（ルニョー，ギヨーム　1450頃-1531頃）

Regnault, Henri 〈19世紀〉
フランスの画家。主作品『プリム将軍騎馬像』(1860)，『スペインの服装』。
⇒芸術（ルニョー，アンリ　1843-1871）
　国小（ルニョー　1843.10.30-1871.1.19）
　新美（ルニョー，アンリ　1843.10.30-1871.1.19）
　西洋（ルニョー　1843.10.30-1871.1.19）
　世美（ルニョー，アレクサンドル＝ジョルジュ＝アンリ　1843-1871）

Regnault, Jean Baptiste, Baron 〈18・19世紀〉
フランスの画家。主作品『キリストの洗礼』(1776)，『ジェローム・ボナパルト王子の結婚』(1810)。
⇒芸術（ルニョー，ジャン・バティスト　1754-1829）
　国小（ルニョー　1754.10.19-1829.11.12）
　新美（ルニョー，ジャン＝バティスト　1754.10.19-1829.11.12）
　西洋（ルニョー　1754.10.19頃-1829.11.12）
　世美（ルニョー，ジャン＝バティスト　1754-1829）

Rego, Paula 〈20世紀〉
ポルトガルの画家。
⇒世芸（レゴ，パウラ　1935-）
　世女（レゴ，ポーラ　1935-）

Regoyos, Darío de 〈19・20世紀〉
スペインの画家。
⇒芸術（レゴィオス，ダリーオ・デ　1857-1913）
　国小（レゴイオス　1857-1913）
　新美（レゴーヨス・イ・バルデース，ダリーオ・デ　1857-1913）
　世美（レゴィオス，ダリーオ・デ　1857-1913）
　世美（レゴーヨス・イ・バルデス，ダリーオ・デ　1857-1913）
　二十（レゴーヨス・イ・バルデース，ダリーオ　1857-1913）

Reichel, Hans 〈16・17世紀〉
ドイツの彫刻家。北方バロック初期の作風を確立。主作品は『ローマ皇帝胸像』(1620)。
⇒芸術（ライヘル，ハンス　1570頃-1642）
　国小（ライヘル　1570頃-1642）
　新美（ライヒレ，ハンス　1570頃-1642）
　西洋（ライヒレ　1570頃-1642）
　世美（ライヒレ，ハンス　1570頃-1642）

Reichilin, Bruno 〈20世紀〉
スイス生れの建築家。
⇒二十（ライヒリン，ブルーノ　1941-）

Reichlich, Marx 〈15・16世紀〉
オーストリアの画家。
⇒世美（ライヒリヒ，マルクス　1460頃-1520以降）

Reid, Bill 〈20世紀〉
インディアン芸術の研究家。
⇒児イ（Reid, Bill　リード, B.）

Reid, Sir George 〈19・20世紀〉
スコットランドの画家。肖像画，風景画にすぐれ，また花卉を得意とした。
⇒西洋（リード　1841.10.31-1913.2.9）

Reidel, Marlene 〈20世紀〉
ドイツのイラストレーター。
⇒児イ（Reidel, Marlene　ライデル, M.　1923-）
　世美（ライデル，マレーネ　1923-）

Reidy, Afonso Eduardo 〈20世紀〉
ブラジルの建築家，都市計画家。
⇒オ西（レイディー，アフォンソ・エドゥアルド　1909-1964）
　世美（レイディ，アフォンソ・エドゥアルド　1909-1964）

Reiffenstein, Johann Wilhelm 〈16世紀〉
ドイツの画家，学者。
⇒キリ（ライフェンシュタイン，ヨーハン・ヴィルヘルム　1520頃-1575.3.19）

Reilly, Sir Charles 〈19・20世紀〉
イギリスの建築教育者。
⇒オ西（ライリー，チャールズ　1874-1948）

Reinach, Salomon 〈19・20世紀〉
フランスの考古学者，言語学者。主著『ギリシアと小アジアの考古学旅行』(1988)。
⇒キリ（レナック，サロモン　1858.8.29-1932.11.4）
　国小（レナック　1858.8.29-1932.11.4）
　新美（レーナック，サロモン　1858.8.29-1932.11.4）
　西洋（レナック　1858.8.29-1932.11.4）
　世宗（レナック　1858-1932）
　世美（レーナック，サロモン　1858-1932）
　二十（レーナック，サロモン　1858.8.29-1932.11.4）
　名著（レーナク　1858-1932）

Reiner-Wilke 〈20世紀〉
ドイツ生れの画家。
⇒世芸（ライナーウィルケ　1943-）

Reinhardt, Ad 〈20世紀〉
アメリカの画家。「アメリカ抽象美術家」グループに加わり，抽象芸術を追求。1952年の『赤の絵画』によって自己の作風を確立。
⇒岩ケ（ラインハート，アド（アドルフ・フレデリック）　1913-1967）
　オ西（ラインハート，アド　1913-1967）
　現人（ラインハート　1913.12.24-1967.8.30）
　新美（ラインハート，アド　1913.12.24-1969.8.30）
　世芸（ラインハート，アド　1913-1967）
　世美（ラインハート，アド　1913-1967）
　二十（ラインハート，アド　1913.12.24-1969.8.30）
　美術（ラインハート，アド　1913-1967）

Reinhardt, Wally〈20世紀〉
アメリカ生れの画家。
⇒世芸（レインハード, ワーリー 1935-）

Reinhart, Johann Christian〈18・19世紀〉
ドイツの画家, 銅版画家。シラーの影響を受け, 牧歌調の英雄伝説的な風景を描き, 銅版画も制作。
⇒芸術（ラインハルト, ヨハン・クリスティアン 1761-1847）
国小（ラインハルト 1761-1847）
新美（ラインハルト, ヨーハン・クリスティアン 1761.1.24-1847.6.28）

Reinhart, Oscar〈19・20世紀〉
スイスの蒐集家。
⇒新美（ラインハルト, オスカー 1885.6.11-1965.9.16）
二十（ラインハルト, オスカー 1885.6.11-1965.9.16）

Reinhold, Heinrich〈18・19世紀〉
ドイツの画家, 版画家。
⇒世美（ラインホルト, ハインリヒ 1788-1825）

Reinick, Robert〈19世紀〉
ドイツの詩人, 画家。主著 "Liederbuch eines Malers" (1838)。
⇒西洋（ライニク 1805.2.22-1852.2.7）

Reinius, Leif〈20世紀〉
スウェーデンの建築家, 都市計画家。
⇒世美（レイニウス, レイフ 1907-）

Reinl, Edda〈20世紀〉
オーストリアのイラストレーター。
⇒児イ（Reinl, Edda ラインル, E. 1941-）

Reisner, George Andrew〈19・20世紀〉
アメリカのエジプト学者, 考古学者, 聖書考古学者。
⇒岩ケ（ライズナー, ジョージ（・アンドリュー）1867-1942）
キリ（ライスナー, ジョージ・アンドルー 1867.11.5-1942.6.6）
新美（ライスナー, ジョージ 1867.11.5-1942.6.7）
二十（ライスナー, ジョージ・アンドルー 1867.11.5-1942.6.6(7)）

Reiter-Soffer, Domy〈20世紀〉
イスラエルのダンサー, 振付家, デザイナー。
⇒バレ（ライター＝ソファー, ドミー 1950.10.24-）

Reixach, Juan〈15世紀〉
スペインの画家。
⇒世美（レイシャック, フアン 1410頃-1483）

Rejlander, Oscar Gustave〈19世紀〉
イギリス, ビクトリア朝時代の写真家。
⇒百科（レイランダー 1813-1875）

Rembrandt, Harmensz van Rijn〈17世紀〉
オランダの画家。
⇒逸話（レンブラント 1606-1669）
岩ケ（レンブラント・ハルメンスゾーン・ファン・レイン 1606-1669）
旺世（レンブラント 1606-1669）
外国（レンブラント 1606-1669）
角世（レンブラント 1606-1669）
キリ（レンブラント, ハルメンス・ヴァン・レイン 1606.7.15-1669.10.4）
芸術（レンブラント・ファン・レイン 1606-1669）
広辞4（レンブラント 1606-1669）
広辞6（レンブラント 1606-1669）
国小（レンブラント 1606.7.15-1669.10.4）
国百（レンブラント・ファン・レイン 1606.7.15-1669.10.4）
コン2（レンブラント 1606-1669）
コン3（レンブラント 1606-1669）
新美（レンブラント・ファン・レイン 1606.7.15-1669.10.4）
人物（レンブラント 1606.7.15-1669.10.4）
西洋（レンブラント 1606.7.15-1669.10.4）
世人（レンブラント 1606-1669）
世西（レンブラント 1606.7.15-1669.10.4）
世美（レンブラント・ハルメンスゾーン・ファン・レイン 1606-1669）
世百（レンブラント 1606-1669）
全書（レンブラント 1606-1669）
大辞（レンブラント 1606-1669）
大辞3（レンブラント 1606-1669）
大百（レンブラント 1606-1669）
デス（レンブラント 1606-1669）
伝世（レンブラント 1606.7.15-1669.10.4）
百科（レンブラント 1606-1669）
評世（レンブラント 1606-1669）
山世（レンブラント 1606-1669）
歴史（レンブラント 1606-1669）

Remington, Frederic〈19・20世紀〉
アメリカの画家, 彫刻家。西部での生活経験を生かして活動的で迫真性に富む挿絵, 油絵を数多く残した。
⇒岩ケ（レミントン, フレデリック（・サックライダー）1861-1909）
英米（Remington, Frederic レミントン 1861-1909）
コン3（レミントン 1861-1909）
新美（レミントン, フレデリック 1861.10.1-1909.12.26）
世美（レミントン, フレデリック 1861-1909）
全書（レミントン 1861-1909）
伝世（レミントン 1861.10-1909.12.26）
二十（レミントン, フレデリック 1861.10.1-1909.12.26）

Rene I, le Bon〈15世紀〉
フランスの皇太子。
⇒国小（ルネ1世 1409.1.16-1480.7.10）
コン2（ルネ1世（善王） 1409-1480）
コン3（ルネ1世（善王） 1409-1480）

新美（ルネ王　1409.1.16-1480.7.10）
西騎（ルネ・ダンジュー　1409-1480）
西洋（ルネ1世(善王)　1409.1.16-1480.7.10）
統治（ルネ一世，善良公　(在位)1431-1453（アンジュー公1434-80，プロヴァンス伯1434-80，ナポリ王レナート1435-42））
統治（ルネ善良公　(在位)1434-1480）
統治（ルネ善良伯　(在位)1434-1480）
統治（レナート〔ルネ〕善良王　(在位)1435-1442）

Reni, Guido 〈16・17世紀〉
イタリアの画家。ボローニャ派。主作品『アウローラ』(1613〜14)。
⇒岩ケ（レーニ，グィード　1575-1642）
外国（レニ　1575-1642）
キリ（レーニ，グィード　1575.11.4-1642.8.18）
芸術（レーニ，グィード　1575-1642）
国小（レニ　1575.11.4-1642.8.18）
コン2（レーニ　1575-1642）
コン3（レーニ　1575-1642）
新美（レーニ，グィード　1575.11.4-1642.8.18）
西洋（レーニ　1575.11.4-1642.8.18）
世芸（レーニ　1575.11.4-1642.8.18）
世美（レーニ，グィード　1575-1642）
世百（レーニ　1575-1642）
全書（レーニ　1575-1642）
大百（レニ　1575-1642）
伝世（レーニ　1575.11.4-1642.8.18）
百科（レーニ　1575-1642）

Renier de Huy 〈12世紀〉
フランスのモザン地方の金細工師。
⇒キリ（ルニエ(ユイの)　1110頃-1150頃）
新美（ルニエ・ド・ユイ）
世美（ルニエ・ド・ユイ　(記録)1107-1125）

Renieri, Niccolò 〈16・17世紀〉
フランドルの画家。
⇒世美（レニエーリ，ニッコロ　1591-1667）

Renoir, Pierre Auguste 〈19・20世紀〉
フランスの画家。主作品『シャルパンティエ夫人とその家族たち』(1878)，『浴女たち』(1884〜87)。
⇒逸話（ルノアール　1841-1919）
岩ケ（ルノワール，ピエール・オーギュスト　1841-1919）
旺世（ルノワール　1841-1919）
オ西（ルノワール，ピエール＝オーギュスト　1841-1919）
外国（ルノワール　1841-1919）
角世（ルノワール　1841-1919）
芸術（ルノワール，オーギュスト　1841-1919）
広辞4（ルノワール　1841-1919）
広辞5（ルノワール　1841-1919）
広辞6（ルノワール　1841-1919）
国小（ルノアール　1841.2.25-1919.12.17）
国百（ルノアール，ピエール・オーギュスト　1841.2.25-1919.12.17）
コン2（ルノワール　1841-1919）
コン3（ルノワール　1841-1919）
新美（ルノワール，オーギュスト　1841.2.25-1919.12.17）
人物（ルノアール　1841.2.25-1919.12.3）
西洋（ルノアール　1841.2.25-1919.12.3）
世芸（ルノワール，オーギュスト　1841-1919）
世人（ルノワール　1841-1919）
世西（ルノアール　1841.2.25-1919.12.17）
世美（ルノワール，ピエール＝オーギュスト　1841-1919）
世百（ルノワール　1841-1919）
全書（ルノワール　1841-1919）
大辞（ルノワール　1841-1919）
大辞2（ルノアール　1841-1919）
大辞3（ルノアール　1841-1919）
大百（ルノワール　1841-1919）
デス（ルノワール　1841-1919）
伝世（ルノワール，P.A.　1841.2.25-1919.12.3）
ナビ（ルノワール　1841-1919）
二十（ルノワール，ピエール・オーギュスト　1841.2.25-1919.12.3）
百科（ルノワール　1841-1919）
評世（ルノワール　1841-1919）
山世（ルノワール　1841-1919）
歴史（ルノワール　1841-1919）

Renouard, Charles Paul 〈19・20世紀〉
フランスの画家，版画家。主作品『ダンス』(1892)，『1900年展覧会』(1901)。
⇒芸術（ルヌアール，ポール　1845-1924）
国小（ルヌアール　1845.11.5-1924.1.2）
世芸（ルヌアール，ポール　1845-1924）

Renwick, James 〈19世紀〉
アメリカの建築家。主作品はニューヨークのセント・パトリック聖堂(1850〜79)。
⇒国小（レンウィック　1818.11.3-1895.6.23）

Repin, Iliya Efimovich 〈19・20世紀〉
ロシアの画家。主作品『ボルガの舟引き』(1870〜73)。
⇒岩ケ（レーピン，イリヤ・エフィモヴィチ　1844-1930）
オ西（レーピン，イリヤ　1844-1930）
外国（レーピン　1844-1930）
角世（レーピン　1844-1930）
芸術（レーピン，イリヤ・エフィーモヴィッチ　1844-1930）
広辞4（レーピン　1844-1930）
広辞5（レーピン　1844-1930）
広辞6（レーピン　1844-1930）
国小（レーピン　1844.8.5-1930.9.29）
コン2（レーピン　1844-1930）
コン3（レーピン　1844-1930）
集文（レーピン，イリヤ・エフィモヴィチ　1844.7.24-1930.9.29）
新美（レーピン，イリヤ　1844.7.24(8.5)-1930.9.29）
人物（レーピン　1844.8.5-1930.9.29）
西洋（レーピン　1844.8.5-1930.9.29）
世芸（レーピン，イリヤ・エフィーモヴィチ　1844-1930）
世西（レーピン　1844.8.5-1930.10.29）
世美（レーピン，イリヤ・エフィモヴィチ　1844-1930）
世百（レーピン　1844-1930）
全書（レーピン　1844-1930）
大辞（レーピン　1844-1930）
大辞2（レーピン　1844-1930）
大辞3（レーピン　1844-1930）
大百（レーピン　1844-1930）
ナビ（レーピン　1844-1930）

二十（レービン, I. 1844.7.24(8.5)-1930.9.29）
百科（レービン 1844-1930）
山世（レービン 1844-1930）
ロシ（レービン 1844-1930）

Repshis, Pjatras Pjatro 〈20世紀〉
ロシアのイラストレーター。
⇒児イ（Repshis, Pjatras Pjatro レプシス, P.P. 1940-）

Repton, George Stanley 〈18・19世紀〉
イギリスの建築家。
⇒世美（レプトン, ジョージ・スタンリー 1786-1858）

Repton, Humphry 〈18・19世紀〉
イギリスの建築家、庭園技師。造園設計における指導的地位を占めた。主著『風景庭園のヒントと素描』(1795)。
⇒岩ケ（レプトン, ハンフリー 1752-1818）
建築（レプトン, ハンフリー 1752-1818）
国小（レプトン 1752.4.21-1818.3.24）
新美（レプトン, ハンフリー 1752.5.2-1818.3.14）
世美（レプトン, ハンフリー 1752-1818）

Repton, John Adey 〈18・19世紀〉
イギリスの建築家。
⇒世美（レプトン, ジョン・エイディ 1775-1860）

Rerikh, Nikolai Konstantinovich 〈19・20世紀〉
ロシア生れのヨーガ研究家、神秘家。のちにアメリカに移り住み、ヨーガ関係書、神秘学文献、心霊絵画を多数発表。
⇒幻想（レーリッフ, ニコライ・コンスタンチノヴィッチ 1874-1947）

Resta, Sebastiano 〈17・18世紀〉
イタリアの収集家。
⇒世美（レスタ, セバスティアーノ 1635-1714）

Restout, Eustache 〈17・18世紀〉
フランスの画家。
⇒世美（レストゥー, ウスターシュ 1655-1743）

Restout, Jean 〈17・18世紀〉
フランスの画家。
⇒世美（レストゥー, ジャン 1692-1768）

Restout, Jean-Bernard 〈18世紀〉
フランスの画家。
⇒世美（レストゥー, ジャン=ベルナール 1732-1797）

Restout, Marc-Antoine 〈17世紀〉
フランスの画家。
⇒世美（レストゥー, マルカントワーヌ 1616-1684）

Rethel, Alfred 〈19世紀〉
ドイツの画家。主作品『カルル大帝絵図』(1840

~47)。
⇒キリ（レーテル, アルフレート 1816.5.15-1859.12.1）
芸術（レーテル, アルフレット 1816-1859）
国小（レーテル 1816.5.15-1859.12.1）
新美（レーテル, アルフレート 1816.5.15-1859.12.1）
西洋（レーテル 1816.5.15-1859.12.1）
世美（レーテル, アルフレート 1816-1859）
百科（レーテル 1816-1859）

Rethi, Lili 〈20世紀〉
オーストリアのイラストレーター。
⇒児イ（Rethi, Lili 1894-）

Rettich, Margret 〈20世紀〉
ドイツの児童文学者。
⇒児イ（Rettich, Margret レティヒ, M. 1926-）
児作（Rettich, Margret レティヒ, マルグレート 1926-）

Revell, Viljo 〈20世紀〉
フィンランドの建築家、都市計画家。
⇒世美（レヴェル, ヴィリュオ 1910-1964）

Reviglione, Mario 〈19・20世紀〉
イタリアの画家。
⇒世美（レヴィリオーネ, マーリオ 1883-1965）

Rewald, John 〈20世紀〉
アメリカの美術史家。『印象派の歴史』(1946)などにより近代フランス美術の実証的文献研究に先鞭をつけた。
⇒西洋（リウォルド 1912.5.12-）

Rey, Hans Augusto 〈20世紀〉
ドイツ生れの絵本作家。一連の『ひとまねこざる』ものが最も有名。
⇒英児（Rey, Hans Augusto and Margret 1898-1977）
子本（レイ, ハンス オーガスト 1898-）
児イ（Rey, Hans A. レイ, H.A. 1898-1977）
児文（レイ, H.A. 1898-1977）
世児（レイ, H（ハンス）・A（オーガスト） 1898-1977）
全書（レイ(夫妻)）
二十（レイ, ハンス・オーガスト 1898-1977）

Rey, Margaret 〈20世紀〉
ドイツ生れの児童文学作家、挿絵画家。夫ハンスとの合作『ひとまねこざる』シリーズは広く人気を博す。
⇒英児（Rey, Hans Augusto and Margret 1906-1996）
世女自（レイ, マーガレット 1906-1996）
全書（レイ(夫妻)）
二十（レイ, マーガレット 1906-）

Reycend, Enrico 〈19・20世紀〉
イタリアの画家。
⇒世美（レイチェンド, エンリーコ 1855-1928）

Reynolds, Sir Joshua 〈18世紀〉
イギリスの画家。1768～90年王立アカデミー初代総裁。
⇒イ哲（レノルズ, J.　1723–1792）
　イ文（Reynolds, Sir Joshua　1723–1792）
　岩ケ（レイノルズ, サー・ジョシュア　1723–1792）
　英米（Reynolds, Sir Joshua　レノルズ　1723–1792）
　外国（レーノルズ　1723–1792）
　芸術（レイノルズ, ジョシュア　1723–1792）
　広辞4（レイノルズ　1723–1792）
　広辞6（レイノルズ　1723–1792）
　国小（レイノルズ　1723.7.16–1792.2.23）
　国百（レイノルズ, ジョシュア　1723.7.16–1792.2.23）
　コン2（レーノルズ　1723–1792）
　コン3（レイノルズ　1723–1792）
　集文（レノルズ, ジョシュア　1723.7.16–1792.2.23）
　新美（レノルズ, ジョシュア　1723.7.16–1792.2.23）
　人物（レーノルズ　1723.7.16–1792.2.23）
　西洋（レノルズ　1723.7.16–1792.2.23）
　世西（レーノルズ　1723.7.16–1792.2.23）
　世美（レノルズ, ジョシュア　1723–1792）
　世百（レーノルズ　1723–1792）
　世文（レノルズ, サー・ジョシュア　1723–1792）
　全書（レノルズ　1723–1792）
　大百（レイノルズ　1723–1792）
　デス（レイノルズ　1723–1792）
　伝世（レノルズ　1723.7.16–1792.2.23）
　百科（レノルズ　1723–1792）

Reynolds, Samuel William 〈18・19世紀〉
イギリスの版画家。
⇒国小（レイノルズ　1773–1835）

Reynolds-Stephens, Sir William 〈19・20世紀〉
イギリスの彫刻家。作品にランベスの『デーヴィドソン記念碑』がある。
⇒西洋（レノルズ・スティーヴンス　1862–1943.2.23）

Rho, Manlio 〈20世紀〉
イタリアの画家, グラフィック・デザイナー。
⇒世美（ロー, マンリーオ　1901–1957）

Rhodes, Zandra 〈20世紀〉
イギリスのファッション・デザイナー。
⇒岩ケ（ローズ, ザンドラ　1940–）

Rhoikos
古代ギリシアの建築家, 青銅鋳造師。青銅鋳造技術を開発。
⇒国小（ロイコス　生没年不詳）

Riaño, Diego de 〈16世紀〉
スペインの建築家。
⇒世美（リアーニョ, ディエゴ・デ　?–1534）

Ribalta, Francesco 〈16・17世紀〉
スペインの画家。バレンシア派を創始。主作品は『十字架のキリスト』(1582)。
⇒岩ケ（リバルタ, フランシスコ　1565–1628）
　国小（リバルタ　1555.6.22–1628.1.12）
　新美（リバルタ, フランシスコ　1565–1628.1）
　スペ（リバルタ　1565頃–1628）
　西洋（リバルタ　1555頃–1628.1.12）
　世美（リバルタ, フランシスコ　1565–1628）
　百科（リバルタ　1565頃–1628）

Ribalta, Juan 〈16・17世紀〉
スペインの画家。
⇒世美（リバルタ, フアン　1596/97–1628）

Ribbons, Ian 〈20世紀〉
イギリスのイラストレーター。
⇒児イ（Ribbons, Ian　リボンズ, I.　1924–）

Ribera, José de 〈16・17世紀〉
スペインの画家。イタリアで活躍, 主作品『聖アンドレアスの殉教』(1628),『曲り足の少年』(1652)。
⇒岩ケ（リベラ, ホセ・デ　1588–1656）
　外国（リベラ　1588–1652）
　キリ（リベラ, ホセ・デ　1590頃–1652.9.2）
　芸術（リベーラ, フセペ　1591–1652）
　広辞4（リベラ　1591–1652）
　広辞6（リベラ　1591–1652）
　国小（リベラ　1590頃–1652.9.2）
　コン2（リベラ(スペインっ子)　1591–1652）
　コン3（リベラ(スペインっ子)　1591–1652）
　新美（リベーラ, ホセー・デ　1591.2–1652.9.2）
　人物（リベラ　1588.1.12–1652.9.2）
　スペ（リベラ　1591–1652）
　西洋（リベラ　1588.1.12–1652.9.2）
　世西（リベラ　1588.1.12–1652.9.2）
　世美（リベラ, ジュセーペ・デ　1591–1652）
　世百（リベラ　1588–1652）
　全書（リベラ　1591–1652）
　大辞（リベラ　1591–1652）
　大辞3（リベラ　1591–1652）
　大百（リベラ　1591頃–1652）
　デス（リベラ　1588–1652）
　伝世（リベラ　1591頃–1652）
　百科（リベラ　1591–1652）

Ribera, Pedro de 〈17・18世紀〉
スペインの建築家。
⇒建築（リベーラ, ペドロ・デ　1683頃–1742）
　新美（リベーラ, ペドロ　?–1742）
　世美（リベーラ, ペドロ・デ　1683頃–1742）

Ribot, Théodule Augustin 〈19世紀〉
フランスの画家。主作品『繕い女』『菊』。
⇒芸術（リボ, テオデュル　1823–1891）
　国小（リボー　1823–1891）
　新美（リボ, テオデュル・オーギュスタン　1823–1891.9.11）

Ricard, Alain 〈20世紀〉
フランスの画家。
⇒世芸（リカール, アラン　1941–）

Ricard, Louis Gustave 〈19世紀〉
フランスの画家。主作品は肖像画『ペイス博士』など。
⇒芸術（リカール，ギュスタヴ 1823-1875）
　国小（リカール 1823.9.1-1873.1.24）

Ricard de Montferrand, Auguste 〈18・19世紀〉
フランスの建築家。聖ペテルブルグ教会堂，聖イザークス教会堂の再建に携る。
⇒キリ（リカール・ド・モンフェラン，オギュスト 1786.1.24-1858.6.28）
　建築（リシャール・ド・モンフェラン，オーギュスト 1786-1859）
　西洋（リカール・ド・モンフェラン 1786.1.24-1858.6.28）

Ricci, Corrado 〈19・20世紀〉
イタリアの美術史家。主著，"L'ultimo rifugio di Dante Alighieri"（1891）。
⇒西洋（リッチ 1858.4.18-1934.6.5）
　世美（リッチ，コッラード 1858-1934）

Ricci, Marco 〈17・18世紀〉
イタリアの画家。
⇒岩ケ（リッチ，マルコ 1676-1730）
　世美（リッチ，マルコ 1676-1730）

Ricci, Matteo 〈16・17世紀〉
イタリアのイエズス会士。カトリック布教の最初の中国伝道者。著書『坤輿万国全図』など。
⇒岩ケ（リッチ，マッテーオ 1552-1610）
　岩哲（マテオ・リッチ 1552-1610）
　旺世（マテオ＝リッチ 1552-1610）
　外国（リッチ 1552-1610）
　科史（リッチ 1552-1610）
　科人（リッチ，マッテオ 1552.10.6-1610.5.11）
　角世（マテオ・リッチ 1552-1610）
　キリ（リッチ，マッテーオ 1552.10.6-1610.5.11）
　広辞4（マテオ・リッチ 1552-1610）
　広辞6（マテオ・リッチ 1552-1610）
　国史（リッチ 1552-1610）
　国小（マテオ・リッチ 1552.10.6-1610.5.11）
　国百（マテオ・リッチ 1552.10.6-1610.5.11）
　コン2（リッチ 1552-1610）
　コン3（リッチ 1552-1610）
　集世（リッチ，マッテーオ 1552-1610）
　集文（リッチ，マッテーオ 1552-1610）
　新美（リッチ，マッテオ 1552.10.6-1610（明・万暦38）.5.11）
　人物（マテオ・リッチ 1552.10.6-1610.5.11）
　数学（リッチ，マッテオ 1552.10.6-1610.5.11）
　数学増（リッチ，マッテオ 1552.10.6-1610.5.11）
　西洋（リッチ 1552.10.6-1610.5.11）
　世人（リッチ（マテオ＝リッチ） 1552-1610）
　世西（リッチ 1552.10.6-1610.5.11）
　世東（リッチ 1552.10.6-1610.5.11）
　世百（リッチ 1552-1610）
　全書（マテオ・リッチ 1552-1610）
　大辞（マテオ・リッチ 1552-1611）
　大辞3（マテオ・リッチ 1552-1611）
　大百（マテオ・リッチ 1552-1610）
　中国（リッチ 1552-1610）
　中史（利瑪竇 りまとう 1552-1610）
　デス（マテオ・リッチ 1552-1610）
　天文（マテオ・リッチ 1552-1610）
　日人（リッチ 1552-1610）
　百科（リッチ 1552-1610）
　評世（リッチ 1552-1610）
　名著（リッチ 1552-1610）
　山世（マテオ・リッチ 1552-1610）
　歴史（マテオ＝リッチ 1552(嘉靖31)-1610(万暦38)）

Ricci, Nina 〈19・20世紀〉
イタリアの服飾デザイナー。
⇒世女日（リッチ，ニーナ 1883-1970）

Ricci, Sebastiano 〈17・18世紀〉
イタリアの画家。主作品はサン・マルコ聖堂のファサード『サン・マルコへの尊敬』。
⇒岩ケ（リッチ，セバスティアーノ 1659-1734）
　芸術（リッチ，セバスティアーノ 1659-1734）
　国小（リッチ 1660.8.1-1734.5.15）
　新美（リッチ，セバスティアーノ 1659-1734.5.15）
　西洋（リッチ 1659.8.1-1734.5.15）
　世美（リッチ，セバスティアーノ 1659-1734）
　百科（リッチ 1659-1734）

Riccio, Andrea 〈15・16世紀〉
イタリアの彫刻家，金工家。
⇒芸術（リッチオ，アンドレア 1470-1532）
　国小（リッチオ 1470頃-1530）
　西洋（リッチョ 1470.4.1-1532）

Riccio, Domenico 〈16世紀〉
イタリアの画家。主作品はトレントのサン・マルコ聖堂のフレスコ画（1551）。
⇒国小（リッチオ 1516頃-1567頃）

Rice, Elizabeth 〈20世紀〉
挿絵画家。
⇒児イ（Rice, Elizabeth ライス，E.）

Rice, Eve 〈20世紀〉
アメリカのイラストレーター。
⇒児作（Rice, Eve ライス，イヴ 1951-）

Richard, Puth 〈20世紀〉
スイス生れの彫刻家。
⇒世芸（リシャール，プス 1937-）

Richard of Farleight 〈14世紀〉
イギリスの建築家。
⇒建築（リチャード・オブ・ファーレイ 1332-1363）

Richards, Ceri 〈20世紀〉
イギリスの画家。ドビュッシーの音楽に想を得た連作で知られる。
⇒岩ケ（リチャーズ，シーリ 1903-1971）
　国小（リチャーズ 1903-）
　世美（リチャーズ，シーリ 1903-1971）

Richards, John Paul 〈20世紀〉
アメリカのイラストレーター。
⇒児ケ（Richards, John Paul　リチャーヅ, J.P.）

Richardson, Henry Hobson 〈19世紀〉
アメリカの建築家。主作品はボストンのトリニティ聖堂（1872～77）。
⇒岩ケ（リチャードソン, ヘンリー・ホブソン 1838–1886）
英米〔Richardson, Henry Hobson　リチャードソン〔ヘンリー・ホブソン〕 1838–1886）
キリ（リチャードスン, ヘンリ・ホブスン 1838.9.29–1886.4.27）
建築（リチャードソン, ヘンリー・ホブソン 1838–1886）
国小（リチャードソン 1838.9.29–1886.4.27）
コン3（リチャードソン 1838–1886）
新美（リチャードソン, ヘンリー・ホブソン 1838.9.29–1886.4.27）
西洋（リチャードソン 1838.10.28–1886.4.27）
世美（リチャードソン, ヘンリー・ホブソン 1838–1886）
全書（リチャードソン 1838–1886）
大辞3（リチャードソン 1838–1886）
デス（リチャードソン 1838–1886）
伝世（リチャードソン, H.H. 1838.9.29–1886.4.27）
百科（リチャードソン 1838–1886）

Richardson, Jonathan 〈17・18世紀〉
イギリスの画家。主作品は『ジョージ・バーテュー像』（1738）。主著『絵画論』。
⇒国小（リチャードソン 1655–1745.5.18）
新美（リチャードソン, ジョナサン 1665–1745.5.28）
世美（リチャードソン, ジョナサン 1665–1745）

Richey, Charles A. 〈20世紀〉
アメリカの造園技師。
⇒日人（リッチー 1904–1970）

Richier, Germaine 〈20世紀〉
フランスの女流彫刻家。動物や昆虫を主題にシュールレアリスム的様式を発展。
⇒オ西（リシエ, ジェルメーヌ 1904–1959）
広辞5（リシエ 1904–1959）
広辞6（リシエ 1904–1959）
国小（リシエ 1904–1959）
新美（リシエ, ジェルメーヌ 1904.9.16–1959.7.31）
西洋（リシエ 1904.9.16–1959.7.31）
世女（リシエ, ジェルメーヌ 1904–1959）
世女日（リシエ, ジェルメーヌ 1904–1959）
世美（リシエ, ジェルメーヌ 1904–1959）
伝世（リシエ 1904–1959）
二十（リシエ, ジェルメーヌ 1904.9.16–1959.7.31）

Richier, Ligier 〈16世紀〉
フランスのルネサンス期の彫刻家。イタリアで修業、生地ロレーヌで制作。
⇒西洋（リシエ 1500–1567頃）
世美（リシエ, リジエ 1500頃–1566頃）

Richini, Francesco Maria 〈16・17世紀〉
イタリアの建築家。1631～38年にミラノ大聖堂の建築工事を担当。
⇒建築（リッキーノ（リキーニ, リッキーニ）, フランチェスコ・マリア 1583–1658）
国小（リキーニ 1584–1658）
世美（リキーニ, フランチェスコ・マリーア 1584–1658）

Richter, Adrian Ludwig 〈19世紀〉
ドイツの画家, 版画家。1836～77年ドレスデン美術学校教授。
⇒キリ（リヒター, アードリアーン・ルートヴィヒ 1803.9.28–1884.6.19）
芸術（リヒター, アドリアン・ルドヴィヒ 1803–1884）
国小（リヒター 1803.9.28–1884.6.19）
新美（リヒター, ルートヴィヒ 1803.9.28–1884.6.19）
西洋（リヒター 1803.9.28–1884.6.19）
世西（リヒター 1803–1884）
世美（リヒター, アドリアン・ルートヴィヒ 1803–1884）
世百（リヒター 1803–1884）
全書（リヒター 1803–1884）

Richter, Christian I 〈17世紀〉
ドイツの建築家。
⇒世美（リヒター, クリスティアン1世 ?–1684）

Richter, Christian II 〈17・18世紀〉
ドイツの建築家。
⇒世美（リヒター, クリスティアン2世 1655–1722）

Richter, Gerhard 〈20世紀〉
ドイツの画家。
⇒広辞6（リヒター 1932–）
新美（リヒター, ゲルハルト 1932.2.9–）
世芸（リヒター, ゲルハルト 1932–）
世美（リヒター, ゲルハルト 1932–）
二十（リヒター, ゲルハルト 1932.2.9–）
美術（リヒター, ゲルハルト 1932–）

Richter, Gisela 〈19・20世紀〉
イギリスの女性考古学者。
⇒世女日（リヒター, ギゼラ 1882–1972）
世美（リヒター, ジーゼラ 1882–1972）

Richter, Hans 〈19・20世紀〉
ドイツの映画監督, 画家。
⇒オ西（リヒター・ハンス 1888–1976）
外国（リヒター 1888–）
監督（リヒター, ハンス 1888–）
新美（リヒター, ハンス 1888.4.6–1976.2.1）
世映（リヒター, ハンス 1888–1976）
世美（リヒター, ハンス 1888–1976）
世百新（リヒター 1888–1976）
全書（リヒター 1888–1976）
二十（リヒター, ハンス 1888.4.6–1976.2.1）
百科（リヒター 1888–1976）

Richter, Heinrich 〈20世紀〉
ドイツの画家。幻想的な絵画を得意とする代表

的な作家の一人。
⇒美術（リヒター，ハインリヒ　1920-）

Richter, Johann Adolf〈17・18世紀〉
ドイツの建築家。
⇒世美（リヒター，ヨハン・アドルフ　1682-1768）

Richter, Johann Moritz I〈17世紀〉
ドイツの建築家。
⇒世美（リヒター，ヨハン・モーリッツ1世　1620-1667）

Richter, Johann Moritz II〈17・18世紀〉
ドイツの建築家。
⇒世美（リヒター，ヨハン・モーリッツ2世　1647-1705）

Richter, Johann Moritz III〈17・18世紀〉
ドイツの建築家。
⇒世美（リヒター，ヨハン・モーリッツ3世　1679-1735）

Richter, Mischa〈20世紀〉
ロシアのイラストレーター。
⇒児イ（Richter, Mischa　リヒター, R.）

Ricketts, Charles〈19・20世紀〉
イギリスの画家，美術批評家，出版者，舞台装置家。
⇒二十英（Ricketts, Charles　1866-1931）

Rickman, Thomas〈18・19世紀〉
イギリスの建築家。ゴシック様式の建築を多く手がけた。主著『イギリスにおける建築様式分類の研究』(1817)。
⇒国小（リックマン　1776.6.8-1841.1.4）
新美（リックマン，トーマス　1776.6.8-1841.1.4）
人物（リックマン　1776-1841.1.4）
世西（リックマン　1776-1841.1.4）
世美（リックマン，トマス　1776-1841）
百科（リックマン　1776-1841）

Ricky, George〈20世紀〉
アメリカの美術家。
⇒オ西（リッキー，ジョージ　1907-）
新美（リッキー，ジョージ　1907.6.6-）
世芸（リッキー，ジョージ　1907-2002）
二十（リッキー，ジョージ　1907.6.6-）
美術（リッキー，ジョージ　1907-）

Rico, Martin〈19・20世紀〉
スペインの風景画家。
⇒オ西（リーコ，マルティン　1835-1908）

Riddell, Cris〈20世紀〉
イギリスのイラストレーター，漫画家。
⇒児作（Riddell, Cris　リデル，クリス）

Ridge, Antonia Florence〈20世紀〉
オランダ生れのイギリスの女性作家，劇作家，翻訳家，絵本作家。
⇒英児（Ridge, Antonia Florence　リッジ，アントニア・フローレンス　1895-1981）
世児（リッジ，アントニア　1895-1981）

Ridinger, Johann Elias〈17・18世紀〉
ドイツの銅板彫刻師。
⇒西洋（リーディンガー　1698.2.16-1767.4.10）

Ridolfi, Carlo〈16・17世紀〉
イタリアの画家，美術史家。
⇒世美（リドルフィ，カルロ　1594-1658）

Ridolfi, Mario〈20世紀〉
イタリアの建築家。
⇒世美（リドルフィ，マーリオ　1904-1984）

Ridolfo, Fioraventi〈15世紀〉
イタリアの建築家。ミラノ公宮殿などの建築。
⇒国小（リドルフォ　1415-1485以後）

Rie, Dame Lucie〈20世紀〉
イギリスのアトリエ陶芸家。
⇒岩ケ（リー，デイム・ルーシー　1902-1995）
世女（リー，ルーシー　1902-1995）
世女日（リー，ルシー　1902-1995）

Ried, Benedikt〈15・16世紀〉
チェコスロバキアの建築家。主作品はウラジスラフ・ホール(1493～1502)。
⇒国小（リード　1454-1534）
世美（リート，ベネディクト　1454頃-1534）

Riedinger (Ridinger), Georg〈16・17世紀〉
ドイツの建築家。
⇒建築（リーディンガー，ゲオルク　1568-1616）

Riegl, Alois〈19・20世紀〉
オーストリアの美術史家。古代の装飾文様の様式などを研究。
⇒岩哲（リーグル　1858-1905）
オ西（リーグル，アロイス　1858-1905）
外国（リーグル　1858-1905）
キリ（リーグル，アーロイス　1858.1.14-1905.6.17）
広辞4（リーグル　1858-1905）
広辞5（リーグル　1858-1905）
広辞6（リーグル　1858-1905）
国小（リーグル　1858-1905）
コン2（リーグル　1858-1905）
コン3（リーグル　1858-1905）
集世（リーグル，アーロイス　1858.1.14-1905.6.17）
集人（リーグル，アーロイス　1858.1.14-1905.6.17）
新美（リーグル，アーロイス　1858.1.14-1905.6.17）
西洋（リーグル　1858.1.14-1905.6.17）
世美（リーグル，アロイス　1858-1905）

世百（リーグル 1858-1905）
全書（リーグル 1856-1905）
ナビ（リーグル 1858-1905）
二十（リーグル，アーロイス 1858(56).1.14-1905.6.17）
百科（リーグル 1858-1905）
名著（リーグル 1858-1905）

Riemenschneider, Tilman 〈15・16世紀〉
ドイツの彫刻家。1520年ビュルツブルク市長。主作品『聖血の祭壇』(1499～1505)。
⇒角世（リーメンシュナイダー 1460?-1531）
キリ（リーメンシュナイダー，ティルマン 1460頃-1531.7.7）
芸術（リーメンシュナイダー，ティルマン 1460-1531）
広辞6（リーメンシュナイダー 1460頃-1531）
国小（リーメンシュナイダー 1460頃-1531.7.7）
コン2（リーメンシュナイダー 1460頃-1531）
コン3（リーメンシュナイダー 1460頃-1531）
新美（リーメンシュナイダー，ティルマン 1460頃-1531.7.7）
西洋（リーメンシュナイダー 1460頃-1531.7.7）
世西（リーメンシュナイダー 1460頃-1531）
世美（リーメンシュナイダー，ティルマン 1460頃-1531）
世百（リーメンシュナイダー 1460頃-1531）
全書（リーメンシュナイダー 1460頃-1531）
大百（リーメンシュナイダー 1460頃-1531）
デス（リーメンシュナイダー 1460-1531）
伝世（リーメンシュナイダー 1468-1531.7.7）
百科（リーメンシュナイダー 1460頃-1531）
山世（リーメンシュナイダー 1460頃-1531）

Riemerschmid, Richard 〈19・20世紀〉
ドイツの工芸デザイナー，建築家。
⇒岩ケ（リーマーシュミット，リヒャルト 1868-1957）
西洋（リーメルシュミット 1868.6.26-1957.4.13）
世美（リーマーシュミット，リヒャルト 1868-1957）

Riesener, Henri François 〈18・19世紀〉
フランスの画家。
⇒新美（リーズネル，アンリ・フランソワ 1767.10.19-1828.2.7）

Riesener, Jean Henri 〈18・19世紀〉
ドイツの家具作家。フランスで活躍，王妃マリー・アントアネットのために多くの家具を製作。
⇒岩ケ（リーゼネル，ジャン・アンリ 1734-1806）
芸術（リーズネー，ジャン・アンリ 1735-1806）
建築（リーゼナー，ジャン・ヘンリー（ハンス・ハインリヒ） 1734-1806）
国小（リーズネー 1734-1806.1.6）
新美（リーズネル，ジャン＝アンリ 1734-1806.1.2）
西洋（リーゼナー 1734.7.11-1806.1.16）
世美（リーズネル，ジャン＝アンリ 1734-1806）
百科（リースナー 1734-1806）

Rietschel, Ernst 〈19世紀〉
ドイツの彫刻家。19世紀ドイツの代表的彫刻家の一人。
⇒西洋（リーチェル 1804.12.15-1861.2.21）

Rietveld, Gerrit Thomas 〈19・20世紀〉
オランダの建築家。デザインをエレメンタルな視覚単位に分け，それを空間的に構成して建築や家具を設計した。
⇒岩ケ（リートフェルト，ヘリット・トマス 1888-1964）
オ西（リートフェルト，ヘリト・トマス 1888-1964）
国小（リートフェルト 1888-1964）
新美（リートフェルト，ヘリット 1888.6.24-1964.6.25）
西洋（リートフェルト 1888.6.24-1964.7.25）
世西（リートフェルト 1888.6.2-1964.6.26）
世美（リートフェルト，ヘリット・トーマス 1888-1964）
世百新（リートフェルト 1888-1964）
大辞2（リートフェルト 1888-1964）
大辞3（リートフェルト 1888-1964）
大百（リートフェルト 1888-1964）
伝世（リートフェルト 1888.6.24-1964.6.25）
ナビ（リートフェルト 1888-1964）
二十（リートフェルト，ヘリット・トマス 1888.6.24-1964.7.25(6.25)）
百科（リートフェルト 1888-1964）

Rigaud, Hyacinthe 〈17・18世紀〉
フランスの画家。4代にわたるフランス王家の肖像画を描いた。
⇒外国（リゴー 1659-1743）
芸術（リゴー，イアサント 1659-1743）
国小（リゴー 1659.7.18-1743.12.29）
新美（リゴー，イアサント 1659.7.18-1743.12.29）
西洋（リゴー 1659.7.18-1743.12.29）
世西（リゴー 1659-1743）
世美（リゴー，イアサント 1659-1743）
世百（リゴー 1659-1743）
全書（リゴー 1659-1743）
大百（リゴー 1659-1743）
百科（リゴー 1659-1743）

Riget, Karl Age 〈20世紀〉
デンマークの芸術家。
⇒世芸（リーゲ，カール・エージ 1933-）

Righini, Pietro 〈17・18世紀〉
イタリアの建築家，舞台美術家。
⇒世美（リギーニ，ピエトロ 1683-1742）

Rigotti, Annibale 〈19・20世紀〉
イタリアの建築家。
⇒世美（リゴッティ，アンニーバレ 1870-1968）

Riis, Jacob August 〈19・20世紀〉
デンマーク生れのアメリカのジャーナリスト。ニューヨークの貧民街の実情を，写真と文章とで詳しく紹介して人々の関心を喚起した。
⇒新美（リース，ジャコブ 1849.5.3-1914.5.26）
伝世（リース 1849.5.3-1914.5.26）
二十（リース，ジャコブ・A. 1849.5.3-1914.5.26）

Riley, Bridget 〈20世紀〉
イギリスの画家。1968年ヴェニス・ビエンナーレで国際絵画大賞受賞。
⇒岩ケ（ライリー，ブリジット　1931-）
　才西（ライリー，ブリジット　1931-）
　新美（ライリー，ブリジェット　1931.4.25-）
　スパ（ライリー，ブリジット　1931-）
　世芸（ライリー，ブリジット　1931-）
　世女（ライリー，ブリジット（ルイーズ）　1931-）
　世美（ライリー，ブリジェット　1931-）
　全書（ライリー　1931-）
　二十（ライリー，ブリジット　1931.4.25-）
　美術（ライリー，ブリジット　1931-）

Riley, John 〈17世紀〉
イギリスの画家。1680年からロンドンで肖像画家として活動。有名人の肖像を数多く描いた。
⇒国小（ライリー　1646-1691）

Rilke-Westhoff, Clara 〈19・20世紀〉
ドイツの彫刻家，画家。
⇒世女日（リルケ＝ヴェストホフ，クララ　1878-1954）

Riminaldi, Orazio 〈16・17世紀〉
イタリアの画家。
⇒世美（リミナルディ，オラーツィオ　1586-1630）

Rinaldi, Antonio 〈18世紀〉
イタリアの建築家。
⇒建築（リナルディ，アントニオ　1709頃-1794）
　世美（リナルディ，アントーニオ　1709-1794）

Ringelnatz, Joachim 〈19・20世紀〉
ドイツの詩人，画家。『体操詩集』（1920），『クッテル・ダッデルドゥー』（1923）などの詩集が有名。
⇒国小（リンゲルナッツ　1883.8.7-1934.11.17）
　集世（リンゲルナッツ，ヨアヒム　1883.8.7-1934.11.16）
　集文（リンゲルナッツ，ヨアヒム　1883.8.7-1934.11.16）
　世百新（リンゲルナッツ　1883-1934）
　世文（リンゲルナッツ，ヨアヒム　1883-1934）
　全書（リンゲルナッツ　1883-1934）
　二十（リンゲルナッツ，J.　1883-1934）
　百科（リンゲルナッツ　1883-1934）

Ringgold, Faith 〈20世紀〉
アメリカの芸術家。
⇒世女（リンゴールド，フェイス　1930-）

Ringi, Kjell 〈20世紀〉
スウェーデンのイラストレーター。
⇒児イ（Ringi, Kjell　リンギィ, K.　1930-）

Rio, Alexis François 〈18・19世紀〉
フランスの芸術評論家。カトリック美術を研究。
⇒西洋（リオ　1798-1874）
　世美（リオ，アレクシス＝フランソワ　1798-1874）

Rio, Eduard del 〈20世紀〉
メキシコの漫画家。
⇒二十（リウス, E.del　1934-）

Riopelle, Jean Paul 〈20世紀〉
カナダの画家。オートマティズムによる新技法を使用。
⇒才西（リオペル，ジャン＝ポール　1923-）
　国小（リオペル　1923-）
　新美（リオペル，ジャン＝ポール　1923.10.7-）
　世芸（リオペル，ジャン・ポール　1923-）
　世美（リオペル，ジャン＝ポール　1923-）
　二十（リオペル，ジャン・ポール　1923.10.7-）

Ripley, Robert 〈20世紀〉
アメリカのイラストレーター，風刺漫画家，作家。
⇒岩ケ（リプリー，ロバート　1893-1949）

Ripley, Thomas 〈17・18世紀〉
イギリスの建築家。
⇒建築（リプリー，トーマス　1683頃-1758）
　世美（リプリー，トマス　1683-1758）

Ripper, Charles L. 〈20世紀〉
アメリカのイラストレーター。
⇒児イ（Ripper, Charles L.　リッパー, C.L.　1929-）

Rippl-Rónai József 〈19・20世紀〉
ハンガリーの画家。
⇒新美（リップル＝ローナイ・ヨージェフ　1861.5.24-1927.11.25）
　二十（リップル・ローナイ，ヨージェフ　1861.5.24-1927.11.25）

Rischer, Johann Jakob 〈17・18世紀〉
ドイツの建築家。
⇒世美（リッシャー，ヨハン・ヤーコプ　1662-1755）

Risenburgh, Bernard I van 〈18世紀〉
パリで活躍したオランダ出身の家具職人。1722～38年頃工房を開いて活躍。
⇒国小（リーゼンブルヒ，ベルナルド1世）

Risenburgh, Bernard II van 〈18世紀〉
パリで活躍したオランダ出身の家具職人。ルイ15世時代の傑出した職人。
⇒国小（リーゼンブルヒ，ベルナルド2世）
　新美（リザンブール二世，ベルナール・ヴァン　1700頃-1765頃）
　世美（ファン・リーゼンブルフ，ベルナルト　?-1765頃）

Rissanen, Juho Viljo 〈19・20世紀〉
フィンランドの画家。民族的色彩の強い『子供の思い出』（1903）によって名声を得た。
⇒西洋（リッサネン　1873.3.9-1950.12.10）

Ristoro, Fra 〈13世紀〉
イタリアの建築家。

⇒世美（リストーロ，フラ　?-1284）

Riswold, Gilbert〈20世紀〉
アメリカのイラストレーター。
⇒児イ（Riswold, Gilbert）

Ritchie, Trekkie〈20世紀〉
イギリスのイラストレーター。
⇒児イ（Ritchie, Trekkie　リッチー，T.　1902-）

Ritsema, Coba (Jacoba)〈19・20世紀〉
オランダの女性画家。
⇒オ西（リットスマ，コバ（ヤコバ）1876-1962）

Ritter, Renée〈20世紀〉
アメリカ生れの画家。
⇒世芸（リッター，ルネ　?-）

Rivalz, Antoine〈17・18世紀〉
フランスの美術家。
⇒世美（リヴァル，アントワーヌ　1667-1735）

Rivalz, Jean-Pierre〈17・18世紀〉
フランスの美術家。
⇒世美（リヴァル，ジャン＝ピエール　1625-1706）

Rivalz, Jean-Pierre le Jeune〈18世紀〉
フランスの美術家。
⇒世美（リヴァル，ジャン＝ピエール二世　1718-1785）

Rivera, Diego〈19・20世紀〉
メキシコの画家。民衆を主題とするダイナミックな壁画を制作、自国のほかアメリカの諸都市に多数の作品を残している。
⇒岩ケ（リベラ，ディエゴ　1886-1957）
　オ西（リベーラ，ディエゴ・マリア　1886-1957）
　外国（リベラ　1886-）
　キリ（リベラ，ディエゴ　1886.12.8-1957.11.25）
　現人（リベラ　1886.12.8-1957.11.25）
　広辞5（リベラ　1886-1957）
　広辞6（リベラ　1886-1957）
　国小（リベラ　1886.12.8-1957.11.25）
　コン3（リベラ　1886-1957）
　新美（リベーラ，ディエーゴ　1886.12.8-1957.11.25）
　人物（リベラ　1886.12.8-1957）
　西洋（リベラ　1886.12.8-1957.11.25）
　世芸（リベーラ，ディエゴ　1886-1957）
　世東（リヴェラ　1886-1957）
　世美（リベーラ，ディエーゴ　1886-1957）
　世百（リベラ　1886-1957）
　世百新（リベラ　1886-1957）
　全書（リベラ　1886-1957）
　大辞2（リベラ　1886-1957）
　大辞3（リベラ　1886-1957）
　大百（リベラ　1886-1957）
　伝世（リベラ，D.　1886.12.8-1957.11.25）
　ナビ（リベラ　1886-1957）
　二十（リベラ，ディエゴ　1886.12.8-1957.11.25）
　百科（リベラ　1886-1957）

山世（リベラ　1886-1957）
ラテ（リベラ　1886-1957）

Rivers, Larry〈20世紀〉
アメリカのアーティスト。ポップ・アートの先駆者的な立場にある周辺作家。
⇒岩ケ（リヴァーズ，ラリー　1923-）
　コン3（リヴァーズ　1923-）
　新美（リヴァース，ラリー　1923.8.17-）
　世芸（リヴァース，ラリー　1923-）
　世美（リヴァーズ，ラリー　1923-）
　全書（リバーズ　1923-）
　二十（リバース，ラリー　1923.8.7-）
　美術（リヴァーズ，ラリー　1923-）

Riviere, Briton〈19・20世紀〉
イギリスの画家。『パンチ』誌に協力し、殊に人物画および動物画を描いた。
⇒西洋（リヴィエア　1840.8.14-1920.4.20）

Rivoira, Gian Teresio〈19・20世紀〉
イタリアの美術史家。
⇒世美（リヴォイラ，ジャン・テレージオ　1849-1919）

Rivoli, Maris〈20世紀〉
アメリカのイラストレーター。
⇒児イ（Rivoli, Maris　リヴォリ，M.　1943-）

Rizā, Agā〈16・17世紀〉
イスラム・ペルシアの画家。パリ国立図書館にかれの晩年の淡彩素描の『美少年図』がある。
⇒外国（リザー　1530頃-1620頃）

Rizā-i-Abbāssi〈16・17世紀〉
イスラム・ペルシアの画家。イスパハンのシャー・アッバス王の宮廷における第一の画家。
⇒外国（リザー・イ・アバーシ）
　コン2（レザー・アッパース・イー　1618-1634頃）
　コン3（レザー・アッパース・イー　生没年不詳）
　新美（リザー・アッパーシー）
　西洋（リザー・アッパース・イー　17世紀）
　世東（リザー・イ・アッバーシー　17世紀）
　百科（リザー・アッパーシー　1560頃-1635）

Rizi, Juan Andrés〈17世紀〉
スペインの画家。
⇒世美（リッシ，フアン・アンドレス　1600-1681）

Rizi de Guevara, Francisco〈17世紀〉
スペインの画家で宮廷画家。
⇒新美（リッシ・デ・ゲバラ，フランシスコ　1608-1685.8.2）
　世美（リッシ，フランシスコ　1614-1685）

Rizzo, Antonio〈15世紀〉
イタリアの彫刻家、建築家。
⇒建築（リッツォ，アントニオ　1430頃-1498以降）
　コン2（リッツォ　1430頃-1499/1500）
　コン3（リッツォ　1430頃-1499/1500）
　新美（リッツォ，アントーニオ）
　西洋（リッツォイ　1430頃-1497以後）
　世美（リッツォ，アントーニオ　1430頃-1499頃）

Robbia, Andrea della 〈15・16世紀〉
イタリアの彫刻家、陶芸家。L.ロビアの甥。主作品『嬰児』『聖マリア』。
⇒キリ（デルラ・ロッビア，アンドレーア　1435.10.28-1525.8.4）
芸術（ロビア，アンドレア・デルラ　1435-1525）
国小（ロビア　1435.10.20-1525.8.4）
国百（ロビア，アンドレア・デラ　1435.10.20-1525.8.4）
人物（ロッビア　1435.10.20-1525.8.4）
西洋（ロッビア　1435.10.20-1525.8.4）
世米（ロッビア　1435-1525）
世美（デッラ・ロッビア，アンドレーア　1435-1525）

Robbia, Giovanni della 〈15・16世紀〉
イタリアの彫刻家。
⇒西洋（ロッビア　1469-1529頃）
世美（デッラ・ロッビア，ジョヴァンニ　1469-1529）

Robbia, Luca della 〈14・15世紀〉
イタリアの彫刻家，陶芸家。1437年頃『合唱隊』の制作。主作品『聖母子と天使』。
⇒岩ケ（ロッビア，ルカ・デラ　1400頃-1482）
外国（ロビア　1400頃-1482）
キリ（デルラ・ロッビア，ルーカ　1399/1400-1482.2.20）
芸術（デラ・ロッビア，ルカ　1400-1482）
芸術（ロビア，ルカ・デラ　1399-1482）
広辞4（ロッビア　1400頃-1482）
広辞6（ロッビア　1400頃-1482）
国小（ロビア　1399/1400-1482.2.20）
国百（ロビア，ルカ・デラ　1399/1400-1482.2.20）
コン2（ロッビア　1400頃-1482）
コン3（ロッビア　1400頃-1482）
新美（ルーカ・デルラ・ロッビア　1399/1400-1482.2.20）
人物（ロッビア　1399-1482.2.10）
西洋（ロッビア　1399/400-1482.2.10）
世西（ロッビア　1399-1482）
世百（ロッビア　1399/1400-1482）
全書（ロッビア　1399/1400-1482）
大辞（ロッビア　1400頃-1482）
大辞3（ロッビア　1400頃-1482）
大百（ロッビア　1400-1482）
伝世（ロッビア　1399/1400-1482.2）
百科（ロッビア　1400-1482）
評世（ルカ=デラ=ロビア　1400頃-1482）

Robbins, Frank 〈20世紀〉
アメリカのイラストレーター。
⇒児イ（Robbins, Frank　ロビンズ, F.　1917-）

Robert, Carl 〈19・20世紀〉
ドイツの古典学者，考古学者。『Hermes』誌を編集。
⇒西洋（ローベルト　1850.3.8-1922.1.17）
世西（ローベルト　1850.3.8-1927.1.17）
世美（ローベルト，カール　1850-1922）
全書（ローベルト　1850-1923）
二十（ローベルト, C.　1850-1923）
名著（ローベルト　1850-1922）

Robert, Hubert 〈18・19世紀〉
フランスの風景画家。ローマの廃墟のある風景や古代建築を詩的情趣をもって描き，「廃墟のロベール」と呼ばれた。
⇒国小（ロベール　1733.5.22-1808.4.15）
新美（ロベール，ユベール　1733.5.22-1808.4.15）
西洋（ロベール　1733.5.22-1808.4.15）
世美（ロベール，ユベール　1733-1808）
百科（ロベール　1733-1808）

Robert, Léo Paul 〈19・20世紀〉
スイスの画家。宗教的な感情が強かった。
⇒西洋（ロベール　1851.3.19-1923.10.10）

Robert, Louis Léopold 〈18・19世紀〉
スイスの画家。主として新古典主義的作風で，イタリアの庶民の日常生活を描いた。
⇒芸術（ロベール，レオポール・ルイ　1794-1835）
国小（ロベール　1794.5.13-1835.3.20）
新美（ロベール，レオポルド　1794.5.31-1835.3.20）
西洋（ロベール　1794.5.13-1835.3.20）

Robert, Phillipe 〈20世紀〉
フランスの建築学者。
⇒二十（ロベール，フィリップ　1972-）

Robert de Coucy 〈13世紀〉
フランスの建築長。
⇒建築（ロベール・ド・クシー　（活動)13世紀）

Robert de Luzarches 〈13世紀〉
フランスの建築家。
⇒建築（ロベール・ド・リュザルシュ　?-1223頃）
世美（ロベール・ド・リュザルシュ　13世紀前半）

Roberti, Ercole d'Antonio de 〈15世紀〉
イタリアの画家。作品『洗礼者ヨハネ』『聖母子と四使徒』(1480)。
⇒岩ケ（ロベルデイ，エルコレ・（グランディ・ダントニオ・）デ　1450頃-1496）
芸術（ロベルティ，エルコレ・デ　1450頃-1496）
国小（ロベルティ　1450頃-1496）
新美（ロベルティ，エルコレ・デ　1450頃-1496）
世美（ロベルティ，エルコレ・デ　1451頃-1496）

Robert of Beverley 〈13世紀〉
イギリスの建築長。
⇒建築（ロバート・オブ・ベヴァリー　（活動)1253-1284）

Robert of Saint-Albans 〈11世紀〉
イギリスの建築長。
⇒建築（ロバート・オブ・セント=アルバンス　（活動)11世紀）

Roberts, David 〈18・19世紀〉
イギリス（スコットランド）の画家，製図家。ヨーロッパおよび東方諸国を旅行して豊富な建築図集を出版。

⇒西洋（ロバーツ　1796.10.24-1864.11.25）

Roberts, Lynette 〈20世紀〉
イギリスの女性詩人，画家。
⇒二十英（Roberts, Lynette　1909-1995）

Roberts, Tom 〈19・20世紀〉
イギリス生れのオーストラリアの風景画家。オーストラリアの風景画の父とされている。
⇒岩ケ（ロバーツ，トム　1856-1931）
　オセ（ロバーツ　1856-1931）
　オセ新（ロバーツ　1856-1931）
　国小（ロバーツ　1856.3.9-1931.9.14）
　二十（ロバーツ，トム　1856-1931）
　百科（ロバーツ　1856-1931）

Roberts, William Patrick 〈20世紀〉
イギリスの画家。
⇒岩ケ（ロバーツ，ウィリアム・パトリック　1895-1980）

Robertson, *Sir* Howard Morley 〈19・20世紀〉
アメリカ生れのイギリスの建築家，建築理論家。主作品はウエストミンスターの造園協会展示館（1928）。
⇒国小（ロバートソン　1888.8.16-1963）

Robetta, Cristofano 〈15・16世紀〉
イタリアの彫版師。
⇒世美（ロベッタ，クリストーファノ　1462-1522頃）

Robilant, Filippo Giovanni Battista Nicolis 〈18世紀〉
イタリアの建築家。
⇒世美（ロビラント，フィリッポ・ジョヴァンニ・バッティスタ・ニコーリス　1723-1783）

Robin, André 〈15世紀〉
フランスのステンドグラス制作家。
⇒世美（ロバン，アンドレ　（活動）15世紀）

Robin, Gabriel 〈20世紀〉
フランスの画家。
⇒世芸（ロバン，ガブリエル　1902-1971）

Robineau, Adelaide Alsop 〈19・20世紀〉
アメリカの陶芸家。
⇒世女日（ロビノー，アデレード・オルソップ　1865-1929）

Robinson, Alan James 〈20世紀〉
アメリカの芸術家。
⇒児作（Robinson, Alan James　ロビンソン，アラン・ジェイムズ）

Robinson, Boardman 〈19・20世紀〉
アメリカの画家。好んで人類の苦悩に対する同情を表現した。挿絵画家としても知られる。

⇒西洋（ロビンソン　1876.9.6-1952.9.5）

Robinson, Charles 〈19・20世紀〉
イギリスの挿絵画家。
⇒英児（ロビンソン，チャールズ　1870-1937）
　児イ（Robinson, Charles　1870-1937）
　児文（ロビンソン兄弟　(Robinson, Charles)）
　世児（ロビンスン，チャールズ　1870-1937）
　二十（ロビンソン，チャールズ　1870-1937）

Robinson, Henry Peach 〈19・20世紀〉
イギリスの写真家。芸術的なスタジオ写真を制作，その発展に寄与した。
⇒岩ケ（ロビンソン，ヘンリー・ピーチ　1830-1901）
　国小（ロビンソン　1830-1901）

Robinson, Irene Bowen 〈20世紀〉
アメリカのイラストレーター。
⇒児イ（Robinson, Irene Bowen　ロビンソン，I.B.　1891-）

Robinson, Jerry 〈20世紀〉
アメリカのイラストレーター。
⇒児イ（Robinson, Jerry　ロビンソン，J.）

Robinson, Joan Gale 〈20世紀〉
イギリスの女性作家，詩人，挿絵画家。
⇒英児（Robinson, Joan Gale　ロビンソン，ジョーン・ゲイル　1910-1988）
　児イ（Robinson, Joan Gale　ロビンソン，J.G.　1910-）
　児作（Robinson, Joan Gale　ロビンソン，ジョーン・G　1910-）
　世児（ロビンスン，ジョーン（・メアリ）・G（ゲイル））

Robinson, Thomas Heath 〈19・20世紀〉
イギリスの挿絵画家。
⇒児イ（Robinson, Thomas Heath　1869-1950）
　児文（ロビンソン兄弟　(Robinson, Thomas Heath)）
　二十（ロビンソン，トーマス・ヒース　1865(?)-1950）

Robinson, Tom 〈19世紀〉
アメリカ，メイン州生れの建築家，作家。
⇒児作（Robinson, Tom　ロビンソン，トム　1878-?）

Robinson, William 〈19・20世紀〉
アイルランドの造園家，園芸書の著者。
⇒岩ケ（ロビンソン，ウィリアム　1838-1935）

Robinson, William Heath 〈19・20世紀〉
イギリスの画家，漫画家，挿絵画家。
⇒岩ケ（ロビンソン，（ウィリアム・）ヒース　1872-1944）
　英児（ロビンソン，ウィリアム・ヒース　1872-1944）
　児イ（Robinson, William Heath　?-1944.9）

児文（ロビンソン兄弟 (Robinson, William Heath)）
世児（ロビンスン, W（ウィリアム）・ヒース 1872-1944）
二十（ロビンソン, ウィリアム・ヒース 1872-1944）

Roccatagliata, Niccolò 〈16・17世紀〉
イタリアの彫刻家。
⇒世美（ロッカタリアータ, ニッコロ （活動）1593-1636）

Roch 〈13・14世紀〉
フランスの修道士, 聖人。
⇒看護（ロク 1295-1327）
キリ（ロクス 1350頃-1378/79頃）
国小（ロク 1350?-1378/9?）
コン2（ロク 1295頃-1327頃）
コン3（ロク 1295頃-1327頃）
西洋（ロク 1295-1327）
世美（ロクス（聖） 1295-1327）
百科（ロクス 1295頃-1327頃）

Roche, Eamon Kevin 〈20世紀〉
アメリカの建築家。作品にニューヨークの『フォード財団本部ビル(1968)』など。
⇒現人（ローチ 1922.6.14-）

Roche, Kevin Ramonn 〈20世紀〉
アメリカの建築家。
⇒新美（ローチ, ケヴィン 1922.6.14-）
二十（ローチ, ケビン・R. 1922.6.14-）

Rochegrosse, Georges 〈19・20世紀〉
フランスの画家。挿絵画家としても活躍。
⇒国小（ロッシュグロス 1859-1938）

Rockburne, Dorothea 〈20世紀〉
カナダ生れの女性画家。
⇒世芸（ロックバーン, ドロテア ?-）

Rockefeller, Abby 〈19・20世紀〉
アメリカの実業家の妻。ニューヨーク近代美術館の設立者。
⇒国小（ロックフェラー, アビー 1874-1948）
世女日（ロックフェラー, アビィ 1874-1948）

Rockwell, Anne 〈20世紀〉
アメリカの女性作家, 絵本作家, 挿絵画家。
⇒英児（Rockwell, Anne ロックウェル, アン 1934-）
児イ（Rockwell, Anne ロックウェル, A.）

Rockwell, Gail 〈20世紀〉
アメリカのイラストレーター。
⇒児イ（Rockwell, Gail ロックウェル, G.）

Rockwell, Harlow 〈20世紀〉
アメリカのイラストレーター。
⇒児イ（Rockwell, Harlow ロックウェル, H.）

Rockwell, Norman (Percevel) 〈20世紀〉
アメリカのイラストレーター。
⇒アメ（ロックウェル 1894-1978）
岩ケ（ロックウェル, ノーマン(・パーシヴァル) 1894-1978）
現ア（Rockwell, Norman ロックウェル, ノーマン 1894-1978）
児イ（Rockwell, Norman ロックウェル, N. 1894-）
世芸（ロックウェル, ノーマン 1894-1978）

Rodakowski, Henrik 〈19世紀〉
ポーランドの画家。
⇒新美（ロダコフスキ, ヘンリク 1823.8.9-1894.12.28）

Rodari, Bernardino 〈15・16世紀〉
イタリアの建築家, 彫刻家。
⇒世美（ロダーリ, ベルナルディーノ （活動）15-16世紀）

Rodari, Donato 〈15・16世紀〉
イタリアの建築家, 彫刻家。
⇒世美（ロダーリ, ドナート （活動）15-16世紀）

Rodari, Giacomo 〈15・16世紀〉
イタリアの建築家, 彫刻家。
⇒世美（ロダーリ, ジャーコモ （活動）15-16世紀）

Rodari, Tommaso 〈15・16世紀〉
イタリアの建築家, 彫刻家。
⇒世美（ロダーリ, トンマーゾ （活動）15-16世紀）

Rodchenko, Alexander Mikhailovich 〈20世紀〉
ロシアの画家, デザイナー。家具, 写真, ポスターなどの実践創作活動に参加。
⇒岩ケ（ロドチェンコ, アレクサンドル・ミハイロヴィチ 1891-1956）
オ西（ロドチェンコ, アレクサンドル・ミハイロヴィッチ 1891-1956）
国小（ロドチェンコ 1891-1956）
新美（ロドチェンコ, アレクサンドル 1891.11.23(12.5)-1956.12.3）
西芸（ロドチェンコ 1891.12.5-1956.12.3）
世芸（ロドチェンコ, アレクサンドル 1891-1956）
世西（ロードチェンコ 1891-1956）
世美（ロードチェンコ, アレクサンドル・ミハイロヴィチ 1891-1956）
世百（ロドチェンコ 1891-1956）
世百新（ロドチェンコ 1891-1956）
全書（ロドチェンコ 1891-1956）
大百（ロドチェンコ 1891-1956）
二十（ロドチェンコ, アレクサンドル 1891.12.5-1956.12.3）
百科（ロドチェンコ 1891-1956）
ロシ（ロドチェンコ 1891-1956）

Rodde, Michel 〈20世紀〉
フランス生れの画家。
⇒世芸（ロッド, ミッシェル 1913-）

Rode, Christian Bernhard 〈18世紀〉
ドイツの画家。ロココ派。
⇒西洋（ローデ　1725.7.25-1797.6.24）

Rodenwaldt, Gerhart 〈19・20世紀〉
ドイツの考古学者。ドイツ国立考古学研究所長（1922～32）。
⇒外国（ローデンヴァルト　1886-）
　新美（ローデンヴァルト，ゲルハルト　1886.10.16-1945.4.27）
　西洋（ローデンヴァルト　1886.10.16-1945.4.27）
　世美（ローデンヴァルト，ゲルハルト　1886-1945）
　二十（ローデンヴァルト，ゲルハルト　1886.10.16-1945.4.27）
　名著（ローデンヴァルト　1886-1945）

Rodi, Faustino 〈18・19世紀〉
イタリアの建築家。
⇒建築（ロディ，ファウスティーノ　1751-1833）
　世美（ローデイ，ファウスティーノ　1751-1835）

Rodin, François Auguste René 〈19・20世紀〉
フランスの彫刻家。『考える人』(1888) で有名。
⇒逸話（ロダン　1840-1917）
　岩ケ（ロダン，（ルネ・フランソワ・）オーギュスト　1840-1917）
　旺世（ロダン　1840-1917）
　才西（ロダン，オーギュスト　1840-1917）
　外国（ロダン　1840-1917）
　角世（ロダン　1840-1917）
　キリ（ロダン，オギュスト　1840.11.12-1917.11.17）
　芸術（ロダン，オーギュスト　1840-1917）
　広辞4（ロダン　1840-1917）
　広辞5（ロダン　1840-1917）
　広辞6（ロダン　1840-1917）
　国小（ロダン　1840.11.12-1917.11.17）
　国百（ロダン，オーギュスト　1840.11.12-1917.11.17）
　コン2（ロダン　1840-1917）
　コン3（ロダン　1840-1917）
　新美（ロダン，オーギュスト　1840.11.12-1917.11.17）
　人物（ロダン　1840.11.12-1917.11.17）
　西洋（ロダン　1840.11.12-1917.11.17）
　世芸（ロダン，オーギュスト　1840-1917）
　世人（ロダン　1840-1917）
　世西（ロダン　1840.11.14-1917.11.17）
　世美（ロダン，オーギュスト　1840-1917）
　世百（ロダン　1840-1917）
　全書（ロダン　1840-1917）
　大辞（ロダン　1840-1917）
　大辞2（ロダン　1840-1917）
　大辞3（ロダン　1840-1917）
　大百（ロダン　1840-1917）
　デス（ロダン　1840-1917）
　伝世（ロダン　1840.11.12-1917.11.17）
　ナビ（ロダン　1840-1917）
　二十（ロダン，F.　1840.11.12-1917.11.17）
　百科（ロダン　1840-1917）
　評世（ロダン　1840-1917）
　名著（ロダン　1840-1917）
　山世（ロダン　1840-1917）
　歴史（ロダン　1840-1917）

Rodriguez, Alonso 〈16・17世紀〉
スペイン出身のイタリアの画家。
⇒世美（ロドリゲス，アロンソ　1578-1648）

Rodríguez, Lorenzo 〈18世紀〉
スペインの建築長。
⇒建築（ロドリーゲス，ロレンソ　1704-1774）

Rodríguez, Ventura 〈18世紀〉
スペインの建築家。スペインのロココ様式を発展させた。
⇒キリ（ロドリゲス，ベントゥラ　1717.7.14-1785.8.25）
　建築（ロドリーゲス・ティソン，ベントゥーラ　1717-1785）
　国小（ロドリゲス　1717.7.14-1785.8.26）
　新美（ロドリーゲス，ベントゥーラ　1717.7.14-1785.8.26）
　西洋（ロドリゲス　1717.7.14-1785.8.26）
　世美（ロドリゲス，ベントゥーラ　1717-1785）

Rodríguez Alfonso 〈16世紀〉
スペインの建築長。
⇒建築（ロドリーゲス，アルフォンソ　（活動)16世紀）

Roelas, Juan de las 〈16・17世紀〉
スペインの画家。
⇒新美（ロエーラス，ホアン・デ・ラス　1558-1625.4.23）
　世美（ロエラス，フアン・デ・ラス　1560頃-1625）

Roelfs, Jan 〈20世紀〉
オランダ生れの映画美術監督。
⇒世映（ロルフス，ヤン　1957-）

Roentgen, David 〈18・19世紀〉
ドイツの家具製作者。国際的名声を博し，作品はルイ16世，マリー・アントアネットらに愛用された。
⇒国小（レントゲン　1743.8.11-1807.2.12）
　新美（レントゲン，ダーヴィト　1743.8.11-1807.2.12）
　世美（レントゲン，ダーヴィト　1743-1807）
　百科（レントゲン　1743-1807）

Roerbye, Martinus C.W. 〈19世紀〉
デンマークの画家。
⇒新美（ロールビー，マルティヌス　1803.5.19-1848.8.29）

Roerich, Nicolas Konstantin 〈19・20世紀〉
ロシアの画家，舞台美術家。ゴーギャンの影響を思わせる古代スラブ民族の素朴・雄渾な傾向の絵を描く。
⇒外国（レーリッヒ　1874-）
　キリ（レーリヒ，ニコラス・コンスタンティン　1874.9.27-1947.12.12）
　集文（レーリヒ，ニコライ・コンスタンチノヴィチ　1874.9.27-1947.12.13）
　西洋（レーリヒ　1874.9.27-1947.12.12）

二十（レーリヒ，ニコライ　1874.9.27-1947.12.12）
バレ（レーリヒ（リョーリフ），ニコラス（ニコライ）　1874.9.27-1947.9.13）
百科（レーリヒ　1874-1947）

Roever, J.M. 〈20世紀〉
アメリカのイラストレーター。
⇒児イ（Roever, J.M.）

Roffey, Maureen 〈20世紀〉
イギリスのイラストレーター。
⇒児イ（Roffey, Maureen　ロフィー, M.）

Rogent Amat, Elíes 〈19世紀〉
スペインの建築家。
⇒建築（ロージェント・アマット，エリアス　1821-1897）

Roger II 〈11・12世紀〉
シチリア王（在位1130～54）。王国を封建制に基づいて組織し，中央集権的な王権の確立にも成功。
⇒外国（ロジェー2世　1095頃-1154）
角世（ルッジェロ2世　1095-1154）
建築（ロジェー2世　（活動）11-12世紀）
皇帝（ロジェ2世　1095頃-1154）
国小（ロジェール2世　1095.12.25-1154.2.26）
コン2（ロジェル2世　1093-1154）
コン3（ロジェル2世　1093-1154）
西人（ロジェール二世　1093-1154）
世人（ロジェール（ルッジェーロ）2世　1093-1154）
全書（ルッジェーロ二世　1095-1154）
伝世（ロジェール2世　1095-1154.2.26）
統治（ルッジェーロ二世，大王　（在位）1105-1154）
百科（ルッジェーロ2世　1095-1154）
山世（ルッジェーロ2世　1095-1154）

Rogers, Carol 〈20世紀〉
アメリカのイラストレーター。
⇒児イ（Rogers, Carol　ロジャース, C.）

Rogers, Claude 〈20世紀〉
イギリスの画家。
⇒岩ケ（ロジャーズ，クロード　1907-1979）

Rogers, Ernesto Nathan 〈20世紀〉
イタリアの建築家。
⇒世美（ロジェルス，エルネスト・ナータン　1909-1969）

Rogers, John 〈19・20世紀〉
アメリカの彫刻家。『ロジャーズ群像』が人気を呼んだ。
⇒国小（ロジャーズ　1829.10.30-1904.7.26）

Rogers, Randolph 〈19世紀〉
アメリカの彫刻家。
⇒岩ケ（ロジャーズ，ランドルフ　1825-1892）
コン3（ロジャーズ　1825-1892）

Rogers, Richard 〈20世紀〉
イギリスの建築家。パリのポンピドー・センター国際競技で一等となった他，多数のコンペに入賞。
⇒岩ケ（ロジャーズ，リチャード　1933-）
二十（ロジャース，リチャード　1933-）

Roghman, Roeland 〈17世紀〉
オランダの画家，版画家。
⇒世美（ロッホマン，ルーラント　?-1686/87）

Roh, Franz 〈19・20世紀〉
ドイツの美術評論家。機械芸術，とくに写真芸術や「表現派」以後の新興美術運動を探究。
⇒外国（ロー　1890-）

Rohden, Johann Martin 〈18・19世紀〉
ドイツの風景画家。主作品『ローマの風景』。
⇒芸術（ローデン，マルティン　1778-1868）
国小（ローデン　1778-1868）

Rohlfs, Christian 〈19・20世紀〉
ドイツの画家。第2次世界大戦中ナチスによって告発され，約400点の作品が失われた。
⇒オ西（ロールフス，クリスティアン　1849-1938）
キリ（ロールフス，クリスティアン　1849.12.22-1938.1.8）
芸術（ロルフス，クリスティアン　1849-1938）
国小（ロールフス　1849.12.22-1938.1.8）
新美（ロルフス，クリスティアン　1849.12.22-1938.1.8）
西洋（ロールフス　1849.12.22-1938.1.8）
世芸（ロルフス，クリスティアン　1849-1938）
世西（ロルフス　1849-1938）
世美（ロールフス，クリスティアン　1849-1938）
二十（ロルフス, C.　1849.12.22-1938.1.8）

Rohmann, Eric 〈20世紀〉
アメリカのイラストレーター。
⇒児イ（Rohmann, Eric　ローマン, E.　1957-）

Rohner, Georges 〈20世紀〉
フランスの画家。「フォルス・ヌーベル」の同人として活躍。
⇒国小（ローネル　1913.7.20-）
世芸（ローネル，ジョルジュ　1913-1982）

Rohrer, Warren 〈20世紀〉
イギリス生れの画家。
⇒世芸（ローラー，ウォレン　1927-）

Rojankovsky, Feodor 〈20世紀〉
アメリカの挿絵画家。作品に『蛙の嫁探し』（1956）など。
⇒児イ（Rojahkovsky, Feodor Stepanovich　ロジャンコフスキー, F.S.　1891-）
児文（ロジャンコフスキー，フィオドール　1891-1970）
二十（ロジャンコフスキー，フィオドール　1891-1970）

Rokotov, Fjodor Stepanovich 〈18・

19世紀〉
ロシアの肖像画家。宮廷の婦人や高官を描いた。
⇒芸術（ロコートフ，フョードル・ステパノーヴィッチ 1735-1808）
国小（ロコトフ 1735/6-1808）
新美（ローコトフ，フョードル 1735頃-1808.12.12/24）

Roland, Philippe-Laurent 〈18・19世紀〉
フランスの彫刻家。
⇒世美（ロラン，フィリップ＝ローラン 1746-1816）

Roldan, Luisa 〈17・18世紀〉
スペインの彫刻家。
⇒世女（ロルダン，ルイーサ 1656-1704）
世女日（ロルダン，ルイサ 1656-1704）

Roldán, Pedro 〈17世紀〉
スペインの彫刻家。
⇒新美（ロルダーン，ペドロ 1624-1700）

Roll, Alfred Philippe 〈19・20世紀〉
フランスの画家。ソシエテ・ナショナル・デ・ボーザール会員。
⇒新美（ロル，アルフレッド・フィリップ 1846.3.1-1919.10.27）
二十（ロル，アルフレッド・フィリップ 1846.3.1-1919.10.27）

Roller, Alfred 〈19・20世紀〉
オーストリアの舞台装置家。
⇒オペ（ローラー，アルフレート 1864.10.2-1935.6.21）

Rolli, Antonio 〈17世紀〉
イタリアの画家。
⇒世美（ロッリ，アントーニオ 1643-1696）

Romagnoli, Giovanni 〈20世紀〉
イタリアの画家，彫刻家。
⇒世美（ロマニョーリ，ジョヴァンニ 1893-1976）

Romagnoni, Bepi 〈20世紀〉
イタリアの画家。
⇒世美（ロマニョーニ，ベピ 1930-1964）

Romanelli, Giovanni Francesco 〈17世紀〉
イタリアの画家。
⇒世美（ロマネッリ，ジョヴァンニ・フランチェスコ 1610-1662）

Romanelli, Raffaello 〈19・20世紀〉
イタリアの彫刻家。
⇒世美（ロマネッリ，ラッファエッロ 1856-1928）

Romani, Romolo 〈19・20世紀〉
イタリアの画家。
⇒世美（ロマーニ，ローモロ 1884-1916）

Romanisten 〈16世紀〉
ネーデルランドの画家。
⇒百科（ロマニスト 16世紀）

Romano, Giulio 〈15・16世紀〉
イタリアの画家，建築家。マニエリスムの創始者の一人。
⇒岩ケ（ジュリオ・ロマーノ 1499-1546）
キリ（ジューリオ・ロマーノ 1492(99)-1546.11.1）
芸術（ロマーノ，ジューリオ 1499-1546）
建築（ジュリオ・ロマーノ(通称)(ジュリオ・ピッピ・デ・ジャヌッツイ) 1492-1546）
国小（ロマーノ 1492/9-1546.11.1）
コン2（ロマーノ 1499-1546）
コン3（ロマーノ 1499-1546）
新美（ロマーノ，ジューリオ 1499-1546.11.1）
西洋（ジュリョ・ロマーノ 1499-1546.11.1）
世西（ロマーノ 1492/9-1546.11.1）
世美（ジューリオ・ロマーノ 1499頃-1546）
世百（ロマーノ 1499-1546）
全書（ロマーノ 1499-1546）
大百（ロマーノ 1499-1546）
デス（ロマーノ 1499-1546）
伝世（ロマーノ 1499-1546.11.1）
百科（ジュリオ・ロマーノ 1499-1546）

Rombouts, Gillis 〈17世紀〉
オランダの画家。
⇒世美（ロンバウツ，ヒリス 1630-1677/78）

Rombouts, Theodor 〈16・17世紀〉
フランドルの画家。ヤンセンの弟子。主作品に『占師』など。
⇒国小（ロンバウツ 1597.7.2-1637.9.14）
世美（ロンバウツ，テオドール 1597-1637）

Romney, George 〈18・19世紀〉
イギリスの肖像画家。多くの美人画を描いた。主作品『ハミルトン夫人』(1786)。
⇒岩ケ（ロムニー，ジョージ 1734-1802）
芸術（ロムニー，ジョージ 1734-1802）
国小（ロムニー 1734.12.15-1802.11.15）
コン2（ロムニー 1734-1802）
コン3（ロムニー 1734-1802）
新美（ロムニ，ジョージ 1734.12.15-1802.11.15）
西洋（ロムニ 1734.12.26-1802.11.15）
世西（ロムニー 1734-1802）
世美（ロムニー，ジョージ 1734-1802）
世百（ロムニー 1734-1802）
全書（ロムニー 1734-1802）
伝世（ロムニー 1734-1802）
百科（ロムニー 1734-1802）

Ronconi, Luca 〈20世紀〉
イタリアの演出家，舞台美術家。
⇒クラ（ロンコーニ，ルーカ 1933-）

Rondani, Francesco Maria 〈15・16世紀〉
イタリアの画家。

⇒世美（ロンダーニ, フランチェスコ・マリーア　1490-1550頃）

Rondelet, Jean Baptiste〈18・19世紀〉
フランスの建築家。パリの理工科大学創設者の一人。
⇒建築（ロンドレ, ジャン＝バティスト　1743-1829）
　西洋（ロンドレ　1743-1829）
　世美（ロンドレ, ジャン＝バティスト　1734-1829）

Rondinelli, Niccolò〈15・16世紀〉
イタリアの画家。
⇒世美（ロンディネッリ, ニッコロ　1450頃-1510頃）

Ronner, Henriette〈19・20世紀〉
オランダの画家。
⇒世女日（ロナー, ヘンリエッテ　1821-1909）

Rookmaaker, Hendrick R.〈20世紀〉
オランダのキリスト教美術史家。
⇒キリ（ロークマーケル, ヘンドリック・R.　1922-1977）

Roos, Johann Heinrich〈17世紀〉
ドイツの画家。オランダの影響をうけ, 風景や動物の銅版画によって知られる。
⇒西洋（ロース　1631.10.27-1685.10.3）

Root, John Wellborn〈19世紀〉
アメリカの建築家。シカゴ派の先駆的存在。
⇒建築（ルート, ジョン・ウェルボーン　1850-1891）
　国小（ルート　1850.1.10-1891.1.15）
　西洋（ルート　1850.1.10-1891.1.15）
　世美（ルート, ジョン・ウェルボーン　1850-1891）

Rops, Félicien Joseph Victor〈19世紀〉
ベルギーの画家, 銅版画家。ボルテール, S.マラルメらの作品の挿絵を描いた。
⇒芸術（ロップス, フェリシアン　1833-1898）
　国小（ロプス　1833.7.10-1898.8.23）
　コン2（ロップス　1833-1898）
　コン3（ロップス　1833-1898）
　新美（ロップス, フェリシアン　1833.7.7-1898.8.22）
　人物（ロップス　1833.7.7-1898.8.22）
　西洋（ロップス　1833.7.7-1898.8.22）
　世美（ロップス, フェリシアン　1833-1898）
　世百（ロプス　1833-1898）
　百科（ロップス　1833-1898）

Rosa, Ercole〈19世紀〉
イタリアの彫刻家。
⇒世美（ローザ, エルコレ　1846-1893）

Rosa, Salvator〈17世紀〉
イタリアの画家, 銅版画家, 詩人, 音楽家。ロマン主義的風景画の先駆者。代表作『戦争図』。

⇒岩ケ（ローザ, サルヴァトール　1615-1673）
　音大（ローザ　1615.6.20/21-1673.3.15）
　芸術（ローザ, サルヴァトール　1615-1673）
　国小（ローザ　1615.6.20/(7.21)-1673.3.15）
　コン2（ローザ　1615-1673）
　コン3（ローザ　1615-1673）
　集世（ローザ, サルヴァトール　1615.6.21-1673.3.15）
　集文（ローザ, サルヴァトール　1615.6.21-1673.3.15）
　新美（ローザ, サルヴァトール　1615.7.21?-1673.3.15）
　人物（ローザ　1615.6.21-1673.3.15）
　西洋（ローザ　1615.6.21-1673.3.15）
　世西（ローザ　1615.7.21-1673.3.15）
　世美（ローザ, サルヴァトール　1615-1673）
　世百（ローザ　1615-1673）
　百科（ローザ　1615-1673）

Rosado, Fernando Puig〈20世紀〉
スペインのイラストレーター。
⇒児イ（Rosado, Fernando Puig　ロサード, F.P.　1931-）

Rosai, Ottone〈20世紀〉
イタリアの画家。
⇒世美（ロザイ, オットーネ　1895-1957）

Rosales Martínez, Eduardo〈19世紀〉
スペインの画家。
⇒新美（ロサーレス・マルティーネス, エドゥアルド　1836.11.4-1873.9.13）

Rosaspina, Francesco〈18・19世紀〉
イタリアの版画家。
⇒世美（ロザスピーナ, フランチェスコ　1762-1841）

Rosati, Rosato〈16・17世紀〉
イタリアの建築家。
⇒世美（ロザーティ, ロザート　1560-1622）

Rose, Gerald〈20世紀〉
イギリスのイラストレーター。
⇒児イ（Rose, Gerald　ローズ, G.　1935-）

Rose, Jürgen〈20世紀〉
ドイツの舞台美術家。
⇒バレ（ローゼ, ユルゲン　1937.8.25-）

Rose, Margo〈20世紀〉
アメリカの操り人形師。
⇒世女日（ローズ, マーゴ　1903-1997）

Rosellini, Ippolito〈19世紀〉
イタリアのエジプト学者。主著"I monumenti dell' Egitto e della Nubia"9巻（1832～44）。
⇒西洋（ロゼリーニ　1800.8.13-1843.6.4）
　世美（ロゼッリーニ, イッポーリト　1800-1843）

Rosenberg, Harold〈20世紀〉
アメリカの美術評論家。評論『アメリカのアクション・ペインターズ』を発表（1952）。

⇒現人（ローゼンバーグ 1906.2.2-）
思想（ローゼンバーグ、ハロルド 1906-1978）
集文（ローゼンバーグ、ハロルド 1906.2.2-）
新美（ローゼンバーグ、ハロルド 1906.2.2-1978.7.11）
世百新（ローゼンバーグ 1906-1978）
二十（ローゼンバーグ、ハロルド 1906.2.2-1978.7.11）
百科（ローゼンバーグ 1906-1978）

Rosenblum, Richard 〈20世紀〉
アメリカのイラストレーター。
⇒児イ（Rosenblum, Richard ローゼンブラム, R.）

Rosenfield, John Max 〈20世紀〉
アメリカの東洋美術史学者。仏教美術史・日本美術史を専攻。
⇒西洋（ローゼンフィールド 1924.10.9-）

Rosenquist, James（Albert） 〈20世紀〉
アメリカの画家。1962年グリーン画廊で最初の個展を開いてポップ・アーティストとして認められる。
⇒岩ケ（ローゼンクイスト、ジェイムズ（・アルバート） 1933-）
オ西（ローゼンクイスト、ジェイムズ 1933-）
現人（ローゼンクイスト 1933.11.29-）
新美（ローゼンクイスト、ジェームズ 1933.11.29-）
世芸（ローゼンクイスト、ジェームズ 1933-）
世美（ローゼンクイスト、ジェイムズ 1933-）
全書（ローゼンクイスト 1933-）
二十（ローゼンクイスト、ジェームズ 1933.11.29-）
美術（ローゼンクイスト、ジェームス 1933-）

Rosenstiehl, Agnes 〈20世紀〉
フランスのイラストレーター。
⇒児イ（Rosenstiehl, Agnes ロザンスチエール, A. 1941-）
児作（Rosenstiehl, Agnes ロザンスチエール、アニュエス 1941-）

Rosenstock, Larissa 〈20世紀〉
ソ連生れの工芸家。
⇒世芸（ローゼンストック、ラリッサ 1948-）

Rosenthal, Bernard 〈20世紀〉
アメリカの環境彫刻家。
⇒美術（ローゼンタール、バーナード 1914-）

Rosenthal, Joe 〈20世紀〉
アメリカの報道カメラマン。
⇒ユ人（ローゼンタル、ジョー 1911-2006）

Rosenthal, Léon 〈19世紀〉
フランスの美術史家。パリの新聞、雑誌、展覧会カタログなどで、綿密な調査にもとづく実証的研究法を確立。
⇒名著（ローザンタール 生没年不詳）

Roslin, Alexander 〈18世紀〉
スウェーデン生れのフランスの画家。肖像画を得意とした。
⇒国小（ロスリン 1718.7.15-1793.7.5）
新美（ロスリン、アレクサンダー 1718.7.15-1793.7.5）
西洋（ロスリン 1718.7.15-1793.7.5）
世美（ルースリン、アレクサンデル 1718-1793）

Ross, John 〈20世紀〉
アメリカのイラストレーター。
⇒児イ（Ross, John ロス, J. 1921-）

Ross, Ludwig 〈19世紀〉
ドイツの考古学者。アテネのアクロポリスにあるニカイア神殿を発掘して復原を行った（1835～36）。
⇒西洋（ロス 1806.7.22-1859.8.6）
世美（ロス、ルートヴィヒ 1806-1859）

Ross, Tony 〈20世紀〉
イギリスの絵本作家、挿絵画家。
⇒英児（Ross, Tony ロス, トニー 1938-）
児イ（Ross, Tony ロス, T. 1938-）
世児（ロス、トニー 1938-）

Rossano, Federico 〈19・20世紀〉
イタリアの画家。
⇒世美（ロッサーノ、フェデリーコ 1835-1912）

Rosselli, Cosimo di Lorenzo Filippi 〈15・16世紀〉
イタリアの画家。1481年『最後の晩餐』制作。代表作『聖母と2聖人』（1492）。
⇒キリ（ロッセルリ、コージモ 1439-1507）
芸術（ロッセリ、コジモ 1439-1507）
国小（ロッセリ 1439-1507.1.7）
コン2（ロッセリ 1439-1507）
コン3（ロッセリ 1439-1507）
新美（ロッセルリ、コージモ 1439-1507.1.7）
西洋（ロッセリ 1439-1507）
世西（ロスセルリ 1439-1507）
世美（ロッセッリ、コージモ 1439-1507）
百科（ロッセリ 1439-1507）

Rosselli, Domenico 〈15世紀〉
イタリアの彫刻家。
⇒世美（ロッセッリ、ドメーニコ 1439-1498）

Rosselli, Matteo 〈16・17世紀〉
イタリアの画家。
⇒世美（ロッセッリ、マッテーオ 1578-1650）

Rossellino, Antonio 〈15世紀〉
イタリアの彫刻家。フィレンツェ初期ルネサンスの代表的彫刻家の一人。主作品『ポルトガル枢機卿墓碑』（1461）。
⇒岩ケ（ロッセリーノ、アントニオ 1427-1479）
キリ（ロッセルリーノ、アントーニオ 1427-1479）
芸術（ロスセリーノ、アントニオ 1427-1479）
国小（ロッセリーノ 1427-1479）

新美（ロッセルリーノ，アントーニオ　1427-
　　1479）
人物（ロッセリーノ　1427-1475）
西洋（ロッセリーノ　1427-1479）
世西（ロッセリーノ　1427-1479）
世美（ロッセッリーノ，アントーニオ　1427-
　　1479）
全書（ロッセリーノ　1427-1479）
大百（ロッセリーノ　1427-1479）

Rossellino, Bernardo 〈15世紀〉
イタリアの建築家，彫刻家。初期ルネサンスの代表的美術家。特に墓碑彫刻に新たな様式を発展させた。
⇒岩ケ（ロッセリーノ，ベルナルド　1409-1464）
　芸術（ロスセリーノ，ベルナルド　1409-1464）
　建築（ロッセリーノ，ベルナルド　1409-1464）
　国小（ロッセリーノ　1409-1464.9.23）
　コン2（ロッセリーノ　1409-1464）
　コン3（ロッセリーノ　1409-1464）
　新美（ロッセルリーノ，ベルナルド　1409-
　　1464.9.23）
　人物（ロッセリーノ　1409-1464.9.23）
　西洋（ロッセリーノ　1409-1464.9.23）
　世西（ロッセリーノ　1409-1464）
　世美（ロッセッリーノ，ベルナルド　1409-1464）
　全書（ロッセリーノ　1409-1464）
　大百（ロッセリーノ　1409-1464）
　百科（ロッセリーノ　1409-1464）

Rossetti, Biagio 〈15・16世紀〉
イタリアの建築家，都市計画家。
⇒建築（ロッセッティ，ビアジョ　1447頃-1516）
　世美（ロッセッティ，ビアージョ　1447-1516）

Rossetti, Dante Gabriel 〈19世紀〉
イギリスの詩人，画家。ソネット連作『生命の家』で知られる。
⇒逸話（ロセッティ　1828-1882）
　イ文（Rossetti, Dante Gabriel　1828-1882）
　岩ケ（ロセッティ，ダンテ・ゲイブリエル　1828-1882）
　英文（ロセッティ，ダンテ・ゲイブリエル　1828-1882）
　外国（ロゼッティ　1828-1882）
　キリ（ロセッティ，ダンテ・ゲイブリエル　1828.5.12-1882.4.9）
　芸術（ロセッティ，ダンテ・ガブリエル　1828-1882）
　幻想（ロゼッティ，ダンテ・ゲイブリエル　1824-1882）
　広辞4（ロセッティ　1828-1882）
　広辞6（ロセッティ　1828-1882）
　国小（ロセッティ　1828.5.12-1882.4.10）
　国百（ロセッティ，ダンテ・ゲーブリエル　1828.5.12-1882.4.9）
　コン2（ロセッティ　1828-1882）
　コン3（ロセッティ　1828-1882）
　集世（ロセッティ，ダンテ・ゲイブリエル　1828.5.12-1882.4.9）
　集文（ロセッティ，ダンテ・ゲイブリエル　1828.5.12-1882.4.9）
　新美（ロセッティ，ダンテ・ガブリエル　1828.5.12-1882.4.9）
　人物（ロゼッティ　1828.5.12-1882.4.19）
　西洋（ロセッティ　1828.5.12-1882.4.9）
　世西（ロセッティ　1828.5.12-1882.4.9）
　世美（ロセッティ，ダンテ・ゲイブリエル　1828-1882）
　世百（ロセッティ　1828-1882）
　世文（ロセッティ，ダンテ・ゲイブリエル　1828-1882）
　全書（ロセッティ　1828-1882）
　大辞（ロセッティ　1828-1882）
　大辞3（ロセッティ　1828-1882）
　大百（ロセッティ　1828-1882）
　デス（ロセッティ　1828-1882）
　伝世（ロセッティ，D.G　1828.5.12-1882.4.9）
　百科（ロセッティ　1828-1882）
　評世（ロゼッチ　1828-1882）
　名詩（ロゼッティ，ダンテ　1828-1882）
　名著（ロセッティ　1828-1882）

Rossetti, Lucy 〈19世紀〉
イギリスの画家。
⇒世女日（ロセッティ，ルーシー　1843-1894）

Rossetti, William Michael 〈19・20世紀〉
イギリスの文学者，美術批評家。ロセッティ兄妹の次兄。
⇒岩ケ（ロセッティ，ウィリアム・マイケル　1829-1919）
　国小（ロセッティ　1829.9.25-1919.2.5）

Rossi, Aldo 〈20世紀〉
イタリアの建築家。合理主義的な構成と歴史主義的な造形が融合した独特の表現で，現代建築に強い影響を与え続けている。作品に1979年ベネツィア-ビエンナーレ展の『世界劇場』，福岡市のホテル-イル-パラッツォなど。
⇒世美（ロッシ，アルド　1931-）
　ナビ（ロッシ　1931-）
　二十（ロッシ，アルド　1931-）

Rossi, Domenico 〈17・18世紀〉
イタリアの建築家。
⇒建築（ロッシ，ドメニコ　1678-1742）
　世美（ロッシ，ドメーニコ　1657-1737）

Rossi, Gino 〈19・20世紀〉
イタリアの画家。
⇒新美（ロッシ，ジーノ　1884-1947）
　世美（ロッシ，ジーノ　1884-1947）
　二十（ロッシ，ジーノ　1884-1947）

Rossi, Karl Ivanovich 〈18・19世紀〉
ロシアの建築家。ペテルブルク中心街に一連の大建築物を建造。
⇒建築（ロッシ，カルロ　1775-1849）
　コン2（ロッシ　1775-1849）
　コン3（ロッシ　1775-1849）
　世美（ロッシ，カルル・イヴァノヴィチ　1775-1849）

Rossi, Mattia de 〈17世紀〉
イタリアの建築家。
⇒建築（デ・ロッシ，マッティア　1637-1695）

Rosso, Medardo〈19・20世紀〉
イタリアの彫刻家。主要作品『扇をもつ婦人』(1893)。
⇒オ西（ロッソ, メダルド 1858-1928）
　芸術（ロッソ, メダルド 1858-1928）
　広辞4（ロッソ 1858-1928）
　広辞5（ロッソ 1858-1928）
　広辞6（ロッソ 1858-1928）
　国小（ロッソ 1858.6.20-1928.3.31）
　新美（ロッソ, メダルド 1858.6.20-1928.3.31）
　西洋（ロッソ 1858.6.20-1928.3.31）
　世芸（ロッソ, メダルド 1858-1928）
　世美（ロッソ, メダルド 1858-1928）
　全書（ロッソ 1858-1928）
　大百（ロッソ 1858-1928）
　伝世（ロッソ 1858.6.21-1928.3.31）
　二十（ロッソ, メダルド 1858.6.20-1928.3.31）
　百科（ロッソ 1858-1928）

Rosso, Mino〈20世紀〉
イタリアの画家, 彫刻家。
⇒世美（ロッソ, ミーノ 1904-1963）

Rost, Jan〈16世紀〉
フランドルのタピスリー制作家。
⇒世美（ロスト, ヤン ?-1564）

Rost, Johann Gottlieb〈19世紀〉
ドイツの画家, 銅版画家。
⇒国小（ロスト ?-1860頃）

Rostovzeff, Michael Ivanovich〈19・20世紀〉
ロシアの考古学者, 歴史学者。古代ギリシア, ローマ時代の社会, 経済生活を研究。
⇒外国（ロストフツェフ 1870-1952）
　国小（ロストフツェフ 1870.11.10-1952.10.20）
　コン2（ロストフツェフ 1870-1952）
　コン3（ロストフツェフ 1870-1952）
　新美（ロストフツェフ, ミハイル 1870.10.29(11.10)-1952.10.20）
　人物（ロストフツェフ 1870.11.10-1952.10.20）
　西洋（ロストフツェフ 1870.11.10-1952.10.20）
　世西（ロストフツェフ 1870.11.10-1952.10.20）
　世百（ロストフツェフ 1870-1952）
　全書（ロストフツェフ 1870-1952）
　大辞（ロストフツェフ 1870-1952）
　大辞2（ロストフツェフ 1870-1952）
　大辞3（ロストフツェフ 1870-1952）
　大百（ロストフツェフ 1870-1952）
　伝世（ロストーフツェフ 1870.11.10-1952.10.20）
　二十（ロストフツェフ, ミハイル 1870.11.10-1952.10.20）
　百科（ロストフツェフ 1870-1952）
　名著（ロストフツェフ 1870-1952）
　歴学（ロストフツェフ 1870-1952）
　ロシ（ロストフツェフ 1870-1952）

Rosy〈20世紀〉
ベルギーのイラストレーター。
⇒児イ（Rosy ロージー 1927-）

Roszak, Theodor〈20世紀〉
ポーランド出身のアメリカの画家, 彫刻家, 版画家。
⇒国小（ロザック 1907.5.1-）
　西洋（ロザック 1907.5.1-）
　世美（ロースザック, シオドア 1907-）

Rotari, Pietro Antonio〈18世紀〉
イタリアの画家。
⇒世美（ロターリ, ピエトロ・アントーニオ 1707-1762）

Rotella, Mimmo〈20世紀〉
イタリアの前衛美術家。
⇒新美（ロテルラ, ミンモ 1918.10.17-）
　世芸（ロテルラ, ミモ 1918-）
　世美（ロテッラ, ミンモ 1918-）
　二十（ロテルラ, ミンモ 1918.10.17-）
　美術（ロテッラ, ミンモ 1918-）

Roth, Alfred〈20世紀〉
スイスの建築家。チューリヒ近郊のアパートが初期の代表作。
⇒国小（ロート 1903-）
　世美（ロート, アルフレッド 1903-1972）
　世美（ロート, アルフレート 1903-）

Roth, Arnold〈20世紀〉
アメリカのイラストレーター。
⇒児イ（Roth, Arnold ロース, A.）

Roth, Susan〈20世紀〉
アメリカのイラストレーター。
⇒児イ（Roth, Susan ロス, S. 1944-）

Rothenberg, Susan〈20世紀〉
アメリカ生れの画家。
⇒世芸（ローゼンバーグ, スーザン 1945-）

Rothenstein, *Sir* John (Knewstub Maurice)〈20世紀〉
イギリスの美術史家。
⇒岩ケ（ローゼンスタイン, サー・ジョン(・ニュースタップ・モーリス) 1901-1992）

Rothenstein, *Sir* William〈19・20世紀〉
イギリスの画家。写実的な手法で肖像画を制作。
⇒岩ケ（ローゼンスタイン, サー・ウィリアム 1872-1945）
　国小（ローゼンスタイン 1872.1.29-1945.2.14）
　西洋（ローセンスタイン 1872.1.29-1945.2.14）

Rothko, Mark〈20世紀〉
アメリカの画家。ロシアのドビンスク生れ。ポロック, ニューマンとならんで抽象表現主義を代表する。
⇒岩ケ（ロスコ, マーク 1903-1970）
　オ西（ロスコ, マーク 1903-1970）
　現人（ロスコ 1903.9.25-1970.2.25）
　広辞5（ロスコ 1903-1970）
　広辞6（ロスコ 1903-1970）

国小（ロスコ　1903.9.25-1970.2.25）
コン3（ロスコ　1903-1970）
新美（ロスコ, マーク　1903.9.25(10.7)-1970.2.5）
西洋（ロスコ　1903.9.25-1970.2.25）
世芸（ロスコ, マーク　1903-1970）
世美（ロスコ, マーク　1903-1970）
世百新（ロスコ　1903-1970）
全書（ロスコ　1903-1970）
大辞3（ロスコ　1903-1970）
二十（ロスコ, マーク　1903.9.25(10.7)-1970.2.25）
百科（ロスコ　1903-1970）
ユ人（ロスコ, マーク　1903-1970）

Rothman, Zina 〈20世紀〉
ソ連生れの画家。
⇒世芸（ロスマン, ズィナ　1944-）

Rottenhammer, Hans 〈16・17世紀〉
ドイツの画家。主作品はミュンヘン, アウクスブルクの祭壇画など。
⇒キリ（ロッテンハンマー, ヨーハン（ハンス）1564-1625.8.14）
芸術（ロッテンハムマー, ハンス　1564-1625）
国小（ロッテンハンマー　1564-1625.8.14）
新美（ロッテンハンマー, ハンス　1564-1625.8.14）
西洋（ロッテンハンマー　1564-1625）
世美（ロッテンハンマー, ヨハン　1564-1625）

Rottmann, Karl 〈18・19世紀〉
ドイツの画家。
⇒芸術（ロットマン, カルル　1797-1850）
新美（ロットマン, カール・アントン　1797.1.11-1850.7.7）
西洋（ロットマン　1797.1.11-1850.7.7）
世美（ロットマン, カール　1797-1850）

Rottmayer, Johann Franz Michael 〈17・18世紀〉
オーストリアの画家。ヨセフ1世の宮廷画家。
⇒キリ（ロットマイア, ヨーハン・ミヒャエル　1654.12.11(受洗)-1730.10.25）
芸術（ロットマイル, ミヒャエル　1654-1730）
国小（ロットマイアー　1654-1730.10.25）
新美（ロットマイア, ヨーハン・ミヒャエル　1654-1730.10.25）
世美（ロットマイア・フォン・ローゼンブルン, ヨハン・ミヒャエル　1654-1730）
伝世（ロットマイアー　1654.12.10-1730.10.25）

Roty, Louis Oscar 〈19・20世紀〉
フランスの彫刻家。近代フランスのメダル製作者として著名。
⇒西洋（ロティ　1846.6.12-1911.3.23）

Rouault, Georges-Henri 〈19・20世紀〉
フランスの画家。主作品は『徒弟工』(1925),『聖なる顔』(1933),『道化』(1948)。
⇒逸話（ルオー　1871-1958）
岩ケ（ルオー, ジョルジュ(・アンリ)　1871-1958）
旺世（ルオー　1871-1958）
才西（ルオー, ジョルジュ　1871-1958）
外国（ルオー　1871-）
角世（ルオー　1871-1958）
キリ（ルオー, ジョルジュ・アンリ　1871.5.27-1958.2.13）
芸術（ルオー, ジョルジュ　1871-1958）
広辞4（ルオー　1871-1958）
広辞5（ルオー　1871-1958）
広辞6（ルオー　1871-1958）
国小（ルオー　1871.5.27-1958.2.13）
国百（ルオー, ジョルジュ　1871.5.27-1958.2.13）
コン2（ルオー　1871-1958）
コン3（ルオー　1871-1958）
新美（ルオー, ジョルジュ　1871.5.27-1958.2.13）
人物（ルオー　1871.5.27-1958.2.13）
西洋（ルオー　1871.5.27-1958.2.13）
世芸（ルオー, ジョルジュ　1871-1958）
世宗（ルオー　1871-1958）
世人（ルオー　1871-1958）
世西（ルオー　1871.3.27-1958）
世美（ルオー, ジョルジュ　1871-1958）
世百（ルオー　1871-1958）
全書（ルオー　1871-1958）
大辞（ルオー　1871-1958）
大辞2（ルオー　1871-1958）
大辞3（ルオー　1871-1958）
大百（ルオー　1871-1958）
デス（ルオー　1871-1958）
伝世（ルオー　1871.5.27-1958.2.13）
ナビ（ルオー　1871-1958）
二十（ルオー, ジョージ　1871.5.27-1958.2.13）
百科（ルオー　1871-1958）
評世（ルオー　1871-1958）
山世（ルオー　1871-1958）
歴史（ルオー　1871-1958）

Roubillac, Louis-François 〈17・18世紀〉
フランスの彫刻家。主作品『シェークスピア像』。
⇒岩ケ（ルビヤック, ルイ・フランソワ　1702-1762）
芸術（ルービーヤック, ルイ・フランソワ　1702-1762）
国小（ルビヤック　1695/1705-1762.1.11）
西洋（ルビヤック　1695-1762）

Rougemont 〈20世紀〉
フランス生れの画家, 彫刻家。
⇒世芸（ルージュマン　1935-）

Roughsey, Dick（Goobalathaldin）〈20世紀〉
オーストラリアのアボリジニの作家, 画家。
⇒英児（Roughsey, Dick　ラフシー, ディック　1924-1985）
児イ（Roughsey, Dick　ラウジー, D.）
世児（ラウジ, ディック　1924-1985）
二十英（Roughsey, Dick（Goobalathaldin）1924-1985）

Rounds, Glen Harold 〈20世紀〉
アメリカの絵本作家, 挿絵画家。
⇒英児（Rounds, Glen Harold　ラウンズ, グレン・ハロルド　1906-）

世児（ラウンズ，グレン（・ハロルド）　1906-）

Rountree, Harry 〈19・20世紀〉
イギリスの挿絵画家。
⇒児イ（Rountree, Harry　1878-1950.9）

Rousse, Georges 〈20世紀〉
フランス生れの画家。
⇒世芸（ルース，ジョージ　1947-）

Rousseau, Henri Julien Fêlix 〈19・20世紀〉
フランスの画家。主作品は『蛇使いの女』(1907)，『ジュニエ氏の2輪馬車』(1908)。
⇒逸話　（ルソー　1844-1910）
　岩ケ　（ルソー，アンリ・ジュリアン・フェリックス　1844-1910）
　オ西　（ルソー，アンリ　1844-1910）
　外国　（ルソー　1844-1910）
　角世　（ルソー（アンリ）　1844-1910）
　芸術　（ルソー，アンリ　1844-1910）
　広辞4　（ルソー　1844-1910）
　広辞5　（ルソー　1844-1910）
　広辞6　（ルソー　1844-1910）
　国小　（ルソー　1844.5.21-1910.9.2）
　国百　（ルソー，アンリ・ジュリアン・フェリックス　1844.5.21-1910.9.2）
　コン2　（ルソー（税官吏）　1844-1910）
　コン3　（ルソー（税官吏）　1844-1910）
　新美　（ルソー，アンリ　1844.5.21-1910.9.2）
　人物　（ルソー　1844.5.21-1910.9.2）
　西洋　（ルソー　1844.5.21-1910.9.2）
　世芸　（ルソー，アンリ　1844-1910）
　世西　（ルソー　1844.5.21-1910.9.1）
　世美　（ルソー，アンリ　1844-1910）
　世百　（ルソー　1844-1910）
　全書　（ルソー　1844-1910）
　大辞　（ルソー　1844-1910）
　大辞2　（ルソー　1844-1910）
　大辞3　（ルソー　1844-1910）
　大百　（ルソー　1844-1910）
　デス　（ルソー　1844-1910）
　伝世　（ルソー，H.　1844.5.21-1910.9.2）
　ナビ　（ルソー　1844-1910）
　二十　（ルソー，ヘンリー　1844-1910）
　百科　（ルソー　1844-1910）
　評世　（ルソー　1844-1910）

Rousseau, Jean Siméon 〈18・19世紀〉
フランスの室内装飾家。フォンテヌブロー宮マリー・アントアネットの私室，ヴェルサイユ宮の王妃の間の装飾に当った。
⇒西洋　（ルソー　1747-1822以後）

Rousseau, Jules Antoine 〈18世紀〉
フランスの室内装飾家。ヴェルサイユ宮の装飾に従事し，特にルイ15世の浴室の装飾を行った。
⇒西洋　（ルソー　1710-1782）

Rousseau, Pierre 〈18・19世紀〉
フランスの建築家。
⇒建築　（ルッソー，ピエール　1750頃-1810）

Rousseau, Pierre Étienne Théodore
〈19世紀〉
フランスの画家，版画家。
⇒岩ケ　（ルソー，（ピエール・エティエンヌ・）テオドール　1812-1867）
　外国　（ルソー　1812-1867）
　芸術　（ルソー，テオドール　1812-1867）
　広辞4　（ルソー　1812-1867）
　広辞6　（ルソー　1812-1867）
　国小　（ルソー　1812.4.15-1867.12.22）
　国百　（ルソー，ピエール・エチエンヌ・テオドール　1812.4.15-1867.12.22）
　コン2　（ルソー　1812-1867）
　コン3　（ルソー　1812-1867）
　新美　（ルソー，テオドール　1812.4.15-1867.12.22）
　人物　（ルソー　1812.4.15-1867.12.22）
　西洋　（ルソー　1821.4.15-1867.12.22）
　世西　（ルッソー　1812-1867）
　世美　（ルソー，テオドール　1812-1867）
　世百　（ルソー　1812-1867）
　全書　（ルソー　1812-1867）
　大辞　（ルソー　1812-1867）
　大辞3　（ルソー　1812-1867）
　大百　（ルソー　1812-1867）
　デス　（ルソー　1812-1867）
　伝世　（ルソー，T.　1812-1867）
　百科　（ルソー　1812-1867）

Roussel, Ker Xavier 〈19・20世紀〉
フランスの画家，版画家。主作品『パストラール』，『海辺のビーナスとアモール』。
⇒岩ケ　（ルーセル，ケル・グザヴィエ　1867-1944）
　芸術　（ルッセル，ケル・サヴィエル（クザヴィエ）1867-1944）
　国小　（ルーセル　1867.12.10-1944.6.6）
　新美　（ルーセル，ケル＝グザヴィエ　1867.12.10-1944.6.6）
　世芸　（ルッセル，ケル・サヴィエル（クザヴィエ）1867-1944）
　世西　（ルッセル　1867-1944）
　世美　（ルーセル，ケル・グザヴィエ　1867-1944）
　二十　（ルーセル，ケル・グザヴィエ　1867.12.10-1944.6.6）

Roux-Spitz, Michel 〈19・20世紀〉
フランスの建築家。1945年ナント市再建を担当。
⇒国小　（ル・スピッツ　1888-1957）
　世美　（ルー＝スピッツ，ミシェル　1888-1957）

Rovira, Toni 〈20世紀〉
スペイン生れの画家。
⇒世芸　（ロビラ，トニ　?-）

Rowand, Phyllis 〈20世紀〉
アメリカのイラストレーター。
⇒児イ（Rowand, Phyllis　ローワンド，P.）

Rowe, Gordon 〈20世紀〉
アメリカ生れの画家。
⇒世芸　（ロウ，ゴードン　1968-）

Rowena 〈20世紀〉
アメリカの画家。

⇒幻文（ロウィーナ 1944-）

Rowland, Benjamin, Jr. 〈20世紀〉
アメリカの美術史学者。
⇒新美（ローランド，ベンジャミン 1904.12.2-1972.10.3）
　西洋（ローランド 1904.12.4-1972.10.3）
　二十（ローランド，ベンジャミン 1904.12.2-1972.10.3）
　名著（ローランド 1904-）

Rowlandson, Thomas 〈18・19世紀〉
イギリスの画家，諷刺画家。主作品はシンタックス博士ものの連作や『死の踊り』(1814～16)，『生の踊り』(1822)。
⇒岩ケ（ローランドソン,トマス 1756-1827）
　芸術（ロウランスン，トーマス 1756-1827）
　国小（ローランソン 1756.7-1827.4.22）
　集文（ローランドソン，トマス 1756/57-1827.4.22）
　新美（ローランドソン，トマス 1756.7-1827.4.22）
　世美（ローランドソン，トマス 1756-1827）
　百科（ローランドソン 1756-1827）

Rowlinson, Sir Henry Creswicke 〈19世紀〉
イギリスの軍人，東洋学者。ベヒストゥーン遺跡の碑文の解読者として知られる。
⇒岩ケ（ローリンソン，サー・ヘンリー・クレジック 1810-1895）
　旺世（ローリンソン 1810-1895）
　外国（ローリンソン 1810-1895）
　角世（ローリンソン 1810-1895）
　キリ（ローリンスン，ヘンリー・クレスウィク 1810.4.11-1895.3.5）
　国小（ローリンソン 1810.4.11-1895.3.5）
　コン2（ローリンソン 1810-1895）
　コン3（ローリンソン 1810-1895）
　新美（ローリンソン，ヘリー 1810.4.11-1895.3.5）
　人物（ローリンソン 1810.4.11-1895.3.5）
　西洋（ローリンソン 1810.4.11-1895.3.5）
　世人（ローリンソン 1810-1895）
　世西（ローリンソン 1810.4.11-1895.3.4）
　世東（ローリンソン 1810-1895）
　全書（ローリンソン 1810-1895）
　大百（ローリンソン 1810-1895）
　デス（ローリンソン 1810-1895）
　伝世（ローリンソン 1810.4.11-1895.3.5）
　百科（ローリンソン 1810-1895）
　評世（ローリンソン 1810-1895）
　山世（ローリンソン 1810-1895）
　歴学（ローリンソン 1810-1895）
　歴史（ローリンソン 1810-1895）

Roy, Pierre 〈19・20世紀〉
フランスの画家。シュールレアリスム運動に参加。
⇒芸術（ロア，ピエル 1880-1949）
　国小（ロワ 1880.8.10-1950.9.26）
　世芸（ロア，ピエル 1880-1949）

Royds, Mabel Alington 〈19・20世紀〉
イギリスの版画家。

⇒世女日（ロイズ，メイベル・アリントン 1874-1941）

Rozanova, Ol'ga Vladimirovna 〈19・20世紀〉
ロシアの画家。
⇒世女日（ローザノヴァ，オリガ 1886-1918）

Rubel, Nicole 〈20世紀〉
アメリカのイラストレーター。
⇒児イ（Rubel, Nicole ルーベル，N. 1953-）

Rubens, Peter Paul 〈16・17世紀〉
フランドルの画家，外交官。
⇒逸話（ルーベンス 1577-1640）
　岩ケ（ルーベンス，(ペーター・パウル) 1577-1640）
　旺世（ルーベンス 1577-1640）
　外国（ルーベンス 1577-1640）
　角世（ルーベンス 1577-1640）
　キリ（リューベンス(ルーベンス), ピーテル・パウル 1577.6.28-1640.5.30）
　芸術（ルーベンス，ピーター・パウル 1577-1640）
　広辞4（ルーベンス 1577-1640）
　広辞6（ルーベンス 1577-1640）
　国小（ルーベンス 1577.6.28-1640.5.30）
　国百（ルーベンス，ペテル・パウル 1577.6.28-1640.5.30）
　コン2（ルーベンス 1577-1640）
　コン3（ルーベンス 1577-1640）
　新美（リュベンス，ピーテル・パウル 1577.6.28-1640.5.30）
　人物（ルーベンス 1577.6.29-1640.5.30）
　西洋（ルーベンス 1577.6.28-1640.5.30）
　世人（ルーベンス 1577-1640）
　世西（ルーベンス 1577.6.28-1640.5.30）
　世美（ルーベンス，ペーテル・パウル 1577-1640）
　世百（ルーベンス 1577-1640）
　全書（ルーベンス 1577-1640）
　大辞（ルーベンス 1577-1640）
　大辞3（ルーベンス 1577-1640）
　大百（ルーベンス 1577-1640）
　デス（ルーベンス 1577-1640）
　伝世（ルーベンス 1577.6.28-1640.3.30）
　百科（ルーベンス 1577-1640）
　評世（ルーベンス 1577-1640）
　山世（ルーベンス 1577-1640）
　歴史（ルーベンス 1577-1640）

Rubik Ernő 〈20世紀〉
ハンガリーの建築家。ルービック・キューブの創始者。
⇒岩ケ（ルビク，エルネー 1944-）
　科人（ルービック，エルノー 1944.7.13-）
　最世（ルビク，エルネー 1944-）

Rubin, Edgar John 〈19・20世紀〉
デンマークの心理学者。知覚研究に寄与。主著『視知覚図形』(1915)。
⇒外国（ルビン 1886-1951）
　国小（ルビン 1886.9.6-1951.5.3）
　西洋（ルービン 1886.9.6-1951.2）
　世百新（ルビン 1886-1951）
　全書（ルビン 1886-1951）

二十（ルビン，E.J. 1886.9.6–1951.2）
　　百科（ルビン 1886–1951）
　　名著（ルビン 1886–1951）

Rubino, Edoardo 〈19・20世紀〉
イタリアの彫刻家。
⇒世美（ルビーノ，エドアルド 1871–1954）

Rublyov, Andrei 〈14・15世紀〉
ロシアの代表的聖像画家。
⇒岩ケ（ルブリョフ，アンドレイ 1360頃–1430頃）
　岩哲（ルブリョフ 1360/70頃–1430）
　角世（ルブリョフ 1370?–1430?）
　キリ（ルブリョーフ，アンドレーイ 1360/70頃–1430.1.29）
　芸術（ルブリョーフ，アンドレイ 1360/70–1430）
　コン2（ルブリョーフ 1360頃–1430）
　コン3（ルブリョフ 1360頃–1430）
　新美（ルブリョーフ，アンドレイ 1360/–70–1430.1.29）
　西洋（ルブリョーフ 1360頃–1430頃）
　世美（ルブリョーフ，アンドレイ 1360/70–1427/30）
　全書（ルブリョフ 1360/70–1430）
　大百（ルブリョフ 1360頃–1430）
　百科（ルブリョフ 1370頃–1430頃）
　山世（ルブリョーフ 1370頃–1430頃）
　ロシ（ルブリョフ 1370頃–1430頃）

Ruche, Edward 〈20世紀〉
アメリカのアーティスト。カリフォルニア・ポップ・アートの代表的な作家。
⇒美術（ルーシャ，エドワード 1937–）

Ruckstull, Frederic Wellington 〈19・20世紀〉
アメリカ（フランス生れ）の彫刻家。記念碑的様式の作品が多い。
⇒西洋（ラックスタル 1853.5.22–1942）

Rude, François 〈18・19世紀〉
フランスの彫刻家。1812年にはローマ大賞を得，パリ凱旋門の『ラ・マルセイエーズ』(1836)を制作。
⇒外国（リュード 1784–1855）
　芸術（リュード，フランソア 1784–1855）
　広辞4（リュード 1784–1855）
　広辞6（リュード 1784–1855）
　国小（リュード 1784–1855）
　コン2（リュード 1784–1855）
　コン3（リュード 1784–1855）
　新美（リュード，フランソワ 1784.1.4–1855.11.3）
　人物（リュード 1784.1.4–1855.11.3）
　西洋（リュード 1784.1.4–1855.11.3）
　世西（リュード 1784.1.4–1855.11.3）
　世美（リュード，フランソワ 1784–1855）
　世百（リュード 1784–1855）
　全書（リュード 1784–1855）
　大百（リュード 1784–1855）
　デス（リュード 1784–1855）
　百科（リュード 1784–1855）
　評伝（リュード 1784–1855）

Rudenko, Sergei Ivanovich 〈19・20世紀〉
ソ連の考古学者。主著『スキタイ時代における中央アルタイ住民の文化』(1960)。
⇒角世（ルデンコ 1885–1969）
　国小（ルデンコ 1885.1.29–1971）
　新美（ルデンコ，セルゲイ 1885.1.16(28)–1969.7.16）
　二十（ルデンコ，セルゲイ 1885.1.16–1969.7.16）

Rudolf, Konrad 〈18世紀〉
スペインで活躍する建築家。
⇒建築（ルドルフ，コンラート ?–1732）

Rudolf II 〈16・17世紀〉
ハプスブルク家出身の神聖ローマ皇帝(在位1576～1612)。
⇒外国（ルードルフ2世 1552–1612）
　角世（ルドルフ2世 1552–1612）
　キリ（ルードルフ2世 1552.7.18–1612.1.20）
　皇帝（ルードルフ2世 1552–1612）
　国小（ルドルフ2世 1552.7.18–1612.1.20）
　コン2（ルドルフ2世 1552–1612）
　コン3（ルドルフ2世 1552–1612）
　新美（ルドルフ二世 1552.7.18–1612.1.20）
　人物（ルドルフ2世 1552.7.18–1612.1.20）
　西洋（ルドルフ二世 1552.7.18–1612.1.20）
　世西（ルドルフ二世 1552.7.18–1612.1.20）
　世百（ルドルフ2世 1552–1612）
　全書（ルドルフ二世 1552–1612）
　大百（ルドルフ二世 1552–1612）
　東欧（ルドルフ(2世) 1552–1612）
　統治（ルードルフ (在位)1576–1608（神聖ローマ皇帝、ルードルフ二世1576–1612)）
　統治（ルードルフ二世 (在位)1576–1612）
　百科（ルドルフ2世 1552–1612）
　山世（ルードルフ2世 1552–1612）
　歴史（ルドルフ2世 1552–1612）

Rudolph, Paul 〈20世紀〉
アメリカの建築家。壁面処理に特徴のある個性的で自由なデザインによって，近代建築の発展のうえで独自の足跡を残す。
⇒新美（ルドルフ，ポール 1918.10.28–）
　西洋（ルドルフ 1918.10.23–）
　世美（ルードルフ，ポール 1918–）
　二十（ルドルフ，ポール 1918.10.28–）

Ruggeri, Ferdinando 〈17・18世紀〉
イタリアの建築家，美術著述家。
⇒世美（ルッジェーリ，フェルディナンド 1691頃–1741）

Ruggeri, Giovanni 〈18世紀〉
イタリアの建築家。
⇒世美（ルッジェーリ，ジョヴァンニ ?–1745頃）

Ruggiero de' Ruggieri 〈16世紀〉
イタリアの画家。
⇒世美（ルッジェーロ・デ・ルッジェーリ （記録）1557–1596）

Ruiz, Fernán I 〈16世紀〉
スペインの建築家。
⇒世美（ルイス，フェルナン1世 ?-1547）

Ruiz, Fernán II 〈16世紀〉
スペインの建築家。
⇒世美（ルイス，フェルナン2世 1515頃-1569）

Ruiz, Fernán III 〈16世紀〉
スペインの建築家。
⇒世美（ルイス，フェルナン3世 1556-1600頃）

Rumohr, Karl Friedrich von 〈18・19世紀〉
ドイツの美術史家。文献学的立場から史料批判を行った。
⇒外国（ルーモール 1785-1843）
西洋（ルーモール 1785.1.6-1843.7.25）
世美（ルーモーア，カール・フリードリヒ・フォン 1785-1843）
名著（ルモール 1785-1843）

Runciman, Alexander 〈18世紀〉
イギリスの画家。
⇒世美（ランシマン，アレグザンダー 1736-1785）

Runge, Philipp Otto 〈18・19世紀〉
ドイツの画家。代表作『朝』(1808)。
⇒キリ（ルンゲ，フィーリプ・オットー 1777.7.23-1810.12.2）
芸術（ルンゲ，フィリップ・オットー 1777-1810）
幻想（ルンゲ，フィリップ・オットー 1777-1810）
広辞4（ルンゲ 1777-1810）
広辞6（ルンゲ 1777-1810）
国小（ルンゲ 1777.7.23-1810.12.2）
コン2（ルンゲ 1777-1810）
コン3（ルンゲ 1777-1810）
新美（ルンゲ，フィリップ・オットー 1777.7.23-1810.12.2）
西洋（ルンゲ 1777.7.23-1810.12.2）
世西（ルンゲ 1777-1810）
世美（ルンゲ，フィリップ・オットー 1777-1810）
世百（ルンゲ 1777-1810）
全書（ルンゲ 1777-1810）
伝世（ルンゲ 1777.7.23-1810.12.4）
百科（ルンゲ 1777-1810）

Runkle, John Daniel 〈19・20世紀〉
アメリカの教育者。初等・中等学校に手工訓練を導入した指導者。最初の夏期鉱業学校を創立した(1871)ほか、ローウェル実用意匠学校の設立にも大きな努力を払った。
⇒教育（ランクル 1822-1902）

Runnerström, Bent-Anne 〈20世紀〉
イラストレーター、絵本作家、子ども向けテレビ番組製作者。
⇒児イ（Runnerström, Bent-Anne ルーネルストロム, B.A. 1944-）

Ruoppolo, Giovan Battista 〈17世紀〉
イタリアの画家。
⇒世美（ルオッポロ，ジョヴァン・バッティスタ 1620-1685）

Ruoppolo, Giuseppe 〈17・18世紀〉
イタリアの画家。
⇒世美（ルオッポロ，ジュゼッペ 1621頃-1710頃）

Rusca, Luigi 〈18・19世紀〉
イタリアの建築家。
⇒建築（ルスカ，ルイジ 1758-1822）
世美（ルスカ，ルイージ 1758-1822）

Ruschi, Francesco 〈17世紀〉
イタリアの画家。
⇒世美（ルスキ，フランチェスコ 1600/10-1670以降）

Rusconi, Camillo 〈17・18世紀〉
イタリアの彫刻家。
⇒世美（ルスコーニ，カミッロ 1658-1728）

Rusconi, Giovanni Antonio 〈16世紀〉
イタリアの建築家、建築理論家。
⇒世美（ルスコーニ，ジョヴァンニ・アントーニオ 1520頃-1587）

Rush, William 〈18・19世紀〉
アメリカの彫刻家。1805年ペンシルバニア美術アカデミーの設立者の一人となる。主作品『彫刻家像』。
⇒国小（ラッシュ 1756.7.4-1833.1.7）

Rusiñol, Sanitiago 〈19・20世紀〉
スペインの画家、詩人。主作品は『オレンジの庭』、『マヨリカ島の庭』。
⇒オ西（ルシニョール・イ・プラーツ, サンティアゴ 1861-1931）
芸術（ルシニョール，サンチァゴ 1861-1931）
国小（ルシニョール 1861-1931）
集世（ルシニィオル，サンティアゴ 1861.2.25-1931.6.13）
集文（ルシニィオル，サンティアゴ 1861.2.25-1931.6.13）
世芸（ルシニョール，サンチァゴ 1861-1931）
世美（ルシニョール・イ・プラット，サンティアゴ 1861-1931）

Ruskin, John 〈19世紀〉
イギリスの評論家、画家。デッサン、水彩画をまとめて『ベネチアの石』を出版。
⇒逸話（ラスキン 1819-1900）
イ哲（ラスキン, J. 1819-1900）
イ文（Ruskin, John 1819-1900）
岩文（ラスキン，ジョン 1819-1900）
岩哲（ラスキン 1819-1900）
英文（ラスキン，ジョン 1819-1900）
英米（Ruskin, John ラスキン 1819-1900）
外国（ラスキン 1819-1900）
角世（ラスキン 1819-1900）
教育（ラスキン 1819-1900）
キリ（ラスキン，ジョン 1819.2.8-1900.1.20）

幻想（ラスキン，ジョン　1819-1900）
広辞4（ラスキン　1819-1900）
広辞6（ラスキン　1819-1900）
国小（ラスキン　1819.2.18-1900.1.29）
国百（ラスキン，ジョン　1819.2.18-1900.1.20）
コン2（ラスキン　1819-1900）
コン3（ラスキン　1819-1900）
児童（ラスキン，ジョン　1819-1900）
児文（ラスキン，ジョン　1819-1900）
集世（ラスキン，ジョン　1819.2.8-1900.1.20）
集文（ラスキン，ジョン　1819.2.8-1900.1.20）
新美（ラスキン，ジョン　1819.2.8-1900.1.20）
人物（ラスキン　1819.2.8-1900.1.20）
西洋（ラスキン　1819.2.8-1900.1.20）
世児（ラスキン，ジョン　1819-1900）
世芸（ラスキン　1819.2.8-1900.1.20）
世美（ラスキン，ジョン　1819-1900）
世百（ラスキン　1819-1900）
世文（ラスキン，ジョン　1819-1900）
全書（ラスキン　1819-1900）
大辞（ラスキン　1819-1900）
大辞3（ラスキン　1819-1900）
大百（ラスキン　1819-1900）
デス（ラスキン　1819-1900）
伝世（ラスキン　1819.2.8-1900.1.20）
百科（ラスキン　1819-1900）
評世（ラスキン　1819-1900）
名著（ラスキン　1819-1900）
歴史（ラスキン　1819-1900）

Rusnati, Giuseppe 〈17・18世紀〉
イタリアの彫刻家，建築家。
⇒世美（ルスナーティ，ジュゼッペ　1650頃-1713）

Russel, Gordon 〈20世紀〉
イギリスの工芸家。
⇒岩ケ（ラッセル，サー・(シドニー・)ゴードン　1892-1980）
世芸（ラッセル，ゴードン　1892-1961）

Russell, John 〈18・19世紀〉
イギリスの画家。1789年以降宮廷画家としてイギリス王をはじめ貴顕高官の肖像を数多く描いた。
⇒国小（ラッセル　1745-1806）
西洋（ラッセル　1745.3.29-1806.4.20）

Russell, Morgan 〈19・20世紀〉
アメリカの画家。色彩交響楽ともいえるサンクロミスムの絵画運動を起こした。
⇒岩ケ（ラッセル，モーガン　1886-1953）
新美（ラッセル，モーガン　1886.1.25-1953.5.29）
世西（ラッセル　1886-1953）
世美（ラッセル，モーガン　1886-1953）
全書（ラッセル　1886-1953）
二十（ラッセル，モーガン　1886.1.25-1953.5.29）

Russolo, Luigi 〈19・20世紀〉
イタリアの画家，作曲家。1910年未来派宣言に署名。13年『雑音の芸術』を出版した。
⇒オ西（ルッソロ，ルイジ　1885-1947）
音楽（ルッソロ，ルイージ　1885.4.30-1947.2.4）
音大（ルッソロ　1885.5.1-1947.2.6）
外国（ルッソロ　1885-）

国小（ルッソロ　1885.5.1-1947.2.6）
コン3（ルッソロ　1885-1947）
作曲（ルッソロ，ルイジ　1885-1947）
新美（ルッソロ，ルイージ　1885.4.30-1947.2.4）
世芸（ルッソロ，ルイジ　1885-1947）
世西（ルッソロ　1885-1947）
世美（ルッソロ，ルイジ　1885-1947）
世百（ルッソロ　1885-1947）
世百新（ルッソロ　1885-1947）
全書（ルッソロ　1885-1947）
大辞2（ルッソロ　1885-1947）
大辞3（ルッソロ　1885-1947）
二十（ルッソロ，ルイジ　1885.5.1-1947.2.6）
百科（ルッソロ　1885-1947）
ラル（ルッソロ，ルイージ　1885-1947）

Rustici, Francesco 〈16・17世紀〉
イタリアの画家。
⇒世美（ルスティチ，フランチェスコ　1575頃-1626）

Rustici, Giovanni Francesco 〈15・16世紀〉
イタリアの彫刻家，画家。
⇒新美（ルスティチ，ジョヴァンニ・フランチェスコ　1474.11.13-1554）
世美（ルスティチ，ジョヴァンニ・フランチェスコ　1474-1554）

Rusuti, Filippo 〈13・14世紀〉
イタリアの画家。
⇒世美（ルスーティ，フィリッポ　13世紀末-14世紀）

Ruth
エフラテ人エリメレクとナオミの子キリオンの妻（ルツ記）。
⇒岩ケ（ルツ）
キリ（ルツ）
国小（ルツ）
新美（ルツ）
西洋（ルツ）
全書（ルツ）
大百（ルツ）

Ruth, Rod 〈20世紀〉
アメリカのイラストレーター。
⇒児イ（Ruth, Rod　ルース, R.）

Rutherford, Meg 〈20世紀〉
オーストラリアのイラストレーター。
⇒児イ（Rutherford, Meg　ラザーフォード, M.　1932-）

Ruvin, Reuven 〈20世紀〉
イスラエルの画家，外交官。
⇒ユ人（ルービン，ルベン　1893-1974）

Ruysbroeck, Jan van 〈15世紀〉
ベルギーの建築家。
⇒建築（ルイスブルック，ヤン・ヴァン　?-1485）

Ruysch, Rachel 〈17・18世紀〉
オランダの女流静物画家。ジュッセルドルフの

宮廷画家であった。
⇒芸術（ライス, ラッヘル　1664-1750）
　国小（ロイス　1664-1750.10.12）
　新美（ライス, ラシェル　1664/65-1750.10.12）
　世女（ライス, ラッヘル　1664-1750）
　世女日（ロイス, レイチェル　1664-1750）
　世美（ライス, ラヘル　1664-1750）

Ruysdael, Jacob Izacksz van 〈17世紀〉

オランダの画家。風景画家の家系に生れた。主作品『ハーレム眺望』(1660頃)。
⇒岩ケ（ロイスダール, ヤーコプ・ファン　1628頃-1682）
　外国（ルイスダール　1628/9-1682）
　芸術（ロイスダール, ヤコプ・ファン　1625頃-1682）
　広辞4（ロイスダール　1628頃-1682）
　広辞6（ロイスダール　1628頃-1682）
　国小（ロイスダール　1629頃-1682.3.14埋葬）
　国百（ロイスダール, ヤコプ・ファン　1629頃-1682.3.14埋葬）
　コン2（ロイスダール　1628/9-1682頃）
　コン3（ロイスダール　1628/9-1682）
　新美（ロイスダール, ヤコプ・ファン　1625頃-1682.3）
　人物（ロイスダール　1628/29-1682.3.14）
　西洋（ロイスダール　1628/9-1682.3.14）
　世西（ライスダール(ロイスダール)　1628/9.9-1682.3.14）
　世美（ファン・ライスダール, ヤーコプ　1628/29頃-1682）
　世百（ロイスダール　1628/9-1682）
　全書（ロイスダール　1628/29-1682）
　大辞（ロイスダール　1628頃-1682）
　大辞3（ロイスダール　1628頃-1682）
　大百（ロイスダール　1628-1682）
　デス（ロイスダール　1628-1682）
　伝世（ロイスダール　1628/9-1682）
　評世（ルイスダール　1628-1682）

Ruysdael, Salomon van 〈17世紀〉

オランダの風景画家。代表作『渡し舟のある風景』(1639)。
⇒芸術（ロイスダール, サロモン・ヴァン　1600頃-1670）
　国小（ロイスダール　1602頃-1670.11.5埋葬）
　新美（ロイスダール, サロモン・ファン　1600頃-1670.11.1）
　西洋（ロイスダール　1600以後-1670.11.1）
　世美（ファン・ライスダール, サロモン　1600/03頃-1670）

Ruzicka, Rudolph 〈19・20世紀〉

アメリカのイラストレーター。
⇒児イ（Ruzicka, Rudolph　ルージッチカー, R.　1883-）

Ruzzolone, Pietro 〈15・16世紀〉

イタリアの画家。
⇒世美（ルッツォローネ, ピエトロ　(活動)1484-1526）

Ryajiski, Georg Georgiervich 〈20世紀〉

ソ連の画家。『婦人代議員』『婦人議長』などが代表作。
⇒外国（リャジスキー　1895-）

Ryan, Anne 〈19・20世紀〉

アメリカの画家。
⇒世女日（ライアン, アン　1889-1954）

Rybczyński, Zbigniew 〈20世紀〉

ポーランド生れの映画監督, 映像作家。
⇒世映（リブチンスキ, ズビグニェフ　1949-）

Rychlicki, Zbigniew 〈20世紀〉

ポーランドのグラフィック・アーティスト。代表作は『ミーシャのぼうけん』(1960)。
⇒児イ（Rychlicki, Zbigniew　ルイフリツキ, Z.　1922-）
　児文（ルイフリツキ, ズビグニェフ　1922-）
　二十（ルイフリツキ, ズビグニェフ　1922-）

Ryder, Albert Pinkham 〈19・20世紀〉

アメリカの画家。作風は豊かな色彩のロマン主義的なものが多い。
⇒英米（Ryder, Albert Pinkham　ライダー　1847-1917）
　オ西（ライダー, アルバート・ピンカム　1847-1917）
　芸術（ライダー, アルバート　1847-1919）
　国小（ライダー　1847.3.19-1917.3.28）
　新美（ライダー, アルバート・ピンカム　1847.3.19-1917.3.28）
　西洋（ライダー　1847.3.19-1917.3.28）
　世芸（ライダー, アルバート　1847-1919）
　世美（ライダー, アルバート・ピンカム　1847-1917）
　全書（ライダー　1847-1917）
　二十（ライダー, アルバート・ピンカム　1847.3.19-1917.3.28）
　百科（ライダー　1847-1917）

Rykiel, Sonia 〈20世紀〉

フランスのファッション・デザイナー。
⇒スパ（リキエル, ソニヤ　?-）
　ナビ（リキエル　1930-）

Ryman, Robert 〈20世紀〉

アメリカの画家。
⇒世芸（ライマン, ロバート　1930-）

Rysbrack, John Michael 〈17・18世紀〉

イギリスの彫刻家。作品にウェストミンスター寺院の『アイザック・ニュートン記念像』。
⇒岩ケ（ライスブラック, ジョン・マイケル　1694頃-1770）
　国小（ルイスブラック　1694-1770.1.8）

Rysselberghe, Théo van 〈19・20世紀〉

ベルギーの画家。点描派。主作品『マンドリンを弾く人』(1882), 『ヴェラーレン像』(1915)。
⇒新美（レイセルベルヘ, テオドール・ヴァン　1862.11.28-1926.12.13）
　西洋（レイセルベルヘ　1862.11.23-1926.12.13）

世美（ファン・レイセルベルヘ, テオ 1862–
　1926）
二十（レイセルベルヘ, テオドール・ヴァン
　1862.11.28–1926.12.13）

【 S 】

S., Send Otto 〈20世紀〉
デンマークの挿絵画家。絵本作家のスヴェン・
オットー・ソーレンセンの筆名。
⇒世児（S, スヴェン・オットー 1916–）

Saarinen, Aline (Milton Bernstein) 〈20世紀〉
アメリカの美術評論家, TVパーソナリティ。
⇒世女（サーリネン, アリーン（ミルトン・バーンスタイン） 1914–1972）

Saarinen, Eero 〈20世紀〉
フィランド生れのアメリカの建築家。主作品
は, ゼネラル・モーターズ技術センター（1948
～56）, ダレス空港ビル（1958～62）など。
⇒岩ケ（サーリネン, エーロ 1910–1961）
　才西（サーリネン, エーロ 1910–1961）
　現人（サーリネン 1910.8.20–1961.9.1）
　国小（サーリネン 1910.8.20–1961.9.1）
　国百（サーリネン, エーロ 1910.8.20–1961.9.1）
　コン3（サーリネン 1910–1961）
　新美（サーリネン, イーロ 1910.8.20–1961.9.1）
　西洋（サーリネン 1910.8.20–1961.9.1）
　世美（サーリネン, イーロ 1910–1961）
　世百（サーリネン, エロ 1910–1961）
　世百新（サーリネン父子 1910–1961）
　全書（サーリネン（父子））
　大辞2（サーリネン 1910–1961）
　大辞3（サーリネン 1910–1961）
　大百（サーリネン 1910–1961）
　伝世（サーリネン, エーロ 1910.8.20–1961.9.1）
　ナビ（サーリネン 1910–1961）
　二十（サーリネン, E. 1910.8.20–1961.9.1）
　百科（サーリネン父子）

Saarinen, Eliel 〈19・20世紀〉
フィンランドの生れのアメリカの建築家。パリ
万国博覧会におけるフィンランド・パビリオン
の設計により名声を確立。クランブルック美術
アカデミー（1934）などを建造した。
⇒岩ケ（サーリネン, （ゴットリーブ・）エリエル
　1873–1950）
　才西（サーリネン, エリエル 1873–1950）
　国小（サーリネン 1873.8.20–1950.7.1）
　国百（サーリネン, エリエル 1873.8.20–1950.7.1）
　新美（サーリネン, エリエル 1873.8.20–1950.7.1）
　西洋（サーリネン 1873.8.20–1950.6）
　世美（サヘリネン, エリエル 1873–1950）
　世百（サーリネン, エリエル 1873–1950）
　全書（サーリネン（父子） (Saarinen, Eliel)）
　大百（サーリネン 1873–1950）
　伝世（サーリネン, エリエル 1873.8.20–1950.7.1）
　二十（サーリネン, ゴットリーブ・エリエル 1873.8.20–1950.7.1）
　百科（サーリネン父子 (Saarinen, Eliel)）

Saarinin, Aline 〈20世紀〉
アメリカの美術評論家。
⇒世女日（サーリネン, アリーヌ 1914–1972）

Saba, Richard 〈20世紀〉
アメリカ, ミネソタ州ミネアポリス生れの画家。
⇒世芸（サバ, リチャード 1946–）

Sabatelli, Luigi 〈18・19世紀〉
イタリアの画家, 版画家。
⇒世美（サバテッリ, ルイージ 1772–1850）

Sabatini, Andrea 〈15・16世紀〉
イタリアの画家。
⇒世美（サバティーニ, アンドレーア 1484頃–1530）

Sabatini, Francesco 〈18世紀〉
イタリアの建築家。
⇒建築（サバティーニ, フランチェスコ 1721–1797）

Sabbatini, Andrea 〈15・16世紀〉
イタリアの画家。
⇒西洋（サッバティーニ 1480頃–1545）

Sabbatini, Lorenzo 〈16世紀〉
イタリアの画家。
⇒西洋（サッバティーニ 1530頃–1576.8.2）

Sabbattini, Nicola 〈16・17世紀〉
イタリアの建築師。劇場テアトロ・デル・ソーレの設計者。
⇒国小（サッバティーニ 1574–1654）
　世美（サッバティーニ, ニッコロ 1574–1654）

Sabine, Paul Earls 〈19・20世紀〉
アメリカの音響学者。建築物の吸音材, 防音壁
などについて多くの研究がある。
⇒コン2（セービン 1879–1958）
　コン3（セービン 1879–1958）
　西洋（セービン 1879.1.22–1958.12.28）

Sabine, Wallace Clement Ware 〈19・20世紀〉
アメリカの物理学者。『建築音響学』（1900）を
書き建築音響理論を提起。
⇒岩ケ（セイビン, ウォレス・クレメント（・ウェア） 1868–1919）
　科技（セービン 1868.6.13–1919.1.10）
　科人（セイバイン, ウォーレス・クレメント・ウェア 1868.6.13–1919.1.10）
　コン2（セービン 1868–1919）
　コン3（セービン 1868–1919）
　大百（セービン 1868–1919）

Sabraw, John 〈20世紀〉
イラストレーター。
⇒児イ（Sabraw, John　サブロー, J.）

Sacchetti, Giovanni Battista 〈18世紀〉
イタリア・バロックの建築家。1735年マドリードに王宮(1738～64)を建てた。
⇒建築（サッケッティ, ジョヴァンニ・バッティスタ　1700-1764）
国小（サケッティ　1700-1764）
新美（サッケッティ, ジョヴァンニ・バッティスタ　1700-1764.12.3）
世美（サッケッティ, ジョヴァンニ・バッティスタ　?-1764）

Sacchetti, Lorenzo 〈18・19世紀〉
イタリアの舞台美術家, 装飾家, 画家。
⇒世美（サッケッティ, ロレンツォ　1759-1829）

Sacchi, Andrea 〈16・17世紀〉
イタリアの画家。ローマ・バロック絵画のなかにあって古典的伝統を重んじ, 弟子のマレッティを通じて古典主義に影響を与えた。
⇒岩ケ（サッキ, アンドレア　1599-1661）
国小（サッキ　1599-1661）
新美（サッキ, アンドレーア　1599.11-1661.6.21）
西洋（サッキ　1599.11.30-1661.6.21）
世美（サッキ, アンドレーア　1599-1661）
百科（サッキ　1599-1661）

Sacchi, Pier Francesco 〈15・16世紀〉
イタリアの画家。
⇒世美（サッキ, ピエル・フランチェスコ　1485-1528）

Sacconi, Giuseppe 〈19・20世紀〉
イタリアの建築家。
⇒世美（サッコーニ, ジュゼッペ　1854-1905）

Sacre, Marie-Jose 〈20世紀〉
ベルギーのイラストレーター。
⇒児イ（Sacre, Marie-Jose　サクレ, M.　1946-）

Sadeler, Gillis 〈16・17世紀〉
フランドルの版画家。
⇒世美（サーデレル, ヒリス）

Sadeler, Jan I 〈16世紀〉
フランドルの版画家。
⇒世美（サーデレル, ヤン一世　1550-1600）

Sadeler, Raphaël I 〈16・17世紀〉
フランドルの版画家。
⇒世美（サーデレル, ラファエル一世　1561-1628）

Sader, Lillian 〈20世紀〉
アメリカのイラストレーター。
⇒児イ（Sader, Lillian）

Sa'dī Shīrāzī 〈12・13世紀〉
ペルシアの詩人。托鉢して諸国を遍歴。主著『ブースターン』(1257)。
⇒岩ケ（サーディー　1184頃-1292?）
旺世（サーディー　1184頃-1291）
外国（サアディー　1193-1282頃）
角世（サーディー　1210?-1292）
広辞4（サアディー　1213頃-1292）
広辞6（サアディー　1213頃-1291頃）
国小（サーディー　1184?-1291頃）
国百（サーディー　1184頃-1291頃）
コン2（サアディー　1184頃-1291）
コン3（サアディー　1184頃-1291）
集世（サアディー, アブー・アブドッラー・モシャッレフ・オッディーン　1213/19頃-1291.12）
集文（サアディー, アブー・アブドッラー・モシャッレフ・オッディーン　1213/19頃-1291.12）
新美（サーディー　1184/85?-1291）
西洋（サアディー　1184頃-1291）
世人（サーディー　1184頃-1291）
世東（サーディー　1184頃-1291）
世百（サーディー　1185頃-1291）
世文（サアディー, ムシャッリフ・ウッ・ディーン　1213頃-1291）
全書（サーディー　1213頃-1292）
大辞（サアディー　生没年不詳）
大辞3（サアディー　13世紀）
大百（サーディー　1213?-1292）
デス（サーディー　1213頃-1291）
伝世（サアディー　1184-1291）
百科（サーディー　?-1292）
評世（サアディー　1184-1291）
名著（サーディー　1184頃-1291）
山世（サーディ　?-1292頃）

Sadowski, Andrzej 〈20世紀〉
ポーランド生れの画家。
⇒世芸（サドフスキ, アンドルス　1946-）

Saenredam, Jan 〈16・17世紀〉
オランダの版画家, 版画出版者。ビュランの技法による精妙な銅版彫刻（エングレービング）で知られる。
⇒国小（サーンレダム　1565-1607.4.6）

Saenredam, Pieter Jansz. 〈16・17世紀〉
オランダの画家。精確なデッサンと遠近法によって知られ, 建築物を忠実に描写した最初の画家の一人。
⇒岩ケ（サーンレダム, ピーテル・ヤンス（ヤンスゾーン）　1597-1665）
国小（サーンレダム　1597.6.9-1665.5.31）
新美（サーンレダム, ピーテル　1597.6.9-1665.8.16）
世美（サーンレダム, ピーテル　1597-1665）
百科（サーンレダム　1597-1665）

Saetti, Bruno 〈20世紀〉
イタリアの画家。1934年イタリア風景画展で金賞を受賞。52年ベネチア・ビエンナーレ展で第1席の賞を受賞。
⇒国小（サエッティ　1902.2.21-）

世芸（サエッティ, ブルーノ　1902-1971）

Sagardoy, Bernard〈20世紀〉
フランスの服飾デザイナー。ワンピースとジャケットの組合せによるアンサンブルは彼が発案したもの。
⇒大百（ベルナール・サガルドイ　?-）

Sage, Kay〈20世紀〉
アメリカの画家。
⇒世女日（セイジ, ケイ　1898-1963）

Sagrara, Guillén〈14・15世紀〉
スペインの建築家, 彫刻家。
⇒建築（サグレーラ, ギジェン　1380-1456）
西洋（サグララ　?-1456）
世美（サグレラス, ギリェルモ　?-1452/56）

Sagsoorian, Paul〈20世紀〉
アメリカのイラストレーター。
⇒児イ（Sagsoorian, Paul）

Saha, Kamal〈20世紀〉
バングラデシュの詩人, デザイナー。
⇒児作（Saha, Kamal　シャハ, カマル　1950-）

Sahagún, Bernardino de〈15・16世紀〉
スペインのフランシスコ会士。
⇒キリ（サアグン, ベルナルディーノ・デ　1499-1590）
新美（サアグン, ベルナルディノ・デ　1499?-1590）
全書（サアグーン　1499/1500-1590）
百科（サアグン　1499/1500-1590）

Saint-Aubin, Augustin de〈18・19世紀〉
フランスの版画家。同時代人300名以上の肖像版画がある。
⇒西洋（サン・トーバン　1736.6.3-1807.11.9）
世美（サン=トーバン, オーギュスタン・ド　1736-1808）

Saint-Aubin, Gabriel Jacques de〈18世紀〉
フランスの画家。素描に専念。
⇒新美（サン=トーバン, ガブリエル・ド　1724.4.14-1780.2.14）
西洋（サン・トーバン　1724.4.14-1780.2.14）
世美（サン=トーバン, ガブリエル・ジャック・ド　1724-1780）

Saint-Gaudens, Augustas〈19・20世紀〉
19世紀アメリカの代表的彫刻家。代表作は『ダイアナ』（1892）,『リンカーン坐像』（1907）など。
⇒岩ケ（セント=ゴーデンズ, オーガスタス　1848-1907）
英米（Saint-Gaudens, Augustus　セント・ゴーデンズ　1848-1907）
才西（セント=ゴーデンズ, オーガスタス　1848-1907）
国小（セント・ゴーデンズ　1848.3.1-1907.8.3）
二十（セント・ゴーデンズ, オーガストス　1848-1907）
百科（セント・ゴーデンズ　1848-1907）

Saint Joseph, John Kenneth Sinclair〈20世紀〉
イギリスの航空写真家, 考古学者。
⇒岩ケ（セント・ジョゼフ, ジョン・ケネス・シンクレア　1912-1994）

Saint-Laurent, Yves〈20世紀〉
フランスの服飾デザイナー。C.ディオールの片腕となって活躍し, ディオールの死後, 後継者となる。1958年に発表したトラペーズシルエットは特に有名である。
⇒岩ケ（サン・ローラン, イヴ（・アンリ・ドナ・マテュー）　1936-）
現人（サン・ローラン　1936.8.1-）
国小（サン・ローラン　1936.8.1-）
コン3（サン・ローラン　1936-）
最世（サン, ローラン, イヴ　1936-）
世西（サン・ローラン　1936.8.1-）
世百新（サン・ローラン　1936-）
全書（サン・ローラン　1936-）
大百（サンローラン　1936-）
ナビ（サン=ローラン　1936-）
二十（サン・ローラン, イヴ　1936.8.1-）
百科（サン・ローラン　1936-）

Saint-Ours, Jean-Pierre〈18・19世紀〉
スイスの画家。
⇒世美（サン=トゥール, ジャン=ピエール　1752-1809）

Saint Phalle, Niki de〈20世紀〉
フランスの前衛美術家。『射撃絵画』（1961）でハプニング芸術全盛時代の申し子となる。
⇒才西（サン・ファル, ニキ・ド　1930-）
新美（サン=ファール, ニキ・ド　1930.10.29-）
スパ（サンファール, ニキ・ド　1930-）
世芸（サン・ファール, ナイキ・ド　1930-）
世女日（サン=ファール, ニキ　1930-2002）
全書（サンファル　1930-）
大辞2（サン・ファール　1930-）
大辞3（サン・ファール　1930-2002）
二十（サンファル, ニキ・ド　1930.10.29-）
美術（サン―ファール, ニキ・ド　1930-）

Saint Pierre, Joseph〈18世紀〉
フランスの建築家。
⇒建築（サン・ピエール, ジョゼフ　1709-1754）
世美（サン=ピエール, ジョゼフ　1709-1754）

Sala, Eliseo〈19世紀〉
イタリアの画家。
⇒世美（サーラ, エリゼーオ　1813-1879）

Sala, Vitale〈19世紀〉
イタリアの画家。
⇒世美（サーラ, ヴィターレ　1803-1835）

Salai, Andrea 〈15・16世紀〉
イタリアの画家。
⇒世美（サライ, アンドレーア 1480頃-1524）

Salazar, Ana 〈20世紀〉
ポルトガル・リスボン生れの女性ファッション・デザイナー。
⇒スペ（サラザール 1944-）

Salazar, Patricia 〈20世紀〉
コロンビア生れの画家。
⇒世芸（サラザール, パトリシア 1948-）

Salazar Arrué, Salvador 〈20世紀〉
サラルエSalarruéの筆名で知られるエルサルバドルの作家, 画家。
⇒集世（サラサル＝アルエ, サルバドル 1899.10.22-1975.11.29）
集文（サラサル＝アルエ, サルバドル 1899.10.22-1975.11.29）

Salietti, Alberto 〈20世紀〉
イタリアの画家。
⇒世美（サリエッティ, アルベルト 1892-1961）

Salimbeni, Iacopo 〈15世紀〉
イタリアの画家。
⇒世美（サリンベーニ, ヤーコポ 生没年不詳）

Salimbeni, Lorenzo 〈14・15世紀〉
イタリアの画家。
⇒新美（サリンベーニ, ロレンツォ 1374?-1420）
世美（サリンベーニ, ロレンツォ （記録）1374-1416）

Salimbeni, Ventura 〈16・17世紀〉
イタリアの画家。
⇒世美（サリンベーニ, ヴェントゥーラ 1567頃-1613）

Salini, Tommaso 〈16・17世紀〉
イタリアの画家。
⇒世美（サリーニ, トンマーゾ 1575頃-1625）

Salins, Nicolas-Alexandre de 〈18・19世紀〉
フランスの建築家。
⇒建築（サラン（ド・モンフォール）, ニコラ＝アレクサンドル 1753-1839）
世美（サラン, ニコラ＝アレクサンドル・ド 1753-1839）

Salisch, Heinrich von 〈19・20世紀〉
ドイツの森林美学者。
⇒西洋（ザーリッシュ 1846.6.1-1920.3.6）

Salle, David 〈20世紀〉
アメリカ生れの画家。
⇒世芸（サーレ, デビット 1952-）

Sallembier, Henri 〈18・19世紀〉
フランスの装飾意匠家, 版画家, 画家。
⇒世美（サランビエ, アンリ 1753頃-1820）

Sallinen, Tyk o Konstantin 〈19・20世紀〉
フィンランドの画家。
⇒西洋（サリネン 1879.3.14-1955.9.18）

Salmi, Mario 〈19・20世紀〉
イタリアの美術史家。元・イタリア国立美術研究所所長, 元・ペトラルカ・アカデーミア院長。
⇒新美（サルミ, マーリオ 1889-1980.11.16）
世美（サルミ, マーリオ 1889-1980）
二十（サルミ, マーリオ 1889-1980.11.16）

Salmon, André 〈19・20世紀〉
フランスの詩人, 小説家, 美術評論家。主著は『信頼』(1926)などの詩集。ほかに回想録『終りなき回想』(1955~61)がある。
⇒国小（サルモン 1881.10.4-）
集世（サルモン, アンドレ 1881.10.4-1969.3.12）
集文（サルモン, アンドレ 1881.10.4-1969.3.12）
西洋（サルモン 1881.10.4-1969.3.12）
世文（サルモン, アンドレ 1881-1969）
全書（サルモン 1881-1969）
大百（サルモン 1881-1969）
二十（サルモン, アンドレ 1881.10.4-1969.3.12）
名詩（サルモン, アンドレ 1881-）

Salmon, Michael 〈20世紀〉
オーストラリアのイラストレーター。
⇒児作（Salmon, Michael サーモン, マイケル 1949-）

Salomé 〈20世紀〉
ドイツ生れの画家。
⇒世芸（サロメ 1954-）

Salome 〈1世紀頃〉
ヘロデ大王の孫娘。ガリラヤの王ヘロデ・アンティパスと妻ヘロデアの娘。
⇒岩ケ（サロメ 1世紀）
キリ（サロメ）
広辞4（サロメ）
広辞6（サロメ）
国小（サロメ 1世紀頃）
コン2（サロメ 14頃-62）
コン3（サロメ 14頃-62）
新美（サロメ）
人物（サロメ）
聖書（サロメ）
西洋（サロメ）
世女日（サロメ 1世紀）
世西（サロメ）
全書（サロメ）
大辞（サロメ）
大辞3（サロメ）
大百（サロメ）
百科（サロメ）
歴史（サロメ）

Salomon, Charlotte 〈20世紀〉
ドイツの画家, 作家。
⇒世女日（ザロモン, シャルロッテ　1917-1943）

Salomon, Edwin 〈20世紀〉
イスラエルの画家。
⇒世芸（サロモン, エドウィン　1935-）

Salomon, Erich 〈19・20世紀〉
ドイツの写真家。いわゆるスナップ＝ショットの創始者。
⇒新美（ザロモン, エーリヒ　1886-1944頃）
　世芸（ザロモン, エーリヒ　1886-1944）
　世百新（ザロモン　1886-1944）
　全書（ザロモン　1886-1944）
　大百（ザロモン　1886-1944）
　二十（ザロモン, エーリヒ　1886-1944）
　百科（ザロモン　1886-1944）

Salter, Rebecca 〈20世紀〉
イギリスの版画家。
⇒二十（ソルタ, レベッカ　1955-）

Salvader Dali 〈20世紀〉
スペイン生れの画家。
⇒歴史（サルバドール＝ダリ　1904-）

Salvi, Niccoló 〈17・18世紀〉
イタリアの建築家。ローマ・バロック様式の名残りをとどめる最後の建築家。代表作は『トレビの泉』(1732～51)。
⇒岩ケ（サルヴィ, ニッコロ　1697-1751）
　建築（サルヴィ, ニッコロ　1697-1751）
　国小（サルビ　1697-1751）
　新美（サルヴィ, ニッコロ　1697.8.6-1751.2.8）
　世西（サルヴィ　1699-1751）
　世美（サルヴィ, ニッコロ　1697-1751）
　全書（サルビ　1697-1751）
　大百（サルビ　1639-1751）

Salviati, Antonio 〈19世紀〉
イタリアの美術ガラス細工師。
⇒西洋（サルヴィアーティ　1816.3.18-1890.1.25）

Salviati, Francesco 〈16世紀〉
イタリアの画家。歴史画, 寓意画, 肖像画を制作。主作品は『慈愛』など。
⇒岩ケ（サルヴィアーティ, チェッキーノ　1510-1563）
　芸術（サルヴィアーティ　1510-1563）
　国小（サルビアーティ　1510-1563.11.11）
　新美（サルヴィアーティ　1510-1563.11.11）
　世美（サルヴィアーティ, チェッキーノ　1510-1563）

Salvisberg, Otto Rudolf 〈19・20世紀〉
ドイツの建築家。主作品に国立窒素工場ジードルング(1916)がある。
⇒西洋（ザルヴィスベルク　1882.10.19-1940.12.21）

Saly, Jacques-Francois-Joseph 〈18世紀〉
フランスの彫刻家。
⇒世美（サリー, ジャック＝フランソワ＝ジョセフ　1717-1776）

Salzman, Yuri 〈20世紀〉
ロシアのイラストレーター。
⇒児イ（Salzman, Yuri　サルツマン, Y.）

Samacchini, Orazio 〈16世紀〉
イタリアの画家。
⇒世美（サマッキーニ, オラーツィオ　1532-1577）

Samaras, Lucas 〈20世紀〉
ギリシャ生れのアメリカの芸術家。
⇒新美（サマラス, ルーカス　1936.9.14-）
　世芸（サマラス, ルーカス　1937-1985）
　大辞2（サマラス　1937-）
　大辞3（サマラス　1936-）
　二十（サマラス, ルーカス　1936.9.14-）
　美術（サマラス, ルーカス　1936-）

Sambin, Hugues 〈16・17世紀〉
フランスの建築家, 彫刻家, 版画家。
⇒建築（サンバン, ユーグ　1515/20-1601/02）
　世美（サンバン, ユーグ　1510/20-1601/02）

Sambin, Michele 〈20世紀〉
イタリアのイラストレーター。
⇒児イ（Sambin, Michele　サンバン, M.　1951-）

Sammartino, Giuseppe 〈18世紀〉
イタリアの彫刻家。
⇒世美（サンマルティーノ, ジュゼッペ　1720-1793）

Sampu-Raudsepp, Iibi 〈20世紀〉
ロシアのイラストレーター。
⇒児イ（Sampu-Raudsepp, Iibi　サンプ＝ラウドセップ, I.　1942-）

Samson 〈前11世紀頃〉
イスラエル民族の英雄(旧約聖書)。
⇒岩ケ（サムソン　前11世紀頃）
　キリ（サムソン）
　国小（サムソン）
　コン2（サムソン）
　コン3（サムソン）
　新美（サムソンとデリラ）
　人物（サムソン）
　聖書（サムソン）
　西洋（サムソン）
　世美（サムソン）
　全書（サムソン）
　大辞（サムソン）
　大辞3（サムソン）
　大百（サムソン）
　百科（サムソン）

Samuel 〈前11・10世紀頃〉
イスラエルの預言者。
⇒岩ケ（サムエル　前11世紀）
　外国（サムエル　前10世紀）

角世（サムエル　前11世紀）
キリ（サムエル）
国小（サムエル　前11世紀頃）
コン2（サムエル　前10世紀）
コン3（サムエル　前10世紀）
新美（サムエル）
人物（サムエル　生没年不詳）
聖書（サムエル）
西洋（サムエル）
世西（サムエル　1155/70頃-?）
全書（サムエル）
大辞（サムエル）
大辞3（サムエル）
大百（サムエル）
伝世（サムエル　前1056頃-1004）
百科（サムエル　前11世紀）
山世（サムエル　前11世紀）
歴史（サムエル）

Sánchez Cantón, Francisco Javier 〈20世紀〉
スペインの美術研究者。数多くの美術館・博物館の設立・整備ならびに記念碑的建造物の保護に貢献。今日のスペイン美術研究の基礎を築いた。
⇒新美（サンチェス・カントーン、フランシスコ・ハビエール　1891-1972）
　西洋（サンチェス・カントン　1891.7.14-1971.12.20）
　世西（サンチェス・カントン　1891.7.14-1971.12.20）

S　Sánchez Coello, Alonso 〈16世紀〉
スペインの画家。スペイン王フェリーペ2世の宮廷画家。
⇒国小（サンチェス・コエリョ　1531/2-1588）
　新美（サンチェス・コエーリョ、アロソン　1531/32-1588.8.8）
　スペ（サンチェス・コエリョ　1531頃-1588）
　西洋（コエリョ　1531頃-1588）
　百科（サンチェス・コエリョ　1531頃-1588）

Sánchez Cotán, Juan 〈16・17世紀〉
スペインの画家。スペイン初期バロック・レアリスムの代表的画家。
⇒芸術（サンチェス・コタン、フアン　1561-1637）
　国小（サンチェス・コタン　1561?-1627.9.8）
　新美（サンチェス・コターン、ホアン　1560-1627.9.8）
　スペ（サンチェス・コタン　1560-1627）
　世美（サンチェス・コターン、フアン　1560-1627）
　百科（サンチェス・コタン　1560-1627）

Sánchez de Castro, Juan 〈15世紀〉
スペインの画家。
⇒世美（サンチェス・デ・カストロ、フアン　15世紀後半）

Sandberg, Inger 〈20世紀〉
スウェーデンの児童文学者。
⇒児イ（Sandberg, Inger & Lasse　サンドベルイ、インゲル&L.）
　児作（Sandberg, Inger　サンドベルイ、インゲル　1930-）
　世児（サンドベリ、インゲル&ラッセ　1930-）

Sandberg, Lasse 〈20世紀〉
スウェーデンの絵本作家。
⇒児イ（Sandberg, Inger & Lasse　サンドベルイ、インゲル&L.）
　児イ（Sandberg, Lasse E.M.　サンドベリ、L.E.M.）
　世児（サンドベリ、インゲル&ラッセ　1924-）

Sandby, Paul 〈18・19世紀〉
イギリスの風景画家。イギリス各地を旅行してスケッチを描いた。トポグラフィーの画家。ロイヤル・アカデミー創立会員。
⇒岩ケ（サンドビー、ポール　1725-1809）
　国小（サンドビー　1725-1809.11.9）
　新美（サンドビー、ポール　1725-1809.11.9）
　世西（サンドビ　1725-1809）

Sandby, Thomas 〈18世紀〉
イギリスの美術家、建築家。
⇒岩ケ（サンドビー、トマス　1721-1798）
　世美（サンドビー、トマス　1721-1798）

Sander, August 〈19・20世紀〉
ドイツの写真家。
⇒岩ケ（ザンダー、アウグスト　1876-1964）
　全書（ザンダー　1876-1964）
　大辞2（ザンダー　1876-1964）
　大辞3（ザンダー　1876-1964）
　二十（ザンダー、アウグスト　1876-1964）

Sandin, Joan 〈20世紀〉
アメリカのイラストレーター。
⇒児イ（Sandin, Joan）

Sandoval, Ricardo E. 〈20世紀〉
カナダのイラストレーター。
⇒児作（Sandoval, Ricardo E.　サンドバル、リカルド・E　1943-）

Sandoz, Edouard 〈20世紀〉
アメリカのイラストレーター。
⇒児イ（Sandoz, Edouard　1918-）

Sandrart, Joachim von 〈17世紀〉
ドイツ、バロック期の画家。
⇒キリ（ザンドラルト、ヨアーヒム・フォン　1606.5.12-1688.10.14）
　芸術（ザンドラルト、ヨアヒム・フォン　1606-1688）
　国小（ザンドラルト　1606.5.12-1688.10.14）
　新美（ザンドラールト、ヨアヒム・フォン　1606.5.12-1688.10.14）
　西洋（ザンドラルト　1606.5.12-1688.10.14）
　世西（サンドラルト　1606-1688）
　世美（ザントラルト、ヨアヒム・フォン　1606-1688）
　世百（ザントラルト　1606-1688）
　百科（ザンドラルト　1606-1688）

Sandstrom, George F. 〈20世紀〉
アメリカのイラストレーター。

⇒児イ（Sandstrom, George F.）

Sanfelice, Ferdinando〈17・18世紀〉
イタリアの画家，建築家。
⇒世美（サンフェリーチェ，フェルディナンド 1675-1748）

Sangallo, Antonio da〈15・16世紀〉
イタリアの建築家。代表作はサン・ビアジオ聖堂など。
⇒国小（サンガロ 1455頃-1534）
　国百（サンガロ，アントニオ・ダ（イル・ベッキオ）1455頃-1534）
　世美（サンガッロ・イル・ヴェッキオ，アントーニオ・ダ 1453頃-1534）
　世伝（サンガッロ，アントニオ 1455-1534）
　全書（サンガッロ，アントニオ・ダ 1455-1534）
　大百（サンガロ 1455-1534）
　伝世（サンガッロ，大アントーニオ 1453頃-1534）

Sangallo, Antonio Picconi da〈15・16世紀〉
イタリアの建築家。ラファエロの後継者としてサン・ピエトロ大聖堂の造営監督。
⇒岩ケ（サンガロ，アントニオ・（ジャンベルティ・）ダ 1483-1546）
　キリ（サンガルロ，アントーニオ・ダ 1483-1546.8.3）
　国小（サンガロ 1483-1546）
　国百（サンガロ，アントニオ・ダ（イル・ジョーバネ）1483-1546）
　新美（サンガッロ，アントーニオ・ダ 1483-1546.8.3）
　西洋（サンガロ（小）1485-1546.8.3）
　世美（サンガッロ 1485-1546）
　世伝（サンガッロ・イル・ジョーヴァネ，アントーニオ・ダ 1483-1546）
　世百（サンガッロ，アントニオ・コリオラーニ 1485-1546）
　全書（サンガッロ，アントニオ 1483-1546）
　大百（サンガッロ，アントーニオ 1483-1546）
　伝世（サンガッロ，アントーニオ（小）1483-1546.8.3）
　百科（サンガロ 1484-1546）

Sangallo, Bastiano da〈15・16世紀〉
イタリアの建築家，インターリオ（装飾彫り）作家。
⇒世美（サンガッロ，バスティアーノ・ダ 1481-1551）

Sangallo, Francesco da〈15・16世紀〉
イタリアの彫刻家。サン・ピエトロ大聖堂の造営に装飾彫家として活動。
⇒国小（サンガロ 1494-1576）
　世美（サンガッロ，フランチェスコ 15世紀）

Sangallo, Gian Battista〈15・16世紀〉
イタリアの建築家，インターリオ（装飾彫り）作家。
⇒世美（サンガッロ，ジャン・バッティスタ 1496-1552）

Sangallo, Giuliano da〈15・16世紀〉
イタリアの建築家。代表作サンタ・マリア・デレ・カルチェリ聖堂（1485～92）はギリシア十字式集中プランの最初の作例の一つ。
⇒国小（サンガロ 1445頃-1516）
　国百（サンガロ，ジュリアーノ・ダ 1445頃-1516）
　新美（サンガルロ，ジュリアーノ・ダ 1445-1516.10.20）
　世西（サンガッロ 1445-1519）
　世美（サンガッロ，ジュリアーノ・ダ 1445-1516）
　世伝（サンガッロ，ジュリアーノ 1445-1516）
　全書（サンガッロ，ジュリアーノ 1445-1516）
　大百（サンガロ 1445-1516）
　伝世（サンガッロ，ジュリアーノ 1443頃-1516）
　百科（サンガロ 1443頃-1516）

Sangiorgio, Abbondio〈18・19世紀〉
イタリアの彫刻家。
⇒世美（サンジョルジョ，アッボンディオ 1798-1879）

San Giovanni, Acchile〈19・20世紀〉
イタリアの画家。工部大学校で美術を教授。
⇒新美（サンジョヴァンニ，アッキーレ）
　日人（サン＝ジョバンニ 生没年不詳）
　来日（サン・ジョヴァンニ 生没年不詳）

Sanjust, Filippo〈20世紀〉
イタリアの舞台装置家，演出家。
⇒オペ（サンジュスト，フィリッポ 1925.9.9-）

San Micheli〈15・16世紀〉
イタリアの建築家。建築史上重要なパラッツォ建築を残す。盛期ルネサンスの古典様式を北イタリアにもたらしたマニエリスム建築家。
⇒岩ケ（サンミケーレ，ミケーレ 1484-1559）
　キリ（サン・ミケーリ（サン・ミケーレ）1484-1559）
　建築（サンミケーリ，ミケーレ 1484-1559）
　国小（サン・ミケーリ 1484-1559.9）
　新美（サンミケーリ，ミケーレ 1484-1559.9）
　西洋（サン・ミケーリ 1484-1559）
　世美（サンミケーリ，ミケーレ 1484-1559）
　全書（サンミケーリ 1484-1559）
　大百（サンミケーリ 1484-1559）
　伝世（サンミケーリ 1484頃-1559.8）
　百科（サンミケーリ 1484-1559）

Sano di Pietro〈15世紀〉
イタリアの画家。
⇒コン2（サノ・ディ・ピエトロ 1405-1481）
　コン3（サノ・ディ・ピエトロ 1405-1481）
　新美（サーノ・ディ・ピエトロ 1406-1481）
　西洋（サーノ 1406-1481）
　世美（サーノ・ディ・ピエトロ 1406-1481）

Sanquirico, Alessandro〈18・19世紀〉
イタリアの舞台美術家，装飾家。
⇒世美（サンクイーリコ，アレッサンドロ 1777-1849）

Sansovino, Andrea 〈15・16世紀〉

イタリアの彫刻家，建築家。サン・アゴス
ティーノ聖堂の『聖アンナと聖母子』群像など
の作品がある。
⇒岩ケ（サンソヴィーノ 1460–1529）
　キリ（サンソヴィーノ，アンドレーア 1467頃–
　　1529）
　芸術（サンソヴィーノ，アンドレア 1460–1529）
　建築（サンソヴィーノ，アンドレア・コントゥッ
　　チ 1460–1529）
　広辞4（サンソヴィーノ 1460頃–1529）
　広辞6（サンソヴィーノ 1460頃–1529）
　国小（サンソビーノ 1467頃–1529）
　新美（サンソヴィーノ，アンドレーア 1460頃–
　　1529）
　西洋（サンソヴィーノ 1460–1529）
　世西（サンソヴィーノ 1460–1529）
　世美（サンソヴィーノ，アンドレーア 1460–
　　1529頃）
　世百（サンソヴィーノ 1460–1529）
　全書（サンソビーノ 1460頃–1529）
　百科（サンソビーノ 1460頃–1529）

Sansovino, Jacopo 〈15・16世紀〉

イタリアの彫刻家，建築家。
⇒岩ケ（サンソヴィーノ，ヤコポ 1486–1570）
　キリ（サンソヴィーノ，ヤーコポ 1486–
　　1570.11.27）
　芸術（サンソヴィーノ，ヤコポ 1486–1570）
　建築（サンソヴィーノ，ヤコポ・タッティ 1486–
　　1570）
　広辞4（サンソヴィーノ 1486–1570）
　広辞6（サンソヴィーノ 1486–1570）
　国小（サンソビーノ 1486.7.2–1570.11.27）
　コン2（サンソヴィーノ 1486–1570）
　コン3（サンソヴィーノ 1486–1570）
　新美（サンソヴィーノ，ヤーコポ 1486–
　　1570.11.27）
　西洋（サンソヴィーノ 1486–1570.11.27）
　世西（サンソヴィーノ 1486–1570）
　世美（サンソヴィーノ，ヤーコポ 1486–1570）
　世百（サンソヴィーノ 1486–1570）
　全書（サンソビーノ 1486–1570）
　大百（サンソビーノ 1486–1570）
　伝世（サンソヴィーノ 1486–1570）
　百科（サンソビーノ 1486–1570）

Santacroce, Francesco di Bernardo de'Vecchi 〈16世紀〉

イタリアの画家。
⇒世美（サンタクローチェ，フランチェスコ・ディ・
　ベルナルド・デ・ヴェッキ （活動）16世紀前半）

Santacroce, Francesco di Girolamo 〈16世紀〉

イタリアの画家。
⇒世美（サンタクローチェ，フランチェスコ・ディ・
　ジローラモ 1516–1584）

Santacroce, Francesco di Simone 〈15・16世紀〉

イタリアの画家。
⇒世美（サンタクローチェ，フランチェスコ・ディ・
　シモーネ ?–1508）

Santacroce, Girolamo 〈16世紀〉

イタリアの画家。
⇒世美（サンタクローチェ，ジローラモ （記
　録）1503–1556）

Santacroce, Pier Paolo di Francesco 〈16・17世紀〉

イタリアの画家。
⇒世美（サンタクローチェ，ピエル・パーオロ・
　ディ・フランチェスコ （記録）1584–1620）

Sant' Elia, Antonio 〈19・20世紀〉

イタリアの建築家。〈未来派の建築〉を宣言し
(1914)，リズミカルな美を生かした計画図を残
した。
⇒オ西（サンテリア，アントニオ 1888–1916）
　新美（サン・テリア，アントーニオ 1888.4.30–
　　1916.10.10）
　西洋（サン・テリア ?–1916）
　世美（サンテリーア，アントーニオ 1888–1916）
　世百新（サンテリア 1888–1916）
　全書（サンテリア 1888–1916）
　大百（サンテリア 1888–1916）
　ナビ（サンテリア 1888–1916）
　二十（サンテリア，アントーニオ 1888.4.30–
　　1916.10.10）
　百科（サンテリア 1888–1916）

Santi, Giovanni 〈15世紀〉

イタリアの画家，詩人。ラファエロの父。
⇒新美（サンティ，ジョヴァンニ ?–1494.8.1）
　西洋（サンティ 1435頃–1494）
　世美（サンティ，ジョヴァンニ 1435頃–1494）

Santi, Lorenzo 〈18・19世紀〉

イタリアの建築家。
⇒世美（サンティ，ロレンツォ 1783–1839）

Santi di Tito 〈16・17世紀〉

イタリアの画家，建築家。
⇒新美（ティート，サンティ・ディ 1536.10.6?–
　　1603.7.24）
　世美（サンティ・ディ・ティート 1536–1603）

Santini-Aichel, Giovanni 〈17・18世紀〉

ボヘミア地方の建築家。
⇒建築（サンティーニ＝アイチェル，ジョヴァンニ
　1667–1723）

Santlofer, Jonathan 〈20世紀〉

アメリカの画家，作家。
⇒海作4（サントロファー，ジョナサン 1946–）

Santomaso, Giuseppe 〈20世紀〉

イタリアの抽象画家。前衛芸術家グループ「フ
ロンテ・ヌオーボ・デレ・アルティ」の創立者。
1954年ベネチア・ビエンナーレで受賞。
⇒国小（サントマソ 1907.9.26–）
　新美（サントマーソ，ジュゼッペ 1907.9.26–）
　世美（サントマーゾ，ジュゼッペ 1907–）
　二十（サントマーソ，ジュゼッペ 1907.9.26–）

Santunione, Adria〈20世紀〉
　イタリアの画家。
　⇒世芸（サントゥニオーネ，アドリア　1923-）

Sapieha, Christine〈20世紀〉
　アメリカのイラストレーター。
　⇒児イ（Sapieha, Christine　サピエーハー，C.）

Saraceni, Carlo〈16・17世紀〉
　イタリアの画家。
　⇒新美（サラチェーニ，カルロ　1585-1620.6.16）
　　世芸（サラチェーニ，カルロ　1579-1620）

Sarazin, Jacques〈16・17世紀〉
　フランスの彫刻家。ルーブル宮殿の時計の間の人像柱，ベリュール枢機卿の墓，コンデ公爵の墓などを制作。
　⇒芸術（サラザン，ジャック　1588-1660）
　　国小（サラザン　1592-1660.12.3）
　　世美（サラザン，ジャック　1592-1660）

Sarda, Paul Pierre〈19・20世紀〉
　フランスの建築家。横浜ゲーテ座，指路教会大会堂を設計。
　⇒日人（サルダ　1844-1905）
　　来日（サルダ　1844.7.12-1905.4.2）

Sardi, Giuseppe〈17世紀〉
　イタリアの建築家。
　⇒建築（サルディ，ジュゼッペ　1621頃-1699）
　　世美（サルディ，ジュゼッペ　1630-1699）

Sardi, Giuseppe〈17・18世紀〉
　イタリアの建築家。
　⇒世美（サルディ，ジュゼッペ　1680-1753）

Saret, Alan〈20世紀〉
　アメリカの美術家。
　⇒美術（サレット，アラン　1944-）

Sarfati, Alain〈20世紀〉
　モロッコ生れの建築家。
　⇒二十（サルファティ，アラン　1937-）

Sarg, Tony（Anthony）Frederick
〈19・20世紀〉
　ドイツ人の人形師。トニー・サーグ・マリオネット座を設立。1921年アメリカに帰化。
　⇒国小（サーグ　1882-1942）
　　世児（サーグ，トニー　1882-1942）

Sargent, John Singer〈19・20世紀〉
　フィレンツェ生れの画家。両親はアメリカ人。肖像画家として多大の名声を得る。
　⇒岩ケ（サージェント，ジョン・シンガー　1856-1925）
　　英米（Sargent, John Singer　サージェント　1856-1925）
　　芸術（サージェント，ジョン・シンガー　1856-1925）
　　国小（サージェント　1856.1.12-1925.4.15）
　　コン2（サージェント　1856-1925）
　　コン3（サージェント　1856-1925）
　　新美（サージェント，ジョン・シンガー　1856.1.12-1925.4.15）
　　西洋（サージェント　1856.1.12-1925.4.15）
　　世芸（サージェント，ジョン・シンガー　1856-1925）
　　世美（サージェント，ジョン・シンガー　1856-1925）
　　世芸（サージェント　1856-1925）
　　全書（サージェント　1856-1925）
　　大百（サージェント　1856-1925）
　　伝世（サージェント　1856.1.20-1925.4.15）
　　二十（サージェント，ジョン・シンガー　1856.1.12-1925.4.15）
　　百科（サージェント　1856-1925）

Sargon〈前28～24世紀頃〉
　バビロニアのアッカド市の王（在位前2350頃～2300頃）。史上初のセム帝国を打建て，その勢力はオリエント世界にあまねく広がった。
　⇒国小（サルゴン（アッカドの））
　　国百（サルゴン（アッカドの））
　　新美（サルゴン（アッカドの））
　　西洋（サルゴン（アッカドの））
　　世西（サルゴン　前2750頃-2695頃）
　　全書（サルゴン一世　生没年不詳）
　　中国（サルゴンいっせい　前2584-2530）

Sariyan, Marchiros Serguevich〈19・20世紀〉
　ソ連の画家。アルメニア人民美術家の称号をもつ。代表作『ナツメヤシ，エジプト』（1911）など。
　⇒芸術（サリヤン，マルチロス・セルゲヴィッチ　1880-1949）
　　国小（サリヤン　1880.2.28-1972.5.5）
　　新美（サリヤン，マルチロス　1880.2.16(28)-1972.5.5）
　　世芸（サリヤン，マルチロス・セルゲヴィッチ　1880-1949）
　　二十（サリヤン，マルチロス　1880.2.16(28)-1972.5.5）

Sarre, Friedrich〈19・20世紀〉
　ドイツの考古学者，美術史家。ベルリン大学名誉教授。
　⇒外国（ザレ　1865-1945）
　　西洋（ザレ　1865.6.22-1945.6.1）
　　世東（ザレ　1865-1945）

Sarrocchi, Tito〈19世紀〉
　イタリアの彫刻家。
　⇒世美（サッロッキ，ティート　1824-1900）

Sartain, Emily〈19・20世紀〉
　アメリカの美術教師。
　⇒世女（サーティン，エミリー　1841-1927）
　　世女日（サルティン，エミリー　1841-1927）

Sarthou, Maurice Elie〈20世紀〉
　フランス生れの画家。
　⇒世芸（サルトゥ，モーリス・エリー　1911-1990）

Sartiris, Alberto〈20世紀〉
イタリアの建築家。
⇒世美（サルトーリス, アルベルト 1901-）

Sarto, Andrea del〈15・16世紀〉
イタリアの画家。代表作は壁画『聖母の生誕』(1514)、『アルピエのマドンナ』(1517)。
⇒岩ケ（サルト, アンドレア・デル 1486-1531）
　外国（サルト 1486-1531）
　キリ（アンドレア・デル・サルト 1486.7.16-1531.9.28/29）
　芸術（アンドレア・デル・サルト 1486-1531）
　芸術（サルト, アンドレア・デル 1486-1531）
　広辞4（アンドレア・デル・サルト 1486-1531）
　広辞6（アンドレア・デル・サルト 1486-1531）
　国小（サルト 1486.7.14-1530.9.29）
　国百（サルト, アンドレア・デル 1486.7.14-1530.9.29）
　コン2（サルト 1486-1531）
　コン3（サルト 1486-1531）
　新美（アンドレア・デル・サルト 1486.7.16-1531.9.28/29）
　人物（サルト 1486.7.16-1531.1.22/1530.9.29）
　西洋（サルト 1486.7.16-1531.1.22/1530.9.29）
　世西（サルト 1486-1531）
　世美（アンドレア・デル・サルト 1486-1530）
　世百（サルト 1486-1531）
　全書（サルト 1486-1530）
　大百（サルト 1486-1531）
　デス（サルト 1486-1531）
　伝世（アンドレア・デル・サルト 1486.7.6-1530.9.29）
　百科（アンドレア・デル・サルト 1486-1530）
　評世（デル=サルト 1486-1531）

Sartori, Giuseppe Antonio〈18世紀〉
イタリアの建築家, 彫刻家。
⇒世美（サルトーリ, ジュゼッペ・アントーニオ 1717頃-1792）

Sartorio, Giulio Aristide〈19・20世紀〉
イタリアの画家。
⇒世美（サルトーリオ, ジューリオ・アリスティーデ 1860-1932）

Sasetta〈14・15世紀〉
イタリアの画家。シエナ派の絵画をゴシック様式からルネサンス様式へ進展させたシエナ派の主要画家。
⇒岩ケ（サッセッタ ?-1450頃）
　芸術（サセッタ 1392頃-1450）
　国小（サセッタ 1392頃-1450）
　コン2（サセッタ 1392-1450）
　コン3（サセッタ 1392-1450）
　新美（サッセッタ 1392頃-1450）
　世美（サッセッタ ?-1450）
　全書（サセッタ 1392?-1451）
　大百（サセッタ 1392-1450）
　伝世（サッセッタ 1400頃-1450）
　百科（サセッタ 1392頃-1450）

Sassoferrato〈17世紀〉
イタリアの画家。
⇒新美（サッソフェルラート, イル 1609.8.29-1685.8.8）
　世美（サッソフェッラート 1609-1685）

Sassu, Aligi〈20世紀〉
イタリアの画家。
⇒世美（サッスー, アリージ 1912-）

Sauerborn, Aen〈20世紀〉
ドイツの芸術家。
⇒世芸（サウエルボーン, エン 1933-）

Sauerländer, Willibald〈20世紀〉
ドイツの美術史家。
⇒キリ（ザウアレンダー, ヴィリバルト 1924.2.29-）

Saul〈前11世紀〉
イスラエル最初の王（在位前1020～10頃）。
⇒岩ケ（サウル 前11世紀）
　旺世（サウル 生没年不詳）
　外国（サウル ?-前1010頃）
　角世（サウル（在位) ?-前1000?）
　皇帝（サウル 生没年不詳）
　国小（サウル ?-前1010頃）
　コン2（サウル）
　コン3（サウル）
　新美（サウル）
　人物（サウル 生没年不詳）
　聖書（サウル）
　西洋（サウル）
　世西（サウル 前1060頃-1010頃）
　全書（サウル）
　大百（サウル）
　伝世（サウル ?-前1000頃）
　統治（サウル（在位）前1020-1010）
　百科（サウル（在位）前1020頃-前1000頃）
　評世（サウル ?-前1010?）
　山世（サウル 生没年不詳）

Saunders, William〈19世紀〉
イギリスの写真家。
⇒日人（ソンダース ?-1893）

Saura, Antonio〈20世紀〉
スペインの画家。
⇒新美（サウラ, アントニオ 1930.9.22-）
　スペ（サウラ 1930-1998）
　世芸（サウラ, アントニオ 1930-）
　世美（サウラ, アントニオ 1930-）
　二十（サウラ, アントニオ 1930.9.22-）

Saura Atares, Carlos〈20世紀〉
スペイン生れの映画監督, 映画脚本家, 写真家。
⇒世映（サウラ・アターレス, カルロス 1932-）

Sauri, Agusti Asensio〈20世紀〉
スペインのイラストレーター。
⇒児イ（Sauri, Agusti Asensio サウリ, A.A. 1949-）

Sauvage, Henri〈19・20世紀〉
フランスの建築家。インテリア・デザイナー。主として鉄筋コンクリート建築を手がける。

⇒国小（ソーバージュ　1873.5.10–1932.3）
世美（ソーヴァージュ，アンリ　1873–1932）

Saux, Alain le 〈20世紀〉
イラストレーター。
⇒児イ（Saux, Alain le　ソー, A.le）

Sauzet, Claude 〈20世紀〉
フランス生れの画家。
⇒世芸（ソーゼ，クロード　1941–）

Savage, Augusta Christine 〈20世紀〉
アメリカの彫刻家。
⇒世女日（サヴィジ，オーガスタ・クリスティーヌ　1892–1962）

Savage, Steele 〈20世紀〉
アメリカのイラストレーター。
⇒児イ（Savage, Steele　サヴィッヂ, S.）

Savary, Jérôme 〈20世紀〉
アルゼンチン生れの画家，演出家，舞台装置家。
⇒世百新（サバリ　1942–）
　二十（サバリ, J.　1942.6.27–）
　百科（サバリ　1942–）

Savery, Roeland 〈16・17世紀〉
フランドルの画家。
⇒芸術（サフェレイ，ルーラント　1576–1639）
　新美（サヴェリー，ルーラント　1576–1639）
　世美（サーフェリー，ルーラント　1576–1639）
　百科（サフェリー　1576–1639）

Savignac, Raymond Pierre Guillaume 〈20世紀〉
フランスのポスター作家。石鹸会社のポスターで有名になる。
⇒国小（サビニャック　1907–）
　新美（サヴィニャック，レーモン　1907.11.6–）
　全書（サビニャック　1907–）
　大百（サビニャック　1907–）
　二十（サビニャック，レーモン　1907–）
　百科（サビニャック　1907–）

Savini, Tom 〈20世紀〉
アメリカ生れの映画メイキャップ・アーティスト。
⇒世映（サヴィーニ，トム　1946–）
　世俳（サヴィーニ，トム　1946.11.3–）

Savinio, Alberto 〈20世紀〉
イタリアの画家，文筆家，音楽家。
⇒集世（サヴィーニオ，アルベルト　1891.8.25–1952.5.6）
　集文（サヴィーニオ，アルベルト　1891.8.25–1952.5.6）
　世美（サヴィーニオ，アルベルト　1891–1952）
　世文（サヴィーニオ，アルベルト　1891–1952）

Savioli, Leonardo 〈20世紀〉
イタリアの建築家，都市計画家。
⇒世美（サヴィオーリ，レオナルド　1917–1981）

Savitzky, Georgy Konstantinovich 〈19・20世紀〉
ロシアの画家。
⇒世芸（サヴィツキー，ゲオルギー・コンスタンティノヴィッチ　1887–1956）

Savoldo, Giovanni Girolamo 〈15・16世紀〉
イタリアの画家。代表作『キリストの変容』。
⇒芸術（サヴォルド，ジョヴァンニ・ジロラモ　1480頃–1548以後）
　国小（サボルド　1480頃–1550頃）
　新美（サヴォルド，ジョヴァンニ・ジロラモ　1480/85–1548以後）
　世美（サヴォルド，ジャン・ジローラモ　1480頃–1548頃）
　百科（サボルド　1485頃–1548）

Savonarola, Girolamo 〈15世紀〉
イタリアの聖職者，宗教改革者。フィレンツェに神聖政治をしき，カトリック教会改革の先駆的役割を果した。
⇒岩ケ（サヴォナローラ，ジロラモ　1452–1498）
　岩哲（サヴォナローラ　1452–1498）
　旺世（サヴォナローラ　1451–1498）
　外国（サヴォナローラ　1452–1498）
　角世（サヴォナローラ　1451–1498）
　教育（サヴォナローラ　1452–1498）
　キリ（サヴォナローラ，ジローラモ　1452.9.21–1498.5.23）
　広辞4（サヴォナロラ　1452–1498）
　広辞6（サヴォナローラ　1452–1498）
　国小（サボナローラ　1452.9.21–1498.5.23）
　国百（サヴォナローラ，ジラロモ　1452–1498）
　コン2（サヴォナローラ　1452–1498）
　コン3（サヴォナローラ　1452–1498）
　集世（サヴォナローラ，ジロラモ　1452.9.21–1498.5.23）
　集文（サヴォナローラ，ジロラモ　1452.9.21–1498.5.23）
　新美（サヴォナローラ，ジロラモ　1452.9.21–1498.5.23）
　人物（サボナローラ　1452.9.21–1498.5.23）
　西洋（サヴォナローラ　1452.9.21–1498.5.23）
　世人（サヴォナローラ　1452–1498）
　世西（サヴォナローラ　1452.9.21–1498.5.23）
　世百（サヴォナローラ　1452–1498）
　世文（サヴォナローラ，ジロラモ　1452–1498）
　全書（サボナローラ　1452–1498）
　大辞（サボナローラ　1452–1498）
　大辞3（サボナローラ　1452–1498）
　大百（サボナローラ　1452–1498）
　デス（サボナローラ　1452–1498）
　伝世（サヴォナローラ　1452.9.21–1498.3.23）
　百科（サボナローラ　1452–1498）
　評世（サボナローラ　1451–1498）
　山世（サヴォナローラ　1452–1498）
　歴史（サヴォナローラ　1452–1498）

Savrasov, Aleksei Kondrat'evich 〈19世紀〉
ロシアの画家。
⇒新美（サヴラーソフ，アレクセイ　1830.5.12/24–1897.9.26/10.8）

Savy, Max 〈20世紀〉
フランスの画家。
⇒世芸（サビー, マックス　1918-）

Saxl, Fritz 〈19・20世紀〉
オーストリアの美術史家。
⇒集文（ザクスル, フリッツ　1890.1.8-1948.3.22）
　世美（ザクスル, フリッツ　1890-1948）

Say, Allen 〈20世紀〉
アメリカの絵本作家, 作家。
⇒英児（Say, Allen　セイ, アレン　1937-）
　英文（セイ, アレン　1937-）
　児作（Say, Allen　セイ, アレン　1937-）

Sazonov, Anatolij Pantelejmonovich 〈20世紀〉
ロシアのイラストレーター。
⇒児イ（Sazonov, Anatolij Pantelejmonovich　サゾーノフ, A.P.　1920-）

Scacco, Cristoforo 〈15・16世紀〉
イタリアの画家。
⇒世美（スカッコ, クリストーフォロ　15-16世紀）

Scalco, Ciorgio 〈20世紀〉
イタリア生れの画家。
⇒世芸（スカルコ, ショージオ　1929-）

Scalfarotto, Giovanni Antonio 〈18世紀〉
イタリアの建築家。
⇒世美（スカルファロット, ジョヴァンニ・アントーニオ　1700頃-1764）

Scalza, Ippolito 〈16・17世紀〉
イタリアの建築家, 彫刻家。
⇒世美（スカルツァ, イッポーリト　1532-1617）

Scamozzi, Vincenzo 〈16・17世紀〉
イタリアの建築家, 建築学者。
⇒キリ（スカモッツィ, ヴィンチェンツォ　1552-1616.8.7）
　建築（スカモッツィ, ヴィンチェンツォ　1552-1616）
　国小（スカモッツィ　1552-1616.8.7）
　コン2（スカモッツィ　1552-1616）
　コン3（スカモッツィ　1552-1616）
　新美（スカモッツィ, ヴィンチェンツォ　1552-1616.8.7）
　西洋（スカモッツィ　1552-1616.8.7）
　世美（スカモッツィ, ヴィンチェンツォ　1552-1616）
　全書（スカモッツィ　1552-1616）
　大百（スカモッツィ　1552-1616）
　デス（スカモッツィ　1552-1616）
　百科（スカモッツィ　1548-1616）

Scanavino, Emilio 〈20世紀〉
イタリアの画家。
⇒世美（スカナヴィーノ, エミーリオ　1922-）

Scannabecchi, Dalmasio 〈14世紀〉
イタリアの画家。
⇒世美（スカンナベッキ, ダルマージオ　14世紀）

Scannelli, Francesco 〈17世紀〉
イタリアの美術著述家。
⇒世美（スカンネッリ, フランチェスコ　1616-1663）

Scarfe, Gerald 〈20世紀〉
イギリスの漫画家。
⇒岩ケ（スカーフ, ジェラルド　1936-）

Scarfiotti, Ferdinando 〈20世紀〉
イタリア生れの映画美術監督。
⇒世映（スカルフィオッティ, フェルディナンド　1941-1994）

Scarpa, Carlo 〈20世紀〉
イタリアの建築家。作品にベローナのカステルベッキオ美術館など。
⇒世美（スカルパ, カルロ　1906-1978）
　ナビ（スカルパ　1906-1978）

Scarpagnino 〈16世紀〉
イタリアの建築家。
⇒世美（スカルパニーノ　?-1549）

Scarry, Richard 〈20世紀〉
アメリカの絵本作家, 挿絵画家。
⇒岩ケ（スカーリー, リチャード(・マックルーア)　1919-1994）
　英児（Scarry, Richard McClure　スカーリー, リチャード・マクルーア　1919-1994）
　児イ（Scarry, Richard　スキャリー, R.　1919-）
　児文（スキャーリー, リチャード　1919-）
　世児（スキャーリー, リチャード(・マクルア)　1919-1994）
　二十（スキャーリー, リチャード　1919-）

Scarsella, Ippolito 〈16・17世紀〉
イタリアの画家。
⇒世美（スカルセッラ, イッポーリト　1550頃-1620）

Schachner, Erwin 〈20世紀〉
アメリカのイラストレーター。
⇒児イ（Schachner, Erwin　シャクナー, E.）

Schad, Christian 〈20世紀〉
ドイツの画家, 版画家。
⇒世芸（シャート, クリスチャン　1894-1982）
　世美（シャート, クリスティアン　1894-1982）

Schädel, Gottfried 〈17・18世紀〉
ドイツの建築家。
⇒建築（シェーデル, ゴットフリート　1680頃-1752）
　世美（シェーデル, ゴットフリート　1680頃-1752）

Schadow, Johann Gottfried 〈18・19世紀〉
ドイツの彫刻家。王立陶器製作所に所属し、宮殿の装飾をする。
⇒外国（シャドー　1764–1850）
　芸術（シャドウ, ゴットフリート　1764–1850）
　国小（シャードー　1764.5.20–1850.1.27）
　新美（シャドー, ゴットフリート　1764.5.20–1850.1.27）
　人物（シャドー　1764.5.20–1850.1.28）
　西洋（シャードー　1764.5.20–1850.1.28）
　世西（シャドウ　1764–1850）
　世美（シャドウ, ヨハン・ゴットフリート　1764–1850）
　世百（シャドー　1764–1850）
　全書（シャドー　1764–1850）
　大百（シャドー　1764–1850）

Schadow, Wilhelm von 〈18・19世紀〉
ドイツの画家。代表作『ガブリエレ・フンボルトの肖像』(1818)、『羊飼いの礼拝』(1824)。
⇒芸術（シャドウ, ヴィルヘルム・フォン　1789–1862）
　国小（シャードー　1788.9.6–1862.3.19）
　新美（シャドー, ヴィルヘルム・フォン　1789.9.6–1862.3.19）
　世美（シャドウ, ヴィルヘルム・フォン　1788–1862）

Schaeffer, Claude Frédéric Armond 〈20世紀〉
フランスの考古学者。シリアのラス・シャマラの発掘主任となり(1929)カナン人のアルファベット式楔形文字を発見。
⇒新美（シェフェール, クロード　1898.3.6–）
　西洋（シェフェール　1898.3.6–）
　世美（シェフェール, クロード・フレデリック・アルマン　1898–）
　二十（シェフェール, クロード　1898.3.6–?）

Schäfer, Heinrich 〈19・20世紀〉
ドイツのエジプト学者。元・国立エジプト美術館館長。
⇒新美（シェーファー, ハインリヒ　1868.10.29–1957.4.6）
　二十（シェイファー, ハインリヒ　1868.10.29–1957.4.6）

Schaffner, Martin 〈15・16世紀〉
ドイツの画家、彫刻家。
⇒芸術（シャッフナー, マルティン　1478–1546）
　国小（シャフナー　1479頃–1547頃）
　新美（シャッフナー, マルティン　1478/9–1546/-9）
　世美（シャフナー, マルティン　1480頃–1546頃）

Schalcken, Godfried 〈17・18世紀〉
オランダの画家、版画家。
⇒世美（スハルケン, ホットフリート　1643–1706）

Schall, Jean-Frédéric 〈18・19世紀〉
フランスの画家、版画家。
⇒世美（シャル, ジャン＝フレデリック　1752–1825）

Schaller, Johann Nepomuk 〈18・19世紀〉
オーストリアの彫刻家。
⇒世美（シャラー, ヨハン・ネポムーク　1777–1842）

Schapiro, Meyer 〈20世紀〉
アメリカの美術史家。
⇒思想（シャピロ, マイヤー　1904–）
　西洋（シャピーロ　1904.9.23–）

Scharf, Kenny 〈20世紀〉
アメリカ生れの画家。
⇒世芸（シャーフ, ケニー　1958–）

Scharff, Edwin 〈19・20世紀〉
ドイツの彫刻家。代表作は『ハインリヒ・ウェルフリンの胸像』(1919)。
⇒国小（シャルフ　1887.3.21–1955）
　世芸（シャルフ, エドヴィン　1887–1955）

Scharoun, Hans 〈20世紀〉
ドイツの建築家。ベルリン工科大学教授(1946～48)、ベルリン美術アカデミーの院長(1955～68)などを歴任。
⇒西洋（シャルーン　1893.9.20–1972.11.25）
　世美（シャロウン, ハンス　1893–1972）
　全書（シャロウン　1893–1972）
　大百（シャローン　1893–1972）
　二十（シャローン, ハンス　1893–1972）

Schasler, Max 〈19・20世紀〉
ドイツの美学者。主著『批判的美学史』(1871～72)などがある。
⇒外国（シャスラー　1819–1903）
　国小（シャスラー　1819.8.26–1903.6.13）
　西洋（シャスラー　1819.8.26–1903.6.13）
　名著（シャスラー　1819–1903）

Schatz, Boris 〈19・20世紀〉
リトアニアの芸術家、ベツァレル美術学校の創立者。
⇒ユ人（シャッツ, ボリス　1867–1932）

Schäufelein, Hans Leonard 〈15・16世紀〉
ドイツの画家、版画家。A.デューラーの弟子。
⇒新美（ショイフェライン, ハンス・レーオンハルト　1480/-5頃–1538/-40）
　西洋（ショイフェライン　1480/-5–1538/-40）
　世美（ショイフェライン, ハンス・レオンハルト　1480頃–1538頃）

Schaumann, Ruth 〈20世紀〉
ドイツの女流詩人、小説家、彫刻家。主著『アーマイ』(1932)など。
⇒キリ（シャウマン, ルート　1899.8.24–1975.3.13）
　国小（シャウマン　1899–1975）
　集世（シャウマン, ルート　1899.8.24–

1975.3.13)
集文（シャウマン, ルート　1899.8.24–1975.3.13）
西洋（シャウマン　1899.8.24–1975.3.13）
世女日（シャオマン, ルース　1899–1975）

Schayk, Toer van 〈20世紀〉
オランダのダンサー, 振付家, 舞台デザイナー。
⇒バレ（スハイク, トゥーア・ファン　1936.9.28–）

Schedoni, Bartolomeo 〈16・17世紀〉
イタリアの画家。
⇒世美（スケドーニ, バルトロメーオ　1570頃–1615）

Scheemakers, Peter 〈17・18世紀〉
ベルギーの彫刻家。イギリスで活動, 代表作『シェークスピアの立像』(1741)。
⇒国小（シェーマーケルス　1691–1781）

Scheen, Kjersti 〈20世紀〉
ノルウェーの挿絵画家。
⇒児作（Scheen, Kjersti　シェーン, シャスティ　1943–）

Scheffer, Ary 〈18・19世紀〉
フランス（オランダ生れ）の画家。感傷的なロマン派の絵を描いた。
⇒キリ（シェフェール, アリ　1795.2.12–1858.6.15）
芸術（シェッフェル, アリー　1795–1858）
国小（シェフェル　1795–1858）
新美（シェーフェル, アリー　1795.2.10–1858.6.15）
西洋（シェフェール　1795.2.12–1858.6.15）

Scheffler, Karl 〈19・20世紀〉
ドイツの芸術学者。建築芸術論の分野に貢献。
⇒西洋（シェッフラー　1869.2.27–1951.10.25）
名著（シェッフラー　1869–1951）

Schelbred, Carl Oscar 〈20世紀〉
ノルウェー生れの画家。
⇒世芸（シェルブレード, カール・オスカー　1957–）

Scherfig, Hans 〈20世紀〉
デンマークの小説家, 画家。
⇒集文（シェアフィ, ハンス　1905.4.18–1979.1.8）

Schiaffino, Bernardo 〈17・18世紀〉
イタリアの彫刻家。
⇒世美（スキアッフィーノ, ベルナルド　1678–1725）

Schiaffino, Francesco Maria 〈17・18世紀〉
イタリアの彫刻家。
⇒世美（スキアッフィーノ, フランチェスコ・マリーア　1690頃–1765）

Schiaparelli, Elsa 〈20世紀〉
パリで活躍したイタリアの女流デザイナー。シャネルとともに今日のセーターの普及のきっかけをつくった。南国的で強烈な色彩を好んだ。
⇒岩ケ（スキャパレリ, エルザ　1896–1973）
国小（スキアパレリ　1896.9.10–1973.11.13）
スパ（スキアパレリ, エルザ　1896–1973）
世女（スキアパレリ, エルザ　1890–1973）
世女日（スキアパレリ, エルサ　1890–1973）
世百新（スキアパレリ　1890?–1973）
大百（スキアパレリ　1896–1973）
ナビ（スキアパレリ　1890–1973）
二十（スキアパレリ, E.　1890–1973）
百科（スキアパレリ　1890?–1973）

Schiaparelli, Ernesto 〈19・20世紀〉
イタリアのエジプト学者, 考古学者。
⇒世美（スキアパレッリ, エルネスト　1856–1928）

Schiavone, Andrea Meldola 〈16世紀〉
イタリアの画家, 版画家。
⇒キリ（スキアヴォーネ, アンドレーア・メルドラ　1500/22–1563/82）
芸術（スキアヴォーネ, アンドレア　1522頃–1582）
新美（スキアヴォーネ, アンドレーア　1522頃–1563頃）
世美（スキアヴォーネ　1510/15–1563）

Schiavone, Giorgio 〈15・16世紀〉
イタリアの画家。
⇒新美（スキアヴォーネ, ジョルジョ　1436/37–1504.12.6）
世美（スキアヴォーネ　1433/36–1504）

Schick, Gottlieb Christian 〈18・19世紀〉
ドイツの画家。代表作『ダンネッカーの肖像』(1802)など。近代ドイツ絵画の創始者の一人で, 歴史画, 歴史的風景画にすぐれた作品を残した。
⇒国小（シック　1776.8.15–1812.4.11）
新美（シック, ゴットリーブ　1776.8.15–1812.4.11）
世美（シック, ゴットリーブ　1776–1812）

Schieferdecker, Jürgen 〈20世紀〉
ドイツ生れの画家。
⇒世芸（シーフェルデッカー, ジャーゲン　1937–）

Schiele, Egon 〈19・20世紀〉
オーストリアの画家。オーストリア表現派に属する。
⇒岩ケ（シーレ, エゴン　1890–1918）
オ西（シーレ, エゴン　1890–1918）
広辞5（シーレ　1890–1918）
広辞6（シーレ　1890–1918）
国小（シーレ　1890.6.12–1918.10.31）
コン3（シーレ　1890–1918）
新美（シーレ, エーゴン　1890.6.12–1918.10.31）
西洋（シーレ　1890.6.12–1918.10.31）
世芸（シーレ, エーゴン　1890–1918）
世美（シーレ, エゴン　1890–1918）

世百新（シーレ　1890-1918）
全書（シーレ　1890-1918）
大辞2（シーレ　1890-1918）
大辞3（シーレ　1890-1918）
伝世（シーレ　1890.6.12-1918.10.31）
二十（シーレ，エーゴン　1890.6.12-1918.10.31）
百科（シーレ　1890-1918）

Schifano, Mario 〈20世紀〉
イタリアの画家。
⇒世美（スキファーノ，マーリオ　1934-）

Schilling, Kurt 〈20世紀〉
ドイツの哲学者，美学者，社会哲学者。主著『自然と真理』(1934)，『芸術作品の存在』(1938)など。
⇒国小（シリング　1899.10.17-）

Schimmel, Schim 〈20世紀〉
アメリカの画家。
⇒児作（Schimmel, Schim　シメール，シム　1954-）

Schindelman, Joseph 〈20世紀〉
アメリカのイラストレーター。
⇒児イ（Schindelman, Joseph　シンデルマン，J.　1923-）

Schindler, Rudolf Michael 〈19・20世紀〉
オーストリアの建築家（のちアメリカに帰化）。
⇒世美（シンドラー，ルードルフ・マイケル　1887-1953）

Schindler, S.D. 〈20世紀〉
アメリカのイラストレーター。
⇒児イ（Schindler, S.D.　シンドラー，S.D.）

Schinkel, Karl Friedrich 〈18・19世紀〉
ドイツの建築家。ベルリン市の主席建築家。主要建築にベルリン建築アカデミー（1832～35）などがある。
⇒岩ケ（シンケル，カール・フリードリヒ　1781-1841）
外国（シンケル　1781-1841）
キリ（シンケル，カール・フリードリヒ　1781.3.13-1841.10.9）
建築（シンケル，カール・フリードリヒ　1781-1841）
国小（シンケル　1781.3.13-1841.10.9）
国百（シンケル，カール・フリードリヒ　1781.3.13-1841.10.9）
コン2（シンケル　1781-1841）
コン3（シンケル　1781-1841）
新美（シンケル，カール・フリードリヒ　1781.3.13-1841.10.9）
西洋（シンケル　1781.3.13-1841.10.9）
世西（シンケル　1781-1841）
世美（シンケル，カール・フリードリヒ　1781-1841）
世百（シンケル　1781-1841）
全書（シンケル　1781-1841）
大辞3（シンケル　1781-1841）
大百（シンケル　1781-1841）
伝世（シンケル　1781.3.13-1841.10.9）
百科（シンケル　1781-1841）

Schjerfbeck, Helena 〈19・20世紀〉
フィンランドの女流画家。
⇒オ西（シェルフベック，ヘレナ　1862-1946）
西洋（シュイェルフベック　1862.7.10-1946.1.23）

Schlaun, Johann Conrad 〈17・18世紀〉
ドイツの建築家。バロックの主要な建築家。主作品は『領主司教』(1767～73)。
⇒国小（シュラウン　1695.6.5-1773.10.21）
新美（シュラウン，ヨーハン・コンラート　1695.6.5-1773.10.21）
世美（シュラウン，ヨハン・コンラート　1695-1773）

Schlemmer, Oskar 〈19・20世紀〉
ドイツの画家，舞台美術家。バウハウス校舎やフォルクワング美術館に壁画を制作し，また舞台美術の先鋭的な実験を試みる。
⇒岩ケ（シュレンマー，オスカー　1888-1943）
オ西（シュラマー，オスカー　1888-1943）
国小（シュレンマー　1888-1943）
新美（シュレンマー，オスカー　1888.9.4-1943.4.13）
西洋（シュレンマー　1888.9.4-1943.4.13）
世芸（シュレムマー，オスカー　1888-1943）
世美（シュレンマー，オスカー　1888-1943）
世百（シュレマー　1888-1943）
世百新（シュレンマー　1888-1943）
二十（シュレンマー，オスカー　1888.9.4-1943.4.13）
バレ（シュレンマー，オスカー　1888.9.4-1943.4.13）
百科（シュレンマー　1888-1943）

Schlichter, Rudolf 〈19・20世紀〉
ドイツの画家。
⇒世美（シュリヒター，ルドルフ　1890-1955）

Schliemann, Heinrich 〈19世紀〉
ドイツの考古学者。トルコのヒッサリクを発掘し，城壁，財宝などを発見。
⇒逸話（シュリーマン　1822-1890）
岩ケ（シュリーマン，ハインリヒ　1822-1890）
旺世（シュリーマン　1822-1890）
外国（シュリーマン　1822-1890）
角世（シュリーマン　1822-1890）
広辞4（シュリーマン　1822-1890）
広辞6（シュリーマン　1822-1890）
国小（シュリーマン　1822.1.6-1890.12.26）
コン2（シュリーマン　1822-1890）
コン3（シュリーマン　1822-1890）
児作（Schliemann, Heinrich　ハインリヒ・シュリーマン　1822-1890）
集文（シュリーマン，ハインリヒ　1822.1.6-1890.12.26）
新美（シュリーマン，ハインリヒ　1822.1.6-1890.12.26）
人物（シュリーマン　1822.1.6-1890.12.26）
西洋（シュリーマン　1822.1.6-1890.12.26）
世人（シュリーマン　1822-1890）
世西（シュリーマン　1822.1.6-1890.12.26）
世美（シュリーマン，ハインリヒ　1822-1890）

世百（シュリーマン　1822-1890）
全書（シュリーマン　1822-1890）
大辞（シュリーマン　1822-1890）
大辞3（シュリーマン　1822-1890）
大百（シュリーマン　1822-1890）
デス（シュリーマン　1822-1890）
伝世（シュリーマン　1822.1.6-1890.12.25）
日研（シュリーマン，ハインリッヒ　1822-1890）
百科（シュリーマン　1822-1890）
評世（シュリーマン　1822-1890）
名著（シュリーマン　1822-1890）
山世（シュリーマン　1822-1890）
歴学（シュリーマン　1822-1890）
歴史（シュリーマン　1822-1890）

Schlosser, Julius von 〈19・20世紀〉
オーストリアの美術史家。ヴィーン美術史博物館長。美術史文献学の研究に力を注いだ。
⇒キリ（シュロッサー，ユーリウス・フォン　1866.9.23-1938.12.1）
新美（シュロッサー，ユーリウス・フォン　1866.9.23-1938.12.1）
西洋（シュロッサー　1866.9.23-1938.12.4）
世美（シュロッサー，ユリウス・フォン　1866-1938）
二十（シュロッサー，ユーリウス・フォン　1866.9.23-1938.12.1）

Schlote, Wilhelm 〈20世紀〉
ドイツのイラストレーター。
⇒児イ（Schlote, Wilhelm　シュローテ, W.）

S　Schlppers, Wim T. 〈20世紀〉
オランダのポップ・アーティスト。
⇒美術（シッペルス，ウィム　1942-）

Schlumberger, Daniel 〈20世紀〉
フランスの考古学者。主にシリア，イラン，アフガニスタンのヘレニズム文化を専攻し，パルミュラやアイ・ハヌーンの発掘に参加。
⇒新美（シュルムベルジェ，ダニエル　1904.12.19-1972.10.21）
西洋（シュランベルジェ　1904.12.19-1972.10.20）
二十（シュランベルジュ，ダニエル　1904.12.19-1972.10.21）

Schlüter, Andreas 〈17・18世紀〉
ドイツ，バロックの代表的建築家，彫刻家。フリードリヒ3世の宮廷建築，彫刻家。
⇒芸術（シュリューター，アンドレアス　1660頃-1714）
建築（シュリューター，アンドレアス　1664-1714）
国小（シュリューター　1664.5.22-1714）
コン2（シュリューター　1664頃-1714）
コン3（シュリューター　1664頃-1714）
新美（シュリューター，アンドレアス　1660頃-1714.6.23）
西洋（シュリューター　1664.5.20-1714.6.23）
世美（シュリューター，アンドレアス　1664頃-1714）
世百（シュリューター　1660頃-1714）
全書（シュリューター　1664頃-1714）
大百（シュリューター　1664頃-1714）
伝世（シュリューター　1660頃-1714）
百科（シュリューター　1660頃-1714）

Schlüter, Manfred 〈20世紀〉
ドイツのイラストレーター。
⇒児イ（Schlüter, Manfred　シュリューター, M.）

Schmarsow, August 〈19・20世紀〉
ドイツの美術史学者。イタリア・ルネサンス美術を研究。
⇒新美（シュマルゾウ，アウグスト　1853.5.26-1936.1.19）
西洋（シュマルゾー　1853.5.26-1936.1.19）
世美（シュマルゾー，アウグスト　1853-1939）
二十（シュマルソー，アウグスト　1853.5.26-1936.1.19）
百科（シュマルソー　1853-1936）
名著（シュマルゾー　1853-1936）

Schmeisser, Jörg 〈20世紀〉
ドイツの版画家。
⇒世芸（シュマイサー，ジョージ　1952-）

Schmid, Eleonore 〈20世紀〉
スイスのイラストレーター。
⇒児イ（Schmid, Eleonore　シュミット, E. 1939-）
児作（Schmid, Eleonore　シュミット, エレノア）

Schmidt, Erich Friedrich 〈20世紀〉
アメリカの考古学者。メソポタミアのシュメール時代遺跡ファラ（シュルッパク）（1931）と，シュルク・ドゥム（1938）を発掘。
⇒新美（シュミット，エリック　1897.9.13-1964.10.3）
西洋（シュミット　1897.9.13-1964.10.3）
二十（シュミット，エリック・F.　1897.9.13-1964.10.3）

Schmidt, Friedel 〈20世紀〉
ドイツのイラストレーター。
⇒児イ（Schmidt, Friedel　シュミット, F. 1946-）

Schmidt, Friedrich, Freiherr von 〈19世紀〉
オーストリアの建築家。ゴシック様式復興者の一人。代表作ウィーン市庁舎（1872〜82）。
⇒国小（シュミット　1825-1891）
新美（シュミット，フリードリヒ・フライヘル・フォン　1825.10.22-1891.1.23）
西洋（シュミット　1825.10.22-1891.1.23）
世美（シュミット，フリードリヒ・フォン　1825-1891）

Schmidt, Martin Johann 〈18・19世紀〉
オーストラリアの画家，版画家。
⇒芸術（シュミット，マルティン・ヨハン　1718-1801）
新美（シュミット，マルティン・ヨーハン　1718.9.25-1801.6.28）

Schmidt-Rottluff, Karl 〈19・20世紀〉
ドイツの画家, 版画家。ドイツ表現主義の代表者の一人。約700点の版画を制作。
⇒岩ケ（シュミット＝ロットルフ, カール 1884-1976）
才西（シュミット＝ロットルッフ, カール 1884-1976）
キリ（シュミット・ロットルフ, カール 1884.12.1-1976.8.10）
国小（シュミット・ロットルフ 1884.12.1-1976.8.10）
コン3（シュミット・ロットルフ 1884-1976）
新美（シュミット＝ロットルフ, カール 1884.12.1-1976.8.10）
人物（シュミット・ロトルフ 1884.12.14-1930）
西洋（シュミット・ロットルフ 1884.12.1-1930）
世芸（シュミット・ロットルッフ, カール 1884-1976）
世西（シュミット・ロットルフ 1884-）
全書（シュミット・ロットルフ 1884-1976）
大百（シュミット・ロトルフ 1884-1976）
二十（シュミット・ロットルフ, カール 1884.12.1-1976.8.10）

Schmitthenner, Paul 〈19・20世紀〉
ドイツの建築家。小住宅の窓の規格化に業績を残した。代表作『ヘッヒンゲン市庁舎』(1957)。
⇒国小（シュミットヘナー 1884-1972.11.11）
西洋（シュミットヘンナー 1884.12.15-1972.11.11）

Schmitz, Bruno 〈19・20世紀〉
ドイツの建築家。ライプチヒの諸国民戦争記念碑(1898～1913)など記念碑を多数製作。
⇒西洋（シュミッツ 1858.11.21-1916.5.20）

Schmogner, Walter 〈20世紀〉
オーストリアのイラストレーター。
⇒児イ（Schmogner, Walter シュメグナー, W. 1943-）

Schnaase, Karl 〈18・19世紀〉
ドイツの美術史家。主著『造形美術史』(1866～79)。
⇒西洋（シュナーゼ 1798.9.7-1875.5.20）

Schnabel, Day 〈20世紀〉
オーストリアの女性彫刻家。
⇒世美（シュナーベル, ダイ 1905-）

Schnabel, Julian 〈20世紀〉
アメリカの版画家, 画家。
⇒世芸（シュナーベル, ジュリアン 1951-）
大辞3（シュナーベル 1951-）
二十（シュナーベル, ジュリアン 1951-）

Schneck, Adolf G. 〈19・20世紀〉
ドイツの建築家。近代的家具の設計にすぐれている。
⇒西洋（シュネック 1883-）

Schneider, Gérard 〈20世紀〉
スイス出身のフランスの画家。サロン・ド・メの委員。
⇒外国（シュネーデル 1898-）
国小（シュネデール 1898-）
新美（シュネーデル, ジェラール 1896.4.28-）
人物（シュネイデル 1898.4.28-）
世芸（シュネイデル, ジェラール 1898-1967）
世西（シュネイデル 1896-）
世美（シュネデール, ジェラール・エルンスト 1896-）
全書（シュネーデル 1896-）
大百（シュネーデル 1896-）
二十（シュネーデル, ジュラール 1896.4.28-?）

Schneider, Karl 〈20世紀〉
ドイツの建築家。主としてハンブルクで建築に従事。
⇒西洋（シュナイダー 1892-）

Schneider-Esleben, Paul 〈20世紀〉
ドイツの建築家。
⇒世美（シュナイダー＝エスレーベン, パウル 1915-）

Schneider-Siemssen, Günther 〈20世紀〉
ドイツの舞台装置家。
⇒オペ（シュナイダー＝ジームセン, ギュンター 1926.6.7-）

Schnorr von Carolsfeld, Julius 〈18・19世紀〉
ドイツの画家。ナザレ派の一員。ドイツのアカデミックなロマン主義の代表的作家の一人。
⇒キリ（シュノル・フォン・カーロルスフェルト, ユーリウス 1794.3.26-1872.5.24）
芸術（カロルスフェルト, ユリウス・シュノル・フォン 1794-1872）
国小（シュノール・フォン・カロルスフェルト 1795-1872）
新美（シュノル・フォン・カロルスフェルト, ユーリウス 1794.3.26-1872.5.24）
西洋（シュノル・フォン・カロルスフェルト 1794.3.26-1872.5.24）
世美（シュノル・フォン・カロルスフェルト, ユリウス 1794-1872）

Schoenherr, John Carl 〈20世紀〉
アメリカのイラストレーター。
⇒児イ（Schoenherr, John Carl ショーエンヘール, J. 1935-）
児作（Schoenherr, John ショーエンヘール, ジョン 1935-）

Schöffer, Nicolas 〈20世紀〉
フランス在住の美術家。ハンガリー生れ。1960年代のキネティック・アートに先鞭をつける。
⇒オ西（シェフェール, ニコラ 1912-）
現人（シェフェール 1912.9.6-）
新美（シェフェール, ニコラ 1912.9.6-）
世芸（シェフェール, ニコラス 1912-）
世美（シェフェール, ニコラ 1912-）
全書（シェフェール, ニコラ 1912-）
二十（シェフェール, ニコラ 1912.9.6-）
美術（シェフェール, ニコラス 1912-）

Scholz, Georg 〈19・20世紀〉
ドイツの画家。
⇒世美（ショルツ, ゲオルク　1890-1945）

Schön, Erhard 〈15・16世紀〉
ドイツの画家, 素描家。
⇒新美（シェーン, エーアハルト　1491以降-1542）

Schönfeld, Johann Heinrich 〈17世紀〉
ドイツの画家, 版画家。
⇒世美（シェーンフェルト, ヨハン・ハインリヒ　1609-1682頃）

Schongauer, Martin 〈15世紀〉
ドイツの画家, 銅版画家。
⇒岩ケ（ショーンガウアー, マルティン　1450-1491）
外国（ショーンガウアー　1445頃-1491）
キリ（ショーンガウアー, マルティーン　1435頃-1491.2.2）
芸術（ションガウアー, マルティン　1445頃-1491）
広辞4（ションガウアー　1450頃-1491）
広辞6（ションガウアー　1450頃-1491）
国小（ショーンガウアー　1450頃-1491.2.2）
コン2（ショーンガウアー　1445頃-1491）
コン3（ショーンガヴァー　1450頃-1491）
新美（ショーンガウアー, マルティン　1450頃-1491.2.2）
西洋（ショーンガウアー　1450以前-1491.2.2）
世百（ショーンガウアー　1430-1491）
世美（ショーンガウアー, マルティン　1450頃-1491）
世百（ショーンガウアー　1445頃-1491）
全書（ショーンガウアー　1425/45-1491）
大辞（ショーンガウアー　1450?-1491）
大辞3（ショーンガウアー　1450?-1491）
大百（ショーンガウアー　1425/30-1491）
デス（ショーンガウアー　1430/45-1491）
伝世（ショーンガウアー　1435頃-1491）
百科（ションガウアー　1450頃-1491）

Schongut, Emanuel 〈20世紀〉
アメリカのイラストレーター。
⇒児イ（Schongut, Emanuel）

Scho(o)ten, Floris Gerritsz.van 〈17世紀〉
オランダの画家。
⇒新美（スホーテン, フロリス・ファン）

Schöpf, Joseph 〈18・19世紀〉
オーストリアの画家。
⇒キリ（シェプフ, ヨーゼフ　1745.2.2-1822.9.15）
西洋（シェプフ　1745.2.2-1822.9.15）

Schott, Walter 〈19・20世紀〉
ドイツの彫刻家。
⇒西洋（ショット　1861.9.18-1938）

Schreiber, Georges 〈20世紀〉
ベルギーのイラストレーター。
⇒児イ（Schreiber, Georges　シュライバー, G. 1904-）

Schreiter, Rick 〈20世紀〉
アメリカのイラストレーター。
⇒児イ（Schreiter, Rick　1936-）

Schreyer, Adolf 〈19世紀〉
ドイツの画家。軍隊の情景を写実主義的手法で表現。
⇒国小（シュライアー　1828-1899）

Schrimpf, Georg 〈19・20世紀〉
ドイツの画家。風景画が多い。
⇒外国（シュリンプ　1889-）
国小（シュリンプ　1889.2.13-1938.4.19）
世美（シュリンプフ, ゲオルク　1889-1938）

Schröder, Rudolf Alexander 〈19・20世紀〉
ドイツの詩人, 翻訳家, 画家, 建築家, 作曲家。主著, 詩集『人生のなかば』(1930)。
⇒キリ（シュレーダー, ルードルフ・アレクサンダー　1878.1.26-1962.8.22）
国小（シュレーダー　1878.1.26-1962.8.22）
集big（シュレーダー, ルードルフ・アレクサンダー　1878.1.26-1962.8.22）
集文（シュレーダー, ルードルフ・アレクサンダー　1878.1.26-1962.8.22）
西洋（シュレーダー　1878.1.26-1962.8.22）
世文（シュレーダー, ルードルフ・アレクサンダー　1878-1962）
全書（シュレーダー　1878-1962）
二十（シュレーダー, ルードルフ・アレクサンダー　1878.1.26-1962.8.22）
名詩（シュレーダー, ルードルフ・アレクサンダー　1878-1962）

Schroeder, Binette 〈20世紀〉
ドイツの絵本作家。
⇒児イ（Schroeder, Binette　シュレーダー, B. 1939-）
児文（シュレーダー, ビネッテ　1939-）
スパ（シュレーダー, ビネッテ　?-）
二十（シュレーダー, ビネッテ　1939-）

Schubert, Dieter 〈20世紀〉
オランダのイラストレーター。
⇒児イ（Schubert, Dieter　シューベルト, D. 1947-）

Schuch, Carl 〈19・20世紀〉
オーストリアの画家。風景画や静物画を制作。
⇒芸術（シュッフ, カルル　1846-1903）
国小（シュッフ　1846-1903）

Schüchlin, Hans 〈15・16世紀〉
ドイツの画家。
⇒芸術（シュッヒリン, ハンス　?-1505）
国小（シュッヒリン　?-1503/5）
新美（シュヒリン, ハンス　1430頃-1505）
世美（シュヒリン, ハンス　1430頃-1505）

Schucker, James 〈20世紀〉
アメリカのイラストレーター。
⇒児イ（Schucker, James）

Schuffenecker, Claude Emile 〈19・20世紀〉
フランスの画家。
⇒新美（シュフネッケル，クロード＝エミール 1851.12.8-1934.8）
二十（シュフネッケル，クロード・エミール 1851.12.8-1934.8）

Schule, Clifford H. 〈20世紀〉
アメリカのイラストレーター。
⇒児イ（Schule, Clifford H.）

Schultze, Bernard 〈20世紀〉
ドイツの画家。
⇒世美（シュルツェ，ベルナルト 1915-）

Schultze-Naumburg, Paul 〈19・20世紀〉
ドイツの画家，建築家。北ドイツの地方住居建築を数多く制作した。著書に『風景の理解と享受』(1924) など。
⇒国小（シュルツェ・ナウムブルク 1869-1949）

Schulz, Charles (Monroe) 〈20世紀〉
アメリカの漫画家，漫画『スヌーピー』(原題はPeanutsで、Snoopyはそこに登場する犬の名）で世界的に有名。
⇒岩ケ（シュルツ，チャールズ（・モンロー） 1922-）
英児（Schulz, Charles Monroe シュルツ，チャールズ・モンロー 1922-2000）
現ア（Schultz, Charles M. シュルツ，チャールズ・M 1922-2000）
現人（シュルツ 1922.11.26-）
コン3（シュルツ 1922-）
最世（シュルツ，チャールズ 1902-2000）
児文（シュルツ，チャールズ・M. 1922-）
大辞3（シュルツ 1922-2000）
二十（シュルツ，チャールズ・M. 1922.11.26-）

Schulze-Rose, Wilhelm 〈19・20世紀〉
ドイツの画家。
⇒芸術（シュルツェ・ローゼ，ヴィルヘルム 1872-1950）
世芸（シュルツェ・ローゼ，ヴィルヘルム 1872-1950）

Schumacher, Emil 〈20世紀〉
ドイツの画家。代表作として『無作法者』(1961) がある。
⇒新美（シューマッハー，エミール 1912-）
世芸（シューマッハー，エミル 1912-）
世美（シューマッハー，エミール 1912-）
全書（シューマッハー 1912-）
二十（シューマッハー，エミール 1912-）

Schumacher, Fritz 〈19・20世紀〉
ドイツの建築家。大都市の都市計画にたずさわり，公共建築物を設計。著書『建築芸術の精神』(1938) など。
⇒国小（シューマッハー 1869.11.4-1947.11.5）
人物（シューマッハー 1869.11.4-1947.11.4）
西洋（シューマッハー 1869.11.4-1947.11.4）
世美（シューマッハー，フリッツ 1869-1947）
世百（シューマッハー 1869-1947）
全書（シューマッハー 1869-1947）
大百（シューマッハー 1869-1947）
二十（シューマッハー，フリッツ 1869-1947）

Schuppen, Jacob van 〈17・18世紀〉
ドイツの画家。
⇒世美（シュッペン，ヤーコブ・ファン 1670-1751）

Schütte-Lihotzky, Margarete 〈20世紀〉
オーストリアの建築家。
⇒世女日（シュッテ＝リホツキー，マルガレーテ 1897-2000）

Schuurman, Anna Maria van 〈17世紀〉
オランダの敬虔派信徒，芸術家。
⇒キリ（シュールマン，アンナ・マリーア・ヴァン 1607-1678）

Schuyler, Remington 〈19・20世紀〉
アメリカのイラストレーター。
⇒児イ（Schuyler, Remington スカイラー, R. 1884-1955）

Schwabe, Randolf 〈19・20世紀〉
イギリスの画家。挿絵画家，舞台美術家としても著名。
⇒名著（シュワーブ 1885-1948）

Schwanthaler, Ludwig von 〈19世紀〉
ドイツの彫刻家。主作品『モーツァルト像』(1842)，『ゲーテ像』(1843)。
⇒国小（シュワンターラー 1802-1848）
新美（シュヴァンターラー，ルートヴィヒ・フォン 1802.8.26-1848.11.14）
西洋（シュヴァンターラー 1802.8.26-1848.11.14）

Schwarz, Rudolf 〈20世紀〉
ドイツの建築家。
⇒キリ（シュヴァルツ，ルードルフ 1897.5.15-1961.4.3）

Schweitzer, Bernhard 〈20世紀〉
ドイツの考古学者。古代の文献に関する広汎な知識を基にギリシア美術の流れを精神史として追求し，多くの優れた業績をのこす。
⇒西洋（シュヴァイツァー 1892.10.3-1966.7.16）

Schwind, Moritz von 〈19世紀〉
オーストリア生れのドイツの画家，版画家。ドイツ・ロマン派最後の代表的作家。
⇒外国（シュヴィント 1804-1871）

芸術（シュヴィント，モーリッツ・フォン 1804-1871）
幻想（シュヴィント，モーリツ・フォン 1804-1871）
国小（シュウィント 1804.1.21-1871.2.8）
新美（シュヴィント，モーリッツ・フォン 1804.1.21-1871.2.8）
西洋（シュヴィント 1804.1.21-1871.2.8）
世西（シュヴィント 1804-1871）
世美（シュヴィント，モーリッツ・フォン 1804-1871）
世百（シュヴィント 1804-1871）
全書（シュビント 1804-1871）
大百（シュヴィント 1804-1871）
百科（シュウィント 1804-1871）

Schwitters, Kurt 〈19・20世紀〉

ドイツの画家。古新聞，広告などの切れ端のコラージュ（貼紙絵）を始め，前衛画家としての地位を確立。ナチの弾圧を逃れて，イギリスに亡命。
⇒岩ケ（シュヴィッターズ，クルト 1887-1948）
オ西（シュヴィッタース，クルト 1887-1948）
現人（シュウィッタース 1887.6.20-1948.1.8）
広辞6（シュヴィッタース 1887-1948）
国小（シュヴィッタース 1887.6.20-1948.1.8）
コン3（シュヴィッタース 1887-1948）
集世（シュヴィッタース，クルト 1887.6.20-1948.1.8）
集文（シュヴィッタース，クルト 1887.6.20-1948.1.8）
新美（シュヴィッタース，クルト 1887.6.20-1948.1.8）
西洋（シュヴィッタース 1887.6.20-1948.1.8）
世芸（シュヴィッタース，クルト 1887-1948）
世美（シュヴィッタース，クルト 1887-1948）
世百新（シュウィッタース 1887-1948）
世文（シュヴィッタース，クルト 1887-1948）
大辞2（シュヴィッタース 1887-1948）
大辞3（シュビッタース 1887-1948）
二十（シュウィッタース，クルト 1887.6.20-1948.1.8）
百科（シュウィッタース 1887-1948）

Scialoja, Toti 〈20世紀〉

イタリアの画家，美術批評家。
⇒世美（シャロイア，トーティ 1914-）

Scieszka, Jon 〈20世紀〉

アメリカの絵本作家。
⇒英児（Scieszka, Jon シェシュカ, ジョン 1954-）
児作（Sciezka, Jon シェスカ, ジョン）

Sciora, Daniel 〈20世紀〉

フランスの画家。
⇒世芸（スキオラ, ダニエル 1945-）

Scipio Africanus Major, Publius Cornelius 〈前3・2世紀〉

古代ローマの政治家。第2次ポエニ戦争のときの名将。
⇒逸話（スキピオ（大） 前236-前183）
岩ケ（スキピオ・アフリカヌス 前236-前183）
旺世（スキピオ（大アフリカヌス） 前236-前184）
外国（スキピオ・アフリカヌス 前236-184）
角世（スキピオ（大〜） 前235?-前183）
教育（スキピオ 前236-183）
ギリ（スキピオ・アフリカヌス （在任）前205, 194）
ギロ（スキピオ（大） 前236-前184）
広辞4（スキピオ 前236頃-前183）
広辞6（スキピオ 前236頃-前183）
国小（スキピオ・アフリカヌス 前236-184/3）
コン2（スキピオ 前236-184）
コン3（スキピオ 前236-前183（4））
集世（スキピオ・アフリカヌス, プブリウス・コルネリウス（大スキピオ） 前236-前184/183）
新美（スキーピオー（大） 前236-前184）
人物（スキピオ（大アフリカヌス） 前236-184）
西洋（スキピオ・大アフリカヌス 前236-184）
世人（スキピオ（大アフリカヌス） 前236-前184）
世西（スキピオ, 大アフリカヌス 前237-183）
世百（スキピオ 前236-184/3）
全書（スキピオ（大） 前235頃-183）
大辞（スキピオ 前236-前184）
大辞3（スキピオ 前236-前184）
大百（スキピオ（大） 前236-184）
デス（スキピオ（大） 前236-184）
伝世（スキピオ（大） 前236-184/3）
百科（スキピオ（大） 前235頃-前183）
評世（スキピオ（大アフリカヌス） 前236-184）
山世（スキピオ（大） 前235-前183）
歴史（スキピオ（大） 前236-前184）
ロマ（スキピオ・アフリカヌス （在任）前205, 194）

Sckell, Friedrich Ludwig von 〈18・19世紀〉

ドイツの造園家。シュヴェッツィンゲンの城内に庭園をつくり（1777），またミュンヘンに招かれイギリス式自然庭園をつくった（1804）。
⇒西洋（スケル 1750.9.13-1823.2.24）

Scorel, Jan Van 〈15・16世紀〉

オランダの画家。イタリア絵画から受けた明るい色彩の作品を描いた。
⇒岩ケ（スコレル, ヤン・ファン 1495-1562）
キリ（スホーレル, ヤン・ヴァン 1495.8.1-1562.12.6）
芸術（スコレル, ヤン・ヴァン 1495-1562）
芸術（ファン・スコーレル, ヤン 1495-1562）
国小（1495.8.1-1562.12.6）
コン2（スコレル 1495-1562）
コン3（スコレル 1495-1562）
新美（スコーレル, ヤン・ファン 1495.8.1-1562.12.6）
西洋（スコーレル 1495.8.1-1562.12.5）
世美（ファン・スコーレル, ヤン 1495-1562）
世百（スコーレル 1495-1562）
全書（スコレル 1495-1562）
大百（スコレル 1495-1562）
百科（ファン・スコレル 1495-1562）

Scorza, Sinibaldo 〈16・17世紀〉

イタリアの画家。
⇒世美（スコルツァ, シニバルド 1589-1631）

Scott, David 〈19世紀〉
イギリスの画家。
⇒世美（スコット，デイヴィッド　1806-1849）

Scott, Elizabeth Whitworth 〈20世紀〉
イギリスの建築家。
⇒世女（スコット，エリザベス・ウィットワース　1898-1972）
世女日（スコット，エリザベス・ホイットワース　1898-1972）

Scott, Geoffrey 〈19・20世紀〉
イギリスの建築史家，詩人。
⇒オ世（スコット，ジェフリー　1883-1929）
二十英（Scott, Geoffrey　1883-1929）

Scott, Sir George Gilbert 〈19世紀〉
イギリスの建築家。ビクトリア時代のイギリス・ゴシック建築の代表者。
⇒岩ケ（スコット，サー・ジョージ・ギルバート　1811-1878）
キリ（スコット，ジョージ・ギルバート　1811-1878.3.27）
建築（スコット，サー・ジョージ・ギルバート　1811-1878）
国小（スコット　1811-1878.3.27）
コン2（スコット　1811-1878）
コン3（スコット　1811-1878）
新美（スコット，ジョージ・ギルバート　1811-1878.3.27）
人物（スコット　1811-1878.3.27）
西洋（スコット　1811-1878.3.27）
世美（スコット，ジョージ・ギルバート（父）1811-1878）
全書（スコット　1811-1878）
百科（スコット　1811-1878.3.27）

Scott, George Gilbert, Jr. 〈19世紀〉
イギリスの建築家。
⇒世美（スコット，ジョージ・ギルバート（子）1837-1897）

Scott, Sir Giles Gilbert 〈19・20世紀〉
イギリスの建築家。
⇒岩ケ（スコット，サー・ジャイルズ・ギルバート　1880-1960）
世美（スコット，ジャイルズ・ギルバート　1880-1960）

Scott, Jane Wooster 〈20世紀〉
アメリカ生れの女性画家。
⇒世芸（スコット，ジェーン・ウースター　?-）

Scott, John Oldrid 〈19・20世紀〉
イギリスの建築家。
⇒世美（スコット，ジョン・オールドリッド　1841-1913）

Scott, Mackay Hugh Baillie 〈19・20世紀〉
イギリスの建築家，デザイナー。
⇒岩ケ（スコット，マッカイ・ヒュー・ベイリー　1865-1945）

Scott, Sir Peter (Markham) 〈20世紀〉
イギリスの画家，鳥類学者，テレビ番組出演者。
⇒岩ケ（スコット，サー・ピーター（・マーカム）1909-1989）
世科（スコット　1909-）
大辞2（スコット　1909-1989）
大辞3（スコット　1909-1989）
二十（スコット，ピーター・M.　1909.9.14-1989.8.29）

Scott, Samuel 〈18世紀〉
イギリスの画家。
⇒新美（スコット，サミュエル　1702頃-1772.10.12）
世美（スコット，サミュエル　1702-1772）

Scott, William 〈20世紀〉
イギリスの画家。
⇒岩ケ（スコット，ウィリアム　1913-1989）
新美（スコット，ウィリアム　1913.2.15-）
二十（スコット，ウィリアム　1913.2.15-）

Scotti, Gottardo 〈15世紀〉
イタリアの画家。
⇒世美（スコッティ，ゴッタルド　15世紀後半）

Scrosati, Luigi 〈19世紀〉
イタリアの画家。
⇒世美（スクロザーティ，ルイージ　1815-1869）

Scudder, Janet 〈19・20世紀〉
アメリカの彫刻家。
⇒世女日（スカダー，ジャネット　1869-1940）

Scyllis 〈前6世紀〉
ギリシアの彫刻家。最初の大理石彫刻家といわれ，ヘラクレス，ミネルバの像をディポイノスと共同制作。
⇒国art（スキュリス　前580頃）

Searle, Ronald 〈20世紀〉
イギリスの漫画家，挿絵画家。
⇒岩ケ（サール，ロナルド（・ウィリアム・フォーダム）1920-）
英児（Searle, Ronald　サール，ロナルド　1920-）
児イ（Searle, Ronald　サール，R.　1920-）
世児（サール，ロナルド　1920-）
二十（サール，R.　1920.3.3-）

Sebastiano del Piombo 〈15・16世紀〉
イタリアの画家。盛期ルネサンスの主要な画家の一人。主作品『ラザロの蘇生』『ピエタ』。
⇒岩ケ（ピオンボ，セバスティアーノ・デル　1485-1547）
キリ（セバスティアーノ・デル・ピオンボ　1485-1547.6.21）
芸術（セバスティアーノ・デル・ピアンボ　1485頃-1547）
芸術（ピオムボ，セバスティアーノ・デル　1485頃-1547）
国小（セバスティアーノ・デル・ピオンボ　1485

頃-1547.6.21)
コン2（セバスティアーノ・デル・ピオンボ
　1485頃-1547)
コン2（ピオンボ　1485-1547)
コン3（セバスティアーノ・デル・ピオンボ
　1485頃-1547)
コン3（ピオンボ　1485-1547)
新美（セバスティアーノ・デル・ピオンボ　1485
　頃-1547.6.21)
西洋（セバスティアーノ・デル・ピオンボ　1485
　頃-1547)
世西（ピオンボ　1485-1547)
世美（セバスティアーノ・デル・ピオンボ　1485
　頃-1547)
世百（ピオンボ　1485頃-1547)
全書（ピオンボ　1485-1547)
大百（ピオンボ　1485頃-1547)
伝世（セバスティアーノ・デル・ピオンボ　1485
　頃-1547.6.21)
百科（セバスティアーノ・デル・ピオンボ　1485
　頃-1547)

Sebastianus 〈3世紀頃〉
ローマのキリスト教殉教者、聖人。聖画の題材にもなり崇敬された。
⇒岩ケ（聖セバスティアヌス　?-288)
　角世（セバスチャン　?-288?)
　キリ（セバスティアーヌス　3世紀末)
　広辞6（セバスティアヌス　3世紀)
　国小（セバスチアヌス　3世紀)
　コン3（セバスティアヌス　生没年不詳)
　新美（セバスティアヌス（聖))
　人物（セバスチアヌス　生没年不詳)
　聖人（セバスティアヌス　生没年不詳)
　西洋（セバスティアヌス　3世紀頃)
　世西（セバスティアヌス　?-288頃)
　世美（セバスティアヌス（聖))
　大辞（セバスティアヌス　3世紀)
　大辞3（セバスティアヌス　3世紀末頃)
　大百（セバスチャン)
　百科（セバスティアヌス　生没年不詳)

Seckel, Dietrich 〈20世紀〉
ドイツの美術研究者。ハイデルベルク大学名誉教授。
⇒二十（ゼッケル、ディートリッヒ　1910-)

Secunda, Arthur 〈20世紀〉
アメリカの画家。
⇒世芸（セカンダ、アーサー　1927-)

Seddon, Viola Ann 〈20世紀〉
オーストラリアのイラストレーター。
⇒児イ（Seddon, Viola Ann　セドン、V.A.)

Sedgely, Peter 〈20世紀〉
イギリスの画家。
⇒新美（セッジリー、ピーター　1930.3.19-)
　二十（セッジリー、ピーター　1930.3.19-)
　美術（セッジリー、ピーター　1930-)

Sedlmayr, Hans 〈20世紀〉
オーストリアの美術史家。バロック建築や中世建築の研究を通して「構造分析」という独自の方法論を確立。主著『近代芸術の革命』(1955)。

⇒オ西（ゼードルマイヤー、ハンス　1896-1984)
　キリ（ゼードルマイア、ハンス　1896.1.18-)
　国小（ゼードルマイヤー　1896.1.18-)
　集世（ゼードルマイアー、ハンス　1896.1.18-
　　1984.7.9)
　集文（ゼードルマイアー、ハンス　1896.1.18-
　　1984.7.9)
　新美（ゼードルマイア、ハンス　1896.1.18-)
　西洋（ゼードルマイヤ　1896.1.18-)
　世界（ゼードルマイア　1896.1.18-1984.7.9)
　世美（ゼードルマイヤ、ハンス　1896-1984)
　世百（ゼーデルマイヤー　1896-)
　世百新（ゼードルマイヤー　1896-1984)
　全書（ゼードルマイア　1896-1984)
　二十（ゼードルマイヤー、ハンス　1896.1.18-
　　1984)
　百科（ゼードルマイヤー　1896-1984)
　名著（ゼードルマイル　1896-)

Segal, George 〈20世紀〉
アメリカの彫刻家、造形作家。
⇒岩ケ（シーガル、ジョージ　1924-)
　オ西（シーガル、ジョージ　1924-)
　コン3（シーガル　1924-)
　新美（シーガル、ジョージ　1924.11.24-)
　世芸（シーガル、ジョージ　1924-2000)
　世美（シーガル、ジョージ　1925-)
　世百新（シーガル　1924-2000)
　全書（シーガル　1924-)
　大辞2（シーガル　1924-)
　大辞3（シーガル　1924-2000)
　ナビ（シーガル　1924-)
　二十（シーガル、ジョージ　1924.11.24-1985)
　美術（シーガル、ジョージ　1924-)
　百科（シーガル　1924-)

Segala, Giovanni 〈17・18世紀〉
イタリアの画家。
⇒世美（セガーラ、ジョヴァンニ　1663-1720)

Segalen, Victor 〈19・20世紀〉
フランスの詩人、小説家。代表作『記憶なき太古の民』など。
⇒集文（セガレン、ヴィクトール　1878.1.14-
　　1919.5.21)
　新美（スガラン、ヴィクトル　1878.1.14-
　　1919.5.21)
　世文（セガレン、ヴィクトル　1878-1919)
　二十（スガラン、ヴィクトル　1978.1.14-
　　1919.5.21)

Segall, Lasar 〈20世紀〉
リトアニアの画家、グラフィック・アーティスト。のちブラジルに帰化。
⇒世美（セガル、ラサル　1891-1957)

Segantini, Giovanni 〈19世紀〉
イタリアの画家。アルプス風景や農民、牧人生活を主題とした作品を制作。
⇒外国（セガンティーニ　1858-1899)
　芸術（セガンティーニ、ジョヴァンニ　1858-
　　1899)
　広辞4（セガンティーニ　1858-1899)
　広辞6（セガンティーニ　1858-1899)
　国小（セガンティーニ　1858.1.15-1899.9.28)
　コン2（セガンティーニ　1858-1899)

コン3（セガンティーニ　1858-1899）
新美（セガンティーニ，ジョヴァンニ
　　1858.1.15-1899.9.28）
人物（セガンチーニ　1858.1.15-1899.9.29）
西洋（セガンティーニ　1858.1.15-1899.9.29）
世西（セガンティーニ　1858.1.15-1899.9.28）
世美（セガンティーニ，ジョヴァンニ　1858-1899）
世百（セガンティーニ　1858-1899）
全書（セガンティーニ　1858-1899）
大辞（セガンティーニ　1858-1899）
大辞3（セガンチーニ　1858-1899）
大百（セガンティーニ　1858-1899）
デス（セガンティーニ　1858-1899）
伝世（セガンティーニ　1858.1.15-1899.9.28）
百科（セガンティーニ　1858-1899）

Segar, Elzie (Crisler) 〈20世紀〉
アメリカの漫画家。
⇒岩ケ（シーガー，エルジー（・クライスラー）　1894-1938）
コン3（シーガー　1894-1938）

Seghers, Daniel 〈16・17世紀〉
オランダの画家。マドンナ像などの聖像の周囲に華飾りを描いた。
⇒西洋（ゼーヘルス　1590.12.6洗礼-1661.11.2）
世美（セーヘルス，ダニエル　1590-1661）

Seghers, Gerard 〈16・17世紀〉
オランダの画家。カラヴァッジョおよびルーベンス風の絵を描いた。
⇒西洋（セーヘルス　1591.3.17洗礼-1651.3.18）
世美（セーヘルス，ヘラルト　1591-1651）

Seghers, Hercules Pietersz 〈16・17世紀〉
オランダの画家，銅版画家。
⇒岩ケ（セーヘルス，ヘルキューレス　1589頃-1635頃）
芸術（セーヒェルス，ヘルキューレス　1590-1645頃）
国小（セーヒェルス　1589/90-1638頃）
コン2（ゼーヘルス　1589/90-1635頃）
コン3（セーヘルス　1589/90頃-1635）
新美（セーヘルス，ヘルクレス　1590頃-1640頃）
西美（セーヘルス　1589/90-1645頃）
世美（セーヘルス，ヘルクレス　1589/90頃-1638頃）
世百（ゼーゲルス　1589-1645頃）
全書（ゼーヘルス　1589/90-1639以前）
大百（ゼーヘルス　1589/90-1645頃）
百科（セーヘルス　1589/90-1638頃）

Segna di Bonaventura 〈13・14世紀〉
イタリアの画家。
⇒世美（セーニャ・ディ・ボナヴェントゥーラ　（記録）1298-1326）

Segond, Joseph 〈20世紀〉
フランスの哲学者。形而上学的美学などをたてた。
⇒国小（スゴン　1892-1954）

Segonzac, André Albert Marie Dounoyer de 〈19・20世紀〉
フランスの画家。油彩画は厚塗りの渋味のある重厚な絵で，水彩画，銅版画にもすぐれた作品を描いている。
⇒岩ケ（スゴンザック，アンドレ・デュノワイエ・ド　1884-1974）
オ西（デュノワイエ・ド・スゴンザック，アンドレ　1884-1974）
外国（スゴンザック　1884-）
国小（スゴンザック　1884.7.6-1974.9.17）
コン3（スゴンザック　1884-1974）
新美（スゴンザック，アンドレ＝デュノワイエ・ド　1884.7.6-1974.9.17）
人物（スゴンザック　1884.7.6-）
西洋（スゴンザック　1884.7.6-1974.9.17）
世芸（スゴンザック，アンドレ　1884-1953）
世西（スゴンザック　1884-）
世美（スゴンザック，アンドレ・デュノワイエ・ド　1884-1974）
世百（スゴンザック　1884-）
世百新（スゴンザック　1884-1974）
全書（スゴンザック　1884-1974）
大百（スゴンザック　1884-1974）
二十（スゴンザック，アンドレ・デュノワイエ・ド　1884.7.6-1974.9.17）
百科（スゴンザック　1884-1974）

Segrè, Marcellino 〈18世紀〉
イタリアの建築家。
⇒世美（セグレ，マルチェッリーノ　（活動）1771-1800頃）

Segui, Antonio 〈20世紀〉
アルゼンチンの画家。
⇒新美（セギ，アントニオ　1934.1.11-）
二十（セギ，アントニオ　1934.1.11-）

Seidler, Harry 〈20世紀〉
オーストラリアの建築家。
⇒岩ケ（サイドラー，ハリー　1923-）
最世（サイドラー，ハリー　1923-）

Seidlitz, Woldemar von 〈19・20世紀〉
ドイツの美術史家。
⇒西洋（ザイドリッツ　1850.6.1-1922.1.16）
名著（ザイトリツ　1850-1922）

Seignobose, Françoise 〈20世紀〉
フランスのイラストレーター。
⇒児イ（Seignobose, Françoise　セニョボス, F.　1897-1961）

Seitz, Johannes 〈18世紀〉
ドイツの建築家。
⇒建築（ザイツ，ヨハネス　1717-1779）

Seitz, Patricia 〈20世紀〉
アメリカのイラストレーター。
⇒児イ（Seitz, Patricia　サイツ, P.）

Sekora, Ondřej 〈20世紀〉
チェコの作家，ジャーナリスト，イラストレーター。

⇒集文（セコラ, オンジェイ 1899.9.25-1967.7.4）

Seler, Eduard 〈19・20世紀〉
ドイツの古代アメリカ研究家。
⇒新美（ゼーラー, エドゥアルト 1849.12.5-1922.11.23）
世美（ゼーラー, エドゥアルト・ゲオルク 1849-1922）
二十（ゼーラー, エドゥアルト 1849.12.5-1922.11.23）

Seleukos I 〈前4・3世紀〉
セレウコス王朝の始祖(在位前312～280)。アレクサンドロス大王の部将の一人。イラン全土を制圧。
⇒岩ケ（セレウコス1世ニカトル（勝利者） 前358頃-前281）
旺世（セレウコス(1世) 前358頃-前280）
外国（セレウコス1世(ニカトル) 前358頃-280）
角世（セレウコス1世 前358?-前281）
キリ（セレウコス1世・ニカトール 前358頃-前281）
ギリ（セレウコス1世ニカトル 前358頃-281）
ギロ（セレウコス1世 前358/354-前281）
広辞4（セレウコス一世 前358-前281）
広辞6（セレウコス一世 前358-前281）
皇帝（セレウコス1世 前358頃-281）
国小（セレウコス1世 前358頃-280）
コン2（セレウコス1世(征服者) 前358頃-281）
コン3（セレウコス1世(征服者) 前358頃-前281）
新美（セレウコス一世 前355-前280）
人物（セレウコス一世 前358頃-280）
西洋（セレウコス一世(戦勝者) 前358頃-280）
世人（セレウコス1世 前358頃-280）
世西（セレウコス一世 前358頃-280）
全書（セレウコス一世 前358頃-280）
大百（セレウコス一世 前358頃-280）
中国（セレウコス一世 前358-280）
デス（セレウコス1世 前358頃-280）
伝世（セレウコス1世 前358頃-281）
統治（セレウコス一世, 戦勝王ニカトル （在位）前312-281）
百科（セレウコス1世 前358-前281）
評世（セレウコス1世 前358頃-前280）
山世（セレウコス1世(征服者) 前358頃-前281）

Selig, Sylvie 〈20世紀〉
フランスのイラストレーター。
⇒児イ（Selig, Sylvie シーリッグ, S.）

Seligman, Kurt 〈20世紀〉
スイス生れのアメリカの画家。作品に『低気圧地域の諸形態』と名づけた連作など。
⇒セリグマン 1900-）
幻想（セリグマン, クルト 1901-1962）
国小（セリグマン 1900.7.20-1961.1.2）
人物（セリグマン 1900.7.20-）
全書（セリグマン 1900-1961）
大百（セリグマン 1900-）
二十（セリグマン, K. 1900-1961）

Seligmann, Kurt 〈20世紀〉
スイスの画家。
⇒世芸（セリグマン, クルト 1900-1969）

Sell-Petersen, Lise Lotte 〈20世紀〉
デンマークのイラストレーター。
⇒児イ（Sell-Petersen, Lise Lotte セルピーターセン, L.L. 1942-）

Selva, Giovanni Antonio 〈18・19世紀〉
イタリアの建築家。
⇒建築（セルヴァ, ジョヴァンニ・アントニオ 1753-1819）
世美（セルヴァ, ジョヴァンニ・アントーニオ 1751-1819）

Selvatico Estense, Pietro 〈19世紀〉
イタリアの建築家, 美術批評家。
⇒世美（セルヴァーティコ・エステンセ, ピエトロ 1803-1880）

Semeghini, Pio 〈19・20世紀〉
イタリアの画家, 版画家。
⇒世美（セメギーニ, ピーオ 1878-1964）

Semele
ギリシア神話のテーバイの王カドモスの娘。ディオニューソスの母。
⇒新美（セメレー）
全書（セメレ）

Sementzeff, Michel 〈20世紀〉
フランスの芸術家。
⇒世芸（スメンツェフ, ミッシェル 1933-）

Semerikov, Slava 〈20世紀〉
エストニアの画家。
⇒世芸（セメレコフ, スラヴァ 1981-）

Semino, Andrea 〈16世紀〉
イタリアの画家。
⇒世美（セミーノ, アンドレーア 1525/26-1594）

Semino, Antonio 〈15・16世紀〉
イタリアの画家。
⇒世美（セミーノ, アントーニオ 1485?-1554/55）

Semino, Ottavio 〈16・17世紀〉
イタリアの画家。
⇒世美（セミーノ, オッターヴィオ 1530頃-1604）

Semitecolo, Nicoletto 〈14世紀〉
イタリアの画家。
⇒世美（セミテーコロ, ニコレット 14世紀後半）

Semjonov, Ivan Maksimovich 〈20世紀〉
ロシアのイラストレーター。
⇒児イ（Semjonov, Ivan Maksimovich セミョーノフ, I.M. 1906-）

Sempé, Jean Jacques 〈20世紀〉
フランスの漫画家。1952年に最初のデッサン集を発表, ただちに『パリ・マッチ』誌が紹介し,

以来第一線で活躍している。
⇒現人（サンペ　1932.8.17-）

Semper, Gottfried 〈19世紀〉
ドイツの建築家，建築理論家。ウィーンで国立劇場，美術館などを設計。主著『様式論』（1860～63）。
⇒外国（ゼンパー　1803-1879）
　建築（ゼンパー，ゴットフリート　1803-1879）
　国小（ゼンパー　1803.11.29-1879.5.15）
　コン2（ゼンパー　1803-1879）
　コン3（ゼンパー　1803-1879）
　新美（ゼンパー，ゴットフリート　1803.11.29-1879.5.15）
　西洋（ゼンパー　1803.11.29-1879.5.15）
　世西（ゼンパー　1803-1879）
　世美（ゼンパー，ゴットフリート　1803-1879）
　世百（ゼンパー　1803-1879）
　全書（ゼンパー　1803-1879）
　大辞（ゼンパー　1803-1879）
　大辞3（ゼンパー　1803-1879）
　大百（ゼンパー　1803-1879）
　百科（ゼンパー　1803-1879）
　名著（ゼンパー　1803-1879）

Senchenko, Oliga Petrovna 〈20世紀〉
ロシアのイラストレーター。
⇒児イ（Senchenko, Oliga Petrovna　センチェンコ, O.P.　1942-）

Sendak, Maurice Bernard 〈20世紀〉
米国の絵本作家。著書に『ケニイの窓』『とても遠くに』などがある。
⇒ア人（センダク，モーリス　1928.6.10-）
　岩ケ（センダック，モーリス（・バーナード）1928-）
　英児（Sendak, Maurice Bernard　センダック，モーリス・バーナード　1928-）
　英文（Sendak, Maurice Bernard　センダック，モーリス（・バーナード）1928-）
　児イ（Sendak, Maurice　センダック, M.　1928-）
　児童（センダーク，モーリス　1928-）
　児文（センダック，モーリス　1928-）
　集全（センダック，モーリス　1928.6.10-）
　世児（センダック，モーリス（・バーナード）1928-）
　全書（センダック　1928-）
　大辞2（センダック　1928-）
　大辞3（センダック　1928-）
　二十（センダック，モーリス　1928.6.10-）

Senefelder, Aloys 〈18・19世紀〉
チェコスロバキア生れの石版画の発明者（1796頃）。
⇒岩ケ（ゼーネフェルダー，アロイス　1771-1834）
　科学（ゼネフェルダ　1771-1834）
　科史（ゼーネフェルダー　1771-1834）
　コン2（ゼーネフェルダー　1771-1834）
　コン3（ゼーネフェルダー　1771-1834）
　人物（ゼーネフェルダー　1771.11.6-1834.2.26）
　西洋（ゼーネフェルダー　1771.11.6-1834.2.26）
　世西（ゼネフェルダー　1771.11.11-1834.2.26）
　世百（ゼネフェルダー　1771-1834）
　全書（ゼーネフェルダー　1771-1834）
　大辞（ゼーネフェルダー　1771-1834）
　大辞3（ゼーネフェルダー　1771-1834）
　大百（ゼーネフェルダー　1771-1834）
　百科（ゼネフェルダー　1771-1834）

Senf, Curtis C. 〈19・20世紀〉
アメリカの挿絵画家。
⇒幻文（センフ, カーティス・C　1879-1948）

Senmut
古代エジプト第18王朝のハトシェプスト女王時代の建築家。セネンムートともいう。
⇒新美（センムート）

Sennacherib 〈前8・7世紀〉
アッシリア帝国の王（在位前705～681）。サルゴン2世の息子。
⇒岩ケ（センナケリブ　前8世紀-前7世紀）
　旺世（セナケリブ　?-前681）
　外国（センナヘリブ）
　角世（センナケリブ　（在位）前705-681）
　皇帝（センナケリブ　?-前681）
　国小（センナケリブ　?-前681.1）
　コン2（センナケリブ）
　コン3（センナケリブ　（在位）前704-681）
　新美（センナケリブ）
　人物（センナケリブ　生没年不詳）
　西洋（セナケリブ）
　世人（センナケリブ　前8・前7世紀）
　全書（センナケリブ　?-前681）
　伝世（センナケリブ　?-前681）
　統治（アッシリア王のセンナケリブ　（在位）前704-703、前688-681（アッシリア王前704-681））
　統治（センナケリブ〔セナチルブ〕　（在位）前704-681）
　百科（センナヘリブ　（在位）前704-前681）

Sen-usert I 〈前20世紀〉
エジプト第12王朝の王（前1971～29）。
⇒岩ケ（センウスレト）
　皇帝（センウセルト1世　?-前1928）
　コン2（セン・ウセルト1世）
　コン3（セン・ウセルト1世　生没年不詳（在位）前1972-1928）
　新美（センウセルト一世）
　西洋（セン・ウスレト1世，ケペル・カ・ラー）
　百科（センウセルト1世　（在位）前1971頃-前1928）

Sen-usert III 〈前19世紀〉
エジプト第12王朝の王（在位前1878～1843）。
⇒皇帝（センウセルト3世　?-前1843）
　コン2（セン・ウセルト3世）
　コン3（セン・ウセルト3世　生没年不詳（在位）前1878-1843）
　新美（センウセルト三世）
　百科（センウセルト3世　（在位）前1878頃-前1840頃）

Septimius Severus, Lucius 〈2・3世紀〉
ローマ皇帝（在位193～211）。
⇒キリ（セプティミウス・セウェールス，ペルティナクス・ルーキウス　145/6-211.2.4）
　新美（セプティミウス・セウェールス　146/145.4.11-211.2.4）

Sequeira, Domingo António de 〈18・19世紀〉
ポルトガルの画家。
⇒スペ（セケイラ 1768-1837）

Seradour, Guy 〈20世紀〉
フランス生れの画家。
⇒世芸（セラドゥール, ギ 1922-）

Serafini, Serafino 〈14世紀〉
イタリアの画家。
⇒世美（セラフィーニ, セラフィーノ （記録）1350-1387）

Serangeli, Gioacchino 〈18・19世紀〉
イタリアの画家。
⇒世美（セランジェリ, ジョアッキーノ 1768-1852）

Séraphine, Louis 〈19・20世紀〉
フランスの女流画家。霊感による神秘的な絵を画いた。
⇒外国（セラフィーヌ 1864-1934）
国小（セラフィーヌ 1864.9.2-1942.12.11）
コン2（セラフィーヌ 1864-1934）
コン3（セラフィーヌ 1864-1942）
新美（セラフィーヌ 1864.9.2-1942.12.11）
世美（セラフィーヌ・ド・サンリス 1864-1934）
世百（セラフィーヌ 1864-1934）
二十（セラフィーヌ 1864.9.2-1942.12.11）
百科（セラフィーヌ 1864-1942）

Serebryakova, Zinaida Evgen'evna 〈19・20世紀〉
ソ連の画家。
⇒新美（セレブリャコヴァ, ジナイーダ 1884.11.30(12.12)-1967.9.19）
世女日（セレブリャーコーヴァ, ジナイーダ 1884-1967）
二十（セレブリャコワ, ジナイーダ 1884.11.30(12.12)-1967.9.19）

Seredy, Kate 〈20世紀〉
アメリカの女流児童文学者, 画家。『すてきなおじさん』,『白いシカ』を出版。1938年ニューベリー賞を受賞。
⇒英児（Seredy, Kate セレディ, ケイト 1899-1975）
児イ（Seredy, Kate セレディ, K. 1896-）
児作（Seredy, Kate セレディ, ケイト 1899-）
児童（セレデイ, ケイト 1896-）
児文（セレデイ, ケイト 1899-1975）
世児（セレデイ, ケイト 1899-1975）
世女日（セレデイ, ケイト 1899-1975）
二十（セレデイ, ケイト 1899-1975）

Seregni, Vincenzo 〈16世紀〉
イタリアの建築家。
⇒世美（セレーニ, ヴィンチェンツォ 1504頃-1594）

Sergel, Johan Tobias von 〈18・19世紀〉
スウェーデンの彫刻家。『ファウヌス』（1769~70）『グスタフ3世』（1790~1808）など。
⇒芸術（ゼルゲル 1740-1814）
国小（セルゲル 1740.9.8-1814.2.26）
新美（セルゲル, ヨーハン・トビアス 1740.9.8-1814.2.26）
西洋（セルゲル 1740.8.28-1814.2.26）
世美（セルゲル, ユーハン・トビアス 1740-1814）
世百（セルゲル 1740-1814）
全書（セルゲル 1740-1814）
百科（セルゲル 1740-1814）

Serlio, Sebastiano 〈15・16世紀〉
イタリアの建築家, 建築理論家。
⇒岩ケ（セルリオ, セバスティアーノ 1475-1554）
建築（セルリオ, セバスティアーノ 1475頃-1554頃）
国小（セルリオ 1475.9.6-1554）
コン2（セルリョ 1475-1554）
コン3（セルリョ 1475-1554）
新美（セルリオ, セバスティアーノ 1475.9.6-1554）
西洋（セルリョ 1475-1554）
世美（セルリオ, セバスティアーノ 1475-1554）
世百（セルリョ 1475-1554）
全書（セルリオ 1475-1554頃）
大百（セルリオ 1475-1554）
デス（セルリョ 1475-1554）
百科（セルリオ 1475-1554）

Sernesi, Raffaello 〈19世紀〉
イタリアの画家。
⇒世美（セルネージ, ラッファエッロ 1838-1866）

Serodine, Giovanni 〈17世紀〉
イタリアの画家。
⇒世美（セローディネ, ジョヴァンニ 1600-1630）

Serov, Valentine Aleksandrovich 〈19・20世紀〉
ロシアの画家。代表作は『桃を持つ少女』（1877）。
⇒芸術（セーロフ, ヴァレンティン・アレクサンドロヴィッチ 1865-1911）
国小（セロフ 1865-1911）
コン2（セローフ 1865-1911）
コン3（セローフ 1865-1911）
新美（セローフ, ヴァレンチン 1865.1.7(19)-1911.11.22(12.5)）
人物（セーロフ 1865.1.19-1911.12.5）
世美（セーロフ, ヴァレンティン・アレクサンドロヴィッチ 1865-1911）
世美（セローフ, ヴァレンティン・アレクサンドロヴィッチ 1865-1911）
全書（セローフ 1865-1911）
大百（セーロフ 1865-1911）
二十（セーロフ, ヴァレンチン 1865.1.7(19)-1911.11.22(12.5)）
百科（セローフ 1865-1911）

Serov, Vladimir Alexandrovich 〈20世紀〉
ソ連の画家。《社会主義的リアリズム》を標榜す

る現ソヴェト画壇の本流に立つ一人。
⇒外国（セーロフ　1910-）
二十（セーロフ，ウラジーミル　1910-1968.1）

Serpotta, Giacomo〈17・18世紀〉
イタリアの彫刻家，ストゥッコ装飾家。
⇒世美（セルポッタ，ジャーコモ　1656-1732）

Serra, Jaime〈14世紀〉
スペインの画家。
⇒新美（セーラ，ハイメ）
世美（セーラ，ジャウメ　（活動）1358-1397）

Serra, Luigi〈19世紀〉
イタリアの画家。
⇒世美（セッラ，ルイージ　1846-1888）

Serra, Pedro〈14世紀〉
スペインの画家。
⇒新美（セーラ，ペドロ）
世美（セーラ，ペレ　14世紀）

Serra, Richard〈20世紀〉
アメリカの美術家，彫刻家。
⇒岩ケ（セラ，リチャード　1939-）
オ西（セラ，リチャード　1939-）
世芸（セラ，リチャード　1939-）
世美（セラ，リチャード　1939-）
大辞2（セラ　1939-）
大辞3（セラ　1939-）
二十（セラ，リチャード　1939.11.2-）
美術（セラ，リチャード　1939-）

Serrano, Andres〈20世紀〉
アメリカ生れの写真家。
⇒世芸（セラノ，アンドレ　1950-）

Serrano, Pablo〈20世紀〉
スペインの彫刻家。
⇒世美（セラーノ，パブロ　1916-）

Serres, Olivia〈18・19世紀〉
イギリスの画家。
⇒世女日（セレス，オリヴィア　1772-1834）

Sert, José Luis〈20世紀〉
スペイン生れのアメリカの建築家。主作品はバグダードのアメリカ大使館（1955～60），ボストン大学チャールス・リバー・キャンパス（1960～65）など。
⇒国小（セルト　1902-）
新美（セルト，ホセー・ルイス　1902.7.1-）
スぺ（セルト　1902-1983）
西洋（セルト　1902.7.1-）
二十（セルト，ホセー・ルイス　1902.7.1-）

Sérusier, Paul〈19・20世紀〉
フランスの画家。印象主義とフォービスム，キュビスムとの橋渡しの役割を果す。
⇒オ西（セリュジエ，ルイ＝ポール＝アンリ　1864-1927）
芸術（セルジエ，ポール　1864-1927）

国小（セリュジエ　1863-1927）
新美（セリュジエ，ポール　1864-1927.10.6）
人物（セリュジエ　1865-1927.10.6）
西洋（セリュジエ　1863-1927.10.6）
世芸（セルジエ，ポール　1864-1927）
世西（セリュジエ　1863-1927）
世美（セリュジエ，ポール　1864-1927）
世百（セリュジエ　1863-1927）
二十（セリュジエ，ポール　1863-1927）
百科（セリュジエ　1863-1927）

Servandoni, Giovanni Niccolò〈17・18世紀〉
イタリアの建築家，舞台美術家，画家。サン・スュルピスのファサード（1733～49）などを設計。
⇒建築（セルヴァンドーニ，ジョヴァンニ・ニコロ　1695-1766）
国小（セルバンドーニ　1695-1766）
新美（セルヴァンドーニ，ジャン＝ニコラ　1695.5.2-1766.1.19）
西洋（セルヴァンドーニ　1695-1766）
世美（セルヴァンドーニ，ジョヴァンニ・ニッコロ　1695-1766）

Servi, Giovanni〈19世紀〉
イタリアの画家。
⇒世美（セルヴィ，ジョヴァンニ　1800頃-1885）

Servien, Pius〈20世紀〉
ルーマニアの詩人，美学者。詩集"Orient"（1942）など。
⇒西洋（セルヴィアン　1902-1959）

Sessions, Kate Olivia〈19・20世紀〉
アメリカの園芸家。
⇒世女日（セッションズ，ケイト・オリヴィア　1857-1940）

Setch, Terry〈20世紀〉
イギリス生れの画家。
⇒世芸（セッチ，テリー　1936-）

Setchel, Sarah〈19世紀〉
イギリスの水彩画家。
⇒世女日（セッチェル，サラ　1803-1894）

Seti I〈前14・13世紀〉
エジプト第19王朝第3代の王（在位前1317～01）。衰勢のエジプトを復興させた。
⇒外国（セティ1世　前14世紀）
皇帝（セティ1世　?-前1290頃）
国小（セティ1世）
コン2（セティ1世）
コン3（セティ1世　生没年不詳（在位）前1308頃-1291頃）
新美（セティ一世）
西洋（セティ一世）
全書（セティー世　生没年不詳）

Seuphor, Michel〈20世紀〉
フランスの美術評論家，詩人。視野の広い芸術思想を客観的に叙述していながら，その態度は信念的・情熱的であり，学者と批評家の中間に位置している。

⇒オ西（スーフォール, ミシェル 1901-）
現人（スーフォール 1901.3.10-）

Seurat, George Pierre 〈19世紀〉
フランスの画家。点描派の創始者。
⇒岩ケ（スーラ, ジョルジュ(・ピエール） 1859-1891）
外国（スーラ　1859-1891）
芸術（スーラ, ジョルジュ　1859-1891）
広辞4（スーラ　1859-1891）
広辞6（スーラ　1859-1891）
国小（スーラ　1859.12.2-1891.3.29）
国百（スーラ, ジョルジュ・ピエール 1859.12.2-1891.3.29）
コン2（スーラ　1859-1891）
コン3（スーラ　1859-1891）
新美（スーラ, ジョルジュ　1859.12.2-1891.3.29）
人物（スーラー　1859.12.2-1891.3.29）
西洋（スーラ　1859.12.2-1891.3.29）
世芸（スーラ　1859.12.2-1891.3.29）
世美（スーラ, ジョルジュ＝ピエール 1859-1891）
全書（スーラ　1859-1891）
大辞（スーラ　1859-1891）
大辞3（スーラ　1859-1891）
大百（スーラ　1859-1891）
デス（スーラ　1859-1891）
伝世（スーラ　1859.12.2-1891.3.29）
百科（スーラ　1859-1891）

Severin, Mark 〈20世紀〉
ベルギーのイラストレーター。
⇒児イ（Severin, Mark　セヴァリン, M.　1906-）

Severini, Gino 〈19・20世紀〉
イタリアの画家。1950年ベネチア・ビエンナーレで1等獲得。著書に『キュビスムから古典主義まで』(1921)。
⇒岩ケ（セヴェリーニ, ジーノ　1883-1966）
オ西（セヴェリーニ, ジーノ　1883-1966）
外国（セヴェリーニ　1883-）
国小（セベリーニ　1883.4.7-1966.2.26）
コン3（セヴェリーニ　1883-1966）
新美（セヴェリーニ, ジーノ　1883.4.7-1966.2.26/27）
人物（セベリーニ　1883.4.7-）
西洋（セヴェリーニ　1883.4.7-1966.2.26）
世芸（セヴェリーニ, ジーノ　1883-1966）
世西（セヴェリーニ　1883-）
世美（セヴェリーニ, ジーノ　1883-1966）
世百（セヴェリーニ　1883-1966）
世百新（セベリーニ　1883-1966）
全書（セベリーニ　1883-1966）
大百（セベリーニ　1883-1966）
伝世（セヴェリーニ　1883.4.7-1966.2.26）
二十（セヴェリーニ, ジーノ　1883.4.7-1966.2.26）
百科（セベリーニ　1883-1966）

Severn, Joseph 〈18・19世紀〉
イギリスの画家。
⇒世美（セヴァーン, ジョーゼフ　1793-1872）

Seward, Prudence 〈20世紀〉
イギリスのイラストレーター。
⇒児イ（Seward, Prudence　シューワード, P.）

Sewell, Helen Moore 〈20世紀〉
アメリカの女性絵本作家, 挿絵画家。
⇒英児（Sewell, Helen Moore　シューウェル, ヘレン・ムーア　1896-1957）

Seyfer, Hans 〈15・16世紀〉
ドイツの彫刻家。作品は聖レーオンハルト聖堂の『磔刑群像』(01以前) など。
⇒芸術（ザイファー, ハンス　1460頃-1509）
国小（ザイファー　1460頃-1509）

Seymour, David 〈20世紀〉
アメリカの写真家, マグナム写真家集団代表。
⇒ユ人（シーモア(セイモア), ディビッド　1911-1956）

Seyrig, Henri Arnold 〈20世紀〉
フランスのオリエント考古学者, 碑文学者。パルミュラを中心とするヘレニズム文化, 西部パルティア文化, アラム語碑文の研究に貢献。
⇒新美（セイリグ, アンリ　1895.11.10-1973.1.21）
西洋（セーリグ　1895.11.10-1973）
二十（セーリグ, アンリ　1895.11.10-1973.1.21）

Seznec, Jean 〈20世紀〉
フランス, 英国の文学・美術史研究者。オックスフォード大学名誉教授。
⇒世百新（セズネック　1905-1983）
二十（セズネック, ジーン　1905-）
百科（セズネック　1905-）

Shachat, Andrew 〈20世紀〉
アメリカのイラストレーター。
⇒児イ（Shachat, Andrew　シャケット, A.）

Shāh Muzaffar 〈15世紀〉
イランの画家, 詩人。
⇒西洋（シャー・ムザッファル　15世紀）

Shahn, Ben 〈20世紀〉
アメリカの画家。第2次世界大戦中『リディス』など, 多くの反ナチズムのポスターを制作した。ほかに『福竜丸(ラッキー・ドラゴン)』シリーズ(1961～62), 『マーチン・ルーサー・キング牧師肖像』など。
⇒アメ（シャーン　1898-1969）
岩ケ（シャーン, ベン(ベンジャミン）　1898-1969）
オ西（シャーン, ベン　1898-1969）
外国（シャーン　1898-）
現人（シャーン　1898.9.12-1969.3.14）
広辞5（シャーン　1898-1969）
広辞6（シャーン　1898-1969）
国小（シャーン　1898.9.12-1969.3.14）
コン3（シャーン　1898-1969）
集文（シャーン, ベン　1898.9.12-1969.3.14）
新美（シャーン, ベン　1898.9.12(24)-1969.3.14）
西洋（シャーン　1898.9.12-1969.3.14）
世芸（シャーン, ベン　1898-1969）
世美（シャーン, ベン　1898-1969）
世百（シャーン　1898-）
世百新（シャーン　1898-1969）

全書（シャーン　1898-1969）
大辞2（シャーン　1898-1969）
大辞3（シャーン　1898-1969）
大百（シャーン　1898-1969）
伝世（シャーン　1898-1969）
ナビ（シャーン　1898-1969）
二十（シャーン，ベン　1898.9.12-1969.3.14）
百科（シャーン　1898-1969）
ユ人（シャーン，ベン　1898-1969）

Shāh Qulī Naqqāsh 〈16世紀〉
イランの細密画家。ミーラクの弟子。主作品『有翼神』。
⇒コン2（シャー・クーリー　16世紀）
　コン3（シャー・クーリー　生没年不詳）
　西洋（シャー・クリー・ナッカーシュ　16世紀）

Shalmaneser III 〈前9世紀〉
古代アッシリアの王（在位前859～824）。カルカルの戦いで知られている。
⇒外国（シャルマネセル3世　前9世紀）
　皇帝（シャルマナサル3世　?-前824）
　国小（シャルマネセル3世）
　コン2（シャルマネセル3世）
　コン3（シャルマネセル3世　生没年不詳（在位）前858-824）
　新美（シャルマネセル三世）
　西洋（シャルマナサル三世）
　統治（シャルマネセール三世　（在位）前858-824）

Shams al-Din 〈14世紀〉
ペルシアのイスラーム時代の画家。
⇒新美（シャムス・アッ=ディーン）

Shamshi-Adad I 〈前18世紀頃〉
アッシリア王（在位前1750～17）。
⇒外国（シャムシ・アダド1世　前18世紀頃）
　皇帝（シャムシアダド1世　?-前1782頃）
　国小（シャマシ・アダド1世）
　コン2（シャムシ・アダド1世）
　コン3（シャムシ・アダド1世）
　新美（シャムシ=アダド一世）
　西洋（シャムシ・アダド一世）
　世東（シャムシ・アダド1世）
　全書（シャムシ・アダド一世　生没年不詳）
　大百（シャムシ・アダド一世　生没年不詳）
　統治（シャムシ=アダド一世　（在位）前1808-1776）
　百科（シャムシアダド1世　（在位）前1813-前1781）

Shannon, Charles Hazelwood 〈19・20世紀〉
イギリスの石版画家，画家。チャールズ・リケッツの終生の友。
⇒オ西（シャノン，チャールズ・ヘイズルウッド　1863-1937）
　国小（シャノン　1863-1937）

Shannon, David 〈20世紀〉
アメリカのイラストレーター。
⇒児イ（Shannon, David　シャノン, D.）
　児作（Shannon, David　シャノン, デイヴィッド）

Shapiro, David 〈20世紀〉
アメリカ生れの画家。
⇒世芸（シャプロ，デヴィド　1944-）

Shāpūr I 〈3世紀〉
ササン朝ペルシアの王（在位241～272）。
⇒旺世（シャープール（1世）　?-272）
　外国（シャープール1世）
　角世（シャープール1世　?-272?）
　皇帝（シャープール1世　生没年不詳）
　国小（シャプール1世　?-272）
　コン2（シャープール1世）
　コン3（シャープール1世　?-272（在位）241-272）
　新美（シャープール一世）
　人物（シャープール一世　?-271）
　世人（シャープール1世　生没年不詳）
　世西（シャープール一世）
　世東（シャープール1世）
　世信（シャープール1世　?-272）
　全書（シャープール一世　生没年不詳）
　大辞（シャープール一世　?-272）
　大辞3（シャープール一世　?-272）
　大百（シャープル一世　生没年不詳）
　デス（シャープール1世）
　伝世（シャープール1世　?-272頃）
　統治（シャープール一世　（在位）241-272）
　百科（シャープール1世　?-272）
　評世（シャープール1世　生没年不詳）
　山世（シャープフル1世　?-272頃）
　歴史（シャープール1世　?-272）
　ロマ（シャブル1世　（在位）241-272）

Shāpūr II 〈4世紀〉
ササン朝ペルシアの王（在位309～379）。
⇒岩ケ（シャープール2世　309-379）
　角世（シャープール2世　（在位）309-379）
　皇帝（シャープール2世　生没年不詳）
　国小（シャープール2世　?-379）
　コン2（シャープール2世）
　コン3（シャープール2世　?-379（在位）309-379）
　新美（シャープール二世）
　世西（シャープール二世）
　世東（シャープール2世）
　伝世（シャープール2世　309-379）
　統治（シャープール二世　（在位）309-379）
　百科（シャープール2世　?-379）
　ロマ（シャブル2世　（在位）309/10-379）

Sharaff, Irene 〈20世紀〉
アメリカの舞台衣装デザイナー。
⇒世女日（シャラフ，アイリーン　1910-1993）

Sharits, Paul 〈20世紀〉
アメリカ生れの映像作家。
⇒世映（シャリッツ，ポール　1943-1993）

Sharp, Caroline 〈20世紀〉
イギリスのイラストレーター。
⇒児イ（Sharp, Caroline　シャープ, C.）

Sharp, William 〈18・19世紀〉
イギリスの素描家，版画家。『ノベリスツ・マガジン』に版画を発表した。肖像画，風俗画，歴史

画を多く描く。
⇒国小（シャープ　1749.1.29-1824.7.25）

Sharp, William〈20世紀〉
オーストリアのイラストレーター。
⇒児イ（Sharp, William　シャープ, W.　1900-）

Sharpe, Alfred〈19・20世紀〉
ニュージーランドの画家。
⇒オセ（シャープ　1830-1912）
　オセ新（シャープ　1830-1912）

Sharratt, Nick〈20世紀〉
イギリスのイラストレーター。
⇒児イ（Sharratt, Nick　シャラット, N.　1962-）

Shaw, Charles〈20世紀〉
アメリカのイラストレーター。
⇒児イ（Shaw, Charles　ショー, C.）

Shaw, Richard Norman〈19・20世紀〉
イギリスの建築家。19世紀後半のギリスにおける最も重要な住居建築家。主作品はベドファード・パークの田園都市計画（1878）など。
⇒岩ケ（ショー,（リチャード・）ノーマン　1831-1912）
　オ西（ショー, リチャード・ノーマン　1831-1912）
　国小（ショー　1831.5.7-1912.11.17）
　新美（ショー, リチャード・ノーマン　1831.5.7-1912.11.17）
　西洋（ショー　1831.5.7-1912）
　世美（ショー, リチャード・ノーマン　1831-1912）
　全書（ショー　1831-1912）
　ナビ（ショー　1831-1912）
　二十（ショー, リチャード・ノーマン　1831.5.7-1912.11.17）
　百科（ショー　1831-1912）

Shaykh Muhammad〈16世紀〉
ペルシアのイスラーム時代の画家。
⇒新美（シャイフ・ムハンマド）

Shchedrin, Feodosij Fedorovich〈18・19世紀〉
ロシアの彫刻家。
⇒新美（シチェドリン, フェオドーシイ　1751頃-1825.1.19/31）

Shchedrin, Fyodor〈18・19世紀〉
ロシアの彫刻家。
⇒芸術（シチェドリン, フョードル　1751-1833）

Shchedrin, Semyon Fyodorovich〈18・19世紀〉
ロシアの画家。
⇒コン2（シチェドリーン　1745-1804）
　コン3（シチェドリン　1745-1804）

Shchedrin, Silvestr Fedosievich〈18・19世紀〉
ロシアの画家。
⇒新美（シチェドリン, シルヴェストル　1791.2.2/13-1830.10.27/11.8）
　世美（シチェドリーン, シリヴェストル・フェオドシエヴィチ　1791-1830）

Shcheglov, Valerian Vasiljevich〈20世紀〉
ロシアのイラストレーター。
⇒児イ（Shcheglov, Valerian Vasiljevich　シェグローフ, V.V.　1901-）

Shchukin, Sergei Ivanovich〈19・20世紀〉
帝政ロシア時代の実業家, 美術コレクター。
⇒オ西（シチューキン, セルゲイ・イヴァノヴィッチ　1854-1937）
　新美（シチューキン, セルゲイ　1854-1936）
　二十（シチューキン, セルゲイ　1854-1936）
　百科（シチューキン　1854-1936）

Shearman, John〈20世紀〉
イギリスの美術史家。
⇒世美（シアマン, ジョン　1931-）

Shebâ〈前10世紀頃〉
シバの女王（列王紀）。コーランはこの女王の名をビルキスとして記している。
⇒岩ケ（シバの女王　前10世紀頃）
　皇帝（シェバノジョオウ　生没年不詳）
　国小（シバ）
　コン2（シェバ（の女王））
　コン3（シバ）
　新美（シバの女王）
　人物（シバの女王　生没年不詳）
　聖書（シェバの女王）
　西洋（シェバ）
　世女日（シバ　前10世紀）
　大辞3（シバの女王　前10世紀頃）

Shee, *Sir* Martin Archer〈18・19世紀〉
イギリスの画家。肖像画にすぐれる。ロイヤル・アカデミー会長。
⇒国小（シー　1769-1850）

Sheeler, Charles〈19・20世紀〉
アメリカの画家, 写真家。1913年ニューヨークのアーモリ・ショーに油彩画6点を出品, アメリカ近代絵画の発展に尽した。
⇒岩ケ（シーラー, チャールズ　1883-1965）
　国小（シーラ　1883.7.16-1965.5.7）
　コン3（シーラー　1883-1965）
　新美（シーラー, チャールズ　1883.7.6-1965.5.7）
　世芸（シーラー, チャールズ　1883-1965）
　世美（シーラー, チャールズ　1883-1965）
　全書（シーラー　1883-1965）
　二十（シーラー, チャールズ　1883.7.6-1965.5.7）

Shekerjian, Haig〈20世紀〉
アメリカのイラストレーター。

⇒児イ（Shekerjian, Haig & Regina）
Shekerjian, Regina〈20世紀〉
アメリカのイラストレーター。
⇒児イ（Shekerjian, Haig & Regina）

Shemilt, Elaine〈20世紀〉
イギリス生れの版画家。
⇒世芸（シェミルト, エリーヌ　1954-）

Shemyakin, Mikhail Mikhailovich〈20世紀〉
ロシアの画家, デザイナー, 彫刻家。
⇒ロシ（シェミャーキン　1943-）

Shenton, Edward〈20世紀〉
アメリカのイラストレーター。
⇒児イ（Shenton, Edward）

Shepard, Ernest Howard〈19・20世紀〉
イギリスの画家, 漫画家, 挿絵画家。
⇒岩ケ（シェパード, アーネスト（・ハワード）　1879-1976）
英児（シェパード, アーネスト・ハワード　1879-1976）
児イ（Shepard, Ernest Howard　1879.10.10-?）
児文（シェパード, E.H.　1879-1976）
世児（シェパード, E（アーネスト）・H（ハワード）　1879-1976）
二十（シェパード, アーネスト・H.　1879-1976）
二十英（Shepard, E（rnest）H（oward）　1879-1976）

Shepard, Mary Eleanor〈20世紀〉
イギリスのイラストレーター。
⇒児イ（Shepard, Mary Eleanor　シェパード, M.E.　1909-）

Shepherd, Charles〈19世紀〉
イギリスの技師。1870年来日し, 工部省鉄道局建築首長。
⇒コン2（セッパルト（シェパード）　?-1875）
コン3（セッパルト（シェパード）　?-1875）
人物（セッハルト　?-1875）
西洋（セッハルト（シェパード）　?-1875）
日人（シェパード　?-1875）
来日（シェパード　?-1875.8.23）

Sheraton, Thomas〈18・19世紀〉
イギリスの家具デザイナー。
⇒岩ケ（シェラトン, トマス　1751-1806）
英米（Sheraton, Thomas　シェラトン　1751-1806）
芸中（シェラトン, トーマス　1751頃-1806）
建築（シェラトン, トーマス　1751-1806）
国小（シェラトン　1751-1806.10.22）
新美（シェラトン, トーマス　1751-1806.10.22）
西洋（シェラトン　1751-1806.10.22）
世美（シェラトン, トマス　1751-1806）
全書（シェラトン　1751-1806）
大百（シェラトン　1751頃-1806）
伝世（シェラトン　1751-1806.10.22）
百科（シェラトン　1751-1806）

Sheridan, Clare（Consuelo）〈19・20世紀〉
アイルランドの彫刻家, 旅行家, 著述家。
⇒世女（シェリダン, クレア（コンスエロ）　1885-1970）
世女日（シェリダン, クレア　1885-1970）

Sherman, Cindy〈20世紀〉
アメリカの写真家。
⇒最世（シャーマン, シンディ　1954-）
世芸（シャーマン, シンディ　1954-）
大辞2（シャーマン　1954-）
大辞3（シャーマン　1954-）

Sherman, Theresa〈20世紀〉
アメリカのイラストレーター。
⇒児イ（Sherman, Theresa　シャーマン, T.）

Sherman, Z.Charlotte〈20世紀〉
アメリカ生れの彫刻家。
⇒世芸（シャーマン, Z・シャルロット　?-）

Sheshonk I〈前10世紀〉
古代エジプト第22王朝初代の王（在位前945頃～924頃）。ソロモン王死後パレスチナに侵入して略奪, その模様は旧約聖書歴代志上に記されている。
⇒外国（シェションク1世　?-前924）
皇帝（シェションク1世　?-前924頃）
国小（シェションク1世　生没年不詳）
新美（シェションク一世）

Shevchenko, Taras Grigor'evich〈19世紀〉
ロシア, ウクライナの詩人, 画家。
⇒外国（シェフチェンコ　1814-1861）
角世（シェフチェーンコ　1814-1861）
キリ（シェフチェンコ, タラス・フルィホロヴィチ　1814.3.9（ユリウス暦2.25）-1861.3.10（ユリウス暦2.26））
広辞4（シェフチェンコ　1814-1861）
広辞6（シェフチェンコ　1814-1861）
国小（シェフチェンコ　1814.3.9-1861.3.10）
コン2（シェフチェーンコ　1814-1861）
コン3（シェフチェンコ　1814-1861）
集世（シェフチェンコ, タラス・フリホロヴィチ　1814.3.9-1861.3.10）
集文（シェフチェンコ, タラス・フリホロヴィチ　1814.3.9-1861.3.10）
人物（シェフチェンコ　1814.3.19-1861.3.10）
西洋（シェフチェンコ　1814.3.9-1861.3.10）
世西（シェフチェンコ　1814.3.9-1861.3.10）
世文（シェフチェンコ, タラス・フリホロヴィチ　1814-1861）
全書（シェフチェンコ　1814-1861）
大辞（シェフチェンコ　1814-1861）
大辞3（シェフチェンコ　1814-1861）
大百（シェフチェンコ　1814-1861）
デス（シェフチェンコ　1814-1861）
百科（シェフチェンコ　1814-1861）
ロシ（シェフチェンコ　1814-1861）

Shields, Jody〈20世紀〉
アメリカの作家, 版画家。

Shilling, Betty〈20世紀〉
アメリカのイラストレーター。
⇒児イ（Shilling, Betty　シリング, B.）

Shilstone, Arthur〈20世紀〉
アメリカのイラストレーター。
⇒児イ（Shilstone, Arthur）

Shimin, Symeon〈20世紀〉
ロシアのイラストレーター。
⇒児イ（Shimin, Symeon　シミン, S.　1902-）

Shimizu, Christine〈20世紀〉
フランスの陶芸研究家。
⇒二十（シミズ, C.　1950-）

Shinn, Everett〈19・20世紀〉
アメリカの画家。ジ・エイトの一員。
⇒児イ（Shinn, Everett　1876-1953）
　新美（シン, エヴリット　1876.11.6-1953.1.2）
　二十（シン, エヴリット　1876.11.6-1953.1.2）

Shishkin, Ivan Ivanovich〈19世紀〉
ロシアの風景画家。的確な技法によって自然を描写したリアリスト。
⇒芸術（シーシキン, イヴァン・イヴァノヴィッチ　1832-1899）
　国小（シーシキン　1832.1.13-1898.3.8）
　コン2（シーシキン　1832-1898）
　コン3（シーシキン　1832-1898）
　新美（シーシキン, イワン　1832.1.13/25-1898.3.8/20）
　世百（シーシキン　1832-1898）
　百科（シーシキン　1832-1898）

Shishkin, Vasilii Afanas'evich〈20世紀〉
ソ連の考古学者。
⇒新美（シーシキン, ヴァシーリイ　1893.12.29（1894.1.10）-1966.10.18）
　二十（シーシキン, ヴァシーリイ・A.　1893.12.29（1894.1.10）-1966.10.18）

Shmarinov, Dementij Alekseevich〈20世紀〉
ロシアのイラストレーター。
⇒児イ（Shmarinov, Dementij Alekseevich　シューマーリノフ, D.A.　1907-）

Shore, Robert〈20世紀〉
アメリカのイラストレーター。
⇒児イ（Shore, Robert　ショー, R.　1924-）

Short, *Sir* Frank〈19・20世紀〉
イギリスの画家。
⇒岩ケ（ショート, サー・フランク　1857-1945）

Shortall, Leonard〈20世紀〉
アメリカのイラストレーター。
⇒児イ（Shortall, Leonard）

Shpet, Gustáv Gustávovich〈19・20世紀〉
ロシアの哲学者, 美学者。
⇒岩哲（シペート　1879-1937）
　集документ（シペート, グスタフ・グスタヴォヴィチ　1879.3.25-1937.11.16）
　ロシ（シペート　1879-1937）

Shubad〈前1世紀〉
ウル第1王朝の王妃。
⇒新美（シュブアド）

Shubin, Fyodor Ivanovitch〈18・19世紀〉
ロシアの彫刻家。主作品は大理石胸像『ポチョムキン』（1791）、『パウロ1世』（1800）。
⇒芸術（シェービン, フョードル・イワノーヴィッチ　1740-1805）
　国小（シュービン　1740-1805）

Shulevitz, Uri〈20世紀〉
ポーランドの絵本作家。
⇒児イ（Shulevitz, Uri　シュルヴィッツ, U.　1935-）
　児文（シュルヴィッツ, ユリー　1935-）
　二十（シュルヴィッツ, ユーリ　1935-）

Shulman, Dee〈20世紀〉
イラストレーター。
⇒児イ（Shulman, Dee　シャルマン, D.）
　児作（Shulman, Dee　シャルマン, ディー）

Shuster, Joseph〈20世紀〉
カナダの風刺漫画家（1914—92）。世界最高の人気を誇る漫画の英雄"スーパーマン"の創造者。
⇒岩ケ（シーゲルとシュスター）

Shute, John〈16世紀〉
イギリス最初の建築書の著者。画家および建築家で、1550年ノーサンバーランド公によってイタリアに派遣されたという。
⇒国小（シュート　?-1563）

Shvets, Platon Jurjevich〈20世紀〉
ロシアのイラストレーター。
⇒児イ（Shvets, Platon Jurjevich　シュヴェッツ, P.J.　1938-）

Sibal, Joseph〈20世紀〉
アメリカのイラストレーター。
⇒児イ（Sibal, Joseph）

Siberechts, Jan〈17・18世紀〉
フランドルの画家。
⇒芸術（シベレヒツ, ヤン　1627-1703）
　世美（シベレヒツ, ヤン　1627-1703頃）

Siberell, Anne〈20世紀〉
アメリカのイラストレーター。
⇒児イ（Siberell, Anne）

Sibley, Don〈20世紀〉
アメリカのイラストレーター。
⇒児イ（Sibley, Don　シブリー, D.　1922-）

Sichelbart, Ignaz〈18世紀〉
オーストリア出身のイエズス会士。画家。中国で清の乾隆帝時代に活躍。帝の命で，『平定伊犂受降』1葉を描いた。
⇒国小（ジッヘルバルト　1708-1780）

Siciolante, Girolamo〈16世紀〉
イタリアの画家。
⇒世美（シチョランテ，ジローラモ　1521-1580）

Sickert, Walter Richard〈19・20世紀〉
イギリスの画家。1911年カムデン・タウンクラブを創設。代表作『ディエッペのバッカラート賭博』。
⇒岩ケ（シッカート，ウォルター（・リチャード）　1860-1942）
　芸術（シッカート，ウォルター　1860-1942）
　国小（シッカート　1860.5.31-1942.1.22）
　コン2（シッカート　1860-1942）
　コン3（シッカート　1860-1942）
　新美（シーカット，ウォルター・リチャード　1860.5.31-1942.1.22）
　人物（シッカート　1860-1942）
　世芸（シッカート，ウォルター　1860-1942）
　世百（シッカート，ウォルター・リチャード　1860-1942）
　世百（シッカート　1860-1942）
　二十（シッカート，ウォルター・リチャード　1860.5.31-1942.1.22）

Sickman, Laurence Chalfant Stevens〈20世紀〉
アメリカの東洋美術史学者。東洋美術に対する知識と理解を深める上での多年の貢献により，フリア・メダルを授与される（1973）。
⇒西洋（シックマン　1906.8.27-）

Sidjakov, Nicolas〈20世紀〉
ロシアのイラストレーター。
⇒児イ（Sidjakov, Nicolas　シヂャコフ, N.　1924-）

Siebel, Fritz（Frederick）〈20世紀〉
アメリカのイラストレーター。
⇒児イ（Siebel, Fritz（Frederick）　ジーベル, F.　1913-）

Siebold, Philipp Franz Jonkheer Balthasar von〈18・19世紀〉
ドイツの医者。1823年長崎オランダ商館の医師として来日。学塾を開き，西洋医学および一般科学を教授。
⇒岩ケ（ジーボルト，フィリップ・フランツ・フォン　1796-1866）
　岩哲（シーボルト）
　外国（ジーボルト　1796-1866）
　科史（シーボルト　1796-1866）
　科大（シーボルト　1798-1866）
　角世（シーボルト　1796-1866）
　看護（シーボルト　1796-1866）
　教育（ジーボルト　1796-1866）
　広辞4（シーボルト　1796-1866）
　広辞6（シーボルト　1796-1866）
　国史（シーボルト　1796-1866）
　国小（シーボルト　1796.2.17-1866.10.18）
　国百（シーボルト，フィリップ・フランツ・フォン　1796.2.17-1866.10.18）
　コン2（シーボルト　1796-1866）
　コン3（シーボルト　1796-1866）
　新美（シーボルト，フランツ　1796.2.17-1866.10.18）
　人物（シーボルト　1796.2.17-1866.10.18）
　西洋（ジーボルト（シーボルト）　1796.2.17-1866.10.18）
　世美（ジーボルト　1796.2.17-1866.10.18）
　世百（シーボルト　1796-1866）
　全書（シーボルト　1796-1866）
　対外（シーボルト　1796-1866）
　大辞（シーボルト　1796-1866）
　大辞3（シーボルト　1796-1866）
　大百（シーボルト　1796-1866）
　デス（シーボルト　1796-1866）
　日研（シーボルト，フィリップ・フランツ・フォン　1796.2.17-1866.10.18）
　日人（シーボルト　1796-1866）
　百科（シーボルト　1796-1866）
　名著（ジーボルト　1796-1866）
　来日（シーボルト　1796.2.17-1866.10.18）
　歴史（シーボルト　1796-1866）

Siegel, Jerry〈20世紀〉
アメリカの風刺漫画家（1914—1996）。世界最高の人気を誇る漫画の英雄"スーパーマン"の創造者。
⇒岩ケ（シーゲルとシュスター）

Siegen, Ludwig van〈17世紀〉
ドイツの版画家。メゾチントの創始者。『フェルディナント3世』（1654）など数点の肖像銅版画が残る。
⇒岩ケ（ジーゲン，ルートヴィヒ・フォン　1609-1675頃）
　国小（ジーゲン　1609頃-1680）
　新美（ジーゲン，ルートヴィヒ・フォン　1609-1680?）

Sielmann, Heinz〈20世紀〉
ドイツの自然主義者，自然映像作家。
⇒岩ケ（ジールマン，ハインツ　1917-）

Sigalon, Xavier〈18・19世紀〉
フランスの画家。
⇒新美（シガロン，グザヴィエ　1787.12.12-1837.8.16）

Signac, Paul〈19・20世紀〉
フランス，新印象派の画家。点描主義を推進し，新印象主義運動の発展に努力。作品『港』（1888），著書に『ドラクロアより新印象主義まで』（1899）など。
⇒岩ケ（シニャック，ポール　1863-1935）
　オ西（シニャック，ポール　1863-1935）
　外国（シニャック　1863-1935）
　芸術（シニャック，ポール　1863-1935）

広辞4（シニャック　1863-1935）
広辞5（シニャック　1863-1935）
広辞6（シニャック　1863-1935）
国小（シニャック　1863.11.11-1935.8.15）
コン2（シニャック　1863-1935）
コン3（シニャック　1863-1935）
新美（シニャック，ポール　1863.11.11-1935.8.15）
人物（シニャック　1863.11.11-1935.8.15）
西洋（シニャック　1863.11.11-1935.8.15）
世芸（シニャック，ポール　1863-1935）
世西（シニャック　1863.11.11-1935.8.15）
世美（シニャック，ポール　1863-1935）
世百（シニャック　1863-1935）
全書（シニャック　1863-1935）
大辞（シニャック　1863-1935）
大辞2（シニャック　1863-1935）
大辞3（シニャック　1863-1935）
デス（シニャック　1863-1935）
二十（シニャック，ポール　1863.11.11-1935.8.15）
百科（シニャック　1863-1935）
名著（シニャク　1863-1935）

Signorelli, Luca 〈15・16世紀〉
イタリアの画家。
⇒岩ケ（シニョレリ，ルカ　1441頃-1523）
外国（シニョレリ　1441-1528）
キリ（シニョレルリ，ルーカ　1441/50-1523.10.16）
芸術（シニョレリ，ルカ　1445/50-1523）
国小（シニョレリ　1445/50頃-1523.10.16）
国百（シニョレリ，ルカ　1445/50頃-1523.10.16）
コン2（シニョレリ　1441頃-1523）
コン3（シニョレリ　1445/50-1523）
新美（シニョレルリ，ルーカ　1445/50-1523.10.16）
人物（シニョレリ　1441頃-1523.10.16）
西洋（シニョレリ　1441頃-1523.10.16）
世西（シニョレルリ　1441頃-1523頃）
世美（シニョレッリ，ルーカ　1445/50-1523）
世百（シニョレリ　1441頃-1523）
全書（シニョレッリ　1445/50-1523）
大辞（シニョレリ　1450頃-1523）
大辞3（シニョレリ　1450頃-1523）
大百（シニョレリ　1450-1523）
デス（シニョレリ　1441-1523）
伝世（シニョレリ　1445/50頃-1523）
百科（シニョレリ　1445頃-1523）

Signorini, Telemaco 〈19・20世紀〉
イタリアの画家，美術評論家，詩人。写実的な風景画を多く描いた。
⇒国小（シニョリーニ　1835-1901）
新美（シニョリーニ，テレマコ　1835.8.18-1901.2.10）
世美（シニョリーニ，テレマコ　1835-1901）

Silaniōn 〈前4世紀〉
ギリシアの彫刻家。
⇒ギリ（シラニオン　（活動）前360頃-330）
新美（シーラーニオーン）
西洋（シラニオン　前4世紀）

Siloé, Diego de 〈15・16世紀〉
スペインの彫刻家，建築家。主要作品はブルゴス聖堂の黄金の階段（1519～23）など。
⇒キリ（シロエ，ディエゴ・デ　1495頃-1563.10.22）
芸術（シロエ，ディエゴ・デ　1495頃-1563）
建築（シロエ，ディエゴ・デ　1495頃-1563）
国小（シロエ　1495頃-1563.10.22）
新美（シロエ，ディエーゴ・デ　1495頃-1563.10.22）
西洋（シロエ　1495頃-1563.10.22）
世美（シロエ，ディエゴ・デ　1495頃-1563）

Siloé, Gil de 〈15世紀〉
ドイツ出身のスペインの彫刻家。
⇒世美（シロエ，ヒル・デ　（活動）15世紀後半）

Silvani, Gherardo 〈16・17世紀〉
イタリアの建築家，彫刻家。
⇒建築（シルヴァーニ，ゲラルド　1579-1675）
世美（シルヴァーニ，ゲラルド　1579-1675）

Silverman, Burton Philip 〈20世紀〉
アメリカのイラストレーター。
⇒児イ（Silverman, Burton Philip　シルヴァーマン, B.P.　1928-）

Silverman, Melvin Frank 〈20世紀〉
アメリカのイラストレーター。
⇒児イ（Silverman, Melvin Frank　シルヴァーマン, M.F.　1931-1966）

Silverstein, Shel 〈20世紀〉
アメリカの詩人，絵本作家。
⇒英児（Silverstein, Shel　シルヴァースタイン，シェル　1932-1999）
児イ（Silverstein, Shel　シルヴァースタイン, S.）
児文（シルヴァースタイン，シェル　1932-）
二十（シルバースタイン，シェル　1932-）

Silvetti 〈20世紀〉
アルゼンチンの建築家。ハーバード大学建築デザイン大学院準教授。
⇒二十（シルベッティ，ジョージ　1942-）

Simard, C.A. 〈20世紀〉
カナダのグラフィック・デザイナー。
⇒世芸（シマール，C・A　1943-）

Sime, Sidney Herbert 〈19・20世紀〉
イギリスの挿絵画家。ロード・ダンセイニの"The Book of Wonder"（1908），アーサ・マッケンの"The Hill of Dreams"（1910）などの幻想小説本に挿絵を描いている。
⇒幻想（シーム，シドニー・ハーバート　1867-1941）

Simeon Stylites, St 〈4・5世紀〉
シリアの聖人。大柱頭行者。アンチオキア付近で苦行を続けた。
⇒岩ケ（聖シメオン・ステュリテス　387-459）
キリ（シメオン（シュメオーン）（大）　390頃-459.7.24）

国小（シメオン 350頃-459）
新美（シュメオン・ステュリテス（聖）389/390-459）
西洋（シメオン 390頃-459.7.24/(9.2)）
ロマ（シメオン・ステュリテス 390頃-459）

Simmonds, Posy〈20世紀〉
イギリスのイラストレーター。
⇒児イ（Simmonds, Posy　シモンズ, P. 1945-）

Simmons, Edward〈19・20世紀〉
アメリカの画家。アメリカの国会図書館、マサチューセッツ州庁等の壁画を描いた。
⇒西洋（シモンズ　1852.10.27-1931.11.17）

Simon, Howard〈20世紀〉
アメリカのイラストレーター。
⇒児イ（Simon, Howard　シモーン, H. 1903-）

Simon, Lucien〈19・20世紀〉
フランスの画家。伝統的写実主義の画家。サロン・ド・ラ・ソシエテ・デ・ボーザールの創立会員の一人。
⇒芸術（シモン, リュシアン　1861-1945）
国小（シモン　1861.7.18-1945.10）
新美（シモン, リュシアン　1861.7.18-1945.10）
世芸（シモン, リュシアン　1861-1945）
二十（シモン, リュシアン　1861.7.18-1945.10）

Simone dei Crocifissi〈14世紀〉
イタリアの画家。
⇒世美（シモーネ・デイ・クロチフィッシ　14世紀後半）

Simone del Tintore〈17・18世紀〉
イタリアの画家。
⇒世美（シモーネ・デル・ティントーレ　1630頃-1708）

Simonetta Vespucci〈15世紀〉
イタリア・ルネサンス期の貴婦人。
⇒新美（シモネッタ・ヴェスプッチ　1453-1476頃）

Simonetti, Michelangelo〈18世紀〉
イタリアの建築家。
⇒世美（シモネッティ, ミケランジェロ　1724-1787）

Simonini, Francesco〈17・18世紀〉
イタリアの画家。
⇒世美（シモニーニ, フランチェスコ　1686-1753）

Simonson, Lee〈19・20世紀〉
アメリカの舞台装置家。シアター・ギルドの設立者の一人。代表作は『舞台装置の美術』（1950）など。
⇒国小（シモンソン　1888.6.26-1967.1.23）
西洋（シモンソン　1888.6.26-1967.1.23）
二十（シモンソン, リー　1888.6.26-1967.1.23）

Simont, Marc〈20世紀〉
フランスのイラストレーター。

⇒児イ（Simont, Marc　サイモント, M. 1915-）

Simpson, Adele〈20世紀〉
アメリカの女性服飾デザイナー。1946年ネーマン＝マーカス賞・アメリカファッション評論家賞を同時に受賞。
⇒大百（シンプソン　?-）

Sinan, Mimar〈15・16世紀〉
トルコの建築家。オスマン・トルコ帝国時代を代表するモスク建築家。
⇒外国（シナーン　1489-1578）
角世（シナン　1489/90-1587/88）
建築（シナン・イブン・アブド・アル＝マナン（シナン・ミマール）　1489/91-1578/88）
国小（シナン　1489頃-1587）
コン2（スィナン　1489-1587）
コン3（スィナン　1489-1587）
新美（シナン　1489-1578/88）
西洋（スィナン　1489.5.21/(4.15)-1578.7.1）
世人（ミマール＝シナン　1489/94/99-1578）
世東（シナン　1489-1578）
世芸（シナーン　1489-1578/88）
世百（シナン　1490-1579）
百科（シナン　1490-1579）

Sinding, Stephan Abel〈19・20世紀〉
ノルウェーの彫刻家。傑作『野蛮人の母』、『生の悦び』、『奴隷』などを制作、トルバルセンに続く北欧の最もすぐれた彫刻家。
⇒芸術（シンディング, ステファン　1846-1922）
国小（シンディング　1846.8.4-1922.1.23）
新美（シンディング, ステファン　1846.8.4-1922.1.23）
世芸（シンディング, ステファン　1846-1922）
二十（シンディング, ステファン・A. 1846.8.4-1922.1.23）

Singer, Robert〈20世紀〉
アメリカの美術史学者。ロサンゼルス・カウンティ美術館日本館館長。
⇒二十（シンガー, ロバート　1947-）

Singer, Winnaretta〈19・20世紀〉
アメリカの画家。
⇒世女日（シンガー, ウィナレッタ　1865-1943）

Singier, Gustave〈20世紀〉
フランスの画家, デザイナー。ベルギーからパリに移住。
⇒国小（サンジェ　1909.2.11-）
新美（サンジェ, ギュスターヴ　1909.2.11-）
世芸（サンジエ, ギュスタヴ　1909-1978）
世美（サンジェ, ギュスターヴ　1909-）
全書（サンジェ　1909-1984）
大百（サンジェ　1909-）
二十（サンジェ, ギュスターヴ　1909.2.11-1984）

Sintenis, Renée〈19・20世紀〉
ドイツの女流彫刻家。青銅の小彫刻を制作。画家ワイスの妻。
⇒国小（ジンテニス　1888-1965）
世芸（ジンテニス, ルネ　1888-1957）
世女日（シンテニス, ルネー　1888-1965）

Sinyavsky, Mikhail Isaakovich 〈20世紀〉
ソヴィエトの建築家。
⇒世美（シニャーフスキー，ミハイル・イサアコヴィチ　1895-）

Siqueiros, David Alfaro 〈20世紀〉
メキシコの画家。技法は、「ダイナミック・リアリズム」、「キネティック・パースペクティブ」と呼ばれ、伝統的な壁画のとはまったく異なる。代表作『ファシズムの挑戦』(1939)など。
⇒岩ケ（シケイロス，ダビード・アルファロ　1896-1974）
旺世（シケイロス　1896-1974）
オ西（シケイロス，ダビッド・アルファロ　1896-1974）
外国（シケイロース　1898-）
角世（シケイロス　1896-1974）
キリ（シケイロス，ダビド・アルファロ　1896.12.29-1974.1.6）
現人（シケイロス　1896.12.29-1974.1.6）
広辞5（シケイロス　1896-1974）
広辞6（シケイロス　1896-1974）
国大（アルファロ・シケイロス　1896.12.29-1974.1.6）
国小（シケイロス　1896.12.29-1974.1.6）
コン3（シケイロス　1896-1974）
新美（シケイロス，ダウィド・アルファロ　1896.12.29-1974.1.6）
人物（シケイロス　1896.12.29-）
西洋（シケイロス　1896.12.29-1974.1.7）
世芸（シケイロス，ダビド・アルファロ　1896-1974）
世西（シケイロス　1898-）
世美（シケイロス，ダビド・アルファロ　1898-1974）
世百（シケイロス　1896-）
世百新（シケイロス　1896-1974）
全書（シケイロス　1896-1974）
大辞2（シケイロス　1896-1974）
大辞3（シケイロス　1896-1974）
大百（シケイロス　1888-1974）
伝世（シケイロス　1896-1974）
ナビ（シケイロス　1896-1974）
二十（シケイロス，ダビド・アルファロ　1896.12.29-1974.1.6）
百科（シケイロス　1896-1974）
山世（シケイロス　1896-1974）
ラテ（シケイロス　1896-1974）

Sirani, Elisabetta 〈17世紀〉
イタリアの女性画家。
⇒世女（シラーニ，エリザベッタ　1638-1665）
世女日（シラーニ，エリサベッタ　1638-1665）
世美（シラーニ，エリザベッタ　1638-1665）

Sirén, Osvald 〈19・20世紀〉
フィンランド生れのスウェーデンの美術史学者。ストックホルム国立美術館の中国美術コレクションをヨーロッパで最も充実したものにした。
⇒外国（シレン　1879-）
国小（シレン　1879-1966）
西洋（シレーン　1879-1966.6.26）

Sirlin, Jörg 〈15世紀〉
ドイツの彫刻家。
⇒西美（ジルリン　1425頃-1491）
世美（ジュルリン，イェルク（父）　1425頃-1491）

Sironi, Mario 〈19・20世紀〉
イタリアの画家。ノベチェント派の創立メンバーに加わり、伝統的な人物画の復興をはかった。
⇒オ西（シローニ，マリオ　1885-1961）
国小（シローニ　1885.5.12-1961.8.15）
新美（シローニ，マーリオ　1885.5.12-1961）
人物（シローニ　1885.3.12-）
世西（シローニ　1885-）
世美（シローニ，マーリオ　1885-1961）
世百（シローニ　1885-1961）
全書（シローニ　1885-1961）
大百（シローニ　1885-1961）
二十（シローニ，マーリオ　1885.5.12-1961）

Sironi, Paolo 〈19・20世紀〉
イタリアの建築家。
⇒世美（シローニ，パーオロ　1858-1927）

Sis, Peter 〈20世紀〉
チェコ生れの児童文学者。
⇒児イ（Sis, Peter　シス，P.　1949-）
児作（Sis, Peter　シス，ピーター　1949-）

Siskind, Aaron 〈20世紀〉
アメリカの写真家。
⇒新美（シスキンド，アーロン　1903-）
二十（シスキンド，アーロン　1903-）

Sisley, Alfred 〈19世紀〉
イギリスの画家。フランスに住み、フランス印象派の代表的画家の一人に数えられる。
⇒岩ケ（シスレー，アルフレド　1839-1899）
旺世（シスレー　1839-1899）
外国（シスレー　1839-1899）
芸術（シスレー，アルフレッド　1839-1899）
広辞4（シスレー　1839-1899）
広辞6（シスレー　1839-1899）
国小（シスレー　1839.10.30-1899.1.29）
コン2（シスレー　1839-1899）
コン3（シスレー　1839-1899）
新美（シスレー，アルフレッド　1839.10.30-1899.1.29）
人物（シスレー　1839.10.30-1899.1.29）
西洋（シスレー　1839.10.30-1899.1.29）
世西（シスレー　1839-1899）
世美（シスレー，アルフレッド　1839-1899）
世百（シスレー　1839-1899）
全書（シスレー　1839-1899）
大辞（シスレー　1839-1899）
大辞3（シスレー　1839-1899）
大百（シスレー　1839-1899）
デス（シスレー　1839-1899）
百科（シスレー　1839-1899）
評世（シスレ　1839-1899）

Sisto, Fra 〈13世紀〉
イタリアの建築家。

⇒世美（シスト，フラ　?-1290）

Sitte, Camillo 〈19・20世紀〉
オーストリアの画家，建築家。著書『都市計画』(1889)。
⇒国小（ジッテ　1843-1903）
　新美（ジッテ，カミロ　1843.4.17-1903.11.16）
　世美（ジッテ，カミロ　1843-1903）
　二十（ジッテ，C.　1843-1903）
　百科（ジッテ　1843-1903）

Sitte, Willi 〈20世紀〉
ドイツ生れの画家。
⇒世芸（ジッテ，ウイリー　1921-）

Sittow, Michiel 〈15・16世紀〉
フランドルの画家，彫刻家。
⇒芸術（シトウ，ミヒール　1468-1525/26）
　世美（シットウ，ミヒール　1469-1525）

Sitwell, Sacheverell 〈20世紀〉
イギリスの詩人，美術批評家。作品に物語詩『ダン博士とガルガンチュア』(1930)などのほかに自伝(1926)，評伝，旅行記などがある。
⇒岩ケ（シトウェル，サー・サシェヴェラル　1897-1988）
　才世（シットウェル，サシェヴェレル　1897-1988）
　音大（シットウェル　1897.11.15-）
　広辞5（シトウェル　1897-1988）
　広辞6（シトウェル　1897-1988）
　国小（シトウェル　1897.11.15-）
　集世（シットウェル，サシェヴェレル　1897.11.15-1988.10.1）
　集文（シットウェル，サシェヴェレル　1897.11.15-1988.10.1）
　西洋（シトウェル　1897.11.15-）
　世文（シットウェル，サー・サシェヴァレル　1897-）
　全書（シットウェル　1897-）
　二十（シットウェル，S.　1897-?）
　二十英（Sitwell, Sir Sacheverell　1897-1988）
　百科（シットウェル姉弟）

Siza, Alvaro 〈20世紀〉
ポルトガル生れの建築家。ボルドー美術学校助教授。
⇒二十（シザ，アルヴァロ　1933-）

Skagon, Yvonne 〈20世紀〉
イギリスの版画家。
⇒児作（Skagon, Yvonne　スカーゴン，イヴォンヌ）

Skidmore, Louis 〈20世紀〉
アメリカの建築家。1936年スキッドモア・オウイングズ・メリル建築事務所を開設。おもな建築に『テラス・プラッツァ・ホテル』などがある。
⇒国小（スキッドモア　1897.4.8-1962.9.27）

Skira, Albert 〈20世紀〉
スイスの実業家。

⇒新美（スキラ，アルベール　1904.8.10-1973.9.14）
　二十（スキラ，アルベール　1904.8.10-1973.9.14）

Skljutauskajte, Adasse Iljinichna 〈20世紀〉
ロシアのイラストレーター。
⇒児イ（Skljutauskajte, Adasse Iljinichna　スクリュタウスカイテェ，A.I.　1931-）

Skobelev, Mikhail Aleksandrovich 〈20世紀〉
ロシアのイラストレーター。
⇒児イ（Skobelev, Mikhail Aleksandrovich　スコーベレフ，M.A.　1930-）

Skopas 〈前4世紀頃〉
ギリシアの彫刻家，建築家。作品に『陶酔のマイナス』『メレアグロス』など。
⇒岩ケ（スコパス　前4世紀頃）
　旺世（スコパス　生没年不詳）
　外国（スコパス　前4世紀）
　ギリ（スコパス　（活動）前370-330）
　ギロ（スコパス　前4世紀）
　芸術（スコパス）
　広辞4（スコパス）
　広辞6（スコパス）
　国小（スコパス　生没年不詳）
　コン2（スコパス　前4世紀）
　コン3（スコパス　生没年不詳）
　新美（スコパース）
　人物（スコパス　生没年不詳）
　西洋（スコパス　前4世紀）
　世人（スコパス　前395頃-前350頃）
　世西（スコパス　前420頃-340頃）
　世美（スコパス　前4世紀）
　世百（スコパス　前4世紀）
　全書（スコパス　生没年不詳）
　大辞3（スコパス　前4世紀頃）
　大百（スコパス　生没年不詳）
　デス（スコパス　生没年不詳）
　伝世（スコパス　前4世紀頃）

Skorchev, Rumen 〈20世紀〉
ブルガリアのイラストレーター。
⇒児イ（Skorchev, Rumen　スコルチェフ，R.　1932-）

Skovgaard, Peter Christian Thamsen 〈19世紀〉
デンマークの画家。
⇒新美（スコウゴール，ペーテル　1817.4.4-1875.4.13）

Skozylas, Wladyslaw 〈19・20世紀〉
ポーランドの画家。ワルシャワ工芸学校長。
⇒西洋（スコジラス　1883.4.4-1934.8.4）

Skum, Nils Nilsson 〈19・20世紀〉
サミ（ラップ人）の画家。
⇒岩ケ（スクーム，ニルス・ニルソン　1872-1951）

Slade, Felix 〈18・19世紀〉
イギリスの古物研究家，美術品収集家。
⇒岩ケ（スレイド，フェリックス　1790-1868）

Slavíček, Antonín 〈19・20世紀〉
チェコスロバキアの画家。
⇒新美（スラヴィーチェク，アントニーン　1870.5.16-1910.2.1）
二十（スラヴィーチェク，アントニーン　1870.5.16-1910.2.1）

Slevogt, Max 〈19・20世紀〉
ドイツの画家。分離派の一員。ドレスデンのオペラの舞台装飾を担当したり，版画家として『魔笛』などの挿絵も描くなど幅広く活躍した。
⇒岩ケ（スレーフォークト，マックス　1868-1932）
オ西（スレーフォークト，マックス　1868-1932）
キリ（スレーフォークト，マックス　1868.10.8-1932.9.20）
芸術（スレフォークト，マックス　1868-1932）
国小（スレフォークト　1868.10.8-1932.9.20）
コン2（スレーフォークト　1868-1932）
コン3（スレーフォークト　1868-1932）
新美（スレーフォークト，マックス　1868.10.8-1932.9.20）
西洋（スレーフォークト　1868.10.8-1932.9.20）
世芸（スレーフォークト，マックス　1868-1932）
世西（スレーフォークト　1868-1932）
世美（スレーフォークト，マックス　1868-1932）
世百（スレフォークト　1868-1932）
二十（スレーフォークト，マックス　1868.10.8-1932.9.20）

Slingeneyer, Ernest 〈19世紀〉
ベルギーの画家。ブリュッセル・アカデミー会員。主要作品『キリストの殉教』『ルナール将軍』など。
⇒芸術（スリンゲナイヤー，エルネスト　1820-1894）
国小（スリンゲナイヤー　1820.5.29-1894.4.27）

Sloan, John 〈19・20世紀〉
アメリカの画家。写実主義グループ「アシュカン派」を結成し，ニューヨークのスラム街の生活などを描く。独立美術家協会会長。
⇒岩ケ（スローン，ジョン（・フレンチ）　1871-1951）
外国（スローン　1871-1951）
キリ（スロウン，ジョン　1871.8.2-1951.9.7）
芸術（スローン，ジョン　1871-1951）
国小（スローン　1871.8.2-1951.9.7）
新美（スローン，ジョン　1871.8.2-1951.9.7）
西洋（スローン　1871.8.2-1951.9.8）
世芸（スローン，ジョン　1871-1951）
世美（スローン　1871-1951）
伝世（スローン，J.　1871.8.2-1951.9.7）
二十（スローン，ジョン　1871.8.2-1951.9.7）

Slobodkin, Louis 〈20世紀〉
アメリカの児童文学作家，挿絵画家，彫刻家。1944年，サーバーの『たくさんのお月さま』の挿絵でコールデコット賞を受賞。
⇒英児（Slobodkin, Louis　スロボトキン，ルイス　1903-1975）

児イ（Slobodkin, Louis　スロボトキン，L.　1903-1975）
児童（スロボトキン，ルイス　1903-）
児文（スロボトキン，ルイス　1903-1975）
世児（スロボトキン，ルイス　1903-1975）
二十（スロボトキン，ルイス　1903-1975）

Slobodkina, Esphyr 〈20世紀〉
ロシア生れのアメリカの女性絵本作家，挿絵画家。
⇒英児（Slobodkina, Esphyr　スロボドキナ，エスフィア　1908-）

Slodtz, Paul-Ambroise 〈18世紀〉
フランドル出身のフランスの彫刻家。
⇒世美（スロッツ，ポール＝アンブロワーズ　1702-1758）

Slodtz, René-Michel 〈18世紀〉
フランドル出身のフランスの彫刻家。
⇒世美（スロッツ，ルネ＝ミシェル　1705-1764）

Slodtz, Sébastien 〈17・18世紀〉
フランドル出身のフランスの彫刻家。
⇒世美（スロッツ，セバスティアン　1655-1726）

Slodtz, Sébastien-Antoine 〈17・18世紀〉
フランドル出身のフランスの彫刻家。
⇒世美（スロッツ，セバスティアン＝アントワーヌ　1695-1754）

Slowingsky, Tim 〈20世紀〉
アメリカ生れの画家。
⇒世芸（スロヴィンスキー，ティム　1957-）

Sluter, Claus 〈14・15世紀〉
オランダの彫刻家。ゴシック末期に活動。
⇒岩ケ（スリューテル，クラウス　1350頃-1405頃）
キリ（スリューテル，クラウス　1350頃-1406頃）
芸術（スリューター，クラウス　?-1406頃）
広辞4（スリューテル　1350頃-1405頃）
広辞6（スリューテル　1350頃-1405頃）
国小（スリューテル　1350頃-1406.1.30）
国百（スリューテル，クラウス　1350頃-1406）
コン2（スリューテル　1340頃-1405/6）
コン3（スリューテル　1340頃-1405/6）
新美（スリューテル，クラウス　1350/-60頃-1405/6）
西洋（スリューテル　1340頃-1405.9.24/06.1.30）
世西（スリューテル　?-1406）
世美（スリューテル，クラウス　?-1405/06）
世百（スリューテル　?-1406）
全書（スリューテル　1340/60-1405/06）
大百（スリューテル　1340/50-1405/06）
伝世（スリューテル　1350頃-1405/6）
百科（スリューテル　1340/50-1405/06）

Sluyters, Jan 〈19・20世紀〉
オランダの画家。
⇒世美（スライテルス，ヤン　1881-1957）

Small, Mary 〈20世紀〉
イギリス生れのオーストラリアの女性作家,絵本作家。
⇒英児（Small, Mary　スモール,メアリ　1932-）

Smargiassi, Gabriele 〈18・19世紀〉
イタリアの画家。
⇒世美（ズマルジャッシ,ガブリエーレ　1798-1882）

Smart, John 〈18・19世紀〉
イギリスの細密画家。美術家協会会長。
⇒国小（スマート　1741.5.1-1811.5.1）

Smbatja, Karen Vaganovich 〈20世紀〉
ロシアのイラストレーター。
⇒児イ（Smbatja, Karen Vaganovich　スムバーチャ,K.V.　1932-）

Smibert, John 〈17・18世紀〉
アメリカの初期の肖像画家。アメリカ初期肖像画の新しい伝統を築いた。
⇒国小（スマイバート　1688.4.2-1751.3.2）
　新美（スマイバート,ジョン　1688.4.2-1751.3.2）
　西洋（スマイバート　1688.4.2-1751.3.2）

Smirke, Sir Robert 〈18・19世紀〉
イギリスの建築家。1799年王立アカデミーの金賞を受賞。1806年ロンスデール公の巨大な城館ラウザー宮を設計。
⇒岩ケ（スマーク,サー・ロバート　1781-1867）
　建築（スマーク,サー・ロバート　1780-1867）
　国小（スマーク　1781.10.1-1867.4.18）
　新美（スマーク,ロバート　1781.10.1-1867.4.18）
　西洋（スマーク　1781-1867.4.18）
　世西（スマーク　1781-1867）
　世美（スマーク,ロバート　1780-1867）
　全書（スマーク　1781-1867）
　大百（スマーク　1781-1867）
　百科（スマーク　1781-1867）

Smith, Alvin 〈20世紀〉
アメリカのイラストレーター。
⇒児イ（Smith, Alvin　スミス,A.　1933-）

Smith, Bernard 〈20世紀〉
オーストラリアの美術評論家。
⇒才世（スミス,バーナード　1916-）
　二十英（Smith, Bernard　1916-）

Smith, David 〈20世紀〉
アメリカの金属彫刻家。鉄材による造形の新しい方向を追求した。主要作品『頭部』(1938)、『ハドソン川風景』など。
⇒岩ケ（スミス,デイヴィド・R（ローランド）1906-1965）
　才西（スミス,デイヴィッド　1906-1965）
　現人（スミス　1906.3.9-）
　国小（スミス　1906-1965）
　コン3（スミス　1906-1965）
　新美（スミス,デイヴィッド　1906.3.9-1965.5.23）
　西洋（スミス　1906.3.9-1965.5.23）
　世芸（スミス,デイヴィド　1906-1965）
　世美（スミス,デイヴィド　1906-1965）
　全書（スミス　1908-1965）
　大辞2（スミス　1906-1965）
　大辞3（スミス　1906-1965）
　伝世（スミス, David　1906-1965.4.23）
　二十（スミス,デイビッド　1908(06)-1965.5.23）

Smith, Doris 〈20世紀〉
フランスのイラストレーター。
⇒児イ（Smith, Doris　スミス,D.　1949-）

Smith, E.Boyd 〈19・20世紀〉
アメリカの挿絵画家。
⇒児イ（Smith, E.Boyd　1860-1943）

Smith, Harry 〈20世紀〉
アメリカ生れのアニメーション作家,画家。
⇒世映（スミス,ハリー　1923-1991）

Smith, I. 〈20世紀〉
アメリカの写真家。
⇒二十（スミス,I.　1950-）

Smith, Jack 〈20世紀〉
アメリカ生れの映像作家,男優。
⇒世映（スミス,ジャック　1932-1989）

Smith, Jessie Wilcox 〈19・20世紀〉
アメリカの挿絵画家。
⇒世児（スミス,ジェシー・ウィルコックス　1863-1935）
　世女日（スミス,ジェシー・ウィルコックス　1863-1935）

Smith, John 〈18・19世紀〉
イギリスの画家。
⇒世美（スミス,ジョン　1749-1831）

Smith, John Raphael 〈18・19世紀〉
イギリスの画家。メゾチント銅版法を学び、この分野の第一人者となった。
⇒国小（スミス　1752-1812.3.2）

Smith, Lane 〈20世紀〉
アメリカのイラストレーター。
⇒児イ（Smith, Lane　スミス,L.　1959-）
　児作（Smith, Lane　スミス,レイン　1959-）

Smith, Lawrence Beall 〈20世紀〉
アメリカのイラストレーター。
⇒児イ（Smith, Lawrence Beall　スミス,L.B.　1909-）

Smith, Sir Matthew 〈19・20世紀〉
イギリスの画家。原色を大胆に用いた静物や風景を描いた。イギリスにフォービスムを紹介し

た画家の一人。
⇒岩ケ（スミス, サー・マシュー・アーノルド・ブレイシー 1879-1959）
　芸術（スミス, マシュー 1879-1948）
　国小（スミス 1879-1959）
　世芸（スミス, マシュー 1879-1948）
　世美（スミス, マシュー 1879-1959）

Smith, Ned 〈20世紀〉
アメリカのイラストレーター。
⇒児イ（Smith, Ned スミス, N.）

Smith, Oliver 〈20世紀〉
アメリカの舞台装置家。『サウンド・オブ・ミュージック』(1959)などのミュージカルの装置で有名。
⇒国小（スミス 1918-）
　世俳（スミス, オリヴァー）
　二十（スミス, オリヴァー）
　バレ（スミス, オリヴァー 1918.2.13-1994）

Smith, Ray 〈20世紀〉
イギリスのイラストレーター。
⇒児イ（Smith, Ray スミス, R. 1949-）

Smith, Richard 〈20世紀〉
イギリスの画家。
⇒新美（スミス, リチャード 1931.10.27-）
　世美（スミス, リチャード 1931-）
　二十（スミス, リチャード 1931.10.27-）
　美術（スミス, リチャード 1931-）

Smith, Robert 〈18・19世紀〉
イギリスのエンジニア。
⇒建築（スミス, ロバート 1787-1873）

Smith, Tony (Anthony Peter) 〈20世紀〉
アメリカの彫刻家, 建築家。ミニマル・アートをはじめとする立体表現に影響をおよぼした。
⇒新美（スミス, トニー 1912-1980.12）
　世美（スミス, トニー 1912-1980）
　全書（スミス 1912-1981）
　二十（スミス, トニー 1912-1981）
　美術（スミス, アンソニー 1912-）

Smith, Vincent Arthur 〈19・20世紀〉
イギリスのインド学者。"The Oxford History of India"(1920)などの著書がある。
⇒外国（スミス 1848-1923頃）
　国小（スミス 1848-1920）
　コン2（スミス 1848-1920）
　コン3（スミス 1848-1920）
　新美（スミス, ヴィンセント・アーサー 1848-1920.2）
　人物（スミス 1848-1920）
　西洋（スミス 1848-1920.2）
　世東（スミス 1848-1923）
　二十（スミス, ビンセント・オーサー 1848-1920）
　名著（スミス 1848-1920）
　歴史（スミス 1848-1920）

Smith, Wallace 〈19・20世紀〉
アメリカの挿絵画家, 作家。
⇒幻文（スミス, ウォリス 1887-1937）

Smith, William Arthur 〈20世紀〉
アメリカのイラストレーター。
⇒児イ（Smith, William Arthur スミス, W.A. 1918-）

Smith, William Eugene 〈20世紀〉
アメリカの写真家。『ライフ』誌の従軍写真家として太平洋戦争を取材, 第一級報道写真家として国際的に著名。
⇒アメ（スミス 1918-1978）
　岩ケ（スミス, W（ウィリアム）・ユージン 1918-1978）
　現人（スミス 1918.12.30-）
　広辞5（スミス 1918-1978）
　広辞6（スミス 1918-1978）
　国小（スミス 1918.12.30-）
　コン3（スミス 1918-1978）
　最世（スミス, W・ユージン 1918-1978）
　新美（スミス, ユージン 1918.12.20-1978.10.15）
　西洋（スミス 1918.12.30-1978.10.15）
　世芸（スミス, ユージン 1918-）
　世百新（スミス 1918-1978）
　全書（スミス 1918-1978）
　大辞2（スミス 1918-1978）
　大辞3（スミス 1918-1978）
　ナビ（スミス 1918-1978）
　二十（スミス, ウィリアム・E. 1918-1978）
　二十（スミス, ユージン 1918.12.30-1978.10.15）
　日人（スミス 1918-1978）
　百科（スミス 1918-1978）

Smithson, Alison Margaret 〈20世紀〉
イギリスの女流建築家。夫婦での共同作品『ハンスタントン中学校』(1954)は, ブルータリズム(Brutalism)なる語を生んだ。
⇒現人（スミッソン 1928.6.22-）
　スパ（スミッソン, アリソン 1928-）
　世女（スミッソン, アリソン 1928-1993）
　世女日（スミスソン, アリソン 1928-1993）
　世美（スミスソン（夫妻））

Smithson, Huntingdon 〈17世紀〉
イギリスの建築家。
⇒世美（スミスソン, ハンティドン ?-1678）

Smithson, John 〈17世紀〉
イギリスの建築家。
⇒世美（スミスソン, ジョン ?-1634）

Smithson, Peter Denham 〈20世紀〉
イギリスの建築家。夫婦での共同作品『ハンスタントン中学校』(1954)は, ブルータリズム(Brutalism)なる語を生んだ。
⇒現人（スミッソン 1923.9.18-）
　世美（スミスソン（夫妻））

Smithson, Robert 〈20世紀〉
アメリカのアースワーカー。
⇒岩ケ（スミスソン，ロバート　1938–1973）
　世美（スミスソン，ロバート　1938–1973）
　美術（スミッツソン，ロバート　1938–）

Smits, Jakob 〈19・20世紀〉
オランダ生れだがベルギーで過ごした画家。
⇒オ西（スミッツ，ヤーコプ　1855–1928）

Smythe, J.Louis 〈19世紀〉
アイルランドの挿絵画家。
⇒児イ（Smythe, J.Louis　1880–?）

Smythe, Reg(inald Smith) 〈20世紀〉
イギリスの漫画家。新聞の連続漫画、アンディー・カップの作者。
⇒岩ケ（スマイズ，レッジ(レジナルド・スミス)　1917–）

Smythson, Robert 〈16・17世紀〉
イギリスの建築家。誇大かつ華麗なウーラトン・ホールを建てた。
⇒岩ケ（スマイズソン，ロバート　1535頃–1614）
　建築（スミスソン，ロバート　1536頃–1614）
　国小（スマイズソン　1535頃–1614）
　新美（スミスソン，ロバート　1535頃–1614）
　世美（スミスソン，ロバート　1536頃–1614）

Snefru 〈前27・26世紀頃〉
エジプト第3王朝の王。
⇒外国（スネフルー　前27世紀頃）
　皇帝（スネフル　?–前2553頃）
　コン2（スネフル）
　コン3（スネフル　生没年不詳）
　新美（スネフル）
　西洋（スネフル）
　統治（スネフェル　(在位)前2680頃–2640頃）

Snelson, Kenneth 〈20世紀〉
アメリカの彫刻家。
⇒美術（スネルスン，ケネス　1927–）

Snow, Michael 〈20世紀〉
カナダ生れの映像作家。
⇒世映（スノウ，マイクル　1929–）

Snowdon, Antony Armstrong-Jones, 1st Earl of 〈20世紀〉
イギリスの写真家、設計者。
⇒岩ケ（スノードン，アントニー・アームストロング＝ジョーンズ，初代伯爵　1930–）

Snyder, Jerome 〈20世紀〉
アメリカのイラストレーター。
⇒児イ（Snyder, Jerome　スナイダー, J.　1916–）

Snyders, Frans 〈16・17世紀〉
フランドルの画家。卓抜した技倆をもって静物画、動物画を描いた。
⇒岩ケ（スネイデルス，フランス　1579–1657）
　芸術（スネイデルス，フランス　1579–1657）
　国小（スネイデルス　1579.11.11–1657.8.19）
　新美（スネイデルス，フランス　1579–1657.8.19）
　人物（スナイデルス　1579.11.11–1657.8.19）
　西洋（スナイデルス　1579.11.11–1657.8.19）
　世西（スナイデルス　1579–1657）
　世美（スネイデルス，フランス　1579–1657）
　世百（スナイデルス　1579–1657）
　全書（スナイデルス　1579–1657）
　大百（スナイデルス　1579–1657）
　百科（スナイデルス　1579–1657）

Soane, Sir John 〈18・19世紀〉
イギリスの建築家。代表作品は英国銀行（1795～1827）、ピッツァンガー館（1802）など。
⇒岩ケ（ソーン，サー・ジョン　1753–1837）
　建築（ソーン，サー・ジョン　1753–1837）
　国小（ソーン　1753.9.10–1837.1.20）
　コン2（ソーン　1753–1837）
　コン3（ソーン　1753–1837）
　新美（ソーン，ジョン　1753.9.10–1837.1.20）
　西洋（ソーン　1752.9.10–1837.1.20）
　世美（ソーン，ジョン　1753–1837）
　百科（ソーン　1753–1837）

Soares dos Reis, António 〈19世紀〉
ポルトガルの彫刻家。
⇒新美（ソアレス・ドス・レイス，アントニオ　1847.10.14–1889.2.16）

Soave, Felice 〈18・19世紀〉
イタリアの建築家。
⇒世美（ソアーヴェ，フェリーチェ　1749–1803）

Sobre, Jean-Nicolas 〈18・19世紀〉
フランスの建築家。
⇒建築（ソブル，ジャン＝ニコラ　1755頃–1805）
　世美（ソーブル，ジャン＝ニコラ　1755/60–1802以降）

Sobrino, Francisco 〈20世紀〉
スペインの美術家。1960年創設の"視覚芸術探究グループ"のメンバー。
⇒美術（ソブリノ，フランシスコ　1932–）

Socrate, Carlo 〈19・20世紀〉
イタリアの画家。
⇒世美（ソークラテ，カルロ　1889–1967）

Sodoma, Il 〈15・16世紀〉
イタリアの画家。16世紀シエナ派の代表的画家。
⇒岩ケ（ソドマ，イル　1477–1549）
　キリ（ソドマ　1477–1549.2.15）
　芸術（ソドマ　1477–1549）
　国小（ソドマ　1477–1549.2.14）
　コン2（ソドマ　1477–1549）
　コン3（ソドマ　1477–1549）
　新美（ソードマ　1477–1549.2.14/15）
　西洋（ソドマ　1477–1549.2.15）
　世美（ソドマ　1477–1549）
　世百（ソドマ　1477–1549）

全書（ソドマ　1477-1549）
大辞（ソドマ　1477-1549）
大辞3（ソドマ　1477-1549）
大百（ソドマ　1477-1549）
伝世（ソドマ　1477-1549）
百科（ソドマ　1477-1549）

Soffici, Ardengo 〈19・20世紀〉
イタリアの画家, 小説家, 詩人。未来主義を主張。主著, 詩集『BIF§Zf+18』(1915), 小説『レモニオ・ボレオ』(1912)。
⇒国小（ソッフィーチ　1879-1964）
集世（ソッフィチ, アルデンゴ　1879.4.7-1964.8.19）
集文（ソッフィチ, アルデンゴ　1879.4.7-1964.8.19）
新美（ソッフィチ, アルデンゴ　1879.4.7-1964.8.19）
西洋（ソフィチ　1879.4.7-1964.8.19）
世美（ソッフィチ, アルデンゴ　1879-1964）
世文（ソッフィチ, アルデンゴ　1879-1964）
全書（ソッフィチ　1879-1964）
二十（ソッフィチ, アルデンゴ　1879.4.7-1964.8.19）
百科（ソフィッチ　1879-1964）

Sofronova, Antonina Fedorovna 〈20世紀〉
ロシアの画家。
⇒世女日（ソフローノヴァ, アントーニナ　1892-1966）

Sogliani, Giovanni Antonio 〈15・16世紀〉
イタリアの画家。
⇒世美（ソリアーニ, ジョヴァンニ・アントーニオ　1492-1544）

Sogni, Giuseppe 〈18・19世紀〉
イタリアの画家。
⇒世美（ソーニ, ジュゼッペ　1795-1874）

Sohrāb Sepehrī 〈20世紀〉
イランの詩人, 画家。
⇒集世（ソフラーブ・セペフリー　1928-1980.4.21）
集文（ソフラーブ・セペフリー　1928-1980.4.21）

Sokolov, N.A. 〈20世紀〉
ソ連の画家。
⇒二十（ソコロフ, N.A.　1903-）

Solá, Antonio 〈18・19世紀〉
スペインの彫刻家。
⇒新美（ソラー, アントニオ　1782頃-1861.6.7）

Solana, José Gutiérrez 〈19・20世紀〉
スペインの画家。
⇒新美（ソラーナ, ホセー・グティエレス　1886.2.28-1945.6.24）
スペ（ソラーナ　1885-1945）
世芸（ソラーナ, ホセ・グティエルレス　1885-1945）

世百新（ソラーナ　1885-1945）
全書（ソラーナ　1886-1945）
二十（ソラーナ, ホセ・グティエレス　1886(85).2.28-1945.6.24）
百科（ソラーナ　1885-1945）

Solanas, Valerie 〈20世紀〉
アメリカ女性。ポップ・アートの代表的作家アンディー・ウォーホールを狙撃した猛女。
⇒スパ（ソラナス, ヴァレリー　?-）

Solari, Andrea 〈15・16世紀〉
イタリアの画家。1495～1524年頃活躍。代表作『緑色のクッションの聖母』(1507)。
⇒キリ（ソラーリオ（ソラーリ）, アンドレーア　1470頃-1524）
芸術（ソラリオ, アンドレア　1458-1515以後）
国小（ソラーリ　生没年不詳）
新美（ソラーリ, アンドレーア　1470/-5頃-1524）
西洋（ソラーリ　1458-1520頃）
世美（ソラーリオ, アンドレーア　1473頃-1524）

Solari, Antonio 〈16世紀〉
イタリアの画家。1495～1514頃活躍。
⇒国小（ソラーリ　生没年不詳）
世美（ソラーリオ, アントーニオ　(活動)16世紀初頭）

Solari, Cristoforo 〈15・16世紀〉
イタリアの彫刻家, 建築家。代表作『ロドビコ・イル・モロとベアトリンチェ・デステの墓』(1497～99)。
⇒キリ（ソラーリオ（ソラーリ）, クロストーフォロ　1460頃-1527）
建築（ソラリオ（ソラリ）, クリストーフォロ　1460頃-1527）
国小（ソラーリ　?-1527）
新美（ソラーリ, クリストーフォロ　1460頃-1527）
西洋（ソラーリ　15世紀）
世美（ソラーリオ, クリストーフォロ　1460頃-1527）

Solari, Giovanni 〈15世紀〉
イタリアの建築家。ミラノの大聖堂の仕事などを行う。
⇒国小（ソラーリ　1410頃-1480）
世美（ソラーリ, ジョヴァンニ　1410頃-1480頃）

Solari, Guiniforte 〈15世紀〉
イタリアの建築家。ジョハンニの息子。ミラノのオスペダーレ・マジョーレ, サンタ・マリア・デレ・グラツィエなど, 聖堂の内部などを手がける。
⇒建築（ソラーリ, グイニフォルテ　1429-1481）
国小（ソラーリ　1427-1481）
新美（ソラーリ, グイニフォルテ　1429-1481.1）
世美（ソラーリ, グイニフォルテ　1429-1481）

Solari, Pietro Antonio 〈15世紀〉
イタリアの建築家, 彫刻家。ロシアに赴き, グラノビターヤ宮殿を建造。
⇒国小（ソラーリ　1450以後-1493）

新美（ソラーリ，ピエトロ・アントーニオ　1450
　　以後-1493）
世美（ソラーリ，ピエトロ・アントーニオ　1450
　　頃-1493）

Solari, Santino 〈16・17世紀〉
イタリアの建築家，彫刻家。
⇒新美（ソラーリ，サンティーノ　1576-1646.4.10）
　世美（ソラーリ，サンティーノ　1576-1646）

Solario, Antonio 〈14・15世紀〉
イタリアの画家。
⇒岩ケ（ソラリオ，アントニオ　1382頃-1455）

Solbert, Ronni G. 〈20世紀〉
アメリカのイラストレーター。
⇒児イ（Solbert, Ronni G.　1925-）

Soldati, Atanasio 〈20世紀〉
イタリアの画家。
⇒世美（ソルダーティ，アタナージオ　1896-1953）

Sole, Giovan Gioseffo dal 〈17・18世紀〉
イタリアの画家。
⇒世美（ソーレ，ジョヴァン・ジョゼッフォ・ダル　1654-1719）

Sole Carme 〈20世紀〉
スペインのイラストレーター。
⇒児イ（Sole Carme　ソレ，C.　1944-）

Soleri, Paolo 〈20世紀〉
イタリアの建築家。コサンティ財団主宰。
⇒世美（ソレーリ，パーオロ　1919-）
　二十（ソレリ，パオロ　1919-）

Solger, Karl Wilhelm Ferdinand 〈18・19世紀〉
ドイツ・ロマン主義の美学者。主著『エルウィン』(1815)，『美学講義』(1829)。
⇒外国（ゾルガー　1780-1819）
　国小（ゾルガー　1780.11.28-1819.10.25）
　コン2（ゾルガー　1780-1819）
　コン3（ゾルガー　1780-1819）
　集世（ゾルガー，カール・ヴィルヘルム・フェルディナント　1780.11.28-1819.10.25）
　集文（ゾルガー，カール・ヴィルヘルム・フェルディナント　1780.11.28-1819.10.25）
　西洋（ゾルガー　1780.11.28-1819.10.20）
　世百（ゾルガー　1780-1819）
　名著（ゾルガー　1780-1819）

Soli, Giuseppe Maria 〈18・19世紀〉
イタリアの建築家。
⇒建築（ソリ，ジュゼッペ・マリア　1748-1823）
　世美（ソーリ，ジュゼッペ・マリーア　1745-1823）

Solimena, Francesco 〈17・18世紀〉
イタリアの画家。通称L'Abbate Ciccio。後期バロックのナポリの代表的な画家。

⇒芸術（ソリメナ，フランチェスコ　1657-1747）
　国小（ソリメーナ　1657.10.4-1747.4.3）
　新美（ソリメーナ，フランチェスコ　1657.10.4-1747.4.5）
　西洋（ソリメーナ　1657.10.4-1747.4.5）
　世美（ソリメーナ，フランチェスコ　1657-1747）

Solis, Virgil 〈16世紀〉
ドイツの版画家。聖書の挿絵も描く。
⇒芸術（ゾリス，ヴィルギル　1514-1562）
　国小（ゾーリス　1514-1562）
　新美（ゾーリス，ヴィルギール　1514-1562.8.1）

Solomon 〈前10世紀頃〉
イスラエル統一王国3代目の王（在位前961～922）。エルサレム神殿を建築。
⇒逸話（ソロモン　前967-前928頃）
　岩ケ（ソロモン（旧約聖書）　前10世紀）
　旺世（ソロモン　生没年不詳）
　外国（ソロモン　?-前933頃）
　角世（ソロモン　（在位)前961?-前922?）
　教育（ソロモン　前900頃）
　広辞4（ソロモン）
　広辞6（ソロモン　（在位)前961頃-前922頃）
　皇帝（ソロモン　?-前922）
　国小（ソロモン　生没年不詳）
　コン2（ソロモン（シェロモ））
　コン3（ソロモン（シェロモ））
　新美（ソロモン）
　人物（ソロモン　前971頃-932頃）
　聖書（ソロモン　（在位)前965頃-926）
　西洋（ソロモン）
　世人（ソロモン　生没年不詳）
　世西（ソロモン　前990頃-933頃）
　世東（ソロモン　前990頃-933頃）
　世百（ソロモン）
　全書（ソロモン　生没年不詳）
　大辞（ソロモン　前10世紀頃）
　大辞3（ソロモン　前10世紀頃）
　大百（ソロモン　?-前930頃）
　デス（ソロモン）
　伝世（ソロモン　?-前925頃）
　統治（ソロモン〔シェローモー〕　（在位)前970-931）
　百科（ソロモン　?-前928頃）
　評世（ソロモン　生没年不詳）
　山世（ソロモン　生没年不詳）
　歴史（ソロモン）

Solomon, Solomn Joseph 〈19・20世紀〉
イギリスの画家，迷彩法の考案者。
⇒ユ人（ソロモン，ソロモン・ジョセフ　1860-1927）

Solotareff, Gregoire 〈20世紀〉
フランスのイラストレーター。
⇒児イ（Solotareff, Gregoire　ソロタレフ，G.　1953-）

Somaini, Francesco 〈20世紀〉
イタリアの彫刻家。
⇒新美（ソマイニ，フランチェスコ　1926.8.6-）
　世美（ソマイーニ，フランチェスコ　1926-）

Sommaruga, Giuseppe〈19・20世紀〉
イタリアの建築家。
⇒世美（ソンマルーガ, ジュゼッペ 1867-1917）

Sommershield, Rose〈20世紀〉
アメリカのイラストレーター。
⇒児イ（Sommershield, Rose）

Sonck, Lars〈19・20世紀〉
フィンランドの建築家。
⇒世美（ソンク, ラーシュ 1870-1956）

Sonderborg〈20世紀〉
デンマークの画家。
⇒新美（ゾンダーボルグ 1923.4.5-）
　二十（ゾンダーボルグ 1923.4.5-）

Sonnenstern〈20世紀〉
ドイツの画家。
⇒新美（ゾンネンシュターン 1892.9.11-1982.5.11）
　二十（ゾンネンシュターン 1892.9.11-1982.5.11）

Sonnier, Keit〈20世紀〉
アメリカ生れの彫刻家。
⇒世芸（ソニア, ケース 1941-）

Sonnler, Kelth〈20世紀〉
アメリカの美術家。
⇒美術（ソニエ, ケイス 1941-）

Sooster, Julo Iokhannesovich〈20世紀〉
ロシアのイラストレーター。
⇒児イ（Sooster, Julo Iokhannesovich ソオーステル, J.I. 1924-1969）

Soper, Alexander Coburn〈20世紀〉
アメリカの東洋美術史学者。日本の建築史を研究し, 『日本仏教建築の展開』（1942）として発表。
⇒西洋（ソーパー 1904.2.18-）

Soper, Eileen Alice〈20世紀〉
イギリスのイラストレーター。
⇒児イ（Soper, Eileen Alice　ソーパー, E.A. 1905-）

Sophilos〈前6世紀頃〉
アテネの黒絵式陶画家。前590～70年頃活躍。代表作『パトロクロスの葬礼競技』。
⇒国小（ソフィロス　生没年不詳）

Soratini, Paolo〈17・18世紀〉
イタリアの建築家。
⇒世美（ソラティーニ, パーオロ 1682-1762）

Sorel, Edward〈20世紀〉
アメリカのイラストレーター。
⇒児イ（Sorel, Edward　ソーレル, E. 1929-）

Sorensen, Henri〈20世紀〉
デンマークの画家。
⇒児作（Sorensen, Henri　ソレンセン, アンリ 1950-）

Sörgel, Hermann〈19・20世紀〉
ドイツの建築家, 建築学者。建築芸術における空間性を重視した。
⇒西洋（ゼルゲル 1885-）

Sorgh Hendrick〈17世紀〉
オランダの画家。
⇒世美（ソルフ, ヘンドリック 1609/11-1670）

Soria, Giovanni Battista〈16・17世紀〉
イタリアの建築家。
⇒世美（ソリーア, ジョヴァンニ・バッティスタ 1581-1651）

Soria y Mata, Arturo〈19・20世紀〉
スペインの都市計画家, 美術理論家。
⇒世美（ソリア・イ・マータ, アルトゥーロ 1844-1920）

Sorman, Steven〈20世紀〉
アメリカ生れの画家。
⇒世芸（ソルマン, ステファン 1948-）

Sorolla y Bastida, Joaquín〈19・20世紀〉
スペインの画家。スペイン印象派の代表者で肖像, 風景, 庶民生活などを描いた。特に日光の取扱い方の巧みさで著名。
⇒岩ケ（ソロリャ・イ・バスティダ, ホアキン 1863-1923）
　芸術（ソローヤ・イ・バスティダ, ホアキン 1863-1923）
　新美（ソローリャ・イ・バスティーダ, ホアキーン 1863.2.27-1923.8.11）
　スペ（ソローリャ 1863-1923）
　西洋（ソロリャ・イ・バスティダ 1863.2.27-1923.8.11）
　世芸（ソローヤ・イ・バスティダ, ホアキン 1863-1923）
　二十（ソローリャ・イ・バスティダ 1863-1923）
　百科（ソローリャ 1863-1923）

Sorri, Pietro〈16・17世紀〉
イタリアの画家。
⇒世美（ソッリ, ピエトロ 1556頃-1621頃）

Sosibios〈前1世紀〉
ギリシアの彫刻家。
⇒世美（ソシビオス　前1世紀）

Sosibius〈1世紀〉
アウグストゥス時代のアテナイの彫刻家。
⇒コン2（ソシビウス　1世紀）
　コン3（ソシビウス　生没年不詳）

Sosos〈前2世紀〉
ギリシアのモザイク制作家。
⇒世美（ソソス　前2世紀）

Sostratus〈前3世紀〉
ギリシアの建築家。
⇒ギロ（ソストラトス　前3世紀）

Soteras, Georges〈20世紀〉
スペイン生れの画家。
⇒世芸（ソートラス、ジョージ　1917-）

Sotio, Alberto〈12世紀〉
イタリアの画家。
⇒世芸（ソーティオ、アルベルト　（活動）12世紀後半）

Soto, Jésus-Raphaël〈20世紀〉
パリ在住の美術家。1960年代のキネティック・アート（動きの芸術）で最も代表的な作家と目された。66年ベネチア・ビエンナーレで大賞受賞。
⇒オ西（ソト、ヘズス・ラファエル　1923-）
　現人（ソト　1923.6.25-）
　新美（ソト、ラファエル　1923-）
　二十（ソト、J.ラファエル　1923.6.5-）
　美術（ソト　1923-）

Sotomayor, Antonio〈20世紀〉
ボリヴィアのイラストレーター。
⇒児イ（Sotomayor, Antonio　ソトゥーマヨー、A.　1904-）

Sottosass, Ettore, Jr.〈20世紀〉
イタリアのデザイナー。事務機器メーカー、オリベッティ社の電子部門のプロダクト・デザイナーとなり、電子計算機、電動タイプライターなどをデザイン。
⇒岩ケ（ソットサス、エットレ、2世　1917-）
　現人（ソットサス　1917-）
　新美（ソットサス、エットーレ　1917.9.14-）
　世百新（ソットサス　1917-）
　二十（ソットサス、エットーレ（Jr）1917.9.14-）
　百科（ソットサス　1917-）

Soufflot, Jacques Germain〈18世紀〉
フランスの建築家。国王の首席建築家。
⇒岩ケ（スフロ、ジャック・ジェルマン　1713-1780）
　建築（スフロ、ジャック＝ジェルマン　1713-1780）
　国小（スフロー　1713.7.22-1780.7.29）
　コン2（スフロ　1713-1780）
　コン3（スフロ　1713-1780）
　新美（スフロ、ジャック＝ジェルマン　1713.7.22-1780.7.29）
　西洋（スフロ　1713.7.22-1780.8.29）
　世西（スーフロ　1713-1780）
　世百（スフロ、ジャック＝ジェルマン　1713-1780）
　世百（スーフロー　1713-1780）
　全書（スーフロー　1713-1780）
　大辞3（スフロ　1713-1780）

大百（スフロー　1713-1780）
伝世（スフロー　1713.7.22-1780.8.29）
百科（スフロ　1713-1780）

Soulages, Pierre〈20世紀〉
フランスの画家。鉄骨を思わせるような力強い直線と重厚な色彩をもって簡潔で力強い独自の空間を創造した。
⇒オ西（スーラージュ、ピエール　1919-）
　外国（スーラージュ　1919-）
　国小（スーラージュ　1919.12.24-）
　コン3（スーラージュ　1919-）
　新美（スーラージュ、ピエール　1919.12.24-）
　人ория（スーラージュ　1919-）
　西洋（スーラージュ　1919.12.24-）
　世芸（スーラージュ、ピエール　1919-）
　世美（スーラージュ、ピエール　1919-）
　世百（スーラージュ　1919-）
　全書（スーラージュ　1919-）
　大辞2（スーラージュ　1919-）
　大辞3（スーラージュ　1919-）
　大百（スーラージュ　1919-）
　伝世（スラージュ　1919.12.24-）
　ナビ（スーラージュ　1919-）
　二十（スーラージュ、ピエール　1919.12.24-）

Souriau, Étienne〈20世紀〉
フランスの哲学者、美学者。実験美学のための美学研究所をソルボンヌに創立し、映画学に糸口をつけ、流行に先立って構造主義的方法を援用する。フランス美学会会長。
⇒外国（スーリオー　1892-）
　国小（スリオ　1892.4.26-）
　西洋（スーリオ　1892.4.26-1979.11.19）
　世映（スーリオ、エティエンヌ　1892-1979）
　全書（スリオ　1892-1979）
　二十（スリオ、E.　1892-1979）
　名著（スーリオー　1892-）

Souriau, Paul〈19・20世紀〉
フランスの美学者。機械の美に注目し、有用性に基づく機能主義的美学を先取りした。
⇒科大（ポール・スリオ　1852-1926）
　国小（スーリオ　1852-1926）
　西洋（スーリオー　1852-1926）
　世百（スーリオ　1852-1926）

Sousa Byrne, Goncalo〈20世紀〉
ポルトガルの建築家。
⇒二十（ソウザ・ビルネ、ゴンサーロ　1941-）

Sousanna
旧約聖書『ダニエル書』に付随する外典『スザンナ書』に登場する女性。
⇒キリ（スサンナ）
　新美（スザンナ）
　世美（スザンナ）
　大辞（スザンナ）
　百科（スザンナ）

Soutine, Chaim〈20世紀〉
ロシア系フランスの画家。
⇒岩ケ（スーティン、シャイム　1893-1943）
　オ西（スーティン、シャイム（ハイム）　1894-1943）

外国（スーティン　1894-1939）
広辞5（スーチン　1894-1943）
広辞6（スーチン　1894-1943）
国小（スーティン　1894-1943.8.9）
コン3（スーチン　1894-1943）
新美（スーチン，ハイム（シャイム）　1894-1943.8.9）
人物（スーチン　1894-1943.8.9）
西洋（スティーン　1894-1943.8.9）
世芸（スーティーヌ，カイム　1894-1943）
世芸（スーティン，シャイム　1893-1943）
世西（スーティン　1894-1943）
世美（スーティン，ハイム　1894-1943）
世百（スーティン　1894-1943）
世百新（スーティン　1894-1943）
全書（スチーン　1893-1943）
大辞2（スーチン　1894-1943）
大辞3（スーチン　1894-1943）
大百（スーチン　1894-1943）
伝世（スーティン　1894-1943.8.9）
二十（スーティン，ハイム　1894-1943.8.9）
百科（スーティン　1894-1943）
ユ人（スーチン，ハイム　1894-1943）

Souverbie, Jean 〈20世紀〉
フランスの画家。作品にはキュビスムの影響がみられる。多く静物画を描いているがその構図が的確で，マチエールや色彩についても一段と精彩を放っている。
⇒国小（スーベルビー　1891.3.21-）
世芸（スゥヴェルビイ，ジャン　1891-1960）

Souza-Cardoso, Amadeo de 〈19・20世紀〉
ポルトガルの画家。モダニズムを代表する画家。
⇒スペ（カルドーゾ　1887-1918）

Sova, Michael 〈20世紀〉
ドイツの画家。
⇒児作（Sova, Michael　ゾーヴァ，ミヒャエル　1945-）

Soydan, Seyma 〈20世紀〉
トルコのイラストレーター。
⇒児イ（Soydan, Seyma　ソイダン，S.）

Soyer, Raphael 〈20世紀〉
アメリカの画家。リアリズムの手法でやや厭世的な調子をもつ絵を描いている。
⇒西洋（ソイヤー　1899.12.25-）
ユ人（ソイヤー，ラファエル　1899-1988）

Sōz 〈18世紀〉
インドのウルドゥー語詩人，吟詠者，能書家。諸所を遊歴したのちラクナウに定住。ガザル（抒情詩）体を主とした詩集で，平易で美しいウルドゥー語を用いた。
⇒集文（ソーズ，ムハンマド・ミール　1723-1798）
西文（ソーズ　1720-1798）

Spacal, Luigi 〈20世紀〉
イタリアの画家，版画家。
⇒世美（スパーカル，ルイージ　1907-）

Spada, Lionello 〈16・17世紀〉
イタリアの画家。
⇒世美（スパーダ，リオネッロ　1576-1622）

Spadarino 〈16・17世紀〉
イタリアの画家。
⇒世美（スパダリーノ　1595頃-1650以降）

Spadini, Armando 〈19・20世紀〉
イタリアの画家。
⇒世美（スパディーニ，アルマンド　1883-1925）

Spagna 〈15・16世紀〉
スペインの画家。
⇒世美（スパーニャ　1450頃-1532/33）

Spanzotti, Gian Martino 〈15・16世紀〉
イタリアの画家，彫刻家。
⇒世美（スパンツォッティ，ジャン・マルティーノ　1455頃-1526/28）

Spavento, Giorgio 〈15・16世紀〉
イタリアの建築家。
⇒建築（スパヴェント，ジョルジョ　?-1509頃）
世美（スパヴェント，ジョルジョ　?-1509頃）

Spazzapan, Luigi 〈19・20世紀〉
イタリアの画家。
⇒新美（スパッツァパン，ルイージ　1889.4.18-1958）
世美（スパッツァパン，ルイージ　1889-1958）
二十（スパッツァパン，ルイージ　1889.4.18-1958）

Specchi, Alessandro 〈17・18世紀〉
イタリアの建築家，版画家。
⇒建築（スペッキ，アレッサンドロ　1668-1729）
世美（スペッキ，アレッサンドロ　1668-1729）

Speckter, Otto 〈19世紀〉
ドイツの挿絵画家。
⇒世児（シュペクター，オットー　1807-1871）

Speer, Albert 〈20世紀〉
ドイツの政治家。ナチス・ドイツ軍需相。ベルリン都市計画の立案責任者。
⇒岩ケ（シュペーア，アルベルト　1905-1981）
国小（シュペール　1905.3.19-）
コン3（シュペーア　1905-1981）
新美（シュペーア，アルバート　1905.3.19-1981.9.1）
西洋（シュペーア　1905.3.19-1981.9.1）
世美（シュペーア，アルベルト　1905-1981）
世百新（シュペーア　1905-1981）
全書（シュペーア　1905-1981）
大辞3（シュペーア　1905-1981）
ナチ（シュペーア，アルベルト　1905-1981）
二十（シュペーア，アルバート　1905.3.19-1981.9.1）
百科（シュペアー　1905-1981）

Speeth, Peter〈18・19世紀〉
ドイツの建築家。
⇒世美（シュペート, ペーター 1772-1831）

Speicher, Eugene Edward〈19・20世紀〉
アメリカの画家。肖像画家として知られる。
⇒西洋（スパイカー 1883.4.5-1962）

Spence, *Sir* **Basil Urwin**〈20世紀〉
イギリスの建築家。大学図書館をはじめ多くの公共建造物を設計。イギリス王立建築研究所長。
⇒岩ケ（スペンス, サー・バジル（・アーウィン） 1907-1976）
国小（スペンス 1907.8.13-1976.11.18）
世美（スペンス, バジル 1907-1976）

Spencer, Colin〈20世紀〉
イギリスの作家, 画家。
⇒二十英（Spencer, Colin 1933-）

Spencer, Lilly〈19・20世紀〉
アメリカの画家。
⇒世女日（スペンサー, リリー 1822-1902）

Spencer, Niles〈20世紀〉
アメリカの画家。単純化された幾何学的構図で巨大な都市や工場風景を描いた。
⇒国小（スペンサー 1893.5.16-1952）
世芸（スペンサー, ナイルズ 1893-1952）
全書（スペンサー 1892-1952）
大百（スペンサー 1893-1952）
二十（スペンサー, ニルス 1892-1952）

Spencer, Stanley〈20世紀〉
イギリスの画家。代表作に『十字架をになうキリスト』(1920),『バーグクリア礼拝堂壁画』(1926～32)がある。
⇒岩ケ（スペンサー, サー・スタンリー 1891-1959）
外国（スペンサー 1892-）
キリ（スペンサー, スタンリ 1891.6.30-1959.12.14）
国小（スペンサー 1891.6.30-1959.12.14）
新美（スペンサー, スタンリー 1891.6.30-1959.12.14）
世芸（スペンサー, スタンリー 1891-1959）
世美（スペンサー, スタンリー 1891-1959）
全書（スペンサー 1891-1959）
大百（スペンサー 1891-1959）
二十（スペンサー, スタンリー 1891.6.30-1959.12.14）
二十英（Spencer, Sir Stanley 1891-1959）

Sperandio da Mantova〈15・16世紀〉
イタリアの彫刻家, メダル制作家。
⇒世美（スペランディーオ・ダ・マントヴァ 1425頃-1504）

Speranza, Giovanni〈15・16世紀〉
イタリアの画家。
⇒世美（スペランツァ, ジョヴァンニ（記録）1473-1532）

Sperry, Armstrong〈20世紀〉
アメリカの画家, 児童文学者。『それを勇気と呼ぼう』(邦訳名『海をおそれる少年』)(1940)でニューベリー賞を受賞。
⇒英児（Sperry, Armstrong スペリー, アームストロング 1897-1976）
児童（スペリ, アームストロング 1897-）
児文（スペリ, アームストロング 1897-1976）
世児（スペリ, アームストロング 1897-1976）
二十（スペリ, アームストロング 1897-1976）

Spezi, Mario〈20世紀〉
イタリアのジャーナリスト, 挿絵画家。
⇒海作4（スペッツィ, マリオ 1945-）

Spicre, Pierre〈15世紀〉
フランスの画家。
⇒世美（スピクル, ピエール （記録）15世紀後半）

Spiegelman, Art〈20世紀〉
アメリカの風刺漫画家。
⇒ユ人（スピーゲルマン, アート 1948-）

Spier, Peter Edward〈20世紀〉
アメリカの挿絵画家, 絵本作家。
⇒英児（Spier, Peter スピア, ピーター 1927-）
児イ（Spier, Peter スピーア, P. 1927-）
児文（スピア, ピーター 1927-）
二十（スパイアー, ピーター・エドワード 1927-）

Spierinck, Frans〈16・17世紀〉
フランドルのタピスリー制作家。
⇒世美（スピーリンク, フランス 1551-1630）

Spilka, Arnold〈20世紀〉
アメリカのイラストレーター。
⇒児イ（Spilka, Arnold スピルカ, A.）

Spiller, James〈18・19世紀〉
イギリスの建築家。
⇒建築（スピーラー, ジェームズ 1780頃-1829）
世美（スピラー, ジェイムズ （記録）1780頃-1829）

Spilliaert, Leon〈19・20世紀〉
ベルギーの画家。
⇒世芸（スピリアールト, レオン 1881-1946）

Spinazzi, Innocenzo〈18世紀〉
イタリアの彫刻家。
⇒世美（スピナッツィ, インノチェンツォ ?-1798）

Spinden, Herbert Joseph〈19・20世紀〉
アメリカの人類学者。マヤ文明期における暦と年代法に関する研究分野で多くの業績を残した。

⇒国小（スピンデン 1879.8.16-1967）
コン2（スピンデン 1879-1967）
コン3（スピンデン 1879-1967）
新美（スピンデン，ハーバート 1879-1967.10.23）
西洋（スピンデン 1879.8.16-1967.10）
二十（スピンデン，ハーバート 1879-1967.10.23）

Spinelli, Nicolo de Forzore 〈15・16世紀〉
イタリアのメダル彫刻家。
⇒西洋（スピネリ 1435-1514）

Spinello Aretino 〈14・15世紀〉
イタリアの画家。フィレンツェ派の先駆者の一人。代表作はピサのカンポ・サントのフレスコなど。
⇒岩ケ（スピネロ・アレティーノ 1346頃-1410）
国小（スピネーロ 1332頃-1410.3.14）
新美（スピネルロ・アレティーノ 1350/52/46/47-1410）
西洋（アレティーノ 1333頃-1410.3.14）
西洋（スピネロ・アレティーノ 1333-1410.3.14）
世美（スピネッロ・アレティーノ 1350頃-1410）

Spink, Walter M. 〈20世紀〉
アメリカのインド美術史研究者。西インドの石窟寺院に関する編年的な研究に独自の見解をもつ。
⇒西洋（スピンク 1928.2.16-）

Spirin, Gennadij 〈20世紀〉
ソ連のイラストレーター。
⇒児イ（Spirin, Gennadij スピーリン, G. 1948-）

Spiro, Eugene 〈19・20世紀〉
ドイツの画家。
⇒西洋（シュピーロ 1874.4.18-）

Spitzweg, Carl 〈19世紀〉
ドイツの画家。ビーダーマイアー様式の指導的画家の一人。主作品『貧しい詩人』(1837)など。
⇒芸術（シュピッツヴェーク，カルル 1808-1885）
国小（シュビッツウェーク 1808-1885）
新美（シュビッツウェーク，カール 1808.2.5-1885.9.23）
西洋（シュビッツヴェーク 1808.2.5-1885.9.23）
世美（シュビッツウェーク，カール 1808-1885）
百科（シュピッツウェーク 1808-1885）

Spode, Josiah 〈18・19世紀〉
イギリスの陶工。
⇒岩ケ（スポード，ジョサイア 1755-1827）

Spoerrl, Daniel 〈20世紀〉
フランスの彫刻家，舞踊家。
⇒新美（スペーリ，ダニエル 1930.3.27-）
世美（スペーリ，ダニエル 1930-）
二十（スペーリ，ダニエル 1930.3.27-）
美術（スペーリ，ダニエル 1930-）

Spohn, Kate 〈20世紀〉
アメリカの児童文学者。
⇒児イ（Spohn, Kate スポーン, K.）
児作（Spohn, Kate スポーン, ケイト）

Spolverini, Pier Ilario 〈17・18世紀〉
イタリアの画家。
⇒世美（スポルヴェリーニ，ピエル・イラーリオ 1657-1734）

Spranger, Bartholomäus 〈16・17世紀〉
フランドルの画家。ウィーン，プラハの宮廷画家。壁画や寓喩的，神話的内容の小品を多く制作。
⇒芸術（シュプランガー，バルトロメウス 1546-1611）
芸術（スプランヘル，バルトロメウス 1546-1611）
国小（シュブランガー 1546-1611）
新美（スプランヘル，バルトロメウス 1546.3.21-1611）
世美（スプランゲル，バルトロメウス 1546-1611）
大百（シュプランガー 1546-1611）
百科（スプランヘル 1546-1611）

Springer, Anton 〈19世紀〉
ドイツの美術史学者。厳格な文献学的批判と様式分析的考察を基礎とした実証主義的美術史を展開。主著は『美術史便覧』(1855) など。
⇒キリ（シュプリンガー，アントーン 1825.7.13-1891.5.31）
国小（シュプリンガー 1825.7.13-1891.5.31）
人物（シュプリンガー 1825.7.13-1891.5.31）
西洋（シュプリンガー 1825.7.13-1891.5.31）
世西（シュプリンガー 1825.7.13-1891.5.31）
世百（シュプリンガー 1825-1891）

Springer, Ferdinand 〈20世紀〉
ドイツ系フランスの画家。名著の挿絵や，抽象的な版画を描いている。
⇒国小（スプランジェ 1908.10.1-）
世芸（スプランジェ，フェルディナン 1907-1976）

Springinklee, Hans 〈15・16世紀〉
ドイツの版画家。
⇒新美（シュプリンギンクレー，ハンス）

Sprüngli, Niklaus 〈18・19世紀〉
ドイツの建築家。
⇒建築（シュプリングリ，ニクラウス 1725-1802）

Spychalski, Marian 〈20世紀〉
ポーランドの建築家，政治家。1937年ワルシャワ発展計画案でパリ万国博の大賞を受賞。国家会議議長（元首）に就任したが，70年ポーランド暴動の際辞任した。
⇒世人（スピハルスキ 1906.12.6-）
国小（スピハルスキー 1906.12.6-）
コン3（スピハルスキ 1906-1980）
世政（スピハルスキ，マリアン 1906.12.6-1980.6.7）

世西（スピハルスキー 1906-）
全書（スピハルスキー 1906-1980）
二十（スピハルスキー, M. 1906-1980）

Squarcione, Francesco〈14・15世紀〉
イタリアの画家。パドバ派の創始者で，マンテーニャ・コシモ・トウラの師。
⇒岩ケ（スカルチョーネ，フランチェスコ 1397-1468頃）
国小（スカルチョーネ 1394-1474）
コン2（スカルチョーネ 1394-1474）
コン3（スカルチョーネ 1394-1474）
新美（スクァルチオーネ，フランチェスコ 1397-1468頃）
西洋（スクアルチオーネ 1394-1474）
世美（スクアルチョーネ，フランチェスコ 1397-1468）
百科（スクアルチオーネ 1397頃-1468）

Staal, Jan Frederik〈19・20世紀〉
オランダの建築家。
⇒世美（スタール，ヤン・フレデリック 1879-1940）

Stabler, Harold〈19・20世紀〉
イギリスのデザイナー，職人。
⇒岩ケ（ステイブラー，ハロルド 1872-1945）

Stacchini, Ulisse〈19・20世紀〉
イタリアの建築家。
⇒世美（スタッキーニ，ウリッセ 1871-1947）

Stackhouse, Robert〈20世紀〉
アメリカ生れの彫刻家，画家。
⇒世芸（スタックハウス，ロバート 1942-）

Stael, Nicholas de〈20世紀〉
ロシア生れのフランスの画家。1948年フランスに帰化。
⇒才西（スタール，ニコラ・ド 1914-1955）
キリ（スタール，ニコラ・ド 1914.1.5-1955.3.16）
広辞6（スタール 1914-1955）
国小（ド・スタール 1914.1.5-1955.3.16）
新美（スタール，ニコラ・ド 1914.1.5-1955.3.16）
人物（スタール 1914-1955）
西洋（スタール 1914.1.5-1955.3.16）
世芸（ド・スタール，ニコラ 1914-1955）
世美（スタール，ニコラ・ド 1914-1955）
全書（ド・スタール 1914-1955）
大百（スタール 1914-1955）
伝世（ド・スタール 1914.15-1955.5.16）
二十（スタール，ニコラ・ド 1914.1.5-1955.3.16）
二十（ド・スタール，ニコラス 1914-1955）

Stahl, Benjamin Albert〈20世紀〉
アメリカのイラストレーター。
⇒児イ（Stahl, Benjamin Albert ストール, B.A. 1910-）

Stahly, François〈20世紀〉
ドイツ出身のフランスの彫刻家。

⇒世美（スターリ，フランソワ 1911-）

Stam, Mart〈20世紀〉
オランダの建築家。ジュネーブのコルナビン停車場の建築案は有名。
⇒国美（シュタム 1899-）
西洋（スタム 1899-）
世美（スタム，マルト 1899-）

Stamos, Theodros〈20世紀〉
アメリカの画家。東洋的な神秘性を内包するアメリカ抽象派画家中，異色の新進。
⇒外国（スタモス 1922-）
新美（スタモス，シオドロス 1922.12.31-）
世芸（スタモス，セオドロス 1922-1991）
二十（スタモス，シオドロス 1922.12.31-）

Standon, Edward Cyril〈20世紀〉
イギリスのイラストレーター。
⇒児イ（Standon, Edward Cyril 1929-）

Stange, Alfred〈20世紀〉
ドイツの美術史家。
⇒キリ（シュタンゲ，アルフレート 1894.8.14-1968.9.9）

Stankiewicz, Richard〈20世紀〉
アメリカの彫刻家。
⇒新美（スタンキヴィッチ，リチャード 1922.10.18-）
二十（スタンキビッチ，リチャード 1922.10.18-）
美術（スタンキヴィッチ，リチャード 1922-）

Stanley, Diana〈20世紀〉
イギリスのイラストレーター。
⇒児イ（Stanley, Diana スタンレー, D. 1909-）

Stanley-Baker, Joan〈20世紀〉
カナダの美術史家。ビクトリア・アジア美術館長。
⇒二十（スタンレー・ベーカー, J. ?-）

Stanley-Baker, Patrick〈20世紀〉
カナダの美術史学者。ビクトリア大学美術史学科講師。
⇒二十（スタンレー・ベーカー，パトリック ?-）

Stanzione, Massimo〈16・17世紀〉
イタリアの画家。
⇒世美（スタンツィオーネ，マッシモ 1585頃-1656）

Stappen, Charles van der〈19・20世紀〉
ベルギーの彫刻家。ブリュッセル美術学校校長（1898）。
⇒西洋（スタッペン 1843.12.19-1910.10.21）

Starck, Philippe〈20世紀〉
フランス生れのインテリア・デザイナー，建築

家。作品に東京都のアサヒビール吾妻（あづま）橋ホールなど。
⇒ナビ（スタルク　1949-）

Starevich, Vladislav 〈19・20世紀〉
ロシア生れの映画監督，映画美術監督，撮影監督，男優。
⇒世映（スタレーヴィチ, ヴラディスラフ　1882-1965）

Starke, Johann Friedrich 〈19世紀〉
ドイツの画家。主作品『バラの花束』『カルル・フォーゲルの肖像』。
⇒西洋（シュタルケ　1802.2.5-1872.1.10）

Starnina, Gherardo 〈14・15世紀〉
フィレンツェ派の画家。サンタ・マリア・デル・カルミネ聖堂ヒエロニムス礼拝堂の壁画が残存唯一の作品。
⇒国小（スタルニーナ　?-1409/13）
　世美（スタルニーナ，ゲラルド　14世紀後半-15世紀前半）

Starov, Ivan Egorovich 〈18・19世紀〉
ロシアの建築家。
⇒建築（スターロフ，イヴァン・エゴロヴィッチ　1744-1808）
　世美（スタローフ，イヴァン・エゴロヴィチ　1745-1808）

Starowieyski, Ewa 〈20世紀〉
ポーランドの画家。
⇒二十（スタロヴィエイスキ，エヴァ　1930-）

Starowieyski, Franciszek 〈20世紀〉
ポーランドの画家。
⇒新美（スタロヴィエイスキ，フランチシェク　1930.7.8-）
　世俳（スタロヴェイスキー，フランチシェク）
　二十（スタロヴィエイスキ，フランチシェク　1930.7.8-）

Stasov, Vasilij Petrovich 〈18・19世紀〉
ロシアの建築家。
⇒建築（スターソフ，ヴァシーリー・ペトロヴィッチ　1769-1848）
　世美（スターソフ，ヴァシリー・ペトロヴィチ　1769-1848）

Stasov, Vladimir Vasilievich 〈19・20世紀〉
ロシアの美術および音楽批評家，芸術史家，文学史家。
⇒音楽（スタソフ，ヴラディミル・ヴァシリエヴィチ　1824.1.14-1906.10.23）
　音六（スタソフ　1824.1.14-1906.10.23）
　外国（スタッソフ　1824-1906）
　広辞5（スターソフ　1824-1906）
　広辞6（スターソフ　1824-1906）
　コン2（スターソフ　1824-1906）
　コン3（スターソフ　1824-1906）
　集文（スターソフ，ウラジーミル・ワシリエヴィチ　1824.1.2-1906.10.10）

西洋（スターソフ　1824-1906）
二十（スターソフ, V.　1824.1.14-1906.10.23）
百科（スターソフ　1824-1906）
ラル（スターソフ，ウラジーミル・ワシーリエヴィチ　1824-1906）
ロシ（スターソフ　1824-1906）

Stati, Cristoforo 〈16・17世紀〉
イタリアの彫刻家。
⇒世美（スターティ，クリストーフォロ　1556-1619）

Statsinckij, Vitalij Kazimirovich 〈20世紀〉
ロシアのイラストレーター。
⇒児イ（Statsinckij, Vitalij Kazimirovich　スタツィンスキー，V.K.　1928-）

Stażewski, Henryk 〈20世紀〉
ポーランドの画家。1920年代初頭に始まるポーランドの抽象美術の開拓者の1人。
⇒現人（スタジェフスキ　1894.1.9-）
　新美（スタジェフスキ，ヘンリク　1894.1.9-）
　東欧（スタジェフスキ　1894-1988）
　二十（スタジェフスキ，ヘンリク　1894.1.9-?）

Steadman, Ralph 〈20世紀〉
イギリスのイラストレーター。
⇒児イ（Steadman, Ralph　ステッドマン, R.　1936-）

Stebbins, Emma 〈19世紀〉
アメリカの画家，彫刻家。
⇒世女日（ステビンス，エマ　1815-1882）

Steen, Jan Havicksz 〈17世紀〉
オランダの風俗画家。
⇒岩ケ（ステーン，ヤン（・ハヴィックスゾーン）　1626-1679）
　外国（ステーン　1626-1679）
　芸術（ステーン，ヤン　1626頃-1679）
　広辞4（ステーン　1626頃-1679）
　広辞6（ステーン　1626頃-1679）
　国小（ステーン　1626頃-1679.2.3）
　コン2（ステーン　1626-1679）
　コン3（ステーン　1626頃-1679）
　新美（ステーン，ヤン　1626頃-1679）
　西洋（ステーン　1626頃-1679.2.3）
　世西（ステーン　1626頃-1679）
　世美（ステーン，ヤン　1626-1679）
　世百（ステーン　1626頃-1679）
　全書（ステーン　1626頃-1679）
　大辞（ステーン　1626頃-1679）
　大辞3（ステーン　1626頃-1679）
　大百（ステーン　1626?-1679）
　百科（ステーン　1626頃-1679）

Steenwijk, Hendrik van 〈16・17世紀〉
オランダの画家。
⇒西洋（ステーンウェイク　1550頃-1603頃）
　世美（ファン・ステーンウェイク，ヘンドリック（父）　1550頃-1603）

Steenwyck (Steenwijck), Herman

Evertsz.van 〈17世紀〉
オランダの画家。
⇒新美（ステーンウェイク, ヘルマン・ファン 1612–1656以後）

Steer, Philip Wilson 〈19・20世紀〉
イギリスの画家。1886年, ニュー・イングリッシュ・アートクラブの結成に参加。風景画に秀でる。
⇒岩ケ（スティーア, フィリップ・ウィルソン 1860–1942）
　新美（スティーア, フィリップ・ウィルソン 1860.12.28–1942.3.21）
　世美（スティア, フィリップ・ウィルソン 1860–1942）
　全書（スティーア 1860–1942）
　二十（スティーア, フィリップ・ウィルソン 1860.12.28–1942.3.21）

Stefanini, Luigi 〈20世紀〉
イタリアの人格主義哲学者, 美学者。人間的自我は絶対者への関係においてのみ「人格」として存在しうると考え, 自己の立場を「人格主義」と呼んだ。
⇒国小（ステファニーニ 1891.11.3–1956.1.16）

Stefano 〈1世紀〉
キリスト教最初の殉教聖人。
⇒世美（ステパノ（聖）　?–35頃）

Stefano 〈14世紀〉
イタリアの画家。
⇒世美（ステーファノ　（活動）14世紀前半）

Stefano da Zevio 〈14・15世紀〉
イタリアの画家。
⇒新美（ステーファノ・ダ・ゼヴィオ 1375–1438以後）
　世美（ステーファノ・ダ・ゼーヴィオ 1375頃–1438以降）

Stefano Veneziano 〈14世紀〉
イタリアの画家。
⇒世美（ステーファノ・ヴェネツィアーノ（記録）1369–1385）

Stefánsson, Jón 〈19・20世紀〉
アイスランドの風景画家。
⇒岩ケ（ステファウンソン, ヨウン 1881–1962）

Steger, Hans Ulrich 〈20世紀〉
スイスの風刺漫画家。
⇒児作（Steger, Hans Ulrich　シュテーガー, ハンス・ウルリッヒ 1923–）

Stehr, Frederic 〈20世紀〉
イラストレーター。
⇒児イ（Stehr, Frederic　ステール, F. 1956–）

Steichen, Edward 〈19・20世紀〉
アメリカの写真家。ニューヨーク近代美術館写真部長。1954年近代美術館において『ザ・ファミリー・オブ・マン展』を企画構成, 全世界から絶讃を受けた。
⇒アメ（スタイケン 1879–1973）
　岩ケ（スタイケン, エドワード（・ジーン） 1879–1973）
　芸術（スタイケン, エドワード 1879–1973）
　広辞5（スタイケン 1879–1973）
　広辞6（スタイケン 1879–1973）
　国小（スタイケン 1879.3.27–1973.3.25）
　コン3（スタイケン 1879–1973）
　最世（スタイケン, エドワード 1879–1973）
　新美（スタイケン, エドワード 1879.3.27–1973.3.25）
　西洋（スタイケン 1879.3.27–1973.3.25）
　世芸（スタイケン, エドワード 1879–1973）
　世美（スタイケン, エドワード 1879–1973）
　全書（スタイケン 1879–1973）
　大辞2（スタイケン 1879–1973）
　大辞3（スタイケン 1879–1973）
　大百（スタイケン 1879–1973）
　ナビ（スタイケン 1879–1973）
　二十（スタイケン, エドワード 1879.3.27–1973.3.25）
　百科（スタイケン 1879–1973）

Steig, William 〈20世紀〉
アメリカの児童文学作家, 画家。
⇒英児（Steig, William　スタイグ, ウィリアム 1907–）
　児イ（Steig, William　スタイグ, W. 1907–）
　児文（スタイグ, ウィリアム 1907–）
　世児（スタイグ, ウィリアム 1907–）
　二十（スタイグ, ウィリアム 1907–）

Stein, Gertrude 〈19・20世紀〉
アメリカの女流詩人, 小説家。「失われた世代」の名づけ親。詩集『テンダー・バトンズ』(1915)などのほか, 評論, 講演, オペラなどがある。
⇒ア文（スタイン, ガートルード 1874.2.3–1946.7.27）
　アメ（スタイン 1874–1946）
　逸話（スタイン 1874–1946）
　岩ケ（スタイン, ガートルード 1874–1946）
　英文（スタイン, ガートルード 1874–1946）
　外国（スタイン 1874–1946）
　現人（スタイン 1874.2.3–1946.7.27）
　広辞4（スタイン 1874–1946）
　広辞5（スタイン 1874–1946）
　広辞6（スタイン 1874–1946）
　国小（スタイン 1874.2.3–1946.7.27）
　コン2（スタイン 1874–1946）
　コン3（スタイン 1874–1946）
　集世（スタイン, ガートルード 1874.2.3–1946.7.27）
　集文（スタイン, ガートルード 1874.2.3–1946.7.27）
　女作（Stein, Gertrude　ガートルード・スタイン 1874.2.3–1946.7.27）
　新美（スタイン, ガートルード 1874.2.3–1946.7.27）
　人物（スタイン 1874.2.3–1946.7.27）
　スパ（スタイン, ガートルード 1874–1946）
　西洋（スタイン 1874.2.3–1946.7.27）
　世児（スタイン, ガートルード 1874–1946）
　世女（スタイン, ガートルード 1874–1946）
　世女日（スタイン, ガートルード 1874–1946）

世西（スタイン　1874.2.3-1946.7.27）
世百（スタイン　1874-1946）
世文（スタイン, ガートルード　1874-1946）
全書（スタイン　1874-1946）
大辞（スタイン　1874-1946）
大辞2（スタイン　1874-1946）
大辞3（スタイン　1874-1946）
大百（スタイン　1874-1946）
デス（スタイン　1874-1946）
伝世（スタイン, G.　1874.2.3-1946.7.27）
ナビ（スタイン　1874-1946）
二十（スタイン, ガートルード　1874.2.3-1946.7.27）
百科（スタイン　1874-1946）

Stein, Harve 〈20世紀〉
アメリカのイラストレーター。
⇒児イ（Stein, Harve　スタイン, H.　1904-）

Stein, Joël 〈20世紀〉
フランスの美術家。1960年創設の"視覚芸術探究グループ"のメンバー。
⇒美術（スタン, ジョエル　1926-）

Stein, Sir Mark Aurel 〈19・20世紀〉
ハンガリー生れのイギリスの考古学者, 東洋学者, 探検家。中国の新疆省各地を探検, 敦煌などにも足跡を印し, 千仏洞を発見した。中央アジア古代史について多くの著書がある。
⇒岩ケ（スタイン, サー・(マーク・)オーレル　1862-1943）
外国（スタイン　1862-1943）
広辞4（スタイン　1862-1943）
広辞5（スタイン　1862-1943）
国小（スタイン　1862.11.26-1943.10.26）
コン2（スタイン　1862-1943）
コン3（スタイン　1862-1943）
新美（スタイン, オーレル　1862.11.26-1943.10.26）
人物（スタイン　1862.11.26-1943.10.26）
西洋（スタイン　1862.11.26-1943）
世西（スタイン　1862.11.26-1943.10.26）
世東（スタイン　1862-1943）
世百（スタイン　1862-1943）
全書（スタイン　1862-1943）
大辞（スタイン　1862-1943）
大辞2（スタイン　1862-1943）
大百（スタイン　1862-1943）
探検2（スタイン　1862-1943）
中国（スタイン　1862-1943）
デス（スタイン　1862-1943）
伝世（スタイン, M.A.　1862.11.26-1943.10.26）
ナビ（スタイン　1862-1943）
二十（スタイン, マーク・A.　1862-1943）
百科（スタイン　1862-1943）
名著（スタイン　1862-1943）
歴史（スタイン　1862-1943）

Steinberg, David Michael 〈20世紀〉
アメリカのイラストレーター。
⇒児イ（Steinberg, David Michael　スタインバーグ, D.M.）

Steinberg, Saul 〈20世紀〉
ルーマニア生れのアメリカの漫画家, 商業美術家。雑誌『ニュー・ヨーカー』のスタッフとなり, アメリカ漫画界の寵児として活躍。
⇒岩ケ（スタインバーグ, ソール　1914-）
現人（スタインバーグ　1914.6.15-）
国小（スタインベルグ　1914-）
コン3（スタインバーグ　1914-）
最世（スタインバーグ, ソール　1914-1999）
集文（スタインバーグ, ソール　1914.6.15-）
新美（スタインバーグ, ソール　1914.6.15-）
人物（スタインベルク　1914-）
世芸（スタインバーグ, ソール　1914-）
世百新（スタインバーグ　1914-1999）
全書（スタインバーグ　1914-）
大百（スタインベルグ　1914-）
ナビ（スタインバーグ　1914-）
二十（スタインバーグ, ソール　1914.6.15-）
百科（スタインバーグ　1914-）
ユ人（スタインバーグ, サウル　1914-1999）

Steindl Imre 〈19・20世紀〉
ハンガリーの建築家。
⇒建築（シュタインドル, イムレ　1839-1902）

Steiner, Michael 〈20世紀〉
アメリカの彫刻家。
⇒美術（スタイナー, マイケル　1942-）

Steinert, Otto 〈20世紀〉
ドイツの写真家。戦後「主観的写真」を提唱。
⇒二十（シュタイナート, オットー　1915-1978）

Steinhausen, Wilhelm 〈19・20世紀〉
ドイツのプロテスタント画家。
⇒キリ（シュタインハウゼン, ヴィルヘルム　1846.2.2-1924.1.5）

Steinle, Eduard Jacob von 〈19世紀〉
オーストリアの画家。
⇒芸術（スタインレ, エドゥアルト・ジャコブ・フォン　1810-1886）
新美（シュタインレ, エトヴァルト・フォン　1810.7.2-1886.9.18）
西洋（シュタインレ　1810.7.2-1886.9.18）

Steinlen, Ame-Daniel 〈20世紀〉
フランス生れの画家。
⇒世芸（ステンレン, アメ・ダニエル　1923-）

Steinlen, Théophile Alexandre 〈19・20世紀〉
スイス生れのフランスの挿絵画家, 版画家。社会の不正と悲惨に人間的な憤りと同情を寄せ,「町のミレー」と称された。
⇒芸術（スタンラン, アレキサンドル　1859-1923）
国小（スタンラン　1859.11.10-1923.12.14）
コン2（スタンラン　1859-1923）
コン3（スタンラン　1859-1923）
新美（スタンラン, アレクサンドル　1859.11.10-1923.12.14）
人物（スタンラン　1859.11.10-1923.12.14）
西洋（スタンラン　1859.11.20-1923.12.14）
世芸（スタンラン, アレキサンドル　1859-1923）
世美（スタンラン, テオフィル=アレクサンドル　1859-1923）
世百（スタンラン　1859-1923）

全書（スタンラン　1859-1923）
　　大百（スタンラン　1859-1923）
　　二十（スタンラン，アレクサンドル　1859.11.10-
　　　1923.12.14）
　　百科（スタンラン　1859-1923）

Steir, Pat 〈20世紀〉
アメリカ生れの女性画家。
⇒世芸（ステア，パット　1940-）

Stella, Frank Philip 〈20世紀〉
アメリカの画家。従来の絵画の造形的な組み合わせを拒否する「無関係」の構造をもっておりミニマル・アートの先駆とされている。
⇒岩ケ（ステラ，フランク（・フィリップ）　1936-）
　　才西（ステラ，フランク　1936-）
　　現人（ステラ　1936.5.12-）
　　広辞6（ステラ　1936-）
　　コン3（ステラ　1936-）
　　新美（ステラ，フランク　1936.5.12-）
　　世芸（ステラ，フランク　1936-）
　　世美（ステラ，フランク　1936-）
　　全書（ステラ　1936-）
　　大辞2（ステラ　1935-）
　　大辞3（ステラ　1936-）
　　二十（ステラ，フランク・フィリップ　1936-）
　　美術（ステラ，フランク　1936-）

Stella, Joseph 〈19・20世紀〉
アメリカの画家。アメリカに未来派の絵画様式を導入。主作品『ブルックリン橋』（1917～18）。
⇒岩ケ（ステラ，ジョゼフ　1877-1946）
　　コン3（ステラ　1877-1946）
　　新美（ステラ，ジョーゼフ　1877.6.13-
　　　1946.11.5）
　　西洋（ステラ　1877.6.13-1946.11.5）
　　世美（ステラ，ジョーゼフ　1877-1946）
　　全書（ステラ　1877-1946）
　　二十（ステラ，ジョーセフ　1877.6.13-
　　　1946.11.5）

Stendhal 〈18・19世紀〉
フランスの小説家。『赤と黒』（1830），『パルムの僧院』（1839）などの小説を書く。
⇒逸話（スタンダール　1783-1842）
　　岩ケ（スタンダール　1783-1842）
　　旺世（スタンダール　1783-1842）
　　音楽（スタンダール　1783.1.23-1842.3.23）
　　音大（スタンダール　1783.1.24-1842.3.23）
　　外国（スタンダール　1783-1842）
　　角世（スタンダール　1783-1842）
　　キリ（スタンダール　1783.1.23-1842.3.22）
　　広辞4（スタンダール　1783-1842）
　　広辞6（スタンダール　1783-1842）
　　国小（スタンダール　1783.1.23-1842.3.23）
　　国百（スタンダール　1783.1.23-1842.3.23）
　　コン2（スタンダール　1783-1842）
　　コン3（スタンダール　1783-1842）
　　集世（スタンダール　1783.1.23-1842.3.23）
　　集文（スタンダール　1783.1.23-1842.3.23）
　　新美（スタンダール　1783.1.23-1842.3.23）
　　人物（スタンダール　1783.1.23-1842.3.23）
　　西洋（スタンダール　1783.1.23-1842.3.23）
　　世人（スタンダール　1783-1842）
　　世西（スタンダール　1783.1.23-1842.3.23）
　　世百（スタンダール　1783-1842）
　　世文（スタンダール　1783-1842）
　　全書（スタンダール　1783-1842）
　　大辞（スタンダール　1783-1842）
　　大辞3（スタンダール　1783-1842）
　　大百（スタンダール　1783-1842）
　　デス（スタンダール　1783-1842）
　　伝世（スタンダール　1783.1.23-1842.3.23）
　　百科（スタンダール　1783-1842）
　　評世（スタンダール　1783-1842）
　　名著（スタンダール　1783-1842）
　　山世（スタンダール　1783-1842）
　　ラル（スタンダール　1783-1842）
　　歴史（スタンダール　1783-1842）

Stenvert, Curt 〈20世紀〉
オーストリア生れの画家。
⇒世芸（ステンフェルト，カート　1920-）

Stepanova, Varvara Fyodorovna 〈20世紀〉
ロシアの芸術家。
⇒世女（ステパーノヴァ，ヴァルヴァーラ・フョードロヴナ　1894-1958）
　　世女日（ステパーノヴァ，ヴァルヴァラ　1894-1958）

Stephanos 〈1世紀〉
エルサレム教会7人の執事の一人，キリスト教会最初の殉教者（使徒行伝）。
⇒岩ケ（聖ステパノ　1世紀）
　　外国（ステパノ　1世紀）
　　キリ（ステパノ（ステファノ））
　　芸国（ステファノ　前2世紀末）
　　広辞6（ステファノ　1世紀）
　　国小（ステパノ）
　　コン2（ステパノ　1世紀）
　　コン3（ステパノ　1世紀）
　　新美（ステパノ（聖））
　　人物（ステファノス　生没年不詳）
　　西洋（ステファノス）
　　世西（ステファノス　?-35/7）
　　世美（ステファノス　前1世紀後半）
　　全書（ステパノ　?-30頃）
　　大辞（ステパノ）
　　大辞3（ステパノ）
　　大百（ステパノ）
　　百科（ステパノ　生没年不詳）

Stephens, Alice Barber 〈19・20世紀〉
アメリカの挿絵画家。
⇒世女日（スティーヴンス，アリス・バーバー　1858-1932）

Stephens, John Lloyd 〈19世紀〉
アメリカの旅行家，インディアン研究家。部族社会の生活様式,遺跡を研究。多数の旅行記を書く。
⇒岩ケ（スティーヴンズ，ジョン・ロイド　1805-1852）
　　国小（スチーブンズ　1805.11.28-1852）
　　新美（スティーヴンズ，ジョン　1805.11.28-1852.10.5）
　　世美（スティーヴンズ，ジョン・ロイド　1805-1852）

Steponavichjus, Aljgirdas〈20世紀〉
ロシアのイラストレーター。
⇒児イ（Steponavichjus, Aljgirdas ステポナーヴィチュス, A. 1927-）

Steptoe, John〈20世紀〉
アメリカのイラストレーター。
⇒児イ（Steptoe, John 1950-）
世児（ステップトウ, ジョン 1950-1989）

Stern, Harold P.〈20世紀〉
アメリカの東洋美術史学者。フリア美術館館長となり（1971～77）, 同館その他での展示活動を通じて日本美術の紹介, 普及に貢献。
⇒西洋（スターン 1922.5.3-1977.4.3）

Stern, Irma〈20世紀〉
南アフリカの女性画家。
⇒ユ人（シュテルン, イルマ 1894-1966）

Stern, Philippe〈20世紀〉
フランスの美術史研究家。インドシナおよびインドの美術発達史研究に新生面を開いた。
⇒西洋（ステルン 1895-1979）

Stern, Raffaello〈18・19世紀〉
イタリアの建築家。
⇒世美（ステルン, ラッファエッロ 1774-1820）

Stetheimer, Hans〈14・15世紀〉
ドイツ, 後期ゴシックの建築家。代表作はランツフートの聖マルティン聖堂。
⇒建築（シュテートハイマー（フォン・ランツフート, フォン・ブルクハウゼン）, ハンス 1350頃/-60-1432）
国小（シュテットハイマー 1360頃-1432）
新美（シュテットハイマー, ハンス 1350/60-1432.8.10）
西洋（シュテットハイマー 1360頃-1432.8.10）

Stettheimer, Florine〈19・20世紀〉
アメリカの画家。
⇒世女日（ステットハイマー, フロリン 1871-1944）

Stevens, Alfred〈19・20世紀〉
ベルギーの画家。パリ風俗を描いた。
⇒芸術（ステヴァンス, アルフレッド 1823-1906）
新美（ステヴァンス, アルフレッド 1823.5.11-1906.8.24）
西洋（ステフェンス 1823.5.11-1906.8.24）
世美（ステヴァンス, アルフレッド 1823-1906）
全書（ステバンス 1823-1906）
大百（ステバンス 1823-1906）
百科（ステバンス 1823-1906）

Stevens, Alfred George〈19世紀〉
イギリス新古典主義の代表的彫刻家。代表作『アニイ・コルマン夫人』。
⇒岩ケ（スティーヴンズ, アルフレッド 1818-1875）
芸術（スティーヴンズ, アルフレッド 1817-1875）
国小（スチーブンズ 1817.12.30-1875.5.1）
新美（スティーヴンズ, アルフレッド 1817.12.30-1875.5.1）
西洋（スティーヴンズ 1817.12.30-1875.5.1）

Stevens, Mary E.〈20世紀〉
アメリカのイラストレーター。
⇒児イ（Stevens, Mary E. スティーヴンス, M.E. 1920-1966）

Stevens, May〈20世紀〉
アメリカの芸術家。
⇒世女（スティーヴンズ, メイ 1924-）

Stevenson, Andrew〈20世紀〉
カナダ生れの作家, 写真家。
⇒海作4（スティーヴンスン, アンドリュー）

Stevenson, James〈20世紀〉
アメリカの絵本作家, 作家, 挿絵画家。
⇒英児（Stevenson, James スティーヴンソン, ジェイムズ 1929-）
児イ（Stevenson, James スティーブンソン, J.）
児作（Stevenson, James スティーブンソン, ジェイムズ）

Stewart, Arvis L.〈20世紀〉
アメリカのイラストレーター。
⇒児イ（Stewart, Arvis L. ステュアート, A.L.）

Stewart, Charles William〈20世紀〉
イギリスのイラストレーター。
⇒児イ（Stewart, Charles William ステュアート, C.W. 1915-）

Stewart, Ellen〈20世紀〉
アメリカの演出家。オフ・オフ・ブロードウェー演劇運動を推進。ラ・ママ実験演劇クラブを創設し多数の劇作家, 演出家, 舞台美術家を育成。
⇒全書（スチュアート 1920?-）
二十（スチュアート, エレン 1920?-）

Stewart, Sundiata〈20世紀〉
トリニダード・トバゴの画家。
⇒世芸（スチュアート, スンディタ 1956-）

Stichbury, Philippa〈20世紀〉
ニュージーランドのイラストレーター。
⇒児イ（Stichbury, Philippa スティッチビュリー, P. 1960-）

Stickley, Gustav〈19・20世紀〉
アメリカの家具デザイナー。
⇒岩ケ（スティクリー, グスタフ 1858-1942）

Stieglitz, Alfred〈19・20世紀〉
アメリカの写真家。写真雑誌『カメラ・ノート』発刊, フォート・セセッション運動を起し,「カメラ・ワーク」を編集発刊, 近代写真の発展

に尽す。
⇒アメ（スティーグリッツ　1864-1946）
岩ケ（スティーグリッツ，アルフレッド　1864-1946）
才西（スティーグリッツ，アルフレッド　1864-1946）
外国（スティーグリッツ　1864-1946）
芸術（スティーグリッツ，アルフレッド　1864-1946）
広辞5（スティーグリッツ　1864-1946）
広辞6（スティーグリッツ　1864-1946）
国小（スティーグリッツ　1864.1.1-1946.7.13）
コン2（スティーグリッツ　1864-1946）
コン3（スティーグリッツ　1864-1946）
集文（スティーグリッツ，アルフレッド　1864.1.1-1946.7.13）
新美（スティーグリッツ，アルフレッド　1864.1.1-1946.7.13）
西洋（スティーグリッツ　1864.1.1-1946.7.14）
世芸（スティーグリッツ，アルフレッド　1864-1946）
世美（スティーグリッツ，アルフレッド　1864-1946）
全書（スティーグリッツ　1864-1946）
大辞2（スティーグリッツ　1864-1946）
大辞3（スティーグリッツ　1864-1946）
大百（スティーグリッツ　1864-1946）
伝世（スティーグリッツ　1864.1.1-1946.7.13）
ナビ（スティーグリッツ　1864-1946）
二十（スティーグリッツ，アルフレッド　1864.1.1-1946.7.14）
百科（スティーグリッツ　1864-1946）
ユ人（スティーグリッツ，アルフレッド　1864-1946）

Still, Clyfford 〈20世紀〉
アメリカの画家。
⇒岩ケ（スティル，クリフォード　1904-1980）
才西（スティル，クリフォード　1904-1980）
コン3（スティル　1904-1980）
新美（スティル，クリフォード　1904.11.30-1980.6.23）
世芸（スティル，クリフォード　1904-1980）
世美（スティル，クリフォード　1904-1980）
全書（スティール　1904-）
大辞2（スティル　1904-）
大辞3（スティル　1904-1980）
二十（スティール，クリフォード　1904.11.30-1980.6.23）

Stillfuried, Raimund 〈19世紀〉
オーストリアの写真家。
⇒日人（スチルフリード　生没年不詳）

Stillman, William James 〈19・20世紀〉
アメリカの画家，ジャーナリスト。『ロンドン・タイムズ』紙などの記者として活躍した。
⇒国小（スティルマン　1828.1.1-1901.7.6）

Stimmer, Tobias 〈16世紀〉
スイスの画家，木版およびガラス絵の下絵画家。主作品はストラスブール大聖堂の天体時計の装飾など。
⇒芸術（シュティンマー，トビアス　1539-1584）
国小（シュティンマー　1539-1584）
新美（シュティンマー，トビーアス　1539.4.17-1584.1.4）
西洋（シュティンマー　1539.4.14-1584.1.4）
世美（シュティンマー，トビアス　1539-1584）

Stirling, James 〈20世紀〉
イギリスの建築家。ル・コルビュジエに深く学びながら，近代建築の合理的原理の超克を目ざす。
⇒現人（スターリング　1926-）
新美（スターリング，ジェームズ　1926.4.22-）
世美（スターリング，ジェイムズ　1926-）
二十（スターリング，ジェームズ・F.　1926.4.22-1992.6.25）

Stirnweis, Shannon 〈20世紀〉
アメリカのイラストレーター。
⇒児イ（Stirnweis, Shannon）

St John, John Allen 〈19・20世紀〉
アメリカの挿絵画家。
⇒英児（セント＝ジョン，ジョン・アレン　1872-1957）

Stobart, Ralph 〈20世紀〉
イギリスのイラストレーター。
⇒児イ（Stobart, Ralph　ストゥバート，R.）

Stobbs, William 〈20世紀〉
イギリスの挿絵画家。
⇒児イ（Stobbs, William　ストッブス，W.　1914-）
児文（ストップズ，ウィリアム　1914-）
世美（ストップズ，ウィリアム　1914-）
二十（ストップズ，ウィリアム　1914-）

Stoeke, Janet Morgan 〈20世紀〉
アメリカのグラフィック・デザイナー。
⇒児作（Stoeke, Janet Morgan　ストーク，ジャネット・モーガン）

Stokes, Adrian Durham 〈20世紀〉
イギリスの美術批評家，画家，詩人。
⇒才世（ストークス，エイドリアン（・ダーラム）　1902-1972）
思想（ストークス，エードリアン（ダラム）　1902-1972）
集文（ストークス，エイドリアン　1902.10.27-1972.12.15）
二十英（Stokes, Adrian (Durham)　1902-1972）

Stoltenberg Lerche, Vincent 〈19世紀〉
ノルウェーの画家。
⇒世美（スツールテンベルグ・レルケ，ヴィンセント　1837-1892）

Stom, Antonio 〈18世紀〉
イタリアの画家。
⇒世美（ストム，アントーニオ）

Stom, Giovanni 〈18世紀〉
イタリアの画家。

⇒世美（ストム，ジョヴァンニ）

Stom, Giuseppe 〈18世紀〉
イタリアの画家。
⇒世美（ストム，ジュゼッペ）

Stom, Matteo 〈18世紀〉
イタリアの画家。
⇒世美（ストム，マッテーオ　（記録)1702-?）

Stomer, Matthias 〈17世紀〉
オランダの画家。
⇒世美（ストーメル，マティアス　1600頃-1650以降）

Stone, David K. 〈20世紀〉
アメリカのイラストレーター。
⇒児イ（Stone, David K.　ストーン，D.K.）

Stone, Edward Durell 〈20世紀〉
アメリカの建築家。
⇒岩ケ（ストーン，エドワード・ダレル　1902-1978）

Stone, Hellen 〈20世紀〉
アメリカのイラストレーター。
⇒児イ（Stone, Hellen　ストーン，H.）

Stone, Nicolas 〈16・17世紀〉
イギリスの彫刻家，建築家。墓廟彫刻家として名をなし，ナザブトン公ヘンリーの墓廟をはじめ，チャールズ・モリソンの墓などを製作。
⇒国小（ストーン　1586-1647.8.24）
世美（ストーン，ニコラス　1587-1647）

Stoop, Dirck 〈17世紀〉
オランダの画家。
⇒世美（ストープ，ディルク　1610頃-1686頃）

Stoppani, Maurice 〈20世紀〉
フランス生れの芸術家。
⇒世芸（ストッパニ，マウリス　1921-）

Storer, Johann Christophorus 〈17世紀〉
スイスの画家，素描家。
⇒世美（シュトーラー，ヨハン・クリストフォルス　1611頃-1671）

Storrier, Timothy Austin 〈20世紀〉
オーストラリアの造形美術家，風景画家。
⇒岩ケ（ストリアー，ティモシー・オースティン　1949-）

Story, William Wetmore 〈19世紀〉
アメリカの詩人，彫刻家，法律家。代表作に『クレオパトラ』(1862)。
⇒国小（ストーリー　1819.2.12-1895.10.7）

Stoss, Veit 〈15・16世紀〉
ドイツの彫刻家。後期ゴシック様式の代表的な彫刻家。『聖告群像』(1517～19）などの作品を残した。
⇒岩ケ（シュトース，ファイト　1447頃-1533）
キリ（シュトース，ファイト　1438/47-1533）
芸術（シュトス，ファイト　1445頃-1533）
国小（シュトース　1445頃-1533）
コン2（シュトース　1440頃-1533）
コン2（ストーシ　1445頃-1533）
コン3（シュトース　1447頃-1533）
コン3（ストーシ　1445頃-1533）
新美（シュトース，ファイト　1445頃-1533）
西洋（シュトース　1450頃-1533）
世西（シュトース　1440頃-1533）
世美（シュトース，ファイト　1447/48-1533）
世百（シュトース　1445頃-1533）
全書（シュトス　1445頃-1533）
大百（シュトス　1445頃-1533）
伝世（シュトース　1445頃-1533）
百科（シュトース　1445頃-1533）

Stosskopff, Sebastian 〈16・17世紀〉
ドイツの画家。
⇒世美（ストスコップフ，セバスティアン　1597-1657）

Stothard, Thomas 〈18・19世紀〉
イギリスの画家，デザイナー。王立アカデミー会員。代表作に『カンタベリーの巡礼者たち』。
⇒岩ケ（ストザード，トマス　1755-1834）
国小（ストザード　1755.8.17-1834.4.27）
西洋（ストザード　1755.8.17-1834.4.27）
世美（ストザード，トマス　1755-1834）

Stover, Jo Ann 〈20世紀〉
イギリスのイラストレーター。
⇒児イ（Stover, Jo Ann　ストーヴァー，J.A.）

Stoye, Rudiger 〈20世紀〉
ドイツの画家。
⇒児イ（Stoye, Rediger　ストーエ，R.　1938-）
児作（Stoye, Rudiger　ストーエ，リューディガー　1938-）

Strabōn 〈前1・1世紀〉
ギリシアの地理学者，歴史家。主著『地誌』。自身の見聞のほかに過去の文献も多用して，全ローマ世界の主要な国々を調査した。
⇒岩ケ（ストラボン　前64頃-後23頃）
外国（ストラボン　前64/3-後21/-4）
科学（ストラボン　前63頃-前25以後）
科技（ストラボン　前63頃-後19）
科史（ストラボン　前63頃-後21以後）
科人（ストラボン　前63?-23?）
教育（ストラボン　前64?-後21?）
ギリ（ストラボン　前64-?）
広辞4（ストラボン　前64頃-後21頃）
国小（ストラボン　前63頃-後19）
コン2（ストラボン　前64頃-後21頃）
集英（ストラボーン　前64/63-後24頃以後?）
新美（ストラボーン　前64/63-後23頃）
人物（ストラボン　前63頃-後24頃）
西洋（ストラボン　前64-後21以後）
世西（ストラボン　前63頃-後19-24頃）
世東（ストラボン　前63頃-後19/24）
世百（ストラボン　前64頃-後21頃）

世文 （ストラボーン　前64頃-後21以後）
全書 （ストラボン　前64頃-後23頃）
大辞 （ストラボン　前64頃-後21頃）
大百 （ストラボン　前64頃-後26頃）
デス （ストラボン　前64頃-後21頃）
伝世 （ストラボン　前64/3頃-後23/4頃）
百科 （ストラボン　前64/63頃-後23頃）
名著 （ストラボン　前63-後24頃）
ロマ （ストラボン　前64頃-?）

Strachan, Douglas 〈19・20世紀〉
イギリスの芸術家。
⇒岩ケ（ストラハン，ダグラス　1875-1950）

Strack, Ludwig Philipp 〈18・19世紀〉
ドイツの画家。
⇒世美（シュトラック，ルートヴィヒ・フィリップ　1761-1836）

Straet, Jan van der 〈16・17世紀〉
フランドルの画家。
⇒新美（ストラート，ヤン・ヴァン・デル　1523-1605.11.2）
世美（ファン・デル・ストラート，ヤン　1523-1605）

Strand, Paul 〈19・20世紀〉
アメリカの写真家。1916年最初の個展を開き，名作『盲目の女』を出品した。作品集『ニュー・イングランドの時間』（1950），『ポール・ストランド写真集』（1915～45）がある。
⇒岩ケ（ストランド，ポール　1890-1976）
国小（ストランド　1890.10.16-1976.3.31）
新美（ストランド，ポール　1890.10.16-1976.3.31）
世芸（ストランド，ポール　1890-1976）
二十（ストランド，ポール　1890.10.16-1976.3.31）

Strange, Florence 〈20世紀〉
アメリカのイラストレーター。
⇒児イ（Strange, Florence　ストレンジ, S.）

Strange, Sir Robert 〈18世紀〉
イギリスの版画家。歴史に取材した版画を振興させた。
⇒西洋（ストレンジ　1721.6.26-1792.6.5）

Stratmann, Roland 〈20世紀〉
ドイツの現代美術家。
⇒世美（ストラトマン，ローランド　1964-）

Straub, Johann Baptist 〈18世紀〉
ドイツの彫刻家。バイエルン地方のロココ様式を代表する彫刻家。
⇒芸術（シュトラウブ，バプティスト　1704-1784）
国小（シュトラウブ　1704-1784）
新美（シュトラウブ，ヨーハン・バプティスト　1704-1784.7.25）
世美（シュトラウブ，ヨハン・バプティスト　1704-1784）

Straumer, Heinrich 〈19・20世紀〉
ドイツの建築家。国会議事堂建築に従事。
⇒西洋（シュトラウマー　1876-）

Street, George Edmond 〈19世紀〉
イギリスの建築家。ビクトリア時代のゴシック様式の代表者。作品にロンドンの王立裁判所。
⇒岩ケ（ストリート，ジョージ・エドマンド　1824-1881）
建築（ストリート，ジョージ・エドムンド　1824-1881）
国小（ストリート　1824.6.20-1881.12.18）
世美（ストリート，ジョージ・エドマンド　1824-1881）
百科（ストリート　1824-1881）

Streeter, Robert 〈17世紀〉
イギリスのフレスコ画家。代表作は寓意画『真理と学芸の勝利』（1669）。
⇒国小（ストリーター　1624-1679）

Streeton, Arthur Ernest 〈19・20世紀〉
オーストラリアの画家。牧歌的風景画によって，〈太陽と土の申し子〉といわれた。
⇒岩ケ（ストリートン，サー・アーサー・アーネスト　1867-1943）
オセ（ストリートン　1867-1943）
オセ新（ストリートン　1867-1943）
伝世（ストリートン　1867.4.8-1943.9.1）

Strickland, William 〈18・19世紀〉
アメリカの建築家。主要建築はほとんどフィラデルフィアにある。
⇒建築（ストリックランド，ウィリアム　1788-1854）
国小（ストリックランド　1787-1854.4.7）
新美（ストリックランド，ウィリアム　1787頃-1854.4.6）
世美（ストリックランド，ウィリアム　1788-1854）

Striegel, Bernhard 〈15・16世紀〉
ドイツの画家。マクシミリアン1世の宮廷画家。『クスピニアー家』（1520）などを制作。
⇒キリ（シュトリーゲル，ベルンハルト　1460/61-1528.5.4以前）
芸術（シュトリゲル，ベルンハルト　1460/61-1528）
国小（シュトリーゲル　1460/1-1528）
新美（シュトリーゲル，ベルンハルト　1465/70-1528）
西洋（シュトリーゲル　1460/1-1528）
世美（シュトリーゲル，ベルンハルト　1461頃-1528）

Strindberg, Johan August 〈19・20世紀〉
スウェーデンの劇作家，小説家。スウェーデンで最初の自然主義小説『赤い部屋』（1879）を発表，劇『父』（1887）などの自然主義劇で世界的に知られた。
⇒逸話（ストリンドベリ　1849-1912）
岩ケ（ストリンドベリ，（ヨハン・）アウグスト

1849-1912)
演劇（ストリンドベリ, アウグスト 1849-1912）
旺世（ストリンドベリ 1849-1912）
外国（ストリンドベリ 1849-1912）
角世（ストリンドベリ 1849-1912）
キリ（ストリンドベリー, ユーハン・アウグスト 1849.1.22-1912.5.14）
幻想（ストリントベリ, アウグスト 1849-1912）
広辞4（ストリンドベリ 1849-1912）
広辞5（ストリンドベリ 1849-1912）
広辞6（ストリンドベリ 1849-1912）
国小（ストリンドベリ 1849.1.22-1912.5.14）
国百（ストリンドベリ, ヨハン・アウグスト 1849.1.22-1912.5.14）
コン2（ストリンドベリ 1849-1912）
コン3（ストリンドベリ 1849-1912）
児作（Strindberg, August ストリンドベリ, アウグスト 1849-1912）
児童（ストリンドベリ, アウグスト 1849-1912）
児文（ストリンドベリ, アウグスト 1849-1912）
集世（ストリンドベリ, アウグスト 1849.1.22-1912.5.14）
集文（ストリンドベリ, アウグスト 1849.1.22-1912.5.14）
新美（ストリンドベルイ, アウグスト 1849.1.22-1912.5.14）
人物（ストリンドベリ 1849.1.22-1912.5.14）
西洋（ストリンドベリ 1849.1.22-1912.5.14）
世宗（ストリンドベリ 1849-1912）
世人（ストリンドベリ 1849-1912）
世百（ストリンドベリ 1849.1.22-1912.5.14）
世百（ストリンドベリー 1849-1912）
世文（ストリンドベルイ, ユーアン・アウグスト 1849-1912）
全書（ストリンドベリ 1849-1912）
大辞（ストリンドベリ 1849-1912）
大辞2（ストリンドベリ 1849-1912）
大辞3（ストリンドベリ 1849-1912）
大百（ストリンドベリ 1849-1912）
デス（ストリンドベルイ 1849-1912）
伝世（ストリンドベルィ 1849.1.22-1912.5.14）
ナビ（ストリンドベリ 1849-1912）
二十（ストリンドベリ, ヨハン・アウグスト 1849.1.22-1912.5.14）
百科（ストリンドベリ 1849-1912）
評世（ストリンドベリ 1849-1912）
名著（ストリンドベリ 1849-1912）
山世（ストリンドベリ 1849-1912）
歴世（ストリンドベルィ 1849-1912）

Strnad, Oskar 〈19・20世紀〉
オーストリアの建築家。パリ博覧会でオーストリア館を建築。舞台装置家としても知られる。
⇒西洋（シュトルナート 1879-1935.9.3）

Strong, Roy 〈20世紀〉
イギリスの美術史家。
⇒岩ケ（ストロング, ロイ 1935-）

Strongylion 〈前5・4世紀〉
ギリシアの彫刻家。
⇒世美（ストロンギュリオン 前5-前4世紀）

Strozzi, Bernardo 〈16・17世紀〉
イタリアの画家。主要作品バルビ宮の『獄舎のヨセフ』『洗礼者ヨハネ』など。

⇒芸術（ストロッツィ, ベルナルド 1581-1644）
国小（ストロッツィ 1581-1644.8.2）
新美（ストロッツィ, ベルナルド 1581-1644.8.2）
西洋（ストロッツィ 1581-1644.8.2）
世美（ストロッツィ, ベルナルド 1581-1644）
全書（ストロッツィ 1581-1644）
大百（ストロッツィ 1581-1644）
百科（ストロッツィ 1581-1644）

Strozzi, Zanobi 〈15世紀〉
イタリアの画家, 写本装飾画家。
⇒世美（ストロッツィ, ザノービ 1412-1471以降）

Strube, Sidney 〈20世紀〉
イギリスの風刺漫画家。
⇒岩ケ（ストルーブ, シドニー 1891-1956）

Strutt, William 〈18・19世紀〉
イギリスの木綿織物事業者, 発明家。工場建築の防火対策について研究。
⇒世百（ストラット 1756-1830）

Strzemiński, Władysław 〈20世紀〉
ポーランドの画家。
⇒オ西（スチェミンスキ, ウワジスワフ 1893-1952）
新美（スチシェミンスキ, ヴワディスワフ 1893.11.21-1952.12.28）
東欧（スチェミンスキ 1893-1952）
二十（スチェミンスキ, ヴワディスワフ 1893.11.21-1952.12.28）

Strzygowski, Josef 〈19・20世紀〉
ポーランド系オーストリアの美術史学者, 考古学者。初期キリスト教美術, 東方古代芸術を研究。
⇒キリ（シチゴフスキ, ヨーゼフ 1862.3.7-1941.1.2）
新美（ストゥシュゴフスキー, ヨーゼフ 1862.3.7-1941.1.2）
西洋（ス（ト）ジュゴーフスキー 1862.3.7-1941.1.2）
世美（ストジュゴーフスキー, ヨーゼフ 1862-1941）

Stuart, Gilbert Charles 〈18・19世紀〉
アメリカの画家。
⇒岩ケ（スチュアート, ギルバート（・チャールズ）1755-1828）
英米（Stuart, Gilbert スチュアート〔ギルバート〕1755-1828）
芸術（ステュアート, ギルバート 1755-1828）
国小（スチュアート 1755.12.3-1828.7.9）
コン3（スチュアート 1755-1828）
新美（スチュアート, ギルバート 1755.12.3-1828.7.9）
西洋（ステュアート 1755.12.3-1828.7.27）
全書（スチュアート 1755-1828）
大百（スチュアート 1755-1828）

Stuart, James 〈18世紀〉
イギリスの画家, 建築家, 古代研究家。ローマ, アテネに研究旅行し（1741～51）, 古代建築物を

初めて測定。
  ⇒建築（スチュアート，ジェームズ　1713-1788）
  新美（スチュアート，ジェームズ　1713-1788.2.2）
  西洋（スチュアート　1713-1788.2.2）
  世美（ステュアート，ジェイムズ　1713-1788）

Stübben, Joseph Hermann 〈19・20世紀〉
ドイツの都市計画家。
  ⇒世美（シュテュッベン，ヨーゼフ・ヘルマン　1845-1936）

Stubbs, George 〈18・19世紀〉
イギリスの解剖学者，画家，版画家。
  ⇒岩ケ（スタッブズ，ジョージ　1724-1806）
  芸術（スタッブズ，ジョージ　1724-1806）
  新美（スタッブズ，ジョージ　1724.8.24-1806.7.10）
  世美（スタッブズ，ジョージ　1724-1806）
  全書（スタッブズ　1724-1806）
  百科（スタッブズ　1724-1806）

Stubis, Talivaldis 〈20世紀〉
ロシアのイラストレーター。
  ⇒児イ（Stubis, Talivaldis　スチュービス，T.）

Stuck, Franz von 〈19・20世紀〉
ドイツの画家，彫刻家，建築家。神話的主題の作品を多く制作し，裸体表現を好んだ。挿絵画家としても活躍。
  ⇒キリ（シュトゥック，フランツ・フォン　1863.2.23-1928.8.30）
  芸術（シュトゥック，フランツ・フォン　1863-1928）
  国小（シュトゥック　1863.2.23-1928.8.30）
  新美（シュトゥック，フランツ・フォン　1863.2.23-1928.8.30）
  西洋（シュトゥック　1863.2.23-1928.8.30）
  世芸（シュトゥック，フランツ・フォン　1863-1928）
  世美（シュトゥック，フランツ・フォン　1863-1928）
  全書（シュトゥック　1863-1928）
  二十（シュトゥック，フランツ・フォン　1863.2.23-1928.8.30）
  百科（シュトゥック　1863-1928）

Studdy, George Edward 〈19・20世紀〉
イギリスの漫画家，『犬のボンゾ』の作者。
  ⇒岩ケ（スタディ，ジョージ・エドワード　1878-1948）

Stüler, Friedrich August 〈19世紀〉
ドイツの建築家。主作品にマルクス教会（1848〜55），ケーニヒスベルク大学（1844〜63），ストックホルム国立博物館（1850〜66）。
  ⇒キリ（シュテューラー，フリードリヒ・アウグスト　1800.1.28-1865.3.18）
  西洋（シュテューラー　1800.1.28-1865.3.18）

Sturgis, Russell 〈19・20世紀〉
アメリカの建築家。ニューヨーク建築同盟会長，美術連盟初代会長を歴任。

  ⇒国小（スタージス　1836.10.16-1909.2.11）
  西洋（スタージス　1836-1909）

Stursa, Jan 〈19・20世紀〉
チェコスロヴァキアの彫刻家。主要作品『エバ』（1908），『傷つける男』（1916）。
  ⇒国小（ストルサ　1880.5.15-1925.5.2）

Stutterheim, Willem Frederik 〈20世紀〉
オランダのインドネシア考古学者。元・ジャワ考古局長。
  ⇒新美（ストゥッテルヘイム，ヴィレム・フレデリク　1892.9.27-1942.9.10）
  二十（ストゥッテルヘイム，ヴィレム・フレデリク　1892.9.27-1942.9.10）

Suarez, Luis Pabello 〈20世紀〉
メキシコのイラストレーター。
  ⇒児イ（Suarez, Luis Pabello　スアレス，L.P.　1938-）

Suba, Susanne 〈20世紀〉
アメリカのイラストレーター。
  ⇒児イ（Suba, Susanne　1913-）

Subleyras, Pierre Hubert 〈17・18世紀〉
フランスの画家。1727年ローマ賞受賞。
  ⇒芸術（シュブレーラス，ピエル・ユベール　1699-1749）
  国小（シュブレーラス　1699-1749）
  新美（シュブレイラス，ピエール　1699.11.25-1749.5.28）
  世美（シュブレイラス，ピエール　1699-1749）

Suger 〈11・12世紀〉
パリ郊外サン=ドニー修道院院長（在職1122〜51）。フランス王ルイ6世およびルイ7世の政治顧問。
  ⇒岩ケ（シュジェル　1081-1151）
  外国（シュジェール　1081頃-1151）
  角世（シュジェール　1081?-1151）
  キリ（シュジェ（スジェル）　1081頃-1151.1.13）
  国小（シュジェール　1081頃-1151.1.31）
  コン2（シュジェル　1081頃-1151）
  コン3（シュジェル　1081頃-1151）
  新美（シュジュール　1081頃-1151.1.12）
  西洋（シュジェ　1081頃-1151.1.12）
  評世（シュジェール　1081頃-1151）

Sugerno, Nono 〈20世紀〉
インドネシアのイラストレーター。
  ⇒児イ（Sugerno, Nono　スグルノ，N.　1957-）

Sullivan, Louis Henry 〈19・20世紀〉
アメリカの建築家。機能主義の立場で鉄骨高層ビルディングを設計，近代建築の先駆となった。代表作はシカゴ博覧会の交通館（1893）など。
  ⇒アメ（サリバン　1856-1924）
  岩ケ（サリヴァン，ルイス（・ヘンリー）　1856-1924）

英米（Sullivan, Louis Henri　サリヴァン（ルイス）　1856-1924）
オ西（サリヴァン，ルイス・H.　1856-1924）
外国（サリヴァン　1856-1924）
国小（サリバン　1856.9.3-1924.4.14）
国百（サリバン，ルイス・ヘンリー　1856.9.3-1924.4.14）
コン2（サリヴァン　1856-1924）
コン3（サリヴァン　1856-1924）
思想（サリヴァン，ルイス（ヘンリー）　1856-1924）
新美（サリヴァン，ルイス・ヘンリー　1856.9.3-1924.4.14）
人物（サリバン　1856.9.3-1924.4.14）
西洋（サリヴァン　1856.9.3-1924.4.14）
世西（サリヴァン　1856-1924）
世美（サリヴァン，ルイス・ヘンリー　1856-1924）
世百（サリヴァン　1856-1924）
全書（サリバン　1856-1924）
大辞2（サリバン　1856-1924）
大辞3（サリバン　1856-1924）
大百（サリバン　1856-1924）
伝世（サリヴァン，L.　1856.9.3-1924.4.14）
ナビ（サリバン　1856-1924）
二十（サリバン，ルイス・ヘンリー　1856.9.3-1924.4.14）
百科（サリバン　1856-1924）

Sullivan, Mary Josephine 〈19・20世紀〉
アメリカの美術収集家。
⇒世女日（サリヴァン，メアリー・ジョセフィン　1877-1939）

Sullivan, Michael 〈20世紀〉
アメリカの東洋美術史学者。中国美術のすぐれた啓蒙的通史『中国美術史』(1967, 70)は日・仏語訳も出版された。
⇒西洋（サリヴァン　1916.10.29-）

Sully, Thomas 〈18・19世紀〉
イギリス生れのアメリカの画家。アメリカのトーマス・ローレンスと呼ばれて一般に親しまれた。代表作『ビクトリア女王』(1838〜39)。
⇒岩ケ（サリー，トマス　1783-1872）
国小（サリー　1783-1872）
新美（サリー，トーマス　1783.6.8-1872.11.5）

Sultan, Donald 〈20世紀〉
アメリカ生れのプロセス・アーティスト。
⇒世芸（サルタン，ドナルド　1951-）

Sultān Muhammad 〈16世紀〉
イラン・サファビー朝タブリズ派の画家。作品にペルシア叙事詩に挿図した写本がある。
⇒外国（ムハンマッド）
国小（スルタン・ムハンマド　1517-1540）
コン2（スルターン・ムハンマド　16世紀）
コン3（スルターン・ムハンマド　生没年不詳）
新美（スルタン・ムハンマド）
西洋（スルターン・ムハンマド　?-1555頃）

Sulzer, Johann Georg 〈18世紀〉
ドイツの美学者，哲学者，心理学者。ベルリン・アカデミー正会員。主著『自然の作物についての若干の道徳的考察』(1771)。
⇒音大（ズルツァー　1720.10.16-1779.2.27）
教育（ズルツァー　1720-1779）
国大（ズルツァー　1720.10.16-1779.2.27）
集文（ズルツァー，ヨハン・ゲオルク　1720.10.16-1779.2.27）
西洋（ズルツァー　1720.10.6-1779.2.27）
全書（ズルツァー　1720-1779）
体育（ズルツアー　1720-1779）

Summerson, Sir John (Newenham) 〈20世紀〉
イギリスの建築史家。
⇒オ世（サマーソン，ジョン（・ニューナム）　1904-1992）

Surgajlene, Aspazija Antano 〈20世紀〉
ロシアのイラストレーター。
⇒児イ（Surgajlene, Aspazija Antano　1928-）

Surikov, Vasily Ivanovich 〈19・20世紀〉
ロシアの画家。移動派の代表者の一人。主要作品には『銃兵処刑の朝』(1881)，『エルマークのシベリア征服』(1895)など。
⇒芸術（スリコフ，ヴァッシリー・イヴァノヴィッチ　1848-1916）
国小（スリコフ　1848-1916.3.19）
コン2（スーリコフ　1848-1916）
コン3（スリコフ　1848-1916）
新美（スリコフ，ヴァシーリイ　1848.1.12(24)-1916.3.6(19)）
人物（スリコフ　1848-1916）
世芸（スリコフ，ヴァッシリー・イヴァノヴィッチ　1848-1916）
世芸（スリコフ　1848-1916.3.19）
世美（スーリコフ，ヴァシリー・イヴァノヴィチ　1848-1916）
世百（スリコフ　1848-1916）
全書（スリコフ　1848-1916）
大百（スリコフ　1848-1916）
二十（スリコフ，ヴァシーリイ　1848.1.12-1916.3.6）
百科（スリコフ　1848-1916）
ロシ（スリコフ　1848-1916）

Survage, Léopold 〈19・20世紀〉
ロシア出身のフランスの画家。
⇒芸術（シュルヴァージュ，レオポール　1878-1948）
新美（シュルヴァージュ，レオボルド　1879.8.12-1968）
世芸（シュルヴァージュ，レオポール　1878-1948）
世美（シュルヴァージュ　1879-1968）
二十（シュルヴァージュ，レオポルド　1879.8.12-1968）

Sussman, Arthur 〈20世紀〉
アメリカ生れの画家。
⇒世芸（ススマン，アルター　1927-）

Sustermans, Justus〈16・17世紀〉
フランドルの画家。
⇒世美（シュステルマンス, ユストゥス　1597-1681）

Sustris, Friedrich〈16世紀〉
ドイツの建築家, 画家。バイエルン大公ヴィルヘルム5世の為にトラウジッツ城を築造(1573～79)。
⇒建築（ズストリス, フリードリヒ　1540頃-1599）
西洋（ズストリス　1524/6-1599）
世美（シュストリス, フレデリック　1540頃-1599）

Sustris, Lambert〈16世紀〉
オランダの画家。
⇒世美（シュストリス, ランベルト　1515/20-1568以降）

Sutcliffe, Frank Meadow〈19・20世紀〉
イギリスの肖像写真家。
⇒岩ケ（サトクリフ, フランク・メドー　1853-1941）

Suteev, Vladimir Grigorievich〈20世紀〉
ソ連の絵本作家, イラストレーター。
⇒児イ（Suteev, Vladimir Grigorievich　ステーエフ, V.G.　1903-）
児文（ステーエフ, ウラジーミル・Г.　1903-）
二十（ステーエフ, ウラジーミル　1903-）

Sutherland, Graham Vivian〈20世紀〉
イギリスの画家。ノーザンプトンのセント・マシューズ聖堂の壁画『磔刑』(1946)は有名。
⇒岩ケ（サザーランド, グレアム (・ヴィヴィアン)　1903-1980）
オ西（サザーランド, グレアム　1903-1980）
外国（サザーランド　1903-）
キリ（サザーランド, グレイアム　1903.8.24-1980.2.17）
国小（サザーランド　1903.8.24-）
コン3（サザーランド　1903-1980）
集文（サザランド, グレアム　1903.8.24-1980.2.17）
新美（サザーランド, グレアム　1903.8.24-1980.2.17）
西洋（サザランド　1903.8.24-1980.2.17）
世芸（サザランド, グレアム　1903-1980）
世西（サザーランド　1903-）
世美（サザーランド, グレアム・ヴィヴィアン　1903-1980）
世百（サザランド　1903-）
世百新（サザーランド　1903-1980）
全書（サザランド　1903-1980）
大百（サザランド　1903-1980）
伝世（サザランド, G.　1903.8.24-1980）
二十（サザーランド, グレイアム　1903.8.24-1980.2.17）
百科（サザランド　1903-1980）

Sutter, Claude〈20世紀〉
フランスの画家。

⇒世芸（ステール, クロード　1925-）

Sutton, Philip〈20世紀〉
イギリス生れの陶芸家。
⇒世芸（サトン, フィリップ　1928-）

Švankmajer, Jan〈20世紀〉
チェコの映像作家。
⇒世映（シュヴァンクマイエル, ヤン　1934-）
東欧（シュバンクマイエル　1934-）

Sveinsson, Ásmundur〈20世紀〉
アイスランドの彫刻家。
⇒岩ケ（スヴェンソン, アウスミュンデュル　1893-1982）

Svend, Otto S.〈20世紀〉
デンマークの画家, 絵本作家。
⇒児文（スベン・オットー　1916-）
二十（スベン, オットー　1916-）

Svoboda, Jozef〈20世紀〉
チェコスロヴァキアの舞台装置家。「ラテルナ・マギカ」運動の指導者の一人。
⇒オペ（スヴォボダ, ヨゼフ　1920.5.10-）
現人（スボボダ　1920.5.10-）
国小（スボボダ　1920-）
世百新（スボボダ　1920-2002）
全書（スボボダ　1920-）
東欧（スボボダ　1920-）
二十（スボボダ, J.　1920-）
百科（スボボダ　1920-）

Svozilik, Jaromir〈20世紀〉
チェコスロバキア生れの画家。
⇒世芸（スボズィリク, ジャロミー　1951-）

Swainson, William〈18・19世紀〉
イギリスの博物学者, 鳥の挿絵画家。
⇒岩ケ（スウェインソン, ウィリアム　1789-1855）

Swayne, Zoa Lourana (Shaw)〈20世紀〉
アメリカのイラストレーター。
⇒児イ（Swayne, Zoa Lourana (Shaw)　スウェイン, Z.L.　1905-）

Sweat, Lynn〈20世紀〉
アメリカのイラストレーター。
⇒児イ（Sweat, Lynn）

Sweerts, Michiel〈17世紀〉
フランドルの画家。
⇒世美（スウェールツ, ミヒール　1624-1664）

Sweney, Frederic〈20世紀〉
アメリカのイラストレーター。
⇒児イ（Sweney, Frederic　1912-）

Swope, Martha〈20世紀〉
アメリカの写真家。ニューヨーク・シティ・バ

レエ，マーサ・グレアム舞踊団，ハーレム・ダンス・シアターの公式写真家。
⇒バレ（スウォープ，マーサ　1933頃-）

Sydow, Eckart von〈19・20世紀〉
ドイツの美術史家，芸術学者。原始民族の芸術や宗教の研究者として知られる。
⇒名著（ジドー　1885-1942）

Sýkora, Zdeněk〈20世紀〉
チェコの美術家。
⇒美術（シーコラ，ズデニェク　1920-）

Sylbert, Richard〈20世紀〉
アメリカ・ニューヨーク生れの映画美術監督。
⇒世映（シルバート，リチャード　1928-2002）

Syrkius, Helena〈20世紀〉
ポーランドの建築家。
⇒世女（シルキウス，ヘレナ　1900-1982）
　世女日（シルキウス，ヘレーナ　1900-1982）

Szancer, Jan Marcin〈20世紀〉
ポーランドの画家，イラストレーター，舞台芸術家。元・ワルシャワ美術大教授。
⇒児文（シャンツェル，ヤン・マルチン　1902-1973）
　二十（シャンツェル，ヤン・マルチン　1902-1973）

Szapocznikow, Alina〈20世紀〉
ポーランドの彫刻家。
⇒新美（シャポチニコフ，アリナ　1926.5.16-1973）
　二十（シャポチニコフ，アリナ　1926.5.16-1973）

Székely Bertalan〈19・20世紀〉
ハンガリーの画家。
⇒東欧（セーケイ　1835-1910）
　二十（セーケイ，B.　1835-1910）
　百科（セーケイ　1835-1910）

Szekeres, Cyndy〈20世紀〉
アメリカの女性絵本作家，挿絵画家。
⇒英児（Szekeres, Cyndy　ゼケレス，シンディ　1933-）
　児イ（Szekeres, Cyndy）

Szinyei-Merse Pál〈19・20世紀〉
ハンガリーの画家。印象派に属する。
⇒新美（シニェイ＝メルシェ・パール　1845.7.4-1920.2.2）
　西洋（シニェイ・メルシェ　1845.7.4-1920.2.2）
　二十（シニェイ・メルシェ，パール　1845.7.4-1920.2.2）

Szulman, Francois〈20世紀〉
フランス生れの画家。
⇒世芸（ズルマン，フランコ　1931-）

Szyk, Arthur〈20世紀〉
アメリカのイラストレーター，政治漫画家。
⇒児イ（Szyk, Arthur　シック, A.　1894-1951）
　ユ人（シーク，アーサル（アントゥル）　1894-1951）

Szyszkowicz, Carla〈20世紀〉
オーストリアの建築家。
⇒二十（シスコビッツ，カルラ　1944-）

Szyszkowicz, Michael〈20世紀〉
オーストリアの建築家。
⇒二十（シスコビッツ，ミハエル　1944-）

【　T　】

Tabacchi, Odoardo〈19・20世紀〉
イタリアの彫刻家。
⇒世美（タバッキ，オドアルド　1836-1905）

Tacca, Ferdinando〈17世紀〉
イタリアの彫刻家。
⇒世美（タッカ，フェルディナンド　1619-1686）

Tacca, Pietro〈16・17世紀〉
イタリアの彫刻家。
⇒世美（タッカ，ピエトロ　1577-1640）

Tacchi, Ceare〈20世紀〉
イタリアの画家。
⇒世美（タッキ，チェーザレ　1940-）

Tacconi, Francesco di Giacomo〈15世紀〉
イタリアの画家。
⇒世美（タッコーニ，フランチェスコ・ディ・ジャーコモ　（活動）15世紀後半）

Taddeo di Bartoli〈14・15世紀〉
イタリアのシエナ派の画家。
⇒岩ケ（タッデオ・ディ・バルトリ　1362頃-1422頃）
　新美（タッデオ・ディ・バルトロ　1362/63-1422/23）
　世美（タッデーオ・ディ・バルトロ　1362/63-1422）

Tadolini, Adamo〈18・19世紀〉
イタリアの彫刻家。
⇒世美（タドリーニ，アダーモ　1788-1868）

Tadolini, Giulio〈19・20世紀〉
イタリアの彫刻家。
⇒世美（タドリーニ，ジューリオ　1849-1918）

Taeuber-Arp, Sophie〈19・20世紀〉
スイスの画家，彫刻家。
⇒新美（トイベル＝アルプ，ゾフィー　1889.1.19-

1943.1.13)
世女（トイバー＝アルプ，ゾフィー　1889-1943）
世女日（トイバー＝アルプ，ゾフィー　1889-1943）
世美（トイバー＝アルプ，ゾフィー　1889-1943）
二十（ドイベル・アルプ，ゾフィー　1889.1.19-1943.1.13）

Taft, Lorado Zadoc 〈19・20世紀〉
アメリカの彫刻家。主要作品『魂の孤独』，シカゴの『時の泉』(1920)など。
⇒国小（タフト　1860.4.29-1936.10.30）

Tafuri, Manfredo 〈20世紀〉
イタリアの建築学者，歴史家。ヴェネツィア大学主任教授。
⇒二十（タフーリ，マンフレード　1935-1994）

Tafuri, Nancy 〈20世紀〉
アメリカの女性絵本作家，挿絵画家。
⇒英児（Tafuri, Nancy　タフリー，ナンシー　1946-）
児イ（Tafuri, Nancy　タフリ, N.）

Tagore, Abanindra Nath 〈20世紀〉
インドの画家。詩人タゴールと同じベンゴールの名族に生れて，1890年ごろからインド絵画の復興運動を起した。
⇒外国（タゴール）
広辞5（タゴール　1861-1941）
大辞2（タゴール　1861-1941）
ナビ（タゴール　1861-1941）

Taharka 〈前7世紀〉
古代エジプト第25王朝の王（在位前689頃～664頃）。
⇒新美（タハルカ）

Tailleux, Françis 〈20世紀〉
フランスの画家。ジュヌ・パンテュールの国家賞を受賞。
⇒世西（タイユー　1913-）

Taine, Hippolyte Adolphe 〈19世紀〉
フランスの評論家，歴史家，哲学者。未完の大著『現代フランスの起源』(6巻，76～93)がある。
⇒逸話（テーヌ　1828-1893）
イ文（Taine, Hippolyte (Adolphe)　1828-1893）
岩ケ（テーヌ，イポリット（・アドルフ）　1828-1893）
岩哲（テーヌ　1828-1893）
旺世（テーヌ　1828-1893）
外国（テーヌ　1828-1893）
角世（テーヌ　1828-1893）
教育（テーヌ　1828-1893）
キリ（テーヌ，イポリート　1828.4.21-1893.3.5）
広辞4（テーヌ　1828-1893）
広辞6（テーヌ　1828-1893）
国小（テーヌ　1828.4.21-1893.3.5）
国百（テーヌ，イポリット・アドルフ　1828.4.21-1893.3.5）
コン2（テーヌ　1828-1893）
コン3（テーヌ　1828-1893）
集世（テーヌ，イポリット＝アドルフ　1828.4.21-1893.3.5）
集美（テーヌ，イポリット＝アドルフ　1828.4.21-1893.3.5）
新美（テーヌ，イポリット　1828.4.21-1893.3.5）
人物（テーヌ　1828.4.21-1893.3.5）
西洋（テーヌ　1828.4.21-1893.3.5）
世西（テーヌ　1828.4.21-1893.3.5）
世日（テーヌ　1828-1893）
世文（テーヌ，イポリット　1828-1893）
全書（テーヌ　1828-1893）
大辞（テーヌ　1828-1893）
大辞3（テーヌ　1828-1893）
大百（テーヌ　1828-1893）
デス（テーヌ　1828-1893）
伝世（テーヌ　1828.4.21-1893.3.9）
百科（テーヌ　1828-1893）
評世（テーヌ　1828-1893）
名著（テーヌ　1828-1893）
山世（テーヌ　1828-1893）
歴学（テーヌ　1828-1893）
歴史（テーヌ　1828-1893）

Tait, Agnes 〈20世紀〉
アメリカのイラストレーター。
⇒児イ（Tait, Agnes　テイト, A.　1897-）

Tait, Douglas 〈20世紀〉
イギリスのイラストレーター。
⇒児イ（Tait, Douglas　テイト, D.）

Tait, Thomas Smith 〈19・20世紀〉
イギリスの建築家。
⇒岩ケ（テイト，トマス・スミス　1882-1952）

Tajiri, Shinkichi 〈20世紀〉
アメリカの彫刻家。ベルリン造形大学教授。
⇒新美（タジリ，シンキチ　1923.12.7-）
二十（タジリ，シンキチ　1923.12.7-）

Takis 〈20世紀〉
ギリシャの美術家。
⇒美術（タキス　1925-）

Talasnik, Stephen 〈20世紀〉
アメリカ生れの画家。
⇒世芸（タラスニック，ステファン　1954-）

Talbot, William Henry Fox 〈19世紀〉
イギリスの科学者，写真の発明者，言語学者。タルボタイプを発明。
⇒岩ケ（トールボット，ウィリアム・ヘンリー・フォックス　1800-1877）
外国（トールボット　1800-1877）
科学（トルボット　1800.2.11-1877.9.7）
科技（トルボット　1800.2.11-1877.9.17）
科世（トールボット　1800-1877）
芸術（タルボット，ウィリアム・ヘンリー・フォックス　1800-1877）
国小（タルボット　1800.2.11-1877.9.17）
コン2（トールボット　1800-1877）
コン3（トールボット　1800-1877）
人物（トールボット　1800.2.11-1877.9.17）
西洋（トールボット　1800.2.11-1877.9.17）

世科（トールボット　1800-1877）
世西（トールボット　1800.2.11-1877.9.17）
世百（タルボット　1800-1877）
全書（タルボット　1800-1877）
大辞3（タルボット　1800-1877）
大百（トールボット　1800-1877）
デス（タルボット　1800-1877）
百科（タルボット　1800-1877）
名著（タルボット　1800-1877）

Talbot Rice, David 〈20世紀〉
イギリスの考古学者，美術史家。専門のビザンツ美術をはじめ，イラン，イスラム，ロシアを含む東方美術や工芸の紹介に努めた。
⇒西洋（トールボット・ライス　1903.6.11-1972.12.3）

Tal Coat, Pierre Louis Corentin Jacob 〈20世紀〉
フランスの画家。代表作『ドルドニューの思い出』（1955）。
⇒外国（タル・コア　1905-）
　国小（タル・コア　1905.12.12-）
　新美（タル=コアト，ピエール　1905.12.12-）
　世芸（タル・コア　ピエル　1905-1974）
　世美（タル=コアト，ルネ=ピエール　1905-）
　二十（タル・コアト，ピエール・L.C.J.　1905.12.12-）

Talenti, Francesco 〈14世紀〉
イタリアの建築家，彫刻家。
⇒建築（タレンティ，フランチェスコ　1300頃-1369）
　新美（タレンティ，フランチェスコ　1300頃-1369頃）
　世美（タレンティ，フランチェスコ　1300頃-1369以降）

Talenti, Simone 〈14世紀〉
イタリアの建築家，彫刻家。
⇒建築（タレンティ，シモーネ　1340頃-1381）
　世美（タレンティ，シモーネ　1340/45-1381以降）

Tallone, Cesare 〈19・20世紀〉
イタリアの画家。
⇒世美（タッローネ，チェーザレ　1853-1919）

Tallone, Guido 〈20世紀〉
イタリアの画家。
⇒世美（タッローネ，グイード　1894-1967）

Talma, François Joseph 〈18・19世紀〉
フランスの俳優。画家のJ.ダビッドの協力を得，舞台装置の改革を行った。著書に『俳優術考察』(1825)。
⇒演劇（タルマ，フランソワ=ジョゼフ　1763-1826）
　外国（タルマ　1763-1826）
　国小（タルマ　1763.1.16-1826.10.19）
　コン2（タルマ　1763-1826）
　コン3（タルマ　1763-1826）
　集文（タルマ，フランソワ・ジョゼフ　1763.1.15-1826.10.19）
　西洋（タルマ　1763.1.15-1826.10.19）
　世百（タルマ　1763-1826）
　全書（タルマ　1763-1826）
　百科（タルマ　1763-1826）

Talman, William 〈17・18世紀〉
イギリスの建築家。
⇒建築（タルマン，ウィリアム　1650-1720）

Talpino, Enea 〈16・17世紀〉
イタリアの画家。
⇒世美（タルピーノ，エネーア　1550頃-1626）

Tam, Vivienne 〈20世紀〉
中国生れのファッション・デザイナー。
⇒華人（タム，ビビアン　1956-）

Tamagni, Vincenzo di Benedetto di Chiele 〈15・16世紀〉
イタリアの画家。
⇒世美（タマーニ，ヴィンチェンツォ・ディ・ベネデット・ディ・キエーレ　1492-1530頃）

Tamari, Vladimir 〈20世紀〉
エルサレムのイラストレーター。
⇒児イ（Tamari, Vladimir　タマリ, V.　1942-）

Tamayo, Rufino 〈20世紀〉
メキシコの画家。主にアメリカで活躍。主要作『可憐な少女』(1937)，メキシコ音楽学校の壁画(1933)など。
⇒岩ケ（タマヨ，ルフィノ　1899-1991）
　オ西（タマヨ・ルフィーノ　1899-）
　現人（タマヨ　1899.8.26-）
　広辞5（タマヨ　1899-1991）
　広辞6（タマヨ　1899-1991）
　国小（タマヨ　1899.8.26-）
　コン3（タマヨ　1899-1991）
　新美（タマヨ，ルフィノ　1900.8.26-）
　人物（タマヨ　1899-）
　西洋（タマヨ　1899.8.26-）
　世芸（タマヨ，ルフィーノ　1899-1991）
　世百（タマヨ　1899-）
　世美（タマヨ，ルフィノ　1899-）
　世百（タマヨ　1899-）
　世百新（タマヨ　1899-1991）
　全書（タマヨ　1899-）
　大辞2（タマヨ　1899-1991）
　大辞3（タマヨ　1899-1991）
　大百（タマヨ　1899-）
　伝世（タマヨ　1899.8.26-）
　二十（タマヨ，ルフィノ　1899.8.26-1991.6.24）
　百科（タマヨ　1899-）
　ラテ（タマヨ　1899-1991）

Tamburi, Orfeo 〈20世紀〉
イタリアの画家。
⇒世美（タンブーリ，オルフェーオ　1910-）

Tambuté 〈20世紀〉
フランス生れの画家。
⇒世芸（タンビューテ　1910-）

Tancredi 〈20世紀〉
イタリアの画家。
⇒世美（タンクレーディ 1927-1964）

Tanguy, Yves 〈20世紀〉
フランス生れのアメリカの画家。シュールレアリスト。代表作『恐怖』，『無題の風景』など。
⇒岩ケ　（タンギー，イヴ 1900-1955）
　オ西　（タンギー，イヴ 1900-1955）
　外国　（タンギー 1900-）
　国小　（タンギー 1900.1.5-1955.1.17）
　コン3　（タンギー 1900-1955）
　新美　（タンギー，イヴ 1900.1.5-1955.1.15）
　人物　（タンギー 1900.1.5-）
　西洋　（タンギー 1900.1.5-1955.1.15）
　世芸　（タンギー，イヴ 1900-1955）
　世西　（タンギー 1900.1.5-1955）
　世美　（タンギー，イヴ 1900-1955）
　世百　（タンギー 1900-1955）
　世百新（タンギー 1900-1955）
　全書　（タンギー 1900-1955）
　大辞3（タンギー 1900-1955）
　大百　（タンギー 1900-1955）
　伝世　（タンギー 1900.1.5-1955.1.15）
　ナビ　（タンギー 1900-1955）
　二十　（タンギー，イブ 1900.1.5-1955.1.15）
　百科　（タンギー 1900-1955）

Tanner, Henry Ossawa 〈19・20世紀〉
アメリカの黒人画家。牧師の子。作品『2人の使徒』など。
⇒国小（タナー 1859.6.21-1937.5.25）

Tanner, Jane 〈20世紀〉
オーストラリアのイラストレーター。
⇒児イ（Tanner, Jane　タナー，J.）

Tanning, Dorothea 〈20世紀〉
アメリカ，イリノイ州ゲールズバーグ生れの女性画家。
⇒新美（タニング，ドロテア 1912-）
　世芸（タニング，ドロテア 1912-）
　世美（タニング，ドロシア 1912-）
　二十（タニング，ドロテア 1912-）

Tantardini, Antonio 〈19世紀〉
イタリアの彫刻家。
⇒世美（タンタルディーニ，アントーニオ 1829-1879）

Tanzio da Varallo 〈16・17世紀〉
イタリアの画家。
⇒世美（タンツィオ・ダ・ヴァラッロ 1580頃-1635）

Tapié de Celeyan, Michel 〈20世紀〉
フランスの美術評論家。「アンフォルメル」という言葉の生みの親。
⇒現人（タピエ 1910頃-）
　新美（タピエ，ミシェル 1909.2.26-）
　二十（タピエ，ミシェル 1909.2.26-1987.7.30）

Tàpies, Antoni 〈20世紀〉
スペインの画家。バルセロナとパリで仕事。
⇒岩ケ　（タピエス，アントニオ 1923-）
　オ西　（タピエス，アントニ 1923-）
　現人　（タピエス 1923.12.13-）
　広辞6（タピエス 1923-）
　コン3（タピエス 1923-）
　新美　（タピエス，アントニ 1923.12.13-）
　文文　（タピエス，アントニ 1923.12.13-）
　スペ　（タピエス 1923-）
　世芸　（タピエス，アントニ 1923-）
　世美　（タピエス，アントニ 1923-）
　世百新（タピエス 1923-）
　全書　（タピエス 1923-）
　大辞2（タピエス 1923-）
　大辞3（タピエス 1923-）
　二十　（タピエス，アントニ 1923.12.13-）
　百科　（タピエス 1923-）

Tardo, Manuel Rodulfo 〈20世紀〉
キューバの彫刻家。
⇒世美（タルド，マニュエル・ロドルフ 1926-）

Tarkay, Itzchak 〈20世紀〉
ユーゴスラビアの画家。
⇒世美（ターカイ，イッチェク 1935-）

Taschner, Ignatius 〈19・20世紀〉
ドイツの彫刻家。主作品『シラー記念像』(1907)。
⇒西洋（タッシュナー 1871.4.9-1913.11.25）

Tassel, Richard 〈16・17世紀〉
フランスの画家，彫刻家，建築家。
⇒世美（タッセル，リシャール 1583-1666/68）

Tassi, Agostino 〈16・17世紀〉
イタリアの風景画家。別名 Agostino Buonamico。
⇒国小（タッシ 1565-1644）
　世美（タッシ，アゴスティーノ 1580頃-1644）

Tassi, Francesco Maria 〈18世紀〉
イタリアの美術史家。
⇒世美（タッシ，フランチェスコ・マリーア 1716-1782）

Tassie, James 〈18世紀〉
イギリスのレプリカ製作者，宝石彫刻家。
⇒岩ケ（タッシー，ジェイムズ 1735-1799）

Tatlin, Vladimir Evgrafovich 〈19・20世紀〉
ロシアの彫刻家，建築家。構成主義の代表者。
⇒岩ケ　（タトリン，ウラジーミル 1885-1953）
　オ西　（タトリン，ウラディーミル・エフグラーフォヴィッチ 1885-1953）
　国小　（タトリン 1885-1956）
　コン3（タトリン 1885-1953）
　新美　（タトリン，ウラジーミル 1885.12.16(28)-1953.5.31）
　人物　（タートリン 1885-1956）
　西洋　（タトリン 1885.12.28-1953.5.31）

世芸（タトリン，ラウディーミル 1885-1953）
世美（タートリン，ヴラディミル・エヴグラフォヴィチ 1885-1953）
世百新（タトリン 1885-1953）
全書（タトリン 1885-1953）
大辞2（タトリン 1885-1953）
大辞3（タトリン 1885-1953）
大百（タートリン 1885-1953）
ナビ（タトリン 1885-1953）
二十（タトリン，ウラジーミル 1885.12.28(16)-1953.5.31）
百科（タトリン 1885-1953）
ロシ（タトリン 1885-1953）

Tauriskos 〈前1世紀頃〉
ギリシアの彫刻家。
⇒世美（タウリスコス(トラレイス出身の) 前1世紀頃）

Taut, Bruno 〈19・20世紀〉
ドイツの建築家。ナチス政権下で亡命し，1933年来日。主著『近代建築』(1926)，『日本の美術』(1936)など。
⇒旺世（タウト 1880-1938）
オ西（タウト，ブルーノ 1880-1938）
外国（タウト 1880-1938）
広辞4（タウト 1880-1938）
広辞5（タウト 1880-1938）
広辞6（タウト 1880-1938）
国史（タウト 1880-1938）
国小（タウト 1880.5.2-1938.12.24）
コン2（タウト 1880-1938）
コン3（タウト 1880-1938）
集文（タウト，ブルーノ 1880.5.4-1938.12.24）
新美（タウト，ブルーノ 1880.5.4-1938.12.24）
人物（タウト 1880.5.4-1938.12.24）
西洋（タウト 1880.5.4-1938.12.24）
世西（タウト 1880.5.4-1938.12.25）
世美（タウト，ブルーノ 1880-1938）
世百（タウト 1880-1938）
全書（タウト 1880-1938）
大辞（タウト 1880-1938）
大辞2（タウト 1880-1938）
大辞3（タウト 1880-1938）
大百（タウト 1880-1938）
デス（タウト 1880-1938）
伝世（タウト 1880.5.4-1939）
ナビ（タウト 1880-1938）
二十（タウトー，ブルーノ 1880.5.4-1938.12.24）
日研（タウト，ブルーノ 1880.5.4-1938.12.24）
日人（タウト 1880-1938）
百科（タウト 1880-1938）
評世（タウト 1880-1938）
名著（タウト 1880-1938）
来日（タウト 1880-1938）
歴史（ブルノー＝タウト 1880-1938）

Taut, Max 〈19・20世紀〉
ドイツの建築家。B.タウトの弟。代表作は『ドイツ産業組合事務所』，『ドイツ印刷事業組合事務所』など。
⇒国小（タウト 1884.5.15-1967.2.26）
西洋（タウト 1884.5.15-1967.3.1）
世美（タウト，マックス 1884-1967）

Tavarez, Lesner 〈20世紀〉
アルゼンチン生れの画家。
⇒世芸（タバレツ，レンスナ 1946-）

Tavarone, Lazzaro 〈16・17世紀〉
イタリアの画家。
⇒世美（タヴァローネ，ラッザーロ 1556-1641）

Tavella, Carlo Antonio 〈17・18世紀〉
イタリアの画家。
⇒世美（タヴェッラ，カルロ・アントーニオ 1668-1738）

Tavernari, Vittorio 〈20世紀〉
イタリアの彫刻家。
⇒世美（タヴェルナーリ，ヴィットーリオ 1919-）

Tavoularis, Dean 〈20世紀〉
アメリカ生れの映画美術監督。
⇒世映（タヴラリス，ディーン 1932-）

Taylor, David 〈20世紀〉
イギリスのガラス工芸家。
⇒世芸（テーラー，デヴィド ?-）

Taylor, Isidore Justin Séverin, Baron 〈18・19世紀〉
フランス(イギリス系)の画家，著作家。美術審査員(1838)。
⇒西洋（テロール 1789.8.15-1879.9.6）

Taylor, Jennifer Evelyn 〈20世紀〉
オーストラリアの建築研究者。シドニー大学建築学部準講師。
⇒二十（テイラー，ジェニファー・E. 1936-）

Taylor, Robert 〈18世紀〉
イギリスの彫刻家，建築家。
⇒世美（テイラー，ロバート 1714-1788）

Taylor, Talus 〈20世紀〉
フランスのイラストレーター。
⇒児イ（Taylor, Talus テイラー，T. 1933-）

Taymor, Julie 〈20世紀〉
アメリカの演出家，衣装デザイナー。
⇒最世（テイモア，ジュリー 1952-）

Tchelitchev, Pavel 〈20世紀〉
ロシア，アメリカの画家，美術家。
⇒バレ（チェリチェフ，パーヴェル 1898.9.21-1957.7.31）

Tcherina, Ludmila 〈20世紀〉
フランスのダンサー，女優，画家。
⇒外女（チェリーナ，リュドミラ 1924.10.10-）
世俳（チェリーナ，リュドミラ 1924.10.10-）
バレ（チェリナ，リュドミラ 1924.10.10-2004.3.20）

Teague, Walter Dorwin 〈19・20世紀〉
アメリカの工業デザイナー。アメリカ工業デザイン協会初代会長。著書『今日のデザイン』(1940)。
⇒岩ケ（ティーグ, ウォルター(・ドーウィン) 1883-1960）
国小（ティーグ　1883-1960）
西洋（ティーグ　1883.12.18-1960.12.5）
世百（ティーグ　1885-1960）
大百（ティーグ　1885-1960）
二十（ティーグ, ウォルター・D.　1883.12.18-1960.12.5）

Teerling, Levina 〈16世紀〉
フランドルの画家。
⇒世女（ティアリング, レヴィーナ　1515頃-1576）
世女日（ティアリング, レヴィナ　1515-1576）

Tee-Van, Helen (Damrosh) 〈20世紀〉
アメリカのイラストレーター。
⇒児イ（Tee-Van, Helen (Damrosh)）

Tegliacci, Nicolò di ser Sozzo 〈14世紀〉
イタリアの写本装飾画家, 画家。
⇒世美（テリアッチ, ニコロ・ディ・セル・ソッツォ ?-1363）

Teisikrates 〈前4・3世紀〉
ギリシアの彫刻家。
⇒世美（テイシクラテス　前4-前3世紀）

Teleki, Andre 〈20世紀〉
スイスの画家。
⇒世芸（テレキ, アンドレ　1928-）

Télémaque, Herve 〈20世紀〉
ハイチの画家。
⇒美術（テレマック, エルヴェ　1937-）

Telford, Thomas 〈18・19世紀〉
スコットランドの建築, 土木技術者。カレドニア運河(1822)メナイ海峡吊橋(1826)などを建設。
⇒岩ケ（テルフォード, トマス　1757-1834）
英米（Telford, Thomas　テルフォード　1757-1834）
外国（テルファード　1757-1834）
科史（テルフォード　1757-1834）
科人（テルフォード, トーマス　1757.8.9-1834.9.2）
国小（テルフォード　1757.8.9-1834.9.2）
コン2（テルフォード　1757-1834）
コン3（テルフォード　1757-1834）
西洋（テルフォード　1757.8.9-1834.9.2）
世科（テルフォード　1757-1834）
世百（テルフォード　1757-1834）
全書（テルフォード　1757-1834）
大百（テルフォード　1757-1834）
百科（テルフォード　1757-1834）

Tello, Julio César 〈19・20世紀〉
ペルーの考古学者。

⇒新美（テーヨ, フリオ　1880.4.11-1947.6.3）
世美（テーヨ, フリオ・セサル　1880-1947）
二十（テーヨ, フリオ・C.　1880.4.11-1947.6.3）
百科（テーヨ　1880-1947）
ラテ（テーヨ　1880-1947）

Temanza, Tommaso 〈18世紀〉
イタリアの建築家, 著述家。
⇒世美（テマンツァ, トンマーゾ　1705-1789）

Temperton, John 〈20世紀〉
イギリスのイラストレーター。
⇒児作（Temperton, John　テンパートン, ジョン）

Tempest, Margaret 〈20世紀〉
イギリスのイラストレーター。
⇒児イ（Tempest, Margaret　テンペスト, M. 1892-1982）

Tempesti, Antonio 〈16・17世紀〉
イタリアの画家, 銅版画家。
⇒世美（テンペスティ, アントーニオ　1555-1630）

Templeton, Rini 〈20世紀〉
アメリカの画家。
⇒世女日（テンプルトン, リニ　1935-1986）

Tenerani, Pietro 〈18・19世紀〉
イタリアの彫刻家。
⇒新美（テネラーニ, ピエトロ　1789.11.11-1869.12.14）
世美（テネラーニ, ピエトロ　1789-1869）

Tenggren, Gustaf 〈20世紀〉
アメリカのイラストレーター。
⇒児イ（Tenggren, Gustaf　1896-）

Teniers, David 〈16・17世紀〉
フランドルの画家。主として風景画, 歴史画を制作。
⇒岩ケ（テニールス, ダーフィト　1582-1649）
広辞4（テニールス(父)　1582-1649）
広辞6（テニールス(父)　1582-1649）
コン2（テニールス　1582-1649）
コン3（テニールス　1582-1649）
人物（テニールス　1582-1649.7.29）
西洋（テニールス(父)　1582-1649.7.29）
世西（テニールス(テニエ)　1582-1649.7.29）
全書（テニールス　1582-1649）

Teniers, David 〈17世紀〉
フランドルの画家。1665年アンベルスのアカデミーの設立に貢献。
⇒岩ケ（テニールス, ダーフィト　1610-1690）
外国（テニエルス　1610-1690）
芸術（テニールス, ダヴィッド　1610-1690）
広辞4（テニールス(子)　1610-1690）
広辞6（テニールス(子)　1610-1690）
国小（テニールス　1610.12.15洗礼-1690.4.25）
コン2（テニールス　1610-1694）
コン3（テニールス　1610-1694）
新美（テニールス, ダヴィッド　1610.12-

1690.4.25）
人物（テニールス　1610.12.15-1690.4.25）
西洋（テニールス（子）　1610.12.15-1690.4.25）
世西（テニールス（子）　1610.12.15-1690.4.25）
世美（テニールス，ダーフィット　1610-1690）
世百（テニールス　1610-1690）
全書（テニールス　1610-1690）
大辞（テニールス　1610-1690）
大辞3（テニールス　1610-1690）
大百（テニールス　1610-1690）
百科（テニールス　1610-1690）

Tennent, Madge Cook 〈19・20世紀〉
イギリス生れの画家。
⇒世女日（テネント，マッジ・クック　1889-1972）

Tenniel, *Sir* John 〈19・20世紀〉
イギリスの挿絵画家，諷刺画家。L.キャロルの『不思議の国のアリス』(1866) などの挿絵が有名。
⇒イ文（Tenniel, Sir John　1820-1914）
　岩ケ（テニエル，サー・ジョン　1820-1914）
　国小（テニエル　1820.2.28-1914.2.25）
　児イ（Tenniel, Sir John　1820.2.28-1914.2.25）
　児文（テニエル，ジョン　1820-1914）
　集文（テニエル，ジョン　1820.2.28-1914.2.25）
　世児（テニエル，ジョン　1820-1914）
　二十（テニエル，ジョン　1820-1914）

Ter-Arutunian, Rouben 〈20世紀〉
アルメニア，アメリカの舞台美術家。
⇒バレ（テル＝アルトゥニャン，ルーベン　1920.7.24-1992.10.17）

Terborch, Gerard 〈17世紀〉
オランダの画家。作品，『ミュンスターの平和会議』(1648) など。
⇒岩ケ（テルボルフ，ヘラルド　1617-1681）
　外国（テルボルク　1617-1681）
　芸術（テル・ボルフ，ヘラルド　1617-1681）
　芸術（テルボルヒ，ヘラルド（ゲラルド）　1617-1681）
　国小（テルボルヒ　1617-1681.12.8）
　コン2（テルボルフ　1617頃-1681）
　コン3（テルボルフ　1617頃-1681）
　西洋（テルボルヒ　1617-1681.12.8）
　世西（テルボルヒ　1617-1681.12.8）
　世美（テル・ボルフ，ヘラルト　1617-1681）
　世百（テルボルフ　1617-1681）
　全書（テルボルヒ　1617-1681）
　大百（テルボルヒ　1617-1681）
　デス（テルボルフ　1617-1681）
　伝世（テルボルフ　1617-1681.12.8）
　百科（テルボルフ　1617-1681）

Terbrugghen, Hendrik 〈16・17世紀〉
オランダの画家。ユトレヒト派の代表者の一人。
⇒岩ケ（テルブルッヘン，ヘンドリック　1588-1629頃）
　キリ（テルブリュッヘン，ヘンドリク　1587/88-1629.11.1）
　芸術（テルブリュッヘン，ヘンドリック　1588-1629）
　国小（テルブルッヘン　1587/8-1629.11.1）
　新美（テルブルッヘン，ヘンドリック　1587/88-1629.11.1）
　世美（テルブリュッヘン，ヘンドリック　1588-1629）
　百科（テルブリュッヘン　1588-1629）

Teresa de Jesús 〈16世紀〉
スペインのキリスト教神秘家，女子カルメル会改革者，聖女，最初の女性教会博士。
⇒岩ケ（聖テレサ（アビラ））　1515-1582）
　岩哲（テレサ（アビラの）　1515-1582）
　外国（テレサ・デ・ヘスース　1515-1582）
　角世（テレサ（アビラの）　1515-1582）
　キリ（テレサ（アビラの）　1515.3.28-1582.10.4）
　広辞4（テレサ　1515-1582）
　広辞6（テレサ　1515-1582）
　国小（テレサ（アビラの）　1515.3.28-1582.10.4）
　国百（テレサ　1515.3.28-1582.10.4）
　コン2（テレサ（イエズスの）　1515-1582）
　コン3（テレサ（イエズスの）　1515-1582）
　集世（テレーサ＝デ＝ヘスス（アビラ）　1515.3.28-1582.10.4）
　集文（テレーサ＝デ＝ヘスス（アビラ）　1515.3.28-1582.10.4）
　新美（テレサ（聖）（イエスの）　1515.3.28-1582.10.4）
　スペ（テレサ（アビラの）　1515-1582）
　聖人（テレジア　1515-1582）
　西洋（テレサ　1515.3.28-1582.10.4）
　世女（テレジア（アビラの），（セペダ・イ・アウマーダ，テレサ）　1515-1582）
　世女日（テレサ　1515-1582）
　世西（サンタ・テレーサ・デ・ヘスース　1515.3.28-1582.10.4）
　世百（テレサデヘスース　1515-1582）
　世文（テレーサ・デ・ヘスス，サンタ　1515-1582）
　全書（テレサ・デ・ヘスス　1515-1582）
　大辞（テレサ　1515-1582）
　大辞3（テレサ　1515-1582）
　大百（テレサ・デ・ヘスス　1515-1582）
　デス（テレサ（アビラの）　1515-1582）
　伝世（テレサ・デ・ヘスース　1515.3.28-1582.10.15）
　百科（テレサ（アビラの）　1515-1582）
　名著（テレサ・デ・ヘスース　1515-1582）

Terragni, Giuseppe 〈20世紀〉
イタリアの建築家。〈イタリア合理主義建築運動〉(MIAR)に参加，イタリア近代建築の開拓者となる。
⇒新美（テルラーニ，ジュゼッペ　1904.4.18-1942.7.19）
　西洋（テラーニ　1904.4.18-1943.7.19）
　世美（テッラーニ，ジュゼッペ　1904-1942）
　二十（テルラーニ，ジュゼッペ　1904.4.18-1942.7.19）

Terry, Edith 〈19・20世紀〉
イギリスの女優。ライシャム劇場の若手女優，のち舞台装置家。
⇒国小（テリー，エディス　1869-1947）

Terry, Paul 〈19・20世紀〉
アメリカの漫画映画プロデューサー。
⇒監督（テリー，ポール　1887.2.19-1971.10）

Terzi, Aleardo〈19・20世紀〉
イタリアの画家, デザイナー。
⇒世美（テルツィ, アレアルド　1870-1943）

Terzi, Filippo〈16世紀〉
イタリアの建築家, 軍事エンジニア。パッラーディアニスト。
⇒建築（テルツィ, フィリッポ　1520-1597）

Tesi, Mauro Antonio〈18世紀〉
イタリアの画家, 舞台美術家, 版画家。
⇒世美（テージ, マウロ・アントーニオ　1730-1766）

Tesmer, Heinrich〈20世紀〉
ドイツ生れの造形作家。
⇒世芸（テスマー, ハインリッヒ　1943-）

Tessarolo, Lucien〈20世紀〉
フランス生れの画家。
⇒世芸（テッサローロ, ルシアン　1938-）

Tessenow, Heinrich〈19・20世紀〉
ドイツの建築家。代表作はダルクローツ研究所。
⇒国小（テッセノ　1876.4.7-1950.11.1）
　西洋（テッセノー　1876.4.7-1950.11.1）

Tessin, Nicodemus den Äldre〈17世紀〉
スウェーデンの建築家。
⇒岩ケ（テッシーン, ニコデムス　1615-1681）
　建築（テッシン, ニコデムス（父）　1615-1681）
　世美（テッシン, ニコデムス（父）　1615-1681）

Tessin, Nicodemus den Yngre〈17・18世紀〉
スウェーデンの建築家。北欧における指導的なバロック建築家として活躍。代表作はストックホルムの王宮。
⇒岩ケ（テッシーン, ニコデムス　1654-1728）
　建築（テッシン, ニコデムス（子）　1654-1728）
　国小（テシーン　1654-1728）
　新美（テッシン, ニコデムス　1654.5.23-1728.5.10）
　世美（テッシン, ニコデムス（子）　1654-1728）

Testa, Pietro〈17世紀〉
イタリアの画家, 版画家。
⇒世美（テスタ, ピエトロ　1612-1650）

Teusch, Dieter〈20世紀〉
ドイツ生れの彫刻家。
⇒世芸（トッシュ, ディエター　1940-）

Tharlet, Eve〈20世紀〉
フランスのイラストレーター。
⇒児イ（Tharlet, Eve　タルレ, E.　1956-）

Thaulow, Frits〈19・20世紀〉
ノルウェーの画家。
⇒新美（タヴロヴ, フリッツ　1847.10.20-1906.11.5）
　二十（タヴロヴ, フリッツ　1847.10.20-1906.11.5）

Thayer, Abbott Handerson〈19・20世紀〉
アメリカの画家。代表作『スティルマン姉妹』(1884), 『マノドノックの冬の日の出』(1918)。
⇒国小（セア　1849.8.12-1921.5.29）

Theodora〈6世紀〉
東ローマ皇帝ユスティニアヌス1世の皇后。
⇒岩ケ（テオドラ　500頃-547）
　外国（テオドラ　508頃-548）
　角世（テオドラ　497?-548）
　キリ（テオドーラ　500頃-548.6.28）
　広辞4（テオドラ　?-548）
　広辞6（テオドラ　?-548）
　国小（テオドラ　500頃-548.6.28）
　コン2（テオドラ　500頃-548）
　コン3（テオドラ　500頃-548）
　新美（テオドーラ　500.3-548.6.28）
　人物（テオドラ　500頃-548.6.28）
　西洋（テオドラ　500頃-548.6.28）
　世女（テオドラ　497-548）
　世女日（テオドラ　500頃-547）
　世百（テオドラ　508頃-548）
　全書（テオドラ　500頃-548）
　大辞（テオドラ　500頃-548）
　大辞3（テオドラ　500頃-548）
　大百（テオドラ　508?-548）
　デス（テオドラ　508頃-548）
　百科（テオドラ　500頃-548）
　評世（テオドラ　508頃-548）
　山世（テオドラ　497頃-548）

Theodoric〈5・6世紀〉
東ゴート国王（在位471～526）。全イタリアを支配し, ラベンナに東ゴート王国の都をおいた。
⇒岩ケ（テオドリクス　?-526）
　旺世（テオドリック　456頃-526）
　外国（テオドリッヒ（大王）　456頃-526）
　角世（テオドリック　455?-526）
　キリ（テオドリクス　456頃-526）
　皇帝（テオデリヒ　456頃-526）
　国小（テオドリック大王　454/5-526.8.30）
　コン2（テオドリクス　454頃-526）
　コン3（テオドリクス　456頃-526）
　新美（テオドーリークス　454頃-526.8.30）
　人物（テオドリック　456頃-526.8.30）
　西洋（テオドリクス　456頃-526.8.30）
　世人（テオドリック（大王）　454/455-526）
　世西（テオドリック　456.8.30-526）
　世百（テオドリック　455頃-526）
　全書（テオドリック（大王）　456頃-526）
　大辞（テオドリクス　456頃-526）
　大辞3（テオドリクス　454頃-526）
　大百（テオドリック　456頃-526）
　デス（テオドリック　454-526）
　伝世（テオドリクス　453/4-526）
　統治（テオドリック大王　（在位）493-526）
　百科（テオドリック（大王）　455頃-526）

評世（テオドリック　456頃-526）
山世（テオドリック大王　454頃-526頃）
歴史（テオドリク　456頃-526）

Theodōros 〈前6世紀〉
サモス島出身のギリシアの青銅鋳造家，金属工芸家，建築家。
⇒岩ケ（テオドロス（サモスの）　前6世紀）
　芸術（テオドロス　前550頃）
　国小（テオドロス　生没年不詳）
　新美（テオドーロス（サモスの））
　世美（テオドロス　前6世紀）

Theodosius I, Flavius 〈4世紀〉
ローマ皇帝（在位379～395）。死に際し，帝国を2子に2分。
⇒逸話（テオドシウス　346-395）
　岩ケ（テオドシウス1世　346頃-395）
　旺世（テオドシウス（1世）　346-395）
　外国（テオドシウス1世　347-395）
　角世（テオドシウス1世　347-395）
　教育（テオドシウス一世　346?-395）
　キリ（テオドシウス1世　346-395.1.17）
　ギロ（テオドシウス1世　347-395）
　広辞4（テオドシウス（大帝）　346頃-395）
　広辞6（テオドシウス（大帝）　346-395）
　皇帝（テオドシウス1世　346頃-395）
　国小（テオドシウス1世　347-395.1.17）
　コン2（テオドシウス1世　347-395）
　コン3（テオドシウス1世　347-395）
　新美（テオドシウス大帝　346-395.1.17）
　人物（テオドシウス1世　346-395.1.17）
　西洋（テオドシウス一世（大帝）　346-395.1.17）
　世人（テオドシウス1世（大帝）　347-395）
　世西（テオドシウス一世（大帝）　346頃-395）
　世百（テオドシウス1世　347-395）
　全書（テオドシウス1世　347-395）
　大辞（テオドシウス一世　346頃-395）
　大辞3（テオドシウス一世　346頃-395）
　大百（テオドシウス一世　346-395）
　デス（テオドシウス1世　346頃-395）
　伝世（テオドシウス1世　346-395.1.17）
　百科（テオドシウス1世　347-395）
　評世（テオドシウス　346頃-395）
　ロマ（テオドシウス1世　（在位）379-395）

Theodrich von Prag 〈14世紀〉
ボヘミアの画家。テオドリック，テオデリヒともいう。
⇒キリ（テオドリク（テオドリクス）（プラハの）　?-1381.3.11）
　国小（テオドリヒ・フォン・プラーク　生没年不詳）
　新美（テオドリヒ（プラハの）　?-1381.3.11）
　世美（テオドリック　1359-1381）

Théodulf 〈8・9世紀〉
オルレアンの西ゴート族の司教。ジェルミニー・デ・プレ教会を建築。
⇒建築（テオドルフ　（活動）8-9世紀）

Theophilus 〈9世紀〉
東ローマ皇帝（在位829～842）。偶像崇拝を禁止，違反者を弾圧。
⇒キリ（テオフィロス　?-842.1.20）
　皇帝（テオフィルス1世　?-842）

国小（テオフィルス　?-842）
コン2（テオフィルス　?-842）
コン3（テオフィルス　?-842）
新美（テオフィルス）
西洋（テオフィルス　?-842）
統治（テオフィルス一世　（在位）829-842）

Theophilus Presbyter 〈11・12世紀〉
ギリシア人修道僧。著作に『もろもろの工芸について』。
⇒科史（テオフィルス　11世紀-12世紀）
　キリ（テオフィルス　11世紀-12世紀初頭）
　国小（テオフィルス　生没年不詳）
　西洋（テオフィルス　12世紀頃）
　世美（テオフィルス　11-12世紀）
　百科（テオフィルス　生没年不詳）

Theseus
ギリシア神話で，アテネの王。アッチカ地方を統一。アテネの王となり，アッチカ地方を統一。ミノタウロス退治・アマゾン国遠征など数多くの武勲を立てる。
⇒コン2（テセウス）
　新美（テーセウス）
　全書（テセウス）
　大辞（テセウス）
　歴史（テセウス）

Thiebaud, Wayne 〈20世紀〉
アメリカの画家，ポップ・アーティスト。
⇒世芸（ティボー，ウェイン　1920-）
　二十（ティボー，W.　1920-）
　美術（シーボード，ウェイン　1920-）

Thieme, Ulrich 〈19・20世紀〉
ドイツの美術史家。
⇒世美（ティーメ，ウルリヒ　1865-1922）

Thiersch, Friedrich von 〈19・20世紀〉
ドイツの建築家。公共建築物や住宅を作った。
⇒西洋（ティールシュ　1852.4.18-1921.12.23）

Thiery, Gaston 〈20世紀〉
フランスの画家。
⇒世芸（ティエリー，ガストン　1922-）

Thiis, Jens Peter 〈19・20世紀〉
ノルウェーの美術史家。レオナルド・ダ・ヴィンチ学者。
⇒名著（ティース　1870-?）

Thiolier, Eliane 〈20世紀〉
フランス生れの画家。
⇒世芸（ティオリエ，エリーヌ　1926-）

Thode, Henry 〈19・20世紀〉
ドイツの美術史家。ルネサンス期の美術を研究。
⇒西洋（トーデ　1857.1.13-1920.11.9）
　世美（トーデ，ヘンリー　1857-1920）
　名著（トーデ　1857-1920）

Thollander, Earl Gustave 〈20世紀〉
アメリカのイラストレーター。
⇒児イ (Thollander, Earl Gustave 1922-)

Thoma, Hans 〈19・20世紀〉
ドイツの画家。写実的作風に世俗的なセンチメンタリズムを加味した風景画，人物画などを描く。
⇒オ西 （トーマ，ハンス 1839-1924）
キリ （トーマ，ハンス 1839.10.2-1924.11.7）
芸術 （トーマ，ハンス 1839-1924）
国小 （トーマ 1839.10.2-1924.11.7）
コン2 （トーマ 1839-1924）
コン3 （トーマ 1839-1924）
新美 （トーマ，ハンス 1839.10.2-1924.11.7）
人物 （トーマ 1839.10.2-1924.11.7）
西洋 （トーマ 1839.10.2-1924.11.7）
世芸 （トーマ，ハンス 1839-1924）
世美 （トーマ，ハンス 1839-1924）
世百 （トーマ 1839-1924）
全書 （トーマ 1839-1924）
二十 （トーマ，ハンス 1839.10.2-1924.11.7）
百科 （トーマ 1839-1924）

Thomas, Glen 〈20世紀〉
アメリカのイラストレーター。
⇒児イ (Thomas, Glen トーマス, G.)

Thomas, Jan 〈17世紀〉
オランダの画家，銅版彫刻家。神聖ローマ皇帝レオポルト1世の宮廷画家。
⇒西洋 （トマス 1617.2.5-1673）

Thomas, Jean 〈20世紀〉
フランス生れの画家。
⇒世芸 （トーマス，ジェーン 1923-）

Thomas, Wynn 〈20世紀〉
アメリカ生れの映画美術監督。スパイク・リー監督作品で知られる。
⇒世映 （トーマス，ウィン ?-）

Thomas Aquinas 〈13世紀〉
イタリアのドミニコ会士，神学者。アリストテレス哲学をキリスト教思想に調和させ，スコラ哲学を完成。
⇒岩ケ （アクィナス，聖トマス 1225-1274）
岩哲 （トマス・アクィナス 1225-1274）
旺世 （トマス=アクィナス 1225頃-1274）
音大 （トマス・アクィナス 1225頃-1274.3.7）
外国 （トマス・アクィナス 1224/6-1274）
科学 （アクィナス 1225頃-1274.3.7）
科技 （アクィナス 1225-1274.3.7）
科史 （アクィナス 1225-1274）
角世 （トマス・アクィナス 1224/25-1274）
教育 （トマス・アクィナス 1225-1274）
キリ （トマス・アクィナス 1225-1274.3.7）
広辞4 （トマス・アクィナス 1225/4-1274）
広辞6 （トマス・アクィナス 1225/1224-1274）
国小 （トマス・アクィナス 1225頃-1274.3.7）
国百 （トマス・アクィナス 1225-1274.3.7）
コン2 （トマス・アクィナス 1225/7-1274）
コン3 （トマス・アクィナス 1225/7-1274）
集世 （アクィナス，トマス 1225頃-1274.3.7）
集文 （アクィナス，トマス 1225頃-1274.3.7）
新美 （トマス・アクィナス（聖） 1225頃-1274.3.7）
人物 （トマス・アクィナス 1225頃-1274.3.7）
聖人 （トマス・アクィナス 1225頃-1274）
西洋 （トマス・アクィナス 1225/-7-1274.3.7）
世人 （トマス=アクィナス 1225/27-1274）
世西 （トマス・アクィナス 1225-1274.3.7）
世美 （トマス・アクィナス 1225-1274）
世百 （トマスアクィナス 1225-1274）
世文 （トマス・アクィナス 1225頃-1274）
全書 （トマス・アクィナス 1225-1274）
大辞 （トマス・アクィナス 1225-1274）
大辞3 （トマス・アクィナス 1225-1274）
大百 （トマス・アクィナス 1225-1274）
デス （トマス・アクィナス 1225-1274）
伝世 （トマス・アクィナス 1224頃-1274.3）
百科 （トマス・アクィナス 1225-1274）
名著 （トマス・アキナス 1225頃-1274）
山世 （トマス・アクィナス 1225?-1274）
歴史 （トマス=アクィナス 1225頃-1274）

Thomas of Canterbury 〈14世紀〉
イギリスの建築家。
⇒世美 （トマス・オヴ・カンタベリー （活動）14世紀前半）

Thomas of Ely 〈13世紀〉
イギリスの建築家。
⇒建築 （トーマス・オブ・エリー （活動）13世紀初め）

Thomire, Pierre-Philippe 〈18・19世紀〉
フランスのブロンズ制作家，金工家。
⇒世美 （トミール，ピエール=フィリップ 1751-1843）

Thomon, Thomas de 〈18・19世紀〉
フランスの建築家，画家，版画家。
⇒建築 （トモン，トマ・ド 1754-1813）
世美 （トモン，トマ・ド 1754-1813）

Thompson, Arline K. 〈20世紀〉
アメリカのイラストレーター。
⇒児イ (Thompson, Arline K. トンプソン, A.K. 1912-)

Thompson, Carol 〈20世紀〉
イギリスの児童文学者。
⇒児イ (Thompson, Carol トンプソン, C.)
児作 (Thompson, Carol トンプソン, キャロル)

Thompson, John Eric Sidney 〈20世紀〉
アメリカの考古学者。マヤ研究の世界的権威。
⇒新美 （トンプスン，エリック 1898.12.31-1975.9.9）
西洋 （トンプソン 1898.12.31-1975.9.9）
世西 （トンプソン 1898.12.31-1975.9.9）
世百新 （トンプソン 1898-1975）
二十 （トンプソン，ジョン・エリック・S. 1898.12.31-1975.9.9）

百科（トンプソン　1898-1975）
名著（トムソン　1898-）
ラテ（トンプソン　1898-1975）

Thompson, Mozelle　〈20世紀〉
アメリカのイラストレーター。
⇒児イ（Thompson, Mozelle　トンプソン, M.）

Thompson, Ralph　〈20世紀〉
イギリスのイラストレーター。
⇒児イ（Thompson, Ralph　トンプソン, R.）

Thomson, Alexander　〈19世紀〉
イギリスの建築家。グラスゴーで活躍。
⇒建築（トムソン, アレクサンダー　1817-1875）

Thomson, Tom　〈19・20世紀〉
カナダの画家。カナダの荒野を描いた画家として知られている。
⇒岩ケ（トムソン, トム　1877-1917）
オ西（トムスン, トム　1877-1917）
伝世（トムソン, T.　1877-1917.7.8頃）

Thonet, Michael　〈18・19世紀〉
オーストリアの家具デザイナー，制作者。1836～40年合板を使用した家具を開発。57年大量生産化に成功。
⇒岩ケ（トネット, ミヒャエル　1796-1871）
建築（トーネット, ミヒャエル　1796-1871）
国小（トネー　1796.7.2-1871.3.3）
新美（トーネット, ミヒャエル　1796.7.2-1871.3.3）
世美（トーネット, ミヒャエル　1796-1871）
百科（トーネット　1796-1871）

Thorak, Joseph　〈19・20世紀〉
ドイツの彫刻家。
⇒ナチ（トラク, ヨーゼフ　1889-1952）

Thorburn, Archibald　〈19・20世紀〉
イギリスの鳥の画家。
⇒岩ケ（ソーバーン, アーチボルド　1860-1935）

Thoré, Etienne Joseph Théophile　〈19世紀〉
フランスの政治家，美術批評家。オランダ美術史の研究に功績がある。
⇒新美（トレ, テオフィル　1807-1869）
西洋（トレ　1807-1869）
百科（トレ　1807-1869）

Thorne, Diana　〈20世紀〉
カナダのイラストレーター。
⇒児イ（Thorne, Diana　ソーン, D.　1894-）

Thornhill, *Sir* James　〈17・18世紀〉
イギリスの装飾画家。セント・ポールのドーム（1715～17），などの壁画，天井画を制作。
⇒岩ケ（ソーンヒル, サー・ジェイムズ　1675-1734）
国小（ソーンヒル　1675/6.7.25-1734.5.4）
新美（ソーンヒル, ジェームズ　1675-1734.5.4）

世美（ソーンヒル, ジェイムズ　1675-1734）

Thorn Prikker, Jan　〈19・20世紀〉
オランダの画家。モザイクやガラス絵も制作。
⇒キリ（トールン・プリッカー, ヤン　1868.6.5-1932.3.5）
西洋（トルン・プリッカー　1868.6.5-1932.3.5）

Thorn Prikker, Johan　〈19・20世紀〉
オランダの象徴主義の美術家。
⇒オ西（トーン・プリッカー, ヨーハン　1869-1923）

Thornton, William　〈18・19世紀〉
アメリカの建築家，発明家。1793年，合衆国国会議事堂設計競技で優勝。
⇒建築（ソーントン, ウィリアム　1759-1828）
国小（ソーントン　1759.5.20-1828.3.28）

Thornycroft, Mary　〈19世紀〉
イギリスの彫刻家。
⇒世女日（ソーニクロフト, メアリー　1814-1895）

Thornycroft, *Sir* William Hamo　〈19・20世紀〉
イギリスの彫刻家。1923年，イギリス王立彫刻家協会ゴールド・メダル受賞。
⇒国小（ソーニクロフト　1850.3.9-1925.12.18）
西洋（ソーニクロフト　1850.3.9-1925.12.18）

Thorvaldsen, Albert Bertel　〈18・19世紀〉
デンマークの彫刻家。A.カノーバと並ぶ新古典主義彫刻家の双璧。作品，『ガニュメデス』（1804）など。
⇒外国（トルヴァルセン　1768-1844）
キリ（トールヴァルセン, ベアテル　1770.11.19-1844.3.24）
芸術（トルヴァルセン, ベルテル　1770-1844）
広辞4（トルヴァルセン　1770-1844）
広辞6（トルヴァルセン　1770-1844）
国小（トルバルセン　1768.11.13/（70.11.19）-1844.3.24）
コン2（トルヴァルセン　1768-1844）
コン3（トルヴァルセン　1768-1844）
新美（トルヴァルセン, ベルテル　1770.11.19-1844.3.24）
西洋（トルヴァルセン　1768.11.13-1844.3.24）
世西（トルヴァルセン　1768.11.13-1844.3.24）
世美（トルヴァルセン, ベアテル　1770-1844）
世百（トルヴァルセン　1768/70-1844）
全書（トルバルセン　1768-1844）
大辞（トルバルセン　1770-1844）
大辞3（トルバルセン　1770頃-1844）
大百（トルバルセン　1768-1844）
伝世（トーヴァルセン　1770.11.19/（68.11.13）-1844.3.24）
百科（トルバルセン　1768/70-1844）

Thrasymedes　〈前4世紀〉
ギリシアの彫刻家。
⇒世美（トラシュメデス　前4世紀前半）

Threadgall, Collin 〈20世紀〉
イギリスのイラストレーター。
⇒児イ（Threadgall, Collin　スレッドゴール, C.）

Thuillier, Jacques R. 〈20世紀〉
フランスの美術史家。17世紀フランスの絵画に造詣が深い。
⇒西洋（テュイリエ　1928.3.18-）

Thumann, Paul 〈19・20世紀〉
ドイツの画家。ゲーテ、アウエルバハ等の作の挿絵を描いた。
⇒西洋（トゥマン　1834.10.5-1908.2.19）

Thumb, Christian 〈17・18世紀〉
ドイツの建築家。
⇒キリ（トゥンプ, クリスティアン　1645頃-1726.6.4）
建築（トゥンプ　（活動）17-18世紀）
世美（トゥンプ, クリスティアン　?-1726）

Thumb, Michael 〈17世紀〉
オーストリアの建築家。シェーネンベルクの指定参詣聖堂（1686）などを建築。
⇒キリ（トゥンプ, ミヒャエル　?-1690）
西洋（トゥンプ　?-1690）
世美（トゥンプ, ミヒャエル　?-1690）

Thumb, Peter 〈17・18世紀〉
オーストリアの建築家。M.トゥンプの子。
⇒キリ（トゥンプ, ペーター　1681.12.18-1766.3.4）
西洋（トゥンプ　1681-1766）
世美（トゥンプ, ペーター　1681-1766）

Thura Lauritz, Lauridsen 〈18世紀〉
デンマークの建築家。
⇒建築（トゥーラ・ラウリッツ, ラウリーセン　1706-1759）

Thurber, James Grover 〈20世紀〉
アメリカのユーモア作家。『男と女と犬』（1943）など多数の著書があり、独特の漫画も書き、また戯曲、回想記なども残した。
⇒岩ケ（サーバー, ジェイムズ（・グローヴァー）　1894-1961）
英児（Thurber, James Grover　サーバー, ジェイムズ・グローヴァー　1894-1961）
英文（サーバー, ジェイムズ（・グローヴァー）　1894-1961）
才世（サーバー, ジェイムズ（・グローヴァー）　1894-1961）
現ア（Thurber, James　サーバー, ジェイムズ　1894-1961）
現人（サーバー　1894.12.8-1961.11.2）
幻想（サーバー, ジェームズ・グローヴァ　1894-1961）
広辞5（サーバー　1894-1961）
広辞6（サーバー　1894-1961）
国小（サーバー　1894.12.8-1961.11.2）
コン3（サーバー　1894-1961）
児作（Thurber, James　サーバー, ジェームズ　1894-1961）
児童（サーバー, ジェームズ　1894-1961）
児文（サーバー, ジェームズ　1894-1961）
集世（サーバー, ジェイムズ　1894.12.8-1961.11.2）
集文（サーバー, ジェイムズ　1894.12.8-1961.11.2）
新美（サーバー, ジェームズ　1894.12.8-1961.11.2）
西洋（ターバー　1894.12.8-1961.11.2）
世芸（サーバー, ジェイムズ　1894-1961）
世児（サーバー, ジェイムズ（・グローヴァー）　1894-1961）
世百（サーバー　1894-1961）
世百新（サーバー　1894-1961）
世文（サーバー, ジェイムズ・グローヴァー　1894-1961）
大辞2（サーバー　1894-1961）
大辞3（サーバー　1894-1961）
伝世（サーバー　1894-1961）
二十（サーバー, ジェームス・グローヴァー　1894.12.8-1961.11.2）
二十英（Thurber, James (Grover)　1894-1961）
百科（サーバー　1894-1961）

Thut, Doris 〈20世紀〉
ドイツの建築家。ウィーン生れ。
⇒二十（トゥート, ドリス　1945-）

Thut, Ralph 〈20世紀〉
スイス生れの建築家。
⇒二十（トゥート, ラルフ　1943-）

Thutmes I 〈前16・15世紀〉
エジプト第18王朝第3代の王（在位前1525～12）。アモン神殿の大増築を行った最初の王。
⇒外国（トゥトモーセ1世　前16世紀）
角世（トトメス1世　(在位)前1525-1512）
皇帝（トトメス1世　?-前1494頃）
国小（トゥトモス1世）
コン2（トゥトメス1世）
コン3（トゥトメス1世　生没年不詳（在位）前1528-1510）
新美（トトメス）
西洋（トゥトメス一世）
全書（トゥトメス一世　生没年不詳）
大百（トゥトメス一世　生没年不詳）
山世（トトメス1世　生没年不詳）
歴史（トトメス1世）

Thutmes III 〈前16・15世紀〉
エジプト第18王朝第6代の王（在位前1504～1450）。アメンホテプ2世の父。
⇒岩ケ（トゥトメス3世　?-前1450）
旺世（トトメス（3世）　生没年不詳）
外国（トゥトモーセ3世　前16/15世紀）
角世（トトメス3世　(在位)前1504-1450）
皇帝（トトメス3世　?-前1436頃）
国小（トゥトモス3世）
コン2（トゥトメス3世）
コン3（トゥトゥメス3世　(在位)前1490頃-1436）
新美（トトメス三世）
人物（トトメス三世　前16世紀-15世紀）
西洋（トトメス三世）
世人（トゥトメス(トトメス)3世　生没年不詳）
世西（トトメス三世）

世東　(トゥトメス3世　(在位)前1490-1436)
世百　(トトメス3世　生没年不詳)
全書　(トゥトメス三世　生没年不詳)
大百　(トゥトメス三世　生没年不詳)
デス　(トゥトメス3世)
伝世　(トゥトメス3世　?-前1450頃)
百科　(トトメス3世　生没年不詳)
評世　(トトメス3世)
山世　(トトメス3世　生没年不詳)
歴史　(トトメス3世)

Thynne, Sir John 〈16世紀〉
イギリスの建築家。
⇒建築　(ティン, サー・ジョン　?-1580)

Tiarini, Alessandro 〈16・17世紀〉
イタリアの画家。
⇒世美　(ティアリーニ, アレッサンドロ　1577-1668)

Tibaldi, Pellegrino de' Pellegrini 〈16世紀〉
イタリアの画家, 建築家。主作品絵画：ボッギ宮のフレスコ(1560以後), 建築：サン・フェデーレ聖堂(1569)。
⇒キリ　(ティバルディ, ペルレグリーノ　1527-1596.5.27)
　建築　(ティバルディ, ペッレグリーノ(ペッレグリーニ(通称))　1527-1596)
　新美　(ティバルディ, ペルレグリーノ　1527-1596.5.27)
　西洋　(ティバルディ　1527-1596.5.27)
　世美　(ティバルディ, ペッレグリーノ　1527-1596)

T Ticho, Anna 〈20世紀〉
イスラエルの芸術家。
⇒ユ人　(ティホ, アンナ　1894-1980)

Tidemand, Adolph 〈19世紀〉
ノルウェイの画家。
⇒新美　(ティーデマン, アドルフ　1814.8.14-1876.8.25)

Tidholm, Anna-Clara 〈20世紀〉
スウェーデンの絵本作家。
⇒児イ　(Tidholm, Anna-Clara　ティードホルム, A.　1946-)
　児作　(Tidholm, Thomas&Anna=Clara　1946-)

Tidholm, Thomas 〈20世紀〉
スウェーデンの絵本作家。
⇒児作　(Tidholm, Thomas&Anna=Clara　1943-)

Tidy, Bill 〈20世紀〉
イギリスの漫画家, キャスター。
⇒岩ケ　(タイディ, ビル　1933-)

Tieck, Christian Friedrich 〈18・19世紀〉
ドイツの彫刻家。作家L.ティークの弟。

⇒西洋　(ティーク　1776.8.18-1851.5.13)
　世美　(ティーク, クリスティアン・フリードリヒ　1776-1851)

Tiepolo, Giovanni Battista 〈17・18世紀〉
イタリアの画家。フレスコ画家。作品『アントニウスとクレオパトラ』(1745〜50)など。
⇒岩ケ　(ティエポロ, ジョヴァンニ・バッティスタ　1696-1770)
　外国　(ティエポロ　1696-1770)
　キリ　(ティエポロ, ジャンバッティスタ(ジョヴァンニ・バッティスタ)　1696.4.16-1770.3.27)
　芸術　(ティエポロ, ジョヴァンニ・バティスタ　1696-1770)
　広辞4　(ティエポロ　1696-1770)
　広辞6　(ティエポロ　1696-1770)
　国小　(ティエポロ　1696.3.5-1770.3.27)
　国百　(ティエポロ, ジョバンニ・バティスタ　1696.3.5-1770.3.27)
　コン2　(ティエポロ　1696-1770)
　コン3　(ティエポロ　1696-1770)
　新美　(ティエーポロ, ジョヴァンニ・バッティスタ　1696.3.5-1770.3.27)
　人物　(チェポーロ　1696.4.16-1770.3.27)
　西洋　(ティエポロ　1696.4.16-1770.3.27)
　世西　(ティエポーロ　1696.4-1770.3.27)
　世美　(ティエーポロ, ジャンバッティスタ　1696-1770)
　世百　(ティエポロ　1696-1770)
　全書　(ティエポロ　1696-1770)
　大辞　(ティエポロ　1696-1770)
　大辞3　(ティエポロ　1696-1770)
　大百　(ティエポロ　1696-1770)
　デス　(ティエポロ　1696-1770)
　伝世　(ティエーポロ　1696.3.5-1770.3.27)
　百科　(ティエポロ　1696-1770)

Tiepolo, Giovanni Domenico 〈18・19世紀〉
ベネチアの画家。風俗画家。日常生活や大衆劇の描写に優れた。
⇒キリ　(ティエーポロ, ジャンドメーニコ(ジョヴァンニ・ドメーニコ)　1727-1804)
　国百　(ティエポロ, ジョバンニ・ドメニコ　1727.8.30-1804.3.3)
　世美　(ティエーポロ, ジャンドメーニコ　1727-1804)

Tiepolo, Lorenzo 〈18世紀〉
ベネチアの画家。主としてパステルによる風景画に専念。
⇒国百　(ティエポロ, ロレンツォ　1736.8.8-1776.8.8)

Tietze, Hans 〈19・20世紀〉
オーストリアの美術史学者。美術史方法論を研究。
⇒新美　(ティーツェ, ハンス　1880.3.1-1954.4.13)
　西洋　(ティーツェ　1880.3.1-1954.4.13)
　二十　(ティーツェ, ハンス　1880.3.1-1954.4.13)
　名著　(ティーツェ　1880-1954)

Tiffany, Lewis Comfort 〈19・20世紀〉
アメリカの工芸家。主にガラス工芸で活躍。1890年～1915年装飾美術会社ティファニー・スタジオを設立。
⇒アメ（ティファニー　1848-1933）
　岩ケ（ティファニー, ルイス（・コンフォート）1848-1933）
　オ西（ティファニー, ルイス＝コンフォート　1848-1933）
　国小（ティファニー　1848.2.18-1933.1.17）
　コン3（ティファニー　1848-1933）
　新美（ティファニー, ルイス・カンフォート　1848.2.19-1933.1.17）
　西洋（ティファニー　1848.2.18-1933）
　世美（ティファニー, ルイス・カムフォート　1848-1933）
　全書（ティファニー　1848-1933）
　大百（ティファニー　1848-1933）
　二十（ティファニー, ルイス・カンフォート　1848.2.19-1933.1.17）
　百科（ティファニー　1848-1933）

Tigerman, Stanley 〈20世紀〉
アメリカの建築家。元・イリノイ大学教授。
⇒二十（タイガーマン, スタンリー　1930-）

Tiglath-Pileser III 〈前8世紀〉
アッシリア王（在位前745～727）。衰退に向った帝国を急速に回復させた。
⇒旺世（ティグラトピレセル（3世）　生没年不詳）
　外国（ティグラト・ピレセル3世　?-前727）
　角世（ティグラト・ピレセル3世　（在位）前745-727）
　皇帝（ティグラトピレセル3世　?-前727）
　国小（ティグラト・ピレセル3世　生没年不詳）
　コン2（ティグラート・ピレセル3世　前745-727）
　コン3（ティグラート・ピレセル3世　生没年不詳（在位）前745-727）
　新美（ティグラト＝ピレセル3世）
　西洋（ティグラート・ピレセル三世）
　世西（ティグラト・ピレセル二世　?-前727）
　全書（ティグラトピレセル三世　?-前727）
　大百（ティグラト・ピレセル三世　?-前722）
　統治（ティグラトハ＝ピレセル三世　（在位）前744-727）
　百科（ティグラトピレセル3世　（在位）前744-727）
　評世（ティグラト＝ピレゼル3世　?-前727）

Tilburne, A(lbert) R. 〈20世紀〉
アメリカの挿絵画家。
⇒幻文（ティルバーン, A（アルバート）・R　?-?）

Tilke, Max 〈19・20世紀〉
ドイツの服装研究家, 画家。主著『衣装裁断と衣服形成』（1905～23）。
⇒名著（ティルケ　1869-1942）

Tillemans, Peter 〈17・18世紀〉
フランドル出身のイギリスの画家。
⇒世美（ティレマンス, ピーター　1684-1734）

Tilliard, Jean-Baptiste 〈17・18世紀〉
フランスの木彫家, 家具制作家。

⇒世美（ティヤール, ジャン＝バティスト　1685-1766）

Tilson, Joe 〈20世紀〉
イギリス第3期のポップ・アーティスト。
⇒新美（ティルソン, ジョー　1928.8.24-）
　世芸（ティルソン, ジョエ　1928-）
　世美（ティルソン, ジョー　1928-）
　二十（ティルソン, ジョー　1928.8.24-）
　美術（ティルソン, ジョー　1928-）

Timanthes 〈前5・4世紀〉
ギリシアの画家。
⇒世美（ティマンテス　前5世紀後半-前4世紀初頭）

Timarchos 〈前4・3世紀〉
ギリシアの彫刻家。
⇒世美（ティマルコス　前4-前3世紀）

Timlin, William M. 〈20世紀〉
イギリスの挿絵画家。本業は建築家。
⇒幻想（ティムリン, ウィリアム・M　1893-1943）

Timomachos 〈前1世紀〉
ギリシアの画家。
⇒西洋（ティモマコス　前1世紀）

Timotheos 〈前5・4世紀〉
ギリシアの抒情詩人。
⇒音大（ティモテオス　前450頃-360頃）
　外国（ティモテオス　前450頃-360頃）
　ギリ（ティモテオス　前450頃-360頃）
　ギロ（ティモテウス　前450頃-前360頃）
　国小（ティモテオス　前450-354頃）
　コン2（ティモテオス　前450頃-360頃）
　コン3（ティモテオス　前450頃-前360頃）
　集世（ティモテオス　前450頃-360頃）
　集文（ティモテオス　前450頃-前360頃）
　新美（ティーモテオス）
　西洋（ティモテオス　前450頃-360頃）
　世百（ティモテオス　前450頃-360頃）
　世文（ティーモテオス　前447-357）
　全書（ティモテオス　450頃-360頃）
　百科（ティモテオス）

Timotheos 〈前4世紀〉
ギリシアの彫刻家。前380年アクロテリオンを制作。
⇒ギリ（ティモテオス　（活動）前380頃-340）
　芸術（ティモテオス　前5世紀初）
　国小（ティモテオス　生没年不詳）
　コン2（ティモテオス　前4世紀）
　コン3（ティモテオス　生没年不詳）
　世美（ティモテオス　前4世紀）

Tīmūr 〈14・15世紀〉
チムール帝国の創建者。1370年に王となり, 大遠征ののち, 中央アジアのほぼ全域に及ぶ大国を建設。
⇒岩ケ（ティムール　1336-1405）
　旺世（ティムール　1336-1405）
　外国（ティムール　1336-1405）
　角世（ティムール　1336-1405）
　広辞4（ティムール　1336-1405）
　広辞6（ティムール　1336-1405）

皇帝（ティームール 1336-1405）
国小（ティームール〔帖木児〕 1336.4.8-1405.2.18）
コン2（ティームール〔帖木児〕 1336-1405）
コン3（チムール 1336-1405）
新美（ティムール 1336-1405）
人物（チムール 1336.4.11-1405.2.17）
西洋（ティムール 1336.4.8-1405.2.18）
世人（ティムール 1336-1405）
世西（ティムール 1336-1405.4.1）
世東（ティームール〔帖木児〕 1336.4.11-1405.2.17）
世百（ティームール 1336-1405）
全書（ティームール 1336-1405）
大辞（チムール 1336-1405）
大辞3（チムール 1336-1405）
大百（チムール 1336-1405）
中ユ（ティムール 1336-1405）
デス（ティムール 1336-1405）
伝世（ティムール 1336.4-1405.2.18）
統治（ティームール足悪帝〔タメルラン/帖木児〕（在位）1370-1405）
南ア（ティムール 1336-1405）
百科（ティムール 1336-1405）
評世（チムール 1336-1405）
山世（ティムール 1336-1405）
歴史（ティムール 1336-1405）

Tinguely, Jean 〈20世紀〉
スイス生れの美術家。日本では1970年大阪の万博国際鉄鋼彫刻シンポジウムに出品。
⇒岩ケ（タングリー, ジャン 1925-）
オ西（ティンゲリー, ジャン 1925-）
現人（ティンゲリー 1925.5.22-）
コン3（ティンゲリー 1925-1991）
新美（ティンゲリー, ジャン 1925.5.22-）
西洋（ティンゲリー 1925.5.22-）
世芸（ティンゲリー, ジャン 1925-1991）
世美（ティンゲリー, ジャン 1925-）
世百新（ティンゲリー 1925-1991）
大辞2（ティンゲリー 1925-1991）
大辞3（ティンゲリー 1925-1991）
二十（ティンゲリー, ジャン 1925.5.22-1991.8.30）
美術（ティンゲリー, ジャン 1925-）
百科（ティンゲリー 1925-）

Ting Walasse 〈20世紀〉
中国, 上海生れの画家。
⇒世芸（ティン・ワラセ 1929-）

Tin Hinan
北アフリカにすむトゥアグレ族の間に伝えられる伝説の女王。
⇒新美（ティン・ヒナン）

Tino di Camaino 〈13・14世紀〉
イタリアの彫刻家。オーストリア王妃カタリナの墓（23頃）などを制作。
⇒岩ケ（ティーノ・ディ・カマイノ 1285-1337頃）
建築（ティーノ・ディ・カマイノ 1280頃-1337）
国小（ティーノ・ディ・カマイノ 1280/5-1337）
新美（ティーノ・ディ・カマイーノ 1285頃-1337）
世美（ティーノ・ディ・カマイーノ 1285頃-1337）

Tinti, Giambattista 〈16・17世紀〉
イタリアの画家。
⇒世美（ティンティ, ジャンバッティスタ 1558-1604）

Tintoretto 〈16世紀〉
イタリアの画家。爛熟期のベネチア派の代表者。作品『最後の晩餐』など。
⇒岩ケ（ティントレット 1518-1594）
旺世（ティントレット 1518-1594）
外国（ティントレット 1518-1594）
角世（ティントレット 1518-1594）
キリ（ティントレット 1518.9.29-1594.5.31）
芸術（ティントレット, イル 1518-1594）
広辞4（ティントレット 1518-1594）
広辞6（ティントレット 1518-1594）
国小（ティントレット 1518.9/10?-1594.5.31）
国百（ティントレット 1518-1594.5.31）
コン2（ティントレット 1518-1594）
コン3（ティントレット 1518-1594）
新美（ティントレット 1518-1594.5.31）
人物（チントレット 1518.9.29-1594.5.31）
西洋（ティントレット 1518.9.29-1594.5.31）
世西（ティントレットー 1518.9.29-1594.5.31）
世美（ティントレット 1518-1594）
世百（ティントレット 1518-1594）
全書（ティントレット 1518-1594）
大辞（ティントレット 1518-1594）
大辞3（ティントレット 1518-1594）
大百（ティントレット 1518-1594）
デス（ティントレット 1518-1594）
伝世（ティントレット 1518-1594）
百科（ティントレット 1518-1594）
評世（チントレット 1518-1594）
山世（ティントレット 1518-1594）

Tintoretto, Domenico 〈16・17世紀〉
イタリアの画家。
⇒世美（ティントレット, ドメーニコ 1560-1635）

Tipping, Richard Kelly 〈20世紀〉
オーストラリアの詩人, 芸術家。
⇒二十英（Tipping, Richard Kelly 1949-）

Tipton, Jennifer 〈20世紀〉
アメリカの照明デザイナー。
⇒バレ（ティプトン, ジェニファー 1937.9.11-）

Tirali, Andrea 〈17・18世紀〉
イタリアの建築家。
⇒世美（ティラーリ, アンドレーア 1660頃-1737）

Tischbein, Johann August Freidrich 〈18・19世紀〉
ドイツ, ヘッセンの画家。ロココから古典主義への過渡期の肖像画家。
⇒芸術（ティシュバイン 1750-1812）
国小（ティッシュバイン 1750-1812）
西洋（ティッシュバイン 1750.3.9-1812.6）
世美（ティシュバイン, ヨハン・フリードリヒ・アウグスト 1750-1812）
世百（ティシュバイン, フリードリヒ・アウグスト 1750-1812）
大百（ティシュバイン, アウグスト・フリード

リヒ 1750-1812）
百科（ティシュバイン, フリードリヒ・アウグスト 1750-1812）

Tischbein, Johann Heinrich, der Ältere 〈18世紀〉
ドイツ, ヘッセンの画家。宮廷画家として活動。ロココ様式の肖像画, 神話的主題の作品を多数制作。
⇒芸術（ティシュバイン 1722-1789）
国小（ティッシュバイン 1722-1789）
西洋（ティッシュバイン 1722.11.14-1789.8.22）
世美（ティッシュバイン, ヨハン・ハインリヒ（年長）1722-1789）
世百（ティッシュバイン, ハインリヒ 1722-1789）
大百（ティッシュバイン, ヨハン・ハインリヒ 1722-1789）

Tischbein, Johann Heinrich, der Jüngere 〈18・19世紀〉
ドイツ, ヘッセンの画家。肖像画のほかに歴史画, 風景画も制作。作品に『ゲーテの肖像』(1786) など。
⇒芸術（ティシュバイン 1751-1829）
国小（ティッシュバイン 1751-1829）
西洋（ティッシュバイン 1751.2.15-1829.6.29）
世美（ティッシュバイン 1751-1829）
世美（ティッシュバイン, ヨハン・ハインリヒ（年少）1751-1829）
世百（ティッシュバイン, ハインリヒ・ヴィルヘルム 1751-1829）
大百（ティッシュバイン, ウィルヘルム 1751-1829）
百科（ティシュバイン, ハインリヒ・ヴィルヘルム 1751-1829）

Tischbein, Johann Jacob 〈18世紀〉
ドイツの画家。甥ウィルヘルムに肖像家を研究させた。
⇒大百（ティッシュバイン, ヤコブ 1725-1791）

Tischbein, Johann Valentin 〈18世紀〉
ドイツの画家。
⇒世美（ティッシュバイン, ヨハン・ヴァレンティン 1715-1767）

Tison, Annette 〈20世紀〉
フランスのイラストレーター。
⇒児イ（Tison, Annette チゾン, A. 1942-）

Tisse, Eduard 〈20世紀〉
ソ連の映画カメラマン。多くの歴史的記録を残す。世界の映画撮影技術に絶大な影響を与えた。
⇒監督（ティッセ, エドゥアルド 1897.4.13-）
コン3（ティッセー 1897-1961）
世映（ティッセ, エドゥアルド 1897-1961）

Tissot, James Joseph Jacques 〈19・20世紀〉
フランスの画家, 版画家, 七宝作家。
⇒岩ケ（ティソ, ジェイムズ・ジョゼフ・ジャック 1836-1902）
キリ（ティソー, ジャム・ジョゼフ・ジャーク 1836.10.15-1902.8.8）
芸術（ティソ, ジェームズ 1836-1902）
新美（ティソ, ジェームズ 1836.10.15-1902.8.8）
西洋（ティソー 1836.10.15-1902.8.8）
世美（ティソ, ジェイム＝ジョゼフ＝ジャック 1836-1902）
二十（ティソー, ジャム・ジョゼフ・ジャーク 1836.10.15-1902.8.8）

Titherington, Jeanne 〈20世紀〉
アメリカのイラストレーター。
⇒児イ（Titherington, Jeanne ティシェリントン, J.）

Titidius Labeo
古代ローマの画家。
⇒新美（ティティディウス・ラベオー）

Titinen, Tuula 〈20世紀〉
フィンランドのイラストレーター。
⇒児イ（Titinen, Tuula ティティネン, T. 1948-）

Tito, Ettore 〈19・20世紀〉
イタリアの画家。
⇒世美（ティート, エットレ 1859-1941）

Titov, Vladimir 〈20世紀〉
フランスの画家。
⇒世芸（チトフ, レダミール 1950-）

Titus-Carmel, Gérard 〈20世紀〉
フランス, パリ生れのデッサンによる画家。
⇒世芸（ティテュス・カルメル, ジェラード 1942-）

Titus Flavius Vespasianus 〈1世紀〉
ローマ皇帝（在位79～81）。
⇒岩ケ（ティトゥス 39-81）
外国（ティトゥス 39-81）
角世（ティトゥス 39-81）
看護（ティトゥス 39-81）
キリ（ティトゥス, フラーウィウス・ウェスパシアーヌス 39.12.30-81.12.13）
ギロ（ティトゥス 39-81）
皇帝（ティトゥス 39-81）
国小（ティトゥス 39.12.30-81.9.13）
コン2（ティトゥス 39-81）
コン3（ティトゥス 39-81）
新美（ティトゥス 39.12.30-81.9.13）
西洋（ティトゥス 39.12.30-81.12.13）
世美（ティトゥス 40-81）
世百（ティトゥス 39-81）
全書（ティトゥス 39-81）
大辞（ティトゥス 39-81）
大辞3（ティトゥス 39-81）
大百（ティトゥス 39-81）
デス（ティトゥス 39-81）
伝世（ティトゥス 39-81.9.13）
統治（ティトゥス（T.フラウィウス・ウェスパアヌス）（在位)79-81）
百科（ティトゥス 39-81）
山世（ティトゥス 39-81）

ロマ（テイトゥス　41-81）

Tizengauzen, Vladimir Grigorevich 〈19・20世紀〉
ロシアの東洋学者。
⇒新美（ティゼンガウゼン，ヴラディミル　1825-1902.1.20(2.2)）
西洋（チゼンガーウゼン　1825-1902.2.2）

Tiziano Vecellio 〈15・16世紀〉
イタリアの画家。ルネサンス期のベネチア派。作品『ペーザロ家の聖母』(1519～26)など。
⇒岩ケ（ティツィアーノ・ヴェチェリオ　1490頃-1576）
旺世（ティツィアーノ　1490頃-1576）
外国（ティツィアーノ　1477-1576）
角世（ティツィアーノ　1490?-1576）
キリ（ティツィアーノ，ヴェチェルリオ　1485頃-1576.8.27）
芸術（ティツィアーノ・ヴェチェリオ　1488/90頃-1576）
広辞4（ティツィアーノ　1490頃-1576）
広辞6（ティツィアーノ　1490頃-1576）
国小（ティツィアーノ　1487/90頃-1576.8.27）
国百（ティツィアーノ・ベチェリ（ベチェリオ）　1487/-90頃-1576.8.27）
コン2（ティツィアーノ　1476/7-1576）
コン3（ティツィアーノ　1490頃-1576）
新美（ティツィアーノ・ヴェチェルリオ　?-1576.8.27）
人物（チチアーノ　1490-1576.8.27）
西洋（ティツィアーノ　1490-1576.8.27）
世人（ティツィアーノ　1476/77/90-1576）
世百（ティツィアーノ　1477/87-1576.8.27）
世美（ティツィアーノ・ヴェチェッリオ　1490頃-1576）
世美（ヴェチェッリオ，ティツィアーノ　1490頃-1576）
世百（ティツィアーノ　1477?-1576）
全書（ティツィアーノ　1482или/88-90-1576）
大辞（ティツィアーノ　?-1576）
大辞3（ティチアーノ　?-1576）
大百（ティツィアーノ　1477?-1576）
デス（ティツィアーノ　1490頃-1576）
伝世（ティツィアーノ　1488/90-1576.8.27）
百科（ティツィアーノ　1490頃-1576）
評世（チチアン　1477-1576）
山世（ティツィアーノ　1488/90頃-1576）

Tobey, Mark 〈19・20世紀〉
アメリカの画家。書道の要素をとり入れた神秘的抽象表現を試みる。
⇒岩ケ（トビー，マーク　1890-1976）
才西（トビー，マーク　1890-1976）
外国（トビー　1890-）
国小（トビー　1890.12.1-）
コン3（トビー　1890-1976）
新美（トビー，マーク　1890.12.11-1976.4.24）
人物（トビー　1890.12.11-）
西洋（トビー　1890.12.11-1976.4.24）
世芸（トビー，マーク　1890-1976）
世美（トビー，マーク　1890-1976）
世百（トビー　1890-）
世百新（トービー　1890-1976）
全書（トビー　1890-1976）
大百（トビー　1890-1976）
二十（トビー，マーク　1890.12.11-1976.4.24）

百科（トービー　1890-1976）

Tobias
サマリアからニネヴェに捕囚として送られた人物（旧約）。
⇒キリ（トビアス（トビヤ））
コン2（トビア）
新美（トビア）
西洋（トビア）

Tobiasse, Theo 〈20世紀〉
イスラエル生れの画家。
⇒世芸（トビアス，テオ　1927-）

Tōbit
トビト書の主人公。
⇒キリ（トビト）
新美（トビト）

Tocqué, Louis 〈17・18世紀〉
フランスの肖像画家。代表作『王女マリー・レスチンスカの肖像』(1748)。
⇒芸術（トッケ，ルイ　1696-1772）
国小（トッケ　1696.11.19-1772.2.10）
新美（トッケ，ルイ　1696.11.19-1772.2.10）
世芸（トッケ，ルイ　1696-1772）

Toepffer, Rodolphe 〈18・19世紀〉
スイスの小説家, 挿絵画家。
⇒国小（テップフェール　1799.1.31-1846.6.8）
集世（トゥップフェール，ロドルフ　1799.1.31-1846.6.8）
集文（トゥップフェール，ロドルフ　1799.1.31-1846.6.8）
世美（テップファー，ロドルフ　1799-1846）

Toesca, Pietro 〈19・20世紀〉
イタリアの美術史学者。イタリアの中世美術史に関して業績がある。
⇒西洋（トエスカ　1877.7.12-1962.3.9）
世美（トエスカ，ピエトロ　1877-1962）
名著（トエスカ　1877-）

Toffoli, Louis 〈20世紀〉
イタリア生れの画家。
⇒世芸（トホリ，ルイ　1907-1988）

Toidze, Moisei Ivanovich 〈19・20世紀〉
ソ連の画家。20世紀前半のソ連の最もすぐれた肖像画家。
⇒芸術（トイージェ，モイセイ・イワノヴィッチ　1871-1940）
国小（トイージュ　1871-1953）
世芸（トイージェ，モイセイ・イワノヴィッチ　1871-1940）

Tokmakov, Lev Alekseevich 〈20世紀〉
ロシアのイラストレーター。
⇒児イ（Tokmakov, Lev Alekseevich　トクマコーフ, L.A.　1928-）

Tol, Jaap 〈20世紀〉
オランダのイラストレーター。

⇒児イ（Tol, Jaap　トル, J.）

Toland, Gregg〈20世紀〉
アメリカの映画カメラマン，撮影監督。『市民ケーン』(1941)でパン・フォーカス手法を完成。『嵐ケ丘』(1939)でアカデミー黒白撮影賞を受賞。
⇒国小　（トーランド　1904.5.29-1948.9.28）
世映　（トーランド, グレッグ　1904-1948）
世俳　（トーランド, グレッグ　1904.5.29-1948.9.26）
世百　（トーランド　1904-1949）
二十　（トーランド, グレッグ　1904.5-1949(48)）

Toledo, Juan Bautista de〈16世紀〉
スペインの建築家。スペイン王フェリペ2世の壮大な宮殿エル・エスコリアルを設計，建設。
⇒建築　（トレド, ファン・バウティスタ・デ　?-1567）
伝世　（トレド, J.B.　?-1567）

Tolford, Joshua〈20世紀〉
アメリカのイラストレーター。
⇒児イ（Tolford, Joshua　1909-）

Tolli, Vive Valjterovna〈20世紀〉
ロシアのイラストレーター。
⇒児イ（Tolli, Vive Valjterovna　トーリ, V.V. 1928-）

Tolnay, Károly Edler von〈20世紀〉
ハンガリー出身の美術史家。1965年よりフィレンツェのカサ・ブオナロティ美術館長。
⇒キリ　（トルナイ, カーロイ　1899.5.27-1981.1.17）
コン3　（トルナイ　1899-1981）
西洋　（トルナイ　1899.5.27-1981.1.17）
世美　（トルナイ, シャルル・ド　1899-1981）
二十　（トルナイ, カーロイ　1899.5.27-1981.1.17）

Tolsá, Manuel〈18・19世紀〉
スペイン出身のメキシコの建築家，彫刻家。
⇒キリ　（トルサー, マヌエル　1757-1815.12.25）
建築　（トルサ, マヌエル　1757-1816）
世美　（トルサ, マヌエル　1757-1816）

Tolstov, Sergeĭ Pavlovich〈20世紀〉
ソ連の民族学者，考古学者。1937年以来毎年ホラズム考古学調査隊を主宰。
⇒国小　（トルストフ　1907-）
新美　（トルストフ, セルゲイ　1907.1.12(25)-1969）
西洋　（トルストフ　1907.1.25-1969）
二十　（トルストフ, セルゲイ　1907.1.12(25)-1976(69)）
名著　（トルストーフ　1907-）

Tomaso da Modena〈14世紀〉
イタリアの画家。
⇒芸術　（トマソ・ダ・モデナ　1325/26-1379頃）
新美　（トマーソ・ダ・モデナ　1325/26-1379頃）

Tomé, Narciso〈17・18世紀〉
スペインの建築家，彫刻家。トレドの聖堂の本祭壇を制作。
⇒建築　（トメ, ナルシソ　1690頃-1742頃）
新美　（トメー, ナルシーソ）
西洋　（トメ　1721-?）
世美　（トメー, ナルシーソ　1690-1742）

Tomes, Margot Ladd〈20世紀〉
アメリカのイラストレーター。
⇒児イ（Tomes, Margot Ladd　トームズ, M.L. 1917-）

Tomlin, Bradley Walker〈20世紀〉
アメリカの画家。キュビスムを経て抽象表現主義的作風に移る。
⇒外国　（トムリン　1899-）
国小　（トムリン　1899.8.19-1953.5.11）
新美　（トムリン, ブラッドレイ・ウォーカー　1899.8.19-1953.5.11）
世芸　（トムリン, ブラッドレー　1899-1968）
二十　（トムリン, ブラッドレイ・ウォーカー　1899.8.19-1953.5.11）

Tommasi, Adolfo〈19・20世紀〉
イタリアの画家。
⇒世美　（トンマージ, アドルフォ　1851-1933）

Tommaso da Modena〈14世紀〉
イタリアの画家。
⇒西洋　（トマーソ・ダ・モーデナ　1325/6-1379）
世美　（トンマーゾ・ダ・モーデナ　1325/6-1379）

Tommaso de Vigilia〈15世紀〉
イタリアの画家。
⇒世美　（トンマーゾ・デ・ヴィジーリア　1460-1494）

Tomsky, Nikorai Vasilievitch〈20世紀〉
ロシアの彫刻家。
⇒世芸　（トムスキー, ニコライ・ワシリエヴィッチ　1900-1969）

Tonks, Henry〈19・20世紀〉
イギリスの画家，デッサン画家。
⇒岩ケ　（トンクス, ヘンリー　1862-1937）
才西　（トーンクス, ヘンリー　1862-1937）

Tonny, Kristians〈20世紀〉
フランスの画家。新ロマン派に数えられる。
⇒外国　（トニー　1906-）

Tookey, Fleur〈20世紀〉
イギリスのガラス工芸家。
⇒世芸　（トゥーキィ, フレア　?-）

Toorop, Charley〈20世紀〉
オランダの画家。

⇒世女日（トーロプ，チャーリー　1891-1955）

Toorop, Jan〈19・20世紀〉
オランダの画家。
⇒オ西（トーロップ，ヤン・テオドール　1858-1928）
キリ（トーロプ，ヤン　1858.12.20-1928.3.3）
芸術（トーロップ，ヤン　1858-1928）
幻想（トーロップ，ヤン　1858-1928）
コン2（トゥーロップ　1858-1928）
コン3（トゥーロップ　1858-1928）
新美（トーロップ，ヤン　1858.12.20-1928.3.3）
西洋（トーロプ　1858.12.20-1928.3.3）
世芸（トーロップ，ヤン　1858-1928）
世美（トーロップ，ヤン（またはヨハネス・テオドール）　1858-1928）
二十（トーロップ，ヤン　1858.12.20-1928.3.3）
百科（トーロップ　1858-1928）

Topolski, Feliks〈20世紀〉
イギリスの画家，製図者，イラストレーター。
⇒岩児（トポルスキー，フェリックス　1907-1989）
児イ（Topolski, Feliks　トポールスキー，F. 1907-）

Topor, Roland〈20世紀〉
フランスのブラック・ユーモアの漫画家，作家，俳優，映画監督。
⇒海作4（トポール，R. 1938-1997）
監（トポール，ローラン　1937-）
幻文（トポール，ロラン　1938-1997）
世俳（トポル，ローラン　1938-1997.4.16）

Toppi, Bernardino〈20世紀〉
イタリアの画家。
⇒世芸（トピー，ベルナディーノ　1933-）

Torbido, Francesco〈15・16世紀〉
イタリアの画家。
⇒世美（トルビド，フランチェスコ　1482頃-1562）

Torchi, Angelo〈19・20世紀〉
イタリアの画家。
⇒世美（トルキ，アンジェロ　1856-1915）

Torelli, Giacomo〈17世紀〉
イタリアの舞台装置家。ベニスやパリで活躍。「大魔術師」と呼ばれた。
⇒演劇（トレルリ，ジャコモ　1608-1678）
国小（トレリ　1608.9.1-1678.6.17）
世美（トレッリ，ジャーコモ　1608-1678）
全書（トレッリ　1608-1678）
大百（トレリ　1608-1678）
百科（トレリ　1608-1678）

Torigny, Robert de (Robert du Mont)〈12世紀〉
フランス，ブルターニュのサン・ミシェル修道院長。
⇒建築（トリニー，ロベール・ド（ロベール・デュ・モン）　1106-1186）

Tornqvist, Marit〈20世紀〉
オランダの児童文学者。
⇒児イ（Törngvist, Marit　テーンクヴィスト，M.）
児作（Tornqvist, Marit　テルンクヴィスト，マリット　1964-）
児作（Tornqvist, Marit　テーンクヴィスト，マリット　1964-）

Torralva, Diego de〈16世紀〉
スペインの建築家。
⇒建築（トラルバ，ディエゴ・デ　1500-1566）
世美（トラルバ，ディエゴ・デ　1500-1566）

Torreggiani, Alfonso〈17・18世紀〉
イタリアの建築家。
⇒世美（トッレッジャーニ，アルフォンソ　1682-1764）

Torres, Eric〈20世紀〉
フィリピンの詩人，美術評論家。
⇒二十英（Torres, Eric　1932-）

Torres García, Joaquín〈19・20世紀〉
ウルグアイの画家。
⇒オ西（トレス＝ガルシア，ホアキン　1874-1949）
二十（トレス・ガルシア，J. 1874-1949）
百科（トレス・ガルシア　1874-1949）
ラテ（トレス・ガルシア　1874-1949）

Torrey, Helen〈20世紀〉
アメリカのイラストレーター。
⇒児イ（Torrey, Helen　トレー，H. 1901-）

Torrey, Marjorie〈20世紀〉
アメリカのイラストレーター。
⇒児イ（Torrey, Marjorie　トレー，M. 1899-）

Torrigiano, Pietro〈15・16世紀〉
イタリアの彫刻家。
⇒岩ケ（トリジャーノ，ピエトロ　1472-1528）
新美（トゥリジアーノ，ピエトロ　1472.11.24-1528）
世美（トッリジャーニ，ピエトロ　1472-1528）

Torriti, Jacopo〈13世紀〉
イタリアの画家，モザイク装飾家。
⇒国小（トリーティ　生没年不詳）
新美（トゥリーティ，ヤーコポ）
世美（トルリーティ，ヤーコポ　13世紀）
世百（トリーティ　生没年不詳）
百科（トリーティ　生没年不詳）

Torroja, Eduardo〈20世紀〉
スペインの構造技術家，建築家。『アルヘシラスの市場』(1933)などによって，近代建築の開拓者となる。
⇒新美（トローハ，エドゥアルド　1899.8.27-1961.6.15）
西洋（トロハ　1899.8.27-1961）
ナビ（トロハ　1899-1961）
二十（トローハ，エドゥアルド　1899.8.27-

Tory, Geoffroy 〈15・16世紀〉
フランスの印刷家, 書籍の装丁家, 版画家。著書『シャンフルーリ』は古典的名著。
⇒国小 (トリー 1480頃-1533頃)
集世 (トリー, ジョフロワ 1480-1533)
集文 (トリー, ジョフロワ 1480-1533)
西洋 (トリ 1480頃-1533)
百科 (トリー 1480?-1533)

Toschi, Paolo 〈18・19世紀〉
イタリアの版画家, 画家。
⇒世美 (トスキ, パーオロ 1788-1854)

Toschik, Larry 〈20世紀〉
アメリカのイラストレーター。
⇒児イ (Toschik, Larry 1922-)

Tosi, Arturo 〈19・20世紀〉
イタリアの画家。代表作は『渓谷』(1925)。
⇒芸術 (トシ, アルトゥロ 1871-1953)
国小 (トーシ 1871-1956)
世芸 (トシ, アルトゥロ 1871-1953)
世美 (トージ, アルトゥーロ 1871-1956)

Toto, Joe 〈20世紀〉
アメリカのイラストレーター。
⇒児イ (Toto, Joe)

Toulouse-Lautrec, Henri de 〈19・20世紀〉
フランスの画家。モンマルトルの人々の姿を描写, ムーラン・ルージュのポスターも制作。
⇒逸話 (ロートレック 1864-1901)
岩ケ (トゥールーズ=ロートレック(=モンファ), アンリ・(マリー・レモン・)ド 1864-1901)
旺世 (ロートレック 1864-1901)
外国 (トゥールーズ・ロートレック 1864-1901)
角世 (ロートレック 1864-1901)
芸術 (ロートレック, トゥルーズ 1864-1901)
広辞4 (ロートレック 1864-1901)
広辞5 (ロートレック 1864-1901)
広辞6 (ロートレック 1864-1901)
国小 (トゥールーズ・ロートレック 1864.11.24-1901.9.9)
国百 (トゥールーズ・ロートレック・モンファ, アンリ・マリ・レイモン・ド 1864.11.24-1901.9.9)
コン2 (ロートレック 1864-1901)
コン3 (ロートレック 1864-1901)
新美 (トゥールーズ=ロートレック, アンリ・ド 1864.11.24-1901.9.9)
人物 (ロートレック 1864.11.24-1901.9.9)
西洋 (ロートレック 1864.11.24-1901.9.9)
世人 (ロートレック 1864-1901)
世西 (ロートレック 1864.11.24-1901.9.9)
世美 (トゥールーズ・ロートレック, アンリ=マリー=レイモン・ド 1864-1901)
世百 (ロートレック 1864-1901)
全書 (ロートレック 1864-1901)
大辞 (ロートレック 1864-1901)
大辞2 (ロートレック 1864-1901)
大辞3 (ロートレック 1864-1901)
大百 (ロートレック 1864-1901)
デス (ロートレック 1864-1901)
伝世 (トゥールーズ・ロートレック 1864.11.24-1901.9.9)
ナビ (ロートレック 1864-1901)
百科 (ロートレック 1864-1901)
評世 (ロートレク 1864-1901)
歴史 (ロートレック 1864-1901)

Tournier, Josette 〈20世紀〉
フランス生れの女性美術作家。
⇒世芸 (トゥルニエ, ジョゼッテ 1924-)

Tournières, Robert 〈17・18世紀〉
フランスの画家。
⇒世美 (トゥールニエール, ロベール 1668-1752)

Tourtel, Mary 〈19・20世紀〉
イギリスの挿絵画家。
⇒英児 (トーテル, メアリ 1874-1948)
世女日 (トゥルテル, メアリー 1874-1948)

Toussaint, Raphael 〈20世紀〉
フランスの画家。
⇒世芸 (トゥサン, ラファエル 1937-)

Town, Harold 〈20世紀〉
カナダの画家。カナダの抽象表現主義の代表的作家。
⇒国小 (タウン 1924-)

Towne, Charles 〈18・19世紀〉
イギリスの画家。
⇒世美 (タウン, チャールズ 1763-1840)

Towne, Francis 〈18・19世紀〉
イギリスの風景画家。主作品は『アルベ川の源流』(1781)。
⇒岩ケ (タウン, フランシス 1739-1816頃)
国小 (タウン 1740-1806)
新美 (タウン, フランシス 1740-1816.7.7)
世美 (タウン, フランシス 1739/40-1816)

Townsend, Kenneth 〈20世紀〉
イギリスのイラストレーター。
⇒児イ (Townsend, Kenneth タウンゼンド, K.)

Townsend, Lee 〈20世紀〉
アメリカのイラストレーター。
⇒児イ (Townsend, Lee タウンゼンド, L.)

Townsend, Richard F. 〈20世紀〉
アメリカのイラストレーター。
⇒児イ (Townsend, Richard F. タウンゼンド, R.F.)

Towry, Peter 〈20世紀〉
イギリスの小説家, 美術批評家。
⇒二十 (タウリ, ピーター 1918-)

Toyen 〈20世紀〉
チェコスロバキアの画家。

⇒新美（トイエン 1902.9.21-）
世女日（トイエン 1902-1980）
二十（トイエン 1902.9.21-）

Toynbee, Jocelyn Mary Catherine
〈20世紀〉
イギリスのローマ史家，美術史家。
⇒キリ（トインビ，ジョスリン・メアリ・キャサリン 1897.3.3-）

Tozer, Katharine 〈20世紀〉
イギリスの現代女流児童文学作家。1935年，ゾウを主人公にした『マムフィーのふしぎな冒険』を自分の挿絵入りで発表した。
⇒児童（トーザー，キャサリン ?-）

Tozzi, Mario 〈20世紀〉
イタリアの画家。
⇒世美（トッツィ，マーリオ 1895-1979）

Traba, Marta 〈20世紀〉
アルゼンチンの作家，美術評論家。
⇒集世（トラバ，マルタ 1930-1983）
集文（トラバ，マルタ 1930-1983）
世女日（トラバ，マルタ 1930-1983）
世文（トラーバ，マルタ 1930-1983）

Traballesi, Giuliano 〈18・19世紀〉
イタリアの画家。
⇒世美（トラバッレージ，ジュリアーノ 1727-1812）

Tradescant, John 〈16・17世紀〉
イギリスの博物学者，園芸家，旅行家。
⇒岩ケ（トラディスカント，ジョン 1570-1638頃）
世科（トラディスカント 1570-1638）

Tradescant, John 〈17世紀〉
イギリスの園芸家。
⇒岩ケ（トラディスカント，ジョン 1608-1662）
世科（トラディスカント 1608-1662）

Traini, Francesco 〈14世紀〉
イタリアの画家。
⇒新美（トライーニ，フランチェスコ）
世美（トライーニ，フランチェスコ 1321-1346）

Trajanus, Marcus Ulpius Crinitus
〈1・2世紀〉
ローマ皇帝（在位98〜117）。五賢帝の一人。ダキアを征服。ローマ帝国の最大版図を現出。
⇒岩ケ（トラヤヌス 53頃-117）
外国（トラヤヌス 53頃-117）
キリ（トラーヤーヌス，マールクス・ウルピウス・クリーニートゥス 52.9.18-117.8.10）
広辞4（トラヤヌス 53-117）
皇帝（トラヤヌス 53頃-117）
国小（トラヤヌス 53-117.8.8）
コン2（トラヤヌス 53-117）
新美（トラーヤーヌス 52.9.18-117.8.10）
人物（トラヤヌス 52.9.18-117.8.10）
西洋（トラヤヌス 52.9.18-117.8.10）
世西（トラヤヌス 52頃-117）
世百（トラヤヌス 53-117）
全書（トラヤヌス 53-117）
大辞（トラヤヌス 53-117）
大百（トラヤヌス 53-117）
デス（トラヤヌス 53-117）
伝世（トラヤヌス 53頃-117）
百科（トラヤヌス 53頃-117）
歴史（トラヤヌス 53-117）
ロマ（トラヤヌス，マルクス・ウルピウス（在任）69/70）

Tramello, Alessio 〈15・16世紀〉
イタリアの建築家。
⇒建築（トラメッロ，アレッシオ 1455頃-1535頃）
世美（トラメッロ，アレッシオ 1455頃-1535頃）

Traquair, Phoebe Anna 〈19・20世紀〉
アイルランドのエナメル工芸家。
⇒世女日（トラクエール，フィービ・アンナ 1852-1936）

Traugot, Aleksandr 〈20世紀〉
ロシアのイラストレーター。
⇒児イ（Traugot, Aleksandr Georgievich トラウゴット, A.G. 1931-）

Traugot, Valerij Georgievich 〈20世紀〉
ロシアのイラストレーター。
⇒児イ（Traugot, Valerij Georgievich トラウゴット, V.G. 1936-）

Trauner, Alexandre 〈20世紀〉
ハンガリー生れの映画美術監督。
⇒世映（トローネル，アレクサンドル 1906-1993）
世俳（トローナー，アレクサンドル 1906.8.3-1993.12.5）

Traut, Wolf 〈15・16世紀〉
ドイツの画家，版画下絵師。
⇒新美（トラウト，ヴォルフ 1486頃-1520）

Travadel, Anita 〈20世紀〉
フランスの画家。
⇒世芸（トラバデル，アニタ 1937-）

Traversi, Gaspare 〈18世紀〉
イタリアの画家。
⇒世美（トラヴェルシ，ガスパレ 1732-1769）

Traverso, Nicolò Stefano 〈18・19世紀〉
イタリアの彫刻家。
⇒世美（トラヴェルソ，ニコロ・ステーファノ 1745-1823）

Travi, Antonio 〈17世紀〉
イタリアの画家。
⇒世美（トラーヴィ，アントーニオ 1608-1665）

Traylor, Bill 〈19・20世紀〉
アメリカの民衆芸術家，大農園労働者。
⇒岩ケ（トレイラー，ビル 1854-1947）

コン3（トレーラー　1854-1947）

Trdat〈10・11世紀〉
アルメニアの建築家。
⇒世美（トゥルダット　10-11世紀）

Treasy, Dee〈20世紀〉
アメリカ生れの画家。
⇒世芸（トレーシィ，ディー　1930-）

Trecourt, Giacomo〈19世紀〉
イタリアの画家。
⇒世美（トレクール，ジャーコモ　1812-1882）

Tree, Dolly〈20世紀〉
アメリカの衣装デザイナー。
⇒世女日（トリー，ドリー　1909-1992）
　世俳（トリー，ドリー　1899.3.17-1962.5.17）

Tremblay, Barthélemy〈16・17世紀〉
フランスの彫刻家，素描家。
⇒世美（トランブレー，バルテルミー　1568-1629）

Tremignon, Alessandro〈17世紀〉
イタリアの建築家。
⇒世美（トレミニョン，アレッサンドロ　（活動）17世紀）

Tremois, Pierre-Yves〈20世紀〉
フランス生れの版画家。
⇒世芸（トレモア，ピエール・イブ　1921-）

Trentacoste, Domenico〈19・20世紀〉
イタリアの彫刻家。
⇒世美（トレンタコステ，ドメーニコ　1859-1933）

Tresguerras, Francisco Eduard〈18・19世紀〉
メキシコの建築家，彫刻家，画家，著作家。
⇒建築（トレスゲーラス，フランシスコ・エドゥアルド　1745-1833）

Tresilian, Cecil Stuart〈20世紀〉
イギリスのイラストレーター。
⇒児イ（Tresilian, Cecil Stuart　トレシリアン，C.S. 1891-）

Tresselt, Alvin〈20世紀〉
アメリカの絵本作家，編集者。
⇒英児（Tresselt, Alvin　トレッセルト，アルヴィン　1916-）
　児作（Tresselt, Alvin　トレッセルト，アルビン　1916-）
　児文（トレッセルト，アルヴィン　1916-）
　二十（トレッセルト，アルヴィン　1916-）

Tretyakov, Pavel Mikhailovich〈19世紀〉
ロシアの美術収集家。ロシア写実主義の画家グループ〈移動展覧派〉を支援，その発展に貢献。
⇒角世（トレチャコフ　1832-1898）

コン2（トレチャコーフ　1832-1898）
コン3（トレチャコーフ　1832-1898）
山世（トレチャコフ　1832-1898）

Treu, Georg〈19・20世紀〉
ドイツの考古学者，美術史家。オリュンピアの発掘に参加。
⇒西洋（トロイ　1843.3.29-1921.10.5）

Treu, Philipp Jacob〈18・19世紀〉
スイスの彫刻家。
⇒世美（トロイ，フィリップ・ヤーコブ　1761-1825）

Trevisani, Francesco〈17・18世紀〉
イタリアの画家。
⇒世美（トレヴィザーニ，フランチェスコ　1656-1746）

Trez, Alain〈20世紀〉
フランスのイラストレーター。
⇒児イ（Trez, Alain　トレッツ，A. 1929-）

Trezise, Percy〈20世紀〉
オーストラリアの絵本作家。
⇒英児（Trezise, Percy　トリーザイズ，パーシー　1923-）

Trezzi, Aurelio〈17世紀〉
イタリアの建築家。
⇒世美（トレッツィ，アウレーリオ　?-1625）

Trezzini, Domenico〈17・18世紀〉
スイスの建築家。
⇒建築（トレッツィーニ（トレッシーニ），ドメニコ　1670頃-1734）
　新美（トレッツィーニ，ドメニコ　1670頃-1734）
　世美（トレッツィーニ，ドメーニコ　1670頃-1734）

Tribolo〈16世紀〉
イタリアの彫刻家，建築家，技師。
⇒建築（トゥリボロ（通称）（ニッコロ・ペリコリ）1500-1558）
　世美（トリーボロ　1500-1558）

Trier, Lars〈20世紀〉
デンマークのイラストレーター。
⇒児イ（Trier, Lars　トリヤー，L. 1949-）

Trier, Walter〈19・20世紀〉
ドイツの画家。
⇒児イ（Trier, Walter　トリヤー，W. 1890-1951）
　二十（トリヤー，ワルター　1890-1951）

Trinh T. Minh-ha〈20世紀〉
ポストコロニアル理論を牽引する，ベトナム出身の女性思想家，詩人，作家，映像作家，作曲家。
⇒東ア（トリン・T.ミンハ　1953-）

Tripp, Wallace 〈20世紀〉
アメリカのイラストレーター。
⇒児イ（Tripp, Wallace　トリップ, W.）

Trippel, Alexander 〈18世紀〉
ドイツの彫刻家。主作品『ゲーテ胸像』(1787～89)。
⇒西洋（トリッペル　1744.9.23-1793.9.24）
　世美（トリッペル, アレクサンデル　1744-1793）

Triptolemos
ギリシア神話のエレウシースの王ケレオスとメタネイラの子。
⇒新美（トリプトレモス）
　全書（トリプトレモス）

Trisno Sumardjo 〈20世紀〉
インドネシアの作家, 翻訳家, 画家。
⇒集文（トリスノ・スマルジョ　1916.12.6-1969.4.21）

Tristán, Luis 〈16・17世紀〉
スペインの画家。
⇒世美（トリスタン, ルイス　1585頃-1624）

Tristán de Escamilla, Luis 〈16・17世紀〉
スペインの画家。
⇒新美（トリスターン・デ・エスカミーリャ, ルイス　1576/-95-1649.12.7）

Trnka, Jíří 〈20世紀〉
チェコスロバキアのアニメーション作家, 挿絵画家。1969年国際アンデルセン大賞受賞。
⇒監督（トルンカ, イルジー　1912.2.24-1969.12.30）
　コン2（トルンカ　1912-1969）
　児イ（Trnka, Jiri　トゥルンカ, J.　1912-1969）
　児童（トゥルンカ, イルジー　1912-1970）
　児文（トゥルンカ, イジー　1912-1969）
　世映（トルンカ, イジー　1912-1969）
　世女日（トルンカ, ジーレー　1912-1969）
　世百新（トルンカ　1912-1969）
　全書（トルンカ　1912-1969）
　東欧（トルンカ　1912-1969）
　二十（トルンカ, J.　1912.2.24-1969.12.30）
　百科（トルンカ　1912-1969）

Trofonio 〈前6世紀〉
ギリシアの建築家。
⇒建築（トロフォニオ　（活動）前6世紀）

Trog, Walter 〈20世紀〉
イギリスの漫画家, ミュージシャン。
⇒岩ケ（トログ, ウォルター　1924-）

Troger, Paul 〈17・18世紀〉
オーストリアの画家。オーストリアのロココ絵画の発展に寄与。
⇒キリ（トローガー, パウル　1698.10.30（受洗）-1762.7.20）
　芸術（トローガー, パウル　1698-1762）

国小（トローガー　1698.10.30-1762.7.20）
新美（トローガー, パウル　1698.10-1762.7.20）
西洋（トローガー　1698.12.30-1762.7.20）
世美（トローガー, パウル　1698-1762）
伝世（トローガー　1698.10.30-1762）

Trökes, Heinz 〈20世紀〉
ドイツの画家。
⇒美術（トレーケス, ハインツ　1913-）

Troost, Cornelis 〈17・18世紀〉
オランダの画家。
⇒新美（トロースト, コルネリス　1697.10.8-1750.3.7）
　世美（トロースト, コルネリス　1697-1750）

Troost, Paul Ludwig 〈19・20世紀〉
ドイツの建築家。
⇒世美（トロースト, パウル・ルートヴィヒ　1878-1934）
　ナチ（トロースト, パウル・ルートヴィヒ　1878-1934）

Tropinin, Vasilii Andreevich 〈18・19世紀〉
ロシアの画家。作品『プーシキン像』など。
⇒芸術（トロピーニン, ヴァシリー・アンドレーヴィッチ　1776-1857）
　国小（トロピーニン　1776.3.19-1857.5.4）
　コン2（トロピーニン　1776-1857）
　コン3（トロピーニン　1776-1857）
　新美（トロピーニン, ヴァシーリイ　1776.3.19/30-1857.5.3/15）
　全書（トロピーニン　1776-1857）

Trotti, Giovanni Battista 〈16・17世紀〉
イタリアの画家。
⇒世美（トロッティ, ジョヴァンニ・バッティスタ　1555-1619）

Trova, Ernest 〈20世紀〉
アメリカの彫刻家, 版画家。
⇒新美（トローヴァ, アーネスト　1927.2.19-）
　全書（トローバ　1927-）
　二十（トローバ, アーネスト　1927.2.17-）
　美術（トローヴァ, アーネスト　1927-）

Troy, François de 〈17・18世紀〉
フランスの画家。肖像画家として知られた。
⇒西洋（トロア　1645-1730.5.1）

Troy, Hugh 〈20世紀〉
アメリカのイラストレーター。
⇒児イ（Troy, Hugh　トロイ, H.　1906-1964）

Troy, Jean François de 〈17・18世紀〉
フランスの画家。38年以後ローマのアカデミー・ド・フランスの会長。
⇒芸術（トロア, ジャン・フランソア・ド　1679-1752）
　国小（トロア　1679.1.27洗礼-1752.1.26）
　西洋（トロア　1679.1.27洗礼-1752.1.26）

世美（トロワ, ジャン＝フランソワ・ド 1679–1752）

Troyer, Johannes〈20世紀〉
オーストリアのイラストレーター。
⇒児イ（Troyer, Johannes トロイヤー, J.）

Troyon, Constant〈19世紀〉
フランスの画家。代表作『仕事に出てゆく牡牛の群れ』（1855）など。
⇒岩ケ（トロワイヨン, コンスタン 1810–1865）
芸術（トロワイヨン, コンスタンタン 1810–1865）
国小（トロアイヨン 1810.8.28–1865.3.20）
新美（トロワイヨン, コンスタン 1810.8.28–1865.3.20）
人物（トロアイヨン 1810.8.28–1865.3.20）
西洋（トロアイヨン 1810.8.28–1865.3.20）
世美（トロワイヨン, コンスタン 1810–1865）
世百（トロワイヨン 1810–1865）
全書（トロワイヨン 1810–1865）

Trubbiani, Valeriano〈20世紀〉
イタリアの彫刻家。
⇒世芸（トルッビアーニ, バレリアーノ 1937–）
世美（トルッビアーニ, ヴァレリアーノ 1937–）

Trubetskoi, Pavel Petrovich〈19・20世紀〉
ロシア系のイタリアの彫刻家。古い貴族の出身。パリの国際展覧会大賞受賞（1900）。
⇒オ西（トゥルビツコーイ, パーヴェル 1866–1938）
西洋（トルベツコイ 1866.2.15頃–1938.2.12）
世美（トルベツコイ, パヴェル・ペトロヴィチ 1866–1938）

Trübner, Wilhelm〈19・20世紀〉
ドイツの印象派画家。肖像画, 風景画を描いた。
⇒芸術（トリュブナー, ヴィルヘルム 1851–1917）
新美（トリューブナー, ヴィルヘルム 1851.2.3–1917.12.21）
西洋（トリューブナー 1851.2.3–1917.12.21）
世芸（トリュブナー, ヴィルヘルム 1851–1917）
世美（トリューブナー, ヴィルヘルム 1851–1917）
二十（トリューブナー, ヴィルヘルム 1851.2.3–1917.12.21）

Trumbull, John〈18・19世紀〉
アメリカの画家。独立戦争をテーマとする歴史画を描く。代表作『バンカーズ・ヒルの戦い』（1786）。
⇒岩ケ（トランブル, ジョン 1756–1843）
国小（トランバル 1756.6.6–1843.11.10）
新美（トランブル, ジョン 1756.6.6–1843.11.10）
世美（トランバル, ジョン 1756–1843）

Tryon, Leslie〈20世紀〉
アメリカのイラストレーター。
⇒児イ（Tryon, Leslie トライオン, L.）

Tschichold, Jan〈20世紀〉
スイスのタイポグラファー（活版印刷術のデザイナー）。"Die neue Typographie"（1928）で, タイポグラフィの新しい原理を確立。65年グーテンベルク賞受賞。
⇒新美（チヒョルト, ヤン 1902.4.2–1974.8.11）
西洋（チヒョルト 1902.4.2–1974.8.11）
二十（チヒョルト, ヤン 1902.4.2–1974.8.11）

Tschudi, Hugo von〈19・20世紀〉
スイスの美術史家。ベルリンの国立美術館館長。
⇒西洋（チューディ 1851.2.7–1911.11.23）

Tschumi, Bernard〈20世紀〉
建築家。クーパー・ユニオン客員教授。
⇒ナビ（チュミ 1944–）
二十（チュミ, バーナード 1944–）

Tsejtlin, Naum Iosifovich〈20世紀〉
ロシアのイラストレーター。
⇒児イ（Tsejtlin, Naum Iosifovich ツェイトリン, N.I. 1909–）

Tsutakawa, George〈20世紀〉
アメリカの芸術家。シアトル美術館理事。
⇒二十（ツタカワ, ジョウジ 1910–）

Tuaillon, Louis〈19・20世紀〉
ドイツの彫刻家。
⇒芸術（テュアイロン, ルイス 1862–1919）
国小（テュアイロン 1862–1919）
西洋（テュアヨン 1862.9.7–1919.2.21）
世芸（テュアイロン, ルイス 1862–1919）

Tubi, Giovanni, Battista〈17世紀〉
イタリアの彫刻家。
⇒世美（トゥービ, ジョヴァンニ・バッティスタ 1635–1700）

Tübke, Werner〈20世紀〉
ドイツ生れの画家。
⇒世芸（テュブケ, ワーナー 1929–）

Tucker, Albert Lee〈20世紀〉
オーストラリアの画家。
⇒岩ケ（タッカー, アルバート・リー 1914–）

Tucker, William〈20世紀〉
イギリスの彫刻家。
⇒新美（タッカー, ウィリアム 1935–）
美術（タッカー, ウィリアム 1935–）

Tudor, Tasha〈20世紀〉
アメリカの女性絵本作家, 挿絵画家。
⇒英児（Tudor, Tasha チューダー, タシャ 1915–）

児イ（Tudor, Tasha　テューダー, T. 1915-）
世児（テューダー, タシャ）

Tudor-Hart, Edith 〈20世紀〉
オーストリア系イギリス人写真家。
⇒世女（チューダー＝ハート, イーディス　1908-1978）
世女日（チューダー＝ハート, イーディス　1908-1978）

Tukulti-Ninurta I 〈前13世紀〉
アッシリア王(在位前1244〜07)。
⇒外国（トゥクルティ・ニヌルタ1世　前13世紀）
皇帝（トゥクルティ・ニヌルタ1世　?–前1208頃）
コン2（トゥクルティ・ニヌルタ1世）
コン3（トゥクルティ・ニヌルタ1世　生没年不詳（在位）前1244-1208）
新美（トゥクルティ＝ニヌルタ一世）
西洋（トゥクルティ＝ニヌルタ一世）
統治（アッシリア王のトゥクルティ＝ニヌルタ一世　（在位）前1223）
統治（トゥクルティ＝ニヌルタ一世　（在位）前1243-1207）

Tunnicliffe, Charles Frederick 〈20世紀〉
イギリスの鳥の画家, イラストレーター。
⇒岩ケ（タニクリフ, チャールズ・フレデリック　1901-1979）
児イ（Tunnicliffe, Charles Frederick　1901-）

Tuotilo 〈9・10世紀〉
スイスの修道士。ザンクト・ガレン修道院で建築家, 彫刻家, 画家, 音楽家, 彫金家として活躍。
⇒新美（トゥオティロ　895-912）

Tura, Cosimo 〈15世紀〉
イタリアの画家。フェララ派の代表的画家。
⇒岩ケ（トゥーラ, コズメ　1430-1495頃）
キリ（トゥーラ, コージモ　1430頃-1445）
芸術（トゥーラ, コジモ　1430頃-1495）
国小（トゥーラ　1430頃-1495）
コン2（トゥーラ　1430頃-1495）
コン3（トゥーラ　1430頃-1495）
新美（トゥーラ, コージモ（コズメ）　1430頃-1495.4）
西洋（トゥーラ　1430頃-1495頃）
世西（トゥーラ　1431頃-1495）
世美（トゥーラ, コズメ　1430頃-1495）
全書（トゥーラ　1430頃-1495）
伝世（トゥーラ　1430.4.28以前-1495.4）
百科（トゥーラ　1430頃-1495）

Turchi, Alessandro 〈16・17世紀〉
イタリアの画家。
⇒世美（トゥルキ, アレッサンドロ　1582頃-1649頃）

Turino di Sano 〈14世紀〉
イタリアの彫刻家, 金工家。
⇒世美（トゥリーノ・ディ・サーノ　14世紀後半）

Turkle, Brinton Cassady 〈20世紀〉
アメリカの絵本作家, 挿絵画家, 作家。
⇒英児（Turkle, Brinton Cassady　タークル, ブリントン・カサディ　1915-）
児イ（Turkle, Brinton Cassaday　1915-）
世児（タークル, ブリントン　1915-）

Turnbull, Barbara 〈20世紀〉
アメリカ生れの画家。
⇒世芸（ターンブル, バーバラ　1949-）

Turnbull, William 〈20世紀〉
イギリスの芸術家。
⇒岩ケ（ターンブル, ウィリアム　1922-）
世芸（ターンブル, ウィリアム　1922-）

Turner, Alfred 〈19・20世紀〉
イギリスの彫刻家。
⇒芸術（ターナー, アルフレッド　1874-1943）
世芸（ターナー, アルフレッド　1874-1943）

Turner, Joseph Mallord William 〈18・19世紀〉
イギリスの風景画家。印象派の画家たちに大きな影響を与えた。
⇒逸話（ターナー　1775-1851）
イ文（Turner, J(oseph) M(allord) W(illiam)　1775-1851）
岩ケ（ターナー, J(ジョゼフ)・M(マロード)・W(ウィリアム)　1775-1851）
英米（Turner, Joseph Mallord William　ターナー〔ジョーゼフ〕　1775-1851）
旺世（ターナー(ジョセフ)　1775-1851）
外国（ターナー　1775-1851）
角世（ターナー(ジョセフ)　1775-1851）
芸術（ターナー, ジョーゼフ・マラード・ウィリアム　1775-1851）
広辞4（ターナー　1775-1851）
広辞6（ターナー　1775-1851）
国小（ターナー　1775.4.23-1851.12.19）
国百（ターナー, ジョーゼフ・マロート・ウィリアム　1775.4.23-1851.12.19）
コン2（ターナー　1775-1851）
コン3（ターナー　1775-1851）
集文（ターナー, J.M.W.　1775.4.23-1851.12.19）
新美（ターナー, ジョーゼフ・マラード・ウィリアム　1775.4.23-1851.12.19）
人物（ターナー　1775.4.23-1851.12.19）
西洋（ターナー　1775.4.23-1851.12.19）
世人（ターナー, ウィリアム　1775-1851）
世西（ターナー　1775.4.23-1851.12.19）
世美（ターナー, ジョーゼフ・マラード・ウィリアム　1775-1851）
世百（ターナー　1775-1851）
世文（ターナー, J・M・W　1775-1851）
全書（ターナー　1775-1851）
大辞（ターナー　1775-1851）
大辞3（ターナー　1775-1851）
大百（ターナー　1775-1851）
デス（ターナー　1775-1851）
伝世（ターナー, J.M.W.　1775.4.23-1851.12.19）
百科（ターナー　1775-1851）
評世（ターナー　1775-1851）

山世（ターナー，ジョセフ　1775-1851）

Turone〈14世紀〉
イタリアの画家。
⇒世美（トゥローネ　14世紀）

Turpilius
古代ローマの画家。
⇒新美（トゥルピリウス）

Turska, Krystyna〈20世紀〉
ポーランドのイラストレーター。
⇒児イ（Turska, Krystyna　トォルスカ, K. 1933-）

Tut-ankh-Amen〈前14世紀〉
エジプト第18王朝の王（在位前1361頃〜52頃）。
⇒岩ケ（ツタンカーメン　前14世紀）
旺世（ツタンカーメン　生没年不詳）
外国（トゥタンクアメン　前14世紀）
角世（トゥタンクアメン　（在位）前1361-1352）
広辞4（ツタンク・アーメン）
広辞6（ツタンク・アーメン　前14世紀）
皇帝（ツタンカーメン（トゥトアンクアメン）　前1356頃-1338頃）
国小（トゥトアンクアメン　前1371頃-1352頃）
コン2（ツタンカーメン）
コン3（ツタンカーメン　（在位）前1362頃-1352頃）
新美（ツタンカーメン）
人物（ツタンカーメン　生没年不詳）
西洋（トゥト・アンク・アメン）
世人（ツタンカーメン（トゥト＝アンク＝アメン）　生没年不詳）
世西（ツト・アンク・アメン　前1358頃）
世東（トゥタンカーメン（トゥト・アンク・アメン））
世百（トゥタンカメン）
全書（ツタンカーメン　生没年不詳）
大辞（ツタンカーメン）
大辞3（ツタンカーメン　前14世紀）
大百（ツタンカーメン　前1370-1352頃）
デス（ツタンカーメン）
伝世（ツタンカーメン　前1370頃-1352頃）
百科（ツタンカーメン　（在位）前1347頃-前1338頃）
評世（ツタンカーメン（ツタンクァーメン）　?-前1339）
山世（ツタンカーメン　生没年不詳）
歴史（ツタンカーメン　前1371頃-前1352頃）

Tutilo〈9・10世紀〉
スイスの修道士，芸術家。
⇒キリ（トゥーティロ　850頃-912以降）

Twombly, Cy〈20世紀〉
アメリカの画家。
⇒岩ケ（トゥオンブリー, サイ　1928-）
世芸（トゥオンブリー, サイ　1928-）
世美（トゥオンブリー, サイ　1929-）

Tworkov, Jack〈20世紀〉
ポーランド出身のアメリカの画家。
⇒岩ケ（トゥォルコフ, ジャック　1900-1982）
世美（トゥォーコヴ, ジャック　1900-1982）

Tyrsa, Nikolaj Andreevich〈19・20世紀〉
ロシアのイラストレーター。
⇒児イ（Tyrsa, Nikolaj Andreevich　トゥイルサー, N.A.　1887-1942）

Tzara, Tristan〈20世紀〉
ルーマニア生れのフランスの詩人。1916年スイスでダダイスム運動を起す。詩集『近似的人間』（1931），『ひとりで語る』（1950）など。
⇒オ西（ツァラ, トリスタン　1896-1963）
外国（ツァラ　1896-）
現人（ツァラ　1896.4.16-1963.12.24）
幻想（ツァラ, トリスタン　1896-1963）
広辞5（ツァラ　1896-1963）
広辞6（ツァラ　1896-1963）
国小（ツァラ　1896.4.4-1963.12.25）
コン3（ツァラ　1896-1963）
集世（ツァラ, トリスタン　1896.4.16-1963.12.24）
集文（ツァラ, トリスタン　1896.4.16-1963.12.24）
新美（ツァーラ, トリスタン　1896.4.4-1963.12.25）
人物（ツァラ　1896.4.4-1963.12.25）
西洋（ツァラ　1896.4.4-1963.12.25）
世西（ツァラ　1896-1963）
世百新（ツァラ　1896-1963）
世文（ツァラ, トリスタン　1896-1963）
全書（ツァラ　1896-1963）
大辞2（ツァラ　1896-1963）
大辞3（ツァラ　1896-1963）
大百（ツァラ　1896-1963）
ナビ（ツァラ　1896-1963）
二十（ツァラ, トリスタン　1896.4.16-1963.12.24）
百科（ツァラ　1896-1963）
名詩（ツァーラ, トリスタン　1896-1963）

U

【 U 】

Ubac, Raoul〈20世紀〉
ベルギーの画家。
⇒新美（ユバック, ラウル　1911.8.31-）
世美（ユバック, ラウール　1910-）
二十（ユバック, ラウル　1911.8.31-）

Uccello, Paolo〈14・15世紀〉
イタリアの画家。作品に『ジョン・ホークウッド騎馬像』（1436），『ノアの洪水』。鳥の描写にすぐれたためウッチェロ（鳥）と呼ばれた。
⇒岩ケ（ウッチェロ, パオロ　1397-1475）
外国（ウッチェロ　1397-1475）
角世（ウッチェロ　1397-1475）
キリ（ウッチェルロ, パーオロ　1397-1475.12.10）
芸術（ウッチェロ, パオロ　1397-1475）
広辞4（ウッチェロ　1397-1475）
広辞6（ウッチェロ　1397-1475）
国小（ウッチェロ　1397-1475.12.10）

国百（ウッチェロ，パオロ　1397-1475.12.10）
コン2（ウッチェロ　1396/7-1475）
コン3（ウッチェロ　1396/7-1475）
新ケ（ウッチェルロ，パオロ　1397-1475.12.10）
人物（ウッチェロ　1397-1475.12.10）
西洋（ウッチェロ　1396/7-1475.12.10）
世西（ウッチェルロ　1396-1475.12.?）
世美（パーオロ・ウッチェッロ　1397-1475）
世百（ウッチェロ　1396/97-1475）
全書（ウッチェロ　1397-1475）
大辞（ウッチェロ　1397?-1475）
大辞3（ウッチェロ　1397-1475）
大百（ウッチェロ　1396-1475）
デス（ウッチェロ　1397-1475）
伝世（ウッチェッロ　1397-1475.12.10）
百科（ウッチェロ　1397-1475）

Udaltsova, Nadezhda Andreevna 〈19・20世紀〉
ロシアの画家。
⇒世女日（ウダルツォヴァ，ナジェージダ　1885-1961）

Uden, Lucas van 〈16・17世紀〉
フランドルの画家，版画家。
⇒新美（ウーデン，ルカス・ヴァン　1595.10.18-1672/73）

Udine, Giovanni da 〈15・16世紀〉
イタリアの画家，装飾家，建築家。
⇒岩ケ（ウディネ，ジョヴァンニ・ダ　1487-1564）
　世美（ジョヴァンニ・ダ・ウーディネ　1487-1564）

Uecker, Günther 〈20世紀〉
ドイツの彫刻家。
⇒オ西（ユッカー，ギュンター　1930-）
　世美（ユッカー，ギュンター　1930-）
　美術（ユッカー，ギュンター　1930-）

Ugelli 〈20世紀〉
フランス生れの画家。
⇒世芸（ウジェリ　1936-）

Ugo da Carpi 〈15・16世紀〉
イタリアの木版画家，画家。
⇒世美（ウーゴ・ダ・カルピ　1480頃-1532）

Ugolino da Siena 〈13・14世紀〉
イタリアの画家。確証される唯一の作品はフィレンツェのサンタ・クローチェ聖堂のために制作した聖像障壁。
⇒国小（ウゴリーノ・ダ・シエナ　1295?-1339頃）
　新美（ウゴリーノ・ダ・シエナ）
　世美（ウゴリーノ・ダ・シエーナ　（活動）14世紀前半）

Ugolino di Prete Ilario 〈14世紀〉
イタリアの画家，モザイク制作家。
⇒世美（ウゴリーノ・ディ・プレーテ・イラーリオ（活動）14世紀後半）

Ugolino di Vieri 〈14世紀〉
イタリアの金銀細工師。
⇒世美（ウゴリーノ・ディ・ヴィエーリ　?-1380/85）

Ugolino Lorenzetti 〈14世紀〉
イタリア，シエナ派の逸名画家。
⇒新美（ウゴリーノ・ロレンツェッティ）

Uhde, Fritz von 〈19・20世紀〉
ドイツの画家。代表作『最後の晩餐』，『東方三賢人』。
⇒オ西（ウーデ，フリッツ・フォン　1848-1911）
　外国（ウーデ　1848-1911）
　キリ（ウーデ，フリッツ・フォン　1848.5.22-1911.2.25）
　芸術（ウーデ，フリッツ・フォン　1848-1911）
　国小（ウーデ　1848.5.22-1911.2.25）
　新美（ウーデ，フリッツ・フォン　1848.5.22-1911.2.25）
　西洋（ウーデ　1848.5.22-1911.2.25）
　世芸（ウーデ，フリッツ・フォン　1848-1911）
　世西（ウーデ　1848-1911）
　二十（ウーデ，フリッツ・フォン　1848.5.22-1911.2.25）
　百科（ウーデ　1848-1911）

Uhde, Wilhelm 〈19・20世紀〉
ドイツの美術批評家，収集家。
⇒オ西（ウーデ，ヴィルヘルム　1874-1947）
　国小（ウーデ　1874-1947）
　新美（ウーデ，ヴィルヘルム　1874-1947）
　二十（ウーデ，ヴィルヘルム　1874-1947）

Uhle, Max 〈19・20世紀〉
ドイツの人類学者，考古学者。
⇒岩ケ（ウーレ，マックス　1856-1944）
　新美（ウーレ，マックス　1856.3.25-1944.5.11）
　世美（ウーレ，マックス　1856-1944）
　二十（ウーレ，マックス　1856.3.25-1944.5.11）
　百科（ウーレ　1856-1944）
　ラテ（ウーレ　1856-1944）

Uhlig, Max 〈20世紀〉
ドイツ，ドレスデン生れの画家。
⇒世芸（ウーリッヒ，マックス　1937-）

Uhlman, Fred 〈20世紀〉
ドイツの作家，画家。
⇒海作4（ウルマン，フレッド　1901-）

Ulas, Peeter Teodorovich 〈20世紀〉
ロシアのイラストレーター。
⇒児イ（Ulas, Peeter Teodorovich　ウラス，P.T.　1934-）

Ulreich, Nura Woodson 〈20世紀〉
アメリカのイラストレーター。
⇒児イ（Ulreich, Nura Woodson　1899-1950）

Uncini, Giuseppe 〈20世紀〉
イタリアの彫刻家。

⇒世美（ウンチーニ, ジュゼッペ 1929-）

Ungaro, Emanuel〈20世紀〉
フランスの服飾デザイナー。
⇒岩ケ（ウンガロ, エマニュエル（・マフェオル
　ティ）1933-）
　最世（ウンガロ, エマニュエル 1933-）
　世西（ウンガロ 1933.2.13-）
　ナビ（ウンガロ 1933-）
　二十（ウンガロ, エマニュエル 1933-）

Ungerer, Tomi〈20世紀〉
フランス生れのアメリカの漫画家。イラストレーター, コマーシャル・アートの世界で成功を収め, 『フォルニコン』はベストセラー。
⇒英児（Ungerer, Tomi ウングラー, トミ
　1931-）
　現人（アンジェラー 1931.11.28-）
　児イ（Ungerer, Tomi ウンゲラー, T. 1931-）
　児文（ウンゲラー, トミ 1931-）
　世児（アンゲラー, トミ（・ジーン・トマス）
　1931-）
　世俳（アンゲラー, トミー 1931.11.28-）
　二十（ウンゲラー, トミー 1931-）

Ungerman, Arne〈20世紀〉
デンマークのイラストレーター。
⇒児イ（Ungerman, Arne ウンガーマン.A.
　1902-）

Ungers, Osvald Mattias〈20世紀〉
ドイツ生れの建築家, 教育者。元・ベルリン工科大学教授。
⇒世美（ウンガース, オズヴァルト・マティアス
　1926-）
　二十（ウンガース, オスヴァルト・M. 1926-）

Ungewitter, Georg Gottlob〈19世紀〉
ドイツの建築家。ロマン主義の代表者。
⇒西洋（ウンゲヴィッター 1820.9.15-1864.10.6）

Untash-Gal〈前13世紀〉
エラム王。
⇒新美（ウンタシュ=ガル）

Unterpergher, Cristoforo〈18世紀〉
イタリアの画家。
⇒世美（ウンテルベルゲル, クリストーフォロ
　1732-1798）

Unterpergher, Francesco〈18世紀〉
イタリアの画家。
⇒世美（ウンテルベルゲル, フランチェスコ
　1706-1776）

Unterpergher, Michelangelo〈17・18世紀〉
イタリアの画家。
⇒世美（ウンテルベルゲル, ミケランジェロ
　1695-1758）

Unwin, Nora S (picer)〈20世紀〉
イギリスの作家で挿絵画家。

⇒世児（アンウィン, ノーラ・S（スパイサー）
　1907-1982）

Unwin, *Sir* Raymond〈19・20世紀〉
イギリスの建築家, 都市計画家。ハムステッドおよびレッチウァースの田園都市計画で有名。
⇒西洋（アンウィン 1863-1940）
　世美（アンウィン, レイモンド 1863-1940）

Upjohn, Richard〈19世紀〉
アメリカの建築家。ゴシック様式の復活導入を行う。
⇒岩ケ（アップジョン, リチャード 1802-1878）
　キリ（アプジョン, リチャード 1802.1.22-
　1878.8.17）
　建築（アップジョン, リチャード 1802-1878）
　国小（アプジョン 1802-1878）
　コン3（アップジョン 1802-1878）
　新美（アップジョン, リチャード 1802.1.22-
　1878.8.17）
　西洋（アプジョン 1802-1878）
　伝世（アップジョン 1802.1.22-1878.8.16）

Upton, Bertha〈19・20世紀〉
アメリカの女性絵本作家, 詩人。
⇒英児（アプトン, バーサ 1849-1912）

Upton, Florence K.〈19・20世紀〉
アメリカの挿絵画家。
⇒英児（アプトン, フローレンス・K. 1873-1922）
　児イ（Upton, Florence K. 1873-1922）
　世児（アプトン, フローレンス・K 1873-1922）

Urban, Joseph〈19・20世紀〉
オーストリア生れの装置家。1899年オーストリア博覧会の設計で勲章を授与される。また, メトロポリタン・オペラの美術監督や建築家としても活躍。
⇒世美（ウルバン, ヨーゼフ 1872-1933）
　二十（アーバン, ジョゼフ 1872.5.26-
　1933.7.10）

Urbani, Ludovico〈15世紀〉
イタリアの画家。
⇒世美（ウルバーニ, ルドヴィーゴ 15世紀後半）

Urbasek, Milos〈20世紀〉
チェコの画家。
⇒美術（ウルバーセク, ミロシュ 1932-）

Ure Smith, Sydney George〈19・20世紀〉
オーストラリアの画家, 編集者, 出版業者。
⇒岩ケ（ユーア・スミス, シドニー・ジョージ
　1887-1949）

Urlichs, Heinrich Ludwig〈19・20世紀〉
ドイツの考古学者。フルトヴェングラーと共編の『ギリシア・ローマ彫刻遺品』によって知られている。
⇒名著（ウルリヒス 1864-1932/4）

Ur-nammu 〈前21世紀頃〉
ウル(現バビロニア南部のムカイヤル)の第3王朝初代の王(在位前2068～50)。
⇒皇帝 (ウルナンム ?-前2094頃)
　コン2 (ウルナンム)
　コン3 (ウルナンム 生没年不詳)
　新美 (ウル=ナンム)
　西洋 (ウル・ナンム)
　統治 (ウル=ナンム (在位)前2112-2095)

Urso, Josette 〈20世紀〉
アメリカ生れの画家。
⇒世芸 (ウルソ, ジョセッティ 1959-)

Ursula 〈20世紀〉
ドイツの女流画家。
⇒新美 (ウーズラ 1921-)
　二十 (ウーズラ 1921-)

Ursula, St 〈3～5世紀頃〉
キリスト教の伝説的殉教者, 聖女。イギリスの王女。
⇒岩ケ (聖ウルスラ (活躍)4世紀)
　キリ (ウルスラ ?-238/83/451)
　新美 (ウルスラ(聖))
　西洋 (ウルスラ ?-238(83, 451))
　世美 (ウルスラ(聖))
　伝世 (ウルスラ ?-238/83/451)
　百科 (ウルスラ 4世紀/5世紀)

Usellini, Gianfilippo 〈20世紀〉
イタリアの画家。
⇒世美 (ウゼッリーニ, ジャンフィリッポ 1903-1971)

Ushakov, Simon Fyodorovich 〈17世紀〉
ロシアの画家, 版画家。
⇒世美 (ウシャコーフ, シモン・フョードロヴィチ 1626-1686)
　百科 (ウシャコフ 1626-1686)

Uspenskaja, Marija Evgenjevna 〈20世紀〉
ロシアのイラストレーター。
⇒児イ (Uspenskaja, Marija Evgenjevna ウスペンスカヤ, M.E. 1925-)

Ussi, Stefano 〈19・20世紀〉
イタリアの画家。
⇒世美 (ウッシ, ステーファノ 1822-1901)

Ustad Isa Khan 〈17世紀〉
トルコ出身の建築家。
⇒建築 (ウスタッド・イサ・カーン ?-1649)

Ustād Malik Muḥammad Qāsim 〈16世紀〉
イランのサファウィー朝の細密画家, 詩人, 書道家。
⇒西洋 (ウスタード・マリク・ムハンマッド・カースィム ?-1540)

Ustinov, Nikolaj Aleksandrovich 〈20世紀〉
ロシアのイラストレーター。
⇒児イ (Ustinov, Nikolaj Aleksandrovich ウスチーノフ, N.A. 1937-)

Utitz, Emil 〈19・20世紀〉
ドイツの美学者。「一般芸術学」の存立を主張。
⇒外国 (ウーティツ 1883-)
　国小 (ウーティッツ 1883.5.27-1956)
　コン3 (ウティツ 1883-1956)
　西洋 (ウーティツ 1883.5.27-1956.11.2)
　名著 (ウティツ 1883-1956)

Utpatel, Frank 〈20世紀〉
アメリカの画家。
⇒幻文 (ウトパテル, フランク 1906-1980)

Utrillo, Maurice 〈19・20世紀〉
フランスの画家。厚塗りの白みがかった画面の, 詩情のあるモンマルトルなどの街頭風景を多く制作。主作品は『コタンの袋小路』(1910頃)。
⇒逸話 (ユトリロ 1883-1955)
　岩ケ (ユトリロ, モーリス 1883-1955)
　旺世 (ユトリロ 1883-1955)
　オ西 (ユトリロ, モーリス 1883-1955)
　外国 (ユトリロ 1883-)
　角世 (ユトリロ 1883-1955)
　広辞5 (ユトリロ 1883-1955)
　広辞6 (ユトリロ 1883-1955)
　国小 (ユトリロ 1883.12.25-1955.11.5)
　国百 (ユトリロ, モーリス 1883.12.25-1955.11.5)
　コン3 (ユトリロ 1883-1955)
　新美 (ユトリロ, モーリス 1883.12.26-1955.11.5)
　人物 (ユトリロ 1883.12.25-1955.11.5)
　西洋 (ユトリロ 1883.12.25-1955.11.5)
　世芸 (ユトリロ, モーリス 1883-1955)
　世人 (ユトリロ 1883-1955)
　世西 (ユトリロ 1883.12.25-1955.11.5)
　世美 (ユトリロ, モーリス 1883-1955)
　世百 (ユトリロ 1883-1955)
　世百新 (ユトリロ 1883-1955)
　全書 (ユトリロ 1883-1955)
　大辞2 (ユトリロ 1883-1955)
　大辞3 (ユトリロ 1883-1955)
　大百 (ユトリロ 1883-1955)
　ナビ (ユトリロ 1883-1955)
　二十 (ユトリロ, モーリス 1883.12.25-1955.11.5)
　百科 (ユトリロ 1883-1955)
　評世 (ユトリロ 1883-1955)
　山世 (ユトリロ 1883-1955)

Utzon, Jorn 〈20世紀〉
デンマークの建築家。1956年の『シドニー・オペラ・ハウス』競技設計入選案は, その独創性と造形力で世界を魅了した。
⇒岩ケ (ウッツォン, イェアン 1918-)
　現人 (ウッツォン 1918.4.9-)
　最世 (ウッツォン, イェアン 1918-)
　新美 (ウッツォン, ヨルン 1918.4.9-)
　世美 (ウーツソーン, ヨーン 1918-)
　ナビ (ウッツォン 1918-)

二十（ウッツォン, ヨルン 1918.4.9–）

【V】

Vaccari, Franco〈20世紀〉
イタリアの前衛美術家。
⇒世美（ヴァッカーリ, フランコ 1936–）

Vaccarini, Giovanni Battista〈18世紀〉
イタリアの建築家。
⇒建築（ヴァッカリーニ, ジョヴァンニ・バッティスタ 1702–1769）
世美（ヴァッカリーニ, ジョヴァンニ・バッティスタ 1702–1769）

Vaccaro, Andrea〈17世紀〉
イタリアの画家。
⇒世美（ヴァッカーロ, アンドレーア 1604–1670）

Vaccaro, Domenico Antonio〈17・18世紀〉
イタリアの画家, 彫刻家, 建築家。
⇒世美（ヴァッカーロ, ドメーニコ・アントーニオ 1681頃–1750）

Vaccaro, Giuseppe〈20世紀〉
イタリアの建築家。
⇒世美（ヴァッカーロ, ジュゼッペ 1896–1968）

Vaccaro, Lorenzo〈17・18世紀〉
イタリアの彫刻家, 建築家。
⇒世美（ヴァッカーロ, ロレンツォ 1655頃–1706）

Vacchi, Sergio〈20世紀〉
イタリアの画家。
⇒世美（ヴァッキ, セルジオ 1925–）

Vagh, Albert〈20世紀〉
フランス生れの画家。
⇒世芸（バーグ, アルバート 1931–）

Vagnetti, Gianni〈20世紀〉
イタリアの画家。
⇒世美（ヴァニェッティ, ジャンニ 1898–1956）

Vágó, Pierre〈20世紀〉
ハンガリー出身のフランスの建築家, 都市計画家。
⇒世芸（ヴァーゴー, ピエール 1910–）

Vaillant, George Clapp〈20世紀〉
アメリカの考古学者。
⇒新美（ヴェイラント, ジョージ 1901–1945.5.13）
二十（ベイラント, ジョージ・C. 1901–1945.5.13）

Vaillant, Wallerant〈17世紀〉
フランドルの画家, 版画家。
⇒世美（ヴァイヤン, ヴァルラン 1623–1677）

Valadie, Jean-Baptiste〈20世紀〉
フランス生れの画家。
⇒世芸（バラディエ, ジーン・バプテセ 1933–）

Valadier, Andrea〈17・18世紀〉
イタリアの金銀細工師。
⇒世美（ヴァラディエル, アンドレーア 1695–1759）

Valadier, Giovanni〈18・19世紀〉
イタリアの金銀細工師。
⇒世美（ヴァラディエル, ジョヴァンニ 1732–1803）

Valadier, Giuseppe〈18・19世紀〉
イタリアの建築家, 考古学者。ティトゥス帝のテルメ（浴場）等の発掘, 調査, 整理を行い, ティトゥスのアーチの復原を試みた。
⇒建築（ヴァラディエール, ジュゼッペ 1762–1839）
新美（ヴァラディエール, ジュゼッペ 1762.4.14–1839.2.1）
西洋（ヴァラディエ 1762–1839）
世美（ヴァラディエル, ジュゼッペ 1762–1839）

Valadier, Luigi〈18世紀〉
イタリアの金銀細工師。
⇒世美（ヴァラディエル, ルイージ 1726–1785）

Valadon, Suzanne〈19・20世紀〉
フランスの女流画家。M.ユトリロの母。『青い寝室』などの作品がある。
⇒岩ケ（ヴァラドン, シュザンヌ 1869–1938）
オ西（ヴァラドン, シュザンヌ 1867–1938）
芸術（ヴァラドン, シュザンヌ 1867–1938）
国小（バラドン 1867–1938）
コン2（ヴァラドン 1867–1938）
コン3（ヴァラドン 1867–1938）
新美（ヴァラドン, シュザンヌ 1865.9.23–1938.4）
人物（バラドン 1867.9.23–1938.4.7）
スパ（ヴァラドン, シュザンヌ 1865–1938）
西洋（ヴァラドン 1867.9.23–1938.4.7）
世芸（ヴァラドン, シュザンヌ 1867–1938）
世女（ヴァラドン, シュザンヌ（マリー・クレマンティーヌ） 1865–1938）
世女日（ヴァラドン, シュザンヌ 1865–1938）
世西（ヴァラドン 1867–1938）
世美（ヴァラドン, シュザンヌ 1865–1938）
世百（ヴァラドン 1867–1938）
百科（バラドン 1867–1938）

Valdes Leal, Juan de〈17世紀〉
スペインの画家。主作品はコルドバのカルメリタス・カルザドス僧院の祭壇画（1658）。
⇒国小（バルデス・レアル 1622.5.4–1690.10.14）
新美（バルデス・レアール, ホアン・デ 1622.5.4–1690.10.15）

スペ（バルデス・レアル　1622-1690）
世美（バルデス・レアール，フアン・デ　1622-1690）
全書（レアール　1622-1690）
大百（レアル　1622-1690）
百科（バルデス・レアル　1622-1690）

Valenciennes, Pierre Henri de 〈18・19世紀〉
フランスの画家。
⇒新美（ヴァランシエンヌ，ピエール・アンリ・ド　1750.12.6-1819.2.16）
世美（ヴァランシエンヌ，ピエール・アンリ・ド　1750-1819）

Valente, Pietro 〈18・19世紀〉
イタリアの建築家。
⇒世美（ヴァレンテ，ピエトロ　1796-1859）

Valentin de Boulogne 〈16・17世紀〉
フランスの画家。
⇒新美（ヴァランタン，ル　1591.1.3-1634.8.7）
世美（ヴァランタン　1591-1632）
百科（バランタン・ド・ブーローニュ　1591/94-1632）

Valentiner, Wilhelm Reinhold Otto 〈19・20世紀〉
ドイツの美術批評家，美術史家。
⇒世美（ヴァレンティナー，ヴィルヘルム・ラインホルト・オットー　1880-1958）

Valentino, Mario 〈20世紀〉
イタリアのデザイナー。
⇒大辞3（バレンティノ　1927-1991）

Valeri, Ugo 〈19・20世紀〉
イタリアの画家，挿絵画家。
⇒世美（ヴァレーリ，ウーゴ　1874-1911）

Valeriani, Giuseppe 〈16世紀〉
イタリアの建築家，画家。
⇒世美（ヴァレリアーニ，ジュゼッペ　1542-1596）

Valerianus, Publius Licinius 〈2・3世紀〉
ローマ皇帝（在位253～260）。ガルス帝への反乱に乗じてライン地方で即位。
⇒岩ケ（ウァレリアヌス，ププリウス・リキニウス　?-260）
旺世（ヴァレリアヌス　?-269頃）
外国（ウァレリアヌス　190頃-260）
角世（ウァレリアヌス　190?-260?）
キリ（ウァレリアーヌス，ブーブリウス・リキニウス　?-260）
ギロ（ウァレリアヌス　?-260頃）
皇帝（ウァレリアヌス　?-260頃）
国小（バレリアヌス　?-269?）
コン2（ヴァレリアヌス　?-269頃）
コン3（ヴァレリアヌス　?-269頃）
新美（ウァレリアーヌス帝　190頃-260）
人物（バレリアヌス　190頃-260）
西洋（ヴァレリアヌス）
世人（ヴァレリアヌス　190頃-260頃）
世西（ヴァレリアヌス　190頃-260）
全書（ウァレリアヌス　190-269頃）
伝世（ウァレリアヌス　200頃-260頃）
統治（ウァレリアヌス（P.リキニウス・ウァレリアヌス）（在位）253-260）
百科（ウァレリアヌス　190頃-260頃）
ロマ（ウァレリアヌス　（在位）253-260）

Valéry, Paul 〈19・20世紀〉
フランスの詩人，思想家，評論家。長詩『若いパルク』(1917)や『カイエ』(1958～62)がある。
⇒岩ケ（ヴァレリー，（アンブロワーズ・）ポール（・トゥサン・ジュール）　1871-1945）
外国（ヴァレリー　1871-1945）
キリ（ヴァレリー，ポル・アンブロワーズ　1871.10.30-1945.7.20）
広辞5（ヴァレリー　1871-1945）
国小（バレリー　1871.10.30-1945.7.20）
国百（バレリー，アンブロアーズ・ポール・トゥッサン・ジュール　1871.10.30-1945.7.20）
コン3（ヴァレリー　1871-1945）
集文（ヴァレリー，ポール　1871.10.30-1945.7.20）
新美（ヴァレリー，ポール　1871.10.31-1945.7.20）
人物（バレリー　1871.10.30-1945.7.24）
西洋（ヴァレリー　1871.10.30-1945.7.20）
世西（ヴァレリー　1871.10.30-1945.7.20）
世百（ヴァレリー　1871-1945）
世文（ヴァレリー，ポール　1871-1945）
全書（バレリー　1871-1945）
大辞2（バレリー　1871-1945）
大百（バレリー　1871-1945）
伝世（ヴァレリー　1871.10.30-1945.7.20）
ナビ（バレリー　1871-1945）
百科（バレリー　1871-1945）
名詩（ヴァレリー，ポール　1871-1945）
名著（ヴァレリー　1871-1945）
歴史（ヴァレリー　1871-1945）

Valignano, Alessandro 〈16・17世紀〉
イタリアのイエズス会宣教師。来日して布教に務め，天正遣欧使節をローマに送った。
⇒旺世（ヴァリニャーニ　1539-1606）
外国（ワリニャーニ（ヴァリニャーニ）　1537頃-1606）
科史（ヴァリニャーニ　1537-1606）
角世（ヴァリニャーノ　1539-1606）
看護（ヴァリニャーニ　1537-1606）
教育（ヴァリニャーニ　1537-1606）
キリ（ヴァリニャーノ，アレッサンドロ　1539.2.9-1606.1.20）
広辞4（ヴァリニャーニ　1539-1606）
広辞6（ヴァリニャーニ　1539-1606）
国史（バリニァーノ　1539-1606）
国小（ヴァリニャーノ　1537頃-1606.1.20）
コン2（ヴァリニャーニ　1539-1606）
コン3（ヴァリニャーノ　1539-1606）
新美（ヴァリニャーノ，アレッサンドロ　1537/-9-1606.1.20）
人物（ワリニャーニ　1537.10.28/(38.12.20)-1606.1.20）
西洋（ヴァリニャーニ　1537.10.28/(38.12.20)-1606.1.20）
世西（ヴァリニャーニ　1537-1606）

世東（ヴァリニャーノ　1539-1606）
世百（ヴァリニャーノ　1539-1606）
全書（バリニャーノ　1539-1606）
対外（バリニァーノ　1539-1606）
大辞（バリニャーノ　1539-1606）
大辞3（バリニャーノ　1539-1606）
大百（ワリニャーニ　1539-1606）
デス（バリニャーノ　1530-1606）
伝世（ヴァリニャーノ　1539.2-1606.1）
日研（ヴァリニャーノ, アレッサンドロ　1530.2.20-1606.1.20）
日人（バリニャーノ　1539-1606）
百科（バリニャーノ　1539-1606）
評世（バリニヤノ（バリニヤーニ）　1537-1606）
評世（ワリニャーニ　1537-1606）
来日（ヴァリニァーノ　1530.2.20-1606.1.20）
歴史（ヴァリニャノ　1538-1606）

Valikhánov, Chókan Chingísovich ⟨19世紀⟩
カザフスタンの探検家, 歴史家, 民俗学者, 画家。代表的な論文は『キルギス人』。
⇒集世（ヴァリハーノフ, チョカン・チンギソヴィチ　1835-1865.10）
集文（ヴァリハーノフ, チョカン・チンギソヴィチ　1835-1865.10）

Valiuviene, Sigute ⟨20世紀⟩
ロシアのイラストレーター。
⇒児イ（Valiuviene, Sigute　バリュベネ, S.　1931-）

Valkenborch (Falckenburg), Lucas van ⟨16世紀⟩
ネーデルランドの画家。
⇒新美（ファルケンボルヒ, ルカス・ファン　1535以前-1597.2.2）

Vallayer-Coster, Anne ⟨18・19世紀⟩
フランスの画家。
⇒世女（ヴァライエ＝コステル, アンヌ　1744-1818）
世女日（ヴァライエ＝コステル, アンヌ　1744-1818）

Valle, Andrea da ⟨16世紀⟩
イタリアの建築家。
⇒世美（ヴァッレ, アンドレーア・ダ　?-1577）

Valle, Gino ⟨20世紀⟩
イタリアの建築家, デザイナー。
⇒世美（ヴァッレ, ジーノ　1923-）

Vallgren, Ville ⟨19・20世紀⟩
フィンランドの彫刻家。初期の大理石彫刻『キリストの首』(1889) は有名。
⇒新美（ヴァルグレン, ヴィレ　1855.12.15-1940.10.13）
西洋（ヴァルグレン　1855.12.15-1940.10.13）
二十（ヴァルグレン, ヴィレ　1855.12.15-1940.10.13）

Vallin de La Monthe, Jean-Baptiste-Michael ⟨18世紀⟩
フランスの建築家。
⇒建築（ヴァラン・ド・ラ・モット, ジャン＝バティスト＝ミシェル　1729-1800）
世美（ヴァラン・ド・ラ・モット, ジャン＝バティスト＝ミシェル　1729-1800）

Vallorsa, Cipriano ⟨16・17世紀⟩
イタリアの画家。
⇒世美（ヴァッロルサ, チプリアーノ　1513/15-1604）

Vallotton, Félix Edmond ⟨19・20世紀⟩
スイス出身のフランスの画家。代表作に『ポーカーをする人』(1902)。
⇒岩ケ（ヴァロトン, フェリックス　1865-1925）
芸術（ヴァロトン, フェリックス　1865-1925）
国小（バロットン　1865.2.28-1925.12.29）
新美（ヴァロトン, フェリックス　1865.12.28-1925.12.29）
人物（バロットン　1865.12.28-1925.12.29）
西洋（ヴァロトン　1865.12.28-1925.12.29）
世芸（ヴァロットン, フェリックス　1865-1925）
世西（ヴァロトン　1865.12.28-1925.12.29）
世美（ヴァロットン, フェリックス・エドゥアール　1865-1925）
世百（ヴァロットン　1865-1925）
全書（バロットン　1865-1925）
百科（バロットン　1865-1925）

Valls, Pau ⟨20世紀⟩
フランスの画家。
⇒世芸（ヴァルス, ポー　1918-）

Valls Vergés, Manuel ⟨20世紀⟩
スペインの建築家, 都市計画家。
⇒世美（バル・ベルジェス, マヌエル　1912-）

Valpy, Judith ⟨20世紀⟩
イギリスのイラストレーター。
⇒児イ（Valpy, Judith　バルピー, J.）

Valtat, Louis ⟨19・20世紀⟩
フランスの画家。
⇒世美（ヴァルタ, ルイ　1869-1952）

Valvassori, Gabriele ⟨17・18世紀⟩
イタリアの建築家。
⇒世美（ヴァルヴァッソーリ, ガブリエーレ　1683-1761）

Van Abbe, Salaman ⟨19・20世紀⟩
イギリスのイラストレーター。
⇒児イ（Van Abbe, Salaman　バン・アーベ, S.　1883-1955）

Van Allsburg, Chris ⟨20世紀⟩
アメリカの絵本作家, 作家, 挿絵画家。
⇒英児（Van Allsburg, Chris　ヴァン＝オールズバーグ, クリス　1949-）
英文（ヴァン・オールズバーグ, クリス　1949-）
児イ（Allsburg, Chris van　オールスバーグ,

C.van 1949-）

Van Audenaerde, Robert 〈17・18世紀〉
フランドルの画家、版画家。
⇒世美（ファン・アウデナールデ, ロベルト 1663-1743）

Van Beuningen, Daniel Georg 〈19・20世紀〉
オランダの美術収集家。
⇒世美（ファン・ベーニンゲン, ダニエル・ヒョルフ 1877-1955）

Van Beyeren, Abraham 〈17世紀〉
オランダの画家。
⇒世美（ファン・ベイエレン, アブラハム 1620/21-1690）

Van Bloemen, Pieter 〈17・18世紀〉
フランドルの画家。
⇒世美（ファン・ブルーメン, ピーテル 1657-1720）

Van Brekelenkam, Quiringh 〈17世紀〉
オランダの画家。
⇒世美（ファン・ブレーケレンカム, クヴィリング 1620頃-1668）

Vanbrugh, Sir John 〈17・18世紀〉
イギリスの建築家。イギリス・バロック期の代表的作品を残した。
⇒イ文（Vanbrugh, Sir John 1664-1726）
　岩ケ（ヴァンブラ, サー・ジョン 1664-1726）
　英文（ヴァンブラ, ジョン 1664-1726）
　英米（Vanbrugh, Sir John ヴァンブラ 1664-1726）
　演劇（ヴァンブラ, サー・ジョン 1664-1726）
　建築（ヴァンブラ, サー・ジョン 1664-1726）
　国小（バンブラ 1664.1.24-1726.3.26）
　集世（ヴァンブラ, ジョン 1664?-1726.3.26）
　集文（ヴァンブラ, ジョン 1664?-1726.3.26）
　新美（ヴァンブラ, ジョン 1664-1726.3.26）
　西洋（ヴァンブルー（ヴァンブラ） 1664-1726.3.26）
　世西（ヴァンブルー 1666.1.24-1726.3.20）
　世美（ヴァンブラ, ジョン 1664-1726）
　世女（ヴァンブラ, サー・ジョン 1664-1726）
　全書（バンブルー 1664-1726）
　伝世（ヴァンブラ 1664.1.24洗礼-1726.3.26）
　百科（バンブラー 1664-1726）
　名著（ヴァンブルー 1664-1726）

Van Coninxloo, Cornelis 〈16世紀〉
フランドルの画家。
⇒世美（ファン・コーニンクスロー, コルネリス 1500-1558）

Van de Bovencamp, Valli 〈20世紀〉
ルーマニアのイラストレーター。
⇒児イ（Van de Bovencamp, Valli）

Vandelvira, Andrés de 〈16世紀〉
フランドル出身のスペインの建築家。
⇒建築（バンデルビーラ, アンドレス・デ 1509-1575）

Van den Hecke, Frans I 〈17世紀〉
フランドルのタピスリー制作家。
⇒世美（ファン・デン・ヘッケ, フランス1世 （活動）1614-1665）

Van den Hecke, Jan Frans 〈16～18世紀〉
フランドルのタピスリー制作家。
⇒世美（ファン・デン・ヘッケ, ヤン・フランス 16-18世紀）

Van den Hecke, Peter 〈18世紀〉
フランドルのタピスリー制作家。
⇒世美（ファン・デン・ヘッケ, ペーテル ?-1752）

Vandenhove, Charles 〈20世紀〉
ベルギー生れの建築家。1970年よりモンス理工学校講師。作品は血液研究所、ヴィラ・メルヴェイユ、デルフォルジュ邸など。
⇒二十（ヴァンデノーヴ, シャルル 1927.7.3-）

Van der Ast, Balthasar 〈16・17世紀〉
オランダの画家。
⇒世美（ファン・デル・アスト, バルタサール 1593頃-1657）

Vanderbilt, Gloria 〈20世紀〉
アメリカのデザイナー。1980年ジーンズのデザイナーとして脚光を浴びる。莫大な遺産を受けついだプリンセスとして早くから世間の話題を集めた。
⇒ア人（ヴァンダービルト, グロリア 1924.2.20-）
　岩ケ（ヴァンダービルト, グロリア 1924-）
　世女（ヴァンダービルト＝クーパー, グロリア（モーガン） 1924-）

Van der Goes, Hugo 〈15世紀〉
ベルギーの画家。
⇒岩ケ（ファン・デル・グース, ヒューゴ 1440頃-1482）
　外国（ファン・デル・フース 1440頃-1482）
　キリ（フース, ヒューホー・ヴァン・デル 1440/50頃-1482）
　芸術（グース, フーゴー・ヴァン・デル 1440頃-1482）
　芸術（ヴァン・デル・グース, ヒューホ 1440-1482）
　国小（グース 1440頃-1482）
　国百（グース, フーゴー・ファン・デル 1440-1482）
　コン2（グース 1440頃-1482）
　コン3（グース 1440頃-1482）
　新美（グース, ヒューホ・ヴァン・デル 1440頃-1482）
　西洋（グース 1440頃-1482）
　世西（グース 1440頃-1482）
　世美（ファン・デル・フース, ヒューホ 1440頃-1482）

世百（グース　1440–1482）
全書（グース　1440頃–1482）
大百（グース　1440頃–1482）
伝世（グース　?–1482）
百科（ファン・デル・フース　1440頃–1482）

Van der Haagen, Joris 〈17世紀〉
オランダの画家。
⇒世美（ファン・デル・ハーヘン，ヨーリス　1615–1669）

Van der Hamen y León, Juan 〈16・17世紀〉
スペインの画家。
⇒世美（ファン・デル・ハーメン・イ・レオン，フアン　1596–1631）

Vanderlyn, John 〈18・19世紀〉
アメリカの画家。歴史画『カルタゴ滅亡さなかのマリウス』によりナポレオンから金賞を授与された。
⇒国小（バンダリン　1775.10.15–1852.9.23）

Van Der Velden, Petrus 〈19・20世紀〉
ロッテルダム生れのオランダの画家。
⇒オ西（ファン・デル・フェルデン，ペトルス　1834–1913）

Van der Vlugt, L.C. 〈20世紀〉
オランダの建築家。主作品『ファン・ネレ煙草会社工場』。
⇒西洋（ファン・デル・フルーフト　1894–1936）

Van der Werff, Adriaen 〈17・18世紀〉
オランダの画家。
⇒世美（ファン・デル・ウェルフ，アドリアーン　1659–1722）

Van de Velde, Adriaen 〈17世紀〉
オランダの画家。ウィレム・ファン・デ・フェルデの弟。
⇒芸術（ヴェルデ，アドリアエン・ヴァン・デ　1636–1672）
　国小（ファン・デ・フェルデ，アドリアン　1636–1672）
　西洋（フェルデ　1635頃–1672.1.21）
　世西（ヴェルデ　1636–1672）
　世美（ファン・デ・フェルデ，アドリアーン　1636–1672）
　世百（ヴェルデ，アドリエン　1636–1672）

Van de Velde, Esaias I 〈16・17世紀〉
オランダの画家。ハーグでマウリッツ王子らに仕えた。フランドルの写実的風景画の基礎を築いた。
⇒国小（ファン・デ・フェルデ，エサイアス　1590/1頃–1630）
　西洋（フェルデ　1590頃–1630.11.18）
　世美（ファン・デ・フェルデ，エサイアス　1587–1630）

Van de Velde, Henry Clemens 〈19・20世紀〉
ベルギーの画家，建築家，デザイナー。アール・ヌーボーの代表的デザイナーとして活躍。
⇒岩ケ（フェルデ，ヘンリー・(クレメンス・)ファン・デ　1863–1957）
　オ西（ヴェルデ，アンリ・ヴァン・デ　1863–1957）
　芸術（ヴァン・デ・ヴェルデ，アンリ　1863–1957）
　広辞4（ヴァン・デ・ヴェルデ　1863–1957）
　広辞5（ヴァン・デ・ヴェルデ　1863–1957）
　広辞6（ヴァン・デ・ヴェルデ　1863–1957）
　国小（ファン・デ・フェルデ　1863.4.3–1957.10.25）
　新美（ヴァン・デ・ヴェルデ，アンリ　1863.4.3–1957.10.25）
　人物（バン・デ・ベルデ　1863.4.3–1926）
　西洋（ヴァン・デ・ヴェルデ　1863.4.3–1957）
　世芸（ヴァン・デ・ヴェルデ，アンリ　1863–1957）
　世西（ヴェルデ　1863–1942）
　世美（ヴァン・ド・ヴェルド，アンリ・クレマン　1863–1957）
　世百（ヴェルデ　1863–1957）
　全書（バン・デ・ベルデ　1863–1957）
　大百（バン・デ・ベルデ　1863–1957）
　デス（フェルデ　1863–1957）
　伝世（ヴァン・デ・ヴェルデ　1863.4.3–1957.10.27）
　ナビ（バン＝デ＝ベルデ　1863–1957）
　二十（ヴァン・デ・ベルデ，アンリ　1863.4.3–1957.10.25）
　百科（バン・デ・ベルデ　1863–1957）

Van de Velde, Jan 〈16・17世紀〉
オランダの画家一族の一人。400点以上の銅版風景画を残す。
⇒西洋（フェルデ　1593頃–1641.11.4頃）

Van de Velde, Willem 〈17世紀〉
オランダの画家一族の一人。ロンドンで宮廷画家となる。海戦画および船舶画を描いた。
⇒岩ケ（フェルデ，ヴィレム・ファン・デ　1611頃–1693）
　西洋（フェルデ(大)　1611–1693.12.13）
　世美（ファン・デ・フェルデ，ウィレム(父)　1611–1693）

Van de Velde, Willem II 〈17・18世紀〉
オランダの画家。エサイアス・ファン・デ・フェルデの甥。渡英し，イギリス海洋画の祖となった。
⇒岩ケ（フェルデ，ヴィレム・ファン・デ　1633–1707）
　芸術（ヴェルデ，ウィレム・ヴァン・デ　1633–1707）
　国小（ファン・デ・フェルデ，ウィレム　1633–1707.4.6）
　西洋（フェルデ(小)　1633.12.18–1707.4.6）
　世西（ヴェルデ　1633–1707）
　世美（ファン・デ・フェルデ，ウィレム(子)　1633–1707）
　世百（ヴェルデ，ウィレム　1633–1707）

Van de Venne, Adriaen 〈16・17世紀〉
オランダの画家，版画家。

⇒世美（ファン・デ・フェンネ，アドリアーン 1589-1662）

Van Dine, S.S. 〈19・20世紀〉
アメリカの推理小説家，美術批評家。主人公ファイロ＝ヴァンスが活躍するシリーズを執筆。古典的衒学的本格派。
⇒才世（ヴァン・ダイン，S.S. 1888-1939）
海ミ（ヴァン・ダイン，S・S 1888-1939）
コン3（ヴァン・ダイン 1888-1939）
集世（ヴァン・ダイン 1888.10.15-1939.4.11）
集文（ヴァン・ダイン 1888.10.15-1939.4.11）
世文（ヴァン・ダイン，S.S. 1888-1939）
全書（バン・ダイン 1888-1939）
大百（バン・ダイン 1888-1939）
ナビ（バン＝ダイン 1888-1939）
二十英（Van Dine, S.S. 1888-1939）
ミ本（ヴァン・ダイン，S・S 1888-1939）
名著（ヴァン・ダイン 1888-1939）

Van Dyck, Sir Anthony 〈16・17世紀〉
フランドルの画家。イギリス王チャールズ1世の宮廷画家となり，200枚以上の肖像画を制作。
⇒イ文（Van Dyck, Antoon 1599-1641）
岩ケ（ファン・ダイク，サー・アントニー 1599-1641）
英米（Van Dyck, Sir Anthony ヴァン・ダイク 1599-1641）
旺世（ファン＝ダイク 1599-1641）
外国（ヴァン・ダイク 1599-1641）
角世（ヴァン・ダイク 1599-1641）
キリ（ヴァン・デイク，アントーニス（アントン）1599.3.22-1641.12.9）
芸術（ヴァン・デイク，アンソニー 1599-1641）
広辞4（ファン・ダイク 1599-1641）
広辞6（ファン・ダイク 1599-1641）
国小（ファン・ダイク 1599.3.22-1641.12.9）
国百（ファン・ダイク，アントニー 1599.3.22-1641.12.9）
コン2（ヴァン・ダイク 1599-1641）
コン3（ヴァン・ダイク 1599-1641）
集文（ヴァン・ダイク，アントニー 1599.3.22-1641.12.9）
新美（ダイク，アンソニー・ヴァン 1599.3.22-1641.12.9）
人物（ファン・ダイク 1599.3.22-1641.12.9）
西洋（ファン・ダイク 1599.3.22-1641.12.9）
世人（ファン＝ダイク 1599-1641）
世西（ファン・デイク 1599.3.22-1641.12.9）
世美（ヴァン・ダイク，アントーニー 1599-1641）
世百（ヴァンダイク 1599-1641）
全書（ヴァン・ダイク 1599-1641）
大辞（ファン・ダイク 1599-1641）
大辞3（ファン・ダイク 1599-1641）
大百（ファン・ダイク 1599-1641）
デス（ファン・ダイク 1599-1641）
伝世（ファン・ダイク 1599-1641.12）
百科（ファンデイク 1599-1641）
評世（ダイク 1599-1641）
山世（ファン・ダイク 1599-1641）
歴史（ファン＝ダイク 1599-1641）

Van Eenhorn, Lambertus 〈17・18世紀〉
オランダの陶工。
⇒世美（ファン・エーンホルン，ランベルトゥス 1651-1721）

Van Eesteren, Cornelis 〈20世紀〉
オランダの建築家。
⇒世美（ファン・エーステレン，コルネリス 1897-）

Van Egmont, Justus 〈17世紀〉
フランドルの画家。
⇒世美（ファン・エフモント，ユストゥス 1601-1674）

Van Eyck, Hubert 〈14・15世紀〉
フランドルの画家。弟ヤン・ファン・アイクも画家。
⇒旺世（ファン・アイク兄弟 ?-1426）
外国（ヴァン・アイク 1366頃-1926）
角世（ファン・エイク兄弟 1370?-1426）
キリ（エイク，ヒューベルト・ヴァン 1370頃-1426.9.18）
芸術（ヴァン・エイク，フーベルト 1370-1426）
広辞4（ファン・アイク）
広辞6（ファン・アイク）
国小（ファン・アイク，フーベルト 1366頃-1426.9.18）
国百（ファン・アイク（ユブレヒト）1366頃-1426）
コン2（ヴァン・アイク 1370頃-1426）
コン3（ヴァン・アイク 1370頃-1426）
新美（エイク，ヒューベルト・ヴァン ?-1426.9.18）
人物（ファン・エイク 1370頃-1426）
西洋（アイク 1370頃-1426.9.18）
世人（ファン＝アイク（ヴァン＝アイク）兄弟（兄）1366/70頃-1426）
世西（ファン・アイク 1370頃-1426）
世美（ファン・エイク，ヒューベルト ?-1426）
世百（ヴァンアイク，フーベルト ?-1426）
全書（ファン・アイク 1370頃-1426）
大百（ファン・アイク，フーベルト 1370頃-1426頃）
伝世（ファン・アイク ?-1426）
評世（アイク兄弟 1370頃-1426）
山世（ファン・エイク兄弟 ?-1426）
歴史（ファン＝アイク 1370頃-1426）

Van Eyck, Jan 〈14・15世紀〉
フランドルの画家。フィリップ善良公の宮廷画家を務めた。
⇒岩ケ（アイク，ヤン・ファン 1389頃-1441）
旺世（ファン・アイク兄弟 1390頃-1441）
外国（ヴァン・アイク 1380頃-1441）
角世（ファン・エイク兄弟 1390?-1440/41）
キリ（エイク，ヤン・ヴァン 1390頃-1441.7.9以前）
芸術（ヴァン・エイク，ヤン 1390-1441）
国小（ファン・アイク，ヤン 1385-1441.7.9）
国百（ファン・アイク，ヤン 1385-1441.7.9）
コン2（ヴァン・アイク 1380頃-1441）
コン3（ヴァン・アイク 1380頃-1441）
新美（エイク，ヤン・ヴァン 1390頃-1441.7.9）
人物（ファン・エイク 1390頃-1441）
西洋（アイク 1380/-90-1441.6.9）
世人（ファン＝アイク（ヴァン＝アイク）兄弟（弟）1380/90頃-1441）
世西（ファン・アイク（ヤン）1390頃-1441）
世美（ファン・エイク，ヤン 1390/1400-1441）

世百（ヴァンアイク，ヤン　?-1441）
全書（ファン・アイク　1390頃-1441）
大辞（ファン・アイク　1390頃-1441）
大辞3（ファン・アイク　1390頃-1441）
大百（ファン・アイク　1390頃-1441）
デス（ファン・アイク，ヤン　1390頃-1441）
伝世（ファン・アイク　1390-1441）
百科（ファン・アイク　1390頃-1441）
評世（アイク兄弟　1380頃-1441）
山世（ファン・エイク兄弟　?-1441）
歴史（ファン＝アイク　1390頃-1441）

Vangi, Giuliano 〈20世紀〉
イタリア生れの彫刻家。
⇒世芸（ヴァンジ，ジュリアーノ　1931-）

Van Hees, Gerrit 〈17世紀〉
オランダの画家。
⇒世美（ファン・ヘース，ヘリット　1629-1670）

Van Helt, Nicolas 〈17世紀〉
オランダの画家，版画家。
⇒世美（ファン・ヘルト，ニコラース　1618-1669）

Van Kessel, Jan 〈17世紀〉
フランドルの画家。
⇒世美（ファン・ケッセル，ヤン　1626-1679）

Van Laer, Pieter 〈16・17世紀〉
オランダの画家。
⇒世美（ファン・ラール，ピーテル　1599-1642頃）

Van Loo, Abraham Louis 〈17・18世紀〉
フランスの画家。トゥーロンに〈聖フランソア〉の壁画がある。
⇒西洋（ヴァン・ロー　1641頃-1713）

Van Loo, Charles Amédée Philippe 〈18世紀〉
フランスの画家。一時プロイセンの宮廷画家となる。ポツダムのサン・スーシ宮に作品がある。
⇒西洋（ヴァン・ロー　1719.8.29-1795.11.15）

Van Loo, Charles André 〈18世紀〉
フランスの画家。アカデミー会長，国王付き首席画家。ロココ美術の代表。
⇒岩ケ（ヴァンロー，シャルル・アンドレ　1705-1765）
キリ（ヴァン・ロー，カルル（シャルル）・アンドレ　1705.2.15-1765.7.15）
芸術（ヴァンロー，カルル　1705-1765）
国小（ファン・ロー　1705.2.15-1765.7.15）
新美（ロー，カルル・ヴァン　1705.2.15-1765.7.15）
西洋（ヴァン・ロー　1705.2.15-1765.7.15）
世美（ヴァン・ロー，シャルル＝アンドレ　1705-1765）

Van Loo, Jacques 〈17世紀〉
フランスの画家。レンブラントの影響をうけ，アムステムダムで活動。
⇒西洋（ヴァン・ロー　1614-1670.11.26）

Van Loo, Jean Baptiste 〈17・18世紀〉
フランスの画家。トゥーロンの教会などの建築物に装飾画を描いた。
⇒岩ケ（ヴァンロー，ジャン・バティスト　1684-1745）
外国（ヴァン・ロー　1684-1745）
西洋（ヴァン・ロー　1684.1.11-1745.9.19）
世西（ヴァン・ロー　1684.1.14-1745.9.19）
世美（ヴァン・ロー，ジャン＝バティスト　1684-1745）

Van Loo, Jules-César-Denis 〈18・19世紀〉
オランダ出身のフランスの画家。17～18世紀にフランスとイタリアで活動。
⇒世美（ヴァン・ロー，ジュール＝セザール＝ドニ　1743-1821）

Van Loo, Louis Michel 〈18世紀〉
フランスの画家。一時スペインに赴きフェリペ5世の宮廷画家に。ルーヴルに『ダフネを追うアポロ』(1733)がある。
⇒西洋（ヴァン・ロー　1707.3.2-1771.3.20）
世美（ヴァン・ロー，ルイ＝ミッシェル　1707-1771）

Van Loon, Hendrik Willem 〈19・20世紀〉
オランダ生れのアメリカの歴史家，美術史家。主著『オランダ共和国の衰退』(1913)など。
⇒岩ケ（ヴァン・ローン，ヘンドリック・ウィレム　1882-1944）
英児（Van Loon, Hendrik Willem　ヴァン＝ローン，ヘンドリック・ヴィレム　1882-1944）
外国（ヴァン・ローン　1882-）
国小（ローン　1882.1.14-1944.3.11）
コン3（ヴァン・ローン　1882-1944）
児童（ヴァン・ルーン，ヘンドリック　1882-1944）
集世（ヴァン・ルーン，ヘンドリック・ウィレム　1882.1.14-1944.3.11）
集文（ヴァン・ローン，ヘンドリック・ウィレム　1882.1.14-1944.3.11）
人物（バン・ルーン　1882.1.14-1944.3.11）
西洋（ヴァン・ルーン　1882.1.14-1944.3.11）
世児（ヴァン・ローン，ヘンドリク（・ヴィレム）　1882-1944）
世美（ヴァン・ローン　1882.1.14-1944.3.10）
世百（ヴァンローン　1882-1944）
世文（ヴァン・ローン，ヘンドリック・ウィレム　1882-1944）
全書（バン・ローン　1882-1944）
伝世（ヴァン・ルーン　1882.1.14-1944）
二十（ヴァン・ルーン，ヘンドリック・ウイレム　1882-1944）

Van Meegeren, Han 〈19・20世紀〉
オランダの画家，贋作者。
⇒岩ケ（ファン・メーヘレン，ハン　1889-1947）

Vanni, Andrea 〈14・15世紀〉
イタリアの画家。
⇒世美（ヴァンニ，アンドレーア　1330頃-1414頃）

V

Vanni, Francesco〈16・17世紀〉
イタリアの画家, 銅版画家。
⇒新美（ヴァンニ, フランチェスコ　1563頃-1610）
　世美（ヴァンニ, フランチェスコ　1563頃-1610）

Vanni, Lippo〈14世紀〉
イタリアの画家, 写本装飾画家。
⇒世美（ヴァンニ, リッポ　（記録）1341-1373）

Vannini, Ottavio〈16・17世紀〉
イタリアの画家。
⇒世美（ヴァンニーニ, オッターヴィオ　1585-1643）

Vannutelli, Scipione〈19世紀〉
イタリアの画家。
⇒世美（ヴァンヌテッリ, シピオーネ　1834-1894）

Van Oost, Jacob I〈17世紀〉
フランドルの画家。
⇒世美（ファン・オースト, ヤーコブ1世　1601-1671）

Van Oost, Jacob II〈17・18世紀〉
フランドルの画家。
⇒世美（ファン・オースト, ヤーコブ2世　1639-1713）

Van Oosterwyck, Maria〈17世紀〉
オランダの画家。
⇒世女（ファン・オーステルウェイク, マリア　1630-1693）

Van Ouwater, Albert〈15世紀〉
ネーデルラントの画家。
⇒世美（ファン・アウワーテル, アルベルト　（活動）15世紀）

Van Ravesteyn, Jan Anthonisz.
〈16・17世紀〉
オランダの画家。
⇒世美（ファン・ラーフェステイン, ヤン・アントーニスゾーン　1572頃-1657）

Van Rensselaer, Euphemia〈19・20世紀〉
看護婦。母はエリザベス女王の娘。ユニホームの必要性を唱え, ブルーと白のユニホームをデザイン。
⇒看護（ユーフェミア・ヴァン・レンスラー　1840-1912）

Van Rensselaer, Mariana〈19・20世紀〉
アメリカの美術評論家。
⇒世女日（ヴァン=レンセレアー, マリアナ　1851-1934）

Van Santen, Jan〈16・17世紀〉
オランダの建築家, 版画家。
⇒建築（ヴァザンツィオ, ヤン・ヴァン・サンテン（ジョヴァンニ（通称））　1550-1621）
　世美（ファン・サンテン, ヤン　1550頃-1621）

Van Saun, John〈20世紀〉
アメリカの環境芸術家。
⇒美術（ヴァン・ソーン, ジョン　1939-）

Van Schardt, Johan Gregor〈16世紀〉
オランダの彫刻家。
⇒世美（ファン・スハルト, ヨーハン・グレゴール　1530頃-1581以降）

Van's-Gravesande, Arent〈17世紀〉
オランダの建築家。
⇒世美（ファン・ス=フラーフェサンデ, アーレント　17世紀）

Van Somer, Paul〈16・17世紀〉
フランドルの画家。
⇒世美（ファン・ソーメル, パウル　1576頃-1621）

Van Steenwijck, Hendrik de Jonge
〈16・17世紀〉
フランドルの画家。
⇒世美（ファン・ステーンウェイク, ヘンドリック（子）　1580頃-1649頃）

Van Steenwinkel, Hans I〈16・17世紀〉
フランドルの建築家。
⇒世美（ファン・ステーンウィンケル, ハンス1世　1545-1601）

Van Steenwinkel, Hans II〈16・17世紀〉
フランドルの建築家。
⇒世美（ファン・ステーンウィンケル, ハンス2世　1587-1639）

Van Steenwinkel, Hans III〈17世紀〉
フランドルの建築家。
⇒世美（ファン・ステーンウィンケル, ハンス3世　1639頃-1700）

Van Steenwinkel, Laurens〈16・17世紀〉
フランドルの建築家。
⇒世美（ファン・ステーンウィンケル, ロレンス　1585頃-1619）

Van Stockum, Hilda Gerarda〈20世紀〉
オランダ生れのアメリカの女性作家, 挿絵画家, 画家, 翻訳家。
⇒英児（Van Stockum, Hilda Gerarda　ヴァン=ストッカム, ヒルダ・ゲラルダ　1908-）
　世児（ヴァンストッカム, ヒルダ　1908-）

Van Swanenburgh, Jacob Isaacz.
〈16・17世紀〉
オランダの画家。

⇒世美（ファン・スワーネンビュルフ, ヤーコブ・イサークゾーン　1571–1638）

Van't Hoff, Robert　〈19・20世紀〉
現代オランダの建築家。ロッテルダム派の最初からの主脳者。
⇒西洋（ファント・ホフ　1887–）

Van Thulden, Theodoor　〈17世紀〉
オランダ出身のフランドルの画家。
⇒世美（ファン・テュルデン, テオドール　1606–1669）

Vantongerloo, Georges　〈19・20世紀〉
ベルギーの画家, 彫刻家, 建築家。抽象彫刻で知られた。
⇒国小（ファントンゲルロー　1886.11.24–1965）
　新美（ヴァントンゲルロー, ジョルジュ　1886.11.24–1965.10.6）
　世芸（ヴァントンゲルロー, ジョルジュ　1886–1955）
　世西（ヴァントンゲルロー　1886–）
　二十（ヴァントンゲルロー, ジョルジュ　1886.11.24–1965.10.6）

Van Troostwijk, Wouter Johannes　〈18・19世紀〉
オランダの画家, 版画家。
⇒世美（ファン・トローストウェイク, ワウテル・ヨハネス　1782–1810）

Van Uyttenbroeck, Moyses　〈17世紀〉
オランダの画家。
⇒世美（ファン・ユテンブルック, モイセス　1600頃–1646/47）

Van Velde, Bram　〈20世紀〉
オランダの抽象画家。アンデパンダン展, シュランデパンダン展に出品。パリのマーグ画廊その他で個展を開く。
⇒新美（ヴァン・ヴェルデ, ブラム　1895.10.19–1981.12.28）
　二十（ヴァン・ヴェルデ, ブラム　1895.10.19–1981.12.28）

Van Velde, Geer　〈20世紀〉
オランダの画家。サロン・ドートンス, サロン・ド・メー, アンデパンダン展などに出品, パリのマーグ画廊その他で個展を開く。
⇒新美（ヴァン・ヴェルデ, ゲール　1898.5.4–1977）
　二十（ヴァン・ヴェルデ, ゲール　1898.5.4–1977）

Vanvitelli, Luigi　〈18世紀〉
イタリアの建築家。ブルボン家のシャルル3世のために『カゼルタの宮殿』を建てた。
⇒建美（ヴァンヴィテリ, ルイジ　1700–1773）
　国小（バンビテリ　1700–1773）
　新美（ヴァンヴィテリ, ルージ　1700.5.12–1773.3.1）
　西洋（ヴァンヴィテリ　1700.5.12–1773.3.1）
　世美（ヴァンヴィテッリ, ルイージ　1700–1773）

Van Wittel, Gaspar　〈17・18世紀〉
オランダの画家。
⇒世美（ファン・ウィッテル, ガスパール　1653–1736）

Vardanega, Gregorio　〈20世紀〉
アルゼンチンの美術家。
⇒美術（ヴァルダネガ, グレゴリオ　1923–）

Varela, Cybéle　〈20世紀〉
ブラジルの画家。
⇒世芸（ヴァレラ, シベレ　1943–）

Vargas, Luis de　〈16世紀〉
スペインの画家。主作品『牧人礼拝』。
⇒芸術（ヴァルガス, ルイス・デ　1502–1568）
　国小（バルガス　1502–1568）

Vargas, Mario　〈20世紀〉
ボリビアの画家。
⇒世芸（ヴァルガス, マリオ　1928–）

Varley, John　〈18・19世紀〉
イギリスの画家。
⇒岩ケ（ヴァーリー, ジョン　1778–1842）

Varley, Susan　〈20世紀〉
イギリスのイラストレーター。
⇒児イ（Varley, Susan　バーレイ, S.）

Varo, Remedios　〈20世紀〉
スペインの画家。
⇒世女日（ヴァロ, レメディオス　1906–1963）

Varricchio, Eda　〈20世紀〉
トルコ生れ, イタリアの洋画家, 版画家。
⇒世芸（ヴァリッキオ, イーダ　1923–）

Varro, Marcus Terentius　〈前2・1世紀〉
ローマの百科全書的著作家。『ラテン語論』（前45頃）,『農業論』などを著す。
⇒岩ケ（ウァロ, マルクス・テレンティウス　前116–前27）
　外国（ウァロ (レアティヌス)　前116–27）
　科史（ヴァロ　前116–27）
　角世（ウァロ　前116–前27）
　教育（ヴァロ　前116–27）
　キリ（ウァロ, マールクス・テレンティウス　前116–前27）
　ギロ（ウァルロ　前3世紀）
　広辞4（ウァロ　前116–27）
　広辞6（ウァロ　前116–前27）
　国小（ウァロ　前116–27）
　コン2（ヴァロ　前116–27）
　コン3（ヴァロ　前116–前27）
　集世（ウァッロ, マルクス・テレンティウス　前116–前27）
　集文（ウァッロ, マルクス・テレンティウス　前116–前27）
　新美（ヴァロ　前116–前27）
　人物（バロ　前116–27）
　西洋（ヴァロ　前116–27）

世西（ヴァロ　前116-28/7）
世百（ウァロ　前116-27）
世文（ウァロー，マルクス・テレンティウス　前116-27）
大辞（バロ　前116-前27）
大辞3（バロ　前116-前27）
大百（ワルロ　前116-27）
伝世（ウァッロ　前116-27）
百科（ウァロ　前116-前27）
名著（ウァロ　前116-27）
ロマ（ウァロ　前116-27）

Vasarely, Victor 〈20世紀〉
フランスの造形家。1960年代の動く芸術（キネティック・アート），都市環境に働きかける芸術の動向に大きな影響を与えた。
⇒岩ケ（ヴァザレリー，ヴィクトル　1908-1997）
オ西（ヴァザルリー，ヴィクトル　1908-）
現人（バザレリー　1908.4.9-）
コン3（ヴァザレリー　1908-1997）
新美（ヴァザルリー，ヴィクトル　1908.4.9-）
世芸（ヴァザルリー，ヴィクトル　1908-1997）
世美（ヴァザルリ，ヴィクトール　1908-）
世百新（バザレリー　1908-1997）
大辞3（バザルリ　1908-1997）
二十（バザレリー，ビクトル　1908.4.9-）
百科（バザレリー　1908-）

Vasari, Giorgio 〈16世紀〉
イタリアの画家，建築家，文筆家。
⇒岩ケ（ヴァザーリ，ジョルジョ　1511-1574）
旺世（ヴァザリ）
外国（ヴァザリ　1511-1574）
角世（ヴァザリ　1511-1574）
キリ（ヴァザーリ，ジョルジョ　1511.7.30-1574.7.27）
芸術（ヴァザーリ，ジョルジョ　1511-1574）
建築（ヴァザーリ，ジョルジョ　1511-1574）
広辞4（ヴァザーリ　1511-1574）
広辞6（ヴァザーリ　1511-1574）
国小（ヴァザーリ　1511.7.30-1574.6.27）
コン2（ヴァザーリ　1511-1574）
コン3（ヴァザーリ　1511-1574）
集世（ヴァザーリ，ジョルジョ　1511.7.30-1574.6.27）
集文（ヴァザーリ，ジョルジョ　1511.7.30-1574.6.27）
新美（ヴァザーリ，ジョルジョ　1511.7.30-1574.7.27）
人物（バザーリ　1511.7.30-1574.7.27）
西洋（ヴァザーリ　1511.7.30-1574.7.27）
世人（ヴァザーリ　1511-1574）
世西（ヴァザーリ　1511.7.30-1574.6.27）
世美（ヴァザーリ，ジョルジョ　1511-1574）
世百（ヴァザーリ　1511-1574）
世文（ヴァザーリ，ジョルジュ　1511-1574）
全書（バザーリ　1511-1574）
大辞（バザーリ　1511-1574）
大辞3（バザーリ　1511-1574）
大百（バサーリ　1511-1574）
デス（バサーリ　1511-1574）
伝世（ヴァザーリ　1511.7.30-1570）
百科（バザーリ　1511-1574）
評世（バザリ　1511-1574）
名著（ヴァザリ　1511-1574）
歴史（ヴァザーリ　1511-1574）

Vasco Fernandes 〈15・16世紀〉
ポルトガルの画家。
⇒新美（ヴァスコ・フェルナンデス　1480以前-1543頃）

Vasconcellos, Joaquim Antônio da Fonseca e 〈19・20世紀〉
ポルトガルの美術史家，音楽批評家。主著 "Reforma do ensino de bellas artes"（3巻，1877〜79）。
⇒西洋（ヴァシュコンセルシュ　1849.2.10-1936.3.1）

Vasiliev, Yuri 〈20世紀〉
ソ連の彫刻家，画家。現代ソ連抽象画壇を代表する一人。代表作『ドン・キホーテ』『色彩音楽』など。
⇒新美（ヴァシーリエフ，ユーリイ　1925.4.7-）
世芸（ヴァシーリエフ，ユリ　1925-）
二十（ヴァシーリエフ，ユーリイ　1925.4.7-）

Vasiliu, Mircea 〈20世紀〉
ルーマニアのイラストレーター。
⇒児イ（Vasiliu, Mircea　1920-）

Vasiljev, Oleg Vladimirovich 〈20世紀〉
ロシアのイラストレーター。
⇒児イ（Vasiljev, Oleg Vladimirovich　バシーリエフ, O.V.　1931-）

Vasnetsov, Viktor Mikhailovich 〈19・20世紀〉
ロシアの画家。代表作はキエフのウラジーミル聖堂のフレスコ壁画。
⇒新美（ヴァスネツォフ，ヴィクトル　1848.5.3(15)-1926.7.23）
人物（バスネツォーフ　1848-1930）
西洋（ヴァスネツォーフ　1848-1930）
二十（ワスネツォフ，ヴィクトル　1848.5.3(15)-1926.7.23）
百科（ワスネツォフ　1848-1926）

Vasnetsov, Yurii Alekseevich 〈20世紀〉
ソ連の画家。
⇒児イ（Vasnetsov, Jurij Alekseevich　バスネツォーフ, J.A.　1900-）
児文（ワスネツォーフ，ユーリイ・A.　1900-1973）
二十（ワスネツォフ，ユーリイ　1900-1973）

Vassalletto, Pietro 〈12・13世紀〉
イタリアの大理石彫刻家。
⇒世美（ヴァッサッレット，ピエトロ　1160-1226頃）

Vassalletto II 〈12世紀〉
イタリアの大理石彫刻家。
⇒世美（ヴァッサッレット2世　1195頃-?）

Vassallo, Anton Maria〈17世紀〉
イタリアの画家。
⇒世美（ヴァッサッロ, アントン・マリーア　17世紀）

Vaszary János〈19・20世紀〉
ハンガリーの画家。表現的な風景, 静物, 肖像, 宗教画を描く。
⇒西洋（ヴァサリ　1867.11.30–1939.4.19）

Vauban, Sébastien Le Prestre de〈17・18世紀〉
フランスの武将, 戦術家, 築城家。53回にわたり攻城戦を指揮し, 国境に30の要塞を構築。
⇒岩ケ（ヴォーバン, セバスティアン・ル・プレトル・ド　1633–1707）
　外国（ヴォーバン侯　1633–1707）
　科史（ヴォーバン　1633–1707）
　角世（ヴォーバン　1633–1707）
　建築（ヴォーバン, セバスティアン・ルプルストル　1633–1707）
　国小（ボーバン　1633.5–1707.3.30）
　コン2（ヴォーバン　1633–1707）
　コン3（ヴォーバン　1633–1707）
　新美（ヴォーバン, セバスティアン・ル・プレストル　1633.5–1707.3.30）
　人物（ボーバン　1633.5.15–1707.3.30）
　西洋（ヴォーバン　1633.5.15–1707.3.30）
　世西（ヴォーバン　1633.5.1–1707.3.30）
　世美（ヴォーバン, セバスティアン・ル・プレートル　1633頃–1707）
　世百（ヴォーバン　1633–1707）
　全書（ボーバン　1633–1707）
　大百（ボーバン　1633–1707）
　伝世（ヴォーバン　1633–1707.3.30）
　百科（ボーバン　1633–1707）
　評世（ヴォーバン　1633–1707）
　名著（ヴォーバン　1633–1707）

Vaudoyer, Antoine Leaurent Thomas〈18・19世紀〉
フランスの建築家。王室関係の修理, 補修を主としてパリで活動。
⇒国小（ボードワイエ　1756–1846）

Vaughan, Anne〈20世紀〉
アメリカのイラストレーター。
⇒児イ（Vaughan, Anne　ヴォーン, A.　1913–）

Vaughan, Keith〈20世紀〉
20世紀イギリスの代表的画家。主作品は『人物の小群像』。
⇒国小（ボーン　1912–）

Vaughan-Jackson, Genevieve〈20世紀〉
アイルランドのイラストレーター。
⇒児イ（Vaughan-Jackson, Genevieve　ヴォーン＝ジャクソン, G.　1913–）

Vaux, Calvert〈19世紀〉
アメリカの建築家。
⇒岩ケ（ヴォー, キャルヴァート　1824–1895）

　コン3（ヴォー　1824–1895）

Vchetitch, Evgeni Victrovitch〈20世紀〉
ロシアの彫刻家。
⇒世芸（ヴチェティーチ, エフゲニー・ヴィクトローヴィッチ　1908–1977）

Veale, Kate〈20世紀〉
イギリスのアーティスト。
⇒児作（Veale, Kate　ビール, ケート）

Vecchi, Giovanni de〈16・17世紀〉
イタリアの画家。
⇒世美（ヴェッキ, ジョヴァンニ・デ　1536–1615）

Vecchietta〈15世紀〉
イタリアの画家, 彫刻家, 建築家。
⇒新美（ヴェッキエッタ, イル　1412頃–1480.6.6）
　世美（ヴェッキエッタ　1412頃–1480）

Vecellio, Cesare〈16・17世紀〉
イタリアの画家, 版画家。ルネサンス・ヴェネツィア派の画家。
⇒世美（ヴェチェッリオ, チェーザレ　1521–1601）
　名著（ヴェチェリオ　1521–1601）

Vecellio, Francesco〈15・16世紀〉
イタリアの画家。
⇒世美（ヴェチェッリオ, フランチェスコ　1475頃–1560）

Vecellio, Marco〈16・17世紀〉
イタリアの画家。
⇒世美（ヴェチェッリオ, マルコ　1545–1611）

Vecellio, Orazio〈16世紀〉
イタリアの画家。
⇒世美（ヴェチェッリオ, オラーツィオ　1525以前–1576）

Vecellio, Tizianello〈16・17世紀〉
イタリアの画家。
⇒世美（ヴェチェッリオ, ティツィアネッロ　1570頃–1650）

Vecsei, Eva〈20世紀〉
カナダの建築家。
⇒世女（ヴェクセイ, エヴァ　1930–）

Vedder, Elihu〈19・20世紀〉
アメリカの画家。代表作に壁画『ミネルヴァ』, ウマル・ハイヤームの『ルバイヤート』の英訳本に入れた挿絵がある。
⇒岩ケ（ヴェダー, イライヒュー　1836–1923）
　西洋（ヴェッダー　1836–1923）

Vedova, Emilio〈20世紀〉
イタリアの画家。コレンテ派運動, 「新芸術戦線」グループに参加。アンフォルメルの代表者の一人。作品『多様なもの—家霊』など。

⇒新美（ヴェードヴァ，エミーリオ　1919.8.8-）
世芸（ヴェードヴァ，エミリオ　1919-）
世美（ヴェードヴァ，エミーリオ　1919-）
二十（ヴェードヴァ，エミーリオ　1919.8.8-）

Veen, Otto van〈16・17世紀〉
オランダの画家。スペイン宮廷附技師長兼画家，アルブレヒト大公の宮廷画家。主作品『聖ニコラス伝』（アントワープ），『十字架を負うキリスト』（ブリュッセル）。
⇒岩ケ（ファン・フェーン，オットー　1556頃-1634）
　新美（フェーン，オットー・ファン　1556-1629.5.6）
　西洋（フェーン　1556-1629.5.6）

Vehrenberg, Hans〈20世紀〉
ドイツの弁護士でアマチュア天体写真家。
⇒天文（フェーレンベルク　1910-）
　二十（フェーレンベルク，ハンス　1910-）

Veit, Philipp〈18・19世紀〉
ドイツ（ユダヤ系）の宗教画家。ナザレ派に加わり，カサ・バルトルディ等の壁画を制作。マインツ博物館長（1854）。
⇒キリ（ファイト，フィーリプ　1793.2.13-1877.12.18）
　西洋（ファイト　1793.2.13-1877.12.11）

Vela, Vincenzo〈19世紀〉
スイス出身のイタリアの彫刻家。
⇒世美（ヴェーラ，ヴィンチェンツォ　1820-1891）

Velasco, José María〈19・20世紀〉
メキシコの風景画家。パリの展覧会（1889）では第1位を得た。
⇒コン2（ベラスコ　1840-1912）
　コン3（ベラスコ　1840-1912）
　新美（ベラスコ，ホセー・マリーア　1840.7.6-1912.8.25）
　西洋（ベラスコ　1840-1912）
　伝世（ベラスコ，J.M.　1840.7.6-1912）
　二十（ベラスコ，ホセー・マリーア　1840.7.6-1912.8.25）
　百科（ベラスコ　1840-1912）
　ラテ（ベラスコ　1840-1912）

Velázquez, Diego Rodríguez de Silva y〈16・17世紀〉
スペインの画家。バロック美術を代表。近代外光絵画の先駆者。主作品『ブレダの開城』（1634～35）ほか。
⇒岩ケ（ベラスケス，ディエゴ（・ロドリゲス・デ・シルバ）　1599-1660）
　旺世（ベラスケス　1599-1660）
　外国（ベラスケス　1599-1660）
　角世（ベラスケス　1599-1660）
　キリ（ベラスケス，ディエゴ・ロドリゲス・デ・シルバ・イ　1599.6.6-1660.8.6）
　芸術（ベラスケス，ディエゴ　1599-1660）
　広辞4（ベラスケス　1599-1660）
　広辞6（ベラスケス　1599-1660）
　国小（ベラスケス　1599.6.6-1660.8.6）
　国百（ベラスケス，ディエゴ・ロドリゲス・デ・シルハ・イ　1599.6.6洗礼-1660.8.6）
　コン2（ベラスケス　1599-1660）
　コン3（ベラスケス　1599-1660）
　新美（ベラスケス，ディエーゴ　1599.6-1660.8.6）
　人物（ベラスケス　1599.6.6-1660.8.6）
　スペ（ベラスケス　1599-1660）
　西洋（ベラスケス　1599.6.6-1660.8.6）
　世人（ベラスケス　1599-1660）
　世西（ベラスケス　1599.6.6-1660.8.7）
　世美（ベラスケス，ディエゴ・ロドリゲス・デ・シルバ・イ　1599-1660）
　世百（ベラスケス　1599-1660）
　全書（ベラスケス　1599-1660）
　大辞（ベラスケス　1599-1660）
　大辞3（ベラスケス　1599-1660）
　大百（ベラスケス　1599-1660）
　デス（ベラスケス　1599-1660）
　伝世（ベラスケス　1599.6.6洗礼-1660.8.6）
　百科（ベラスケス　1599-1660）
　評世（ベラスケス　1599-1660）
　山世（ベラスケス　1599-1660）
　歴世（ベラスケス　1599-1660）

Velthuijs, Max〈20世紀〉
オランダのイラストレーター。
⇒児イ（Velthuijs, Max　ヴェルジュイス，M.　1923-）

Venard, Claude〈20世紀〉
フランスの画家。
⇒世芸（ヴェナール，クロード　1913-1982）

Vendrell, Carme Sole〈20世紀〉
スペインのイラストレーター。
⇒児イ（Vendrell, Carme Sole　ベンドレル，C.S.　1944-）

Veneroni, Giovanni Antonio〈18世紀〉
イタリアの建築家。
⇒世美（ヴェネローニ，ジョヴァンニ・アントーニオ　18世紀）

Venet, Philippe〈20世紀〉
フランスの服飾デザイナー。1961年独立して店をもった。コート類とスーツ類は彼の得意とするもの。
⇒大百（ブネ　1930-）

Veneto, Bartolomeo〈15・16世紀〉
イタリアの画家。ベネチア派の肖像画家。代表作『リュートを弾く人』（1512）。
⇒国小（ベネト　1480頃-1530）

Venetsianov Aleksei Gavrilovich〈18・19世紀〉
ロシアの画家。
⇒芸術（ヴェネツィアーノフ，アレクセイ・ガヴリローヴィッチ　1780-1847）
　新美（ヴェネツィアーノフ，アレクセイ　1780.2.7/18-1847.12.4/-16）

Veneziano, Domenico 〈15世紀〉
イタリアの画家。主作品は『聖母子と4人の聖者』(1445頃)。
⇒岩ケ（ドメニコ・ヴェネツィアーノ 1400頃-1461頃）
キリ（ドメーニコ・ヴェネツィアーノ 1400頃-1461）
芸術（ヴェネツィアーノ, ドメニコ 1410頃-1461）
国小（ドメニコ・ベネツィアーノ ?-1461.5.15）
国小（ベネチアーノ 1400頃-1461.5.15）
コン2（ヴェネツィアーノ 1400頃-1461）
コン3（ヴェネツィアーノ 1400頃-1461）
新美（ドメニコ・ヴェネツィアーノ 1410?-1461.5）
人物（ベネチアーノ 1410頃-1461）
西洋（ヴェネツィアーノ 1400以後-1461）
世美（ドメニコ・ヴェネツィアーノ 1405頃-1461）
世百（ドメニコヴェネツィアーノ 1410頃-1461）
全書（ベネチアーノ 1410頃-1461）
大百（ベネチアーノ 1400頃-1461）
伝世（ドメニコ・ヴェネツィアーノ 1410?-1461）
百科（ドメニコ・ベネチアーノ）

Venini, Paolo 〈20世紀〉
イタリアのガラス工芸家。ベネチア・グラスの復興に尽力。
⇒国小（ベニーニ 1895-1959）

Ventris, Michael George Francis 〈20世紀〉
イギリスの考古学者。遺跡ピュロスで発見された線文字Bがギリシャ語であることをつきとめ, その解読に成功した。
⇒岩ケ（ヴェントリス, マイケル（・ジョージ・フランシス） 1922-1956）
旺世（ヴェントリス 1922-1956）
現人（ベントリス 1922.7.12-）
国小（ベントリス 1922-1956）
コン3（ヴェントリス 1922-1956）
新美（ヴェントリス, マイクル 1922.7.12-1956.9.6）
西洋（ヴェントリス 1922.7.12-1956.9.6）
世人（ヴェントリス 1922-1956）
世西（ヴェントリス 1922.7.12-1956.9.6）
世百新（ベントリス 1922-1956）
全書（ベントリス 1923-1956）
大辞2（ベントリス 1922-1956）
大辞3（ベントリス 1922-1956）
二十（ベントリス, マイクル 1922.7.12-1956.9.6）
百科（ベントリス 1922-1956）
評世（ベントリス 1922-1956）
名著（ヴェントリス 1922-1956）
山世（ベントリス 1922-1956）
歴学（ヴェントリス 1922-1956）
歴史（ヴェントリス 1922-1956）

Ventura, Piero 〈20世紀〉
イタリアのイラストレーター。
⇒児イ（Ventura, Piero ヴェントゥーラ, P. 1938-）

Venturi, Adolfo 〈19・20世紀〉
イタリアの美術史家。ローマ大学美術史教授。
⇒オ西（ヴェントゥーリ, アドルフォ 1856-1941）
広辞6（ヴェントゥーリ 1856-1941）
国小（ベントゥーリ 1856.9.4-1941.10.10）
コン2（ヴェントゥーリ 1856-1941）
コン3（ヴェントゥーリ 1856-1941）
新美（ヴェントゥーリ, アドルフォ 1856.9.4-1941.6.10）
西洋（ヴェントゥーリ 1856.9.4-1941.10.10）
世美（ヴェントゥーリ, アドルフォ 1856-1941）
世百（ヴェントゥーリ 1856-1941）
全書（ベントゥーリ 1856-1941）
デス（ベントゥーリ 1856-1941）
二十（ヴェントゥーリ, アドルフォ 1856.9.4-1941.6.10）
名著（ヴェントゥーリ 1856-1941）

Venturi, Lionello 〈19・20世紀〉
イタリアの美術史家。専攻はイタリアを中心としたヨーロッパの近世と近代の美術史。主著『セザンヌ』『美術批評史』。
⇒オ西（ヴェントゥーリ, リオネロ 1885-1961）
キリ（ヴェントゥーリ, リオネロ 1885.4.25-1961.8.15）
現人（ベントゥーリ 1885.4.25-1961.8.15）
広辞6（ヴェントゥーリ 1885-1961）
国小（ベントゥーリ 1885.4.25-1961.8.15）
コン3（ヴェントゥーリ 1885-1961）
新美（ヴェントゥーリ, リオネロ 1885.4.25-1961.8.15）
西洋（ヴェントゥーリ 1885-1961.8.15）
世美（ヴェントゥーリ, リオネッロ 1885-1961）
世百新（ベントゥーリ 1885-1961）
二十（ヴェントゥーリ, リオネッロ 1885.4.25-1961.8.15）
百科（ベントゥーリ 1885-1961）
名著（ヴェントゥーリ 1885-）

Venturi, Robert 〈20世紀〉
アメリカの建築家。1966年, 画一的な合理主義建築論への批判の書『建築の複合と対立』を発表。
⇒岩ケ（ヴェントゥーリ, ロバート 1925-）
現人（ベンチューリ 1925.6.25-）
新美（ヴェンチューリ, ロバート 1925.6.25-）
世美（ヴェントゥーリ, ロバート 1925-）
ナビ（ベンチューリ 1925-）
二十（ベントゥーリ, ロバート 1925.6.25-）

Vérard, Antoine 〈15・16世紀〉
フランスの出版者。細密画家・書家として写本制作に従事。活字本の発展によりその出版に転じた。
⇒百科（ベラール ?-1513/14）

Verdié, Maurice 〈20世紀〉
フランス生れの画家。
⇒世芸（ヴェルディエ, モーリス 1919-）

Verejskij, Orest Georgievich 〈20世紀〉
ロシアのイラストレーター。
⇒児イ（Verejskij, Orest Georgievich ベレイス

キー, O.G. 1915-)

Vereshchagin, Vasalii Vasilievich
〈19・20世紀〉
ロシアの画家。1812年のナポレオンのロシア侵攻に取材した一連の作品を描いた。
⇒岩ケ（ヴェレシチャーギン, ヴァシリー 1842-1904）
外国（ヴェレスチャーギン 1842-1904）
芸術（ヴェレシチャーギン, ヴァシリー・ヴァシリエヴィッチ 1842-1904）
国小（ベレシチャーギン 1842.10.26-1904.4.13）
コン2（ヴェレシチャーギン 1842-1904）
コン3（ヴェレシチャーギン 1842-1904）
新美（ヴェレシチャーギン, ヴァシーリイ 1842.10.14(26)-1904.3.31(4.13)）
西洋（ヴェレシチャーギン 1842.10.26-1904.4.13）
世西（ヴェレシチャーギン 1842.10.25-1904.4.13）
世百（ヴェレシチャーギン 1842-1904）
全書（ベレシチャーギン 1842-1904）
百科（ベレシチャーギン 1842-1904）
来日（ヴェレシチャーギン 1842-1904）

Verga, Ninni 〈20世紀〉
イタリアの画家。
⇒世芸（ベルガ, ニンニ 1938-）

Verhulst, Rombout 〈17世紀〉
フランドルの彫刻家。
⇒芸術（フェルフルスト, ロムバウト 1624-1696）
新美（フェルフルスト, ロンバウト 1624.1.15-1696/98.11）
世美（フェルヒュルスト, ロンバウト 1626-1698）

Verino, Ugolino 〈15・16世紀〉
イタリア, フィレンツェの年代記作者（15世紀後半～16世紀初頭）。
⇒新美（ヴェリーノ, ウゴリーノ）

V Verkade, Jan (P.Willibrord) 〈19・20世紀〉
オランダ出身の画家, のちカトリック司祭。
⇒キリ（ヴェルカーデ, ヤン(P.ウィリブロート) 1868.9.18-1946.7.29）

Verlinde, Claude 〈20世紀〉
フランス生れの画家。
⇒世芸（ヴェルランド, クロード 1927-）

Vermeer, Jan, van Delft 〈17世紀〉
オランダの画家。代表作『手紙』。
⇒岩ケ（フェルメール, ヤン 1632-1675）
外国（フェルメール 1632-1675）
キリ（フェルメール, ヤン 1632.10.31-1675.12.15）
芸術（フェルメール, ヤン 1632-1675）
広辞4（フェルメール 1632-1675）
広辞6（フェルメール 1632-1675）
国小（フェルメール 1632.10.21洗礼-1675.12.15）
国百（フェルメール, ヤン 1632.10.31洗礼-1675.12.15埋葬）
コン2（フェルメール 1632-1675）
コン3（フェルメール 1632-1675）
新美（フェルメール, ヤン 1632.10-1675.12）
人物（フェルメール 1632.11.31-1675.12.15）
西洋（フェルメール 1632.11.31洗礼-1675.12.15埋葬）
世西（フェルメール 1632.10-1675.12）
世西（ヴェルメール・ファン・デルフト 1632-1675）
世美（フェルメール, ヨハネス 1632-1675）
世百（ヴェルメール 1632-1675）
全書（フェルメール 1632-1675）
大辞（フェルメール 1632-1675）
大辞3（フェルメール 1632-1675）
大百（フェルメール 1632-1675）
デス（フェルメール 1632-1675）
伝世（フェルメール 1632-1675）
百科（フェルメール 1632-1675）

Vermexio, Giovanni 〈17世紀〉
スペイン出身のイタリアの建築家。
⇒建築（ベルメイショ （活動）17世紀）
世美（ヴェルメーシオ, ジョヴァンニ ?-1648）

Vermeyen, Jan Corneliszoon 〈16世紀〉
ネーデルラントの画家。チャールズ5世の宮廷に仕えた。
⇒国小（フェルマイエン 1500-1559）
新美（フェルメイエン, ヤン 1500頃-1559）
世美（フェルメイエン, ヤン・コルネリス 1500頃-1559）

Vernet, Antoine Charles Horace 〈18・19世紀〉
フランスの画家。C.J.ベルネの息子。ナポレオンのため戦争画を描いた。
⇒岩ケ（ヴェルネ, カルル 1758-1836）
芸術（ヴェルネ 1758-1836）
国小（ベルネ, アントアーヌ・シャルル・オラース 1758.8.14-1836.11.27）

Vernet, Claude Joseph 〈18世紀〉
フランスの画家。ルイ15世の注文で『フランスの港』（1754～62, ルーブル美術館蔵）を連作。
⇒岩ケ（ヴェルネ, クロード（・ジョゼフ） 1714-1789）
芸術（ヴェルネ 1714-1789）
国小（ベルネ, クロード・ジョゼフ 1714.8.14-1789.12.3）
新美（ヴェルネ, ジョゼフ 1714.8.14-1789.12.3）
西洋（ヴェルネ 1714.8.14-1789.12.3）
世美（ヴェルネ, クロード・ジョゼフ 1714-1789）
世百（ヴェルネ 1714-1789）
百科（ベルネ 1714-1789）

Vernet, Emile Jean Horace 〈18・19世紀〉
フランスの画家。A.C.H.ベルネの息子。
⇒岩ケ（ヴェルネ,（エミール・ジャン・）オラス 1789-1863）
芸術（ヴェルネ 1789-1863）

国小（ベルネ, エミール・ジャン・オラース 1789.6.30-1863.1.17）
新美（ヴェルネ, オラース 1789.6.30-1863.1.17）
西洋（ヴェルネ 1789.6.30-1863.1.17）
世美（ヴェルネ, オラース 1789-1863）

Verney, John 〈20世紀〉
イギリスの作家, 画家。
⇒英児（Verney, John ヴァーニー, ジョン 1913-1993）
世児（ヴァーニー, ジョン〔第2代准男爵〕1913-1993）

Véron, Eugène 〈19世紀〉
フランスのジャーナリスト。主著『美学』(1878)で知られる。
⇒外国（ヴェロン 1825-1889）
国小（ベロン 1825-1889）
全書（ベロン 1825-1889）
名著（ヴェロン 1825-1889）

Veronese, Bonifacio 〈15・16世紀〉
イタリア, ヴェネツィア派の画家。
⇒新美（ヴェロネーゼ, ボニファーチォ 1487-1553.10.2）

Veronese, Paolo 〈16世紀〉
イタリアの画家。マニエリスモ風の華麗な様式を確立, 主作品『レビ家の饗宴』(1573)など。
⇒岩ケ（ヴェロネーゼ, パオロ 1528頃-1588）
旺世（ヴェロネーゼ 1528-1588）
外国（ヴェロネーゼ 1528-1588）
キリ（ヴェロネーゼ, パーオロ 1528-1588.4.19）
芸術（ヴェロネーゼ, パオロ 1528-1588）
広辞4（ヴェロネーゼ 1528-1588）
広辞6（ヴェロネーゼ 1528-1588）
国小（ベロネーゼ 1528-1588.4.19）
国百（ヴェロネーゼ, パオロ 1528-1588.4.19）
コン2（ヴェロネーゼ 1528-1588）
コン3（ヴェロネーゼ 1528-1588）
新美（ヴェロネーゼ, パオロ 1528-1588.4.19）
人物（ベロネーゼ 1528-1588.4.19）
西洋（ヴェロネーゼ 1528-1588.4.19）
世西（ヴェロネーゼ 1528-1588.4.19）
世美（ヴェロネーゼ, パーオロ 1528-1588）
世百（ヴェロネーゼ 1528-1588）
全書（ベロネーゼ 1528-1588）
大辞（ベロネーゼ 1528-1588）
大辞3（ベロネーゼ 1528-1588）
大百（ベロネーゼ 1528-1588）
デス（ベロネーゼ 1528-1588）
伝世（ヴェロネーゼ 1528-1588.4.19）
百科（ベロネーゼ 1528-1588）
評世（ベロネーゼ 1528-1588）

Veronesi, Giulia 〈20世紀〉
イタリアの女性建築家, 批評家。
⇒世美（ヴェロネージ, ジューリア 1906-1972）

Veronesi, Luigi 〈20世紀〉
イタリアの画家。
⇒世美（ヴェロネージ, ルイージ 1908-）

Veronica 〈1世紀〉
キリスト教伝説中の人物, 聖女。
⇒岩ケ（聖ヴェロニカ 1世紀）
キリ（ヴェロニカ）
新美（ヴェロニカ(聖)）
聖人（ヴェロニカ）
西洋（ヴェロニカ）
世女日（ヴェロニカ 1世紀）
世美（ヴェロニカ 1世紀前半）
全書（ベロニカ）
大辞（ベロニカ）
大辞3（ベロニカ）
百科（ベロニカ 生没年不詳）

Verrio, Antonio 〈17・18世紀〉
イタリアの画家。84年に宮廷画家となった。
⇒岩ケ（ヴェリオ, アントニオ 1640頃-1707）
国小（ベリオ 1639-1707）
世美（ヴェッリオ, アントーニオ 1639頃-1707）

Verrocchio, Andrea del 〈15世紀〉
イタリアの画家。フィレンツェ派の代表的作家。
⇒岩ケ（ヴェロッキオ, アンドレア・デル 1435頃-1488）
旺世（ヴェロッキオ 1435頃-1488）
外国（ヴェロッキオ 1435-1488）
キリ（ヴェルロッキオ, アンドレア・デル 1435-1488.10.7）
芸術（ヴェロッキオ, アンドレア・デル 1435-1488）
広辞4（ヴェロッキオ 1435頃-1488）
広辞6（ヴェロッキオ 1435頃-1488）
国小（ベロッキオ 1435-1488.10.7）
国百（ベロッキオ, アンドレア・デル 1435-1488）
コン2（ヴェロッキョ 1435-1488）
コン3（ヴェロッキオ 1435-1488）
新美（ヴェルロッキオ, アンドレーア・デル 1435-1488.10.7）
人物（ベロッキョ 1436-1488.10.7）
西洋（ヴェロッキョ 1436-1488.10.7）
世西（ヴェロッキオ 1436頃-1488）
世美（ヴェッロッキオ, アンドレーア・デル 1435頃-1488）
世百（ヴェロッキョ 1435-1488）
全書（ベロッキオ 1435-1488）
大辞（ベロッキオ 1435-1488）
大辞3（ベロッキオ 1435-1488）
大百（ベロッキョ 1435-1488）
デス（ベロッキョ 1435-1488）
伝世（ヴェロッキオ 1435-1488）
百科（ベロッキオ 1435-1488）
評世（ベロッキォ 1436-1488）

Verspronck, Jan Cornelisz 〈17世紀〉
オランダの画家。
⇒世美（フェルスプロンク, ヤン・コルネリスゾーン ?-1662）

Verster, Floris 〈19・20世紀〉
オランダの画家。
⇒才西（フェルスター, フロリス 1861-1927）

Veselovskii, Nikolai Ivanovich 〈19・

20世紀〉
ロシアの東洋学者，学士院会員。トルキスタンの歴史および考古学を研究。主著『古代より現代にいたるヒヴァ汗国の歴史的地理的概観』(1877)。
⇒新美（ヴェセロフスキイ，ニコライ　1848.10-1918.3.30）
　西洋（ヴェセロフスキー　1848-1918.4.30）
　二十（ヴェセロフスキイ，ニコライ　1848.10-1918.3.30）

Vesnin, Aleksandr Aleksandrovich 〈19・20世紀〉
ソ連邦の建築家。ヴェスニン三兄弟の一人。
⇒西洋（ヴェスニン，アレクサンドル　1883-1959）
　世西（ヴェスニン　1883-）
　世美（ヴェスニン（兄弟））
　二十（ベスニン，A.　1883-1959）
　ロシ（ヴェスニン兄弟　1883-1959）

Vesnin, Leonid Aleksandrovich 〈19・20世紀〉
ソ連の建築家三兄弟の一人。構成主義建築の指導者。
⇒西洋（ヴェスニン，レオニード　1880-1933）
　世美（ヴェスニン（兄弟））（ヴェスニン，レオニード・アレクサンドロヴィチ））

Vesnin, Viktor Aleksandrovich 〈19・20世紀〉
ソ連の建築家三兄弟の一人。ソ連建築アカデミー会長。
⇒人物（ベスニン　1882-）
　西洋（ヴェスニン，ヴィクトル　1882-1950）
　世西（ヴェスニン　1882-）
　世美（ヴェスニン（兄弟））
　ロシ（ヴェスニン兄弟　1882-1950）

Vespignani, Francesco 〈19世紀〉
イタリアの建築家。
⇒世美（ヴェスピニャーニ，フランチェスコ　1842-1899）

Vespignani, Lorenzo 〈20世紀〉
イタリアの画家，デザイナー。
⇒世美（ヴェスピニャーニ，ロレンツォ　1924-）

Vespignani, Virgilio 〈19世紀〉
イタリアの建築家。
⇒世美（ヴェスピニャーニ，ヴィルジーリオ　1808-1882）

Vestal, Herman B. 〈20世紀〉
アメリカのイラストレーター。
⇒児イ（Vestal, Herman B.　ベスタル, H.B.）

Vetchinsky, Alex 〈20世紀〉
イギリス・ロンドン生れの映画美術監督。
⇒世映（ヴェチンスキー，アレックス　1904-1980）

Veth, Jan 〈19・20世紀〉
肖像画に優れたオランダの画家。

⇒オ西（フェト, ヤン　1864-1925）

Viallat, Claude 〈20世紀〉
フランス生れの画家。
⇒世芸（ヴィアラ, クロード　1936-）

Viani, Alberto 〈20世紀〉
イタリアの彫刻家。主作品『裸体』(1951)。
⇒国小（ビアーニ　1906-）
　世芸（ヴィアニ，アルベルト　1906-1975）
　世美（ヴィアーニ，アルベルト　1906-）

Viani, Lorenzo 〈19・20世紀〉
イタリアの画家，詩人，小説家。主著『井戸の中の鍵』(1935)。
⇒国小（ビアーニ　1882-1936）
　世美（ヴィアーニ，ロレンツォ　1882-1936）

Vianu, Tudor 〈20世紀〉
ルーマニアの美学者，文学史家。
⇒集世（ヴィアヌ, トゥドル　1897.12.27-1964.5.21）
　集中（ヴィアヌ, トゥドル　1897.12.27-1964.5.21）

Viart, Charles 〈16世紀〉
フランスの建築家。
⇒建築（ヴィアール, シャルル　?-1537頃）

Viator 〈15・16世紀〉
フランスの芸術理論家，彫刻家。
⇒新美（ヴィアトール　1435/40-1524.2.1）

Vibert, Jehan Georges 〈19・20世紀〉
フランスの画家。絵画の材料に関する研究もした。
⇒芸術（ヴィベール, ジュアン・ジョルジュ　1848-1902）
　国小（ビベール　1840.9.30-1902.7.28）

Vicat, Louis Joseph 〈18・19世紀〉
フランスの土木技術者。1818年，天然の粘土質石灰石に代わるセメント原料として，石灰石と粘土との人工的配合を唱えた。
⇒建築（ヴィカ, ルイ=ジョゼ　1786-1861）
　世百（ヴィカー　1786-1861）

Vicky 〈20世紀〉
ドイツの漫画家。
⇒岩ケ（ヴィッキー　1913-1966）

Victor, Joan Berg 〈20世紀〉
アメリカのイラストレーター。
⇒児イ（Victor, Joan Berg　ビクター, J.B.　1937-）

Vieira, Álvaro Siza 〈20世紀〉
ポルトガルを代表する建築家。
⇒スペ（ビエイラ　1933-）

Vieira da Silva, Maria Elena 〈20世

紀〉
フランスの女流画家。第二次大戦後の代表的な抽象画家の一人。
⇒才西（ヴィエイラ・ダ・シルヴァ，マリア・エレーナ　1908-）
　新美（ヴィエラ・ダ・シルヴァ，マリア・エレナ　1908.6.13-）
　スペ（シルバ　1908-1992）
　西洋（ヴィエラ・ダ・シルヴァ　1908.6.13-）
　世芸（ヴィエイラ・ダ・シルヴァ，マリア・エレーナ　1908-1992）
　世芸（ヴィエラ・ダ・シルヴァ　1908-）
　世美（ヴィエラ・ダ・シルヴァ，マリア・エレナ　1908-）
　二十（ヴィエラ・ダ・シルヴァ，マリア・エレナ　1908.6.13-1992.3.6）

Vien, Joseph Marie 〈18・19世紀〉
フランスの画家，版画家。1742年ローマ大賞受賞。主作品『デダルスとイカルス』(1754)。
⇒芸術（ヴィアン，ジョセフ・マリー　1716-1809）
　新美（ヴィアン，ジョセフ＝マリー　1716.6.18-1809.3.27）
　西洋（ヴィヤン　1716.6.18-1809.3.27）
　世美（ヴィアン，ジョゼフ＝マリー　1716-1809）

Vieru, Igorj Dmitrievich 〈20世紀〉
ロシアのイラストレーター。
⇒児イ（Vieru, Igorj Dmitrievich　ビエル，I.D.　1923-1988）

Vigarani, Carlo 〈17・18世紀〉
イタリアの建築家，舞台美術家，土木技術者。
⇒世美（ヴィガラーニ，カルロ　1622-1713）

Vigarani, Gaspare 〈16・17世紀〉
イタリアの建築家，舞台美術家，土木技術者。
⇒世美（ヴィガラーニ，ガスパレ　1588-1663）

Vigarani, Giacomo 〈17世紀〉
イタリアの建築家，舞台美術家，土木技術者。
⇒世美（ヴィガラーニ，ジャーコモ　生没年不詳）

Vigarani, Ludovico 〈17・18世紀〉
イタリアの建築家，舞台美術家，土木技術者。
⇒世美（ヴィガラーニ，ルドヴィーゴ　生没年不詳）

Vigée-Lebrun, Marie Louise Elisabeth 〈18・19世紀〉
フランスの女流画家。王侯貴顕の肖像画を数多く描いた。
⇒岩ケ（ヴィジェ＝ルブラン，（マリー・ルイーズ・）エリザベート　1755-1842）
　芸術（ヴィジェ・ルブラン，マリー・ルイーズ・エリザベート　1755-1842）
　国小（ビジェ・ルブラン　1755.4.16-1842.3.30）
　新美（ヴィジェ＝ルブラン，エリザベート＝ルイーズ　1755.4.16-1842.3.30）
　人物（ビジエ・ルブラン　1755.4.16-1842.3.30）
　西洋（ヴィジェ・ルブラン　1755.4.16-1842.3.30）
　世女（ヴィジェ＝ルブラン，マリー（エリザベート・ルイーズ）　1755-1842）
　世女日（ヴィジェ＝ルブラン，マリー　1755-1842）
　世美（ヴィジェ＝ルブラン，エリザベト　1755-1842）
　世百（ヴィジェルブラン　1755-1842）
　全書（ビジェ・ルブラン　1755-1842）
　大百（ビジェ・ルブラン　1755-1842）
　百科（ビジェ・ルブラン　1755-1842）

Vigeland, Adolf Gustav 〈19・20世紀〉
ノルウェーの彫刻家。象徴的自然主義の代表者。ブッゲ，ビョルンソン，イプセン等の胸像を作った。
⇒才西（ヴィーゲラン，ギュスターヴ　1869-1943）
　芸術（ヴィーゲラン，グスターヴ　1869-1943）
　広辞6（ヴィーゲラン　1869-1943）
　国小（ビーゲラン　1869-1943）
　コン2（ヴィーゲラン　1869-1943）
　コン3（ヴィーゲラン　1869-1943）
　新美（ヴィーゲラン，グスターヴ　1869.4.11-1943.3.12）
　西洋（ヴィーゲラン　1869.4.11-1943.3.12）
　世芸（ヴィーゲラン，グスターヴ　1869-1943）
　世美（ヴィーゲラン　1869-1943）
　世美（ヴィーゲラン，アドルフ・グスタヴ　1869-1943）
　全書（ビゲラン　1869-1943）
　大辞3（ウィーゲラン　1869-1943）
　二十（ビーゲラン，グースタブ　1869.4.11-1943.3.12）
　百科（ビーゲラン　1869-1943）

Vignola, Giacinto Barozzi da 〈16世紀〉
イタリアの建築家。
⇒世美（ヴィニョーラ，ジャチント・バロッツィ・ダ　1540-1584）

Vignola, Giacomo Barozzi da 〈16世紀〉
イタリアの建築家。ローマのイエズス会の本堂ゲス聖堂の建築に従事。
⇒岩ケ（ヴィニョーラ，ジャコモ・(バロッツィ・)ダ　1507-1573）
　外国（ヴィニョラ　1507-1573）
　キリ（ジャコモ・ダ・ヴィニョーラ　1507.10.1-1573.7.7）
　建築（ヴィニョーラ，ジャコモ・バロッツィ・ダ　1507-1573）
　国小（ビニョーラ　1507.10.1-1573.7.7）
　国百（ビニョーラ，ジャコモ・バロッツィ・ダ　1507.10.1-1573.7.7）
　コン2（ヴィニョーラ　1507-1573）
　コン3（ヴィニョーラ　1507-1573）
　新美（ヴィニョーラ，ジャーコモ　1507.10.1-1573.7.7）
　人物（ビニョーラ　1507.10.1-1573.7.7）
　西洋（ヴィニョーラ　1507.10.1-1573.7.7）
　世西（ヴィニョーラ　1507-1573）
　世美（ヴィニョーラ，ジャーコモ・バロッツィ・ダ　1507-1573）
　世百（ヴィニョーラ　1507-1573）
　全書（ビニョーラ　1507-1573）
　大百（ビニョーラ　1507-1573）
　伝世（ビニョーラ　1507.10.1-1573.7.7）
　百科（ビニョーラ　1507-1573）

Vignon, Claude 〈16・17世紀〉
フランスの画家, 銅版画家。
⇒世美（ヴィニョン, クロード 1593-1670）

Vignon, Pierre Alexandre 〈18・19世紀〉
フランスの建築家。
⇒建築（ヴィニョン, ピエール・アレクサンドル 1763-1828）
新美（ヴィニョン, ピエール・アレクサンドル 1763.10.5-1828.5.1）

Villalpando, Cristóbal de 〈17・18世紀〉
スペイン植民地時代のメキシコの宗教画家。
⇒新美（ビリャルパンド, クリストバル・デ 1650-1714）

Villanueva, Carlos Raúl 〈20世紀〉
ベネズエラの建築家。イギリス生れ。カラカス大学都市の建設に参加し,『オリンピック・スタジアム』(1950〜51)などを建て, また住宅団地の計画にあたった。
⇒才西（ビリャヌエーバ, カルロス・ラウル 1900-1975）
西洋（ビリャヌエバ 1900.5.30-）
世美（ビリャヌエバ, カルロス・ラウル 1900-）
世百新（ビリャヌエバ 1900-1975）
二十（ビリャヌエバ, カルロス・R. 1900.5.30-）
百科（ビリャヌエバ 1900-）
ラテ（ビリャヌエバ 1900-1975）

Villanueva, Juan de 〈18・19世紀〉
スペインの建築家。
⇒建築（ビジャヌエバ, ファン・デ 1739-1811）
新美（ビリャヌエバ, ホアン・デ 1739.9.15-1811.8.22）

Villard de Honnecourt 〈12・13世紀〉
フランスの建築家。13世紀前半に活躍したが, 作品は現存しない。
⇒科史（ヴィラール（オヌクールの） 1190頃-1260頃）
キリ（ヴィラール・ド・オンヌクール (活躍)13世紀中頃）
建築（ヴィラール・ド・オンヌクール 1190頃-1260）
国小（ビラール・ド・オンヌクール 生没年不詳）
コン2（ヴィラール・ド・オンヌクール 13世紀）
コン3（ヴィラール・ド・オンヌクール 13世紀）
新美（ヴィラール・ド・オンヌクール）
西洋（ヴィラール・ド・オンヌクール 13世紀）
世美（ヴィラール・ド・オンヌクール 13世紀）
世百（ヴィラールドオンヌクール）
百科（ビラール・ド・オヌクール）

Villatte, Jacques 〈20世紀〉
フランス生れの画家。
⇒世芸（ヴィラット, ジャック 1937-）

Villeneuve, Karel Hubert de 〈18・19世紀〉
オランダの画家。

⇒日人（フィレネーフェ 1800-1874）

Villiger, Rene 〈20世紀〉
スイスのイラストレーター。
⇒児イ（Villiger, Rene ビリガー, R. 1931-）

Villon, Jacques 〈19・20世紀〉
フランスの画家。キュビスムの運動に加わり, のち, 独自の画風を確立。
⇒岩ケ（ヴィヨン, ジャック 1875-1963）
才西（ヴィヨン, ジャック 1875-1963）
外国（ヴィヨン 1875-）
芸術（ヴィヨン, ジャック 1875-1963）
国小（ビヨン 1875.7.31-1963）
新美（ヴィヨン, ジャック 1875.7.31-1963.6.9）
西洋（ヴィヨン 1875.7.31-1963.6.9）
世芸（ヴィヨン, ジャック 1875-1963）
世美（ヴィヨン, ジャック 1875-1963）
世百（ヴィヨン 1875-）
全書（ビヨン 1875-1963）
二十（ビヨン, ジャック 1875.7.31-1963.6.9）

Vincent, François-André 〈18・19世紀〉
フランスの画家。
⇒世美（ヴァンサン, フランソワ＝アンドレ 1746-1816）

Vincent, Gabrielle 〈20世紀〉
ベルギーのイラストレーター。
⇒児イ（Vincent, Gabrielle バンサン, G.）

Vincent de Beauvais 〈12・13世紀〉
フランス中世の百科全書家。主著"Speculum Majus"。
⇒岩ケ（ヴァンサン・ド・ボーヴェ 1190頃-1264頃）
外国（ウィンケンティウス（ボーヴェーの） 1190頃-1264）
科史（ヴァンサン（ボーヴェの） 1190頃-1264頃）
教育（ヴァンサン（ボヴェの） 1190?-1264）
キリ（ヴィンケンティウス（ボヴェーの） 1190頃-1264頃）
国小（バンサン（ボーベの） 1190頃-1264頃）
コン2（ヴァンサン・ド・ボーヴェイ 1190頃-1264頃）
コン3（ヴァンサン・ド・ボーヴェイ 1190頃-1264頃）
集世（ヴァンサン・ド・ボーヴェ 1190/1200-1264頃）
集中（ヴァンサン・ド・ボーヴェ 1190/-1200-1264頃）
新美（ヴァンサン・ド・ボーヴェ 1190?-1264）
西洋（ヴァンサン（ボヴェの） 1190頃-1264）

Vincidor, Tommaso 〈16世紀〉
イタリアの画家, 建築家。
⇒世美（ヴィンチドル, トンマーゾ ?-1536頃）

Viollet-le-Duc, Eugène Emmanuel 〈19世紀〉
フランスの建築家。パリのノートル・ダム大聖堂などの修復を指導。
⇒岩ケ（ヴィオレ＝ル＝デュク, ユージェーヌ（・エ

マニュエル） 1814-1879)
外国（ヴィオレ・ル・デュク 1814-1879)
キリ（ヴィオレ・ル・デュク，ユジューヌ・エマニュエール 1814.1.27-1879.9.17)
建築（ヴィオレ=ル=デュック，ウージェーヌ=エマニュエル 1814-1879)
国小（ビオレ・ル・デュク 1814.1.27-1879.9.17)
国百（ビオル・ル・デュク，ウジェーヌ・エマニュエル 1814.1.27-1879.9.17)
コン2（ヴィオレ・ル・デュク 1814-1879)
コン3（ヴィオレ・ル・デュク 1814-1879)
集世（ヴィオレ=ル=デュック，ウージェーヌ・エマニュエル 1814.1.27-1879.9.17)
集文（ヴィオレ=ル=デュック，ウージェーヌ・エマニュエル 1814.1.27-1879.9.17)
新美（ヴィオレ=ル=デュック，ウジェーヌ・エマニュエル 1814.1.27-1879.9.17)
西洋（ヴィオレ・ル・デュク 1814.1.27-1879.9.17)
世西（ヴィオレ・ル・デュク 1814-1879)
世百（ヴィオレ=ル=デュック，ウージェーヌ=エマニュエル 1814-1879)
世百（ヴィオレルデュク 1814-1879)
全書（ビオレ・ル・デュク 1814-1879)
大辞3（ビオレ・ル・デュク 1814-1879)
大百（ビオレ・ル・デュク 1814-1879)
伝百（ビオレ・ル・デュック 1814.1.27-1879.9.17)
百科（ビオレ・ル・デュク 1814-1879)
歴史（ヴィオレ・ル・デュク 1814-1879)

Vionnet, Madeleine 〈19・20世紀〉
フランスの女性服飾デザイナー。1920年代の巨匠の一人といわれた。コルセットから女性を解放し，自然で柔らかな服をデザインした。
⇒世女（ヴィオネ，マドレーヌ 1876-1975)
世女日（ヴィオネ，マドレーヌ 1876-1975)
大百（ビオネ 生没年不詳）
ナビ（ビオネ 1876-1975)

Vipper, Boris Robertovich 〈19・20世紀〉
芸術学者。モスクワ大学，リガ大学の教授となり，美術研究所に勤務。主著『静物画の問題と発展』『17世紀オランダ絵画における写実主義の形成』など。
⇒二十（ヴィッペル，ボリス 1888.4.15-1967.1.24)

Virduzzo, Antonino 〈20世紀〉
アメリカの画家，彫刻家，版画家。
⇒世美（ヴァードゥゾ，アントニーノ 1926-)

Virsaladze, Simon Vagratovich 〈20世紀〉
ソ連の舞台芸術家。主な作品『たそがれ』『オセロ』『くるみ割り人形』など。
⇒二十（ヴィルサラーゼ，シモン 1909.1.13-)
バレ（ヴィルサラーゼ，シモン 1909.1.24-1989.2.6)

Viscardi, Giovanni Antonio 〈17・18世紀〉
イタリアの建築家。
⇒建築（ヴィスカル，ジョヴァンニ・アントニオ 1645-1713)

Vischer, Friedrich Theodor 〈19世紀〉
ドイツの美学者。ヘーゲル学派の美学の代表者。
⇒岩哲（フィッシャー, F. 1807-1887)
外国（フィッシャー 1807-1887)
国小（フィッシャー 1807.6.30-1887.9.14)
コン2（フィッシャー 1807-1887)
コン3（フィッシャー 1807-1887)
集文（フィッシャー，フリードリヒ・テーオドア 1807.6.30-1887.9.14)
西洋（フィッシャー 1807.6.30-1887.9.14)
世百（フィッシャー 1807-1887)
百科（フィッシャー 1807-1887)
名著（フィッシャー 1807-1887)

Vischer, Georg 〈16世紀〉
ドイツの彫刻家，ブロンズ鋳造家。
⇒世美（フィッシャー，ゲオルク ?-1592)

Vischer, Hans 〈15・16世紀〉
ドイツの彫刻家。ペーター・フィッシャーの子。
⇒国小（フィッシャー，ハンス 1489頃-1550)
西洋（フィッシャー 1489頃-1550)
世美（フィッシャー，ハンス 1489-1550)
世百（フィッシャー，ハンス 1489頃-1550)
全書（フィッシャー 1489頃-1550)

Vischer, Herman der Ältere 〈15世紀〉
ドイツの鋳物師。ニュルンベルクに鋳造所を開いた。
⇒国小（フィッシャー，ヘルマン ?-1488.1.13)
コン2（フィッシャー ?-1488)
コン3（フィッシャー ?-1488)
西洋（フィッシャー ?-1488.1.13頃)
世美（フィッシャー，ヘルマン（年長）?-1488)
世百（フィッシャー，ヘルマン 1429頃-1488)
全書（フィッシャー 1429頃-1488)

Vischer, Herman der Jüngere 〈15・16世紀〉
ドイツの彫刻家。ペーター・フィッシャーの子。墓板の制作者。
⇒国小（フィッシャー，ヘルマン 1486頃-1517)
西洋（フィッシャー（小）1486頃-1517.2.11以前)
世美（フィッシャー，ヘルマン（年少）1486?-1517)
世百（フィッシャー，小ヘルマン 1486-1517)
全書（フィッシャー二世 1486頃-1517)

Vischer, Peter der Ältere 〈15・16世紀〉
ドイツの彫刻家。ヘルマン・フィッシャーの子。
⇒キリ（フィッシャー，ペーター 1460頃-1529.1.7)
芸術（フィッシャー，ペーター 1460頃-1529)
国小（フィッシャー，ペーター 1460頃-1529.1.7)
コン2（フィッシャー 1460頃-1529)
コン3（フィッシャー 1460頃-1529)
西洋（フィッシャー 1460頃-1529.1.7)
世美（フィッシャー，ペーター（父）1460頃-

1529)
世百（フィッシャー，大ペーター 1460頃-1529）
全書（フィッシャー 1460頃-1529）
大辞（フィッシャー 1460頃-1529）
大辞3（フィッシャー 1460頃-1529）
大百（フィッシャー 1460-1529）

Vischer, Peter der Jüngere 〈15・16世紀〉
ドイツの彫刻家。ペーター・フィッシャーの子。小彫刻を得意とした。
⇒国小（フィッシャー，ペーター 1487-1528）
コン2（フィッシャー 1487-1528）
コン3（フィッシャー 1487-1528）
西洋（フィッシャー(小) 1487-1528）
世美（フィッシャー，ペーター(子) 1487-1528）
世百（フィッシャー，小ペーター 1487-1528）
全書（フィッシャー二世 1487-1528）

Vischer, Robert 〈19・20世紀〉
ドイツの美術史家。感情移入の美学にもとづき、形式に対する感情の関係を図式化し、芸術作品の分析手段とした。
⇒西洋（フィッシャー 1847.2.22-1933.3.25）

Visconti, Ennio Quirino 〈18・19世紀〉
イタリアの考古学者。イギリスに招かれ(1814)パルテノンを研究し、ギリシア、ローマの図像学研究を進めた。
⇒西洋（ヴィスコンティ 1751-1818）
世美（ヴィスコンティ，エンニオ・クイリーノ 1751-1818）

Visconti, Lodovico Tullio Gioacchino 〈18・19世紀〉
ローマ生れのフランスの建築家。ナポレオン3世の帝室建築家となる(1850)。アンヴァリドにナポレオン1世の墓を作った。
⇒外国（ヴィスコンティ 1791-1853）
建築（ヴィスコンティ，ルドヴィコ(ルイ・テュリウス・ジョアシャン) 1791-1853）
新美（ヴィスコンティ，ルドヴィーコ 1791.2.11-1853.12.29）
西洋（ヴィスコンティ 1791.2.11-1853.12.29）

Visentini, Antonio 〈17・18世紀〉
イタリアの建築家、画家、版画家。
⇒世美（ヴィゼンティーニ，アントーニオ 1688-1782）

Vissière, Arnold 〈19・20世紀〉
フランスのシナ学者。主著『中国語初歩』(1904)は今なお声価がある。西洋人中有数の漢字書家。
⇒西洋（ヴィシエール 1858.8.2-1930.3.28）

Vitale da Bologna 〈14世紀〉
イタリアの画家。
⇒芸術（ヴィターレ・ダ・ボローニャ 1334-1359頃活動）
世美（ヴィターレ・ダ・ボローニャ （記録）1334-1359）

Vitellozzi, Annibale 〈20世紀〉
イタリアの建築家。
⇒世美（ヴィテッロッツィ，アンニーバレ 1903-）

Viterbo, Lorenzo 〈15世紀頃〉
イタリアの画家。
⇒西洋（ヴィテルボ 15世紀頃）

Viti, Timoteo 〈15・16世紀〉
イタリアの画家。
⇒新美（ヴィーティ，ティモテオ 1467-1523.10.10）
世美（ヴィーティ，ティモーテオ 1467-1525）

Vitoni, Ventura 〈15・16世紀〉
イタリアの建築家。
⇒世美（ヴィトーニ，ヴェントゥーラ 1442-1522）

Vitruvius Pollio, Marcus 〈前1世紀頃〉
ローマの建築家、建築理論家。
⇒岩ケ（ウィトルウィウス 1世紀）
岩哲（ウィトルウィウス 前1世紀）
外国（ウィトルウィウス 前1世紀）
科学（ヴィトルヴィウス 前1世紀初期-前25頃）
科技（ビトルビウス）
科史（ウィトルウィウス 生没年不詳）
角世（ウィトルウィウス 生没年不詳）
キリ（ウィトルウィウス 前70頃-?）
建築（ウィトルーウィウス・ポリオ，マルクス（活動）前46-30）
広辞4（ウィトルウィウス）
広辞6（ウィトルウィウス 前1世紀）
国小（ウィトルウィウス 生没年不詳）
コン2（ウィトルウィウス 前1世紀）
コン3（ウィトルウィウス 前1世紀）
集世（ウィトルウィウス・ポッリオ 前1世紀頃）
集文（ウィトルウィウス・ポッリオ 前1世紀頃）
人物（ビトルビウス 生没年不詳）
西洋（ウィトルウィウス 前1世紀）
世西（ウィトルヴィウス 前100頃）
世美（ウィトルウィウス・ポリオ，マルクス 前1世紀）
全書（ウィトルウィウス 生没年不詳）
体育（ビトルビウス 前1世紀頃）
大辞（ビトルビウス 前1世紀頃）
大辞3（ウィトルウィウス 前1世紀頃）
大百（ビトルビウス 生没年不詳）
伝世（ウィトルウィウス 前1世紀）
百科（ウィトルウィウス 生没年不詳）
名著（ウィトルウィウス 生没年不詳）
山世（ウィトルウィウス 生没年不詳）
ロマ（ウィトルウィウス）

Vittone, Bernardo Antonio 〈18世紀〉
イタリアの建築家。独特なバロック様式を展開した。多数の礼拝堂などを建築。
⇒建築（ヴィットーネ，ベルナルド・アントニオ 1705-1770）
国小（ビットーネ 1702-1770.10.19）
世美（ヴィットーネ，ベルナルド・アントーニオ 1705-1770）
百科（ビットーネ 1702-1770）

Vittoria, Alessandro 〈16・17世紀〉
イタリアの彫刻家。

⇒新美（ヴィットーリア, アレッサンドロ 1525-1608.5.27）
世美（ヴィットーリア, アレッサンドロ 1525-1608）

Vittoria, Eduardo 〈20世紀〉
イタリアの建築家, 都市計画家。
⇒世美（ヴィットーリア, エドゥアルド 1923-）

Vittozzi, Ascanio 〈16・17世紀〉
イタリアの建築家, 都市計画家。
⇒世美（ヴィットッツイ, アスカーニオ 1539-1615）

Vivarini, Alvise 〈15・16世紀〉
イタリアの画家。A.ビバリーニの子。主作品はナポリの祭壇画。
⇒岩ケ（ヴィヴァリーニ, アルヴィーゼ 1446頃-1505頃）
キリ（ヴィヴァリーニ, アルヴィーゼ 1447-1504）
芸術（ヴィヴァリーニ父子 1477-1504）
国小（ビバリーニ, アルビーゼ 1446頃-1503/5）
コン2（ヴィヴァリーニ 1440頃-16世紀）
コン3（ヴィヴァリーニ 1440頃-16世紀）
西洋（ヴィヴァリーニ 1445/6-1503/5）
世美（ヴィヴァリーニ, アルヴィーゼ 1446頃-1503）
世美（ヴィヴァリーニ, アルヴィーゼ 1445頃-1505）
伝世（ヴィヴァリーニ 1444頃-1505頃）

Vivarini, Antonio 〈15世紀〉
イタリアの画家。
⇒岩ケ（ヴィヴァリーニ, アントニオ 1415頃-1480頃）
キリ（ヴィヴァリーニ, アントーニオ 1415頃-1476/84）
芸術（ヴィヴァリーニ父子 1420頃-1476/1484頃）
国小（ビバリーニ, アントニオ 1415頃-1476/84）
西洋（ヴィヴァリーニ 1415頃-1476/84）
世西（ヴィヴァリーニ, アントニオ 1415頃-1476/84）
世美（ヴィヴァリーニ, アントーニオ 1420頃-1484）
伝世（ヴィヴァリーニ 1418/20-1476/84）

Vivarini, Bartolomeo 〈15世紀〉
イタリアの画家。兄A.ビバリーニの弟子で, 共作。
⇒岩ケ（ヴィヴァリーニ, バルトロメオ 1432頃-1499頃）
キリ（ヴィヴァリーニ, バルトロメーオ 1432頃-1499）
国小（ビバリーニ, バルトロメオ 1432頃-1499頃）
西洋（ヴィヴァリーニ 1432頃-1499頃）
世西（ヴィヴァリーニ, バルトロメオ 1432頃-1499）
世美（ヴィヴァリーニ, バルトロメーオ 1432頃-1491頃）
伝世（ヴィヴァリーニ 1430頃-1491頃）

Viviani, Giuseppe 〈20世紀〉
イタリアの画家。1950年ベネチアのビエンナーレ展に版画を出品, 総裁賞を獲得。
⇒国小（ビビアーニ 1898/9-）
世芸（ヴィヴィアーニ, ジュゼッペ 1899-1968）
世美（ヴィヴィアーニ, ジュゼッペ 1898-1965）

Vivien, Joseph 〈17・18世紀〉
フランスの画家。パステルの肖像画を残した。
⇒芸術（ヴィヴィアン, ジョセフ 1657-1735）
国小（ビビアン 1657-1734/5）
新美（ヴィヴィアン, ジョセフ 1657-1735.12.5）

Vivin, Louis 〈19・20世紀〉
フランスの画家。素朴派。代表作『パリのノートル・ダーム』など。
⇒岩ケ（ヴィヴァン, ルイ 1861-1936）
新美（ヴィヴァン, ルイ 1861.7.27-1936.5.28）
二十（ヴィヴァン, ルイ 1861.7.27-1936.5.28）

Vlaminck, Maurice de 〈19・20世紀〉
フランスの画家。フォーブ運動の一員。人けのない寂しい町角や風景を描いた。主作品『セーヌ川』。
⇒岩ケ（ヴラマンク, モーリス・ド 1876-1958）
オ西（ヴラマンク, モーリス・ド 1876-1958）
外国（ヴラマンク 1876-）
芸術（ヴラマンク, モーリス・ド 1876-1958）
広辞4（ヴラマンク 1876-1958）
広辞5（ヴラマンク 1876-1958）
広辞6（ヴラマンク 1876-1958）
国小（ブラマンク 1876.4.4-1958.10.11）
コン2（ヴラマンク 1876-1958）
コン3（ヴラマンク 1876-1958）
新美（ヴラマンク, モーリス・ド 1876.4.4-1958.10.11）
人物（ブラマンク 1876.4.4-1958.10.10）
西洋（ヴラマンク 1876.4.4-1958.10.11）
世芸（ヴラマンク, モーリス・ド 1876-1958）
世西（ヴラマンク 1876-1958）
世美（ヴラマンク, モーリス・ド 1876-1958）
世百（ヴラマンク 1876-1958）
全書（ブラマンク 1879-1958）
大辞（ブラマンク 1876-1958）
大辞2（ブラマンク 1876-1958）
大辞3（ブラマンク 1876-1958）
大百（ブラマンク 1876-1958）
デス（ブラマンク 1876-1958）
伝世（ヴラマンク 1876.4.4-1958.10.11）
ナビ（ヴラマンク 1876-1958）
二十（ブラマンク, モーリス・ド 1876.4.4-1958.10.11）
百科（ブラマンク 1876-1958）

Vlasov, Aleksandr Vasilievich 〈20世紀〉
ソヴィエトの建築家。
⇒世美（ヴラーソフ, アレクサンドル・ヴァシリエヴィチ 1900-1962）

Vlasov, Boris Vasiljevich 〈20世紀〉
ロシアのイラストレーター。
⇒児イ（Vlasov, Boris Vasiljevich ヴラーソフ, B.V. 1936-）

Vlerick, Robert〈19・20世紀〉
フランスの彫刻家。
⇒国小（ブレリック 1882-1940）
世芸（ヴレリック, ロベール 1882-1940）

Vogel, Christian Lebrecht〈18・19世紀〉
ドイツの画家。歴史画，肖像画を描いた。
⇒西洋（フォーゲル 1759.4.6-1816.4.11）

Vogel, Ilse-Margret〈20世紀〉
ドイツ出身の画家。
⇒児イ（Vogel, Ilse=Margaret ボーゲル, I.=M.）
児作（Vogel, Ilse=Margaret ボーゲル, イルズ＝マークレット 1914-）

Vogel, J.Ph.〈19・20世紀〉
オランダのインド考古学者。マトゥラー派を有力な美術派として世に紹介したのは彼の功績である。
⇒名著（フォーヘル 1871-1958）

Vogel, Rosi〈20世紀〉
グラフィック・デザイナー。
⇒児イ（Vogel, Rosi フォーゲル, R.）

Vogeler, Heinrich〈19・20世紀〉
ドイツの画家，版画家，工芸家。
⇒広辞6（フォーゲラー 1872-1942）
新美（フォーゲラー, ハインリヒ 1872.12.12-1942.6.14）
二十（フォーゲラー, ハインリヒ 1872.12.12-1942.6.14）

Vogel von Vogelstein, Carl Christian〈18・19世紀〉
ドイツの画家。
⇒世美（フォーゲル・フォン・フォーゲルシュタイン, カール・クリスティアン 1788-1868）

Vogtherr, Heinrich〈15・16世紀〉
ドイツの詩人，画家，彫刻家。
⇒キリ（フォークトヘル, ハインリヒ 1490-1542頃）

Volkelt, Johannes〈19・20世紀〉
ドイツの哲学者，美学者。感情移入美学の代表者。主著『美意識論』(1920)。
⇒岩哲（フォルケルト 1848-1930）
教育（フォルケルト 1848-1930）
国小（フォルケルト 1848.7.21-1930.5.8）
コン2（フォルケルト 1848-1930）
コン3（フォルケルト 1848-1930）
西洋（フォルケルト 1848.7.21-1930.5.8）
世百（フォルケルト 1848-1930）
全書（フォルケルト 1848-1930）
二十（フォルケルト, ヨハネス 1848-1930）
百科（フォルケルト 1848-1930）
名著（フォルケルト 1848-1930）

Vollard, Ambroise〈19・20世紀〉
フランスの画商，版画出版業者。1895年セザンヌ展，99年ナビ派展などを開催，近代美術の推進者。
⇒オ西（ヴォラール, アンブロワーズ 1865-1939）
国小（ボラール 1865-1939）
新美（ヴォラール, アンブロワーズ 1868-1939）
世西（ヴォラール 1865-1939）
世美（ヴォラール, アンブロワーズ 1865-1939）
二十（ボラール, A. 1868-1939）
百科（ボラール 1868-1939）
名著（ヴォラール 1865-1939）

Volpato, Giovanni〈18・19世紀〉
イタリアの版画家，素描家。
⇒世美（ヴォルパート, ジョヴァンニ 1740-1803）

Volterrano〈17世紀〉
イタリアの画家。
⇒世美（ヴォルテッラーノ 1611-1689）

Volti, Antoniucci〈20世紀〉
イタリア生れの彫刻家。
⇒世芸（ヴォルティ, アントニウス 1915-）

Volynskii, Akim L'vovich〈19・20世紀〉
ロシアの文芸批評家。観念論者，神秘主義者で，純粋芸術の擁護者。『法悦の書』(1935)は，舞踊美学の最高のものとされる。
⇒外国（ヴォルィンスキー 1863-1926）
コン3（ヴォルィンスキー 1863-1926）
集文（ヴォルィンスキー, A.L. 1861.4.21-1926.7.6）
西洋（ヴォルィンスキー 1863-1926.7.6）
全書（ボルィンスキー 1863-1926）
二十（ボルィンスキー, A. 1863-1926）

Volynsky, Akim〈19・20世紀〉
ロシアの舞踊批評家，美術史家，バレエ学校校長。
⇒バレ（ヴォルィンスキー, アキム 1865.4.11-1926.7.6）

Von Heune, Stephan〈20世紀〉
アメリカの美術家。
⇒美術（フォン・ヒューン, ステファン 1932-）

Von Leitner, Gudrun〈20世紀〉
ドイツ生れの画家。
⇒世芸（フォン・ライトナー, グドラン 1940-）

Von Schlegell, David〈20世紀〉
アメリカの彫刻家。
⇒美術（ヴォン・シュレーゲル, デイヴィッド 1920-）

Vories, William Merrell〈19・20世紀〉
アメリカの宣教師，建築家。日本に帰化。1910年吉田悦蔵らと近江ミッション創立。20年アメリカの家庭薬メンソレータム東洋専売権を得る。
⇒看護（ヴォーリズ 1880-）
教育（ヴォーリズ 1880-）

キリ（ヴォーリズ，ウィリアム・メリル
　　1880.10.28–1964.5.7）
国小（ボリーズ　1880.10.28–1964.5.7）
西洋（ヴォリーズ　1880.10.28–1964.5.7）
世西（ヴォリーズ　1880–）
二十（ヴォーリズ，ウィリアム・メリル
　　1880.10.28–1964.5.7）
来日（ヴォーリス　1880–1964）

Vorob'ev, Maksim Nikiforovich
〈18・19世紀〉
ロシアの画家。
⇒新美（ヴォロビヨフ，マクシム　1787.8.6/17–
　　1855.8.30/9.11）

Voronikhin, Andrei Nikiforovich
〈18・19世紀〉
ロシアの建築家。主な建築は『カザンスキィ大
寺院』(1801～11)。
⇒建築（ヴォロニーヒン，アンドレイ・ニキフォロ
　　ヴィッチ　1759–1814）
　コン2（ヴォロニーヒン　1759–1814）
　コン3（ヴォロニヒン　1759–1814）

Voronova, Beata 〈20世紀〉
ソ連の芸術研究者。プシューキン美術大学版画
部準教授。
⇒二十（ヴォロノーバ，ビータ　1926–）

Vos, Cornelis de 〈16・17世紀〉
フランドルの画家。主作品『画家とその家族』
(1629)，『ヴィナスの誕生』。
⇒岩ケ（フォス，コルネリス・デ　1585–1651）
　新美（ヴォス，コルネリス・デ　1585頃–
　　1651.9.5）
　西洋（フォス　1585頃–1651.5.9）
　世美（デ・フォス，コルネリス　1584頃–1651）

Vos, Marten de 〈16・17世紀〉
フランドルの画家。
⇒新美（ヴォス，マルテン・デ　1531–1603.12.4）

Vos, Paul de 〈16・17世紀〉
フランドルの画家。
⇒新美（ヴォス，パウル・デ　1595.12.9–
　　1678.6.30）

Vosburgh, Leonard 〈20世紀〉
アメリカのイラストレーター。
⇒児イ（Vosburgh, Leonard　ボスバーグ, L.）

Voss, Jan 〈20世紀〉
ドイツの画家。
⇒世芸（フォス，ヤン　1936–）
　二十（フォス，ジャン　1936–）

Vostell, Wolf 〈20世紀〉
西ドイツの反芸術グループ「デコラージュ」
Decollageの主宰者，画家。1965年，大著『ハプ
ニング―フルクサス，ポップ・アート，ヌー
ヴォー・レアリスム』を出版。
⇒美術（フォステル，ヴォルフ　1932–）

Vouet, Simon 〈16・17世紀〉
フランスの画家。フランスのバロックの画家の
中心的存在。
⇒岩ケ（ヴーエ，シモン　1590–1649）
　芸術（ヴーエ，シモン　1590–1649）
　国小（ヴエ　1590.1.9–1649.6.30）
　新美（ヴーエ，シモン　1590.1.9–1649.6.30）
　西洋（ヴエ　1590.1.9–1649.6.30）
　世西（ヴエー　1590–1649）
　世美（ヴーエ，シモン　1590–1649）
　世百（ヴーエ　1590–1649）
　全書（ブーエ　1590–1649）
　大百（ブーエ　1590–1649）
　百科（ブーエ　1590–1649）

Voulkos, Peter 〈20世紀〉
アメリカの美術家。ファンク・アートの作家の
一人。
⇒美術（ヴォルカス，ピーター　1924–）

Voute, Kathleen 〈20世紀〉
アメリカのイラストレーター。
⇒児イ（Voute, Kathleen　1892–）

Voysey, Charles Francis Annesley
〈19・20世紀〉
イギリスの建築家，装飾デザイナー。単純で簡
素なデザインで名声を得た。
⇒岩ケ（ヴォイジー，チャールズ（・フランシス・ア
　　ネスリー）　1857–1941）
　オ西（ヴォイジー，チャールズ・アンズリー
　　1857–1941）
　国小（ボイジー　1857.5.28–1941.2.12）
　新美（ヴォイズィ，チャールズ・フランシス・ア
　　ンズリー　1857.5.28–1941.2.12）
　世美（ヴォイジー，チャールズ・フランシス・ア
　　ンズリー　1857–1941）
　二十（ヴォイズィ，チャールズ・フランシス・ア
　　ンズリ　1857.5.28–1941.2.12）

Vrabie, George 〈20世紀〉
ロシアのイラストレーター。
⇒児イ（Vrabie, George　ヴラービエ, G.）

Vreeland, Diana 〈20世紀〉
アメリカのメトロポリタン衣装博物館キュー
レーター。1962年『ヴォーグ』編集長，71年メ
トロポリタン美術館の特別顧問として数々の展
示会を開催。
⇒ア人（ヴリーランド，ダイアナ）

Vrielink, Nico 〈20世紀〉
オランダのアーティスト。
⇒世芸（ヴリエリンク，ニコ　1958–）

Vries, Adraen de 〈16・17世紀〉
オランダの彫刻家。後期マニエリスモを代表。
⇒芸術（フリース，アドリアーン・デ　1560頃–
　　1627）
　国小（フリース　1560–1620）
　新美（フリース，アドリアーン・デ　1560頃–
　　1627.6以前）
　百科（フリース　1546頃–1626）

Vries, Hans Vredeman de 〈16・17世紀〉
オランダの建築家，画家，装飾美術家。
⇒建築（ヴリース，ハンス・ヴレーデマン・デ 1527-1606頃）
国小（フリース 1527-1604/23）
新美（フレデマン・デ・フリース，ハンス（ヤン） 1527-1604頃）
世美（フレーデマン・デ・フリース，ハンス 1527-1605頃）
百科（フレーデマン・デ・フリース 1527-1604頃）

Vrubel', Mikhail Aleksandrovich 〈19・20世紀〉
ソ連の画家。
⇒芸術（ヴルーベリ，ミハイル・アレキサンドローヴィッチ 1856-1910）
幻想（ヴルーベリ，ミハイル・アレクサンドロヴィッチ 1856-1910）
国小（ブルーベリ 1856-1911）
コン2（ヴルーベリ 1856-1910）
コン3（ヴルーベリ 1856-1910）
新美（ヴルーベリ，ミハイル 1856.3.5(17)-1910.4.1(14)）
人物（ブリューベリ 1856.3.17-1910）
世芸（ヴルーベリ，ミハイル・アレキサンドローヴィッチ 1856-1910）
世西（ヴリューベリ 1856.3.17-1910）
世美（ヴルーベリ，ミハイル・アレクサンドロヴィチ 1856-1910）
全書（ブルーベリ 1856-1910）
二十（ブルーベリ，ミハイル 1856.3.5(17)-1910.4.1(14)）
百科（ブルーベリ 1856-1910）
ロシ（ヴルーベリ 1856-1910）

Vsevolozhsky, Ivan 〈19・20世紀〉
ロシアの外交官，劇場監督，美術家。
⇒バレ（フセヴォロシスキー，イワン 1835-1909）

Vuillard, Jean Édouard 〈19・20世紀〉
フランスの画家。アンティミスト風の室内画，静物画，肖像画を描いた。
⇒岩ケ（ヴュイヤール，(ジャン・)エドゥアール 1868-1940）
オ西（ヴュイヤール，エドゥアール 1863-1940）
外国（ヴュイヤール 1863-1940）
芸術（ヴィヤール，エドゥアール 1868-1940）
広辞6（ヴュイヤール 1868-1940）
国小（ビュイヤール 1868.11.11-1940.6.21）
コン2（ヴュイヤール 1868-1940）
コン3（ヴュイヤール 1868-1940）
新美（ヴュイヤール，エドゥアール 1868.11.11-1940.6.21）
人物（ビヤール 1868.11.11-1940.6.21）
西洋（ヴュイヤール 1868.11.11-1940.6.21）
世芸（ヴィヤール，エドゥアール 1868-1940）
世西（ヴィヤール 1868.4.13-1940.6.21）
世美（ヴュイヤール，エドゥアール 1868-1940）
世百（ヴュイヤール 1868-1940）
全書（ビュイヤール 1868-1940）
大百（ビュイヤール 1868-1940）
デス（ビュイヤール 1868-1940）
伝世（ヴュイヤール 1868.11.11-1940.6.21）

二十（ビュイヤール，エドゥワール 1868.11.11-1940.6.21）
百科（ビュイヤール 1868-1940）

Vulca 〈前6・5世紀〉
エトルリアの彫刻家。
⇒新美（ウルカ）
世美（ウルカ 前6世紀後半）
百科（ウルカ （活躍)前510-490頃）

Vulgrin 〈11世紀〉
フランスの建築長。
⇒建築（ヴュルグラン （活動)11世紀）

Vuolvinus 〈9世紀〉
イタリアの金銀細工師。
⇒世美（ウオルウィヌス 9世紀）

Vuori, Pekka 〈20世紀〉
フィンランドのイラストレーター。
⇒児イ（Vuori, Pekka ヴォリ, P.）

Vyas, Anil 〈20世紀〉
インドのイラストレーター。
⇒児イ（Vyas, Anil ヴィアス, A.）

【 W 】

Waagen, Gustav Friedrich 〈18・19世紀〉
ドイツの美術史家。著作 "The treasures of art in Great Britain"。生涯の大部分を旅行に費した。のちベルリン絵画館の初代館長（1840〜）。
⇒西洋（ヴァーゲン 1794.2.11-1868.7.15）

Wabbes, Maria 〈20世紀〉
イラストレーター，織物デザイナー。
⇒児イ（Wabbes, Maria）

Waber, Bernard 〈20世紀〉
アメリカの絵本作家。
⇒英児（Waber, Bernard ウェイバー，バーナード 1924-）
児イ（Waber, Bernard ウェーバー, B. 1924-）
児作（Waber, Bernard ウェーバー，バーナード 1924-）

Wachsmann, Konrad 〈20世紀〉
アメリカの建築家。
⇒新美（ワックスマン，コンラート(コンラッド) 1901.5.16-1980.11.25）
二十（ワックスマン，コンラート 1901.5.16-1980.11.25）

Wächter, Eberhard 〈18・19世紀〉
ドイツの画家。

⇒世美（ヴェヒター，エーベルハルト　1762-1852）

Wackenroder, Wilhelm Heinrich 〈18世紀〉
ドイツの作家，評論家。ドイツ中世の画家A. デューラーに傾倒。
⇒外国　（ヴァッケンローダー　1773-1798）
キリ　（ヴァッケンローダー，ヴィルヘルム・ハインリヒ　1773.7.13-1798.2.13）
国小　（ワッケンローダー　1773.7.13-1798.2.13）
コン2　（ヴァッケンローダー　1773-1798）
コン3　（ヴァッケンローダー　1773-1798）
集世　（ヴァッケンローダー，ヴィルヘルム・ハインリヒ　1773.7.13-1798.2.13）
集文　（ヴァッケンローダー，ヴィルヘルム・ハインリヒ　1773.7.13-1798.2.13）
人物　（ヴァッケンローダー　1773.7.13-1798.2.13）
西洋　（ヴァッケンローダー　1773.7.13-1798.2.13）
世百　（ヴァッケンローダー　1773-1798）
世文　（ヴァッケンローダー，ヴィルヘルム・ハインリヒ　1773-1798）
全書　（ヴァッケンローダー　1773-1798）
大百　（ワッケンローダー　1773-1798）
デス　（ヴァッケンローダー　1773-1798）
名著　（ヴァッケンローダー　1773-1798）
歴史　（ヴィルヘルム＝ハインリヒ＝ヴァッケンローダー　1773-1798）

Wackerle, Joseph 〈19・20世紀〉
ドイツの彫刻家，陶像作家。主作品はミュンヘン古代植物園にある『ポセイドンの泉』。
⇒芸術　（ヴァケルレ，ヨゼフ　1880-1949）
国小　（ウォッカーレ　1880.5.15-1959.3.2）
世芸　（ヴァケルレ，ヨゼフ　1880-1949）

Wadowski-Back, Alice 〈20世紀〉
アメリカのイラストレーター。
⇒児イ　（Wadowski-Back, Alice）

Wadswarth, Freda 〈20世紀〉
イギリス生れの画家。
⇒世芸　（ワズワース，フレダ　1918-）

Wadsworth, Edward 〈19・20世紀〉
イギリスの画家。
⇒岩ケ　（ウォズワース，エドワード　1889-1949）
世芸　（ワズワース，エドワード　1889-1949）

Waechter, Friedrich Karl 〈20世紀〉
ドイツの児童文学者。
⇒児イ　（Wächter, Friedrich Karl　ヴェヒター，F.K.　1937-）
児作　（Waechter, Friedrich Karl　ヴェヒター，フリードリッヒ・カール　1937-）

Waetzold, Wilhelm 〈19・20世紀〉
ドイツの美術史学者。ベルリン美術館総長。
⇒キリ　（ヴェツォルト，ヴィルヘルム　1880.2.21-1945.1.5）
国小　（ウェッツォルト　1880.2.21-1945）
西洋　（ヴェツォルト　1880.2.21-1945.1.5）
名著　（ヴェーツォルト　1880-1945）

Wagenfeld, Wilhelm 〈20世紀〉
西ドイツの工業デザイナー。ドイツにおける工業デザインの開拓者。
⇒岩ケ　（ヴァーゲンフェルト，ヴィルヘルム　1900-）
西洋　（ヴァーゲンフェルト　1900.4.15-）

Waghemakere, Herman 〈15・16世紀〉
フランドルの建築家。
⇒建築　（ワーグマーケル，ヘンルマン　1430頃-1503）

Wagner, Gottfried 〈19世紀〉
ドイツの化学者，工芸家。日本窯業の製造技術指導に尽力。大学南校で物理を教授。
⇒外国　（ヴァーグナー　1831-1892）
科学　（ヴァーゲナー　1831.7.5-1892.11.8）
科史　（ヴァーグナー　1831-1892）
広辞6　（ワグナー　1831-1892）
国史　（ワーグナー　1831-1892）
コン2　（ヴァーグナー　1830-1892）
コン3　（ヴァーグナー　1830-1892）
新美　（ワグネル　1831.7.5-1892.11.8）
人物　（ワグナー　1831.7.5-1892.11.8）
西洋　（ヴァーグナー　1831.7.5-1892.11.8）
世西　（ワグナー　1831.7.5-1892.11.8）
世百　（ヴァーグナー　1831-1892）
全書　（ワグネル　1831-1892）
大辞　（ワグナー　1831-1892）
大辞3　（ワグナー　1831-1892）
大百　（ワグナー　1831-1892）
日研　（ワグネル，ゴットフリート　1831.7.5-1892.11.8）
日人　（ワグナー　1831-1892）
百科　（ワーグナー　1831-1892）
来日　（ワグネル　1831.7.5-1892.11.8）

Wagner, Johann Martin von 〈18・19世紀〉
ドイツの彫刻家，考古学者。バイエルンのルードヴィヒ1世のために，凱旋門（ミュンヘン）の古典的彫刻を作製（1850）。
⇒西洋　（ヴァーグナー　1777.6.24-1858.8.8）

Wagner, Johann Peter Alexander 〈18・19世紀〉
ドイツのロココ彫刻家。ヴュルツブルクで宮廷彫刻家となり（1771），宮殿，公園，教会の彫刻を多く残す。
⇒西洋　（ヴァーグナー　1730.2.26-1809.1.7）

Wagner, Otto 〈19・20世紀〉
オーストリアの建築家。アール・ヌーボーに共鳴し，新しい建築を主張。
⇒岩ケ　（ワーグナー，オットー　1841-1918）
オ西　（ヴァグナー，オットー　1841-1918）
外国　（ヴァーグナー　1841-1918）
国小　（ワーグナー　1841.7.13-1918.4.11）
コン2　（ヴァーグナー　1841-1918）
コン3　（ヴァーグナー　1841-1918）
新美　（ヴァーグナー，オットー　1841.7.13-1918.4.11）
西洋　（ヴァーグナー　1841.7.13-1918.4.12）
世西　（ワグナー　1841.7.13-1918.4.12）

世美（ヴァーグナー，オットー　1841-1918）
世百（ヴァーグナー　1841-1918）
全書（ワーグナー　1841-1918）
大辞2（ワグナー　1841-1918）
大辞3（ワグナー　1841-1918）
大百（ワーグナー　1841-1918）
ナビ（ワグナー　1841-1918）
二十（ワーグナー，オットー　1841.7.13-1918.4.11）
百科（ワーグナー　1841-1918）
名著（ヴァーグナー　1841-1918）

Wagner, Wolfgang 〈20世紀〉
ドイツの演出家，舞台装置家，支配人。
⇒オペ（ヴァーグナー，ヴォルフガング　1919.8.30-）
　クラ（ヴァーグナー，ヴォルフガング　1919-）

Wahl, Jan Boyer 〈20世紀〉
アメリカの作家，絵本作家，詩人。
⇒英児（Wahl, Jan Boyer　ウォール，ジャン・ボイヤー　1933-）
　児作（Wahl, Jan　ウォール，ジャン）

Wailly, Charles de 〈18世紀〉
フランスの建築家。
⇒建築（ヴェリー，シャルル・ド　1730-1798）

Wain, Louis 〈19・20世紀〉
イギリスの挿絵画家。
⇒児イ（Wain, Louis　1860.8.5-1939）

Wakely, Shelagh 〈20世紀〉
イギリス生れの造形家。
⇒世芸（ワクレー，シラー　1948-）

Wakeman, Marion Freeman 〈20世紀〉
アメリカのイラストレーター。
⇒児イ（Wakeman, Marion Freeman　ウェイクマン，M.F.　1891-1953）

Wakevich (Wakevitch), Georges 〈20世紀〉
ロシア，フランスの美術家で，多くのバレエの美術を手がけた。
⇒バレ（ワケーヴィチ，ジョルジュ(ゲオルギー)　1907.8.18-1984.2.11）

Walch, Charles 〈20世紀〉
フランスの画家。ロマンチックな色彩で，花や少女を描いた。
⇒国小（ワルシュ　1898.8.4-1948.12.12）
　世芸（ワルシュ，シャルル　1898-1948）

Walcott, Mary Morris 〈19・20世紀〉
アメリカの画家。
⇒世女日（ウォルコット，メアリー・モリス　1860-1940）

Walde-Mar 〈20世紀〉
ブラジルの画家。
⇒児作（Walde=Mar　ヴァルデ＝マール　1933-）

Walden, Herwarth 〈19・20世紀〉
ドイツの芸術評論家。雑誌『嵐』によって表現主義を促進。
⇒集文（ヴァルデン，ヘルヴァルト　1878.9.16-1941.10.31）
　新美（ヴァルデン，ヘルヴァルト　1878.9.16-1941）
　西洋（ヴァルデン　1878.9.16-1941.10.31）
　二十（ワルデン，ヘルヴァルト　1878.9.16-1941）

Waldmann, Emil 〈19・20世紀〉
ドイツの美術史家。ブレーメンの美術館の館長。主著『ティツィアーノ』(1927)。
⇒名著（ヴァルトマン　1880-1945）

Waldmüller, Ferdinand Georg 〈18・19世紀〉
オーストリアの画家。35年アカデミー会員。肖像画，風景画を描いた。
⇒芸術（ヴァルトミュラー，F・ゲオルク　1793-1865）
　国小（ワルトミュラー　1793.1.15-1865.8.23）
　新美（ヴァルトミュラー，フェルディナント・ゲーオルク　1793.1.15-1865.8.23）
　世美（ヴァルトミュラー，フェルディナント・ゲオルク　1793-1865）

Walford, Astrid 〈20世紀〉
イギリスのイラストレーター。
⇒児イ（Walford, Astrid　ウォルフォード，A.　1907-）

Walker, Charles W. 〈20世紀〉
アメリカのイラストレーター。
⇒児イ（Walker, Charles W.　ウォーカー.C.W.）

Walker, Chuek 〈20世紀〉
アメリカの画家。
⇒世芸（ウォーカー，チョーク　1952-）

Walker, David 〈20世紀〉
イギリスのデザイナー。
⇒バレ（ウォーカー，デイヴィッド　1934.7.18-）

Walker, Ethel 〈19・20世紀〉
イギリスの画家。
⇒世女日（ウォーカー，エセル　1861-1951）

Walker, Frederick 〈19世紀〉
イギリスの画家。サッカリの小説に挿画を書いた。
⇒西洋（ウォーカー　1840-1875）

Walker, Horatio 〈19・20世紀〉
風景と農民風俗を描いたカナダの画家。
⇒才西（ウォーカー，ホレイショ　1858-1938）

Walker, Nedda 〈20世紀〉
アメリカのイラストレーター。
⇒児イ（Walker, Nedda　ウォーカー，N.）

Walker, Robert〈17世紀〉
イギリスの肖像画家。議会派の人々の肖像を多く描いた。
⇒国小（ウォーカー　1605/10頃-1656/60頃）

Wall, Dorothy〈20世紀〉
オーストラリアの作家, 挿絵画家。
⇒英児（Wall, Dorothy　ウォール, ドロシー　1894-1942）
　児イ（Wall, Dorothy　ウォール, D.　1894-1953頃）
　世児（ウォール, ドロシ　1894-1942）

Wallace, Daniel〈20世紀〉
アメリカの作家、イラストレーター。
⇒海作4（ウォーレス, ダニエル　1959-）

Wallace, Ian〈20世紀〉
カナダの絵本作家, 挿絵画家。
⇒英児（Wallace, Ian　ウォレス, イアン　1950-）

Wallace, Sir Richard〈19世紀〉
イギリスの美術収集家。ウォレス・コレクションの収集家。
⇒岩ケ（ウォレス, サー・リチャード　1818-1890）
　国小（ウォレス　1818-1890）

Wallaschek, Richard〈19・20世紀〉
オーストリアの美学者。音楽心理学を研究。
⇒音大（ヴァラシェク　1860.11.16-1917.4.24）
　外国（ヴァラシェーク　1860-1917）
　西洋（ヴァラシェク　1860.11.16-1917）

Wallerstedt, Don〈20世紀〉
アメリカのイラストレーター。
⇒児イ（Wallerstedt, Don）

Walley, Clive〈20世紀〉
イギリス生れのアニメーション作家, 画家、テレビ・コマーシャル映画監督。
⇒世映（ウォーリィ, クライヴ　1943-）

Wallis, Alfred〈19・20世紀〉
イギリスの画家。
⇒芸術（ウォリス, アルフレッド　1855-1942）
　世芸（ウォリス, アルフレッド　1855-1942）

Wallis, Henry〈19・20世紀〉
イギリスの画家, 美術批評家。
⇒世美（ウォリス, ヘンリー　1830-1916）

Wallner, John〈20世紀〉
アメリカのイラストレーター。
⇒児イ（Wallner, John　ウォルナー, J.）

Wallot, Johann Paul〈19・20世紀〉
ドイツの建築家。後期バロックの代表者。主作品はベルリンの国会議事堂（1884〜94）。
⇒オ西（ヴァロット, パウル　1841-1912）
　新美（ヴァロット, パウル　1841.6.26-1912.8.18）
　西洋（ヴァロート　1841.6.26-1921.8.10）

Wallraf, Ferdinand Franz〈18・19世紀〉
ドイツの植物学者。美術品等の蒐集家としても名高く, それがもとになりのちのケルン博物館となった。
⇒西洋（ヴァルラーフ　1748.7.20-1824.3.18）

Walpole, Horace〈18世紀〉
イギリスの小説家。政治家。R.ウォルポールの子。
⇒イ文（Walpole, Horace (Horatio), 4th Earl of Orford　1717-1797）
　岩ケ（ウォルポール, ホラス, 4代オーフォード伯爵　1717-1797）
　英文（ウォルポール, ホレス　1717-1797）
　英米（Walpole, Horace, 4th Earl of Orford　ウォールポール〔ホレス〕　1717-1797）
　外国（ウォルポール　1717-1797）
　幻想（ウォルポール, ホレース　1717-1797）
　幻文（ウォルポール, ホラス　1717-1797）
　広辞6（ウォルポール　1717-1797）
　国小（ウォルポール　1717.9.24-1797.3.2）
　コン2（ウォルポール　1717-1797）
　コン3（ウォルポール　1717-1797）
　集世（ウォルポール, ホラス　1717.9.24-1797.3.2）
　集文（ウォルポール, ホラス　1717.9.24-1797.3.2）
　新美（ウォルポール, ホーレス　1717.9.24-1797.3.2）
　人物（ウォルポール　1717.9.24-1797.3.2）
　西洋（ウォルポール　1717.9.24-1797.3.2）
　世百（ウォルポール　1717-1797）
　世文（ウォルポール, ホラス　1717-1797）
　全書（ウォルポール　1717-1797）
　大百（ウォルポール　1717-1797）
　デス（ウォルポール　1717-1797）
　百科（ウォルポール　1717-1797）
　名著（ウォルポール　1717-1797）

Walsh, Charles〈20世紀〉
フランスの画家。
⇒世芸（ヴァルシュ, シャルル　1898-1948）

Walter, Frances〈20世紀〉
アメリカのイラストレーター。
⇒児イ（Walter, Frances　ウォルター, F.）

Walter, Thomas Ustick〈19世紀〉
アメリカの建築家。コリント風神殿の建築などを制作。
⇒建築（ウォルター, トーマス・アースティック　1804-1887）
　国小（ウォルター　1804-1887）
　コン2（ウォルター　1804-1887）
　コン3（ウォルター　1804-1887）
　新美（ウォールター, トーマス　1804.9.4-1887.10.30）
　西洋（ウォルター　1804.9.4-1887.10.30）

Walter of Hereford〈13・14世紀〉
イギリスの建築長, 軍事エンジニア。
⇒建築（ウォルター・オブ・ヘリフォード　1278-

1309）

Walters, Audrey 〈20世紀〉
アメリカのイラストレーター。
⇒児イ（Walters, Audrey　ウォルターズ, A.）

Walters, Thomas James 〈19世紀〉
イギリスの建築家。1868年来日、日本初の都市計画銀座尾張町の改築工事に従事（1871～）。
⇒国史（ウォートルス　生没年不詳）
　新美（ウォートルス　生没年不詳）
　西洋（ウォーターズ（ウォートルス））
　全書（ウォートルス　生没年不詳）
　デス（ウォートルス　生没年不詳）
　日人（ウォートルス　1842-1898）
　百科（ウォートルス　生没年不詳）
　来日（ウォートルス　生没年不詳）

Walton, Cecile 〈20世紀〉
イギリス・スコットランドの画家。
⇒世女日（ウォルトン, セシール　1891-1956）

Walton, Robert L. 〈20世紀〉
アメリカ生れの画家。
⇒世芸（ウォルトン, ロバート・L　1934-）

Walton, Thomas 〈19世紀〉
明治初期に来日したイギリスのガラス技師。
⇒新美（ウォルトン, トーマス　生没年不詳）

Waltrip, Mildred 〈20世紀〉
アメリカのイラストレーター。
⇒児イ（Waltrip, Mildred　1911-）

Walworth, Jane 〈20世紀〉
アメリカのイラストレーター。
⇒児イ（Walworth, Jane　ウォルワース, J.）

Wandrei, Howard 〈20世紀〉
アメリカの怪奇画家。
⇒幻文（ワンドレイ, ハワード　1909-1956）

Wappers, Gustav 〈19世紀〉
ベルギーの画家。ロマン主義の旗頭として、ロマン的な歴史画や肖像画を描いた。
⇒芸術（ワッパース, ギュスターフ　1803-1874）
　国小（ワッパース　1803.8.23-1874.12.6）
　新美（ワッペルス, ギュスターフ　1803.8.23-1874.12.6）

Warburg, Aby 〈19・20世紀〉
ドイツの美術史家、文化史家。イタリア初期ルネッサンス美術と古代神話との関係を生涯の研究テーマとし、美術作品解釈学への道を拓いた。
⇒岩哲（ヴァールブルク　1866-1929）
　オ西（ヴァールブルク（ウォーバーグ）, アビー　1866-1929）
　キリ（ヴァールブルク, アビー　1866.6.13-1929.10.26）
　広辞4（ヴァールブルク　1866-1929）
　広辞5（ヴァールブルク　1866-1929）
　広辞6（ヴァールブルク　1866-1929）
　コン3（ヴァールブルク　1866-1929）
　集世（ヴァールブルク, アビー　1866.6.13-1929.10.26）
　集文（ヴァールブルク, アビー　1866.6.13-1929.10.26）
　新美（ヴァールブルク, アビイ　1866.6.13-1929.10.26）
　西洋（ヴァールブルク　1866.6.13-1929.10.26）
　世美（ヴァールブルク, アビー　1866-1929）
　大辞（ワールブルク　1866-1929）
　大辞2（ワールブルク　1866-1929）
　大辞3（ワールブルク　1866-1929）
　二十（ワールブルク, アビー　1866.6.13-1929.10.26）
　百科（ワールブルク　1866-1929）
　歴史（ヴァールブルク　1866-1929）

Ward, Edward Matthew 〈19世紀〉
イギリスの歴史画家。フランス革命および18世紀の社会生活等を描く。
⇒西洋（ウォード　1816.7.14-1879.1.15）

Ward, James 〈18・19世紀〉
イギリスの画家、版画家。主として動物を題材とした。
⇒芸術（ヴォード, ジェームズ　1769-1859）
　国小（ウォード　1769-1859）
　新美（ウォード, ジェームズ　1769.10.23-1859.11.23）
　世美（ウォード, ジェイムズ　1769-1859）

Ward, John 〈20世紀〉
イギリスのイラストレーター。
⇒児イ（Ward, John　ワード, J.　1917-）

Ward, John Quincy Adams 〈19・20世紀〉
アメリカの彫刻家。
⇒オ西（ウォード, ジョン・クインシー・アダムズ　1830-1910）

Ward, Sir Leslie 〈19・20世紀〉
イギリスの風刺漫画家、肖像画家。
⇒岩ケ（ウォード, サー・レズリー　1851-1922）

Ward, Lynd 〈20世紀〉
挿絵画家、木版画家として知られるアメリカの画家。
⇒幻文（ウォード, リンド　1905-1985）
　児イ（Ward, Lynd Kendall　ワード, L.K.　1905-）

Ware, Isaac 〈18世紀〉
イギリスの建築家。『ローサム・パーク』（1754）などを制作。
⇒国小（ウェアー　?-1766.1.3）

Ware, William Robert 〈19・20世紀〉
アメリカの建築家。『ユニテリアン教会』（ボストン、1875～77）などを共同制作。
⇒国小（ウェアー　1832.5.27-1915.6.9）

Warhol, Andy（Andrew）〈20世紀〉
アメリカの画家、映画製作者。ポップアートの代表的な存在。
⇒ア人（ウォーホル、アンディ 1928-）
　アメ（ウォーホル 1928-1987）
　岩ケ（ウォーホル、アンディ 1928-1987）
　才西（ウォーホル、アンディ（アンドリュー）1930-1987）
　監督（ウォーホル、アンディ 1928-）
　現ア（Warhol, Andy ウォーホル、アンディ 1927-1987）
　現人（ウォーホル ?-）
　広辞5（ウォーホル 1928-1987）
　広辞6（ウォーホル 1928-1987）
　コン3（ウォーホル 1928-1987）
　集文（ウォーホル、アンディ 1928.8.6-1987.2.22）
　新美（ウォーホル、アンディ 1928.8.6-）
　西洋（ウォーホル 1929.8.6-）
　世映（ウォーホル、アンディ 1928-1987）
　世芸（ウォホル、アンディ 1928-1987）
　世西（ウォーホル 1928.8.6-1987.2.22）
　世俳（ウォーホル、アンディ）
　世美（ウォーホル、アンディ 1930-1987）
　世百新（ウォーホル 1928-1987）
　全書（ウォーホル 1930?-）
　大辞2（ウォーホル 1928-1987）
　大辞3（ウォーホル 1928-1987）
　伝世（ウォーホール 1930-）
　ナビ（ウォーホル 1930-1987）
　二十（ウォーホル、アンディ 1928.8.6-1987.2.22）
　二十英（Warhol, Andy 1928?-1987）
　美術（ウォーホル、アンディ 1930-）
　百科（ウォーホル 1928-）

Warm, Herman〈19・20世紀〉
ドイツ・ベルリン生れの映画美術監督。
⇒世映（ヴァルム、ヘルマン 1889-1976）

Warner, Langdon〈19・20世紀〉
アメリカの東洋美術研究家。ボストン美術館に入り、東洋美術部長岡倉天心のもとで研究。『不滅の日本美術』その他を著す。
⇒外国（ウォーナー 1881-）
　教育（ウォーナー 1881-1955）
　国小（ウォーナー 1881.8.1-1955.6.9）
　国百（ウォーナー、ラングドン 1881.8.1-1955.6.9）
　新美（ウォーナー、ラングドン 1881.8.1-1956.6.9）
　人物（ウォーナー 1881.8.1-1955.6.9）
　人物（ワーナー 1881.8.1-1955.6.9）
　西洋（ウォーナー 1881.8.1-1955.6.9）
　全書（ウォーナー 1881-1955）
　大百（ウォーナー 1881-1955）
　二十（ウォーナー、ラングドン 1881.8.1-1955.6.9）
　日人（ウォーナー 1881-1955）
　来日（ウォーナー 1881-1955）

Waroquier, Henri de〈19・20世紀〉
フランスの画家。主作品はシャイヨー宮の壁画『悲劇』(1937)。
⇒外国（ワロキエ 1881-1948）
　国小（ワロキエ 1881.1.8-1948）
　コン3（ワロキエ 1881-1948）
　新美（ヴァロキエ、アンリ・ド 1881.1.8-1970）
　世芸（ワロキエ、アンリ・ド 1881-1948）
　世百（ヴァロキエ 1881-1946）
　二十（ヴァロキエ、アンリ・ド 1881.1.8-1970）

Warr, Malcolm〈20世紀〉
ニュージーランド生れの画家。
⇒世芸（ワー、マルコム 1939-）

al-Wasiti, Yahya ibn Mahmud〈13世紀〉
イスラーム時代の画家。
⇒新美（アル=ワシーティ、ヤフヤー）

Wasmann, Friedrich〈19世紀〉
ドイツの肖像画家。主作品は『風景の前の少女』(ルーブル美術館蔵)。
⇒芸術（ヴァスマン、フリードリヒ 1805-1886）
　国小（ワスマン 1805.8.8-1886.5.10）

Waterhouse, Alfred〈19・20世紀〉
イギリス後期ヴィクトリア朝の建築家。教育、公共機関の建築を多く設計。
⇒岩ケ（ウォーターハウス、アルフレッド 1830-1905）
　才西（ウォーターハウス、アルフレッド 1830-1905）
　国小（ウォーターハウス 1830.7.19-1905.8.22）

Waterhouse, John William〈19・20世紀〉
イギリスの画家。
⇒芸術（ウォーターハウス、ジョン・ウィリアム 1849-1917）
　世芸（ウォーターハウス、ジョン・ウィリアム 1849-1917）

Watkins, Dudley Dexter〈20世紀〉
イギリスの漫画家、イラストレーター。
⇒岩ケ（ウォトキンズ、ダドリー・デクスター 1907-1967）

Watkins, Franklin Chenault〈20世紀〉
アメリカの画家。1950年ニューヨーク近代美術館で回顧展が開かれた。
⇒国小（ワトキンズ 1894.12.30-1972.12.4）
　世芸（ワトキンス、フランクリン 1894-1963）

Watkins, Margaret〈19・20世紀〉
カナダの写真家。
⇒世女日（ワトキンズ、マーガレット 1884-1969）

Watkins-Pitchford, Denys James〈20世紀〉
イギリスの作家、挿絵画家。
⇒英児（Watkins-Pitchford, Denys James ワトキンズ=ピッチフォード、デニス・ジェイムズ 1905-1990）
　児文（ワトキンズ=ピッチフォード、D.J. 1905-）

二十（ワトキンズ・ピッチフォード, デニス・ジェイムズ　1905-）

Watson, Aldren Auld〈20世紀〉
アメリカのイラストレーター。
⇒児イ（Watson, Aldren Auld　ワトソン, A.A.　1917-）

Watson, Basil Barrington〈20世紀〉
ジャマイカ生れの画家。
⇒世芸（ワトソン, バジル・バリントン　1958-）

Watson, Homer〈19・20世紀〉
カナダの風景画家。
⇒オ西（ワトスン, ホーマー　1855-1936）

Watson, Howard N.〈20世紀〉
アメリカのイラストレーター。
⇒児イ（Watson, Howard N.　ワトソン, H.N.）

Watson, Raymond〈20世紀〉
ジャマイカ生れの造形家。
⇒世芸（ワトソン, レイモンド　1954-）

Watson, Wendy〈20世紀〉
アメリカのイラストレーター。
⇒児イ（Watson, Wendy　ワトソン, W.）

Watteau, Jean Antoine〈17・18世紀〉
フランスの画家。代表作『キシラ島への船出』(1717)。アカデミー会員。
⇒岩ケ（ワトー,（ジャン・）アントワーヌ　1684-1721）
　旺世（ワトー　1684-1721）
　外国（ワトー　1684-1721）
　角世（ワトー　1684-1721）
　芸術（ワトー, ジャン・アントアーヌ　1684-1721）
　芸術（ヴァトー, アントワーヌ　1684-1721）
　広辞4（ワトー　1684-1721）
　広辞6（ワトー　1684-1721）
　国小（ワトー　1684.10.10-1721.7.18）
　国百（ワトー, アントアーヌ　1684.10.10-1721.7.18）
　コン2（ワトー　1684-1721）
　コン3（ワトー　1684-1721）
　新美（ヴァトー, アントワーヌ　1684.10.10-1721.7.18）
　人物（ワットー　1684.10.10-1721.7.18）
　西洋（ヴァトー　1684.10.10-1721.7.18）
　世人（ワトー　1684-1721）
　世西（ワトー　1684.10.10-1721.6.18）
　世美（ヴァトー, ジャン=アントワーヌ　1684-1721）
　世百（ワトー　1684-1721）
　全書（ワトー　1684-1721）
　大辞（ワトー　1684-1721）
　大辞3（ワトー　1684-1721）
　大百（ワトー　1684-1721）
　デス（ワトー　1684-1721）
　伝記（ヴァトー　1684.10.10-1721.7.18）
　百科（ワトー　1684-1721）
　評世（ワトー　1684-1721）
　山世（ワトー　1684-1721）

Watts, Bernadette〈20世紀〉
イギリスの絵本作家。
⇒児イ（Watts, Bernadette　ワッツ, B.　1942-）
　児文（ワッツ, バーナディット　1942-）
　二十（ワッツ, バーナディット　1942-）

Watts, George Frederick〈19・20世紀〉
イギリスの画家, 彫刻家。主作品『マニング枢機卿像』(1882)。1902年にメリット勲章を授与される。
⇒岩ケ（ウォッツ, ジョージ・フレデリック　1817-1904）
　芸術（ワッツ, フレデリック　1817-1904）
　広辞4（ワッツ　1817-1904）
　広辞5（ワッツ　1817-1904）
　広辞6（ワッツ　1817-1904）
　国小（ワッツ　1817.2.23-1904.7.1）
　コン2（ウォッツ　1817-1904）
　コン3（ウォッツ　1817-1904）
　新美（ウォッツ, ジョージ・フレデリック　1817.2.23-1904.7.1）
　人物（ワッツ　1817.2.23-1904.7.1）
　西洋（ワッツ　1817.2.23-1904.7.1）
　世西（ワッツ　1817-1904）
　世美（ウォッツ, ジョージ・フレデリック　1817-1904）
　世百（ワッツ　1817-1904）
　全書（ワッツ　1817-1904）
　大百（ワッツ　1817-1904）
　デス（ワッツ　1817-1904）
　百科（ワッツ　1817-1904）

Watts, Marzette〈20世紀〉
アメリカのジャズ・サックス奏者, 画家, 作曲家。
⇒ジャ（ワッツ, マーゼット　1938-）
　二十（ワッツ, マーゼット　1938-）

Weatherby, Meredith〈20世紀〉
アメリカの財界人。ウェザヒル社・社長兼編集長。三島由紀夫の小説等の翻訳者, 日本美術の蒐集家としても知られる。
⇒二十（ウェザビィ, M.　1911-）

Weaver, Jack〈20世紀〉
アメリカのイラストレーター。
⇒児イ（Weaver, Jack　ウィーヴァー, J.　1925-）

Weaver, Robert〈20世紀〉
アメリカのイラストレーター。
⇒児イ（Weaver, Robert　ウィーヴァー, R.）

Webb, Sir Aston〈19・20世紀〉
イギリスの建築家。
⇒岩ケ（ウェッブ, サー・アストン　1849-1930）

Webb, Betty〈20世紀〉
アメリカのイラストレーター, 作家。
⇒海作4（ウェブ, ベティ）

Webb, Françoise〈20世紀〉
アメリカのイラストレーター。
⇒児イ（Webb, Françoise　ウェッブ, F.）

Webb, John 〈17世紀〉
イギリスの建築家。グリニッジ宮チャールズ2世の棟(1664)を制作。
⇒建築（ウェッブ，ジョン 1611-1672）
　国小（ウェッブ 1611-1672）
　新美（ウェッブ，ジョン 1611-1672.10.30）
　西洋（ウェッブ 1611-1672/4.10.30）
　世美（ウェッブ，ジョン 1611-1672）

Webb, Philip Speakman 〈19・20世紀〉
イギリスの建築家。19世紀末のアカデミーの硬直した様式から離脱するのにパイオニア的役割を演じた。代表作は『赤い家』(ケント県アプトン，1859〜60)。
⇒岩ケ（ウェッブ，フィリップ 1831-1915）
　オ西（ウェブ，フィリップ・スピークマン 1831-1915）
　国小（ウェッブ 1831.1.12-1915.4.17）
　新美（ウェッブ，フィリップ 1831.1.12-1915.4.17）
　西洋（ウェッブ 1831-1915）
　全書（ウェッブ 1831-1915）
　大百（ウェッブ 1831-1915）
　百科（ウェッブ 1831-1915）

Webber, Irma Eleanor (Schmidt)
〈20世紀〉
アメリカのイラストレーター。
⇒児イ（Webber, Irma Eleanor (Schmidt) ウェーバー，I.E. 1904-）

Weber, Ernst 〈19・20世紀〉
ドイツの教育家。美学を教育学の基礎科学に加え，図画は一教科として重要であるのみでなく，各教科の教授を支持する方法上の原理であるとした。
⇒西洋（ヴェーバー 1873.7.5-1948.9.3）

Weber, Max 〈19・20世紀〉
アメリカの画家。アメリカにキュビスムを紹介。
⇒岩ケ（ヴェーバー，マックス 1881-1961）
　オ西（ウェバー，マックス 1881-1961）
　外国（ウェバー 1881-）
　国小（ウェバー 1881.4.18-1961.10.4）
　新美（ウェーバー，マクス 1881.4.18(30)-1961.10.4）
　西洋（ウェッパー 1881.4.18-1961.11.4）
　世芸（ウェバー，マックス 1881-1961）
　世美（ヴェーバー，マックス 1881-1961）
　世百（ウェーバー 1881-1961）
　伝世（ウェーバー 1881.4.18-1961.10.4）
　二十（ウェーバー，マクス 1881.4-1961.10.4）

Webster, Herman Armour 〈19・20世紀〉
アメリカの画家，版画家。
⇒国小（ウェブスター 1878.4.6-？）

Webster, Tom 〈19・20世紀〉
イギリスのスポーツ漫画家，アニメ作家。
⇒岩ケ（ウェブスター，トム 1890-1962）

Wechtlin, Hans 〈16世紀〉
ドイツの版画家。
⇒新美（ヴェヒトリン，ハンス）

Weck, Claudia de 〈20世紀〉
スイスのイラストレーター。
⇒児イ（Weck, Claudia de ウェック，C. 1953-）

Wedgwood, Josiah 〈18世紀〉
イギリスの陶芸家。ギリシア・ローマの古典的様式を取入れた。
⇒岩ケ（ウェッジウッド，ジョサイア 1730-1795）
　英米（Wedgwood, Josiah ウェッジウッド 1730-1795）
　外国（ウェッジウッド 1730-1795）
　科史（ウェッジウッド 1730-1795）
　国小（ウェッジウッド 1730.7.12-1795.1.3）
　コン2（ウェッジウッド 1730-1795）
　コン3（ウェッジウッド 1730-1795）
　新美（ウェッジウッド，ジョサイア 1730.7.12-1795.1.3）
　西洋（ウェッジウッド 1730.7.12-1795.1.3）
　世科（ウェッジウッド 1730-1795）
　世美（ウェッジウッド，ジョサイア 1730-1795）
　世百（ウェッジウッド 1730-1795）
　デス（ウェッジウッド 1730-1795）
　伝世（ウェッジウッド 1730.8-1795.1.3）
　百科（ウェッジウッド 1730-1795）

Weedn, Flavia 〈20世紀〉
アメリカの画家，作家。
⇒児作（Weedn, Flavia ウィードゥン，フラヴィア）

Weegee, Arthur Fellig 〈20世紀〉
オーストリア生れで，アメリカで活動した写真家。
⇒大辞3（ウィージー 1899-1968）

Weenix, Jan 〈17・18世紀〉
オランダの画家。
⇒岩ケ（ヴェーニクス，ヤン 1640-1719）

Weenix, Jan Baptist 〈17世紀〉
オランダの画家。パンフィーリ枢機卿(のちの教皇インノケンチウス10世)のために制作。
⇒国小（ウェーニクス 1621-1660.11.19以前）
　新美（ウェーニクス，ヤン・バプティスト 1621頃-1660頃）
　世美（ウェーニクス，ヤン・バプティスト 1621-1660/61）

Wegner, Fritz 〈20世紀〉
オーストリアのイラストレーター。
⇒児イ（Wegner, Fritz ウェグナー，F. 1924-）

Wegner, Hans J. 〈20世紀〉
デンマークの家具デザイナー。
⇒新美（ウェグナー，ハンス 1914-）
　ナビ（ウェグナー 1914-）
　二十（ウェグナー，ハンス・J. 1914-）

Weidensdorfer, Claus 〈20世紀〉
ドイツ生まれの画家。
⇒世芸（ヴァイデンスドルファー，クロウス 1931-）

Weiditz, Hans 〈15・16世紀〉
ドイツの画家，版画家。
⇒新美（ヴァイディツ，ハンス 1495頃-1536頃）

Weidlé, Wladimir 〈20世紀〉
ロシア出身の美術史学・美学者。
⇒集世（ヴェイドレー，ウラジーミル・ワシリエヴィチ 1895.5.1-1979.6.5）
集文（ヴェイドレー，ウラジーミル・ワシリエヴィチ 1895.3.1-1979.8.5）
世百新（ウェイドレ 1895-1979）
世文（ウェイドレ，ウラジーミル 1895-1979）
全書（ウェイドレ 1895-1979）
二十（ウェイドレ，ウラジミール 1895-1979）
百科（ウェイドレ 1895-1979）

Weight, Carel 〈20世紀〉
イギリスの画家。
⇒世芸（ウェイト，カレル 1908-1997）

Weil, Lisl 〈20世紀〉
オーストリアのイラストレーター。
⇒児イ（Weil, Lisl ヴァイル，L.）

Weiler, Joseph Flack 〈20世紀〉
アメリカ生まれの写真家。
⇒世芸（ウエイラー，ジョセフ・フラック 1943-）

Weinbrenner, Friedrich 〈18・19世紀〉
ドイツの建築家。生地カールスルーエ市の拡張設計などにあたった。
⇒建築（ヴァインブレンナー，ヨハン・ヤーコブ・フリードリヒ 1766-1826）
国小（ワインブレンナー 1766.11.24-1826.3.1）
西洋（ヴァインブレンナー 1761.11.29-1826.3.1）
世美（ヴァインブレンナー，フリードリヒ 1766-1826）

Weingartner, Joseph 〈19・20世紀〉
ドイツの作家，美術史家。ティロルの美術およびバロック美術に造詣が深い。
⇒キリ（ヴァインガルトナー，ヨーゼフ 1885.2.10-1957.5.11）
西洋（ヴァインガルトナー 1885.2.10-1957.5.11）

Weinheimer, George 〈20世紀〉
アメリカのイラストレーター。
⇒児イ（Weinheimer, George）

Weir, Harrison 〈19・20世紀〉
挿絵画家。
⇒世児（ウィア，ハリスン 1824-1906）

Weir, Irene 〈19・20世紀〉
アメリカの画家。
⇒世女日（ウェア，アイリーン 1862-1944）

Weir, John Ferguson 〈19・20世紀〉
アメリカの画家，彫刻家。主作品はエール大学学長セオドア・ウルシー立像。
⇒国小（ウェアー 1841.8.28-1926.4.8）

Weir, Julian Alden 〈19・20世紀〉
アメリカの画家，版画家。主作品は『無為の時』。
⇒国小（ウェアー 1852.8.30-1919.12.8）

Weir, Robert Walter 〈19世紀〉
アメリカの画家。主作品『清教徒の乗船』。
⇒国小（ウェアー 1803.6.18-1889.5.1）

Weisbach, Werner 〈19・20世紀〉
ドイツの美術史学者。特にレンブラントを中心とする17世紀の研究家として知られている。
⇒キリ（ヴァイスバハ，ヴェルナー 1873.9.1-1953.4.9）
名著（ヴァイスバハ 1873-1953）

Weisbuch, Claude 〈20世紀〉
フランス生まれの画家。
⇒世芸（ワイズバッシュ，クロード 1927-）

Weisgard, Leonard 〈20世紀〉
アメリカの画家，イラストレーター。
⇒児イ（Weisgard, Leonard ワイスガード，L. 1916-）
児文（ワイズガード，レナード 1916-）
二十（ワイズガード，レナード 1916-）

Weisgelber, Albert 〈19・20世紀〉
ドイツの画家。
⇒キリ（ヴァイスゲルバー，アルベルト 1878.4.21-1915.5.10）

Weiss, Emil 〈20世紀〉
オーストリアのイラストレーター。
⇒児イ（Weiss, Emil ワイス，E. 1896-1965）

Weiss, Harvey 〈20世紀〉
アメリカのイラストレーター。
⇒児イ（Weiss, Harvey ワイス，H.）

Weiss, Peter 〈20世紀〉
ドイツの劇作家，小説家，画家。戯曲『ジャン・ポール・マラーの迫害と殺害』（1964）など。
⇒岩ケ（ヴァイス，ペーター（・ウルリヒ） 1916-1982）
演劇（ヴァイス，ペーター 1916-1982）
現人（ワイス 1916.11.8-）
広辞5（ワイス 1916-1982）
広辞6（ワイス 1916-1982）
国小（ワイス 1916.11.8-）
集世（ヴァイス，ペーター 1916.11.8-1982.5.10）
集文（ヴァイス，ペーター 1916.11.8-1982.5.10）
人物（ワイス 1916.11.18-）

西洋（ヴァイス　1916.11.8-）
世百新（ワイス　1916-1982）
世文（ヴァイス，ペーター　1916-1982）
全書（ワイス　1916-1982）
大辞2（ワイス　1916-1982）
大辞3（ワイス　1916-1982）
大百（ワイス　1916-）
ナビ（ワイス　1916-1982）
二十（ワイス，ピーター　1916.11.8-1982.5.10）
百科（ワイス　1916-1982）
歴史（ヴァイス　1916-1982）

Weisse, Christian Hermann〈19世紀〉
ドイツの哲学者。美学者。ライプチヒ大学教授。ヘーゲル学派に属する。
⇒キリ（ヴァイセ，クリスティアン・ヘルマン　1801.8.10-1866.9.19）
国小（ワイセ　1801.8.10-1866.9.19）
西洋（ヴァイセ　1801.8.10-1866.9.19）

Weisweiler, Adam〈18・19世紀〉
ドイツの家具製作者。代表作『マリー・アントアネットの文机』(1784)。
⇒国小（ワイスワイラー　1750頃-1810以後）
新美（ウェースウェレール，アダム　1750頃-1809/10頃）
世美（ヴァイスヴァイラー，アダム　1750頃-1810頃）

Weitz, Morris〈20世紀〉
アメリカの美学者。オハイオ州立大学等を経てブランディース大学教授。
⇒西洋（ウィーツ　1916.7.24-）

Weitzmann, Kurt〈20世紀〉
アメリカの美術史家。ドイツ生れ。ビザンチン美術の基本的研究方法を確立。
⇒西洋（ヴァイツマン　1904.5.7-）

Welch, Robert〈20世紀〉
イギリスの銀細工師、銀製品デザイナー。
⇒岩ケ（ウェルチ，ロバート　1929-）

Wells, John〈20世紀〉
イギリスの画家。
⇒国小（ウェルズ　1907/9-）

Wells, Rosemary〈20世紀〉
アメリカの女性絵本作家，挿絵画家，作家，詩人。
⇒英児（Wells, Rosemary ウェルズ，ローズマリ　1943-）
児イ（Wells, Rosemary ウェルズ，R.）

Welsch, Maximilian von〈17・18世紀〉
ドイツのバロック末期の建築家。選帝侯の築城総監を務めた。
⇒建築（ヴェルシュ，マキシミリアン・フォン　1671-1745）
国小（ウェルシュ　1671-1745）

Welti, Albert〈19・20世紀〉
スイスの画家、版画家。

⇒世美（ヴェルティ，アルベルト　1862-1912）

Wende, Philip〈20世紀〉
アメリカのイラストレーター。
⇒児イ（Wende, Philip ウェンド，P.）

Wendisch, Trakia〈20世紀〉
ドイツ生れの画家。
⇒世芸（ヴェンディッシュ，トラキア　1958-）

Wennberg, Teresa〈20世紀〉
スウェーデン生れの女性現代美術作家。
⇒世芸（ベンバーグ，テレサ　?-）

Wennerstrom, Genia Katherine〈20世紀〉
アメリカのイラストレーター。
⇒児イ（Wennerstrom, Genia Katherine 1930-）

Wenzinger, Christian〈18世紀〉
ドイツのロココ彫刻家、画家、建築家。
⇒芸術（ヴェンツィンガー，クリスティアン　1710-1797）
国小（ウェンツィンガー　1710-1797）
新美（ウェンツィンガー，クリスティアン　1710.12.10-1797.7.1）
西洋（ヴェンツィンガー　1710.12.10-1797.7.1）

Wereffkin, Marianne von〈19・20世紀〉
ロシア生れの画家。表現主義の先駆者の一人。作品『こけら板工場』など。
⇒新美（ヴェレフキン，マリアンネ・フォン　1860.9.10(8.29)-1938.2.6）
二十（ヴェレフキン，マリアンネ　1860.9.10(8.29)-1938.2.6）

Werenskiold, Erik Theodor〈19・20世紀〉
ノルウェーの画家、版画家。
⇒オ西（ヴェレンショル，エリク　1855-1938）
芸術（ヴェレンショル，エリク　1855-1938）
国小（ウェレンスキョルト　1855.2.11-1938.11.23）
新美（ヴェレンショル，エリク　1855.2.11-1938.11.23）
世芸（ヴェレンショル，エリク　1855-1938）
二十（ヴェレンショル，エリク　1855.2.11-1938.11.23）

Werner, Alfred〈20世紀〉
ドイツの美学者。
⇒西洋（ヴェルナー　1892.10.3-）

Werth, Kurt〈20世紀〉
ドイツのイラストレーター。
⇒児イ（Werth, Kurt ワース，K.　1896-）

Wertmüller, Adolf Ulrick〈18・19世紀〉
スウェーデンの画家。
⇒世美（ヴァットムッレル，アドルフ・ユルリク

1751–1811)

Wespin, Jean 〈16・17世紀〉
フランドルの彫刻家，塑像制作家。
⇒世美（ヴェスパン，ジャン　1568/69–1615頃）

Wessel, Klaus 〈20世紀〉
ドイツのキリスト教考古学者，古代キリスト教美術史学者。
⇒キリ（ヴェッセル，クラウス　1916.4.16–）

Wesselmann, Tom 〈20世紀〉
アメリカの画家，ポップ・アーティスト。
⇒岩ケ（ウェッセルマン，トム　1931–）
　オ西（ウェッセルマン，トム　1931–）
　新美（ウェッセルマン，トム　1931.2.23–）
　世芸（ウェッセルマン，トム　1931–2004）
　世美（ウェッセルマン，トム　1931–）
　二十（ウェッセルマン，トム　1931.2.23–）
　美術（ウェッセルマン，トム　1931–）

Wesso, Hans Waldemer 〈20世紀〉
ドイツ生れの画家。
⇒幻文（ウェッソ，ハンス・ヴァルデマー　1894–?）

West, Benjamin 〈18・19世紀〉
アメリカの画家。国王ジョージ3世の宮廷画家。
⇒岩ケ（ウェスト，ベンジャミン　1738–1820）
　芸術（ウェスト，ベンジャミン　1738–1820）
　国小（ウェスト　1738.10.10–1820.3.11）
　コン2（ウェスト　1738–1820）
　コン3（ウェスト　1738–1820）
　新美（ウェスト，ベンジャミン　1738.10.10–1820.3.11）
　西洋（ウェスト　1738.10.10–1820.3.11）
　世西（ウェスト　1738.10.10–1820.3.11）
　世美（ウェスト，ベンジャミン　1738–1820）
　全書（ウェスト　1738–1820）
　大百（ウェスト　1738–1820）
　伝世（ウェスト，B.　1738.10.10–1820.3.11）
　百科（ウェスト　1738–1820）

West, Roscoe 〈20世紀〉
アメリカ生れの造形家。
⇒世芸（ウェスト，ロスコー　1948–）

West, Walter Richard 〈20世紀〉
アメリカのイラストレーター。
⇒児イ（West, Walter Richard　ウェスト，W.R.　1912–）

Westall, Richard 〈18・19世紀〉
イギリスの画家。
⇒世美（ウェストール，リチャード　1765–1836）

Westermann, H.C. 〈20世紀〉
アメリカの彫刻家。
⇒美術（ウェスターマン，H.C.　1922–）

Westmacott, Richard 〈18・19世紀〉
イギリスの彫刻家。作品をウィンチェスターの聖堂，ルッターワースの教会，カンタベリの聖堂等に残す。

⇒キリ（ウェストマコット，リチャード　1799–1872.4.19）
　西洋（ウェス(ト)マコット　1799–1872.4.19）

Westmacott, Sir Richard 〈18・19世紀〉
イギリスの彫刻家。主作品『ホーリー大司教墓碑』。
⇒キリ（ウェストマコット，リチャード　1775.7.15–1856.9.1）
　芸術（ウェストマコット，リチャード　1775–1856）
　国小（ウェストマコット　1775–1856）
　西洋（ウェス(ト)マコット　1775.7.15–1856.9.1）

Weston, Edward 〈19・20世紀〉
アメリカの写真家。写真芸術に新生面を開く。
⇒アメ（ウェストン　1886–1958）
　岩ケ（ウェストン，エドワード　1886–1958）
　現人（ウェストン　1886.3.24–1958.1.1）
　国小（ウェストン　1886.3.24–1958.1.1）
　コン3（ウェストン　1886–1958）
　新美（ウェストン，エドワード　1886.3.24–1958.1.1）
　世芸（ウェストン，エドワード　1886–1958）
　世百（ウェストン　1886–1958）
　世百新（ウェストン　1886–1958）
　全書（ウェストン　1886–1958）
　大辞3（ウェストン　1886–1958）
　大百（ウェストン　1886–1958）
　伝世（ウェストン　1886.3.24–1958.1.1）
　ナビ（ウェストン　1886–1958）
　二十（ウェストン，エドワード　1886.3.24–1958.1.1）
　百科（ウェストン　1886–1958）

Westwood, Vivienne 〈20世紀〉
イギリスの服飾デザイナー。
⇒世女（ウェストウッド，ヴィヴィアン　1941–）

Wettling, George Godfrey 〈20世紀〉
アメリカのジャズ・ドラマー。前衛画家としても知られる。シカゴ・ジャズの重要なドラマーの一人として活躍。
⇒ジャ（ウェットリング，ジョージ　1907.11.28–1968.6.6）
　二十（ウェットリング，ジョージ・G.　1907.11.28–1968.6.6）

Weyden, Rogier van der 〈14・15世紀〉
フランドルの画家。多数の宗教画のほかに数点の肖像画を残す。
⇒岩ケ（ヴァイデン，ロヒール・ファン・デル　1400頃–1464）
　外国（ヴァイデン　1399頃–1466）
　キリ（ウェイデン，ロヒール・ヴァン・デル　1399/1400–1464.6.16）
　芸術（ウェイデン，ロヒール・ヴァン・デル　1399/1400–1464）
　芸術（ヴァイデン，ロジェ・ヴァン・デル　1400頃–1464）
　芸術（ヴァン・デル・ウェイデン，ロヒール　1399–1464）
　広辞4（ファン・デル・ウェイデン　1399/1400–1464）
　広辞6（ファン・デル・ウェイデン　1399/1400–

1464)
国小（ウェイデン　1399/1400-1464.6.18）
国百（ワイデン, ロヒール・ファン・デル　1400頃-1464.6.18）
コン2（ヴァイデン　1399/1400-1464）
コン3（ヴァイデン　1399/1400-1464）
新美（ウェイデン, ロヒール・ヴァン・デル　1399/1400-1464.6.18）
人物（ワイデン　1400頃-1464.6.18）
西洋（ヴァイデン　1399/1400-1464.6.18）
世西（ヴァイデン　1399-1464）
世美（ファン・デル・ウェイデン, ロヒール　1399/1400-1464）
世百（ヴァイデン　1399頃-1464）
全書（ワイデン　1397/1400-1464）
大辞（ファン・デル・ウェイデン　1399頃-1464）
大辞3（ファン・デル・ウェイデン　1399頃-1464）
大百（ワイデン　1399/1400-1464）
デス（ワイデン　1399頃-1464）
伝世（ファン・デル・ウェイデン　1399/1400-1464）
百科（ファン・デル・ウェイデン　1399/1400-1464）

Wezel, Peter〈20世紀〉
スイスの絵本作家。作品『かわいいことり』『いたずらことり』。
⇒児イ（Wezel, Peter　ヴェーツェル, P.　1941-）
児文（ヴェーツェル, ペーター　1941-）
二十（ヴェーツェル, ペーター　1941-）

Wheatley, Francis〈18・19世紀〉
イギリスの画家。
⇒世美（ホイートリー, フランシス　1747-1801）

Wheatley, Nadia〈20世紀〉
オーストラリアの女性作家, 絵本作家。
⇒英児（Wheatley, Nadia　ホイートリー, ナディア　1949-）

Wheeler, Bill〈20世紀〉
アメリカ生れの造形家。
⇒世芸（フィーラー, ビル　1948-）

Wheeler, Candace Thurber〈19・20世紀〉
アメリカの織物デザイナー。
⇒世女日（ホィーラー, キャンダス・サーバー　1827-1923）

Wheeler, Sir Charles〈20世紀〉
イギリスの彫刻家。
⇒岩ケ（ウィーラー, サー・チャールズ　1892-1974）

Wheeler, Lyle〈20世紀〉
アメリカ生れの映画美術監督。
⇒世映（ウィーラー, ライル　1905-1990）

Wheeler, Sir Robert Eric Mortimer〈19・20世紀〉
イギリスの考古学者。インダス文明研究の権威として知られる。

⇒岩ケ（ウィーラー, サー・（ロバート・エリック・）モーティマー　1890-1976）
現人（ホイーラー　1890.9.10-）
国小（ウィーラー　1890-1976）
コン3（ウィーラー　1890-1976）
新美（ウィーラー, モーティマー　1890.9.10-1976.7.22）
西洋（ホイーラー　1890.9.10-1976.7.22）
世百新（ウィーラー　1890-1976）
南ア（ウィーラー　1890-1976）
二十（ウィーラー, ロバート・エリック・モーティマー　1890.9.10-1976.7.22）
百科（ウィーラー　1890-1976）
名著（ホイーラー　1890-）

Whelan, Michael〈20世紀〉
アメリカの画家, イラストレーター。
⇒幻文（ウィーラン, マイクル　1950-）

Whistler, James Abbott McNeill〈19・20世紀〉
アメリカの画家。パリとロンドンで活躍。主作品は『白い衣服の少女』(1864) など。
⇒アメ（ホイッスラー　1834-1903）
イ文（Whistler, J(ames) A(bbott) M(acNeill)　1834-1903）
岩ケ（ウィスラー, ジェイムズ・（アボット・）マクニール　1834-1903）
外国（ホイッスラー　1834-1908）
キリ（ホウィスラー, ジェイムズ・アボット・マクニール　1834.7.10-1903.7.17）
芸術（ホイッスラー, ジェイムズ・アボット・マクニール　1834-1903）
広辞4（ホイッスラー　1834-1903）
広辞5（ホイッスラー　1834-1903）
広辞6（ホイッスラー　1834-1903）
国小（ホイッスラー　1834.7.10-1903.7.17）
コン2（ホイスラー　1834-1903）
コン3（ホイッスラー　1834-1903）
集文（ホイッスラー, ジェイムズ・マックニール　1834.7.10-1903.7.17）
新美（ホイッスラー, ジェームス・アボット・マクニール　1834.7.10-1903.7.17）
人物（ホイッスラー　1834.7.10-1903.7.17）
西洋（ホイスラー　1834.7.10-1903.7.17）
世（ホイッスラー　1834.7.10-1903.7.17）
世美（ホイッスラー, ジェイムズ・アボット・マクニール　1834-1903）
世百（ホイッスラー　1834-1903）
全書（ホイッスラー　1834-1903）
大辞（ホイッスラー　1834-1903）
大辞2（ホイッスラー　1834-1903）
大辞3（ホイッスラー　1834-1903）
大百（ホイッスラー　1834-1903）
デス（ホイッスラー　1834-1903）
伝世（ホイスラー　1834.7.10-1903.7.17）
ナビ（ホイッスラー　1834-1903）
百科（ホイッスラー　1834-1903）

Whistler, Rex (John)〈20世紀〉
イギリスの芸術家。
⇒岩ケ（ウィスラー, レックス（・ジョン）　1905-1944）

White, C.S.〈20世紀〉
アメリカ生れの画家。

⇒世芸（ホワイト, C・S 1925-）

White, David Omar〈20世紀〉
アメリカのイラストレーター。
⇒児イ（White, David Omar ホワイト, D.O.）

White, John〈16世紀〉
イギリスの画家，地図製作者，植民地統治者。
⇒岩ケ（ホワイト, ジョン (活躍)1585-1593）

White, Minor〈20世紀〉
アメリカの写真家。
⇒岩ケ（ホワイト, マイナー 1908-1976）

White, Stanford〈19・20世紀〉
アメリカの建築家。1879年C.マッキム，W.ミードとともにマッキム・ミード・アンド・ホワイト建築事務所を開設。主作品はニューポートのカジノ（1881）。
⇒岩ケ（ホワイト, スタンフォード 1853-1906）
　国小（ホワイト 1853.11.9-1906.6.25）
　コン3（ホワイト 1853-1906）
　西洋（ホワイト 1853.11.9-1906.6.25）

Whitebead, Baida〈20世紀〉
アメリカのイラストレーター。
⇒児イ（Whitebead, Baida）

Whiteley, Brett〈20世紀〉
オーストラリアの芸術家。
⇒岩ケ（ホワイトリー, ブレット 1939-1992）
　最世（ホワイトリー, ブレット 1939-1992）

Whitney, Anne〈19・20世紀〉
アメリカの彫刻家。
⇒世女（ホイットニー, アン 1821-1915）
　世女日（ホイットニー, アン 1821-1915）

Whitney, Flora Payne〈20世紀〉
アメリカの彫刻家。
⇒世女日（ホイットニー, フローラ・ペイン 1897-1986）

Whitney, Gertrude Vanderbilt〈19・20世紀〉
アメリカの彫刻家，芸術後援者，美術収集家。
⇒岩ケ（ウィットニー, ガートルード・ヴァンダービルト 1875-1942）
　世女日（ホイットニー, ガートルード 1875-1942）

Whitney, John〈20世紀〉
アメリカ生れの映像作家，コンピューター・アーティスト，アニメーション作家。
⇒世映（ホイットニー, ジョン 1917-1995）

Whittam, Geoffrey William〈20世紀〉
イギリスのイラストレーター。
⇒児イ（Whittam, Geoffrey William ウィッタム, G.W. 1916-）

Whittredge, Worthington〈19・20世紀〉
アメリカの風景画家。
⇒国小（ウィトリジ 1820.5.22-1910.2.25）

Whymper, Edward〈19・20世紀〉
イギリスの木版画家，登山家。著書『アルプス登攀記』。
⇒逸話（ウィンパー 1840-1911）
　岩ケ（ウィンパー, エドワード 1840-1911）
　外国（ウィンパー 1840-1911）
　広辞5（ウィンパー 1840-1911）
　広辞6（ウィンパー 1840-1911）
　国小（ウィンパー 1840.4.27-1911.9.16）
　コン2（ウィンパー 1840-1911）
　コン3（ウィンパー 1840-1911）
　人物（ウィンパー 1840.4.27-1911.9.16）
　西洋（ホインパー 1840.4.27-1911.9.16）
　世百（ウィンパー 1840-1911）
　全書（ウィンパー 1840-1911）
　大辞（ウィンパー 1840-1911）
　大辞2（ウィンパー 1840-1911）
　大辞3（ウィンパー 1840-1911）
　大百（ウィンパー 1840-1911）
　デス（ウィンパー 1840-1911）
　伝世（ウィンパー 1840.4.27-1911.9.16）
　百科（ウィンパー 1840-1911）
　名著（ホインパー 1840-1911）

Wiberg, Harald〈20世紀〉
スウェーデンのイラストレーター。
⇒児イ（Wiberg, Harald ウィーベリ, H. 1908-）

Wicar, Jean-Baptiste〈18・19世紀〉
フランスの画家，粗描家，版画家。
⇒世美（ヴィカール, ジャン=バティスト 1762-1834）

Wick, Walter〈20世紀〉
アメリカのカメラマン。
⇒児作（Wick, Walter ウィック, ウォルター 1953-）

Wickhoff, Franz〈19・20世紀〉
オーストリアの美術史家。古代末期のローマ芸術を崩壊期とみなす従来の評価を鋭く批判。
⇒キリ（ヴィクホフ, フランツ 1853.5.7-1909.4.6）
　国小（ヴィックホフ 1853.5.7-1909.4.6）
　新美（ヴィックホフ, フランツ 1853.5.7-1909.4.6）
　西洋（ヴィックホフ 1853.5.7-1909.4.6）
　世美（ヴィックホフ, フランツ 1853-1909）

Wiegand, Theodor〈19・20世紀〉
ドイツの考古学者。
⇒外国（ヴィーガント 1864-1937）
　国小（ヴィーガント 1864-1936）
　コン2（ヴィーガント 1864-1936）
　コン3（ヴィーガント 1864-1936）
　西洋（ヴィーガント 1864.10.30-1936.12.19）
　世美（ヴィーガント, テオドル 1864-1936）

Wieland, Joyce〈20世紀〉
カナダの芸術家。
⇒世女日（ウイーランド, ジョイス 1931-1998）

Wiertz, Antoine Joseph〈19世紀〉
ベルギーの画家, 彫刻家。ブリュッセルのアトリエは, ヴィエルス博物館になった。
⇒岩ケ（ヴィールツ, アントン・ヨーゼフ 1806-1865）
新美（ウィールツ, アントニー 1806.2.22-1865.6.18）
西洋（ヴィエルス 1806.2.22-1865.6.18）
世美（ヴィールツ, アントワーヌ 1806-1865）
百科（ウィールツ 1806-1865）

Wiese, Kurt〈19・20世紀〉
ドイツの挿絵画家。
⇒英児（Wiese, Kurt ヴィーゼ, クルト 1887-1974）
児イ（Wiese, Kurt ビーゼ, K. 1887-1974）
世児（ヴィーゼ, クルト 1887-1974）

Wiesmuller, Dieter〈20世紀〉
ドイツのイラストレーター。
⇒児イ（Wiesmuller, Dieter ウィズミュラー, D. 1950-）

Wiesner, David〈20世紀〉
アメリカの絵本作家。
⇒英児（Wiesner, David ウィーズナー, デイヴィッド 1956-）
英文（ウィーズナー, デイヴィッド 1956-）
児イ（Wiesner, David ウィーズナー, D.）

Wiesner, William〈20世紀〉
アメリカのイラストレーター。
⇒児イ（Wiesner, William ウィーズナー, W. 1899-）

Wignell, Edel〈20世紀〉
オーストラリアの女性絵本作家, 作家, 著述家。
⇒英児（Wignell, Edel ウィグネル, エデル 1936-）

Wiinblad, Bjørn〈20世紀〉
デンマークのイラストレーター。
⇒児イ（Wiinblad, Bjørn ウィンブラード, B. 1918-）

Wijnants, Jan〈17世紀〉
オランダの画家。
⇒世美（ウェイナンツ, ヤン 1625頃-1684）

Wikland, Ilon〈20世紀〉
ロシアのイラストレーター。
⇒児イ（Wikland, Ilon ビークランド, I. 1930-）

Wikström, Emil〈19・20世紀〉
フィンランドの彫刻家。代表作はフランス風の大理石彫刻『祈願』(1897)および初期のブロンズ『ガレン・カレラの胸像』(1886)。

⇒西洋（ヴィクストレーム 1864.4.13-1942.9.25）

Wilcox, Ray Turner〈20世紀〉
アメリカの服装研究家。服飾新聞『ウーメン・ウェア』の初代記者兼美術家およびデザイナーとなり, エドワード出版文化賞を受けた。
⇒名著（ウィルコックス ?-）

Wild, Jocelyn〈20世紀〉
イギリスのイラストレーター。
⇒児イ（Wild, Robin & Jocelyn ワイルド, J.）

Wild, Margaret〈20世紀〉
南アフリカ生れのオーストラリアの女性絵本作家。
⇒英児（Wild, Margaret ワイルド, マーガレット 1948-）
海作4（ワイルド, マーガレット）
児作（Wild, Margaret ワイルド, マーガレット）

Wild, Robin〈20世紀〉
イギリスのイラストレーター。
⇒児イ（Wild, Robin & Jocelyn ワイルド, R.）

Wildenstein, Georges〈20世紀〉
フランスの美術史家, 画廊主。『ガゼット・デ・ボーザール』誌の発行に貢献。
⇒新美（ウィルデンステイン, ジョルジュ 1892-1963）
二十（ウィルデンステイン, ジョルジュ 1892-1963）

Wilding, Dorothy〈20世紀〉
イギリスの肖像写真家。
⇒世女（ワイルディング, ドロシー 1893-1976）
世女日（ワイルディング, ドロシー 1893-1976）

Wildsmith, Brian〈20世紀〉
イギリスの絵本作家, イラストレーター。
⇒英児（Wildsmith, Brian Lawrence ワイルドスミス, ブライアン・ローレンス 1930-）
児イ（Wildsmith, Brian ワイルドスミス, B. 1930-）
児文（ワイルドスミス, ブランアン 1930-）
世児（ワイルドスミス, ブライアン(・ローレンス) 1930-）
二十（ワイルドスミス, ブライアン 1930-）

Wildt, Adolfo〈19・20世紀〉
イタリアの彫刻家, デザイナー。
⇒世美（ヴィルト, アドルフォ 1868-1931）

Wilenski, Reginald Howard〈19・20世紀〉
イギリスの美術評論家, 美術史家。
⇒岩ケ（ウィレンスキー, レジナルド・ハワード 1887-1975）

Wilhelm, Hans〈20世紀〉
アメリカのイラストレーター。
⇒児イ（Wilhelm, Hans ヴィルヘルム, H.

1945-）

Wilhelm, von Köln〈14世紀〉
ドイツの画家。
⇒西洋（マイスター・ヴィルヘルム ?-1378）
西洋（ヴィルヘルム ?-1378以前）

Wiligelmo〈11・12世紀〉
イタリアの彫刻家。作品にモデナ大聖堂正面の浮彫がある。
⇒広辞4（ヴィリジェルモ）
広辞6（ヴィリジェルモ）
新美（ヴィリジェルモ）
世美（ヴィリジェルモ （活動）1099-1110頃）

Wilke, Hannah〈20世紀〉
アメリカでワギナのオブジェを作りつづけるアーティスト。
⇒スパ（ウィルケ, ハンナ ?-）

Wilkie, *Sir* David〈18・19世紀〉
スコットランドの風俗画家。主作品『村祭』など。
⇒岩ケ（ウィルキー, サー・デイヴィド 1785-1841）
芸術（ウィルキー, デイヴィッド 1785-1841）
国小（ウィルキー 1785.11.18-1841.6.1）
新美（ウィルキー, デイヴィッド 1785.11.18-1841.6.1）
西洋（ウィルキー 1785.11.18-1841.6.1）
世美（ウィルキー 1785-1841）
世美（ウィルキー, デイヴィッド 1785-1841）

Wilkin, Eloise Burns〈20世紀〉
アメリカのイラストレーター。
⇒児イ（Wilkin, Eloise Burns ウィルキン, E.B. 1904-）

Wilkins, William〈18・19世紀〉
イギリスの建築家。主作品『ロンドン国立美術館』(1838)。
⇒建築（ウィルキンズ, ウィリアム 1778-1839）
西洋（ウィルキンズ 1778-1839）
世美（ウィルキンズ, ウィリアム 1778-1839）

Wilkinson, Barry〈20世紀〉
イギリスのイラストレーター。
⇒児イ（Wilkinson, Barry ウィルキンソン, B.）

Wilkoń, Józef〈20世紀〉
ポーランドのイラストレーター、画家。1969年BIB世界絵本原画展で金賞を受賞。『ちいさないぬ』や『やさしいおおかみ』の絵など。
⇒児イ（Wilkon, Jozef ヴィルコン, J. 1930-）
児文（ヴィルコン, ユゼフ 1930-）
二十（ヴィルコン, ユゼフ 1930-）

Willams, Kit〈20世紀〉
イギリスのイラストレーター。
⇒児イ（Willams, Kit ウィリアムズ, K. 1947-）

Willard, Frank Henry〈20世紀〉
アメリカの諷刺画家。
⇒国小（ウィラード 1893-1958）

Willard, Nancy Margaret〈20世紀〉
アメリカの女性作家、詩人、挿絵画家。
⇒英児（Willard, Nancy Margaret ウィラード, ナンシー・マーガレット 1936-）
児作（Willard, Nancy ウィラード, ナンシー）

Willcox, Sandra〈20世紀〉
アメリカのイラストレーター。
⇒児イ（Willcox, Sandra ウィルコックス, S.）

William de Brailes〈13世紀〉
イギリスの写本挿絵画家。
⇒新美（ウィリアム・ド・ブレイルズ）

William of Ramsey〈14世紀〉
イギリスの建築家。
⇒建築（ウィリアム・オブ・ラムセイ ?-1349）

William of Wynford〈14・15世紀〉
ウェルズのカテドラルの建築長。
⇒建築（ウィリアム・オブ・ウィンフォード ?-1411/12）

Williams, Christopher〈20世紀〉
イギリスのガラス工芸家。
⇒世芸（ウィリアムズ, クリストファー ?-）

Williams, Fred(erick Ronald Williams)〈20世紀〉
オーストラリアの画家、エッチング作家。
⇒岩ケ（ウィリアムズ, フレッド（フレデリック・ロナルド・ウィリアムズ） 1927-1982）

Williams, Garth Montgomery〈20世紀〉
アメリカのイラストレーター。
⇒英児（Williams, Garth ウィリアムズ, ガース 1912-1996）
児イ（Williams, Garth Montgomery ウィリアムズ, G.M. 1912-）
児文（ウィリアムズ, ガース 1912-）
二十（ウィリアムズ, ガース・モンゴメリ 1912-）

Williams, Jenny〈20世紀〉
イギリスのイラストレーター。
⇒児イ（Williams, Jenny ウィリアムズ, J.）

Williams, Neil〈20世紀〉
アメリカの抽象画家。
⇒美術（ウィリアムズ, ニール 1934-）

Williams, Ursula Moray〈20世紀〉
イギリスの女流作家、画家。童話『木馬の冒険旅行』(1938)、『魔法使いの猫』(1942)、『女王の冠』(1968)など。
⇒児童（ウィリアムズ, アーシュラ・モーレイ

1911-)

Williams, Vera B. 〈20世紀〉
アメリカの女性絵本作家，挿絵画家。
⇒英児（Williams, Vera B.　ウイリアムズ，ヴェラ・B.　1927-)
　児イ（Williams, Vera B.　ウイリアムズ，V.B.)
　児作（Williams, Vera B.　ウイリアムズ，ベラ・B　1927-)

Willigelmo da Modena 〈11・12世紀〉
イタリア・ロマネスク期の彫刻家。
⇒キリ（ウィリジェルモ（モーデナの）（活躍)1099-1110頃）

Willmann, Michael 〈17・18世紀〉
ドイツの画家。主作品はシュレージエンの聖ヨセフ聖堂内フレスコ画(1692～95)。
⇒キリ（ヴィルマン，ミヒャエル・ルーカス・レーオポルト　1630.9.27(受洗)-1706.8.26)
　芸術（ヴィルマン，ミヒャエル　1630-1706)
　国小（ウィルマン　1630-1706.8.26)
　新美（ヴィルマン，ミヒャエル　1630.9.27-1706.8.26)
　西洋（ヴィルマン　1630.9.27-1706)

Willumsen, F.Jens Ferdinand 〈19・20世紀〉
デンマークの美術家。
⇒岩ケ（ヴィルムセン，イェンス・フェルディナン　1863-1958)
　新美（ヴィルムセン，イェンス　1863.9.7-1958.4)
　二十（ヴィルムセン，イェンス・F.　1863.9.7-1958.4)

Wilp, H.C. 〈20世紀〉
ドイツ生れのアーティスト。
⇒世芸（ウィルプ，H・C　1956-)

Wilpert, Joseph 〈19・20世紀〉
ドイツの美術史家，考古学者，典礼学者。カタコンベに関する研究に多くの業績を残す。
⇒西洋（ヴィルペルト　1857.8.22-1944.2.13)
　世美（ヴィルペルト，ヨーゼフ　1857-1944)

Wils, Jan 〈20世紀〉
オランダの建築家。アムステルダムの国際オリンピック大会（1928）の競技場設計者として著名。
⇒西洋（ヴィルス）

Wilson, Benjamin 〈18世紀〉
イギリスの肖像，風景画家。王室画家。
⇒国小（ウィルソン　1721-1788)

Wilson, Charles Banks 〈20世紀〉
アメリカのイラストレーター。
⇒児イ（Wilson, Charles Banks　ウィルソン，C.B.　1918-)

Wilson, Edward Arthur 〈19・20世紀〉
アメリカのイラストレーター。
⇒児イ（Wilson, Edward Arthur　ウィルソン，E.A.　1886-)

Wilson, Frank Auray 〈20世紀〉
アメリカの画家。
⇒国小（ウィルソン　1914-)

Wilson, Gahan 〈20世紀〉
アメリカの漫画家，作家。
⇒幻文（ウィルスン，ゲイアン　1935-)
　児イ（Wilson, Gahan　ウィルソン，G.)

Wilson, John 〈20世紀〉
アメリカのイラストレーター。
⇒児イ（Wilson, John　ウィルソン，J.)

Wilson, Peggy 〈20世紀〉
アメリカのイラストレーター。
⇒児イ（Wilson, Peggy　ウィルソン，P.)

Wilson, Peter 〈20世紀〉
オーストラリア生れの建築家。1975年ロンドンで『ピーター・ウィルソンとジェーン・シレットの近代』展，78年『建築の影』展を開催。
⇒二十（ウィルソン，ピーター　1950-)

Wilson, Richard 〈18世紀〉
イギリスの画家。18世紀イギリス風景画の確立者。
⇒岩ケ（ウィルソン，リチャード　1714-1782)
　芸術（ウィルソン，リチャード　1713-1782)
　国小（ウィルソン　1714.8.1-1782.5.15)
　新美（ウィルソン，リチャード　1714.8.1-1782.5.15)
　西洋（ウィルソン　1714.8.1-1782.5.15)
　世西（ウィルソン　1714-1782)
　世美（ウィルソン，リチャード　1713-1782)
　世百（ウィルソン　1714-1782)
　全書（ウィルソン　1714-1782)
　伝世（ウィルソン　1713/4-1782)
　百科（ウィルソン　1714-1782)

Wilson, Robert 〈20世紀〉
アメリカの叙事的演劇の作者，監督，デザイナー。
⇒岩ケ（ウィルソン，ロバート　1941-)
　英文（ウィルソン，ロバート　1941-)
　クラ（ウィルソン，ロバート　1941-)
　ナビ（ウィルソン　1941-)
　バレ（ウィルソン，ロバート　1941.10.4-)

Wilson, Roy (ston Warner Wilson) 〈20世紀〉
イギリスの連続漫画家。
⇒岩ケ（ウィルソン，ロイ（ロイストン・ウォーナー・ウィルソン）　1900-1965)

Wilton, Joseph 〈18・19世紀〉
イギリスの彫刻家。『クロムウェルの胸像』などを制作。
⇒国小（ウィルトン　1722.7.16-1803.11.25)
　世美（ウィルトン，ジョーゼフ　1722-1803)

Winckelmann, Johann Joachim 〈18世紀〉
ドイツの考古学者，美術史家。『ギリシア美術模倣論』(1775)などの研究書を執筆。
⇒岩ケ（ヴィンケルマン，ヨハン（・ヨアヒム） 1717-1768）
　岩哲（ヴィンケルマン　1717-1768）
　外国（ヴィンケルマン　1717-1768）
　角世（ヴィンケルマン　1717-1768）
　教育（ヴィンケルマン　1717-1768）
　キリ（ヴィンケルマン，ヨーハン・ヨーアヒム　1717.12.9-1768.6.8）
　建築（ヴィンケルマン，ヨハン・ヨアヒム　1717-1768）
　広辞4（ヴィンケルマン　1717-1768）
　広辞6（ヴィンケルマン　1717-1768）
　国小（ウィンケルマン　1717.12.9-1768.6.8）
　コン2（ヴィンケルマン　1717-1768）
　コン3（ヴィンケルマン　1717-1768）
　集世（ヴィンケルマン，ヨハン・ヨアヒム　1717.12.9-1768.6.8）
　集文（ヴィンケルマン，ヨハン・ヨアヒム　1717.12.9-1768.6.8）
　新美（ヴィンケルマン，ヨーハン・ヨーアヒム　1717.12.9-1768.6.8）
　人物（ウィンケルマン　1717.12.9-1768.6.8）
　西洋（ヴィンケルマン　1717.12.9-1768.6.8）
　世西（ヴィンケルマン　1717.12.9-1768.6.8）
　世美（ヴィンケルマン，ヨハン・ヨアヒム　1717-1768）
　世百（ヴィンケルマン　1717-1768）
　世文（ヴィンケルマン，ヨハン・ヨアヒム　1717-1768）
　全書（ウィンケルマン　1717-1768）
　大辞（ウィンケルマン　1717-1768）
　大辞3（ウィンケルマン　1717-1768）
　大百（ウィンケルマン　1717-1768）
　デス（ウィンケルマン　1717-1768）
　伝世（ヴィンケルマン　1717.12.9-1768.6.8）
　百科（ウィンケルマン　1717-1768）
　評世（ウィンケルマン　1717-1768）
　名著（ウィンケルマン　1717-1768）
　山世（ウィンケルマン　1717-1768）

Winckler, Hugo 〈19・20世紀〉
ドイツのアッシュリア学者。ベルリン国立博物館のためにアマルナ文書の大部分を蒐集・出版(1889)。
⇒外国（ヴィンクラー　1863-1913）
　キリ（ヴィンクラー，フーゴ　1863.7.4-1913.4.19）
　コン2（ヴィンクラー　1863-1913）
　コン3（ヴィンクラー　1863-1913）
　西洋（ヴィンクラー　1863.7.4-1913.4.19）
　世美（ヴィンクラー，フーゴー　1863-1913）
　二十（ヴィンクラー，H.　1863-1913）
　百科（ウィンクラー　1863-1913）

Wind, Edgar 〈20世紀〉
ドイツ生れの美術史家。
⇒世百新（ウィント　1900-1971）
　二十（ウイント，E.　1900-1971）
　百科（ウィント　1900-1971）

Winsor, Jacqueline 〈20世紀〉
カナダ生れの女性芸術家。
⇒世芸（ウィンザー，ジャクリーヌ　1941-）

Wint, Peter de 〈18・19世紀〉
イギリスの水彩画家。
⇒岩ケ（ウィント，ピーター・デ　1784-1849）
　新美（ド・ウィント，ピーター　1784.1.21-1849.6.30）
　世美（デ・ウィント，ピーター　1784-1849）

Winter, Bryan 〈20世紀〉
イギリスの画家。
⇒国小（ウィンター　1915-）

Winter, Fritz 〈20世紀〉
ドイツの画家。
⇒世美（ヴィンター，フリッツ　1905-1976）

Winter, Milo Kendall 〈19・20世紀〉
アメリカのイラストレーター。
⇒児イ（Winter, Milo Kendall　ウィンター，M.K.　1888-1956）

Winterhalter, Franz Xaver 〈19世紀〉
ドイツの画家，版画家。各国の王家，貴族の肖像を数多く制作。
⇒岩ケ（ヴィンターハルター，フランツ・クサーファー　1806-1873）
　国小（ウィンターハルター　1805.4.20-1873.7.8）
　西洋（ヴィンテルハルター　1805.4.20-1873.7.8）
　世美（ヴィンターハルター，フランツ・クサファー　1805-1873）

Wirgman, Charles 〈19世紀〉
イギリスの新聞記者，漫画家。1859年来日し，日本で最初の漫画雑誌『ジャパン・パンチ』を創刊。
⇒外国（ワーグマン　1834/5-1891）
　芸術（ワーグマン，チャールズ　1835-1891）
　広辞4（ワーグマン　1834頃-1891）
　広辞6（ワーグマン　1832-1891）
　国史（ワーグマン　1832-1891）
　国小（ワーグマン　1834.2.3-1891.2）
　コン2（ワーグマン　1835-1891）
　コン3（ワーグマン　1832-1891）
　新美（ワーグマン，チャールズ　1832.8.31-1891.2.8）
　人物（ワーグマン　1834.2.3-1891.2）
　西洋（ワーグマン　1834頃-1891.2）
　世百（ワーグマン　1835-1891）
　全書（ワーグマン　1832-1891）
　大辞（ワーグマン　1832-1891）
　大辞3（ワーグマン　1832-1891）
　大百（ワーグマン　1833-1891）
　デス（ワーグマン　1832-1891）
　日人（ワーグマン　1832-1891）
　百科（ワーグマン　1832-1891）
　来日（ワーグマン　1832.8.31-1891.2.8）

Wiskur, Darrell 〈20世紀〉
アメリカのイラストレーター。
⇒児イ（Wiskur, Darrell）

Wisniewski, David 〈20世紀〉
イギリスの切り絵絵本作家。

⇒児作（Wisniewski, David ウィズネスキー，デイビッド）

Witasek, Stephan　〈19・20世紀〉
オーストリアの哲学者，美学者，心理学者。感情表象説の立場をとった。
⇒外国（ヴィタゼック　1870-1915）
　国小（ウィタゼーク　1870-1915）

Witkiewicz, Stanislaw Ignacy　〈19・20世紀〉
ポーランドの劇作家，小説家，文芸評論家，哲学者，画家。カタストロフィズム，ペシミズムを自己の哲学的・美術的理論の基礎として，芸術における「純粋形式」理論を確立。
⇒演劇（ヴィトキエヴィチ，スタニスワフ　1885-1939）
　広辞6（ヴィトキェヴィッチ　1885-1939）
　国小（ビトキェーウィチ　1885.2.24-1939.9.18）
　コン3（ヴィトキェヴィチ　1885-1939）
　集世（ヴィトキエヴィチ，スタニスワフ・イグナツィ　1885.2.24-1939.9.18）
　集文（ヴィトキェヴィッチ，スタニスワフ・イグナツィ　1885.2.24-1939.9.18）
　新美（ヴィトキェヴィッチ，スタニスワフ　1885.2.24-1939.9.18）
　西洋（ヴィトキェヴィチ　1885.2.24-1939.9.18）
　世西（ヴィトキェビッチ　1885.2.24-1939.9.18）
　世文（ヴィトキェヴィッチ，スタニスワフ・イグナツィ　1885-1939）
　全書（ビトキェビッチ　1885-1939）
　大辞2（ビトキェビッチ　1885-1939）
　大辞3（ビトキェビッチ　1885-1939）
　大百（ビトキェビッチ　1885-1936）
　伝世（ヴィトキェヴィチ　1885.2.24-1939）
　東欧（ビトキェビチ　1885-1939）
　ナビ（ビトキェビッチ　1885-1939）
　二十（ヴィトキェヴィッチ，スタニスワフ・I.　1885.2.24-1939.9.18）
　百科（ビトキェビッチ　1885-1939）

Witte, Emanuel de　〈17世紀〉
オランダの画家。主作品『アムステルダムの新教会』(1656)。
⇒国小（ウィッテ　1617-1692）
　新美（ウィッテ，エマヌエル・デ　1618-1692）

Wittewael, Joachim Antonisz　〈16・17世紀〉
オランダの画家。
⇒新美（ウィテヴァール，ヨアヒム　1566頃-1638.8.13）

Witting, Werner　〈20世紀〉
ドイツ生れの画家，版画家。
⇒世芸（ヴィティッヒ，ウェネー　1930-）

Wittkower, Rudolf　〈20世紀〉
ドイツ生れの美術史家。ロンドン大学ヴァールブルク研究所教授(1949～56)，コロンビア大学美術学部長(1956～69)など歴任。
⇒岩ケ（ウィトコウアー，ルドルフ　1901-1971）
　西洋（ウィトコウアー　1901.6.22-1971.10.11）
　世人（ヴィットコウアー，ルドルフ　1901-1970）

Wittman, Sally　〈20世紀〉
アメリカのデザイナー，テキスタイル・アーティスト。
⇒児作（Wittman, Sally ウィットマン，サリー　1941-）

Witz, Konrad　〈14・15世紀〉
ドイツの画家。透視図法や明暗によって，3次元的な空間の中に人間を彫塑的に表現したドイツ最初の画家。
⇒岩ケ（ヴィッツ，コンラート　1400頃-1445頃）
　キリ（ヴィッツ，コンラート　1400/10-1445/46）
　芸術（ヴィッツ，コンラート　1400/1410-1445頃）
　国小（ウィッツ　1400頃-1445頃）
　コン2（ヴィッツ　1390頃-1454頃）
　コン3（ヴィッツ　1390頃-1454頃）
　新美（ヴィッツ，コンラート　1400/-10頃-1445頃）
　西洋（ヴィッツ　1390頃-1454頃）
　世西（ヴィッツ　1410-1445頃）
　世美（ヴィッツ，コンラート　?-1446頃）
　世百（ヴィッツ　1400?-1446?）
　全書（ウィッツ　1400頃-1445頃）
　伝世（ヴィッツ　1410頃-1446）
　百科（ウィッツ　1400/-10-1445頃）

Woermann, Karl　〈19・20世紀〉
ドイツの美術史学者。絵画史，特に中世細密画に関する研究がある。
⇒西洋（ヴェールマン　1844.7.4-1933.2.4）
　名著（ヴェルマン　1844-1933）

Wolff, Jacob　〈16・17世紀〉
ドイツの建築家。ルネサンス様式を市民建築に適用。ニュルンベルクの市庁舎の改築を行う。
⇒国小（ウォルフ(子)　1571-1620）

Wolff, Jacob　〈16・17世紀〉
ドイツの建築家。ルネサンス様式を市民建築に適用。主作品はニュルンベルクのペラーハウス。
⇒国小（ウォルフ(父)　1546頃-1612）

Wolff, Paul　〈19・20世紀〉
ドイツの写真家。第1次大戦後，新興写真運動に加わり，1931年動植物の拡大写真集『生命の諸形式』で注目された。
⇒外国（ヴォルフ　1887-1951）
　国小（ウォルフ　1887-1951）

Wolf-Ferrari, Teodoro　〈19・20世紀〉
イタリアの画家。
⇒世芸（ヴォルフ＝フェッラーリ，テオドーロ　1876-1945）

Wölfflin, Heinrich　〈19・20世紀〉
スイスの美術史家。ルネサンスからバロックへの様式発展を5つの基本概念で対比させた。
⇒岩ケ（ヴェルフリン，ハインリヒ　1864-1945）
　岩哲（ヴェルフリン　1864-1945）
　オ西（ヴェルフリン，ハインリヒ　1864-1945）
　外国（ヴェルフリン　1864-1945）

キリ（ヴェルフリン，ハインリヒ　1864.6.21-1945.7.19）
広辞4（ヴェルフリン　1864-1945）
広辞5（ヴェルフリン　1864-1945）
広辞6（ヴェルフリン　1864-1945）
国小（ウェルフリン　1864.6.21-1945.7.19）
コン2（ヴェルフリン　1864-1945）
コン3（ヴェルフリン　1864-1945）
思想（ヴェルフリン，ハインリヒ　1864-1945）
集世（ヴェルフリン，ハインリヒ　1864.6.24-1945.7.19）
集文（ヴェルフリン，ハインリヒ　1864.6.24-1945.7.19）
新美（ヴェルフリン，ハインリヒ　1864.6.21-1945.7.19）
人物（ウェルフリン　1864.6.21-1945.7.19）
西洋（ヴェルフリン　1864.6.21-1945.7.19）
世西（ヴェルフリン　1864.8.21-1945.7.19）
世美（ヴェルフリン，ハインリヒ　1864-1945）
世百（ヴェルフリン　1864-1945）
全書（ウェルフリン　1864-1945）
大辞（ウェルフリン　1864-1945）
大辞2（ウェルフリン　1864-1945）
大辞3（ウェルフリン　1864-1945）
大百（ウェルフリン　1864-1945）
大百（ベルフリン　1864-1945）
ナビ（ウェルフリン　1864-1945）
二十（ウェルフリン，ハインリヒ　1864.6.21-1945.7.19）
百科（ウェルフリン　1864-1945）
名著（ヴェルフリン　1864-1945）

Wolfsgruber, Linda ⟨20世紀⟩
イタリアの児童文学者。
⇒児イ（Wolfsgruber, Lindo　ヴォルフスグルーバー, L.　1961-）
児作（Wolfsgruber, Linda　ヴォルフスグルーベル, リンダ　1961-）

Wolgemut, Michael ⟨15・16世紀⟩
ドイツの画家。主作品はツウィカウの聖母聖堂の主祭壇画（1476～79）で多く祭壇画を制作。
⇒キリ（ヴォールゲムート，ミヒャエル　1434-1519.11.30）
芸術（ヴォルゲムート，ミヒャエル　1434-1519）
国小（ウォールゲムート　1434-1519.11.30）
コン2（ヴォルゲムート　1434-1519）
コン3（ヴォルゲムート　1434-1519）
新美（ヴォールゲムート，ミヒャエル　1433/34-1519.11.30）
西洋（ヴォルゲムート　1434-1519.11.30）
世西（ヴォルゲムート　1434-1519）
世美（ヴォルゲムート，ミヒェル　1434-1519）

Wolkers, Jan Hendrik ⟨20世紀⟩
オランダの作家，彫刻家。
⇒集文（ウォルケルス，ヤン　1925.10.26-）
全書（ウォルケルス　1925-）
二十（ウォルケルス，ジャン・ヘンドリック　1925-）

Wols ⟨20世紀⟩
ベルリン生れのパリ派の画家。アンフォルメル（非定形）絵画のさきがけとなった。
⇒オ西（ヴォルス　1913-1951）
現人（ウォルス　1913.5.27-1951.9.1）

コン3（ヴォルス　1913-1951）
新美（ヴォルス　1913.5.27-1951.9.1）
人物（ウォルス　1913-1951）
西洋（ヴォルス　1913.5.27-1951.9.1）
世美（ヴォルス　1913-1951）
世百（ヴォルス　1913-1951）
世百新（ボルス　1913-1951）
全書（ボルス　1913-1951）
大百（ボルス　1913-1951）
二十（ヴォルス　1913.5.27-1951.9.1）
百科（ボルス　1913-1951）

Wong, Leanyee ⟨20世紀⟩
アメリカのイラストレーター。
⇒児イ（Wong, Leanyee　ウォング, J.　1920-）

Wonsetler, John Charies ⟨20世紀⟩
アメリカのイラストレーター。
⇒児イ（Wonsetler, John Charies　1900-）

Wood, Beatrice ⟨20世紀⟩
アメリカの陶芸家。
⇒世女日（ウッド，ビアトリス　1893-1998）

Wood, Don ⟨20世紀⟩
アメリカのイラストレーター。
⇒児イ（Wood, Don　ウッド, D.）

Wood, Francis Derwent ⟨19・20世紀⟩
イギリスの彫刻家。
⇒芸術（ウッド，フランシス　1871-1926）
世芸（ウッド，フランシス　1871-1926）

Wood, Grant ⟨20世紀⟩
アメリカの画家。独自の筆法でアメリカの農民や労働者を描いた。
⇒外国（ウッド　1892-1942）
国小（ウッド　1892.2.13-1942.2.12）
新美（ウッド，グラント・デヴォルスン　1892.2.13-1941.2.12）
人物（ウッド　1892.2.13-1942.2.12）
西洋（ウッド　1892.2.13-1942.2.12）
世芸（ウッド，グラント　1892-1942）
世西（ウッド　1892-1942）
世百（ウッド　1892-1942）
全書（ウッド　1892-1942）
大百（ウッド　1892-1942）
二十（ウッド，グラント　1892-1942）

Wood, John ⟨18世紀⟩
イギリスの建築家。ロイヤル・クレセントを建造。
⇒新美（ウッド，ジョン　1728-1781.6.18）
世美（ウッド，ジョン2世　1728-1781）
デス（ウッド（子）　1728頃-1781）

Wood, John ⟨18世紀⟩
イギリスの建築家。バス市の都市計画の他に〈ブリストルの取引所〉（1740～43）等の作品がある。
⇒岩ケ（ウッド，ジョン　1704頃-1754）
建築（ウッド1世，ジョン　1704-1754）
新美（ウッド，ジョン　1704-1754.5.23）
西洋（ウッド　1705-1754）

世美（ウッド，ジョン1世　1704-1754）
デス（ウッド（父）　1704-1754）
百科（ウッド父子　1704-1754）

Wood, John 〈19世紀〉
イギリスの歴史画家。
⇒国小（ウッド　1801.7.29-1870.4.19）

Wood, John Norris 〈20世紀〉
イラストレーター。自然科学をテーマに活動。
⇒児イ（Wood, John Norris　ウッド，J.N.）

Wood, Leslie 〈20世紀〉
イギリスのイラストレーター。
⇒児イ（Wood, Leslie　ウッド，L.　1920-）

Wood, Nancy C. 〈20世紀〉
詩人，作家，写真家。
⇒海作4（ウッド，ナンシー　1936-）
　児作（Wood, Nancy　ウッド，ナンシー）

Woodham, Derrick 〈20世紀〉
イギリスの彫刻家。
⇒美術（ウードハム，デリック　1940-）

Woodward, Alice Bolingbroke 〈19世紀〉
イギリスの挿絵画家。
⇒児イ（Woodward, Alice Bolingbroke　1862-?）

Wooldridge, Harry Ellis 〈19・20世紀〉
イギリスの画家，音楽学者。
⇒音大（ウールドリッジ　1845.3.28-1917.2.13）

Woollett, William 〈18世紀〉
イギリスの版画家。
⇒国小（ウーレット　1735-1785）
　西洋（ウレット　1735.8.15-1785.5.23）

Woolley, *Sir* Charles Leonard 〈19・20世紀〉
イギリスの考古学者。ウル発掘を指揮。
⇒岩ケ（ウーリー，サー・（チャールズ・）レナード　1880-1960）
　旺世（ウーリー　1880-1960）
　外国（ウーリ　1880-）
　科学（ウーリィ　1880.4.17-1960.2.20）
　キリ（ウーリ，チャールズ・レナード　1880.4.7-1960.2.21(20)）
　現人（ウーリー　1880.4.17-1960.2.20）
　国小（ウーリー　1880.4.17-1960）
　コン2（ウーリー　1880-1960）
　コン3（ウーリー　1880-1960）
　新美（ウーリー，レナード　1880.4.17-1960.2.20）
　人物（ウーリー　1880.4.17-）
　西洋（ウーリ　1880.4.17-1960.2.20）
　世百（ウーリー　1880-1960）
　全書（ウーリー　1880-1960）
　大辞（ウーリー　1880-1960）
　大辞2（ウーリー　1880-1960）
　大辞3（ウーリー　1880-1960）
　大百（ウーリー　1880-1960）
　デス（ウーリー　1880-1960）
　ナビ（ウーリー　1880-1960）
　二十（ウーリー，チャールズ・レナード　1880.4.17-1960.2.20）
　百科（ウーリー　1880-1960）
　評世（ウーリー　1880-1960）

Woolner, Thomas 〈19世紀〉
イギリスの詩人，彫刻家。テニソンの胸像，ミル，クック等の著名人の像を作った。
⇒新美（ウールナー，トーマス　1825.12.17-1892.10.7）
　西洋（ウルナー　1825.12.17-1892.10.7）

Wootton, John 〈17・18世紀〉
イギリスの風景画家。
⇒国小（ウートン　1677-1765）
　新美（ウートン，ジョン　1686頃-1756）

Worm, Piet 〈20世紀〉
オランダのイラストレーター。
⇒児イ（Worm, Piet　ウォーム，P.　1909-）

Worringer, Robert Wilhelm 〈19・20世紀〉
ドイツの美術史家。『抽象と感情移入』（1908）の著者。
⇒岩哲（ヴォリンガー　1881-1965）
　外国（ヴォリンガー　1881-）
　教育（ヴォリンガー　1881-）
　広辞6（ヴォリンガー　1881-1965）
　国小（ヴォリンガー　1881.1.31-1965.3.29）
　コン3（ヴォリンガー　1881-1965）
　思想（ヴォリンガー，ヴィルヘルム（ロベルト）　1881-1965）
　集世（ヴォリンガー，ヴィルヘルム　1881.1.13-1965.3.29）
　集文（ヴォリンガー，ヴィルヘルム　1881.1.13-1965.3.29）
　新美（ヴォリンガー，ヴィルヘルム　1881.1.13-1965.3.29）
　人物（ヴォリンガー　1881.1.13-）
　西洋（ヴォリンガー　1881.1.13-1965.3.29）
　世界（ヴォリンガー　1881.1.31-）
　世美（ヴォリンガー，ヴィルヘルム　1881-1965）
　世百（ヴォリンガー　1881-）
　世百新（ヴォリンガー　1881-1965）
　全書（ヴォリンガー　1881-1965）
　大百（ウォーリンガー　1881-1965）
　二十（ヴォリンガー，ウィルヘルム　1881.1.13-1965.3.29）
　百科（ヴォリンガー　1881-1965）
　名著（ヴォリンガー　1881-）

Worth, Charles Frederick 〈19世紀〉
イギリスのデザイナー。男性ドレスメーカー，オートクチュールの創始者。
⇒岩ケ（ワース，チャールズ・フレデリック　1825-1895）
　国小（ウォルト　1826-1895）
　百科（ワース　1825-1895）

Wotruba, Fritz 〈20世紀〉
オーストリアの彫刻家。主作品『ジュネーヴのヴィナス』。

⇒新美（ヴォトルーバ, フリッツ　1907.4.23-
　1975.8.28）
　西洋（ヴォトルーバ　1907.4.23-1975.8.28）
　二十（ヴォトルーバ, フリッツ　1907.4.23-
　　1975.8.28）

Wouters, Rik 〈19・20世紀〉
ベルギーの画家, 彫刻家。
⇒オ西（ウウテルス, リック　1882-1916）
　新美（ウーテルス, リク　1882.8.2-1916.7.11）
　世美（ワウテルス, リック　1882-1916）
　世百新（ワウテルス　1882-1916）
　二十（ウーテルス, リク　1882-1916）
　百科（ワウテルス　1882-1916）

Wouwerman, Philips 〈17世紀〉
オランダの風景, 風俗, 動物画家。主作品『鍛冶屋』。
⇒岩ケ（ヴァウヴェルマン, フィリップス　1619頃
　　-1668）
　国小（ウーウェルマン　1619.5.24-1668.5.19）
　新美（ワウウェルマン（ス）, フィリップス
　　1619.5-1668.5.23）
　西洋（ヴーウェルマン　1619.5.24-1668.5.19）
　世西（ウーウェルマン　1619.5.24-1668.5.23）
　世美（ワウエルマンス, フィリップス　1619-
　　1668）

Wouwerman, Pieter 〈17世紀〉
オランダの画家。フィリップスの弟。
⇒国小（ウーウェルマン　1623-1682）

Wray, Peter 〈20世紀〉
イギリス生れの画家。
⇒世芸（ウレイ, ピーター　1950-）

Wren, *Sir* Christopher 〈17・18世紀〉
イギリスの建築家, 科学者。代表作セント・ポール大聖堂（1675～1710）。
⇒イ哲（レン, C.　1632-1723）
　イ文（Wren, Sir Christopher　1632-1723）
　岩ケ（レン, サー・クリストファー　1632-1723）
　英米（Wren, Sir Christopher　レン　1632-
　　1723）
　外国（レン　1632-1723）
　科技（レン　1632.10.20-1723.2.26）
　科史（レン　1632-1723）
　キリ（レン, クリストファー　1632.10.20-
　　1723.2.25）
　建築（レン, サー・クリストファー　1632-1723）
　国小（レン　1632.10.20-1723.2.25）
　コン2（レン　1632-1723）
　コン3（レン　1632-1723）
　集文（レン, クリストファー　1632.10.20-
　　1723.2.25）
　新美（レン, クリストファー　1632.10.20-
　　1723.2.25）
　数学増（レン　1632.10.20-1723.2.25）
　西洋（レン　1632.10.20-1723.2.25）
　世西（レン　1632-1723）
　世美（レン, クリストファー　1632-1723）
　世百（レン　1632-1723）
　全書（レン　1632-1723）
　大辞3（レン　1632-1723）
　大百（レン　1632-1723）
　デス（レン　1632-1723）

　伝世（レン　1632.10.20-1723.2.25）
　百科（レン　1632-1723）
　山世（レン　1632-1723）

Wright, Frank Lloyd 〈19・20世紀〉
アメリカの建築家。アメリカ近代建築運動の指導的な存在。1916年来日して, 代表作の一つとされる『帝国ホテル』を建築, 日本の近代建築に大きな影響を与えた。
⇒アメ（ライト　1867-1959）
　逸話（ライト　1869-1959）
　岩ケ（ライト, フランク・ロイド　1867-1959）
　英米（Wright, Frank Lloyd　ライト（フランク・
　　ロイド）　1867-1959）
　旺世（ライト　1869-1959）
　オ西（ライト, フランク・ロイド　1867/69-
　　1959）
　外国（ライト　1869-）
　科学（ライト　1867.6.8-1959.4.8）
　科史（ライト　1869-1959）
　角世（ライト（フランク・ロイド）　1867-1959）
　教育（ライト　1869-）
　キリ（ライト, フランク・ロイド　1867
　　（69）.6.8-1959.4.9）
　現人（ライト　1867.6.8-1959.4.9）
　広辞4（ライト　1869-1959）
　広辞5（ライト　1867-1959）
　広辞6（ライト　1867-1959）
　国史（ライト　1867-1959）
　国小（ライト　1867.6.8-1959.4.9）
　国百（ライト, フランク・ロイド　1867.6.8-
　　1959.4.9）
　コン2（ライト　1867-1959）
　コン3（ライト　1867-1959）
　思想（ライト, フランク・ロイド　1867-1959）
　新美（ライト, フランク・ロイド　1867/69.6.8-
　　1959.4.9）
　人物（ライト　1869.6.8-1959.4.9）
　西洋（ライト　1896.6.8-1959.4.9）
　世西（ライト　1869-1959）
　世美（ライト, フランク・ロイド　1869-1959）
　世百（ライト　1869-1959）
　全書（ライト　1867-1959）
　大辞（ライト　1867-1959）
　大辞2（ライト　1867-1959）
　大辞3（ライト　1867-1959）
　大百（ライト　1867-1959）
　デス（ライト　1867-1959）
　伝世（ライト, F.L.　1869.6.8-1959.4.9）
　ナビ（ライト　1867-1959）
　二十（ライト, フランク・ロイド　1867
　　（69）.6.8-1959.4.9（8））
　日人（ライト　1867-1959）
　百科（ライト　1867-1959）
　評世（ライト　1869-1959）
　来日（ライト　1869-1959）

Wright, John Michael 〈17世紀〉
イギリスの画家, 骨董家。
⇒新美（ライト, ジョン・マイケル　1617?-1700）

Wright, Joseph 〈18世紀〉
アメリカの画家。肖像画家として活躍。主作品は『ワシントン将軍夫妻像』など。
⇒国小（ライト　1756.7.16-1793）

Wright, Joseph 〈18世紀〉
イギリスの画家。ダービーのライトとして知られている。
⇒岩ケ（ライト, ジョゼフ 1734-1797）
芸術（ライト・オブ・ダービー, ジョゼフ 1734-1797）
国小（ライト 1734.9.3-1797.8.29）
新美（ライト, ジョゼフ 1734.9.3-1797.8.29）
世天（ライト・オヴ・ダービー 1734-1797）
百科（ライト 1734-1797）

Wright, Joseph 〈20世紀〉
イギリスのイラストレーター。
⇒児イ（Wright, Joseph ライト, J. 1947-）

Wright, Joseph Michael 〈17世紀〉
イギリスの画家。肖像画家として活躍。
⇒国小（ライト 1625頃-1700頃）

Wright, Orgiwanna Lloyd 〈20世紀〉
アメリカの全寮制の建築集団「タリアセン」を主宰、建築家F.L.ライトの最後の夫人。
⇒スパ（ライト, オルギワナ・ロイド ?-）

Wright, Patience 〈18世紀〉
アメリカの彫刻家。
⇒世女日（ライト, ペイシェンス 1725-1786）

Wright, Russel 〈20世紀〉
アメリカの工芸家。合理的で機能的な家庭用品をデザインして、現代生活の簡易化を主唱した。
⇒国小（ライト 1904-）

Wronker, Lili（Cassel）〈20世紀〉
アメリカのイラストレーター。
⇒児イ（Wronker, Lili（Cassel） 1924-）

Wulff, Edgun Valdemar 〈20世紀〉
アメリカのイラストレーター。
⇒児イ（Wulff, Edgun Valdemar ウルフ, E.V. 1913-）

Wulff, Jürgen 〈20世紀〉
ドイツのイラストレーター。
⇒児イ（Wulff, Jürgen ヴルフ, J. 1927-）

Wulff, Oskar 〈19・20世紀〉
ドイツの美術史家, 芸術学者。1905年ベルリン美術館の副館長、17年以後ベルリン大学教授。
⇒名著（ヴルフ 1864-1946）

Wunderlich, Paul 〈20世紀〉
ドイツの版画家。
⇒新美（ヴンダーリヒ, パウル 1927.3.10-）
世芸（ヴンダーリヒ, ポール 1927-）
二十（ウンダーリヒ, パウル 1927.3.10-）
美術（ヴンダーリヒ, パウル 1927-）

Würtenberger, Ernst 〈19・20世紀〉
ドイツの画家。バッハ、ベートーヴェン、レンブラント等の木版肖像画を作った。

⇒西洋（ヴュルテンベルガー 1868.10.23-1934.1.5）

Wyatt, James 〈18・19世紀〉
イギリスの建築家。主作品、カステルクール（1790）。
⇒岩ケ（ワイアット, ジェイムズ 1746-1813）
キリ（ワイアット, ジェイムズ 1746.8.3-1813.9.4）
建築（ワイアット, ジェームズ 1746頃-1813）
国小（ワイアット 1746.8.3-1813.9.4）
新美（ワイヤット, ジェームズ 1746.8.3-1813.9.4）
西洋（ワイアット 1746.8.3-1813.9.4）
世芸（ワイアット, ジェイムズ 1746-1813）
百科（ワイアット 1746-1813）

Wyatt, Sir Mathew Digby 〈19世紀〉
イギリスの建築家。ロンドンの第1回万国博覧会（1851）の実行委員となり、会場を設計。
⇒西洋（ワイアット 1820.7.28-1877.5.21）

Wyeth, Andrew Newell 〈20世紀〉
アメリカの画家。代表作『クリスティーナの世界』（1948）など。
⇒岩ケ（ワイエス, アンドリュー（・ニューエル）1917-）
才西（ワイエス・アンドリュー 1917-）
現ア（Wyeth, Andrew ワイエス, アンドリュー 1917-）
現人（ワイエス 1917.11.12-）
広辞5（ワイエス 1917-）
広辞6（ワイエス 1917-2009）
国小（ワイエス 1917.7.12-）
コン3（ワイエス 1917-）
最世（ワイエス, アンドリュー 1917-）
集文（ワイエス, アンドルー 1917.7.12-）
新美（ワイエス, アンドリュー 1917.7.21-）
西美（ワイエス 1917.7.12-）
世芸（ワイエス, アンドリュー 1917-2009）
世西（ワイエス 1917.7.21-）
世美（ワイエス, アンドリュー 1917-）
世百新（ワイエス 1917-）
全書（ワイエス 1917-）
大辞2（ワイエス 1917-）
大辞3（ワイエス 1917-）
伝世（ワイエス 1917.7.12-）
ナビ（ワイエス 1917-）
二十（ワイエス, アンドリュー 1917.11.12（7.21）-）
百科（ワイエス 1917-）

Wyeth, Newell Convers 〈19・20世紀〉
アメリカの画家。
⇒児イ（Wyeth, Newell Convers ワイス, N.C. 1882-1945）
集文（ワイエス, N.C. 1882.10.22-1945.10.19）
世児（ワイエス, N（ニューウェル）・C（コンヴァース）1882-1945）

Wynants, Jan 〈17世紀〉
オランダの風景画家。主作品『狩人のいる風景』。
⇒西洋（ヴィナンツ 1615頃-1682.8.18）

Wynants, Johannes〈17世紀〉
オランダの画家。風景画を得意とした。
⇒国小（ワイナンツ　1630/5-1684）

Wyspiański, Stanisław〈19・20世紀〉
ポーランドの劇作家，詩人，画家。文学芸術運動「若きポーランド」を代表する一人。
⇒演劇（ヴィスピアィンスキ，スタニスワフ　1869-1907）
　外国（ヴィスピアンスキー　1869-1907）
　国小（ビスピアニスキ　1869.1.15-1907.11.28）
　コン2（ヴィスピアィンスキ　1869-1907）
　コン3（ヴィスピアィンスキ　1869-1907）
　集世（ヴィスピャンスキ，スタニスワフ　1869.1.15-1907.11.28）
　集文（ヴィスピャンスキ，スタニスワフ　1869.1.15-1907.11.28）
　新美（ヴィスピアンスキ，スタニスワフ　1869.1.15-1907.11.28）
　西洋（ヴィスピアニスキー　1869.1.15-1907.11.28）
　世百（ヴィスピアニスキー　1869-1907）
　世文（ヴィスピャンスキ，スタニスワフ　1869-1907）
　全書（ウィスピヤンスキ　1869-1907）
　デス（ビスピアニスキ　1869-1907）
　東欧（ビスピャンスキ　1869-1907）
　ナビ（ビスピャンスキ　1869-1907）
　二十（ビスピャンスキ，スタニスワフ　1869-1907）
　百科（ビスピャンスキ　1869-1907）
　名著（ウィスピアニスキ　1869-1907）

【 X 】

Xavier, Francisco de Yasu y〈16世紀〉
スペイン出身のイエズス会士。日本に初めてキリスト教を伝え，東洋の使徒といわれた。
⇒逸話（ザビエル　1506-1552）
　岩ケ（聖フランシスコ・ザビエル　1506-1552）
　岩哲（ザビエル　1506-1552）
　旺世（フランシスコ=ザビエル　1506-1552）
　外国（シャビエル　1506-1552）
　角世（シャビエル　1506-1552）
　看護（ザビエル　1506-1552）
　教育（サビエル　1506-1552）
　キリ（ハビエル，フランシスコ　1506.4.7-1552.12.3）
　広辞4（ザビエル　1506-1552）
　広辞6（ザビエル　1506-1552）
　国史（シャビエル　1506-1552）
　国小（ザビエル　1506.4.7-1552.12.3）
　国百（ザビエル，フランシスコ　1506.4.7-1552.12.3）
　コン2（ザビエル　1506-1552）
　コン3（ザビエル　1506-1552）
　新美（ザビエル，フランシスコ　1506.4.7-1552.12.3）
　人物（ザビエル　1506.4.7-1552.12.3）
　スペ（ザビエル　1506-1552）
　聖人（フランシスコ・ザビエル　1506-1552）
　西洋（シャヴィエル　1506.4.7-1552.12.3）
　世人（シャヴィエル（フランシスコ=ザビエル）　1506-1552）
　世西（サビエル　1506-1552.12.3）
　世東（シャビエル　1506.4.7-1552.12.3）
　世百（ザビエル　1506-1552）
　全書（ザビエル　1506-1552）
　対外（シャビエル　1506-1552）
　大辞（ザビエル　1506-1552）
　大辞3（ザビエル　1506-1552）
　大百（ザビエル　1506-1552）
　探検1（ザビエル　1506-1552）
　中国（ザビエル　1506-1552）
　デス（ザビエル　1506-1552）
　伝世（ザビエル　1506.4.7-1552.3.19）
　日人（ザビエル　1506-1552）
　百科（ザビエル　1506-1552）
　評世（ザビエル　1506-1552）
　山世（ザビエル　1507-1552）
　来日（ザヴィエル　1506.4.7-1552.12.3）
　歴史（フランシスコ=ザビエル　1506-1552）

Xceron, Gean〈19・20世紀〉
ギリシア系アメリカの画家。
⇒国小（クセロン　1890-）

Xenakis, Iannis〈20世紀〉
ギリシャ，後にフランスの作曲家，建築家。
⇒岩ケ（クセナキス，イアンニス　1922-）
　音楽（クセナキス，ヤニス　1922.5.29-）
　音大（クセナキス　1922.5.1-）
　クラ（クセナキス，ヤニス　1922-2001）
　現人（クセナキス　1922.5.22-）
　幻文（クセナキス，ヤニス　1922-）
　広辞5（クセナキス　1922-）
　広辞6（クセナキス　1922-2001）
　国小（クセナキス　1922.5.29-）
　コン3（クセナキス　1922-）
　作曲（クセナキス，ヤニス　1922-2001）
　実ク（クセナキス，ヤニス　1922-2001）
　人物（クセナキス　1923.5.22-）
　西洋（クセナキス　1922.5.29-）
　世西（クセナキス　1922.5.29-）
　世百新（クセナキス　1922-2001）
　全書（クセナキス　1922-）
　大辞2（クセナキス　1922-）
　大辞3（クセナキス　1922-2001）
　伝世（クセナキス　1922-）
　二十（クセナキス，ヤニス　1922.5.22-）
　百科（クセナキス　1922-）
　標音（クセナキス，ヤニス　1922-2001）
　ラル（クセナキス，ヤニス　1922-）

Xerxes I〈前6・5世紀〉
ペルシア王（在位前486～465）。ダレイオス1世の子。
⇒逸話（クセルクセス1世　前5世紀前半）
　岩ケ（クセルクセス1世　前519頃-前465）
　旺世（クセルクセス(1世)　前519頃-前465）
　外国（クセルクセス1世（大王））
　角世（クセルクセス1世　?-前465）
　教育（クセルクセス一世　前519-465）
　ギリ（クセルクセス1世　(在位)前486-465）
　ギロ（クセルクセス1世　前519頃-前465）
　広辞4（クセルクセス一世　?-前465）
　広辞6（クセルクセス一世　?-前465）
　皇帝（クセルクセス1世　前519頃-465/4）

国小（クセルクセス1世）
　　コン2（クセルクセス1世）
　　コン3（クセルクセス1世　?-前465）
　　新美（クセルクセース一世）
　　人物（クセルクセス一世　生没年不詳）
　　聖書（アハシュエロス）
　　西洋（アハシュエロス）
　　西洋（クセルクセス一世）
　　世人（クセルクセス1世　前519頃-前465）
　　世西（クセルクセス一世　?-前465）
　　世東（クセルクセス1世　?-前465）
　　世百（クセルクセス1世　前519?-465）
　　全書（クセルクセス一世　?-前465）
　　大辞（クセルクセス一世　?-前465）
　　大辞3（クセルクセス一世　?-前465）
　　大百（クセルクセス一世　?-前465）
　　デス（クセルクセス1世）
　　伝世（クセルクセス1世　?-前465）
　　統治（クセルクセス一世〔アハシュエロス〕
　　　（在位）前485-465）
　　評世（クセルクセス1世　?-前465）
　　山世（クセルクセス1世　生没年不詳）
　　歴史（クセルクセス1世　?-前465）

Xiao, Peter 〈20世紀〉
中国出身の画家。
⇒世芸（クシャオ, ピーター　1956-）

Ximenes, Ettore 〈19・20世紀〉
イタリアの彫刻家。
⇒世美（クシメーネス, エットレ　1855-1926）

【 Y 】

Yadin, Yigael 〈20世紀〉
イスラエルの軍人, 考古学者, 政治家。死海文書の研究発表は世界的に有名。1977年10月ベギン連立内閣で副首相。
⇒岩ケ（ヤディン, イガエル　1917-1984）
　キリ（ヤディン, イガエル　1917.3.27-1984.6.28）
　新美（ヤディン, イガル　1917.3.22-）
　世政（ヤディン, イガエル　1917-1984.6.28）
　中東（ヤディン　1917-）
　二十（ヤディン, イガエル　1917.3.27(22)-1984.6.28）
　ユ人（ヤディン, イガエル　1917-1984）

Yahya ibn Mahmūd ibn Yahya ibn Abil-Hasan ibn Kūwwariha
回教ペルシアの書画家。
⇒外国（ヤーヤ・イブン・マフムード）

Yakovlev, Aleksandr Evgenevich 〈19・20世紀〉
ロシアの画家。
⇒世美（ヤーコヴレフ, アレクサンドル・エヴゲネヴィチ　1887-1938）

Yakovlev, Vasili Nikolaevitch 〈20世紀〉
ロシアの画家。
⇒世芸（ヤーコヴレフ, ワシーリ・ニコラエーヴィッチ　1893-1962）

Yakubovskii, Aleksandr Yurievich 〈19・20世紀〉
ソ連の東洋史学者。考古学の発掘成果と文献資料との両面から中央アジア, 西アジアの社会経済史, 宗教, 美術などを研究。
⇒外国（ヤクボフスキー　1886-1953）
　国小（ヤクボフスキー　1886-1953）
　コン3（ヤクボフスキー　1886-1953）
　西洋（ヤクボーフスキー　1886-1953）
　二十（ヤクボフスキー, アレクサーンドル　1886-1953）

Yalowitz, Paul 〈20世紀〉
アメリカの絵本作家。
⇒児作（Yalowitz, Paul　ヤロウィッツ, ポール　1958-）

Yamaguchi, Marianne Illenberger 〈20世紀〉
オーストラリアのイラストレーター。
⇒児イ（Yamaguchi, Marianne Illenberger　ヤマグチ, M.I.　1936-）

Yamasaki, Minoru 〈20世紀〉
アメリカの建築家。
⇒アメ（ヤマサキ　1912-1986）
　新美（ヤマサキ, ミノル　1912.12.1-）
　世百新（ヤマサキ　1912-1986）
　ナビ（ヤマサキ　1912-1986）
　二十（ヤマサキ, ミノル　1912.12.1-1986.2.6）
　日人（ヤマサキ　1912-1986）
　百科（ヤマサキ　1912-）

Yañes de la Almedina, Fernando 〈15・16世紀〉
スペインの画家。
⇒新美（ヤーニェス・デ・ラ・アルメディーナ, フェルナンド）
　世美（ヤーニェス・デ・ラ・アルメディーナ, フェルナンド　15世紀末-1536以降）

Yang, Jay 〈20世紀〉
アメリカのイラストレーター。
⇒児イ（Yang, Jay　ヤング, J.）

Yap, Weda 〈20世紀〉
アメリカのイラストレーター。
⇒児イ（Yap, Weda　ヤップ, W.　1894-）

Yashima, Taro 〈20世紀〉
鹿児島生れのアメリカの絵本作家, 挿絵画家。
⇒英児（Yashima, Taro　ヤシマ, タロー　1908-1994）

Yaśovarman I 〈9世紀〉
古代クメール王国（アンコール時代）の第4代国王（在位889〜900）。

⇒外国（ヤソヴァルマン）
　角世（ヤショヴァルマン1世　生没年不詳）
　皇帝（ヤショヴァルマン1世　生没年不詳）
　国小（ヤショバルマン1世　生没年不詳）
　コン2（ヤショヴァルマン　?-900）
　コン3（ヤショヴァルマン　?-900）
　新美（ヤショーヴァルマン一世）
　世東（ヤショーヴァルマン1世　生没年不詳）
　伝世（ヤショーヴァルマン1世　?-900）
　統治（ヤショーヴァルマン一世　（在位）889-910）
　評世（ヤショバルマン1世　?-900）

Ybl Niklos 〈19世紀〉
ハンガリーの建築家。
⇒建築（イブル, ニコラス　1814-1891）

Yeats, Jack B (utler) 〈19・20世紀〉
アイルランドの画家, イラストレーター, 小説家, 劇作家。
⇒岩ケ（イェーツ, ジャック・B　1870-1957）
　才世（イェーツ, ジャック・B.（バトラー）1871-1957）
　芸術（イェーツ, ジャック・バトラー　1871-1957）
　世芸（イェーツ, ジャック・バトラー　1871-1957）
　二十英（Yeats, Jack B(utler)　1871-1957）

Yetts, W.Perceval 〈19・20世紀〉
イギリスのシナ学者。中国美術および考古学を講じ, 論著が多い。
⇒西洋（イェッツ　1878.4.25-1957.5.14）

Yevele, Henry 〈14世紀〉
イギリスの建築家。
⇒建築（イエヴェル, ヘンリー　1320頃-1400）
　新美（イェーヴェル, ヘンリー　?-1400頃）
　世美（イェーヴェル, ヘンリー　?-1400）

Yevonde, Philonie 〈20世紀〉
イギリスの写真家。
⇒世女日（イェヴォンデ, フィロニー　1893-1975）

Ylla 〈20世紀〉
オーストリア・ウィーン生れの写真家。
⇒児作（Ylla　イーラ　1911-）
　スパ（イラ　1911-1955）

Yoganson, Boris Vladimirovich 〈20世紀〉
ソ連の画家。社会主義的写実主義の画風を発展させた。主作品は『古いウラルの工場にて』。
⇒国小（ヨガンソン　1893-）
　世芸（ヨガンソン, ボリス・ウラディミーロヴィッチ　1893-1962）

Yokohama, Orlanda 〈20世紀〉
アルゼンチンの美術研究家。国立美術館館長, サルバドル大学教授。
⇒二十（ヨコハマ, O.　1921-）

Yorinks, Arthur 〈20世紀〉
アメリカの絵本作家, 劇作家。

⇒英児（Yorinks, Arthur　ヨーリンクス, アーサー　1953-）

Yorke, Francis Reginald Stevens 〈20世紀〉
イギリスの建築家。主作品は『ガトウィック空港』(1958)。
⇒国小（ヨーク　1906-1962）
　西洋（ヨーク　1906.12.3-1962.6.10）

Young, Chic 〈20世紀〉
アメリカの漫画家。代表作『ブロンディ』は1930年に描き始められたもので, 世界16カ国, 1500紙の新聞に約40年間連載, 全米漫画家第一人者賞を受けた(1949)。
⇒岩ケ（ヤング, シック　1901-1973）
　現人（ヤング　1901.1.9-1973.3.14）

Young, Ed 〈20世紀〉
中国生れのアメリカの絵本作家, 挿絵画家。
⇒英児（Young, Ed　ヤング, エド　1931-）
　児イ（Young, Ed.　ヤング, E.　1931-）

Young, La Monte 〈20世紀〉
アメリカの作曲家。ことばによる作品（イベント）や音のイベントなどを行い1960年代後半のミックスト・メディア, インタメディアの作品の先駆として大きな影響を与えた。
⇒現人（ヤング　1935.10.14-）
　美術（ヤング, ラ・モンテ　1935-）
　ラル（ヤング, ラ・モンテ　1935-）

Young, Michael 〈20世紀〉
アメリカの造形家。
⇒世芸（ヤング, ミッシェル　1952-）

Young, Noela 〈20世紀〉
オーストラリアの女性挿絵画家, 絵本作家。
⇒英児（Young, Noela　ヤング, ノエラ　1930-）

Youngerman, Jack 〈20世紀〉
アメリカの画家, 彫刻家。
⇒新美（ヤンガーマン, ジャック　1926.3.25-）
　二十（ヤンガーマン, ジャック　1926.3.25-）

Yun Gee 〈20世紀〉
中国系アメリカ人画家。
⇒華人（ヨン・ギー　1906-1963）

Yuon, Konstantin Fedrovich 〈19・20世紀〉
ソ連の画家。ロシアの自然, 都市, 市民生活などを写実的にまた抒情的に描いた。
⇒芸術（ユオン, コンスタンティン・フェドローヴィッチ　1875-1944）
　国小（ユオン　1875-1958）
　コン2（ユオーン　1875-1958）
　コン3（ユオン　1875-1958）
　新美（ユオン, コンスタンチン　1875.10.12(24)-1958.9.11）
　世芸（ユオン, コンスタンティン・フェドローヴィッチ　1875-1944）

二十（ユオン，コンスタンチン　1875.10.12-1958.9.11）

Yvaral〈20世紀〉
フランスの美術家。1960年ル・パルクらと"視覚芸術探究グループ"を結成。
⇒美術（イヴァラル　1934-）

【 Z 】

Zaborov, Boris Abramovich〈20世紀〉
ロシアのイラストレーター。
⇒児イ（Zaborov, Boris Abramovich　ザボーロフ, B.A.　1935-）

Zaccagni, Benedetto〈15・16世紀〉
イタリアの建築家。
⇒世美（ザッカーニ，ベネデット　1487-1558）

Zaccagni, Bernardino, il Vecchio〈15・16世紀〉
イタリアの建築家。
⇒世美（ザッカーニ，ベルナルディーノ（年長）　1455/65-1529/31）

Zaccagni, Giovan Francesco〈15・16世紀〉
イタリアの建築家。
⇒世美（ザッカーニ，ジョヴァン・フランチェスコ　1491-1543）

Zacchi, Jean-Marie〈20世紀〉
アルジェリアの画家。
⇒世芸（ザッキ，ジェーヌ・マリエ　1944-）

Zadkine, Ossip〈19・20世紀〉
ロシアに生れ，フランスで活躍した彫刻家。1950年ベネチア・ビエンナーレ展で受賞。代表作『破壊された都市（第2次世界大戦記念碑）』(1954)。
⇒岩ケ（ザッキン，オシップ　1890-1967）
才西（ザッキン，オシップ　1890-1967）
外国（ザッキン　1890-）
現人（ザッキン　1890.7.14-1967.11.25）
広辞5（ザッキン　1890-1967）
広辞6（ザッキン　1890-1967）
国小（ザッキン　1890.7.14-1967）
コン3（ザッキン　1890-1967）
新美（ザッキン，オシップ　1890.7.14-1967.11.25）
人物（ザッキン　1890.7.14-）
西洋（ザッキン（ザツキン）　1890.7.14-1967.11.25）
世芸（ザッキン，オシップ　1890-1967）
世西（ザッキン　1890-1967）
世美（ザッキン，オシップ　1890-1967）
世百（ザッキン　1890-）
世百新（ザツキン　1890-1967）

全書（ザッキン　1890-1967）
大辞2（ザッキン　1890-1967）
大辞3（ザッキン　1890-1967）
大百（ザッキン　1890-1967）
伝世（ザッキン　1890-1967）
二十（ザッキン，オシップ　1890.7.14-1967.11.25）
百科（ザッキン　1890-1967）
ユ人（ザッキン，オシップ　1890-1967）

Zaganelli, Bernardino〈15・16世紀〉
イタリアの画家。
⇒世美（ザガネッリ，ベルナルディーノ　1460/70頃-1510頃）

Zaganelli, Francesco〈15・16世紀〉
イタリアの画家。
⇒世美（ザガネッリ，フランチェスコ　1460/70頃-1531）

Zahrtmann, Kristian〈19・20世紀〉
デンマークの画家。
⇒新美（サールトマン，クリスティアン　1843.3.31-1917.6.22）
二十（サールトマン，クリスティアン　1843.3.31-1917.6.22）

Zais, Giuseppe〈18世紀〉
イタリアの画家。
⇒世美（ザイス，ジュゼッペ　1709-1784）

Zaist, Giovanni Battista〈18世紀〉
イタリアの建築家，画家。
⇒世美（ザイスト，ジョヴァンニ・バッティスタ　1700-1757）

Zakharov, Adrian Dimitrievich〈18・19世紀〉
ロシアの建築家。主作品はクローンスタット大聖堂や，ロシア古典主義建築の代表作の一つとされる海軍省など。
⇒建築（ザハロフ，アンドレイ・ドミトリエヴィッチ　1761-1811）
国小（ザハロフ　1761-1811）
新美（ザハロフ，アドリアン・ドミートリヴィチ　1761.8.8/19-1811.8.27/9.8）

Zallinger, Jean Day〈20世紀〉
アメリカのイラストレーター。
⇒児イ（Zallinger, Jean Day　ザリンジャー, J.D.　1918-）

Zamorano, Pedro〈20世紀〉
スペイン生れの画家。
⇒世芸（ザモラノ，ペドロ　1906-1985）

Zancanaro, Tono〈20世紀〉
イタリアの版画家。
⇒世美（ザンカナーロ，トーノ　1906-）

Zandomeneghi, Federico〈19・20世紀〉
イタリアの画家。

⇒新美（ザンドメーネギ, フェデリーコ　1841.6.2–1917.12.30）
世美（ザンドメーネギ, フェデリーコ　1841–1917）
二十（サンドメーネギ, フェデリーコ　1841.6.2–1917.12.30）

Zanetti, Antonio Maria 〈18世紀〉
イタリアの美術著述家, 版画家。
⇒世美（ザネッティ, アントーニオ・マリーア　1706–1778）

Zanichelli, Prospero 〈17・18世紀〉
イタリアの画家, 舞台美術家。
⇒世美（ザニケッリ, プロスペロ　1698–1772）

Zanino di Pietro 〈14・15世紀〉
イタリアの画家。
⇒世美（ザニーノ・ディ・ピエトロ　（活動）14–15世紀）

Zanoia, Giuseppe 〈18・19世紀〉
イタリアの建築家。
⇒世美（ザノイア, ジュゼッペ　1747–1817）

Zanuso, Marco 〈20世紀〉
イタリアの建築家, デザイナー。
⇒世美（ザヌーゾ, マルコ　1916–）

Zao Wou-Ki 〈20世紀〉
中国出身のフランスの抽象画家。漢字名は趙無極。
⇒華人（ザオ・ウーキー　1921–）
新美（ザオ・ウー・キー　1921.2.13–）
世芸（趙無極　ざお うぉーきー　1921–）

Zarambouka, Sofia 〈20世紀〉
ギリシャのイラストレーター。
⇒児イ（Zarambouka, Sofia　ザランボウカ, S.　1939–）

Zaritsky, Yosef 〈20世紀〉
イスラエルの画家, 新地平運動の推進者。
⇒ユ人（ザリツキー, ヨセフ　1891–1985）

Zarrinkelk, Nourroudin 〈20世紀〉
イランのイラストレーター。
⇒児イ（Zarrinkelk, Nourroudin　1937–）

Zatulovskaya, Irina 〈20世紀〉
ロシア生れの造形家。
⇒世芸（ザツロフスカヤ, イリナ　1954–）

Zauner, Franz Anton, Edler von Feldpaten 〈18・19世紀〉
オーストリアの彫刻家。主作品『フリース伯の墓碑』(1788～90)。
⇒西洋（ツァウナー　1746–1822.3.3）
世美（ツァウナー, フランツ・アントン　1746–1822）

Zavaro, Albert 〈20世紀〉
フランスの画家。
⇒世芸（ザヴァロ, アルバート　1925–）

Zavattari, Ambrogio 〈15世紀〉
イタリアの画家。
⇒世美（ザヴァッターリ, アンブロージョ　（活動）15世紀）

Zavattari, Cristoforo 〈15世紀〉
イタリアの画家。
⇒世美（ザヴァッターリ, クリストーフォロ　（活動）15世紀）

Zavattari, Franceschino 〈15世紀〉
イタリアの画家。
⇒世美（ザヴァッターリ, フランチェスキーノ　（活動）15世紀）

Zavattari, Giovanni 〈15世紀〉
イタリアの画家。
⇒世美（ザヴァッターリ, ジョヴァンニ　（活動）15世紀）

Zavattari, Gregorio 〈15世紀〉
イタリアの画家。
⇒世美（ザヴァッターリ, グレゴーリオ　（活動）15世紀）

Zavattari, Vincenzo 〈15世紀〉
イタリアの画家。
⇒世美（ザヴァッターリ, ヴィンチェンツォ　（活動）15世紀）

Zavrel, Stepan 〈20世紀〉
チェコスロヴァキアのイラストレーター。
⇒児イ（Zavrel, Stepan　ザブジェル, S.　1932–）

Zayan, Denis 〈20世紀〉
エジプト生れの画家。
⇒世芸（ザヤン, デニス　1946–）

Zecchin, Vittorio 〈19・20世紀〉
イタリアの画家, ガラス工芸家。
⇒世美（ゼッキン, ヴィットーリオ　1878–1947）

Zeffirelli, Franco 〈20世紀〉
イタリアの演出家, 舞台装置家, 映画監督。1960年『ロミオとジュリエット』で、シェークスピア演出に大きな刺激を与えた。
⇒岩ケ（ゼフィレリ, フランコ　1923–）
演劇（ゼフィレリ, フランコ　1923–）
オペ（ゼッフィレッリ, フランコ　1923.2.12–）
音楽（ゼフィレリ, フランコ　1923.2.12–）
監督（ゼフィレリ, フランコ　1923.2.12–）
クラ（ゼッフィレッリ, フランコ　1923–）
国小（ゼフィレリ　1923.2.12–）
コン3（ゼフィレリ　1923–）
最世（ゼフィレリ, フランコ　1923–）
世映（ゼッフィレッリ, フランコ　1923–）
世百新（ゼッフィレリ　1923–）
全書（ゼッフィレッリ　1923–）

ナビ（ゼフィレッリ　1923-）
二十（ゼッフィレリ，フランコ　1923.2.12-）
百科（ゼッフィレリ　1923-）

Zehetbauer, Rolf 〈20世紀〉
ドイツ生れの映画美術監督。
⇒世映（ツェートバウアー，ロルフ　1929-）

Zehrfuss, Bernard 〈20世紀〉
フランスの建築家。1939年ローマ賞受賞。パリのユネスコ本部の共同設計者。
⇒国小（ツェールフス　1911-）
　新美（ゼールフス，ベルナール　1911.10.20-）
　二十（ゼールフュス，ベルナール　1911.10.20-）

Zehrfuss, Dominique 〈20世紀〉
フランスのイラストレーター。
⇒児イ（Zehrfuss, Dominique　ゼルフュス, D.　1951-）

Zeiger, Sophia 〈20世紀〉
アメリカのイラストレーター。
⇒児イ（Zeiger, Sophia　1926-）

Zeising, Adolf 〈19世紀〉
ドイツの美学者。主著『黄金分割』(1884)。
⇒外国（ツァイジング　1810-1876）
　国小（ツァイジング　1810.9.24-1876.4.27）
　西洋（ツァイジング　1810-1876）
　名著（ツァイジング　1810-1876）

Zeitblom, Bartholomäus 〈15・16世紀〉
ドイツの画家。ゴシック後期のウルム画派の主要画家の一人。作品にキルヒベルクの祭壇画など。
⇒キリ（ツァイトブローム，バルトロメーウス　1455/60-1518/22）
　芸術（ツァイトブロム，バルトロモイス　1455/60頃-1518頃）
　国小（ツァイトブロム　1455/60-1518/22）
　新美（ツァイトブローム，バルトロメーウス　1455頃-1518/-22頃）
　西洋（ツァイトブローム　1450以後-1518）

Zelinsky, Paul O. 〈20世紀〉
アメリカのイラストレーター。
⇒児イ（Zelinsky, Paul O.　ゼリンスキー, P.O.）

Zelotti, Giambattista 〈16世紀〉
イタリアの画家。
⇒世美（ゼロッティ，ジャンバッティスタ　1526-1578）

Zemach, Margot 〈20世紀〉
アメリカの児童文学作家，挿絵画家。
⇒英児（Zemach, Margot　ジマック，マーゴット　1931-1989）
　児イ（Zemach, Margot　ツェマック, M.　1931-）
　児文（ツェマック, M.　1931-）
　世児（ゼーマック，マーゴット　1931-1989）
　世女日（ゼーマック，マーゴット　1931-1989）
　二十（ツェマック，マーゴット　1931-）

Zenale, Bernardino 〈15・16世紀〉
イタリアの画家，建築家。
⇒世美（ゼナーレ，ベルナルディーノ　1456頃-1526）

Zendel, Gabriel 〈20世紀〉
フランス生れの画家。
⇒世芸（ザンデル，ガブリエル　1906-）

Zenobia, Septimia 〈3世紀〉
古代イランのオアシス国家パルミラの女王（在位267/8～272）。
⇒岩ケ（ゼノビア　3世紀）
　外国（ゼノビア　3世紀）
　角世（ゼノビア　生没年不詳）
　キリ（ゼーノビア　?-274頃）
　ギロ（ゼノビア　?-274頃）
　皇帝（ゼノビア　?-271頃）
　国小（ゼノビア　?-274以後）
　コン2（ゼノビア　3世紀頃）
　コン3（ゼノビア　生没年不詳）
　新美（ゼーノビア）
　西洋（ゼノビア　?-274以後）
　世女（ゼノビア，(セプティミア)(バト・ザッバイ)　?-274）
　世女日（ゼノビア　3世紀）
　全書（ゼノビア　生没年不詳）
　大百（ゼノビア　生没年不詳）
　百科（ゼノビア　生没年不詳）
　評伝（ゼノビア　3世紀後半）
　ロマ（ゼノビア　(在位)266-273頃）

Zenodoros 〈1世紀〉
ギリシアの彫刻家。
⇒新美（ゼーノドロス）
　世美（ゼノドロス　1世紀）

Zēnōn 〈2世紀〉
小アジアのアスペンドス劇場の作者。
⇒建築（ゼノン　(活動)2世紀）

Zenon Veronese 〈15・16世紀〉
イタリアの画家。
⇒世美（ゼノン・ヴェロネーゼ　1484-1552/54）

Zeri, Federico 〈20世紀〉
イタリアの美術批評家，美術史家。
⇒世美（ゼーリ，フェデリーコ　1921-）

Zettl, Baldwin 〈20世紀〉
チェコスロバキアの版画家。
⇒世芸（ツェトゥル，バルドウィン　1943-）

Zettler, Franz Xaver 〈19・20世紀〉
ドイツのガラス画家。バイエルン王室ガラス絵工房を設立(1870)。
⇒キリ（ツェトラー，フランツ・クサーヴァー　1841.8.21-1916.3.27）
　西洋（ツェットラー　1841.8.21-1916.3.27）

Zeumer, Brigitta 〈20世紀〉
ドイツの画家。
⇒世芸（ツェウマー，ブリギイタ　1937-）

Zeuxis〈前5・4世紀頃〉
ギリシアの画家。『神々とゼウス』『蛇をつかみ殺す幼児ヘラクレス』などの作品を描いた。
⇒岩ケ（ゼウクシス　前5世紀）
　ギリ（ゼウクシス　（活動）前430-390）
　ギロ（ゼウクシス　前5世紀）
　芸術（ゼウクシス）
　広辞6（ゼウクシス　前5・4世紀）
　国小（ゼウクシス　生没年不詳）
　コン2（ゼウクシス　前5世紀頃）
　コン3（ゼウクシス　生没年不詳）
　新美（ゼウクシス）
　西洋（ゼウクシス　前5世紀）
　世西（ゼウクシス　前4世紀頃）
　世美（ゼウクシス　（活動）前5世紀後半）
　デス（ゼウクシス　生没年不詳）
　百科（ゼウクシス　前464頃-?）

Zevi, Bruno〈20世紀〉
イタリアの建築家, 建築史家, 建築批評家。
⇒世美（ゼーヴィ, ブルーノ　1918-）

Zhilite, Birute-Janina〈20世紀〉
ロシアのイラストレーター。
⇒児イ（Zhilite, Birute-Janina　ジーリテェ, B. 1930-）

Zhukov, Nikolai Nikolaevich〈20世紀〉
ソ連の画家。大祖国戦争（独ソ戦）に取材した油絵, マルクス, レーニンの肖像画を残す。
⇒コン3（ジューコフ　1908-1973）

Zick, Januarius〈18世紀〉
ドイツの画家。画家J.ヨハネスの息子。
⇒キリ（ツィック, ヤヌアーリウス　1730.2.6-1797.11.14）
　芸術（ツィック, ヤヌアリウス　1732-1797）
　国小（ツィック　1732.5.31-1797.11.14）
　新美（ツィック, ヤヌアリウス　1730.2.6-1797.11.4）
　西洋（ツィック　1732.5.31洗礼-1797.11.14）
　世美（ツィック, ヤヌアリウス　1730-1797）

Zick, Johannes〈18世紀〉
ドイツの画家。作品はブルフザール城壁画（1751～54）など。
⇒国小（ツィック　1702-1762）
　西洋（ツィック　1702-1762）

Ziegler, Adolf〈20世紀〉
ドイツの画家, 芸術会議長。
⇒ナチ（ツィーグラー, アドルフ　1892-1959）

Ziegler, Doris〈20世紀〉
ドイツの芸術家。
⇒世芸（ツィーグラー, ドリス　1949-）

Ziehen, Theodor〈19・20世紀〉
ドイツの哲学者, 美学者, 心理学者, 精神医学者。段階認識論を主張, 主著『認識論』（1913）,『美学講義』（1923～25）など。
⇒外国（ツィーエン　1862-?）
　教育（ツィーエン　1862-1950）
　国小（ツィーエン　1862.11.12-1950.12.29）
　コン2（ツィーエン　1862-1950）
　コン3（ツィーエン　1862-1950）
　西洋（ツィーエン　1862.11.12-1950.12.29）
　全書（ツィーエン　1862-1950）
　二十（ツィーエン, テーオドア　1862-1950）

Ziemer-Chrobatzek, Wolfgang〈20世紀〉
ドイツの現代芸術家。
⇒世芸（ツィーマー・クロバツェク, ウォルフガング　1949-）

Zigaina, Giuseppe〈20世紀〉
イタリアの画家, 版画家。
⇒世美（ジガイーナ, ジュゼッペ　1924-）

Zille, Heinrich〈19・20世紀〉
ドイツの素描家, 版画家。銅版画集『ベルリンの昔と今』（1927）などがある。
⇒オ西（ツィレ, ハインリヒ　1858-1929）
　芸術（ツィレ, ハインリヒ　1858-1929）
　国小（ツィレ　1858.1.10-1929.8.9）
　西洋（ツィレ　1858.1.10-1929.8.9）
　世美（ツィレ, ハインリヒ　1858-1929）
　世西（ツィレ　1858-1929）

Zimbalo, Giuseppe (Zingarello)〈17・18世紀〉
イタリアの建築家。
⇒建築（ジンバロ, ジュゼッペ（ジンガレッロ（通称））　1617/20-1710）
　世美（ジンバロ, ジュゼッペ　1617/20-1710）

Zimmer, Bernd〈20世紀〉
ドイツの画家。
⇒世芸（ジマー, ベルンド　1948-）

Zimmer, Samuel〈18・19世紀〉
ドイツの画家。素描家, ミニアチュール画家として知られる。
⇒国小（ツィンメル　1751-1824）

Zimmerman, Zoe〈20世紀〉
アメリカの写真家。
⇒世芸（ジンメルマン, ゾイ）

Zimmermann, Dominikus〈17・18世紀〉
ドイツの建築家。ウィースの巡礼聖堂（1746～54）などを制作。
⇒キリ（ツィママン, ドミーニクス　1685.6.30-1766.11.16）
　建築（ツィンマーマン, ドミニクス　1685-1766）
　国小（ツィンメルマン　1685.6.30-1766.11.16）
　新美（ツィンマーマン, ドミニクス　1685.6.30-1766.11.16）
　西洋（ツィンメルマン　1685.6.30-1766.11.16）
　世美（ツィンマーマン, ドミニクス　1685-1766）
　世百（ツィンマーマン　1685-1766）
　伝世（ツィンマーマン, ドメニクス　1685.6.30-

1766.11.16）
　　百科（ツィンマーマン　1685-1766）
Zimmermann, Johann Baptist〈17・18世紀〉
ドイツの画家。ミュンヘンの宮廷で君侯邸の豪華な諸室を装飾。
⇒新美（ツィンマーマン，ヨーハン，バプティスト　1680.1.3-1758.3.2）
　西洋（ツィンメルマン　1680-1758）
　世美（ツィンマーマン，ヨハン・バプティスト　1680-1758）
　伝世（ツィンマーマン，ヨーハン・バプティスト　1680.1.3-1758.2）

Zimmermann, Robert von〈19世紀〉
プラハ生れのオーストリアの美学者，哲学者。ヘルバルト学派に属す。
⇒外国（ツィンメルマン　1824-1898）
　国小（ツィンメルマン　1824.11.2-1898.9.1）
　コン2（ツィンメルマン　1824-1898）
　コン3（ツィンメルマン　1824-1898）
　西洋（ツィンメルマン　1824.11.2-1898.9.1）
　世百（ツィンマーマン　1824-1898）
　デス（ツィンマーマン　1824-1898）
　名著（ツィンメルマン　1824-1898）

Zimnik, Reiner〈20世紀〉
西ドイツの画家。児童文学者，絵本作家。
⇒幻想（チムニク，ライナー　1930-）
　児イ（Zimnik, Reiner　チムニク, R.　1930-）
　児童（ツィムニク, ライナー　1930-）
　児文（チムニク, ライナー　1930-）
　世児（チムニク, ライナー　1930-）
　二十（チムニク, ライナー　1930-）

Zion, Gene Eugene〈20世紀〉
アメリカのグラフィック・デザイナー，絵本作家。
⇒英児（Zion, Gene　ザイオン，ジーン　1913-1975）
　英文（ジオン，ジーン　1913-1975）
　児作（Zion, Gene　ジオン，ジーン　1913-1975）
　児文（ジオン，ジーン　1913-1975）
　二十（ジオン，ジーン・E.　1913-1975）

Zipprodt, Patricia〈20世紀〉
アメリカの舞台衣装デザイナー。
⇒世女日（ジプロト，パトリシア　1925-1999）

Ziveri, Alberto〈20世紀〉
イタリアの画家。
⇒世美（ジヴェーリ，アルベルト　1908-）

Zmatlikova, Helena〈20世紀〉
チェコスロバキアのイラストレーター。
⇒児イ（Zmatlikova, Helena　ズマトリーコバ, H.　1923-）

Zoëga, Georg〈18・19世紀〉
デンマークの考古学者，古銭学者。
⇒キリ（ゾエガ，ヨーン　1755.12.20-1809.2.10）

　世美（セーガ，ゲオウ　1755-1809）

Zoffany, John〈18・19世紀〉
イギリス（ドイツ生れ）の画家。
⇒岩ケ（ゾファニー，ヨハン　1734-1810）
　芸術（ゾファニー，ヨハン　1733-1810）
　新美（ゾファニー，ヨーハン・ヨーゼフ・エドラー・フォン　1733.3.13-1810.11.11）
　西洋（ゾッファニー　1733-1810）
　世美（ゾファニー，ヨハン　1725-1810）

Zola, Émile Edouard Charles Antoine〈19・20世紀〉
フランスの小説家。自然主義を唱え，その指導者となった。主著『テレーズ・ラカン』（1867），『居酒屋』（1877）他。
⇒逸話（ゾラ　1840-1902）
　イ文（Zola, Émile　1840-1902）
　岩ケ（ゾラ，エミール　1840-1902）
　岩哲（ゾラ　1840-1902）
　演劇（ゾラ，エミール　1840-1902）
　旺世（ゾラ　1840-1902）
　外国（ゾラ　1840-1902）
　角世（ゾラ　1840-1902）
　広辞4（ゾラ　1840-1902）
　広辞5（ゾラ　1840-1902）
　広辞6（ゾラ　1840-1902）
　国小（ゾラ　1840.4.2-1902.9.29）
　国百（ゾラ，エミール・エドアール・シャルル・アントアーヌ　1840.4.2-1902.9.28）
　コン2（ゾラ　1840-1902）
　コン3（ゾラ　1840-1902）
　集世（ゾラ，エミール　1840.4.2-1902.9.29）
　集文（ゾラ，エミール　1840.4.2-1902.9.29）
　新美（ゾラ，エミール　1840.4.2-1902.9.29）
　人物（ゾラ　1840.4.2-1902.9.29）
　西洋（ゾラ　1840.4.2-1902.9.29）
　世人（ゾラ　1840-1902）
　世西（ゾラ　1840.4.2-1902.9.29）
　世百（ゾラ　1840-1902）
　世文（ゾラ，エミール　1840-1902）
　全書（ゾラ　1840-1902）
　大辞（ゾラ　1840-1902）
　大辞2（ゾラ　1840-1902）
　大辞3（ゾラ　1840-1902）
　大百（ゾラ　1840-1902）
　デス（ゾラ　1840-1902）
　伝世（ゾラ　1840.4.2-1902.9.29）
　ナビ（ゾラ　1840-1902）
　百科（ゾラ　1840-1902）
　評伝（ゾラ　1840-1902）
　名著（ゾラ　1840-1902）
　山世（ゾラ　1840-1902）
　歴史（ゾラ　1840-1902）

Zolan, Donald〈20世紀〉
アメリカ生れの画家，版画家。
⇒世芸（ゾラン，ドナルド　1937-）

Zolotow, Charlotte〈20世紀〉
アメリカの女性絵本作家，詩人。
⇒英児（Zolotow, Charlotte　ゾロトウ，シャーロット　1915-）
　児作（Zolotow, Charlotte　ゾロトウ，シャーロット　1915-）
　児文（ゾロトウ，シャーロット　1915-）

世児（ゾロトウ，シャーロット　1915-）
二十（ゾロトウ，シャーロッテ　1915-）

Zoppo, Marco〈15世紀〉
イタリアの画家。主作品はボローニャのコレジオ・ディ・スパーニャにある多面祭壇画（1471）。
⇒国小（ゾッポ　1432-1478）
新美（ゾッポ，マルコ　1432頃-1478）
世美（ゾッポ，マルコ　1433-1478）

Zorach, Marguerite Thompson〈19・20世紀〉
アメリカの画家。
⇒世女日（ゾラク，マルグリート・トンプソン　1887-1968）

Zorach, William〈19・20世紀〉
アメリカの彫刻家。代表作『舞踊の精』（1932），『未来の世代』（1942～47）など。
⇒岩ケ（ゾラック，ウィリアム　1887-1966）
国小（ゾラハ　1887.2.28-1966.11.16）
最世（ゾラック，ウィリアム　1887-1966）

Zorio, Gilbert〈20世紀〉
イタリアの美術家。
⇒美術（ゾリオ，ジルベルト　1944-）

Zorn, Anders Leonard〈19・20世紀〉
スウェーデンの画家，版画家，彫刻家。代表作，油絵『岩礁にて，海のニンフ』（1894）など。
⇒岩ケ（ゾーン，アンデシュ（・レオンハルド）　1860-1920）
オ西（ソルン，アンデルス　1860-1920）
芸術（ゾーン，アンデルス　1860-1920）
国小（ソールン　1860.2.12-1920.8.22）
新美（ソルン，アンデルス　1860.2.18-1920.8.22）
人物（ソルン　1860.2.18-1920.8.22）
西洋（ソルン　1860.2.18-1920.8.22）
世芸（ゾーン，アンデルス　1860-1920）
世芸（ソルン，アンデルス　1860-1920）
世西（ソルン　1860-1920）
世美（ゾーン，アンデシュ・レオナード　1860-1920）
世百（ソルン　1860-1920）
全書（ソルン　1860-1920）
大辞3（ゾーン　1860-1920）
大百（ソルン　1860-1920）
二十（ソルン，アンデルス・レオナルド　1860-1920）

Zox, Larry〈20世紀〉
アメリカの抽象画家。
⇒美術（ゾックス，ラリー　1936-）

Züblin, Eduard〈19・20世紀〉
スイスの技術者。鉄筋コンクリート建築の促進に努めた。
⇒西洋（チューブリン　1850.3.11-1916.11.25）

Zubov, Vasily Pavlovich〈20世紀〉
ソ連の科学史家。中世，ルネサンスの芸術史，技術史，建築史を研究した。
⇒科学（ツボフ　1899-1963）

Zuccarelli, Francesco〈18世紀〉
イタリアの画家。
⇒岩ケ（ズッカレリ，フランチェスコ　1702-1788）
芸術（ズッカレリ，フランチェスコ　1702-1788）
新美（ズッカレルリ，フランチェスコ　1702.8.15-1788.10.30/12.30）
世美（ズッカレッリ，フランチェスコ　1702-1788）

Zuccaro, Federigo〈16・17世紀〉
イタリアの画家。グレゴリウス13世よりパオリーナ聖堂の装飾を依頼された。
⇒キリ（ズッカーロ（ツッカーリ），フェデリーコ　1542-1609.7.20）
芸術（ズッカリ・ズッカロ，フェデリゴ　1542?-1609）
新美（ツッカリ，フェデリーコ　1542-1609.7.20）
西洋（ツッカーロ　1543-1609）
世美（ツッカリ，フェデリーコ　1542頃-1609）
百科（ツッカロ，フェデリゴ　1542-1609）

Zuccaro, Taddeo〈16世紀〉
イタリアの画家。フレスコ壁画を描いた。
⇒岩ケ（ツッカーリ，タッデオ　1529-1566）
芸術（ズッカリ，タッデオ　1529-1566）
新美（ツッカリ，タッデオ　1529.9.1-1566.9.2）
西洋（ツッカーロ　1529.9.1-1566.9.2）
世美（ツッカリ，タッデーオ　1529-1566）
百科（ツッカロ，タッデオ　1529-1566）

Zucchi, Iacopo〈16世紀〉
イタリアの画家。
⇒世美（ツッキ，ヤーコポ　1541-1589頃）

Zügel, Heinrich von〈19・20世紀〉
ドイツの動物画家。1892年ミュンヘン分離派の創立者の一人。
⇒芸術（ツィーゲル，ハインリヒ・フォン　1850-1941）
国小（ツューゲル　1850.10.22-1941）
西洋（チューゲル　1850.10.22-1941）
世芸（ツィーゲル，ハインリヒ・フォン　1850-1941）

Zugno, Francesco〈18世紀〉
イタリアの画家。
⇒世美（ツーニョ，フランチェスコ　1708/09-1787）

Zuloaga, Ignacio〈19・20世紀〉
スペインの画家。宗教的色彩の濃厚な民族的特徴を示す画風で故国の風物や人物を描いた。
⇒岩ケ（スロアガ，イグナシオ　1870-1945）
外国（スロアガ　1870-1945）
芸術（スロアガ，イグナシオ　1870-1945）
国小（スロアガ　1870.7.26-1945.10.30）

コン2（スロアガ　1870-1945）
コン3（スロアガ　1870-1945）
新美（スロアーガ, イグナシオ　1870.7.26-
　1945.10.31）
人物（スロアーガ　1870.7.26-1945.10.30）
スペ（スロアーガ　1870-1945）
西洋（スロアガ　1870.7.26-1945.10.30）
世芸（スロアガ, イグナシオ　1870-1945）
世西（スロアーガ　1870.7.26-1945.10.31）
世百（スロアガ　1870-1945）
二十（スロアーガ, イグナシオ　1870.7.26-
　1945.10.31）
百科（スロアーガ　1870-1945）

Zumbusch, Kaspar von 〈19・20世紀〉
ドイツの彫刻家。ベートーヴェン等の胸像を制作。
⇒西洋（ツンブッシュ　1830.11.23-1915.9.26）

Zumbusch, Ludwig von 〈19・20世紀〉
ドイツの画家。K.ツンブッシュの子。
⇒西洋（ツンブッシュ　1861.7.17-1927.2.28）

Zu Ming Ho 〈20世紀〉
中国生れの画家。
⇒世芸（ズ・ミンホー　1949-）

Zurbaran, Francisco de 〈16・17世紀〉
スペインの画家。フェリペ4世の宮廷画家。
⇒岩ケ（スルバラン, フランシスコ・デ　1598-
　1664）
外国（スルバラン　1598-1664）
キリ（スルバラン, フランシスコ・デ
　1598.11.7-1664.8.27）
芸術（スルバラン, フランシスコ・デ　1598-
　1664）
広辞4（スルバラン　1598-1664）
広辞6（スルバラン　1598-1664）
国小（スルバラン　1598.11.7-1664.8.27）
コン2（スルバラン　1598-1664）
コン3（スルバラン　1598-1664）
新美（スルバラン, フランシスコ・デ　1598.11-
　1664.8.27）
人物（スルバラン　1598.11.7-1662.2.28）
スペ（スルバラン　1598-1664）
西洋（ズルバラン　1598.11.7-1662.2.28）
世西（スルバラン　1598-1664）
世美（スルバラン, フランシスコ・デ　1598-
　1664）
全書（スルバラン　1598-1664）
大百（スルバラン　1598-1664）
デス（スルバラン　1598-1664）
伝世（スルバラン　1598.11.7洗礼-1664.8.27）
百科（スルバラン　1598-1664）

Zürn, Jorg 〈16・17世紀〉
ドイツの彫刻家。
⇒世美（チュルン, イョルク　1583-1635以前）

Zwerger, Lisbeth 〈20世紀〉
オーストリアのイラストレーター。
⇒児イ（Zwerger, Lisbeth　ツヴェルガー, L.
　1954-）

カタカナ表記索引

カタカナ書名索引

【ア】

アアルト(20世紀)
 →Aalto, Hugo Alvar Henrik　*3*
アアルト, アルヴァ(20世紀)
 →Aalto, Hugo Alvar Henrik　*3*
アイアマン, エーゴン(20世紀)
 →Eiermann, Egon　*217*
アイヴァソフスキー(19世紀)
 →Aivasovskii, Ivan Konstantinovich　*10*
アイヴァゾフスキー(19世紀)
 →Aivasovskii, Ivan Konstantinovich　*10*
アイヴァゾーフスキー, イヴァン・コンスタンティノヴィチ(19世紀)
 →Aivasovskii, Ivan Konstantinovich　*10*
アイヴァゾフスキー, イワン(19世紀)
 →Aivasovskii, Ivan Konstantinovich　*10*
アイヴァゾフスキー, イワン・コンスタンティノーヴィッチ(19世紀)
 →Aivasovskii, Ivan Konstantinovich　*10*
アイヴァゾーフスキイ(19世紀)
 →Aivasovskii, Ivan Konstantinovich　*10*
アイヴズ(19世紀) →Ives, James Merritt　*340*
アイヴズ(19・20世紀)
 →Ives, Frederick (Eugene)　*340*
アイヴズ, フレデリック(・ユージン)(19・20世紀)
 →Ives, Frederick (Eugene)　*340*
アイエツ, フランチェスコ(18・19世紀)
 →Hayez, Francesco　*310*
アイエルマン(20世紀) →Eiermann, Egon　*217*
アイエルマン, エゴン(20世紀)
 →Eiermann, Egon　*217*
アイク(14・15世紀) →Van Eyck, Hubert　*674*
アイク(14・15世紀) →Van Eyck, Jan　*674*
アイク, ヤン・ファン(14・15世紀)
 →Van Eyck, Jan　*674*
アイク兄弟(14・15世紀)
 →Van Eyck, Hubert　*674*
アイク兄弟(14・15世紀) →Van Eyck, Jan　*674*
アイケンバーグ, F.(20世紀)
 →Eichenberg, Fritz　*216*
アイズピリ, ポール(20世紀) →Aizpiri, Paul　*10*
アイゼン(19世紀) →Eysen, Louis　*227*
アイゼンシュタット(20世紀)
 →Eisenstaedt, Alfred　*217*
アイゼンシュタット, アルフレート(20世紀)
 →Eisenstaedt, Alfred　*217*
アイゼンシュテット(20世紀)
 →Eisenstaedt, Alfred　*217*

アイゼンスタット, アルフレッド(20世紀)
 →Eisenstaedt, Alfred　*217*
アイゼンステット, アルフレッド(20世紀)
 →Eisenstaedt, Alfred　*217*
アイゼンマン, ピーター(20世紀)
 →Eisenman, Peter　*217*
アイタン, O.(20世紀) →Eitan, Ora　*217*
アイツェン, A.(20世紀) →Eitzen, Allan　*217*
アイデュ, エティエンヌ(20世紀)
 →Hajdu, Etienne　*303*
アイドゥー(20世紀) →Hajdu, Etienne　*303*
アイトヴェズ, ニコライ(18世紀)
 →Eigtved, Nicolai　*217*
アイトバーエフ, S.A.(20世紀)
 →Ajtbaef, Salikhitdin Abdwjsadwjkovich　*10*
アイドリゲヴィチウス(20世紀)
 →Eidrigevicius, Stasys　*217*
アイネム, ヘルベルト・フォン(20世紀)
 →Einem, Herbert von　*217*
アイパゾフスキー(19世紀)
 →Aivasovskii, Ivan Konstantinovich　*10*
アイヒェル, ヨーハン・ザンティーン(17・18世紀)
 →Aichel, Johann Santin　*9*
アイヒンガー, H.(20世紀) →Aichinger, Helga　*9*
アイヘル(17・18世紀)
 →Aichel, Johann Santin　*9*
アイメルス(19・20世紀) →Eimers, Gustav　*217*
アイモニーノ, カルロ(20世紀)
 →Aymonino, Carlo　*42*
アイモーネ, ジュゼッペ(20世紀)
 →Ajmone, Giuseppe　*10*
アイルノース(アルノース, アルノードゥス)(12世紀) →Ailnoth (Alnoth, Alnodus)　*9*
アイルベルトゥス(12世紀)
 →Eilbertus aus Köln　*217*
アイワゾスキー(19世紀)
 →Ivan, Konstantinovich Aivazovskiy　*339*
アインシュタイン, カール(19・20世紀)
 →Einstein, Carl　*217*
アインミラー(19世紀)
 →Ainmiller, Max Emanuel　*10*
アインミラー, マックス・エマーヌエル(19世紀)
 →Ainmiller, Max Emanuel　*10*
アヴァネル, マリエフランス(20世紀)
 →Avenel, Marie France　*41*
アウアーバッハ, フランク(20世紀)
 →Auerbach, Frank　*39*
アウアバッハ, フランク(20世紀)
 →Auerbach, Frank　*39*
アヴァンツィ, ヤーコポ(14世紀)
 →Avanzi, Iacopo　*41*
アヴァンツィーニ, バルトロメーオ(17世紀)
 →Avanzini, Bartolomeo　*41*
アヴァンツィーニ, ピエル・アントーニオ(17・18世紀) →Avanzini, Pier Antonio　*41*

アーウィン, ロバート (20世紀)
　→Irwin, Robert　338
アヴェ, ジャック (18世紀)
　→Aved, Jacques-André-Joseph　41
アヴェド, ジャック＝アンドレ＝ジョゼフ (18世紀)
　→Aved, Jacques-André-Joseph　41
アヴェドン (20世紀)　→Avedon, Richard　41
アヴェドン, リチャード (20世紀)
　→Avedon, Richard　41
アヴェリー, テックス（フレッド）(20世紀)
　→Avery, Tex (Fred)　41
アヴェリル, エスター (20世紀)
　→Averill, Esther　41
アーヴェルカンプ (16・17世紀)
　→Avercamp, Hendrik Berentsz.　41
アヴォンド, ヴィットーリオ (19・20世紀)
　→Avondo, Vittorio　42
アウグスチヌス (4・5世紀)
　→Augustinus, Aurelius　40
アウグスチヌス, アウレリウス (4・5世紀)
　→Augustinus, Aurelius　40
アウグスツス (前1世紀)
　→Augustus, Gaius Octavius　40
アウグスティヌス (4・5世紀)
　→Augustinus, Aurelius　40
アウグスティヌス (聖) (4・5世紀)
　→Augustinus, Aurelius　40
聖アウグスティヌス (4・5世紀)
　→Augustinus, Aurelius　40
アウグスティーヌス, アウレーリウス (4・5世紀)
　→Augustinus, Aurelius　40
アウグスティーヌス (アウレーリウス) (4・5世紀)
　→Augustinus, Aurelius　40
アウグスティヌス, アウレリウス (4・5世紀)
　→Augustinus, Aurelius　40
アウグスティヌス (アウレリウス) (4・5世紀)
　→Augustinus, Aurelius　40
アウグスティヌス (聖) (ヒッポーの) (4・5世紀)
　→Augustinus, Aurelius　40
アウグスト (2世) (17・18世紀)
　→Friedrich August I　253
アウグスト2世 (17・18世紀)
　→Friedrich August I　253
アウグスト二世 (17・18世紀)
　→Friedrich August I　253
アウグスト二世 (強公) (17・18世紀)
　→Friedrich August I　253
アウグスト2世 (強公, ザクセンの) (17・18世紀)
　→Friedrich August I　253
アウグスト2世, フリデリク (17・18世紀)
　→Friedrich August I　253
アウグスト二世, 強健王 (17・18世紀)
　→Friedrich August I　253
アウグスト, ビレ (20世紀)　→August, Bille　39

アウグストゥス (前1世紀)
　→Augustus, Gaius Octavius　40
アウグストゥス (C.ユリウス・カエサル・オクタウィアヌス) (前1世紀)
　→Augustus, Gaius Octavius　40
アウグストゥス, オクタウィアヌス (前1世紀)
　→Augustus, Gaius Octavius　40
アウグストゥス (オクタウィアヌス) (前1世紀)
　→Augustus, Gaius Octavius　40
アウグストゥス (オクタヴィアヌス) (前1世紀)
　→Augustus, Gaius Octavius　40
アウグストゥス, (ガイウス・ユリウス・カエサル・オクタウィアヌス) (前1世紀)
　→Augustus, Gaius Octavius　40
アウグストゥス, ガイウス・ユリウス・カエサル・オクタウィアヌス (前1世紀)
　→Augustus, Gaius Octavius　40
アウグスト・コーピッシュ (18・19世紀)
　→Kopisch, August　371
アウターブリッジ (20世紀)
　→Outerbridge, Paul　497
アウト (19・20世紀)
　→Oud, Jacobus Johannes Pieter　497
アウト, ヤコーブス・ヨハネス・ピーター (19・20世紀)　→Oud, Jacobus Johannes Pieter　497
アウト, ヤコブス・ヨハネス・ピーテル (19・20世紀)　→Oud, Jacobus Johannes Pieter　497
アウト, ヨハネス・ピーテル (19・20世紀)
　→Oud, Jacobus Johannes Pieter　497
アウリチェク, ドミニク (18・19世紀)
　→Auliček, Dominik　40
アウリティ (19・20世紀)　→Auriti, Giacinto　40
アウリティ, G. (19・20世紀)
　→Auriti, Giacinto　40
アヴリーヌ, クロード (20世紀)
　→Aveline, Claude　41
アウレンティ, ガエ (タナ) (20世紀)
　→Aulenti, Gae (tana)　40
アウウテル (15世紀頃)
　→Ouwater, Albert van　497
アウワーテル, アルベルト・ファン (15世紀頃)
　→Ouwater, Albert van　497
アウワーテル, イサーク (18世紀)
　→Ouwater, Isaak　497
アエティオン (前4世紀)　→Aetion　7
アガシアス (前1世紀頃)　→Agasias　8
アガス, ジャック・ロラン (18・19世紀)
　→Agasse, Jacques-Laurent　8
アガタ (3～6世紀)　→Agatha　8
アガタ (聖) (3～6世紀)　→Agatha　8
聖アガタ (3～6世紀)　→Agatha　8
アガタルコス (前5世紀)　→Agatharchos　8
アガッス, ジャック＝ロラン (18・19世紀)
　→Agasse, Jacques-Laurent　8

アガッツィ, エルメネジルド (19・20世紀)
→Agazzi, Ermenegildo 8
アガービティ, ピエトロ・パーオロ (15・16世紀)
→Agabiti, Pietro Paolo 8
アーガー・ミーラク (16世紀) →Aga Mirak 8
アガム, ヤーコヴ・ギプシュタイン (20世紀)
→Agam, Yaacov Gipstein 8
アガム, ヤーコブ (20世紀)
→Agam, Yaacov Gipstein 8
アガム, ヤコブ (20世紀)
→Agam, Yaacov Gipstein 8
アガメムノーン →Agamemnōn 8
アガメムノン →Agamemnōn 8
アーガー・リザー (16世紀) →Āgha Riḍā 8
アーガー・リザー (16・17世紀) →Aga Riza 8
アカン (19・20世紀) →Hackin, Joseph 301
アキノ, A. (20世紀) →Aquino, Albert 29
アーキペンコ (19・20世紀)
→Archipenko, Alexander 30
アーキペンコ, アレグザンダー (19・20世紀)
→Archipenko, Alexander 30
アーキペンコ, アレグザンダー・ポルフィリエヴィチ (19・20世紀)
→Archipenko, Alexander 30
アキーモフ (20世紀)
→Akimov, Nikolai Pavlovich 10
アキーモフ, ニコライ (20世紀)
→Akimov, Nikolai Pavlovich 10
アキモフ, ニコライ (20世紀)
→Akimov, Nikolai Pavlovich 10
アギュード, タイロン (20世紀)
→Aguado, Tyrone 9
アキレウス →Achilles 5
アキレス →Achilles 5
アクィナス (13世紀) →Thomas Aquinas 649
アクィナス (13世紀) →Thomas Aquinas 649
アクィナス, トマス (13世紀)
→Thomas Aquinas 649
アクイナス, 聖トマス (13世紀)
→Thomas Aquinas 649
アークイラ, ピエトロ (17世紀)
→Aquila, Pietro 29
アクスマン, L. (20世紀) →Axeman, Lois 42
アクセントヴィツ, テオドル (19・20世紀)
→Axentowicz, Theodor 42
アクタイオーン →Aktaiōn 10
アクタイオン →Aktaiōn 10
アグッキ, ジョヴァンニ・バッティスタ (16・17世紀) →Agucchi, Giovanni Battista 9
アクトン, ハロルド (・マリオ・ミッチェル) (20世紀)
→Acton, Sir Harold (Mario Mitchell) 5
アグネス (3・4世紀) →Agnes 8
アグネス (聖) (3・4世紀) →Agnes 8

聖アグネス (3・4世紀) →Agnes 8
アクバル (16・17世紀)
→Akbar, Jalāl ud-Dīn Muhammad 10
アクバル一世, 大帝 (16・17世紀)
→Akbar, Jalāl ud-Dīn Muhammad 10
アクバル, ジャラール・ウッディーン・ムハンマト (16・17世紀)
→Akbar, Jalāl ud-Dīn Muhammad 10
アクバル (大帝) (16・17世紀)
→Akbar, Jalāl ud-Dīn Muhammad 10
アクバル帝 (16・17世紀)
→Akbar, Jalāl ud-Dīn Muhammad 10
アグリーコラ, フィリッポ (18・19世紀)
→Agricola, Filippo 9
アグレスティ, リーヴィオ (16世紀)
→Agresti, Livio 9
アグレスト, ダイアナ (20世紀)
→Agrest, Diana 9
アゲサンドロス (前1世紀)
→Agesandros, (H) 8
アゲラダス (前6・5世紀) →Ageladas 8
アゴスティネルリ, M.E. (20世紀)
→Agostinelli, M.E. 9
アゴスティーノ・ヴェネツィアーノ (15・16世紀)
→Agostino Veneziano 9
アゴスティーノ・ダ・リーミニ (14世紀)
→Agostino da Rimini 9
アゴスティーノ・ディ・ジョヴァンニ (14世紀)
→Agostino di Giovanni 9
アゴスティーノ・ディ・ジョバンニ (14世紀)
→Agostino di Giovanni 9
アゴスティーノ・ディ・ドゥッチオ (15世紀)
→Duccio, Agostino di 208
アゴスティーノ・ディ・ドゥッチョ (15世紀)
→Duccio, Agostino di 208
アゴスティーノ (・ディ・ドゥッチョ) (15世紀)
→Duccio, Agostino di 208
アゴステニ, トニー (20世紀) →Agostini, Tony 9
アゴラクリトス (前5世紀) →Agorakritos 9
アコンチ, ヴイト (20世紀) →Acconci, Vito 5
アサム (17・18世紀)
→Asam, Cosmas Damian 35
アサム (17・18世紀) →Asam, Egid Quirin 35
アザム (17・18世紀)
→Asam, Cosmas Damian 35
アザム (17・18世紀) →Asam, Egid Quirin 35
アザム, エーギット・クヴィリン (17・18世紀)
→Asam, Egid Quirin 35
アザム, エギト・クウィリレ (17・18世紀)
→Asam, Egid Quirin 35
アーザム, エギート・クヴィリーン (17・18世紀)
→Asam, Egid Quirin 35
アーザム, コスマス・ダーミアン (17・18世紀)
→Asam, Cosmas Damian 35

アーザム, コスマス・ダミアーン (17・18世紀)
　→Asam, Cosmas Damian　35
アザム, コスマス・ダミアン (17・18世紀)
　→Asam, Cosmas Damian　35
アサム兄弟 (17・18世紀)
　→Asam, Cosmas Damian　35
アサム兄弟 (17・18世紀)
　→Asam, Egid Quirin　35
アサール, メシャック (20世紀)
　→Asare, Meschack　35
アサレ, メシャック (20世紀)
　→Asare, Meschack　35
アジェ (19・20世紀)
　→Atget, Jean Eugène Auguste　37
アシエ, ミシェル・ヴィクトール (18世紀)
　→Acier, Michel Victor　5
アジャンクール (18・19世紀)
　→Agincourt, Jean-Baptiste-Louis-Georges　8
アジャンクール, ジャン=バティスト=ルイ=ジョルジュ (18・19世紀)
　→Agincourt, Jean-Baptiste-Louis-Georges　8
アシュトン (19・20世紀) →Ashton, Will　36
アシュトン, サー・ジョン・ウィリアム (19・20世紀) →Ashton, Will　36
アシュトン, ジュリアン (・ロッシ) (19・20世紀)
　→Ashton, Julian (Rossi)　36
アシュビー (19・20世紀)
　→Ashbee, Charles Robert　36
アシュビー, チャールズ・ロバート (19・20世紀)
　→Ashbee, Charles Robert　36
アシュリー, ローラ (20世紀)
　→Ashley, Laura　36
アシュール・ナシル・パル2世 (前9世紀)
　→Aššur-nāsir-pal II　37
アシュールナシルパル二世 (前9世紀)
　→Aššur-nāsir-pal II　37
アシュール・バニ・パル (前7世紀)
　→Assurbanipal　37
アシュールバニパル [アッシュール=バーン=アプリ] (前7世紀) →Assurbanipal　37
アシュレイ, ローラ (20世紀)
　→Ashley, Laura　36
アショーカ (前3世紀) →Aśoka　36
アショカ (前3世紀) →Aśoka　36
アショーカ [阿育, 阿輸迦] (前3世紀)
　→Aśoka　36
アショカ (王) (前3世紀) →Aśoka　36
アショーカ王 (前3世紀) →Aśoka　36
アショカおう (前3世紀) →Aśoka　36
アショカ王 (前3世紀) →Aśoka　36
アショカ王 [阿育王] (前3世紀) →Aśoka　36
アショーネ, アニエッロ (17・18世紀)
　→Ascione, Aniello　36
アスキエーリ, ピエトロ (19・20世紀)
　→Aschieri, Pietro　35

アースキン, ラルフ (20世紀)
　→Erskine, Ralph　223
アズグル, ザイル・イサコーヴィッチ (20世紀)
　→Azgur, Zail Isakovitch　42
アステックス, クレール (20世紀)
　→Astaix, Claire　37
アステンゴ, ジョヴァンニ (20世紀)
　→Astengo, Giovanni　37
アストベリー, ジョン (17・18世紀)
　→Astbury, John　37
アストロップ, J. (20世紀) →Astrop, John　37
アスパシオス →Aspasios　36
アスパーリ, ドメーニコ (18・19世紀)
　→Aspari, Domenico　36
アスプ, アンナ (20世紀) →Asp, Anna　36
アスプディン (18・19世紀) →Aspdin, Joseph　36
アスプディン (18・19世紀) →Aspdin, Joseph　36
アスプディン, ジョゼフ (18・19世紀)
　→Aspdin, Joseph　36
アスプディン, ヨセフ (18・19世紀)
　→Aspdin, Joseph　36
アスプルッチ, アントーニオ (18・19世紀)
　→Asprucci, Antonio　37
アスプルント (19・20世紀)
　→Asplund, Erik Gunnar　36
アスプルンド (19・20世紀)
　→Asplund, Erik Gunnar　36
アスプルンド, エリク (19・20世紀)
　→Asplund, Erik Gunnar　36
アスプルンド, エリク・グンナール (19・20世紀)
　→Asplund, Erik Gunnar　36
アスプルンド, エリック・グンナル (19・20世紀)
　→Asplund, Erik Gunnar　36
アスペッティ, ティツィアーノ (16・17世紀)
　→Aspetti, Tiziano　36
アスペルティーニ, アミーコ (15・16世紀)
　→Aspertini, Amico　36
アースムッセン, D. (20世紀)
　→Asmussen, Des.　36
アスラン (19・20世紀) →Asselin, Maurice　37
アスラン, M. (19・20世紀)
　→Asselin, Maurice　37
アズーレ, ギュイラーム (20世紀)
　→Azoulay, Guillaume　42
アゼーリオ, マッシモ・タパレリ, 侯爵 (18・19世紀) →Azeglio, Massimo Taparelli, marchese d'　42
アセリン, ヤン (17世紀) →Asselijn, Jan　37
アセレイン, ヤン (17世紀) →Asselijn, Jan　37
アターノドーロス (前1世紀) →Athēnodōros　38
アタノドーロス (前1世紀) →Athēnodōros　38
アタノドーロス (アテノドーロス) (前1世紀)
　→Athēnodōros　38
アダバシャン, アレクサンドル (20世紀)
　→Adabash'yan, Aleksandr　5

アタマノフ, レフ (20世紀) →Atamanov, Lev　37
アダーミ, ヴァレーリオ (20世紀)
　→Adami, Valerio　6
アダミ, ヴァレーリオ (20世紀)
　→Adami, Valerio　6
アダミ, ヴァレリオ (20世紀)
　→Adami, Valerio　6
アダム →Adam　5
アダム (18世紀) →Adam, Robert John　6
アダム (18・19世紀) →Adam, Albrecht　5
アダム, ウィリアム (17・18世紀)
　→Adam, William　6
アダム, ウィリアム (18世紀)
　→Adam, William　6
アダム, ケン (20世紀) →Adam, Ken　6
アダム, ジェイムズ (18世紀)
　→Adam, James John　5
アダム, ジェームス (18世紀)
　→Adam, James John　5
アダム, ジェームズ (18世紀)
　→Adam, James John　5
アダム, ジョン (18世紀) →Adam, John　6
アダム, ランベール=シジスベール (18世紀)
　→Adam, Lambert-Sigisbert　6
アダム, ロバート (18世紀)
　→Adam, Robert John　6
アダムス (20世紀) →Adams, Ansel　6
アダムズ (20世紀) →Adams, Ansel　6
アダムズ, A. (20世紀) →Adams, Adrienne　6
アダムズ, P.B. (20世紀)
　→Adams, Pauline Batchelder　6
アダムス, アンセル (20世紀) →Adams, Ansel　6
アダムズ, アンセル (20世紀) →Adams, Ansel　6
アダムズ, アンセル (・イーストン) (20世紀)
　→Adams, Ansel　6
アダムズ, エイドリアン (20世紀)
　→Adams, Adrienne　6
アダムス, チャールズ・サミュエル (20世紀)
　→Addams, Charles Samuel　6
アダムズ, チャールズ・サミュエル (20世紀)
　→Addams, Charles Samuel　6
アダムス, トルダ (19・20世紀)
　→Adams, Truda　6
アダムス, ロバート (20世紀)
　→Adams, Robert　6
アダムソン, G.W. (20世紀)
　→Adamson, George Worsley　6
アダムとエバ →Adam　5
アダーモ・ディ・アローニョ (13世紀)
　→Adamo di Arogno　6
アタランテ →Atalantē　37
アタランテー →Atalantē　37
アダリ (20世紀) →Addari　7

アタロ・デ・ステファノ (20世紀)
　→Arturo Di Stefano　35
アダン (20世紀) →Adam, Henri-Georges　5
アダン, アンリ=ジョルジュ (20世紀)
　→Adam, Henri-Georges　5
アダン, ジャコブ=シジスベール (17・18世紀)
　→Adam, Jacob-Sigisbert　5
アダン, ニコラ=セバスティアン (18世紀)
　→Adam, Nicolas-Sébastien　6
アダン, フランソワ=ガスパール=バルタザール
　(18世紀)
　→Adam, François-Gaspard-Balthazar　5
アダン, ランベール=シジスベール (18世紀)
　→Adam, Lambert-Sigisbert　6
アーチウェイジャー, リチャード (20世紀)
　→Artschwager, Richard　35
アーチペンコ, アレクサンダー (19・20世紀)
　→Archipenko, Alexander　30
アーチャー (17・18世紀) →Archer, Thomas　30
アーチャー (19世紀)
　→Archer, Frederick Scott　30
アーチャー, ケネス (20世紀)
　→Archer, Kenneth　30
アーチャー, トーマス (17・18世紀)
　→Archer, Thomas　30
アーチャー, トマス (17・18世紀)
　→Archer, Thomas　30
アッカーマン, ジェイムズ・スロス (20世紀)
　→Ackerman, James Sloss　5
アッカーマン, ルドルフ (18・19世紀)
　→Ackermann, Rudolph　5
アッカルディ, カルラ (20世紀)
　→Accardi, Carla　5
アッカン (19・20世紀) →Hackin, Joseph　301
アッカン, ジョゼフ (19・20世紀)
　→Hackin, Joseph　301
アックイスティ, ルイージ (18・19世紀)
　→Acquisti, Luigi　5
アッジェ (19・20世紀)
　→Atget, Jean Eugène Auguste　37
アッジェ, ウージェーヌ (19・20世紀)
　→Atget, Jean Eugène Auguste　37
アッジェ, ウジェーヌ (19・20世紀)
　→Atget, Jean Eugène Auguste　37
アッシュ, F. (20世紀) →Asch, Frank　35
アッシュ, J. (20世紀) →Ache, Jean　5
アッシュ, フランク (20世紀) →Asch, Frank　35
アッシュール・ナーシル・アプリ二世 (前9世紀)
　→Aššur-nāsir-pal II　37
アッシュール・ナシルバル2世 (前9世紀)
　→Aššur-nāsir-pal II　37
アッシュールナシルバル2世 (前9世紀)
　→Aššur-nāsir-pal II　37
アッシュールナシルバル二世 (前9世紀)
　→Aššur-nāsir-pal II　37

アッシュール・バニパル (前7世紀)
　→Assurbanipal　37
アッシュール＝バニパル (前7世紀)
　→Assurbanipal　37
アッシュールバニパル (前7世紀)
　→Assurbanipal　37
アッシュル・バニパル (前7世紀)
　→Assurbanipal　37
アッシュルバニパル (前7世紀)
　→Assurbanipal　37
アッシュルバニパル (大王) (前7世紀)
　→Assurbanipal　37
アッシュールバニパル王 (前7世紀)
　→Assurbanipal　37
アッシュール・バーン・アプリ (前7世紀)
　→Assurbanipal　37
アッシリア王のアシュールバニパル (前7世紀)
　→Assurbanipal　37
アッシリア王のセンナケリブ (前8・7世紀)
　→Sennacherib　603
アッシリア王のトゥクルティ=ニヌルタ一世 (前13世紀) →Tukulti-Ninurta I　664
アッズリ, フランチェスコ (19・20世紀)
　→Azzurri, Francesco　42
アッステアス (前4世紀) →Assteas　37
アッスラン (19・20世紀) →Asselin, Maurice　37
アッスラン, モーリス (19・20世紀)
　→Asselin, Maurice　37
アッセレイン, ヤン (17世紀) →Asselijn, Jan　37
アッセレート, ジョアッキーノ (17世紀)
　→Assereto, Gioacchino　37
アッタヴァンティ, アッタヴァンテ・デッリ (15・16世紀) →Attavanti, Attavante degli　38
アッタルディ, ウーゴ (20世紀)
　→Attardi, Ugo　38
アッチェット (11世紀) →Accetto　5
アッチレ (18世紀) →Attiret, Jean Denis　38
アッティウス・プリスクス →Attius Priscus　38
アッティコス, ヘロデス (2世紀)
　→Atticus, Herodes　38
アッティレ (18世紀) →Attiret, Jean Denis　38
アッバース (1世) (16・17世紀) →'Abbās I　3
アッバース1世 (16・17世紀) →'Abbās I　3
アッバース一世 (16・17世紀) →'Abbās I　3
アッバス1世 (16・17世紀) →'Abbās I　3
アッバス一世 (16・17世紀) →'Abbās I　3
アッバース1世 (大王) (16・17世紀)
　→'Abbās I　3
アッバース一世, 大王 (16・17世紀) →'Abbās I　3
アッバース一世 (大王) (16・17世紀)
　→'Abbās I　3
アッバーテ, ニッコロ・デル (16世紀)
　→Abbate, Niccolo dell'　3

アッバーティ, ジュゼッペ (19世紀)
　→Abbati, Giuseppe　4
アッビ (19・20世紀) →Abbey, Edwin Austin　4
アッピア (19・20世紀) →Appia, Adolphe　28
アッピア, アードルフ (19・20世紀)
　→Appia, Adolphe　28
アッピア, アドルフ (19・20世紀)
　→Appia, Adolphe　28
アッビアーティ, フィリッポ (17・18世紀)
　→Abbiati, Filippo　4
アッピアーニ (18・19世紀)
　→Appiani, Andrea　29
アッピアーニ, アンドレーア (18・19世紀)
　→Appiani, Andrea　29
アッピアニ, アンドレア (18・19世紀)
　→Appiani, Andrea　29
アッピアーニ, ジュゼッペ (18世紀)
　→Appiani, Giuseppe　29
アッファンニ, イニャーツィオ (19世紀)
　→Affanni, Ignazio　7
アップジョン (19世紀) →Upjohn, Richard　667
アップジョン, リチャード (19世紀)
　→Upjohn, Richard　667
アッフネル, アントン・マリーア (17・18世紀)
　→Haffner, Anton Maria　302
アッフネル, エンリーコ (17・18世紀)
　→Haffner, Enrico　302
アップリャード, D. (20世紀)
　→Appleyard, Dev.　29
アップル, ビリー (20世紀) →Apple, Billy　29
アッペル, カーレル (20世紀) →Appel, Karel　28
アッペルマン, K.H. (20世紀)
　→Appelmann, Karl H.　28
アッペルマン, ヤン・アメル (15世紀)
　→Apelman, Jan Amel　27
アッヘンバッハ, アンドレアス (19・20世紀)
　→Achenbach, Andreas　5
アッヘンバハ (19・20世紀)
　→Achenbach, Andreas　5
アッヘンバハ (19・20世紀)
　→Achenbach, Oswald　5
アッポローニオ・ディ・ジョヴァンニ (15世紀)
　→Apollonio di Giovanni　28
アッリオ, ドナート・フェリーチェ (17・18世紀)
　→Allio, Donato Felice　15
アッレーグリ, ポンポーニオ (16世紀)
　→Allegri, Pomponio　15
アッローリ, アレッサンドロ (16・17世紀)
　→Allori, Alessandro　15
アッローリ, クリストーファノ (16・17世紀)
　→Allori, Christofano　15
アーディゾーニ (20世紀)
　→Ardizzone, Edward　31
アーディゾーニ, E. (20世紀)
　→Ardizzone, Edward　31

アーディゾーニ, エドワード (20世紀)
　→Ardizzone, Edward　31
アーディゾニー, エドワード (20世紀)
　→Ardizzone, Edward　31
アーディゾーニ, エドワード (・ジェフリー・アーヴィング) (20世紀)
　→Ardizzone, Edward　31
アティレ, ジャン=ドニ (18世紀)
　→Attiret, Jean Denis　38
アティレー, ジャン‐ドニー (18世紀)
　→Attiret, Jean Denis　38
アテニス (前6世紀) →Athenis　38
アテノドロス (前1世紀) →Athēnodōros　38
アデマール (20世紀) →Adhémar, Jean　7
アデモッロ, カルロ (19・20世紀)
　→Ademollo, Carlo　7
アデモッロ, ルイージ (18・19世紀)
　→Ademollo, Luigi　7
アトゥエル, メイベル (19・20世紀)
　→Attwell, Mabel Luce　38
アトゥエル, メイベル・L. (19・20世紀)
　→Attwell, Mabel Luce　38
アトゥエル, メイベル・ルーシー (19・20世紀)
　→Attwell, Mabel Luce　38
アトゥエル, メイベル・ルシー (19・20世紀)
　→Attwell, Mabel Luce　38
アトゥッド, チャールズ・ボーラー (19世紀)
　→Atwood, Charles Bowler　38
アトキンス, アンナ (18・19世紀)
　→Atkins, Anna　38
アトキンス, ウイリアム・H (20世紀)
　→Atkins, William H.　38
アトキンスン, A (20世紀) →Atkinson, Allen　38
アトキンスン, トマス・ウィットラム (18・19世紀)
　→Atkinson, Thomas Witlam　38
アトキンソン (18・19世紀)
　→Atkinson, Thomas Witlam　38
アトキンソン, コンラッド (20世紀)
　→Atkinson, Conrad　38
アトキンソン, トマス・ウィットラム (18・19世紀)
　→Atkinson, Thomas Witlam　38
アトキンソン, トマス (・ウイトラム) (18・19世紀)
　→Atkinson, Thomas Witlam　38
アードラー (19世紀) →Adler, Dankmar　7
アードラー (19・20世紀) →Adler, Friedrich　7
アドラー (19世紀) →Adler, Dankmar　7
アドラー, ザロモン (17・18世紀)
　→Adler, Salomon　7
アドラー, ダンクマー (19世紀)
　→Adler, Dankmar　7
アトラス, チャールズ (20世紀)
　→Atlas, Charles　38
アトラン, ジャン (20世紀) →Atlan, Jean　38
アードリー, ジョーン (20世紀)
　→Eardley, Joan　214

アドルノ (20世紀)
　→Adorno, Theodor Wiesengrund　7
アドルノ, テーオドーア (20世紀)
　→Adorno, Theodor Wiesengrund　7
アドルノ, テーオドール (20世紀)
　→Adorno, Theodor Wiesengrund　7
アドルノ, テーオドル (20世紀)
　→Adorno, Theodor Wiesengrund　7
アドルノ, テオドール (20世紀)
　→Adorno, Theodor Wiesengrund　7
アドルノ, テオドール W (ヴィーゼングルント) (20世紀)
　→Adorno, Theodor Wiesengrund　7
アドルノ, テオドール・ヴィーゼングルント (20世紀) →Adorno, Theodor Wiesengrund　7
アドルノ, テオドール (・ヴィーゼングルント) (20世紀) →Adorno, Theodor Wiesengrund　7
アドルノ, テオドル・ヴィーゼングルント (20世紀) →Adorno, Theodor Wiesengrund　7
アナクサゴラース (前5世紀頃)
　→Anaxagoras of Clazomenae　20
アナクサゴラス (前5世紀頃)
　→Anaxagoras of Clazomenae　20
アナクサゴラス, クラゾメナイの (前5世紀頃)
　→Anaxagoras of Clazomenae　20
アナクサゴラス (小アジアのクラゾメナイ生まれの) (前5世紀頃)
　→Anaxagoras of Clazomenae　20
アーナンド, M.R. (20世紀)
　→Anand, Mulk Raj　20
アーナンド, ムルク・ラージ (20世紀)
　→Anand, Mulk Raj　20
アーニョロ・ディ・ヴェントゥーラ (14世紀)
　→Agnolo di Ventura　9
アヌスキウィッツ, リチャード (20世紀)
　→Anuszkiewicz, Richard　27
アヌスキェウィッツ, R. (20世紀)
　→Anuszkiewicz, Richard　27
アヌスキェウィッツ, リチャード (20世紀)
　→Anuszkiewicz, Richard　27
アヌープチアタル (17世紀) →Anûpchatar　27
アネージ, パーオロ (17・18世紀)
　→Anesi, Paolo　23
アーノ, ピーター (20世紀) →Arno, Peter　33
アノヴェーロ・ダ・インボナーテ (14世紀)
　→Anovelo da Imbonate　24
アーノルド, イヴ (20世紀) →Arnold, Eve　33
アハ →Aha　9
アーバー, リチャード (20世紀)
　→Aber, Richard　4
アバーエフ, K.S. (20世紀)
　→Abaev, Khasen Seikhanovich　3
アバカノヴィチ, マグダレーナ (20世紀)
　→Abakanowicz, Magdalena　3

アバカノヴィッチ, マグダレーナ(20世紀)
　→Abakanowicz, Magdalena　3
アバカノビチ(20世紀)
　→Abakanowicz, Magdalena　3
アバカノビッチ(20世紀)
　→Abakanowicz, Magdalena　3
アバクロンビ(19・20世紀)
　→Abercrombie, Sir Leslie Patrick　4
アバクロンビー, サー・(レズリー・)パトリック
　(19・20世紀)
　→Abercrombie, Sir Leslie Patrick　4
アーバークロンビー, パトリック(19・20世紀)
　→Abercrombie, Sir Leslie Patrick　4
アバークロンビー, パトリック(19・20世紀)
　→Abercrombie, Sir Leslie Patrick　4
アハシュエロス(前6・5世紀) →Xerxes I　714
アーバス(20世紀) →Arbus, Diane　29
アーバス, ダイアン(20世紀) →Arbus, Diane　29
アーバス, ダイアン(ネメロフ)(20世紀)
　→Arbus, Diane　29
アバーテ(16世紀) →Abbate, Niccolo dell'　3
アバーテ, ニッコロ・デル(16世紀)
　→Abbate, Niccolo dell'　3
アバティ, M.(20世紀) →Avati, Mario　41
アバディ, ジェーン(20世紀) →Abadie, Jean　3
アバディ, ポール(19世紀) →Abadie, Paul　3
アバティ, マリオ(20世紀) →Avati, Mario　41
アバ・ノヴァーク, ヴィルモシュ(20世紀)
　→Aba Novák Vilmos　3
アパリシオ, ホセ(18・19世紀)
　→Aparicio, José　27
アーバン, ジョゼフ(19・20世紀)
　→Urban, Joseph　667
アビー(19・20世紀) →Abbey, Edwin Austin　4
アビー, エドウィン・オースティン(19・20世紀)
　→Abbey, Edwin Austin　4
アピア(19・20世紀) →Appia, Adolphe　28
アビルゴー, ニコライ・アブラハム(18・19世紀)
　→Abilgaard, Nicolai Abraham　4
アビルゴール(18・19世紀)
　→Abilgaard, Nicolai Abraham　4
アビルゴール, ニコライ・アブラハム(18・19世紀)
　→Abilgaard, Nicolai Abraham　4
アービング, J.G.(20世紀)
　→Irving, James G.　338
アービング, ロレンス・ヘンリー・フォースター
　(20世紀)
　→Irving, Laurence Henry Forster　338
アーフェルカンプ(16・17世紀)
　→Avercamp, Hendrik Berentsz.　41
アーフェルカンプ, ヘンドリック(16・17世紀)
　→Avercamp, Hendrik Berentsz.　41
アフォンソ, ジョルジ(16世紀)
　→Afonso, Jorge　8

アプジョン(19世紀) →Upjohn, Richard　667
アプジョン, リチャード(19世紀)
　→Upjohn, Richard　667
アブダラー(13世紀)
　→'Abd Allāh ibn al-Fadhl　4
アプト, ウルリヒ一世(15・16世紀)
　→Apt der Ältere, Ulrich　29
アブド・アル=サマド(16世紀)
　→'Abd al-Samad　4
アプトン, バーサ(19・20世紀)
　→Upton, Bertha　667
アプトン, フローレンス・K(19・20世紀)
　→Upton, Florence K.　667
アプトン, フローレンス・K.(19・20世紀)
　→Upton, Florence K.　667
アフマド・イブン・ウマル・アル=ダーキー(13世
　紀) →Aḥmad ibn Umar al-Dhaki　9
アフマド・ムーサ(14世紀) →Ahmad Musa　9
アブラハム(前20世紀) →Abraham　4
アブラーモヴィッツ, マックス(20世紀)
　→Abramovitz, Max　4
アブリーヌ(20世紀) →Aveline, Claude　41
アプリーレ, アントン・マリーア(16世紀)
　→Aprile, Anton Maria　29
アプリーレ, ピエトロ(16世紀)
　→Aprile, Pietro　29
アプリーレ, フランチェスコ(17世紀)
　→Aprile, Francesco　29
アブル・ハサン(17世紀) →Abū'l Hasan　5
アフロ(20世紀) →Afro　8
アベドン(20世紀) →Avedon, Richard　41
アベドン, リチャード(20世紀)
　→Avedon, Richard　41
アベリル, エスター(20世紀)
　→Averill, Esther　41
アーベル(19・20世紀) →Abel, Adolf　4
アベル →Abel　4
アペル(20世紀) →Appel, Karel　28
アペル, カレル(20世紀) →Appel, Karel　28
アペル, カレル・クリスティアン(20世紀)
　→Appel, Karel　28
アベルカンプ(16・17世紀)
　→Avercamp, Hendrik Berentsz.　41
アベル・ド・ピュジョル, アレクサンドル=ドニ
　(18・19世紀)
　→Abel de Pujol, Alexandre-Denis　4
アベルリ, ヨハン・ルートヴィヒ(18世紀)
　→Aberli, Johann Ludwig　4
アペレス(前4世紀) →Apellēs　27
アペレース(前4世紀) →Apellēs　27
アペレス(前4世紀) →Apellēs　27
アーヘン, ハンス・フォン(16・17世紀)
　→Aachen, Hans von　3

アボット, ベレニス (20世紀)
→Abbott, Berenice 4
アポリネール (19・20世紀) →Apollinaire,
　Guillaume de Kostrowitsky 28
アポリネール, ギヨーム (19・20世紀)
→Apollinaire, Guillaume de Kostrowitsky 28
アポリネール, ギヨーム (19・20世紀)
→Apollinaire, Guillaume de Kostrowitsky 28
アポロドルス・オブ・ダマスカス (1・2世紀)
→Apollodōros of Damascus 28
アポロドーロス (前5・4世紀) →Apollodōros 28
アポロドロス (前5・4世紀) →Apollodōros 28
アポロドロス (1・2世紀)
→Apollodōros of Damascus 28
アポロドロス (2世紀) →Apollodorus 28
アポロドロス (アテナイ出身の)(前5・4世紀)
→Apollodōros 28
アポロドロス (ダマスカスの)(1・2世紀)
→Apollodōros of Damascus 28
アポロドロス (ダマスクス出身の)(1・2世紀)
→Apollodōros of Damascus 28
アポロドロス (ダマスクスの)(1・2世紀)
→Apollodōros of Damascus 28
アポロドロス (ダマスコスの)(1・2世紀)
→Apollodōros of Damascus 28
アポロニオス (アテナイ出身の)(前1世紀)
→Apollōnios 28
アポロニオス (トラレイス出身の)(前1世紀)
→Apollonios of Tralles 28
アポロニオス (トラレスの)(前1世紀)
→Apollonios of Tralles 28
アボンディオ, アレッサンドロ (16・17世紀)
→Abondio, Alessandro 4
アボンディオ, アントーニオ (16世紀)
→Abondio, Antonio 4
アーマー, エリザベス・イサベル (19・20世紀)
→Armour, Elizabeth Isabel 33
アマー, ジョセフ (20世紀) →Amar, Joseph 17
アーマー, ローラ・アダムズ (19・20世紀)
→Armer, Laura Adams 33
アマシス (前6世紀) →Amasis Painter 18
アマシスの画家 (前6世紀) →Amasis Painter 18
アマーティ, カルロ (18・19世紀)
→Amati, Carlo 18
アマデーオ (15・16世紀)
→Amadeo, Giovanni Antonio 17
アマデオ (15・16世紀)
→Amadeo, Giovanni Antonio 17
アマデーオ, ジョヴァンニ・アントーニオ (15・16世紀) →Amadeo, Giovanni Antonio 17
アマデオ, ジョヴァンニ・アントニオ (15・16世紀)
→Amadeo, Giovanni Antonio 17

アマート, ジャーコモ (17・18世紀)
→Amato, Giacomo 18
アマーナト, ホセイン (20世紀)
→Amarnat, Hosein 18
アマバハ, ボニファーティウス (15・16世紀)
→Amerbach, Bonifatius 19
アマランテ, カルロス・ルイス・フェレイラ・ダ・クルス (18・19世紀) →Amarante, Carlos
　Luiz Ferreira da Cruz 18
アマルテーオ, ポンポーニオ (16世紀)
→Amalteo, Pomponio 17
アマン (16世紀) →Ammann, Jost 20
アマン (19世紀) →Aman, Theodor 17
アマン, ジャン (19・20世紀)
→Aman-Jean, Edmond François 17
アマン, テオドール (19世紀)
→Aman, Theodor 17
アマン, ヨースト (16世紀) →Ammann, Jost 20
アマン・ジャン (19・20世紀)
→Aman-Jean, Edmond François 17
アマンジャン (19・20世紀)
→Aman-Jean, Edmond François 17
アマン・ジャン, エドモン・フランソア (19・20世紀) →Aman-Jean, Edmond François 17
アマン＝ジャン, エドモン・フランソワ (19・20世紀) →Aman-Jean, Edmond François 17
アミエト, クーノ (19・20世紀)
→Amiet, Cuno 19
アミゲッティ, フランシスコ (20世紀)
→Amigetti, Francisco 19
アミゴーニ (17・18世紀) →Amigoni, Jacopo 19
アミゴーニ, ジャコポ (17・18世紀)
→Amigoni, Jacopo 19
アミゴーニ, ヤーコポ (17・18世紀)
→Amigoni, Jacopo 19
アミザーニ, ジュゼッペ (19・20世紀)
→Amisani, Giuseppe 19
アミダーノ, ジューリオ・チェーザレ (16・17世紀)
→Amidano, Giulio Cesare 19
アミーチ, ルイージ (19世紀) →Amici, Luigi 19
アーミティジ (20世紀)
→Armitage, Kenneth 33
アーミティジ, ケネス (20世紀)
→Armitage, Kenneth 33
アーミテイジ, マール (20世紀)
→Armitage, Merle 33
アーミティジ, ロンダ (20世紀)
→Armitage, Ronda 33
アーミテージ (20世紀)
→Armitage, Kenneth 33
アーミテジ (20世紀) →Armitage, Kenneth 33
アーミテジ, エドワード (19世紀)
→Armitage, Edward 33
アーミテジ, ケネス (20世紀)
→Armitage, Kenneth 33

アームステッド, ヘンリー・ヒュー (19・20世紀)
　→Armstead, Henry Hugh　33
アームストロング,T.(20世紀)
　→Armstrong, Tom　33
アームストロング, ヘレン (19・20世紀)
　→Armstrong, Helen　33
アームストロング・ジョーンズ (20世紀)
　→Armstrong Jones, Antony　33
アームストロング・ジョーンズ, アントニー・
　チャールズ・ロバート (20世紀)
　→Armstrong Jones, Antony　33
アムスレール, マーセル (20世紀)
　→Amsler, Marcelle　20
アムベルガー, クリストフ (16世紀)
　→Amberger, Christoph　18
アムマナティ, バルトロメオ (16世紀)
　→Ammanati, Bartolommeo　20
アムマン (19・20世紀)
　→Ammann, Othmar Hermann　20
アムマン,O.H.(19・20世紀)
　→Ammann, Othmar Hermann　20
アムマン, ヨスト (16世紀) →Amman, Jost　20
アームンドソン,R.E.(20世紀)
　→Amundsen, Richard E.　20
アメネムヘット1世 (前20世紀)
　→Amenemhet I　19
アメネムヘット3世 (前19・18世紀)
　→Amenemhet III　19
アーメルバハ (15・16世紀)
　→Amerbach, Bonifatius　19
アメルリング, フリードリヒ・フォン (19世紀)
　→Amerling, Friedrich von　19
アメルング, ヴァルター (19・20世紀)
　→Amelung, Walter　19
アメンエムハト1世 (前20世紀)
　→Amenemhet I　19
アメンエムハト一世 (前20世紀)
　→Amenemhet I　19
アメンエムハト3世 (前19・18世紀)
　→Amenemhet III　19
アメンエムハト三世 (前19・18世紀)
　→Amenemhet III　19
アメン・エム・ヘト1世 (前20世紀)
　→Amenemhet I　19
アメン・エム・ヘト一世 (前20世紀)
　→Amenemhet I　19
アメンエムヘト1世 (前20世紀)
　→Amenemhet I　19
アメン・エム・ヘト3世 (前19・18世紀)
　→Amenemhet III　19
アメン・エム・ヘト三世 (前19・18世紀)
　→Amenemhet III　19
アメンエムヘト3世 (前19・18世紀)
　→Amenemhet III　19
アメンドラ, ジョヴァンニ・バッティスタ (19世
　紀) →Amendola, Giovanni Battista　19

アメン・ヘテプ二世 (前15世紀)
　→Amenhotep II　19
アメンヘテプ2世 (前15世紀)
　→Amenhotep II　19
アメン・ヘテプ三世 (前15・14世紀)
　→Amenhotep III　19
アメンヘテプ3世 (前15・14世紀)
　→Amenhotep III　19
アメンヘテプ三世 (前15・14世紀)
　→Amenhotep III　19
アメン・ホテップ2世 (前15世紀)
　→Amenhotep II　19
アメンホテップ2世 (前15世紀)
　→Amenhotep II　19
アメン・ホテップ3世 (前15・14世紀)
　→Amenhotep III　19
アメンホテップ3世 (前15・14世紀)
　→Amenhotep III　19
アメンホテップ (アメノーテス) (前15・14世紀)
　→Amenhotep (Amenothes)　19
アメンホテプ2世 (前15世紀)
　→Amenhotep II　19
アメンホテプ二世 (前15世紀)
　→Amenhotep II　19
アメン・ホテプ3世 (前15・14世紀)
　→Amenhotep III　19
アメンホテプ (3世) (前15・14世紀)
　→Amenhotep III　19
アメンホテプ3世 (前15・14世紀)
　→Amenhotep III　19
アメンホテプ三世 (前15・14世紀)
　→Amenhotep III　19
アモーリ=デュヴァル, ウージェーヌ=エマニュエ
　ル (19世紀)
　→Amaury-Duval, Eugène-Emmanuel　18
アモルソロ (20世紀) →Amorsolo, Fernando　20
アモルソロ, フェルナンド (20世紀)
　→Amorsolo, Fernando　20
アモロージ, アントーニオ (17・18世紀)
　→Amorosi, Antonio　20
アライア, アズディーン (20世紀)
　→Alaia, Azzedine　10
アラクネ　→Arachnē　29
アラクネー　→Arachnē　29
アラゴン (20世紀) →Aragon, Louis　29
アラゴン, ルイ (20世紀) →Aragon, Louis　29
アラバ, ファン・デ (16世紀)
　→Alava, Juan de　10
アラバ, ホアン・デ (16世紀)
　→Alava, Juan de　10
アラモン,P.(20世紀) →Allamand, Pascale　15
アラヤーロフ,C.(20世紀)
　→Alajalov, Constantin　10
アラルディ, アレッサンドロ (15・16世紀)
　→Araldi, Alessandro　29

アラン(20世紀) →Kaprow, Allan　356
アラン, サー・ウィリアム(18・19世紀)
　→Allan, Sir William　15
アラン, デイヴィド(18世紀) →Allan, David　15
アランスン, ボリス(20世紀)
　→Aronson, Boris　34
アランデル(16・17世紀)
　→Arundel, Thomas Howard, Earl of　35
アランデル伯トマス・ハワード(16・17世紀)
　→Arundel, Thomas Howard, Earl of　35
アーリー, マーガレット(20世紀)
　→Early, Margaret　214
アーリアス, パーオロ・エンリーコ(20世紀)
　→Arias, Paolo Enrico　32
アリアス・フェルナンデス, アントニオ(17世紀)
　→Arias Fernández, Antonio　32
アリアドネ　→Ariadnē　32
アリアドネー　→Ariadnē　32
アリー・イブン・ハムード(13世紀)
　→Ali ibn Hammud　14
アリー・イブン・フサイン(13世紀)
　→Ali ibn Husayn　14
アリエータ, ペドロ・デ(18世紀)
　→Arrieta, Pedro de　34
アリエンセ(16・17世紀) →Aliense　14
アリエンティ, カルロ(19世紀)
　→Arienti, Carlo　32
アーリオ, アゴスティーノ(18・19世紀)
　→Aglio, Agostino　8
アリー・シール・ナヴァーイー(15世紀)
　→Nawā'ī, Mīr 'Alī-Shīr　480
アリーシール・ナヴァーイー(15世紀)
　→Nawā'ī, Mīr 'Alī-Shīr　480
アリー・シール・ナバーイー(15世紀)
　→Nawā'ī, Mīr 'Alī-Shīr　480
アリー・シール・ナワーイー(15世紀)
　→Nawā'ī, Mīr 'Alī-Shīr　480
アリスコラ, シルヴェストロ(15・16世紀)
　→Ariscola, Silvestro　32
アリステアス(アフロディシアス出身の)(2世紀)
　→Aristeās　32
アリステアス(メガロポリス出身の)(前2世紀)
　→Aristeās　32
アリスティオン(前6世紀) →Aristiōn　32
アリステイデース(前4世紀) →Aristeidēs　32
アリステイデス(前4世紀頃) →Aristeidēs　32
アリステイデス(前4世紀) →Aristeidēs　32
アリステイデス(前4世紀) →Aristeidēs　32
アリステイデス(小)(前4世紀) →Aristeidēs　32
アリステイデス(大)(前5・4世紀)
　→Aristeidēs　32
アリストクレス(前5世紀) →Aristoklēs　32
アリストノトス(前7世紀) →Aristonothos　32
アリストファネス(前5世紀) →Aristophanēs　32

アリスプ, パトリス(20世紀)
　→Harispe, Patrice　306
アリックス, ピエール=ミシェル(18・19世紀)
　→Alix, Pierre-Michel　15
アリナーリ, レオポルド(19世紀)
　→Alinari, Leopoldo　15
アリニー, テオドール(18・19世紀)
　→Aligny, Théodore　14
アリブランディ, ジローラモ(15・16世紀)
　→Alibrandi, Girolamo　14
アリベルティ, カルロ・フィリッポ(18世紀)
　→Aliberti, Carlo Filippo　14
アリベルティ, ジュゼッペ・アメーデオ(18世紀)
　→Aliberti, Giuseppe Amedeo　14
アリベルティ, ジョヴァンニ・カルロ(17・18世紀)
　→Aliberti, Giovanni Carlo　14
アリーモフ, B.A.(20世紀)
　→Alimov, Boris Aleksandrovich　14
アリントン, エドワード(20世紀)
　→Allington, Edward　15
アール(18・19世紀) →Earl, Ralph　214
アール(18・19世紀) →Earle, Augustus　214
アール, O.L.(19・20世紀)
　→Earle, Olive Lydia　214
アール, アイベン(20世紀) →Earle, Eyvind　214
アルヴァレス, アルフォンソ(16世紀)
　→Alvares, Alfonso　17
アルヴィアーニ, ジェトゥリオ(20世紀)
　→Alviani, Getulio　7
アルヴィーノ, エンリーコ(19世紀)
　→Alvino, Enrico　17
アルエゴ, E.(20世紀) →Aruego, Ariane　35
アルエゴ, J.(20世紀) →Aruego, Jose　35
アルカメーネース(前5世紀) →Alkamenes　15
アルカメネス(前5世紀) →Alkamenes　15
アルガルディ(16・17世紀)
　→Algardi, Alessandro　14
アルガルディ, アレッサンドロ(16・17世紀)
　→Algardi, Alessandro　14
アルガロッティ(18世紀)
　→Algarotti, Francesco　14
アルガロッティ, フランチェスコ(18世紀)
　→Algarotti, Francesco　14
アルガン, ジューリオ・カルロ(20世紀)
　→Argan, Giulio Carlo　31
アルカンジェロ・ディ・コーラ・ダ・カメリーノ
　(15世紀)
　→Arcangelo di Cola da Camerino　29
アルギージ, ガラッソ(16世紀)
　→Alghisi, Galasso　14
アルキペンコ(19・20世紀)
　→Archipenko, Alexander　30
アルキペンコ, アレキサンダー(19・20世紀)
　→Archipenko, Alexander　30

アルキペンコ, アレクサンドル (19・20世紀)
　→Archipenko, Alexander　30
アルキロコス　→Archilochos　30
アルクセノル (前6世紀) →Alxenor　17
アルクッチョ, アンジョリッロ (15世紀)
　→Arcuccio, Angiolillo　30
アルグノーフ, イヴァン・ペトロヴィチ (18・19世紀) →Argunov, Ivan Petrovich　31
アルグラン, クリストフ (18世紀)
　→Allegrain, Christophe-Gabriel　15
アルグラン, クリストフ=ガブリエル (18世紀)
　→Allegrain, Christophe-Gabriel　15
アルケシラーオス (前1世紀) →Arkesilaos　32
アルケシラオス (前1世紀) →Arkesilaos　32
アルケラオス (前3・2世紀) →Archelaos　30
アルケラオス (前2世紀) →Archelaos　30
アルケルモス (前6世紀) →Archermus　30
アルケルモス (キオスの) (前6世紀)
　→Archermus　30
アルサケース (前3世紀) →Arsakes I　34
アルサケス (前3世紀) →Arsakes I　34
アルサケス1世 (前3世紀) →Arsakes I　34
アルサケス1世 (前3世紀) →Arsakes I　34
アルサケス一世 (前3世紀) →Arsakes I　34
アルシーア (20世紀) →Althea　16
アルジェンタ (ラルジェンタ) (16世紀)
　→L'Argenta　384
アルジェンティ, アントーニオ (19・20世紀)
　→Argenti, Antonio　31
アルジモン, ダニエル (20世紀)
　→Argimon, Daniel　31
アルジャンヴィーユ (17・18世紀)
　→Argenville, Antoine-Joseph Dezallier d'　31
アルシレシ, ヴィンセント (20世紀)
　→Arcilesi, Vincent　30
アルシンスキー (20世紀)
　→Alechinsky, Pierre　12
アールスト (17世紀) →Aelst, Willem van　7
アルスロート, デニス・ヴァン (16・17世紀)
　→Alsloot, Denis van　16
アルター, ショロモ (20世紀)
　→Alter, Shlomo　16
アルーダ, ディエゴ・デ (16世紀)
　→Arruda, Diego de　34
アルタクセルクセス (前5世紀)
　→Artaxerxes I　34
アルタクセルクセス (前5・4世紀)
　→Artaxerxes II　35
アルタクセルクセース一世 (前5世紀)
　→Artaxerxes I　34
アルタクセルクセス (1世) (前5世紀)
　→Artaxerxes I　34
アルタクセルクセス1世 (前5世紀)
　→Artaxerxes I　34

アルタクセルクセス一世 (前5世紀)
　→Artaxerxes I　34
アルタクセルクセス一世, 長手王ロンギマヌス (前5世紀) →Artaxerxes I　34
アルタクセルクセス1世マクロケイル (前5世紀)
　→Artaxerxes I　34
アルタクセルクセース二世 (前5・4世紀)
　→Artaxerxes II　35
アルタクセルクセス (2世) (前5・4世紀)
　→Artaxerxes II　35
アルタクセルクセス2世 (前5・4世紀)
　→Artaxerxes II　35
アルタクセルクセス二世 (前5・4世紀)
　→Artaxerxes II　35
アルタクセルクセス二世, 記憶王ムネモン (前5・4世紀) →Artaxerxes II　35
アルタクセルクセス2世ムネモン (前5・4世紀)
　→Artaxerxes II　35
アルダシール1世 (3世紀)
　→Ardashīr I Pābhaghān　30
アルダシール一世 (3世紀)
　→Ardashīr I Pābhaghān　30
アルダシールいっせい (3世紀)
　→Ardashīr I Pābhaghān　30
アルタムーラ, フランチェスコ・サヴェーリオ (19世紀) →Altamura, Francesco Saverio　16
アルタン (20世紀) →Hartung, Hans　307
アルチャーティ, アンブロージオ・アントーニオ
　(19・20世紀)
　→Alciati, Ambrogio Antonio　12
アルチンボルド (16世紀)
　→Arcimboldo, Giuseppe　30
アルチンボルド, ジュゼッペ (16世紀)
　→Arcimboldo, Giuseppe　30
アルツ, ダヴィッド・アドルフ・コンスタン (19世紀) →Artz, David Adolphe Constant　35
アルツィバチェッフ, ボリス (20世紀)
　→Artschibatscheff, Boris　35
アールツェン (16世紀) →Aeltsen, Pieter　7
アールツェン, ピーテル (16世紀)
　→Aeltsen, Pieter　7
アールツセン, ピーテル (16世紀)
　→Aeltsen, Pieter　7
アルテ, マレク (20世紀) →Halter, Marek　304
アルティキエーロ (14世紀)
　→Altichiero da Zevio　17
アルティキエーロ・ダ・ゼーヴィオ (14世紀)
　→Altichiero da Zevio　17
アルティキエーロ・ダ・ゼヴィオ (14世紀)
　→Altichiero da Zevio　17
アルティキエロ・ダ・ゼヴィオ (14世紀)
　→Altichiero da Zevio　17
アルディーティ, アンドレーア (14世紀)
　→Arditi, Andrea　31

アルデグレーヴァー(16世紀)
　→Aldegrever, Heinrich　*12*
アルデグレーファー(16世紀)
　→Aldegrever, Heinrich　*12*
アルデグレーファー, ハインリヒ(16世紀)
　→Aldegrever, Heinrich　*12*
アルデグレファー, ハインリヒ(16世紀)
　→Aldegrever, Heinrich　*12*
アルデシール(1世)(3世紀)
　→Ardashīr I Pābhaghān　*30*
アルデシール1世(3世紀)
　→Ardashīr I Pābhaghān　*30*
アルデシール一世(3世紀)
　→Ardashīr I Pābhaghān　*30*
アルデシルー1世(3世紀)
　→Ardashīr I Pābhaghān　*30*
アルデマンス, テオドロ(17・18世紀)
　→Ardemáns, Teodoro　*30*
アルデンティ, アレッサンドロ(16世紀)
　→Ardenti, Alessandro　*31*
アルテンボルク, ゲラード(20世紀)
　→Altenbourg, Gerhard　*16*
アールト(20世紀)
　→Aalto, Hugo Alvar Henrik　*3*
アールトー(20世紀)
　→Aalto, Hugo Alvar Henrik　*3*
アルト(19・20世紀) →Alt, Franz　*16*
アルト(19・20世紀) →Alt, Rudolf von　*16*
アールト, アイノ(19・20世紀) →Aalto, Aino　*3*
アールト, アルヴァー(20世紀)
　→Aalto, Hugo Alvar Henrik　*3*
アールト, アルバー(20世紀)
　→Aalto, Hugo Alvar Henrik　*3*
アールト, フーゴー・アルヴァー・ヘンリック(20
　世紀) →Aalto, Hugo Alvar Henrik　*3*
アールト, (フーゴー・ヘンリック・)アルヴァル(20
　世紀) →Aalto, Hugo Alvar Henrik　*3*
アルトー, ポール(19・20世紀) →Artot, Paul　*35*
アルト, ヤーコプ(18・19世紀) →Alt, Jacob　*16*
アルト, ルドルフ(19・20世紀)
　→Alt, Rudolf von　*16*
アルドアン=マンサール, ジュール(17・18世紀)
　→Mansart, Jules Hardouin　*428*
アルドゥアン=マンサール, ジュール(17・18世紀)
　→Mansart, Jules Hardouin　*428*
アルトゥング(20世紀) →Hartung, Hans　*307*
アルトゥング, アンス(20世紀)
　→Hartung, Hans　*307*
アルトゥング, ハンス(20世紀)
　→Hartung, Hans　*307*
アールトセン(16世紀) →Aeltsen, Pieter　*7*
アルトドルファー(15・16世紀)
　→Altdorfer, Albrecht　*16*
アルトドルファー(15・16世紀)
　→Altdorfer, Erhard　*16*

アルトドルファー, アルブレヒト(15・16世紀)
　→Altdorfer, Albrecht　*16*
アールトネン(20世紀) →Aaltonen, Väinö　*3*
アールトーネン, ヴァイネ(20世紀)
　→Aaltonen, Väinö　*3*
アールトネン, ヴァイネ(・ヴァルデマール)(20世
　紀) →Aaltonen, Väinö　*3*
アルトヘル(19・20世紀) →Altherr, Heinrich　*16*
アルトマン(19・20世紀)
　→Altman, Benjamin　*17*
アルトマン, ベンジャミン(19・20世紀)
　→Altman, Benjamin　*17*
アルトモンテ(17・18世紀)
　→Altomonte, Martin　*17*
アルトモンテ, バルトロメーオ(17・18世紀)
　→Altomonte, Bartolomeo　*17*
アルトモンテ, マルティーノ(17・18世紀)
　→Altomonte, Martin　*17*
アルトモンテ, マルティーン(17・18世紀)
　→Altomonte, Martin　*17*
アルドワン・マンサール, ジュール(17・18世紀)
　→Mansart, Jules Hardouin　*428*
アルドン, モルデハイ(20世紀)
　→Ardon, Mordechai　*31*
アルトング(20世紀) →Hartung, Hans　*307*
アルノ, E.(20世紀) →Arno, Enrico　*33*
アルノルディ, アルベルト(14世紀)
　→Arnoldi, Alberto　*33*
アルノルト・フォン・ヴェストファーレン(アルノ
　ルト・フォン・ヴェストファーリア)(15世紀)
　→Arnold von Westfalen(Westphalia)　*33*
アルノルフィーナ(20世紀) →Arnolfina　*33*
アルノルフォ(13・14世紀)
　→Arnolfo di Cambio　*33*
アルノルフォ・ディ・カンビオ(13・14世紀)
　→Arnolfo di Cambio　*33*
アルノルフォディカンビオ(13・14世紀)
　→Arnolfo di Cambio　*33*
アルバー, フランシスコ(20世紀)
　→Alvar, Francisco　*17*
アルバーグ, A.(20世紀) →Ahlberg, Allan　*9*
アルバーグ, J.(20世紀) →Ahlberg, Janet　*9*
アルバーグ, アラン(20世紀) →Ahlberg, Allan　*9*
アールバーグ, ジャネット(20世紀)
　→Ahlberg, Janet　*9*
アルバーグ, ジャネット(20世紀)
　→Ahlberg, Janet　*9*
アールバーグ, ジャネット&アラン(20世紀)
　→Ahlberg, Allan　*9*
アールバーグ, ジャネット&アラン(20世紀)
　→Ahlberg, Janet　*9*
アルバース(19・20世紀) →Albers, Josef　*11*
アルバーズ(19・20世紀) →Albers, Josef　*11*
アルバース, アンニ(20世紀) →Albers, Anni　*11*

アルバース, ジョーゼフ（19・20世紀）
　→Albers, Josef　*11*
アルバース, ジョゼフ（19・20世紀）
　→Albers, Josef　*11*
アルバース, ヨーゼフ（ジョゼフ）（19・20世紀）
　→Albers, Josef　*11*
アルパートフ（20世紀）
　→Alpatov, Mikhail Vladimirovich　*16*
アルパートフ, ミハイール・ヴラジーミロヴィチ（20世紀）
　→Alpatov, Mikhail Vladimirovich　*16*
アルパートフ, ミハイル・ヴラディミロヴィチ（20世紀）
　→Alpatov, Mikhail Vladimirovich　*16*
アルバーニ（16・17世紀）
　→Albani, Francesco　*10*
アルバーニ, フランチェスコ（16・17世紀）
　→Albani, Francesco　*10*
アルバニ, フランチェスコ（16・17世紀）
　→Albani, Francesco　*10*
アルバネーゼ, ジャンバッティスタ（16・17世紀）
　→Albanese, Giambattista　*10*
アルバリオティス, シャロン（20世紀）
　→Alvaliotis, Sharon　*17*
アル・ハリーリー（11・12世紀）　→Hariri　*306*
アルバレス（18・19世紀）
　→Álvarez de Pereira y Cubero, José　*17*
アルバレス（19・20世紀）
　→Álvarez y Catala, Luis　*17*
アルバレス, ホセ（18・19世紀）
　→Álvarez de Pereira y Cubero, José　*17*
アルバレス, マヌエル（18世紀）
　→Álvarez, Manuel　*17*
アルバレス・デ・ペレイラ・イ・クベーロ, ホセ（18・19世紀）
　→Álvarez de Pereira y Cubero, José　*17*
アルビオン, L.S.（20世紀）
　→Albion, Lee Smith　*12*
アルピニ（19・20世紀）
　→Harpignies, Henri Joseph　*307*
アルピニー（19・20世紀）
　→Harpignies, Henri Joseph　*307*
アルピニー, アンリ（19・20世紀）
　→Harpignies, Henri Joseph　*307*
アルピニー, アンリ（19・20世紀）
　→Harpignies, Henri Joseph　*307*
アルビーニ, フランコ（20世紀）
　→Albini, Franco　*12*
アルヒペンコ（19・20世紀）
　→Archipenko, Alexander　*30*
アルヒーポフ（19・20世紀）
　→Arhipov, Abram Efimovich　*31*
アルビン, エリエイザー（18世紀）
　→Albin, Eleazar　*12*
アルプ（19・20世紀）　→Arp, Hans（Jean）　*34*

アルプ, ジャン（19・20世紀）
　→Arp, Hans（Jean）　*34*
アルプ, ジャン（ハンス）（19・20世紀）
　→Arp, Hans（Jean）　*34*
アルプ, ゾフィー・タウベル（19・20世紀）
　→Arp, Sophie Tauber　*34*
アルプ, ハンス（19・20世紀）
　→Arp, Hans（Jean）　*34*
アルプ, ハンス（ジャン）（19・20世紀）
　→Arp, Hans（Jean）　*34*
アルプ, ハンス〔ジャン〕（19・20世紀）
　→Arp, Hans（Jean）　*34*
アルファティーフ, F.（20世紀）
　→Al-Futaih, Fuad　*14*
アルファーニ, ドメーニコ（15・16世紀）
　→Alfani, Domenico　*14*
アルファラーノ, ティベーリオ（16世紀）
　→Alfarano, Tiberio　*14*
アルファロ・シケイロス（20世紀）
　→Siqueiros, David Alfaro　*614*
アルフィエーリ, ベネデット（18世紀）
　→Alfieri, Benedetto　*14*
アルフィエリ, ベネデット（18世紀）
　→Alfieri, Benedetto　*14*
アルフェ, アントニオ（16世紀）
　→Arfe, Antonio　*31*
アルフェ, エンリーケ（16世紀）
　→Arfe, Enrique　*31*
アルフェ, フアン（16・17世紀）
　→Arfe y Villafañe, Juan de　*31*
アルフェ・イ・ビリャファニェ（16・17世紀）
　→Arfe y Villafañe, Juan de　*31*
アルフェーエフスキー, V.S.（20世紀）
　→Alfeevskij, Valerij Sergeevich　*14*
アルブレヒト二世（15・16世紀）
　→Albrecht von Mainz　*12*
アルブレヒト二世（ブランデンブルク, またはマインツの）（15・16世紀）
　→Albrecht von Mainz　*12*
アルブレヒト5世（16世紀）　→Albrecht V　*12*
アルブレヒト五世（16世紀）　→Albrecht V　*12*
アルブレヒト（マインツの）（15・16世紀）
　→Albrecht von Mainz　*12*
アルベルゲッティ, アルフォンソ（15・16世紀）
　→Alberghetti, Alfonso　*11*
アルベルゲッティ, アルベルゲット（15・16世紀）
　→Alberghetti, Alberghetto　*11*
アルベルゲッティ, ジョヴァンニ・ディ・ジューリオ（15・16世紀）
　→Alberghetti, Giovanni di Giulio　*11*
アルベルス（19・20世紀）　→Albers, Josef　*11*
アルベルチ（15世紀）
　→Alberti, Leon Battista　*11*
アルベルティ（15世紀）
　→Alberti, Leon Battista　*11*

アルベルティ, アントーニオ (15世紀)
→Alberti, Antonio 11
アルベルティ, ケルビーノ (16・17世紀)
→Alberti, Cherubino 11
アルベルティ, ジュゼッペ (17・18世紀)
→Alberti, Giuseppe 11
アルベルティ, レオーネ・バッティスタ (15世紀)
→Alberti, Leon Battista 11
アルベルティ, レオン・バッティスタ (15世紀)
→Alberti, Leon Battista 11
アルベルティ, レオン・バティスタ (15世紀)
→Alberti, Leon Battista 11
アルベルティ, ロマーノ (16世紀)
→Alberti, Romano 11
アルベルティネッリ, マリオット (15・16世紀)
→Albertinelli, Mariotto 11
アルベルティネリ (15・16世紀)
→Albertinelli, Mariotto 11
アルベルティネルリ (15・16世紀)
→Albertinelli, Mariotto 11
アルベルティネルリ, マリオット (15・16世紀)
→Albertinelli, Mariotto 11
アルベルティネルリ, マリオット (15・16世紀)
→Albertinelli, Mariotto 11
アルベルトッリ, ジョコンド (18・19世紀)
→Albertolli, Giocondo 12
アルベルトッリ, フェルディナンド (18・19世紀)
→Albertolli, Ferdinando 12
アルベルトッリ, ラッファエーレ (18・19世紀)
→Albertolli, Raffaele 12
アルベレーニョ, ヤコベッロ (14世紀)
→Alberegno, Iacobello 11
アルボ, ペーテル・ニコライ (19世紀)
→Arbo, Peter Nicolai 29
アルマ・タデマ (19・20世紀)
→Alma-Tadema, Sir Laurence 15
アルマ=タデマ, サー・ローレンス (19・20世紀)
→Alma-Tadema, Sir Laurence 15
アルマ・タデマ, ローレンス (19・20世紀)
→Alma-Tadema, Sir Laurence 15
アルマ=タデマ, ローレンス (19・20世紀)
→Alma-Tadema, Sir Laurence 15
アルマーダ=ネグレイロス (20世紀)
→Negreiros, José Sobral de Almada 481
アルマーニ (20世紀) →Armani, Giorgio 32
アルマーニ, ジョルジョ (20世紀)
→Armani, Giorgio 32
アルマン (20世紀) →Arman 32
アルマン, フェルナンデス (20世紀) →Arman 32
アルマンド (20世紀) →Armando 32
アルマンニ, オズヴァルド (19・20世紀)
→Armanni, Osvaldo 32
アルムクィスト, D. (20世紀)
→Almquist, Don 15

アルムクヴィスト, オスヴァルド (19・20世紀)
→Almquist, Osvald 16
アルムクビスト, B. (20世紀)
→Almqvist, Bertil 16
アルメッリーニ, マリアーノ (19世紀)
→Armellini, Mariano 32
アルメニーニ, ジョヴァンニ・バッティスタ (16・17世紀) →Armenini, Giovanni Battista 32
アルメルリーニ, マリアーノ (19世紀)
→Armellini, Mariano 32
アル・ライハーニー (9世紀) →al-Rayhānī 548
アルロフ, ギー (20世紀) →Harloff, Guy 306
アル=ワシーティ, ヤフヤー (13世紀)
→al-Wasiti, Yahya ibn Mahmud 697
アルントゼニウス, ピーター・フロレンティウス・ニコラス・ヤコブス (19・20世紀)
→Arntzenius, Pieter Florentius Nicolas Jacobus 34
アルンノ (ラルノノ) (15・16世紀)
→L'Alunno 380
アルンハイム (20世紀) →Arnheim, Rudolf 33
アルンハイム, ルードルフ (20世紀)
→Arnheim, Rudolf 33
アルンハイム, ルドルフ (20世紀)
→Arnheim, Rudolf 33
アレアンドリ, イレーネオ (18・19世紀)
→Aleandri, Ireneo 12
アレイジャディーニョ (18・19世紀)
→Aleijadinho, Antonio Francisco Lisboa 12
アレイジャディーニョ, アントニオ・フランシスコ・リスボア (オ・アレイジャディーニョ (通称)) (18・19世紀)
→Aleijadinho, Antonio Francisco Lisboa 12
アレオッティ (16・17世紀)
→Aleotti, Giovanni Battista 13
アレオッティ, アントーニオ (15・16世紀)
→Aleotti, Antonio 13
アレオッティ, ジョヴァンニ・バッティスタ (16・17世紀) →Aleotti, Giovanni Battista 13
アレオッティ, ジョバンニ・バッティスタ (16・17世紀) →Aleotti, Giovanni Battista 13
アレクサンダー (前4世紀) →Alexandros III 13
アレクサンダー (13世紀) →Alexander 13
アレクサンダー (20世紀)
→Alexander, Christopher 13
アレグザンダー (20世紀)
→Alexander, Christopher 13
アレクサンダー, M. (20世紀)
→Alexander, Martha 13
アレグザンダー, ウィリアム (18・19世紀)
→Alexander, William 13
アレグザンダー, ジョン・ホワイト (19・20世紀)
→Alexander, John White 13
アレクサンダー (大王) (前4世紀)
→Alexandros III 13

アレクサンダー, フランセスカ (19・20世紀)
　→Alexander, Francesca　13
アレクサンダー大王 (前4世紀)
　→Alexandros III　13
アレクサンドロス (前4世紀)
　→Alexandros III　13
アレクサンドロス1世 (大王) (前4世紀)
　→Alexandros III　13
アレクサンドロス3世 (前4世紀)
　→Alexandros III　13
アレクサンドロス三世 (前4世紀)
　→Alexandros III　13
アレクサンドロス3世 (大王) (前4世紀)
　→Alexandros III　13
アレクサンドロス三世, 大王 (前4世紀)
　→Alexandros III　13
アレクサンドロス三世 (大王) (前4世紀)
　→Alexandros III　13
アレクサンドロス (アテナイ出身の) (前1世紀)
　→Alexandros　13
アレクサンドロス (アレクサンダー大王) (前4世紀)　→Alexandros III　13
アレクサンドロス (アンティオキア出身の) (前2・1世紀)　→Alexandros　13
アレクサンドロス (大王) (前4世紀)
　→Alexandros III　13
アレクサンドロス〔大王〕(前4世紀)
　→Alexandros III　13
アレクサンドロスだいおう (前4世紀)
　→Alexandros III　13
アレクサンドロス大王 (前4世紀)
　→Alexandros III　13
アレクサンドロス大帝 (前4世紀)
　→Alexandros III　13
アレクセーエフ (18・19世紀)
　→Alexjev, Fëdor Iakovlevich　14
アレクセーエフ, フョードル (18・19世紀)
　→Alexjev, Fëdor Iakovlevich　14
アレクセーエフ, フョードル・ヤコヴレヴィチ (18・19世紀)　→Alexjev, Fëdor Iakovlevich　14
アレクセーエフ, フョードル・ヤコヴレヴィッチ (18・19世紀)
　→Alexjev, Fëdor Iakovlevich　14
アレシュ (19・20世紀)　→Aleš, Milokáš　13
アレシュ, M. (19・20世紀)　→Aleš, Milokáš　13
アレシンスキー, ピエール (20世紀)
　→Alechinsky, Pierre　12
アレッシ (16世紀)　→Alessi, Galeazzo　13
アレッシ, アンドレーア (15・16世紀)
　→Alessi, Andrea　13
アレッシ, ガレアッツォ (16世紀)
　→Alessi, Galeazzo　13
アレティーノ (14・15世紀)
　→Spinello Aretino　626
アレティーノ (15・16世紀) →Aretino, Pietro　31

アレティーノ, ピエートロ (15・16世紀)
　→Aretino, Pietro　31
アレティーノ, ピエトロ (15・16世紀)
　→Aretino, Pietro　31
アレナス, ブラウリオ (20世紀)
　→Arenas, Braulio　31
アレーニ, トンマーゾ (15・16世紀)
　→Aleni, Tommaso　13
アレバロ, ルイス・デ (18世紀)
　→Arévalo, Luis de　31
アレマン, フアン (15世紀) →Alemán, Juan　13
アレマン, ロドリーゴ (15世紀)
　→Alemán, Rodrigo　13
アレリャーノ, フアン・デ (17世紀)
　→Arellano, Juan de　31
アレン (20世紀) →Allen, Pamela　15
アレン, P. (20世紀) →Allen, Pamela　15
アレン, パメラ (20世紀) →Allen, Pamela　15
アレン, フランセス (19・20世紀)
　→Allen, Frances　15
アレン, リチャード (20世紀)
　→Allen, Richard　15
アーレンツゾーン, アーレント (16・17世紀)
　→Arentsz., Arent　31
アロイージオ・ヌオーヴォ (15・16世紀)
　→Aloisio Nuovo　16
アロイジオ・ヌオヴォ (ノヴィ, アルヴィシオ) (15・16世紀) →Aloisio Nuovo　16
アロイージ・ガラニーニ, バルダッサッレ (16・17世紀) →Aloisi Galanini, Baldassarre　16
アロセニウス, イーヴァル (19・20世紀)
　→Arosenius, Ivar Axel Henrik　34
アロセニウス, イヴァル (19・20世紀)
　→Arosenius, Ivar Axel Henrik　34
アロセニウス, イーヴァル・アクセル・ヘンリック (19・20世紀)
　→Arosenius, Ivar Axel Henrik　34
アーロム (18・19世紀) →Earlom, Richard　214
アローリ (16・17世紀) →Allori, Alessandro　15
アローリ (16・17世紀) →Allori, Christofano　15
アローリ, アレッサンドロ (16・17世紀)
　→Allori, Alessandro　15
アロル (19・20世紀) →Arrol, Sir William　34
アロル, サー・ウィリアム (19・20世紀)
　→Arrol, Sir William　34
アロンソン (20世紀) →Aronson, Boris　34
アロンソン, ボリス (20世紀)
　→Aronson, Boris　34
アンウィン (19・20世紀)
　→Unwin, Sir Raymond　667
アンウィン, ノーラ・S (スパイサー) (20世紀)
　→Unwin, Nora S (picer)　667
アンウィン, レイモンド (19・20世紀)
　→Unwin, Sir Raymond　667

アンガー, ケネス (20世紀)
→Anger, Kenneth 23
アンガス (19世紀) →Angas, George French 23
アンカール, ポール (19・20世紀)
→Hankar, Paul 305
アンギエ, フランソワ (17世紀)
→Anguier, François 23
アンギエ, ミシェル (17世紀)
→Anguier, Michel 23
アンギッソラ, ソフォニスバ (16・17世紀)
→Anguissola, Sofonisba 23
アングイッソーラ, ソフォニスバ (16・17世紀)
→Anguissola, Sofonisba 23
アングイッソーラ, ソフォニズバ (16・17世紀)
→Anguissola, Sofonisba 23
アンクタン, ルイ (19・20世紀)
→Anquetin, Louis Franz 24
アンクタン, ルイ・F. (19・20世紀)
→Anquetin, Louis Franz 24
アングラーダ・カマラーサ, エルメン (19・20世紀)
→Anglada Camarasa, Hermen 23
アングラン, シャルル (19・20世紀)
→Angrand, Charles 23
アングランド, ジョーン・ウォルシュ (20世紀)
→Anglund, Joan Walsh 23
アングル (18・19世紀)
→Ingres, Jean Auguste Dominique 337
アングル, ジャン・オーギュスト・ドミニク (18・19世紀)
→Ingres, Jean Auguste Dominique 337
アングル, ジャン=オーギュスト=ドミニク (18・19世紀)
→Ingres, Jean Auguste Dominique 337
アングル, ドミニク (18・19世紀)
→Ingres, Jean Auguste Dominique 337
アングルンド, J.W. (20世紀)
→Anglund, Joan Walsh 23
アングーロ・イニゲス (20世紀)
→Angulo Íñiguez, Diego 23
アンゲラー, トミ (・ジーン・トマス) (20世紀)
→Ungerer, Tomi 667
アンケル (19・20世紀) →Anker, Albert 24
アンサルド, ジョヴァンニ・アンドレーア (16・17世紀) →Ansaldo, Giovanni Andrea 24
アンジェラー (20世紀) →Ungerer, Tomi 667
アンジェラー, トミー (20世紀)
→Ungerer, Tomi 667
アンジェリ, ジュゼッペ (18世紀)
→Angeli, Giuseppe 23
アンジェリ, フランコ (20世紀)
→Angeli, Franco 23
アンジェリコ (14・15世紀) →Fra Angelico 246
アンジェーリコ, フラ (14・15世紀)
→Fra Angelico 246

アンジェリコ, フラ (14・15世紀)
→Fra Angelico 246
アンジェリコ, ベアト (14・15世紀)
→Fra Angelico 246
アンジェリーニ, コスタンツォ (18・19世紀)
→Angelini, Costanzo 23
アンジェリーニ, ティート (19世紀)
→Angelini, Tito 23
アンジェロー, ヴァレンティ (20世紀)
→Angelo, Valenti 23
アンジェロ・ダ・オルヴィエート (14世紀)
→Angelo da Orvieto 23
アンジェロ・ディ・ロレンティーノ (16世紀)
→Angelo di Lorentino 23
アンシュッツ, オットマール (19・20世紀)
→Anschütz, Ottomar 24
アンス, レイモン (20世紀)
→Hains, Raymond 303
アンスイーノ・ダ・フォルリ (15世紀)
→Ansuino da Forlì 24
アンズリー, ディヴィッド (20世紀)
→Annesley, David 24
アンセルミ, アレッサンドロ (20世紀)
→Anselmi, Alessandro 24
アンセルミ, ジョルジュ (18世紀)
→Anselmi, Giorgio 24
アンセルミ, ミケランジェロ (15・16世紀)
→Anselmi, Michelangelo 24
アンセルモ・ダ・カンピオーネ (12世紀)
→Anselmo da Campione 24
アンソニー, ウイリアム (20世紀)
→Anthony, William 25
アンソール (19・20世紀) →Ensor, James 220
アンソール (エンソル), ジャム (19・20世紀)
→Ensor, James 220
アンソール, ジェイムズ (19・20世紀)
→Ensor, James 220
アンソール, ジェイムズ・(シドニー・)アンソール, 男爵 (19・20世紀) →Ensor, James 220
アンソール, ジェームス (19・20世紀)
→Ensor, James 220
アンソール, ジェームズ (19・20世紀)
→Ensor, James 220
アンソール, ジャム (19・20世紀)
→Ensor, James 220
アンゾルゲ, B. (20世紀) →Ansorge, Bettina 24
アンタイ, シモン (20世紀) →Hantaï, Simon 306
アンダスン, G. (20世紀)
→Anderson, Gunnar 21
アンダースン, アリグザンダー (18・19世紀)
→Anderson, Alexander 20
アンダースン, ボブ (20世紀)
→Anderson, Bob 21
アンダーソン (19世紀)
→Anderson, William Edwin 21

アンダーソン(19・20世紀)
　→Andersson, Johan Gunnar　21
アンダーソン, クラレンス・ウィリアム(20世紀)
　→Anderson, Clarence William　21
アンダーソン, ジョーン(19・20世紀)
　→Andersson, Johan Gunnar　21
アンタル, フレデリック(19・20世紀)
　→Antal, Frederick　24
アンチオコス1世(前4・3世紀)
　→Antiochos I Soter　25
アンチオコス4世(前3・2世紀)
　→Antiochos IV Epiphanes　25
アンティオコス1世(前4・3世紀)
　→Antiochos I Soter　25
アンティオコス一世(前4・3世紀)
　→Antiochos I Soter　25
アンティオコス1世(救済者)(前4・3世紀)
　→Antiochos I Soter　25
アンティオコス1世〔救済者〕(前4・3世紀)
　→Antiochos I Soter　25
アンティオコス一世(救済者)(前4・3世紀)
　→Antiochos I Soter　25
アンティオコス一世, ソテル(前4・3世紀)
　→Antiochos I Soter　25
アンティオコス1世・ソーテール(前4・3世紀)
　→Antiochos I Soter　25
アンティオコス1世ソテル(前4・3世紀)
　→Antiochos I Soter　25
アンティオコス4世(前3・2世紀)
　→Antiochos IV Epiphanes　25
アンティオコス四世(前3・2世紀)
　→Antiochos IV Epiphanes　25
アンティオコス4世・エピファネース(前3・2世紀)
　→Antiochos IV Epiphanes　25
アンティオコス4世エピファネス(前3・2世紀)
　→Antiochos IV Epiphanes　25
アンティオコス四世, エピファネス(前3・2世紀)
　→Antiochos IV Epiphanes　25
アンティオコス4世(顕現神)(前3・2世紀)
　→Antiochos IV Epiphanes　25
アンティオコス4世〔顕現神〕(前3・2世紀)
　→Antiochos IV Epiphanes　25
アンティオコス4世(現神王)(前3・2世紀)
　→Antiochos IV Epiphanes　25
アンティオコス四世(現神王)(前3・2世紀)
　→Antiochos IV Epiphanes　25
アンティオペー　→Antiope　25
アンティーコ(15・16世紀)　→Antico　25
アンティゴノス(カリュストス出身の)(前3・2世紀)　→Antigonos　25
アンティゴノス(カリュストスの)(前3・2世紀)
　→Antigonos　25
アンティノーリ, ジョヴァンニ(18世紀)
　→Antinori, Giovanni　25
アンティフィロス(前4世紀)　→Antiphilos　25
アンデション,L.(20世紀)　→Anderson, Lena　21

アンテス, ホースト(20世紀)　→Antes, Horst　24
アンテス, ホルスト(20世紀)　→Antes, Horst　24
アンテノール(前6世紀)　→Antenor　24
アンテノール(前6世紀)　→Antenor　24
アンテノル(前6世紀)　→Antenor　24
アンテノル(前3世紀)　→Anthenor　25
アンテミウス(6世紀)
　→Anthemius of Tralles　25
アンテミウス・オブ・トラーレス(6世紀)
　→Anthemius of Tralles　25
アンテミオス(6世紀)
　→Anthemius of Tralles　25
アンテミオス(トラレイスの)(6世紀)
　→Anthemius of Tralles　25
アンテミオス(トラレスの)(6世紀)
　→Anthemius of Tralles　25
アンテーラミ(12・13世紀)
　→Antelami, Benedetto　24
アンテラミ(12・13世紀)
　→Antelami, Benedetto　24
アンテーラミ, ベネデット(12・13世紀)
　→Antelami, Benedetto　24
アンデルソン(19・20世紀)
　→Andersson, Johan Gunnar　21
アンデルソン, ヤナオカ(20世紀)
　→Andersson, Jan-Aake　21
アンデルソン, ユーハン・グナール(19・20世紀)
　→Andersson, Johan Gunnar　21
アンデルソン, ヨハン・グンナル(19・20世紀)
　→Andersson, Johan Gunnar　21
アンデルローニ, ファウスティーノ(18・19世紀)
　→Anderloni, Faustino　20
アンデレ(前1・1世紀)　→Andreas　22
アンデレ(アンデレア)(前1・1世紀)
　→Andreas　22
アーント,U.(20世紀)　→Arndt, Ursula　33
アントアーヌ(18・19世紀)
　→Antoine, Jacques Denis　25
アントゥネス, ジョアン(17・18世紀)
　→Antunes, João　27
アンドキデス(前6世紀)
　→Andokides Painter　21
アンドキデスの画家(前6世紀)
　→Andokides Painter　21
アントコリスキー, マルク・マトヴェーヴィッチ(19・20世紀)
　→Antokol'sky, Mark Matveevich　25
アントコーリスキー, マルク・マトヴェエヴィチ(19・20世紀)
　→Antokol'sky, Mark Matveevich　25
アントナコス, ステファン(20世紀)
　→Antonakos, Stephen　26
アントニア(15世紀)　→Antonia　26
アントニアッツォ・ロマーノ(15・16世紀)
　→Antoniazzo Romano　26

アントニアノス(2世紀) →Antonianos　26
アントニウス(3・4世紀)
　→Antonius Eremitus　27
アントニウス(12・13世紀)
　→Antonius de Padua, St　27
アントニウス(聖)(3・4世紀)
　→Antonius Eremitus　27
聖アントニウス(3・4世紀)
　→Antonius Eremitus　27
アントニウス(隠修士)(3・4世紀)
　→Antonius Eremitus　27
アントニウス(エジプトの)(3・4世紀)
　→Antonius Eremitus　27
アントーニウス(パードヴァの)(12・13世紀)
　→Antonius de Padua, St　27
アントニウス(パードヴァの,聖)(12・13世紀)
　→Antonius de Padua, St　27
アントニウス(パドヴァの)(12・13世紀)
　→Antonius de Padua, St　27
聖アントニウス(パドヴァの)(12・13世紀)
　→Antonius de Padua, St　27
アントニウス(パドバの)(12・13世紀)
　→Antonius de Padua, St　27
アントーニオ・ヴェネツィアーノ(14世紀)
　→Antonio Veneziano　27
アントーニオス(3・4世紀)
　→Antonius Eremitus　27
アントニオス(3・4世紀)
　→Antonius Eremitus　27
アントーニオ・ダ・トレント(16世紀)
　→Antonio da Trento　27
アントーニオ・ダ・ネグロポンテ(15世紀)
　→Antonio da Negroponte　27
アントーニオ・ダ・パヴィーア(16世紀)
　→Antonio da Pavia　27
アントーニオ・ダ・ファブリアーノ(15世紀)
　→Antonio da Fabriano　27
アントーニオ・ダ・ブレーシャ(15・16世紀)
　→Antonio da Brescia　26
アントーニオ・ダ・モンツァ(15・16世紀)
　→Antonio da Monza　27
アントーニオ・ディ・ヴィンチェンツォ(14・15世紀)　→Antonio di Vincenzo　27
アントーニオ・デ・マセド(20世紀)
　→Antonio de Macedo　27
アントーニオ・デル・マッサーロ(15・16世紀)
　→Antonio del Massaro　27
アントニス, コルネリス(16世紀)
　→Anthonisz, Cornelis　25
アントニーニ,A.(20世紀)
　→Antonini, Annapia　26
アントニーニ, アンナピア(20世紀)
　→Antonini, Annapia　26
アントニヌス(ピウス)(1・2世紀)
　→Antoninus Pius, Titus Aurelius Fulvus

Boionius Arrius　26
アントーニーヌス・ピウス(1・2世紀)
　→Antoninus Pius, Titus Aurelius Fulvus Boionius Arrius　26
アントニヌス・ピウス(1・2世紀)
　→Antoninus Pius, Titus Aurelius Fulvus Boionius Arrius　26
アントニヌス＝ピウス(1・2世紀)
　→Antoninus Pius, Titus Aurelius Fulvus Boionius Arrius　26
アントニヌスピウス(1・2世紀)
　→Antoninus Pius, Titus Aurelius Fulvus Boionius Arrius　26
アントニヌス・ピウス(T.アウレリウス・フルウス・ボイオニウス・アリウス・アントニヌス)(1・2世紀) →Antoninus Pius, Titus Aurelius Fulvus Boionius Arrius　26
アントーニーヌス・ピウス, ティトゥス(・アエリウス・ハドリアーヌス)(1・2世紀)
　→Antoninus Pius, Titus Aurelius Fulvus Boionius Arrius　26
アントヌス・ピウス(1・2世紀) →Antoninus Pius, Titus Aurelius Fulvus Boionius Arrius　26
アントネッリ, アレッサンドロ(18・19世紀)
　→Antonelli, Alessandro　26
アントーネッロ・ダ・サリーバ(15・16世紀)
　→Antonello da Saliba　26
アントーネッロ・ダ・メッシーナ(15世紀)
　→Antonello da Messina　26
アントネッロ・ダ・メッシーナ(15世紀)
　→Antonello da Messina　26
アントネルロ・ダ・メッシーナ(15世紀)
　→Antonello da Messina　26
アントネルロ・ダ・メッシナ(15世紀)
　→Antonello da Messina　26
アントネロ・ダ・メシーナ(15世紀)
　→Antonello da Messina　26
アントネロ・ダ・メッシーナ(15世紀)
　→Antonello da Messina　26
アントネロ・ダ・メッシナ(15世紀)
　→Antonello da Messina　26
アントネロダメッシナ(15世紀)
　→Antonello da Messina　26
アンドラーデ, ドミンゴ・アントニオ・デ(17・18世紀) →Andrade, Domingo Antonio de　21
アンドリーセ, エミー(20世紀)
　→Andriesse, Emmy　22
アントリーニ, ジョヴァンニ・アントーニオ(18・19世紀) →Antolini, Giovanni Antonio　26
アントリーネス, ホセ(17世紀)
　→Antolinez, José　26
アントリーネス, ホセー(17世紀)
　→Antolinez, José　26
アンドルーズ,B.(20世紀)
　→Andrews, Benny　22
アンドレ(20世紀) →André, Carl　21
アンドレー(19・20世紀)
　→Andrae, Ernst Walter　21

アンドレ, アルベール(19・20世紀)
　→André, Albert　21
アンドレ, ヴァルター(19・20世紀)
　→Andrae, Ernst Walter　21
アンドレ, カール(20世紀)　→André, Carl　21
アンドレーア・ヴィチェンティーノ(16・17世紀)
　→Andrea Vicentino　22
アンドレアージ, イッポーリト(16・17世紀)
　→Andreasi, Ippolito　22
アンドレアス(前1・1世紀)　→Andreas　22
聖アンドレアス(前1・1世紀)　→Andreas　22
アンドレア・ダ・フィレンツァ(14世紀)
　→Andrea da Firenza　21
アンドレーア・ダ・フィレンツェ(14・15世紀)
　→Andrea da Firenze　21
アンドレーア・ダ・ボローニャ(14世紀)
　→Andrea da Bologna　21
アンドレーア・ダ・ムラーノ(15・16世紀)
　→Andrea da Murano　21
アンドレーア・ディ・ジュスト・マンツィーニ(15世紀)　→Andrea di Giusto Manzini　22
アンドレーア・ディ・ジョヴァンニ(14・15世紀)
　→Andrea di Giovanni　22
アンドレーア・ディ・ニッコロ(15・16世紀)
　→Andrea di Niccolò　22
アンドレーア・ディ・バルトロ(14・15世紀)
　→Andrea di Bartolo　22
アンドレーア・ディ・ブオナイウート(14世紀)
　→Andrea di Buonaiuto　22
アンドレーア・ディ・リオーネ(16・17世紀)
　→Andrea di Lione　22
アンドレーア・デッラークイラ(15世紀)
　→Andrea dell'Aquila　22
アンドレーア・デ・バルトリ(14世紀)
　→Andrea de'Bartoli　22
アンドレーア・デル・カスターニョ(14・15世紀)
　→Castagno, Andrea del　134
アンドレア・デル・カスターニョ(14・15世紀)
　→Castagno, Andrea del　134
アンドレーア・デル・サルト(15・16世紀)
　→Sarto, Andrea del　588
アンドレア・デル・サルト(15・16世紀)
　→Sarto, Andrea del　588
アンドレアーニ, アルド(19・20世紀)
　→Andreani, Aldo　22
アンドレアーニ, アンドレーア(16・17世紀)
　→Andreani, Andrea　22
アンドレーア・パンノーニオ(15世紀)
　→Andrea Pannonio　21
アンドレーア・ピサーノ(13・14世紀)
　→Pisano, Andrea　524
アンドレア・ピサーノ(13・14世紀)
　→Pisano, Andrea　524
アンドレア・ピサーノ(アンドレア・ダ・ポンテデラ(通称))(13・14世紀)
　→Pisano, Andrea　524

アンドレエスク, ヨーン(19世紀)
　→Andreescu, Ion　22
アンドレーエフ(19・20世紀)
　→Andreev, Vyatcheslav Andreevich　22
アンドレーエフ, ヴィヤチェスラフ(19・20世紀)
　→Andreev, Vyatcheslav Andreevich　22
アンドレーエフ, ヴィヤチェスラフ・アンドレエヴィッチ(19・20世紀)
　→Andreev, Vyatcheslav Andreevich　22
アンドレーエフ, ニコライ(19・20世紀)
　→Andreev, Nikolai Andreevich　22
アンドレオッティ, リーベロ(19・20世紀)
　→Andreotti, Libero　22
アンドレオーリ, ジョルジォ(15・16世紀)
　→Andreoli, Giorgio　22
アンドレオーリ, ジョルジュ(15・16世紀)
　→Andreoli, Giorgio　22
アンドレオーリ, ジョルジョ(15・16世紀)
　→Andreoli, Giorgio　22
アンドレーゼン, カール(20世紀)
　→Andresen, Carl　22
アンドレ＝マルロー(20世紀)
　→Malraux, André　425
アンドロキュデス(前5・4世紀)
　→Androkydes　22
アンドロニクス・オブ・キュロス(前1世紀)
　→Andronicus of Kyrrhos　23
アンドロニコス(前1世紀)
　→Andronicus of Kyrrhos　23
アンドロニコス(キュロス出身の)(前1世紀)
　→Andronicus of Kyrrhos　23
アンドロニコス・フラウィウス(2世紀)
　→Andronikos Flavius　23
アンドロマケ　→Andromache　23
アンドロマケー　→Andromache　23
アンドロメダ　→Andromeda　23
アンドロメダー　→Andromeda　23
アントワーヌ, ジャック＝ドニ(18・19世紀)
　→Antoine, Jacques Denis　25
アンニゴーニ, ピエトロ(20世紀)
　→Annigoni, Pietro　24
アンヌビク(19・20世紀)
　→Hennebique, François　314
アンネル(19・20世紀)
　→Henner, Jean Jacques　314
アンネンコフ(19・20世紀)
　→Annenkov, Yurii　24
アンネンコフ, ユーリー・パーヴロヴィチ(19・20世紀)　→Annenkov, Yurii　24
アンネンコフ, ユーリー・パヴロヴィチ(19・20世紀)　→Annenkov, Yurii　24
アンノーニ, アンブロージョ(19・20世紀)
　→Annoni, Ambrogio　24
アーンハイム, ルドルフ(20世紀)
　→Arnheim, Rudolf　33

アンバース,エミリオ(20世紀)
　→Ambase, Emilio　18
アンフィトリーテー　→Amphitrite　20
アンブラー,C.G.(19・20世紀)
　→Ambler, Christopher Gifford　18
アンブラス,V.G.(20世紀)
　→Ambrus, Victor Gyozo　18
アンブラス,ヴィクター・G(ジョゾ)(・ラズロ)
　(20世紀)　→Ambrus, Victor Gyozo　18
アンブラス,ヴィクター・ジョゾ(20世紀)
　→Ambrus, Victor Gyozo　18
アンブロー,ロベール(20世紀)
　→Humblot, Robert　332
アンブロウズ,ケイ(20世紀)
　→Ambrose, Kay　18
アンブロージ(20世紀)　→Ambrosi, Gustinus　18
アンブロシウス(4世紀)
　→Ambrosius, Aurelius　18
アンブロシウス(聖)(4世紀)
　→Ambrosius, Aurelius　18
聖アンブロシウス(4世紀)
　→Ambrosius, Aurelius　18
アンブロシウス,アウレリウス(4世紀)
　→Ambrosius, Aurelius　18
アンブロージョ・ダ・ミラーノ(15・16世紀)
　→Ambrogio da Milano　18
アンブロージョ・ディ・バルデーゼ(14・15世紀)
　→Ambrogio di Baldese　18
アンベルガー(16世紀)
　→Amberger, Christoph　18
アンベルガー,クリストフ(16世紀)
　→Amberger, Christoph　18
アンホルト,C.(20世紀)　→Anholt, Catherine　24
アンマナーティ(16世紀)
　→Ammanati, Bartolommeo　20
アンマナーティ,バルトロメーオ(16世紀)
　→Ammanati, Bartolommeo　20
アンマナーティ,バルトロメオ(16世紀)
　→Ammanati, Bartolommeo　20
アンマン(16世紀)　→Ammann, Jost　20
アンマン(19・20世紀)
　→Ammann, Othmar Hermann　20
アンマン,オトマー・ハーマン(19・20世紀)
　→Ammann, Othmar Hermann　20
アンマンナーティ,バルトロメーオ(16世紀)
　→Ammanati, Bartolommeo　20
アンラール(19・20世紀)　→Enlart, Camille　220
アンリ,M.H.(20世紀)　→Henry, Marie H.　314
アンリ,フローレンス(20世紀)
　→Henri, Florence　314
アンリ,ミッシェル(20世紀)
　→Henry, Michel　314

【 イ 】

イアイア(前2世紀)　→Iaia　335
イアドレイ,ジョーン(20世紀)
　→Eardley, Joan　214
イヴ　→Eve　226
イヴ(エヴァ)　→Eve　226
イヴァーノフ(19世紀)
　→Ivanov, Aleksandr Andreevich　339
イヴァーノフ,アレクサンドル(19世紀)
　→Ivanov, Aleksandr Andreevich　339
イヴァーノフ,アレクサーンドル・アンドレーエヴィチ(19世紀)
　→Ivanov, Aleksandr Andreevich　339
イヴァーノフ,アレクサンドル・アンドレヱヴィチ(19世紀)
　→Ivanov, Aleksandr Andreevich　339
イヴァーノフ,セルゲイ・ヴァシリエヴィチ(19・20世紀)　→Ivanov, Sergei Vasilievich　340
イヴァノフ・ヴァーノ,イヴァン(20世紀)
　→Ivanov-Vano, Ivan　340
イヴァラル(20世紀)　→Yvaral　717
イーヴァル・アロセニウス(19・20世紀)
　→Arosenius, Ivar Axel Henrik　34
イーヴリン(17・18世紀)　→Evelyn, John　226
イヴリン,J.(17・18世紀)　→Evelyn, John　226
イーヴリン,ジョン(17・18世紀)
　→Evelyn, John　226
イェーヴェル,ヘンリー(14世紀)
　→Yevele, Henry　716
イエヴェル,ヘンリー(14世紀)
　→Yevele, Henry　716
イェヴォンデ,フィロニー(20世紀)
　→Yevonde, Philonie　716
イェケル,ヴィリ(19・20世紀)
　→Jaeckel, Willy　341
イエス(前1・1世紀)　→Christ, Jesus　148
イエス(イエスス)(前1・1世紀)
　→Christ, Jesus　148
イエス・キリスト(前1・1世紀)
　→Christ, Jesus　148
イエスキリスト(前1・1世紀)
　→Christ, Jesus　148
イエスペルス,オスカル(19・20世紀)
　→Jespers, Oscar　346
イエスペルス,フローリス(19・20世紀)
　→Jespers, Floris　346
イェーツ,ジャック・B(19・20世紀)
　→Yeats, Jack B(utler)　716

イェーツ, ジャック・B.(バトラー)(19・20世紀)
　→Yeats, Jack B(utler)　*716*
イェーツ, ジャック・バトラー(19・20世紀)
　→Yeats, Jack B(utler)　*716*
イェッツ(19・20世紀) →Yetts, W.Perceval　*716*
イェーニッシュ(20世紀) →Jaenisch, Hans　*341*
イェラーチェ, フランチェスコ(19・20世紀)
　→Jerace, Francesco　*346*
イェルネフェルト(19・20世紀)
　→Järnefelt, Eero Nikolai　*344*
イェルハーハイス, ヨハネス(18・19世紀)
　→Jelgerhuis, Johannes　*345*
イエロ(20世紀) →Hierro, José　*318*
イエロ, ホセ(20世紀) →Hierro, José　*318*
イェンセン, クリスティアン・アルベール(18・19世紀) →Jensen, Kristian Albert　*346*
イェンセン, ゲオア(19・20世紀)
　→Jensen, Georg　*346*
イェンセン, ゲオウ(19・20世紀)
　→Jensen, Georg　*346*
イェンセン=クリント, ペザー・ウィルヘルム(19・20世紀)
　→Jensen-Klint, Peder Vilhelm　*346*
イオガンソーン, ボリス(20世紀)
　→Ioganson, Boris Vladimirovich　*338*
イーカロス →Ikaros　*335*
イカロス →Ikaros　*335*
イーキンズ(19・20世紀) →Eakins, Thomas　*214*
イーキンズ, トーマス(19・20世紀)
　→Eakins, Thomas　*214*
イーキンズ, トマス(19・20世紀)
　→Eakins, Thomas　*214*
イクチノス(前5世紀) →Iktinos　*335*
イクティヌス(前5世紀) →Iktinos　*335*
イクティーノス(前5世紀) →Iktinos　*335*
イクティノス(前5世紀) →Iktinos　*335*
イクティノス(イクティヌス)(前5世紀)
　→Iktinos　*335*
イグナシオ・デ・イトゥリア(20世紀)
　→Ignacio De Iturria　*335*
イグナートフ,N.Ju.(20世紀)
　→Ignatov, Nikolaj Juljevich　*335*
イーゲラス, フェルナンド(20世紀)
　→Higueras, Fernando　*319*
イサク(5世紀頃) →Isaak　*338*
イサーク(アンティオキアの)(5世紀頃)
　→Isaak　*338*
イサクソン, カール(19・20世紀)
　→Isakson, Karl Oskar　*338*
イサドラ,R.M.(20世紀)
　→Isadora, Rachel Mariorano　*338*
イザベ(18・19世紀)
　→Isabey, Jean Baptiste　*338*
イザベ(19世紀) →Isabey, Eugène　*338*

イザベー(18・19世紀)
　→Isabey, Jean Baptiste　*338*
イザベー(19世紀) →Isabey, Eugène　*338*
イザベイ, ウージェーヌ(19世紀)
　→Isabey, Eugène　*338*
イザベイ, ウジェーヌ(19世紀)
　→Isabey, Eugène　*338*
イザベイ, ジャン・バティスト(18・19世紀)
　→Isabey, Jean Baptiste　*338*
イザベイ, ジャン=バティスト(18・19世紀)
　→Isabey, Jean Baptiste　*338*
イザベッロ, ピエトロ(15・16世紀)
　→Isabello, Pietro　*338*
イザベラ(エステ家の)(15・16世紀)
　→Isabella d'Este　*338*
イサベーラ・デステ(15・16世紀)
　→Isabella d'Este　*338*
イサム・ノグチ(20世紀) →Noguchi, Isamu　*488*
イサム=ノグチ(20世紀) →Noguchi, Isamu　*488*
イザヤ(前8世紀) →Esaias　*223*
イシドロス(6世紀頃) →Isidōros of Miletus　*339*
イシドロス(ミレトス出身の)(6世紀頃)
　→Isidōros of Miletus　*339*
イシドーロス(ミーレートスの)(6世紀頃)
　→Isidōros of Miletus　*339*
イシドロス(ミレトスの)(6世紀頃)
　→Isidōros of Miletus　*339*
イジョー・ミクローシュ(19世紀)
　→Izsó Miklós　*340*
イスカリオテのユダ(1世紀)
　→Judas, Iscariotes　*351*
イースト, サー・アルフレッド(19・20世紀)
　→East, Sir Alfred　*214*
イーストマン,P.D.(20世紀)
　→Eastman, Philip D.　*215*
イーストレイク, サー・チャールズ・ロック(18・19世紀) →Eastlake, Sir Charles Lock　*214*
イーストレイク, チャールズ・ロック(18・19世紀)
　→Eastlake, Sir Charles Lock　*214*
イーストレイク, チャールズ・ロック(19・20世紀)
　→Eastlake, Charles Lock　*214*
イーストレーク(18・19世紀)
　→Eastlake, Sir Charles Lock　*214*
イスバック, ポール(20世紀) →Isbak, Poul　*339*
イスラエル, ヨセフ(19・20世紀)
　→Israels, Jozef　*339*
イスラエルス(19・20世紀) →Israels, Jozef　*339*
イズラエルス(19・20世紀) →Israels, Jozef　*339*
イスラエルス, ヨーゼフ(19・20世紀)
　→Israels, Jozef　*339*
イスラエルス, ヨセフ(19・20世紀)
　→Israels, Jozef　*339*
イスラエルス父子(19・20世紀)
　→Israels, Isaäc　*339*

イーゼンブラント(16世紀)
　→Isenbrandt, Adriaen　339
イーゼンブラント, アドリアーン(16世紀)
　→Isenbrandt, Adriaen　339
イーゼンマン, カスパル(15世紀)
　→Isenmann, Caspar　339
イタルス, フランシスクス(15・16世紀)
　→Italus, Franciscus　339
イッテン(19・20世紀) →Itten, Johannes　339
イッテン, ヨハネス(19・20世紀)
　→Itten, Johannes　339
イットルフ(18・19世紀)
　→Hittorff, Jacques Ignace　321
イットルフ, ジャック・イニャース(18・19世紀)
　→Hittorff, Jacques Ignace　321
イートキン,A.Z.(20世紀)
　→Itkin, Anatolij Zinovjevich　339
イートン,J.(20世紀) →Eaton, John　215
イートン,T.(20世紀) →Eaton, Tom　215
イヌクプック, ジョニー(20世紀)
　→Inukpuk, Jonny　337
イーネ(19・20世紀) →Ihne, Ernst von　335
イネス(19世紀) →Inness, George　337
イネス, ジョージ(19世紀)
　→Inness, George　337
イブ →Eve　226
イーフィゲネイア →Īphigeneia　338
イフィゲネイア →Īphigeneia　338
イプカー,D.(20世紀) →Ipcar, Dahlov　338
イプーステギー, ジャン(20世紀)
　→Ipoustéguy, Jean Robert　338
イプステギィ, ジャン(20世紀)
　→Ipoustéguy, Jean Robert　338
イプステギィ, ジーン・ロバート(20世紀)
　→Ipoustéguy, Jean Robert　338
イブヌル・バッワーブ(11世紀)
　→Ibn al-Bawwāb, 'Alī　335
イーブリン(17・18世紀) →Evelyn, John　226
イブル, ニコラス(19世紀) →Ybl Niklos　716
イブン・アルバッワーブ(11世紀)
　→Ibn al-Bawwāb, 'Alī　335
イブン・アル=バワーブ(11世紀)
　→Ibn al-Bawwāb, 'Alī　335
イブン・ズフル, アブル・アラー(12世紀)
　→Ibn Zuhr, Abū al-'Alā'　335
イームズ(20世紀) →Eames, Charles　214
イームズ, チャールズ(20世紀)
　→Eames, Charles　214
イームズ, チャールズ・オーマンド(20世紀)
　→Eames, Charles　214
イムヘテプ →Imhetep　336
イムヘテプ(前27世紀) →Imhotep　336
イム・ホテプ(前27世紀) →Imhotep　336
イムホテプ(前27世紀) →Imhotep　336

イムホフ, ペーター・ヨーゼフ(18・19世紀)
　→Imhoff, Peter Joseph　336
イヨネスコ, イリーナ(20世紀)
　→Ionesco, Irina　338
イーラ(20世紀) →Ylla　716
イラ(20世紀) →Ylla　716
イーリー, レジナルド(15世紀)
　→Ely, Reginald　219
イーリー, レジナルド(イーリー, レイノル)(15世紀) →Ely, Reginald　219
イリィーナ,L.A.(20世紀)
　→Ilijna, Lidija Aleksandrovna　336
イリインスキー,I.A.(20世紀)
　→Iljinskij, Igorj Aleksandrovich　336
イルズリー,V.E.(20世紀)
　→Ilsley, Velma Elizabeth　336
イレール, クロード(20世紀)
　→Hilaire, Claude　319
イレンスヴァー,B.V.(20世紀)
　→Gyllensvärd, Bo Vilhelm　301
イロッリ, ヴィンチェンツォ(19・20世紀)
　→Irolli, Vincenzo　338
イワース, ハンス(16世紀) →Eworth, Hans　226
イワーノフ(19世紀)
　→Ivanov, Aleksandr Andreevich　339
イワノフ(19世紀)
　→Ivanov, Aleksandr Andreevich　339
イワノフ, アレクサンドル(19世紀)
　→Ivanov, Aleksandr Andreevich　339
インウッド, ヘンリー・ウィリアム(18・19世紀)
　→Inwood, Henry William　337
インガルデン(20世紀) →Ingarden, Roman　337
インガルデン,R.(20世紀)
　→Ingarden, Roman　337
インガルデン, ロマン(20世紀)
　→Ingarden, Roman　337
インガンニ, アンジェロ(19世紀)
　→Inganni, Angelo　337
インギラーミ, フランチェスコ(18・19世紀)
　→Inghirami, Francesco　337
インクペン,M.(20世紀) →Inkpen, Mick　337
イングペン, ロバート(20世紀)
　→Ingpen, Robert　337
イングレス, ホルヘ(15世紀)
　→Inglés, Jorge　337
インソレーラ, イターロ(20世紀)
　→Insolera, Italo　337
インディア, ベルナルディーノ(16世紀)
　→India, Bernardino　336
インディアナ, ロバート(20世紀)
　→Indiana, Robert　336
インドゥーノ, ジローラモ(19世紀)
　→Induno, Girolamo　337
インドゥーノ, ドメーニコ(19世紀)
　→Induno, Domenico　336

インネス(19世紀) →Inness, George　337
インノチェンツォ・ダ・イーモラ(15・16世紀)
　→Innocenzo da Imola　337
インノチェンティ,カミッロ(19・20世紀)
　→Innocenti, Camillo　337
インパラート,ジローラモ(16・17世紀)
　→Imparato, Girolamo　336
インホテプ(前27世紀) →Imhotep　336

【ウ】

ヴァイス(20世紀) →Weiss, Peter　700
ヴァイス,ペーター(20世紀) →Weiss, Peter　700
ヴァイス,ペーター(・ウルリヒ)(20世紀)
　→Weiss, Peter　700
ヴァイスヴァイラー,アダム(18・19世紀)
　→Weisweiler, Adam　701
ヴァイスゲルバー,アルベルト(19・20世紀)
　→Weisgelber, Albert　700
ヴァイスバハ(19・20世紀)
　→Weisbach, Werner　700
ヴァイスバハ,ヴェルナー(19・20世紀)
　→Weisbach, Werner　700
ヴァイセ(19世紀)
　→Weisse, Christian Hermann　701
ヴァイセ,クリスティアン・ヘルマン(19世紀)
　→Weisse, Christian Hermann　701
ヴァイツマン(20世紀) →Weitzmann, Kurt　701
ヴァイディツ,ハンス(15・16世紀)
　→Weiditz, Hans　700
ヴァイデン(14・15世紀)
　→Weyden, Rogier van der　702
ヴァイデン,ロジェ・ヴァン・デル(14・15世紀)
　→Weyden, Rogier van der　702
ヴァイデン,ロヒール・ファン・デル(14・15世紀)
　→Weyden, Rogier van der　702
ヴァイデンスドルファー,クロウス(20世紀)
　→Weidensdorfer, Claus　700
ヴァイヤン,ヴァルラン(17世紀)
　→Vaillant, Wallerant　669
ヴァイル,L.(20世紀) →Weil, Lisl　700
ヴァインガルトナー(19・20世紀)
　→Weingartner, Joseph　700
ヴァインガルトナー,ヨーゼフ(19・20世紀)
　→Weingartner, Joseph　700
ヴァインブレンナー(18・19世紀)
　→Weinbrenner, Friedrich　700
ヴァインブレンナー,フリードリヒ(18・19世紀)
　→Weinbrenner, Friedrich　700
ヴァインブレンナー,ヨハン・ヤーコブ・フリードリヒ(18・19世紀)

　→Weinbrenner, Friedrich　700
ヴァウヴェルマン,フィリップス(17世紀)
　→Wouwerman, Philips　712
ヴァーグナー(18・19世紀)
　→Wagner, Johann Martin von　693
ヴァーグナー(18・19世紀)
　→Wagner, Johann Peter Alexander　693
ヴァーグナー(19世紀)
　→Wagner, Gottfried　693
ヴァーグナー(19・20世紀) →Wagner, Otto　693
ヴァーグナー,ヴォルフガング(20世紀)
　→Wagner, Wolfgang　694
ヴァーグナー,オットー(19・20世紀)
　→Wagner, Otto　693
ヴァグナー,オットー(19・20世紀)
　→Wagner, Otto　693
ヴァーゲナー(19世紀)
　→Wagner, Gottfried　693
ヴァケルレ,ヨゼフ(19・20世紀)
　→Wackerle, Joseph　693
ヴァーゲン(18・19世紀)
　→Waagen, Gustav Friedrich　692
ヴァーゲンフェルト(20世紀)
　→Wagenfeld, Wilhelm　693
ヴァーゲンフェルト,ヴィルヘルム(20世紀)
　→Wagenfeld, Wilhelm　693
ヴァーゴー,ピエール(20世紀)
　→Vágó, Pierre　669
ヴァサーリ(16世紀) →Vasari, Giorgio　678
ヴァサリ(19・20世紀) →Vaszary János　679
ヴァザーリ(16世紀) →Vasari, Giorgio　678
ヴァザリ(16世紀) →Vasari, Giorgio　678
ヴァサーリ,ジョルジォ(16世紀)
　→Vasari, Giorgio　678
ヴァサーリ,ジョルジュ(16世紀)
　→Vasari, Giorgio　678
ヴァザーリ,ジョルジョ(16世紀)
　→Vasari, Giorgio　678
ヴァザルリ,ヴィクトル(20世紀)
　→Vasarely, Victor　678
ヴァザルリ,ヴィクトール(20世紀)
　→Vasarely, Victor　678
ヴァザルリー,ヴィクトル(20世紀)
　→Vasarely, Victor　678
ヴァザレリー(20世紀) →Vasarely, Victor　678
ヴァザレリー,ヴィクトル(20世紀)
　→Vasarely, Victor　678
ヴァザンツィオ,ヤン・ヴァン・サンテン(ジョヴァンニ(通称))(16・17世紀)
　→Van Santen, Jan　676
ヴァシュコンセルシュ(19・20世紀)
　→Vasconcellos, Joaquim Antônio da Fonseca e　678
ヴァシーリエフ,ユリ(20世紀)
　→Vasiliev, Yuri　678

ヴァシーリエフ, ユーリイ(20世紀)
　→Vasiliev, Yuri　678
ヴァスコ・フェルナンデス(15・16世紀)
　→Vasco Fernandes　678
ヴァスネツォーフ(19・20世紀)
　→Vasnetsov, Viktor Mikhailovich　678
ヴァスネツォフ, ヴィクトル(19・20世紀)
　→Vasnetsov, Viktor Mikhailovich　678
ヴァスマン, フリードリヒ(19世紀)
　→Wasmann, Friedrich　697
ヴァッカーリ, フランコ(20世紀)
　→Vaccari, Franco　669
ヴァッカリーニ, ジョヴァンニ・バッティスタ(18世紀)　→Vaccarini, Giovanni Battista　669
ヴァッカーロ, アンドレーア(17世紀)
　→Vaccaro, Andrea　669
ヴァッカーロ, ジュゼッペ(20世紀)
　→Vaccaro, Giuseppe　669
ヴァッカーロ, ドメーニコ・アントーニオ(17・18世紀)　→Vaccaro, Domenico Antonio　669
ヴァッカーロ, ロレンツォ(17・18世紀)
　→Vaccaro, Lorenzo　669
ヴァッキ, セルジョ(20世紀)
　→Vacchi, Sergio　669
ヴァッケンローダー(18世紀)
　→Wackenroder, Wilhelm Heinrich　693
ヴァッケンローダー, ヴィルヘルム・ハインリヒ(18世紀)
　→Wackenroder, Wilhelm Heinrich　693
ヴァッサッレット2世(12世紀)
　→Vassalletto II　678
ヴァッサッレット, ピエトロ(12・13世紀)
　→Vassalletto, Pietro　678
ヴァッサッロ, アントン・マリーア(17世紀)
　→Vassallo, Anton Maria　679
ヴァットムッレル, アドルフ・ユルリク(18・19世紀)　→Wertmüller, Adolf Ulrick　701
ヴァッレ, アンドレーア・ダ(16世紀)
　→Valle, Andrea da　671
ヴァッレ, ジーノ(20世紀)　→Valle, Gino　671
ウァッロ(前2・1世紀)
　→Varro, Marcus Terentius　677
ウァッロ, マルクス・テレンティウス(前2・1世紀)
　→Varro, Marcus Terentius　677
ヴァッロルサ, チプリアーノ(16・17世紀)
　→Vallorsa, Cipriano　671
ヴァトー(17・18世紀)
　→Watteau, Jean Antoine　698
ヴァトー, アントワーヌ(17・18世紀)
　→Watteau, Jean Antoine　698
ヴァトー, ジャン=アントワーヌ(17・18世紀)
　→Watteau, Jean Antoine　698
ヴァードゥゾ, アントニーノ(20世紀)
　→Virduzzo, Antonino　687

ヴァーニー, ジョン(20世紀)
　→Verney, John　683
ヴァーニー, ジョン〔第2代准男爵〕(20世紀)
　→Verney, John　683
ヴァニェッティ, ジャンニ(20世紀)
　→Vagnetti, Gianni　669
ヴァライエ=コステル, アンヌ(18・19世紀)
　→Vallayer-Coster, Anne　671
ヴァラシェーク(19・20世紀)
　→Wallaschek, Richard　695
ヴァラシェク(19・20世紀)
　→Wallaschek, Richard　695
ヴァラディエ(18・19世紀)
　→Valadier, Giuseppe　669
ヴァラディエル, アンドレーア(17・18世紀)
　→Valadier, Andrea　669
ヴァラディエール, ジュゼッペ(18・19世紀)
　→Valadier, Giuseppe　669
ヴァラディエル, ジュゼッペ(18・19世紀)
　→Valadier, Giuseppe　669
ヴァラディエル, ジョヴァンニ(18・19世紀)
　→Valadier, Giovanni　669
ヴァラディエル, ルイージ(18世紀)
　→Valadier, Luigi　669
ヴァラドン(19・20世紀)
　→Valadon, Suzanne　669
ヴァラドン, シュザンヌ(19・20世紀)
　→Valadon, Suzanne　669
ヴァラドン, シュザンヌ(マリー・クレマンティーヌ)(19・20世紀)　→Valadon, Suzanne　669
ヴァランシエンヌ, ピエール・アンリ・ド(18・19世紀)　→Valenciennes, Pierre Henri de　670
ヴァランタン(16・17世紀)
　→Valentin de Boulogne　670
ヴァランタン, ル(16・17世紀)
　→Valentin de Boulogne　670
ヴァラン・ド・ラ・モット, ジャン=バティスト=ミシェル(18世紀)　→Vallin de La Monthe, Jean-Baptiste-Michael　671
ヴァーリー, ジョン(18・19世紀)
　→Varley, John　677
ヴァリッキオ, イーダ(20世紀)
　→Varricchio, Eda　677
ヴァリニアーノ(16・17世紀)
　→Valignano, Alessandro　670
ヴァリニャーニ(16・17世紀)
　→Valignano, Alessandro　670
ヴァリニャーノ(16・17世紀)
　→Valignano, Alessandro　670
ヴァリニャノ(16・17世紀)
　→Valignano, Alessandro　670
ヴァリニャーノ, アレッサンドロ(16・17世紀)
　→Valignano, Alessandro　670
ヴァリハーノフ, チョカン・チンギソヴィチ(19世紀)
　→Valikhánov, Chókan Chingísovich　671

ヴァルヴァッソーリ, ガブリエーレ(17・18世紀)
　→Valvassori, Gabriele　*671*
ヴァルガス, マリオ(20世紀)
　→Vargas, Mario　*677*
ヴァルガス, ルイス・デ(16世紀)
　→Vargas, Luis de　*677*
ヴァルグレン(19・20世紀)
　→Vallgren, Ville　*671*
ヴァルグレン, ヴィレ(19・20世紀)
　→Vallgren, Ville　*671*
ヴァルシュ, シャルル(20世紀)
　→Walsh, Charles　*695*
ヴァルス, ポー(20世紀) →Valls, Pau　*671*
ヴァルタ, ルイ(19・20世紀) →Valtat, Louis　*671*
ヴァルダネガ, グレゴリオ(20世紀)
　→Vardanega, Gregorio　*677*
ヴァルデ=マール(20世紀) →Walde-Mar　*694*
ヴァルデン(19・20世紀)
　→Walden, Herwarth　*694*
ヴァルデン, ヘルヴァルト(19・20世紀)
　→Walden, Herwarth　*694*
ヴァルトマン(19・20世紀)
　→Waldmann, Emil　*694*
ヴァルトミュラー, F・ゲオルク(18・19世紀)
　→Waldmüller, Ferdinand Georg　*694*
ヴァルトミュラー, フェルディナント・ゲオルク(18・19世紀)
　→Waldmüller, Ferdinand Georg　*694*
ヴァルトミュラー, フェルディナント・ゲオルク(18・19世紀)
　→Waldmüller, Ferdinand Georg　*694*
ヴァールブルク(19・20世紀)
　→Warburg, Aby　*696*
ヴァールブルク, アビー(19・20世紀)
　→Warburg, Aby　*696*
ヴァールブルク, アビイ(19・20世紀)
　→Warburg, Aby　*696*
ヴァールブルク(ウォーバーグ), アビー(19・20世紀) →Warburg, Aby　*696*
ヴァルム, ヘルマン(19・20世紀)
　→Warm, Herman　*697*
ヴァルラーフ(18・19世紀)
　→Wallraf, Ferdinand Franz　*695*
ウァルロ(前2・1世紀)
　→Varro, Marcus Terentius　*677*
ヴァレラ, シベレ(20世紀)
　→Varela, Cybéle　*677*
ヴァレリ(19・20世紀) →Valéry, Paul　*670*
ヴァレリー(19・20世紀) →Valéry, Paul　*670*
ヴァレリー, (アンブロワーズ・)ポール(・トゥサン・ジュール)(19・20世紀)
　→Valéry, Paul　*670*
ヴァレーリ, ウーゴ(19・20世紀)
　→Valeri, Ugo　*670*

ヴァレリー, ポール(19・20世紀)
　→Valéry, Paul　*670*
ヴァレリー, ポル・アンブロワーズ(19・20世紀)
　→Valéry, Paul　*670*
ヴァレリアーニ, ジュゼッペ(16世紀)
　→Valeriani, Giuseppe　*670*
ウァレリアヌス(2・3世紀)
　→Valerianus, Publius Licinius　*670*
ヴァレリアヌス(2・3世紀)
　→Valerianus, Publius Licinius　*670*
ヴァレリアヌス(P.リキニウス・ウァレリアヌス)(2・3世紀)
　→Valerianus, Publius Licinius　*670*
ウァレリアーヌス, プーブリウス・リキニウス(2・3世紀) →Valerianus, Publius Licinius　*670*
ウァレリアヌス, ププリウス・リキニウス(2・3世紀) →Valerianus, Publius Licinius　*670*
ウァレリアーヌス帝(2・3世紀)
　→Valerianus, Publius Licinius　*670*
ヴァレンテ, ピエトロ(18・19世紀)
　→Valente, Pietro　*670*
ヴァレンティナー, ヴィルヘルム・ラインホルト・オットー(19・20世紀)
　→Valentiner, Wilhelm Reinhold Otto　*670*
ウァロ(前2・1世紀)
　→Varro, Marcus Terentius　*677*
ウァロー(前2・1世紀)
　→Varro, Marcus Terentius　*677*
ヴァロ(前2・1世紀)
　→Varro, Marcus Terentius　*677*
ウァロ, マルクス・テレンティウス(前2・1世紀)
　→Varro, Marcus Terentius　*677*
ウァロー, マルクス・テレンティウス(前2・1世紀)
　→Varro, Marcus Terentius　*677*
ヴァロ, マールクス・テレンティウス(前2・1世紀)
　→Varro, Marcus Terentius　*677*
ウァロ(レアティヌス)(前2・1世紀)
　→Varro, Marcus Terentius　*677*
ヴァロ, レメディオス(20世紀)
　→Varo, Remedios　*677*
ヴァロキエ(19・20世紀)
　→Waroquier, Henri de　*697*
ヴァロキエ, アンリ・ド(19・20世紀)
　→Waroquier, Henri de　*697*
ヴァロット, パウル(19・20世紀)
　→Wallot, Johann Paul　*695*
ヴァロットン(19・20世紀)
　→Vallotton, Félix Edmond　*671*
ヴァロットン, フェリックス(19・20世紀)
　→Vallotton, Félix Edmond　*671*
ヴァロットン, フェリックス・エドゥアール(19・20世紀) →Vallotton, Félix Edmond　*671*
ヴァロート(19・20世紀)
　→Wallot, Johann Paul　*695*

ヴァロトン(19・20世紀)
　→Vallotton, Félix Edmond　671
ヴァロトン, フェリックス(19・20世紀)
　→Vallotton, Félix Edmond　671
ヴァン, ダイク・アントニー(16・17世紀)
　→Van Dyck, Sir Anthony　674
ヴァン・アイク(14・15世紀)
　→Van Eyck, Hubert　674
ヴァン・アイク(14・15世紀)
　→Van Eyck, Jan　674
ヴァンアイク, フーベルト(14・15世紀)
　→Van Eyck, Hubert　674
ヴァンアイク, ヤン(14・15世紀)
　→Van Eyck, Jan　674
ヴァンヴィテッリ, ルイージ(18世紀)
　→Vanvitelli, Luigi　677
ヴァンヴィテッリ, ルイジ(18世紀)
　→Vanvitelli, Luigi　677
ヴァンヴィテリ(18世紀)
　→Vanvitelli, Luigi　677
ヴァンヴィテルリ, ルイージ(18世紀)
　→Vanvitelli, Luigi　677
ヴァン・ヴェルデ, ゲール(20世紀)
　→Van Velde, Geer　677
ヴァン・ヴェルデ, ブラム(20世紀)
　→Van Velde, Bram　677
ヴァン・エイク, フーベルト(14・15世紀)
　→Van Eyck, Hubert　674
ヴァン・エイク, ヤン(14・15世紀)
　→Van Eyck, Jan　674
ヴァン・オールズバーグ, クリス(20世紀)
　→Van Allsburg, Chris　671
ヴァン=オールズバーグ, クリス(20世紀)
　→Van Allsburg, Chris　671
ヴァンサン, フランソワ=アンドレ(18・19世紀)
　→Vincent, François-André　686
ヴァンサン(ボーヴェの)(12・13世紀)
　→Vincent de Beauvais　686
ヴァンサン(ボヴェの)(12・13世紀)
　→Vincent de Beauvais　686
ヴァンサン・ド・ボーヴェ(12・13世紀)
　→Vincent de Beauvais　686
ヴァンサン・ド・ボーヴェイ(12・13世紀)
　→Vincent de Beauvais　686
ヴァンジ, ジュリアーノ(20世紀)
　→Vangi, Giuliano　675
ヴァンストッカム, ヒルダ(20世紀)
　→Van Stockum, Hilda Gerarda　676
ヴァン=ストッカム, ヒルダ・ゲラルダ(20世紀)
　→Van Stockum, Hilda Gerarda　676
ヴァン・ソーン, ジョン(20世紀)
　→Van Saun, John　676
ヴァン・ダイク(16・17世紀)
　→Van Dyck, Sir Anthony　674

ヴァンダイク(16・17世紀)
　→Van Dyck, Sir Anthony　674
ヴァン・ダイク, アントニー(16・17世紀)
　→Van Dyck, Sir Anthony　674
ヴァン・ダイン(19・20世紀)
　→Van Dine, S.S.　674
ヴァン・ダイン, S.S.(19・20世紀)
　→Van Dine, S.S.　674
ヴァン・ダイン, S・S(19・20世紀)
　→Van Dine, S.S.　674
ヴァンダービルト, グロリア(20世紀)
　→Vanderbilt, Gloria　672
ヴァンダービルト=クーパー, グロリア(モーガン)(20世紀)→Vanderbilt, Gloria　672
ヴァン・デイク, アンソニー(16・17世紀)
　→Van Dyck, Sir Anthony　674
ヴァン・デイク, アントーニス(アントン)(16・17世紀)　→Van Dyck, Sir Anthony　674
ヴァン・デ・ヴェルデ(19・20世紀)
　→Van de Velde, Henry Clemens　673
ヴァン・デ・ヴェルデ, アンリ(19・20世紀)
　→Van de Velde, Henry Clemens　673
ヴァンデノーヴ, シャルル(20世紀)
　→Vandenhove, Charles　672
ヴァン・デ・ベルデ, アンリ(19・20世紀)
　→Van de Velde, Henry Clemens　673
ヴァン・デル・ウェイデン, ロヒール(14・15世紀)
　→Weyden, Rogier van der　702
ヴァン・デル・グース, ヒューホ(15世紀)
　→Van der Goes, Hugo　672
ヴァン・ド・ヴェルド, アンリ・クレマン(19・20世紀)　→Van de Velde, Henry Clemens　673
ヴァントンゲルロー(19・20世紀)
　→Vantongerloo, Georges　677
ヴァントンゲルロー, ジョルジュ(19・20世紀)
　→Vantongerloo, Georges　677
ヴァン・ドンゲン(19・20世紀)
　→Dongen, Kees van　203
ヴァン・ドンゲン, キース(19・20世紀)
　→Dongen, Kees van　203
ヴァンニ, アンドレーア(14・15世紀)
　→Vanni, Andrea　675
ヴァンニ, フランチェスコ(16・17世紀)
　→Vanni, Francesco　676
ヴァンニ, リッポ(14世紀)→Vanni, Lippo　676
ヴァンニーニ, オッターヴィオ(16・17世紀)
　→Vannini, Ottavio　676
ヴァンヌテッリ, シピオーネ(19世紀)
　→Vannutelli, Scipione　676
ヴァンブラ(17・18世紀)
　→Vanbrugh, Sir John　672
ヴァンブラ, サー・ジョン(17・18世紀)
　→Vanbrugh, Sir John　672
ヴァンブラ, ジョン(17・18世紀)
　→Vanbrugh, Sir John　672

ヴァンブルー（17・18世紀）
　→Vanbrugh, Sir John　*672*
ヴァンブルー（ヴァンブラ）（17・18世紀）
　→Vanbrugh, Sir John　*672*
ヴァン・ルーン（19・20世紀）
　→Van Loon, Hendrik Willem　*675*
ヴァン・ルーン, ヘンドリック（19・20世紀）
　→Van Loon, Hendrik Willem　*675*
ヴァン・ルーン, ヘンドリック・ウィレム（19・20世紀）→Van Loon, Hendrik Willem　*675*
ヴァン・ルーン, ヘンドリック・ウイレム（19・20世紀）→Van Loon, Hendrik Willem　*675*
ヴァン＝レンセレアー, マリアナ（19・20世紀）
　→Van Rensselaer, Mariana　*676*
ヴァン・ロー（17世紀）→Van Loo, Jacques　*675*
ヴァン・ロー（17・18世紀）
　→Van Loo, Abraham Louis　*675*
ヴァン・ロー（17・18世紀）
　→Van Loo, Jean Baptiste　*675*
ヴァン・ロー（18世紀）
　→Van Loo, Charles Amédée Philippe　*675*
ヴァン・ロー（18世紀）
　→Van Loo, Charles André　*675*
ヴァン・ロー（18世紀）
　→Van Loo, Louis Michel　*675*
ヴァンロー, カルル（18世紀）
　→Van Loo, Charles André　*675*
ヴァン・ロー, カルル（シャルル）・アンドレー（18世紀）→Van Loo, Charles André　*675*
ヴァン・ロー, シャルル＝アンドレ（18世紀）
　→Van Loo, Charles André　*675*
ヴァンロー, シャルル・アンドレ（18世紀）
　→Van Loo, Charles André　*675*
ヴァン・ロー, ジャン＝バティスト（17・18世紀）
　→Van Loo, Jean Baptiste　*675*
ヴァンロー, ジャン・バティスト（17・18世紀）
　→Van Loo, Jean Baptiste　*675*
ヴァン・ロー, ジュール＝セザール＝ドニ（18・19世紀）→Van Loo, Jules-César-Denis　*675*
ヴァン・ロー, ルイ＝ミシェル（18世紀）
　→Van Loo, Louis Michel　*675*
ヴァン・ローン（19・20世紀）
　→Van Loon, Hendrik Willem　*675*
ヴァンローン（19・20世紀）
　→Van Loon, Hendrik Willem　*675*
ヴァン・ローン, ヘンドリク（・ヴィレム）（19・20世紀）→Van Loon, Hendrik Willem　*675*
ヴァン・ローン, ヘンドリック・ウィレム（19・20世紀）→Van Loon, Hendrik Willem　*675*
ヴァン＝ローン, ヘンドリック・ヴィレム（19・20世紀）→Van Loon, Hendrik Willem　*675*
ウィア, ハリスン（19・20世紀）
　→Weir, Harrison　*700*
ヴィアス, A.（20世紀）→Vyas, Anil　*692*
ヴィアトール（15・16世紀）→Viator　*684*

ヴィアーニ, アルベルト（20世紀）
　→Viani, Alberto　*684*
ヴィアニ, アルベルト（20世紀）
　→Viani, Alberto　*684*
ヴィアーニ, ロレンツォ（19・20世紀）
　→Viani, Lorenzo　*684*
ヴィアヌ, トゥドル（20世紀）
　→Vianu, Tudor　*684*
ヴィアラ, クロード（20世紀）
　→Viallat, Claude　*684*
ヴィアール, シャルル（16世紀）
　→Viart, Charles　*684*
ヴィアン, ジョゼフ・マリー（18・19世紀）
　→Vien, Joseph Marie　*685*
ヴィアン, ジョセフ＝マリー（18・19世紀）
　→Vien, Joseph Marie　*685*
ヴィアン, ジョゼフ＝マリー（18・19世紀）
　→Vien, Joseph Marie　*685*
ウィーヴァー, J.（20世紀）→Weaver, Jack　*698*
ウィーヴァー, R.（20世紀）
　→Weaver, Robert　*698*
ヴィヴァリーニ（15世紀）
　→Vivarini, Antonio　*689*
ヴィヴァリーニ（15世紀）
　→Vivarini, Bartolomeo　*689*
ヴィヴァリーニ（15・16世紀）
　→Vivarini, Alvise　*689*
ヴィヴァリーニ, アルヴィーゼ（15・16世紀）
　→Vivarini, Alvise　*689*
ヴィヴァリーニ, アントーニオ（15世紀）
　→Vivarini, Antonio　*689*
ヴィヴァリーニ, アントニオ（15世紀）
　→Vivarini, Antonio　*689*
ヴィヴァリーニ, バルトロメーオ（15世紀）
　→Vivarini, Bartolomeo　*689*
ヴィヴァリーニ, バルトロメオ（15世紀）
　→Vivarini, Bartolomeo　*689*
ヴィヴァリーニ父子（15世紀）
　→Vivarini, Antonio　*689*
ヴィヴァリーニ父子（15・16世紀）
　→Vivarini, Alvise　*689*
ヴィヴァン, ルイ（19・20世紀）
　→Vivin, Louis　*689*
ヴィヴィアーニ, ジュゼッペ（20世紀）
　→Viviani, Giuseppe　*689*
ヴィヴィアーニ, ジュゼッペ（20世紀）
　→Viviani, Giuseppe　*689*
ヴィヴィアン, ジョセフ（17・18世紀）
　→Vivien, Joseph　*689*
ヴィエイラ・ダ・シルヴァ, マリア・エレーナ（20世紀）→Vieira da Silva, Maria Elena　*684*
ヴィエラ・ダ・シルヴァ（20世紀）
　→Vieira da Silva, Maria Elena　*684*
ヴィエラ・ダ・シルヴァ, マリア・エレナ（20世紀）
　→Vieira da Silva, Maria Elena　*684*

ヴィエルス(19世紀)
　→Wiertz, Antoine Joseph　705
ヴィオネ, マドレーヌ(19・20世紀)
　→Vionnet, Madeleine　687
ヴィオレ・ル・デュク(19世紀)
　→Viollet-le-Duc, Eugène Emmanuel　686
ヴィオレルデュク(19世紀)
　→Viollet-le-Duc, Eugène Emmanuel　686
ヴィオレ=ル=デュク, ウージェーヌ=エマニュエル(19世紀)
　→Viollet-le-Duc, Eugène Emmanuel　686
ヴィオレ=ル=デュク, ユージェーヌ(・エマニュエル)(19世紀)
　→Viollet-le-Duc, Eugène Emmanuel　686
ヴィオレ-ル-デュク, ユジューヌ・エマニュエール(19世紀)
　→Viollet-le-Duc, Eugène Emmanuel　686
ヴィオレ・ル・デュック(19世紀)
　→Viollet-le-Duc, Eugène Emmanuel　686
ヴィオレ=ル=デュック, ウージェーヌ・エマニュエル(19世紀)
　→Viollet-le-Duc, Eugène Emmanuel　686
ヴィオレ=ル=デュック, ウージェーヌ=エマニュエル(19世紀)
　→Viollet-le-Duc, Eugène Emmanuel　686
ヴィオレ=ル=デュック, ウジェーヌ・エマニュエル(19世紀)
　→Viollet-le-Duc, Eugène Emmanuel　686
ヴィカー(18・19世紀)
　→Vicat, Louis Joseph　684
ヴィカ, ルイ=ジョゼ(18・19世紀)
　→Vicat, Louis Joseph　684
ヴィガラーニ, ガスパレ(16・17世紀)
　→Vigarani, Gaspare　685
ヴィガラーニ, カルロ(17・18世紀)
　→Vigarani, Carlo　685
ヴィガラーニ, ジャーコモ(17世紀)
　→Vigarani, Giacomo　685
ヴィガラーニ, ルドヴィーゴ(17・18世紀)
　→Vigarani, Ludovico　685
ヴィカール, ジャン=バティスト(18・19世紀)
　→Wicar, Jean-Baptiste　704
ウィーガント(19・20世紀)
　→Wiegand, Theodor　704
ヴィーガント(19・20世紀)
　→Wiegand, Theodor　704
ヴィーガント, テオドル(19・20世紀)
　→Wiegand, Theodor　704
ヴィクストレーム(19・20世紀)
　→Wikström, Emil　705
ウィグネル, エデル(20世紀)
　→Wignell, Edel　705
ヴィクホフ, フランツ(19・20世紀)
　→Wickhoff, Franz　704
ウィーゲラン(19・20世紀)
　→Vigeland, Adolf Gustav　685

ヴィーゲラン(19・20世紀)
　→Vigeland, Adolf Gustav　685
ヴィーゲラン, アドルフ・グスタヴ(19・20世紀)
　→Vigeland, Adolf Gustav　685
ヴィーゲラン, ギュスターヴ(19・20世紀)
　→Vigeland, Adolf Gustav　685
ヴィーゲラン, グスターヴ(19・20世紀)
　→Vigeland, Adolf Gustav　685
ウィージー(20世紀)
　→Weegee, Arthur Fellig　699
ヴィシエール(19・20世紀)
　→Vissière, Arnold　688
ヴィジェ・ルブラン(18・19世紀)
　→Vigée-Lebrun, Marie Louise Elisabeth　685
ヴィジェルブラン(18・19世紀)
　→Vigée-Lebrun, Marie Louise Elisabeth　685
ヴィジェ=ルブラン, エリザベト(18・19世紀)
　→Vigée-Lebrun, Marie Louise Elisabeth　685
ヴィジェ=ルブラン, エリザベート=ルイーズ(18・19世紀)
　→Vigée-Lebrun, Marie Louise Elisabeth　685
ヴィジェ=ルブラン, マリー(18・19世紀)
　→Vigée-Lebrun, Marie Louise Elisabeth　685
ヴィジェ=ルブラン, マリー(エリザベート・ルイーズ)(18・19世紀)
　→Vigée-Lebrun, Marie Louise Elisabeth　685
ヴィジェ・ルブラン, マリー・ルイーズ・エリザベート(18・19世紀)
　→Vigée-Lebrun, Marie Louise Elisabeth　685
ヴィジェ=ルブラン, (マリー・ルイーズ)エリザベート(18・19世紀)
　→Vigée-Lebrun, Marie Louise Elisabeth　685
ヴィシー・ブロードの画家(14世紀)
　→Mistr, Vyšebrodský　458
ヴィスカル, ジョヴァンニ・アントニオ(17・18世紀)
　→Viscardi, Giovanni Antonio　687
ヴィスコンティ(18・19世紀)
　→Visconti, Ennio Quirino　688
ヴィスコンティ(18・19世紀)
　→Visconti, Lodovico Tullio Gioacchino　688
ヴィスコンティ, エンニオ・クイリーノ(18・19世紀)
　→Visconti, Ennio Quirino　688
ヴィスコンティ, ルドヴィーコ(18・19世紀)
　→Visconti, Lodovico Tullio Gioacchino　688
ヴィスコンティ, ルドヴィコ(ルイ・テュリウス・ジョアシャン)(18・19世紀)
　→Visconti, Lodovico Tullio Gioacchino　688
ウィーズナー, D.(20世紀)
　→Wiesner, David　705
ウィーズナー, W.(20世紀)
　→Wiesner, William　705
ウィーズナー, デイヴィッド(20世紀)
　→Wiesner, David　705
ウィズネスキー, デイビッド(20世紀)
　→Wisniewski, David　708

ヴィスピアィンスキ（19・20世紀）
　→Wyspiański, Stanisław 714
ヴィスピアィンスキ, スタニスワフ（19・20世紀）
　→Wyspiański, Stanisław 714
ウィスピアニスキ（19・20世紀）
　→Wyspiański, Stanisław 714
ヴィスピアニスキー（19・20世紀）
　→Wyspiański, Stanisław 714
ヴィスピアンスキー（19・20世紀）
　→Wyspiański, Stanisław 714
ヴィスピアンスキ, スタニスワフ（19・20世紀）
　→Wyspiański, Stanisław 714
ウィスピヤンスキ（19・20世紀）
　→Wyspiański, Stanisław 714
ヴィスピャンスキ, スタニスワフ（19・20世紀）
　→Wyspiański, Stanisław 714
ウィズミュラー,D.（20世紀）
　→Wiesmuller, Dieter 705
ウィスラー, ジェイムズ・（アボット・）マクニール
　（19・20世紀）
　→Whistler, James Abbott McNeill 703
ウィスラー, レックス（・ジョン）（20世紀）
　→Whistler, Rex（John） 703
ヴィーゼ, クルト（19・20世紀）
　→Wiese, Kurt 705
ヴィゼンティーニ, アントーニオ（17・18世紀）
　→Visentini, Antonio 688
ウィタゼーク（19・20世紀）
　→Witasek, Stephan 709
ヴィタゼック（19・20世紀）
　→Witasek, Stephan 709
ヴィターレ・ダ・ボローニャ（14世紀）
　→Vitale da Bologna 688
ウィーツ（20世紀） →Weitz, Morris 701
ヴィッキー（20世紀） →Vicky 684
ウィック, ウォルター（20世紀）
　→Wick, Walter 704
ウィックホフ（19・20世紀）
　→Wickhoff, Franz 704
ヴィックホフ（19・20世紀）
　→Wickhoff, Franz 704
ヴィックホフ, フランツ（19・20世紀）
　→Wickhoff, Franz 704
ウィッタム,G.W.（20世紀）
　→Whittam, Geoffrey William 704
ウィッツ（14・15世紀） →Witz, Konrad 709
ヴィッツ（14・15世紀） →Witz, Konrad 709
ヴィッツ, コンラート（14・15世紀）
　→Witz, Konrad 709
ウィッテ（17世紀） →Witte, Emanuel de 709
ヴィッテ, エマヌエル・デ（17世紀）
　→Witte, Emanuel de 709
ヴィットコウアー, ルドルフ（20世紀）
　→Wittkower, Rudolf 709

ヴィットッツィ, アスカーニオ（16・17世紀）
　→Vittozzi, Ascanio 689
ウィットニー, ガートルード・ヴァンダービルト
　（19・20世紀）
　→Whitney, Gertrude Vanderbilt 704
ヴィットーネ, ベルナルド・アントーニオ（18世紀）
　→Vittone, Bernardo Antonio 688
ヴィットーネ, ベルナルド・アントニオ（18世紀）
　→Vittone, Bernardo Antonio 688
ウィットマン, サリー（20世紀）
　→Wittman, Sally 709
ヴィットーリア, アレッサンドロ（16・17世紀）
　→Vittoria, Alessandro 688
ヴィットーリア, エドゥアルド（20世紀）
　→Vittoria, Eduardo 689
ヴィッペル, ボリス（19・20世紀）
　→Vipper, Boris Robertovich 687
ヴィーティ, ティモーテオ（15・16世紀）
　→Viti, Timoteo 688
ヴィーティ, ティモテオ（15・16世紀）
　→Viti, Timoteo 688
ヴィティッヒ, ウェネー（20世紀）
　→Witting, Werner 709
ウィテヴァール, ヨアヒム（16・17世紀）
　→Wittewael, Joachim Antonisz 709
ヴィテッロッツィ, アンニーバレ（20世紀）
　→Vitellozzi, Annibale 688
ヴィテルボ（15世紀頃） →Viterbo, Lorenzo 688
ウィードゥン, フラヴィア（20世紀）
　→Weedn, Flavia 699
ヴィトキェヴィチ（19・20世紀）
　→Witkiewicz, Stanisław Ignacy 709
ヴィトキエヴィチ（19・20世紀）
　→Witkiewicz, Stanisław Ignacy 709
ヴィトキエヴィチ, スタニスワフ（19・20世紀）
　→Witkiewicz, Stanisław Ignacy 709
ヴィトキエヴィチ, スタニスワフ・イグナツィ
　（19・20世紀）
　→Witkiewicz, Stanisław Ignacy 709
ヴィトキェヴィッチ（19・20世紀）
　→Witkiewicz, Stanisław Ignacy 709
ヴィトキェヴィッチ, スタニスワフ（19・20世紀）
　→Witkiewicz, Stanisław Ignacy 709
ヴィトキェヴィッチ, スタニスワフ・I.（19・20世
　紀） →Witkiewicz, Stanisław Ignacy 709
ヴィトキェヴィッチ, スタニスワフ・イグナツィ
　（19・20世紀）
　→Witkiewicz, Stanisław Ignacy 709
ヴィトキェビッチ（19・20世紀）
　→Witkiewicz, Stanisław Ignacy 709
ウィトコウアー（20世紀）
　→Wittkower, Rudolf 709
ウィトコウアー, ルドルフ（20世紀）
　→Wittkower, Rudolf 709
ヴィトーニ, ヴェントゥーラ（15・16世紀）
　→Vitoni, Ventura 688

美術篇　　　　　　　　　　*757*　　　　　　　　　　ウイリ

ウイトリジ(19・20世紀)
　→Whittredge, Worthington　*704*
ウイトルウィウス(前1世紀頃)
　→Vitruvius Pollio, Marcus　*688*
ヴィトルヴィウス(前1世紀頃)
　→Vitruvius Pollio, Marcus　*688*
ウイトルウィウス・ポッリオ(前1世紀頃)
　→Vitruvius Pollio, Marcus　*688*
ウイトルーウィウス・ポリオ, マルクス(前1世紀頃)　→Vitruvius Pollio, Marcus　*688*
ウイトルウィウス・ポリオ, マルクス(前1世紀頃)
　→Vitruvius Pollio, Marcus　*688*
ヴィナンツ(17世紀)　→Wynants, Jan　*713*
ヴィニョーラ(16世紀)
　→Vignola, Giacomo Barozzi da　*685*
ヴィニョラ(16世紀)
　→Vignola, Giacomo Barozzi da　*685*
ヴィニョーラ, ジャーコモ(16世紀)
　→Vignola, Giacomo Barozzi da　*685*
ヴィニョーラ, ジャーコモ・バロッツィ・ダ(16世紀)　→Vignola, Giacomo Barozzi da　*685*
ヴィニョーラ, ジャコモ・(バロッツィ・)ダ(16世紀)　→Vignola, Giacomo Barozzi da　*685*
ヴィニョーラ, ジャコモ・バロッツィ・ダ(16世紀)
　→Vignola, Giacomo Barozzi da　*685*
ヴィニョーラ, ジャチント バロッツィ・ダ(16世紀)　→Vignola, Giacinto Barozzi da　*685*
ヴィニョン, クロード(16・17世紀)
　→Vignon, Claude　*686*
ヴィニョン, ピエール・アレクサンドル(18・19世紀)　→Vignon, Pierre Alexandre　*686*
ウィーベリ, H.(20世紀)　→Wiberg, Harald　*704*
ヴィベール, ジュアン・ジョルジュ(19・20世紀)
　→Vibert, Jehan Georges　*684*
ヴィヤール(19・20世紀)
　→Vuillard, Jean Édouard　*692*
ヴィヤール, エドゥアール(19・20世紀)
　→Vuillard, Jean Édouard　*692*
ヴィヤン(18・19世紀)
　→Vien, Joseph Marie　*685*
ヴィヨン(19・20世紀)　→Villon, Jacques　*686*
ヴィヨン, ジャック(19・20世紀)
　→Villon, Jacques　*686*
ウィーラー(19・20世紀)
　→Wheeler, Sir Robert Eric Mortimer　*703*
ウィーラー, サー・チャールズ(20世紀)
　→Wheeler, Sir Charles　*703*
ウィーラー, サー・(ロバート・エリック・)モーティマー(19・20世紀)
　→Wheeler, Sir Robert Eric Mortimer　*703*
ウィーラー, モーティマー(19・20世紀)
　→Wheeler, Sir Robert Eric Mortimer　*703*
ウィーラー, ライル(20世紀)
　→Wheeler, Lyle　*703*

ウィーラー, ロバート・エリック・モーティマー(19・20世紀)
　→Wheeler, Sir Robert Eric Mortimer　*703*
ヴィラット, ジャック(20世紀)
　→Villatte, Jacques　*686*
ウィラード(20世紀)
　→Willard, Frank Henry　*706*
ウィラード, ナンシー(20世紀)
　→Willard, Nancy Margaret　*706*
ウィラード, ナンシー・マーガレット(20世紀)
　→Willard, Nancy Margaret　*706*
ヴィラール(オヌクールの)(12・13世紀)
　→Villard de Honnecourt　*686*
ヴィラール・ド・オンヌクール(12・13世紀)
　→Villard de Honnecourt　*686*
ヴィラールドオンヌクール(12・13世紀)
　→Villard de Honnecourt　*686*
ウィーラン, マイクル(20世紀)
　→Whelan, Michael　*703*
ウイーランド, ジョイス(20世紀)
　→Wieland, Joyce　*705*
ウィリアム(サンスの)(12世紀)
　→Guillaume de Sens　*299*
ウィリアム・オブ・ウィンフォード(14・15世紀)
　→William of Wynford　*706*
ウィリアム・オブ・ラムセイ(14世紀)
　→William of Ramsey　*706*
ウィリアムズ, G.M.(20世紀)
　→Williams, Garth Montgomery　*706*
ウィリアムズ, J.(20世紀)
　→Williams, Jenny　*706*
ウィリアムズ, K.(20世紀)　→Willams, Kit　*706*
ウィリアムズ, V.B.(20世紀)
　→Williams, Vera B.　*707*
ウィリアムズ, アーシュラ・モーレイ(20世紀)
　→Williams, Ursula Moray　*706*
ウィリアムズ, ヴェラ・B.(20世紀)
　→Williams, Vera B.　*707*
ウィリアムズ, ガース(20世紀)
　→Williams, Garth Montgomery　*706*
ウィリアムズ, ガース・モンゴメリ(20世紀)
　→Williams, Garth Montgomery　*706*
ウィリアムズ, クリストファー(20世紀)
　→Williams, Christopher　*706*
ウィリアムズ, ニール(20世紀)
　→Williams, Neil　*706*
ウィリアムズ, フレッド(フレデリック・ロナルド・ウィリアムズ)(20世紀)　→Williams, Fred(erick Ronald Williams)　*706*
ウィリアムズ, ベラ・B(20世紀)
　→Williams, Vera B.　*707*
ウィリアム・ド・ブレイルズ(13世紀)
　→William de Brailes　*706*
ヴィリジェルモ(11・12世紀)　→Wiligelmo　*706*

ウィリジェルモ(モーデナの)(11・12世紀)
　→Willigelmo da Modena　707
ウィルキー(18・19世紀)
　→Wilkie, Sir David　706
ウィルキー,サー・デイヴィド(18・19世紀)
　→Wilkie, Sir David　706
ウィルキー,デイヴィッド(18・19世紀)
　→Wilkie, Sir David　706
ウィルキン,E.B.(20世紀)
　→Wilkin, Eloise Burns　706
ウィルキンズ(18・19世紀)
　→Wilkins, William　706
ウィルキンズ,ウィリアム(18・19世紀)
　→Wilkins, William　706
ウィルキンソン,B.(20世紀)
　→Wilkinson, Barry　706
ウィルケ,ハンナ(20世紀)
　→Wilke, Hannah　706
ウィルコックス(20世紀)
　→Wilcox, Ray Turner　705
ウィルコックス,S.(20世紀)
　→Willcox, Sandra　706
ヴィルコン,J.(20世紀)　→Wilkoń, Józef　706
ヴィルコン,ユゼフ(20世紀)
　→Wilkoń, Józef　706
ヴィルサラーゼ,シモン(20世紀)
　→Virsaladze, Simon Vagratovich　687
ヴィルス(20世紀)　→Wils, Jan　707
ウィルスン,ゲイアン(20世紀)
　→Wilson, Gahan　707
ウィルソン(18世紀)　→Wilson, Benjamin　707
ウィルソン(18世紀)　→Wilson, Richard　707
ウィルソン(20世紀)
　→Wilson, Frank Auray　707
ウィルソン(20世紀)　→Wilson, Robert　707
ウィルソン,C.B.(20世紀)
　→Wilson, Charles Banks　707
ウィルソン,E.A.(19・20世紀)
　→Wilson, Edward Arthur　707
ウィルソン,G.(20世紀)　→Wilson, Gahan　707
ウィルソン,J.(20世紀)　→Wilson, John　707
ウィルソン,P.(20世紀)　→Wilson, Peggy　707
ウィルソン,ピーター(20世紀)
　→Wilson, Peter　707
ウィルソン,リチャード(18世紀)
　→Wilson, Richard　707
ウィルソン,ロイ(ロイストン・ウォーナー・ウィルソン)(20世紀)
　→Wilson, Roy(ston Warner Wilson)　707
ウィルソン,ロバート(20世紀)
　→Wilson, Robert　707
ウィールツ(19世紀)
　→Wiertz, Antoine Joseph　705

ウィールツ,アントニー(19世紀)
　→Wiertz, Antoine Joseph　705
ヴィールツ,アントワーヌ(19世紀)
　→Wiertz, Antoine Joseph　705
ヴィールツ,アントン・ヨーゼフ(19世紀)
　→Wiertz, Antoine Joseph　705
ウィルデンステイン,ジョルジュ(20世紀)
　→Wildenstein, Georges　705
ヴィルト,アドルフォ(19・20世紀)
　→Wildt, Adolfo　705
ウィルトン(18・19世紀)　→Wilton, Joseph　707
ウィルトン,ジョーゼフ(18・19世紀)
　→Wilton, Joseph　707
ウィルプ,H・C(20世紀)　→Wilp, H.C.　707
ヴィルベルト(19・20世紀)
　→Wilpert, Joseph　707
ヴィルベルト,ヨーゼフ(19・20世紀)
　→Wilpert, Joseph　707
ヴィルヘルム(14世紀)
　→Wilhelm, von Köln　706
ヴィルヘルム,H.(20世紀)
　→Wilhelm, Hans　705
ヴィルヘルム=ハインリヒ=ヴァッケンローダー(18世紀)
　→Wackenroder, Wilhelm Heinrich　693
ウィルマン(17・18世紀)
　→Willmann, Michael　707
ヴィルマン(17・18世紀)
　→Willmann, Michael　707
ヴィルマン,ミヒャエル(17・18世紀)
　→Willmann, Michael　707
ヴィルマン,ミヒャエル・ルーカス・レーオポルト(17・18世紀)　→Willmann, Michael　707
ヴィルムセン,イェンス(19・20世紀)
　→Willumsen, F.Jens Ferdinand　707
ヴィルムセン,イェンス・F.(19・20世紀)
　→Willumsen, F.Jens Ferdinand　707
ヴィルムセン,イェンス・フェルディナン(19・20世紀)　→Willumsen, F.Jens Ferdinand　707
ウィレンスキー,レジナルド・ハワード(19・20世紀)　→Wilenski, Reginald Howard　705
ウィンクラー(19・20世紀)
　→Winckler, Hugo　708
ヴィンクラー(19・20世紀)
　→Winckler, Hugo　708
ヴィンクラー,H.(19・20世紀)
　→Winckler, Hugo　708
ヴィンクラー,フーゴ(19・20世紀)
　→Winckler, Hugo　708
ヴィンクラー,フーゴー(19・20世紀)
　→Winckler, Hugo　708
ウィンケルマン(18世紀)
　→Winckelmann, Johann Joachim　708
ヴィンケルマン(18世紀)
　→Winckelmann, Johann Joachim　708

ヴィンケルマン, ヨーハン・ヨーアヒム (18世紀)
　→Winckelmann, Johann Joachim　708
ヴィンケルマン, ヨハン・ヨアヒム (18世紀)
　→Winckelmann, Johann Joachim　708
ヴィンケルマン, ヨハン (・ヨアヒム) (18世紀)
　→Winckelmann, Johann Joachim　708
ウィンケンティウス (ボーヴェーの) (12・13世紀)
　→Vincent de Beauvais　686
ヴィンケンティウス (ボヴェーの) (12・13世紀)
　→Vincent de Beauvais　686
ウィンザー, ジャクリーヌ (20世紀)
　→Winsor, Jacqueline　708
ウィンター (20世紀) →Winter, Bryan　708
ウィンター, M.K. (19・20世紀)
　→Winter, Milo Kendall　708
ヴィンター, フリッツ (20世紀)
　→Winter, Fritz　708
ウィンターハルター (19世紀)
　→Winterhalter, Franz Xaver　708
ヴィンターハルター, フランツ・クサーファー (19世紀) →Winterhalter, Franz Xaver　708
ヴィンターハルター, フランツ・クサファー (19世紀) →Winterhalter, Franz Xaver　708
ヴィンチドル, トンマーゾ (16世紀)
　→Vincidor, Tommaso　686
ヴィンテルハルター (19世紀)
　→Winterhalter, Franz Xaver　708
ウィント (20世紀) →Wind, Edgar　708
ウィント, E. (20世紀) →Wind, Edgar　708
ウィント, ピーター・デ (18・19世紀)
　→Wint, Peter de　708
ウィンパー (19・20世紀)
　→Whymper, Edward　704
ウィンパー, エドワード (19・20世紀)
　→Whymper, Edward　704
ウィンブラード, B. (20世紀)
　→Wiinblad, Bjørn　705
ウーウェルマン (17世紀)
　→Wouwerman, Philips　712
ウーウェルマン (17世紀)
　→Wouwerman, Pieter　712
ヴーヴェルマン (17世紀)
　→Wouwerman, Philips　712
ウーヴェン, ベルナール (20世紀)
　→Evein, Bernard　226
ヴーエ (16・17世紀) →Vouet, Simon　691
ヴエ (16・17世紀) →Vouet, Simon　691
ヴエー (16・17世紀) →Vouet, Simon　691
ヴーエ, シモン (16・17世紀)
　→Vouet, Simon　691
ウェアー (18世紀) →Ware, Isaac　696
ウェアー (19世紀) →Weir, Robert Walter　700
ウェアー (19・20世紀)
　→Ware, William Robert　696

ウェアー (19・20世紀)
　→Weir, John Ferguson　700
ウェアー (19・20世紀)
　→Weir, Julian Alden　700
ウェア, アイリーン (19・20世紀)
　→Weir, Irene　700
ウェイクマン, M.F. (20世紀)
　→Wakeman, Marion Freeman　694
ウェイデン (14・15世紀)
　→Weyden, Rogier van der　702
ウェイデン, ロヒール・ヴァン・デル (14・15世紀)
　→Weyden, Rogier van der　702
ウェイト, カレル (20世紀) →Weight, Carel　700
ウェイドレ (20世紀) →Weidlé, Wladimir　700
ウェイドレ, ウラジーミル (20世紀)
　→Weidlé, Wladimir　700
ウェイドレ, ウラジミール (20世紀)
　→Weidlé, Wladimir　700
ヴェイドレー, ウラジーミル・ワシリエヴィチ (20世紀) →Weidlé, Wladimir　700
ウェイナンツ, ヤン (17世紀)
　→Wijnants, Jan　705
ウェイバー, バーナード (20世紀)
　→Waber, Bernard　692
ウエイラー, ジョセフ・フラック (20世紀)
　→Weiler, Joseph Flack　700
ヴェイラント, ジョージ (20世紀)
　→Vaillant, George Clapp　669
ヴェクセイ, エヴァ (20世紀) →Vecsei, Eva　679
ウェグナー (20世紀) →Wegner, Hans J.　699
ウェグナー, F. (20世紀) →Wegner, Fritz　699
ウェグナー, ハンス (20世紀)
　→Wegner, Hans J.　699
ウェグナー, ハンス・J. (20世紀)
　→Wegner, Hans J.　699
ウェザビィ, M. (20世紀)
　→Weatherby, Meredith　698
ウェースウェーレル, アダム (18・19世紀)
　→Weisweiler, Adam　701
ウェスターマン, H.C. (20世紀)
　→Westermann, H.C.　702
ウェスト (18・19世紀) →West, Benjamin　702
ウェスト, B. (18・19世紀)
　→West, Benjamin　702
ウェスト, W.R. (20世紀)
　→West, Walter Richard　702
ウェスト, ベンジャミン (18・19世紀)
　→West, Benjamin　702
ウェスト, ロスコー (20世紀)
　→West, Roscoe　702
ウェストウッド, ヴィヴィアン (20世紀)
　→Westwood, Vivienne　702
ウェス (ト) マコット (18・19世紀)
　→Westmacott, Richard　702

ウエス(ト)マコット (18・19世紀)
　→Westmacott, Sir Richard　702
ウエストマコット (18・19世紀)
　→Westmacott, Sir Richard　702
ウエストマコット, リチャード (18・19世紀)
　→Westmacott, Richard　702
ウエストマコット, リチャード (18・19世紀)
　→Westmacott, Sir Richard　702
ウエストール, リチャード (18・19世紀)
　→Westall, Richard　702
ウエストン (19・20世紀)
　→Weston, Edward　702
ウエストン, エドワード (19・20世紀)
　→Weston, Edward　702
ヴェスニン (19・20世紀)
　→Vesnin, Aleksandr Aleksandrovich　684
ヴェスニン (19・20世紀)
　→Vesnin, Viktor Aleksandrovich　684
ヴェスニン, アレクサンドル (19・20世紀)
　→Vesnin, Aleksandr Aleksandrovich　684
ヴェスニン, ヴィクトル (19・20世紀)
　→Vesnin, Viktor Aleksandrovich　684
ヴェスニン (兄弟) (19・20世紀)
　→Vesnin, Aleksandr Aleksandrovich　684
ヴェスニン (兄弟) (19・20世紀)
　→Vesnin, Leonid Aleksandrovich　684
ヴェスニン (兄弟) (19・20世紀)
　→Vesnin, Viktor Aleksandrovich　684
ヴェスニン, レオニード (19・20世紀)
　→Vesnin, Leonid Aleksandrovich　684
ヴェスニン, レオニド・アレクサンドロヴィチ (19・20世紀)
　→Vesnin, Leonid Aleksandrovich　684
ヴェスニン兄弟 (19・20世紀)
　→Vesnin, Aleksandr Aleksandrovich　684
ヴェスニン兄弟 (19・20世紀)
　→Vesnin, Viktor Aleksandrovich　684
ヴェスパン, ジャン (16・17世紀)
　→Wespin, Jean　702
ヴェスピニャーニ, ヴィルジーリオ (19世紀)
　→Vespignani, Virgilio　684
ヴェスピニャーニ, フランチェスコ (19世紀)
　→Vespignani, Francesco　684
ヴェスピニャーニ, ロレンツォ (20世紀)
　→Vespignani, Lorenzo　684
ヴェセロフスキー (19・20世紀)
　→Veselovskii, Nikolai Ivanovich　683
ヴェセロフスキイ, ニコライ (19・20世紀)
　→Veselovskii, Nikolai Ivanovich　683
ヴェダー, イライヒュー (19・20世紀)
　→Vedder, Elihu　679
ヴェチェッリオ, オラーツィオ (16世紀)
　→Vecellio, Orazio　679
ヴェチェッリオ, チェーザレ (16・17世紀)
　→Vecellio, Cesare　679

ヴェチェッリオ, ティツィアネッロ (16・17世紀)
　→Vecellio, Tizianello　679
ヴェチェッリオ, ティツィアーノ (15・16世紀)
　→Tiziano Vecellio　656
ヴェチェッリオ, フランチェスコ (15・16世紀)
　→Vecellio, Francesco　679
ヴェチェッリオ, マルコ (16・17世紀)
　→Vecellio, Marco　679
ヴェチェリオ (16・17世紀)
　→Vecellio, Cesare　679
ヴェチンスキー, アレックス (20世紀)
　→Vetchinsky, Alex　684
ヴェーツェル, P. (20世紀)　→Wezel, Peter　703
ヴェーツェル, ペーター (20世紀)
　→Wezel, Peter　703
ヴェーツォルト (19・20世紀)
　→Waetzold, Wilhelm　693
ヴェツォルト (19・20世紀)
　→Waetzold, Wilhelm　693
ヴェツォルト, ヴィルヘルム (19・20世紀)
　→Waetzold, Wilhelm　693
ヴェッキ, ジョヴァンニ・デ (16・17世紀)
　→Vecchi, Giovanni de　679
ヴェッキエッタ (15世紀)　→Vecchietta　679
ヴェッキエッタ, イル (15世紀)　→Vecchietta　679
ヴェッキョ (15・16世紀)　→Palma Vecchio　501
ウェック, C. (20世紀)　→Weck, Claudia de　699
ウェジウッド (18世紀)
　→Wedgwood, Josiah　699
ウェジウッド, ジョサイア (18世紀)
　→Wedgwood, Josiah　699
ヴェッセル, クラウス (20世紀)
　→Wessel, Klaus　702
ウェッセルマン, トム (20世紀)
　→Wesselmann, Tom　702
ウェッソ, ハンス・ヴァルデマー (20世紀)
　→Wesso, Hans Waldemer　702
ウェッツォルト (19・20世紀)
　→Waetzold, Wilhelm　693
ウェットリング, ジョージ (20世紀)
　→Wettling, George Godfrey　702
ウェットリング, ジョージ・G. (20世紀)
　→Wettling, George Godfrey　702
ウェッバー (19・20世紀)　→Weber, Max　699
ウェッブ (17世紀)　→Webb, John　699
ウェッブ (19・20世紀)
　→Webb, Philip Speakman　699
ウェッブ, F. (20世紀)　→Webb, Françoise　698
ウェッブ, サー・アストン (19・20世紀)
　→Webb, Sir Aston　698
ウェッブ, ジョン (17世紀)　→Webb, John　699
ウェッブ, フィリップ (19・20世紀)
　→Webb, Philip Speakman　699

ヴェッリオ, アントーニオ(17・18世紀)
　→Verrio, Antonio　683
ヴェッロッキオ, アンドレーア・デル(15世紀)
　→Verrocchio, Andrea del　683
ヴェードヴァ, エミーリオ(20世紀)
　→Vedova, Emilio　679
ヴェードヴァ, エミリオ(20世紀)
　→Vedova, Emilio　679
ヴェナール, クロード(20世紀)
　→Venard, Claude　680
ウェーニクス(17世紀)
　→Weenix, Jan Baptist　699
ヴェーニクス, ヤン(17・18世紀)
　→Weenix, Jan　699
ウェーニクス, ヤン・バプティスト(17世紀)
　→Weenix, Jan Baptist　699
ヴェネツィアーノ(15世紀)
　→Veneziano, Domenico　681
ヴェネツィアーノ, ドメニコ(15世紀)
　→Veneziano, Domenico　681
ヴェネツィアーノフ, アレクセイ(18・19世紀)
　→Venetsianov Aleksei Gavrilovich　680
ヴェネツィアーノフ, アレクセイ・ガヴリロー
　ヴィッチ(18・19世紀)
　→Venetsianov Aleksei Gavrilovich　680
ヴェネローニ, ジョヴァンニ・アントーニオ(18世
　紀) →Veneroni, Giovanni Antonio　680
ウェーバー(19・20世紀) →Weber, Max　699
ヴェーバー(19・20世紀) →Weber, Ernst　699
ウェーバー,B.(20世紀) →Waber, Bernard　692
ウェーバー,I.E.(20世紀)
　→Webber, Irma Eleanor (Schmidt)　699
ウェーバー, バーナード(20世紀)
　→Waber, Bernard　692
ウェーバー, マクス(19・20世紀)
　→Weber, Max　699
ウェバー, マックス(19・20世紀)
　→Weber, Max　699
ヴェーバー, マックス(19・20世紀)
　→Weber, Max　699
ヴェヒター,F.K.(20世紀)
　→Waechter, Friedrich Karl　693
ヴェヒター, エーベルハルト(18・19世紀)
　→Wächter, Eberhard　692
ヴェヒター, フリードリッヒ・カール(20世紀)
　→Waechter, Friedrich Karl　693
ヴェヒトリン, ハンス(16世紀)
　→Wechtlin, Hans　699
ウェブ, フィリップ・スピークマン(19・20世紀)
　→Webb, Philip Speakman　699
ウェブ, ベティ(20世紀) →Webb, Betty　698
ウェブスター(19・20世紀)
　→Webster, Herman Armour　699
ウェブスター, トム(19・20世紀)
　→Webster, Tom　699

ヴェーラ, ヴィンチェンツォ(19世紀)
　→Vela, Vincenzo　680
ヴェリー, シャルル・ド(18世紀)
　→Wailly, Charles de　694
ヴェリオ, アントニオ(17・18世紀)
　→Verrio, Antonio　683
ヴェリーノ, ウゴリーノ(15・16世紀)
　→Verino, Ugolino　682
ヴェルカーデ, ヤン(P.ウィリブロート)(19・20世
　紀) →Verkade, Jan (P.Willibrord)　682
ウェルシュ(17・18世紀)
　→Welsch, Maximilian von　701
ヴェルシュ, マキシミリアン・フォン(17・18世紀)
　→Welsch, Maximilian von　701
ヴェルジュイス,M.(20世紀)
　→Velthuijs, Max　680
ウェルズ(20世紀) →Wells, John　701
ウェルズ,R.(20世紀) →Wells, Rosemary　701
ウェルズ, ローズマリ(20世紀)
　→Wells, Rosemary　701
ウェルズ・コーツ(20世紀) →Coates, Wells　154
ウェルチ, ロバート(20世紀)
　→Welch, Robert　701
ヴェルデ(17世紀)
　→Van de Velde, Adriaen　673
ヴェルデ(17・18世紀)
　→Van de Velde, Willem II　673
ヴェルデ(19・20世紀)
　→Van de Velde, Henry Clemens　673
ヴェルデ, アドリアエン・ヴァン・デ(17世紀)
　→Van de Velde, Adriaen　673
ヴェルデ, アドリエン(17世紀)
　→Van de Velde, Adriaen　673
ヴェルデ, アンリ・ヴァン・デ(19・20世紀)
　→Van de Velde, Henry Clemens　673
ヴェルデ, ウィレム(17・18世紀)
　→Van de Velde, Willem II　673
ヴェルデ, ウィレム・ヴァン・デ(17・18世紀)
　→Van de Velde, Willem II　673
ヴェルティ, アルベルト(19・20世紀)
　→Welti, Albert　701
ヴェルディエ, モーリス(20世紀)
　→Verdié, Maurice　681
ヴェルナー(20世紀) →Werner, Alfred　701
ヴェルネ(18世紀)
　→Vernet, Claude Joseph　682
ヴェルネ(18・19世紀)
　→Vernet, Antoine Charles Horace　682
ヴェルネ(18・19世紀)
　→Vernet, Emile Jean Horace　682
ヴェルネ,(エミール・ジャン・)オラス(18・19世
　紀) →Vernet, Emile Jean Horace　682
ヴェルネ, オラース(18・19世紀)
　→Vernet, Emile Jean Horace　682

ヴェルネ, カルル (18・19世紀)
　→Vernet, Antoine Charles Horace　*682*
ヴェルネ, クロード・ジョゼフ (18世紀)
　→Vernet, Claude Joseph　*682*
ヴェルネ, クロード (・ジョゼフ) (18世紀)
　→Vernet, Claude Joseph　*682*
ヴェルネ, ジョゼフ (18世紀)
　→Vernet, Claude Joseph　*682*
ウェルフリン (19・20世紀)
　→Wölfflin, Heinrich　*709*
ヴェルフリン (19・20世紀)
　→Wölfflin, Heinrich　*709*
ウェルフリン, ハインリヒ (19・20世紀)
　→Wölfflin, Heinrich　*709*
ヴェルフリン, ハインリヒ (19・20世紀)
　→Wölfflin, Heinrich　*709*
ヴェールマン (19・20世紀)
　→Woermann, Karl　*709*
ヴェルマン (19・20世紀)
　→Woermann, Karl　*709*
ヴェルメーシオ, ジョヴァンニ (17世紀)
　→Vermexio, Giovanni　*682*
ヴェルメール (17世紀)
　→Vermeer, Jan, van Delft　*682*
ヴェルメール, ヤン (17世紀)
　→Vermeer, Jan, van Delft　*682*
ヴェルメール・ファン・デルフト (17世紀)
　→Vermeer, Jan, van Delft　*682*
ヴェルランド, クロード (20世紀)
　→Verlinde, Claude　*682*
ヴェルロッキオ, アンドレーア・デル (15世紀)
　→Verrocchio, Andrea del　*683*
ヴェルロッキオ, アンドレーア・デル (15世紀)
　→Verrocchio, Andrea del　*683*
ヴェレシチャーギン (19・20世紀)
　→Vereshchagin, Vasalii Vasilievich　*682*
ヴェレシチャーギン, ヴァシリー (19・20世紀)
　→Vereshchagin, Vasalii Vasilievich　*682*
ヴェレシチャーギン, ヴァシーリイ (19・20世紀)
　→Vereshchagin, Vasalii Vasilievich　*682*
ヴェレシチャーギン, ヴァシリー・ヴァシリエヴィッチ (19・20世紀)
　→Vereshchagin, Vasalii Vasilievich　*682*
ヴェレスチャーギン (19・20世紀)
　→Vereshchagin, Vasalii Vasilievich　*682*
ヴェレフキン, マリアンネ (19・20世紀)
　→Wereffkin, Marianne von　*701*
ヴェレフキン, マリアンネ・フォン (19・20世紀)
　→Wereffkin, Marianne von　*701*
ヴェレンショル, エリク (19・20世紀)
　→Werenskiold, Erik Theodor　*701*
ウェレンスキョルト (19・20世紀)
　→Werenskiold, Erik Theodor　*701*
ヴェロッキオ (15世紀)
　→Verrocchio, Andrea del　*683*

ヴェロッキオ, アンドレア・デル (15世紀)
　→Verrocchio, Andrea del　*683*
ヴェロッキョ (15世紀)
　→Verrocchio, Andrea del　*683*
ヴェロニカ (1世紀)　→Veronica　*683*
ヴェロニカ (聖) (1世紀)　→Veronica　*683*
聖ヴェロニカ (1世紀)　→Veronica　*683*
ヴェロネージ, ジューリア (20世紀)
　→Veronesi, Giulia　*683*
ヴェロネージ, ルイージ (20世紀)
　→Veronesi, Luigi　*683*
ヴェロネーゼ (16世紀)　→Veronese, Paolo　*683*
ヴェロネーゼ, パーオロ (16世紀)
　→Veronese, Paolo　*683*
ヴェロネーゼ, パオロ (16世紀)
　→Veronese, Paolo　*683*
ヴェロネーゼ, ボニファーチオ (15・16世紀)
　→Veronese, Bonifacio　*683*
ヴェロン (19世紀)　→Véron, Eugène　*683*
ヴェンチューリ, ロバート (20世紀)
　→Venturi, Robert　*681*
ウェンツィンガー (18世紀)
　→Wenzinger, Christian　*701*
ヴェンツィンガー (18世紀)
　→Wenzinger, Christian　*701*
ヴェンツィンガー, クリスティアン (18世紀)
　→Wenzinger, Christian　*701*
ヴェンディッシュ, トラキア (20世紀)
　→Wendisch, Trakia　*701*
ウェンド, P. (20世紀)　→Wende, Philip　*701*
ヴェントゥーラ, P. (20世紀)
　→Ventura, Piero　*681*
ヴェントゥーリ (19・20世紀)
　→Venturi, Adolfo　*681*
ヴェントゥーリ (19・20世紀)
　→Venturi, Lionello　*681*
ヴェントゥーリ, アドルフォ (19・20世紀)
　→Venturi, Adolfo　*681*
ヴェントゥーリ, リオネッロ (19・20世紀)
　→Venturi, Lionello　*681*
ヴェントゥーリ, リオネルロ (19・20世紀)
　→Venturi, Lionello　*681*
ヴェントゥーリ, リオネロ (19・20世紀)
　→Venturi, Lionello　*681*
ヴェントゥーリ, ロバート (20世紀)
　→Venturi, Robert　*681*
ヴェントリス (20世紀)
　→Ventris, Michael George Francis　*681*
ヴェントリス, マイクル (20世紀)
　→Ventris, Michael George Francis　*681*
ヴェントリス, マイケル (・ジョージ・フランシス) (20世紀)
　→Ventris, Michael George Francis　*681*
ヴォー (19世紀)　→Vaux, Calvert　*679*

ヴォー, キャルヴァート (19世紀)
　→Vaux, Calvert　679
ヴォイジー, チャールズ・アンズリー (19・20世紀)
　→Voysey, Charles Francis Annesley　691
ヴォイジー, チャールズ (・フランシス・アネス
　リー) (19・20世紀)
　→Voysey, Charles Francis Annesley　691
ヴォイジー, チャールズ・フランシス・アンズ
　リー (19・20世紀)
　→Voysey, Charles Francis Annesley　691
ヴォイズィ, チャールズ・フランシス・アンズリー
　(19・20世紀)
　→Voysey, Charles Francis Annesley　691
ウォーカー (17世紀) →Walker, Robert　695
ウォーカー (19世紀) →Walker, Frederick　694
ウォーカー, N. (20世紀) →Walker, Nedda　694
ウォーカー, エセル (19・20世紀)
　→Walker, Ethel　694
ウォーカー, チョーク (20世紀)
　→Walker, Chuek　694
ウォーカー, デイヴィッド (20世紀)
　→Walker, David　694
ウォーカー, ホレイショ (19・20世紀)
　→Walker, Horatio　694
ウォーカー.C.W. (20世紀)
　→Walker, Charles W.　694
ヴォス, コルネリス・デ (16・17世紀)
　→Vos, Cornelis de　691
ヴォス, パウル・デ (16・17世紀)
　→Vos, Paul de　691
ヴォス, マルテン・デ (16・17世紀)
　→Vos, Marten de　691
ウォズワース, エドワード (19・20世紀)
　→Wadsworth, Edward　693
ウォーターズ (ウォートルス) (19世紀)
　→Walters, Thomas James　696
ウォーターハウス (19・20世紀)
　→Waterhouse, Alfred　697
ウォーターハウス, アルフレッド (19・20世紀)
　→Waterhouse, Alfred　697
ウォーターハウス, ジョン・ウィリアム (19・20世
　紀) →Waterhouse, John William　697
ウォッツ (19・20世紀)
　→Watts, George Frederick　698
ウォッツ, ジョージ・フレデリック (19・20世紀)
　→Watts, George Frederick　698
ウォード (18・19世紀) →Ward, James　696
ウォード (19世紀)
　→Ward, Edward Matthew　696
ウォード, サー・レズリー (19・20世紀)
　→Ward, Sir Leslie　696
ウォード, ジェイムズ (18・19世紀)
　→Ward, James　696
ウォード, ジェームズ (18・19世紀)
　→Ward, James　696

ヴォード, ジェームズ (18・19世紀)
　→Ward, James　696
ウォード, ジョン・クインシー・アダムズ (19・20
　世紀) →Ward, John Quincy Adams　696
ウォード, リンド (20世紀) →Ward, Lynd　696
ウォトキンズ, ダドリー・デクスター (20世紀)
　→Watkins, Dudley Dexter　697
ウォートルス (19世紀)
　→Walters, Thomas James　696
ヴォトルーバ (20世紀) →Wotruba, Fritz　711
ヴォトルーバ, フリッツ (20世紀)
　→Wotruba, Fritz　711
ウォーナー (19・20世紀)
　→Warner, Langdon　697
ウォーナー, ラングドン (19・20世紀)
　→Warner, Langdon　697
ヴォーバン (17・18世紀)
　→Vauban, Sébastien Le Prestre de　679
ヴォーバン, セバスティアン・ルプルストル (17・
　18世紀)
　→Vauban, Sébastien Le Prestre de　679
ヴォーバン, セバスティアン・ル・プレストル
　(17・18世紀)
　→Vauban, Sébastien Le Prestre de　679
ヴォーバン, セバスティアン・ル・プレートル
　(17・18世紀)
　→Vauban, Sébastien Le Prestre de　679
ヴォーバン, セバスティアン・ル・プレトル・ド
　(17・18世紀)
　→Vauban, Sébastien Le Prestre de　679
ヴォーバン侯 (17・18世紀)
　→Vauban, Sébastien Le Prestre de　679
ウォーホール (20世紀)
　→Warhol, Andy（Andrew）　697
ウォーホル (20世紀)
　→Warhol, Andy（Andrew）　697
ウォーホル, アンディ (20世紀)
　→Warhol, Andy（Andrew）　697
ウォホル, アンディ (20世紀)
　→Warhol, Andy（Andrew）　697
ウォーホル, アンディ (20世紀)
　→Warhol, Andy（Andrew）　697
ウォーホル, アンディ (アンドリュー) (20世紀)
　→Warhol, Andy（Andrew）　697
ウォーム, P. (20世紀) →Worm, Piet　711
ヴォラール (19・20世紀)
　→Vollard, Ambroise　690
ヴォラール, アンブロワーズ (19・20世紀)
　→Vollard, Ambroise　690
ヴォリ, P. (20世紀) →Vuori, Pekka　692
ウォーリィ, クライヴ (20世紀)
　→Walley, Clive　695
ヴォーリス (19・20世紀)
　→Vories, William Merrell　690

ヴォリーズ(19・20世紀)
　→Vories, William Merrell　690
ウォリス, アルフレッド(19・20世紀)
　→Wallis, Alfred　695
ヴォーリズ, ウィリアム・メリル(19・20世紀)
　→Vories, William Merrell　690
ウォリス, ヘンリー(19・20世紀)
　→Wallis, Henry　695
ウォーリンガー(19・20世紀)
　→Worringer, Robert Wilhelm　711
ウォリンガー(19・20世紀)
　→Worringer, Robert Wilhelm　711
ヴォリンガー(19・20世紀)
　→Worringer, Robert Wilhelm　711
ウォリンガー, ウィルヘルム(19・20世紀)
　→Worringer, Robert Wilhelm　711
ヴォリンガー, ヴィルヘルム(19・20世紀)
　→Worringer, Robert Wilhelm　711
ヴォリンガー, ヴィルヘルム(ロベルト)(19・20世紀)　→Worringer, Robert Wilhelm　711
ウォール,D.(20世紀)　→Wall, Dorothy　695
ウォール, ジャン(20世紀)
　→Wahl, Jan Boyer　694
ウォール, ジャン・ボイヤー(20世紀)
　→Wahl, Jan Boyer　694
ウォール, ドロシ(20世紀)　→Wall, Dorothy　695
ウォール, ドロシー(20世紀)
　→Wall, Dorothy　695
ヴォリンスキー(19・20世紀)
　→Volynskii, Akim L'vovich　690
ヴォリンスキー(19・20世紀)
　→Volynskii, Akim L'vovich　690
ヴォリンスキー,A.L.(19・20世紀)
　→Volynskii, Akim L'vovich　690
ヴォリンスキー, アキム(19・20世紀)
　→Volynsky, Akim　690
ウオルウィヌス(9世紀)　→Vuolvinus　692
ヴォルカス, ピーター(20世紀)
　→Voulkos, Peter　691
ウォールゲムート(15・16世紀)
　→Wolgemut, Michael　710
ヴォルゲムート(15・16世紀)
　→Wolgemut, Michael　710
ヴォルゲムート, ミヒェル(15・16世紀)
　→Wolgemut, Michael　710
ヴォールゲムート, ミヒャエル(15・16世紀)
　→Wolgemut, Michael　710
ヴォルゲムート, ミヒャエル(15・16世紀)
　→Wolgemut, Michael　710
ウォルケルス(20世紀)
　→Wolkers, Jan Hendrik　710
ウォルケルス, ジャン・ヘンドリック(20世紀)
　→Wolkers, Jan Hendrik　710
ウォルケルス, ヤン(20世紀)
　→Wolkers, Jan Hendrik　710

ウォルコット, メアリー・モリス(19・20世紀)
　→Walcott, Mary Morris　694
ウォルス(20世紀)　→Wols　710
ヴォルス(20世紀)　→Wols　710
ウォルター(19世紀)
　→Walter, Thomas Ustick　695
ウォルター,F.(20世紀)　→Walter, Frances　695
ウォールター, トーマス(19世紀)
　→Walter, Thomas Ustick　695
ウォルター, トーマス・アースティック(19世紀)
　→Walter, Thomas Ustick　695
ウォルター・オブ・ヘリフォード(13・14世紀)
　→Walter of Hereford　695
ウォルターズ,A.(20世紀)
　→Walters, Audrey　696
ウォルター・ペーター(19世紀)
　→Pater, Walter Horatio　506
ヴォルティ, アントニウス(20世紀)
　→Volti, Antoniucci　690
ヴォルテッラーノ(17世紀)　→Volterrano　690
ウォルト(19世紀)
　→Worth, Charles Frederick　711
ウォルトン, セシール(20世紀)
　→Walton, Cecile　696
ウォルトン, トーマス(19世紀)
　→Walton, Thomas　696
ウォルトン, ロバート・L(20世紀)
　→Walton, Robert L.　696
ウォルナー,J.(20世紀)　→Wallner, John　695
ヴォルパート, ジョヴァンニ(18・19世紀)
　→Volpato, Giovanni　690
ウォルフ(19・20世紀)　→Wolff, Paul　709
ヴォルフ(19・20世紀)　→Wolff, Paul　709
ヴォルフ(子)(16・17世紀)　→Wolff, Jacob　709
ヴォルフ(父)(16・17世紀)　→Wolff, Jacob　709
ウォルフォード,A.(20世紀)
　→Walford, Astrid　694
ヴォルフスグルーバー,L.(20世紀)
　→Wolfsgruber, Linda　710
ヴォルフスグルーベル, リンダ(20世紀)
　→Wolfsgruber, Linda　710
ヴォルフ=フェッラーリ, テオドーロ(19・20世紀)
　→Wolf-Ferrari, Teodoro　709
ウォルポール(18世紀)　→Walpole, Horace　695
ウォルポール, ホラス(18世紀)
　→Walpole, Horace　695
ウォルポール, ホラス,4代オーフォード伯爵(18世紀)　→Walpole, Horace　695
ウォールポール[ホレス](18世紀)
　→Walpole, Horace　695
ウォルポール, ホーレス(18世紀)
　→Walpole, Horace　695
ウォルポール, ホレース(18世紀)
　→Walpole, Horace　695

ウォルポール, ホレス(18世紀)
　→Walpole, Horace　695
ウォルワース, J.(20世紀)
　→Walworth, Jane　696
ウォレス(19世紀)　→Wallace, Sir Richard　695
ウォレス, イアン(20世紀)　→Wallace, Ian　695
ウォレス, サー・リチャード(19世紀)
　→Wallace, Sir Richard　695
ウォーレス, ダニエル(20世紀)
　→Wallace, Daniel　695
ヴォロニーヒン(18・19世紀)
　→Voronikhin, Andrei Nikiforovich　691
ヴォロニヒン(18・19世紀)
　→Voronikhin, Andrei Nikiforovich　691
ヴォロニーヒン, アンドレイ・ニキフォロヴィッチ(18・19世紀)
　→Voronikhin, Andrei Nikiforovich　691
ヴォロノーバ, ビータ(20世紀)
　→Voronova, Beata　691
ヴォロビヨフ, マクシム(18・19世紀)
　→Vorob'ev, Maksim Nikiforovich　691
ヴォーン, A.(20世紀)　→Vaughan, Anne　679
ウォング, J.(20世紀)　→Wong, Leanyee　710
ヴォーン=ジャクソン, G.(20世紀)
　→Vaughan-Jackson, Genevieve　679
ヴォン・シュレーゲル, デイヴィッド(20世紀)
　→Von Schlegell, David　690
ウゲット(15世紀)　→Huguet, Jaime　332
ウゲット, ハイメ(15世紀)
　→Huguet, Jaime　332
ウーゴ・ダ・カルピ(15・16世紀)
　→Ugo da Carpi　666
ウゴリーノ・ダ・シエーナ(13・14世紀)
　→Ugolino da Siena　666
ウゴリーノ・ダ・シエナ(13・14世紀)
　→Ugolino da Siena　666
ウゴリーノ・ディ・ヴィエーリ(14世紀)
　→Ugolino di Vieri　666
ウゴリーノ・ディ・プレーテ・イラーリオ(14世紀)　→Ugolino di Prete Ilario　666
ウゴリーノ・ロレンツェッティ(14世紀)
　→Ugolino Lorenzetti　666
ウジェリ(20世紀)　→Ugelli　666
ウシャコフ(17世紀)
　→Ushakov, Simon Fyodorovich　668
ウシャコーフ, シモン・フョードロヴィチ(17世紀)　→Ushakov, Simon Fyodorovich　668
ウースウェイト, アイダ・レントール(19・20世紀)
　→Outhwaite, Ida Rentoul　497
ウスタッド・イサ・カーン(17世紀)
　→Ustad Isa Khan　668
ウスタード・マリク・ムハンマッド・カースィム(16世紀)
　→Ustād Malik Muḥammad Qāsim　668

ウスチーノフ, N.A.(20世紀)
　→Ustinov, Nikolaj Aleksandrovich　668
ウスペンスカヤ, M.E.(20世紀)
　→Uspenskaja, Marija Evgenjevna　668
ウーズラ(20世紀)　→Ursula　668
ウーゼー(19・20世紀)
　→Heuzey, Léon Alexandre　318
ウゼッリーニ, ジャンフィリッポ(20世紀)
　→Usellini, Gianfilippo　668
ウーダール, フィリップ(16世紀)
　→Oudart, Philippe　497
ウダルツォヴァ, ナジェージダ(19・20世紀)
　→Udaltsova, Nadezhda Andreevna　666
ヴチェティーチ, エフゲニー・ヴィクトローヴィッチ(20世紀)
　→Vchetitch, Evgeni Victrovitch　679
ウッシ, ステーファノ(19・20世紀)
　→Ussi, Stefano　668
ウーツソーン, ヨーン(20世紀)
　→Utzon, Jorn　668
ウッチェッロ(14・15世紀)　→Uccello, Paolo　665
ウッチェルロ(14・15世紀)　→Uccello, Paolo　665
ウッチェルロ, パーオロ(14・15世紀)
　→Uccello, Paolo　665
ウッチェルロ, パオロ(14・15世紀)
　→Uccello, Paolo　665
ウッチェロ(14・15世紀)　→Uccello, Paolo　665
ウッチェロ, パオロ(14・15世紀)
　→Uccello, Paolo　665
ウッツォン(20世紀)　→Utzon, Jorn　668
ウッツォン, イェアン(20世紀)
　→Utzon, Jorn　668
ウッツォン, ヨルン(20世紀)　→Utzon, Jorn　668
ウッド(18世紀)　→Wood, John　710
ウッド(19世紀)　→Wood, John　711
ウッド(20世紀)　→Wood, Grant　710
ウッド1世, ジョン(18世紀)　→Wood, John　710
ウッド, D.(20世紀)　→Wood, Don　710
ウッド, J.N.(20世紀)　→Wood, John Norris　711
ウッド, L.(20世紀)　→Wood, Leslie　711
ウッド, グラント(20世紀)　→Wood, Grant　710
ウッド, グラント・デヴォルスン(20世紀)
　→Wood, Grant　710
ウッド(子)(18世紀)　→Wood, John　710
ウッド, ジョン(18世紀)　→Wood, John　710
ウッド, ジョン(18世紀)　→Wood, John　710
ウッド, ジョン1世(18世紀)　→Wood, John　710
ウッド, ジョン2世(18世紀)　→Wood, John　710
ウッド(父)(18世紀)　→Wood, John　710
ウッド, ナンシー(20世紀)
　→Wood, Nancy C.　711
ウッド, ビアトリス(20世紀)
　→Wood, Beatrice　710

ウッド, フランシス (19・20世紀)
　→Wood, Francis Derwent　710
ウッド父子 (18世紀)　→Wood, John　710
ウーデ (19・20世紀)　→Uhde, Fritz von　666
ウーデ (19・20世紀)　→Uhde, Wilhelm　666
ウーデ, ヴィルヘルム (19・20世紀)
　→Uhde, Wilhelm　666
ウーデ, フリッツ・フォン (19・20世紀)
　→Uhde, Fritz von　666
ウーティウ (19・20世紀) →Utitz, Emil　668
ウティツ (19・20世紀) →Utitz, Emil　668
ウーティッツ (19・20世紀) →Utitz, Emil　668
ウティッツ (19・20世紀) →Utitz, Emil　668
ウディネ, ジョヴァンニ・ダ (15・16世紀)
　→Udine, Giovanni da　666
ウーテルス, リク (19・20世紀)
　→Wouters, Rik　712
ウーデン, ルカス・ヴァン (16・17世紀)
　→Uden, Lucas van　666
ウド (20世紀)　→Oudot, Roland　497
ウドー (20世紀)　→Oudot, Roland　497
ウドー, ローラン (20世紀)
　→Oudot, Roland　497
ウード・ド・モントルイユ (13世紀)
　→Eudes de Montreuil　224
ウトパテル, フランク (20世紀)
　→Utpatel, Frank　668
ウッドハム, デリック (20世紀)
　→Woodham, Derrick　711
ウードリ (17・18世紀)
　→Oudry, Jean Baptiste　497
ウードリ, ジャン・バティスト (17・18世紀)
　→Oudry, Jean Baptiste　497
ウードリ, ジャン＝バティスト (17・18世紀)
　→Oudry, Jean Baptiste　497
ウードリー, ジャン＝バティスト (17・18世紀)
　→Oudry, Jean Baptiste　497
ウートン (17・18世紀) →Wootton, John　711
ウードン (18・19世紀)
　→Houdon, Jean Antoine　329
ウドン (18・19世紀)
　→Houdon, Jean Antoine　329
ウードン, ジャン・アントアーヌ (18・19世紀)
　→Houdon, Jean Antoine　329
ウードン, ジャン・アントワーヌ (18・19世紀)
　→Houdon, Jean Antoine　329
ウードン, ジャン＝アントワーヌ (18・19世紀)
　→Houdon, Jean Antoine　329
ウドン, ジャン・アントワーヌ (18・19世紀)
　→Houdon, Jean Antoine　329
ウートン, ジョン (17・18世紀)
　→Wootton, John　711
ウーブレ, ジルベール (20世紀)
　→Houbre, Gilbert　329

ヴュイヤール (19・20世紀)
　→Vuillard, Jean Édouard　692
ヴュイヤール, エドゥアール (19・20世紀)
　→Vuillard, Jean Édouard　692
ヴュイヤール, エドゥワール (19・20世紀)
　→Vuillard, Jean Édouard　692
ヴュイヤール, (ジャン・) エドゥアール (19・20世紀)　→Vuillard, Jean Édouard　692
ヴュルグラン (11世紀) →Vulgrin　692
ヴュルテンベルガー (19・20世紀)
　→Würtenberger, Ernst　713
ウラス, P.T. (20世紀)
　→Ulas, Peeter Teodorovich　666
ヴラーソフ, B.V. (20世紀)
　→Vlasov, Boris Vasiljevich　689
ヴラーソフ, アレクサンドル・ヴァシリエヴィチ (20世紀)
　→Vlasov, Aleksandr Vasilievich　689
ヴラービエ, G. (20世紀) →Vrabie, George　691
ヴラマンク (19・20世紀)
　→Vlaminck, Maurice de　689
ヴラマンク, モーリス・ド (19・20世紀)
　→Vlaminck, Maurice de　689
ウーリ (19・20世紀)
　→Woolley, Sir Charles Leonard　711
ウーリー (19・20世紀)
　→Woolley, Sir Charles Leonard　711
ウーリー, サー・(チャールズ・) レナード (19・20世紀)　→Woolley, Sir Charles Leonard　711
ウーリ, チャールズ・レナード (19・20世紀)
　→Woolley, Sir Charles Leonard　711
ウーリー, チャールズ・レナード (19・20世紀)
　→Woolley, Sir Charles Leonard　711
ウーリー, レナード (19・20世紀)
　→Woolley, Sir Charles Leonard　711
ウーリィ (19・20世紀)
　→Woolley, Sir Charles Leonard　711
ヴリエリンク, ニコ (20世紀)
　→Vrielink, Nico　691
ヴリース, ハンス・ヴレデマン・デ (16・17世紀)
　→Vries, Hans Vredeman de　692
ウーリッヒ, マックス (20世紀)
　→Uhlig, Max　666
ヴリューベリ (19・20世紀)
　→Vrubel', Mikhail Aleksandrovich　692
ヴリーランド, ダイアナ (20世紀)
　→Vreeland, Diana　691
ウルカ (前6・5世紀) →Vulca　692
ウルスラ (3〜5世紀頃) →Ursula, St　668
ウルスラ (聖) (3〜5世紀頃) →Ursula, St　668
聖ウルスラ (3〜5世紀頃) →Ursula, St　668
ウルソ, ジョセッティ (20世紀)
　→Urso, Josette　668

ウルタード, フランシスコ (17・18世紀)
　→Hurtado, Francisco　333
ウールティック (19・20世紀)
　→Hourticq, Louis-Edmond　329
ウールドリッジ (19・20世紀)
　→Wooldridge, Harry Ellis　711
ウルナー (19世紀) →Woolner, Thomas　711
ウールナー, トーマス (19世紀)
　→Woolner, Thomas　711
ウル・ナンム (前21世紀頃) →Ur-nammu　668
ウル=ナンム (前21世紀頃) →Ur-nammu　668
ウルナンム (前21世紀頃) →Ur-nammu　668
ウルバーセク, ミロシュ (20世紀)
　→Urbasek, Milos　667
ウルバーニ, ルドヴィーゴ (15世紀)
　→Urbani, Ludovico　667
ウルバン, ヨーゼフ (19・20世紀)
　→Urban, Joseph　667
ヴルフ (19・20世紀) →Wulff, Oskar　713
ウルフ, E.V. (20世紀)
　→Wulff, Edgun Valdemar　713
ヴルフ, J. (20世紀) →Wulff, Jürgen　713
ヴルーベリ (19・20世紀)
　→Vrubel', Mikhail Aleksandrovich　692
ヴルーベリ, ミハイル (19・20世紀)
　→Vrubel', Mikhail Aleksandrovich　692
ヴルーベリ, ミハイル・アレキサンドローヴィッチ
　(19・20世紀)
　→Vrubel', Mikhail Aleksandrovich　692
ヴルーベリ, ミハイル・アレクサンドロヴィチ
　(19・20世紀)
　→Vrubel', Mikhail Aleksandrovich　692
ヴルーベリ, ミハイル・アレクサンドロヴィッチ
　(19・20世紀)
　→Vrubel', Mikhail Aleksandrovich　692
ウルマン, フレッド (20世紀)
　→Uhlman, Fred　666
ウルリヒス (19・20世紀)
　→Urlichs, Heinrich Ludwig　667
ウルリヒ・フォン・エンジンガー (14・15世紀)
　→Ensingen, Ulrich von　220
ウーレ (19・20世紀) →Uhle, Max　666
ウーレ, マックス (19・20世紀) →Uhle, Max　666
ウレイ, ピーター (20世紀) →Wray, Peter　712
ウーレット (18世紀) →Woollett, William　711
ウレット (18世紀) →Woollett, William　711
ヴレリック, ロベール (19・20世紀)
　→Vlerick, Robert　690
ウンガース, オスヴァルト・M. (20世紀)
　→Ungers, Osvald Mattias　667
ウンガース, オズヴァルト・マティアス (20世紀)
　→Ungers, Osvald Mattias　667
ウンガーマン, A. (20世紀)
　→Ungerman, Arne　667
ウンガロ (20世紀) →Ungaro, Emanuel　667

ウンガロ, エマニュエル (20世紀)
　→Ungaro, Emanuel　667
ウンガロ, エマニュエル (・マフェオルティ) (20世紀) →Ungaro, Emanuel　667
ウンゲヴィッター (19世紀)
　→Ungewitter, Georg Gottlob　667
ウンゲラー, T. (20世紀) →Ungerer, Tomi　667
ウンゲラー, トミ (20世紀)
　→Ungerer, Tomi　667
ウンゲラー, トミー (20世紀)
　→Ungerer, Tomi　667
ウンタシュ=ガル (前13世紀) →Untash-Gal　667
ウンダーリヒ, パウル (20世紀)
　→Wunderlich, Paul　713
ヴンダーリヒ, パウル (20世紀)
　→Wunderlich, Paul　713
ヴンダーリヒ, ポール (20世紀)
　→Wunderlich, Paul　713
ウンチーニ, ジュゼッペ (20世紀)
　→Uncini, Giuseppe　666
ウンテルペルゲル, クリストーフォロ (18世紀)
　→Unterpergher, Cristoforo　667
ウンテルペルゲル, フランチェスコ (18世紀)
　→Unterpergher, Francesco　667
ウンテルペルゲル, ミケランジェロ (17・18世紀)
　→Unterpergher, Michelangelo　667

【エ】

エア, J.B. (20世紀)
　→Ayer, Jacqueline Brandford　42
エア, M. (20世紀) →Ayer, Margaret　42
エアダーシュ, R. (20世紀)
　→Endoes, Richard　220
エーアトマン, クルト (20世紀)
　→Erdmann, Kurt　221
エーアトマンスドルフ, フリードリヒ・ヴィルヘルム (18世紀) →Erdmannsdorff, Friedrich Wilhelm von　221
エアトン, マイケル (20世紀)
　→Ayrton, Michael　42
エアハルト (15・16世紀) →Erhart, Gregor　222
エーアハルト, グレーゴル (15・16世紀)
　→Erhart, Gregor　222
エアリー, アンナ (19・20世紀) →Airy, Anna　10
エァルブルフ, W. (20世紀)
　→Erlbruch, Wolf　222
エァルブルフ, ヴォルフ (20世紀)
　→Erlbruch, Wolf　222
エアンナトゥム (前25世紀) →Eannatum　214

エアンナトゥム〔エアナトゥム〕(前25世紀)
　→Eannatum 214
エイアトン,マイクル(20世紀)
　→Ayrton, Michael 42
エイ・イー(19・20世紀) →AE. 7
エイヴリ,テックス(20世紀)
　→Avery, Tex (Fred) 41
エイヴリー,ミルトン(20世紀)
　→Avery, Milton 41
エイヴリ,ミルトン(・クラーク)(20世紀)
　→Avery, Milton 41
エイガー,アイリーン(20世紀) →Agar, Eileen 8
エイキンズ(19・20世紀) →Eakins, Thomas 214
エイキンズ,トマス(19・20世紀)
　→Eakins, Thomas 214
エイク,ヒューベルト・ヴァン(14・15世紀)
　→Van Eyck, Hubert 674
エイク,ヤン・ヴァン(14・15世紀)
　→Van Eyck, Jan 674
エイグトヴェト(18世紀)
　→Eigtved, Nicolai 217
エイクマン(17・18世紀) →Aikman, William 9
エイコック,アリス(20世紀)
　→Aycock, Alice 42
エイサン(18世紀)
　→Eisen, Charles-Dominique-Joseph 217
エイジー,J.(20世紀) →Agee, Jon 8
エイジー,ジョン(20世紀) →Agee, Jon 8
エイスナー,ウィル(20世紀) →Eisner, Will 217
エイトヴェド,ニルス(18世紀)
　→Eigtved, Nicolai 217
エイドリアン(20世紀) →Adrian 7
エイドリゲビチュス,S.(20世紀)
　→Eidrigevicius, Stasys 217
エイブラハムズ,H.R.(20世紀)
　→Abrahams, Hilary Ruth 4
エイブラムズ,L.(20世紀) →Abrams, Lester 5
エイルベルトゥス(12世紀)
　→Eilbertus aus Köln 217
エヴァ →Eve 226
エウアイネトス(前5世紀) →Euainetos 224
エヴァン,ベルナール(20世紀)
　→Evein, Bernard 226
エヴァンジェリスタ・ディ・ピアン・ディ・メレート(15・16世紀)
　→Evangelista di Pian di Meleto 225
エヴァンス(19・20世紀)
　→Evans, Sir Arthur John 225
エヴァンズ(19・20世紀)
　→Evans, Sir Arthur John 225
エヴァンズ(20世紀) →Evans, Walker 226
エヴァンズ,アーサー(19・20世紀)
　→Evans, Sir Arthur John 225

エヴァンズ,アーサー・ジョン(19・20世紀)
　→Evans, Sir Arthur John 225
エヴァンス,アン(19・20世紀)
　→Evans, Anne 225
エヴァンズ,ウォーカー(20世紀)
　→Evans, Walker 226
エヴァンズ,エドマンド(19・20世紀)
　→Evans, Edmund 226
エヴァンズ,サー・アーサー(・ジョン)(19・20世紀) →Evans, Sir Arthur John 225
エヴァンズ,フレデリック・ヘンリー(19・20世紀)
　→Evans, Frederick Henry 226
エヴァンズ,マーリン(20世紀)
　→Evans, Merlyn 226
エヴァンプール,アンリ=ジャック=エドゥアール(19世紀)
　→Evenepoel, Henri-Jacques-Édouard 226
エーヴィソン,G.(19・20世紀)
　→Avison, George 42
エヴォルト,ハンス(16世紀)
　→Eworth, Hans 226
エウォヌウ(20世紀)
　→Ewonwu, Benedict Chuka 226
エウクレイダス(前5世紀) →Eukleidas 224
エウクレイデス(前4・3世紀頃) →Eukleidas 224
エウスターキウス(1・2世紀) →Eustachius 225
エウスタキウス(1・2世紀) →Eustachius 225
エウスタキウス(聖)(1・2世紀)
　→Eustachius 225
エウセビウス(3・4世紀)
　→Eusebios of Caesarea 225
エウセビオス(3・4世紀)
　→Eusebios of Caesarea 225
エウゼビオス(3・4世紀)
　→Eusebios of Caesarea 225
エウセビオス(カイサリアの)(3・4世紀)
　→Eusebios of Caesarea 225
エウセビオス(カイザリアの)(3・4世紀)
　→Eusebios of Caesarea 225
エウセビオス(カイサレアの)(3・4世紀)
　→Eusebios of Caesarea 225
エウセビオス(カイサレイアの)(3・4世紀)
　→Eusebios of Caesarea 225
エウセビオス(カエサレアの)(3・4世紀)
　→Eusebios of Caesarea 225
エウゼービオ・ダ・サン・ジョルジョ(15・16世紀) →Eusebio da San Giorgio 225
エウチュキデス(前4・3世紀) →Eutychidēs 225
エウティキデス(前4・3世紀) →Eutychidēs 225
エウテュキオス →Euthychios 225
エウテュキデス(前4・3世紀) →Eutychidēs 225
エウテュクラテス(前3世紀) →Euthykrates 225
エウテューミデース(前6・5世紀)
　→Euthymides 225
エウテュミデス(前6・5世紀) →Euthymides 225

エウパリヌス(前6世紀) →Eupalinos 224
エウパリノス(前6世紀) →Eupalinos 224
エウパリノス(メガラの)(前6世紀)
　→Eupalinos 224
エウフラーノール(前4世紀) →Euphranōr 224
エウフラノル(前4世紀) →Euphranōr 224
エウブリデス(小)(前2世紀) →Euboulides 224
エウフロニオス(前6・5世紀) →Euphronios 224
エウポレモス(前5世紀) →Eupolemos 224
エヴラール・ドルレアン(13・14世紀)
　→Évrard d'Orléans 226
エヴルディンゲン,アラルト・ヴァン(17世紀)
　→Everdinghen, Allart van 226
エウローペー →Eurōpē 225
エウロペ →Eurōpē 225
エー・エス(マイスター・エー・エス)(15世紀)
　→Meister E.S. 446
エオザンダー,ヨハン・フリードリヒ(ゲーテ男爵)(17・18世紀)
　→Eosander, Johann Friedrich von 221
エオザンダー,ヨーハン・フリードリヒ・フォン(17・18世紀)
　→Eosander, Johann Friedrich von 221
エオザンデル(17・18世紀)
　→Eosander, Johann Friedrich von 221
エガス,アネキン(15世紀)
　→Egas, Hanequin 216
エガス,エンリーケ(15・16世紀)
　→Egas, Enrique 216
エガス,エンリッケ・デ(15・16世紀)
　→Egas, Enrique 216
エカチェテリーナ二世(18世紀)
　→Ekaterina II, Alekseevna Romanova 218
エカチェリーナ(2世)(18世紀)
　→Ekaterina II, Alekseevna Romanova 218
エカチェリーナ2世(18世紀)
　→Ekaterina II, Alekseevna Romanova 218
エカチェリナ(2世)(18世紀)
　→Ekaterina II, Alekseevna Romanova 218
エカチェリナ2世(18世紀)
　→Ekaterina II, Alekseevna Romanova 218
エカチェリーナ(カザリン)2世(18世紀)
　→Ekaterina II, Alekseevna Romanova 218
エカテリーナ2世(18世紀)
　→Ekaterina II, Alekseevna Romanova 218
エカテリーナ二世(18世紀)
　→Ekaterina II, Alekseevna Romanova 218
エカテリナ二世(18世紀)
　→Ekaterina II, Alekseevna Romanova 218
エカテリーナ二世,アレクセエヴナ(18世紀)
　→Ekaterina II, Alekseevna Romanova 218
エカテリーナ2世・アレクセーエヴナ(大帝)(18世紀)
　→Ekaterina II, Alekseevna Romanova 218

エカテリーナ2世(エカテリーナ大帝)(18世紀)
　→Ekaterina II, Alekseevna Romanova 218
エカテリーナ二世,大女帝(アンハルト公家のゾフィーア)(18世紀)
　→Ekaterina II, Alekseevna Romanova 218
エカテリーナ2世(大帝)(18世紀)
　→Ekaterina II, Alekseevna Romanova 218
エギエルスキー,R.(20世紀)
　→Egielski, Richard 216
エーキンズ(19・20世紀) →Eakins, Thomas 214
エーキンズ,トーマス(19・20世紀)
　→Eakins, Thomas 214
エクスター,アレクサンドラ(19世紀)
　→Eysen, Louis 227
エクステル(19世紀) →Eysen, Louis 227
エクステル,アレクサンドラ(19・20世紀)
　→Exter, Aleksandra 227
エクステル,アレクサンドラ・アレクサンドロヴナ(19世紀) →Eysen, Louis 227
エクスナー,クリスティアン・フリードリヒ(18世紀) →Exner, Christian Friedrich 227
エクセーキアース(前6世紀) →Exekias 227
エクセキアス(前6世紀) →Exekias 227
エグナー(20世紀) →Egner, Thorbrørw 216
エグナー,T.(20世紀) →Egner, Thorbrørw 216
エグネール,T.(20世紀)
　→Egner, Thorbrørw 216
エグネール,トールビョールン(20世紀)
　→Egner, Thorbrørw 216
エグネール,トールビョルン(20世紀)
　→Egner, Thorbrørw 216
エグネル,トルビョルン(20世紀)
　→Egner, Thorbrørw 216
エークハウト(17世紀)
　→Eeckhout, Gerbrand van den 215
エークホルム,P.(20世紀) →Ekholm, Per 218
エクマン,F.(20世紀) →Ekman, Fam 218
エーグル,パウル(17・18世紀)
　→Egell, Paul 216
エクルンド,クラエス(20世紀)
　→Eklundh, Claes 218
エゲディウス,ハルフダン(19世紀)
　→Egedius, Halfdan Johnsen 216
エゲル(17・18世紀) →Egell, Paul 216
エーゲル,パウル(17・18世紀)
　→Egell, Paul 216
エゲル,パウル(17・18世紀) →Egell, Paul 216
エコーミャク,N.(20世紀)
　→Ekoomiak, Normee 218
エゴーロフ,アレクセイ・エゴロヴィチ(18・19世紀) →Egorov, Aleksei Egorovich 216
エーザー,アーダム・フリードリヒ(18世紀)
　→Oeser, Adam Friedrich 491

エザン, シャルル (18世紀)
→Eisen, Charles-Dominique-Joseph 217
エザン, シャルル=ドミニック=ジョゼフ (18世紀)
→Eisen, Charles-Dominique-Joseph 217
エスカランテ, フアン・アントニオ・デ・フリアス・イ (17世紀)
→Escalante, Juan Antonio de Frias y 223
エスカランテ, ホアン・アントニオ・デ・フリアス・イ (17世紀)
→Escalante, Juan Antonio de Frias y 223
エスキベル, A.P. (20世紀)
→Esquivel, Adolfo Pérez 223
エスキベル, A.ペレス (20世紀)
→Esquivel, Adolfo Pérez 223
エスキベル, アドルフォ・ペレス (20世紀)
→Esquivel, Adolfo Pérez 223
エスキベール, アントニオ・マリーア (19世紀)
→Esquivel, Antonio María y Suárez de Urbina 223
エスコバル (20世紀) →Escobar, Marisol 223
エスコバル, M. (20世紀)
→Escobar, Marisol 223
エスティヴ=コル, エリザベス (20世紀)
→Esteve-Coll, Dame Elizabeth 223
エスティーズ, リチャード (20世紀)
→Estes, Richard 223
エズデイル, カサリン (19・20世紀)
→Esdaile, Katharine 223
エステーヴ, モーリス (20世紀)
→Estève, Maurice 223
エステス (20世紀) →Estes, Richard 223
エステス, リチャード (20世紀)
→Estes, Richard 223
エステーブ (20世紀) →Estève, Maurice 223
エステーベ・イ・マルケース, アグスティン (18・19世紀) →Esteve y Marqués, Agustín 223
エステル (前5世紀) →Estēr 223
エストベリ (19・20世紀)
→Östberg, Ragnar 496
エストベリー (19・20世紀)
→Östberg, Ragnar 496
エストベリ, ラグナー (19・20世紀)
→Östberg, Ragnar 496
エストベリ, ラングナール (19・20世紀)
→Östberg, Ragnar 496
エストラーダ, アドルフ (20世紀)
→Estrada, Adolfo 224
エゼキエル (前6世紀) →Ezekiel 227
エゼキエル (19・20世紀)
→Ezekiel, Moses Jacob 227
エゼキエル, モージス・ジェイコブ (19・20世紀)
→Ezekiel, Moses Jacob 227
エーゼル (18世紀)
→Oeser, Adam Friedrich 491
エーダー, カール (19・20世紀) →Eder, Karl 215

エダン, アンリ (19・20世紀)
→Hayden, Henri 310
エッカースベア, クリストファー・ヴィルヘルム (18・19世紀)
→Eckersberg, Kristoffer Vilhelm 215
エッガー - リーエンツ, アルビーン (19・20世紀)
→Egger-Lienz, Albin 216
エックヘル (18世紀)
→Eckhel, Joseph Hilarius 215
エックヘル, ヨーゼフ・ヒラリウス (18世紀)
→Eckhel, Joseph Hilarius 215
エックマン (19・20世紀) →Eckmann, Otto 215
エックマン, オットー (19・20世紀)
→Eckmann, Otto 215
エッゲリング, ヴィーキング (19・20世紀)
→Eggeling, Viking 216
エッゲリング, ヴィキング (19・20世紀)
→Eggeling, Viking 216
エッケルスベール, クリストファー・ヴィルヘルム (18・19世紀)
→Eckersberg, Kristoffer Vilhelm 215
エッケルスベルク (18・19世紀)
→Eckersberg, Kristoffer Vilhelm 215
エッケルスベルグ (18・19世紀)
→Eckersberg, Kristoffer Vilhelm 215
エッゲル・リーンツ (19・20世紀)
→Egger-Lienz, Albin 216
エッゲンホッファー, N. (20世紀)
→Eggenhofer, Nicholas 216
エッサー (19・20世紀) →Esser, Max 223
エッジェル (19・20世紀)
→Edgell, George Harold 215
エッシャー (20世紀)
→Escher, Mauris Cornelis 223
エッシャー, マウリッツ・コルネリス (20世紀)
→Escher, Mauris Cornelis 223
エッシャー, モーリス (20世紀)
→Escher, Mauris Cornelis 223
エッシャー, モーリス・C. (20世紀)
→Escher, Mauris Cornelis 223
エッシュバッハー, ハンス (20世紀)
→Aeschbacher, Hans 7
エッセラー, ニクラウス (老エッセラー (通称))(15世紀) →Eseler, Niclaus 223
エッツ (20世紀) →Ets, Marie Hall 224
エッツ, M.H. (20世紀) →Ets, Marie Hall 224
エッツ, マリー・ホール (20世紀)
→Ets, Marie Hall 224
エッティ (18・19世紀) →Etty, William 224
エッティ, ウィリアム (18・19世紀)
→Etty, William 224
エッティングハウゼン (20世紀)
→Ettinghausen, Richard 224
エッティングハウゼン, リチャード (20世紀)
→Ettinghausen, Richard 224

エットリンガー (19・20世紀)
→Ettlinger, Max　224
エッフェル (19・20世紀)
→Eiffel, Alexandre Gustave　217
エッフェル, (アレクサンドル・) ギュスターヴ (19・20世紀) →Eiffel, Alexandre Gustave　217
エッフェル, アレクサンドル=ギュスターヴ (19・20世紀) →Eiffel, Alexandre Gustave　217
エッフェル, アレクサンドル・ギュスターブ (19・20世紀) →Eiffel, Alexandre Gustave　217
エッフェル, ギュスターヴ (19・20世紀)
→Eiffel, Alexandre Gustave　217
エッフェンベルガー (19・20世紀)
→Effenberger, Theodor　216
エッフナー (17・18世紀) →Effner, Joseph　216
エッフナー, ヨーゼフ (17・18世紀)
→Effner, Joseph　216
エッヘルス, バルトロメウス (17世紀)
→Eggers, Bartholomeus　216
エティ (18・19世紀) →Etty, William　224
エティー, ウィリアム (18・19世紀)
→Etty, William　224
エティエンヌ・ド・ボヌイユ (13世紀)
→Bonneuil, Étienne de　89
エティエンヌ・マルタン (20世紀)
→Etienne-Martin　224
エティンガー, ブラチャ (20世紀)
→Ettinger, Bracha　224
エテクス (19世紀) →Etex, Antoine　224
エデルソン, マリー・ベス (20世紀)
→Edelson, Mary Beth　215
エーデルフェルト (19・20世紀)
→Edelfelt, Albert Gustav　215
エーデルフェルト, アルベルト (19・20世紀) →Edelfelt, Albert Gustav　215
エドゥアール, オーギュスタン=アマン=コンスタン=フィデル (18・19世紀) →Edouart, Augustin-Amant-Constant-Fidèle　215
エドゥアルド, ジャンクレイス (20世紀)
→Jonquières, Eduardo　350
エドガー, クノープ (20世紀)
→Edgar, Knoop　215
エドランク, ジェラール (17・18世紀)
→Edelinck, Gérard　215
エドワーズ (20世紀) →Edwards, Richard　215
エドワーズ, ジョン (20世紀)
→Edwards, John　215
エドワーズ, シルヴィア (20世紀)
→Edwards, Sylvia　215
エドワード, P. (20世紀) →Edwards, Peter　215
エヌビク, フランソワ (19・20世紀)
→Hennebique, François　314
エバ →Eve　226
エーバースバッハ, ハートウィグ (20世紀)
→Ebersbach, Hartwig　215

エバール, メアリー・アバステニア (19・20世紀)
→Eberle, Mary Abastenia　215
エーバン (18世紀) →Oeben, Jean François　491
エバン (18世紀) →Oeben, Jean François　491
エバン, ジャン・フランソア (18世紀)
→Oeben, Jean François　491
エバン, ジャン=フランソワ (18世紀)
→Oeben, Jean François　491
エバンズ (19・20世紀)
→Evans, Sir Arthur John　225
エバンズ (20世紀) →Evans, Walker　226
エバンズ, アーサー・ジョン (19・20世紀)
→Evans, Sir Arthur John　225
エバンズ, エドマンド (19・20世紀)
→Evans, Edmund　226
エバンズ, トニー (20世紀) →Evans, Tony　226
エバンスウォーカー (20世紀)
→Evans, Walker　226
エピクテートス (前6世紀) →Epiktētos　221
エピクテトス (前6世紀) →Epiktētos　221
エピクレス (前6世紀) →Epicles　221
エピゴノス →Epigonos　221
エピマコス (前4世紀) →Epimachos　221
エピメネス (前5世紀) →Epimenes　221
エフェソスのペオニオ (前4世紀)
→Peonio di Efesos　511
エフェルディンゲン (17世紀)
→Everdingen, Allart van　226
エーフェルディンヘン, アラールト・ファン (17世紀) →Everdingen, Allart van　226
エフェルディンヘン, アラルト・ファン (17世紀) →Everdingen, Allart van　226
エプシュタイン, サー・ジェイコブ (19・20世紀) →Epstein, Sir Jacob　221
エプスタイン (19・20世紀)
→Epstein, Sir Jacob　221
エプスタイン, サー・ジェイコブ (19・20世紀) →Epstein, Sir Jacob　221
エプスタイン, ジェイコブ (19・20世紀)
→Epstein, Sir Jacob　221
エプスタイン, ジャコブ (19・20世紀)
→Epstein, Sir Jacob　221
エプステーン (19・20世紀)
→Epstein, Sir Jacob　221
エフナー (17・18世紀) →Effner, Joseph　216
エフナー, ヨーゼフ (17・18世紀)
→Effner, Joseph　216
エープハルト (19・20世紀)
→Ebhardt, Bodo　215
エーベルツ (19・20世紀) →Eberz, Joseph　215
エーベルツ, ヨーゼフ (19・20世紀)
→Eberz, Joseph　215
エーベルツ, ヨゼフ (19・20世紀)
→Eberz, Joseph　215

エマースン, ピーター・ヘンリー(19・20世紀)
→Emerson, Peter Henry　219
エマソン(19・20世紀)
→Emerson, Peter Henry　219
エマリー, ウォールター・ブライアン(20世紀)
→Emery, Walter Bryan　219
エムシュウィラー, エド(20世紀)
→Emshwiller, Ed　219
エームズ(20世紀)→Ames, Van Meter　19
エメット, リディア(19・20世紀)
→Emmet, Lydia　219
エメット, ローランド(20世紀)
→Emett, Rowland　219
エメリー(20世紀)→Emery, Walter Bryan　219
エラール, シャルル(老エラール(通称))(16・17世紀)→Erard, Charles　221
エリア(前9世紀)→Elijah　218
エリアス, ニコラース(16・17世紀)
→Elias, Nicolaes　218
エリアスゾーン, ニコラース(16・17世紀)
→Elias, Nicolaes　218
エリオット, デニス(20世紀)
→Elliott, Dennis　219
エリオン(20世紀)→Helion, Jean　313
エリオン, ジャン(20世紀)→Helion, Jean　313
エリギウス(6・7世紀)→Eligius　218
エリギウス(聖)(6・7世紀)→Eligius　218
エリギウス(ノワヨンの)(6・7世紀)
→Eligius　218
エリギウスまたはエロワ(6・7世紀)
→Eligius　218
エリクセン, トルヴァル(19・20世紀)
→Erichsen, Thorvald　222
エリクソン,E.(20世紀)→Eriksson, Eva　222
エリクソン,M.(20世紀)→Erikson, Mel　222
エリクソン, スヴェン(20世紀)
→Erixson, Sven　222
エリクトニオス→Erichthonios　222
エリサベツ(聖)→Elisabet　218
エリザベツ→Elisabet　218
エリサベツ(エリサベト)→Elisabet　218
エリセーエフ(20世紀)→Elisseeff, Vadime　219
エリセーエフ,A.M.(20世紀)
→Eliseev, Anatolij Mikhajlovich　218
エリセーエフ,V.(20世紀)
→Elisseeff, Vadime　219
エリックソン, アーサー・チャールズ(20世紀)
→Erickson, Arthur Charles　222
エリックソン, チャールズ(20世紀)
→Erickson, Arthur Charles　222
エリヤ(前9世紀)→Elijah　218
エリヤ(エリア)(前9世紀)→Elijah　218
エリヤとエリシャ(前9世紀)→Elijah　218

エリュー,P.C.(19・20世紀)
→Helleu, Paul César　313
エルー(19・20世紀)→Helleu, Paul César　313
エルヴィン(13・14世紀)
→Erwin von Steinbach　223
エルヴィン・フォン・シュタインバッハ(13・14世紀)→Erwin von Steinbach　223
エルギン(18・19世紀)
→Bruce, Thomas, 7th Earl of Elgin and 11th Earl of Kincardine　106
エルギン, トマス・ブルース,7代エルギン伯爵兼11代キンカーディン伯爵(18・19世紀)
→Elgin, Thomas Bruce, 7th Earl of Elgin and 11th Earl of Kincardine　218
エルギン卿(18・19世紀)
→Bruce, Thomas, 7th Earl of Elgin and 11th Earl of Kincardine　106
エル・グレコ(16・17世紀)→Greco, El　290
エル=グレコ(16・17世紀)→Greco, El　290
エルゴティーモス(前6世紀)→Ergotimos　222
エルゴティモス(前6世紀)→Ergotimos　222
エルザー, ヨハン・ゲオルク(20世紀)
→Elser, Johann Georg　219
エルジェ(20世紀)→Hergé　315
エールション, シェル(20世紀)
→Aershorn, Shel　7
エルジン,K.(20世紀)→Elgin, Kathleen　218
エルスケン(20世紀)→Elsken, Ed Van der　219
エルスハイマー(16・17世紀)
→Elsheimer, Adam　219
エルスハイマー, アーダム(16・17世紀)
→Elsheimer, Adam　219
エルスハイマー, アダム(16・17世紀)
→Elsheimer, Adam　219
エルズビエタ(20世紀)→Elzbieta　219
エルスン,D.(20世紀)→Elson, Dian　219
エルゼッサー(19・20世紀)
→Elsässer, Martin　219
エルゼッサー, マルティーン(19・20世紀)
→Elsässer, Martin　219
エルツェ, リヒアルト(20世紀)
→Oelze, Richard　491
エルテ(20世紀)→Erté　223
エルデーイ・ヤーノシュ(19世紀)
→Erdélyi János　221
エルトマンスドルフ(18世紀)→Erdmannsdorff, Friedrich Wilhelm von　221
エールトマンスドルフ, フリードリヒ・ヴィルヘルム・フォン(18世紀)→Erdmannsdorff, Friedrich Wilhelm von　221
エルトマンスドルフ, フリードリヒ・ヴィルヘルム・フォン(18世紀)→Erdmannsdorff, Friedrich Wilhelm von　221
エルニ(20世紀)→Erni, Hans　222
エルニ, ハンス(20世紀)→Erni, Hans　222
エルハルト(15・16世紀)→Erhart, Gregor　222

エルハルト, グレゴール(15・16世紀)
→Erhart, Gregor 222
エルバン(19・20世紀) →Herbin, Auguste 315
エルバン, オーギュスト(19・20世紀)
→Herbin, Auguste 315
エルフルト, フーゴー(19・20世紀)
→Erfurth, Hugo 222
エルベ, ジュリアン(20世紀)
→Herve, Juliane 317
エルマニン・デ・ライヒェンフェルト, フェデリーコ(19・20世紀)
→Hermanin de Reichenfeld, Federico 316
エルマラーエフ,A.M.(20世紀)
→Ermolaev, Andrian Mikhajlovich 222
エルマン, ウット(20世紀)
→Herrmann, Hute 317
エルムズリー, ジョージ・グラント(19・20世紀)
→Elmslie, George Grant 219
エルメール, ミッシェル(20世紀)
→Hermel, Michel 316
エールリッヒ,B.(20世紀)
→Ehrlich, Bettina 216
エールリヒ(20世紀) →Ehrlich, Walter 216
エル・ワキル, アブドゥル・ワヘッド(20世紀)
→El Wakil, Abdel Wahed 219
エルンスト(20世紀) →Ernst, Jimmy 222
エルンスト(20世紀) →Ernst, Max 222
エルンスト, マックス(20世紀)
→Ernst, Max 222
エルンスト, マックス(マクシミリアン)(20世紀)
→Ernst, Max 222
エルンスト・テオドール・アマデウス・ホフマン(18・19世紀)
→Hoffmann, Ernst Theodor Amadeus 323
エレ(18世紀) →Héré de Corny, Emmanuel 315
エーレ, ジョーガン(20世紀)
→Ehre, Júrgen 216
エレクテウス →Erechtheus 222
エレ・ド・コルニ, エマニュエル(18世紀)
→Héré de Corny, Emmanuel 315
エレ・ド・コルニー, エマニュエル(18世紀)
→Héré de Corny, Emmanuel 315
エレミア(前7・6世紀頃) →Jeremiah 346
エレミヤ(前7・6世紀頃) →Jeremiah 346
エレーラ(16世紀) →Herrera, Juan de 317
エレラ(16世紀) →Herrera, Juan de 317
エレラ(16・17世紀)
→Herrera, Francisco de el Viejo 317
エレラ(小)(17世紀)
→Herrera, Francisco de el Joven 317
エレラ(大)(16・17世紀)
→Herrera, Francisco de el Viejo 317
エレーラ, フアン・デ(16世紀)
→Herrera, Juan de 317

エレーラ, フランシスコ(16・17世紀)
→Herrera, Francisco de el Viejo 317
エレーラ, フランシスコ(17世紀)
→Herrera, Francisco de el Joven 317
エレーラ, フランシスコ(エル・モソ(通称))(17世紀)
→Herrera, Francisco de el Joven 317
エレーラ, フランシスコ・デ(子)(17世紀)
→Herrera, Francisco de el Joven 317
エレーラ, フランシスコ・デ(父)(16・17世紀)
→Herrera, Francisco de el Viejo 317
エレーラ, ホアン・デ(16世紀)
→Herrera, Juan de 317
エレーラ, ホアン・バウティスタ・デ(16世紀)
→Herrera, Juan de 317
エレーラ・イ・グティエレス・デ・ラ・ベーガ, ファン・デ(16世紀) →Herrera, Juan de 317
エーレンシュトラール(17世紀)
→Ehrenstrahl, David Klöcker von 216
エーレンシュトラール, ダーヴィト・クレッカー・フォン(17世紀)
→Ehrenstrahl, David Klöcker von 216
エーレンシュトラール, ダヴィト・フォン(17世紀) →Ehrenstrahl, David Klöcker von 216
エロ(20世紀)
→Erró, Gudmundur Gudmundsson 222
エロ, ガドマンダール・ガドマンダソ(20世紀)
→Erró, Gudmundur Gudmundsson 222
エロ, グドムンドゥル(20世紀)
→Erró, Gudmundur Gudmundsson 222
エロ, グドムンドゥル・G.(20世紀)
→Erró, Gudmundur Gudmundsson 222
エワース(16世紀) →Eworth, Hans 226
エングストレム, アルバート(19・20世紀)
→Engström, Albert Laurentius Johannes 220
エングストレーム, アルベルト(19・20世紀)
→Engström, Albert Laurentius Johannes 220
エンゲブレヒツ, コルネリス(15・16世紀)
→Engebrechtsz, Cornelis 220
エンケル(19・20世紀)
→Enckell, Knut Magnus 219
エンゲル(18・19世紀)
→Engel, Johann Carl Ludwig 220
エンゲル, カール・ルートヴィヒ(18・19世紀)
→Engel, Johann Carl Ludwig 220
エンゲル, ニッサン(20世紀)
→Engel, Nissan 220
エンゲルマン, ゴッドフロワ(18・19世紀)
→Engelmann, Godfroy 220
エンジェル,M.(20世紀) →Angel, Marie 23
エンジンガー(14・15世紀)
→Ensingen, Ulrich von 220
エンジンゲン(14・15世紀)
→Ensingen, Ulrich von 220

エンジンゲン, ウルリヒ・フォン(14・15世紀)
　→Ensingen, Ulrich von　*220*
エンソール(19・20世紀) →Ensor, James　*220*
エンソル(19・20世紀) →Ensor, James　*220*
エンダー, ヨハン(18・19世紀)
　→Ender, Johann　*220*
エンツォーラ, ジャンフランチェスコ(15世紀)
　→Enzola, Gianfrancesco　*221*
エンデ(19・20世紀) →Ende, Hermann　*220*
エンデ(20世紀) →Ende, Edgar　*219*
エンデ, ヘルマン(19・20世紀)
　→Ende, Hermann　*220*
エンテメナ(前24世紀) →Entemena　*221*
エンデル(19・20世紀) →Endel, Auguste　*220*
エンデル, アウグスト(19・20世紀)
　→Endel, Auguste　*220*
エンドイオス(前6世紀) →Endoios　*220*
エンヌビク(19・20世紀)
　→Hennebique, François　*314*
エンネル(19・20世紀)
　→Henner, Jean Jacques　*314*
エンネル, ジャン・ジャック(19・20世紀)
　→Henner, Jean Jacques　*314*
エンネル, ジャン=ジャック(19・20世紀)
　→Henner, Jean Jacques　*314*
エンバリー,E.R.(20世紀) →Emberley, Ed　*219*
エンバリー, エド(20世紀) →Emberley, Ed　*219*
エンブリアーチ, バルダッサッレ(14・15世紀)
　→Embriaci, Baldassarre　*219*
エンヘブレヒツ, コルネリス(15・16世紀)
　→Engebrechtsz, Cornelis　*221*
エンポリ(16・17世紀) →L'Empoli　*394*
エンライト, エリザベス(20世紀)
　→Enright, Elizabeth　*220*
エンリッケ, マエストロ(13世紀)
　→Enrique, Maestro　*220*

【 オ 】

オー,W.A.(20世紀) →Orr, William A.　*495*
オイエン,W.(20世紀) →Øyen, Wenche　*498*
オイディプース →Oidipous　*491*
オイディプス →Oidipous　*491*
オイデイプス →Oidipous　*491*
オイノマオス →Oinomaos　*491*
オーヴァベク, ヨーハン・フリードリヒ(18・19世紀) →Overbeck, Johann Friedrich　*497*
オヴァーベック(18・19世紀)
　→Overbeck, Johann Friedrich　*497*

オーヴァーベック, フリードリヒ(18・19世紀)
　→Overbeck, Johann Friedrich　*497*
オーヴァーベック, ヨハンネス(19世紀)
　→Overbeck, Johannes Adolph　*497*
オーヴァーベック, ヨハン・フリードリヒ(18・19世紀) →Overbeck, Johann Friedrich　*497*
オーヴァベック, ヨーハン・フリードリヒ(18・19世紀) →Overbeck, Johann Friedrich　*497*
オヴェルベーク, オル・クレフアス・ファン(20世紀) →Overbeek, Olau Cleofas Van　*497*
オーヴェルベック(18・19世紀)
　→Overbeck, Johann Friedrich　*497*
オーヴェルベック(19世紀)
　→Overbeck, Johannes Adolph　*497*
オーヴェルベック, ヨハン・フリードリヒ(18・19世紀) →Overbeck, Johann Friedrich　*497*
オウゲテ(14・15世紀) →Ouguete　*497*
オヴシャーニコフ(20世紀)
　→Ovsyannikov, Mikhail Fedotovich　*497*
オーカット(19・20世紀)
　→Orcutt, William Dana　*494*
オーガン, ブライアン(20世紀)
　→Organ, Bryan　*494*
オキーフ(19・20世紀) →O'Keeffe, Georgia　*491*
オキーフ, ジョージア(19・20世紀)
　→O'Keeffe, Georgia　*491*
オーギュスタン, ジャン=バティスト(18・19世紀)
　→Augustin, Jean-Baptiste　*40*
オーギュスト, アンリ(18・19世紀)
　→Auguste, Henri　*39*
オーギュスト, ジュール・ロベール(18・19世紀)
　→Auguste, Jules Robert　*39*
オーギュスト, ロベール=ジョゼフ(18・19世紀)
　→Auguste, Robert-Joseph　*39*
オクスタブール, ジャン(14世紀)
　→Auxtabours, Jean　*41*
オクスンベリ, ヘレン(20世紀)
　→Oxenbury, Helen E.　*498*
オクセンバリー,H.(20世紀)
　→Oxenbury, Helen E.　*498*
オクセンバリー, ヘレン(20世紀)
　→Oxenbury, Helen E.　*498*
オクセンベリ, ヘレン(20世紀)
　→Oxenbury, Helen E.　*498*
オクセンベリー, ヘレン(20世紀)
　→Oxenbury, Helen E.　*498*
オクタウィアヌス(前1世紀)
　→Augustus, Gaius Octavius　*40*
オクタヴィアヌス(前1世紀)
　→Augustus, Gaius Octavius　*40*
オクタビアヌス(前1世紀)
　→Augustus, Gaius Octavius　*40*
オクトマン, ドロシー(20世紀)
　→Ochtman, Dorothy　*490*

オクラードニコフ(20世紀)
　→Okladnikov, Aleksei Pavrovich　491
オクラドニコフ(20世紀)
　→Okladnikov, Aleksei Pavrovich　491
オクラドニコフ, アレクセイ(20世紀)
　→Okladnikov, Aleksei Pavrovich　491
オクラドニコフ, アレクセイ(20世紀)
　→Okladnikov, Aleksei Pavrovich　491
オークリー, G.(20世紀)　→Oakley, Graham　490
オークリー, ヴァイオレット(19・20世紀)
　→Oakley, Violet　490
オークリー, グレアム(20世紀)
　→Oakley, Graham　490
オクン, ジェニー(20世紀)　→Okun, Jenny　492
オゴルマン(20世紀)　→O'Gorman, Juan　491
オゴルマン, J.(20世紀)　→O'Gorman, Juan　491
オゴルマン, フアン(20世紀)
　→O'Gorman, Juan　491
オーザンファン(19・20世紀)
　→Ozenfant, Amédée　498
オザンファン(19・20世紀)
　→Ozenfant, Amédée　498
オザンファン, アメデ(19・20世紀)
　→Ozenfant, Amédée　498
オザンファン, アメデエ(19・20世紀)
　→Ozenfant, Amédée　498
オジアッソン(20世紀)
　→Hosiasson, Philippe　329
オジアッソン, フィリップ(20世紀)
　→Hosiasson, Philippe　329
オジグ, ダフェ(20世紀)　→Odjig, Daphne　491
オージャム(20世紀)　→Aujame, Jean　40
オージャム, ジャン(20世紀)
　→Aujame, Jean　40
オージュボン(18・19世紀)
　→Audubon, John James Laforest　39
オスカー・デ・メヨ(20世紀)
　→Oscar De Mejo　496
オズギュル, G.(20世紀)　→Ozgur, Gunseli　498
オースターウィック, マリア(17世紀)
　→Oosterwyck, Maria　493
オスターデ(17世紀)
　→Ostade, Adriaen van　496
オスターデ(17世紀)　→Ostade, Isack van　496
オスターデ, アドリアーン・ヴァン(17世紀)
　→Ostade, Adriaen van　496
オスターデ, アドリアーン・ファン(17世紀)
　→Ostade, Adriaen van　496
オスターデ, イザーク・ファン(17世紀)
　→Ostade, Isack van　496
オースティン, P.(20世紀)　→Austin, Phil　41
オースティン, ウィニフレッド(19・20世紀)
　→Austen, Winifred　41

オースティン, ロバート・サージェント(20世紀)
　→Austin, Robert Sargent　41
オーステン, ウィニフレッド(19・20世紀)
　→Austen, Winifred　41
オステンドルフ(19・20世紀)
　→Ostendorf, Friedrich　496
オストハウス(19・20世紀)
　→Osthaus, Karl Ernst　496
オストロウーモヴァ=レベジェヴァ, アンナ(19・20世紀)→Ostroumova-Lebedeva, Anna Petrovna　496
オストローフ, S.A.(20世紀)
　→Ostrov, Svetozar Aleksandrovich　496
オストロフスキー(19・20世紀)
　→Ostrowski, Stanislaw　496
オズーフ(20世紀)　→Osouf, Jean　496
オズーフ, ジャン(20世紀)　→Osouf, Jean　496
オーズボン(18・19世紀)
　→Audubon, John James Laforest　39
オズボーン(20世紀)
　→Osborn, Robert Chesley　495
オズボーン(20世紀)　→Osborne, Harold　496
オズボーン, R.C.(20世紀)
　→Osborn, Robert Chesley　495
オスボーン, エミリー・メアリー(19世紀)
　→Osborn, Emily Mary　495
オズボーン, ロバート(20世紀)
　→Osborn, Robert Chesley　495
オースマン(19世紀)
　→Haussmann, Georges Eugéne　309
オスマン(19世紀)
　→Haussmann, Georges Eugéne　309
オースマン, ジョルジュ=ウージェーヌ(19世紀)
　→Haussmann, Georges Eugéne　309
オスマン, ジョルジュ=ウジェーヌ(19世紀)
　→Haussmann, Georges Eugéne　309
オスマン, ジョルジュ・ユージェーヌ, 男爵(19世紀)　→Haussmann, Georges Eugéne　309
オースマン, バロン・ジョルジュ=ウジェーヌ(19世紀)　→Haussmann, Georges Eugéne　309
オーゾ, ポーリーヌ(18・19世紀)
　→Auzou, Pauline　41
オソット, ジョージ(20世紀)
　→Hosotte, Georges　329
オソルコン二世　→Osorkon II　496
オダッツィ, ジョヴァンニ(17・18世紀)
　→Odazzi, Giovanni　490
オーダボン(18・19世紀)
　→Audubon, John James Laforest　39
オーチャードスン(19・20世紀)
　→Orchardson, Sir William Quiller　494
オーチャードスン, ウィリアム(19・20世紀)
　→Orchardson, Sir William Quiller　494
オーチャードソン(19・20世紀)
　→Orchardson, Sir William Quiller　494

オーチャードソン, サー・ウィリアム・クイラー(19・20世紀)
　→Orchardson, Sir William Quiller 494
オーチンス, デヴィド(20世紀)
　→Ortins, David 495
オッジョーノ(15・16世紀)
　→Oggiono, Marco d' 491
オッディ, ムーツィオ(16・17世紀)
　→Oddi, Muzio 490
オッティーノ, パスクアーレ(16・17世紀)
　→Ottino, Pasquale 496
オットー(20世紀) →Otto, Frei 496
オットー(20世紀) →Otto, Teo 496
オットー, S.S.(20世紀) →Otto, Svend S. 496
オットー, テオ(20世紀) →Otto, Teo 496
オットー, フライ(20世紀) →Otto, Frei 496
オットマン, アンリ(19・20世紀)
　→Ottman, Henri 496
オットリー, ウィリアム・ヤング(18・19世紀)
　→Ottley, William Young 496
オッパーマン=ディモウ, C.(20世紀)
　→Oppermann-Dimow, Christina 494
オッピ, ウバルド(19・20世紀)
　→Oppi, Ubaldo 494
オッペノール(17・18世紀)
　→Oppenordt, Gilles Marie 493
オッペンハイム(19・20世紀)
　→Oppenheim, Max, Freiherr von 493
オッペンハイム, デニス(20世紀)
　→Oppenheim, Dennis 493
オッペンハイム, マックス・F.フォン(19・20世紀)
　→Oppenheim, Max, Freiherr von 493
オッペンハイム, マックス・フォン(19・20世紀)
　→Oppenheim, Max, Freiherr von 493
オッペンハイム, メレット(20世紀)
　→Oppenheim, Meret 493
オッポ, チプリアーノ・エフィージオ(20世紀)
　→Oppo, Cipriano Efisio 494
オディオ, ジャン=バティスト=クロード(18・19世紀) →Odiot, Jean-Baptiste-Claude 490
オテイサ, ホルヘ(20世紀)
　→Oteiza, Jorge de 496
オーデブレヒト(19・20世紀)
　→Odebrecht, Rudolf 490
オデュッセウス →Odysseus 491
オーデュボン(18・19世紀)
　→Audubon, John James Laforest 39
オーデュボン, ジャン=ジャック(18・19世紀)
　→Audubon, John James Laforest 39
オーデュボン, ジョン・ジェイムズ(18・19世紀)
　→Audubon, John James Laforest 39
オーデュボン, ジョン・ジェームス(18・19世紀)
　→Audubon, John James Laforest 39
オーデュボン, ジョン・ジェームズ(18・19世紀)
　→Audubon, John James Laforest 39

オデリージ, ロベルト(14世紀)
　→Oderisi, Roberto 490
オデリージ・ダ・グッビオ(13世紀)
　→Oderisi da Gubbio 490
オードゥボン(18・19世紀)
　→Audubon, John James Laforest 39
オド・ド・メッツ(9世紀) →Eudes de Metz 224
オドベスク, アレクサンドル(19世紀)
　→Odobescu, Alexandru 491
オードラン(16・17世紀) →Audran, Charles 39
オードラン(16・17世紀) →Audran, Claude I 39
オードラン(17世紀) →Audran, Claude II 39
オードラン(17・18世紀)
　→Audran, Claude III 39
オードラン(17・18世紀) →Audran, Gérard I 39
オードラン(17・18世紀) →Audran, Jean 39
オードラン, クロード2世(17世紀)
　→Audran, Claude II 39
オードラン, クロード3世(17・18世紀)
　→Audran, Claude III 39
オードラン, ジェラール1世(17・18世紀)
　→Audran, Gérard I 39
オードラン, シャルル(16・17世紀)
　→Audran, Charles 39
オードラン, ジャン(17・18世紀)
　→Audran, Jean 39
オードラン, ブノワ1世(17・18世紀)
　→Audran, Benoît I 39
オードラン, ブノワ2世(17・18世紀)
　→Audran, Benoît II 39
オーナー, ヒュー(20世紀) →Honor, Hugh 327
オナータス(前5世紀頃) →Onatas 493
オナタス(前5世紀頃) →Onatas 493
オニール, ローズ・セシル(19・20世紀)
　→O'Neill, Rose Cecil 493
オネシモ →Onēsimos 493
オネーシモス →Onēsimos 493
オノ, ヨーコ(20世紀) →Ono Yoko 493
オノ・ヨーコ(20世紀) →Ono Yoko 493
オノ・ヨーコ(小野洋子)(20世紀)
　→Ono Yoko 493
オノレ(13世紀) →Honoré 327
オノレの画家(13世紀) →Maître de Honoré 424
オーバック, R.(20世紀) →Orbach, Ruth 494
オーバーベック(18・19世紀)
　→Overbeck, Johann Friedrich 497
オハーラ, フランク(20世紀)
　→O'Hara, Frank 491
オハラ, フランク(20世紀)
　→O'Hara, Frank 491
オハラ, フランク(フランシス)(・ラッセル)(20世紀) →O'Hara, Frank 491
オハリス, ピクシー(20世紀)
　→O'Harris, Pixie 491

オーバーレンダー,G.(20世紀)
　→Oberländer, Gerhard　*490*
オーバーレンダー,アドルフ(19・20世紀)
　→Oberländer, Adolf　*490*
オーバーン,A.F.(20世紀)
　→Orbaan, Albert F.　*494*
オーピ(18・19世紀)　→Opie, John　*493*
オーピー(18・19世紀)　→Opie, John　*493*
オーピ,ジョン(18・19世紀)　→Opie, John　*493*
オーピー,ジョン(18・19世紀)
　→Opie, John　*493*
オピチーノ・デ・カニストリス(13・14世紀)
　→Opicino de Canistris　*493*
オヒテルフェルト,ヤコブ(17世紀)
　→Ochtervert, Jacob Lucasz.　*490*
オーフェンス(17世紀)　→Ovens, Juriaen　*497*
オプゲノールト,W.(20世紀)
　→Opgenoorth, Winfried　*493*
オフチーンニコフ,K.V.(20世紀)
　→Ovchinnikov, Kirill Vladimirovich　*497*
オフテルフェルト,ヤーコブ(17世紀)
　→Ochtervert, Jacob Lucasz.　*490*
オプノール(17・18世紀)
　→Oppenordt, Gilles Marie　*493*
オプノール,ジル=マリー(17・18世紀)
　→Oppenordt, Gilles Marie　*493*
オプノール,ジル=マリー(17・18世紀)
　→Oppenordt, Gilles Marie　*493*
オブライエン,ティモシー(20世紀)
　→O'Brien, Timothy　*490*
オーブリエール,ジェーン(20世紀)
　→Aubrière, Jeanne　*39*
オーブリオ・ユーグ(14世紀)
　→Aubriot Hugues　*39*
オブリスト,ヘルマン(19・20世紀)
　→Obrist, Hermann　*490*
オーブリ・ルコント(18・19世紀)
　→Aubry-Lecomte, Jean Baptiste　*39*
オーベール(18世紀)　→Aubert, Jean　*38*
オベール,ジャン(18世紀)　→Aubert, Jean　*38*
オーベール,ジャン=ジャック=オーギュスタン=レイモン(18・19世紀)　→Aubert, Jean-Jacques-Augustin-Raymond　*38*
オーベルカンプフ,クリストフ・フィリップ(18・19世紀)
　→Oberkampf, Christof Philipp　*490*
オーベルジョノワ,ルネ(19・20世紀)
　→Auberjonois, René　*38*
オーベルタン,フランソワ(19・20世紀)
　→Aubertin, François　*39*
オーベルレンダー(19・20世紀)
　→Oberländer, Adolf　*490*
オーペン(19・20世紀)　→Orpen, Sir William Newenham Montague　*495*

オーペン,ウィリアム(19・20世紀)　→Orpen, Sir William Newenham Montague　*495*
オーボー,ピエール(15・16世紀)
　→Aubeaux, Pierre　*38*
オーボー,レイモン(15・16世紀)
　→Aubeaux, Raymond　*38*
オーボアイエ(20世紀)　→Auboyer, Jeannine　*39*
オボニンドロナト・タクル(19・20世紀)
　→Abanīndranāth Ṭhākur　*3*
オームステッド(19・20世紀)
　→Olmsted, Frederick Law　*493*
オームロッド,J.(20世紀)　→Ormerod, Jan　*494*
オモル(19・20世紀)　→Homolle, Théophile　*327*
オモル,テオフィル(19・20世紀)
　→Homolle, Théophile　*327*
オラニエ,ダニエル(20世紀)
　→Aulagnier, Daniel　*40*
オランダ,フランシスコ・デ(16世紀)
　→Holanda, Francisco de　*325*
オリ,ルシアーノ(20世紀)　→Ori, Luciano　*494*
オリヴァー,アイザック(16・17世紀)
　→Oliver, Isaac　*492*
オリヴィアー,フェルディナント・フォン(18・19世紀)　→Olivier, Ferdinand von　*492*
オリヴィエ(18・19世紀)
　→Olivier, Ferdinand von　*492*
オリヴィエ,ヴォルデマル・フリードリヒ(18・19世紀)　→Olivier, Woldemar Friedrich　*492*
オリヴィエ,フェルディナント(18・19世紀)
　→Olivier, Ferdinand von　*492*
オリヴィエ,フェルディナント・フォン(18・19世紀)　→Olivier, Ferdinand von　*492*
オリー=ケリー(20世紀)　→Orry-Kelly　*495*
オリツキ,ジュールズ(20世紀)
　→Olitski, Jules　*492*
オリバー(16・17世紀)　→Oliver, Isaac　*492*
オルカーニャ(14世紀)　→Orcagna, Andrea　*494*
オルカーニャ,アンドレーア(14世紀)
　→Orcagna, Andrea　*494*
オルカーニャ,アンドレア(14世紀)
　→Orcagna, Andrea　*494*
オルカーニャ(アンドレア・ディ・チオーネ(通称))　→Orcagna, Andrea　*494*
オールケン,ヘンリー(18・19世紀)
　→Alken, Henry　*15*
オールコーン,J.(20世紀)　→Alcorn, John　*12*
オルシ(19・20世紀)　→Orsi, Paolo　*495*
オルシ,パーオロ(19・20世紀)
　→Orsi, Paolo　*495*
オルシ,レーリオ(16世紀)　→Orsi, Lelio　*495*
オルシ,レリオ(16世紀)　→Orsi, Lelio　*495*
オルシーニ(15世紀)　→Orsini, Giorgio　*495*
オルシーニ,ジョルジョ(15世紀)
　→Orsini, Giorgio　*495*

オルス(19・20世紀) →D'Ors, Eugenio 204
オルス,E.(19・20世紀) →D'Ors, Eugenio 204
オールストン(18・19世紀)
　→Allston, Washington 15
オールストン, ワシントン(18・19世紀)
　→Allston, Washington 15
オールスバーグ, C.van(20世紀)
　→Van Allsburg, Chris 671
オルセル, ヴィクトル(18・19世紀)
　→Orsel, Victor 495
オルセン,I.S.(20世紀) →Olsen, Ib Spang 493
オルセン, イブ・スパング(20世紀)
　→Olsen, Ib Spang 493
オールソン,I.(20世紀) →Ohlsson, Ib 491
オルタ(19・20世紀) →Horta, Victor Pierre 328
オルタ, ヴィクトール(19・20世紀)
　→Horta, Victor Pierre 328
オルタ, ヴィクトル(19・20世紀)
　→Horta, Victor Pierre 328
オルタ, ヴィクトル, 男爵(19・20世紀)
　→Horta, Victor Pierre 328
オルディニ, ピエトロ・デッリ(15世紀)
　→Ordini, Pietro degli 494
オルテガ, ホセ(20世紀) →Ortega, José 495
オルテリウス(16世紀)
　→Ortelius, Abraham 495
オルテリウス, アブラハム(16世紀)
　→Ortelius, Abraham 495
オルデン,I.(20世紀) →Olden, Ingrid 492
オルデン,R.(20世紀) →Oldden, Richard 492
オルデンバーグ(20世紀)
　→Oldenburg, Claes Thure 492
オルデンバーグ, クレス(20世紀)
　→Oldenburg, Claes Thure 492
オルデンバーグ, クレス・T.(20世紀)
　→Oldenburg, Claes Thure 492
オルデンブルク(19・20世紀)
　→Oldenburg, Sergei Fyodorovich 492
オルデンブルグ(19・20世紀)
　→Oldenburg, Sergei Fyodorovich 492
オルデンブルク, セルゲイ(19・20世紀)
　→Oldenburg, Sergei Fyodorovich 492
オルデンブルグ, セルゲイ(19・20世紀)
　→Oldenburg, Sergei Fyodorovich 492
オルトス →Oltos 493
オルドーニェス, バルトロメ(16世紀)
　→Ordóñez, Bartolomé 494
オルドーニェス, バルトロメー(16世紀)
　→Ordóñez, Bartolomé 494
オルドニュス, バルトローメ(16世紀)
　→Ordóñez, Bartolomé 494
オルドネス(16世紀)
　→Ordóñez, Bartolomé 494

オールドフィールド, ブルース(20世紀)
　→Oldfield, Bruce 492
オルトラーノ(15・16世紀) →Ortolano 495
オールドリチ, ヘンリ(17・18世紀)
　→Aldrich, Henry 12
オールドリッチ(17・18世紀)
　→Aldrich, Henry 12
オルファース,S.von(19・20世紀)
　→Olfers, Sibylle von 492
オルファース, ジビレ・フォン(19・20世紀)
　→Olfers, Sibylle von 492
オルフォード, マリアンヌ(19世紀)
　→Alford, Marianne 14
オールブライト(20世紀)
　→Albright, Ivan Le Lorraine 12
オールブライト(20世紀)
　→Albright, William Foxwell 12
オルブライト(20世紀)
　→Albright, William Foxwell 12
オールブライト,I.L.(20世紀)
　→Albright, Ivan Le Lorraine 12
オールブライト,V.(20世紀)
　→Allbright, Viv 15
オールブライト,W(ウィリアム)・F(フォックスウェル)(20世紀)
　→Albright, William Foxwell 12
オールブライト, アイヴァン(20世紀)
　→Albright, Ivan Le Lorraine 12
オールブライト, アイヴァン(・ル・ロレイン)(20世紀) →Albright, Ivan Le Lorraine 12
オールブライト, ウィリアム(20世紀)
　→Albright, William Foxwell 12
オールブライト, ウィリアム・フォックスウェル(20世紀) →Albright, William Foxwell 12
オルブリッヒ(19・20世紀)
　→Olbrich, Joseph Maria 492
オルブリヒ(19・20世紀)
　→Olbrich, Joseph Maria 492
オルブリヒ, ヨーゼフ・マーリア(19・20世紀)
　→Olbrich, Joseph Maria 492
オルブリヒ, ヨーゼフ・マリーア(19・20世紀)
　→Olbrich, Joseph Maria 492
オルムステッド(19・20世紀)
　→Olmsted, Frederick Law 493
オルムステッド, フレデリック・ロー(19・20世紀)
　→Olmsted, Frederick Law 493
オルムステッド, フレデリック(・ロー)(19・20世紀) →Olmsted, Frederick Law 493
オルライ(15・16世紀)
　→Orley, Bernaert van 494
オルランディ, デオダート(13・14世紀)
　→Orlandi, Deodato 494
オルランディ, ペッレグリーノ・アントーニオ(17・18世紀)
　→Orlandi, Pellegrino Antonio 494

オルリク(19・20世紀) →Olrik, Emil 493
オルリック, エミール(19・20世紀)
　→Olrik, Emil 493
オルレイ(15・16世紀)
　→Orley, Bernaert van 494
オルレイ, ベルナールト(バレント)・ヴァン(15・16世紀) →Orley, Bernaert van 494
オレンサン, マリエ(20世紀)
　→Orensanz, Marie 494
オレンテ, ペドロ(16・17世紀)
　→Orrente, Pedro 495
オロー(19世紀) →Horeau, Hector 328
オロー, ヴィクトール(19世紀)
　→Horeau, Hector 328
オロー, エクトール(19世紀)
　→Horeau, Hector 328
オロスコ(19・20世紀)
　→Orozco, José Clemente 494
オロスコ, ホセ・クレメンテ(19・20世紀)
　→Orozco, José Clemente 494
オロスコ, ホセー・クレメンテ(19・20世紀)
　→Orozco, José Clemente 494

【 カ 】

カー(19・20世紀) →Carr, Emily 129
カー, エミリー(19・20世紀) →Carr, Emily 129
カー, ジュディス(20世紀) →Kerr, Judith 361
カー, ジョン(18・19世紀) →Carr, John 129
ガアグ, W.(20世紀) →Gág, Wanda 259
ガアグ, ワンダ(20世紀) →Gág, Wanda 259
ガアグ, ワンダ・ヘイズル(20世紀)
　→Gág, Wanda 259
ガイガー(19・20世紀) →Geiger, Moritz 266
ガイガー(19・20世紀) →Geiger, Willi 266
ガイガー(20世紀) →Geiger, Rupprecht 266
カイザー(16・17世紀)
　→Keyser, Hendrik de 362
ガイサート, G.(20世紀) →Geisert, Arthur 266
カイサル(前2・1世紀)
　→Caesar, Gaius Julius 117
カイセル(16・17世紀)
　→Keyser, Hendrik de 362
カイセル(16・17世紀)
　→Keyser, Thomas de 362
ガイセル(20世紀) →Dr. Seuss 206
カイタージュ, R.B(20世紀)
　→Kitaj, Ronald Brooks 365
カイプ(17世紀) →Cuyp, Albert Jacobsz 175

カイプ, アールベルト(17世紀)
　→Cuyp, Albert Jacobsz 175
カイプ, アルベルト(17世紀)
　→Cuyp, Albert Jacobsz 175
カイプ, ベンヤミン・ヘリッツゾーン(17世紀)
　→Cuyp, Benjamin Gerritsz. 175
カイプ, ヤーコプ・ヘリッツゾーン(16・17世紀)
　→Cuyp, Jacob-Gerritsz. 175
カイプ, ヤコプ=ヘリットゾーン(16・17世紀)
　→Cuyp, Jacob-Gerritsz. 175
カイペルス(19・20世紀)
　→Cuypers, Petrus Josephus Hubertus 175
カイペルス, ペートルス・ヨセフス・ヒュベルタス(19・20世紀)
　→Cuypers, Petrus Josephus Hubertus 175
カイペルス, ペトルス・ヨゼフス・ヒュベルトゥス(19・20世紀)
　→Cuypers, Petrus Josephus Hubertus 175
カイミ, アントーニオ(19世紀)
　→Caimi, Antonio 118
ガイミュラー(19・20世紀)
　→Geymüller, Heinrich, Freiherr von 270
ガイミュラー, ハインリヒ・フォン(19・20世紀)
　→Geymüller, Heinrich, Freiherr von 270
カイヤール(20世紀)
　→Caillard, Christian Hugues 118
カイヤール, クリスティアン(20世紀)
　→Caillard, Christian Hugues 118
カイユボット(19世紀)
　→Caillebotte, Gustave 118
カイユボット, ギュスターヴ(19世紀)
　→Caillebotte, Gustave 118
カイラ, K.(20世紀) →Kaila, Kaarina 354
カイラ, カーリナ(20世紀)
　→Kaila, Kaarina 354
カイリーナ, パーオロ(年少)(15・16世紀)
　→Cailina, Paolo il Giovane 118
カイリーナ, パーオロ(年長)(15世紀)
　→Cailina, Paolo il Vecchio 118
カイレストラトス →Chairestratos 141
カイロ, フランチェスコ・デル(17世紀)
　→Cairo, Francesco del 118
カイローニ, アゴスティーノ(19・20世紀)
　→Caironi, Agostino 118
カイン →Cain 118
カイン, E.le(20世紀) →Cain, Errol le 118
ガインサ, マルティン・デ(16世紀)
　→Gainza, Martín de 260
カインツ(20世紀) →Kainz, Friedrich 354
ガウ, フランツ・クリスティアン(18・19世紀)
　→Gau, Franz Christian 264
カウアー(19世紀) →Cauer, Emil 136
ガヴァサス, マルティネス(20世紀)
　→Gavathas, Martinos 265

ガヴァシヴィーリ(19・20世紀)
　→Gavashvili, Gigo　265
カヴァッツォーラ(15・16世紀)
　→Il Cavazzola　336
カヴァッリーニ, ピエトロ(13・14世紀)
　→Cavallini, Pietro　137
カヴァッリーニ, フランチェスコ(17世紀)
　→Cavallini Francesco　137
カヴァッリーノ, ベルナルド(17世紀)
　→Cavallino Bernardo　137
カヴァーニャ, ジョヴァンニ・パーオロ(16・17世紀)　→Cavagna, Giovanni Paolo　137
カヴァリエーリ, マーリオ(19・20世紀)
　→Cavaglieri, Mario　137
カヴァリエーレ, アリク(20世紀)
　→Cavaliere, Alik　137
カヴァリエーレ・ダルピーノ(16・17世紀)
　→Cavaliere d'Arpino, Il　137
カヴァリエーレ・ダルピーノ, イル(16・17世紀)
　→Cavaliere d'Arpino, Il　137
カヴァリーニ(13・14世紀)
　→Cavallini, Pietro　137
カヴァリーニ, ピエトロ(13・14世紀)
　→Cavallini, Pietro　137
カヴァリーニ, ピエートロ(13・14世紀)
　→Cavallini, Pietro　137
カヴァルカセッレ, ジョヴァンニ・バッティスタ(19世紀)
　→Cavalcaselle, Giovanni Battista　137
カヴァルカセルレ, ジョヴァンニ・バッティスタ(19世紀)
　→Cavalcaselle, Giovanni Battista　137
カヴァルカセレ(19世紀)
　→Cavalcaselle, Giovanni Battista　137
カヴァルカゼレ(19世紀)
　→Cavalcaselle, Giovanni Battista　137
カヴァルカンティ, アンドレーア・ディ・ラッザーロ(15世紀)
　→Cavalcanti, Andrea di Lazzaro　137
ガヴァルニ(19世紀)　→Gavarni, Paul　265
カヴァルニ, パウル(19世紀)
　→Gavarni, Paul　265
ガヴァルニ, ポール(19世紀)
　→Gavarni, Paul　265
カヴァルリーニ(13・14世紀)
　→Cavallini, Pietro　137
カヴァルリーニ, ピエトロ(13・14世紀)
　→Cavallini, Pietro　137
カヴァーロ, アントーニオ(15世紀)
　→Cavaro, Antonio　137
カヴァーロ, ピエトロ(16世紀)
　→Cavaro, Pietro　137
カヴァロッツィ, バルトロメーオ(16・17世紀)
　→Cavarozzi, Bartolomeo　137
ガヴァローリ, ミラベッロ(16世紀)
　→Cavalori, Mirabello　137

ガウイング, サー・ローレンス・バーネット(20世紀)　→Gowing, Sir Lawrence Burnett　287
カヴェドーニ, ジャーコモ(16・17世紀)
　→Cavedone, Giacomo　137
カヴェドーネ(16・17世紀)
　→Cavedone, Giacomo　137
カーウォーディン, ペネローブ(18世紀)
　→Carwardine, Penelope　132
カウディ(19・20世紀)
　→Gaudí y Cornet, Antonio　264
ガウディ(19・20世紀)
　→Gaudí y Cornet, Antonio　264
ガウディー(19・20世紀)
　→Goudy, Frederic William　286
ガウディ, アントニ(オ)(19・20世紀)
　→Gaudí y Cornet, Antonio　264
ガウディー, フレデリック・ウィリアム(19・20世紀)　→Goudy, Frederic William　286
ガウディ・イ・コルネ, アントニ(19・20世紀)
　→Gaudí y Cornet, Antonio　264
ガウディ・イ・コルネ, アントニオ(19・20世紀)
　→Gaudí y Cornet, Antonio　264
ガウディ・イ・コルネット, アントニ(19・20世紀)
　→Gaudí y Cornet, Antonio　264
ガウディ(・イ・コルネット), アントニ(19・20世紀)　→Gaudí y Cornet, Antonio　264
ガウディ・イ・コルネット, アントニオ(19・20世紀)　→Gaudí y Cornet, Antonio　264
ガウディ・イ・コルネト, アントニオ(19・20世紀)
　→Gaudí y Cornet, Antonio　264
カウフマン(18・19世紀)
　→Kauffmann, Angelika　358
カウフマン(19・20世紀)
　→Kaufmann, Oskar　358
カウフマン(20世紀)　→Kauffmann, Hans　358
カウフマン(20世紀)　→Kaufmann, Eugen　358
カウフマン, A.(20世紀)
　→Kauffmann, Angelika　358
カウフマン, J.(20世紀)　→Kaufmann, John　358
カウフマン, アンゲーリカ(18・19世紀)
　→Kauffmann, Angelika　358
カウフマン, アンゲリカ(18・19世紀)
　→Kauffmann, Angelika　358
カウフマン, アンジェリカ(18・19世紀)
　→Kauffmann, Angelika　358
カウフマン, ヴィリ(20世紀)
　→Kaufmann, Willy　358
カウフマン, エミール(20世紀)
　→Kaufmann, Emil　358
カウフマン, ジョン・A(20世紀)
　→Kaufman, John A.　358
カウフマン, (マリア・アンナ・カタリーナ・)アンゲリカ(18・19世紀)
　→Kauffmann, Angelika　358

ガウランド（19・20世紀）
　→Gowland, William　287
ガウランド，ウィリアム（19・20世紀）
　→Gowland, William　287
ガウランド，ウイリアム（19・20世紀）
　→Gowland, William　287
ガウリクス，ポンポーニウス（15・16世紀）
　→Gauricus, Pomponius　265
ガウル（19・20世紀）→Gaul, August　265
ガウル，アウグスト（19・20世紀）
　→Gaul, August　265
カウルバッハ（19世紀）
　→Kaulbach, Wilhelm von　358
カウルバッハ，ヴィルヘルム・フォン（19世紀）
　→Kaulbach, Wilhelm von　358
カウルバハ（19世紀）
　→Kaulbach, Wilhelm von　358
カウルバハ，ヴィルヘルム・フォン（19世紀）
　→Kaulbach, Wilhelm von　358
カエキリア（2・3世紀）→Caecilia　117
カエサル（前2・1世紀）
　→Caesar, Gaius Julius　117
カエサル，（ガイウス・）ユリウス（前2・1世紀）
　→Caesar, Gaius Julius　117
カエサル，ガイウス・ユリウス（前2・1世紀）
　→Caesar, Gaius Julius　117
カエサル，ガイユス・ユリウス（前2・1世紀）
　→Caesar, Gaius Julius　117
カエサル，ガーユス・ユーリウス（前2・1世紀）
　→Caesar, Gaius Julius　117
カエサル（シーザー）（前2・1世紀）
　→Caesar, Gaius Julius　117
カエサル，シーザー（前2・1世紀）
　→Caesar, Gaius Julius　117
ガエムペルレ，ダニエル（20世紀）
　→Gaemperle, Daniel　259
ガーグ（20世紀）→Gág, Wanda　259
ガーグ，ワンダ（20世紀）→Gág, Wanda　259
ガーグ，ワンダー（20世紀）→Gág, Wanda　259
ガーグ・ワンダ・ヘイズル（20世紀）
　→Gág, Wanda　259
ガーグ，ワンダ（・ヘイズル）（20世紀）
　→Gág, Wanda　259
カコーリン，A.V.（20世紀）
　→Kokorin, Anatolij Vladimirovich　369
カザコーフ（18・19世紀）
　→Kazakov, Matvei Fëdorovich　359
カザコフ（18・19世紀）
　→Kazakov, Matvei Fëdorovich　359
カザコフ，マトヴェイ・フェオドロヴィッチ（18・19世紀）→Kazakov, Matvei Fëdorovich　359
カサス，ラモン（19・20世紀）
　→Casas, Ramón　132
カーサス・イ・カルボ，ラモン（19・20世紀）
　→Casas Y Carbó, Ramón　132

カーサス・イ・ノボア，フェルナンド（18世紀）
　→Casas y Novoa, Fernando　133
カサス・イ・ノボア，フェルナンド（18世紀）
　→Casas y Novoa, Fernando　133
カサス・イ・ノボア，フェルナンド・デ（18世紀）
　→Casas y Novoa, Fernando　133
カサット（19・20世紀）→Cassatt, Mary　133
カサット，メアリ（19・20世紀）
　→Cassatt, Mary　133
カサット，メアリー（19・20世紀）
　→Cassatt, Mary　133
カサード，ジェルミナル（20世紀）
　→Casado, Germinal　132
カサートキン（19・20世紀）
　→Kasatkin, Nikolai Alekseevich　357
カサートキン，ニコライ（19・20世紀）
　→Kasatkin, Nikolai Alekseevich　357
カサートキン，ニコライ・アレキセエヴィッチ
　（19・20世紀）
　→Kasatkin, Nikolai Alekseevich　357
カザノーヴァ（18・19世紀）
　→Casanova, Francesco　132
カサノーヴァ，フランチェスコ・ジュゼッペ（18・19世紀）→Casanova, Francesco　132
カザリン二世（18世紀）
　→Ekaterina II, Alekseevna Romanova　218
カザン（19・20世紀）→Cazin, Jean Charles　138
カサンドル（20世紀）
　→Cassandre, Adolphe Mouron　133
カシェッラ，アンドレーア（20世紀）
　→Cascella, Andrea　133
カシェッラ，トンマーゾ（19・20世紀）
　→Cascella, Tommaso　133
カシェッラ，ピエトロ（20世紀）
　→Cascella, Pietro　133
カシェッラ，ミケーレ（20世紀）
　→Cascella, Michele　133
カシナリ，ブルーノ（20世紀）
　→Cassinari, Bruno　134
ガジーニ，アントネッロ（15・16世紀）
　→Gagini, Antonello　259
ガジーニ，ヴィンチェンツォ（16世紀）
　→Gagini, Vincenzo　259
ガジーニ，エーリア（15・16世紀）
　→Gagini, Elia　259
ガジーニ，ジョヴァンニ（15・16世紀）
　→Gagini, Giovanni　259
ガジーニ，ドメーニコ（15世紀）
　→Gagini, Domenico　259
ガジーニ，パーチェ（15・16世紀）
　→Gagini, Pace　259
ガジーニ，ベルナルディーノ（16世紀）
　→Gagini, Bernardino　259
カシニョール，ジェーン・ピエール（20世紀）
　→Cassigneul, Jean-Pierre　134

カシニョール, ジャン－ピエール (20世紀)
　→Cassigneul, Jean-Pierre　*134*
カーシム・アリー (15世紀) →Qāsim 'Alī　*541*
ガシャール (19世紀)
　→Gachard, Louis Prosper　*258*
ガジャールド, ゲルバシオ (20世紀)
　→Gallardo, Gervasio　*260*
カーシュ (20世紀) →Karsh, Yousuf　*357*
カシュー, フランコ (20世紀)
　→Cacheux, Francois　*116*
カーシュ, ユースフ (20世紀)
　→Karsh, Yousuf　*357*
カーシュ, ユーセフ (20世紀)
　→Karsh, Yousuf　*357*
カシュニッツ・ヴァインベルク (19・20世紀)
　→Kaschnitz-Weinberg, Guido von　*358*
カシュニッツ＝ヴァインベルク, グイド・フォン (19・20世紀)
　→Kaschnitz-Weinberg, Guido von　*358*
カシワギ, I. (20世紀) →Kashiwagi, Isami　*358*
カスー (20世紀) →Cassou, Jean　*134*
カスー, ジャン (20世紀) →Cassou, Jean　*134*
カースィム・アリー (15世紀) →Qāsim 'Alī　*541*
カスキン, K. (20世紀) →Kuskin, Karla　*377*
カスキン, カーラ (20世紀) →Kuskin, Karla　*377*
カスタニャリ (19世紀)
　→Castagnary, Jules-Antoine　*134*
カスターニョ (14・15世紀)
　→Castagno, Andrea del　*134*
カスターニョ, アンドレーア・デル (14・15世紀)
　→Castagno, Andrea del　*134*
カスターニョ, アンドレア・デル (14・15世紀)
　→Castagno, Andrea del　*134*
ガスタルディ, アンドレーア (19世紀)
　→Gastaldi, Andrea　*264*
カスチリオーネ (17・18世紀)
　→Castiglione, Giuseppe　*135*
カスチリョーネ (17・18世紀)
　→Castiglione, Giuseppe　*135*
カーステアズ, ジョン・パディ (20世紀)
　→Carstairs, John Paddy　*131*
カスティ, G. (20世紀) →Casty, Gian　*135*
カスティヨ (20世紀)
　→Castillo, Antonio Canovas del　*135*
カスティリオーニ, エンリーコ (20世紀)
　→Castiglioni, Enrico　*135*
カスティリオーネ (15・16世紀) →Castiglione, Baldassare, conte di Novilara　*135*
カスティリオーネ (17世紀)
　→Castiglione, Giovanni Benedetto　*135*
カスティリオーネ (17・18世紀)
　→Castiglione, Giuseppe　*135*
カスティリオーネ, ジュゼッペ (17・18世紀)
　→Castiglione, Giuseppe　*135*

カスティリオーネ, ジョヴァンニ・ベネデット (17世紀)
　→Castiglione, Giovanni Benedetto　*135*
カスティリオーネ, ジュゼッペ (17・18世紀)
　→Castiglione, Giuseppe　*135*
カスティリオーネ (ジュゼッペ) (17・18世紀)
　→Castiglione, Giuseppe　*135*
カスティリオーネ, ジョヴァンニ・ベネデット (17世紀)
　→Castiglione, Giovanni Benedetto　*135*
カスティリオーネ (バルダサール) (15・16世紀)
　→Castiglione, Baldassare, conte di Novilara　*135*
カスティリオーネ, バルダッサーレ (15・16世紀)
　→Castiglione, Baldassare, conte di Novilara　*135*
カスティリオーネ伯 (15・16世紀) →Castiglione, Baldassare, conte di Novilara　*135*
カスティーリョ, ジョアン・デ (16世紀)
　→Castilho, João de　*135*
カスティリョ, ジョアン・デ (16世紀)
　→Castilho, João de　*135*
カスティーリョ・イ・サーベドラ, アントニオ・デル (17世紀)
　→Castillo y Saavedra, Antonio del　*135*
カスティリョーネ (15・16世紀) →Castiglione, Baldassare, conte di Novilara　*135*
カスティリョーネ (17世紀)
　→Castiglione, Giovanni Benedetto　*135*
カスティリョーネ (17・18世紀)
　→Castiglione, Giuseppe　*135*
カスティリョーネ, ジュゼッペ (17・18世紀)
　→Castiglione, Giuseppe　*135*
カスティリョーネ, バルダッサーレ (15・16世紀)
　→Castiglione, Baldassare, conte di Novilara　*135*
カスティーリョーネ, バルダッサーレ, ノヴィラーラ伯爵 (15・16世紀) →Castiglione, Baldassare, conte di Novilara　*135*
カステッラモンテ, アメデーオ (17世紀)
　→Castellamonte, Amedeo　*134*
カステッラモンテ, カルロ (16・17世紀)
　→Castellamonte, Carlo　*134*
カステッロ, ヴァレーリオ (17世紀)
　→Castello, Valerio　*135*
カステッロ, ジャンバッティスタ (16世紀)
　→Castello, Giambattista　*134*
カステッロ, ジャンバッティスタ (イル・ベルガマスコ (通称)) (16世紀)
　→Castello, Giambattista　*134*
カステッロ, ベルナルド (16・17世紀)
　→Castello, Bernardo　*134*
カステラーニ (20世紀)
　→Castellani, Enrico　*134*
カステラーニ, エンリコ (20世紀)
　→Castellani, Enrico　*134*

カステリ, ルチアーノ(20世紀)
　→Castelli, Luciano　*134*
カステリ, レオ(20世紀)　→Castelli, Leo　*134*
カステル, モシェ(20世紀)　→Castel, Moshe　*134*
カステルバジャック(20世紀)
　→Castelbajac, Jean-Charles de　*134*
カステルラーニ, エンリコ(20世紀)
　→Castellani, Enrico　*134*
カステロ(16・17世紀)
　→Castello, Matteo da　*135*
カーステンス, ヤーコプ・アスムス(18世紀)
　→Carstens, Asmus Jakob　*131*
カストロ, フェリーペ・デ(18世紀)
　→Castro, Felipe de　*135*
ガストン(20世紀)　→Guston, Philip　*300*
ガストン, フィリップ(20世紀)
　→Guston, Philip　*300*
ガスナー, デニス(20世紀)
　→Gassner, Dennis　*264*
カズネーディ, ラッファエーレ(19世紀)
　→Casnedi, Raffaele　*133*
ガスパリ, アントーニオ(17・18世紀)
　→Gaspari, Antonio　*264*
ガスパリ, ジョヴァンニ・パーオロ(18世紀)
　→Gaspari, Giovanni Paolo　*264*
ガスパリ, ピエトロ(18世紀)
　→Gaspari, Pietro　*264*
カスパル(19・20世紀)
　→Caspar, Karl Josef　*133*
カスパル, カール・ヨーゼフ(19・20世紀)
　→Caspar, Karl Josef　*133*
カズローフ(19・20世紀)
　→Kozlov, Pyotr Kuzimich　*372*
カズロフ(19・20世紀)
　→Kozlov, Pyotr Kuzimich　*372*
カズロン(17・18世紀)　→Caslon, William　*133*
カズロン, ウィリアム(17・18世紀)
　→Caslon, William　*133*
カズンズ(18世紀)　→Cozens, Alexander　*169*
カズンズ(18世紀)　→Cozens, John Robert　*169*
カズンズ, L.(20世紀)　→Cousins, Lucy　*167*
カズンズ, アレグザンダー(18世紀)
　→Cozens, Alexander　*169*
カズンズ, ジョン・ロバート(18世紀)
　→Cozens, John Robert　*169*
カゼック, クリストーフォロ(15・16世紀)
　→Caselli, Cristoforo　*133*
カセーリャス・イ・ドウ, ライモンド(19・20世紀)
　→Casellas i Dou, Raimond　*133*
カソ(20世紀)　→Caso y Andrade, Alfonso　*133*
カソ, アルフォンソ(20世紀)
　→Caso y Andrade, Alfonso　*133*
カソラティ(19・20世紀)　→Casorati, Felice　*133*

カゾラーティ(19・20世紀)
　→Casorati, Felice　*133*
カゾラーティ, フェリーチェ(19・20世紀)
　→Casorati, Felice　*133*
カゾラティ, フェリーチェ(19・20世紀)
　→Casorati, Felice　*133*
カゾラーティ, フランチェスコ(20世紀)
　→Casorati, Francesco　*133*
カーター(19・20世紀)　→Carter, Howard　*132*
カーター, エレン(18・19世紀)
　→Carter, Ellen　*132*
カーター, デイビッド(20世紀)
　→Carter, David　*131*
カーター, ハワード(19・20世紀)
　→Carter, Howard　*132*
カタネオ(16世紀)
　→Cattaneo, Danese di Michele　*136*
ガーダマー(20世紀)
　→Gadamer, Hans Georg　*258*
ガダマー(20世紀)
　→Gadamer, Hans Georg　*258*
ガーダマー, ハンス‐ゲオルク(20世紀)
　→Gadamer, Hans Georg　*258*
ガーダマー, ハンス=ゲオルク(20世紀)
　→Gadamer, Hans Georg　*258*
ガダマー, ハンス・ゲオルク(20世紀)
　→Gadamer, Hans Georg　*258*
ガダマー, ハンス=ゲオルク(20世紀)
　→Gadamer, Hans Georg　*258*
カターモール, ジョージ(19世紀)
　→Cattermole, George　*136*
カタラーノ(20世紀)
　→Catalano, Eduard Fernando　*135*
カタリーナ(3・4世紀)
　→Catharina Alexandrina　*136*
カタリナ(3・4世紀)
　→Catharina Alexandrina　*136*
カタリナ(14世紀)　→Catharina de Siena　*136*
聖カタリナ(3・4世紀)
　→Catharina Alexandrina　*136*
カタリナ(アレクサンドリアの, 聖)(3・4世紀)
　→Catharina Alexandrina　*136*
カタリナ(アレクサンドリアの)(3・4世紀)
　→Catharina Alexandrina　*136*
カタリナ(聖)(アレクサンドリアの)(3・4世紀)
　→Catharina Alexandrina　*136*
カタリナ(アレンサンドレイアの)(3・4世紀)
　→Catharina Alexandrina　*136*
カタリーナ(シエーナの)(14世紀)
　→Catharina de Siena　*136*
カタリナ(シエーナの, 聖)(14世紀)
　→Catharina de Siena　*136*
カタリナ(シエナの)(14世紀)
　→Catharina de Siena　*136*
カタリナ(聖)(シエナの)(14世紀)
　→Catarina da Siena　*136*

カタリナ〔シエナの〕(14世紀)
　→Catharina de Siena　136
カチャッリ, ジュゼッペ(18・19世紀)
　→Cacialli, Giuseppe　116
カッカヴェッロ, アンニーバレ(16世紀)
　→Caccavello, Annibale　116
カッサーニ, ニーノ(20世紀)
　→Cassani, Nino　133
カッサンドル(20世紀)
　→Cassandre, Adolphe Mouron　133
カッサンドル, アドルフ・ムーロン(20世紀)
　→Cassandre, Adolphe Mouron　133
ガッシェ(19・20世紀)　→Gachet, Paul　258
カッシナリ(20世紀)　→Cassinari, Bruno　134
カッシナーリ, ブルーノ(20世紀)
　→Cassinari, Bruno　134
カッシーニ, オレグ(20世紀)
　→Cassini, Oleg　134
カッシャウアー, ヤーコプ(15世紀)
　→Kaschauer, Jakob　358
ガッセ, エティエンヌ(18・19世紀)
　→Gasse, Étienne　264
カッソン, サー・ヒュー(・マクスウェル)(20世紀)　→Casson, Sir Hugh (Maxwell)　134
カッターネオ, ダネーゼ(16世紀)
　→Cattaneo, Danese di Michele　136
カッターネオ, ラッファエーレ(19世紀)
　→Cattaneo, Raffaele　136
ガッタポーネ(14世紀)　→Gattapone　264
カッチーニ, ジョヴァンニ・バッティスタ(16・17世紀)　→Caccini, Giovanni Battista　116
カッチャトーリ, ベネデット(18・19世紀)
　→Cacciatori, Benedetto　116
カッツ, アレックス(20世紀)　→Katz, Alex　358
カッツ, ショロモ(20世紀)　→Katz, Shlomo　358
カッツァニーガ, トンマーゾ(15・16世紀)
　→Cazzaniga, Tommaso　138
カッツァニーガ, フランチェスコ(15・16世紀)
　→Cazzaniga, Francesco　138
ガッディ(13・14世紀)
　→Gaddi, Taddeo di Gaddo　259
ガッディ(14世紀)
　→Gaddi, Agnolo di Taddeo　258
ガッティ, アニョロ(14世紀)
　→Gaddi, Agnolo di Taddeo　258
ガッディ, アーニョロ(14世紀)
　→Gaddi, Agnolo di Taddeo　258
ガッディ, アニョロ・ディ・タッデーオ(14世紀)
　→Gaddi, Agnolo di Taddeo　258
ガッティ, ガッド(13・14世紀)
　→Gaddi, Gaddo di Zenobi　259
ガッディ, ガッド(13・14世紀)
　→Gaddi, Gaddo di Zenobi　259
ガッディ, ガッド・ディ・ゼノービ(13・14世紀)
　→Gaddi, Gaddo di Zenobi　259

ガッティ, タッデオ(13・14世紀)
　→Gaddi, Taddeo di Gaddo　259
ガッディ, タッデーオ(13・14世紀)
　→Gaddi, Taddeo di Gaddo　259
ガッデイ, タッデオ(13・14世紀)
　→Gaddi, Taddeo di Gaddo　259
ガッティ, ベルナルディーノ(15・16世紀)
　→Gatti, Bernardino　264
ガッビアーニ, アントン・ドメーニコ(17・18世紀)
　→Gabbiani, Anton Domenico　258
カッピエッロ, レオネット(19・20世紀)
　→Cappiello, Leonetto　125
カップ, デービッド(20世紀)
　→Cupp, David　174
カッファ, メルキオッレ(17世紀)
　→Caffa, Melchiorre　117
カッフィ, イッポーリト(19世紀)
　→Caffi, Ippolito　117
カッフィ, マルゲリータ(17・18世紀)
　→Caffi, Margherita　117
カッフィエーリ, ジャーコモ(17・18世紀)
　→Caffieri, Giacomo　117
カッフィエーリ, ジャン・ジャーコモ(18世紀)
　→Caffiéri, Jean Jacques　117
カッフィエーリ, ダニエーレ(17世紀)
　→Caffieri, Daniele　117
カッフィエーリ, フィリッポ(17・18世紀)
　→Caffieri, Filippo　117
カッペッロ, カルメーロ(20世紀)
　→Cappello, Carmelo　125
カッペレッティ(19世紀)
　→Cappelletti, Giovanni Vincenzo　125
カッペレッティ, ジョヴァンニ・ヴィンチェンツォ(19世紀)
　→Cappelletti, Giovanni Vincenzo　125
カッポーニ, ルイージ(15世紀)
　→Capponi, Luigi　125
カーツマン, ハーヴィー(20世紀)
　→Kurtzman, Harvey　377
カッラ(19・20世紀)　→Carrà, Carlo　129
カッラ, カルロ(19・20世紀)　→Carrà, Carlo　129
カッラッチ, アゴスティーノ(16・17世紀)
　→Carracci, Agostino　130
カッラッチ, アントーニオ(16・17世紀)
　→Carracci, Antonio　130
カッラッチ, アンニーバレ(16・17世紀)
　→Carracci, Annibale　130
カッラッチ, ルドヴィーコ(16・17世紀)
　→Carracci, Lodovico　130
カッラーニ, ガエターノ(18・19世紀)
　→Callani, Gaetano　119
カッラーリ, バルダッサッレ(15・16世紀)
　→Carrari, Baldassarre　130
ガッリ, アルド(20世紀)　→Galli, Aldo　261
ガッリ, ルイージ(19世紀)　→Galli, Luigi　261

ガッリアーリ, ガスパレ(18・19世紀)
　→Galliari, Gaspare　261
ガッリアーリ, ジュゼッペ(18・19世紀)
　→Galliari, Giuseppe　261
ガッリアーリ, ジョヴァンニ(17・18世紀)
　→Galliari, Giovanni　261
ガッリアーリ, ジョヴァンニ・アントーニオ(18世紀)　→Galliari, Giovanni Antonio　261
ガッリアーリ, ジョヴァンニーノ(18・19世紀)
　→Galliari, Giovannino　261
ガッリアーリ, ファブリーツィオ(18世紀)
　→Galliari, Fabrizio　261
ガッリアーリ, ベルナルディーノ(18世紀)
　→Galliari, Bernardino　261
カッリエーラ, ロザルバ(17・18世紀)
　→Carriera, Rosalba Giovanna　130
ガッリーナ, ガッロ(18・19世紀)
　→Gallina, Gallo　261
ガッレソ・カッレラ(19・20世紀)
　→Gallen-Kallela, Akseli Valdemar　260
ガッレン・カッレラ(19・20世紀)
　→Gallen-Kallela, Akseli Valdemar　260
ガッレン＝カッレラ, アクセリ(19・20世紀)
　→Gallen-Kallela, Akseli Valdemar　260
ガッロ, フランチェスコ(17・18世紀)
　→Gallo, Francesco　261
ガッローニ, A.(20世紀)　→Galloni, Adelchi　261
カーティー, L.(20世紀)　→Carty, Leo　132
カーティ, パスクアーレ(16・17世紀)
　→Cati, Pasquale　136
ガディエ(16世紀)　→Gadier, Pierre　259
カーティエ, エド(20世紀)　→Cartier, Edd　132
ガーディオ, バルトロメーオ(15世紀)
　→Gadio, Bartolomeo　259
カーティス, エドワード(・シェリフ)(19・20世紀)
　→Curtis, Edward(Sheriff)　175
ガーディナー(19・20世紀)
　→Gardiner, James MacDonald　263
ガーティン(18・19世紀)　→Girtin, Thomas　278
ガーティン, トマス(18・19世紀)
　→Girtin, Thomas　278
カーデス, ジュゼッペ(18世紀)
　→Cades, Giuseppe　116
カテーナ(15・16世紀)
　→Catena, Vincenzo di Biagio　136
カテーナ, ヴィンチェンツォ(15・16世紀)
　→Catena, Vincenzo di Biagio　136
カテナ, ヴィンチェンツォ(15・16世紀)
　→Catena, Vincenzo di Biagio　136
カーデュー, マイケル(20世紀)
　→Cardew, Michael　127
カテリーナ(シエナの),(ベニンカーサ, カテリーナ)(14世紀)　→Catharina de Siena　136
カテリーナ・ダ・シェーナ(14世紀)
　→Catharina de Siena　136

カテリーナ・ダ・シエーナ(14世紀)
　→Catharina de Siena　136
聖カテリーナ・ダ・シエナ(14世紀)
　→Catharina de Siena　136
カテリーノ, ヴェネツィアーノ(14世紀)
　→Caterino, Veneziano　136
カテル, フランツ・ルートヴィヒ(18・19世紀)
　→Catel, Franz Ludwig　136
ガトキント, アーウィン・アントン(20世紀)
　→Gutkind, Erwin Anton　300
ガードナー(19世紀)　→Gardner, Alexander　263
ガードナー, イサベラ・スチュアート(19・20世紀)
　→Gardner, Isabella Stewart　263
ガードナー, イザベラ・ステュワート(19・20世紀)
　→Gardner, Isabella Stewart　263
ガードナー, ヘレン(19・20世紀)
　→Gardner, Helen　263
ガートラー, マーク(20世紀)
　→Gertler, Mark　269
カトラン, ベルナード(20世紀)
　→Cathelin, Bernard　136
カトラン, ベルナール(20世紀)
　→Cathelin, Bernard　136
カートリッジ, M.(20世紀)
　→Cartlidge, Michelle　132
カトリン(18・19世紀)　→Catlin, George　136
カドリン, ヴィンチェンツォ(19・20世紀)
　→Cadorin, Vincenzo　117
カドリン, エットレ(19・20世紀)
　→Cadorin, Ettore　117
カトリン, ジョージ(18・19世紀)
　→Catlin, George　136
ガートルード・スタイン(19・20世紀)
　→Stein, Gertrude　629
カトルメール(18・19世紀)　→Quatremère de Quincy, Antoine Chrysostome　542
カトルメール・ド・カンシー, アントワーヌ＝クリゾストーム(18・19世紀)　→Quatremère de Quincy, Antoine Chrysostome　542
カナヴェージオ, ジョヴァンニ(15世紀)
　→Canavesio, Giovanni　122
カーナーヴォン(19・20世紀)
　→Carnarvon, George Edward Stanhope Molyneux Herbert, 5th Earl of　128
カーナヴォン, ジョージ・エドワード・スタナップ・モリニュークス・ハーバート, 5代伯爵(19・20世紀)
　→Carnarvon, George Edward Stanhope Molyneux Herbert, 5th Earl of　128
カーナーヴォン卿(19・20世紀)
　→Carnarvon, George Edward Stanhope Molyneux Herbert, 5th Earl of　128
カナコス(前5世紀)　→Kanachos　355
カナシェーヴィッチ, V.M.(19・20世紀)
　→Konashevich, Vladimir Mikhajlovich　370

ガナッタ,Y.B.(20世紀)
　→Ganatta, Yaw Boakye　261
カーナーボン(19・20世紀)
　→Carnarvon, George Edward Stanhope Molyneux Herbert, 5th Earl of　128
カナル,ジャンバッティスタ(18・19世紀)
　→Canal, Giambattista　122
カナレット(17・18世紀)
　→Canaletto, Antonio　122
カナレット(18世紀)
　→Canaletto, Bernardo Bellotto　122
カナレットー(17・18世紀)
　→Canaletto, Antonio　122
カナレット,ベルナルド(18世紀)
　→Canaletto, Bernardo Bellotto　122
ガーニー,E.(20世紀)　→Gurney, Eric　300
カニアーナ,アントーニオ(17・18世紀)
　→Caniana, Antonio　123
カニアーナ,カテリーナ(17・18世紀)
　→Caniana, Caterina　123
カニアーナ,ジャーコモ(18世紀)
　→Caniana, Giacomo　123
カニアーナ,ジャン・アントーニオ(17・18世紀)
　→Caniana, Gian Antonio　123
カニアーナ,ジャン・バッティスタ(17・18世紀)
　→Caniana, Gian Battista　123
カニアーナ,ジュゼッペ(17・18世紀)
　→Caniana, Giuseppe　123
カニーナ(18・19世紀)　→Canina, Luigi　123
カニーナ,ルイージ(18・19世紀)
　→Canina, Luigi　123
カニフ,ミルト(ミルトン・アーサー)(20世紀)
　→Caniff, Milt (on Arthur)　123
ガニメデス　→Ganymēdēs　262
カニャッチ,グイード(17世紀)
　→Cagnacci, Guido　117
ガニュー,マリー・クリスチーヌ(20世紀)
　→Gagneux, Marie Christine　259
ガニュメーデース　→Ganymēdēs　262
ガニュメデス　→Ganymēdēs　262
ガニュロー,ベニーニュ(18世紀)
　→Gagneraux, Bénigne　259
カニョーラ(18・19世紀)　→Cagnola, Luigi　117
カニョーラ,ルイージ(18・19世紀)
　→Cagnola, Luigi　117
ガニョン,チャールス(20世紀)
　→Gagnon, Charles　259
ガニョン,ポーリネ(20世紀)
　→Gagnon, Pauline　259
カニンガム(19世紀)
　→Cunningham, Sir Alexander　174
カニンガム,アレグザンダー(19世紀)
　→Cunningham, Sir Alexander　174
カニンガム,イモジェン(19・20世紀)
　→Cunningham, Imogen　174

カニンハム,イモーゲン(19・20世紀)
　→Cunningham, Imogen　174
カヌーティ,ドメーニコ・マリーア(17世紀)
　→Canuti, Domenico Maria　124
カネヴァーリ,アントーニオ(17・18世紀)
　→Canevari, Antonio　123
カネヴァーリ,アントニオ(17・18世紀)
　→Canevari, Antonio　123
ガーネット(20世紀)　→Garnett, Eve　263
ガネット,R.C.(20世紀)　→Gannett, Ruth　262
ガーネット,イーヴ(20世紀)
　→Garnett, Eve　263
ガーネット,イーブ(20世紀)
　→Garnett, Eve　263
ガネット,ルース(20世紀)
　→Gannett, Ruth　262
カネッラ,グイド(20世紀)
　→Canella, Guido　123
カネッラ,ジュゼッペ(18・19世紀)
　→Canella, Giuseppe　123
カネーフスキー,A.M.(20世紀)
　→Kanevskij, Aminadav Moiseevich　356
カーノ(17世紀)　→Cano, Alonso　123
カノ(17世紀)　→Cano, Alonso　123
カーノ,アロンソ(17世紀)　→Cano, Alonso　123
カノ,アロンソ(17世紀)　→Cano, Alonso　123
カノーヴァ(18・19世紀)
　→Canova, Antonio　123
カノーヴァ,アントーニオ(18・19世紀)
　→Canova, Antonio　123
カノーヴァ,アントニオ(18・19世紀)
　→Canova, Antonio　123
カノガール,ラファエール(20世紀)
　→Canogar, Rafael Garcia　123
カノガール,ラファエール・G.(20世紀)
　→Canogar, Rafael Garcia　123
ガーノ・ダ・シエーナ(14世紀)
　→Gano da Siena　262
カノーツィ・ダ・レンディナーラ,アンドレーア(15世紀)
　→Canozi da Lendinara, Andrea　124
カノーツィ・ダ・レンディナーラ,クリストーフォロ(15・16世紀)
　→Canozi da Lendinara, Cristoforo　124
カノーツィ・ダ・レンディナーラ,ロドヴィーコ(15・16世紀)
　→Canozi da Lendinara, Lodovico　124
カノーツィ・ダ・レンディナーラ,ロレンツォ(15世紀)　→Canozi da Lendinara, Lorenzo　124
カノーニカ(18・19世紀)　→Canonica, Luigi　123
カノーニカ,ピエトロ(19・20世紀)
　→Canonica, Pietro　123
カノーニカ,ルイージ(18・19世紀)
　→Canonica, Luigi　123

カノニカ, ルイジ (18・19世紀)
　→Canonica, Luigi　123
カノーバ (18・19世紀) →Canova, Antonio　123
カノーバ, アントニオ (18・19世紀)
　→Canova, Antonio　123
カーノルト (19・20世紀)
　→Kanoldt, Alexander　356
カーノルト, アレクサンダー (19・20世紀)
　→Kanoldt, Alexander　356
カバコフ (20世紀)
　→Kabakov, Iljja Iosifovich　353
カバコフ, I.I. (20世紀)
　→Kabakov, Iljja Iosifovich　353
ガバシヴィーリ (19・20世紀)
　→Gavashvili, Gigo　265
カバネル (19世紀) →Cabanel, Alexandre　116
カバネル, アレキサンドル (19世紀)
　→Cabanel, Alexandre　116
カバネル, アレクサンドル (19世紀)
　→Cabanel, Alexandre　116
カバリーニ (13・14世紀)
　→Cavallini, Pietro　137
カパール (19・20世紀) →Capart, Jean　124
カパール, ジャン (19・20世紀)
　→Capart, Jean　124
カバルカセレ (19世紀)
　→Cavalcaselle, Giovanni Battista　137
カバルカンティ (20世紀)
　→Cavalcanti, Emiliano di　137
カバルカンティ, E.di (20世紀)
　→Cavalcanti, Emiliano di　137
ガバルニ (19世紀) →Gavarni, Paul　265
カパンナ, プッチョ (13・14世紀)
　→Capanna, Puccio　124
カービー (19・20世紀) →Kirby, Rollin　364
ガービア, バルサザー (16・17世紀)
　→Gerbier, Balthasar　268
カビアンカ, ヴィンチェンツォ (19・20世紀)
　→Cabianca, Vincenzo　116
カビアンカ, フランチェスコ・ペンソ (17・18世紀)
　→Cabianca, Francesco Penso　116
カピタン, ルイ (19・20世紀)
　→Capitan, Louis　125
ガフ, ブルース (20世紀) →Goff, Bruce　281
カプア, アニッシュ (20世紀)
　→Kapoor, Anish　356
カフィエリ (17・18世紀)
　→Caffiéri, Jacques　117
カフィエリ (18世紀)
　→Caffiéri, Jean Jacques　117
カフィエリ, ジャック (17・18世紀)
　→Caffiéri, Jacques　117
カフィエリ, ジャン=ジャック (18世紀)
　→Caffiéri, Jean Jacques　117

カーフィオール, バーナード (19・20世紀)
　→Karfiol, Bernard　357
カフカ, ボフミル (19・20世紀)
　→Kafka, Bohumil　353
カプデヴィラ, R. (20世紀)
　→Capdevila, Roser　124
カフラ (前25世紀) →Khafra　362
カフラー (前25世紀) →Khafra　362
カフラー (ケフレン) (前25世紀) →Khafra　362
カプリアーニ, フランチェスコ (16・17世紀)
　→Capriani, Francesco　125
ガブリエル (17・18世紀)
　→Gabriel, Jacques Ange　258
ガブリエル, アンジュ=ジャック (17・18世紀)
　→Gabriel, Jacques Ange　258
ガブリエル, ジャック1世 (17世紀)
　→Gabriel, Jacques I　258
ガブリエル, ジャック4世 (17世紀)
　→Gabriel, Jacques IV　258
ガブリエル, ジャック5世 (17・18世紀)
　→Gabriel, Jacques V　258
ガブリエル, ジャック・アンジュ (17・18世紀)
　→Gabriel, Jacques Ange　258
カプリオーロ, ドメーニコ (15・16世紀)
　→Capriolo, Domenico　125
カフレ (前25世紀) →Khafra　362
カブレーラ, ハイメ (14・15世紀)
　→Cabrera, Jaime　116
カプロー (20世紀) →Kaprow, Allan　356
カプロー, アラン (20世紀)
　→Kaprow, Allan　356
カプロー, アレン (20世紀)
　→Kaprow, Allan　356
カフーン, ロバート (20世紀)
　→Colquhoun, Robert　158
カペイカ, Ju.V. (20世紀)
　→Kopejko, Jurij Vasiljevich　371
ガベッティ, ロベルト (20世紀)
　→Gabetti, Roberto　258
カペッラ, フランチェスコ (18世紀)
　→Capella, Francesco　124
カペル, ヤン・ファン・デ (17世紀)
　→Cappell, Jan van de　125
カペレ (17世紀) →Cappell, Jan van de　125
カペレッティ (19世紀)
　→Cappelletti, Giovanni Vincenzo　125
カーペンター, マーガレット (18・19世紀)
　→Carpenter, Margaret　129
ガボ (19・20世紀) →Gabo, Naum　258
ガボ, ナウム (19・20世紀) →Gabo, Naum　258
カポグロッシ (20世紀)
　→Capogrossi, Giuseppe　125
カポグロッシ, ジュゼッペ (20世紀)
　→Capogrossi, Giuseppe　125

カポディフェッロ, ジャンフランチェスコ (16世紀)
　→Capodiferro, Gianfrancesco　125
ガポネンコ, タラス・グリエーヴィッチ (20世紀)
　→Gaponenko, Taras Grievitch　262
カポラーリ, ジョヴァン・バッティスタ (15・16世紀)　→Caporali, Giovan Battista　125
カポラーリ, バルトロメーオ (15・16世紀)
　→Caporali, Bartolomeo　125
カマッセイ, アンドレーア (17世紀)
　→Camassei, Andrea　120
カマール (16世紀)　→Kamāl　355
カマロ (20世紀)　→Camaro, Alexander　120
カミッリアーニ, カミッロ (16・17世紀)
　→Camilliani, Camillo　121
カミッリアーニ, フランチェスコ (16世紀)
　→Camilliani, Francesco　121
カーミリヨン, アリス (16世紀)
　→Carmylyon, Alice　128
カミングス (20世紀)
　→Cummings, Edward Estlin　174
カミングズ (20世紀)
　→Cummings, Edward Estlin　174
カミングズ,E.E.(20世紀)
　→Cummings, Edward Estlin　174
カミングズ,e.e.(20世紀)
　→Cummings, Edward Estlin　174
カミングズ,E.E.(エドワード・エストリン)(20世紀)　→Cummings, Edward Estlin　174
カミングス, イー・イー (20世紀)
　→Cummings, Edward Estlin　174
カミングス, エドワード・エストリン (20世紀)
　→Cummings, Edward Estlin　174
カミングズ, エドワード・エストリン (20世紀)
　→Cummings, Edward Estlin　174
カミングズ, パット (20世紀)
　→Cummings, Pat　174
カムッチーニ, ヴィンチェンツォ (18・19世紀)
　→Camuccini, Vincenzo　122
ガムッリーニ, ジャン・フランチェスコ (19・20世紀)　→Gamurrini, Gian Francesco　261
カムピーリ, マッシモ (20世紀)
　→Campigli, Massimo　122
カムペンドンク (19・20世紀)
　→Campendonk, Heinrich　121
カメーリオ, ヴィットーレ (15・16世紀)
　→Camelio, Vittore　120
ガメル,S.(20世紀)　→Gammell, Stephen　261
カメロン (19世紀)
　→Cameron, Julia Margaret　121
カーメン,G.(20世紀)　→Kamen, Gloria　355
カモアン (19・20世紀)　→Camoin, Charles　121
ガモス,A.E.(20世紀)　→Gamos, Alberto E.　261
カモワン, シャルル (19・20世紀)
　→Camoin, Charles　121

ガーヤ・ヌーニョ (20世紀)
　→Gaya-Nuño, Juan Antonio　265
カラ (19・20世紀)　→Carrà, Carlo　129
ガラ (20世紀)　→Gala　260
カラ, カルロ (19・20世紀)　→Carrà, Carlo　129
カーライ,D.(20世紀)　→Kallay, Dusan　354
カラヴァッジォ (16・17世紀)
　→Caravaggio, Michelangelo Merisi da　126
カラヴァッジォ, ヴィットーレ (16・17世紀)
　→Caravaggio, Michelangelo Merisi da　126
カラヴァッジォ, ミケランジェロ・メリジ・ダ (16・17世紀)
　→Caravaggio, Michelangelo Merisi da　126
カラヴァッジョ (16・17世紀)
　→Caravaggio, Michelangelo Merisi da　126
カラヴァッジョ, ポリドーロ・カルダーラ・ダ (15・16世紀)
　→Caravaggio, Polidoro Caldara da　126
カラヴァッジョ, ミケランジェロ (16・17世紀)
　→Caravaggio, Michelangelo Merisi da　126
ガラヴァーニ, ヴァレンティノ (20世紀)
　→Garavani, Valentino　262
カラウーシン,B.M.(20世紀)
　→Kalaushin, Boris Matveevich　354
カラカッラ (2・3世紀)
　→Caracalla, Marcus Aurelius Antoninus　125
カラカラ (2・3世紀)
　→Caracalla, Marcus Aurelius Antoninus　125
カラカラ (M.アウレリウス・アントニヌス)(2・3世紀)
　→Caracalla, Marcus Aurelius Antoninus　125
カラカラ, マールクス・アウレーリウス・セウェールス・アントーニーヌス (2・3世紀)
　→Caracalla, Marcus Aurelius Antoninus　125
カラカラ帝 (2・3世紀)
　→Caracalla, Marcus Aurelius Antoninus　125
カラス,B.(20世紀)　→Karas, Brian　356
カーラース,I.(20世紀)　→Karasz Ilonka　357
ガラズボフ,V.V.(20世紀)
　→Golozubov, Vladimir Vasiljevich　282
カラチョフ,S.V.(20世紀)
　→Kalachov, Spartak Vladimirovich　354
ガラッシ, ガラッソ (15世紀)
　→Galassi, Galasso　260
ガラッソ・ディ・マッテーオ・ピーヴァ (15世紀)
　→Galasso di Matteo Piva　260
カラッチ (16・17世紀)
　→Carracci, Agostino　130
カラッチ (16・17世紀)
　→Carracci, Annibale　130
カラッチ (16・17世紀)
　→Carracci, Lodovico　130
カラッチ, アゴスティーノ (16・17世紀)
　→Carracci, Agostino　130

カラッチ, アゴスティノ (16・17世紀)
　→Carracci, Agostino　130
カラッチ, アニバーレ (16・17世紀)
　→Carracci, Annibale　130
カラッチ, アンニバル (16・17世紀)
　→Carracci, Annibale　130
カラッチ, アンニーバレ (16・17世紀)
　→Carracci, Annibale　130
カラッチ, アンニバーレ (16・17世紀)
　→Carracci, Annibale　130
カラッチ, アンニバレ (16・17世紀)
　→Carracci, Annibale　130
カラッチ, ルドヴィコ (16・17世紀)
　→Carracci, Lodovico　130
カラッチ, ロドヴィコ (16・17世紀)
　→Carracci, Lodovico　130
カラッチ, ロドビコ (16・17世紀)
　→Carracci, Lodovico　130
カラッチオーロ, ジョヴァンニ・バッティスタ (16・17世紀)
　→Caracciolo, Giovanni Battista　126
カラッチョロ, ジョヴァンニ・バッティスタ (16・17世紀) →Caracciolo, Giovanni Battista　126
カラッティ, フランチェスコ (17世紀)
　→Caratti, Francesco　126
ガラード, ジョージ (18・19世紀)
　→Garrard, George　263
カラドッソ (15・16世紀)
　→Caradosso, Cristoforo Foppa　126
ガラニス, デメトルス・エマニュエル (19・20世紀)
　→Galanis, Démétrus-Emmanuel　260
カラバッジオ (15・16世紀)
　→Caravaggio, Polidoro Caldara da　126
カラバッジオ (16・17世紀)
　→Caravaggio, Michelangelo Merisi da　126
カラバッジオ, ミケランジェロ・ダ (16・17世紀)
　→Caravaggio, Michelangelo Merisi da　126
カラバッジョ (16・17世紀)
　→Caravaggio, Michelangelo Merisi da　126
ガラバーニ (20世紀)
　→Garavani, Valentino　262
カラバン, フランソワ=リュペール (19・20世紀)
　→Carabin, François-Rupert　125
カラベッリ, アントーニオ (17世紀)
　→Carabelli, Antonio　125
カラベッリ, ドナート (18・19世紀)
　→Carabelli, Donato　125
カラベッリ, フランチェスコ (18世紀)
　→Carabelli, Francesco　125
カラマッタ, ルイージ (19世紀)
　→Calamatta, Luigi　118
カラミス (前5世紀) →Kalamis　354
カラム (19世紀) →Calame, Alexandre　118
カラーム, アレクサンドル (19世紀)
　→Calame, Alexandre　118

カラムエル, ホアン (ロブコヴィツの) (17世紀)
　→Caramuel, Juan (Lobkowitz)　126
カラムエル・ロブコヴィツ, ファン・デ (17世紀)
　→Caramuel, Juan (Lobkowitz)　126
カラメッカ, アンドレーア (16世紀)
　→Calamecca, Andrea　118
ガラモン (16世紀) →Garamond, Claude　262
カラーリオ, ジャン・ヤーコポ (16世紀)
　→Caraglio, Gian Iacopo　126
カラルヌ, Y. (20世紀) →Calarnou, Yves　118
ガラン, J. (20世紀) →Galan, Jacques　260
カラン, ルイ=イレール (19世紀)
　→Carrand, Louis-Hilaire　130
カラン・ダーシュ (19・20世紀)
　→Caran d'Ache　126
カラン・ダシュ (19・20世紀)
　→Caran d'Ache　126
カラン・ダッシュ (19・20世紀)
　→Caran d'Ache　126
ガランターラ, ガブリエーレ (19・20世紀)
　→Galantara, Gabriele　260
ガランテ, ニコーラ (19・20世紀)
　→Galante, Nicola　260
カランドラ, ダーヴィデ (19・20世紀)
　→Calandra, Davide　118
カリー (20世紀) →Curry, John Steuart　174
カリー, ケン (20世紀) →Currie, Ken　174
カーリ, コッラード (20世紀)
　→Cagli, Corrado　117
カリー, ジョン (・ステュアート) (20世紀)
　→Curry, John Steuart　174
カリー, ジョン・ステュアート (20世紀)
　→Curry, John Steuart　174
カリアー (19世紀) →Currier, Nathaniel　174
カリアーニ, ジョヴァンニ (15・16世紀)
　→Cariani, Giovanni　127
カリアーリ, カルロ (16世紀)
　→Caliari, Carlo　119
カリアーリ, ベネデット (16世紀)
　→Caliari, Benedetto　119
ガリェーゴ (15・16世紀)
　→Gallego, Fernando　260
ガリェーゴ, フェルナンド (15・16世紀)
　→Gallego, Fernando　260
カリエ・ベルーズ (19世紀)
　→Carrier-Belleuse, Albert-Ernest　131
カリエ=ベルーズ, アルベール=エルネスト (19世紀) →Carrier-Belleuse, Albert-Ernest　131
カリエーラ (17・18世紀)
　→Carriera, Rosalba Giovanna　130
カリエラ (17・18世紀)
　→Carriera, Rosalba Giovanna　130
カリエーラ, ロザルバ (17・18世紀)
　→Carriera, Rosalba Giovanna　130

カリエラ, ロサルバ(17・18世紀)
　→Carriera, Rosalba Giovanna　130
カリエラ, ロザルバ(17・18世紀)
　→Carriera, Rosalba Giovanna　130
カリエール(19世紀)　→Carrière, Moritz　131
カリエール(19・20世紀)
　→Carrière, Eugène　131
カリエール,E.(19・20世紀)
　→Carrière, Eugène　131
カリエール, ウージェーヌ(19・20世紀)
　→Carrière, Eugène　131
カリエール, ウジェーヌ(19・20世紀)
　→Carrière, Eugène　131
カリエール, ユージェーヌ(19・20世紀)
　→Carrière, Eugène　131
ガリオ(ガリオン)(18・19世紀)
　→Gallina, Gallo　261
カリクラテース(前5世紀)　→Kallikratēs　355
カリクラテス(前5世紀)　→Kallikratēs　355
カリクラテス(スパルタ出身の)(前6世紀)
　→Kallikratēs　355
カリジェ,A.(20世紀)　→Carigiet, Alois　127
カリジェ, アロワ(20世紀)　→Carigiet, Alois　127
カリジエ, アロワ(20世紀)
　→Carigiet, Alois　127
ガリヂャーエフ,V.I.(20世紀)
　→Galjdjaev, Vladimir Ivanovich　260
ガリーツィア, フェーデ(16・17世紀)
　→Galizia, Fede　260
カリック,D.(20世紀)　→Carrick, Donald　130
カリーヌイチェヴァ,K.I.(20世紀)
　→Kalinycheva, Klara Ivanovna　354
カリマコス(前5・4世紀)
　→Kallimachos ho Athenaios　355
カリマコス(アテナイ出身の)(前5・4世紀)
　→Kallimachos ho Athenaios　355
カリマコス(アテナイ?の)(前5・4世紀)
　→Kallimachos ho Athenaios　355
カリミーニ, ルーカ(19世紀)
　→Carimini, Luca　127
ガリャーエフ,V.N.(20世紀)
　→Gorjaev, Vitalij Nikolaevich　285
カリヤニス(20世紀)
　→Calliyannis, Manolis　119
ガリレイ, アレッサンドロ(17・18世紀)
　→Galilei, Alessandro　260
カーリン,E.(20世紀)　→Karlin, Eugene　357
カリンスカ, バーバラ(19・20世紀)
　→Karinska, Barbara　357
カリンスカ, バルバーラ(19・20世紀)
　→Karinska, Barbara　357
カリンスカ, バルバラ(カリンスカヤ, ワルワーラ)(19・20世紀)　→Karinska, Barbara　357
カリントン, レオノーラ(20世紀)
　→Carrington, Leonora　131

カール(1世)(8・9世紀)
　→Karl I der Grosse　357
カール1世(8・9世紀)　→Karl I der Grosse　357
カール一世(8・9世紀)　→Karl I der Grosse　357
カール1世(大帝)(8・9世紀)
　→Karl I der Grosse　357
カール一世(大帝)(8・9世紀)
　→Karl I der Grosse　357
カール1世(大帝, シャルルマーニュ)(8・9世紀)
　→Karl I der Grosse　357
カール一世, 大帝(シャルルマーニュ)(8・9世紀)
　→Karl I der Grosse　357
カール(5世)(16世紀)　→Karl V　357
カール5世(16世紀)　→Karl V　357
カール五世(16世紀)　→Karl V　357
カール5世(カルロス1世)(16世紀)
　→Karl V　357
カール,E.(20世紀)　→Carle, Eric　127
ガル,L.(20世紀)　→Gal Laszlo　260
カール, ヴァージニア(20世紀)
　→Kahl, Virginia　353
カール, エリック(20世紀)　→Carle, Eric　127
カール(大帝)(8・9世紀)
　→Karl I der Grosse　357
カール〔大帝〕(8・9世紀)
　→Karl I der Grosse　357
カルヴァク, ヘレン(20世紀)
　→Kalvak, Helen　355
カルヴァック, ヘレン(20世紀)
　→Kalvak, Helen　355
カルヴァート, エドワード(18・19世紀)
　→Calvert, Edward　120
カルヴァルト(16・17世紀)
　→Calvaert, Denis　120
カルヴァールト, デニス(16・17世紀)
　→Calvaert, Denis　120
カルヴィ, ポンペーオ(19世紀)
　→Calvi, Pompeo　120
カルヴィ, ヤーコポ・アレッサンドロ(18・19世紀)
　→Calvi, Iacopo Alessandro　120
カルヴィ, ラッザーロ(16・17世紀)
　→Calvi, Lazzaro　120
カルカーニ, アントーニオ(16世紀)
　→Calcagni, Antonio　118
カルカーニ, ティベーリオ(16世紀)
　→Calcagni, Tiberio　118
カルカノ, フィリッポ(19・20世紀)
　→Carcano, Filippo　126
ガルガーリオ, フラ(17・18世紀)
　→Galgario, Fra　260
ガルガーリョ, パブロ(19・20世紀)
　→Cargallo, Pablo　127
ガルガリョ, パブロ(19・20世紀)
　→Gargallo, Pablo　263

カルカル(15・16世紀)
　→Calcar, Jan Stephan van　118
カルクロイト(19世紀)
　→Kalckreuth, Stanislaus, Graf von　354
カルクロイト(19・20世紀)
　→Kalckreuth, Leopold, Graf von　354
カルケール, ニクラウス(16世紀)
　→Karcher, Niklaus　357
カルケール, ヤン(16世紀) →Karcher, Jan　357
カルケール, ルイ(16世紀)
　→Karcher, Louis　357
カルコ(19・20世紀) →Carco, Francis　126
カルコ, フランシス(19・20世紀)
　→Carco, Francis　126
カルサ,D.K.(20世紀)
　→Khalsa, Dayal Kaur　362
ガルサン, ジェニー・ラウル(20世紀)
　→Garcin, Jenny-Laure　262
ガルシア・デ・キニョーネス, アンドレス(18世紀) →García de Quiñnones, Andrés　262
ガルシア・フォン, ピエール(20世紀)
　→Garcia Fons, Pierre　262
ガルシア・ロッシ, ホラチオ(20世紀)
　→Garcia Rossi, Horacio　262
カルジャ, エティエンヌ(19・20世紀)
　→Carjat, Étienne　127
ガルジューロ, ドメーニコ(17世紀)
　→Gargiulo, Domenico　263
カールス(18・19世紀)
　→Carus, Karl Gustav　132
カルズー(20世紀) →Carzou, Jean　132
カルス, アドルフ=フェリックス(19世紀)
　→Cals, Adolphe-Félix　120
カールス, カール・グスタフ(18・19世紀)
　→Carus, Karl Gustav　132
カルス, カルル・グスタフ(18・19世紀)
　→Carus, Karl Gustav　132
カルズー, ジェーン(20世紀)
　→Carzou, Jean　132
カルズー, ジーン(20世紀) →Carzou, Jean　132
ガルスター,R.(20世紀) →Galster, Robert　261
カールステンス(18世紀)
　→Carstens, Asmus Jakob　131
カルステンス(18世紀)
　→Carstens, Asmus Jakob　131
カルステンス, アスムス・ヤーコプ(18世紀)
　→Carstens, Asmus Jakob　131
カルステンス, ヤコプ(18世紀)
　→Carstens, Asmus Jakob　131
カルステンス, ヤーコプ・アスムス(18世紀)
　→Carstens, Asmus Jakob　131
カルーゾ, ブルーノ(20世紀)
　→Caruso, Bruno　132
カルーゾス(20世紀) →Karousos, Christos　357
カールソン,Al.(20世紀) →Carlson, Al.　128

カルダー(20世紀) →Calder, Alexander　119
カール大帝(8・9世紀) →Karl I der Grosse　357
カール大帝(1世)(8・9世紀)
　→Karl I der Grosse　357
カルタイヤック(19・20世紀)
　→Cartailhac, Emile　131
カルタイヤック, エミール(19・20世紀)
　→Cartailhac, Emile　131
カルダン(20世紀) →Cardin, Pierre　127
カルダン, ピエール(20世紀)
　→Cardin, Pierre　127
カルツァ, グイード(19・20世紀)
　→Calza, Guido　120
ガルッチ, ラッファエーレ(19世紀)
　→Garucci, Raffaele　264
カルティエ, アンリ(20世紀)
　→Cartier-Bresson, Henri　132
カルティエ ブレッソン(20世紀)
　→Cartier-Bresson, Henri　132
カルティエ・ブレッソン(20世紀)
　→Cartier-Bresson, Henri　132
カルティエ-ブレッソン(20世紀)
　→Cartier-Bresson, Henri　132
カルティエ=ブレッソン(20世紀)
　→Cartier-Bresson, Henri　132
カルティエブレッソン(20世紀)
　→Cartier-Bresson, Henri　132
カルティエ・ブレッソン, アンリ(20世紀)
　→Cartier-Bresson, Henri　132
カルティエ=ブレッソン, アンリ(20世紀)
　→Cartier-Bresson, Henri　132
ガルディラ, イグナツィオ(20世紀)
　→Gardella, Ignazio　262
ガルデッラ, イニャーツィオ(20世紀)
　→Gardella, Ignazio　262
カルデナス, アウグスティン(20世紀)
　→Cárdenas, Augustín　127
カルテラック(19・20世紀)
　→Cartailhac, Emile　131
カルデラーラ, アントーニオ(20世紀)
　→Calderara, Antonio　119
カルテリエ, ピエール(18・19世紀)
　→Cartellier, Pierre　131
カルデリーニ, グリエルモ(19・20世紀)
　→Calderini, Guglielmo　119
カルデリーニ, マルコ(19・20世紀)
　→Calderini, Marco　119
ガルデルラ, イグナツィオ(20世紀)
　→Gardella, Ignazio　262
カルドゥーチョ, バルトロメー(16・17世紀)
　→Carducci, Bartolommeo　127
カルドゥーチョ, ビセンテ(16・17世紀)
　→Carducho, Vicente　127
カルドゥッチ(16・17世紀)
　→Carducci, Bartolommeo　127

カルドーゾ（19・20世紀）
　→Souza-Cardoso, Amadeo de　*624*
ガルドン,P.（20世紀）→Galdone, Paul　*260*
カルトン, アングラン（15世紀）
　→Quarton（Charonton）, Enguerrand　*542*
カルトン（シャロントン）, アングラン（15世紀）
　→Quarton（Charonton）, Enguerrand　*542*
ガルドーン, ポール（20世紀）
　→Galdone, Paul　*260*
ガルドン, ポール（20世紀）→Galdone, Paul　*260*
ガルニエ（19世紀）
　→Garnier, Jean Louis Charles　*263*
ガルニエ（19・20世紀）→Garnier, Tony　*263*
ガルニエ,J.L.C.（19世紀）
　→Garnier, Jean Louis Charles　*263*
ガルニエ, シャルル（19世紀）
　→Garnier, Jean Louis Charles　*263*
ガルニエ, トニ（19・20世紀）
　→Garnier, Tony　*263*
ガルニエ, トニー（19・20世紀）
　→Garnier, Tony　*263*
ガルニエ, ピエール（18世紀）
　→Garnier, Pierre　*263*
カルネオ, アントーニオ（17世紀）
　→Carneo, Antonio　*128*
カルネリヴァーリ, マッテーオ（15世紀）
　→Carnelivari, Matteo　*128*
カルパッチオ（15・16世紀）
　→Carpaccio, Vittore　*129*
カルパッチオ, ヴィットーレ（15・16世紀）
　→Carpaccio, Vittore　*129*
カルパッチオ, ビットーレ（15・16世紀）
　→Carpaccio, Vittore　*129*
カルパッチョ（15・16世紀）
　→Carpaccio, Vittore　*129*
カルパッチョ, ヴィットーレ（15・16世紀）
　→Carpaccio, Vittore　*129*
カルバート（18・19世紀）
　→Calvert, Edward　*120*
カルバールト（16・17世紀）
　→Calvaert, Denis　*120*
カルビ,G.（20世紀）→Calvi, Gian　*120*
カルピ, アルド（19・20世紀）→Carpi, Aldo　*129*
カルピオーニ, ジューリオ（17世紀）
　→Carpioni, Giulio　*129*
カルフ（17世紀）→Kalf, Willem　*354*
カルフ, ウィレム（17世紀）→Kalf, Willem　*354*
カルファート, デネイス（16・17世紀）
　→Calvaert, Denis　*120*
カルベ, ルイス（20世紀）→Calvé, Louise　*120*
カルペーニャ, セシル（20世紀）
　→Carpena, Cécile　*129*
カルポー（19世紀）
　→Carpeaux, Jean Baptiste　*129*

カルポー, ジャン＝バティスト（19世紀）
　→Carpeaux, Jean Baptiste　*129*
カルポー, バティスト（19世紀）
　→Carpeaux, Jean Baptiste　*129*
ガルボ, ラファエルリノ・デル（15・16世紀）
　→Raffaellino del Garbo　*544*
カルボニ, ルイギ（20世紀）
　→Carboni, Luigi　*126*
カルボーネ, ジョヴァンニ・ベルナルド（17世紀）
　→Carbone, Giovanni Bernardo　*126*
カルボネル, アルフォンソ（17世紀）
　→Carbonel, Alonso　*126*
カルボネル, アロンソ（17世紀）
　→Carbonel, Alonso　*126*
カルマー, フェリックス（20世紀）
　→Kalmar, Felix　*355*
カルマッシ, アルトゥーロ（20世紀）
　→Carmassi, Arturo　*128*
カルミ, エウジェーニオ（20世紀）
　→Carmi, Eugenio　*128*
カルメット, アンドレ（19・20世紀）
　→Calmette, André　*120*
カルメル, セレスタン＝アナトール（19・20世紀）
　→Calmels, Célestin-Anatole　*120*
カルモ, アントニオ（20世紀）
　→Carmo, Antonio　*128*
カルモンテル（18・19世紀）
　→Carmontelle, Louis　*128*
カルラ（19・20世紀）→Carrà, Carlo　*129*
ガルラー,H.（20世紀）→Galler, Helga　*261*
カルラ, カルロ（19・20世紀）→Carrà, Carlo　*129*
カルラ, カルロ（19・20世紀）→Carrà, Carlo　*129*
カルラッチ, アゴスティーノ（16・17世紀）
　→Carracci, Agostino　*130*
カルラッチ, アニーバレ（16・17世紀）
　→Carracci, Annibale　*130*
カルラッチ, アンニーバレ（16・17世紀）
　→Carracci, Annibale　*130*
カルラッチ, ロドヴィーコ（16・17世紀）
　→Carracci, Lodovico　*130*
カルラン, マルタン（18世紀）
　→Carlin, Martin　*127*
カリリエーラ, ロザルバ（17・18世紀）
　→Carriera, Rosalba Giovanna　*130*
カルリュー（20世紀）
　→Carlu, Jean Georges Léon　*128*
カルル一世（大帝）（8・9世紀）
　→Karl I der Grosse　*357*
カルル五世（16世紀）→Karl V　*357*
カルル5世（神聖ローマ皇帝の）（16世紀）
　→Karl V　*357*
カルル大帝（8・9世紀）→Karl I der Grosse　*357*
カルレヴァーリス, ルーカ（17・18世紀）
　→Carlevaris, Luca　*127*

カルレヴァリス, ルカ (17・18世紀)
　→Carlevaris, Luca　127
カルロス (1世) (16世紀) →Karl V　357
カルロス一世 (16世紀) →Karl V　357
カルロス, フレイ (16世紀) →Carlos, Frey　128
カルローネ, アントーニオ・ディ・バッティスタ
　(16世紀)
　→Carlone, Antonio di Battista　127
カルローネ, アンドレーア (17世紀)
　→Carlone, Andrea　127
カルローネ, カルロ・アントーニオ (17・18世紀)
　→Carlone, Carlo Antonio　127
カルローネ, カルロ・インノチェンツォ (17・18世
　紀) →Carlone, Carlo Innocenzo　127
カルローネ, ジュゼッペ (16・17世紀)
　→Carlone, Giuseppe　128
カルローネ, ジョヴァンニ (16世紀)
　→Carlone, Giovanni　127
カルローネ, ジョヴァンニ・アンドレーア (16・17
　世紀) →Carlone, Giovanni Andrea　128
カルローネ, ジョヴァンニ・バッティスタ (16・17
　世紀) →Carlone, Giovanni Battista　128
カルローネ, ジョヴァンニ・バッティスタ (17・18
　世紀) →Carlone, Giovanni Battista　128
カルローネ, タッデーオ (16・17世紀)
　→Carlone, Taddeo　128
カルローネ, ディエーゴ (17・18世紀)
　→Carlone, Diego　127
カルローネ, トンマーゾ (17・18世紀)
　→Carlone, Tommaso　128
カルローネ, ニコロ (17・18世紀)
　→Carlone, Nicolò　128
ガレ (19世紀) →Gallait, Louis　260
ガレ (19・20世紀) →Gallé, Emile　260
ガレー (19・20世紀) →Gallé, Emile　260
ガレ, エミール (19・20世紀) →Gallé, Emile　260
カレ, ベン (19・20世紀) →Carré, Ben　130
ガレー, ルイ (19世紀) →Gallait, Louis　260
ガレオッティ, セバスティアーノ (17・18世紀)
　→Galeotti, Sebastiano　260
カレガーリ, アレッサンドロ (18世紀)
　→Calegari, Alessandro　119
カレガーリ, アントーニオ (17・18世紀)
　→Calegari, Antonio　119
カレガーリ, サント (年少) (18世紀)
　→Calegari, Santo, il Giovane　119
カレガーリ, サント (年長) (17・18世紀)
　→Calegari, Santo, il Vecchio　119
カレガーリ, ジュゼッペ (18世紀)
　→Calegari, Giuseppe　119
カレガーリ, ルーカ (18世紀)
　→Calegari, Luca　119
カレス (リンドス出身の) (前4・3世紀)
　→Chares　144

カレス (リンドスの) (前4世紀) →Kharēs　362
カーレック, ウィリアム (20世紀)
　→Kurelek, William　377
カレッティ, ジュゼッペ (17世紀)
　→Caletti, Giuseppe　119
カレーナ, フェリーチェ (19・20世紀)
　→Carena, Felice　127
カレーニョ・デ・ミランダ (17世紀)
　→Carreño de Miranda, Juan　130
カレーニョ・デ・ミランダ, ファン (17世紀)
　→Carreño de Miranda, Juan　130
カレーニョ・デ・ミランダ, フアン (17世紀)
　→Carreño de Miranda, Juan　130
カレーニョ・デ・ミランダ, ホアン (17世紀)
　→Carreño de Miranda, Juan　130
カレール (19・20世紀)
　→Carrère, John Merven　130
カレン (19・20世紀)
　→Cullen, Maurice Galbraith　174
カレン (19・20世紀)
　→Kallen, Horace Myer　354
カーレン, ヴォルフ (20世紀)
　→Kahlen, Wolf　353
カレン, ホリス・マイアー (19・20世紀)
　→Kallen, Horace Myer　354
ガレン・カレラ (19・20世紀)
　→Gallen-Kallela, Akseli Valdemar　260
ガレン＝カレラ (19・20世紀)
　→Gallen-Kallela, Akseli Valdemar　260
ガレン・カレラ, アクセリ (19・20世紀)
　→Gallen-Kallela, Akseli Valdemar　260
ガレン＝カレラ, アクセリ (19・20世紀)
　→Gallen-Kallela, Akseli Valdemar　260
カレンダーリオ, フィリッポ (14世紀)
　→Calendario, Filippo　119
カーロ (20世紀) →Kahlo, Frida　353
カロ (16・17世紀) →Callot, Jacques　119
カロ (20世紀) →Caro, Anthony　128
カロ, アルド (20世紀) →Calò, Aldo　120
カロ, アンソニー (20世紀)
　→Caro, Anthony　128
カロ, アントニー (20世紀)
　→Caro, Anthony　128
カーロ, サー・アントニー (20世紀)
　→Caro, Anthony　128
カロー, ジャーク (16・17世紀)
　→Callot, Jacques　119
カロ, ジャック (16・17世紀)
　→Callot, Jacques　119
ガロ, フランク (20世紀) →Gallo, Frank　261
カーロ, フリーダ (20世紀) →Kahlo, Frida　353
カーロ, フリダ (20世紀) →Kahlo, Frida　353
カーロ・イドローゴ, ペドロ (18世紀)
　→Caro Idrogo, Pedro　128
カーロウ, G. (20世紀) →Kalow, Gisela　355

カローヴィン,J.D.(20世紀)
  →Korovin, Juvenalij Dmitrievich　372
ガローヴェ,ミケランジェロ(17・18世紀)
  →Garove, Michelangelo　263
カロゼッリ,アンジェロ(16・17世紀)
  →Caroselli, Angelo　129
カロート(15・16世紀)
  →Carroto, Giovanni Francesco　131
カロート,ジョヴァンニ(15・16世紀)
  →Caroto, Giovanni　129
カロート,ジョヴァン・フランチェスコ(15・16世紀)　→Carroto, Giovanni Francesco　131
ガローファロ(15・16世紀)
  →Garofalo, Benvenuto da　263
ガロファロ(15・16世紀)
  →Garofalo, Benvenuto da　263
ガロファロ,ベンヴェヌート・ダ(15・16世紀)
  →Garofalo, Benvenuto da　263
カロリュス・デュラン(19・20世紀)　→Carolus-Duran, Charles Auguste Emile　128
カロリュス=デュラン(19・20世紀)　→Carolus-Duran, Charles Auguste Emile　128
カロリュス・デュラン,エミール・オーギュスト(19・20世紀)　→Carolus-Duran, Charles Auguste Emile　128
カロリュス=デュラン,エミール=オーギュスト(19・20世紀)　→Carolus-Duran, Charles Auguste Emile　128
カロル(20世紀)　→Carrol, John　131
カロルス大帝(8・9世紀)
  →Karl I der Grosse　357
カロルス・デュラン(19・20世紀)　→Carolus-Duran, Charles Auguste Emile　128
カロルスフェルト,ユリウス・シュノル・フォン(18・19世紀)
  →Schnorr von Carolsfeld, Julius　595
カロン(アイギナ出身の)(前5世紀)
  →Kallon　355
カロン,アントワーヌ(16世紀)
  →Caron, Antoine　129
カロン(エリス出身の)(前5世紀)　→Kallon　355
カワーム・アッディーン(14・15世紀)
  →Qiwāmu'd-Dīn, Ustād　541
カワームッ・ディーン(14・15世紀)
  →Qiwāmu'd-Dīn, Ustād　541
カーン(19・20世紀)　→Kahn, Albert　353
カーン(20世紀)　→Kahn, Louis Isadore　354
カン(19世紀)　→Cain, Auguste Nicolas　118
カーン,A.H.(20世紀)
  →Khan, Abul Hashem　362
カーン,アルバート(19・20世紀)
  →Kahn, Albert　353
カーン,ルイス(20世紀)　→Cane, Louis　123
カーン,ルイス(20世紀)
  →Kahn, Louis Isadore　354
カーン,ルイス・I.(20世紀)
  →Kahn, Louis Isadore　354
カーン,ルイス・I(イザドア)(20世紀)
  →Kahn, Louis Isadore　354
カーン,ルイス・イザドア(20世紀)
  →Kahn, Louis Isadore　354
カーンヴァイラー(19・20世紀)
  →Kahnweiler, Daniel Henry　354
カーンヴァイラー,ダニエル・ヘンリー(19・20世紀)　→Kahnweiler, Daniel Henry　354
カーンウェイレル,ダニエル=アンリ(19・20世紀)
  →Kahnweiler, Daniel Henry　354
カンジンスキー(19・20世紀)
  →Kandinsky, Wassily　355
カンジーンスキイ,ヴァシーリイ・ヴァシーリエヴィチ(19・20世紀)
  →Kandinsky, Wassily　355
カンスタブル,ジョン(18・19世紀)
  →Constable, John　160
カンタガッリーナ,レミージョ(16・17世紀)
  →Cantagallina, Remigio　124
ガンダーシーマー,K.(20世紀)
  →Gundersheimer, Karen　300
カンタトーレ,ドメーニコ(20世紀)
  →Cantatore, Domenico　124
カンタリーニ,シモーネ(17世紀)
  →Cantarini, Simone　124
カンタルービ,ジョヴァンニ・バッティスタ(18世紀)　→Cantalupi, Giovanni Battista　124
カンタン,フィリップ(17世紀)
  →Quantin, Philippe　542
ガンチェフ,I.(20世紀)　→Gantschev, Ivan　262
ガンチェフ,イワン(20世紀)
  →Gantschev, Ivan　262
ガンディー(18・19世紀)
  →Gandy, Joseph Michall　262
ガンディ,ジョーゼフ・マイケル(18・19世紀)
  →Gandy, Joseph Michall　262
ガンディ,ピーター(18・19世紀)
  →Gandy, Peter　262
ガンディ,マイケル(18・19世紀)
  →Gandy, Michael　262
カンディダ,ジョヴァンニ(15・16世紀)
  →Candida, Giovenni　122
カンディド(16・17世紀)　→Candid, Pieter　122
カンディド,ピエートロ(16・17世紀)
  →Candid, Pieter　122
カンディド,ピエトロ(16・17世紀)
  →Candid, Pieter　122
カンディド,ペーター(16・17世紀)
  →Candid, Pieter　122
ガンディーニ,ジョルジュ(15・16世紀)
  →Gandini, Giorgio　262
カンディリス,ジョルジュ(20世紀)
  →Candilis, Georges　123

カンディンスキー(19・20世紀)
　→Kandinsky, Wassily　355
カンディンスキー, ヴァシリー(19・20世紀)
　→Kandinsky, Wassily　355
カンディンスキー, ヴァシリィ(19・20世紀)
　→Kandinsky, Wassily　355
カンディンスキー, ヴァシリー・ヴァシリエヴィチ(19・20世紀)　→Kandinsky, Wassily　355
カンディンスキー, ワシーリー(19・20世紀)
　→Kandinsky, Wassily　355
カンディンスキー, ワシリー(19・20世紀)
　→Kandinsky, Wassily　355
カンディンスキー, ワシーリー・ワシリエヴィチ
　(19・20世紀)　→Kandinsky, Wassily　355
カンディーンスキィ(19・20世紀)
　→Kandinsky, Wassily　355
カンデラ(20世紀)　→Candela, Félix　122
カンデーラ,(オテリーニョ・)フェリックス(20世紀)　→Candela, Félix　122
カンデラ, フェリックス(20世紀)
　→Candela, Félix　122
ガントナー(20世紀)　→Gantner, Joseph　262
ガントナー, ヨーゼフ(20世紀)
　→Gantner, Joseph　262
カントーネ, シモーネ(18・19世紀)
　→Cantone, Simone　124
カントール(20世紀)　→Kantor, Tadeusz　356
カントル(20世紀)　→Kantor, Tadeusz　356
カントル, タディウス(20世紀)
　→Kantor, Tadeusz　356
カントル, タデウシ(20世紀)
　→Kantor, Tadeusz　356
カントール, タデウシュ(20世紀)
　→Kantor, Tadeusz　356
カントル, タデウシュ(20世紀)
　→Kantor, Tadeusz　356
ガンドルフィ, ウバルド(18世紀)
　→Gandolfi, Ubaldo　262
ガンドルフィ, ガエターノ(18・19世紀)
　→Gandolfi, Gaetano　262
ガンドルフィ, マウロ(18・19世紀)
　→Gandolfi, Mauro　262
ガンドルフィーノ・ダスティ(15・16世紀)
　→Gandolfino d'Asti　262
ガンドン, ジェイムズ(18・19世紀)
　→Gandon, James　262
カンニッチ, ニッコロ(19・20世紀)
　→Cannicci, Niccolò　123
ガンバ, エンリーコ(19世紀)
　→Gamba, Enrico　261
カーンバイラー(19・20世紀)
　→Kahnweiler, Daniel Henry　354
カンパーナ, ジャンピエトロ(19世紀)
　→Campana, Giampietro　121

カンパーニャ, ジェローラモ(16・17世紀)
　→Campagna, Gerolamo　121
カンパニョーラ(15・16世紀)
　→Campagnola, Domenico　121
カンパニョーラ(15・16世紀)
　→Campagnola, Giulio　121
カンパニョーラ, ジューリオ(15・16世紀)
　→Campagnola, Giulio　121
カンパニョーラ, ジュリオ(15・16世紀)
　→Campagnola, Giulio　121
カンパニョーラ, ドメーニコ(15・16世紀)
　→Campagnola, Domenico　121
カンパニョーラ, ドメニコ(15・16世紀)
　→Campagnola, Domenico　121
ガンバラ, ラッタンツィオ(16世紀)
　→Gambara, Lattanzio　261
カンパン(14・15世紀)　→Campin, Robert　122
カンパン, ロベール(14・15世紀)
　→Campin, Robert　122
カンピ(16世紀)　→Campi, Bernardino　121
カンピ(16世紀)　→Campi, Giulio　121
カンピ, アントーニオ(16世紀)
　→Campi, Antonio　121
カンビ, アンドレーア(16世紀)
　→Cambi, Andrea　120
カンピ, ヴィンチェンツォ(16世紀)
　→Campi, Vincenzo　122
カンピ, ガレアッツォ(15・16世紀)
　→Campi, Galeazzo　121
カンピ, ジューリオ(16世紀)
　→Campi, Giulio　121
カンピ, ジュリオ(16世紀)　→Campi, Giulio　121
カンビ, ジョヴァンニ・バッティスタ(16世紀)
　→Cambi, Giovanni Battista　120
カンピ, ベルナルディーノ(16世紀)
　→Campi, Bernardino　121
カンピ, マリオ(20世紀)　→Campi, Mario　122
カンビアーソ(16世紀)　→Cambiaso, Luca　120
カンビアーソ, ルーカ(16世紀)
　→Cambiaso, Luca　120
カンビアーゾ, ルーカ(16世紀)
　→Cambiaso, Luca　120
カンピーリ(20世紀)　→Campigli, Massimo　122
カンピーリ, マッシモ(20世紀)
　→Campigli, Massimo　122
カンピン(14・15世紀)　→Campin, Robert　122
カンピーン, ローベルト(14・15世紀)
　→Campin, Robert　122
カンピン, ロベルト(14・15世紀)
　→Campin, Robert　122
カンプ(19・20世紀)　→Kampf, Arthur von　355
カンプハイゼン, ホーフェルト(17世紀)
　→Camphuysen, Govert　121
カンプハウゼン(19世紀)
　→Camphausen, Wilhelm　121

カンプマン, ウツ(20世紀)
　→Kampfmann, Utz　355
カンベッロッティ, ドゥイリーオ(19・20世紀)
　→Cambellotti, Duilio　120
カンペニー, ダミアン(18・19世紀)
　→Campeny, Damián　121
カンベラン, ジェーン・ポール(20世紀)
　→Camberlin, Jean-Paul　120
カンペン(16・17世紀)
　→Kampen, Jakob van　355
カンペン,O.(20世紀)→Kampen, Owen　355
カンペン, ヤーコブ・ファン(16・17世紀)
　→Kampen, Jakob van　355
カンペン, ヤコブ・ファン(16・17世紀)
　→Kampen, Jakob van　355
カンペンドンク(19・20世紀)
　→Campendonk, Heinrich　121
カンペンドンク, ハインリヒ(19・20世紀)
　→Campendonk, Heinrich　121
カンボ, ダミレビ(20世紀)
　→Cambo, Damilevil　120
カンポレージ, フランチェスコ(18・19世紀)
　→Camporesi, Francesco　122
カンポレーゼ, ジュゼッペ(18・19世紀)
　→Camporese, Giuseppe　122
カンマラーノ, ミケーレ(19・20世紀)
　→Cammarano, Michele　121
カーンワイラー(19・20世紀)
　→Kahnweiler, Daniel Henry　354
カーンワイラー,D.H.(19・20世紀)
　→Kahnweiler, Daniel Henry　354
カーンワイラー, ダニエル=アンリ(19・20世紀)
　→Kahnweiler, Daniel Henry　354

【 キ 】

キー, テッド(20世紀)→Key, Ted　361
ギア,C.(20世紀)→Geer, Charles　266
キア, サンドロ(20世紀)→Chia, Sandro　146
キアヴィステッリ, ヤーコボ(17世紀)
　→Chiavistelli, Iacopo　146
キアヴェーリ, ガエターノ(17・18世紀)
　→Chiaveri, Gaetano　146
キアヴェリ, ガエターノ(17・18世紀)
　→Chiaveri, Gaetano　146
キアケゴー,O.L.(20世紀)
　→Kirkegaard, Ole Lund　365
キアケゴー, オーレ・ロン(20世紀)
　→Kirkegaard, Ole Lund　365
キアットーネ(20世紀)→Chiattone, Mario　146

キアットーネ, マーリオ(20世紀)
　→Chiattone, Mario　146
ギアニーニ, ギオバニ(20世紀)
　→Giannini, Giovanni　272
キアラディーア, エンリーコ(19・20世紀)
　→Chiaradia, Enrico　146
ギアリー,C.N.(20世紀)
　→Geary, Clifford N.　265
キアーリ, ジュゼッペ・バルトロメーオ(17・18世紀)→Chiari, Giuseppe Bartolomeo　146
キアーリ, マリオ(20世紀)→Chiari, Mario　146
キエラ, エドワード(19・20世紀)
　→Chiera, Edward　147
ギェルイムスキ, アレクサンデル(19・20世紀)
　→Gierymski, Aleksander　273
ギェルイムスキ, マクシミリアン(マクス)(19世紀)
　→Gierymski, Maksymilian(Maks)　273
キオソーネ(19世紀)→Chiossone, Edoardo　147
キオソーネ(キョソネ)(19世紀)
　→Chiossone, Edoardo　147
キオダローロ, ジョヴァンニ・マリーア(16世紀)
　→Chiodarolo, Giovanni Maria　147
キオッソーネ, エドアルド(19世紀)
　→Chiossone, Edoardo　147
キキ(20世紀)→Kiki　363
キギーネ, アルフレード(20世紀)
　→Chighine, Alfredo　147
ギグー, ポール(19世紀)
　→Guigou, Paul-Camille　299
キーサー, ロバート(20世紀)
　→Keyser, Robert　362
ギーシ(16世紀)→Ghisi, Giorgio　271
ギージ, ジョルジョ(16世紀)
　→Ghisi, Giorgio　271
キース(19・20世紀)→Keith, William　359
ギース(19世紀)→Guys, Ernest Adolphe Hyacinthe Constantin　301
ギース(19・20世紀)→Gies, Ludwig　273
キース,E.(20世紀)→Keith, Eros　359
ギース, コンスタンタン(19世紀)→Guys, Ernest Adolphe Hyacinthe Constantin　301
ギース, ルートヴィヒ(19・20世紀)
　→Gies, Ludwig　273
ギスキア(20世紀)→Gischia, Léon　279
ギスキア, レオン(20世紀)→Gischia, Léon　279
キースラー(20世紀)
　→Kiesler, Frederick John　363
キースラー, フレデリック(20世紀)
　→Kiesler, Frederick John　363
キースラー, フレデリック・ジョン(20世紀)
　→Kiesler, Frederick John　363
ギスランディ(17・18世紀)→Ghislandi, Giuseppe, Fra Vittore del Galgario　271

ギスラーンディ, ヴィットーレ(17・18世紀)
　→Ghislandi, Giuseppe, Fra Vittore del Galgario　*271*
ギスランディ, ジュゼッペ(17・18世紀)
　→Ghislandi, Giuseppe, Fra Vittore del Galgario　*271*
キスリング(19・20世紀)
　→Kissling, Richard　*365*
キスリング(20世紀)　→Kisling, Moïse　*365*
キスリング, モイーズ(20世紀)
　→Kisling, Moïse　*365*
キスリング, モイズ(20世紀)
　→Kisling, Moïse　*365*
ギスレベルトゥス(12世紀)　→Gislebertus　*279*
キセリョーフ(20世紀)
　→Kiselyov, Sergei Vladimirovich　*365*
キセリョフ(20世紀)
　→Kiselyov, Sergei Vladimirovich　*365*
キセリョフ, セルゲイ(20世紀)
　→Kiselyov, Sergei Vladimirovich　*365*
キタイ(20世紀)　→Kitaj, Ronald Brooks　*365*
キタイ, ロナルド(20世紀)
　→Kitaj, Ronald Brooks　*365*
キタイ, ロナルド・B.(20世紀)
　→Kitaj, Ronald Brooks　*365*
キタージ, R・B(20世紀)
　→Kitaj, Ronald Brooks　*365*
キタージ, R(ロナルド)・B(ブルックス)(20世紀)
　→Kitaj, Ronald Brooks　*365*
キーツ, E.J.(20世紀)　→Keats, Ezra Jack　*359*
キーツ, エズラ・ジャック(20世紀)
　→Keats, Ezra Jack　*359*
ギッシ, フランチェスクッチョ・ディ・チェッコ(14世紀)
　→Ghissi, Francescuccio di Cecco　*271*
キッジョ, エンニオ(20世紀)
　→Chiggio, Ennio　*147*
キッドナー, ミッシェル(20世紀)
　→Kidner, Michael　*363*
ギッバード(20世紀)
　→Gibberd, Sir Frederick　*272*
キップ, ライマン(20世紀)　→Kipp, Lyman　*364*
ギッブス(17・18世紀)　→Gibbs, James　*272*
ギッブズ(17・18世紀)　→Gibbs, James　*272*
ギッブズ(19・20世紀)
　→Gibbs, William Francis　*272*
ギッブズ, ジェイムズ(17・18世紀)
　→Gibbs, James　*272*
ギッブズ, ジェイムズ(17・18世紀)
　→Gibbs, James　*272*
ギッブズ, ジェームズ(17・18世紀)
　→Gibbs, James　*272*
ギティアダス(前6世紀)　→Gitiadas　*279*
ギーディオン(20世紀)　→Giedion, Sigfried　*273*

キーディオン, S.(20世紀)
　→Giedion, Sigfried　*273*
ギーディオン, ジークフリート(20世紀)
　→Giedion, Sigfried　*273*
キーティング, トム(20世紀)
　→Keating, Tom　*359*
ギデオン　→Gideʻōn　*272*
キトソン, テオ・アリス(19・20世紀)
　→Kitson, Theo Alice　*365*
キドール(19世紀)　→Quidor, John　*543*
キドル=モンロー, J.(20世紀)
　→Kiddell-Monroe, Joan　*363*
キーニ, ガリレーオ(19・20世紀)
　→Chini, Galileo　*147*
キニー, ベル(19・20世紀)　→Kinney, Belle　*364*
ギーニュ(18世紀)　→Guignes, Joseph de　*299*
ギノバルト・ベルトラーン, ホセ(20世紀)
　→Guinovart Bertrán, José　*300*
ギノバルト・ベルトラーン, ホセー(20世紀)
　→Guinovart Bertrán, José　*300*
キバヴィチュウス, R.(20世紀)
　→Gibavichius, Rimtautas-Vintsentas　*272*
キーピング, C.(20世紀)
　→Keeping, Charles　*359*
キーピング, チャールズ(20世紀)
　→Keeping, Charles　*359*
キーピング, チャールズ(・ウィリアム・ジェイムズ)(20世紀)　→Keeping, Charles　*359*
キーファー(20世紀)　→Kiefer, Anselm　*363*
キーファー, アンセルム(20世紀)
　→Kiefer, Anselm　*363*
キーファー, アンゼルム(20世紀)
　→Kiefer, Anselm　*363*
ギフォード(19・20世紀)
　→Gifford, Robert Swain　*273*
ギブズ(17・18世紀)　→Gibbs, James　*272*
キーペス, J.(20世紀)　→Kepes, Juliet　*361*
ギブズ, ウィリアム・フランシス(19・20世紀)
　→Gibbs, William Francis　*272*
ギブズ, ジェイムズ(17・18世紀)
　→Gibbs, James　*272*
キーペス, ジョージー(20世紀)
　→Kepes Gyorgy　*361*
ギブスン, ジョン(18・19世紀)
　→Gibson, John　*272*
ギブソン(17世紀)　→Gibson, Richard　*272*
ギブソン(18・19世紀)　→Gibson, John　*272*
ギブソン(19世紀)
　→Gibson, William Hamilton　*272*
ギブソン(19・20世紀)
　→Gibson, Charles Dana　*272*
ギブソン, ジョン(18・19世紀)
　→Gibson, John　*272*

ギブソン, チャールズ(・デイナ)(19・20世紀)
　→Gibson, Charles Dana　272
ギブソン, リチャード(17世紀)
　→Gibson, Richard　272
ギブソン, ロナルド(20世紀)
　→Gibson, Ronald　272
キープニス,R.(20世紀)　→Kipniss, Robert　364
キプニス, ロバート(20世紀)
　→Kipniss, Robert　364
キーブリク,E.A.(20世紀)
　→Kiblik, Evgenij Adoljfovich　363
キプレンスキー(18・19世紀)
　→Kiprensky, Orest Adamovich　364
キプレンスキー, オレスト(18・19世紀)
　→Kiprensky, Orest Adamovich　364
キプレンスキー, オレスト・アダモヴィチ(18・19世紀)　→Kiprensky, Orest Adamovich　364
キプレンスキー, オレスト・アダモヴィッチ(18・19世紀)　→Kiprensky, Orest Adamovich　364
キプレーンスキィ(18・19世紀)
　→Kiprensky, Orest Adamovich　364
ギーベ, フベタス(20世紀)
　→Giebe, Hubertus　273
ギベルチ(14・15世紀)　→Ghiberti, Lorenzo　270
ギベルティ(14・15世紀)
　→Ghiberti, Lorenzo　270
ギベルティ, ヴィットーリオ(15世紀)
　→Ghiberti, Vittorio　270
ギベルティ, ロレンツォ(14・15世紀)
　→Ghiberti, Lorenzo　270
ギボンズ(17・18世紀)　→Gibbons, Grinling　272
ギボンズ〔グリンリン〕(17・18世紀)
　→Gibbons, Grinling　272
ギボンス, グリンリング(17・18世紀)
　→Gibbons, Grinling　272
ギボンズ, グリンリング(17・18世紀)
　→Gibbons, Grinling　272
ギボンズ, セドリック(20世紀)
　→Gibbons, Cedric　272
ギマラエシュ,J.de(20世紀)
　→Guimaraes, Josede　299
ギマール(19・20世紀)　→Guimard, Hector　299
ギマール,H.(19・20世紀)
　→Guimard, Hector　299
ギマール, エクトール(19・20世紀)
　→Guimard, Hector　299
ギマール, エクトル(19・20世紀)
　→Guimard, Hector　299
ギマール, エクトール・ジェルマン(19・20世紀)
　→Guimard, Hector　299
キム ウンスク(20世紀)　→Kim Wonsook　364
キム タエジャン(20世紀)　→Kim Tae Jung　364
ギーメ(19・20世紀)
　→Guimet, Emile Etienne　300

ギメ(19・20世紀)
　→Guimet, Emile Etienne　300
ギメ, エミール(19・20世紀)
　→Guimet, Emile Etienne　300
キメンティ(16・17世紀)
　→Chimenti, Jacopo　147
キモーン(前6・5世紀)　→Kimōn　363
キモン(前6・5世紀)　→Kimōn　363
キャヴェーリ(17・18世紀)
　→Chiaveri, Gaetano　146
キャザー,C.(20世紀)　→Cather, Carolyn　136
キャサウッド, フレデリック(18・19世紀)
　→Catherwood, Frederik　136
キャスティール, ランド(20世紀)
　→Cacstile, Rand　116
キャタモール, ジョージ(19世紀)
　→Cattermole, George　136
キャッシー(20世紀)　→Kathy　358
キャップ, アル(20世紀)　→Capp, Al　125
キャディ, ハリソン(19・20世紀)
　→Cady, Harrison　117
キャデル, フランシス(・キャンベル・ボワロ)(19・20世紀)
　→Cadell, Francis（Campbell Boileau）　116
キャドマス, ポール(20世紀)
　→Cadmus, Paul　116
キャトリン, ジョージ(18・19世紀)
　→Catlin, George　136
キャノン, ケビン(20世紀)
　→Cannon, Kevin　123
キャノン, ロバート(20世紀)
　→Cannon, Robert　123
キャパ(20世紀)　→Capa, Robert　124
キャパ, ロバート(20世紀)　→Capa, Robert　124
ギャバン,M.(20世紀)　→Cabanes, Max　116
ギャバン, エセル・レオンティーヌ(19・20世紀)
　→Gabain, Ethel Leontine　258
キャフィエリ(17・18世紀)
　→Caffiéri, Jacques　117
キャフィエリ(18世紀)
　→Caffiéri, Jean Jacques　117
キャフィエリ, ジャック(17・18世紀)
　→Caffiéri, Jacques　117
キャフィエリ, ジャン・ジャック(18世紀)
　→Caffiéri, Jean Jacques　117
キャプラン,B.(20世紀)　→Kaplan, Boche　356
キャボット, メグ(20世紀)　→Cabot, Meg　116
ギヤマン, ポール(20世紀)
　→Guiramand, Paul　300
キャメロン, ケイト(19・20世紀)
　→Cameron, Kate　121
キャメロン, ジュリア・マーガレット(19世紀)
　→Cameron, Julia Margaret　121
キャメロン, チャールズ(18・19世紀)
　→Cameron, Charles　120

キャメロン, デイヴィッド・ヤング (19・20世紀)
　→Cameron, David Young　121
キャラハン, ハリー (20世紀)
　→Callahan, Harry　119
キャラン, ダナ (20世紀)　→Karan, Donna　356
ギャリック, フィオナ (20世紀)
　→Garrick, Fiona　263
キャリット (19・20世紀)
　→Carritt, Edgar Frederick　131
キャリントン, ドーラ (20世紀)
　→Carrington, Dora　131
キャリントン, リオノーラ (20世紀)
　→Carrington, Leonora　131
キャリントン, レオノーラ (20世紀)
　→Carrington, Leonora　131
キャルヴァル, ヨウハンネス (・スヴェインソン)
　(19・20世紀)
　→Kjarval, Jóhannes (Sveinssoon)　365
キャロル,R.R. (20世紀)
　→Carroll, Ruth Robinson　131
キャロル, ロバート (20世紀)
　→Carrol, Robert　131
キャロル, ローレンス (20世紀)
　→Carroll, Lawrence　131
キャロン, アントワーヌ (16世紀)
　→Caron, Antoine　129
ギヤン, シモン (16・17世紀)
　→Guillain, Simon　299
キャンデラ (20世紀)　→Candela, Félix　122
キャンデラ, フェリックス (20世紀)
　→Candela, Félix　122
キャンベル (17・18世紀)
　→Campbell, Colen　121
キャンベル,V. (20世紀)
　→Cambell, Virginia　120
キャンベル, コリン (キャンベル, コレン) (17・18世紀)　→Campbell, Colen　121
キャンベル, コレン (17・18世紀)
　→Campbell, Colen　121
ギュイ (19世紀)　→Guys, Ernest Adolphe Hyacinthe Constantin　301
ギュイ (ギュイス) (19世紀)　→Guys, Ernest Adolphe Hyacinthe Constantin　301
キュヴィイエ (17・18世紀)
　→Cuvilliés, Jean François de　175
キュヴィイエ, フランソワ (17・18世紀)
　→Cuvilliés, Jean François de　175
キュヴィイエ, フランソワ・ド (17・18世紀)
　→Cuvilliés, Jean François de　175
キュヴィーエ (17・18世紀)
　→Cuvilliés, Jean François de　175
キュヴィエ (17・18世紀)
　→Cuvilliés, Jean François de　175
キュヴィエ, ジャン=フランソワ・ド (17・18世紀)
　→Cuvilliés, Jean François de　175

キューゲルゲン (18・19世紀)
　→Kügelgen, Gerhard von　376
キューゲルゲン (19世紀)
　→Kügelgen, Wilhelm von　376
キューゲルゲン, ヴィルヘルム・フォン (19世紀)
　→Kügelgen, Wilhelm von　376
キューゲルゲン, ゲーアハルト・フォン (18・19世紀)　→Kügelgen, Gerhard von　376
ギュータースロー (19・20世紀)
　→Gütersloh, Albert Paris　300
ギュータースロー, アルベルト (19・20世紀)
　→Gütersloh, Albert Paris　300
キューネ (19・20世紀)　→Kühne, Max Hans　376
キューネル (19・20世紀)　→Kühnel, Ernst　376
キューネル, エルンスト (19・20世紀)
　→Kühnel, Ernst　376
キュビイエ (17・18世紀)
　→Cuvilliés, Jean François de　175
キュビエ (17・18世紀)
　→Cuvilliés, Jean François de　175
キュービット, トマス (18・19世紀)
　→Cubitt, Thomas　174
ギュフロワ, ピエール (20世紀)
　→Guffroy, Pierre　298
キュモン (19・20世紀)
　→Cumont, Franz Valéry Marie　174
キュモン, フランス (19・20世紀)
　→Cumont, Franz Valéry Marie　174
キュモン, フランツ=ヴァレリー=マリー (19・20世紀)　→Cumont, Franz Valéry Marie　174
ギュルブランソン, ウーラフ (19・20世紀)
　→Gulbransson, Olaf　300
キュルペ (19・20世紀)　→Külpe, Oswald　376
キュルペ, オスワルド (19・20世紀)
　→Külpe, Oswald　376
キュロス (前6世紀)　→Kyros II　377
キューロス二世 (前6世紀)　→Kyros II　377
キュロス (2世) (前6世紀)　→Kyros II　377
キュロス2世 (前6世紀)　→Kyros II　377
キュロス二世 (前6世紀)　→Kyros II　377
キュロス2世 (大王) (前6世紀)　→Kyros II　377
キュロス二世 (大王) (前6世紀)　→Kyros II　377
キュロス大王 (前6世紀)　→Kyros II　377
キューン (19・20世紀)　→Kühn, Lenore　376
キューン (20世紀)　→Kühn, Herbert　376
ギュンター (18世紀)
　→Günther, Franz Ignaz　300
ギュンター (18世紀)　→Günther, Matthäus　300
ギュンター, イグナス (18世紀)
　→Günther, Franz Ignaz　300
ギュンター, イグナーツ (18世紀)
　→Günther, Franz Ignaz　300
ギュンター, マトイス (18世紀)
　→Günther, Matthäus　300

ギュンター, ルードルフ(19・20世紀)
　→Günther, Rudolf　300
キュンメル(19・20世紀)　→Kümmel, Otto　376
キヨソーネ(19世紀)　→Chiossone, Edoardo　147
キヨソーネ(19世紀)　→Chiossone, Edoardo　147
キヨソネ(19世紀)　→Chiossone, Edoardo　147
キヨソーネ, エドアルド(19世紀)
　→Chiossone, Edoardo　147
ギヨーマン(19・20世紀)
　→Guillaumin, Jean Baptiste Armand　299
ギヨーマン, A.(19・20世紀)
　→Guillaumin, Jean Baptiste Armand　299
ギヨーマン, アルマン(19・20世紀)
　→Guillaumin, Jean Baptiste Armand　299
ギヨーム(19・20世紀)　→Guillaume, Jean Baptiste Claude Eugène　299
ギヨーム(サーンスの)(12世紀)
　→Guillaume de Sens　299
ギヨーム・ド・サンス(12世紀)
　→Guillaume de Sens　299
ギヨーム・ド・サンス(12世紀)
　→Guillaume de Sens　299
ギラベルトゥス(12世紀)　→Gilabertus　273
ギリ(18世紀)　→Gilly, Friedrich　275
ギリ(18・19世紀)　→Gilly, David　274
ギリー(18世紀)　→Gilly, Friedrich　275
ギリ, フリードリヒ(18世紀)
　→Gilly, Friedrich　275
ギーリア, オスカル(19・20世紀)
　→Ghiglia, Oscar　270
キリアクス(アンコーナの)(14・15世紀)
　→Cyriacus Ciriacus Anconitanus　175
キリアン, ルーカス(16・17世紀)
　→Kilian, Lukas　363
キリキャン, A.E.(20世紀)
　→Kilikyan, Andranik Ervandovich　363
キリコ(19・20世紀)　→Chirico, Giorgio de　148
キリコ, ジョルジオ・デ(19・20世紀)
　→Chirico, Giorgio de　148
キリコ, ジョルジョ・デ(19・20世紀)
　→Chirico, Giorgio de　148
ギリーズ, サー・ウィリアム・ジョージ(20世紀)
　→Gillies, Sir William George　274
ギリース, マーガレット(19世紀)
　→Gillies, Margaret　274
キリスト(前1・1世紀)　→Christ, Jesus　148
ギル(19世紀)　→Gill, Robert　274
ギル(19・20世紀)
　→Gill, Arthur Eric Rowton　274
ギル, M.J.(20世紀)　→Gill, Margery Jean　274
ギル, アーヴィング・ジョン(19・20世紀)
　→Gill, Irving John　274
ギル,(アーサー・)エリック(・ラウトン)(19・20世紀)　→Gill, Arthur Eric Rowton　274

ギル,(アーサー・)エリック(・ロートン)(19・20世紀)　→Gill, Arthur Eric Rowton　274
ギル, エリク(19・20世紀)
　→Gill, Arthur Eric Rowton　274
ギル, エリック(19・20世紀)
　→Gill, Arthur Eric Rowton　274
キールケビー, ペア(20世紀)
　→Kirkeby, Per　365
ギルコン, パウル(19・20世紀)
　→Girkon, Paul　278
ギルシュマン(20世紀)
　→Ghirshman, Roman　271
ギルシュマン, ロマン(20世紀)
　→Ghirshman, Roman　271
キルス(前6世紀)　→Kyros II　377
キルトン, リサ・ケイコ(20世紀)
　→Kirton, Lisa Keiko　365
ギルバート(19世紀)　→Gilbert, Sir John　273
ギルバート(19・20世紀)
　→Gilbert, Sir Alfred　273
ギルバート(19・20世紀)　→Gilbert, Cass　273
ギルバート(19・20世紀)
　→Gilbert, Katharine Everett　273
ギルバート, アルフレッド(19・20世紀)
　→Gilbert, Sir Alfred　273
ギルバート, キャス(19・20世紀)
　→Gilbert, Cass　273
ギルバート, サー・アルフレッド(19・20世紀)
　→Gilbert, Sir Alfred　273
ギルバート, サー・ジョン(19世紀)
　→Gilbert, Sir John　273
ギルバート, プレシュ(20世紀)
　→Proesch, Gilbert　537
ギルバート アンド ジョージ(20世紀)
　→Passmore, George　505
ギルバート アンド ジョージ(20世紀)
　→Proesch, Gilbert　537
ギルバート・アンド・ジョージ(20世紀)
　→Passmore, George　505
ギルバート・アンド・ジョージ(20世紀)
　→Proesch, Gilbert　537
ギルバートとジョージ(20世紀)
　→Passmore, George　505
ギルバートとジョージ(20世紀)
　→Proesch, Gilbert　537
キルヒナー(19・20世紀)
　→Kirchner, Ernst Ludwig　364
キルヒナー, エルンスト・ルートヴィヒ(19・20世紀)　→Kirchner, Ernst Ludwig　364
キルヒナー, ヨーハン・ゴットロープ(18世紀)
　→Kirchner, Johann Gottlob　364
キルヒナー, ヨハン・ゴットロープ(18世紀)
　→Kirchner, Johann Gottlob　364
ギルピン, ウィリアム(18・19世紀)
　→Gilpin, William　275

ギルピン, ソウレイ (18・19世紀)
　→Gilpin, Sawrey　275
ギルピン, ローラ (20世紀) →Gilpin, Laura　275
ギルファム・デ・ファリア (20世紀)
　→Guilherm De Faria　299
ギルマン, ハロルド (19・20世紀)
　→Gilman, Harold　275
ギルランダイオ (15世紀)
　→Ghirlandajo, Benedetto di Tommaso　270
ギルランダイオ (15世紀) →Ghirlandajo,
　Domenico di Jommaso Bigordi　270
ギルランダイオ (15・16世紀)
　→Ghirlandajo, Davide　270
ギルランダイオ (15・16世紀)
　→Ghirlandajo, Ridolfo　271
ギルランダイオ, ダーヴィド (15・16世紀)
　→Ghirlandajo, Davide　270
ギルランダーイオ, ドメーニコ (15世紀)
　→Ghirlandajo, Domenico di Jommaso Bigordi　270
ギルランダイオ, ドメーニコ (15世紀)
　→Ghirlandajo, Domenico di Jommaso Bigordi　270
ギルランダイオ, ドメニコ (15世紀)
　→Ghirlandajo, Domenico di Jommaso Bigordi　270
ギルランダイオ, ミケーレ・ディ・リドルフォ (16世紀) →Ghirlandajo, Michele di Ridolfo　270
ギルランダーイオ, リドルフォ (15・16世紀)
　→Ghirlandajo, Ridolfo　271
ギルランダイオ, リドルフォ (15・16世紀)
　→Ghirlandajo, Ridolfo　271
ギルランダイヨ (15世紀) →Ghirlandajo,
　Domenico di Jommaso Bigordi　270
ギルランダイヨ, ドメニコ (15世紀)
　→Ghirlandajo, Domenico di Jommaso Bigordi　270
ギルランダーヨ (15世紀) →Ghirlandajo,
　Domenico di Jommaso Bigordi　270
ギルランダヨ (15世紀) →Ghirlandajo, Domenico di Jommaso Bigordi　270
ギルランダーヨ, ドメーニコ (15世紀)
　→Ghirlandajo, Domenico di Jommaso Bigordi　270
ギルレー (18・19世紀) →Gillray, James　274
ギルレイ (18・19世紀) →Gillray, James　274
ギルレイ, ジェイムズ (18・19世紀)
　→Gillray, James　274
ギレス, ヴェルナー (20世紀)
　→Gilles, Werner　274
キロス二世 (前6世紀) →Kyros II　377
キロス2世 (大王) (前6世紀) →Kyros II　377
キワーム・ウッディーン (14・15世紀)
　→Qiwāmu'd-Dīn, Ustād　541

キワームッ・ディーン (14・15世紀)
　→Qiwāmu'd-Dīn, Ustād　541
キーン (19世紀) →Keene, Charles Samuel　359
キング (20世紀) →King, Philip　364
キング, ジェシー・マリオン (19・20世紀)
　→King, Jessie Marion　364
キング, フィリップ (20世紀) →King, Philip　364
キングズリー・ポーター, アーサー (19・20世紀)
　→Kingsley Porter, Arthur　364
キングマン, リー (20世紀) →Kingman, Lee　364
キンケーラ・マルティン (19・20世紀)
　→Quinquela Martín, Benito　543
ギンスブルグ (20世紀) →Ginzburg, Moisei　275
ギンズブルグ (20世紀) →Ginzburg, Moisei　275
ギンズブルグ, M. (20世紀)
　→Ginzburg, Moisei　275
キーンターニーリャ, L. (19・20世紀)
　→Quintanilla, Luis　543
キンボール (19・20世紀) →Kimball, Fiske　363
キーンホルツ (20世紀)
　→Kienholz, Edward　363
キーンホルツ, エドワード (20世紀)
　→Kienholz, Edward　363

【ク】

クー, C. (20世紀) →Ku, Chiu-Ping　375
グアス, ファン (15世紀) →Guas, Juan　297
グアス, フアン (15世紀) →Guas, Juan　297
グァス, ホアン (15世紀) →Guas, Juan　297
グアッターニ, ジュゼッペ・アントーニオ (18・19世紀) →Guattani, Giuseppe Antonio　297
クアドリオ, アントーニオ (18世紀)
　→Quadrio, Antonio　541
クアドリオ, ジョヴァンニ・バッティスタ (16世紀) →Quadrio, Giovanni Battista　541
クアドリオ, ジョヴァンニ・バッティスタ (17・18世紀) →Quadrio, Giovanni Battista　541
クアドリオ, ジローラモ (17世紀)
　→Quadrio, Girolamo　541
クアドローネ, ジョヴァンニ・バッティスタ (19世紀) →Quadrone, Giovanni Battista　541
グァマン・ポーマ, フェリペ (16世紀)
　→Guamán Poma y Ayala, Felipe　297
グアーラ, ピエル・フランチェスコ (17・18世紀)
　→Guala, Pier Francesco　297
グアラーナ, ヤーコポ (18・19世紀)
　→Guarana, Iacopo　297
グァリエント (14世紀)
　→Guariento, Ridolfo　297

グアリエント・ディ・アルポ(14世紀)
　→Guariento, Ridolfo　297
クアーリオ, アンジェロ一世(18・19世紀)
　→Quaglio, Angelo I　541
クアーリオ, アンジェロ二世(19世紀)
　→Quaglio, Angelo II　541
クアーリオ, シモン(18・19世紀)
　→Quaglio, Simon　542
クアーリオ, ジュゼッペ(18・19世紀)
　→Quaglio, Giuseppe　541
クアーリオ, ジューリオ一世(17世紀)
　→Quaglio, Giulio I　541
クアーリオ, ジューリオ二世(17・18世紀)
　→Quaglio, Vigilio II　541
クアーリオ, ジョヴァンニ・マリーア一世(18世紀)　→Quaglio, Giovanni Maria I　541
クアーリオ, ロレンツォ一世(18・19世紀)
　→Quaglio, Lorenzo I　542
グァリーニ(17世紀)　→Guarini, Guarino　297
グァリニ(17世紀)　→Guarini, Guarino　297
グァリーニ(17世紀)　→Guarini, Guarino　297
グァリーニ, グァリーノ(17世紀)
　→Guarini, Guarino　297
グァリーニ, グァリーノ(17世紀)
　→Guarini, Guarino　297
クァリーニ, マリオ・ルドヴィコ(18世紀)
　→Quarini, Mario Ludovico　542
クアリーニ, マーリオ・ルドヴィーコ(18世紀)
　→Quarini, Mario Ludovico　542
クアーリョ(18・19世紀)
　→Quaglio, Domenico　541
クアーリョ(18・19世紀)
　→Quaglio, Lorenzo　542
クアーリョ(18・19世紀)→Quaglio, Simon　542
クアルタラーロ, リッカルド(15・16世紀)
　→Quartararo, Riccardo　542
グァルディ(17・18世紀)
　→Guardi, Giovanni Antonio　297
グァルディ(18世紀)　→Guardi, Francesco　297
グァルディ(18世紀)　→Guardi, Francesco　297
グアルディ, アンドレーア(15世紀)
　→Guardi, Andrea　297
グアルディ, ジョヴァンニ・アントーニオ(17・18世紀)　→Guardi, Giovanni Antonio　297
グァルディ, フランチェスコ(18世紀)
　→Guardi, Francesco　297
グァルディ, フランチェスコ(18世紀)
　→Guardi, Francesco　297
グアルティエーリ・ディ・ジョヴァンニ・ダ・ピーサ(14・15世紀)
　→Gualtieri di Giovanni da Pisa　297
グアルティエーロ・ダレマーニャ(14・15世紀)
　→Gualtiero d'Alemagna　297
クァールトン(15世紀)
　→Quarton (Charonton), Enguerrand　542

グアルナッチ, マーリオ(18世紀)
　→Guarnacci, Mario　297
クアレンギ(18・19世紀)　→Quarenghi, Giacomo Antonio Domenico　542
クァレンギ, ジャコモ(18・19世紀)　→Quarenghi, Giacomo Antonio Domenico　542
クアレンギ, ジャーコモ・アントーニオ・ドメーニコ(18・19世紀)　→Quarenghi, Giacomo Antonio Domenico　542
クアント(20世紀)　→Quant, Mary　542
クイース, クロード(20世紀)
　→Quiesse, Claude　543
グイーディ, ヴィルジーリオ(20世紀)
　→Guidi, Vigilio　299
グイーディ, ジャーコモ(19・20世紀)
　→Guidi, Giacomo　299
グイーディ, ドネーニコ(17・18世紀)
　→Guidi, Domenico　299
グイデッティ, グイデット(16世紀)
　→Guidetti, Guidetto　298
グイデット(12・13世紀)　→Guidetto　299
グィード・ダ・コモ(13世紀)
　→Guido da Como　299
グィード・ダ・コーモ(13世紀)
　→Guido da Como　299
グィード・ダ・シエーナ(13世紀)
　→Guido Da Siena　299
グィード・ダ・シエナ(13世紀)
　→Guido Da Siena　299
グィード・ダ・シエーナ(13世紀)
　→Guido Da Siena　299
グイドボーノ, ジョヴァンニ・アントーニオ(17世紀)　→Guidobono, Giovanni Antonio　299
グイドボーノ, ドメーニコ(17・18世紀)
　→Guidobono, Domenico　299
グイドボーノ, ニッコロ(17・18世紀)
　→Guidobono, Niccolò　299
グイドボーノ, バルトロメーオ(17・18世紀)
　→Guidobono, Bartolomeo　299
クィプ, アールベルト(17世紀)
　→Cuyp, Albert Jacobsz　175
クーヴァス, ホセ・ルイス(20世紀)
　→Cuevas, Jose Luis　174
クゥイシュトゥイーモフ,B.P.(20世紀)
　→Kyshtymov, Boris Pavlovich　377
クヴィステク(19・20世紀)
　→Chwistek, Leon　150
グウィン,F.(20世紀)　→Gwynne, Fred　301
クヴェヴェード, ヌリア(20世紀)
　→Quevedo, Nuria　543
クエイローロ, フランチェスコ(18世紀)
　→Queirolo, Francesco　542
クェッケンブッシュ,R.M.(20世紀)
　→Quackenbush, Robert Mead　541

グエッラ, ジョヴァンニ (16・17世紀)
　→Guerra, Giovanni　298
グエッリーニ, ロレンツォ (20世紀)
　→Guerrini, Lorenzo　298
グエッレスキ, ジュゼッペ (20世紀)
　→Guerreschi, Giuseppe　298
グェラン, シャルル (19・20世紀)
　→Guérin, Charles François Prosper　298
グェラン, ピエル・ナルシッス (18・19世紀)
　→Guérin, Pierre Narcisse, Baron　298
クェリヌス (17世紀)　→Quellinus, Artus I　542
クェリヌス, アウテス (父・子) (17世紀)
　→Quellinus, Artus I　542
クェリヌス, アルテュス1世 (17世紀)
　→Quellinus, Artus I　542
クェリヌス, アルトゥス一世 (17世紀)
　→Quellinus, Artus I　542
クェリヌス, アルトゥス二世 (17世紀)
　→Quellinus, Artus II　542
クェリヌス, エラスムス一世 (16・17世紀)
　→Quellinus, Erasmus I　542
クェリヌス, エラスムス二世 (17世紀)
　→Quellinus, Erasmus II　542
クェリヌス, ジャン・エラスムス (17・18世紀)
　→Quellinus, Jan Erasmus　542
クェリヌス, ヤン・エラスムス (17・18世紀)
　→Quellinus, Jan Erasmus　542
クェルチア (14・15世紀)
　→Quercia, Jacopo della　542
クェルチア (14・15世紀)
　→Quercia, Jacopo della　542
クェルチア, ヤコポ・デラ (14・15世紀)
　→Quercia, Jacopo della　542
クェルチア, ヤーコポ・デルラ (14・15世紀)
　→Quercia, Jacopo della　542
クェルチア, ヤコポ・デルラ (14・15世紀)
　→Quercia, Jacopo della　542
グェルチーノ (16・17世紀)　→Guercino, Il　298
グェルチーノ (16・17世紀)　→Guercino, Il　298
クェルチャ (14・15世紀)
　→Quercia, Jacopo della　542
クェルチャ (14・15世紀)
　→Quercia, Jacopo della　542
クェルチャ, ヤコポ・デラ (14・15世紀)
　→Quercia, Jacopo della　542
クェルチャ, ヤーコポ・デルラ (14・15世紀)
　→Quercia, Jacopo della　542
クエレーナ, ラッタンツィオ (18・19世紀)
　→Querena, Lattanzio　543
クオント, メアリ (20世紀)　→Quant, Mary　542
クーグラー (19世紀)
　→Kugler, Franz Theodor　376
クーグラー, フランツ・テーオドア (19世紀)
　→Kugler, Franz Theodor　376

クーザン (15・16世紀)
　→Cousin, Jean le Vieux　167
クーザン (16世紀)　→Cousin, Jean le Jeune　167
クーザン (19世紀)　→Cousins, Samuel　167
クーザン, ジャン (15・16世紀)
　→Cousin, Jean le Vieux　167
クーザン, ジャン (16世紀)
　→Cousin, Jean le Jeune　167
クーザン, ジャン (子) (16世紀)
　→Cousin, Jean le Jeune　167
クーザン, ジャン (父) (15・16世紀)
　→Cousin, Jean le Vieux　167
クーザン (小) (16世紀)
　→Cousin, Jean le Jeune　167
クーザン (大) (15・16世紀)
　→Cousin, Jean le Vieux　167
クシメーネス, エットレ (19・20世紀)
　→Ximenes, Ettore　715
クシャオ, ピーター (20世紀)　→Xiao, Peter　715
グージョン (16世紀)　→Goujon, Jean　286
グージョン, ジャン (16世紀)
　→Goujon, Jean　286
グース (15世紀)　→Van der Goes, Hugo　672
グース, ヒューホ・ヴァン・デル (15世紀)
　→Van der Goes, Hugo　672
グース, フーゴー・ヴァン・デル (15世紀)
　→Van der Goes, Hugo　672
グース, フーゴー・ファン・デル (15世紀)
　→Van der Goes, Hugo　672
グスタフソン, ウルフ (20世紀)
　→Gustavsson, Ulf　300
クストゥ (17・18世紀)
　→Coustou, Guillaume I　167
クストゥ (17・18世紀)　→Coustou, Nicolas　168
クストゥ (18世紀)
　→Coustou, Guillaume le Jeune　168
クストゥー (17・18世紀)
　→Coustou, Guillaume I　167
クストゥー, ギヨーム (17・18世紀)
　→Coustou, Guillaume I　167
クストゥー, ギヨーム (子) (18世紀)
　→Coustou, Guillaume le Jeune　168
クストゥー, ギヨーム (父) (17・18世紀)
　→Coustou, Guillaume I　167
クストゥー, ニコラ (17・18世紀)
　→Coustou, Nicolas　168
クストージェフ, ボリス (19・20世紀)
　→Kustodiev, Boris Mikhailovich　377
クズネツォーフ (19・20世紀)
　→Kuznetsov, Pavel Varfolomeevich　377
クズネツォフ (19・20世紀)
　→Kuznetsov, Pavel Varfolomeevich　377
クセナキス (20世紀)　→Xenakis, Iannis　714
クセナキス, イアンニス (20世紀)
　→Xenakis, Iannis　714

クセナキス, ヤニス(20世紀)
　→Xenakis, Iannis　714
クセルクセース一世(前6・5世紀)
　→Xerxes I　714
クセルクセス(1世)(前6・5世紀)
　→Xerxes I　714
クセルクセス1世(前6・5世紀)　→Xerxes I　714
クセルクセス一世(前6・5世紀)　→Xerxes I　714
クセルクセス一世〔アハシュエロス〕(前6・5世紀)
　→Xerxes I　714
クセルクセス1世(大王)(前6・5世紀)
　→Xerxes I　714
クセロン(19・20世紀)　→Xceron, Gean　714
グーソン, ステファン(19・20世紀)
　→Goosson, Stephen　285
クーダート, アマリア(19・20世紀)
　→Coudert, Amalia　167
クチェロヴァー, アレナ(20世紀)
　→Kučerová, Alena　375
クーチュリエ(19・20世紀)
　→Cousturier, Lucie　168
クーチュリエ, リュシー(19・20世紀)
　→Cousturier, Lucie　168
クーチュール(19世紀)　→Couture, Thomas　168
クチュール, ダニエル(20世紀)
　→Couthures, Daniel　168
クーチュール, トマ(19世紀)
　→Couture, Thomas　168
クッキ, エンゾ(20世紀)　→Cucchi, Enzo　174
クック(16世紀)
　→Coecke van Aelst, Pieter　156
クック, アンナ・シャーロット(19・20世紀)
　→Cooke, Anna Charlotte　162
クック, ピーター(20世紀)　→Cook, Peter　162
クック, ベリル(20世紀)　→Cook, Beryl　162
クック・ファン・アールスト(16世紀)
　→Coecke van Aelst, Pieter　156
クックワージー, ウィリアム(18世紀)
　→Cookworthy, William　162
グッゲンハイム(一族)(19・20世紀)
　→Guggenheim, Solomon Robert　298
グッゲンハイム(一族)(20世紀)
　→Guggenheim, Peggy　298
グッゲンハイム, ソロモン・R.(19・20世紀)
　→Guggenheim, Solomon Robert　298
グッゲンハイム, ソロモン・R(ロバート)(19・20世紀)
　→Guggenheim, Solomon Robert　298
グッゲンハイム, ペギー(20世紀)
　→Guggenheim, Peggy　298
グッゲンハイム, マーガリート(20世紀)
　→Guggenheim, Peggy　298
グッゲンビヒラー(17・18世紀)
　→Guggenbichler, Johann Meinrad　298

グッゲンビヒラー, ヨハン・マインラート(17・18世紀)
　→Guggenbichler, Johann Meinrad　298
グッチ, サンティ(16・17世紀)
　→Gucci, Santi　297
グッチョ・ディ・マンナイア(13世紀)
　→Guccio di Mannaia　297
グッドイン, ギ(20世紀)　→Goodwin, Guy　285
グッドウィン, H.(20世紀)
　→Goodwin, Harold　285
グットゥーソ(20世紀)　→Guttuso, Renato　300
グットゥーゾ(20世紀)　→Guttuso, Renato　300
グットゥーソ, レナート(20世紀)
　→Guttuso, Renato　300
グットゥーゾ, レナート(20世紀)
　→Guttuso, Renato　300
グッドハート・レンデル(19・20世紀)
　→Goodhart-Rendel, Harry Stuart　285
グッドヒュー(19・20世紀)
　→Goodhue, Bertram Grosvenor　285
グッドマン, ジュリア(19・20世紀)
　→Goodman, Julia　285
グッドリッジ, サラ(18・19世紀)
　→Goodridge, Sarah　285
グッドール, J.S.(20世紀)
　→Goodall, John S.　285
グーデ(19・20世紀)
　→Gude, Hans Frederik　297
グーデ(19・20世紀)　→Gude, Nils　298
グーデ, ハンス(19・20世紀)
　→Gude, Hans Frederik　297
グーデ, ハンス・フレドリク(19・20世紀)
　→Gude, Hans Frederik　297
グーティエール(18・19世紀)
　→Gouthière, Pierre　286
グーティエール, ピエール=ジョゼフ=デジレ
　(18・19世紀)　→Gouthière, Pierre　286
グティエレス, フランシスコ(18世紀)
　→Gutiérrez, Francisco　300
グティエレス・デ・サン・マルティン, ペドロ・ルイス(18世紀)
　→Gutiérrez de San Martin, Pedro Luis　300
クテュリエ, ピエール・マリー・アラン(20世紀)
　→Couturier, Pierre Marie Alain　168
クーテュリエ, ルシイ(19・20世紀)
　→Cousturier, Lucie　168
クテュール(19世紀)　→Couture, Thomas　168
クトー(20世紀)　→Coutaud, Lucien　168
クトー(20世紀)　→Coutaud, Lucien　168
クートー, リュシアン(20世紀)
　→Coutaud, Lucien　168
クートー, ルシアン(20世紀)
　→Coutaud, Lucien　168
グトゥーソ(20世紀)　→Guttuso, Renato　300

クドゥラーチュク,J.(20世紀)
→Kudlacek, Jan　375
グトノフ,アレクセイ(20世紀)
→Gutnov, Alexei　300
グートフロイント,オットー(19・20世紀)
→Gutfreund, Otto　300
クドリヤショフ,オレグ(20世紀)
→Kudryashov, Oleg　376
クナウス(19・20世紀)→Knaus, Ludwig　368
クナウス,ルドヴィヒ(19・20世紀)
→Knaus, Ludwig　368
クナックフース(19・20世紀)
→Knackfuss, Hermann　368
クナッパー,ゲルト(20世紀)
→Knapper, Gerd　368
クーニー,B.(20世紀)→Cooney, Barbara　162
クーニー,バーバラ(20世紀)
→Cooney, Barbara　162
クニージャーク,ミラン(20世紀)
→Knížák, Milan　368
クニフケ,S.(20世紀)→Kniffke, Sophie　368
クニヨシ,ヤスオ(19・20世紀)
→Kuniyoshi, Yasuo　376
クネッリス,ヤンニス(20世紀)
→Kounellis, Janis　372
クネラー(17・18世紀)
→Kneller, Sir Godfrey　368
クネラー,サー・ゴドフリー(17・18世紀)
→Kneller, Sir Godfrey　368
クネリス(20世紀)→Kounellis, Janis　372
クネリス,ジャニス(20世紀)
→Kounellis, Janis　372
クノップフ(19・20世紀)
→Khnopff, Fernand　362
クノップフ,フェルナン(19・20世紀)
→Khnopff, Fernand　362
クノップフ,フェルナンド(19・20世紀)
→Khnopff, Fernand　362
クノーベルスドルフ(17・18世紀)
→Knobelsdorf, Georg Wenzeslaus von　368
クノーベルスドルフ,ヴェンツェスラウス・フォン(17・18世紀)
→Knobelsdorf, Georg Wenzeslaus von　368
クノーベルスドルフ,ゲオルク・ヴェンツェスラウス・フォン(17・18世紀)
→Knobelsdorf, Georg Wenzeslaus von　368
クノラー,マルティン(18・19世紀)
→Knoller, Martin　369
クーパー(17世紀)→Cooper, Alexander　162
クーパー(17世紀)→Cooper, Samuel　162
クーパー,カイル(20世紀)→Cooper, Kyle　162
クーパー,サミュエル(17世紀)
→Cooper, Samuel　162
クーパー,スージー(20世紀)
→Cooper, Susie　162

クーパー,ダグラス(20世紀)
→Cooper, Douglas　162
クビシュタ,ボフミル(19・20世紀)
→Kubišta, Bohumil　375
クビーヌ(19・20世紀)→Coubine, Othon　167
クービーン(19・20世紀)→Kubin, Alfred　375
クービン(19・20世紀)→Kubin, Alfred　375
クビーン(19・20世紀)→Kubin, Alfred　375
クビン(19・20世紀)→Kubin, Alfred　375
クービン,アルフレート(19・20世紀)
→Kubin, Alfred　375
クビーン,アルフレート(19・20世紀)
→Kubin, Alfred　375
クフ(前26世紀)→Khufu　362
クフ(ケオプス)(前26世紀)→Khufu　362
クフ王(前26世紀)→Khufu　362
クプカ(19・20世紀)→Kupka, František　377
クプカ,フランソワ(19・20世紀)
→Kupka, František　377
クプカ,フランチシェク(19・20世紀)
→Kupka, František　377
クプカ,フランティシェク(19・20世紀)
→Kupka, František　377
クブケ,クリステン(19世紀)
→Købke, Christen Schellerup　369
クプファー,ハリー(20世紀)
→Kupfer, Harry　377
クープランド,ダグラス(20世紀)
→Coupland, Douglas　167
クプリヤノフ,M.V.(20世紀)
→Kupriyanov, M.V.　377
クペツキ,ヨハン(17・18世紀)
→Kupezky, Johann　377
クーベルカ,ペーター(20世紀)
→Kubelka, Peter　375
クーホルン(17・18世紀)
→Coehoorn, Menno van　156
クーホールン,メンノー(17・18世紀)
→Coehoorn, Menno van　156
クーマラスワミ(19・20世紀)
→Coomaraswamy, Ananda Kentish　162
クマーラスワーミー(19・20世紀)
→Coomaraswamy, Ananda Kentish　162
クマーラスワミー,A.K.(19・20世紀)
→Coomaraswamy, Ananda Kentish　162
クマーラスワーミー,アーナンダ(19・20世紀)
→Coomaraswamy, Ananda Kentish　162
クーマーラスワーミィ,アーナンダ・K.(19・20世紀)
→Coomaraswamy, Ananda Kentish　162
クームス,P.(20世紀)→Coombs, Patricia　162
クライス(19・20世紀)→Kreis, Wilhelm　374
クライス(20世紀)→Kreis, Friedrich　374

クライドルフ, エルンスト (19・20世紀)
　→Kreidolf, Ernst　374
グライナー, オットー (19・20世紀)
　→Greiner, Otto　291
グライヒェン, フェオドラ (19・20世紀)
　→Gleichen, Feodora　280
グライムズ, フランセス (19・20世紀)
　→Grimes, Frances　293
クライン (19・20世紀) →Klein, Wilhelm　366
クライン (20世紀) →Klein, Calvin　366
クライン (20世紀) →Klein, William　366
クライン (20世紀) →Klein, Yves　366
クライン (20世紀) →Kline, Franz　367
クライン, アン (20世紀)
　→Klein, Anne（Hannah）　366
クライン, アン・ハナ (20世紀)
　→Klein, Anne（Hannah）　366
クライン, アン (・ハナ)(20世紀)
　→Klein, Anne（Hannah）　366
クライン, イーヴ (20世紀) →Klein, Yves　366
クライン, イヴ (20世紀) →Klein, Yves　366
クライン, イブ (20世紀) →Klein, Yves　366
クライン, ウィリアム (20世紀)
　→Klein, William　366
クライン, ウイリアム (20世紀)
　→Klein, William　366
クライン, ヴィルヘルム (19・20世紀)
　→Klein, Wilhelm　366
クライン, カルヴァン (20世紀)
　→Klein, Calvin　366
クライン, カルヴァン (・リチャード)(20世紀)
　→Klein, Calvin　366
クライン, カルバン (20世紀)
　→Klein, Calvin　366
クライン, フランツ (16・17世紀)
　→Cleyn, Franz　154
クライン, フランツ (20世紀)
　→Kline, Franz　367
クライン, フランツ (・ジョゼフ)(20世紀)
　→Kline, Franz　367
クラウアー, マルティン・ゴットリープ (18・19世紀) →Klauer, Martin Gottlieb　365
クラーヴェ, アントニ (20世紀)
　→Clavé, Antoni　153
クラヴェ, アントニ (20世紀)
　→Clavé, Antoni　153
クラヴェー, アントニ (20世紀)
　→Clavé, Antoni　153
クラヴォー, ジャッキー (20世紀)
　→Chaveau, Jacky　145
グラウキアス (前5世紀) →Glaukias　280
クラウス (19・20世紀) →Claus, Emile　153
クラウス (19・20世紀)
　→Kraus, Franz Xaver　373

クラウス, O. (20世紀) →Krauss, Oscar　373
クラウス, R. (20世紀) →Kraus, Robert　373
クラウス, カールフレッド リッヒ (20世紀)
　→Claus, Carlfriedrich　153
クラウス, フランツ・クサーヴァー (19・20世紀)
　→Kraus, Franz Xaver　373
クラウス, フランツ・クサファー (19・20世紀)
　→Kraus, Franz Xaver　373
クラウス, ルース (20世紀) →Krauss, Ruth　374
クラウス, ロバート (20世紀)
　→Kraus, Robert　373
クラウゼ, U. (20世紀) →Krause, Ute　373
クラウセン (19・20世紀)
　→Clausen, George　153
クラウトハイマー, リヒャルト (20世紀)
　→Krautheimer, Richard　374
クラウバー, ハンス・フーゴー (16世紀)
　→Klauber, Hans Hugo　365
グラヴロ (17・18世紀) →Gravelot　289
クラーエ, ペーター・ヨーゼフ (18・19世紀)
　→Krahe, Peter Joseph　373
クラーク (19・20世紀) →Clark, John Willis　152
クラーク (19・20世紀)
　→Clarke, Thomas Shields　153
クラーク (19・20世紀) →Klerk, Michaël de　367
クラーク (20世紀)
　→Clark, Kenneth Mackenzie　152
クラーク, ケネス (20世紀)
　→Clark, Kenneth Mackenzie　152
クラーク, ケネス・M. (20世紀)
　→Clark, Kenneth Mackenzie　152
クラーク, ケネス・マッケンジー (20世紀)
　→Clark, Kenneth Mackenzie　152
クラーク, ケネス (・マッケンジー)(20世紀)
　→Clark, Kenneth Mackenzie　152
クラーク, ケネス (マッケンジー)(20世紀)
　→Clark, Kenneth Mackenzie　152
クラーク, ケネス・(マッケンジー・) クラーク, 男爵 (20世紀)
　→Clark, Kenneth Mackenzie　152
クラーク, ハリー (19・20世紀)
　→Clarke, Harry　152
クラーク, ハリエット (19世紀)
　→Clarke, Harriet　152
クラーク, フランシーヌ (19・20世紀)
　→Clark, Francine Clary　152
クラーク, フランシーン・クレアリー (19・20世紀)
　→Clark, Francine Clary　152
クラーク, ブレンダ (20世紀)
　→Clark, Brenda　152
クラーク, ミッチェル・デ (19・20世紀)
　→Klerk, Michaël de　367
クラーク, ロバート・スターリング (19・20世紀)
　→Clark, Robert Sterling　152

クラーク夫妻(19・20世紀)
　→Clark, Francine Clary　152
クラーク夫妻(19・20世紀)
　→Clark, Robert Sterling　152
クラーゲス,S.(20世紀) →Klages, Simone　365
グラーザー(19・20世紀) →Glaser, Curt　279
クラジョ(19世紀) →Courajod, Louis　167
クラシロフスキー, フィリス(20世紀)
　→Krasilovsky, Phyllis　373
グラス(20世紀) →Grass, Günter Wilhelm　289
グラス,G.W.(20世紀)
　→Grass, Günter Wilhelm　289
グラス, ギュンター(20世紀)
　→Grass, Günter Wilhelm　289
グラス, グンター(20世紀)
　→Grass, Günter Wilhelm　289
クラース, ピーテル(16・17世紀)
　→Claesz., Pieter　152
クラースゾーン, ピーテル(16・17世紀)
　→Claesz., Pieter　152
クラスナー, リー(20世紀) →Krasner, Lee　373
クラズナー, リー(20世紀) →Krasner, Lee　373
クラーゼン, ペーター(20世紀)
　→Klasen, Peter　365
クラーソン, スティーグ(20世紀)
　→Claesson, Stig Johan　152
クラッグ(20世紀) →Cragg, Tony　169
クラッグ, トニー(20世紀) →Cragg, Tony　169
グラッケンズ(19・20世紀)
　→Glackens, William James　279
グラッケンズ, ウィリアム(19・20世紀)
　→Glackens, William James　279
グラッケンズ, ウィリアム・ジェイムス(19・20世紀) →Glackens, William James　279
グラッケンズ, ウィリアム・ジェイムズ(19・20世紀) →Glackens, William James　279
グラッケンズ, ウィリアム(・ジェイムズ)(19・20世紀) →Glackens, William James　279
グラッサー(15・16世紀)
　→Grasser, Erasmus　289
グラッシ, オラーツィオ(16・17世紀)
　→Grassi, Orazio　289
グラッシ, ジョヴァンニ・バッティスタ(16世紀)
　→Grassi, Giovanni Battista　289
グラッシ, ニコーラ(17・18世紀)
　→Grassi, Nicola　289
クラッシュ,B.(20世紀) →Krush, Beth　375
クラッシュ,J.(20世紀) →Krush, Joe　375
グラッセ, ウージェーヌ(19・20世紀)
　→Grasset, Eugène　289
グラッツィア,T.(20世紀)
　→Grazia, Thomas di.　290
グラッフ(18・19世紀) →Graff, Anton　288

グラッフ, アントン(18・19世紀)
　→Graff, Anton　288
グラナッチ(15・16世紀)
　→Granacci, Francesco　288
グラナッチ, フランチェスコ(15・16世紀)
　→Granacci, Francesco　288
クラナッハ(15・16世紀)
　→Cranach, Lucas der Ältere　170
クラーナハ(15・16世紀)
　→Cranach, Lucas der Ältere　170
クラナーハ(15・16世紀)
　→Cranach, Lucas der Ältere　170
クラナハ(15・16世紀)
　→Cranach, Lucas der Ältere　170
クラーナハ, ハンス(16世紀)
　→Cranach, Hans　170
クラーナハ, ルーカス(15・16世紀)
　→Cranach, Lucas der Ältere　170
クラーナハ, ルーカス(16世紀)
　→Cranach, Lucas der jüngere　170
クラナハ, ルーカス(15・16世紀)
　→Cranach, Lucas der Ältere　170
クラーナハ, ルーカス(子)(16世紀)
　→Cranach, Lucas der jüngere　170
クラーナハ, ルーカス(父)(15・16世紀)
　→Cranach, Lucas der Ältere　170
クラナハ, ルーカス(父)(15・16世紀)
　→Cranach, Lucas der Ältere　170
グラネ(18・19世紀)
　→Granet, François Marius　289
グラネ, フランソワ・マリウス(18・19世紀)
　→Granet, François Marius　289
グラネ, フランソワ=マリユス(18・19世紀)
　→Granet, François Marius　289
グラバーリ(19・20世紀)
　→Grabar, Igor Emmanuilovich　288
グラバール(19・20世紀)
　→Grabar, Igor Emmanuilovich　288
グラバール(20世紀) →Grabar, André　287
グラバール, アンドレ(20世紀)
　→Grabar, André　287
グラビアンスキー,J.(20世紀)
　→Grabianski, Janusz　288
グラビアンスキー, ヤーヌシ(20世紀)
　→Grabianski, Janusz　288
グラビアンスキー, ヤヌス(20世紀)
　→Grabianski, Janusz　288
グラビャンスキ, ヤーヌシュ(20世紀)
　→Grabianski, Janusz　288
グラーフ(15・16世紀) →Graf, Urs　288
グラフ(18・19世紀) →Graff, Anton　288
グラーフ, ウルス(15・16世紀) →Graf, Urs　288
クラフェック, コンラド(20世紀)
　→Klapheck, Konrad　365

クラフト(15・16世紀) →Kraft, Adam　373
クラフト,アーダム(15・16世紀)
　→Kraft, Adam　373
クラフト,アダム(15・16世紀)
　→Kraft, Adam　373
クラフト,ウーグ(19・20世紀)
　→Krafft, Hugues　373
クラーベ(20世紀) →Clavé, Antoni　153
クラベ(20世紀) →Clavé, Antoni　153
クラベ,アントニ(20世紀) →Clavé, Antoni　153
クラベト,アドリアーン・ピーテルス(16世紀)
　→Crabeth, Adriaen Pietersz　169
クラベト,ディルク・ピーテルス(16世紀)
　→Crabeth, Dirk Pietersz　169
クラベト,ワウテル・ピーテルス1世(16世紀)
　→Crabeth, Wouter Pietersz I　169
クラベト,ワウテル・ピーテルス二世(16・17世紀)
　→Crabeth, Wouter Pietersz II　169
クラボフスキ(20世紀) →Grabowski　288
クラボンヌ,アダン・ド(16世紀)
　→Craponne, Adam de　171
グラマトキー,H.(20世紀)
　→Gramatky, Hardie　288
グラマトキー,ハーディ(20世紀)
　→Gramatky, Hardie　288
グラマトキー,ハーディー(20世紀)
　→Gramatky, Hardie　288
クラム(19・20世紀)
　→Cram, Ralph Adams　170
クラム,ラルフ・アダムズ(19・20世紀)
　→Cram, Ralph Adams　170
クラムスコーイ(19世紀)
　→Kramskoi, Ivan Nikolaevich　373
クラムスコイ(19世紀)
　→Kramskoi, Ivan Nikolaevich　373
クラムスコーイ,イヴァーン・ニコラーエヴィチ(19世紀)
　→Kramskoi, Ivan Nikolaevich　373
クラムスコーイ,イヴァン・ニコラエヴィチ(19世紀) →Kramskoi, Ivan Nikolaevich　373
クラムスコーイ,イヴァン・ニコラエヴィッチ(19世紀) →Kramskoi, Ivan Nikolaevich　373
クラムスコイ,イワン(19世紀)
　→Kramskoi, Ivan Nikolaevich　373
クラメール,ハリー(20世紀)
　→Kramer, Harry　373
クラーメル,ピーテル・ローデウェイク(19・20世紀) →Kramer, Pieter Lodewijk　373
クラモアザン,マルセル(20世紀)
　→Cramoysan, Marcel　170
クララ(12・13世紀) →Clara Assisiensis　152
クララ(聖)(12・13世紀)
　→Clara Assisiensis　152
クラーラ(アッシージの)(12・13世紀)
　→Clara Assisiensis　152

クララ(アッシージの,聖)(12・13世紀)
　→Clara Assisiensis　152
クララ(アッシジの)(12・13世紀)
　→Clara Assisiensis　152
クララ〔アッシジの〕(12・13世紀)
　→Clara Assisiensis　152
聖クララ(アッシジの)(12・13世紀)
　→Clara Assisiensis　152
クラーリ,トゥッリオ(20世紀)
　→Crali, Tulio　170
クラン(20世紀) →Klein, Georges-André　366
クラーン,K.(20世紀) →Krahn, Fernand　373
クラン,ジョルジュ・アンドレ(20世紀)
　→Klein, Georges-André　366
グラン,ダニエル(17・18世紀)
　→Gran, Daniel　288
グランヴィル(19世紀) →Grandville　288
グランヴィル,J.J.(19世紀) →Grandville　288
グランヴィル,J=J(19世紀) →Grandville　288
グランストローム,ブリタ(20世紀)
　→Granstrom, Brita　289
グランダ,J.(20世紀) →Granda, Julio　288
クランチ,クリストファー・ピアス(19世紀)
　→Cranch, Christopher Pearse　170
グランディ,ジュゼッペ・ドメーニコ(19世紀)
　→Grandi, Giuseppe Domenico　288
グラント(19世紀) →Grant, Sir Francis　289
グラント(19・20世紀)
　→Grant, Duncan James Corrowr　289
グラント,L.(20世紀) →Grant, Leigh　289
グラント,ジョン(20世紀) →Grant, John　289
グラント,ダンカン(・ジェイムズ・コロー)(19・20世紀)
　→Grant, Duncan James Corrowr　289
グランバック,アントワーヌ(20世紀)
　→Grumbach, Antoine　296
グランビル(19世紀) →Grandville　288
グランマーティカ,アンティヴェドゥート(16・17世紀) →Grammatica, Antiveduto　288
グランモルセーオ,ピエトロ(16世紀)
　→Grammorseo, Pietro　288
グリ(19・20世紀) →Gris, Juan　293
クーリー,L.(20世紀) →Cooley, Lydia　162
クリーヴェット,フェルディナント(20世紀)
　→Kriwet, Ferdinand　374
クリヴェッリ(15世紀) →Crivelli, Carlo　172
クリヴェッリ,アンジェロ・マリーア(18世紀)
　→Crivelli, Angelo Maria　172
クリヴェッリ,ヴィットーレ(15・16世紀)
　→Crivelli, Vittore　172
クリヴェッリ,カルロ(15世紀)
　→Crivelli, Carlo　172
クリヴェッリ,タッデオ(15世紀)
　→Crivelli, Taddeo　172

クリヴェリ (15世紀) →Crivelli, Carlo　172
クリヴェリ, カルロ (15世紀)
　→Crivelli, Carlo　172
クリヴェルリ (15世紀) →Crivelli, Carlo　172
クリヴェルリ, カルロ (15世紀)
　→Crivelli, Carlo　172
クリエ, ロブ (20世紀) →Krier, Rob　374
グリエルミ, グレゴーリオ (18世紀)
　→Guglielmi, Gregorio　298
グリエルモ (12世紀) →Guglielmo　298
グリエルモ, フラ (13・14世紀)
　→Guglielmo, Fra　298
グリーグ (20世紀) →Greig, James　291
クリーゴフ (19世紀)
　→Krieghoff, Cornelius　374
グリゴーリエフ, アファナシー・グリゴリエヴィチ (18・19世紀)
　→Grigoriev, Afanasy Grigorievich　293
グリゴレスク (19・20世紀)
　→Grigorescu, Nicolaie　293
グリゴレスク, ニコラエ (19・20世紀)
　→Grigorescu, Nicolaie　293
グリゴレスク, ニコラエ・ヨーン (19・20世紀)
　→Grigorescu, Nicolaie　293
グリゴレッティ, ミケランジェロ (19世紀)
　→Grigoletti, Michelangelo　293
クリサラ, ファヴィオ (20世紀)
　→Crisara, Fabio　172
グリス (19・20世紀) →Gris, Juan　293
グリス, ファン (19・20世紀) →Gris, Juan　293
グリス, フアン (19・20世紀) →Gris, Juan　293
グリス, ホアン (19・20世紀) →Gris, Juan　293
クリスクオーロ, ジョヴァンニ・フィリッポ (16世紀) →Criscuolo, Giovanni Filippo　172
クリスチナ (17世紀) →Christina　149
クリスチナ (女王) (17世紀) →Christina　149
クリスティ (19・20世紀)
　→Christy, Howard Chandler　149
クリスティアン, ヨーゼフ (18世紀)
　→Christian, Joseph　148
クリスティアンゼン (19・20世紀)
　→Christiansen, Broder　148
クリスティーナ (17世紀) →Christina　149
クリスティナ (17世紀) →Christina　149
クリスティーナ (女王) (17世紀)
　→Christina　149
クリスティナ女王 (17世紀) →Christina　149
クリステュス, ペトリュス (15世紀)
　→Christus, Petrus　149
クリステンセン (19・20世紀)
　→Christensen, Arthur　148
クリステンセン, アルトゥール (19・20世紀)
　→Christensen, Arthur　148

クリスト (18世紀)
　→Christ, Johann Friedrich　148
クリスト (20世紀) →Christo　149
クリスト, ジャバチェフ (20世紀) →Christo　149
クリスト, ジョバチェフ (20世紀) →Christo　149
クリストゥス (15世紀) →Christus, Petrus　149
クリストゥス, ペトルス (15世紀)
　→Christus, Petrus　149
クリストフォルス (3世紀)
　→Christophorus, St　149
クリストフォルス (聖) (3世紀)
　→Christophorus, St　149
聖クリストフォルス (3世紀)
　→Christophorus, St　149
クリストフォロス (3世紀)
　→Christophorus, St　149
クリストフォロス (聖) (3世紀)
　→Christophorus, St　149
クリストーフォロ・ダ・ボローニャ (14・15世紀)
　→Cristoforo da Bologna　172
クリストーフォロ・ディ・ジェレミーア (15世紀)
　→Cristoforo di Geremia　172
クリストーフォロ・ディ・ベルトラーモ・ダ・コニーゴ (14・15世紀)
　→Cristoforo di Beltramo da Conigo　172
グリーゼ, ローフス (20世紀)
　→Gliese, Rochus　280
グリーゼ, ロフス (20世紀)
　→Gliese, Rochus　280
クリソストム (4・5世紀)
　→Chrysostomos, Jōhannēs　149
グリーソン, リビー (20世紀)
　→Gleeson, Libby　280
クリタナガラ (13世紀) →Kertanagara　361
クリタナガラ王 (13世紀) →Kertanagara　361
クリーチ, ペーター (20世紀)
　→Klisch, Peter　368
クリチウス (前5世紀) →Critius　172
クリックメイ, アンソニー (20世紀)
　→Crickmay, Anthony　171
クリッケ, ノルベルト (20世紀)
　→Kricke, Norbert　374
クリッサ (20世紀) →Chryssa　150
クリッサ, ヴァルダ (20世紀) →Chryssa　150
クーリッジ, チャールズ・アラートン (19・20世紀)
　→Coolidge, Charles Allerton　162
クリッパ, ルーカ (20世紀) →Crippa, Luca　172
クリッパ, ロベルト (20世紀)
　→Crippa, Roberto　172
グリッフィエル, ヤン (17・18世紀)
　→Griffier, Jan　292
グリッフィーニ, エンリーコ (19・20世紀)
　→Griffini, Enrico　292

クリッペル, エドワード (20世紀)
　→Klippel, Robert Edward　368
クリッペル, ロバート・エドワード (20世紀)
　→Klippel, Robert Edward　368
クリティアス (前5世紀) →Klitias　368
クリティオス (前5世紀) →Critius　172
グーリナ (19・20世紀)
　→Goulinat, Jean Gabriel　286
グーリナ, ジャン・ガブリエル (19・20世紀)
　→Goulinat, Jean Gabriel　286
グリーナウェー (19・20世紀)
　→Greenaway, Kate　290
グリーナウェー, ケイト (19・20世紀)
　→Greenaway, Kate　290
グリーナウェイ (19・20世紀)
　→Greenaway, Kate　290
グリーナウェイ, ケイト (19・20世紀)
　→Greenaway, Kate　290
グリーナウェイ, ピーター (20世紀)
　→Greenaway, Peter　290
グリーノー (19世紀) →Greenough, Horatio　291
グリノー (19世紀) →Greenough, Horatio　291
グリーノー, ホレイシオ (19世紀)
　→Greenough, Horatio　291
グリーノー, ホレイショー (19世紀)
　→Greenough, Horatio　291
グリーノウ (19世紀) →Greenough, Horatio　291
クリフ, クラリス (20世紀) →Cliff, Clarice　154
クリフ, ルシアン (20世紀) →Krief, Lucien　374
グリフィス (18世紀) →Griffiths, John　292
グリフィス, ヘレン・V (20世紀)
　→Griffith, Helen Virginia　292
グリフィス, ヘレン・ヴァージニア (20世紀)
　→Griffith, Helen Virginia　292
グリフィン (19・20世紀)
　→Griffin, Walter Burley　292
グリフィン, ウォルター・バーリー (19・20世紀)
　→Griffin, Walter Burley　292
グリフィン, マリオン (19・20世紀)
　→Griffin, Marion　292
グリフォーン, ロバート (20世紀)
　→Griffon, Robert　292
クリベッリ (15世紀) →Crivelli, Carlo　172
クリベリ (15世紀) →Crivelli, Carlo　172
グリマルディ (17世紀)
　→Grimaldi, Giovanni Francesco　293
グリマルディ, ジョヴァンニ・フランチェスコ (17世紀) →Grimaldi, Giovanni Francesco　293
グリマルディ, ジョヴァンニ・フランチェスコ (イル・ボロニェーゼ (通称)) (17世紀)
　→Grimaldi, Giovanni Francesco　293
グリマルディ, ファブリツィオ (16・17世紀)
　→Grimaldi, Fabrizio　293
グリマルディ, フランチェスコ (16・17世紀)
　→Grimaldi, Francesco　293

グリム (19・20世紀) →Grimm, Herman　293
グリムー, アレクシス (17・18世紀)
　→Grimou, Alexis　293
グリムショー, アトキンソン (19世紀)
　→Grimshaw, Atkinson　293
グリムソープ, エドマンド・ベケット・デニソン・グリムソープ, 男爵 (19・20世紀)
　→Grimthorpe, Edmund Beckett Denison Grimthorpe, Baron　293
クリムト (19・20世紀) →Klimt, Gustav　367
クリムト, グスタフ (19・20世紀)
　→Klimt, Gustav　367
クリューガー (18・19世紀) →Krüger, Franz　375
クリューガー, クリスティーナ (20世紀)
　→Crüger, Christiana　173
クリューガー, フランツ (18・19世紀)
　→Krüger, Franz　375
グリュコン (前1世紀) →Glykon　280
クリュシー, マチュラン (18・19世紀)
　→Crucy, Mathurin　173
グリューズ (18・19世紀)
　→Greuze, Jean Baptiste　292
クリューズ, D. (20世紀) →Crews, Donald　171
クリュソストム (聖) (4・5世紀)
　→Chrysostomos, Jōhannēs　149
クリュソストムス (4・5世紀)
　→Chrysostomos, Jōhannēs　149
クリュソストモス (4・5世紀)
　→Chrysostomos, Jōhannēs　149
クリュソストモス, 聖コアンネス (4・5世紀)
　→Chrysostomos, Jōhannēs　149
クリュソストモス, ヨーアンネース (4・5世紀)
　→Chrysostomos, Jōhannēs　149
クリュソストモス, ヨアンネス (4・5世紀)
　→Chrysostomos, Jōhannēs　149
グリュック (12世紀) →Godefroid de Huy　280
グリュッツナー (19・20世紀)
　→Grützner, Eduard　297
グリューネヴァルト (15・16世紀)
　→Grünewald, Matthias　296
グリューネヴァルト, マティーアス (15・16世紀)
　→Grünewald, Matthias　296
グリューネヴァルト, マティアス (15・16世紀)
　→Grünewald, Matthias　296
グリューネヴァルト, マテーウス (マティアス)
　(15・16世紀) →Grünewald, Matthias　296
グリューネワルト (15・16世紀)
　→Grünewald, Matthias　296
グリューネワルド (15・16世紀)
　→Grünewald, Matthias　296
グリューネワルト, マテイアス (15・16世紀)
　→Grünewald, Matthias　296
グリューベ (20世紀) →Gruber, Francis　295
グリューベール (20世紀)
　→Gruber, Francis　295

グリューベル(20世紀) →Gruber, Francis 295
グリューベル, フランシス(20世紀)
　→Gruber, Francis 295
グリュベール, フランシス(20世紀)
　→Gruber, Francis 295
グリューンウェーデル(19・20世紀)
　→Grünwedel, Albert 296
グリュンウェーデル(19・20世紀)
　→Grünwedel, Albert 296
グリュンヴェーデル(19・20世紀)
　→Grünwedel, Albert 296
グリュンウェーデル, アルバート(19・20世紀)
　→Grünwedel, Albert 296
グリュンヴェーデル, アルバート(19・20世紀)
　→Grünwedel, Albert 296
グリュンベーデル(19・20世紀)
　→Grünwedel, Albert 296
グリーン(18・19世紀) →Green, Valentine 290
グリーン, アラン(20世紀) →Green, Alan 290
グリーン, アンソニー(20世紀)
　→Green, Anthony 290
グリーンウェイ, フランシス・ハワード(18・19世紀) →Greenway, Francis Howard 291
グリーンウォルド, S.(20世紀)
　→Greenwald, Sheila 291
グリーンウォルド, シーラ(20世紀)
　→Greenwald, Sheila 291
グリーンウッド, テッド(20世紀)
　→Greenwood, Ted (Edward Alister) 291
グリーンウッド, テッド(・エドワード・アリスター)(20世紀)
　→Greenwood, Ted (Edward Alister) 291
グリーンウッド, マリオン(20世紀)
　→Greenwood, Marion 291
クリンガー(19・20世紀) →Klinger, Max 367
クリンガー, マックス(19・20世紀)
　→Klinger, Max 367
クリングソール, T.(19・20世紀)
　→Klingsor, Tristan 368
クリングソール, トリスタン(19・20世紀)
　→Klingsor, Tristan 368
クリント(19・20世紀) →Klimt, Gustav 367
クリント(19・20世紀) →Klint, Kaare 368
クリント, カーレ(19・20世紀)
　→Klint, Kaare 368
クリント, コーレ(19・20世紀)
　→Klint, Kaare 368
グリーンナウェー(19・20世紀)
　→Greenaway, Kate 290
グリーンナウェイ, ケイト(19・20世紀)
　→Greenaway, Kate 290
グリーンバーグ(20世紀)
　→Greenberg, Clement 290
グリンバーグ(20世紀)
　→Greenberg, Clement 290

グリーンバーグ, クレメント(20世紀)
　→Greenberg, Clement 290
グリーンヒル, ジョン(17世紀)
　→Greenhill, John 291
グリーンフィールド, エロイーズ(20世紀)
　→Greenfield, Eloise 291
グリンメル, アーベル(16・17世紀)
　→Grimmer, Abel 293
グリンメル, ヤーコブ(16世紀)
　→Grimmer, Jacob 293
グルー, シャルル・ド(19世紀)
　→Groux, Charles de 295
グルアモンテ(12世紀) →Gruamonte 295
クルイエル, パウル・セヴェリン(19・20世紀)
　→Kroyer, Paul Severin 375
クルイエル, ペデル(19・20世紀)
　→Krøyer, Peder Severin 375
クルイエル, ペーテル・セヴェリン(19・20世紀)
　→Krøyer, Peder Severin 375
クルイロフ, P.N.(20世紀) →Krylov, P.N. 375
クルーエ(15・16世紀) →Clouet, Jean 154
クルーエ(16世紀) →Clouet, François 154
クルーエー(15・16世紀) →Clouet, Jean 154
クルエ(15・16世紀) →Clouet, Jean 154
クルエ(16世紀) →Clouet, François 154
グルーエ, カルラントーニオ(17・18世紀)
　→Grue, Carlantonio 296
グルーエ, サヴェーリオ(18・19世紀)
　→Grue, Saverio 296
クルーエ, ジャン(15・16世紀)
　→Clouet, Jean 154
クルーエ, ジャン(16世紀)
　→Clouet, François 154
クルエ, ジャン(15・16世紀) →Clouet, Jean 154
クルエ, ジャン(ジャネー)(15・16世紀)
　→Clouet, Jean 154
クルーエ, フランソア(16世紀)
　→Clouet, François 154
クルエ, フランソワ(16世紀)
　→Clouet, François 154
クルエ, フランソワ(16世紀)
　→Clouet, François 154
グルーエ, フランチェスコ・アントーニオ(16・17世紀) →Grue, Francesco Antonio 296
グルーエ, フランチェスコ・アントーニオ・サヴェーリオ(17・18世紀)
　→Grue, Francesco Antonio Saverio 296
グルーエ, リボーリオ(18世紀)
　→Grue, Liborio 296
グルーエル, ジョニー(19・20世紀)
　→Gruelle, Johnny 296
クルーガー, バーバラ(20世紀)
　→Kruger, Barbara 375
クルーグ, ペール・ラーション(19・20世紀)
　→Krohg, Per 374

クルークシャンク(18・19世紀)
　→Cruikshank, George　173
クルクシャンク(18・19世紀)
　→Cruikshank, George　173
クルークシャンク, ジョージ(18・19世紀)
　→Cruikshank, George　173
クルーゲ(19・20世紀)　→Kluge, Kurt　368
クルーザ(17・18世紀)
　→Crousaz, Jean Pierre de　173
クルシェニック, ニコラス(20世紀)
　→Krushenick, Nicholas　375
グルジチ, ズラトコ(20世紀)
　→Grgić, Zlatko　292
グルーズ(18・19世紀)
　→Greuze, Jean Baptiste　292
グルーズ, ジャン・バティスト(18・19世紀)
　→Greuze, Jean Baptiste　292
グルーズ, ジャン・バティスト(18・19世紀)
　→Greuze, Jean Baptiste　292
グルーズ, ジャン・バティスト(18・19世紀)
　→Greuze, Jean Baptiste　292
グルーズ, ジャン＝バティスト(18・19世紀)
　→Greuze, Jean Baptiste　292
クルーズ, ドナルド(20世紀)
　→Crews, Donald　171
クルスティチ(19・20世紀)　→Krstić, Đorđe　375
クルスティチ,D.(19・20世紀)
　→Krstić, Đorđe　375
クルスティッチ(19・20世紀)
　→Krstić, Đorđe　375
クルタナガラ(13世紀)　→Kertanagara　361
グルチウス(19世紀)　→Curtius, Ernst　175
クルツ,R.(20世紀)　→Cruz, Ray　173
クルツィウス, エルンスト(19世紀)
　→Curtius, Ernst　175
クルツィウス, ルートヴィヒ(19・20世紀)
　→Curtius, Ludwig　175
クルックシャンク(18・19世紀)
　→Cruikshank, George　173
クルックシャンク, ジョージ(18・19世紀)
　→Cruikshank, George　173
クルティ, ジローラモ(16・17世紀)
　→Curti, Girolamo　175
クルティウス(19世紀)　→Curtius, Ernst　175
クルティウス(19・20世紀)
　→Curtius, Ludwig　175
クルティウス, エルンスト(19世紀)
　→Curtius, Ernst　175
クルト(20世紀)　→Kurth, Julius　377
グールド, チェスター(20世紀)
　→Gould, Chester　286
クールトア(17世紀)　→Courtois, Jacques　167
クルドーフ,V.I.(20世紀)
　→Kurdov, Valentin Ivanovich　377

クルトワ, ジャック(17世紀)
　→Courtois, Jacques　167
クールトンヌ, ジャン(17・18世紀)
　→Courtonne, Jean　167
クルトンヌ, ジャン(17・18世紀)
　→Courtonne, Jean　167
グルーナー, イライオス(19・20世紀)
　→Gruner, Elioth　296
グルニエ(19・20世紀)　→Grenier, Albert　292
グルニエ(20世紀)　→Grenier, Jean　292
グルニエ, アルベール(19・20世紀)
　→Grenier, Albert　292
グルニエ, ジャン(20世紀)　→Grenier, Jean　292
グルニエ, パスキエ(15世紀)
　→Grenier, Pasquier　292
グルーバー(18・19世紀)
　→Gruber, Johann Gottfried　296
クールハース, レム(20世紀)
　→Koolhaas, Rem　371
グルビチー・デ・ドラゴン, ヴィットーレ(19・20
　世紀)　→Grubicy de Dragon, Vittore　296
クールベ(19世紀)　→Courbet, Gustave　167
クールベー(19世紀)　→Courbet, Gustave　167
クールベ, ギュスターヴ(19世紀)
　→Courbet, Gustave　167
クルーベ, ギュスタヴ(19世紀)
　→Courbet, Gustave　167
クルベー, ギュスターヴ(19世紀)
　→Courbet, Gustave　167
クールベ, ギュスターブ(19世紀)
　→Courbet, Gustave　167
グルペッロ, ガブリエル(17・18世紀)
　→Grupello, Gabriel　296
クルームズ, レッド(20世紀)
　→Grooms, Red　294
クルームズ, レッド(20世紀)
　→Grooms, Red　294
クルムパー, ハンス(16・17世紀)
　→Krumper, Hans　375
クルムバッハ, ハンス・ジュース・フォン(15・16
　世紀)　→Kulmbach, Hans Süß von　376
クルムバッハ, ハンス・フォン(15・16世紀)
　→Kulmbach, Hans Süß von　376
クルムバハ(15・16世紀)
　→Kulmbach, Hans Süß von　376
クルムバハ, ハンス・ズュース・フォン(15・16世
　紀)　→Kulmbach, Hans Süß von　376
グルリット(19・20世紀)
　→Gurlitt, Cornelius　300
グルリット, コルネリウス(19・20世紀)
　→Gurlitt, Cornelius　300
クルルイニクシイ(20世紀)　→Kykruiniksui　377
グルンディヒ, ハンス(20世紀)
　→Grundig, Hans　296

グルンディヒ, レア(20世紀)
　→Grundig, Lea　296
グルント, ノルベルト(18世紀)
　→Grund, Norbert　296
クルンパー(16・17世紀) →Krumper, Hans　375
クルンパー, ハンス(16・17世紀)
　→Krumper, Hans　375
クレー(19世紀) →Clays, Paul Jean　153
クレー(19・20世紀) →Klee, Paul　365
グレ(20世紀) →Grès, Alix　292
グレー(20世紀) →Gray, Alasdair(James)　289
グレー(20世紀) →Gray, Basil　290
クレー, パウル(19・20世紀) →Klee, Paul　365
グレアム,M.B.(20世紀)
　→Graham, Margaret Bloy　288
グレーアム, ジョン(19・20世紀)
　→Graham, John　288
グレアム, ジョン(19・20世紀)
　→Graham, John　288
グレアム, ボブ(20世紀) →Graham, Bob　288
グレアム, ロバート(20世紀)
　→Graham, Robert　288
グレイ(19・20世紀) →Gray, Eileen　290
グレイ, アイリーン(19・20世紀)
　→Gray, Eileen　290
グレイ, アラスター(20世紀)
　→Gray, Alasdair(James)　289
グレイ, アラスター(・ジェイムズ)(20世紀)
　→Gray, Alasdair(James)　289
グレイ, アリスター(20世紀)
　→Gray, Alasdair(James)　289
グレイ, ニコレート(20世紀)
　→Gray, Nicolete　290
クレイ, ハインリッヒ(19・20世紀)
　→Kley, Heinrich　367
グレイ, ハロルド(・リンカーン)(20世紀)
　→Gray, Harold(Lincoln)　290
グレイ, ミルナー・コナトン(20世紀)
　→Gray, Milner Connorton　290
グレイヴス, ナンシー(20世紀)
　→Graves, Nancy　289
グレイヴズ, ナンシー(20世紀)
　→Graves, Nancy　289
グレイヴズ, モリス(20世紀)
　→Graves, Morris　289
クレイエル(19・20世紀)
　→Kroyer, Paul Severin　375
クレイグ(19・20世紀)
　→Craig, Edward Henry Gordon　169
クレイグ,H.(20世紀) →Craig, H.　170
クレイグ, エドワード・ゴードン(19・20世紀)
　→Craig, Edward Henry Gordon　169
クレイグ, エドワード・ヘンリー・G.(19・20世紀)
　→Craig, Edward Henry Gordon　169

クレイグ, エドワード・(ヘンリー・)ゴードン
　(19・20世紀)
　→Craig, Edward Henry Gordon　169
クレイグ, カール・ジェリー(20世紀)
　→Craig, Karl Jerry　170
クレイグ, ゴードン(19・20世紀)
　→Craig, Edward Henry Gordon　169
クレイグ, ヘレン(20世紀) →Craig, Heln　170
グレイサー,M.(20世紀) →Glaser, Milton　280
グレイザー, ミルトン(20世紀)
　→Glaser, Milton　280
グレイス, メアリー(18世紀)
　→Grace, Mary　288
クレイチアス(前6世紀) →Kleitias　366
クレイティアース(前6世紀) →Kleitias　366
クレイティアス(前6世紀) →Kleitias　366
グレイトレックス, イライザ・プラット(19・20世
　紀) →Greatorex, Eliza Pratt　290
グレイニエツ, マイケル(20世紀)
　→Grejniec, Michael　291
グレイブス(20世紀) →Graves, Michael　289
グレイブス(20世紀) →Graves, Morris　289
クレイマー, サミュエル・ノア(20世紀)
　→Kramer, Samuel Noa　373
クレイン, ウォルター(19・20世紀)
　→Crane, Walter　170
クレイン, ルーシー(19世紀)
　→Crane, Lucy　170
グレインジ, ケネス・ヘンリー(20世紀)
　→Grange, Kenneth Henry　289
クレーヴ, ヨース・ヴァン(15・16世紀)
　→Cleve, Joos van der Beke　154
グレヴァン, アルフレッド(19世紀)
　→Grévin, Alfred　292
クレーヴェ, コルネリス(16世紀)
　→Cleve, Cornelis　154
クレーヴェ, ヨース・ヴァン(15・16世紀)
　→Cleve, Joos van der Beke　154
クレーヴェ, ヨース・ファン・デル・ベーケ(15・
　16世紀) →Cleve, Joos van der Beke　154
クレヴェン,E.(20世紀) →Kleven, Elisa　367
クレヴェン, エリサ(20世紀)
　→Kleven, Elisa　367
グレーヴス, モリス(20世紀)
　→Graves, Morris　289
グレーヴズ, モリス(20世紀)
　→Graves, Morris　289
クレオパトラ(前1世紀) →Kleopatra VII　367
クレオパトラ(7世)(前1世紀)
　→Kleopatra VII　367
クレオパトラ7世(前1世紀)
　→Kleopatra VII　367
クレオパトラ七世(前1世紀)
　→Kleopatra VII　367

クレオパトラ・愛父女王(前1世紀)
　→Kleopatra VII　*367*
クレオパトラ女王七世(前1世紀)
　→Kleopatra VII　*367*
クレオン(前5世紀)→Kleōn　*366*
クレーグ(19・20世紀)
　→Craig, Edward Henry Gordon　*169*
クレーグ,エドワード・ゴードン(19・20世紀)
　→Craig, Edward Henry Gordon　*169*
グレコ(16・17世紀)→Greco, El　*290*
グレコ(20世紀)→Greco, Emilio　*290*
グレーコ,エミーリオ(20世紀)
　→Greco, Emilio　*290*
グレコ,エミーリオ(20世紀)
　→Greco, Emilio　*290*
グレコ,エミリオ(20世紀)→Greco, Emilio　*290*
グレコ,エル(16・17世紀)→Greco, El　*290*
グレゴッティ,ヴィットーリオ(20世紀)
　→Gregotti, Vittorio　*291*
グレゴッティ,ヴィットリオ(20世紀)
　→Gregotti, Vittorio　*291*
グレコフ,ミトロファン・ボリソヴィッチ(19・20世紀)→Grekov, Mitrofan Borisovitch　*291*
グレゴリウス(聖)(6・7世紀)
　→Gregorius I, St　*291*
グレゴリウス1世(6・7世紀)
　→Gregorius I, St　*291*
グレゴリウス一世(6・7世紀)
　→Gregorius I, St　*291*
グレゴリウス一世(聖)(6・7世紀)
　→Gregorius I, St　*291*
聖グレゴリウス1世(6・7世紀)
　→Gregorius I, St　*291*
グレゴリウス1世(大教皇)(6・7世紀)
　→Gregorius I, St　*291*
グレゴリウス一世プリムス・マグヌス(6・7世紀)
　→Gregorius I, St　*291*
グレゴーリオ・ディ・チェッコ・ディ・ルーカ(14・15世紀)→Gregorio di Cecco di Luca　*291*
グレゴリーニ,ドメーニコ(18世紀)
　→Gregorini, Domenico　*291*
クレサン(17・18世紀)→Cressent, Charles　*171*
クレサン,シャルル(17・18世紀)
　→Cressent, Charles　*171*
クレザンジェ(19世紀)
　→Clésinger, Jean Baptiste　*154*
クレシェンツィ,ジョヴァンニ・バッティスタ
　(16・17世紀)
　→Crescenzi, Giovanni Battista　*171*
クレージュ(20世紀)→Courrèges, André　*167*
クレージュ,A.(20世紀)
　→Courrèges, André　*167*
クレージュ,アンドレ(20世紀)
　→Courrèges, André　*167*
クレーシラース(前5世紀)→Kresilas　*374*

クレシラス(前5世紀)→Kresilas　*374*
グレーズ(19・20世紀)→Gleizes, Albert　*280*
グレス,アリックス(20世紀)→Grès, Alix　*292*
グレーズ,アルベール(19・20世紀)
　→Gleizes, Albert　*280*
グレーズ,アルベール・レオン(19・20世紀)
　→Gleizes, Albert　*280*
クレス,サミュエル(19・20世紀)
　→Kress, Samuel　*374*
クレス,フレッド(20世紀)→Cress, Fred　*171*
クレスウェル(19・20世紀)
　→Creswell, Archibald　*171*
クレスウェル,アーチボルド(19・20世紀)
　→Creswell, Archibald　*171*
クレスピ(16・17世紀)→Crespi, Daniele　*171*
クレスピ(16・17世紀)
　→Crespi, Giovanni Battista　*171*
クレスピ(17・18世紀)
　→Crespi, Giuseppe Maria　*171*
クレスピ,ジュゼッペ・マリーア(17・18世紀)
　→Crespi, Giuseppe Maria　*171*
クレスピ,ジョヴァンニ・バッティスタ(16・17世紀)→Crespi, Giovanni Battista　*171*
クレスピ,ダニエーレ(16・17世紀)
　→Crespi, Daniele　*171*
クレッサン(17・18世紀)
　→Cressent, Charles　*171*
クレッサン,シャルル(17・18世紀)
　→Cressent, Charles　*171*
グレッセル(19・20世紀)→Grässel, Hans　*289*
グレッチュ,ヘルマン(20世紀)
　→Gretsch, Hermann　*292*
グレッツ,S.(20世紀)→Gretz, Susanna　*292*
クレーディ(15・16世紀)
　→Credi, Lorenzo di　*171*
クレディ(15・16世紀)→Credi, Lorenzo di　*171*
クレーティ,ドナート(17・18世紀)
　→Creti, Donato　*171*
クレーディ,ロレンツォ・ディ(15・16世紀)
　→Credi, Lorenzo di　*171*
クレーディ・ロレンツォ・ディ(15・16世紀)
　→Credi, Lorenzo di　*171*
グレナンデル,アルフレッド・フレデリック・エリアス(19・20世紀)
　→Grenander, Alfred Frederik Elias　*291*
クレニナ,キャティヤ(20世紀)
　→Krenina, Katya　*374*
クレーニヒ,ヴォルフガング(20世紀)
　→Krönig, Wolfgang　*375*
グレニンガー,ゲルハルト(16・17世紀)
　→Gröninger, Gerhard　*294*
グレニンガー,ハインリヒ(17世紀)
　→Gröninger, Heinrich　*294*
グレニンガー,ヨハン・ヴィルヘルム(17世紀)
　→Gröninger, Johann Wilhelm　*294*

グレニンガー, ヨハン・マウリッツ (17・18世紀)
　→Gröninger, Johann Mauritz　*294*
クレバー, フランク (20世紀)
　→Creber, Frank　*171*
クレーフ (15・16世紀)
　→Cleve, Joos van der Beke　*154*
クレーフ, ヨース・ヴァン (子) (16世紀)
　→Joose van Cleve (Cleef) d. J.　*350*
クレーフ, ヨース・ヴァン (父) (15・16世紀)
　→Cleve, Joos van der Beke　*154*
クレーフェ (15・16世紀)
　→Cleve, Joos van der Beke　*154*
グレーブズ (20世紀) →Graves, Morris　*289*
グレーブス, マイケル (20世紀)
　→Graves, Michael　*289*
グレーブス, モリス (20世紀)
　→Graves, Morris　*289*
グレベンシチコフ (20世紀)
　→Grebenshchikov, Boris Borisovich　*290*
クレーマー (20世紀)
　→Kramer, Samuel Noa　*373*
クレーマー, サミュエル・ノア (20世紀)
　→Kramer, Samuel Noa　*373*
クレーマン, トーマス (20世紀)
　→Kleemann, Thomas　*366*
クレムケ, W. (20世紀) →Klemke, Werner　*366*
クレムリチュカ, ルドルフ (19・20世紀)
　→Kremlička, Rudolf　*374*
クレーメン (19・20世紀) →Clemen, Paul　*153*
クレメンテ (20世紀)
　→Clemente, Francesco　*153*
クレメンテ, ステーファノ (18世紀)
　→Clemente, Stefano　*153*
クレメンテ, フランチェスコ (20世紀)
　→Clemente, Francesco　*153*
クレモーナ, イターロ (20世紀)
　→Cremona, Italo　*171*
クレモーナ, トランクイッロ (19世紀)
　→Cremona, Tranquillo　*171*
クレモニーニ, レオナルド (20世紀)
　→Cremonini, Leonardo　*171*
クレリソー (18・19世紀)
　→Clérisseau, Charles Louis　*154*
クレリソー, シャルル=ルイ (18・19世紀)
　→Clérisseau, Charles Louis　*154*
クレーリチ, ファブリーツッォ (20世紀)
　→Clerici, Fabrizio　*154*
クレーリチ, フェリーチェ (18世紀)
　→Clerici, Felice　*154*
クレリッソー, シャルル=ルイ (18・19世紀)
　→Clérisseau, Charles Louis　*154*
クレール (12・13世紀) →Clara Assisiensis　*152*
グレール (19世紀)
　→Gleyre, Charles Gabriel　*280*

グレール, シャルル (19世紀)
　→Gleyre, Charles Gabriel　*280*
クレーン (19・20世紀) →Crane, Walter　*170*
クレーン, ウォルター (19・20世紀)
　→Crane, Walter　*170*
クーレン, モーリス (19・20世紀)
　→Cullen, Maurice Galbraith　*174*
クレンツェ (18・19世紀) →Klenze, Leo von　*366*
クレンツェ (18・19世紀) →Klenze, Leo von　*366*
クレンツェ, レーオ・フォン (18・19世紀)
　→Klenze, Leo von　*366*
クレンツェ, レオ・フォン (18・19世紀)
　→Klenze, Leo von　*366*
クレンツェ, レオ・フォン (クレンツェ, レオポルト・フォン) (18・19世紀)
　→Klenze, Leo von　*366*
クロ (19・20世紀)
　→Cros, Cézar Isidore Henri　*173*
クロー (19世紀)
　→Crowe, Sir Joseph Archer　*173*
クロー (19・20世紀) →Crowe, Eyre　*173*
グロ (18・19世紀)
　→Gros, Antoine Jean, Baron　*294*
グロ, アントアーヌ・ジャン (18・19世紀)
　→Gros, Antoine Jean, Baron　*294*
グロ, アントワーヌ=ジャン (18・19世紀)
　→Gros, Antoine Jean, Baron　*294*
グロ, アントワーヌ・ジャン, 男爵 (18・19世紀)
　→Gros, Antoine Jean, Baron　*294*
クロー, ジョーゼフ・アーチャー (19世紀)
　→Crowe, Sir Joseph Archer　*173*
クロ, セザール=イジドール=アンリ (19・20世紀)
　→Cros, Cézar Isidore Henri　*173*
クロイサント, ドリス (20世紀)
　→Croissant, Doris　*172*
クロイヤー (19・20世紀)
　→Kroyer, Paul Severin　*375*
クロイヤー, ペザー・セヴェリン (19・20世紀)
　→Kroøyer, Peder Severin　*375*
クロイヤー, ペザー・セヴェリン (19・20世紀)
　→Kroyer, Paul Severin　*375*
クロウ (19世紀)
　→Crowe, Sir Joseph Archer　*173*
グロウ, ルネ (20世紀) →Gruau, Rene　*295*
クローヴィオ (15・16世紀)
　→Clovio, Giorgio Giulio　*154*
クローヴィオ, ジューリオ (15・16世紀)
　→Clovio, Giorgio Giulio　*154*
クロウェル, P. (20世紀) →Crowell, Pers　*173*
クローグ (19・20世紀) →Krohg, Christian　*374*
クローグ (19・20世紀) →Krohg, Per　*374*
クログ (19・20世紀) →Krohg, Christian　*374*
クローグ, クリスチアン (19・20世紀)
　→Krohg, Christian　*374*

クローグ, クリスティアン(19・20世紀)
　→Krohg, Christian　374
クローグ父子(19・20世紀)　→Krohg, Per　374
クロザ, ピエール(17・18世紀)
　→Crozat, Pierre　173
クロザート, ジャンバッティスタ(17・18世紀)
　→Crosato, Giambattista　173
クロス(19・20世紀)
　→Cross, Henri Edmond　173
グロース(19・20世紀)　→Groos, Karl　294
グロース(20世紀)　→Grosz, George　295
グロス(20世紀)　→Grosz, George　295
グロス,J.A.(20世紀)
　→Groth, John August　295
クロス,P.(20世紀)　→Cross, Peter　173
クロス, アンリ＝エドモン(19・20世紀)
　→Cross, Henri Edmond　173
グロース, カール(19・20世紀)
　→Groos, Karl　294
グロス, ゲオルゲ(20世紀)　→Grosz, George　295
グロス, ジョージ(20世紀)　→Grosz, George　295
クロース, チャック(20世紀)
　→Close, Chuck　154
グロース, ハイム(20世紀)　→Gross, Chaim　295
グロス, ハイム(20世紀)　→Gross, Chaim　295
グロスヴナー, ロバート(20世紀)
　→Grosvener, Robert　295
クロースビー,J.(20世紀)　→Crosby, John　173
クロズビー, シオー(20世紀)
　→Crosby, Theo　173
グロースベルク, カール(20世紀)
　→Grossberg, Carl　295
グロースマン,N.S.(20世紀)
　→Grossman, Nancy S.　295
グロースマン,R.(20世紀)
　→Grossman, Robert　295
クローゼン(19・20世紀)
　→Clausen, George　153
クローゼン, ジョージ(19・20世紀)
　→Clausen, George　153
クローチェ, バルダッサッレ(16・17世紀)
　→Croce, Baldassarre　172
クローチェ, フランチェスコ(17・18世紀)
　→Croce, Francesco　172
クロチェッティ, ベナンゾ(20世紀)
　→Crocetti, Venanzo　172
グロッシュ, クリスティアン・ヘンリック(19世紀)　→Grosch, Christian Heinrik　295
グロッス(20世紀)　→Grosz, George　295
クロッス, アンリ・エドマン(19・20世紀)
　→Cross, Henri Edmond　173
クロッス, アンリ＝エドモン(19・20世紀)
　→Cross, Henri Edmond　173

グロッス, ゲオルゲ(20世紀)
　→Grosz, George　295
グロッソ(15・16世紀)
　→Grosso, Niccolò Il Caparra　295
グロッソ, ジャーコモ(19・20世紀)
　→Grosso, Giacomo　295
クロッティ(19・20世紀)　→Crotti, Jean　173
クロッティ, ジャン(19・20世紀)
　→Crotti, Jean　173
クロット(19世紀)
　→Klodt, Peter Kanlovich　368
グロット, アントン(19・20世紀)
　→Grot, Anton　295
クロット, ピョートル(19世紀)
　→Klodt, Peter Kanlovich　368
クロット, ピョートル・カンロヴィッチ(19世紀)
　→Klodt, Peter Kanlovich　368
グロットガー(19世紀)　→Grottger, Artur　295
グロットゲル, アルトゥル(19世紀)
　→Grottger, Artur　295
グロッパー(20世紀)　→Gropper, William　294
グロッパー, ウィリアム(20世紀)
　→Gropper, William　294
クローディオン(18・19世紀)
　→Claudion, Claude Michel　153
クロディオン(18・19世紀)
　→Claudion, Claude Michel　153
クロディオン, クロード(18・19世紀)
　→Claudion, Claude Michel　153
クロディヨン(18・19世紀)
　→Claudion, Claude Michel　153
グロデツキ(20世紀)　→Grodecki, Louis　293
グロデッキ, ルイ(20世紀)
　→Grodecki, Louis　293
クローデル(19・20世紀)
　→Claudel, Paul Louis Charles Marie　153
クローデル, カミーユ(19・20世紀)
　→Claudel, Camille　153
クローデル, ポール(19・20世紀)
　→Claudel, Paul Louis Charles Marie　153
クローデル, ポール・ルイ・シャルル・マリー(19・20世紀)
　→Claudel, Paul Louis Charles Marie　153
クローデル, ポル‐ルイ‐シャルル‐マリー(19・20世紀)
　→Claudel, Paul Louis Charles Marie　153
グローテル, マヤ(20世紀)　→Grotell, Maija　295
グロート,D.de(20世紀)　→Groat, Diane de　293
グロドゲル(19世紀)　→Grottger, Artur　295
クロード・ロラン(17世紀)
　→Lorrain, Claude　411
クロードロラン(17世紀)
　→Lorrain, Claude　411
クロナカ(15・16世紀)　→Cronaca, Il　172
クロナーカ(15・16世紀)　→Cronaca, Il　172

クロナカ(15・16世紀)→Cronaca, Il　172
クロナカ(通称)(シモーネ・デル・ボライオーロ)(15・16世紀)→Cronaca, Il　172
クローネ, ゴットフリート・ハインリヒ(18世紀)→Krohne, Gottfried Heinrich　374
グロピウス(19・20世紀)→Gropius, Walter　294
グロービウス, ヴァルター(19・20世紀)→Gropius, Walter　294
グロピウス, ヴァルター(19・20世紀)→Gropius, Walter　294
グロピウス, ヴァルター(・アドルフ)(19・20世紀)→Gropius, Walter　294
グロピウス, ヴォルター(19・20世紀)→Gropius, Walter　294
グロピウス, ワルター(19・20世紀)→Gropius, Walter　294
クロビオ(15・16世紀)→Clovio, Giorgio Giulio　154
クローフォード(19世紀)→Crawford, Thomas　171
クローフォド, トマス(19世紀)→Crawford, Thomas　171
クロプシー, ジャスパー(・フランシス)(19世紀)→Cropsey, Jasper (Francis)　173
クロマランク,L.(20世紀)→Crommelynck, Landa　172
グローマン(19・20世紀)→Grohmann, Will　293
グローマン, ヴィル(19・20世紀)→Grohmann, Will　293
グローマン, ニコラウス(16世紀)→Grohmann, Nikolaus　293
クローム(18・19世紀)→Crome, John　172
クローム(19・20世紀)→Krom, Nicolaas Johannes　374
クロム(19・20世紀)→Krom, Nicolaas Johannes　374
クローム, ジョーン(18・19世紀)→Crome, John　172
クローム, ジョン(18・19世紀)→Crome, John　172
クロム, ニコラース・ヨハネス(19・20世紀)→Krom, Nicolaas Johannes　374
クロムハウト, ウィレム(19・20世紀)→Kromhout, Willem　375
グロメール(20世紀)→Gromaire, Marcel　294
クローメル, ジョヴァンニ・バッティスタ(17・18世紀)→Cromer, Giovanni Battista　172
グロメール, マーセル(20世紀)→Gromaire, Marcel　294
グロメール, マルセル(20世紀)→Gromaire, Marcel　294
グローリア, ジョヴァンニ(17・18世紀)→Gloria, Giovanni　280

クローリス,G.E.(20世紀)→Krollis, Gunar Eduardovich　374
クロール, リュシアン(20世紀)→Kroll, Lucien　374
グロレ, ニコル・ロセ(20世紀)→Grollé, Nicole Rousseau　294
クワスト,J.(20世紀)→Chwast, Jacqueline　150
クワスト,S.(20世紀)→Chwast, Seymour　150
クワント(20世紀)→Quant, Mary　542
クヮント, マリー(20世紀)→Quant, Mary　542
クワント, マリー(20世紀)→Quant, Mary　542
クワント, メアリー(20世紀)→Quant, Mary　542
クーン(19・20世紀)→Kuhn, Walter Francis　376
クーン(20世紀)→Kuhn, Helmut　376
クン,B.S.(20世紀)→Kung, Barid S.　376
クーン, ウォルト(ウォルター・フランシス)(19・20世紀)→Kuhn, Walter Francis　376
クーン, ヘルムート(20世紀)→Kuhn, Helmut　376
クーンズ, ジェフ(20世紀)→Koons, Jeff　371
クンナス,M.(20世紀)→Kunnas, Mauri　376
クンナス, マウリ(20世紀)→Kunnas, Mauri　376

【 ケ 】

ゲー(19世紀)→Ge, Nikolai Nikolaevich　265
ゲー, ニコライ(19世紀)→Ge, Nikolai Nikolaevich　265
ゲー, ニコラーイ, ニコラーエヴィチ(19世紀)→Ge, Nikolai Nikolaevich　265
ゲー, ニコライ・ニコラエーヴィッチ(19世紀)→Ge, Nikolai Nikolaevich　265
ゲアゲリー,T.(20世紀)→Gergely Tibor　268
ケアリー(20世紀)→Cary　132
ケアリー, エリザベス(19・20世紀)→Cary, Elisabeth　132
ケイ(16・17世紀)→Key, Lieven de　361
ゲイ,M.(20世紀)→Gay, Michel　265
ケイ, アドリアーン・トーマスゾーン(16世紀)→Key, Adriaan Thomasz.　361
ケイ, ウィレム(16世紀)→Key, Willem　362
ケイ, ウイレム(16世紀)→Key, Willem　362
ケイ, バリー(20世紀)→Kay, Barry　359
ゲイ, ミシェル(20世紀)→Gay, Michel　265
ケイ, リーヴェン・デ(16・17世紀)→Key, Lieven de　361

ケイ, リーフェン・デ (16・17世紀)
　→Key, Lieven de　*361*
ケイガー=スミス, アラン (20世紀)
　→Caiger-Smith, Alan　*118*
ケイスリー, J. (20世紀) →Caseley, Judith　*133*
ケイゼビアー, ガートルード (19・20世紀)
　→Käsebier, Gertrude　*358*
ケイセル (16・17世紀)
　→Keyser, Hendrik de　*362*
ケイゼル (16・17世紀)
　→Keyser, Thomas de　*362*
ケイセル, トーマス・デ (16・17世紀)
　→Keyser, Thomas de　*362*
ケイセル, ヘンドリック・デ (16・17世紀)
　→Keyser, Hendrik de　*362*
ケイゼル, ヘンドリック・デ (16・17世紀)
　→Keyser, Hendrik de　*362*
ケイゼル, ヘンドリック・ド (16・17世紀)
　→Keyser, Hendrik de　*362*
ケイタ, セイドゥ (20世紀) →Keita, Seydou　*359*
ゲイツ, ロマン (20世紀) →Gates, Roman　*264*
ケイト, ドロシー (19・20世紀)
　→Kate, Dorothy　*358*
ケイムズ卿 (17・18世紀)
　→Home, Henry, Lord Kames　*326*
ゲイヤール, フェルディナン (19世紀)
　→Gaillard, Ferdinand　*259*
ケイリュス伯 (17・18世紀)
　→Caylus, Anne Claude Philippe de Tubières, Comte de　*137*
ケイリンクス, アレクサンデル (17世紀)
　→Keirinckx, Alexander　*359*
ケイル (19・20世紀) →Keil, Alfredo　*359*
ケイン (19世紀) →Kane, Paul　*356*
ケイン (19・20世紀) →Kane, John　*356*
ケイン, ジョン (19・20世紀) →Kane, John　*356*
ケイン, ボブ (20世紀) →Kane, Bob　*356*
ゲインズバラ (18世紀)
　→Gainsborough, Thomas　*259*
ゲインズバラ, トマス (18世紀)
　→Gainsborough, Thomas　*259*
ゲインズボロ (18世紀)
　→Gainsborough, Thomas　*259*
ゲインズボロー (18世紀)
　→Gainsborough, Thomas　*259*
ゲオルギウス (3・4世紀) →Georgius, St　*268*
ゲオルギウス (聖) (3・4世紀)
　→Georgius, St　*268*
ゲオルギオス (聖) (3・4世紀)
　→Georgius, St　*268*
ケークレ・フォン・シュトラドニッツ, ラインハルト (19・20世紀)
　→Kekule von Stradonitz, Reinhardt　*359*
ケクロプス →Kekrops　*359*

ケーシ (19・20世紀)
　→Casey, Edward Pearce　*133*
ゲスト, シャーロット (19世紀)
　→Guest, Charlotte　*298*
ゲスト, シャーロット (エリザベス) (19世紀)
　→Guest, Charlotte　*298*
ケストリン (19世紀)
　→Köstlin, Karl Reinhold　*372*
ゲスナー (18世紀) →Gessner, Salomon　*269*
ゲスナー, サロモン (18世紀)
　→Gessner, Salomon　*269*
ゲスナー, ザーロモン (18世紀)
　→Gessner, Salomon　*269*
ゲセッリウス, ヘルマン (19・20世紀)
　→Gesellius, Herman　*269*
ケッサ, ルイージ (20世紀) →Chassa, Luigi　*145*
ゲッスナー, ザロモン (18世紀)
　→Gessner, Salomon　*269*
ケッセルス (18・19世紀)
　→Kessels, Matthieu　*361*
ゲッツ, カール・オットー (20世紀)
　→Götz, Karl Otto　*286*
ゲッツィ, ピエル・レオーネ (17・18世紀)
　→Ghezzi, Pier Leone　*270*
ゲッディス (19・20世紀)
　→Geddes, Sir Patrick　*266*
ゲッディズ (20世紀)
　→Geddes, Norman Bel　*266*
ゲッデス (19・20世紀)
　→Geddes, Sir Patrick　*266*
ゲッデス (20世紀) →Geddes, Norman Bel　*266*
ゲッデズ (20世紀) →Geddes, Norman Bel　*266*
ゲッデス, ノーマン・ベル (20世紀)
　→Geddes, Norman Bel　*266*
ゲッデス, パトリック (19・20世紀)
　→Geddes, Sir Patrick　*266*
ケットル (18世紀) →Kettle, Tilly　*361*
ゲッパー, R. (20世紀) →Gopper, Roger　*285*
ゲーテ (18・19世紀)
　→Goethe, Johann Wolfgang von　*281*
ゲーテ, ヨーハン・ヴォルフガング (18・19世紀)
　→Goethe, Johann Wolfgang von　*281*
ゲーテ, ヨハン・ヴォルフガング (18・19世紀)
　→Goethe, Johann Wolfgang von　*281*
ゲーテ, ヨーハン・ヴォルフガング・フォン (18・19世紀)
　→Goethe, Johann Wolfgang von　*281*
ゲーテ, ヨハン・ウォルフガング・フォン (18・19世紀) →Goethe, Johann Wolfgang von　*281*
ゲーテ, ヨハン・ヴォルフガング・フォン (18・19世紀) →Goethe, Johann Wolfgang von　*281*
ゲディス (19・20世紀)
　→Geddes, Sir Patrick　*266*
ゲディス, サー・パトリック (19・20世紀)
　→Geddes, Sir Patrick　*266*

ゲデス(19・20世紀) →Geddes, Sir Patrick 266
ゲデス(20世紀) →Geddes, Norman Bel 266
ゲデス, パトリック(19・20世紀)
　→Geddes, Sir Patrick 266
ケーテル(16・17世紀) →Ketel, Cornelis 361
ケテル, コルネリス(16・17世紀)
　→Ketel, Cornelis 361
ケトル, ティリー(18世紀) →Kettle, Tilly 361
ケナン, ケン(20世紀) →Kenan, Ken 360
ケニー, ショーン(20世紀) →Kenny, Sean 360
ケニー, ミッシェル(20世紀)
　→Kenny, Michael 360
ケーニヒ(19・20世紀) →König, Leo von 371
ケーニヒ, フランツ・ニクラウス(18・19世紀)
　→König, Franz Niklaus 371
ケニヨン(20世紀)
　→Kenyon, Dame Kathleen Mary 361
ケニヨン, キャスリーン(20世紀)
　→Kenyon, Dame Kathleen Mary 361
ケニヨン, キャスリーン・M.(20世紀)
　→Kenyon, Dame Kathleen Mary 361
ケニヨン, デイム・キャスリーン(・メアリ)(20世紀) →Kenyon, Dame Kathleen Mary 361
ケニントン, エリック・ヘンリ(19・20世紀)
　→Kennington, Erie Henri 360
ケネット, カスリーン(19・20世紀)
　→Kennet, Kathleen 360
ケネディ, R.(20世紀) →Kennedy, Richard 360
ゲネラリッチ(20世紀) →Generalić, Ivan 267
ゲネラリッチ, イヴァン(20世紀)
　→Generalić, Ivan 267
ケネル, ニコラ(17世紀) →Quesnel, Nicolas 543
ケネル, ピエール(16世紀)
　→Quesnel, Pierre 543
ケネル, フランソワ(16・17世紀)
　→Quesnel, François 543
ケネルスキー, M.(20世紀)
　→Kenelski, Maurice 360
ゲネルリ, ボナヴェントゥラ(18・19世紀)
　→Genelli, Giovanni Bonaventura 267
ケーネン(19・20世紀) →Koenen, Mathias 369
ゲノー, アレン(20世紀) →Geneau, Alain 267
ケーヒル(20世紀) →Cahill, James Francis 118
ケーフィーソドトス(前5・4世紀)
　→Kephisodotos 361
ケフィソドトス(前5・4世紀)
　→Kephisodotos 361
ケフィソドトス(前4・3世紀)
　→Kephisodotos 361
ケフィソドトス2世(前4・3世紀)
　→Kephisodotos 361
ケフィソドトス(小)(前4・3世紀)
　→Kephisodotos 361

ケフィソドトス(大)(前5・4世紀)
　→Kephisodotos 361
ケプケ, クリステン・シェラールプ(19世紀)
　→Købke, Christen Schellerup 369
ゲフゲン, ヴォルフガング(20世紀)
　→Gafgen, Wolfgang 259
ゲフゲン, ウォレフガング(20世紀)
　→Gafgen, Wolfgang 259
ゲープハルト(19・20世紀)
　→Gebhardt, Eduard von 266
ケペシュ(20世紀) →Kepes Gyorgy 361
ケペシュ, ジェルジ(20世紀)
　→Kepes Gyorgy 361
ケペシュ, ジョージ(20世紀)
　→Kepes Gyorgy 361
ケペッシュ(20世紀) →Kepes Gyorgy 361
ゲーベルス, フランス(16世紀)
　→Geubels, Frans 270
ゲームズ(20世紀) →Games, Abram 261
ケメーニ, ゾルタン(20世紀)
　→Kemény, Zoltán 360
ケメニー, ゾルタン(20世紀)
　→Kemény, Zoltán 360
ケメーニュ(20世紀) →Kemény, Zoltán 360
ケヤステッド, ジェームス・ロリマー(20世紀)
　→Keirstead, James Lorimer 359
ケヤステッド, ジャニス・ダウン(20世紀)
　→Keirstead, Janice Dawn 359
ケヤホルム, パウル(20世紀)
　→Kjaerholm, Poul 365
ケーラー(19世紀) →Köhler, Carl 369
ケラー, H.(20世紀) →Keller, Holly 360
ケラー, ハインリヒ(18・19世紀)
　→Keller, Heinrich 359
ケーラー, フロリアン(20世紀)
　→Koöhler, Florian 371
ケーラー, フローレンス(19・20世紀)
　→Koehler, Florence 369
ケラー, ホリー(20世紀) →Keller, Holly 360
ゲラーシモフ(19・20世紀)
　→Gerasimov, Aleksandr Mikhailovich 268
ゲラシモフ(19・20世紀)
　→Gerasimov, Aleksandr Mikhailovich 268
ゲラーシモフ, アレキザンドロ(19・20世紀)
　→Gerasimov, Aleksandr Mikhailovich 268
ゲラーシモフ, アレクサンドル(19・20世紀)
　→Gerasimov, Aleksandr Mikhailovich 268
ゲラーシモフ, アレクサンドル・ミハイロヴィチ
　(19・20世紀)
　→Gerasimov, Aleksandr Mikhailovich 268
ゲラーシモフ, アレクサンドル・ミハイロヴィッチ
　(19・20世紀)
　→Gerasimov, Aleksandr Mikhailovich 268
ゲラルディ, アントーニオ(17・18世紀)
　→Gherardi, Antonio 270

ゲラルディ, ピエロ(20世紀)
→Gherardi, Piero　270
ゲラルディ, フィリッポ(17・18世紀)
→Gherardi, Filippo　270
ゲラルディーニ, アレッサンドロ(17・18世紀)
→Gherardini, Alessandro　270
ゲラルディーニ, メルキオッレ(17世紀)
→Gherardini, Melchiorre　270
ゲラルド・ディ・ジョヴァンニ・デル・フォーラ
　(15世紀)
→Gherardo di Giovanni del Fora　270
ゲラン(18・19世紀)
→Guérin, Pierre Narcisse, Baron　298
ゲラン(19・20世紀)
→Guérin, Charles François Prosper　298
ゲラン, ピエール=ナルシス(18・19世紀)
→Guérin, Pierre Narcisse, Baron　298
ゲラン, ピエール・ナルシス, 男爵(18・19世紀)
→Guérin, Pierre Narcisse, Baron　298
ケリー(20世紀)　→Kelly, Ellsworth　360
ケリー,W.(20世紀)
→Kelly, Walt(er Crawford)　360
ケリー, ウォルト(20世紀)
→Kelly, Walt(er Crawford)　360
ケリー, ウォルト(ウォルター・クローフォド)
　(20世紀)　→Kelly, Walt(er Crawford)　360
ケリー, エルスワース(20世紀)
→Kelly, Ellsworth　360
ケリー, エルズワース(20世紀)
→Kelly, Ellsworth　360
ゲーリー, フランク(20世紀)
→Gehry, Frank O.　266
ケリス(前6・5世紀)　→Chelis　145
ゲリッツ, マティアス(20世紀)
→Goeritz, Mathias　281
ケリュス(17・18世紀)　→Caylus, Anne Claude
　Philippe de Tubières, Comte de　137
ケリュス, アンヌ=クロード=フィリップ・ド・
　チュビエール・ド(17・18世紀)
→Caylus, Anne Claude Philippe de Tubières,
　Comte de　137
ケリュス伯(17・18世紀)　→Caylus, Anne Claude
　Philippe de Tubières, Comte de　137
ケル,J.(20世紀)　→Kerr, Judith　361
ゲルカン(19・20世紀)
→Gerkan, Armin von　269
ケルシフロン(前6世紀)　→Chersiphron　146
ケルスティング, ゲオルク・フリードリヒ(18・19
　世紀)　→Kersting, Georg Friedrich　361
ゲルステンベルク(19・20世紀)
→Gerstenberg, Kurt　269
ゲルストナー, カール(20世紀)
→Gerstner, Karl　269
ゲルストル, リヒャルト(19・20世紀)
→Gerstl, Richard　269

ゲルチーノ(16・17世紀)　→Guercino, Il　298
ゲルチーノ, イル(16・17世紀)
→Guercino, Il　298
ゲルツ, ジョクウエン(20世紀)
→Gerz, Jocwen　269
ケルテ, グスタフ(19・20世紀)
→Körte, Gustav　372
ケルテース(20世紀)　→Kertész, André　361
ケルテス(20世紀)　→Kertész, André　361
ケルテス, アンドレ(20世紀)
→Kertész, André　361
ケルテス, ジョセフ(20世紀)
→Kertesz, Joseph　361
ケルテッシュ, アンドレ(20世紀)
→Kertész, André　361
ケルデルマンス, アンドリース(15世紀)
→Keldermans, Andries　359
ケルデルマンス, アントーン(15・16世紀)
→Keldermans, Antoon　359
ケルデルマンス, アントーン二世(14・15世紀)
→Keldermans, Antoon II　359
ケルデルマンス, ヤン(15世紀)
→Keldermans, Jan　359
ケルデルマンス, ヤン二世(15世紀)
→Keldermans, Jan II　359
ケルデルマンス, ロンバウト二世(16世紀)
→Keldermans, Rombout II　359
ゲルテンバック, リン(20世紀)
→Gertenbach, Lynn　269
ケルド(前1世紀)　→Cerdo　139
ゲールトゲン(15世紀)
→Geertgen tot sint Jans　266
ゲルトナー(18・19世紀)
→Gärtner, Friedrich von　263
ゲルトナー, エドゥアルト(19世紀)
→Gärtner, Eduard　263
ゲルトナー, フリードリヒ・フォン(18・19世紀)
→Gärtner, Friedrich von　263
ゲールトヒェン(15世紀)
→Geertgen tot sint Jans　266
ゲールトヒェン・ヤンス(15世紀)
→Geertgen tot sint Jans　266
ゲルネル, フランチシェク(19・20世紀)
→Gellner, František　266
ゲルハエルト(15世紀)
→Gerhaert van Leyden, Nicolaus　268
ゲルハルト(16・17世紀)
→Gerhard, Hubert　268
ゲルハルト(18・19世紀)
→Gerhard, Eduard　268
ゲルハルト, エドゥアルト(18・19世紀)
→Gerhard, Eduard　268
ゲルハールト, ニコラウス(15世紀)
→Gerhaert van Leyden, Nicolaus　268

ゲルハルト, フーベルト (16・17世紀)
→Gerhard, Hubert 268
ゲルハルト・フォン・ライデン, ニコラウス (15世紀) →Gerhaert van Leyden, Nicolaus 268
ゲルマンディ, クイント (20世紀)
→Ghermandi, Quinto 270
ゲルラッハ, クリストファー (20世紀)
→Gerlach, Christopher 269
ゲルラハ (17・18世紀) →Gerlach, Philipp 269
ケルン, アントン (18世紀) →Kern, Anton 361
ゲレーロ, ハビエル (20世紀)
→Guerrero, Xavier 298
ゲーレン, H. (20世紀) →Geelen, Harrie 266
ゲーレン, ハリー (20世紀)
→Geelen, Harrie 266
ケロ, エスター (16・17世紀)
→Kello, Esther 360
ケロッグ, S. (20世紀) →Kellogg, Steven 360
ケロッグ, スティーヴン (20世紀)
→Kellogg, Steven 360
ケロッグ, スティーブン (20世紀)
→Kellogg, Steven 360
ゲーンズバラ (18世紀)
→Gainsborough, Thomas 259
ゲーンズバラ, トマス (18世紀)
→Gainsborough, Thomas 259
ゲーンズバロ (18世紀)
→Gainsborough, Thomas 259
ゲーンズボラ (18世紀)
→Gainsborough, Thomas 259
ゲーンズボロ (18世紀)
→Gainsborough, Thomas 259
ゲーンズボロー (18世紀)
→Gainsborough, Thomas 259
ゲーンズボロ, トマス (18世紀)
→Gainsborough, Thomas 259
ケンセット, ジョン (・フレデリック) (19世紀)
→Kensett, John (Frederick) 360
ゲンツ (18・19世紀) →Gentz, Heinrich 268
ゲンツ, ハインリヒ (18・19世紀)
→Gentz, Heinrich 268
ケント (17・18世紀) →Kent, William 360
ケント (19・20世紀) →Kent, Rockwell 360
ケント, J. (20世紀) →Kent, Jack 360
ケント, R. (19・20世紀) →Kent, Rockwell 360
ケント, ウィリアム (17・18世紀)
→Kent, William 360
ケント, ロックウェル (19・20世紀)
→Kent, Rockwell 360
ケンドラー (18世紀)
→Kändler, Johann Joachim 356
ケンドラー, ヨーハン・ヨ(一)アヒム (18世紀)
→Kändler, Johann Joachim 356
ケンドラー, ヨハン・ヨアヒム (18世紀)
→Kändler, Johann Joachim 356

ケンドリック, エマ (18・19世紀)
→Kendrick, Emma 360
ケンプ=ウェルチ, エリザベス (19・20世紀)
→Kemp-Welch, Elizabeth 360
ケンペネル (16世紀)
→Kempener, Peter de 360

【 コ 】

コー (16・17世紀) →Caus, Salomon de 137
ゴー (18・19世紀) →Gau, Franz Christian 264
ゴー, スペンサー・フレデリック (19・20世紀)
→Gore, Spencer Frederick 285
ゴー, フラーンス・クリスチャン (18・19世紀)
→Gau, Franz Christian 264
ゴア, スペンサー・フレデリック (19・20世紀)
→Gore, Spencer Frederick 285
ゴーア, フレデリック・スペンサー (19・20世紀)
→Gore, Spencer Frederick 285
ゴーア, フレデリック=スペンサー (19・20世紀)
→Gore, Spencer Frederick 285
コアズヴォ (17・18世紀)
→Coysevox, Antoine 169
コアズヴォ, アントアーヌ (17・18世紀)
→Coysevox, Antoine 169
コアズボ (17・18世紀)
→Coysevox, Antoine 169
コアペル (17・18世紀) →Coypel, Antoine 168
コアペル (17・18世紀)
→Coypel, Charles Antoine 169
コアペル (17・18世紀) →Coypel, Noël 169
コアペル, シャルル・アントアーヌ (17・18世紀)
→Coypel, Charles Antoine 169
コアン, アンリ (19世紀) →Cohen, Henri 156
コイ, リー・ブラウン (20世紀)
→Coye, Lee Brown 168
ゴイエン (16・17世紀)
→Goyen, Jan Josephszoon van 287
コイプ (17世紀) →Cuyp, Albert Jacobsz 175
コイプ, アルベルト (17世紀)
→Cuyp, Albert Jacobsz 175
コイペルス (19・20世紀)
→Cuypers, Petrus Josephus Hubertus 175
コイペルス, ペトリュス・ヨセフュス・フベルテュス (19・20世紀)
→Cuypers, Petrus Josephus Hubertus 175
ゴヴァルダン →Govardhan 287
ゴウス, スディンドラ・ナート (20世紀)
→Ghose, Sudhindra Nath 271
コウリー, R. (20世紀) →Corey, Robert 163

コエッリョ, クラウディオ(17世紀)
　→Coello, Claudio　156
コエリョ(16世紀)
　→Sánchez Coello, Alonso　584
コエリョ(17世紀)　→Coello, Claudio　156
コエーリョ, クラウディオ(17世紀)
　→Coello, Claudio　156
コエリョ, クラウディオ(17世紀)
　→Coello, Claudio　156
ゴエルグ(20世紀)
　→Goerg, Edouard-Joseph　281
ゴエルグ(20世紀)
　→Goerg, Edouard-Joseph　281
ゴエルグ, エドゥアール・ジョセフ(20世紀)
　→Goerg, Edouard-Joseph　281
ゴエルグ, エドゥワール(20世紀)
　→Goerg, Edouard-Joseph　281
コーエン(19世紀)　→Cohen, Henri　156
コカラル(18・19世紀)
　→Cockerell, Charles Robert　155
コカレル, サミュエル・ピープス(18・19世紀)
　→Cockerell, Samuel Pepys　155
コカレル, チャールズ・ロバート(18・19世紀)
　→Cockerell, Charles Robert　155
ゴーガン(19・20世紀)
　→Gauguin, Eugène Henri Paul　264
ゴーガン, ウジェーヌ・アンリ・ポール(19・20世紀)　→Gauguin, Eugène Henri Paul　264
ゴーガン, ポール(19・20世紀)
　→Gauguin, Eugène Henri Paul　264
ゴガン, ユジェーヌ・アンリ・ポル(19・20世紀)
　→Gauguin, Eugène Henri Paul　264
ゴーキ(20世紀)　→Gorky, Arshile　285
ゴーキー(20世紀)　→Gorky, Arshile　285
ゴーキー, アーシル(20世紀)
　→Gorky, Arshile　285
ゴーギャン(19・20世紀)
　→Gauguin, Eugène Henri Paul　264
ゴーギャン, (ユージェーヌ・アンリ・)ポール(19・20世紀)
　→Gauguin, Eugène Henri Paul　264
コクシー, ミヒール(15・16世紀)
　→Coxie, Michiel　168
コクス(17世紀)　→Coques, Gonzales　163
コクトー(19・20世紀)　→Cocteau, Jean　155
コクトー, ジャン(19・20世紀)
　→Cocteau, Jean　155
コゲッティ, フランチェスコ(19世紀)
　→Coghetti, Francesco　156
ゴーゲル, ダニエル(20世紀)
　→Gogel, Daniel　281
ココーシュカ(19・20世紀)
　→Kokoschka, Oskar　369
ココシュカ(19・20世紀)
　→Kokoschka, Oskar　369

ココシュカ, オスカー(19・20世紀)
　→Kokoschka, Oskar　369
ココシュカ, オスカル(19・20世紀)
　→Kokoschka, Oskar　369
ゴシェ・ド・ランス(13世紀)
　→Gaucher de Reims　264
コシス, ギラ(20世紀)　→Kosice, Gyula　372
コジーニ, シルヴィオ(15・16世紀)
　→Cosini, Silvio　165
コジモ(15・16世紀)　→Piero di Cosimo　521
コシャン(18世紀)
　→Cochin, Charles Nicolas, le Jeune　155
コシャン, シャルル=ニコラ(18世紀)
　→Cochin, Charles Nicolas, le Jeune　155
コシャン, シャルル=ニコラ(子)(18世紀)
　→Cochin, Charles Nicolas, le Jeune　155
コシャン, シャルル=ニコラ(父)(17・18世紀)
　→Cochin, Charles-Nicolas, le Père　155
コシャン, ニコラ(17世紀)
　→Cochin, Nicolas　155
コシングトン=スミス, グレイス(20世紀)
　→Cossington-Smith, Grace　166
ゴス, シルヴィア(19・20世紀)
　→Gosse, Sylvia　286
コズウェー(18・19世紀)
　→Cosway, Richard　166
コスウェイ, マリア・セシリア(19世紀)
　→Cosway, Maria Cecilia　166
コズウェイ, リチャード(18・19世紀)
　→Cosway, Richard　166
コズグレイヴ,J.O.(20世紀)
　→Cosgrave, John O'Hara, II　165
コスス(20世紀)　→Kosuth, Joseph　372
コスース, ジョゼフ(20世紀)
　→Kosuth, Joseph　372
コズス, ジョゼフ(20世紀)
　→Kosuth, Joseph　372
コスタ(15・16世紀)　→Costa, Lorenzo　166
コスタ(20世紀)　→Costa, Lúcio　166
コスタ,L.(20世紀)　→Costa, Lúcio　166
コスタ, イッポーリト(16世紀)
　→Costa, Ippolito　166
コスタ, ジョヴァンニ(19・20世紀)
　→Costa, Giovanni　166
コスタ, ニーノ(19・20世紀)
　→Costa, Giovanni　166
コスタ, ニーノ(19・20世紀)　→Costa, Nino　166
コスタ, ルシオ(20世紀)　→Costa, Lúcio　166
コスタ, ロレンツォ(15・16世紀)
　→Costa, Lorenzo　166
コステロ, ルイザ(18・19世紀)
　→Costello, Louisa　166
ゴーズリン,D.W.(20世紀)
　→Gorsline, Douglas Warner　286

コズレク, マーティン (20世紀)
→Kosleck, Martin 372
コスレック, マーティン (20世紀)
→Kosleck, Martin 372
コスロー1世 (6世紀) →Khusrō I 362
コスロー一世 (6世紀) →Khusrō I 362
コズローフ (19・20世紀)
→Kozlov, Pyotr Kuzimich 372
コズロフ (19・20世紀)
→Kozlov, Pyotr Kuzimich 372
コズロフ, ピョートル (19・20世紀)
→Kozlov, Pyotr Kuzimich 372
コズロフスキー (18・19世紀)
→Kozlovsky, M.Mikhail Ivanovich 373
コズローフスキー, ミハイル・イヴァノヴィチ (18・19世紀)
→Kozlovsky, M.Mikhail Ivanovich 373
コゼット, ピエール (18・19世紀)
→Cozette, Pierre 169
コソッフ, レオン (20世紀) →Kossoff, Leon 372
コソフ, リーオン (20世紀) →Kossoff, Leon 372
コダッツィ, ヴィヴィアーノ (17世紀)
→Codazzi, Viviano 156
コタボ, アンドレ (20世紀)
→Cottavoz, André 166
ゴダール (19・20世紀) →Godard, André 280
ゴダール, アンドレ (19・20世紀)
→Godard, André 280
コタール, ピエール (17世紀)
→Cottard, Pierre (Cottart, Pierre) 166
ゴータルゼース二世 (1世紀) →Gotarzes II 286
コチ,M. (20世紀) →Koci, Marta 369
コチェラ (19・20世紀) →Kotěra, Jan 372
コチェラ, ヤン (19・20世紀) →Kotěra, Jan 372
コチシュ,J. (20世紀) →Kocsis, James C. 369
ゴチャール, ヨセフ (19・20世紀)
→Gočár, Josef 280
コーツ (18世紀) →Cotes, Francis 166
コーツ, ウェルズ (20世紀) →Coates, Wells 154
コーツ, ウェルズ・ウィントミュート (20世紀)
→Coates, Wells 154
コツイック, グレーガー・トスティン (20世紀)
→Kozik, Gregor-Torsten 372
コッカパーニ, シジスモンド (16・17世紀)
→Coccapani, Sigismondo 155
コッカレル (18・19世紀)
→Cockerell, Charles Robert 155
コッカレル, サミュエル・ピープス (18・19世紀)
→Cockerell, Samuel Pepys 155
コッカレル, チャールズ・ロバート (18・19世紀)
→Cockerell, Charles Robert 155
コック (16世紀) →Cock, Hieronymus 155
コック, ゴンザレス (17世紀)
→Coques, Gonzales 163

コック, ハンフリー (コーク, ハンフリー) (15世紀) →Coke, Humphrey (Cooke, Humphrey) 156
コック, ヒエロニムス (16世紀)
→Cock, Hieronymus 155
コックス (18・19世紀) →Cox, David 168
コックス (19・20世紀) →Cox, Kenyon 168
コックス,P. (20世紀) →Cox, Paul 168
コックス, デイヴィッド (18・19世紀)
→Cox, David 168
コックス, デイヴィッド (18・19世紀)
→Cox, David 168
コックス, デイヴィド (18・19世紀)
→Cox, David 168
コックス, パーマー (19・20世紀)
→Cox, Palmer 168
コックス, フィリップ・サットン (20世紀)
→Cox, Phillip, Sutton 168
コックス, ルイーズ (19・20世紀)
→Cox, Louise 168
コッケイウス・アウクトゥス, ルキウス (前1世紀)
→Cocceius Auctus, Lucius 155
コッサ (15世紀) →Cossa, Francesco del 165
コッサ, フランチェスコ・デル (15世紀)
→Cossa, Francesco del 165
コッザレルリ, ジャーコモ (15・16世紀)
→Cozzarelli, Giacomo 169
コッシントン=スミス, グレイス (20世紀)
→Cossington-Smith, Grace 166
コッスティウス (前2世紀) →Cossutius 166
コッスティオス・ケルドン, マルコス (1世紀)
→Kossoutios Kerdon, Markos 372
コッスティオス・メネラオス, マルコス (1世紀)
→Kossoutios Menelaos, Markos 372
ゴッツァディーニ, ジョヴァンニ (19世紀)
→Gozzadini, Giovanni 287
コッツァレッリ, グイドッチョ (15・16世紀)
→Cozzarelli, Guidoccio 169
コッツァレッリ, ジャーコモ (15・16世紀)
→Cozzarelli, Giacomo 169
コッツァレッリ, ジャコモ (15・16世紀)
→Cozzarelli, Giacomo 169
ゴッツィ, マルコ (18・19世紀)
→Gozzi, Marco 287
ゴッツォーリ (15世紀) →Gozzoli, Benozzo 287
ゴッツオリ (15世紀) →Gozzoli, Benozzo 287
ゴッツオリ, ベノッツォ (15世紀)
→Gozzoli, Benozzo 287
コッテ (19・20世紀) →Cottet, Charles 166
コッテ, シャルル (19・20世紀)
→Cottet, Charles 166
コッデ, ピーテル (16・17世紀)
→Codde, Pieter 156
コット (17・18世紀) →Cotte, Robert de 166

コット, ロベール・ド (17・18世紀)
　→Cotte, Robert de　166
ゴッドフロワ・ド・ユイ(12世紀)
　→Godfroy de Huy　281
コットマン(18・19世紀)
　→Cotman, John Sell　166
コットマン, ジョン・セル(18・19世紀)
　→Cotman, John Sell　166
ゴットリーブ(20世紀)→Gottlieb, Adolf　286
ゴットリーブ(20世紀)→Gottlieb, Adolf　286
ゴットリーブ, アドルフ(20世紀)
　→Gottlieb, Adolf　286
ゴッドリーブ, アドルフ(20世紀)
　→Gottlieb, Adolf　286
コッブ(19・20世紀)→Cobb, Henry Ives　154
コッペデ, ジーノ(19・20世紀)
　→Coppedè, Gino　163
コッホ(18・19世紀)→Koch, Joseph Anton　369
ゴッホ(19世紀)→Gogh, Theodor van　282
ゴッホ(19世紀)
　→Gogh, Vincent Willem van　282
ゴッホ, ヴィンセント・ファン(19世紀)
　→Gogh, Vincent Willem van　282
コッホ, ガエターノ(19・20世紀)
　→Koch, Gaetano　369
ゴッホ, フィンセント・ウィレム・ファン(19世紀)→Gogh, Vincent Willem van　282
ゴッホ, フィンセント・ファン(19世紀)
　→Gogh, Vincent Willem van　282
ゴッホ(ホッホ), ヴィンセント・ヴァン(19世紀)
　→Gogh, Vincent Willem van　282
コッホ, ヨーゼフ・アントン(18・19世紀)
　→Koch, Joseph Anton　369
コッホ, ルードルフ(19・20世紀)
　→Koch, Rudolf　369
コッポ・ディ・マルコヴァルド(13世紀)
　→Coppo di Marcovaldo　163
コッラ, エットレ(20世紀)→Colla, Ettore　157
コッラディーニ, アントーニオ(17・18世紀)
　→Corradini, Antonio　165
コッリーノ, イニャーツィオ・セコンド(18世紀)
　→Collino, Ignazio Secondo　157
コッレアーレ, アルフレード(19・20世紀)
　→Correale, Alfredo　165
コッレッジョ(15・16世紀)
　→Correggio, Antonio Allegri　165
ゴーディエ・ブルゼスカ(20世紀)
　→Gautier-Brzeska, Henri　265
ゴーディエ・ブルゼスカ, アンリ(20世紀)
　→Gautier-Brzeska, Henri　265
ゴーディエ=ブルゼスカ, アンリ(20世紀)
　→Gautier-Brzeska, Henri　265
ゴディエ=ブルゼスカ, アンリ(20世紀)
　→Gautier-Brzeska, Henri　265
コティーク, ヤン(20世紀)→Kotík, Jan　372

ゴデスカルク(8世紀)→Godescalc　281
コドウィエツキー(18・19世紀)
　→Chodowiecki, Daniel Nicolas　148
コドヴィツキ, ダニエル(18・19世紀)
　→Chodowiecki, Daniel Nicolas　148
ゴドウィン(19世紀)
　→Godwin, Edward William　281
ゴドウィン, エドワード・ウィリアム(19世紀)
　→Godwin, Edward William　281
ゴドウィン, フェイ・シモンズ(20世紀)
　→Godwin, Fay Simmonds　281
コドゥッチ, マウロ(15・16世紀)
　→Coducci, Mauro　156
コドゥッチ, マウロ(コドゥッシ, マウロ)(15・16世紀)→Coducci, Mauro　156
ゴードゥロー, アントワーヌ・ロベール(17・18世紀)→Gaudreau(Gaudreaux), Antoine Robert　264
ゴドシャルル, ジル=ランベール(18・19世紀)
　→Godecharle, Gille-Lambert　280
ゴドフロア(18・19世紀)
　→Godefroy, François　280
ゴドフロア(18・19世紀)→Godefroy, Jean　280
ゴドフロア・ド・ユイ(12世紀)
　→Godefroy de Huy de Claire　280
ゴトフロワ・ド・ユイ(12世紀)
　→Godefroid de Huy　280
コトマン(18・19世紀)
　→Cotman, John Sell　166
コトラー, マーティン・J(20世紀)
　→Kotler, Martin J.　372
コートールド, サミュエル(19・20世紀)
　→Courtauld, Samuel　167
ゴードロー, アントワーヌ=ロベール(17・18世紀)
　→Gaudreau(Gaudreaux), Antoine Robert　264
ゴードン(18・19世紀)
　→Gordon, Sir John Watson　285
ゴードン, M.A.(20世紀)
　→Gordon, Margaret Anna　285
コナー, ブルース(20世紀)
　→Conner, Bruce　160
コナリー, J.P.(20世紀)
　→Connolly, Jerome Patrick　160
ゴナン, フランチェスコ(19世紀)
　→Gonin, Francesco　284
コナント(20世紀)
　→Conant, Kenneth John　159
ゴーニィ, アンソニー(20世紀)
　→Gorny, Anthony　286
コニョーンコフ(19・20世紀)
　→Konenkov, Sergei Timofeevich　371
コニョンコフ(19・20世紀)
　→Konenkov, Sergei Timofeevich　371
コニョンコフ, セルゲイ(19・20世紀)
　→Konenkov, Sergei Timofeevich　371

コニンク(17世紀) →Koninck, Philips de　371
コーニンク, サロモン(17世紀)
　→Koninck, Salomon　371
コニンク, サロモン(17世紀)
　→Koninck, Salomon　371
コーニンク, フィリップス(17世紀)
　→Koninck, Philips de　371
コニンク, フィリップス(17世紀)
　→Koninck, Philips de　371
コーニンク, フィリップス・デ(17世紀)
　→Koninck, Philips de　371
コニンクスロー(16・17世紀)
　→Coninxloo, Gillis van　160
コニンクスロー, ヒリス・ヴァン(16・17世紀)
　→Coninxloo, Gillis van　160
コネスタービレ・デッラ・スタッファ, ジャン・カルロ(19世紀)
　→Conestabile della Staffa, Gian Carlo　159
コネリアーノ(15・16世紀)
　→Conegliano, Giovanni Battista da　159
コネリアノ, ダ(15・16世紀)
　→Conegliano, Giovanni Battista da　159
コネリャーノ(15・16世紀)
　→Conegliano, Giovanni Battista da　159
コーネル(20世紀) →Cornel, Joseph　164
ゴーネル, H.(20世紀) →Goennel, Heidi　281
コネル, エイミアス・ダグラス(20世紀)
　→Connel, Amyas Douglas　160
コーネル, ジェゼフ(20世紀)
　→Cornel, Joseph　164
コーネル, ジョーゼフ(20世紀)
　→Cornel, Joseph　164
コーネル, ジョセフ(20世紀)
　→Cornel, Joseph　164
コーネル, ジョゼフ(20世紀)
　→Cornel, Joseph　164
コネンコフ(19・20世紀)
　→Konenkov, Sergei Timofeevich　371
コネンコフ, セルゲイ(19・20世紀)
　→Konenkov, Sergei Timofeevich　371
コネンコフ, セルゲイ・ティモフェーヴィッチ(19・20世紀)
　→Konenkov, Sergei Timofeevich　371
コノーヴァー, C.(20世紀)
　→Conover, Chris　160
コーパー, ハンス(20世紀) →Coper, Hans　162
コバルビアス, アロンソ・デ(15・16世紀)
　→Covarrubias, Alonso de　168
コハルビアス, ミゲル(20世紀)
　→Covarrubias, Miguel　168
コバルビアス, ミゲル(20世紀)
　→Covarrubias, Miguel　168
コバーン, ジョン(20世紀) →Coburn, John　155
コーピッシュ(18・19世紀)
　→Kopisch, August　371

コープ(19・20世紀)
　→Cope, Sir Arthur Stockdale　162
コブ(18世紀) →Cobb, John　155
コープ, チャールズ・ウェスト(19世紀)
　→Cope, Charles West　162
コーファー(19・20世紀)
　→Kauffer, Mcknight　358
コーファー, エドワード・M.(19・20世紀)
　→Kauffer, Mcknight　358
ゴーフィエ, ルイ(18・19世紀)
　→Gauffier, Louis　264
ゴーフィン, J.(20世紀) →Goffin, Josse　281
ゴーフィン, ジョセ(20世紀)
　→Goffin, Josse　281
ゴフスタイン, M.B.(20世紀)
　→Goffstein, M.B.　281
ゴブラン(15世紀) →Gobelin　280
コープリー(18・19世紀)
　→Copley, John Singleton　162
コプリ(18・19世紀)
　→Copley, John Singleton　162
コプリー(18・19世紀)
　→Copley, John Singleton　162
コプリー, ジョン・シングルトン(18・19世紀)
　→Copley, John Singleton　162
コプリー, ジョン・シングルトン(18・19世紀)
　→Copley, John Singleton　162
コプリィ, ジョン・シングルトン(18・19世紀)
　→Copley, John Singleton　162
ゴーブル, P.(20世紀) →Goble, Paul　280
コーブル, ヴィルヘルム・フォン(18・19世紀)
　→Kobell, Wilhelm Alexander Wolfgang von　369
コーブル, フェルディナント(18世紀)
　→Kobell, Ferdinand　369
コプレー(18・19世紀)
　→Copley, John Singleton　162
コブロ(20世紀) →Kobro, Katarzyna　369
コブロ, カタジナ(20世紀)
　→Kobro, Katarzyna　369
コブロ, カタルジーナ(20世紀)
　→Kobro, Katarzyna　369
コフーン, イセル(20世紀)
　→Colquhoun, Ithell　158
コーベット, ハーヴィ・ウィリー(19・20世紀)
　→Corbett, Harvey Wiley　163
コベル(18世紀) →Kobell, Ferdinand　369
コベル(18・19世紀)
　→Kobell, Franz, Ritter von　369
コベル(18・19世紀) →Kobell, Wilhelm Alexander Wolfgang von　369
コベル, ヴィルヘルム・フォン(18・19世紀)
　→Kobell, Wilhelm Alexander Wolfgang von　369
コベル, フェルディナント(18世紀)
　→Kobell, Ferdinand　369

コベルゲール(16・17世紀)
　→Cobergher, Wenceslas　155
コマンス, マルク(16・17世紀)
　→Comans, Marc　158
ゴームリー, アントニー(20世紀)
　→Gormley, Antony　286
ゴメス・デ・モーラ, ファン(16・17世紀)
　→Gómez de Mora, Juan　283
ゴメス・モレーノ(19・20世紀)
　→Gómez Moreno, Manuel　283
ゴメス・モレーノ, マヌエル(19・20世紀)
　→Gómez Moreno, Manuel　283
コモッリ, ジョヴァン・バッティスタ(18・19世紀)
　→Comolli, Giovan Battista　159
ゴーモン(19・20世紀)　→Gaumont, Marcel　265
ゴヤ(18・19世紀)
　→Goya y Lucientes, Francisco José de　287
ゴヤ, フランシスコ・デ(18・19世紀)
　→Goya y Lucientes, Francisco José de　287
ゴヤ(イ・ルシェンテス)(18・19世紀)
　→Goya y Lucientes, Francisco José de　287
ゴヤ・イ・ルシエンテス, フランシスコ・デ(18・19世紀)
　→Goya y Lucientes, Francisco José de　287
ゴヤ・イ・ルシエンテス, フランシスコ・ホセ・デ(18・19世紀)
　→Goya y Lucientes, Francisco José de　287
ゴヤ(・イ・ルシエンテス), フランシスコ・(ホセ・)デ(18・19世紀)
　→Goya y Lucientes, Francisco José de　287
ゴヤ・イ・ルシエンテス, フランシスコ・ホセ・ド(18・19世紀)
　→Goya y Lucientes, Francisco José de　287
ゴーラ, エミーリオ(19・20世紀)
　→Gola, Emilio　282
コラオ,K.(20世紀)　→Chorao, Kay　148
コラーシ(20世紀)　→Kolář, Jiří　370
コラージ, イジー(20世紀)　→Kolář, Jiří　370
コーラ・ダ・カプラローラ(15・16世紀)
　→Cola da Caprarola　156
コーラップ, カール(20世紀)　→Korab, Karl　371
コーラップ, カール(20世紀)　→Korab, Karl　371
コーラ・デッラマトリーチェ(15・16世紀)
　→Cola dell'Amatrice　156
コラード,D.(20世紀)　→Collard, Derek　157
コラン(18・19世紀)
　→Colin, Alexandre Marie　157
コラン(19・20世紀)　→Colin, Paul Émile　157
コラン(19・20世紀)　→Colin, Raphaël　157
ゴラン, ジャン(19・20世紀)　→Gorin, Jean　285
コラン, ポール(20世紀)　→Colin, Paul　157
コラン, ラファエル(19・20世紀)
　→Colin, Raphaël　157

ゴーランド(19・20世紀)
　→Gowland, William　287
コラントーニオ(15世紀)　→Colantonio　156
ゴーリ, アントン・フランチェスコ(17・18世紀)
　→Gori, Anton Francesco　285
ゴーリー, エドワード(20世紀)
　→Gorey, Edward St.John　285
ゴーリー, エドワード(・セイント・ジョン)(20世紀)
　→Gorey, Edward St.John　285
コリアー(19・20世紀)　→Collier, John　157
コリア, チャールズ(20世紀)
　→Correa, Charles M.　165
ゴリチ, ギレス(20世紀)　→Gorriti, Gilles　286
ゴーリツ,N.G.(20世紀)
　→Goljts, Nika Georgievna　282
コリニョン(19・20世紀)
　→Collignon, Léon Maxime　157
コリニョン, レオン=マクシム(19・20世紀)
　→Collignon, Léon Maxime　157
コリャンテス, フランシスコ(16・17世紀)
　→Collantes, Francisco　157
コーリュシェヴァ,T.V.(20世紀)
　→Koljusheva, Tatjjana Vasiljevna　370
コリン, アレクサンデル(16・17世紀)
　→Colin, Alexander　157
コリンウッド, ウィリアム(・ガーショム)(19・20世紀)
　→Collingwood, William（Gershom）　157
コリンズ, ウィリアム(18・19世紀)
　→Collins, William　158
コリンズ, ピーター(20世紀)
　→Collins, Peter　158
コリント(19・20世紀)　→Corinth, Lovis　163
コリント, ルイス(19・20世紀)
　→Corinth, Lovis　163
コリント, ローヴィス(19・20世紀)
　→Corinth, Lovis　163
コリント, ロヴィス(19・20世紀)
　→Corinth, Lovis　163
コリントン,P.(20世紀)　→Collington, Peter　157
コール(19世紀)　→Cole, Sir Henry　157
コール(19世紀)　→Cole, Thomas　157
コール(19・20世紀)　→Cole, Timothy　157
ゴール(19・20世紀)
　→Gaul, William Gilbert　265
コール,B.(20世紀)　→Cole, Babette　156
コール, エミール(19・20世紀)
　→Cohl, Émile　156
コール, サー・ヘンリー(19世紀)
　→Cole, Sir Henry　157
コール, トーマス(19世紀)　→Cole, Thomas　157
コール, トマス(19世紀)　→Cole, Thomas　157
コール, バベット(20世紀)　→Cole, Babette　156
コール, ヘンリ(19世紀)　→Cole, Sir Henry　157

コール, ヘンリー (19世紀)
　→Cole, Sir Henry　*157*
コルヴィ, ドメーニコ (18・19世紀)
　→Corvi, Domenico　*165*
コルヴィツ (19・20世紀) →Kollwitz, Käthe　*370*
コルヴィツ, ケーテ (19・20世紀)
　→Kollwitz, Käthe　*370*
コルウィッツ (19・20世紀)
　→Kollwitz, Käthe　*370*
コルヴィッツ (19・20世紀)
　→Kollwitz, Käthe　*370*
コルヴィッツ, カーテ (19・20世紀)
　→Kollwitz, Käthe　*370*
コールヴィッツ, ケーテ (19・20世紀)
　→Kollwitz, Käthe　*370*
コルヴィッツ, ケーテ (19・20世紀)
　→Kollwitz, Käthe　*370*
コルヴィル, アレグザンダー (20世紀)
　→Colville, Alexander　*158*
コルヴィン (19・20世紀)
　→Colvin, Sir Sidney　*158*
コルヴィン, シドニー (19・20世紀)
　→Colvin, Sir Sidney　*158*
ゴルキー (20世紀) →Gorky, Arshile　*285*
ゴルキー, アルシール (20世紀)
　→Gorky, Arshile　*285*
コルコス, ヴィットーリオ・マッテーオ (19・20世紀) →Corcos, Vittorio Matteo　*163*
コールコット, オーガスタス・ウォール (18・19世紀) →Callcott, Sir Augustus Wall　*119*
コルシ, カルロ (19・20世紀) →Corsi, Carlo　*165*
コルシーニ, ネーリ (17・18世紀)
　→Corsini, Neri　*165*
コールダー (20世紀) →Calder, Alexander　*119*
コルダー (20世紀) →Calder, Alexander　*119*
コールダー, アレキサンダー (20世紀)
　→Calder, Alexander　*119*
コルダー, アレキサンダー (20世紀)
　→Calder, Alexander　*119*
コールダー, アレクサンダー (20世紀)
　→Calder, Alexander　*119*
コルダー, アレグザンダー (20世紀)
　→Calder, Alexander　*119*
コルダ, ヴィンセント (20世紀)
　→Korda, Vincent　*371*
コルター, メアリー・エリザベス (19・20世紀)
　→Colter, Mary Elizabeth　*158*
ゴルチェ, ディエター (20世紀)
　→Goltzsche, Dieter　*283*
ゴルツィウス (16・17世紀)
　→Goltzius, Hendrik　*283*
ゴルツィウス, ヘンドリク (16・17世紀)
　→Goltzius, Hendrik　*283*
コールテ, アドリアーン (17世紀)
　→Coorte, Adriaen　*162*

コルテ, ニッコロ・ダ (16世紀)
　→Corte, Niccolò da　*165*
ゴルティエ (20世紀) →Gaultier, Jean-Paul　*265*
コルディエ, ニコラ (16・17世紀)
　→Cordier, Nicolas　*163*
コルディコット, ランドルフ (19世紀)
　→Caldecott, Randolph　*118*
ゴルディジャーニ, ミケーレ (19・20世紀)
　→Gordigiani, Michele　*285*
コルデヴァイ (19・20世紀)
　→Koldewey, Robert Johann　*370*
コルデヴァイ, ローベルト (19・20世紀)
　→Koldewey, Robert Johann　*370*
コルデヴァイ, ローベルト・J. (19・20世紀)
　→Koldewey, Robert Johann　*370*
コールデコット (19世紀)
　→Caldecott, Randolph　*118*
コールデコット, ランドルフ (19世紀)
　→Caldecott, Randolph　*118*
コルテッリーニ, ミケーレ・ディ・ルーカ・デイ (15・16世紀)
　→Coltellini, Michele di Luca dei　*158*
ゴールデン, ユーニス (20世紀)
　→Golden, Eunice　*282*
ゴールデン, ローランド (20世紀)
　→Golden, Rolland　*282*
コルト, コルネリス (16世紀)
　→Cort, Cornelis　*165*
コールドウェル, ベン (20世紀)
　→Caldwell, Ben　*119*
コールドコット (19世紀)
　→Caldecott, Randolph　*118*
ゴルトシュミット (19・20世紀)
　→Goldschmidt, Adolph　*282*
ゴルトシュミット, アードルフ (19・20世紀)
　→Goldschmidt, Adolph　*282*
ゴルトシュミット, アドルフ (19・20世紀)
　→Goldschmidt, Adolph　*282*
ゴールドスウェイト, アン・ウィルソン (19・20世紀) →Goldswaite, Anne Wilson　*282*
ゴールドスタイン, N. (20世紀)
　→Goldstein, Nathan　*282*
コールドストリーム, サー・ウィリアム (20世紀)
　→Coldstream, Sir William　*156*
コルトーナ (16・17世紀)
　→Cortona, Pietro da　*165*
コルトナ (16・17世紀)
　→Cortona, Pietro da　*165*
コルトナー (16・17世紀)
　→Cortona, Pietro da　*165*
コルトナ, ピエトロ・ダ (16・17世紀)
　→Cortona, Pietro da　*165*
コルトーナ, ピエトロ・(ベレッティーニ・)ダ (16・17世紀) →Cortona, Pietro da　*165*
ゴールドバーグ, ルーブ (19・20世紀)
　→Goldberg, Rube　*282*

コルドバッチェ, マンスール (20世紀)
→Mansour, Kordbacheh　*428*
コルトラリ, ジャック (20世紀)
→Cortellari, Jacques　*165*
コルナッキーニ, アゴスティーノ (17・18世紀)
→Cornacchini, Agostino　*163*
コルニエンティ, ケルビーノ (19世紀)
→Cornienti, Cherubino　*164*
コルニュエル, P. (20世紀)
→Cornnel, Pierre　*164*
コルネイユ, ギヨーム (20世紀)
→Corneille, Guillaume　*163*
コルネイユ・ド・リヨン (16世紀)
→Corneille de Lyon　*163*
コルネーユ, ギヨーム (20世紀)
→Corneille, Guillaume　*163*
コルネーユ・ド・リヨン (16世紀)
→Corneille de Lyon　*163*
コルネリウス (18・19世紀)
→Cornelius, Peter von　*164*
コルネリウス, ププリウス (前1世紀)
→Cornelius, Publius　*164*
コルネリウス, ペーター (18・19世紀)
→Cornelius, Peter von　*164*
コルネーリウス, ペーター・フォン (18・19世紀)
→Cornelius, Peter von　*164*
コルネリウス, ペーター・フォン (18・19世紀)
→Cornelius, Peter von　*164*
コルネリウス, ペーテル・フォン (18・19世紀)
→Cornelius, Peter von　*164*
コルネーリス (15・16世紀)
→Cornelisz, Jacob　*164*
コルネーリス (16・17世紀)
→Cornelisz van Haarlem　*164*
コルネリスゾーン, ヤコブ (15・16世紀)
→Cornelisz, Jacob　*164*
コルネリス・ファン・ハールレム (16・17世紀)
→Cornelisz van Haarlem　*164*
コルネリス・ファン・ハールレム (16・17世紀)
→Cornelisz van Haarlem　*164*
コルネリッス, コルネリス (16・17世紀)
→Cornelisz van Haarlem　*164*
コルネリッス, ヤコブ (15・16世紀)
→Cornelisz, Jacob　*164*
コルビッツ (19・20世紀) →Kollwitz, Käthe　*370*
コルビッツ, K. (19・20世紀)
→Kollwitz, Käthe　*370*
コルビッツ, ケエテ (19・20世紀)
→Kollwitz, Käthe　*370*
コルビノー, エティエンヌ (17世紀)
→Corbineau, Étienne　*163*
コルビノー, ジャック (17世紀)
→Corbineau, Jacques　*163*
コルビノー, ピエール (17世紀)
→Corbineau, Pierre　*163*

コルビン (19・20世紀) →Colvin, Sir Sidney　*158*
コールフィールド (20世紀)
→Caulfield, Patrick　*137*
コールフィールド, パトリック (20世紀)
→Caulfield, Patrick　*137*
ゴルブキナ, アンナ (19・20世紀)
→Golubkina, Anna Semenovna　*283*
コルベ (19・20世紀) →Kolbe, Georg　*370*
コルベ, ゲオルク (19・20世紀)
→Kolbe, Georg　*370*
コルベ, シャルル=ルイ (18・19世紀)
→Corbet, Charles-Louis　*163*
コルボー, ファニー (19世紀)
→Corbaux, Fanny　*163*
コルポラ (20世紀) →Corpora, Antonio　*164*
コルポーラ, アントーニオ (20世紀)
→Corpora, Antonio　*164*
コルポラ, アントーニオ (20世紀)
→Corpora, Antonio　*164*
コルポラ, アントニオ (20世紀)
→Corpora, Antonio　*164*
コルマー, フォン・デール・ゴルツ (20世紀)
→Colmar, Fon der Goltz　*158*
コールマン (19・20世紀)
→Colman, Samuel　*158*
コールマン, エンリーコ (19・20世紀)
→Coleman, Enrico　*157*
コールマン, メル (20世紀) →Calman, Mel　*120*
コルモン (13世紀) →Cormont, Thomas de　*163*
コルモン (19・20世紀)
→Cormont, Fernand-Anne-Piestre　*163*
コルレ (15・16世紀) →Colle, Raffaello dal　*157*
コルレッジョ (15・16世紀)
→Correggio, Antonio Allegri　*165*
コルレッジョ, アントーニオ (15・16世紀)
→Correggio, Antonio Allegri　*165*
コールンヘルト (16世紀)
→Coornhert, Dirck Volckertszoon　*162*
コールンヘルト, ディルク・ヴォルケルツゾーン
(ディリク・ヴォルカーツ) (16世紀)
→Coornhert, Dirck Volckertszoon　*162*
コレア, ディエゴ (16世紀) →Correa, Diego　*165*
ゴレスターネ, S・J (20世紀)
→Golestaneh, S.J.　*282*
コレッジオ (15・16世紀)
→Correggio, Antonio Allegri　*165*
コレッジョ (15・16世紀)
→Correggio, Antonio Allegri　*165*
コレッティ, ルイージ (19・20世紀)
→Coletti, Luigi　*157*
ゴーレット, ミッシェル (20世紀)
→Goulet, Michel　*286*
コレンツィオ, ベリザーリオ (16・17世紀)
→Corenzio, Belisario　*163*

コロー（18・19世紀）
　→Corot, Jean-Baptiste Camille　*164*
コロー，カミーユ（18・19世紀）
　→Corot, Jean-Baptiste Camille　*164*
コロー，（ジャン・バティスト・）カミーユ（18・19世紀）　→Corot, Jean-Baptiste Camille　*164*
コロー，ジャン・バティスト・カミーユ（18・19世紀）　→Corot, Jean-Baptiste Camille　*164*
コロー，ジャン＝バティスト＝カミーユ（18・19世紀）　→Corot, Jean-Baptiste Camille　*164*
コロ，マリー＝アンヌ（18・19世紀）
　→Collot, Marie-Anne　*158*
ゴロヴィン，アレクサンドル（19・20世紀）
　→Golovin, Aleksandr Yakovlevich　*282*
ゴロヴィーン，アレクサンドル・ヤコヴレヴィチ（19・20世紀）
　→Golovin, Aleksandr Yakovlevich　*282*
コローヴィン，コンスタンティン・アレクセエヴィッチ（19・20世紀）
　→Korovin, Konstantin Alekseevich　*372*
ゴロソフ（19・20世紀）
　→Golosov, Ilya Aleksandrovich　*282*
ゴロソフ，イリヤ・アレクサンドロヴィチ（19・20世紀）　→Golosov, Ilya Aleksandrovich　*282*
ゴロツォフ，ヴァシリイ（19・20世紀）
　→Gorodtsov, Vasilii Alekseevich　*286*
ゴロッツォーフ（19・20世紀）
　→Gorodtsov, Vasilii Alekseevich　*286*
コローディ（19世紀）　→Corrodi, Arnold　*165*
コローディ（19世紀）　→Corrodi, Salomon　*165*
コローディ（19・20世紀）
　→Corrodi, Hermann　*165*
ゴーロ・ディ・グレゴーリオ（14世紀）
　→Goro di Gregorio　*286*
コーローテース（前5世紀頃）　→Kolotes　*370*
コロテス（テオス出身の）（前4世紀）
　→Kolotes　*370*
コロテス（パロス出身の）　→Kolotes　*370*
コロテス（ヘラクレイア出身の）（前5世紀頃）
　→Kolotes　*370*
コローナ，ジョヴァンニ・アントーニオ（15・16世紀）　→Corona, Giovanni Antonio　*164*
コローナ，レオナルド（16・17世紀）
　→Corona, Leonardo　*164*
コロービン（19・20世紀）
　→Korovin, Konstantin Alekseevich　*372*
ゴロビン（19・20世紀）
　→Golovin, Aleksandr Yakovlevich　*282*
ゴロビン，A.（19・20世紀）
　→Golovin, Aleksandr Yakovlevich　*282*
コローヴィン，コンスタンティン（19・20世紀）
　→Korovin, Konstantin Alekseevich　*372*
コロン，ポール（20世紀）　→Collomb, Paul　*158*
コロンナ（15・16世紀）
　→Colonna, Francesco　*158*

コロンナ，アンジェロ・ミケーレ（17世紀）
　→Colonna, Angelo Michele　*158*
コロンナ，フランチェスコ（15・16世紀）
　→Colonna, Francesco　*158*
コロンパイ，ジョヴァンニ（20世紀）
　→Korompay, Giovanni　*372*
コロンブ（15世紀）　→Colombe, Jean　*158*
コロンブ（15・16世紀）　→Colombe, Michael　*158*
コロンブ，ジャン（15世紀）
　→Colombe, Jean　*158*
コロンブ，ミシェル（15・16世紀）
　→Colombe, Michael　*158*
コロンボ，ジャンニ（20世紀）
　→Colombo, Gianni　*158*
コロンボ，ジョー（20世紀）　→Colombo, Joe　*158*
コロンボ，ジョー・チェーザレ（20世紀）
　→Colombo, Joe　*158*
ゴワ，エティエンヌ＝ピエール＝アドリアン（18・19世紀）
　→Gois, Étienne-Pierre-Adrien　*282*
コワズヴォ（17・18世紀）
　→Coysevox, Antoine　*169*
コワズヴォ，アントワーヌ（17・18世紀）
　→Coysevox, Antoine　*169*
コワズヴォクス（17・18世紀）
　→Coysevox, Antoine　*169*
コワズヴォックス，アントワーヌ（17・18世紀）
　→Coysevox, Antoine　*169*
コワズボックス（17・18世紀）
　→Coysevox, Antoine　*169*
コワニャール，ジェームズ（20世紀）
　→Coignard, James　*156*
コワペル，アントワーヌ（17・18世紀）
　→Coypel, Antoine　*168*
コワペル，シャルル＝アントワーヌ（17・18世紀）
　→Coypel, Charles Antoine　*169*
コワペル，ノエル（17・18世紀）
　→Coypel, Noël　*169*
コワルスキー，ピョートル（20世紀）
　→Kowalski, Piotr　*372*
コーン（19・20世紀）　→Cohn, Jonas　*156*
コーン，エッタ（19・20世紀）→Cone, Etta　*159*
コーン，クラリベル（19・20世紀）
　→Cone, Claribel　*159*
コーン，ジョナス（19・20世紀）
　→Cohn, Jonas　*156*
コーン・ヴィーナー（19・20世紀）
　→Cohn-Wiener, Ernst　*156*
コンウェー（19・20世紀）→Conway of Allington, Sir William Martin　*161*
コンウェイ（19・20世紀）→Conway of Allington, Sir William Martin　*161*
コンウェイ，ウイリアム・マーティン（19・20世紀）
　→Conway of Allington, Sir William Martin　*161*

コンウェー・オヴ・アリントン(19・20世紀)
　→Conway of Allington, Sir William Martin
　　161
コンウェー卿(19・20世紀)　→Conway of
　Allington, Sir William Martin　161
コンカ(17・18世紀)　→Conca, Sebastiano　159
コンカ, セバスティアーノ(17・18世紀)
　→Conca, Sebastiano　159
ゴンクール(19世紀)　→Goncourt, Edmond Louis
　Antoine Huot de　283
ゴンクール(19世紀)
　→Goncourt, Jules Alfred Huot de　284
ゴンクール, エドモン(19世紀)　→Goncourt,
　Edmond Louis Antoine Huot de　283
ゴンクール, エドモン・ド(19世紀)　→Goncourt,
　Edmond Louis Antoine Huot de　283
ゴンクール, ジュール(19世紀)
　→Goncourt, Jules Alfred Huot de　284
ゴンクール, ジュール・ド(19世紀)
　→Goncourt, Jules Alfred Huot de　284
ゴンクール兄弟(19世紀)　→Goncourt, Edmond
　Louis Antoine Huot de　283
ゴンクール兄弟(19世紀)
　→Goncourt, Jules Alfred Huot de　284
コンコーニ, マウロ(19世紀)
　→Conconi, Mauro　159
コンコーニ, ルイージ(19・20世紀)
　→Conconi, Luigi　159
ゴンザーガ, ピエトロ(18・19世紀)
　→Gonzaga, Pietro　284
コンサグラ(20世紀)　→Consagra, Pietro　160
コンサグラ, ピエトロ(20世紀)
　→Consagra, Pietro　160
ゴンサルヴェス(15世紀)
　→Gonçálves, Nuno　283
ゴンサルヴェス, ヌーノ(15世紀)
　→Gonçálves, Nuno　283
ゴンサルヴェス, ヌーノ(15世紀)
　→Gonçálves, Nuno　283
ゴンサルベス(15世紀)　→Gonçálves, Nuno　283
ゴンサレス(19・20世紀)　→González, Julio　284
ゴンザーレス,X.(20世紀)
　→Gonzalez, Xavier　284
ゴンザレス, エヴァ(19世紀)
　→Gonzalès, Eva　284
ゴンサレス, ジュリオ(19・20世紀)
　→González, Julio　284
ゴンザレス, ジュリオ(19・20世紀)
　→González, Julio　284
ゴンサーレス, フリオ(19・20世紀)
　→González, Julio　284
ゴンサレス, フリオ(19・20世紀)
　→González, Julio　284
ゴンザレス・フェルナンデス, ロバート(20世紀)
　→Gonzalez-Fernandez, Robert　284
ゴンサーレス・ベラスケス, イシドロ(18・19世紀)
　→González Velázquez, Isidro　284
コーン姉妹(19・20世紀)　→Cone, Claribel　159
コーン姉妹(19・20世紀)　→Cone, Etta　159
コンズ, エマ(19・20世紀)　→Cons, Emma　160
コンスタブル(18・19世紀)
　→Constable, John　160
コンスタブル, ジョン(18・19世紀)
　→Constable, John　160
コンスタン(19・20世紀)
　→Constant, Benjamin-Jean-Joseph　160
コンスタンチヌス一世(3・4世紀)
　→Constantinus I, Flavius Valerius　160
コンスタンチヌス一世(大帝)(3・4世紀)
　→Constantinus I, Flavius Valerius　160
コンスタンチヌス大帝(3・4世紀)
　→Constantinus I, Flavius Valerius　160
コンスタンチヌス大帝(1世)(3・4世紀)
　→Constantinus I, Flavius Valerius　160
コンスタンティヌス(3・4世紀)
　→Constantinus I, Flavius Valerius　160
コンスタンティヌス(1世)(3・4世紀)
　→Constantinus I, Flavius Valerius　160
コンスタンティヌス1世(3・4世紀)
　→Constantinus I, Flavius Valerius　160
コンスタンティヌス一世(3・4世紀)
　→Constantinus I, Flavius Valerius　160
コンスタンティヌス1世(大帝)(3・4世紀)
　→Constantinus I, Flavius Valerius　160
コンスタンティヌス一世(大帝)(3・4世紀)
　→Constantinus I, Flavius Valerius　160
コンスタンティヌス一世, 大帝(Fl.ウォレリウス・
　コンスタンティヌス)(3・4世紀)
　→Constantinus I, Flavius Valerius　160
コンスタンティーヌス1世・フラーウィウス・ウァ
　レリウス・アウレーリウス(3・4世紀)
　→Constantinus I, Flavius Valerius　160
コンスタンティヌス大帝(3・4世紀)
　→Constantinus I, Flavius Valerius　160
コーンスタンティーヌス大帝(一世)(3・4世紀)
　→Constantinus I, Flavius Valerius　160
コンスタンティヌス大帝(1世)(3・4世紀)
　→Constantinus I, Flavius Valerius　160
コンステーブル(18・19世紀)
　→Constable, John　160
コンズームクンスト, ワレ(20世紀)
　→Konsumkunst, Wulle　371
コンソロ(13世紀)　→Consolo　160
コンダー(19・20世紀)　→Conder, Charles　159
コンダー(19・20世紀)　→Conder, Josiah　159
コンダー, チャールズ(19・20世紀)
　→Conder, Charles　159
コンダー, チャールズ・エドワード(19・20世紀)
　→Conder, Charles　159

コンダコーフ(19・20世紀)
　→Kondakov, Nikodim Pavlovich　*371*
コンタマン, ヴィクトール(19世紀)
　→Contamin, Victor　*161*
コンタリーニ, ジョヴァンニ(16・17世紀)
　→Contarini, Giovanni　*161*
ゴンタール(18世紀)
　→Gontard, Karl Philipp Christian von　*284*
ゴンタルト, カール・フォン(18世紀)
　→Gontard, Karl Philipp Christian von　*284*
コンタン・ディヴリ(17・18世紀)
　→Contant d'Ivry, Pierre　*161*
コンタン・ディヴリー(17・18世紀)
　→Contant d'Ivry, Pierre　*161*
コンタン・ディヴリー(ピエール・コンタン(通称))(17・18世紀)
　→Contant d'Ivry, Pierre　*161*
ゴンチャロヴァ(19・20世紀)
　→Goncharova, Natalia Sergeevna　*283*
ゴンチャロヴァ, ナターリア(19・20世紀)
　→Goncharova, Natalia Sergeevna　*283*
ゴンチャローヴァ, ナターリア・セルゲーヴナ(19・20世紀)
　→Goncharova, Natalia Sergeevna　*283*
ゴンチャロヴァ, ナターリア・セルゲーヴナ(19・20世紀)
　→Goncharova, Natalia Sergeevna　*283*
ゴンチャローヴァ, ナタリヤ(19・20世紀)
　→Goncharova, Natalia Sergeevna　*283*
ゴンチャロヴァ, ナタリヤ(19・20世紀)
　→Goncharova, Natalia Sergeevna　*283*
ゴンチャローヴァ, ナタリヤ・ゼルゲエヴナ(19・20世紀)
　→Goncharova, Natalia Sergeevna　*283*
ゴンチャロヴァ, ナタリヤ・ゼルゲエヴナ(19・20世紀)　→Goncharova, Natalia Sergeevna　*283*
ゴンチャロバ(19・20世紀)
　→Goncharova, Natalia Sergeevna　*283*
コンチャローフスキー(19・20世紀)
　→Konchalovskiy, Pyotr Petrovich　*370*
コンチャロフスキー(19・20世紀)
　→Konchalovskiy, Pyotr Petrovich　*370*
コンチャロフスキー, ピョートル(19・20世紀)
　→Konchalovskiy, Pyotr Petrovich　*370*
コンチャロフスキー, ピョートル・ペトローヴィッチ(19・20世紀)
　→Konchalovskiy, Pyotr Petrovich　*370*
コンチャローフスキィ(19・20世紀)
　→Konchalovskiy, Pyotr Petrovich　*370*
ゴンチャロワ(19・20世紀)
　→Goncharova, Natalia Sergeevna　*283*
ゴンチャロワ, ナタリア(19・20世紀)
　→Goncharova, Natalia Sergeevna　*283*
ゴンチャロワ, ナタリヤ(19・20世紀)
　→Goncharova, Natalia Sergeevna　*283*
コンツェ(19・20世紀)　→Conze, Alexander　*161*

コンツェ(20世紀)　→Conze, Werner　*161*
コンツェ, アレクサンダー(19・20世紀)
　→Conze, Alexander　*161*
コンツェ, アレクサンダー(20世紀)
　→Conze, Werner　*161*
コンティ, アンジェロ(19・20世紀)
　→Conti, Angelo　*161*
コンティ, ジョヴァンニ・マリーア(17世紀)
　→Conti, Giovanni Maria　*161*
コンティ, プリーモ(20世紀)
　→Conti, Primo　*161*
コンティ, ベルナルディーノ・デ(15・16世紀)
　→Conti, Bernardino de'　*161*
コンディーヴィ(16世紀)
　→Condivi, Ascanio　*159*
コンディヴィ(16世紀)　→Condivi, Ascanio　*159*
コンディーヴィ, アスカーニオ(16世紀)
　→Condivi, Ascanio　*159*
コンティーニ, ジャンバッティスタ(17・18世紀)
　→Contini, Gianbattista　*161*
コンティーノ, アントーニオ(16世紀)
　→Contino, Antonio　*161*
ゴンドゥアン, ジャック(18・19世紀)
　→Gondoin, Jacques　*284*
コントノー(19・20世紀)
　→Contenau, Georges　*161*
コントノー, ジョルジュ(19・20世紀)
　→Contenau, Georges　*161*
コンドル(19・20世紀)　→Conder, Josiah　*159*
コンドル(20世紀)　→Kondor Béla　*371*
コンドル, ジョサイア(19・20世紀)
　→Conder, Josiah　*159*
コントレイラース, J.(20世紀)
　→Contreras, Jerry　*161*
コンパー, ジョン・ニニアン(19・20世紀)
　→Comper, Sir John Ninian　*159*
コンビ, エンリーコ(19・20世紀)
　→Combi, Enrico　*158*
コンフォルト, ジャン・ジャーコモ(17世紀)
　→Conforto, Gian Giacomo　*160*
ゴンブリック, サー・エルンスト・ハンス・ヨーゼフ(20世紀)
　→Gombrich, Ernst Hans Josef　*283*
ゴンブリッチ(20世紀)
　→Gombrich, Ernst Hans Josef　*283*
ゴンブリッチ, E.H.(エルンスト・ハンス)(・ジョーゼフ)(20世紀)
　→Gombrich, Ernst Hans Josef　*283*
ゴンブリッチ, E(エルンスト)H(ハンス)(ヨーゼフ)(20世紀)
　→Gombrich, Ernst Hans Josef　*283*
ゴンブリッチ, アーネスト(20世紀)
　→Gombrich, Ernst Hans Josef　*283*
ゴンブリッチ, エルンスト・ハンス・ヨーゼフ(20世紀)　→Gombrich, Ernst Hans Josef　*283*

ゴンブリッチ(ゴンブリク),エルンスト・ハンス・ヨーゼフ(20世紀)
　→Gombrich, Ernst Hans Josef　*283*
コンペール,J.(20世紀)　→Compere, Janet　*159*
コンモドゥス(2世紀)
　→Commodus, Lucius Aelius Aurelius　*158*
コンモドゥス(M.アウレリウス・コンモドゥス・アントニヌス)(2世紀)
　→Commodus, Lucius Aelius Aurelius　*158*
コンモドゥス,ルキウス・アウレリウス(2世紀)
　→Commodus, Lucius Aelius Aurelius　*158*
コンモドゥス,ルーキウス・アエリウス・アウレーリウス(2世紀)
　→Commodus, Lucius Aelius Aurelius　*158*
コンモドゥス帝(2世紀)
　→Commodus, Lucius Aelius Aurelius　*158*
コンラッド,トニー(20世紀)
　→Conrad, Tony　*160*
コンラッド・フォン・ゾエスト(14・15世紀)
　→Konrad von Soest　*371*
コンラート(ゼーストの)(14・15世紀)
　→Konrad von Soest　*371*
コンラート(ゾーストの)(14・15世紀)
　→Konrad von Soest　*371*
コンラン,サー・テレンス(・オービー)(20世紀)
　→Conran, Sir Terence (Orby)　*160*
コンラン,ジャスパー(20世紀)
　→Conran, Jasper　*160*
コンラン,シャーリー(20世紀)
　→Conran, Shirley　*160*
コンラン,シャーリー(アイダ)(20世紀)
　→Conran, Shirley　*160*

【 サ 】

サアグーン(15・16世紀)
　→Sahagún, Bernardino de　*581*
サアグン(15・16世紀)
　→Sahagún, Bernardino de　*581*
サアグン,ベルナルディーノ・デ(15・16世紀)
　→Sahagún, Bernardino de　*581*
サアグン,ベルナルディーノ・デ(15・16世紀)
　→Sahagún, Bernardino de　*581*
サアディー(12・13世紀)　→Sa'dī Shīrāzī　*580*
サアディー,アブー・アブドッラー・モシャッレフ・オッディーン(12・13世紀)
　→Sa'dī Shīrāzī　*580*
サアディー,ムシャッリフ・ウッ・ディーン(12・13世紀)　→Sa'dī Shīrāzī　*580*
ザイオン,ジーン(20世紀)
　→Zion, Gene Eugene　*721*

ザイス,ジュゼッペ(18世紀)
　→Zais, Giuseppe　*717*
ザイスト,ジョヴァンニ・バッティスタ(18世紀)
　→Zaist, Giovanni Battista　*717*
サイツ,P.(20世紀)　→Seitz, Patricia　*601*
ザイツ,ヨハネス(18世紀)
　→Seitz, Johannes　*601*
サイドラー,ハリー(20世紀)
　→Seidler, Harry　*601*
ザイトリツ(19・20世紀)
　→Seidlitz, Woldemar von　*601*
ザイドリッツ(19・20世紀)
　→Seidlitz, Woldemar von　*601*
ザイファー(15・16世紀)　→Seyfer, Hans　*606*
ザイファー,ハンス(15・16世紀)
　→Seyfer, Hans　*606*
サイモント,M.(20世紀)　→Simont, Marc　*613*
ザヴァッターリ,アンブロージョ(15世紀)
　→Zavattari, Ambrogio　*718*
ザヴァッターリ,ヴィンチェンツォ(15世紀)
　→Zavattari, Vincenzo　*718*
ザヴァッターリ,クリストーフォロ(15世紀)
　→Zavattari, Cristoforo　*718*
ザヴァッターリ,グレゴーリオ(15世紀)
　→Zavattari, Gregorio　*718*
ザヴァッターリ,ジョヴァンニ(15世紀)
　→Zavattari, Giovanni　*718*
ザヴァッターリ,フランチェスキーノ(15世紀)
　→Zavattari, Franceschino　*718*
ザウアレンダー,ヴィリバルト(20世紀)
　→Sauerländer, Willibald　*588*
ザヴァロ,アルバート(20世紀)
　→Zavaro, Albert　*718*
ザヴィエル(16世紀)
　→Xavier, Francisco de Yasu y　*714*
サヴィオーリ,レオナルド(20世紀)
　→Savioli, Leonardo　*589*
サヴィジ,オーガスタ・クリスティーヌ(20世紀)
　→Savage, Augusta Christine　*589*
サヴィツキー,ゲオルギー・コンスタンティノヴィッチ(19・20世紀)
　→Savitzky, Georgy Konstantinovich　*589*
サヴィッヂ,S.(20世紀)　→Savage, Steele　*589*
サヴィーニ,トム(20世紀)　→Savini, Tom　*589*
サヴィーニオ,アルベルト(20世紀)
　→Savinio, Alberto　*589*
サヴィニャック,レーモン(20世紀)
　→Savignac, Raymond Pierre Guillaume　*589*
サヴェリー,ルーラント(16・17世紀)
　→Savery, Roeland　*589*
サウエルボーン,エン(20世紀)
　→Sauerborn, Aen　*588*
サヴォナローラ(15世紀)
　→Savonarola, Girolamo　*589*

サヴォナロラ(15世紀)
　→Savonarola, Girolamo　*589*
サヴォナローラ, ジローラモ(15世紀)
　→Savonarola, Girolamo　*589*
サヴォナローラ, ジロラモ(15世紀)
　→Savonarola, Girolamo　*589*
サヴォルド, ジョヴァンニ・ジロラモ(15・16世紀)
　→Savoldo, Giovanni Girolamo　*589*
サヴォルド, ジャン・ジローラモ(15・16世紀)
　→Savoldo, Giovanni Girolamo　*589*
サヴォルド, ジョヴァンニ・ジローラモ(15・16世紀)　→Savoldo, Giovanni Girolamo　*589*
サウラ(20世紀)　→Saura, Antonio　*588*
サウラ, アントニオ(20世紀)
　→Saura, Antonio　*588*
サウラ・アターレス, カルロス(20世紀)
　→Saura Atares, Carlos　*588*
サヴラーソフ, アレクセイ(19世紀)
　→Savrasov, Aleksei Kondrat'evich　*589*
サウリ, A.A.(20世紀)
　→Sauri, Agusti Asensio　*588*
サウル(前11世紀)　→Saul　*588*
サエッティ(20世紀)　→Saetti, Bruno　*580*
サエッティ, ブルーノ(20世紀)
　→Saetti, Bruno　*580*
ざお うぉーきー(20世紀)　→Zao Wou-Ki　*718*
ザオ・ウー・キー(20世紀)　→Zao Wou-Ki　*718*
ザオ・ウー・キー(20世紀)　→Zao Wou-Ki　*718*
ザガネッリ, フランチェスコ(15・16世紀)
　→Zaganelli, Francesco　*717*
ザガネッリ, ベルナルディーノ(15・16世紀)
　→Zaganelli, Bernardino　*717*
サーグ(19・20世紀)
　→Sarg, Tony (Anthony) Frederick　*587*
サーグ, トニー(19・20世紀)
　→Sarg, Tony (Anthony) Frederick　*587*
ザクスル, フリッツ(19・20世紀)
　→Saxl, Fritz　*590*
ザクセン公フリードリヒ(15・16世紀)
　→Friedrich der Weise　*253*
サグララ(14・15世紀)　→Sagrara, Guillén　*581*
サクレ, M.(20世紀)　→Sacre, Marie-Jose　*580*
サグレーラ, ギジェン(14・15世紀)
　→Sagrara, Guillén　*581*
サグレラス, ギリェルモ(14・15世紀)
　→Sagrara, Guillén　*581*
サケッティ(18世紀)
　→Sacchetti, Giovanni Battista　*580*
サザーランド(20世紀)
　→Sutherland, Graham Vivian　*639*
サザランド(20世紀)
　→Sutherland, Graham Vivian　*639*
サザランド, G.(20世紀)
　→Sutherland, Graham Vivian　*639*

サザーランド, グレアム(20世紀)
　→Sutherland, Graham Vivian　*639*
サザーランド, グレアム(20世紀)
　→Sutherland, Graham Vivian　*639*
サザーランド, グレアム・ヴィヴィアン(20世紀)
　→Sutherland, Graham Vivian　*639*
サザーランド, グレアム(・ヴィヴィアン)(20世紀)　→Sutherland, Graham Vivian　*639*
サザーランド, グレアム(20世紀)
　→Sutherland, Graham Vivian　*639*
サザランド, グレイアム(20世紀)
　→Sutherland, Graham Vivian　*639*
サージェント(19・20世紀)
　→Sargent, John Singer　*587*
サージェント, ジョン・シンガー(19・20世紀)
　→Sargent, John Singer　*587*
サセッタ(14・15世紀)　→Sasetta　*588*
サゾーノフ, A.P.(20世紀)
　→Sazonov, Anatolij Pantelejmonovich　*590*
ザッカーニ, ジョヴァン・フランチェスコ(15・16世紀)　→Zaccagni, Giovan Francesco　*717*
ザッカーニ, ベネデット(15・16世紀)
　→Zaccagni, Benedetto　*717*
ザッカーニ, ベルナルディーノ(年長)(15・16世紀)
　→Zaccagni, Bernardino, il Vecchio　*717*
サッキ(16・17世紀)　→Sacchi, Andrea　*580*
サッキ, アンドレーア(16・17世紀)
　→Sacchi, Andrea　*580*
サッキ, アンドレア(16・17世紀)
　→Sacchi, Andrea　*580*
ザッキ, ジェーン・マリエ(20世紀)
　→Zacchi, Jean-Marie　*717*
サッキ, ピエル・フランチェスコ(15・16世紀)
　→Sacchi, Pier Francesco　*580*
ザッキン(19・20世紀)　→Zadkine, Ossip　*717*
ザッキン(19・20世紀)　→Zadkine, Ossip　*717*
ザッキン, オシップ(19・20世紀)
　→Zadkine, Ossip　*717*
ザッキン, オシップ(19・20世紀)
　→Zadkine, Ossip　*717*
ザッキン(ザツキン)(19・20世紀)
　→Zadkine, Ossip　*717*
サッケッティ, ジョヴァンニ・バッティスタ(18世紀)　→Sacchetti, Giovanni Battista　*580*
サッケッティ, ロレンツォ(18・19世紀)
　→Sacchetti, Lorenzo　*580*
サッコーニ, ジュゼッペ(19・20世紀)
　→Sacconi, Giuseppe　*580*
サッスー, アリージ(20世紀)　→Sassu, Aligi　*588*
サッセッタ(14・15世紀)　→Sasetta　*588*
サッソフェラート(17世紀)
　→Sassoferrato　*588*
サッソフェラート(17世紀)
　→Il Sassoferrato　*336*

サッソフェルラート, イル (17世紀)
 →Sassoferrato 588
サッバティーニ (15・16世紀)
 →Sabbatini, Andrea 579
サッバティーニ (16世紀)
 →Sabbatini, Lorenzo 579
サッバティーニ (16・17世紀)
 →Sabbattini, Nicola 579
サッバティーニ, ニッコロ (16・17世紀)
 →Sabbattini, Nicola 579
サッロッキ, ティート (19世紀)
 →Sarrocchi, Tito 587
ザツロフスカヤ, イリナ (20世紀)
 →Zatulovskaya, Irina 718
サーディ (12・13世紀) →Sa'dī Shīrāzī 580
サーディー (12・13世紀) →Sa'dī Shīrāzī 580
サーティン, エミリー (19・20世紀)
 →Sartain, Emily 587
サーデレル, ヒリス (16・17世紀)
 →Sadeler, Gillis 580
サーデレル, ヤン一世 (16世紀)
 →Sadeler, Jan I 580
サーデレル, ラファエル一世 (16・17世紀)
 →Sadeler, Raphaël I 580
サトクリフ, フランク・メドー (19・20世紀)
 →Sutcliffe, Frank Meadow 639
サドフスキ, アンドルス (20世紀)
 →Sadowski, Andrzej 580
サトン, フィリップ (20世紀)
 →Sutton, Philip 639
ザニケッリ, プロスペロ (17・18世紀)
 →Zanichelli, Prospero 718
ザニーノ・ディ・ピエトロ (14・15世紀)
 →Zanino di Pietro 718
ザヌーゾ, マルコ (20世紀)
 →Zanuso, Marco 718
ザーネッキ, ステファン (20世紀)
 →Czernecki, Stefan 175
ザネッティ, アントーニオ・マリーア (18世紀)
 →Zanetti, Antonio Maria 718
サーノ (15世紀) →Sano di Pietro 585
ザノイア, ジュゼッペ (18・19世紀)
 →Zanoia, Giuseppe 718
サーノ・ディ・ピエトロ (15世紀)
 →Sano di Pietro 585
サノ・ディ・ピエトロ (15世紀)
 →Sano di Pietro 585
サーバー (20世紀)
 →Thurber, James Grover 651
サーバー, ジェイムズ (20世紀)
 →Thurber, James Grover 651
サーバー, ジェイムズ・グローヴァー (20世紀)
 →Thurber, James Grover 651
サーバー, ジェイムズ(・グローヴァー) (20世紀)
 →Thurber, James Grover 651

サーバー, ジェームス (20世紀)
 →Thurber, James Grover 651
サーバー, ジェームズ (20世紀)
 →Thurber, James Grover 651
サーバー, ジェームズ・グローヴァ (20世紀)
 →Thurber, James Grover 651
サーバー, ジェームス・グローバー (20世紀)
 →Thurber, James Grover 651
サバ, リチャード (20世紀) →Saba, Richard 579
サバティーニ, アンドレーア (15・16世紀)
 →Sabatini, Andrea 579
サバティーニ, フランチェスコ (18世紀)
 →Sabatini, Francesco 579
サバテッリ, ルイージ (18・19世紀)
 →Sabatelli, Luigi 579
サバリ (20世紀) →Savary, Jérôme 589
サバリ, J. (20世紀) →Savary, Jérôme 589
ザハロフ (18・19世紀)
 →Zakharov, Adrian Dimitrievich 717
ザハロフ, アドリアン・ドミートリヴィチ (18・19世紀)
 →Zakharov, Adrian Dimitrievich 717
ザハロフ, アンドレイ・ドミトリエヴィッチ (18・19世紀)
 →Zakharov, Adrian Dimitrievich 717
サビー, マックス (20世紀) →Savy, Max 590
サピエーハ, C. (20世紀)
 →Sapieha, Christine 587
サビエル (16世紀)
 →Xavier, Francisco de Yasu y 714
ザビエル (16世紀)
 →Xavier, Francisco de Yasu y 714
ザビエル, フランシスコ (16世紀)
 →Xavier, Francisco de Yasu y 714
サビニャック (20世紀)
 →Savignac, Raymond Pierre Guillaume 589
サビニャック, レーモン (20世紀)
 →Savignac, Raymond Pierre Guillaume 589
サフェリー (16・17世紀) →Savery, Roeland 589
サーフェリー, ルーラント (16・17世紀)
 →Savery, Roeland 589
サフェレイ, ルーラント (16・17世紀)
 →Savery, Roeland 589
ザブジェル, S. (20世紀) →Zavrel, Stepan 718
サブロー, J. (20世紀) →Sabraw, John 580
サヘリネン, エリエル (19・20世紀)
 →Saarinen, Eliel 579
サボナローラ (15世紀)
 →Savonarola, Girolamo 589
サボナローラ, ジラロモ (15世紀)
 →Savonarola, Girolamo 589
サボルド (15・16世紀)
 →Savoldo, Giovanni Girolamo 589
ザボーロフ, B.A. (20世紀)
 →Zaborov, Boris Abramovich 717

サマーソン, ジョン (・ニューナム) (20世紀)
　→Summerson, Sir John (Newenham)　638
サマッキーニ, オラーツィオ (16世紀)
　→Samacchini, Orazio　583
サマラス (20世紀) →Samaras, Lucas　583
サマラス, ルーカス (20世紀)
　→Samaras, Lucas　583
サムエル (前11・10世紀頃) →Samuel　583
サムソン (前11世紀頃) →Samson　583
サムソンとデリラ →Delilah　189
サムソンとデリラ (前11世紀頃) →Samson　583
ザモラノ, ペドロ (20世紀)
　→Zamorano, Pedro　717
サーモン, マイケル (20世紀)
　→Salmon, Michael　582
ザヤン, デニス (20世紀) →Zayan, Denis　718
サーラ, ヴィターレ (19世紀) →Sala, Vitale　581
サーラ, エリゼーオ (19世紀) →Sala, Eliseo　581
サライ, アンドレーア (15・16世紀)
　→Salai, Andrea　582
サラザール (20世紀) →Salazar, Ana　582
サラザール, パトリシア (20世紀)
　→Salazar, Patricia　582
サラサル=アルエ, サルバドル (20世紀)
　→Salazar Arrué, Salvador　582
サラザン (16・17世紀) →Sarazin, Jacques　587
サラザン, ジャック (16・17世紀)
　→Sarazin, Jacques　587
サラチェーニ, カルロ (16・17世紀)
　→Saraceni, Carlo　587
サラン, ニコラ=アレクサンドル・ド (18・19世紀)
　→Salins, Nicolas-Alexandre de　582
サラン (ド・モンフォール), ニコラ=アレクサンドル (18・19世紀)
　→Salins, Nicolas-Alexandre de　582
サランビエ, アンリ (18・19世紀)
　→Sallembier, Henri　582
ザランボウカ, S. (20世紀)
　→Zarambouka, Sofia　718
サリー (18・19世紀) →Sully, Thomas　638
サリー, ジャック=フランソワ=ジョセフ (18世紀)
　→Saly, Jacques-Francois-Joseph　583
サリー, トーマス (18・19世紀)
　→Sully, Thomas　638
サリー, トマス (18・19世紀)
　→Sully, Thomas　638
サリヴァン (19・20世紀)
　→Sullivan, Louis Henry　637
サリヴァン (20世紀) →Sullivan, Michael　638
サリヴァン, L. (19・20世紀)
　→Sullivan, Louis Henry　637
サリヴァン, メアリー・ジョセフィン (19・20世紀)
　→Sullivan, Mary Josephine　638

サリヴァン (ルイス) (19・20世紀)
　→Sullivan, Louis Henry　637
サリヴァン, ルイス・H. (19・20世紀)
　→Sullivan, Louis Henry　637
サリヴァン, ルイス・ヘンリー (19・20世紀)
　→Sullivan, Louis Henry　637
サリヴァン, ルイス (・ヘンリー) (19・20世紀)
　→Sullivan, Louis Henry　637
サリヴァン, ルイス (ヘンリー) (19・20世紀)
　→Sullivan, Louis Henry　637
サリエッティ, アルベルト (20世紀)
　→Salietti, Alberto　582
ザリツキー, ヨセフ (20世紀)
　→Zaritsky, Yosef　718
ザーリッシュ (19・20世紀)
　→Salisch, Heinrich von　582
サリーニ, トンマーゾ (16・17世紀)
　→Salini, Tommaso　582
サーリネン (19・20世紀) →Saarinen, Eliel　579
サーリネン (20世紀) →Saarinen, Eero　579
サリネン (19・20世紀)
　→Sallinen, Tyk o Konstantin　582
サーリネン, E. (20世紀) →Saarinen, Eero　579
サーリネン, アリーヌ (20世紀)
　→Saarinin, Aline　579
サーリネン, アリーン (ミルトン・バーンスタイン) (20世紀)
　→Saarinen, Aline (Milton Bernstein)　579
サーリネン, イーロ (20世紀)
　→Saarinen, Eero　579
サーリネン, エリエル (19・20世紀)
　→Saarinen, Eliel　579
サーリネン, エーロ (20世紀)
　→Saarinen, Eero　579
サーリネン, エロ (20世紀)
　→Saarinen, Eero　579
サーリネン, (ゴットリーブ・) エリエル (19・20世紀) →Saarinen, Eliel　579
サーリネン, ゴットリーブ・エリエル (19・20世紀)
　→Saarinen, Eliel　579
サーリネン (父子) (19・20世紀)
　→Saarinen, Eliel　579
サーリネン (父子) (20世紀)
　→Saarinen, Eero　579
サーリネン父子 (19・20世紀)
　→Saarinen, Eliel　579
サーリネン父子 (20世紀) →Saarinen, Eero　579
サリバン (19・20世紀)
　→Sullivan, Louis Henry　637
サリバン, ルイス・ヘンリー (19・20世紀)
　→Sullivan, Louis Henry　637
サリヤン (19・20世紀)
　→Sariyan, Marchiros Serguevich　587
サリヤン, マルチロス (19・20世紀)
　→Sariyan, Marchiros Serguevich　587

サリヤン, マルチロス・セルゲヴィッチ(19・20世紀) →Sariyan, Marchiros Serguevich 587
ザリンジャー, J.D.(20世紀)
　→Zallinger, Jean Day 717
サリンベーニ, ヴェントゥーラ(16・17世紀)
　→Salimbeni, Ventura 582
サリンベーニ, ヤーコポ(15世紀)
　→Salimbeni, Iacopo 582
サリンベーニ, ロレンツォ(14・15世紀)
　→Salimbeni, Lorenzo 582
サール, R.(20世紀) →Searle, Ronald 599
サール, ロナルド(20世紀)
　→Searle, Ronald 599
サール, ロナルド(・ウィリアム・フォーダム)(20世紀) →Searle, Ronald 599
サルヴィ(17・18世紀) →Salvi, Niccoló 583
サルヴィ, ニッコロ(17・18世紀)
　→Salvi, Niccoló 583
サルヴィアーティ(16世紀)
　→Salviati, Francesco 583
サルヴィアーティ(19世紀)
　→Salviati, Antonio 583
サルヴィアーティ, チェッキーノ(16世紀)
　→Salviati, Francesco 583
ザルヴィスベルク(19・20世紀)
　→Salvisberg, Otto Rudolf 583
サルゴン(前28〜24世紀頃) →Sargon 587
サルゴンいっせい(前28〜24世紀頃)
　→Sargon 587
サルゴン一世(前28〜24世紀頃) →Sargon 587
サルゴン(アッカドの)(前28〜24世紀頃)
　→Sargon 587
サルダ(19・20世紀) →Sarda, Paul Pierre 587
サルタン, ドナルド(20世紀)
　→Sultan, Donald 638
サルツマン, Y.(20世紀) →Salzman, Yuri 583
サルディ, ジュゼッペ(17世紀)
　→Sardi, Giuseppe 587
サルディ, ジュゼッペ(17・18世紀)
　→Sardi, Giuseppe 587
サルティン, エミリー(19・20世紀)
　→Sartain, Emily 587
サルト(15・16世紀) →Sarto, Andrea del 588
サルト, アンドレア・デル(15・16世紀)
　→Sarto, Andrea del 588
サルトゥ, モーリス・エリー(20世紀)
　→Sarthou, Maurice Elie 587
サールトマン, クリスティアン(19・20世紀)
　→Zahrtmann, Kristian 717
サルトーリ, ジュゼッペ・アントーニオ(18世紀)
　→Sartori, Giuseppe Antonio 588
サルトーリオ, ジューリオ・アリスティーデ(19・20世紀) →Sartorio, Giulio Aristide 588
サルトーリス, アルベルト(20世紀)
　→Sartiris, Alberto 588

サルバドール=ダリ(20世紀)
　→Salvader Dali 583
サルビ(17・18世紀) →Salvi, Niccoló 583
サルビアーティ(16世紀)
　→Salviati, Francesco 583
サルファティ, アラン(20世紀)
　→Sarfati, Alain 587
サルミ, マーリオ(19・20世紀)
　→Salmi, Mario 582
サルモン(19・20世紀) →Salmon, André 582
サルモン, アンドレ(19・20世紀)
　→Salmon, André 582
ザレ(19・20世紀) →Sarre, Friedrich 587
サーレ, デビット(20世紀) →Salle, David 582
サレット, アラン(20世紀) →Saret, Alan 587
サロメ(1世紀頃) →Salome 582
サロメ(20世紀) →Salomé 582
ザロモン(19・20世紀) →Salomon, Erich 583
サロモン, エドウィン(20世紀)
　→Salomon, Edwin 583
ザロモン, エーリヒ(19・20世紀)
　→Salomon, Erich 583
ザロモン, シャルロッテ(20世紀)
　→Salomon, Charlotte 583
サン, ローラン, イヴ(20世紀)
　→Saint-Laurent, Yves 581
サンガッロ, アントニオ(15・16世紀)
　→Sangallo, Antonio Picconi da 585
サンガッロ, アントーニオ(小)(15・16世紀)
　→Sangallo, Antonio Picconi da 585
サンガッロ, アントニオ・ダ(15・16世紀)
　→Sangallo, Antonio da 585
サンガッロ, ジャン・バッティスタ(15・16世紀)
　→Sangallo, Gian Battista 585
サンガッロ, ジュリアーノ(15・16世紀)
　→Sangallo, Giuliano da 585
サンガッロ, ジュリアーノ・ダ(15・16世紀)
　→Sangallo, Giuliano da 585
サンガッロ, 大アントーニオ(15・16世紀)
　→Sangallo, Antonio da 585
サンガッロ, バスティアーノ・ダ(15・16世紀)
　→Sangallo, Bastiano da 585
サンガッロ, フランチェスコ(15・16世紀)
　→Sangallo, Francesco da 585
サンガッロ・イル・ヴェッキオ, アントーニオ・ダ(15・16世紀) →Sangallo, Antonio da 585
サンガッロ・イル・ジョーヴァネ, アントーニオ・ダ(15・16世紀)
　→Sangallo, Antonio Picconi da 585
ザンカナーロ, トーノ(20世紀)
　→Zancanaro, Tono 717
サンガルロ(15・16世紀)
　→Sangallo, Antonio Picconi da 585
サンガルロ(15・16世紀)
　→Sangallo, Giuliano da 585

サンガロ, アントーニオ・ダ (15・16世紀)
→Sangallo, Antonio Picconi da　585
サンガロ, ジュリアーノ・ダ (15・16世紀)
→Sangallo, Giuliano da　585
サンガロ (15・16世紀)
→Sangallo, Antonio da　585
サンガロ (15・16世紀)
→Sangallo, Antonio Picconi da　585
サンガロ (15・16世紀)
→Sangallo, Francesco da　585
サンガロ (15・16世紀)
→Sangallo, Giuliano da　585
サンガロ, アントニオ (15・16世紀)
→Sangallo, Antonio da　585
サンガロ, アントニオ (15・16世紀)
→Sangallo, Antonio Picconi da　585
サンガロ, アントニオ・コリオラーニ (15・16世紀)
→Sangallo, Antonio Picconi da　585
サンガロ, アントニオ・(ジャンベルティ・) ダ (15・16世紀)
→Sangallo, Antonio Picconi da　585
サンガロ, アントニオ・ダ (イル・ジョーバネ) (15・16世紀)
→Sangallo, Antonio da　585
サンガロ, アントニオ・ダ (イル・ベッキオ) (15・16世紀) →Sangallo, Antonio da　585
サンガロ, ジュリアーノ (15・16世紀)
→Sangallo, Giuliano da　585
サンガロ, ジュリアーノ・ダ (15・16世紀)
→Sangallo, Giuliano da　585
サンガロ (小) (15・16世紀)
→Sangallo, Antonio Picconi da　585
サンクイーリコ, アレッサンドロ (18・19世紀)
→Sanquirico, Alessandro　585
サンジェ (20世紀) →Singier, Gustave　613
サンジエ (20世紀) →Singier, Gustave　613
サンジェ, ギュスターヴ (20世紀)
→Singier, Gustave　613
サンジエ, ギュスターヴ (20世紀)
→Singier, Gustave　613
サンジェ, ギュスタヴ (20世紀)
→Singier, Gustave　613
サンジュスト, フィリッポ (20世紀)
→Sanjust, Filippo　585
サン・ジョヴァンニ (19・20世紀)
→San Giovanni, Acchile　585
サンジョヴァンニ, アッキーレ (19・20世紀)
→San Giovanni, Acchile　585
サン=ジョバンニ (19・20世紀)
→San Giovanni, Acchile　585
サンジョルジョ, アッボンデイオ (18・19世紀)
→Sangiorgio, Abbondio　585
サンソヴィーノ (15・16世紀)
→Sansovino, Andrea　586
サンソヴィーノ (15・16世紀)
→Sansovino, Jacopo　586

サンソヴィーノ, アンドレーア (15・16世紀)
→Sansovino, Andrea　586
サンソヴィーノ, アンドレア (15・16世紀)
→Sansovino, Andrea　586
サンソヴィーノ, アンドレア・コントゥッチ (15・16世紀) →Sansovino, Andrea　586
サンソヴィーノ, ヤーコポ (15・16世紀)
→Sansovino, Jacopo　586
サンソヴィーノ, ヤコポ (15・16世紀)
→Sansovino, Jacopo　586
サンソヴィーノ, ヤコポ・タッティ (15・16世紀)
→Sansovino, Jacopo　586
サンソビーノ (15・16世紀)
→Sansovino, Andrea　586
サンソビーノ (15・16世紀)
→Sansovino, Jacopo　586
ザンダー (19・20世紀) →Sander, August　584
ザンダー, アウグスト (19・20世紀)
→Sander, August　584
サンタクローチェ, ジローラモ (16世紀)
→Santacroce, Girolamo　586
サンタクローチェ, ピエル・パーオロ・ディ・フランチェスコ (16・17世紀)
→Santacroce, Pier Paolo di Francesco　586
サンタクローチェ, フランチェスコ・ディ・シモーネ (15・16世紀)
→Santacroce, Francesco di Simone　586
サンタクローチェ, フランチェスコ・ディ・ジローラモ (16世紀)
→Santacroce, Francesco di Girolamo　586
サンタクローチェ, フランチェスコ・ディ・ベルナルド・デ・ヴェッキ (16世紀) →Santacroce, Francesco di Bernardo de'Vecchi　586
サンタ・テレーサ・デ・ヘスース (16世紀)
→Teresa de Jesús　646
サンチェス・カントン (20世紀)
→Sánchez Cantón, Francisco Javier　584
サンチェス・カントーン, フランシスコ・ハビエール (20世紀)
→Sánchez Cantón, Francisco Javier　584
サンチェス・コエリョ (16世紀)
→Sánchez Coello, Alonso　584
サンチェス・コエーリョ, アロソン (16世紀)
→Sánchez Coello, Alonso　584
サンチェス・コタン (16・17世紀)
→Sánchez Cotán, Juan　584
サンチェス・コターン, フアン (16・17世紀)
→Sánchez Cotán, Juan　584
サンチェス・コタン, フアン (16・17世紀)
→Sánchez Cotán, Juan　584
サンチェス・コターン, ホアン (16・17世紀)
→Sánchez Cotán, Juan　584
サンチェス・デ・カストロ, フアン (15世紀)
→Sánchez de Castro, Juan　584
サンティ (15世紀) →Santi, Giovanni　586

サンティ, ジョヴァンニ(15世紀)
　→Santi, Giovanni　586
サンティ, ロレンツォ(18・19世紀)
　→Santi, Lorenzo　586
サンティ・ディ・ティート(16・17世紀)
　→Santi di Tito　586
サンティーニ＝アイチェル, ジョヴァンニ(17・18世紀)　→Santini-Aichel, Giovanni　586
サン・テリア(19・20世紀)
　→Sant' Elia, Antonio　586
サンテリア(19・20世紀)
　→Sant' Elia, Antonio　586
サン・テリア, アントーニオ(19・20世紀)
　→Sant' Elia, Antonio　586
サンテリーア, アントーニオ(19・20世紀)
　→Sant' Elia, Antonio　586
サンテリア, アントーニオ(19・20世紀)
　→Sant' Elia, Antonio　586
サンテリア, アントニオ(19・20世紀)
　→Sant' Elia, Antonio　586
ザンデル, ガブリエル(20世紀)
　→Zendel, Gabriel　719
サントゥニオーネ, アドリア(20世紀)
　→Santunione, Adria　587
サン＝トゥール, ジャン＝ピエール(18・19世紀)
　→Saint-Ours, Jean-Pierre　581
サンドバル, リカルド・E(20世紀)
　→Sandoval, Ricardo E.　584
サン・トーバン(18世紀)
　→Saint-Aubin, Gabriel Jacques de　581
サン・トーバン(18・19世紀)
　→Saint-Aubin, Augustin de　581
サン＝トーバン, オーギュスタン・ド(18・19世紀)
　→Saint-Aubin, Augustin de　581
サン＝トーバン, ガブリエル・ジャック・ド(18世紀)
　→Saint-Aubin, Gabriel Jacques de　581
サン＝トーバン, ガブリエル・ド(18世紀)
　→Saint-Aubin, Gabriel Jacques de　581
サンドビ(18・19世紀)　→Sandby, Paul　584
サンドビー(18・19世紀)　→Sandby, Paul　584
サンドビー, トマス(18世紀)
　→Sandby, Thomas　584
サンドビー, ポール(18・19世紀)
　→Sandby, Paul　584
サンドベリ,L.E.M.(20世紀)
　→Sandberg, Lasse　584
サンドベリ, インゲル＆ラッセ(20世紀)
　→Sandberg, Inger　584
サンドベリ, インゲル＆ラッセ(20世紀)
　→Sandberg, Lasse　584
サンドベルイ, インゲル(20世紀)
　→Sandberg, Inger　584
サンドベルイ, インゲル＆L.(20世紀)
　→Sandberg, Inger　584

サンドベルイ, インゲル＆L.(20世紀)
　→Sandberg, Lasse　584
サントマソ(20世紀)
　→Santomaso, Giuseppe　586
サントマーソ, ジェゼッペ(20世紀)
　→Santomaso, Giuseppe　586
サントマーソ, ジュゼッペ(20世紀)
　→Santomaso, Giuseppe　586
サントマーゾ, ジュゼッペ(20世紀)
　→Santomaso, Giuseppe　586
サンドメーネギ, フェデリーコ(19・20世紀)
　→Zandomeneghi, Federico　717
ザンドメーネギ, フェデリーコ(19・20世紀)
　→Zandomeneghi, Federico　717
サンドラルト(17世紀)
　→Sandrart, Joachim von　584
ザントラルト(17世紀)
　→Sandrart, Joachim von　584
ザンドラルト(17世紀)
　→Sandrart, Joachim von　584
ザントラルト, ヨアヒム・フォン(17世紀)
　→Sandrart, Joachim von　584
ザンドラールト, ヨアヒム・フォン(17世紀)
　→Sandrart, Joachim von　584
ザンドラルト, ヨアーヒム・フォン(17世紀)
　→Sandrart, Joachim von　584
ザンドラルト, ヨアヒム・フォン(17世紀)
　→Sandrart, Joachim von　584
サントロファー, ジョナサン(20世紀)
　→Santlofer, Jonathan　586
サンバン,M.(20世紀)　→Sambin, Michele　583
サンバン, ユーグ(16・17世紀)
　→Sambin, Hugues　583
サン・ピエール, ジョゼフ(18世紀)
　→Saint Pierre, Joseph　581
サン＝ピエール, ジョゼフ(18世紀)
　→Saint Pierre, Joseph　581
サン ファール(20世紀)
　→Saint Phalle, Niki de　581
サン・ファール(20世紀)
　→Saint Phalle, Niki de　581
サンファル(20世紀)
　→Saint Phalle, Niki de　581
サン・ファール, ナイキ・ド(20世紀)
　→Saint Phalle, Niki de　581
サン＝ファール, ニキ(20世紀)
　→Saint Phalle, Niki de　581
サン・ファル, ニキ・ド(20世紀)
　→Saint Phalle, Niki de　581
サン―ファール, ニキ・ド(20世紀)
　→Saint Phalle, Niki de　581
サン＝ファール, ニキ・ド(20世紀)
　→Saint Phalle, Niki de　581
サンファール, ニキ・ド(20世紀)
　→Saint Phalle, Niki de　581

サンファル, ニキ・ド(20世紀)
　→Saint Phalle, Niki de　*581*
サンフェリーチェ, フェルディナンド(17・18世紀)
　→Sanfelice, Ferdinando　*585*
サンプ=ラウドセップ,I.(20世紀)
　→Sampu-Raudsepp, Iibi　*583*
サンペ(20世紀)　→Sempé, Jean Jacques　*602*
サンマルティーノ, ジュゼッペ(18世紀)
　→Sammartino, Giuseppe　*583*
サン・ミケーリ(15・16世紀)　→San Micheli　*585*
サンミケーリ(15・16世紀)　→San Micheli　*585*
サン・ミケーリ(サン・ミケーレ)(15・16世紀)
　→San Micheli　*585*
サンミケーリ, ミケーレ(15・16世紀)
　→San Micheli　*585*
サンミケーレ, ミケーレ(15・16世紀)
　→San Micheli　*585*
サーンレダム(16・17世紀)
　→Saenredam, Jan　*580*
サーンレダム(16・17世紀)
　→Saenredam, Pieter Jansz.　*580*
サーンレダム, ピーテル(16・17世紀)
　→Saenredam, Pieter Jansz.　*580*
サーンレダム, ピーテル・ヤンス(ヤンスゾーン)
　(16・17世紀)
　→Saenredam, Pieter Jansz.　*580*
サン・ローラン(20世紀)
　→Saint-Laurent, Yves　*581*
サン=ローラン(20世紀)
　→Saint-Laurent, Yves　*581*
サンローラン(20世紀)
　→Saint-Laurent, Yves　*581*
サン・ローラン, イヴ(20世紀)
　→Saint-Laurent, Yves　*581*
サン・ローラン, イヴ(・アンリ・ドナ・マチュー)
　(20世紀)　→Saint-Laurent, Yves　*581*

【 シ 】

シー(18・19世紀)
　→Shee, Sir Martin Archer　*608*
ジアーギレフ(19・20世紀)
　→Diaghilev, Sergei Pavlovich　*196*
ジアギレフ(19・20世紀)
　→Diaghilev, Sergei Pavlovich　*196*
シアマン, ジョン(20世紀)
　→Shearman, John　*608*
ジャンヴィール, カサリン(19・20世紀)
　→Janvier, Catharine　*343*
ジヴァンシー(20世紀)
　→Givenchy, Hubert De　*279*

ジヴァンシー, ユーベル・ジェイムズ・マルセル・
　タファン・ド(20世紀)
　→Givenchy, Hubert De　*279*
ジヴェーリ, アルベルト(20世紀)
　→Ziveri, Alberto　*721*
ジウンタ・ピサーノ(13世紀)
　→Pisano, Giunta　*525*
シェアフィ, ハンス(20世紀)
　→Scherfig, Hans　*592*
ジェイキーズ,F.(20世紀)　→Jacques, Faith　*341*
ジェイキーズ,R.(20世紀)
　→Jacques, Robin　*341*
ジェイクィーズ, ロビン(20世紀)
　→Jacques, Robin　*341*
ジェイクス,F.(20世紀)　→Jaques, Faith　*343*
ジェイクス, フェイス(20世紀)
　→Jaques, Faith　*343*
ジェイクス, フェイス・ヘザー(20世紀)
　→Jaques, Faith　*343*
ジェイコブス, ケン(20世紀)　→Jacobs, Ken　*341*
シェイファー, ハインリヒ(19・20世紀)
　→Schäfer, Heinrich　*591*
ジェイムズ,H.(20世紀)　→James, Harold　*342*
ジェイムズ,S.(20世紀)　→James, Simon　*342*
ジェイムズ, ウィル(20世紀)　→James, Will　*342*
ジェイムズ, ジョン(17・18世紀)
　→James, John　*342*
ジェイン, フレデリック・トマス(19・20世紀)
　→Jane, Frederick Thomas　*342*
シェヴルール, ミシェル・ウジェーヌ(18・19世紀)
　→Chevreul, Michel Eugène　*146*
ジェキル, ガートルード(19・20世紀)
　→Jekyll, Gertrude　*345*
シェクス, イブ(20世紀)　→Chaix, Yves　*141*
シェグローフ,V.V.(20世紀)
　→Shcheglov, Valerian Vasiljevich　*608*
シェサック, ガストン(20世紀)
　→Chaissac, Gaston　*141*
シェシュカ, ジョン(20世紀)
　→Scieszka, Jon　*598*
シェションク1世(前10世紀)　→Sheshonk I　*609*
シェションク一世(前10世紀)　→Sheshonk I　*609*
シェスカ, ジョン(20世紀)　→Scieszka, Jon　*598*
ジェセル(前27世紀)　→Djoser　*200*
ジェッケル, ウィリー(19・20世紀)
　→Jaeckel, Willy　*341*
ジェッシ, ジョヴァンニ・フランチェスコ(16・17
　世紀)　→Gessi, Giovanni Francesco　*269*
シェッフェル, アリー(18・19世紀)
　→Scheffer, Ary　*592*
シェッフラー(19・20世紀)　→Scheffler, Karl　*592*
シェーデル, ゴットフリート(17・18世紀)
　→Schädel, Gottfried　*590*

ジェニ(19・20世紀)
→Jenney, William Le Baron　345
ジェニー(19・20世紀)
→Jenney, William Le Baron　345
ジェニー, ウィリアム・ル・バロン(19・20世紀)
→Jenney, William Le Baron　345
ヂェニーソヴァ,N.M.(20世紀)
→Denisova, Nina Mikhajlovna　191
ジェヌワイン(19・20世紀)
→Jennewein, Carl Paul　345
ジェヌワイン, ポール(19・20世紀)
→Jennewein, Paul　345
ジェネリ(18・19世紀)
→Genelli, Giovanni Bonaventura　267
ジェネリ, ボナヴェントゥーラ(18・19世紀)
→Genelli, Giovanni Bonaventura　267
ジェノヴェーゼ, ガエターノ(18・19世紀)
→Genovese, Gaetano　267
シェバ(前10世紀頃)　→Shebâ　608
シェバ(の女王)(前10世紀頃)　→Shebâ　608
ヂェーハチェリョフ,B.A.(20世紀)
→Dekhterev, Boris Aleksandrovich　187
シェパード(19世紀)　→Shepherd, Charles　609
シェパード,E.H.(19・20世紀)
→Shepard, Ernest Howard　609
シェパード,E(アーネスト)・H(ハワード)(19・20世紀)　→Shepard, Ernest Howard　609
シェパード,M.E.(20世紀)
→Shepard, Mary Eleanor　609
シェパード, アーネスト・H.(19・20世紀)
→Shepard, Ernest Howard　609
シェパード, アーネスト・ハワード(19・20世紀)
→Shepard, Ernest Howard　609
シェパード, アーネスト・(・ハワード)(19・20世紀)
→Shepard, Ernest Howard　609
シェバの女王(前10世紀頃)→Shebâ　608
シェバノジョオウ(前10世紀頃)→Shebâ　608
シェービン, フョードル・イワノーヴィッチ(18・19世紀)　→Shubin, Fyodor Ivanovitch　610
シェーファー, ハインリヒ(19・20世紀)
→Schäfer, Heinrich　591
ジェファーズ,S.(20世紀)→Jeffers, Susan　345
ジェファスン, トマス(18・19世紀)
→Jefferson, Thomas　345
ジェファーソン(18・19世紀)
→Jefferson, Thomas　345
ジェファソン(18・19世紀)
→Jefferson, Thomas　345
ジェファーソン,R.L.(20世紀)
→Jefferson, Robert Louis　345
ジェファーソン, トーマス(18・19世紀)
→Jefferson, Thomas　345
ジェファーソン, トマス(18・19世紀)
→Jefferson, Thomas　345

ジェファソン, トーマス(18・19世紀)
→Jefferson, Thomas　345
ジェファソン, トマス(18・19世紀)
→Jefferson, Thomas　345
シェフェール(18・19世紀)→Scheffer, Ary　592
シェフェール(20世紀)
→Schaeffer, Claude Frédéric Armond　591
シェフェール(20世紀)→Schöffer, Nicolas　595
シェフェル(18・19世紀)→Scheffer, Ary　592
シェーフェル(18・19世紀)
→Scheffer, Ary　592
シェフェール, アリ(18・19世紀)
→Scheffer, Ary　592
シェフェール, クロード(20世紀)
→Schaeffer, Claude Frédéric Armond　591
シェフェール, クロード・フレデリック・アルマン(20世紀)
→Schaeffer, Claude Frédéric Armond　591
シェフェール, ニコラ(20世紀)
→Schöffer, Nicolas　595
シェフェール, ニコラス(20世紀)
→Schöffer, Nicolas　595
シェフチェーンコ(19世紀)
→Shevchenko, Taras Grigor'evich　609
シェフチェンコ(19世紀)
→Shevchenko, Taras Grigor'evich　609
シェフチェンコ, タラス・フリホロヴィチ(19世紀)　→Shevchenko, Taras Grigor'evich　609
シェフチェンコ, タラス・フルィホロヴィチ(19世紀)　→Shevchenko, Taras Grigor'evich　609
シェプフ(18・19世紀)→Schöpf, Joseph　596
シェプフ, ヨーゼフ(18・19世紀)
→Schöpf, Joseph　596
シェブルール(18・19世紀)
→Chevreul, Michel Eugène　146
ジェフロア(19・20世紀)
→Geffroy, Gustave　266
ジェフロワ, ギュスターヴ(19・20世紀)
→Geffroy, Gustave　266
シェーマーケルス(17・18世紀)
→Scheemakers, Peter　592
ジェーミト, ヴィンチェンツォ(19・20世紀)
→Gemito, Vincenzo　266
シェミャーキン(20世紀)
→Shemyakin, Mikhail Mikhailovich　609
シェミルト, エリーヌ(20世紀)
→Shemilt, Elaine　609
ジェームズ, ウイリアム(20世紀)
→James, Will　342
ジェームズ, ウィル(20世紀)→James, Will　342
ジェームズ・オブ・セント・ジョージ(マスター)(13・14世紀)
→James of St.George, Master　342
ジェームソン(16・17世紀)
→Jamesone, George　342

ジェラード(18世紀) →Gerard, Alexander 268
ジェラード,A.(18世紀)
　→Gerard, Alexander 268
シェラトン(18・19世紀)
　→Sheraton, Thomas 609
シェラトン,トーマス(18・19世紀)
　→Sheraton, Thomas 609
シェラトン,トマス(18・19世紀)
　→Sheraton, Thomas 609
ジェラール(18・19世紀)
　→Gérard, François Pascal Simon, Baron 268
ジェラール,フランソア・パスカ(18・19世紀)
　→Gérard, François Pascal Simon, Baron 268
ジェラール,フランソワ(18・19世紀)
　→Gérard, François Pascal Simon, Baron 268
ジェラール,フランソワ(・パスカル・シモン),男爵(18・19世紀)
　→Gérard, François Pascal Simon, Baron 268
ジェラール,マルグリット(18・19世紀)
　→Gérard, Marguerite 268
ジェラルドゥス(ゲルハルト)(13世紀)
　→Gerardus(Gerhard) 268
ジェリコ(18・19世紀) →Géricault, Jean Louis André Théodore 269
ジェリコー(18・19世紀) →Géricault, Jean Louis André Théodore 269
ジェリコー,(ジャン・ルイ・アンドレ・)テオドール(18・19世紀) →Géricault, Jean Louis André Théodore 269
ジェリコー,ジャン・ルイ・アンドレ・テオドール(18・19世紀) →Géricault, Jean Louis André Théodore 269
ジェリコー,テオドール(18・19世紀) →Géricault, Jean Louis André Théodore 269
シェリダン,クレア(19・20世紀)
　→Sheridan, Clare (Consuelo) 609
シェリダン,クレア(コンスエロ)(19・20世紀)
　→Sheridan, Clare (Consuelo) 609
ジェリーニ,ニッコロ・ディ・ピエトロ(14・15世紀) →Gerini, Niccolò di Pietro 269
ジェルジャフスカ,M.(20世紀)
　→Dzierzawska, Malgorzata 214
シェルフベック,ヘレナ(19・20世紀)
　→Schjerfbeck, Helena 593
シェルブレード,カール・オスカー(20世紀)
　→Schelbred, Carl Oscar 592
ジェルマン,トマ(17・18世紀)
　→Germain, Thomas 269
シェルメイエフ(20世紀)
　→Chermayeff, Serge 146
シェレ(19・20世紀) →Chéret, Jules 146
シェレ,ジュール(19・20世紀)
　→Chéret, Jules 146
ジェローム(19・20世紀)
　→Gérome, Jean Léon 269
ジェローム,ジャン・レオン(19・20世紀)
　→Gérome, Jean Léon 269

ジェローム,ジャン=レオン(19・20世紀)
　→Gérome, Jean Léon 269
ジェローラ,ドナルド(20世紀)
　→Gerola, Donald 269
シェロン,(エリザベート)ソフィー(17・18世紀)
　→Cheron, Elisabeth Sophie 146
シェロン,エリサベート・ソフィー(17・18世紀)
　→Cheron, Elisabeth Sophie 146
シェロン,シャルル=ジャン=フランソワ(17世紀)
　→Chéron, Charles-Jean-François 146
シェーン,エーアハルト(15・16世紀)
　→Schön, Erhard 596
シェーン,シャスティ(20世紀)
　→Scheen, Kjersti 592
ジェンガ(15・16世紀) →Genga, Girolamo 267
ジェンガ,ジローラモ(15・16世紀)
　→Genga, Girolamo 267
ジェンキンズ,C.(20世紀) →Jenkyns, Chris 345
ジェンキンズ,ジョージ(20世紀)
　→Jenkins, George 345
ジェンキンズ,ポール(20世紀)
　→Jenkins, Paul 345
ジェンティリーニ,フランコ(20世紀)
　→Gentilini, Franco 268
ジェンティルズ,ヴィック(20世紀)
　→Gentils, Vic 268
ジェンティーレ,カルミネ(17・18世紀)
　→Gentile, Carmine 267
ジェンティーレ,ジャーコモ一世(17・18世紀)
　→Gentile, Giacomo I 267
ジェンティーレ,ジャーコモ二世(18世紀)
　→Gentile, Giacomo II 267
ジェンティーレ,ベルナルディーノ一世(16世紀)
　→Gentile, Bernardino I 267
ジェンティーレ,ベルナルディーノ二世(17世紀)
　→Gentile, Bernardino II 267
ジェンティーレ,ベルナルディーノ(年少)(18・19世紀)
　→Gentile, Bernardino, il Giovane 267
ジェンティレスキ(16・17世紀)
　→Gentileschi, Artemisia 267
ジェンティレスキ(16・17世紀)
　→Gentileschi, Orazio 267
ジェンティレスキ,アルテミージア(16・17世紀)
　→Gentileschi, Artemisia 267
ジェンティレスキ,アルテミシア(16世紀)
　→Gentileschi, Artemisia 267
ジェンティレスキ,アルテミジア(16・17世紀)
　→Gentileschi, Artemisia 267
ジェンティレスキ,オラーツィオ(16・17世紀)
　→Gentileschi, Orazio 267
ジェンティレスキ,オラツィオ(16・17世紀)
　→Gentileschi, Orazio 267
ジェンティレスキ父娘(16・17世紀)
　→Gentileschi, Artemisia 267

ジェンティレスキ父娘(16・17世紀)
→Gentileschi, Orazio 267
ジェンティーレ・ダ・ファブリアーノ(14・15世紀) →Gentile da Fabriano 267
ジェンティーレダファブリアーノ(14・15世紀)
→Gentile da Fabriano 267
ジェントルマン,D.(20世紀)
→Gentleman, David 268
ジェンナーリ, ベネデット(17・18世紀)
→Gennari, Benedetto 267
ジェンニイ, ウィリアム・レ・バロン(19・20世紀)
→Jenney, William Le Baron 345
シェーンフェルト, ヨハン・ハインリヒ(17世紀)
→Schönfeld, Johann Heinrich 596
ジォヴァンニ・ダ・ボローニア(16・17世紀)
→Giovanni da Bologna 276
ジォヴァンニ・ダ・ミラーノ(14世紀)
→Giovanni da Milano 276
ジォヴァンニ・ダルマタ(15・16世紀)
→Giovanni Dalmata 276
ジォヴァンニ・ディ・パオロ・ディ・グラツィア(15世紀) →Giovanni di Paolo 277
ジォットー(13・14世紀)
→Giotto di Bondone 276
ジオット(13・14世紀)
→Giotto di Bondone 276
ジオット・ディ・ボンドーネ(13・14世紀)
→Giotto di Bondone 276
ジオネット(13・14世紀)
→Giotto di Bondone 276
ジォルジォーネ(15・16世紀)
→Giorgione da Castelfranco 275
ジオン, ジーン(20世紀)
→Zion, Gene Eugene 721
ジオン, ジーン・E.(20世紀)
→Zion, Gene Eugene 721
シーガー(20世紀)→Segar, Elzie(Crisler) 601
シーガー, エルジー(・クライスラー)(20世紀)
→Segar, Elzie(Crisler) 601
ジガイーナ, ジュゼッペ(20世紀)
→Zigaina, Giuseppe 720
シカゴ, ジュディ(20世紀)→Chicago, Judy 146
シーカット, ウォルター・リチャード(19・20世紀)
→Sickert, Walter Richard 611
シーガル(20世紀)→Segal, George 600
シーガル, ジョージ(20世紀)
→Segal, George 600
シガロン, グザヴィエ(18・19世紀)
→Sigalon, Xavier 611
ジガンテ, ジャチント(19世紀)
→Gigante, Giacinto 273
ジーキル, ガートルード(19・20世紀)
→Jekyll, Gertrude 345
シーク, アーサル(アントゥル)(20世紀)
→Szyk, Arthur 640

ジグー, ジャン=フランソワ(19世紀)
→Gigoux, Jean-François 273
シケイロース(20世紀)
→Siqueiros, David Alfaro 614
シケイロス(20世紀)
→Siqueiros, David Alfaro 614
シケイロス, ダウィド・アルファロ(20世紀)
→Siqueiros, David Alfaro 614
シケイロス, ダビッド・アルファロ(20世紀)
→Siqueiros, David Alfaro 614
シケイロス, ダビード・アルファロ(20世紀)
→Siqueiros, David Alfaro 614
シケイロス, ダビド・アルファロ(20世紀)
→Siqueiros, David Alfaro 614
シーゲルとシュスター(20世紀)
→Shuster, Joseph 610
シーゲルとシュスター(20世紀)
→Siegel, Jerry 611
ジーゲン(17世紀)→Siegen, Ludwig van 611
ジーゲン, ルートヴィヒ・フォン(17世紀)
→Siegen, Ludwig van 611
ジーゴラ, ジォヴァンニ・バッティスタ(18・19世紀)→Gigola, Giovanni Battista 273
シーコラ, ズデニェク(20世紀)
→Sýkora, Zdeněk 640
シザ, アルヴァロ(20世紀)→Siza, Alvaro 615
シーシキン(19世紀)
→Shishkin, Ivan Ivanovich 610
シーシキン, イヴァン・イヴァノヴィッチ(19世紀)
→Shishkin, Ivan Ivanovich 610
シーシキン, イワン(19世紀)
→Shishkin, Ivan Ivanovich 610
シーシキン, ヴァシーリイ(20世紀)
→Shishkin, Vasilii Afanas'evich 610
シーシキン, ヴァシーリイ・A.(20世紀)
→Shishkin, Vasilii Afanas'evich 610
シヂャコフ,N.(20世紀)
→Sidjakov, Nicolas 611
シス,P.(20世紀)→Sis, Peter 614
シス, ピーター(20世紀)→Sis, Peter 614
シスキンド, アーロン(20世紀)
→Siskind, Aaron 614
シスコビッツ, カルラ(20世紀)
→Szyszkowicz, Carla 640
シスコビッツ, ミハエル(20世紀)
→Szyszkowicz, Michael 640
ジスシア, レオン(20世紀)→Gischia, Léon 279
シスト, フラ(13世紀)→Sisto, Fra 614
シスレ(19世紀)→Sisley, Alfred 614
シスレー(19世紀)→Sisley, Alfred 614
シスレー, アルフレッド(19世紀)
→Sisley, Alfred 614
ジズール, アレクサンドル・ジャン・バティスト(18・19世紀) →Gisors 279

ジゾール, アンリ・アルフォンス (18・19世紀)
　→Gisors　279
ジゾール, ジャック・ピエール (18・19世紀)
　→Gisors　279
ジタール (17世紀)　→Gittard, Daniel　279
ジタール, ダニエル (17世紀)
　→Gittard, Daniel　279
ジダル, ピーター (20世紀)　→Gidal, Peter　272
シチェドリーン (18・19世紀)
　→Shchedrin, Semyon Fyodorovich　608
シチェドリン (18・19世紀)
　→Shchedrin, Semyon Fyodorovich　608
シチェドリーン, シリヴェストル・フェオドシエヴィチ (18・19世紀)
　→Shchedrin, Silvestr Fedosievich　608
シチェドリン, シルヴェストル (18・19世紀)
　→Shchedrin, Silvestr Fedosievich　608
シチェドリン, フェオドーシイ (18・19世紀)
　→Shchedrin, Feodosij Fedorovich　608
シチェドリン, フョードル (18・19世紀)
　→Shchedrin, Fyodor　608
シチゴフスキ, ヨーゼフ (19・20世紀)
　→Strzygowski, Josef　636
シチューキン (19・20世紀)
　→Shchukin, Sergei Ivanovich　608
シチューキン, セルゲイ (19・20世紀)
　→Shchukin, Sergei Ivanovich　608
シチューキン, セルゲイ・イヴァノヴィッチ (19・20世紀)　→Shchukin, Sergei Ivanovich　608
シチョランテ, ジローラモ (16世紀)
　→Siciolante, Girolamo　611
シッカート (19・20世紀)
　→Sickert, Walter Richard　611
シッカート, ウォルター (19・20世紀)
　→Sickert, Walter Richard　611
シッカート, ウォルター・リチャード (19・20世紀)
　→Sickert, Walter Richard　611
シッカート, ウォルター (・リチャード) (19・20世紀)　→Sickert, Walter Richard　611
シック (18・19世紀)
　→Schick, Gottlieb Christian　592
シック, A. (20世紀)　→Szyk, Arthur　640
シック, ゴットリープ (18・19世紀)
　→Schick, Gottlieb Christian　592
シックマン (20世紀)
　→Sickman, Laurence Chalfant Stevens　611
ジッテ (19・20世紀)　→Sitte, Camillo　615
ジッテ, C. (19・20世紀)　→Sitte, Camillo　615
ジッテ, ウイリー (20世紀)　→Sitte, Willi　615
ジッテ, カミロ (19・20世紀)
　→Sitte, Camillo　615
シットウ, ミヒール (15・16世紀)
　→Sittow, Michiel　615
シットウェル (20世紀)
　→Sitwell, Sacheverell　615

シットウェル, S. (20世紀)
　→Sitwell, Sacheverell　615
シットウェル, サー・サシェヴァレル (20世紀)
　→Sitwell, Sacheverell　615
シットウェル, サシェヴェレル (20世紀)
　→Sitwell, Sacheverell　615
シットウェル姉弟 (20世紀)
　→Sitwell, Sacheverell　615
シッペルス, ウィム (20世紀)
　→Schlppers, Wim T.　594
ジッヘルバルト (18世紀)
　→Sichelbart, Ignaz　611
ジドー (19・20世紀)　→Sydow, Eckart von　640
シトウ, ミヒール (15・16世紀)
　→Sittow, Michiel　615
シトウェル (20世紀)　→Sitwell, Sacheverell　615
シトウェル, サー・サシェヴァレル (20世紀)
　→Sitwell, Sacheverell　615
シナール, ジョゼフ (18・19世紀)
　→Chinard, Joseph　147
シナーン (15・16世紀)　→Sinan, Mimar　613
シナン (15・16世紀)　→Sinan, Mimar　613
シナン・イブン・アブド・アル＝マナン (シナン・ミマール) (15・16世紀)
　→Sinan, Mimar　613
シニェイ・メルシェ (19・20世紀)
　→Szinyei-Merse Pál　640
シニェイ・メルシェ, パール (19・20世紀)
　→Szinyei-Merse Pál　640
シニェイ＝メルシェ・パール (19・20世紀)
　→Szinyei-Merse Pál　640
シニャク (19・20世紀)　→Signac, Paul　611
シニャック (19・20世紀)　→Signac, Paul　611
シニャック, ポール (19・20世紀)
　→Signac, Paul　611
シニャーフスキー, ミハイル・イサアコヴィチ (20世紀)　→Sinyavsky, Mikhail Isaakovich　614
ジニュー, エウジェーニオ (19・20世紀)
　→Gignous, Eugenio　273
シニョリーニ (19・20世紀)
　→Signorini, Telemaco　612
シニョリーニ, テレマーコ (19・20世紀)
　→Signorini, Telemaco　612
シニョリーニ, テレマコ (19・20世紀)
　→Signorini, Telemaco　612
シニョレッリ (15・16世紀)
　→Signorelli, Luca　612
シニョレッリ, ルーカ (15・16世紀)
　→Signorelli, Luca　612
シニョレリ (15・16世紀)　→Signorelli, Luca　612
シニョレリ, ルカ (15・16世紀)
　→Signorelli, Luca　612
シニョレルリ (15・16世紀)
　→Signorelli, Luca　612

シニョレルリ, ルーカ (15・16世紀)
　→Signorelli, Luca　612
シバ (前10世紀頃) →Shebâ　608
シバー (17世紀) →Cibber, Caius Gabriel　150
シバー, カイ・ガブリエル (17世紀)
　→Cibber, Caius Gabriel　150
シバの女王 (前10世紀頃) →Shebâ　608
ジバンシー (20世紀)
　→Givenchy, Hubert De　279
ジバンシー, ユベール (20世紀)
　→Givenchy, Hubert De　279
シピエ (19・20世紀) →Chipiez, Charles　147
シピエ, シャルル (19・20世紀)
　→Chipiez, Charles　147
シーフェルデッカー, ジャーゲン (20世紀)
　→Schieferdecker, Jürgen　592
ジブラーン (19・20世紀)
　→Jibrān Kalīl Jibrān　346
ジブラーン, ハリール・ジブラーン (19・20世紀)
　→Jibrān Kalīl Jibrān　346
ジブラーン・ハリール・ジブラーン (19・20世紀)
　→Jibrān Kalīl Jibrān　346
シブリー, D. (20世紀) →Sibley, Don　611
ジプロト, パトリシア (20世紀)
　→Zipprodt, Patricia　721
シペート (19・20世紀)
　→Shpet, Gustáv Gustávovich　610
シペート, グスタフ・グスタヴォヴィチ (19・20世紀) →Shpet, Gustáv Gustávovich　610
ジーベル, F. (20世紀)
　→Siebel, Fritz (Frederick)　611
シベレヒツ, ヤン (17・18世紀)
　→Siberechts, Jan　610
シーボード, ウェイン (20世紀)
　→Thiebaud, Wayne　648
シーボルト (18・19世紀) →Siebold, Philipp Franz Jonkheer Balthasar von　611
ジーボルト (18・19世紀) →Siebold, Philipp Franz Jonkheer Balthasar von　611
シーボルト (シーボルト) (18・19世紀) →Siebold, Philipp Franz Jonkheer Balthasar von　611
シーボルト, フィリップ・フランツ・フォン (18・19世紀) →Siebold, Philipp Franz Jonkheer Balthasar von　611
ジーボルト, フィリップ・フランツ・フォン (18・19世紀) →Siebold, Philipp Franz Jonkheer Balthasar von　611
シーボルト, フランツ (18・19世紀) →Siebold, Philipp Franz Jonkheer Balthasar von　611
ジマー, ベルンド (20世紀)
　→Zimmer, Bernd　720
ジマック, マーゴット (20世紀)
　→Zemach, Margot　719
シマール, C・A (20世紀) →Simard, C.A.　612
シミズ, C. (20世紀) →Shimizu, Christine　610
シミン, S. (20世紀) →Shimin, Symeon　610

シーム, シドニー・ハーバート (19・20世紀)
　→Sime, Sidney Herbert　612
シメオン (4・5世紀) →Simeon Stylites, St　612
シメオン (シュメオーン) (大) (4・5世紀)
　→Simeon Stylites, St　612
シメオン・ステュリテス (4・5世紀)
　→Simeon Stylites, St　612
聖シメオン・ステュリテス (4・5世紀)
　→Simeon Stylites, St　612
シメール, シム (20世紀)
　→Schimmel, Schim　593
シーモア (セイモア), ディビッド (20世紀)
　→Seymour, David　606
シモニーニ, フランチェスコ (17・18世紀)
　→Simonini, Francesco　613
シモネッタ・ヴェスプッチ (15世紀)
　→Simonetta Vespucci　613
シモネッティ, ミケランジェロ (18世紀)
　→Simonetti, Michelangelo　613
シモーネ・デイ・クロチフィッシ (14世紀)
　→Simone dei Crocifissi　613
シモーネ・デル・ティントーレ (17・18世紀)
　→Simone del Tintore　613
シモン (19・20世紀) →Simon, Lucien　613
シモーン, H. (20世紀) →Simon, Howard　613
ジモン, マルセル・アントアーヌ (20世紀)
　→Gimond, Marcel-Antoine　275
シモン, リュシアン (19・20世紀)
　→Simon, Lucien　613
シモンズ (19・20世紀) →Simmons, Edward　613
シモンズ, P. (20世紀) →Simmonds, Posy　613
シモンソン (19・20世紀) →Simonson, Lee　613
シモンソン, リー (19・20世紀)
　→Simonson, Lee　613
シャー・アッバース (16・17世紀) → 'Abbās I　3
シャー・アッバース1世 (16・17世紀)
　→ 'Abbās I　3
シャー・アッバース一世 (16・17世紀)
　→ 'Abbās I　3
シャー＝アッバース1世 (16・17世紀)
　→ 'Abbās I　3
ジアアファル (15世紀) →Ja'far Mawlānā　341
シャイーヌ, エドガー (19・20世紀)
　→Chahine, Edgar　141
シャイフ・ムハンマド (16世紀)
　→Shaykh Muhammad　608
ジャイルズ, カール (20世紀) →Giles, Carl　274
シャヴァンヌ (19・20世紀)
　→Chavannes, Emanuel Edouard　145
シャヴァンヌ, エドワール (19・20世紀)
　→Chavannes, Emanuel Edouard　145
シャヴァンヌ, エマニュエル・エドワール (19・20世紀) →Chavannes, Emanuel Edouard　145
シャヴァンヌ, ピエル・セシル・ピュヴィ・ド (19世紀)

→Puvis de Chavannes, Pierre Cécile　540
シャヴィエル(16世紀)
　→Xavier, Francisco de Yasu y　714
シャヴィエル(フランシスコ=ザビエル)(16世紀)
　→Xavier, Francisco de Yasu y　714
シャウマン(20世紀)→Schaumann, Ruth　591
シャウマン, ルート(20世紀)
　→Schaumann, Ruth　591
シャオマン, ルース(20世紀)
　→Schaumann, Ruth　591
シャガール(19・20世紀)→Chagall, Marc　141
シャガール, マルク(19・20世紀)
　→Chagall, Marc　141
ジャーギレフ, セルゲイ・パーヴロヴィチ(19・20世紀)→Diaghilev, Sergei Pavlovich　196
ジャクイント, コッラード(18世紀)
　→Giaquinto, Corrado　272
ジャクソン(19・20世紀)
　→Jackson, Alexander Young　340
ジャクソン, サー・トマス・グレアム(19・20世紀)
　→Jackson, Sir Thomas Graham　340
シャクナー, E.(20世紀)
　→Schachner, Erwin　590
シャー・クーリー(16世紀)
　→Shāh Qulī Naqqāsh　607
シャー・クリー・ナッカーシュ(16世紀)
　→Shāh Qulī Naqqāsh　607
ジャケ, アラン(20世紀)→Jacquet, Alain　341
ジャケ, アレン(20世紀)→Jacquet, Alain　341
シャケット, A.(20世紀)
　→Shachat, Andrew　606
ジャケット, イボン(20世紀)
　→Jacquette, Yvonne　341
ジャコビ, ロッテ(20世紀)→Jacobi, Lotte　341
ジャコブ(18・19世紀)→Jacob, Georges　340
ジャコブ(19・20世紀)→Jacob, Max　340
ジャコブ, ジョルジュ(18・19世紀)
　→Jacob, Georges　340
ジャコブ, マックス(19・20世紀)
　→Jacob, Max　340
ジャコメッティ(19・20世紀)
　→Giacometti, Augusto　271
ジャコメッティ(19・20世紀)
　→Giacometti, Giovanni　271
ジャコメッティ(20世紀)
　→Giacometti, Alberto　271
ジャコメッティ, アルベルト(20世紀)
　→Giacometti, Alberto　271
ジャコメッティ, アントーニオ・アウグスト(19・20世紀)→Giacometti, Augusto　271
ジャコメッティ, ジョヴァンニ(19・20世紀)
　→Giacometti, Giovanni　271
ジャーコモ・ダ・ヴィニョーラ(16世紀)
　→Vignola, Giacomo Barozzi da　685

ジャスター, ノートン(20世紀)
　→Juster, Norton　353
シャスティヨン, クロード(16・17世紀)
　→Chastillon, Claude　145
シャステル(20世紀)→Chastel, André　145
シャステル, アンドレ(20世紀)
　→Chastel, André　145
シャスラー(19・20世紀)→Schasler, Max　591
シャセリオ(19世紀)
　→Chassériau, Théodore　145
シャセリオー(19世紀)
　→Chassériau, Théodore　145
シャセリオー, テオドール(19世紀)
　→Chassériau, Théodore　145
ジャッガー, サージェント(19・20世紀)
　→Jagger, Sargeant　341
ジャック, シャルル(19世紀)
　→Jacque, Charles　341
ジャック, シャルル・エミール(19世紀)
　→Jacque, Charles　341
ジャック・エイム(20世紀)→Heim, Jacques　312
ジャック・グリフ(20世紀)
　→Griffe, Jacques　292
ジャック・ファト(20世紀)
　→Fath, Jacques　231
ジャックマール・ド・エダン(14・15世紀)
　→Jacquemart de Hesdin　341
シャッセリオ(19世紀)
　→Chassériau, Théodore　145
シャッセリオー(19世紀)
　→Chassériau, Théodore　145
シャッツ, ボリス(19・20世紀)
　→Schatz, Boris　591
ジャッド(20世紀)→Judd, Donald　352
ジャッド, ドナルド(20世紀)
　→Judd, Donald　352
シャッフナー, マルティン(15・16世紀)
　→Schaffner, Martin　591
シャードー(18・19世紀)
　→Schadow, Johann Gottfried　591
シャードー(18・19世紀)
　→Schadow, Wilhelm von　591
シャドー(18・19世紀)
　→Schadow, Johann Gottfried　591
シャドー, ヴィルヘルム・フォン(18・19世紀)
　→Schadow, Wilhelm von　591
シャート, クリスチャン(20世紀)
　→Schad, Christian　590
シャート, クリスチアン(20世紀)
　→Schad, Christian　590
シャドー, ゴットフリート(18・19世紀)
　→Schadow, Johann Gottfried　591
ジャド, ドナルド(20世紀)→Judd, Donald　352
シャドウ(18・19世紀)
　→Schadow, Johann Gottfried　591

シャドウ, ヴィルヘルム・フォン(18・19世紀)
　→Schadow, Wilhelm von　*591*
シャドウ, ゴットフリート(18・19世紀)
　→Schadow, Johann Gottfried　*591*
シャドウ, ヨハン・ゴットフリート(18・19世紀)
　→Schadow, Johann Gottfried　*591*
ジャーニ, フェリーチェ(18・19世紀)
　→Giani, Felice　*272*
ジャニオ, アルフレ(19・20世紀)
　→Janniot, Alfred　*342*
シャネル(19・20世紀)　→Chanel, Gabrielle　*143*
シャネル, ガブリエル(19・20世紀)
　→Chanel, Gabrielle　*143*
シャネル, ココ(19・20世紀)
　→Chanel, Gabrielle　*143*
シャノン(19・20世紀)
　→Shannon, Charles Hazelwood　*607*
シャノン,D.(20世紀)　→Shannon, David　*607*
シャノン, チャールズ・ヘイズルウッド(19・20世紀)　→Shannon, Charles Hazelwood　*607*
シャノン, デイヴィッド(20世紀)
　→Shannon, David　*607*
シャバ(19・20世紀)
　→Chabas, Paul Émile Joseph　*140*
シャハ, カマル(20世紀)　→Saha, Kamal　*581*
シャバ, ポール(19・20世紀)
　→Chabas, Paul Émile Joseph　*140*
ジャーバス(17・18世紀)　→Jervas, Charles　*346*
シャバンヌ(19・20世紀)
　→Chavannes, Emanuel Edouard　*145*
シャビエル(16世紀)
　→Xavier, Francisco de Yasu y　*714*
ジャービス(18・19世紀)
　→Jarvis, John Wesley　*344*
シャピュ(19世紀)
　→Chapu, Henri Michel Antoine　*143*
シャピュー, アンリ(19世紀)
　→Chapu, Henri Michel Antoine　*143*
シャピュ, ジャン(15世紀)　→Chapus, Jean　*143*
シャピーロ(20世紀)　→Schapiro, Meyer　*591*
シャピロ, マイヤー(20世紀)
　→Schapiro, Meyer　*591*
シャープ(18・19世紀)　→Sharp, William　*607*
シャープ(19・20世紀)　→Sharpe, Alfred　*608*
シャープ,C.(20世紀)　→Sharp, Caroline　*607*
シャープ,W.(20世紀)　→Sharp, William　*608*
シャーフ, ケニー(20世紀)　→Scharf, Kenny　*591*
ジャーファル(15世紀)　→Ja'far Mawlānā　*341*
シャフナー(15・16世紀)
　→Schaffner, Martin　*591*
シャフナー, マルティン(15・16世紀)
　→Schaffner, Martin　*591*
シャープフル1世(3世紀)　→Shāpūr I　*607*

シャプュ, アンリ(19世紀)
　→Chapu, Henri Michel Antoine　*143*
シャプラン(19世紀)
　→Chaplin, Charles Josuah　*143*
シャプラン, ジュール=クレマン(19・20世紀)
　→Chaplain, Jules-Clément　*143*
ジャブラーン・ハリール・ジャブラーン(19・20世紀)　→Jabrān Khalīl Jabrān　*340*
シャプラン・ミディ(20世紀)
　→Chapelain-Midi, Roger　*143*
シャプラン・ミディ, ロジャー(20世紀)
　→Chapelain-Midi, Roger　*143*
シャープール(1世)(3世紀)　→Shāpūr I　*607*
シャープール1世(3世紀)　→Shāpūr I　*607*
シャープール一世(3世紀)　→Shāpūr I　*607*
シャープル一世(3世紀)　→Shāpūr I　*607*
シャープル1世(3世紀)　→Shāpūr I　*607*
シャプル1世(3世紀)　→Shāpūr I　*607*
シャープール2世(4世紀)　→Shāpūr II　*607*
シャープール二世(4世紀)　→Shāpūr II　*607*
シャプール2世(4世紀)　→Shāpūr II　*607*
シャプル2世(4世紀)　→Shāpūr II　*607*
シャプレ, エルネスト(19・20世紀)
　→Chaplet, Ernest　*143*
シャプロ, デヴィド(20世紀)
　→Shapiro, David　*607*
ジャブロンスキ, キャロル(20世紀)
　→Jablonsky, Carol　*340*
シャボー, オーギュスト=エリゼ(19・20世紀)
　→Chabaud, Auguste-Élisée　*140*
シャポヴァル, ユーラ(20世紀)
　→Chapoval, Youla　*143*
シャポチニコフ, アリナ(20世紀)
　→Szapocznikow, Alina　*640*
シャマシ・アダド1世(前18世紀頃)
　→Shamshi-Adad I　*607*
シャーマン(20世紀)　→Sherman, Cindy　*609*
シャーマン,T.(20世紀)
　→Sherman, Theresa　*609*
シャーマン,Z.シャルロット(20世紀)
　→Sherman, Z.Charlotte　*609*
シャーマン, シンディ(20世紀)
　→Sherman, Cindy　*609*
シャー・ムザッファル(15世紀)
　→Shāh Muẓaffar　*606*
シャムシ・アダド1世(前18世紀頃)
　→Shamshi-Adad I　*607*
シャムシ・アダド一世(前18世紀頃)
　→Shamshi-Adad I　*607*
シャムシ=アダド一世(前18世紀頃)
　→Shamshi-Adad I　*607*
シャムシアダド1世(前18世紀頃)
　→Shamshi-Adad I　*607*

シャムス・アッ=ディーン(14世紀)
→Shams al-Din 607
シャメイト, オルガ・ロペス(20世紀)
→Chamate, Olga Lopez 141
ジャヤヴァルマン(7世)(12・13世紀)
→Jayavarman VII 344
ジャヤヴァルマン7世(12・13世紀)
→Jayavarman VII 344
ジャヤヴァルマン七世(12・13世紀)
→Jayavarman VII 344
ジャヤバルマン7世(12・13世紀)
→Jayavarman VII 344
シャラー, ヨハン・ネポムーク(18・19世紀)
→Schaller, Johann Nepomuk 591
シャラット,N.(20世紀) →Sharratt, Nick 608
シャラフ, アイリーン(20世紀)
→Sharaff, Irene 607
ジャリ, マルタン(20世紀) →Jarrie, Martin 344
ジャリエ, ノエル(16世紀) →Jallier, Noël 342
シャリッツ, ポール(20世紀)
→Sharits, Paul 607
シャーリップ, レミ(20世紀)
→Charlip, Remy 144
シャル, シャルル=ミケランジュ(18世紀)
→Challes, Charles-Michel-Ange 141
シャル, ジャン=フレデリック(18・19世紀)
→Schall, Jean-Frédéric 591
シャルグラン(18・19世紀)
→Chalgrin, Jean-François Thérèse 141
シャルグラン, ジャン=フランソワ(18・19世紀)
→Chalgrin, Jean-François Thérèse 141
シャルグラン, ジャン=フランソワ・テレーズ
(18・19世紀)
→Chalgrin, Jean-François Thérèse 141
シャルシューヌ, セルジュ(19・20世紀)
→Charchoune, Serge 143
シャルダン(17・18世紀)
→Chardin, Jean Baptiste Siméon 143
ジャルダン(18世紀) →Jardin, Nicolas 344
シャルダン, ジャン・バティスト・シメオン(17・18世紀)
→Chardin, Jean Baptiste Siméon 143
シャルダン, ジャン=バティスト=シメオン(17・18世紀)
→Chardin, Jean Baptiste Siméon 143
ジャルダン, ニコラ=アンリ(18世紀)
→Jardin, Nicolas 344
シャルパンティエ(19・20世紀)
→Charpentier, Alexandre-Louis-Marie 144
シャルパンティエ(19・20世紀)
→Charpentier, Georges 144
シャルパンティエ, アレクサンドル(19・20世紀)
→Charpentier, Alexandre-Louis-Marie 144
シャルパンティエ, アレクサンドレ(19・20世紀)
→Charpentier, Alexandre-Louis-Marie 144

シャルパンティエ, コンスタンス(18・19世紀)
→Charpentier, Constance 144
シャルパンティエ, コンスタンス(マリー)(18・19世紀) →Charpentier, Constance 144
シャルパンティエ, ジョルジュ(19・20世紀)
→Charpentier, Georges 144
シャルフ(19・20世紀) →Scharff, Edwin 591
シャルフ, エドヴィン(19・20世紀)
→Scharff, Edwin 591
シャルマナサル3世(前9世紀)
→Shalmaneser III 607
シャルマナサル三世(前9世紀)
→Shalmaneser III 607
シャルマネセール三世(前9世紀)
→Shalmaneser III 607
シャルマネセル3世(前9世紀)
→Shalmaneser III 607
シャルマネセル三世(前9世紀)
→Shalmaneser III 607
シャルマン,D.(20世紀) →Shulman, Dee 610
シャルマン, ディー(20世紀)
→Shulman, Dee 610
シャルモイ, コゼット・デ(20世紀)
→Charmoy, Cozette De 144
シャルル〔カール〕(16世紀) →Karl V 357
シャルル大帝〔シャルルマーニュ〕(8・9世紀)
→Karl I der Grosse 357
シャルルマーニュ(8・9世紀)
→Karl I der Grosse 357
シャルレ(18・19世紀)
→Charlet, Nicolas Toussaint 144
シャルレ, ニコラ=トゥサン(18・19世紀)
→Charlet, Nicolas Toussaint 144
シャルレ, フランツ(19・20世紀)
→Charlet, Frantz 144
シャルーン(20世紀) →Scharoun, Hans 591
ジャレット, クレア(20世紀)
→Jarrett, Clare 344
シャロー,J.(20世紀) →Charlot, Jean 144
シャロー, ジャン(20世紀) →Charlot, Jean 144
シャロイア, トーティ(20世紀)
→Scialoja, Toti 598
シャロウン, ハンス(20世紀)
→Scharoun, Hans 591
シャロナー,J.(20世紀) →Chaloner, John 141
シャローン(20世紀) →Scharoun, Hans 591
シャロン, ギ(20世紀) →Charon, Guy 144
シャローン, ハンス(20世紀)
→Scharoun, Hans 591
シャロントン(15世紀)
→Quarton(Charonton), Enguerrand 542
シャーン(20世紀) →Shahn, Ben 606
シャーン, ベン(20世紀) →Shahn, Ben 606

シャーン, ベン(ベンジャミン)(20世紀)
→Shahn, Ben　606
ジャンクリストーフォロ・ロマーノ(15・16世紀)
→Giancristoforo Romano　272
ジャンセン, ジェーン(20世紀)
→Jansen, Jean　343
ジャンセン, ジャン(20世紀)
→Jansen, Jean　343
ジャンソン(15世紀) →Jenson, Nicolaus　346
ジャン・ダルボワ(14世紀)
→Jean d'Arbois　344
ジャン・ダンドリィ(13世紀)
→Jean d'Andely　344
シャンツェル, ヤン・マルチン(20世紀)
→Szancer, Jan Marcin　640
ジャン・ティエファン(20世紀)
→Jiang Tiefang　346
ジャンティレスキ, アルテミシア(16・17世紀)
→Gentileschi, Artemisia　267
ジャン・デ・シャン(13世紀)
→Jean Deschamps　344
ジャン・デシャン(13世紀)
→Jean Deschamps　344
ジャン・ド・カンブレー(15世紀)
→Jean de Cambrai　344
ジャン・ド・シェル(13世紀)
→Jean de Chelles　344
ジャン・ド・シャルトル(15・16世紀)
→Jean de Chartres　344
ジャン・ド・バユー(14世紀)
→Jean de Bayeux　344
ジャン・ド・ブリュージュ(14世紀)
→Jean de Bruges　344
ジャン・ド・リエージュ(14世紀)
→Jean de Liège　344
ジャン・ド・ルーアン(16世紀)
→Jean de Rouen　344
ジャン・ド・ルービエール(14世紀)
→Jean de Loubière　344
ジャン・ド・ルビエル(14世紀)
→Jean de Loubière　344
ジャン・ドルベ(13世紀) →Jean d'Orbais　344
ジャン・ドルベー(13世紀)
→Jean d'Orbais　344
ジャン・ドワジー(14世紀) →Jean d'Oisy　344
ジャンニコーラ・ディ・パーオロ(15・16世紀)
→Giannicola di Paolo　272
ジャンヌレ, ピエール(20世紀)
→Jeanneret, Pierre　344
ジャン・パツー(19・20世紀) →Patou, Jean　507
シャンパーニュ(17世紀)
→Champaigne, Philippe de　142
シャンパーニュ(シャンペーニュ), フィリップ・ド
(17世紀) →Champaigne, Philippe de　142

シャンパーニュ, フィリップ・ド(17世紀)
→Champaigne, Philippe de　142
ジャンピエトリーノ(16世紀)
→Giampietrino　271
シャンピオン(19・20世紀)
→Champion, Theo　142
シャンビージュ(15・16世紀)
→Chambiges, Martin　142
シャンビージュ(16世紀)
→Chambiges, Pierre I　142
シャンビージュ(16・17世紀)
→Chambiges, Pierre II　142
シャンビージュ, ピエール一世(16世紀)
→Chambiges, Pierre I　142
シャンビージュ, ピエール二世(16・17世紀)
→Chambiges, Pierre II　142
シャンビージュ, マルタン(15・16世紀)
→Chambiges, Martin　142
シャンビージュ, ルイ(16・17世紀)
→Chambiges, Louis　142
シャンビージュ, レジェ(16世紀)
→Chambiges, Léger　142
ジャンフランチェスコ・ダ・トルメッゾ(15・16世紀) →Gianfrancesco da Tolmezzo　272
シャンフルーリ(19世紀) →Champfleury　142
シャンフルリー(19世紀) →Champfleury　142
シャンブレット, ジャック(18世紀)
→Chambrette, Jacques　142
シャンペーニュ(17世紀)
→Champaigne, Philippe de　142
シャンペーニュ(シャンパーニュ), フィリップ・ド
(17世紀) →Champaigne, Philippe de　142
シャンペーニュ, フィリップ・ド(17世紀)
→Champaigne, Philippe de　142
ジャンボーノ(15世紀)
→Giambono, Michele　271
ジャンボーノ, ミケーレ(15世紀)
→Giambono, Michele　271
シャンポリオン(18・19世紀)
→Champollion, Jean François　142
シャンポリオン(弟)(18・19世紀)
→Champollion, Jean François　142
シャンポリオン, ジャン・フランソワ(18・19世紀)
→Champollion, Jean François　142
シャンポリヨン(18・19世紀)
→Champollion, Jean François　142
シャンポリヨン, ジャン=フランソワ(18・19世紀)
→Champollion, Jean François　142
ジャンボローニャ(16・17世紀)
→Bologna, Giovanni da　86
ジャンマール, クロード(20世紀)
→Jeanmart, Claude　344
ジャンロン, フィリップ=オーギュスト(19世紀)
→Jeanron, Philippe-Auguste　344
シュー, チンイ(20世紀) →Hsu, Ching-yi　330

シュイェルフベック(19・20世紀)
　→Schjerfbeck, Helena　593
シュヴァイツァー(20世紀)
　→Schweitzer, Bernhard　597
シュヴァルツ, ルードルフ(20世紀)
　→Schwarz, Rudolf　597
シュヴァンクマイエル, ヤン(20世紀)
　→Švankmajer, Jan　639
シュヴァンターラー(19世紀)
　→Schwanthaler, Ludwig von　597
シュヴァンターラー, ルートヴィヒ・フォン(19世紀)　→Schwanthaler, Ludwig von　597
シュウィッタース(19・20世紀)
　→Schwitters, Kurt　598
シュヴィッタース(19・20世紀)
　→Schwitters, Kurt　598
シュウィッタース, クルト(19・20世紀)
　→Schwitters, Kurt　598
シュヴィッタース, クルト(19・20世紀)
　→Schwitters, Kurt　598
シュヴィッターズ, クルト(19・20世紀)
　→Schwitters, Kurt　598
シュウィント(19世紀)
　→Schwind, Moritz von　597
シュヴィント(19世紀)
　→Schwind, Moritz von　597
シュウィント, モーリッツ・フォン(19世紀)
　→Schwind, Moritz von　597
シュヴィント, モーリッツ・フォン(19世紀)
　→Schwind, Moritz von　597
シュヴェッツ, P.J.(20世紀)
　→Shvets, Platon Jurjevich　610
シューウェル, ヘレン・ムーア(20世紀)
　→Sewell, Helen Moore　606
シュヴォテ, ジャン＝ミシェル(17・18世紀)
　→Chevotet, Jean-Michel　146
ジューヴネ, ジャン(17・18世紀)
　→Jouvenet, Jean-Baptiste　351
ジュヴネー, ジャン(17・18世紀)
　→Jouvenet, Jean-Baptiste　351
ジューヴネ, ジャン＝バティスト(17・18世紀)
　→Jouvenet, Jean-Baptiste　351
シュヴルール(18・19世紀)
　→Chevreul, Michel Eugène　146
シュヴルール, ミシェル＝ウジェーヌ(18・19世紀)
　→Chevreul, Michel Eugène　146
シュヴルール, ミシェル・ユージェーヌ(18・19世紀)　→Chevreul, Michel Eugène　146
ジュエンヌ, ミッシェル(20世紀)
　→Jouenne, Michel　351
ジュークス, メイヴィス(20世紀)
　→Jukes, Mavis　352
ジューコフ(20世紀)
　→Zhukov, Nikolai Nikolaevich　720
シュジェ(11・12世紀)　→Suger　637

シュジェ(スジェル)(11・12世紀)　→Suger　637
シュジェール(11・12世紀)　→Suger　637
シュジェル(11・12世紀)　→Suger　637
ジュジャーロ, ジョルジョ(20世紀)
　→Giugiaro, Giorgio　279
シュジュール(11・12世紀)　→Suger　637
シュステルマンス, ユストゥス(16・17世紀)
　→Sustermans, Justus　639
ジュスト, アントニオ(14世紀)
　→Juste, Antoine　353
ジュスト, アンドレア(15・16世紀)
　→Juste, André　352
ジュスト, ジョバンニ(15・16世紀)
　→Juste, Jean　353
ジュスト・ダレマーニャ(15世紀)
　→Giusto d'Alemagna　279
ジュスト・デ・メナブオイ(14世紀)
　→Giusto de'Menabuoi　279
シュストリス, フレデリック(16世紀)
　→Sustris, Friedrich　639
シュストリス, ランベルト(16世紀)
　→Sustris, Lambert　639
ジューダ, アーロン(20世紀)
　→Judah, Aaron　351
シュタイナート, オットー(20世紀)
　→Steinert, Otto　630
シュタインドル, イムレ(19・20世紀)
　→Steindl Imre　630
シュタインハウゼン, ヴィルヘルム(19・20世紀)
　→Steinhausen, Wilhelm　630
シュタインレ(19世紀)
　→Steinle, Eduard Jacob von　630
シュタインレ, エドヴァルト・フォン(19世紀)
　→Steinle, Eduard Jacob von　630
シュタム(20世紀)　→Stam, Mart　627
シュタルケ(19世紀)
　→Starke, Johann Friedrich　628
シュタンゲ, アルフレート(20世紀)
　→Stange, Alfred　627
シュッテ＝リホツキー, マルガレーテ(20世紀)
　→Schütte-Lihotzky, Margarete　597
シュッヒリン(15・16世紀)
　→Schüchlin, Hans　596
シュッヒリン, ハンス(15・16世紀)
　→Schüchlin, Hans　596
シュッフ(19・20世紀)　→Schuch, Carl　596
シュッフ, カルル(19・20世紀)
　→Schuch, Carl　596
シュッペン, ヤーコプ・ファン(17・18世紀)
　→Schuppen, Jacob van　597
シュティンマー(16世紀)
　→Stimmer, Tobias　633
シュティンマー, トビーアス(16世紀)
　→Stimmer, Tobias　633

シュティンマー，トビアス（16世紀）
　→Stimmer, Tobias　*633*
シュテーガー，ハンス・ウルリッヒ（20世紀）
　→Steger, Hans Ulrich　*629*
シュテットハイマー（14・15世紀）
　→Stetheimer, Hans　*632*
シュテトハイマー，ハンス（14・15世紀）
　→Stetheimer, Hans　*632*
シュテートハイマー（フォン・ランツフート, フォン・ブルグハウゼン），ハンス（14・15世紀）
　→Stetheimer, Hans　*632*
シュテュッベン，ヨーゼフ・ヘルマン（19・20世紀）
　→Stübben, Joseph Hermann　*637*
シュテューラー（19世紀）
　→Stüler, Friedrich August　*637*
シュテューラー，フリードリヒ・アウグスト（19世紀）→Stüler, Friedrich August　*637*
シュテルン，イルマ（20世紀）→Stern, Irma　*632*
シュート（16世紀）→Shute, John　*610*
シュトゥック（19・20世紀）
　→Stuck, Franz von　*637*
シュトゥック，フランツ・フォン（19・20世紀）
　→Stuck, Franz von　*637*
シュトース（15・16世紀）→Stoss, Veit　*634*
シュトス（15・16世紀）→Stoss, Veit　*634*
シュトース，ファイト（15・16世紀）
　→Stoss, Veit　*634*
シュトス，ファイト（15・16世紀）
　→Stoss, Veit　*634*
シュトーラー，ヨハン・クリストフォルス（17世紀）→Storer, Johann Christophorus　*634*
シュトラウプ（18世紀）
　→Straub, Johann Baptist　*635*
シュトラウプ，バプティスト（18世紀）
　→Straub, Johann Baptist　*635*
シュトラウプ，ヨーハン・バプティスト（18世紀）
　→Straub, Johann Baptist　*635*
シュトラウプ，ヨハン・バプティスト（18世紀）
　→Straub, Johann Baptist　*635*
シュトラウマー（19・20世紀）
　→Straumer, Heinrich　*635*
シュトラック，ルートヴィヒ・フィリップ（18・19世紀）→Strack, Ludwig Philipp　*635*
シュトリーゲル（15・16世紀）
　→Striegel, Bernhard　*635*
シュトリーゲル，ベルンハルト（15・16世紀）
　→Striegel, Bernhard　*635*
シュトリゲル，ベルンハルト（15・16世紀）
　→Striegel, Bernhard　*635*
シュトルナート（19・20世紀）
　→Strnad, Oskar　*636*
シュナイダー（20世紀）→Schneider, Karl　*595*
シュナイダー＝エスレーベン，パウル（20世紀）
　→Schneider-Esleben, Paul　*595*

シュナイダー＝ジームセン，ギュンター（20世紀）
　→Schneider-Siemssen, Günther　*595*
ジュナイド（14世紀）→Junayd　*352*
シュナヴァール，ポール＝マルク＝ジョゼフ（19世紀）→Chenavard, Paul-Marc-Josephe　*145*
シュナーゼ（18・19世紀）→Schnaase, Karl　*595*
シュナーベル（20世紀）→Schnabel, Julian　*595*
シュナーベル，ジュリアン（20世紀）
　→Schnabel, Julian　*595*
シュナーベル，ダイ（20世紀）
　→Schnabel, Day　*595*
ジュニー，ルネ（20世紀）→Geuis, Rene　*270*
シュネイデル（20世紀）
　→Schneider, Gérard　*595*
シュネイデル，ジェラール（20世紀）
　→Schneider, Gérard　*595*
シュネック（19・20世紀）
　→Schneck, Adolf G.　*595*
シュネーデル（20世紀）
　→Schneider, Gérard　*595*
シュネデール（20世紀）
　→Schneider, Gérard　*595*
シュネデール，ジェラール（20世紀）
　→Schneider, Gérard　*595*
シュネデール，ジェラール・エルンスト（20世紀）
　→Schneider, Gérard　*595*
シュネーデル，ジュラール（20世紀）
　→Schneider, Gérard　*595*
シュノール・フォン・カロルスフェルト（18・19世紀）→Schnorr von Carolsfeld, Julius　*595*
シュノル・フォン・カロルスフェルト（18・19世紀）→Schnorr von Carolsfeld, Julius　*595*
シュノル・フォン・カーロルスフェルト，ユーリウス（18・19世紀）
　→Schnorr von Carolsfeld, Julius　*595*
シュノル・フォン・カロルスフェルト，ユーリウス（18・19世紀）
　→Schnorr von Carolsfeld, Julius　*595*
シュノル・フォン・カロルスフェルト，ユリウス（18・19世紀）
　→Schnorr von Carolsfeld, Julius　*595*
シュバリエ，ピーター（20世紀）
　→Chevalier, Peter　*146*
シュバル（19・20世紀）
　→Cheval, Joseph Ferdinand　*146*
シュバル，ジョセフ・フェルデナンド（19・20世紀）
　→Cheval, Joseph Ferdinand　*146*
シュバンクマイエル（20世紀）
　→Švankmajer, Jan　*639*
シュビッタース（19・20世紀）
　→Schwitters, Kurt　*598*
シュピッツウェーク（19世紀）
　→Spitzweg, Carl　*626*
シュピッツヴェーク（19世紀）
　→Spitzweg, Carl　*626*

シュピッツヴェーク, カール(19世紀)
　→Spitzweg, Carl　626
シュピッツヴェーク, カルル(19世紀)
　→Spitzweg, Carl　626
シュヒリン, ハンス(15・16世紀)
　→Schüchlin, Hans　596
シュピーロ(19・20世紀)　→Spiro, Eugene　626
シュービン(18・19世紀)
　→Shubin, Fyodor Ivanovitch　610
シュビント(19世紀)
　→Schwind, Moritz von　597
シュブアド(前1世紀)　→Shubad　610
ジュブネ(17・18世紀)
　→Jouvenet, Jean-Baptiste　351
シュフネッケル, クロード・エミール(19・20世紀)
　→Schuffenecker, Claude Emile　597
シュフネッケル, クロード=エミール(19・20世紀)
　→Schuffenecker, Claude Emile　597
シュプランガー(16・17世紀)
　→Spranger, Bartholomäus　626
シュプランガー, バルトロメウス(16・17世紀)
　→Spranger, Bartholomäus　626
ジュブラーン・ハリール・ジュブラーン(19・20世紀)　→Kalīl Jibrān, Jibrān　354
ジュブラーン-ハリール-ジュブラーン(19・20世紀)　→Kalīl Jibrān, Jibrān　354
シュプリンガー(19世紀)
　→Springer, Anton　626
シュプリンガー, アントーン(19世紀)
　→Springer, Anton　626
シュプリンギンクレー, ハンス(15・16世紀)
　→Springinklee, Hans　626
シュプリングリ, ニクラウス(18・19世紀)
　→Sprüngli, Niklaus　626
シュブルール(18・19世紀)
　→Chevreul, Michel Eugène　146
シュブレイラス, ピエール(17・18世紀)
　→Subleyras, Pierre Hubert　637
デュフレーヌ(19・20世紀)
　→Dufresne, Charles　210
シュブレーラス(17・18世紀)
　→Subleyras, Pierre Hubert　637
シュブレーラス, ピエル・ユベール(17・18世紀)
　→Subleyras, Pierre Hubert　637
ジュフロア(18・19世紀)
　→Jouffroy, Théodore Simon　351
ジュフロワ(18・19世紀)
　→Jouffroy, Théodore Simon　351
ジュフロワ, テオドール(18・19世紀)
　→Jouffroy, Théodore Simon　351
シュペーア(20世紀)　→Speer, Albert　624
シュペアー(20世紀)　→Speer, Albert　624
シュペーア, アルバート(20世紀)
　→Speer, Albert　624

シュペアー, アルバート(20世紀)
　→Speer, Albert　624
シュペーア, アルベルト(20世紀)
　→Speer, Albert　624
シュペクター, オットー(19世紀)
　→Speckter, Otto　624
シュペート, ペーター(18・19世紀)
　→Speeth, Peter　625
シュベール(20世紀)　→Speer, Albert　624
シューベルト, D.(20世紀)
　→Schubert, Dieter　596
シュマイサー, ジョージ(20世紀)
　→Schmeisser, Jörg　594
シューマッハー(19・20世紀)
　→Schumacher, Fritz　597
シューマッハー(20世紀)
　→Schumacher, Emil　597
シューマッハー, エミール(20世紀)
　→Schumacher, Emil　597
シューマッハー, エミル(20世紀)
　→Schumacher, Emil　597
シューマッハー, フリッツ(19・20世紀)
　→Schumacher, Fritz　597
シュマーリノフ, D.A.(20世紀)
　→Shmarinov, Dementij Alekseevich　610
シュマルソー(19・20世紀)
　→Schmarsow, August　594
シュマルゾー(19・20世紀)
　→Schmarsow, August　594
シュマルソー, アウグスト(19・20世紀)
　→Schmarsow, August　594
シュマルゾー, アウグスト(19・20世紀)
　→Schmarsow, August　594
シュマルゾウ, アウグスト(19・20世紀)
　→Schmarsow, August　594
シュミアキン, M.(20世紀)
　→Chemiakine, Michail　145
シュミアキン, ミハイル(20世紀)
　→Chemiakine, Michail　145
シュミッツ(19・20世紀)　→Schmitz, Bruno　595
シュミット(19世紀)
　→Schmidt, Friedrich, Freiherr von　594
シュミット(20世紀)
　→Schmidt, Erich Friedrich　594
シュミット, E.(20世紀)
　→Schmid, Eleonore　594
シュミット, F.(20世紀)　→Schmidt, Friedel　594
シュミット, エリック(20世紀)
　→Schmidt, Erich Friedrich　594
シュミット, エリック・F.(20世紀)
　→Schmidt, Erich Friedrich　594
シュミット, エレノア(20世紀)
　→Schmid, Eleonore　594
シュミット, フリードリヒ・フォン(19世紀)
　→Schmidt, Friedrich, Freiherr von　594

シュミット, フリードリヒ・フライヘル・フォン（19世紀）
→Schmidt, Friedrich, Freiherr von　594
シュミット, マルティン・ヨーハン（18・19世紀）
→Schmidt, Martin Johann　594
シュミット, マルティン・ヨハン（18・19世紀）
→Schmidt, Martin Johann　594
シュミットヘナー（19・20世紀）
→Schmitthenner, Paul　595
シュミットヘンナー（19・20世紀）
→Schmitthenner, Paul　595
シュミット・ロットルツフ, カール（19・20世紀）
→Schmidt-Rottluff, Karl　595
シュミット＝ロットルッフ, カール（19・20世紀）
→Schmidt-Rottluff, Karl　595
シュミット・ロットルフ（19・20世紀）
→Schmidt-Rottluff, Karl　595
シュミット・ロットルフ, カール（19・20世紀）
→Schmidt-Rottluff, Karl　595
シュミット・ロトルフ, カール（19・20世紀）
→Schmidt-Rottluff, Karl　595
シュミット＝ロトルフ, カール（19・20世紀）
→Schmidt-Rottluff, Karl　595
シュミット・ロトルフ（19・20世紀）
→Schmidt-Rottluff, Karl　595
シュメオン・ステュリテス（聖）（4・5世紀）
→Simeon Stylites, St　612
シュメグナー, W.（20世紀）
→Schmogner, Walter　595
シュメトフ, ポール（20世紀）
→Chemetov, Paul　145
シュライアー（19世紀）　→Schreyer, Adolf　596
シュライバー, G.（20世紀）
→Schreiber, Georges　596
シュラウン（17・18世紀）
→Schlaun, Johann Conrad　593
シュラウン, ヨーハン・コンラート（17・18世紀）
→Schlaun, Johann Conrad　593
シュラウン, ヨハン・コンラート（17・18世紀）
→Schlaun, Johann Conrad　593
シュランベルジェ（20世紀）
→Schlumberger, Daniel　594
シュランベルジュ, ダニエル（20世紀）
→Schlumberger, Daniel　594
ジュリアーニ, ジョヴァンニ（17・18世紀）
→Giuliani, Giovanni　279
ジュリアーノ・ダ・マイアーノ（15世紀）
→Giuliano da Maiano　279
ジュリアーノ・ダ・リーミニ（14世紀）
→Giuliano da Rimini　279
ジュリアン, ピエール（18・19世紀）
→Julien, Pierre　352
ジュリアン, ピエル（18・19世紀）
→Julien, Pierre　352

ジュリウス・ラチェル（2世紀）
→Julius, Lacer　352
ジューリオ・ロマーノ（15・16世紀）
→Romano, Giulio　567
ジュリオ・ロマーノ（15・16世紀）
→Romano, Giulio　567
ジュリオ・ロマーノ（通称）（ジュリオ・ピッピ・デ・ジャヌッツイ）（15・16世紀）
→Romano, Giulio　567
シュリヒター, ルドルフ（19・20世紀）
→Schlichter, Rudolf　593
シュリーマン（19世紀）
→Schliemann, Heinrich　593
シュリーマン, ハインリッヒ（19世紀）
→Schliemann, Heinrich　593
シュリーマン, ハインリヒ（19世紀）
→Schliemann, Heinrich　593
シュリューター（17・18世紀）
→Schlüter, Andreas　594
シュリューター, M.（20世紀）
→Schlüter, Manfred　594
シュリューター, アンドレアス（17・18世紀）
→Schlüter, Andreas　594
ジュリョ・ロマーノ（15・16世紀）
→Romano, Giulio　567
シュリンプ（19・20世紀）　→Schrimpf, Georg　596
シュリンプフ, ゲオルグ（19・20世紀）
→Schrimpf, Georg　596
ジュール（20世紀）　→Juhl, Finn　352
シュルヴァージュ（19・20世紀）
→Survage, Léopold　638
シュルヴァージュ, レオポール（19・20世紀）
→Survage, Léopold　638
シュルヴァージュ, レオポルド（19・20世紀）
→Survage, Léopold　638
シュルヴィッツ, U.（20世紀）
→Shulevitz, Uri　610
シュルヴィッツ, ユーリ（20世紀）
→Shulevitz, Uri　610
シュルヴィッツ, ユリー（20世紀）
→Shulevitz, Uri　610
ジュールダン, フランツ（19・20世紀）
→Jourdain, Frantz　351
シュルツ（20世紀）
→Schulz, Charles（Monroe）　597
シュルツ, チャールズ（20世紀）
→Schulz, Charles（Monroe）　597
シュルツ, チャールズ・M（20世紀）
→Schulz, Charles（Monroe）　597
シュルツ, チャールズ・M.（20世紀）
→Schulz, Charles（Monroe）　597
シュルツ, チャールズ・モンロー（20世紀）
→Schulz, Charles（Monroe）　597
シュルツ, チャールズ（・モンロー）（20世紀）
→Schulz, Charles（Monroe）　597

美術篇　　　　　　　　　　　　　　　　853　　　　　　　　　　　　　　　　シヨウ

シュルツェ, ベルナルト(20世紀)
　→Schultze, Bernard　597
シュルツェ・ナウムブルク(19・20世紀)
　→Schultze-Naumburg, Paul　597
シュルツェ・ローゼ, ヴィルヘルム(19・20世紀)
　→Schulze-Rose, Wilhelm　597
ジュルノー, モニーク(20世紀)
　→Journod, Monique　351
シュールマン, アンナ・マリーア・ヴァン(17世紀)　→Schuurman, Anna Maria van　597
シュルムベルジェ, ダニエル(20世紀)
　→Schlumberger, Daniel　594
ジュルリン, イェルク(父)(15世紀)
　→Sirlin, Jörg　614
ジュレス・デ・ゲーテ(20世紀)
　→Jules de Goede　352
シュレーダー(19・20世紀)
　→Schröder, Rudolf Alexander　596
シュレーダー,B.(20世紀)
　→Schroeder, Binette　596
シュレーダー, ビネッテ(20世紀)
　→Schroeder, Binette　596
シュレーダー, ルードルフ・アレクサンダー(19・20世紀)
　→Schröder, Rudolf Alexander　596
シュレマー(19・20世紀)
　→Schlemmer, Oskar　593
シュレムマー, オスカー(19・20世紀)
　→Schlemmer, Oskar　593
シュレンマー(19・20世紀)
　→Schlemmer, Oskar　593
シュレンマー, オスカー(19・20世紀)
　→Schlemmer, Oskar　593
シュロッサー(19・20世紀)
　→Schlosser, Julius von　594
シュロッサー, ユーリウス・フォン(19・20世紀)
　→Schlosser, Julius von　594
シュロッサー, ユリウス・フォン(19・20世紀)
　→Schlosser, Julius von　594
シュローテ,W.(20世紀)
　→Schlote, Wilhelm　594
ジュロビッチ, カルロ(20世紀)
　→Djurovich, Karlo　200
シューワード,P.(20世紀)
　→Seward, Prudence　606
シュワーブ(19・20世紀)
　→Schwabe, Randolf　597
シュワンターラー(19世紀)
　→Schwanthaler, Ludwig von　597
ジュンタ・ピサーノ(13世紀)
　→Pisano, Giunta　525
ジュンティ, ドメーニコ(16世紀)
　→Giunti, Domenico　279
ショー(19・20世紀)
　→Shaw, Richard Norman　608

ショー,C.(20世紀)　→Shaw, Charles　608
ショー,R.(20世紀)　→Shore, Robert　610
ジョー, ジェームス・B(20世紀)
　→Joe, James B.　347
ショー,(リチャード・)ノーマン(19・20世紀)
　→Shaw, Richard Norman　608
ショー, リチャード・ノーマン(19・20世紀)
　→Shaw, Richard Norman　608
ショアジ(19・20世紀)
　→Choisy, François Auguste　148
ショアジー(19・20世紀)
　→Choisy, François Auguste　148
ショアジー,A.(19・20世紀)
　→Choisy, François Auguste　148
ジョアノ, トニー(19世紀)
　→Johannot, Tony　347
ジョアン, カペラ(20世紀)　→Joan, Capella　346
ジョイス,W.(20世紀)　→Joyce, William　351
ジョイナー,J.(20世紀)　→Joyner, Jerry　351
ショイフェライン(15・16世紀)
　→Schäufelein, Hans Leonard　591
ショイフェライン, ハンス・レーオンハルト(15・16世紀)　→Schäufelein, Hans Leonard　591
ショイフェライン, ハンス・レオンハルト(15・16世紀)　→Schäufelein, Hans Leonard　591
ショーヴァン, ジャン=ルイ(19・20世紀)
　→Chauvin, Jean-Louis　145
ジョヴァンニ・アゴスティーノ・ダ・ローディ(16世紀)　→Giovanni Agostino da Lodi　276
ジョヴァンニ・ダ・ヴァプリオ(15世紀)
　→Giovanni da Vaprio　277
ジョヴァンニ・ダ・ヴェローナ(15・16世紀)
　→Giovanni da Verona　277
ジョヴァンニ・ダ・ウーディネ(15・16世紀)
　→Udine, Giovanni da　666
ジョヴァンニ・ダ・ガエータ(15世紀)
　→Giovanni da Gaeta　276
ジョヴァンニ・ダ・カンピオーネ(14世紀)
　→Giovanni da Campione　276
ジョヴァンニ・ダ・グッビオ(12世紀)
　→Giovanni da Gubbio　276
ジョヴァンニ・ダゴスティーノ(14世紀)
　→Giovanni d'Agostino　276
ジョヴァンニ・ダ・サン・ジョヴァンニ(16・17世紀)　→Giovanni da San Giovanni　277
ジョヴァンニ・ダ・ノーラ(15・16世紀)
　→Giovanni da Nola　277
ジョヴァンニ・ダ・ボローニャ(14世紀)
　→Bologna, Giovanni da　86
ジョヴァンニ・ダ・ボローニャ(16・17世紀)
　→Bologna, Giovanni da　86
ジョヴァンニダボローニャ(16・17世紀)
　→Bologna, Giovanni da　86
ジョヴァンニ・ダ・ミラーノ(14世紀)
　→Giovanni da Milano　276

ジョヴァンニ・ダ・ミラノ(14世紀)
　→Giovanni da Milano　276
ジョヴァンニ・ダ・モーデナ(14・15世紀)
　→Giovanni da Modena　277
ジョヴァンニ・ダ・モデナ(14・15世紀)
　→Giovanni da Modena　277
ジョヴァンニ・ダ・リーミニ(14世紀)
　→Giovanni da Rimini　277
ジョヴァンニ・ダルマータ(15・16世紀)
　→Giovanni Dalmata　276
ジョヴァンニ・ダルマタ(15・16世紀)
　→Giovanni Dalmata　276
ジョヴァンニ・ダレマーニャ(15世紀)
　→Giovanni D'Alemagna　276
ジョヴァンニ・ダンブロージョ(14世紀)
　→Giovanni d'Ambrogio　276
ジョヴァンニ・ディ・ウゴリーノ(15世紀)
　→Giovanni di Ugolino　277
ジョヴァンニ・ディ・トゥリーノ(14・15世紀)
　→Giovanni di Turino　277
ジョヴァンニ・ディ・パーオロ(15世紀)
　→Giovanni di Paolo　277
ジョヴァンニ・ディ・パオロ(15世紀)
　→Giovanni di Paolo　277
ジョヴァンニ・ディ・バルドゥッチョ(14世紀)
　→Giovanni di Balduccio　277
ジョヴァンニ・ディ・ピエトロ(14・15世紀)
　→Giovanni di Pietro　277
ジョヴァンニ・ディ・フェルナック(14世紀)
　→Giovanni di Fernach　277
ジョヴァンニ・ディ・フランチェスコ・デル・チェルヴェッリエーラ(15世紀)
　→Giovanni di Francesco del Cervelliera　277
ジョヴァンニ・ディ・ベネデット・ダ・コーモ(14世紀)
　→Giovanni di Benedetto da Como　277
ジョヴァンニ・ディ・ボニーノ(14世紀)
　→Giovanni di Bonino　277
ジョヴァンニ・デッリ・エレミターニ(13・14世紀)　→Giovanni degli Eremitani　277
ジョヴァンニ・デッローペラ(16世紀)
　→Giovanni dell'Opera　277
ジョヴァンニ・デル・ビオンド(14世紀)
　→Giovanni del Biondò　277
ジョヴァンニ・ピエトロ・ダ・チェンモ(15・16世紀)　→Giovanni Pietro da Cemmo　277
ジョヴァンニ・ピサーノ(13・14世紀)
　→Pisano, Giovanni　524
ジョヴァンニ・フランチェスコ・ダ・リーミニ(15世紀)
　→Giovanni Francesco da Rimini　277
ジョヴァンネッティ,マッテーオ(14世紀)
　→Giovannetti, Matteo　276
ジョヴァンノーニ,グスターヴォ(19・20世紀)
　→Giovannoni, Gustavo　277

ジョーヴィオ,パーオロ(15・16世紀)
　→Giovio, Paolo　278
ジョヴェノーネ,ジローラモ(15・16世紀)
　→Giovenone, Girolamo　278
ジョウンズ,イニゴ(16・17世紀)
　→Jones, Inigo　349
ジョウンズ,イニゴウ(16・17世紀)
　→Jones, Inigo　349
ジョウンズ,ロバート・エドマンド(19・20世紀)
　→Jones, Robert Edmond　349
ショーエンヘール,J.(20世紀)
　→Schoenherr, John Carl　595
ショーエンヘール,ジョン(20世紀)
　→Schoenherr, John Carl　595
ジョコンド(15・16世紀)
　→Giocondo, Fra Giovanni　275
ジョコンド,フラ(15・16世紀)
　→Giocondo, Fra Giovanni　275
ジョコンド,フラ・ジョバンニ(15・16世紀)
　→Giocondo, Fra Giovanni　275
聖ジョージ(3・4世紀)　→Georgius, St　268
ジョージ,パスモー(20世紀)
　→Passmore, George　505
ジョージアディス,ニコラス(20世紀)
　→Georgiadis, Nicholas　268
ジョス,J.(20世紀)　→Joos, Louis　350
ジョセル(前27世紀)　→Djoser　200
ジョーダン,S.(20世紀)　→Jordan, Sherryl　350
ジョーダン,シャリル(20世紀)
　→Jordan, Sherryl　350
ジョッティーノ(14世紀)　→Giottino　276
ショット(19・20世紀)　→Schott, Walter　596
ジョット(13・14世紀)　→Giotto di Bondone　276
ジョットー(13・14世紀)
　→Giotto di Bondone　276
ジョットー(ジオット)(13・14世紀)
　→Giotto di Bondone　276
ジョット・ディ・ボンドーネ(13・14世紀)
　→Giotto di Bondone　276
ジョットー(ディ・ボンドーネ)(13・14世紀)
　→Giotto di Bondone　276
ジョット(・ディ・ボンドネ)(13・14世紀)
　→Giotto di Bondone　276
ジョフレード,マーリオ(18世紀)
　→Gioffredo, Mario　275
ジョッリ,ラッファエッロ(19・20世紀)
　→Giolli, Raffaello　275
ショーデ,アントワーヌ=ドニ(18・19世紀)
　→Chaudet, Antoine-Denis　145
ショート,サー・フランク(19・20世紀)
　→Short, Sir Frank　610
ジョナス,A.(20世紀)　→Jonas, Ann　349
ジョーナス,アン(20世紀)　→Jonas, Ann　349
ジョナス,アン(20世紀)　→Jonas, Ann　349

ジョバンニ・ダ・ボローニャ（16・17世紀）
　→Bologna, Giovanni da　86
ジョバンニ・ダ・ミラノ（14世紀）
　→Giovanni da Milano　276
ジョバンニ・ダルマータ（15・16世紀）
　→Giovanni Dalmata　276
ジョバンニ・ダレマーニャ（15世紀）
　→Giovanni D'Alemagna　276
ジョバンニ・ディ・パオロ（15世紀）
　→Giovanni di Paolo　277
ジョバンニ・ピサーノ（13・14世紀）
　→Pisano, Giovanni　524
ジョビオ（15・16世紀）　→Giovio, Paolo　278
ジョフラン, ギュリー（20世紀）
　→Joffrin, Guily　347
ジョーラ, エティエンヌ（17・18世紀）
　→Jeaurat, Étienne　345
ジョーリ, フランチェスコ（19・20世紀）
　→Gioli, Francesco　275
ジョルジオーネ（15・16世紀）
　→Giorgione da Castelfranco　275
ジョルジョ・テデスコ（15世紀）
　→Giorgio Tedesco　276
ジョルジョーネ（15・16世紀）
　→Giorgione da Castelfranco　275
ジョルダーニ（20世紀）
　→Giordani, Gian Luigi　275
ジョルダーノ（17・18世紀）
　→Giordano, Luca　275
ジョルダーノ, ルーカ（17・18世紀）
　→Giordano, Luca　275
ジョルダーノ, ルカ（17・18世紀）
　→Giordano, Luca　275
ショルツ, ゲオルク（19・20世紀）
　→Scholz, Georg　596
ジョルフィーノ, ニッコロ（15・16世紀）
　→Giolfino, Niccolò　275
ショワジー（19・20世紀）
　→Choisy, François Auguste　148
ジョン（19・20世紀）
　→John, Augustus Edwin　347
ジョーン, オーガスタス（19・20世紀）
　→John, Augustus Edwin　347
ジョン, オーガスタス（19・20世紀）
　→John, Augustus Edwin　347
ジョン, オーガスタス・エドウィン（19・20世紀）
　→John, Augustus Edwin　347
ジョン, オーガスタス（・エドウィン）（19・20世紀）
　→John, Augustus Edwin　347
ジョーン, ガスコム（19・20世紀）
　→John, Sir William Goscombe　347
ジョン, グウェン（19・20世紀）
　→John, Gwen　347
ジョン, グウェン（グウェンドレン）（19・20世紀）
　→John, Gwen　347

ジョン, グエン（19・20世紀）　→John, Gwen　347
ジョン・オブ・グローチェスター（13世紀）
　→John of Gloucester　347
ショーンガウアー（15世紀）
　→Schongauer, Martin　596
ショーンガヴァー（15世紀）
　→Schongauer, Martin　596
ションガウアー（15世紀）
　→Schongauer, Martin　596
ショーンガウアー, マルティーン（15世紀）
　→Schongauer, Martin　596
ショーンガウアー, マルティン（15世紀）
　→Schongauer, Martin　596
ションガウアー, マルティン（15世紀）
　→Schongauer, Martin　596
ジョンキエール, エデュルド（20世紀）
　→Jonquières, Eduardo　350
ジョーンズ（16・17世紀）　→Jones, Inigo　349
ジョーンズ（19世紀）　→Jones, Owen　349
ジョーンズ（19・20世紀）
　→Jones, Robert Edmond　349
ジョーンズ（20世紀）　→Johns, Jasper　347
ジョーンズ（20世紀）　→Jones, Allen　349
ジョーンズ（20世紀）
　→Jones, David Michael　349
ジョンズ（20世紀）　→Johns, Jasper　347
ジョーンズ, E.O.（20世紀）
　→Jones, Elizabeth Orton　349
ジョーンズ, H.（20世紀）　→Jones, Harold　349
ジョーンズ, N.（20世紀）　→Jones, Nikki　349
ジョーンズ, R.（20世紀）　→Jones, Ron　349
ジョーンズ, アレン（20世紀）　→Jones, Allen　349
ジョーンズ, イニゴ（16・17世紀）
　→Jones, Inigo　349
ジョーンズ, イニゴー（16・17世紀）
　→Jones, Inigo　349
ジョーンズ〔イニゴー〕（16・17世紀）
　→Jones, Inigo　349
ジョーンズ,（ウォルター・）デイヴィッド（・マイケル）（20世紀）　→Jones, David Michael　349
ジョーンズ, オーウェン（19世紀）
　→Jones, Owen　349
ジョーンズ, オーエン（19世紀）
　→Jones, Owen　349
ジョーンズ, コーディリア（20世紀）
　→Jones, Cordelia　349
ジョーンズ, ジャスパー（20世紀）
　→Johns, Jasper　347
ジョーンズ, シャーロット（18・19世紀）
　→Jones, Charlotte　349
ジョーンズ, チャック（20世紀）
　→Jones, Chuck（Charls M.）　349
ジョーンズ, デイヴィッド（20世紀）
　→Jones, David Michael　349

ジョーンズ,デイヴィド・マイケル(20世紀)
　→Jones, David Michael　*349*
ジョーンズ,ディビッド(20世紀)
　→Jones, David Michael　*349*
ジョーンズ,トマス(18・19世紀)
　→Jones, Thomas　*349*
ジョーンズ,ハワード(20世紀)
　→Johnes, Howard　*347*
ジョーンズ,ロバート・エドモント(19・20世紀)
　→Jones, Robert Edmond　*349*
ジョーンズ,ロバート・エドモンド(19・20世紀)
　→Jones, Robert Edmond　*349*
ジョンストン,A.&J.G.(20世紀)
　→Johnstone, Anne Grahame　*348*
ジョンストン,A.&J.G.(20世紀)
　→Johnstone, Janet Grahame　*348*
ジョンストン,アンナ・ヒル(20世紀)
　→Johnstone, Anna Hill　*348*
ジョンストン,ウィリアム(20世紀)
　→Johnstone, William　*348*
ジョンストン,エドワード(19・20世紀)
　→Johnston, Edward　*348*
ジョンストン,フランセス(19・20世紀)
　→Johnston, Frances　*348*
ジョンストン,ヘンリエッタ(17・18世紀)
　→Johnston, Henrietta　*348*
ジョンスン,クロケット(20世紀)
　→Johnson, Crockett　*348*
ジョンスン,フィリップ(20世紀)
　→Johnson, Philip Cortelyou　*348*
ジョンスン,レイ(20世紀)　→Johnson, Ray　*348*
ジョンソン(19・20世紀)
　→Johnson, Eastman　*348*
ジョンソン(20世紀)
　→Johnson, Philip Cortelyou　*348*
ジョンソン,C.(20世紀)
　→Johnson, Crockett　*348*
ジョンソン,E.H.(20世紀)
　→Johnson, Eugene Harper　*348*
ジョンソン,J.E.(20世紀)
　→Johnson, John E.　*348*
ジョンソン,アデレイド(19・20世紀)
　→Johnson, Adelaide　*347*
ジョンソン,アンジェラ(20世紀)
　→Johnson, Angela　*347*
ジョンソン,ウィリアム・H(20世紀)
　→Johnson, William H　*348*
ジョンソン,グレニス(20世紀)
　→Johnson, Glenys　*348*
ジョンソン,クロケット(20世紀)
　→Johnson, Crockett　*348*
ジョンソン,コーネリアス(16・17世紀)
　→Johnson, Cornelius　*348*
ジョンソン,チャールズ(20世紀)
　→Johnson, Charles　*348*

ジョンソン,チャールズ・R.(リチャード)(20世紀)　→Johnson, Charles　*348*
ジョンソン,フィリップ(20世紀)
　→Johnson, Philip Cortelyou　*348*
ジョンソン,フィリップ・C.(20世紀)
　→Johnson, Philip Cortelyou　*348*
ジョンソン,フィリップ・C(コートリュー)(20世紀)　→Johnson, Philip Cortelyou　*348*
ジョンソン,リサ・ミランダ(20世紀)
　→Johnson, Lisa Miranda　*348*
シーラ(19・20世紀)→Sheeler, Charles　*608*
シーラー(19・20世紀)→Sheeler, Charles　*608*
シーラー,チャールズ(19・20世紀)
　→Sheeler, Charles　*608*
シラーニ,エリサベッタ(17世紀)
　→Sirani, Elisabetta　*614*
シラーニ,エリザベッタ(17世紀)
　→Sirani, Elisabetta　*614*
シーラーニオーン(前4世紀)→Silaniōn　*612*
シラニオン(前4世紀)→Silaniōn　*612*
ジラール,ミッシェル(20世紀)
　→Girard, Michel　*278*
ジラルディ,ドメーニコ(18・19世紀)
　→Gilardi, Domenico　*273*
ジラルディ,ピエロ(20世紀)
　→Gilardi, Piero　*273*
ジラルディ・マグリ,グリエルモ(15世紀)
　→Giraldi Magri, Guglielmo　*278*
ジラルデン,ヘンリー・ジル(20世紀)
　→Girardin, Henri-Gilles　*278*
ジラルドン(17・18世紀)
　→Girardon, François　*278*
ジラルドン,フランソア(17・18世紀)
　→Girardon, François　*278*
ジラルドン,フランソワ(17・18世紀)
　→Girardon, François　*278*
ジリ(20世紀)　→Gilli, Marcel　*274*
ジリー,ダーヴィト(18・19世紀)
　→Gilly, David　*274*
ジリー,ダヴィト(18・19世紀)
　→Gilly, David　*274*
ジリー,フリードリヒ(18世紀)
　→Gilly, Friedrich　*275*
ジリ,マルセル(20世紀)　→Gilli, Marcel　*274*
シリアクス(アンコーナの)(14・15世紀)
　→Cyriacus Ciriacus Anconitanus　*175*
シリアニ,アンリ(20世紀)→Ciriani, Henri　*151*
ジーリオ,ジョヴァンニ・アンドレーア(16世紀)
　→Gilio, Giovanni Andrea　*274*
ジリオーリ,ジューリオ・クイリーノ(19・20世紀)
　→Giglioli, Giulio Quirino　*273*
シーリッグ,S.(20世紀)→Selig, Sylvie　*602*
ジーリテェ,B.(20世紀)
　→Zhilite, Birute-Janina　*720*

ジリョーリ(19・20世紀)
　→Giglioli, Giulio Quirino　273
シリング(20世紀)　→Schilling, Kurt　593
シリング,B.(20世紀)　→Shilling, Betty　610
シルヴァースタイン,S.(20世紀)
　→Silverstein, Shel　612
シルヴァースタイン,シェル(20世紀)
　→Silverstein, Shel　612
シルヴァーニ,ゲラルド(16・17世紀)
　→Silvani, Gherardo　612
シルヴァーマン,B.P.(20世紀)
　→Silverman, Burton Philip　612
シルヴァーマン,M.F.(20世紀)
　→Silverman, Melvin Frank　612
シルキウス,ヘレーナ(20世紀)
　→Syrkius, Helena　640
シルキウス,ヘレナ(20世紀)
　→Syrkius, Helena　640
シールズ,ジョディ(20世紀)
　→Shields, Jody　609
ジルデュアン,ベルナール(11世紀)
　→Gilduin, Bernard　274
シルバ(20世紀)
　→Vieira da Silva, Maria Elena　684
シルバースタイン,シェル(20世紀)
　→Silverstein, Shel　612
シルバート,リチャード(20世紀)
　→Sylbert, Richard　640
シルベッティ,ジョージ(20世紀)　→Silvetti　612
ジールマン,ハインツ(20世紀)
　→Sielmann, Heinz　611
ジュルリン(15世紀)　→Sirlin, Jörg　614
シーレ(19・20世紀)　→Schiele, Egon　592
シーレ,エーゴン(19・20世紀)
　→Schiele, Egon　592
シーレ,エゴン(19・20世紀)
　→Schiele, Egon　592
ジレ,ルイ(19・20世紀)　→Gillett, Louis　274
シレーン(19・20世紀)　→Sirén, Osvald　614
シレン(19・20世紀)　→Sirén, Osvald　614
ジロ(17・18世紀)　→Gillot, Claude　274
ジロー(17・18世紀)　→Gillot, Claude　274
ジロー,クロード(17・18世紀)
　→Gillot, Claude　274
シロエ(15・16世紀)　→Siloé, Diego de　612
シロエ,ディエーゴ・デ(15・16世紀)
　→Siloé, Diego de　612
シロエ,ディエゴ・デ(15・16世紀)
　→Siloé, Diego de　612
シロエ,ヒル・デ(15世紀)　→Siloé, Gil de　612
ジロデ(18・19世紀)　→Girodet de Roucy-Trioson, Anne Louis　278
ジロデ,アンヌ・ルイ・ド・ルウシイ・トリオゾン(18・19世紀)　→Girodet de Roucy-Trioson, Anne Louis　278

ジロデ・トリオゾン(18・19世紀)　→Girodet de Roucy-Trioson, Anne Louis　278
ジロデ=トリオゾン(18・19世紀)　→Girodet de Roucy-Trioson, Anne Louis　278
ジロデトリオゾン(18・19世紀)　→Girodet de Roucy-Trioson, Anne Louis　278
シローニ(19・20世紀)　→Sironi, Mario　614
シローニ,パーオロ(19・20世紀)
　→Sironi, Paolo　614
シローニ,マーリオ(19・20世紀)
　→Sironi, Mario　614
シローニ,マリオ(19・20世紀)
　→Sironi, Mario　614
ジロメッティ,ジュゼッペ(18・19世紀)
　→Girometti, Giuseppe　278
ジローラモ・ダイ・リブリ(15・16世紀)
　→Girolamo dai Libri　278
ジローラモ・ダ・カルピ(16世紀)
　→Girolamo da Carpi　278
ジローラモ・ダ・クレモーナ(15世紀)
　→Girolamo da Cremona　278
ジローラモ・ダ・トレヴィーゾ(年少)(15・16世紀)　→Girolamo da Treviso, il Giovane　278
ジローラモ・ダ・トレヴィーゾ(年長)(15世紀)
　→Girolamo da Treviso, il Vecchio　278
ジローラモ・ディ・ジョヴァンニ・ダ・カメリーノ(15世紀)
　→Girolamo di Giovanni da Camerino　278
ジローラモ・ディ・ベンヴェヌート(15・16世紀)
　→Girolamo di Benvenuto　278
ジローラモ・デル・サント(15・16世紀)
　→Girolamo del Santo　278
ジロルド・ディ・ヤーコポ・ダ・コーモ(13世紀)
　→Giroldo di Iacopo da Como　278
シン,エヴリット(19・20世紀)
　→Shinn, Everett　610
シンガー,ウィナレッタ(19・20世紀)
　→Singer, Winnaretta　613
シンガー,ロバート(20世紀)
　→Singer, Robert　613
シンケル(18・19世紀)
　→Schinkel, Karl Friedrich　593
シンケル,カール・フリードリヒ(18・19世紀)
　→Schinkel, Karl Friedrich　593
シンディング(19・20世紀)
　→Sinding, Stephan Abel　613
シンディング,ステファン(19・20世紀)
　→Sinding, Stephan Abel　613
シンディング,ステファン・A.(19・20世紀)
　→Sinding, Stephan Abel　613
ジンテニス(19・20世紀)　→Sintenis, Renée　613
シンテニス,ルネー(19・20世紀)
　→Sintenis, Renée　613

ジンテニス, ルネ (19・20世紀)
　→Sintenis, Renée　613
シンデルマン, J. (20世紀)
　→Schindelman, Joseph　593
シント・ヤンス (15世紀)
　→Geertgen tot sint Jans　266
シンドラー, S.D. (20世紀) →Schindler, S.D.　593
シンドラー, ルードルフ・マイケル (19・20世紀)
　→Schindler, Rudolf Michael　593
ジンナー (19・20世紀)
　→Ginner, Isaac Charles　275
ジンバロ, ジュゼッペ (17・18世紀)
　→Zimbalo, Giuseppe (Zingarello)　720
ジンバロ, ジュゼッペ (ジンガレッロ (通称))
　(17・18世紀)
　→Zimbalo, Giuseppe (Zingarello)　720
シンプソン (20世紀) →Simpson, Adele　613
ジンメルマン, ゾイ (20世紀)
　→Zimmerman, Zoe　720

【 ス 】

スアレス, L.P. (20世紀)
　→Suarez, Luis Pabello　637
スィナン (15・16世紀) →Sinan, Mimar　613
スゥヴェルビイ, ジャン (20世紀)
　→Souverbie, Jean　624
スウェイン, Z.L. (20世紀)
　→Swayne, Zoa Lourana (Shaw)　639
スウェインソン, ウィリアム (18・19世紀)
　→Swainson, William　639
スウェールツ, ミヒール (17世紀)
　→Sweerts, Michiel　639
スヴェンソン, アウスミュンデュル (20世紀)
　→Sveinsson, Ásmundur　639
スウォープ, マーサ (20世紀)
　→Swope, Martha　639
スヴォボダ, ヨゼフ (20世紀)
　→Svoboda, Jozef　639
スカイラー, R. (19・20世紀)
　→Schuyler, Remington　597
スカーゴン, イヴォンヌ (20世紀)
　→Skagon, Yvonne　615
スカダー, ジャネット (19・20世紀)
　→Scudder, Janet　599
スカッコ, クリストーフォロ (15・16世紀)
　→Scacco, Cristoforo　590
スカナヴィーノ, エミーリオ (20世紀)
　→Scanavino, Emilio　590
スカーフ, ジェラルド (20世紀)
　→Scarfe, Gerald　590

スカモッツィ (16・17世紀)
　→Scamozzi, Vincenzo　590
スカモッツィ, ヴィンチェンツォ (16・17世紀)
　→Scamozzi, Vincenzo　590
スカモッツィ, オッターヴィオ・ベルトッティ (18
　世紀) →Bertotti-Scamozzi, Ottavio　73
スガラン, ヴィクトル (19・20世紀)
　→Segalen, Victor　600
スカーリー, リチャード・マクルーア (20世紀)
　→Scarry, Richard　590
スカーリー, リチャード (・マックルーア) (20世
　紀) →Scarry, Richard　590
スカルコ, ショージオ (20世紀)
　→Scalco, Ciorgio　590
スカルセッラ, イッポーリト (16・17世紀)
　→Scarsella, Ippolito　590
スカルチョーネ (14・15世紀)
　→Squarcione, Francesco　627
スカルチョーネ, フランチェスコ (14・15世紀)
　→Squarcione, Francesco　627
スカルツァ, イッポーリト (16・17世紀)
　→Scalza, Ippolito　590
スカルパ (20世紀) →Scarpa, Carlo　590
スカルパ, カルロ (20世紀) →Scarpa, Carlo　590
スカルパニーノ (16世紀) →Scarpagnino　590
スカルファロット, ジョヴァンニ・アントーニオ
　(18世紀)
　→Scalfarotto, Giovanni Antonio　590
スカルフィオッティ, フェルディナンド (20世紀)
　→Scarfiotti, Ferdinando　590
スカンナベッキ, ダルマージオ (14世紀)
　→Scannabecchi, Dalmasio　590
スカンネッリ, フランチェスコ (17世紀)
　→Scannelli, Francesco　590
スキアヴォーネ (15・16世紀)
　→Schiavone, Giorgio　592
スキアヴォーネ (16世紀)
　→Schiavone, Andrea Meldola　592
スキアヴォーネ, アンドレア (16世紀)
　→Schiavone, Andrea Meldola　592
スキアヴォーネ, アンドレーア (16世紀)
　→Schiavone, Andrea Meldola　592
スキアヴォーネ, アンドレーア・メルドラ (16世
　紀) →Schiavone, Andrea Meldola　592
スキアヴォーネ, ジョルジョ (15・16世紀)
　→Schiavone, Giorgio　592
スキアッフィーノ, フランチェスコ・マリーア (17・
　18世紀) →Schiaffino, Francesco Maria　592
スキアッフィーノ, ベルナルド (17・18世紀)
　→Schiaffino, Bernardo　592
スキアパレッリ, エルネスト (19・20世紀)
　→Schiaparelli, Ernesto　592
スキアパレリ (20世紀) →Schiaparelli, Elsa　592
スキアパレリ, エルサ (20世紀)
　→Schiaparelli, Elsa　592

スキオラ, ダニエル (20世紀)
　→Sciora, Daniel　598
スキッドモア (20世紀)　→Skidmore, Louis　615
スキピオ (前3・2世紀)　→Scipio Africanus Major,
　Publius Cornelius　598
スキーピオー (大) (前3・2世紀)　→Scipio
　Africanus Major, Publius Cornelius　598
スキピオ (大〜) (前3・2世紀)　→Scipio Africanus
　Major, Publius Cornelius　598
スキピオ (大) (前3・2世紀)　→Scipio Africanus
　Major, Publius Cornelius　598
スキピオ, 大アフリカヌス (前3・2世紀)　→Scipio
　Africanus Major, Publius Cornelius　598
スキピオ (大アフリカヌス) (前3・2世紀)　→Scipio
　Africanus Major, Publius Cornelius　598
スキピオ・アフリカヌス (前3・2世紀)　→Scipio
　Africanus Major, Publius Cornelius　598
スキピオ・アフリカヌス, ププリウス・コルネリ
　ウス (大スキピオ) (前3・2世紀)　→Scipio
　Africanus Major, Publius Cornelius　598
スキピオ・大アフリカヌス (前3・2世紀)　→Scipio
　Africanus Major, Publius Cornelius　598
スキファーノ, マーリオ (20世紀)
　→Schifano, Mario　593
スキャパレリ (20世紀)　→Schiaparelli, Elsa　592
スキャパレリ, E. (20世紀)
　→Schiaparelli, Elsa　592
スキャパレリ, エルザ (20世紀)
　→Schiaparelli, Elsa　592
スキャリー, R. (20世紀)　→Scarry, Richard　590
スキャーリー, リチャード (20世紀)
　→Scarry, Richard　590
スキャーリー, リチャード (・マクルア) (20世紀)
　→Scarry, Richard　590
スキュリス (前6世紀)　→Scyllis　599
スキラ, アルベール (20世紀)
　→Skira, Albert　615
スクアルチオーネ (14・15世紀)
　→Squarcione, Francesco　627
スクアルチオーネ, フランチェスコ (14・15世紀)
　→Squarcione, Francesco　627
スクアルチョーネ, フランチェスコ (14・15世紀)
　→Squarcione, Francesco　627
スクーム, ニルス・ニルソン (19・20世紀)
　→Skum, Nils Nilsson　615
スクリュタウスカイテェ, A.I. (20世紀)
　→Skljutauskajte, Adasse Iljinichna　615
スグルノ, N. (20世紀)　→Sugerno, Nono　637
スクロザーティ, ルイージ (19世紀)
　→Scrosati, Luigi　598
スケドーニ, バルトロメーオ (16・17世紀)
　→Schedoni, Bartolomeo　592
スケル (18・19世紀)
　→Sckell, Friedrich Ludwig von　598

スコウゴール, ベーテル (19世紀)
　→Skovgaard, Peter Christian Thamsen　615
スコジラス (19・20世紀)
　→Skozylas, Wladyslaw　615
スコッティ, ゴッタルド (15世紀)
　→Scotti, Gottardo　599
スコット (19世紀)
　→Scott, Sir George Gilbert　599
スコット (20世紀)
　→Scott, Sir Peter (Markham)　599
スコット, ウィリアム (20世紀)
　→Scott, William　599
スコット, エリザベス・ウィットワース (20世紀)
　→Scott, Elizabeth Whitworth　599
スコット, エリザベス・ホイットワース (20世紀)
　→Scott, Elizabeth Whitworth　599
スコット, サー・ジャイルズ・ギルバート (19・20
　世紀)　→Scott, Sir Giles Gilbert　599
スコット, サー・ジョージ・ギルバート (19世紀)
　→Scott, Sir George Gilbert　599
スコット, サー・ピーター (・マーカム) (20世紀)
　→Scott, Sir Peter (Markham)　599
スコット, サミュエル (18世紀)
　→Scott, Samuel　599
スコット, ジェフリー (19・20世紀)
　→Scott, Geoffrey　599
スコット, ジェーン・ウースター (20世紀)
　→Scott, Jane Wooster　599
スコット, ジャイルズ・ギルバート (19・20世紀)
　→Scott, Sir Giles Gilbert　599
スコット, ジョージ・ギルバート (19世紀)
　→Scott, Sir George Gilbert　599
スコット, ジョージ・ギルバート (子) (19世紀)
　→Scott, George Gilbert, Jr.　599
スコット, ジョージ・ギルバート (父) (19世紀)
　→Scott, Sir George Gilbert　599
スコット, ジョン・オールドリッド (19・20世紀)
　→Scott, John Oldrid　599
スコット, デイヴィッド (19世紀)
　→Scott, David　599
スコット, ピーター・M. (20世紀)
　→Scott, Sir Peter (Markham)　599
スコット, マッカイ・ヒュー・ベイリー (19・20世
　紀)　→Scott, Mackay Hugh Baillie　599
スコパース (前4世紀頃)　→Skopas　615
スコパス (前4世紀頃)　→Skopas　615
スコーベレフ, M.A. (20世紀)
　→Skobelev, Mikhail Aleksandrovich　615
スコルチェフ, R. (20世紀)
　→Skorchev, Rumen　615
スコルツァ, シニバルド (16・17世紀)
　→Scorza, Sinibaldo　598
スコーレル (15・16世紀)　→Scorel, Jan Van　598
スコレル (15・16世紀)　→Scorel, Jan Van　598

スコレル, ヤン・ヴァン (15・16世紀)
　→Scorel, Jan Van　598
スコレル, ヤン・ファン (15・16世紀)
　→Scorel, Jan Van　598
スゴン (20世紀)　→Segond, Joseph　601
スゴンザック (19・20世紀)　→Segonzac, André Albert Marie Dounoyer de　601
スゴンザック, アンドレ (19・20世紀)　→Segonzac, André Albert Marie Dounoyer de　601
スゴンザック, アンドレ・デュノワイエ・ド・(19・20世紀)　→Segonzac, André Albert Marie Dounoyer de　601
スゴンザック, アンドレ・デュノワイエ・ド (19・20世紀)　→Segonzac, André Albert Marie Dounoyer de　601
スゴンザック, アンドレ＝デュノワイエ・ド (19・20世紀)　→Segonzac, André Albert Marie Dounoyer de　601
スサンナ　→Sousanna　623
スザンナ　→Sousanna　623
スース (20世紀)　→Dr. Seuss　206
スース, ドクター (20世紀)　→Dr. Seuss　206
ズストリス (16世紀)　→Sustris, Friedrich　639
ズストリス, フリードリヒ (16世紀)　→Sustris, Friedrich　639
スース博士 (20世紀)　→Dr. Seuss　206
ススマン, アルター (20世紀)　→Sussman, Arthur　638
スタイグ,W. (20世紀)　→Steig, William　629
スタイグ, ウィリアム (20世紀)　→Steig, William　629
スタイケン (19・20世紀)　→Steichen, Edward　629
スタイケン, エドワード (19・20世紀)　→Steichen, Edward　629
スタイケン, エドワード (・ジーン) (19・20世紀)　→Steichen, Edward　629
スタイナー, マイケル (20世紀)　→Steiner, Michael　630
スタイン (19・20世紀)　→Stein, Gertrude　629
スタイン (19・20世紀)　→Stein, Sir Mark Aurel　630
スタイン,G. (19・20世紀)　→Stein, Gertrude　629
スタイン,H. (20世紀)　→Stein, Harve　630
スタイン,M.A. (19・20世紀)　→Stein, Sir Mark Aurel　630
スタイン, オーレル (19・20世紀)　→Stein, Sir Mark Aurel　630
スタイン, ガートルード (19・20世紀)　→Stein, Gertrude　629
スタイン, サー・(マーク・) オーレル (19・20世紀)　→Stein, Sir Mark Aurel　630
スタイン, マーク・A. (19・20世紀)　→Stein, Sir Mark Aurel　630

スタインバーグ (20世紀)　→Steinberg, Saul　630
スタインバーグ,D.M. (20世紀)　→Steinberg, David Michael　630
スタインバーグ, サウル (20世紀)　→Steinberg, Saul　630
スタインバーグ, ソール (20世紀)　→Steinberg, Saul　630
スタインベルク (20世紀)　→Steinberg, Saul　630
スタインベルグ (20世紀)　→Steinberg, Saul　630
スタインレ, エドゥアルト・ヤコブ・フォン (19世紀)　→Steinle, Eduard Jacob von　630
スタジェフスキ (20世紀)　→Stażewski, Henryk　628
スタジェフスキ, ヘンリク (20世紀)　→Stażewski, Henryk　628
スタージス (19・20世紀)　→Sturgis, Russell　637
スターソフ (19・20世紀)　→Stasov, Vladimir Vasilievich　628
スタソフ (19・20世紀)　→Stasov, Vladimir Vasilievich　628
スターソフ,V. (19・20世紀)　→Stasov, Vladimir Vasilievich　628
スターソフ, ヴァシーリー・ペトロヴィチ (18・19世紀)　→Stasov, Vasilij Petrovich　628
スターソフ, ヴァシーリー・ペトロヴィッチ (18・19世紀)　→Stasov, Vasilij Petrovich　628
スターソフ, ウラジーミル・ワシーリエヴィチ (19・20世紀)　→Stasov, Vladimir Vasilievich　628
スターソフ, ウラジーミル・ワシリエヴィチ (19・20世紀)　→Stasov, Vladimir Vasilievich　628
スタソフ, ヴラディミル・ヴァシリェヴィチ (19・20世紀)　→Stasov, Vladimir Vasilievich　628
スタツィンスキー,V.K. (20世紀)　→Statsinckij, Vitalij Kazimirovich　628
スタッキーニ, ウリッセ (19・20世紀)　→Stacchini, Ulisse　627
スタックハウス, ロバート (20世紀)　→Stackhouse, Robert　627
スタッソフ (19・20世紀)　→Stasov, Vladimir Vasilievich　628
スタッブズ (18・19世紀)　→Stubbs, George　637
スタッブス, ジョージ (18・19世紀)　→Stubbs, George　637
スタッブズ, ジョージ (18・19世紀)　→Stubbs, George　637
スタッペン (19・20世紀)　→Stappen, Charles van der　627
スターティ, クリストーフォロ (16・17世紀)　→Stati, Cristoforo　628
スタディ, ジョージ・エドワード (19・20世紀)　→Studdy, George Edward　637
スタム (20世紀)　→Stam, Mart　627

スタム, マルト(20世紀) →Stam, Mart 627
スタモス(20世紀) →Stamos, Theodros 627
スタモス, シオドロス(20世紀)
　→Stamos, Theodros 627
スタモス, セオドロス(20世紀)
　→Stamos, Theodros 627
スターリ, フランソワ(20世紀)
　→Stahly, François 627
スターリング(20世紀) →Stirling, James 633
スターリング, ジェイムズ(20世紀)
　→Stirling, James 633
スターリング, ジェームズ(20世紀)
　→Stirling, James 633
スターリング, ジェームズ・F.(20世紀)
　→Stirling, James 633
スタール(20世紀) →Stael, Nicholas de 627
スタール, ニコラ・ド(20世紀)
　→Stael, Nicholas de 627
スタール, ヤン・フレデリック(19・20世紀)
　→Staal, Jan Frederik 627
スタルク(20世紀) →Starck, Philippe 627
スタルニーナ(14・15世紀)
　→Starnina, Gherardo 628
スタルニーナ, ゲラルド(14・15世紀)
　→Starnina, Gherardo 628
スタレーヴィチ, ヴラディスラフ(19・20世紀)
　→Starevich, Vladislav 628
スタロヴィエイスキ, エヴァ(20世紀)
　→Starowieyski, Ewa 628
スタロヴィエイスキー, フランチシェク(20世紀)
　→Starowieyski, Franciszek 628
スタロヴィエイスキ, フランチシェク(20世紀)
　→Starowieyski, Franciszek 628
スタローフ, イヴァン・エゴロヴィチ(18・19世紀)
　→Starov, Ivan Egorovich 628
スタロフ, イヴァン・エゴロヴィッチ(18・19世紀) →Starov, Ivan Egorovich 628
スターン(20世紀) →Stern, Harold P. 632
スタン, ジョエル(20世紀) →Stein, Joël 630
スタンキヴィッチ, リチャード(20世紀)
　→Stankiewicz, Richard 627
スタンキビッチ, リチャード(20世紀)
　→Stankiewicz, Richard 627
スタンダール(18・19世紀) →Stendhal 631
スタンツィオーネ, マッシモ(16・17世紀)
　→Stanzione, Massimo 627
スタンラン(19・20世紀)
　→Steinlen, Théophile Alexandre 630
スタンラン, アレキサンドル(19・20世紀)
　→Steinlen, Théophile Alexandre 630
スタンラン, アレクサンドル(19・20世紀)
　→Steinlen, Théophile Alexandre 630
スタンラン, テオフィル=アレクサンドル(19・20世紀)
　→Steinlen, Théophile Alexandre 630

スタンレー,D.(20世紀) →Stanley, Diana 627
スタンレー・ベーカー,J.(20世紀)
　→Stanley-Baker, Joan 627
スタンレー・ベーカー, パトリック(20世紀)
　→Stanley-Baker, Patrick 627
スチェミンスキ(20世紀)
　→Strzemiński, Władysław 636
スチェミンスキ, ウワジスワフ(20世紀)
　→Strzemiński, Władysław 636
スチシェミンスキ, ヴワディスワフ(20世紀)
　→Strzemiński, Władysław 636
スチーブンズ(19世紀)
　→Stephens, John Lloyd 631
スチーブンズ(19世紀)
　→Stevens, Alfred George 632
スチュアート(18・19世紀)
　→Stuart, Gilbert Charles 636
スチュアート(20世紀) →Stewart, Ellen 632
スチュアート, エレン(20世紀)
　→Stewart, Ellen 632
スチュアート, ギルバート(18・19世紀)
　→Stuart, Gilbert Charles 636
スチュアート〔ギルバート〕(18・19世紀)
　→Stuart, Gilbert Charles 636
スチュアート, ギルバート(・チャールズ)(18・19世紀) →Stuart, Gilbert Charles 636
スチュアート, ジェームズ(18世紀)
　→Stuart, James 636
スチュアート, スンディタ(20世紀)
　→Stewart, Sundiata 632
スチュービス,T.(20世紀)
　→Stubis, Talivaldis 637
スチルフリード(19世紀)
　→Stillfuried, Raimund 633
スーチン(20世紀) →Soutine, Chaim 623
スーチーン(20世紀) →Soutine, Chaim 623
スーチン, ハイム(20世紀)
　→Soutine, Chaim 623
スーチン, ハイム(シャイム)(20世紀)
　→Soutine, Chaim 623
ズッカリ, タッデオ(16・17世紀)
　→Zuccaro, Taddeo 722
ズッカリ・ズッカロ, フェデリゴ(16・17世紀)
　→Zuccaro, Federigo 722
ズッカレッリ, フランチェスコ(18世紀)
　→Zuccarelli, Francesco 722
ズッカレリ, フランチェスコ(18世紀)
　→Zuccarelli, Francesco 722
ズッカレルリ, フランチェスコ(18世紀)
　→Zuccarelli, Francesco 722
ヅッカーロ(ズッカーリ), フェデリーコ(16・17世紀) →Zuccaro, Federigo 722
スツールテンベルグ・レルケ, ヴィンセント(19世紀) →Stoltenberg Lerche, Vincent 633
ステア, パット(20世紀) →Steir, Pat 631

スティーア（19・20世紀）
　→Steer, Philip Wilson　*629*
スティーア, フィリップ・ウィルソン（19・20世紀）
　→Steer, Philip Wilson　*629*
スティア, フィリップ・ウィルソン（19・20世紀）
　→Steer, Philip Wilson　*629*
スティーヴンズ（19世紀）
　→Stevens, Alfred George　*632*
スティーヴンス,M.E.（20世紀）
　→Stevens, Mary E.　*632*
スティーヴンス, アリス・バーバー（19・20世紀）
　→Stephens, Alice Barber　*631*
スティーヴンス, アルフレッド（19世紀）
　→Stevens, Alfred George　*632*
スティーヴンズ, アルフレッド（19世紀）
　→Stevens, Alfred George　*632*
スティーヴンズ, ジョン（19世紀）
　→Stephens, John Lloyd　*631*
スティーヴンズ, ジョン・ロイド（19世紀）
　→Stephens, John Lloyd　*631*
スティーヴンズ, メイ（20世紀）
　→Stevens, May　*632*
スティーヴンスン, アンドリュー（20世紀）
　→Stevenson, Andrew　*632*
スティーヴンソン, ジェイムズ（20世紀）
　→Stevenson, James　*632*
スティクリー, グスタフ（19・20世紀）
　→Stickley, Gustav　*632*
スティーグリツ（19・20世紀）
　→Stieglitz, Alfred　*632*
スティーグリッツ（19・20世紀）
　→Stieglitz, Alfred　*632*
スティーグリッツ, アルフレッド（19・20世紀）
　→Stieglitz, Alfred　*632*
スティッチビュリー,P.（20世紀）
　→Stichbury, Philippa　*632*
スーティーヌ, カイム（20世紀）
　→Soutine, Chaim　*623*
ステイブラー, ハロルド（19・20世紀）
　→Stabler, Harold　*627*
スティーブンソン,J.（20世紀）
　→Stevenson, James　*632*
スティーブンソン, ジェイムズ（20世紀）
　→Stevenson, James　*632*
スティール（20世紀）→Still, Clyfford　*633*
スティル（20世紀）→Still, Clyfford　*633*
スティール, クリフォード（20世紀）
　→Still, Clyfford　*633*
スティル, クリフォード（20世紀）
　→Still, Clyfford　*633*
スティルマン（19・20世紀）
　→Stillman, William James　*633*
スーティン（20世紀）→Soutine, Chaim　*623*
スティーン（20世紀）→Soutine, Chaim　*623*

スーティン, シャイム（20世紀）
　→Soutine, Chaim　*623*
スーティン, シャイム（ハイム）（20世紀）
　→Soutine, Chaim　*623*
スーティン, ハイム（20世紀）
　→Soutine, Chaim　*623*
ステヴァンス, アルフレッド（19・20世紀）
　→Stevens, Alfred　*632*
ステーエフ,V.G.（20世紀）
　→Suteev, Vladimir Grigorievich　*639*
ステーエフ, ウラジーミル（20世紀）
　→Suteev, Vladimir Grigorievich　*639*
ステーエフ, ウラジーミル・Г.（20世紀）
　→Suteev, Vladimir Grigorievich　*639*
ステットハイマー, フロリン（19・20世紀）
　→Stettheimer, Florine　*632*
ステッドマン,R.（20世紀）
　→Steadman, Ralph　*628*
ステップトウ, ジョン（20世紀）
　→Steptoe, John　*632*
ステパノ（1世紀）→Stephanos　*631*
ステパノ（聖）（1世紀）→Stefano　*629*
ステパノ（聖）（1世紀）→Stephanos　*631*
聖ステパノ（1世紀）→Stephanos　*631*
ステパノ（ステファノ）（1世紀）
　→Stephanos　*631*
ステパーノヴァ, ヴァルヴァラ（20世紀）
　→Stepanova, Varvara Fyodorovna　*631*
ステパーノヴァ, ヴァルヴァーラ・フョードロヴナ（20世紀）
　→Stepanova, Varvara Fyodorovna　*631*
ステパンス（19・20世紀）→Stevens, Alfred　*632*
ステビンス, エマ（19世紀）
　→Stebbins, Emma　*628*
ステファウンソン, ヨウン（19・20世紀）
　→Stefánsson, Jón　*629*
ステファニーニ（20世紀）→Stefanini, Luigi　*629*
ステーファノ（14世紀）→Stefano　*629*
ステファノ（1世紀）→Stephanos　*631*
ステーファノ・ヴェネツィアーノ（14世紀）
　→Stefano Veneziano　*629*
ステファノス（1世紀）→Stephanos　*631*
ステーファノ・ダ・ゼーヴィオ（14・15世紀）
　→Stefano da Zevio　*629*
ステーファノ・ダ・ゼヴィオ（14・15世紀）
　→Stefano da Zevio　*629*
ステフェンス（19・20世紀）
　→Stevens, Alfred　*632*
ステポナーヴィチュス,A.（20世紀）
　→Steponavichjus, Aljgirdas　*632*
ステュアート（18世紀）→Stuart, James　*636*
ステュアート（18・19世紀）
　→Stuart, Gilbert Charles　*636*
ステュアート,A.L.（20世紀）
　→Stewart, Arvis L.　*632*

ステュアート,C.W.(20世紀)
　→Stewart, Charles William　632
ステュアート,ギルバート(18・19世紀)
　→Stuart, Gilbert Charles　636
ステュアート,ジェイムズ(18世紀)
　→Stuart, James　636
ステラ(19・20世紀) →Stella, Joseph　631
ステラ(20世紀) →Stella, Frank Philip　631
ステラ,ジョーゼフ(19・20世紀)
　→Stella, Joseph　631
ステラ,ジョーゼフ(19・20世紀)
　→Stella, Joseph　631
ステラ,ジョゼフ(19・20世紀)
　→Stella, Joseph　631
ステラ,フランク(20世紀)
　→Stella, Frank Philip　631
ステラ,フランク・フィリップ(20世紀)
　→Stella, Frank Philip　631
ステラ,フランク(・フィリップ)(20世紀)
　→Stella, Frank Philip　631
ステール,F.(20世紀) →Stehr, Frederic　629
ステール,クロード(20世紀)
　→Sutter, Claude　639
ステルン(20世紀) →Stern, Philippe　632
ステルン,ラッファエッロ(18・19世紀)
　→Stern, Raffaello　632
ステーン(17世紀) →Steen, Jan Havicksz　628
ステーン,ヤン(17世紀)
　→Steen, Jan Havicksz　628
ステーン,ヤン(・ハヴィックスゾーン)(17世紀)
　→Steen, Jan Havicksz　628
ステーンウェイク(16・17世紀)
　→Steenwijk, Hendrik van　628
ステーンウェイク,ヘルマン・ファン(17世紀)
　→Steenwyck(Steenwijck), Herman Evertsz.van　628
ステンフェルト,カート(20世紀)
　→Stenvert, Curt　631
ステンレン,アメ・ダニエル(20世紀)
　→Steinlen, Ame-Daniel　630
ストーヴァー,J.A.(20世紀)
　→Stover, Jo Ann　634
ストゥシュゴフスキー,ヨーゼフ(19・20世紀)
　→Strzygowski, Josef　636
ストゥッテルヘイム,ヴィレム・フレデリク(20世紀) →Stutterheim, Willem Frederik　637
ストウバート,R.(20世紀)
　→Stobart, Ralph　633
ストーエ,R.(20世紀) →Stoye, Rudiger　634
ストーエ,リューディガー(20世紀)
　→Stoye, Rudiger　634
ストーク,ジャネット・モーガン(20世紀)
　→Stoeke, Janet Morgan　633
ストークス,エイドリアン(20世紀)
　→Stokes, Adrian Durham　633

ストークス,エイドリアン(・ダーラム)(20世紀)
　→Stokes, Adrian Durham　633
ストークス,エードリアン(ダラム)(20世紀)
　→Stokes, Adrian Durham　633
ストザード(18・19世紀)
　→Stothard, Thomas　634
ストザード,トマス(18・19世紀)
　→Stothard, Thomas　634
ストーシ(15・16世紀) →Stoss, Veit　634
ス(ト)ジュゴーフスキー(19・20世紀)
　→Strzygowski, Josef　636
ストジュゴーフスキー,ヨーゼフ(19・20世紀)
　→Strzygowski, Josef　636
ストスコップフ,セバスティアン(16・17世紀)
　→Stosskopff, Sebastian　634
ストッパニ,マウリス(20世紀)
　→Stoppani, Maurice　634
ストッブス,W.(20世紀) →Stobbs, William　633
ストッブス,ウィリアム(20世紀)
　→Stobbs, William　633
ストッブズ,ウィリアム(20世紀)
　→Stobbs, William　633
ストープ,ディルク(17世紀)
　→Stoop, Dirck　634
ストム,アントーニオ(18世紀)
　→Stom, Antonio　633
ストム,ジュゼッペ(18世紀)
　→Stom, Giuseppe　634
ストム,ジョヴァンニ(18世紀)
　→Stom, Giovanni　633
ストム,マッテーオ(18世紀)
　→Stom, Matteo　634
ストーメル,マティアス(17世紀)
　→Stomer, Matthias　634
ストラット(18・19世紀) →Strutt, William　636
ストラート,ヤン・ヴァン・デル(16・17世紀)
　→Straet, Jan van der　635
ストラトマン,ローランド(20世紀)
　→Stratmann, Roland　635
ストラハン,ダグラス(19・20世紀)
　→Strachan, Douglas　635
ストラボーン(前1・1世紀) →Strabōn　634
ストラボン(前1・1世紀) →Strabōn　634
ストランド(19・20世紀) →Strand, Paul　635
ストランド,ポール(19・20世紀)
　→Strand, Paul　635
ストーリー(19世紀)
　→Story, William Wetmore　634
ストリアー,ティモシー・オースティン(20世紀)
　→Storrier, Timothy Austin　634
ストリーター(17世紀) →Streeter, Robert　635
ストリックランド(18・19世紀)
　→Strickland, William　635
ストリックランド,ウィリアム(18・19世紀)
　→Strickland, William　635

ストリート(19世紀)
　→Street, George Edmond　635
ストリート, ジョージ・エドマンド(19世紀)
　→Street, George Edmond　635
ストリート, ジョージ・エドムンド(19世紀)
　→Street, George Edmond　635
ストリートン(19・20世紀)
　→Streeton, Arthur Ernest　635
ストリートン, サー・アーサー・アーネスト(19・20世紀)　→Streeton, Arthur Ernest　635
ストリンドベリ(19・20世紀)
　→Strindberg, Johan August　635
ストリンドベリー(19・20世紀)
　→Strindberg, Johan August　635
ストリントベリ, アウグスト(19・20世紀)
　→Strindberg, Johan August　635
ストリンドベリ, アウグスト(19・20世紀)
　→Strindberg, Johan August　635
ストリンドベリー, ユーハン・アウグスト(19・20世紀)　→Strindberg, Johan August　635
ストリンドベリ,(ヨハン・)アウグスト(19・20世紀)　→Strindberg, Johan August　635
ストリンドベリ, ヨハン・アウグスト(19・20世紀)
　→Strindberg, Johan August　635
ストリンドベルイ(19・20世紀)
　→Strindberg, Johan August　635
ストリンドベルイ(19・20世紀)
　→Strindberg, Johan August　635
ストリンドベルイ, アウグスト(19・20世紀)
　→Strindberg, Johan August　635
ストリンドベルイ, ユーアン・アウグスト(19・20世紀)　→Strindberg, Johan August　635
ストール,B.A.(20世紀)
　→Stahl, Benjamin Albert　627
ストルサ(19・20世紀)　→Stursa, Jan　637
ストルーブ, シドニー(20世紀)
　→Strube, Sidney　636
ストレンジ(18世紀)→Strange, Sir Robert　635
ストレンジ,S.(20世紀)
　→Strange, Florence　635
ストロッツィ(16・17世紀)
　→Strozzi, Bernardo　636
ストロッツィ, ザノービ(15世紀)
　→Strozzi, Zanobi　636
ストロッツィ, ベルナルド(16・17世紀)
　→Strozzi, Bernardo　636
ストロンギュリオン(前5・4世紀)
　→Strongylion　636
ストロング, ロイ(20世紀)→Strong, Roy　636
ストーン(16・17世紀)→Stone, Nicolas　634
ストーン,D.K.(20世紀)→Stone, David K.　634
ストーン,H.(20世紀)→Stone, Hellen　634
ストーン, エドワード・ダレル(20世紀)
　→Stone, Edward Durell　634

ストーン, ニコラス(16・17世紀)
　→Stone, Nicolas　634
スナイダー,J.(20世紀)→Snyder, Jerome　619
スナイデルス(16・17世紀)
　→Snyders, Frans　619
スネイデルス(16・17世紀)
　→Snyders, Frans　619
スネイデルス, フランス(16・17世紀)
　→Snyders, Frans　619
スネフェル(前27・26世紀頃)→Snefru　619
スネフル(前27・26世紀頃)→Snefru　619
スネフルー(前27・26世紀頃)→Snefru　619
スネルスン, ケネス(20世紀)
　→Snelson, Kenneth　619
スノウ, マイクル(20世紀)→Snow, Michael　619
スノードン, アントニー・アームストロング=ジョーンズ, 初代伯爵(20世紀)→Snowdon, Antony Armstrong-Jones, 1st Earl of　619
スパイアー, ピーター・エドワード(20世紀)
　→Spier, Peter Edward　625
スパイカー(19・20世紀)
　→Speicher, Eugene Edward　625
スハイク, トゥーア・ファン(20世紀)
　→Schayk, Toer van　592
スパヴェント, ジョルジョ(15・16世紀)
　→Spavento, Giorgio　624
スパーカル, ルイージ(20世紀)
　→Spacal, Luigi　624
スパーダ, リオネッロ(16・17世紀)
　→Spada, Lionello　624
スパダリーノ(16・17世紀)→Spadarino　624
スパッツァパン, ルイージ(19・20世紀)
　→Spazzapan, Luigi　624
スパディーニ, アルマンド(19・20世紀)
　→Spadini, Armando　624
スパーニャ(15・16世紀)→Lo Spagna　412
スパーニャ(15・16世紀)→Spagna　624
スハルケン, ホットフリート(17・18世紀)
　→Schalcken, Godfried　591
スパンツォッティ, ジャン・マルティーノ(15・16世紀)→Spanzotti, Gian Martino　624
スピーア,P.(20世紀)
　→Spier, Peter Edward　625
スピア, ピーター(20世紀)
　→Spier, Peter Edward　625
スピクル, ピエール(15世紀)
　→Spicre, Pierre　625
スピーゲルマン, アート(20世紀)
　→Spiegelman, Art　625
スピナッツィ, インノチェンツォ(18世紀)
　→Spinazzi, Innocenzo　625
スピネッロ・アレティーノ(14・15世紀)
　→Spinello Aretino　626
スピネリ(15・16世紀)
　→Spinelli, Nicolo de Forzore　626

スピネッロ・アレティーノ(14・15世紀)
　→Spinello Aretino　626
スピネーロ(14・15世紀)
　→Spinello Aretino　626
スピネロ・アレティーノ(14・15世紀)
　→Spinello Aretino　626
スピハルスキ(20世紀)
　→Spychalski, Marian　626
スピハルスキー(20世紀)
　→Spychalski, Marian　626
スピハルスキ,M.(20世紀)
　→Spychalski, Marian　626
スピハルスキ,マリアン(20世紀)
　→Spychalski, Marian　626
スピラー、ジェイムズ(18・19世紀)
　→Spiller, James　625
スピーラー、ジェームズ(18・19世紀)
　→Spiller, James　625
スピリアールト、レオン(19・20世紀)
　→Spilliaert, Leon　625
スピーリン,G.(20世紀)　→Spirin, Gennadij　626
スピーリンク、フランス(16・17世紀)
　→Spierinck, Frans　626
スピルカ,A.(20世紀)　→Spilka, Arnold　625
スピンク(20世紀)　→Spink, Walter M.　626
スピンデン(19・20世紀)
　→Spinden, Herbert Joseph　625
スピンデン、ハーバート(19・20世紀)
　→Spinden, Herbert Joseph　625
スーフォール(20世紀)　→Seuphor, Michel　605
スーフォール、ミシェル(20世紀)
　→Seuphor, Michel　605
スプランゲル、バルトロメウス(16・17世紀)
　→Spranger, Bartholomäus　626
スプランジェ(20世紀)
　→Springer, Ferdinand　626
スプランジェ、フェルディナン(20世紀)
　→Springer, Ferdinand　626
スプランヘル(16・17世紀)
　→Spranger, Bartholomäus　626
スプランヘル、バルトロメウス(16・17世紀)
　→Spranger, Bartholomäus　626
スーフロ(18世紀)
　→Soufflot, Jacques Germain　623
スーフロー(18世紀)
　→Soufflot, Jacques Germain　623
スフロ(18世紀)
　→Soufflot, Jacques Germain　623
スフロー(18世紀)
　→Soufflot, Jacques Germain　623
スフロ、ジャック・ジェルマン(18世紀)
　→Soufflot, Jacques Germain　623
スフロ、ジャック=ジェルマン(18世紀)
　→Soufflot, Jacques Germain　623

スペッキ、アレッサンドロ(17・18世紀)
　→Specchi, Alessandro　624
スペッツィ、マリオ(20世紀)
　→Spezi, Mario　625
スペランツァ、ジョヴァンニ(15・16世紀)
　→Speranza, Giovanni　625
スペランディーオ・ダ・マントヴァ(15・16世紀)
　→Sperandio da Mantova　625
スペリ、アームストロング(20世紀)
　→Sperry, Armstrong　625
スペリー、アームストロング(20世紀)
　→Sperry, Armstrong　625
スペーリ、ダニエル(20世紀)
　→Spoerrl, Daniel　626
スーベルビー(20世紀)　→Souverbie, Jean　624
スベン、オットー(20世紀)
　→Svend, Otto S.　639
スベン・オットー(20世紀)
　→Svend, Otto S.　639
スペンサー(20世紀)　→Spencer, Niles　625
スペンサー(20世紀)　→Spencer, Stanley　625
スペンサー、サー・スタンリー(20世紀)
　→Spencer, Stanley　625
スペンサー、スタンリ(20世紀)
　→Spencer, Stanley　625
スペンサー、スタンリー(20世紀)
　→Spencer, Stanley　625
スペンサー、ナイルズ(20世紀)
　→Spencer, Niles　625
スペンサー、ニルス(20世紀)
　→Spencer, Niles　625
スペンサー、リリー(19・20世紀)
　→Spencer, Lilly　625
スペンス(20世紀)
　→Spence, Sir Basil Urwin　625
スペンス、サー・バジル(・アーウィン)(20世紀)
　→Spence, Sir Basil Urwin　625
スペンス、バジル(20世紀)
　→Spence, Sir Basil Urwin　625
スボズィリク、ジャロミー(20世紀)
　→Svozilik, Jaromir　639
スホーテン、フロリス・ファン(17世紀)
　→Scho(o)ten, Floris Gerritsz.van　596
スポード、ジョサイア(18・19世紀)
　→Spode, Josiah　626
スボボダ(20世紀)　→Svoboda, Jozef　639
スボボダ,J.(20世紀)　→Svoboda, Jozef　639
スポルヴェリーニ、ピエル・イラーリオ(17・18世紀)　→Spolverini, Pier Ilario　626
スホーレル、ヤン・ヴァン(15・16世紀)
　→Scorel, Jan Van　598
スポーン,K.(20世紀)　→Spohn, Kate　626
スポーン、ケイト(20世紀)　→Spohn, Kate　626
スマイズ、レッジ(レジナルド・スミス)(20世紀)
　→Smythe, Reg(inald Smith)　619

スマイズソン(16・17世紀)
　→Smythson, Robert　619
スマイズソン, ロバート(16・17世紀)
　→Smythson, Robert　619
スマイバート(17・18世紀)
　→Smibert, John　617
スマイバート, ジョン(17・18世紀)
　→Smibert, John　617
スマーク(18・19世紀)
　→Smirke, Sir Robert　617
スマーク, サー・ロバート(18・19世紀)
　→Smirke, Sir Robert　617
スマーク, ロバート(18・19世紀)
　→Smirke, Sir Robert　617
スマート(18・19世紀)　→Smart, John　617
ズマトリーコバー,H.(20世紀)
　→Zmatlikova, Helena　721
ズマルジャッシ, ガブリエーレ(18・19世紀)
　→Smargiassi, Gabriele　617
スミス(18・19世紀)
　→Smith, John Raphael　617
スミス(19・20世紀)　→Smith, Sir Matthew　617
スミス(19・20世紀)
　→Smith, Vincent Arthur　618
スミス(20世紀)　→Smith, David　617
スミス(20世紀)　→Smith, Oliver　618
スミス(20世紀)
　→Smith, Tony(Anthony Peter)　618
スミス(20世紀)　→Smith, William Eugene　618
スミス,A.(20世紀)　→Smith, Alvin　617
スミス,D.(20世紀)　→Smith, Doris　617
スミス,David(20世紀)　→Smith, David　617
スミス,I.(20世紀)　→Smith, I.　617
スミス,L.(20世紀)　→Smith, Lane　617
スミス,L.B.(20世紀)
　→Smith, Lawrence Beall　617
スミス,N.(20世紀)　→Smith, Ned　618
スミス,R.(20世紀)　→Smith, Ray　618
スミス,W.A.(20世紀)
　→Smith, William Arthur　618
スミス,W(ウィリアム)・ユージン(20世紀)
　→Smith, William Eugene　618
スミス,W・ユージン(20世紀)
　→Smith, William Eugene　618
スミス, アンソニー(20世紀)
　→Smith, Tony(Anthony Peter)　618
スミス, ウィリアム・E.(20世紀)
　→Smith, William Eugene　618
スミス, ヴィンセント・アーサー(19・20世紀)
　→Smith, Vincent Arthur　618
スミス, ウォリス(19・20世紀)
　→Smith, Wallace　618
スミス, オリヴァー(20世紀)
　→Smith, Oliver　618

スミス, サー・マシュー・アーノルド・ブレイシー(19・20世紀)　→Smith, Sir Matthew　617
スミス, ジェシー・ウィルコックス(19・20世紀)
　→Smith, Jessie Wilcox　617
スミス, ジャック(20世紀)　→Smith, Jack　617
スミス, ジョン(18・19世紀)　→Smith, John　617
スミス, デイヴィッド(20世紀)
　→Smith, David　617
スミス, デイヴィド・R(ローランド)(20世紀)
　→Smith, David　617
スミス, デイビッド(20世紀)
　→Smith, David　617
スミス, トニー(20世紀)
　→Smith, Tony(Anthony Peter)　618
スミス, バーナード(20世紀)
　→Smith, Bernard　617
スミス, ハリー(20世紀)　→Smith, Harry　617
スミス, ビンセント・オーサー(19・20世紀)
　→Smith, Vincent Arthur　618
スミス, マシュー(19・20世紀)
　→Smith, Sir Matthew　617
スミス, マシュー(19・20世紀)
　→Smith, Sir Matthew　617
スミス, ユージン(20世紀)
　→Smith, William Eugene　618
スミス, リチャード(20世紀)
　→Smith, Richard　618
スミス, レイン(20世紀)　→Smith, Lane　617
スミス, ロバート(18・19世紀)
　→Smith, Robert　618
スミスソン, アリソン(20世紀)
　→Smithson, Alison Margaret　618
スミスソン, ジョン(17世紀)
　→Smithson, John　618
スミスソン, ハンティドン(17世紀)
　→Smithson, Huntingdon　618
スミスソン(夫妻)(20世紀)
　→Smithson, Alison Margaret　618
スミスソン(夫妻)(20世紀)
　→Smithson, Peter Denham　618
スミスソン, ロバート(16・17世紀)
　→Smythson, Robert　619
スミスソン, ロバート(20世紀)
　→Smithson, Robert　619
スミッソン(20世紀)
　→Smithson, Alison Margaret　618
スミッソン(20世紀)
　→Smithson, Peter Denham　618
スミッソン, アリソン(20世紀)
　→Smithson, Alison Margaret　618
スミッソン, ロバート(20世紀)
　→Smithson, Robert　619
スミッツ, ヤーコプ(19・20世紀)
　→Smits, Jakob　619
ズ・ミンホー(20世紀)　→Zu Ming Ho　723

スムバーチャ,K.V.(20世紀)
　→Smbatja, Karen Vaganovich　*617*
スメンツェフ,ミッシェル(20世紀)
　→Sementzeff, Michel　*602*
スモール,メアリ(20世紀)→Small, Mary　*617*
スーラ(19世紀)→Seurat, George Pierre　*606*
スーラー(19世紀)→Seurat, George Pierre　*606*
スーラ,ジョルジュ(19世紀)
　→Seurat, George Pierre　*606*
スーラ,ジョルジュ・ピエール(19世紀)
　→Seurat, George Pierre　*606*
スーラ,ジョルジュ(・ピエール)(19世紀)
　→Seurat, George Pierre　*606*
スーラ,ジョルジュ=ピエール(19世紀)
　→Seurat, George Pierre　*606*
スライテルス,ヤン(19・20世紀)
　→Sluyters, Jan　*616*
スラヴィーチェク,アントニーン(19・20世紀)
　→Slaviček, Antonín　*616*
スーラージュ(20世紀)→Soulages, Pierre　*623*
スラージュ(20世紀)→Soulages, Pierre　*623*
スーラージュ,ピエール(20世紀)
　→Soulages, Pierre　*623*
スーリオ(19・20世紀)→Souriau, Paul　*623*
スーリオ(20世紀)→Souriau, Étienne　*623*
スーリオー(19・20世紀)→Souriau, Paul　*623*
スーリオー(20世紀)→Souriau, Étienne　*623*
スリオ(20世紀)→Souriau, Étienne　*623*
スリオ,E.(20世紀)→Souriau, Étienne　*623*
スーリオ,エティエンヌ(20世紀)
　→Souriau, Étienne　*623*
スーリコフ(19・20世紀)
　→Surikov, Vasily Ivanovich　*638*
スリコフ(19・20世紀)
　→Surikov, Vasily Ivanovich　*638*
スリコフ,ヴァシーリイ(19・20世紀)
　→Surikov, Vasily Ivanovich　*638*
スーリコフ,ヴァシリー・イヴァノヴィチ(19・20世紀)→Surikov, Vasily Ivanovich　*638*
スリコフ,ヴァッシリー・イヴァノヴィッチ(19・20世紀)→Surikov, Vasily Ivanovich　*638*
スリューター,クラウス(14・15世紀)
　→Sluter, Claus　*616*
スリューテル(14・15世紀)→Sluter, Claus　*616*
スリューテル,クラウス(14・15世紀)
　→Sluter, Claus　*616*
スリンゲナイヤー(19世紀)
　→Slingeneyer, Ernest　*616*
スリンゲナイヤー,エルネスト(19世紀)
　→Slingeneyer, Ernest　*616*
スルターン・ムハンマッド(16世紀)
　→Sultān Muhammad　*638*
スルターン・ムハンマド(16世紀)
　→Sultān Muhammad　*638*

スルタン・ムハンマド(16世紀)
　→Sultān Muhammad　*638*
ズルツァー(18世紀)
　→Sulzer, Johann Georg　*638*
ズルツアー(18世紀)
　→Sulzer, Johann Georg　*638*
ズルツァー,ヨハン・ゲオルク(18世紀)
　→Sulzer, Johann Georg　*638*
スルバラン(16・17世紀)
　→Zurbaran, Francisco de　*723*
ズルバラン(16・17世紀)
　→Zurbaran, Francisco de　*723*
スルバラン,フランシスコ・デ(16・17世紀)
　→Zurbaran, Francisco de　*723*
ズルマン,フランコ(20世紀)
　→Szulman, Francois　*640*
スレイド,フェリックス(18・19世紀)
　→Slade, Felix　*616*
スレッドゴール,C.(20世紀)
　→Threadgall, Collin　*651*
スレーフォークト(19・20世紀)
　→Slevogt, Max　*616*
スレフォークト(19・20世紀)
　→Slevogt, Max　*616*
スレーフォークト,マックス(19・20世紀)
　→Slevogt, Max　*616*
スレフォークト,マックス(19・20世紀)
　→Slevogt, Max　*616*
スロアーガ(19・20世紀)
　→Zuloaga, Ignacio　*722*
スロアガ(19・20世紀)→Zuloaga, Ignacio　*722*
スロアーガ,イグナシオ(19・20世紀)
　→Zuloaga, Ignacio　*722*
スロアガ,イグナシオ(19・20世紀)
　→Zuloaga, Ignacio　*722*
スロヴィンスキー,ティム(20世紀)
　→Slowingsky, Tim　*616*
スロウン,ジョン(19・20世紀)
　→Sloan, John　*616*
スロッツ,セバスティアン(17・18世紀)
　→Slodtz, Sébastien　*616*
スロッツ,セバスティアン=アントワーヌ(17・18世紀)→Slodtz, Sébastien-Antoine　*616*
スロッツ,ポール=アンブロワーズ(18世紀)
　→Slodtz, Paul-Ambroise　*616*
スロッツ,ルネ=ミシェル(18世紀)
　→Slodtz, René-Michel　*616*
スロボドキナ,エスフィア(20世紀)
　→Slobodkina, Esphyr　*616*
スロボトキン,L.(20世紀)
　→Slobodkin, Louis　*616*
スロボトキン,ルイス(20世紀)
　→Slobodkin, Louis　*616*
スロボドキン,ルイス(20世紀)
　→Slobodkin, Louis　*616*

スローン(19・20世紀) →Sloan, John　616
スローン,J.(19・20世紀) →Sloan, John　616
スローン, ジョン(19・20世紀)
　→Sloan, John　616
スローン, ジョン(・フレンチ)(19・20世紀)
　→Sloan, John　616

【 セ 】

セア(19・20世紀)
　→Thayer, Abbott Handerson　647
セアン・ベルムデス(18・19世紀)
　→Ceán-Bermúdez, Juan Agustín　138
セイ, アレン(20世紀) →Say, Allen　590
セイジ, ケイ(20世紀) →Sage, Kay　581
セイバイン, ウォーレス・クレメント・ウェア(19・20世紀)
　→Sabine, Wallace Clement Ware　579
セイビン, ウォレス・クレメント(・ウェア)(19・20世紀)
　→Sabine, Wallace Clement Ware　579
セイリグ, アンリ(20世紀)
　→Seyrig, Henri Arnold　606
セヴァリン,M.(20世紀) →Severin, Mark　606
セヴァーン, ジョーゼフ(18・19世紀)
　→Severn, Joseph　606
ゼーヴィ, ブルーノ(20世紀) →Zevi, Bruno　720
セヴェリーニ(19・20世紀) →Severini, Gino　606
セヴェリーニ, ジーノ(19・20世紀)
　→Severini, Gino　606
ゼウクシス(前5・4世紀頃) →Zeuxis　720
セエル(20世紀) →Céelle　138
セーガ, ゲオウ(18・19世紀)
　→Zoëga, Georg　721
セガーラ, ジョヴァンニ(17・18世紀)
　→Segala, Giovanni　600
セガル, ラサル(20世紀) →Segall, Lasar　600
セガレン, ヴィクトール(19・20世紀)
　→Segalen, Victor　600
セガレン, ヴィクトル(19・20世紀)
　→Segalen, Victor　600
セカンダ, アーサー(20世紀)
　→Secunda, Arthur　600
セガンチーニ(19世紀)
　→Segantini, Giovanni　600
セガンティーニ(19世紀)
　→Segantini, Giovanni　600
セガンティーニ, ジョヴァンニ(19世紀)
　→Segantini, Giovanni　600
セガンティーニ, ジョヴァンニ(19世紀)
　→Segantini, Giovanni　600

セギ, アントニオ(20世紀)
　→Segui, Antonio　601
セグレ, マルチェッリーノ(18世紀)
　→Segrè, Marcellino　601
セーケイ(19・20世紀) →Székely Bertalan　640
セーケイ,B.(19・20世紀)
　→Székely Bertalan　640
セケイラ(18・19世紀)
　→Sequeira, Domingo António de　604
ゼーゲルス(16・17世紀)
　→Seghers, Hercules Pietersz　601
ゼケレス, シンディ(20世紀)
　→Szekeres, Cyndy　640
セコラ, オンジェイ(20世紀)
　→Sekora, Ondřej　601
セザール(20世紀) →César(Bardaccini)　140
セザール, ジェローム(20世紀)
　→Cesar, Jerome　139
セザール(バルダッティーニ)(20世紀)
　→César(Bardaccini)　140
セザール, ベルデチーニ(20世紀)
　→César(Bardaccini)　140
セザンヌ(19・20世紀) →Cézanne, Paul　140
セザンヌ, ポール(19・20世紀)
　→Cézanne, Paul　140
セザンヌ, ポル(19・20世紀)
　→Cézanne, Paul　140
セスト(15・16世紀) →Cesare da Sesto　140
セスト, チェザーレ・ダ(15・16世紀)
　・Cesare da Sesto　140
セズネック(20世紀) →Seznec, Jean　606
セズネック, ジーン(20世紀)
　→Seznec, Jean　606
セスペデス(16・17世紀)
　→Céspedes, Pablo de　140
セスペデス, パブロ・デ(16・17世紀)
　→Céspedes, Pablo de　140
ゼッキン, ヴィットーリオ(19・20世紀)
　→Zecchin, Vittorio　718
ゼッケル, ディートリッヒ(20世紀)
　→Seckel, Dietrich　600
セッションズ, ケイト・オリヴィア(19・20世紀)
　→Sessions, Kate Olivia　605
セッジリー, ピーター(20世紀)
　→Sedgely, Peter　600
セッチ, テリー(20世紀) →Setch, Terry　605
セッチェル, サラ(19世紀) →Setchel, Sarah　605
セッティニャーノ(15世紀)
　→Desiderio da Settignano　193
セッティニャーノ, デジデリオ・ダ(15世紀)
　→Desiderio da Settignano　193
セッハルト(19世紀) →Shepherd, Charles　609
セッハルト(シェパード)(19世紀)
　→Shepherd, Charles　609

セッパルト（シェパード）(19世紀)
　→Shepherd, Charles　609
ゼッフィレッリ（20世紀）
　→Zeffirelli, Franco　718
ゼッフィレッリ, フランコ（20世紀）
　→Zeffirelli, Franco　718
ゼッフィレリ（20世紀）→Zeffirelli, Franco　718
ゼッフィレリ, フランコ（20世紀）
　→Zeffirelli, Franco　718
セッラ, ルイージ（19世紀）→Serra, Luigi　605
セティ1世（前14・13世紀）→Seti I　605
セティ一世（前14・13世紀）→Seti I　605
ゼーデルマイヤ（20世紀）
　→Sedlmayr, Hans　600
ゼーデルマイヤー（20世紀）
　→Sedlmayr, Hans　600
ゼーデルマイヤ, ハンス（20世紀）
　→Sedlmayr, Hans　600
ゼードルマイア（20世紀）
　→Sedlmayr, Hans　600
ゼードルマイア, ハンス（20世紀）
　→Sedlmayr, Hans　600
ゼードルマイアー, ハンス（20世紀）
　→Sedlmayr, Hans　600
ゼードルマイヤー（20世紀）
　→Sedlmayr, Hans　600
ゼードルマイヤー, ハンス（20世紀）
　→Sedlmayr, Hans　600
ゼードルマイル（20世紀）
　→Sedlmayr, Hans　600
セドン, V.A.（20世紀）→Seddon, Viola Ann　600
セナケリブ（前8・7世紀）→Sennacherib　603
ゼナーレ, ベルナルディーノ（15・16世紀）
　→Zenale, Bernardino　719
セーニャ・ディ・ボナヴェントゥーラ（13・14世紀）→Segna di Bonaventura　601
セニョボス, F.（20世紀）
　→Seignobose, Françoise　601
ゼーネフェルダー（18・19世紀）
　→Senefelder, Aloys　603
ゼネフェルダ（18・19世紀）
　→Senefelder, Aloys　603
ゼネフェルダー（18・19世紀）
　→Senefelder, Aloys　603
ゼーネフェルダー, アロイス（18・19世紀）
　→Senefelder, Aloys　603
ゼーノドーロス（1世紀）→Zenodoros　719
ゼノドロス（1世紀）→Zenodoros　719
ゼーノビア（3世紀）→Zenobia, Septimia　719
ゼノビア（3世紀）→Zenobia, Septimia　719
ゼノビア,（セプティミア）（バト・ザッバイ）(3世紀)→Zenobia, Septimia　719
ゼノン（2世紀）→Zēnōn　719

ゼノン・ヴェロネーゼ（15・16世紀）
　→Zenon Veronese　719
セバスチアヌス（3世紀頃）→Sebastianus　600
セバスチャン（3世紀頃）→Sebastianus　600
セバスティアーヌス（3世紀頃）
　→Sebastianus　600
セバスティアヌス（3世紀頃）→Sebastianus　600
セバスティアヌス（聖）（3世紀頃）
　→Sebastianus　600
聖セバスティアヌス（3世紀頃）
　→Sebastianus　600
セバスティアーノ・デル・ピアンボ（15・16世紀）
　→Sebastiano del Piombo　599
セバスティアーノ・デル・ピオンボ（15・16世紀）
　→Sebastiano del Piombo　599
セーヒェルス（16・17世紀）
　→Seghers, Hercules Pietersz　601
セーヒェルス, ヘルキュレス（16・17世紀）
　→Seghers, Hercules Pietersz　601
セービン（19・20世紀）→Sabine, Paul Earls　579
セービン（19・20世紀）
　→Sabine, Wallace Clement Ware　579
ゼフィレッリ（20世紀）→Zeffirelli, Franco　718
ゼフィレッリ, フランコ（20世紀）
　→Zeffirelli, Franco　718
ゼフィレリ（20世紀）→Zeffirelli, Franco　718
ゼフィレリ, フランコ（20世紀）
　→Zeffirelli, Franco　718
セプティミウス・セウェールス（2・3世紀）
　→Septimius Severus, Lucius　603
セプティミウス・セウェールス, ペルティナクス・ルーキウス（2・3世紀）
　→Septimius Severus, Lucius　603
セベリーニ（19・20世紀）→Severini, Gino　606
セベリーニ, ジーノ（19・20世紀）
　→Severini, Gino　606
セーヘルス（16・17世紀）
　→Seghers, Hercules Pietersz　601
セーヘルス（16・17世紀）→Seghers, Daniel　601
セーヘルス（16・17世紀）→Seghers, Gerard　601
セーヘルス（16・17世紀）
　→Seghers, Hercules Pietersz　601
セーヘルス, ダニエル（16・17世紀）
　→Seghers, Daniel　601
セーヘルス, ヘラルト（16・17世紀）
　→Seghers, Gerard　601
セーヘルス, ヘルキューレス（16・17世紀）
　→Seghers, Hercules Pietersz　601
セーヘルス, ヘルクレス（16・17世紀）
　→Seghers, Hercules Pietersz　601
ゼーマック, マーゴット（20世紀）
　→Zemach, Margot　719
セミテーコロ, ニコレット（14世紀）
　→Semitecolo, Nicoletto　602

セミーノ, アントーニオ (15・16世紀)
→Semino, Antonio 602
セミーノ, アンドレーア (16世紀)
→Semino, Andrea 602
セミーノ, オッターヴィオ (16・17世紀)
→Semino, Ottavio 602
セミョーノフ,I.M. (20世紀)
→Semjonov, Ivan Maksimovich 602
セメギーニ, ピオ (19・20世紀)
→Semeghini, Pio 602
セメレ →Semele 602
セメレー →Semele 602
セメレコフ, スラヴァ (20世紀)
→Semerikov, Slava 602
セラ (20世紀) →Serra, Richard 605
ゼーラー, エドゥアルト (19・20世紀)
→Seler, Eduard 602
ゼーラー, エドゥアルト・ゲオルク (19・20世紀)
→Seler, Eduard 602
セーラ, ジャウメ (14世紀) →Serra, Jaime 605
セーラ, ハイメ (14世紀) →Serra, Jaime 605
セーラ, ペドロ (14世紀) →Serra, Pedro 605
セーラ, ペレ (14世紀) →Serra, Pedro 605
セラ, リチャード (20世紀) →Serra, Richard 605
セラドゥール, ギ (20世紀)
→Seradour, Guy 604
セラノ, アンドレ (20世紀)
→Serrano, Andres 605
セラーノ, パブロ (20世紀)
→Serrano, Pablo 605
セラフィーニ, セラフィーノ (14世紀)
→Serafini, Serafino 604
セラフィーヌ (19・20世紀)
→Séraphine, Louis 604
セラフィーヌ・ド・サンリス (19・20世紀)
→Séraphine, Louis 604
セランジェリ, ジョアッキーノ (18・19世紀)
→Serangeli, Gioacchino 604
ゼーリ, フェデリーコ (20世紀)
→Zeri, Federico 719
セーリグ (20世紀) →Seyrig, Henri Arnold 606
セーリグ, アンリ (20世紀)
→Seyrig, Henri Arnold 606
セリグマン (20世紀) →Seligman, Kurt 602
セリグマン,K. (20世紀) →Seligman, Kurt 602
セリグマン, クルト (20世紀)
→Seligman, Kurt 602
セリグマン, クルト (20世紀)
→Seligman, Kurt 602
セリス, ペレス (20世紀) →Celis, Perez 138
セリーニ,E. (20世紀) →Cellini Eva 138
セリーニ,J. (20世紀) →Cellini Joseph 139
セリュジエ (19・20世紀) →Sérusier, Paul 605

セリュジエ, ポール (19・20世紀)
→Sérusier, Paul 605
セリュジエ, ポール (19・20世紀)
→Sérusier, Paul 605
セリュジエ, ルイ=ポール=アンリ (19・20世紀)
→Sérusier, Paul 605
ゼリンスキー, P.O. (20世紀)
→Zelinsky, Paul O. 719
セルヴァ, ジョヴァンニ・アントーニオ (18・19世紀) →Selva, Giovanni Antonio 602
セルヴァ, ジョヴァンニ・アントニオ (18・19世紀)
→Selva, Giovanni Antonio 602
セルヴァーティコ・エステンセ, ピエトロ (19世紀) →Selvatico Estense, Pietro 602
セルヴァンドーニ (17・18世紀)
→Servandoni, Giovanni Niccolò 605
セルヴァンドーニ, ジャン=ニコラ (17・18世紀)
→Servandoni, Giovanni Niccolò 605
セルヴァンドーニ, ジョヴァンニ・ニコロ (17・18世紀) →Servandoni, Giovanni Niccolò 605
セルヴァンドーニ, ジョヴァンニ・ニッコロ (17・18世紀)
→Servandoni, Giovanni Niccolò 605
セルヴィ, ジョヴァンニ (19世紀)
→Servi, Giovanni 605
セルヴィアン (20世紀) →Servien, Pius 605
セルゲル (18・19世紀)
→Sergel, Johan Tobias von 604
ゼルゲル (18・19世紀)
→Sergel, Johan Tobias von 604
ゼルゲル (19・20世紀) →Sörgel, Hermann 622
セルゲル, ユーハン・トビアス (18・19世紀)
→Sergel, Johan Tobias von 604
セルゲル, ヨーハン・トビーアス (18・19世紀)
→Sergel, Johan Tobias von 604
セルジエ, ポール (19・20世紀)
→Sérusier, Paul 605
セルシフロン・オブ・クロイソス (前6世紀)
→Cersifrón of Croisos 139
セルダ・イ・スニェール, イルデフォンソ (19世紀) →Cerdà i Sunyer, Ildefonso 139
セルー・ダジャンクール (18・19世紀)
→Agincourt, Jean-Baptiste-Louis-Georges 8
セルト, ホセ・ルイス (20世紀) →Sert, José Luis 605
セルト, ホセー・ルイス (20世紀)
→Sert, José Luis 605
セルネージ, ラッファエロ (19世紀)
→Sernesi, Raffaello 604
セルバンドーニ (17・18世紀)
→Servandoni, Giovanni Niccolò 605
セルピーターセン, L.L. (20世紀)
→Sell-Petersen, Lise Lotte 602
ゼルフュス,D. (20世紀)
→Zehrfuss, Dominique 719

ゼールフュス, ベルナール (20世紀)
　→Zehrfuss, Bernard　*719*
セルポッタ, ジャーコモ (17・18世紀)
　→Serpotta, Giacomo　*605*
セルリオ (15・16世紀) →Serlio, Sebastiano　*604*
セルリオ, セバスティアーノ (15・16世紀)
　→Serlio, Sebastiano　*604*
セルリョ (15・16世紀) →Serlio, Sebastiano　*604*
セレウコス (1世) (前4・3世紀) →Seleukos I　*602*
セレウコス1世 (前4・3世紀) →Seleukos I　*602*
セレウコス一世 (前4・3世紀) →Seleukos I　*602*
セレウコス1世 (征服者) (前4・3世紀)
　→Seleukos I　*602*
セレウコス一世, 戦勝王ニカトル (前4・3世紀)
　→Seleukos I　*602*
セレウコス一世 (戦勝者) (前4・3世紀)
　→Seleukos I　*602*
セレウコス1世・ニカトール (前4・3世紀)
　→Seleukos I　*602*
セレウコス1世 (ニカトル) (前4・3世紀)
　→Seleukos I　*602*
セレウコス1世ニカトル (前4・3世紀)
　→Seleukos I　*602*
セレウコス1世ニカトル (勝利者) (前4・3世紀)
　→Seleukos I　*602*
セレス, オリヴィア (18・19世紀)
　→Serres, Olivia　*605*
セレソ (17世紀) →Cerezo, Mateo　*139*
セレーソ, マテオ (17世紀) →Cerezo, Mateo　*139*
セレディ,K. (20世紀) →Seredy, Kate　*604*
セレディ, ケイト (20世紀) →Seredy, Kate　*604*
セレデイ, ケイト (20世紀) →Seredy, Kate　*604*
セレーニ, ヴィンチェンツォ (16世紀)
　→Seregni, Vincenzo　*604*
セレブリャーコヴァ, ジナイーダ (19・20世紀)
　→Serebryakova, Zinaida Evgen'evna　*604*
セレブリャコヴァ, ジナイーダ (19・20世紀)
　→Serebryakova, Zinaida Evgen'evna　*604*
セレブリャコワ, ジナイーダ (19・20世紀)
　→Serebryakova, Zinaida Evgen'evna　*604*
ゼロッティ, ジャンバッティスタ (16世紀)
　→Zelotti, Giambattista　*719*
セローディネ, ジョヴァンニ (17世紀)
　→Serodine, Giovanni　*604*
セーロフ (19・20世紀)
　→Serov, Valentine Aleksandrovich　*604*
セーロフ (20ゼ八)
　→Serov, Vladimir Alexandrovich　*604*
セーロフ (19・20世紀)
　→Serov, Valentine Aleksandrovich　*604*
セロフ (19・20世紀)
　→Serov, Valentine Aleksandrovich　*604*
セーロフ, ヴァレンチン (19・20世紀)
　→Serov, Valentine Aleksandrovich　*604*

セローフ, ヴァレンティン・アレクサンドロヴィチ (19・20世紀)
　→Serov, Valentine Aleksandrovich　*604*
セーロフ, ヴァレンティン・アレクサンドロヴィッチ (19・20世紀)
　→Serov, Valentine Aleksandrovich　*604*
セーロフ, ウラジーミル (20世紀)
　→Serov, Vladimir Alexandrovich　*604*
センウスレト (前20世紀) →Sen-usert I　*603*
セン・ウスレト1世, ケペル・カ・ラー (前20世紀)
　→Sen-usert I　*603*
セン・ウセルト1世 (前20世紀)
　→Sen-usert I　*603*
センウセルト1世 (前20世紀) →Sen-usert I　*603*
センウセルト一世 (前20世紀) →Sen-usert I　*603*
セン・ウセルト3世 (前19世紀)
　→Sen-usert III　*603*
センウセルト3世 (前19世紀)
　→Sen-usert III　*603*
センウセルト三世 (前19世紀)
　→Sen-usert III　*603*
センダーク, モーリス (20世紀)
　→Sendak, Maurice Bernard　*603*
センダク, モーリス (20世紀)
　→Sendakenko, Maurice Bernard　*603*
センダック (20世紀)
　→Sendak, Maurice Bernard　*603*
センダック,M. (20世紀)
　→Sendak, Maurice Bernard　*603*
センダック, モーリス (20世紀)
　→Sendak, Maurice Bernard　*603*
センダック, モーリス・バーナード (20世紀)
　→Sendak, Maurice Bernard　*603*
センダック, モーリス (・バーナード) (20世紀)
　→Sendak, Maurice Bernard　*603*
センチェンコ,O.P. (20世紀)
　→Senchenko, Oliga Petrovna　*603*
セント・ゴーデンス (19・20世紀)
　→Saint-Gaudens, Augustas　*581*
セント・ゴーデンズ (19・20世紀)
　→Saint-Gaudens, Augustas　*581*
セント＝ゴーデンズ, オーガスタス (19・20世紀)
　→Saint-Gaudens, Augustas　*581*
セント・ゴーデンズ, オーガストス (19・20世紀)
　→Saint-Gaudens, Augustas　*581*
セント＝ゴードンズ, オーガスタス (19・20世紀)
　→Saint-Gaudens, Augustas　*581*
セント・ジョゼフ, ジョン・ケネス・シンクレア (20世紀)
　→Saint Joseph, John Kenneth Sinclair　*581*
セント＝ジョン, ジョン・アレン (19・20世紀)
　→St John, John Allen　*633*
センナケリブ (前8・7世紀) →Sennacherib　*603*
センナケリブ〔セナチルブ〕(前8・7世紀)
　→Sennacherib　*603*
センナヘリブ (前8・7世紀) →Sennacherib　*603*

ゼンパー(19世紀) →Semper, Gottfried 603
ゼンパー, ゴットフリート(19世紀)
　→Semper, Gottfried 603
センフ, カーティス・C (19・20世紀)
　→Senf, Curtis C. 603
センムート →Senmut 603

【 ソ 】

ソー, A.le (20世紀) →Saux, Alain le 589
ソアーヴェ, フェリーチェ(18・19世紀)
　→Soave, Felice 619
ソアレス・ドス・レイス, アントニオ(19世紀)
　→Soares dos Reis, António 619
ソイダン, S. (20世紀) →Soydan, Seyma 624
ソイヤー(20世紀) →Soyer, Raphael 624
ソイヤー, ラファエル(20世紀)
　→Soyer, Raphael 624
ゾーヴァ, ミヒャエル(20世紀)
　→Sova, Michael 624
ソーヴァージュ, アンリ(19・20世紀)
　→Sauvage, Henri 588
ソウザ・ビルネ, ゴンサーロ(20世紀)
　→Sousa Byrne, Goncalo 623
ゾエガ, ヨーン(18・19世紀)
　→Zoëga, Georg 721
ソオーステル, J.I. (20世紀)
　→Sooster, Julo Iokhannesovich 622
ソークラテ, カルロ(19・20世紀)
　→Socrate, Carlo 619
ソコロフ, N.A. (20世紀) →Sokolov, N.A. 620
ソシビウス(1世紀) →Sosibius 622
ソシビオス(前1世紀) →Sosibius 622
ソーズ(18世紀) →Sōz 624
ソーズ, ムハンマド・ミール(18世紀) →Sōz 624
ゾースト, コンラート・フォン(14・15世紀)
　→Konrad von Soest 371
ソストラトス(前3世紀) →Sostratus 623
ソーゼ, クロード(20世紀)
　→Sauzet, Claude 589
ソソス(前2世紀) →Sosos 623
ゾックス, ラリー(20世紀) →Zox, Larry 722
ソットサス(20世紀)
　→Sottosass, Ettore, Jr. 623
ソットサス, エットーレ(20世紀)
　→Sottosass, Ettore, Jr. 623
ソットサス, エットレ, 2世(20世紀)
　→Sottosass, Ettore, Jr. 623
ソットサス, エットーレ(Jr)(20世紀)
　→Sottosass, Ettore, Jr. 623
ゾッファニー(18・19世紀) →Zoffany, John 721

ソッフィーチ(19・20世紀)
　→Soffici, Ardengo 620
ソッフィチ(19・20世紀) →Soffici, Ardengo 620
ソッフィチ, アルデンゴ(19・20世紀)
　→Soffici, Ardengo 620
ゾッポ(15世紀) →Zoppo, Marco 722
ゾッポ, マルコ(15世紀) →Zoppo, Marco 722
ソッリ, ピエトロ(16・17世紀)
　→Sorri, Pietro 622
ソーティオ, アルベルト(12世紀)
　→Sotio, Alberto 623
ソト(20世紀) →Soto, Jésus-Raphaël 623
ソト, J.ラファエル(20世紀)
　→Soto, Jésus-Raphaël 623
ソト, ヘズス・ラファエル(20世紀)
　→Soto, Jésus-Raphaël 623
ソト, ラファエル(20世紀)
　→Soto, Jésus-Raphaël 623
ソートゥーマヨー, A. (20世紀)
　→Sotomayor, Antonio 623
ソードマ(15・16世紀) →Sodoma, Il 619
ソドマ(15・16世紀) →Sodoma, Il 619
ソドマ, イル(15・16世紀) →Sodoma, Il 619
ソートラス, ジョージ(20世紀)
　→Soteras, Georges 623
ソーニ, ジュゼッペ(18・19世紀)
　→Sogni, Giuseppe 620
ソニア, ケース(20世紀) →Sonnier, Keit 622
ソニエ, ケイス(20世紀) →Sonnler, Kelth 622
ソーニクロフト(19・20世紀)
　→Thornycroft, Sir William Hamo 650
ソーニークロフト, メアリー(19世紀)
　→Thornycroft, Mary 650
ソーパー(20世紀)
　→Soper, Alexander Coburn 622
ソーパー, E.A. (20世紀)
　→Soper, Eileen Alice 622
ソーバージュ(19・20世紀)
　→Sauvage, Henri 588
ソーバーン, アーチボルド(19・20世紀)
　→Thorburn, Archibald 650
ゾファニー, ヨハン(18・19世紀)
　→Zoffany, John 721
ゾファニー, ヨーハン・ヨーゼフ・エドラー・フォン(18・19世紀) →Zoffany, John 721
ソフィチ(19・20世紀) →Soffici, Ardengo 620
ソフィッチ(19・20世紀) →Soffici, Ardengo 620
ソフィロス(前6世紀頃) →Sophilos 622
ソフラーブ・セペフリー(20世紀)
　→Sohrāb Sepehrī 620
ソブリノ, フランシスコ(20世紀)
　→Sobrino, Francisco 619
ソーブル, ジャン=ニコラ(18・19世紀)
　→Sobre, Jean-Nicolas 619

ソブル, ジャン=ニコラ(18・19世紀)
　→Sobre, Jean-Nicolas　*619*
ソフローノヴァ, アントーニナ(20世紀)
　→Sofronova, Antonina Fedorovna　*620*
ソマイーニ, フランチェスコ(20世紀)
　→Somaini, Francesco　*621*
ソマイニ, フランチェスコ(20世紀)
　→Somaini, Francesco　*621*
ゾラ(19・20世紀)
　→Zola, Émile Edouard Charles Antoine　*721*
ソラー, アントニオ(18・19世紀)
　→Solá, Antonio　*620*
ゾラ, エミール(19・20世紀)
　→Zola, Émile Edouard Charles Antoine　*721*
ゾラ, エミール・エドアール・シャルル・アントーヌ(19・20世紀)
　→Zola, Émile Edouard Charles Antoine　*721*
ゾラク, マルゲリート・トンプソン(19・20世紀)
　→Zorach, Marguerite Thompson　*722*
ゾラック, ウィリアム(19・20世紀)
　→Zorach, William　*722*
ソラティーニ, パーオロ(17・18世紀)
　→Soratini, Paolo　*622*
ソラーナ(19・20世紀)
　→Solana, José Gutiérrez　*620*
ソラーナ, ホセ・グティエルレス(19・20世紀)
　→Solana, José Gutiérrez　*620*
ソラーナ, ホセ・グティエレス(19・20世紀)
　→Solana, José Gutiérrez　*620*
ソラーナ, ホセー・グティエレス(19・20世紀)
　→Solana, José Gutiérrez　*620*
ソラナス, ヴァレリー(20世紀)
　→Solanas, Valerie　*620*
ゾラハ(19・20世紀)　→Zorach, William　*722*
ソラーリ(15世紀)　→Solari, Giovanni　*620*
ソラーリ(15世紀)　→Solari, Guiniforte　*620*
ソラーリ(15世紀)　→Solari, Pietro Antonio　*620*
ソラーリ(15・16世紀)　→Solari, Andrea　*620*
ソラーリ(15・16世紀)　→Solari, Cristoforo　*620*
ソラーリ(16世紀)　→Solari, Antonio　*620*
ソラーリ, アンドレーア(15・16世紀)
　→Solari, Andrea　*620*
ソラーリ, グイニフォルテ(15世紀)
　→Solari, Guiniforte　*620*
ソラーリ, クリストーフォロ(15・16世紀)
　→Solari, Cristoforo　*620*
ソラーリ, サンティーノ(16・17世紀)
　→Solari, Santino　*621*
ソラーリ, ジョヴァンニ(15世紀)
　→Solari, Giovanni　*620*
ソラーリ, ピエトロ・アントーニオ(15世紀)
　→Solari, Pietro Antonio　*620*
ソラーリオ, アントーニオ(16世紀)
　→Solari, Antonio　*620*

ソラリオ, アントニオ(14・15世紀)
　→Solario, Antonio　*621*
ソラーリオ, アンドレーア(15・16世紀)
　→Solari, Andrea　*620*
ソラーリオ, アンドレア(15・16世紀)
　→Solari, Andrea　*620*
ソラーリオ, クリストーフォロ(15・16世紀)
　→Solari, Cristoforo　*620*
ソラーリオ(ソラーリ), アンドレーア(15・16世紀)→Solari, Andrea　*620*
ソラリオ(ソラリ), クリストーフォロ(15・16世紀)→Solari, Cristoforo　*620*
ソラーリオ(ソラーリ), クロストーフォロ(15・16世紀)→Solari, Cristoforo　*620*
ゾラン, ドナルド(20世紀)→Zolan, Donald　*721*
ソーリ, ジュゼッペ・マリーア(18・19世紀)
　→Soli, Giuseppe Maria　*621*
ソリ, ジュゼッペ・マリア(18・19世紀)
　→Soli, Giuseppe Maria　*621*
ソリーア, ジョヴァンニ・バッティスタ(16・17世紀)→Soria, Giovanni Battista　*622*
ソリア・イ・マータ, アルトゥーロ(19・20世紀)
　→Soria y Mata, Arturo　*622*
ソリアーニ, ジョヴァンニ・アントーニオ(15・16世紀)→Sogliani, Giovanni Antonio　*620*
ゾリオ, ジルベルト(20世紀)
　→Zorio, Gilbert　*722*
ゾーリス(16世紀)　→Solis, Virgil　*621*
ゾーリス, ヴィルギール(16世紀)
　→Solis, Virgil　*621*
ゾリス, ヴィルギル(16世紀)　→Solis, Virgil　*621*
ソリメーナ(17・18世紀)
　→Solimena, Francesco　*621*
ソリメーナ, フランチェスコ(17・18世紀)
　→Solimena, Francesco　*621*
ソリメナ, フランチェスコ(17・18世紀)
　→Solimena, Francesco　*621*
ゾルガー(18・19世紀)
　→Solger, Karl Wilhelm Ferdinand　*621*
ゾルガー, カール・ヴィルヘルム・フェルディナント(18・19世紀)
　→Solger, Karl Wilhelm Ferdinand　*621*
ソルタ, レベッカ(20世紀)
　→Salter, Rebecca　*583*
ソルダーティ, アタナージオ(20世紀)
　→Soldati, Atanasio　*621*
ソルフ, ヘンドリック(17世紀)
　→Sorgh Hendrick　*622*
ソルマン, ステファン(20世紀)
　→Sorman, Steven　*622*
ソーレン(19・20世紀)
　→Zorn, Anders Leonard　*722*
ソルン(19・20世紀)
　→Zorn, Anders Leonard　*722*

ソルン, アンデルス(19・20世紀)
　→Zorn, Anders Leonard　722
ソルン, アンデルス・レオナルド(19・20世紀)
　→Zorn, Anders Leonard　722
ソレ,C.(20世紀)　→Sole Carme　621
ソーレ, ジョヴァン・ジョゼッフォ・ダル(17・18世紀)　→Sole, Giovan Gioseffo dal　621
ソレーリ, パーオロ(20世紀)
　→Soleri, Paolo　621
ソレリ, パオロ(20世紀)　→Soleri, Paolo　621
ソーレル,E.(20世紀)　→Sorel, Edward　622
ソレンセン, アンリ(20世紀)
　→Sorensen, Henri　622
ソロタレフ,G.(20世紀)
　→Solotareff, Gregoire　621
ゾロトウ, シャーロッテ(20世紀)
　→Zolotow, Charlotte　721
ゾロトウ, シャーロット(20世紀)
　→Zolotow, Charlotte　721
ソロモン(前10世紀頃)　→Solomon　621
ソロモン(旧約聖書)(前10世紀頃)
　→Solomon　621
ソロモン(シェロモ)(前10世紀頃)
　→Solomon　621
ソロモン〔シェローモー〕(前10世紀頃)
　→Solomon　621
ソロモン, ソロモン・ジョセフ(19・20世紀)
　→Solomon, Solomn Joseph　621
ソローヤ・イ・バスティダ, ホアキン(19・20世紀)
　→Sorolla y Bastida, Joaquín　622
ソローリャ(19・20世紀)
　→Sorolla y Bastida, Joaquín　622
ソローリャ・イ・バスティダ(19・20世紀)
　→Sorolla y Bastida, Joaquín　622
ソロリャ・イ・バスティダ(19・20世紀)
　→Sorolla y Bastida, Joaquín　622
ソローリャ・イ・バスティーダ, ホアキーン(19・20世紀)　→Sorolla y Bastida, Joaquín　622
ソロリャ・イ・バスティダ, ホアキン(19・20世紀)
　→Sorolla y Bastida, Joaquín　622
ソーン(18・19世紀)　→Soane, Sir John　619
ソーン(19・20世紀)
　→Zorn, Anders Leonard　722
ソーン,D.(20世紀)　→Thorne, Diana　650
ソーン, アンデシュ・レオナード(19・20世紀)
　→Zorn, Anders Leonard　722
ソーン, アンデシュ・レオンハルド(・レオンルハト)(19・20世紀)
　→Zorn, Anders Leonard　722
ソーン, アンデルス(19・20世紀)
　→Zorn, Anders Leonard　722
ソーン, サー・ジョン(18・19世紀)
　→Soane, Sir John　619
ソーン, ジョン(18・19世紀)
　→Soane, Sir John　619

ソンク, ラーシュ(19・20世紀)
　→Sonck, Lars　622
ソンダース(19世紀)　→Saunders, William　588
ゾンダーボルグ(20世紀)　→Sonderborg　622
ソートン(18・19世紀)
　→Thornton, William　650
ソーントン, ウィリアム(18・19世紀)
　→Thornton, William　650
ゾンネンシュターン(20世紀)
　→Sonnenstern　622
ソーンヒル(17・18世紀)
　→Thornhill, Sir James　650
ソーンヒル, サー・ジェイムズ(17・18世紀)
　→Thornhill, Sir James　650
ソーンヒル, ジェイムズ(17・18世紀)
　→Thornhill, Sir James　650
ソーンヒル, ジェームズ(17・18世紀)
　→Thornhill, Sir James　650
ソンマルーガ, ジュゼッペ(19・20世紀)
　→Sommaruga, Giuseppe　622

【タ】

タイガーマン, スタンリー(20世紀)
　→Tigerman, Stanley　653
ダイク(16・17世紀)
　→Van Dyck, Sir Anthony　674
ダイク,J.(20世紀)　→Dyke, John　213
ダイク, アンソニー・ヴァン(16・17世紀)
　→Van Dyck, Sir Anthony　674
ダイケル, ヨハネス(19・20世紀)
　→Duiker, Johannes　210
ダイス(19世紀)　→Dyce, William　213
ダイス, ウィリアム(19世紀)
　→Dyce, William　213
ダイステル, ウィレム・コルネリスゾーン(16・17世紀)　→Duyster, Willem Cornelisz.　213
ダイダロス(前4世紀)　→Daidalos　177
ダイデ, ベルナール(20世紀)
　→Daydé, Bernard　184
タイディ, ビル(20世紀)　→Tidy, Bill　652
タイユー(20世紀)　→Tailleux, Françis　641
ダイン, ジム(20世紀)　→Dine, Jim　198
ダウ(17世紀)　→Dou, Gerard　205
ダウ(19・20世紀)　→Dove, Arthur Garfield　205
ダヴ, アーサー(19・20世紀)
　→Dove, Arthur Garfield　205
ダヴ, アーサー・ガーフィールド(19・20世紀)
　→Dove, Arthur Garfield　205
ダヴ, アーサー(・ガーフィールド)(19・20世紀)
　→Dove, Arthur Garfield　205

ダウ, ヘラルト (17世紀) →Dou, Gerard 205
ダウ, ヘラルド (17世紀) →Dou, Gerard 205
ダウ, ヘラルト (ヘリット) (17世紀)
　→Dou, Gerard 205
ダウ, ヘリット (17世紀) →Dou, Gerard 205
タヴァローネ, ラッザーロ (16・17世紀)
　→Tavarone, Lazzaro 644
ダヴィウ (19世紀)
　→Davioud, Gabriel Jean Antoine 183
ダヴィット (15・16世紀) →David, Gerard 182
ダヴィッド (15・16世紀) →David, Gerard 182
ダヴィッド (18・19世紀)
　→David, Jacques Louis 182
ダヴィッド, ジャーク・ルイ (18・19世紀)
　→David, Jacques Louis 182
ダヴィッド, ジャック・ルイ (18・19世紀)
　→David, Jacques Louis 182
ダヴィッド, ジャック＝ルイ (18・19世紀)
　→David, Jacques Louis 182
ダヴィット, ヘラルト (15・16世紀)
　→David, Gerard 182
ダヴィッド・ダンジェ (18・19世紀)
　→David, Pierre Jean 183
ダヴィデ (前11・10世紀) →David 182
ダヴィデ (ダビデ) (前11・10世紀) →David 182
ダヴィト (15・16世紀) →David, Gerard 182
ダヴィド (18・19世紀)
　→David, Jacques Louis 182
ダヴィド, ジャック・ルイ (18・19世紀)
　→David, Jacques Louis 182
ダヴィド, ピエール・ジャン (18・19世紀)
　→David, Pierre Jean 183
ダーヴィト, ヘーラルト (15・16世紀)
　→David, Gerard 182
ダヴィドヴァ, ナターリヤ (19・20世紀)
　→Davydova, Natariia Iakovlevna 184
ダヴィレ (17世紀)
　→Daviller, Charles Augustin 183
ダヴィレ, シャルル＝オーギュスタン (17世紀)
　→Daviller, Charles Augustin 183
ダヴィレール, シャルル・オーギュスタン (17世紀) →Daviller, Charles Augustin 183
ダーウィン, B. (20世紀) →Darwin, Beatrice 180
ダーウィン, L. (20世紀) →Darwin, Leonard 180
ダ・ヴィンチ (15・16世紀)
　→Leonardo da Vinci 396
タヴェッラ, カルロ・アントーニオ (17・18世紀)
　→Tavella, Carlo Antonio 644
タヴェルナーリ, ヴィットーリオ (20世紀)
　→Tavernari, Vittorio 644
ダヴェンポート (20世紀)
　→Davenport, Millia 182
ダヴット, アガ (16世紀) →Davut, Aga 184
ダウティ (18・19世紀) →Doughty, Thomas 205

タウト (19・20世紀) →Taut, Bruno 644
タウト (19・20世紀) →Taut, Max 644
ダウド, J (ジェイムズ)・H (20世紀)
　→Dowd, J(ames) H. 205
ダウド, V. (20世紀) →Dowd, Victor 205
タウト, ブルーノ (19・20世紀)
　→Taut, Bruno 644
タウトー, ブルーノ (19・20世紀)
　→Taut, Bruno 644
タウト, マックス (19・20世紀) →Taut, Max 644
ダウニング (19世紀)
　→Downing, Andrew Jackson 205
ダウニング, アンドリュー・ジャクソン (19世紀)
　→Downing, Andrew Jackson 205
ダウニング, アンドルー・ジャクソン (19世紀)
　→Downing, Andrew Jackson 205
ダウニング, トーマス (20世紀)
　→Downing, Thomas 205
ダウハー (15・16世紀) →Daucher, Adolf 181
ダウハー (15・16世紀) →Daucher, Hans 181
ダウハー, アードルフ (15・16世紀)
　→Daucher, Adolf 181
ダウハー, アドルフ (15・16世紀)
　→Daucher, Adolf 181
ダウハー, ハンス (15・16世紀)
　→Daucher, Hans 181
ダウヒャー, アドルフ (15・16世紀)
　→Daucher, Adolf 181
ダウヒャー, ハンス (15・16世紀)
　→Daucher, Hans 181
タヴラリス, ディーン (20世紀)
　→Tavoularis, Dean 644
タウリ, ピーター (20世紀) →Towry, Peter 659
ダウリア, ジェローラモ (16・17世紀)
　→D'Auria, Gerolamo 182
ダウリア, ジャン・ドメーニコ (16世紀)
　→D'Auria, Gian Domenico 182
ダウリア, ジョヴァン・トンマーゾ (16・17世紀)
　→D'Auria, Giovan Tommaso 182
ダウリア, ジョヴァン・フランチェスコ (16・17世紀) →D'Auria, Giovan Francesco 182
タウリスコス (トラレイス出身の) (前1世紀頃)
　→Tauriskos 644
ダウリング, V.J. (20世紀)
　→Dowling, Victor J. 205
ダウリング, スティーヴン (20世紀)
　→Dowling, Stephen 205
タウロヴ, フリッツ (19・20世紀)
　→Thaulow, Frits 647
タウン (18・19世紀) →Towne, Francis 659
タウン (20世紀) →Town, Harold 659
タウン, チャールズ (18・19世紀)
　→Towne, Charles 659
タウン, フランシス (18・19世紀)
　→Towne, Francis 659

タウンゼンド,K.(20世紀)
　→Townsend, Kenneth　*659*
タウンゼンド,L.(20世紀)　→Townsend, Lee　*659*
タウンゼンド,R.F.(20世紀)
　→Townsend, Richard F.　*659*
ターカイ,イツチェク(20世紀)
　→Tarkay, Itzchak　*643*
ダーカンジェロ,アラン(20世紀)
　→D'Arcangelo, Allan　*179*
ダーカンジェロ,アレン(20世紀)
　→D'Arcangelo, Allan　*179*
タキス(20世紀)　→Takis　*641*
ダークス,ルドルフ(19・20世紀)
　→Dirks, Rudolph　*199*
ダグラーテ,アントーニオ・フェッレーリ(15・16世紀)　→D'Agrate, Antonio Ferreri　*176*
ダグラーテ,ジャン・フランチェスコ・フェッレーリ(15・16世紀)
　→D'Agrate, Gian Francesco Ferreri　*176*
ダグラーテ,マルコ・フェッレーリ(16世紀)
　→D'Agrate, Marco Ferreri　*176*
タークル,ブリントン(20世紀)
　→Turkle, Brinton Cassady　*664*
タークル,ブリントン・カサデイ(20世紀)
　→Turkle, Brinton Cassady　*664*
タゲール(18・19世紀)
　→Daguerre, Louis Jacques Mandé　*176*
ダゲール(18・19世紀)
　→Daguerre, Louis Jacques Mandé　*176*
タゲール,ルイ・ジャック・マンデ(18・19世紀)
　→Daguerre, Louis Jacques Mandé　*176*
ダゲール,ルイ・ジャック・マンデ(18・19世紀)
　→Daguerre, Louis Jacques Mandé　*176*
ダゲール,ルイ‐ジャック‐マンデ(18・19世紀)
　→Daguerre, Louis Jacques Mandé　*176*
ダゲール,ルイ=ジャック=マンデ(18・19世紀)
　→Daguerre, Louis Jacques Mandé　*176*
ダゴスティーノ,アルバート・S(20世紀)
　→D'Agostino, Albert S.　*176*
タゴール(20世紀)
　→Tagore, Abanindra Nath　*641*
ダシケーヴィチ,ビクトリヤ・T.(20世紀)
　→Dashkevich, Victoriya T.　*180*
ダジソン,フランセス(19・20世紀)
　→Dodgson, Frances　*200*
タジリ,シンキチ(20世紀)
　→Tajiri, Shinkichi　*641*
ダス,ディーン(20世紀)　→Dass, Dean　*180*
ダスト,ダニー(20世紀)　→Dasto, Dany　*180*
ダスワント(16世紀)　→Daswanth　*181*
ダツェンコ,G.(20世紀)
　→Dotzenko, Grisha　*205*
タッカー,アルバート・リー(20世紀)
　→Tucker, Albert Lee　*663*

タッカー,ウィリアム(20世紀)
　→Tucker, William　*663*
タッカ,ピエトロ(16・17世紀)
　→Tacca, Pietro　*640*
タッカ,フェルディナンド(17世紀)
　→Tacca, Ferdinando　*640*
タッキ,チェーザレ(20世紀)
　→Tacchi, Ceare　*640*
タッコーニ,フランチェスコ・ディ・ジャーコモ(15世紀)
　→Tacconi, Francesco di Giacomo　*640*
タッシ(16・17世紀)　→Tassi, Agostino　*643*
タッシ,アゴスティーノ(16・17世紀)
　→Tassi, Agostino　*643*
タッシー,ジェイムズ(18世紀)
　→Tassie, James　*643*
タッシ,フランチェスコ・マリーア(18世紀)
　→Tassi, Francesco Maria　*643*
ダッシェ,リリー(20世紀)　→Dashe, Lilly　*180*
タッシュナー(19・20世紀)
　→Taschner, Ignatius　*643*
タッセル,リシャール(16・17世紀)
　→Tassel, Richard　*643*
ダッタロ,フランチェスコ(16世紀)
　→Dattaro, Francesco　*181*
ダッツィ,アルトゥーロ(19・20世紀)
　→Dazzi, Arturo　*184*
ダッディ(13・14世紀)　→Daddi, Bernardo　*176*
ダッディ,ベルナルド(13・14世紀)
　→Daddi, Bernardo　*176*
タッデオ・ディ・バルトリ(14・15世紀)
　→Taddeo di Bartoli　*640*
タッデーオ・ディ・バルトロ(14・15世紀)
　→Taddeo di Bartoli　*640*
タッデオ・ディ・バルトロ(14・15世紀)
　→Taddeo di Bartoli　*640*
ダッド,リチャード(19世紀)
　→Dadd, Richard　*176*
ダッフィンガー(18・19世紀)
　→Daffinger, Moritz Michael　*176*
ダッリオ,ドナート・フェリーチェ(17・18世紀)
　→D'Allio, Donato Felice　*177*
ダッレ・マゼーニェ,ジャコベッロおよびピエール・パオロ(14・15世紀)
　→Dalle Masegne, Iacobello　*177*
ダッレ・マゼーニェ,ジャコベッロおよびピエール・パオロ(14・15世紀)
　→Dalle Masegne, Pier Paolo　*177*
ダッレ・マゼーニェ,ピエル・パーオロ(14・15世紀)　→Dalle Masegne, Pier Paolo　*177*
ダッレ・マゼーニェ,ヤコベッロ(14・15世紀)
　→Dalle Masegne, Iacobello　*177*
ダッローカ・ビアンカ,アンジェロ(19・20世紀)
　→Dall'Oca Bianca, Angelo　*177*

タッローネ, グイード (20世紀)
→Tallone, Guido 642
タッローネ, チェーザレ (19・20世紀)
→Tallone, Cesare 642
ダド (20世紀) →Dado 176
ダドリー, ウィリアム (・スチュアート) (20世紀)
→Dudley, William (Stuart) 209
タドリーニ, アダーモ (18・19世紀)
→Tadolini, Adamo 640
タドリーニ, ジューリオ (19・20世紀)
→Tadolini, Giulio 640
タートリン (19・20世紀)
→Tatlin, Vladimir Evgrafovich 643
タトリン (19・20世紀)
→Tatlin, Vladimir Evgrafovich 643
タトリン, ウラジーミル (19・20世紀)
→Tatlin, Vladimir Evgrafovich 643
タートリン, ヴラディミル・エヴグラフォヴィチ (19・20世紀)
→Tatlin, Vladimir Evgrafovich 643
タトリン, ウラディーミル・エフグラーフォヴィッチ (19・20世紀)
→Tatlin, Vladimir Evgrafovich 643
タトリン, ラウディーミル (19・20世紀)
→Tatlin, Vladimir Evgrafovich 643
ターナー (18・19世紀)
→Turner, Joseph Mallord William 664
タナー (19・20世紀)
→Tanner, Henry Ossawa 643
タナー, J. (20世紀) →Tanner, Jane 643
ターナー, J.M.W. (18・19世紀)
→Turner, Joseph Mallord William 664
ターナー, J・M・W (18・19世紀)
→Turner, Joseph Mallord William 664
ターナー, J (ジョゼフ)・M (マロード)・W (ウィリアム) (18・19世紀)
→Turner, Joseph Mallord William 664
ターナー, アルフレッド (19・20世紀)
→Turner, Alfred 664
ターナー, ウィリアム (18・19世紀)
→Turner, Joseph Mallord William 664
ターナー, ジョセフ (18・19世紀)
→Turner, Joseph Mallord William 664
ターナー (ジョセフ) (18・19世紀)
→Turner, Joseph Mallord William 664
ターナー〔ジョーゼフ〕(18・19世紀)
→Turner, Joseph Mallord William 664
ターナー, ジョーゼフ・マラード・ウィリアム (18・19世紀)
→Turner, Joseph Mallord William 664
ターナー, ジョーゼフ・マロート・ウィリアム (18・19世紀)
→Turner, Joseph Mallord William 664
ターナー, ジョーゼフ・マロード・ウィリアム (18・19世紀)
→Turner, Joseph Mallord William 664

ダナエ →Danae 178
ダナエー →Danae 178
ダニエル (前7・6世紀) →Dāni'el 179
ダニエル, トーマス (18・19世紀)
→Daniel, Thomas 179
ダニエーレ・ダ・ヴォルテッラ (16世紀)
→Daniele da Volterra 179
ダニエーレ・ダ・ヴォルテルラ (16世紀)
→Daniele da Volterra 179
タニクリフ, チャールズ・フレデリック (20世紀)
→Tunnicliffe, Charles Frederick 664
ダニコ, ナターリヤ (19・20世紀)
→Dan'ko, Nataliia Shioevna 179
ダニヤ →Dhaniya 195
ダニャン・ブーベレ (19・20世紀) →Dagnan-Bouveret, Pascal Adolphe Jean 176
タニング, ドロシア (20世紀)
→Tanning, Dorothea 643
タニング, ドロテア (20世紀)
→Tanning, Dorothea 643
ダニングトン, T. (20世紀)
→Dunnington, Tom 211
ダネット, ドロシー (20世紀)
→Dunnett, Dorothy 211
ダネーリ, ルイージ・カルロ (20世紀)
→Daneri, Luigi Carlo 179
ターバー (20世紀)
→Thurber, James Grover 651
タバッキ, オドアルド (19・20世紀)
→Tabacchi, Odoardo 640
タハルカ (前7世紀) →Taharka 641
タバレツ, レンスナ (20世紀)
→Tavarez, Lesner 644
ダーハン, A. (20世紀) →Dahan, Andre 176
タピエ (20世紀)
→Tapié de Celeyan, Michel 643
タピエ, ミシェル (20世紀)
→Tapié de Celeyan, Michel 643
タピエス (20世紀) →Tàpies, Antoni 643
タピエス, アントニ (20世紀)
→Tàpies, Antoni 643
タピエス, アントニオ (20世紀)
→Tàpies, Antoni 643
ダビッド (15・16世紀) →David, Gerard 182
ダビッド (18・19世紀)
→David, Jacques Louis 182
ダビッド (18・19世紀)
→David, Pierre Jean 183
ダビッド, ジャック・ルイ (18・19世紀)
→David, Jacques Louis 182
ダビデ (前11・10世紀) →David 182
ダビデ (ダビド) (前11・10世紀) →David 182
ダビディーン, ディヴィッド (20世紀)
→Dabydeen, David 176

ダーフィット、ヘラルト(15・16世紀)
　→David, Gerard　*182*
ダーフィト(15・16世紀)　→David, Gerard　*182*
ダーフィト、ヘラルド(15・16世紀)
　→David, Gerard　*182*
ダフ=ゴードン、ルーシー(19・20世紀)
　→Duff-Gordon, Lucy　*209*
タフト(19・20世紀)　→Taft, Lorado Zadoc　*641*
ダプラ,R.(20世紀)　→Dapra, Regine　*179*
タフリ,N.(20世紀)　→Tafuri, Nancy　*641*
タフリー、ナンシー(20世紀)
　→Tafuri, Nancy　*641*
タフーリ、マンフレード(20世紀)
　→Tafuri, Manfredo　*641*
ダフリングハウゼン、ハインリヒ(20世紀)
　→Davringhausen, Heinrich　*184*
ダ・ポンテ、アントーニオ(16世紀)
　→Da Ponte, Antonio　*179*
タマーニ、ヴィンチェンツォ・ディ・ベネデット・
　ディ・キエーレ(15・16世紀)　→Tamagni,
　Vincenzo di Benedetto di Chiele　*642*
タマヨ(20世紀)　→Tamayo, Rufino　*642*
タマヨ、ルフィーノ(20世紀)
　→Tamayo, Rufino　*642*
タマヨ、ルフィノ(20世紀)
　→Tamayo, Rufino　*642*
タマヨ・ルフィーノ(20世紀)
　→Tamayo, Rufino　*642*
タマリ,V.(20世紀)　→Tamari, Vladimir　*642*
ダミアーニ(20世紀)　→Damiani, Luciano　*178*
ダミアーニ、ルシアーノ(20世紀)
　→Damiani, Luciano　*178*
ダミーニ、ピエトロ(16・17世紀)
　→Damini, Pietro　*178*
タム、ビビアン(20世紀)　→Tam, Vivienne　*642*
ダモフォン(前3・2世紀)　→Damophōn　*178*
ダモフォン(メッセネ出身の)(前3・2世紀)
　→Damophōn　*178*
タラスニック、ステファン(20世紀)
　→Talasnik, Stephen　*641*
ダラック、マリアンヌ(20世紀)
　→Darracq, Marianne　*180*
ダリ(20世紀)　→Dali, Salvador　*177*
ダーリ,F(フィーリクス)・O(オクタヴィアス)・
　C(カー)(19世紀)
　→Darley, Felix Octavius Carr　*180*
ダリ、サルヴァドール(20世紀)
　→Dali, Salvador　*177*
ダリ、サルバドール(20世紀)
　→Dali, Salvador　*177*
ダリ、サルバドール(・フェリペ・ハシント)(20世
　紀)　→Dali, Salvador　*177*
ダリー、ニキ(20世紀)　→Daly, Niki　*178*
ダリー、ロベルト(15世紀)　→Dary, Robert　*180*

ダーリア、ミケーレ(15・16世紀)
　→D'Aria, Michele　*180*
ダリウス1世(前6・5世紀)　→Dareios I　*179*
ダリウス一世(大王)(ヒュスタスペス)(前6・5世
　紀)　→Dareios I　*179*
ダリウス3世(前4世紀)　→Dareios III　*180*
ダリウス三世(前4世紀)　→Dareios III　*180*
ダリウス三世(コドマヌス)(前4世紀)
　→Dareios III　*180*
ダーリオ・ダ・トレヴィーゾ(15世紀)
　→Dario da Treviso　*180*
ダリーマス,R.(20世紀)
　→Doremus, Robert　*204*
ダーリング、ジェイ・ノーウッド(19・20世紀)
　→Darling, Jay Norwood　*180*
ダーリング、ノーウッド(19・20世紀)
　→Darling, Jay Norwood　*180*
ダール(18・19世紀)
　→Dahl, Johan Christian Clausen　*176*
ダルー(19・20世紀)　→Dalou, Aimé-Jules　*177*
ダルー(エメ・)ジュール(19・20世紀)
　→Dalou, Aimé-Jules　*177*
ダルー、ジュール(19・20世紀)
　→Dalou, Aimé-Jules　*177*
ダール、ミカエル(17・18世紀)
　→Dahl, Michael　*176*
ダール、ミッシェール(17・18世紀)
　→Dahl, Michael　*176*
ダール、ユーハン・クリスティアン・クラウセン
　(18・19世紀)
　→Dahl, Johan Christian Clausen　*176*
ダール、ヨハン・クリスティアン(18・19世紀)
　→Dahl, Johan Christian Clausen　*176*
ダール=ウォルフ、ルイーズ(20世紀)
　→Dahl-Wolfe, Louise　*177*
ダルウッド、ヒューバート(20世紀)
　→Dalwood, Hubert　*178*
タル・コア(20世紀)
　→Tal Coat, Pierre Louis Corentin Jacob　*642*
タル・コア、ピエル(20世紀)
　→Tal Coat, Pierre Louis Corentin Jacob　*642*
タル=コアト、ピエール(20世紀)
　→Tal Coat, Pierre Louis Corentin Jacob　*642*
タル・コアト、ピエール・L.C.J.(20世紀)
　→Tal Coat, Pierre Louis Corentin Jacob　*642*
タル=コアト、ルネ=ピエール(20世紀)
　→Tal Coat, Pierre Louis Corentin Jacob　*642*
ダルサネ,N.(20世紀)　→Darsane, N.　*180*
ダル・ゾット、アントーニオ(19・20世紀)
　→Dal Zotto, Antonio　*178*
タルド、マニュエル・ロドルフ(20世紀)
　→Tardo, Manuel Rodulfo　*643*
ダルトワ、ジャック(17世紀)
　→D'Arthois, Jacques　*180*
ダルトン,A.(20世紀)　→Dalton, Anne　*178*

ダルビソーラ,トゥッリオ(20世紀)
　→D'Albisola, Tullio　*177*
タルピーノ,エネーア(16・17世紀)
　→Talpino, Enea　*642*
ダールベルク,エリック(17・18世紀)
　→Dahlberg, Erik　*177*
タルボット(19世紀)
　→Talbot, William Henry Fox　*641*
タルボット,ウィリアム・ヘンリー・フォックス(19世紀)→Talbot, William Henry Fox　*641*
ダルボーノ,エドアルド(19・20世紀)
　→Dalbono, Edoardo　*177*
タルマ(18・19世紀)
　→Talma, François Joseph　*642*
タルマ,フランソワ・ジョゼフ(18・19世紀)
　→Talma, François Joseph　*642*
タルマ,フランソワ=ジョゼフ(18・19世紀)
　→Talma, François Joseph　*642*
ダルマウ(15世紀)→Dalmau, Luis　*177*
ダルマウ,アントニオ(15世紀)
　→Dalmau, Antonio　*177*
ダルマウ,ルイス(15世紀)→Dalmau, Luis　*177*
タルマン,ウィリアム(17・18世紀)
　→Talman, William　*642*
タルレ,E.(20世紀)→Tharlet, Eve　*647*
ダル・レ,ヴィンチェンツォ(18世紀)
　→Dal Ré, Vincenzo　*178*
ダレー,ジャック(15世紀)→Daret, Jacques　*180*
ダーレイオス1世(前6・5世紀)→Dareios I　*179*
ダレイオス(1世)(前6・5世紀)→Dareios I　*179*
ダレイオス1世(前6・5世紀)→Dareios I　*179*
ダレイオス一世(前6・5世紀)→Dareios I　*179*
ダレイオス1世(大王)(前6・5世紀)
　→Dareios I　*179*
ダレイオス一世,大王(前6・5世紀)
　→Dareios I　*179*
ダーレイオス3世(前4世紀)→Dareios III　*180*
ダレイオス(3世)(前4世紀)→Dareios III　*180*
ダレイオス3世(前4世紀)→Dareios III　*180*
ダレイオス三世(前4世紀)→Dareios III　*180*
ダレイオス三世(コドマンヌス)(前4世紀)
　→Dareios III　*180*
ダレイオス(ダリウス)1世(大王)(前6・5世紀)
　→Dareios I　*179*
ダレイオス(ダリウス)3世(前4世紀)
　→Dareios III　*180*
ダレイオスいっせい(前6・5世紀)
　→Dareios I　*179*
タレンティ,シモーネ(14世紀)
　→Talenti, Simone　*642*
タレンティ,フランチェスコ(14世紀)
　→Talenti, Francesco　*642*
ダロンコ,ライモンド(19・20世紀)
　→D'Aronco, Raimondo　*180*

ダン,アルフ(20世紀)→Dunn, Alf　*211*
ダン,ジャン=オーギュスト(19・20世紀)
　→Dampt, Jean-Auguste　*178*
タンギー(20世紀)→Tanguy, Yves　*643*
タンギー,イヴ(20世紀)→Tanguy, Yves　*643*
タンギー,イブ(20世紀)→Tanguy, Yves　*643*
タングリー,ジャン(20世紀)
　→Tinguely, Jean　*654*
タンクレーディ(20世紀)→Tancredi　*643*
ダンコーナ,ヴィート(19世紀)
　→D'Ancona, Vito　*178*
ダンコーナ,パーオロ(19・20世紀)
　→D'Ancona, Paolo　*178*
ダンサー,レックス(20世紀)
　→Dancer, Rex　*178*
ダンジェロ,セルジョ(20世紀)
　→Dangelo, Sergio　*179*
ダンス(18・19世紀)
　→Dance, George, the Younger　*178*
ダンス,ジョージ(17・18世紀)
　→Dance, George　*178*
ダンス,ジョージ(18・19世紀)
　→Dance, George, the Younger　*178*
ダンス,ジョージ(子)(18・19世紀)
　→Dance, George, the Younger　*178*
ダンス,ジョージ(父)(17・18世紀)
　→Dance, George　*178*
ダンス,ナザニエル(18・19世紀)
　→Dance, Nathaniel　*178*
ダンス・ザ・ヤンガー,ジョージ(18・19世紀)
　→Dance, George, the Younger　*178*
タンタルディーニ,アントーニオ(19世紀)
　→Tantardini, Antonio　*643*
ダンタン,ジャン=ピエール(19世紀)
　→Dantan, Jean-Pierre　*178*
ダンチガー(ダンチゲル),イツハク(20世紀)
　→Danziger, Itzhak　*179*
タンツィオ・ダ・ヴァラッロ(16・17世紀)
　→Tanzio da Varallo　*643*
ダンティ,ヴィンチェンツォ(16世紀)
　→Danti, Vincenzo　*179*
ダンティ,ジューリオ(16世紀)
　→Danti, Giulio　*179*
ダンティ,ヘンリー(20世紀)
　→D'anty, Henry　*179*
ダンドラーデ,アルフレード(19・20世紀)
　→D'Andrade, Alfredo　*178*
ダンナ,ヴィート(18世紀)→D'Anna, Vito　*179*
ダンネッカー(18・19世紀)
　→Dannecker, Johann Heinrich von　*179*
ダンネッカー,ヨーハン・ハインリヒ,フォン(18・19世紀)
　→Dannecker, Johann Heinrich von　*179*

ダンネッカー, ヨハン・ハインリヒ・フォン(18・19世紀)
　→Dannecker, Johann Heinrich von　*179*
ダンハウザー(19世紀)
　→Danhauser, Joseph　*179*
ダンハウザー, ヨーゼフ(19世紀)
　→Danhauser, Joseph　*179*
ダンハウザー, ヨゼフ(19世紀)
　→Danhauser, Joseph　*179*
ダンビー, フランシス(18・19世紀)
　→Danby, Francis　*178*
タンビューテ(20世紀)　→Tambuté　*642*
タンブーリ, オルフェーオ(20世紀)
　→Tamburi, Orfeo　*642*
ターンブル, ウィリアム(20世紀)
　→Turnbull, William　*664*
ターンブル, バーバラ(20世紀)
　→Turnbull, Barbara　*664*
タンプル, レイモン・デュ(14・15世紀)
　→Raymond du Temple　*549*
タンプル, レーモン, デュ(14・15世紀)
　→Raymond du Temple　*549*
ダンマルタン, ギー(14世紀)
　→Dampmartin, Guy　*178*
ダンマルタン, ジャン(15世紀)
　→Dampmartin, Jean　*178*
ダンマルタン, ドルーエ(14・15世紀)
　→Dampmartin, Drouet　*178*
ダンラップ(18・19世紀)
　→Dunlap, William　*211*
ダンラップ, ウィリアム(18・19世紀)
　→Dunlap, William　*211*
ダンロップ, ロナルド(・オサリー)(20世紀)
　→Dunlop, Ronald (Ossary)　*211*

【 チ 】

チヴィターリ, ニコラーオ(15・16世紀)
　→Civitali, Nicolao　*152*
チヴィターリ, マッテーオ(15・16世紀)
　→Civitali, Matteo　*152*
チヴィターリ・マッテオ(15・16世紀)
　→Civitali, Matteo　*152*
チヴェルキオ, ヴィンチェンツォ(15・16世紀)
　→Civerchio, Vincenzo　*152*
チェイス, ウィリアム・メリット(19・20世紀)
　→Chase, William Merritt　*144*
チェイス, マリアン・エマ(19・20世紀)
　→Chase, Marian Emma　*144*
チェイス, ルイーザ(20世紀)
　→Chase, Louisa　*144*

チェイス=リブー, バーバラ(20世紀)
　→Chase-Riboud, Barbara　*144*
チェイス=リボウ, バーバラ(20世紀)
　→Chase-Riboud, Barbara　*144*
チェザーリ(16・17世紀)
　→Cesari, Giuseppe　*140*
チェザーリ, ジュゼッペ(16・17世紀)
　→Cesari, Giuseppe　*140*
チェザリアーノ, チェーザレ(15・16世紀)
　→Cesariano, Cesare　*140*
チェーザレ・ダ・セスト(15・16世紀)
　→Cesare da Sesto　*140*
チェージ, バルトロメーオ(16・17世紀)
　→Cesi, Bartolomeo　*140*
チェージオ(チェージ), カルロ(17世紀)
　→Cesio (Cesi), Carlo　*140*
チェース(19・20世紀)
　→Chase, William Merritt　*144*
チェゼッティ, ジョセフ(20世紀)
　→Cesetti, Giuseppe　*140*
チェチョーニ, アドリアーノ(19世紀)
　→Cecioni, Adriano　*138*
チェチリア(聖)(2・3世紀)　→Caecilia　*117*
チェッキーノ・ダ・ヴェローナ(15世紀)
　→Cecchino da Verona　*138*
チェッキ・ピエラッチーニ, レオネッタ(20世紀)
　→Cecchi Pieraccini, Leonetta　*138*
チェッケッリ, カルロ(20世紀)
　→Ceehelli, Carlo　*138*
チェッコ・ディ・ピエトロ(14・15世紀)
　→Cecco di Pietro　*138*
チェッコ・デル・カラヴァッジョ(17世紀)
　→Cecco del Caravaggio　*138*
チェッコーニ, エウジェーニオ(19・20世紀)
　→Cecconi, Eugenio　*138*
チェッコ・ブラーヴォ(17世紀)
　→Cecco Bravo　*138*
チェッピ, カルロ(19・20世紀)
　→Ceppi, Carlo　*139*
チェッリーニ(16世紀)
　→Cellini, Benvenuto　*138*
チェッリーニ, ジョヴァンニ・ドメーニコ(17世紀)
　→Cerrini, Giovanni Domenico　*139*
チェッリーニ, ベンヴェヌート(16世紀)
　→Cellini, Benvenuto　*138*
チェニー(19・20世紀)
　→Cheney, Sheldon Warren　*145*
チェニーニ(14・15世紀)
　→Cennini, Cennino di Drea　*139*
チェポーロ(17・18世紀)
　→Tiepolo, Giovanni Battista　*652*
チェラッキ, ジュゼッペ(18・19世紀)
　→Ceracchi, Giuseppe　*139*
チェラッキーニ, ジスベルト(20世紀)
　→Ceracchini, Gisberto　*139*

チェラーノ(16・17世紀) →Cerano *139*
チェラノ(16・17世紀) →Cerano *139*
チェリー,L.(20世紀) →Cherry, Lynne *146*
チェリー, リン(20世紀) →Cherry, Lynne *146*
チェリチェフ(20世紀) →Chelichev, Pavel *145*
チェリチェフ, パーヴェル(20世紀)
　→Tchelitchev, Pavel *644*
チェリーナ, リュドミラ(20世紀)
　→Tcherina, Ludmila *644*
チェリナ, リュドミラ(20世紀)
　→Tcherina, Ludmila *644*
チェリーニ(16世紀) →Cellini, Benvenuto *138*
チェリニ(16世紀) →Cellini, Benvenuto *138*
チェリーニ, ベンヴェヌート(16世紀)
　→Cellini, Benvenuto *138*
チェリーニ, ベンベヌート(16世紀)
　→Cellini, Benvenuto *138*
チェルクウォッツィ(17世紀)
　→Cerquozzi, Michelangelo *139*
チェルクオッツィ, ミケランジェロ(17世紀)
　→Cerquozzi, Michelangelo *139*
チェルッティ, ニノ(20世紀)
　→Cerruti, Nino *139*
チェルーティ, ジャーコモ(18世紀)
　→Ceruti, Giacomo *139*
チェルヌースキ(19世紀)
　→Cernuschi, Enrico *139*
チェルヌスキ(19世紀) →Cernuschi, Enrico *139*
チェルマイエフ(20世紀)
　→Chermayeff, Serge *146*
チェルマイエフ, サージ(20世紀)
　→Chermayeff, Serge *146*
チェルリーニ(16世紀)
　→Cellini, Benvenuto *138*
チェルリーニ, ベンヴェヌート(16世紀)
　→Cellini, Benvenuto *138*
チェルリーニ, ベンベヌト(16世紀)
　→Cellini, Benvenuto *138*
チェレーザ, カルロ(17世紀)
　→Ceresa, Carlo *139*
チェレスティ, アンドレーア(17・18世紀)
　→Celesti, Andrea *138*
チェレッティ, ミーノ(20世紀)
　→Ceretti, Mino *139*
チェレブラーノ, フランチェスコ(18・19世紀)
　→Celebrano, Francesco *138*
チェレール(1世紀) →Celer *138*
チェローリ, マーリオ(20世紀)
　→Ceroli, Mario *139*
チェローリ, マリオ(20世紀)
　→Ceroli, Mario *139*
チェン,T.(20世紀) →Chen, Tony *145*
チェン, オリヴィア(20世紀)
　→Chen, Olivia *145*

チェンチェッティ, アダルベルト(19・20世紀)
　→Cencetti, Adalberto *139*
チェンニ・ディ・フランチェスコ(14・15世紀)
　→Cenni di Francesco *139*
チェンニーニ(14・15世紀)
　→Cennini, Cennino di Drea *139*
チェンニーニ, チェンニーノ(14・15世紀)
　→Cennini, Cennino di Drea *139*
チェンニーニ, ベルナルド(15世紀)
　→Cennini, Bernardo *139*
チェーンバーズ(18世紀)
　→Chambers, Sir William *141*
チェンバーズ(18世紀)
　→Chambers, Sir William *141*
チェンバーズ, ウィリアム(18世紀)
　→Chambers, Sir William *141*
チェンバース, サー・ウィリアム(18世紀)
　→Chambers, Sir William *141*
チェンバーズ, サー・ウィリアム(18世紀)
　→Chambers, Sir William *141*
チェンバース, ジョン(20世紀)
　→Chambers, John *141*
チェンバレン, ジョン(20世紀)
　→Chamberlain, John *141*
チコニャーラ, アントーニオ(15・16世紀)
　→Cicognara, Antonio *150*
チコニャーラ, レオポルド(18・19世紀)
　→Cicognara, Leopoldo *150*
チーゴリ(16・17世紀)
　→Cigoli, Lodovico Cardi da *151*
チゴーリ(16・17世紀)
　→Cigoli, Lodovico Cardi da *151*
チーゴリ, ロドヴィーコ・カルディ・ダ(16・17世紀) →Cigoli, Lodovico Cardi da *151*
チジェフスキ, ティトゥス(19・20世紀)
　→Czyżewski, Tytus *175*
チジコフ,V.A.(20世紀)
　→Chizhikov, Viktor Aleksandrovich *148*
チーゼリ, アントーニオ(19世紀)
　→Ciseri, Antonio *151*
チゼンガーウゼン(19・20世紀)
　→Tizengauzen, Vladimir Grigorevich *656*
チゾン,A.(20世紀) →Tison, Annette *655*
チチアーノ(15・16世紀) →Tiziano Vecellio *656*
チチアン(15・16世紀) →Tiziano Vecellio *656*
チチェスター・クラーク,E.(20世紀)
　→Chichester-Clark, Emma *147*
チチェスター・クラーク, エンマ(20世紀)
　→Chichester-Clark, Emma *147*
チッタディーニ, ピエル・フランチェスコ(17世紀) →Cittadini, Pier Francesco *151*
チッペル, ジャーコモ・フランチェスコ(18世紀)
　→Cipper, Giacomo Francesco *151*
チッペンデイル(18世紀)
　→Chippendale, Thomas *147*

チッペンデイル, トマス(18世紀)
　→Chippendale, Thomas　*147*
チッペンデール(18世紀)
　→Chippendale, Thomas　*147*
チッペンデール, トーマス(18世紀)
　→Chippendale, Thomas　*147*
チトフ, レダミール(20世紀)
　→Titov, Vladimir　*655*
チニャーニ(17・18世紀) →Cignani, Carlo　*150*
チニャーニ, カルロ(17・18世紀)
　→Cignani, Carlo　*150*
チニャローリ, ヴィットーリオ・アメデーオ(18世紀) →Cignaroli, Vittorio Amedeo　*151*
チニャローリ, シピオーネ(18世紀)
　→Cignaroli, Scipione　*151*
チニャローリ, ジャンドメーニコ(18世紀)
　→Cignaroli, Giandomenico　*150*
チニャローリ, ジャンベッティーノ(18世紀)
　→Cignaroli, Giambettino　*150*
チニャローリ, ジュゼッペ(18世紀)
　→Cignaroli, Giuseppe　*151*
チニャローリ, マルティーノ(17・18世紀)
　→Cignaroli, Martino　*151*
チーノ, ジュゼッペ(17・18世紀)
　→Cino, Giuseppe　*151*
チー・バイ・シー(19・20世紀)
　→Ch'i Pai-shih　*147*
チー・バイ=シー(19・20世紀)
　→Ch'i Pai-shih　*147*
チハコーヴァ, ブラスタ(20世紀)
　→Chihaková, Vlasta　*147*
チヒョルト(20世紀) →Tschichold, Jan　*663*
チヒョルト, ヤン(20世紀)
　→Tschichold, Jan　*663*
チファリエッロ, フィリッポ(19・20世紀)
　→Cifariello, Filippo　*150*
チプリアーニ(18世紀)
　→Cipriani, Giovanni Battista　*151*
チプリアーニ, ジャンバッティスタ(18世紀)
　→Cipriani, Giovanni Battista　*151*
チプリアーニ, ジョヴァンニ・バッティスタ(18世紀) →Cipriani, Giovanni Battista　*151*
チプリアーニ, セバスティアーノ(17・18世紀)
　→Cipriani, Sebastiano　*151*
チフロンディ, アントーニオ(17・18世紀)
　→Cifrondi, Antonio　*150*
チペンデール(18世紀)
　→Chippendale, Thomas　*147*
チペンデール, トーマス(18世紀)
　→Chippendale, Thomas　*147*
チーマ(15・16世紀)
　→Conegliano, Giovanni Battista da　*159*
チマ(15・16世紀)
　→Conegliano, Giovanni Battista da　*159*

チーマ・ダ・コカネリアーノ(15・16世紀)
　→Conegliano, Giovanni Battista da　*159*
チーマ・ダ・コネリアーノ(15・16世紀)
　→Conegliano, Giovanni Battista da　*159*
チマブーエ(13・14世紀)
　→Cimabue, Giovanni　*151*
チマブエ(13・14世紀)
　→Cimabue, Giovanni　*151*
チマブエ, ジョヴァンニ(13・14世紀)
　→Cimabue, Giovanni　*151*
チマブーエ, ジョヴァンニ(13・14世紀)
　→Cimabue, Giovanni　*151*
チマブーエ, ジョバンニ(13・14世紀)
　→Cimabue, Giovanni　*151*
チマローリ, ジョヴァンニ・バッティスタ(18世紀) →Cimaroli, Giovanni Battista　*151*
チムニク, R.(20世紀) →Zimnik, Reiner　*721*
チムニク, ライナー(20世紀)
　→Zimnik, Reiner　*721*
チムール(14・15世紀) →Tīmūr　*653*
チムール〔帖木児〕(14・15世紀) →Tīmūr　*653*
チャイコフスカ, H.(20世紀)
　→Czajkowska, Hanna　*175*
チャイムス, トーマス(20世紀)
　→Chimes, Thomas　*147*
チャーキ, ジョゼフ(19・20世紀)
　→Csáky, Joseph　*173*
チャーチ(19世紀)
　→Church, Frederick Edwin　*150*
チャーチ, フレデリック(19世紀)
　→Church, Frederick Edwin　*150*
チャーチ, フレデリック(・エドウィン)(19世紀)
　→Church, Frederick Edwin　*150*
チャーチ, フレデリック=エドウィン(19世紀)
　→Church, Frederick Edwin　*150*
チャーチ, フレデリック・スチュワート(19・20世紀) →Church, Frederick Stuart　*150*
チャチェッリ, アルトゥーロ(19・20世紀)
　→Ciacelli, Arturo　*150*
チャットーパーディヤーヤ, カマルデーヴィー(20世紀) →Chattopadhyay, Kamaldevi　*145*
チャップマン, P.(20世紀)
　→Chapman, Peggy　*143*
チャドウィック(20世紀)
　→Chadwick, Lynn　*140*
チャドウィック, L.(20世紀)
　→Chadwick, Lynn　*140*
チャドウィック, ヘレン(20世紀)
　→Chadwick, Helen　*140*
チャドウィック, リン(20世紀)
　→Chadwick, Lynn　*140*
チャドウィック, リン(・ラッセル)(20世紀)
　→Chadwick, Lynn　*140*
チャトパドヤヤ, カマラデヴィ(20世紀)
　→Chattopadhyay, Kamaldevi　*145*

チャーニイ, ノア(20世紀)
　→Charney, Noah　144
チャプスキ, ユゼフ(20世紀)
　→Czapski, Józef　175
チャペック(19・20世紀)　→Čapek, Josef　124
チャペック,J.(19・20世紀)　→Čapek, Josef　124
チャペック〈兄 ヨゼフ〉(19・20世紀)
　→Čapek, Josef　124
チャペック, ヨゼフ(19・20世紀)
　→Čapek, Josef　124
チャペック兄弟(19・20世紀)
　→Čapek, Josef　124
チャベル,W.(20世紀)　→Chappell, Warren　143
チャベル, ウィリアム(20世紀)
　→Chappell, William　143
チャマーイエフ, サージ・アイヴァン(20世紀)
　→Chermayeff, Serge　146
チャーマーズ, メアリ・アイリーン(20世紀)
　→Chalmers, Mary Eileen　141
チャーリップ, レミー(20世紀)
　→Charlip, Remy　144
チャルーシン,E.I.(20世紀)
　→Charushin, Evgenij Ivanovich　144
チャルーシン,N.E.(20世紀)
　→Charushin, Nikita Evgenjevich　144
チャールズ,D.(20世紀)　→Charles, Donald　144
チャルディ, グリエルモ(19・20世紀)
　→Ciardi, Guglielmo　150
チャルド, ヴィンチェンツォ(20世紀)
　→Ciardo, Vincenzo　150
チャールトン,M.(20世紀)
　→Charlton, Michael　144
チャルマーズ,M.(20世紀)
　→Chalmers, Mary Eileen　141
チャレティ, アンナ(19世紀)
　→Charretie, Anna　144
チャンイオン・トク(20世紀)
　→Chang Yeon-Tok　143
チャンドラレカー(20世紀)
　→Chandralekha　142
チャントリ(18・19世紀)
　→Chantrey, Sir Francis Legatt　143
チャントリー, フランシス・レガット(18・19世紀)
　→Chantrey, Sir Francis Legatt　143
チャントレー(18・19世紀)
　→Chantrey, Sir Francis Legatt　143
チャンバース, ジョン(20世紀)
　→Chambers, John　141
チューゲル(19・20世紀)
　→Zügel, Heinrich von　722
チューダー, タシャ(20世紀)
　→Tudor, Tasha　663
チューダー=ハート, イーディス(20世紀)
　→Tudor-Hart, Edith　664

チュッファーニ, ベルナルド(14・15世紀)
　→Ciuffagni, Bernardo　151
チューディ(19・20世紀)
　→Tschudi, Hugo von　663
チュート, ジョン(18世紀)　→Chute, John　150
チューブリン(19・20世紀)
　→Züblin, Eduard　722
チュミ(20世紀)　→Tschumi, Bernard　663
チュミ, バーナード(20世紀)
　→Tschumi, Bernard　663
チュリゲラ(17・18世紀)
　→Churriguerra, José Benito de　150
チュリゲラ, ドン・ホセ(17・18世紀)
　→Churriguerra, José Benito de　150
チュリゲラ・アルベルト(17・18世紀)
　→Churriguera, Alberto　150
チュリゲラ・ホアキン(17・18世紀)
　→Churriguera, Joaquín　150
チュリゲラ・ホセ(17・18世紀)
　→Churriguerra, José Benito de　150
チュルリョーニス(19・20世紀)
　→Čiurlionis, Mikalojus Konstantinas　151
チュルリョニス(19・20世紀)
　→Čiurlionis, Mikalojus Konstantinas　151
チュルリョーニス,M.K.(19・20世紀)
　→Čiurlionis, Mikalojus Konstantinas　151
チュルリョーニス, ミカロユス・コンスタンチナス(19・20世紀)
　→Čiurlionis, Mikalojus Konstantinas　151
チュルリョーニス, ミカローユス・コンスタンティナス(19・20世紀)
　→Čiurlionis, Mikalojus Konstantinas　151
チュルン, イョルク(16・17世紀)
　→Zürn, Jorg　723
チョーリ, ヴァレーリオ(16世紀)
　→Cioli, Valerio　151
チョントヴァーリ, コストカ・ティヴァダル(19・20世紀)　→Csontváry Kosztka Tivadar　173
チョントヴァーリ・コストカ・ティヴァダル(19・20世紀)　→Csontváry Kosztka Tivadar　173
チョントバーリ(19・20世紀)
　→Csontváry Kosztka Tivadar　173
チリーアコ・ダンコーナ(14・15世紀)
　→Ciriaco d'Ancona　151
チリィーダ, エドゥワルド(20世紀)
　→Chillida, Eduardo　147
チリダ(20世紀)　→Chillida, Eduardo　147
チリーダ, エドアルド(20世紀)
　→Chillida, Eduardo　147
チリーダ, エドゥアルド(20世紀)
　→Chillida, Eduardo　147
チリーダ, ペドロ(20世紀)
　→Chillida, Pedro　147
チーンゴウリ,G.(20世紀)
　→Cingoli, Giulio　151

チントレット(16世紀) →Tintoretto 654

【 ツ 】

ツァイジング(19世紀) →Zeising, Adolf 719
ツァイジング(19世紀) →Zeising, Adolf 719
ツァイトブローム(15・16世紀)
　→Zeitblom, Bartholomäus 719
ツァイトブロム(15・16世紀)
　→Zeitblom, Bartholomäus 719
ツァイトブローム,バルトロメーウス(15・16世紀) →Zeitblom, Bartholomäus 719
ツァイトブロム,バルトロモイス(15・16世紀)
　→Zeitblom, Bartholomäus 719
ツァウナー(18・19世紀) →Zauner, Franz Anton, Edler von Feldpaten 718
ツァウナー,フランツ・アントン(18・19世紀)
　→Zauner, Franz Anton, Edler von Feldpaten 718
ツァーラ(20世紀) →Tzara, Tristan 665
ツァラ(20世紀) →Tzara, Tristan 665
ツァーラ,トリスタン(20世紀)
　→Tzara, Tristan 665
ツァラ,トリスタン(20世紀)
　→Tzara, Tristan 665
ツアラ,トリスタン(20世紀)
　→Tzara, Tristan 665
ツィーエン(19・20世紀)
　→Ziehen, Theodor 720
ツィーエン,テーオドア(19・20世紀)
　→Ziehen, Theodor 720
ツィーグラー,アドルフ(20世紀)
　→Ziegler, Adolf 720
ツィーグラー,ドリス(20世紀)
　→Ziegler, Doris 720
ツィーゲル,ハインリヒ・フォン(19・20世紀)
　→Zügel, Heinrich von 722
ツィック(18世紀) →Zick, Januarius 720
ツィック(18世紀) →Zick, Johannes 720
ツィック,ヤヌアーリウス(18世紀)
　→Zick, Januarius 720
ツィック,ヤヌアリウス(18世紀)
　→Zick, Januarius 720
ツィーマー・クロバツェク,ウォルフガング(20世紀) →Ziemer-Chrobatzek, Wolfgang 720
ツィママン,ドミーニクス(17・18世紀)
　→Zimmermann, Dominikus 720
ツィムニク,ライナー(20世紀)
　→Zimnik, Reiner 721
ツィルレ,ハインリヒ(19・20世紀)
　→Zille, Heinrich 720

ツィレ(19・20世紀) →Zille, Heinrich 720
ツィレ,ハインリヒ(19・20世紀)
　→Zille, Heinrich 720
ツィンマーマン(17・18世紀)
　→Zimmermann, Dominikus 720
ツィンマーマン(19世紀)
　→Zimmermann, Robert von 721
ツィンマーマン,ドミニクス(17・18世紀)
　→Zimmermann, Dominikus 720
ツィンマーマン,ドメニクス(17・18世紀)
　→Zimmermann, Dominikus 720
ツィンマーマン,ヨーハン,バプティスト(17・18世紀) →Zimmermann, Johann Baptist 721
ツィンマーマン,ヨーハン・バプティスト(17・18世紀)
　→Zimmermann, Johann Baptist 721
ツィンマーマン,ヨハン・バプティスト(17・18世紀) →Zimmermann, Johann Baptist 721
ツィンメル(18・19世紀) →Zimmer, Samuel 720
ツィンメルマン(17・18世紀)
　→Zimmermann, Dominikus 720
ツィンメルマン(17・18世紀)
　→Zimmermann, Johann Baptist 721
ツィンメルマン(19世紀)
　→Zimmermann, Robert von 721
ツヴェルガー,L.(20世紀)
　→Zwerger, Lisbeth 723
ツェイトリン,N.I.(20世紀)
　→Tsejtlin, Naum Iosifovich 663
ツォウマー,ブリギイタ(20世紀)
　→Zeumer, Brigitta 719
ツェットラー(19・20世紀)
　→Zettler, Franz Xaver 719
ツェトゥル,バルドウィン(20世紀)
　→Zettl, Baldwin 719
ツェートバウアー,ロルフ(20世紀)
　→Zehetbauer, Rolf 719
ツェトラー,フランツ・クサーヴァー(19・20世紀)
　→Zettler, Franz Xaver 719
ツェマック,M.(20世紀) →Zemach, Margot 719
ツェマック,マーゴット(20世紀)
　→Zemach, Margot 719
ツェールフス(20世紀)
　→Zehrfuss, Bernard 719
ツォベル,ベラ(19・20世紀) →Czóbel Bèla 175
ツタカワ,ジョウジ(20世紀)
　→Tsutakawa, George 663
ツタンカーメン(前14世紀)
　→Tut-ankh-Amen 665
ツタンカーメン(ツタンクァーメン)(前14世紀)
　→Tut-ankh-Amen 665
ツタンカーメン(トゥト=アンク=アメン)(前14世紀) →Tut-ankh-Amen 665
ツタンカーメン(トゥトアンクアメン)(前14世紀)
　→Tut-ankh-Amen 665

ツタンク・アーメン(前14世紀)
　→Tut-ankh-Amen　665
ツッカーリ, タッデオ(16世紀)
　→Zuccaro, Taddeo　722
ツッカリ, タッデーオ(16世紀)
　→Zuccaro, Taddeo　722
ツッカリ, タッデオ(16世紀)
　→Zuccaro, Taddeo　722
ツッカリ, フェデリーコ(16・17世紀)
　→Zuccaro, Federigo　722
ツッカーロ(16世紀)　→Zuccaro, Taddeo　722
ツッカーロ(16・17世紀)
　→Zuccaro, Federigo　722
ツッカロ, タッデオ(16世紀)
　→Zuccaro, Taddeo　722
ツッカロ, フェデリコ(16・17世紀)
　→Zuccaro, Federigo　722
ツッキ, ヤーコポ(16世紀)
　→Zucchi, Iacopo　722
ツト・アンク・アメン(前14世紀)
　→Tut-ankh-Amen　665
ツーニョ, フランチェスコ(18世紀)
　→Zugno, Francesco　722
ツボフ(20世紀)　→Zubov, Vasily Pavlovich　722
ツューゲル(19・20世紀)
　→Zügel, Heinrich von　722
ツンブッシュ(19・20世紀)
　→Zumbusch, Kaspar von　723
ツンブッシュ(19・20世紀)
　→Zumbusch, Ludwig von　723

【 テ 】

デー(20世紀)　→Day, Robin　184
デ・アルベルティス, セバスティアーノ(19世紀)
　→De Albertis, Sebastiano　184
デ=アンジェリ, マーガリート(19・20世紀)
　→De Angeli, Marguerite　184
デ・アンジェリ, マーガリート(・ロフト)(19・20世紀)　→De Angeli, Marguerite　184
デ・アンドレア, ジョン(20世紀)
　→De Amdrea, John　184
デイ,S.(20世紀)　→Day, Shirley　184
デイ, リチャード(20世紀)　→Day, Richard　184
デイ, ロビン(20世紀)　→Day, Robin　184
ディアギレフ(19・20世紀)
　→Diaghilev, Sergei Pavlovich　196
ディアーギレフ, セルゲイ(19・20世紀)
　→Diaghilev, Sergei Pavlovich　196
ディアギレフ, セルゲイ(19・20世紀)
　→Diaghilev, Sergei Pavlovich　196

ディアギレフ, セルゲイ・パーヴロヴィチ(19・20世紀)　→Diaghilev, Sergei Pavlovich　196
ディアギレフ, セルゲイ・パウロヴィチ(19・20世紀)　→Diaghilev, Sergei Pavlovich　196
ディアギレフ, セルゲイ(・パーヴロヴィチ)(19・20世紀)　→Diaghilev, Sergei Pavlovich　196
ディアギレフ, セルゲイ・パヴロヴィッチ(19・20世紀)　→Diaghilev, Sergei Pavlovich　196
ディアギレフ, セルゲイ・パブロビッチ(19・20世紀)　→Diaghilev, Sergei Pavlovich　196
ディアス, アントニオ(20世紀)
　→Dias, Antonio　196
ディアズ・デ・ラ・ペーニャ(19世紀)
　→Diaz de la Peña, Narcisse Virgile　196
ディアズ・ド・ラ・ペナ(19世紀)
　→Diaz de la Peña, Narcisse Virgile　196
ディアズ・ド・ラ・ペーニャ(19世紀)
　→Diaz de la Peña, Narcisse Virgile　196
ディアズ・ド・ラ・ペーニャ, ナルシス・ヴィルジル(19世紀)
　→Diaz de la Peña, Narcisse Virgile　196
ディアズ・ド・ラ・ペーニャ, ナルシッス=ヴィルジール(19世紀)
　→Diaz de la Peña, Narcisse Virgile　196
ディアーナ(15・16世紀)　→Diana　196
ディアマンテ, フラ(15世紀)
　→Diamante, Fra　196
ティアリーニ, アレッサンドロ(16・17世紀)
　→Tiarini, Alessandro　652
ティアリング, レヴィーナ(16世紀)
　→Teerling, Levina　645
ティアリング, レヴィナ(16世紀)
　→Teerling, Levina　645
デイヴィー, アラン(20世紀)　→Davie, Alan　183
デイヴィー, アラン(20世紀)　→Davie, Alan　183
デイヴィズ, アーサー・ボウェン(19・20世紀)
　→Davies, Arthur Bowen　183
デイヴィス, アーサー・ボーエン(19・20世紀)
　→Davies, Arthur Bowen　183
デイヴィス, アレクサンダー・ジャクソン(19世紀)　→Davis, Alexander Jackson　183
デイヴィス, ジョン・ゴードン(20世紀)
　→Davies, John Gordon　183
デイヴィス, スチュアート(20世紀)
　→Davis, Stuart　184
デイヴィス, スチュアート(20世紀)
　→Davis, Stuart　184
デイヴィス, ステュアート(20世紀)
　→Davis, Stuart　184
デイヴィス, ノーマン・ド(19・20世紀)
　→Davies, Norman de Garis　183
デイヴィドソン, ジョー(19・20世紀)
　→Davidson, Jo (Joseph)　183
ディウルゲロフ, ニコライ(20世紀)
　→Diulgheroff, Nicolay　200

ティエーポロ (17・18世紀)
　→Tiepolo, Giovanni Battista　652
ティエポーロ (17・18世紀)
　→Tiepolo, Giovanni Battista　652
ティエポロ (17・18世紀)
　→Tiepolo, Giovanni Battista　652
ティエーポロ, ジャンドメーニコ (18・19世紀)
　→Tiepolo, Giovanni Domenico　652
ティエーポロ, ジャンドメーニコ (ジョヴァンニ・ドメーニコ) (18・19世紀)
　→Tiepolo, Giovanni Domenico　652
ティエーポロ, ジャンバッティスタ (17・18世紀)
　→Tiepolo, Giovanni Battista　652
ティエーポロ, ジャンバッティスタ (ジョヴァンニ・バッティスタ) (17・18世紀)
　→Tiepolo, Giovanni Battista　652
ティエーポロ, ジョヴァンニ・バッティスタ (17・18世紀) →Tiepolo, Giovanni Battista　652
ティエポロ, ジョヴァンニ・バッティスタ (17・18世紀) →Tiepolo, Giovanni Battista　652
ティエポロ, ジョヴァンニ・バティスタ (17・18世紀) →Tiepolo, Giovanni Battista　652
ティエポロ, ジョバンニ・ドメニコ (18・19世紀)
　→Tiepolo, Giovanni Domenico　652
ティエポロ, ジョバンニ・バティスタ (17・18世紀)
　→Tiepolo, Giovanni Battista　652
ティエポロ, ロレンツォ (18世紀)
　→Tiepolo, Lorenzo　652
ティエリー, ガストン (20世紀)
　→Thiery, Gaston　648
ディオスコリデース (1世紀)
　→Dioskoridēs, Pedanios　199
ディオスコリデス (1世紀)
　→Dioskoridēs, Pedanios　199
ディオスコリテス, ペダニウス (1世紀)
　→Dioskoridēs, Pedanios　199
ディオスコリデス, ペダニオス (1世紀)
　→Dioskoridēs, Pedanios　199
ディオスコリデス・ペダニウス (1世紀)
　→Dioskoridēs, Pedanios　199
ディオッティ, ジュゼッペ (18・19世紀)
　→Diotti, Giuseppe　199
ディオティサルヴィ (12世紀) →Diotisalvi　199
ディオニーシー (15・16世紀) →Dionisii　198
ディオニシー (15・16世紀) →Dionisii　198
ディオニーシィ・グルシッキージ (15・16世紀)
　→Dionisii　198
ディオニシウス・アレオパギタ (1世紀)
　→Dionysios ho Areopagites　198
ディオニシウス・カルトゥシアヌス (15世紀)
　→Dionysius Cartusianus　198
ディオニュシウス (1世紀)
　→Dionysios ho Areopagites　198
ディオニューシウス (カルトゥジオ会の) (15世紀)
　→Dionysius Cartusianus　198

ディオニュシウス・アレオパギタ (1世紀)
　→Dionysios ho Areopagites　198
ディオニュシオス (1世紀)
　→Dionysios ho Areopagites　198
ディオニュシオス (アレオパゴスの) (1世紀)
　→Dionysios ho Areopagites　198
ディオニュシオス・アレオパギーテス (1世紀)
　→Dionysios ho Areopagites　198
ディオニュシオス・アレオパギテス (1世紀)
　→Dionysios ho Areopagites　198
ディオニュシオス・アレオパギテス (聖) (1世紀)
　→Dionysios ho Areopagites　198
ディオニュシオス・アレオパギテース (擬) (1世紀) →Dionysios ho Areopagites　198
ディオニューシオス・ホ・アレオパギーテース (1世紀) →Dionysios ho Areopagites　198
ディオニューシオス・ホ・アレオパギテース (1世紀) →Dionysios ho Areopagites　198
ディオニュシオス・ホ・アレオパギテス (1世紀)
　→Dionysios ho Areopagites　198
ティオリエ, エリーヌ (20世紀)
　→Thiolier, Eliane　648
ディオール (20世紀)
　→Dior, Christian Ernest　199
ディオール, クリスチャン (20世紀)
　→Dior, Christian Ernest　199
デイキン, ジョン (20世紀) →Daykin, John　184
ティーク (18・19世紀)
　→Tieck, Christian Friedrich　652
ティーグ (19・20世紀)
　→Teague, Walter Dorwin　645
ティーグ, ウォルター・D. (19・20世紀)
　→Teague, Walter Dorwin　645
ティーグ, ウォルター (・ドーウィン) (19・20世紀)
　→Teague, Walter Dorwin　645
ティーク, クリスティアン・フリードリヒ (18・19世紀) →Tieck, Christian Friedrich　652
ディクス (20世紀) →Dix, Otto　200
ディクス, オットー (20世紀) →Dix, Otto　200
ディクスナール, ピエール=ミシェル (18世紀)
　→Ixnard, Pierre-Michel d'　340
ディクスナール, ミシェル (18世紀)
　→D'Ixnard, Michel　200
ディクスン, ウイリアム・ケネディ・ローリー (19・20世紀)
　→Dickson, William Kennedy Laurie　196
ディクソン, ウィラード (20世紀)
　→Dixon, Willard　200
ディクソン, ジェーン (20世紀)
　→Dickson, Jane　196
ディグビー, D. (20世紀) →Digby, Desmond　198
ティグラトハ=ピレセル三世 (前8世紀)
　→Tiglath-Pileser III　653
ティグラト・ピレセル二世 (前8世紀)
　→Tiglath-Pileser III　653

ティグラート・ピレセル3世（前8世紀）
　→Tiglath-Pileser III　*653*
ティグラート・ピレセル三世（前8世紀）
　→Tiglath-Pileser III　*653*
ティグラト・ピレセル3世（前8世紀）
　→Tiglath-Pileser III　*653*
ティグラト＝ピレセル3世（前8世紀）
　→Tiglath-Pileser III　*653*
ティグラト＝ピレゼル3世（前8世紀）
　→Tiglath-Pileser III　*653*
ティグラトピレセル（3世）（前8世紀）
　→Tiglath-Pileser III　*653*
ティグラトピレセル3世（前8世紀）
　→Tiglath-Pileser III　*653*
ティグラトピレセル三世（前8世紀）
　→Tiglath-Pileser III　*653*
ディーコン，リチャード（20世紀）
　→Deacon, Richard　*184*
ディサーナーヤカ,S.（20世紀）
　→Dissanayake, Sumana　*200*
ディザルニ，フランコ（20世紀）
　→D'lzarny, François　*200*
ティシェリントン，J.（20世紀）
　→Titherington, Jeanne　*655*
テイシクラテス（前4・3世紀）→Teisikrates　*645*
ティシュバイン（18世紀）→Tischbein, Johann Heinrich, der Ältere　*655*
ティシュバイン（18・19世紀）
　→Tischbein, Johann August Freidrich　*654*
ティシュバイン（18・19世紀）→Tischbein, Johann Heinrich, der Jüngere　*655*
ティシュバイン，ハインリヒ（18世紀）
　→Tischbein, Johann Heinrich, der Ältere　*655*
ティシュバイン，ハインリヒ・ヴィルヘルム（18・19世紀）→Tischbein, Johann Heinrich, der Jüngere　*655*
ティシュバイン，フリードリヒ・アウグスト（18・19世紀）
　→Tischbein, Johann August Freidrich　*654*
ティース（19・20世紀）→Thiis, Jens Peter　*648*
ディース，アルベルト・クリストフ（18・19世紀）
　→Dies, Albert Christoph　*197*
ディズニ（20世紀）
　→Disney, Walt（Walter Elias）　*199*
ディズニー（20世紀）
　→Disney, Walt（Walter Elias）　*199*
ディズニー，W.（20世紀）
　→Disney, Walt（Walter Elias）　*199*
ディズニー，ウォルト（20世紀）
　→Disney, Walt（Walter Elias）　*199*
ディズニー，ウオルト（20世紀）
　→Disney, Walt（Walter Elias）　*199*
ディズニー，ウォルト（ウォルター・イライアス）（20世紀）
　→Disney, Walt（Walter Elias）　*199*

ディ・スベロ（20世紀）→Di Suvero, Mark　*200*
ディ・スベロ,M.（20世紀）
　→Di Suvero, Mark　*200*
ディゼルトーリ，ベンヴェヌート（19・20世紀）
　→Disertori, Benvenuto　*199*
ティゼンガウゼン，ヴラディミル（19・20世紀）
　→Tizengauzen, Vladimir Grigorevich　*656*
ティソー（19・20世紀）
　→Tissot, James Joseph Jacques　*655*
ティソ，ジェイムズ・ジョゼフ・ジャック（19・20世紀）→Tissot, James Joseph Jacques　*655*
ティソ，ジェイムズ＝ジョゼフ＝ジャック（19・20世紀）→Tissot, James Joseph Jacques　*655*
ティソ，ジェームズ（19・20世紀）
　→Tissot, James Joseph Jacques　*655*
ティソー，ジャム・ジョゼフ・ジャーク（19・20世紀）→Tissot, James Joseph Jacques　*655*
ディターリーン（16世紀）
　→Dietterlin, Wendel　*197*
ティチアーノ（15・16世紀）
　→Tiziano Vecellio　*656*
ディーチュ＝カペレ,E.（20世紀）
　→Dietzsch-Capelle, Erika　*197*
ディーツ（18世紀）→Dietz, Ferdinand　*197*
ディーツ（19・20世紀）→Diez, Ernst　*198*
ディーツ（19・20世紀）→Diez, Wilhelm von　*198*
ディツィアーニ，ガスパレ（17・18世紀）
　→Diziani, Gaspare　*200*
ティツィアーノ（15・16世紀）
　→Tiziano Vecellio　*656*
ティツィアーノ，ヴェチェリオ（15・16世紀）
　→Tiziano Vecellio　*656*
ティツィアーノ・ヴェチェッリオ（15・16世紀）
　→Tiziano Vecellio　*656*
ティツィアーノ・ヴェチェリオ（15・16世紀）
　→Tiziano Vecellio　*656*
ティツィアーノ・ヴェチェルリオ（15・16世紀）
　→Tiziano Vecellio　*656*
ティツィアーノ・ベチェリ（ベチェリオ）（15・16世紀）→Tiziano Vecellio　*656*
ティーツェ（19・20世紀）→Tietze, Hans　*652*
ティーツェ，ハンス（19・20世紀）
　→Tietze, Hans　*652*
ディックス（20世紀）→Dix, Otto　*200*
ディックス，オットー（20世紀）→Dix, Otto　*200*
ティッシュバイン（18世紀）→Tischbein, Johann Heinrich, der Ältere　*655*
ティッシュバイン（18・19世紀）
　→Tischbein, Johann August Freidrich　*654*
ティッシュバイン（18・19世紀）→Tischbein, Johann Heinrich, der Jüngere　*655*
ティッシュバイン，アウグスト・フリードリヒ（18・19世紀）
　→Tischbein, Johann August Freidrich　*654*

ティッシュバイン,ウィルヘルム(18・19世紀)
　→Tischbein, Johann Heinrich, der Jüngere　655
ティッシュバイン,ヤコブ(18世紀)
　→Tischbein, Johann Jacob　655
ティッシュバイン,ヨハン・ヴァレンティン(18世紀)　→Tischbein, Johann Valentin　655
ティッシュバイン,ヨハン・ハインリヒ(18世紀)
　→Tischbein, Johann Heinrich, der Ältere　655
ティッシュバイン,ヨハン・ハインリヒ(年少)
　(18・19世紀)→Tischbein, Johann Heinrich, der Jüngere　655
ティッシュバイン,ヨハン・ハインリヒ(年長)(18世紀)→Tischbein, Johann Heinrich, der Ältere　655
ティッシュバイン,ヨハン・フリードリヒ・アウグスト(18・19世紀)
　→Tischbein, Johann August Freidrich　654
ティッセー(20世紀)→Tisse, Eduard　655
ティッセ,エドゥアルド(20世紀)
　→Tisse, Eduard　655
ディッターリン,ヴェンデル(16世紀)
　→Dietterlin, Wendel　197
ディデー,フランソワ(19世紀)
　→Diday, François　196
ティティディウス・ラベオー
　→Titidius Labeo　655
ティティネン,T.(20世紀)→Titinen, Tuula　655
ティーデマン,アドルフ(19世紀)
　→Tidemand, Adolph　652
ティテュス・カルメル,ジェラード(20世紀)
　→Titus-Carmel, Gérard　655
テイト,A.(20世紀)→Tait, Agnes　641
テイト,D.(20世紀)→Tait, Douglas　641
ティート,エットレ(19・20世紀)
　→Tito, Ettore　655
ティート,サンティ・ディ(16・17世紀)
　→Santi di Tito　586
テイト,トマス・スミス(19・20世紀)
　→Tait, Thomas Smith　641
テイトゥス(1世紀)
　→Titus Flavius Vespasianus　655
テイトウス(1世紀)
　→Titus Flavius Vespasianus　655
テイトゥス(T.フラウィウス・ウェスパシアヌス)(1世紀)→Titus Flavius Vespasianus　655
テイトゥス,フラーウィウス・ウェスパシアーヌス(1世紀)→Titus Flavius Vespasianus　655
ティードホルム,A.(20世紀)
　→Tidholm, Anna-Clara　652
ディトリッヒ,E.(20世紀)→Dittrich, Edith　200
ディートリヒ(18世紀)
　→Dietrich, Christian Wilhelm Ernst　197
ディートリヒ,ヨーアヒム(18世紀)
　→Dietrich, Joachim　197

ディートル,E.(20世紀)→Dietl, Erhard　197
ディートル,エアハルト(20世紀)
　→Dietl, Erhard　197
ディドロ(18世紀)→Diderot, Denis　196
ディドロー(18世紀)→Diderot, Denis　196
ディドロ,ドゥニ(18世紀)→Diderot, Denis　196
ディドロ,ドニ(18世紀)→Diderot, Denis　196
ディドロー,ドニー(18世紀)
　→Diderot, Denis　196
デイネーカ(20世紀)→Deineka, Alexandre　187
デイネカ,アレクサンドル(20世紀)
　→Deineka, Alexandre　187
デイネーカ,アレクサンドル・アレクサンドロヴィチ(20世紀)→Deineka, Alexandre　187
ディノクラテス(前4世紀)→Deinokratēs　187
ディノクラテース(前4世紀)→Deinokratēs　187
デイノクラテス(前4世紀)→Deinokratēs　187
ティーノ・ディ・カマイーノ(13・14世紀)
　→Tino di Camaino　654
ティーノ・ディ・カマイノ(13・14世紀)
　→Tino di Camaino　654
ティノ・ディ・カマイーノ(13・14世紀)
　→Tino di Camaino　654
ティノ・ディ・カマイノ(13・14世紀)
　→Tino di Camaino　654
ディノフ,トドル(20世紀)→Dinov, Todor　198
ティバルディ(16世紀)
　→Tibaldi, Pellegrino de' Pellegrini　652
ティバルディ,ペッレグリーノ(16世紀)
　→Tibaldi, Pellegrino de' Pellegrini　652
ティバルディ,ペッレグリーノ(ペッレグリーニ(通称))(16世紀)
　→Tibaldi, Pellegrino de' Pellegrini　652
ティバルディ,ペルレグリーノ(16世紀)
　→Tibaldi, Pellegrino de' Pellegrini　652
ティファニ(19・20世紀)
　→Tiffany, Lewis Comfort　653
ティファニー(19・20世紀)
　→Tiffany, Lewis Comfort　653
ティファニー,ルイス・カムフォート(19・20世紀)
　→Tiffany, Lewis Comfort　653
ティファニー,ルイス・カンフォート(19・20世紀)
　→Tiffany, Lewis Comfort　653
ティファニー,ルイス(・コンフォート)(19・20世紀)→Tiffany, Lewis Comfort　653
ティファニー,ルイス=コンフォート(19・20世紀)
　→Tiffany, Lewis Comfort　653
ティプトン,ジェニファー(20世紀)
　→Tipton, Jennifer　654
ディプル,ニコラ(15・16世紀)
　→Dipre, Nicolas　199
ディベッツ,ヤン(20世紀)→Dibbets, Jan　196
ディーベンコーン,リチャード(20世紀)
　→Diebenkorn, Richard　197

ディーペンベーク(16・17世紀)
　→Diepenbeeck, Abraham van　197
ティボー,W.(20世紀)　→Thiebaud, Wayne　648
ティホ，アンナ(20世紀)　→Ticho, Anna　652
ティボー，ウェイン(20世紀)
　→Thiebaud, Wayne　648
ディボイノス(前7・6世紀)→Dipoenus　199
デイマー，アン=シーモア(18・19世紀)
　→Damer, Anne Seymour　178
デイマー，アン・セイモア(18・19世紀)
　→Damer, Anne Seymour　178
ティマルコス(前4・3世紀)→Timarchos　653
ティマンテス(前5・4世紀)→Timanthes　653
ディミトリーエヴィッチ，ブラコ(20世紀)
　→Dimitrijević, Braco　198
ディムース(19・20世紀)
　→Demuth, Charles　191
ディムース，チャールズ(19・20世紀)
　→Demuth, Charles　191
ティムリン，ウィリアム・M(20世紀)
　→Timlin, William M.　653
ティームール(14・15世紀)→Tīmūr　653
ティームール(14・15世紀)→Tīmūr　653
ティームール〔帖木児〕(14・15世紀)
　→Tīmūr　653
ティームール足悪帝(タメルラン帖木児)(14・15世紀)→Tīmūr　653
ティーメ，ウルリヒ(19・20世紀)
　→Thieme, Ulrich　648
テイモア，ジュリー(20世紀)
　→Taymor, Julie　644
ティモテウス(前5・4世紀)→Timotheos　653
ティーモテオス(前5・4世紀)→Timotheos　653
ティモテオス(前5・4世紀)→Timotheos　653
ティモテオス(前4世紀)→Timotheos　653
ティモマコス(前1世紀)→Timomachos　653
ティヤール，ジャン=バティスト(17・18世紀)
　→Tilliard, Jean-Baptiste　653
テイラー，T.(20世紀)→Taylor, Talus　644
テイラー，ジェニファー・E.(20世紀)
　→Taylor, Jennifer Evelyn　644
テイラー，ロバート(18世紀)
　→Taylor, Robert　644
ティラーリ，アンドレーア(17・18世紀)
　→Tirali, Andrea　654
デイリー，ニキ(20世紀)→Daly, Niki　178
ディール(19・20世紀)
　→Diehl, Michel Charles　197
ディール，シャルル(19・20世紀)
　→Diehl, Michel Charles　197
ティルケ(19・20世紀)→Tilke, Max　653
ティールシュ(19・20世紀)
　→Thiersch, Friedrich von　648
ティルソン，ジョー(20世紀)　→Tilson, Joe　653

ティルソン，ジョエ(20世紀)　→Tilson, Joe　653
ティルバーン，A(アルバート)・R(20世紀)
　→Tilburne, A(lbert) R.　653
ディレニウス，ヨハン・ヤーコプ(17・18世紀)
　→Dillenius, Johann Jacob　198
ティレマンス，ピーター(17・18世紀)
　→Tillemans, Peter　653
デイロル(20世紀)
　→Deyrolle, Jean Jacques　195
デイロール，ジャン(20世紀)
　→Deyrolle, Jean Jacques　195
デイロル，ジャン(20世紀)
　→Deyrolle, Jean Jacques　195
ディロン,C.B.(20世紀)
　→Dillon, Corinne Boyd　198
ディロン,D.(20世紀)→Dillon, Diane　198
ディロン,L.(20世紀)→Dillon, Leo　198
ディロン，カーメン(20世紀)
　→Dillon, Carmen　198
ディーン,K.(20世紀)→Dean, Kevin　184
ティン，サー・ジョン(16世紀)
　→Thynne, Sir John　652
ディングリンガー(17・18世紀)
　→Dinglinger, Johann Melchior　198
ディングリンガー，ヨハン(17・18世紀)
　→Dinglinger, Johann Melchior　198
ディングリンガー，ヨーハン・メルヒオール(17・18世紀)
　→Dinglinger, Johann Melchior　198
ティンゲリー(20世紀)→Tinguely, Jean　654
ティンゲリー，ジャン(20世紀)
　→Tinguely, Jean　654
デインジャーフィールド(19・20世紀)
　→Daingerfield, Elliott　177
ディンズムア，ウィリアム・ベル(19・20世紀)
　→Dinsmoor, William Bell　198
ディンズモーア(19・20世紀)
　→Dinsmoor, William Bell　198
ディーンツェンホーファー(17・18世紀)
　→Dientzenhofer, Christoph　197
ディーンツェンホーファー(17・18世紀)
　→Dientzenhofer, Johann　197
ディーンツェンホーファー(17・18世紀)
　→Dientzenhofer, Kilian Ignaz　197
ディーンツェンホーファー，キリアーン・イグナッツ(17・18世紀)
　→Dientzenhofer, Kilian Ignaz　197
ディーンツェンホーファー，キリアン・イグナーツ(17・18世紀)
　→Dientzenhofer, Kilian Ignaz　197
ディーンツェンホーファー，クリストフ(17・18世紀)→Dientzenhofer, Christoph　197
ディーンツェンホーファー，ゲオルク(17世紀)
　→Dientzenhofer, Georg　197

ディーンツェンホーファー, ヨーハン (17・18世紀)
　→Dientzenhofer, Johann　197
ディーンツェンホーファー, ヨハン (17・18世紀)
　→Dientzenhofer, Johann　197
ディーンツェンホーファー, ヨハン・レオンハルト (17・18世紀)
　→Dientzenhofer, Johann Leonhard　197
ティンティ, ジャンバッティスタ (16・17世紀)
　→Tinti, Giambattista　654
ティントレット (16世紀) →Tintoretto　654
ティントレットー (16世紀) →Tintoretto　654
ティントレット, イル (16世紀)
　→Tintoretto　654
ティントレット, ドメーニコ (16・17世紀)
　→Tintoretto, Domenico　654
ティン・ヒナン →Tin Hinan　654
ティン・ワラセ (20世紀) →Ting Walasse　654
デウ, ジョルディ・デ (14・15世紀)
　→Deu, Jordi de　194
デヴァッレ, ベッペ (20世紀)
　→Devalle, Beppe　194
デヴァリエール (19・20世紀)
　→Desvallières, Georges　194
デヴァリエール, ジョルジュ (19・20世紀)
　→Desvallières, Georges　194
デーヴィス (20世紀) →Davis, Stuart　184
デーヴィス, B. (20世紀) →Davis, Bette　183
デーヴィス, アーサー (18世紀)
　→Devis, Arthur　195
デーヴィス, アンナーリー (20世紀)
　→Davis, Annalee　183
デーヴィス, スチュアート (20世紀)
　→Davis, Stuart　184
デーヴィス, ロバート・ホバート (19・20世紀)
　→Davis, Robert Hobart　183
デ・ウィッテ, エマニュエル (17世紀)
　→De Witte, Emanuel　195
デーヴィド (20世紀)
　→David, Sir Percival Victor　183
デ・ウィント, ピーター (18・19世紀)
　→Wint, Peter de　708
デ・ヴェーリス, フィリッポロ (14・15世紀)
　→De Veris, Filippolo　195
デ・ヴェーリス, フランコ (14・15世紀)
　→De Veris, Franco　195
デヴェレル, ウォルター・ハウエル (19世紀)
　→Deverell, Walter Howell　194
デ=ウォルフ, エルジー (19・20世紀)
　→De Wolfe, Elsie　195
デヴリン, H. (20世紀) →Devlin, Harry　195
デヴリン, W. (20世紀) →Devlin, Wende　195
デ・ウルフ, エルジー (19・20世紀)
　→De Wolfe, Elsie　195
テオデリヒ (5・6世紀) →Theodoric　647

テオドシウス (4世紀)
　→Theodosius I, Flavius　648
テオドシウス (1世) (4世紀)
　→Theodosius I, Flavius　648
テオドシウス1世 (4世紀)
　→Theodosius I, Flavius　648
テオドシウス一世 (4世紀)
　→Theodosius I, Flavius　648
テオドシウス1世 (大帝) (4世紀)
　→Theodosius I, Flavius　648
テオドシウス一世 (大帝) (4世紀)
　→Theodosius I, Flavius　648
テオドシウス (大帝) (4世紀)
　→Theodosius I, Flavius　648
テオドシウス大帝 (4世紀)
　→Theodosius I, Flavius　648
テオドーラ (6世紀) →Theodora　647
テオドラ (6世紀) →Theodora　647
テオドリク (5・6世紀) →Theodoric　647
テオドリク (テオドリクス) (プラハの) (14世紀)
　→Theodrich von Prag　648
テオドーリークス (5・6世紀) →Theodoric　647
テオドリクス (5・6世紀) →Theodoric　647
テオドリック (5・6世紀) →Theodoric　647
テオドリック (14世紀)
　→Theodrich von Prag　648
テオドリック (大王) (5・6世紀)
　→Theodoric　647
テオドリック大王 (5・6世紀) →Theodoric　647
テオドリッヒ (大王) (5・6世紀)
　→Theodoric　647
テオドリヒ (プラハの) (14世紀)
　→Theodrich von Prag　648
テオドリヒ・フォン・プラーク (14世紀)
　→Theodrich von Prag　648
テオドルフ (8・9世紀) →Théodulf　648
テオドロス (前6世紀) →Theodōros　648
テオドーロス (サモスの) (前6世紀)
　→Theodōros　648
テオドロス (サモスの) (前6世紀)
　→Theodōros　648
テオフィルス (9世紀) →Theophilus　648
テオフィルス (11・12世紀)
　→Theophilus Presbyter　648
テオフィルス1世 (9世紀) →Theophilus　648
テオフィルス一世 (9世紀) →Theophilus　648
テオフィロス (9世紀) →Theophilus　648
デオンナ, ヴァルデマル (19・20世紀)
　→Deonna, Waldemar　192
デカー, リヒャルト (20世紀)
　→Doeker, Richard　201
デ・カピタニ・ダルゴ, アルベルト (20世紀) →De Capitani d'Arzago, Alberto　185

デ・カルロ, ジャンカルロ (20世紀)
　→De Carlo, Giancarlo　*185*
デ・カーロリス, アドルフォ (19・20世紀)
　→De Carolis, Adolfo　*185*
デカン (18世紀)
　→Descamps, Jean Baptiste　*193*
デ・キリコ (19・20世紀)
　→Chirico, Giorgio de　*148*
デ・キリコ,G. (19・20世紀)
　→Chirico, Giorgio de　*148*
デ・キリコ, ジョルジオ (19・20世紀)
　→Chirico, Giorgio de　*148*
デ・キーリコ, ジョルジョ (19・20世紀)
　→Chirico, Giorgio de　*148*
デクセル, ヴァルター (19・20世紀)
　→Dexel, Walter　*195*
デ・クーニング (20世紀)
　→De Kooning, Willem　*187*
デ・クーニング (20世紀)
　→De Kooning, Willem　*187*
デ-クーニング (20世紀)
　→De Kooning, Willem　*187*
デ=クーニング (20世紀)
　→De Kooning, Willem　*187*
デクーニング (20世紀)
　→De Kooning, Willem　*187*
デ・クーニング, ウィレム (20世紀)
　→De Kooning, Willem　*187*
デ・クーニング, ヴィレム (20世紀)
　→De Kooning, Willem　*187*
デグラー, ハンス (16・17世紀)
　→Degler, Hans　*186*
デ・クライエル, カスパール (16・17世紀)
　→De Crayer, Caspar　*185*
デ・グラーダ, ラッファエーレ (19・20世紀)
　→De Grada, Raffaele　*186*
デ・グラッシ, サロモーネ (14・15世紀)
　→De'Grassi, Salomone　*186*
デ・グラッシ, ジョヴァンニーノ (14世紀)
　→De'Grassi, Giovannino　*186*
デ・グレゴーリオ, マルコ (19世紀)
　→De Gregorio, Marco　*186*
デ・グレッベル, ピーテル・フランスゾーン (17世紀)　→De Grebber, Pieter Fransz.　*186*
デ・クレルク
　→Klerk, Michaël de　*367*
デ・クレルク, ミヒェル (19・20世紀)
　→De Klerk, Michel　*187*
デ・グロフ, ウィレム (17・18世紀)
　→De Groff, Willem　*186*
デ・ケイセル, トマス (16・17世紀)
　→De Keyser, Thomas　*187*
デ・ケイセル, ヘンドリック (16・17世紀)
　→De Keyser, Hendrick　*187*

デーゲンハルト, ベルンハルト (20世紀)
　→Degenhart, Bernhard　*186*
デ・ケンペネル, ピーテル (16世紀)
　→Kempener, Peter de　*360*
デ・コーニング (20世紀)
　→De Kooning, Willem　*187*
デ・コルテ, ヨセ (17世紀)
　→De Corte, Josse　*185*
デ・サンクティス, フランチェスコ (17・18世紀)
　→De Sanctis, Francesco　*193*
デ・サンティ, アンドリオーロ (14世紀)
　→De Santi, Andriolo　*193*
テージ, マウロ・アントーニオ (18世紀)
　→Tesi, Mauro Antonio　*647*
デシデリオ, ヴィンセント (20世紀)
　→Desiderio, Vincent　*193*
デジデリオ・ダ・セッチニャーノ (15世紀)
　→Desiderio da Settignano　*193*
デジデーリオ・ダ・セッティニャーノ (15世紀)
　→Desiderio da Settignano　*193*
デジデリオ・ダ・セッティニャーノ (15世紀)
　→Desiderio da Settignano　*193*
デシデーリョ・ダ・セッティニャーノ (15世紀)
　→Desiderio da Settignano　*193*
デジャルダン (17世紀)
　→Desjardins, Martin　*193*
デジャルダン, マルタン (17世紀)
　→Desjardins, Martin　*193*
デシャン, ジャン (13世紀)
　→Deschamps, Jean　*193*
デシュレット (19・20世紀)
　→Déchelette, Joseph　*185*
デシュレット, ジョゼフ (19・20世紀)
　→Déchelette, Joseph　*185*
デシュレット, ヨセフ (19・20世紀)
　→Déchelette, Joseph　*185*
テシーン (17・18世紀)
　→Tessin, Nicodemus den Yngre　*647*
デーズ (18・19世紀)　→Dayes, Edward　*184*
テスタ, ピエトロ (17世紀)　→Testa, Pietro　*647*
デスパニャ (19・20世紀)
　→D'Espagnat, Georges　*193*
デスパニャ, ジョルジュ (19・20世紀)
　→D'Espagnat, Georges　*193*
デスピオ (19・20世紀)　→Despiau, Charles　*194*
デスピオー (19・20世紀)
　→Despiau, Charles　*194*
デスピオ, シャルル (19・20世紀)
　→Despiau, Charles　*194*
デスピオー, シャルル (19・20世紀)
　→Despiau, Charles　*194*
デスピオ, チャールズ (19・20世紀)
　→Despiau, Charles　*194*
デースブルク (19・20世紀)
　→Doesburg, Theo van　*201*

テスマー, ハインリッヒ(20世紀)
　→Tesmer, Heinrich　647
デ・スメット, ギュスターフ(19・20世紀)
　→De Smet, Gustaaf　193
テーセウス →Theseus　648
テセウス →Theseus　648
デゾ, リエン(20世紀) →Dezo, Lien　195
デソアール(19・20世紀) →Dessoir, Max　194
デソアル(19・20世紀) →Dessoir, Max　194
デソワール(19・20世紀) →Dessoir, Max　194
デタイユ(19・20世紀)
　→Detaille, Jean-Baptiste-Édouard　194
デタイユ, エドゥアール(19・20世紀)
　→Detaille, Jean-Baptiste-Édouard　194
デッカー(17・18世紀) →Decker, Paul　185
デッカー(20世紀) →Döcker, Richard　200
デッカー, パウル(17・18世紀)
　→Decker, Paul　185
テッサローロ, ルシアン(20世紀)
　→Tessarolo, Lucien　647
テッシーン, ニコデムス(17世紀)
　→Tessin, Nicodemus den Äldre　647
テッシーン, ニコデムス(17・18世紀)
　→Tessin, Nicodemus den Yngre　647
テッシン, ニコデムス(17・18世紀)
　→Tessin, Nicodemus den Yngre　647
テッシン, ニコデムス(子)(17・18世紀)
　→Tessin, Nicodemus den Yngre　647
テッシン, ニコデムス(父)(17世紀)
　→Tessin, Nicodemus den Äldre　647
テッセノ(19・20世紀)
　→Tessenow, Heinrich　647
テッセノー(19・20世紀)
　→Tessenow, Heinrich　647
デッソアール(19・20世紀) →Dessoir, Max　194
デッソワ(19・20世紀) →Dessoir, Max　194
デッソワール(19・20世紀) →Dessoir, Max　194
デッソワール, マックス(19・20世紀)
　→Dessoir, Max　194
テップファー, ロドルフ(18・19世紀)
　→Toepffer, Rodolphe　656
テップフェール(18・19世紀)
　→Toepffer, Rodolphe　656
デッラ・ヴァッレ, グリエルモ(18世紀)
　→Della Valle, Guglielmo　189
デッラ・ヴァッレ, フィリッポ(17・18世紀)
　→Della Valle, Filippo　189
デッラ・ヴェッキア(17世紀)
　→Della Vecchia　189
デッラ・ガッタ, バルトロメーオ(15・16世紀)
　→Bartolommeo dalla Gatta　53
デッラ・キエーザ, ポンペーオ(16世紀)
　→Della Chiesa, Pompeo　189

デッラ・グレーカ, ヴィンチェンツォ(17世紀)
　→Della Greca, Vincenzo　189
デッラ・グレーカ, フェリーチェ(17世紀)
　→Della Greca, Felice　189
デッラ・セータ, アレッサンドロ(19・20世紀)
　→Della Seta, Alessandro　189
デッラ・チェルヴァ, ジョヴァンニ・バッティスタ(16世紀)
　→Della Cerva, Giovanni, Battista　189
テッラーニ, ジュゼッペ(20世紀)
　→Terragni, Giuseppe　646
デッラバーテ, ニコロ(16世紀)
　→Dell'Abate, Nicolò　189
デッラ・ベッラ, ステーファノ(17世紀)
　→Bella, Stefano della　64
デッラ・ポルタ, アントーニオ(15・16世紀)
　→Della Porta, Antonio　189
デッラ・ポルタ, グリエルモ(16世紀)
　→Della Porta, Guglielmo　189
デッラ・ポルタ, ジャーコモ(16・17世紀)
　→Porta, Giacomo della　532
デッラ・ポルタ, ジャコモ(16・17世紀)
　→Porta, Giacomo della　532
デッラ・ポルタ, ジョヴァンニ・ジャーコモ(15・16世紀)
　→Della Porta, Giovanni, Giacomo　189
デッラ・ロッビア, アンドレーア(15・16世紀)
　→Robbia, Andrea della　562
デッラ・ロッビア, ジョヴァンニ(15・16世紀)
　→Robbia, Giovanni della　562
デッリ, デッロ(15世紀) →Delli, Dello　190
デッリ・エッリ, アーニョロ(15世紀)
　→Degli Erri, Agnolo　186
デッリ・エッリ, バルトロメーオ(15世紀)
　→Degli Erri, Bartolomeo　186
デッレアーニ, ロレンツォ(19・20世紀)
　→Delleani, Lorenzo　190
デ・ティーヴォリ, セラフィーノ(19世紀)
　→De Tivoli, Serafino　194
デデヤン, クレール(20世紀)
　→Dedeyan, Claire　185
デ・ドナーティ, ルイージ(16世紀)
　→De Donati, Luigi　185
デ・ドミーニチ, ベルナルド(17・18世紀)
　→De Dominici, Bernardo　185
デ・ドミーニチス, カルロ(17・18世紀)
　→De Dominicis, Carlo　185
テニエル(19・20世紀) →Tenniel, Sir John　646
テニエル, サー・ジョン(19・20世紀)
　→Tenniel, Sir John　646
テニエル, ジョン(19・20世紀)
　→Tenniel, Sir John　646
テニエルス(17世紀) →Teniers, David　645
デニス, ジョージ(19世紀)
　→Dennis, George　192

デ・ニッティス（19世紀）
　→De Nittis, Giuseppe *192*
デ・ニッティス, ジュゼッペ（19世紀）
　→De Nittis, Giuseppe *192*
テニールス（16・17世紀）→Teniers, David *645*
テニールス（17世紀）→Teniers, David *645*
テニールス（子）（17世紀）→Teniers, David *645*
テニールス, ダヴィッド（17世紀）
　→Teniers, David *645*
テニールス, ダーフィット（17世紀）
　→Teniers, David *645*
テニールス, ダーフィト（16・17世紀）
　→Teniers, David *645*
テニールス, ダーフィト（17世紀）
　→Teniers, David *645*
テニールス（父）（16・17世紀）
　→Teniers, David *645*
テニールス（テニエ）（16・17世紀）
　→Teniers, David *645*
テーヌ（19世紀）
　→Taine, Hippolyte Adolphe *641*
テーヌ, イポリット（19世紀）
　→Taine, Hippolyte Adolphe *641*
テーヌ, イポリット（19世紀）
　→Taine, Hippolyte Adolphe *641*
テーヌ, イポリット・アドルフ（19世紀）
　→Taine, Hippolyte Adolphe *641*
テーヌ, イポリット（・アドルフ）（19世紀）
　→Taine, Hippolyte Adolphe *641*
テーヌ, イポリット＝アドルフ（19世紀）
　→Taine, Hippolyte Adolphe *641*
テーヌ, イポリート（19世紀）
　→Taine, Hippolyte Adolphe *641*
テネラーニ, ピエトロ（18・19世紀）
　→Tenerani, Pietro *645*
テネント, マッジ・クック（19・20世紀）
　→Tennent, Madge Cook *646*
デノアイエ（18・19世紀）→Desnoyers, Auguste Gaspard Louis Boucher *193*
デノアイエ（20世紀）→Desnoyer, François *193*
デノウ,V.（20世紀）→Denou, Violeta *192*
デノワイエ, フランソワ（20世紀）
　→Desnoyer, François *193*
デノワイエ, フランソワ（20世紀）
　→Desnoyer, François *193*
デノン（18・19世紀）
　→Denon, Dominique Vivant de *192*
デ・パーオラ, トミー（20世紀）
　→DePaola, Tomie *192*
デ・パオラ, トミー（20世紀）
　→DePaola, Tomie *192*
デ・パオーラ, トミー（トマス・アンソニー）（20世紀）→DePaola, Tomie *192*
デバリエール（19・20世紀）
　→Desvallières, Georges *194*

デ・バルディ, ドナート（15世紀）
　→De'Bardi, Donato *184*
デ・バルバーリ（15・16世紀）
　→Barbari, Jacopo de' *49*
デ・バルバリ, ヤーコポ（15・16世紀）
　→Barbari, Jacopo de' *49*
デピエール（20世紀）→Despièrre, Jacques *194*
デピエール, ジャック（20世紀）
　→Despièrre, Jacques *194*
デヒーオ（19・20世紀）→Dehio, Georg *187*
デヒオ（19・20世紀）→Dehio, Georg *187*
デヒーオ, ゲオルク（19・20世紀）
　→Dehio, Georg *187*
デヒオ, ゲオルク（19・20世紀）
　→Dehio, Georg *187*
デヒオ, ゲオルグ（19・20世紀）
　→Dehio, Georg *187*
デ・ピージス, フィリッポ（20世紀）
　→De Pisis, Filippo *192*
デービス（19世紀）
　→Davis, Alexander Jackson *183*
デービス（19・20世紀）
　→Davies, Arthur Bowen *183*
デービス（19・20世紀）
　→Davis, Charles Harold *183*
デービス（20世紀）→Davis, Stuart *184*
デービス, アーサー・ボーエン（19・20世紀）
　→Davies, Arthur Bowen *183*
デービス, スチュアート（20世紀）
　→Davis, Stuart *184*
デービス, ノーマン・ド・G.（19・20世紀）
　→Davies, Norman de Garis *183*
デービス, レスリー・パーネル（20世紀）
　→Davies, Leslie Purnell *183*
デービッドソン（19・20世紀）
　→Davidson, Jo（Joseph） *183*
デビッドソン, ジョー（19・20世紀）
　→Davidson, Jo（Joseph） *183*
デ・フィオーリ, エルネスト（19・20世紀）
　→De Fiori, Ernesto *186*
デ・フィネッティ, ジュゼッペ（20世紀）
　→De Finetti, Giuseppe *185*
デ・フェッラーリ, グレゴーリオ（17・18世紀）
　→De Ferrari, Gregorio *185*
デ・フェッラーリ, ジョヴァンニ・アンドレーア（16・17世紀）
　→De Ferrari, Giovanni, Andrea *185*
デ・フェッラーリ, ロレンツォ（17・18世紀）
　→De Ferrari, Lorenzo *185*
デ・フォス, コルネリス（16・17世紀）
　→Vos, Cornelis de *691*
デ・フォス, マールテン（16・17世紀）
　→De Vos, Maarten *195*
デフォッセ, アルフレッド（20世紀）
　→Defossez, Alfred *186*

デプシッツ, ヴィルヘルム・フォン (19・20世紀)
　→Debschitz, Wilhelm von　185
デブータン, マルスラン=ジルベール (19・20世紀)
　→Desboutin, Marcellin-Gilbert　193
デ・ブラーイ, サロモン (16・17世紀)
　→De Braij, Salomon　185
デ・ブラーイ, ヤン (17世紀)
　→De Braij, Jan　184
デ・ブラーケレール, アンリ (19世紀)
　→De Braekeleer, Henri　184
デ・フランデス, ファン (15・16世紀)
　→De Flandes, Juan　186
デ・フリース, アドリアーン (16・17世紀)
　→De Vries, Adriaan　195
デ・フリーヘル, シモン (17世紀)
　→De Vlieger, Simon　195
デプレ, ジャン=ルイ (18・19世紀)
　→Desprez, Jean-Louis　194
デフレッガー (19・20世紀)
　→Defregger, Franz von　186
デ・プレーディス, クリストーフォロ (15世紀)
　→De Predis, Cristoforo　192
デ・プレーディス, ジョヴァンニ・アンブロージョ
　(15・16世紀)
　→De Predis, Giovanni Ambrogio　192
デ・ヘイン, ヤーコプ2世 (16・17世紀)
　→De Gheyn, Jacob II　186
デ・ヘースト, ウェイブラント・シモンスゾーン
　(16・17世紀)
　→De Geest, Wybrand Simonsz.　186
デ・ヘーム, コルネリス (17世紀)
　→Heem, Cornelis de　311
デ・ヘーム, ヤン・ダーフィッツゾーン (17世紀)
　→De Heem, Jan Davidsz.　186
デ・ヘーム, ヤン・ダーフィッツ (17世紀)
　→De Heem, Jan Davidsz.　186
デ・ヘルデル, アールト (17・18世紀)
　→De Gelder, Aert　186
デ・ヘーレ, リューカス (16世紀)
　→De Heere, Lucas　187
デボニシュ, コートネー (20世紀)
　→Devonish, Courtney　195
デ・ホーホ (17世紀) →Hooch, Pieter de　327
デ・ホーホ, ピーテル (17世紀)
　→Hooch, Pieter de　327
デポルト (17・18世紀)
　→Desportes, Alexandre François　194
デポルト, アレクサンドル=フランソワ (17・18世
　紀) →Desportes, Alexandre François　194
デポルト, フランソワ (17・18世紀)
　→Desportes, Alexandre François　194
デマーコ, リチャード (20世紀)
　→Demarco, Richard　190
デ・マッティス, パーオロ (17・18世紀)
　→De Matteis, Paolo　191

デ・マリア, ウォルター (20世紀)
　→De Maria, Walter　190
デ・マリア, ウォルター (20世紀)
　→De Maria, Walter　190
デ・マリーア, マーリオ (19・20世紀)
　→De Maria, Mario　190
デ・マルキ, フランチェスコ (16世紀)
　→De Marchi, Francesco　190
デマルティニ, フゴ (20世紀)
　→Demartini, Hugo　191
デ・マン, コルネリス (17・18世紀)
　→De Man, Cornelis　190
テマンツァ, トンマーゾ (18世紀)
　→Temanza, Tommaso　645
デミーオ・フラティーノ, ジョヴァンニ (16世紀)
　→Demio Fratino, Giovanni　191
デ・ムーシュロン, フレデリック (17世紀)
　→De Moucheron, Frederick　191
デームス (20世紀) →Demus, Otto　191
デームス (19・20世紀) →Demuth, Charles　191
デームス, オットー (20世紀)
　→Demus, Otto　191
デムース, チャールズ (19・20世紀)
　→Demuth, Charles　191
デムス, チャールズ (19・20世紀)
　→Demuth, Charles　191
デムス, チャールズ・ヘンリー (19・20世紀)
　→Demuth, Charles　191
デ・ムーラ, フランチェスコ (17・18世紀)
　→De Mura, Francesco　191
デメトリオ →Demetrius　191
デメトリオ・オブ・エフェソス (前4世紀)
　→Dēmētrios　191
デメトリオス (前4世紀) →Dēmētrios　191
デ・モッティス, クリストーフォロ (15世紀)
　→De Mottis, Cristoforo　191
デ・モンペル (16・17世紀)
　→De Momper, Joos　191
デ・モンペル, フランス (17世紀)
　→De Momper, Frans　191
デ・モンペル, ヨース (16・17世紀)
　→De Momper, Joos　191
テュアイヨン (19・20世紀)
　→Tuaillon, Louis　663
テュアイロン, ルイス (19・20世紀)
　→Tuaillon, Louis　663
テュアヨン (19・20世紀) →Tuaillon, Louis　663
デューイ, A. (20世紀) →Dewey, Ariane　195
テュイリエ (20世紀)
　→Thuillier, Jacques R.　651
デューイング (19・20世紀)
　→Dewing, Thomas Wilmer　195
デュヴィーン, ジョーゼフ (19・20世紀)
　→Duveen, Joseph Duveen, Baron　213

デュヴィーン（ミルバンクの），ジョゼフ・デュ
　ヴィーン，男爵（19・20世紀）
　→Duveen, Joseph Duveen, Baron　213
デュヴェ，ジャン（15・16世紀）
　→Duvet, Jean　213
デュヴォアザン，ロジャー（・アントワーヌ）（20世
　紀）→Duvoisin, Roger　213
デュエム,J.（20世紀）
　→Duheme, Jacqueline　210
デュカス（19・20世紀）
　→Ducasse, Curt John　208
デュカッス（19・20世紀）
　→Ducasse, Curt John　208
デュカテ，マリエ（20世紀）→Ducaté, Marie　208
デュゲ（17世紀）→Dughet, Gaspard　210
デュゲ，ガスパール（17世紀）
　→Dughet, Gaspard　210
デュケノア（16・17世紀）
　→Duquesnoy, François　211
デュケノワ，ジェローム（17世紀）
　→Duquesnoy, Hieronymus II　211
デュケノワ，ヒエロニムス1世（16・17世紀）
　→Duquesnoy, Hieronymus I　211
デュケノワ，ヒエロニムス2世（17世紀）
　→Duquesnoy, Hieronymus II　211
デュケノワ，フランソワ（16・17世紀）
　→Duquesnoy, François　211
デュサルト，コルネリス（17・18世紀）
　→Dusart, Cornelis　212
デュシ，ジャン＝ルイ（18・19世紀）
　→Ducis, Jean-Louis　209
デュジャルダン（17世紀）
　→Dujardin, Karel　210
デュジャルダン，カーレル（17世紀）
　→Dujardin, Karel　210
デュシャン（19・20世紀）
　→Duchamp, Marcel　209
デュシャン，マルセル（19・20世紀）
　→Duchamp, Marcel　209
デュシャン・ヴィヨン（19・20世紀）
　→Duchamp-Villon, Raymond　209
デュシャン＝ヴィヨン（19・20世紀）
　→Duchamp-Villon, Raymond　209
デュシャン＝ヴィヨン，レイモン（19・20世紀）
　→Duchamp-Villon, Raymond　209
デュシャン＝ヴィヨン，レーモン（19・20世紀）
　→Duchamp-Villon, Raymond　209
デュシャン＝ヴィヨン，レモン（19・20世紀）
　→Duchamp-Villon, Raymond　209
デュシャンジュ（17・18世紀）
　→Duchange, Gaspard　209
デュシャンジュ，ガスパール（17・18世紀）
　→Duchange, Gaspard　209
デュシャン・ビヨン（19・20世紀）
　→Duchamp-Villon, Raymond　209

デュシャン・ビヨン，レーモン（19・20世紀）
　→Duchamp-Villon, Raymond　209
デュセニュール，ジャン・ベルナール（19世紀）
　→Duseigneur, Jean Bernard　212
デュ・セルソー（16世紀）
　→Du Cerceau, Jacques Androuet　208
デュ・セルソー（16・17世紀）
　→Du Cerceau, Baptiste Androuet　208
デュ・セルソー（16・17世紀）
　→Du Cerceau, Jacques Androuet　208
デュ・セルソー（16・17世紀）
　→Du Cerceau, Jean Androuet　208
デュセルソー，ジャック2世（16・17世紀）
　→Du Cerceau, Jacques Androuet　208
デュセルソー，ジャック・アンドルーエ（16世紀）
　→Du Cerceau, Jacques Androuet　208
デュ・セルソー，ジャック・アンドルーエ1世（16世
　紀）→Du Cerceau, Jacques Androuet　208
デュセルソー，ジャン（16・17世紀）
　→Du Cerceau, Jean Androuet　208
デュ・セルソー，ジャン・アンドルーエ（16・17世
　紀）→Du Cerceau, Jean Androuet　208
デュ・セルソー，バティスト・アンドルーエ（16・
　17世紀）
　→Du Cerceau, Baptiste Androuet　208
デュ・セルソー，バプティスト・アンドルーエ（16・
　17世紀）
　→Du Cerceau, Baptiste Androuet　208
デュ・ソムラール（18・19世紀）
　→Du Sommerard, Alexandre　212
テューダー,T.（20世紀）→Tudor, Tasha　663
テューダー，タシャ（20世紀）
　→Tudor, Tasha　663
デュック，アンソニー（20世紀）
　→Duc, Antoine　208
デュテュイ，ウージェーヌ（19世紀）
　→Dutuit, Eugène　213
デュテール（19・20世紀）
　→Dutert, Ferdinand Charles Louis　213
デュテール，シャルル＝ルイ＝フェルディナン
　（19・20世紀）
　→Dutert, Ferdinand Charles Louis　213
デュードク（19・20世紀）
　→Dudok, Willem Marinus　209
デュドク，ウィレム・M.（19・20世紀）
　→Dudok, Willem Marinus　209
デュドック（19・20世紀）
　→Dudok, Willem Marinus　209
デュドック，ウィレム（19・20世紀）
　→Dudok, Willem Marinus　209
デュドック，ウィレム・マリヌス（19・20世紀）
　→Dudok, Willem Marinus　209
デュナン（19・20世紀）→Dunand, Jean　211
デュナン，ジャン（19・20世紀）
　→Dunand, Jean　211

デュノワイエ・ド・スゴンザック, アンドレ(19・20世紀) →Segonzac, André Albert Marie Dounoyer de　601
デュ・パキエ, クラウディウス・インノケンティウス(18世紀)
　→Du Paquier, Claudius Innocentius　211
デュバン(18・19世紀)
　→Duban, Félix Louis Jacques　207
デュビー=ブロム, ゲルトルート(20世紀)
　→Duby-Blom, Gertrude　208
デュビュッフェ(20世紀) →Dubuffet, Jean　207
デュビュッフェ, ジャン(20世紀)
　→Dubuffet, Jean　207
デュビュフェ(20世紀) →Dubuffet, Jean　207
デュビュフェ, ジャン(20世紀)
　→Dubuffet, Jean　207
デュビーン, ジョーゼフ(19・20世紀)
　→Duveen, Joseph Duveen, Baron　213
デュブアーザン, ロジャー(20世紀)
　→Duvoisin, Roger　213
デュフィ(19・20世紀) →Dufy, Raoul　210
デュフィ, ラウール(19・20世紀)
　→Dufy, Raoul　210
デュフィ, ラウル(19・20世紀)
　→Dufy, Raoul　210
テュプケ, ワーナー(20世紀)
　→Tübke, Werner　663
デュフール, シャンタル(20世紀)
　→Dufour, Chantal　209
デュブルイユ, トゥーサン(16・17世紀)
　→Dubreuil, Toussaint　207
デュブルイユ, トゥッサン(16・17世紀)
　→Dubreuil, Toussaint　207
デュプレ(19世紀) →Dupre, Giovanni　211
デュプレ(19世紀) →Dupré, Jules　211
デュプレ, ジュール(19世紀)
　→Dupré, Jules　211
デュプレシ(18・19世紀)
　→Duplessis, Joseph-Siffred　211
デュプレシス, ジョゼフ・シフレッド(18・19世紀)
　→Duplessis, Joseph-Siffred　211
デュプレシス, ジョゼフ・シルフレード(18・19世紀) →Duplessis, Joseph-Siffred　211
デュプレシ・ベルトー(18・19世紀)
　→Duplessi-Bertaux, Jean　211
デュプレッシス, ジョゼフ・シフレッド(18・19世紀) →Duplessis, Joseph-Siffred　211
デュフレーヌ(19・20世紀)
　→Dufresne, Charles　210
デュフレヌ(19世紀) →Dufraine, Charles　209
デュフレーヌ, シャルル(19世紀)
　→Dufraine, Charles　209
デュフレーヌ, シャルル(19・20世紀)
　→Dufresne, Charles　210

デュフレーヌ, フランソワ(20世紀)
　→Dufrêne, François　209
デュフレノア(17世紀)
　→Dufrésnoy, Charles Alphonse　210
デュフレノア(19・20世紀)
　→Dufrénoy, Georges Léon　210
デュフレノア, ジョルジュ(19・20世紀)
　→Dufrénoy, Georges Léon　210
デュフレノワ, シャルル=アルフォンス(17世紀)
　→Dufrésnoy, Charles Alphonse　210
デュフレノワ, ジョルジュ(19・20世紀)
　→Dufrénoy, Georges Léon　210
デュフレンヌ(20世紀) →Dufrenne, Mikel　210
デュフレンヌ,M.(20世紀)
　→Dufrenne, Mikel　210
デュベ(15・16世紀) →Duvet, Jean　213
デュペラク(16・17世紀)
　→Dupérac, Etienne　211
デュペラック, エティエンヌ(16・17世紀)
　→Dupérac, Etienne　211
デュヴェーン, ジョセフ卿(19・20世紀)
　→Duveen, Joseph Duveen, Baron　213
デュホー, ベルナルド(20世紀)
　→Defaux, Bernard　185
デュボア(19世紀) →Dubois, Louis　207
デュボア(19・20世紀)
　→Dubois-Pigalle, Paul　207
デュボア,W.P.(20世紀)
　→Du Bois, William Pene　207
デュ・ボア, ウィリアム・ペーン(20世紀)
　→Du Bois, William Pene　207
デュボア, ウィリアム・ペン(20世紀)
　→Du Bois, William Pene　207
デュボア, ルイ(19世紀) →Dubois, Louis　207
デュボアザン, ロジャー(20世紀)
　→Duvoisin, Roger　213
デュボア・ピガル(19・20世紀)
　→Dubois-Pigalle, Paul　207
デュボア・ピガル, ポール(19・20世紀)
　→Dubois-Pigalle, Paul　207
デュ・ボス(17・18世紀)
　→Dubos, Jean-Baptiste　207
デュボス(17・18世紀)
　→Dubos, Jean-Baptiste　207
デュボス, ジャン=バチスト(17・18世紀)
　→Dubos, Jean-Baptiste　207
デュ・ボス, ジャン=バティスト(17・18世紀)
　→Dubos, Jean-Baptiste　207
デュ・ボワ(19・20世紀)
　→Du Bois, Guy Péne　207
デュボワ, アンブロワーズ(16・17世紀)
　→Dubois, Ambroise　207
デュ=ボワ, ウィリアム・ペン(20世紀)
　→Du Bois, William Pene　207

デュ・ボワ, ギー・ペーヌ (19・20世紀)
　→Du Bois, Guy Péne　207
デュボワ, ジャック (17・18世紀)
　→Dubois, Jacques　207
デュボワ, ポール (19・20世紀)
　→Dubois-Pigalle, Paul　207
デュボワ, ルイ (19世紀) →Dubois, Louis　207
デュボワザン, R. (20世紀)
　→Duvoisin, Roger　213
デュボワザン, ロジャー (20世紀)
　→Duvoisin, Roger　213
デュボワ＝ピエ, アルベール (19世紀)
　→Dubois-Pillet, Albert　207
デュボワ＝ピガル, ポール (19・20世紀)
　→Dubois-Pigalle, Paul　207
デュポン, ピエール (16・17世紀)
　→Dupont, Pierre　211
デュマ, P. (20世紀) →Dumas, Philippe　210
デューマ, ノラ (20世紀) →Dumas, Nora　210
デュマ, フィリップ (20世紀)
　→Dumas, Philippe　210
デュ・モーリアー (19世紀) →Du Maurier,
　George Louis Palmella Busson　211
デュ・モーリア, ジョージ (19世紀) →Du Maurier,
　George Louis Palmella Busson　211
デュ・モーリア, ジョージ (・ルイ・パルメラ・
　ビュッソン) (19世紀) →Du Maurier, George
　Louis Palmella Busson　211
デュ・モーリエ (19世紀) →Du Maurier, George
　Louis Palmella Busson　211
デュ・モーリエ, ジョージ (19世紀) →Du Maurier,
　George Louis Palmella Busson　211
デュ・モーリエイ, ジョージ (19世紀)
　→Du Maurier, George Louis Palmella Busson
　211
デュモン (18・19世紀) →Dumont, François　211
デュヤルディン, カレン (17世紀)
　→Dujardin, Karel　210
デューラー (15・16世紀) →Dürer, Albrecht　212
デューラー (15・16世紀) →Dürer, Hans　212
デューラー, アルブレヒト (15・16世紀)
　→Dürer, Albrecht　212
デュラク (19・20世紀) →Dulac, Edmund　210
デュラク, エドマンド (19・20世紀)
　→Dulac, Edmund　210
デュラック (19・20世紀) →Dulac, Edmund　210
デュラック, E. (19・20世紀)
　→Dulac, Edmund　210
デュラック, エドマンド (19・20世紀)
　→Dulac, Edmund　210
デュラック, エドモン (19・20世紀)
　→Dulac, Edmund　210
デューラフォア (19・20世紀)
　→Dieulafoy, Marcel Auguste　197

デュラフォア (19・20世紀)
　→Dieulafoy, Marcel Auguste　197
デュラフォア, マルセル (19・20世紀)
　→Dieulafoy, Marcel Auguste　197
デュラフォア, マルセル・A. (19・20世紀)
　→Dieulafoy, Marcel Auguste　197
デュラン, J (ジャン)・N (ニコラ)・L (ルイ) (18・
　19世紀) →Durand, Jean Nicolas Louis　212
デュラン, ジャン・ニコラ・ルイ (18・19世紀)
　→Durand, Jean Nicolas Louis　212
デュラン, ジャン＝ニコラ＝ルイ (18・19世紀)
　→Durand, Jean Nicolas Louis　212
デュラン, ジャン・ニコラ・ルイ・ダヴィッド (18・
　19世紀) →Durand, Jean Nicolas Louis　212
デュランチ (19世紀)
　→Duranty, Louis Emile Edmond　212
デュランチー, ルイ＝エドモン (19世紀)
　→Duranty, Louis Emile Edmond　212
デュランティ (19世紀)
　→Duranty, Louis Emile Edmond　212
デュランティ, エドモン (19世紀)
　→Duranty, Louis Emile Edmond　212
デュランティ, ルイ＝エドモン (19世紀)
　→Duranty, Louis Emile Edmond　212
デュランド (18・19世紀)
　→Durand, Asher Brown　212
デュランド, アッシャー・B (ブラウン) (18・19世
　紀) →Durand, Asher Brown　212
デュランド, アッシャー・ブラウン (18・19世紀)
　→Durand, Asher Brown　212
デュラン・リュエル (19・20世紀)
　→Durand-Ruel, Paul　212
デュラン＝リュエル, ポール (19・20世紀)
　→Durand-Ruel, Paul　212
デュルファー (19・20世紀)
　→Dülfer, Martin　210
デュレ (19・20世紀) →Duret, Théodore　212
デュレ, テオドーア (19・20世紀)
　→Duret, Théodore　212
デュレ, テオドール (19・20世紀)
　→Duret, Théodore　212
テーヨ (19・20世紀) →Tello, Julio César　645
テーヨ, フリオ (19・20世紀)
　→Tello, Julio César　645
テーヨ, フリオ・C. (19・20世紀)
　→Tello, Julio César　645
テーヨ, フリオ・セサル (19・20世紀)
　→Tello, Julio César　645
デ・ヨング, ルドルフ (17世紀)
　→De Jongh, Ludolf　187
テーラー, デヴィド (20世紀)
　→Taylor, David　644
デ・ライレッセ, ヘラルト (17・18世紀)
　→De Lairesse, Gerard　188

デラ・クエルチア(14・15世紀)
　→Quercia, Jacopo della　542
デラ・クエルチア, ヤコポ(14・15世紀)
　→Quercia, Jacopo della　542
テラーニ(20世紀)　→Terragni, Giuseppe　646
デ・ラ・バレ(17世紀)　→De la Vallée, Jean　188
デラ・ベラ(17世紀)　→Bella, Stefano della　64
デ=ラ=レンタ(20世紀)
　→De la Renta, Oscar　188
デ・ラ・レンタ, オスカー(20世紀)
　→De la Renta, Oscar　188
デラ・ロッビア, ルカ(14・15世紀)
　→Robbia, Luca della　562
デリ(19・20世紀)　→Deri, Max　192
テリー, エディス(19・20世紀)
　→Terry, Edith　646
テリー, ポール(19・20世紀)　→Terry, Paul　646
テリアッチ, ニコロ・ディ・セル・ソッツォ(14世紀)　→Tegliacci, Nicolò di ser Sozzo　645
デリーティオ, アンドレーア(15世紀)
　→Delitio, Andrea　189
デリラ　→Delilah　189
デル, フリードリヒ・ヴィルヘルム・オイゲン(18・19世紀)
　→Doell, Friedrich Wilhelm Eugen　201
テル=アルトゥニャン, ルーベン(20世紀)
　→Ter-Arutunian, Rouben　646
デルヴィル, ジャン(19・20世紀)
　→Delville, Jean　190
デルヴォー(20世紀)　→Delvaux, Paul　190
デルヴォー, ポール(20世紀)
　→Delvaux, Paul　190
デルヴォー, ローラン(17・18世紀)
　→Delvaux, Laurent　190
デル・キエーリコ, フランチェスコ・ダントーニオ(15世紀)
　→Del Chierico, Francesco d'Antonio　189
デル・キンデレン, アントニウス・ヨハネス(19・20世紀)
　→Der Kinderen, Antonius Johannes　193
デル・グランデ, アントーニオ(17世紀)
　→Del Grande, Antonio　189
デルクール, ジャン(17・18世紀)
　→Delcour, Jean　189
デルクール, ジャン=ジル(17世紀)
　→Delcour, Jean-Gilles　189
デル・コッサ, フランチェスコ(15世紀)
　→Cossa, Francesco del　165
デル=サルト(15・16世紀)
　→Sarto, Andrea del　588
デル・タッソ, クレメンテ(15・16世紀)
　→Del Tasso, Clemente　190
デル・タッソ, ジョヴァン・バッティスタ(16世紀)
　→Del Tasso, Giovan Battista　190

デル・タッソ, ドメーニコ(15・16世紀)
　→Del Tasso, Domenico　190
デル・タッソ, レオナルド(15・16世紀)
　→Del Tasso, Leonardo　190
テルツィ, アレアルド(19・20世紀)
　→Terzi, Aleardo　647
テルツィ, フィリッポ(16世紀)
　→Terzi, Filippo　647
デルティル, メイテ(20世紀)
　→Delteil, Maite　190
デル・デッビオ, エンリーコ(20世紀)
　→Del Debbio, Enrico　189
デル・ドゥーカ, ヤーコポ(16・17世紀)
　→Del Duca, Jacopo　189
デル・パッキア, ジローラモ(15・16世紀)
　→Del Pacchia, Girolamo　190
デル・バルビエーレ, ドメーニコ(16世紀)
　→Del Barbiere, Domenico　189
テルファード(18・19世紀)
　→Telford, Thomas　645
デルプェルト(19・20世紀)
　→Dörpfeld, Wilhelm　204
テルフォード(18・19世紀)
　→Telford, Thomas　645
テルフォード, トーマス(18・19世紀)
　→Telford, Thomas　645
テルフォード, トマス(18・19世紀)
　→Telford, Thomas　645
デルプフェルト(19・20世紀)
　→Dörpfeld, Wilhelm　204
デルプフェルト, ヴィリヘルム(19・20世紀)
　→Dörpfeld, Wilhelm　204
デルプフェルト, ヴィルヘルム(19・20世紀)
　→Dörpfeld, Wilhelm　204
デルブリュック, リヒャルト(19・20世紀)
　→Delbrück, Richard　189
テルブリュッヘン(16・17世紀)
　→Terbrugghen, Hendrik　646
テルブリュッヘン, ヘンドリク(16・17世紀)
　→Terbrugghen, Hendrik　646
テルブリュッヘン, ヘンドリック(16・17世紀)
　→Terbrugghen, Hendrik　646
テルブルッヘン(16・17世紀)
　→Terbrugghen, Hendrik　646
テルブルッヘン, ヘンドリック(16・17世紀)
　→Terbrugghen, Hendrik　646
デル・ペッツォ, ルチオ(20世紀)
　→Del Pezzo, Lucio　190
デルボー(20世紀)　→Delvaux, Paul　190
テルボルク(17世紀)　→Terborch, Gerard　646
テルボルヒ(17世紀)　→Terborch, Gerard　646
テルボルヒ, ヘラルド(ゲラルド)(17世紀)
　→Terborch, Gerard　646
テルボルフ(17世紀)　→Terborch, Gerard　646

テル・ボルフ, ヘラルト (17世紀)
　→Terborch, Gerard　646
テルボルフ, ヘラルド (17世紀)
　→Terborch, Gerard　646
デル・ポンテ, ジョヴァンニ (14・15世紀)
　→Del Ponte, Giovanni　190
デル・マルル, フェリックス (19・20世紀)
　→Del Marle, Félix　190
テルラーニ, ジュゼッペ (20世紀)
　→Terragni, Giuseppe　646
テルラーニ, ジュゼッペ (20世紀)
　→Terragni, Giuseppe　646
デッラ・ロッビア, アンドレーア (15・16世紀)
　→Robbia, Andrea della　562
デッラ・ロッビア, ルーカ (14・15世紀)
　→Robbia, Luca della　562
テルンクヴィスト, マリット (20世紀)
　→Tornqvist, Marit　658
テレキ, アンドレ (20世紀) →Teleki, Andre　645
テレサ (16世紀) →Teresa de Jesús　646
テレサ (アビラの) (16世紀)
　→Teresa de Jesús　646
聖テレサ (アビラの) (16世紀)
　→Teresa de Jesús　646
テレサ (イエズスの) (16世紀)
　→Teresa de Jesús　646
テレサ (聖) (イエスの) (16世紀)
　→Teresa de Jesús　646
テレサ・デ・ヘスース (16世紀)
　→Teresa de Jesús　646
テレサ・デ・ヘスス (16世紀)
　→Teresa de Jesús　646
テレサデヘスース (16世紀)
　→Teresa de Jesús　646
テレーサ=デ=ヘスス (アビラ) (16世紀)
　→Teresa de Jesús　646
テレーサ・デ・ヘス, サンタ (16世紀)
　→Teresa de Jesús　646
テレジア (16世紀) →Teresa de Jesús　646
テレジア (アビラの), (セペダ・イ・アウマーダ, テレサ・デ) (16世紀)
　→Teresa de Jesús　646
テレマック, エルヴェ (20世紀)
　→Télémaque, Herve　645
デ・レンツィ, マーリオ (20世紀)
　→De Renzi, Mario　192
デ・ロッキ, フランチェスコ (20世紀)
　→De Rocchi, Francesco　193
デ・ロッシ, ヴィンチェンツォ (16世紀)
　→De Rossi, Vincenzo　193
デ・ロッシ, ジョヴァンニ・アントーニオ (17世紀) →De Rossi, Giovanni, Antonio　193
デ・ロッシ, ジョヴァンニ・バッティスタ (19世紀)
　→De Rossi, Giovanni Battista　193

デ・ロッシ, マッティア (17世紀)
　→Rossi, Mattia de　570
デローネイ, ソニア・テルク (19・20世紀)
　→Delaunay, Sonia　188
テロール (18・19世紀)
　→Taylor, Isidore Justin Séverin, Baron　644
テーンクヴィスト, M. (20世紀)
　→Tornqvist, Marit　658
テーンクヴィスト, マリット (20世紀)
　→Tornqvist, Marit　658
デンツィンガー (19世紀)
　→Denzinger, Franz Joseph　192
デンツィンガー, フランツ・ヨーゼフ (19世紀)
　→Denzinger, Franz Joseph　192
デンテ, マルコ (15・16世紀)
　→Dente, Marco　192
デンナー (17・18世紀)
　→Denner, Barthasar　192
デンナー, バルタザール (17・18世紀)
　→Denner, Barthasar　192
デンナー, バルタザル (17・18世紀)
　→Denner, Barthasar　192
テンパートン, ジョン (20世紀)
　→Temperton, John　645
テンプルトン, リニ (20世紀)
　→Templeton, Rini　645
テンペスティ, アントーニオ (16・17世紀)
　→Tempesti, Antonio　645
テンペスト, M. (20世紀)
　→Tempest, Margaret　645

【 ト 】

ドーア, P.G. (19世紀)
　→Doré, Paul Gustave　203
ドーアティ, ジェイムズ・ヘンリー (19・20世紀)
　→Daugherty, James (Henry)　181
ドアノー (20世紀) →Doisneau, Robert　201
ドアノー, ロベール (20世紀)
　→Doisneau, Robert　201
トイエン (20世紀) →Toyen　659
トイージェ, モイセイ・イワノヴィッチ (19・20世紀) →Toidze, Moisei Ivanovich　656
トイージュ (19・20世紀)
　→Toidze, Moisei Ivanovich　656
ドイダルサス (前3世紀) →Doidalsas　201
ドイダルセース (前3世紀) →Doidalsas　201
ドイティンガー (19世紀)
　→Deutinger, Martin von　194
ドイティンガー, マルティーン (19世紀)
　→Deutinger, Martin von　194

トイバー=アルプ,ゾフィー(19・20世紀)
　→Taeuber-Arp, Sophie　*640*
ド イブラー(19・20世紀)
　→Däubler, Theodor　*181*
ド イブラー,テーオドア(19・20世紀)
　→Däubler, Theodor　*181*
ド イブラー,テーオドール(19・20世紀)
　→Däubler, Theodor　*181*
ド イブラー,テオドル(19・20世紀)
　→Däubler, Theodor　*181*
トイベル=アルプ,ゾフィー(19・20世紀)
　→Taeuber-Arp, Sophie　*640*
ド イベル・アルプ,ゾフィー(19・20世紀)
　→Taeuber-Arp, Sophie　*640*
ド イル(18・19世紀)　→Doyle, John　*205*
ド イル(19世紀)　→Doyle, Richard　*206*
ド イル,リチャード(19世紀)
　→Doyle, Richard　*206*
トインビ,ジョスリン・メアリ・キャサリン(20世紀)
　→Toynbee, Jocelyn Mary Catherine　*660*
ド ウ(17世紀)　→Dou, Gerard　*205*
ド ーヴァ,ジャンニ(20世紀)
　→Dova, Gianni　*205*
ド ゥアズネ,ジャン(20世紀)
　→Dewasne, Jean　*195*
ド ウアティ(19・20世紀)　→Dougherty, Paul　*205*
ド ヴァーヌ,ジャン(20世紀)
　→Dewasne, Jean　*195*
トーヴァルセン(18・19世紀)
　→Thorvaldsen, Albert Bertel　*650*
ド ゥアルト,アンヘル(20世紀)
　→Duart, Angel　*207*
ド ウイ,マックス(20世紀)　→Douy, Max　*205*
ド ウイーズ,R.W.(20世紀)
　→DeWeese, Raymond W.　*195*
トウィルサー,N.A.(19・20世紀)
　→Tyrsa, Nikolaj Andreevich　*665*
ド ・ウィント,ピーター(18・19世紀)
　→Wint, Peter de　*708*
ド ゥヴィードフ,V.A.(20世紀)
　→Duvidov, Viktor Aronovich　*213*
ド ゥヴォルジャーク,マックス(19・20世紀)
　→Dvořák, Max　*213*
ド ヴェ,ローラン=ブノワ(18・19世紀)
　→Dewez, Laurent-Benoît　*195*
ド ゥエスブルグ(19・20世紀)
　→Doesburg, Theo van　*201*
ド ヴェリア(19世紀)
　→Deveria, Achille Jacques Jean Marie　*194*
ド ヴェリア(19世紀)　→Deveria, Eugène François Marie Joseph　*195*
ド ヴェリア,アシル(19世紀)
　→Deveria, Achille Jacques Jean Marie　*194*

ド ヴェリア,アシル・ジャーク・ジャン・マリー(19世紀)
　→Deveria, Achille Jacques Jean Marie　*194*
ド ヴェリア,ウージェーヌ=フランソワ=マリー=ジョゼフ(19世紀)　→Deveria, Eugène François Marie Joseph　*195*
ド ヴェリア,ジャック=ジャン=マリー=アシル(19世紀)
　→Deveria, Achille Jacques Jean Marie　*194*
トウォーコヴ,ジャック(20世紀)
　→Tworkov, Jack　*665*
ド ウォスキン,スティーヴン(20世紀)
　→Dwoskin, Stephen　*213*
トゥオティロ(9・10世紀)　→Tuotilo　*664*
トウォルコフ,ジャック(20世紀)
　→Tworkov, Jack　*665*
ド ヴォルザーク(19・20世紀)
　→Dvořák, Max　*213*
ド ヴォルジャーク(19・20世紀)
　→Dvořák, Max　*213*
ド ヴォルジャク(19・20世紀)
　→Dvořák, Max　*213*
ド ヴォルジャーク,マックス(19・20世紀)
　→Dvořák, Max　*213*
ド ヴォルジャーク,マックス(19・20世紀)
　→Dvořák, Max　*213*
トゥオンブリー,サイ(20世紀)
　→Twombly, Cy　*665*
トウォンブリー,サイ(20世紀)
　→Twombly, Cy　*665*
ド ゥカーティ,ペリクレ(19・20世紀)
　→Ducati, Pericle　*208*
トゥーキィ,フレア(20世紀)
　→Tookey, Fleur　*657*
トゥクルティ・ニヌルタ1世(前13世紀)
　→Tukulti-Ninurta I　*664*
トゥクルティ・ニヌルタ一世(前13世紀)
　→Tukulti-Ninurta I　*664*
トゥクルティ=ニヌルタ一世(前13世紀)
　→Tukulti-Ninurta I　*664*
ド ゥケーヌ(18・19世紀)　→Decaisne, Henri　*185*
ド ゥケーヌ,アンリ(18・19世紀)
　→Decaisne, Henri　*185*
トゥサン,ラファエル(20世紀)
　→Toussaint, Raphael　*659*
ド ゥジュマバーエフ,B.(20世紀)
　→Dzhumabaev, Belek　*214*
ド ゥズーズ,ダニエル(20世紀)
　→Dezeuze, Daniel　*195*
ド ゥースト・ムハンマド(16世紀)
　→Dust Muhammad　*213*
ド ゥースブルフ(19・20世紀)
　→Doesburg, Theo van　*201*
ド ゥースブルフ,テオ・ファン(19・20世紀)
　→Doesburg, Theo van　*201*

ドゥセンベリー, ウオルター(20世紀)
→Dusenbery, Walter 212
トゥタンカメン(前14世紀)
→Tut-ankh-Amen 665
トゥタンカーメン(トゥト・アンク・アメン)(前14世紀) →Tut-ankh-Amen 665
トゥタンクアメン(前14世紀)
→Tut-ankh-Amen 665
ドゥッチオ(13・14世紀)
→Duccio di Buoninsegna 208
ドゥッチオ(15世紀) →Duccio, Agostino di 208
ドゥッチオ(13・14世紀)
→Duccio di Buoninsegna 208
ドゥッチオ, アゴスティーノ(15世紀)
→Duccio, Agostino di 208
ドゥッチオ・ディ・ブオニンセーニャ(13・14世紀)
→Duccio di Buoninsegna 208
ドゥッチョ(13・14世紀)
→Duccio di Buoninsegna 208
ドゥッチョ(15世紀) →Duccio, Agostino di 208
ドゥッチョ・ディ・ブオニンセーニャ(13・14世紀)
→Duccio di Buoninsegna 208
ドゥッチョ・ディ・ブオニンセーニャ(13・14世紀)
→Duccio di Buoninsegna 208
ドゥッフェ, ジェラール(16・17世紀)
→Douffet, Gérard 205
ドゥッベルス, ヘンドリック・ヤーコプスゾーン(17世紀)
→Dubbels, Hendrick Jacobsz. 207
ドゥティ, R.(20世紀) →Doty, Roy 204
トゥーティロ(9・10世紀) →Tutilo 665
トゥート, ドリス(20世紀) →Thut, Doris 651
トゥート, ラルフ(20世紀) →Thut, Ralph 651
トゥト・アンク・アメン(前14世紀)
→Tut-ankh-Amen 665
トゥトアンクアメン(前14世紀)
→Tut-ankh-Amen 665
ドゥドヴィチ, マルチェッロ(19・20世紀)
→Dudovich, Marcello 209
トゥトゥメス3世(前16・15世紀)
→Thutmes III 651
ドゥドック, ヴィレム・マリヌス(19・20世紀)
→Dudok, Willem Marinus 209
トゥトメス1世(前16・15世紀) →Thutmes I 651
トゥトメス一世(前16・15世紀)
→Thutmes I 651
トゥトメス3世(前16・15世紀)
→Thutmes III 651
トゥトメス三世(前16・15世紀)
→Thutmes III 651
トゥトメス(トトメス)3世(前16・15世紀)
→Thutmes III 651
トゥトモス1世(前16・15世紀) →Thutmes I 651
トゥトモス3世(前16・15世紀)
→Thutmes III 651

トゥトモーセ1世(前16・15世紀)
→Thutmes I 651
トゥトモーセ3世(前16・15世紀)
→Thutmes III 651
ドゥドレ, シャルル(19・20世紀)
→Doudelet, Charles 205
ドゥドレヴィッレ, レオナルド(19・20世紀)
→Dudreville, Leonardo 209
ドゥニ(3世紀頃) →Denis, St. 191
ドヴニコヴィチ=ボルト, ボリヴォイ(20世紀)
→Dovniković-Bordo, Borivoj 205
トゥービ, ジョヴァンニ・バッティスタ(17世紀)
→Tubi, Giovanni, Battista 663
ドゥビンスキー, D.A.(20世紀)
→Dubinskij, David Aleksandrovich 207
ドゥファーマン, ハインリヒ(16世紀)
→Douvermann, Heinrich 205
ドゥフェネク(19・20世紀)
→Duveneck, Frank 213
トゥプフェール, ロドルフ(18・19世紀)
→Toepffer, Rodolphe 656
ドゥブリッキ, ダニエル(20世紀)
→Debliquy, Daniel 184
ドゥプレ(19世紀) →Dupre, Giovanni 211
ドゥプレ, ジョヴァンニ(19世紀)
→Dupre, Giovanni 211
トゥマン(19・20世紀) →Thumann, Paul 651
ドゥ・モルガン(19・20世紀)
→De Morgan, William Frend 191
トゥーラ(15世紀) →Tura, Cosimo 664
トゥーラ, コージモ(15世紀)
→Tura, Cosimo 664
トゥーラ, コジモ(15世紀) →Tura, Cosimo 664
トゥーラ, コージモ(コズモ)(15世紀)
→Tura, Cosimo 664
トゥーラ, コズメ(15世紀) →Tura, Cosimo 664
トゥーラ・ラウリッツ, ラウリーセン(18世紀)
→Thura Lauritz, Lauridsen 651
ドゥリヴィエ, レオン(19・20世紀)
→Drivier, Léon-Ernest 206
ドゥーリス(前6・5世紀) →Douris 205
ドゥーリス(前4・3世紀) →Duris 212
ドゥリス(前6・5世紀) →Douris 205
ドゥリス(前4・3世紀) →Duris 212
ドゥリス(前6・5世紀) →Douris 205
ドゥーリトル(18・19世紀)
→Doolittle, Amos 203
トゥリーノ・ディ・サーノ(14世紀)
→Turino di Sano 664
トゥリボロ(通称)(ニッコロ・ペリコリ)(16世紀) →Tribolo 661
トゥルキ, アレッサンドロ(16・17世紀)
→Turchi, Alessandro 664
トゥールーズ・ロートレック(19・20世紀)
→Toulouse-Lautrec, Henri de 659

トゥルーズ=ロートレック, アンリ・ド (19・20世紀) →Toulouse-Lautrec, Henri de　659
トゥルーズ=ロートレック, アンリ=マリー=レイモン・ド (19・20世紀) →Toulouse-Lautrec, Henri de　659
トゥールーズ・ロートレック・モンファ, アンリ・マリ・レイモン・ド (19・20世紀) →Toulouse-Lautrec, Henri de　659
トゥールーズ=ロートレック (=モンファ), アンリ・(マリー・レモン・) ド (19・20世紀) →Toulouse-Lautrec, Henri de　659
トゥルダット (10・11世紀) →Trdat　661
トゥルテル, メアリー (19・20世紀) →Tourtel, Mary　659
トゥルニエ, ジョゼッテ (20世紀) →Tournier, Josette　659
トゥールニエール, ロベール (17・18世紀) →Tournières, Robert　659
トゥルビツコーイ, パーヴェル (19・20世紀) →Trubetskoi, Pavel Petrovich　663
トゥルピリウス →Turpilius　665
ドゥルーリー (19・20世紀) →Drury, Alfred　207
ドゥルーリー, アルフレッド (19・20世紀) →Drury, Alfred　207
トゥルンカ, J. (20世紀) →Trnka, Jíří　662
トゥルンカ, イジー (20世紀) →Trnka, Jíří　662
トゥルンカ, イルジー (20世紀) →Trnka, Jíří　662
トゥーロップ (19・20世紀) →Toorop, Jan　658
トゥローネ (14世紀) →Turone　665
ドゥロルム (16世紀) →Delorme, Philibert　190
トゥンプ (17世紀) →Thumb, Michael　651
トゥンプ (17・18世紀) →Thumb, Christian　651
トゥンプ (17・18世紀) →Thumb, Peter　651
トゥンプ, クリスティアン (17・18世紀) →Thumb, Christian　651
トゥンプ, ペーター (17・18世紀) →Thumb, Peter　651
トゥンプ, ミヒャエル (17世紀) →Thumb, Michael　651
トエスカ (19・20世紀) →Toesca, Pietro　656
トエスカ, ピエトロ (19・20世紀) →Toesca, Pietro　656
トォルスカ, K. (20世紀) →Turska, Krystyna　665
ドオレーア, E.P. (20世紀) →D'Aulaire, Edgar Parin　181
ドオレーア, I.M. (20世紀) →D'Aulaire, Ingri　181
ドォレアー, イングリ (20世紀) →D'Aulaire, Ingri　181
ドォレアー, エドガー (20世紀) →D'Aulaire, Edgar Parin　181
ドガ (19・20世紀) →Degas, Hilaire Germain Edgar　186

ドガ, イレール=ジェルマン=エドガー (19・20世紀) →Degas, Hilaire Germain Edgar　186
ドガ, (イレール・ジェルマン・) エドガール (19・20世紀) →Degas, Hilaire Germain Edgar　186
ドガ, イレール・ジェルマン・エドガール (19・20世紀) →Degas, Hilaire Germain Edgar　186
ドガ, エドガー (19・20世紀) →Degas, Hilaire Germain Edgar　186
ドガ, エドガール・イレール・ジェルマン (19・20世紀) →Degas, Hilaire Germain Edgar　186
ドカティ, ピーター (20世紀) →Docherty, Peter　200
ドカン (19世紀) →Decamps, Alexandre Gabriel　185
ドカン, アレキサンドル・ガブリエル (19世紀) →Decamps, Alexandre Gabriel　185
ドカン, アレクサンドル (19世紀) →Decamps, Alexandre Gabriel　185
ドカン, アレクサンドル・ガブリエル (19世紀) →Decamps, Alexandre Gabriel　185
ド・ギーニュ (18世紀) →Guignes, Joseph de　299
ドクシアディス (20世紀) →Doxiadis, Konstantinos Apostolos　205
ドクシアディス, コンスタンチノス・A. (20世紀) →Doxiadis, Konstantinos Apostolos　205
ドクシアディス, コンスタンティノス (20世紀) →Doxiadis, Konstantinos Apostolos　205
ドクシアデス (20世紀) →Doxiadis, Konstantinos Apostolos　205
ドクター・スース (20世紀) →Dr. Seuss　206
トクマコーフ, L.A. (20世紀) →Tokmakov, Lev Alekseevich　656
ドクール, エミール (19・20世紀) →Decœur, Émile　185
ド・コー (16・17世紀) →Caus, Salomon de　137
ド・コット (17・18世紀) →Cotte, Robert de　166
トーザー, キャサリン (20世紀) →Tozer, Katharine　660
トーシ (19・20世紀) →Tosi, Arturo　659
トージ, アルトゥーロ (19・20世紀) →Tosi, Arturo　659
トシ, アルトゥロ (19・20世紀) →Tosi, Arturo　659
ドシー, バルクリシュナ・ヴィタルダス (20世紀) →Doshi, Balkrishna Vithaldas　204
ドーシェ (19・20世紀) →Dauchez, André　181
ドージオ, ジョヴァンニ・アントーニオ (16・17世紀) →Dosio, Giovanni, Antonio　204
ドシオ, ジョバンニ・アントニオ (16・17世紀) →Dosio, Giovanni, Antonio　204
ドジャン (19・20世紀) →Dejean, Louis　187

ドジャン, ルイ(19・20世紀)
　→Dejean, Louis　*187*
トスキ, パーオロ(18・19世紀)
　→Toschi, Paolo　*659*
ド・スタール(20世紀) →Stael, Nicholas de　*627*
ド・スタール, ニコラ(20世紀)
　→Stael, Nicholas de　*627*
ド・スタール, ニコラス(20世紀)
　→Stael, Nicholas de　*627*
ドースブルク(19・20世紀)
　→Doesburg, Theo van　*201*
ドースブルグ(19・20世紀)
　→Doesburg, Theo van　*201*
ドースブルク, テオ・ヴァン(19・20世紀)
　→Doesburg, Theo van　*201*
ドースブルフ(19・20世紀)
　→Doesburg, Theo van　*201*
ドースブルフ,T.フォン(19・20世紀)
　→Doesburg, Theo van　*201*
ドースン, フィールディング(20世紀)
　→Dawson, Fielding　*184*
ドタイユ, ジャン=バティスト=エドゥアール
　(19・20世紀)
　→Detaille, Jean-Baptiste-Édouard　*194*
トッケ(17・18世紀) →Tocqué, Louis　*656*
トッケ, ルイ(17・18世紀) →Tocqué, Louis　*656*
ドッシ(15・16世紀)
　→Dosso Dossi, Giovanni　*204*
ドッシ, ドッソ(15・16世紀)
　→Dosso Dossi, Giovanni　*204*
ドッシ, バッティスタ(15・16世紀)
　→Dossi, Battista　*204*
ドッジ, メイベル(20世紀) →Dodge, Mabel　*200*
トッシュ, ディエター(20世紀)
　→Teusch, Dieter　*647*
ドッセーナ, アルチェーオ(19・20世紀)
　→Dossena, Alceo　*204*
ドッソ, ドッシ(15・16世紀)
　→Dosso Dossi, Giovanni　*204*
ドッソ・ドッシ(15・16世紀)
　→Dosso Dossi, Giovanni　*204*
ドッソドッシ(15・16世紀)
　→Dosso Dossi, Giovanni　*204*
トッツィ, マーリオ(20世紀)
　→Tozzi, Mario　*660*
ドッティ, カルロ・フランチェスコ(17・18世紀)
　→Dotti, Carlo Francesco　*204*
ドッド(20世紀) →Dodd, Lynley Stuart　*200*
ドッド, リンレー・スチュアート(20世紀)
　→Dodd, Lynley Stuart　*200*
ドッドウェル, エドワード(18・19世紀)
　→Dodwell, Edward　*200*
ドッドソン, ベティー(20世紀)
　→Doddson, Betty　*200*

ドットーリ, ジェラルド(19・20世紀)
　→Dottori, Gerardo　*204*
トッリジャーニ, ピエトロ(15・16世紀)
　→Torrigiano, Pietro　*658*
トッリーティ, ヤーコポ(13世紀)
　→Torriti, Jacopo　*658*
トッレッジャーニ, アルフォンソ(17・18世紀)
　→Torreggiani, Alfonso　*658*
トーデ(19・20世紀) →Thode, Henry　*648*
トーデ, ヘンリー(19・20世紀)
　→Thode, Henry　*648*
トーテル, メアリ(19・20世紀)
　→Tourtel, Mary　*659*
トトメス(前16・15世紀) →Thutmes I　*651*
トトメス1世(前16・15世紀) →Thutmes I　*651*
トトメス(3世)(前16・15世紀)
　→Thutmes III　*651*
トトメス3世(前16・15世紀) →Thutmes III　*651*
トトメス三世(前16・15世紀)
　→Thutmes III　*651*
ド・トロワ, ジャン・フランソワ(17・18世紀)
　→De Troy, Jean-François　*194*
ドナー(17・18世紀)
　→Donner, Georg Raphael　*203*
ドナー, ゲオルク・ラーファエル(17・18世紀)
　→Donner, Georg Raphael　*203*
ドナーティ, ダニーロ(20世紀)
　→Donati, Danilo　*203*
ドナティ, ダニーロ(20世紀)
　→Donati, Danilo　*203*
ドナテッロ(14・15世紀) →Donatello　*202*
ドナテルロ(14・15世紀) →Donatello　*202*
ドナテルロ(14・15世紀) →Donatello　*202*
ドナテーロ(14・15世紀) →Donatello　*202*
ドナテロ(14・15世紀) →Donatello　*202*
ドナテロ(ドナテルロ)(14・15世紀)
　→Donatello　*202*
ドナート(14世紀) →Donato　*203*
トニー(20世紀) →Tonny, Kristians　*657*
ドニ(3世紀頃) →Denis, St.　*191*
ドニ(19・20世紀) →Denis, Maurice　*191*
聖ドニ(3世紀頃) →Denis, St.　*191*
ドニ(聖)(パリの)(3世紀頃) →Denis, St.　*191*
ドニ, モーリス(19・20世紀)
　→Denis, Maurice　*191*
ドニ, モーリス(19・20世紀)
　→Denis, Maurice　*191*
ドニー, モーリス(19・20世紀)
　→Denis, Maurice　*191*
トネ(18・19世紀) →Thonet, Michael　*650*
トーネット(18・19世紀)
　→Thonet, Michael　*650*
トーネット, ミヒャエル(18・19世紀)
　→Thonet, Michael　*650*

トネット, ミヒャエル(18・19世紀)
　→Thonet, Michael　650
ドノソ(17世紀)　→Donoso, José Ximenez　203
ドノソ, ホセ・ジメネス(17世紀)
　→Donoso, José Ximenez　203
ドノン(18・19世紀)
　→Denon, Dominique Vivant de　192
ドノン, ドミニック・ヴィヴァン・ド(18・19世紀)
　→Denon, Dominique Vivant de　192
ドーバー, エドワード・ガイ(19・20世紀)
　→Dawber, Edward Guy　184
ドーハーティ, J.(19・20世紀)
　→Daugherty, James (Henry)　181
ドーハティ, ジェイムズ(・ヘンリ)(19・20世紀)
　→Daugherty, James (Henry)　181
ドーハティ, ジェームズ(19・20世紀)
　→Daugherty, James (Henry)　181
トービー(19・20世紀)→Tobey, Mark　656
トビー(19・20世紀)→Tobey, Mark　656
トピー, ベルナディーノ(20世紀)
　→Toppi, Bernardino　658
トビー, マーク(19・20世紀)→Tobey, Mark　656
トビア　→Tobias　656
トビアス, テオ(20世紀)→Tobiasse, Theo　656
トビアス(トビヤ)→Tobias　656
トビト　→Tōbit　656
ドービニ(19世紀)
　→Daubigny, Charles François　181
ドービニー(19世紀)
　→Daubigny, Charles François　181
ドビニー(19世紀)
　→Daubigny, Charles François　181
ドービニー, シャルル・フランソワ(19世紀)
　→Daubigny, Charles François　181
ドービニー, シャルル=フランソワ(19世紀)
　→Daubigny, Charles François　181
ドビュクール(18・19世紀)
　→Debucourt, Philibert Louis　185
ドビュクール, フィリベール=ルイ(18・19世紀)
　→Debucourt, Philibert Louis　185
ドビュクール, ルイ・フィリップ(18・19世紀)
　→Debucourt, Philibert Louis　185
ドーブ(19・20世紀)
　→Dove, Arthur Garfield　205
ドブスン, フランク(19・20世紀)
　→Dobson, Frank　200
ドブソン(17世紀)→Dobson, William　200
ドブソン(19・20世紀)→Dobson, Frank　200
ドブソン, ウィリアム(17世紀)
　→Dobson, William　200
ドブソン, フランク(19・20世紀)
　→Dobson, Frank　200
ド=ブリュノフ, ジャン(20世紀)
　→Brunhoff, Jean de　107

ドーフレンス, M.(20世紀)
　→Daufresne, Michell　181
ドベシュ, ミラン(20世紀)→Dobeš, Milan　200
ドーベル(20世紀)→Dobell, William　200
ドーベル, サー・ウィリアム(20世紀)
　→Dobell, William　200
トホリ, ルイ(20世紀)→Toffoli, Louis　656
トポール, R.(20世紀)→Topor, Roland　658
トポール, ローラン(20世紀)
　→Topor, Roland　658
トポール, ロラン(20世紀)
　→Topor, Roland　658
トポル, ローラン(20世紀)
　→Topor, Roland　658
ドボルザーク(19・20世紀)→Dvořák, Max　213
ドボルザーク, マックス(19・20世紀)
　→Dvořák, Max　213
ドボルジャーク(19・20世紀)
　→Dvořák, Max　213
トポールスキー, F.(20世紀)
　→Topolski, Feliks　658
トポルスキー, フェリックス(20世紀)
　→Topolski, Feliks　658
ドボールツザーク, マイケル(20世紀)
　→Dvortcsak, Michael　213
ドーボン, ジャン(20世紀)
　→D'Eaubonne, Jean　184
トーマ(19・20世紀)→Thoma, Hans　649
トーマ, ハンス(19・20世紀)
　・Thoma, Hans　649
トマス(17世紀)→Thomas, Jan　649
トーマス, G.(20世紀)→Thomas, Glen　649
トーマス, ウィン(20世紀)
　→Thomas, Wynn　649
トーマス, ジェーン(20世紀)
　→Thomas, Jean　649
トマス・アキナス(13世紀)
　→Thomas Aquinas　649
トマス・アクィナス(13世紀)
　→Thomas Aquinas　649
トマス・アクイナス(13世紀)
　→Thomas Aquinas　649
トマス・アクイナス(聖)(13世紀)
　→Thomas Aquinas　649
トマス=アクィナス(13世紀)
　→Thomas Aquinas　649
トマスアクィナス(13世紀)
　→Thomas Aquinas　649
トマス・オヴ・カンタベリー(14世紀)
　→Thomas of Canterbury　649
トーマス・オブ・エリー(13世紀)
　→Thomas of Ely　649
トマーソ・ダ・モーデナ(14世紀)
　→Tomaso da Modena　657

トマーソ・ダ・モーデナ(14世紀)
　→Tommaso da Modena　657
トマソ・ダ・モデナ(14世紀)
　→Tomaso da Modena　657
ドマーヌ,ジェーン・フランコ(20世紀)
　→Demarne, Jean Francois　191
ドマンスカ,J.(20世紀)
　→Domanska, Janina　201
ドマンスカ,ジャニナ(20世紀)
　→Domanska, Janina　201
ドーミエ(19世紀)
　→Daumier, Honoré Victorin　182
ドミエ(19世紀)
　→Daumier, Honoré Victorin　182
ドーミエ,オノレ(19世紀)
　→Daumier, Honoré Victorin　182
ドーミエ,オノレ(・ヴィクトラン)(19世紀)
　→Daumier, Honoré Victorin　182
ドミチアヌス(1世紀)
　→Domitianus, Titus Flavius　202
ドミティアヌス(1世紀)
　→Domitianus, Titus Flavius　202
ドミティアヌス(T.フラウィウス・ドミティアヌス)(1世紀)
　→Domitianus, Titus Flavius　202
ドミティアーヌス,ティートゥス・フラーウィウス(1世紀)　→Domitianus, Titus Flavius　202
ドミティアーヌス帝(1世紀)
　→Domitianus, Titus Flavius　202
ドミニクス(12・13世紀) →Dominicus, St　202
ドミニクス(聖)(12・13世紀)
　→Dominicus, St　202
聖ドミニクス(12・13世紀) →Dominicus, St　202
ドミニコ(12・13世紀) →Dominicus, St　202
トミール,ピエール=フィリップ(18・19世紀)
　→Thomire, Pierre-Philippe　649
ドミンゲス(20世紀) →Dominguez, Oscar　202
ドミンゲス,アフォンソ(14世紀)
　→Domingues, Afonso　202
ドミンゲス,オスカー(20世紀)
　→Dominguez, Oscar　202
ドミンゲス,オスカル(20世紀)
　→Dominguez, Oscar　202
ドーム,アントナン(19・20世紀)
　→Daum, Antoine　181
ドーム,アントワーヌ(19・20世紀)
　→Daum, Antoine　181
ドーム,オーギュスト(19・20世紀)
　→Daum, Auguste　182
ドーム(兄弟)(19・20世紀)
　→Daum, Antoine　181
ドーム(兄弟)(19・20世紀)
　→Daum, Auguste　182
ドーム兄弟(19・20世紀) →Daum, Antoine　181
ドーム兄弟(19・20世紀) →Daum, Auguste　182

トームズ,M.L.(20世紀)
　→Tomes, Margot Ladd　657
トムスキー,ニコライ・ワシリエヴィッチ(20世紀)
　→Tomsky, Nikorai Vasilievitch　657
トムスン,トム(19・20世紀)
　→Thomson, Tom　650
トムソン(20世紀)
　→Thompson, John Eric Sidney　649
トムソン,T.(19・20世紀) →Thomson, Tom　650
トムソン,アレクサンダー(19世紀)
　→Thomson, Alexander　650
トムソン,トム(19・20世紀)
　→Thomson, Tom　650
トムリン(20世紀)
　→Tomlin, Bradley Walker　657
トムリン,ブラッドレー(20世紀)
　→Tomlin, Bradley Walker　657
トムリン,ブラッドレイ・ウォーカー(20世紀)
　→Tomlin, Bradley Walker　657
トメ(17・18世紀) →Tomé, Narciso　657
トメ,ナルシソ(17・18世紀)
　→Tomé, Narciso　657
トメー,ナルシーソ(17・18世紀)
　→Tomé, Narciso　657
ドメニキーノ(16・17世紀) →Domenichino　201
ドメーニコ・ヴェネツィアーノ(15世紀)
　→Veneziano, Domenico　681
ドメニコ・ヴェネツィアーノ(15世紀)
　→Veneziano, Domenico　681
ドメニコヴェネツィアーノ(15世紀)
　→Veneziano, Domenico　681
ドメーニコ・ダ・コルトーナ(16世紀)
　→Boccadoro, Domenico Bernabei（Domenico da Cortona)　83
ドメーニコ・ダ・トルメッツォ(15・16世紀)
　→Domenico da Tolmezzo　202
ドメーニコ・ディ・ニッコロ・デ・コーリ(14・15世紀) →Domenico di Niccolò de'Cori　202
ドメーニコ・ディ・パーリス(15世紀)
　→Domenico di Paris　202
ドメーニコ・ディ・バルトロ(15世紀)
　→Domenico di Bartolo Ghezzi　202
ドメニコ・ディ・バルトロ・ゲッツィ(15世紀)
　→Domenico di Bartolo　202
ドメーニコ・ディ・ミケリーノ(15世紀)
　→Domenico di Michelino　202
ドメニコ・ディ・ミケリーノ(15世紀)
　→Domenico di Michelino　202
ドメニコ・ベネツィアーノ(15世紀)
　→Veneziano, Domenico　681
ドメネク・イ・モンタネール(19・20世紀)
　→Doménech y Montaner, Lluis　201
ドメネック・イ・モンタネル,ルイス(19・20世紀)
　→Doménech y Montaner, Lluis　201
ドメラ,セザール(20世紀)
　→Domela, César　201

ドーメル, ランベルト (17世紀)
　→Doomer, Lambert　203
ド・モーガン (19・20世紀)
　→De Morgan, William Frend　191
ド・モーガン, ウィリアム (19・20世紀)
　→De Morgan, William Frend　191
ド・モーガン, ウィリアム・フレンド (19・20世紀)
　→De Morgan, William Frend　191
ド・モーガン, ウィリアム (・フレンド) (19・20世紀)　→De Morgan, William Frend　191
ド・モルガン (19・20世紀)
　→Morgan, Jacques Jean Marie de　467
ド・モン (19・20世紀) →Pol de Mont　528
トモン, トマ・ド (18・19世紀)
　→Thomon, Thomas de　649
ドライアー (15・16世紀)
　→Dreyer, Benedikt　206
ドライアー, カサリン (19・20世紀)
　→Dreier, Katherine　206
ドライアー, ハンス (19・20世紀)
　→Dreier, Hans　206
ドライアー, ベネディクト (15・16世紀)
　→Dreyer, Benedikt　206
トライオン,L.(20世紀) →Tryon, Leslie　663
ドライスデイル (20世紀)
　→Drysdale, George Russell　207
ドライズデイル, ラッセル (20世紀)
　→Drysdale, George Russell　207
ドライズデール (20世紀)
　→Drysdale, George Russell　207
ドライスデール, ラッセル (20世紀)
　→Drysdale, George Russell　207
トライーニ, フランチェスコ (14世紀)
　→Traini, Francesco　660
トラーヴィ, アントーニオ (17世紀)
　→Travi, Antonio　660
ド・ラ・ヴィルグレ, ジャック (20世紀)
　→De la Villegle, Jacques　188
トラヴェルシ, ガスパレ (18世紀)
　→Traversi, Gaspare　660
トラヴェルソ, ニコロ・ステーファノ (18・19世紀)
　→Traverso, Nicolò Stefano　660
トラウゴット,A.G.(20世紀)
　→Traugot, Aleksandr　660
トラウゴット,V.G.(20世紀)
　→Traugot, Valerij Georgievich　660
トラウト, ヴォルフ (15・16世紀)
　→Traut, Wolf　660
トラク, ヨーゼフ (19・20世紀)
　→Thorak, Joseph　650
トラクエール, フィービ・アンナ (19・20世紀)
　→Traquair, Phoebe Anna　660
ドラグテスク, テイト (20世紀)
　→Dragutescu, Titu　206

ドラクリッチ, メリリー・レヴィン (20世紀)
　→Drakulich, Merrilee Levine　206
ドラクロア (18・19世紀)
　→Delacroix, Ferdinand Victor Eugène　187
ドラクロア, フェルディナン・ビクトール・ウジェーヌ (18・19世紀)
　→Delacroix, Ferdinand Victor Eugène　187
ドラクロワ (18・19世紀)
　→Delacroix, Ferdinand Victor Eugène　187
ドラクロワ, ウージェーヌ (18・19世紀)
　→Delacroix, Ferdinand Victor Eugène　187
ドラクロワ, ウジェーヌ (18・19世紀)
　→Delacroix, Ferdinand Victor Eugène　187
ドラクロワ,(フェルディナン・ヴィクトール・)ユージェーヌ (18・19世紀)
　→Delacroix, Ferdinand Victor Eugène　187
ドラクロワ,(フェルディナン・ヴィクトール・)ユジェーヌ (18・19世紀)
　→Delacroix, Ferdinand Victor Eugène　187
ドラクロワ, ミッシェル (20世紀)
　→Delacroix, Michel　188
ドラーケ (19世紀)
　→Drake, Friedrich Johann Heinrich　206
トラシュメデス (前4世紀) →Thrasymedes　650
ドラーツィオ, ピエーロ (20世紀)
　→Dorazio, Piero　203
ドラツィオ, ピエロ (20世紀)
　→Dorazio, Piero　203
トラディスカント (16・17世紀)
　→Tradescant, John　660
トラディスカント (17世紀)
　→Tradescant, John　660
トラディスカント, ジョン (16・17世紀)
　→Tradescant, John　660
トラディスカント, ジョン (17世紀)
　→Tradescant, John　660
トラーバ, マルタ (20世紀) →Traba, Marta　660
トラバ, マルタ (20世紀) →Traba, Marta　660
トラバッレージ, ジュリアーノ (18・19世紀)
　→Traballesi, Giuliano　660
トラバデル, アニタ (20世紀)
　→Travadel, Anita　660
ド・ラ・プランシュ・フランソワ (16・17世紀)
　→De la Planche, François　188
ドラボルド (19世紀)
　→Delaborde, Henri, Vicomte de　187
ドラポルト (19・20世紀)
　→Delaporte, Louis　188
トラメッロ, アレッシオ (15・16世紀)
　→Tramello, Alessio　660
ドラメル, ピエール=アレクシス (17・18世紀)
　→Delamair, Pierre-Alexis　188
ドラモンド,V.H.(20世紀)
　→Drummond, Violet Hilda　207

ドラモンド,V(ヴァイオレット)・H(ヒルダ)(20
　世紀) →Drummond, Violet Hilda　207
ドラモンド,ヴァイオレット・ヒルダ(20世紀)
　→Drummond, Violet Hilda　207
トラーヤーヌス(1・2世紀)
　→Trajanus, Marcus Ulpius Crinitus　660
トラヤヌス(1・2世紀)
　→Trajanus, Marcus Ulpius Crinitus　660
トラヤヌス,マルクス・ウルピウス(1・2世紀)
　→Trajanus, Marcus Ulpius Crinitus　660
トラーヤーヌス,マールクス・ウルピウス・ク
　リーニートゥス(1・2世紀)
　→Trajanus, Marcus Ulpius Crinitus　660
トラルバ,ディエゴ・デ(16世紀)
　→Torralva, Diego de　658
ドラローシュ(18・19世紀)
　→Delaroche, Paul　188
ドラロシュ(18・19世紀) →Delaroche, Paul　188
ドラロシュ,(イポリット・)ポール(18・19世紀)
　→Delaroche, Paul　188
ドラローシュ,ポール(18・19世紀)
　→Delaroche, Paul　188
ドラン(19・20世紀) →Derain, André　192
ドラン,アンドレ(19・20世紀)
　→Derain, André　192
トーランド(20世紀) →Toland, Gregg　657
トーランド,グレッグ(20世紀)
　→Toland, Gregg　657
トランバル(18・19世紀) →Trumbull, John　663
トランバル,ジョン(18・19世紀)
　→Trumbull, John　663
トランブル,ジョン(18・19世紀)
　→Trumbull, John　663
トランブレー,バルテルミー(16・17世紀)
　→Tremblay, Barthélemy　661
トリ(15・16世紀) →Tory, Geoffroy　659
トリー(15・16世紀) →Tory, Geoffroy　659
トーリ,V.V.(20世紀)
　→Tolli, Vive Valjterovna　657
トリー,ジョフロワ(15・16世紀)
　→Tory, Geoffroy　659
トリー,ドリー(20世紀) →Tree, Dolly　661
ドリアック,ジャクライン(20世紀)
　→Dauriac, Jacqueline　182
ドーリィティー,ジェームズ(19・20世紀)
　→Daugherty, James (Henry)　181
トリーザイズ,パーシー(20世紀)
　→Trezise, Percy　661
トリジャーノ,ピエトロ(15・16世紀)
　→Torrigiano, Pietro　658
トリスタン,ルイス(16・17世紀)
　→Tristán, Luis　662
トリスターン・デ・エスカミーリャ,ルイス(16・
　17世紀) →Tristán de Escamilla, Luis　662

トリスノ・スマルジョ(20世紀)
　→Trisno Sumardjo　662
トリップ,W.(20世紀) →Tripp, Wallace　662
トリッペル(18世紀) →Trippel, Alexander　662
トリッペル,アレクサンダー(18世紀)
　→Trippel, Alexander　662
トリーティ(13世紀) →Torriti, Jacopo　658
ドリニー,ミシェル(17世紀)
　→Dorigny, Michel　204
ドリニー,ルイ(17・18世紀)
　→Dorigny, Louis　204
トリニー,ロベール・ド(ロベール・デュ・モン)
　(12世紀)
　→Torigny, Robert de (Robert du Mont)　658
トリプトレモス →Triptolemos　662
トリーボロ(16世紀) →Tribolo　661
トリヤー,L.(20世紀) →Trier, Lars　661
トリヤー,W.(19・20世紀) →Trier, Walter　661
トリヤー,ワルター(19・20世紀)
　→Trier, Walter　661
ドリュー,ジェイン(ビヴァリー)(20世紀)
　→Drew, Jane Beverley　206
ドリュー,ジェーン・ビヴァリー(20世紀)
　→Drew, Jane Beverley　206
ドリュエ,クロード(16・17世紀)
　→Deruet, Claude　193
トリューブナー(19・20世紀)
　→Trübner, Wilhelm　663
トリューブナー,ヴィルヘルム(19・20世紀)
　→Trübner, Wilhelm　663
トリューブナー,ヴィルヘルム(19・20世紀)
　→Trübner, Wilhelm　663
トリュブナー,ヴィルヘルム(19・20世紀)
　→Trübner, Wilhelm　663
トリン・T.ミンハ(20世紀)
　→Trinh T. Minh-ha　661
トル,J.(20世紀) →Tol, Jaap　656
ドルー,ジェイン(20世紀)
　→Drew, Jane Beverley　206
トルヴァルセン(18・19世紀)
　→Thorvaldsen, Albert Bertel　650
トールヴァルセン,ベアテル(18・19世紀)
　→Thorvaldsen, Albert Bertel　650
トルヴァルセン,ベアテル(18・19世紀)
　→Thorvaldsen, Albert Bertel　650
トルヴァルセン,ベルテル(18・19世紀)
　→Thorvaldsen, Albert Bertel　650
ドルーエ(18世紀)
　→Drouais, François Hubert　206
ドルーエ,ジャン=ジェルマン(18世紀)
　→Drouais, Jean-Germain　206
ドルーエ,フランソワ=ユベール(18世紀)
　→Drouais, François Hubert　206
ドルガン(19・20世紀)
　→Dorgan, Thomas Aloysius　204

トルキ,アンジェロ(19・20世紀)
　→Torchi, Angelo　658
トルサ,マヌエル(18・19世紀)
　→Tolsá, Manuel　657
トルサー,マヌエル(18・19世紀)
　→Tolsá, Manuel　657
ドルシ,アキッレ(19・20世紀)
　→D'Orsi, Achille　204
ドルス(19・20世紀) →D'Ors, Eugenio　204
ドールス,エウヘニオ(19・20世紀)
　→D'Ors, Eugenio　204
ドルス,エウヘニオ(19・20世紀)
　→D'Ors, Eugenio　204
トルストーフ(20世紀)
　→Tolstov, Sergeĭ Pavlovich　657
トルストフ(20世紀)
　→Tolstov, Sergeĭ Pavlovich　657
トルストフ,セルゲイ(20世紀)
　→Tolstov, Sergeĭ Pavlovich　657
ドルチ(15世紀)
　→Dolci, Giovanni di Pietro de'　201
ドルチ(17世紀) →Dolci, Carlo　201
ドルチ,カルロ(17世紀) →Dolci, Carlo　201
ドルチ,ジョヴァンニ・デイ・ピエートロ・デ(15
　世紀) →Dolci, Giovanni di Pietro de'　201
ドルチェ(16世紀) →Dolce, Ludovico　201
ドルチェ,ルドヴィーコ(16世紀)
　→Dolce, Ludovico　201
ドルチェブオーノ,ジャン・ジャーコモ(15・16世
　紀) →Dolcebuono, Gian Giacomo　201
トルッビアーニ,ヴァレリアーノ(20世紀)
　→Trubbiani, Valeriano　663
トルッビアーニ,バレリアーノ(20世紀)
　→Trubbiani, Valeriano　663
ドールトン(19・20世紀)
　→Dalton, Ormonde Maddock　178
ドールトン,O.マドック(19・20世紀)
　→Dalton, Ormonde Maddock　178
ドールトン,マドック(19・20世紀)
　→Dalton, Ormonde Maddock　178
トルナイ(20世紀)
　→Tolnay, Károly Edler von　657
トルナイ,カーロイ(20世紀)
　→Tolnay, Károly Edler von　657
トルナイ,シャルル・ド(20世紀)
　→Tolnay, Károly Edler von　657
トルバルセン(18・19世紀)
　→Thorvaldsen, Albert Bertel　650
ドルビイ,R.(20世紀) →Dolby, Reginald　201
トルビド,フランチェスコ(15・16世紀)
　→Torbido, Francesco　658
ドルフレス,ジッロ(20世紀)
　→Dorfles, Gillo　204
ドルベー(17世紀) →Dorbay, François　203

ドルベ,フランソワ(17世紀)
　→Dorbay, François　203
トルベツコイ(19・20世紀)
　→Trubetskoi, Pavel Petrovich　663
トルベツコイ,パヴェル・ペトロヴィチ(19・20世
　紀) →Trubetskoi, Pavel Petrovich　663
トールボット(19世紀)
　→Talbot, William Henry Fox　641
トルボット(19世紀)
　→Talbot, William Henry Fox　641
トールボット,ウィリアム・ヘンリー・フォックス
　(19世紀)
　→Talbot, William Henry Fox　641
トールボット・ライス(20世紀)
　→Talbot Rice, David　642
ドルリー,アルフレッド(19・20世紀)
　→Drury, Alfred　207
トルリジアーノ,ピエトロ(15・16世紀)
　→Torrigiano, Pietro　658
トルリーティ,ヤーコポ(13世紀)
　→Torriti, Jacopo　658
トルンカ(20世紀) →Trnka, Jiří　662
トルンカ,J.(20世紀) →Trnka, Jiří　662
トルンカ,イジー(20世紀) →Trnka, Jiří　662
トルンカ,イルジー(20世紀) →Trnka, Jiří　662
トルンカ,ジーレー(20世紀) →Trnka, Jiří　662
トルン・プリッカー(19・20世紀)
　→Thorn Prikker, Jan　650
トールン・プリッカー,ヤン(19・20世紀)
　→Thorn Prikker, Jan　650
トレ(19世紀)
　→Thoré, Etienne Joseph Théophile　650
ドレ(19世紀) →Doré, Paul Gustave　203
トレー,H.(20世紀) →Torrey, Helen　658
トレー,M.(20世紀) →Torrey, Marjorie　658
ドレ,ギュスターヴ(19世紀)
　→Doré, Paul Gustave　203
トレ,テオフィル(19世紀)
　→Thoré, Etienne Joseph Théophile　650
ドレ,(ポール・)ギュスターヴ(19世紀)
　→Doré, Paul Gustave　203
ドレ,ポール・ギュスターヴ(19世紀)
　→Doré, Paul Gustave　203
ドーレア,イングリ(20世紀)
　→D'Aulaire, Ingri　181
ドーレア,エドガー・P.(20世紀)
　→D'Aulaire, Edgar Parin　181
ドーレア,エドガー・パリン&イングリ(20世紀)
　→D'Aulaire, Edgar Parin　181
ドーレア,エドガー・パリン&イングリ(20世紀)
　→D'Aulaire, Ingri　181
ドーレア夫妻(20世紀)
　→D'Aulaire, Edgar Parin　181
ドーレア夫妻(20世紀) →D'Aulaire, Ingri　181

ドレイク,アリグザンダー・ウィルスン(19・20世紀) →Drake, Alexander Wilson　206
ドレイパー,ヘンリー(19世紀)
　→Draper, Henry　206
トレイラー,ビル(19・20世紀)
　→Traylor, Bill　660
トレヴィザーニ,フランチェスコ(17・18世紀)
　→Trevisani, Francesco　661
ドレクリューズ(18・19世紀)
　→Delécluze, Étienne-Jean　189
ドレクリューズ,エチエンヌ=ジャン(18・19世紀)
　→Delécluze, Étienne-Jean　189
ドレクリューズ,エティエンヌ(18・19世紀)
　→Delécluze, Étienne-Jean　189
ドレクリューズ,エティエンヌ=ジャン(18・19世紀) →Delécluze, Étienne-Jean　189
トレクール,ジャーコモ(19世紀)
　→Trecourt, Giacomo　661
トレーケス,ハインツ(20世紀)
　→Trökes, Heinz　662
トレーシィ,ディー(20世紀) →Treasy, Dee　661
トレシリアン,C.S.(20世紀)
　→Tresilian, Cecil Stuart　661
トレス・ガルシア(19・20世紀)
　→Torres García, Joaquín　658
トレス・ガルシア,J.(19・20世紀)
　→Torres García, Joaquín　658
トレス=ガルシア,ホアキン(19・20世紀)
　→Torres García, Joaquín　658
トレスゲーラス,フランシスコ・エドゥアルド(18・19世紀)
　→Tresguerras, Francisco Eduard　661
ドセール,E.(20世紀)
　→Delessert, Etienne　189
トレチャコーフ(19世紀)
　→Tretyakov, Pavel Mikhailovich　661
トレチャコフ(19世紀)
　→Tretyakov, Pavel Mikhailovich　661
ドレッサー(19・20世紀)
　→Dresser, Christopher　206
ドレッサー,L.(20世紀)
　→Dresser, Lawrence　206
ドレッサー,クリストファー(19・20世紀)
　→Dresser, Christopher　206
トレッセルト,アルヴィン(20世紀)
　→Tresselt, Alvin　661
トレッセルト,アルビン(20世紀)
　→Tresselt, Alvin　661
トレッツ,A.(20世紀) →Trez, Alain　661
トレッツィ,アウレーリオ(17世紀)
　→Trezzi, Aurelio　661
トレッツィーニ,ドメニーコ(17・18世紀)
　→Trezzini, Domenico　661
トレッツィーニ(トレッシーニ),ドメニコ(17・18世紀) →Trezzini, Domenico　661

トレッリ(17世紀) →Torelli, Giacomo　658
トレッリ,ジャーコモ(17世紀)
　→Torelli, Giacomo　658
トレド,J.B.(16世紀)
　→Toledo, Juan Bautista de　657
トレド,ファン・バウティスタ・デ(16世紀)
　→Toledo, Juan Bautista de　657
ドレーパー(19世紀) →Draper, Henry　206
ドレーパー(19世紀) →Draper, Henry　206
ドレフェス,ヘンリー(20世紀)
　→Dreyfuss, Henry　206
ドレフュス(20世紀) →Dreyfuss, Henry　206
ドレフュス,ヘンリー(20世紀)
　→Dreyfuss, Henry　206
トレミニョン,アレッサンドロ(17世紀)
　→Tremignon, Alessandro　661
トレモア,ピエール・イブ(20世紀)
　→Tremois, Pierre-Yves　661
トレーラー(19・20世紀) →Traylor, Bill　660
トレリ(17世紀) →Torelli, Giacomo　658
トレルリ,ジャコモ(17世紀)
　→Torelli, Giacomo　658
トレンタコステ,ドメーニコ(19・20世紀)
　→Trentacoste, Domenico　661
トロア(17・18世紀) →Troy, François de　662
トロア(17・18世紀)
　→Troy, Jean François de　662
トロア,ジャン・フランソア・ド(17・18世紀)
　→Troy, Jean François de　662
トロアイヨン(19世紀) →Troyon, Constant　663
トロイ(19・20世紀) →Treu, Georg　661
トロイ,H.(20世紀) →Troy, Hugh　662
トロイ,フィリップ・ヤーコプ(18・19世紀)
　→Treu, Philipp Jacob　661
トロイヤー,J.(20世紀) →Troyer, Johannes　663
トローヴァ,アーネスト(20世紀)
　→Trova, Ernest　662
ドロヴェッティ,ベルナルディーノ(18・19世紀)
　→Drovetti, Bernardino　206
トローガー(17・18世紀) →Troger, Paul　662
トローガー(17・18世紀) →Troger, Paul　662
トローガー,パウル(17・18世紀)
　→Troger, Paul　662
トロガー,パウル(17・18世紀)
　→Troger, Paul　662
ドロシー,N.(20世紀) →Duroussy, Nathalie　212
ドロス,A.(20世紀) →Dorros, Arthur　204
ドロスト,ウィレム(17世紀)
　→Drost, Willem　206
トロースト,コルネリス(17・18世紀)
　→Troost, Cornelis　662
トロースト,パウル・ルートヴィヒ(19・20世紀)
　→Troost, Paul Ludwig　662

トログ, ウォルター(20世紀)
　→Trog, Walter　662
トロッティ, ジョヴァンニ・バッティスタ(16・17世紀) →Trotti, Giovanni Battista　662
トーロップ(19・20世紀) →Toorop, Jan　658
トーロップ, ヤン(19・20世紀)
　→Toorop, Jan　658
トーロップ, ヤン(またはヨハネス・テオドール)(19・20世紀) →Toorop, Jan　658
トーロップ, ヤン・テオドール(19・20世紀)
　→Toorop, Jan　658
ドロテア(4世紀) →Dorothea　204
ドロテア(聖)(4世紀) →Dorothea　204
ドーロテア(ドロテーア)(4世紀)
　→Dorothea　204
トローナー, アレクサンドル(20世紀)
　→Trauner, Alexandre　660
ドローヌ, エティエンヌ(16世紀)
　→Delaulne, Étienne　188
ドローネ(19・20世紀) →Delaunay, Robert　188
ドローネー(19世紀)
　→Delaunay, Jules Elie　188
ドローネー(19・20世紀)
　→Delaunay, Robert　188
ドローネー(19・20世紀) →Delaunay, Sonia　188
ドローネー, ジュール=エリー(19世紀)
　→Delaunay, Jules Elie　188
ドローネ, ソニア(19・20世紀)
　→Delaunay, Sonia　188
ドローネー, ソニア(19・20世紀)
　→Delaunay, Sonia　188
ドローネー, ソニア(ソフィア・テルク)(19・20世紀) →Delaunay, Sonia　188
ドローネー, ソニア(・テルク)(19・20世紀)
　→Delaunay, Sonia　188
ドローネ, ロベール(19・20世紀)
　→Delaunay, Robert　188
ドローネー, ロベール(19・20世紀)
　→Delaunay, Robert　188
トローネル, アレクサンドル(20世紀)
　→Trauner, Alexandre　660
トローバ(20世紀) →Trova, Ernest　662
トローハ(20世紀) →Torroja, Eduardo　658
トローバ, アーネスト(20世紀)
　→Trova, Ernest　662
トローハ, エドゥアルド(20世紀)
　→Torroja, Eduardo　658
トロピーニン(18・19世紀)
　→Tropinin, Vasilii Andreevich　662
トロピーニン, ヴァシリー・アンドレーヴィッチ(18・19世紀)
　→Tropinin, Vasilii Andreevich　662
トロピーニン, ヴァシーリイ(18・19世紀)
　→Tropinin, Vasilii Andreevich　662
トーロプ(19・20世紀) →Toorop, Jan　658

トーロプ, チャーリー(20世紀)
　→Toorop, Charley　657
トーロプ, ヤン(19・20世紀) →Toorop, Jan　658
トロフォニオ(前6世紀) →Trofonio　662
ド・ロルム(16世紀) →Delorme, Philibert　190
ドロルム(16世紀) →Delorme, Philibert　190
ドロルム, フィリベール(16世紀)
　→Delorme, Philibert　190
ドロルム, フィリベール(ド・ロルム, フィリベール, ド・ロルム, フィリベール)(16世紀)
　→Delorme, Philibert　190
トロワ, ジャン=フランソワ・ド(17・18世紀)
　→Troy, Jean François de　662
トロワイヨン(19世紀) →Troyon, Constant　663
トロワイヨン, コンスタン(19世紀)
　→Troyon, Constant　663
トロワイヨン, コンスタンタン(19世紀)
　→Troyon, Constant　663
ドワイト(17・18世紀) →Dwight, John　213
ドワイト, ジョン(17・18世紀)
　→Dwight, John　213
ドワイト, メイベル(19・20世紀)
　→Dwight, Mabel　213
ドワーノ, ロベール(20世紀)
　→Doisneau, Robert　201
ドワノー, ロベール(20世紀)
　→Doisneau, Robert　201
ドーン(20世紀) →Done, Ken　203
ドーン, マリオン(20世紀) →Dorn, Marion　204
ドンギ, アントーニオ(20世紀)
　→Donghi, Antonio　203
トーンクス, ヘンリー(19・20世紀)
　→Tonks, Henry　657
トンクス, ヘンリー(19・20世紀)
　→Tonks, Henry　657
ドンクール(13世紀)
　→D'Honnecourt, Villard　196
ドンゲン(19・20世紀) →Dongen, Kees van　203
ドンゲン,K.フォン(19・20世紀)
　→Dongen, Kees van　203
ドンデクーテル, メルキオール(17世紀)
　→D'Hondecoeter, Melchior　195
ドンデクーテル, メルヒオール(17世紀)
　→D'Hondecoeter, Melchior　195
ドンナー(17・18世紀)
　→Donner, Georg Raphael　203
ドンナー, ゲオルク・ラファエル(17・18世紀)
　→Donner, Georg Raphael　203
トンプスン, エリック(20世紀)
　→Thompson, John Eric Sidney　649
トンプソン(20世紀)
　→Thompson, John Eric Sidney　649
トンプソン,A.K.(20世紀)
　→Thompson, Arline K.　649

トンプソン,C.(20世紀)
　→Thompson, Carol　649
トンプソン,M.(20世紀)
　→Thompson, Mozelle　650
トンプソン,R.(20世紀)
　→Thompson, Ralph　650
トンプソン,キャロル(20世紀)
　→Thompson, Carol　649
トンプソン,ジョン・エリック・S.(20世紀)
　→Thompson, John Eric Sidney　649
トーン・プリッカー,ヨーハン(19・20世紀)
　→Thorn Prikker, Johan　650
トンマージ,アドルフォ(19・20世紀)
　→Tommasi, Adolfo　657
トンマーゾ・ダ・モーデナ(14世紀)
　→Tommaso da Modena　657
トンマーゾ・デ・ヴィジーリア(15世紀)
　→Tommaso de Vigilia　657

【 ナ 】

ナイ,エルンスト・ヴィルヘルム(20世紀)
　→Nay, Ernst Wilhelm　480
ナイト,H.(20世紀)　→Knight, Hilary　368
ナイト,デイム・ローラ(19・20世紀)
　→Knight, Dame Laura　368
ナイト,ローラ(19・20世紀)
　→Knight, Dame Laura　368
ナイマン,I.V.(20世紀)
　→Nyman, Ingrid Vang　490
ナイランド,デボラ&キルムニ(20世紀)
　→Niland, Deborah　487
ナイランド,デボラ&キルムニ(20世紀)
　→Niland, Kilmeny　487
ナヴァーイー(15世紀)
　→Nawā'ī, Mīr 'Alī-Shīr　480
ナヴァーイー,アリー・シール(15世紀)
　→Nawā'ī, Mīr 'Alī-Shīr　480
ナーヴァーラー,T.(20世紀)
　→Navarra, Toby　480
ナヴェ,フワンソア(18・19世紀)
　→Naves, François-Joseph　480
ナヴェス,フランソワ=ジョゼフ(18・19世紀)
　→Naves, François-Joseph　480
ナウエン(19・20世紀)　→Nauen, Heinrich　480
ナウエン,ハインリヒ(19・20世紀)
　→Nauen, Heinrich　480
ナヴォイ(15世紀)　→Nawā'ī, Mīr 'Alī-Shīr　480
ナヴォイー(15世紀)
　→Nawā'ī, Mīr 'Alī-Shīr　480

ナヴォイ,アリシェル(15世紀)
　→Nawā'ī, Mīr 'Alī-Shīr　480
ナウキューデース(前5・4世紀)→Naukydes　480
ナウキュデス(前5・4世紀)→Naukydes　480
ナウシカアー　→Nausikaa　480
ナウマン,ブルース(20世紀)
　→Nauman, Bruce　480
ナカシマ(20世紀)　→Nakashima, George　478
ナカシマ,ジョージ(20世紀)
　→Nakashima, George　478
ナカシマ=ジョージ(20世紀)
　→Nakashima, George　478
ナギーブ(20世紀)→Naguib, Ibrahim　478
ナジー,エバ(20世紀)→Nagy, Eva　478
ナジャ(20世紀)→Nadja　478
ナシャート(19世紀)→Nashāt　479
ナスト,トマス(19・20世紀)
　→Nast, Thomas　479
ナタリーニ,アドルフォ(20世紀)
　→Natalini, Adolfo　480
ナダール(19・20世紀)→Nadar　477
ナタン(20世紀)→Nathan, Jacques　480
ナターン,アルトゥーロ(20世紀)
　→Nathan, Arturo　480
ナッケリーノ,ミケランジェロ(16・17世紀)
　→Naccherino, Michelangelo　478
ナッシュ(18・19世紀)→Nash, John　479
ナッシュ(19・20世紀)→Nash, Paul　479
ナッシュ(20世紀)→Nash, David　479
ナッシュ,ジョン(18・19世紀)
　→Nash, John　479
ナッシュ〔ジョン〕(18・19世紀)
　→Nash, John　479
ナッシュ,ディビッド(20世紀)
　→Nash, David　479
ナッシュ,ポール(19・20世紀)→Nash, Paul　479
ナッシンベンネ,Y.(20世紀)
　→Nascimbene, Yan　479
ナッソーニ,ニッコロ(18世紀)
　→Nassoni, Niccolò　479
ナッティエ(17・18世紀)
　→Nattier, Jean Marc　480
ナップトン,ジョージ(17・18世紀)
　→Knapton, George　368
ナティ,S.(20世紀)→Natti, Susanna　480
ナーディ,ジュゼッペ(18・19世紀)
　→Nadi, Giuseppe　477
ナディ,ジュゼッペ(18・19世紀)
　→Nadi, Giuseppe　477
ナティーヴィ,グアルティエーロ(20世紀)
　→Nativi, Gualtiero　480
ナティエ(17・18世紀)
　→Nattier, Jean Marc　480

ナティエ, ジャン・マルク(17・18世紀)
→Nattier, Jean Marc 480
ナティエ, ジャン=マルク(17・18世紀)
→Nattier, Jean Marc 480
ナーデルマン(19・20世紀)
→Nadelman, Elie 477
ナーデルマン, エリー(19・20世紀)
→Nadelman, Elie 477
ナトアール(18世紀)
→Natoire, Charles Joseph 480
ナードラー, R.(20世紀) →Nadler, Robert 478
ナトール, ジェフ(20世紀) →Nuttall, Jeff 490
ナトワール, シャルル・ジョゼフ(18世紀)
→Natoire, Charles Joseph 480
ナトワール, シャルル=ジョゼフ(18世紀)
→Natoire, Charles Joseph 480
ナバーイー(15世紀)
→Nawā'ī, Mīr 'Alī-Shīr 480
ナバレテ(16世紀)
→Navarrete, Juan Fernández de 480
ナバレーテ, フアン・フェルナンデス・デ(16世紀) →Navarrete, Juan Fernández de 480
ナバレーテ, ホアン・フェルナンデス・デ(16世紀) →Navarrete, Juan Fernández de 480
ナブ, マグダレン(20世紀)
→Nabb, Magdalen 477
ナボポラサル(前7世紀) →Nabopolassar 477
ナボポラッサル(前7世紀) →Nabopolassar 477
ナポレオン(18・19世紀)
→Napoléon I, Bonaparte 478
ナポレオン(1世)(18・19世紀)
→Napoléon I, Bonaparte 478
ナポレオン1世(18・19世紀)
→Napoléon I, Bonaparte 478
ナポレオン一世(18・19世紀)
→Napoléon I, Bonaparte 478
ナポレオン1世(ナポレオン=ボナパルト)(18・19世紀) →Napoléon I, Bonaparte 478
ナポレオン一世ボナパルト(18・19世紀)
→Napoléon I, Bonaparte 478
ナポレオン・ボナパルト(18・19世紀)
→Napoléon I, Bonaparte 478
ナポレオン・ボナパルト, 初代執政(18・19世紀)
→Napoléon I, Bonaparte 478
ナマジラ(20世紀) →Namatjira, Albert 478
ナマジラ, アルバート(20世紀)
→Namatjira, Albert 478
ナムラ・シン(前23世紀) →Naram-Sin 479
ナラハシ, ケイコ(20世紀)
→Narahashi, Keiko 479
ナラーム・シン(前23世紀) →Naram-Sin 479
ナラム・シン(前23世紀) →Naram-Sin 479
ナラムシン(前23世紀) →Naram-Sin 479
ナラーム・スィン(前23世紀) →Naram-Sin 479

ナラム=スエン〔ナラム=シン〕(前23世紀)
→Naram-Sin 479
ナルキッソス →Narkissos 479
ナルセー(3・4世紀) →Narseh 479
ナルディーニ, パーオロ(17世紀)
→Naldini, Paolo 478
ナルディーニ, バッティスタ(16世紀)
→Naldini, Battista 478
ナルド・ディ・チオーネ(14世紀)
→Nardo di Cione 479
ナルド・ディ・チョーネ(14世紀)
→Nardo di Cione 479
ナル・メル →Narmer 479
ナルメル →Narmer 479
ナワレイ, エミリー・ケイム(20世紀)
→Kngwarreye, Emily 368
ナンキーヴェル, C.(20世紀)
→Nankivel, Clandine 478
ナン・クワン(20世紀) →Nam Kwan 478
ナンテゥイユ, ロベール(17世紀)
→Nanteuil, Robert 478
ナンテーユ(17世紀) →Nanteuil, Robert 478
ナントイユ(17世紀) →Nanteuil, Robert 478
ナントイユ(19世紀)
→Nanteuil, Célestin François 478
ナントゥイユ(17世紀) →Nanteuil, Robert 478
ナントゥイユ, セレスタン=フランソワ(19世紀)
→Nanteuil, Célestin François 478
ナントウイユ, ロベール(17世紀)
→Nanteuil, Robert 478
ナンニ(14・15世紀)
→Nanni d'Antonio di Banco 478
ナンニ・ディ・バルトロ(15世紀)
→Nanni di Bartolo 478
ナンニ・ディ・バンコ(14・15世紀)
→Nanni d'Antonio di Banco 478

【 ニ 】

ニアグ, ポール(20世紀) →Neagu, Paul 481
ニーヴェルスン, ルイーズ(20世紀)
→Nevelson, Louise 484
ニーヴェルスン, ルイス(20世紀)
→Nevelson, Louise 484
ニーヴェルスン, ルイズ(20世紀)
→Nevelson, Louise 484
ニーヴォラ, コスタンティーノ(20世紀)
→Nivola, Costantino 487
ニェイズヴェスヌイ(20世紀)
→Neizvestny, Ernst Iosipovich 482

ニエープス(18・19世紀)
　→Niépce, Joseph-Nicéphore　486
ニエプス(18・19世紀)
　→Niépce, Joseph-Nicéphore　486
ニエプス,ジョゼフ・ニセフォア(18・19世紀)
　→Niépce, Joseph-Nicéphore　486
ニエプス,(ジョゼフ・)ニセフォール(18・19世紀)
　→Niépce, Joseph-Nicéphore　486
ニエプス,ジョゼフ・ニセフォール(18・19世紀)
　→Niépce, Joseph-Nicéphore　486
ニオベ　→Niobe　487
ニオベー　→Niobe　487
ニーキアース(前4世紀)　→Nikias　486
ニキアス(前4世紀)　→Nikias　486
ニキアス(ニコメデスの子の)(前4世紀)
　→Nikias　486
ニクラウス,C.(20世紀)　→Nicklaus, Carol　485
ニグロ,マーリオ(20世紀)　→Nigro, Mario　486
ニコス(20世紀)　→Nikos　487
ニーコステネース(前6世紀)　→Nikosthenes　487
ニコステネス　→Nikosthenes　487
ニコステネス(前6世紀)　→Nikosthenes　487
ニコダモス(前5・4世紀)　→Nikodamos　486
ニコマコス(前4世紀頃)　→Nikomachos　487
ニコマコス(前4世紀)　→Nikomachos　487
ニコラ(ヴェルダンの)(12・13世紀)
　→Nicholas de Verdun　485
ニコライ(20世紀)　→Nikolais, Alwin　486
ニコライ,アルヴァン(20世紀)
　→Nikolais, Alwin　486
ニコラウス(ヴェルダンの)(12・13世紀)
　→Nicholas de Verdun　485
ニコラウス,フェルドゥン(12・13世紀)
　→Nicholas de Verdun　485
ニコラウス・フォン・ハーゲナウ(15・16世紀)
　→Nikolaus von Hagenau　486
ニコーラ・ダ・グアルディアグレーレ(15世紀)
　→Nicola da Guardiagrele　485
ニコーラ・ディ・バルトロメーオ・ダ・フォッジャ
　(13世紀)
　→Nicola di Bartolomeo da Foggia　485
ニコラ・ド・ヴェルダン(12・13世紀)
　→Nicholas de Verdun　485
ニコラ・ド・ショーム(14世紀)
　→Nicolas de Chaumes　485
ニコラ・ド・ベルダン(12・13世紀)
　→Nicholas de Verdun　485
ニコーラ・ピサーノ(13世紀)
　→Pisano, Nicola　525
ニコラ・ピサーノ(13世紀)
　→Pisano, Nicola　525
ニコーリスキー,G.E.(20世紀)
　→Nikoljskij, Georgij Evalampievich　487

ニコルズ,M.C.(20世紀)
　→Nichols, Marie C.　485
ニコルズ,ミネルヴァ・パーカー(19・20世紀)
　→Nichols, Minerva Parker　485
ニコルスン(20世紀)　→Nicholson, Ben　485
ニコルスン,ウィリアム・(ニューザン・プライ
　ア)(19・20世紀)
　→Nicholson, Sir William Newzam Prior　485
ニコルスン,ベン(20世紀)
　→Nicholson, Ben　485
ニコルソン(18・19世紀)
　→Nicholson, Francis　485
ニコルソン(18・19世紀)
　→Nicholson, William　485
ニコルソン(20世紀)　→Nicholson, Ben　485
ニコルソン,ウィニフレッド(20世紀)
　→Nicholson, Winifred　485
ニコルソン,ウィリアム(19・20世紀)
　→Nicholson, Sir William Newzam Prior　485
ニコルソン,サー・ウィリアム・ニューザム・プラ
　イアー(19・20世紀)
　→Nicholson, Sir William Newzam Prior　485
ニコルソン,ベン(20世紀)
　→Nicholson, Ben　485
ニコルソン,マイケル(20世紀)
　→Nicholson, Michael　485
ニコレット・ダ・モーデナ(16世紀)
　→Nicoletto da Modena　486
ニコロ・ダ・ヴァラッロ(15世紀)
　→Nicolò da Varallo　486
ニジェッティ,マッテーオ(16・17世紀)
　→Nigetti, Matteo　486
ニジャラージェ,Z.A.(20世紀)
　→Nidzaradze, Zurab Archilovich　486
ニズヴェースニー,エルンスト(20世紀)
　→Nizbesni, Ernst　487
ニズビット,ヒューム(19・20世紀)
　→Nisbet, Hume　487
ニッコリーニ,アントーニオ(18・19世紀)
　→Niccolini, Antonio　484
ニッコリーニ,アントニオ(18・19世紀)
　→Niccolini, Antonio　484
ニッコロ(12世紀)　→Niccolò　484
ニッコロ・ダ・ヴォルトリ(14・15世紀)
　→Niccolò da Voltri　484
ニッコロ・ダ・バーリ(15世紀)
　→Niccolò da Bari　484
ニッコロ・ディ・ジャーコモ・ダ・ボローニャ(14世
　紀)　→Niccolò di Giacomo da Bologna　485
ニッコロ・ディ・トンマーゾ(14世紀)
　→Niccolò di Tommaso　485
ニッコロ・ディ・ピエトロ(14・15世紀)
　→Niccolò di Pietro　485
ニッコロ・ディ・ブオナッコルソ(14世紀)
　→Niccolò di Buonaccorso　485

ニッコロ・デッラルカ(15世紀)
　→Niccolò dell'Arca　484
ニッコロ・デル・アルカ(15世紀)
　→Niccolò dell'Arca　484
ニッツォーリ, マルチェッロ(19・20世紀)
　→Nizzoli, Marcello　487
ニナ・リッチ(19・20世紀)　→Nina Ricci　487
ニーノ・ピサーノ(14世紀)　→Pisano, Nino　525
ニーベルスン(20世紀)　→Nevelson, Louise　484
ニーベルソン(20世紀)　→Nevelson, Louise　484
ニベルソン, ルイーズ(20世紀)
　→Nevelson, Louise　484
ニーマイアー(20世紀)
　→Niemeyer, Oscar Saores Filho　486
ニーマイアー, オスカー(20世紀)
　→Niemeyer, Oscar Saores Filho　486
ニーマイアー, オスカル(20世紀)
　→Niemeyer, Oscar Saores Filho　486
ニーマイヤー(20世紀)
　→Niemeyer, Oscar Saores Filho　486
ニーマイヤー, オスカー(20世紀)
　→Niemeyer, Oscar Saores Filho　486
ニーマン, リーロイ(20世紀)
　→Neiman, LeRoy　482
ニーマン, リロイ(20世紀)
　→Neiman, LeRoy　482
ニューエル, ピーター・シーフ(19・20世紀)
　→Newell, Peter Sheaf　484
ニューディ, チェーザレ(20世紀)
　→Gnudi, Ceasare　280
ニュートン, アン(19世紀)　→Newton, Ann　484
ニュートン, ヘルムート(20世紀)
　→Newton, Helmut　484
ニュネズ・ヤノヴスキィ, マノロ(20世紀)
　→Nuñez Yanowsky, Manolo　490
ニューハム, アナベル(20世紀)
　→Newham, Annabel　484
ニューベリー, C.T.(20世紀)
　→Newberry, Clare　484
ニューベリー, クレア(20世紀)
　→Newberry, Clare　484
ニューマン(20世紀)　→Newman, Barnett　484
ニューマン, バーネット(20世紀)
　→Newman, Barnett　484
ニューロプ(19・20世紀)　→Nyrop, Martin　490
ニールセン(19・20世紀)　→Nielsen, Kai　486
ニールセン(19・20世紀)　→Nielsen, Kay　486
ニールセン, E.H.(20世紀)
　→Nielsen, Erik Hjorth　486
ニールセン, K.(19・20世紀)　→Nielsen, Kay　486
ニールセン, カイ(19・20世紀)
　→Nielsen, Kai　486
ニールセン, カイ(19・20世紀)
　→Nielsen, Kay　486

ニルソン, レナート(20世紀)
　→Nilsson, Lennart　487

【 ヌ 】

ヌーヴィーユ, アルフォンス・ド(19世紀)
　→Neuville, Alphonse de　484
ヌーヴェル, ジャン(20世紀)
　→Nouvel, Jean　489
ヌーヴォー, アンリ(20世紀)
　→Nouveau, Henri　489
ヌヴォローネ, カルロ・フランチェスコ(17世紀)
　→Nuvolone, Carlo Francesco　490
ヌヴォローネ, パンフィーロ(16・17世紀)
　→Nuvolone, Panfilo　490
ヌージェント, リチャード・ブルース(20世紀)
　→Nugent, Richard Bruce　489
ヌーツィ, アッレグレット(14世紀)
　→Nuzi, Allegretto　490
ヌーナン, J.(20世紀)　→Noonan, Julia　489
ヌノゴンサルヴェス(15世紀)
　→Gonçálves, Nuno　283
ヌルス, エリザベス(19・20世紀)
　→Nourse, Elizabeth　489
ヌーワレイ, エミリー(20世紀)
　→Kngwarreye, Emily　368

【 ネ 】

ネーアー(20世紀)　→Neher, Caspar　482
ネーアー, カスパー(20世紀)
　→Neher, Caspar　482
ネーアー, カスパル(20世紀)
　→Neher, Caspar　482
ネアルコス(前6世紀)　→Nearchos　481
ネイ, エリーザベト(19・20世紀)
　→Ney, Elisabet　484
ネイズヴェースヌイ, エルンスト(20世紀)
　→Neizvestny, Ernst Iosipovich　482
ネイズベーストヌイ(20世紀)
　→Neizvestny, Ernst Iosipovich　482
ネイスミス, パトリック(18・19世紀)
　→Nasmyth, Patrick　479
ネイデルマン, イーリー(19・20世紀)
　→Nadelman, Elie　477
ネイラー, P.(20世紀)　→Naylor, Penelope　481
ネヴィンソン, クリストファー・リチャード・ウィン(19・20世紀)　→Nevinson, Christopher

Richard Wynne　*484*
ネヴィンソン, クリストファー (・リチャード・ウィン) (19・20世紀) →Nevinson, Christopher Richard Wynne　*484*
ネヴェルスン, ルイーズ (20世紀)
　→Nevelson, Louise　*484*
ネーヴェルソン (20世紀)
　→Nevelson, Louise　*484*
ネーヴェルソン, ルイーズ (20世紀)
　→Nevelson, Louise　*484*
ネヴェルソン, ルイーズ (20世紀)
　→Nevelson, Louise　*484*
ネヴェルソン, ルイズ (20世紀)
　→Nevelson, Louise　*484*
ネーエル (20世紀) →Neher, Caspar　*482*
ネオプトレモス →Neoptolemos　*482*
ネクタネボ1世 (前4世紀) →Nekht-neb-f I　*482*
ネクタネボー世 (前4世紀) →Nekht-neb-f I　*482*
ネクタネボス1世 (ネクトネブフ) (前4世紀)
　→Nekht-neb-f I　*482*
ネクタネボン (前4世紀) →Nekht-neb-f I　*482*
ネクト・ヘル・ヘブ・メリ・アメン (前4世紀)
　→Nekht-neb-f I　*482*
ネグリ, R. (20世紀) →Negri, Rocco　*481*
ネグリ, マーリオ (20世紀) →Negri, Mario　*481*
ネグレイロ (20世紀)
　→Negreiros, José Sobral de Almada　*481*
ネグレイロス (20世紀)
　→Negreiros, José Sobral de Almada　*481*
ネグローリ, ジャン・パーオロ (15・16世紀)
　→Negroli, Gian Paolo　*482*
ネグローリ, フィリッポ・ディ・ヤーコポ (15・16世紀) →Negroli, Filippo di Iacopo　*481*
ネケス, ヴェルナー (20世紀)
　→Nekes, Werner　*482*
ネーシオーテース (前5世紀) →Nesiotes　*483*
ネシオテス (前5世紀) →Nesiotes　*483*
ネス, E. (20世紀) →Ness, Evaline　*483*
ネス, エヴァリン (20世紀) →Ness, Evaline　*483*
ネスフィールド, ウィリアム・イーデン (19世紀)
　→Nesfield, William Eden　*483*
ネスポロ, ウーゴ (20世紀) →Nespolo, Ugo　*483*
ネーズミス (18・19世紀)
　→Nasmyth, Alexander　*479*
ネッチェル (17世紀) →Netscher, Caspar　*483*
ネッチャー, カスパル (17世紀)
　→Netscher, Caspar　*483*
ネッツェル, カスパル (17世紀)
　→Netscher, Caspar　*483*
ネッビア, チェーザレ (16・17世紀)
　→Nebbia, Cesare　*481*
ネッリ (14・15世紀)
　→Nelli, Ottaviano di Martino　*482*

ネッリ, オッタヴィアーノ・ディ・マルティーノ (14・15世紀)
　→Nelli, Ottaviano di Martino　*482*
ネーデルマン, エリー (19・20世紀)
　→Nadelman, Elie　*477*
ネバーイー (15世紀)
　→Nawā'ī, Mīr 'Alī-Shīr　*480*
ネプヴォー, ピエール (16世紀)
　→Nepveau, Pierre　*482*
ネフェルタリ →Nefertari　*481*
ネフェルティティ (前14世紀) →Nefertiti　*481*
ネフェルト・イティ (前14世紀) →Nefertiti　*481*
ネフェルトイティ (前14世紀) →Nefertiti　*481*
ネブカデネザル (ネブカドネツァル) (前7・6世紀)
　→Nebuchadnezzar II　*481*
ネブカドネザル (2世) (前7・6世紀)
　→Nebuchadnezzar II　*481*
ネブカドネザル2世 (前7・6世紀)
　→Nebuchadnezzar II　*481*
ネブカドネザル二世 (前7・6世紀)
　→Nebuchadnezzar II　*481*
ネブカドネツァル (前7・6世紀)
　→Nebuchadnezzar II　*481*
ネブカドレツァル2世 (前7・6世紀)
　→Nebuchadnezzar II　*481*
ネーフス, ピーテル1世 (16・17世紀)
　→Neefs, Pieter I　*481*
ネブチャドレッザル〔ネブカドネザル〕二世 (前7・6世紀) →Nebuchadnezzar II　*481*
ネベルソン (20世紀) →Nevelson, Louise　*484*
ネベルソン, ルイズ (20世紀)
　→Nevelson, Louise　*484*
ネラー (17・18世紀) →Kneller, Sir Godfrey　*368*
ネラー (クネラー) (17・18世紀)
　→Kneller, Sir Godfrey　*368*
ネラー, ゴッドフリ (17・18世紀)
　→Kneller, Sir Godfrey　*368*
ネラー, ゴッドフリー (17・18世紀)
　→Kneller, Sir Godfrey　*368*
ネラー, ゴドフリー (17・18世紀)
　→Kneller, Sir Godfrey　*368*
ネリ (16・17世紀) →Neri, Antonio　*482*
ネリ, アントニオ (16・17世紀)
　→Neri, Antonio　*482*
ネーリ, マニュエル (20世紀)
　→Neri, Manuel　*482*
ネーリ・ダ・リーミニ (14世紀)
　→Neri da Rimini　*482*
ネリ・ディ・ビッチ (15世紀)
　→Neri di Bicci　*482*
ネーリング, ヨハン・アルノルト (17世紀)
　→Nering, Johann Arnold　*482*
ネール (17世紀) →Neer, Aert van der　*481*

ネール(17・18世紀)
　→Neer, Eglon Hendrik van der　*481*
ネール, アールト・ファン・デル(17世紀)
　→Neer, Aert van der　*481*
ネール, アールナウト・ファン・デル(17世紀)
　→Neer, Aert van der　*481*
ネルヴィ(20世紀) →Nervi, Pier Luigi　*483*
ネルヴィ, ピエール・ルイジ(20世紀)
　→Nervi, Pier Luigi　*483*
ネルヴィ, ピエル・ルイージ(20世紀)
　→Nervi, Pier Luigi　*483*
ネルソン(20世紀) →Nelson, George　*482*
ネルソン, ジョージ(20世紀)
　→Nelson, George　*482*
ネルビ(20世紀) →Nervi, Pier Luigi　*483*
ネルリ, オッタヴィアーノ(14・15世紀)
　→Nelli, Ottaviano di Martino　*482*
ネルリ, オッタヴィアーノ・ディ・マルティーノ
　(14・15世紀)
　→Nelli, Ottaviano di Martino　*482*
ネロ(1世紀) →Nero Claudius Caesar Augustus Germanicus　*482*
ネロー(1世紀) →Nero Claudius Caesar Augustus Germanicus　*482*
ネロ, クラウディウス・カエサル・アウグストゥス・ゲルマニクス(1世紀) →Nero Claudius Caesar Augustus Germanicus　*482*
ネロ(ネロ・クラウディウス・カエサル)(1世紀)
　→Nero Claudius Caesar Augustus Germanicus　*482*
ネロ・クラウディウス・カエサル(1世紀)
　→Nero Claudius Caesar Augustus Germanicus　*482*
ネロッチョ・デ・ランディ(15世紀)
　→Landi, Neroccio di Bartolomeo di Benedetto de'　*381*
ネロ帝(1世紀) →Nero Claudius Caesar Augustus Germanicus　*482*
ネローニ, バルトロメーオ(16世紀)
　→Neroni, Bartolomeo　*483*

【 ノ 】

ノー, ミッシェル(20世紀) →No, Michel　*487*
ノア →Nōah　*487*
ノアック, フェルディナント(19・20世紀)
　→Noack, Ferdinand　*487*
ノイス, ヴィルヘルム(19・20世紀)
　→Neuss, Wilhelm　*483*
ノイズ, エリオット(20世紀) →Noyes, Eliot　*489*
ノイトラ(20世紀) →Neutra, Richard Josef　*483*
ノイトラ, リチャード(20世紀)
　→Neutra, Richard Josef　*483*
ノイトラ, リチャード・ジョーゼフ(20世紀)
　→Neutra, Richard Josef　*483*
ノイマイヤー, ジョン(20世紀)
　→Neumeier, John　*483*
ノイマン(17・18世紀)
　→Neumann, Johann Balthasar　*483*
ノイマン(20世紀) →Neumann, Erich　*483*
ノイマン,E.(20世紀) →Neumann, Erich　*483*
ノイマン,J.B.(17・18世紀)
　→Neumann, Johann Balthasar　*483*
ノイマン, エーリッヒ(20世紀)
　→Neumann, Erich　*483*
ノイマン, バルタザル(17・18世紀)
　→Neumann, Johann Balthasar　*483*
ノイマン,(ヨハン・)バルタザール(17・18世紀)
　→Neumann, Johann Balthasar　*483*
ノイマン, ヨハン・バルタザール(17・18世紀)
　→Neumann, Johann Balthasar　*483*
ノイマン, ヨハン・バルタザル(17・18世紀)
　→Neumann, Johann Balthasar　*483*
ノイロイター(19世紀)
　→Neureuther, Eugen Napoleon　*483*
ノヴェッリ, ガストーネ(20世紀)
　→Novelli, Gastone　*489*
ノヴェッリ, ピエトロ(17世紀)
　→Novelli, Pietro　*489*
ノウルズ, アリスン(20世紀)
　→Knowles, Alison　*369*
ノウルズ, エリザベス(19・20世紀)
　→Knowles, Elizabeth　*369*
ノウルズ, ビヨンセ(20世紀)
　→Knowles, Beyonce　*369*
ノガーリ, ジュゼッペ(17・18世紀)
　→Nogari, Giuseppe　*488*
ノーク, チャールズ・ジョン(19・20世紀)
　→Noke, Charles John　*488*
ノグチ(20世紀) →Noguchi, Isamu　*488*
ノグチ, イサム(20世紀) →Noguchi, Isamu　*488*
ノグチ=イサム(20世紀) →Noguchi, Isamu　*488*
ノグチイサム(20世紀) →Noguchi, Isamu　*488*
ノゲーズ, ドミニク(20世紀)
　→Noguez, Dominique　*488*
ノザデッラ(16世紀) →Nosadella　*489*
ノージ,Al.(20世紀) →Nagy, Al.　*478*
ノース, マリアン(19世紀)
　→North, Marianne　*489*
ノース, マリアンヌ(19世紀)
　→North, Marianne　*489*
ノース, メアリアン(19世紀)
　→North, Marianne　*489*
ノースコート, ジェイムズ(18・19世紀)
　→Northcote, James　*489*

ノースコート,(トマス・)ジェイムズ(18・19世紀)
　→Northcote, James　*489*
ノーチ, アルトゥーロ(19・20世紀)
　→Noci, Arturo　*487*
ノックス, アーチボルド(19・20世紀)
　→Knox, Archibald　*369*
ノッツ,H.(20世紀)　→Knotts, Howard　*369*
ノットリーニ, ロレンツォ(18・19世紀)
　→Nottolini, Lorenzo　*489*
ノトケ(15・16世紀)　→Notke, Bernt　*489*
ノートケ, ベルント(15・16世紀)
　→Notke, Bernt　*489*
ノートン(19・20世紀)　→Norton, Charles Bowyer Adderley, 1st Baron　*489*
ノーネル・イ・モントゥリオール, イシードロ(19・20世紀)　→Nonell Y Monturiol, Isidro　*488*
ノネル・イ・モントゥリオル, イシードロ(19・20世紀)　→Nonell Y Monturiol, Isidro　*488*
ノーノ, ルイージ(19・20世紀)
　→Nono, Luigi　*489*
ノビリ, リラ・デ(20世紀)　→Nobili, Lila de　*487*
ノービレ, ピエトロ(18・19世紀)
　→Nobile, Pietro　*487*
ノフシンガー, ジェイムズ・フィリップ(20世紀)
　→Noffsinger, James Philip　*487*
ノーボア, ギュスタボ(20世紀)
　→Novoa, Gustavo　*489*
ノーマン, ドロシー(20世紀)
　→Norman, Dorothy　*489*
ノーマン, ブルース(20世紀)
　→Nauman, Bruce　*480*
ノメッリーニ, プリーニオ(19・20世紀)
　→Nomellini, Plinio　*488*
ノーラン(20世紀)　→Nolan, Sidney Robert　*488*
ノーラン, サー・シドニー(・ロバート)(20世紀)
　→Nolan, Sidney Robert　*488*
ノーラン, シドニー(20世紀)
　→Nolan, Sidney Robert　*488*
ノーランド(20世紀)　→Noland, Kenneth　*488*
ノランド(20世紀)　→Noland, Kenneth　*488*
ノーランド, ケネス(20世紀)
　→Noland, Kenneth　*488*
ノリケンズ(18・19世紀)
　→Nollekens, Joseph　*488*
ノール(19・20世紀)　→Nohl, Hermann　*488*
ノール, ヘルマン(19・20世紀)
　→Nohl, Hermann　*488*
ノールケンス, ジョーゼフ(18・19世紀)
　→Nollekens, Joseph　*488*
ノルケンズ, ジョーゼフ(18・19世紀)
　→Nollekens, Joseph　*488*
ノルデ(19・20世紀)　→Nolde, Emil　*488*
ノルデ, エーミール(19・20世紀)
　→Nolde, Emil　*488*

ノルデ, エミール(19・20世紀)
　→Nolde, Emil　*488*
ノルデンファルク(20世紀)
　→Nordenfalk, Carl　*489*
ノルドストレーム, カール(19・20世紀)
　→Nordström, Karl Fredrik　*489*
ノルドストレーム, カール・F.(19・20世紀)
　→Nordström, Karl Fredrik　*489*
ノールベルグ,H.(20世紀)
　→Nordberg, Harald　*489*
ノールベルグ, テーリエ(20世紀)
　→Nordberg, Terje　*489*
ノルマン, シャルル＝ピエール＝ジョゼフ(18・19世紀)
　→Normand, Charles-Pierre-Joseph　*489*
ノレケンズ, ジョゼフ(18・19世紀)
　→Nollekens, Joseph　*488*
ノレル, ノーマン(20世紀)
　→Norell, Norman　*489*

【 ハ 】

バー, アルフレッド・H(20世紀)
　→Barr, Alfred H　*51*
バー, マーガレット(20世紀)
　→Barr, Margaret　*51*
パイ, ウイリアム(20世紀)　→Pye, William　*540*
バイ, エンリーコ(20世紀)　→Baj, Enrico　*45*
バイ, エンリコ(20世紀)　→Baj, Enrico　*45*
バイアー(18・19世紀)　→Beyer, Wilhelm　*75*
バイアー(20世紀)　→Bayer, Herbert　*58*
バイアスタット, アルバート(19・20世紀)
　→Bierstadt, Albert　*76*
バイエ(20世紀)　→Bayer, Raymond　*58*
バイエ,R.(20世紀)　→Bayer, Raymond　*58*
バイェウ・イ・スビアス, フランシスコ(18世紀)
　→Bayeu y Subías, Francisco　*58*
パイオニオス(前5世紀)　→Paionios　*499*
パイオニオス(前5世紀)　→Paionios　*499*
ハイキン,D.S.(20世紀)
　→Khajkin, David Solomonovich　*362*
パイク(20世紀)　→Paik, Nam June　*499*
ぱいく, なむじゅん(20世紀)
　→Paik, Nam June　*499*
パイク, ナム・ジュン(20世紀)
　→Paik, Nam June　*499*
パイク〔白南準〕(20世紀)
　→Paik, Nam June　*499*
バイコフ(19・20世紀)
　→Baikov, Nikolai Apollonovich　*44*

バイコフ, ニコライ（19・20世紀）
　→Baikov, Nikolai Apollonovich 44
バイコフ, ニコライ・A（19・20世紀）
　→Baikov, Nikolai Apollonovich 44
バイコフ, ニコライ・アポロノヴィチ（19・20世紀）
　→Baikov, Nikolai Apollonovich 44
バイコフ, ニコライ・アポロノビッチ（19・20世紀）
　→Baikov, Nikolai Apollonovich 44
バイコフ, ニコライ・アポロモヴィチ（19・20世紀）
　→Baikov, Nikolai Apollonovich 44
ハイザー, マイケル（20世紀）
　→Heizer, Michael 312
ハイザー, ミッシェル（20世紀）
　→Heizer, Michael 312
ハイジッヒ, ジュアンヌ（20世紀）
　→Heisig, Johannes 312
バイス, クレア（20世紀）→Bice, Clare 76
バイス, コルネリス一世（16世紀）
　→Buys, Cornelis I 115
バイステル, フィリップ・ド（16・17世紀）
　→Buyster, Philippe de 115
ハイスマンス, コルネリス（17・18世紀）
　→Huysmans, Cornelius 333
ハイスマンス, ヤーコブ（17世紀）
　→Huysmans, Jacob 333
ハイゼ, ヴィルヘルム（20世紀）
　→Heise, Wilhelm 312
ハイセン, サー・(ヴィルヘルム・エルンスト・)ハンス(・フランツ)（19・20世紀）→Heysen, Sir (Wilhelm Ernst) Hans (Franz) 318
ハイダー（19・20世紀）→Haider, Karl 303
ハイダー, カルル（19・20世紀）
　→Haider, Karl 303
ハイデ（15・16世紀）
　→Heyde, Henning von der 318
ハイデ, ヘンニング・フォン（15・16世紀）
　→Heyde, Henning von der 318
ハイデ, ヘンニング・フォン・デア（15・16世紀）
　→Heyde, Henning von der 318
バイテウェッフ, ウィレム（16・17世紀）
　→Buytewech, Willem 115
ハイデン（17・18世紀）
　→Heyden, Jan van der 318
ハイネ（19世紀）
　→Heine, Wilhelm Peter Bernhard 312
ハイネ（19・20世紀）
　→Heine, Thomas Theodor 312
ハイネ, E.W.（20世紀）→Heine, Ernst W. 312
ハイネ, H.（20世紀）→Heine, Helme 312
ハイネ, ヴィルヘルム（19世紀）
　→Heine, Wilhelm Peter Bernhard 312
ハイネ, トーマス・テオドール（19・20世紀）
　→Heine, Thomas Theodor 312
ハイネ, ヘルメ（20世紀）→Heine, Helme 312
パイパー, ジョン（20世紀）→Piper, John 523

バイヒル, グスタフ（20世紀）
　→Peichl, Gustav 509
バイブル, C.（20世紀）→Bible, Charles 76
バイベ, G.C.（20世紀）
　→Ballve, Gloria Carasusan 47
ハイマス, ジョニー（20世紀）
　→Hymas, Johnny 334
ハイマン, T.S.（20世紀）
　→Hyman, Trina Schart 334
ハイムラー, R.（20世紀）→Himler, Ronald 320
ハイモア（17・18世紀）→Highmore, Joseph 318
ハイモア, ジョーゼフ（17・18世紀）
　→Highmore, Joseph 318
ハイモア, ジョセフ（17・18世紀）
　→Highmore, Joseph 318
バイヤー（20世紀）→Bayer, Herbert 58
バイヤー, ヴィルヘルム（18・19世紀）
　→Beyer, Wilhelm 75
バイヤー, ハーバート（20世紀）
　→Bayer, Herbert 58
バイユー, フランシスコ（18世紀）
　→Bayeu y Subías, Francisco 58
パイル（19・20世紀）→Pyle, Howard 540
パイル, ハワード（19・20世紀）
　→Pyle, Howard 540
バイルレ, T.（20世紀）→Bayrle, Thomas 58
バイルレ, トーマス（20世紀）
　→Bayrle, Thomas 58
バイロー, ヴァル（20世紀）→Biro, Val 78
バイロン, ガルベス（20世紀）
　→Byron, Galvez 116
バイロン, ロバート（20世紀）
　→Byron, Robert 116
ハイン（19・20世紀）→Hine, Lewis Wickes 320
ハイン, ビルギット（20世紀）→Hein, Birgit 312
ハイン, ルイス（19・20世紀）
　→Hine, Lewis Wickes 320
ハイン, ルイス・W.（19・20世紀）
　→Hine, Lewis Wickes 320
ハイン, ルイス(・ウィックス)（19・20世紀）
　→Hine, Lewis Wickes 320
ハインズ, B.（20世紀）→Hines, Bob 320
ハインツ, ヨーゼフ（父）（16・17世紀）
　→Heintz, Joseph der Ältere 312
ハインデル, ロバート（20世紀）
　→Heindel, Robert 312
ハインド（19・20世紀）
　→Hind, Arthur Mayger 320
ハインリヒ・シュリーマン（19世紀）
　→Schliemann, Heinrich 593
ハウ, ジョージ（19・20世紀）
　→Howe, George 330
バウアー, カサリン（20世紀）
　→Bauer, Catherinr 57

ハウアード, エビニーザー(19・20世紀)
　→Howard, Sir Ebenezer　330
バウアンシュミット, M.(20世紀)
　→Bauernschmidt, Marjorie　57
ハウイット, ジョン・ニュートン(19・20世紀)
　→Howitt, John Newton　330
ハーヴェイ, A.(20世紀)→Harvey, Amanda　308
ハーヴェイ, アマンダ(20世紀)
　→Harvey, Amanda　308
ハヴェル(19・20世紀)→Havell, Ernest B.　309
ハヴェル, ウィリアム(18・19世紀)
　→Havell, William　309
バウエルマイスター, マリー(20世紀)
　→Bauermeister, Mary　57
ハーヴェン, ランベルト・ヴァン(17世紀)
　→Haven, Lambert van　309
ハウザー(20世紀)→Hauser, Arnold　309
ハウザー, A.(20世紀)→Hauser, Arnold　309
ハウザー, A.C.(20世紀)→Houser, Allan C.　330
ハウザー, アーノルド(20世紀)
　→Hauser, Arnold　309
ハウザー, アラン(20世紀)→Houser, Allan　329
パウサーニアース(2世紀)→Pausanias　507
パウサニアース(2世紀)→Pausanias　507
パウサニアス(2世紀)→Pausanias　507
パウサニアス(リュディア)(2世紀)
　→Pausanias　507
パウサニアス(リュディアの)(2世紀)
　→Pausanias　507
パウシアース(前4世紀)→Pausias　508
パウシアス(前4世紀)→Pausias　508
ハウストン, ジェームズ(20世紀)
　→Houston, James Archibald　330
ハウスナー, ルドルフ(20世紀)
　→Hausner, Rudolf　309
ハウズナー, ロドルフ(20世紀)
　→Hausner, Rudolf　309
ハウスマン(19世紀)
　→Hausmann, Karl Friedrich　309
ハウスマン(19・20世紀)
　→Hausmann, Raoul　309
ハウスマン(19・20世紀)
　→Housman, Laurence　330
ハウスマン, R.(19・20世紀)
　→Hausmann, Raoul　309
ハウスマン, クレメンス(19・20世紀)
　→Housman, Clemence　330
ハウスマン, ラウール(19・20世紀)
　→Hausmann, Raoul　309
ハウスマン, ラウル(19・20世紀)
　→Hausmann, Raoul　309
ハウスマン, ローレンス(19・20世紀)
　→Housman, Laurence　330

ハウスマン, ロレンス(19・20世紀)
　→Housman, Laurence　330
ハウゼンシュタイン(19・20世紀)
　→Hausenstein, Wilhelm　309
ハウゼンシュタイン, ヴィルヘルム(19・20世紀)
　→Hausenstein, Wilhelm　309
バウツ(15世紀)→Bouts, Dierick　95
バウツ, アルベルト(15・16世紀)
　→Bouts, Albert　95
バウツ, ディーリック(15世紀)
　→Bouts, Dierick　95
バウツ, ディルク(15世紀)→Bouts, Dierick　95
バウティスタ(16・17世紀)
　→Bautista, Fray Francisco　58
バウティスタ, フランシスコ(16・17世紀)
　→Bautista, Fray Francisco　58
バウド, ルーカ(15・16世紀)→Baudo, Luca　57
バウトン(19・20世紀)
　→Boughton, George Henry　94
ハウプト(19・20世紀)→Haupt, Albrecht　309
ハウブラーケン, アルノルト(17・18世紀)
　→Houbraken, Arnold　329
バウホ(20世紀)→Bauch, Kurt　56
バウホ, クルト(20世紀)→Bauch, Kurt　56
バウマイスター(19・20世紀)
　→Baumeister, Willi　57
バウマイスター, ヴィリ(19・20世紀)
　→Baumeister, Willi　57
バウマイスター, ヴィリー(19・20世紀)
　→Baumeister, Willi　57
バウム, ユリウス(19・20世紀)
　→Baum, Julius　57
バウムガルテン(18世紀)
　→Baumgarten, Alexander Gottlieb　57
バウムガルデン(18世紀)
　→Baumgarten, Alexander Gottlieb　57
バウムガルテン, アレクサンダー・ゴットリーブ
　(18世紀)
　→Baumgarten, Alexander Gottlieb　57
バウムガルテン, アレクサンダー・ゴットリープ
　(18世紀)
　→Baumgarten, Alexander Gottlieb　57
バウムガルト(19・20世紀)
　→Baumgardt, David　57
バウムガルト, K.(20世紀)
　→Baumgart, Klaus　57
バウムガルトナー, ウルリヒ(16・17世紀)
　→Baumgartner, Ulrich　58
バウムガルトナー, ヨハン・ヴォルフガング(18世
　紀)→Baumgartner, Johann Wolfgang　58
ハヴメイヤー, ルイジーヌ(19・20世紀)
　→Havemeyer, Louisine　309
パウリ(18・19世紀)→Pauly, August　507
パウリー(18・19世紀)→Pauly, August　507

パウリ,アウグスト(18・19世紀)
　→Pauly, August　507
パヴリシン,G.D.(20世紀)
　→Pavlishin, Gennadij Dmitrievich　508
ハヴリーチェク,ヨセフ(20世紀)
　→Havlíček, Josef　309
パウル(19・20世紀)　→Paul, Bruno　507
パウル,ブルーノ(19・20世紀)
　→Paul, Bruno　507
パウルス(3世)(15・16世紀)　→Paulus III　507
パウルス3世(15・16世紀)　→Paulus III　507
パウルス三世(15・16世紀)　→Paulus III　507
パウルッチ・デッレ・ロンコレ,エンリーコ(20世紀)　→Paulucci delle Roncole, Enrico　507
ハウレギ,フアン・デ(16・17世紀)
　→Jáuregui y Aguilar, Juan de　344
パウロ(1世紀頃)　→Paulos　507
パウロ(聖)(1世紀)　→Paolo　502
聖パウロ(1世紀頃)　→Paulos　507
パウロ(使徒)(1世紀頃)　→Paulos　507
パウロ(聖)ローマ名はパウロス(1世紀頃)
　→Paulos　507
パヴローフスカヤ,A.G.(20世紀)
　→Pavlovskaja, Aleksandra Georgievna　508
パオラ,T.de(20世紀)　→DePaola, Tomie　192
パオリーニ,ジューリオ(20世紀)
　→Paolini, Giulio　502
パーオロ・ヴェネツィアーノ(13・14世紀)
　→Paolo Veneziano　502
パオロ・ヴェネツィアーノ(13・14世紀)
　→Paolo Veneziano　502
パーオロ・ウッチェッロ(14・15世紀)
　→Uccello, Paolo　665
パーオロ・スキアーヴォ(14・15世紀)
　→Paolo Schiavo　502
パオロッツィ(20世紀)
　→Paolozzi, Eduardo　502
パオロッツィ,エデュアルド(20世紀)
　→Paolozzi, Eduardo　502
パオロッツィ,エドゥアード(20世紀)
　→Paolozzi, Eduardo　502
パオロッツィ,エドゥアルト(20世紀)
　→Paolozzi, Eduardo　502
パオロッツィ,エドゥアルド(20世紀)
　→Paolozzi, Eduardo　502
パオロッツィ,エドゥアルド(・ルイジ)(20世紀)
　→Paolozzi, Eduardo　502
バーカー(18・19世紀)　→Barker, Thomas　49
バーカー(19世紀)　→Barker, Thomas Jones　49
バーガ(16世紀)　→Pierin del Vaga　520
バーカー,C.M.(20世紀)
　→Barker, Carol Minturn　49
バーカー,C.M.(20世紀)
　→Barker, Cicely Mary　49

バーカー,E.R.(20世紀)　→Parker, Eric R.　503
バーカー,N.W.(20世紀)
　→Parker, Nancy Winslow　503
バーカー,R.A.(20世紀)
　→Parker, Robert Andrew　503
バーカー,クリーベ(20世紀)　→Barker, Clive　49
バーカー,シシリ・メアリ(20世紀)
　→Barker, Cicely Mary　49
バーカー,シシリー・メアリー(20世紀)
　→Barker, Cicely Mary　49
バーカー,シスリー・メアリ(20世紀)
　→Barker, Cicely Mary　49
バーカー,ブラント(20世紀)
　→Parker, Brant　503
バガッティ・ヴァルセッキ,ピエトロ(19世紀)
　→Bagatti Valsecchi, Pietro　44
バーカート,N.E.(20世紀)
　→Burkert, Nancy Ekholm　112
バーカート,ナンシー・E.(20世紀)
　→Burkert, Nancy Ekholm　112
パガーニ,パーオロ(17・18世紀)
　→Pagani, Paolo　499
パガーノ(20世紀)　→Pagano, Giuseppe　499
パガーノ,ジュゼッペ(20世紀)
　→Pagano, Giuseppe　499
パガーノ・ポガシュニック,ジュゼッペ(20世紀)
　→Pagano Pogatschnig, Giuseppe　499
バカ=フロール,カルロス(19・20世紀)
　→Baca-Flor, Carlos　42
ハーカマー,ヒューバート・フォン(19・20世紀)
　→Herkomer, Sir Hubert von　315
パガン,ギネス・セラン(20世紀)
　→Pagan, Gines Serran　499
ハーギス,バーバラ・ルイス(20世紀)
　→Hargis, Barbara Louise　306
パーキンソン,ノーマン(20世紀)
　→Parkinson, Norman　503
バーク(18世紀)　→Burke, Edmund　112
バーク,E.(18世紀)　→Burke, Edmund　112
バーグ,アルバート(20世紀)
　→Vagh, Albert　669
バーク,エドマンド(18世紀)
　→Burke, Edmund　112
バーク,セルマ(20世紀)　→Burke, Selma　112
パーク,ルース(20世紀)　→Park, Ruth　503
パクウィウス(前3・2世紀)
　→Pacuvius, Marcus　498
パクヴィウス(前3・2世紀)
　→Pacuvius, Marcus　498
パクウィウス,マルクス(前3・2世紀)
　→Pacuvius, Marcus　498
バクシェーエフ(19・20世紀)
　→Baksieev, Vasili Nikolaevitch　45

バクシェーエフ, ワシーリ・ニコラエーヴィッチ (19・20世紀)
→Baksieev, Vasili Nikolaevitch 45
パークス, ゴードン (20世紀)
→Parks, Gordon 503
パークス, ゴードン, ジュニア (20世紀)
→Parks, Gordon, Jr. 503
パークス, デーヴィッド (20世紀)
→Parks, David 503
バクスター, ジョージ (19世紀)
→Baxter, George 58
バクスター, デニス・チャールズ (20世紀)
→Baxter, Denis Charles 58
バクスター, ルーシー (19・20世紀)
→Baxter, Lucy 58
バクスト (19・20世紀)
→Bakst, Léon Nikolaevich 45
バクスト, レオン (19・20世紀)
→Bakst, Léon Nikolaevich 45
バクスト, レオン (レヴ・サムイロヴィチ・ローゼンベルク) (19・20世紀)
→Bakst, Léon Nikolaevich 45
バクストン (19世紀) →Paxton, Sir Joseph 508
バクストン, サー・ジョセフ (19世紀)
→Paxton, Sir Joseph 508
バクストン, サー・ジョゼフ (19世紀)
→Paxton, Sir Joseph 508
バクストン, ジョーゼフ (19世紀)
→Paxton, Sir Joseph 508
バーグスマ, ジョディ (20世紀)
→Bergsma, Jody 70
ハクスレイ, ジュリエット (20世紀)
→Huxley, Juliette 333
バクセンデイル, リーオ (20世紀)
→Baxendale, Leo 58
バクセンデイル, リオ (20世紀)
→Baxendale, Leo 58
バグディエスコ, I.T. (20世紀)
→Bogdesko, Iljya Trofimovich 85
バーク ホワイト (20世紀)
→Bourke-White, Margaret 95
バーク・ホワイト (20世紀)
→Bourke-White, Margaret 95
バーク=ホワイト (20世紀)
→Bourke-White, Margaret 95
バークホワイト (20世紀)
→Bourke-White, Margaret 95
バーク・ホワイト, マーガレット (20世紀)
→Bourke-White, Margaret 95
バーク=ホワイト, マーガレット (20世紀)
→Bourke-White, Margaret 95
バークホワイト, マーガレット (20世紀)
→Bourke-White, Margaret 95
ハーグリーヴズ, ロジャー (20世紀)
→Hargreaves, Roger 306
バークレー, J. (20世紀) →Barkley, James 50

バークレー, ステファン (20世紀)
→Barclay, Stephen 49
バークレム, J. (20世紀) →Barklem, Jill 49
バークレム, ジル (20世紀) →Barklem, Jill 49
ハーケ (20世紀) →Haacke, Hans 301
ハーケ, ハンス (20世紀) →Haacke, Hans 301
ハーゲーサンドロス (前1世紀)
→Hagēsandros 303
ハゲサンドロス (前1世紀) →Hagēsandros 303
バゲット, ウイリアム (20世紀)
→Baggett, William 44
ハーゲナウ, ニコラウス・フォン (15・16世紀)
→Nikolaus von Hagenau 486
ハーゲナウアー (15・16世紀)
→Nikolaus von Hagenau 486
ハーゲナウアー, ヴォルフガング (18・19世紀)
→Hagenauer, Wolfgang 303
ハーゲナウアー, フリードリヒ (16世紀)
→Hagenauer, Friedrich 303
ハゲナウのニコラウス (15・16世紀)
→Nikolaus von Hagenau 486
バケマ (20世紀) →Bakema, Jacob Berend 45
バーケマ, ヤーコブ (20世紀)
→Bakema, Jacob Berend 45
ハゲライダス (前6・5世紀) →Hagelaidas 302
ハゲラーダース (前6・5世紀) →Hagelaidas 302
ハーケン, F. (20世紀) →Haacken, Frans 301
バーゲン, キャンディス (20世紀)
→Bergen, Candice 69
ハーコマー (19・20世紀)
→Herkomer, Sir Hubert von 315
ハーコマー, フーベルト (19・20世紀)
→Herkomer, Sir Hubert von 315
パーサー, サラ (19・20世紀)
→Purser, Sarah 540
パサ, メイヨ (20世紀) →Passa, Mayen 505
バサイーティ, マルコ (15・16世紀)
→Basaiti, Marco 54
バザイティ, マルコ (15・16世紀)
→Basaiti, Marco 54
バサヴァン (18・19世紀)
→Passavant, Johann David 505
ハサム (19・20世紀)
→Hassam, Frederick Childe 308
バサーリ (16世紀) →Vasari, Giorgio 678
バザーリ (16世紀) →Vasari, Giorgio 678
バザリ (16世紀) →Vasari, Giorgio 678
バザルデラ, ミルコ (20世紀)
→Basaldella, Mirko 54
バザルリ (20世紀) →Vasarely, Victor 678
バザレリー (20世紀) →Vasarely, Victor 678
バザレリー, ビクトル (20世紀)
→Vasarely, Victor 678
バサーワン (16・17世紀) →Basāwan 54

バサンカ, カクペル(17・18世紀)
　→Bazanka, Kacper　59
パーシヴァル,D.(20世紀)　→Perceval, Don　511
パーシヴァル, ジョン・ド・バーグ(20世紀)
　→Perceval, John de Burgh　511
バージェス(19・20世紀)　→Burgess, James　112
バージェズ(19世紀)　→Burges, William　111
バージェズ(19・20世紀)　→Burgess, James　112
バージェス, ウィリアム(19世紀)
　→Burges, William　111
バージェズ, ウィリアム(19世紀)
　→Burges, William　111
バージェス, グレゴリー(20世紀)
　→Burgess, Gregory　112
バージェズ, ジェイムズ(19・20世紀)
　→Burgess, James　112
バージェス, ジェームズ(19・20世紀)
　→Burgess, James　112
ハジェック, オットー・アルベルト(20世紀)
　→Hajek, Otto Herbert　303
パジェット=フレデリックス,J.E.P.R-M.(20世紀)
　→Paget-Fredericks, Joseph Edward Paget Rous-Marten　499
バジェーノフ, ヴァシリー・イヴァノヴィチ(18世紀)　→Bajenov, Vasilij Ivanovich　45
バジェノフ, ヴァシーリー・イヴァノヴィッチ(18世紀)　→Bajenov, Vasilij Ivanovich　45
バジオーティズ, ウィリアム(20世紀)
　→Baziotes, William　59
バジーオーテス, ウィリアム(20世紀)
　→Baziotes, William　59
バジオーテス, ウィリアム(20世紀)
　→Baziotes, William　59
ハシォル, ヴワディスワフ(20世紀)
　→Hasior, Władysław　308
バシキールツェヴァ, マリア・コンスタンチノヴナ(19世紀)
　→Bashkirtseva, Mariia Konstantinovna　54
バシキールツェヴァ, マリヤ(19世紀)
　→Bashkirtseva, Mariia Konstantinovna　54
バシキルツェヴァ, マリヤ・コンスタンティノヴナ(19世紀)
　→Bashkirtseva, Mariia Konstantinovna　54
バシキールツェワ, マリヤ・コンスタンチノヴナ(19世紀)
　→Bashkirtseva, Mariia Konstantinovna　54
パシテレス(前1世紀)　→Pasiteles　505
パジーニ, アルベルト(19世紀)
　→Pasini, Alberto　505
パジネッリ, ロレンツォ(17世紀)
　→Pasinelli, Lorenzo　505
バージャー, ジョン(20世紀)
　→Berger, John (Peter)　70
バージャー, ジョン(・ピーター)(20世紀)
　→Berger, John (Peter)　70

バシュ(19・20世紀)
　→Basch, Victor Guillaume　54
バジーユ(19世紀)　→Bazille, Jean-Frédéric　59
パジュー(18・19世紀)　→Pajou, Augustin　499
ハーシュ,M.(20世紀)　→Hirsh, Marilyn　320
パジュー, オーギュスタン(18・19世紀)
　→Pajou, Augustin　499
パジュー, オーギュスト(18・19世紀)
　→Pajou, Augustin　499
バシュキルツェフ(19世紀)
　→Bashkirtseva, Mariia Konstantinovna　54
ハーシュホーン, ジョゼフ・H(ハーマン)(20世紀)　→Hirshhorn, Joseph H(erman)　320
バシュリエ, ニコラ(15・16世紀)
　→Bachelier, Nicolas　43
ハショル, ウワディスワフ(20世紀)
　→Hasior, Władysław　308
バシーリエフ,O.V.(20世紀)
　→Vasiljev, Oleg Vladimirovich　678
バジール(19世紀)　→Bazille, Jean-Frédéric　59
バジール, ジャン=フレデリック(19世紀)
　→Bazille, Jean-Frédéric　59
バジール, フレデリック(19世紀)
　→Bazille, Jean-Frédéric　59
バジーレ, エルネスト(19・20世紀)
　→Basile, Ernesto　54
バジーレ, ジョヴァンニ・バッティスタ・フィリッポ(19世紀)
　→Basile, Giovanni Battista Filippo　54
バジレッティ, ルイージ(18・19世紀)
　→Basiletti, Luigi　54
バス(20世紀)　→Bass, Saul　55
ハース,E.(20世紀)　→Haas, Ernst　301
ハース,I.(20世紀)　→Haas, Irene　301
バース,W.(20世紀)　→Barss, William　52
パース, ウィリアム(18世紀)
　→Pars, William　504
バス, ソウル(20世紀)　→Bass, Saul　55
バス, ソール(20世紀)　→Bass, Saul　55
パスカーリ, ピーノ(20世紀)
　→Pascali, Pino　505
パスカリ, ピノ(20世紀)　→Pascali, Pino　505
パスカレッラ(19・20世紀)
　→Pascarella, Cesare　505
パスカレッラ, チェーザレ(19・20世紀)
　→Pascarella, Cesare　505
バスキア, ジャン・ミシェル(20世紀)
　→Basquiat, Jean-Michel　55
バスキン(20世紀)　→Baskin, Leonard　54
パスキン(19・20世紀)
　→Pascin, Julius Pincas　505
パスキン, ジュール(19・20世紀)
　→Pascin, Julius Pincas　505

パスキン, ジュル (19・20世紀)
　→Pascin, Julius Pincas　505
パスキン, ジュールズ (19・20世紀)
　→Pascin, Julius Pincas　505
パスキン, レオナルド (20世紀)
　→Baskin, Leonard　54
パスキン, レナード (20世紀)
　→Baskin, Leonard　54
バスケーニス, エヴァリスト (17世紀)
　→Baschenis, Evaristo　54
バスケーニス, クリストフォロ (16・17世紀)
　→Baschenis, Cristoforo, il Giovane　54
バスケーニス, シモーネ2世 (16世紀)
　→Baschenis, Simone II　54
パスコリ, リオーネ (17・18世紀)
　→Pascoli, Lione　505
パスシェバ (前10世紀) →Bathsheba　56
バスチアン・ルパージュ (19世紀)
　→Bastien-Lepage, Jules　55
バスチャン (19世紀)
　→Bastien, Edmond Auguste　55
バスチャン・ルパージュ (19世紀)
　→Bastien-Lepage, Jules　55
パストゥル, ペリコ (20世紀)
　→Pastor, Perico　506
バスティアーニ, ラッザーロ (15・16世紀)
　→Bastiani, Lazzaro　55
バスティアン・ルバージュ (19世紀)
　→Bastien-Lepage, Jules　55
バスティアン・ルバージュ, ジュール (19世紀)
　→Bastien-Lepage, Jules　55
バスティアン=ルバージュ, ジュール (19世紀)
　→Bastien-Lepage, Jules　55
バスティアン=ルバージュ, ジュール (19世紀)
　→Bastien-Lepage, Jules　55
バスティン, M. (20世紀) →Bastin, Marjolein　56
バスネツォーフ (19・20世紀)
　→Vasnetsov, Viktor Mikhailovich　678
バスネツォーフ, J.A. (20世紀)
　→Vasnetsov, Yurii Alekseevich　678
バスマーノヴァ, N.G. (20世紀)
　→Basmanova, Nataliya Georgievna　54
パスモア (20世紀) →Pasmore, Victor　505
パスモア, ヴィクター (20世紀)
　→Pasmore, Victor　505
パスモア, (エドウィン・ジョン) ヴィクター (20世紀) →Pasmore, Victor　505
パスモア, ビクター (20世紀)
　→Pasmore, Victor　505
パスロン (20世紀) →Passeron, René　505
バースン, H. (20世紀) →Berson, Harold　73
パセ, ジェラルド (20世紀)
　→Passet, Gérard　505
バーセイヴィ, ジョージ (18・19世紀)
　→Basevi, George　54

バセヴィ, ジェイムズ (19・20世紀)
　→Basevi, James　54
バゼーヌ (20世紀) →Bazaine, Jean　59
バゼーヌ, ジャン (20世紀) →Bazaine, Jean　59
バゼーヌ, ジャン・ルネ (20世紀)
　→Bazaine, Jean　59
バゼーヌ, ジャン=ルネ (20世紀)
　→Bazaine, Jean　59
バゼーヌ, ジーン・ルネ (20世紀)
　→Bazaine, Jean　59
バーゼリッツ, ゲオルク (20世紀)
　→Baselitz, Georg　54
バゼリッツ, ゲオルク (20世紀)
　→Baselitz, Georg　54
バーソ, ジャウメ (15世紀) →Baço, Jaime　43
バーソ, ハイメ (15世紀) →Baço, Jaime　43
バーゾリ, アントーニオ (18・19世紀)
　→Basoli, Antonio　55
ハソーン, リビー (20世紀)
　→Hathorn, Libby　308
パーソンズ.V. (20世紀)
　→Parsons, Virginia　504
バータ, L. (20世紀) →Baeten, Lieve　44
バタイユ (14・15世紀) →Bataille, Nicolas　56
バタイユ (14・15世紀) →Bataille, Nicolas　56
バタイユ, ニコラ (14・15世紀)
　→Bataille, Nicolas　56
パターソン, A.R. (20世紀)
　→Paterson, Ann Ross　506
パターソン, B. (20世紀) →Paterson, Brian　506
パターソン, C. (20世紀)
　→Paterson, Cynthia　506
パタナッツィ, アルフォンソ (16・17世紀)
　→Patanazzi, Alfonso　506
パタナッツィ, アントーニオ (16・17世紀)
　→Patanazzi, Antonio　506
パタナッツィ, ヴィンチェンツォ (16・17世紀)
　→Patanazzi, Vincenzo　506
パタナッツィ, フランチェスコ (16・17世紀)
　→Patanazzi, Francesco　506
パタナッツィ, ロドヴィーコ (16・17世紀)
　→Patanazzi, Lodovico　506
バターフィールド (19世紀)
　→Butterfield, William　115
バターフィールド, ウィリアム (19世紀)
　→Butterfield, William　115
バタフィールド, ウィリアム (19世紀)
　→Butterfield, William　115
バダホス, ファン・デ (15世紀)
　→Badajoz, Juan de　44
バターユ, ニコラ (14・15世紀)
　→Bataille, Nicolas　56
バターリャ, A. (20世紀)
　→Battaglia, Aurelius　56

バダロッキオ, シスト (16・17世紀)
　→Badalocchio, Sisto　44
バターワース, N. (20世紀)
　→Butterworth, Nick　115
バーチ (20世紀)
　→Partch, Virgil (Franklin)　504
バーチ, J. (20世紀)　→Bartsch, Jochen　53
バーチ, レジナルド (19・20世紀)
　→Birch, Reginald　78
パーチェ, ビアージョ (19・20世紀)
　→Pace, Biagio　498
パチェーコ (16・17世紀)
　→Pacheco, Francisco　498
パチェコ (16・17世紀)
　→Pacheco, Francisco　498
パチェーコ, フランシスコ (16・17世紀)
　→Pacheco, Francisco　498
パチェコ, フランシスコ (16・17世紀)
　→Pacheco, Francisco　498
パチェーコ・デル・リオ, フランシスコ (16・17世紀)　→Pacheco, Francisco　498
パチェッティ, カミッロ (18・19世紀)
　→Pacetti, Camillo　498
ハチソン, サー・ウィリアム・オリファント (19・20世紀)
　→Hutchison, Sir William Oliphant　333
バチッチア (17・18世紀)
　→Baciccio, Giovanni Battista　43
バチッチア, イル (17・18世紀)
　→Baciccio, Giovanni Battista　43
バチッチオ (17・18世紀)
　→Baciccio, Giovanni Battista　43
バチッチャ (17・18世紀)
　→Baciccio, Giovanni Battista　43
パチニール (15・16世紀)
　→Patinir, Joachim de　506
パチーノ・ディ・ボナグイーダ (14世紀)
　→Pacino di Bonaguida　498
バーチフィールド, チャールズ (20世紀)
　→Burchfield, Charles　111
バーチフィールド, チャールズ・イーフレイム (20世紀)　→Burchfield, Charles　111
バーチフィールド, チャールズ (・イーフレイム) (20世紀)　→Burchfield, Charles　111
パツォウスカー, K. (20世紀)
　→Pacovska, Kveta　498
パツォウスカー, クヴィエタ (20世紀)
　→Pacovska, Kveta　498
バッカー, ハリエット (19・20世紀)
　→Backer, Harriet　43
バッカーシ, ニコラウス・フォン (18世紀)
　→Paccasi, Nikolaus von　498
バッカーニ, ガエターノ (18・19世紀)
　→Baccani, Gaetano　42

バッカリーニ, ドメーニコ (19・20世紀)
　→Baccarini, Domenico　42
ハッカールト, ヤン (17世紀)
　→Hackaert, Jan　301
バッキアッカ (15・16世紀)　→Bacchiacca　42
バッキアロッティ, ジャーコモ (15・16世紀)
　→Pacchiarotti, Giacomo　498
バック, F. (20世紀)　→Back, Frederic　43
バック, フレデリック (20世紀)
　→Back, Frederic　43
バックオッフェン, ハンス (15・16世紀)
　→Backoffen, Hans　43
バックオーフェン (15・16世紀)
　→Backoffen, Hans　43
バックオーフェン, ハンス (15・16世紀)
　→Backoffen, Hans　43
バックス, P. (20世紀)　→Backx, Patsy　43
バックス, ペッツィー (20世紀)
　→Backx, Patsy　43
バックストレーム, スヴェン (20世紀)
　→Backström, Sven　43
バックストン (19世紀)
　→Paxton, Sir Joseph　508
バックハイゼン, ルドルフ (17・18世紀)
　→Backhuysen, Ludolf　43
バックホイセン (17・18世紀)
　→Backhuysen, Ludolf　43
バックホイセン, ルドルフ (17・18世紀)
　→Backhuysen, Ludolf　43
バックランド, ウィルフレド (19・20世紀)
　→Buckland, Wilfred　109
バックルス, ジム (20世紀)　→Buckels, Jim　109
バッケル, ハリエット (19・20世紀)
　→Backer, Harriet　43
バッケル, ヤーコプ・アドリアーンスゾーン (17世紀)　→Backer, Jacop Adriaensz.　43
ハッケルト (17世紀)　→Hackaert, Jan　301
ハッケルト (18・19世紀)
　→Hackert, Jakob Phillip　301
ハッケルト, ヤーコプ・フィリップ (18・19世紀)
　→Hackert, Jakob Phillip　301
バッサ (13・14世紀)　→Bassa, Ferrer　55
バッサ, フェレール (13・14世紀)
　→Bassa, Ferrer　55
バッサーノ (16世紀)　→Bassano, Jacopo da　55
バッサーノ, イアコポ (16世紀)
　→Bassano, Jacopo da　55
バッサーノ, イアコポ・ダ (16世紀)
　→Bassano, Jacopo da　55
バッサーノ, ジェローラモ (16・17世紀)
　→Bassano, Gerolamo　55
バッサーノ, ジョヴァンバッティスタ (16・17世紀)
　→Bassano, Giovambattista　55
バッサーノ, 小フランチェスコ (16世紀)
　→Bassano, Francesco, il Giovane　55

バッサーノ(フランチェスコ(II)・イル・ジョーヴァネ)(16世紀)
　→Bassano, Francesco, il Giovane　55
バッサーノ, フランチェスコ(年少)(16世紀)
　→Bassano, Francesco, il Giovane　55
バッサーノ, フランチェスコ(年長)(15・16世紀)
　→Bassano, Francesco, il Vecchio　55
バッサーノ(フランチェスコ・ダ・ポンテ・イル・ヴェッキオ)(15・16世紀)
　→Bassano, Francesco, il Vecchio　55
バッサーノ, ヤーコポ(16世紀)
　→Bassano, Jacopo da　55
バッサーノ, ヤコポ(16世紀)
　→Bassano, Jacopo da　55
バッサーノ, ヤコポ(16世紀)
　→Jacopo Bassano　341
バッサーノ, ヤコポ・ダ(16世紀)
　→Bassano, Jacopo da　55
バッサーノ, レアンドロ(16・17世紀)
　→Bassano, Leandro　55
ハッサム(19・20世紀)
　→Hassam, Frederick Childe　308
ハッサム, C.(19・20世紀)
　→Hassam, Frederick Childe　308
ハッサム, チャイルド(19・20世紀)
　→Hassam, Frederick Childe　308
ハッサル, ジョーン(20世紀)
　→Hassal, Joan　308
ハッサル, ジョン(19・20世紀)
　→Hassall, John　308
バッザロ, エルネスト(19・20世紀)
　→Bazzaro, Ernesto　59
バッザロ, レオナルド(19・20世紀)
　→Bazzaro, Leonardo　59
パッサロッティ, ティブルツィオ(16・17世紀)
　→Passarotti, Tiburzio　505
パッサロッティ, バルトロメーオ(16世紀)
　→Passarotti, Bartolomeo　505
パッジ, ジョヴァンニ・バッティスタ(16・17世紀)
　→Paggi, Giovanni Battista　499
バッシ, マルティーノ(16世紀)
　→Bassi, Martino　55
パッシニャーノ(16・17世紀)　→Passignano　505
バッシュ(19・20世紀)
　→Basch, Victor Guillaume　54
バッシュ, ビクトル(19・20世紀)
　→Basch, Victor Guillaume　54
パッシュ, ロレンス(18・19世紀)
　→Pasch, Lorenz　505
バッセッティ, マルカントーニオ(16・17世紀)
　→Bassetti, Marcantonio　55
パッセリ, アンドレーア(15・16世紀)
　→Passeri, Andrea　505
パッセリ, ジョヴァンニ・バッティスタ(17・18世紀)　→Passeri, Giovanni, Battista　505

ハッセルリース(19・20世紀)
　→Hasselriis, Louis　308
バッタージョ, ジョヴァンニ(15世紀)
　→Battagio, Giovanni　56
バッターチャーリヤ, ベーノーイトーシュ(20世紀)　→Bhattacharyya, Benoytosh　75
バッタリア, アントーニオ(18世紀)
　→Battaglia, Antonio　56
バッタリア, カルメロ(18世紀)
　→Battaglia, Carmelo　56
バッタリア, フランチェスコ(18世紀)
　→Battaglia, Francesco　56
バッチ, エドモンド(20世紀)
　→Bacci, Edmondo　42
ハッチ, サラ・A(20世紀)
　→Hatch, Sarah A.　308
パッチ, トマス(18世紀)　→Patch, Thomas　506
バッチオ・ダーニョロ(・バリオーニ)(15・16世紀)　→Baccio d'Agnolo　43
バッチャレッリ, マルチェッロ(18・19世紀)
　→Bacciarelli, Marcello　42
バッチョ・ダーニョロ(15・16世紀)
　→Baccio d'Agnolo　43
バッチョ・ダーニョロ(バルトロメオ・ダーニョロ(通称))(15・16世紀)
　→Baccio d'Agnolo　43
バッチョ・ダ・モンテルーポ(15・16世紀)
　→Baccio da Montelupo　43
ハッチンス, P.(20世紀)　→Hutchins, Pat　333
ハッチンス, パット(20世紀)
　→Hutchins, Pat　333
ハッチンズ, パット(20世紀)
　→Hutchins, Pat　333
ハッチンソン, P.A.(20世紀)
　→Hutchinson, Paul A.　333
ハッチンソン, W.M.(20世紀)
　→Hutchinson, William M.　333
バッツァーニ, ジュゼッペ(17・18世紀)
　→Bazzani, Giuseppe　59
パット, ピエール(18・19世紀)
　→Patte, Pierre　507
ハッドゥルセイ, V.(20世紀)
　→Haddelsey, Vincent　301
バット・ヨセフ, ミリアム(20世紀)
　→Bat-Yosef, Myriam　56
ハットン, W.(20世紀)　→Hutton, Warwick　333
ハッドン, マーク(20世紀)
　→Haddon, Mark　301
バッハー(15世紀)　→Pacher, Michael　498
バッハ, エルビラ(20世紀)　→Bach, Elvira　43
バッハー, ミヒャエル(15世紀)
　→Pacher, Michael　498
バッヒアー(15世紀)　→Pacher, Michael　498
バッヒャー(15世紀)　→Pacher, Michael　498

パップワース, ジョン・ブオナロッティ(18・19世紀) →Papworth, John Buonarroti　502
バッラ(19・20世紀) →Balla, Giacomo　47
バッラ,G.(19・20世紀) →Balla, Giacomo　47
バッラ, ジャーコモ(19・20世紀)
　→Balla, Giacomo　47
バッラ, ジャコモ(19・20世紀)
　→Balla, Giacomo　47
バッラージオ, アンジョロ(15世紀)
　→Parrasio, Angiolo　504
バッラッコ, ジョヴァンニ(19・20世紀)
　→Barracco, Giovanni　51
バッラーディオ(16世紀)
　→Palladio, Andrea　500
バッラディオ(16世紀) →Palladio, Andrea　500
バッラーディオ, アンドレーア(16世紀)
　→Palladio, Andrea　500
バッラーディオ, アンドレア・ディ・ピエトロ・デッラ・ゴンドラ(16世紀)
　→Palladio, Andrea　500
バッラルディーニ, ガエターノ(19・20世紀)
　→Ballardini, Gaetano　47
パッリ・ディ・スピネッロ・スピネッリ(14・15世紀) →Parri di Spinello Spinelli　504
パッロンキ(20世紀)
　→Parronchi, Alessandro　504
ハーディ, アンナ・イライザ(19・20世紀)
　→Hardy, Anna Eliza　306
ハーティガン, グレース(20世紀)
　→Hartigan, Grace　307
ハーディド, ザハ(20世紀) →Hadid, Zaha　302
パティーニ, テオーフィロ(19・20世紀)
　→Patini, Teofilo　506
パティニール(15・16世紀)
　→Patinir, Joachim de　506
パティニール, ヨアヒム(15・16世紀)
　→Patinir, Joachim de　506
バディーレ, ジョヴァンニ(14・15世紀)
　→Badile, Giovanni　44
バディーレ, ジョヴァンニ・アントーニオ(16世紀) →Badile, Giovanni Antonio　44
ハーディング, リー・ジョン(20世紀)
　→Harding, Lee John　306
バテシバ(前10世紀) →Bathsheba　56
バテシバ(バト=シェバ)(前10世紀)
　→Bathsheba　56
パテニール(パティニール), ヨアヒム(15・16世紀) →Patinir, Joachim de　506
パテニール, ヨアヒム(・デ)(15・16世紀)
　→Patinir, Joachim de　506
バーテユー, トマス(16世紀)
　→Bartewe, Thomas　52
バテュクレス(前7・6世紀) →Bathykles　56
パテール(17・18世紀)
　→Pater, Jean Baptiste Joseph　506

パテール, ジャン・バティスト(17・18世紀)
　→Pater, Jean Baptiste Joseph　506
パテル, ジャン=バティスト(17・18世紀)
　→Pater, Jean Baptiste Joseph　506
パテル, ピエール(17世紀) →Patel, Pierre　506
バーテルミー, ゲラード(20世紀)
　→Barthelemy, Gerard　52
バード,A.(20世紀) →Bird, Alice　78
ハード,C.G.(20世紀) →Hurd, Clement G.　333
バード,G.(20世紀) →Byrd, Grady　116
ハード,T.(20世紀) →Hurd, Thacher　333
ハード, サッチャー(20世紀)
　→Hurd, Thacher　333
ハード, ピーター(20世紀) →Heard, Peter　311
バトゥー(18世紀) →Batteux, Charles　56
バトゥー, シャルル(18世紀)
　→Batteux, Charles　56
パトゥー, ジャン(19・20世紀)
　→Patou, Jean　507
パドヴァニーノ(16・17世紀) →Padovanino　499
パドヴァン, マリオ(20世紀)
　→Padovan, Mario　499
ハードウィック, フィリップ(18・19世紀)
　→Hardwick, Philip　306
バト・シェバ(前10世紀) →Bathsheba　56
ハトシェプスト(前16・15世紀)
　→Hatshepsut　308
ハドソン, ロバート(20世紀)
　→Hudson, Robert　331
ハドソン, トマス(18世紀)
　→Hudson, Thomas　331
パトナム, ブレンダ(19・20世紀)
　→Putnam, Brenda　540
バトーニ(18世紀)
　→Batoni, Pompeo Girolamo　56
バトーニ, ボンペオ(18世紀)
　→Batoni, Pompeo Girolamo　56
バトーニ, ボンペオ(18世紀)
　→Batoni, Pompeo Girolamo　56
バトーニ, ボンペーオ・ジローラモ(18世紀)
　→Batoni, Pompeo Girolamo　56
バトーニ, ボンペオ・ジロラモ(18世紀)
　→Batoni, Pompeo Girolamo　56
ハートネル, サー・ノーマン(20世紀)
　→Hartnell, Sir Norman　307
ハートフィールド(20世紀)
　→Heartfield, John　311
ハートフィールド,J.(20世紀)
　→Heartfield, John　311
ハートフィールド, ジョン(20世紀)
　→Heartfield, John　311
バトラー(19・20世紀) →Butler, Samuel　115
バトラー(20世紀) →Butler, Reg　115
バトラー,R.(20世紀) →Butler, Reg　115

バトラー,S.(19・20世紀) →Butler, Samuel　115
バトラー,エリザベス(19・20世紀)
　→Butler, Elizabeth　115
バトラー,エリザベス(サザーデン)(19・20世紀)
　→Butler, Elizabeth　115
バトラー,サミュエル(19・20世紀)
　→Butler, Samuel　115
バトラー〔サミュエル〕(19・20世紀)
　→Butler, Samuel　115
バトラー,レグ(20世紀) →Butler, Reg　115
バトラー,レジ(レジナルド・コトレル)(20世紀)
　→Butler, Reg　115
バトラー,レッグ(20世紀) →Butler, Reg　115
ハートリー,マースデン(19・20世紀)
　→Hartley, Marsden　307
ハートリー,マーズデン(19・20世紀)
　→Hartley, Marsden　307
ハドリアヌス(1・2世紀)
　→Hadrianus, Publius Aelius　302
ハドリアヌス(P.アエリウス・ハドリアヌス)(1・2世紀) →Hadrianus, Publius Aelius　302
ハドリアーヌス,プーブリウス・アエリウス(1・2世紀) →Hadrianus, Publius Aelius　302
ハドリアーヌス,プブリウス・アエリウス(1・2世紀)
　→Hadrianus, Publius Aelius　302
ハドリアーヌス帝(1・2世紀)
　→Hadrianus, Publius Aelius　302
パドルー,アントワーヌ=ミシェル(子)(17・18世紀)
　→Padeloup, Antoine-Michel, le Jeune　499
バートレット(19・20世紀)
　→Bartlett, Paul Wayland　52
バートレット,ジェニファー(20世紀)
　→Bartlett, Jennifer　52
パトロクロス →Patroklos　507
バトワース,ニック(20世紀)
　→Butterworth, Nick　115
バートン(19世紀) →Burton, Decimus　114
バートン(20世紀) →Burton, Virginia Lee　114
バートン,B.(20世紀) →Barton, Byron　53
バートン,V.L.(20世紀)
　→Burton, Virginia Lee　114
バートン,ヴァージニア リー(20世紀)
　→Burton, Virginia Lee　114
バートン,ヴァージニア・リー(20世紀)
　→Burton, Virginia Lee　114
バートン,ヴァジニア・リー(20世紀)
　→Burton, Virginia Lee　114
バートン,デシマス(19世紀)
　→Burton, Decimus　114
バートン,デシマス(19世紀)
　→Burton, Decimus　114
バートン,バージニア・リー(20世紀)
　→Burton, Virginia Lee　114

バナー,アンジェラ(20世紀)
　→Banner, Angela　48
パナイノス(前5世紀頃) →Panainos　501
ハナーク,M.(20世紀) →Hanak, Mirko　305
ハナーク,アントン(19・20世紀)
　→Hanak, Anton　305
バーナーズ(19・20世紀) →Berners, Lord　72
バーナーズ,ジェラルド・ヒュー・ティリット=ウィルソン,14代男爵(19・20世紀)
　→Berners, Lord　72
バーナーズ,ロード(19・20世紀)
　→Berners, Lord　72
バーナーズ卿(19・20世紀) →Berners, Lord　72
バーナード(19・20世紀)
　→Barnard, Edward Emerson　50
バーナード(19・20世紀)
　→Barnard, George Grey　50
バーナード,エドワード・E.(19・20世紀)
　→Barnard, Edward Emerson　50
バーナード,エドワード・エマーソン(19・20世紀)
　→Barnard, Edward Emerson　50
バーナード,エドワード(・エマーソン)(19・20世紀) →Barnard, Edward Emerson　50
バーナード,ジョージ・グレイ(19・20世紀)
　→Barnard, George Grey　50
パナマレンコ(20世紀) →Panamarenko　501
バナーマン,ヘレン(19・20世紀)
　→Bannerman, Helen Brodie　48
バナーマン,ヘレン・ブロディー(19・20世紀)
　→Bannerman, Helen Brodie　48
バナーマン,ヘレン(・ブロディ・カウアン)(旧姓ワトスン)(19・20世紀)
　→Bannerman, Helen Brodie　48
バーナム(19・20世紀)
　→Burnham, Daniel Hudson　113
バーナム,ダニエル・H(ハドソン)(19・20世紀)
　→Burnham, Daniel Hudson　113
バーナム,ダニエル・ハドソン(19・20世紀)
　→Burnham, Daniel Hudson　113
バーナル,P.(20世紀) →Parnall, Peter　504
ハニー(19・20世紀)
　→Honey, William Bowyer　327
バーニー,アリス・パイク(19・20世紀)
　→Barney, Alice Pike　50
バーニー,ノラ(19・20世紀) →Barney, Nora　51
バニー,ルパート(・チャールズ・ウルステン)(19・20世紀)
　→Bunny, Rupert (Charles Wulsten)　111
ハニカー,ジェイムズ・ギボンズ(19・20世紀)
　→Huneker, James Gibbons　332
パーニス,モリー(20世紀) →Parnis, Mollie　504
バニスター,エドワード(・ミッチェル)(19・20世紀) →Bannister, Edward (Mitchell)　48
パニーニ,ジョヴァンニ・パオロ(17・18世紀)
　→Pannini, Giovanni Paolo　501

バニャカヴァッロ（15・16世紀）
　→Bagnacavallo　44
バニャカヴァロ（15・16世紀）→Bagnacavallo　44
バニャカバロ（15・16世紀）→Bagnacavallo　44
バニャーラ，フランチェスコ（18・19世紀）
　→Bagnara, Francesco　44
バーニンガム，J.（20世紀）
　→Burningham, John　113
バーニンガム，ジョン（20世紀）
　→Burningham, John　113
バーニンガム，ジョン（・マッキントッシュ）（20世紀）→Burningham, John　113
ハネカー（19・20世紀）
　→Huneker, James Gibbons　332
ハネカー，ジェイムズ（・ギボンズ）（19・20世紀）→Huneker, James Gibbons　332
ハネカー，ジェームズ・ギボンズ（19・20世紀）
　→Huneker, James Gibbons　332
バーネス，ピート（20世紀）→Burness, Pete　113
ハーネット（19世紀）
　→Harnett, William Michael　306
バーネット,M.（20世紀）→Barnett, Moneta　50
ハーネット，ウィリアム・マイケル（19世紀）
　→Harnett, William Michael　306
バーネット，ウィル（20世紀）→Barnet, Will　50
ハーネット，シンシア（20世紀）
　→Harnett, Cynthia　306
ハーネット，シンシア・メアリ（20世紀）
　→Harnett, Cynthia　306
ハーネット，シンシア（・メアリ）（20世紀）
　→Harnett, Cynthia　306
バネルジー，サティエンドラナート（20世紀）
　→Banerjee, Satyendranath　48
パノフスキー（20世紀）→Panofsky, Erwin　502
パノフスキー，エルウィン（20世紀）
　→Panofsky, Erwin　502
パノフスキー，エルヴィーン（20世紀）
　→Panofsky, Erwin　502
パノフスキー，エルヴィン（20世紀）
　→Panofsky, Erwin　502
パハー（15世紀）→Pacher, Michael　498
バハ，アイノ（20世紀）→Bach, Aino　43
ハバクク（前6世紀）→Ḥabaqqūg　301
パパズ,W.（20世紀）→Papas, William　502
パパス，ウィリアム（20世紀）
　→Papas, William　502
ハーバード，ジェームス（20世紀）
　→Havard, James　309
パパート，マックス（20世紀）
　→Papart, Max　502
パパネック，ヴィクトール（20世紀）
　→Papanek, Victor　502
バハホーファー（20世紀）
　→Bachhofer, Ludwig　43

バハラーム5世（5世紀）→Bahram V　44
バハラーム五世（5世紀）→Bahram V　44
パハルボッド（20世紀）
　→Pahlbod, Mehrdad　499
ハビエル，フランシスコ（16世紀）
　→Xavier, Francisco de Yasu y　714
バビット，ナタリ（20世紀）
　→Babbitt, Natalie　42
バビット，ナタリー（20世紀）
　→Babbitt, Natalie　42
バビューレン（16・17世紀）
　→Baburen, Dirck Van　42
ハフ，シャーロット（20世紀）
　→Hough, Charlotte　329
バフ，メアリー（19・20世紀）→Buff, Mary　110
ハーフィズ（14世紀）
　→Ḥafiẓ, Shams al-Dīn Muḥammad　302
ハーフィズ・シーラーズィー（14世紀）
　→Ḥafiẓ, Shams al-Dīn Muḥammad　302
ハフィーズ・シーラーズィー（14世紀）
　→Ḥafiẓ, Shams al-Dīn Muḥammad　302
ハーフェズ（14世紀）
　→Ḥafiẓ, Shams al-Dīn Muḥammad　302
ハーフェズ，シャムソッディーン・モハンマド（14世紀）
　→Ḥafiẓ, Shams al-Dīn Muḥammad　302
ハーフズ・オスマン（17世紀）
　→Hafiz Osman　302
バプテスマのヨハネ（前1・1世紀）
　→Joannes Baptista　346
ハフトマン（20世紀）→Haftmann, Werner　302
ハフナー,M.（20世紀）→Hafner, Marilyn　302
ハフナー，トマス（20世紀）
　→Häfner, Thomas　302
ハーフペニー，ウィリアム（18世紀）
　→Halfpenny, William　303
バフラーム一世（3世紀）→Bahram I　44
バフラム1世（3世紀）→Bahram I　44
バフラーム二世（3世紀）→Bahram II　44
バフラム2世（3世紀）→Bahram II　44
バフラーム5世（5世紀）→Bahram V　44
バフラーム五世（5世紀）→Bahram V　44
バフラム5世（5世紀）→Bahram V　44
バフラーム・グール（5世紀）→Bahram V　44
バブレン，ディルク・ファン（16・17世紀）
　→Baburen, Dirck Van　42
パブロフ（19・20世紀）
　→Pavlov, Ivan Nikolaevich　508
バブロン，エルネスト（19・20世紀）
　→Babelon, Ernest　42
パペ，フランク・C（19・20世紀）
　→Pápe, Frank C.　502
バボッチョ，アントーニオ（14・15世紀）
　→Baboccio, Antonio　42

パホーモフ,A.F.(20世紀)
　→Pahomov, Alexei Fedrovitch　*499*
パホーモフ,アレクセイ(20世紀)
　→Pakhomov, Aleksei Fyodorovich　*500*
パホーモフ,アレクセイ・フェドローヴィッチ(20世紀)　→Pahomov, Alexei Fedrovitch　*499*
パーマー(19世紀)　→Palmer, Samuel　*501*
パーマー,J.(20世紀)　→Palmer, Juliette　*501*
パーマー,サミュエル(19世紀)
　→Palmer, Samuel　*501*
パーマー,ジョン(18・19世紀)
　→Palmer, John　*501*
ハーマン(19・20世紀)　→Hamann, Richard　*304*
バーマン(20世紀)　→Berman, Eugene　*70*
ハーマン,アルバート(20世紀)
　→Hermann, Albert　*316*
バーマン,ベン・ルシアン(20世紀)
　→Burman, Ben Lucien　*113*
バーマン,ベン・ルーシャン(20世紀)
　→Burman, Ben Lucien　*113*
バーマン,ユージン(20世紀)
　→Berman, Eugene　*70*
ハミルトン(18世紀)　→Hamilton, Gavin　*304*
ハミルトン(18・19世紀)
　→Hamilton, Thomas　*304*
ハミルトン(20世紀)　→Hamilton, Richard　*304*
ハミルトン,ゲイヴィン(18世紀)
　→Hamilton, Gavin　*304*
ハミルトン,ゲーヴィン(18世紀)
　→Hamilton, Gavin　*304*
ハミルトン,トマス(18・19世紀)
　→Hamilton, Thomas　*304*
ハミルトン,リチャード(20世紀)
　→Hamilton, Richard　*304*
バムステッド,ヘンリー(20世紀)
　→Bumstead, Henry　*110*
ハムディ・ベイ(19・20世紀)
　→Hamdi Bey, 'Othman　*304*
ハムネット,キャサリン(20世紀)
　→Hamnett, Katharine　*305*
ハムネット,ニーナ(19・20世紀)
　→Hamnett, Nina　*305*
ハムラビ(前18世紀)　→Hammurabi　*304*
ハムラビ(ハムラピ)(前18世紀)
　→Hammurabi　*304*
ハムラビおう(前18世紀)　→Hammurabi　*304*
ハメール,アラート・ドゥ(15・16世紀)
　→Hameel, Alart du　*304*
ハラー(19・20世紀)　→Haller, Hermann　*303*
バラ(19・20世紀)　→Balla, Giacomo　*47*
バラ,アルフォンス(19世紀)
　→Balat, Alphonse　*46*
バラ,エドワード(20世紀)
　→Burra, Edward　*113*

バラ,ジャコモ(19・20世紀)
　→Balla, Giacomo　*47*
パラー,デイミアン(20世紀)
　→Parer, Damien　*503*
ハラー,ヘルマン(19・20世紀)
　→Haller, Hermann　*303*
パラ,マリエ(20世紀)　→Para, Marie　*502*
バラガン(20世紀)　→Barragán, Luis　*51*
パラージ,ペラージョ(18・19世紀)
　→Palagi, Pelagio　*500*
パラシオス(前5・4世紀)　→Parrhasios　*504*
パラシオス,エフェソス(前5・4世紀)
　→Parrhasios　*504*
バラッタ,アントーニオ(18世紀)
　→Baratta, Antonio　*48*
バラッタ,ジョヴァンニ(17・18世紀)
　→Baratta, Giovanni　*48*
バラッタ,ピエトロ(17・18世紀)
　→Baratta, Pietro　*48*
バラッタ,フランチェスコ(16・17世紀)
　→Baratta, Francesco　*48*
バラディエ,ジーン・バプテセ(20世紀)
　→Valadie, Jean-Baptiste　*669*
パラーディオ(16世紀)　→Palladio, Andrea　*500*
パラディオ(16世紀)　→Palladio, Andrea　*500*
パラーディオ,アンドレア(16世紀)
　→Palladio, Andrea　*500*
パラディオ,アンドレア(16世紀)
　→Palladio, Andrea　*500*
バラディーノ,カルロ(18・19世紀)
　→Baradino, Carlo　*48*
パラディーノ,フィリッポ(16・17世紀)
　→Paladino, Filippo　*500*
パラディーノ,ミモ(20世紀)
　→Paladino, Mimmo　*500*
バラドン(19・20世紀)　→Valadon, Suzanne　*669*
バラビーノ,アンジェロ(19・20世紀)
　→Barabino, Angelo　*48*
バラビーノ,カルロ(18・19世紀)
　→Baradino, Carlo　*48*
バラビーノ,ニッコロ(19世紀)
　→Barabino, Niccolò　*48*
パラメデス(17世紀)
　→Palamedesz, Anthonie　*500*
パラン,N.(20世紀)　→Parain, Nathalie　*502*
バランタン・ド・ブーローニュ(16・17世紀)
　→Valentin de Boulogne　*670*
バランツ,N.van(20世紀)
　→Pallandt, Nicolas van　*500*
ハーランド,ヒュー(ハーロンド,ヒュー)(14・15世紀)
　→Herland, Hugh(Herlonde, Hugh)　*315*
バリ(18・19世紀)　→Barry, Sir Charles　*51*
バリ(18・19世紀)　→Barye, Antoine Louis　*54*

バリー（18・19世紀）→Barry, Sir Charles　51
バリー（18・19世紀）→Barry, James　52
バリー（18・19世紀）→Barye, Antoine Louis　54
バリー,J.E.（20世紀）→Barry, James E.　52
バリー,R.（20世紀）→Barry, Robert　52
バリー, アントアーヌ・ルイ（18・19世紀）
　→Barye, Antoine Louis　54
バリー, アントワーヌ・ルイ（18・19世紀）
　→Barye, Antoine Louis　54
バリー, アントワーヌ＝ルイ（18・19世紀）
　→Barye, Antoine Louis　54
バーリー, サー・チャールズ（18・19世紀）
　→Barry, Sir Charles　51
バリー, サー・チャールズ（18・19世紀）
　→Barry, Sir Charles　51
バリー, ジェイムズ（18・19世紀）
　→Barry, James　52
バリー, ジェームズ（18・19世紀）
　→Barry, James　52
バリー, チャールズ（18・19世紀）
　→Barry, Sir Charles　51
ハリー, レズリー（20世紀）→Hurry, Leslie　333
パリアーノ, エレウテーリオ（19・20世紀）
　→Pagliano, Eleuterio　499
バリアン,L.（20世紀）→Balian, Lorna　47
バリオーニ, ジュリアーノ（15・16世紀）
　→Baglioni, Giuliano　44
バリオーネ, ジョヴァンニ（16・17世紀）
　→Baglione, Giovanni　44
パリサー, ファニー（19世紀）
　→Palliser, Fanny　500
バリサヌス・ダ・トラニ（12世紀）
　→Barisano da Trani　49
バリザーノ・ダ・トラーニ（12世紀）
　→Barisano da Trani　49
パリーシ（16世紀）→Palissy, Bernard　500
パリシー（16世紀）→Palissy, Bernard　500
パリージ, アルフォンソ（16世紀）
　→Parigi, Alfonso　503
パリージ, アルフォンソ（17世紀）
　→Parigi, Alfonnso　503
パリージ, ジューリオ（16・17世紀）
　→Parigi, Giulio　503
パリシー, ベルナール（16世紀）
　→Palissy, Bernard　500
バリジョーニ, フィリッポ（17・18世紀）
　→Barigioni, Filippo　49
パリス（13世紀）→Paris, Matthew　503
パリス,B.（20世紀）→Burris, Burmah　113
パリス, マシュー（13世紀）
　→Paris, Matthew　503
ハリスン,M.（20世紀）→Harrison, Mark　307
ハリソン（19・20世紀）
　→Harrison, Thomas Alexander　307

ハリソン（20世紀）
　→Harrison, Wallace Kirkman　307
ハリソン, ウォーレス・カークマン（20世紀）
　→Harrison, Wallace Kirkman　307
ハリソン, トーマス（18・19世紀）
　→Harrison, Thomas　307
ハリソン, ピーター（18世紀）
　→Harrison, Peter　307
ハリソン, メアリー（18・19世紀）
　→Harrison, Mary　307
パリッシ（16世紀）→Palissy, Bernard　500
パリッシー（16世紀）→Palissy, Bernard　500
パリッシー, ベルナール（16世紀）
　→Palissy, Bernard　500
パリッシュ,A.（19・20世紀）
　→Parrish, Anne　504
パリッシュ,（フレデリック・）マックスフィールド
　（19・20世紀）
　→Parrish,（Frederick）Maxfield　504
パリッシュ, マックスフィールド（19・20世紀）
　→Parrish,（Frederick）Maxfield　504
パリッツィ, ジュゼッペ（19世紀）
　→Palizzi, Giuseppe　500
パリッツィ, ニコーラ（19世紀）
　→Palizzi, Nicola　500
パリッツィ, フィリッポ（19世紀）
　→Palizzi, Filippo　500
パリッツィ, フランチェスコ・パーオロ（19世紀）
　→Palizzi, Francesco Paolo　500
バリニァーノ（16・17世紀）
　→Valignano, Alessandro　670
バリニャーノ（16・17世紀）
　→Valignano, Alessandro　670
バリニヤノ（バリニヤーニ）（16・17世紀）
　→Valignano, Alessandro　670
パリベーニ（19・20世紀）
　→Paribeni, Roberto　503
パリベーニ, ロベルト（19・20世紀）
　→Paribeni, Roberto　503
ハーリ・ヤーノシュ（19世紀）→Háry János　308
バリュ, テオドール（19世紀）
　→Ballu, Théodore　47
バリュベネ,S.（20世紀）
　→Valiuviene, Sigute　671
バーリョス,D.（20世紀）→Barrios, David　51
ハリーリ（11・12世紀）→Hariri　306
バリーリ, アントーニオ・ディ・ネーリ（15・16世
　紀）→Barili, Antonio di Neri　49
ハリール（14・15世紀）→Khalīl, Maulana　362
ハリール・ジブラーン, ジブラーン（19・20世紀）
　→Kalīl Jibrān, Jibrān　354
バーリントン（17・18世紀）→Burlington,
　Richard Boyle, 3rd Earl of　112
バーリントン, リチャード・ボイル,3代伯爵（17・
　18世紀）→Burlington, Richard Boyle, 3rd

Earl of　*112*
バーリントン卿, リチャード・ボイル(17・18世紀)
　→Burlington, Richard Boyle, 3rd Earl of　*112*
バーリントン伯(17・18世紀)　→Burlington,
　Richard Boyle, 3rd Earl of　*112*
バーリントン伯リチャード・ボイル(17・18世紀)
　→Burlington, Richard Boyle, 3rd Earl of　*112*
バルー(19・20世紀)　→Bullough, Edward　*110*
パール,S.(20世紀)　→Perl, Susan　*512*
パール, スーザン(20世紀)　→Perl, Susan　*512*
ハル・エム・ヘブ(前14世紀)　→Harmhab　*306*
バルガス(16世紀)　→Vargas, Luis de　*677*
ハルク,N.van(20世紀)　→Hurk, Nicolle van　*333*
バールゲルト, ヨハネス・テオドル(20世紀)
　→Baargeld, Johannes Theodor　*42*
バルサック(20世紀)　→Barsacq, André　*52*
バルザック(18世紀)　→Balzac, Edmé Pierre　*47*
バルザック, エドメ゠ピエール(18世紀)
　→Balzac, Edmé Pierre　*47*
バルサック, レオン(20世紀)
　→Barsacq, Léon　*52*
ハルス(16・17世紀)　→Hals, Frans　*304*
ハルス, ディルク(ティエリ)(16・17世紀)
　→Hals, Dirck (Thiery)　*304*
ハルス, フランス(16・17世紀)
　→Hals, Frans　*304*
パールスタイン(20世紀)
　→Pearlstein, Philip　*509*
パールスタイン, フィリップ(20世紀)
　→Pearlstein, Philip　*509*
ハルスマン, フィリップ(20世紀)
　→Halsman, Philippe　*304*
バルゾーラ,A.(20世紀)　→Balzola, Asun　*48*
ハルター, マレク(20世紀)　→Halter, Marek　*304*
バルダッサッレ・デステ(15・16世紀)
　→Baldassarre d'Este　*46*
バルタール(19世紀)　→Baltard, Victor　*47*
バルタール, ヴィクトール(19世紀)
　→Baltard, Victor　*47*
バルタール, ルイ゠ピエール(18・19世紀)
　→Baltard, Louis-Pierre　*47*
バルチュ(18・19世紀)　→Bartsch, Johann Adam
　Bernhard, Ritter von　*53*
バルチュ, アーダム・フォン(18・19世紀)
　→Bartsch, Johann Adam Bernhard, Ritter
　von　*53*
バルチュ, アダム・ベルナルト・フォン(18・19世紀)　→Bartsch, Johann Adam Bernhard,
　Ritter von　*53*
バルチュス(20世紀)　→Balthus　*47*
バルツァー,H.(20世紀)　→Baltzer, Hans　*47*
バルツァーギ, フランチェスコ(19世紀)
　→Barzaghi, Francesco　*54*
バルツァル, イジー(20世紀)　→Balcar, Jiří　*46*

バルツァレット, ジュゼッペ(19世紀)
　→Balzaretto, Giuseppe　*47*
バルツィコ, アルフォンソ(19・20世紀)
　→Balzico, Alfonso　*48*
バルツィーニ, ルイージ(20世紀)
　→Parzini, Luigi　*504*
パルディ, ジャンフランコ(20世紀)
　→Pardi, Gianfranco　*502*
バルディ, ラッザーロ(17・18世紀)
　→Baldi, Lazzaro　*46*
ハルディエル, ホセ(20世紀)
　→Jardiel, José　*344*
バルディーニ, ステーファノ(19・20世紀)
　→Bardini, Stefano　*49*
バルディーニ, バッチオ(15世紀)
　→Baldini, Baccio　*46*
バルディヌッチ(17世紀)
　→Baldinucci, Filippo　*46*
バルディヌッチー(17世紀)
　→Baldinucci, Filippo　*46*
バルディヌッチ, フィリッポ(17世紀)
　→Baldinucci, Filippo　*46*
ハルティヒ, ミヒャエル(19・20世紀)
　→Hartig, Michael　*307*
バルデス・レアル(17世紀)
　→Valdes Leal, Juan de　*669*
バルデス・レアール, フアン・デ(17世紀)
　→Valdes Leal, Juan de　*669*
バルデス・レアール, ホアン・デ(17世紀)
　→Valdes Leal, Juan de　*669*
バルデッサーリ, ルチャーノ(20世紀)
　→Baldessari, Luciano　*46*
バルデッサーリ, ロベルト・イラス(20世紀)
　→Baldessari, Roberto Iras　*46*
バルデッリーノ, ピエトロ(18・19世紀)
　→Bardellino, Pietro　*49*
バルテュス(20世紀)　→Balthus　*47*
バルテルス, ハンス(19・20世紀)
　→Bartels, Hans　*52*
バルテルミー, アナトール・ド(19・20世紀)
　→Barthélemy, Anatole de　*52*
バルテルミー, ジャン゠ジャック(18世紀)
　→Barthélemy, Jean-Jacques　*52*
バルデルリ, アデマロ(20世紀)
　→Bardelli, Ademaro　*49*
ハルト(19・20世紀)　→Harth, Philipp　*307*
ハルト,F.(20世紀)　→Hald, Fibben　*303*
ハルト, フィリップ(19・20世紀)
　→Harth, Philipp　*307*
バルドヴィネッティ(15世紀)
　→Baldovinetti, Alesso　*46*
バルドヴィネッティ, アレッシ(15世紀)
　→Baldovinetti, Alesso　*46*
バルドヴィネッティ, アレッシオ(15世紀)
　→Baldovinetti, Alesso　*46*

バルドヴィネッティ, アレッソ (15世紀)
　→Baldovinetti, Alesso　46
バルドヴィネッティ, アレッソ (アレッシオ) (15世紀)　→Baldovinetti, Alesso　46
バルドゥッチ (14世紀) →Balducci, Giovanni　46
ハルトゥンク (20世紀) →Hartung, Hans　307
ハルトゥング (19・20世紀)
　→Hartung, Adolf　307
ハルトゥング (20世紀) →Hartung, Hans　307
ハルトゥング (20世紀) →Hartung, Karl　308
バルドゥンク (15・16世紀)
　→Baldung Grien, Hans　46
バルドゥング (15・16世紀)
　→Baldung Grien, Hans　46
ハルトゥング, カール (20世紀)
　→Hartung, Karl　308
バルドゥング, ハンス (15・16世紀)
　→Baldung Grien, Hans　46
バルドゥング・グリーン, ハンス (15・16世紀)
　→Baldung Grien, Hans　46
バルトニング (19・20世紀) →Bartning, Otto　52
バルトニング, オットー (19・20世紀)
　→Bartning, Otto　52
バルドビネッティ (15世紀)
　→Baldovinetti, Alesso　46
ハルトマン (19・20世紀)
　→Hartmann, Carl Sadakichi　307
ハルトマン (19・20世紀)
　→Hartmann, Nicolai　307
バルトマン,A. (20世紀) →Bartmann, Alain　52
ハルトマン,N. (19・20世紀)
　→Hartmann, Nicolai　307
ハルトマン,S. (20世紀) →Hartmann, Sven　307
ハルトマン, ニコライ (19・20世紀)
　→Hartmann, Nicolai　307
バルトリ, アメリーゴ (19・20世紀)
　→Bartoli, Amerigo　53
バルトリーニ (20世紀) →Bartolini, Luigi　53
バルトリーニ, ルイージ (20世紀)
　→Bartolini, Luigi　53
バルトリーニ, ロレンツォ (18・19世紀)
　→Bartolini, Lorenzo　53
バルトリーノ・ダ・ノヴァーラ (14・15世紀)
　→Bartolino da Novara　53
バルトルシャイティス (20世紀)
　→Baltrusaitis, Jurgis　47
バルトルシャイティス, ユルギス (20世紀)
　→Baltrusaitis, Jurgis　47
バルトルシャイティス, ユルジス (20世紀)
　→Baltrusaitis, Jurgis　47
バルトルディ (19・20世紀)
　→Bartholdi, Frédéric Auguste　52
バルトルディ, (フレデリック・) オーギュスト (19・20世紀) →Bartholdi, Frédéric Auguste　52

バルトルディ, フレデリック・オーギュスト (19・20世紀) →Bartholdi, Frédéric Auguste　52
バルトルディ, フレデリック=オーギュスト (19・20世紀) →Bartholdi, Frédéric Auguste　52
バルトレーナ, ジョヴァンニ (19・20世紀)
　→Bartolena, Giovanni　53
バルトロッチ (18・19世紀)
　→Bartolozzi, Francesco　53
バルトロッツィ (18・19世紀)
　→Bartolozzi, Francesco　53
バルトロッツィ, フランチェスコ (18・19世紀)
　→Bartolozzi, Francesco　53
バルトロ・ディ・フレーディ (14・15世紀)
　→Bartolo di Fredi　53
バルトロ・ディ・フレディ (14・15世紀)
　→Bartolo di Fredi　53
バルトロマイ (1世紀) →Bartholomaios　52
バルトロメ (19・20世紀)
　→Bartholomé, Paul Albert　52
バルトロメ, アルベール (19・20世紀)
　→Bartholomé, Paul Albert　52
バルトロメ, ポール・アルベール (19・20世紀)
　→Bartholomé, Paul Albert　52
バルトロメーオ (15・16世紀)
　→Bartolommeo, Fra　53
バルトロメオ (15・16世紀)
　→Bartolommeo, Fra　53
バルトロメーオ, フラ (15・16世紀)
　→Bartolommeo, Fra　53
バルトロメオ, フラ (15・16世紀)
　→Bartolommeo, Fra　53
バルトロメーオ・ヴェーネト (16世紀)
　→Bartolomeo Veneto　53
バルトロメーオ・ヴェネト (16世紀)
　→Bartolommeo Veneto　53
バルトロメーオ・ダ・カモーリ (14世紀)
　→Bartolomeo da Camogli　53
バルトロメーオ・ディ・ジョヴァンニ (15・16世紀) →Bartolomeo di Giovanni　53
バルトロメーオ・ディ・トマーゾ (15世紀)
　→Bartolomeo di Tomaso　53
バルトロメオ・デッラ・ガッタ (15・16世紀)
　→Bartolommeo dalla Gatta　53
バルトロメーオ・デルラ・ガッタ (15・16世紀)
　→Bartolommeo dalla Gatta　53
バルトロメーオ・フラ (15・16世紀)
　→Bartolommeo, Fra　53
バルトロメ・ドス・サントス (20世紀)
　→Bartolomeu Dos Santos　53
バルドン, ギ (20世紀) →Bardone, Guy　49
バルナ (14世紀) →Barna da Siena　50
バルナ・ダ・シエーナ (14世紀)
　→Barna da Siena　50
バルナバ・ダ・モーデナ (14世紀)
　→Barnaba da Modena　50

バルナベイ, フェリーチェ(19・20世紀)
　→Barnabei, Felice　50
ハールーヌル・ラシード(8・9世紀)
　→Hārūn al-Rashīd　308
バルバジェラータ, ジョヴァンニ(15・16世紀)
　→Barbagelata, Giovanni　48
ハルパート, イーディス・グレゴール(20世紀)
　→Halpert, Edith Gregor　304
バルバラ(3・4世紀)　→Barbara　49
バルバラ(聖)(3・4世紀)　→Barbara　49
聖バルバラ(3・4世紀)　→Barbara　49
バルバリ(15・16世紀)　→Barbari, Jacopo de'　49
バルバーリ, ヤコポ・デ(15・16世紀)
　→Barbari, Jacopo de'　49
バルバリ, ヤーコポ・デ(15・16世紀)
　→Barbari, Jacopo de'　49
バルバリ, ヤコポ・デ(15・16世紀)
　→Barbari, Jacopo de'　49
バルバーリア, ジュゼッペ(19・20世紀)
　→Barbaglia, Giuseppe　49
バルバロ, ダニエーレ(16世紀)
　→Barbaro, Daniele　49
バルピー, J.(20世紀)　→Valpy, Judith　671
バルビエーリ, パーオロ・アントーニオ(17世紀)
　→Barbieri, Paolo Antonio　49
バル・ベルジェス, マヌエル(20世紀)
　→Valls Vergés, Manuel　671
バルマ(15・16世紀)　→Palma Vecchio　501
バルマ, ヤコポ(15・16世紀)
　→Palma Vecchio　501
バルマ・イル・ヴェッキオ(15・16世紀)
　→Palma Vecchio　501
バルマ・イル・ヴェッキョ(15・16世紀)
　→Palma Vecchio　501
バルマ・イル・ジョーヴァネ(16・17世紀)
　→Palma Giovane　501
バルマ・イル・ジョヴァネ(16・17世紀)
　→Palma Giovane　501
バルマ・イル・ベッキョ(15・16世紀)
　→Palma Vecchio　501
バルマ・ヴェッキョ(15・16世紀)
　→Palma Vecchio　501
バルマヴェッキョ(15・16世紀)
　→Palma Vecchio　501
バルマ・ジョヴァーネ(16・17世紀)
　→Palma Giovane　501
バルマ・ディ・チェスノーラ, ルイージ(19・20世紀)　→Palma di Cesnola, Luigi　500
バルマ・ベッキオ(15・16世紀)
　→Palma Vecchio　501
バルマ・ベッキョ(15・16世紀)
　→Palma Vecchio　501
バルマン(20世紀)　→Balmain, Pierre　47
バルマン, ピエール(・アレクサンドル・クロディウス)(20世紀)　→Balmain, Pierre　47

バルミジァニーノ(16世紀)
　→Parmigianino　503
バルミジアニーノ(16世紀)
　→Parmigianino　503
バルミジャニーノ(16世紀)
　→Parmigianino　503
ハルム(19・20世紀)　→Halm, Peter　303
バルムシュテット, エリック(18・19世紀)
　→Palmstedt, Erik　501
ハルムハブ(前14世紀)　→Harmhab　306
バルメッツァーノ, マルコ(15・16世紀)
　→Palmezzano, Marco　501
バルヨナ・シモン(1世紀)　→Petros　516
バルラ(19・20世紀)　→Balla, Giacomo　47
バルラ, ジャーコモ(19・20世紀)
　→Balla, Giacomo　47
バルラー, ハインリヒ(14・15世紀)
　→Parler, Heinrich　503
バルラー, ペーター(14世紀)
　→Parler, Peter　503
バルラシオス(前5・4世紀)　→Parrhasios　504
バルラシオス(前5・4世紀)　→Parrhasios　504
バールラッハ(19・20世紀)　→Barlach, Ernst　50
バルラッハ(19・20世紀)　→Barlach, Ernst　50
バールラッハ, エルンスト(19・20世紀)
　→Barlach, Ernst　50
バルラッハ, エルンスト(19・20世紀)
　→Barlach, Ernst　50
バルラーディオ, アンドレーア(16世紀)
　→Palladio, Andrea　500
バールラハ(19・20世紀)　→Barlach, Ernst　50
バルラハ(19・20世紀)　→Barlach, Ernst　50
バルラハ, エルンスト(19・20世紀)
　→Barlach, Ernst　50
バルレスィ, L・M(20世紀)　→Barresi, L.M.　51
ハールーン・アッ・ラシード(8・9世紀)
　→Hārūn al-Rashīd　308
ハールーン・アッ=ラシード(8・9世紀)
　→Hārūn al-Rashīd　308
ハールーン・アッラシード(8・9世紀)
　→Hārūn al-Rashīd　308
ハールーン=アッラシード(8・9世紀)
　→Hārūn al-Rashīd　308
ハルン・アッラシード(8・9世紀)
　→Hārūn al-Rashīd　308
ハルンアッラシード(8・9世紀)
　→Hārūn al-Rashīd　308
ハルーン・アル・ラシッド(8・9世紀)
　→Hārūn al-Rashīd　308
ハルン・アル・ラシッド(8・9世紀)
　→Hārūn al-Rashīd　308
ハルン=アル=ラシッド(8・9世紀)
　→Hārūn al-Rashīd　308
ハールーン・アル・ラシード(8・9世紀)
　→Hārūn al-Rashīd　308

ハールン・アル・ラシード (8・9世紀)
　→Hārūn al-Rashīd　308
バレー，ジャン(20世紀)　→Balet, Jan　47
バレー，ラオル(19・20世紀)　→Barré, Raoul　51
パレアーロ，ジャーコモ(16世紀)
　→Palearo, Giacomo　500
パレアーロ，ジョルジョ(16世紀)
　→Palearo, Giorgio　500
パレアーロ，フランチェスコ(16・17世紀)
　→Palearo, Francesco　500
バーレイ,S.(20世紀)　→Varley, Susan　677
パレイソン(20世紀)　→Pareyson, Luigi　503
パレイゾン(20世紀)　→Pareyson, Luigi　503
バレストラ，アントーニオ(17・18世紀)
　→Balestra, Antonio　47
パレチェク，ヨゼフ(20世紀)
　→Pareček, Josef　502
パレチェック,J.(20世紀)　→Palecek, Josef　500
バレット,A.(20世紀)　→Barrett, Alan　51
バレット,A.(20世紀)　→Barrett, Angela　51
バレット,R.(20世紀)　→Barrett, Ron　51
バレット，アンジェラ(20世紀)
　→Barrett, Angela　51
バレット，ジュディ(20世紀)　→Barrett, Judi　51
バレッリ，アゴスティーノ(17世紀)
　→Barelli, Agostino　49
パーレト，ルーディ(20世紀)　→Paret, Rudi　503
パレート・イ・アルカーサル，ルイス(18世紀)
　→Paret y Alcázar, Luis　503
パレハ(17世紀)　→Pareja, Juan de　503
バレリー(19・20世紀)　→Valéry, Paul　670
バレリー，アンブロアーズ・ポール・トゥッサン・
　ジュール(19・20世紀)　→Valéry, Paul　670
バレリアヌス(2・3世紀)
　→Valerianus, Publius Licinius　670
バレル，サー・ウィリアム(19・20世紀)
　→Burrell, Sir William　113
バーレン(16・17世紀)
　→Balen, Hendrick van　46
バーレン，ヴォルフガング(20世紀)
　→Paalen, Wolfgang　498
バレン，ナタリー(20世紀)
　→Parain, Nathalie　502
バレンシアガ(20世紀)
　→Balenciaga, Cristóbal　46
バレンシアーガ，クリストバル(20世紀)
　→Balenciaga, Cristóbal　46
バレンシャガ(20世紀)
　→Balenciaga, Cristóbal　46
バーレンツ，ディルク(16世紀)
　→Barendsz, Dirck　49
バレンツァーノ，ベルナルド(15・16世紀)
　→Parenzano, Bernardo　503
バレンティノ(20世紀)　→Valentino, Mario　670

バロ(前2・1世紀)
　→Varro, Marcus Terentius　677
バロ(20世紀)　→Parrot, André　504
バロ，アンドレ(20世紀)　→Parrot, André　504
バロー，アンドレー(20世紀)
　→Parrot, André　504
バロヴィエル，アンジェロ(15世紀)
　→Barovier, Angelo　51
バロヴィエル，アンジェロ(15世紀)
　→Barovier, Angelo　51
バロヴィエル，エルコレ(19・20世紀)
　→Barovier, Ercole　51
バロヴィエル，バルトロメーオ(14・15世紀)
　→Barovier, Bartolomeo　51
バロヴィエル，マリエッタ(15世紀)
　→Barovier, Marietta　51
パロセル，イニシャス＝ジャック(17・18世紀)
　→Parrosel, Ignace-Jacques　504
パロセル，エティエンヌ(17・18世紀)
　→Parrocel, Étienne　504
パロセル，シャルル(17・18世紀)
　→Parrocel, Charles　504
パロセル，ジョセフ(17・18世紀)
　→Parrocel, Joseph　504
パロセル，ジョゼフ(17・18世紀)
　→Parrocel, Joseph　504
バロッチ(16・17世紀)　→Barocci, Federigo　51
バロッチ(バロッチョ)，フェデリーゴ(16・17世
　紀)　→Barocci, Federigo　51
バロッチ，フェデリーゴ(16・17世紀)
　→Barocci, Federigo　51
バロッチ，フェデリゴ(16・17世紀)
　→Barocci, Federigo　51
バロッチョ(16・17世紀)　→Barocci, Federigo　51
バロットン(19・20世紀)
　→Vallotton, Félix Edmond　671
パローディ，ジャーコモ・フィリッポ(17・18世紀)
　→Parodi, Giacomo Filippo　504
パロディ，ドメニコ(17・18世紀)
　→Parodi, Domenico　504
バローニ，エウジェーニオ(19・20世紀)
　→Baroni, Eugenio　51
ハロネン，ペッカ(19・20世紀)
　→Halonen, Pekka　303
バロビエ(19・20世紀)　→Barovier, Ercole　51
パロミーノ・デ・カストロ・イ・ベラスコ，アント
　ニオ・アシスクロ(17・18世紀)　→Palomino
　de Castro y Velasco, Antonio Acisclo　501
バロン(20世紀)　→Baron　51
バロンチェッリ，ニッコロ(15世紀)
　→Baroncelli, Niccolò　51
バロンツィオ，ジョヴァンニ(14世紀)
　→Baronzio, Giovanni　51
パワーズ(19世紀)　→Powers, Hiram　534

パワーズ,R.(20世紀)
　→Powers, Richard M.　534
パワース,ハイラム(19世紀)
　→Powers, Hiram　534
パワーズ,リチャード・M(20世紀)
　→Powers, Richard M.　534
ハワード(19・20世紀)
　→Howard, Sir Ebenezer　330
ハワード,A.(20世紀)　→Howard, Alan　330
ハワード,R.(20世紀)　→Howard, Rob.　330
ハワード,エベニーザー(19・20世紀)
　→Howard, Sir Ebenezer　330
ハワード(エベニーザー)(19・20世紀)
　→Howard, Sir Ebenezer　330
ハワード,サー・エビニーザー(19・20世紀)
　→Howard, Sir Ebenezer　330
バーン,アン(18・19世紀)　→Byrne, Anne　116
バーン,ウィリアム(18・19世紀)
　→Burn, William　113
バーン,ジョン(20世紀)　→Byrne, John　116
ハーン,ヘルマン(19・20世紀)
　→Hahn, Hermann　303
バーン,レティシア(18・19世紀)
　→Byrne, Letitia　116
バン・アーベ,S.(19・20世紀)
　→Van Abbe, Salaman　671
ハン・ウーシック(20世紀)
　→Hahn Woo-Shik　303
ハンカル,パウル(19・20世紀)
　→Hankar, Paul　305
バンガロレワラ,Y.(20世紀)
　→Bangalorewala, Yasuf　48
パンク,R.(20世紀)　→Pank, Rachel　501
パンクハースト(19・20世紀)
　→Pankhurst,(Estelle) Sylvia　501
パンクハースト,(エステル) シルヴィア(19・20世紀)　→Pankhurst,(Estelle) Sylvia　501
パンクハースト,シルヴィア(19・20世紀)
　→Pankhurst,(Estelle) Sylvia　501
バンコ(14・15世紀)
　→Nanni d'Antonio di Banco　478
パンコーク(19・20世紀)
　→Pankok, Bernhardt　501
ハンコック,ジョーゼフ(18世紀)
　→Hancock, Joseph　305
パンコック,ベルンハルト(19・20世紀)
　→Pankok, Bernhardt　501
ハンサム,ジョゼフ・アロイシアス(19世紀)
　→Hansom, Joseph Aloysius　306
バンサン,G.(20世紀)　→Vincent, Gabrielle　686
バンサン(ボーベの)(12・13世紀)
　→Vincent de Beauvais　686
バーン・ジョーンズ(19世紀)
　→Burne-Jones, Sir Edward Coley　113

バーン・ジョンズ(19世紀)
　→Burne-Jones, Sir Edward Coley　113
バーンジョーンズ(19世紀)
　→Burne-Jones, Sir Edward Coley　113
バーン・ジョーンズ,エドワード(19世紀)
　→Burne-Jones, Sir Edward Coley　113
バーン=ジョーンズ,エドワード(19世紀)
　→Burne-Jones, Sir Edward Coley　113
バーン=ジョーンズ,エドワード・コーリー(19世紀)　→Burne-Jones, Sir Edward Coley　113
バーン・ジョーンズ,エドワード・コーリィ(19世紀)　→Burne-Jones, Sir Edward Coley　113
バーン=ジョーンズ,エドワード・コーリイ(19世紀)　→Burne-Jones, Sir Edward Coley　113
バーンジョーンズ,サー・エドワード・コーリー(19世紀)
　→Burne-Jones, Sir Edward Coley　113
バーンズ,C.J.(20世紀)
　→Barnes, Catherine J.　50
バーンズ,I.(20世紀)　→Burns, Irene　113
バーンズ,コーネリア・バクスター(19・20世紀)
　→Barns, Cornelia Baxter　51
バーンズ,ジェーン(20世紀)
　→Barnes, Jhane　50
バーンズ,ジューナ(20世紀)
　→Barnes, Djuna　50
バーンズ,ジュナ(20世紀)　→Barnes, Djuna　50
バーンズ,ジュナ(・チャペル)(20世紀)
　→Barnes, Djuna　50
バーンズ,デューナ(20世紀)
　→Barnes, Djuna　50
バーンズ,デュナ(20世紀)　→Barnes, Djuna　50
バーンズ,ロジャー・ルイス(20世紀)
　→Barnes, Roger Lewis　50
バーンスタイン,Z(20世紀)
　→Bernstein, Zena　72
バーンスタイン,アリーヌ(19・20世紀)
　→Bernstein, Aline　72
ハンス・フォン・テュービンゲン(15世紀)
　→Hans von Tübingen　306
ハンスン,G.(20世紀)　→Hansson, Gunilla　306
ハンセン(18・19世紀)
　→Hansen, Christian Frederik　305
ハンセン(19世紀)
　→Hansen, Hans Christian　305
ハンセン(19世紀)
　→Hansen, Theophilus Edvard　305
ハンセン,V.(20世紀)　→Hansen, Vilhelm　306
ハンセン,アル(20世紀)　→Hansen, Al　305
ハンセン,クリスティアン・フレゼリク(18・19世紀)　→Hansen, Christian Frederik　305
ハンセン,クリスティアン・フレデリック(18・19世紀)　→Hansen, Christian Frederik　305
ハンセン,コンスタンティン(19世紀)
　→Hansen, Constantin　305

ハンセン, ジェームス(20世紀)
　→Hansen, James　305
ハンゼン, テオフィル・フォン(19世紀)
　→Hansen, Theophilus Edvard　305
ハンソン(20世紀)　→Hanson, Duane　306
ハンソン, デュアン(20世紀)
　→Hanson, Duane　306
ハンソン, ドゥエイン(20世紀)
　→Hanson, Duane　306
バン・ダイン(19・20世紀)　→Van Dine, S.S.　674
バン＝ダイン(19・20世紀)
　→Van Dine, S.S.　674
バンダリン(18・19世紀)
　→Vanderlyn, John　673
バンティ, クリスティアーノ(19・20世紀)
　→Banti, Cristiano　48
バンディネッリ, バッチョ(15・16世紀)
　→Bandinelli, Baccio　48
バンディネリ, バッチョ(15・16世紀)
　→Bandinelli, Baccio　48
バンディネルリ, バッチオ(15・16世紀)
　→Bandinelli, Baccio　48
ハンティントン, アンナ(19・20世紀)
　→Huntington, Anna　333
バン・デ・ベルデ(19・20世紀)
　→Van de Velde, Henry Clemens　673
バン＝デ＝ベルデ(19・20世紀)
　→Van de Velde, Henry Clemens　673
バンデル, エルンスト・フォン(19世紀)
　→Bandel, Ernst von　48
バンデルビーラ, アンドレス・デ(16世紀)
　→Vandelvira, Andrés de　672
ハント(18・19世紀)
　→Hunt, William Henry　332
ハント(19世紀)　→Hunt, Richard Morris　332
ハント(19世紀)　→Hunt, William Morris　332
ハント(19・20世紀)
　→Hunt, William Holman　332
ハント, ウィリアム・ヘンリー(18・19世紀)
　→Hunt, William Henry　332
ハント, ウィリアム・ホウルマン(19・20世紀)
　→Hunt, William Holman　332
ハント, ウィリアム・ホールマン(19・20世紀)
　→Hunt, William Holman　332
ハント, ウィリアム・ホルマン(19・20世紀)
　→Hunt, William Holman　332
ハント, ナン(20世紀)　→Hunt, Nan　332
ハント, ホルマン(19・20世紀)
　→Hunt, William Holman　332
ハント, リチャード・モリス(19世紀)
　→Hunt, Richard Morris　332
バン・ドースブルク(19・20世紀)
　→Doesburg, Theo van　201
パントーハ・デ・ラ・クルス(16・17世紀)
　→Pantoja de la Cruz, Juan　502

パントーハ・デ・ラ・クルス, フアン(16・17世紀)
　→Pantoja de la Cruz, Juan　502
ハンドフォース, T.S.(20世紀)
　→Handforth, Thomas Schofield　305
ハンドフォード, M.(20世紀)
　→Handford, Martin　305
バントマン, ギュンター(20世紀)
　→Bandmann, Günter　48
バン・ドンゲン(19・20世紀)
　→Dongen, Kees van　203
バンナーマン, ヘレン(19・20世紀)
　→Bannerman, Helen Brodie　48
バンナーマン, ヘレン・ブロディー(19・20世紀)
　→Bannerman, Helen Brodie　48
バンナーマン, ヘレン ワトソン(19・20世紀)
　→Bannerman, Helen Brodie　48
パンニーニ(17・18世紀)
　→Pannini, Giovanni Paolo　501
パンニーニ, ジョヴァンニ・パーオロ(17・18世紀)
　→Pannini, Giovanni Paolo　501
パンニーニ, ジョヴァンニ・パオロ(17・18世紀)
　→Pannini, Giovanni Paolo　501
バンニャイ, I.(20世紀)　→Banyai Istvan　48
パンネマーケル, ウィレム(16世紀)
　→Pannemaker, Willem　501
パンネマーケル, ピーテル(16世紀)
　→Pannemaker, Pieter　501
ハンノング, パウル＝アントン(18世紀)
　→Hannnong, Paul-Anton　305
バンバイア(15・16世紀)　→Bambaia　48
ハンバーガー, J.F.(20世紀)
　→Hamberger, John F.　304
バーンハート, N.(19・20世紀)
　→Barnhart, Nancy　51
バーンハム, ダニエル・ハドソン(19・20世紀)
　→Burnham, Daniel Hudson　113
ハンビー, ウィリアム(20世紀)
　→Hamby, William　304
バンビテリ(18世紀)　→Vanvitelli, Luigi　677
バンビーニ, ニッコロ(17・18世紀)
　→Bambini, Niccolò　48
バンビーノ・ヴィスポの画家(14・15世紀)
　→Bambino Vispo Maestro, del　48
パンフィロス(前4世紀)　→Pamphilos　501
ハンプシャー, M.A.(20世紀)
　→Hampshire, Michael Allen　305
ハンプソン, フランク(20世紀)
　→Hampson, Frank　305
バンブラ(17・18世紀)
　→Vanbrugh, Sir John　672
バンブラー(17・18世紀)
　→Vanbrugh, Sir John　672
バンブルー(17・18世紀)
　→Vanbrugh, Sir John　672

ハンブルトン, マリー（20世紀）
　→Hambleton, Mary　304
バンベリー, フレッド（20世紀）
　→Banbery, Fred　48
ハンマーショイ, ヴィルヘルム（19・20世紀）
　→Hammershøi, Vilhelm　304
ハンマースェイ（19・20世紀）
　→Hammershøi, Vilhelm　304
ハンマースホイ, ヴィルヘルム（19・20世紀）
　→Hammershøi, Vilhelm　304
ハンムラビ（前18世紀）→Hammurabi　304
ハンムラビ（前18世紀）→Hammurabi　304
ハンラハン, バーバラ（20世紀）
　→Hanrahan, Barbara　305
バン・ルーン（19・20世紀）
　→Van Loon, Hendrik Willem　675
ハーンローザー, ハンス（20世紀）
　→Hahnloser, Hans　303
バン・ローン（19・20世紀）
　→Van Loon, Hendrik Willem　675

【 ヒ 】

ビア,H.（20世紀）→Beer, Hans de　61
ビア,R.（20世紀）→Beer, Richard　61
ビアウォストツキ（20世紀）
　→Bialostocki, Jan　75
ビアージョ・ダントーニオ（15世紀）
　→Biagio, d'Antonio　75
ビアスタット（19・20世紀）
　→Bierstadt, Albert　76
ビーアスタット, アルバート（19・20世紀）
　→Bierstadt, Albert　76
ビアーズリー（19世紀）
　→Beadsley, Aubrey Vincent　59
ビアズリ（19世紀）
　→Beadsley, Aubrey Vincent　59
ビアズリ（20世紀）
　→Beardsley, Monroe Curtis　59
ビアズリー（19世紀）
　→Beadsley, Aubrey Vincent　59
ビアズリー（20世紀）
　→Beardsley, Monroe Curtis　59
ビアズリー,M.C.（20世紀）
　→Beardsley, Monroe Curtis　59
ビアズリー, オーブリー（19世紀）
　→Beadsley, Aubrey Vincent　59
ビアズリ, オーブリ・ヴィンセント（19世紀）
　→Beadsley, Aubrey Vincent　59
ビアズリー, オーブリ・ヴィンセント（19世紀）
　→Beadsley, Aubrey Vincent　59

ビアズリー, オーブリー・ヴィンセント（19世紀）
　→Beadsley, Aubrey Vincent　59
ビアズリー, オーブリー（・ヴィンセント）（19世紀）→Beadsley, Aubrey Vincent　59
ビアズリー, モンロー C（カーティス）（20世紀）
　→Beardsley, Monroe Curtis　59
ビアズリー, モンロー・カーティス（20世紀）
　→Beardsley, Monroe Curtis　59
ピアスン, ジョン・ラフバラ（19世紀）
　→Pearson, John Loughborough　509
ピアゼッタ（17・18世紀）
　→Piazzetta, Giovanni Battista　519
ピアソン（19世紀）
　→Pearson, John Loughborough　509
ピアソン, ジョン・ローボーロー（19世紀）
　→Pearson, John Loughborough　509
ピアチェンティーニ（19・20世紀）
　→Piacentini, Marcello　518
ピアチェンティーニ, マルチェッロ（19・20世紀）
　→Piacentini, Marcello　518
ピアツェッタ（17・18世紀）
　→Piazzetta, Giovanni Battista　519
ピアッツァ, アルベルティーノ（15・16世紀）
　→Piazza, Albertino　518
ピアッツァ, カッリスト（16世紀）
　→Piazza, Callisto　519
ピアッツェッタ（17・18世紀）
　→Piazzetta, Giovanni Battista　519
ピアッツェッタ, ジョヴァンニ・バッティスタ
　（17・18世紀）
　→Piazzetta, Giovanni Battista　519
ピアッツェッタ, ジャーコモ（17・18世紀）
　→Piazzetta, Giacomo　519
ピアッツェッタ, ジャンバッティスタ（ジョヴァンニ・バッティスタ）（17・18世紀）
　→Piazzetta, Giovanni Battista　519
ピアッツェッタ, ジョヴァンニ・バッティスタ
　（17・18世紀）
　→Piazzetta, Giovanni Battista　519
ピアッティ,C.（20世紀）→Piatti, Celestino　518
ビアーニ（19・20世紀）→Viani, Lorenzo　684
ビアーニ（20世紀）→Viani, Alberto　684
ピアノ（20世紀）→Piano, Renzo　518
ピアノ, レンゾ（20世紀）→Piano, Renzo　518
ビアボウム, マックス（19・20世紀）
　→Beerbohm, Sir Max　61
ビアボーム（19・20世紀）
　→Beerbohm, Sir Max　61
ビアボーム, サー・（ヘンリー・）マックス（マクシミリアン）（19・20世紀）
　→Beerbohm, Sir Max　61
ビアボーム, サー・マックス（19・20世紀）
　→Beerbohm, Sir Max　61
ビアボーム（ヘンリー・）マックス（マクシミリアン）（19・20世紀）
　→Beerbohm, Sir Max　61

ビアボーム,(ヘンリー・)マックス(マクシミリアン)(19・20世紀) →Beerbohm, Sir Max　61
ビアボーム, マックス(19・20世紀)
　→Beerbohm, Sir Max　61
ビアボム, マックス(19・20世紀)
　→Beerbohm, Sir Max　61
ビアマン, アエンヌ(20世紀)
　→Biermann, Aenne　76
ビアルソン,H.(20世紀) →Berelson, Howard　69
ビアンカ, ジュゼッペ・アントーニオ(18世紀)
　→Pianca, Giuseppe Antonio　518
ビアンキ, アンドレーア(16・17世紀)
　→Bianchi, Andrea　75
ビアンキ, イジドーロ(16・17世紀)
　→Bianchi, Isidoro　75
ビアンキ, パドレ・アンドレス(18世紀)
　→Bianchi, Padre Andrés　75
ビアンキ, ピエトロ(17・18世紀)
　→Bianchi, Pietro　75
ビアンキ, フェデリーコ(17世紀)
　→Bianchi, Federico　75
ビアンキ, モーゼ(19・20世紀)
　→Bianchi, Mosè di Giosuè　75
ビアンキ, モゼ(19・20世紀)
　→Bianchi, Mosè di Giosuè　75
ビアンキ・バンディネッリ(20世紀)
　→Bianchi Bandinelli, Ranuccio　75
ビアンキ=バンディネッリ, ラヌッチョ(20世紀)
　→Bianchi Bandinelli, Ranuccio　75
ビアンキ・バンディネルリ, ラヌッチオ(20世紀)
　→Bianchi Bandinelli, Ranuccio　75
ビアンキ=バンディネルリ, ラヌッチオ(20世紀)
　→Bianchi Bandinelli, Ranuccio　75
ビアンキ・フェッラーリ, フランチェスコ(15・16世紀) →Bianchi-Ferrari, Francesco　75
ビアンキ=フェルラーリ, フランチェスコ(15・16世紀) →Bianchi-Ferrari, Francesco　75
ビアンコ(16・17世紀)
　→Bianco, Bartolomeo　76
ビアンコ, バルトロメーオ(16・17世紀)
　→Bianco, Bartolomeo　76
ビアンコフスキー,J.(20世紀)
　→Pienkowski, Jan　520
ビアンコフスキ, ヤン(・ミチャウ)(20世紀)
　→Pienkowski, Jan　520
ビィエ, ジェーン(20世紀) →Bille, Jean　77
ビウィック(18・19世紀) →Bewick, Thomas　75
ピヴォヴァーロフ,V.D.(20世紀) →Pivovarov, Viktor(Vitalij) Dmitrievich　526
ビエイラ(20世紀) →Vieira, Álvaro Siza　684
ピエット(19・20世紀) →Piette, Edouard　521
ピエティラ, レイマ(20世紀)
　→Pietilä, Reima　521
ピエトロ・アラマンノ(15世紀)
　→Pietro, Alamanno　521

ピエートロ・ダ・コルトーナ(16・17世紀)
　→Cortona, Pietro da　165
ピエトロ・ダ・コルトーナ(16・17世紀)
　→Cortona, Pietro da　165
ピエトロ・ダ・コルトナ(16・17世紀)
　→Cortona, Pietro da　165
ピエトロ・ダ・コルトーナ(通称)(ピエトロ・ベレッティーニ)(16・17世紀)
　→Cortona, Pietro da　165
ピエトロ・ダ・サロ(16世紀)
　→Pietro da Salò　521
ピエトロ・ダ・メッシーナ(15・16世紀)
　→Pietro da Messina　521
ピエトロ・ダ・リーミニ(14世紀)
　→Pietro da Rimini　521
ピエトロ・ディ・ジョヴァンニ・ダンブロージョ(15世紀)
　→Pietro di Giovanni d'Ambrogio　521
ピエトロ・ディ・ジョヴァンニ・ディ・アンブロージオ(15世紀)
　→Pietro di Giovanni d'Ambrogio　521
ピエトロ・ディ・プッチョ(14世紀)
　→Pietro di Puccio　521
ピエトロ・デッリ・インガンナーティ(16世紀)
　→Pietro degli Ingannati　521
ピエトロ・ドデリージオ(13世紀)
　→Pietro d'Oderisio　521
ビエーフ, エドゥアール・ド(19世紀)
　→Biefve, Edouard de　76
ピエリーノ・ダ・ヴィンチ(16世紀)
　→Pierino da Vinci　520
ピエリン・デル・ヴァーガ(16世紀)
　→Pierin del Vaga　520
ビエル,I.D.(20世紀)
　→Vieru, Igorj Dmitrievich　685
ピエール・ダンジクール(13世紀)
　→Pierre d'Angicourt　521
ピエール・ド・セバザ(14世紀)
　→Pierre de Cébazat　521
ピエール・ド・モントゥルイユ(モントゥロー)(13世紀) →Pierre de Montreau　521
ピエール・ド・モントルイユ(13世紀)
　→Pierre de Montreau　521
ピエール・ド・モントロー(13世紀)
　→Pierre de Montreau　521
ピエール・ド・モントロー(モントルイユ)(13世紀) →Pierre de Montreau　521
ピエルマリーニ, ジュゼッペ(18・19世紀)
　→Piermarini, Giuseppe　520
ピエーロ・ディ・コージモ(15・16世紀)
　→Piero di Cosimo　521
ピエロ・ディ・コージモ(15・16世紀)
　→Piero di Cosimo　521
ピエロ・ディ・コシモ(15・16世紀)
　→Piero di Cosimo　521
ピエロ・ディ・コジモ(15・16世紀)
　→Piero di Cosimo　521

ピエーロ・デッラ・フランチェスカ (15世紀)
　→Piero della Francesca　520
ピエロ・デッラ・フランチェスカ (15世紀)
　→Piero della Francesca　520
ピエロ・デラ・フランチェスカ (15世紀)
　→Piero della Francesca　520
ピエロデラフランチェスカ (15世紀)
　→Piero della Francesca　520
ピエーロ・デルラ・フランチェスカ (15世紀)
　→Piero della Francesca　520
ピエロ・デルラ・フランチェスカ (15世紀)
　→Piero della Francesca　520
ヒエロニムス (4・5世紀)
　→Hieronymus, Eusebius Sofronius　318
ヒエロニムス (聖) (4・5世紀)
　→Hieronymus, Eusebius Sofronius　318
ヒエローニュムス (4・5世紀)
　→Hieronymus, Eusebius Sofronius　318
ヒエロニュムス (4・5世紀)
　→Hieronymus, Eusebius Sofronius　318
聖ヒエロニュムス (4・5世紀)
　→Hieronymus, Eusebius Sofronius　318
ヒエロニュムス, エウセビウス (4・5世紀)
　→Hieronymus, Eusebius Sofronius　318
ヒエローニュムス, ソフロニウス・エウセビウス
　(4・5世紀)
　→Hieronymus, Eusebius Sofronius　318
ヒエローン (前5世紀)　→Hierōn　318
ヒエロン (前5世紀)　→Hierōn　318
ピエンコフスキー, ヤン (20世紀)
　→Pienkowski, Jan　520
ピーオ, アンジェロ・ガブリエッロ (17・18世紀)
　→Pio, Angelo Gabriello　523
ビオーサ, レイモンド (20世紀)
　→Biaussat, Raymond　76
ピオトロフスキイ, ボリス (20世紀)
　→Piotrovskii, Boris Borisovich　523
ビオネ (19・20世紀)　→Vionnet, Madeleine　687
ビオムボ, セバスティアーノ・デル (15・16世紀)
　→Sebastiano del Piombo　599
ピオーラ, ドメーニコ (17・18世紀)
　→Piola, Domenico　523
ビオレ・ル・デュク (19世紀)
　→Viollet-le-Duc, Eugène Emmanuel　686
ビオレ・ル・デュク, ウジェーヌ・エマニュエル
　(19世紀)
　→Viollet-le-Duc, Eugène Emmanuel　686
ビオレ・ル・デュック (19世紀)
　→Viollet-le-Duc, Eugène Emmanuel　686
ピオンボ (15・16世紀)
　→Sebastiano del Piombo　599
ピオンボ, セバスティアーノ・デル (15・16世紀)
　→Sebastiano del Piombo　599
ピガージュ, ニコラ・ド (18世紀)
　→Pigage, Nicolas de　521

ピカソ (19・20世紀)
　→Picasso, Pablo Ruiz (y)　519
ピカソ, パブロ (19・20世紀)
　→Picasso, Pablo Ruiz (y)　519
ピカソ, パブロ・ルイス・(イ) (19・20世紀)
　→Picasso, Pablo Ruiz (y)　519
ピカビア (19・20世紀)　→Picabia, Francis　519
ピカビア, フランシス (19・20世紀)
　→Picabia, Francis　519
ピカビヤ, フランシス (19・20世紀)
　→Picabia, Francis　519
ビガーリ, ヴィットーリオ・マリーア (17・18世紀)
　→Bigari, Vittorio Maria　77
ピガール (18世紀)　→Pigalle, Jean Baptiste　522
ピガル (18世紀)　→Pigalle, Jean Baptiste　522
ピガル, ジャン・バティスト (18世紀)
　→Pigalle, Jean Baptiste　522
ピガル, ジャン=バティスト (18世紀)
　→Pigalle, Jean Baptiste　522
ピカール・ル・ドゥ (20世紀)
　→Picart le Doux, Jean　519
ピーク (20世紀)
　→Peake, Mervyn Laurence　508
ピーク, M. (20世紀)
　→Peake, Mervyn Laurence　508
ピーク, マーヴィン (20世紀)
　→Peake, Mervyn Laurence　508
ピーク, マーヴィン・ローレンス (20世紀)
　→Peake, Mervyn Laurence　508
ピーク, マーヴィン・ロレンス (20世紀)
　→Peake, Mervyn Laurence　508
ピーク, マーヴィン (・ローレンス) (20世紀)
　→Peake, Mervyn Laurence　508
ピーク, マーヴィン (・ロレンス) (20世紀)
　→Peake, Mervyn Laurence　508
ビクター, J.B. (20世紀)
　→Victor, Joan Berg　684
ビクトル・ユーゴー (19世紀)
　→Hugo, Victor-Marie　331
ビグネンス, マックス (20世紀)
　→Bignens, Max　77
ビグビー, ブレット (20世紀)　→Bigbee, Brett　77
ピグマリオン　→Pygmalion　540
ビークランド, I. (20世紀)　→Wikland, Ilon　705
ピケット (19・20世紀)　→Pickett, Joseph　520
ビーゲラン (19・20世紀)
　→Vigeland, Adolf Gustav　685
ビゲラン (19・20世紀)
　→Vigeland, Adolf Gustav　685
ビーゲラン, グースタブ (19・20世紀)
　→Vigeland, Adolf Gustav　685
ビゲロー (19・20世紀)
　→Bigelow, William Sturgis　77
ビゴ (19・20世紀)
　→Bigot, Georges Ferdinand　77

ビゴー(19・20世紀)
　→Bigot, Georges Ferdinand　77
ビゴー,G.F.(19・20世紀)
　→Bigot, Georges Ferdinand　77
ビゴー, ジョルジュ(19・20世紀)
　→Bigot, Georges Ferdinand　77
ピゴーズニス,J.V.(20世紀)
　→Pigoznis, Jazep Vladislavovich　522
ピコ・デッラ・ミランドラ(15世紀)
　→Pico della Mirandola, Giovanni　520
ピーコ・デッラ・ミランドラ,Gio.(15世紀)
　→Pico della Mirandola, Giovanni　520
ピーコ・デッラ・ミランドラ, ジョヴァンニ(15世紀) →Pico della Mirandola, Giovanni　520
ピーコ・デラ・ミランドラ(15世紀)
　→Pico della Mirandola, Giovanni　520
ピコ・デラ・ミランドーラ(15世紀)
　→Pico della Mirandola, Giovanni　520
ピコ・デラ・ミランドラ(15世紀)
　→Pico della Mirandola, Giovanni　520
ピコ=デラ=ミランドラ(15世紀)
　→Pico della Mirandola, Giovanni　520
ピコデラミランドーラ(15世紀)
　→Pico della Mirandola, Giovanni　520
ピコ・デラ・ミランドラ, ジョヴァンニ(15世紀)
　→Pico della Mirandola, Giovanni　520
ピコ・デラ・ミランドラ, ジョバンニ(15世紀)
　→Pico della Mirandola, Giovanni　520
ピーコ・デルラ・ミランドラ, ジョヴァンニ(15世紀) →Pico della Mirandola, Giovanni　520
ピザ,L.(20世紀) →Piza, Luiz　526
ピザ, ルニス(20世紀) →Piza, Luiz　526
ピサネッロ(14・15世紀)
　→Pisanello, Antonio　524
ピサネルロ(14・15世紀)
　→Pisanello, Antonio　524
ピサネルロ(14・15世紀)
　→Pisanello, Antonio　524
ピサネロ(14・15世紀) →Pisanello, Antonio　524
ピザネロ(14・15世紀) →Pisanello, Antonio　524
ピサネロ, アントニオ(14・15世紀)
　→Pisanello, Antonio　524
ピサーノ(13世紀) →Pisano, Giunta　525
ピサーノ(13世紀) →Pisano, Nicola　525
ピサーノ(13・14世紀) →Pisano, Andrea　524
ピサーノ(13・14世紀) →Pisano, Giovanni　524
ピサーノ(14世紀) →Pisano, Nino　525
ピサーノ(14・15世紀) →Pisanello, Antonio　524
ピサーノ, アンドレーア(13・14世紀)
　→Pisano, Andrea　524
ピサーノ, アンドレア(13・14世紀)
　→Pisano, Andrea　524
ピサーノ, ジョヴァンニ(13・14世紀)
　→Pisano, Giovanni　524

ピサーノ, ジョヴァンニ(13・14世紀)
　→Pisano, Giovanni　524
ピサーノ, ジョバンニ(13・14世紀)
　→Pisano, Giovanni　524
ピサーノ, ニコラ(13世紀) →Pisano, Nicola　525
ピサーノ, ニコロ(13世紀) →Pisano, Nicola　525
ピサーノ, ニッコロ(13世紀)
　→Pisano, Nicola　525
ピサーノ, ニッコロ(ニコーラ)(13世紀)
　→Pisano, Nicola　525
ピサロ(19・20世紀) →Pissarro, Camille　525
ピサロ, カミーユ(19・20世紀)
　→Pissarro, Camille　525
ピサロ, リュシアン(19・20世紀)
　→Pissarro, Lucien　525
ビージ, ジュゼッペ(18・19世紀)
　→Bisi, Giuseppe　79
ビージ, ミケーレ(18・19世紀)
　→Bisi, Michele　79
ビージ, ルイージ(19世紀) →Bisi, Luigi　79
ビシーア, ユリウス・ハインリヒ(20世紀)
　→Bissier, Julius Heinrich　79
ピシェ, ローランド(20世紀)
　→Piché, Roland　519
ビシェール(19・20世紀) →Bissière, Roger　79
ビシエール(19・20世紀) →Bissière, Roger　79
ビシエール, ロジェ(19・20世紀)
　→Bissière, Roger　79
ビジェ・ルブラン(18・19世紀)
　→Vigée-Lebrun, Marie Louise Elisabeth　685
ビジエ・ルブラン(18・19世紀)
　→Vigée-Lebrun, Marie Louise Elisabeth　685
ピージス(20世紀) →Pisis, Filippo de　525
ビジャヌエバ, ファン・デ(18・19世紀)
　→Villanueva, Juan de　686
ビシャン・ダース(17世紀) →Bishan Dās　79
ビショップ(20世紀) →Bishop, Gavin　79
ビショップ, ガビン(20世紀)
　→Bishop, Gavin　79
ビショフ(20世紀) →Bischof, Werner　79
ビショフ,W.(20世紀) →Bischof, Werner　79
ビスカイーノ, バルトロメーオ(17世紀)
　→Biscaino, Bartolomeo　79
ビースティー, スティーヴン(20世紀)
　→Biesty, Stephen　77
ピストッキ, ジュゼッペ(18・19世紀)
　→Pistocchi, Giuseppe　525
ピストルッチ, ベネデット(18・19世紀)
　→Pistrucci, Benedetto　525
ビストルフィ, レオナルド(19・20世紀)
　→Bistolfi, Leonardo　79
ピストレット, ミケランジェロ(20世紀)
　→Pistoletto, Michelangelo　525

ビスピアニスキ（19・20世紀）
　→Wyspiański, Stanisław　714
ビスピアンスキ（19・20世紀）
　→Wyspiański, Stanisław　714
ビスピャンスキ（19・20世紀）
　→Wyspiański, Stanisław　714
ビスピャンスキ（19・20世紀）
　→Wyspiański, Stanisław　714
ビスピャンスキ, スタニスワフ（19・20世紀）
　→Wyspiański, Stanisław　714
ビーズリ（19・20世紀）
　→Beazley, Sir John Davidson　60
ビーズリー（19・20世紀）
　→Beazley, Sir John Davidson　60
ビーズリ, ジョン・デイヴィッドソン（19・20世紀）
　→Beazley, Sir John Davidson　60
ビーゼ, K.（19・20世紀）　→Wiese, Kurt　705
ビゼ, シャルル＝エマニュエル（17世紀）
　→Biset, Charles-Emmanuel　79
ビセット, ドナルド（20世紀）
　→Bisset, Donald　79
ビゼット・リンデ, アンドレ（20世紀）
　→Bizette-Lindet, André　79
ビゾン, ジュゼッペ・ベルナルディーノ（18・19世紀）　→Bison, Giuseppe Bernardino　79
ピーター（1世紀）　→Petros　516
ピタゴラス（前6・5世紀）　→Pythagoras　540
ピタゴラス（サモスの）（前6・5世紀）
　→Pythagoras　540
ピーターシャム, M.（19・20世紀）
　→Petersham, Maud　515
ピーターシャム, M.（19・20世紀）
　→Petersham, Miska　515
ピーターシャム, モード（19・20世紀）
　→Petersham, Maud　515
ピーターシャム, モード＆ミスカ（19・20世紀）
　→Petersham, Maud　515
ピーターシャム, モード＆ミスカ（19・20世紀）
　→Petersham, Miska　515
ピーターズ, デイビッド（20世紀）
　→Peters, David　515
ビダソア（20世紀）　→Bidassoa　76
ビーチ, ウィリアム（18・19世紀）
　→Beechey, Sir William　61
ピッカード, C.（20世紀）　→Pickard, Charles　519
ピック, フランク（19・20世紀）
　→Pick, Frank　519
ヒックス（18・19世紀）　→Hicks, Edward　318
ヒックス, エドワード（18・19世紀）
　→Hicks, Edward　318
ピッケット, ジョセフ（19・20世紀）
　→Pickett, Joseph　520
ピッケリング, スティーブ（20世紀）
　→Pickering, Steve　520

ビッシング（19・20世紀）
　→Bissing, Friedrich Wilhelm von　79
ビッシング, フリードリヒ・ヴィルヘルム・フォン（19・20世紀）
　→Bissing, Friedrich Wilhelm von　79
ヒッセイ, J.（20世紀）　→Hissey, Jane　321
ヒッセイ, ジェイン（20世紀）　→Hissey, Jane　321
ビッソーロ, フランチェスコ（15・16世紀）
　→Bissolo, Francesco　79
ピッターラ, カルロ（19世紀）
　→Pittara, Carlo　525
ヒッチコック（20世紀）
　→Hitchcock, Henry Russell　321
ヒッチコック, ヘンリー・R.（20世紀）
　→Hitchcock, Henry Russell　321
ヒッチコック, ヘンリー・ラッセル（20世紀）
　→Hitchcock, Henry Russell　321
ヒッチコック, ランバート（18・19世紀）
　→Hitchcock, Lambert　321
ビッチ・ディ・ロレンツォ（14・15世紀）
　→Bicci di Lorenzo　76
ピッチナート, ルイージ（20世紀）
　→Piccinato, Luigi　519
ピッチョ（19世紀）　→Piccio　519
ヒッチンズ, アイヴァン（20世紀）
　→Hitchens, Ivon　321
ヒッチンズ, アイヴォン（20世紀）
　→Hitchens, Ivon　321
ピッツ, H.C.（20世紀）
　→Pitz, Henry Clarence　525
ピッツ, ヘンリ・C（クラレンス）（20世紀）
　→Pitz, Henry Clarence　525
ピッツィナート, アルマンド（20世紀）
　→Pizzinato, Armando　526
ヒッツィヒ（19世紀）
　→Hitzig, Georg Heinrich Friedrich　321
ピッツォロ, ニッコロ（15世紀）
　→Pizzolo, Niccolò　526
ビッティーノ・ダ・ファエンツァ（15世紀）
　→Bittino da Faenza　79
ピッテーリ, マルコ・アルヴィーゼ（18世紀）
　→Pitteri, Marco Alvise　525
ピットーニ, ジョヴァンニ・バッティスタ（17・18世紀）　→Pittoni, Giovanni Battista　525
ビットーネ（18世紀）
　→Vittone, Bernardo Antonio　688
ビトルビウス（前1世紀頃）
　→Vitruvius Pollio, Marcus　688
ヒットルフ（18・19世紀）
　→Hittorff, Jacques Ignace　321
ヒットルフ, ヤーコプ・イグナーツ（18・19世紀）
　→Hittorff, Jacques Ignace　321
ピットロー, アントン・スミンク（18・19世紀）
　→Pitloo, Anton Sminck　525

ビッフィ, アンドレーア(17世紀)
　→Biffi, Andrea　77
ビッフィ, ジャン・アンドレーア(16・17世紀)
　→Biffi, Gian Andrea　77
ピッフェッティ, ピエトロ(18世紀)
　→Piffetti, Pietro　521
ヒッポダモス(前5世紀)
　→Hippodamos of Miletus　320
ヒッポダモス(ミレトスの)(前5世紀)
　→Hippodamos of Miletus　320
ピティオス(前4世紀)　→Pytheos　541
ピーテルスゾーン, アールト(16・17世紀)
　→Pietersz.(Pieterszen), Aert　521
ピーテルズゾーン, ピーテル(16・17世紀)
　→Pietersz.(Pieterszen), Pieter　521
ピート,B.(20世紀)　→Peet, Bill　509
ビド,C.(20世紀)　→Bido, Candido　76
ピート, ジョン・フレデリック(19・20世紀)
　→Peto, John Frederick　515
ピート, ビル(20世紀)　→Peet, Bill　509
ピート, ビル・(ウィリアム・バートレット)(20世紀)　→Peet, Bill　509
ビドゥイーノ(12世紀)　→Biduino　76
ビトキェーウィチ(19・20世紀)
　→Witkiewicz, Stanislaw Ignacy　709
ビトキェビチ(19・20世紀)
　→Witkiewicz, Stanislaw Ignacy　709
ビトキエビチ(19・20世紀)
　→Witkiewicz, Stanislaw Ignacy　709
ビトキェビッチ(19・20世紀)
　→Witkiewicz, Stanislaw Ignacy　709
ピートリ(19・20世紀)
　→Petrie, Sir William Matthew Flinders　515
ピートリー(19・20世紀)
　→Petrie, Sir William Matthew Flinders　515
ピトリー(19・20世紀)
　→Petrie, Sir William Matthew Flinders　515
ピートリ, ウィリアム・マシュー・フリンダーズ(19・20世紀)
　→Petrie, Sir William Matthew Flinders　515
ピトリー, サー・(ウィリアム・マシュー・)フリンダーズ(19・20世紀)
　→Petrie, Sir William Matthew Flinders　515
ピートリ, フリンダース(19・20世紀)
　→Petrie, Sir William Matthew Flinders　515
ビトルビウス(前1世紀頃)
　→Vitruvius Pollio, Marcus　688
ヒートン(19・20世紀)
　→Heaton, Augustus Goodyear　311
ビートン(20世紀)　→Beaton, Cecil　60
ビートン, サー・セシル(20世紀)
　→Beaton, Cecil　60
ビートン, サー・セシル(・ウォルター・ハーディ)(20世紀)　→Beaton, Cecil　60
ビートン, セシル(20世紀)　→Beaton, Cecil　60

ヒートン, メアリー(19世紀)
　→Heaton, Mary　311
ビナーゴ, ロレンツォ(16・17世紀)
　→Binago, Lorenzo　78
ピナス, ヤン(16・17世紀)　→Pynas, Jan　540
ピナーソ・カマルレンチ, イグナシオ(19・20世紀)
　→Pinazo Camarlench, Ignacio　523
ピニー, ユーニス・グリスウォルド(18・19世紀)
　→Pinney, Eunice Griswald　523
ビニアン(19・20世紀)　→Binyon, Laurence　78
ビニオン(19・20世紀)　→Binyon, Laurence　78
ビニョーラ(16世紀)
　→Vignola, Giacomo Barozzi da　685
ビニョーラ, ジャコモ・バロッツィ・ダ(16世紀)
　→Vignola, Giacomo Barozzi da　685
ビニョン(19・20世紀)　→Binyon, Laurence　78
ビニヨン(19・20世紀)　→Binyon, Laurence　78
ピニョン(20世紀)　→Pignion, Edouard　522
ピニョン, エドゥアール(20世紀)
　→Pignion, Edouard　522
ピニョン, エドゥワール(20世紀)
　→Pignion, Edouard　522
ビニョン,(ロバート・)ローレンス(19・20世紀)
　→Binyon, Laurence　78
ビニョン, ロバート・ローレンス(19・20世紀)
　→Binyon, Laurence　78
ビニヨン,(ロバート・)ローレンス(19・20世紀)
　→Binyon, Laurence　78
ビニョン, ローレンス(19・20世紀)
　→Binyon, Laurence　78
ビニョン, ロレンス(19・20世紀)
　→Binyon, Laurence　78
ビニヨン, ロレンス(19・20世紀)
　→Binyon, Laurence　78
ピーネ, オットー(20世紀)　→Piene, Otto　520
ビネ, ルネ(19・20世紀)　→Binet, René　78
ピネグリエ(15・16世紀)
　→Pinaigrier, Robert　522
ピネグリエ, ニコラ1世(16・17世紀)
　→Pinaigrier, Nicolas I　522
ピネグリエ, ニコラ2世(17世紀)
　→Pinaigrier, Nicolas II　522
ピネグリエ, ルイ(17世紀)
　→Pinaigrier, Louis　522
ピネグリエ, ロベール1世(15・16世紀)
　→Pinaigrier, Robert　522
ヒネース, ホセー(18・19世紀)
　→Ginés, José　275
ヒネスタ,M.(20世紀)　→Ginesta, Montse　275
ビーネスボル, トーヴァル(19・20世紀)
　→Bindesbøll, Thorwald　78
ピネッリ, バルトロメーオ(18・19世紀)
　→Pinelli, Bartolomeo　523
ビネッロ(12・13世紀)　→Binello　78

ピノー(17・18世紀) →Pineau, Nicolas　523
ピーノ, パーオロ(16世紀) →Pino, Paolo　523
ピーノ, マルコ・ダル(16世紀)
　→Pino, Marco dal　523
ピノン(20世紀) →Pignion, Edouard　522
ビバリーニ, アルビーゼ(15・16世紀)
　→Vivarini, Alvise　689
ビバリーニ, アントニオ(15世紀)
　→Vivarini, Antonio　689
ビバリーニ, バルトロメオ(15世紀)
　→Vivarini, Bartolomeo　689
ビー・ビー(20世紀) →B.B.　59
ビービー, トマス・H.(20世紀)
　→Beeby, Thomas Hall　61
ビビアーニ(20世紀) →Viviani, Giuseppe　689
ビビアン(17・18世紀) →Vivien, Joseph　689
ビビエーナ(17・18世紀)
　→Bibiena, Alessandro Galli da　76
ビビエーナ(17・18世紀)
　→Bibiena, Ferdinando　76
ビビエーナ(17・18世紀)
　→Bibiena, Giuseppe　76
ビビエーナ, アレッサンドロ(17・18世紀)
　→Bibiena, Alessandro Galli da　76
ビビエーナ, アントーニオ(17・18世紀)
　→Bibiena, Antonio　76
ビビエナ, アントニオ(17・18世紀)
　→Bibiena, Antonio　76
ビビエーナ, カルロ(18世紀)
　→Bibiena, Carlo　76
ビビエナ, カルロ(18世紀) →Bibiena, Carlo　76
ビビエーナ, ジュゼッペ(17・18世紀)
　→Bibiena, Giuseppe　76
ビビエナ, ジュゼッペ(17・18世紀)
　→Bibiena, Giuseppe　76
ビビエーナ, ジョヴァンニ・カルロ・シチーニオ
　(18世紀)
　→Bibiena, Giovanni Carlo Sicinio　76
ビビエーナ, ジョヴァンニ・マリーア(17世紀)
　→Bibiena, Giovanni Maria　76
ビビエーナ, フェルディナンド(17・18世紀)
　→Bibiena, Ferdinando　76
ビビエナ, フェルディナンド(17・18世紀)
　→Bibiena, Ferdinando　76
ビビエーナ, フランチェスコ(17・18世紀)
　→Bibiena, Francesco　76
ビビエナ, フランチェスコ(17・18世紀)
　→Bibiena, Francesco　76
ビビエナ一族(17世紀)
　→Bibiena, Giovanni Maria　76
ビビエナ一族(17・18世紀)
　→Bibiena, Alessandro Galli da　76
ビビエナ一族(17・18世紀)
　→Bibiena, Antonio　76

ビビエナ一族(17・18世紀)
　→Bibiena, Ferdinando　76
ビビエナ一族(17・18世紀)
　→Bibiena, Francesco　76
ビビエナ一族(17・18世紀)
　→Bibiena, Giuseppe　76
ビビエナ一族(18世紀) →Bibiena, Carlo　76
ビビエナ一家(17・18世紀)
　→Bibiena, Antonio　76
ビヒザード(15・16世紀)
　→Bihzād, Kamāl al-Dīn, Ustād　77
ヒープ, スー(20世紀) →Heap, Sue　310
ビフィン, サラ(18・19世紀) →Biffin, Sarah　77
ピフェッティ, ピエトロ(18世紀)
　→Piffetti, Pietro　521
ビフザード(15・16世紀)
　→Bihzād, Kamāl al-Dīn, Ustād　77
ビベール(19・20世紀)
　→Vibert, Jehan Georges　684
ビーマン, シドニー・ジョージ・ヒューム(19・20世
　紀) →Beaman, Sydney George Hulme　59
ヒメーネス・ド・ノーソ, ホセ(17世紀)
　→Donoso, José Ximenez　203
ヒメネス・ド・ノーソ, ホセ(17世紀)
　→Donoso, José Ximenez　203
ビーメル(20世紀) →Biemel, Walter　76
ヒメルマン, J.(20世紀)
　→Himmelman, John　320
ビーメルマンズ(20世紀)
　→Bemelmans, Ludwig　66
ビヤール(19・20世紀)
　→Vuillard, Jean Édouard　692
ピュー, クリフト(20世紀)
　→Pugh, Clifton, Ernest　539
ピュー, クリフトン・アーネスト(20世紀)
　→Pugh, Clifton, Ernest　539
ヒュアード, コンスタンス(19・20世紀)
　→Heward, Constance　318
ピュイ, ジャン(19・20世紀) →Puy, Jean　540
ビューイック(18・19世紀)
　→Bewick, Thomas　75
ビュイック(18・19世紀) →Bewick, Thomas　75
ビューイック, トマス(18・19世紀)
　→Bewick, Thomas　75
ビュイック, トマス(18・19世紀)
　→Bewick, Thomas　75
ビュイヤール(19・20世紀)
　→Vuillard, Jean Édouard　692
ビュイヤール, エドゥワール(19・20世紀)
　→Vuillard, Jean Édouard　692
ピュヴィス・ド・シャヴァンヌ(19世紀)
　→Puvis de Chavannes, Pierre Cécile　540
ピュヴィスドシャヴァンヌ(19世紀)
　→Puvis de Chavannes, Pierre Cécile　540

ピュヴィス・ド・シャヴァンヌ, ピエール(19世紀)
　→Puvis de Chavannes, Pierre Cécile　*540*
ビュウィック, トマス(18・19世紀)
　→Bewick, Thomas　*75*
ピュヴィ・ド・シャヴァンヌ(19世紀)
　→Puvis de Chavannes, Pierre Cécile　*540*
ピュヴィ・ド・シャヴァンヌ, ピエール(・セシル)(19世紀)
　→Puvis de Chavannes, Pierre Cécile　*540*
ピュエシュ(19・20世紀)
　→Puech, Denys Pierre　*539*
ヒューエット, アニタ(20世紀)
　→Hewett, Anita　*318*
ヒューエットソン, クリストファー(18世紀)
　→Hewetson, Christopher　*318*
ビュオー(19・20世紀) →Buhot, Jean　*110*
ビュオー, ジーン(19・20世紀)
　→Buhot, Jean　*110*
ピュクラー・ムスカウ(18・19世紀)
　→Pückler-Muskau, Fürst Hermann von　*539*
ピュジェ(17世紀) →Puget, Pierre　*539*
ピュジェー(17世紀) →Puget, Pierre　*539*
ピュジェ, ピエール(17世紀)
　→Puget, Pierre　*539*
ピュジェ, ピエル(17世紀) →Puget, Pierre　*539*
ピュジェー, ピエール(17世紀)
　→Puget, Pierre　*539*
ピュジャン, オーギュステュス=シャルル(18・19世紀) →Pugin, Augustus-Charles　*539*
ピュージン(19世紀)
　→Pugin, Augustus Welby Northmore　*539*
ピュージン, オーガスタス・ウェルビー(19世紀)
　→Pugin, Augustus Welby Northmore　*539*
ピュージン, オーガスタス・ウェルビ・ノースモア(19世紀)
　→Pugin, Augustus Welby Northmore　*539*
ピュージン, オーガスタス・ウェルビー・ノースモア(19世紀)
　→Pugin, Augustus Welby Northmore　*539*
ピュージン, オーガスタス・ウェルビー・ノースモアー(19世紀)
　→Pugin, Augustus Welby Northmore　*539*
ピュージン, オーガスタス(・ウェルビー・ノースモア)(19世紀)
　→Pugin, Augustus Welby Northmore　*539*
ピュース(20世紀) →Puce　*539*
ヒューズ, アーサー(19・20世紀)
　→Hughes, Arthur　*331*
ヒューズ, シャーリー(20世紀)
　→Hughes, Shirley　*331*
ヒューズ, ジャン(20世紀) →Hughes, Jan　*331*
ヒューズ, ロバート(20世紀)
　→Hughes, Robert (Studley Forrest)　*331*
ヒューズ, ロバート(・スタドリー・フォレスト)(20世紀)
　→Hughes, Robert (Studley Forrest)　*331*

ビュストレーム, ユーハン・ニクラス(18・19世紀)
　→Byström, Johan Niklas　*116*
ヒューストン, ジェイムズ(20世紀)
　→Houston, James Archibald　*330*
ヒューストン, ジェイムズ・A(アーチボルド)(20世紀) →Houston, James Archibald　*330*
ヒューストン, ジェイムズ・アーチボルド(20世紀) →Houston, James Archibald　*330*
ピュセル(14世紀) →Pucelle, Jean　*539*
ピュセル, ジャン(14世紀) →Pucelle, Jean　*539*
ピュセロ, ジョアン(14世紀)
　→Pucelle, Jean　*539*
ピュタゴラース(前6・5世紀)
　→Pythagoras　*540*
ピュタゴラス(前6・5世紀) →Pythagoras　*540*
ピュタゴラス(前5世紀) →Pythagoras　*541*
ピュタゴラス(サモスの)(前6・5世紀)
　→Pythagoras　*540*
ピュタゴラス(ピタゴラス)(前6・5世紀)
　→Pythagoras　*540*
ピュタゴーラス(ピュタゴラス)(前6・5世紀)
　→Pythagoras　*540*
ピュッセール(14世紀) →Pucelle, Jean　*539*
ビュッフェ(20世紀) →Buffet, Bernard　*110*
ビュッフェー(20世紀) →Buffet, Bernard　*110*
ビュッフェ, バーナード(20世紀)
　→Buffet, Bernard　*110*
ビュッフェ, ベルナール(20世紀)
　→Buffet, Bernard　*110*
ビュテ,L.(20世紀) →Butel, Lucile　*115*
ピューテオス(前4世紀) →Pytheos　*541*
ピュテオス(前4世紀) →Pytheos　*541*
ヒューネカー(19・20世紀)
　→Huneker, James Gibbons　*332*
ピュビス・ド・シャヴァンヌ(19世紀)
　→Puvis de Chavannes, Pierre Cécile　*540*
ピュビ・ド・シャバンヌ(19世紀)
　→Puvis de Chavannes, Pierre Cécile　*540*
ヒューブナー(19世紀)
　→Hübner, Karl Wilhelm　*330*
ヒューブナー(19世紀)
　→Hübner, Rudolf Julius Benno　*330*
ヒューブナー(19・20世紀)
　→Hübner, Ulrich　*331*
ヒューブナー(19・20世紀)
　→Huebner, Friedrich Markus　*331*
ヒューム(17・18世紀)
　→Home, Henry, Lord Kames　*326*
ビュラン(16世紀) →Bullant, Jean　*110*
ビュラン, ジャン(16世紀) →Bullant, Jean　*110*
ビュラン, ダニエル(20世紀)
　→Buren, Daniel　*111*
ビュリ, ポル(20世紀) →Bury, Pol　*114*
ビュリー, ポル(20世紀) →Bury, Pol　*114*

ヒューリマン,R.(20世紀)
　→Hurlimann, Ruth　333
ヒューリマン,ベッティーナ(20世紀)
　→Hürlimann, Bettina　333
ビュール,バーバラ(20世紀)　→Biel, Barbara　76
ヒュルツ,ヨハン(15世紀)　→Hültz, Johann　332
ビュルティ(19世紀)　→Burty, Philippe　114
ピュルビツ(19・20世紀)
　→Purvits, Vilhelms Karlis　540
ビュレ(17・18世紀)　→Bullet, Pierre　110
ビュレ,ピエール(17・18世紀)
　→Bullet, Pierre　110
ビュレ・ド・シャンブラン,ジャン＝バティスト
　(17・18世紀)
　→Bullet de Chamblain, Jean-Baptiste　110
ビュロン,ロマン(16世紀)
　→Buron, Romain　113
ピョートル(1世)(17・18世紀)
　→Pëtr I Alekseevich　515
ピョートル1世(17・18世紀)
　→Pëtr I Alekseevich　515
ピョートル一世(17・18世紀)
　→Pëtr I Alekseevich　515
ピョートル1世(大帝)(17・18世紀)
　→Pëtr I Alekseevich　515
ピョートル1世〔大帝〕(17・18世紀)
　→Pëtr I Alekseevich　515
ピョートル一世,大帝(17・18世紀)
　→Pëtr I Alekseevich　515
ピョートル一世(大帝)(17・18世紀)
　→Pëtr I Alekseevich　515
ピョートル大帝(17・18世紀)
　→Pëtr I Alekseevich　515
ピョートル大帝(一世)(17・18世紀)
　→Pëtr I Alekseevich　515
ピョートル大帝1世(17・18世紀)
　→Pëtr I Alekseevich　515
ビョルクリット,H.(20世紀)
　→Bjurklid, Haakon　79
ビヨン(19・20世紀)　→Villon, Jacques　686
ビヨン,ジャック(19・20世紀)
　→Villon, Jacques　686
ヒヨン,ジンシク(20世紀)
　→Hyung Jin-Sik　334
ビョーンソン,マリア(20世紀)
　→Bjornson, Maria　79
ビョーンソン,マリア(20世紀)
　→Bjornson, Maria　79
ヒラー,スーザン(20世紀)　→Hiller, Susan　319
ビラーゴ,ジョヴァン・ピエトロ(15・16世紀)
　→Birago, Giovan Pietro　78
ピラコルテ,ジョヴァンニ・アントーニオ(15・16
　世紀)　→Pilacorte, Giovanni Antonio　522
ピラネージ(18世紀)
　→Piranesi, Giambattista　524

ピラネジ(18世紀)
　→Piranesi, Giambattista　524
ピラネージ,ジャンバッティスタ(18世紀)
　→Piranesi, Giambattista　524
ピラネージ,ジョヴァンニ・バッティスタ(18世
　紀)　→Piranesi, Giambattista　524
ピラネージ,ジョヴァンニ・バティスタ(18世紀)
　→Piranesi, Giambattista　524
ヒーラーム(前10世紀)　→Hiram　320
ビラール・ド・オヌクール(12・13世紀)
　→Villard de Honnecourt　686
ピランデッロ,ファウスト(20世紀)
　→Pirandello, Fausto　524
ヒーリー,ジョン(20世紀)　→Healy, John　310
ヒーリー,デズモンド(20世紀)
　→Heely, Desmond　311
ヒリアー,トリストラム・ポール(20世紀)
　→Hillier, Tristram Paul　320
ヒリアード(16・17世紀)
　→Hilliard, Lawrence　319
ヒリアード(16・17世紀)
　→Hilliard, Nicholas　319
ヒリアード,ニコラス(16・17世紀)
　→Hilliard, Nicholas　319
ビリヴェルト,ジョヴァンニ(16・17世紀)
　→Bilivert, Giovanni　77
ビリガー,R.(20世紀)　→Villiger, Rene　686
ビリービン(19・20世紀)
　→Biribin, Ivan Yakovlevich　78
ビリービン,イワン(19・20世紀)
　→Biribin, Ivan Yakovlevich　78
ビリービン,イワン・Я.(19・20世紀)
　→Biribin, Ivan Yakovlevich　78
ヒリヤード(16・17世紀)
　→Hilliard, Nicholas　319
ヒリヤード,ニコラス(16・17世紀)
　→Hilliard, Nicholas　319
ビリャヌエバ(20世紀)
　→Villanueva, Carlos Raúl　686
ビリャヌエバ,カルロス・R.(20世紀)
　→Villanueva, Carlos Raúl　686
ビリャヌエーバ,カルロス・ラウル(20世紀)
　→Villanueva, Carlos Raúl　686
ビリャヌエバ,カルロス・ラウル(20世紀)
　→Villanueva, Carlos Raúl　686
ビリャヌエバ,ホアン・デ(18・19世紀)
　→Villanueva, Juan de　686
ビリャルパンド,クリストバル・デ(17・18世紀)
　→Villalpando, Cristóbal de　686
ビリングズ,ハマット(19世紀)
　→Billings, Hammatt　78
ヒル(19世紀)　→Hill, David Octavius　319
ヒル(19・20世紀)　→Hill, Carl Fredrik　319
ビル(20世紀)　→Bill, Max　77
ピール(17・18世紀)　→Piles, Roger de　522

ピール(18・19世紀)
　→Peale, Charles Willson　508
ピール, アンナ・クレイプール(18・19世紀)
　→Peale, Anna Claypoole　508
ヒル, カール(19・20世紀)
　→Hill, Carl Fredrik　319
ヒル, カール・フレイドリク(19・20世紀)
　→Hill, Carl Fredrik　319
ヒル, カール・フレドリック(19・20世紀)
　→Hill, Carl Fredrik　319
ビール, ケート(20世紀)　→Veale, Kate　679
ヒール, サー・アンブローズ(19・20世紀)
　→Heal, Sir Ambrose　310
ピール, サラ・ミリアム(18・19世紀)
　→Peale, Sarah Miriam　509
ピール, ジェームズ(18・19世紀)
　→Peale, James　508
ピール, チャールズ・ウィルソン(18・19世紀)
　→Peale, Charles Willson　508
ヒル, デイヴィド・オクテイヴィアス(19世紀)
　→Hill, David Octavius　319
ヒル, デーヴィッド・オクタヴィアス(19世紀)
　→Hill, David Octavius　319
ピール, マーガレッタ・アンゲリカ(18・19世紀)
　→Peale, Margaretta Angelica　508
ビル, マックス(20世紀)　→Bill, Max　77
ビール, メアリ(17世紀)　→Beale, Mary　59
ビール, メアリー(17世紀)　→Beale, Mary　59
ピール, ラファエル(18・19世紀)
　→Peale, Raphaelle　508
ピール, レンブラント(18・19世紀)
　→Peale, Rembrant　509
ピル, ロジェ・ド(17・18世紀)
　→Piles, Roger de　522
ビルイッタ(スウェーデンの)(14世紀)
　→Brigitta Suecica　102
ビルキングトン, B.(20世紀)
　→Pilkington, Brian　522
ビルクナー・ビンデソル, ミッカエル・ゴットリーブ(19世紀)
　→Birkner Bindesøll, Michael Gottlieb　78
ビルグラム, アンソニー(15・16世紀)
　→Pilgram, Anton II　522
ビルグラム, アントン2世(15・16世紀)
　→Pilgram, Anton II　522
ヒルシュ, カールジョージ(20世紀)
　→Hirsch, Karl-Georg　320
ビールシュタット(19・20世紀)
　→Bierstadt, Albert　76
ヒルシュフォーゲル(16世紀)
　→Hirschvogel, Augustin　320
ヒルシュフォーゲル, アウグスティン(16世紀)
　→Hirschvogel, Augustin　320
ビールス, ジェシー・ターボクス(19・20世紀)
　→Beals, Jessie Tarbox　59

ビールスタット(19・20世紀)
　→Bierstadt, Albert　76
ビルセン, R.van(20世紀)→Bilsen, Rita van　78
ヒル・デ・オンタニョーン, フアン(15・16世紀)
　→Gil de Hontañon, Juan　274
ヒル・デ・オンタニョン, ファン(15・16世紀)
　→Gil de Hontañon, Juan　274
ヒル・デ・オンタニョーン, ホアン(15・16世紀)
　→Gil de Hontañon, Juan　274
ヒル・デ・オンタニョーン, ロドリーゴ(15・16世紀)　→Gil de Hontañon, Rodrigo　274
ヒルデガルト(ビンゲンの)(17・18世紀)
　→Hildebrandt, Johann Lucas von　319
ヒルデブラント(17・18世紀)
　→Hildebrandt, Johann Lucas von　319
ヒルデブラント(19世紀)
　→Hildebrand, Ferdinand Theodor　319
ヒルデブラント(19・20世紀)
　→Hildebrand, Adolf von　319
ヒルデブラント, アドルフ(19・20世紀)
　→Hildebrand, Adolf von　319
ヒルデブラント, アードルフ・フォン(19・20世紀)
　→Hildebrand, Adolf von　319
ヒルデブラント, アドルフ・フォン(19・20世紀)
　→Hildebrand, Adolf von　319
ヒルデブラント, ヨーハン・ルーカス・フォン(17・18世紀)
　→Hildebrandt, Johann Lucas von　319
ヒルデブラント, ヨハン・ルーカス・フォン(17・18世紀)
　→Hildebrandt, Johann Lucas von　319
ヒルト(19・20世紀)　→Hirth, Friedrich　320
ヒルト, フリードリヒ(19・20世紀)
　→Hirth, Friedrich　320
ヒルトン, ロジャー(20世紀)
　→Hilton, Roger　320
ヒルバーザイマー(19・20世紀)
　→Hilberseimer, Ludwig　319
ヒルベルスアイマー(19・20世紀)
　→Hilberseimer, Ludwig　319
ヒルベルスアイマー, ルートヴィヒ(19・20世紀)
　→Hilberseimer, Ludwig　319
ピルマン, ジャン(18・19世紀)
　→Pillement, Jean　522
ヒルン(19・20世紀)　→Hirn, Yrjö　320
ビロー, ヴァル(・バーリント・スティーヴン)(20世紀)　→Biro, Val　78
ピーロ, カール・グスタヴ(18世紀)
　→Pilo, Carl Gustav　522
ビーロウ, V.(20世紀)　→Biro, Val　78
ピロクセノス(前5・4世紀)→Philoxenos　518
ピロクレス(前5世紀)　→Philoklēs　518
ピロスマナシヴィリ(19・20世紀)
　→Pirosmanashvili, Niko　524

ピロスマナシビリ（19・20紀）
　→Pirosmanashvili, Niko　524
ピロスマナシビリ，ニコ（19・20世紀）
　→Pirosmanashvili, Niko　524
ピロスマニ（19・20世紀）
　→Pirosmanashvili, Niko　524
ビロッリ，レナート（20世紀）
　→Birolli, Renato　78
ピローティ（19世紀）→Piloty, Ferdinand　522
ピローティ（19世紀）
　→Piloty, Karl Theodor von　522
ピロティー，カルル・フォン（19世紀）
　→Piloty, Karl Theodor von　522
ピロト，アンドレアス（18世紀）
　→Pirot, Andreas　524
ヒロネーラ，アルベルト（20世紀）
　→Gironella, Alberto　278
ピロン（16世紀）→Pilon, Germain　522
ピロン，ジェルマン（16世紀）
　→Pilon, Germain　522
ビーン（20世紀）→Beene, Geoffrey　61
ビーン,G.（20世紀）→Beene, Geoffrey　61
ビーン，ジェフリー（20世紀）
　→Beene, Geoffrey　61
ピンカス,H.（20世紀）→Pincus, Haarriet　523
ピンカート，ケナ（20世紀）→Pinkert, Kena　523
ビンガム，ケイレヴ・ジョージ（19世紀）
　→Bingham, Caleb George　78
ビンガム，ジョージ・ケイラブ（19世紀）
　→Bingham, Caleb George　78
ビンガム，ジョージ・ケーレブ（19世紀）
　→Bingham, Caleb George　78
ビンガム，マーガレット（19世紀）
　→Bingham, Margaret　78
ビング（19・20世紀）→Bing, Samuel　78
ビング，イルゼ（20世紀）→Bing, Ilse　78
ビング，サミュエル（19・20世紀）
　→Bing, Samuel　78
ビング，サムエル（19・20世紀）
　→Bing, Samuel　78
ピンクウォーター,M.（20世紀）
　→Pinkwater, Manus　523
ピンクニー,J.（20世紀）→Pinkney, Jerry　523
ピンダー（19・20世紀）→Pinder, Wilhelm　523
ピンダー,P.（20世紀）→Pinder, Polly　523
ピンダー，ヴィルヘルム（19・20世紀）
　→Pinder, Wilhelm　523
ピンチューク，ヴェニアミーン（20世紀）
　→Pinchuk, Veniamin Borisobich　523
ピントー,R.（20世紀）→Pinto, Ralph　523
ピントゥリッキオ（15・16世紀）
　→Pinturicchio　523
ピントゥリッキョ（15・16世紀）
　→Pinturicchio　523

ピントーリ（20世紀）→Pintori, Giovanni　523
ピントーリ，ジョヴァンニ（20世紀）
　→Pintori, Giovanni　523
ピントリー，ジョヴァンニ（20世紀）
　→Pintori, Giovanni　523
ピントーリッキオ（15・16世紀）
　→Pinturicchio　523
ピントリッキオ（15・16世紀）
　→Pinturicchio　523
ピントリッキョ（15・16世紀）
　→Pinturicchio　523
ヒンマン，チャールズ（20世紀）
　→Hinman, Charles　320
ビンヨン（19・20世紀）→Binyon, Laurence　78

【フ】

ファイスタウアー，アントン（19・20世紀）
　→Faistauer, Anton　228
ファイステンベルガー，アンドレアス（17・18世紀）→Faistenberger, Andreas　228
ファイステンベルガー，アントン（17・18世紀）
　→Faistenberger, Anton　228
ファイステンベルガー，ジーモン・ベネディクト（17・18世紀）
　→Faistenberger, Simon Benedikt　228
ファイステンベルガー，ヨーゼフ（17・18世紀）
　→Faistenberger, Joseph　228
ファイディモス →Phaidimos　517
ファイデルベ，ルカス（17世紀）
　→Faidherbe, Lucas　228
ファイト（18・19世紀）→Veit, Philipp　680
ファイト，フィーリプ（18・19世紀）
　→Veit, Philipp　680
ファイトヘルブ，ルック（17世紀）
　→Faydherbe, Lucas　232
ファイドラ →Phaidra　517
ファイドラー →Phaidra　517
ファイニンガー（19・20世紀）
　→Feininger, Lyonel　233
ファイニンガー（20世紀）
　→Feininger, Andreas Bernhard Lyonel　232
ファイニンガー，アンドレアス（20世紀）
　→Feininger, Andreas Bernhard Lyonel　232
ファイニンガー，ライオネル（19・20世紀）
　→Feininger, Lyonel　233
ファイニンガー，ライオネル（・チャールズ・エイドリアン）（19・20世紀）
　→Feininger, Lyonel　233
ファイフ（18・19世紀）→Phyfe, Duncan　518
ファイフ，ダンカン（18・19世紀）
　→Phyfe, Duncan　518

ファイヨール, ロガー(20世紀)
→Fayolle, Roger 232

ファヴォリ, アンドレ(19・20世紀)
→Favory, André 232

ファヴォリー, アンドレ(19・20世紀)
→Favory, André 232

ファヴォールスキー, V.A.(19・20世紀)
→Favorskij, Vladimir Andreevich 232

ファウラー(18・19世紀) →Fowler, Charles 246

ファヴレット, ジャーコモ(19世紀)
→Favretto, Giacomo 232

ファーガスン, ウィリアム・ゴウ(17世紀)
→Ferguson, William Gouw 234

ファーガスン, ジェームズ(19世紀)
→Fergusson, James 234

ファーガソン(19世紀) →Fergusson, James 234

ファガーソン(19世紀) →Fergusson, James 234

ファーガソン, ウォルター(20世紀)
→Ferguson, Walter 234

ファーガソン, ジョン・ダンカン(19・20世紀)
→Fergusson, John Duncan 234

ファーグソン, W.W.(20世紀)
→Ferguson, Walter 234

ファジーノ, チャールス(20世紀)
→Fazzino, Charles 232

ファジャース, ジェーン・クロード(20世紀)
→Farjas, Jean-Claude 230

ファース(19・20世紀)
→Furse, Charles Wellington 257

ファース, マーガレット(20世紀)
→Furse, Margaret 257

ファスベンダー, ヨーゼフ(20世紀)
→Fassbender, Joseph 231

ファゾーロ, ジョヴァンニ・アントーニオ(16世紀) →Fasolo, Giovanni Antonio 231

ファッチーニ(20世紀) →Fazzini, Pericle 232

ファッチーニ, ピエトロ(16・17世紀)
→Facchini, Pietro 228

ファッツィーニ(20世紀) →Fazzini, Pericle 232

ファッツィーニ, ペリクレ(20世紀)
→Fazzini, Pericle 232

ファット(20世紀) →Fath, Jacques 231

ファット, ジャーク(20世紀)
→Fath, Jacques 231

ファット, ジャック(20世紀)
→Fath, Jacques 231

ファットーリ(19・20世紀)
→Fattori, Giovanni 231

ファットーリ, ジョヴァンニ(19・20世紀)
→Fattori, Giovanni 231

ファットレット, ジョヴァン・バッティスタ(17・18世紀) →Fattoretto, Giovan Battista 231

ファッブリ, アゲノレ(20世紀)
→Fabbri, Agenore 227

ファッロフザード, フォルーグ(20世紀)
→Farrokhzad, Forugh 231

ファティオ, ルイーズ(20世紀)
→Fatio, Louise 231

ファト(20世紀) →Fath, Jacques 231

ファート, ジャーク(20世紀)
→Fath, Jacques 231

ファーニス(19・20世紀) →Furniss, Harry 257

ファーニス, ハリー(19・20世紀)
→Furniss, Harry 257

ファーネス(19・20世紀) →Furness, Frank 257

ファーネス(16世紀) →Juanes, Juan de 351

ファーネス, フランク(19・20世紀)
→Furness, Frank 257

ファーバー, ハーバート(20世紀)
→Ferber, Herbert 234

ファーバース, O.(20世紀) →Fabres, Oscar 227

ファビアーニ, マックス(19・20世紀)
→Fabiani, Max 227

ファビウス(前4世紀)
→Pictor, Gaius Fabius 520

ファビウス(前3世紀)
→Quintus Fabius Pictor 543

ファビウス, ピクトル(前3世紀)
→Fabius, Pictor 227

ファビウス・ピクトル(前3世紀)
→Fabius Pictor, Quintus 227

ファビウス・ピクトル, カイウス(前3世紀)
→Fabius Pictor, Quintus 227

ファビウス・ピクトル, クインツス(前3世紀)
→Fabius Pictor, Quintus 227

ファビエ, フィリップ(20世紀)
→Favier, Philippe 232

ファブ・ファイヴ・フレディ(20世紀)
→Fab Five Freddy 227

ファブ・ファイブ・フレディ(20世紀)
→Fab Five Freddy 227

ファブリアーノ(14・15世紀)
→Gentile da Fabriano 267

ファブリアーノ, ジェンティーレ・ダ(14・15世紀)
→Gentile da Fabriano 267

ファブリス, ジュゼッペ(18・19世紀)
→Fabris, Giuseppe 228

ファブリツィウス, カーレル(17世紀)
→Fabritius, Carel 228

ファブリツィウス, バーレント(17世紀)
→Fabritius, Barend 228

ファブリティウス(17世紀)
→Fabritius, Carel 228

ファブリティウス, カレル(17世紀)
→Fabritius, Carel 228

ファブリティウス, バレント(17世紀)
→Fabritius, Barend 228

ファーブル, フランソワ=グザヴィエ=パスカル(18・19世紀)

→Fabre, François-Xavier-Pascal 227
ファブルス(1世紀) →Fabullus 228
ファブレッティ, ラッファエーレ(17世紀)
　→Fabretti, Raffaele 227
ファブロ, ルチャーノ(20世紀)
　→Fabro, Luciano 228
ファベルジェ(19・20世紀)
　→Fabergé, Peter Carl 227
ファベルジェ, ピーター・カール(19・20世紀)
　→Fabergé, Peter Carl 227
ファボリ(19・20世紀) →Favory, André 232
ファーマー, エミリー(19・20世紀)
　→Farmer, Emily 230
ファーマー, ピーター(20世紀)
　→Farmer, Peter 230
ファーミン, ピーター(20世紀)
　→Firmin, Peter 239
ファランド, ビアトリクス・ジョーンズ(19・20世紀) →Farrand, Beatrix Jones 231
ファリク, ロベルト・ラファイロヴィチ(19・20世紀) →Falik, Robert Rafailovich 229
ファリーナ, ジューリオ(19・20世紀)
　→Farina, Giulio 230
ファリーナ, バッティスタ(20世紀)
　→Farina, Battista 230
ファリナッチ(16・17世紀)
　→Farinati, Paolo 230
ファリナーティ, パーオロ(16・17世紀)
　→Farinati, Paolo 230
ファリントン(18・19世紀)
　→Farington, Joseph 230
ファーリントン, ジョゼフ(18・19世紀)
　→Farington, Joseph 230
ファルギエール(19世紀)
　→Falguière, Jean Alexandre Joseph 229
ファルギエル(19世紀)
　→Falguière, Jean Alexandre Joseph 229
ファルギエール, アレクサンドル(19世紀)
　→Falguière, Jean Alexandre Joseph 229
ファルギエル, ジャン・アレキサンドル(19世紀)
　→Falguière, Jean Alexandre Joseph 229
ファルギエール, ジャン・アレクサンドル・ジョゼフ(19世紀)
　→Falguière, Jean Alexandre Joseph 229
ファルギエール, ジャン=アレクサンドル=ジョゼフ(19世紀)
　→Falguière, Jean Alexandre Joseph 229
ファルケ, オットー・フォン(19・20世紀)
　→Falke, Otto Ritter von 229
ファルケンボルヒ, ルカス・ファン(16世紀)
　→Valkenborch(Falckenburg), Lucas van 671
ファルコ, ホーキン(20世紀)
　→Falco, Joaquim 228
ファルコーネ(17世紀) →Falcone, Aniello 228

ファルコネ(18世紀)
　→Falconet, Étienne-Maurice 229
ファルコーネ, アニエッロ(17世紀)
　→Falcone, Aniello 228
ファルコネ, エティエンヌ(18世紀)
　→Falconet, Étienne-Maurice 229
ファルコネット, エティエンヌ・モーリス(18世紀)
　→Falconet, Étienne-Maurice 229
ファルコネ, エティエンヌ=モーリス(18世紀)
　→Falconet, Étienne-Maurice 229
ファルコーネ, シルヴィオ(15・16世紀)
　→Falcone, Silvio 229
ファルコーネ, ベルナルド(17世紀)
　→Falcone, Bernardo 229
ファルコネット, ジョヴァンニ・マリーア(15・16世紀) →Falconetto, Giovanni Maria 229
ファルコネット, ジョヴァンニ・マリア(15・16世紀) →Falconetto, Giovanni Maria 229
ファールシュトレーム, オイヴィント(20世紀)
　→Fahlström, Oyvind 228
ファールシュトレーム, オイヴィンド(20世紀)
　→Fahlström, Oyvind 228
ファルダ, ジョヴァンニ・バッティスタ(17世紀)
　→Falda, Giovanni Battista 229
ファルッフィーニ, フェデリーコ(19世紀)
　→Faruffini, Federico 231
ファルフザッド, フルク(20世紀)
　→Farrokhzad, Forugh 231
ファルマコフスキイ, ボリス(19・20世紀)
　→Farmakovskii, Boris Vladimirovich 230
ファレル, テリー(20世紀) →Farrell, Terry 231
ファーレンカンプ(19・20世紀)
　→Fahrenkamp, Emil 228
ファーレンカンプ, エーミル(19・20世紀)
　→Fahrenkamp, Emil 228
ファロックザード, フォルーグ(20世紀)
　→Farrokhzad, Forugh 231
ファン・アイク(14・15世紀)
　→Van Eyck, Hubert 674
ファン・アイク(14・15世紀)
　→Van Eyck, Jan 674
ファン=アイク(14・15世紀)
　→Van Eyck, Hubert 674
ファン=アイク(14・15世紀)
　→Van Eyck, Jan 674
ファン=アイク(ヴァン=アイク)兄弟(兄)(14・15世紀) →Van Eyck, Hubert 674
ファン=アイク(ヴァン=アイク)兄弟(弟)(14・15世紀) →Van Eyck, Jan 674
ファン・アイク, フーベルト(14・15世紀)
　→Van Eyck, Hubert 674
ファン・アイク, フーベルト(ユブレヒト)(14・15世紀) →Van Eyck, Hubert 674
ファン・アイク, ヤン(14・15世紀)
　→Van Eyck, Jan 674

ファン・アイク(ヤン)(14・15世紀)
　→Van Eyck, Jan　674
ファン・アイク兄弟(14・15世紀)
　→Van Eyck, Hubert　674
ファン・アイク兄弟(14・15世紀)
　→Van Eyck, Jan　674
ファン・アウデナールデ, ロベルト (17・18世紀)
　→Van Audenaerde, Robert　672
ファン・アウワーテル, アルベルト (15世紀)
　→Van Ouwater, Albert　676
ファン・アールスト, ウィレム(17世紀)
　→Aelst, Willem van　7
ファン・アールスト, ピーテル(16世紀)
　→Coecke van Aelst, Pieter　156
ファン・アルスロート, デネイス(16・17世紀)
　→Alsloot, Denis van　16
ファン・ウィッテル, ガスパール(17・18世紀)
　→Van Wittel, Gaspar　677
ファン・エイク(14・15世紀)
　→Van Eyck, Hubert　674
ファン・エイク(14・15世紀)
　→Van Eyck, Jan　674
ファン・エイク, ヒューベルト (14・15世紀)
　→Van Eyck, Hubert　674
ファン・エイク, ヤン(14・15世紀)
　→Van Eyck, Jan　674
ファン・エイク兄弟(14・15世紀)
　→Van Eyck, Hubert　674
ファン・エイク兄弟(14・15世紀)
　→Van Eyck, Jan　674
ファン・エーステレン, コルネリス(20世紀)
　→Van Eesteren, Cornelis　674
ファン・エフモント, ユストゥス(17世紀)
　→Van Egmont, Justus　674
ファン・エーンホルン, ランベルトゥス(17・18世紀)　→Van Eenhorn, Lambertus　674
ファン・オスターデ(17世紀)
　→Ostade, Adriaen van　496
ファン・オスターデ, アドリアーン(17世紀)
　→Ostade, Adriaen van　496
ファン・オーステルウェイク, マリア(17世紀)
　→Van Oosterwyck, Maria　676
ファン・オースト, ヤーコプ1世(17世紀)
　→Van Oost, Jacob I　676
ファン・オースト, ヤーコプ2世(17・18世紀)
　→Van Oost, Jacob II　676
ファン・オルレイ(15・16世紀)
　→Orley, Bernaert van　494
ファン・オルレイ, バレント(15・16世紀)
　→Orley, Bernaert van　494
ファン・カルカル, ヤン・ステーフェン(15・16世紀)　→Calcar, Jan Stephan van　118
ファン・カンペン, ヤーコプ(16・17世紀)
　→Kampen, Jakob van　355

ファン・カンペン, ヤコブ(16・17世紀)
　→Kampen, Jakob van　355
ファンク, T.(20世紀)　→Funk, Tom　257
ファン・クレーフェ(15・16世紀)
　→Cleve, Joos van der Beke　154
ファン・クレーフェ, ヨース(15・16世紀)
　→Cleve, Joos van der Beke　154
ファン・ケッセル, ヤン(17世紀)
　→Van Kessel, Jan　675
ファンケンスタイン, クレア(20世紀)
　→Falkenstein, Claire　229
ファン・ゴイエン, ヤン(16・17世紀)
　→Goyen, Jan Josephszoon van　287
ファン・コクシー, ミヒール(15・16世紀)
　→Coxie, Michiel　168
ファン・ゴッホ, フィンセント(・ヴィレム)(19世紀)　→Gogh, Vincent Willem van　282
ファン・コニンクスロー(16・17世紀)
　→Coninxloo, Gillis van　160
ファン・コーニンクスロー, コルネリス(16世紀)
　→Van Coninxloo, Cornelis　672
ファン・コーニンクスロー, ヒリス(16・17世紀)
　→Coninxloo, Gillis van　160
ファンサーガ, コージモ(16・17世紀)
　→Fansaga, Cosimo　229
ファンサーガ(ファンサーゴ)(16・17世紀)
　→Fansaga, Cosimo　229
ファン・サンテン, ヤン(16・17世紀)
　→Van Santen, Jan　676
ファン・スコレル(15・16世紀)
　→Scorel, Jan Van　598
ファン・スコーレル, ヤン(15・16世紀)
　→Scorel, Jan Van　598
ファン・ステーンウィンケル, ハンス1世(16・17世紀)　→Van Steenwinkel, Hans I　676
ファン・ステーンウィンケル, ハンス2世(16・17世紀)　→Van Steenwinkel, Hans II　676
ファン・ステーンウィンケル, ハンス3世(17世紀)
　→Van Steenwinkel, Hans III　676
ファン・ステーンウィンケル, ロレンス(16・17世紀)　→Van Steenwinkel, Laurens　676
ファン・ステーンウェイク, ヘンドリック(子)(16・17世紀)
　→Van Steenwijck, Hendrik de Jonge　676
ファン・ステーンウェイク, ヘンドリック(父)(16・17世紀)
　→Steenwijk, Hendrik van　628
ファン・スハルト, ヨーハン・グレゴール(16世紀)　→Van Schardt, Johan Gregor　676
ファン・ス=フラーフェサンデ, アーレント(17世紀)　→Van's-Gravesande, Arent　676
ファン・スワーネンビュルフ, ヤーコプ・イサークゾーン(16・17世紀)
　→Van Swanenburgh, Jacob Isaacz.　676
ファン・ソーメル, パウル(16・17世紀)
　→Van Somer, Paul　676

ファン・ダイク(16・17世紀)
　→Van Dyck, Sir Anthony　*674*
ファン=ダイク(16・17世紀)
　→Van Dyck, Sir Anthony　*674*
ファン・ダイク, アントニー(16・17世紀)
　→Van Dyck, Sir Anthony　*674*
ファン・ダイク, サー・アントニー(16・17世紀)
　→Van Dyck, Sir Anthony　*674*
ファンタン・ラトゥール(19・20世紀)
　→Fantin-Latour, Ignace Henri Joseph Théodore　*229*
ファンタンラトゥール(19・20世紀)
　→Fantin-Latour, Ignace Henri Joseph Théodore　*229*
ファンタン・ラトゥール, アンリ(19・20世紀)
　→Fantin-Latour, Ignace Henri Joseph Théodore　*229*
ファンタン=ラトゥール, アンリ(19・20世紀)
　→Fantin-Latour, Ignace Henri Joseph Théodore　*229*
ファンタン=ラトゥール,(イニャス・)アンリ(・ジャン・テオドール)(19・20世紀)
　→Fantin-Latour, Ignace Henri Joseph Théodore　*229*
ファンチェッリ, コージモ(17世紀)
　→Fancelli, Cosimo　*229*
ファンチェッリ, ジャーコモ・アントーニオ(17世紀)　→Fancelli, Giacomo Antonio　*229*
ファンチェッリ, ドメーニコ(15・16世紀)
　→Fancelli, Domenico　*229*
ファンチェッリ, ルーカ(15世紀)
　→Fancelli, Luca　*229*
ファンチェリ(15世紀)→Fancelli, Luca　*229*
ファンチェルリ, ルーカ(15世紀)
　→Fancelli, Luca　*229*
ファンツァーゴ, コージモ(16・17世紀)
　→Fansaga, Cosimo　*229*
ファンツァーゴ, コジモ(ファンサーゴ, コジモ)(16・17世紀)→Fansaga, Cosimo　*229*
ファンティ(17・18世紀)→Fanti, Gaetano　*229*
ファン・デイク(16・17世紀)
　→Van Dyck, Sir Anthony　*674*
ファンデイク(16・17世紀)
　→Van Dyck, Sir Anthony　*674*
ファン・デ・カペレ, ヤン(17世紀)
　→Cappell, Jan van de　*125*
ファン・デ・フェルデ(19・20世紀)
　→Van de Velde, Henry Clemens　*673*
ファン・デ・フェルデ, アドリアーン(17世紀)
　→Van de Velde, Adriaen　*673*
ファン・デ・フェルデ, アドリアン(17世紀)
　→Van de Velde, Adriaen　*673*
ファン・デ・フェルデ, ウィレム(17・18世紀)
　→Van de Velde, Willem II　*673*
ファン・デ・フェルデ, ウィレム(子)(17・18世紀)→Van de Velde, Willem II　*673*

ファン・デ・フェルデ, ウィレム(父)(17世紀)
　→Van de Velde, Willem　*673*
ファン・デ・フェルデ, エサイアス(16・17世紀)
　→Van de Velde, Esaias I　*673*
ファン・デ・フェンネ, アドリアーン(16・17世紀)
　→Van de Venne, Adriaen　*673*
ファン・デ・ボルゴーニャ(15・16世紀)
　→Juan de Borgoña　*351*
ファン・テュルデン, テオドール(17世紀)
　→Van Thulden, Theodoor　*677*
ファン・デル・アスト, バルタサール(16・17世紀)
　→Van der Ast, Balthasar　*672*
ファン・デル・ウェイデン(14・15世紀)
　→Weyden, Rogier van der　*702*
ファン・デル・ヴェイデン(14・15世紀)
　→Weyden, Rogier van der　*702*
ファン・デル・ウェイデン, ロヒール(14・15世紀)
　→Weyden, Rogier van der　*702*
ファン・デル・ウェルフ, アドリアーン(17・18世紀)→Van der Werff, Adriaen　*673*
ファン・デル・グース, ヒューゴ(15世紀)
　→Van der Goes, Hugo　*672*
ファン・デル・ストラート, ヤン(16・17世紀)
　→Straet, Jan van der　*635*
ファン・デル・ネール, アールト(17世紀)
　→Neer, Aert van der　*481*
ファン・デル・ネール, エグロン・ヘンドリック(17・18世紀)
　→Neer, Eglon Hendrik van der　*481*
ファン・デル・ハーヘン, ヨーリス(17世紀)
　→Van der Haagen, Joris　*673*
ファン・デル・ハーメン・イ・レオン, フアン(16・17世紀)
　→Van der Hamen y León, Juan　*673*
ファン・デル・フェルデン, ペトルス(19・20世紀)
　→Van Der Velden, Petrus　*673*
ファン・デル・フース(15世紀)
　→Van der Goes, Hugo　*672*
ファン・デル・フース, ヒューホ(15世紀)
　→Van der Goes, Hugo　*672*
ファン・デル・フルーフト(20世紀)
　→Van der Vlugt, L.C.　*673*
ファン・デル・ヘイデン(17・18世紀)
　→Heyden, Jan van der　*318*
ファン・デル・ヘイデン, ヤン(17・18世紀)
　→Heyden, Jan van der　*318*
ファン・デル・ヘルスト, バルトロメウス(17世紀)→Helst, Bartholomeus van der　*313*
ファン・デル・メーレン, アダム・フランス(17世紀)→Meulen, Adam Frans van der　*451*
ファン・デン・エークハウト, ヘルブラント(17世紀)→Eeckhout, Gerbrand van den　*215*
ファン・デン・ヘッケ, フランス1世(17世紀)
　→Van den Hecke, Frans I　*672*
ファン・デン・ヘッケ, ペーテル(18世紀)
　→Van den Hecke, Peter　*672*

ファン・デン・ヘッケ, ヤン・フランス (16〜18世紀) →Van den Hecke, Jan Frans　*672*

ファン・デン・ボハールト, マルティン (17世紀) →Desjardins, Martin　*193*

ファン・ドゥースブルフ (19・20世紀) →Doesburg, Theo van　*201*

ファン・ドゥースブルフ, T. (19・20世紀) →Doesburg, Theo van　*201*

ファン・ドゥースブルフ, テオ (19・20世紀) →Doesburg, Theo van　*201*

ファントゥッツィ, アントーニオ (16世紀) →Fantuzzi, Antonio　*230*

ファントーニ, アンドレーア (17・18世紀) →Fantoni, Andrea　*230*

ファントーニ, グラツィオーソ (年少) (18世紀) →Fantoni, Grazioso, il Giovane　*230*

ファントーニ, グラツィオーソ (年長) (17世紀) →Fantoni, Grazioso, il Vecchio　*230*

ファントーニ, ジュゼッペ (18世紀) →Fantoni, Giuseppe　*230*

ファントーニ, ジョヴァンニ (17・18世紀) →Fantoni, Giovanni　*230*

ファントーニ, ジョヴァン・ベッティーノ (17・18世紀) →Fantoni, Giovan Bettino　*230*

ファントーニ, ドナート (15・16世紀) →Fantoni, Donato　*230*

ファントーニ, ドナート (17・18世紀) →Fantoni, Donato　*230*

ファントーニ, ドナート・アンドレーア (18・19世紀) →Fantoni, Donato Andrea　*230*

ファントーニ, フランチェスコ, ドナート (18世紀) →Fantoni, Francesco Donato　*230*

ファントーニ, ルイージ (18世紀) →Fantoni, Luigi　*230*

ファント・ホフ (19・20世紀) →Van't Hoff, Robert　*677*

ファン・トローストウェイク, ワウテル・ヨハネス (18・19世紀) →Van Troostwijk, Wouter Johannes　*677*

ファントンゲルロー (19・20世紀) →Vantongerloo, Georges　*677*

ファン・ハイスム, ヤン (17・18世紀) →Huysum, Jan van　*334*

ファン・バビューレン, ディルク (16・17世紀) →Baburen, Dirck Van　*42*

ファン・バーレン, ヘンドリック (16・17世紀) →Balen, Hendrick van　*46*

ファン・フェーン, オットー (16・17世紀) →Veen, Otto van　*680*

ファン・ブルーメン, ピーテル (17・18世紀) →Van Bloemen, Pieter　*672*

ファン・ブルーメン, ヤン・フランス (17・18世紀) →Bloemen, Jan Frans van　*82*

ファン・ブレーケレンカム, クヴィリング (17世紀) →Van Brekelenkam, Quiringh　*672*

ファン・プーレンブルフ, コルネリス (16・17世紀) →Poelenburgh, Cornelisz van　*527*

ファン・ベイエレン, アブラハム (17世紀) →Van Beyeren, Abraham　*672*

ファン・ヘース, ヘリット (17世紀) →Van Hees, Gerrit　*675*

ファン・ベーニンゲン, ダニエル・ヒョルフ (19・20世紀) →Van Beuningen, Daniel Georg　*672*

ファン・ヘームスケルク (15・16世紀) →Heemskerck, Marten van　*312*

ファン・ヘームスケルク, マールテン (15・16世紀) →Heemskerck, Marten van　*312*

ファン・ヘメッセン, ヤン・サンデルス (16世紀) →Hemessen, Jan Sanders van　*313*

ファン・ヘルト, ニコラース (17世紀) →Van Helt, Nicolas　*675*

ファン・ヘント (15世紀頃) →Joos van Gent　*350*

ファン・ホイエン (16・17世紀) →Goyen, Jan Josephszoon van　*287*

ファン・ホイエン (16・17世紀) →Goyen, Jan Josephszoon van　*287*

ファン・ホイエン, ヤン (16・17世紀) →Goyen, Jan Josephszoon van　*287*

ファン・ホッホ (ゴッホ) (19世紀) →Gogh, Vincent Willem van　*282*

ファン・ボーデヘム, ルイ (15・16世紀) →Boeghem, Louis van (Bodeghem, Louis van)　*84*

ファン・ホーホストラーテン, サミュエル (17世紀) →Hoogstraeten, Samuel van　*328*

ファン・ホントホルスト, ヘリット (16・17世紀) →Honthorst, Gerard van　*327*

ファン・ホントルスト (16・17世紀) →Honthorst, Gerard van　*327*

ファン・マンデル (16・17世紀) →Mander, Karel van　*426*

ファン・マンデル, カーレル (16・17世紀) →Mander, Karel van　*426*

ファン・ミーリス, フランス (父) (17世紀) →Mieris, Frans van　*454*

ファン・ミーレフェルト, ミヒール (16・17世紀) →Mierevelt, Michiel Janszoon van　*454*

ファン・メーヘレン, ハン (19・20世紀) →Van Meegeren, Han　*675*

ファン・ユテンブルック, モイセス (17世紀) →Van Uyttenbroeck, Moyses　*677*

ファン・ライスダール, サロモン (17世紀) →Ruysdael, Salomon van　*578*

ファン・ライスダール, ヤーコプ (17世紀) →Ruysdael, Jacob Izacksz van　*578*

ファン・ラーフェステイン, ヤン・アントーニスゾーン (16・17世紀) →Van Ravesteyn, Jan Anthonisz.　*676*

ファン・ラール, ピーテル (16・17世紀) →Van Laer, Pieter　*675*

美術篇 953 フイツ

ファーンリ, トマス(19世紀)
　→Fearnley, Thomas　232
ファン・リーゼンブルフ, ベルナルト(18世紀)
　→Risenburgh, Bernard II van　560
ファン・レイセルベルヘ, テオ(19・20世紀)
　→Rysselberghe, Théo van　578
ファン・レイデン(15・16世紀)
　→Lucas van Leiden　413
ファン・ロー(18世紀)
　→Van Loo, Charles André　675
ブイ(19・20世紀)　→Bowie, Henri P.　96
フィ, ソニア(20世紀)　→Fe, Sonya　232
ブイ, ヘンリー(19・20世紀)
　→Bowie, Henri P.　96
フィアゼッラ, ドメーニコ(16・17世紀)
　→Fiasella, Domenico　236
フィアメンギ, G.(20世紀)
　→Fiammenghi, Gioia　236
フィアレッティ, オドアルド(16・17世紀)
　→Fialetti, Odoardo　236
フィアンメンギーニ, ジョヴァンニ・バッティスタ(16・17世紀)
　→Fiammenghini, Giovanni Battista　236
フィアンメンギーニ, ジョヴァンニ・マウロ(16・17世紀)
　→Fiammenghini, Giovanni Mauro　236
フィウーメ, サルヴァトーレ(20世紀)
　→Fiume, Salvatore　240
フィエスキ, ジャンネット(20世紀)
　→Fieschi, Giannetto　237
フィエスタッド, ギュスターヴ(19・20世紀)
　→Fjæstad, Gustav　240
フィエソーレ(15世紀)　→Mino da Fiesole　457
フィオッコ, ジュゼッペ(19・20世紀)
　→Fiocco, Giuseppe　238
フィオラヴァーンティ(15世紀)
　→Fioravanti, Aristoteli　238
フィオラヴァンティ, アリストーティレ(15世紀)
　→Fioravanti, Aristoteli　238
フィオラヴァンティ, アリストティレ(アリストティレ・ダ・ボローニャ(通称))(15世紀)
　→Fioravanti, Aristoteli　238
フィオリ(19・20世紀)　→Fiori, Ernesto de　239
フィオリ, L.di(20世紀)
　→Fiori, Lawrence di　239
フィオリロ(18・19世紀)
　→Fiorillo, Johann Dominik　239
フィオリロ, ヨーハン・ドーミニク(18・19世紀)
　→Fiorillo, Johann Dominik　239
フィオレッリ, ジュゼッペ(19世紀)
　→Fiorelli, Giuseppe　238
フィオレリ, ジュゼッペ(19世紀)
　→Fiorelli, Giuseppe　238
フィオレンツォ・ディ・ロレンツォ(15・16世紀)
　→Fiorenzo di Lorenzo　239

フィオレンティーノ, ジャコポ(インダコ(通称))(16世紀)
　→Fiorentino, Jacobo (Indaco)　238
フィオレンティーノ, マーリオ(20世紀)
　→Fiorentino, Mario　239
フィオローニ, ジョゼッタ(20世紀)
　→Fioroni, Giosetta　239
フィガリ(19・20世紀)　→Figari, Pedro　237
フィガリ, P.(19・20世紀)　→Figari, Pedro　237
フィゲイレード, クリストヴァン・デ(16世紀)
　→Figueiredo, Christovão de　237
フィゲス, ジョン(20世紀)　→Figges, John　237
フィゲレイド, クリシュトーヴァン・デ(16世紀)
　→Figueiredo, Christovão de　237
フィゲロア, レオナルド・デ(17・18世紀)
　→Figueroa, Leonardo de　237
フィコローニ, フランチェスコ・デ(17・18世紀)
　→Ficoroni, Francesco, de'　237
フィジーニ, ルイージ(20世紀)
　→Figini, Luigi　237
フィジーノ, アンブロージョ(16・17世紀)
　→Figino, Ambrogio　237
フィスカ(20世紀)　→Fisker, Kay　240
フィスカー(20世紀)　→Fisker, Kay　240
フィスク, N.(20世紀)　→Fisk, Nicholas　240
フィスク, ニコラス(20世紀)
　→Fisk, Nicholas　240
フィスター, M.(20世紀)　→Pfister, Marcus　517
フィスター, マーカス(20世紀)
　→Pfister, Marcus　517
フィダーニ, オラーツィオ(17世紀)
　→Fidani, Orazio　237
フィチーノ(15世紀)　→Ficino, Marsilio　236
フィチノ(15世紀)　→Ficino, Marsilio　236
フィチーノ, マルシーリオ(15世紀)
　→Ficino, Marsilio　236
フィチーノ, マルシリオ(15世紀)
　→Ficino, Marsilio　236
フィックス, P.(20世紀)　→Fix, Philippe　240
フィッシェル, エリック(20世紀)
　→Fischl, Eric　240
フィッシャー(15世紀)
　→Vischer, Herman der Ältere　687
フィッシャー(15・16世紀)　→Vischer, Hans　687
フィッシャー(15・16世紀)
　→Vischer, Peter der Ältere　687
フィッシャー(15・16世紀)
　→Vischer, Peter der Jüngere　688
フィッシャー(17・18世紀)
　→Fischer, Johann Michael　239
フィッシャー(19世紀)
　→Vischer, Friedrich Theodor　687
フィッシャー(19・20世紀)
　→Fischer, Alfred　239

フ

フィッシャー(19・20世紀) →Fischer, Otto　239
フィッシャー(19・20世紀)
　→Fischer, Theodor　240
フィッシャー(19・20世紀) →Fisher, Bud　240
フィッシャー(19・20世紀)
　→Vischer, Robert　688
フィッシャー二世(15・16世紀)
　→Vischer, Herman der Jüngere　687
フィッシャー二世(15・16世紀)
　→Vischer, Peter der Jüngere　688
フィッシャー,A.A.(20世紀)
　→Fischer, Ann A.　239
フィッシャー,F.(19世紀)
　→Vischer, Friedrich Theodor　687
フィッシャー,H.E.(20世紀)
　→Fischer, Hans Erich　239
フィッシャー,アドルフ(19・20世紀)
　→Fischer, Adolf　239
フィッシャー,ゲオルク(16世紀)
　→Vischer, Georg　687
フィッシャー(小)(15・16世紀)
　→Vischer, Herman der Jüngere　687
フィッシャー(小)(15・16世紀)
　→Vischer, Peter der Jüngere　688
フィッシャー,小ペーター(15・16世紀)
　→Vischer, Peter der Jüngere　688
フィッシャー,小ヘルマン(15・16世紀)
　→Vischer, Herman der Jüngere　687
フィッシャー,大ペーター(15・16世紀)
　→Vischer, Peter der Ältere　687
フィッシャー,テーオドーア(19・20世紀)
　→Fischer, Theodor　240
フィッシャー,テオドル(19・20世紀)
　→Fischer, Theodor　240
フィッシャー,バド(19・20世紀)
　→Fisher, Bud　240
フィッシャー,ハンス(15・16世紀)
　→Vischer, Hans　687
フィッシャー,ハンス・エーリッヒ(20世紀)
　→Fischer, Hans Erich　239
フィッシャー,ハンス・エーリヒ(20世紀)
　→Fischer, Hans Erich　239
フィッシャー,フォン・エルラッハ,ヨハン・ベル
　ナルト(17・18世紀)
　→Fischer von Erlach, Johann Bernhard　240
フィッシャー,フリーダ(19・20世紀)
　→Fischer, Frieda　239
フィッシャー,フリードリヒ・テーオドア(19世紀)
　→Vischer, Friedrich Theodor　687
フィッシャー,ペーター(15・16世紀)
　→Vischer, Peter der Ältere　687
フィッシャー,ペーター(15・16世紀)
　→Vischer, Peter der Jüngere　688
フィッシャー,ペーター(子)(15・16世紀)
　→Vischer, Peter der Jüngere　688

フィッシャー,ペーター(父)(15・16世紀)
　→Vischer, Peter der Ältere　687
フィッシャー,ヘルマン(15世紀)
　→Vischer, Herman der Ältere　687
フィッシャー,ヘルマン(15・16世紀)
　→Vischer, Herman der Jüngere　687
フィッシャー,ヘルマン(年少)(15・16世紀)
　→Vischer, Herman der Jüngere　687
フィッシャー,ヘルマン(年長)(15世紀)
　→Vischer, Herman der Ältere　687
フィッシャー,ヨハン・マルティン(18・19世紀)
　→Fischer, Johann Martin　239
フィッシャー,ヨーハン・ミヒャエル(17・18世紀)
　→Fischer, Johann Michael　239
フィッシャー,ヨハン・ミヒャエル(17・18世紀)
　→Fischer, Johann Michael　239
フィッシャー,ラインハルト(18・19世紀)
　→Fischer, Reinhard　240
フィッシャー・フォン・エルラッハ,ヨーゼフ・エ
　マヌエル(17・18世紀)
　→Fischer von Erlach, Joseph Emanuel　240
フィッシャー・フォン・エルラッハ,ヨーゼフ・エ
　マヌエーレ(17・18世紀)
　→Fischer von Erlach, Joseph Emanuel　240
フィッシャー・フォン・エルラッハ,ヨハン・ベル
　ンハルト(17・18世紀)
　→Fischer von Erlach, Johann Bernhard　240
フィッシャー・フォン・エルラハ(17・18世紀)
　→Fischer von Erlach, Johann Bernhard　240
フィッシャー・フォン・エルラハ(17・18世紀)
　→Fischer von Erlach, Joseph Emanuel　240
フィッシャーフォンエルラハ(17・18世紀)
　→Fischer von Erlach, Johann Bernhard　240
フィッシャー・フォン・エルラハ,ヨーハン・ベル
　ンハルト(17・18世紀)
　→Fischer von Erlach, Johann Bernhard　240
フィッチ,ジェイムズ・マーストン(20世紀)
　→Fitch, James Marston　240
フィッリア(20世紀) →Fillia　237
フィッリップソン,サー・ロビン(20世紀)
　→Philipson, Sir Robin　518
フィディアス(前5世紀) →Pheidias　517
フィディアス(フェイディアス)(前5世紀)
　→Pheidias　517
フィードラー(19世紀)
　→Fiedler, Konrad Adolf　237
フィードラー,コンラート(19世紀)
　→Fiedler, Konrad Adolf　237
フィニ(20世紀) →Fini, Léonore　238
フィニ,レオノーラ(20世紀)
　→Fini, Léonore　238
フィーニ,レオノール(20世紀)
　→Fini, Léonore　238
フィニ,レオノール(20世紀)
　→Fini, Léonore　238

フィニー, レオノール(20世紀)
　→Fini, Léonore　238
フィニ, レオノレ(20世紀)　→Fini, Léonore　238
フィニグエッラ, マーゾ(15世紀)
　→Finiguerra, Maso　238
フィニグエラ(15世紀)　→Finiguerra, Maso　238
フィニグエッラ, マーソ(トマーソ)(15世紀)
　→Finiguerra, Maso　238
フィネッリ, ジュリアーノ(17世紀)
　→Finelli, Giuliano　238
フィノッティ, ノベロ(20世紀)
　→Finotti, Novello　238
フィヒトナー, フリッツ(19・20世紀)
　→Fichtner, Fritz　236
フィラ, エミル(19・20世紀)　→Filla, Emil　237
フィーラー, ビル(20世紀)　→Wheeler, Bill　703
フィラピル, イメルダ(20世紀)
　→Pilapil, Imelde　522
フィラレーテ(15世紀)　→Filarete, Antonio　237
フィラレテ(15世紀)　→Filarete, Antonio　237
フィラレーテ, アントーニオ(15世紀)
　→Filarete, Antonio　237
フィラレテ, アントニオ(15世紀)
　→Filarete, Antonio　237
フィラレーテ(通称)(アントニオ・デ・ピエトロ・アヴェルリーノ)(15世紀)
　→Filarete, Antonio　237
フィーリー, ポール(20世紀)　→Feely, Paul　232
フィリスコス(前2世紀)　→Philiskos　518
フィリスコス(ロドス出身の)(前2世紀)
　→Philiskos　518
フィリッピ, ジャン・マリーア(16・17世紀)
　→Filippi, Gian Maria　337
フィリップス, トマス(18・19世紀)
　→Phillips, Thomas　518
フィリップス, ピーター(20世紀)
　→Phillips, Peter　518
フィリッポ・ダ・カンペッロ(13世紀)
　→Filippo da Campello　237
フィリポン(19世紀)　→Philipon, Charles　518
フィーリングス, T.(20世紀)
　→Feelings, Tom　232
フィルコ, スタニスラヴ(20世紀)
　→Filko, Stanislav　237
フィルダウシー(10・11世紀)
　→Firdausī, Abū al-Qāsim　239
フィルダウシー(フィルドゥシー)(10・11世紀)
　→Firdausī, Abū al-Qāsim　239
フィルダウスィー(10・11世紀)
　→Firdausī, Abū al-Qāsim　239
フィールディング(18・19世紀)
　→Fielding, Anthony Vandyke Copley　237
フィールディング, コプリー(18・19世紀)
　→Fielding, Anthony Vandyke Copley　237

フィルドゥーシー(10・11世紀)
　→Firdausī, Abū al-Qāsim　239
フィルドゥシー(10・11世紀)
　→Firdausī, Abū al-Qāsim　239
フィルドウシー(10・11世紀)
　→Firdausī, Abū al-Qāsim　239
フィルドゥースィー(10・11世紀)
　→Firdausī, Abū al-Qāsim　239
フィルドウスィー(10・11世紀)
　→Firdausī, Abū al-Qāsim　239
フィルドーシー(10・11世紀)
　→Firdausī, Abū al-Qāsim　239
フィレネーフェ(18・19世紀)
　→Villeneuve, Karel Hubert de　686
フィロクセネス(前4世紀)　→Philoxenus　518
フィロクセノス(前5・4世紀)　→Philoxenos　518
フィロクセノス(前4世紀)　→Philoxenus　518
フィロクセノス(前2世紀)　→Philoxenos　518
フィロクセノス(キュテラの)(前5・4世紀)
　→Philoxenos　518
フィロクレス(前5世紀)　→Filocles　237
フィロクレス(前5世紀)　→Philoklēs　518
フィローノフ(19・20世紀)
　→Filónov, Pável Nikoláevich　238
フィローノフ, パーヴェル・ニコラエヴィチ(19・20世紀)　→Filónov, Pável Nikoláevich　238
フィロン(前4世紀)　→Philōn　518
フィロン・オブ・エレウシス(前4世紀)
　→Filon of Eleusis　237
フィン(20世紀)　→Finn　238
フィンク, アルバート(19世紀)
　→Fink, Albert　238
フィンク, ヨーゼフ(20世紀)　→Fink, Josef　238
フィンケルシュタイン(20世紀)
　→Finkelstein, Sidney　238
フィン・コン・ウット(20世紀)
　→Huynh Cong Ut　333
フィンステルリン(19・20世紀)
　→Finsterlin, Hermann　238
フィンステルリン, ヘルマン・ヴィルヘルム・ルートヴィヒ(19・20世紀)
　→Finsterlin, Hermann　238
フィンソン(16・17世紀)　→Finson, Louis　238
フィンソン, ルイ(16・17世紀)
　→Finson, Louis　238
フィンチ, ウィリー(またはアルフレッド・ウィリアム)(19・20世紀)
　→Finch, Willy(Alfred William)　238
フィンティアース　→Phintias　518
フィンティアス(前6世紀)　→Phintias　518
フィンリー, イアン・ハミルトン(20世紀)
　→Finlay, Ian Hamilton　238
フィンレイ, ヴァージル・ウォーデン(20世紀)
　→Finlay, Virgil Warden　238

フィンレイ, ヴァージル(・ウォーデン)(20世紀)
　→Finlay, Virgil Warden　*238*
ブーヴィエ, ニコラ(20世紀)
　→Bouvier, Nicolas　*95*
フヴィステク(19・20世紀)
　→Chwistek, Leon　*150*
フヴィステク, レオン(19・20世紀)
　→Chwistek, Leon　*150*
ブーエ(16・17世紀)　→Vouet, Simon　*691*
ブエ(16・17世紀)　→Vouet, Simon　*691*
フェア,S.(20世紀)　→Fair, Sylvia　*228*
フェーア, カルロ(18・19世紀)　→Fea, Carlo　*232*
フェアウェザー, イアン(20世紀)
　→Fairweather, Ian　*228*
フェアティス(19・20世紀)
　→Fhertes, Louis Agassiz　*236*
フェアベアン(18・19世紀)
　→Fairbairn, Sir William　*228*
フェアベアン, サー・ウィリアム(18・19世紀)
　→Fairbairn, Sir William　*228*
フェアホルト(19世紀)
　→Fairholt, Frederick William　*228*
フェイ, アレッサンドロ(16世紀)
　→Fei, Alessandro　*232*
フェイ, パーオロ・ディ・ジョヴァンニ(14・15世紀)　→Fei, Paolo di Giovanni　*232*
フェイガン, ロバート(18・19世紀)
　→Fagan, Robert　*228*
フェイソーン, ウィリアム(17世紀)
　→Faithorne, William　*228*
フェイディアース(前5世紀)　→Pheidias　*517*
フェイディアス(前5世紀)　→Pheidias　*517*
フェイテルスン, ローサ(20世紀)
　→Feitelson, Lorser　*233*
フェイデルブ(17世紀)　→Faidherbe, Lucas　*228*
フェイト(17世紀)　→Fyt, Jan　*258*
フェイト, ヤン(17世紀)　→Fyt, Jan　*258*
フェイト, ルイス(20世紀)　→Féito, Luis　*233*
フェオファン・グリエク(14・15世紀)
　→Feofan Grek　*234*
フェオファーン・グレーク(14・15世紀)
　→Feofan Grek　*234*
フェオファン・グレク(14・15世紀)
　→Feofan Grek　*234*
フェオファン・グレッグ(14・15世紀)
　→Feofan Grek　*234*
フェケ(18世紀)　→Feke, Robert　*233*
フェスタ, ターノ(20世紀)　→Festa, Tano　*236*
フェチング, レイナー(20世紀)
　→Fetting, Rainer　*236*
フェッツ,I.(20世紀)　→Fetz, Ingrid　*236*
フェッティ(16・17世紀)　→Fetti, Domenico　*236*
フェッティ, ジョヴァンニ・ディ・フランチェスコ
　(14・15世紀)
　→Fetti, Giovanni di Francesco　*236*
フェッティ, ドメーニコ(16・17世紀)
　→Fetti, Domenico　*236*
フェッティ(フェティ), ドメーニコ(16・17世紀)
　→Fetti, Domenico　*236*
フェラータ, エルコレ(17世紀)
　→Ferrata, Ercole　*235*
フェラッツィ, フェッルッチョ(20世紀)
　→Ferrazzi, Ferruccio　*235*
フェラボスコ, ジローラモ(17世紀)
　→Ferrabosco, Girolamo　*235*
フェラモーラ, フロリアーノ(15・16世紀)
　→Ferramola, Floriano　*235*
フェラーリ, エットレ(19・20世紀)
　→Ferrari, Ettore　*235*
フェラーリ, ガウデンツィオ(15・16世紀)
　→Ferrari, Gaudenzio　*235*
フェラーリ, デフェンデンテ(16世紀)
　→Ferrari, Defendente　*235*
フェラーリ, ルーカ(17世紀)
　→Ferrari, Luca　*235*
フェラリオ, カルロ(19・20世紀)
　→Ferrario, Carlo　*235*
フェランド, ニッコロ(15・16世紀)
　→Ferrando, Niccolò　*235*
フェッリ, チーロ(17世紀)　→Ferri, Ciro　*235*
フェッルッチ, アンドレーア(15・16世紀)
　→Ferrucci, Andrea　*235*
フェッルッチ, フランチェスコ・ディ・シモーネ(15世紀)　→Ferrucci, Francesco di Simone　*235*
フェッルッチ, フランチェスコ・デル・タッダ(15・16世紀)
　→Ferrucci, Francesco del Tadda　*235*
フェッレッティ, ダンテ(20世紀)
　→Ferretti, Dante　*235*
フェッロ, チェーザレ(19・20世紀)
　→Ferro, Cesare　*235*
フェッローニ, エジスト(19・20世紀)
　→Ferroni, Egisto　*235*
フェッローニ, ジャンフランコ(20世紀)
　→Ferroni, Gianfranco　*235*
フェティ(16・17世紀)　→Fetti, Domenico　*236*
フェディ(19世紀)　→Fedi, Pio　*232*
フェティ, ドメーニコ(16・17世紀)
　→Fetti, Domenico　*236*
フェティ, ドメニコ(16・17世紀)
　→Fetti, Domenico　*236*
フェディ, ピオ(19世紀)　→Fedi, Pio　*232*
フェデリーギ, アントーニオ(15世紀)
　→Federighi, Antonio　*232*
フェデリーギ, アントニオ(15世紀)
　→Federighi, Antonio　*232*
フェデルブ, リューカス(17世紀)
　→Faydherbe, Lucas　*232*
フェト, ヤン(19・20世紀)　→Veth, Jan　*684*

フェドートフ（19世紀）
　→Fedotov, Pavel Andreevich　*232*
フェドートフ, パーヴェル（19世紀）
　→Fedotov, Pavel Andreevich　*232*
フェドートフ, パーヴェル・アンドレーヴィッチ
　（19世紀）
　→Fedotov, Pavel Andreevich　*232*
フェドートフ, パーヴェル・アンドレエヴィチ（19
　世紀）→Fedotov, Pavel Andreevich　*232*
フェネオン, フェリックス（19・20世紀）
　→Fénéon, Félix　*233*
フェノローサ（19・20世紀）
　→Fenollosa, Ernest Francisco　*233*
フェノロサ（19・20世紀）
　→Fenollosa, Ernest Francisco　*233*
フェノロサ, アーネスト（19・20世紀）
　→Fenollosa, Ernest Francisco　*233*
フェノロサ, アーネスト・F.（19・20世紀）
　→Fenollosa, Ernest Francisco　*233*
フェノロサ, アーネスト・フランシスコ（19・20世
　紀）→Fenollosa, Ernest Francisco　*233*
フェノロサ, アーネスト（・フランシスコ）（19・20
　世紀）→Fenollosa, Ernest Francisco　*233*
フェラ, セルジュ（19・20世紀）
　→Férat, Serge　*234*
フェラガモ（20世紀）
　→Ferragamo, Salvatole　*235*
フェラガモ,S.（20世紀）
　→Ferragamo, Salvatole　*235*
フェラガモ, フィアンマ（20世紀）
　→Ferragamo, Fiamma　*235*
フェラーリ（15・16世紀）
　→Ferrari, Gaudenzio　*235*
フェラリ（15・16世紀）
　→Ferrari, Gaudenzio　*235*
フェリ（17世紀）→Ferri, Ciro　*235*
フェリックス,M.（20世紀）
　→Felix, Monique　*233*
フェリビアン（17世紀）→Félibien, André　*233*
フェリビアン, アンドレ（17世紀）
　→Félibien, André　*233*
フェリーペ2世（16世紀）
　→Felipe II el Prudente　*233*
フェリーペ二世（16世紀）
　→Felipe II el Prudente　*233*
フェリペ（2世）（16世紀）
　→Felipe II el Prudente　*233*
フェリペ2世（16世紀）
　→Felipe II el Prudente　*233*
フェリペ二世（16世紀）
　→Felipe II el Prudente　*233*
フェリーペ2世（フィーリプ）（16世紀）
　→Felipe II el Prudente　*233*
フェーリング, ヘルマン（20世紀）
　→Fehling, Herman　*232*

フェルスター（18・19世紀）
　→Förster, Ludwig von　*245*
フェルスター, フロリス（19・20世紀）
　→Verster, Floris　*683*
フェルスター, ルートヴィヒ・フォン（18・19世紀）
　→Förster, Ludwig von　*245*
フェルステル, ハインリヒ・フォン（19世紀）
　→Ferstel, Heinrich von　*236*
フェルスプロンク, ヤン・コルネリスゾーン（17世
　紀）→Verspronck, Jan Cornelisz　*683*
フェルデ（16・17世紀）
　→Van de Velde, Esaias I　*673*
フェルデ（16・17世紀）→Van de Velde, Jan　*673*
フェルデ（17世紀）
　→Van de Velde, Adriaen　*673*
フェルデ（19・20世紀）
　→Van de Velde, Henry Clemens　*673*
フェルデ, ヴィレム・ファン・デ（17世紀）
　→Van de Velde, Willem　*673*
フェルデ, ヴィレム・ファン・デ（17・18世紀）
　→Van de Velde, Willem II　*673*
フェルデ（小）（17・18世紀）
　→Van de Velde, Willem II　*673*
フェルデ（大）（17世紀）
　→Van de Velde, Willem　*673*
フェルデ, ヘンリー・（クレメンス・）ファン・デ
　（19・20世紀）
　→Van de Velde, Henry Clemens　*673*
フェルド, エリオット（20世紀）
　→Feld, Eliot　*233*
フェルドゥスィー（10・11世紀）
　→Firdausī, Abū al-Qāsim　*239*
フェルナー（19・20世紀）
　→Fellner, Ferdinand　*233*
フェルナンデス（16・17世紀）
　→Hernandez, Gregorio　*316*
フェルナンデス, アレーホ（15・16世紀）
　→Fernández, Alejo　*234*
フェルナンデス, ヴァスコ（15・16世紀）
　→Fernandes, Vasco　*234*
フェルナンデス, グレゴリオ（16・17世紀）
　→Hernandez, Gregorio　*316*
フェルナンデス, ペトロ（15・16世紀）
　→Fernández, Pedro　*235*
フェルナンデス, ホルヘ（15・16世紀）
　→Fernández, Jorge　*234*
フェルナンデス, マテウス（15・16世紀）
　→Fernandes, Mateus　*234*
フェルナンデス・デ・ナバレテ（16世紀）
　→Navarrete, Juan Fernández de　*480*
フェルノー（18・19世紀）
　→Fernow, Karl Ludwig　*235*
フェルヒュルスト, ロンバウト（17世紀）
　→Verhulst, Rombout　*682*

フェルフルスト, ロムバウト (17世紀)
　→Verhulst, Rombout　682
フェルフルスト, ロンバウト (17世紀)
　→Verhulst, Rombout　682
フェルマイエン (16世紀)
　→Vermeyen, Jan Corneliszoon　682
フェルメイエン, ヤン (16世紀)
　→Vermeyen, Jan Corneliszoon　682
フェルメイエン, ヤン・コルネリス (16世紀)
　→Vermeyen, Jan Corneliszoon　682
フェルメール (17世紀)
　→Vermeer, Jan, van Delft　682
フェルメール, ヤン (17世紀)
　→Vermeer, Jan, van Delft　682
フェルメール, ヨハネス (17世紀)
　→Vermeer, Jan, van Delft　682
フェルラーリ, ガウデンツィオ (15・16世紀)
　→Ferrari, Gaudenzio　235
フェルンコルン, アントン・ドミニク・フォン (19世紀)
　→Fernkorn, Anton Dominik von　235
フェレ, ピエール (14・15世紀)
　→Féré, Pierre　234
フェレッティ, ダンテ (20世紀)
　→Ferretti, Dante　235
フェレール・バッサ (13・14世紀)
　→Bassa, Ferrer　55
フェレンツィ・イシュトヴァーン (18・19世紀)
　→Ferenczy István　234
フェレンツィ・カーロイ (19・20世紀)
　→Ferenczy Károly　234
フェレンツィ・ノエーミ (19・20世紀)
　→Ferenczy Noémi　234
フェーレンベルク (20世紀)
　→Vehrenberg, Hans　680
フェーレンベルク, ハンス (20世紀)
　→Vehrenberg, Hans　680
フェロー (20世紀) →Féraud, Louis　234
フェロー, グドムンドゥル・グドムンドソン (20世紀) →Ferró, Gudmndr Gudmundson　235
フェーン (16・17世紀) →Veen, Otto van　680
フェーン, オットー・ファン (16・17世紀)
　→Veen, Otto van　680
フェーン, スベーレ (20世紀)
　→Fehn, Sverre　232
フェンツォーニ, フェッラウー (16・17世紀)
　→Fenzoni, Ferraú　234
フェントン, ロジャー (19世紀)
　→Fenton, Roger　234
フォアマン,M. (20世紀)
　→Foreman, Michael　245
フォアマン, マイケル (20世紀)
　→Foreman, Michael　245
フォイアバッハ, アンゼルム (19世紀)
　→Feuerbach, Anselm Friedrich　236

フォイアバハ, アンゼルム (19世紀)
　→Feuerbach, Anselm Friedrich　236
フォイエルアーベント (16世紀)
　→Feuerabend, Sigismund　236
フォイエルバッハ (19世紀)
　→Feuerbach, Anselm Friedrich　236
フォイエルバッハ, アンゼルム・フォン (19世紀)
　→Feuerbach, Anselm Friedrich　236
フォイエルバハ (19世紀)
　→Feuerbach, Anselm Friedrich　236
フォイヒトマイアー (18世紀)
　→Feuchtmayer, Johann Michael　236
フォイヒトマイアー, ヨーゼフ・アントーン (17・18世紀)
　→Feuchtmayer, Joseph Anton　236
フォイヒトマイヤー, ヨーゼフ・アントン (17・18世紀) →Feuchtmayer, Joseph Anton　236
フォイヒトマイヤー, ヨハン・ミヒャエル (18世紀) →Feuchtmayer, Johann Michael　236
フォウグステット, アルヴィド (19・20世紀)
　→Fougstedt, Arvid　246
フォーク, フランシス (19世紀)
　→Fowke, Francis　246
フォークトヘル, ハインリヒ (15・16世紀)
　→Vogtherr, Heinrich　690
フォークナー,J. (20世紀) →Faulkner, John　231
フォーゲラー (19・20世紀)
　→Vogeler, Heinrich　690
フォーゲラー, ハインリヒ (19・20世紀)
　→Vogeler, Heinrich　690
フォーゲル (18・19世紀)
　→Vogel, Christian Lebrecht　690
フォーゲル,R. (20世紀) →Vogel, Rosi　690
フォーゲル・フォン・フォーゲルシュタイン, カール・クリスティアン (18・19世紀)
　→Vogel von Vogelstein, Carl Christian　690
フォーコニエ, ジャック=アンリ (18・19世紀)
　→Fauconnier, Jacques-Henri　231
フォーコネ, ギー=ピエール (19・20世紀)
　→Fauconnet, Guy-Pierre　231
フォゴリーノ, マルチェッロ (15・16世紀)
　→Fogolino, Marcello　243
フォーサイス, ゴードン・ミッチェル (19・20世紀) →Forsyth, Gordon Mitchell　245
フォシェ, リダ (20世紀) →Faucher, Lida　231
フォシエ, ロラン (17世紀)
　→Fauchier, Laurent　231
フォション (19・20世紀)
　→Focillon, Henri Joseph　242
フォシヨン (19・20世紀)
　→Focillon, Henri Joseph　242
フォション, アンリ (19・20世紀)
　→Focillon, Henri Joseph　242
フォシヨン, アンリ (19・20世紀)
　→Focillon, Henri Joseph　242

フォス(16・17世紀) →Vos, Cornelis de 691
フォス, コルネリス・デ(16・17世紀)
　→Vos, Cornelis de 691
フォス, ジャン(20世紀) →Voss, Jan 691
フォース, ジュリアナ・リーサー(19・20世紀)
　→Force, Juliana Rieser 245
フォス, ヤン(20世紀) →Voss, Jan 691
フォスター(19世紀)
　→Foster, Myles Birket 246
フォスター, ガス(20世紀) →Foster, Gus 245
フォスター, サー・ノーマン(・ロバート)(20世紀) →Foster, Sir Norman (Robert) 246
フォスター, ノーマン(20世紀)
　→Foster, Sir Norman (Robert) 246
フォステル, ヴォルフ(20世紀)
　→Vostell, Wolf 691
フォックス, マット(20世紀) →Fox, Matt 246
フォックス, メム(20世紀) →Fox, Mem 246
フォッサーティ, ドメーニコ(18世紀)
　→Fossati, Domenico 245
フォッジーニ, ヴィンチェンツォ(17・18世紀)
　→Foggini, Vincenzo 243
フォッジーニ, ジューリオ(17・18世紀)
　→Foggini, Giulio 243
フォッジーニ, ジョヴァンニ・バッティスタ(17・18世紀) →Foggini, Giovanni Battista 243
フォッシュリンド, アン(20世紀)
　→Forslind, Ann 245
フォッパ(15・16世紀) →Foppa, Vincenzo 244
フォッパ, アムブロジオ(15・16世紀)
　→Foppa, Ambrogio 244
フォッパ, ヴィンチェンツォ(15・16世紀)
　→Foppa, Vincenzo 244
フォッリーニ, カルロ(19・20世紀)
　→Follini, Carlo 243
フォーテスク=ブリックデイル, メアリー(19・20世紀) →Fortesque-Brickdale, Mary 245
フォード(19・20世紀)
　→Ford, Edward Onslow 245
フォード, H(ヘンリ)・J(ジャスティス)(19・20世紀) →Ford, Henry Justice 245
フォートナム, P.(20世紀)
　→Fortnum, Peggy 245
フォートリエ(20世紀) →Fautrier, Jean 231
フォートリエ, ジャン(20世紀)
　→Fautrier, Jean 231
ブオナッローティ, ミケランジェロ(15・16世紀)
　→Michelangelo Buonarroti 452
ブオナミーチ, ジョヴァン・フランチェスコ(17・18世紀)
　→Buonamici, Giovan Francesco 111
フォノル, ライナード(フォノイル, ライナルドゥス)(14世紀)
　→Fonoll, Rainard (Fonoyll, Rainardus) 243

フォーブス, エリザベス(19・20世紀)
　→Forbes, Elizabeth 244
フォーブス, ジョン・A.(20世紀)
　→Forbes, John A. 245
フォーブス, レスリー(20世紀)
　→Forbes, Leslie 245
フォーヘル(19・20世紀) →Vogel, J.Ph. 690
フォミーン(19・20世紀)
　→Fomin, Ivan Aleksandrovich 243
フォメズ, アントーニオ(20世紀)
　→Fomez, Antonio 243
フォラン(19・20世紀) →Forain, Jean Louis 244
フォラン, ジャン・ルイ(19・20世紀)
　→Forain, Jean Louis 244
フォラン, ジャン=ルイ(19・20世紀)
　→Forain, Jean Louis 244
フォリー, ジョン・ヘンリー(19世紀)
　→Foley, John Henry 243
フォーリスト, フレッド(20世紀)
　→Forest, Fred 245
フォール(18・19世紀) →Fohr, Carl Philipp 243
フォール(19・20世紀) →Faure, Elie 231
フォール, エリ(19・20世紀) →Faure, Elie 231
フォール, エリー(19・20世紀) →Faure, Elie 231
フォール, エル(19・20世紀) →Faure, Elie 231
フォール, カール・フィリップ(18・19世紀)
　→Fohr, Carl Philipp 243
フォール, カルル・フィリップ(18・19世紀)
　→Fohr, Carl Philipp 243
フォルケルト(19・20世紀)
　→Volkelt, Johannes 690
フォルケルト, ヨハネス(19・20世紀)
　→Volkelt, Johannes 690
フォルテ, ルーカ(17世紀) →Forte, Luca 245
フォルデス, ピーター(20世紀)
　→Földes, Peter 243
フォルテュニー, マリアノ(19世紀)
　→Fortuny, Mariano 245
フォルトゥニ(19世紀)
　→Fortuny y Carbó, Mariano 245
フォルトゥニー(19世紀)
　→Fortuny y Carbó, Mariano 245
フォルトゥニイ, マリアーノ(19世紀)
　→Fortuny y Carbó, Mariano 245
フォルトゥニー・イ・マドラーソ, マリアーノ(19・20世紀)
　→Fortuny y Madrazo, Mariano 245
フォルトゥニー・イ・マルサル, マリアーノ(19世紀) →Fortuny y Carbó, Mariano 245
フォルナーラ, カルロ(19・20世紀)
　→Fornara, Carlo 245
フォルノーヴォ, ジョヴァンニ・バッティスタ(16世紀) →Fornovo, Giovanni Battista 245
フォルヒハンマー, ペーター・ヴィルヘルム(19世紀) →Forchhammer, Peter Wilhelm 245

フォルメント, ダミアン (15・16世紀)
　→Forment, Damián　245
フォロン, J.M. (20世紀)
　→Folon, Jean Michel　243
フォロン, ジェーン・ミッシェル (20世紀)
　→Folon, Jean Michel　243
フォロン, ジャン-ミシェル (20世紀)
　→Folon, Jean Michel　243
フォロン, ジャン＝ミシェル (20世紀)
　→Folon, Jean Michel　243
フォン (20世紀)　→Fong, Wen　243
ブオン (14・15世紀)　→Buon, Bartolomeo　111
ブオン, バルトロメーオ (14・15世紀)
　→Buon, Bartolomeo　111
ブオン, バルトロメオ (ボン, バルトロメオ) (14・15世紀)　→Buon, Bartolomeo　111
フォン, ピエール・ガルシア (20世紀)
　→Garcia Fons, Pierre　262
ブオンヴィチーノ, アンブロージョ (16・17世紀)
　→Buonvicino, Ambrogio　111
ブオンコンシーリオ, ジョヴァンニ (15・16世紀)
　→Buonconsiglio, Giovanni　111
フォンターナ (16・17世紀)
　→Fontana, Domenico　244
フォンターナ (17・18世紀)
　→Fontana, Carlo　243
フォンターナ (20世紀)　→Fontana, Lucio　244
フォンタナ (16世紀)　→Fontana, Prospero　244
フォンタナ (16・17世紀)
　→Fontana, Domenico　244
フォンタナ (17・18世紀)　→Fontana, Carlo　243
フォンタナ (20世紀)　→Fontana, Lucio　244
フォンターナ, アンニーバレ (16世紀)
　→Fontana, Annibale　243
フォンターナ, カルロ (17・18世紀)
　→Fontana, Carlo　243
フォンターナ, ドメーニコ (16・17世紀)
　→Fontana, Domenico　244
フォンターナ, ドメニコ (16・17世紀)
　→Fontana, Domenico　244
フォンターナ, プロスペロ (16世紀)
　→Fontana, Prospero　244
フォンターナ, ラヴィーニア (16・17世紀)
　→Fontana, Lavinia　244
フォンターナ, ラヴィニア (16・17世紀)
　→Fontana, Lavinia　244
フォンタナ, ラヴィーニア (16・17世紀)
　→Fontana, Lavinia　244
フォンターナ, ルーチョ (20世紀)
　→Fontana, Lucio　244
フォンタナ, ルーチョ (20世紀)
　→Fontana, Lucio　244
フォンタネージ (19世紀)
　→Fontanesi, Antonio　244

フォンタネージ, アントーニオ (19世紀)
　→Fontanesi, Antonio　244
フォンタネージ, アントニオ (19世紀)
　→Fontanesi, Antonio　244
フォンタネージ, フランチェスコ (18・19世紀)
　→Fontanesi, Francesco　244
ブオンタレンティ (16・17世紀)
　→Buontalenti, Bernardo　111
ブオンタレンティ, ベルナルド (16・17世紀)
　→Buontalenti, Bernardo　111
ブオンタレンティ, ベルナルド (16・17世紀)
　→Buontalenti, Bernardo　111
フォンテーヌ (18・19世紀)
　→Fontaine, Pierre François Léonard　243
フォンテーヌ, ピエール＝フランソワ＝レオナール (18・19世紀)
　→Fontaine, Pierre François Léonard　243
フォンテーヌ, フランソワ (18・19世紀)
　→Fontaine, Pierre François Léonard　243
フォンテバッソ, フランチェスコ (18世紀)
　→Fontebasso, Francesco　244
フォンドゥーティ, アゴスティーノ (15・16世紀)
　→Fonduti, Agostino　243
フォン・ヒューン, ステファン (20世紀)
　→Von Heune, Stephan　690
フォン・ライトナー, グドラン (20世紀)
　→Von Leitner, Gudrun　690
フーガ (17・18世紀)　→Fuga, Ferdinando　255
フーガ, フェルディナンド (17・18世紀)
　→Fuga, Ferdinando　255
ブガッティ, カルロ (19・20世紀)
　→Bugatti, Carlo　110
ブガット, ザネット (15世紀)
　→Bugatto, Zanetto　110
ブキャナン (20世紀)　→Buchanan, Colin　109
フクス, エーリッヒ (20世紀)
　→Fuchs, Erich　255
ブグロー (19・20世紀)
　→Bouguereau, Adolphe William　94
ブーグロー, ウィリアム (19・20世紀)
　→Bouguereau, Adolphe William　94
フーケ (15世紀)　→Fouquet, Jean　246
フーケー (15世紀)　→Fouquet, Jean　246
フーケ, ジャン (15世紀)　→Fouquet, Jean　246
フケ, ジャン (15世紀)　→Fouquet, Jean　246
ブーゲン, ルイ・ヴァン (ボデゲン, ルイ・ヴァン) (15・16世紀)　→Boeghem, Louis van (Bodeghem, Louis van)　84
フーゴ (クリュニーの) (11・12世紀)
　→Hugo Cluniensis, St.　332
フゴ (クリュニーの) (11・12世紀)
　→Hugo Cluniensis, St.　332
ブコヴァツ, ヴラホ (19・20世紀)
　→Bukovac, Vlaho　110
ブコバツ (19・20世紀)　→Bukovac, Vlaho　110

美術篇　　　　　　　　　　　　　　　　961　　　　　　　　　　　　　　　　フツク

ブコバツ,V.(19・20世紀)
　→Bukovac, Vlaho　110
ブザシェ, ローレンス(20世紀)
　→Besacier, Laurence　74
フサール・ヴィルモシュ(19・20世紀)
　→Huszár Vilmos　333
フサロ, ジェーン(20世紀) →Fusaro, Jean　257
プーサン(16・17世紀) →Poussin, Nicolas　534
プサン(17世紀) →Poussin, Gaspard　534
プサン(16・17世紀) →Poussin, Nicolas　534
プーサン, ガスパール(17世紀)
　→Poussin, Gaspard　534
プーサン, ニコラ(16・17世紀)
　→Poussin, Nicolas　534
プサーン, ニコラ(16・17世紀)
　→Poussin, Nicolas　534
ブージ, サンティーノ(17・18世紀)
　→Busi, Santino　114
フジイ, エミ(20世紀) →Fujii, Emi　256
フーシェ(19・20世紀) →Foucher, Alfred　246
ブーシェ(13世紀) →Boucher, Guillaume　94
ブーシェ(18世紀) →Boucher, François　93
フーシェ, アルフレッド(19・20世紀)
　→Foucher, Alfred　246
ブーシェ, フランソア(18世紀)
　→Boucher, François　93
ブーシェ, フランソワ(18世紀)
　→Boucher, François　93
ブシェート(ブシェット)(11・12世紀)
　→Buscheto　114
フジカワ,G.(20世紀) →Fujikawa, Gyo　256
フジカワ, ギョウ(20世紀) →Fujikawa, Gyo　256
フジーナ, アンドレーア(16世紀)
　→Fusina, Andrea　257
ブジャルディーニ, ジュリアーノ(15・16世紀)
　→Bugiardini, Giuliano　110
ブーシャルドン(17・18世紀)
　→Bouchardon, Edme　93
ブーシャルドン, エドム(17・18世紀)
　→Bouchardon, Edme　93
フージュロン(20世紀) →Fougeron, André　246
フージュロン,A.(20世紀)
　→Fougeron, André　246
フージュロン, アンドレ(20世紀)
　→Fougeron, André　246
ブショー(19・20世紀) →Buschor, Ernst　114
ブーショル(19・20世紀) →Buschor, Ernst　114
ブーショル, エルンスト(19・20世紀)
　→Buschor, Ernst　114
ブージョン,C.(20世紀) →Boujon, Claude　94
ブジーリ＝ヴィーチ, アンドレア(19・20世紀)
　→Busiri-Vici, Andorea　114
ブジーリ＝ヴィーチ, カルロ(19・20世紀)
　→Busiri-Vici, Carlo　114

ブース,G.(20世紀) →Booth, Graham　90
フース, ヒューホー・ヴァン・デル(15世紀)
　→Van der Goes, Hugo　672
ブスカ, アントーニオ(17世紀)
　→Busca, Antonio　114
ブスケート(11・12世紀) →Buscheto　114
プセンネス一世(前11世紀)
　→Psusennes I　538
ブスタマンテ, バルトロメ・デ(15・16世紀)
　→Bustamante, Bartolomé de　114
ブスティ, アゴスティーノ(15・16世紀)
　→Busti, Agostino　115
ブステッリ, フランツ・アントン(18世紀)
　→Bustelli, Franz Anton　115
ブステリ(18世紀) →Bustelli, Franz Anton　115
ブステリ, フランツ・アントン(18世紀)
　→Bustelli, Franz Anton　115
プステルラ, アッティーリオ(19・20世紀)
　→Pusterla, Attilio　540
フスラウ1世(6世紀) →Khusrō I　362
フスラウ2世(6・7世紀) →Khusrō II　363
フセヴォロシスキー, イワン(19・20世紀)
　→Vsevolozhsky, Ivan　692
フソー, クロード(20世紀)
　→Fossoux, Claude　245
ブーダン(19世紀) →Boudin, Eugène Louis　94
ブダン(19世紀) →Boudin, Eugène Louis　94
ブーダン, ウージェーヌ(19世紀)
　→Boudin, Eugène Louis　94
ブーダン, ウジェーヌ(19世紀)
　→Boudin, Eugène Louis　94
ブーダン, (ルイ・)ユージェーヌ(19世紀)
　→Boudin, Eugène Louis　94
ブーダン, レオナール(18・19世紀)
　→Boudin, Léonard　94
プーチ・イ・カダファルク(19・20世紀)
　→Puig y Cadafalch, Josep　539
ブチコフスキ, レオポルド(20世紀)
　→Buczkowski, Leopold　110
ブーツ(15世紀) →Bouts, Dierick　95
フックス(19・20世紀) →Fuchs, Eduard　255
フックス(20世紀) →Fuchs, Ernst　255
フックス,H.(20世紀) →Fux, Herbet　258
フックス, アーロイス(19・20世紀)
　→Fuchs, Alois　255
フックス, エードゥアルト(19・20世紀)
　→Fuchs, Eduard　255
フックス, エルンスト(20世紀)
　→Fuchs, Ernst　255
フックス, ヨハン・グレゴル(17・18世紀)
　→Fuchs, Johann Gregor　255
フックスフーバー,A.(20世紀)
　→Fuchshuber, Annegert　255

フ

ブッケラール, ヨキアム(16世紀)
　→Beuckelaer, Joachim　74
ブッサン(16・17世紀)　→Poussin, Nicolas　534
ブッサン, ニコラ(16・17世紀)
　→Poussin, Nicolas　534
ブッシュ(19・20世紀)　→Busch, Wilhelm　114
ブッシュ, ヴァランタン(16世紀)
　→Busch, Valentin　114
ブッシュ, ヴィルヘルム(19・20世紀)
　→Busch, Wilhelm　114
ブッシュネル, ジョン(17・18世紀)
　→Bushnell, John　114
ブッショリー, ミッシェル(20世紀)
　→Bouchery, Michel　94
ブッチ, アンセルモ(19・20世紀)
　→Bucci, Anselmo　109
ブッチ, エミリオ, バルセント侯爵(20世紀)
　→Pucci, Emilio, marchese de Barsento　538
ブッチ・イ・カダファルク, ジュジップ(19・20世紀)　→Puig y Cadafalch, Josep　539
ブッチネッリ, アンジェロ(14世紀)
　→Puccinelli, Angelo　539
ブッチネッリ, アントーニオ(19世紀)
　→Puccinelli, Antonio　539
ブッツィ, イッポーリト(17世紀)
　→Buzzi, Ippolito　115
ブッティ, エンリーコ(19・20世紀)
　→Butti, Enrico　115
ブッテリ, ジョヴァンニ・マリーア(16・17世紀)
　→Butteri, Giovanni Maria　115
フッド(19・20世紀)
　→Hood, Raymond Mathewson　328
フッド, レイモンド・M(マシューソン)(19・20世紀)　→Hood, Raymond Mathewson　328
プットマン, アンドレ(20世紀)
　→Putman, Andrée　540
ブッファルマッコ, ブオナミーコ(14世紀)
　→Buffalmacco, Buonamico　110
ブッリ(20世紀)　→Burri, Alberto　113
ブッリ, アルベルト(20世紀)
　→Burri, Alberto　113
ブッリーニ, ジョヴァンニ・アントーニオ(17・18世紀)　→Burrini, Giovanni Antonio　113
プティ, ジャック(20世紀)　→Petit, Jacques　515
プティトー(17世紀)　→Petitot, Jean　515
プティト, アンヌモン=アレクサンドル(18・19世紀)　→Petitot, Ennemond-Alexandre　515
プティト, エンヌモン=アレクサンドル(18・19世紀)　→Petitot, Ennemond-Alexandre　515
プティト, ジャン(17世紀)　→Petitot, Jean　515
プティノーネ, ベルナルディーノ(15・16世紀)
　→Butinone, Bernardino　115
ブーテ・ド・モンヴェル, モーリス(19・20世紀)
　→Monvel, Maurice Boutet de　464

ブーテルウェク(18・19世紀)
　→Bouterwek, Friedrich　95
ブーテルウェク(18・19世紀)
　→Bouterwek, Friedrich　95
ブテンコ, ボフダン(20世紀)
　→Butenko, Bohdan　115
フート, メアリー・アナ(19・20世紀)
　→Foote, Mary Anna　244
プトレマイオス7世・フィロパトール(クレオパトラ)(前1世紀)　→Kleopatra VII　367
フナイ,M.(20世紀)　→Funai, Mamoru　256
フーニ(16世紀)　→Juní, Juan de　352
プーニ(20世紀)　→Pougny, Jean　533
フーニ, アキッレ(19・20世紀)
　→Funi, Achille　257
プーニー, ジャン(20世紀)　→Pougny, Jean　533
プニー, ジャン(20世紀)　→Pougny, Jean　533
フーニ, フアン・デ(16世紀)
　→Juní, Juan de　352
フニー, ホアン・デ(16世紀)
　→Juní, Juan de　352
フニズドーフスキー,J.(20世紀)
　→Hnizdovski, Jacques　321
ブニュエル, フーワン・ルイス(20世紀)
　→Buñuel, Juan Luis　111
ブニュエル, フワン・ルイス(20世紀)
　→Buñuel, Juan Luis　111
ブネ(20世紀)　→Venet, Philippe　680
ブノア(19・20世紀)　→Benois, Alexandre　67
ブノア, アレクサンドル(19・20世紀)
　→Benois, Alexandre　67
ブノア, ニコラ(20世紀)　→Benois, Nicola　68
ブノア, マリー(ギレルミーヌ)(18・19世紀)
　→Benoist, Marie (Guillemine), Comtesse　68
ブノワ(19・20世紀)　→Benois, Alexandre　67
ブノワ, アレクサンドル(19・20世紀)
　→Benois, Alexandre　67
フーバー(15・16世紀)　→Huber, Wolf　330
フーバー, ヴォルフ(15・16世紀)
　→Huber, Wolf　330
フーバッハー, ヘルマン(19・20世紀)
　→Hubacher, Hermann　330
プファイファー, ウェ(20世紀)
　→Pfeifer, Uwe　517
プフォル(18・19世紀)　→Pforr, Franz　517
プフォル, フランツ(18・19世紀)
　→Pforr, Franz　517
プーフスバウム, ハンス(14・15世紀)
　→Puchsbaum, Hans　539
フーブッフ, カール(20世紀)
　→Hubbuch, Karl　330
ブブノヴァ, ヴァルヴァーラ(19・20世紀)
　→Bubnova, Varvard D.　109

ブブノフ（20世紀）
　→Bubunov, Aleksandr Pavlovich　*109*
ブブノフ，アレクサンドル（20世紀）
　→Bubunov, Aleksandr Pavlovich　*109*
ブブノフ，アレクサンドル・パヴロヴィッチ（20世紀）　→Bubunov, Aleksandr Pavlovich　*109*
ブブノワ（19・20世紀）
　→Bubnova, Varvard D.　*109*
ブブノーワ，ワルワーラ（19・20世紀）
　→Bubnova, Varvard D.　*109*
ブブノワ，ワルワーラ（19・20世紀）
　→Bubnova, Varvard D.　*109*
ブブノーワ，ワルワーラ・Д.（19・20世紀）
　→Bubnova, Varvard D.　*109*
フーブラーケン（17・18世紀）
　→Houbraken, Arnold　*329*
フーブラケン（17・18世紀）
　→Houbraken, Arnold　*329*
フーブラケン（17・18世紀）
　→Houbraken, Jakob　*329*
プフール（19・20世紀）　→Pfuhl, Ernst　*517*
プープレ，ジェーン（19・20世紀）
　→Poupelet, Jane　*534*
フベルツス（7・8世紀）　→Hubertus　*330*
フベルト（7・8世紀）　→Hubertus　*330*
フベルトゥス（7・8世紀）　→Hubertus　*330*
フーベルトゥス（聖）（マーストリヒトの）（7・8世紀）
　→Hubertus　*330*
フーマン（19世紀）　→Humann, Carl　*332*
フーマン，カール（19世紀）　→Humann, Carl　*332*
フミアーニ，ジョヴァンニ・アントーニオ（17・18世紀）　→Fumiani, Giovanni Antonio　*256*
フメル，ベルタ（20世紀）　→Hummel, Berta　*332*
フエトラー（15世紀）　→Füetrer, Ulrich　*255*
フューガー（18・19世紀）
　→Füger, Heinrich Friedrich　*255*
フューガー，ハインリヒ（18・19世紀）
　→Füger, Heinrich Friedrich　*255*
フューガー，ハインリヒ・フリードリヒ（18・19世紀）　→Füger, Heinrich Friedrich　*255*
フュシュト・ミラーン（19・20世紀）
　→Füst Milán　*257*
フースリ（18・19世紀）
　→Füssli, Johann Heinrich　*257*
フューズリ（18・19世紀）
　→Füssli, Johann Heinrich　*257*
フューズリ，ヘンリー（18・19世紀）
　→Füssli, Johann Heinrich　*257*
フースリ，ヨーハン・ハインリヒ（18・19世紀）
　→Füssli, Johann Heinrich　*257*
フースリ，ヨハン・ハインリヒ（18・19世紀）
　→Füssli, Johann Heinrich　*257*
フスリ，ヨハン・ハインリヒ（18・19世紀）
　→Füssli, Johann Heinrich　*257*

フューゼリ（18・19世紀）
　→Füssli, Johann Heinrich　*257*
フューゼリ，ヘンリー（18・19世紀）
　→Füssli, Johann Heinrich　*257*
フューセンス，ピーテル（16・17世紀）
　→Huyssens, Piter　*333*
フュッスリ（18・19世紀）
　→Füssli, Johann Heinrich　*257*
フュッスリ，ヨーハン・ハインリッヒ（18・19世紀）
　→Füssli, Johann Heinrich　*257*
フュッスリ，ヨハン・ハインリヒ（18・19世紀）
　→Füssli, Johann Heinrich　*257*
フューリヒ（19世紀）　→Führich, Josef von　*256*
フューリヒ，ヨーゼフ・フォン（19世紀）
　→Führich, Josef von　*256*
フューリヒ，ヨゼフ・フォン（19世紀）
　→Führich, Josef von　*256*
フュルベール（10・11世紀）
　→Fulbert de Chartres　*256*
フュルベール（シャルトルの）（10・11世紀）
　→Fulbert de Chartres　*256*
フュロマコス（前3世紀）　→Phuromakhos　*518*
フュロマコス（前3世紀）　→Phyromachos　*518*
フョードロヴィッチ，ソフィ（20世紀）
　→Fedorovitch, Sophie　*232*
フラー（17世紀）　→Fuller, Isaac　*256*
フラー（19世紀）　→Fuller, George　*256*
フラー（20世紀）
　→Fuller, Richard Buckminster　*256*
フラー，A.（20世紀）　→Fleur, Anne　*242*
フラー，J.（20世紀）　→Furrer, Jarg　*257*
フラー，R.B.（20世紀）
　→Fuller, Richard Buckminster　*256*
フラー，R（リチャード）バックミンスター（20世紀）　→Fuller, Richard Buckminster　*256*
フラー，アイザック（17世紀）　→Fuller, Isaac　*256*
フラー，バックミンスター（20世紀）
　→Fuller, Richard Buckminster　*256*
フラー，ピーター（20世紀）　→Fuller, Peter　*256*
フラー，マーティン（20世紀）
　→Fuller, Martin　*256*
フラー，メタ（19・20世紀）　→Fuller, Meta　*256*
フラー，（リチャード・）バックミンスター（20世紀）　→Fuller, Richard Buckminster　*256*
フラー，リチャード・バックミンスター（20世紀）
　→Fuller, Richard Buckminster　*256*
フラー，ルシア（19・20世紀）　→Fuller, Lucia　*256*
フラ・アンジェリコ（14・15世紀）
　→Fra Angelico　*246*
フラ＝アンジェリコ（14・15世紀）
　→Fra Angelico　*246*
フラアンジェリコ（14・15世紀）
　→Fra Angelico　*246*
フライ（19・20世紀）　→Frey, Dagobert　*252*

フライ(19・20世紀) →Fry, Roger Eliot 255
フライ(20世紀) →Fry, Edwin Maxwell 255
フライ,D.(19・20世紀) →Frey, Dagobert 252
フライ,エドウィン・マックスウェル(20世紀)
  →Fry, Edwin Maxwell 255
フライ,ダーゴベルト(19・20世紀)
  →Frey, Dagobert 252
フライ,ダゴベルト(19・20世紀)
  →Frey, Dagobert 252
フライ,ロザリー・キングズミル(20世紀)
  →Fry, Rosalie Kingsmill 255
フライ,ロジャー(19・20世紀)
  →Fry, Roger Eliot 255
フライ,ロジャー・エリオット(19・20世紀)
  →Fry, Roger Eliot 255
フライ,ロジャー(・エリオット)(19・20世紀)
  →Fry, Roger Eliot 255
フライ,ロジャー(エリオット)(19・20世紀)
  →Fry, Roger Eliot 255
フライ,ローラ・アン(19・20世紀)
  →Fry, Laura Ann 255
プライシグ,ヴォイチェフ(19・20世紀)
  →Preissig, Vojtéch 536
フライシャー(20世紀) →Fleischer, Dave 241
フライシヤー,ディヴ(20世紀)
  →Fleischer, Dave 241
フライシャー,デイブ(20世紀)
  →Fleischer, Dave 241
フライシャー,マックス(19・20世紀)
  →Fleischer, Max 241
フライシャー兄弟(20世紀)
  →Fleischer, Dave 241
フライシュマン,S.(20世紀)
  →Fleishman, Seymour 241
フライシュマン,アドルフ・リヒャルト(20世紀)
  →Fleischmann, Adolf Richard 241
プライス,G.(20世紀) →Price, Garrett 536
プライス,H.(20世紀) →Price, Harold 536
プライス,ケネス(20世紀)
  →Price, Kenneth 537
プライス,ケン(20世紀) →Price, Kenneth 537
プライスマン,マージョリー(20世紀)
  →Priceman, Marjorie 537
プライスラー,ゲオルク・マルティン(18世紀)
  →Preisler, Georg Martin 536
プライスラー,ダニエル(17世紀)
  →Preisler, Daniel 536
プライスラー,ヨハン・ダニエル(17・18世紀)
  →Preisler, Johann Daniel 536
プライスラー,ヨハン・マルティン(18世紀)
  →Preisler, Johann Martin 536
プライスラー,ヨハン・ユスティン(17・18世紀)
  →Preisler, Johann Justin 536
プライスレル,ヤン(19・20世紀)
  →Preisler, Jan 536

ブライソン,B.(20世紀)
  →Bryson, Bernarda 109
ブライティンガー(18世紀)
  →Breitinger, Johann Jakob 100
ブライティンガー,ヨーハン・ヤーコプ(18世紀)
  →Breitinger, Johann Jakob 100
ブライティンガー,ヨハン・ヤーコプ(18世紀)
  →Breitinger, Johann Jakob 100
プライデンヴルフ,ハンス(15世紀)
  →Pleydenwulff, Hans 526
ブライテンバッハ,ブライテン(20世紀)
  →Breytenbach, Breyten 102
プライデンブルフ(15世紀)
  →Pleydenwulff, Hans 526
ブライト,R.(20世紀) →Bright, Robert 102
プライド,ジェイムズ・フェリアー(19・20世紀)
  →Pryde, James Ferrier 538
ブライト,ロバート(20世紀)
  →Bright, Robert 102
ブライトウェル,セシリア(19世紀)
  →Brightwell, Cecilia 102
ブライトナー,ジョルジュ・ヘンドリック(19・20世紀) →Breitner, George Hendrik 100
ブライプトロイ(19・20世紀) →Bleibtreu, Georg 81
プライヤー,A.(20世紀) →Pryor, Ainslie 538
ブラウアー,エーリッヒ(20世紀)
  →Brauer, Erich 99
ブラウアー,エリッヒ(20世紀)
  →Brauer, Erich 99
ブラウアー,エーリヒ(20世紀)
  →Brauer, Erich 99
フラヴァーチェク,カレル(19世紀)
  →Hlaváček, Karel 321
ブラウウェル(17世紀) →Brouwer, Adriaen 105
ブラウエル(17世紀) →Brouwer, Adriaen 105
ブラウエル,A.(17世紀)
  →Brouwer, Adriaen 105
ブラウエル,アドリアーン(17世紀)
  →Brouwer, Adriaen 105
プラウト(18・19世紀) →Prout, Samuel 538
プラウト,サミュエル(18・19世紀)
  →Prout, Samuel 538
ブラウネル(20世紀) →Brauner, Victor 99
ブラウネル,ヴィクトール(20世紀)
  →Brauner, Victor 99
ブラウン(18世紀) →Brown, Lancelot 105
ブラウン(19世紀) →Brown, Ford Madox 105
ブラウン(19世紀) →Brown, Henri Kirke 105
ブラウン(19・20世紀)
  →Brown, Harold Chapman 105
ブラウン(20世紀)
  →Brown, William Norman 106
ブラウン,A.(20世紀) →Browne, Anthony 106
ブラウン,B.(20世紀) →Brown, Barbara 105

ブラウン,M.(20世紀) →Brown, Marc　105
ブラウン,M.J.(20世紀) →Brown, Marcia　106
ブラウン,P.(20世紀) →Brown, Palmer　106
ブラウン,R.(20世紀) →Brown, Ruth　106
ブラウン,アリス・ヴァン(19・20世紀)
　→Brown, Alice van　105
ブラウン,アンソニー(20世紀)
　→Browne, Anthony　106
ブラウン,アンリエット(19世紀)
　→Browne, Henriette　106
ブラウン,ゴードン(19・20世紀)
　→Browne, Gordon　106
ブラウン,ゴードン・フレデリック(19・20世紀)
　→Browne, Gordon　106
ブラウン,ゴードン(・フレデリック)(19・20世紀)
　→Browne, Gordon　106
ブラウン,ジョン(18世紀) →Brown, John　105
ブラウン,トム(19・20世紀)
　→Browne, Tom　106
ブラウン,ハブロット・ナイト(19世紀)
　→Browne, Hablot Knight　106
ブラウン,フォード・マドックス(19世紀)
　→Brown, Ford Madox　105
ブラウン,マーク(20世紀) →Brown, Marc　105
ブラウン,マーシャ(20世紀)
　→Brown, Marcia　106
ブラウン,マーシャ・ジョーン(20世紀)
　→Brown, Marcia　106
ブラウン,ランスロット(18世紀)
　→Brown, Lancelot　105
ブラウン〔ラーンスロット〕(18世紀)
　→Brown, Lancelot　105
ブラウン,ランスロット(ケイパビリティー・ブラウン(通称))(18世紀)
　→Brown, Lancelot　105
ブラウンスコム,ジェニー・オーガスタ(19・20世紀) →Brownscombe, Jennie Augusta　106
ブラウン=フォーゲルシタイン,ユリー(19・20世紀)
　→Braun-Vogelstein, Julie　99
ブラーガ(19世紀) →Praga, Emilio　535
ブラーガ,エミーリオ(19世紀)
　→Praga, Emilio　535
フラカッシーニ,チェーザレ(19世紀)
　→Fracassini, Cesare　247
ブラガーリア,アントン・ジューリオ(19・20世紀)
　→Bragaglia, Anton Giulio　97
フラカンツァーノ,フランチェスコ(17世紀)
　→Fracanzano, Francesco　247
プラクシテス(前4世紀) →Praxiteles　535
プラクシテレス(前4世紀) →Praxiteles　535
プラークシテレース(前4世紀) →Praxiteles　535
プラクシテレス(前4世紀) →Praxiteles　535
フラクスマン(18・19世紀)
　→Flaxman, John　241

フラクスマン,ジョン(18・19世紀)
　→Flaxman, John　241
ブラクモン(19・20世紀) →Bracquemond, Félix Henri Félix Joseph Auguste　97
ブラケット,エドマンド・トマス(19世紀)
　→Blacket, Edmund Thomas　80
フラゴナール(18・19世紀)
　→Fragonard, Jean-Honoré　247
フラゴナール,アレッサンドル=エヴァリスト(18・19世紀)
　→Fragonard, Alexandre-Evariste　247
フラゴナール,ジャン・オノレ(18・19世紀)
　→Fragonard, Jean-Honoré　247
フラゴナール,ジャン=オノレ(18・19世紀)
　→Fragonard, Jean-Honoré　247
プラサー,エミリー(20世紀)
　→Prather, Emily　535
プラシノス(20世紀) →Prassinos, Mario　535
プラシノス,マリオ(20世紀)
　→Prassinos, Mario　535
フラジャーコモ,ピエトロ(19・20世紀)
　→Fragiacomo, Pietro　247
ブラシュフィールド(19・20世紀)
　→Blashfield, Edwin Howland　81
ブラジリエ,A.(20世紀) →Brasilier, Andre　99
ブラジリエ,アンドレ(20世紀)
　→Brasilier, Andre　99
プラス,F.(20世紀) →Place, Francois　526
ブラス,イターリコ(19・20世紀)
　→Brass, Italico　99
ブラス,ビル(20世紀) →Blass, Bill　81
プラス,フランソワ(20世紀)
　→Place, Francois　526
フラスカ,ナート(20世紀) →Frascà, Nato　251
プラストフ(20世紀)
　→Plastov, Arkady Alexandrovitch　526
プラストフ,アルカディー・アレクサンドローヴィッチ(20世紀)
　→Plastov, Arkady Alexandrovitch　526
フラゼッタ,フランク(20世紀)
　→Frazetta, Frank　251
ブラチェッリ,ジョヴァンニ・バッティスタ(17世紀) →Bracelli, Giovanni Battista　96
フラッグ(19・20世紀)
　→Flagg, James Montgomery　240
ブラック(19・20世紀) →Braque, Georges　99
ブラック(20世紀) →Black, Misha　79
ブラッグ,C.(20世紀) →Bragg, Charles　97
フラック,M.(20世紀) →Flack, Marjorie　240
フラッグ,アーネスト(19・20世紀)
　→Flagg, Ernest　240
ブラック,サー・ミーシャ(20世紀)
　→Black, Misha　79
フラッグ,ジェイムズ・モンゴメリー(19・20世紀)
　→Flagg, James Montgomery　240

ブラック, ジョルジュ(19・20世紀)
　→Braque, Georges　99
フラック, マージョリ(20世紀)
　→Flack, Marjorie　240
フラック, マージョリー(20世紀)
　→Flack, Marjorie　240
ブラック, ミッシャ(20世紀)→Black, Misha　79
ブラックウェル, リチャード(20世紀)
　→Blackwell, Mr. (Richard)　80
フラックスマン(18・19世紀)
　→Flaxman, John　241
フラックスマン, ジョン(18・19世紀)
　→Flaxman, John　241
ブラックトン, ジェイムズ・ステュアート(19・20世紀)→Blackton, James Stuart　80
ブラックバーン(18世紀)
　→Blackburn, Joseph　79
ブラックバーン, ジェミマ(19・20世紀)
　→Blackburn, Jemima　79
ブラックモン(19・20世紀)→Bracquemond, Félix Henri Félix Joseph Auguste　97
ブラックモン,F.(19・20世紀) →Bracquemond, Félix Henri Félix Joseph Auguste　97
ブラックモン, フェリクス(19・20世紀)
　→Bracquemond, Félix Henri Félix Joseph Auguste　97
ブラックモン, フェリックス(19・20世紀)
　→Bracquemond, Félix Henri Félix Joseph Auguste　97
ブラックモン, マリー(19・20世紀)
　→Bracquemond, Marie　97
ブラッケイジ, スタン(20世紀)
　→Brakhage, Stan　97
ブラッサイ(20世紀) →Brassaï, Pierre　99
ブラッシュ(19・20世紀)
　→Brush, George de Forest　108
ブラッシュ, クルト(20世紀)→Brasch, Kurt　99
ブラッセル=スミス,B.(20世紀)
　→Brussel-Smith, Bernard　108
ブラッチ, セバスティアーノ(16・17世紀)
　→Bracci, Sebastiano　96
ブラッチ, ピエトロ(18世紀)
　→Bracci, Pietro　96
ブラッチェスコ, カルロ(15・16世紀)
　→Braccesco, Carlo　96
ブラッツ(19・20世紀)
　→Platz, Gustav Adolf　526
ブラッツァー, イグナツ・フランティシェク(18世紀) →Platzer, Ignác František　526
ブラッツァー, ヨゼフ(18・19世紀)
　→Platzer, Jozef　526
ブラット(20世紀) →Blatt, Anny　81
ブラット, マッシュウ(18・19世紀)
　→Pratt, Matthew　535

プラット, リチャード(20世紀)
　→Platt, Richard　526
プラット, ロージャー(17世紀)
　→Pratt, Sir Roger　535
プラット, ロジャー(17世紀)
　→Pratt, Sir Roger　535
ブラッドショー(19世紀)
　→Bradshaw, George　97
ブラッドショー, ジョージ(19世紀)
　→Bradshaw, George　97
ブラットビー, ジョン(20世紀)
　→Bratby, John　99
ブラッドフォード(19世紀)
　→Bradford, William　97
フラットマン(17世紀)
　→Flatman, Thomas　241
ブラッハ, ポール(20世紀) →Brach, Paul　96
ブラッハフォーゲル(19世紀)
　→Brachvogel, Albert Emil　97
ブラディ(19世紀) →Brady, Mathew B.　97
ブラディー(19世紀) →Brady, Mathew B.　97
ブラディー, マシュー(19世紀)
　→Brady, Mathew B.　97
プラディエ(18・19世紀)
　→Pradier, Jean Jacques　534
プラディエ, ジェイムズ(18・19世紀)
　→Pradier, Jean Jacques　534
プラディエ, ジャン・ジャック(18・19世紀)
　→Pradier, Jean Jacques　534
ブラートフ,E.V.(20世紀)
　→Bulatov, Erik Vladimirovich　110
フラドモーン →Phradmon　518
フラナガン(20世紀) →Flanagan, Barry　241
フラナガン(20世紀)
　→Flannagan, John Bernard　241
フラナガン,B.(20世紀) →Flanagan, Barry　241
フラナガン, バリー(20世紀)
　→Flanagan, Barry　241
フラナガン, バリイ(20世紀)
　→Flanagan, Barry　241
プラネル(20世紀) →Planell　526
ブラバゾン(19・20世紀)
　→Brabazon, Hercules Brabazon　96
フラバチ,J.(20世紀) →Hlavec, Josef　321
フラ・バルトロメーオ(15・16世紀)
　→Bartolommeo, Fra　53
フラ・バルトロメオ(15・16世紀)
　→Bartolommeo, Fra　53
フラバルトロメオ(15・16世紀)
　→Bartolommeo, Fra　53
プラマー,W.K.(20世紀)
　→Plummer, W.Kirtman　526
ブラマンク(19・20世紀)
　→Vlaminck, Maurice de　689

ブラマンク, モーリス・ド (19・20世紀)
　→Vlaminck, Maurice de　*689*
ブラマンテ (15・16世紀)
　→Bramante, Donato d'Angelo　*97*
ブラマンテ, ドナート (15・16世紀)
　→Bramante, Donato d'Angelo　*97*
ブラマンテ, ドナト (15・16世紀)
　→Bramante, Donato d'Angelo　*97*
ブラマンテ, ドナート・ダンジェロ (15・16世紀)
　→Bramante, Donato d'Angelo　*97*
ブラマンテ, ドナト・ダンジェロ (通称) (ドナート・ディ・パスクイッチョ・ディ・アントニオ) (15・16世紀)
　→Bramante, Donato d'Angelo　*97*
ブラマンティーノ (15・16世紀)
　→Bramantino　*97*
ブラマンティーノ (通称) (バルトロメオ・スアルディ) (15・16世紀) →Bramantino　*97*
フラムプトン, ジョージ (19・20世紀)
　→Frampton, Sir George James　*247*
ブラーメル, レオナルト (16・17世紀)
　→Bramer, Leonard　*98*
プーラルト (19世紀) →Poelaert, Joseph　*527*
プラールト, ヨゼフ (19世紀)
　→Poelaert, Joseph　*527*
プラルト, ヨセフ (19世紀)
　→Poelaert, Joseph　*527*
ブラン (19世紀) →Blanc, Auguste Alexandre Philippe Charles　*80*
ブラン, M. (20世紀) →Blanc, Martine　*81*
ブラン, シャルル (19世紀) →Blanc, Auguste Alexandre Philippe Charles　*80*
ブラン, ニコラ (15・16世紀) →Belin, Nicolas　*63*
プーラン, ピエール (20世紀)
　→Poulain, Pierre　*533*
ブランカ (16・17世紀) →Branca, Giovanni　*98*
フランカヴィッラ, ピエトロ (16・17世紀)
　→Francavilla, Pietro　*247*
フランカステル (20世紀)
　→Francastel, Pierre　*247*
フランカステル, ピエール (20世紀)
　→Francastel, Pierre　*247*
フランカール (16・17世紀)
　→Francart, Jacques　*247*
フランカール, ジャック (16・17世紀)
　→Francart, Jacques　*247*
フランカル, ジャック (16・17世紀)
　→Francart, Jacques　*247*
フランキ, ジュゼッペ (18・19世紀)
　→Franchi, Giuseppe　*248*
フランキ, ロッセッロ・ディ・ヤーコポ (14・15世紀) →Franchi, Rossello di Iacopo　*248*
フランキーナ, ニーノ (20世紀)
　→Franchina, Nino　*248*

ブランギン (19・20世紀)
　→Brangwyn, Sir Frank　*98*
フランク (20世紀) →Frank, Robert　*250*
フランク, K. (20世紀) →Franck, Kaj　*249*
フランク, カイ (20世紀) →Franck, Kaj　*249*
フランク, パウエルス (16世紀)
　→Franck, Pawels　*249*
フランク, マリー (20世紀) →Frank, Mary　*250*
プラング, メアリー・アメリア (19・20世紀)
　→Prang, Mary Amelia　*535*
フランク, ヨーゼフ (19・20世紀)
　→Frank, Josef　*250*
フランク, ロバート (20世紀)
　→Frank, Robert　*250*
フランク, ロベルト (20世紀)
　→Frank, Robert　*250*
ブラングイン (19・20世紀)
　→Brangwyn, Sir Frank　*98*
ブラングイン (19・20世紀)
　→Brangwyn, Sir Frank　*98*
ブラングイン, フランク (19・20世紀)
　→Brangwyn, Sir Frank　*98*
ブラングウィン (19・20世紀)
　→Brangwyn, Sir Frank　*98*
ブラングヴィン, サー・フランク (19・20世紀)
　→Brangwyn, Sir Frank　*98*
ブランクーシ (19・20世紀)
　→Brancusi, Constantin　*98*
ブランクージ (19・20世紀)
　→Brancusi, Constantin　*98*
ブランクーシ, コンスタンタン (19・20世紀)
　→Brancusi, Constantin　*98*
ブランクーシ, コンスタンチン (19・20世紀)
　→Brancusi, Constantin　*98*
ブランクーシ, コンスタンティン (19・20世紀)
　→Brancusi, Constantin　*98*
フランクフォート (20世紀)
　→Frankfort, Henri　*250*
フランクフォート, ヘンリ (20世紀)
　→Frankfort, Henri　*250*
フランクフォルト, ヘンリ (20世紀)
　→Frankfort, Henri　*250*
フランクラン, フランソワーズ (20世紀)
　→Franclin, Francoise　*249*
フランクリン=アダムズ (19・20世紀)
　→Franklin-Adams, John　*251*
フランクリン・アダムズ, ジョン (19・20世紀)
　→Franklin-Adams, John　*251*
フランクル (19・20世紀) →Frankl, Paul　*250*
フランクル, パウル (19・20世紀)
　→Frankl, Paul　*250*
フランケ (15世紀)
　→Francke (Meister Francke)　*249*
フランケ (20世紀) →Franke, Herbert　*250*
フランケ (20世紀) →Franke, Wolfgang　*250*

フランケ, ウォルフガンク(20世紀)
　→Franke, Wolfgang　250
フランケ, パウル(16・17世紀)
　→Francke, Paul　249
フランケ(マイスター・フランケ)(15世紀)
　→Francke(Meister Francke)　249
フランケチエンヌ(20世紀)　→Franketienne　250
プランケット, ウォルター(20世紀)
　→Plunkett, Walter　527
フランケン, アンブロシウス一世(16・17世紀)
　→Francken, Ambrosius I　249
フランケン, ニコラース(16世紀)
　→Francken, Nicolaes　249
フランケン, ヒエロニムス一世(16・17世紀)
　→Francken, Hieronymus I　249
フランケン, フランス一世(16・17世紀)
　→Francken, Frans I　249
フランケン, フランス二世(16・17世紀)
　→Francken, Frans II　249
フランケン, ルス(20世紀)
　→Francken, Ruth　249
フランケンサーラー(20世紀)
　→Frankenthaler, Helen　250
フランケンサーラー, ヘレン(20世紀)
　→Frankenthaler, Helen　250
フランケンツァラー, ヘレン(20世紀)
　→Frankenthaler, Helen　250
フランケンバーグ,R.C.(20世紀)
　→Frankenberg, Robert Clinton　250
ブランケンブルク(18世紀)
　→Blankenburg, Christian Friedrich von　81
ブランケンブルク, クリスティアン・フリードリヒ・フォン(18世紀)
　→Blankenburg, Christian Friedrich von　81
ブランコ,E.M.(20世紀)
　→Blanco, Enrique Martinez　81
フランコ, バッティスタ(16世紀)
　→Franco, Battista　249
ブランゴチオ, マイケル(20世紀)
　→Brangoccio, Michael　98
フランコ・ボロニェーゼ(14世紀)
　→Franco Bolognese　249
プランシェ(18・19世紀)
　→Planché, James Robinson　526
ブーランジェ, イポリート(19世紀)
　→Boulenger, Hippolyte-Emmanuel　94
ブーランジェ, イポリート=エマニュエル(19世紀)　→Boulenger, Hippolyte-Emmanuel　94
プランシェ, ジェイムズ(18・19世紀)
　→Planché, James Robinson　526
プランシェ, ジェイムズ・ロビンスン(18・19世紀)
　→Planché, James Robinson　526
ブーランジェ, ルイ(19世紀)
　→Boulanger, Louis　94
フランシス(20世紀)　→Francis, Sam　249

フランシス, サム(20世紀)　→Francis, Sam　249
フランシス, ジェラード(20世紀)
　→Frances, Gerard　247
フランシスコ(20世紀)
　→Francisco, Esteban　249
フランシスコ(アッシジの)(12・13世紀)
　→Francesco d'Assisi, St　248
フランシスコ, エステバン(20世紀)
　→Francisco, Esteban　249
フランシスコ, ジョバンニ(12・13世紀)
　→Francesco d'Assisi, St　248
フランシスコ・ザビエル(16世紀)
　→Xavier, Francisco de Yasu y　714
フランシスコ=ザビエル(16世紀)
　→Xavier, Francisco de Yasu y　714
聖フランシスコ・ザビエル(16世紀)
　→Xavier, Francisco de Yasu y　714
フランシャビージョ(15・16世紀)
　→Franciabigio　249
ブランシャール, ジャック(17世紀)
　→Blanchard, Jacques　81
ブランシュ(19・20世紀)
　→Blanche, Jacques Emile　81
ブランシュ, ジャック・エミール(19・20世紀)
　→Blanche, Jacques Emile　81
ブランシュ, ジャック=エミール(19・20世紀)
　→Blanche, Jacques Emile　81
フランシュヴィル(16・17世紀)
　→Francheville, Pierre　248
フランシュヴィル, ピエール(16・17世紀)
　→Francheville, Pierre　248
プランス, カンキュル(20世紀)
　→Prince, Canquil　537
フランセス(20世紀)　→Francisco, Esteban　249
フランソア(18世紀)
　→François, Jean Charles　250
フランソア1世(15・16世紀)　→François I　250
フランソア一世(15・16世紀)　→François I　250
フランソア・クラエー(20世紀)
　→François Crahay, Jules　250
フランソワ(20世紀)　→François, André　249
フランソワ(1世)(15・16世紀)　→François I　250
フランソワ1世(15・16世紀)　→François I　250
フランソワ一世(15・16世紀)　→François I　250
フランソワ,A.(20世紀)　→Fransois, Andre　251
フランソワ, アレッサンドロ(18・19世紀)
　→François, Alessandro　249
フランソワ, ギー(16・17世紀)
　→François, Guy　249
フランソワーズ(20世紀)　→Françoise　250
ブランソン,P.(19・20世紀)　→Bransom, Paul　98
ブランソン, デーヴィッド(20世紀)
　→Branson, David　99
フランタ,K.(20世紀)　→Franta, Karel　251

ブランタウアー(17・18世紀)
　→Prandtauer, Jakob　535
ブランタウアー(17・18世紀)
　→Prandtauer, Jakob　535
ブランタウアー(プランダウアー), ヤーコブ(17・
　18世紀) →Prandtauer, Jakob　535
ブランタウアー, ヤーコブ(17・18世紀)
　→Prandtauer, Jakob　535
ブランタウアー, ヤーコブ(17・18世紀)
　→Prandtauer, Jakob　535
ブランダガスト(19・20世紀)
　→Prendergast, Maurice Brazil　536
ブランダーニ, フェデリーコ(16世紀)
　→Brandani, Federico　98
ブランチ, ウィンストン(20世紀)
　→Branch, Winston　98
フランチア(15・16世紀)
　→Francia, Francesco　248
フランチアビジオ(15・16世紀)
　→Franciabigio　249
フランチェスカ(15世紀)
　→Piero della Francesca　520
フランチェスカ, ピエロ・デラ(15世紀)
　→Piero della Francesca　520
フランチェスカ, ピエロ・デルラ(15世紀)
　→Piero della Francesca　520
フランチェスキ(15世紀)
　→Piero della Francesca　520
フランチェスキーニ(17世紀)
　→Franceschini, Baldassare　247
フランチェスキーニ(17・18世紀)
　→Franceschini, Marcantonio　247
フランチェスキーニ, マルカントーニオ(17・18世
　紀) →Franceschini, Marcantonio　247
フランチェスコ(12・13世紀)
　→Francesco d'Assisi, St　248
フランチェスコ(聖)(12・13世紀)
　→Francesco d'Assisi, St　248
フランチェスコ(アッシージの, 聖)(12・13世紀)
　→Francesco d'Assisi, St　248
フランチェスコ(アッシージの)(12・13世紀)
　→Francesco d'Assisi, St　248
フランチェスコ(アッシジの)(12・13世紀)
　→Francesco d'Assisi, St　248
フランチェスコ(聖)(アッシージの)(12・13世
　紀) →Francesco d'Assisi, St　248
聖フランチェスコ(アッシジの)(12・13世紀)
　→Francesco d'Assisi, St　248
フランチェスコ・ダイ・リブリ(15・16世紀)
　→Francesco dai Libri　248
フランチェスコ・ダッシージ(12・13世紀)
　→Francesco d'Assisi, St　248
フランチェスコ・ダッシージ(アッシジの)(12・
　13世紀) →Francesco d'Assisi, St　248
フランチェスコ・ダ・リーミニ(14世紀)
　→Francesco da Rimini　248

フランチェスコ・ディ・ヴァルダンブリーノ(15世
　紀) →Francesco di Valdambrino　248
フランチェスコ・ディ・ジェンティーレ(15世紀)
　→Francesco di Gentile　248
フランチェスコ・ディ・ジョルジオ・マルティー
　ニ(15・16世紀)
　→Francesco di Giorgio Martini　248
フランチェスコ・ディ・ジョルジョ(15・16世紀)
　→Francesco di Giorgio Martini　248
フランチェスコ・ディ・ジョルジョ・マルティー
　ニ(15・16世紀)
　→Francesco di Giorgio Martini　248
フランチェスコ・デ・フランチェスキ(15世紀)
　→Francesco de'Franceschi　248
フランチェスコデルコッサ(15世紀)
　→Cossa, Francesco del　165
フランチェーゼ, フランコ(20世紀)
　→Francese, Franco　248
フランチャ(15・16世紀)
　→Francia, Francesco　248
フランチャビジオ(15・16世紀)
　→Franciabigio　249
フランチャビージョ(15・16世紀)
　→Franciabigio　249
フランチョーネ(15世紀) →Francione　249
フランツ, ニッツア(20世紀)
　→Flantz, Nitza　241
ブランディ, ジャチント(17世紀)
　→Brandi, Giacinto　98
ブランディ, チェーザレ(20世紀)
　→Brandi, Cesare　98
ブランデージ, マーガレット(20世紀)
　→Brundage, Margaret　107
フランデス, ホアン・デ(15・16世紀)
　→Flandes, Juan de　241
プランテーリ, ジャン・ジャーコモ(17・18世紀)
　→Plantery, Gian Giacomo　526
プランテリー(プランテリ, プランティエリ),
　ジャン・ジャコモ(17・18世紀)
　→Plantery, Gian Giacomo　526
ブランデンバーグ, A.(20世紀)
　→Brandenberg, Aliki　98
ブラント(20世紀)
　→Blunt, Anthony Frederic　82
ブラント(20世紀) →Brandt, Bill　98
ブラント, K.(20世紀) →Brandt, Katrin　98
ブランド, M.(20世紀) →Brande, Marlie　98
ブラント, アンソニー・フレデリック(20世紀)
　→Blunt, Anthony Frederic　82
ブラント, アントニー(・フレデリック)(20世紀)
　→Blunt, Anthony Frederic　82
ブラント, ビル(20世紀) →Brandt, Bill　98
ブラント, ワーレン(20世紀)
　→Brandt, Warren　98

フランドラン(19世紀)
　→Flandrin, Auguste　241
フランドラン(19世紀)
　→Flandrin, Hippolyte　241
フランドラン(19・20世紀)
　→Flandrin, Jean Paul　241
フランドラン(19・20世紀)
　→Flandrin, Paul Hippolyte　241
フランドラン, イポリット(19世紀)
　→Flandrin, Hippolyte　241
フランドラン, イポリット(19世紀)
　→Flandrin, Hippolyte　241
ブラントン(19・20世紀)
　→Brunton, Richard Henry　108
ブランピエ, エドマンド(19・20世紀)
　→Blampied, Edmund　80
フランプトン(19・20世紀)
　→Frampton, Sir George James　247
ブランプトン,K.(20世紀)
　→Brumpton, Keith　107
フランプトン, ケネス(20世紀)
　→Frampton, Kenneth　247
フランプトン, サー・ジョージ・ジェイムズ(19・20世紀)　→Frampton, Sir George James　247
フランプトン, ホリス(20世紀)
　→Frampton, Hollis　247
プランポリーニ, エンリーコ(20世紀)
　→Prampolini, Enrico　535
ブーリ(20世紀)　→Burri, Alberto　113
ブリ(16世紀)　→Bry, Théodore de　109
ブーリ, アルバート(20世紀)
　→Burri, Alberto　113
ブーリ, アルベルト(20世紀)
　→Burri, Alberto　113
ブーリ, マックス・アルフレート(19・20世紀)
　→Buri, Max Alfred　112
フリーア(19・20世紀)
　→Freer, Charles Lang　251
フリーア, チャールズ・ラング(19・20世紀)
　→Freer, Charles Lang　251
ブリア, ロバート(20世紀)　→Breer, Robert　100
ブリアーティ, ジュゼッペ(17・18世紀)
　→Briati, Giuseppe　102
ブリアモス　→Priamos　536
ブリアリー,L.(20世紀)　→Brierley, Louise　102
ブリアンション(20世紀)
　→Brianchon, Maurice　102
ブリアンション, モーリス(17・18世紀)
　→Briati, Giuseppe　102
ブリアンション, モーリス(20世紀)
　→Brianchon, Maurice　102
ブーリエ, アンドレ(20世紀)
　→Bourrie, André　95
ブーリエ, ジャン(17世紀)　→Boullier, Jean　94

フリエス(19・20世紀)
　→Friesz, Emile Othon　254
フリエス, エミール・オットン(19・20世紀)
　→Friesz, Emile Othon　254
フリエス, エミール・オトン(19・20世紀)
　→Friesz, Emile Othon　254
フリエス, エミール=オトン(19・20世紀)
　→Friesz, Emile Othon　254
フリエス, オットン(19・20世紀)
　→Friesz, Emile Othon　254
ブリオ,A.(20世紀)　→Briot, Alain　103
ブリオスコ, アンドレーア(15・16世紀)
　→Briosco, Andrea　103
ブリオスコ, ベネデット・ダ(15・16世紀)
　→Briosco, Benedetto da　103
ブリオーニ, サンティ(15・16世紀)
　→Buglioni, Santi　110
ブリオーニ, ベネデット(15・16世紀)
　→Buglioni, Benedetto　110
ブリオン(20世紀)　→Brion, Marcel　103
ブリガム,G.(20世紀)　→Brigham, Grace　102
ブリガンティ, ジュリアーノ(20世紀)
　→Briganti, Giuliano　102
プリーゴ, ドメーニコ(15・16世紀)
　→Puligo, Domenico　539
プリゴフ(20世紀)
　→Prigov, Dmitrii Aleksandrovich　537
ブリジェンス(19世紀)→Bridgens, R.P.　102
フリジメーリカ, ジェローラモ(17・18世紀)
　→Frigimelica, Gerolamo　254
ブリジンス(19世紀)→Bridgens, R.P.　102
フリース(16・17世紀)→Vries, Adraen de　691
フリース(16・17世紀)
　→Vries, Hans Vredeman de　692
フリース(19世紀)→Fries, Ernst　253
フリス(19・20世紀)
　→Frith, William Powell　254
フリース,L.(20世紀)　→Freas, Lenwood　251
フリス,M.(20世紀)　→Frith, Michael　254
フリース, アドリアーン・デ(16・17世紀)
　→Vries, Adraen de　691
フリース, ヴィリ(20世紀)　→Fries, Willy　253
フリス, ウィリアム・パウエル(19・20世紀)
　→Frith, William Powell　254
フリース,(エミール・)オトン(19・20世紀)
　→Friesz, Emile Othon　254
ブリス, サミー(20世紀)→Briss, Sami　103
フリース, ハンス(15・16世紀)
　→Fries, Hans　253
フリス, フランシス(19世紀)
　→Frith, Francis　254
ブリス, ミルドレッド・バーンズ(19・20世紀)
　→Bliss, Mildred Barnes　82

ブリス, リジー・プラマー (19・20世紀)
　→Bliss, Lizzie Plummer　81
フリーズ=グリーン, ウィリアム (19・20世紀)
　→Friese-Greene, William　253
プリーストリー, クリス (20世紀)
　→Priestley, Chris　537
ブリスリー, ジョイス・L (20世紀)
　→Brisley, Joyce Lankester　103
ブリズリー, ジョイス・ランケスター (20世紀)
　→Brisley, Joyce Lankester　103
フリゾーニ, ドナート・ジュゼッペ (17・18世紀)
　→Frisoni, Donato Giuseppe　254
ブリーツィオ, アンナ・マリーア (20世紀)
　→Brizio, Anna Maria　103
ブリッグス, R. (20世紀)
　→Briggs, Raymond Redvers　102
ブリッグス, プレター (20世紀)
　→Briggs, Preter　102
ブリックス, ヨーゼフ (19・20世紀)
　→Brix, Joseph　103
ブリッグズ, レイモンド (20世紀)
　→Briggs, Raymond Redvers　102
ブリッグズ, レイモンド・レッドヴァーズ (20世紀) →Briggs, Raymond Redvers　102
ブリッグズ, レイモンド (・レッドヴァス) (20世紀)　→Briggs, Raymond Redvers　102
ブリッグズ, レイモンド (・レドヴァース) (20世紀)　→Briggs, Raymond Redvers　102
ブリッグズ, レイモンド (・レドヴァーズ) (20世紀)　→Briggs, Raymond Redvers　102
ブリックハウス, ファレル (20世紀)
　→Brickhouse, Farrell　102
ブリッグマン (20世紀) →Bryggman, Erik　109
ブリッジズ, フィデリア (19・20世紀)
　→Bridges, Fidelia　102
フリッシネ (19・20世紀)
　→Freyssinet, Eugène　252
ブリッジマン (19・20世紀)
　→Bridgman, Frederic Arthur　102
ブリッソン, ピエール・マリエ (20世紀)
　→Brisson, Pierre-Marie　103
フリッチュ, エリザベス (20世紀)
　→Fritsch, Elizabeth　254
ブリッツィ, フランチェスコ (16・17世紀)
　→Brizzi, Francesco　103
フリットクロフト, ヘンリー (17・18世紀)
　→Flitcroft, Henry　242
フリーデリヒス, カール (19世紀)
　→Friederichs, Karl　252
フリードマン, バーネット (20世紀)
　→Freedman, Barnet　251
フリードマン, ヨナ (20世紀)
　→Friedman Yona　253
フリードランダー (20世紀)
　→Friedlander, Lee　252

フリードランデル, J. (20世紀)
　→Friedlander, Johnny　252
フリートリッヒ三世 (賢王) (15・16世紀)
　→Friedrich der Weise　253
フリードリッヒ3世 (賢公) (15・16世紀)
　→Friedrich der Weise　253
フリートリッヒ・アウグスト一世 (17・18世紀)
　→Friedrich August I　253
フリードリッヒ・アウグスト1世 (17・18世紀)
　→Friedrich August I　253
フリードリヒ (18・19世紀)
　→Friedrich, Caspar David　253
フリードリヒ3世 (15・16世紀)
　→Friedrich der Weise　253
フリードリヒ三世 (15・16世紀)
　→Friedrich der Weise　253
フリードリヒ3世 (賢公) (15・16世紀)
　→Friedrich der Weise　253
フリードリヒ3世 (賢明侯) (15・16世紀)
　→Friedrich der Weise　253
フリードリヒ三世, 賢明公 (15・16世紀)
　→Friedrich der Weise　253
フリードリヒ三世 (賢明公) (15・16世紀)
　→Friedrich der Weise　253
フリードリヒ3世〔ザクセン公〕(15・16世紀)
　→Friedrich der Weise　253
フリードリヒ, C. (18・19世紀)
　→Friedrich, Caspar David　253
フリードリヒ, カスパー・ダーフィト (18・19世紀)
　→Friedrich, Caspar David　253
フリードリヒ, カスパール・ダヴィッド (18・19世紀) →Friedrich, Caspar David　253
フリードリヒ, カスパル・ダーヴィト (18・19世紀)
　→Friedrich, Caspar David　253
フリードリヒ, カスパール・ダビッド (18・19世紀)
　→Friedrich, Caspar David　253
フリードリヒ, カスパル・ダーフィト (18・19世紀)
　→Friedrich, Caspar David　253
フリードリヒ (賢侯) (15・16世紀)
　→Friedrich der Weise　253
フリードリヒ (賢公) (15・16世紀)
　→Friedrich der Weise　253
フリードリヒ (賢明侯) (15・16世紀)
　→Friedrich der Weise　253
フリードリヒ・アウグスト1世 (17・18世紀)
　→Friedrich August I　253
フリードリヒ・アウグスト一世 (17・18世紀)
　→Friedrich August I　253
フリードリヒ=アウグスト1世 (17・18世紀)
　→Friedrich August I　253
フリードリヒ・アウグスト1世 (強健王) (17・18世紀) →Friedrich August I　253
フリードリヒ・アウグストゥス一世, 強健公 (17・18世紀) →Friedrich August I　253
フリードリヒ賢公 (15・16世紀)
　→Friedrich der Weise　253

フリードリヒ賢公(3世)(15・16世紀)
　→Friedrich der Weise　253
フリートレンダー(19・20世紀)
　→Friedländer, Max Jakob　252
フリートレンダー(19・20世紀)
　→Friedländer, Walter　253
フリードレンダー(19・20世紀)
　→Friedländer, Max Jakob　252
フリートレンダー, マックス(19・20世紀)
　→Friedländer, Max Jakob　252
フリートレンダー, マックス・J.(19・20世紀)
　→Friedländer, Max Jakob　252
フリートレンダー, マックス・ヤーコプ(19・20世紀)　→Friedländer, Max Jakob　252
フリードレンデル, ジョニー(20世紀)
　→Friedlander, Johnny　252
ブリトン(18・19世紀)→Britton, John　103
プリーニ, フランコ(20世紀)
　→Purini, Franco　539
フリーニ, フランチェスコ(17世紀)
　→Furini, Francesco　257
ブリニヨウルフソン, S.(20世紀)
　→Brynisifsson, Sigururorn　109
フリーバーグ(20世紀)→Freeburg, Victor　251
フリーバーグ, ヴィクター(20世紀)
　→Freeburg, Victor　251
プリフィカート, ドメーニコ(20世紀)
　→Purificato, Domenico　539
フリブーレ, ジェフ(20世紀)
　→Friboulet, Jef　252
フリーヘル, シモン・デ(17世紀)
　→De Vlieger, Simon　195
プリマー(18・19世紀)→Plimer, Andrew　526
プリマコフ(20世紀)
　→Primachenko, Marija Avksentjevna　537
プリマチェンコ, M.A.(20世紀)
　→Primachenko, Marija Avksentjevna　537
プリマティッチオ(16世紀)
　→Primaticcio, Francesco　537
プリマティッチオ, フランチェスコ(16世紀)
　→Primaticcio, Francesco　537
プリマティッチョ(16世紀)
　→Primaticcio, Francesco　537
プリマティッチョ, フランチェスコ(16世紀)
　→Primaticcio, Francesco　537
フリーマン(19世紀)
　→Freeman, Edward Augustus　251
フリーマン, D.(20世紀)→Freeman, Don　251
フリーマン, ドン(20世紀)→Freeman, Don　251
フリーマン, バーバラ・コンスタンス(20世紀)
　→Freeman, Barbara Constance　251
ブリムナー(19・20世紀)
　→Brymner, William　109
プリャニシニコフ(19世紀)
　→Pryanishnikov, Illarion Mikhailovich　538

ブリヤン, カミーユ(20世紀)
　→Bryen, Camille　109
フリューアウフ(15・16世紀)
　→Frueauf, Rueland der Ältere　254
フリューアウフ(15・16世紀)
　→Frueauf, Rueland der Jünger　255
フリューアウフ(子)(15・16世紀)
　→Frueauf, Rueland der Jünger　255
フリューアウフ(父)(15・16世紀)
　→Frueauf, Rueland der Ältere　254
フリューアウフ, リューラント一世(父)(15・16世紀)　→Frueauf, Rueland der Ältere　254
フリューアウフ, リューラント二世(子)(15・16世紀)　→Frueauf, Rueland der Jünger　255
フリューアウフ, リューラント(子)(15・16世紀)
　→Frueauf, Rueland der Jünger　255
フリューアウフ, リューラント(父)(15・16世紀)
　→Frueauf, Rueland der Ältere　254
ブリュアクシス(前4世紀)→Bryaxis　109
ブリュアン(17世紀)→Bruant, Léibral　106
ブリュアン, ギョーム・ド(17・18世紀)
　→Bruyn, Guillaume de　109
ブリュアン, リベラル(17世紀)
　→Bruant, Léibral　106
ブリュグマン, エリク(20世紀)
　→Bryggman, Erik　109
ブリューゲル(16世紀)
　→Bruegel, Pieter, the Elder　106
ブリューゲル(16・17世紀)→Brueghel, Jan　107
ブリューゲル(16・17世紀)
　→Brueghel, Pieter, the Younger　107
ブリューゲル(子)(16・17世紀)
　→Brueghel, Pieter, the Younger　107
ブリューゲル(子)(17世紀)
　→Brueghel, Jan　107
ブリューゲル(地獄の)(兄)(16・17世紀)
　→Brueghel, Pieter, the Younger　107
ブリューゲル(小)(16・17世紀)
　→Brueghel, Pieter, the Younger　107
ブリューゲル, 小ピーター(16・17世紀)
　→Brueghel, Pieter, the Younger　107
ブリューゲル(大)(16世紀)
　→Bruegel, Pieter, the Elder　106
ブリューゲル(父)(16世紀)
　→Bruegel, Pieter, the Elder　106
ブリューゲル(父)(16・17世紀)
　→Brueghel, Jan　107
ブリューゲル(天国の)(弟)(16・17世紀)
　→Brueghel, Jan　107
ブリューゲル, ピーター(16世紀)
　→Bruegel, Pieter, the Elder　106
ブリューゲル, ピーター一世(16世紀)
　→Bruegel, Pieter, the Elder　106
ブリューゲル, ピーター2世(16・17世紀)
　→Brueghel, Pieter, the Younger　107

ブリューゲル, ピーター二世(16・17世紀)
　→Brueghel, Pieter, the Younger　107
ブリューゲル, ピーター(父)(16世紀)
　→Bruegel, Pieter, the Elder　106
ブリューゲル, ピーテル(16世紀)
　→Bruegel, Pieter, the Elder　106
ブリューゲル, ピーテル一世(16世紀)
　→Bruegel, Pieter, the Elder　106
ブリューゲル, ピーテル二世(16・17世紀)
　→Brueghel, Pieter, the Younger　107
ブリューゲル, ピーテル(子)(16・17世紀)
　→Brueghel, Pieter, the Younger　107
ブリューゲル, ピーテル(父)(16世紀)
　→Bruegel, Pieter, the Elder　106
ブリューゲル(百姓の)(16世紀)
　→Bruegel, Pieter, the Elder　106
ブリューゲル(ブリューヘル), ピーテル(父)(16世紀)　→Bruegel, Pieter, the Elder　106
ブリューゲル(ブリューヘル), ヤン(16・17世紀)
　→Brueghel, Jan　107
ブリューゲル, ペーテル一世(16世紀)
　→Bruegel, Pieter, the Elder　106
ブリューゲル, ペーテル二世(16・17世紀)
　→Brueghel, Pieter, the Younger　107
ブリューゲル, ヤン(16・17世紀)
　→Brueghel, Jan　107
ブリューゲル, ヤン一世(16・17世紀)
　→Brueghel, Jan　107
ブリューゲル, ヤン(子)(16・17世紀)
　→Brueghel, Jan　107
ブリューゲル, ヤン(父)(16・17世紀)
　→Brueghel, Jan　107
ブリュゴス(前5世紀)　→Brugos　107
ブリュゴス(前5世紀)　→Brygos　109
ブリュッゲマン(15・16世紀)
　→Brüggemann, Hans　107
ブリュッゲマン, ハンス(15・16世紀)
　→Brüggemann, Hans　107
ブリュードン(18・19世紀)
　→Prud'hon, Pierre-Paul　538
ブリュドン(18・19世紀)
　→Prud'hon, Pierre-Paul　538
ブリュードン, ピエール・ポール(18・19世紀)
　→Prud'hon, Pierre-Paul　538
ブリュードン, ピエール=ポール(18・19世紀)
　→Prud'hon, Pierre-Paul　538
ブリュドン, ピエール・ポール(18・19世紀)
　→Prud'hon, Pierre-Paul　538
ブリューニング, ペーター(20世紀)
　→Brüning, Peter　108
ブリュノフ(20世紀)　→Brunhoff, Jean de　107
ブリュノフ,J.de(20世紀)
　→Brunhoff, Jean de　107
ブリューノフ,L.de(20世紀)
　→Brunhoff, Laurent de　108

ブリューノフ, ジャン・ド(20世紀)
　→Brunhoff, Jean de　107
ブリュノフ, ジャンド(20世紀)
　→Brunhoff, Jean de　107
ブリュノフ, ジャン・ド(20世紀)
　→Brunhoff, Jean de　107
ブリュノフ, ローラン・ド(20世紀)
　→Brunhoff, Laurent de　108
ブリュノフ父子(20世紀)
　→Brunoff, Jean de　108
ブリュノフ父子(20世紀)
　→Brunoff, Laurent de　108
ブリューベリ(19・20世紀)
　→Vrubel', Mikhail Aleksandrovich　692
ブリュムナー, フーゴー(19・20世紀)
　→Blümner, Hugo　82
ブリューロフ(18・19世紀)
　→Bryullov, Karl Pavlovich　109
ブリューローフ(18・19世紀)
　→Bryullov, Aleksandr Pavlovich　109
ブリューローフ(18・19世紀)
　→Bryullov, Karl Pavlovich　109
ブリュロフ(18・19世紀)
　→Bryullov, Aleksandr Pavlovich　109
ブリュロフ(18・19世紀)
　→Bryullov, Karl Pavlovich　109
ブリューローフ, アレクサンドル・パヴロヴィチ(18・19世紀)
　→Bryullov, Aleksandr Pavlovich　109
ブリューローフ, カルル(18・19世紀)
　→Bryullov, Karl Pavlovich　109
ブリューローフ, カルル・パヴロヴィッチ(18・19世紀)
　→Bryullov, Karl Pavlovich　109
ブリューロフ, カルル・パヴロヴィッチ(18・19世紀)　→Bryullov, Karl Pavlovich　109
ブリヨン, マルセル(20世紀)
　→Brion, Marcel　103
ブリヨン, ルイ(20世紀)　→Brion, Louis　103
フリーランド, ビル(20世紀)
　→Freeland, Bill　251
ブリル(16世紀)　→Bril, Mattheus　102
ブリル(16・17世紀)　→Bril, Paul　102
ブリル, パウル(16・17世紀)　→Bril, Paul　102
ブリル, マテイス(子)(16世紀)
　→Bril, Mattheus　102
フリーレング, フリッツ(20世紀)
　→Freleng, Friz(Isadore)　252
フリンク(17世紀)　→Flinck, Govaert　242
フリンク, エリザベス(20世紀)
　→Frink, Dame Elisabeth　254
フリンク, ホーフェルト(17世紀)
　→Flinck, Govaert　242
フリンク, ホフェルト(17世紀)
　→Flinck, Govaert　242

ブリンクマン(19・20世紀)
　→Brinckmann, Albert Erich　*102*
ブリンクマン(19・20世紀)
　→Brinckmann, Justus　*103*
ブリンクマン(20世紀)
　→Brinkman, Johannes Andreas　*103*
ブリンクマン, アルベルト・エーリヒ(19・20世紀)
　→Brinckmann, Albert Erich　*102*
ブリンクマン, ヨハネス・アンドレアス(20世紀)
　→Brinkman, Johannes Andreas　*103*
プリンス, L.E.(20世紀)
　→Prince, Leonore E.　*537*
プリンス, アリソン(20世紀)
　→Prince, Alison　*537*
ブリンディジ, レーモ(20世紀)
　→Brindisi, Remo　*103*
ブール(17・18世紀)
　→Boulle, André Charles　*94*
プール(19・20世紀) →Pfuhl, Ernst　*517*
ブール, アンドレ・シャルル(17・18世紀)
　→Boulle, André Charles　*94*
ブール, アンドレ=シャルル(17・18世紀)
　→Boulle, André Charles　*94*
フール, ザヴェル(20世紀) →Fuhr, Xaver　*256*
ブルイユ(19・20世紀)
　→Breuil, Henri Edouard Prosper　*101*
ブルイユ, アンリ(19・20世紀)
　→Breuil, Henri Edouard Prosper　*101*
ブルイユ, アンリ・E.P.(19・20世紀)
　→Breuil, Henri Edouard Prosper　*101*
ブルイユ, アンリ・エドゥアール・プロスペル(19・20世紀)
　→Breuil, Henri Edouard Prosper　*101*
ブルイン(15・16世紀)
　→Bruyn, Bartholomäus　*109*
ブルイン, バルテル(15・16世紀)
　→Bruyn, Bartholomäus　*109*
フルヴィオ, アンドレーア(15・16世紀)
　→Fulvio, Andrea　*256*
プルーヴェ(20世紀) →Prouvé, Jean　*538*
プルーヴェ, ジャン(20世紀)
　→Prouvé, Jean　*538*
ブルウェル(ブロウェル)(17世紀)
　→Brouwer, Adriaen　*105*
ブルーエル(17世紀) →Brouwer, Adriaen　*105*
ブルクハルト(19世紀)
　→Burckhardt, Jacob Christopher　*111*
ブルクハルト, J.C.(19世紀)
　→Burckhardt, Jacob Christopher　*111*
ブルクハルト, ヤーコプ(19世紀)
　→Burckhardt, Jacob Christopher　*111*
ブルクハルト, ヤーコブ(19世紀)
　→Burckhardt, Jacob Christopher　*111*
ブルクハルト, ヤーコプ・クリストフ(19世紀)
　→Burckhardt, Jacob Christopher　*111*

ブルクハルト, ヤーコプ(・クリストファー)(19世紀) →Burckhardt, Jacob Christopher　*111*
ブルク=ホワイト, マーガレット(20世紀)
　→Bourke-White, Margaret　*95*
ブルクマイア(15・16世紀)
　→Burgkmair, Hans　*112*
ブルクマイアー(15・16世紀)
　→Burgkmair, Hans　*112*
ブルクマイア, ハンス(15・16世紀)
　→Burgkmair, Hans　*112*
ブルクマイアー, ハンス(15・16世紀)
　→Burgkmair, Hans　*112*
ブルクマイヤー(15・16世紀)
　→Burgkmair, Hans　*112*
ブルクマイル(15・16世紀)
　→Burgkmair, Hans　*112*
ブルクマイル, ハンス(15・16世紀)
　→Burgkmair, Hans　*112*
ブルザソルチ, ドメーニコ(16世紀)
　→Brusasorci, Domenico　*108*
ブルザゾルチ, ドメーニコ(16世紀)
　→Brusasorci, Domenico　*108*
ブルザゾルチ, フェリーチェ(16・17世紀)
　→Brusasorci, Felice　*108*
ブルジアン(19世紀) →Bursian, Konrad　*114*
ブルジアン, コンラート(19世紀)
　→Bursian, Konrad　*114*
ブルジョア(20世紀) →Bourgeois, Louise　*95*
ブルジョア(20世紀) →Bourgeois, Victor　*95*
ブルジョワ, ヴィクトール(20世紀)
　→Bourgeois, Victor　*95*
ブルース(18・19世紀)
　→Bruce, Thomas, 7th Earl of Elgin and 11th Earl of Kincardine　*106*
ブルス, エサイアス(17世紀)
　→Boursse, Esaias　*95*
プルースト(19・20世紀) →Proust, Antonin　*538*
ブルストロン(17・18世紀)
　→Brustolon, Andrea　*108*
ブルストロン, アンドレーア(17・18世紀)
　→Brustolon, Andrea　*108*
ブルセ(17世紀) →Boursse, Esaias　*95*
プルツォーネ, シピオーネ(16世紀)
　→Pulzone, Scipione　*539*
ブッキング, チャールズ(18世紀)
　→Brooking, Charles　*104*
ブック, L.レズリー(19・20世紀)
　→Brooke, L.Leslie　*104*
ブック, L(レナード)・レズリー(19・20世紀)
　→Brooke, L.Leslie　*104*
ブルック, ジャック(16世紀)
　→Broeucq, Jacques　*104*
ブルック, ジュリー(20世紀) →Brook, Julie　*104*
ブルックス, J.(20世紀) →Brooks, Jill　*105*
ブルックス, R.(20世紀) →Brooks, Ron　*105*

ブルックス, ウォルター(19・20世紀)
　→Brooks, Walter Rollin　*105*
ブルックス, ウォルター・ローリン(19・20世紀)
　→Brooks, Walter Rollin　*105*
ブルックス, ジェームス(20世紀)
　→Brooks, James　*104*
ブルックス, ジェームズ(20世紀)
　→Brooks, James　*104*
ブルックス, ロメイン(ゴダード)(19・20世紀)
　→Brooks, Romaine　*105*
ブルックス, ロメーヌ(19・20世紀)
　→Brooks, Romaine　*105*
ブルックナー, アニータ(20世紀)
　→Brookner, Anita　*104*
ブルックナー, アニタ(20世紀)
　→Brookner, Anita　*104*
ブルックハルト(19世紀)
　→Burckhardt, Jacob Christopher　*111*
ブルディション(15・16世紀)
　→Bourdichon, Jean　*95*
ブールディション, ジャン(15・16世紀)
　→Bourdichon, Jean　*95*
ブルディション, ジャン(15・16世紀)
　→Bourdichon, Jean　*95*
フルテナーゲル(フォルテナーゲル), ルーカス(16世紀)　→Furtenagel(Fortenagel), Lukas(Laux)　*257*
ブールデル(19・20世紀)
　→Bourdelle, Émile Antoine　*94*
ブールデル(19・20世紀)
　→Bourdelle, Émile Antoine　*94*
ブールデル, アントワーヌ(19・20世紀)
　→Bourdelle, Émile Antoine　*94*
ブールデル, エミール・アントアーヌ(19・20世紀)
　→Bourdelle, Émile Antoine　*94*
ブールデル, (エミール・)アントワーヌ(19・20世紀)　→Bourdelle, Émile Antoine　*94*
ブールデル, エミール=アントワーヌ(19・20世紀)
　→Bourdelle, Émile Antoine　*94*
ブルーデルラム, メルキオール(14・15世紀)
　→Broederlam, Melchior　*103*
ブルーデルラム, メルキヨール(14・15世紀)
　→Broederlam, Melchior　*103*
フルテンバハ(16・17世紀)
　→Furttenbach, Joseph　*257*
フルテンバハ, ヨーゼフ(16・17世紀)
　→Furttenbach, Joseph　*257*
フルトヴェングラー(19・20世紀)
　→Furtwängler, Adolf　*257*
フルトヴェングラー, アードルフ(19・20世紀)
　→Furtwängler, Adolf　*257*
フルトヴェングラー, アドルフ(19・20世紀)
　→Furtwängler, Adolf　*257*
フルトベングラー(19・20世紀)
　→Furtwängler, Adolf　*257*

フルトベングラー, アドルフ(19・20世紀)
　→Furtwängler, Adolf　*257*
ブールドレー, ルイ=オーギュスト=アルフレド(19世紀)
　→Beurdeley, Louis-Auguste-Alfred　*74*
フルトン(20世紀)　→Fulton, Hamish　*256*
ブルトン(20世紀)　→Breton, André　*101*
フルトン,H.(20世紀)　→Fulton, Hamish　*256*
ブルトン, アンドレ(20世紀)
　→Breton, André　*101*
ブルトン, ジュール=アドルフ=エメ=ルイ(19・20世紀)
　→Breton, Jules-Adolphe-Aimé-Louis　*101*
ブルドン, セバスティアン(17世紀)
　→Bourdon, Sébastien　*95*
ブルーナ,D.(20世紀)　→Bruna, Dick　*107*
ブルーナ, ディック(20世紀)　→Bruna, Dick　*107*
ブルナー, マックス(20世紀)
　→Brunner, Max　*108*
ブルナチーニ, ロドヴィーコ・オッターヴィオ(17・18世紀)
　→Burnacini, Lodovico Ottavio　*113*
ブルーニ(18・19世紀)
　→Bruni, Fëdor Antonovich　*108*
ブルーニ,I.L.(20世紀)
　→Bruni, Ivan Ljvovich　*108*
ブルーニ, ブルーノ(20世紀)
　→Bruni, Bruno　*108*
ブルヌス(12世紀)　→Brunus　*108*
ブルネッレスキ(14・15世紀)
　→Brunelleschi, Filippo　*107*
ブルネッレスキ, フィリッポ(14・15世紀)
　→Brunelleschi, Filippo　*107*
ブルネルレスキ, フィリッポ(14・15世紀)
　→Brunelleschi, Filippo　*107*
ブルネレスキ(14・15世紀)
　→Brunelleschi, Filippo　*107*
ブルネレスキ, フィリッポ(14・15世紀)
　→Brunelleschi, Filippo　*107*
ブルネレスキ(ブルネレスコ), フィリッポ(14・15世紀)　→Brunelleschi, Filippo　*107*
ブルネレスコ(ブルネレスキ)(14・15世紀)
　→Brunelleschi, Filippo　*107*
ブルノー=タウト(19・20世紀)
　→Taut, Bruno　*644*
ブルノフスキー,A.(20世紀)
　→Brunovský, Albín　*108*
ブルノフスキー, アルビーン(20世紀)
　→Brunovský, Albín　*108*
ブルノーリ, エンツォ(20世紀)
　→Brunori, Enzo　*108*
ブルビス(16世紀)　→Pourbus, Pieter　*534*
プールビュス, ピーテル(16世紀)
　→Pourbus, Pieter　*534*

プールビュス, フランス一世(16世紀)
　→Pourbus, Frans　534
プールビュス, フランス二世(16・17世紀)
　→Pourbus, Frans　534
プールビュス(プールビュ, ポルビュス)(16世紀)
　→Pourbus, Frans　534
プールビュス(プールビュ, ポルビュス)(16世紀)
　→Pourbus, Pieter　534
プールビュス(プールビュ, ポルビュス)(16・17世紀)　→Pourbus, Frans　534
ブルフィンチ(18・19世紀)
　→Bulfinch, Charles　110
ブルフィンチ, チャールズ(18・19世紀)
　→Bulfinch, Charles　110
プールブス, ピーテル(16世紀)
　→Pourbus, Pieter　534
プールブス, フランス一世(16世紀)
　→Pourbus, Frans　534
プールブス, フランス二世(16・17世紀)
　→Pourbus, Frans　534
ブルーベ(20世紀)　→Prouvé, Jean　538
ブルーベリ(19・20世紀)
　→Vrubel', Mikhail Aleksandrovich　692
ブルーベリ, ミハイル(19・20世紀)
　→Vrubel', Mikhail Aleksandrovich　692
ブルベール, ジル(20世紀)　→Bruvel, Gil　108
フルベルツス(シャルトルの)(10・11世紀)
　→Fulbert de Chartres　256
フルベルトゥス(シャルトルの)(10・11世紀)
　→Fulbert de Chartres　256
ブルーマール(16・17世紀)
　→Bloemaert, Abraham　82
ブルーマールト(16・17世紀)
　→Bloemaert, Abraham　82
ブルーマールト, アブラハム(16・17世紀)
　→Bloemaert, Abraham　82
ブルーマールト, アーブラーハム(アーブラム)(16・17世紀)　→Bloemaert, Abraham　82
ブルーマールト, コルネリス・アブラハムスゾーン(17世紀)
　→Bloemaert, Cornelis Abrahamsz　82
プルマン(19・20世紀)
　→Purrmann, Hans Marsilius　539
ブルム, ナオミ(20世紀)　→Blum, Naomi　82
ブルーム, ピーター(20世紀)　→Blume, Peter　82
ブルーム, メアリー(20世紀)　→Bloom, Mary　82
ブルームフィールド,R.(20世紀)
　→Broomfield, Robert　105
ブルーメン(17・18世紀)
　→Bloemen, Jan Frans van　82
ブルーメンシャイン, メアリー(19・20世紀)
　→Blumenschein, Mary　82
ブルーメンタール(20世紀)
　→Blumenthal, Hermann　82

ブルーメンフェルド(20世紀)
　→Blumenfeld, Erwin　82
ブルリューク(19・20世紀)
　→Burlyuk, David Davidovich　112
ブルリューク, ヴラディーミル・ダヴィドヴィチ(19・20世紀)
　→Burlyuk, Vladimir Davidovich　112
ブルリューク, ダヴィッド(19・20世紀)
　→Burlyuk, David Davidovich　112
ブルリューク, ダヴィッド・ダヴィドヴィチ(19・20世紀)　→Burlyuk, David Davidovich　112
ブルリューク, ダヴィード・ダヴィドヴィッチ(19・20世紀)　→Burlyuk, David Davidovich　112
ブールレ=マルクス, ロベルト(20世紀)
　→Burle-marx, Roberto　112
ブルン(19世紀)　→Brunn, Heinrich von　108
ブルン(20世紀)　→Brun, Donald　107
ブルン, ハインリヒ・フォン(19世紀)
　→Brunn, Heinrich von　108
ブールン, メル(20世紀)　→Bourne, Mel　95
ブルン=コスム, ナディーヌ(20世紀)
　→Brun-Cosme, Nadine　107
ブルンナー, ヨハン・ミヒャエル(17・18世紀)
　→Prunnar, Johann Michael　538
ブルンナー, ヨハン・ミヒャエル(17・18世紀)
　→Prunnar, Johann Michael　538
ブーレ(18世紀)　→Boullée, Étienne Louis　94
ブレー(18世紀)　→Boullée, Étienne Louis　94
ブーレー, エティエンヌ=ルイ(18世紀)
　→Boullée, Étienne Louis　94
ブレー, エティエンヌ=ルイ(18世紀)
　→Boullée, Étienne Louis　94
ブーレ, シャルル=エルネスト(19世紀)
　→Beulé, Charles-Ernest　74
ブレ, フランソワ(20世紀)　→Bret, François　101
ブレア,H.(20世紀)　→Blair, Helen　80
ブレーア, アントーニオ(16世紀)
　→Brea, Antonio　99
ブレア, キャサリン(19・20世紀)
　→Blair, Catherine　80
ブレーア, ルドヴィーコ(15・16世紀)
　→Brea, Lodovico　99
ブレア, ロドヴィーコ(15・16世紀)
　→Brea, Lodovico　99
フレアール・ド・シャンブレー, ロラン(17世紀)
　→Fréart de Chambrai, Roland　251
ブレイ,C.(20世紀)　→Brey, Charles　101
フレイヴィン, ダン(20世紀)　→Flavin, Dan　241
ブレイエ(19・20世紀)　→Bréhier, Louis　100
ブレイエ(20世紀)　→Brayer, Yves　99
ブレイエ, イーヴ(20世紀)　→Brayer, Yves　99
ブレイエ, ルイ(19・20世紀)
　→Bréhier, Louis　100
ブレイク(18・19世紀)　→Blake, William　80

ブレイク,Q.(20世紀) →Blake, Quentine *80*
ブレイク,W.(18・19世紀) →Blake, William *80*
ブレイク, ウィリアム(18・19世紀)
　→Blake, William *80*
ブレイク, クウェンティン・サクスビー(20世紀)
　→Blake, Quentine *80*
ブレイク, クウェンティン(・サクスビー)(20世紀) →Blake, Quentine *80*
ブレイク, クエンティン(20世紀)
　→Blake, Quentine *80*
ブレイク, ジョン・C(20世紀)
　→Blake, John C. *80*
ブレイク, ピーター(20世紀) →Blake, Peter *80*
フレイザー,B.M.(20世紀)
　→Fraser, Betty M. *251*
フレイザー, ローラ(19・20世紀)
　→Fraser, Laura Gardin *251*
ブレイズ, アン(20世紀) →Blades, Ann *80*
フレイズ, マイケル(20世紀)
　→Frase, H.Michael *251*
ブレイスウェイト, アルシーア(20世紀)
　→Braithwaite, Althea *97*
ブレイズデル,E.(20世紀) →Blaisdell, Elinor *80*
ブレイスデル, エリナー(20世紀)
　→Blaisdell, Elinor *80*
ブレイディ(19世紀) →Brady, Mathew B. *97*
ブレイディ, マシュー(19世紀)
　→Brady, Mathew B. *97*
ブレイデル=ブーヴェリー, カテリーン(20世紀)
　→Pleydell-Bouverie, Katherine *526*
ブレイデル=ブーヴェリー, キャサリン(20世紀)
　→Pleydell-Bouverie, Katherine *526*
ブレイテンバック, ブレイテン(20世紀)
　→Breytenbach, Breyten *102*
ブレイテンバッハ(20世紀)
　→Breytenbach, Breyten *102*
ブレイテンバッハ, ブレイテン(20世紀)
　→Breytenbach, Breyten *102*
ブレイドウッド, ロバート(20世紀)
　→Braidwood, Robert John *97*
ブレイドウッド, ロバート・J.(20世紀)
　→Braidwood, Robert John *97*
ブレイトナー, ジョルジュ(19・20世紀)
　→Breitner, George Hendrik *100*
ブレイトナー, ジョルジュ・H.(19・20世紀)
　→Breitner, George Hendrik *100*
ブレイトネル(19・20世紀)
　→Breitner, George Hendrik *100*
フレイビン(20世紀) →Flavin, Dan *241*
ブレイフェア, ウィリアム・ヘンリー(18・19世紀)
　→Playfair, William Henry *526*
フレイム,P.(20世紀) →Frame, Paul *247*
ブレイユ, アンリ(19・20世紀)
　→Breuil, Henri Edouard Prosper *101*

ブレイン, マーロン(20世紀)
　→Blaine, Mahlon *80*
プレヴィアーティ, ガエターノ(19・20世紀)
　→Previati, Gaetano *536*
プレヴィターリ, アンドレーア(15・16世紀)
　→Previtali, Andrea *536*
フレヴィン, ダン(20世紀) →Flavin, Dan *241*
ブレヴェリエーリ, チェーザレ(20世紀)
　→Breveglieri, Cesare *101*
プレヴォ, カール(20世紀) →Prevot, Carl *536*
フレネ, ロージェ・ド・ラ(19・20世紀)
　→La Fresnaye, Roger de *379*
プレオー, オーギュスト(19世紀)
　→Préault, Auguste *535*
ブレーカー, アルノ(20世紀)
　→Breker, Arno *100*
ブレーカー, アルノ(20世紀) →Breker, Arno *100*
プレーガー, ロザモンド(19・20世紀)
　→Praeger, Rosamond *535*
ブレーク(18・19世紀) →Blake, William *80*
ブレーク, ウィリアム(18・19世紀)
　→Blake, William *80*
ブレーク, ウイリアム(18・19世紀)
　→Blake, William *80*
ブレーク〔ウィリアム〕(18・19世紀)
　→Blake, William *80*
ブレグヴァド, イーリク(20世紀)
　→Blegvad, Erik *81*
ブレクト, ジョージ(20世紀)
　→Brecht, George *100*
ブレグバード,E.(20世紀) →Blegvad, Erik *81*
ブレークロック(19・20世紀)
　→Blakelock, Ralph Albert *80*
フレーゲ, エミリー(19・20世紀)
　→Flöge, Emilie *242*
フレーゲル, ゲオルク(16・17世紀)
　→Flegel, Georg *241*
ブレーゲン(19・20世紀)
　→Blegen, Carl William *81*
ブレーゲン, カール・ウィリアム(19・20世紀)
　→Blegen, Carl William *81*
フレーザー(19・20世紀)
　→Fraser, Claude Lovat *251*
フレーザー(19・20世紀)
　→Fraser, James Earle *251*
ブレーザー, ロレイヌ(20世紀)
　→Blasor, Lorraine *81*
プレサンセ,D.de(20世紀)
　→Pressense, Domitille de *536*
フレシネ(19・20世紀)
　→Freyssinet, Eugène *252*
フレシネ, マリー・ユージェーヌ・レオン(19・20世紀) →Freyssinet, Eugène *252*
ブレシャニーノ(16世紀) →Brescianino *100*
ブレス(16世紀) →Met de Bles, Herri *450*

プレス, ハンス・ユルゲン (20世紀)
　→Press, Hans Jurgen　536
ブレスエット, バークリ (20世紀)
　→Breathed, Berkeley　100
ブレズダン (19世紀)　→Bresdin, Rodolphe　101
ブレズダン, ロドルフ (19世紀)
　→Bresdin, Rodolphe　101
ブレステッド (19・20世紀)
　→Breasted, James Henry　99
ブレステッド, ジェイムズ・ヘンリ (19・20世紀)
　→Breasted, James Henry　99
ブレステッド, ジェイムズ・ヘンリー (19・20世紀)
　→Breasted, James Henry　99
ブレステッド, ジェームズ (19・20世紀)
　→Breasted, James Henry　99
ブレステッド (ブレスティッド), ジェイムズ・ヘンリ (19・20世紀)
　→Breasted, James Henry　99
ブレステド (19・20世紀)
　→Breasted, James Henry　99
プレストン (19・20世紀)
　→Preston, Margaret Rose　536
プレストン, マーガレット・ローズ (19・20世紀)
　→Preston, Margaret Rose　536
プレストン, メイ・ウィルソン (19・20世紀)
　→Preston, May Wilson　536
ブレーダラム, メルヒオール (14世紀)
　→Braederlam, Melchior　97
ブレダン, ロドルフ (19世紀)
　→Bresdin, Rodolphe　101
プレチニク (19・20世紀)
　→Plečnik, Josip (Jože)　526
ブレックナー, ロス (20世紀)
　→Bleckner, Ross　81
フレッシネ (19・20世紀)
　→Freyssinet, Eugène　252
フレッシネ, ウージェーヌ (19・20世紀)
　→Freyssinet, Eugène　252
フレッシネ, ウジェーヌ (19・20世紀)
　→Freyssinet, Eugène　252
フレッシネ, ウジューヌ (19・20世紀)
　→Freyssinet, Eugène　252
ブレッソン (20世紀)
　→Cartier-Bresson, Henri　132
ブレッソン, アンリ (20世紀)
　→Cartier-Bresson, Henri　132
フレッチャー (19世紀)
　→Fletcher, Sir Banister　242
フレッチャー (19・20世紀)
　→Fletcher, Sir Banister Flight　242
ブレッチャ, アンニーバレ・エヴァリスト (19・20世紀)　→Breccia, Annibale Evaristo　100
フレッチャー, バニスター・フライト (19・20世紀)
　→Fletcher, Sir Banister Flight　242
ブレット, ジョン (19・20世紀)
　→Brett, John　101

フレットナー, ペーター (15・16世紀)
　→Flötner, Peter　242
ブレッヒェン, カール (18・19世紀)
　→Blechen, Karl Eduard Ferdinand　81
ブレッヒェン, カルル (18・19世紀)
　→Blechen, Karl Eduard Ferdinand　81
ブレッヘン (18・19世紀)
　→Blechen, Karl Eduard Ferdinand　81
フレディ, ファブ・ファイヴ (20世紀)
　→Fab Five Freddy　227
プレーティ, フランチェスコ・マリーア (18世紀)
　→Preti, Francesco Maria　536
ブレディ, マシュー (19世紀)
　→Brady, Mathew B.　97
プレーティ, マッティーア (17世紀)
　→Preti, Mattia　536
ブレディウス (19・20世紀)
　→Bredius, Abraham　100
ブレディウス, アブラハム (19・20世紀)
　→Bredius, Abraham　100
プレディス (15・16世紀)
　→Predis, Giovanni Ambrogio de　535
プレディス, アンブロージオ (15・16世紀)
　→Predis, Giovanni Ambrogio de　535
プレディス, エヴァンゲリスタ (15世紀)
　→Predis, Evangelista　535
プレディス, クリストーフォロ (15世紀)
　→Predis, Cristoforo　535
プレディス, ベルナルディーノ (15世紀)
　→Predis, Bernardino　535
フレーデマン・デ・フリース (16・17世紀)
　→Vries, Hans Vredeman de　692
フレーデマン・デ・フリース, ハンス (16・17世紀)
　→Vries, Hans Vredeman de　692
フレデマン・デ・フリース, ハンス (ヤン) (16・17世紀)　→Vries, Hans Vredeman de　692
フレデリク (19・20世紀)　→Frédéric, Léon　251
フレデリック (19・20世紀)
　→Frédéric, Léon　251
フレデリック, レオン (19・20世紀)
　→Frédéric, Léon　251
ブレーデルラム (14・15世紀)
　→Broederlam, Melchior　103
ブレーデロ (16・17世紀)
　→Bredero, Gerbrand Adriaenszoon　100
ブレーデロー (16・17世紀)
　→Bredero, Gerbrand Adriaenszoon　100
ブレデロ (16・17世紀)
　→Bredero, Gerbrand Adriaenszoon　100
ブレデロ, ゲルブランド (16・17世紀)
　→Bredero, Gerbrand Adriaenszoon　100
ブレーデロー, ヘルブラント・アドリアーンスゾーン (16・17世紀)
　→Bredero, Gerbrand Adriaenszoon　100
ブレーデン, ロナルド (20世紀)
　→Bladen, Ronald　80

ブレドゥスキー, クリストファー(20世紀)
→Bledowski, Christopher　81
ブレードウッド(20世紀)
→Braidwood, Robert John　97
フレートナー(15・16世紀)→Flötner, Peter　242
フレートナー, ペーター(15・16世紀)
→Flötner, Peter　242
フレトナー, ペーター(15・16世紀)
→Flötner, Peter　242
プレートリウス(19・20世紀)
→Preetorius, Emil　535
プレートリウス, エミル(19・20世紀)
→Preetorius, Emil　535
ブレナー, F.(20世紀)→Brenner, Fred　100
ブレーニョ, アントーニオ(15世紀)
→Bregno, Antonio　100
ブレーニョ, アンドレーア(15・16世紀)
→Bregno, Andrea　100
ブレーニョ, ジョヴァンニ・バッティスタ(15・16世紀)→Bregno, Giovanni Battista　100
ブレーニョ, ロレンツォ(15・16世紀)
→Bregno, Lorenzo　100
ブレヒビュール, ベアト(20世紀)
→Brechbühl, Beat　100
ブレヒャー, W.(20世紀)→Blecher, Wilfried　81
フレービン(20世紀)→Flavin, Dan　241
フレビン, ダン(20世紀)→Flavin, Dan　241
フレマール(17世紀)→Flémal, Bertholet　242
フレマル(17世紀)→Flémal, Bertholet　242
フレマール, ベルトレー(17世紀)
→Flémal, Bertholet　242
フレミエ(19・20世紀)
→Frémiet, Emmanuel　252
フレミエ, エマニュエル(19・20世紀)
→Frémiet, Emmanuel　252
フレミネ, マルタン(16・17世紀)
→Fréminet, Martin　252
フレムラ, アルベルト(20世紀)
→Fremura, Alberto　252
プレラー(19世紀)→Preller, Friedrich　536
プレラー, フリードリヒ(19世紀)
→Preller, Friedrich　536
プレラー, フリードリヒ(父)(19世紀)
→Preller, Friedrich　536
フレーリ, アントネッロ(15・16世紀)
→Freri, Antonello　252
ブレリック(19・20世紀)→Vlerick, Robert　690
フレーリヒ(19世紀)→Fröhlich, Katharina　254
フレレング, フリッツ(・イザドア)(20世紀)
→Freleng, Friz (Isadore)　352
フレンガー, ヴィルヘルム(19・20世紀)
→Fraenger, Wilhelm　247
プレンダーギャスト, モーリス(19・20世紀)
→Prendergast, Maurice Brazil　536

プレンダギャスト, モーリス(・ブラジル)(19・20世紀)→Prendergast, Maurice Brazil　536
プレンダギャスト, モーリス・ブレージル(19・20世紀)→Prendergast, Maurice Brazil　536
フレンチ, F.(20世紀)
→French, Fiona Mary　252
フレンチ, アニー(19・20世紀)
→French, Annie　252
フレンチ, ダニエル(・チェスター)(19・20世紀)
→French, Daniel (Chester)　252
フレンチ, フィオーナ・メアリ(20世紀)
→French, Fiona Mary　252
プーレンブルフ(16・17世紀)
→Poelenburgh, Cornelisz van　527
ブレーンベルフ, バルトロメウス(16・17世紀)
→Breenberch, Bartolomeus　100
ブロイ, イェルク(15・16世紀)→Breu, Jörg　101
ブロイ, イエルク(15・16世紀)→Breu, Jörg　101
ブロイ, ヨエルク(15・16世紀)→Breu, Jörg　101
ブロイアー(20世紀)
→Breuer, Marcel Lajos　101
ブロイア, マルセル(20世紀)
→Breuer, Marcel Lajos　101
ブロイアー, マルセル(20世紀)
→Breuer, Marcel Lajos　101
ブロイアー, マルセル(・ラヨシュ)(20世紀)
→Breuer, Marcel Lajos　101
フロイド, G.(20世紀)→Floyd, Gareth　242
フロイト, ルシアン(20世紀)
→Freud, Lucien　252
フロイド, ルシアン(20世紀)
→Freud, Lucien　252
フロイト, ルツィアン(20世紀)
→Freud, Lucien　252
ブロイヤー(20世紀)
→Breuer, Marcel Lajos　101
ブロイヤー, マルセル(20世紀)
→Breuer, Marcel Lajos　101
ブロイヤー, マルセル・L.(20世紀)
→Breuer, Marcel Lajos　101
ブロイン, バルテル(15・16世紀)
→Bruyn, Bartholomäus　109
ブロイン, バルトロメーウス(15・16世紀)
→Bruyn, Bartholomäus　109
フロイント, R.(20世紀)→Freund, Rudolf　252
フロイントリヒ, オットー(19・20世紀)
→Freundlich, Otto　252
ブローウァー, アドリアェン(17世紀)
→Brouwer, Adriaen　105
ブローウェル(17世紀)→Brouwer, Adriaen　105
ブロウエル(17世紀)→Brouwer, Adriaen　105
ブローウェル, アドリアーン(17世紀)
→Brouwer, Adriaen　105
プロウト, マーガレット・ミリセント(19・20世紀)
→Prout, Margaret Millicent　538

フロェトナー, ペーター (15・16世紀)
　→Flötner, Peter　242
ブロェマェルト, アブラハム (16・17世紀)
　→Bloemaert, Abraham　82
ブローエル (17世紀) →Brouwer, Adriaen　105
プロカッチーニ, エルコレ (16世紀)
　→Procaccini, Ercole　537
プロカッチーニ, カミッロ (16・17世紀)
　→Procaccini, Camillo　537
プロカッチーニ, カミリヨ (16・17世紀)
　→Procaccini, Camillo　537
プロカッチーニ, カルロ・アントニオ (16・17世紀)
　→Procaccini, Carlo Antonio　537
プロカッチーニ, ジューリオ・チェーザレ (16・17世紀) →Procaccini, Giulio Cesare　537
プロカッチーニ, ジュリオ・チェザーレ (16・17世紀) →Procaccini, Giulio Cesare　537
プロカッチーニ, 小エルコール (16・17世紀)
　→Procaccini, Ercole the Younger　537
プロカッチーニ, 大エルコール (16世紀)
　→Procaccini, Ercole the Elder　537
プロクター, ドッド (20世紀)
　→Procter, Dod　537
プロコフ, フェルディナント・マクシミリアン (17・18世紀)
　→Brokoff, Ferdinand Maximilian　104
プロコフ, ヤン (17・18世紀) →Brokoff, Jan　104
プロコーフィエヴァ, S.L. (20世紀)
　→Prodofjeva, Sofjja Leonidovna　537
プロコフィエフ, イワン (18・19世紀)
　→Prokof'ev, Ivan Prokof'evich　538
プロコフィエフ, イワン・プロコフィエーヴィッチ (18・19世紀)
　→Prokof'ev, Ivan Prokof'evich　538
フロコン, アルベール (20世紀)
　→Flocon, Albert　242
ブロス (16・17世紀) →Brosse, Salomon de　105
ブロス, サロモン・ド (16・17世紀)
　→Brosse, Salomon de　105
フロスト, A (アーサー)・B (バーデット) (19・20世紀) →Frost, Arthur Burdett　254
フロスト, テリー (20世紀) →Frost, Terry　254
ブロスナッチ, アンドリュー (20世紀)
　→Brosnatch, Andrew　105
ブロータース, マルセル (20世紀)
　→Broodthaers, Marcel　104
ブロツキー (19・20世紀)
　→Brodskii, Isaak Izrailevich　103
ブロック (19・20世紀)
　→Brock, Sir Thomas　103
ブロック, C (チャールズ)・E (エドワード)&H (ヘンリ)・M (マシュー) (19・20世紀)
　→Brock, Charles Edward　103
ブロック, C (チャールズ)・E (エドワード)&H (ヘンリ)・M (マシュー) (19・20世紀)

→Brock, Henry Matthew　103
ブロック, L. (20世紀) →Bloch, Lucienne　82
ブロック, ヴィタール (20世紀)
　→Bloch, Vitale　82
ブロック, トーマス (19・20世紀)
　→Brock, Sir Thomas　103
ブロックハウス (19・20世紀)
　→Brockhaus, Heinrich　103
ブロックハースト, ジェラルド・レズリー (20世紀) →Brockhurst, Gerald Leslie　103
ブロックラント・ファン・モントフォールト, アントニー (16世紀)
　→Blocklandt van Montfoort, Anthonie　82
ブロッジ, ルイージ (19・20世紀)
　→Broggi, Luigi　104
ブロッジーニ, ルイージ (20世紀)
　→Broggini, Luigi　104
ブロッス, サロモン・ド (16・17世紀)
　→Brosse, Salomon de　105
フロットナー (15・16世紀) →Flötner, Peter　242
ブロッホ, マルティン (19・20世紀)
　→Bloch, Martin　82
プロトゲネス (前4・3世紀) →Protogenes　538
ブローニッシュ, パウル (20世紀)
　→Bronisch, Paul　104
ブロニャール (18・19世紀)
　→Brongniart, Alexandre　104
ブロニャール (18・19世紀)
　→Brongniart, Alexandre Théodore　104
ブーローニュ, ボン (17・18世紀)
　→Boulogne, Bon　94
ブローネル, ヴィクトール (20世紀)
　→Brauner, Victor　99
プロハースカ, アントニーン (19・20世紀)
　→Procházka, Antonín　537
プロフェット, エリザベス (19・20世紀)
　→Prophet, Elizabeth　538
プロフォスト, ヤン (15・16世紀)
　→Provost, Jan　538
プロベンセン, A. (20世紀)
　→Provensen, Alice　538
プロベンセン, M. (20世紀)
　→Provensen, Martin　538
フロマン (15世紀) →Froment, Nicolas　254
フロマン, ニコラ (15世紀)
　→Froment, Nicolas　254
フロマンタン (19世紀)
　→Fromentin, Eugène　254
フロマンタン, ウージェーヌ (19世紀)
　→Fromentin, Eugène　254
フロマンタン, ウジェーヌ (19世紀)
　→Fromentin, Eugène　254
フロマン=ムーリス, フランソワ=デジレ (19世紀)
　→Froment-Meurice, François-Désiré　254

プローミス, カルロ(19世紀)
　→Promis, Carlo　538
プロミス, カルロ(19世紀)　→Promis, Carlo　538
フロム,L.(20世紀)　→Fromm, Lilo　254
フロム, リロ(20世紀)　→Fromm, Lilo　254
フローラ,J.(20世紀)　→Flora, James　242
フローラ, ジェイムズ(20世紀)
　→Flora, James　242
フローラン(19世紀)　→Florent, Louis Felix　242
フローラン(19・20世紀)
　→Florent, Vincent Clément　242
フロラン(19世紀)　→Florent, Louis Felix　242
フロラン(19・20世紀)
　→Florent, Vincent Clément　242
ブローリオ, マーリオ(20世紀)
　→Broglio, Mario　104
フロリジェーリオ, セバスティアーノ(16世紀)
　→Florigerio, Sebastiano　242
フローリス(16世紀)
　→Floris de Vriendt, Cornelis　242
フローリス(16世紀)
　→Floris de Vriendt, Frans　242
フロリス(16世紀)
　→Floris de Vriendt, Frans　242
フロリス, コルネリス(16世紀)
　→Floris de Vriendt, Cornelis　242
フローリス, コルネリス二世(16世紀)
　→Floris de Vriendt, Cornelis　242
フロリス(通称)(コルネリス・ド・ヴリーント)(16世紀)
　→Floris de Vriendt, Cornelis　242
フローリス, フランス(16世紀)
　→Floris de Vriendt, Frans　242
フロリス, フランス(16世紀)
　→Floris de Vriendt, Frans　242
フロレンツオーリ, ピエル・フランチェスコ(16世紀)　→Florenzuoli, Pier Francesco　242
ブロンジーノ(16世紀)
　→Bronzino, Angiolo　104
ブロンヅィーノ, アンジョロ(アニョロ)(16世紀)
　→Bronzino, Angiolo　104
ブロンツィーノ(16世紀)
　→Bronzino, Angiolo　104
ブロンツィーノ, アーニョロ(16世紀)
　→Bronzino, Angiolo　104
ブロンツィーノ, イル(16世紀)
　→Bronzino, Angiolo　104
ブロンデ(17世紀)
　→Blondel, Nicolas-François　82
ブロンデル(17世紀)
　→Blondel, Nicolas-François　82
ブロンデル(18世紀)
　→Blondel, Jacques François　82
ブロンデル, ジャック=フランソワ(18世紀)
　→Blondel, Jacques François　82

ブロンデル, ニコラ=フランソワ(17世紀)
　→Blondel, Nicolas-François　82
ブロンデル, フランソワ(17世紀)
　→Blondel, Nicolas-François　82
ブロンデール, ランセロート(15・16世紀)
　→Blondeel, Lanceloot　82
ブロンニアール, アレキサンドル(18・19世紀)
　→Brongniart, Alexandre　104
ブロンニアール, アレクサンドル=テオドール(18・19世紀)
　→Brongniart, Alexandre Théodore　104
ブロンニャール(18・19世紀)
　→Brongniart, Alexandre　104
ブロンニャール, アレクサンドル(18・19世紀)
　→Brongniart, Alexandre　104
ブロンニャール, アレクサンドル・テオドール(18・19世紀)
　→Brongniart, Alexandre Théodore　104
フワージャ・ギヤースッ・ディーン(15世紀)
　→Khwāja Ghiyāthu'd-Dīn　363
フンガイ, ベルナルディーノ(15・16世紀)
　→Fungai, Bernardino　257
ブンク, ホーガー(20世紀)　→Bunk, Holger　111
フンケ, コルネーリア(20世紀)
　→Funke, Cornelia Caroline　257
プーンズ, ラリー(20世紀)　→Poons, Larry　531
フンテ, オットー(19・20世紀)
　→Hunte, Otto　333
フンデルトヴァッサー(20世紀)
　→Hundertwasser　332
フンデルトヴァッサー, フリッツ(またはフリーデンスライヒ)(20世紀)
　→Hundertwasser　332
フンホーフ, ハインリヒ(15世紀)
　→Funhof, Heinrich　257

【 ヘ 】

ベーア(17・18世紀)　→Beer, Georg　61
ベアー,A.E.(20世紀)　→Bare, Arnold Edwin　49
ベーア, ゲオルク(17・18世紀)　→Beer, Georg　61
ヘア, デイヴィッド(20世紀)　→Hare, David　306
ベーア, ヨーハン・ミヒャエール(17・18世紀)
　→Beer, Johann Michael　61
ベアグル, フィリップ(17・18世紀)
　→Behagle, Philippe　62
ベアト(19・20世紀)　→Beato, Felice　60
ベアト, フェリーチェ(19・20世紀)
　→Beato, Felice　60
ベアト, フェリックス(19・20世紀)
　→Beato, Felice　60

ベアンズファーザー,(チャールズ・)ブルース
 (19・20世紀)
 →Bairnsfather, (Charles) Bruce　45
ペイ(20世紀)　→Pei, Ieoh Ming　509
ペイ,I(イオ)・M(ミン)(20世紀)
 →Pei, Ieoh Ming　509
ヘイ,アレックス(20世紀)　→Hay, Alex　310
ペイ,イオミン(20世紀)　→Pei, Ieoh Ming　509
ベイ,ディディエール(20世紀)　→Bay, Didier　58
ヘイエルダール,ハンス(19・20世紀)
 →Heyerdahl, Hans　318
ベイカー,J.(20世紀)　→Baker, Jeannie　45
ベイカー,サー・ハーバート(19・20世紀)
 →Baker, Sir Herbert　45
ベイカー,ジーニー(20世紀)
 →Baker, Jeannie　45
ベイカー,ハーバート(19・20世紀)
 →Baker, Sir Herbert　45
ベイカー,リチャード・A(20世紀)
 →Baker, Rick　45
ベイカー,リック(20世紀)　→Baker, Rick　45
ヘイガン,ナンシー(20世紀)
 →Hagin, Nancy　303
ベイコン,F.(20世紀)　→Bacon, Francis　43
ベイコン,P.(20世紀)　→Bacon, Peggy　44
ベイコン,R(ロナルド)・L(レナード)(20世紀)
 →Bacon, Ronald Leonard　44
ベイコン,フラーンシス(20世紀)
 →Bacon, Francis　43
ベイコン,フランシス(20世紀)
 →Bacon, Francis　43
ベイコン,ペギー(20世紀)　→Bacon, Peggy　44
ペイジ,P.K.(パトリシア・キャスリーン)(20世紀)　→Page, P(atricia) K(athleen)　499
ペイシストラトス(前7・6世紀)
 →Peisistratos　509
ヘイズ,G.(20世紀)　→Hayes, Geoffrey　310
ヘイズ,デイヴィッド(20世紀)
 →Hays, David　310
ペイス,マーガレット(20世紀)
 →Paice, Margaret　499
ヘイスティングズ,トマス(19・20世紀)
 →Hastings, Thomas　308
ベイセムビーノフ,A.S.(20世紀)
 →Bejsembinov, Arsen Sarsenovich　63
ヘイセン,バート(20世紀)　→Hasen, Burt　308
ペイソン,D.(20世紀)　→Payson, Dale　508
ヘイター(20世紀)
 →Hayter, Stanley William　310
ペイター(19世紀)　→Pater, Walter Horatio　506
ペイター,W.(19世紀)
 →Pater, Walter Horatio　506
ペイター,ウォルター(19世紀)
 →Pater, Walter Horatio　506

ペイター,ウォルター(・ホレイシオ)(19世紀)
 →Pater, Walter Horatio　506
ペイター,ウォルター(・ホレイシオ)(19世紀)
 →Pater, Walter Horatio　506
ヘイター,スタンリー・ウィリアム(20世紀)
 →Hayter, Stanley William　310
ヘイター,スタンリー・ウイリアムス(20世紀)
 →Hayter, Stanley William　310
ヘイダー,バータ(・ハーナー)&エルマー(・スタンリ)(19・20世紀)　→Hader, Elmer　301
ヘイダー,バータ(・ハーナー)&エルマー(・スタンリ)(20世紀)　→Hader, Berta　301
ベイティ,アンドリュー(20世紀)　→Batey, A.　56
ペイディアス(前5世紀)　→Pheidias　517
ヘイデン,ヤン・ファン・デル(17・18世紀)
 →Heyden, Jan van der　318
ベイトマン,H(ヘンリー)・M(メイヨー)(19・20世紀)　→Bateman, H(enry) M(ayo)　56
ペイトン,J.E.(20世紀)
 →Paton, Jane Elizabeth　507
ヘイドン,ソフィア・グレゴリア(19・20世紀)
 →Hayden, Sophia Gregoria　310
ヘイドン,フランシス・セイモア(19・20世紀)
 →Haden, Sir Francis Saymour　301
ヘイドン,ベンジャミン・ロバート(18・19世紀)
 →Hayden, Benjamin Robert　310
ヘイドンク,ポール(20世紀)
 →Hoeydonck, Paul van　322
ペイナッケル,アダム(17世紀)
 →Pijnacker, Adam　522
ペイネ(20世紀)　→Peynet, Raymond　517
ペイネ,R.(20世紀)　→Peynet, Raymond　517
ペイピン,J.(20世紀)　→Papin, Joseph　502
ヘイプニイ,ウィリアム(18世紀)
 →Halfpenny, William　303
ベイヤール,アンリ=ジョゼフ=フランソワ(19世紀)　→Beyaert, Henri-Joseph-François　75
ペイ・ヨー・ミン(20世紀)
 →Pei, Ieoh Ming　509
ベイラント,ジョージ・C.(20世紀)
 →Vaillant, George Clapp　669
ヘイリー,G.E.(20世紀)　→Haley, Gail E.　303
ベイリー,N.(20世紀)　→Bayley, Nicola　58
ベイリー,アラン(20世紀)　→Baillie, Allan　45
ベイリー,エドワード・ホッジズ(18・19世紀)
 →Baily, Edward Hodges　45
ベイリー,デイヴィド(・ロイストン)(20世紀)
 →Bailey, David (Royston)　45
ベイリー,ニコラ(20世紀)　→Bayley, Nicola　58
ベイリー,ニコラ(20世紀)　→Bayley, Nicola　58
ベイリー,ブルース(20世紀)　→Baillie, Bruce　45
ベイリー=ジョンズ,B.(20世紀)
 →Bailey-Jones, Beryl　45

ベイリス, ナディン (20世紀)
　→Baylis, Nadine　58
ヘイル, K. (20世紀)　→Hale, Kathleen　303
ヘイル, キャサリン (20世紀)
　→Hale, Kathleen　303
ヘイル, キャスリーン (20世紀)
　→Hale, Kathleen　303
ヘイルズ, ブライアン (20世紀)
　→Hayles, Brian　310
ベイレルト, ヤン・ファン (17世紀)
　→Bijlert, Jan van　77
ペイロニ (19・20世紀)　→Peyrony, Denis　517
ペイロニ, ドゥニ (19・20世紀)
　→Peyrony, Denis　517
ペイロール, エリック (20世紀)
　→Peyrol, Erick　517
ペイロン, ジャン=フランソワ=ピエール (18・19世紀)　→Peyron, Jean-François-Pierre　517
ペイン (20世紀)　→Payne, Humfry　508
ペイン, J.B. (20世紀)
　→Payne, Joan Balfour　508
ペイン, ハンフリー (20世紀)
　→Payne, Humfry　508
ベインズ, P.D. (20世紀)
　→Baynes, Pauline Diana　58
ヘインズ, R. (20世紀)　→Haynes, Robert　310
ベインズ, ポーリン・ダイアナ (20世紀)
　→Baynes, Pauline Diana　58
ベインズ, ポーリーン (・ダイアナ) (フリッツ・ガッシュ夫人) (20世紀)
　→Baynes, Pauline Diana　58
ハインゾバー, V. (20世紀)
　→Heinzove, Vera　312
ヘインレイツ, ウイリアム (20世紀)
　→Haenraets, Willem　302
ベヴィニャーテ, フラ (13・14世紀)
　→Bevignate, Fra　75
ベヴィラックア, ジョヴァンニ・アンブロージョ (15・16世紀)
　→Bevi-lacqua, Giovanni Ambrogio　75
ペヴェレッリ, チェーザレ (20世紀)
　→Peverelli, Cesare　516
ペヴスナー (19・20世紀)
　→Pevsner, Antoine　516
ペヴスナー, アントワーヌ (19・20世紀)
　→Pevsner, Antoine　516
ペヴスナー, サー・ニコラウス (・ベルンハルト・レオン) (20世紀)
　→Pevsner, Sir Nikolaus　516
ペヴスナー, ニコラ (ウ)ス (20世紀)
　→Pevsner, Sir Nikolaus　516
ペヴスナー, ニコラウス (20世紀)
　→Pevsner, Sir Nikolaus　516
ペヴスナー, ニコラウス (・ベルンハルト・レオン) (20世紀)　→Pevsner, Sir Nikolaus　516

ペヴズナー, ニコラス (20世紀)
　→Pevsner, Sir Nikolaus　516
ペヴスネル (19・20世紀)
　→Pevsner, Antoine　516
ペヴズネル (19・20世紀)
　→Pevzner, Antoine　517
ペヴスネル, アントワーヌ (19・20世紀)
　→Pevsner, Antoine　516
ペオ (19・20世紀)　→Pelliot, Paul　510
ヘーガー (19・20世紀)　→Höger, Fritz　324
ベーカー, A. (20世紀)　→Baker, Alan　45
ヘーガー, フリッツ (19・20世紀)
　→Höger, Fritz　324
ベーガス (18・19世紀)　→Begas, Karl　62
ベーガス (19世紀)　→Begas, Adalbert　62
ベーガス (19世紀)　→Begas, Oskar　62
ベーガス (19・20世紀)　→Begas, Reinhold　62
ベガス, カール (父) (18・19世紀)
　→Begas, Karl　62
ベガス, ラインホルト (19・20世紀)
　→Begas, Reinhold　62
ベカッティ, ジョヴァンニ (20世紀)
　→Becatti, Giovanni　60
ベガレッリ, アントーニオ (15・16世紀)
　→Begarelli, Antonio　62
ヘーギアース (前5世紀)　→Hegias　312
ヘギアス (前5世紀)　→Hegias　312
ベギュエ, S・M (20世紀)　→Begue, S.M.　62
ベグエン (19・20世紀)　→Bégouën, Henri　62
ヘクトール　→Hektor　312
ヘクトル　→Hektor　312
ベークル, ヘルベルト (20世紀)
　→Boeckl, Herbert　84
ヘグルンド, A. (20世紀)　→Höglund, Anna　324
ヘグルンド, アンナ (20世紀)
　→Höglund, Anna　324
ベクレス, ケン (20世紀)　→Beckles, Ken　61
ベケートフ (19・20世紀)
　→Beketov, Aleksei Nikolaevich　63
ベーケラール, ヨアヒム (16世紀)
　→Beuckelaer, Joachim　74
ベーゲルト, デリック (15・16世紀)
　→Baegert, Derick　44
ペーコリ, ドメーニコ (15・16世紀)
　→Pe-cori, Domenico　509
ベーコン (18世紀)　→Bacon, John　44
ベーコン (19・20世紀)　→Bacon, Henry　43
ベーコン (20世紀)　→Bacon, Francis　43
ベーコン, ジョン (18世紀)　→Bacon, John　44
ベーコン, フランシス (20世紀)
　→Bacon, Francis　43
ベーコン, ヘンリー (19・20世紀)
　→Bacon, Henry　43

ベーコン, ロナルド・レナード (20世紀)
→Bacon, Ronald Leonard 44
ベーザド (15・16世紀)
→Behzād, Ostād Kamāl al-Dīn 62
ベサンティノス →Bēsantīnos 74
ページ (19世紀) →Page, William 499
ヘジウス, ウィレム (17世紀)
→Hesius, Willem 317
ヘス, イーヴァ (20世紀) →Hesse, Eva 317
ヘス, エヴァ (20世紀) →Hesse, Eva 317
ベスカラヴァイヌィ,V.M. (20世紀)
→Beskaravajny, Vladimir Mitrofanovich 74
ベスコウ (19・20世紀) →Beskow, Elsa 74
ベスコーヴ, エルサー (19・20世紀)
→Beskow, Elsa 74
ベスコウ, エルサ (19・20世紀)
→Beskow, Elsa 74
ベスコヴ, エルサ (19・20世紀)
→Beskow, Elsa 74
ベスコフ, エルサ (19・20世紀)
→Beskow, Elsa 74
ベスコフ, エルザ (19・20世紀)
→Beskow, Elsa 74
ベスタル,H.B. (20世紀)
→Vestal, Herman B. 684
ヘースティングス (19・20世紀)
→Hastings, Thomas 308
ヘースティングズ (19・20世紀)
→Hastings, Thomas 308
ペストゥム, ヨー (20世紀) →Pestum, Jo 514
ベストール, アルフレッド (20世紀)
→Bestall, Alfred 74
ベスニン (19・20世紀)
→Vesnin, Viktor Aleksandrovich 684
ベスニン,A. (19・20世紀)
→Vesnin, Aleksandr Aleksandrovich 684
ヘースラー (19・20世紀) →Haesler, Otto 302
ヘスラー, オットー (19・20世紀)
→Haesler, Otto 302
ベスーン, ルイーズ (19・20世紀)
→Bethune, Louise 74
ヘーゼ, ギュンター (20世紀)
→Haese, Günter 302
ヘーゼ, グンター (20世紀) →Haese, Günter 302
ペゼッリーノ (15世紀)
→Pesellino, Francesco 514
ベセラ (16・17世紀) →Becerra, Francisco de 60
ベセーラ, アルジェンドロ・ペレス (20世紀)
→Becerra, Alejandro Perez 60
ベセーラ, ガスパール (16世紀)
→Becerra, Gaspar 60
ベセーラ, フランシスコ (16・17世紀)
→Becerra, Francisco de 60

ベセーラ, フランシスコ・デ (16・17世紀)
→Becerra, Francisco de 60
ペセリーノ (15世紀) →Pesellino, Francesco 514
ベセルリーノ, フランチェスコ (15世紀)
→Pesellino, Francesco 514
ヘーター (20世紀)
→Hayter, Stanley William 310
ヘーダー (16・17世紀)
→Heda, Willem Claesz 311
ペーター (19世紀) →Pater, Walter Horatio 506
ヘーダ, ウィレム・クラースゾーン (16・17世紀)
→Heda, Willem Claesz 311
ヘダ, ウィレム・クラースゾーン (16・17世紀)
→Heda, Willem Claesz 311
ヘダーウィック,M. (20世紀)
→Hedderwick, Mairi 311
ヘダーウィック, マイリィ (20世紀)
→Hedderwick, Mairi 311
ペータース, クララ (16・17世紀)
→Peeters, Clara 509
ペーターセン, オイゲン・フォン (19・20世紀)
→Petersen, Eugen von 515
ペーター・フォン・アンドラウ (15・16世紀)
→Peter von Andlau 515
ベチューン, ルイーズ (ブランチャード) (19・20世紀) →Bethune, Louise 74
ベーツォルト (19・20世紀)
→Bezold, Gustav von 75
ベッカー (19・20世紀) →Becker, Oskar 60
ベッカー, オスカー (19・20世紀)
→Becker, Oskar 60
ベッカフーミ (15・16世紀)
→Beccafumi, Domenico 60
ベッカフーミ, ドメニコ (15・16世紀)
→Beccafumi, Domenico 60
ベック,I. (20世紀) →Beck, Ian 60
ベック, イアン (20世紀) →Beak, Ian 59
ベックマン (19・20世紀)
→Beckmann, Ludwig 61
ベックマン (19・20世紀) →Beckmann, Max 61
ベックマン (19・20世紀)
→Böckmann, Wilhelm 84
ベックマン,K.&P. (20世紀) →Beckman, Kaj 61
ベックマン,K.&P. (20世紀) →Beckman, Per 61
ベックマン, マックス (19・20世紀)
→Beckmann, Max 61
ベックリーン (19・20世紀)
→Böcklin, Arnold 83
ベックリン (19・20世紀) →Böcklin, Arnold 83
ベックリン, アーノルト (19・20世紀)
→Böcklin, Arnold 83
ベックリーン, アルノルト (19・20世紀)
→Böcklin, Arnold 83
ベックリン, アルノルト (19・20世紀)
→Böcklin, Arnold 83

ヘックロース, ハイン (20世紀)
　→Heckroth, Hein　*311*
ヘッケル (19・20世紀) →Heckel, Erich　*311*
ヘッケル,E.(19・20世紀) →Heckel, Erich　*311*
ヘッケル, エーリッヒ (19・20世紀)
　→Heckel, Erich　*311*
ヘッケル, エーリヒ (19・20世紀)
　→Heckel, Erich　*311*
ヘッケルト, ヨハン・フレドリク (19世紀)
　→Höckert, Johan Fredrik　*322*
ベッサー, ロイ (20世紀) →Besser, Roy　*74*
ヘッセ, エヴァ (20世紀) →Hesse, Eva　*317*
ヘッチュ, グスタフ・フリードリヒ (18・19世紀)
　→Hetsch, Gustav Friedrich　*317*
ヘッチュ, フィリップ・フリードリヒ (18・19世紀)
　→Hetsch, Philipp Friedrich　*317*
ベッツィ, バルトロメーオ (19・20世紀)
　→Bezzi, Bartolomeo　*75*
ベッツォーリ, ジュゼッペ (18・19世紀)
　→Bezzuoli, Giuseppe　*75*
ベッティーナ (20世紀) →Bettina　*74*
ベッティーニ, セルジョ (20世紀)
　→Bettini, Sergio　*74*
ベッティハー (19世紀) →Bötticher, Karl　*93*
ベッテーラ, バルトロメーオ (17世紀)
　→Bettera, Bartolomeo　*74*
ペッテンコーフェン (19世紀)
　→Pettenkofen, August Xaver von　*516*
ヘッド (20世紀) →Head, Edith　*310*
ヘッド, イーディス (20世紀) →Head, Edith　*310*
ヘッド, エディス (20世紀) →Head, Edith　*310*
ベットガー (17・18世紀)
　→Böttger, Johann Friedrich　*93*
ベットガー, ヨーハン・フリードリヒ (17・18世紀)
　→Böttger, Johann Friedrich　*93*
ヘットナー (19世紀) →Hettner, Hermann　*317*
ヘットナー (19・20世紀) →Hettner, Otto　*317*
ヘットナー, ヘルマン (19世紀)
　→Hettner, Hermann　*317*
ベトーリ, ニコーラ (18・19世紀)
　→Bettoli, Nicola　*74*
ヘッヒ, ハンナ (19・20世紀)
　→Höch, Hannah　*321*
ペッヒシュタイン (19・20世紀)
　→Pechstein, Max　*509*
ベッヒャー, オットー (20世紀)
　→Böcher, Otto　*83*
ヘップルホワイト (18世紀)
　→Hepplewhite, George　*314*
ヘップルホワイト, ジョージ (18世紀)
　→Hepplewhite, George　*314*
ヘップルワイト, ジョージ (18世紀)
　→Hepplewhite, George　*314*

ヘップワース (20世紀)
　→Hepworth, Dame Barbara　*314*
ヘップワース, デイム・(ジョスリン・)バーバラ
　(20世紀) →Hepworth, Dame Barbara　*314*
ヘップワース, バーバラ (20世紀)
　→Hepworth, Dame Barbara　*314*
ペッペルマン (17・18世紀)
　→Pöppelmann, Matthäus Daniel　*532*
ヘッヘルマン,F.(20世紀)
　→Hechelmann, Friedrich　*311*
ペッペルマン, マテウス・ダニエル (17・18世紀)
　→Pöppelmann, Matthäus Daniel　*532*
ベッラーノ, バルトロメーオ (15世紀)
　→Bellano, Bartolomeo　*64*
ベッリ, アレッサンドロ (16世紀)
　→Belli, Alessandro　*64*
ベッリ, ヴァレーリオ (15・16世紀)
　→Belli, Valerio　*64*
ベッリ, ジュゼッペ (16世紀)
　→Belli, Giuseppe　*64*
ベッリ, ジョヴァンニ (16世紀)
　→Belli, Giovanni　*64*
ペッリッチョーリ, ドナート・ブオーノ・デイ (16
　世紀) →Pelliccioli, Donato Buono dei　*510*
ペッリッツァ, ジュゼッペ (19・20世紀)
　→Pellizza, Giuseppe　*510*
ベッリーニ (14・15世紀) →Bellini, Jacopo　*65*
ベッリーニ (15・16世紀) →Bellini, Gentile　*64*
ベッリーニ (15・16世紀) →Bellini, Giovanni　*64*
ベッリーニ, ジェンティーレ (15・16世紀)
　→Bellini, Gentile　*64*
ベッリーニ, ジョヴァンニ (15・16世紀)
　→Bellini, Giovanni　*64*
ベッリーニ, ヤーコポ (14・15世紀)
　→Bellini, Jacopo　*65*
ベッリニアーノ (15・16世紀) →Bellininano　*65*
ペッリパーリオ, ニッコロ (15・16世紀)
　→Pellipario, Niccolò　*510*
ベッルッツィ, ジョヴァンニ・バッティスタ (16世
　紀) →Belluzzi, Giovanni Battista　*65*
ペッレグリーニ, ジョヴァンニ・アントーニオ
　(17・18世紀) →Pellegrini, Giovanni　*510*
ペッレグリーニ, ドメーニコ (18・19世紀)
　→Pellegrini, Domenico　*510*
ペッレグリーノ・ダ・サン・ダニエーレ (15・16世
　紀) →Pellegrino da San Daniele　*510*
ペッレグリーノ・ダ・モーデナ (15・16世紀)
　→Pellegrino da Modena　*510*
ベッロット, ベルナルド (18世紀)
　→Bellotto, Bernardo　*65*
ベッローリ, ジョヴァンニ・ピエトロ (17世紀)
　→Bellori, Giovanni Pietro　*65*
ペーデ, ヘンリー・ヴァン (16世紀)
　→Pede, Henri van　*509*
ベーティ (19・20世紀) →Beöthy Zsolt　*68*

ペティ,H.(20世紀) →Petie, Haris　515
ベティーナ(20世紀) →Bettina　74
ヘディン(19・20世紀)
　→Hedin, Sven Anders von　311
ヘディン, スヴェン(19・20世紀)
　→Hedin, Sven Anders von　311
ヘディン, スヴェン・A.(19・20世紀)
　→Hedin, Sven Anders von　311
ヘディン, スヴェン・アンデシュ(19・20世紀)
　→Hedin, Sven Anders von　311
ヘディン, スウェン・アンデルス(19・20世紀)
　→Hedin, Sven Anders von　311
ヘテプヘレス(前27世紀) →Hetepheres　317
ペーテル, ゲオルク(16・17世紀)
　→Petel, Georg　515
ペーテルス, クララ(16・17世紀)
　→Peeters, Clara　509
ペーテルセン, エイリフ(19・20世紀)
　→Peterssen, Eilif　515
ペテルツァーノ, シモーネ(16世紀)
　→Peterzano, Simone　515
ペテロ(1世紀) →Petros　516
聖ペテロ(1世紀) →Petros　516
ペテロ(ペトロ)(1世紀) →Petros　516
ヘテロア, マグダレーナ(20世紀)
　→Jetelová, Magdalena　346
ベドウズ,E.(20世紀) →Beddows, Eric　61
ヘトガー(19・20世紀)
　→Hoetger, Bernhard　322
ベートガー(17・18世紀)
　→Böttger, Johann Friedrich　93
ベトガー(17・18世紀)
　→Böttger, Johann Friedrich　93
ベドフォード,F(フランシス)・D(ドンキン)(19・20世紀) →Bedford, Francis Donkin　61
ペドラ, ビクター(20世紀) →Pedra, Victor　509
ペトリ(19・20世紀)
　→Petrie, Sir William Matthew Flinders　515
ペトリー(19・20世紀)
　→Petrie, Sir William Matthew Flinders　515
ペトリーニ, アントニオ(17・18世紀)
　→Petrini, Antonio　516
ペトリン, アーヴィング(20世紀)
　→Petlin, Irving　515
ペトルチ(20世紀) →Pettoruti, Emilio　516
ペトルチ,E.(20世紀) →Pettoruti, Emilio　516
ペトルティ, エミリオ(20世紀)
　→Pettoruti, Emilio　516
ペトロ(1世紀) →Petros　516
ペトロシャーン,M.V.(20世紀)
　→Petrosjan, Martyn Virabovich　516
ペトロフ・ウォトキン(19・20世紀)
　→Petrov-Vodkin, Kuz'ma Sergeevich　516
ペトロフ・ウォトキン, クジマー(19・20世紀)
　→Petrov-Vodkin, Kuz'ma Sergeevich　516

ペトロフ=ヴォトキン, クジマー(19・20世紀)
　→Petrov-Vodkin, Kuz'ma Sergeevich　516
ペトロフ=ヴォトキン, クジマ・セルゲエヴィチ(19・20世紀)
　→Petrov-Vodkin, Kuz'ma Sergeevich　516
ペトロフスキー, ワルフガング(20世紀)
　→Petrowsky, Wolfgang　516
ヘードン(18・19世紀)
　→Hayden, Benjamin Robert　310
ベナッリオ, フランチェスコ(15世紀)
　→Benaglio, Francesco　66
ベナール(19・20世紀)
　→Besnard, Paul Albert　74
ベナール, アルベール(19・20世紀)
　→Besnard, Paul Albert　74
ベナール, ポール・アルベール(19・20世紀)
　→Besnard, Paul Albert　74
ペニー, エドワード(18世紀)
　→Penny, Edward　511
ペニコー(15・16世紀)
　→Pénicaud, Léonard　510
ペニコー(16世紀) →Pénicaud, Jean I　510
ペニコー(16世紀) →Pénicaud, Jean II　510
ペニコー(16世紀) →Pénicaud, Jean III　510
ペニコー(16世紀) →Pénicaud, Pierre　510
ペニコー, ジャン一世(16世紀)
　→Pénicaud, Jean I　510
ペニコー, ジャン二世(16世紀)
　→Pénicaud, Jean II　510
ペニコー, ジャン三世(16世紀)
　→Pénicaud, Jean III　510
ペニコー, ピエール(16世紀)
　→Pénicaud, Pierre　510
ペニコー, レオナール(15・16世紀)
　→Pénicaud, Léonard　510
ベニーニ(20世紀) →Venini, Paolo　681
ベニング(15・16世紀) →Bening, Simon　67
ベニング, アレクサンドル(15・16世紀)
　→Bening, Alexandre　67
ベニング, シモン(15・16世紀)
　→Bening, Simon　67
ペーヌ(17・18世紀) →Pesne, Antoine　514
ペーヌ, アントアーヌ(17・18世紀)
　→Pesne, Antoine　514
ペーヌ, アントワーヌ(17・18世紀)
　→Pesne, Antoine　514
ベヌア(19・20世紀)
　→Benua, Aleksandr Nikolaevich　68
ベヌアー(19・20世紀)
　→Benua, Aleksandr Nikolaevich　68
ベヌア, アレクサンドル(19・20世紀)
　→Benua, Aleksandr Nikolaevich　68
ベヌアー, アレクサンドル・ニコラエヴィチ(19・20世紀)
　→Benua, Aleksandr Nikolaevich　68

ベヌア, ナージァ(20世紀) →Benois, Nadia 68
ペヌル(19・20世紀) →Pennell, Joseph 511
ベネーヴォロ, レオナルド(20世紀)
　→Benevolo, Leonardo 67
ベネシュ(20世紀) →Benesch, Otto 67
ベネシュ, オットー(20世紀)
　→Benesch, Otto 67
ペネソーン, ジェイムズ(19世紀)
　→Pennethorne, James 511
ベネチアーノ(15世紀)
　→Veneziano, Domenico 681
ベネット,R.(20世紀) →Bennett, Rainey 67
ベネット,R.(20世紀) →Bennett, Richard 67
ベネット,S.(20世紀) →Bennett, Susan 67
ベネット, ウェンデル・クラーク(20世紀)
　→Bennett, Wendell Clark 67
ベネディクト(ヌルシアの)(5・6世紀)
　→Benedictus a Nursia, St 66
ベネディクト, リート・フォン・ピエスティング
　(15・16世紀)
　→Benedikt, Ried von Piesting 67
ベネディクトゥス(5・6世紀)
　→Benedictus a Nursia, St 66
ベネディクトゥス(聖)(5・6世紀)
　→Benedictus a Nursia, St 66
ベネディクトゥス(ヌルシアの)(5・6世紀)
　→Benedictus a Nursia, St 66
ベネディクトゥス(聖)(ヌルシアの)(5・6世紀)
　→Benedictus a Nursia, St 66
聖ベネディクトゥス(ヌルシアの)(5・6世紀)
　→Benedictus a Nursia, St 66
ベネディクトス(5・6世紀)
　→Benedictus a Nursia, St 66
ベネデッティ, トンマーゾ(18・19世紀)
　→Benedetti, Tommaso 66
ベネデッティ, ミケーレ(18・19世紀)
　→Benedetti, Michele 66
ベネデット・ダ・マイアーノ(15世紀)
　→Maiano, Benedetto de 423
ベネデット・ダ・マイアーノ(通称)(ベネデット・ディ・レオナルド)(15世紀)
　→Maiano, Benedetto de 423
ベネデットー・ダ・マヤーノ(15世紀)
　→Maiano, Benedetto de 423
ベネデット・ダ・ミラーノ(16世紀)
　→Benedetto da Milano 66
ベネデット・ダ・ロヴェッツァーノ(15・16世紀)
　→Benedetto da Rovezzano 66
ベネト(15・16世紀) →Veneto, Bartolomeo 680
ベネトン, ジュリアーナ(20世紀)
　→Benetton, Giuliana 67
ベネフィアル, マルコ(17・18世紀)
　→Benefial, Marco 67
ヘネベルガー,R.G.(20世紀)
　→Henneberger, Robert G. 313

ベネル, エリザベス・ロビンス(19・20世紀)
　→Pennell, Elizabeth Robins 511
ベノー, チャールズ(20世紀)
　→Benoit, Charles 68
ベノイスト, マリー(18・19世紀) →Benoist,
　Marie (Guillemine), Comtesse 68
ヘノヴェス, ホアン(20世紀)
　→Genovés, Juan 267
ベノーニ, ジュゼッペ(17世紀)
　→Benoni, Giuseppe 68
ベノーネ, ジュゼッペ(20世紀)
　→Penone, Giuseppe 511
ヘノベス, ジョアン(20世紀)
　→Genovés, Juan 267
ヘノベス, フアン(20世紀)
　→Genovés, Juan 267
ヘノベス, ホアン(20世紀)
　→Genovés, Juan 267
ベーハ, コルネリス(17世紀)
　→Bega, Cornelis 62
ベーハム(16世紀) →Beham, Barthel 62
ベーハム(16世紀) →Beham, Hans Sebald 62
ベーハム, ゼーバルト(16世紀)
　→Beham, Hans Sebald 62
ベーハム, バルテル(16世紀)
　→Beham, Barthel 62
ベーハム, ハンス・ゼーバルト(16世紀)
　→Beham, Hans Sebald 62
ベーハム, ハンス・ゼバルト(16世紀)
　→Beham, Hans Sebald 62
ベーバン, トニー(20世紀) →Bevan, Tony 75
ペピ1世(前23世紀) →Pepi I 511
ペピ一世(前23世紀) →Pepi I 511
ペヒシュタイン(19・20世紀)
　→Pechstein, Max 509
ペヒシュタイン, ヘルマン・マックス(19・20世紀)
　→Pechstein, Max 509
ペヒシュタイン, マックス(19・20世紀)
　→Pechstein, Max 509
ペヒシュタイン, マックス・ヘルマン(19・20世紀)
　→Pechstein, Max 509
ベフザード(15・16世紀)
　→Behzād, Ostād Kamāl al-Dīn 62
ベフザード, オスタード・カマール・アッ=ディーン(15・16世紀)
　→Behzād, Ostād Kamāl al-Dīn 62
ペフスナー(19・20世紀)
　→Pevsner, Antoine 516
ペフスナー(20世紀)
　→Pevsner, Sir Nikolaus 516
ペブスナー(19・20世紀)
　→Pevsner, Antoine 516
ペブスナー(20世紀)
　→Pevsner, Sir Nikolaus 516

ペブスナー, アントワーヌ (19・20世紀)
→Pevsner, Antoine　516
ペブスナー, ニコラス (20世紀)
→Pevsner, Sir Nikolaus　516
ペブスネル (19・20世紀)
→Pevsner, Antoine　516
ヘープニー (18世紀) →Halfpenny, William　303
ベーブリンガー (15世紀)
→Böblinger, Hans der Ältere　83
ベーブリンガー (15・16世紀)
→Böblinger, Matthäus　83
ベーブリンガー, ハンス (15世紀)
→Böblinger, Hans der Ältere　83
ベーブリンガー, マットイス (15・16世紀)
→Böblinger, Matthäus　83
ベーブリンガー, マテーウス (15・16世紀)
→Böblinger, Matthäus　83
ベーブリンガー, ルーカス (15・16世紀)
→Böblinger, Lucas　83
ヘプルホワイト (18世紀)
→Hepplewhite, George　314
ヘプルホワイト, ジョージ (18世紀)
→Hepplewhite, George　314
ペプロー, サミュエル・ジョン (19・20世紀)
→Peploe, Samuel John　511
ヘプワース (20世紀)
→Hepworth, Dame Barbara　314
ペペ, R. (20世紀) →Peppe, Rodney　511
ペペ, ロドニー (20世紀) →Peppe, Rodney　511
ベーマー (19世紀) →Boehmer, Louis　84
ヘーマン (18世紀) →Hayman, Francis　310
ヘーム (17世紀) →Heem, Jan Davidsz de　312
ベーム (19・20世紀) →Böhm, Dominikus　85
ベーム, エドガー (19世紀)
→Boehm, Sir Joseph Edgar　84
ベーム, ゴットフリート (20世紀)
→Böhm, Gottfried　85
ヘーム, コルネリス (17世紀)
→Heem, Cornelis de　311
ヘーム, ダビット1世 (16・17世紀)
→Heem, David I de　312
ヘーム, ダビット II (20世紀)
→Heem, David II Davidsz de　312
ベーム, ドミーニクス (19・20世紀)
→Böhm, Dominikus　85
ベーム, ドミニクス (19・20世紀)
→Böhm, Dominikus　85
ヘーム, ヤン・ダビッツ (17世紀)
→Heem, Jan Davidsz de　312
ヘーム, ヤン・デ (17世紀)
→Heem, Jan Davidsz de　312
ヘームスケルク (15・16世紀)
→Heemskerck, Marten van　312
ヘームスケルク, マルテンス・ヤーコブス・ヴァン (15・16世紀)

→Heemskerck, Marten van　312
ヘームスケルク, マールテン・ファン (15・16世紀)
→Heemskerck, Marten van　312
ヘームスケルク, マルテン・ファン (15・16世紀)
→Heemskerck, Marten van　312
ヘムラウ, F.A. (20世紀)
→Khemurau, Filimon Alekseevich　362
ヘーメ, ゲルハルト (20世紀)
→Hoehme, Gerhard　322
ベーメ, ロサ (20世紀) →Böhme, Lothar　85
ヘーメセン, カテリーナ・ファン (16世紀)
→Hemessen, Caterina van　313
ヘメッセン (16世紀)
→Hemessen, Jan Sanders van　313
ヘメッセン, カタリーナ (16世紀)
→Hemessen, Caterina van　313
ヘメルディンガー, ウイリアム (20世紀)
→Hemmerdinger, William　313
ベーメルマンス, L. (20世紀)
→Bemelmans, Ludwig　66
ベーメルマンス, ルートヴィッヒ (20世紀)
→Bemelmans, Ludwig　66
ベーメルマンス, ルードウィッヒ (20世紀)
→Bemelmans, Ludwig　66
ベーメルマンス, ルードヴィッヒ (20世紀)
→Bemelmans, Ludwig　66
ベメルマンズ, ルートヴィヒ (20世紀)
→Bemelmans, Ludwig　66
ペヨ (20世紀) →Peyo　517
ベラ (17世紀) →Bella, Stefano della　64
ベラ, ステファノ・デラ (17世紀)
→Bella, Stefano della　64
ヘラー, ダニエル (20世紀) →Haller, Daniel　303
ベラウンデ (20世紀)
→Belaunde Terry, Fernando　63
ベラウンデ・テリ (20世紀)
→Belaunde Terry, Fernando　63
ベラウンデ・テリー (20世紀)
→Belaunde Terry, Fernando　63
ベラウンデ・テリー, フェルナンド (20世紀)
→Belaunde Terry, Fernando　63
ペラキス, ニコス (20世紀) →Perakis, Nikos　511
ヘラクリウス (8～10世紀頃) →Heraclius　314
ヘーラクレース →Herakles　314
ヘラクレス →Herakles　314
ベラショーヴァ, エカテリーナ (20世紀)
→Berashova, Ekaterina Fedorovna　69
ベラスケス (16・17世紀)
→Velázquez, Diego Rodríguez de Silva y　680
ベラスケス, ディエーゴ (16・17世紀)
→Velázquez, Diego Rodríguez de Silva y　680
ベラスケス, ディエゴ (・ロドリゲス・デ・シルバ) (16・17世紀)
→Velázquez, Diego Rodríguez de Silva y　680

ベラスケス, ディエゴ・ロドリゲス・デ・シルハ・イ(16・17世紀)
　→Velázquez, Diego Rodríguez de Silva y　680
ベラスケス, ディエゴ・ロドリゲス・デ・シルバ・イ(16・17世紀)
　→Velázquez, Diego Rodríguez de Silva y　680
ベラスコ(19・20世紀)
　→Velasco, José María　680
ベラスコ,J.M.(19・20世紀)
　→Velasco, José María　680
ベラスコ, ダニエル(20世紀)
　→Belasco, Danièle　63
ベラスコ, ホセー・マリーア(19・20世紀)
　→Velasco, José María　680
ベラニー, ジョン(20世紀)　→Bellany, John　64
ベラムリーンスキー,M.S.(20世紀)
　→Belomlinskij, Mikhail Samuilovich　65
ベラール(15・16世紀)　→Vérard, Antoine　681
ベラール(20世紀)　→Bérard, Christian　69
ベラル,H.(19・20世紀)　→Pellar, Hanns　510
ベラール, クリスチャン(20世紀)
　→Bérard, Christian　69
ベラール, クリスティアン(20世紀)
　→Bérard, Christian　69
ヘラルト, ヒューベルト(16・17世紀)
　→Gerhard, Hubert　268
ベラン(17・18世紀)　→Bérain, Jean Louis　68
ベラン, ジャン(17・18世紀)
　→Bérain, Jean Louis　68
ベラン, ジャン・ルイ(17・18世紀)
　→Bérain, Jean Louis　68
ヘラン, パトリック(20世紀)
　→Heron, Patrick　317
ベランジェ, フランソワ=ジョゼフ(18・19世紀)
　→Bélanger, François-Joseph　63
ベランジュ(17世紀)　→Bellange, Jacques de　64
ベランジュ, ジャック(17世紀)
　→Bellange, Jacques de　64
ペランダ, サンテ(16・17世紀)
　→Peranda, Sante　511
ベランド, ヘレン(20世紀)　→Béland, Héléne　63
ベリ(19世紀)　→Bergh, Johan Edvard　70
ベリ(19・20世紀)　→Bergh, Sven Richard　70
ペリー, イレイン(20世紀)　→Perry, Elaine　514
ベーリー, エドワード(18・19世紀)
　→Baily, Edward Hodges　45
ペリ, シーザー(20世紀)　→Pelli, Cesar　510
ベリー, ジャン・ド・フランス(14・15世紀)
　→Berry, Jean, duc de　73
ベリー, ジョン(20世紀)　→Bury, John　114
ペリー, リチャード・A.(20世紀)
　→Perry, Richard A.　514
ペリアン(20世紀)　→Perriand, Charlotte　513

ペリアン, カルロット(20世紀)
　→Perriand, Charlotte　513
ペリアン, シャルロット(20世紀)
　→Perriand, Charlotte　513
ベリィストロム,G.(20世紀)
　→Bergström, Gunilla　70
ベリイマン,T.(20世紀)
　→Bergman, Thomas　70
ペリエ, フランソワ(16・17世紀)
　→Perrier, François　513
ベリオ(17・18世紀)　→Verrio, Antonio　683
ベリオ(19・20世紀)　→Pelliot, Paul　510
ベリオー(19・20世紀)　→Pelliot, Paul　510
ベリオ, ポール(19・20世紀)　→Pelliot, Paul　510
ヘーリオドーロス(前2世紀)　→Hēliodōros　313
ヘリオドロス(前2世紀)　→Hēliodōros　313
ペリクレース(前5世紀)　→Perikles　512
ペリクレス(前5世紀)　→Perikles　512
ベリー公(14・15世紀)　→Berry, Jean, duc de　73
ベリー公ジャン(14・15世紀)
　→Berry, Jean, duc de　73
ペリッリ, アキッレ(20世紀)
　→Perilli, Achille　512
ベリーニ(14・15世紀)　→Bellini, Jacopo　65
ベリーニ(15・16世紀)　→Bellini, Gentile　64
ベリーニ(15・16世紀)　→Bellini, Giovanni　64
ベリーニ, ジェンティーレ(15・16世紀)
　→Bellini, Gentile　64
ベリーニ, ジョヴァンニ(15・16世紀)
　→Bellini, Giovanni　64
ベリーニ, ジョバンニ(15・16世紀)
　→Bellini, Giovanni　64
ベリーニ, ヤコボ(14・15世紀)
　→Bellini, Jacopo　65
ベリーニ, ヤコポ(14・15世紀)
　→Bellini, Jacopo　65
ヘリベルトゥス(12世紀)　→Helibertus　313
ヘリマン, ジョージ(19・20世紀)
　→Herriman, George　317
ペリュショ(20世紀)　→Perruchot, Henri　514
ベリュベール・イ・ラモーン, リカルド(19・20世紀)　→Bellver y Ramón, Ricardo　65
ヘーリング(15・16世紀)　→Hering, Loy　315
ヘーリング(19・20世紀)　→Häring, Hugo　306
ヘリング(18・19世紀)
　→Herring, John Frederick　317
ヘリング(20世紀)　→Haring, Keith　306
ベリング(19・20世紀)　→Belling, Rudolf　64
ヘーリング, フーゴー(19・20世紀)
　→Häring, Hugo　306
ベリング, ルドルフ(19・20世紀)
　→Belling, Rudolf　64
ヘーリング, ロイ(15・16世紀)
　→Hering, Loy　315

ヘリング, ロイ(15・16世紀) →Hering, Loy　315
ベール(17・18世紀) →Bähr, Georg　44
ベル(19・20世紀)
　→Bell, Arthur Clive Howard　63
ベル(19・20世紀)
　→Bell, Gertrude Margaret Lowthian　63
ベル(20世紀) →Bell, Lawrence Dale　63
ペール(18世紀) →Peyre, Marie Joseph　517
ペール(18・19世紀)
　→Peyre, Antoine François　517
ペール(18・19世紀)
　→Peyre, Antoine Marie　517
ベル,C.(20世紀) →Bell, Corydon　63
ベル,(アーサー・)クライヴ(・ハワード)(19・20世紀) →Bell, Arthur Clive Howard　63
ベル,(アーサー)クライヴ(ヒュワード)(19・20世紀) →Bell, Arthur Clive Howard　63
ベル, ヴァネッサ(19・20世紀)
　→Bell, Vanessa　64
ベル, ガートルード(19・20世紀)
　→Bell, Gertrude Margaret Lowthian　63
ベル, ガートルード・マーガレット・ロージアン(19・20世紀)
　→Bell, Gertrude Margaret Lowthian　63
ベル, ガートルード(・マーガレット・ロージアン)(19・20世紀)
　→Bell, Gertrude Margaret Lowthian　63
ベル, ガートルード(マーガレット・ロージアン)(19・20世紀)
　→Bell, Gertrude Margaret Lowthian　63
ベル, クライヴ(19・20世紀)
　→Bell, Arthur Clive Howard　63
ベール, ゲオルク(15世紀) →Beer, Georg　61
ベール, ゲオルク(17・18世紀)
　→Bähr, Georg　44
ペール, ジョゼフ(18世紀)
　→Peyre, Marie Joseph　517
ベル, ジョン(19世紀) →Bell, John　63
ベール(ベーア), ゲオルク(17・18世紀)
　→Bähr, Georg　44
ベル, マリア(19世紀) →Bell, Maria　63
ベル, マリオ(20世紀) →Bel, Mario　63
ベル, ラリー(20世紀) →Bell, Larry　63
ベル, ロバート・アニング(19・20世紀)
　→Bell, Robert Anning　64
ベル, ローレンス(・デイル)(20世紀)
　→Bell, Lawrence Dale　63
ベルイ,B.(20世紀) →Berg, Björn　69
ベルヴェデーレ, アンドレーア(17・18世紀)
　→Belvedere, Andrea　66
ベルエーテ・イ・モレート, アウレリアーノ(19・20世紀) →Beruete y Moret, Aureliano de　74
ベルエーテ・イ・モレート, アウレリアーノ・デ(19・20世紀)
　→Beruete y Moret, Aureliano de　74

ベルガ, ニンニ(20世紀) →Verga, Ninni　682
ベルガー, マリアン(20世紀)
　→Berger, Marian　70
ベルガンブ, ジャン(15・16世紀)
　→Bellegambe, Jean　64
ベルガンブ, ジャン(16・17世紀)
　→Bellegambe le Jeune, Jean　64
ベルク(15・16世紀) →Berg, Claus　69
ベルク(19・20世紀) →Berg, Max　69
ベルグ,S.リッカルド(19・20世紀)
　→Bergh, Sven Richard　70
ベルク, マックス(19・20世紀) →Berg, Max　69
ベルグ, リッカルド(19・20世紀)
　→Bergh, Sven Richard　70
ベルクハイデ(17世紀)
　→Berckheyde, Gerrit Adriaensz　69
ベルクヘイデ, ヘリット(17世紀)
　→Berckheyde, Gerrit Adriaensz　69
ベルクヘイデ, ヨブ(17世紀)
　→Berckheyde, Job Adriaensz　69
ベルクヘイデ, ヨブ(17世紀)
　→Berckheyde, Job Adriaensz　69
ヘルクレス →Herakles　314
ベルゲーテ(15・16世紀)
　→Berruguete, Alonso　72
ベルゲテ(15・16世紀) →Berruguete, Alonso　72
ベルゲテ(15・16世紀) →Berruguete, Pedro　72
ベルゲーテ, アロンソ(15・16世紀)
　→Berruguete, Alonso　72
ベルゲテ, アロンソ(15・16世紀)
　→Berruguete, Alonso　72
ベルゲーテ, ペドロ(15・16世紀)
　→Berruguete, Pedro　72
ベルゲテ, ペドロ(15・16世紀)
　→Berruguete, Pedro　72
ベル・ゲデイス(20世紀)
　→Geddes, Norman Bel　266
ベル・ゲデイス, ノーマン(20世紀)
　→Geddes, Norman Bel　266
ベル・ゲデス(20世紀)
　→Geddes, Norman Bel　266
ベル・ゲデス, ノーマン(20世紀)
　→Geddes, Norman Bel　266
ベル・ゲデズ, ノルマン(20世紀)
　→Geddes, Norman Bel　266
ベルゴニョーネ(15・16世紀)
　→Bergognone, Il　70
ベルゴニョーネ, イル(15・16世紀)
　→Bergognone, Il　70
ヘルコマー, サー・ヒューバート・フォン(19・20世紀) →Herkomer, Sir Hubert von　315
ベルゴンツォーニ, ジョヴァンニ・バッティスタ(17世紀)
　→Bergonzoni, Giovanni Battista　70
ペルシー, アラン(20世紀) →Percy, Alain　512

ペルシア,アルフレッド(20世紀)
　→Persia, Alfred　*514*
ペルシェ(18・19世紀)→Percier, Charles　*512*
ペルシエ(18・19世紀)→Percier, Charles　*512*
ベルジェ,ジャック(17・18世紀)
　→Berger, Jacques　*70*
ペルシェ,シャルル(18・19世紀)
　→Percier, Charles　*512*
ペルシエ,シャルル(18・19世紀)
　→Percier, Charles　*512*
ペルシコ,エドアルド(20世紀)
　→Persico, Edoardo　*514*
ペルジーノ(15・16世紀)→Perugino, Pietro di Cristoforo Vanucci　*514*
ペルジーノ,イル(15・16世紀)→Perugino, Pietro di Cristoforo Vanucci　*514*
ベルジョイオーゾ,ルドヴィーコ・バルビアーノ・ディ(20世紀)
　→Belgioioso, Ludovico Barbiano di　*63*
ベルショーズ,アンリ(14・15世紀)
　→Bellechose, Henri　*64*
ベールズ(16・17世紀)→Bales, Peter　*47*
ヘルスト(17世紀)
　→Helst, Bartholomeus van der　*313*
ヘルスト,バルトロマーウス・ファン・デル(17世紀)→Helst, Bartholomeus van der　*313*
ヘルスト,バルトロメウス・ファン・デル(17世紀)→Helst, Bartholomeus van der　*313*
ペルセウス(前3・2世紀)→Perseus　*514*
ヘルダー(17・18世紀)→Gelder, Aert de　*266*
ヘルダー(18・19世紀)
　→Herder, Johann Gottfried von　*315*
ヘルダー,ヨーハン・ゴットフリート(18・19世紀)
　→Herder, Johann Gottfried von　*315*
ヘルダー,ヨハン・ゴットフリート(18・19世紀)
　→Herder, Johann Gottfried von　*315*
ヘルダー,ヨハン・ゴットフリート・フォン(18・19世紀)→Herder, Johann Gottfried von　*315*
ベルターニ,ジョヴァンニ・バッティスタ(16世紀)
　→Bertani, Giovanni Battista　*73*
ペール・タンギー(19世紀)
　→Père Tanguy, Le　*512*
ベルチエ,F.(20世紀)→Berthier, François　*73*
ヘールチェン・トート・シント・ヤンス(15世紀)
　→Geertgen tot sint Jans　*266*
ペルチヒ(19・20世紀)→Poelzig, Hans　*527*
ペルツイ(15・16世紀)
　→Peruzzi, Baldassare Tommaso　*514*
ペルツィッヒ(19・20世紀)→Poelzig, Hans　*527*
ペルツィッヒ,ハンス(19・20世紀)
　→Poelzig, Hans　*527*
ペルツィヒ(19・20世紀)→Poelzig, Hans　*527*
ペルツィヒ,ハンス(19・20世紀)
　→Poelzig, Hans　*527*

ヘルツェル(19・20世紀)→Hölzel, Adolf　*326*
ヘルツェル,アードルフ(19・20世紀)
　→Hölzel, Adolf　*326*
ヘルツェル,アドルフ(19・20世紀)
　→Hölzel, Adolf　*326*
ベルツォーニ,ジョヴァンニ(18・19世紀)
　→Belzomi, Giovanni Battista　*66*
ベルツォーニ,ジョヴァンニ・バッティスタ(18・19世紀)→Belzomi, Giovanni Battista　*66*
ペルツォーフ,V.V.(20世紀)
　→Pertsov, Vladimir Valerievich　*514*
ベルッチ,バルトロメオ(16世紀)
　→Berucci, Bartolomeo　*73*
ペルッツイ(15・16世紀)
　→Peruzzi, Baldassare Tommaso　*514*
ペルッツィ,バルダッサーレ(15・16世紀)
　→Peruzzi, Baldassare Tommaso　*514*
ペルッツィ,バルダッサーレ(15・16世紀)
　→Peruzzi, Baldassare Tommaso　*514*
ペルッツィ,バルダッサーレ(・トマーゾ)(15・16世紀)→Peruzzi, Baldassare Tommaso　*514*
ヘルツフェルト(19・20世紀)
　→Herzfeld, Ernst　*317*
ヘルツフェルト,E.(19・20世紀)
　→Herzfeld, Ernst　*317*
ヘルツフェルト,エルンスト(19・20世紀)
　→Herzfeld, Ernst　*317*
ヘルツベルハー,ヘルマン(20世紀)
　→Hertzberger, Herman　*317*
ベルティーニ,アルド(20世紀)
　→Bertini, Aldo　*73*
ベルティーニ,ジャンニ(20世紀)
　→Bertini, Gianni　*73*
ベルティーニ,ジュゼッペ(19世紀)
　→Bertini, Giuseppe　*73*
ベルティーニ,ポンペーオ(19世紀)
　→Bertini, Pompeo　*73*
ベルテッリ,ルイージ(19・20世紀)
　→Bertelli, Luigi　*73*
ヘルデル(17・18世紀)→Gelder, Aert de　*266*
ヘルデル,アールト・デ(17・18世紀)
　→Gelder, Aert de　*266*
ヘルド,アル(20世紀)→Held, Al　*312*
ベルトー,エミール(19・20世紀)
　→Bertaux, Émile　*73*
ベルトイア(16世紀)→Bertoia　*73*
ベルトイア,ハリー(20世紀)
　→Bertoia, Harry　*73*
ベルトゥッチ,ジョヴァンニ・バッティスタ(15・16世紀)→Bertucci, Giovanni Battista　*73*
ベルトッティ=スカモッツィ,オッターヴィオ(18世紀)→Bertotti-Scamozzi, Ottavio　*73*
ベルト・ディ・ジョヴァンニ(16世紀)
　→Berto di Giovanni　*73*

ヘールトヘン（15世紀）
　→Geertgen tot sint Jans　266
ヘールトヘン・トット・シント・ヤンス（15世紀）
　→Geertgen tot sint Jans　266
ヘールトヘン・トート・シント・ヤンス（15世紀）
　→Geertgen tot sint Jans　266
ベルトーラ，アントーニオ（17・18世紀）
　→Bertola, Antonio　73
ベルトラーミ，ルーカ（19・20世紀）
　→Beltrami, Luca　65
ベルトラム（14・15世紀）
　→Bertram（Meister Bertram）　73
ベルトラム（マイスター・ベルトラム）（14・15世紀）　→Bertram（Meister Bertram）　73
ベルトラーメ，アキッレ（19・20世紀）
　→Beltrame, Achille　65
ベルトラーン,A.（20世紀）
　→Beltran, Alberto　65
ベルトラン，ジェーン・ピエール（20世紀）
　→Bertrand, Jean-Pierre　73
ベルトラン，ジャック（19・20世紀）
　→Beltrand, Jacques　65
ベルトラン，トニー（19・20世紀）
　→Beltrand, Tony　66
ベルトラン（父子）（19・20世紀）
　→Beltrand, Jacques　65
ベルトラン（父子）（19・20世紀）
　→Beltrand, Tony　66
ペルドリア，ヘレーネ（20世紀）
　→Perdriat, Hélène　512
ベルトール，ジャン（20世紀）
　→Bertholle, Jean　73
ベルトルド・ディ・ジョヴァンニ（15世紀）
　→Bertoldo di Giovanni　73
ベルトロ，ギヨーム（16・17世紀）
　→Berthelot, Guillaume　73
ベルトワ・リガール（20世紀）
　→Berthois-Rigal　73
ベルナスコーニ，ウーゴ（19・20世紀）
　→Bernasconi, Ugo　72
ベルナベイ，ドメーニコ（15・16世紀）
　→Bernabei, Domenico　71
ベルナール（11・12世紀）
　→Bernardus Claravallensis　71
ベルナール（19・20世紀）→Bernard, Emile　71
ベルナール（19・20世紀）→Bernard, Joseph　71
ベルナール（19・20世紀）
　→Besnard, Paul Albert　74
聖ベルナール（11・12世紀）
　→Bernardus Claravallensis　71
ベルナール，エミール（19・20世紀）
　→Bernard, Emile　71
ベルナール（クレルヴォーの）（11・12世紀）
　→Bernardus Claravallensis　71

聖ベルナール（クレルヴォーの）（11・12世紀）
　→Bernardus Claravallensis　71
ベルナール（クレルボーの）（11・12世紀）
　→Bernardus Claravallensis　71
ベルナール，ジョゼフ（19・20世紀）
　→Bernard, Joseph　71
ベルナール，ヨゼフ・A.（19・20世紀）
　→Bernard, Joseph　71
ベルナール・サガルドイ（20世紀）
　→Sagardoy, Bernard　581
ベルナルディ，ジュゼッペ（17・18世紀）
　→Bernardi, Giuseppe　71
ベルナルディヌス（14・15世紀）
　→Bernardinus（Siena）, St.　71
ベルナルディーヌス（シエーナの）（14・15世紀）
　→Bernardinus（Siena）, St.　71
ベルナルディーノ（シエーナの，聖）（14・15世紀）
　→Bernardinus（Siena）, St.　71
ベルナルディーノ（聖）（シエナの）（14・15世紀）
　→Bernardinus（Siena）, St.　71
ベルナルディノ〔シエナの〕（14・15世紀）
　→Bernardinus（Siena）, St.　71
聖ベルナルディーノ（シエナの）（14・15世紀）
　→Bernardinus（Siena）, St.　71
ベルナルディーノ・ダ・シエーナ（14・15世紀）
　→Bernardinus（Siena）, St.　71
ベルナルディーノ・ダ・モーデナ（13・14世紀）
　→Bernardino da Modena　71
ベルナルディーノ・ディ・マリオット（15・16世紀）→Bernardino di Mariotto　71
ベルナルドゥス（11・12世紀）
　→Bernardus Claravallensis　71
ベルナルドゥス（聖）（11・12世紀）
　→Bernardus Claravallensis　71
ベルナルドゥス（クレルヴォーの，聖）（11・12世紀）→Bernardus Claravallensis　71
ベルナルドゥス（クレルヴォーの）（11・12世紀）
　→Bernardus Claravallensis　71
ベルナルドゥス（クレルボーの）（11・12世紀）
　→Bernardus Claravallensis　71
ベルナルドゥス（ベルナール）（11・12世紀）
　→Bernardus Claravallensis　71
ベルナール・ド・クレルヴォー（11・12世紀）
　→Bernardus Claravallensis　71
ベルナール・ド・ソワッソン（13世紀）
　→Bernard de Soissons　71
ベルナルド・ダ・ヴェネーツィア（14・15世紀）
　→Bernardo da Venezia　71
ヘルナンデス（16・17世紀）
　→Hernandez, Gregorio　316
ペルニエル（19・20世紀）→Pernier, Luigi　513
ペルニエル，ルイージ（19・20世紀）
　→Pernier, Luigi　513
ベルニーニ（16・17世紀）
　→Bernini, Giovanni Lorenzo　72

ベルニーニ(16・17世紀) →Bernini, Pietro 72
ベルニニ, ジョヴァンニ(16・17世紀)
　→Bernini, Giovanni Lorenzo 72
ベルニーニ, ジャン(ジョヴァンニ)・ロレンツォ
　(16・17世紀)
　→Bernini, Giovanni Lorenzo 72
ベルニーニ, ジャン・ロレンツォ(16・17世紀)
　→Bernini, Giovanni Lorenzo 72
ベルニーニ, ジョヴァンニ・ロレンツォ(16・17世
　紀) →Bernini, Giovanni Lorenzo 72
ベルニーニ, ジョバンニ・(ジャン)・ロレンツォ
　(16・17世紀)
　→Bernini, Giovanni Lorenzo 72
ベルニーニ, ピエトロ(16・17世紀)
　→Bernini, Pietro 72
ベルニニ, ピエトロ(16・17世紀)
　→Bernini, Pietro 72
ベルヌヴァル, アレクサンドル(15世紀)
　→Berneval, Alexandre 72
ベルネ(18世紀) →Vernet, Claude Joseph 682
ベルネ, アントアーヌ・シャルル・オラース(18・
　19世紀)
　→Vernet, Antoine Charles Horace 682
ベルネ, エミール・ジャン・オラース(18・19世紀)
　→Vernet, Emile Jean Horace 682
ベルネ, クロード・ジョセフ(18世紀)
　→Vernet, Claude Joseph 682
ベルネーロ, ジョヴァンニ・バッティスタ(18世
　紀) →Bernero, Giovanni Battiata 72
ベルビック(18・19世紀)
　→Bervic, Charles Clément 74
ヘルビビ(20世紀) →Herbig, Reinhard 315
ヘルビヒ, ヴァルター(19・20世紀)
　→Helbig, Walter 312
ヘルビヒ, ヴォルフガング(19・20世紀)
　→Helbig, Wolfgang 312
ヘルプス, H.(20世紀) →Helps, Racey 313
ベルフリン(19・20世紀)
　→Wölfflin, Heinrich 709
ベルヘ, ヴァンデン(20世紀)
　→Berghe, L.Vanden 70
ベルヘ, ヴァンデン・L.(20世紀)
　→Berghe, L.Vanden 70
ベルベッロ・ダ・パヴィーア(15世紀)
　→Belbello da Pavia 63
ベルヘム(17世紀)
　→Berchem, Claes Pietersz 69
ベルヘム, クラース(17世紀)
　→Berchem, Claes Pietersz 69
ベルヘム, クラース・ピーテルスゾー(ピーテルスゾー
　ン)(17世紀)
　→Berchem, Claes Pietersz 69
ベルヘム, ニコラース・ピーテルスゾーン(17世
　紀) →Berchem, Claes Pietersz 69

ヘルヘルト(ライデンの)(15世紀)
　→Gerhaert van Leyden, Nicolaus 268
ヘルマー, J.C.(20世紀)
　→Helmer, Jean Cassels 313
ベルマン(20世紀) →Berman, Eugene 70
ベルメイショ(17世紀)
　→Vermexio, Giovanni 682
ペルメク(19・20世紀)
　→Permeke, Constant 512
ペルメーク, コンスタン(19・20世紀)
　→Permeke, Constant 512
ペルメーケ, コンスタント(19・20世紀)
　→Permeke, Constant 512
ペルメケ, コンスタント(19・20世紀)
　→Permeke, Constant 512
ヘルメス, ガートルード(20世紀)
　→Hermes, Gertrude 316
ペルメック, コンスタン(19・20世紀)
　→Permeke, Constant 512
ベルメホ(15世紀) →Bermejo, Bartolomé 70
ベルメーホ, エル(15世紀)
　→Bermejo, Bartolomé 70
ベルメーホ, バルトロメ(15世紀)
　→Bermejo, Bartolomé 70
ベルメーホ, バルトロメー(15世紀)
　→Bermejo, Bartolomé 70
ベルメール(20世紀) →Bellmer, Hans 65
ベルメール, ハンス(20世紀)
　→Bellmer, Hans 65
ヘルモゲネース(前3・2世紀)
　→Hermogenes 316
ヘルモゲネス(前3・2世紀) →Hermogenes 316
ペルモーザー, バルタザール(17・18世紀)
　→Permoser, Balthasar 513
ペルモーザー, バルタザル(17・18世紀)
　→Permoser, Balthasar 513
ペルモーゼル(17・18世紀)
　→Permoser, Balthasar 513
ヘルモドーロス(前2世紀) →Hermodoros 316
ヘルモドロス(サラミス出身の)(前2世紀)
　→Hermodoros 316
ヘルモント, ヨハン・フランツ(18世紀)
　→Helmont, Johann Franz 313
ベラ, ステーファノ・デルラ(17世紀)
　→Bella, Stefano della 64
ベルラーヘ(19・20世紀)
　→Berlage, Hendrik Peterus 70
ベルラーヘ, ヘンドリック・ペトリス(19・20世紀)
　→Berlage, Hendrik Peterus 70
ベルラーヘ, ヘンドリック・ペトルス(19・20世紀)
　→Berlage, Hendrik Peterus 70
ペルラン・ル・ヴィアトゥール, ジャン(15・16世
　紀) →Pélerin le Viateur, Jean 510
ベルリーニ(14・15世紀) →Bellini, Jacopo 65
ベルリーニ(15・16世紀) →Bellini, Gentile 64

ベルリーニ(15・16世紀) →Bellini, Giovanni　64
ベルリーニ, ジェンティーレ(15・16世紀)
　→Bellini, Gentile　64
ベルリーニ, ジョヴァンニ(15・16世紀)
　→Bellini, Giovanni　64
ベルリーニ, ヤーコポ(14・15世紀)
　→Bellini, Jacopo　65
ベルリーニ, ヤーコポ(14・15世紀)
　→Bellini, Jacopo　65
ヘルリン(15世紀) →Herlin, Friedrich　315
ヘルリン, フリードリヒ(15世紀)
　→Herlin, Friedrich　315
ベルリンギエリ(12・13世紀)
　→Berlinghieri, Berlinghiero　70
ベルリンギエーリ, ベルリンギエーロ(12・13世紀) →Berlinghieri, Berlinghiero　70
ベルリンギエーリ, ボナヴェントゥーラ(13世紀)
　→Berlinghieri, Bonaventura　70
ベルリンギエーロ(12・13世紀)
　→Berlinghieri, Berlinghiero　70
ベルリンギエーロ(12・13世紀)
　→Berlinghieri, Berlinghiero　70
ヘルルト, ローベルト(20世紀)
　→Herlth, Robert　316
ベルローリ, ジョヴァンニ・ピエトロ(17世紀)
　→Bellori, Giovanni Pietro　65
ベルンヴァルト(10・11世紀) →Bernward　72
ベルンヴァルト(ヒルデスハイムの)(10・11世紀)
　→Bernward　72
ベルンシュタム(20世紀)
　→Bernshtam, Aleksander Natanovich　72
ベルンシュタム, アレクサンドル(20世紀)
　→Bernshtam, Aleksander Natanovich　72
ベルントソン, グンナール・フレデリク(19世紀)
　→Berndtson, Gunnar Frederik　72
ベルンワルト(10・11世紀) →Bernward　72
ペレ(19・20世紀) →Perret, Auguste　513
ペレー(19・20世紀) →Perret, Auguste　513
ペレ, オーギュスト(19・20世紀)
　→Perret, Auguste　513
ペレー, オーギュスト(19・20世紀)
　→Perret, Auguste　513
ペレー, オギュスト(19・20世紀)
　→Perret, Auguste　513
ペレ, ギュスタヴ(19・20世紀)
　→Perret, Gustave　513
ペレ, クロード(19世紀) →Perret, Claude　513
ペレアル, ジャン(15・16世紀)
　→Perréal, Jean　513
ベレイスキー, O.G.(20世紀)
　→Verejskij, Orest Georgievich　681
ペレイラ(20世紀) →Pereira, Irene Rice　512
ペレイラ, アイリーン(20世紀)
　→Pereira, Irene Rice　512

ペレイラ, アイリーン(20世紀)
　→Pereira, Irene Rice　512
ペレイラ, アイリーン(ライス)(20世紀)
　→Pereira, Irene Rice　512
ペレインス, シモン(16世紀)
　→Pereyns, Simón　512
ベレガンブ, ジャン(15・16世紀)
　→Bellegambe, Jean　64
ベレシチャーギン(19・20世紀)
　→Vereshchagin, Vasalii Vasilievich　682
ペレス(20世紀) →Pérez Ezquivel, Adolfo　512
ペレス, アドルフ・E.(20世紀)
　→Pérez Ezquivel, Adolfo　512
ベレスティン, J.(20世紀) →Berestain, Jan　69
ベレスティン, S.(20世紀) →Berestain, Stan　69
ベレソン, バーナード(19・20世紀)
　→Berenson, Bernard　69
ペレーダ(17世紀)
　→Pereda y Salgado, Antonio de　512
ペレダ, アントニオ(17世紀)
　→Pereda y Salgado, Antonio de　512
ペレーダ, アントニオ・デ(17世紀)
　→Pereda y Salgado, Antonio de　512
ペレーダ・イ・サルガード, アントニオ(17世紀)
　→Pereda y Salgado, Antonio de　512
ペレッスッティ, エンリーコ(20世紀)
　→Peressutti, Enrico　512
ベレッタ, ロドヴィーコ(16世紀)
　→Beretta, Lodovico　69
ペレッツ, オギュースト(20世紀)
　→Perez, Augusto　512
ヘレーナ(3・4世紀) →Helena, Flavia Julia　313
ヘレナ(3・4世紀) →Helena, Flavia Julia　313
聖ヘレナ(3・4世紀) →Helena, Flavia Julia　313
ヘレナ, フラーウィア・ユーリア(3・4世紀)
　→Helena, Flavia Julia　313
ヘレネ →Helene　313
ヘレネー →Helene　313
ベーレフェルト, G.(20世紀)
　→Berefelt, Gunnar　69
ペレルマン(20世紀) →Perelman, V.N.　512
ベーレンス(19・20世紀) →Behrens, Peter　62
ベーレンス, ペーター(19・20世紀)
　→Behrens, Peter　62
ベレンスタイン, スタン&ジャン(20世紀)
　→Berestain, Jan　69
ベレンスタイン, スタン&ジャン(20世紀)
　→Berestain, Stan　69
ベレンスン, バーナード(19・20世紀)
　→Berenson, Bernard　69
ベレンソン(19・20世紀)
　→Berenson, Bernard　69
ベレンソン, バーナード(19・20世紀)
　→Berenson, Bernard　69

ベレンソン, メアリー (19・20世紀)
　→Berenson, Mary　69
ベレンソン (ヴァルブロエンスキ), バーナード
　(19・20世紀) →Berenson, Bernard　69
ベーレント (19・20世紀)
　→Behrendt, Walter Curt　62
ペレンニウス, マルクス (前1世紀)
　→Perennius, Marcus　512
ヘレン・ローズ (20世紀) →Helen Rose　313
ペロー (17世紀) →Perrault, Claude　513
ペロー (19・20世紀) →Perrot, Georges　514
ペロー,C. (17世紀) →Perrault, Claude　513
ペロー, クロード (17世紀)
　→Perrault, Claude　513
ペロ, ジョルジュ (19・20世紀)
　→Perrot, Georges　514
ペロ, ジョルジュ (19・20世紀)
　→Perrot, Georges　514
ベロウズ, ジョージ・ウェズリー (19・20世紀)
　→Bellows, George Wesley　65
ベロクール, エカテリーナ (20世紀)
　→Belokur, Ekaterina Vasil'evna　65
ベローズ (19世紀) →Bellows, Albert Fitch　65
ベローズ (19・20世紀)
　→Bellows, George Wesley　65
ペーローズ (5世紀) →Pērōz　513
ベローズ, ジョージ (19・20世紀)
　→Bellows, George Wesley　65
ベローズ, ジョージ・ウェスリー (19・20世紀)
　→Bellows, George Wesley　65
ベローズ, ジョージ・ウェズリー (19・20世紀)
　→Bellows, George Wesley　65
ベローズ, ジョージ (・ウェズリー) (19・20世紀)
　→Bellows, George Wesley　65
ベロッキォ (15世紀)
　→Verrocchio, Andrea del　683
ベロッキオ (15世紀)
　→Verrocchio, Andrea del　683
ベロッキオ, アンドレア・デル (15世紀)
　→Verrocchio, Andrea del　683
ベロッキョ (15世紀)
　→Verrocchio, Andrea del　683
ベロット (18世紀) →Bellotto, Bernardo　65
ペロット,J. (20世紀) →Perrott, Jennifer　514
ベロット, ベルナルド (18世紀)
　→Bellotto, Bernardo　65
ヘロデ (前1世紀) →Herodes　316
ヘロデ1世 (前1世紀) →Herodes　316
ヘロデ (大王) (前1世紀) →Herodes　316
ヘロデ〔大王〕(前1世紀) →Herodes　316
ヘロデ (ヘロデス) (大王) (前1世紀)
　→Herodes　316
ヘロデ王 (前1世紀) →Herodes　316
ヘロデス (前1世紀) →Herodes　316

ヘロデス (大王) (前1世紀) →Herodes　316
ヘロデス (ヘロデ) (前1世紀) →Herodes　316
ヘロデス・アッチクス (2世紀)
　→Herodes Atticus　316
ヘーローデース・アッティクス (2世紀)
　→Herodes Atticus　316
ヘロデス・アッティクス (2世紀)
　→Herodes Atticus　316
ヘーローデース・アッティクス, クラウディウス
　(2世紀) →Herodes Atticus　316
ヘロデス・アッティコス (2世紀)
　→Herodes Atticus　316
ヘロデ大王 (前1世紀) →Herodes　316
ヘーロドトス (前5世紀) →Hērodotos　316
ヘロドトス (前5世紀) →Hērodotos　316
ベロニカ (1世紀) →Veronica　683
ベロネーゼ (16世紀) →Veronese, Paolo　683
ベロネーゼ, パオロ (16世紀)
　→Veronese, Paolo　683
ペロノー (18世紀)
　→Perroneau, Jean-Baptiste　513
ペロノー, ジャン・バティスト (18世紀)
　→Perroneau, Jean-Baptiste　513
ペロノー, ジャン＝バティスト (18世紀)
　→Perroneau, Jean-Baptiste　513
ペーロフ (19世紀)
　→Perov, Vasili Grigorievich　513
ペローフ (19世紀)
　→Perov, Vasili Grigorievich　513
ペロフ (19世紀)
　→Perov, Vasili Grigorievich　513
ペローフ, ヴァシーリイ (19世紀)
　→Perov, Vasili Grigorievich　513
ペローフ, ヴァシーリー・グリゴリエヴィチ (19世
　紀) →Perov, Vasili Grigorievich　513
ペーロフ, ヴァシリー・グリゴリエヴィッチ (19世
　紀) →Perov, Vasili Grigorievich　513
ベローリ (17世紀)
　→Bellori, Giovanni Pietro　65
ヘロルト (17・18世紀)
　→Höroldt, Johann Gregor　328
ヘロルト, ヨハン・グレゴール (17・18世紀)
　→Höroldt, Johann Gregor　328
ベロン (19世紀) →Véron, Eugène　683
ヘロン, パトリック (20世紀)
　→Heron, Patrick　317
ベーン (19・20世紀) →Behn, Fritz　62
ベーン (19・20世紀) →Boehn, Max von　84
ペン (20世紀) →Penn, Irving　511
ペン,I. (20世紀) →Penn, Irving　511
ペン, アーヴィング (20世紀)
　→Penn, Irving　511
ペーン, ジェームズ (18世紀)
　→Paine, James　499

ベンヴェヌーティ, ピエトロ (18・19世紀)
　→Benvenuti, Pietro　68
ベンヴェヌーティ, ベンヴェヌート (19・20世紀)
　→Benvenuti, Benvenuto　68
ベンヴェヌート・ダ・ボローニャ (14世紀)
　→Benvenuto da Bologna　68
ベンヴェヌート・ディ・ジョヴァンニ (15・16世紀) →Benvenuto di Giovanni　68
ペンク, A・R (20世紀) →Penk, A.R.　511
ヘンクス, K. (20世紀) →Henkes, Kevin　313
ヘンクス, ケビン (20世紀) →Henkes, Kevin　313
ベングリス, リンダ (20世紀)
　→Benglis, Lynda　67
ベンケ, レイ (20世紀) →Behnke, Leigh　62
ベーンケン, ヘルマン (20世紀)
　→Beenken, Hermann　61
ベンコヴィッチ, フェデリーコ (17・18世紀)
　→Bencovich, Federico　66
ヘンストラ, F. (20世紀) →Henstra, Friso　314
ヘンスン, ジム (20世紀) →Henson, Jim　314
ベンゼ (20世紀) →Bense, Max　68
ベンゼ, マックス (20世紀) →Bense, Max　68
ヘンゼル (18・19世紀) →Hensel, Wilhelm　314
ペンソン (20世紀)
　→Penson, Maks Zakharovich　511
ベンソン, アンブロシウス (15・16世紀)
　→Benson, Ambrosius　68
ヘンソン, ジム (20世紀) →Henson, Jim　314
ベンソン, パトリック (20世紀)
　→Benson, Patrick　68
ベンソン, フランク (・ウェストン) (19・20世紀)
　→Benson, Frank (Weston)　68
ベンダッツォーリ, ジョヴァンニ・バッティスタ (18・19世紀)
　→Bendazzoli, Giovanni Battista　66
ベンチ・ディ・チョーネ, ダーミ (14世紀)
　→Benci di Cione, Dami　66
ペンチュ (16世紀) →Pencz, Georg　510
ベンチューリ (20世紀) →Venturi, Robert　681
ベンチリー, ナサニエル (20世紀)
　→Benchley, Nathaniel Goddard　66
ベンチリー, ナサニエル・ゴダード (20世紀)
　→Benchley, Nathaniel Goddard　66
ペンツ (16世紀) →Pencz, Georg　510
ペンツ, ゲーオルク (16世紀)
　→Pencz, Georg　510
ペンツ, ゲオルク (16世紀) →Pencz, Georg　510
ベントゥーリ (19・20世紀)
　→Venturi, Adolfo　681
ベントゥーリ (19・20世紀)
　→Venturi, Lionello　681
ベントゥーリ, アドルフォ (19・20世紀)
　→Venturi, Adolfo　681

ベントゥーリ, リオネルロ (19・20世紀)
　→Venturi, Lionello　681
ベントゥーリ, ロバート (20世紀)
　→Venturi, Robert　681
ベントリー (19・20世紀)
　→Bentley, John Francis　68
ベントリス (20世紀)
　→Ventris, Michael George Francis　681
ベントリス, マイクル (20世紀)
　→Ventris, Michael George Francis　681
ヘンドリック, J. (20世紀) →Hendrick, Joe　313
ヘンドリックス, エドワード・リー (20世紀)
　→Hendricks, Edward Lee　313
ヘンドリックス, ジョフ (20世紀)
　→Hendricks, Geoff　313
ベンドルフ, オットー (19・20世紀)
　→Benndorf, Otto　67
ベンドレル, C.S. (20世紀)
　→Vendrell, Carme Sole　680
ベントン (19・20世紀)
　→Benton, Thomas Hart　68
ベントン, トーマス・ハート (19・20世紀)
　→Benton, Thomas Hart　68
ベントン, トマス・ハート (19・20世紀)
　→Benton, Thomas Hart　68
ペンナッキ, ピエル・マリーア (15・16世紀)
　→Pennacchi, Pier Maria　511
ペンニ, ジョヴァンニ・フランチェスコ (15・16世紀) →Penni, Giovanni Francesco　511
ペンニ, ルーカ (16世紀) →Penni, Luca　511
ベンバーグ, テレサ (20世紀)
　→Wennberg, Teresa　701
ベンファット, ルイージ (16・17世紀)
　→Benfatto, Luigi　67
ベンボ, ジャンフランチェスコ (16世紀)
　→Bembo, Gianfrancesco　66
ベンボ, ベネデット (15世紀)
　→Bembo, Benedetto　66
ベンボ, ボニファーチョ (15世紀)
　→Bembo, Bonifacio　66
ベンヤミン (20世紀) →Benjamin, Walter　67
ベンヤミン, ヴァルター (20世紀)
　→Benjamin, Walter　67
ヘンライ (19・20世紀) →Henri, Robert　314
ヘンリー, エイドリアン・モーリス (20世紀)
　→Henri, Adrian Maurice　314
ヘンリー, エイドリアン (・モーリス) (20世紀)
　→Henri, Adrian Maurice　314
ヘンリ, ロバート (19・20世紀)
　→Henri, Robert　314
ヘンリー, ロバート (19・20世紀)
　→Henri, Robert　314
ヘンリー・オブ・レインズ (13世紀)
　→Henry of Reyns　314

ペンローズ(19・20世紀)
　→Penrose, Francis Crammer　511
ペンローズ, サー・ローランド(・アルジャーノ
　ン)(20世紀)　→Penrose, Roland　511
ペンローズ, ローランド(20世紀)
　→Penrose, Roland　511

【 ホ 】

ホー(20世紀)　→Ho, Wai-kam　321
ボー(19・20世紀)　→Beaux, Cecilia　60
ボー,L.(20世紀)　→Bo, Lars　83
ボー, セシリア(19・20世紀)
　→Beaux, Cecilia　60
ボアスレ(18・19世紀)　→Boisserée, Johann
　Sulpiz Melchior Dominikus　85
ボアスレ(18・19世紀)　→Boisserée, Melchior　86
ボアソン(19・20世紀)　→Poisson, Pierre　527
ボアソン, ピエル(19・20世紀)
　→Poisson, Pierre　527
ホアーネス, ホアン・デ(16世紀)
　→Juanes, Juan de　351
ボアレ(19・20世紀)　→Poiret, Paul　527
ボアレ, ポール(19・20世紀)　→Poiret, Paul　527
ボアンヴィル(19・20世紀)　→Boinville, C.de　85
ボアンヴィル,C.d.(19・20世紀)
　→Boinville, C.de　85
ボアンビル(19・20世紀)　→Boinville, C.de　85
ホーイイェン(16・17世紀)
　→Goyen, Jan Josephszoon van　287
ホーイイエン(16・17世紀)
　→Goyen, Jan Josephszoon van　287
ホイエン(16・17世紀)
　→Goyen, Jan Josephszoon van　287
ホイエン, ヤン・ファン(16・17世紀)
　→Goyen, Jan Josephszoon van　287
ボイーガス, オリオール(20世紀)
　→Bohigas, Oriol　85
ホイク, ジークリット(20世紀)
　→Heuck, Sigrid　317
ボイジー(19・20世紀)
　→Voysey, Charles Francis Annesley　691
ボイス(20世紀)　→Beuys, Joseph　74
ボイス, ヨーゼフ(20世紀)　→Beuys, Joseph　74
ボイス, ヨゼフ(20世紀)　→Beuys, Joseph　74
ホイスマンス(17・18世紀)
　→Huysmans, Cornelius　333
ホイスマンス, コルネリウス(17・18世紀)
　→Huysmans, Cornelius　333
ホイスマンス, ヤコプ(17世紀)
　→Huysmans, Jacob　333

ホイスマンス, ヤン・パプティスト(17・18世紀)
　→Huysmans, Jan Baptist　333
ホイスム, ヤコブス(17世紀)
　→Huysum, Jacobus van　333
ホイスム, ヤン(17・18世紀)
　→Huysum, Jan van　334
ホイスム, ヤン・ファン(17・18世紀)
　→Huysum, Jan van　334
ホイスム, ユストゥス(17・18世紀)
　→Huysum, Justus van　334
ホイスム, ユストゥス(17・18世紀)
　→Huysum, Justus van　334
ホイスラー(19・20世紀)
　→Whistler, James Abbott McNeill　703
ボイタック(16世紀)　→Boytac　96
ホイック,S.(20世紀)　→Heuck, Sigrid　317
ホイッスラー(19・20世紀)
　→Whistler, James Abbott McNeill　703
ホイッスラー, ジェイムズ・アボット・マクニー
　ル(19・20世紀)
　→Whistler, James Abbott McNeill　703
ホイッスラー, ジェイムズ・マックニール(19・20
　世紀)
　→Whistler, James Abbott McNeill　703
ホイッスラー, ジェイムス・アボット・マクニー
　ル(19・20世紀)
　→Whistler, James Abbott McNeill　703
ホイッスラー, ジェームズ・アボット・マクニー
　ル(19・20世紀)
　→Whistler, James Abbott McNeill　703
ホイットニー, アン(19・20世紀)
　→Whitney, Anne　704
ホイットニー, ガートルード(19・20世紀)
　→Whitney, Gertrude Vanderbilt　704
ホイットニー, ジョン(20世紀)
　→Whitney, John　704
ホイットニー, フローラ・ペイン(20世紀)
　→Whitney, Flora Payne　704
ボイデル(18・19世紀)　→Boydell, John　96
ボイド, アーサー(20世紀)
　→Boyd, Arthur Merric Bloomfield　96
ボイド, アーサー・メリック(19・20世紀)
　→Boyd, Arthur Merric　96
ボイド, アーサー・メリック・ブルームフィール
　ド(20世紀)
　→Boyd, Arthur Merric Bloomfield　96
ボイド, (ウィリアム・)メリック(19・20世紀)
　→Boyd, (William) Merric　96
ボイド, ガイ・マーティン(・ア・ベケット)(20世
　紀)　→Boyd, Guy Martin (à Beckett)　96
ボーイト, カミッロ(19・20世紀)
　→Boito, Camillo　86
ボイト, カミッロ(19・20世紀)
　→Boito, Camillo　86
ボイド, ロビン・ジェラード・ペンリー(20世紀)
　→Boyd, Robin Gerard Penleigh　96

ホイートリー, ナディア (20世紀)
→Wheatley, Nadia　*703*

ホイートリー, フランシス (18・19世紀)
→Wheatley, Francis　*703*

ボイマンス, フランス・ヤーコブ・オット (18・19
世紀)　→Boymans, Frans Jacog Otto　*96*

ホイーラー (19・20世紀)
→Wheeler, Sir Robert Eric Mortimer　*703*

ホイーラー, キャンダス・サーバー (19・20世紀)
→Wheeler, Candace Thurber　*703*

ホイランド, ジョン (20世紀)
→Hoyland, John　*330*

ボイル (19・20世紀) →Boyle, Richard Vicars　*96*

ボイル, アルフォンス (20世紀)
→Borrell, Alfons　*91*

ボイル, エリナー・ヴェレ (19・20世紀)
→Boyle, Eleanor Vele　*96*

ボイル, ロバート・F (20世紀)
→Boyle, Robert F.　*96*

ポインター (19・20世紀)
→Poynter, Sir Edward John　*534*

ポインター, エドワード・ジョン (19・20世紀)
→Poynter, Sir Edward John　*534*

ポインター, サー・エドワード・ジョン (19・20世
紀)　→Poynter, Sir Edward John　*534*

ホインパー (19・20世紀)
→Whymper, Edward　*704*

ホウィスラー, ジェイムズ・アボット・マクニー
ル (19・20世紀)
→Whistler, James Abbott McNeill　*703*

ボウカー, I. (20世紀)　→Boker, Irving　*86*

ホウガース, ウィリアム (17・18世紀)
→Hogarth, William　*324*

ホウズ, エリザベス (20世紀)
→Hawes, Elizabeth　*309*

ボウツ (15世紀) →Bouts, Dierick　*95*

ボウツ, ディルク (15世紀) →Bouts, Dierick　*95*

ボウツ, ディルク (ディーリック, ティーリー) (15
世紀) →Bouts, Dierick　*95*

ボウデカー, ニールス・モーゲンス (20世紀)
→Bodecker, Niels Mogens　*84*

ホウト, ヘンドリック (16・17世紀)
→Goudt, Hendrick　*286*

ホウブラーケン (17・18世紀)
→Houbraken, Arnold　*329*

ホウブラーケン, アルノルド (17・18世紀)
→Houbraken, Arnold　*329*

ホウルズワース, W.C. (20世紀)
→Holdsworth, William Curtis　*325*

ボウロニーズ, D.A. (20世紀)
→Bolognese, Donald Alan　*86*

ボウン, S. (20世紀) →Bone, Stephen　*88*

ボエット, ジョヴェナーレ (17世紀)
→Boetto, Giovènale　*84*

ポエット, マルセル (19・20世紀)
→Poête, Marcel　*527*

ボエティウス, アクセル (19・20世紀)
→Boëthius, Axel　*84*

ボエトス (前2世紀) →Boëthos　*84*

ホーガース (17・18世紀)
→Hogarth, William　*324*

ホガース (17・18世紀) →Hogarth, William　*324*

ホガース, W. (17・18世紀)
→Hogarth, William　*324*

ホーガース, ウィリアム (17・18世紀)
→Hogarth, William　*324*

ホガース, ウィリアム (17・18世紀)
→Hogarth, William　*324*

ホーガース, バーン (20世紀)
→Hogarth, Burne　*324*

ボガーダス (19世紀) →Bogardus, James　*85*

ボガーダス, ジェイムズ (19世紀)
→Bogardus, James　*85*

ボガーダス, ジェームズ (19世紀)
→Bogardus, James　*85*

ボガツキー, T. (20世紀) →Bogacki, Tomek　*85*

ボガツキー, トメク (20世紀)
→Bogacki, Tomek　*85*

ボガティリョヴ, ウーリー (20世紀)
→Bogatylyov, Yurii　*85*

ボガトゥイリョフ, ユーリ (20世紀)
→Bogatylyov, Yurii　*85*

ポガーニ (19・20世紀)
→Pogany, Willy (William Andrew)　*527*

ポガニー, W.A. (19・20世紀)
→Pogany, Willy (William Andrew)　*527*

ポガーニー, ウィリー (19・20世紀)
→Pogany, Willy (William Andrew)　*527*

ポーガーニ, ウィリー・(ヴィルモーシュ) (19・20
世紀)
→Pogany, Willy (William Andrew)　*527*

ホーキンズ, A. (20世紀) →Hawkins, Arthur　*309*

ホーキンス, C. (20世紀) →Hawkins, Colin　*309*

ホーキンス, J. (20世紀) →Hawkins, Jacqui　*310*

ホーキンス, コリン (20世紀)
→Hawkins, Colin　*309*

ボク, ハネス (20世紀) →Bok, Hannes　*86*

ホークスマア (17・18世紀)
→Hawksmoor, Nicholas　*310*

ホークスマア, ニコラス (17・18世紀)
→Hawksmoor, Nicholas　*310*

ホークスモア, ニコラス (17・18世紀)
→Hawksmoor, Nicholas　*310*

ホクニー, デヴィッド (20世紀)
→Hockney, David　*322*

ボーグラム (19・20世紀)
→Borglum, John Gutzon de la Mothe　*91*

ボーグラム,(ジョン・)ガツン(・デ・ラ・モート)(19・20世紀)
　→Borglum, John Gutzon de la Mothe　91
ホークリー, ジェラルド(20世紀)
　→Hawksley, Gerald　310
ホグロギアン,N.(20世紀)
　→Hogrogian, Nonny　324
ホグロギアン, ナニー(20世紀)
　→Hogrogian, Nonny　324
ホグローギアン, ノニー(20世紀)
　→Hogrogian, Nonny　324
ボーゲス, フランツ(20世紀)
　→Borghese, Franz　90
ボーゲル,I.=M.(20世紀)
　→Vogel, Ilse-Margret　690
ボーゲル, イルズ=マークレット(20世紀)
　→Vogel, Ilse-Margret　690
ボコチ,G.(20世紀)　→Bakacs George　45
ボーコック, ニコラス(18・19世紀)
　→Pococke, Nicholas　527
ボコルニー,V.(20世紀)　→Pokorny, Vaclar　527
ボゴロドスキー(20世紀)
　→Bogorodsky, Fiodor Seminovich　85
ボゴロドスキー, フォードル・セミョノーヴィッチ(20世紀)
　→Bogorodsky, Fiodor Seminovich　85
ポサダ(19・20世紀)
　→Posada, José Guadalupe　533
ポザーダ(19・20世紀)
　→Posada, José Guadalupe　533
ポサーダ, ホセー=グァダルーペ(19・20世紀)
　→Posada, José Guadalupe　533
ポサダ, ホセー・グァダルーペ(19・20世紀)
　→Posada, José Guadalupe　533
ボジオ, フランソワ・ジョゼフ(18・19世紀)
　→Bosio, François Joseph　92
ホジキン, ハワード(20世紀)
　→Hodgkin, Howard　322
ホジキンズ, フランシス(19・20世紀)
　→Hodgkins, Frances Mary　322
ホジキンズ, フランシス・メアリ(19・20世紀)
　→Hodgkins, Frances Mary　322
ホジキンス, フランセス(19・20世紀)
　→Hodgkins, Frances Mary　322
ホジキンソン, フランク(20世紀)
　→Hodgkinson, Frank　322
ボージャ(11世紀)　→Bhoja　75
ボシャー, デレク(20世紀)→Boshier, Derek　92
ボーシャン(19・20世紀)→Bauchant, André　56
ボージャン(17世紀)→Baugin, Lubin　57
ボーシャン, アンドレ(19・20世紀)
　→Bauchant, André　56
ボージャン, リュバン(17世紀)
　→Baugin, Lubin　57

ボシュ・ジンペーラ(20世紀)
　→Bosch-Gimpera, Pedro　92
ボス(15・16世紀)→Bosch, Hieronymus　92
ボス(17世紀)→Bosse, Abraham　92
ボス, アブラアム(17世紀)
　→Bosse, Abraham　92
ボス, コルネリス(16世紀)→Bosch, Cornelis　92
ボス, ヒエロニムス(15・16世紀)
　→Bosch, Hieronymus　92
ボス, フレデリク(19・20世紀)
　→Bosch, Frederik David Kan　92
ボス, フレデリク・D.K.(19・20世紀)
　→Bosch, Frederik David Kan　92
ボスキーニ, マルコ(17・18世紀)
　→Boschini, Marco　92
ホスキンズ(16・17世紀)→Hoskins, John　329
ボスコリ, アンドレア(16・17世紀)
　→Boscoli, Andrea　92
ポースト(19・20世紀)
　→Post, George Browne　533
ポスト(17世紀)→Post, Pieter Jansz　533
ポスト, ピーテル(17世紀)
　→Post, Pieter Jansz　533
ポスト, フランス(17世紀)→Post, Frans　533
ポストマ,L.(20世紀)→Postma, Lidia　533
ボスバーグ,L.(20世紀)
　→Vosburgh, Leonard　691
ホスパース(20世紀)→Hospers, John　329
ホズマー(19・20世紀)
　→Hosmer, Harriet Goodhue　329
ホーズマー, ハリエット(19・20世紀)
　→Hosmer, Harriet Goodhue　329
ホスマー, ハリエット(19・20世紀)
　→Hosmer, Harriet Goodhue　329
ボスマン,W.(20世紀)→Bosman, Wim　92
ボスマン, リチャード(20世紀)
　→Bosman, Richard　92
ホスロー(1世)(6世紀)→Khusrō I　362
ホスロー1世(6世紀)→Khusrō I　362
ホスローI世(6世紀)→Khusrō I　362
ホスロー一世(6世紀)→Khusrō I　362
ホスロー一世, アヌーシールヴァーン〔不死の魂をもつ者〕(6世紀)→Khusrō I　362
ホスロー2世(6・7世紀)→Khusrō II　363
ホスロー二世(6・7世紀)→Khusrō II　363
ホスロー二世, ボルビーズ(6・7世紀)
　→Khusrō II　363
ホスロウ1世(6世紀)→Khusrō I　362
ホスロウ2世(6・7世紀)→Khusrō II　363
ホーゼマン(19世紀)
　→Hosemann, Theodor　329
ホーゼマン, テオドール(19世紀)
　→Hosemann, Theodor　329

ホーソーン, ソフィア・アメリア (19世紀)
　→Hawthorne, Sophia Amelia　*310*
ポーター (19・20世紀)
　→Kingsley Porter, Arthur　*364*
ポーター (19・20世紀)
　→Porter, Edwin Stratton　*532*
ポター (19・20世紀) →Potter, Beatrix　*533*
ポーター,G. (20世紀) →Porter, George　*532*
ポーター,J.M. (20世紀)
　→Porter, Jean Macdonald　*532*
ポーター, エドウィン・S. (19・20世紀)
　→Porter, Edwin Stratton　*532*
ポーター, エドウィン・スタントン (19・20世紀)
　→Porter, Edwin Stratton　*532*
ポーター, エドウィン・ストラトン (19・20世紀)
　→Porter, Edwin Stratton　*532*
ポター, ビアトリクス (19・20世紀)
　→Potter, Beatrix　*533*
ポター, (ヘレン・) ビアトリクス (19・20世紀)
　→Potter, Beatrix　*533*
ポター, (ヘレン・) ビアトリクス (のちのヒーリス夫人) (19・20世紀) →Potter, Beatrix　*533*
ポータル,C. (20世紀) →Portal, Colette　*532*
ボーダル,S. (20世紀) →Bohdal, Susi　*85*
ボーダン, アンドレ (20世紀)
　→Beaudin, André　*60*
ボッカッチーノ (15・16世紀)
　→Boccaccino, Boccaccio　*83*
ボッカッチーノ, カミッロ (16世紀)
　→Boccaccino, Camillo　*83*
ボッカッチーノ, ボッカッチョ (15・16世紀)
　→Boccaccino, Boccaccio　*83*
ボッカーティ (15世紀) →Boccati　*83*
ボッカドーロ, ドメニコ・ベルナベイ (ドメニコ・ダ・コルトーナ (通称)) (16世紀)
　→Boccadoro, Domenico Bernabei (Domenico da Cortona)　*83*
ボッカルディ, ジョヴァンニ (15・16世紀)
　→Boccardi, Giovanni　*83*
ボッカルディ, フランチェスコ (16世紀)
　→Boccardi, Francesco　*83*
ボッキ, アメデーオ (19・20世紀)
　→Bocchi, Amedeo　*83*
ボック,V. (20世紀) →Bock, Vera　*83*
ボック,W.S. (20世紀)
　→Bock, William Sauts　*83*
ボック, ハネス (20世紀) →Bok, Hannes　*86*
ボックス, ジョン (20世紀) →Box, John　*96*
ホックニー (20世紀) →Hockney, David　*322*
ホックニー, デイヴィッド (20世紀)
　→Hockney, David　*322*
ホックニー, デイヴィッド (20世紀)
　→Hockney, David　*322*
ホックニー, デーヴィッド (20世紀)
　→Hockney, David　*322*

ホックネイ, ダヴィッド (20世紀)
　→Hockney, David　*322*
ホッケ (20世紀) →Hocke, Gustav René　*321*
ホッケ,G.R. (20世紀)
　→Hocke, Gustav René　*321*
ホッケ, グスタフ・ルネ (20世紀)
　→Hocke, Gustav René　*321*
ホッサールト (15・16世紀) →Gossaert, Jan　*286*
ホッサールト, ヤン (15・16世紀)
　→Gossaert, Jan　*286*
ポッジ (19・20世紀) →Poggi, Giuseppe　*527*
ボッシ, ジュゼッペ (18・19世紀)
　→Bossi, Giuseppe　*92*
ポッジ, ジュゼッペ (19・20世紀)
　→Poggi, Giuseppe　*527*
ホッヂース,C.W. (20世紀)
　→Hodges, Cyril Walter　*322*
ホッジズ,C (シリル)・ウォルター (20世紀)
　→Hodges, Cyril Walter　*322*
ホッヂース,D. (20世紀) →Hodges, David　*322*
ホッジズ, ウィリアム (18世紀)
　→Hodges, William　*322*
ホッジス, ウォルター (20世紀)
　→Hodges, Cyril Walter　*322*
ホッジズ, シリル・ウォルター (20世紀)
　→Hodges, Cyril Walter　*322*
ボッシュ (15・16世紀) →Bosch, Hieronymus　*92*
ボッシュ (16世紀) →Bosch, Cornelis　*92*
ボッシュ, ヒエロニュムス (15・16世紀)
　→Bosch, Hieronymus　*92*
ボッシュ, ヒーロニムス (15・16世紀)
　→Bosch, Hieronymus　*92*
ボッシュ=ヒンペラ, ペドロ (20世紀)
　→Bosch-Gimpera, Pedro　*92*
ボッス (15・16世紀) →Bosch, Hieronymus　*92*
ボッス, コルネリス (16世紀)
　→Bosch (Bos), Cornelis　*92*
ボッスハールト, アンブロシウス (16・17世紀)
　→Bosschaert, Ambrosius　*92*
ボッソリ, カルロ (19世紀) →Bossoli, Carlo　*92*
ボッタ (19世紀) →Botta, Paul Emile　*93*
ポッター (17世紀) →Potter, Paulus　*533*
ポッター (19・20世紀) →Potter, Beatrix　*533*
ポッター, パウル (17世紀) →Potter, Paulus　*533*
ポッター, パウルス (17世紀)
　→Potter, Paulus　*533*
ポッター, ビアトリクス (19・20世紀)
　→Potter, Beatrix　*533*
ポッター, ビアトリックス (19・20世紀)
　→Potter, Beatrix　*533*
ポッター, (ヘレン・) ビアトリクス (19・20世紀)
　→Potter, Beatrix　*533*
ポッター, (ヘレン) ビアトリクス (19・20世紀)
　→Potter, Beatrix　*533*

ボッタ, ポール・エミール(19世紀)
　→Botta, Paul Emile　93
ボッタ, ポール＝エミール(19世紀)
　→Botta, Paul Emile　93
ボッタ, マリオ(20世紀)　→Botta, Mario　93
ボッターリ, ジョヴァンニ・ガエターノ(17・18世紀)　→Bottari, Giovanni Gaetano　93
ボッターリ, ステーファノ(20世紀)
　→Bottari, Stefano　93
ボッチェッティ(16・17世紀)　→Poccetti　527
ボッチォーニ(19・20世紀)
　→Boccioni, Umberto　83
ボッチオーニ(19・20世紀)
　→Boccioni, Umberto　83
ボッチチェリ(15・16世紀)
　→Botticelli, Sandro　93
ボッチャンティ, パスクアーレ(18・19世紀)
　→Poccianti, Pasquale　527
ボッチョーニ(19・20世紀)
　→Boccioni, Umberto　83
ボッチョーニ, ウンベルト(19・20世紀)
　→Boccioni, Umberto　83
ボッツィ(19世紀)　→Pocci, Franz von　527
ボッツェッティ, フランチェスコ(19・20世紀)
　→Bozzetti, Francesco　96
ボッツォ(17・18世紀)　→Pozzo, Andrea dal　534
ボッツォ, アンドレーア(17・18世紀)
　→Pozzo, Andrea dal　534
ボッツォ, アンドレア(17・18世紀)
　→Pozzo, Andrea dal　534
ボッツォセッラート, ロドヴィーコ(16・17世紀)
　→Pozzoserrato, Lodovico　534
ボッティ, イタロ(20世紀)　→Botti, Italo　93
ボッティチェッリ(15・16世紀)
　→Botticelli, Sandro　93
ボッティチェリ(15・16世紀)
　→Botticelli, Sandro　93
ボッティチェリ, サンドロ(15・16世紀)
　→Botticelli, Sandro　93
ボッティチェルリ(15・16世紀)
　→Botticelli, Sandro　93
ボッティチェルリ, サンドロ(15・16世紀)
　→Botticelli, Sandro　93
ボッティチーニ(15世紀)
　→Botticini, Francesco di Giovanni　93
ボッティチーニ, フランチェスコ(15世紀)
　→Botticini, Francesco di Giovanni　93
ボッティチーニ, フランチェスコ・ディ・ジョヴァンニ(15世紀)
　→Botticini, Francesco di Giovanni　93
ボッテル(17世紀)　→Potter, Paulus　533
ボッテル, パウルス(17世紀)
　→Potter, Paulus　533
ホッテンロート(19・20世紀)
　→Hottenroth, Friedrich　329

ボッド, ジャン・ド(17・18世紀)
　→Bodt, Jean de　84
ポット, ヘンドリック(16・17世紀)
　→Pot, Hendrick Gerritsz　533
ボットゥガー, ヨハン・フリードリヒ(17・18世紀)
　→Böttger, Johann Friedrich　93
ホッパー(19・20世紀)　→Hopper, Edward　328
ホッパー, エドワード(19・20世紀)
　→Hopper, Edward　328
ホッピン(19世紀)　→Hoppin, Augustus　328
ホップナー(18・19世紀)　→Hoppner, John　328
ホップナー(18・19世紀)　→Hoppner, John　328
ホップナー, ジョーン(18・19世紀)
　→Hoppner, John　328
ホップナー, ジョン(18・19世紀)
　→Hoppner, John　328
ホップファー, ダニエル(15・16世紀)
　→Hopf(f)er, Daniel　328
ボフラン(17・18世紀)
　→Boffrand, Gabriel-Germain　84
ホッベマ(17・18世紀)
　→Hobbema, Meindert　321
ホッベマ, マインデルト(17・18世紀)
　→Hobbema, Meindert　321
ホッベマ, メインデルト(17・18世紀)
　→Hobbema, Meindert　321
ボッラ, ジャンバッティスタ(18世紀)
　→Borra, Giambattista　91
ポッライウオーロ, アントーニオ(15世紀)
　→Pollaiuolo, Antonio　528
ポッライウオーロ, ピエーロ(15世紀)
　→Pollaiuolo, Piero　529
ボッラーニ, オドアルド(19・20世紀)
　→Borrani, Odoardo　91
ポッリーニ, ジーノ(20世紀)
　→Pollini, Gino　529
ボッロミーニ, フランチェスコ(16・17世紀)
　→Borromini, Francesco　91
ボッロミーニ, フランチェスコ・カステッリ(16・17世紀)　→Borromini, Francesco　91
ボーデ(19・20世紀)　→Bode, Wilhelm von　84
ボーデ(19・20世紀)　→Bode, Wilhelm von　84
ボーデ, ウィルヘルム・フォン(19・20世紀)
　→Bode, Wilhelm von　84
ボーデ, ヴィルヘルム・フォン(19・20世紀)
　→Bode, Wilhelm von　84
ボティチェリ(15・16世紀)
　→Botticelli, Sandro　93
ボティチェリ, サンドロ(15・16世紀)
　→Botticelli, Sandro　93
ボディーニ, フロリアーノ(20世紀)
　→Bodini, Floriano　84
ポデスティ, フランチェスコ(18・19世紀)
　→Podesti, France-sco　527

ボーデッガー,N.M.(20世紀)
　→Bodecker, Niels Mogens　*84*
ボテロ,フェルナンド(20世紀)
　→Botero, Fernando　*92*
ホート(19世紀)　→Hotho, Heinrich Gustav　*329*
ボードー(19・20世紀)　→Baudot, Anatole de　*57*
ボト(17世紀)　→Both, Andries　*92*
ボト(17世紀)　→Both, Jan　*92*
ボードー,アナトール・デ(19・20世紀)
　→Baudot, Anatole de　*57*
ボード,アナトール・ド(19・20世紀)
　→Baudot, Anatole de　*57*
ボードー,アナトール・ド(19・20世紀)
　→Baudot, Anatole de　*57*
ボドー,アナトール・ド(19・20世紀)
　→Baudot, Anatole de　*57*
ボート,アンドリース(17世紀)
　→Both, Andries　*92*
ボト,アンドリース(17世紀)
　→Both, Andries　*92*
ボート,ヤン(17世紀)　→Both, Jan　*92*
ボト,ヤン(17世紀)　→Both, Jan　*92*
ボードアン(20世紀)　→Beaudouin, Eugène　*60*
ボードゥアン,ウージェーヌ(20世紀)
　→Beaudouin, Eugène　*60*
ホドヴィエツキー(18・19世紀)
　→Chodowiecki, Daniel Nicolas　*148*
ホドヴィエツキ,ダニエル(18・19世紀)
　→Chodowiecki, Daniel Nicolas　*148*
ボドーニ(18・19世紀)
　→Bodoni, Giambattista　*84*
ボドーニ,ジャンバッティスタ(18・19世紀)
　→Bodoni, Giambattista　*84*
ホードラー(19・20世紀)
　→Hodler, Ferdinand　*322*
ホードラー(19・20世紀)　→Hodler, Ferdinand　*322*
ホードラー,フェルディナント(19・20世紀)
　→Hodler, Ferdinand　*322*
ホドラー,フェルディナント(19・20世紀)
　→Hodler, Ferdinand　*322*
ボードリー(19世紀)
　→Baudry, Paul Jacques Aimé　*57*
ボドリ(19・20世紀)
　→Bodley, George Frederick　*84*
ボドリー(19世紀)
　→Baudry, Paul Jacques Aimé　*57*
ボドリ,ジョージ・フレドリク(19・20世紀)
　→Bodley, George Frederick　*84*
ボードリー,ポール(19世紀)
　→Baudry, Paul Jacques Aimé　*57*
ボードリー,ポール・ジャック・エーメ(19世紀)
　→Baudry, Paul Jacques Aimé　*57*
ボドリー,ポール・ジャック・エメ(19世紀)
　→Baudry, Paul Jacques Aimé　*57*

ポートレッカ,ボリス(20世紀)
　→Podrecca, Borris　*527*
ボードレール(19世紀)
　→Baudelaire, Charles Pierre　*56*
ボードレール,シャルル(19世紀)
　→Baudelaire, Charles Pierre　*56*
ボードレール,シャルル・ピエール(19世紀)
　→Baudelaire, Charles Pierre　*56*
ボードレール,シャルル(・ピエール)(19世紀)
　→Baudelaire, Charles Pierre　*56*
ボードワイエ(18・19世紀)
　→Vaudoyer, Antoine Leaurent Thomas　*679*
ボードワン,ピエール=アントワーヌ(18世紀)
　→Baudoin, Pierre-Antoine　*57*
ボードワン・デュ・バイユール(15世紀)
　→Baudoin du Bailleul　*57*
ボナ(19・20世紀)
　→Bonnat, Léon Joseph Florentin　*89*
ホーナー,ハリー(20世紀)　→Horner, Harry　*328*
ボナ,レオン(19・20世紀)
　→Bonnat, Léon Joseph Florentin　*89*
ボナ,レオン・J.F.(19・20世紀)
　→Bonnat, Léon Joseph Florentin　*89*
ボナ,レオン=ジョゼフ=フロランタン(19・20世紀)　→Bonnat, Léon Joseph Florentin　*89*
ボナヴィーア,ジャーコモ(18世紀)
　→Bonavia, Giacomo　*87*
ボナヴェントゥーラ(13世紀)
　→Bonaventura, St　*87*
ボナヴェントゥラ(13世紀)
　→Bonaventura, St　*87*
ボナヴェントゥラ(聖)(13世紀)
　→Bonaventura, St　*87*
聖ボナヴェントゥーラ(13世紀)
　→Bonaventura, St　*87*
ボナーシャ,バルトロメーオ(15・16世紀)
　→Bonascia, Bartolomeo　*87*
ボナーズ,S.(20世紀)　→Bonners, Susan　*89*
ボナス,ジョディ(20世紀)　→Bonas, Jordi　*87*
ボナゾーネ,ジューリオ(16世紀)
　→Bonasone, Giulio　*87*
ボーナッツ(19・20世紀)　→Bonatz, Paul　*87*
ボナッツ,パウル(19・20世紀)
　→Bonatz, Paul　*87*
ボナッツァ,アントーニオ(17・18世紀)
　→Bonazza, Antonio　*87*
ボナッツァ,ジョヴァンニ(17・18世紀)
　→Bonazza, Giovanni　*88*
ボナッツァ,フランチェスコ(17・18世紀)
　→Bonazza, Francesco　*87*
ボナビア,サンティアゴ(18世紀)
　→Bonavia, Giacomo　*87*
ボナベンツラ(13世紀)　→Bonaventura, St　*87*
ボナベントゥラ(13世紀)　→Bonaventura, St　*87*

ボナミ, フィリップ（20世紀）
　→Bonamy, Philippe　87
ボナミーコ（13世紀）→Bonamico　87
ボナール（19・20世紀）→Bonnard, Pierre　89
ボナール, ピエール（19・20世紀）
　→Bonnard, Pierre　89
ボナルーミ, アゴスティーノ（20世紀）
　→Bonalumi, Agostino　87
ボナン, ミッシェル（20世紀）
　→Bonnand, Michel　89
ボナン, モーリス（20世紀）
　→Bonnin, Maurice　89
ボナンノ（12世紀）→Bonanno Pisano　87
ボナンノ・ピサーノ（12世紀）
　→Bonanno Pisano　87
ボーニ（19・20世紀）→Boni, Giacomo　88
ボーニ, ジャーコモ（19・20世紀）
　→Boni, Giacomo　88
ボニー, ジーン（20世紀）→Bony, Jean　90
ボニェッティ, ジャン・ピエーロ（20世紀）
　→Bognetti, Gian Piero　85
ボニート, ジュゼッペ（18世紀）
　→Bonito, Giuseppe　89
ボニーノ・ダ・カンピオーネ（14世紀）
　→Bonino da Campione　89
ボニファーチョ（16世紀）
　→Bonifacio Veneziano　88
ボニファーチョ（小）（15・16世紀）
　→Bonifacio Veronese　88
ボニファーチョ（大）（16世紀）
　→Bonifacio Veronese　88
ボニファーチョ・ヴェロネーゼ（15・16世紀）
　→Bonifacio Veronese　88
ボニファツィオ（15・16世紀）
　→Bonifacio Veronese　88
ボニントン（19世紀）
　→Bonington, Richard Parkes　88
ボニントン, リチャード・パークス（19世紀）
　→Bonington, Richard Parkes　88
ボーヌヴ（14・15世紀）→Beauneveu, André　60
ボーヌヴー, アンドレ（14・15世紀）
　→Beauneveu, André　60
ボーヌブー（14・15世紀）
　→Beauneveu, André　60
ボヌール（19世紀）→Bonheur, Rosa　88
ボヌル, ペドロ・デ（14世紀）
　→Bonull, Pedro de　90
ボヌール, ローザ（19世紀）→Bonheur, Rosa　88
ボヌール, ロザ（19世紀）→Bonheur, Rosa　88
ボヌール, ローザ（マリー・ロザリー）（19世紀）
　→Bonheur, Rosa　88
ボヌール, ローズ（19世紀）→Bonheur, Rosa　88
ボーネック,P.（20世紀）→Bahunek, Pranko　44
ボネル, ジャン・ピエール（20世紀）
　→Ponnelle, Jean-Pierre　531

ボネル, ジャン＝ピエール（20世紀）
　→Ponnelle, Jean-Pierre　531
ボーノ・ダ・フェッラーラ（15世紀）
　→Bono da Ferrara　89
ボノーニ, カルロ（16・17世紀）
　→Bononi, Carlo　89
ボノーミ, ジョーゼフ（18・19世紀）
　→Bonomi, Joseph　89
ボノーミーニ, パーオロ・ヴィンチェンツォ（18・19世紀）→Bonomini, Paolo Vincenzo　89
ボノーム, レオン（19・20世紀）
　→Bonhomme, Léon　88
ボーハー,C.（20世紀）→Borja, Corinne　91
ボーハー,R.（20世紀）→Borja, Robert　91
ホーバン（18・19世紀）→Hoban, James　321
ボーバン（17・18世紀）
　→Vauban, Sébastien Le Prestre de　679
ホーバン,L.（20世紀）→Hoban, Lillian　321
ホーバン, ジェームズ（18・19世紀）
　→Hoban, James　321
ホーバン, リリアン（20世紀）
　→Hoban, Lillian　321
ホープ（18・19世紀）→Hope, Thomas　328
ポープ（19・20世紀）
　→Pope, Arthur Upham　531
ホフ,S.（20世紀）→Hoff, Sydney　323
ポープ, アーサー・ウブハム（19・20世紀）
　→Pope, Arthur Upham　531
ホープ, アレグザンダー・ジェイムズ・ベレスドーフ（19世紀）
　→Hope, Alexander James Beresdorf　328
ポープ, クララ（19世紀）→Pope, Clara　531
ホフ, シドニー（20世紀）→Hoff, Sydney　323
ホープ, トマス（18・19世紀）
　→Hope, Thomas　328
ホーファー（19・20世紀）→Hofer, Karl　322
ホーファー, カール（19・20世紀）
　→Hofer, Karl　322
ホーファー, カール・クリスチャン・L.（19・20世紀）→Hofer, Karl　322
ホーファー, カルル（19・20世紀）
　→Hofer, Karl　322
ホファールツ, アブラハム（16・17世紀）
　→Govaerts, Abraham　286
ボフィス, マルセル（20世紀）
　→Beaufils, Marcel　60
ボフィル, ギジェン（15世紀）
　→Bofill, Guillen　85
ボフィル, リカルド（20世紀）
　→Bofill, Ricardo　85
ホーフシュテッター, ハンス・H.（20世紀）
　→Hofstätter, Hans H.　324
ホフステーデ・デ・フロート（19・20世紀）
　→Hofstede de Groot, Cornelis　324

ホフステーデ・デ・フロート,C.(19・20世紀)
　→Hofstede de Groot, Cornelis　*324*
ホーフストラーテン, サミュエル・ファン(17世紀)　→Hoogstraeten, Samuel van　*328*
ホブソン(19・20世紀)
　→Hobson, Robert Lockhart　*321*
ホープトマン, エマニュエル(20世紀)
　→Houptman, Emanuel　*329*
ホーフナーゲル, ゲオルク(ヨリス)(16世紀)
　→Hoefnagel, Georg (Joris)　*322*
ホフナング, ジェラード(20世紀)
　→Hoffnung, Gerard　*324*
ポープ・ヘネシー(20世紀)
　→Pope-Hennessy, Sir John Wyndham　*531*
ポープ＝ヘネシー, サー・ジョン(20世紀)
　→Pope-Hennessy, Sir John Wyndham　*531*
ポープ＝ヘネシー, ジョン(・ウィンダム)(20世紀)
　→Pope-Hennessy, Sir John Wyndham　*531*
ホフマイスター, アドルフ(20世紀)
　→Hoffmeister, Adolf　*324*
ホフマイステル(20世紀)
　→Hoffmeister, Adolf　*324*
ホーフマン(19・20世紀)　→Hofmann, Hans　*324*
ホーフマン(19・20世紀)
　→Hofmann, Ludwig von　*324*
ホフマン(18・19世紀)
　→Hoffmann, Ernst Theodor Amadeus　*323*
ホフマン(19・20世紀)　→Hoffman, Malvina　*323*
ホフマン(19・20世紀)
　→Hoffmann, Josef Franz Maria　*323*
ホフマン(19・20世紀)
　→Hoffmann, Ludwig　*324*
ホフマン(19・20世紀)　→Hofmann, Hans　*324*
ホフマン,C.(20世紀)
　→Hoffmann, Christine　*323*
ホフマン,E(エルンスト)・T(シオドア)・A(アマデウス)(18・19世紀)
　→Hoffmann, Ernst Theodor Amadeus　*323*
ホフマン,E(エルンスト)・T(テーオドール)・A(アマデーウス)(18・19世紀)
　→Hoffmann, Ernst Theodor Amadeus　*323*
ホフマン,E(エルンスト)・T(テオドール)・W(ヴィルヘルム)(18・19世紀)
　→Hoffmann, Ernst Theodor Amadeus　*323*
ホフマン,F.(20世紀)　→Hoffmann, Felix　*323*
ホフマン,H.(20世紀)　→Hoffmann, Hilde　*323*
ホフマン, エルンスト・テーオドーア・アマデーウス(18・19世紀)
　→Hoffmann, Ernst Theodor Amadeus　*323*
ホフマン, エルンスト・テーオドア・アマデーウス(18・19世紀)
　→Hoffmann, Ernst Theodor Amadeus　*323*
ホフマン, エルンスト・テーオドール・アマデーウス(18・19世紀)
　→Hoffmann, Ernst Theodor Amadeus　*323*

ホフマン, エルンスト・テーオドール・アマデウス(18・19世紀)
　→Hoffmann, Ernst Theodor Amadeus　*323*
ホフマン, エルンスト・テーオドル・アマデーウス(18・19世紀)
　→Hoffmann, Ernst Theodor Amadeus　*323*
ホフマン, エルンスト・テオドール・アマデウス(18・19世紀)
　→Hoffmann, Ernst Theodor Amadeus　*323*
ホフマン, エルンスト・テオドル・アマデウス(18・19世紀)
　→Hoffmann, Ernst Theodor Amadeus　*323*
ホフマン, エルンスト・テオドール・ウィルヘルム(18・19世紀)
　→Hoffmann, Ernst Theodor Amadeus　*323*
ホフマン, ハインリヒ(19・20世紀)
　→Hoffmann, Heinrich　*323*
ホフマン, ハンス(19・20世紀)
　→Hofmann, Hans　*324*
ホフマン, ハンス・ルーブレヒト(16・17世紀)
　→Hoffmann, Hans Ruprecht　*323*
ホフマン, フェリックス(20世紀)
　→Hoffmann, Felix　*323*
ホフマン, マルヴィーナ(19・20世紀)
　→Hoffman, Malvina　*323*
ホフマン, マルヴィナ(19・20世紀)
　→Hoffman, Malvina　*323*
ホフマン, ヨーゼフ(19・20世紀)
　→Hoffmann, Josef Franz Maria　*323*
ホフマン, ヨゼフ(19・20世紀)
　→Hoffmann, Josef Franz Maria　*323*
ホフマン, ヨーゼフ・フランツ・マリア(19・20世紀)　→Hoffmann, Josef Franz Maria　*323*
ポプラーフスカヤ,N.N.(20世紀)
　→Poplavskaja, Natalija Nikolaevna　*531*
ボフラン(17・18世紀)
　→Boffrand, Gabriel-Germain　*84*
ボーブラン, アンリ・ド(17世紀)
　→Beaubrun, Henri de　*60*
ボフラン, ガブリエル＝ジェルマン(17・18世紀)
　→Boffrand, Gabriel-Germain　*84*
ボブリツキー,V.(20世紀)
　→Bobritsky, Vladimir　*83*
ホーフレーナー, ルドルフ(20世紀)
　→Hoflehner, Rudolf　*324*
ボーベリ(19・20世紀)　→Boberg, Ferdinand　*83*
ホーヘンステイン, アドルフォ(19・20世紀)
　→Hohenstein, Adolfo　*325*
ホーホ(17世紀)　→Hooch, Pieter de　*327*
ホーホ, ピーター・ド(17世紀)
　→Hooch, Pieter de　*327*
ホーホ, ピーテル・デ(17世紀)
　→Hooch, Pieter de　*327*
ポポーヴァ, リュボーフ(19・20世紀)
　→Popova, Lyubov' Sergeevna　*532*

ポポーヴァ, リュボーフイ(19・20世紀)
→Popova, Lyubov' Sergeevna　532
ポポヴァ, リュボフィ・セルゲエヴナ(19・20世紀)
→Popova, Lyubov' Sergeevna　532
ポポーヴァ, リュボーフ・セルゲーヴナ(19・20世紀) →Popova, Lyubov' Sergeevna　532
ホーホストラーテン(17世紀)
→Hoogstraeten, Samuel van　328
ポポフ, N.E.(20世紀)
→Popov, Nikolaj Evgenjevich　532
ポポフ, ニコライ(20世紀)
→Popov, Nikolaj Evgenjevich　532
ポポフ, ニコライ・E.(20世紀)
→Popov, Nikolaj Evgenjevich　532
ホホル, ヨセフ(19・20世紀)
→Chohol, Josef　148
ポポワ(19・20世紀)
→Popova, Lyubov' Sergeevna　532
ポポーワ, リュボーフィ・セルゲエヴナ(19・20世紀)　→Popova, Lyubov' Sergeevna　532
ホーマー(19・20世紀) →Homer, Winslow　326
ホーマー, ウィンスロー(19・20世紀)
→Homer, Winslow　326
ホーマー, ウィンズロー(19・20世紀)
→Homer, Winslow　326
ホーマー, ウインスロー(19・20世紀)
→Homer, Winslow　326
ホーマー, ウィンズロウ(19・20世紀)
→Homer, Winslow　326
ホーマー, ウインズロウ(19・20世紀)
→Homer, Winslow　326
ボーマイアー, ベルンド(20世紀)
→Bohmeier, Bernd　85
ポマラッサ, フェルナンド(20世紀)
→Pomalaza, Fernando　530
ポマランチョ(16世紀) →Pomarancio　530
ポマランチョ(16・17世紀) →Pomarancio　530
ポミエ, アルベール(19世紀)
→Pommier, Albert　530
ホーム(17・18世紀)
→Home, Henry, Lord Kames　326
ホーム, ロバート(18・19世紀)
→Home, Robert　326
ホームズ(19・20世紀)
→Holmes, William Henry　326
ホームズ, ウィリアム・ヘンリー(19・20世紀)
→Holmes, William Henry　326
ボムボア, カミーユ(19・20世紀)
→Bombois, Camille　87
ホメーロス(前9・8世紀) →Homēros　327
ホメロス(前9・8世紀) →Homēros　327
ホメロス(ホーマー)(前9・8世紀)
→Homēros　327
ポモー, Y.(20世紀) →Pommaux, Yvan　530

ポモー, イワン(20世紀)
→Pommaux, Yvan　530
ポモドーロ, アルナルド(20世紀)
→Pomodoro, Arnaldo　530
ポモドーロ, ジオ(20世紀)
→Pomodoro, Gio　530
ボーモン, クラウディオ・フランチェスコ(17・18世紀) →Beaumont, Claudio Francesco　60
ボーモン伯爵, エチエンヌ・ド(19・20世紀)
→Beaumont, Comte Étienne de　60
ホラー(17世紀) →Hollar, Wenzel　326
ボーラー, R.(20世紀) →Bowler, Ray　96
ホラー, ヴァーツラフ(17世紀)
→Hollar, Wenzel　326
ホラー, ヴェンツェル(17世紀)
→Hollar, Wenzel　326
ポライウォーロ(15世紀)
→Pollaiuolo, Antonio　528
ポライウォーロ(15世紀)
→Pollaiuolo, Piero　529
ポライウォロ(15世紀)
→Pollaiuolo, Antonio　528
ポライウォロ(15世紀) →Pollaiuolo, Piero　529
ポライウオロ(15世紀)
→Pollaiuolo, Antonio　528
ポライウオロ(15世紀) →Pollaiuolo, Piero　529
ポライウオロ, アントニオ(15世紀)
→Pollaiuolo, Antonio　528
ポライウォロ, アントニオ(15世紀)
→Pollaiuolo, Antonio　528
ポライウオロ, ピエロ(15世紀)
→Pollaiuolo, Piero　529
ポライウォーロ兄弟(15世紀)
→Pollaiuolo, Antonio　528
ポライウォーロ兄弟(15世紀)
→Pollaiuolo, Piero　529
ホライン(20世紀) →Hollein, Hans　326
ホライン, ハンス(20世紀) →Hollein, Hans　326
ボラサ, ルイス(14・15世紀)
→Borrassá, Lluis　91
ボラサー, ルイス(14・15世紀)
→Borrassá, Lluis　91
ボラス, マイケル(20世紀) →Bolus, Michael　87
ポラック, アゴストン(19世紀)
→Pollack, Agoston　528
ポラック, ミヒャエル・ヨハン(18・19世紀)
→Pollack, Michael Johann　528
ポラック, ヨーゼフ(18・19世紀)
→Pollack, Joseph　528
ポラック, レオポルト(18・19世紀)
→Pollack, Leopold　528
ポラッコ, パトリシア(20世紀)
→Polacco, Patricia　528
ボラティンスキー, A.(20世紀)
→Boratynski, Antoni　90

ホラバード (19・20世紀)
　→Holabird, William　325
ホラバード, ウィリアム (19・20世紀)
　→Holabird, William　325
ホラビン, J.F. (19・20世紀)
　→Horrabin, James Francis　328
ホラル (17世紀) →Hollar, Wenzel　326
ボラール (19・20世紀) →Vollard, Ambroise　690
ボラール, A. (19・20世紀)
　→Vollard, Ambroise　690
ポランスキー, ルイ (20世紀)
　→Polansky, Lois　528
ホランド (18・19世紀) →Holland, Henry　326
ホランド, J. (20世紀) →Holland, Janice　326
ホランド, ヘンリー (18・19世紀)
　→Holland, Henry　326
ポリアーギ, ルドヴィーコ (19・20世紀)
　→Pogliaghi, Ludovico　527
ポリアコフ (20世紀) →Poliakoff, Serge　528
ポリアコフ, セルジュ (20世紀)
　→Poliakoff, Serge　528
ポリグノトス (前5世紀) →Polygnotos　529
ポリクレイトス (前5世紀) →Polykleitos　529
ボリゲル゠サベルリ, A. (20世紀)
　→Bolliger-Savelli, Antonella　86
ボリーズ (19・20世紀)
　→Vories, William Merrell　690
ボリソフ・ムサートフ (19・20世紀) →Borisov-
　Musatov, Viktor El'pidiforovich　91
ボリソフ・ムサートフ, ヴィクトル (19・20世紀)
　→Borisov-Musatov, Viktor El'pidiforovich
　91
ボリソフ゠ムサトフ, ヴィクトル (19・20世紀)
　→Borisov-Musatov, Viktor El'pidiforovich
　91
ポリツィアーノ (15世紀)
　→Poliziano, Angelo Ambrogini　528
ポリツィアーノ, アンジェロ (15世紀)
　→Poliziano, Angelo Ambrogini　528
ポリツィアーノ, アンジェロ (アンブロジーニ) (15
　世紀) →Poliziano, Angelo Ambrogini　528
ポリッティ, レオ (20世紀) →Politi, Leo　528
ポリティ, L. (20世紀) →Politi, Leo　528
ポリーティ, オドリーコ (18・19世紀)
　→Politi, Odorico　528
ホリデイ, ヘンリ (19・20世紀)
　→Holiday, Henry　325
ポーリティ, レオ (20世紀) →Politi, Leo　528
ポリティアヌス (15世紀)
　→Poliziano, Angelo Ambrogini　528
ポリドーロ・カルダーラ・ダ・カラヴァッジョ
　(15・16世紀)
　→Caravaggio, Polidoro Caldara da　126
ポリドーロ・ダ・カラヴァッジオ (15・16世紀)
　→Caravaggio, Polidoro Caldara da　126

ポリドーロ・ダ・ランチャーノ (16世紀)
　→Polidoro da Lanciano　528
ポリュエウクトス (前4・3世紀)
　→Polyeuktos　529
ポリュグノートス (前5世紀) →Polygnotos　529
ポリュグノトス (前5世紀) →Polugnōtos　529
ポリュグノトス (前5世紀) →Polygnotos　529
ポリュクレイスト (前5世紀) →Polykleitos　529
ポリュクレイトス (前5世紀) →Polykleitos　529
ポリュクレイトス (前4世紀) →Polykleitos　530
ポリュクレイトス (小) (前5・4世紀)
　→Polykleitos　530
ポリュクレイトス (大) (前5世紀)
　→Polykleitos　529
ポリュクレス (前2世紀) →Poluklēs　529
ポリューシュキン, M. (20世紀)
　→Polushkin, Maria　529
ポリュドーロス (前1世紀) →Polydoros　529
ポリュドロス (前1世紀) →Polydoros　529
ポリュメデス (前7・6世紀)
　→Polymedes of Argos　530
ポリュメデス (アルゴス出身の) (前7・6世紀)
　→Polymedes of Argos　530
ポリュメデス (アルゴスの) (前7・6世紀)
　→Polymedes of Argos　530
ポーリン, S. (20世紀) →Poulin, Stephane　534
ホリング, C. (20世紀)
　→Holling, Holling Clancy　326
ホリング, L. (20世紀)
　→Holling, Lucille (Webster)　326
ホリング, ホリング・クランシー (20世紀)
　→Holling, Holling Clancy　326
ホリングズワース, A. (20世紀)
　→Hollingsworth, Alvin　326
ホール (19・20世紀)
　→Hall, Harry Reginald Holland　303
ホル (16・17世紀) →Holl, Elias　325
ボール (19・20世紀) →Ball, Thomas　47
ボル (17世紀) →Bol, Ferdinand　86
ボール, R. (20世紀) →Ball, Robert　47
ホール, アン (18・19世紀) →Hall, Anne　303
ホル, エリアス (16・17世紀) →Holl, Elias　325
ホール, スティーブン (20世紀)
　→Holl, Steven　325
ボル, パウルス (17世紀) →Bor, Paulus　90
ホール, ハリー (19・20世紀)
　→Hall, Harry Reginald Holland　303
ホール, ハリー・R.H. (19・20世紀)
　→Hall, Harry Reginald Holland　303
ボル, フェルディナント (17世紀)
　→Bol, Ferdinand　86
ボル, フェルディナンド (17世紀)
　→Bol, Ferdinand　86

ポール, マリー・ホーン(20世紀)
　→Ball, Murray Hone　47
ポール, レイモンド(20世紀)
　→Poulet, Raymond　534
ボルィンスキー(19・20世紀)
　→Volynskii, Akim L'vovich　690
ボルィンスキー,A.(19・20世紀)
　→Volynskii, Akim L'vovich　690
ホルエムヘブ(前14世紀)　→Harmhab　306
ボルギーニ, ラッファエッロ(16世紀)
　→Borghini, Raffaello　90
ボルクゲルウィンク(20世紀)
　→Borchgrevink　90
ポルグラース, ヴァン・ネスト(20世紀)
　→Polglase, Van Nest　528
ポルケ, ジグマール(20世紀)
　→Polke, Sigmar　528
ボルゴーニャ, ホアン・デ(15・16世紀)
　→Juan de Borgoña　351
ボルゴニョーネ(15・16世紀)
　→Borgognone, Ambrogio　91
ボルゴニョーネ, アムブロジオ(15・16世紀)
　→Borgognone, Ambrogio　91
ポルザンパルク, クリスチャン・ド(20世紀)
　→Portzamparc, Christian de　533
ボルジ, アンドレーア(17世紀)
　→Bolgi, Andrea　86
ボルジア(15・16世紀)　→Borgia, Lucrezia　90
ボルジア, ルクレツィア(15・16世紀)
　→Borgia, Lucrezia　90
ボルジャ, ルクレーツィア(15・16世紀)
　→Borgia, Lucrezia　90
ボルジャ, ルクレーツィア(15・16世紀)
　→Borgia, Lucrezia　90
ボルジャンニ, オラーツィオ(16・17世紀)
　→Borgianni, Orazio　91
ボルス(20世紀)　→Wols　710
ボルスヴェルト(16・17世紀)
　→Bolswert, Boëtius van　86
ボルスヴェルト(16・17世紀)
　→Bolswert, Schelte van　86
ポール・スリオ(19・20世紀)
　→Souriau, Paul　623
ポルセリス, ヤン(16・17世紀)
　→Porcellis, Jan　532
ポルセル, ジョージス(20世紀)
　→Porcel, Georges　532
ポルタ(16・17世紀)
　→Porta, Giacomo della　532
ホルダー,H.(20世紀)　→Holder, Heidi　325
ポルタ, ジャコモ・デラ(16・17世紀)
　→Porta, Giacomo della　532
ポルタ, ジャーコモ・デルラ(16・17世紀)
　→Porta, Giacomo della　532

ポルタ, ジュゼッペ(16世紀)
　→Porta, Giuseppe　532
ポルタ, パトリツィア・ラ(20世紀)
　→Porta, Patrizia la　532
ボルダーリョ=ピネイロ, コルンバノ(19・20世紀)
　→Bordallo-Pinheiro, Columbano　90
ボルダーリョ=ピネイロ, マノエル・マリス(19世紀)
　→Bordallo-Pinheiro, Manoel Maris　90
ボルダーリョ=ピネイロ, マリア・アウグスタ(19・20世紀)
　→Bordallo-Pinheiro, Maria Augusta　90
ボルダーリョ=ピネイロ, ラファエル(19・20世紀)
　→Bordallo-Pinheiro, Raphael　90
ボルタルスキー, クリスチャン(20世紀)
　→Boltanski, Christian　86
ボルタンスキ, クリスティアン(20世紀)
　→Boltanski, Christian　86
ホルツィウス(16・17世紀)
　→Goltzius, Hendrik　283
ホルツィウス, ヒューベルト(16世紀)
　→Goltzius, Hubert　283
ホルツィウス, ヘルドルプ(16・17世紀)
　→Gortzius, Gerdorp　286
ホルツィウス, ヘンドリック(16・17世紀)
　→Goltzius, Hendrik　283
ホルツィング,H.(20世紀)
　→Holzing, Herbert　326
ホルツバウアー, ヴィルヘルム(20世紀)
　→Holzauber, Wilhelm　326
ホルツマイスター(19・20世紀)
　→Holzmeister, Clemens　326
ホルツマイスター, クレメンス(19・20世紀)
　→Holzmeister, Clemens　326
ホルツマン(19世紀)
　→Holzmann, Johann Philipp　326
ポルティナーリ(20世紀)
　→Portinari, Candido　532
ポルティナリ(20世紀)
　→Portinari, Candido　532
ポルディナリ(20世紀)
　→Portinari, Candido　532
ポルティナリ,C.T.(20世紀)
　→Portinari, Candido　532
ポルティナーリ, カンディード(20世紀)
　→Portinari, Candido　532
ボルディーニ(19・20世紀)
　→Boldini, Giovanni　86
ボルディーニ, ジョヴァンニ(19・20世紀)
　→Boldini, Giovanni　86
ボルテッラ(16世紀)　→Daniele da Volterra　179
ポルデノーネ(15・16世紀)
　→Pordenone, Giovanni Antonio da　532
ポル・デ・モント(19・20世紀)
　→Pol de Mont　528
ポルテーラ, セサール(20世紀)
　→Portela, Cesar　532

ボールデン,J.(20世紀) →Bolden, Joseph 86
ホールデン, イーディス(19・20世紀)
　→Holden, Edith 325
ホールデン, チャールズ(19・20世紀)
　→Holden, Charles 325
ボルドゥー, ジョヴァンニ(15世紀)
　→Boldù, Giovanni 86
ボールドウィン=フォード,P.(20世紀)
　→Baldwin-Ford, Pamela 46
ポルトゲージ, パーオロ(20世紀)
　→Portoghesi, Paolo 533
ポルトゲージ, パオロ(20世紀)
　→Portoghesi, Paolo 533
ボルドーネ(16世紀) →Bordone, Paris 90
ボルドーネ, パーリス(16世紀)
　→Bordone, Paris 90
ボルドーネ, パリス(16世紀)
　→Bordone, Paris 90
ボルトラッフィオ(15・16世紀)
　→Boltraffio, Giovanni Antonio 87
ボルトラッフィオ, ジョヴァンニ・アントニオ(15・16世紀) →Boltraffio, Giovanni Antonio 87
ボルトラッフィオ, ジョヴァンニ・アントーニオ(15・16世紀)
　→Boltraffio, Giovanni Antonio 87
ボルトラッフォ(15・16世紀)
　→Boltraffio, Giovanni Antonio 87
ボールドリッヂ,C.L.R.(19・20世紀)
　→Baldridge, Cyrus Le Roy 46
ボルドリーニ, ニッコロ(16世紀)
　→Boldrini, Niccolò 86
ホルニー(18・19世紀) →Horny, Franz 328
ホルバイン(15・16世紀)
　→Holbein, Ambrosius 325
ホルバイン(15・16世紀)
　→Holbein, Hans der Jüngere 325
ホルバイン, アムブロジウス(15・16世紀)
　→Holbein, Ambrosius 325
ホルバイン, アンブロージウス(15・16世紀)
　→Holbein, Ambrosius 325
ホルバイン, アンブロシウス(15・16世紀)
　→Holbein, Ambrosius 325
ホルバイン, アンブロジウス(15・16世紀)
　→Holbein, Ambrosius 325
ホルバイン(子)(15・16世紀)
　→Holbein, Hans der Jüngere 325
ホルバイン,(子)ハンス(15・16世紀)
　→Holbein, Hans der Jüngere 325
ホルバイン(父)(15・16世紀)
　→Holbein, Hans der Ältere 325
ホルバイン, ハンス(15・16世紀)
　→Holbein, Hans der Ältere 325
ホルバイン, ハンス(15・16世紀)
　→Holbein, Hans der Jüngere 325
ホルバイン, ハンス(子)(15・16世紀)
　→Holbein, Hans der Jüngere 325
ホルバイン, ハンス(父)(15・16世紀)
　→Holbein, Hans der Ältere 325
ボルヒャルト, ルートヴィヒ(19・20世紀)
　→Borchardt, Ludwig 90
ボルフ, ヘラルト・テル(17世紀)
　→Borch, Gera(e)rd ter 90
ホールフォード, ウィリアム(20世紀)
　→Holford, William 325
ボルフ・ヘラルト・テル(17世紀)
　→Borch, Gera(e)rd ter 90
ポルポラ, パーオロ(17世紀)
　→Porpora, Paolo 532
ポルポラーティ, カルロ・アントーニオ(18・19世紀) →Porporati, Carlo Antonio 532
ボルマン, ヤン(15・16世紀) →Borman, Jan 91
ホルムズド二世(4世紀) →Hormzd II 328
ポルライウォーロ, アントニオ(15世紀)
　→Pollaiuolo, Antonio 528
ポルライウォーロ, アントーニオ(15世紀)
　→Pollaiuolo, Antonio 528
ポルライウォーロ, ピエロ(15世紀)
　→Pollaiuolo, Piero 529
ホルロイド(19・20世紀)
　→Holroyd, Sir Charles 326
ボルローネ, ジャーコモ(15世紀)
　→Borlone, Giacomo 91
ボルロミーニ, フランチェスコ(16・17世紀)
　→Borromini, Francesco 91
ボルン, アドルフ(20世紀) →Born, Adolf 91
ホルン, レベッカ(20世紀)
　→Horn, Rebecca 328
ボレス, フランシスコ(20世紀)
　→Borés, Francisco 90
ボレッティ, ルイジ(18・19世紀)
　→Poletti, Luigi 528
ボレッラ, カルロ(17・18世紀)
　→Borella, Carlo 90
ポーレルト(19世紀) →Poelaert, Joseph 527
ボレン,R.(20世紀) →Bollen, Roger 86
ホレンダー, カレン(20世紀)
　→Hollander, Karen 326
ホーレンバウト, ヘラルト(15・16世紀)
　→Horenbout, Gerard 328
ボロヴィコフスキー, ウラジミール(18・19世紀)
　→Borovikovsky, Vladimir Lukitch 91
ボロヴィコフスキー, ウラディミール・ルーキッチ(18・19世紀)
　→Borovikovsky, Vladimir Lukitch 91
ポロック(20世紀) →Pollock, Paul Jackson 529
ポロック, ジャクスン(20世紀)
　→Pollock, Paul Jackson 529
ポロック, ジャクソン(20世紀)
　→Pollock, Paul Jackson 529

ポロック, ジャックスン (20世紀)
　→Pollock, Paul Jackson　*529*
ポロック, (ポール・) ジャクソン (20世紀)
　→Pollock, Paul Jackson　*529*
ボローニャ (16・17世紀)
　→Bologna, Giovanni da　*86*
ボローニャ, ジョヴァンニ・ダ (16・17世紀)
　→Bologna, Giovanni da　*86*
ボローニャ, フェルディナンド (20世紀)
　→Bologna, Ferdinando　*86*
ボロビコフスキー (18・19世紀)
　→Borovikovsky, Vladimir Lukitch　*91*
ボロフスキー (20世紀)
　→Borofsky, Jonathan　*91*
ボロフスキー,P. (20世紀)　→Borovsky, Paul　*91*
ボロフスキー, ジョナサン (20世紀)
　→Borofsky, Jonathan　*91*
ボロフスキー, ポール (20世紀)
　→Borovsky, Paul　*91*
ボロミーニ (16・17世紀)
　→Borromini, Francesco　*91*
ボロミニ (16・17世紀)
　→Borromini, Francesco　*91*
ボロミーニ, フランチェスコ (16・17世紀)
　→Borromini, Francesco　*91*
ボロンソー (19世紀)
　→Polonceau, Jean Barthélemy Camille　*529*
ボワイー, ルイ=レオポルド (18・19世紀)
　→Boilly, Louis-Léopold　*85*
ボワイエ, ベルナール (20世紀)
　→Boyer, Bernard　*96*
ホワイト (19・20世紀)　→White, Stanford　*704*
ホワイト,C・S (20世紀)　→White, C.S.　*703*
ホワイト,D.O. (20世紀)
　→White, David Omar　*704*
ホワイト, ジョン (16世紀)　→White, John　*704*
ホワイト, スタンフォード (19・20世紀)
　→White, Stanford　*704*
ホワイト, マイナー (20世紀)
　→White, Minor　*704*
ホワイトリー, ブレット (20世紀)
　→Whiteley, Brett　*704*
ボワサール, ジャン=ジャック (16・17世紀)
　→Boissard, Jean-Jacques　*85*
ボワスレー, ズルピッツ (18・19世紀)　→Boisserée, Johann Sulpiz Melchior Dominikus　*85*
ボワソン, ピエール (13世紀)
　→Poisson, Pierre　*527*
ボワリー, ルイ=レオポルド (18・19世紀)
　→Boilly, Louis-Léopold　*85*
ボワレ (19・20世紀)　→Poiret, Paul　*527*
ボワレ, ポール (19・20世紀)　→Poiret, Paul　*527*
ボワロー, ルイ=オーギュスト (19世紀)
　→Boileau, Louis-Auguste　*85*

ホワン・キューバイク (20世紀)
　→Hwang Kyu-Baik　*334*
ポワント, アルヌール・ド・ラ (15・16世紀)
　→Pointe, Arnoult de la　*527*
ボワンビル (19・20世紀)　→Boinville, C.de　*85*
ボーン (19・20世紀)　→Bone, Sir Muirhead　*88*
ボーン (20世紀)　→Vaughan, Keith　*679*
ホーン, エヴィー (20世紀)　→Hone, Evie　*327*
ボーン, サー・ミュアヘッド (19・20世紀)
　→Bone, Sir Muirhead　*88*
ボン, ジョヴァンニ (14・15世紀)
　→Bon, Giovanni　*87*
ホーン, ナサニーエル (18世紀)
　→Hone, Nathaniel　*327*
ボン, バルトロメーオ (年長) (14・15世紀)
　→Buon, Bartolomeo　*111*
ボーン, フィリス・メアリー (20世紀)
　→Bone, Phyllis Mary　*88*
ボーン, ヘンリー (18・19世紀)
　→Bone, Henry　*88*
ボーン, メル (20世紀)　→Bourne, Mel　*95*
ボンヴァン, フランソワ (19世紀)
　→Bonvin, François　*90*
ボンコンバン, ピエール (20世紀)
　→Boncompain, Pierre　*88*
ボンサル, クロスビー (20世紀)
　→Bonsall, Crosby　*89*
ボンシ, ピエトロ・パーオロ (16・17世紀)
　→Bonsi, Pietro Paolo　*89*
ボンシニョーリ, フェルディナンド (18・19世紀)
　→Bonsignore, Ferdinando　*89*
ボンシニョーレ, フランチェスコ (15・16世紀)
　→Bonsignori, Francesco　*90*
ポンス, イザベル (20世紀)　→Pons, Isabel　*531*
ポンス, ジョアン (20世紀)　→Pons, Joan　*531*
ボーンスタイン,R. (20世紀)
　→Bornstein, Ruth　*91*
ボンソル,C.B. (20世紀)　→Bonsall, Crosby　*89*
ボンタン, ピエール (16世紀)
　→Bontemps, Pierre　*90*
ボンチネッリ, エヴァリスト (19・20世紀)
　→Boncinelli, Evaristo　*88*
ボンツァーニ, アロルド (19・20世紀)
　→Bonzagni, Aroldo　*90*
ボンツァニーゴ, ジュゼッペ・マリーア (18・19世紀)　→Bonzanigo, Giuseppe Maria　*90*
ポンツィオ, フラミーニオ (16・17世紀)
　→Ponzio, Flaminio　*531*
ポンツィオ, フラミニオ (16・17世紀)
　→Ponzio, Flaminio　*531*
ポンツェッロ, ジョヴァンニ (16世紀)
　→Ponzello, Giovanni　*531*
ポンツェッロ, ドメーニコ (16世紀)
　→Ponzello, Domenico　*531*
ポンティ (20世紀)　→Ponti, Gio　*531*

ボンディ, ヴァルター (19・20世紀)
　→Bondy, Walter　88
ポンティ, ジオ (20世紀) →Ponti, Gio　531
ホンディウス, アブラハム (17世紀)
　→Hondius, Abraham　327
ポンティウス, パウルス (17世紀)
　→Pontius, Paulus　531
ポンティフ, ギョーム (15世紀)
　→Pontifs, Guillaume　531
ポンテッリ, バッチョ (15世紀)
　→Pontelli, Baccio　531
ポンド, C. (20世紀) →Pond, Clayton　531
ポンド, F. (20世紀) →Bond, Felicia　88
ポンド, クレイトン (20世紀)
　→Pond, Clayton　531
ホントホルスト (16・17世紀)
　→Honthorst, Gerard van　327
ホントホルスト, ヘリット・ファン (16・17世紀)
　→Honthorst, Gerard van　327
ホントホルスト, ヘリト・ファン (16・17世紀)
　→Honthorst, Gerard van　327
ボンドル, ジャン・ド (14世紀)
　→Bondol, Jean de　88
ホントルスト (16・17世紀)
　→Honthorst, Gerard van　327
ポントルモ (15・16世紀)
　→Pontormo, Jacopo da　531
ポントルモ, ヤコポ・ダ (15・16世紀)
　→Pontormo, Jacopo da　531
ボンナ (19・20世紀)
　→Bonnat, Léon Joseph Florentin　89
ボンナ, レオン (19・20世紀)
　→Bonnat, Léon Joseph Florentin　89
ボンヌイユ, エティエンヌ・ド (13世紀)
　→Bonneuil, Étienne de　89
ボンヌフォア, アラン (20世紀)
　→Bonnefoit, Alain　89
ボンネ (18世紀) →Bonnet, Louis Martin　89
ボンネ, ルイ (18世紀)
　→Bonnet, Louis Marie　89
ポンパ, G. (20世紀) →Pompa, Gaetano　530
ポンパ, ガエタノ (20世紀)
　→Pompa, Gaetano　530
ボンバーグ, デイヴィッド (19・20世紀)
　→Bomberg, David　87
ボンバーグ, デイヴィド (19・20世紀)
　→Bomberg, David　87
ポンパドゥール (18世紀) →Pompadour, Jeanne-Antoinette Poisson, Marquise de　530
ポンパドゥール, ジャンヌ (18世紀)
　→Pompadour, Jeanne-Antoinette Poisson, Marquise de　530
ポンパドゥール, ジャンヌ・アントワネット・ポワソン, 侯爵夫人 (18世紀)

→Pompadour, Jeanne-Antoinette Poisson, Marquise de　530
ポンパドゥール侯夫人 (18世紀)
　→Pompadour, Jeanne-Antoinette Poisson, Marquise de　530
ポンパドゥール夫人 (18世紀)
　→Pompadour, Jeanne-Antoinette Poisson, Marquise de　530
ポンパドゥール夫人 (ポワソン, ジャンヌ・アントワネット) ド (18世紀)
　→Pompadour, Jeanne-Antoinette Poisson, Marquise de　530
ボンファンティ, アルトゥーロ (20世紀)
　→Bonfanti, Arturo　88
ボンファンティーニ, セルジョ (20世紀)
　→Bonfantini, Sergio　88
ボンフィーリ, ベネデット (15世紀)
　→Bonfigli, Benedetto　88
ポンペイ, アレッサンドロ (18世紀)
　→Pompei, Alessandro　530
ボンベッリ, セバスティアーノ (17・18世紀)
　→Bomdelli, Seba-stiano　87
ボンボア (19・20世紀) →Bombois, Camille　87
ボンボア, カミーユ (19・20世紀)
　→Bombois, Camille　87
ボンボワ, カミーユ (19・20世紀)
　→Bombois, Camille　87
ポンポン (19・20世紀) →Pompon, François　530
ポンポン, フランソア (19・20世紀)
　→Pompon, François　530
ポンポン, フランソワ (19・20世紀)
　→Pompon, François　530

【 マ 】

マイ (19・20世紀) →May, Ernst　442
マイ, エルンスト (19・20世紀)
　→May, Ernst　442
マイアー (18・19世紀)
　→Meyer, Johann Heinrich　452
マイアー (19・20世紀) →Meyer, Adolf　451
マイアー (19・20世紀) →Meyer, Hannes　451
マイアー (20世紀) →Meyer, Erich　451
マイアー・グレーフェ (19・20世紀)
　→Meier-Graefe, Julius　445
マイアーグレフェ (19・20世紀)
　→Meier-Graefe, Julius　445
マイアー・グレーフェ, ユーリウス (19・20世紀)
　→Meier-Graefe, Julius　445
マイアー＝グレーフェ, ユーリウス (19・20世紀)
　→Meier-Graefe, Julius　445

マイアーズ,B.(20世紀) →Myers, Bernice　476
マイアーズ,R.W.(20世紀)
　→Meyers, Robert W.　452
マイアーズ,ジョン・リントン(19・20世紀)
　→Myres, John Linton　477
マイアーニ,アウグスト(19・20世紀)
　→Majani, Augusto　424
マイアーノ(15世紀)
　→Maiano, Benedetto de　423
マイアー・フォン・ランツフート(15世紀)
　→Mair von Landshut　424
マイウーリ(19・20世紀) →Maiuri, Amedeo　424
マイウーリ,アメディオ(19・20世紀)
　→Maiuri, Amedeo　424
マイウーリ,アメデーオ(19・20世紀)
　→Maiuri, Amedeo　424
マイエル・グレフェ(19・20世紀)
　→Meier-Graefe, Julius　445
マイオフィス,M.S.(20世紀)
　→Majofis, Mikhail Solomonovich　424
マイスターE.S(15世紀) →Meister E.S.　446
マイスター・ヴィルヘルム(14世紀)
　→Wilhelm, von Köln　706
マイスター・デス・トーデス・マリア(15・16世紀
　頃) →Meister des Todes Maria　446
マイスター・フランケ(15世紀)
　→Francke(Meister Francke)　249
マイスター・ベルトラム(14・15世紀)
　→Bertram(Meister Bertram)　73
マイスター・ベルトラム・フォン・ミンデン(14・
　15世紀) →Bertram(Meister Bertram)　73
マイスナー,フレンドリッチ(20世紀)
　→Meissner, Friedrich　445
マイターニ,ロレンツォ(13・14世紀)
　→Maitani, Lorenzo　424
マイト(15・16世紀) →Meit, Conrad　446
マイト,コンラート(15・16世紀)
　→Meit, Conrad　446
マイトナー,ルートヴィヒ(19・20世紀)
　→Meidner, Ludwig　445
マイナー,ドロシー・ユージェニア(20世紀)
　→Miner, Dorothy Eugenia　457
マイナルディ(15・16世紀)
　→Mainardi, Sebastiano　423
マイナルディ,セバスティアーノ(15・16世紀)
　→Mainardi, Sebastiano　423
マイニ,ジョヴァンニ・バッティスタ(17・18世紀)
　→Maini, Giovanni Battista　423
マイネーリ,ジャン・フランチェスコ(15・16世紀)
　→Maineri, Gian Francesco　423
マイーノ,ファン・バウティスタ(16・17世紀)
　→Mayno, Juan Bautista　443
マイブリッジ(19・20世紀)
　→Muybridge, Eadweard　476

マイブリッジ,エドウード・ジェイムズ(19・20世
　紀) →Muybridge, Eadweard　476
マイブリッジ,エドワード(19・20世紀)
　→Muybridge, Eadweard　476
マイヤー(20世紀) →Mayer, August L.　443
マイヤー,ハンス・ハインリヒ(18・19世紀)
　→Meyer, Hans Heinrich　452
マイヤー,ハンネス(19・20世紀)
　→Meyer, Hannes　451
マイヤー,ヨハン・ハインリヒ(18・19世紀)
　→Meyer, Hans Heinrich　452
マイヤー,リチャード(20世紀)
　→Meier, Richard　445
マイヤー=アムデン,オットー(19・20世紀)
　→Meyer-Amden, Otto　452
マイヤー・グレフェ(19・20世紀)
　→Meier-Graefe, Julius　445
マイヤー・グレフェ(19・20世紀)
　→Meier-Graefe, Julius　445
マイヤーズ,フォーレスト(20世紀)
　→Myers, Forrest　477
マイヤー=デニングホフ,ブリギッテ(20世紀)
　→Meier-Denninghoff, Brigitte　445
マイアーノ,ジュリアーノ・ダ(15世紀)
　→Giuliano da Maiano　279
マイアーノ,ベネデット・ダ(15世紀)
　→Maiano, Benedetto de　423
マイヤール(19・20世紀)
　→Maillart, Robert　423
マイヤール,ロベール(19・20世紀)
　→Maillart, Robert　423
マイヨール(19・20世紀)
　→Maillol, Aristide　423
マイヨール,アリスティード(19・20世紀)
　→Maillol, Aristide　423
マイヨール,アリスティド(19・20世紀)
　→Maillol, Aristide　423
マイヨール,アリスティド(・ジョゼフ・ボナヴァ
　ンテュール)(19・20世紀)
　→Maillol, Aristide　423
マイルー,デイヴィッド(20世紀)
　→Maillu, David　423
マイレト,エセル(19・20世紀)
　→Mairet, Ethel　423
マウ(19・20世紀) →Mau, August　441
マウ,アウグスト(19・20世紀)
　→Mau, August　441
マヴィニエ,アルミール(20世紀)
　→Mavignier, Almir　442
マーウィン,D.(20世紀) →Merwin, Decie　449
マウヴェ,アントン(19世紀)
　→Mauve, Anton　442
マウフェ,アントン(19世紀)
　→Mauve, Anton　442
マウラー,W.(20世紀) →Maurer, Werner　441

マウラーナー・ムザッファル・アリー(16世紀)
　→Maulānā Muẓaffar 'Alī　441
マウリ, ファービオ(20世紀)
　→Mauri, Fabio　441
マーヴリナ, タチヤーナ(20世紀)
　→Mavrina, Tatjjana Alekseevna　442
マーヴリナ, タチヤーナ・A.(20世紀)
　→Mavrina, Tatjjana Alekseevna　442
マウルペルチ, アントン・フランツ(18世紀)
　→Maulbertsch, Franz Anton　441
マウルベルチュ(18世紀)
　→Maulbertsch, Franz Anton　441
マウルベルチ(18世紀)
　→Maulbertsch, Franz Anton　441
マウルベルチュ, フランツ・アントーン(18世紀)
　→Maulbertsch, Franz Anton　441
マウルベルチュ, フランツ・アントン(18世紀)
　→Maulbertsch, Franz Anton　441
マウルベルチュ(マウルペルチュ), フランツ・アントン(18世紀)
　→Maulbertsch, Franz Anton　441
マウロ, アレッサンドロ(18世紀)
　→Mauro, Alessandro　441
マウロ, アントーニオ(18世紀)
　→Mauro, Antonio　441
マウロ, アントーニオ(18世紀)
　→Mauro, Antonio　441
マウロ, ガスパレ(17・18世紀)
　→Mauro, Gaspare　441
マウロ, ジュゼッペ(17・18世紀)
　→Mauro, Giuseppe　442
マウロ, ジローラモ(18世紀)
　→Mauro, Girolamo　442
マウロ, ドメーニコ(17・18世紀)
　→Mauro, Domenico　441
マウロ, ドメーニコ(18世紀)
　→Mauro, Domenico　441
マウロ, ピエトロ(17世紀)　→Mauro, Pietro　442
マウロ, フランチェスコ(17・18世紀)
　→Mauro, Francesco　441
マウロ, ロムアルド(17・18世紀)
　→Mauro, Romualdo　442
マウント(19世紀)
　→Mount, William Sidney　471
マウント, ウィリアム・シドニー(19世紀)
　→Mount, William Sidney　471
マエストリ, ジョヴァンニ・バッティスタ(17世紀)　→Maestri, Giovanni Battista　421
マエストロ, G.(20世紀)　→Maestro, Giulio　421
マカヴェーエヴァ, G.A.(20世紀)
　→Makaveeva, Galina Aleksandrovna　424
マガッティ, ピエル・アントーニオ(17・18世紀)
　→Magatti, Pier Antonio　422
マカード, ルドルフォ(20世紀)　→Machado　419

マガラシヴィリ, ケテヴィナ(20世紀)
　→Magalashvili, Ketevina Konstantinovna　422
マーカルト(19世紀)　→Makart, Hans　424
マカルト(19世紀)　→Makart, Hans　424
マカルト, ハンス(19世紀)　→Makart, Hans　424
マーカ=レリ, コンラッド(20世紀)
　→Marca-Relli, Conrad　430
マガレル, ジェイムズ(20世紀)
　→McGarrell, James　418
マカローン, グレース(20世紀)
　→Maccarone, Grace　417
マガンツァ, アレッサンドロ(16・17世紀)
　→Maganza, Alessandro　422
マガンツァ, ジョヴァン・バッティスタ(16世紀)
　→Maganza, Giovan Battista　422
マキアヴェッリ, ザノービ(15世紀)
　→Machiavelli, Zanobi　419
マギウス(10世紀)　→Magius　422
マキム(19・20世紀)
　→McKim, Charles Follen　420
マキャン, G.(20世紀)　→McCann, Gerald　417
マキンタイア(18・19世紀)
　→McIntire, Samuel　419
マキンタイアー, E.(20世紀)
　→MacIntyre, Elisabeth　419
マキンタイアー, K.(20世紀)
　→McIntyre, Kevin　421
マキンタイヤー(18・19世紀)
　→McIntire, Samuel　419
マキントッシュ(19・20世紀)
　→Mackintosh, Charles Rennie　420
マークエステル(20世紀)　→Marcestel　430
マクガーク, レスリー(20世紀)
　→McGuirk, Leslie　419
マクシー, B.(20世紀)　→Maxey, Betty　442
マクシミーリアーン1世(15・16世紀)
　→Maximilian I　442
マクシミーリアン1世(15・16世紀)
　→Maximilian I　442
マクシミリアン(1世)(15・16世紀)
　→Maximilian I　442
マクシミリアン1世(15・16世紀)
　→Maximilian I　442
マクシミリアン一世(15・16世紀)
　→Maximilian I　442
マクシミリアン1世〔神聖ローマ〕(15・16世紀)
　→Maximilian I　442
マクスウェル, ヴェーラ(20世紀)
　→Maxwell, Vera　442
マクダニエル, J.W.(20世紀)
　→McDaniel, J.W.　418
マクダーモット, G.(20世紀)
　→McDermott, Gerald　418

マクダーモット, ジェラルド (20世紀)
　→McDermott, Gerald　*418*
マグダラのマリア (1世紀)
　→Maria Magdalena　*432*
マグダラのマリア (聖) (1世紀)
　→Maria Magdalena　*432*
マクドナルド, J. (20世紀)
　→MacDonald, James　*418*
マクドナルド, R.J. (20世紀)
　→McDonald, Ralph J.　*418*
マクドナルド, フランセス (19・20世紀)
　→MacDonald, Frances　*418*
マクドナルド, マーガレット (19・20世紀)
　→MacDonald, Margaret　*418*
マクドナルド・ライト, スタントン (19・20世紀)
　→MacDonald Wright, Stanton　*418*
マクドナルド=ライト, スタントン (19・20世紀)
　→MacDonald Wright, Stanton　*418*
マクナイチェ, A.I. (20世紀)
　→Makunajte, Aljbina Iono　*424*
マクナイト・カウファー (19・20世紀)
　→Kauffer, Mcknight　*358*
マクナイト・カウファー, エドワード (19・20世紀)
　→Kauffer, Mcknight　*358*
マグヌスキー, ボグダム (20世紀)
　→Magunuski, Bogdan　*423*
マクノート, H. (20世紀)
　→McNaught, Harry　*421*
マクノートン, C. (20世紀)
　→McNaughton, Colin　*421*
マクノートン, コリン (20世紀)
　→McNaughton, Colin　*421*
マクヒュー, クリストファー (20世紀)
　→McHugh, Christopher　*419*
マクビーン, アンガス (・ローランド) (20世紀)
　→McBean, Angus (Rowland)　*417*
マクフェイル, D. (20世紀)
　→McPhail, David　*421*
マクブライド, ロバート (20世紀)
　→MacBryde, Robert　*417*
マクベイ, ジェイムズ (19・20世紀)
　→McBey, James　*417*
マクマードー, アーサー・H. (19・20世紀)
　→Mackmurdo, Arthur Heygate　*420*
マクマード, アーサー・ヘイゲイト (19・20世紀)
　→Mackmurdo, Arthur Heygate　*420*
マクマラン, J. (20世紀)
　→McMullan, James　*421*
マクメイン, ネイサ (19・20世紀)
　→McMein, Neysa　*421*
マクモニーズ (19・20世紀)
　→MacMonnies, Frederick William　*421*
マクモニーズ, フレデリック (19・20世紀)
　→MacMonnies, Frederick William　*421*

マクライズ, ダニエル (19世紀)
　→Maclise, Daniel　*420*
マクラクラン, E. (20世紀)
　→Mclachlan, Edward　*420*
マクラクラン, S. (20世紀)
　→McLachlin, Steve　*420*
マクリアリー, ボニー (20世紀)
　→MacLeary, Bonnie　*420*
マクリーズ (19世紀) →Maclise, Daniel　*420*
マクリーズ, ダニエル (19世紀)
　→Maclise, Daniel　*420*
マグリット (20世紀) →Magritte, René　*422*
マグリット, ルネ (20世紀)
　→Magritte, René　*422*
マグリット, ルネ (・フランソワ・ギスラン) (20世紀) →Magritte, René　*422*
マクリーノ・ダルバ (15・16世紀)
　→Macrino d'Alba　*421*
マクレイン, G. (20世紀)
　→MacClain, George　*417*
マクロスキー, (ジョン・) ロバート (20世紀)
　→McCloskey, John Robert　*418*
マクロスキー, ジョン・ロバート (20世紀)
　→McCloskey, John Robert　*418*
マクロスキー, ロバート (20世紀)
　→McCloskey, John Robert　*418*
マクローン (前5世紀) →Makron　*424*
マケンジ (19・20世紀)
　→MacKenzie, Robert Tait　*420*
マケンティー (19世紀) →McEntee, Jervis　*418*
マコヴェッツ, イムレ (20世紀)
　→Makovecz Imre　*424*
マコースキー (19・20世紀)
　→Mackowsky, Hans　*420*
マコーフスキー (19・20世紀)
　→Makovskii, Konstantin Egorovich　*424*
マコフスキー (19・20世紀)
　→Makovskii, Vladimir Egorovich　*424*
マコフスキー, ウラジーミル (19・20世紀)
　→Makovskii, Vladimir Egorovich　*424*
マコーフスキー, ヴラディーミル・エゴロヴィチ (19・20世紀)
　→Makovskii, Vladimir Egorovich　*424*
マコフスキー, ウラジミール・エゴロヴィッチ (19・20世紀)
　→Makovskii, Vladimir Egorovich　*424*
マコフスキー, セルゲイ・コンスタンチノヴィチ (19・20世紀)
　→Makovskii, Sergei Konstantinovich　*424*
マコーレー, デイビッド (20世紀)
　→Macaulay, David　*417*
マコーレイ, D. (20世紀) →Macaulay, David　*417*
マサイス (15・16世紀) →Massys, Quentin　*439*
マサイス, クァンタン (15・16世紀)
　→Massys, Quentin　*439*

マサイス, クエンティン (15・16世紀)
　→Massys, Quentin　439
マサイス, コルネリス (16世紀)
　→Massys, Cornelis　439
マサイス, ヤン (16世紀) →Massys, Jan　439
マザーウェル (20世紀)
　→Motherwell, Robert　471
マザーウェル, ロバート (20世紀)
　→Motherwell, Robert　471
マザウェル, ロバート (20世紀)
　→Motherwell, Robert　471
マザウェル, ロバート・バーンズ (20世紀)
　→Motherwell, Robert　471
マザウェル, ロバート (・バーンズ) (20世紀)
　→Motherwell, Robert　471
マサッチオ (15世紀)
　→Masaccio, Tomasso Guidi　437
マザッチオ (15世紀)
　→Masaccio, Tomasso Guidi　437
マサッチョ (15世紀)
　→Masaccio, Tomasso Guidi　437
マザッチョ (15世紀)
　→Masaccio, Tomasso Guidi　437
マーシ, レジナルド (20世紀)
　→Marsh, Reginald　435
マジェンタ, ジョヴァンニ・アンブロージョ (16・17世紀) →Magenta, Giovanni Ambrogio　422
マシコーフ (19・20世紀)
　→Mashkov, Iliya Ivanovich　438
マシコフ (19・20世紀)
　→Mashkov, Iliya Ivanovich　438
マシコフ, イリヤ (19・20世紀)
　→Mashkov, Iliya Ivanovich　438
マーシス (15・16世紀) →Massys, Quentin　439
マジストレッティ, ヴィーコ (またはルドヴィーコ) (20世紀)
　→Magistretti, Vico (Ludovico)　422
マシップ, ファン・ビセンテ (15・16世紀)
　→Macip, Juan Vicente　419
マジーニ, カルロ (18・19世紀)
　→Magini, Carlo　422
マシプ (16世紀) →Macip, Vincente Juan　419
マシプ, ビセンテ・ホアン (16世紀)
　→Macip, Vincente Juan　419
マーシャル (18・19世紀)
　→Marshall, Benjamin　435
マーシャル (19・20世紀)
　→Marshall, Henry Rutgers　435
マーシャル (19・20世紀)
　→Marshall, Sir John Hubert　435
マーシャル, C.K. (20世紀)
　→Marshall, Constance Kay　435
マーシャル, D. (20世紀) →Marshall, Daniel　435
マーシャル, J. (20世紀)
　→Marshall, James (Edward)　435

マーシャル, サー・ジョン・ヒューバート (19・20世紀) →Marshall, Sir John Hubert　435
マーシャル, ジェイムズ (20世紀)
　→Marshall, James (Edward)　435
マーシャル, ジェイムズ (・エドワード) (20世紀)
　→Marshall, James (Edward)　435
マーシャル, ジョン (19・20世紀)
　→Marshall, Sir John Hubert　435
マーシャル, ジョン・H. (19・20世紀)
　→Marshall, Sir John Hubert　435
マーシュ (20世紀) →Marsh, Reginald　435
マーシュ, R. (20世紀) →Marsh, Reginald　435
マーシュ, ジョナサン (20世紀)
　→Marsh, Jonathan　435
マーシュ, リジナールド (20世紀)
　→Marsh, Reginald　435
マーシュ, レジナルド (20世紀)
　→Marsh, Reginald　435
マシュー, ロバート・ホッグ (20世紀)
　→Matthew, Robert Hogg　441
マジョレル (19・20世紀) →Majorelle, Louis　424
マジョレル, ルイ (19・20世紀)
　→Majorelle, Louis　424
マース (17世紀) →Maes, Nicolaes　421
マース, W. (20世紀) →Mars, Witold　435
マース, ニコラース (17世紀)
　→Maes, Nicolaes　421
マース, ニコラス (17世紀)
　→Maes, Nicolaes　421
マス, ベンジャミ (20世紀)
　→Mas, Benjamin　437
マスケリーニ, マルチェッロ (20世紀)
　→Mascherini, Marcello　438
マスケリーニ, マルチェルロ (20世紀)
　→Mascherini, Marcello　438
マスケリーノ, オッタヴィアーノ (16・17世紀)
　→Mascherino, Ottaviano　438
マスケリーノ, オッタヴィオ (マスケリーノ, オッタヴィアーノ) (16・17世紀)
　→Mascherino, Ottaviano　438
マスーシ, レッロ (20世紀) →Masucci, Lello　439
マースタマン, D. (20世紀)
　→Masterman, Dodie　439
マステッレッタ (16・17世紀) →Mastelletta　439
マストロヤンニ, ウンベルト (20世紀)
　→Mastroianni, Umberto　439
マスペロ (19・20世紀)
　→Maspero, Gaston Camille Charles　438
マスペロ, ガストン (19・20世紀)
　→Maspero, Gaston Camille Charles　438
マスペロー, ガストン (19・20世紀)
　→Maspero, Gaston Camille Charles　438
マスロフスキー, グレゴリー (20世紀)
　→Masurovsky, Gregory　439

マセイス(15・16世紀) →Massys, Quentin　*439*
マセイス, クエンティン(15・16世紀)
　→Massys, Quentin　*439*
マセリール(19・20世紀) →Masereel, Frans　*438*
マーセレール(19・20世紀)
　→Masereel, Frans　*438*
マセレール, フランス(19・20世紀)
　→Masereel, Frans　*438*
マゼレール, フランス(19・20世紀)
　→Masereel, Frans　*438*
マソ(17世紀)
　→Mazo, Juan Bautista Martinez del　*443*
マーソ, ファン・バウティスタ・マルティネス・デル(17世紀)
　→Mazo, Juan Bautista Martinez del　*443*
マーゾ・ディ・バンコ(14世紀)
　→Maso di Banco　*438*
マゾリーノ(14・15世紀)
　→Masolino da Panicale　*438*
マゾリーノ, ダ・パニカーレ(14・15世紀)
　→Masolino da Panicale　*438*
マソリーノ・ダ・パニカーレ(14・15世紀)
　→Masolino da Panicale　*438*
マソリーノダパニカーレ(14・15世紀)
　→Masolino da Panicale　*438*
マゾリーノ・ダ・パニカーレ(14・15世紀)
　→Masolino da Panicale　*438*
マゾリーノ(・ダ・パニカーレ)(14・15世紀)
　→Masolino da Panicale　*438*
マソル, ジョゼフ(18世紀)
　→Massol, Joseph　*438*
マソン(17世紀) →Masson, Antoine　*439*
マソン, マルセル(20世紀)
　→Masson, Marcel　*439*
マタイ(1世紀) →Matthaios　*440*
マタイ(聖)(1世紀) →Matthaios　*440*
聖マタイ(1世紀) →Matthaios　*440*
マタイ(マタイオス)(1世紀) →Matthaios　*440*
マータス, ニッコロ(18・19世紀)
　→Matas, Niccolò　*439*
マタレ, エヴァルト(19・20世紀)
　→Mataré, Ewald　*439*
マタレー, エーヴァルト(19・20世紀)
　→Mataré, Ewald　*439*
マチス(19・20世紀)
　→Matisse, Henri-Émile-Benoît　*440*
マチス, アンリ・エミール・ブノア(19・20世紀)
　→Matisse, Henri-Émile-Benoît　*440*
マチーセン, E.(20世紀) →Mathiesen, Egon　*439*
マチーセン, エゴン(20世紀)
　→Mathiesen, Egon　*439*
マチャキーニ, カルロ(19世紀)
　→Maciachini, Carlo　*419*
マチャード, J.(20世紀) →Machado, Juarez　*419*

マチュー(20世紀) →Mathieu, Georges-A　*440*
マチュー, ジョージス・A(20世紀)
　→Mathieu, Georges-A　*440*
マチュー, ジョルジュ(20世紀)
　→Mathieu, Georges-A　*440*
マチューカ(16世紀) →Machuca, Pedro de　*419*
マチューカ, ペードロ(16世紀)
　→Machuca, Pedro de　*419*
マチューカ, ペドロ(16世紀)
　→Machuca, Pedro de　*419*
マーチン(18・19世紀) →Martin, John　*436*
マーチン(20世紀) →Martin, Kenneth　*436*
マツィス(15・16世紀) →Massys, Quentin　*439*
マツィス, クエンティン(15・16世紀)
　→Matsys, Quentin　*440*
マツィス, ヤン(16世紀) →Massys, Jan　*439*
マッカイレイス, ウイリアム(20世紀)
　→MacIlraith, William　*419*
マッカーサー=オンスロー, A.(20世紀)
　→Macarthur-Onslow, Annette　*417*
マッカデイ, ロバート(20世紀)
　→Mccurdy, Robert　*418*
マッカーデル, クレア(20世紀)
　→McCardell, Claire　*417*
マッカートニー, リンダ(20世紀)
　→McCartney, Linda　*417*
マッカビン, フレデリック(19・20世紀)
　→McCubbin, Frederick　*418*
マッカボイ(20世紀) →Mac'avoy　*417*
マッカラム, S.(20世紀)
　→McCallum, Stephen　*417*
マッカーリ, チェーザレ(19・20世紀)
　→Maccari, Cesare　*417*
マッカーリ, ミーノ(20世紀)
　→Maccari, Mino　*417*
マッカルッチ, ベルナルディーノ(18世紀)
　→Maccarucci, Bernardino　*417*
マッカルッツィ, ベルナルディーノ(18世紀)
　→Maccarucci, Bernardino　*417*
マッキー, D.(20世紀)
　→McKee, David John　*420*
マッキー, デイヴィッド・ジョン(20世紀)
　→McKee, David John　*420*
マッキー, デイビッド(20世紀)
　→McKee, David John　*420*
マッキー, デイビッド(・ジョン)(20世紀)
　→McKee, David John　*420*
マッキエッティ, ジローラモ(16世紀)
　→Macchietti, Girolamo　*417*
マッキム(19・20世紀)
　→McKim, Charles Follen　*420*
マッキム, チャールズ・フォレン(19・20世紀)
　→McKim, Charles Follen　*420*

マッキャフェリー,J.(20世紀)
　→McCaffery, Janet　417
マッキリヴレイ, ジェイムズ・ピッテンドリヒ
　(19・20世紀)
　→MacGillivray, James Pittendrigh　418
マッキル, ドナルド(19・20世紀)
　→McGill, Donald　418
マッキンタイア, エリザベス(20世紀)
　→MacIntyre, Elisabeth　419
マッキンタイヤー, ケイス(20世紀)
　→McIntyre, Keith　419
マッキントッシュ(19・20世紀)
　→Mackintosh, Charles Rennie　420
マッキントッシュ, チャールズ・R.(19・20世紀)
　→Mackintosh, Charles Rennie　420
マッキントッシュ, チャールズ・レニー(19・20世紀)　→Mackintosh, Charles Rennie　420
マッキントッシュ, チャールズ・レンニー(19・20世紀)　→Mackintosh, Charles Rennie　420
マッキントッシュ, マーガレット(19・20世紀)
　→Mackintosh, Margaret　420
マック,S.(20世紀)　→Mack, Stanley　419
マック, アメリコ(20世紀)
　→Makk Americo　424
マック, オットー・ハインツ(20世紀)
　→Mack, Otto Heinz　419
マック, ハインツ(20世紀)　→Mack, Heinz　419
マック, ヘインツ(20世紀)　→Mack, Heinz　419
マック, マーク(20世紀)　→Mack, M.　419
マックス(19・20世紀)
　→Max, Gabriel Cornelius von　442
マックス,P.(20世紀)　→Max, Peter　442
マックス, ガブリエル(19・20世紀)
　→Max, Gabriel Cornelius von　442
マックス, ピーター(20世紀)　→Max, Peter　442
マックナイト,N.(20世紀)
　→MacKnight, Ninon　420
マックナイト, トーマス(20世紀)
　→Mcknight, Thomas　420
マックブライド, ロバート(20世紀)
　→MacBryde, Robert　417
マックマード(19・20世紀)
　→Mackmurdo, Arthur Heygate　420
マックマードー, アーサー(19・20世紀)
　→Mackmurdo, Arthur Heygate　420
マックマードー, アーサー・ヘイゲイト(19・20世紀)　→Mackmurdo, Arthur Heygate　420
マックラケン, ジョン(20世紀)
　→McCracken, John　418
マックレーン, ブルース(20世紀)
　→Mclean, Bruce　420
マックロウ, ケイ(20世紀)
　→McCullough, Kay　418
マックロスキー(20世紀)
　→McCloskey, John Robert　418

マックロスキー,R.(20世紀)
　→McCloskey, John Robert　418
マックロスキー, ロバート(20世紀)
　→McCloskey, John Robert　418
マックローリン, ルイーズ(19・20世紀)
　→McLaughlin, Louise　420
マッケ(19・20世紀)　→Macke, August　419
マッケ,A.(19・20世紀)　→Macke, August　419
マッケ, アウグスト(19・20世紀)
　→Macke, August　419
マッケ, ヘルムート(20世紀)
　→Macke, Helmut　419
マッケイ(19・20世紀)
　→McCay, Winsor (Zezic)　417
マッケイ,D.(20世紀)　→MacKay, Donald　419
マッケイ, ウィンザー(19・20世紀)
　→McCay, Winsor (Zezic)　417
マッケイ, ウィンザー(・ゼジック)(19・20世紀)
　→McCay, Winsor (Zezic)　417
マッケンジー,G.(20世紀)
　→MacKenzie, Garry　420
マッケンティー,D.(20世紀)
　→McEntee, Dorothy　418
マッケンノール, ベルトラム(19・20世紀)
　→Mackennal, Sir E. Bertram　420
マッコーム, レオナード(20世紀)
　→McCombe, Leonard　418
マッコーラム, アラン(20世紀)
　→Mccollum, Allan　418
マッコール, ドゥーガルド・サザランド(19・20世紀)　→MacColl, Dugald Sutherland　418
マッコーン, ジョン・A.(20世紀)
　→McCone, John A.　418
マッサイス(15・16世紀)
　→Massys, Quentin　439
マッサニ, ポムペオ(19・20世紀)
　→Massani, Pompeo　438
マッサーリ, ジョルジョ(17・18世紀)
　→Massari, Giorgio　438
マッジ, チェーザレ(19・20世紀)
　→Maggi, Cesare　422
マッシュー・パリス(13世紀)
　→Paris, Matthew　503
マッジョット, ドメーニコ(18世紀)
　→Maggiotto, Domenico　422
マッジョリーニ, ジュゼッペ(18・19世紀)
　→Maggiolini, Giuseppe　422
マッセイス(メットセイス), クェンティン(クヴィンテン)(15・16世紀)
　→Massys, Quentin　439
マッソーネ, ジョヴァンニ(15・16世紀)
　→Massone, Giovanni　439
マッソン(20世紀)　→Masson, André　438
マッソン(20世紀)
　→Masson, Mikhail Evgenievich　439

マッソン, アンドレ(20世紀)
　→Masson, André　*438*
マッソン, フランソワ(18・19世紀)
　→Masson, François　*439*
マッソン, ミハイル(20世紀)
　→Masson, Mikhail Evgenievich　*439*
マッタ(20世紀)
　→Matta, Roberto Sebastiano Echaurren　*440*
マッタ, エチャウレン(20世紀)
　→Matta, Roberto Sebastiano Echaurren　*440*
マッタ, ロベルト(20世紀)
　→Matta, Roberto Sebastiano Echaurren　*440*
マッタ, ロベルト・セバスティアン・エコーレン (20世紀)
　→Matta, Roberto Sebastiano Echaurren　*440*
マッタ・E, ロベルト・アントニオ・S.(20世紀)
　→Matta, Roberto Sebastiano Echaurren　*440*
マッタ・エチャウッレン(20世紀)
　→Matta, Roberto Sebastiano Echaurren　*440*
マッタルノヴィ, ゲオルク・ヨハン(17・18世紀)
　→Mattarnovi, Georg Johann　*440*
マッツァ, カミッロ(17世紀)
　→Mazza, Camillo　*443*
マッツァ, ジュゼッペ(17・18世紀)
　→Mazza, Giuseppe　*443*
マッツァクラーティ, マリーノ(20世紀)
　→Mazzacurati, Marino　*443*
マッツォーニ, グイード(15・16世紀)
　→Mazzoni, Guido　*444*
マッツォーニ, ジューリオ(16・17世紀)
　→Mazzoni, Giulio　*444*
マッツォーニ, セバスティアーノ(17世紀)
　→Mazzoni, Sebastiano　*444*
マッツォーラ, フィリッポ(15・16世紀)
　→Mazzola, Filippo　*443*
マッツォーラ=ベドーリ, ジローラモ(16世紀)
　→Mazzola-Bedoli, Girolamo　*443*
マッツォーリ, ジュゼッペ(16世紀)
　→Mazzuoli, Giuseppe　*444*
マッツォーリ, ジュゼッペ(年長)(17・18世紀)
　→Mazzuoli, il Vecchio Giuseppe　*444*
マッツォリーノ, ルドヴィーコ(15・16世紀)
　→Mazzolino, Ludovico　*443*
マッツォーン, ガッリアーノ(20世紀)
　→Mazzon, Galliano　*443*
マッツッコテッリ, アレッサンドロ(19・20世紀)
　→Mazzuccotelli, Alessandro　*444*
マッティエッリ, ロレンツォ(17・18世紀)
　→Mattielli, Lorenzo　*441*
マッテイーニ, テオドーロ(18・19世紀)
　→Matteini, Teodoro　*440*
マッテーオ・ダ・カンピオーネ(14世紀)
　→Matteo da Campione　*440*
マッテーオ・ダ・グアルド(15・16世紀)
　→Matteo da Gualdo　*440*

マッテーオ・ディ・ジョヴァンニ(15世紀)
　→Matteo di Giovanni Bartolo　*440*
マッテーオ・ディ・ジョヴァンニ(15世紀)
　→Matteo di Giovanni Bartolo　*440*
マッテーオ・デ・パスティ(15世紀)
　→Matteo de' Pasti　*440*
マッフェイ, フランチェスコ(17世紀)
　→Maffei, Francesco　*422*
マッリーナ(15・16世紀) →Marrina　*435*
マテイコ(19世紀) →Matejko, Jan　*439*
マテイコ, ヤン(19世紀) →Matejko, Jan　*439*
マティス(19・20世紀)
　→Matisse, Henri-Émile-Benoît　*440*
マティス, アンリ(19・20世紀)
　→Matisse, Henri-Émile-Benoît　*440*
マティス, アンリ(・エミール・ブノワ)(19・20世紀) →Matisse, Henri-Émile-Benoît　*440*
マディソン,K.W.(20世紀)
　→Maddison, Kevin W.　*421*
マディソン,S.(20世紀) →Madison, Steve　*421*
マーティーニズ,J.(20世紀)
　→Martinez, John　*436*
マーティン(18・19世紀) →Martin, John　*436*
マーティン(19世紀)
　→Martin, Homer Dodge　*436*
マーティン,D.S.(20世紀)
　→Martin, David Stone　*435*
マーティン,K.(20世紀) →Martin, Kenneth　*436*
マーティン,R.(20世紀) →Martin, Rene　*436*
マーティン,S.(20世紀) →Martin, Stefan　*436*
マーティン, アグネス(20世紀)
　→Martin, Agnes　*435*
マーティン, ケネス(20世紀)
　→Martin, Kenneth　*436*
マーティン, ジョン(18・19世紀)
　→Martin, John　*436*
マーティン, ジョン・ラッパート(20世紀)
　→Martin, John Rupert　*436*
マーティン, ジョン・レズリー(20世紀)
　→Martin, John Leslie　*436*
マーティン, ポール(19・20世紀)
　→Martin, Paul　*436*
マーティン, マリア(18・19世紀)
　→Martin, Maria　*436*
マーティン, メアリー(20世紀)
　→Martin, Mary　*436*
マテオ, エル・マエストロ(12・13世紀)
　→Mateo, El maestro　*439*
マテオ, マエストロ(12・13世紀)
　→Mateo, El maestro　*439*
マテオス, フランシスコ(20世紀)
　→Mateos, Francisco　*439*
マテオ・ディ・ジョバンニ(15世紀)
　→Matteo di Giovanni Bartolo　*440*

マテオ・リッチ(16・17世紀)
　→Ricci, Matteo　556
マテオ=リッチ(16・17世紀)
　→Ricci, Matteo　556
マテュー, ジョルジュ(20世紀)
　→Mathieu, Georges-A　440
マテュウ, ジョルジュ(20世紀)
　→Mathieu, Georges-A　440
マテュー・ダラース(14世紀)
　→Mathieu d'Arras　440
マデルナ(16・17世紀)　→Maderna, Carlo　421
マデルナ, カルロ(16・17世紀)
　→Maderna, Carlo　421
マデルナ, カルロ(マデルノ, カルロ)(16・17世紀)
　→Maderna, Carlo　421
マデルナ(マデルノ), カルロ(16・17世紀)
　→Maderna, Carlo　421
マデルノ(16・17世紀)　→Maderna, Carlo　421
マデルノ, カルロ(16・17世紀)
　→Maderna, Carlo　421
マデルノ, ステーファノ(16・17世紀)
　→Maderno, Stefano　421
マーデン, ブライス(20世紀)
　→Marden, Brice　431
マーテンズ, コンラッド(19世紀)
　→Martens, Conrad　435
マート, マーク(20世紀)　→Maet, Marc　421
マトヴェーエフ, アンドレイ(18世紀)
　→Matveev, Andrei Matveevich　441
マトヴェーエフ, アンドレイ・マトヴェーヴィッチ(18世紀)
　→Matveev, Andrei Matveevich　441
マードック, ルイーズ・コールドウェル(19・20世紀)　→Murdock, Louise Caldwell　475
マドニア, ギュセフ(20世紀)
　→Madonia, Giuseppe　421
マドラーソ(19世紀)
　→Madrazo y Kuntz, Federico de　421
マドラーソ, フェデリーコ(19世紀)
　→Madrazo y Kuntz, Federico de　421
マドラーソ, ホセー(18・19世紀)
　→Madrazo y Agudo, José de　421
マドラーソ・イ・アグード, ホセ・デ(18・19世紀)
　→Madrazo y Agudo, José de　421
マトリー, マーサ(19世紀)
　→Mutrie, Martha　476
マドン,D.(20世紀)　→Madden, Don　421
マーニ, チェーザレ(16世紀)
　→Magni, Cesare　422
マーニ, ピエトロ(19世紀)　→Magni, Pietro　422
マニェッリ, アルベルト(19・20世紀)
　→Magnelli, Alberto　422
マニェリ(19・20世紀)　→Magnelli, Alberto　422
マニエルリ, アルベルト(19・20世紀)
　→Magnelli, Alberto　422

マニシュトゥシュ〔マンイシュトゥス〕(前23世紀)
　→Maništusu　427
マニシュトゥス(前23世紀)　→Maništusu　427
マーニゼル, マトヴェイ(20世紀)
　→Manizer, Matvei Genrihovitch　428
マニーゼル, マトヴェイ・ゲンリホーヴィッチ(20世紀)
　→Manizer, Matvei Genrihovitch　428
マニャスコ(17・18世紀)
　→Magnasco, Alessandro　422
マニャスコ, アレッサンドロ(17・18世紀)
　→Magnasco, Alessandro　422
マニョカヴァッロ, フランチェスコ・オッターヴィオ(18世紀)
　→Magnocavallo, Francesco Ottavio　422
マニングズ, サー・アルフレッド(19・20世紀)
　→Munnings, Sir Alfred　474
マヌエッリ, コロンボ(20世紀)
　→Manuelli, Colombo　429
マヌエル(15・16世紀)　→Manuel, Niklaus　429
マーヌエル, ニークラウス(15・16世紀)
　→Manuel, Niklaus　429
マーヌエル, ニクラウス(15・16世紀)
　→Manuel, Niklaus　429
マヌエル, ニクラウス(15・16世紀)
　→Manuel, Niklaus　429
マーヌエル, ニクラウス(15・16世紀)
　→Manuel, Niklaus　429
マヌエル, ニクラウス(15・16世紀)
　→Manuel, Niklaus　429
マヌキアン, クロード(20世紀)
　→Manoukian, Claude　428
マネ(19世紀)　→Manet, Édouard　427
マネー(19世紀)　→Manet, Édouard　427
マネ, エドゥアール(19世紀)
　→Manet, Édouard　427
マネ, エドワール(19世紀)
　→Manet, Édouard　427
マネ=カッツ(20世紀)　→Mané-Katz　426
マネシエ(20世紀)　→Manessier, Alfred　426
マネシエ, アルフレッド(20世紀)
　→Manessier, Alfred　426
マネシエ, アルフレド(20世紀)
　→Manessier, Alfred　426
マーネス(19世紀)　→Mánes, Josef　426
マネッティ, アントーニオ(15世紀)
　→Manetti, Antonio di Tuccio　427
マネッティ, アントーニオ・ディ・トゥッチョ(15世紀)　→Manetti, Antonio di Tuccio　427
マネッティ, ルティーリオ(16・17世紀)
　→Manetti, Rutilio　427
マネト(前3世紀頃)　→Manetho　427
マネトー(前3世紀頃)　→Manetho　427
マネトン(前3世紀頃)　→Manetho　427

マノーハル・ダース（17世紀）
→Manōhar Dās *428*
マノーロ（19・20世紀）→Manolo *428*
マビュース（15・16世紀）→Mabusé, Jan *417*
マビューズ（15・16世紀）→Mabusé, Jan *417*
マビューズ，ヤン（15・16世紀）
→Mabusé, Jan *417*
マピルトン，トーマス（マプトン，トーマス）（15世紀）→Mapilton, Thomas *429*
マファイ，マーリオ（20世紀）
→Mafai, Mario *422*
マーフィー（19・20世紀）
→Murphy, John Francis *475*
マブーゼ（15・16世紀）→Mabusé, Jan *417*
マブセ（15・16世紀）→Mabusé, Jan *417*
マブゼ（15・16世紀）→Mabusé, Jan *417*
マフムード，ムザッヒブ（16世紀）
→Maḥmūd Mudḥahhib *423*
マフムード・ムザッヒブ（16世紀）
→Maḥmūd Mudḥahhib *423*
マブリナ，T.A.（20世紀）
→Mavrina, Tatjjana Alekseevna *442*
マホメット（6・7世紀）→Muhammed, Abul Kasemben Abdallah *472*
マホメット（ムハンマッド）（6・7世紀）
→Muhammed, Abul Kasemben Abdallah *472*
ママディ，N.（ナヴァー・）スコット（20世紀）
→Momaday, Navarre Scott *461*
ママディ，N.（ナバラ・）スコット（20世紀）
→Momaday, Navarre Scott *461*
ママデイ，ナヴァー・スコット（20世紀）
→Momaday, Navarre Scott *461*
ママデイ，ナヴァー・スコット（20世紀）
→Momaday, Navarre Scott *461*
マメン，ジャンヌ（19・20世紀）
→Mammen, Jeanne *426*
マヤコーフスキー（20世紀）
→Mayakovskii, Vladimir Vladimirovich *442*
マヤコフスキー（20世紀）
→Mayakovskii, Vladimir Vladimirovich *442*
マヤコフスキー，ウラジーミル（20世紀）
→Mayakovskii, Vladimir Vladimirovich *442*
マヤコフスキー，ウラジーミル・ウラジーミロヴィチ（20世紀）
→Mayakovskii, Vladimir Vladimirovich *442*
マヤコフスキー，ウラジーミル（・ウラジーミロヴィチ）（20世紀）
→Mayakovskii, Vladimir Vladimirovich *442*
マヤコフスキー，ヴラジーミル・ヴラジミロヴィチ（20世紀）
→Mayakovskii, Vladimir Vladimirovich *442*
マヤコフスキー，ウラジミール・B.（20世紀）
→Mayakovskii, Vladimir Vladimirovich *442*

マヤコフスキー，ヴラディーミル（20世紀）
→Mayakovskii, Vladimir Vladimirovich *442*
マヤコフスキー，ウラディミル・ウラディミロビッチ（20世紀）
→Mayakovskii, Vladimir Vladimirovich *442*
マヤコーフスキイ，ヴラジーミル・ヴラジーミロヴィチ（20世紀）
→Mayakovskii, Vladimir Vladimirovich *442*
マヤーノ（15世紀）→Maiano, Benedetto de *423*
マヤノ，ベネデットー・ダ（15世紀）
→Maiano, Benedetto de *423*
マヤール，ロベール（19・20世紀）
→Maillart, Robert *423*
マヨ，V.（20世紀）→Mayo, Virginia *443*
マラー，コバル（20世紀）→Mahler, Yuval *423*
マラ，ポル（20世紀）→Mara, Pol *429*
マラカーノフ，J.A.（20世紀）
→Molokanov, Jurij Aleksandrovich *461*
マラスコ，アントーニオ（20世紀）
→Marasco, Antonio *430*
マラッタ（17・18世紀）→Maratti, Carlo *430*
マラッタ，カルロ（17・18世紀）
→Maratti, Carlo *430*
マラッティ（17・18世紀）→Maratti, Carlo *430*
マラッティ，カルロ（17・18世紀）
→Maratti, Carlo *430*
マラッティ（マラッタ）・カルロ（17・18世紀）
→Maratti, Carlo *430*
マラテスタ，アデオダート（19世紀）
→Malatesta, Adeodato *424*
マラビッティ，イニャーツィオ（18世紀）
→Marabitti, Ignazio *429*
マラリアーノ，アントン・マリーア（17・18世紀）
→Maragliano, Anton Maria *429*
マラン，ジョゼフ＝シャルル（18・19世紀）
→Marin, Joseph-Charles *432*
マランゴーニ，トランクイッロ（20世紀）
→Marangoni, Tranquillo *430*
マランゴーニ，マッテーオ（19・20世紀）
→Marangoni, Matteo *430*
マリ，E.（20世紀）→Mari, Enzo *431*
マリ，I.（20世紀）→Mari, Iela *431*
マリ，イエラ（20世紀）→Mari, Iela *431*
マリー，ウィリアム・ステイト（19・20世紀）
→Murray, William Staite *476*
マーリ，エンツォ（20世紀）→Mari, Enzo *431*
マリー，キース（・ベイ・ピアース）（20世紀）
→Murray, Keith（Bay Pearce） *476*
マリア（前1・1世紀）→Maria *431*
マリア（1世紀）→Maria Magdalena *432*
マリア（4・5世紀）→Maria Aegyptiaca *432*
聖母マリア（前1・1世紀）→Maria *431*
マリア（エジプトの）（4・5世紀）
→Maria Aegyptiaca *432*

マリア(聖)(エジプトの)(4・5世紀)
　→Maria Aegyptiaca　432
マリア〔エジプトの〕(4・5世紀)
　→Maria Aegyptiaca　432
マリア(聖母)(前1・1世紀)　→Maria　431
マリア(マグダラの)(1世紀)
　→Maria Magdalena　432
マリア〔マグダラの〕(1世紀)
　→Maria Magdalena　432
聖マリア(マグダラの)(1世紀)
　→Maria Magdalena　432
マリアーニ,カミッロ(16・17世紀)
　→Mariani, Camillo　432
マリエスキ(17・18世紀)
　→Marieschi, Michele　432
マリエスキ,ミケーレ(17・18世紀)
　→Marieschi, Michele　432
マリエスキ,ヤーコポ(18世紀)
　→Marieschi, Iacopo　432
マリエット(19世紀)
　→Mariette, August Édouard　432
マリエット,オーギュスト(19世紀)
　→Mariette, August Édouard　432
マリエット,ピエール=ジャン(17・18世紀)
　→Mariette, Pierre-Jean　432
マリオット・ディ・ナルド(14・15世紀)
　→Mariotto di Nardo　433
マーリオ・デ・フィオーリ(17世紀)
　→Mario de' Fiori　433
マリグ,エマ(20世紀)　→Malig, Emma　425
マリー・クワント(20世紀)　→Quant, Mary　542
マーリス(19世紀)　→Maris, Jacob　433
マーリス(19・20世紀)　→Maris, Matthijs　433
マーリス(19・20世紀)　→Maris, Willem　433
マリス(19世紀)　→Maris, Jacob　433
マリス(19・20世紀)　→Maris, Matthijs　433
マリス(19・20世紀)　→Maris, Willem　433
マリス,R.(20世紀)　→Maris, Ron　433
マリス,ウィレム(19・20世紀)
　→Maris, Willem　433
マーリス,マテイス(19・20世紀)
　→Maris, Matthijs　433
マリス,マテイス(19・20世紀)
　→Maris, Matthijs　433
マリス,ヤコブス(19世紀)　→Maris, Jacob　433
マーリス,ヤーコプ・ヘンリクス(19世紀)
　→Maris, Jacob　433
マリス兄弟(19・20世紀)　→Maris, Matthijs　433
マリス兄弟(19・20世紀)　→Maris, Willem　433
マリソール(20世紀)　→Marisol　433
マリソル(20世紀)　→Marisol　433
マリソール,(エスコバール)(20世紀)
　→Marisol　433

マリソル,エスコバル(20世紀)　→Marisol　433
マリッツ,N.(20世紀)　→Maritz, Nicolaas　434
マリッヒ,カレル(20世紀)　→Malich, Karel　425
マリーナ,フランク(20世紀)
　→Malina, Frank　425
マリナ,フランク(20世紀)　→Malina, Frank　425
マリーナ,メイヤー(20世紀)
　→Marina, Mayer　432
マリナトス(20世紀)
　→Marinátos, Spyridón　432
マリナトス,スピリドン(20世紀)
　→Marinátos, Spyridón　432
マリナーリ,オラーツィオ(17・18世紀)
　→Marinali, Orazio　432
マリーニ(20世紀)　→Marini, Marino　433
マリーニー(20世紀)　→Marini, Marino　433
マリーニ,マリーノ(20世紀)
　→Marini, Marino　433
マリーニ,マリノ(20世紀)
　→Marini, Marino　433
マリヌス・ファン・ライメルスワーレ(15・16世紀)　→Marinus van Reymerswaele　433
マリヌス・ファン・レイメルスワーレ(15・16世紀)　→Marinus van Reymerswaele　433
マリネッチ(19・20世紀)
　→Marinetti, Filippo Tommaso　432
マリネッティ(19・20世紀)
　→Marinetti, Filippo Tommaso　432
マリネッテイ(19・20世紀)
　→Marinetti, Filippo Tommaso　432
マリネッティ,フィリッポ(19・20世紀)
　→Marinetti, Filippo Tommaso　432
マリネッティ,フィリッポ・(トマーゾ・)エミリオ(19・20世紀)
　→Marinetti, Filippo Tommaso　432
マリネッティ,フィリッポ・トンマーゾ(19・20世紀)　→Marinetti, Filippo Tommaso　432
マリノ(19・20世紀)　→Marinot, Maurice　433
マリノ,D.(20世紀)　→Marino, Dorothy　433
マリヤ(19世紀)　→Marilhat, Prosper　432
マリヤ(マリア)(前1・1世紀)　→Maria　431
マリヤ(マリア)(1世紀)
　→Maria Magdalena　432
マリャービン(19・20世紀)
　→Malyavin, Filipp Andreevich　426
マリャービン,フィリップ(19・20世紀)
　→Malyavin, Filipp Andreevich　426
マ・リョーア(19・20世紀)　→Malhoa, José　425
マリラ,プロスペル(19世紀)
　→Marilhat, Prosper　432
マリン(19・20世紀)　→Marin, John　432
マリン,ジョン(19・20世紀)　→Marin, John　432
マリンズ,E.S.(20世紀)
　→Mullins, Edward S.　473

マール(19・20世紀) →Mâle, Émile *425*
マール, エミール(19・20世紀)
　→Mâle, Émile *425*
マルヴァジーア, カルロ・チェーザレ(17世紀)
　→Malvasia, Carlo Cesare *426*
マルヴァル, ジャクリーヌ(19・20世紀)
　→Marval, Madame Jacqueline *437*
マルヴィユ, ジャン・ド(14世紀)
　→Marville, Jean de *437*
マルヴーリア, ヴェナンツィオ・ジュゼッペ(18・19世紀) →Marvuglia, Venanzio *437*
マルヴーリア, ベナンツィオ(18・19世紀)
　→Marvuglia, Venanzio *437*
マルエル, ジャン(14・15世紀)
　→Malouel, Jean *425*
マルガリトーネ(13世紀)
　→Margaritone d'Arezzo *431*
マルガリトーネ・ダレッツォ(13世紀)
　→Margaritone d'Arezzo *431*
マルキ, ヴィルジーリオ(20世紀)
　→Marchi, Virgilio *431*
マルキオーリ, ジョヴァンニ(17・18世紀)
　→Marchiori, Giovanni *431*
マルキオンニ, カルロ(18世紀)
　→Marchionni, Calro *431*
マルク(19・20世紀) →Marc, Franz *430*
マルク, フランツ(19・20世紀)
　→Marc, Franz *430*
マルクーシ(19・20世紀)
　→Marcoussis, Louis Casimir Ladislas *431*
マルクーシ, ルイ(19・20世紀)
　→Marcoussis, Louis Casimir Ladislas *431*
マルクシース(19・20世紀)
　→Marcoussis, Louis Casimir Ladislas *431*
マルクシス(19・20世紀)
　→Marcoussis, Louis Casimir Ladislas *431*
マルクス(19・20世紀) →Marcks, Gerhard *431*
マルクス, ゲーアハルト(19・20世紀)
　→Marcks, Gerhard *431*
マルクス, ゲルハルト(19・20世紀)
　→Marcks, Gerhard *431*
マルク・ボアン(20世紀) →Marc Bohan *430*
マルグレイ, ミッシェル(20世紀)
　→Margueray, Michel *431*
マルケ(19・20世紀) →Marquet, Albert *434*
マルケー(19・20世紀) →Marquet, Albert *434*
マルケ, アルベール(19・20世紀)
　→Marquet, Albert *434*
マルケ, (ピエール・)アルベール(19・20世紀)
　→Marquet, Albert *434*
マルケーヴィッチ, B.A.(20世紀)
　→Markevich, Boris Anisimovich *434*
マルケージ, アンドレーア・ディ・ピエトロ(15・16世紀) →Marchesi, Andrea di Pietro *430*

マルケージ, ジョルジョ(15世紀)
　→Marchesi, Giorgio *430*
マルケージ, ジローラモ(15・16世紀)
　→Marchesi, Girolamo *431*
マルケージ, ポンペーオ(18・19世紀)
　→Marchesi, Pompeo *431*
マルケーゼ, ジャンカルロ(20世紀)
　→Marchese, Giancarlo *430*
マルケリウス(19・20世紀)
　→Markelius, Sven Gottfried *434*
マルケリウス, スヴェン(19・20世紀)
　→Markelius, Sven Gottfried *434*
マルケリウス, スヴェン・ゴットフリート(19・20世紀) →Markelius, Sven Gottfried *434*
マルコ(1世紀) →Markos *434*
マルコ(聖)(1世紀) →Markos *434*
聖マルコ(1世紀) →Markos *434*
マルコー, カーロイ(18・19世紀)
　→Markó Károly *434*
マルコ・ディ・コスタンツォ(15世紀)
　→Marco di Costanzo *431*
マルコ・ドッジョーノ(15・16世紀)
　→Oggiono, Marco d' *491*
マルコーニ, プリーニオ(20世紀)
　→Marconi, Plinio *431*
マルコーニ, ロッコ(16世紀)
　→Marconi, Rocco *431*
マルサル・デ・サックス, アンドレス(14・15世紀)
　→Marçal de Sax, Andrés *430*
マルジス, サージ(20世紀)
　→Marjisse, Serge *434*
マルシヤ, ギヨーム・ド(15・16世紀)
　→Marcillat, Guillaume de *431*
マルシャン(19・20世紀)
　→Marchand, Jean Hippolyte *430*
マルシャン(20世紀) →Marchand, André *430*
マルシャン, アンドレ(20世紀)
　→Marchand, André *430*
マルシャン, ジャン(19・20世紀)
　→Marchand, Jean Hippolyte *430*
マルシャン, ニコラ・ジャン(17・18世紀)
　→Marchand, Nicolas Jean *430*
マールストラン, ヴィルヘルム・ニコライ(19世紀) →Marstrand, Vilhelm Nicolai *435*
マルセウス・ファン・スリーク, オットー(17世紀) →Marseus van Schrieck, Otto *435*
マルタン(19・20世紀)
　→Martin, Henri Jean Guillaume *436*
マルタン, J.アンリ(19・20世紀)
　→Martin, Henri Jean Guillaume *436*
マルタン, M・A(20世紀) →Martin, M.A. *436*
マルタン, アンリ(19・20世紀)
　→Martin, Henri Jean Guillaume *436*

マルタン, エティエンヌ=シモン(18世紀)
　→Martin, Étienne-Simon　435
マルタン, ギヨーム(18世紀)
　→Martin, Guillaume　435
マルタン, レイモン(20世紀)
　→Martin, Raymond　436
マルチ, エステバン(17世紀)
　→March, Esteban　430
マルチェッリ, パーオロ(16・17世紀)
　→Marcelli, Paolo(Mariscelli, Paolo)　430
マルチェッリ, パオロ(マリスチェッリ, パオロ)
　(16・17世紀)
　→Marcelli, Paolo(Mariscelli, Paolo)　430
マルチナン, ジェラルド(20世紀)
　→Martinand, Gerald　436
マルチーニ(13・14世紀)
　→Martini, Simone di Martino　436
マルチヌス(4世紀)　→Martinus, St.　437
マルチネス, ロッポ(20世紀)
　→Martinez, Loppo　436
マルツィアーレ, マルコ(15・16世紀)
　→Marziale, Marco　437
マルッキ, オラーツィオ(19・20世紀)
　→Marucchi, Orazio　437
マルッシグ, ピエトロ(19・20世紀)
　→Marussig, Pietro　437
マルティーニ(13・14世紀)
　→Martini, Simone di Martino　436
マルティーニ(19・20世紀)
　→Martini, Arturo　436
マルティーニ(13・14世紀)
　→Martini, Simone di Martino　436
マルティーニ, アルトゥーロ(19・20世紀)
　→Martini, Arturo　436
マルティーニ, アルベルト(19・20世紀)
　→Martini, Alberto　436
マルティーニ, シモーネ(13・14世紀)
　→Martini, Simone di Martino　436
マルティーニ(シモーネ)(13・14世紀)
　→Martini, Simone di Martino　436
マルティーニ, シモーネ(・ディ・マルティーノ)
　(13・14世紀)
　→Martini, Simone di Martino　436
マルティーニ, ジョヴァンニ(16世紀)
　→Martini, Giovanni　436
マルティヌス(4世紀)　→Martinus, St.　437
マルティヌス(聖)(4世紀)　→Martinus, St.　437
マルティーヌス(トゥールの)(4世紀)
　→Martinus, St.　437
マルティヌス(トゥールの)(4世紀)
　→Martinus, St.　437
マルティヌス〔トゥールの〕(4世紀)
　→Martinus, St.　437
マルティネス, セルジオ(20世紀)
　→Martinez, Sergio　436

マルティネス, マリア・モントヤ(19・20世紀)
　→Martinez, Maria Montoya　436
マルティネス, ロポ(20世紀)
　→Martinez, Loppo　436
マルティネス・モンタニェース(16・17世紀)
　→Montañés, Juan Martínez　463
マルティネス・モンタニェース, ファン(16・17世紀)　→Montañés, Juan Martínez　463
マルティネス・モンタニェース, ホアン(16・17世紀)　→Montañés, Juan Martínez　463
マルティネッリ, ドメニコ(17・18世紀)
　→Martinelli, Domenico　436
マルティーノ・ディ・バルトロメーオ(15世紀)
　→Martino di Bartolomeo　437
マルテッリ, ディエーゴ(19世紀)
　→Martelli, Diego　435
マルテランジュ(16・17世紀)　→Martellange　435
マルテランジュ, エティエンヌ=アンジュ・マルテル(16・17世紀)　→Martellange　435
マールトス, イヴァン・ペトロヴィチ(18・19世紀)
　→Martos, Ivan Petrovich　437
マルトス, イワン(18・19世紀)
　→Martos, Ivan Petrovich　437
マルトス, イワン・ペトローヴィッチ(18・19世紀)
　→Martos, Ivan Petrovich　437
マルドナード, トマス(20世紀)
　→Maldonado, Tomás　425
マルトレール, ベルナルド(15世紀)
　→Martorell, Bernardo　437
マルトレル, ベルナルド(15世紀)
　→Martorell, Bernardo　437
マルフレー, シャルル(19・20世紀)
　→Malfraye, Charles　425
マルボーン(18・19世紀)
　→Malbone, Edward Greene　424
マールマイスター, スザンナ(20世紀)
　→Mahlmeister, Susanne　423
マルミオン(15世紀)　→Marmion, Simon　434
マルミオン, シモン(15世紀)
　→Marmion, Simon　434
マルミッタ, フランチェスコ(15・16世紀)
　→Marmitta, Francesco　434
マルリーディ, ウィリアム(18・19世紀)
　→Mulready, William　473
マルル, カルル・フォン(19・20世紀)
　→Marr, Carl von　435
マルレディ(18・19世紀)
　→Mulready, William　473
マルレディ, ウィリアム(18・19世紀)
　→Mulready, William　473
マルロー(20世紀)　→Malraux, André　425
マルロー, アンドレ(20世紀)
　→Malraux, André　425
マルロー, アンドレー(20世紀)
　→Malraux, André　425

マルロー, アンドレ(・ジョルジュ)(20世紀)
　→Malraux, André　*425*
マルロー,(ジョルジュ=)アンドレ(20世紀)
　→Malraux, André　*425*
マーレ(19・20世紀)　→Marle, Raimond van　*434*
マレー(19世紀)　→Marées, Hans von　*431*
マレ, ジャン=バティスト(18・19世紀)
　→Mallet, Jean-Baptiste　*425*
マーレイ, エリザベス(20世紀)
　→Murray, Elizabeth　*476*
マレーヴィチ(19・20世紀)
　→Malevich, Kazimir Severinovich　*425*
マレヴィチ(19・20世紀)
　→Malevich, Kazimir Severinovich　*425*
マレーヴィチ, カシミル(19・20世紀)
　→Malevich, Kazimir Severinovich　*425*
マレーヴィチ, カジミール(19・20世紀)
　→Malevich, Kazimir Severinovich　*425*
マレーヴィチ, カジミール・セヴェリーノヴィチ
　(19・20世紀)
　→Malevich, Kazimir Severinovich　*425*
マレーヴィチ, カジミール・セヴェリノヴィチ
　(19・20世紀)
　→Malevich, Kazimir Severinovich　*425*
マレーヴィチ, カジミール(・セヴェリノヴィチ)
　(19・20世紀)
　→Malevich, Kazimir Severinovich　*425*
マレーヴィチ, カジミル・セヴェリノヴィチ(19・
　20世紀)
　→Malevich, Kazimir Severinovich　*425*
マーレヴィッチ(19・20世紀)
　→Malevich, Kazimir Severinovich　*425*
マレーヴィッチ(19・20世紀)
　→Malevich, Kazimir Severinovich　*425*
マレーヴィッチ, カジミール・セヴェリノヴィチ
　(19・20世紀)
　→Malevich, Kazimir Severinovich　*425*
マレース(19世紀)　→Marées, Hans von　*431*
マレース, ハンス・フォン(19世紀)
　→Marées, Hans von　*431*
マレスカ, フランチェスコ(18・19世紀)
　→Maresca, Francesco　*431*
マレスカルコ, ピエトロ(16世紀)
　→Marescalco, Pietro　*431*
マレ=ステヴァンス, ロベール(19・20世紀)
　→Mallet-Stevens, Robert　*425*
マーレビチ(19・20世紀)
　→Malevich, Kazimir Severinovich　*425*
マレービチ(19・20世紀)
　→Malevich, Kazimir Severinovich　*425*
マーレビッチ(19・20世紀)
　→Malevich, Kazimir Severinovich　*425*
マレービッチ(19・20世紀)
　→Malevich, Kazimir Severinovich　*425*

マレルバ, ジャン・エミーリオ(19・20世紀)
　→Malerba, Gian Emilio　*425*
マロ(17世紀)　→Marot, Jean　*434*
マロ(17・18世紀)　→Marot, Daniel　*434*
マーロー, ウィリアム(18・19世紀)
　→Marlow, William　*434*
マロ, ジャン(17世紀)　→Marot, Jean　*434*
マロ, ダニエル(17・18世紀)
　→Marot, Daniel　*434*
マロー, ダニエル(17・18世紀)
　→Marot, Daniel　*434*
マローアン(20世紀)
　→Mallowan, Sir Max Edgar Lucien　*425*
マローアン, サー・マックス(・エドガー・リュー
　シャン)(20世紀)
　→Mallowan, Sir Max Edgar Lucien　*425*
マロッケッティ, カルロ(19世紀)
　→Marocchetti, Carlo　*434*
マロッタ, ジーノ(20世紀)　→Marotta, Gino　*434*
マロッタ・ジノ(20世紀)　→Marotta, Gino　*434*
マロワン, マックス(20世紀)
　→Mallowan, Sir Max Edgar Lucien　*425*
マロワン, マックス・E.L.(20世紀)
　→Mallowan, Sir Max Edgar Lucien　*425*
マン, カスリーン(20世紀)
　→Mann, Cathleen　*428*
マンイシュトゥシュ(前23世紀)
　→Maništusu　*427*
マンイシュトゥス(前23世紀)　→Maništusu　*427*
マンイシュトゥッス(マニシュトゥス)(前23世紀)
　→Maništusu　*427*
マンカダン, ヤコブス・シブランディ(17世紀)
　→Mancadan, Jacobus Sibrandi　*426*
マン・カッツ(20世紀)　→Mané-Katz　*426*
マンギー, フレデリック(20世紀)
　→Menguy, Frédérique　*448*
マンギャン(19・20世紀)
　→Manguin, Henri Charles　*427*
マンギャン, アンリ(19・20世紀)
　→Manguin, Henri Charles　*427*
マンギャン, アンリ・チャールズ(19・20世紀)
　→Manguin, Henri Charles　*427*
マンギュアン, アンリ・シャルル(19・20世紀)
　→Manguin, Henri Charles　*427*
マンゴ, ロバート(20世紀)
　→Mango, Robert　*427*
マンコヴィツ,(シリル・)ウルフ(20世紀)
　→Mankowitz,(Cyril) Wolf　*428*
マンゴーネ, ファービオ(16・17世紀)
　→Mangone, Fabio　*427*
マンゴールド, ロバート(20世紀)
　→Mangold, Robert Peter　*427*
マンゴールド, ロバート・ピーター(20世紀)
　→Mangold, Robert Peter　*427*

マンサール(16・17世紀)
　→Mansart, François　*428*
マンサール(17・18世紀)
　→Mansart, Jules Hardouin　*428*
マンサール,F.(16・17世紀)
　→Mansart, François　*428*
マンサール,J.H.(17・18世紀)
　→Mansart, Jules Hardouin　*428*
マンサール, ジュール・アルドゥアン(17・18世紀)
　→Mansart, Jules Hardouin　*428*
マンサール, フランソア(16・17世紀)
　→Mansart, François　*428*
マンサール, フランソワ(16・17世紀)
　→Mansart, François　*428*
マンシップ(19・20世紀)　→Manship, Paul　*428*
マンシップ, ポール(・ハワード)(19・20世紀)
　→Manship, Paul　*428*
マンジャロッティ, アンジェロ(20世紀)
　→Mangiarotti, Angelo　*427*
マンシュ, ロバート(20世紀)
　→Munsch, Robert　*475*
マンシュール(17世紀)　→Mansur　*428*
マンシンガー,L.(20世紀)
　→Musinger, Lynn　*476*
マンシンガー, リン(20世紀)
　→Munsinger, Lynn　*475*
マンズ(20世紀)　→Manzù, Giacomo　*429*
マンズー(20世紀)　→Manzù, Giacomo　*429*
マンズー,G.(20世紀)　→Manzù, Giacomo　*429*
マンズー, ジャーコモ(20世紀)
　→Manzù, Giacomo　*429*
マンズー, ジャコモ(20世紀)
　→Manzù, Giacomo　*429*
マンスエーティ, ジョヴァンニ・ディ・ニッコロ
　(15・16世紀)
　→Mansueti, Giovanni di Niccolò　*428*
マンスール(17世紀)　→Mansur　*428*
マンスーロフ, パーヴェル・アンドレエヴィチ(20
　世紀)　→Mansurov, Pavel Andreevich　*429*
マンセル(19・20世紀)
　→Munsell, Albert Henry　*475*
マンゼル,A.(20世紀)　→Manser, Albert　*428*
マンゾーニ, ピエトロ(20世紀)
　→Manzoni, Piero　*429*
マンゾーニ, ピエロ(20世紀)
　→Manzoni, Piero　*429*
マンチ, ロバート(20世紀)
　→Munsch, Robert　*475*
マンチーニ, アントーニオ(19・20世紀)
　→Mancini, Antonio　*426*
マンチーニ, ジューリオ(16・17世紀)
　→Mancini, Giulio　*426*
マンチーニ, ドメーニコ(16世紀)
　→Mancini, Domenico　*426*

マンチーニ, フランチェスコ(17・18世紀)
　→Mancini, Francesco　*426*
マンツォーニ(20世紀)　→Manzoni, Piero　*429*
マンディアルグ, ボナ・ド(20世紀)
　→Mandiargues, Bona de　*426*
マンテガッツァ, アントーニオ(15世紀)
　→Mantegazza, Antonio　*429*
マンテガッツァ, アントニオ(15世紀)
　→Mantegazza, Antonio　*429*
マンテガッツァ, クリストーフォロ(15世紀)
　→Mantegazza, Cristoforo　*429*
マンテーニャ(15・16世紀)
　→Mantegna, Andrea　*429*
マンテーニャ, アンドレーア(15・16世紀)
　→Mantegna, Andrea　*429*
マンテーニャ, アンドレア(15・16世紀)
　→Mantegna, Andrea　*429*
マンデル(16・17世紀)
　→Mander, Karel van　*426*
マンデル, カレル・ヴァン(16・17世紀)
　→Mander, Karel van　*426*
マンデル, カレル・ファン(16・17世紀)
　→Mander, Karel van　*426*
マンヌッチ, エドガルド(20世紀)
　→Mannucci, Edgardo　*428*
マンノ, アントーニオ(18・19世紀)
　→Manno, Antonio　*428*
マンフォード(20世紀)　→Mumford, Lewis　*474*
マンフォード, ルイス(20世紀)
　→Mumford, Lewis　*474*
マンフレーディ, バルトロメーオ(16・17世紀)
　→Manfredi, Bartolomeo　*427*
マンフレディーノ・ダルベルト(13世紀)
　→Manfredino d'Alberto　*427*
マンボシェ(20世紀)　→Mainbocher　*423*
マンボル, レナート(20世紀)
　→Mambor, Renato　*426*
マン・レイ(19・20世紀)　→Ray, Man　*548*
マンロー(20世紀)　→Munro, Thomas　*475*
マンロー, トーマス(20世紀)
　→Munro, Thomas　*475*
マンロー, トマス(18・19世紀)
　→Monro, Dr.Thomas　*462*

【 ミ 】

ミー, アン(18・19世紀)　→Mee, Anne　*445*
ミー, マーガレット(・アーシュラ)(20世紀)
　→Mee, Margaret (Ursula)　*445*
ミアーズ, ヘレン(19・20世紀)
　→Measrs, Helen　*444*

ミーヴィル, チャイナ(20世紀)
　→Mieville, China　454
ミウラ, ティニ(20世紀)→Miura, Tini　458
ミキエル, マルカントーニオ(15・16世紀)
　→Michiel, Marcantonio　453
ミーク, リシャール(18世紀)
　→Mique, Richard　457
ミークス, A.R.(20世紀)
　→Meeks, Arone Raymond　445
ミクル(18・19世紀)　→Meikle, Andrew　445
ミークル, アンドリュー(18・19世紀)
　→Meikle, Andrew　445
ミケッティ, フランチェスコ・パーオロ(19・20世紀)　→Michetti, Francesco Paolo　453
ミケーラ, コスタンツォ(17・18世紀)
　→Michela, Costanzo　452
ミケランジェロ(15・16世紀)
　→Michelangelo Buonarroti　452
ミケランジェロ, ブオナルローティ(15・16世紀)
　→Michelangelo Buonarroti　452
ミケランジェロ・ブオナッローティ(15・16世紀)
　→Michelangelo Buonarroti　452
ミケランジェロ・ブオナルローティ(15・16世紀)
　→Michelangelo Buonarroti　452
ミケランジェロ・ブオナロッティ(15・16世紀)
　→Michelangelo Buonarroti　452
ミケランジェロ・ブオナローティ(15・16世紀)
　→Michelangelo Buonarroti　452
ミケリーノ・ダ・ベゾッツォ(14・15世紀)
　→Michelino da Besozzo　453
ミケルッチ, ジョヴァンニ(20世紀)
　→Michelucci, Giovanni　453
ミケーレ・ダ・ヴェローナ(15・16世紀)
　→Michele da Verona　453
ミケーレ・ディ・マッテーオ(15世紀)
　→Michele di Matteo　453
ミケロッツィ(14・15世紀)
　→Michelozzo di Bartolommeo　453
ミケロッツィ(ミケロッツォ)・ディ・バルトロメーオ(14・15世紀)
　→Michelozzo di Bartolommeo　453
ミケロッツィ(・ディ・バルトロンメオ)(14・15世紀)　→Michelozzo di Bartolommeo　453
ミケロッツォ(14・15世紀)
　→Michelozzo di Bartolommeo　453
ミケロッツォ・ディ・バルトロメーオ(14・15世紀)　→Michelozzo di Bartolommeo　453
ミケロッツォ・ディ・バルトロメオ(14・15世紀)
　→Michelozzo di Bartolommeo　453
ミケロッツォディバルトロメオ(14・15世紀)
　→Michelozzo di Bartolommeo　453
ミケロッツォ・ディ・バルトロメーオ・ミケロッツィ(14・15世紀)
　→Michelozzo di Bartolommeo　453

ミコライカ, C.(20世紀)
　→Mikolaycak, Charles　455
ミコーン(前5世紀)　→Mikon　455
ミコン(前5世紀)　→Mikon　455
ミシェル(18・19世紀)　→Michel, Georges　452
ミシェル(19・20世紀)　→Michel, André　452
ミシェル, アンドレ(19・20世紀)
　→Michel, André　452
ミシェル, ジョルジュ(18・19世紀)
　→Michel, Georges　452
ミシャロン, アシル=エトナ(18・19世紀)
　→Michallon, Achille-Etna　452
ミシュラン, ジャン(17世紀)
　→Michelin, Jean　453
ミショー(20世紀)　→Michaux, Henri　452
ミショー, アンリ(20世紀)
　→Michaux, Henri　452
ミショー, ジルベール(20世紀)
　→Michaud, Gilbert　452
ミジョン二世, ピエール(18世紀)
　→Migeon II, Pierre　454
ミース(20世紀)　→Meiss, Millard　445
ミース, ヴァン・デル・ローエ, ルートヴィヒ(19・20世紀)　→Mies van der Rohe, Ludwig　454
ミース・ヴァン・デル・ローエ, ルートヴィヒ(19・20世紀)　→Mies van der Rohe, Ludwig　454
ミース・ファン・デア・ローエ, ルートヴィヒ(19・20世紀)　→Mies van der Rohe, Ludwig　454
ミース・ファン・デル・ロー(19・20世紀)
　→Mies van der Rohe, Ludwig　454
ミース ファン デル ローエ(19・20世紀)
　→Mies van der Rohe, Ludwig　454
ミース・ファン・デル・ローエ(19・20世紀)
　→Mies van der Rohe, Ludwig　454
ミース-ファン-デル-ローエ(19・20世紀)
　→Mies van der Rohe, Ludwig　454
ミース=ファン=デル=ローエ(19・20世紀)
　→Mies van der Rohe, Ludwig　454
ミースファンデルローエ(19・20世紀)
　→Mies van der Rohe, Ludwig　454
ミース・ファン・デル・ローエ, ルートヴィヒ(19・20世紀)　→Mies van der Rohe, Ludwig　454
ミゼローニ, オッターヴィオ(17世紀)
　→Miseroni, Ottavio　458
ミゼローニ, ディオニージオ(17世紀)
　→Miseroni, Dionisio　458
ミタラス, デミトリス(20世紀)
　→Mytaras, Dimitris　477
ミーチ, アネッテ(20世紀)
　→Meech, Annette　445
ミチェロッツォ(14・15世紀)
　→Michelozzo di Bartolommeo　453
ミック(18世紀)　→Mique, Richard　457

ミック, リシャール(18世紀)
　→Mique, Richard　*457*
ミッシェル・デ・ガラール(20世紀)
　→Michel de Gallard　*453*
ミッシャ(20世紀)　→Micha　*452*
ミッソーニ(20世紀)　→Missoni, Tai Otavio　*458*
ミッソーニ, タイ・オタヴィオ(20世紀)
　→Missoni, Tai Otavio　*458*
ミッダ, サラ(20世紀)　→Mida, Sara　*453*
ミッチェル, ジョーン(20世紀)
　→Mitchell, Joan　*458*
ミッデルトゥーン, ユリウス(19世紀)
　→Middelthun, Julius Olavus　*453*
ミッデンドルフ, ヘルムト(20世紀)
　→Middendorf, Helmut　*453*
ミテッリ, アゴスティーノ(17世紀)
　→Mitelli, Agostino　*458*
ミテッリ, ジュゼッペ・マリーア(17・18世紀)
　→Mitelli, Giuseppe Maria　*458*
ミード(19・20世紀)
　→Mead, William Rutherford　*444*
ミード, ホリー(20世紀)　→Meade, Holly　*444*
ミトゥーリッチ, M.P.(20世紀)
　→Miturich, Maj Petrovich　*458*
ミトラダーテース二世(前2・1世紀)
　→Mithradates II　*458*
ミトラダテス2世(前2・1世紀)
　→Mithradates II　*458*
ミトリダテス2世(前2・1世紀)
　→Mithradates II　*458*
ミトリダテス二世, 大王(前2・1世紀)
　→Mithradates II　*458*
ミナーエフ, V.N.(20世紀)
　→Minaev, Vladimir Nikolaevich　*456*
ミナシアム, アン(20世紀)
　→Minassiam, Annie　*457*
ミナルディ, トンマーゾ(18・19世紀)
　→Minardi, Tommaso　*457*
ミニェーコ, ジュゼッペ(20世紀)
　→Migneco, Giuseppe　*454*
ミーニオ, ティツィアーノ(16世紀)
　→Minio, Tiziano　*457*
ミニャール(17世紀)　→Mignard, Pierre　*454*
ミニャール, ニコラ(17世紀)
　→Mignard, Nicolas　*454*
ミニャール, ピエール(17世紀)
　→Mignard, Pierre　*454*
ミニャール, ピエル(17世紀)
　→Mignard, Pierre　*454*
ミニャール, ポール(17世紀)
　→Mignard, Paul　*454*
ミニョ, ジャン・フランコ(20世紀)
　→Migno, Jean-Francois　*454*
ミニョン(17世紀)　→Mignon, Abraham　*454*

ミニョン, アブラハム(17世紀)
　→Mignon, Abraham　*454*
ミネルビ, アッリーゴ(19・20世紀)
　→Minerbi, Arrigo　*457*
ミノー(20世紀)　→Minaux, André　*457*
ミノー, A.(20世紀)　→Minaux, André　*457*
ミノー, アンドレ(20世紀)
　→Minaux, André　*457*
ミーノ・ダ・フィエーゾレ(15世紀)
　→Mino da Fiesole　*457*
ミーノ・ダ・フィエソレ(15世紀)
　→Mino da Fiesole　*457*
ミノ・ダ・フィエーゾレ(15世紀)
　→Mino da Fiesole　*457*
ミノ・ダ・フィエソーレ(15世紀)
　→Mino da Fiesole　*457*
ミーノ・デル・レアーメ(15世紀)
　→Mino del Reame　*457*
ミハウォフスキ, ピョトル(19世紀)
　→Michałowski, Piotr　*452*
ミハエリス(ミカエリス), サー・マックス(19・20世紀)　→Michaelis, Sir Max　*452*
ミヘリス(20世紀)
　→Mikhelis, Panayotis A.　*455*
ミヘリス, P.A.(20世紀)
　→Mikhelis, Panayotis A.　*455*
ミマール＝シナン(15・16世紀)
　→Sinan, Mimar　*613*
ミャソエードフ(19・20世紀)
　→Myasoedov, Grigory Grigorievich　*476*
ミャソエードフ, グリゴーリイ(19・20世紀)
　→Myasoedov, Grigory Grigorievich　*476*
ミヤソエードフ, グリゴリ・グリゴリエヴィッチ(19・20世紀)
　→Myasoedov, Grigory Grigorievich　*476*
ミャソエードフ, グルゴーリイ(19・20世紀)
　→Myasoedov, Grigory Grigorievich　*476*
ミュア, ジーン(20世紀)
　→Muir, Jean(Elizabeth)　*472*
ミュア, ジーン(・エリザベス)(20世紀)
　→Muir, Jean(Elizabeth)　*472*
ミューア, ジーン(エリザベス)(20世紀)
　→Muir, Jean(Elizabeth)　*472*
ミュグレー(20世紀)　→Mugler, Thierry　*472*
ミュシャ(19・20世紀)　→Mucha, Alfons　*471*
ミュシャ, A.(19・20世紀)　→Mucha, Alfons　*471*
ミュシャ, アルフォンス(19・20世紀)
　→Mucha, Alfons　*471*
ミュラー(19世紀)　→Müller, Andreas Johann Jakob Heinrich　*473*
ミュラー(19世紀)　→Müller, William John　*473*
ミュラー(19・20世紀)　→Müller, Otto　*473*
ミューラー, H.A.(19・20世紀)
　→Mueller, Hans Alexander　*472*

ミューラー,J.(20世紀) →Muller, Jorg　473
ミューラー, アミン(20世紀)
　→Muller, Armin　473
ミュラー, イエルク(20世紀) →Muller, Jorg　473
ミュラー, オットー(19・20世紀)
　→Müller, Otto　473
ミューラー, ハンス・ワルター(20世紀)
　→Müller, Hans-Walter　473
ミュラー, ローベルト(20世紀)
　→Müller, Robert　473
ミュラー・ヴァルデ →Müller-Walde, Paul　473
ミュラー・リーア(19・20世紀)
　→Müller-Lyer, Franz Carl　473
ミュラー・リアー(19・20世紀)
　→Müller-Lyer, Franz Carl　473
ミュラー・リヤー(19・20世紀)
　→Müller-Lyer, Franz Carl　473
ミュラーリヤー(19・20世紀)
　→Müller-Lyer, Franz Carl　473
ミュラー・リヤー, フランツ・カール(19・20世紀)
　→Müller-Lyer, Franz Carl　473
ミューリッヒ, ハンス(16世紀)
　→Müelich, Hans　472
ミューリヒ, ハンス(16世紀)
　→Müelich, Hans　472
ミュリール, ピーテル(子)(17・18世紀)
　→Mulier de Jonge, Pieter　473
ミュール, ロジャー(20世紀)
　→Mühl, Rogger　472
ミューローン(前5世紀) →Myron　477
ミュロン(前5世紀) →Murōn　475
ミュロン(前5世紀) →Myron　477
ミュンスターマン, ルートヴィヒ(16・17世紀)
　→Münstermann, Ludwig　475
ミュンスターマン, ルドヴィヒ(16・17世紀)
　→Münstermann, Ludwig　475
ミュンステルベルク →Münsterberg, Oskar　475
ミュンター, ガブリエーレ(19・20世紀)
　→Münter, Gabriele　475
ミュンター, ガブリエレ(19・20世紀)
　→Münter, Gabriele　475
ミュンツ(19・20世紀) →Müntz, Eugène　475
ミュンツ, ウージェーヌ(19・20世紀)
　→Müntz, Eugène　475
ミュンツナー, ロルフ(20世紀)
　→Münzner, Rolf　475
ミラー,E.(20世紀) →Miller, Edna　455
ミラー,G.(20世紀) →Miller, Grambs　455
ミラー, H・R(19・20世紀)
　→Millar, Harold Robert　455
ミラー,M.(20世紀) →Miller, Mitchell　456
ミラー,V.(20世紀) →Miller, Virginia　456
ミラー, ケスィー(20世紀) →Miller, Kathy　456

ミラー(子)(19・20世紀)
　→Miller, Ferdinand von　455
ミラー(父)(19世紀)
　→Miller, Ferdinand von　455
ミラー, ハーランド(20世紀)
　→Miller, Harland　455
ミラー, リー(20世紀) →Miller, Lee　456
ミーラク(16世紀) →Mīrak, Aghā　457
ミーラク・ナカーシュ(15・16世紀)
　→Mirak Naqqash　457
ミラドーリ, ルイージ(17世紀)
　→Miradori, Luigi　457
ミラーニ, ウンベルト(20世紀)
　→Milani, Umberto　455
ミラネージ, ガエターノ(19世紀)
　→Milanesi, Gaetano　455
ミラン, ジャン・フランコ(20世紀)
　→Millan, Jean-Francois　455
ミリ, ジョン(20世紀) →Mili, Gjon　455
ミリアーラ, ジョヴァンニ(18・19世紀)
　→Migliara, Giovanni　454
ミーリス(17世紀) →Mieris, Frans van　454
ミリーツィア, フランチェスコ(18世紀)
　→Milizia, Francesco　455
ミリポルスキー, アンドレ(20世紀)
　→Miripolsky, Andre　458
ミリャーレス(20世紀) →Millares, Manuel　455
ミリューチン, ニコライ・アレクサンドロヴィチ
　(19・20世紀)
　→Milyutin, Nikolay Aleksandrovich　456
ミル,E.(20世紀) →Mill, Eleanor　455
ミール, ヤン(16・17世紀) →Miel, Jan　453
ミルコ(20世紀) →Mirko　458
ミールザー・アリー(16世紀) →Mīrzā' Alī　458
ミール・サイイド・アリー(16世紀)
　→Mīr Sayyid 'Alī　458
ミール・サイイド・アリー(16世紀)
　→Mīr Sayyid 'Alī　458
ミルザシュヴィーリ,T.R.(20世紀)
　→Mirzashvili, Tengiz Revazovich　458
ミールジナー(20世紀) →Mielziner, Jo　454
ミールジーナー(20世紀) →Mielziner, Jo　454
ミールジナー, ジョー(20世紀)
　→Mielziner, Jo　454
ミルズ(18・19世紀) →Mills, Robert　456
ミルズ(19・20世紀) →Milles, Carl　456
ミルズ,E.(20世紀) →Mills, Elaine　456
ミルズ, カール(・ヴィルヘルム・エミール)(19・
　20世紀) →Milles, Carl　456
ミルズ, ロバート(18・19世紀)
　→Mills, Robert　456
ミールツィーナー(20世紀) →Mielziner, Jo　454
ミールツィナー, ジョー(20世紀)
　→Mielziner, Jo　454

ミルハウス,K.(20世紀)
　→Milhous, Kathrine　455
ミールフェルト，ミキール(16・17世紀)
　→Mierevelt, Michiel Janszoon van　454
ミルボー(19・20世紀)
　→Mirbeau, Octave Henri Marie　457
ミルボー，オクターヴ(19・20世紀)
　→Mirbeau, Octave Henri Marie　457
ミレ(19世紀) →Millet, Jean François　456
ミレー(19世紀)
　→Millais, Sir John Everett　455
ミレー(19世紀) →Millet, Jean François　456
ミレー，ガブリエル(19・20世紀)
　→Millet, Gabriel　456
ミレー，ジャン・フランソア(19世紀)
　→Millet, Jean François　456
ミレー，ジャン・フランソワ(19世紀)
　→Millet, Jean François　456
ミレー，ジャン・フランソワ(19世紀)
　→Millet, Jean François　456
ミレー，ジャン＝フランソワ(19世紀)
　→Millet, Jean François　456
ミレイ(19世紀)
　→Millais, Sir John Everett　455
ミレイ，サー・ジョン・エヴァレット(19世紀)
　→Millais, Sir John Everett　455
ミレイ，ジョン・エヴァレット(19世紀)
　→Millais, Sir John Everett　455
ミレイエ，ジャン(14・15世紀)
　→Mirailhet, Jean　457
ミレージ，アレッサンドロ(19・20世紀)
　→Milesi, Alessandro　455
ミレース(19世紀)
　→Millais, Sir John Everett　455
ミレス(19・20世紀) →Milles, Carl　456
ミレス，カール(19・20世紀) →Milles, Carl　456
ミレース，ジョーン(19世紀)
　→Millais, Sir John Everett　455
ミレット(20世紀)
　→Millett, Katherine Murray（Kate）　456
ミレット,K.M.(20世紀)
　→Millett, Katherine Murray（Kate）　456
ミレット，ケイト(20世紀)
　→Millett, Katherine Murray（Kate）　456
ミレット，ケイト(・キャサリン・マリー)(20世紀)
　→Millett, Katherine Murray（Kate）　456
ミーレフェルト(16・17世紀)
　→Mierevelt, Michiel Janszoon van　454
ミレル,Z.(20世紀) →Miler, Zdeněk　455
ミレル，ズデニェック(20世紀)
　→Miler, Zdeněk　455
ミロ(20世紀) →Miró, Joan　458
ミロ,J(20世紀) →Miró, Joan　458
ミロ，ジョアン(20世紀) →Miró, Joan　458

ミロ，フアン(20世紀) →Miró, Joan　458
ミロン(前5世紀) →Myron　477
ミン,W.(20世紀) →Min, Willemien　456
ミン，ウィレミーン(20世紀)
　→Min, Willemien　456
ミン，ジョルジュ(19・20世紀)
　→Minne, Georges　457
ミンガ，アンドレーア・デル(16世紀)
　→Minga, Andrea del　457
ミングッツィ，ルチアーノ(20世紀)
　→Minguzzi, Luciano　457
ミングッツィ，ルチャーノ(20世紀)
　→Minguzzi, Luciano　457
ミーンズ,E.(20世紀) →Means, Elliott　444
ミントン，トマス(18・19世紀)
　→Minton, Thomas　457
ミントン,(フランシス・)ジョン(20世紀)
　→Minton, (Francis) John　457
ミンヌ(19・20世紀) →Minne, Georges　457
ミンヌ，ジョルジュ(19・20世紀)
　→Minne, Georges　457
ミンヌ，ヘオルヘ(19・20世紀)
　→Minne, Georges　457

【 ム 】

ムーア(19世紀) →Moore, Albert Joseph　464
ムーア(20世紀) →Moore, Charles Willard　464
ムーア(20世紀) →Moore, Henry　464
ムア(19世紀) →Moore, Albert Joseph　464
ムア(20世紀) →Moore, Henry　464
ムーア,H.(20世紀) →Moore, Henry　464
ムーア,J.G.(20世紀)
　→Moore, Janet Gaylord　464
ムア，ジョセフ・アルバート(19世紀)
　→Moore, Albert Joseph　464
ムーア，チャールズ(20世紀)
　→Moore, Charles Willard　464
ムア，チャールズ(20世紀)
　→Moore, Charles Willard　464
ムーア，バーナード(19・20世紀)
　→Moore, Bernard　464
ムーア，ヘンリ(20世紀) →Moore, Henry　464
ムーア，ヘンリー(20世紀) →Moore, Henry　464
ムア，ヘンリー(20世紀) →Moore, Henry　464
ムーア，ヘンリー(・スペンサー)(20世紀)
　→Moore, Henry　464
ムーアー，ロバート・L(20世紀)
　→Moore, Robert L.　464

ムーアクロフト, ウィリアム (19・20世紀)
　→Moorcroft, William　464
ムーイアールト, クラース (16・17世紀)
　→Moeyaert, Claes　460
ムカジョフスキー (20世紀)
　→Mukařovský, Jan　472
ムカジョフスキー, J. (20世紀)
　→Mukařovský, Jan　472
ムカジョフスキー, ヤン (20世紀)
　→Mukařovský, Jan　472
ムゲェ, ジョージ (20世紀)
　→Muguet, Georges　472
ムーサ (前1・1世紀) →Musa　476
ムジカ, フランティシェク (20世紀)
　→Muzika, František　476
ムジーク, アントーニオ・ゾラーン (20世紀)
　→Music, Antonio Zoran　476
ムーシャ, ウィリー (20世紀)
　→Mucha, Willy　471
ムーター (19・20世紀) →Muther, Richard　476
ムダ (20世紀) →Mda, Zakes　444
ムツィアーノ, ジローラモ (16世紀)
　→Muziano, Girolamo　476
ムーツィオ, ヴィルジーニオ (19・20世紀)
　→Muzio, Virginio　476
ムーツィオ, ジョヴァンニ (20世紀)
　→Muzio, Giovanni　476
ムッキ, ガブリエーレ (20世紀)
　→Mucchi, Gabriele　471
ムッシーニ, ルイージ (19世紀)
　→Mussini, Luigi　476
ムッソ, ニッコロ (16・17世紀)
　→Musso, Niccolò　476
ムットーニ, フランチェスコ (17・18世紀)
　→Muttoni, Francesco Antonio　476
ムットーニ, フランチェスコ・アントーニオ (17・18世紀)
　→Muttoni, Francesco Antonio　476
ムーディ, F. (20世紀) →Moodie, Fiona　464
ムーテージウス (19・20世紀)
　→Muthesius, Hermann　476
ムテジウス (19・20世紀)
　→Muthesius, Hermann　476
ムテージウス, ヘルマン (19・20世紀)
　→Muthesius, Hermann　476
ムテジウス, ヘルマン (19・20世紀)
　→Muthesius, Hermann　476
ムドゥラック, P.M. (20世紀)
　→Mudrak, Petr Mikhajlovich　471
ムートン, アントワーヌ (18世紀)
　→Mouton, Antoine　471
ムナーリ (20世紀) →Munari, Bruno　474
ムナーリー, B. (20世紀) →Munari, Bruno　474
ムナーリ, ブルーノ (20世紀)
　→Munari, Bruno　474

ムナーリ, ブルノ (20世紀)
　→Munari, Bruno　474
ムナリ, ブルーノ (20世紀)
　→Munari, Bruno　474
ムナリ, ブルノ (20世紀) →Munari, Bruno　474
ムーニエ (19・20世紀)
　→Meunier, Constantin　451
ムニエ (19・20世紀)
　→Meunier, Constantin　451
ムーニエ, コンスタンタン (19・20世紀)
　→Meunier, Constantin　451
ムニス, ヴィック (20世紀) →Muniz, Vik　474
ムニョス, デグライン・アントニオ (19・20世紀)
　→Muñoz Degrain, Antonio　474
ムニョス・デグライン, アントニオ (19・20世紀)
　→Muñoz Degrain, Antonio　474
ムネーシクレース (前5世紀) →Mnēsiklēs　459
ムネシクレス (前5世紀) →Mnēsiklēs　459
ムネシデ (ムネシクレ) (前5世紀)
　→Mnēsiklēs　459
ムハッマッド (16世紀)
　→Sulṭān Muḥammad　638
ムハンマド (6・7世紀) →Muhammed, Abul Kasemben Abdallah　472
ムハンマッド・ベク (16世紀)
　→Muḥammad Beg　472
ムハンマディー (16世紀) →Muḥammadī　472
ムハンマド (6・7世紀) →Muhammed, Abul Kasemben Abdallah　472
ムハンマド (マホメット) (6・7世紀)
　→Muhammed, Abul Kasemben Abdallah　472
ムハンマド・イブン・アル=ザイン (13・14世紀)
　→Muḥammad ibn al-Zayn　472
ムハンマド・ザマーン (17世紀)
　→Muḥammad Zamān　472
ムヒカ ライネス (20世紀)
　→Mujica Láinez, Manuel　472
ムヒカ・ライネス (20世紀)
　→Mujica Láinez, Manuel　472
ムヒカ=ライネス (20世紀)
　→Mujica Láinez, Manuel　472
ムヒーカ・ライネス, マヌエル (20世紀)
　→Mujica Láinez, Manuel　472
ムヒーカ=ライネス, マヌエル (20世紀)
　→Mujica Láinez, Manuel　472
ムーヒナ (19・20世紀)
　→Mukhina, Vera Ignatievna　472
ムーヒナ, ヴェーラ (19・20世紀)
　→Mukhina, Vera Ignatievna　472
ムーヒナ, ヴェーラ・イグナーチェヴナ (19・20世紀) →Mukhina, Vera Ignatievna　472
ムーヒナ, ヴェーラ・イグナチエヴナ (19・20世紀)
　→Mukhina, Vera Ignatievna　472
ムフタール (20世紀) →Mukhtār, Mahmūd　473

ムーヘ, ゲオルク(20世紀) →Muche, Georg 471
ムラースコバー,D.(20世紀)
　→Mrozkove, Daisy 471
ムラッツァーニ, シモーナ(20世紀)
　→Mulazzani, Simona 473
ムーラッド, ジョマナ(20世紀)
　→Mourad, Joumana 471
ムラドフスキー, ジャン(20世紀)
　→Mladovsky, Jan 459
ムランの画家(ムラン)(15・16世紀)
　→Moulins, Maître de 471
ムリナールチク, アレクス(20世紀)
　→Mlynārčik, Alex 459
ムリナレット(17・18世紀) →Mulinaretto 473
ムリーリョ(17世紀)
　→Murillo, Bartolomé Esteban 475
ムリリョ(17世紀)
　→Murillo, Bartolomé Esteban 475
ムリーリョ, バルトロメー(17世紀)
　→Murillo, Bartolomé Esteban 475
ムリーリョ, バルトロメ・エステバン(17世紀)
　→Murillo, Bartolomé Esteban 475
ムリーリョ, バルトロメー・エステバン(17世紀)
　→Murillo, Bartolomé Esteban 475
ムリリョ, バルトロメ・エステバン(17世紀)
　→Murillo, Bartolomé Esteban 475
ムリロ(17世紀)
　→Murillo, Bartolomé Esteban 475
ムール, ラモーン・デ(15世紀)
　→Mur, Ramón de 475
ムール, ラモン・デ(15世紀)
　→Mur, Ramón de 475
ムルケン, アールト・ヴァン(ムルケン, アーノルド・ヴァン)(16世紀) →Mulcken, Arnold van(Mulcken, Aert van) 473
ムールージ(20世紀) →Mouloudji, Marcel 471
ムルチャー(15世紀) →Multscher, Hans 473
ムルチャー, ハンス(15世紀)
　→Multscher, Hans 473
ムルチャー・ハンス(15世紀)
　→Multscher, Hans 473
ムーン, サラ(20世紀) →Moon, Sarah 464
ムンカーチ(19世紀) →Munkácsy Mihály 474
ムンカーチ, ミハーイ(19世紀)
　→Munkácsy Mihály 474
ムンカーチ・ミハーイ(19世紀)
　→Munkácsy Mihály 474
ムンカッチ(20世紀) →Munkacsi, Martin 474
ムンカッチ, マーティン(20世紀)
　→Munkacsi, Martin 474
ムンカッツィー, リーブ(19世紀)
　→Munkáczy Lieb 474
ムンク(19・20世紀) →Munch, Edvard 474

ムンク, エドヴァール(19・20世紀)
　→Munch, Edvard 474
ムンク, エドヴァルト(19・20世紀)
　→Munch, Edvard 474
ムンク, エドヴァルド(19・20世紀)
　→Munch, Edvard 474
ムンク, エドワルド(19・20世紀)
　→Munch, Edvard 474
ムンテ, ゲルハルト(19・20世紀) →Munthe, Gerhart Peter Frantz Vilhelm 475

【 メ 】

メー(19・20世紀) →May, Phil 442
メイ, フィル(フィリップ・ウィリアム)(19・20世紀) →May, Phil 442
メイズ,L.V.(20世紀)
　→Mays, Lewis Victor 443
メイソン, アリス・トランブル(20世紀)
　→Mason, Alice Trumbull 438
メイディアス(前5・4世紀頃) →Meidias 445
メイテンス(17・18世紀)
　→Meytens, Martin van 452
メイテンス, ダニエル(16・17世紀)
　→Mijtens(Mytens), Daniel Martensz. 454
メイテンス, マッティン・ファン(17・18世紀)
　→Meytens, Martin van 452
メイテンス, ヤン(17世紀) →Mytens, Jan 477
メイトランド,A.J.(20世紀)
　→Maitland, Antony(Jasper) 424
メイトランド, アントニー(・ジャスパー)(20世紀) →Maitland, Antony(Jasper) 424
メイピルトン, トマス(15世紀)
　→Mapilton, Thomas 429
メイプルソープ(20世紀)
　→Mapplethorpe, Robert 429
メイプルソープ, ロバート(20世紀)
　→Mapplethorpe, Robert 429
メイベック, バーナード(19・20世紀)
　→Maybeck, Bernard Ralph 443
メイベック, バーナード・ラルフ(19・20世紀)
　→Maybeck, Bernard Ralph 443
メイモン, ポール(20世紀)
　→Maymont, Paul 443
メイヤー,M.(20世紀) →Mayer, Mercer 443
メイヤー, マーサー(20世紀)
　→Mayer, Mercer 443
メーオ・ダ・シエーナ(13・14世紀)
　→Meo da Siena 449
メカス, ジョナス(20世紀) →Mekas, Jonas 446

メクセペル,F.(20世紀)
　→Meckseper, Friedrich　444
メクセペル,フレドリッチ(20世紀)
　→Meckseper, Friedrich　444
メクリン,レイラ(19・20世紀)
　→Mechlin, Leila　444
メーサ,ホアン・デ(16・17世紀)
　→Mesa, Juan de　450
メジィー,スゼッティ(20世紀)
　→Mezie, Suzette　452
メシュトロウィチ(19・20世紀)
　→Meštrović, Ivan　450
メシュトロヴィチ(19・20世紀)
　→Meštrović, Ivan　450
メシュトロヴィチ,イヴァン(19・20世紀)
　→Meštrović, Ivan　450
メシュトローヴィッチ(19・20世紀)
　→Meštrović, Ivan　450
メシュトロヴィッチ(19・20世紀)
　→Meštrović, Ivan　450
メシュトロヴィッチ,イヴァン(19・20世紀)
　→Meštrović, Ivan　450
メシュトロビチ(19・20世紀)
　→Meštrović, Ivan　450
メシュトロビチ,イヴァン(19・20世紀)
　→Meštrović, Ivan　450
メシュトロビッチ(19・20世紀)
　→Meštrović, Ivan　450
メース(20世紀)　→Mace, Ronald L.　418
メスガーリ,F.(20世紀)
　→Mesghali, Farshid　450
メスダグ(19・20世紀)
　→Mesdag, Hendrik Willem　450
メスダッハ,ヘンドリック・ウィレム(19・20世紀)
　→Mesdag, Hendrik Willem　450
メスダフ(19・20世紀)
　→Mesdag, Hendrik Willem　450
メスデー,ヘンドリック・ウィレム(19・20世紀)
　→Mesdag, Hendrik Willem　450
メスマー,オットー(20世紀)
　→Messmer, Otto　450
メセル,オリヴァー(20世紀)
　→Messel, Oliver　450
メソニエ(17・18世紀)
　→Meissonier, Juste Aurèle　445
メソニエ(19世紀)
　→Meissonier, Jean Louis Ernest　445
メソニエ,(ジャン・ルイ・)エルネスト(19世紀)
　→Meissonier, Jean Louis Ernest　445
メーダ,ジュゼッペ(16世紀)
　→Meda, Giuseppe　444
メタゲネス(前6世紀)　→Metagenes　450
メダーラ,ディヴィッド(20世紀)
　→Medalla, David　444
メチュー(17世紀)　→Metsu, Gabriel　451

メツー(17世紀)　→Metsu, Gabriel　451
メツー,ハブリエル(17世紀)
　→Metsu, Gabriel　451
メツァンジェ(19・20世紀)
　→Metzinger, Jean　451
メツァンジェ,ジャン(19・20世紀)
　→Metzinger, Jean　451
メツゥ,ハブリエル(17世紀)
　→Metsu, Gabriel　451
メッカウアー(19・20世紀)
　→Meckauer, Walter　444
メツケス,ハロルド(20世紀)
　→Metzkes, Harald　451
メッケネム(15・16世紀)
　→Meckenem, Israhel van　444
メッケネム,イスラエル・ファン(15・16世紀)
　→Meckenem, Israhel van　444
メッケル(20世紀)　→Meckel, Christoph　444
メッサーシュミット(18世紀)
　→Messerschmidt, Franz Xaver　450
メッサーシュミット,フランツ(18世紀)
　→Messerschmidt, Franz Xaver　450
メッサーシュミット,フランツ・クサファー(18世紀)　→Messerschmidt, Franz Xaver　450
メッザストリス,ピエル・アントーニオ(15・16世紀)　→Mezzastris, Pier Antonio　452
メッサンジェ(19・20世紀)
　→Metzinger, Jean　451
メッサンジェー(19・20世紀)
　→Metzinger, Jean　451
メッサンジェー,ジャン(19・20世紀)
　→Metzinger, Jean　451
メッジェシ,フェレンツ(19・20世紀)
　→Medgyessy Ferenc　444
メッジェシ,フェレンツ(19・20世紀)
　→Medgyessy Ferenc　444
メッシーナ,フランシスコ(20世紀)
　→Messina, Francesco　450
メッシーナ,フランチェスコ(20世紀)
　→Messina, Francesco　450
メッセル(19・20世紀)　→Messel, Alfred　450
メッセル(20世紀)　→Messel, Oliver　450
メッセル,アルフレート(19・20世紀)
　→Messel, Alfred　450
メッセル,オリヴァー(20世紀)
　→Messel, Oliver　450
メッソニエ(17・18世紀)
　→Meissonier, Juste Aurèle　445
メッソニエ(19世紀)
　→Meissonier, Jean Louis Ernest　445
メッソニエ,エルネスト(19世紀)
　→Meissonier, Jean Louis Ernest　445
メッソニエ,オーレール(17・18世紀)
　→Meissonier, Juste Aurèle　445

メッソニエ, ジャン・ルイ・エルネスト (19世紀)
→Meissonier, Jean Louis Ernest　445
メッソニエ, ジャン=ルイ=エルネスト (19世紀)
→Meissonier, Jean Louis Ernest　445
メッソニエ, ジュスト=オーレル (17・18世紀)
→Meissonier, Juste Aurèle　445
メッソニエ, ジュスト=オレール (17・18世紀)
→Meissonier, Juste Aurèle　445
メッツ (17世紀) →Metsu, Gabriel　451
メッツ, ハブリエル (17世紀)
→Metsu, Gabriel　451
メッツァンジェ (19・20世紀)
→Metzinger, Jean　451
メッツァンジェ, ジャン (19・20世紀)
→Metzinger, Jean　451
メッツナー, フランツ (19・20世紀)
→Metzner, Franz　451
メット・デ・ブレス, ヘリ (16世紀)
→Met de Bles, Herri　450
メッリ, ロベルト (19・20世紀)
→Melli, Roberto　446
メディチ (15世紀)
→Medici, Lorenzo il Magnifico　444
メディチ, ロレンツォ (15世紀)
→Medici, Lorenzo il Magnifico　444
メディチ, ロレンツォ一世 (15世紀)
→Medici, Lorenzo il Magnifico　444
メディチ, ロレンツォ・イル・マニフィコ (15世紀)
→Medici, Lorenzo il Magnifico　444
メーディチ, ロレンツォ・デ (15世紀)
→Medici, Lorenzo il Magnifico　444
メディチ, ロレンツォ・デ (15世紀)
→Medici, Lorenzo il Magnifico　444
メディナ (17・18世紀)
→Medina, Sir John Baptiste　445
メテッリ, オルネオーレ (19・20世紀)
→Metelli, Orneore　450
メドー, S. (20世紀) →Meddaugh, Susan　444
メドー, スーザン (20世紀)
→Meddaugh, Susan　444
メトゾー (16世紀) →Metezeau, Thibaut　451
メトゾー (16・17世紀) →Metezeau, Louis　451
メトゾー (小) (16・17世紀)
→Metezeau, Clément　451
メトゾー (大) (15・16世紀)
→Metezeau, Clément　451
メトリコヴィツ, レオポルド (19・20世紀)
→Metlicovitz, Leopoldo　451
メーナ (17世紀) →Mena, Pedro de　447
メナ (17世紀) →Mena, Pedro de　447
メーナ, ペドロ・デ (17世紀)
→Mena, Pedro de　447
メーナ・イ・メドラーノ, ペドロ・デ (17世紀)
→Mena, Pedro de　447

メナール (19・20世紀)
→Ménard, Louis Nicolas　447
メナール (19・20世紀)
→Ménard, Marie-Auguste-Émile-René　447
メナール, エミール・ルネ (19・20世紀)
→Ménard, Marie-Auguste-Émile-René　447
メナール, エミール=ルネ (19・20世紀)
→Ménard, Marie-Auguste-Émile-René　447
メナール, ルイ=ニコラ (19・20世紀)
→Ménard, Louis Nicolas　447
メナール, ルネ・エミール (19・20世紀)
→Ménard, Marie-Auguste-Émile-René　447
メニル, ジャック (19・20世紀)
→Mesnil, Jacques　450
メネクラテス (前2・1世紀)
→Menelaos Marcus Cossutius　448
メーネース (前30世紀頃) →Mēnēs　448
メネス (前30世紀頃) →Mēnēs　448
メネス王 (前30世紀頃) →Mēnēs　448
メネラーオス →Menelaos　448
メネラオス →Menelaos　448
メネラオス (前2・1世紀)
→Menelaos Marcus Cossutius　448
メノドロス (1世紀) →Menodoros　448
メノドロス (マロス出身の) (前1世紀)
→Menodoros　448
メムミ (14世紀) →Memmi, Lippo　447
メムミ, リッポ (14世紀) →Memmi, Lippo　447
メムリンク (15世紀) →Memling, Hans　447
メムリング (15世紀) →Memling, Hans　447
メムリンク, ハンス (15世紀)
→Memling, Hans　447
メラー (19・20世紀)
→Moeller van den Bruck, Arthur　459
メラー・ヴァン・デン・ブルック (19・20世紀)
→Moeller van den Bruck, Arthur　459
メラー・ファン・デル・ブルック, アーサー (19・20世紀)
→Moeller van den Bruck, Arthur　459
メラー・ファン・デン・ブルック (19・20世紀)
→Moeller van den Bruck, Arthur　459
メラン, クロード (16・17世紀)
→Mellan, Claude　446
メランティオス (前4世紀) →Melanthios　446
メーリアン (16・17世紀)
→Merian, Matthäus　449
メーリアン (17・18世紀)
→Merian, Maria Sibylla　449
メーリアン (子) (17世紀)
→Merian, Matthäus　449
メーリアン (父) (16・17世紀)
→Merian, Matthäus　449

メリアン, マトイス (16・17世紀)
→Merian, Matthäus *449*
メリオーレ・ディ・ヤーコポ (13世紀)
→Meliore di Iacopo *446*
メリダー, C. (20世紀) →Merida, Carlos *449*
メリット, アンナ・リー (19・20世紀)
→Merritt, Anna Lea *449*
メリニコフ (19・20世紀)
→Melnikov, Konstantin Stepanovich *446*
メリニコフ (またはメーリニコフ), コンスタンチン・ステパノヴィチ (19・20世紀)
→Melnikov, Konstantin Stepanovich *446*
メリメ (19世紀) →Mérimée, Prosper *449*
メリメ, プロスペール (19世紀)
→Mérimée, Prosper *449*
メリメ, プロスペル (19世紀)
→Mérimée, Prosper *449*
メリヨン (19世紀) →Méryon, Charles *450*
メリヨン, シャルル (19世紀)
→Méryon, Charles *450*
メルカーティ, ヴェントゥリーノ (15世紀)
→Mercati, Venturino *449*
メルシエ (19・20世紀)
→Mercié, Marius Jean Antonin *449*
メルシエ, フィリップ (17・18世紀)
→Mercier, Philip *449*
メールソン, ラザール (20世紀)
→Meerson, Lazare *445*
メルチャーズ (19・20世紀)
→Melchers, Gari *446*
メルツ, ハインリヒ (19世紀)
→Merz, Heinrich *450*
メルツ, マーリオ (20世紀) →Merz, Mario *450*
メルツ, マリオ (20世紀) →Merz, Mario *450*
メルツィ (15・16世紀) →Melzi, Francesco *447*
メルツィ, フランチェスコ (15・16世紀)
→Melzi, Francesco *447*
メルニコフ, アブラハム (20世紀)
→Melnikoff, Avraham *446*
メルヒオル (18・19世紀)
→Melchior, Johann Peter *446*
メルリ, グザヴィエ (19・20世紀)
→Mellery, Xavier *446*
メルロ, カルロ・ジュゼッペ (17・18世紀)
→Merlo, Carlo Giuseppe *449*
メルン, ロバート (18・19世紀)
→Mylne, Robert *477*
メレアグロス (前2・1世紀) →Meleagros *446*
メレッロ, ルバルド (19・20世紀)
→Merello, Rubaldo *449*
メーレン (17世紀)
→Meulen, Adam Frans van der *451*
メレンデス, ルイス (18世紀)
→Meléndez, Luis *446*

メロッツォ・ダ・フォルリ (15世紀)
→Melozzo da Forli *447*
メロッツォ・ダ・フォルリ (15世紀)
→Melozzo da Forli *447*
メロッツォダフォルリ (15世紀)
→Melozzo da Forli *447*
メロッティ, ファウスト (20世紀)
→Melotti, Fausto *446*
メローニ, ジーノ (20世紀) →Meloni, Gino *446*
メローネ, アルトベッロ (16世紀)
→Melone, Altobello *446*
メロン, ポール (20世紀) →Mellon, Paul *446*
メン, バルテレミー (19世紀)
→Menn, Barthélemy *448*
メン・カウ・ラー (前26・25世紀)
→Men-kau-Ra *448*
メンカウラ (前26・25世紀) →Men-kau-Ra *448*
メンカウラー (前26・25世紀)
→Men-kau-Ra *448*
メンカウラー (ミケリーノス) (前26・25世紀)
→Men-kau-Ra *448*
メンカウラー (ミュケリノス) (前26・25世紀)
→Men-kau-Ra *448*
メングス (18世紀)
→Mengs, Anton Raphael *448*
メングス, アントン・ラファエル (18世紀)
→Mengs, Anton Raphael *448*
メンクーレ (前26・25世紀) →Men-kau-Ra *448*
メンゴッツィ・コロンナ, ジェローラモ (17・18世紀) →Mengozzi Colonna, Gerolamo *448*
メンゴーニ, ジュゼッペ (19世紀)
→Mengoni, Giuseppe *448*
メンゼ, カール (19・20世紀) →Mense, Carl *448*
メンツィオ, フランチェスコ (20世紀)
→Menzio, Francesco *449*
メンツェル (19・20世紀)
→Menzel, Adolf Friedrich Erdmann von *448*
メンツェル, アードルフ (19・20世紀)
→Menzel, Adolf Friedrich Erdmann von *448*
メンツェル, アドルフ・フォン (19・20世紀)
→Menzel, Adolf Friedrich Erdmann von *448*
メンツェル, アードルフ・フリードリヒ・エールトマン・フォン (19・20世紀)
→Menzel, Adolf Friedrich Erdmann von *448*
メンテッシ, ジュゼッペ (19・20世紀)
→Mentessi, Giuseppe *448*
メンデルスゾーン (19・20世紀)
→Mendelsohn, Erich *447*
メンデルゾーン (19・20世紀)
→Mendelsohn, Erich *447*
メンデルゾーン, エリッヒ (19・20世紀)
→Mendelsohn, Erich *447*
メンデルゾーン, エーリヒ (19・20世紀)
→Mendelsohn, Erich *447*

メンデルゾーン, エーリヒ(19・20世紀)
　→Mendelsohn, Erich　447
メンデルゾーン, エーリヒ(エリック)(19・20世紀) →Mendelsohn, Erich　447
メンデルゾーン, エーリヒ(またはエリック)(19・20世紀) →Mendelsohn, Erich　447
メントゥヘテプ2世(前21世紀)
　→Mentu-hotep II　448
メントゥホテップ2世(前21世紀)
　→Mentu-hotep II　448
メントゥホテプ二世(前21世紀)
　→Mentu-hotep II　448
メント・ホテップ2世(前21世紀)
　→Mentu-hotep II　448
メントール, ブラスコ(20世紀)
　→Mentor, Blasco　448
メンニ, アルフレード(19・20世紀)
　→Menni, Alfredo　448
メンミ, リッポ(14世紀) →Memmi, Lippo　447
メンモ・ディ・フィリップッチョ(13・14世紀)
　→Memmo di Filippuccio　447

【 モ 】

モア(16世紀)　→More, Sir Anthony　465
モア, サー・アントニー(16世紀)
　→More, Sir Anthony　465
モア, ジェイコブ(18世紀) →More, Jacob　465
モイ,S.(20世紀)　→Moy, Seong　471
モイア, フェデリーコ(19世紀)
　→Moja, Federico　460
モイセイヴィッチ, タニヤ(20世紀)
　→Moiseiwitsch, Tanya　460
モイセイビッチ(20世紀)
　→Moiseiwitsch, Tanya　460
モイニハン, ロドリゴ(20世紀)
　→Moynihan, Rodrigo　471
モーヴァン,C.(20世紀)
　→Malvern, Corinne　426
モウブレー(19・20世紀)
　→Mowbray, Henry Siddons　471
モーエセン,J.(20世紀) →Mogensen, Jan　460
モーガン,A.(20世紀) →Morgan, Ava　467
モーガン,R.(20世紀) →Morgan, Roy　467
モーガン, ジュリア(19・20世紀)
　→Morgan, Julia　467
モーガン, バーバラ・ブルックス(20世紀)
　→Morgan, Barbara Brooks　467
モーキ(16・17世紀) →Mochi, Francesco　459
モキ(16・17世紀) →Mochi, Francesco　459

モーキ, フランチェスコ(16・17世紀)
　→Mochi, Francesco　459
モクテスマ(15・16世紀)→Montezuma II　463
モクテスマ(2世)(15・16世紀)
　→Montezuma II　463
モクテスマ2世(15・16世紀)
　→Montezuma II　463
モクテスマ二世(15・16世紀)
　→Montezuma II　463
モーザー(14・15世紀)→Moser, Lukas　470
モーザー(19・20世紀) →Moser, Karl　470
モーザー,E.(20世紀) →Moser, Erwin　470
モーザー, エルビン(20世紀)
　→Moser, Erwin　470
モーザー, カール(19・20世紀)
　→Moser, Karl　470
モーザー, メアリー(18・19世紀)
　→Moser, Mary　470
モーザ, ルーカス(14・15世紀)
　→Moser, Lukas　470
モーザー, ルーカス(14・15世紀)
　→Moser, Lukas　470
モーザー, ルカス(14・15世紀)
　→Moser, Lukas　470
モジリアニ(19・20世紀)
　→Modigliani, Amedeo　459
モジリアニ, アメデオ(19・20世紀)
　→Modigliani, Amedeo　459
モース(18・19世紀)
　→Morse, Samuel Finley Breese　469
モース(19・20世紀)
　→Morse, Edward Sylvester　469
モース,D.(20世紀)
　→Morse, Dorothy (Bayley)　469
モース,J.(20世紀) →Maas, Julie　417
モース, エドワード(19・20世紀)
　→Morse, Edward Sylvester　469
モース(エドワード)(19・20世紀)
　→Morse, Edward Sylvester　469
モース, エドワード・シルヴェスター(19・20世紀)
　→Morse, Edward Sylvester　469
モース, エドワード・シルベスター(19・20世紀)
　→Morse, Edward Sylvester　469
モス, エリック・O.(20世紀)
　→Moss, Eric Owen　471
モース, サミュエル・F(フィンリー)・B(ブリーズ)(18・19世紀)
　→Morse, Samuel Finley Breese　469
モース, サミュエル・フィンリー・ブリース(18・19世紀) →Morse, Samuel Finley Breese　469
モース(モールス)(18・19世紀)
　→Morse, Samuel Finley Breese　469
モース(モールス)(19・20世紀)
　→Morse, Edward Sylvester　469

モスカ, シモーネ（15・16世紀）
　→Mosca, Simone　*470*
モスカ, ジョヴァンニ・マリーア（16世紀）
　→Mosca, Giovanni Maria　*470*
モスカーティ, サバティーノ（20世紀）
　→Moscati, Sabatino　*470*
モスタールト（15・16世紀）→Mostaert, Jan　*471*
モスタールト, ヤン（15・16世紀）
　→Mostaert, Jan　*471*
モースブルッガー, カスパール（17・18世紀）
　→Moosbrugger, Caspar　*464*
モースブルッガー, カスパル（17・18世紀）
　→Moosbrugger, Caspar　*464*
モーズリー, アルフレッド（19・20世紀）
　→Maudslay, Alfred Percival　*441*
モーズリー, アルフレッド・P.（19・20世紀）
　→Maudslay, Alfred Percival　*441*
モーセ（前14・13世紀頃）→Moses　*470*
モーゼ（前14・13世紀頃）→Moses　*470*
モーセ（モーシェ）（前14・13世紀頃）
　→Moses　*470*
モーセイ, M.（20世紀）→Mauzey, Merritt　*442*
モーゼス（19・20世紀）
　→Moses, Anna Mary Robertson　*470*
モーセス（19・20世紀）
　→Moses, Anna Mary Robertson　*470*
モーゼス（19・20世紀）
　→Moses, Anna Mary Robertson　*470*
モーゼス（19・20世紀）
　→Moses, Anna Mary Robertson　*470*
モーゼス, アンナ・マリー（19・20世紀）
　→Moses, Anna Mary Robertson　*470*
モーゼス, アンナ・メアリ（19・20世紀）
　→Moses, Anna Mary Robertson　*470*
モーゼス, アンナ・メアリー（19・20世紀）
　→Moses, Anna Mary Robertson　*470*
モーゼス, アンナ・メアリー（19・20世紀）
　→Moses, Anna Mary Robertson　*470*
モーゼス, アンナ（メアリ）（〈グランマ・モーゼス〉）（19・20世紀）
　→Moses, Anna Mary Robertson　*470*
モーゼス, アンナ（メアリ）（〈グランマ・モーゼス〉）（19・20世紀）
　→Moses, Anna Mary Robertson　*470*
モーゼス, アンナ・メアリー・ロバートソン（19・20世紀）
　→Moses, Anna Mary Robertson　*470*
モーゼス, アンナ・メアリー・ロバートソン（19・20世紀）
　→Moses, Anna Mary Robertson　*470*
モーゼス, アンナ・メアリー・ロバートスン（19・20世紀）→Moses, Anna Mary Robertson　*470*
モーゼス, アンナ・メアリー・ロバートスン（19・20世紀）→Moses, Anna Mary Robertson　*470*

モーゼス, グランマ（19・20世紀）
　→Moses, Anna Mary Robertson　*470*
モーゼス, グランマ（19・20世紀）
　→Moses, Anna Mary Robertson　*470*
モーゼス, グランマ（19・20世紀）
　→Moses, Anna Mary Robertson　*470*
モーゼズ, グランマ（19・20世紀）
　→Moses, Anna Mary Robertson　*470*
モーダーゾーン・ベッカー（19・20世紀）
　→Modersohn-Becker, Paula　*459*
モーダーゾーン・ベッカー, パウラ（19・20世紀）
　→Modersohn-Becker, Paula　*459*
モーダーゾーン=ベッカー, パウラ（19・20世紀）
　→Modersohn-Becker, Paula　*459*
モダーゾーン=ベッカー, パウラ（19・20世紀）
　→Modersohn-Becker, Paula　*459*
モダティ, ティナ（20世紀）→Modotti, Tina　*459*
モチェット, ジローラモ（15・16世紀）
　→Mocetto, Girolamo　*459*
モッリーノ, カルロ（20世紀）
　→Mollino, Carlo　*461*
モティ, カイコ（20世紀）→Moti, Kaiko　*471*
モーティマー, A.（20世紀）
　→Mortimer, Anne　*469*
モーティマー, ジョン・ハミルトン（18世紀）
　→Mortimer, John Hamilton　*470*
モディリアーニ（19・20世紀）
　→Modigliani, Amedeo　*459*
モディリアニ（19・20世紀）
　→Modigliani, Amedeo　*459*
モディリアーニ, アメディオ（19・20世紀）
　→Modigliani, Amedeo　*459*
モディリアーニ, アメデーオ（19・20世紀）
　→Modigliani, Amedeo　*459*
モディリアニ, アメデーオ（19・20世紀）
　→Modigliani, Amedeo　*459*
モーディリヤニ（19・20世紀）
　→Modigliani, Amedeo　*459*
モディリャーニ（19・20世紀）
　→Modigliani, Amedeo　*459*
モテクーソーマ2世（15・16世紀）
　→Montezuma II　*463*
モデル, リセッテ（20世紀）→Model, Lisette　*459*
モーデルゾーン・ベッカー（19・20世紀）
　→Modersohn-Becker, Paula　*459*
モデルノ（15・16世紀）→Moderno　*459*
モーテンセン, エリック（20世紀）
　→Mortensen, Erik　*469*
モーテンセン, リカード（20世紀）
　→Mortensen, Richard　*469*
モードヴィノフ, ニコラス（20世紀）
　→Mordvinoff, Nicolas　*465*

モドッティ=モンディーニ, ティナ(20世紀)
→Modotti, Tina　459
モードビノフ,N.(20世紀)
→Mordvinoff, Nicolas　465
モドロフ, フョードル・アレクサンドロヴィッチ
(19・20世紀)
→Modorov, Fyodor Alexandrovich　459
モートン,M.(20世紀)→Morton, Marian　470
モートン=セール,I.(20世紀)
→Morton-Sale, Isobel　470
モートン=セール,J.(20世紀)
→Morton-Sale, John　470
モナコ(14・15世紀)→Lorenzo Monaco　411
モーナコ, ロレンツォ(14・15世紀)
→Lorenzo Monaco　411
モナコ, ロレンツォ(14・15世紀)
→Lorenzo Monaco　411
モナーリ, クリストーフォロ(17・18世紀)
→Monari, Cristoforo　461
モニエ(18・19世紀)
→Monnier, Henri Bonaventure　462
モニエ, アンリ(18・19世紀)
→Monnier, Henri Bonaventure　462
モニエ, アンリ=ボナヴァンテュール(18・19世紀)
→Monnier, Henri Bonaventure　462
モーニン,E.G.(20世紀)
→Monin, Evgenij Grigorievich　462
モヌレ・ド・ヴィラール, ウーゴ(19・20世紀)
→Monneret de Villard, Ugo　462
モネ(19・20世紀)→Monet, Claude　462
モネー(19・20世紀)→Monet, Claude　462
モネ,C.(19・20世紀)→Monet, Claude　462
モネ, クロード(19・20世紀)
→Monet, Claude　462
モネ, クロード・オスカール(19・20世紀)
→Monet, Claude　462
モノ, ピエール・エティエンヌ(17・18世紀)
→Monnot, Pierre Étienne　462
モノリー, ジャクキース(20世紀)
→Monory, Jacques　462
モノワイエ, ジャン=バティスト(17世紀)
→Monnoyer, Jean-Baptiste　462
モーブ(19世紀)→Mauve, Anton　442
モファット(20世紀)→Moffatt, Tracey　460
モファト, アレキサンダー(20世紀)
→Moffat, Alexander　460
モーフラ, マクシム(19・20世紀)
→Maufra, Maxime　441
モホイ, ルチア(20世紀)→Moholy, Lucia　460
モホイ・ナギ(20世紀)
→Moholy-Nagy, László　460
モホイ・ナジ(20世紀)
→Moholy-Nagy, László　460

モホイ=ナジ, ラースロー(20世紀)
→Moholy-Nagy, László　460
モホリ(モホイ)・ナジ(20世紀)
→Moholy-Nagy, László　460
モホリ ナギ(20世紀)
→Moholy-Nagy, László　460
モホリ・ナギ(20世紀)
→Moholy-Nagy, László　460
モホリ=ナギ(20世紀)
→Moholy-Nagy, László　460
モホリ・ナギ, ラースロ(20世紀)
→Moholy-Nagy, László　460
モホリ・ナギ, ラースロー(20世紀)
→Moholy-Nagy, László　460
モホリ=ナギ, ラースロ(20世紀)
→Moholy-Nagy, László　460
モホリ=ナギ, ラースロー(20世紀)
→Moholy-Nagy, László　460
モホリ・ナジ(20世紀)
→Moholy-Nagy, László　460
モホリ-ナジ(20世紀)
→Moholy-Nagy, László　460
モホリ=ナジ(20世紀)
→Moholy-Nagy, László　460
モホリナジ(20世紀)
→Moholy-Nagy, László　460
モホリ=ナジ・ラースロー(20世紀)
→Moholy-Nagy, László　460
モーラ, ガスパレ(16・17世紀)
→Mola, Gaspare　460
モラー, ゲオルク(18・19世紀)
→Moller, Georg　461
モーラ, ピエル・フランチェスコ(17世紀)
→Mola, Pier Francesco　461
モーラ, フランシスコ・デ(16・17世紀)
→Mora, Francisco de　464
モーラ, ホセー・デ(17・18世紀)
→Mora, José de　464
モラス, インゲ(20世紀)→Morath, Inge　465
モラッツォーネ(16・17世紀)→Morazzone　465
モラーレス(16世紀)→Morales, Luis de　464
モラーレス, ルイス・デ(16世紀)
→Morales, Luis de　464
モラレス, ルイス・デ(16世紀)
→Morales, Luis de　464
モラン(19・20世紀)→Moran, Edward　465
モラン(19・20世紀)→Moran, Thomas　465
モーラン,C.(20世紀)→Moran, Connie　465
モーラン, クロード(20世紀)
→Morin, Claude　467
モラン, メアリー・ニンモ(19世紀)
→Moran, Mary Nimmo　465

モランディ(19・20世紀)
　→Morandi, Giorgio　465
モランディ, アントーニオ(16世紀)
　→Morandi, Antonio　465
モランディ, ジョルジオ(19・20世紀)
　→Morandi, Giorgio　465
モランディ, ジョルジョ(19・20世紀)
　→Morandi, Giorgio　465
モランディーニ, フランチェスコ(16世紀)
　→Morandini, Francesco　465
モーランド(18・19世紀)
　→Morland, George　467
モーランド, ジョージ(18・19世紀)
　→Morland, George　467
モーリー(19・20世紀)
　→Morley, Sylvanus Griswold　467
モーリー, クリストファー(20世紀)
　→Morley, Christopher　467
モーリー, シルヴェイナス(19・20世紀)
　→Morley, Sylvanus Griswold　467
モーリー, シルビェイナス・W.(19・20世紀)
　→Morley, Sylvanus Griswold　467
モーリ, チャールズ・ルーフス(19・20世紀)
　→Morey, Charles Rufus　466
モーリア, ドメーニコ(18・19世紀)
　→Moglia, Domenico　460
モリージャ, カミッロ(18世紀)
　→Morigia, Camillo　467
モリション, ダビッド(20世紀)
　→Morichon, David　467
モーリス(19世紀)　→Morris, William　468
モリス(19世紀)　→Morris, William　468
モリス(19・20世紀)　→Morice, Charles　467
モリス(19・20世紀)
　→Morrice, James Wilson　468
モリス(19・20世紀)　→Morris, Joseph　468
モリス(20世紀)　→Morris, Desmond John　468
モリス(20世紀)　→Morris, Robert　468
モリス,C.(19・20世紀)　→Morice, Charles　467
モリス,D.J.(20世紀)
　→Morris, Desmond John　468
モリス,W.(19世紀)　→Morris, William　468
モリス, ウィリアム(19世紀)
　→Morris, William　468
モリス〔ウィリアム〕(19世紀)
　→Morris, William　468
モリス, ジェイムズ・ウィルスン(19・20世紀)
　→Morrice, James Wilson　468
モリス, シャルル(19・20世紀)
　→Morice, Charles　467
モリス, ジョシュア(18世紀)
　→Morris, Joshua　468
モリス, デズモンド(・ジョン)(20世紀)
　→Morris, Desmond John　468

モリス, メイ(19・20世紀)　→Morris, May　468
モリス, ロバート(20世紀)
　→Morris, Robert　468
モリス, ロビン(20世紀)　→Morris, Robin　468
モリゾ(19世紀)　→Morisot, Berthe　467
モリゾー(19世紀)　→Morisot, Berthe　467
モリソ, ベルテ(19世紀)　→Morisot, Berthe　467
モリゾ, ベルト(19世紀)　→Morisot, Berthe　467
モリゾー, ベルト(19世紀)
　→Morisot, Berthe　467
モリゾー, ベルト(・マリー・ポーリーヌ)(19世
　紀)　→Morisot, Berthe　467
モリソン, ジェイムズ(20世紀)
　→Mollison, James　461
モーリッツ,P.(20世紀)
　→Mohlitz, Philippe　460
モーリッツ, フィリップ(20世紀)
　→Mohlitz, Philippe　460
モリニュー, エドワード(・ヘンリー)(20世紀)
　→Molyneux, Edward　461
モリヌー(20世紀)　→Molyneux, Edward　461
モリネーリ, ジョヴァンニ・アントーニオ(16・17
　世紀)　→Molineri, Giovanni Antonio　461
モリル,L.(20世紀)　→Morrill, Leslie　468
モール(20世紀)　→Moles, Abraham　461
モル(16世紀)　→More, Sir Anthony　465
モール, アルノ(20世紀)　→Mohr, Arno　460
モル, アントニー(16世紀)
　→More, Sir Anthony　465
モール, アントニス(16世紀)
　→Mor, Antonis　464
モル, アントニス(16世紀)
　→More, Sir Anthony　465
モル, カール(19・20世紀)　→Moll, Carl　461
モルガン(19・20世紀)
　→Morgan, Jacques Jean Marie de　467
モルガン, ジャック・J.M.ド(19・20世紀)
　→Morgan, Jacques Jean Marie de　467
モルガン, ジャック・ド(19・20世紀)
　→Morgan, Jacques Jean Marie de　467
モルクナー, ミッシェル(20世紀)
　→Morgner, Michael　467
モルゲン(18・19世紀)
　→Morghen, Raffaello　467
モルゲン, ラッファエッロ(18・19世紀)
　→Morghen, Raffaello　467
モールス(18・19世紀)
　→Morse, Samuel Finley Breese　469
モールス, サミュエル(18・19世紀)
　→Morse, Samuel Finley Breese　469
モールス(モース)(18・19世紀)
　→Morse, Samuel Finley Breese　469
モルディロ,G.(20世紀)
　→Mordillo, Guillermo　465

モルテーニ, ジュゼッペ(19世紀)
　→Molteni, Giuseppe　461
モルトシュタイン,K.L.(20世紀)
　→Mordstein, Karl L.　465
モルトシュタイン, カール・L(20世紀)
　→Mordstein, Karl L.　465
モルト・ダ・フェルトレ(15・16世紀)
　→Morto da Feltre　470
モルビドゥッチ, ププリーオ(19・20世紀)
　→Morbiducci, Publio　465
モル・ファン・ダスホルスト(16世紀)
　→Mor van Dashorst, Anthonis　470
モルベッリ, アンジェロ(19・20世紀)
　→Morbelli, Angelo　465
モルライテル, ジョヴァンニ・マリーア(17・18世紀)　→Morlaiter, Giovanni Maria　467
モルライテル, ミケランジェロ(18・19世紀)
　→Morlaiter, Michelangelo　467
モルレ, フランコ(20世紀)
　→Morellet, Fransçois　466
モルレ, フランソワ(20世紀)
　→Morellet, Fransçois　466
モルロッティ(20世紀)　→Morlotti, Ennio　468
モルロッティ, エンニオ(20世紀)
　→Morlotti, Ennio　468
モレイラ, ホルヘ・マシャード(20世紀)
　→Moreira, Jorge Machado　466
モレイン, ピーテル(16・17世紀)
　→Molijn, Pieter de　461
モレイン, ピーテル・デ(16・17世紀)
　→Molijn, Pieter de　461
モレッティ, ガエターノ(19・20世紀)
　→Moretti, Gaetano　466
モレッティ, クリストーフォロ(15世紀)
　→Moretti, Cristoforo　466
モレット(15・16世紀)
　→Moretto da Brescia　466
モレット・ダ・ブレシア(15・16世紀)
　→Moretto da Brescia　466
モレット・ダ・ブレッシア(15・16世紀)
　→Moretto da Brescia　466
モレッリ, コージモ(18・19世紀)
　→Morelli, Cosimo　466
モレッリ, コジモ(18・19世紀)
　→Morelli, Cosimo　466
モレッリ, ジョヴァンニ(19世紀)
　→Morelli, Giovanni　466
モレッリ, ドメーニコ(19・20世紀)
　→Morelli, Domenico　466
モレナール(17世紀)
　→Molenaer, Jan Miense　461
モレナール, ヤン・ミーンス(17世紀)
　→Molenaer, Jan Miense　461
モレナール, ヤン・ミーンセ(17世紀)
　→Molenaer, Jan Miense　461

モレーニ, マッティーア(20世紀)
　→Moreni, Mattia　466
モレリ(19世紀)　→Morelli, Giovanni　466
モレリ(19・20世紀)　→Morelli, Domenico　466
モレリ, ジョヴァンニ(19世紀)
　→Morelli, Giovanni　466
モレールス, パウルス(16・17世紀)
　→Moreelse, Paulus　466
モレールセ, パウルス(16・17世紀)
　→Moreelse, Paulus　466
モレルリ, ジョヴァンニ(19世紀)
　→Morelli, Giovanni　466
モレルリ, ドメーニコ(19・20世紀)
　→Morelli, Domenico　466
モレルリ, ドメニコ(19・20世紀)
　→Morelli, Domenico　466
モレレ, フランソワ(20世紀)
　→Morellet, Fransçois　466
モーロ(16世紀)　→More, Sir Anthony　465
モロー(18・19世紀)
　→Moreau, Jean-Michel　466
モロー(18・19世紀)
　→Moreau, Louis Gabriel　466
モロー(19世紀)　→Moreau, Gustave　465
モロー, ギュスターヴ(19世紀)
　→Moreau, Gustave　465
モロー, ギュスターヴ(19世紀)
　→Moreau, Gustave　465
モロー, ギュスターブ(19世紀)
　→Moreau, Gustave　465
モーロ, ジャーコモ・アントーニオ(16・17世紀)
　→Moro, Giacomo Antonio　468
モロー, ジャン=ミシェル(18・19世紀)
　→Moreau, Jean-Michel　466
モロー, ジャン・ミッシェル(18・19世紀)
　→Moreau, Jean-Michel　466
モロー, ジャン=ミッシェル(18・19世紀)
　→Moreau, Jean-Michel　466
モロ, セサル(20世紀)　→Moro, César　468
モロー, リュク・アルベール(19・20世紀)
　→Moreau, Luc Albert　466
モロー, リュック・アルベール(19・20世紀)
　→Moreau, Luc Albert　466
モロー, ルイ・ガブリエル(18・19世紀)
　→Moreau, Louis Gabriel　466
モロー, ルイ=ガブリエル(18・19世紀)
　→Moreau, Louis Gabriel　466
モロウ,B.(20世紀)　→Morrow, Barbara　469
モロー・ヴォーティエ, シャルル(19・20世紀)
　→Moreau-Vauthier, Charles　466
モロゾフ(19・20世紀)
　→Morozov, Ivan Aleksandrovich　468
モロゾフ, イワン(19・20世紀)
　→Morozov, Ivan Aleksandrovich　468

モローニ（16世紀）
　→Moroni, Giovanni Battista　*468*
モローニ，アンドレーア（16世紀）
　→Moroni, Andrea　*468*
モローニ，ジョヴァンニ・バッティスタ（16世紀）
　→Moroni, Giovanni Battista　*468*
モローネ（15・16世紀）
　→Morone, Domenico　*468*
モローネ，ドメーニコ（15・16世紀）
　→Morone, Domenico　*468*
モローネ，フランチェスコ（15・16世紀）
　→Morone, Francesco　*468*
モロー・ネラートン（19・20世紀）
　→Moreau-Nélaton, Étienne　*466*
モロー・ボーティエ（19・20世紀）
　→Moreau-Vauthier, Charles　*466*
モワイエ，ルイ＝ルネ（19・20世紀）
　→Moilliet, Louis-René　*460*
モワット，ジャン＝ギョーム（18・19世紀）
　→Moitte, Jean-Guillaume　*460*
モワロン，ルイーズ（17世紀）
　→Moillon, Louise　*460*
モーン（19・20世紀）　→Mohn, Viktor Paul　*460*
モンヴェル，M.ブーテ・ド（19・20世紀）
　→Monvel, Maurice Boutet de　*464*
モンヴェル，ブーテ・ド（19・20世紀）
　→Monvel, Maurice Boutet de　*464*
モンカルヴォ（16・17世紀）→Moncalvo　*461*
モンク，M.R.（20世紀）
　→Monk, Marvin Randolph　*462*
モンコンブル，ジェラール（20世紀）
　→Moncomble, Gerard　*461*
モンシオン，フランシスコ（20世紀）
　→Moncion, Francisco　*461*
モンス・デジデリオ（16・17世紀）
　→Monsu Desiderio　*462*
モンスー・デジデーリオ（16・17世紀）
　→Monsu Desiderio　*462*
モンスー・ベルナルド（17世紀）
　→Monsù Bernardo　*462*
モンタナ（20世紀）→Montana, Claude　*463*
モンタニス（16・17世紀）
　→Montañés, Juan Martínez　*463*
モンターニャ（15・16世紀）
　→Montagna, Bartolommeo　*462*
モンターニャ，バルトロメーオ（15・16世紀）
　→Montagna, Bartolommeo　*462*
モンターニャ，バルトロメオ（15・16世紀）
　→Montagna, Bartolommeo　*462*
モンターニャ，ベネデット（15・16世紀）
　→Montagna, Benedetto　*463*
モンタルバ，クララ（19・20世紀）
　→Montalba, Clara　*463*
モンタルバ，ヘンリエッタ（19世紀）
　→Montalba, Henrietta　*463*

モンチセリ（19世紀）
　→Monticelli, Adolphe Joseph Thomas　*463*
モンテ（19・20世紀）→Montet, Pierre　*463*
モンテー（19・20世紀）　→Montet, Pierre　*463*
モンテ，ピエール（19・20世紀）
　→Montet, Pierre　*463*
モンティセリ（19世紀）
　→Monticelli, Adolphe Joseph Thomas　*463*
モンティセリ，アドルフ（19世紀）
　→Monticelli, Adolphe Joseph Thomas　*463*
モンディーノ，アルド（20世紀）
　→Mondino, Aldo　*461*
モンテヴェルデ，ジューリオ（19・20世紀）
　→Monteverde, Giulio　*463*
モンテシノ，ビッキ（20世紀）
　→Montesinos, Vicky　*463*
モンテス，フェルナンド（20世紀）
　→Montes, Fernando　*463*
モンテスマ（2世）（15・16世紀）
　→Montezuma II　*463*
モンテスマ2世（15・16世紀）
　→Montezuma II　*463*
モンテスマ二世（15・16世紀）
　→Montezuma II　*463*
モンテスマ二世，ソコヨツィン（15・16世紀）
　→Montezuma II　*463*
モンテ・ディ・ジョヴァンニ・デル・フォーラ（15・16世紀）→Monte di Giovanni del Fora　*463*
モンテネグロ（19・20世紀）
　→Montenegro, Roberto　*463*
モンテメッツァーノ，フランチェスコ（16・17世紀）
　→Montemezzano, Francesco　*463*
モント（19・20世紀）　→Pol de Mont　*528*
モント，ポル・デ（19・20世紀）
　→Pol de Mont　*528*
モンドリアーン（19・20世紀）
　→Mondriaan, Pieter Cornelis　*461*
モンドリアン（19・20世紀）
　→Mondriaan, Pieter Cornelis　*461*
モンドリアン，ピエト（19・20世紀）
　→Mondriaan, Pieter Cornelis　*461*
モンドリアン，ピート（19・20世紀）
　→Mondriaan, Pieter Cornelis　*461*
モントルイユ，ピエール・ド（13世紀）
　→Pierre de Montreau　*521*
モントソーリ，ジョヴァンニ・アンジェロ・ダ
　（16世紀）
　→Montorsoli, Giovanni Angelo da　*463*
モントルファノ，ジョヴァンニ・ドナート・ダ
　（15・16世紀）
　→Montorfano, Giovanni Donato da　*463*
モントルファノ，ドナト（15・16世紀）
　→Montorfano, Giovanni Donato da　*463*
モントレザー，B.（20世紀）
　→Montresor, Beni　*464*

モントロー（13世紀）→Eudes de Montreuil　*224*
モントロー（13世紀）→Pierre de Montreau　*521*
モンフレー, ダニエル・ド（19・20世紀）
　→Monfreid, Daniel de　*462*
モンベール, チャールズ・ヘンリー（20世紀）
　→Monvert, Charles Henri　*464*
モンロー（18・19世紀）
　→Monro, Dr.Thomas　*462*

【 ヤ 】

ヤウレンスキー（19・20世紀）
　→Iavlenskii, Alexej Georgievich　*335*
ヤヴレンスキー（19・20世紀）
　→Iavlenskii, Alexej Georgievich　*335*
ヤウレンスキー, アレクセイ・フォン（19・20世紀）
　→Iavlenskii, Alexej Georgievich　*335*
ヤウレンスキー, アレクセイ・フォン（19・20世紀）
　→Iavlenskii, Alexej Georgievich　*335*
ヤヴレーンスキイ, アレクセーイ・ゲオールギエヴィチ（19・20世紀）
　→Iavlenskii, Alexej Georgievich　*335*
ヤクエーリオ, ジャーコモ（14・15世紀）
　→Jaquerio, Giacomo　*343*
ヤクトーヴィッチ, G.V.（20世紀）
　→Jakutovich, Georgij Vjacheslavovich　*342*
ヤクボウスキー, C.（20世紀）
　→Jakubowski, Charles　*342*
ヤクボーフスキー（19・20世紀）
　→Yakubovskii, Aleksandr Yurievich　*715*
ヤクボフスキー（19・20世紀）
　→Yakubovskii, Aleksandr Yurievich　*715*
ヤクボフスキー, アレクサーンドル（19・20世紀）
　→Yakubovskii, Aleksandr Yurievich　*715*
ヤーゲマン（18・19世紀）
　→Jagemann, Christian Josef　*341*
ヤーゲマン, クリスティアン・ヨーゼフ（18・19世紀）→Jagemann, Christian Josef　*341*
ヤーコヴレフ, アレクサンドル・エヴゲネヴィチ（19・20世紀）
　→Yakovlev, Aleksandr Evgenevich　*715*
ヤーコヴレフ, ワシーリ・ニコラエーヴィッチ（20世紀）→Yakovlev, Vasili Nikolaevich　*715*
ヤコピーノ・ダ・レッジョ（13世紀）
　→Iacopino da Reggio　*334*
ヤコピーノ・デル・コンテ（16世紀）
　→Iacopino del Conte　*334*
ヤコブ（前14世紀）→Jacob　*340*
ヤコブ（1世紀）→Iakōb　*335*
ヤコブ（イエスの"兄弟"）（1世紀）→Iakōb　*335*
ヤコブ（使徒）（1世紀）→Iakōb　*335*

ヤコブ（主の兄弟）（1世紀）→Iakōb　*335*
ヤコブ〔小〕（1世紀）→Iakōb　*335*
ヤコブ（ゼベダイの子）（1世紀）→Iakōb　*335*
ヤコブ〔大〕（1世紀）→Iakōb　*335*
ヤコブ〔大〕（1世紀）→Iakōb　*335*
ヤコブセン（20世紀）→Jacobsen, Arne　*341*
ヤコブセン（20世紀）→Jacobsen, Arne　*341*
ヤコブセン, アーネ（20世紀）
　→Jacobsen, Arne　*341*
ヤコブセン, アーネ（20世紀）
　→Jacobsen, Arne　*341*
ヤコブセン, アルネ（20世紀）
　→Jacobsen, Arne　*341*
ヤコブセン, エーギル（20世紀）
　→Jacobsen, Egill　*341*
ヤコブセン, ロバート（20世紀）
　→Jacobsen, Robert　*341*
ヤコブセン, ロベアト（20世紀）
　→Jacobsen, Robert　*341*
ヤコブソン, A.N.（20世紀）
　→Jakobson, Aleksandra Nikolaevna　*342*
ヤコベッロ・ディ・アントネッロ・ダ・メッシーナ（15世紀）
　→Iacobello di Antonello da Messina　*334*
ヤコベッロ・ディ・ボノーモ（14世紀）
　→Iacobello di Bonomo　*334*
ヤコベッロ・デル・フィオーレ（14・15世紀）
　→Iacobello del Fiore　*334*
ヤコベルロ・デル・フィオーレ（14・15世紀）
　→Iacobello del Fiore　*334*
ヤーコポ, フラ（13世紀）→Iacopo, Fra　*334*
ヤーコポ・ダ・ヴァレンツァ（15・16世紀）
　→Iacopo da Valenza　*334*
ヤーコポ・ダ・ヴェローナ（14・15世紀）
　→Iacopo da Verona　*334*
ヤーコポ・ダ・カメリーノ（13・14世紀）
　→Iacopo da Camerino　*334*
ヤーコポ・ダ・トラダーテ（15世紀）
　→Iacopo da Tradate　*334*
ヤーコポ・ダ・ピエトラサンタ（15世紀）
　→Iacopo da Pietrasanta　*334*
ヤーコポ・ダ・ポントルモ（15・16世紀）
　→Pontormo, Jacopo da　*531*
ヤーコポ・ダ・モンタニャーナ（15世紀）
　→Iacopo da Montagnana　*334*
ヤーコポ・ディ・チオーネ
　→Jacopo di Cione　*341*
ヤーコポ・デイ・バヴォージ（14世紀）
　→Iacopo dei Bavosi　*334*
ヤーコポ・ディ・パーオロ（14・15世紀）
　→Iacopo di Paolo　*334*
ヤーコポ・ディ・ピエトロ・グイーディ（14・15世紀）→Iacopo di Pietro Guide　*334*
ヤーコポ・ディ・ロレンツォ（12・13世紀）
　→Iacopo di Lorenzo　*334*

ヤーコポ・デッラ・クエルチャ(14・15世紀)
　→Quercia, Jacopo della　542
ヤーコポ・テデスコ(13世紀)
　→Iacopo Tedesco　335
ヤコポ・デラ・クエルチャ(14・15世紀)
　→Quercia, Jacopo della　542
ヤーコポ・デル・カゼンティーノ(13・14世紀)
　→Iacopo del Casentino　334
ヤーコポ・デル・セッライオ(15世紀)
　→Iacopo del Sellaio　334
ヤーコポ・デル・セルライオ(15世紀)
　→Iacopo del Sellaio　334
ヤーコポ・フィリッポ・ダルジェンタ(15・16世紀)　→Iacopo Filippo d'Argenta　335
ヤコメッティ,ピエトロ・パーオロ(16・17世紀)
　→Jacometti, Pietro Paolo　341
ヤシマ,タロー(20世紀)　→Yashima, Taro　715
ヤショヴァルマン(9世紀)　→Yaśovarman I　715
ヤショーヴァルマン1世(9世紀)
　→Yaśovarman I　715
ヤショーヴァルマン一世(9世紀)
　→Yaśovarman I　715
ヤショヴァルマン1世(9世紀)
　→Yaśovarman I　715
ヤショヴァルマン一世(9世紀)
　→Yaśovarman I　715
ヤショバルマン1世(9世紀)
　→Yaśovarman I　715
ヤソヴァルマン(9世紀)　→Yaśovarman I　715
ヤップ,W.(20世紀)　→Yap, Weda　715
ヤッペッリ,ジュゼッペ(18・19世紀)
　→Japelli, Giuseppe　343
ヤッペリ,ジュゼッペ(18・19世紀)
　→Japelli, Giuseppe　343
ヤディン(20世紀)　→Yadin, Yigael　715
ヤディン,イガエル(20世紀)
　→Yadin, Yigael　715
ヤディン,イガル(20世紀)　→Yadin, Yigael　715
ヤナーク,パヴェル(19・20世紀)
　→Janák, Pavel　342
ヤーニェス・デ・ラ・アルメディーナ,フェルナンド(15・16世紀)
　→Yañes de la Almedina, Fernando　715
ヤネチェク,オタ(20世紀)　→Janeček, Ota　342
ヤネチェック,O.(20世紀)　→Janeček, Ota　342
ヤノウシェク,フランティシェク(19・20世紀)
　→Janoušek, František　342
ヤーノシュ(20世紀)　→Janosch　342
ヤーバッハ,エーヴェルハルト(17世紀)
　→Jabach, Everhard　340
ヤブロンスカヤ,E.N.(20世紀)
　→Jablonskaja, Elena Nilovna　340
ヤマグチ,M.I.(20世紀)
　→Yamaguchi, Marianne Illenberger　715

ヤマサキ(20世紀)　→Yamasaki, Minoru　715
ヤマサキ,ミノル(20世紀)
　→Yamasaki, Minoru　715
ヤムニッツァー(16世紀)
　→Jamnitzer, Wenzel　342
ヤムニッツァー,アルブレヒト(16世紀)
　→Jamnitzer, Albrecht　342
ヤムニッツァー,ヴェンツェル(16世紀)
　→Jamnitzer, Wenzel　342
ヤムニッツァー,クリストフ(16・17世紀)
　→Jamnitzer, Christoph　342
ヤーヤ・イブン・マフムード
　→Yahya ibn Mahmūd ibn Yahya ibn Abil-Hasan ibn Kūwwariha　715
ヤロウイッツ,ポール(20世紀)
　→Yalowitz, Paul　715
ヤロシェーンコ(19世紀)
　→Iaroshenko, Nikolai Alexandrovich　335
ヤロシェンコ(19世紀)
　→Iaroshenko, Nikolai Alexandrovich　335
ヤロシェンコ,ニコライ(19世紀)
　→Iaroshenko, Nikolai Alexandrovich　335
ヤロシェンコ,ニコライ・アレクサンドロヴィッチ(19世紀)
　→Iaroshenko, Nikolai Alexandrovich　335
ヤーン(19世紀)　→Jahn, Otto　342
ヤーン,オットー(19世紀)　→Jahn, Otto　342
ヤーン,ヘルムート(20世紀)
　→Jahn, Helmut　341
ヤンガーマン,ジャック(20世紀)
　→Youngerman, Jack　716
ヤング(20世紀)　→Young, Chic　716
ヤング(20世紀)　→Young, La Monte　716
ヤング,E.(20世紀)　→Young, Ed　716
ヤング,J.(20世紀)　→Yang, Jay　715
ヤング,エド(20世紀)　→Young, Ed　716
ヤング,シック(20世紀)　→Young, Chic　716
ヤング,ノエラ(20世紀)　→Young, Noela　716
ヤング,ミッシェル(20世紀)
　→Young, Michael　716
ヤング,ラ・モンテ(20世紀)
　→Young, La Monte　716
ヤンコ,マルセル(20世紀)　→Janco, Marcel　342
ヤンス,ジャン1世(17世紀)　→Jans, Jean I　343
ヤンセン(16・17世紀)
　→Janssen van Ceulen, Cornelius　343
ヤンセン(19・20世紀)
　→Janssen, Peter Johann Theodor　343
ヤンセン,コルネリス(16・17世紀)
　→Janssen van Ceulen, Cornelius　343
ヤンセン,ペーター(19・20世紀)
　→Janssen, Peter Johann Theodor　343
ヤンセン,ホルスト(20世紀)
　→Janssen, Horst　343

ヤンセンス(16・17世紀)
　→Janssens, Abraham　*343*
ヤンセンス(16・17世紀)
　→Janssen van Ceulen, Cornelius　*343*
ヤンセンス, アブラハム(16・17世紀)
　→Janssens, Abraham　*343*
ヤンセンス, ヤン(16・17世紀)
　→Janssens, Jan　*343*
ヤンセンス・エリンガ, ピーテル(17世紀)
　→Janssens Elinga, Pieter　*343*
ヤンソン(19・20世紀)
　→Jansson, Eugène Fredrik　*343*
ヤンソン(20世紀)　→Jansson, Tove Marika　*343*
ヤンソン,T.(20世紀)
　→Jansson, Tove Marika　*343*
ヤンソン, ウージェーヌ(19・20世紀)
　→Jansson, Eugène Fredrik　*343*
ヤンソン, トゥーヴェ(20世紀)
　→Jansson, Tove Marika　*343*
ヤンソン, トーヴェ(20世紀)
　→Jansson, Tove Marika　*343*
ヤンソン, トーヴェ・マリカ(20世紀)
　→Jansson, Tove Marika　*343*
ヤンソン, トーヴェ(・マリカ)(20世紀)
　→Jansson, Tove Marika　*343*
ヤンソン, トーベ(20世紀)
　→Jansson, Tove Marika　*343*
ヤンソン, トーベ・M.(20世紀)
　→Jansson, Tove Marika　*343*
ヤンソン, ユージェヌ(19・20世紀)
　→Jansson, Eugène Fredrik　*343*
ヤンツェン(19・20世紀)　→Jantzen, Hans　*343*
ヤンツェン, ハンス(19・20世紀)
　→Jantzen, Hans　*343*
ヤン・ファン・ルーメ(15・16世紀)
　→Jan van Roome　*343*

【ユ】

ユーア・スミス, シドニー・ジョージ(19・20世紀)
　→Ure Smith, Sydney George　*667*
ユイグ(20世紀)　→Huyghe, René　*333*
ユイグ, ルネ(20世紀)　→Huyghe, René　*333*
ユヴァーラ(17・18世紀)　→Juvarra, Filippo　*353*
ユヴァーラ, エウティーキオ(17・18世紀)
　→Iuvara, Eutichio　*339*
ユヴァーラ, セバスティアーノ(17・18世紀)
　→Iuvara, Sebastiano　*339*
ユヴァーラ, ピエトロ(17・18世紀)
　→Iuvara, Pietro　*339*

ユヴァーラ, フィリッポ(17・18世紀)
　→Juvarra, Filippo　*353*
ユヴァーラ, フランチェスコ(17・18世紀)
　→Iuvara, Francesco　*339*
ユヴァーラ, フランチェスコ・ナターレ(17・18世紀)　→Iuvara, Francesco Natale　*339*
ユウゲ, アルフレッド(19・20世紀)
　→Junge, Alfred　*352*
ユエ(19世紀)　→Huet, Paul　*331*
ユエ, ポール(19世紀)　→Huet, Paul　*331*
ユエル(18・19世紀)　→Juel, Jens　*352*
ユエル, イェンス(18・19世紀)　→Juel, Jens　*352*
ユエルタ, ジャン・ド・ラ(15世紀)
　→Huerta, Jean de la　*331*
ユオーン(19・20世紀)
　→Yuon, Konstantin Fedrovich　*716*
ユオン(19・20世紀)
　→Yuon, Konstantin Fedrovich　*716*
ユオン, コンスタンチン(19・20世紀)
　→Yuon, Konstantin Fedrovich　*716*
ユオン, コンスタンティン・フェドローヴィッチ(19・20世紀)
　→Yuon, Konstantin Fedrovich　*716*
ユーグ(聖)(クリュニーの)(11・12世紀)
　→Hugo Cluniensis, St.　*332*
ユゲー(15世紀)　→Huguet, Jaime　*332*
ユーゴ(19世紀)　→Hugo, Victor-Marie　*331*
ユーゴー(19世紀)　→Hugo, Victor-Marie　*331*
ユゴー(19世紀)　→Hugo, Victor-Marie　*331*
ユゴー(20世紀)　→Hugo, Valentine　*331*
ユーゴ, ヴァランティヌ(20世紀)
　→Hugo, Valentine　*331*
ユーゴー, ヴィクトール(19世紀)
　→Hugo, Victor-Marie　*331*
ユーゴー, ヴィクトル(19世紀)
　→Hugo, Victor-Marie　*331*
ユゴー, ヴィクトール(19世紀)
　→Hugo, Victor-Marie　*331*
ユゴー, ヴィクトル(19世紀)
　→Hugo, Victor-Marie　*331*
ユゴー, ヴィクトール・マリー(19世紀)
　→Hugo, Victor-Marie　*331*
ユゴー, ヴィクトール(・マリー)(19世紀)
　→Hugo, Victor-Marie　*331*
ユゴー, ビクトル・マリー(19世紀)
　→Hugo, Victor-Marie　*331*
ユーゴー(ユゴー)(19世紀)
　→Hugo, Victor-Marie　*331*
ユゴーヴィクトル(19世紀)
　→Hugo, Victor-Marie　*331*
ユゴー・ドニー(前13世紀)
　→Hugo d'Oignie　*332*
ユーシェン, プリンス(19・20世紀)
　→Eugen, Printz　*224*

ユージェン, プリンツ (19・20世紀)
　→Eugen, Printz　224
ユスチニアヌス1世 (5・6世紀)
　→Justinianus I, Flavius Anicius　353
ユスチニアヌス一世 (5・6世紀)
　→Justinianus I, Flavius Anicius　353
ユスチニアヌス一世, フラウィウス・ペトルス・サバチウス (5・6世紀)
　→Justinianus I, Flavius Anicius　353
ユスティ (19・20世紀) →Justi, Carl　353
ユスティ (19・20世紀) →Justi, Ludwig　353
ユスティ, カール (19・20世紀) →Justi, Carl　353
ユスティニアヌス (5・6世紀)
　→Justinianus I, Flavius Anicius　353
ユスティニアヌス (1世) (5・6世紀)
　→Justinianus I, Flavius Anicius　353
ユスティニアヌス1世 (5・6世紀)
　→Justinianus I, Flavius Anicius　353
ユスティニアヌス一世 (5・6世紀)
　→Justinianus I, Flavius Anicius　353
ユスティニアヌス1世 (大帝) (5・6世紀)
　→Justinianus I, Flavius Anicius　353
ユスティニアヌス1世 〔大帝〕(5・6世紀)
　→Justinianus I, Flavius Anicius　353
ユスティニアヌス一世, 大帝 (5・6世紀)
　→Justinianus I, Flavius Anicius　353
ユスティニアーヌス1世・フラーウィウス・ペトルス・サバティウス (5・6世紀)
　→Justinianus I, Flavius Anicius　353
ユースティーニアーヌス大帝 (5・6世紀)
　→Justinianus I, Flavius Anicius　353
ユストゥス・ファン・ヘント (15世紀頃)
　→Joos van Gent　350
ユーセフソン (19・20世紀)
　→Josephson, Ernst Abraham　351
ユダ (1世紀) →Judas, Iscariotes　351
ユダ (イスカリオテ) (1世紀)
　→Judas, Iscariotes　351
ユダ, イスカリオテの (1世紀)
　→Judas, Iscariotes　351
ユダ (イスカリオテの) (1世紀)
　→Judas, Iscariotes　351
ユダス・マカバイオス (前2世紀)
　→Judas Makkabaios　352
ユダス=マカベオス (前2世紀)
　→Judas Makkabaios　352
ユーダス・マッカバイオス (前2世紀)
　→Judas Makkabaios　352
ユダス・マッカバイオス (前2世紀)
　→Judas Makkabaios　352
ユダスマッカバイオス (前2世紀)
　→Judas Makkabaios　352
ユーダース・マッカバエウス (前2世紀)
　→Judas Makkabaios　352
ユダ・マカバイ (前2世紀)
　→Judas Makkabaios　352
ユダ・マカビ (前2世紀)
　→Judas Makkabaios　352
ユダ・マカベア (ユダス・マッカバイオス) (前2世紀) →Judas Makkabaios　352
ユダ・マカベア 〔ユダス・マッカバイオス〕(前2世紀) →Judas Makkabaios　352
ユッカー,S. (20世紀) →Jucker, Sita　351
ユッカー, ギュンター (20世紀)
　→Uecker, Günther　666
ユーディット →Jehūdīt　345
ユディト →Jehūdīt　345
ユード・ド・モントルイユ (13世紀)
　→Eudes de Montreuil　224
ユトリロ (19・20世紀) →Utrillo, Maurice　668
ユトリロ, モーリス (19・20世紀)
　→Utrillo, Maurice　668
ユバ2世 (前1世紀) →Juba II　351
ユバ二世 (前1世紀) →Juba II　351
ユバック, ラウール (20世紀)
　→Ubac, Raoul　665
ユバック, ラウル (20世紀) →Ubac, Raoul　665
ユバラ (17・18世紀) →Juvarra, Filippo　353
ユーフェミア・ヴァン・レンスラー (19・20世紀)
　→Van Rensselaer, Euphemia　676
聖ユベール (7・8世紀) →Hubertus　330
ユーベル, ジョージ (20世紀)
　→Huber, Joerg　330
ユメール, ダニエル (20世紀)
　→Humair, Daniel　332
ユーリウス2世 (15・16世紀)
　→Julius II, Giuliano Della Rovere　352
ユリウス (2世) (15・16世紀)
　→Julius II, Giuliano Della Rovere　352
ユリウス2世 (15・16世紀)
　→Julius II, Giuliano Della Rovere　352
ユリウス二世 (15・16世紀)
　→Julius II, Giuliano Della Rovere　352
ユール, イェンス (18・19世紀) →Juel, Jens　352
ユール, フィン (20世紀) →Juhl, Finn　352

【 ヨ 】

ヨアンネス (4・5世紀)
　→Chrysostomos, Jōhannēs　149
ヨアンネス・クリュソストモス (4・5世紀)
　→Chrysostomos, Jōhannēs　149
ヨアンネス・クリュソストモス (聖) (4・5世紀)
　→Chrysostomos, Jōhannēs　149
ヨヴァノヴィチ, パイヤ (19・20世紀)
　→Jovanović, Paja　351

ヨウハンネスソン,H.(20世紀)
　→Johannesson, Hringur　*347*
ヨウンソン, アウスグリーミュル(19・20世紀)
　→Jónsson, Asgrímur　*350*
ヨウンソン, エイナル(19・20世紀)
　→Jónsson, Einar　*350*
ヨガンソン(20世紀)
　→Yoganson, Boris Vladimirovich　*716*
ヨガンソン, ボリス・ウラディミーロヴィッチ(20世紀)
　→Yoganson, Boris Vladimirovich　*716*
ヨーク(20世紀)
　→Yorke, Francis Reginald Stevens　*716*
ヨコハマ,O.(20世紀)
　→Yokohama, Orlanda　*716*
ヨシュア(前13世紀) →Jehōšū'a　*345*
ヨース・ヴァン・クレーフ(15・16世紀)
　→Cleve, Joos van der Beke　*154*
ヨース・ヴァン・ゲント(15世紀頃)
　→Joos van Gent　*350*
ヨースト(15・16世紀) →Joest, Jan　*347*
ヨース・ファン・ヘント(15世紀頃)
　→Joos van Gent　*350*
ヨセフ(前17〜13世紀頃) →Joseph　*350*
ヨセフ(前1・1世紀) →Joseph　*350*
ヨセフ(聖)(前1・1世紀) →Joseph　*350*
聖ヨセフ(前1・1世紀) →Joseph　*350*
ヨセフ(キリストの養父)(前1・1世紀)
　→Joseph　*350*
ヨーセフソン(19・20世紀)
　→Josephson, Ernst Abraham　*351*
ヨーセフソン, エルンスト(19・20世紀)
　→Josephson, Ernst Abraham　*351*
ヨセフソン, エルンスト・アブラハム(19・20世紀)
　→Josephson, Ernst Abraham　*351*
ヨナ →Ionas　*338*
ヨナ(前8世紀) →Jōnā　*348*
ヨハネ(前1・1世紀) →Iōannēs, St.　*337*
ヨハネ(前1・1世紀) →Joannes Baptista　*346*
ヨハネ(1世紀) →Markos　*434*
聖ヨハネ(前1・1世紀) →Iōannēs, St.　*337*
ヨハネ(使徒)(前1・1世紀) →Iōannēs, St.　*337*
ヨハネ(洗者)(前1・1世紀)
　→Joannes Baptista　*346*
ヨハネ(洗礼者, 聖)(1世紀)
　→Giovanni Battista　*276*
ヨハネ(洗礼者)(前1・1世紀)
　→Joannes Baptista　*346*
ヨハネ(バプティスマの)(前1・1世紀)
　→Joannes Baptista　*346*
ヨハネ(バプテスマの)(前1・1世紀)
　→Joannes Baptista　*346*
ヨハネ(福音書記者, 聖)(前1・1世紀)
　→Iōannēs, St.　*337*

ヨハネ(福音書記者)(前1・1世紀)
　→Iōannēs, St.　*337*
ヨハネス・クリソストムス(4・5世紀)
　→Chrysostomos, Jōhannēs　*149*
ヨハネス・クリソストモス(4・5世紀)
　→Chrysostomos, Jōhannēs　*149*
ヨハネス・クリュソストモス(4・5世紀)
　→Chrysostomos, Jōhannēs　*149*
ヨハンセン, ヴィゴー(19・20世紀)
　→Johansen, Viggo　*347*
ヨハンセン, ジョン・マクレイン(20世紀)
　→Johansen, John Maclane　*347*
ヨハンソン, パトリシア(20世紀)
　→Johanson, Patricia　*347*
ヨハンネス・クリュソストモス(4・5世紀)
　→Chrysostomos, Jōhannēs　*149*
ヨブ →Job　*346*
ヨブ, エンリーコ(20世紀) →Job, Enrico　*346*
ヨファン(20世紀)
　→Iofan, Boris Mikhailovich　*338*
ヨファン, ボリス・ミハイロヴィチ(20世紀)
　→Iofan, Boris Mikhailovich　*338*
ヨーリ, アントーニオ(18世紀)
　→Joli, Antonio　*348*
ヨーリス, ピオ(19・20世紀) →Joris, Pio　*350*
ヨーリンクス, アーサー(20世紀)
　→Yorinks, Arthur　*716*
ヨルダーンス(16・17世紀)
　→Jordaens, Jacob　*350*
ヨルダンス(16・17世紀) →Jordaens, Jacob　*350*
ヨルダーンス, ヤーコプ(16・17世紀)
　→Jordaens, Jacob　*350*
ヨルダーンス, ヤコブ(16・17世紀)
　→Jordaens, Jacob　*350*
ヨルダーンス, ヤコブ(16・17世紀)
　→Jordaens, Jacob　*350*
ヨルン, アスガー(20世紀) →Jorn, Asger　*350*
ヨーン, アスガー(20世紀) →Jorn, Asger　*350*
ヨーン, アスガー・オルフ(20世紀)
　→Jorn, Asger　*350*
ヨーン, ヤロミール(19・20世紀)
　→John, Jaromír　*347*
ヨン・ギー(20世紀) →Yun Gee　*716*
ヨンキント(19世紀)
　→Jongkind, Johan Barthold　*350*
ヨンキンド(19世紀)
　→Jongkind, Johan Barthold　*350*
ヨンキンド, ヨーハン(19世紀)
　→Jongkind, Johan Barthold　*350*
ヨンキント, ヨーハン・バルトルト(19世紀)
　→Jongkind, Johan Barthold　*350*
ヨンキント, ヨハン・バルトルト(19世紀)
　→Jongkind, Johan Barthold　*350*
ヨングキント(19世紀)
　→Jongkind, Johan Barthold　*350*

美術篇　1045　ライフ

ヨンソン(19・20世紀) →Jónsson, Einar　350

【 ラ 】

ラー(20世紀) →Loehr, Max　408
ライ, レン(20世紀) →Lye, Len　416
ライアル,D.(20世紀) →Lyall, Dennis　416
ライアン, アン(19・20世紀) →Ryan, Anne　578
ライス,E.(20世紀) →Rice, Elizabeth　556
ライス, イヴ(20世紀) →Rice, Eve　556
ライス, ラシェル(17・18世紀)
　→Ruysch, Rachel　577
ライス, ラッヘル(17・18世紀)
　→Ruysch, Rachel　577
ライス, ラヘル(17・18世紀)
　→Ruysch, Rachel　577
ライスキ(19世紀)
　→Rayski, Ferdinand von　549
ライスキ, フェルディナント(19世紀)
　→Rayski, Ferdinand von　549
ライスダール(ロイスダール)(17世紀)
　→Ruysdael, Jacob Izacksz van　578
ライスティコー(19・20世紀)
　→Leistikow, Walter　393
ライスティコー(20世紀)
　→Leistikow, Hans　393
ライスナー, ジョージ(19・20世紀)
　→Reisner, George Andrew　552
ライズナー, ジョージ(・アンドリュー)(19・20世紀) →Reisner, George Andrew　552
ライスナー, ジョージ・アンドルー(19・20世紀)
　→Reisner, George Andrew　552
ライスブラック, ジョン・マイケル(17・18世紀)
　→Rysbrack, John Michael　578
ライダー(19・20世紀)
　→Ryder, Albert Pinkham　578
ライダー, アルバート(19・20世紀)
　→Ryder, Albert Pinkham　578
ライダー, アルバート・ピンカム(19・20世紀)
　→Ryder, Albert Pinkham　578
ライター゠ソファー, ドミー(20世紀)
　→Reiter-Soffer, Domy　552
ライデル,M.(20世紀) →Reidel, Marlene　551
ライデル, マレーネ(20世紀)
　→Reidel, Marlene　551
ライト(17世紀) →Wright, Joseph Michael　713
ライト(18世紀) →Wright, Joseph　712
ライト(18世紀) →Wright, Joseph　713
ライト(19・20世紀) →Wright, Frank Lloyd　712
ライト(20世紀) →Wright, Russel　713

ライト,F.L.(19・20世紀)
　→Wright, Frank Lloyd　712
ライト,J.(20世紀) →Wright, Joseph　713
ライト, オルギワナ・ロイド(20世紀)
　→Wright, Orgiwanna Lloyd　713
ライト, ジョゼフ(18世紀)
　→Wright, Joseph　713
ライト, ジョン・マイケル(17世紀)
　→Wright, John Michael　712
ライト, フランク・ロイド(19・20世紀)
　→Wright, Frank Lloyd　712
ライト(フランク・ロイド)(19・20世紀)
　→Wright, Frank Lloyd　712
ライト, ペイシェンス(18世紀)
　→Wright, Patience　713
ライト・オヴ・ダービー(18世紀)
　→Wright, Joseph　713
ライト・オブ・ダービー, ジョゼフ(18世紀)
　→Wright, Joseph　713
ライトバーン, ロン(20世紀)
　→Lightburn, Ron　403
ライナー゠ウィルケ(20世紀) →Reiner-Wilke　551
ライナルディ(17世紀) →Rainaldi, Carlo　545
ライナルディ, カルロ(17世紀)
　→Rainaldi, Carlo　545
ライナルディ, ジローラモ(16・17世紀)
　→Rainaldi, Girolamo　545
ライナルド(12世紀) →Rainaldo　545
ライニク(19世紀) →Reinick, Robert　552
ライネーリ, ジョルジョ(20世紀)
　→Raineri, Giorgio　545
ライハーニー(9世紀) →al-Rayḥānī　548
ライヒマン,S.(20世紀)
　→Leichman, Seymour　393
ライヒリヒ, マルクス(15・16世紀)
　→Reichlich, Marx　551
ライヒリン, ブルーノ(20世紀)
　→Reichilin, Bruno　551
ライヒレ(16・17世紀) →Reichel, Hans　551
ライヒレ, ハンス(16・17世紀)
　→Reichel, Hans　551
ライプ(20世紀) →Leip, Hans　393
ライプ, コンラート(15世紀)
　→Laib, Konrad　380
ライプ, ハンス(20世紀) →Leip, Hans　393
ライフェンシュタイン, ヨーハン・ヴィルヘルム(16世紀)
　→Reiffenstein, Johann Wilhelm　551
ライブル(19世紀) →Leibl, Wilhelm　393
ライブル(19世紀) →Leibl, Wilhelm　393
ライブル, ヴィルヘルム(19世紀)
　→Leibl, Wilhelm　393
ライブル, ヴィルヘルム(19世紀)
　→Leibl, Wilhelm　393

ラ

ライヘ(16・17世紀) →Reichel, Hans　551
ライヘル, ハンス(16・17世紀)
　→Reichel, Hans　551
ライボヴィッツ, アニー(20世紀)
　→Leibovitz, Annie　393
ライマン, ロバート(20世紀)
　→Ryman, Robert　578
ライモンディ(15・16世紀)
　→Raimondi, Marcantonio　545
ライモンディ, マルカントーニオ(15・16世紀)
　→Raimondi, Marcantonio　545
ライモンディ, マルカントニオ(15・16世紀)
　→Raimondi, Marcantonio　545
ライリー(17世紀) →Riley, John　560
ライリー(20世紀) →Riley, Bridget　560
ライリー, チャールズ(19・20世紀)
　→Reilly, Sir Charles　551
ライリー, ブリジェット(20世紀)
　→Riley, Bridget　560
ライリー, ブリジット(20世紀)
　→Riley, Bridget　560
ライリー, ブリジット(ルイーズ)(20世紀)
　→Riley, Bridget　560
ラ・イール(17世紀) →La Hire, Laurent de　379
ラ・イール, ロラン・ド(17世紀)
　→La Hire, Laurent de　379
ラインハート(20世紀) →Reinhardt, Ad　551
ラインハート, アド(20世紀)
　→Reinhardt, Ad　551
ラインハート, アド(アドルフ・フレデリック)
　(20世紀) →Reinhardt, Ad　551
ラインハルト(18・19世紀)
　→Reinhart, Johann Christian　552
ラインハルト, オスカー(19・20世紀)
　→Reinhart, Oscar　552
ラインハルト, ヨーハン・クリスティアン(18・19世紀) →Reinhart, Johann Christian　552
ラインハルト, ヨハン・クリスティアン(18・19世紀) →Reinhart, Johann Christian　552
ラインベルガー(15・16世紀)
　→Leinberger, Hans　393
ラインベルガー, ハンス(15・16世紀)
　→Leinberger, Hans　393
ラインホルト, ハインリヒ(18・19世紀)
　→Reinhold, Heinrich　552
ラインル, E.(20世紀) →Reinl, Edda　552
ラ・ヴァレー, ジャン・ド(17世紀)
　→De la Vallée, Jean　188
ラヴィ, ジャン(14世紀) →Ravy, Jean　548
ラヴィエ, フランソワ=オーギュスト(19世紀)
　→Ravier, François-Auguste　548
ラヴィエ, ベルトラン(20世紀)
　→Lavier, Bertrand　387
ラヴィリアス, エリック・ウィリアム(20世紀)
　→Ravilious, Eric William　548

ラヴィロット, ジュール=エメ(19・20世紀)
　→Lavirotte, Jules-Aimé　387
ラヴェラ, グウェンドーレン(19・20世紀)
　→Raverat, Gwendolen Mary (Darwin)　548
ラヴェルティ, マッテーオ・デ(14・15世紀)
　→Raverti, Matteo de　548
ラウザーバーグ, フィリップ・ジェームズ・ド
　(18・19世紀)
　→Loutherbourg, Philippe Jacques de　413
ラウジー, D.(20世紀)
　→Roughsey, Dick (Goobalathaldin)　572
ラウジ, ディック(20世紀)
　→Roughsey, Dick (Goobalathaldin)　572
ラウシェンバーグ(20世紀)
　→Rauschenberg, Robert　547
ラウシェンバーグ, R.(20世紀)
　→Rauschenberg, Robert　547
ラウシェンバーク, ロバート(20世紀)
　→Rauschenberg, Robert　547
ラウシェンバーグ, ロバート(20世紀)
　→Rauschenberg, Robert　547
ラヴダン, ピエール(19・20世紀)
　→Lavedan, Pierre　387
ラウドン, ジェーン(19世紀)
　→Loudon, Jane　412
ラウドン, ジョン・クローディアス(18・19世紀)
　→Loudon, John Claudius　412
ラウフ(18・19世紀)
　→Rauch, Christian Daniel　547
ラウフ, クリスティアン(18・19世紀)
　→Rauch, Christian Daniel　547
ラウファー(19・20世紀)
　→Laufer, Berthold　386
ラウファー, ベルトルト(19・20世紀)
　→Laufer, Berthold　386
ラウファー(ローファー)(19・20世紀)
　→Laufer, Berthold　386
ラウフミラー, マティアス(17世紀)
　→Rauchmiller, Matthias　547
ラウホ, クリスティアン・ダニエル(18・19世紀)
　→Rauch, Christian Daniel　547
ラウラーナ(15世紀)
　→Laurana, Francesco da　386
ラウラーナ(15世紀)
　→Laurana, Luciano da　386
ラウラナ(15世紀) →Laurana, Luciano da　386
ラウラーナ, フランチェスコ(15世紀)
　→Laurana, Francesco da　386
ラウラナ, フランチェスコ(15世紀)
　→Laurana, Francesco da　386
ラウラーナ, ルチアーノ(15世紀)
　→Laurana, Luciano da　386
ラウラーナ, ルチャーノ(15世紀)
　→Laurana, Luciano da　386

ラウラナ, ルチャーノ(15世紀)
　→Laurana, Luciano da　386
ラウリー,L(ローレンス)・S(スティーヴン)(19・20世紀)
　→Lowry, L(aurence) S(tephen)　413
ラウレーティ, トンマーゾ(16・17世紀)
　→Laureti, Tommaso　387
ラウレンチウス(3世紀)　→Laurentius, St.　387
ラウレンティウス(3世紀)
　→Laurentius, St.　387
ラウレンティウス(聖)(3世紀)
　→Laurentius, St.　387
聖ラウレンティウス(3世紀)
　→Laurentius, St.　387
ラウンズ, グレン・ハロルド(20世紀)
　→Rounds, Glen Harold　572
ラウンズ, グレン(・ハロルド)(20世紀)
　→Rounds, Glen Harold　572
ラオコオン　→Laokoōn　383
ラオコーン　→Laokoōn　383
ラオン, アリス(20世紀)　→Rahon, Alice　545
ラガーフェルド, カール(20世紀)
　→Lagerfeld, Karl　379
ラーク, ハインリヒ(20世紀)
　→Laag, Heinrich　377
ラグーザ(19・20世紀)　→Ragusa, Vincenzo　545
ラクーザ,V.(19・20世紀)
　→Ragusa, Vincenzo　545
ラグーザ, ヴィンチェンツォ(19・20世紀)
　→Ragusa, Vincenzo　545
ラクス, ジョージ(19・20世紀)
　→Luks, George Benjamin　415
ラグッツィーニ, フィリッポ(17・18世紀)
　→Raguzzini, Filippo　545
ラクナー, ラスロー(20世紀)
　→Lakner László　380
ラグニーン, オショー(20世紀)
　→Rajneesh, Oshô　546
ラグラン(20世紀)
　→Laglenne, Jean-Francis　379
ラグラン, ジャン・フランシス(20世紀)
　→Laglenne, Jean-Francis　379
ラグルネ, ルイ=ジャン=フランソワ(18・19世紀)
　→Lagrenée, Louis-Jean-François　379
ラクロワ, クリスティアン(20世紀)
　→Lacroix, Christian　378
ラゲ,B.(20世紀)　→Ragué, Beatrix　545
ラゲール(17・18世紀)　→Laguerre, Louis　379
ラケル, カイウス・ユリウス(1・2世紀)
　→Lacer, Caius Iulius　378
ラゲール, ルイ(17・18世紀)
　→Laguerre, Louis　379
ラコンブ, ジョルジュ(19・20世紀)
　→Lacombe, Georges　378

ラザーフォード,M.(20世紀)
　→Rutherford, Meg　577
ラザリディス, ステファノス(20世紀)
　→Lazaridis, Stephanos　388
ラザール,G.J.(20世紀)
　→Lazare, Gerald John　388
ラザレフ(20世紀)
　→Lazarev, Viktor Nikitich　388
ラザレフ,G.(20世紀)
　→Lazarev, Gennadii Zakharovich　388
ラザロ(1世紀)　→Lazaros　388
ラシェーズ(19・20世紀)
　→Lachaise, Gaston　378
ラシェーズ, ガストン(19・20世紀)
　→Lachaise, Gaston　378
ラジガイチェ,M.(20世紀)
　→Ladigajte, Marija　379
ラ・シズランヌ, ロベール・ド(19・20世紀)
　→La Sizeranne, Robert de　385
ラシネ(19世紀)
　→Racinet, Albert Charles Auguste　543
ラージャシェーカラ(9・10世紀)
　→Rājaśekhara　545
ラシュー, ジャン=バティスト=アントワーヌ(19世紀)
　→Lassus, Jean Baptiste Antoine　385
ラシュカ,C.(20世紀)
　→Raschka, Christopher　547
ラシュカ, クリス(20世紀)
　→Raschka, Christopher　547
ラシュス(19世紀)
　→Lassus, Jean Baptiste Antoine　385
ラシュス, ジャン・バティスト・アントワーヌ(19世紀)
　→Lassus, Jean Baptiste Antoine　385
ラーション(19・20世紀)
　→Larsson, Carl Olof　384
ラーション, カール(19・20世紀)
　→Larsson, Carl Olof　384
ラーション, カール・ウールフ(19・20世紀)
　→Larsson, Carl Olof　384
ラース, ジャン(16・17世紀)　→Raes, Jean　544
ラースカー,J.L.(20世紀)
　→Lasker, Joseph Leon　385
ラスカル(20世紀)　→Rascal　547
ラスキン(19世紀)　→Ruskin, John　576
ラスキン,E.(20世紀)　→Raskin, Ellen　547
ラスキン,J.(19世紀)　→Ruskin, John　576
ラスキン, エレン(20世紀)　→Raskin, Ellen　547
ラスキン, ジョン(19世紀)　→Ruskin, John　576
ラス, ベルナール(20世紀)
　→Lassos, Bernard　385
ラズダン, サー・デニス(・ルイス)(20世紀)
　→Lasdun, Sir Denys (Louis)　385
ラストマン(16・17世紀)　→Lastman, Pieter　385

ラストマン, ピーテル(16・17世紀)
　→Lastman, Pieter　*385*
ラストレッリ, バルトロメーオ・カルロ(17・18世紀)　→Rastrelli, Caro Bartolomeo　*547*
ラストレッリ, バルトロメオ・カルロ(17・18世紀)
　→Rastrelli, Caro Bartolomeo　*547*
ラストレッリ, バルトロメーオ・フランチェスコ(18世紀)
　→Rastrelli, Varfolomei Varfolomeevich　*547*
ラストレッリ, バルトロメオ・フランチェスコ(18世紀)
　→Rastrelli, Varfolomei Varfolomeevich　*547*
ラストレリ(17・18世紀)
　→Rastrelli, Caro Bartolomeo　*547*
ラストレリ(18世紀)
　→Rastrelli, Varfolomei Varfolomeevich　*547*
ラストレールリ(17・18世紀)
　→Rastrelli, Caro Bartolomeo　*547*
ラストレールリ(18世紀)
　→Rastrelli, Varfolomei Varfolomeevich　*547*
ラストレルリ, バルトロメーオ・フランチェスコ(18世紀)
　→Rastrelli, Varfolomei Varfolomeevich　*547*
ラスボーン, ハロルド・スチュワート(19・20世紀)
　→Rathbone, Harold Stewart　*547*
ラスマン,P.(20世紀)　→Rathmann, Peggy　*547*
ラズモフスキー(18・19世紀)
　→Razumovsky, Andrey Kyrilovich　*549*
ラズモフスキー, アンドレイ・キリロヴィチ(18・19世紀)
　→Razumovsky, Andrey Kyrilovich　*549*
ラースロー(19・20世紀)
　→László de Lombos, Philip Alexius　*385*
ラスロップ, ドロシー(20世紀)
　→Lathrop, Dorothy　*385*
ラースロ・デ・ロンボシュ(19・20世紀)
　→László de Lombos, Philip Alexius　*385*
ラーセン, ヘニング(20世紀)
　→Larsen, Henning　*384*
ラゼンビー, ジャック(20世紀)
　→Lasenby, Jack　*385*
ラダ(19・20世紀)　→Lada, Josef　*378*
ラダ,J.(19・20世紀)　→Lada, Josef　*378*
ラダ, ヨゼフ(19・20世紀)　→Lada, Josef　*378*
ラタステル, ヘル(20世紀)　→Lataster, Ger　*385*
ラダット, フランソワ(18世紀)
　→Ladatte, François　*378*
ラチェンズ, サー・エドウィン・ランシア(19・20世紀)　→Lutyens, Sir Edwin Landseer　*416*
ラチョフ,E.M.(20世紀)
　→Rachyov, Evgenii Mikhilovich　*543*
ラチョフ, エウゲーニー(20世紀)
　→Rachyov, Evgenii Mikhilovich　*543*
ラチョフ, エウゲーニー・M.(20世紀)
　→Rachyov, Evgenii Mikhilovich　*543*

ラッカム(19・20世紀)　→Rackham, Arthur　*543*
ラッカム, アーサー(19・20世紀)
　→Rackham, Arthur　*543*
ラッギアンティ, カルロ・ルドヴィーコ(20世紀)
　→Ragghianti, Carlo Ludovico　*545*
ラックス, ジョージ・ベンジャマン(19・20世紀)
　→Luks, George Benjamin　*415*
ラックス, ジョージ・ベンジャミン(19・20世紀)
　→Luks, George Benjamin　*415*
ラックスタル(19・20世紀)
　→Ruckstull, Frederic Wellington　*575*
ラッザリーニ, グレゴーリオ(17・18世紀)
　→Lazzarini, Gregorio　*388*
ラッジ, アントーニオ(17世紀)
　→Raggi, Antonio　*545*
ラッシェーズ(19・20世紀)
　→Lachaise, Gaston　*378*
ラッシェーズ, ガストン(19・20世紀)
　→Lachaise, Gaston　*378*
ラッシュ(18・19世紀)　→Rush, William　*576*
ラッセル(18・19世紀)　→Russell, John　*577*
ラッセル(19・20世紀)　→Russell, Morgan　*577*
ラッセル, ゴードン(20世紀)
　→Russel, Gordon　*577*
ラッセル, サー・(シドニー・)ゴードン(20世紀)
　→Russel, Gordon　*577*
ラッセル, モーガン(19・20世紀)
　→Russell, Morgan　*577*
ラッセン, クリスティアン・リーゼ(20世紀)
　→Lassen, Christian Riese　*385*
ラッソー, イブラム(20世紀)
　→Lassaw, Ibram　*385*
ラッタンツィオ・ダ・リーミニ(15・16世紀)
　→Lattanzio da Rimini　*386*
ラッチェンス(19・20世紀)
　→Lutyens, Sir Edwin Landseer　*416*
ラッチェンス,E.L.(19・20世紀)
　→Lutyens, Sir Edwin Landseer　*416*
ラッチェンス, エドウィン・ランシア(19・20世紀)
　→Lutyens, Sir Edwin Landseer　*416*
ラッチェンズ, エドウィン・ランシア(19・20世紀)
　→Lutyens, Sir Edwin Landseer　*416*
ラッド, アンナ(19・20世紀)　→Ladd, Anna　*379*
ラッハニット, ヴィルヘルム(20世紀)
　→Lachnit, Wilhelm　*378*
ラッファエッリーノ・ダ・レッジョ(16世紀)
　→Raffaellino da Reggio　*544*
ラッファエッリーノ・デ・カルリ(15・16世紀)
　→Raffaellino de' Carli　*544*
ラッファエッリーノ・デル・ガルボ(15・16世紀)
　→Raffaellino del Garbo　*544*
ラッファエッリーノ・デル・コッレ(15・16世紀)
　→Raffaellino del Colle　*544*
ラッファエッロ・サンツィオ(15・16世紀)
　→Raffaello Santi　*544*

ラッファエッロ・ダ・モンテルーポ(16世紀)
　→Raffaello da Montelupo　*544*
ラッファエロ・サンツィオ(15・16世紀)
　→Raffaello Santi　*544*
ラーディ,ロレンツォ(19世紀)
　→Radi, Lorenzo　*544*
ラティア,アルミ(20世紀)　→Ratia, Armi　*547*
ラディーチェ,マーリオ(20世紀)
　→Radice, Mario　*544*
ラ・テトゥール,モーリス・カンタン・ド(18世紀)
　→La Tour, Maurice Quentin de　*385*
ラトゥーシュ,ガストン(19・20世紀)
　→Latouche, Gaston　*385*
ラ・トゥール(16・17世紀)
　→La Tour, Georges de　*385*
ラ・トゥール(18世紀)
　→La Tour, Maurice Quentin de　*385*
ラトゥール(16・17世紀)
　→La Tour, Georges de　*385*
ラトゥール(18世紀)
　→La Tour, Maurice Quentin de　*385*
ラ・トゥール,ジョルジュ(・デュメニール)・ド
　(16・17世紀)　→La Tour, Georges de　*385*
ラ・トゥール,ジョルジュ・ド(16・17世紀)
　→La Tour, Georges de　*385*
ラ・トゥール,モーリス・カンタン・ド(18世紀)
　→La Tour, Maurice Quentin de　*385*
ラドゥンスキー,V.(20世紀)
　→Radunsky, Vladimir　*544*
ラートゲプ(15・16世紀)　→Ratgeb, Jörg　*547*
ラートゲプ,イェルク(15・16世紀)
　→Ratgeb, Jörg　*547*
ラートル,アントン(18・19世紀)
　→Radl, Anton　*544*
ラトローブ(18・19世紀)
　→Latrobe, Benjamin Henry　*386*
ラトローブ,ジョン・ベンジャミン・ヘンリー(18・
　19世紀)　→Latrobe, Benjamin Henry　*386*
ラトローブ,ベンジャミン・ヘンリー(18・19世紀)
　→Latrobe, Benjamin Henry　*386*
ラトローブ,ベンジャミン(・ヘンリー)(18・19世
　紀)　→Latrobe, Benjamin Henry　*386*
ラーナ,カルロ・アメデーオ(18・19世紀)
　→Rana, Carlo Amedeo　*546*
ラニーノ,ベルナルディーノ(16世紀)
　→Lanino, Bernardino　*383*
ラニヨン,ピーター(20世紀)
　→Lanyon, Peter　*383*
ラノーブ,ジェーン・クルソー(20世紀)
　→Lanauve, Jean Cluseau　*381*
ラバスコール,ホワン(20世紀)
　→Rabascall, Joan　*543*
ラバッコ,アントーニオ(15・16世紀)
　→Labacco, Antonio　*378*
ラバンヌ(20世紀)　→Rabanne, Paco　*543*

ラビエリ,アンソニー(20世紀)
　→Ravielli, Anthony　*548*
ラピザルディ,ミケーレ(19世紀)
　→Rapisardi, Michele　*547*
ラビス(20世紀)　→Labisse, Félix　*378*
ラピック,シャルル(20世紀)
　→Lapicque, Charles　*383*
ラビッス(20世紀)　→Labisse, Félix　*378*
ラビッス,フェリックス(20世紀)
　→Labisse, Félix　*378*
ラピドス(20世紀)　→Lapidus, Ted　*383*
ラビノビッツ,S.(20世紀)
　→Rabinowitz, Sandy　*543*
ラビーユ=ギアール,アデレイド(18・19世紀)
　→Labille-Guiard, Adelaide　*378*
ラビーユ=ギヤール,アデライド(18・19世紀)
　→Labille-Guiard, Adelaide　*378*
ラビーリウス(1世紀)　→Rabirius　*543*
ラビリウス(1世紀)　→Rabirius　*543*
ラープ,クルト(20世紀)　→Raap, Kurt　*543*
ラファエッロ(15・16世紀)
　→Raffaello Santi　*544*
ラファエリ(19・20世紀)
　→Raffaelli, Jean François　*544*
ラファエリ,ジャン・フランソア(19・20世紀)
　→Raffaelli, Jean François　*544*
ラファエリ,ジャン・フランソワ(19・20世紀)
　→Raffaelli, Jean François　*544*
ラファエリ,ジャン=フランソワ(19・20世紀)
　→Raffaelli, Jean François　*544*
ラファエル・マファイ,アントニエッタ(20世紀)
　→Raphael Mafai, Antonietta　*547*
ラファエッロ,サンティ(サンツィオ)(15・16世紀)
　→Raffaello Santi　*544*
ラファエッロ・サンティ(15・16世紀)
　→Raffaello Santi　*544*
ラファエロ(15・16世紀)　→Raffaello Santi　*544*
ラファエロ・サンティ(15・16世紀)
　→Raffaello Santi　*544*
ラ・ファージ(19・20世紀)
　→La Farge, John　*379*
ラ=ファージ(19・20世紀)
　→La Farge, John　*379*
ラファージ(19・20世紀)　→La Farge, John　*379*
ラ・ファージ,クリストファー(20世紀)
　→La Farge, Christopher　*379*
ラ・ファージ,ジョン(19・20世紀)
　→La Farge, John　*379*
ラ・ファージュ(19・20世紀)
　→La Farge, John　*379*
ラファージュ(19・20世紀)
　→La Farge, John　*379*
ラ・ファージュ,ジョン(19・20世紀)
　→La Farge, John　*379*

ラフェンテ・フェラーリ（20世紀）
　→Lafuente Ferrari, Enrique　379
ラフォース（17・18世紀）
　→Lafosse, Charles de　379
ラ・フォッス，シャルル・ド（17・18世紀）
　→Lafosse, Charles de　379
ラ・フォッス，ルイ＝レミー・ド（18世紀）
　→La Fosse, Louis-Rémy de　379
ラフキン,R.H.（20世紀）
　→Lufkin, Raymond H.　414
ラフシー，ディック（20世紀）
　→Roughsey, Dick（Goobalathaldin）　572
ラブジン，イワン（20世紀）→Rabuzin, Ivan　543
ラブダ，ベン（20世紀）→Labuda, Ben　378
ラプトン（18・19世紀）
　→Lupton, Thomas Goff　415
ラプラード（19・20世紀）→Laprade, Pierre　383
ラプラード，ピエール（19・20世紀）
　→Laprade, Pierre　383
ラプラード，ピエル（19・20世紀）
　→Laprade, Pierre　383
ラフランス，ジェーン・ピエール（20世紀）
　→Lafrance, Jean-Pierre　379
ラブルースト（19世紀）
　→Labrouste, Pierre François Henri　378
ラブルスト（18・19世紀）
　→Labrouste, François Marie Théodore　378
ラブルスト（19世紀）
　→Labrouste, Pierre François Henri　378
ラブルースト，アンリ（19世紀）
　→Labrouste, Pierre François Henri　378
ラブルスト，アンリ（19世紀）
　→Labrouste, Pierre François Henri　378
ラブルースト，アンリ＝ピエール＝フランソワ（19世紀）
　→Labrouste, Pierre François Henri　378
ラブルール（19・20世紀）
　→Laboureur, Jean-Émile　378
ラブールール，ジャン＝エミール（19・20世紀）
　→Laboureur, Jean-Émile　378
ラブルール，ジャン・エミール（19・20世紀）
　→Laboureur, Jean-Émile　378
ラブルール，フランチェスコ・マッシミリアーノ（18・19世紀）
　→Laboureur, Francesco Massimiliano　378
ラ・フレネ（19・20世紀）
　→La Fresnaye, Roger de　379
ラ・フレネー（19・20世紀）
　→La Fresnaye, Roger de　379
ラフレネー（19・20世紀）
　→La Fresnaye, Roger de　379
ラ・フレネー，ロジェ・ド（19・20世紀）
　→La Fresnaye, Roger de　379
ラ・フレネー，ロジェド・ド（19・20世紀）
　→La Fresnaye, Roger de　379

ラフレーリ，アントーニオ（16世紀）
　→Lafrèri, Antonio　379
ラフレンセン（18・19世紀）
　→Lafrensen, Niklas　379
ラフレンセン，ニクラス（18・19世紀）
　→Lafrensen, Niklas　379
ラベロン，エレナ（20世紀）
　→Laverón, Elena　387
ラーベンヴォルフ，パンクラーツ（15・16世紀）
　→Labenwolf, Pankraz　378
ラーベンボルフ（15・16世紀）
　→Labenwolf, Pankraz　378
ラーボ（13世紀）→Lapo　383
ラボ，マーリオ（19・20世紀）→Labò, Mario　378
ラボフ，アーネスト（20世紀）
　→Raboff, Ernes　543
ラボルド，アレクサンドル＝ルイ＝ジョゼフ（18・19世紀）
　→Laborde, Alexandre-Louis-Joseph　378
ラポンデール,U.（20世紀）
　→Laponder, Ulco　383
ラポンデール，ウルコ（20世紀）
　→Laponder, Ulco　383
ラーマ，ジューリア（18世紀）
　→Lama, Giulia　380
ラーマーケルス，ルイス（19・20世紀）
　→Raemakers, Louis　544
ラミ，ウジェーヌ（19世紀）
　→Lami, Eugène Louis　381
ラミ，ウジェーヌ＝ルイ（19世紀）
　→Lami, Eugène Louis　381
ラミーレス,H.（20世紀）
　→Ramarez, Heraclio　546
ラム（20世紀）→Lam, Wilfredo　380
ラム,L.（20世紀）→Lamb, Lynton　380
ラム，ウィフレド（20世紀）→Lam, Wilfredo　380
ラム，ヴィフレド（20世紀）→Lam, Wilfredo　380
ラムー，カルロ（20世紀）→Ramous, Carlo　546
ラム，ヘンリー（19・20世紀）
　→Lamb, Henry　380
ラムジー（18世紀）→Ramsay, Allan　546
ラムジ，アラン（18世紀）→Ramsay, Allan　546
ラムジー，アラン（18世紀）
　→Ramsay, Allan　546
ラムス，ディーター（20世紀）
　→Rams, Dieter　546
ラムゼー（18世紀）→Ramsay, Allan　546
ラムゼイ，ラス・アケム・I（20世紀）
　→Ramsay, Ras Akem-I　546
ラムセス2世（前13世紀）→Ramses II　546
ラムセス二世（前13世紀）→Ramses II　546
ラムセス3世（前12世紀）→Ramses III　546
ラムバート,S.（20世紀）→Lambert, Saul　380

ラムボー, ジェフ (19・20世紀)
　→Lambeaux, Joseph Maria Thomas　*380*
ラムール, ジャン (17・18世紀)
　→Lamour, Jean　*381*
ラ・メス2世 (前13世紀) →Ramses II　*546*
ラ・メス二世 (前13世紀) →Ramses II　*546*
ラメス (2世) (前13世紀) →Ramses II　*546*
ラメス2世 (前13世紀) →Ramses II　*546*
ラメス二世 (前13世紀) →Ramses II　*546*
ラ・メス3世 (前12世紀) →Ramses III　*546*
ラ・メス三世 (前12世紀) →Ramses III　*546*
ラメス3世 (前12世紀) →Ramses III　*546*
ラメス三世 (前12世紀) →Ramses III　*546*
ラメス (ラムセス) 2世 (前13世紀)
　→Ramses II　*546*
ラメス (ラムセス) 3世 (前12世紀)
　→Ramses III　*546*
ラメセス2世 (前13世紀) →Ramses II　*546*
ラメセス二世 (前13世紀) →Ramses II　*546*
ラメセス3世 (前12世紀) →Ramses III　*546*
ラメセス三世 (前12世紀) →Ramses III　*546*
ラメセス六世 (前13世紀) →Ramesses VI　*546*
ラモス, メル (20世紀) →Ramos, Mel　*546*
ラーモ・ディ・パガネッロ (13・14世紀)
　→Ramo di Paganello　*546*
ラモリニエール (19・20世紀)
　→Lamorinière, François　*381*
ラランド (19・20世紀) →Lalande, Georg de　*380*
ラランヌ, マキシーヌ (19世紀)
　→Lalanne, Maxine　*380*
ラーリ, アントン・マリーア (16世紀)
　→Lari, Anton Maria　*384*
ラリオーノフ (19・20世紀)
　→Larionov, Michael Fedorovich　*384*
ラリオノフ (19・20世紀)
　→Larionov, Michael Fedorovich　*384*
ラリオーノフ, ミハイル (19・20世紀)
　→Larionov, Michael Fedorovich　*384*
ラリオノフ, ミハイル (19・20世紀)
　→Larionov, Michael Fedorovich　*384*
ラリオーノフ, ミハイル・フェードロヴィッチ
　(19・20世紀)
　→Larionov, Michael Fedorovich　*384*
ラリオノフ, ミハイル・フェドローヴィッチ (19・20
　世紀) →Larionov, Michael Fedorovich　*384*
ラリオーノフ, ミハイル・フォードロヴィチ (19・
　20世紀)
　→Larionov, Michael Fedorovich　*384*
ラリオノフ, ミハイル・フォードロヴィチ (19・20
　世紀) →Larionov, Michael Fedorovich　*384*
ラリック (19・20世紀) →Lalique, René　*380*
ラリック, ルネ (19・20世紀)
　→Lalique, René　*380*

ラリュー, ジャン・フランソワ (20世紀)
　→Larrieu, Jean-Francois　*384*
ラリュス, エリアンヌ (20世紀)
　→Larus, Eliane　*385*
ラール (19世紀) →Rahl, Karl　*545*
ラール, ピーテル・ファン (17世紀)
　→Laer, Pieter van　*379*
ラルコ・オイレ, ラファエル (20世紀)
　→Lárco Hoyle, Rafael　*384*
ラルジリエール (17・18世紀)
　→Largilliére, Nicolas de　*384*
ラルジリエール, ニコラ・ド (17・18世紀)
　→Largilliére, Nicolas de　*384*
ラールソン (19・20世紀)
　→Larsson, Carl Olof　*384*
ラルソン (19・20世紀) →Larsson, Carl Olof　*384*
ラールソン, カール (19・20世紀)
　→Larsson, Carl Olof　*384*
ラルソン, カール (19・20世紀)
　→Larsson, Carl Olof　*384*
ラルテ (19世紀) →Lartet, Édouard Armand
　Isidore Hippolyte　*384*
ラルテ, エドゥアール・アルマン・イジドール・
　イッポリート (19世紀) →Lartet, Édouard
　Armand Isidore Hippolyte　*384*
ラルテ, エドワール (19世紀) →Lartet, Édouard
　Armand Isidore Hippolyte　*384*
ラルティーグ (20世紀)
　→Lartigue, Jacques-Henri　*385*
ラルティーグ, ジャック・アンリ (20世紀)
　→Lartigue, Jacques-Henri　*385*
ラルティーグ, ジャック=アンリ (20世紀)
　→Lartigue, Jacques-Henri　*385*
ラルティーグ, ジャック・アンリ (・シャルル・
　オーギュスト) (20世紀)
　→Lartigue, Jacques-Henri　*385*
ラルティーグ, ダニー (20世紀)
　→Lartigue, Dany　*385*
ラルデラ (20世紀) →Lardera, Berto　*384*
ラルデーラ, ベルト (20世紀)
　→Lardera, Berto　*384*
ラールマンス (19・20世紀)
　→Laermans, Eugène　*379*
ラルマンス (19・20世紀)
　→Laermans, Eugène　*379*
ラールマンス, ウージェーヌ (19・20世紀)
　→Laermans, Eugène　*379*
ラルーン, マーセラス (17・18世紀)
　→Laroon, Marcellus　*384*
ラレック, J.M. (20世紀)
　→Larrecq, John M.　*384*
ラロ (19・20世紀) →Lalo, Charles　*380*
ラロー (19・20世紀) →Lalo, Charles　*380*
ラロ, チャールズ (19・20世紀)
　→Lalo, Charles　*380*

ラロシュ, ギー(20世紀) →Laroche, Guy 384
ラロンド, リシャール・ド(18世紀)
　→Lalonde, Richard de 380
ラーン(19・20世紀)
　→Rahn, Johann Rudolf 545
ラン, アン(20世紀) →Lan, Anne 381
ランヴァン, ジャンヌ(19・20世紀)
　→Lanvin, Jeanne 383
ランカスター, オズバート(20世紀)
　→Lancaster, Sir Osbert 381
ランカスター, オズバード(20世紀)
　→Lancaster, Sir Osbert 381
ランカスター, サー・オズバート(20世紀)
　→Lancaster, Sir Osbert 381
ランキン, ヒュー(19・20世紀)
　→Rankin, Hugh 547
ラング(20世紀) →Lange, Dorothea 382
ラング,D.(20世紀) →Lange, Dorothea 382
ラング, ドロシー(20世紀)
　→Lange, Dorothea 382
ラング, ドロシア(20世紀)
　→Lange, Dorothea 382
ラング, ドロテア(20世紀)
　→Lange, Dorothea 382
ラングドン, ディビッド(20世紀)
　→Langdon, David 382
ラングナー,N.(20世紀) →Langner, Nola 383
ランクハンス(18・19世紀)
　→Langhans, Carl Gotthard 382
ラングハンス(18・19世紀)
　→Langhans, Carl Ferdinand 382
ラングハンス(18・19世紀)
　→Langhans, Carl Gotthard 382
ラングハンス, カール・ゴットハート(18・19世紀)
　→Langhans, Carl Gotthard 382
ラングハンス, カール・ゴットハルト(18・19世紀)
　→Langhans, Carl Gotthard 382
ランクマン,E.(20世紀) →Lancman, Eli 381
ランクル(19・20世紀)
　→Runkle, John Daniel 576
ランクレ(17・18世紀) →Lancret, Nicolas 381
ランクレー(17・18世紀)
　→Lancret, Nicolas 381
ランクレ, ニコラ(17・18世紀)
　→Lancret, Nicolas 381
ラングレイ, ジョナサン(20世紀)
　→Langley, Jonathan 383
ラングロア(18・19世紀)
　→Langlois, Jean Charles 383
ラングロア, ピエール・G(20世紀)
　→Langlois, Pierre-G 383
ラングロワ, ピエール(18世紀)
　→Langlois, Pierre 383
ランゲ(19世紀) →Lange, Julius 382
ランゲ(19世紀) →Lange, Ludwig 382

ランゲ(19・20世紀) →Lange, Konrad von 382
ランゲ,K.(19・20世紀)
　→Lange, Konrad von 382
ランケ,W.(20世紀) →Ranke, Waltrant 547
ランゲ, コンラート(19・20世紀)
　→Lange, Konrad von 382
ランゲンファス,H.(20世紀)
　→Langenfass, Hansjörg 382
ランシア(19世紀)
　→Landseer, Sir Edwin Henry 382
ランシーア, エドウィン(19世紀)
　→Landseer, Sir Edwin Henry 382
ランシア, エドウィン(19世紀)
　→Landseer, Sir Edwin Henry 382
ランシア, サー・エドウィン(・ヘンリー)(19世紀) →Landseer, Sir Edwin Henry 382
ランジェッティ, ジャンバッティスタ(17世紀)
　→Langetti, Giambattista 382
ランシマン, アレグザンダー(18世紀)
　→Runciman, Alexander 576
ランスコイ, アンドレ(20世紀)
　→Lanskoy, André 383
ランソン, ポール(19・20世紀)
　→Ranson, Paul 547
ランダ(16世紀) →Landa, Diego de 381
ランダ, ディエゴ・デ(16世紀)
　→Landa, Diego de 381
ランターナ, ジョヴァンニ・バッティスタ(16・17世紀) →Lantana, Giovanni Battista 383
ランチ, バルダッサッレ(16世紀)
　→Lanci, Baldassarre 381
ランチャーニ, ロドルフォ(19・20世紀)
　→Lanciani, Rodolfo 381
ランツ, ウォルター(20世紀)
　→Lantz, Walter 383
ランツ, ウオルター(20世紀)
　→Lantz, Walter 383
ランツァーニ, アンドレーア(17・18世紀)
　→Lanzani, Andrea 383
ランツァーニ, ベルナルディーノ(15・16世紀)
　→Lanzani, Bernardino 383
ランツィ, ルイージ(18・19世紀)
　→Lanzi, Luigi 383
ランツォーニ, ダニエーレ(19世紀)
　→Ranzoni, Daniele 547
ランディ(19世紀) →Randi, Pompeo 547
ランディ, ガスパレ(18・19世紀)
　→Landi, Gaspare 381
ランディ, ネロッチオ・ディ・バルトロメーオ・デ(15世紀) →Landi, Neroccio di Bartolomeo di Benedetto de' 381
ランディーニ, タッデーオ(16世紀)
　→Landini, Taddeo 381
ランデルズ, エビニーザー(19世紀)
　→Landelles, Ebenezer 381

ランド（20世紀）→Rand, Paul　546
ランドー, J.（20世紀）→Landau, Jacob　381
ランド, P.（20世紀）→Rand, Paul　546
ランド, T.（20世紀）→Rand, Ted　546
ランドー, アーノルド・ヘンリー・ザービジ（19・20世紀）
　→Landor, Arnold Henry Savage　381
ランド, エレン・ガートルード（19・20世紀）
　→Rand, Ellen Gertrude　546
ランドア（ランダー）（19・20世紀）
　→Landor, Arnold Henry Savage　381
ランドシーア（18・19世紀）
　→Landseer, Charles　382
ランドシーア（18・19世紀）
　→Landseer, John　382
ランドシーア（18・19世紀）
　→Landseer, Thomas　382
ランドシーア（19世紀）
　→Landseer, Sir Edwin Henry　382
ランドシア, エドウィン・ヘンリー（19世紀）
　→Landseer, Sir Edwin Henry　382
ランドシーア, ジェシカ（19世紀）
　→Landseer, Jessica　382
ランドマン, スタンレイ（20世紀）
　→Landsman, Stanley　382
ランドリアーニ, パーオロ（18・19世紀）
　→Landriani, Paolo　381
ランドリアーニ, パーオロ・カンミッロ（16・17世紀）→Landriani, Paolo Cammillo　381
ランドル, C.（20世紀）→Randall, Christine　546
ランバート, ジョージ（18世紀）
　→Lambert, George　380
ランバート, ジョージ・ワシントン・トマス（19・20世紀）
　→Lambert, George Washington Thomas　380
ランバート, スティーブン（20世紀）
　→Lambert, Stephen　380
ランバン（19・20世紀）→Lanvin, Jeanne　383
ランピ（18・19世紀）
　→Lampi, Johann Baptist　381
ランピ, ジョヴァンニ・バッティスタ（18・19世紀）
　→Lampi, Giovanni Battista　381
ランファン（18世紀）→Lenfant, Pierre　395
ランファン（18・19世紀）
　→L'Enfant, Pierre Charles　395
ランファン, ピエール・シャルル（18・19世紀）
　→L'Enfant, Pierre Charles　395
ランファン, ピエール＝シャルル（18・19世紀）
　→L'Enfant, Pierre Charles　395
ランフランコ（11・12世紀）→Lanfranco　382
ランフランコ（16・17世紀）
　→Lanfranco, Giovanni　382
ランフランコ, ジョヴァンニ（16・17世紀）
　→Lanfranco, Giovanni　382

ランブール（14・15世紀）
　→Limbourg, Herman de　404
ランブール（14・15世紀）
　→Limbourg, Jan de　404
ランブール（14・15世紀）
　→Limbourg, Pol de　404
ランブール, イェハネキン（14・15世紀）
　→Limbourg, Jan de　404
ランブール, イェハネクイン（14・15世紀）
　→Limbourg, Jan de　404
ランブール, エルマン（14・15世紀）
　→Limbourg, Herman de　404
ランブール, ジャヌカン（14・15世紀）
　→Limbourg, Jan de　404
ランブール, ジャン（14・15世紀）
　→Limbourg, Jan de　404
ランブール, ヘルマン（14・15世紀）
　→Limbourg, Herman de　404
ランブール, ポール（14・15世紀）
　→Limbourg, Pol de　404
ランブール, ポル（14・15世紀）
　→Limbourg, Pol de　404
ランブール兄弟（14・15世紀）
　→Limbourg, Jan de　404
ランブール兄弟（14・15世紀）
　→Limbourg, Pol de　404
ランベルク（18・19世紀）
　→Ramberg, Johann Heinrich　546
ランベルク, ヨハン・ハインリヒ（18・19世紀）
　→Ramberg, Johann Heinrich　546
ランベルティ, ニッコロ（14・15世紀）
　→Lamberti, Niccolò　380
ランベルティ, ピエトロ（14・15世紀）
　→Lamberti, Pietro　381
ランボー（19・20世紀）
　→Lambeaux, Joseph Maria Thomas　380
ランボヴァ, ナターシャ（20世紀）
　→Ramboba, Natacha　546

【 リ 】

リー, M.De V.（20世紀）
　→Lee, Manning De Villeneuve　391
リー, R.J.（20世紀）→Lee, Robert J.　391
リー, ディック（20世紀）→Lee, Dick　391
リー, デイム・ルーシー（20世紀）
　→Rie, Dame Lucie　558
リー, ミン・C（20世紀）→Lee, Ming Cho　391
リー, ミン・チョー（20世紀）
　→Lee, Ming Cho　391
リー, ルーシー（20世紀）→Rie, Dame Lucie　558

リー, ルシー(20世紀) →Rie, Dame Lucie　558
リア(19世紀) →Lear, Edward　389
リア, エドワード(19世紀) →Lear, Edward　389
リアーニョ, ディエゴ・デ(16世紀)
　→Riaño, Diego de　555
リーヴ, フィリップ(20世紀)
　→Reeve, Philip　550
リヴァーズ(20世紀) →Rivers, Larry　561
リヴァース, ラリー(20世紀)
　→Rivers, Larry　561
リヴァーズ, ラリー(20世紀)
　→Rivers, Larry　561
リヴァル, アントワーヌ(17・18世紀)
　→Rivalz, Antoine　561
リヴァル, ジャン=ピエール(17・18世紀)
　→Rivalz, Jean-Pierre　561
リヴァル, ジャン=ピエール二世(18世紀)
　→Rivalz, Jean-Pierre le Jeune　561
リヴィエア(19・20世紀) →Riviere, Briton　561
リヴェラ(19・20世紀) →Rivera, Diego　561
リヴォイラ, ジャン・テレージオ(19・20世紀)
　→Rivoira, Gian Teresio　561
リヴォフ, ニコライ・アレクサンドロヴィチ(18・19世紀)
　→Lvov, Nikolai Aleksandrovich　416
リヴォリ, M.(20世紀) →Rivoli, Maris　561
リウォルド(20世紀) →Rewald, John　554
リウス, E.del(20世紀) →Rio, Eduard del　560
リエージ, ウルヴィ(19・20世紀)
　→Liegi, Ulvi　403
リオ(18・19世紀) →Rio, Alexis François　560
リオ, アレクシス=フランソワ(18・19世紀)
　→Rio, Alexis François　560
リオタール(18世紀)
　→Liotard, Jean Etienne　405
リオタール, ジャン・エティエンヌ(18世紀)
　→Liotard, Jean Etienne　405
リオタール, ジャン=エティエンヌ(18世紀)
　→Liotard, Jean Etienne　405
リオネッリ, ニッコロ(14・15世紀)
　→Lionelli, Niccolò　405
リオネル(20世紀) →Lionel　405
リオペル(20世紀) →Riopelle, Jean Paul　560
リオペル, ジャン・ポール(20世紀)
　→Riopelle, Jean Paul　560
リオペル, ジャン=ポール(20世紀)
　→Riopelle, Jean Paul　560
リオンニ, レオ(20世紀) →Lionni, Leo　405
リオンネ, エンリーコ(19・20世紀)
　→Lionne, Enrico　405
リガブーエ, アントーニオ(20世紀)
　→Ligabue, Antonio　403
リガーリ, チェーザレ(18世紀)
　→Ligari, Cesare　403

リガーリ, ピエトロ(17・18世紀)
　→Ligari, Pietro　403
リカール(19世紀)
　→Ricard, Louis Gustave　556
リカール, アラン(20世紀) →Ricard, Alain　555
リカール, ギュスタヴ(19世紀)
　→Ricard, Louis Gustave　556
リカール・ド・モンフェラン(18・19世紀)
　→Ricard de Montferrand, Auguste　556
リカール・ド・モンフェラン, オギュスト(18・19世紀)
　→Ricard de Montferrand, Auguste　556
リキエル(20世紀) →Rykiel, Sonia　578
リキエル, ソニヤ(20世紀) →Rykiel, Sonia　578
リキテンシュタイン(20世紀)
　→Lichtenstein, Roy　403
リキテンスタイン(20世紀)
　→Lichtenstein, Roy　403
リキテンスタイン(リクテンスタイン)(20世紀)
　→Lichtenstein, Roy　403
リキテンスタイン, ロイ(20世紀)
　→Lichtenstein, Roy　403
リキーニ(16・17世紀)
　→Richini, Francesco Maria　557
リギーニ, ピエトロ(17・18世紀)
　→Righini, Pietro　559
リキーニ, フランチェスコ・マリーア(16・17世紀)
　→Richini, Francesco Maria　557
リクテンスタイン(20世紀)
　→Lichtenstein, Roy　403
リクテンスタイン, R.(20世紀)
　→Lichtenstein, Roy　403
リクテンスタイン, ロイ(20世紀)
　→Lichtenstein, Roy　403
リーグル(19・20世紀) →Riegl, Alois　558
リーグル, アーロイス(19・20世紀)
　→Riegl, Alois　558
リーグル, アロイス(19・20世紀)
　→Riegl, Alois　558
リーゲ, カール・エージ(20世紀)
　→Riget, Karl Age　559
リゴー(17・18世紀) →Rigaud, Hyacinthe　559
リゴー, イアサント(17・18世紀)
　→Rigaud, Hyacinthe　559
リーコ, マルティン(19・20世紀)
　→Rico, Martin　558
リゴッツィ, ヤーコポ(16・17世紀)
　→Ligozzi, Iacopo　404
リゴッティ, アンニーバレ(19・20世紀)
　→Rigotti, Annibale　559
リゴリオ(16世紀) →Ligorio, Pirro　404
リゴーリオ, ピッロ(16世紀)
　→Ligorio, Pirro　404
リゴリオ, ピッロ(16世紀) →Ligorio, Pirro　404
リゴーリョ(16世紀) →Ligorio, Pirro　404

リザー(16・17世紀) →Rizā, Agā　561
リザー・アッバーシー(16・17世紀)
　→Rizā-i-Abbāssi　561
リザー・アッバースィー(16・17世紀)
　→Rizā-i-Abbāssi　561
リザー・イ・アッバーシー(16・17世紀)
　→Rizā-i-Abbāssi　561
リザー・イ・アバーシ(16・17世紀)
　→Rizā-i-Abbāssi　561
リーサビイ、ウィリアム・リチャード(19・20世紀)
　→Lethaby, William Richard　399
リザンブール二世、ベルナール・ヴァン(18世紀)
　→Risenburgh, Bernard II van　560
リシェ(20世紀) →Richier, Germaine　557
リシエ(16世紀) →Richier, Ligier　557
リシエ(20世紀) →Richier, Germaine　557
リシエ、ジェルメーヌ(20世紀)
　→Richier, Germaine　557
リシエ、リジエ(16世紀) →Richier, Ligier　557
リシエウスカ、アンナ(18世紀)
　→Lisiewska, Anna (Dorothea)　406
リジエヴスカ、アンナ(ドロテア)(18世紀)
　→Lisiewska, Anna (Dorothea)　406
リシツキー(19・20世紀)
　→Lisitskij, Lazar' Markovich　406
リシツキー、エリ(ラザリ・マルコヴィチ)(19・20世紀) →Lisitskij, Lazar' Markovich　406
リシツキー、エル(19・20世紀)
　→Lisitskij, Lazar' Markovich　406
リシツキー、ラーザリ・マルコヴィチ(19・20世紀) →Lisitskij, Lazar' Markovich　406
リシッポス(前4世紀) →Lysippos　416
リシャール、プス(20世紀) →Richard, Puth　556
リシャール・ド・モンフェラン、オーギュスト(18・19世紀)
　→Ricard de Montferrand, Auguste　556
リース(19世紀) →Leys, Hendrik　402
リース(19・20世紀) →Riis, Jacob August　559
リス(16・17世紀) →Liss, Johann　407
リース、ジャコブ(19・20世紀)
　→Riis, Jacob August　559
リース、ジャコブ・A.(19・20世紀)
　→Riis, Jacob August　559
リース、メアリー(20世紀) →Rees, Mary　550
リス、ヨーハン(16・17世紀) →Liss, Johann　407
リス、ヨハン(16・17世紀) →Liss, Johann　407
リース、ロイド・フレデリック(20世紀)
　→Rees, Lloyd Frederick　550
リスコ、フランク(20世紀) →Licsko, Frank　403
リスタ、スタニズラーオ(19・20世紀)
　→Lista, Stanislao　407
リストーロ、フラ(13世紀) →Ristoro, Fra　560
リースナー(18・19世紀)
　→Riesener, Jean Henri　559

リーズネー(18・19世紀)
　→Riesener, Jean Henri　559
リーズネー、ジャン・アンリ(18・19世紀)
　→Riesener, Jean Henri　559
リーズネル、アンリ・フランソワ(18・19世紀)
　→Riesener, Henri François　559
リーズネル、ジャン=アンリ(18・19世紀)
　→Riesener, Jean Henri　559
リスボア、アントーニオ・フランシスコ(18・19世紀) →Lisbôa, António Francisco　406
リズボア、アントニオ・フランシスコ(18・19世紀)
　→Lisbôa, António Francisco　406
リーゼナー(18・19世紀)
　→Riesener, Jean Henri　559
リーゼナー、ジャン・ヘンリー(ハンス・ハインリヒ)(18・19世紀)
　→Riesener, Jean Henri　559
リーゼネル、ジャン・アンリ(18・19世紀)
　→Riesener, Jean Henri　559
リーゼンブルヒ、ベルナルド1世(18世紀)
　→Risenburgh, Bernard I van　560
リーゼンブルヒ、ベルナルド2世(18世紀)
　→Risenburgh, Bernard II van　560
リソフスキー, G.(20世紀)
　→Lisowski, Gabriel　407
リソルグ、ギヨーム・ド(16世紀)
　→Lyssorgues, Guillaume de　416
リーチ(19世紀) →Leech, John　391
リーチ(19・20世紀)
　→Leach, Bernard Howell　388
リーチ、ジョン(19世紀) →Leech, John　391
リーチ、バーナード(19・20世紀)
　→Leach, Bernard Howell　388
リーチ、バーナード・H.(19・20世紀)
　→Leach, Bernard Howell　388
リーチ、バーナード(・ハウエル)(19・20世紀)
　→Leach, Bernard Howell　388
リーチェル(19世紀) →Rietschel, Ernst　559
リチーニ、オズヴァルド(20世紀)
　→Licini, Osvaldo　403
リチーニオ、ベルナルディーノ(15・16世紀)
　→Licinio, Bernardino　403
リチャーズ(20世紀) →Richards, Ceri　556
リチャーズ, J.P.(20世紀)
　→Richards, John Paul　557
リチャーズ、シーリ(20世紀)
　→Richards, Ceri　556
リチャード・オブ・ファーレイ(14世紀)
　→Richard of Farleigh　556
リチャードスン、ヘンリ・ホブスン(19世紀)
　→Richardson, Henry Hobson　557
リチャードソン(17・18世紀)
　→Richardson, Jonathan　557
リチャードソン(19世紀)
　→Richardson, Henry Hobson　557

リチャードソン,H.H.(19世紀)
　→Richardson, Henry Hobson　557
リチャードソン, ジョナサン(17・18世紀)
　→Richardson, Jonathan　557
リチャードソン, ヘンリー・ホブソン(19世紀)
　→Richardson, Henry Hobson　557
リチャードソン〔ヘンリー・ホブソン〕(19世紀)
　→Richardson, Henry Hobson　557
リッキー, ジョージ(20世紀)
　→Ricky, George　558
リッキーノ(リキーニ, リッキーニ), フランチェスコ・マリア(16・17世紀)
　→Richini, Francesco Maria　557
リックマン(18・19世紀)
　→Rickman, Thomas　558
リックマン, トーマス(18・19世紀)
　→Rickman, Thomas　558
リックマン, トマス(18・19世紀)
　→Rickman, Thomas　558
リッサネン(19・20世紀)
　→Rissanen, Juho Viljo　560
リッジ, アントニア(20世紀)
　→Ridge, Antonia Florence　558
リッジ, アントニア・フローレンス(20世紀)
　→Ridge, Antonia Florence　558
リッシ, フアン・アンドレス(17世紀)
　→Rizi, Juan Andrés　561
リッシ, フランシスコ(17世紀)
　→Rizi de Guevara, Francisco　561
リッシ・デ・ゲバラ, フランシスコ(17世紀)
　→Rizi de Guevara, Francisco　561
リッシャー, ヨハン・ヤーコプ(17・18世紀)
　→Rischer, Johann Jakob　560
リッター, ルネ(20世紀)　→Ritter, Renée　561
リッチ(16・17世紀)　→Ricci, Matteo　556
リッチ(17・18世紀)　→Ricci, Sebastiano　556
リッチ(19・20世紀)　→Nina Ricci　487
リッチ(19・20世紀)　→Ricci, Corrado　556
リッチー(20世紀)　→Richey, Charles A.　557
リッチー,T.(20世紀)　→Ritchie, Trekkie　561
リッチ, コッラード(19・20世紀)
　→Ricci, Corrado　556
リッチ, セバスティアーノ(17・18世紀)
　→Ricci, Sebastiano　556
リッチ, ニーナ(19・20世紀)　→Ricci, Nina　556
リッチ, マッテーオ(16・17世紀)
　→Ricci, Matteo　556
リッチ, マッテオ(16・17世紀)
　→Ricci, Matteo　556
リッチ(マテオ=リッチ)(16・17世紀)
　→Ricci, Matteo　556
リッチ, マルコ(17・18世紀)　→Ricci, Marco　556
リッチオ(15・16世紀)　→Riccio, Andrea　556
リッチオ(16世紀)　→Riccio, Domenico　556

リッチオ, アンドレア(15・16世紀)
　→Riccio, Andrea　556
リッチフィールド, (トマス・)パトリック(・ジョン・アンソン),5代伯爵(20世紀)
　→Lichfield, (Thomas) Patrick (John Anson), 5th Earl of　402
リッチョ(15・16世紀)　→Riccio, Andrea　556
リッツィ(15世紀)　→Rizzo, Antonio　561
リッツォ(15世紀)　→Rizzo, Antonio　561
リッツォ, アントーニオ(15世紀)
　→Rizzo, Antonio　561
リッツォ, アントニオ(15世紀)
　→Rizzo, Antonio　561
リットスマ, コバ(ヤコバ)(19・20世紀)
　→Ritsema, Coba (Jacoba)　561
リットマン(19・20世紀)　→Littmann, Max　407
リッパー,C.L.(20世紀)
　→Ripper, Charles L.　560
リッピ(15世紀)　→Lippi, Fra Filippo　406
リッピ(15・16世紀)　→Lippi, Filippino　406
リッピ(子), フィリッピーノ(15・16世紀)
　→Lippi, Filippino　406
リッピ(父), フラ・フィリッポ(15世紀)
　→Lippi, Fra Filippo　406
リッピ, フィリッピーノ(15・16世紀)
　→Lippi, Filippino　406
リッピ, フィリッポ(15世紀)
　→Lippi, Fra Filippo　406
リッピ, フラ・フィリッポ(15世紀)
　→Lippi, Fra Filippo　406
リッピ, ロレンツォ(17世紀)
　→Lippi, Lorenzo　406
リップス(18・19世紀)
　→Lips, Johann Heinrich　406
リップマン,P.J.(20世紀)
　→Lippman, Peter J.　406
リップル・ローナイ, ヨージェフ(19・20世紀)
　→Rippl-Rónai József　560
リップル=ローナイ・ヨージェフ(19・20世紀)
　→Rippl-Rónai József　560
リッポ・ディ・ダルマージオ・スカンナベッキ(14・15世紀)
　→Lippo di Dalmasio Scannabecchi　406
リッポルド(20世紀)　→Lippold, Richard　406
リッポルド, リチャード(20世紀)
　→Lippold, Richard　406
リッローニ, ウンベルト(20世紀)
　→Lilloni, Umberto　404
リーディンガー(17・18世紀)
　→Ridinger, Johann Elias　558
リーディンガー, ゲオルク(16・17世紀)
　→Riedinger (Ridinger), Georg　558
リデル, クリス(20世紀)　→Riddell, Cris　558
リード(15・16世紀)　→Ried, Benedikt　558
リード(19・20世紀)　→Reid, Sir George　551

リード(20世紀) →Read, Herbert Edward　549
リード,B.(20世紀) →Reid, Bill　551
リード,P.G.(20世紀) →Reed, Philip G.　550
リード、サー・ハーバート(20世紀)
　→Read, Herbert Edward　549
リード、ジョン・B.(20世紀)
　→Read, John B.　549
リドー、セルジュ(20世紀) →Lido, Serge　403
リード、ハーバート(20世紀)
　→Read, Herbert Edward　549
リード、ハーバード(20世紀)
　→Read, Herbert Edward　549
リード、ハーバート・エドワード(20世紀)
　→Read, Herbert Edward　549
リード、ハーバート(・エドワード)(20世紀)
　→Read, Herbert Edward　549
リード、ハーバート(エドワード)(20世紀)
　→Read, Herbert Edward　549
リート、ベネディクト(15・16世紀)
　→Ried, Benedikt　558
リートゾウ、ゴデハルト(20世紀)
　→Lietzow, Godehard　403
リドバーグ,R.(20世紀) →Lidberg, Rolf　403
リートフェルト(19・20世紀)
　→Rietveld, Gerrit Thomas　559
リートフェルト、ヘリット(19・20世紀)
　→Rietveld, Gerrit Thomas　559
リートフェルト、ヘリット・トーマス(19・20世紀)
　→Rietveld, Gerrit Thomas　559
リートフェルト、ヘリット・トマス(19・20世紀)
　→Rietveld, Gerrit Thomas　559
リートフェルト、ヘリト・トマス(19・20世紀)
　→Rietveld, Gerrit Thomas　559
リトル、メアリー(20世紀)
　→Little, Mary E.　407
リドルフィ、カルロ(16・17世紀)
　→Ridolfi, Carlo　558
リドルフィ、マーリオ(20世紀)
　→Ridolfi, Mario　558
リドルフォ(15世紀) →Ridolfo, Fioraventi　558
リナール、ジャック(17世紀)
　→Linard, Jacques　405
リナルディ、アントーニオ(18世紀)
　→Rinaldi, Antonio　560
リナルディ、アントニオ(18世紀)
　→Rinaldi, Antonio　560
リネル(18・19世紀) →Linnell, John　405
リネル、ジョン(18・19世紀)
　→Linnell, John　405
リーバー、トム(20世紀) →Lieber, Tom　403
リーバイン(20世紀) →Levine, Jack　401
リバーズ(20世紀) →Rivers, Larry　561
リバース、ラリー(20世紀) →Rivers, Larry　561

リーバーマン(19・20世紀)
　→Liebermann, Max　403
リーバーマン、マックス(19・20世紀)
　→Liebermann, Max　403
リーバマン、マックス(19・20世紀)
　→Liebermann, Max　403
リバモア,E.L.(20世紀)
　→Livermore, Elaine L.　407
リバルタ(16・17世紀)
　→Ribalta, Francesco　555
リバルタ、フアン(16・17世紀)
　→Ribalta, Juan　555
リバルタ、フランシスコ(16・17世紀)
　→Ribalta, Francesco　555
リヒター(19世紀)
　→Richter, Adrian Ludwig　557
リヒター(19・20世紀) →Richter, Hans　557
リヒター(20世紀) →Richter, Gerhard　557
リヒター,R.(20世紀) →Richter, Mischa　558
リヒター、アードリアーン・ルートヴィヒ(19世紀) →Richter, Adrian Ludwig　557
リヒター、アドリアーン・ルートヴィヒ(19世紀)
　→Richter, Adrian Ludwig　557
リヒター、アドリアン・ルドヴィヒ(19世紀)
　→Richter, Adrian Ludwig　557
リヒター、ギゼラ(19・20世紀)
　→Richter, Gisela　557
リヒター、クリスティアン1世(17世紀)
　→Richter, Christian I　557
リヒター、クリスティアン2世(17・18世紀)
　→Richter, Christian II　557
リヒター、ゲルハルト(20世紀)
　→Richter, Gerhard　557
リヒター、ジーゼラ(19・20世紀)
　→Richter, Gisela　557
リヒター、ハインリヒ(20世紀)
　→Richter, Heinrich　557
リヒター、ハンス(19・20世紀)
　→Richter, Hans　557
リヒター、ヨハン・アドルフ(17・18世紀)
　→Richter, Johann Adolf　558
リヒター、ヨハン・モーリッツ1世(17世紀)
　→Richter, Johann Moritz I　558
リヒター、ヨハン・モーリッツ2世(17・18世紀)
　→Richter, Johann Moritz II　558
リヒター、ヨハン・モーリッツ3世(17・18世紀)
　→Richter, Johann Moritz III　558
リヒター、ルートヴィヒ(19世紀)
　→Richter, Adrian Ludwig　557
リヒター・ハンス(19・20世紀)
　→Richter, Hans　557
リヒテンスタイン、ロイ(20世紀)
　→Lichtenstein, Roy　403
リヒトヴァルク(19・20世紀)
　→Lichtwark, Alfred　403

リーフ (20世紀) →Leaf, Munro　389
リーブ (20世紀) →Li-Pu　406
リーフ,M. (20世紀) →Leaf, Munro　389
リーフ, マンロー (20世紀) →Leaf, Munro　389
リーフェンス (17世紀) →Lievens, Jan　403
リーフェンス, ヤン (17世紀)
　→Lievens, Jan　403
リプキンド,W. (20世紀)
　→Lipkind, William　406
リプキンド, ウィリアム (20世紀)
　→Lipkind, William　406
リプシーツ (20世紀) →Lipchitz, Jacques　405
リプシツ (20世紀) →Lipchitz, Jacques　405
リーフシツ, ミハイル・アレクサンドロヴィチ (20世紀)
　→Lívshits, Mikhaíl Aleksándrovich　407
リプシッツ (20世紀) →Lipchitz, Jacques　405
リプシッツ, ジャック (20世紀)
　→Lipchitz, Jacques　405
リーブス, ドロシー・ライト (20世紀)
　→Liebes, Dorothy Wright　403
リプチンスキ, ズビグニェフ (20世紀)
　→Rybczyński, Zbigniew　578
リプトン (20世紀)
　→Lipton, Seymour Arthur　406
リプトン, シーモア (20世紀)
　→Lipton, Seymour Arthur　406
リーフランクス, ジョス (15・16世紀)
　→Lieferinxe, Josse　403
リプリー, トーマス (17・18世紀)
　→Ripley, Thomas　560
リプリー, トマス (17・18世紀)
　→Ripley, Thomas　560
リプリー, ロバート (20世紀)
　→Ripley, Robert　560
リベスキン, ダニエル (20世紀)
　→Libeskind, Daniel　402
リベラ (16・17世紀) →Ribera, José de　555
リベラ (19・20世紀) →Rivera, Diego　561
リベラ,D. (19・20世紀) →Rivera, Diego　561
リーベラ, アダルベルト (20世紀)
　→Libera, Adalberto　402
リベーラ, ジュセーペ・デ (16・17世紀)
　→Ribera, José de　555
リベラ (スペインっ子) (16・17世紀)
　→Ribera, José de　555
リベーラ, ディエーゴ (19・20世紀)
　→Rivera, Diego　561
リベーラ, ディエゴ (19・20世紀)
　→Rivera, Diego　561
リベラ, ディエゴ (19・20世紀)
　→Rivera, Diego　561
リベーラ, ディエゴ・マリア (19・20世紀)
　→Rivera, Diego　561

リベーラ, フセペ (16・17世紀)
　→Ribera, José de　555
リベーラ, ペドロ (17・18世紀)
　→Ribera, Pedro de　555
リベーラ, ペドロ・デ (17・18世紀)
　→Ribera, Pedro de　555
リベーラ, ホセ・デ (16・17世紀)
　→Ribera, José de　555
リベーラ, ホセー・デ (16・17世紀)
　→Ribera, José de　555
リベラ, ホセ・デ (16・17世紀)
　→Ribera, José de　555
リベラーレ・ダ・ヴェローナ (15・16世紀)
　→Liberale da Verona　402
リベラーレ・ダ・ベローナ (15・16世紀)
　→Liberale da Verona　402
リーベリ, ピエトロ (17世紀)
　→Liberi, Pietro　402
リベルジェ, ユーグ (レ・ベルジェ, ユーグ) (13世紀) →Libergier, Hughues (Le Berger, Hughues)　402
リーベルマン (19・20世紀)
　→Liebermann, Max　403
リーベルマン, マックス (19・20世紀)
　→Liebermann, Max　403
リボー (19世紀)
　→Ribot, Théodule Augustin　555
リボ, テオデュル (19世紀)
　→Ribot, Théodule Augustin　555
リボ, テオデュル・オーギュスタン (19世紀)
　→Ribot, Théodule Augustin　555
リーボヴィッツ, アニー (20世紀)
　→Leibovitz, Annie　393
リポルド, リチャード (20世紀)
　→Lippold, Richard　406
リボン (前5世紀) →Libon　402
リボンズ,I. (20世紀) →Ribbons, Ian　555
リーマーシュミット, リヒャルト (19・20世紀)
　→Riemerschmid, Richard　559
りまとう (16・17世紀) →Ricci, Matteo　556
リーマン,M. (20世紀) →Leman, Martin　393
リミナルディ, オラーツィオ (16・17世紀)
　→Riminaldi, Orazio　560
リミンジ, ロバート (17世紀)
　→Lyminge, Robert　416
リーム, ヴィニー (19・20世紀)
　→Ream, Vinnie　549
リム, ウイリアム (20世紀) →Lim, William　404
リム, キム (20世紀) →Lim, Kim　404
リムーザン (16世紀) →Limosin, Léonard I　404
リムザン, レオナール (16世紀)
　→Limosin, Léonard I　404
リーメルシュミット (19・20世紀)
　→Riemerschmid, Richard　559

リーメンシュナイダー（15・16世紀）
　→Riemenschneider, Tilman　559
リーメンシュナイダー, ティルマン（15・16世紀）
　→Riemenschneider, Tilman　559
リモザン（16世紀）　→Limosin, Léonard I　404
リモザン, レオナール（16世紀）
　→Limosin, Léonard I　404
リャジスキー（20世紀）
　→Ryajiski, Georg Georgievich　578
リャーノス, フェルナンド・デ・ロス（16世紀）
　→Llanos, Fernando de los　407
リューウィット, ジャンヒム, ジョージ（20世紀）
　→Him, George　320
リューウィット, ジャンヒム, ジョージ（20世紀）
　→Lewitt, Jan　402
リューウィン, T.（20世紀）　→Lewin, Ted　401
リューカス（15・16世紀）
　→Lucas van Leiden　413
リューカス・ヴァン・ライデン（15・16世紀）
　→Lucas van Leiden　413
リューカス・ファン・レイデン（15・16世紀）
　→Lucas van Leiden　413
リュキオス（前5世紀）　→Lykios　416
リュザルシュ, ロベール・ド（13世紀）
　→Luzarches, Robert de　416
リュシストラトス（前4世紀）　→Lysistratos　416
リューシッポス（前4世紀）　→Lysippos　416
リュシッポス（前4世紀）　→Lysippos　416
リュシッポス（シキュオンの）（前4世紀）
　→Lysippos　416
リュス, マクシミリアン（19・20世紀）
　→Luce, Maximilien　414
リュスベール（20世紀）　→Lucebert　414
リュツェラー（20世紀）
　→Lützeler, Heinrich　416
リュック, ホー（20世紀）　→Luc, Ho　413
リュッツェラー（20世紀）
　→Lützeler, Heinrich　416
リュッツェラー, ハインリヒ（20世紀）
　→Lützeler, Heinrich　416
リュティ, ウルス（20世紀）　→Lüthy, Urs　416
リューディ, トーニ（20世紀）　→Lüdi, Toni　414
リュード（18・19世紀）　→Rude, François　575
リュード, フランソア（18・19世紀）
　→Rude, François　575
リュード, フランソワ（18・19世紀）
　→Rude, François　575
リュードス（前6世紀）　→Lydos　416
リュドス（前6世紀）　→Lydos　416
リュプケ（19世紀）　→Lübke, Wilhelm　413
リュベンス, ピーテル・パウル（16・17世紀）
　→Rubens, Peter Paul　574
リューベンス（ルーベンス）, ピーテル・パウル
　（16・17世紀）→Rubens, Peter Paul　574

リュルサ（20世紀）　→Lurçat, Jean　415
リュルサー（20世紀）　→Lurçat, Jean　415
リュルサ, アンドレ（20世紀）
　→Lurçat, André　415
リュルサ, ジャン（20世紀）　→Lurçat, Jean　415
リーリー（17世紀）　→Lely, Sir Peter　393
リリー, C.（20世紀）　→Lilly, Charles　404
リーリー, サー・ピーター（17世紀）
　→Lely, Sir Peter　393
リーリー, ピーター（17世紀）
　→Lely, Sir Peter　393
リリー, ピーター（17世紀）　→Lely, Sir Peter　393
リリェフォルス（19・20世紀）
　→Liljefors, Bruno　404
リリエフォルス（19・20世紀）
　→Liljefors, Bruno　404
リリエフォルス, ブルーノ（19・20世紀）
　→Liljefors, Bruno　404
リーリオ, アンドレーア（16・17世紀）
　→Lilio, Andrea　404
リルケ＝ヴェストホフ, クララ（19・20世紀）
　→Rilke-Westhoff, Clara　560
リン, マヤ（20世紀）　→Lin, Maya　404
リンギィ, K.（20世紀）　→Ringi, Kjell　560
リンゲルナッツ（19・20世紀）
　→Ringelnatz, Joachim　560
リンゲルナッツ, J.（19・20世紀）
　→Ringelnatz, Joachim　560
リンゲルナッツ, ヨアヒム（19・20世紀）
　→Ringelnatz, Joachim　560
リンゲルバッハ, ヨハネス（17世紀）
　→Lingelbach, Johannes　405
リンゴールド, フェイス（20世紀）
　→Ringgold, Faith　560
リンジー, ノーマン（19・20世紀）
　→Lindsay, Norman Alfred William　405
リンジー, ノーマン・アルフレッド・ウィリアム
　（19・20世紀）
　→Lindsay, Norman Alfred William　405
リンジェーリ, ピエトロ（20世紀）
　→Lingeri, Pietro　405
リンゼー（19・20世紀）
　→Lindsay, Norman Alfred William　405
リンゼイ（19・20世紀）
　→Lindsay, Norman Alfred William　405
リンゼイ, ノーマン（19・20世紀）
　→Lindsay, Norman Alfred William　405
リンチ（20世紀）　→Lynch, Kevin　416
リンチ, ケヴィン（20世紀）　→Lynch, Kevin　416
リンデグレン, ユリヨ（20世紀）
　→Lindegren, Yrjö　405
リンドナー（20世紀）　→Lindner, Richard　405
リンドナー, リチャード（20世紀）
　→Lindner, Richard　405

リントマイヤー, ダニエル(16・17世紀)
→Lindtmayer, Daniel 405
リントン(19世紀)
→Linton, William James 405
リンネバハ(19・20世紀)
→Linnebach, Adolf 405
リンブルク(14・15世紀)
→Limbourg, Pol de 404
リンブルク, イェハネキン・デ(14・15世紀)
→Limbourg, Jan de 404
リンブルク, ヘルマン(14・15世紀)
→Limbourg, Herman de 404
リンブルク, ヘルマン・デ(14・15世紀)
→Limbourg, Herman de 404
リンブルク, ヘンネクィン(14・15世紀)
→Limbourg, Jan de 404
リンブルク, ポル(14・15世紀)
→Limbourg, Pol de 404
リンブルク, ポル・デ(14・15世紀)
→Limbourg, Pol de 404
リンヘルバハ(17世紀)
→Lingelbach, Johannes 405

【 ル 】

ルー, J.J.(20世紀) →Loup, Jean Jacques 413
ルイ(18・19世紀) →Louis, Victor 412
ルイ(14世)(17・18世紀)
→Louis XIV le Grand 412
ルイ14世(17・18世紀)
→Louis XIV le Grand 412
ルイ一四世(17・18世紀)
→Louis XIV le Grand 412
ルイ十四世(17・18世紀)
→Louis XIV le Grand 412
ルイ十四世(大王, 太陽)(17・18世紀)
→Louis XIV le Grand 412
ルイ14世(大王, 太陽王)(17・18世紀)
→Louis XIV le Grand 412
ルイ十四世(大王, 太陽王)(17・18世紀)
→Louis XIV le Grand 412
ルイ14世(大王, 太陽王)(17・18世紀)
→Louis XIV le Grand 412
ルイ14世(太陽王)(17・18世紀)
→Louis XIV le Grand 412
ルイ14世〔太陽王〕(17・18世紀)
→Louis XIV le Grand 412
ルイ十四世,〔太陽王〕(17・18世紀)
→Louis XIV le Grand 412
ルイ14世(太陽王, 大王)(17・18世紀)
→Louis XIV le Grand 412

ルイ, ヴィクトール(18・19世紀)
→Louis, Victor 412
ルイ, セラフィーヌ(19・20世紀)
→Louis, Séraphine 412
ルーイス(19・20世紀)
→Lewis, Percy Wyndham 401
ルイス(19・20世紀)
→Lewis, Percy Wyndham 401
ルイス(20世紀) →Louis, Morris 412
ルイス, A.(20世紀) →Lewis, Anne 401
ルイス, R.(20世紀) →Lewis, Rob 402
ルーイス, ウィンダム(19・20世紀)
→Lewis, Percy Wyndham 401
ルイス, ウィンダム(19・20世紀)
→Lewis, Percy Wyndham 401
ルイス, エドモニア(19・20世紀)
→Lewis, Edmonia 401
ルイス, ジョン・フレデリック(19世紀)
→Lewis, John Frederick 401
ルイス, デビット(20世紀) →Lewis, David 401
ルーイス, パーシー・ウィンダム(19・20世紀)
→Lewis, Percy Wyndham 401
ルイス, (パーシー・)ウィンダム(19・20世紀)
→Lewis, Percy Wyndham 401
ルイス, パーシー・ウィンダム(19・20世紀)
→Lewis, Percy Wyndham 401
ルイス, パーシー・ウインダム(19・20世紀)
→Lewis, Percy Wyndham 401
ルイス, フェルナン1世(16世紀)
→Ruiz, Fernán I 576
ルイス, フェルナン2世(16世紀)
→Ruiz, Fernán II 576
ルイス, フェルナン3世(16世紀)
→Ruiz, Fernán III 576
ルイス,(メアリ)エドモーニア(19・20世紀)
→Lewis, Edmonia 401
ルイス, モーリス(20世紀) →Louis, Morris 412
ルイス, モリス(20世紀) →Louis, Morris 412
ルイス, モリス・バーンスタイン(20世紀)
→Louis, Morris 412
ルイス, ロブ(20世紀) →Lewis, Rob 402
ルイスダール(17世紀)
→Ruysdael, Jacob Izacksz van 578
ルイスブラック(17・18世紀)
→Rysbrack, John Michael 578
ルイスブルック, ヤン・ヴァン(15世紀)
→Ruysbroeck, Jan van 577
ルーイット, ソル(20世紀) →Lewitt, Sol 402
ルイーニ(15・16世紀) →Luini, Bernardino 415
ルイーニ, アウレーリオ(16世紀)
→Luini, Aurelio 415
ルイーニ, ベルナルディーノ(15・16世紀)
→Luini, Bernardino 415
ルイ・フェロー(20世紀) →Féraud, Louis 234

ルィフリツキ,Z.(20世紀)
　→Rychlicki, Zbigniew　578
ルィフリツキ, ズビグニェフ(20世紀)
　→Rychlicki, Zbigniew　578
ル・ヴァ, バリー(20世紀)　→Le Va, Barry　400
ルヴァッスール, アンドレ(20世紀)
　→Levasseur, André　400
ルウィット, ソル(20世紀)　→Lewitt, Sol　402
ル・ヴォー(17世紀)　→Le Vau, Louis　400
ルヴォ(17世紀)　→Le Vau, Louis　400
ルヴォー(17世紀)　→Le Vau, Louis　400
ル・ヴォー, ルイ(17世紀)　→Le Vau, Louis　400
ルオー(19・20世紀)
　→Rouault, Georges-Henri　572
ルオー, ジョージ(19・20世紀)
　→Rouault, Georges-Henri　572
ルオー, ジョルジュ(19・20世紀)
　→Rouault, Georges-Henri　572
ルオー, ジョルジュ-アンリ(19・20世紀)
　→Rouault, Georges-Henri　572
ルオー, ジョルジュ(・アンリ)(19・20世紀)
　→Rouault, Georges-Henri　572
ルオッポロ, ジュゼッペ(17・18世紀)
　→Ruoppolo, Giuseppe　576
ルオッポロ, ジョヴァン・バッティスタ(17世紀)
　→Ruoppolo, Giovan Battista　576
ルオンゴ, アルド(20世紀)　→Luongo, Aldo　415
ルカ(1世紀)　→Loukas　413
ルカ(聖)(1世紀)　→Loukas　413
ルカ(ルカス)(1世紀)　→Loukas　413
ルーカス, コリン・アンダーソン(20世紀)
　→Lucas, Colin Anderson　413
ルーカス, ファン・レイデン(15・16世紀)
　→Lucas van Leiden　413
ルカスヴァンライデン(15・16世紀)
　→Lucas van Leiden　413
ルカス・ヴァン・レイデン(15・16世紀)
　→Lucas van Leiden　413
ルーカス・パディーリャ, エウヘニオ(19世紀)
　→Lucas Padilla, Eugenio　413
ルーカス・ファン・ライデン(15・16世紀)
　→Lucas van Leiden　413
ルカス・ファン・ライデン(15・16世紀)
　→Lucas van Leiden　413
ルーカス・ファン・レイデン(15・16世紀)
　→Lucas van Leiden　413
ルカーツ(20世紀)　→Lukáts Kató　415
ルーカ・ディ・トンメ(14世紀)
　→Luca di Tommè　413
ルカ=デラ=ロビア(14・15世紀)
　→Robbia, Luca della　562
ルーカ・デルラ・ロッビア(14・15世紀)
　→Robbia, Luca della　562
聖ルキア(3・4世紀)　→Lucia, St.　414

ルーキアーノス(2世紀)　→Lukianos　415
ルーキアノス(2世紀)　→Lukianos　415
ルキアノス(サモサタの)(2世紀)
　→Lukianos　415
ルキウス(1世紀)　→Lucius　414
ルー・ギムゴン(19・20世紀)
　→Lue Gim-Gong　414
ルク, ジャン=ジャック(18・19世紀)
　→Lequeu, Jean-Jacques　398
ルクー, ジャン=ジャック(18・19世紀)
　→Lequeu, Jean-Jacques　398
ル・グライス, マルコム(20世紀)
　→Le Grice, Malcolm　392
ルクレチア(前6世紀)　→Lucretia　414
ルクレーティア(前6世紀)　→Lucretia　414
ルクレティア(前6世紀)　→Lucretia　414
ル・クレール, ジャン(16・17世紀)
　→Le Clerc, Jean　390
ルグロ(19・20世紀)　→Legros, Alphonse　392
ルグロ, アルフォンス(19・20世紀)
　→Legros, Alphonse　392
ルグロ, ピエール(17・18世紀)
　→Legros, Pierre　392
ルケシュ,R.(20世紀)　→Lukes, Rudolf　415
ル・コック(19・20世紀)
　→Le Coq, Albert von　390
ル-コック(19・20世紀)
　→Le Coq, Albert von　390
ル=コック(19・20世紀)
　→Le Coq, Albert von　390
ルコック(19・20世紀)
　→Le Coq, Albert von　390
ル・コック, アルバート・V.(19・20世紀)
　→Le Coq, Albert von　390
ル・コック, アルバート・フォン(19・20世紀)
　→Le Coq, Albert von　390
ル　コルビュジエ(19・20世紀)
　→Le Corbusier　390
ル・コルビュジエ(19・20世紀)
　→Le Corbusier　390
ル・コルビュジエ(19・20世紀)
　→Le Corbusier　390
ル-コルビュジエ(19・20世紀)
　→Le Corbusier　390
ル=コルビュジエ(19・20世紀)
　→Le Corbusier　390
ルコルビュジエ(19・20世紀)
　→Le Corbusier　390
ルコルビュジエ(19・20世紀)
　→Le Corbusier　390
ルザッティ,E.(20世紀)
　→Luzzati, Emanuele　416
ルーシー=スミス, エドワード(20世紀)
　→Lucie-Smith, John Edward Mackenzie　414

ルーシー=スミス,(ジョン・)エドワード(・マッケンジー)(20世紀)
　→Lucie-Smith, John Edward Mackenzie　414
ル・シダネ(19・20世紀)
　→Le Sidaner, Henri-Eugène-Augustin　398
ル・シダネル,アンリ(19・20世紀)
　→Le Sidaner, Henri-Eugène-Augustin　398
ル・シダネル,アンリ・E.A.(19・20世紀)
　→Le Sidaner, Henri-Eugène-Augustin　398
ルージッチカー,R.(19・20世紀)
　→Ruzicka, Rudolph　578
ルシニィオル,サンティアゴ(19・20世紀)
　→Rusiñol, Sanitiago　576
ルシニョール(19・20世紀)
　→Rusiñol, Sanitiago　576
ルシニョール,サンチァゴ(19・20世紀)
　→Rusiñol, Sanitiago　576
ルシニョール・イ・プラーツ,サンティアゴ(19・20世紀)　→Rusiñol, Sanitiago　576
ルシニョール・イ・プラット,サンティアゴ(19・20世紀)　→Rusiñol, Sanitiago　576
ルーシャ,エドワード(20世紀)
　→Ruche, Edward　575
ル・シュウール(17世紀)
　→Le Sueur, Eustache　399
ル・シュウール,ウスタッシュ(17世紀)
　→Le Sueur, Eustache　399
ル・シュウール,ユベール(16・17世紀)
　→Le Sueur, Hubert　399
ルジュヌ(18・19世紀)
　→Lejeune, Louis François, Baron　393
ルージュマン(20世紀)　→Rougemont　572
ル・シュール(16・17世紀)
　→Le Sueur, Hubert　399
ル・シュール(17世紀)
　→Le Sueur, Eustache　399
ルシュール,ピエール(20世紀)
　→Lesieur, Pierre　399
ルース,R.(20世紀)　→Ruth, Rod　577
ルース,ジョージ(20世紀)
　→Rousse, Georges　573
ルスカ,ルイージ(18・19世紀)
　→Rusca, Luigi　576
ルスカ,ルイジ(18・19世紀)　→Rusca, Luigi　576
ルスキ,フランチェスコ(17世紀)
　→Ruschi, Francesco　576
ルスコーニ,カミッロ(17・18世紀)
　→Rusconi, Camillo　576
ルスコーニ,ジョヴァンニ・アントーニオ(16世紀)　→Rusconi, Giovanni Antonio　576
ルーズック,マーグリット(20世紀)
　→Lewczuk, Margrit　401
ルスーティ,フィリッポ(13・14世紀)
　→Rusuti, Filippo　577

ルスティチ,ジョヴァンニ・フランチェスコ(15・16世紀)
　→Rustici, Giovanni Francesco　577
ルスティチ,フランチェスコ(16・17世紀)
　→Rustici, Francesco　577
ルスナーティ,ジュゼッペ(17・18世紀)
　→Rusnati, Giuseppe　577
ル・スピッツ(19・20世紀)
　→Roux-Spitz, Michel　573
ルー=スピッツ,ミシェル(19・20世紀)
　→Roux-Spitz, Michel　573
ルースリン,アレクサンデル(18世紀)
　→Roslin, Alexander　569
ルーセル(19・20世紀)
　→Roussel, Ker Xavier　573
ルーセル,ケル・グザヴィエ(19・20世紀)
　→Roussel, Ker Xavier　573
ルーセル,ケル=グザヴィエ(19・20世紀)
　→Roussel, Ker Xavier　573
ルソー(18世紀)
　→Rousseau, Jules Antoine　573
ルソー(18・19世紀)
　→Rousseau, Jean Siméon　573
ルソー(19世紀)
　→Rousseau, Pierre Étienne Théodore　573
ルソー(19・20世紀)
　→Rousseau, Henri Julien Fêlix　573
ルソー,H.(19・20世紀)
　→Rousseau, Henri Julien Fêlix　573
ルソー,T.(19世紀)
　→Rousseau, Pierre Étienne Théodore　573
ルソー,アンリ(19・20世紀)
　→Rousseau, Henri Julien Fêlix　573
ルソー(アンリ)(19・20世紀)
　→Rousseau, Henri Julien Fêlix　573
ルソー,アンリ・ジュリアン・フェリックス(19・20世紀)　→Rousseau, Henri Julien Fêlix　573
ルソー(税官吏)(19・20世紀)
　→Rousseau, Henri Julien Fêlix　573
ルソー(税官吏)(19・20世紀)
　→Rousseau, Henri Julien Fêlix　573
ルソー,テオドール(19世紀)
　→Rousseau, Pierre Étienne Théodore　573
ルソー,ピエール・エチエンヌ・テオドール(19世紀)　→Rousseau, Pierre Étienne Théodore　573
ルソー,(ピエール・エティエンヌ・)テオドール(19世紀)
　→Rousseau, Pierre Étienne Théodore　573
ルソー,ヘンリー(19・20世紀)
　→Rousseau, Henri Julien Fêlix　573
ル・タヴェルニエ,ジャン(15世紀)
　→Le Tavernier, Jean　399
ルタルイイ,ポール=マリー(18・19世紀)
　→Letarouilly, Paul-Marie　399

ルチーア(3・4世紀) →Lucia, St.　414
ルチア(3・4世紀) →Lucia, St.　414
ルチア(聖)(3・4世紀) →Lucia, St.　414
ルツ →Ruth　577
ルックハルト(19・20世紀)
　→Luckhard, Hans　414
ルックハルト(兄弟)(19・20世紀)
　→Luckhard, Hans　414
ルックハルト(兄弟)(19・20世紀)
　→Luckhardt, Wassili　414
ルッジェーリ, ジョヴァンニ(18世紀)
　→Ruggeri, Giovanni　575
ルッジェーリ, フェルディナンド(17・18世紀)
　→Ruggeri, Ferdinando　575
ルッジェーロ2世(11・12世紀) →Roger II　566
ルッジェーロ二世(11・12世紀) →Roger II　566
ルッジェーロ二世, 大王(11・12世紀)
　→Roger II　566
ルッジェーロ・デ・ルッジェーリ(16世紀)
　→Ruggiero de' Ruggieri　575
ルッセル(19・20世紀)
　→Roussel, Ker Xavier　573
ルッセル, ケル・サヴィエル(クザヴィエ)(19・20世紀) →Roussel, Ker Xavier　573
ルッソー(19世紀)
　→Rousseau, Pierre Étienne Théodore　573
ルッソー, ピエール(18・19世紀)
　→Rousseau, Pierre　573
ルッソロ(19・20世紀) →Russolo, Luigi　577
ルッソロ, ルイージ(19・20世紀)
　→Russolo, Luigi　577
ルッソロ, ルイジ(19・20世紀)
　→Russolo, Luigi　577
ルッツァーティ, エマヌエーレ(20世紀)
　→Luzzati, Emanuele　416
ルッツォローネ, ピエトロ(15・16世紀)
　→Ruzzolone, Pietro　578
ルーティ, ベネデット(17・18世紀)
　→Luti, Benedetto　416
ルディウス(前1世紀) →Ludius　414
ルーテルブール(18・19世紀)
　→Loutherbourg, Philippe Jacques de　413
ルーテルブール, ジャック=フィリップ・ド(18・19世紀)
　→Loutherbourg, Philippe Jacques de　413
ルーテルブール, フィリップ・ジェイムズ・ド(18・19世紀)
　→Loutherbourg, Philippe Jacques de　413
ルデンコ(19・20世紀)
　→Rudenko, Sergei Ivanovich　575
ルデンコ, セルゲイ(19・20世紀)
　→Rudenko, Sergei Ivanovich　575
ルート(19世紀) →Root, John Wellborn　568

ルド(18・19世紀)
　→Ledoux, Claude Nicolas　391
ルドー(18・19世紀)
　→Ledoux, Claude Nicolas　391
ルート, ジョン・ウェルボーン(19世紀)
　→Root, John Wellborn　568
ルドゥー(18・19世紀)
　→Ledoux, Claude Nicolas　391
ルドゥー, クロード・ニコラ(18・19世紀)
　→Ledoux, Claude Nicolas　391
ルドゥー, クロード=ニコラ(18・19世紀)
　→Ledoux, Claude Nicolas　391
ルドヴィージ, ルドヴィーコ(16・17世紀)
　→Ludovisi, Ludovico　414
ルードウィック,H.(20世紀)
　→Ludwig, Helen　414
ルードヴィヒ(19世紀) →Ludwig, Heinrich　414
ルートヴィヒ, パウラ(20世紀)
　→Ludwig, Paula　414
ルードヴィヒ, ヨハン・フリードリヒ(ルードヴィセ(通称))(17・18世紀)
　→Ludwig, Johann Friedrich(Ludovice)　414
ルトリエ, ピエール(20世紀)
　→Letellier, Pierre　399
ルードルフ(16・17世紀) →Rudolf II　575
ルドルフ(20世紀) →Rudolph, Paul　575
ルードルフ2世(16・17世紀) →Rudolf II　575
ルードルフ二世(16・17世紀) →Rudolf II　575
ルドルフ(2世)(16・17世紀) →Rudolf II　575
ルドルフ2世(16・17世紀) →Rudolf II　575
ルドルフ二世(16・17世紀) →Rudolf II　575
ルドルフ, コンラート(18世紀)
　→Rudolf, Konrad　575
ルードルフ, ポール(20世紀)
　→Rudolph, Paul　575
ルドルフ, ポール(20世紀)
　→Rudolph, Paul　575
ルドン(19・20世紀) →Redon, Odilon　550
ルドン, オディロン(19・20世紀)
　→Redon, Odilon　550
ルナ(19世紀) →Luna, Juan　415
ル・ナン(16・17世紀) →Le Nain, Antoine　394
ル・ナン(16・17世紀) →Le Nain, Louis　394
ル・ナン(17世紀) →Le Nain, Mathieu　395
ル・ナン, アントアーヌ(16・17世紀)
　→Le Nain, Antoine　394
ル・ナン, アントワーヌ(16・17世紀)
　→Le Nain, Antoine　394
ルナン, アントワーヌ(16・17世紀)
　→Le Nain, Antoine　394
ル・ナン, マチウ(17世紀)
　→Le Nain, Mathieu　395
ル・ナン, マチュー(17世紀)
　→Le Nain, Mathieu　395

ルナン, マチュー (17世紀)
　→Le Nain, Mathieu　*395*
ルナン, マティウ (17世紀)
　→Le Nain, Mathieu　*395*
ル・ナン, マテュー (17世紀)
　→Le Nain, Mathieu　*395*
ル・ナン, マテュウ (17世紀)
　→Le Nain, Mathieu　*395*
ル・ナン, ルイ (16・17世紀)
　→Le Nain, Louis　*394*
ルナン, ルイ (16・17世紀) →Le Nain, Louis　*394*
ル・ナン兄弟 (16・17世紀)
　→Le Nain, Antoine　*394*
ル・ナン兄弟 (16・17世紀)
　→Le Nain, Louis　*394*
ル・ナン兄弟 (17世紀) →Le Nain, Mathieu　*395*
ルニエ (ユイの) (12世紀) →Renier de Huy　*553*
ルニエ・ド・ユイ (12世紀)
　→Renier de Huy　*553*
ルニョー (18・19世紀)
　→Regnault, Jean Baptiste, Baron　*551*
ルニョー (19世紀) →Regnault, Henri　*551*
ルニョー, アレクサンドル=ジョルジュ=アンリ
　(19世紀) →Regnault, Henri　*551*
ルニョー, アンリ (19世紀)
　→Regnault, Henri　*551*
ルニョー, ギヨーム (15・16世紀)
　→Regnault, Guillaume　*550*
ルニョー, ジャン・バティスト (18・19世紀)
　→Regnault, Jean Baptiste, Baron　*551*
ルニョー, ジャン=バティスト (18・19世紀)
　→Regnault, Jean Baptiste, Baron　*551*
ルヌアール (19・20世紀)
　→Renouard, Charles Paul　*553*
ルヌアール, ポール (19・20世紀)
　→Renouard, Charles Paul　*553*
ルネ1世 (15世紀) →Rene I, le Bon　*552*
ルネ1世 (善王) (15世紀) →Rene I, le Bon　*552*
ルネ一世, 善良公 (15世紀) →Rene I, le Bon　*552*
ルネ王 (15世紀) →Rene I, le Bon　*552*
ルネ善良公 (15世紀) →Rene I, le Bon　*552*
ルネ善良伯 (15世紀) →Rene I, le Bon　*552*
ルネ・ダンジュー (15世紀)
　→Rene I, le Bon　*552*
ルーネルストロム, B.A. (20世紀)
　→Runnerström, Bent-Anne　*576*
ルノアール (19・20世紀)
　→Renoir, Pierre Auguste　*553*
ルノアール, P.A. (19・20世紀)
　→Renoir, Pierre Auguste　*553*
ルノアール, ピエール・オーギュスト (19・20世紀)
　→Renoir, Pierre Auguste　*553*
ル・ノートル (17世紀) →Le Nôtre, André　*396*
ルノートル (17世紀) →Le Nôtre, André　*396*

ル・ノートル, アンドレ (17世紀)
　→Le Nôtre, André　*396*
ルノルマン (19世紀) →Lenormant, Charles　*395*
ルノルマン (19世紀)
　→Lenormant, François　*395*
ルノルマン, シャルル (19世紀)
　→Lenormant, Charles　*395*
ルノルマン, フランソワ (19世紀)
　→Lenormant, François　*395*
ルノワール (19・20世紀)
　→Renoir, Pierre Auguste　*553*
ルノワール, オーギュスト (19・20世紀)
　→Renoir, Pierre Auguste　*553*
ルノワール, ピエール・オーギュスト (19・20世紀)
　→Renoir, Pierre Auguste　*553*
ルノワール, ピエール=オーギュスト (19・20世紀)
　→Renoir, Pierre Auguste　*553*
ル・バ (18・19世紀)
　→Le Bas, Louis Hippolyte　*389*
ルバ, イポリート (18・19世紀)
　→Le Bas, Louis Hippolyte　*389*
ルバスク (19・20世紀) →Lebasque, Henri　*389*
ルバスク, アンリ (19・20世紀)
　→Lebasque, Henri　*389*
ルバダン (20世紀) →Lebadang　*389*
ル・パルク, ジュリオ (20世紀)
　→Le Parc, Julio　*397*
ル・パルク, フリオ (20世紀)
　→Le Parc, Julio　*397*
ルビク, エルネー (20世紀) →Rubik Ernö　*574*
ルピシェ (18世紀)
　→Lepicié, Michel Nicolas Bernard　*398*
ルピシエ, ニコラ (18世紀)
　→Lepicié, Michel Nicolas Bernard　*398*
ルービック, エルノー (20世紀)
　→Rubik Ernö　*574*
ルビーノ, エドアルド (19・20世紀)
　→Rubino, Edoardo　*575*
ルビヤック (17・18世紀)
　→Roubillac, Louis-François　*572*
ルービーヤック, ルイ・フランソワ (17・18世紀)
　→Roubillac, Louis-François　*572*
ルビヤック, ルイ・フランソワ (17・18世紀)
　→Roubillac, Louis-François　*572*
ルービン (19・20世紀)
　→Rubin, Edgar John　*574*
ルビン (19・20世紀) →Rubin, Edgar John　*574*
ルビン, E.J. (19・20世紀)
　→Rubin, Edgar John　*574*
ルービン, ルベン (20世紀)
　→Ruvin, Reuven　*577*
ルフェーヴル (19・20世紀)
　→Lefebvre, Jules Joseph　*391*
ルフェーヴル, ジャン1世 (17世紀)
　→Lefebvre, Jean I　*391*

ルフェーヴル, ジャン2世(18世紀)
　→Lefebvre, Jean II　*391*
ルフェーヴル, ピエール(17世紀)
　→Lefebvre, Pierre　*391*
ルフェビュール(19・20世紀)
　→Lefebvre, Jules Joseph　*391*
ルフェブール, ジュール・ジョセフ(19・20世紀)
　→Lefébure, Jules Joseph　*391*
ル・フォーコニエ(19・20世紀)
　→Le Fauconnier, Henri　*391*
ル・フォーコニエ, アンリ(19・20世紀)
　→Le Fauconnier, Henri　*391*
ル・フォーコニエ, アンリ・V.G.(19・20世紀)
　→Le Fauconnier, Henri　*391*
ル・フォーコニエ, アンリ=ヴィクトール=ガブリエル(19・20世紀)
　→Le Fauconnier, Henri　*391*
ル・ブテリエル, ジャン(14世紀)
　→Le Bouteillier, Jean　*390*
ルフュエル(19世紀)
　→Lefuel, Hector Martin　*391*
ルフュエル, エクトル(19世紀)
　→Lefuel, Hector Martin　*391*
ルフュエル, エクトール・マルタン(19世紀)
　→Lefuel, Hector Martin　*391*
ル・ブラン(17世紀)　→Le Brun, Charles　*390*
ルブラン(17世紀)　→Le Brun, Charles　*390*
ルブラン(20世紀)　→Lebrun, Rico　*390*
ル・ブラン, シャルル(17世紀)
　→Le Brun, Charles　*390*
ル・プランス(18世紀)
　→Le Prince, Jean Baptiste　*398*
ル・プランス, ジャン=バティスト(18世紀)
　→Le Prince, Jean Baptiste　*398*
ルブリョーフ(14・15世紀)
　→Rublyov, Andrei　*575*
ルブリョフ(14・15世紀)
　→Rublyov, Andrei　*575*
ルブリョーフ, アンドレーイ(14・15世紀)
　→Rublyov, Andrei　*575*
ルブリョーフ, アンドレイ(14・15世紀)
　→Rublyov, Andrei　*575*
ルブリョフ, アンドレイ(14・15世紀)
　→Rublyov, Andrei　*575*
ルブール, アルベール(19・20世紀)
　→Lebourg, Albert　*390*
ル・ブルトン, ジル(16世紀)
　→Le Breton, Gilles　*390*
ル・ブロン(17・18世紀)
　→Le Blond, Alexandre Jean Baptiste　*389*
ル・ブロン(17世紀)
　→Le Blond, Jacques Christophe　*389*
ル・ブロン, ジャン・バティスト・アレクサンドル(17・18世紀)
　→Le Blond, Alexandre Jean Baptiste　*389*

ル・ブロン, ジャン=バティスト=アレクサンドル(17・18世紀)
　→Le Blond, Alexandre Jean Baptiste　*389*
ルベトキン, バーソルド(20世紀)
　→Lubetkin, Berthold　*413*
ルベトキン, バートールド(20世紀)
　→Lubetkin, Berthold　*413*
ルーベル, N.(20世紀)　→Rubel, Nicole　*574*
ルベル, イベリア(20世紀)　→Lebel, Iberia　*389*
ルベル, ジャン・ジャック(20世紀)
　→Lebel, Jean-Jacque　*389*
ルベロール, ポール(20世紀)
　→Rebeyrolle, Paul　*550*
ルーベンス(16・17世紀)
　→Rubens, Peter Paul　*574*
ルーベンス, ピーター・パウル(16・17世紀)
　→Rubens, Peter Paul　*574*
ルーベンス, (ペーター・パウル)(16・17世紀)
　→Rubens, Peter Paul　*574*
ルーベンス, ペーテル・パウル(16・17世紀)
　→Rubens, Peter Paul　*574*
ル・ボー(17世紀)　→Le Vau, Louis　*400*
ルポートル(17世紀)　→Lepautre, Antoine　*397*
ルポートル(17世紀)　→Lepautre, Jean　*397*
ルポートル(17・18世紀)
　→Lepautre, Pierre　*398*
ル・ポートル, アントワーヌ(17世紀)
　→Lepautre, Antoine　*397*
ル・ポトル, アントワーヌ(17世紀)
　→Lepautre, Antoine　*397*
ル・ポートル, ジャン(17世紀)
　→Lepautre, Jean　*397*
ルポートル, ジャン(17世紀)
　→Lepautre, Jean　*397*
ル・ポートル, ピエール(17・18世紀)
　→Lepautre, Pierre　*398*
ル・ポトル, ピエール(17・18世紀)
　→Lepautre, Pierre　*398*
ル・ホン(20世紀)　→Lu Hong　*415*
ル・ミュエ(16・17世紀)　→Le Muet, Pierre　*394*
ル・ミュエ, ピエール(16・17世紀)
　→Le Muet, Pierre　*394*
ル・メール(20世紀)　→Lemerle, Paul　*394*
ルメルシエ(16・17世紀)
　→Lemercier, Jacques　*394*
ルメルシエ, ジャーク(16・17世紀)
　→Lemercier, Jacques　*394*
ルメルシェ, ジャック(16・17世紀)
　→Lemercier, Jacques　*394*
ルメルシエ, ジャック(16・17世紀)
　→Lemercier, Jacques　*394*
ルモ, フランソワ=フレデリック(18・19世紀)
　→Lemot, François-Frédéric　*394*
ルーモーア, カール・フリードリヒ・フォン(18・19世紀)　→Rumohr, Karl Friedrich von　*576*

ルモアーヌ（17・18世紀）
　→Lemoyne, François　*394*
ルモアーヌ（18世紀）
　→Lemoyne, Jean Baptiste　*394*
ルモアーヌ，フランソア（17・18世紀）
　→Lemoyne, François　*394*
ル・モアル（20世紀）　→Le Moal, Jean　*394*
ル・モアル，ジャン（20世紀）
　→Le Moal, Jean　*394*
ルーモール（18・19世紀）
　→Rumohr, Karl Friedrich von　*576*
ルモール（18・19世紀）
　→Rumohr, Karl Friedrich von　*576*
ル・モワテュリエ，アントワーヌ（15世紀）
　→Le Moiturier, Pierre Antoine　*394*
ルモワーヌ，ジャン＝バティスト（18世紀）
　→Lemoyne, Jean Baptiste　*394*
ルモワーヌ，フランソワ（17・18世紀）
　→Lemoyne, François　*394*
ルモワンヌ,G.（20世紀）→Lemoine, George　*394*
ルラーゴ，アンセルモ・マルティーノ（18世紀）
　→Lurago, Anselmo Martino　*415*
ルラーゴ，アントーニオ（17世紀）
　→Lurago, Antonio　*415*
ルラーゴ，カルロ（17世紀）→Lurago, Carlo　*415*
ルラーゴ，ロッコ（16世紀）→Lurago, Rocco　*415*
ルリ（19・20世紀）→Lugli, Giuseppe　*414*
ルーリ，ジュゼッペ（19・20世紀）
　→Lugli, Giuseppe　*414*
ルーリエ，ウージェーヌ（20世紀）
　→Lourie, Eugene　*413*
ルリエ，ウジェーヌ（20世紀）
　→Lourie, Eugene　*413*
ルルー，ジャン＝フランソワ（18・19世紀）
　→Leleu, Jean-François　*393*
ル・ルー，ロラン（16世紀）
　→Le Roux, Roland　*398*
ルルー，ローラン（16世紀）
　→Le Roux, Roland　*398*
ルールデ，シモン（17世紀）
　→Lourdet, Simon　*413*
ルロア・グーラン（20世紀）
　→Leroi-Gourhan, André　*398*
ルロア・グーラン，アンドレ（20世紀）
　→Leroi-Gourhan, André　*398*
ル・ロラン，ルイ＝ジョゼフ（18世紀）
　→Le Lorrain, Louis-Joseph　*393*
ルロワ・グーラン（20世紀）
　→Leroi-Gourhan, André　*398*
ルロワグーラン（20世紀）
　→Leroi-Gourhan, André　*398*
ルロワ＝グーラン，アンドレ（20世紀）
　→Leroi-Gourhan, André　*398*
ルロワール（19・20世紀）→Leloire, Maurice　*393*
ルロン（19・20世紀）→Lelong, Lucien　*393*

ルンゲ（18・19世紀）→Runge, Philipp Otto　*576*
ルンゲ，フィリップ・オットー（18・19世紀）
　→Runge, Philipp Otto　*576*
ルンゲ，フィーリプ・オットー（18・19世紀）
　→Runge, Philipp Otto　*576*
ルンドビー，ヨハン・トマス（19世紀）
　→Lundbye, Johan Thomas　*415*

【 レ 】

レー（19・20世紀）→Ray, Man　*548*
レー，マン（19・20世紀）→Ray, Man　*548*
レアール（17世紀）→Valdes Leal, Juan de　*669*
レアル（17世紀）→Valdes Leal, Juan de　*669*
レアール，ルイ（20世紀）→Réard, Louis　*549*
レアルフォンツォ，トンマーゾ（18世紀）
　→Realfonzo, Tommaso　*549*
レーアン，マティゥ・ド（15世紀）
　→Layens, Mathieu de　*388*
レイ（19世紀）
　→Ley, Hans Christian Clausen　*402*
レイ（19・20世紀）→Ray, Man　*548*
レイ,D.（20世紀）→Ray, David　*548*
レイ,D.（20世紀）→Ray, Deborah　*548*
レイ,H.A.（20世紀）→Rey, Hans Augusto　*554*
レイ,H（ハンス）・A（オーガスト）（20世紀）
　→Rey, Hans Augusto　*554*
レイ,J.（20世紀）→Ray, Jane　*548*
レイ,R.（20世紀）→Ray, Ralph　*548*
レイ，ハンス オーガスト（20世紀）
　→Rey, Hans Augusto　*554*
レイ，ハンス・オーガスト（20世紀）
　→Rey, Hans Augusto　*554*
レイ（夫妻）（20世紀）→Rey, Hans Augusto　*554*
レイ（夫妻）（20世紀）→Rey, Margaret　*554*
レイ，マーガレット（20世紀）
　→Rey, Margaret　*554*
レイ，マン（19・20世紀）→Ray, Man　*548*
レイヴァー，ジェイムズ（20世紀）
　→Laver, James　*387*
レイヴェンソン，アルマ・ルース（20世紀）
　→Lavenson, Alma Ruth　*387*
レイヴンズクロフト，ジョージ（17世紀）
　→Ravenscroft, George　*548*
レイシャック，フアン（15世紀）
　→Reixach, Juan　*552*
レイス（19世紀）→Leys, Hendrik　*402*
レイス，ヘンドリック（19世紀）
　→Leys, Hendrik　*402*

レイス, マルシャル (20世紀)
　→Raysse, Martial　549
レイス, マルティアル (20世紀)
　→Raysse, Martial　549
レイスター, ジュディス (17世紀)
　→Leyster, Judith　402
レイステル (17世紀) →Leyster, Judith　402
レイステル, ユディット (17世紀)
　→Leyster, Judith　402
レイステル, ユーディト (17世紀)
　→Leyster, Judith　402
レイステル, ユディト・モレナール (17世紀)
　→Leyster, Judith　402
レイスロップ, D.P. (20世紀)
　→Lathrop, Dorothy　385
レイセルベルヘ (19・20世紀)
　→Rysselberghe, Théo van　578
レイセルベルヘ, テオドール・ヴァン (19・20世紀)
　→Rysselberghe, Théo van　578
レイチェンド, エンリーコ (19・20世紀)
　→Reycend, Enrico　554
レイディ, アフォンソ・エドゥアルド (20世紀)
　→Reidy, Afonso Eduardo　551
レイディー, アフォンソ・エドゥアルド (20世紀)
　→Reidy, Afonso Eduardo　551
レイデン (15世紀)
　→Gerhaert van Leyden, Nicolaus　268
レイトン (19世紀) →Leighton of Stretton, Frederic Leighton, Baron　393
レイトン, C.V.H. (20世紀)
　→Leighton, Clare　393
レイトン, クレア (20世紀)
　→Leighton, Clare　393
レイトン (ストレットンの), フレデリック・レイトン, 男爵 (19世紀) →Leighton of Stretton, Frederic Leighton, Baron　393
レイトン, フレデリック (19世紀) →Leighton of Stretton, Frederic Leighton, Baron　393
レイナー, M. (20世紀) →Rayner, Mary　549
レイナー, アルヌルフ (20世紀)
　→Rainer, Arnulf　545
レイナー, メアリ (20世紀) →Rayner, Mary　549
レイニウス, レイフ (20世紀)
　→Reinius, Leif　552
レイニールス, アントン (16世紀)
　→Leyniers, Anton　402
レイニールス, エフェラールト (17世紀)
　→Leyniers, Everaert　402
レイニールス, ニコラス (16世紀)
　→Leyniers, Nicolas　402
レイノー, ジャン・ピエール (20世紀)
　→Raynaud, Jean-Pierre　549
レイノルズ (18世紀)
　→Reynolds, Sir Joshua　555

レイノルズ (18・19世紀)
　→Reynolds, Samuel William　555
レイノルズ, サー・ジョシュア (18世紀)
　→Reynolds, Sir Joshua　555
レイノルズ, ジョシュア (18世紀)
　→Reynolds, Sir Joshua　555
レイバリー (19・20世紀)
　→Lavery, Sir John　387
レイバーン (18・19世紀)
　→Raeburn, Sir Henry　544
レイバーン, サー・ヘンリ (18・19世紀)
　→Raeburn, Sir Henry　544
レイバーン, ヘンリー (18・19世紀)
　→Raeburn, Sir Henry　544
レイムグルーバー, M. (20世紀)
　→Laimgruber, Monika　380
レイモン (20世紀) →Raymond, Marie　549
レイモン・デュ・タンプル (14・15世紀)
　→Raymond du Temple　549
レイモンド (19世紀)
　→Raymond, John Howard　549
レイモンド (19・20世紀)
　→Raymond, Antonin　548
レイモンド, アレックス (アレグザンダー・ギレスピー) (20世紀)
　→Raymond, Alexander Gillespie　548
レイモンド, アントニン (19・20世紀)
　→Raymond, Antonin　548
レイヤード (19世紀)
　→Layard, Sir Austen Henry　388
レイランダー (19世紀)
　→Rejlander, Oscar Gustave　552
レイン, リチャード・ジェイムズ (19世紀)
　→Lane, Richard James　382
レインズ, J. (20世紀) →Raynes, John　549
レインハード, ワーリー (20世紀)
　→Reinhardt, Wally　552
レヴァーティ, ジュゼッペ (18・19世紀)
　→Levati, Giuseppe　400
レーヴァリ (19・20世紀) →Lavery, Sir John　387
レーヴィ (19・20世紀) →Löwy, Emmanuel　413
レーヴィ (20世紀) →Levi, Carlo　400
レヴィ (20世紀) →Levi, Carlo　400
レーヴィ, インマヌエル (19・20世紀)
　→Löwy, Emmanuel　413
レーヴィ, カルロ (20世紀) →Levi, Carlo　400
レヴィ, フローレンス・ナイティンゲール (19・20世紀) →Levy, Florence Nightingale　401
レヴィ, マルク (20世紀) →Levy, Marc　401
レーヴィ, リノ (20世紀) →Lèvi, Rino　400
レヴィターン (19世紀)
　→Levitan, Isaak Iliich　401
レヴィタン (19世紀) →Levitan, Isaak Iliich　401

レヴィタン, イサク(19世紀)
　→Levitan, Isaak Iliich　*401*
レヴィタン, イサーク・イリイッチ(19世紀)
　→Levitan, Isaak Iliich　*401*
レヴィツキー(18・19世紀)
　→Levitskii, Dmitrii Grigorievich　*401*
レヴィツキー, ドミートリイ(18・19世紀)
　→Levitskii, Dmitrii Grigorievich　*401*
レヴィツキー, ドミトリー・グリゴリエヴィチ
　(18・19世紀)
　→Levitskii, Dmitrii Grigorievich　*401*
レヴィツキー, ドミトリー・グリゴリエヴィッチ
　(18・19世紀)
　→Levitskii, Dmitrii Grigorievich　*401*
レヴィーツキィ(18・19世紀)
　→Levitskii, Dmitrii Grigorievich　*401*
レーヴィ・モンタルチーニ, ジーノ(20世紀)
　→Levi Montalcini, Gino　*400*
レヴィリオーネ, マーリオ(19・20世紀)
　→Reviglione, Mario　*554*
レヴィン(20世紀) →Levine, Jack　*401*
レヴィン, ジャック(20世紀) →Levine, Jack　*401*
レヴィン, レス(20世紀) →Levine, Les　*401*
レヴェル, ヴィリュオ(20世紀)
　→Revell, Viljo　*554*
レーヴェレンツ, シーグルド(19・20世紀)
　→Lewerentz, Sigurd　*401*
レヴェン, ボリス(20世紀) →Leven, Boris　*400*
レウキッポス(前6・5世紀) →Leukippos　*400*
レウスキッポス(前6・5世紀) →Leukippos　*400*
レヴニ(18世紀) →Levni　*401*
レヴニー(18世紀) →Levni　*401*
レオー(19・20世紀) →Réau, Louis　*549*
レオ一〇世(15・16世紀) →Leo X　*396*
レオ(10世)(15・16世紀) →Leo X　*396*
レオ10世(15・16世紀) →Leo X　*396*
レオ十世(15・16世紀) →Leo X　*396*
レオ,V.(20世紀) →Leo, Veronica　*396*
レオ, ルートヴィヒ(20世紀)
　→Leo, Ludwig　*396*
レオーカレース(前4世紀) →Leochares　*396*
レオカレス(前4世紀) →Leochares　*396*
レオナルディ, レオンチッロ(20世紀)
　→Leonardi, Leoncillo　*396*
レオナルド・ダ・ヴィンチ(15・16世紀)
　→Leonardo da Vinci　*396*
レオナルド＝ダ＝ヴィンチ(15・16世紀)
　→Leonardo da Vinci　*396*
レオナルドダヴィンチ(15・16世紀)
　→Leonardo da Vinci　*396*
レオナルド・ダ・ビンチ(15・16世紀)
　→Leonardo da Vinci　*396*
レオナルド＝ダ＝ビンチ(15・16世紀)
　→Leonardo da Vinci　*396*

レオナルド・ダ・ベゾッツォ(15世紀)
　→Leonardo da Besozzo　*396*
レオーニ(16世紀) →Leoni, Leone　*397*
レオーニ,L.(20世紀) →Lionni, Leo　*405*
レオーニ, ジャーコモ(17・18世紀)
　→Leoni, Giacomo　*397*
レオーニ, ジャコモ(17・18世紀)
　→Leoni, Giacomo　*397*
レオーニ, ポンペーオ(16・17世紀)
　→Leoni, Pompeo　*397*
レオーニ, レオ(20世紀) →Lionni, Leo　*405*
レオーニ, レオーネ(16世紀)
　→Leoni, Leone　*397*
レオーニ, レナード(20世紀) →Lionni, Leo　*405*
レオニダス(前4世紀) →Leonidas　*397*
レオニード(20世紀) →Léonide Berman　*397*
レオニードフ(20世紀)
　→Leonidov, Ivan Iliich　*397*
レオニードフ, イヴァン・イリイチ(20世紀)
　→Leonidov, Ivan Iliich　*397*
レオパルディ(15・16世紀)
　→Leopardi, Alessandro　*397*
レオパルディ, アレッサンドロ(15・16世紀)
　→Leopardi, Alessandro　*397*
レオポール・レビ(19・20世紀)
　→Léopold-Lévy　*397*
レオ・レオーニ(20世紀) →Lionni, Leo　*405*
レオワルト, ゲオルク(20世紀)
　→Leowald, Georg　*397*
レオンブルーノ, ロレンツォ(15・16世紀)
　→Leombruno, Lorenzo　*396*
レーガ(19世紀) →Léga, Silvestro　*392*
レーガ, シルヴェストロ(19世紀)
　→Léga, Silvestro　*392*
レガメー(19・20世紀) →Régamey, Félix　*550*
レガメ, フェリックス(19・20世紀)
　→Régamey, Félix　*550*
レカルカーティ, アントーニオ(20世紀)
　→Recalcati, Antonio　*550*
レーク,H.v.(20世紀) →Reek, Harrist van　*550*
レゴ, パウラ(20世紀) →Rego, Paula　*551*
レゴ, ポーラ(20世紀) →Rego, Paula　*551*
レゴイオス(19・20世紀)
　→Regoyos, Darío de　*551*
レゴィオス, ダリーオ・デ(19・20世紀)
　→Regoyos, Darío de　*551*
レゴーヨス・イ・バルデース, ダリーオ(19・20世
　紀) →Regoyos, Darío de　*551*
レゴーヨス・イ・バルデース, ダリーオ・デ(19・
　20世紀) →Regoyos, Darío de　*551*
レゴーヨス・イ・バルデス, ダリーオ・デ(19・20
　世紀) →Regoyos, Darío de　*551*
レザー・アッバースィー(16・17世紀)
　→Rizā-i-Abbāssi　*561*

レサビ(19・20世紀)
　→Lethaby, William Richard　399
レサビー(19・20世紀)
　→Lethaby, William Richard　399
レサビー，ウィリアム・リチャード(19・20世紀)
　→Lethaby, William Richard　399
レジェ(19・20世紀)　→Léger, Fernand　392
レジェ，フェルナン(19・20世紀)
　→Léger, Fernand　392
レジェモルテル(18・19世紀)
　→Regemorter, Petrus Johann van　550
レスカス(19世紀)　→Lescasse, Jules　398
レスカーズ，ウィリアム(20世紀)
　→Lescaze, William　398
レスコ(16世紀)　→Lescot, Pierre　398
レスコー(16世紀)　→Lescot, Pierre　398
レスコ，ピエール(16世紀)　→Lescot, Pierre　398
レスコー，ピエール(16世紀)
　→Lescot, Pierre　398
レスコルネル(18・19世紀)
　→Lescornel, Joseph-Stanislas　398
レスタ，セバスティアーノ(17・18世紀)
　→Resta, Sebastiano　554
レストゥー，ウスターシュ(17・18世紀)
　→Restout, Eustache　554
レストゥー，ジャン(17・18世紀)
　→Restout, Jean　554
レストゥー，ジャン=ベルナール(18世紀)
　→Restout, Jean-Bernard　554
レストゥー，マルカントワーヌ(17世紀)
　→Restout, Marc-Antoine　554
レズリー，チャールズ・ロバート(18・19世紀)
　→Leslie, Charles Robert　399
レスリ(レズリ)(18・19世紀)
　→Leslie, Charles Robert　399
レーダー　→Leda　391
レダ　→Leda　391
レーダーシャイト，アントン(20世紀)
　→Räderscheidt, Anton　544
レダン，ファンシュ(20世紀)
　→Ledan, Fanch　391
レツェル(19・20世紀)　→Letzel, Jan　399
レッコ，ジャーコモ(17世紀)
　→Recco, Giacomo　550
レッコ，ジュゼッペ(17世紀)
　→Recco, Giuseppe　550
レッコ，ジョヴァン・バッティスタ(17世紀)
　→Recco, Giovan Battista　550
レッジャーニ，マウロ(20世紀)
　→Reggiani, Mauro　550
レッシング(18世紀)
　→Lessing, Gotthold Ephraim　399
レッシング(19世紀)
　→Lessing, Karl Friedrich　399

レッシング，ゴットホルト(18世紀)
　→Lessing, Gotthold Ephraim　399
レッシング，ゴットホルト・エーフライム(18世紀)　→Lessing, Gotthold Ephraim　399
レッシング，ゴットホルト・エフライム(18世紀)
　→Lessing, Gotthold Ephraim　399
レッツェル(19・20世紀)　→Letzel, Jan　399
レッドグレイヴ，リチャード(19世紀)
　→Redgrave, Richard　550
レッドパース，アン(20世紀)
　→Redpath, Anne　550
レッドパス，アン(20世紀)
　→Redpath, Anne　550
レッドマン，ヘンリー(16世紀)
　→Redman, Henry　550
レツル(19・20世紀)　→Letzel, Jan　399
レティヒ，M.(20世紀)　→Rettich, Margret　554
レティヒ，マルグレート(20世紀)
　→Rettich, Margret　554
レーデラー(15・16世紀)　→Lederer, Jorg　391
レーデラー(19・20世紀)　→Lederer, Hugo　391
レデラー，フーゴー(19・20世紀)
　→Lederer, Hugo　391
レーデラー，ヨルク(15・16世紀)
　→Lederer, Jorg　391
レーテル(19世紀)　→Rethel, Alfred　554
レーテル，アルフレット(19世紀)
　→Rethel, Alfred　554
レーテル，アルフレート(19世紀)
　→Rethel, Alfred　554
レデンティ，フランチェスコ(19世紀)
　→Redenti, Francesco　550
レート，アントニーノ(19・20世紀)
　→Leto, Antonino　399
レートン(19世紀)　→Leighton of Stretton, Frederic Leighton, Baron　393
レーナク(19・20世紀)　→Reinach, Salomon　551
レナック(19・20世紀)　→Reinach, Salomon　551
レーナック，サロモン(19・20世紀)
　→Reinach, Salomon　551
レナック，サロモン(19・20世紀)
　→Reinach, Salomon　551
レナート〔ルネ〕善良王(15世紀)
　→Rene I, le Bon　552
レーニ(16・17世紀)　→Reni, Guido　553
レニ(16・17世紀)　→Reni, Guido　553
レーニ，グィード(16・17世紀)
　→Reni, Guido　553
レーニ，グイード(16・17世紀)
　→Reni, Guido　553
レニエーリ，ニッコロ(16・17世紀)
　→Renieri, Niccolò　553
レニツァ，アルフレド(20世紀)
　→Lenica, Alfred　395

レニツァ, ヤン(20世紀) →Lenica, Jan　395
レニャーニ, ステーファノ・マリーア(17・18世紀)
　→Legnani, Stefano Maria　392
レーノルズ(18世紀)
　→Reynolds, Sir Joshua　555
レノルズ(18世紀) →Reynolds, Sir Joshua　555
レノルズ,J.(18世紀)
　→Reynolds, Sir Joshua　555
レノルズ, サー・ジョシュア(18世紀)
　→Reynolds, Sir Joshua　555
レノルズ, ジョシュア(18世紀)
　→Reynolds, Sir Joshua　555
レノルズ・スティーヴンズ(19・20世紀)
　→Reynolds-Stephens, Sir William　555
レバイ, ハイラ(19・20世紀) →Rebay, Hilla　550
レーバーン(18・19世紀)
　→Raeburn, Sir Henry　544
レーバーン, ヘンリー(18・19世紀)
　→Raeburn, Sir Henry　544
レービ(20世紀) →Levi, Carlo　400
レービ, カルロ(20世紀) →Levi, Carlo　400
レヒター(19・20世紀) →Lechter, Melchior　390
レビタン(19世紀) →Levitan, Isaak Iliich　401
レビッキー(18・19世紀)
　→Levitskii, Dmitrii Grigorievich　401
レビツキー(18・19世紀)
　→Levitskii, Dmitrii Grigorievich　401
レピーヌ(19世紀) →Lepine, Stanislas　398
レピーヌ, スタニスラス(19世紀)
　→Lepine, Stanislas　398
レヒネル(19・20世紀) →Lechner Ödön　390
レヒネル, エデン(19・20世紀)
　→Lechner Ödön　390
レヒネル・エデン(19・20世紀)
　→Lechner Ödön　390
レーピン(19・20世紀)
　→Repin, Iliya Efimovich　553
レーピン,I.(19・20世紀)
　→Repin, Iliya Efimovich　553
レーピン, イリヤ(19・20世紀)
　→Repin, Iliya Efimovich　553
レーピン, イリヤ・エフィモヴィチ(19・20世紀)
　→Repin, Iliya Efimovich　553
レーピン, イリヤ・エフィーモヴィッチ(19・20世紀) →Repin, Iliya Efimovich　553
レフグレン,U.(20世紀) →Löfgren, Ulf　408
レフグレン, ウルフ(20世紀) →Löfgren, Ulf　408
レフコービィット,V.E.(20世紀)
　→Legkobyt, Vjacheslav Efimovich　392
レプシウス(19世紀)
　→Lepsius, Karl Richard　398
レプシウス, カール・リヒャルト(19世紀)
　→Lepsius, Karl Richard　398

レプシス,P.P.(20世紀)
　→Repshis, Pjatras Pjatro　554
レプトン(18・19世紀) →Repton, Humphry　554
レプトン, ジョージ・スタンリー(18・19世紀)
　→Repton, George Stanley　554
レプトン, ジョン・エイディ(18・19世紀)
　→Repton, John Adey　554
レプトン, ハンフリー(18・19世紀)
　→Repton, Humphry　554
レーベジェヴァ, サラ(20世紀)
　→Lebedeva, Sarra Dmitrievna　389
レベック(19世紀)
　→Lévêque, Jean-Charles　400
レーベデフ,V.V.(20世紀)
　→Lebedev, Vladimir Vasilievich　389
レーベデフ, ウラジーミル(20世紀)
　→Lebedev, Vladimir Vasilievich　389
レーベデフ, ウラジミール・B.(20世紀)
　→Lebedev, Vladimir Vasilievich　389
レベル, ヨーゼフ(18・19世紀)
　→Rebell, Joseph　550
レベンターリ(20世紀)
　→Levental', Valerii Yakovlevich　400
レーボウィッツ(20世紀)
　→Leibowitz, Mathew　393
レホツキー,G.(20世紀)
　→Lehoczky Gyorgy　392
レーマン(20世紀) →Lehmann, Kurt　392
レーマン, アデール・ルイゾーン(19・20世紀)
　→Lehman, Adele Lewisohn　392
レーマン, アデル・ルイゾーン(19・20世紀)
　→Lehman, Adele Lewisohn　392
レーマン, ロバート(20世紀)
　→Lehman, Robert　392
レミントン(19・20世紀)
　→Remington, Frederic　552
レミントン, フレデリック(19・20世紀)
　→Remington, Frederic　552
レミントン, フレデリック(・サックライダー)
　(19・20世紀) →Remington, Frederic　552
レムクリ,F.V.(20世紀)
　→Lemkulj, Fedor Viktorovich　394
レムケ,H.(20世紀) →Lemke, Horst　394
レムケ, ホルスト(20世紀) →Lemke, Horst　394
レームデン, アントン(20世紀)
　→Lehmden, Anton　392
レムピツカ, タマーラ(20世紀)
　→Lempicka, Tamara　394
レームブルク(19・20世紀)
　→Lehmbruck, Wilhelm　392
レームブルック(19・20世紀)
　→Lehmbruck, Wilhelm　392
レームブルック, ウィルヘルム(19・20世紀)
　→Lehmbruck, Wilhelm　392

レームブルック, ヴィルヘルム (19・20世紀)
　→Lehmbruck, Wilhelm　*392*
レーメーカー (19・20世紀)
　→Raemakers, Louis　*544*
レーモン, マリー (20世紀)
　→Raymond, Marie　*549*
レーモンド (19・20世紀)
　→Raymond, Antonin　*548*
レーモンド (20世紀)
　→Raymond, Alexander Gillespie　*548*
レーモンド, アントニン (19・20世紀)
　→Raymond, Antonin　*548*
レーヤード (19世紀)
　→Layard, Sir Austen Henry　*388*
レヤード (19世紀)
　→Layard, Sir Austen Henry　*388*
レヤード, オースデン・ヘンリー (19世紀)
　→Layard, Sir Austen Henry　*388*
レヤード, ヘンリー (19世紀)
　→Layard, Sir Austen Henry　*388*
レーリ (17世紀) →Lely, Sir Peter　*393*
レーリー (17世紀) →Lely, Sir Peter　*393*
レリ (17世紀) →Lely, Sir Peter　*393*
レリー, ピーター (17世紀) →Lely, Sir Peter　*393*
レーリッヒ (19・20世紀)
　→Roerich, Nicolas Konstantin　*565*
レーリッフ, ニコライ・コンスタンチノヴィッチ (19・20世紀)
　→Rerikh, Nikolai Konstantinovich　*554*
レーリヒ (19・20世紀)
　→Roerich, Nicolas Konstantin　*565*
レーリヒ, ニコライ (19・20世紀)
　→Roerich, Nicolas Konstantin　*565*
レーリヒ, ニコライ・コンスタンチノヴィチ (19・20世紀)
　→Roerich, Nicolas Konstantin　*565*
レーリヒ, ニコラス・コンスタンティン (19・20世紀) →Roerich, Nicolas Konstantin　*565*
レーリヒ (リョーリフ), ニコラス (ニコライ) (19・20世紀)
　→Roerich, Nicolas Konstantin　*565*
レルミット (19・20世紀)
　→L'Hermitte, Léon Augustin　*402*
レルミット, レオン (19・20世紀)
　→L'Hermitte, Léon Augustin　*402*
レルミット, レオン―オーギュスタン (19・20世紀) →L'Hermitte, Léon Augustin　*402*
レルミット, レオン＝オーギュスタン (19・20世紀) →L'Hermitte, Léon Augustin　*402*
レン (17・18世紀) →Wren, Sir Christopher　*712*
レン, C. (17・18世紀)
　→Wren, Sir Christopher　*712*
レン, クリストファー (17・18世紀)
　→Wren, Sir Christopher　*712*

レン, サー・クリストファー (17・18世紀)
　→Wren, Sir Christopher　*712*
レンウィック (19世紀) →Renwick, James　*553*
レンカー, エリアス (年長) (16世紀)
　→Lencker, Elias der Ältere　*395*
レンカー, クリストフ (16・17世紀)
　→Lencker, Christoph　*395*
レンカー, ハンス (年長) (16世紀)
　→Lencker, Hans der Ältere　*395*
レンカー, ヨハンネス (16・17世紀)
　→Lencker, Johannes　*395*
レンク, トーマス (20世紀) →Lenk, Thomas　*395*
レンジノー, リチャード (13・14世紀)
　→Lenginour, Richard　*395*
レンス, アンドレアス・コルネリス (18・19世紀)
　→Lens, Andreas Cornelis　*396*
レンスキー, L. (20世紀) →Lenski, Lois　*396*
レンスキー, ウィリー (20世紀)
　→Lenski, Willy　*396*
レンスキー, ロイス (20世紀) →Lenski, Lois　*396*
レンスキー, ロイス・レノー (20世紀)
　→Lenski, Lois　*396*
レンスキー, ロイス (・レノー) (20世紀)
　→Lenski, Lois　*396*
レンディナラ, クリストーフォロ (15世紀)
　→Lendinara, Cristoforo da　*395*
レンディナラ, ロレンツォ・カノッツィ (15世紀)
　→Canozi da Lendinara, Lorenzo　*124*
レント, B. (20世紀) →Lent, Blair　*396*
レント, ブレア (20世紀) →Lent, Blair　*396*
レントゲン (18・19世紀)
　→Roentgen, David　*565*
レントゲン, ダーヴィト (18・19世紀)
　→Roentgen, David　*565*
レーンバッハ (19・20世紀)
　→Lenbach, Franz Seraph von　*395*
レンバッハ (19・20世紀)
　→Lenbach, Franz Seraph von　*395*
レンバッハ, フランツ・ゼラフ・フォン (19・20世紀) →Lenbach, Franz Seraph von　*395*
レーンバッハ, フランツ・フォン (19・20世紀)
　→Lenbach, Franz Seraph von　*395*
レンバッハ, フランツ・フォン (19・20世紀)
　→Lenbach, Franz Seraph von　*395*
レーンバハ (19・20世紀)
　→Lenbach, Franz Seraph von　*395*
レンバハ (19・20世紀)
　→Lenbach, Franz Seraph von　*395*
レンブラント (17世紀)
　→Rembrandt, Harmensz van Rijn　*552*
レンブラント, ハルメンス・ヴァン・レイン (17世紀) →Rembrandt, Harmensz van Rijn　*552*
レンブラント・ハルメンスゾーン・ファン・レイン (17世紀)
　→Rembrandt, Harmensz van Rijn　*552*

レンブラント・ファン・レイン (17世紀)
　→Rembrandt, Harmensz van Rijn　*552*
レーンブルック (19・20世紀)
　→Lehmbruck, Wilhelm　*392*
レンブルック (19・20世紀)
　→Lehmbruck, Wilhelm　*392*
レーンブルック, ヴィルヘルム (19・20世紀)
　→Lehmbruck, Wilhelm　*392*

【 ロ 】

ロー (19・20世紀) →Roh, Franz　*566*
ロー (20世紀)
　→Low, Sir David Alexander Cecil　*413*
ロー, カルル・ヴァン (18世紀)
　→Van Loo, Charles André　*675*
ロー, サー・デイヴィド (・アレグザンダー・セシル) (20世紀)
　→Low, Sir David Alexander Cecil　*413*
ロー, デヴィッド (20世紀) →Law, David　*388*
ロー, ピーター (20世紀) →Low, Peter　*413*
ロー, マンリーオ (20世紀) →Rho, Manlio　*555*
ロー, モーリシアス (18世紀)
　→Lowe, Mauritius　*413*
ロア, ピエル (19・20世紀) →Roy, Pierre　*574*
ローイ (19・20世紀) →Looy, Jacobus van　*410*
ローイ (20世紀) →Loewy, Raymond　*408*
ロイ, ハンス (子) (15・16世紀)
　→Leu der Jüngere, Hans　*400*
ロイ, ハンス (父) (15・16世紀)
　→Leu der Ältere, Hans　*399*
ロイ, ミナ (19・20世紀) →Loy, Mina　*413*
ロイ, ミナ (19・20世紀) →Loy, Mina　*413*
ローイ, ヤコブス・ファン (19・20世紀)
　→Looy, Jacobus van　*410*
ロイガー (19・20世紀) →Läuger, Max　*386*
ロイコス →Rhoikos　*555*
ロイス (17・18世紀) →Ruysch, Rachel　*577*
ロイズ, メイベル・アリントン (19・20世紀)
　→Royds, Mabel Alington　*574*
ロイス, レイチェル (17・18世紀)
　→Ruysch, Rachel　*577*
ロイスダール (17世紀)
　→Ruysdael, Jacob Izacksz van　*578*
ロイスダール (17世紀)
　→Ruysdael, Salomon van　*578*
ロイスダール, サロモン・ヴァン (17世紀)
　→Ruysdael, Salomon van　*578*
ロイスダール, サロモン・ファン (17世紀)
　→Ruysdael, Salomon van　*578*
ロイスダール, ヤーコプ・ファン (17世紀)
　→Ruysdael, Jacob Izacksz van　*578*
ロイスダール, ヤコプ・ファン (17世紀)
　→Ruysdael, Jacob Izacksz van　*578*
ロイツェ (19世紀)
　→Leutze, Emmanuel Gottlieb　*400*
ロイツェ, エマニュエル (・ゴットリーブ) (19世紀) →Leutze, Emmanuel Gottlieb　*400*
ロイピン (20世紀) →Leupin, Herbert　*400*
ロウ (20世紀)
　→Low, Sir David Alexander Cecil　*413*
ロウ, アダム (20世紀) →Lowe, Adam　*413*
ロウ, ゴードン (20世紀) →Rowe, Gordon　*573*
ロウ, ダビッド・アレキサンダー・セシル (20世紀) →Low, Sir David Alexander Cecil　*413*
ローウィ (20世紀) →Loewy, Raymond　*408*
ローウィ, レイモンド (20世紀)
　→Loewy, Raymond　*408*
ローウィ, レイモンド・F. (20世紀)
　→Loewy, Raymond　*408*
ローウィ, レイモンド (・ファーナンド) (20世紀)
　→Loewy, Raymond　*408*
ローウィーナ (20世紀) →Rowena　*573*
ロウヒ, クリスティーナ (20世紀)
　→Louhi, Kristina　*412*
ロウランスン, トーマス (18・19世紀)
　→Rowlandson, Thomas　*574*
ロウリー, L・S (19・20世紀)
　→Lowry, L (aurence) S (tephen)　*413*
ロエラス, フアン・デ・ラス (16・17世紀)
　→Roelas, Juan de las　*565*
ロエーラス, ホアン・デ・ラス (16・17世紀)
　→Roelas, Juan de las　*565*
ローエンスタイン, B. (20世紀)
　→Loewenstein, Bernice　*408*
ロカスト, サント (20世紀)
　→Loquasto, Santo　*410*
ロカテッリ, アンドレーア (18世紀)
　→Locatelli, Andrea　*407*
ロク (13・14世紀) →Roch　*564*
ロクァスト, サント (20世紀)
　→Loquasto, Santo　*410*
ロクス (13・14世紀) →Roch　*564*
ロクス (聖) (13・14世紀) →Roch　*564*
ロークマーケル, ヘンドリック・R. (20世紀)
　→Rookmaaker, Hendrick R.　*568*
ロコトフ (18・19世紀)
　→Rokotov, Fjodor Stepanovich　*566*
ローコトフ, フョードル (18・19世紀)
　→Rokotov, Fjodor Stepanovich　*566*
ロコートフ, フョードル・ステパノーヴィッチ (18・19世紀)
　→Rokotov, Fjodor Stepanovich　*566*
ローザ (17世紀) →Rosa, Salvator　*568*

ローザ, エルコレ(19世紀) →Rosa, Ercole 568
ローザ, サルヴァトール(17世紀)
 →Rosa, Salvator 568
ロザイ, オットーネ(20世紀)
 →Rosai, Ottone 568
ロ・サーヴィオ, フランチェスコ(20世紀)
 →Lo Savio, Francesco 411
ロザスピーナ, フランチェスコ(18・19世紀)
 →Rosaspina, Francesco 568
ロザック(20世紀) →Roszak, Theodor 571
ロザーティ, ロザート(16・17世紀)
 →Rosati, Rosato 568
ロサード,F.P.(20世紀)
 →Rosado, Fernando Puig 568
ローザノヴァ, オリガ(19・20世紀)
 →Rozanova, Ol'ga Vladimirovna 574
ロサーレス・マルティーネス, エドゥアルド(19世紀) →Rosales Martínez, Eduardo 568
ロザンスチエール,A.(20世紀)
 →Rosenstiehl, Agnes 569
ロザンスチエール, アニュエス(20世紀)
 →Rosenstiehl, Agnes 569
ローザンタール(19世紀)
 →Rosenthal, Léon 569
ロージー(20世紀) →Rosy 571
ローシ,E.G.(20世紀)
 →Losj, Elena Georgievna 412
ロジェー2世(11・12世紀) →Roger II 566
ロジェ2世(11・12世紀) →Roger II 566
ロージエ, マルカントワーヌ(18世紀)
 →Laugier, Marc Antoine 386
ロージェ, マルク・アントワーヌ(18世紀)
 →Laugier, Marc Antoine 386
ロジエ, マルク・アントワーヌ(18世紀)
 →Laugier, Marc Antoine 386
ロジェ・ド・ピール(17・18世紀)
 →Piles, Roger de 522
ロジェール2世(11・12世紀) →Roger II 566
ロジェール二世(11・12世紀) →Roger II 566
ロジェル2世(11・12世紀) →Roger II 566
ロジェルス, エルネスト・ナータン(20世紀)
 →Rogers, Ernesto Nathan 566
ロジェール(ルッジェーロ)2世(11・12世紀)
 →Roger II 566
ロージェント・アマット, エリアス(19世紀)
 →Rogent Amat, Elíes 566
ローシェンバーグ(20世紀)
 →Rauschenberg, Robert 547
ロジャーズ(19世紀) →Rogers, Randolph 566
ロジャース(19・20世紀) →Rogers, John 566
ロジャース,C.(20世紀) →Rogers, Carol 566
ロジャーズ, クロード(20世紀)
 →Rogers, Claude 566

ロジャーズ, ランドルフ(19世紀)
 →Rogers, Randolph 566
ロジャース, リチャード(20世紀)
 →Rogers, Richard 566
ロジャーズ, リチャード(20世紀)
 →Rogers, Richard 566
ロジャンコフスキー,F.S.(20世紀)
 →Rojankovsky, Feodor 566
ロジャンコフスキー, フィオドール(20世紀)
 →Rojankovsky, Feodor 566
ロシュ, ティリー(20世紀) →Losch, Tilly 411
ローシン,V.N.(20世紀)
 →Losin, Veniamin Nikolaevich 411
ロース(17世紀) →Roos, Johann Heinrich 568
ロース(19・20世紀) →Loos, Adolf 409
ロス(19世紀) →Ross, Ludwig 569
ロース,A.(20世紀) →Roth, Arnold 571
ローズ,G.(20世紀) →Rose, Gerald 568
ロス,J.(20世紀) →Ross, John 569
ロス,S.(20世紀) →Roth, Susan 571
ロス,T.(20世紀) →Ross, Tony 569
ロース, アードルフ(19・20世紀)
 →Loos, Adolf 409
ロース, アドルフ(19・20世紀)
 →Loos, Adolf 409
ローズ, ザンドラ(20世紀)
 →Rhodes, Zandra 555
ロス, トニー(20世紀) →Ross, Tony 569
ローズ, マーゴ(20世紀) →Rose, Margo 568
ロス, ルートヴィヒ(19世紀)
 →Ross, Ludwig 569
ロスコ(20世紀) →Rothko, Mark 571
ロスコ, マーク(20世紀) →Rothko, Mark 571
ロースザック, シオドア(20世紀)
 →Roszak, Theodor 571
ロセリーノ, アントニオ(15世紀)
 →Rossellino, Antonio 569
ロセリーノ, ベルナルド(15世紀)
 →Rossellino, Bernardo 570
ロスセルリ(15・16世紀)
 →Rosselli, Cosimo di Lorenzo Filippi 569
ロスト(19世紀) →Rost, Johann Gottlieb 571
ロスト, ヤン(16世紀) →Rost, Jan 571
ロストーフツェフ(19・20世紀)
 →Rostovzeff, Michael Ivanovich 571
ロストフツェフ(19・20世紀)
 →Rostovzeff, Michael Ivanovich 571
ロストフツェフ, ミハイル(19・20世紀)
 →Rostovzeff, Michael Ivanovich 571
ロスマン, ズィナ(20世紀)
 →Rothman, Zina 572
ロスリン(18世紀) →Roslin, Alexander 569
ロスリン, アレクサンダー(18世紀)
 →Roslin, Alexander 569

ローゼ, ユルゲン (20世紀) →Rose, Jürgen　568
ローゼ, リヒャルト・パウル (20世紀)
　→Lohse, Richard Paul　408
ロゼッチ (19世紀)
　→Rossetti, Dante Gabriel　570
ロセッテイ (19世紀)
　→Rossetti, Dante Gabriel　570
ロセッテイ (19・20世紀)
　→Rossetti, William Michael　570
ロセッテイ (19世紀)
　→Rossetti, Dante Gabriel　570
ロゼッテイ (19世紀)
　→Rossetti, Dante Gabriel　570
ロセッティ, D.G (19世紀)
　→Rossetti, Dante Gabriel　570
ロセッティ, ウィリアム・マイケル (19・20世紀)
　→Rossetti, William Michael　570
ロゼッティ, ダンテ (19世紀)
　→Rossetti, Dante Gabriel　570
ロセッティ, ダンテ・ガブリエル (19世紀)
　→Rossetti, Dante Gabriel　570
ロゼッティ, ダンテ・ガブリエル (19世紀)
　→Rossetti, Dante Gabriel　570
ロセッティ, ダンテ・ゲイブリエル (19世紀)
　→Rossetti, Dante Gabriel　570
ロゼッティ, ダンテ・ゲイブリエル (19世紀)
　→Rossetti, Dante Gabriel　570
ロセッティ, ダンテ・ゲーブリエル (19世紀)
　→Rossetti, Dante Gabriel　570
ロセッティ, ルーシー (19世紀)
　→Rossetti, Lucy　570
ロセッリ, コジモ (15・16世紀)
　→Rosselli, Cosimo di Lorenzo Filippi　569
ロゼッリーニ, イッポーリト (19世紀)
　→Rosellini, Ippolito　568
ロゼリーニ (19世紀) →Rosellini, Ippolito　568
ローゼンクイスト (20世紀)
　→Rosenquist, James (Albert)　569
ローゼンクイスト, ジェイムズ (20世紀)
　→Rosenquist, James (Albert)　569
ローゼンクイスト, ジェイムズ (・アルバート) (20世紀) →Rosenquist, James (Albert)　569
ローゼンクィスト, ジェームス (20世紀)
　→Rosenquist, James (Albert)　569
ローゼンクィスト, ジェームズ (20世紀)
　→Rosenquist, James (Albert)　569
ローゼンクィスト, ジェームズ (20世紀)
　→Rosenquist, James (Albert)　569
ロセンコ (18世紀)
　→Losenko, Anton Pavlovich　411
ロセンコ, アントン・パヴロヴィッチ (18世紀)
　→Losenko, Anton Pavlovich　411
ローセンスタイン (19・20世紀)
　→Rothenstein, Sir William　571

ローゼンスタイン (19・20世紀)
　→Rothenstein, Sir William　571
ローゼンスタイン, サー・ウィリアム (19・20世紀)
　→Rothenstein, Sir William　571
ローセンスタイン, サー・ジョン (・ニュースタッブ・モーリス) (20世紀) →Rothenstein, Sir John (Knewstub Maurice)　571
ローゼンストック, ラリッサ (20世紀)
　→Rosenstock, Larissa　569
ローゼンタル, ジョー (20世紀)
　→Rosenthal, Joe　569
ローゼンタール, バーナード (20世紀)
　→Rosenthal, Bernard　569
ローゼンバーグ (20世紀)
　→Rosenberg, Harold　568
ローゼンバーグ, スーザン (20世紀)
　→Rothenberg, Susan　571
ローゼンバーグ, ハロルド (20世紀)
　→Rosenberg, Harold　568
ローゼンフィールド (20世紀)
　→Rosenfield, John Max　569
ローゼンブラム, R. (20世紀)
　→Rosenblum, Richard　569
ローソン, R. (20世紀) →Lawson, Robert　388
ローソン, アーネスト (19・20世紀)
　→Lawson, Ernest　388
ローソン, ロバート (20世紀)
　→Lawson, Robert　388
ロダコフスキ, ヘンリク (19世紀)
　→Rodakowski, Henrik　564
ロダーリ, ジャーコモ (15・16世紀)
　→Rodari, Giacomo　564
ロダーリ, ドナート (15・16世紀)
　→Rodari, Donato　564
ロダーリ, トンマーゾ (15・16世紀)
　→Rodari, Tommaso　564
ロターリ, ピエトロ・アントーニオ (18世紀)
　→Rotari, Pietro Antonio　571
ロダーリ, ベルナルディーノ (15・16世紀)
　→Rodari, Bernardino　564
ロダン (19・20世紀)
　→Rodin, François Auguste René　565
ロダン, F. (19・20世紀)
　→Rodin, François Auguste René　565
ロダン, オーギュスト (19・20世紀)
　→Rodin, François Auguste René　565
ロダン, オギュスト (19・20世紀)
　→Rodin, François Auguste René　565
ロダン, (ルネ・フランソワ・) オーギュスト (19・20世紀)
　→Rodin, François Auguste René　565
ローチ (20世紀) →Roche, Eamon Kevin　564
ローチ, ケヴィン (20世紀)
　→Roche, Kevin Ramonn　564

ローチ, ケビン・R.(20世紀)
　→Roche, Kevin Ramonn　564
ローツ(20世紀)　→Lods, Marcel　408
ロッカタリアータ, ニッコロ(16・17世紀)
　→Roccatagliata, Niccolò　564
ロック,M.(20世紀)　→Locke, Margo　407
ロック,V.(20世紀)　→Locke, Vance　407
ロックウェル(20世紀)
　→Rockwell, Norman（Percevel）　564
ロックウェル,A.(20世紀)
　→Rockwell, Anne　564
ロックウェル,G.(20世紀)　→Rockwell, Gail　564
ロックウェル,H.(20世紀)
　→Rockwell, Harlow　564
ロックウェル,N.(20世紀)
　→Rockwell, Norman（Percevel）　564
ロックウェル, アン(20世紀)
　→Rockwell, Anne　564
ロックウェル, ノーマン(20世紀)
　→Rockwell, Norman（Percevel）　564
ロックウェル, ノーマン(・パーシヴァル)(20世紀)　→Rockwell, Norman（Percevel）　564
ロックバーン, ドロテア(20世紀)
　→Rockburne, Dorothea　564
ロックフェラー, アビー(19・20世紀)
　→Rockefeller, Abby　564
ロックフェラー, アビィ(19・20世紀)
　→Rockefeller, Abby　564
ロッサーノ, フェデリーコ(19・20世紀)
　→Rossano, Federico　569
ロッシ(18・19世紀)
　→Rossi, Karl Ivanovich　570
ロッシ(20世紀)　→Rossi, Aldo　570
ロッシ, アルド(20世紀)　→Rossi, Aldo　570
ロッシ, カルル・イヴァノヴィチ(18・19世紀)
　→Rossi, Karl Ivanovich　570
ロッシ, カルロ(18・19世紀)
　→Rossi, Karl Ivanovich　570
ロッシ, ジーノ(19・20世紀)　→Rossi, Gino　570
ロッシ, ドメーニコ(17・18世紀)
　→Rossi, Domenico　570
ロッシ, ドメニコ(17・18世紀)
　→Rossi, Domenico　570
ロッシャー, ゼバスティアン(16世紀)
　→Loscher, Sebastian　411
ロッシュ, ティリー(20世紀)　→Losch, Tilly　411
ロッシュグロス(19・20世紀)
　→Rochegrosse, Georges　564
ロッズ, マルセル(20世紀)　→Lods, Marcel　408
ロッセッティ, ビアージョ(15・16世紀)
　→Rossetti, Biagio　570
ロッセッティ, ビアジョ(15・16世紀)
　→Rossetti, Biagio　570

ロッセッリ, コージモ(15・16世紀)
　→Rosselli, Cosimo di Lorenzo Filippi　569
ロッセッリ, ドメーニコ(15世紀)
　→Rosselli, Domenico　569
ロッセッリ, マッテーオ(16・17世紀)
　→Rosselli, Matteo　569
ロッセッリーノ, アントーニオ(15世紀)
　→Rossellino, Antonio　569
ロッセッリーノ, ベルナルド(15世紀)
　→Rossellino, Bernardo　570
ロッセリ(15・16世紀)
　→Rosselli, Cosimo di Lorenzo Filippi　569
ロッセリーノ(15世紀)
　→Rossellino, Antonio　569
ロッセリーノ(15世紀)
　→Rossellino, Bernardo　570
ロッセリーノ, アントニオ(15世紀)
　→Rossellino, Antonio　569
ロッセリーノ, ベルナルド(15世紀)
　→Rossellino, Bernardo　570
ロッセルリ, コージモ(15・16世紀)
　→Rosselli, Cosimo di Lorenzo Filippi　569
ロッセルリーノ, アントーニオ(15世紀)
　→Rossellino, Antonio　569
ロッセルリーノ, ベルナルド(15世紀)
　→Rossellino, Bernardo　570
ロッソ(15・16世紀)　→Il Rosso Fiorentino　336
ロッソ(19・20世紀)　→Rosso, Medardo　571
ロッソ, フィオレンティーノ(15・16世紀)
　→Il Rosso Fiorentino　336
ロッソ, ミーノ(20世紀)　→Rosso, Mino　571
ロッソ, メダルド(19・20世紀)
　→Rosso, Medardo　571
ロッソ・フィオレンティーノ(15・16世紀)
　→Il Rosso Fiorentino　336
ロッソ・フィオレンティーノ, イル(15・16世紀)
　→Il Rosso Fiorentino　336
ロッティ, ロレンツォ(15・16世紀)
　→Lotti, Lorenzo　412
ロッテンハマー, ヨーハン(ハンス)(16・17世紀)
　→Rottenhammer, Hans　572
ロッテンハムマー, ハンス(16・17世紀)
　→Rottenhammer, Hans　572
ロッテンハンマー(16・17世紀)
　→Rottenhammer, Hans　572
ロッテンハンマー, ハンス(16・17世紀)
　→Rottenhammer, Hans　572
ロッテンハンマー, ヨハン(16・17世紀)
　→Rottenhammer, Hans　572
ロット(15・16世紀)　→Lotto, Lorenzo　412
ロッド, ミッシェル(20世紀)
　→Rodde, Michel　564
ロット, ロレンツォ(15・16世紀)
　→Lotto, Lorenzo　412

ロットマイアー(17・18世紀)
→Rottmayer, Johann Franz Michael　572
ロットマイア, ヨーハン・ミヒャエル(17・18世紀)
→Rottmayer, Johann Franz Michael　572
ロットマイア・フォン・ローゼンブルン, ヨハン・ミヒャエル(17・18世紀)
→Rottmayer, Johann Franz Michael　572
ロットマイル, ミヒャエル(17・18世紀)
→Rottmayer, Johann Franz Michael　572
ロットマン(18・19世紀) →Rottmann, Karl　572
ロットマン, カール(18・19世紀)
→Rottmann, Karl　572
ロットマン, カール・アントン(18・19世紀)
→Rottmann, Karl　572
ロットマン, カルル(18・19世紀)
→Rottmann, Karl　572
ロッビア(14・15世紀)
→Robbia, Luca della　562
ロッビア(15・16世紀)
→Robbia, Andrea della　562
ロッビア(15・16世紀)
→Robbia, Giovanni della　562
ロッビア, ルカ・デラ(14・15世紀)
→Robbia, Luca della　562
ロップス(19世紀)
→Rops, Félicien Joseph Victor　568
ロップス, フェリシアン(19世紀)
→Rops, Félicien Joseph Victor　568
ロッホナー(15世紀) →Lochner, Stephan　407
ロッホーナ, シュテファン(15世紀)
→Lochner, Stephan　407
ロッホナー, シュテファン(15世紀)
→Lochner, Stephan　407
ロッホマン, ルーラント(17世紀)
→Roghman, Roeland　566
ロッリ, アントーニオ(16・17世紀)
→Lolli, Antonio　408
ロッリ, アントーニオ(17世紀)
→Rolli, Antonio　567
ローデ(18世紀)
→Rode, Christian Bernhard　565
ロティ(19・20世紀) →Roty, Louis Oscar　572
ローディ, ファウスティーノ(18・19世紀)
→Rodi, Faustino　565
ロディ, ファウスティーノ(18・19世紀)
→Rodi, Faustino　565
ロテッラ, ミンモ(20世紀)
→Rotella, Mimmo　571
ローテラー, アーチ(20世紀)
→Lauterer, Arch　387
ロテルラ, ミモ(20世紀) →Rotella, Mimmo　571
ロテルラ, ミンモ(20世紀)
→Rotella, Mimmo　571
ロテルラ, ミンモ(20世紀)
→Rotella, Mimmo　571

ローデン(18・19世紀)
→Rohden, Johann Martin　566
ローデン, マルティン(18・19世紀)
→Rohden, Johann Martin　566
ローテン, ヤン(17世紀) →Looten, Jan　410
ローデンヴァルト(19・20世紀)
→Rodenwaldt, Gerhart　565
ローデンヴァルト, ゲルハルト(19・20世紀)
→Rodenwaldt, Gerhart　565
ロート(19・20世紀) →Lhote, André　402
ロート(20世紀) →Lhote, Henri　402
ロート(20世紀) →Roth, Alfred　571
ロト →Lot　412
ロード, J.V.(20世紀) →Lord, John Vernon　410
ロート, アルフレッド(20世紀)
→Roth, Alfred　571
ロート, アルフレート(20世紀)
→Roth, Alfred　571
ロート, アンドレ(19・20世紀)
→Lhote, André　402
ロート, アンリ(20世紀) →Lhote, Henri　402
ロート, ヨハン・カール(17世紀)
→Loth, Johann Karl　412
ロードチェンコ(20世紀)
→Rodchenko, Alexander Mikhailovich　564
ロドチェンコ(20世紀)
→Rodchenko, Alexander Mikhailovich　564
ロドチェンコ, アレクサンドル(20世紀)
→Rodchenko, Alexander Mikhailovich　564
ロードチェンコ, アレクサンドル・ミハイロヴィチ(20世紀)
→Rodchenko, Alexander Mikhailovich　564
ロドチェンコ, アレクサンドル・ミハイロヴィチ(20世紀)
→Rodchenko, Alexander Mikhailovich　564
ロドチェンコ, アレクサンドル・ミハイロヴィッチ(20世紀)
→Rodchenko, Alexander Mikhailovich　564
ロードリ, カルロ(17・18世紀)
→Lodoli, Carlo　408
ロドリゲス(18世紀) →Rodríguez, Ventura　565
ロドリーゲス, アルフォンソ(16世紀)
→Rodríguez Alfonso　565
ロドリゲス, アロンソ(16・17世紀)
→Rodriguez, Alonso　565
ロドリーゲス, ベントゥーラ(18世紀)
→Rodríguez, Ventura　565
ロドリゲス, ベントゥーラ(18世紀)
→Rodríguez, Ventura　565
ロドリゲス, ベントゥラ(18世紀)
→Rodríguez, Ventura　565
ロドリーゲス, ロレンソ(18世紀)
→Rodríguez, Lorenzo　565
ロドリーゲス・ティソン, ベントゥーラ(18世紀)
→Rodríguez, Ventura　565

ロートレク（19・20世紀）
　→Toulouse-Lautrec, Henri de　*659*
ロートレック（19・20世紀）
　→Toulouse-Lautrec, Henri de　*659*
ロートレック, トゥルーズ（19・20世紀）
　→Toulouse-Lautrec, Henri de　*659*
ローナー（15世紀）→Lochner, Stephan　*407*
ロナー, ヘンリエッテ（19・20世紀）
　→Ronner, Henriette　*568*
ローネル（20世紀）→Rohner, Georges　*566*
ローネル, ジョルジュ（20世紀）
　→Rohner, Georges　*566*
ローバー, ステファン（20世紀）
　→Lorber, Stephen　*410*
ロバーツ（18・19世紀）→Roberts, David　*562*
ロバーツ（19・20世紀）→Roberts, Tom　*563*
ロバーツ, ウィリアム・パトリック（20世紀）
　→Roberts, William Patrick　*563*
ロバーツ, トム（19・20世紀）
　→Roberts, Tom　*563*
ロバト, アルカディオ（20世紀）
　→Lobato, Arcadio　*407*
ロバート・オブ・セント＝アルバンス（11世紀）
　→Robert of Saint-Albans　*562*
ロバート・オブ・ベヴァリー（13世紀）
　→Robert of Beverley　*562*
ロバートソン（19・20世紀）
　→Robertson, Sir Howard Morley　*563*
ロバン, アンドレ（15世紀）→Robin, André　*563*
ロバン, ガブリエル（20世紀）
　→Robin, Gabriel　*563*
ロバン, ジョン（20世紀）→Lobban, John　*407*
ロビア（14・15世紀）→Robbia, Luca della　*562*
ロビア（15・16世紀）
　→Robbia, Andrea della　*562*
ロビア, アンドレア・デラ（15・16世紀）
　→Robbia, Andrea della　*562*
ロビア, アンドレア・デルラ（15・16世紀）
　→Robbia, Andrea della　*562*
ロビア, ルカ・デラ（14・15世紀）
　→Robbia, Luca della　*562*
ロビア, ルカ・デルラ（14・15世紀）
　→Robbia, Luca della　*562*
ロービエス, ルネ（20世紀）→Laubiès, René　*386*
ロヒナー（15世紀）→Lochner, Stephan　*407*
ロヒナー, シュテファン（15世紀）
　→Lochner, Stephan　*407*
ロビノー, アデレード・オルソップ（19・20世紀）
　→Robineau, Adelaide Alsop　*563*
ロビラ, トニ（20世紀）→Rovira, Toni　*573*
ロビラント, フィリッポ・ジョヴァンニ・バッティ
　スタ・ニコーリス（18世紀）→Robilant,
　Filippo Giovanni Battista Nicolis　*563*
ロビンズ, F.（20世紀）→Robbins, Frank　*562*

ロビンスン, W（ウィリアム）・ヒース（19・20世紀）
　→Robinson, William Heath　*563*
ロビンスン, ジョーン（・メアリ）・G（ゲイル）（20
　世紀）→Robinson, Joan Gale　*563*
ロビンスン, チャールズ（19・20世紀）
　→Robinson, Charles　*563*
ロビンソン（19・20世紀）
　→Robinson, Boardman　*563*
ロビンソン（19・20世紀）
　→Robinson, Henry Peach　*563*
ロビンソン, I.B.（20世紀）
　→Robinson, Irene Bowen　*563*
ロビンソン, J.（20世紀）→Robinson, Jerry　*563*
ロビンソン, J.G.（20世紀）
　→Robinson, Joan Gale　*563*
ロビンソン, アラン・ジェイムズ（20世紀）
　→Robinson, Alan James　*563*
ロビンソン, ウィリアム（19・20世紀）
　→Robinson, William　*563*
ロビンソン,（ウィリアム・）ヒース（19・20世紀）
　→Robinson, William Heath　*563*
ロビンソン, ウィリアム・ヒース（19・20世紀）
　→Robinson, William Heath　*563*
ロビンソン, ジョーン・G（20世紀）
　→Robinson, Joan Gale　*563*
ロビンソン, ジョーン・ゲイル（20世紀）
　→Robinson, Joan Gale　*563*
ロビンソン, チャールズ（19・20世紀）
　→Robinson, Charles　*563*
ロビンソン, トーマス・ヒース（19・20世紀）
　→Robinson, Thomas Heath　*563*
ロビンソン, トム（19世紀）
　→Robinson, Tom　*563*
ロビンソン, ヘンリー・ピーチ（19・20世紀）
　→Robinson, Henry Peach　*563*
ロビンソン兄弟（19・20世紀）
　→Robinson, Charles　*563*
ロビンソン兄弟（19・20世紀）
　→Robinson, Thomas Heath　*563*
ロビンソン兄弟（19・20世紀）
　→Robinson, William Heath　*563*
ロフィー, M.（20世紀）→Roffey, Maureen　*566*
ロプス（19世紀）
　→Rops, Félicien Joseph Victor　*568*
ロフタス, ピーター（20世紀）
　→Loftus, Peter　*408*
ロフトハウス, メアリー（19世紀）
　→Lofthouse, Mary　*408*
ロペス（20世紀）→López, Antonio　*410*
ロペス, N.V.（20世紀）→Lopez, Nivio Vigil　*410*
ロペス・アグアート, アントニオ（18・19世紀）
　→López Aguado, Antonio　*410*
ロペス・イ・ポルタニャ（18・19世紀）
　→López y Portaña, Vicente　*410*

ロペス・イ・ポルターニャ, ビセンテ(18・19世紀)
  →López y Portaña, Vicente　410
ロペス・ポルターニャ, ビセンテ(18・19世紀)
  →López y Portaña, Vicente　410
ロベッタ, クリストーファノ(15・16世紀)
  →Robetta, Cristofano　563
ロベール(18・19世紀) →Robert, Hubert　562
ロベール(18・19世紀)
  →Robert, Louis Léopold　562
ロベール(19・20世紀) →Robert, Léo Paul　562
ローベル,A.(20世紀) →Lobel, Anita　407
ローベル,A.(20世紀) →Lobel, Arnold　407
ロベール, アニタ(20世紀) →Lobel, Anita　407
ロベール, アーノルド(20世紀)
  →Lobel, Arnold　407
ロベール, フィリップ(20世紀)
  →Robert, Phillipe　562
ロベール, ユベール(18・19世紀)
  →Robert, Hubert　562
ロベール, レオポルド(18・19世紀)
  →Robert, Louis Léopold　562
ロベール, レオポール・ルイ(18・19世紀)
  →Robert, Louis Léopold　562
ロベルティ(15世紀)
  →Roberti, Ercole d'Antonio de　562
ロベルディ, エルコレ・(グランディ・ダントニオ・)デ(15世紀)
  →Roberti, Ercole d'Antonio de　562
ロベルティ, エルコレ・デ(15世紀)
  →Roberti, Ercole d'Antonio de　562
ローベルト(19・20世紀) →Robert, Carl　562
ローベルト,C.(19・20世紀) →Robert, Carl　562
ローベルト, カール(19・20世紀)
  →Robert, Carl　562
ロベール・ド・クシー(13世紀)
  →Robert de Coucy　562
ロベール・ド・リュザルシュ(13世紀)
  →Robert de Luzarches　562
ロボ(20世紀) →Lobo, Bartasal　407
ロボ, バルタザール(20世紀)
  →Lobo, Bartasal　407
ロホナー(15世紀) →Lochner, Stephan　407
ロホナー, シュテファン(15世紀)
  →Lochner, Stephan　407
ロマッツォ(16世紀)
  →Lomazzo, Giovanni Paolo　408
ロマッツォ, ジョヴァンニ・パオロ(16世紀)
  →Lomazzo, Giovanni Paolo　408
ロマッツォ, ジョヴァンニ・パーオロ(16世紀)
  →Lomazzo, Giovanni Paolo　408
ロマッツォ, ジョヴァンニ・パオロ(16世紀)
  →Lomazzo, Giovanni Paolo　408
ロマーニ, ローモロ(19・20世紀)
  →Romani, Romolo　567

ロマニスト(16世紀) →Romanisten　567
ロマニーノ(15・16世紀) →Il Romanino　336
ロマニョーニ, ベーピ(20世紀)
  →Romagnoni, Bepi　567
ロマニョーリ, ジョヴァンニ(20世紀)
  →Romagnoli, Giovanni　567
ロマネッリ, ジョヴァンニ・フランチェスコ(17世紀) →Romanelli, Giovanni Francesco　567
ロマネッリ, ラッファエッロ(19・20世紀)
  →Romanelli, Raffaello　567
ロマーノ(15・16世紀) →Romano, Giulio　567
ロマーノ, ジューリオ(15・16世紀)
  →Romano, Giulio　567
ローマン,E.(20世紀) →Rohmann, Eric　566
ローミ, アウレーリオ(16・17世紀)
  →Lomi, Aurelio　409
ロムニ(18・19世紀) →Romney, George　567
ロムニー(18・19世紀) →Romney, George　567
ロムニ, ジョージ(18・19世紀)
  →Romney, George　567
ロムニー, ジョージ(18・19世紀)
  →Romney, George　567
ロヤーコノ, フランチェスコ(19・20世紀)
  →Lojacono, Francesco　408
ロラー, アルフレート(19・20世紀)
  →Roller, Alfred　567
ローラー, ウァレン(20世紀)
  →Rohrer, Warren　566
ローラ・アダムズ・アーマー(19・20世紀)
  →Armer, Laura Adams　33
ローラン(17世紀) →Lorrain, Claude　411
ロラン(17世紀) →Lorrain, Claude　411
ロラン, クロード(17世紀)
  →Lorrain, Claude　411
ロラン, フィリップ=ローラン(18・19世紀)
  →Roland, Philippe-Laurent　567
ローランサン(19・20世紀)
  →Laurencin, Marie　386
ローランサン, マリー(19・20世紀)
  →Laurencin, Marie　386
ローランス(19・20世紀) →Laurens, Henri　387
ローランス(19・20世紀)
  →Laurens, Jean Paul　387
ローランス, アンリ(19・20世紀)
  →Laurens, Henri　387
ローランス, ジャン・ポール(19・20世紀)
  →Laurens, Jean Paul　387
ローランス, ジャン=ポール(19・20世紀)
  →Laurens, Jean Paul　387
ローランス, ジャン・ポル(19・20世紀)
  →Laurens, Jean Paul　387
ローランソン(18・19世紀)
  →Rowlandson, Thomas　574

ローランド(20世紀)
　→Rowland, Benjamin, Jr.　574
ローランド,ベンジャミン(20世紀)
　→Rowland, Benjamin, Jr.　574
ローランドソン(18・19世紀)
　→Rowlandson, Thomas　574
ローランドソン,トマス(18・19世紀)
　→Rowlandson, Thomas　574
ローランドソン,トマス(18・19世紀)
　→Rowlandson, Thomas　574
ローリンスン,ヘンリ・クレスウイク(19世紀)
　→Rowlinson, Sir Henry Creswicke　574
ローリンソン(19世紀)
　→Rowlinson, Sir Henry Creswicke　574
ローリンソン,サー・ヘンリー・クレジック(19世紀)
　→Rowlinson, Sir Henry Creswicke　574
ローリンソン,ヘリー(19世紀)
　→Rowlinson, Sir Henry Creswicke　574
ロル,アルフレッド・フィリップ(19・20世紀)
　→Roll, Alfred Philippe　567
ロルア,D.S.(20世紀)
　→Lolua, Dzhemal Georgievich　408
ロルジウ(20世紀)　→Lorjou, Bernard　411
ロルジウ,ベルナール(20世紀)
　→Lorjou, Bernard　411
ロルジュ(20世紀)　→Lorjou, Bernard　411
ロルジュー(20世紀)　→Lorjou, Bernard　411
ロルジュ,ベルナール(20世紀)
　→Lorjou, Bernard　411
ロルダーン,ペドロ(17世紀)
　→Roldán, Pedro　567
ロルダン,ルイーサ(17・18世紀)
　→Roldan, Luisa　567
ロルダン,ルイサ(17・18世紀)
　→Roldan, Luisa　567
ロールビー,マルティヌス(19世紀)
　→Roerbye, Martinus C.W.　565
ロールフス(19・20世紀)
　→Rohlfs, Christian　566
ロルフス,C.(19・20世紀)
　→Rohlfs, Christian　566
ロールフス,クリスティアン(19・20世紀)
　→Rohlfs, Christian　566
ロルフス,クリスティアン(19・20世紀)
　→Rohlfs, Christian　566
ロルフス,ヤン(20世紀)　→Roelfs, Jan　565
ロレイン,W.H.(20世紀)
　→Lorraine, Walter Henry　411
ローレン(20世紀)　→Lauren, Ralph　386
ローレン,ラルフ(20世紀)　→Lauren, Ralph　386
ローレンス(18・19世紀)
　→Lawrence, Sir Thomas　388
ローレンス(19・20世紀)　→Lawrence　388
ローレンス(20世紀)　→Laurence　386

ロレンス(18・19世紀)
　→Lawrence, Sir Thomas　388
ローレンス,J.(20世紀)　→Lawrence, Jacob　388
ローレンス,T.(18・19世紀)
　→Lawrence, Sir Thomas　388
ローレンス,サー・トマス(18・19世紀)
　→Lawrence, Sir Thomas　388
ローレンス,ジェイコブ(20世紀)
　→Lawrence, Jacob　388
ローレンス,ジョン(20世紀)
　→Lawrence, John　388
ロレンス,ジョン(20世紀)
　→Lawrence, John　388
ローレンス,トマス(18・19世紀)
　→Lawrence, Sir Thomas　388
ローレンツ,ブライアン・ジーチ(20世紀)
　→Lorentz, Brian Zichi　410
ロレンツィ,ストルド(16世紀)
　→Lorenzi, Stoldo　411
ロレンツィ,バッティスタ・ディ・ド メーニコ(16世紀)　→Lorenzi, Battista di Domenico　410
ロレンツェッティ(13・14世紀)
　→Lorenzetti, Ambrogio　410
ロレンツェッティ(13・14世紀)
　→Lorenzetti, Pietro　410
ロレンツェッティ,アンブロージオ(13・14世紀)
　→Lorenzetti, Ambrogio　410
ロレンツェッティ,アンブロジオ(13・14世紀)
　→Lorenzetti, Ambrogio　410
ロレンツェッティ,アンブロージョ(13・14世紀)
　→Lorenzetti, Ambrogio　410
ロレンツェッティ,ピエートロ(13・14世紀)
　→Lorenzetti, Pietro　410
ロレンツェッティ,ピエトロ(13・14世紀)
　→Lorenzetti, Pietro　410
ロレンツェティ兄弟(13・14世紀)
　→Lorenzetti, Ambrogio　410
ロレンツェティ兄弟(13・14世紀)
　→Lorenzetti, Pietro　410
ロレンツォ(14・15世紀)
　→Lorenzo Monaco　411
ロレンツォ(15・16世紀)
　→Lorenzo, Fiorenzo di　411
ロレンツォ・ヴェネツィアーノ(14世紀)
　→Lorenzo Veneziano　411
ロレンツォ・ダ・ヴィテルボ(15世紀)
　→Lorenzo da Viterbo　411
ロレンツォ・ダ・ボローニャ(15世紀)
　→Lorenzo da Bologna　411
ロレンツォ・ディ・アレッサンドロ(15・16世紀)
　→Lorenzo di Alessandro　411
ロレンツォ・ディ・クレーディ(15・16世紀)
　→Credi, Lorenzo di　171
ロレンツォ・ディ・クレディ(15・16世紀)
　→Credi, Lorenzo di　171

ロレンツォ・デ・メジチ(15世紀)
→Medici, Lorenzo il Magnifico 444
ロレンツォ・デ・メディチ(15世紀)
→Medici, Lorenzo il Magnifico 444
ロレンツォ=デ=メディチ(15世紀)
→Medici, Lorenzo il Magnifico 444
ロレンツォデメディチ(15世紀)
→Medici, Lorenzo il Magnifico 444
ロレンツォ・モーナコ(14・15世紀)
→Lorenzo Monaco 411
ロレンツォ・モナコ(14・15世紀)
→Lorenzo Monaco 411
ローレント(19・20世紀) →Laurent, Robert 387
ロワ(19・20世紀) →Roy, Pierre 574
ロワラン, モーリス(20世紀)
→Loirand, Maurice 408
ローワンド, P.(20世紀) →Rowand, Phyllis 573
ローン(19・20世紀)
→Van Loon, Hendrik Willem 675
ロンガネージ(20世紀) →Longanesi, Leo 409
ロンギ(18世紀) →Longhi, Pietro 409
ロンギ(18・19世紀) →Longhi, Alessandro 409
ロンギ(18・19世紀) →Longhi, Giuseppe 409
ロンギ(19・20世紀) →Longhi, Roberto 409
ロンギ, アレッサンドロ(18・19世紀)
→Longhi, Alessandro 409
ロンギ, ジュゼッペ(18・19世紀)
→Longhi, Giuseppe 409
ロンギ, ピエトロ(18世紀) →Longhi, Pietro 409
ロンギ, マルティーノ(年少)(17世紀)
→Longhi il Giovane, Martino 409
ロンギ, マルティーノ(年長)(16世紀)
→Longhi il Vecchio, Martino 409
ロンギ, ルーカ(16世紀) →Longhi, Luca 409
ロンギ, ロベルト(19・20世紀)
→Longhi, Roberto 409
ロング(20世紀) →Long, Richard 409
ロング, リチャード(20世紀)
→Long, Richard 409
ロングマン, イーヴリン(19・20世紀)
→Longman, Everyn 409
ロングリューヌ, ザカリー(17・18世紀)
→Longuelune, Zacharias 409
ロングリューヌ, ザカリアス(17・18世紀)
→Longuelune, Zacharias 409
ロンゲーナ(16・17世紀)
→Longhena, Baldassare 409
ロンゲーナ, バルダッサーレ(16・17世紀)
→Longhena, Baldassare 409
ロンゴ, ロバート(20世紀)
→Longo, Robert 409
ロンゴーニ, エミーリオ(19・20世紀)
→Longoni, Emilio 409
ロンコーニ, ルーカ(20世紀)
→Ronconi, Luca 567
ロンダーニ, フランチェスコ・マリーア(15・16世紀) →Rondani, Francesco Maria 567
ロンディネッリ, ニッコロ(15・16世紀)
→Rondinelli, Niccolò 568
ロンドーニオ, フランチェスコ(18世紀)
→Londonio, Francesco 409
ロンドレ(18・19世紀)
→Rondelet, Jean Baptiste 568
ロンドレ, ジャン=バティスト(18・19世紀)
→Rondelet, Jean Baptiste 568
ロンバウツ(16・17世紀)
→Rombouts, Theodor 567
ロンバウツ, テオドール(16・17世紀)
→Rombouts, Theodor 567
ロンバウツ, ヒリス(17世紀)
→Rombouts, Gillis 567
ロンバール(16世紀) →Lombard, Lambert 408
ロンバール, ランベール(16世紀)
→Lombard, Lambert 408
ロンバルディ, アルフォンソ(15・16世紀)
→Lombardi, Alfonso 408
ロンバルト(16世紀) →Lombard, Lambert 408
ロンバルド(15・16世紀)
→Lombardo, Pietro 408
ロンバルド(15・16世紀)
→Lombardo, Tullio 409
ロンバルド, アントーニオ(15・16世紀)
→Lombardo, Antonio 408
ロンバルド, アントニオ(15・16世紀)
→Lombardo, Antonio 408
ロンバルド, クリストーフォロ(16世紀)
→Lombardo, Cristoforo 408
ロンバルド, テュリオ(15・16世紀)
→Lombardo, Tullio 409
ロンバルド, トゥッリオ(15・16世紀)
→Lombardo, Tullio 409
ロンバルド, トゥリオ(15・16世紀)
→Lombardo, Tullio 409
ロンバルド, ピエトロ(15・16世紀)
→Lombardo, Pietro 408

【 ワ 】

ワー, マルコム(20世紀) →Warr, Malcolm 697
ワイアット(18・19世紀) →Wyatt, James 713
ワイアット(19世紀)
→Wyatt, Sir Mathew Digby 713
ワイアット, ジェイムズ(18・19世紀)
→Wyatt, James 713

ワイアット, ジェームズ (18・19世紀)
→Wyatt, James　713
ワイエス (20世紀)
→Wyeth, Andrew Newell　713
ワイエス, N.C. (19・20世紀)
→Wyeth, Newell Convers　713
ワイエス, N (ニューウェル)・C (コンヴァース)
(19・20世紀)
→Wyeth, Newell Convers　713
ワイエス, アンドリュー (20世紀)
→Wyeth, Andrew Newell　713
ワイエス, アンドリュー (・ニューエル) (20世紀)
→Wyeth, Andrew Newell　713
ワイエス, アンドルー (20世紀)
→Wyeth, Andrew Newell　713
ワイエス・アンドリュー (20世紀)
→Wyeth, Andrew Newell　713
ワイス (20世紀) →Weiss, Peter　700
ワイス, E. (20世紀) →Weiss, Emil　700
ワイス, H. (20世紀) →Weiss, Harvey　700
ワイス, N.C. (19・20世紀)
→Wyeth, Newell Convers　713
ワイス, ピーター (20世紀) →Weiss, Peter　700
ワイスガード, L. (20世紀)
→Weisgard, Leonard　700
ワイズガード, レナード (20世紀)
→Weisgard, Leonard　700
ワイスバッシュ, クロード (20世紀)
→Weisbuch, Claude　700
ワイスワイラー (18・19世紀)
→Weisweiler, Adam　701
ワイセ (19世紀)
→Weisse, Christian Hermann　701
ワイデン (14・15世紀)
→Weyden, Rogier van der　702
ワイデン, ロヒール・ファン・デル (14・15世紀)
→Weyden, Rogier van der　702
ワイナンツ (17世紀) →Wynants, Johannes　714
ワイヤット, ジェームズ (18・19世紀)
→Wyatt, James　713
ワイルディング, ドロシー (20世紀)
→Wilding, Dorothy　705
ワイルド, J. (20世紀) →Wild, Jocelyn　705
ワイルド, R. (20世紀) →Wild, Robin　705
ワイルド, マーガレット (20世紀)
→Wild, Margaret　705
ワイルドスミス, B. (20世紀)
→Wildsmith, Brian　705
ワイルドスミス, ブライアン (20世紀)
→Wildsmith, Brian　705
ワイルドスミス, ブライアン・ローレンス (20世紀) →Wildsmith, Brian　705
ワイルドスミス, ブライアン (・ローレンス) (20世紀) →Wildsmith, Brian　705

ワイルドスミス, ブランアン (20世紀)
→Wildsmith, Brian　705
ワインブレンナー (18・19世紀)
→Weinbrenner, Friedrich　700
ワウウェルマン (ス), フィリプス (17世紀)
→Wouwerman, Philips　712
ワウエルマンス, フィリップス (17世紀)
→Wouwerman, Philips　712
ワウテルス (19・20世紀) →Wouters, Rik　712
ワウテルス, リク (19・20世紀)
→Wouters, Rik　712
ワウテルス, リック (19・20世紀)
→Wouters, Rik　712
ワーグナー (19世紀) →Wagner, Gottfried　693
ワーグナー (19・20世紀) →Wagner, Otto　693
ワグナー (19世紀) →Wagner, Gottfried　693
ワグナー (19・20世紀) →Wagner, Otto　693
ワーグナー, オットー (19・20世紀)
→Wagner, Otto　693
ワグネル (19世紀) →Wagner, Gottfried　693
ワグネル, ゴットフリート (19世紀)
→Wagner, Gottfried　693
ワーグマーケル, ヘンルマン (15・16世紀)
→Waghemakere, Herman　693
ワーグマン (19世紀) →Wirgman, Charles　708
ワーグマン, チャールズ (19世紀)
→Wirgman, Charles　708
ワクレー, シラー (20世紀)
→Wakely, Shelagh　694
ワケーヴィチ, ジョルジュ (ゲオルギー) (20世紀)
→Wakevich (Wakevitch), Georges　694
ワース (19世紀)
→Worth, Charles Frederick　711
ワース, K. (20世紀) →Werth, Kurt　701
ワース, チャールズ・フレデリック (19世紀)
→Worth, Charles Frederick　711
ワスネツォフ (19・20世紀)
→Vasnetsov, Viktor Mikhailovich　678
ワスネツォフ, ヴィクトル (19・20世紀)
→Vasnetsov, Viktor Mikhailovich　678
ワスネツォフ, ユーリイ (20世紀)
→Vasnetsov, Yurii Alekseevich　678
ワスネツォーフ, ユーリイ・A. (20世紀)
→Vasnetsov, Yurii Alekseevich　678
ワスマン (19世紀) →Wasmann, Friedrich　697
ワズワース, エドワード (19・20世紀)
→Wadsworth, Edward　693
ワズワース, フレダ (20世紀)
→Wadswarth, Freda　693
ワッカーレ (19・20世紀)
→Wackerle, Joseph　693
ワックスマン, コンラート (20世紀)
→Wachsmann, Konrad　692

ワックスマン, コンラート (コンラッド) (20世紀)
　→Wachsmann, Konrad　692
ワッケンローダー (18世紀)
　→Wackenroder, Wilhelm Heinrich　693
ワッツ (19・20世紀)
　→Watts, George Frederick　698
ワッツ, B. (20世紀)　→Watts, Bernadette　698
ワッツ, バーナディット (20世紀)
　→Watts, Bernadette　698
ワッツ, フレデリック (19・20世紀)
　→Watts, George Frederick　698
ワッツ, マーゼット (20世紀)
　→Watts, Marzette　698
ワットー (17・18世紀)
　→Watteau, Jean Antoine　698
ワッパース (19世紀)　→Wappers, Gustav　696
ワッパース, ギュスターフ (19世紀)
　→Wappers, Gustav　696
ワッペルス, ギュスターフ (19世紀)
　→Wappers, Gustav　696
ワトー (17・18世紀)
　→Watteau, Jean Antoine　698
ワード, J. (20世紀)　→Ward, John　696
ワード, L.K. (20世紀)　→Ward, Lynd　696
ワトー, アントアーヌ (17・18世紀)
　→Watteau, Jean Antoine　698
ワトー, ジャン・アントアーヌ (17・18世紀)
　→Watteau, Jean Antoine　698
ワトー, (ジャン・) アントワーヌ (17・18世紀)
　→Watteau, Jean Antoine　698
ワトキンズ (20世紀)
　→Watkins, Franklin Chenault　697
ワトキンス, フランクリン (20世紀)
　→Watkins, Franklin Chenault　697
ワトキンズ, マーガレット (19・20世紀)
　→Watkins, Margaret　697
ワトキンズ=ピッチフォード, D.J. (20世紀)
　→Watkins-Pitchford, Denys James　697
ワトキンズ・ピッチフォード, デニス・ジェイムズ (20世紀)
　→Watkins-Pitchford, Denys James　697
ワトキンズ=ピッチフォード, デニス・ジェイムズ (20世紀)
　→Watkins-Pitchford, Denys James　697
ワトスン, ホーマー (19・20世紀)
　→Watson, Homer　698
ワトソン, A.A. (20世紀)
　→Watson, Aldren Auld　698
ワトソン, H.N. (20世紀)
　→Watson, Howard N.　698
ワトソン, W. (20世紀)　→Watson, Wendy　698
ワトソン, バジル・バリントン (20世紀)
　→Watson, Basil Barrington　698
ワトソン, レイモンド (20世紀)
　→Watson, Raymond　698

ワーナー (19・20世紀)　→Warner, Langdon　697
ワリニャーニ (16・17世紀)
　→Valignano, Alessandro　670
ワリニャーニ (ヴァリニャーニ) (16・17世紀)
　→Valignano, Alessandro　670
ワルシュ (20世紀)　→Walch, Charles　694
ワルシュ, シャルル (20世紀)
　→Walch, Charles　694
ワルデン, ヘルヴァルト (19・20世紀)
　→Walden, Herwarth　694
ワルトミュラー (18・19世紀)
　→Waldmüller, Ferdinand Georg　694
ワールブルク (19・20世紀)
　→Warburg, Aby　696
ワールブルク, アビー (19・20世紀)
　→Warburg, Aby　696
ワルロ (前2・1世紀)
　→Varro, Marcus Terentius　677
ワロキエ (19・20世紀)
　→Waroquier, Henri de　697
ワロキエ, アンリ・ド (19・20世紀)
　→Waroquier, Henri de　697
ワンドレイ, ハワード (20世紀)
　→Wandrei, Howard　696

西洋人物レファレンス事典　美術篇

2012年6月25日　第1刷発行

発　行　者／大高利夫
編集・発行／日外アソシエーツ株式会社
　　　　　〒143-8550 東京都大田区大森北1-23-8　第3下川ビル
　　　　　電話(03)3763-5241(代表)　FAX(03)3764-0845
　　　　　URL http://www.nichigai.co.jp/
発　売　元／株式会社紀伊國屋書店
　　　　　〒163-8636 東京都新宿区新宿3-17-7
　　　　　電話(03)3354-0131(代表)
　　　　　ホールセール部(営業)　電話(03)6910-0519

電算漢字処理／日外アソシエーツ株式会社
印刷・製本／株式会社平河工業社

不許複製・禁無断転載　　《中性紙三菱クリームエレガ使用》
《落丁・乱丁本はお取り替えいたします》
ISBN978-4-8169-2367-8　　Printed in Japan, 2012

本書はディジタルデータでご利用いただくことができます。詳細はお問い合わせください。

西洋絵画 名作レファレンス事典

Ⅰ 中世～19世紀中葉
A5・520頁　定価12,600円（本体12,000円）　2009.9刊

Ⅱ 印象派～現代
A5・520頁　定価12,600円（本体12,000円）　2009.10刊

ある画家の作品がどの美術全集に載っているかが素早くわかる、便利な総索引。Ⅰ・Ⅱあわせて画家298人の作品3,977点を調べることができる。画家のプロフィール、作品の制作年・技法・所蔵機関なども記載。同じ作品の邦題が異なる場合も、全集ごとに掲載邦題を一覧できる。

人物レファレンス事典 美術篇
A5・1,140頁　定価23,100円（本体22,000円）　2010.11刊

画家・彫刻家・書家・写真家・工芸家・建築家などがどの事典にどんな見出しで掲載されているかがわかる事典索引。人物事典・百科事典のほか、時代別の歴史事典や、県別百科事典など233種392冊から27,453人を収録。時代的にも地域的にも幅広い多数の人物を網羅的に調査できる。

建築文化財レファレンス事典
B5・1,040頁　定価47,250円（本体45,000円）　2011.1刊

主要な美術全集95種723冊に掲載された建築物の図版27,880点を都道府県・国・地域別に検索できる索引事典。建立年・様式・寸法・意匠・図版番号などがわかる。「作者名索引」「建造物名索引」付き。

現代外国人名録2012
B5・1,320頁　定価50,400円（本体48,000円）　2012.1刊

政治家、経営者、学者、芸術家、スポーツ選手など、21世紀の世界各国・各界で活躍中の人物10,455人を収録。職業、肩書、国籍、生年月日、学歴、受賞歴など詳細なプロフィールがわかる。2008年以降の世界の動きに対応した最新データを掲載。アルファベットから引ける「人名索引（欧文）」付き。

データベースカンパニー
日外アソシエーツ

〒143-8550　東京都大田区大森北1-23-8
TEL.(03)3763-5241　FAX.(03)3764-0845　http://www.nichigai.co.jp/